Wiener Studien zu Geschichte, Recht und Gesellschaft
Viennese Studies in History, Law, and Society

Herausgegeben von Nikolaus Benke

Band/Vol. 2

PETER LANG
Frankfurt am Main · Berlin · Bern · Bruxelles · New York · Oxford · Wien

Ausgewiesen, abgeschoben

Ilse Reiter

Ausgewiesen, abgeschoben

Eine Geschichte des Ausweisungsrechts in Österreich vom ausgehenden 18. bis ins 20. Jahrhundert

PETER LANG
Europäischer Verlag der Wissenschaften

Die Deutsche Bibliothek - CIP-Einheitsaufnahme

Reiter, Ilse:

Ausgewiesen, abgeschoben : eine Geschichte des Ausweisungsrechts in Österreich vom ausgehenden 18. bis ins 20. Jahrhundert / Ilse Reiter. - Frankfurt am Main ; Berlin ; Bern ; Bruxelles ; New York ; Oxford ; Wien : Lang, 2000
(Wiener Studien zu Geschichte, Recht und Gesellschaft ; Bd. 2 - Viennese Studies in History, Law, and Society ; Vol. 2)
ISBN 3-631-35340-5

Gedruckt mit Förderung des Bundesministeriums für Bildung, Wissenschaft und Kultur in Wien.

Der Verein der Freunde der Rechts- und Staatswissenschaftlichen Fakultät der Universität Wien sowie die Stiftung Bank Austria zur Förderung der Wissenschaft und Forschung an der Universität Wien haben die Drucklegung dieses Bandes durch Zuschüsse ermöglicht.

Der Umschlag wurde unter Verwendung einer Monotypie von Veronika Dirnhofer (1992) gestaltet.

ISSN 1432-7422
ISBN 3-631-35340-5

Für Klaus

Inhaltsverzeichnis

Vorwort XIII

Einleitung 1

I. Abschnitt
Die Hauptformen des Ausweisungsrechtes in ihrer historischen Entwicklung

Teil A
Das Ausweisungsrecht in der Habsburgermonarchie

I. Grundfragen des Ausweisungsrechtes 15
1. Völkerrechtliche Zulässigkeit 15
A. Ausländer 15
B. Inländer 24
2. Innerstaatliche Bedingungen und Voraussetzungen des Ausweisungsrechtes 26
A. „Einheimische" und „Fremde" 26
1. Administrative Zuständigkeit – Heimatrecht 27
a. Zuständigkeitsnormen vor 1848 28
b. Provisorisches Gemeindegesetz 1849 31
c. Gemeindegesetz 1859 34
d. Heimatgesetz 1863 36
e. Heimatgesetznovelle 1896 44
2. Staatsbürgerschaft 53
B. Freizügigkeit und Niederlassungsfreiheit 61

II. Ausweisung als Strafe – Landesverweisung und gerichtliche Abschaffung 67
1. Frühneuzeitliche Grundlagen 67
2. Constitutio Criminalis Theresiana 1768 79
3. Allgemeines Gesetzbuch über Verbrechen und derselben Bestrafung 1787 ... 90
4. Westgalizisches Strafgesetzbuch 1796 96
5. Strafgesetz über Verbrechen und schwere Polizeiübertretungen 1803 97
A. Landesverweisung 98
B. Abschaffung 103
6. Strafgesetz über Verbrechen, Vergehen und Übertretungen 1852 112
A. Landesverweisung 113
B. Abschaffung 117
C. Judikatur des Obersten Gerichtshofes 125
1. Landesverweisung 127
2. Abschaffung 131
7. Entwürfe zu einem neuen Strafgesetzbuch 134

8. Strafrechtliche Nebengesetze 138
A. Wuchergesetzgebung 138
B. Militärstrafrecht 140
C. Gefällsstrafrecht 142
D. Sprengstoffgesetz 1885 143

III. Ausweisung als staatliche Polizeimaßnahme 144

1. Polizeiliche Ausweisung vor dem Reichsschubgesetz 144
A. Armenpolizeiliche Abschiebung vor 1848 147
1. Frühneuzeitliche Grundlagen 147
2. Absolutismus und Vormärz 153
B. Sicherheits-, sitten-, gesundheits- und fremdenpolizeiliche Ausweisung . 159
1. Frühneuzeitliche Grundlagen 159
2. Absolutismus und Vormärz 165
a. Temesvarer Wasserschub 166
b. Vagabunden, Landstreicher, Müssiggänger 169
c. „Zigeuner“ 174
d. Paß- bzw. Ausweis- und Dienstlose 177
e. Juden 183
f. „Liederliche Weibspersonen“ 189
g. Geistliche 190
h. Sonstige unerwünschte „Fremde“ 192
i. Aus der Haft tretende Kriminalsträflinge 195
3. Weiterentwicklung von 1848 bis 1871 198
2. Das Ausweisungsrecht in der Ära der Dezemberverfassung 204
A. Entstehungsgeschichte des Schubkosten- und Reichsschubgesetzes 204
1. Schubkostengesetz vom 12. Mai 1868 204
2. Reichsschubgesetz vom 27. Juli 1871 207
B. Die Ausweisung nach dem Reichsschubgesetz 220
1. Die gesetzlichen Abschiebungs- bzw. Abschaffungstatbestände 220
2. Die Ausweisungstatbestände des Reichsschubgesetzes im Lichte der Judikatur des Reichsgerichts 221
a. Inländer und Ausländer 223
b. Arbeitsscheu und Inanspruchnahme öffentlicher Mildtätigkeit gemäß § 1 lit. a 225
c. Zu den Voraussetzungen gemäß § 1 lit. b 226
1. Bestimmungslosigkeit und unerlaubter Erwerb 227
2. Ausweislosigkeit 229
d. Begriff des „aus der Haft tretenden Sträflings“ gemäß § 1 lit. d ... 231
e. Gefährlichkeit für die Sicherheit der Person oder des Eigentums gemäß § 1 lit. d 230
f. Gefährdung der öffentlichen Interessen vorzugsweise nur für den Abschaffungsort gemäß § 2 Abs. 2 241
g. Abschaffungsort bzw. -gebiet 246
h. Wirkung der Reichsgerichtserkenntnisse 247
3. Verwaltungsbehördliche Anordnungen zur Anwendung der §§ 1 und 2 des Reichsschubgesetzes 250
a. Abschaffungsgebiet 250
b. Personenkreis 251
4. Reichsschubgesetz und „Vagabundengesetzgebung“ 256

a. „Vagabundengesetze" 1873 und 1885 257
b. Naturalverpflegsstationen 261

IV. Ausweisung als Recht der autonomen Gemeinde 267
1. Rechtsgrundlagen 267
A. Provisorisches Gemeindegesetz 1849 268
B. Gemeindegesetz 1859 269
C. Ära des Reichsgemeindegesetzes 271
1. Reichsgemeindegesetz 1862 und Heimatgesetz 1863 272
2. Landesgemeindegesetze und Statuten 275
a. Betroffener Personenkreis 276
b. Ausweisungsgründe 280
c. Dauer der Ausweisung 283
d. Beschwerderecht 284
2. Wesen des gemeindebehördlichen Ausweisungsrechts 285
3. Das Ausweisungsrecht der Gemeinden im Lichte der Judikatur des Reichsgerichtes und des Verwaltungsgerichtshofes sowie unter Berücksichtigung von Entscheidungen des Ministeriums des Innern 289
A. „Aufenthalt" 290
B. Betroffener Personenkreis 292
C. Ausweisungsgründe 297
1. Mangelnder Nachweis der Heimatberechtigung 297
2. „Bescholtenheit" 299
3. „Öffentliche Mildtätigkeit" 314
4. „Sonderfall" Österreich ob der Enns 316
D. Ausweisungsbeschluß 317

Teil B

Das Ausweisungsrecht von 1918 bis 1938

I. Umbruchsbedingte Grundfragen der Anwendung des Ausweisungsrechtes nach 1918 318
1. Rezeption der Ausweisungsbestimmungen 318
2. Fortgeltung der bestehenden Ausweisungen 319
3. Umbrüche im Staatsbürgerschafts- und Heimatrecht 321
A. Ausländer oder (deutsch)österreichischer Staatsbürger? 321
1. Gesetz vom 5. Dezember 1918 321
2. Staatsvertrag von St. Germain 325
B. Heimatrecht und Heimatlosigkeit 329

II. Fortgeltung und Veränderung der Ausweisungsbestimmungen 335
1. Schubgesetz 335
2. Ausweisungsrecht der Gemeinden 341
3. Landesverweisung und gerichtliche Abschaffung 348

III. Die Judikatur der Höchstgerichte zum Ausweisungsrecht 357
1. Judikatur zur Abschaffung nach dem Schubgesetz 1871 357
A. Abschaffung von „Ausländern" gemäß § 2 Abs. 5 des Schubgesetzes 357

B. Abschiebung und Abschaffung von Inländern gemäß §§ 1 und 2 Abs. 2 366
2. Judikatur zum Ausweisungsrecht der Gemeinden 369
3. Judikatur zur Landesverweisung und strafrechtlichen Abschaffung 374

II. Abschnitt

Das Ausweisungsrecht als Instrument staatlicher Maßnahmenpolitik

I. „Verbannung“ von Sträflingen 379
1. Exkurs: Deutsche Länder und Deutsches Reich 379
2. Österreich im 19. Jahrhundert 383
II. Bekämpfung von Sozialdemokratie und Anarchismus im 19. Jahrhundert 387
1. Strafgerichtliche, polizeiliche und gemeindebehördliche Ausweisung 387
A. Strafgerichtliche Ausweisung 387
B. Polizeiliche Ausweisung 392
1. Beispiele für ausgewiesene Ausländer 397
2. Beispiele für ausgewiesene Inländer 401
3. Ausweisungen im Zuge von Streiks 407
C. Gemeindebehördliche Ausweisung 418
2. Ausweisung im Ausnahmezustand 420
A. Vorbild: Der Kleine Belagerungszustand in Deutschland 420
1. Rechtsgrundlage 420
2. Ausweisungen 425
B. Ausnahmerecht 1884 bis 1891 430
1. Entstehungsgeschichte der grundrechtssuspendierenden Ausnahmsverordnung vom 30. Jänner 1884 430
2. Durchführung und Ende der Ausnahmsverordnung – Kritik im Reichsrat 443
3. Weitere gesetzgeberische Sondermaßnahmen bzw. Vorhaben zur Bekämpfung von Sozialdemokratie und Anarchismus 461
III. Massenausweisung als Maßnahme gegen Arbeitslosigkeit 465
IV. Ausweisung von Flüchtlingen 470
1. Österreich im 19. Jahrhundert 470
2. Österreich 1918 bis 1938 473
A. Politische Flüchtlinge 473
B. „Abreisendmachung“ von Kriegsflüchtlingen in der Ersten Republik ... 478
V. „Außerlandschaffung“ aufgrund der Beschränkungen des Reise- und Sommerverkehrs nach 1918 505
1. Rechtsgrundlagen 506
2. Zur Verfassungsmäßigkeit der Außerlandschaffung 517

III. Abschnitt

Die Effektuierung von Ausweisungserkenntnissen

I. Die Vollziehung von Ausweisungserkentnissen durch Schub und andere Maßnahmen ... 523
1. Vom Absolutismus zum Schubkosten- bzw. Reichsschubgesetz ... 526
A. Schubverfahren ... 526
1. Partikularschub ... 526
a. Schubbehörden ... 526
b. Zuständigkeitserhebung ... 532
c. Schubtauglichkeit ... 536
d. Schubpaß ... 541
e. Beförderungsart des Schubtransportes ... 550
f. Maßnahmen zur Vermeidung der Schubentweichung ... 558
1. Schubbegleitung ... 558
2. Sonstige Präventivmaßnahmen ... 566
g. Schubstationen ... 572
h. Verpflegung der Schüblinge ... 579
i. Bekleidung und Reinigung der Schüblinge ... 581
j. Schubrezepisse und -büchel ... 584
k. Schubprotokoll ... 588
l. Schubkosten ... 591
2. Hauptschub ... 596
a. Einführung der Hauptschübe und Sonderbestimmungen für deren Durchführung ... 596
b. Der Wiener Hauptschub ... 603
1. Einrichtung des Wiener Hauptschubes hinbsichtlich der Schubrouten und -termine ... 603
2. Schubtauglichkeit, Bekleidung und Verpflegung der Schüblinge ... 607
3. Schubbegleitung und sonstige Maßnahmen zur Verhinderung der Schubentweichung ... 609
4. Hauptschubkosten und -abrechnung ... 611
c. Sonderbestimmungen für den Hauptschub nach 1848 ... 614
3. Schubverkehr mit dem Ausland ... 620
a. Zuschub in und Durchschub durch die Habsburgermonarchie ... 621
b. Abschub von Ausländern ... 623
c. Schubkosten ... 633
B. Sonstige Maßnahmen zur Vollziehung von Ausweisungserkenntnissen 635
C. Evidenzhaltung ausgewiesener Ausländer ... 641
2. Die Ära des Reichsschubgesetzes ... 645
A. Die Formen der „Abschiebung“ ... 648
B. Behörden, Erkenntnisfällung, Verwahrungshaft ... 651
C. Abschiebungserkenntnis ... 659
D. Ausführung der „Abschiebung“ ... 665
1. Schubstationsgemeinden ... 665
2. Abschiebungsdokumente ... 668
3. Abschiebungstauglichkeit ... 673
4. Weitere Bestimmungen für die Schubbeförderung ... 675
a. Haupt- und Partikularschub ... 675

b. Beförderungsart des Schubtransportes ... 678
c. Schubbegleitung ... 686
d. Verpflegung der Schüblinge ... 690
e. Unterbringung und Bewachung der Schüblinge ... 692
f. Bekleidung und Reinigung der Schüblinge ... 693
5. Weitere Bestimmungen für die Abschiebung mittels Zwangspaß ... 698
E. Abschiebungskosten ... 699
1. Reichsschubgesetz ... 701
2. Landesgesetzgebung ... 704
F. Abschiebungsverkehr mit den Ländern der ungarischen Krone ... 713
G. Evidenzhaltung Abgeschaffter und Landesverwiesener ... 717
H. Abschiebungsverkehr mit dem Ausland ... 719
1. Gegenseitige Zu- und Abschiebung ... 719
2. Abschiebungskosten ... 729

II. Die unerlaubte Rückkehr (Reversion) ... 732
1. Frühneuzeitliche Grundlagen ... 733
2. Constitutio Criminalis Theresiana 1768 ... 735
3. Allgemeines Gesetzbuch über Verbrechen und derselben Bestrafung 1787 ... 736
4. Westgalizisches Strafgesetzbuch 1796 ... 736
5. Strafgesetz über Verbrechen und schwere Polizeiübertretungen 1803 ... 738
A. Das Verbrechen der unerlaubten Rückkehr ... 738
B. Die schwere Polizeiübertretung der unerlaubten Rückkehr ... 746
6. Strafgesetz über Verbrechen, Vergehen und Übertretungen 1852 ... 748
A. Die Übertretung der unerlaubten Rückkehr gemäß §§ 323 und 324 StG ... 748
B. Die unerlaubte Rückkehr in Judikatur und Verwaltungspraxis ... 751
1. Zur Rückkehr Landesverwiesener, gerichtlich oder polizeilich Abgeschaffter ... 754
2. Zur Rückkehr gemeindebehördlich Ausgewiesener ... 759
7. Entwürfe zu einem neuen Strafgesetzbuch ... 763

Schlußabschnitt

I. Zeitgenössische Kritik am Ausweisungsrecht ... 765
1. Zur Kritik an der armenrechtlichen Abschiebung ... 766
2. Sonstige Kritik ... 772
A. Gemeindebehördliche Ausweisung ... 772
B. Polizeiliche Ausweisung ... 775

II. Zusammenfassung ... 779

Siglenverzeichnis ... 789
Literaturverzeichnis ... 791

Vorwort

Die vorliegende Studie stellt eine überarbeitete Fassung meiner im Sommersemester 1997 an der Rechtswissenschaftlichen Fakultät der Universität Wien angenommenen Habilitationsschrift dar. Neben verschiedenen Veränderungen in der Gliederung und inhaltlichen Ergänzungen wurde der Arbeit insbesondere eine Darstellung des Schubverfahrens angefügt, um auch Einblicke in die Vollstreckung von Ausweisungserkenntnissen zu ermöglichen.

Die Studie beschränkt sich im wesentlichen auf eine Rekonstuktion des österreichischen Ausweisungsrechtes seit dem 18. Jahrhundert im Lichte der Gesetzgebung und der höchstgerichtlichen Judikatur. Da erst die Zweite Republik grundlegende Änderungen im Bereich des Ausweisungsrechtes vornahm, wird auch die Entwicklung des Ausweisungsrechtes in der ersten Hälfte des 20. Jahrhunderts – abgesehen von den gegenständlichen Bestimmungen während der Zeit des „Dritten Reiches“ – beleuchtet.

In einem ersten Abschnitt werden zuerst die Hauptformen des materiellen Ausweisungsrechtes (also die Landesverweisung und gerichtliche Abschaffung als strafrechtliche Ausweisungsform, die polizeiliche Ausweisung und das im Zusammenhang mit der Einräumung der Gemeindeautonomie in der Mitte des 19. Jahrhunderts ausgestaltete gemeindebehördliche Ausweisungsrecht) dargestellt, wobei das Jahr 1918 notwendigerweise eine gliederungsmäßige Zäsur bildet. Da sich der erste Abschnitt nämlich auch mit unmittelbar das Ausweisungsrecht berührenden Grundfragen – wie z.B. dem Staatsbürgerschafts- und Heimatrecht – auseinandersetzt und gerade betreffend diese Grundfragen wesentliche Veränderungen durch den Untergang der Monarchie und die Gründung des Staates (Deutsch)Österreich eintraten, erschien eine Unterteilung dieses Abschnittes in die Entwicklung des Ausweisungsrechtes in der Habsburgermonarchie einerseits und nach 1918 andererseits angezeigt. Wo allerdings der materielle Rechtsbestand 1918 unverändert in Kraft gesetzt worden war und dieser in weiterer Folge auch keinerlei Veränderung erfahren hatte, wurde insofern auf Wiederholungen verzichtet, als Judikate aus der Zeit nach 1918, welche bloß die Linien höchstgerichtlicher Rechtsprechung in der Habsburgermonarchie fortsetzten, bereits in die Darstellung der Judikatur vor 1918 Eingang fanden.

Ein zweiter Abschnitt beschäftigt sich mit dem Ausweisungsrecht als Instrument staatlicher Maßnahmepolitik, sei es durch politische Indienstnahme der im ersten Abschnitt behandelten Hauptformen des Ausweisungsrechtes – wie dies insbesondere im Kampf gegen Sozialdemokratie und Anarchismus im 19. Jahrhundert geschah –, sei es durch Schaffung von spezifischen Instrumenten für im staatspolitischen Interesse erfolgende Ausweisungen – wie sich z.B. bei der sogenannten „Abreisendmachung“ in der Ersten Republik zeigt. Ein dritter Abschnitt widmet sich sodann der Effektuierung von Ausweisungserkenntnissen, also einerseits der Vollziehung derartiger Erkenntnisse durch die förmliche Abschiebung – also Schub – oder andere Maßnahmen – wie etwa Wegweisung durch gebundene Marschroute – und andererseits der sogenannten Reversion, d.h. der strafrechtlichen Sanktion für die unerlaubte Rückkehr eines Ausgewiesenen. In einem Schlußabschnitt werden schließlich zum einen die zeitgenössischen Kritikpunkte betreffend das konkrete Ausweisungsrecht sowie andererseits die Ergebnisse der vorliegenden Studie zusammengefaßt.

Mein Dank gilt all jenen, die zum Entstehen der vorliegenden Arbeit und ihrer Drucklegung – in welcher Weise auch immer – beigetragen haben. In besonderer Weise zu Dank verpflichtet bin ich meinem akademischen Lehrer, emer. o. Univ. Prof. DDr. Rudolf Hoke, der die Studie nicht nur stets mit fürsorglicher Anteilnahme begleitet, sondern mir auch die jeweils notwendigen Freiräume für meine Arbeit großzügig gewährt hat, und Univ. Prof. Dr. Nikolaus Benke für die liebevolle Betreuung der Herausgabe in seiner Reihe. Dank zu sagen ist aber auch allen Kollegen, die Kritik und Anregungen für die vorliegende Fassung beigesteuert haben, und den Freunden und Freundinnen, die mir vielfältigste Unterstützung zuteil werden ließen.

Die Verdienste von Dr. Klaus Zatloukal um die vorliegende Studie hier angemessen zu würdigen, ist nicht möglich – ihm ist daher dieses Buch anstelle von unzureichenden Danksagungen gewidmet.

Wien, im Dezember 1998 Ilse Reiter

Einleitung

Die Ausweisung stellt eines der juristisch faßbaren Phänomene sozialer Ausgliederung dar, welches stets mit dem Verlassen eines bestimmten territorialen Bereiches, nicht aber unbedingt mit der Anweisung eines bestimmten Aufenthaltsortes verbunden war. Sie konnte sowohl gegen Einzelpersonen, aber auch gegen ganze Personengruppen, gegen Inländer wie gegen Ausländer gerichtet sein und aus einer Vielfalt von Gründen erfolgen. Angesichts von Identitätsbildung und Sozialisation durch Aufenthalt, des Verlustes der Fremdheit durch Zugehörigkeit sowie der durch die Ausweisung oft bewirkten völligen Existenzvernichtung erscheint die Ausweisung als Archetypus grausamster Strafe, selbst - oder vielleicht gerade dann - wenn sie nicht als Kriminalstrafe ausgesprochen wurde.

Bemerkenswert ist die Kontinuität, in der die Ausweisung in ihrer jeweiligen Rechtsgestalt und Zweckgebung die europäische Geschichte durchzieht. So bietet bereits die griechische Antike reichhaltiges Anschauungsmaterial für die Ausweisung, wobei das Spektrum von der mit dem Verlust aller (Bürger-)Rechte und dem Tötungsrecht verbundenen Atimie bis zur zeitlich begrenzten Verbannung als Kriminalstrafe oder als politisches Instrument, als welches die Ausweisung insbesondere in Form des Ostrakismos berüchtigt wurde, reichte[1].

Das römische Recht[2] kannte einerseits das exilium, sowohl in der Form der freiwilligen Entfernung einer Person als auch in der Gestalt der zur Strafe auferlegten aquae et ignis interdictio, die dem Betroffenen „das Lebensrecht innerhalb eines bestimmten Gemeinwesens"[3] entzog und somit das der Todesstrafe nächste Strafübel darstellte. An die

---

1 Vgl. E. Ludwig GRASMÜCK, Exilium. Untersuchungen zur Verbannung in der Antike (= Rechts- und Staatswissenschaftliche Veröffentlichungen der Görres-Gesellschaft N.F. XXX), Paderborn-München-Wien-Zürich 1978; Julius ANDREAE, Die Verbannung im griechischen Recht, Freiburg i.Br. 1922; Paul USTERI, Ächtung und Verbannung im griechischen Recht, Berlin 1903; Jérôme CARCOPINO, L'ostracisme athénien, Paris 1935.

2 Manuel Torres AGUILAR, La pena de exilio: sus orígenes en el derecho Romano, in: Anuario de historia del derecho Español (1993–1994), S. 710–785; KLEINFELLER, Art. Exilium, in: Paulys Real-Encyclopädie der classischen Altertumswissenschaft, neue Bearbeitung, hrsg. von Georg Wissowa, XI. Halbbd. V, Stuttgart 1907, Sp. 1683 ff.; vgl. HARTMANN, Art. Aquae et ignis interdictio, in: Paulys Real-Encyclopädie der classischen Altertumswissenschaft, neue Bearbeitung, hrsg. von Georg Wissowa, II, Stuttgart 1896, Sp. 308–310; Ernst DOBLHOFER, Exil und Emigration. Zum Erlebnis der Heimatferne in der römischen Literatur (= Impulse der Forschung LI), Darmstadt 1987; Jürgen HOFFMANN, Die soziale Ausgliederung als Strafe. Eine sozialhistorische Untersuchung, phil. Diss. Saarland, Saarbrücken 1986, S. 104 ff.

3 So GRASMÜCK (wie Anm. 1), S. 65.

Stelle der aquae et ignis interdictio, deren berühmtestes Opfer wohl Cicero war[4], und des freiwilligen Exils trat in der Kaiserzeit einerseits die Deportation auf ferne Inseln[5], sowie andererseits die relegatio[6], die nur auf gewisse Zeit (maximal zehn Jahre) erfolgte und weder Bürgerrechtsverlust noch Vermögenskonfiskation zur Folge hatte. Wie die von der relegatio Betroffenen ihre Verbannung empfanden, zeigen insbesondere die Verse Ovids, der von Augustus nach Tomi an das Schwarze Meer relegiert wurde[7], und die an die Mutter gerichtete Trostschrift des auf die Insel Korsika relegierten Seneca[8].

Das Mittelalter kannte die wohl als „Abspaltung aus der Friedlosigkeit"[9] entstandene fränkische Verbannung (exilium)[10], die einerseits als Zwangsmittel fungierte, um die Beendigung einer Fehde zu erzwingen, andererseits als Gnadenstrafe gegenüber todeswürdigen Verbrechern. Im Hochmittelalter liefen, wie es Holzhauer[11] formulierte, die „vielfältigen Wurzeln der Verbannung nebeneinander und zusammen". So manifestierte sich die Verbannung zum einen in Form der Verbannung als Strafe, Zwangsmittel oder als politische Maßnahme bei Majestätsverbrechen[12], zum anderen in Form der vielfältig angewendeten Stadtverweisung[13].

---

4 Vgl. dazu ausführlich GRASMÜCK (wie Anm. 1), S. 110 ff., insbes. 114; DERS., Ciceros Verbannung aus Rom. Analyse eines politischen Details, in: Adolf Lippold/Nikolaus Himmelmann (Hrsg.), Bonner Festgabe Johannes Straub zum 65. Geburtstag, Bonn 1977, S. 165–177.

5 Vgl. zur Deportation ausführlich KLEINFELLER, Art. Deportatio in insulam, in: Paulys Real-Encyclopädie der classischen Altertumswissenschaft, neue Bearbeitung, hrsg. von Georg Wissowa, V, Stuttgart 1905, Sp. 231–233.

6 KLEINFELLER, Art. Deportatio in insulam, in: Paulys Real-Encyclopädie der classischen Altertumswissenschaft, neue Bearbeitung begonnen von Georg Wissowa, hrsg. von Wilhelm Kroll/Kurt Witte, 2. Reihe I, Stuttgart 1920, Sp. 564 f.; Franz von HOLTZENDORFF, Die Deportationsstrafe im römischen Altertum hinsichtlich ihrer Entstehung und rechtsgeschichtlichen Entwicklung dargestellt, Neudruck 1975 der Ausgabe Leipzig 1859; DERS., Die Deportation als Strafmittel in alter und neuer Zeit und die Verbrecherkolonien der Engländer und Franzosen in ihrer geschichtlichen Entwicklung und criminalpolitischen Bedeutung, Leipzig 1859; Holger SONNABEND, Deportation im antiken Rom, in: Andreas Gestrich/ Gerhard Hirschfeld/Holger Sonnabend (Hrsg.), Ausweisung und Deportation. Formen der Zwangsmigration in der Geschichte (= Stuttgarter Beiträge zur historischen Migrationsfoschung II), Stuttgart 1995, S. 13–22.

7 Vgl. ausführlich GRASMÜCK (wie Anm. 1), S. 135 ff.

8 Peter MEINEL, Seneca über seine Verbannung. Trostschrift an die Mutter Helvia, Bonn 1972.

9 Heinrich BRUNNER, Abspaltungen der Friedlosigkeit, in: ders., Forschungen zur Geschichte des deutschen und französischen Rechtes, Stuttgart 1894, S. 444–481.

10 Vgl. Heinz HOLZHAUER, Art. Landesverweisung, in: Adalbert Erler/Ekkehard Kaufmann (Hrsg.), Handwörterbuch zur deutschen Rechtsgeschichte II, Berlin 1978, Sp. 1439.

11 Ebd., Sp. 1442.

12 Vgl. z.B. Rudolf HIS, Das Strafrecht der Friesen im Mittelalter, Leipzig 1901, S. 178 f.; HOLZHAUER (wie Anm. 10), Sp. 1141 f.

13 Siehe zur städtischen Verbannungsstrafe bzw. Stadtverweisung etwa Hermann KNAPP, Alt-Regensburgs Gerichtsverfassung, Strafverfahren und Strafrecht bis zur Carolina, Berlin 1914, S. 162 ff.; Theodor HARSTER, Das Strafrecht der freien Reichsstadt Speyer in Theorie und Praxis (= Untersuchungen zur Deutschen Staats- und Rechtsgeschichte LXI), Breslau 1900, S. 93 ff., 181 ff.; Willy SCHEEL, Das alte Bamberger Strafrecht vor der Bambergensis,

Die Stadtverweisung stellte nicht nur die „eigentliche Normalstrafe" der Strafpraxis dar[14], sondern war auch ein polizeiliches „Remedium", das, insbesondere in Form der jährlichen „Stadtauskehr", immer wieder „den anwachsenden Körper der Stadt zu reinigen" hatte[15], weshalb ihr eine „rechtlich-polizeiliche Zwitternatur"[16] zukam[17]. Da die Stadtverweisung nach Zeitdauer[18] und Entfernung[19] beliebig abgestuft werden konnte

---

Berlin 1903, S. 30 ff.; Klaus Peter HERZOG, Das Strafensystem der Stadt Rothenburg ob der Tauber im Spätmittelalter, Jur. Diss., Würzburg 1971, S. 108 ff; Hans Erich GÖGGELMANN, Das Strafrecht der Reichsstadt Ulm bis zur Carolina, Jur. Diss., Tübingen 1984, S. 47 ff.; Maria Theresia WÜSTENDÖRFER, Das Baierische Strafrecht des 13. und 14. Jahrhunderts, München 1942, S. 136 ff.; Edwin MÜLLER, Das Strafrecht der früheren freien Reichsstadt Überlingen nach den Quellen dargestellt, jur. Diss. Freiburg i. Br., Borna-Leipzig 1911, S. 37 ff.; Georg STAHM, Das Strafrecht der Stadt Dortmund bis zur Mitte des XVI. Jahrhunderts (= Deutschrechtliche Beiträge IV/3), Heidelberg 1910, S. 265 f.; Eduard OSENBRÜGGEN, Das Alemannische Strafrecht im deutschen Mittelalter, Schaffhausen 1860, S. 97 ff.; Rolf REUTER, Verbrechen und Strafen nach altem lübischem Recht (Von der Stadtgründung bis zum revidierten Stadtrecht von 1586), in: Hansische Geschichtsblätter LXI (1936), S.59 ff.; Hans-Peter KORSCH, Das materielle Strafrecht der Stadt Köln vom Ausgang des Mittelalters bis in die Neuzeit, Köln 1958, S. 60 ff.; Die Acht-, Verbots- und Fehdebücher Nürnbergs von 1285 bis 1400. Mit einer Einführung in die Rechts- und Sozialgeschichte und das Kanzlei- und Urkundenwesen Nürnbergs im 13. und 14. Jahrhundert (= Quellen und Forschungen zur Geschichte der Stadt Nürnberg II), Nürnberg 1960, passim; zur Strafe der Verbannung in den italienischen Statutarrechten Josef KOHLER, Studien aus dem Strafrecht II, Mannheim 1895, S. 163 ff.

14 So Rudolf HIS, Geschichte des deutschen Strafrechts bis zur Karolina, München/Berlin 1928 (= Handbuch der mittelalterlichen und neueren Geschichte, Abt. III), S. 89.

15 So wurden in Augsburg in der zweiten Hälfte des 14. Jahrhunderts alljährlich im Herbst zwischen 70 und 100 Personen aus der Stadt gewiesen, vgl. z.B. Hans von HENTIG, Die Strafe, I: Frühformen und kulturgeschichtliche Zusammenhänge, Berlin-Göttingen-Heidelberg 1954, S. 99 f., m.w.N. Gleichzeitig wurde aber das umgebende flache Land mit den Verwiesenen beschwert, was ein die Stadträte ständig beschäftigendes „ewiges Hin- und Herfluten des fahrenden Gesindleins" zur Folge hatte, so SCHEEL (wie Anm. 13), S. 31.

16 Reinhold KÖSTLIN, Die Ehrverletzung nach deutschem Rechte, in: Zeitschrift für Deutsches Recht und deutsche Rechtswissenschaft XV (1855), S. 368.

17 Über diese Funktionen wurde die Stadtverweisung aber auch in bürgerlichen Schuldsachen als Zwangs- bzw. Druckmittel eingesetzt, wenn der Schuldner nicht zahlte und die Pfändung ergebnislos blieb. So kannte z.B. Art. 19 des Passauer Stadtrechtes von 1299 die Stadtverweisung nach Verstreichen eines Jahres ab dem ersten Zahlungstermin. Während dieser Frist mußte der Schuldner alle vier Wochen eine Art Offenbarungseid leisten, „daz er und sein husvrow so vil nit haben, da sie vom gelten mugen", siehe WÜSTENDÖRFER (wie Anm. 13), S. 137; vgl. auch z.B. HERZOG (wie Anm. 13), S. 108.

18 Die schärfste Art der Verbannung stellte die ewige Verweisung aus der Stadt – auch Bezeichnungen wie 100 Jahre und 1 Tag waren gebräuchlich, siehe Nachweise bei OSENBRÜGGEN (wie Anm. 13), S. 99, Anm. 98 – dar, also z.B. für Bamberg die Verweisung über Rhein oder Donau (etwa für die Delikte der Bedrohung, des Betruges und der Unterschlagung, des Urfehdebruches und Meineides, der Notzucht, Körperverletzung mit tödlichem Ausgang, des mehrfachen oder auf frischer Tat betretenen Diebstahles, des Diebstahles mit Körperverletzung bzw. am eigenen Herrn bzw. während eines Brandes, der Beihilfe zum Diebstahl, des Raubes, Kartenspiels, Münz- und Falschspiels und des Landesverrates) bzw. über die vier Wälder mit dem Verbot, jemals wieder Bambergisches Gebiet zu betreten (etwa bei Amts-

und kostenfrei war, fand sie nicht nur als primäre[20] und sekundäre[21] gesetzliche, sondern auch als arbiträre Strafe[22] breiteste Verwendung und bot insbesondere Städten oh-

verbrechen, Notzucht, versuchter Kindestötung und bei diversen Diebstählen), vgl. SCHEEL (wie Anm. 13), S. 36 f. Bei der zeitlich befristeten Verweisung variierte die angeordnete Dauer zwischen acht Tagen und 40 Jahren. Oft wurde die Stadtverweisung unbefristet bis auf Widerruf verhängt, sei es, daß die Rückkehr des Verwiesenen von der Gnade der Bürger oder des Landesherrn oder von der Gewährung des Klägers abhängig gemacht wurde, vgl. dazu die Ulmer Formulierung „bis ains Rats Gnad". Auch die Kombination von Verweisung auf bestimmte Zeit und auf unbestimmte Zeit bei Widerruf fand sich in der Form, daß das städtische Recht bzw. das Verweisungsurteil lediglich die Mindestdauer der Verweisung festlegte und den Zeitpunkt der tatsächlichen Rückkehr vom Widerruf des Rates nach Ablauf dieser Mindestdauer abhängig machte (so etwa wurde ein Falschspieler in Ulm ein halbes Jahr der Stadt verwiesen „und da nach alz denne der rat ze rat wirt"), vgl. GÖGGELMANN (wie Anm. 13), S. 49. Auch das Münchner Stadtrecht verwies den Totschläger für zehn Jahre und „darnach als lang hintz der mit dez rates urlaub", evtl. unter Bedingungen, zurückkehren konnte, siehe WÜSTENDÖRFER (wie Anm. 13), S. 138.

19 Die vorgeschriebenen Entfernungen von der Stadt, die der Verwiesene nicht mehr überschreiten durfte, bzw. die Banngrenzen, der Bannbezirk, waren sehr verschieden angesetzt. Entweder wurde eine bestimmte Meilenzahl vorgeschrieben – regelmäßig fanden sich hier die Distanzen von 1, 3, 4, 9, 10, 15 und 20 Meilen – oder man wurde ohne Entfernungsangabe aus den Stadtgrenzen gewiesen. Manchmal wurde nur der Aufenthalt in der Stadt, Vorstadt und Burgfrieden verboten, bisweilen blieb der Aufenthalt in der Vorstadt erlaubt; vgl. SCHEEL (wie Anm. 13), S. 37; GÖGGELMANN (wie Anm. 13), S. 49; OSENBRÜGGEN (wie Anm. 13), S. 100. Weiters wurde manchmal die Verweisung auch auf die befreundeten Nachbarstädte ausgedehnt – so muß 1356 eine Frau schwören nicht nur Speyer, sondern auch Worms, Mainz und Straßburg nicht zu betreten, siehe HARSTER (wie Anm. 13), S. 99 – oder auf das ganze, die Stadt umgebenden Land – so etwa die Verweisung eines Brieffälschers aus dem ganzen „Baiernland", vgl. KNAPP (wie Anm. 13), S. 166. Bei ewiger Verweisung fand sich in Regensburg, Bamberg und Nürnberg häufig die Formulierung einer Verweisung über die vier Wälder, vgl. KNAPP (wie Anm. 13), S. 165, SCHEEL (wie Anm. 13), S. 33. bzw. in Bamberg, Speyer, Ulm und Rothenburg ob der Tauber über den Rhein oder/und die Donau, vgl. SCHEEL (wie Anm. 13), S. 33, HERZOG (wie Anm. 13), S. 109, HARSTER (wie Anm. 13), S. 99, GÖGGELMANN (wie Anm. 13), S. 49. Auch Verbannungen über die vier Wälder *und* über Rhein oder Donau sind belegt, vgl. SCHEEL (wie Anm. 13), S. 34. In Speyer wurde zusätzlich auch über die Mosel, vgl. HARSTER (wie Anm. 13), S. 99, in Ulm überdies über den Lech geschworen, vgl. GÖGGELMANN (wie Anm. 13), S. 49.

20 Die Delikte, die Stadtverweisung primär nach sich zogen, waren vielfältig. So verlor etwa in Regensburg derjenige Burg- und Wohnrecht in der Stadt und wurde aus dieser für ewig verwiesen, welcher die Stadt oder Gemeinde vor fremden Gerichten belangte. Wer sich auf andere Weise zum Schaden der Stadt und ihres Regimentes verhielt, entgegen dem Stadtrecht ein Haus an einen Fremden verkaufte oder gegen die städtischen Satzungen verstieß, wurde mit zeitlicher Verweisung bedroht. Ebenso zogen Vergehungen, Frevelreden und Drohungen wider den Rat die Stadtverweisung nach sich, siehe zu Beispielen solcher Verweisungen KNAPP (wie Anm. 13), S. 160, 162 f. Ähnlich wie in Regensburg erwartet auch in Speyer sowohl denjenigen, der einen Bürger vor ein fremdes Gericht forderte, als auch denjenigen, der sich gegen das Stadtregiment empörte, vorbehaltlich härterer Bestrafung jedenfalls ewige Landesverweisung, vgl. etwa den Schiedsspruch der Speyerer Schwesterstädte Straßburg, Worms, Mainz, Frankfurt und Oppenheim 1330: „Were ez ouch, daz ieman in der stat zu Spire ... unerstunde den rat zu brechenne ... oder sich wider den rat setzen wote unde setzte, der ... sol der rat unde alle burgere zu Spire uf den eyt verwisen von der stat, daz sie niemer

ne Blutbann die Möglichkeit, ohne Einbeziehung des Vogtes gravierendere Delikte mit schwerer Strafe zu ahnden[23]. Zwecks Effektuierung des mit der Stadtverweisung ausgesprochenen Gebietsverbotes war überdies die Ablegung eines Urfehdeeides[24] vorgesehen, mit welchem der Verwiesene beschwören mußte, für die Dauer der verhängten

---

me burger noch sedelhaft werden zu Spire", HARSTER (wie Anm. 13), S. 95 f. Im baierischen Gebiet war nach WÜSTENDÖRFER (wie Anm. 13), S. 139, der Gebrauch der Stadtverweisung hauptsächlich für geringere Delikte nachzuweisen, etwa bei Körperverletzungen, Wucher, Nichtzuhilfeeilen bei Feuergefahr, Holz- oder Geflügeldiebstahl, Verbalinjurien und nur in geringem Maße für schwere Delikte, wie Totschlag, Münzfälschung. Einige baierische Städte verfuhren bei Rückfallstätern mit Stadtverweisung.

21 Häufig war die Stadtverweisung erst sekundär bei Nichterlegung einer Geldstrafe bzw. Buße vorgesehen. So sah etwa das Lübecker Recht von 1240 bei Körperverletzung primär eine Geldstrafe, subsidiär bei Mittellosigkeit eine zehnwöchige Turmhaft bei Wasser und Brot und Verbannung vor: „Weret oc also, dat he van armode dat geld nicht geven ne mochte, he scal dar vore eten brot unde water tein wecken in dem torne, unda darna schal man ene ut der stat wisen, unde he ne mach oc der stat nicht weder kriegen, ane des willen de dar is gelemet", Günter SEGGELKE, Die Entstehung der Freiheitsstrafe (= Strafrechtliche Abhandlungen CCXLII), Breslau 1928, S. 26 f. Weiters verhängte z.B. das Regensburger Gericht die Verbannung bei Nichtbezahlung der Buße für vorschriftswidrigen Mauerbau, vgl. KNAPP (wie Anm. 13), S. 164; in Bamberg sprach das Gericht eine bedingte Verweisung z.B. für den Fall aus, daß ein Schmiedemeister die ihm auferlegte Bußleistung für unbefugte Schlüsselherstellung nicht erbrachte, vgl. SCHEEL (wie Anm. 13), S. 39.

22 Vor allem bei Delikten gegen die Sittlichkeit wurde die Stadtverweisung häufig als arbiträre Strafe verhängt. Insbesondere wurde gegen Prostituierte und Hurenwirte regelmäßig mit Stadtverweisung vorgegangen. Weiters wurden 1376 vier Frauen ewig aus Speyer verwiesen, weil sie zwischen ihren Liebhabern und deren „elichen wiben zweiunge ... und grossen unfriden gemachet hant". 1477 mußten Frauen, die mit einer wegen lesbischer Unzucht im Rhein ertränkten Dirne aus Nürnberg verkehrt hatten, schwören, die Stadt und einen Umkreis von 10 Meilen nie wieder zu betreten, vgl. dazu und anderen Beispielen HARSTER (wie Anm. 13), S. 192, 190, 184 f. Oft angewendet wurde die Stadtverweisung aber auch bei Fällen, wo man von einer Hinrichtung absah. So wird etwa in Regensburg eine des Diebstahls überführte Frau mangels Klage des Bestohlenen auf zehn Meilen verwiesen; eine andere Frau sollte 1475 wegen mehrfachen Diebstahles hingerichtet werden, wegen Fürbitten einflußreicher Personen und ihrer Schwangerschaft wurde sie jedoch nach der Stellung an den Pranger für ewig der Stadt verwiesen; 1482 wurde sogar eine Anstifterin zum Gattenmord unter Androhung des Säckens für immer verwiesen, vgl. KNAPP (wie Anm. 13), S. 165, 168, 187.

23 Vgl. GÖGGELMANN (wie Anm. 13), S. 48.

24 So hatte etwa ein Regensburger Schuster 1443 geschworen, das regensburgische und baierische Gebiet zu meiden, und für den Fall des Urfehedebruchs „sein selbs urteil über sich" gesprochen, nämlich daß er als schädlicher Mann und Meineidiger gelten wollte, vgl. dazu KNAPP (wie Anm. 13), S. 186. Oft wurden auch Bürgen für die Einhaltung der Urfehde gestellt, ebd., S. 167; SCHEEL (wie Anm. 13), S. 38 mit Beispiel eines Revertenten, der nach Ablegung eines neuerlichen Urfehdeeides unter Bürgenleistung seines Sohnes erneut verwiesen wurde; siehe auch Alois NIEDERSTÄTTER, Vorarlberger Urfehdebriefe bis zum Ende des 16. Jahrhunderts. Eine Quellensammlung zur Rechts- und Sozialgeschichte des Landes (= Forschungen zur Geschichte Vorarlbergs VI), Dornbirn 1985, insbes. S. 26 f., 30 ff., 34, 37 f., 40, 46.

Ausweisung den Bannbezirk zu meiden und nicht ohne Erlaubnis zurückzukehren[25]. Kehrte der Ausgewiesene dennoch zurück, so verfiel er der Strafe des Eidbruches[26].

Wenngleich auch Stadtbürger mit der Verweisungsstrafe wegen schwerer Missetaten bedroht waren, so rekrutierte sich allerdings der Großteil der Verwiesenen nicht aus der Bürgerschicht[27], für welche diese Maßnahme freilich aufgrund ihrer wirtschaftlichen und rechtlichen Folgen eine der härtesten Strafen darstellte, da sie den Verlust des Gewerbes bzw. Berufes, eines allfälligen Amtes, jedenfalls aber der Existenzgrundlage zur Folge hatte[28], sondern aus der großen Masse der Fremden, Heimatlosen, Bettler

---

25 In vielen Urteilen wurde, insbesondere bei Verweisungen auf unbestimmte Zeit, bestimmt, daß Bürgermeister, Rat oder dasjenige Gericht, das die Verweisung ausgesprochen hatte, die Rückkehr gestatten müsse. Diese Erlaubnis wurde öfters nur unter Auferlegung bestimmter Verpflichtungen – etwa mußte ein Falschmünzer aus Speyer zwei Jahre lang gegen die Türken dienen, oder es wurde die Rückkehrerlaubnis bei Religionsdelikten nur gegen päpstlichen Brief oder Absolvierung einer Wallfahrt erteilt, siehe HARSTER (wie Anm. 13), S. 100 – auf bestimmte Zeit oder grundsätzlich nur auf Probe erteilt und die Warnung hinzugefügt, daß eine neuerliche Verfehlung eine umso härtere Strafe nach sich ziehen würde, siehe derartige konkrete Fälle bei KNAPP (wie Anm. 13), S. 166, 186. In Ulm mußte der rechtmäßig Zurückkehrende überdies einen Eid ablegen, daß er sich während der Verbannungszeit nicht innerhalb der Banngrenzen aufgehalten habe und einen je nach Verbannungsdauer verschieden hohen Geldbetrag leisten, GÖGGELMANN (wie Anm. 13), S. 52.

26 In Bamberg kam es im Falle eines Urfehdebruches zu einer Verdoppelung der Strafe, aber auch die Todesstrafe fand Anwendung. So wurde 1145 eine auf 20 Jahre verwiesene Frau, die bereits nach drei Jahren wieder zurückgekehrt war, nach Ergreifung beim Diebstahl zuerst gefänglich angenommen und dann ertränkt, siehe SCHEEL (wie Anm. 13), S. 38. In Ulm wurde die Verbannungszeit des zurückgekehrten Totschlägers für jeden Tag, den er unberechtigt in der Stadt verbrachte, um ein Vierteljahr verlängert oder aber der Revertent wurde in Riemen gelegt und nach Ermessen bestraft, vgl. GÖGGELMANN (wie Anm. 13), S. 52. Während die Strafe für den zurückkehrenden Totschläger bereits gesetzlich vorgesehen war, wurden die Strafen für den Bannbruch anderer Verwiesener manchmal bereits im Protokoll des Urfehdeeides festgeschrieben, z.B. „wo brüchig, hat er das Leben verloren". Für Köln sind als Strafen für die verbotswidrige Rückkehr verschieden lange Anhaltungen im Turm bei Wasser und Brot (bei Rückkehr trotz Verweisung wegen Nichtbegleichung der Buße für Friedensbruch, bei Rückkehr nach Verurteilung wegen betrügerischen Bankrotts, bestimmter Münzdelikte u.a.) das Abschlagen der Hand, Abschneiden des Ohres und andere Leibesstrafen, Stellung an den Käx und Auspeitschung, aber auch Todesstrafen (Enthauptung oder bei Frauen Lebendigbegraben, so z.B. bei einer Ehefrau, die mit einem anderen Mann unter Mitnahme von Vermögenswerten des Ehemann davonlief und nach Bestrafung und Stadtverweisung zurückkehrte) nachgewiesen, siehe KORSCH (wie Anm. 13), S. 61. Für Speyer sind die Todesstrafe (hier scheint das Ertränken vorrangig gewesen zu sein, da sich der Verurteilte zumeist schon in der Urfehde dieser Strafe durch das Gelöbnis, nie wieder zurückzukehren „oder man sol in werffen in den Rin", unterworfen hatte) und die halbjährige Gefängnisstrafe dokumentiert, HARSTER (wie Anm. 13), S. 72, 88, 98.

27 Siehe zur Stadtverweisung von Bürgermeistern z.B. KNAPP (wie Anm. 13), S. 163.

28 Falls der Grund der Verweisung entehrend war, wurde der Verbannte überdies mit einer Brandmarkung versehen, z.B. wurde ihm in Speyer das Stadtwappen, das „münser", „an die stirn brennet", vgl. HARSTER (wie Anm. 13), S. 82, wodurch ihm auch der künftige Broterwerb in der Fremde erschwert war.

und dem fahrenden Volk, die man zumeist aus Gründen der öffentlichen Sicherheit aus der Stadt entfernte[29].

In den seit dem 15. Jahrhundert entstandenen Halsgerichtsordnungen nahm die Ausweisung sowohl von Aus- als auch Inländern in der Folge einen zentralen Platz im Strafensystem bis zur Aufklärung ein[30]. So kannte die Constitutio Criminalis Carolina Ausweisung in Form der Landesverweisung, der Verweisung aus der Gegend, dem Gericht, der Stadt, dem Flecken oder Gebiet, und zwar nicht nur als selbständige Hauptstrafe[31], sondern sie verknüpfte die Leibesstrafen des Zunge-, Ohren- oder Fingerabschneidens sowie die Fustigation regelmäßig mit der Ausweisung[32]. Die im 17. und 18. Jahrhundert entstandenen territorialen Halsgerichtsordnungen übernahmen sodann

---

29 Aber auch bei Verstößen gegen gesundheitspolizeiliche Anordnungen, z.B. im Pestfalle, wurden in Köln Stadtfremde der Stadt verwiesen. Kehrten sie zurück, wurden sie schärfer bestraft und nackt aus der Stadt gepeitscht. Bettler wurden überdies bei Rückkehr nach Ausweisung an das Halseisen geschlagen und nackt mit Ruten aus der Stadt gepeitscht, vgl. KORSCH (wie Anm. 13), S. 61.

30 So z.B. die Constitutio Criminalis Bambergensis in Art. 140 (Straff der Procurator, so jren partheyen zu nachteyl geverdlicher williger weyss vnd dem widerteyl zu gut handeln), 146 (Straff des vbels, das in gestalt zwifacher Ee geschicht), 147 (Straff derjhenen, so jre eeweyber oder tochter, durch boss geniess willen, willigklich zu vnkeuschen wercken veranlassen), 148 (Straff der verkuppellung vnd helffen zum eebruch), 152 (Straff derjhenen, so auffrur des volcks machen), 183 (Vom Ersten vnd alllerschlechtesten heymlichen diebstal), 184 (Vom ersten offenlichen diebstal, damit der dieb beschryen wirdt: ist schwerer), 187 (Vom andern diebstal), siehe Josef KOHLER/Willy SCHEEL (Hrsg.), Die Bambergische Halsgerichtsordnung ... (= Die Carolina und ihre Vorgängerinnen. Text, Erläuterungen, Geschichte, hrsg. von Josef Kohler, II), Halle a.S. 1902.

31 Z.B. Art. 113 (Straff der fallscher mit mass, wag vnd kauffmanschafft), 123 (Straff der verkuppelung vnd hellffenn zum ehebruch); siehe Josef KOHLER/Willy SCHEEL (Hrsg.), Die peinliche Gerichtsordnung Kaiser Karls V. Constitutio Criminalis Carolina (= Die Carolina und ihre Vorgängerinnen. Text, Erläuterungen, Geschichte, hrsg. von Josef Kohler, I), Halle a.S. 1900; vgl. auch Wilhelm BREITHAUPT, Die Strafe des Staupenschlags und ihre Abschaffung im Gemeinen Recht, zugleich ein Beitrag zur Geschichte des Zuchthauses, rechtsw. Diss., Jena 1938, insbes. S. 13 ff.; A. BURCKHARDT, Die Ausweisung als Nebenstrafe und sichernde Maßnahme, jur. Diss., Basel 1941, S. 17 ff.

32 Art. 198 CCC: „Merck die Nachvollgende Beschlus einer jedenn Vrtheyll. Abschneydung der Zungen. Offenntlich jnn pranger oder hallsysen gestellt, die zungen abgeschnitten, vnnd darzu biss vff kundtliche erlaubung der oberhandt vss dem Landt verwiesen werden soll. Abhawung der Finger. Offentlich jn Branger gestellt Vnnd darnach die Zween rechte finger, damit er misshanndellt vnd gesundiget hat, Abgehawen, Auch furter dess Lanndts biss vff khundtliche erlaubung der oberkeit verweiset werdenn soll. Oren Abschneiden. Offenntlich jnn Brannger gestellt, bede oren abgeschnittenn Vnndes Lanndts biss vff khundtliche erlaubunge der Oberkeit verweisst werdenn soll. Mitt Ruten ausshawen. Offentlich jnn Pranger gestellt vnd furtter mit Ruten vssgehawen, Auch des Lanndts biss vff khundtlich erlaubung der Oberhandt Verweisst werden soll"; vgl. auch 115 (Straff der procurator, so jrenn partheinn zu Nachteill geferlicher fursatzlicher weise den widerteilln zu gut hanndelln), 127 (Straff der jhennen, so vfrur des vollcks machen), 158 (Vom erstenn offenntlichen diebstall, damit der diebe beschrien wurdt: ist schwerer), 161 (Vonn andern diebstall), 164 (Vonn Jungenn dieben) CCC. Im gemeinen Strafrecht war regelmäßig die Verweisung mit dem Staupenschlag verbunden, vgl. BREITHAUPT (wie Anm. 31), S. 13 ff.

nicht nur zumeist den von der Carolina vorgezeichneten Anwendungsbereich der Verweisungen, sondern dehnten diesen in vielen Fällen sogar beträchtlich aus[33]. Durch die Reichs- und Landespolizeiordnungen sowie einzelne Verordnungen wurden überdies weitere Anwendungstatbestände geschaffen[34].

Schwierigkeiten bereitete der Rechtswissenschaft freilich zu Beginn der frühen Neuzeit die Einordung der Landesverweisung in das System der ordentlichen Strafen[35]; so etwa wurde sie anfänglich unter die Leibesstrafen eingereiht[36], später der neu entstandenen Kategorie der Freiheitsstrafen zugerechnet[37]. Einen weiten Anwendungsbereich fand die Landesverweisung aber nicht nur als ordentliche Strafe, sondern darüberhinaus auch als poena extraordinaria bzw. arbitraria[38] oder als Verdachtsstrafe[39].

---

33 Vgl. für die kursächsischen Konstitutionen HOLZHAUER (wie Anm. 10), S. 1445 f; siehe auch Wolfram PEITZSCH, Kriminalpolitik in Bayern unter der Geltung des Codex Juris Criminalis Bavarici von 1751 (= Münchener Universitätsschriften. Reihe der Juristischen Fakultät VIII), München 1968, S. 63, 81 ff.

34 Siehe dazu Josef SEGALL, Geschichte und Strafrecht der Reichspolizeiordnungen von 1530, 1548 und 1577 (= Strafrechtliche Abhandlungen CXXVIII), Breslau 1941, S. 130 ff.; siehe auch Wilhelm BRAUNEDER, Das Strafrecht in den österreichischen Polizeiordnungen des 16. Jahrhunderts, in: Wege europäischer Rechtsgeschichte, Festschrift für Karl Kroeschell zum 60. Geburtstag, Frankfurt a. M. 1987, S. 1–2; auch Stefan BREIT, „Leichtfertigkeit" und ländliche Gesellschaft. Voreheliche Sexualität in der frühen Neuzeit, München 1991, S. 137 ff.

35 Vgl. dazu Gerd KLEINHEYER, Freiheitsstrafen und Strafen mit Freiheitsentzug, in: Zeitschrift der Savigny-Stiftung/Germanistische Abteilung CVII (1990), S. 102–131; Helga SCHNABEL-SCHÜLE, Die Strafe des Landesverweises in der Frühen Neuzeit, in: Andreas Gestrich/Gerhard Hirschfeld/Holger Sonnabend (Hrsg.), Ausweisung und Deportation. Formen der Zwangsmigration in der Geschichte (= Stuttgarter Beiträge zur historischen Migrationsforschung II), Stuttgart 1995, S. 73 f.

36 So etwa Andreas PERNEDER, Halßgerichtsordnung, Das ist ein Außzug vnd Anzaigung etlicher Malefitzhandlungen, von Peen vnd Straff derselbigen ..., Ingolstadt 1592, Tit. IV, Art. 2, siehe KLEINHEYER (wie Anm. 35), S. 118 f. So auch z.B. die Landgerichtsordnung für Krain von 1535, die sogen. Ferdinandea, die neue peinliche Landgerichtsordnung Ferdinands III für Österreich unter der Enns von 1657, I. Art. 49 § 5, und der bayerische Kriminalkodex von 1751; siehe auch BREITHAUPT (wie Anm. 31), S. 8 f.

37 So die Constitutio Criminalis Theresiana Art. 6 § 9: „Die Straffen, wodurch die Freyheit des Aufenthalts auf einige Zeit, oder für beständig benommen wird, sind ... Gefängniß ...[,] Verweisung aus einem einzelen Orte mit Beylassung der Landeshuld ...[,] Verweisung aus allen Erblanden, welcher auch ... die Verweisung aus einem Erbland gleich zu halten ...[,] Verweisung an ein gewisses Ort, oder Confinirungsstraff"; weiters etwa Karl von GROLMANN, Grundsätze der Criminalrechtswissenschaft, Gießen 1818, S. 72; Paul Johann Anselm von FEUERBACH, Lehrbuch des gemeinen in Deutschland gültigen Rechts, hrsg. von C. J. A. Mittermaier, 14. Aufl. Giessen 1847, S. 251 f.; vgl. auch KLEINHEYER (wie Anm. 35), S. 119 ff.

38 Siehe dazu etwa Benedikt CARPZOV, Practica nova Imperialis Saxonica Rerum Criminalium, Frankfurt a.M. 1658, III, quaestio 149, insbes. n. 43 ff.; vgl. auch BREITHAUPT (wie Anm. 31), S. 22 ff.; KLEINHEYER (wie Anm. 35), S. 127; ausführlich auch August HEGLER, Die praktische Thätigkeit der Juristenfakultäten des 17. und 18. Jahrhunderts in ihrem Einfluß auf die Entwicklung des deutschen Strafrechts von Carpzov ab, Freiburg i. Br. 1899, S. 84 ff.; Peter-Michael HAHN, Die Gerichtspraxis der altständischen Gesellschaft im Zeitalter des „Absolutismus" (= Schriften zur Rechtsgeschichte XLIV), Berlin 1989, S. 149 ff.; Ste-

Trotz des zentralen Stellenwertes, den die Landesverweisung in der frühneuzeitlichen Strafrechtspraxis eingenommen hatte, geriet sie mit dem Beginn des 17. Jahrhunderts, insbesondere was ihre Anwendung auf eigene Untertanen des jeweiligen Staates anbelangte, zunehmend in ein theoretisches und gesetzliches Verfallsstadium[40]. Das späte 17. sowie das 18. Jahrhundert wies folglich nicht nur eine ausgedehnte Verbreitung der Ausweisungsstrafe auf, sondern diese wurde unter dem Vordringen des Besserungs- und Sicherungsgedankens im Strafrecht hinsichtlich Zweck und Sinnhaftigkeit immer deutlicher in Frage gestellt[41]. Häufig verwendete Argumente gegen die Landesverweisung waren in dieser frühen Kritikphase neben mangelnder Effizienz sowie Besserungs- und Sicherungswirkung insbesondere der mögliche Nutzen, den das Ausland aus der

---

fan SUTER, Die Gutachten der Basler Juristenfakultät in Straffällen vom ausgehenden 16. bis zum Beginn des 19. Jahrhunderts (= Basler Studien zur Rechtswissenschaft, Reihe C: Strafrecht, VI), Basel-Frankfurt a.M. 1990, insbes. S. 38 f., 41, 44, 55, 63, 69, 77, 83, 98; Gottfried BOLDT, Johann Samuel Friedrich von Böhmer und die gemeinrechtliche Strafrechtswissenschaft, Berlin-Leipzig 1936, S. 74 f.; Thomas KRAUSE, Die Strafrechtspflege im Kurfürstentum und Königreich Hannover, (= Untersuchungen zur deutschen Staats- und Rechtsgeschichte N.F. XXVIII), Aalen 1991, insbes. S. 115 ff., 151 ff., 179 f., 203 ff., 252; Wilhelm WÄCHTERSHÄUSER, Das Verbrechen des Kindesmordes. Eine rechtsgeschichtliche Untersuchung der dogmatischen, prozessualen und rechtssoziologischen Aspekte (= Quellen und Forschungen zur Strafrechtsgeschichte III), Berlin 1973, passim.

39 Siehe etwa Brigitte THÄLE, Die Verdachtsstrafe in der kriminalwissenschaftlichen Literatur des 18. und 19. Jahrhunderts (= Europäische Hochschulschriften II/1390), Frankfurt a.M. 1993, insb. S. 17, 32, 39, 40, 126, 162.

40 Vgl. dazu BREITHAUPT (wie Anm. 31), S. 25 f., 30 ff.

41 Wenn „in einem Welttheil", so Johann Jacob CELLA, Freymüthige Gedanken über Landesverweisungen, Arbeitshäuser und Bettelschube, Anspach 1784, S. 3, 6, „in dessen Beherrschung sich einige Dutzend miteinander verschwisterte Völkerschaften teilen, oder gar in einem aus mehreren Regenten zusammengesetzten einzelnen Staat wie Teutschland, Landsherren auf eine Menge oft sehr unbeträchtlicher Verbrechen zur Strafe verordnen, daß der Verbrecher ihr Land, dessen Umkreis oft kaum einige Stunden beträgt, räumen solle, dann – dünkt mich – dient diese Strafe zu nichts, als daß man des Jahre über nochgar wohl zu brauchender Inwohner sich aus dem Land, oder einige unverbesserliche Jauner seinem Gränznachbar ins Land jagt ... Ist es eine sogen. ewige Landesverweisung, dann zweifelt man schon ohnehin, daß der Verbrecher je einer Besserung fähig sey, sonst wäre es töricht, ein solches Mitglied auf immer zu verbannen. Ist die Landesverweisung nur auf einige Jahre festgesetzt, dann wird sich doch niemand einbilden, daß der Bursche, Mädchen, Mann oder Weib während den Jahren, da sie meist schutzlos und von keiner aufmerksamen Polizei geduldet, von einer Provinz in die andere herumstreunen, eine bessere Gedenkungsart erlernen werden. Das gewiß nicht, vielmehr zeigt die Erfahrung, daß dergleichen Verwiesene meist in Jaunergesellschaften gerathen, und sich sehr oft in ihr Vaterland als ärgere Tagdiebe ... einzuschleichen wissen; sodaß selbst jener Endzweck, die Entfernung solcher Verbrecher, die Sicherstellung des Landes für selbigen nicht allemal erreicht wird"; auch etwa Johann Christian QUISTORP, Grundsätze des deutschen peinlichen Rechts, I, 4. Aufl. Rostock-Leipzig 1789, S. 152, merkte an, daß die Landesverweisung in einigen Ländern abgeschafft worden sei, weil sie „selten zur Besserung des Verbrechers beyträget, vielmehr ihn noch lasterhafter macht, als er vorher war"; vgl. auch BREITHAUPT (wie Anm. 31), S. 34 ff.; BIEDERMANN, Bemerkungen über Landesverweisung und Urphede, in: Archiv des Criminalrechtes, III/2 (1800), S. 74.

Ausweisung von Landesfeinden ziehen konnte, sowie der Verlust von arbeitskräftigen Bürgern und deren Steuerleistung[42], weshalb es nun verstärkt zu einer Einschränkung der Landesverweisung auf Nicht-Untertanen[43] und zur Favorisierung der Arbeits- und Freiheitsstrafen kam.

So erblickte etwa Johann David Michaelis in den Landesverweisungen „nichts als ein[en] Tausch benachbarter Länder über pestilenzialische Waare“ und „Pflanzschulen“ des Verbrechens[44], und Johann Heinrich Gottlob von Justi hielt die Landesverweisung für eine „Art der Bestrafung, die nichts weniger als der Wohlfarth des Staates gemäß ist. Wenn sie bey dem Ehebruch, bey Todtschlägen ... und bey andern Verbrechen, da noch Besserung zu hoffen ist, verfüget wird; so verlieret das Land nützliche Einwohner“[45]. Auch Karl Ferdinand Hommel[46] meinte in seiner Rede „Principis cura legis“, die er 1765 auf Aufforderung der kursächsischen Regierung vor dem künftigen Landesfür-

---

42 Auch die Praxis erkannte teilweise in der Landesverweisung ein untaugliches Mittel. So bemerkte das Berliner Stadtgericht in einer Eingabe 1747, daß die Landesverweisung, „weil sie durch den Scharffrichter geschiehet, infamiam nach sich ziehet, dieses nicht allein den Eltern und Familien zu einem beständigen Vorwurff gereichen, sondern auch das Vermögen solcher Personen außer Landes gezogen werden würde“, siehe Eberhard SCHMIDT, Die Kriminalpolitik Preußens unter Friedrich Wilhelm I. und Friedrich II. (= Abhandlungen des kriminalistischen Instituts an der Universität Berlin, 3. Folge/I), Berlin 1914, S. 46 f.; siehe dazu auch S. 90 ff.

43 Vgl. BREITHAUPT (wie Anm. 31), S. 23 ff., 53 ff.; PEITZSCH (wie Anm. 33), S. 63, 82 ff.; siehe auch S. 76, 81, 90 ff.; Eberhard SCHMIDT, Entwicklung und Vollzug der Freiheitsstrafe in Brandenburg-Preußen bis zum Ausgang des 18. Jahrhunderts. Ein Beitrag zur Geschichte der Freiheitsstrafe (= Abhandlungen des kriminalistischen Instituts an der Universität Berlin, 3. Folge/II), Berlin 1915, insbes. S. 3, 7 ff.; HEGLER (wie Anm. 38), S. 87 ff.

44 Johann David MICHAELIS, Mosaisches Recht, Frankfurt a.M. 1775, Vorrede zu VI, S. 112 f.: „wir geben dem Nachbar unsere Räuber, Diebe und Vagabonden, und er giebt uns dafür die seinigen: was sind wir nun beide gebessert? und ist er schuldig, unsere Landesverwiesenen anzunehmen? Diese Strafe hat noch dazu meistens den übeln Erfolg, daß sie den vorhin vielleicht nur mittelmäßig bösen moralischen Charakter des Gestraften verschlimmert, denn der Landesverwiesene Dieb kann in der Fremde nicht unterkommen und Brodt verdienen, wo Policey ist, leidet man ihn nicht einmahl, wenn man weiß, wer er ist, er wird sich also in den Wäldern verstecken, da Gesellschaft finden, und so wird aus dem, der einmahl gestohlen hatte, ein vom Diebstahl lebender, ... ein Räuber, werden. Kurz, manche Landesverweisungen sehen wie Recrutirungen der Räuberbanden, oder, wenn noch keine Räuberbanden wären, wie ihre ersten Pflanzschulen aus“.

45 „Bey Bösewichtern aber ist es höchst ungereimt, daß man ihnen die Freyheit giebt, in andern Ländern, und selbst den unserigen, wenn sie sich unter andern Namen in andere Gegenden wenden, von neuem alle Arten von Bosheiten und Schandthaten auszuüben. Überdieß ist es noch sehr zweifelhaftig, ob nach der jetzigen Beschaffenheit der Staaten die Landesverweisung als eine Strafe angesehen werden kann. Die Glückseligkeit der Unterthanen ist nirgends so groß, daß man nicht anderwärts eben so glücklich seyn könnte“, Heinrich Gottlob von JUSTI, Grundsätze der Policeywissenschaft in einem vernünftigen, auf den Endzweck der Policey gegründeten, Zusammenhange und zum Gebrauch Academischer Vorlesungen abgefasset, 3. Aufl. Göttingen 1781, Neudruck Frankfurt a.M. 1969, S. 96.

46 Karl Ferdinand HOMMEL, Principis Cura Legis oder Des Fürsten höchste Sorgfalt: Die Gesetze, aus dem Lat. neu übersetzt und mit kurzen Erläuterungen begleitet von Rainer Polley, Karlsruhe 1975, S. 113 ff.

sten hielt[47]: „Das Gefängnis verdirbt die Sitten und bessert niemanden. Es werden Hände gebunden, die arbeiten könnten; dem Staate wird wenigstens für einen gewissen Zeitraum eine Arbeitskraft entzogen. Wenn aber bereits Gefängnisse, die nicht der Festnahme, sondern der Bestrafung dienen, Mißfallen erregen, wie ungleich schädlicher wirkt sich bei den übrigen leichteren Verbrechen die Landesverweisung für den Staat aus. Der Fürst muß Menschen in sein Land locken und nicht diese vertreiben. Es wäre besser, man verurteilte sie zu Galeerendiensten, zu Arbeiten an öffentlichen Bauten oder im Bergwerk sowie zu anderen leichteren Tätigkeiten[48] ...; die Strafe der Landesverweisung möge selbst in der Verbannung leben. Sie ist ungerecht, weil sie nicht bessert, sondern den Charakter verdirbt. Wenn einem Verwiesenen, der fremder Hilfe, seiner Freunde und seines Vermögens und fast seiner ganzen Kleidung beraubt ist, aufgegeben wird, in eine andere Gegend zu ziehen, was bleibt ihm dann anderes übrig, als daß er sich gleich in den ersten Tagen, gleichsam auf richterlichen Befehl, zu Verbrechern gesellt und aus einem kleinen Dieb nun ein Straßenräuber und Brandstifter wird“[49].

Als Folge der mannigfaltigen Kritik an der Landesverweisung wurde diese Strafe, insbesondere hinsichtlich eigener Untertanen, seit Beginn des 17. Jahrhunderts zunehmend aufgrund einzelner landesfürstlicher Anordnungen durch Freiheits- oder Arbeitsstrafen, vor allem Festungsbau, ersetzt[50]. Immer deutlicher wurde außerdem nun auch

---

47 Vgl. zu Hommel Heinz HOLZHAUER, Art. Hommel, in: Adalbert Erler/Ekkehard Kaufmann (Hrsg.), Handwörterbuch zur deutschen Rechtsgeschichte II, Berlin 1978, Sp. 230 ff., m.w.N.

48 Er führt weiters aus: „Ich kann es gar nicht hören, wenn man einwendet, die Zuchthäuser könnten so viele Verbrecher gar nicht aufnehmen, auch könnten sie ohne erheblichen Kostenaufwand weder errichtet noch erhalten werden. Wenn alles richtig und zweckmäßig geplant und in die Tat umgesetzt wird, so dürften die Zuchthäuser sehr viel Gewinn einbringen. Man lasse sie kosten, was sie wollen; sie sind trotzdem so notwendig, daß man noch weitere bauen müßte, wenn die vorhandenen nicht ausreichten. Soll denn der Landesherr nichts von Amts wegen tun? Irgend jemand wird sagen, faule Glieder müsse man aber doch vom gesunden Körper trennen, damit nicht auch noch der unversehrte Teil Schaden nehme. So machen es die Ärzte. Wenn du aber genau hinsiehst, so wirst Du feststellen, daß sie niemals ein Glied abnehmen, oder schneiden und brennen, wenn es möglich ist, die verdorbenen Säfte in einen Arm, einen Fuß oder einen anderen Körperteil abzuleiten, wo sie weniger schaden können. Was ist aber die Verurteilung zu Arbeiten an öffentlichen Bauten und in Zuchthäusern anderes als eine Ableitung des Blutes der Verbrecher an den passenden Ort?“

49 „Es kommt noch die weitere Ungereimtheit hinzu, daß, wenn wir ... einen Leibeigenen des Landes verweisen, nicht er sondern sein Herr, ein Edelmann, gestraft wird, weil er einen Untertanen verliert. Deshalb habe ich es nicht nur einmal erlebt, daß die Richter ... in den an die Juristenfakultät versandten Strafgerichtsakten eindringlich darum baten, wenn irgend möglich, nicht auf die Strafe der Landesverweisung zu erkennen“.

50 So etwa Friedrich Wilhelm I. 1732: „Weil wir eines Theils nicht gerne sehen, daß unsere Unterthanen, welche sonst ein gutes Leben geführet, oder wobey noch Hoffnung zur Besserung ist, aus unseren Landen verjaget werden, andern Theils auch bedenklich ist, incorrigible Leute denen Benachbarten zuzuschicken; als haben die Urteils Verfasser, an stat der Landesverweisung, etwa auf geschärfte Arbeits- oder andere dem Delicto proportionirliche Strafe zu erkennen“, „Allgemeine Ordnung und Declaration, wie die Inquisitions- und Criminal-Processe in allen Königl. Provintzien und Landen auf das kürtzeste und legalste sollen geführet und prompt zu Ende gebracht werden“ vom 12. Juli 1732 § 5 Nr. 8, in: Christian

zwischen Ausländern und Einheimischen unterschieden und für letztere die Landesverweisung gänzlich abgeschafft, so etwa schon 1709 in Anhalt-Dessau, 1743 in Preußen, 1751 in Bayern, 1756 in Sachsen-Gotha, 1770 in Sachsen, 1788 in Sachsen-Altenburg usw.[51].

Neben der Ausweisung als Strafe wurde die Maßnahme der Ausweisung freilich weiterhin als rein polizeiliches Instrument, insbesondere im Zuge der Bekämpfung von Armut, Vagantenwesen und Prostitution[52], sowie zu konkreten politischen Zwecken eingesetzt[53], in welchem Zusammenhang auch die Protestantenaustreibungen des 17. bis 19. Jahrhunderts[54] zu erwähnen sind, die in dieser Studie allerdings ausgeklammert blei-

---

Otto MYLIUS (Hrsg.), Corpus Constitutionum Marchiarum, II. Theil, III. Abtheilung von Criminal-Sachen etc., Berlin-Halle 1738, Nr. LXVI, S. 159 ff.; vgl. auch BREITHAUPT (wie Anm. 31), S. 53 ff.; KRAUSE (wie Anm. 38), S. 38 ff.

51 Vgl. BREITHAUPT (wie Anm. 31), S. 68, 73, 112, 67, 64; Kurt ROSENBAUM, Die Reichsverweisung des Ausländers im deutschen Strafrecht. Ein Beitrag zum künftigen Reichs-Strafgesetzbuch, Jur. Diss. Frankfurt a.M., Gießen 1927, S. 25 ff.; vgl. für Bayern, wo nach Kreittmayr die Landesverweisung nicht deswegen abgeschafft wurde, „weil die Relegation ... denen bayerischen Landsleuten Nudeln und Knödl halber unverschmerzlich fallt, sondern weil die Erfahrung gibt, daß Relegati mehr dadurch verschlimmert, als gebessert werden", ausführlich PEITZSCH (wie Anm. 33), S. 63, 81 ff. Fallweise wurde aber in Preußen weiterhin darauf zurückgegriffen, wie in einer Verordnung 1764 gegen den Beschädiger einer öffentlichen Straßenlaterne in Berlin und wie in einer Verordnung 1747 gegen Diebe, siehe SCHMIDT (wie Anm. 42), S. 36, 52; siehe auch Ferdinand WILLENBÜCHER, Die strafrechtsphilosophischen Anschauungen Friedrichs des Großen. Ein Beitrag zur Geschichte der kriminalpolitischen Aufklärung im 18. Jahrhundert, jur. Diss. Tübingen, Breslau 1904, S. 36; vgl. auch Helga SCHNABEL-SCHÜLE, Überwachen und Strafen im Territorialstaat. Bedingungen und Auswirkungen des Systems strafrechtlicher Sanktionen im frühneuzeitlichen Württemberg, Weimar-Wien 1997, S. 131 ff.; Jan ZIEKOW, Über Freizügigkeit und Aufenthalt. Paradigmatische Überlegungen zum grundrechtlichen Freiheitsschutz in historischer und verfassungsrechtlicher Perspektive, Tübingen 1997, S. 209.

52 Vgl. z.B. Ernst SCHUBERT, Arme Leute, Bettler und Gauner im Franken des 18. Jahrhunderts (= Veröffentlichungen der Gesellschaft für fränkische Geschichte, Reihe IX: Darstellungen aus der fränkischen Geschichte XXVI), Neustadt a.d. Aisch 1983, insbes. S. 216 ff. und passim; Lotte KOCH, Wandlungen der Wohlfahrtspflege im Zeitalter der Aufklärung, Erlangen 1933, S. 139 ff.; Adalbert NAGEL, Armut im Barock. Die Bettler und Vaganten Oberschwabens, Weingarten 1975, S. 67 ff.; SCHMIDT (wie Anm. 42), S. 62, 67.

53 Vgl. dazu S. 19 und Anm. 88 sowie insbes. S. 379 ff.

54 Siehe zu den Protestantenaustreibungen in Österreich etwa Gerhard FLOREY, Geschichte der Salzburger Protestanten und ihrer Emigration 1731/32 (= Studien und Texte zur Kirchengeschichte, I/2), 2. Aufl. Wien-Köln-Graz 1986; DERS., Bischöfe, Ketzer, Emigranten. Der Protestantismus im Lande Salzburg von seinen Anfängen bis zur Gegenwart, Graz-Wien-Köln 1967, insbes. S. 97 ff; DERS., Protestanten im Lungau und Pinzgau, im Defereggental und am Halleiner Dürrnberg, in: Reformation – Emigration. Protestanten in Salzburg, Katalog der Salzburger Landesausstellung vom 21. Mai–26. Oktober 1981, Schloß Goldegg/Pongau, hrsg. vom Amt der Salzburger Landesregierung, Salzburg 1981, S. 77–84; DERS., Die „Große Emigration", in: ebd., S. 101–108; Peter PUTZER, Konfessionsrechtliche Aspekte der Salzburger Protestantenvertreibung 1731/32, in: ebd., S. 85–90; siehe auch das Literaturverzeichnis zur Geschichte des Protestantismus in Salzburg, in: ebd., S. 320–325; Erich ZÖLLNER, Die Emigration der Salzburger Protestanten, in: ders., Probleme und Aufgaben der österreichischen Geschichtsforschung. Ausgewählte Aufsätze, hrsg. von Heide

ben. Da, wie Carl Welcker[55] polemisch bemerkte, die deutschen Staatsmänner „das Regieren für unmöglich (halten), wenn sie nicht selbst alle deutschen, zum Theil selbst die eigenen Landesbürger, wie Vagabunden beliebig aus Stadt und Land verweisen dürfen", behielten auch die deutschen Staaten des 19. Jahrhunderts bzw. das Deutsche Kaiserreich sowohl das unbeschränkte Ausweisungsrecht von Ausländern als auch die Ausweisungsbefugnisse gegenüber Inländern innerhalb der Landes- bzw. Reichsgrenzen, während des ganzen 19. Jahrhunderts bei[56], wenngleich im Deutschen Reich z.B. die ne-

---

Dienst/Gernot Heiß, Wien 1984, S. 340–347; Gertraud SCHWARZ-OBERHUMMER, Die Auswanderung der Gasteiner Protestanten unter Erzbischof Leopold Anton v. Firmian, in: Mitteilungen der Gesellschaft für Salzburger Landeskunde XCIV (1954), S. 1–85; Alois DISSERTORI, Auswanderung der Deferegger Protestanten 1666–1725 (= Schlern Schriften CCXXV), Innsbruck 1964, inbes. S. 32 ff.; Eckehard SAUSER, Die Zillertaler Inklinanten und ihre Ausweisung im Jahre 1837 (= Schlern Schriften CXCVIII), Innsbruck 1959; Sebastian HÖLZL, Protestanten, Sektierer oder Anarchisten? 427 Zillertaler verließen vor 150 Jahren die Heimat, in: das Fenster. Tiroler Kulturzeitschrift XXI/42 (1987), S. 4159–4163; DERS., Die Zillertaler Protestanten vor 150 Jahren. Dargestellt am Beispiel Brandbergs, in: Tiroler Heimat. Jahrbuch für Geschichte und Volkskunde L (1986), S. 149–173; Werner MALECZEK, Glaube und Heimat. Zur Vertreibung der Zillertaler Inklinanten vor 150 Jahren, in: das Fenster. Tiroler Kulturzeitschrift XXI/42 (1987), S. 4152–4158; Fritz STEINEGGER, Die Protestantenausweisung aus dem Zillertal vor 150 Jahren, in: ebd., S. 4164–4167; Friedrich SCHRAGL, Die Ausweisung der Protestanten aus dem Markte Melk im Zuge der Gegenreformation, in: Unsere Heimat. Monatsblatt des Vereines für Landeskunde von Niederösterreich und Wien XXXIX (1968), S. 71–76; Volker LUTZ, Die Auswanderung der Protestanten vor 1623, in: Mitteilungsblatt des Kulturamtes der Stadt St. Pölten XXI (1972), S. 30–32, 35 f., 39 f., = Amtsblatt der Stadt St. Pölten XLI (1972), S. 250–252, 287 f., 319 f.; Gustav REINGRABNER, Die Verfolgung der österreichischen Protestanten während der Gegenreformation, in: Erich Zöllner (Hrsg.), Wellen der Verfolgung in der österreichischen Geschichte, Wien 1986, S. 52–69; DERS., Protestanten in Österreich. Geschichte und Dokumentation, Wien-Köln-Graz 1981, insbes. S. 119 ff., 138 ff., 165 ff., m.w.N.; Grete MECENSEFFY, Geschichte des Protestantismus in Österreich, Graz-Köln 1956, insbes. S. 71 ff., 90 ff.; Johann LOSERTH, Die Reformation und Gegenreformation in den inneroesterreichischen Laendern im XVI. Jahrhundert, Neudruck 1970 der Ausgabe Stuttgart 1898, insbes. S. 456 ff.

55 Carl WELCKER, Art. Association, in: Carl von Rotteck/Carl Welcker, Das Staats-Lexikon. Encyklopädie der sämmtlichen Staatswissenschaften für alle Stände, I, Altona 1845, S. 746.

56 Von CONTA, Die Ausweisung aus dem Deutschen Reich und aus dem Staat und der Gemeinde in Preußen, Berlin 1904; ROSENBAUM (wie Anm. 51); Hans HAEKER, Die Ausweisung nach der Gesetzgebung des Reichs und Preussens, Jur. Diss., Greifswald 1913; Erich SEIFERT, Die Abschiebung im Armenwesen, Jur. Diss. Leipzig, Freiberg 1911; Karl Wilhelm DAMES, Freizügigkeit und Aufenthalt und deren Beschränkungen nach bayerischem Recht, Jur. Diss. Erlangen, Würzburg 1893; Kurt WOLZENDORFF, Die polizeiliche Landesverweisung im preussischen Staatsrecht, in: Zeitschrift für die gesamte Staatswissenschaft, hrsg. von K. Bücher, LXIV (1908), Heft 1, S. 409–423; Franz von HOLTZENDORFF, Art. 3 der norddeutschen Bundesverfassung und das bestehende Strafrecht bezüglich der Landesverweisung, in: Allgemeine Deutsche Strafrechtszeitung zur Förderung einheitlicher Entwickelung auf den Gebieten des Strafrechts, des Strafprocesses und des Gefängnißwesens, sowie für strafgerichtliche Medicin, VIII (1868), S. 339–362; C. DOEHL, Die Niederlassung innerhalb des Preußischen Staates oder: Das Gesetz vom 31. December 1842 über die Aufnahme neu anziehender Personen nebst seinen Ergänzungen und Erläuterungen und den wichtigsten Be-

ben der Reichs- und der Landesverweisung vorgesehene Ortsverweisung aus Gründen der Armenversorgung im Vergleich zu Österreich deutlich eingeschränkt war[57].

---

stimmungen über Fremden- und Melde-Wesen, unter besonderer Berücksichtigung der für Berlin gültigen Spezial-Bestimmungen, Berlin 1865; H. A. MASCHER, Das Staatsbürger-, Niederlassungs- und Aufenthaltsrecht, sowie die Armengesetzgebung Preußens, Potsdam 1868, insbes. S. 144 ff.; Werner KOBARG, Ausweisung und Abweisung von Ausländern (= Internationalrechtliche Abhandlungen VI), Berlin 1930; William HESSE, Die Aufenthaltsbeschränkungen bestrafter Personen in Deutschland, jur. Diss. Göttingen, Lüneburg 1905; KUTZER, Art. Freizügigkeit, in: Wörterbuch des Deutschen Staats- und Verwaltungsrechts, begr. von Karl von Stengel, 2. Aufl. hrsg. von Max Fleischmann, I, Tübingen 1911, S. 856 ff.; Ulrich SCHLEICH, Art. Aufenthaltsbeschränkung, in: Handwörterbuch der Kriminologie und der anderen strafrechtlichen Hilfswissenschaften, hrsg. von Alexander Elster/Heinrich Lingemann, I, Berlin-Leipzig 1933, S. 63 ff.; Albert von RANDOW, Die Landesverweisung aus Preußen und die Erhaltung des Deutschthums an der Ostgrenze, in: Jahrbuch für Gesetzgebung, Verwaltung und Volkswirthschaft im Deutschen Reich, hrsg. von Gustav Schmoller, X (1896), S. 91–125; Wilhelm BEUTNER, Die Rechtsstellung der Ausländer nach Titel II der preussischen Verfassungsurkunde (= Abhandlungen aus dem Staats, Verwaltungs- und Völkerrecht, hrsg. von Philipp Zorn/Fritz Stier-Somlo, XII/2), insbes. S. 64 ff.; Martin HENNIG, Grundsätze der Fremdenausweisung nach Völkerrecht und Deutschem Staatsrecht unter besonderer Berücksichtigung des Preußischen Ausweisungsrechts, jur. Diss. Breslau, Berlin 1925; Alfred ZORN, Die öffentlich-rechtliche Stellung der Ausländer im Deutschen Reich unter Berücksichtigung des preußischen Landesrechts, jur. Diss., Greifswald 1916, insbes. 81 ff.; Karl von WÄCHTER-SPITTLER, Austritt und Ausstoßung aus dem Staatsverband. Die Entwicklung vom Zwang zur Freiheit, besonders in Württemberg, jur. Diss. Gießen, Tübingen 1912; ZIEKOW (wie Anm. 51).

57 Siehe zur Literatur betreffend das deutsche Armenversorgungswesen bzw. den sogen. Unterstützungswohnsitz Anm. 236.

I. ABSCHNITT

Die Hauptformen des Ausweisungsrechtes in ihrer historischen Entwicklung

Teil A
Das Ausweisungsrecht in der Habsburgermonarchie

I. Grundfragen des Ausweisungsrechtes

1. Völkerrechtliche Zulässigkeit

A. Ausländer

Nach den Grundsätzen des älteren Völkerrechts stand es jedem einzelnen Staat frei, aufgrund seiner territorialen Souveränität Anordnungen zu treffen, ob[58] und unter welchen Bedingungen[59] Ausländern der Aufenthalt auf seinem Gebiet gestattet werden sollte. Prinzipiell hing es daher vom freien Ermessen der Staatsgewalt ab[60], ob sie über-

---

58 Vgl. z.B. Carl WELCKER, Art. Gastrecht, in: Carl von Rotteck/Carl Welcker, Das Staats-Lexikon. Encyklopädie der sämmtlichen Staatswissenschaften für alle Stände, V, Altona 1847, S. 377 f.; Friedrich SAALFELD, Handbuch des positiven Völkerrechts, Tübingen 1833, S. 67 f.; Friedrich MARTENS, Völkerrecht. Das internationale Recht der civilisirten Nationen, dt. Ausgabe von Carl Bergbohm, 2 Bde., Berlin 1883/1886, I, S. 339; Franz von LISZT, Das Völkerrecht systematisch dargestellt, 12. Aufl. bearb. von Max Fleischmann, Berlin 1925, S. 179 f.; Karl von MARTINI, Allgemeines Recht der Staaten. Zum Gebrauch der öffentlichen Vorlesungen in den k.k. Staaten, Wien 1799, S. 53.

59 Es wurde völkerrechtlich allgemein anerkannt, daß der Staat Bedingungen aufstellen könne, unter denen er den Eintritt in das Gebiet des Staates gestattete, seien es materielle Voraussetzungen (Selbständigkeit im rechtlichen und wirtschaftlichen Sinn, Unbescholtenheit, Besitz von Wirtschaftsgütern etc.), seien es formelle Voraussetzungen (Legitimationspapiere, Gesundheitspässe etc.). Gleichfalls konnte die Zulassung auch räumlich beschränkt werden (etwa durch Konfination); vgl. Felix STOERK, Staatsunterthanen und Fremde, in: Handbuch des Völkerrechts, hrsg. von Franz von Holtzendorff, II: Die völkerrechtliche Verfassung und Grundordnung der auswärtigen Staatsbeziehungen, Hamburg 1887, S. 640; Robert von MOHL, Art. Paßwesen, in: Carl von Rotteck/Carl Welcker, Das Staats-Lexikon. Encyklopädie der sämmtlichen Staatswissenschaften für alle Stände, X, Altona 1848, S. 500 f.; WELKKER (wie Anm. 58), S. 379.

60 Die Abweisung von Fremden gehörte nach z.B. Emer de Vattel oder Christian Wolff zu den „inneren Angelegenheiten", sogen. anglo-amerikanische Auffassung, vgl. Karl DOEHRING, Art. Abweisung, in: Wörterbuch des Völkerrechts, begr. von Karl Strupp, 2. völlig neu bearb. Auflage, hrsg. von Hans-Jürgen Schlochauer, I, Berlin 1960, S. 10.

haupt einen Fremden als Gast bei sich aufnehmen wollte oder ob sie Fremde abwies (Abweisung, renvoi). Schon Francisco de Vitoria und Hugo Grotius folgerten allerdings aus dem Ziel eines friedlichen Zusammenlebens und Zusammenwirkens der Staaten die Pflicht, Fremde zuzulassen[61]. So erachtete etwa Friedrich Murhard die Ausweisung von Fremden nur bei Vorliegen eines vernünftigen Grundes, nicht aber nach Willkür für zulässig[62]. Auch Johann C. Bluntschli erklärte die von der absoluten Souveränität des Staates ausgehende Berechtigung zum potentiellen Ausschluß aller Fremden für veraltet, da der „Schutz des friedlichen Verkehrs innerhalb der Menschheit ... eine Pflicht des civilisirten Völkerrechts“ sei[63], weshalb das „heutige Völkerrecht“ diese Abschließung nicht mehr dulde. Kein Staat sei daher berechtigt, „den Fremden überhaupt die Betretung seines Gebiets zu untersagen und sein Land von dem allgemeinen Verkehr abzusperren“, vielmehr sei jeder Staat nur dazu berechtigt, „einzelnen Fremden aus Gründen sowohl des Rechts als der Politik den Eintritt in sein Land zu untersagen“[64]. Ebenso aber war nach Bluntschli der „inländische Stat [sic] berechtigt, aus öffentlichen Gründen einzelne Fremde, welche sich nur vorübergehend in seinem Lande aufhalten, aus seinem Gebiete wegzuweisen“[65]. Stoerk[66] hielt allerdings die sogenannte ältere Lehre des unbedingten freien Ermessens für „weitaus consequenter und der Wirklichkeit entsprechender“ als die von Bluntschli aufgestellten Grundsätze und bezweifelte insbesondere die von Bluntschli behauptete diesbezügliche Änderung innerhalb der europäischen Staatenpraxis.

Robert Mohl[67] erklärte es „für einen barbarischen Grundsatz“, „wenn auf die Grundlage der absoluten Souveränetät hin jedem Staate das unbedingte Recht zugesprochen werden will, Fremde nach Belieben zuzulassen oder auszuschließen“. Die „künstlich gezogenen Striche auf der Landkarte“ könnten „kein grundsätzliches Hinderniß

---

61 Sogen. kontinentale Auffassung, vgl. DOEHRING (wie Anm. 60), S. 10; vgl. auch Adolf F. SCHNITZER, Art. Fremdenrecht, in: Wörterbuch des Völkerrechts, begr. von Karl Strupp, hrsg. von Hans-Jürgen Schlochauer, I, Berlin 1960, Sp. 566.

62 Friedrich MURHARD, Was gebieten in einem konstitutionellen Staate Recht und Politik hinsichtlich der Behandlung der Fremden?, Kassel 1831.

63 Johann Caspar BLUNTSCHLI, Das moderne Völkerrecht der civilisirten Staaten. Als Rechtsbuch dargestellt, 3. Aufl. Nördlingen 1878, S. 223: „Die ältere Lehre von der Souveränetät [sic]des States [sic] ausgehend, folgerte daraus die Berechtigung der Statsgewalt, alle Fremden auszuschließen. Aber die Staten sind Glieder der Menschheit und deshalb verpflichtet, die Verbindung der Menschen zu achten, und ihre Souveränetät ist kein absolutes Recht, sondern ein durch das Völkerrecht beschränktes Recht.“

64 Ebd., Art. 381 f.: „Die Ausschließung bedarf der Motivirung mit Gründen der statlichen Ordnung und Sicherheit oder des öffentlichen Wohls. Sonst wäre sie im Widerspruch mit dem völkerrechtlichen Grundsatz des freien Verkehrs. Die Beurtheilung der Gründe steht aber bei dem State, der innerhalb seines Gebiets die Statshoheit auszuüben berufen ist“.

65 Art. 383, ebd. Hatten sie dort aber einen festen Wohnsitz erworben, genossen sie auch „den damit verbundenen erhöhten Rechtsschutz“, siehe auch Art. 384: „Wird ein gehörig legitimirter Fremder ohne Grund verhindert, das Land zu betreten oder grundlos oder in ungebührlicher Form weggewiesen, so ist sein Heimatstaat veranlasst, wegen Verletzung des völkerrechtlichen Verkehrs Beschwerde zu führen und je nach Umständen Genugthuung zu fordern“, ebd., S. 224.

66 STOERK (wie Anm. 59), S. 640.

67 Zitiert nach STOERK (wie Anm. 59), S. 647, Anm. 4.

sein, die von dem Schöpfer der Weltordnung gestellte Aufgabe des Daseins zu erreichen"[68]. Als „thatsächlich und rechtlich unmöglich" erachtete es Joseph Pözl[69], daß sich „ein Staat völlig abschließe und den Unterthanen fremder Staaten den Zutritt schlechthin versage", da sich ein solcher Staat „damit selbst auch vom Genusse des Völkerrechts ausschließen" würde. Sobald sich ein Staat, so Pözl, „als ein Glied des europäischen Staatensystems bekennt und das Völkerrecht überhaupt für sich anruft, muß er auch die Konsequenzen hievon - die rechtliche Gleichheit der übrigen Staaten und die ihnen gebührende Achtung u.s.f. - gegen sich gelten lassen"[70].

Als opinio communis außer Streit stand die Anerkennung des Grundsatzes vom Selbsterhaltungsrecht des Staates. Gegebenenfalls konnte es daher ein Erfordernis der Selbsterhaltung des Staates sein, die Einreise von Fremden zu verhindern, wenn ansonsten das Bestehen oder die gedeihliche Entwicklung des Gemeinwesens in Zweifel gestellt war[71]. So war etwa nach Emer de Vattel[72] jede Nation berechtigt, „einem Fremden die Einreise in ihr Land zu verweigern, wenn mit ihr eine offensichtliche Gefahr oder ein beträchtlicher Schaden für das Land verbunden" war, denn das, „was die Nation sich selbst schuldig ist, die Sorge für ihre eigene Sicherheit, gibt ihr dieses Recht". Nach Stoerk vermochte eine solche Verweigerung zwar den „Charakter der Strenge, der Unbilligkeit an sich tragen", sie könne aber „in keinem Falle formell ungerecht genannt werden"[73]. Gegen Ende des 19. Jahrhunderts war jedenfalls die völkerrechtliche Pflicht zur Duldung von Fremden unumstritten, ohne daß dieser allerdings ein Recht auf unbeschränkten Aufenthalt gegenüberstand[74].

---

68 Vgl. dazu auch WELCKER (wie Anm. 58), S. 376.

69 Joseph von PÖZL, Art. Fremde, Fremdenrecht, in: Johann Caspar Bluntschli/Karl Brater (Hrsg.), Deutsches Staats-Wörterbuch, III, Stuttgart-Leipzig 1858, S. 760 f.

70 Würde ein Staat nur den Untertanen eines bestimmten Staates den Eintritt verbieten, „so enthielte dies eine Beleidigung für den letzteren, wofür Genugthuung verlangt werden könte", weshalb solche Verbote nur gegen Staaten Anwendung finden könnten, mit welchen „Feindseligkeiten schon ausgebrochen sind, oder doch auszubrechen drohen, als Sicherungsmaßregel vor Verrath oder wohl auch als Repressalie".

71 STOERK (wie Anm. 59), S. 640; vgl. auch LISZT (wie Anm. 58), S. 180.

72 Emer de VATTEL, Le droit des gens ou principes de la loi naturelle (1758), dt. Übersetzung von Wilhelm Euler (= Die Klassiker des Völkerrechts III), Tübingen 1959, § 230, S. 151.

73 Der Heimatstaat der von einer solchen Maßnahme betroffenen Person könne nur „die Beschränkung des friedensrechtlichen internationalen Verkehrs rügen" oder zum Mittel der Retorsion greifen, STOERK (wie Anm. 59), S. 644.

74 A. HEINRICHS, Deutsche Niederlassungsverträge und Übernahmeabkommen, Berlin 1908, S. 3; Alfred von OVERBECK, Niederlassungsfreiheit und Ausweisungsrecht. Dargestellt auf der Grundlage des deutsch-schweizerischen Vertrages vom 31. Mai 1890. Eine Untersuchung über die öffentlichrechtliche Stellung des Ausländers (= Freiburger Abhandlungen aus dem Gebiete des öffentlichen Rechts, hrsg. von Woldemar von Rohland/Heinrich Rosin/Richard Schmidt, X), Karlsruhe 1907, 6 f.; Conrad BORNHAK, Die Ausweisung fremder Staatsangehöriger vom völkerrechtlichen und staatsrechtlichen Standpunkte, in: Festgabe für Heinrich Dernburg zum fünfzigjährigen Doktorjubiläum, Berlin 1900, S. 107; Peter Martin TRAUTVETTER, Die Ausweisung von Ausländern durch den Richter im schweizerischen Recht, Winterthur 1957, S. 1.

Dementsprechend wurde auch die Ausweisung (expulsion) von Fremden völkerrechtlich grundsätzlich anerkannt. Nach Holtzendorff[75] beruhte das Ausweisungsrecht „sowol auf dem Bedürfniß des Rechtsschutzes und der Selbsthülfe gegenüber dem Ausland als auch auf dem Sicherheitsinteresse der Staaten". Sobald also der Aufenthalt eines Fremden „schädlich wird oder zu werden droht"[76], stand es dem Staat frei, den Ausländer auszuweisen, wenngleich die Ausweisung nicht willkürlich sein durfte. Rechtlich allgemein anerkannt war die allgemeine Ausweisung (Xenelasie) von Fremden bzw. Angehörigen des feindlichen Staates im Falle eines Krieges[77], selbst wenn sie in Massen erfolgte, wie etwa die von Frankreich im Krieg von 1870 gegen ca. 100.000 Deutsche durchgeführte Maßnahme[78], die nach Holtzendorff[79] „zwar nach der neueren Praxis des Völkerrechts unbillig", „grausam und hart, aber nicht völkerrechtswidrig" gewesen sei. Eine allgemeine Ausweisung von Fremden bzw. Angehörigen eines fremden Staates in Friedenszeiten wurde hingegen als nicht mit der gegenseitigen Achtung der Staaten und dem Recht friedlichen Verkehrs unter den Staaten vereinbar erachtet[80].

Während die Staatenpraxis für Friedenszeiten eine Ausweisung von einzelnen Fremden, unabhängig davon, ob diese ungehindert zugelassen worden waren und im Aufenthaltsstaat einen Wohnsitz begründet hatten, bereits aus Gründen des öffentlichen Wohls für gerechtfertigt erachtete und demnach nur eine Ausweisung ohne allen Grund eine Verletzung des Völkerrechts darstellte[81], verlangte die Völkerrechtsdoktrin darüberhinaus eine Einschränkung der willkürlichen Ausweisung eines Fremden auf das Vorliegen bestimmter Gründe[82]. Da es nämlich der jeweiligen Staatsregierung allein

---

75 Franz von HOLTZENDORFF, Art. Ausweisung der Fremden, in: ders. (Hrsg.), Rechtslexikon (= Encyklopädie der Rechtswissenschaft in systematischer und alphabetischer Bearbeitung, 2. Teil) I, 3. Aufl. Leipzig 1880, S. 215.

76 Alphons RIVIER, Lehrbuch des Völkerrechts, 2. Aufl. Stuttgart 1899, S. 198.

77 Siehe KAYSER/E. LOENING, Art. Ausweisung, in: Handwörterbuch der Staatswissenschaften, hrsg. von J. Conrad/W. Lexis/L. Elster/Edg. Loening, II, 3. gänzlich umgearb. Aufl., Jena 1909, S. 314; Karl DOEHRING, Art. Ausweisung, in: Wörterbuch des Völkerrechts, begr. von Karl Strupp, 2. völlig neu bearb. Auflage hrsg. von Hans-Jürgen Schlochauer, I, Berlin 1960, Sp. 132; Hans von FRISCH, Das Fremdenrecht. Die staatsrechtliche Stellung der Fremden, Berlin 1910, S. 161 ff.

78 So J. SPIROPULOS, Ausweisung und Internierung feindlicher Staatsangehöriger, Leipzig 1922, S. 46, 60 f.; siehe dort, S. 46 ff., auch andere Beispiele.

79 HOLTZENDORFF (wie Anm. 75), S. 215; vgl. dazu auch MARTENS (wie Anm. 58), S. 487.

80 HOLTZENDORFF (wie Anm. 75), S. 215; Art. Ausweisung (polizeil.), in: Österreichisches Rechts-Lexikon. Praktisches Handwörterbuch des privaten und öffentlichen Rechtes der im Reichsrathe vertretenen Königreiche und Länder, hrsg. und redigiert von Friedrich Duschenes/Wenzel Ritter von Belsky/Carl Baretta, 4 Bde., Prag 1894–1898, I, S. 259; zum Problem, wann „mehrere Einzelne zu einer Gesammtheit" werden, siehe BORNHAK (wie Anm. 74), S. 110; vgl. auch KOBARG (wie Anm. 56), S. 36 ff.

81 So explizit das Österreichische Rechts-Lexikon (wie Anm. 80), S. 259.

82 Vgl. Alexis MARTINI, L'expulsion des étrangers. Etude de droit comparé, Paris 1909, S. 54 ff.; FRISCH (wie Anm. 77) 163 ff.; Ludwig von BAR, L' expulsion des étrangers, in: Journal du droit international privé, publié par Eduard Clunet, XIII (1886), S. 8 f.; J. LANGHARD, Das Recht der politischen Fremdenausweisung mit besonderer Berücksichtigung der Schweiz, Leipzig 1891, S. 76 ff.; Huldreich WIDMER, Die Landesverweisung als Mittel der Verbrechensbekämpfung (unter besonderer Berücksichtigung des schweizerischen Rechtes),

oblag, darüber zu erkennen, ob eine Ausweisung aus Gründen der öffentlichen Ordnung und Sicherheit für notwendig erachtet werde, war „unleugbar" die Möglichkeit gegeben, „in willkürlicher und harter Weise gegen Fremde zu verfahren oder jeden Fremden auszuweisen, dessen Aufenthalt im Lande aus irgendeinem Grunde der Behörde nicht angenehm" war. Es war, so Kayser/Loening[83], „selbst nicht ausgeschlossen, daß das Ausweisungsrecht dazu benützt wird, privaten Zwecken zu dienen, die persönliche Rachsucht zu befriedigen oder die einheimischen Gewerbetreibenden und Kaufleute von erfolgreichen Konkurrenten zu befreien".

Für Robert Mohl war als Ausweisungsgrund nicht nur „unzweifelhaft", daß Ausländer durch eine „schwere im Lande begangene Gesetzesübertretung ihre Gefährlichkeit nachgewiesen" hatten, sondern er erachtete die Ausweisung u.a. auch gegenüber Personen für zulässig, von deren Anwesenheit der Aufenthaltsstaat „Nachteile und Gefahr zu befürchten hätte", wie dies beispielsweise bei politischen Flüchtlingen und „Sendboten von Religionsparteien, welche mit den diesseitigen Gesetzen unvereinbar" waren, der Fall sei[84]. Nach Holtzendorff[85] waren als ausreichende Gründe für eine Ausweisung die „Gefährdung der äußeren Sicherheit durch ein feindliches Auftreten des Ausgewiesenen gegen seine oder eine fremde Regierung"[86] anzusehen, die „Besorgniß einer von dem ausgewiesenen Ausländer drohenden Rechtsstörung gegen den ausweisenden Staat"[87], die Schädigung „wohlbegründeter Staatsinteressen" durch den Ausgewiesenen, ohne daß deren Verletzung in den Strafgesetzen „geradezu verboten sein brauchte" - worunter Holtzendorff die Wegweisung völlig vermögensloser, erwerbsunfähiger oder geisteskranker Personen, „deren sich ein Nachbarstaat durch Fortsendung entledigt hatte", die Ausweisung von Verbrechern, welche im Ausland bestraft worden waren, sowie solcher Personen, welche „in fraudem legis die Naturalisation in einem fremden Staate nachsuchten, um sich dem Militärdienste in ihrem ehemaligen Staatswesen zu entziehen und hinterher doch in demselben domicilirt bleiben", subsumierte - und die „Abwehr eines vom Ausland begangenen Unrechts im Wege der Repressalie oder Retorsion". Da nicht „jede unbestimmte Beschwerde gegen eine auswärtige Regierung" ausreichte, um einen „in das Verkehrs- und Erwerbsleben der Einzelnen tief eingreifenden Schritt zu rechtfertigen", wurde nach Holtzendorff etwa die Ausweisung tessinischer Untertanen aus Lombardo-Venetien durch die österreichische Regierung wegen politischer Differenzen zwischen der Schweiz und Österreich 1852 allgemein als ungerechtfertigt angesehen[88].

---

jur. Diss. Zürich, Weida i. Thür. 1922, S. 27 ff., 76 ff.; HAEKER (wie Anm. 56), S. 43 ff.; KOBARG (wie Anm. 56), S. 27 ff.

83 KAYSER/LOENING (wie Anm. 77), S. 317.

84 Robert von MOHL, System der Präventiv-Justiz oder Rechts-Polizei (= Die Polizei-Wissenschaft nach den Grundsätzen des Rechtsstaates III), 3. Aufl. Tübingen 1866, S. 107 ff.

85 HOLTZENDORFF (wie Anm. 75), S. 215 f.

86 Wo das Asylrecht der Auslieferung entgegenstehe, der Aufenthalt eines Flüchtlings aber für die Nachbarstaaten bedrohlich sei, könne nach Holtzendorff entweder mit Entfernung von der Grenze, also Internierung oder Ausweisung, vorgegangen werden.

87 Wie z.B. die Werbung von Truppen für den Dienst einer fremden Macht.

88 Die radikale und antiklerikale Tessiner Regierung hatte 1852 geistliche Seminare, die unter der Verwaltung der Erzbischöfe von Mailand und Como standen, aufgehoben und 22 lom-

1892 hatte das Institut de Droit International nach mehrjährigen Verhandlungen den Versuch gemacht, in seinen règles internationales sur l'admission et l'expulsion des étrangers[89] die Grundsätze über Abweisung[90] und Ausweisung der Fremden zusammenzufassen. Nach den Vorschlägen des Instituts bedurfte, abgesehen von Krieg und Staatsnotstand, die Ausweisung ganzer Kategorien von Fremden in höherem Ausmaß rechtfertigender Gründe als die Ausweisung einzelner Personen. Bei der Ausweisung einzelner Personen sollte einerseits eine Unterscheidung vorgenommen werden zwischen solchen, die bereits niedergelassen waren und solchen, die sich nur vorübergehend im Staatsgebiet aufhielten, und andererseits bei besonderen Härten auf die persönlichen Verhältnisse Rücksicht genommen werden. Für völkerrechtlich zulässig erachtete das Institut eine Ausweisung bei illegaler Einreise, bei Krankheiten, die eine Gefahr für die öffentliche Gesundheit darstellen konnten, bei Landstreicherei, Obdachlosigkeit und Geschlechtskrankheiten, bei rechtskräftigen Verurteilungen wegen Straftaten, die eine Auslieferung rechtfertigen würden, bei Angriffen auf fremde Staaten oder Souveräne[91] sowie bei Gefährdung der Staatssicherheit, insbesondere im Kriegsfall. Ihrer Zeit weit

---

bardische Kapuziner ausgewiesen. Als Folge darauf wurden am 16. Februar 1852 sämtliche in der Lombardei angesiedelte Tessiner angewiesen, das Land innerhalb von 24 Stunden, spätestens aber innerhalb von drei Tagen zu verlassen. Es war dies gewissermaßen eine Fortsetzung des österreichisch-tessinischen Konfliktes, der 1848 damit begann, daß das Tessin zahlreiche Kämpfer für die italienische Republik als Flüchtlinge aufnahm, woraufhin Radetzky am 18. September 1848 alle Tessiner aus Lombardo-Venetien auswies; vgl. dazu und zur Lösung des Konfliktes Ernst GAGLIARDI, Geschichte der Schweiz von den Anfängen bis zur Gegenwart, III: Vom Zusammenbruch des Ancien Régime bis zur Gegenwart, 2. Aufl. Zürich-Leipzig 1937, S. 1412 ff., 1461 ff.

89 „Régles internationales sur l'admission et l'expulsion des étrangers proposées par l'Institut de droit international et adoptées par lui à Genève, le 9 septembre 1892", siehe zu diesen Regeln: Annuaire de l'Institut de Droit International XII (1893–1894), Paris 1894, S. 218 ff.; siehe zu den Verhandlungen: Annuaire de l'Institut de Droit International X (1888–1889), Paris 1889, S. 227–246; XI (1889–1892), Paris 1892, S. 273–320; XII (1893–1894), Paris 1894, S. 184 ff.; auch A. von ORELLI, Das Recht der Ausweisung, in: Zeitschrift für die gesamte Strafrechtswissenschaft IX (1889), S. 538–542.

90 Die Grundsätze, die diesbezüglich in den Resolutionen des Instituts proklamiert wurden, waren erstaunlich modern, und Karl DOEHRING, Der Beitrag des Institut de Droit International zur Entwicklung des völkerrechtlichen Fremdenrechts, in: Wilhelm Wengler (Hrsg.), Justitia et Pace. Festschrift zum 100jährigen Bestehen des Institut de Droit International, Berlin 1974, S. 21, meint sogar, daß die „Praxis des Völkerrechts seither Rückschritte zu verzeichnen" gehabt hätte. So stellte das Institut als Prinzip für die Abweisung von Fremden auf, daß die nationalen Regelungen publiziert werden sollten und nicht auf reiner Willkür beruhen dürften, sondern zumindest durch das öffentliche Interesse, z.B. Überfremdung, völlig abweichende Sitten der Fremden, Seuchengefahr etc., gerechtfertigt werden müßten. Den Schutz nationaler Arbeitsplätze erachtete das Institut als keinen zulässigen Grund für die Abweisung von Fremden.

91 In einem derartigen Fall sprachen HAEKER (wie Anm. 56), S. 25, und KOBARG (wie Anm. 56), S. 40, im Anschluß an Martens, dem Generalsekretär des Instituts de Droit International, von einer „völkerrechtlichen Pflicht" der Ausweisung.

voraus war die Forderung, daß in jedem Ausweisungsfall Gerichtsschutz gegen die Ausweisung gewährt werden sollte[92].

Umstritten war die Frage, ob nach völkerrechtlichen Grundsätzen die ausweisende Regierung verpflichtet war, in Friedenszeiten die Gründe der Ausweisung mitzuteilen. Nicht verpflichtet war nach vorherrschender Meinung die ausweisende Regierung jedenfalls, dem Ausgewiesenen die Gründe für seine Ausweisung mitzuteilen, da das Völkerrecht nur Staaten verpflichte[93] und durch eine völkerrechtswidrige Ausweisung nicht der willkürlich Ausgewiesene, sondern nur dessen Heimatstaat verletzt werde[94]. Die Regierung, die einen Ausländer auswies, schuldete nach Holtzendorff[95] jedoch „mindestens der betheiligten auswärtigen Regierung Auskunft über die Gründe der von ihr verhängten Maßregel“[96]. Nach Heinrichs[97] konnte die Befugnis der Heimatregierung eines Ausgewiesenen, die Angabe der Gründe zu fordern, außerdem nicht bestritten werden, wenn ein Niederlassungsvertrag mit dem ausweisenden Staat vorlag, weil damit die Möglichkeit gegeben war, zu prüfen, ob sich der ausweisende Staat innerhalb der vertragsmäßigen Bestimmungen gehalten hatte.

Da das Ausweisungsrecht darauf beruhte, daß dem Fremden weder ein Recht auf Aufenthalt in einem fremden Staat überhaupt, noch auch ein Recht auf dauernde Aufenthaltnahme mangels einer völkerrechtlichen Niederlassungsfreiheit zustand, konnte dieses – über den Versuch der Völkerrechtswissenschaft hinaus, die Gründe für eine Ausweisung zu präzisieren – auch durch nationales Recht[98] oder bilaterale Verträge eingeschränkt werden. Durch Niederlassungsverträge[99] wurde daher Ausländern unter

---

92 Wobei allerdings bis zur Erledigung des Verfahrens eine „vorläufige“ Ausweisung zulässig sein sollte, vgl. DOEHRING (wie Anm. 90), S. 23.

93 Vgl. z.B. BORNHAK (wie Anm. 74), S. 110; Österreichisches Rechts-Lexikon (wie Anm. 80), S. 259.

94 Ebenso konnte auch die im einzelnen Fall oder im großen Ausmaß betriebene Verletzung der comitas gentium nur vom Heimatstaat des/der Ausgewiesenen als „Beschränkung des friedensrechtlichen internationalen Verkehrs“ gerügt und allfällig mit Retorsion geahndet werden, vgl. STOERK (wie Anm. 59), S. 644 f.; anderer Ansicht KOBARG (wie Anm. 56), S. 36, m.w.N.

95 HOLTZENDORFF (wie Anm. 75), S. 215.

96 Vgl. auch DOEHRING (wie Anm. 77), S. 130; so auch RIVIER (wie Anm. 76), S. 198.

97 HEINRICHS (wie Anm. 74), S. 4; vgl. auch LANGHARD (wie Anm. 82), S. 88.

98 So hatte etwa das nationale belgische oder das anglo-amerikanische Recht des 19. Jahrhunderts die Ausweisung stark eingeschränkt, vgl. FRISCH (wie Anm. 77), S. 155 ff.; BORNHAK (wie Anm. 74), S. 111 f, 114 f.; STOERK (wie Anm. 59), S. 645; KAYSER/ LOENING (wie Anm. 77), S. 315 f.; WOLZENDORFF (wie Anm. 56), S. 411 f.

99 Etwa die Niederlassungsverträge der Schweiz mit: Großbritannien und Irland vom 6. September 1855; Frankreich vom 30. Juni 1864 und 23. Februar 1882; Italien vom 22. Juni 1868; Rußland vom 26./14. Dezember 1872; Österreich-Ungarn vom 7. Dezember 1875; Dänemark vom 10. Februar 1875; den Niederlanden vom 19. August 1875; Spanien vom 14. November 1879; dem Deutschen Reich vom 27. April 1876, durch welchen Niederlassungsvertrag der mit Baden abgeschlossene Vertrag vom 31. Oktober 1863 und der mit Württemberg abgeschlossene Vertrag vom 18. März 1869 ausdrücklich außer Kraft gesetzt wurden, sowie vom 31. Mai 1890; Serbien vom 16. Februar 1888; Belgien vom 4. Juni 1887; Schweden und Norwegen vom 22. März 1894. In der Schweiz bildeten daher die Niederlassungsverträge die zentrale Rechtsquelle für das schweizerische Fremdenrecht. Zu den Niederlassungsverträgen

dem Schutz, aber auch unter den Schranken derartiger Verträge ein Aufenthaltsrecht eingeräumt[100], wobei sich die kontrahierenden Staaten unter formeller Reziprozität eine allgemeine relative Gleichstellung der Inländer mit den Staatsangehörigen des Vertragsstaates zusicherten. In den Niederlassungsverträgen[101] gewährten sich die Staaten überdies oft ausdrücklich das Recht, Personen, welchen die Subsistenzmittel fehlten oder die der öffentlichen Armenpflege zur Last fielen oder fallen konnten, in ihren Heimatstaat zurückzusenden[102]. Wenngleich diese Verträge also positive Ausweisungsgründe vorsahen, wurden dennoch andere völkerrechtlich legitime Fälle von Ausweisung durch diese im Vertrag angeführten Ausweisungsgründe nicht grundsätzlich ausgeschlossen[103]. Weiters wurde in den Niederlassungsverträgen als Pflicht jedes Vertragsstaates verankert, die aus dem Gebiet des anderen Staates ausgewiesenen eigenen Staatsangehörigen wieder zu übernehmen[104]. So sah der österreichisch-schweizerische Niederlassungsvertrag von 1875 (Art. 4) vor, daß die Angehörigen des einen Vertragsstaates, die in dem Gebiet des anderen wohnhaft waren, wenn sie „in die Lage kommen sollten, durch gerichtliches Urtheil, oder durch gesetzmässig angewendete und vollzogene Polizeimassregeln, oder kraft der Verordnungen über die Sitten- und Armenpolizei, weggewiesen zu werden", samt ihrer Familie jederzeit wieder von „ihrer ursprünglichen Heimat" aufgenommen werden mußten[105]. Auch in besonderen „Übernahme-Abkommen"

---

der Schweiz mit außereuropäischen Staaten, siehe OVERBECK (wie Anm. 74), S. 33 f.; vgl. auch FRISCH (wie Anm. 77), S. 129 ff.; KOBARG (wie Anm. 56), S. 42 ff.

100 So sah etwa Art. 1 des Staatsvertrages der österreichisch-ungarischen Monarchie mit der Schweiz (Niederlassungsvertrag) vom 7. Dezember 1875, in: Clive PARRY (Hrsg.), The Consolidated Treaty Series CL (1875–1876), New York 1977, S. 34 f., vor, daß die „Angehörigen eines jeden der vertragenden Theile ... bei ihrer Niederlassung oder während ihres kürzeren oder längeren Aufenthaltes in dem Gebiete des anderen, in Bezug auf Alles, was die Aufenthaltsbewilligung, die Ausübung der durch die Landesgesetze gestatteten Gewerbe und Berufe ... mit einem Worte sämmtliche den Aufenthalt und die Niederlassung betreffenden Bedingungen anlangt, den Inländern gleichgehalten" werden sollten; siehe zu den im deutsch-schweizerischen Vertrag vom 31. Mai 1890 festgelegten Voraussetzungen der zwischenstaatlichen Freizügigkeit OVERBECK (wie Anm. 74), S. 44 ff.

101 Siehe z.B. die Niederlassungsverträge bei OVERBECK (wie Anm. 74), Anhang, S. 117 ff.

102 Hinsichtlich hilfsbedürftiger Kranker sahen die Verträge eine Verschiebung des Ausweisungs- und Übernahmezeitpunktes vor, bis diese Personen gefahrlos transportiert werden konnten, vgl. OVERBECK (wie Anm. 74), S. 92 f.; z.B. sah Art. 7 des Staatsvertrages zwischen der österreichisch-ungarischen Monarchie und der Schweiz (Niederlassungsvertrag) vom 7. Dezember 1875, PARRY (wie Anm. 100), S. 34 f., die Verpflichtung der kontrahierenden Staaten vor, mittellose Staatsangehörige des jeweils anderen Staates, die auf ihrem Gebiet erkrankten oder verunglückten, inklusive der Geisteskranken, gleich ihren eigenen Staatsangehörigkeiten zu versorgen, bis sie ohne Nachteil für sich oder Dritte heimkehren konnten; vgl. auch LANGHARD (wie Anm. 82), S. 83 f.

103 Siehe zu dieser Problematik näher OVERBECK (wie Anm. 74), S. 56 f. Fraglich konnte auch erscheinen, ob die formelle Gleichbehandlung der Staatsangehörigen des Vertragsstaates mit den jeweiligen Inländern sich auch darauf erstreckte, daß die Ausländer den gleichen Ausweisungsgründen unterlagen, die für die Inländer galten, vgl. dazu für den deutsch-schweizerischen Vertrag ebd., S. 58 f.; LANGHARD (wie Anm. 82), S. 84.

104 Außer sie hätten bereits die Staatsangehörigkeit des Vertragsstaates erlangt; vgl. zur Übernahmepflicht z.B. LANGHARD (wie Anm. 82), S. 110 ff.

105 PARRY (wie Anm. 102), S. 34.

oder sogenannten Repatriierungsverträgen[106] verpflichteten sich die jeweiligen Vertragspartner, ihre Angehörigen, auch wenn sie Vagabunden, Paßlose oder Verbrecher waren, zurückzunehmen, welches Recht auf Repatriierung dem Zurückkehrenden auch nicht durch Ausweisung genommen werden durfte[107]. Allerdings kam es in der Praxis trotz derartiger vertraglicher Regelungen oftmals zu Problemen bei der Übernahme Ausgewiesener[108], nicht zuletzt deshalb, weil die Staatszugehörigkeit nicht immer einfach zu klären war[109].

Von der Ausweisung ist grundsätzlich die Auslieferung[110] zu unterscheiden, die freilich auch eine Art der Ausweisung darstellt, aber mit juristisch besonders qualifiziertem Charakter. Während nämlich bei der Ausweisung der ausweisende Staat seine individuellen Zwecke verfolgte und ohne völkerrechtliche Beziehung zu einem anderen Staat nur im Sinne seiner staatlichen Bedürfnisse einseitig tätig wurde, war die Auslieferung stets ein Akt der Rechtshilfe im Bereich der Strafrechtspflege, der des einverständlichen Zusammenwirkens zweier Staaten bedurfte und zumeist durch bilaterale Auslieferungsverträge, die in der Regel ab der Mitte des 19. Jahrhunderts die Institution des

---

106 Siehe etwa die Abkommen Österreich-Ungarns mit: Deutschland vom 26. Juli 1875, RGBl. Nr. 112, HEINRICHS (wie Anm. 74), S. 87 f., vgl. dazu auch von CONTA (wie Anm. 56), S. 63 ff.; Italien vom 2./6. August 1874, RGBl. Nr. 117; der Schweiz vom 21./28. Oktober 1887, RGBl. Nr. 130; siehe zu den Repatriierungsverträgen auch STOERK (wie Anm. 59), S. 605, Anm. 4; FRISCH (wie Anm. 77), S. 122 f.; LISZT (wie Anm. 58), S. 181; HEINRICHS (wie Anm. 74), S. 10 ff.; siehe auch die Gothaer Konvention deutscher Staaten vom 15. Juli 1851, vgl. F. von MARTITZ, Das Recht der Staatsangehörigkeit im internationalen Verkehr. Mit Rücksicht auf die Deutsche Gesetzgebung erörtert, in: Annalen des Deutschen Reichs für Gesetzgebung, Verwaltung und Statistik, hrsg. von Georg Hirth, VIII (1875), S. 799; Max SEYDEL, Der Gothaer Vertrag und die Eisenacher Übereinkunft, in: Annalen des Deutschen Reichs für Gesetzgebung, Verwaltung und Statistik, hrsg. von Georg Hirth/Max Seydel, XXIII (1890), S. 178–194; DAMES (wie Anm. 56), S. 99 ff.; HAEKER (wie Anm. 56), S. 76 f.; WIDMER (wie Anm. 82), S. 17; MASCHER (wie Anm. 56), S. 146 ff.

107 Siehe OVERBECK (wie Anm. 74), S. 90, Anm. 261.

108 Siehe dazu etwa STOERK (wie Anm. 59), S. 649, Anm. 14.

109 Freilich gab es keine eigentliche Heimatlosigkeit im internationalen Verkehr, da das Staatsangehörigkeitsverhältnis einer Person solange völkerrechtlich unberührt blieb, bis sie von einem anderen Staat eingebürgert wurde. Solange also nicht ein neuer politischer Nexus das Individuum mit einem Gemeinwesen rechtlich verband, war die ursprüngliche bzw. frühere staatliche Zugehörigkeit völkerrechtlich indelebile, vgl. STOERK (wie Anm. 59), S. 603, 607 Anm. 8, 624.

110 Vgl. dazu ausführlich Konrad BUSCHBECK, Verschleierte Auslieferung durch Ausweisung. Ein Beitrag zur Abgrenzung von Auslieferungsrecht und Fremdenpolizeirecht (= Schriften zum Völkerrecht XXVIII), Berlin 1873, S. 40 ff.; Reinhard FRANK, Art. Auslieferung, in: Wörterbuch des Deutschen Staats- und Verwaltungsrechts, begr. von Karl von Stengel, 2. Aufl. hrsg. von Max Fleischmann, I, Tübingen 1911, S. 261 ff.; BULMERINCQ, Art. Asylrecht, in: Franz von Holtzendorff (Hrsg.), Rechtslexikon (= Encyklopädie der Rechtswissenschaft in systematischer und alphabetischer Bearbeitung, II. Teil) I, 3. Aufl. Leipzig 1880, S. 165–169; FRISCH (wie Anm. 77), S. 186 ff.; August Wilhelm HEFFTER, Das europäische Völkerrecht der Gegenwart, 3. Ausg. Berlin 1855, S. 117 ff.; BLUNTSCHLI (wie Anm. 32), S. 227.

politischen Asyls vorsahen[111], geregelt wurde. Allerdings kam es in der Praxis nicht selten zu sogenannten verschleierten Auslieferungen durch Ausweisung[112].

B. Inländer

Während die Ausweisung von Inländern, insbesondere im Rahmen der Strafrechtspflege und religiöser Vertreibungen aufgrund des ius reformandi, in der frühen Neuzeit ein weites Anwendungsfeld gefunden hatte, kam es im 18. Jahrhundert „mit den Ideen von Humanität und Weltbürgertum" und den „populationistischen Bestrebungen"[113] der Regierungen infolge von Merkantilismus und Aufklärung verstärkt zu einem Abgehen von der zwangsweisen Entfernung eigener Untertanen[114]. Die Landesverweisungen wurden nun als „Ungerechtigkeit" gegenüber den anderen Staaten angesehen[115], welche das „völkerrechtliche Verhältnis" zwischen den Staaten störe[116]. Bereits für Voltaire[117]

---

111 Vgl. zur historischen Entwicklung des Asylrechts etwa Herbert REITER, Politisches Asyl im 19. Jahrhundert. Die deutschen politischen Flüchtlinge des Vormärz und der Revolution von 1848/49 in Europa und den USA (= Historische Forschungen XLVII), Berlin 1992, insbes. S. 37 ff.; Heinrich LAMMASCH, Das Recht der Auslieferung wegen politischer Verbrechen, Wien 1884; DERS., Auslieferungspflicht und Asylrecht. Eine Studie über Theorie und Praxis des internationalen Strafrechtes, Leipzig 1887; Heinrich GRÜTZNER, Art. Auslieferung, in: Wörterbuch des Völkerrechts, begr. von Karl Strupp, 2. völlig neu bearb. Auflage hrsg. von Hans-Jürgen Schlochauer, I, Berlin 1960, S. 117 f., m.w.N.; Gérard NOIRIEL, Die Tyrannei des Nationalen. Sozialgeschichte des Asylrechts in Europa, Lüneburg 1994; Ulrike DAVY, Asyl und internationales Flüchtlingsrecht, I, Wien 1996, S. 12 ff.

112 Vgl. dazu S. 471 ff.

113 So Max FLEISCHMANN, Art. Ausweisung, in: Wörterbuch des Deutschen Staats- und Verwaltungsrechts, begr. von Karl von Stengel, 2. Aufl. hrsg. von Max Fleischmann, I, Tübingen 1911, S. 281.

114 Vgl. dazu S. 10 f., S. 76, 81, 90 ff.

115 So etwa GROLMANN (wie Anm. 37), S. 72: Die „Verweisungen ... sind in der Regel eine Ungerechtigkeit gegen andere Staaten, welchen der noch nicht gebesserte Verbrecher, gewöhnlich zugleich in den Mitteln zu einer legalen Existenz beschränkt, zugesendet wird, und sind unpolitisch, indem sie benachbarte Staaten zu einem gleichen Betragen herausfordern und daher nur einen Austausch der Verbrecher veranlassen"; Carl August TITTMANN, Handbuch der Strafrechtswissenschaft und der deutschen Strafgesetzkunde, I, Halle 1806, S. 186 f.: „Heute zu Tage findet die Landesverweisung selten mehr statt, weil sie in Beziehung auf grobe Verbrecher unzulänglich ist, und gegen das Wiederkommen derselben nicht sichert, besonders aber sowohl Ungerechtigkeit gegen fremde Staaten ist, die durch die Gegenwart der Verbrecher in Gefahr, oder wenigstens in die Nothwendigkeit, Vorkehrungsmittel zu ergreifen, gesetzt werden"; BIEDERMANN (wie Anm. 41), S. 74: „Es ist ungerecht gegen andere Staaten gehandelt, solche schlechte Personen, welche wegen begangener Verbrechen mit dem Verluste des Staatsschutzes bestraft werden, in ihren Staatsbezirk ohne Vorwissen und Einwilligung zu befördern"; siehe dazu auch S. 90 f.

116 So eine Anmerkung Mittermaiers bei FEUERBACH (wie Anm. 37), S. 253, Anm. 2.

117 Zitiert nach ROSENBAUM (wie Anm. 51), S. 24; vgl. auch Otto FISCHL, Der Einfluß der Aufklärungsphilosophie auf die Entwicklung des Strafrechts in Doktrin, Politik und Gesetzgebung und Vergleichung der damaligen Bewegung mit den heutigen Reformversuchen, Jur. Diss. München, Breslau 1913, S. 47.

war es mit der Verbannung so, „comme si nous jetions dans les champs de nos voisins les pierres qui nous incommoderaient dans les notres".

In den Verfassungsstaaten des 19. Jahrhunderts wurde dann – da gerade das Recht, im Heimatstaat zu leben, einen wesentlichen Inhalt der Rechtsbeziehungen zwischen dem Staat und seinen Bürgern darstellte – die Ausweisung von Inländern zumeist verfassungsrechtlich untersagt, da sie mit den staatsbürgerlichen Rechten unvereinbar erschien[118]. Ob dieses Wohnrecht im Heimatstaat mit einem freien Niederlassungsrecht innerhalb seiner Grenzen in Verbindung stand, war freilich, wie Martitz[119] anmerkt, „im internationalen Verkehre gleichgültig", nur „völlig entzogen" durfte es nicht werden.

Die allgemein anerkannte Unzulässigkeit der Ausweisung eigener Staatsangehöriger[120] folgte völkerrechtlich auch daraus, daß, so Frisch[121], kein Staat die „Verpflichtung, seine Angehörigen in seinem Gebiet wohnen zu lassen, auf andere Staaten abwälzen" dürfe und es kein Staat sich gefallen lassen müsse, daß sich Ausländer auf seinem Gebiet aufhielten. „Es könnte ja sonst ein Staat die ihm mißliebigen Individuen wie Revolutionäre, Anarchisten, Arme, Verbrecher, Vagabunden usw. vertreiben und anderen Staaten die Sorge für solche unbrauchbare Mitglieder der Gesellschaft aufladen". Die Unzulässigkeit folgte aber auch aus der Unmöglichkeit der Durchführung, da kein Staat zur Aufnahme eines Fremden verpflichtet werden konnte und eine Ausweisung durch Rückschub jederzeit wirkungslos machen konnte. Die Landesverweisung von Inländern bzw. das Exil war folglich aus fast allen Strafrechtssystemen eliminiert worden[122], da eine Ausweisung von Inländern, wie ein badisches Gesetz von 1810 ausführte, „ohne Anstoß wider den Socialverband der Staaten nicht ausgeführt werden"[123] konnte und eine Strafmaßregel, die zu ihrer Durchführbarkeit des guten Willens der benachbarten Staaten bedurfte, der Natur des souveränen Staates und den Grundlagen des auf dem Prinzip der Gleichberechtigung ruhenden modernen Staatensystems[124] widersprach.

---

118 Vgl. z.B Joseph von PÖZL, Art. Aufenthaltsrecht, in: Johann Caspar Bluntschli/Karl Brater (Hrsg.), Deutsches Staats-Wörterbuch, I, Stuttgart-Leipzig 1857, S. 508; MARTITZ (wie Anm. 106), S. 799; KOBARG (wie Anm. 56), S. 34; BIEDERMANN (wie Anm. 41), S. 74 ff.; CONTA (wie Anm. 56), S. 120 ff.; siehe aber etwa auch Alfred HEINL, Das österreichische Staatsbürgerschaftsrecht, 2. Aufl. Wien 1946, S. 16; siehe aber auch ZIEKOW (wie Anm. 51), S. 209 f.

119 MARTITZ (wie Anm. 106), S. 799.

120 Vgl. dazu auch LANGHARD (wie Anm. 82), S. 82 f.; KAYSER/LOENING (wie Anm. 77), S. 314; DOEHRING (wie Anm. 77), S. 129; Emanuel BÈS DE BERG, L'expulsion des étrangers, Paris 1888, S. 7; ROSENBAUM (wie Anm. 51), S. 11; CONTA (wie Anm. 56), S. 120 ff.; WIDMER (wie Anm. 82), S. 17 f.; PÖZL (wie Anm. 112), S. 508.

121 FRISCH (wie Anm. 77), S. 141.

122 Mit Ausnahme Frankreichs, das nicht bloß die Verbannung („bannissement") aus Frankreich in den Art. 8 und 32 f. des Code pénal als Strafe kannte, sondern auch einen Ausschluß der Häupter der einst in Frankreich regierenden Häuser (und eventuell ihrer Familienmitglieder) aus dem französischen Staatsgebiet (loi des princes vom 22. Juni 1886), vgl. LANGHARD (wie Anm. 82), S. 82, Anm. 3; FLEISCHMANN (wie Anm. 113), S. 281.

123 Zitiert nach FRISCH (wie Anm. 77), S. 141.

124 So STOERK (wie Anm. 59), S. 606.

Als politische Maßnahme kam es freilich auch im 19. und 20. Jahrhundert vereinzelt zu Ausweisungen eigener Staatsangehöriger[125], inbesondere dadurch, daß verschiedene Staaten sich im Wege einer gesetzlichen Ausweisung der jeweils entthronten monarchischen Dynastie entledigten, wie dies in Frankreich mehrfach, aber auch z.B. in Dänemark 1852 und in Österreich 1919 der Fall war[126].

2. Innerstaatliche Bedingungen und Voraussetzungen des Ausweisungsrechtes

A. „Einheimische" und „Fremde"

Heimatrecht und Staatsbürgerschaft als Mittel der Festlegung von Gebietszugehörigkeiten eines Individuums entwickelten sich seit Beginn der Neuzeit in enger Interdependenz, wobei die Staatsangehörigkeit lange Zeit als mit dem Heimatrecht zusammenfallend gesehen wurde[127]. Einen wesentlichen Faktor bei der Herausbildung dieser Statusverhältnisse stellte das Problem des Vagabunden- und Bettlerwesens dar. Vor dem Hintergrund einer sich wandelnden gesellschaftlichen Haltung gegenüber Armut und Bettelei[128] hatte die staatliche Verwaltung sowohl zum Zwecke einer geordneten Armenversorgung als auch aus sicherheitspolizeilichen Gründen Kriterien für eine territoriale Zuordnung von Personen zu schaffen. Da die Abschiebung „fremder" Vagabunden und Bettler in diesem Sinne eine wichtige polizeiliche Aufgabe darstellte, findet sich in den zahllosen das Bettel- und Schubwesen betreffenden Patenten, Hofdekreten und

---

125 Vgl. dazu ausführlicher z.B. ROSENBAUM (wie Anm. 51), S. 13, Anm. 21; FRISCH (wie Anm. 77), S. 145 ff.

126 Z.B. 1793 und 1832 Ausweisung der Bourbonen, 1816 Napoleons und seiner Anhänger, 1848 Louis Philippes und seiner Familie, 1852 der holstein-augustenburgischen Dynastie, 1919 Landesverweisung der Habsburger. Darüber hinaus gab es aber auch andere Spezialgesetze, etwa Ministerverantwortlichkeitsgesetze (z.B. das niederländische Gesetz über die Verantwortlichkeit der Minister vom 22. April 1855, Art. 29), die eine Ausweisung von Inländern vorsahen, vgl. dazu ausführlicher FRISCH (wie Anm. 77), S. 145 ff.; auch Otto LOENING, Art. Ausweisungsgesetz, in: Politisches Handwörterbuch, hrsg. von Paul Herre, I, Leipzig 1923, S. 149 f.

127 Vgl. dazu ausführlich Rudolf KORB, Der Begriff des Heimatsrechtes (= Die Grundzüge des österreichischen Heimatrechtes I), in: Österreichische Zeitschrift für Verwaltung XIV (1881), Nr. 49, S. 201–203, Nr. 50, S. 205–207.

128 Vgl. etwa Karl Otto SCHERNER, Das Recht der Armen und Bettler im Ancien Regime, in: Zeitschrift der Savigny-Stiftung/Germanistische Abteilung XCVI (1979), S. 55–99; Hartwig SCHWAIGER, Obrigkeitliche Bekämpfung von Bettelei und Vagantentum vom Spätmittelalter bis ins frühe 18. Jahrhundert mit besonderer Berücksichtigung der habsburgischen Erbländer und des angrenzenden süddeutschen Raumes, Diplomarbeit am Institut für Geschichte der Univ. Graz 1986, S. 22 f.; Robert JÜTTE, Obrigkeitliche Armenfürsorge in den deutschen Reichsstädten der frühen Neuzeit. Städtisches Armenwesen in Frankfurt a.M. und Köln, Köln-Wien 1984, S. 31 ff.; siehe auch für die damit zusammenhängende veränderte Einstellung gegenüber Arbeit und Müßiggang etwa Paul MÜNCH, Lebensformen in der frühen Neuzeit, Frankfurt a.M. 1992, S. 355 ff.; Hans-Peter BENÖHR, Arbeitssuche und Arbeitszwang in der Neuzeit, in: Werner Ogris/Walter H. Rechberger, Gedächtnisschrift Herbert Hofmeister (Hrsg.), Wien 1996, S. 43 ff.

-resolutionen und sonstigen Verordnungen, aber auch in den Strafgesetzen, regelmäßig die Gegenüberstellung von „Fremden“ und „Einheimischen“ in einem bestimmten Gebiet, wobei dieses Gebiet freilich nicht immer das gleiche war. Bald war das Gebiet, wie Spiegel[129] zutreffend bemerkte, „ein Ort, bald eine Gemeinde, ein obrigkeitlicher Bezirk, ein Land“ usw. Mit der Ausdehnung der staatlichen Verwaltungstätigkeit entstand durch die jeweiligen Bedürfnisse der Praxis ein Normengeflecht, das den „Einheimischen“ und seine Rechtsbeziehungen zum jeweiligen Gebiet in öffentlich-rechtlicher Hinsicht vom „Fremden“ abgrenzte, wobei sich der Begriff des „Einheimischen“ immer klarer zu den Kategorien der Landes- bzw. Staatszugehörigkeit einerseits und der Heimatberechtigung andererseits ausdifferenzierte[130]. Wiewohl das 19. Jahrhundert, vor allem aber der Konstitutionalismus, die beiden Rechtsinstitute hinsichtlich ihrer Rechtswirkungen und ihres staatlichen Zweckes begrifflich vollständig trennte, blieben sie doch weit bis ins 20. Jahrhundert hinein bezüglich des Erwerbes bzw. Verlustes engstens verzahnt.

1. *Administrative Zuständigkeit – Heimatrecht*

Im Zuge der Rezeption des römischen Rechts hatte auch das römisch-rechtliche domicilium als Erwerbungsgrund des Inkolats (Beisassenrechtes) Eingang in die Reichs- und Landesgesetzgebung gefunden[131]. Bereits die Reichspolizeiordnung von 1530[132] hatte festgelegt, daß jede Stadt und jede Kommune ihre Armen selbst zu ernähren und zu unterhalten habe, was in negativer Hinsicht einen Schutz vor einer Ausweisung aus armen- oder mit Armut zusammenhängenden sicherheitspolizeilichen Gründen (Bettelei,

---

129 Ludwig SPIEGEL, Art. Heimatrecht, in: Ernst Mischler/Josef Ulbrich (Hrsg.), Österreichisches Staatswörterbuch. Handbuch des gesamten österreichischen öffentlichen Rechts, II, 2. Aufl. Wien 1906, S. 810.

130 Vgl. etwa das Hofkanzleidekret vom 27. November 1783, nach dem „einheimisch“ in Beziehung auf den ganzen Staat jeder österreichische Staatsbürger, in Beziehung auf eine Provinz oder auf einen Ort in der Regel nur derjenige sei, der in demselben Ort oder derselben Provinz geboren war, Chrysostomus FAULLER, Gesetze, Verordnungen und Vorschriften für die Polizei-Verwaltung im Kaiserthume Österreich. Erschienen in den Jahren 1740 bis Ende 1825, und in alphabetischer-chronologischer Ordnung zusammengestellt, mit vorzüglicher Rücksicht auf Nieder-Österreich, 4 Bde., Wien 1827, I, S. 335.

131 Vgl. dazu Hermann REHM, Der Erwerb von Staats- und Gemeinde-Angehörigkeit in geschichtlicher Entwickelung nach römischem und deutschem Staatsrecht, in: Annalen des Deutschen Reichs für Gesetzgebung, Verwaltung und Statistik, hrsg. von Georg Hirth/Max Seydel, XXV (1892), insbes. S. 182 ff.

132 Tit. XXXIV (Von Bettlern und Müßiggängern) § 1 der Reichspolizeiordnung von 1530: „Item, daß auch die Oberkeit Versehung thue, daß eine jede Stadt und Commun ihre Armen selbst ernehren und unterhalten, und im Reich nicht gestattet, Fremden an einem jeglichen Ort zu betteln“; übernommen in die Reichspolizeiordnungen von 1548 (Tit. XXVI) und 1577 (Tit. XXVII), siehe Neue und vollständige Sammlung der Reichs-Abschiede ..., 4 Teile, Frankfurt a.M. 1747, II, S. 343, 601, III, S. 393; zu den Regelungen der Reichsabschiede von 1497, 1498 und 1500 vgl. Hugo HERZ, Arbeitsscheu und Recht auf Arbeit. Kritische Beiträge zur österreichischen Straf- und Sozialgesetzgebung, Leipzig-Wien 1902, S. 21 f.

Vagabondage) und in positiver Hinsicht die Konstituierung der Heimatgemeinde bzw. eines Heimatrechtes in dieser Gemeinde bedeutete[133]. Wer hingegen als „Fremder“ zu qualifizieren war und damit von der jeweiligen Stadt oder Kommune ausgewiesen werden konnte, wurde in der Territorialgesetzgebung geregelt[134]. Dadurch, daß der Staat an diese Gemeindezugehörigkeit im Zuge der Ausweitung seiner Verwaltungsaufgaben auch für andere Aufgabenbereiche[135] als die Armenversorgung und das Schubwesen anknüpfte, entwickelte sich aus der Armenheimat das „politische Domizil“[136], die Zuständigkeitsgemeinde, welche immer dann relevant wurde, sobald das „Individuum zum Objecte der öffentlichen Verwaltung“[137] wurde.

a. Zuständigkeitsnormen vor 1848

Die erste Phase der Entwicklung des österreichischen Heimatrechtes[138] steht daher in engem Zusammenhang mit der Versorgung und Abschiebung fremder Bettler und Vagabunden. So ordnete z.B. bereits das Bettlerpatent für Österreich unter der Enns aus dem Jahre 1693[139] an, daß jede Grundobrigkeit „ihre erarmete und auff dero Grund und Boden gebohrne Unterthanen, Insassen und Dienstbotten, es seyen ... Männer und Weiber wie auch Kinder[140] ins künnftig selbsten ernähren“ solle[141]. Die oberennsische

133 Siehe die Definition bei REHM (wie Anm. 131), S. 182, daß die „Gemeinde aber, gegen welche der Arme rechtliche Anwartschaft auf Unterstützung hat, und aus welcher er wegen Armuth und damit zusammenhängender Sicherheitsgefährlichkeit (Bettler, Landstreicher) nicht ausgewiesen werden darf, also die Gemeinde, in welcher der Arme nach einer Abwesenheit, die nicht Verlust begründet, immer wieder aufgenommen werden muß, solange nicht andere als armen- und einzelsicherheitspolizeiliche Abweisungsgründe vorliegen“, die „Heimath des Armen“ sei, in welcher er sein Heimatrecht habe.

134 Vgl. dazu ausführlich REHM (wie Anm. 131), S. 183 ff.

135 Insbesondere bei der Rekrutenstellung bzw. Militärkonskription, aber auch bei der Erteilung des politischen Ehekonsenses usw.; vgl. auch Franz Tobias HERZOG, Systematische Darstellung der Gesetze über den politischen Eheconsens, Wien 1829.

136 Bezeichnend dafür ist der Titel folgender Publikation: Franz Tobias HERZOG, Sammlung der Gesetze über das politische Domicil im Kaiserthume Österreich, Wien 1837.

137 So Heinrich RAUCHBERG, Zur Kritik des österreichischen Heimatsrechtes, in: Zeitschrift für Volkswirtschaft, Socialpolitik und Verwaltung. Organ der Gesellschaft österreichischer Volkswirte, hrsg. von Eugen von Böhm-Bawerk/Karl Theodor von Inama-Sternegg/Ernst von Plener, II (1893), S. 59–99.

138 Ausführlich Ernst MAYRHOFER/Anton PACE, Handbuch für den politischen Verwaltungsdienst in den im Reichsrathe vertretenen Königreichen und Ländern mit besonderer Berücksichtigung der diesen Ländern gemeinsamen Gesetze und Verordnungen, 7 Bde., 5. Aufl. Wien 1895–1901, Indexbd. 1903, 2 Ergänzungsbde. 1909/1913, II, S. 1087–1108; siehe zur Periodenbildung etwa Rudolf KORB, Der historische Entwicklungsgang und die Principien des österreichischen Heimatsrechtes, sowie die Nothwendigkeit einer Reform desselben (= Die Grundzüge des österreichischen Heimatrechtes III), in: Österreichische Zeitschrift für Verwaltung XV (1882), Nr. 5, S. 17 f., Nr. 6, S. 21–23, Nr. 7, S. 25–27.

139 Patent für Österreich unter der Enns vom 26. März 1693, CA I, S. 206.

140 Die „im Lande a vagis parentibus im Durchzuge erzeugten Kinder und Waisen“, die ihren Geburtsort nicht wußten, sowie die Frauen und Kinder von invaliden Soldaten sollten von der Obrigkeit, wo sie eingezogen wurden, unterhalten werden, so die „Nachrichtliche Erin-

Bettlerordnung von 1725[142] etwa legte bezüglich der inländischen Bettler fest, daß „dieselb von ihren Grund-Obrigkeiten, theils wo sie gebohren, theils wo sie abgehauset, oder eine lange Zeit sich Inwohnungs-weiß aufgehalten, mithin ihre mehreste Lebens-Tage und Kräfte consumiret haben, oder bald consumiren werden, zu unterhalten“ seien. Nach dem Schubpatent für die Steiermark vom 26. Februar 1750[143] waren diejenigen, die „in einem andern Erblande gebürtig oder haussässig gewesen“ waren, und durch „12 Jahre an einem Orte sich aufgehalten“ hatten, dorthin zu „verschieben“, diejenigen in der Steiermark „mühselig gewordenen“ Personen aber im Lande zu ernähren, welche „in der Steiermark geboren worden sind, wenn sie sich nirgends 12 Jahre in uno Continuo außer Landes aufgehalten oder ansässig gemacht“ hatten, ebenso die „abgedankten in Erbländern gebornen Soldaten, und auch die außer Landes gebürtigen, welche sich aber durch 12 Jahre in einem Orte mit Arbeit ernährt“ hatten. Während hier also das politische Domizil infolge eines zwölfjährigen Aufenthaltes ersessen wurde, schränkte bereits das Hofdekret vom 13. Oktober 1753[144] die Ersitzungszeit auf zehn Jahre ein, und auch die kein „domicilium fixum“ innehabenden, „in den Erbländern gebornen Unterthanen“ sollten nach dem Hofdekret vom 8. Dezember 1753[145] unter diesem Dezennium begriffen sein, wenn sie sich „an mehreren Orten durch so lange Zeit ehrlich ernähret“ hatten.

Zur Festlegung einer „durchgehende[n] gleiche[n] Richtschnur“ für alle deutschen Erbländer bezüglich der Verpflegung oder Abschiebung von Personen, die sich über längere Zeit nicht an ihrem Geburtsort aufgehalten hatten, verordnete in weiterer Folge das Hofdekret vom 16. November 1754[146] mit allgemeiner Wirksamkeit, daß das politische Domizil in einem anderen als dem Geburtsort prinzipiell durch den Besitz eines Hauses, des Bürger- oder Gewerbsrechtes oder infolge eines durch zehn Jahre hindurch

---

nerung, wie das öffentliche Betteln allhier in der Kayserl. Residenz-Stadt Wien, und Erz-Herzogthum Oesterreich Landes unter der Enns abzustellen, hingegen Arme zu versorgen, oder mit einer gemessenen Arbeit, zur Hindanhaltung des Müßiggangs zu versehen, geordnet worden seye“, vom 17. Jänner 1724, CA IV, S. 161. Hingegen legte eine Verordnung der Landeshauptmannschaft in Linz vom 4. August 1746 („Armen schwangern Weibspersonen Unterstandsgebung“), CA V, S. 232 f., fest, daß die zufällige Geburt in einem Ort nicht das Domizil dort begründe; so auch die Instruction für die Gerichte in Böhmen vom 13. Oktober 1755, HERZOG (wie Anm. 135), Nr. 16, S. 14.

141 Siehe auch die Patente für Österreich unter der Enns vom 26. August 1693 („Abschaffung der Bettler“), CA III, S. 373, und vom 21. Juli 1714 („Die Bettler betreffend“), CA III, S. 755.

142 „Ober-Enßerische Bettler-Ordnung“, CA IV, S. 279, § 14.

143 Franz Tobias HERZOG, Vollständige Sammlung der Gesetze über das Schubwesen im Kaiserthume Oesterreich, Wien 1835, Nr. 4, S. 27 ff.; Kaiserl. Königl. Theresianisches Gesetzbuch enthaltend die Gesetze von den Jahren 1740 bis 1780, welche unter der Regierung des Kaisers Joseph des II. theils noch ganz bestehen, theils zum Theils abgeändert sind, 9 Bde., 3. Aufl. Wien 1789, I, Nr. 92, S. 136 ff.; tw. HERZOG (wie Anm. 135), Nr. 8, S. 6 f.

144 Hofdekret vom 13. Oktober 1753, CA V, S. 807 („Bettler fremder Abschiebung“), siehe dazu auch S. 155.

145 Hofdekret („Bettler-Schubs-Verordnung de dato 13. October Erläuterung) vom 8. Dezember 1753, CA V, S. 819, siehe dazu auch S. 155.

146 Hofdekret vom 22. November 1754 („Bettlerschub- und Verpflegsordnung“), CA V, S. 905; siehe dazu auch S. 155 f.

ununterbrochenen Aufenthaltes in einem Ort[147] erworben werde, womit diese Personen vor der Abschiebung in ihren Geburtsort geschützt wurden. Bereits im Jahr darauf wurde auch für die Rekrutenabstellung an den zehnjährigen Aufenthalt in einem Dominium angeknüpft[148]. Nach dem für die österreichischen, böhmischen und galizischen Erbländer erlassenen Konskriptions- und Rekrutierungspatent vom 25. Oktober 1804 zerfiel die Bevölkerung eines Ortes in Einheimische und Fremde, wobei als Einheimische alle diejenigen betrachtet wurden (§ 26)[149], die sich entweder in dem Ort „nationalisiert" hatten oder in dem Ort geboren waren, ohne sich anderswo „nationalisiert" zu haben. Die Nationalisierung erfolgte „entweder durch einen zehnjährigen Aufenthalt in den conscribirten Erbländern[150], oder durch häusliche Niederlassung, Ankauf von Grundstücken, Antretung des Bürger- oder Meisterrechtes, einer Bedienung, eines Amtes, oder einer anderen stabilen Versorgung". Auch Juden waren nach dem Hofkanzleidekret vom 10. Jänner 1821[151] zur einheimischen Bevölkerung zu zählen, wenn sie „an einem Orte für beständig tolerirt" waren.

Wie Korb[152] bemerkte, war das Heimatrecht dieser Periode nichts anderes „als die auf dem Wohnsitze in einem Orte beruhende Ordnung der Bevölkerung zu administrativen Zwecken", womit „eine factisch bestehende, nämlich die locale Ordnung der Bevölkerung zur Grundlage der Distribution der gegenseitigen Rechte und Pflichten der Einzelnen und der Gesammtheit und hiemit zu einer rechtlichen und zwar öffentlichrechtlichen Ordnung der Bevölkerung gemacht" wurde. Indem der Gesetzgeber an diese Ordnung der Bevölkerung auch das Aufenthaltsrecht in Form des Ausweisungsschutzes und die Armenzwangsversorgung angeknüpft hatte, war der faktische Wohnsitz

---

147 Freilich stellte die Voraussetzung, daß der zehnjährige Aufenthalt an einem Ort zugebracht werden mußte, eine Einschränkung im Vergleich zur Regelung des Hofdekretes vom 8. Dezember 1753 dar.

148 Hofreskript vom 8. Oktober 1755, HERZOG (wie Anm. 135), Nr. 15, S. 13, und Verordnung für Österreich unter der Enns vom 15. November 1755, CA V, S. 1080.

149 PGS XXIII (1804), Nr. 4, S. 29; vgl. zum Konskriptionspatent ausführlich Johann JEGIEREK, Das Heimatsrecht, dann das Aufenthalts-, beziehungsweise Abschaffungsrecht, die Armenversorgungspflicht und der Verpflegs-, Transports- und Beerdigungskosten-Ersatz in Österreich, Wien 1886, S. 12 ff.; auch MAYRHOFER/PACE (wie Anm. 138) II, S. 1089 ff., 1098 ff.

150 Das Hofkanzleidekret vom 1. Februar 1816 (Bestimmung wegen Nationalisirung Deutscherbländischer Unterthanen in Ungarn, und der Ungarn in den Deutsch-erbländischen Provinzen), PGS XLIV (1816), Nr. 12, ordnete an, daß die aus den „deutschen Provinzen nach Ungarn, oder aus Ungarn in die deutschen Provinzen eingewanderten Unterthanen", die mit zeitlich befristeten oder durch eine Bedingung beschränkten Pässen versehen waren, ohne „Beibringung des vorgeschriebenen Entlaßscheines von ihrer Geburtsobrigkeit" durch einen zehnjährigen Aufenthalt nicht als nationalisiert betrachtet werden konnten. Personen ohne derartige eingeschränkte Pässe hingegen konnten nach einem zehnjährigen ununterbrochenen Aufenthalt „des Incolats- oder Eingeburtsrechtes teilhaftig" werden, es sei denn, ihr Aufenthalt wäre durch eine Reklamation unterbrochen worden; vgl. dazu auch das Hofkanzleidekret vom 17. November 1814 an alle Länderchefs, Paul SCAPINELLI, Die Heimatgesetz-Novelle vom 5. Dezember 1896, R.G.B. Nr. 222 1896 und die herrschende Spruchpraxis, Wien 1903, S. 176.

151 Hofkanzleidekret vom 10. Jänner 1821 an sämtliche Länderstellen, PGS XLIX (1821), Nr. 3.

152 KORB (wie Anm. 138), S. 21.

zum politischen Domizil geworden, in welchem – und nur in diesem – eine Person grundsätzlich geduldet und versorgt werden mußte.

b. Provisorisches Gemeindegesetz 1849

Nach dem Zusammenbruch des vormärzlichen Regimes infolge der Revolution von 1848, welche nicht nur das Ende der bisherigen Beschränkungen der Freizügigkeit[153], sondern auch den Durchbruch des Gedankens der Gemeindeautonomie brachte[154], nahm die Entwicklung des Heimatrechtes in den deutschen Erbländern[155] eine gänzlich andere Richtung an. Die Einteilung der Bevölkerung im Gemeindegesetz ging nicht mehr primär von der an die tatsächlichen Domizilsverhältnisse anknüpfenden administrativen Zuständigkeit aus, sondern diente vielmehr der Verwirklichung des Grundsatzes, daß jeder Staatsbürger einer Gemeinde anzugehören habe, indem es die Rechtsverhältnisse der Bevölkerung zu den neu konstituierten Gemeinden regelte. So verband das provisorische Gemeindegesetz von 1849[156] zwar weiterhin den Anspruch auf Armenversorgung mit der Zuständigkeit in der Gemeinde und anerkannte auch das Rechtsinstitut der Ersitzung des Heimatrechts durch längere Zeit andauernden Aufenthalt in einem Ort, indem es aber gleichzeitig die durch den Wohnsitz begründete administrative Zuständigkeit zu einer Kategorie des Gemeinderechts umwandelte und die Ersitzung überdies an vollständig geänderte Voraussetzungen knüpfte, war der bisherige Entwicklungsgang des Heimatrechtes, wie es Korb[157] formulierte, „geradezu gewaltsam abgebrochen" worden. Zumindest aber wurden die beiden Züge des „Doppelcharakters"[158] dieses Rechtsinstitutes, nämlich einerseits staatliche Zuständigkeit zu generieren und andererseits die Rechtsbeziehungen eines Indiviuums zu einer Gemeinde festzulegen, nunmehr grundsätzlich anders gewichtet.

Was die Festlegung der Rechtsverhältnisse zu einer Ortsgemeinde anbelangt, so gliederten das provisorische Gemeindegesetz sowie die in den Jahren 1850 und 1851 für die Landeshauptstädte und andere größere Städte mit Statutarrecht erlassenen Gemeindeordnungen[159] die Personen in der Gemeinde in Fremde und Gemeindeglieder, letzte-

---

153 Vgl. dazu S. 61 f.

154 Siehe dazu S. 267 f.

155 Das provisorische Gemeindegesetz wurde nicht in Ungarn in Kraft gesetzt; vgl. dazu auch Kl., Über das Verhältnis der im Reichsrathe vertretenen Königreiche und Länder zu Ungarn in Ansehung des Staatsbürgerschafts- und Heimatrechtes vor dem staatsrechtlichen Ausgleiche im Jahre 1867, in: Österreichische Zeitschrift für Verwaltung XXI (1888), Nr. 20, S. 79.

156 Beilage zum kaiserlichen Patent vom 17. März 1849, RGBl. Nr. 170, womit ein provisorisches Gemeinde-Gesetz erlassen wird; vgl. dazu Mayrhofer/Pace (wie Anm. 138) II, S. 1061 ff.

157 Korb (wie Anm. 138), S. 26.

158 So Spiegel (wie Anm. 129), S. 817.

159 Wien: vom 20. März 1850, LGBl. Nr. 21; Prag: vom 27. April 1850, LGBl. Nr. 85; Graz: vom 27. April 1850, LGBl. Nr. 58; Klagenfurt: vom 9. Juni 1850, LGBl. Nr. 355; Linz: vom 11. Juni 1850, LGBl. Nr. 261; Salzburg: vom 11. Juni 1850, LGBl. Nr. 322; Laibach: vom 11. Juni 1850, LGBl. Nr. 276; Innsbruck: vom 11. Juni 1850, LGBl. Nr. 98; Brünn: vom 6. Juli 1850, LGBl. Nr. 26; Bozen: vom 2. September 1850, LGBl. Nr. 389; Olmütz: vom 6. Sep-

re wieder in Gemeindebürger[160] und Gemeindeangehörige, wobei die Gemeindeangehörigkeit nunmehr zum Synonym für Heimatberechtigung geworden war. Gemeindeangehörige waren gemäß § 10 des provisorischen Gemeindegesetzes diejenigen österreichischen Staatsbürger[161], „welche durch Geburt oder Aufnahme in den Gemeindeverband der Gemeinde zuständig" waren, und nur ihnen wurde gemäß § 22 des Gemeindegesetzes das Recht auf ungestörten Aufenthalt garantiert, während allen Gemeindegliedern, also auch den Gemeindebürgern, das Recht auf Versorgung „nach Maßgabe der nachgewiesenen Dürftigkeit" zukam. Hingegen fielen Personen, deren Zuständigkeit nicht erweislich war, im Falle der Erwerbsunfähigkeit derjenigen Gemeinde zur Last, in welcher sie sich zuletzt aufgehalten hatten (§ 18).

Gemäß § 11 des Gemeindegesetzes begründete die Geburt, nicht aber auch eine Adoption, die Zuständigkeit zu jener Gemeinde, in welcher bei ehelichen Kindern die Eltern, bei unehelichen Kindern die Mutter zuständig war[162]. Die Aufnahme in den Gemeindeverband erfolgte entweder durch förmlichen Gemeindebeschluß oder „stillschweigend durch Duldung eines ohne Heimatschein oder mit einem bereits erloschenen Heimatscheine sich durch vier Jahre ununterbrochen in der Gemeinde aufhaltenden, die österreichische Staatsbürgerschaft besitzenden Fremden"[163] sowie durch Ehe-

tember 1850, LGBl. Nr. 145; Troppau: vom 20. September 1850, LGBl. Nr. 24; Steyer: vom 11. November 1850, LGBl. Nr. 480; Görz: vom 28. November 1850, LGBl. Nr. 276; Reichenberg: vom 15. Dezember 1850, LGBl. 1851, Nr. 202; Trient: vom 29. März 1851, LGBl. Nr. 61; Triest: Kaiserliches Patent vom 12. April 1850, wodurch die Verfassung für die reichsunmittelbare Stadt Triest erlassen und verkündet wird, RGBl. Nr. 139. Das Statut für Triest kannte keine Gemeindebürger, sondern nur Gemeindeangehörige („cittadini").

160 Gemeindebürger waren gemäß § 8 jene, welche „a) dermalen von einem in der Gemeinde gelegenen Haus- oder Grundbesitz, oder von einem, den ständigen Aufenthalt in der Gemeinde gesetzlich bedingenden, Gewerbe oder Erwerbe einen bestimmten Jahresbetrag an directen Steuern zahlen, oder b) von der Gemeinde förmlich als solche anerkannt worden sind".

161 Freilich expressis verbis erst seit der Verordnung des Ministers des Innern vom 7. März 1850, RGBl. Nr. 116, womit einige Erläuterungen und nähere Bestimmungen zu dem provisorischen Gemeindegesetze vom 17. März 1849 ertheilt werden, klargestellt. Vorher konnte aus § 35 Z. 5, wonach Personen, welche die österreichische Staatsbürgerschaft nicht besaßen, das passive Gemeindewahlrecht zum Gemeindeausschuß nicht zukam, sogar geschlossen werden, daß auch Ausländer Gemeindeglieder sein konnten.

162 Bei Veränderungen in der Gemeindeangehörigkeit folgten gemäß § 14 minderjährige, im Familienverband lebende Kinder ebenfalls der Eigenschaft der Eltern, uneheliche Kinder der Mutter, Ehefrauen ihrem Ehegatten.

163 Mit dieser Regelung wurde, wie Josef REDLICH, Das österreichische Heimatrecht und seine Reform, in: Archiv für soziale Gesetzgebung und Statistik. Zeitschrift zur Erforschung der gesellschaftlichen Zustände aller Länder, hrsg. von Heinrich Braun, X (1897), S. 554, bemerkte, „noch einmal – wenn auch durch eine Nebenthüre – das altösterreichische Heimatprinzip der Ersitzung durch längeren Aufenthalt in das neue Heimatrecht eingelassen". Dadurch sei auch „gegenüber der von Jahr zu Jahr zunehmenden Mobilisierung der arbeitenden Klasse die Möglichkeit, eine der faktischen Heimat entsprechende Rechtsheimat zu erlangen, für die Mehrzahl" gewahrt geblieben.
Vgl. zum Erfordernis der Ununterbrochenheit des Aufenthaltes das Erkenntnis des VwGH vom 2. März 1896, Z. 4042 ex 1895, Slg. VwGH Nr. 9390; vgl. zur Ausweislosigkeit, die „ein wesentliches Erfordernis für die Erwerbung der Heimatszuständigkeit durch Quadriennierung" war und daher erwiesen sein mußte, z.B. das Erkenntnis des VwGH vom 27.

schließung einer Frau mit einem Gemeindeglied (§ 12)[164]. Die Ersitzung des Domizils war also nur für diejenigen Personen möglich, die sich ohne gültigen Heimatschein[165] in der Gemeinde aufhielten. Überdies konnte die Gemeinde den ipso iure Erwerb des Heimatrechtes infolge Quadriennierung bzw. Verehelichung durch Ausweisung einer Person[166], aber auch durch Verweigerung des politischen Ehekonsenses verhindern. Die Gemeindeangehörigkeit konnte aber nicht nur durch Geburt und „Aufnahme" in dem Gemeindeverband erworben werden, sondern auch kraft Gesetzes erfolgen, da Staatsdiener[167], Offiziere, Angestellte mit Offiziersrang, Geistliche und öffentliche Lehrer gemäß § 13 des Gemeindegesetzes Angehörige in derjenigen Gemeinde waren, in welcher ihnen der ständige Aufenthalt angewiesen wurde.

Die Gemeindeordnungen der Städte rezipierten die Bestimmungen des provisorischen Gemeindegesetzes, allerdings mit zusätzlichen Erschwerungen für den Heimatrechtserwerb von Fremden[168]. Zu dem vierjährigen Aufenthalt mußte nach den meisten Statuten weiters kommen, daß der Gemeindefremde während des vier Jahre dauernden ununterbrochenen Aufenthalts in der Stadt zweimal in die Konskriptionslisten der Gemeinde eingetragen worden war und keine Verwahrung der Gemeinde gegen dessen Aufnahme durch Anhaltung zur Erlangung eines neuen Heimatscheines oder durch Ausweisung in seinen Heimatort stattgefunden hatte[169]. Da hiedurch diese Art des Heimatrechtserwerbs außerordentlich erschwert worden war, sahen manche Statuten[170] im

---

September 1893, Z. 3247, Slg. VwGH Nr. 7412. Da § 12 lit. b ausdrücklich nur die Duldung ohne Heimatschein verlangte, war weiters nach der Judikatur gleichgültig, ob ein Heimatrecht während der Quadriennierung bestand oder nachweisbar war, siehe Erkenntnis des VwGH vom 6. März 1896, Z. 1446, Slg. VwGH Nr. 9410; vgl. auch zur Judikatur betreffend diese Erwerbsart Rudolf HORNEK, Die österreichischen Heimat- und Armengesetze (= Handbücher für berufliche und freiwillige soziale Arbeit I), 3 Hefte, Wien 1917/1918, I, S. 106 ff.

164 Vgl. dazu ausführlich z.B. Adolf von ARAILZA, Das österreichische Heimatrecht, Wien 1889, S. 102 ff.

165 Ob auch der Besitz eines gültigen Passes, eines Dienst- oder Wanderbuches in gleicher Weise die Erwerbung des Heimatrechtes durch vierjährigen Aufenthalt hinderte, war nicht einheitlich geregelt, vgl. JEGIEREK (wie Anm. 149), S. 22 f.

166 Vgl. zur Ausweisung nach dem Provisorischen Gemeindegesetz ausführlicher S. 268 f.

167 Landesbeamte waren durch die Gemeindeordnungen den Staatsbeamten gleichgestellt; vgl. zu § 13 ausführlich ARAILZA (wie Anm. 164), S. 109 ff.; HORNEK (wie Anm. 163) I, S. 108.

168 Siehe ausführlich MAYRHOFER/PACE (wie Anm. 138) II, S. 1076 ff.

169 So erfolgte nach § 7 Z. 2 lit. b des Statuts von Graz die Aufnahme in den Gemeindeverband „durch Duldung eines ohne Heimatschein oder mit einem bereits erloschenen Heimatscheine sich durch vier Jahre von der Zeit seiner Eintragung in die Conscriptionslisten der Stadt Graz an gerechnet, ununterbrochen in der Gemeinde aufhaltenden, die österreichische Reichsbürgerschaft besitzenden Fremden. Diese stillschweigende Aufnahme in den Gemeindeverband durch Duldung erfolgt jedoch nur dann, wenn der Fremde auch bei der in den obigen Zeitraum fallenden zweiten Aufnahme der Conscriptionslisten in dieselbe eingetragen war und keine Verwahrung der Gemeinde gegen dessen Aufnahme durch Anhaltung zur Erlangung eines neuen Heimatscheines, oder durch Ausweisung an seinen Heimatort Statt gefunden hat".

170 So z.B. § 9 der provisorischen Gemeindeordnung für Wien, wonach jeder österreichische Staatsbürger das Recht hatte, die Aufnahme als Gemeindeangehöriger zu verlangen, wenn er

Unterschied zum Gemeindegesetz zusätzlich eine Aufnahmepflicht der Gemeinde bzw. einen Anspruch auf Aufnahme in den Heimatverband aufgrund eines zehnjährigen, bei gleichzeitig ausgewiesenem Besitz eines gültigen Heimatscheines vollbrachten Aufenthaltes vor, wenn der Bewerber samt seiner Familie unbescholten war sowie den Besitz eines den Unterhalt der Familie sichernden Vermögens oder Erwerbszweiges nachweisen konnte. Wurde die Aufnahme verweigert, so entschied im Rekurswege die staatliche Behörde.

c. Gemeindegesetz 1859

Die heimatrechtlichen Bestimmungen des Gemeindegesetzes vom 24. April 1859[171] stellten einen inhaltlichen Übergang vom provisorischen Gemeindegesetz zum Heimatgesetz von 1863 dar. Nach Korb[172] erwachte in diesen Bestimmungen „das Bewußtsein der Selbständigkeit des Begriffes des Heimatsrechtes", wenngleich „noch in einer sonderbaren Verquickung" mit dem Gemeinderecht. So legte § 32 fest, daß das Verhältnis, „kraft dessen Jemand in Absicht auf seine Person einem Gemeindeverbande bleibend angehört ..., die Zuständigkeit zur Gemeinde und der Inbegriff der auf dieses Verhältniß gegründeten Rechte das Heimatrecht in der Gemeinde genannt" würden. Arailza[173] bezeichnete die in § 32 festgelegte „Zuständigkeit zur Gemeinde" als „Heimatrecht im objectiven Sinne" und das ebendort definierte „Heimatrecht" als „Heimatrecht im subjectiven Sinne". Das „Heimatrecht im subjectiven Sinne", also das Verhältnis einer Person zu dieser Gemeinde bzw. der gemeinderechtliche Status dieser Person, bestand in den gegen die Gemeinde gerichteten Ansprüchen, also im Anspruch auf ungestörten Aufenthalt im Gemeindegebiet und auf Versorgung im Armenfall, während das „Heimatrecht im objectiven Sinn", also die Zuständigkeit in der Gemeinde, die lokale administrative Zuständigkeit für diverse staatliche Zwecke bedeutete, wobei das aus dem „subjectiven Heimatrecht" erfließende Recht auf ungestörten Aufenthalt in der Gemeinde, freilich aber nur in dieser, auch vom Staat respektiert werden mußte.

---

1. die volle Befugnis hatte, über seine Person und über sein Vermögen zu verfügen; 2. wenigstens zehn Jahre unmittelbar vorher auf Grundlage eines gültigen, nicht erloschenen Heimatscheines ununterbrochen im Gemeindebezirk wohnhaft war, 3. sich samt seiner Familie eines unbescholtenen Rufes erfreute, und 4. den Besitz eines den Unterhalt seiner Familie sichernden Vermögens oder Nahrungszweiges nachwies. § 8 der Gemeindeordnung für Troppau, verlangte nicht die Unbescholtenheit, sondern daß keine das Gemeindewahlrecht ausschließenden Umstände vorlagen (Verurteilung zu einer Strafe, die mit dem Verlust der politischen Rechte verbunden war, Verurteilung wegen eines Verbrechens oder wegen eines aus Gewinnsucht begangenen oder die öffentliche Sittlichkeit verletzenden Vergehens, laufendes Konkursverfahren oder Verurteilung wegen Krida, Steuerrückstand); siehe weiters auch § 7 der Gemeindeordnungen für Salzburg, Linz und Steyr, § 11 der Gemeindeordnungen für Prag und Brünn, § 9 der Gemeindeordnung für Reichenberg, § 8 der Gemeindeordnung für Olmütz, § 13 des Statuts für Triest. Die Gemeindeordnungen für Graz, Laibach, Klagenfurt, Innsbruck, Bozen und Trient hatten keine derartige Bestimmung.

171 Kaiserliches Patent vom 24. April 1859, RGBl. Nr. 58, womit ein neues Gemeindegesetz erlassen wird; vgl. dazu ausführlich MAYRHOFER/PACE (wie Anm. 138) II, S. 1055 ff.

172 KORB (wie Anm. 138), S. 26.

173 ARAILZA (wie Anm. 164), S. 93.

Die zur Gemeinde Zuständigen waren nach dem Gemeindegesetz von 1859 alle Gemeindeangehörigen, also diejenigen Personen, „die dem Gemeindeverbande in Absicht auf ihre Person bleibend angehören", wozu nunmehr auch die städtischen Bürger zählten, da gemäß § 116 Abs. 2 nur Gemeindeangehörigen das Bürgerrecht verliehen werden durfte. Während nur den Gemeindeangehörigen das Recht auf ungestörten Aufenthalt in der Gemeinde garantiert wurde, blieb es bezüglich der Armenversorgung bei den bisherigen Vorschriften. Die Zuständigkeit in der Gemeinde wurde weiterhin derivativ durch die Geburt[174] oder Verehelichung[175] und originär durch die Amtsheimat[176] oder freiwillige Aufnahme in die Zuständigkeit der Gemeinde[177] erworben. An die Stelle der „stillschweigenden Aufnahme" durch Ersitzung infolge eines vierjährigen qualifizierten Aufenthalts trat nun allerdings der bloße Anspruch auf Aufnahme in den Gemeindeverband durch Beschluß der Gemeindevertretung, womit die Berücksichtigung des längeren Aufenthaltes für die Erwerbung des Heimatrechtes, wie es Redlich[178] formulierte, „auf einen Schatten abgeschwächt" worden war. Die bereits in manchen städtischen Statuten verankerte Aufnahmepflicht wurde vom Gemeindegesetz in der Form rezipiert, daß demjenigen österreichischen Staatsbürger über sein Ansuchen die Aufnahme in die Zuständigkeit der Gemeinde nicht versagt werden durfte, welcher die volle Befugnis hatte, über sein Vermögen zu verfügen, in seinem Recht zum Aufenthalt we-

---

174 Gemäß § 36 waren eheliche Kinder zu jener Gemeinde zuständig, zu welcher der Vater zur Zeit der Geburt die Zuständigkeit hatte; uneheliche Kinder zu jener, zu welcher ihre Mutter zur Zeit der Entbindung die Zuständigkeit hatte und legitimierte Kinder zu jener Gemeinde, zu welcher ihr Vater zur Zeit der stattfindenden Legitimation zuständig war. Durch eine Annahme an Kindes statt oder Übernahme in die Pflege wurde die Zuständigkeit nicht begründet. Eheliche und legitimierte Kinder folgten dem Vater auch bei Veränderungen der Zuständigkeit, uneheliche der Mutter, sofern sie noch nicht eigenberechtigt waren (§ 44). Eigenberechtigte Kinder blieben zu jener Gemeinde zuständig, zu der sie bei der Erlangung der Eigenberechtigung zuständig waren. Außerdem behielten uneheliche Kinder, die bei der Heirat ihrer Mutter nicht legitimiert wurden, die Zuständigkeit, die sie bis dahin hatten, auch wenn sie zum Zeitpunkt der Verehelichung noch nicht eigenberechtigt waren.

175 Nach § 37 erlangten Frauen durch Verehelichung die Zuständigkeit zu der Gemeinde, in welcher ihr Ehemann zuständig war. Ebenso folgte bei einer Veränderung in der Zuständigkeit die Ehefrau dem Mann, sofern sie nicht gerichtlich geschieden war, und behielt auch als Witwe die Zuständigkeit zu der Gemeinde, in welcher der Ehegatte zur Zeit seines Todes die Zuständigkeit hatte. Gerichtlich geschiedene oder getrennte Ehefrauen behielten ihre Zuständigkeit, die sie zur Zeit der Scheidung oder Trennung hatten (§ 43). Wurde hingegen eine Ehe für ungültig erklärt, so trat die Frau in die Zuständigkeit zurück, die sie bis zum Eingehen der Ehe hatte. War diese Zuständigkeit unbekannt, so verblieb sie in der Zuständigkeit der Gemeinde, die ihr bei dem rechtsgültigen Ausspruch über die Ungültigkeit der Ehe zukam (§ 49).

176 Definitiv angestellte Hof- und Staatsbeamte, Geistliche und öffentliche Schullehrer erlangten gemäß § 42 mit dem Antritt ihrer Dienststelle die Zuständigkeit in der ihnen zum Aufenthalt angewiesenen Gemeinde.

177 Nach § 38 erfolgte die ausdrückliche Aufnahme in die Zuständigkeit zur Gemeinde durch Beschluß der Gemeindevertretung. Gemäß § 41 war eine Aufnahme auf bestimmte Zeit unzulässig.

178 REDLICH (wie Anm. 163), S. 554. „Damit war angebahnt, was binnen wenigen Jahren das neue verfassungsmäßig erlassene Gemeinde- und Heimatgesetz vollenden sollte: die völlige Beseitigung der alten Tradition im österreichischen Heimatrechte", ebd., S. 555.

der durch die Polizeivorschriften noch durch andere gesetzliche Anordnungen beschränkt war, wenigstens vier Jahre unmittelbar vorher ununterbrochen und freiwillig in der Gemeindegemarkung seinen Wohnsitz hatte und während dieser Zeit der Armenversorgung nicht zur Last fiel, sich eines unbescholtenen Rufes erfreute, mit den landesfürstlichen Steuern und Gemeindeabgaben nicht im Rückstand war sowie den Besitz eines den Unterhalt für ihn und seine Familie sichernden Vermögens oder den wenigstens durch vier Jahre fortgesetzten selbständigen Betrieb eines Nahrungszweiges, wodurch sein und seiner Familie Unterhalt gesichert war, nachweisen konnte (§ 39). Wurde diese obligatorische Aufnahme verweigert, so entschied im Falle einer Berufung die der Gemeinde vorgesetzte politische Behörde.

Damit war durch das Gemeindegesetz zwar die Ersitzungszeit für den Anspruch auf die obligatorische Aufnahme in den Heimatverband im Vergleich zu den Statuten von zehn auf vier Jahre herabgesetzt worden, gleichzeitig aber wurden die Voraussetzungen hinsichtlich der persönlichen Verhältnisse verschärft und damit der Heimatrechtserwerb deutlich erschwert.

d. Heimatgesetz 1863

Nach dem Gesetz vom 3. Dezember 1863 betreffend die Regelung der Heimatverhältnisse[179] gewährte die Heimatberechtigung infolge der nunmehrigen grundsätzlichen Trennung von Gemeinde- und Heimatrecht nur mehr das Recht auf ungestörten Aufenthalt im Gemeindegebiet[180] und den Anspruch auf Armenversorgung in dieser Gemeinde (§ 1). Der Zusammenhang des Heimatrechtes mit dem Gemeinderecht war, wie Rauchberg[181] bemerkte, nur noch „ein localer, indem es eben immer eine bestimmte Gemeinde" war, in welcher Aufenthalt und Armenversorgung garantiert wurden. Jeder Staatsbürger[182] sollte daher in einer Gemeinde, aber auch nur in einer[183], heimatberechtigt sein[184].

---

179 RGBl. Nr. 105; vgl. zum Heimatgesetz Rudolf KORB, Die Grundzüge des österreichischen Heimatrechtes, IV: Das geltende österreichische Heimatrecht, in: Österreichische Zeitschrift für Verwaltung XVI (1883), Nr. 16, S. 61 f.; Ignaz RUTAR, Einige kritische Bemerkungen über das Heimatsgesetz vom 3. Dezember 1863, RGBl. Nr. 105, in: Österreichische Zeitschrift für Verwaltung XLII (1909), Nr. 31, S. 123–125; Julius GIEGL, Österreichisches Heimatrecht. Die Vorschriften über das Heimat- und das Staatsbürgerrecht nebst erläuternden Bemerkungen, 2. Aufl. Wien 1906; ARAILZA (wie Anm. 164), S. 4 ff.; JEGIEREK (wie Anm. 149), S. 34 ff.; MAYRHOFER/PACE (wie Anm. 138) II, S. 979 ff.

180 Siehe zur territorialen Veränderung des Gemeindegebietes die §§ 3 f. sowie ausführlich SPIEGEL (wie Anm. 129), S. 832 ff.

181 RAUCHBERG (wie Anm. 137), S. 64.

182 Der Verlust der Staatsbürgerschaft zog den Verlust des Heimatrechtes nach sich (§ 15). Mußte eine derartige Person infolge von Staatsverträgen wieder übernommen werden oder kehrte sie mit der Absicht zu bleiben zurück, ohne daß die Übernahme von einem anderen Staat erzielt werden konnte, so trat sie gemäß § 16 wieder in das Heimatrecht zurück, welches sie zum Zeitpunkt des Verlustes der Staatsbürgerschaft besaß; vgl. dazu ausführlich MAYRHOFER/PACE (wie Anm. 138) II, S. 1004.

Da das Heimatgesetz „in der Wesenheit nichts anderes“ war „als eine gesichtete, kurze und systematische Zusammenfassung der bisher mannigfach zerstreuten Bestimmungen über das Heimatrecht“[185], konnte es wie bisher ausschließlich durch Geburt, Verehelichung einer Frau, Erlangung eines öffentlichen Amtes sowie durch Aufnahme in den Gemeindeverband erworben werden (§ 5). Weder die Ersitzung des Heimatrechtes, wie es noch das provisorische Gemeindegesetz vorgesehen hatte, noch die Ersitzung des Anspruches auf Aufnahme bzw. die obligatorische Aufnahme durch die Gemeinde hatten in dieses Gesetz Eingang gefunden. Das Heimatrecht wurde also entweder derivativ – wie im Falle des Erwerbes durch Geburt, wobei eheliche Kinder dem Vater im Heimatrecht zur Zeit der Geburt folgten, uneheliche dem Heimatrecht der Mutter zum Zeitpunkt der Entbindung[186] bzw. wie im Falle der Verehelichung, wo die Frau dem Ehemanne im Heimatrecht folgte[187] – oder originär erlangt – wie im Falle der Amtsheimat[188] bzw. im Falle der ausdrücklichen, freiwilligen Aufnahme in dem Heimatver-

183 Folglich erlosch das Heimatrecht in einer Gemeinde durch die Erwerbung des Heimatrechtes in einer anderen Gemeinde (§ 17), während die Verzichtleistung auf ein Heimatrecht bis zum Erwerb eines anderen Heimatrechts ohne Wirkung blieb.

184 Weshalb Heimatlose nach den Bestimmungen der § 18 ff. einer Gemeinde zugewiesen werden mußten; vgl. zu den Heimatlosen z.B. auch Adolf von PACHNER-EGGENSDORF, Der Erwerb des österreichischen Heimatrechts und die Zuweisung von Heimatlosen, in: Centralblatt für Verwaltungs-Praxis. Beiheft zum Österreichischen Centralblatt für die juristische Praxis, hrsg. von Leo Geller, I. Jg. (1885), S. 309–351; SPIEGEL (wie Anm. 129), S. 839; MAYRHOFER/PACE (wie Anm. 138) II, S. 1005 ff.; HORNEK (wie Anm. 163) I, S. 14 ff.

185 So der Bericht des zur Vorberatung der Gesetzesvorlage über das Heimatrecht gewählten Ausschusses, Nr. 22 der Beilagen zu den Sten. Prot. des AH, II. Sess.

186 § 6. Falls der Vater ehelicher Kinder bereits vorher verstorben war, erwarb das Kind das Heimatrecht in der Gemeinde, in welcher der Vater zum Zeitpunkt des Todes heimatberechtigt war. Bei Veränderungen im Heimatrecht folgten die ehelichen und legitimierten Kinder dem Vater und uneheliche Kinder der Mutter. Eigenberechtigte Kinder behielten das Heimatrecht, das sie bei Erlangung der Eigenberechtigung innehatten. Uneheliche Kinder, die nicht bei der Eheschließung der Mutter legitimiert wurden, behielten ihr bisheriges Heimatrecht; vgl. zur sogen. Kindesheimat ausführlicher SPIEGEL (wie Anm. 129), S. 817 f.; MAYRHOFER/PACE (wie Anm. 138) II, S. 984 ff., 1002 ff.; HORNEK (wie Anm. 163) I, S. 6 ff., 12.

187 Frauen erlangten durch die Verehelichung das Heimatrecht in der Gemeinde, in welcher ihr Ehegatte Heimatberechtigung hatte (§ 7). Bei Veränderungen im Heimatrecht folgte die Frau, sofern sie nicht gerichtlich geschieden war, dem Ehemann. Die Witwe behielt das Heimatrecht in jener Gemeinde, in welcher der Ehemann zur Zeit seines Todes heimatberechtigt war. Gerichtlich geschiedene oder getrennte Ehefrauen behielten das Heimatrecht, welches sie zur Zeit der gerichtlichen Scheidung oder Trennung hatten. Bei Ungültigerklärung der Ehe trat die Frau in das Heimatrecht zurück, das sie bis zum Eingehen der Ehe innehatte; vgl. zur sogen. Frauenheimat ausführlicher SPIEGEL (wie Anm. 129), S. 818 f.; MAYRHOFER/PACE (wie Anm. 138) II, S. 988, 992 ff.; siehe weiters Franz MÜLLER, Zur heimatrechtlichen Ersitzung der Ehefrau. Eine Studie zum Gesetze vom 5. Dezember 1896, RGBl Nr. 222, in: Österreichische Zeitschrift für Verwaltung XXXIV (1901), Nr. 34, S. 141 f., Nr. 49, S. 207 f.; Josef GLOS, Erwerbung des Heimatrechtes durch die Witwe, in: Österreichische Zeitschrift für Verwaltung XXXIV (1901), Nr. 46, S. 193 f.

188 Definitiv angestellte „Hof-, Staats-, Landes- und öffentliche Fondsbeamte, Geistliche und öffentliche Lehrer“ erlangten mit dem Antritt ihres Amtes das Heimatrecht in der Gemeinde,

band, über welches Ansuchen die Gemeinde mit Ausschluß jeder Berufungsmöglichkeit entschied[189].

Zwar wurde mit dem Heimatgesetz von 1863 das Heimatrecht aus dem Gemeinderecht ausgegliedert und, so Korb[190], von der österreichischen Gesetzgebung anerkannt, daß „der Begriff des Heimatrechtes im österreichischen Staatsrechte ein selbständiger" sei[191], gleichzeitig fand aber infolge der durch das Wegfallen rechtlicher und faktischer Hindernisse bewirkten Binnenwanderung der österreichischen Bevölkerung, vor allem freilich der arbeitenden Schichten, eine Umwandlung der faktischen Heimat zur einer rechtlichen statt. An die Stelle der mit dem Wohnsitz bzw. dem tatsächlichen Arbeits- und Aufenthaltsort identischen Zuständigkeitsgemeinde war nämlich in vielen Fällen nun eine rein fiktive Bindung zu einer Gemeinde getreten, da das Heimatrecht in praxi nahezu ausschließlich derivativ erworben wurde, wie die Statistik der ausdrücklichen Aufnahmen in den Gemeindeverband deutlich belegt[192]. Erst im Armuts- und Abschiebungsfall wurde diese fiktive Bindung zur Heimatgemeinde wieder in eine faktische rückverwandelt. Das Übel lag, wie es Rauchberg[193] formulierte, in der „innere[n] Unwahrheit der Heimatverhältnisse, in welchen die Rechtsform fortbesteht, nachdem ihre thatsächlichen Voraussetzungen zum Theile schon längst entschwunden sind".

Infolge des praktischen Überwiegens der derivativen Erwerbsarten und der Seltenheit von ausdrücklichen Aufnahmen in den Gemeindeverband entbehrten die Heimatrechtsverhältnisse „jeder Elastizität"[194], sie wurden „petrifiziert"[195], „mumifiziert"[196].

---

in welcher ihnen ihr ständiger Amtssitz angewiesen wurde (§ 10); vgl. zur Amtsheimat ausführlicher SPIEGEL (wie Anm. 129), S. 819 f.; MAYRHOFER/PACE (wie Anm. 138) II, S. 992 ff.; HORNEK (wie Anm. 163) I, S. 9 ff.

189 § 8. Die Aufnahme durfte aber weder zeitlich beschränkt noch unter „einer den gesetzlichen Folgen des Heimatrechtes abträglichen Bedingung" erteilt werden. Jede derartige Beschränkung oder Bedingung war nichtig und als nicht beigesetzt zu betrachten.

190 KORB (wie Anm. 138), S. 26.

191 Wenngleich dies auf die Selbständigkeit vom Gemeinderecht und dessen Terminologie zutrifft (Gemeindegesetz 1849: Aufnahme in den Gemeindeverband - Heimatgesetz 1863: Aufnahme in den Heimatverband usw.), so wurde freilich die Gemeinde, in der jemand das Heimatrecht innehatte, weiterhin auch als Ort der Zuständigkeit der betreffenden Person apostrophiert. So verwendete das Reichsschubgesetz von 1871 die Terminologie „zuständig" bzw. „Zuständigkeit", und nicht „heimatberechtigt" bzw. „Heimatrecht"; vgl. S. 220 f.

192 So war es etwa in der Steiermark, wo bei der Volkszählung von 1880 685.160 heimatberechtigte Ortsanwesende festgestellt wurden, womit auf 100 Heimatberechtigte 110 Gemeindefremde fielen, während des Zeitraumes von 1871 bis 1880 nur zu 3.255 freiwilligen Aufnahmen in den Gemeindeverband gekommen, siehe zu diesen Zahlen die „Übersicht der statistischen Daten über die in den einzelnen Ländern während der inbezeichneten Zeiträume vorgekommenen Fälle von ausdrücklicher Aufnahme in den Heimatverband", Beilage 1 der Regierungsvorlage 1894, Nr. 969 der Sten. Prot. des AH, XI. Sess., S. 10, und die „Übersicht über das Verhältnis der heimatberechtigten und der nicht heimatberechtigten Bevölkerung in den Gemeinden der im Reichsrathe vertretenen Königreiche und Länder nach den Ergebnissen der Volkszählung in den Jahren 1869, 1880 und 1890", ebd., S. 12 ff.

193 RAUCHBERG (wie Anm. 137), S. 60.

194 SPIEGEL (wie Anm. 129), S. 816; REDLICH (wie Anm. 163), S. 559, sprach von einer „förmlichen Erstarrung der heimatrechtlichen Verhältnisse in Österreich".

195 SPIEGEL (wie Anm. 129), S. 816.

Mit seinem Aufbau auf der Familiennachfolge, der Abstammung und damit dem „Forterben“ des Heimatrechtes von Generation zu Generation hatte das Heimatrecht einen „ganz dauernden Charakter“ erhalten, war „aus einem Personen- zu einem Familienrecht“[197] geworden. Damit konnte das Heimatgesetz einerseits den durch Zu- und Wegzug sich verändernden Verhältnissen des örtlichen Zusammenlebens nicht Rechnung tragen, andererseits erschwerte es auf lange Sicht die Evidenzhaltung der Heimatberechtigungen, da die Behörden oft über viele Aszendenten zurück die ursprünglichen rechtserzeugenden bzw. heimatrechtsbegründenden Tatsachen ausforschen mußten[198]. § 49 des Heimatgesetzes ordnete nämlich an, daß diejenigen Heimatrechte, welche zum Zeitpunkt des Inkrafttretens des Heimatgesetzes nach den früheren Vorschriften bereits erworben waren, solange in Kraft blieben, bis sie nach den Bestimmungen des Heimatgesetzes verlorengingen, bis also ein neues Heimatrecht erworben wurde (§ 17), womit „die alten, durch die faktischen Verhältnisse längst überholten heimatrechtlichen Beziehungen des Individuums bis selbst ins vorige Jahrhundert zurück“[199] konserviert wurden. Die Ausforschung der jeweiligen Heimatberechtigung war aber nach dem Heimatgesetz jedenfalls immer dann notwendig, wenn die Aufenthaltsgemeinde eine Person, die in einer anderen Gemeinde heimatzuständig war, zwecks Armenversorgung in ihre Heimatgemeinde abschieben wollte[200], was zu jahrelangen Heimatrechtsstreitigkeiten führen konnte[201].

Die Probleme, welche die angesprochene Versteinerung der Heimatverhältnisse durch die „so engherzige Gesetzgebung“[202] von 1863 im Zusammenhang mit der durch

---

196 RAUCHBERG (wie Anm. 137), S. 66.

197 Heinrich REICHER, Heimatrecht und Landes-Armenpflege mit besonderer Berücksichtigung der Natural-Verpflegsstationen in Steiermark, Graz 1890, S. 7.

198 HERZ (wie Anm. 132), S. 79, bezeichnete den Rückgriff auf Eltern und „Voreltern“ zur Geltendmachung des Heimatsrechtes als „eine wahre ‚probatio diabolica‘ “.

199 REDLICH (wie Anm. 163), S. 560.

200 § 43: „Keine Gemeinde darf gegen Personen, deren Heimat unbekannt, zweifelhaft oder streitig ist, bevor ihr Heimatrecht nach den Bestimmungen des gegenwärtigen Gesetzes endgiltig festgestellt wurde, mit einer Abschiebung in eine andere Gemeinde, oder wenn eine solche dennoch geschehen wäre, mit einer Zurückschiebung bei Haftung für alle Schäden und Kosten vorgehen“. Über den Anspruch und die Höhe des Schadenersatzes entschieden die politischen Behörden.

201 So kritisierte etwa REDLICH (wie Anm. 163), S. 569: „In dem ganz formlos geführten Prozesse, den zuerst die Gemeinden, dann die Behörden erster Instanz, dann die Landesregierungen miteinander führen, bis der Streitfall endlich im Ministerium oder im Verwaltungsgerichtshof erledigt wird, türmen sich gewaltige Aktenstöße auf, werden Gemeindearchive durchgeforscht, ‚Gedenkmänner‘ darüber einvernommen, ob etwa der N.N., dessen Heimatrecht in ‚Frage gekommen‘, in den Jahren 1830–35 als herrschaftlicher Viehhirt in dieser oder jener Gemeinde aufgehalten habe, wobei dann noch zu erwägen steht, ob dies eine ‚stabile Bedienstung‘ im Sinne des Konskriptionspatentes von 1804 gewesen, u.s.w. u.s.w.“ Inzwischen würden aber die Gemeinden zur „Selbsthilfe“ schreiten und den Versorgungsbedürftigen nichtsdestotrotz in jene Gemeinde abschieben, „die trotz allen Leugnens als die Heimatgemeinde betrachtet wird“, also die Geburtsgemeinde des Unterstützungsbedürftigen oder die seines Vaters oder die frühere Aufenthaltsgemeinde.

202 So der Bericht des Verwaltungsausschusses über die Regierungsvorlage von 1894, Nr. 1300 der Beilagen zu den Sten. Prot. des AH, XI. Sess., S. 7.

die Industrialisierung ausgelösten und durch die Freizügigkeit ermöglichten „friedliche[n] Arbeiter-Völkerwanderung"[203] mit sich brachte, zeigen deutlich die Ergebnisse der Volkszählungen. Waren nach der Volkszählung von 1869 nur durchschnittlich 21,3 % der Bevölkerung einer Gemeinde Gemeindefremde, so stieg dieser Anteil 1880 auf 30,3 %, 1890 auf 36,1 % und 1890 auf 40 %[204]. Mehr als ein Drittel der gesamten cisleithanischen Bevölkerung weilte also 1890 nicht mehr in ihrer Heimatgemeinde. In Österreich unter und ob der Enns, in der Steiermark und in Triest überwog im Jahre 1890 bereits die Zahl der Gemeindefremden diejenige der Heimatberechtigten, während nur noch in den agrarwirtschaftlich dominierten Gebieten mit gering entwickelter Industrie, wie etwa in Dalmatien, Galizien, der Bukowina und Istrien, aber auch in Tirol und Vorarlberg, eindeutig die Heimatberechtigten überwogen[205]. In fast einem Drittel der 359 politischen Bezirke Cisleithaniens, nämlich in 68 Bezirken, war nicht einmal die Hälfte der Bevölkerung dort heimatberechtigt, und nur 41 Bezirke wiesen weniger als 10 % Gemeindefremde auf[206]. In Wien hatten nur 34,8 % aller ortsanwesenden Personen dort auch das Heimatrecht inne, während der Rest der Bevölkerung hauptsächlich in Böhmen, Mähren und Schlesien heimatberechtigt war[207]. Andere Städte zeigten sogar ein noch drastischeres Verhältnis zwischen Einheimischen und Gemeindefrem-

---

203 So REDLICH (wie Anm. 163), S. 562.

204 RAUCHBERG (wie Anm. 137), S. 67. Während sich 1869 im Staatsdurchschnitt noch 796 von 1.000 Personen der rechtlichen Bevölkerung in ihrer Heimatgemeinde aufhielten, waren es 1880 nur mehr 709 und 1890 nur mehr 651. Umgekehrt waren 1857 nur 78 von 1.000 Personen der rechtlichen Bevölkerung außerhalb ihrer Heimatgemeinde wohnhaft, 1869 schon 204, 1880 291 und 1890 bereits 349, siehe dazu Heinrich RAUCHBERG, Die Heimatsverhältnisse der Bevölkerung Oesterreichs nach den Ergebnissen der Volkszählung vom 31. Dezember 1890, in: Statistische Monatsschrift XVIII (1892), S. 363, 366; vgl. für Niederösterreich und insbesondere für weitere Nachweise zur Volkszählung von 1900 und 1910 Andrea KOMLOSY, „Zur Belassung am hiesigen Platze nicht geeignet..." Selektion und Kontrolle der Zuwanderung ins Kernland der Habsburgermonarchie, in: Festgabe des Vereins für Landeskunde von Niederösterreich zum Ostarrîchi-Millennium, redigiert von Helmuth Feigl (= Jahrbuch für Landeskunde von Niederösterreich N.F. LXII/1), Wien 1996, S. 555 ff.

205 Der Prozentsatz der heimatrechtlich Gemeindefremden war in Österreich unter der Enns 58,4 %, in Österreich ob der Enns 50,9 %, in der Steiermark 53,3 %, in Triest und Gebiet 54,5 %, in Dalmatien hingegen nur 6,8 %, in Galizien 16,2 %, in der Bukowina 16,3 %, in Istrien 17,4 %, in Tirol 28,9 %, in Vorarlberg 32,8 %. Aber auch etwa in Salzburg (49,6 %), in Kärnten (45,5 %) und in Böhmen (48,2 %) hatte sich der Anteil der Heimatfremden 1890 bereits der Hälfte der Bevölkerung angenähert, siehe detaillierter RAUCHBERG (wie Anm. 137), S. 73, vgl. ebd., S. 68, und zu den Veränderungen im Vergleich zu den Volkszählungen von 1869 und 1880 Heinrich RAUCHBERG, Die Bevölkerung Österreichs auf Grund der Ergebnisse der Volkszählung vom 31. Dezember 1890, Wien 1895, S. 157 ff.

206 Insgesamt waren es 87 Bezirke mit mehr als 50 % Gemeindefremden, 68 Bezirke mit 40 bis 50 %, 63 Bezirke mit 30 bis 40 %, 35 Bezirke mit 20 bis 30 %, 65 Bezirke mit 10 bis 20 % und 41 Bezirke mit weniger als 10 %; vgl. RAUCHBERG (wie Anm. 137), S. 68.

207 Allerdings lebten 88,6 % der in Wien Heimatberechtigten, also der „rechtlichen Bevölkerung" Wiens, auch tatsächlich in Wien, vgl. RAUCHBERG (wie Anm. 137), S. 72.

den, so etwa Graz mit nur 21,8 %, Steyer mit 22,1 % und Olmütz mit 20,1 % Heimatberechtigten[208].

Nach der Volkszählung von 1890 waren außerdem in Cisleithanien von 100 ortsanwesenden Personen nur mehr 65,2 % in ihrer Aufenthaltsgemeinde geboren, 15 % in einer anderen Gemeinde des Aufenthaltsbezirkes, 12,7 % in einem anderen Bezirk des Aufenthaltslandes, 5,4 % im sonstigen Staatsgebiet und 1,7 % im Ausland[209]. Mehr als ein Drittel der gesamten cisleithanischen Bevölkerung befand sich also zum Zeitpunkt der Volkszählung nicht mehr an ihrem Geburtsort. Überdies gab es unter den 359 autonomen Städten und politischen Bezirken Cisleithaniens bereits 60 Bezirke, in denen nicht einmal die Hälfte der ortsanwesenden Bevölkerung in der Aufenthaltsgemeinde geboren, mehr als die Hälfte hingegen zugezogen war. 76 Bezirke zählten einen Zuwanderungsanteil von 40 bis 50 %, 80 Bezirke von 30 bis 40 %[210].

Darin, daß nach der Volkszählung von 1890 der Anteil der Gemeindefremden (36,1 %) noch größer als der Anteil der Geburtsfremden (34,8 %) war, zeigt sich, daß in vielen Fällen des derivativen Heimatrechtserwerbs die tatsächlichen Aufenthaltsverhältnisse schon zur Zeit der Geburt einer Person oder der Verehelichung einer Frau nicht mehr mit den Heimatrechtsverhältnissen übereinstimmten[211]. So waren 1890 nur mehr 39 % aller Personen, die nicht in ihrer Aufenthaltsgemeinde heimatberechtigt waren, auch in ihrer Geburtsgemeinde heimatberechtigt, d.h. drei Fünftel der in ihren Aufenthaltsgemeinden nicht Heimatberechtigten hatten das Heimatrecht in Gemeinden erworben, in denen ihr Vater bzw. ihre Mutter zum Geburtszeitpunkt oder ihr Ehemann zum Zeitpunkt der Eheschließung nicht mehr wohnten[212].

Je mehr Personen von der Gemeinde abwesend waren, in der sie das Heimatrecht, und damit das weder von der Gemeinde noch von den staatlichen Behörden entziehbare Aufenthaltsrecht, innehatten, desto praktisch relevanter wurde auch das Ausweisungsrecht. Nach den vorgenannten Zahlen genoß daher insgesamt mehr als ein Drittel der Bevölkerung, in manchen Teilen Cisleithaniens sogar mehr als die Hälfte, kein unbeschränktes Aufenthaltsrecht, da diese Personen „unter gewissen Eventualitäten“[213] von der Ausweisung bedroht waren. Rauchberg bezeichnete daher das Aufenthaltsrecht, wie es das Heimatgesetz bot, als „ein wahres Danaërgeschenk“, weil daraus, daß es nur in der Heimatgemeinde unentziehbar war, e contrario folge, daß es in jeder anderen Gemeinde unter bestimmten Umständen entzogen oder beschränkt werden könne. Dies sei folglich „nicht etwa die Durchführung, sondern eine weitgehende und sehr be-

208 Während Czernowitz mit 49,3 % noch den höchsten Anteil Einheimischer aufwies, vgl. zu diesen Zahlen die Übersicht der Heimatverhältnisse in den mit eigenen Statuten versehenen Städten nach den Ergebnissen der Volkszählung vom Jahre 1890, Anlage 3 der Regierungsvorlage von 1894, Nr. 969 der Beilagen zu den Sten. Prot. des AH, XI. Sess., S. 18. Noch krasser waren beispielsweise die Verhältnisse in Zizkow, einem industriellen Vorort von Prag, wo 40.849 Fremde 387 Einheimischen gegenüberstanden, siehe dazu Nr. 1300 der Beilagen zu den Sten. Prot. des AH, XI. Sess., S. 4.

209 RAUCHBERG (wie Anm. 137), S. 64.

210 Ebd.

211 Vgl. ebd., S. 65.

212 Siehe dazu detailliert ebd., S. 74.

213 Ebd., S. 86.

denkliche Einschränkung des staatsgrundgesetzlich gewährleisteten Rechtes der Freizügigkeit“[214].

Angesichts der Verhältnisse, wie sie die Volkszählungen auswiesen, mußte nicht nur die Anknüpfung des Gemeindewahlrechtes an das Heimatrecht[215], sondern auch die Verbindung der Armenpflege mit demselben anachronistisch erscheinen[216]. Außerdem führten „Überbleibsel aus der Periode der administrativen Competenz“[217], wie etwa die nach dem Heimatrecht erfolgende Rekrutenstellung, die Ausstellung von Dienstbotenbüchern durch die Heimatgemeinde u.a.m., in der Praxis zu zahlreichen Unzulänglichkeiten[218]. Da die Normen des Heimatgesetzes von 1863 bezüglich des Erwerbes und Verlustes des Heimatrechtes „in vollkommenem Widerspruche zu der der socialen Entwickelung innewohnenden Tendenz fortschreitender Mobilisierung der Bevölkerung“[219] standen, erhob sich bald nach Inkrafttreten des Gesetzes vielfältige Kritik an demselben[220]. Verständlicherweise setzte auch die sozialdemokratische Polemik[221] am geltenden Heimatrecht an, dessen Entwicklung als „für unser ganzes Asiatentum so recht bezeichnend“ qualifiziert wurde. „Anderswo in Europa“ habe man, „je mehr sich die Industrie entwickelte, dem industriellen Arbeiter, der von Ort zu Ort zieht, wo ihn gerade der Unternehmer braucht, auch die rechtliche Möglichkeit des Aufenthalts gegeben“, „draußen das Recht der Freizügigkeit immer mehr ausgedehnt und ... andererseits das Recht auf Armenversorgung von einer ganz kurzen Frist abhängig gemacht. Anders

---

214 Sollte „über kurz oder lang eine Reform des Heimatsrechtes etwa in der Richtung stattfinden, dass dasselbe in höherem Maasse mit den Thatsachen des Aufenthalts in Uebereinstimmung gebracht wird“, so würde „der Kreis der von Abschaffung und Abschiebung bedrohten Personen ein viel engerer werden“. Es sei „nun schlechterdings nicht einzusehen, warum man gerade für diese Minorität von Personen gewisse, an sich bedenkliche Maassnahmen beibehalten müsste, auf welche man der Majorität gegenüber von vorneherein verzichtet“ habe. „Es hiesse doch“, so Rauchberg, „der Polizei und unserem ganzen Correctionswesen ein Armuthszeugnis ausstellen, wollte man ihnen zumuthen, dass sie zwar mit einheimischen, nicht aber auch mit zugezogenen Spitzbuben fertig zu werden wissen“, ebd., S. 87.

215 Vgl. dazu etwa Rudolf KORB, Die Nothwendigkeit einer Reform des österreichischen Heimatrechtes, in: Österreichische Zeitschrift für Verwaltung XIV (1881), Nr. 44, S. 182.

216 So RAUCHBERG (wie Anm. 137), S. 94: Die „Basierung der Armenpflege auf der Heimatsberechtigung ist, wenigstens bei den gegenwärtigen heimatsrechtlichen Bestimmungen, in weitaus gedehnten Theilen unseres Vaterlandes zu einem Anachronismus geworden, welcher nicht nur dem Zweck der Armenpflege in objectiv-technischer wie in subjectiver Beziehung geradezu entgegengesetzt ist, sondern auch ihre finanzielle Basis in ebenso unzweckmässiger als ungerechter Weise verschoben hat“, vgl. zur Kritik an der oftmals zum Schub führenden Verknüpfung von Armenpflege und Heimatrecht insbes. S. 765 ff., 38 ff.

217 Siehe dazu ausführlich RAUCHBERG (wie Anm. 137), S. 75 ff.

218 Vgl. dazu KORB (wie Anm. 215), Nr. 43, 178 f.; REDLICH (wie Anm. 163), S. 570.

219 RAUCHBERG (wie Anm. 137), S. 65.

220 RAUCHBERG, ebd., S. 96, forderte „als Consequenz der modernen sozialen Entwicklung, ... welche in fast allen anderen Culturstaaten bereits längst gezogen worden“ sei, die Ersetzung des Heimatrechtes durch den Wohnsitz, was im Bereich der Armenpflege einen „Act ausgleichender Gerechtigkeit“ darstellen würde.

221 Das neue Heimatsgesetz mit besonderer Rücksicht auf die Erlangung des Zuständigkeitsrechtes und des Rechtes auf Gemeindeunterstützung gemeinfaßlich dargestellt und mit allen nöthigen Gesuchsformularen versehen, Agitations-Ausgabe, Wien 1900, S. 3.

natürlich in Österreich. Je mehr sich aber die Industrie vermehrte, je größer die Fluctuation der Bevölkerung wurde, je dringender also ein gutes Heimatsgesetz wurde, desto mehr wurde unser Heimatsgesetz verschlechtert."

Als Reaktion auf die zahlreichen Klagen über das Heimatrecht hatte die Regierung bereits 1872 die „geeigneten Erhebungen" eingeleitet, „um die auf diesen Gegenstand sich beziehenden Erfahrungen zu sammeln"[222], und 1881 an die Landtage das Ersuchen gerichtet, Gutachten über die Revision des Heimatrechtes abzugeben[223]. Während die meisten Kronländer sich dafür aussprachen, die Erwerbung des Heimatrechtes oder zumindest des Heimatrechtstitels durch ununterbrochenen längeren Aufenthalt wieder einzuführen, verwehrten sich Österreich unter und ob der Enns, Salzburg, Tirol, Vorarlberg und Kärnten dagegen gänzlich[224]. Erst die Ergebnisse der Volkszählung von 1890 stellten schließlich den Anstoß dar, eine Novellierung des Heimatrechtes ernsthaft in Angriff zu nehmen[225]. Wie Redlich bemerkte[226], begannen sich die Verwaltungsbehörden selbst darüber klarzuwerden, „daß das Gesetz von 1863 nicht länger aufrechtzuhalten sei, wollte man nicht binnen kurzem die elementarsten Aufgaben der inneren Verwaltung ernstlich gefährdet sehen". Freilich setzte nach Redlich das „administrative Bedürfnis der Regierung weit mehr als die Erkenntnis von der sozialpolitischen Schädlichkeit des geltenden Rechtes die Reform ins Werk".

---

222 Und um „insbesondere über die Wahrnehmungen Kenntnis zu erhalten, zu welchen die Einführung des Unterstützungswohnsitzes im Sinne des für das deutsche Bundesgebiet erlassenen Gesetzes vom 6. Juni 1870 Anlass geboten hat"; siehe den Motivenbericht zur Regierungsvorlage von 1894, Nr. 969 der Beilagen zu den Sten. Prot. des AH, XI. Sess.; vgl. zur Novellierung des Heimatrechtes auch Gerhard MELINZ/Susan ZIMMERMANN, Über die Grenzen der Armenhilfe. Kommunale und staatliche Sozialpolitik in Wien und Budapest in der Doppelmonarchie (= Materialien zur Arbeiterbewegung LX), Wien-Zürich 1991, S. 105 ff.

223 Siehe zu diesen Gutachten die Beilage 4 zur Regierungsvorlage von 1894, Nr. 969 der Beilagen zu den Sten. Prot. des AH, XI. Sess., S. 10–26.

224 Österreich unter der Enns und Tirol sprachen sich sogar explizit gegen die Ersitzung des Titels zum Heimatrecht aus. Ohne weitere Bedingungen traten Krain, Istrien und Dalmatien für einen Heimatrechtserwerb nach zehn Jahren ein, während z.B. Böhmen eine Heimatrechtsersitzung nach achtjährigem Aufenthalt unter Rezeption der zusätzlichen Qualifikationen, wie sie der Antrag Pacák (siehe Anm. 231) vorgesehen hatte, vorschlug. Die Steiermark hingegen erachtete als Voraussetzung für die Ersitzung des Heimatrechtstitel nicht nur einen zehnjährigen Aufenthalt für erforderlich, sondern auch, daß dieser Aufenthalt nicht aufgrund eines Zuweisungserkenntnisses erfolgt sein durfte und der Bewerber weder der Armenversorgung in dieser Zeit zur Last gefallen, wegen eines Verbrechens oder wegen der Übertretung des Diebstahls, der Veruntreuung, der Teilnahme daran oder des Betruges verurteilt sein durfte. Österreich unter der Enns und Schlesien plädierten auch für das Erlöschen des Heimatrechtes nach einer Abwesenheit von mehr als zehn bzw. 15 Jahren; siehe zu den anderen Ländern Beilage 4 zur Regierungsvorlage von 1894, Nr. 969 der Beilagen zu den Sten. Prot. des AH, XI. Sess., S. 10 ff.

225 Vgl. z.B. die über 250 Petitionen allein im Jahre 1891, Index zu den Sten. Prot. des AH, XI. Sess., S. 1292–1300.

226 REDLICH (wie Anm. 163), S. 551.

e. Heimatgesetznovelle 1896

Zweck der Novellierung des Heimatgesetzes von 1863 mußte sein, die Heimatverhältnisse wieder stärker mit den Aufenthaltsverhältnissen in Einklang zu bringen, da die Gemeinden von dem ihnen durch das Heimatgesetz 1863 übertragenen Recht auf Aufnahme einer Person in den Heimatverband „keinen den Bedürfnissen der Bevölkerung entsprechenden Gebrauch" gemacht und „in vielen Fällen aus engherzigen, oftmals egoistischen Gründen Individuen die Aufnahme ... verweigert" hatten, „welche mehr als ausreichende Gründe gehabt hätten, die Aufnahme in den Heimatverband beanspruchen zu können"[227]. „Thatsächlich", so führte der Motivenbericht zur Gesetzesvorlage 1894 aus, „wurden und werden in den Gemeinden zahlreiche Existenzen gegründet, erfolgen Familienniederlassungen, ohne daß die Zuwanderer, selbst wenn sie in günstigste Nahrungsverhältnisse gelangen, und Jahrzehnte sich in der Gemeinde aufgehalten haben, die Aufnahme in den Heimatverband ihrer Niederlassungsgemeinde zu erlangen vermögen"[228]. In Erwägung dessen, daß „die sociale und wirtschaftliche Zugehörigkeit in immer weiterem Umfange eine andere ist als die rechtliche, sich daher die Bestimmungen des Heimatrechts gegenüber der Beweglichkeit der Bevölkerung als zu starr erwiesen haben", bzw. daß das Heimatgesetz nicht nur „besonders den Landgemeinden ... enorme Lasten aufbürdet, sondern auch bezüglich der Heimatszuständigkeit Streitigkeiten" verursache, hatten bereits die Anträge der Abgeordneten Franz Robic[229] 1891 bzw. Franz Roser[230] 1894 eine Novellierung gefordert, ohne allerdings konkrete Änderungsvorschläge einzubringen. Hingegen sah der Antrag des Abgeordneten Bedrich Pacák aus dem Jahre 1891 vor, daß das Heimatrecht selbst durch einen qualifizierten, und zwar fünfjährigen Aufenthalt erworben werden sollte[231], und der Antrag des Abgeordneten August Kaiser aus dem Jahr 1891[232] trat unter Verweis auf das „kostspielige und inhumane Schubwesen" für eine Reform „im Sinne der Erwerbung des Unterstützungswohnsitzes durch mehrjährigen Aufenthalt in einer Gemeinde" nach deutschem Vorbild ein[233]. 1894 verlangte auch der mit diesen Anträgen befaßte Verwal-

---

227 So der Bericht des Verwaltungsausschusses über die Regierungsvorlage zur Heimatgesetznovelle, Nr. 1300 der Beilagen zu den Sten. Prot. des AH, IX. Sess., S. 2.

228 Nr. 969 der Beilagen zu den Sten. Prot. des AH, IX. Sess., S. 5.

229 Antrag des Abgeordneten Robic und Genossen, Nr. 318 der Beilagen zu den Sten. Prot. des AH, XI. Sess.

230 Antrag des Abgeordneten Dr. Roser und Genossen, Nr. 823 der Beilagen zu den Sten. Prot. des AH, XI. Sess.

231 Antrag des Abgeordneten Dr. Pacák und Genossen auf Abänderung des Heimatsgesetzes, Nr. 242 der Beilagen zu den Sten. Prot. des AH, XI. Sess. Nach Art. 1 sollte jeder eigenberechtigte Staatsbürger durch den in einer Gemeinde ununterbrochen fortgesetzten Aufenthalt von fünf Jahren das Heimatsrecht in derselben erlangen, wenn er während dieser Zeit nicht wegen Handlungen, mit welchen der Verlust des Gemeindewahlrechts verbunden war, verurteilt oder wegen Betteln und Landstreicherei abgestraft worden war und öffentliche Armenunterstützung weder beansprucht noch genossen hatte.

232 Antrag des Abgeordneten Kaiser und Genossen, Nr. 108 der Beilagen zu den Sten. Prot. des AH, XI. Sess.

233 Vgl. dazu Anm. 236.

tungsausschuß des Abgeordnetenhauses[234] eine zeitgemäße Abänderung des Heimatgesetzes, denn der „Umstand, daß es möglich ist, nach langjährigem Aufenthalte Personen oder ganze Familien aus der Gemeinde auszustoßen, wenn auch dieselben die Ursachen, welche eine solche Ausstoßung begründen, selbst nicht verschuldet haben, und der weitere Umstand, daß solche Personen und Familien in der Heimatgemeinde vollkommen fremd, von derselben aus den bereits ausgeführten Gründen, wenn nicht feindselig, so doch unfreundlich aufgenommen werden, muß in ihnen das schmerzliche Gefühl der Heimatlosigkeit erwecken und dieselben gegen Gesellschaft und Staat verbittern". Wenn solche Ausweisungen „sogar aus nationalen Misshelligkeiten oder wirtschaftlicher Gegnerschaft entspringen", so wirke „diese Verbitterung um so nachhaltiger, möge auch die Ausweisung, wie es ja gar oft geschieht, ganz anderes motivirt sein, um den gesetzlichen Anforderungen zu entsprechen". Auch die „mit jedem Jahre anwachsenden Schubkosten" der einzelnen Kronländer „müßten nachweisen, daß die gesetzlichen Verhältnisse im Hinblicke auf das Heimatrecht einer Regelung dringend bedürfen".

Wer allerdings nun eine gründliche Reform des Heimat- und Niederlassungswesens erwartet hatte, mußte von der Regierungsvorlage 1894 – und auch von der Novelle 1896 – enttäuscht sein, denn sie rezipierte weder das von vielen Kritikern des Heimatgesetzes 1863 favorisierte[235] System des deutschen Unterstützungswohnsitzes[236], noch brachte die Novelle den ipso-iure-Erwerb des Heimatrechtes, wie ihn noch das provisorische Gemeindegesetz 1849 gekannt hatte, zurück[237]. Die Regierungsvorlage des Jahres

---

234 Bericht des Verwaltungsausschusses über die Anträge der Abgeordneten Kaiser, Dr. Pacák und Dr. Roser sowie über die dem Abgeordnetenhause überreichten Petitionen betreffend die Reform des Heimatgesetzes vom 1. Mai 1894, Nr. 907 der Beilagen zu den Sten. Prot. des AH, IX. Sess., insbes. S. 4.

235 Vgl. etwa Maximilian STEINER, Zur Reform der Armenpflege in Österreich, Wien 1880, S. 14.

236 Vgl. zum deutschen Armenfürsorgewesen und zum Unterstützungswohnsitz etwa F. DIEFENBACH, Art. Armenwesen (Armengesetzgebung und Armenpolizei, I: Armengesetzgebung und Armenpolizei in Deutschland), in: Handwörterbuch der Staatswissenschaften, hrsg. von Ludwig Elster/Adolf Weber/Friedrich Wiese, I, 4. Aufl. Jena 1923, S. 967–991, m.w.N.; MÜNSTERBERG, Art. Armenwesen, in: Wörterbuch des Deutschen Staats- und Verwaltungsrechts, begr. von Karl von Stengel, 2. Aufl. hrsg. von Max Fleischmann, I, Tübingen 1911, S. 189–221, m.w.N.; SEIFERT (wie Anm. 56), m.w.N.; Max SEYDEL, Das Reichsarmenrecht, in: Annalen des Deutschen Reichs für Gesetzgebung, Verwaltung und Statistik, hrsg. von Georg Hirth, X (1877), S. 545–630; DERS., Bayerisches Staatsrecht (= Das öffentliche Recht der Gegenwart XXI), 2. Aufl. bearbeitet von Josef von Graßmann/Robert Piloty, I, Tübingen 1913, S. 540 ff.; Heinrich RULAND, Das System der Armenpflege in Alt-Deutschland und in den Reichslanden (= Schriften des deutschen Vereins für Armenpflege und Wohltätigkeit XXVII), Leipzig 1896, insbes. S. 5 ff.; Georg Wolfgang BREITHAUPT, Öffentliches Armenrecht und persönliche Freiheit (= Zeitschrift für die gesamte Staatswissenschaft, Ergänzungsheft LI), Tübingen 1915, insbes. S. 91 ff., 128 ff.

237 Für die Rückkehr zum ipso-iure-Erwerb siehe etwa MENZEL, Die Novelle zum Heimatsgesetz, in: Juristische Blätter XXIII (1894), S. 567; Hermann BLODIG jun., Zur Frage der Revision des Heimatgesetzes vom 3. Dezember 1863, in: Österreichische Zeitschrift für Verwaltung XXVII (1894), Nr. 51, S. 245; dagegen etwa Ludwig SPIEGEL, Zur Reform des Heimatrechtes, in: Österreichische Zeitschrift für Verwaltung XXVIII (1895), Nr. 4, S. 13–16.

1894[238] sah nämlich bloß eine Ersitzung des Titels für den Heimatrechtserwerb, nicht aber die Ersitzung des Heimatrechtes selbst, vor und machte die Dauer der Ersitzungszeit von der materiellen Situation des Bewerbers um das Heimatrecht abhängig. Die Regierungsvorlage unterschied nämlich eine fünfjährige qualifizierte Ersitzungszeit für den Anspruch auf Aufnahme in den Gemeindeverband bei Personen, die während dieses Zeitraumes entweder von einem Realbesitz, von einem selbständig betriebenen Gewerbe oder von einem Einkommen eine direkte Steuer entrichteten[239], von einer zehnjährigen qualifizierten Ersitzungszeit für alle anderen Gemeindebewohner[240].

Wie der Motivenbericht der Regierung betreffend das prinzipielle Festhalten am Heimatrecht ausführte, habe das System des Unterstützungswohnsitzes in Deutschland „einen Krieg aller Gemeinden gegen alle Gemeinden verursacht“, zu einer ungleichen Belastung der Gemeinden geführt und das „Heimatgefühl (ertötet)“, weshalb es im „Hinblicke auf die im Deutschen Reiche gemachten Wahrnehmungen“ nicht angezeigt erschienen sei, das „eingebürgerte System des Heimatrechtes zu verlassen und den Unterstützungswohnsitz einzuführen“. Vielmehr verleihe nur das Heimatrecht dem „Individuum das Bewußtsein der Stabilität“ und fördere die Freizügigkeit desselben, da ein Heimatberechtigter „infolge des Rückhaltes, den ihm die Heimatgemeinde bietet, in jeder anderen Gemeinde ohne Bedenken zugelassen“ würde. Während der Unterstützungswohnsitz „den Antrieb, die Verarmung zu hindern“, verringere, habe die Heimatgemeinde „ein wesentliches Interesse daran, daß ihre Angehörigen nicht verarmen“[241]. Die Regierung nahm in der Folge von der Loslösung des Armenrechtes vom Heimatrecht Abstand, da die Heimatgemeinde „nach wie vor der letzte Hoffnungsanker für alle verbleiben“ sollte, welche „in den sonstigen socialen Einrichtungen den erforderlichen Rückhalt nicht zu finden“ vermochten[242]. Überdies hätten „[v]iele unserer gesetzlichen Bestimmungen“, insbesondere das Reichsschubgesetz, den Bestand des Heimatrechtes zur Voraussetzung.

---

238 Nr. 696 der Beilagen zu den Sten. Prot. des AH, XI. Sess.; vgl. auch BLODIG (wie Anm. 237), Nr. 51, S. 244–246; MENZEL (wie Anm. 237), S. 553–568; Karl HUGELMANN, Die Reform des Heimatrechtes, in: Österreichische Zeitschrift für Verwaltung XXIX (1896), Nr. 37, S. 217–219, Nr. 38, S. 223–226, Nr. 39, S. 229–232.

239 Gemäß § 2 Abs. 2 lit. a der Regierungsvorlage mußte dieser fünfjährige Aufenthalt nach erlangter Eigenberechtigung und durch fünf „der Bewerbung vorausgehende Jahre freiwillig und ununterbrochen“ erfolgen. Überdies durften die Bewerber sowohl nach lit. a als auch nach lit. b während der Ersitzungszeit weder der Armenversorgung der Gemeinde zur Last gefallen, noch wegen einer strafbaren Handlung verurteilt worden sein oder wegen einer solchen in gerichtlicher Untersuchung stehen, welche die Ausschließung vom Gemeindewahlrecht zur Folge hatte. Die Befreiung vom Schuldgeld war nicht als Akt der Armenversorgung anzusehen.

240 Gemäß § 2 Abs. 2 lit. b mußte auch dieser zehnjährige Aufenthalt in den der Bewerbung vorausgehenden Jahren freiwillig und ununterbrochen erfolgen. Außerdem hatte auch der Bewerber nach lit. b die in Anm. 239 genannten weiteren Voraussetzungen zu erfüllen.

241 Siehe die Motive zu dem Gesetzentwurfe, womit einige Bestimmungen des Gesetzes vom 3. Dezember 1863, betreffend die Regelung der Heimatverhältnisse abgeändert werden, Nr. 969 der Beilagen zu den Sten. Prot. des AH, XI. Sess., S. 4 f.

242 Ebd., S. 8.

Die für das Festhalten am Heimatrecht ins Treffen geführten Gründe bezeichnete Menzel[243] allerdings als „recht fadenscheinig". Zum einen habe freilich auch die Gemeinde des Unterstützungswohnsitzes ein Interesse daran, daß ihre Einwohner nicht verarmen, allein was nütze „das platonische Interesse, wenn es nicht bethätigt" werden könne; zum anderen kritisierte er den Hinweis auf die Stärkung des Heimatgefühls: „Als ob die Liebe zur Heimat davon abhängen werde, ob diese oder jene Gemeinde im Falle der Verarmung Unterstützung gewähren müsse! Hier wirken ganz andere psychologische und ethische Potenzen, als die trübe Aussicht auf eine Versorgung im Falle der Noth. Oder glaubt man im Ernst, daß das Heimatsgefühl in Deutschland geschwächt wurde, seitdem das Recht des Unterstützungswohnsitzes im Reiche in Geltung steht?" Was die im Motivenbericht angezogene Förderung der Freizügigkeit anbelangt, bemerkte Menzel treffend: „Merkwürdig! Durch eine Einrichtung, welche aus einer Zeit stammt, in welcher die Freizügigkeit beschänkt, die Bewegung der Bevölkerung eine sehr geringfügige war? Und wenn dies richtig wäre, bedarf denn ein staatsgrundgesetzlich gewährleistetes Recht ... erst einer ‚Förderung'?". Nur den Zusammenhang zwischen Heimatrecht und Recht auf ungestörten, unentziehbaren Aufenthalt erachtete Menzel als Argument für die Beibehaltung des Heimatrechtes, wenngleich seiner Ansicht nach „eine dem Geiste des Rechtsstaates entsprechende Reform des Schub- und Abschaffungswesens ... das Heimatsrecht auch in dieser Richtung entbehrlich machen" würde.

Während die bäuerlichen Gemeinden die Regierungsvorlage begrüßten, sprachen sich freilich die städtischen Kommunen und Industrialorte massiv gegen die Vorlage aus. Insbesondere wurde eingewendet, daß durch die Änderung der Heimatrechtserwerbsarten die im Art. 3 des Reichsgemeindegesetzes statuierte Gemeindeautonomie durchbrochen werde, und gefordert, daß mit der Änderung des Heimatgesetzes auch eine Reform der Armengesetzgebung in der Form stattfinden müsse, daß ein Teil der den Gemeinden obliegenden Last der Armenversorgung auf den Staat und auf die Länder überwälzt werden müsse[244]. Die Städte und Industrialorte traten daher auch prinzipiell gegen die Ersitzung des Heimatrechtes und zumindest für eine längere Frist, in der Dauer von wenigstes 15 Jahren, für die Titelersitzung ein[245].

243 MENZEL (wie Anm. 237), S. 555.

244 Vgl. den Bericht des Verwaltungsausschusses über die Regierungsvorlage von 1894, Nr. 1300 der Beilagen zu den Sten. Prot. des AH, XI. Sess., S. 7. Der Verwaltungsausschuß befürchtete bei Realisierung dieser Vorstellungen eine Kostenexplosion, da sich so mancher Arme geniere, außer im Falle der äußersten Not die Armenunterstützung in seiner Gemeinde, „namentlich in der kleinen Gemeinde, aus Rücksicht gegen die Gemeinde", in Anspruch zu nehmen. Dies fiele weg, wenn an die Stelle der Gemeinde das Land oder der Staat treten würde. Außerdem wüchse der Verwaltungsapparat damit an und würde „enorme Kosten" verursachen.

245 Ebd., S. 11; vgl. in diesem Sinn auch die spätere höchst einseitige Kritik von Anton FISCHER, Das österreichische Heimatrecht und die Gemeinden, in: Österreichische Zeitschrift für Verwaltung XLVI (1913), Nr. 14, S. 63–65, Nr. 15, S. 67–69, Nr. 16, S. 71–73, der u.a. vorschlägt, die Ersitzungsfrist auf einen Zeitraum von 20 bis 30 Jahren auszudehnen.

Was das in Form der Heimatgesetznovelle vom 6. Dezember 1896[246] vorliegende konkrete Ergebnis der Reformarbeiten anbelangt, so kam Redlich[247] zutreffend zu der Beurteilung, daß man den durch die Novelle „herbeigeführten Fortschritt wohl am besten als einen, nicht einmal besonders herzhaft unternommenen Rückschritt bezeichnen" könne, „nämlich als Rückkehr zu der Gestalt, welche das Gemeindegesetz von 1859 für eine ganz kurze Zeit dem österreichischen Heimatrechte gegeben hatte, nur mit dem wesentlichen und zu Ungunsten dieser Reform ausfallenden Unterschiede, daß anstatt der Frist von vier Jahren das gegenwärtige Gesetz eine solche von zehn Jahren festgesetzt" habe.

Die Heimatgesetznovelle[248] sah nämlich neben einer Erweiterung der Amtsheimat[249] bloß die Wiedereinführung einer obligatorischen Heimatrechtsverleihung infolge qualifizierten Aufenthalts vor. Das Heimatrecht wurde weiterhin durch ausdrückliche Aufnahme in den Heimatverband erworben, allerdings konnte gemäß § 2 der Novelle die ausdrückliche Aufnahme in den Heimatverband demjenigen österreichischen Staatsbürger nicht versagt werden, welcher nach erlangter Eigenberechtigung durch zehn der Bewerbung um das Heimatrecht vorausgehende[250] Jahre sich freiwillig und ununterbrochen in der Gemeinde aufgehalten hatte[251], womit das nach dem Gesetz von

---

246 Gesetz vom 5. Dezember 1896, RGBl. Nr. 222, wodurch einige Bestimmungen des Gesetzes vom 3. Dezember 1863 (RGBl. Nr. 105), betreffend die Regelung der Heimatverhältnisse, abgeändert werden.

247 REDLICH (wie Anm. 163), S. 574.

248 Siehe zur Novelle ausführlich Hugo WEISZ, Das Heimatrecht nach der Heimatgesetznovelle vom 5. Dezember 1896, RGBl. Nr. 222, und den einschlägigen Bestimmungen des Gesetzes vom 3. Dezember 1863, RGBl. Nr. 105. Mit Berücksichtigung der Judikatur der Verwaltungsbehörden sowie des Verwaltungsgerichtshofes, Wien 1906; August MAYR, Die Heimatgesetznovelle vom 5. Dezember 1896, RGBl. Nr. 222. Eine systematische Darstellung, Wien 1901; SCAPINELLI (wie Anm. 150); Arthur von POLZER, Die Heimatgesetznovelle vom 5. Dezember 1896, RGBl. Nr. 22, und deren Rechtsgrundsätze, nach der einschlägigen Literatur des k.k. Verwaltungsgerichtshofes. Zum Gebrauch für politische Behörden und Gemeindeämter, Wien 1907; Emil POSTELBERG/Max MODERN, Das reformierte österreichische Heimatrecht, Wien 1901; Ludwig SPIEGEL, Die heimatrechtliche Ersitzung, Wien 1898; Julius GIEGL, Die Heimatgesetznovelle 1896 und die Judikatur des Verwaltungsgerichtshofes, in: Österreichisches Verwaltungsarchiv IV (1907), S. 38–60.

249 Nach § 10 erlangten nämlich außer den definitiv angestellten Hof-, Staats-, Landes- und öffentlichen Fondsbeamten sowie Geistlichen und öffentlichen Lehrern nunmehr auch definitiv angestellte Gemeinde- und Bezirksvertretungsbeamten und Diener, die öffentlichen Lehrpersonen (männlichen und weiblichen Geschlechtes) sowie die k.k. Notare mit dem Antritt ihres Amtes das Heimatrecht in der Gemeinde, in welcher ihnen ihr ständiger Amtssitz angewiesen wurde; vgl. dazu ausführlicher POLZER (wie Anm. 248), S. 162 ff.; POSTELBERG/MODERN (wie Anm. 248), S. 30 ff.; SCAPINELLI (wie Anm. 150), S. 65 ff.; WEISZ (wie Anm. 248), S. 35 ff.

250 Es genügten zehn – wenn auch nicht unmittelbar der Bewerbung vorausgehende – Jahre, vgl. dazu ausführlicher z.B. WEISZ (wie Anm. 248), S. 19 f.; HORNEK (wie Anm. 163) I, S. 66.

251 So machte etwa der Erlaß des oberösterreichischen Landesausschusses vom 7. März 1901, Z. 3682, womit Aufklärungen zur Handhabung der Heimatgesetznovelle gegeben wurden, „um irrtümlichen Auffassungen vorzubeugen", ausdrücklich darauf aufmerksam, daß nach der Novelle der zehnjährige qualifizierte Aufenthalt „nicht schon an und für sich das Hei-

1863 vollkommen freie Verleihungsrecht der Gemeinde beschränkt wurde. Zwar gewährte die Ersitzung nicht das Heimatrecht selbst, aber immerhin den Titel zum Heimatrecht, also den Rechtstitel, womit sich der Akt der Aufnahme in den Heimatverband, also die Verleihung des Heimatrechtes, nach Ansicht des Verwaltungsausschusses des Abgeordnetenhauses zu einem – wenngleich wichtigen – Formalakt wandelte, mit welchem konstatiert wurde, daß der Berechtigte die gesetzlichen Bedingungen erfüllt und nachgewiesen hatte und der Gemeinde kein begründeter Einwand gegen den Heimatrechtserwerb zustand[252]. Dementsprechend wäre freilich dem Aufnahmeakt nur deklaratorische Wirkung zuzumessen gewesen, wenngleich die Auffassungen darüber auseinandergingen[253].

Was die Voraussetzung der Freiwilligkeit[254] des Aufenthaltes anbelangt, so wurde zwar der Aufenthalt von Sträflingen im Gefängnis, von Schüblingen im Schubarrest sowie von Personen an einem Garnisonsort infolge der gesetzlichen Militärpflicht unbestrittenermaßen als ein unfreiwilliger im Sinne des Gesetzes angesehen[255], nicht aber auch grundsätzlich der Aufenthalt der Ehegattin[256]. Wurde der Aufenthalt in einer Gemeinde unter derartigen Umständen begonnen, durch welche ein freiwilliger Aufenthalt ausgeschlossen war, so begann gemäß § 2 Abs. 2 der Novelle der Lauf der zehnjährigen Frist erst mit dem Tag, an welchem diese Umstände aufgehört hatten. Traten solche Umstände hingegen erst nach Beginn des Aufenthaltes ein, so ruhte der Lauf der zehnjährigen Frist während der Dauer ihres Bestandes.

Ebenso kam es beim Tatbestandsmerkmal der Ununterbrochenheit[257] – abgesehen vom Falle der Erfüllung der gesetzlichen Wehrpflicht[258] – zu einem Ruhen der zehnjäh-

---

matrecht" in der Gemeinde begründete, „sondern daß derselbe erst die *gesetzliche Voraussetzung*" zur Aufnahme in den Heimatverband schaffe, vgl. SCAPINELLI (wie Anm. 150), S. 10. Unter „Aufenthalt" war nach der Judikatur des Verwaltungsgerichtshofes nicht die beständige physische Anwesenheit, sondern der ordentliche Wohnsitz zu verstehen, vgl. HORNEK (wie Anm. 163) I, S. 69.

252 So der Bericht des Verwaltungsausschusses zur Regierungsvorlage von 1894, Nr. 1300 der Beilagen zu den Sten. Prot. des AH, XI. Sess., S. 13. Nach Ansicht des Ausschusses kam dieser amtlichen Konstatierung im Unterschied zum ipso-facto-Heimatrechtserwerb „vom administrativen Standpunkte" der Vorzug eines „großen praktischen Wert[es]" zu, weil dadurch vielen Streitigkeiten vorgebeugt würde, welche mit dem stillschweigenden Erwerb durch die Ersitzung verknüpft wären.

253 Für die deklaratorische Wirkung SCAPINELLI (wie Anm. 150), S. 11 f.; POSTELBERG/MODERN (wie Anm. 248), S. 28 f.; siehe auch die Judikatur des VwGH bei POLZER (wie Anm. 248), S. 9 f.; für die konstitutive Wirkung MAYR (wie Anm. 248), S. 43; SPIEGEL (wie Anm. 129), S. 821; HORNEK (wie Anm. 163) I, 93 f.

254 Vgl. zum Begriff der „Freiwilligkeit" GIEGL (wie Anm. 248), S. 48 ff.; SPIEGEL (wie Anm. 129), S. 823; HORNEK (wie Anm. 163) I, S. 66 f.

255 Vgl. dazu und zu anderen Fällen z.B. SCAPINELLI (wie Anm. 150), S. 17 ff.

256 Siehe die Judikatur bei POLZER (wie Anm. 248), S. 30 ff.; vgl. auch SCAPINELLI (wie Anm. 150), S. 17, 86 ff.; POSTELBERG/MODERN (wie Anm. 248), S. 11 ff.; anderer Ansicht hingegen MAYR (wie Anm. 248), S. 13.

257 Siehe dazu ausführlich etwa GIEGL (wie Anm. 248), S. 50 ff.; SPIEGEL (wie Anm. 129), S. 824; HORNEK (wie Anm. 163) I, S. 74 ff.

rigen Ersitzungsfrist während der Dauer einer unfreiwilligen Abwesenheit vom Aufenthaltsort nach Beginn der Ersitzungsfrist. Fielen sodann die Hemmungstatsachen weg, lief die Frist weiter[259]. Wurde der Aufenthalt in einer Gemeinde aber freiwillig aufgegeben, kam es gemäß § 2 Abs. 3 der Novelle nicht zu einer Hemmung, sondern vielmehr zu einer Unterbrechung der begonnenen zehnjährigen Ersitzungsfrist und zu einem Neubeginn der Ersitzungfrist, wenn nicht die Umstände, unter denen die freiwillige Entfernung erfolgte, die Absicht erkennen ließen, den Aufenthalt beizubehalten[260]. Ebenfalls unterbrochen wurde die zehnjährigen Aufenthaltszeit durch den Genuß der öffentlichen Armenversorgung[261].

Als unfreiwilliges Verlassen war dementsprechend eine Abschaffung oder gemeindebehördliche Ausweisung zu sehen, da der Ausgewiesene durch das Ausweisungserkenntnis zum Verlassen der bisherigen Aufenthaltsgemeinde gezwungen wurde, was ein Ruhen der Ersitzung zur Folge hatte[262]. Allerdings war die Judikatur des Verwaltungsgerichthofes in Bezug auf die Wirkung eines Ausweisungserkenntnisses für den Fortlauf der zehnjährigen Aufenthaltsfrist nicht einheitlich. So vertrat der Verwaltungsgerichtshof anfänglich die Ansicht, daß nicht erst der Vollzug, sondern bereits die Rechtskraft des Ausweisungserkenntnisses bzw. die Mitteilung desselben an den Betroffenen dessen Aufenthalt aller im § 2 der Novelle festgesetzen Rechtswirkungen entkleide, da es nicht auf einen faktischen, sondern auf einen rechtmäßigen zehnjährigen Aufenthalt ankäme[263], welche Rechtsansicht im Gesetz selbst freilich keine Stütze fand. Erst 1907[264] fand der Verwaltungsgerichtshof diesbezüglich zu einer klaren Judikaturlinie. Ein nicht

---

258 Gemäß § 2 Abs. 4 wurde die in einer Gemeinde begonnene Ersitzung des Heimatrechtes durch eine lediglich infolge der Erfüllung der gesetzlichen Wehrpflicht bedingte Abwesenheit weder gehemmt noch unterbrochen.

259 Zu einer Hemmung der Ersitzungfrist kam es also bei einer unfreiwilligen Anwesenheit am Aufenthaltsort und bei einer unfreiwilligen Abwesenheit vom Aufenthaltsort, ausgenommen den Fall des Militärdienstes.

260 Siehe dazu etwa die Judikatur bei WEISZ (wie Anm. 248), S. 14 ff.; bei SCAPINELLI (wie Anm. 150), S. 103 ff., 103 ff.; auch POLZER (wie Anm. 248), S. 62 ff.

261 Gemäß § 2 waren aber die Befreiung vom Schulgeld hinsichtlich der eine Schule besuchenden Kinder sowie der Genuß eines Stipendiums oder eine nur vorübergehend gewährte Unterstützung nicht als Akte der Armenversorgung anzusehen; vgl. dazu ausführlicher WEISZ (wie Anm. 248), S. 20 ff.; POLZER (wie Anm. 248), S. 76 ff.; MAYR (wie Anm. 248), S. 15; siehe auch die Judikate bei SCAPINELLI (wie Anm. 150), S. 114 ff.; vgl. auch GIEGL (wie Anm. 248), S. 52.

262 Nach dem Erkenntnis des VwGH vom 6. Dezember 1905, Z. 13269, Slg. VwGH Nr. 3994 (A.), bewirkte ein Schuberkenntnis mit dem Verbot der Rückkehr ein Ruhen des Verlaufes der Ersitzungsfrist während der Verbotszeit, siehe HORNEK (wie Anm. 163) I, S. 73.

263 Siehe etwa die Erkenntnisse des VwGH vom 14. März 1902, Z. 1014, Slg. VwGH Nr. 919 (A.), und vom 24. November 1904, Z. 12.437, Slg. VwGH Nr. 3093 (A.).

264 Erkenntnis des VwGH vom 18. April 1907, Z. 6.435 ex 1906, Slg. VwGH Nr. 5127 (A.): „Die Norm des § 2, HeimG., verlangt nur, daß der Aufenthalt, wenn er in die maßgebende zehnjährige Frist anrechenbar sein soll, freiwillig und ununterbrochen sein muß, fordert jedoch nicht, daß derselbe ein rechtmäßiger ist"; vgl. auch die Erkenntnisse vom 21. September 1909, Z. 8364, Slg. VwGH Nr. 6886 (A.), und vom 21. Jänner 1913, Z. 663, Slg. VwGH Nr. 9357 (A.), wonach durch eine nicht vollzogene Ausweisung weder eine Unterbrechung noch eine Hemmung der Aufenthaltsfrist eintrete.

in Vollzug gesetzter Ausweisungsbeschluß bewirkte daher weder die Unterbrechung noch die Hemmung der Ersitzung des Heimatrechtsanspruches nach § 2 der Novelle.

Als freiwillige Abwesenheit wurde freilich der Aufenthalt einer Person gewertet, die aufgrund eines Ausweisungserkenntnisses ohne Verbot der Rückkehr zwangsweise nach dem Reichsschubgesetz[265] aus der Aufenthaltsgemeinde in die Heimatgemeinde abgeschoben worden war und hierauf nicht wieder in die Aufenthaltsgemeinde zurückkehrte[266]. Weiters eignete sich nach Ansicht des Verwaltungsgerichtshofes auch der Aufenthalt, den eine aus der Gemeinde ausgewiesene und abgeschaffte Person nach Aufhebung des Ausweisungsbeschlusses wieder in der Gemeinde genommen hatte, zur Anrechnung in die Ersitzungsfrist[267].

Da die Ersitzungsfrist nach der Heimatgesetznovelle am 1. Jänner 1891[268] zu laufen begann, war seit dem 1. Jänner 1901 die freiwillige ausdrückliche Aufnahme in den Gemeindeverband von der obligatorischen ausdrücklichen Aufnahme zu unterscheiden. Während die freiwillige Aufnahme nach wie vor derart im Ermessen der Gemeinde stand, daß diese über das Ansuchen mit Ausschluß jeder Berufung entschied, ging bei der obligatorischen Aufnahme der Rechtszug an die Staatsbehörde, an welche auch das Entscheidungsrecht devolvierte, wenn die Gemeinde säumig wurde[269]. In den Fällen der heimatrechtlichen Ersitzung konnte also auch die Staatsbehörde die Aufnahme in den Heimatverband aussprechen, wodurch „mit dem starren Autonomiegedanken im Heimatrechte endgiltig gebrochen“[270] wurde.

Eine weitere Neuerung der Novelle war die „Entheimatung“[271], mit welcher die Aufnahme in die Aufenthaltsgemeinde auch auf Ansuchen der bisherigen Heimatgemeinde des Anspruchsberechtigten und möglicherweise auch gegen dessen Willen be-

---

265 Vgl. dazu ausführlich S. 220 f.

266 Die zwangsweise Abschiebung infolge eines Schuberkenntnisses ohne Verbot der Rückkehr stellte eine unfreiwillige Entfernung dar und bewirkte keine Unterbrechung der Ersitzung, so das Erkenntnis des VwGH vom 5. April 1906, Z. 3992, Slg. VwGH Nr. 4320 (A.).

267 Erkenntnis des VwGH vom 6. April 1907, Z. 1608, Slg. VwGH Nr. 5098 (A.).

268 Siehe dazu den Bericht des Verwaltungsausschusses zur Regierungsvorlage von 1894, Nr. 1300 der Beilagen zu den Sten. Prot. des AH, XI. Sess., S. 17: „Bekanntlich findet die nächste Volkszählung erst am 31. Dezember 1900, somit erst nach zehn Jahren von der letzten Volkszählung an gerechnet, statt. Für diejenigen nun, welche in Gemäßheit der vorliegenden Novelle mit 11. Jänner 1891 die Ersitzung des Heimatrechtes in der damaligen Aufenthaltsgemeinde begonnen haben werden, wird der 1. Jänner 1901 der Endtermin der Ersitzungszeit sein. Dieser Tag wird aber auch zugleich der Zeitpunkt sein, mit welchem auf Grund des Volkszählungsgesetzes amtlich konstatiert sein wird, wo der betreffende Ersitzer bisher heimatberechtigt gewesen ist und wo er bisher den Aufenthalt genommen hat. Es werden somit an diesem Termin die für die vollzogene Ersitzung des Heimatrechtes wichtigsten Daten amtlich konstatiert sein und somit die verläßlichsten Anhaltspunkte für die Entscheidung der Frage der vollendeten zehnjährigen Ersitzung des Heimatrechtes geboten sein. Diese rein praktischen, aber gewiß sehr maßgebenden Gründe waren es, welche den Ausschuß bestimmt haben, sich für den Beginn des Fristenlaufes mit 1. Jänner 1891 zu entscheiden“.

269 Vgl. dazu näher WEISZ (wie Anm. 248), S. 50 f.; SPIEGEL (wie Anm. 129), S. 828.

270 REDLICH (wie Anm. 163), S. 573.

271 Ebd., S. 575. Hier habe „wieder einmal bürokratische Akribie und Freude an der Massenerzeugung von ‚Akten‘ über die rein praktischen Erwägungen gesiegt“.

wirkt werden konnte (§ 3). Somit stand nicht nur dem Heimatrechtswerber das Recht der „Acquisitiversitzung", sondern auch der Heimatgemeinde desselben das Recht der „Exstinctivverjährung" zu, weil, wie der Verwaltungsausschuß[272] ausführte, „auch die Heimatgemeinden ein rechtliches Interesse daran haben, daß ihre Angehörigen, welche die Heimatgemeinde verlassen und anderweitig sich niedergelassen haben, aus dem Heimatverbande ausgeschieden werden, sobald sie in der neuen Aufenthaltsgemeinde das Heimatrecht erworben haben". Einen weiteren Grund für diese Regelung erblickte Redlich[273] darin, daß angesichts des „geringen Interesses, welches gerade die besitzlosen Elemente an ihren Rechten" nahmen, ansonsten im Heimatrecht „eine große Gefahr für die beabsichtigte Wiederherstellung natürlicher Zustände" enthalten gewesen wäre.

Aber nicht nur in dem Umstand, daß sich viele Betroffene aus Unkenntnis oder Sorglosigkeit nicht um die Geltendmachung ihres Anspruches auf Verleihung des Heimatrechtes in ihrer Aufenthaltsgemeinde kümmerten, lag eine Gefahr für die Realisierung der Heimatgesetznovelle, sondern auch im Widerstand der um ihre Armenkassen fürchtenden Gemeinden. So wies sogar das Ministerium des Innern im Jahre 1896[274] darauf hin, daß „einzelne Gemeinden bestrebt sein werden, die Ersitzung des Anspruches auf Verleihung des Heimatrechtes seitens solcher Personen, die aus irgend welchen Gründen mißliebig geworden sind oder bezüglich welcher die Gefahr einer Armenversorgung nicht ausgeschlossen erscheint, auf ungesetzliche Weise hintanzuhalten", und instruierte die Bezirkshauptmannschaften bzw. Landesbehörden, derartigen Bestrebungen im Zuge der „Behandlung der zum instanzmäßigen Ausspruche an sie gelangenden Ausweisungserkenntnisse der Gemeinden" entgegenzutreten. Tatsächlich sollten sich die Befürchtungen des Ministeriums bald bewahrheiten[275], denn viele Gemeinden wiesen noch rasch, bevor das Gesetz wirksam wurde, zahlreiche Personen aus, die bereits zehn Jahre im Ort wohnten. Aber, wie eine sozialdemokratische Agitationsausgabe zum neuen Heimatgesetz formulierte[276], „die schönen Zeiten der Achtziger-Jahre, wo man mit der ‚Arbeiterbagage' kurzen Proceß machen konnte" waren vorbei, und man konnte nun erleben, daß „die protzigen Landbürgermeister von der Bezirkshauptmannschaft die Belehrung bekamen, daß die Ausweisung unzulässig" war. Nichtsdestoweniger kam der Fortschritt, daß „jene Tausende, die trotz dezennienlangen Aufenthaltes in einer Gemeinde ihre verschollene Heimat noch immer mit sich tragen und vererben, nun doch ... in ihrer eigentlichen Heimat in den Gemeindeverband aufgenommen" werden mußten, nach Redlich[277] doch im wesentlichen dem Mittelstand und „nicht so sehr den lohnarbeitenden Klassen" zugute, die freilich der Armenversorgung am ehesten bedurften.

---

272 Nr. 1300 der Beilagen zu den Sten. Prot. des AH, XI. Sess., S. 13.

273 REDLICH (wie Anm. 163), S. 572.

274 Erlaß des Ministeriums des Innern vom 12. Dezember 1896, Z. 7978, enthaltend Weisungen zur Durchführung der Heimatgesetznovelle, SCAPINELLI (wie Anm. 150), S. 78 f.

275 Siehe dazu den Erlaß des Ministeriums des Innern vom 24. April 1901, Z. 13.196, betreffend die Handhabung des Ausweisungsrechtes seitens der Gemeinden anläßlich der Wirksamkeit der Heimatgesetznovelle, SCAPINELLI (wie Anm. 150), S. 79 f., siehe dazu auch S. 274 f.

276 Das neue Heimatsgesetz (wie Anm. 221), S. 28.

277 REDLICH (wie Anm. 163), S. 575.

Der Grundfehler auch des novellierten Heimatrechts lag nach Ansicht der meisten Kritiker in dem Umstand, daß es nach wie vor an der Verbindung von Heimatrecht und Armenversorgungspflicht festgehalten hatte, „obwohl die thatsächlichen Voraussetzungen für eine solche Verbindung schon längst durch die gesetzlich gewährleistete Freizügigkeit geschwunden" waren[278]. Die Frage, ob das Heimatrecht noch eine Berechtigung gegenüber den Anforderungen der industriellen Gesellschaftsordnung besitzen könne, konnte daher von Redlich[279] angesichts des „unlösbaren Widerspruches" von traditionellem Heimatrecht und Freizügkeit nur verneint werden. Dementsprechend sollte auch die „Aufmerksamkeit aller, die ernste Sozialpolitik in Oesterreich fördern wollen, darauf gerichtet sein ..., durch den Ausbau der Versicherungsgesetzgebung die Armenversorgungspflicht der Gemeinden immer mehr zu verringern und so den Grundsatz des alten Heimatrechtes wieder in neuer Form zu Ehren zu bringen"[280]. Da allerdings mit dem Heimatrecht in der Fassung der Novelle von 1896 auch dessen Mängel, insbesondere im Bereich der Armenversorgung, den Zusammenbruch der Monarchie überdauerten, blieb das „Heimatunrecht"[281] auch nach 1918 Gegenstand der Kritik[282].

2. *Staatsbürgerschaft*

Die Anfänge des Staatsangehörigkeitsrechtes[283] lagen in den neuzeitlichen Regelungen der einzelnen Erbländer, die selbständig in Form der Untertaneneigenschaft oder des Inkolats das Verhältnis zu ihren Einwohnern in ständischer Abstufung festlegten, und waren, wie bereits ausgeführt, untrennbar mit der für das Schub- und Armenwesen notwendigen Zuständigkeit an einem konkreten Ort verbunden. Darüber hinaus mußte die Verwaltungspraxis aber auch Kriterien für den Fall aufstellen, daß die Voraussetzungen für eine derartige lokale Ortszuständigkeit nicht erfüllt werden konnten, aber dennoch eine Behandlung als Fremder nicht eintreten sollte. So bestimmte etwa die

---

278 So etwa August MAYR, Die Wirkungen der Heimatgesetznovelle vom 5. Dezember 1896, RGBl. Nr. 222. Eine socialpolitische Studie, Wien 1901, S. 26.

279 REDLICH (wie Anm. 163), S. 576.

280 Ebd., S. 580.

281 Ebd.

282 Siehe dazu etwa Rudolf PETZ, Heimatrecht und Armenwesen, in: Österreichisches Verwaltungsblatt II (1931), Nr. 3 (= Beilage zur Wiener Zeitung vom 15. März 1931), S. 65–72; siehe auch Alois MOTZKO, Reform der öffentlichen Wohlfahrtspflege mit besonderer Berücksichtigung der armenrechtlichen Krankenhauspflege, Österreichisches Verwaltungsblatt III (1932), S. 203–208; siehe zur Weiterentwicklung des Heimatrechtes in der Ersten Republik S. 329 ff.; Emmerich CORETH, Das Heimatrecht. Dargestellt nach der Rechtsprechung des Verwaltungsgerichtshofes, in: Österreichisches Verwaltungsblatt IV (1933), Nr. 9 (= Beilage zur Wiener Zeitung vom 16. September 1933), S. 207–226.

283 Vgl. dazu ausführlich Rolf GRAWERT, Staat und Staatsangehörigkeit. Verfassungsgeschichtliche Untersuchung zur Entstehung der Staatsangehörigkeit (= Schriften zur Verfassungsgeschichte XVII), Berlin 1973, S. 133 ff.; Ernst Carl HELLBLING, Die Entwicklung der österreichischen Staatsbürgerschaft vom 19. Jahrhundert bis zur Gegenwart, in: Annali della Fondazione Italiana per la Storia Amministrativa I (1964), S. 307–331.

Hofverordnung vom 6. Mai 1791[284], daß die Versorgung der „erarmten" Ausländer, die zwar das Decennium in Lande[285], aber an keinem Orte", und damit keine armenrechtliche Zuständigkeit an einem Ort, erlangt hatten, an deren letztem Aufenthaltsort erfolgen sollte.

An den zehnjährigen Aufenthalt in einem der österreichischen Erbländer knüpfte auch das Konskriptionspatent von 1804 als Voraussetzung für die „Nationalisierung" eines Fremden an. Gemäß § 26 des Patentes, das zwischen Einheimischen und Fremden unterschied, galten diejenigen Personen als Einheimische, die an dem jeweiligen Ort geboren oder zu den dort nationalisierten Personen gehörten. Die Nationalisierung erfolgte, wie bereits erwähnt, entweder aufgrund eines zehnjährigen Aufenthaltes in den Erbländern oder durch häusliche Niederlassung, Ankauf von Grundstücken, Antritt des Bürger- oder Meisterrechtes, eines Dienstpostens, eines Amtes oder einer ständigen Versorgung.

Erst das Vernunftrecht führte in Österreich den Begriff des „Staatsbürgers"[286] im Zuge der Privatrechtskodifikation ein. Hatte noch das Josephinische Gesetzbuch von 1786 den bisher gebräuchlichen Ausdruck des „Untertanen" bzw. „Inländers" im Vergleich zum „Fremden" verwendet[287], so sprachen bereits der Entwurf Martini 1794[288] und das Westgalizische Gesetzbuch 1797[289] vom „Staatsbürger". Im Allgemeinen Bürgerlichen Gesetzbuch von 1811[290] fand der Ausdruck „Staatsbürger" dann seine „begrifflich endgültige Festlegung" und wurde in den §§ 28 ff. im Sinne von Staatsangehörigen gebraucht[291]. Unter Staatsbürgerschaft war nun dasjenige Verhältnis zu verstehen, wodurch für eine Person der Anspruch auf den „vollen Genuß der bürgerlichen Rechte" erwuchs. Wer sich nicht im Rechtszustand der Staatsbürgerschaft befand, war dementsprechend als Fremder bzw. Ausländer anzusehen.

---

284 HERZOG (wie Anm. 135), Nr. 37, S. 25.

285 Womit sie „nationalisiert" waren.

286 Vgl. zum Begriff des Staatsbürgers allgemein Paul Ludwig WEINACHT, „Staatsbürger". Zur Geschichte und Kritik eines politischen Begriffs, in: Der Staat VIII (1969), S. 41-63; Albrecht WAGNER, Zur Entstehung und Bedeutung des Begriffs „Staatsbürger", in: Deutsche Juristenzeitung, hrsg. von Carl Schmitt, XL (1935), Sp. 740 f.

287 Patent vom 1. November 1786, JGS Nr. 591, z.B. II. § 3.

288 Z.B. §§ 7 und 29 des 2. Hauptstückes, vgl. Philipp HARRAS von Harrasowsky (Hrsg.), Der Codex Theresianus und seine Umarbeitungen, V/2: Entwurf Martini's, Wien 1886, S. 17 ff.

289 Patent vom 13. Februar 1797 für Westgalizien, etwa §§ 12, 13 und 55, JGS Nr. 337; siehe auch z.B. § 13 und 55 des „Urentwurfes", vgl. Julius OFNER (Hrsg.), Der Ur-Entwurf und die Berathungsprotokolle des österreichischen Allgemeinen bürgerlichen Gesetzbuches, 2 Bde., Wien 1889, I, S. IV, VII.

290 Patent vom 1. Juni 1811, JGS Nr. 946; vgl. zu den Beratungen OFNER (wie Anm. 289) II, S. 607 ff.

291 So Herbert KIER, Über die erste Verwendung des Ausdrucks „Staatsbürger" in der deutschen Gesetzessprache, in: Deutsche Juristenzeitung, hrsg. von Carl Schmitt, XLI (1936), S. 239; siehe auch Rudolf THIENEL, Österreichische Staatsbürgerschaft, I: Historische Entwicklung und völkerrechtliche Grundlagen, Wien 1989, S. 34 ff.

Die Staatsbürgerschaft kam nach ABGB nicht nur den Kindern eines österreichischen Staatsbürgers infolge der Geburt zu[292], sondern wurde darüber hinaus gemäß § 29 auch stillschweigend durch Eintritt in einen öffentlichen Dienst[293], durch den Antritt eines Gewerbes, dessen Betrieb die ordentliche Ansässigkeit im Lande erforderte[294], sowie durch einen in den erbländischen Staaten vollendeten zehnjährigen ununterbrochenen Wohnsitz, jedoch unter der Bedingung, daß der Fremde nicht während dieser Zeit zu einer Strafe wegen eines Verbrechens verurteilt worden war, ipso iure erworben. Überdies konnte gemäß § 30 ABGB die Staatsbürgerschaft auch über Ansuchen durch eine von der Verwaltungsbehörde[295] im freien Ermessen[296] vorgenommene Einbürgerung, also durch Verleihung der Staatsbürgerschaft, erlangt werden, „je nachdem das Vermögen, die Erwerbsfähigkeit und das sittliche Betragen der Ansuchenden beschaffen" waren.

---

292 Vgl. zur Problematik der verschiedenen Staatsangehörigkeit der Eltern Emanuel MILNER, Die österreichische Staatsbürgerschaft und der Gesetzesartikel L: 1879 über Erwerb und Verlust der ungarischen Staatsbürgerschaft (= Studien zum österreichischen Staatsrechte I), Tübingen 1880, S. 5 f.

293 Vgl. dazu etwa Dominik KOSTETZKY, System der politischen Gesetze Böhmens, in XII Theilen, zum bequemen Gebrauch für den Geschäfts- und Privatmann, I. Teil, Prag 1816, S. 340 f. Dieser Dienst mußte ein wirklicher, definitiver Staatsdienst sein, nicht aber eine „provisorische oder andere öffentliche Dienstleistung", Hofkanzleidekret vom 15. April 1828 an sämtliche Länderstellen in Folge allerhöchster Entschließung vom 15. März 1828, über Vortrag der Hofcommission in Justiz-Gesetzsachen, JGS Nr. 2338, PGS LVI (1828), Nr. 32. Durch Verleihung der geheimen Rats- oder Kämmererswürde wurde z.B. keine Staatsbürgerschaft erworben, siehe die allerhöchste Entschließung vom 2. März 1833, über einen Vortrag des obersten Kämmerers, JGS Nr. 2598. Auch der Dienst als Offizier in der Armee begründete nicht den Erwerb der österreichischen Staatsangehörigkeit, siehe das Hofkanzleidekret vom 29. September 1818 an sämtliche Länderstellen, PGS XLVI (1818), Nr. 102; vgl. zu den Staatsangehörigkeitsverhältnissen der Militärpersonen im Vormärz etwa MILNER (wie Anm. 292), S. 36 ff.

294 Mit Verordnung vom 27. April 1860, RGBl. Nr. 108, wurde die Erwerbung der Staatsbürgerschaft durch den Antritt eines Gewerbes aufgehoben, vgl. zu diesem Erwerbsgrund ausführlicher MILNER (wie Anm. 292), S. 43 f. Gemäß § 31 ABGB wurde jedoch durch die „bloße Handhabung oder zeitliche Benutzung eines Landgutes, Hauses oder Grundstückes; durch die Anlegung eines Handels, einer Fabrik oder die Teilnahme an einem von beiden, ohne die Ansässigkeit in einem Lande dieser Staaten" die österreichische Staatsbürgerschaft nicht erworben.

295 Nach dem Hofkanzleidekret vom 29. Juli 1813 an sämtliche Länderstellen, PGS XLI (1813), Nr. 13, war die Aufnahme in den Staatsverband als „Gnadensache" der Obersten Hofstelle (nach dem Hofkanzleidekret vom 12. April 1816, JGS Nr. 1228, der vereinten Hofkanzlei) vorbehalten. Ein Hofkanzleidekret vom 6. März 1829 übertrug das Verleihungsrecht an die Länderstellen, denen eine strenge Prüfung der Würdigkeit, Erwerbsfähigkeit und des sittlichen Betragens des Bewerbers oblag. 1853 zog das Ministerium diese Kompetenz wieder an sich und delegierte sie mit der Verordnung des Ministeriums des Innern vom 27. Oktober 1859, RGBl. Nr. 196, an die Statthaltereien und Landesregierungen; vgl. dazu ausführlicher MILNER (wie Anm. 292), S. 24.; MAYRHOFER/PACE (wie Anm. 138) II, S. 927.

296 Vgl. dazu ausführlich Fritz KARMINSKI, Zur Codifikation des österreichischen Staatsbürgerschaftsrechtes, in: Österreichische Zeitschrift für Verwaltung XX (1887), Nr. 4, S. 15 f.

Nach dem Hofkanzleidekret vom 12. April 1816[297] war für die Aufnahme eines Ausländers in den Staatsverband zwar weiterhin „ein gutes, sittliches Betragen und eine hinreichende Erwerbsfähigkeit“[298] Voraussetzung, nicht mehr hingegen der Nachweis eines besonderen, zur Ernährung einer Familie ausreichenden Vermögens. Darüber hinaus mußte der Bewerber nicht nur den Untertaneneid[299] leisten, sondern seit dem Gemeindegesetz von 1849 auch die Zusicherung der Aufnahme in einen österreichischen Heimatverband beibringen, da jeder österreichische Staatsbürger einer österreichischen Gemeinde angehören mußte[300]. Prinzipiell erforderlich war nach dem Hofkanzleidekret vom 28. August 1817[301] allerdings, daß der Ausländer vor Bewerbung um die österreichische Staatsbürgerschaft die landesherrliche Entlassung aus seinem bisherigen Staatsverband bewirkt hatte oder die Erfüllung seiner heimatlichen Wehrpflicht nachweisen konnte[302]. Zur Vermeidung von Kollisionen schloß Österreich daher bilaterale Verträge mit anderen deutschen Staaten ab[303]. So etwa wurde bei voller Reziprozität kein bayerischer Untertan in den österreichischen Staatsverband aufgenommen, wenn er nicht die Entlassung aus seinem bisherigen Staatsverband nachweisen konnte. Die definitive Entlassung aus dem bayerischen Staatsverband erfolgte jedoch erst nach Vorlage einer Aufnahmezusicherung von Seiten Österreichs[304].

---

297 Hofkanzleidekret vom 12. April 1816 an die Regierung in Österreich ob der Enns und die Landesstelle in Mähren und Schlesien, JGS Nr. 1228; Hofkanzleidekret vom 30. Jänner 1824 an das Mährisch-Schlesische Gubernium und an die oberennsische Regierung, PGS LII (1824), Beilage I zu Nr. 12 an sämtliche Länderstellen.

298 Für den Nachweis dieses Betragens und der Erwerbsfähigkeit des Einwanderers genügten nach den Hofkanzleidekreten vom 12. April 1816 und 30. Jänner 1824, siehe Anm. 297, die vom „Dienstherrn, Meister oder Fabrikanten“ hierüber ausgestellten Zeugnisse nicht, wenn diese nicht von der Ortsgemeinde oder Obrigkeit bestätigt waren.

299 Die Ablegung des Untertaneneides erfolgte nach den Hofkanzleidekreten vom 12. April 1816 und 30. Jänner 1824, siehe Anm. 297, im Rahmen der „Feyerlichkeit bey der wirklichen Aufnahme zum Staatsbürger“; siehe zur Eidesformel für den Untertaneneid PGS LII (1824), Beilage II zu Nr. 12. Nach dem Hofkanzleidekret vom 30. Jänner 1824 an sämtliche Länderstellen, PGS LII (1824), Nr. 12, sollten die Behörden bei Verleihung der österreichischen Staatsbürgerschaft an Ausländer, da bisher „kein gleichmäßiges Verfahren beobachtet“ wurde, nun mit gleichförmigem „Benehmen“ vorgehen; vgl. dazu auch MAYRHOFER/ PACE (wie Anm. 138) II, S. 928.

300 Die definitive Aufnahme in den Heimatverband erfolgte allerdings erst nach Erlangung des Staatsbürgerrechtes; vgl. etwa SPIEGEL (wie Anm. 129), S. 830 ff.; MAYRHOFER/PACE (wie Anm. 138) II, S. 926 ff.; KARMINSKI (wie Anm. 296), Nr. 4, S. 16 f.

301 Hofkanzleidekret vom 28. August 1817 an sämtliche Länderstellen, PGS XLV (1817), Nr. 125.

302 Hofkanzleidekret vom 22. März 1832 an sämtliche Länderstellen, PGS LX (1832) Nr. 24.

303 Vgl. MILNER (wie Anm. 292), S. 29 ff.; Art. Staatsbürgerschaft (Staatsbürgerrecht), in: Österreichisches Rechts-Lexikon. Praktisches Handwörterbuch des öffentlichen und privaten Rechtes der im Reichsrat vertretenen Königreiche und Länder, hrsg. von Friedrich DUSCHENES/Wenzel von BELSKY/Carl BARETTA, 4 Bde., Prag 1894–1898, IV, S. 381.

304 Hofkanzleidekrete vom 17. Juni 1831 an sämtliche Länderstellen, PGS LIX (1831), Nr. 39, und vom 8. Dezember 1831, PGS LIX (1831), Nr. 80.

Das Hofkanzleidekret vom 1. März 1833[305] griff erneut den zehnjährigen Aufenthalt als Erwerbsart der Staatsbürgerschaft auf, modifizierte aber die bisher geltenden Bestimmungen gänzlich. Hinkünftig sollte ein Ausländer die österreichische Staatsbürgerschaft durch einen vollendeten zehnjährigen Wohnsitz in einem der Länder, für die das ABGB Geltung hatte, nur dann erwerben können, wenn er den zehnjährigen Aufenthalt bei der Landesstelle seines letzten Wohnortes gehörig nachweisen konnte, auf deren Anordnung dort oder beim zuständigen Kreisamt den Untertaneneid abgeleistet und darüber eine Beglaubigungsurkunde erhalten hatte. Zur Eidesleistung sollte aber kein Fremder zugelassen werden, von dem die politische Landesstelle nicht die Überzeugung gewonnen hatte, daß er während des Dezenniums nicht nur zu keiner Strafe wegen eines Verbrechens verurteilt worden war, sondern sich auch „fortwährend ruhig, den Gesetzen und den Anordnungen der gesetzlichen Behörden gehorsam und gut gesittet betragen, und durch seine Aufführung und gezeigte Denkungsart niemahls zu einem gegründeten Verdacht oder Beschwerde Anlaß gegeben" hatte[306]. Damit war der vom ABGB festgelegte ipso-iure-Erwerb – selbst gegen den Willen des Eingebürgerten – zu einer ausdrücklichen, im freien Ermessen der Behörde stehenden Verleihung umgewandelt worden, die sich von der bereits bestehenden Staatsbürgerschaftsverleihung dadurch unterschied, daß anstelle des Nachweises der Erwerbsfähigkeit des Bewerbers der Nachweis des zehnjährigen Wohnsitzes zu erbringen war. Der Nachweis des zehnjährigen Wohnsitzes im Inland war, wie Milner[307] zutreffend bemerkte, „also der letzte Rest des für den Erwerb der Staatsbürgerschaft in alter Zeit vor allem massgebenden Domizilrechtes".

Über das ABGB hinausgehend hatte die Verwaltungspraxis aber noch weitere Erwerbsarten der Staatsbürgerschaft geschaffen: So erlangten Kinder nicht nur durch die Geburt[308], sondern auch durch die Legitimation[309] die Staatsbürgerschaft des Vaters,

---

305 Hofkanzleidekret vom 1. März 1833 an sämtliche Länderstellen, erlassen zu Folge allerhöchster Entschließung vom 5. Februar 1833, von der obersten Justizstelle sämtlichen Appellationsgerichten mitgeteilt durch Hofdekret vom 12. April 1833, JGS Nr. 2597, PGS LXI (1833), Nr. 28, vgl. dazu Julius OFNER, Die Entstehung des Justizhofdekretes vom 12. April 1833 über die Ersitzung der Staatsbürgerschaft, in: Juristische Blätter XXXIV (1905), S. 145–147, 157–161.

306 Unter dem „sittlichen Betragen" war nicht nur die Unbescholtenheit, sondern auch das Verhalten des Bewerbers in politischer Hinsicht zu verstehen. Ein Ministerialerlaß vom 31. Juli 1851, Z. 3876, verlangte eine „beruhigende Haltung" des Bewerbers in „politischer Beziehung"; vgl. dazu ausführlicher Art. Staatsbürgerschaft (wie Anm. 303) IV, S. 380; POSTELBERG/MODERN (wie Anm. 248), S. 40.

307 MILNER (wie Anm. 292), S. 46.

308 Auch uneheliche Kinder erwarben die Staatsbürgerschaft durch Geburt, so ausdrücklich der Erlaß des Ministers des Innern vom 6. Dezember 1850, kundgemacht mit Erlaß des niederösterreichischen Statthalters vom 14. Februar 1851, LGBl. Nr. 42; vgl. etwa KARMINSKI (wie Anm. 296), Nr. 3, S. 11; MAYRHOFER/PACE (wie Anm. 138) II, S. 921.

309 Die Adoption ausländischer Kinder vermittelte hingegen nicht die österreichische Staatsbürgerschaft. Findelkinder wurden bis zum Nachweis des Gegenteils als österreichische Staatsbürger behandelt; vgl. zu diesen Problemkreisen MILNER (wie Anm. 292), S. 6 ff.; Josef ULBRICH, Art. Staatsbürgerschaft, in: Ernst Mischler/Josef Ulbrich (Hrsg.), Österreichisches Staatswörterbuch. Handbuch des gesamten österreichischen öffentlichen Rechts, IV, 2. Aufl.

Ausländerinnen durch Verehelichung diejenige des inländischen Ehemannes[310], und eheliche, minderjährige Kinder sowie Ehefrauen erwarben die österreichische Staatsbürgerschaft als Rechtsfolge des Eintrittes ihres Vaters bzw. Gatten in diese[311].

Verloren wurde die österreichische Staatsbürgerschaft nach § 32 ABGB durch Auswanderung[312] und durch Verehelichung einer österreichischen Staatsbürgerin mit einem Ausländer. Nach dem Patent vom 24. März 1832[313], das an die Stelle des Auswanderungspatentes von 1784[314] trat, war als Auswanderer anzusehen, wer sich „in einen auswärtigen Staat begibt, mit dem Vorsatze[,] nicht wieder zurückzukehren"[315]. Erfolgte die Auswanderung mit behördlicher Entlassung aus der österreichischen Staatsbürgerschaft, so ging die Staatsbürgerschaft im Augenblick der Grenzüberschreitung verloren, konnte aber – im Unterschied zum strafweisen Verlust bei unbefugter Auswanderung[316] – unter bestimmten Umständen später wieder erworben werden[317]. Ohne behördlichen Auswanderungskonsens erlosch die Staatsbürgerschaft einer Frau, die sich mit einem Ausländer verehelichte, nach diesem Patent ipso iure, wobei ein Vorbehalt der Staatsbürgerschaft durch das Hofkanzleidekret vom 10. Juni 1835[318] explizit für unzulässig erklärt wurde.

Dadurch, daß das bürgerliche Gesetzbuch am 17. Jänner 1812 in seinem vollen Umfang in Böhmen, Mähren, Schlesien, Österreich ob und unter der Enns, der Steiermark, in Galizien und Lodomerien, der Bukowina und der Militärgrenze sowie zwi-

---

Wien 1909, S. 312; J. SIEBER, Das Staatsbürgerrecht im internationalen Verkehr, seine Erwerbung und sein Verlust, I, Berlin 1907, S. 103 f.; Art. Staatsbürgerschaft (wie Anm. 303), S. 378 f.; MAYRHOFER/PACE (wie Anm. 138) II, S. 921 ff., 931; KARMINSKI (wie Anm. 296), Nr. 6, S. 23 f.

310 Hofkanzleidekret vom 23. Februar 1833 an sämtliche Länderstellen, zu Folge allerhöchster Entschließung vom 26. Jänner 1833, JGS Nr. 2595, PGS LXI (1833), Nr. 20. Diese Erwerbung ging ipso facto vor sich, ohne daß es dazu einer besonderen Einbürgerungsbewilligung bedurfte, vgl. die Gubernialverordnung vom 16. März 1834, Prov. GSlg. Tirol XXI (1834), Nr. 32.

311 Vgl. dazu ausführlicher MILNER (wie Anm. 292), S. 9 f.; MAYRHOFER/PACE (wie Anm. 138) II, S. 930 f.

312 Vgl. MAYRHOFER/PACE (wie Anm. 138) II, S. 932.

313 Beilage des Hofdekretes der vereinigten Hofkanzlei vom 2. April 1832 an sämtliche Länderstellen, JGS Nr. 2557, PGS LX (1832), Nr. 34.

314 Vgl. zu diesem z.B. Ignaz BEIDTEL, Geschichte der Österreichischen Staatsverwaltung 1740–1848, hrsg. von Alfons Huber, I, Innsbruck 1896, S. 385.

315 Als konkludente Handlungen für das Vorhandensein des animus non redeundi bei einem sich außerhalb Österreichs befindlichen Staatsangehörigen erklärte § 7 die Annahme einer ausländischen Staatsbürgerschaft oder ausländischer Zivil- oder Militärstellen ohne hiezu erhaltene Bewilligung; den Eintritt in ein ausländisches religiöses Institut, welches die persönliche Anwesenheit erforderte; einen fünfjährigen Aufenthalt im Ausland, ohne dort Güter oder Anstalten des Handels oder der Industrie zu besitzen, wenn auch die Familie und das ganze Vermögen oder Vermögensteile mitgenommen wurden; eine sonstige zehnjährige Abwesenheit; die Nichtbefolgung der Einberufung.

316 Siehe zu den anderen Strafen für eine ohne behördliche Entlassung verbotene Auswanderung die §§ 10 und 11 des Auswanderungspatentes.

317 Vgl. dazu MAYRHOFER/PACE (wie Anm. 138) II, S. 928.

318 Hofkanzleidekret vom 10. Juni 1835 an das galizische Gubernium, JGS Nr. 31.

schen 1815 und 1817 auch in allen übrigen außerungarischen Ländern in Wirksamkeit gesetzt wurde, kam es in diesem Länderkomplex erstmalig zu einer einheitlichen Staatsbürgerschaft, während Ungarn sein bisheriges Staatsbürgerrecht beibehielt[319]. Eine Änderung dieses Zustandes sollte die Reichsverfassung vom 4. März 1849[320] schaffen, welche alle Kronländer zu einer freien, unteilbaren und unauflösbaren konstitutionellen österreichischen Erbmonarchie zusammenschloß und daher für „alle Völker des Reiches ... nur Ein [sic] allgemeines österreichisches Reichsbürgerrecht" vorsah. Ein Reichsgesetz sollte bestimmen, unter welchen Bedingungen das österreichische Staatsbürgerrecht erworben, ausgeübt und verloren würde[321]. Auch das kaiserliche Handschreiben vom 31. Dezember 1851[322] hielt daran fest, daß die „unter den alten historischen und neuen Titeln mit dem österreichischen Kaiserstaate vereinigten Länder ... die untrennbaren Bestandtheile der österreichischen kaiserlichen Erb-Monarchie" bildeten. Daher wurde das ABGB 1852/1853 auch in allen übrigen Kronländern[323] in Kraft gesetzt, womit nun ein einziges Reichsbürgerrecht in der gesamten Monarchie galt. Durch die Judexcurialbeschlüsse von 1861 trat das ABGB allerdings in Ungarn wieder außer Wirksamkeit[324]. Nachdem mit dem Staatsgrundgesetz über die allgemeinen Rechte der Staatsbürger 1867 für alle Angehörigen der im Reichsrat vertretenen Königreiche und Länder ein allgemeines österreichisches Staatsbürgerrecht und mit dem Gesetzesartikel L des Jahres 1879 ein eigenes ungarisches Staatsbürgerrecht[325] geschaffen worden war, galten ungarische Staatsangehörige nunmehr als den Ausländern gleichgestellt, wenngleich sie in der Regel nicht als Ausländer bezeichnet wurden. Freilich warf dieser Dualismus in der Praxis mancherlei Probleme auf, insbesondere bezüglich der Frage, ob nach österreichischem Recht die ungarische Staatsangehörigkeit neben der österreichischen beses-

---

319 Anton von VIROZSIL, Das Staats-Recht des Königreichs Ungarn vom Standpunkte der Geschichte, und der vom Beginn des Reiches bis zum Jahre 1848 bestandenen Landes-Verfassung, I, Pest 1865, S. 203 ff.

320 Kaiserliches Patent vom 4. März 1849, RGBl. Nr. 150, die Reichsverfassung für das Kaiserthum Oesterreich enthaltend.

321 § 23 (III. Abschnitt. Von dem Reichsbürgerrechte).

322 Allerhöchstes Cabinetschreiben Seiner Majestät des Kaisers vom 31. Dezember 1851, RGBl. 1852, Nr. 4, § 1.

323 Kaiserliches Patent vom 23. März 1852, RGBl. Nr. 77, wirksam für die Stadt Krakau und Gebiet, wodurch das allgemeine bürgerliche Gesetzbuch in der Stadt Krakau und deren Gebiete eingeführt wird; Kaiserliches Patent vom 29. November 1852, RGBl. Nr. 246, wirksam für die Königreiche Ungarn, Croatien und Slavonien, die Woiwodschaft Serbien und das Temeser Banat, wodurch für diese Kronländer das allgemeine bürgerliche Gesetzbuch vom 1. Juni 1811 mit mehreren Beschränkungen und näheren Bestimmungen eingeführt und, vom 1. Mai 1853 angefangen, in Wirksamkeit gesetzt wird; Kaiserliches Patent vom 29. Mai 1853, RGBl. Nr. 99, wirksam für das Großfürsthum Siebenbürgen, wodurch für dieses Kronland das allgemeine bürgerliche Gesetzbuch vom 1. Juni 1811 mit mehreren Beschränkungen und näheren Bestimmungen, und sammt einem Anhange nachträglicher Verordnungen eingeführt und vom 1. September 1853 angefangen in Wirksamkeit gesetzt wird.

324 Vgl. dazu MILNER (wie Anm. 292), S. 88.

325 Abgedruckt etwa bei HEINRICHS (wie Anm. 74), Anhang, S. 346 ff.; vgl. auch ausführlich MILNER (wie Anm. 292), S. 2 ff.; POSTELBERG/MODERN (wie Anm. 248), S. 42 ff.

sen werden konnte[326]. Was die staatsbürgerrechtlichen Verhältnisse der Einwohner Bosniens und der Herzegowina anbelangt, so waren diese, da der Berliner Vertrag 1878[327] Österreich nur das Recht der Besetzung und Verwaltung der Provinzen zugestanden hatte, Untertanen des Osmanischen Reiches geblieben und mußten daher, um ungarische oder österreichische Staatsangehörige zu werden, die vorgeschriebenen Einbürgerungsbedingungen erfüllen[328].

Das österreichische Staatsbürgerrecht in der Ära der Dezemberverfassung war mangels eines eigenen Gesetzes nach wie vor das des ABGB und seiner Fortentwicklung durch die Praxis. War der Erwerbungsgrund durch die Antretung eines Gewerbes, dessen Betreibung die ordentliche Ansässigkeit im Lande notwendig machte, bereits 1860 ausdrücklich aufgehoben[329] und der Erwerb durch vollendenten zehnjährigen Aufenthalt im Inlande durch das Hofkanzleidekret vom 1. März 1833[330] zu einer zweiten Verleihungsart umgewandelt worden, so hob das Staatsgrundgesetz nun den Erwerb der Staatsbürgerschaft durch den Eintritt in den öffentlichen Dienst auf, da Art. 3 anordnete, daß öffentliche Ämter nur von Inländern bekleidet werden konnten[331], was nach der Interpretation der Praxis einen selbständigen, dem Eintritt in den öffentlichen Dienst vorausgehenden oder zumindest gleichzeitig erfolgenden Verleihungsakt voraussetzte[332]. Was den Verlust der Staatsbürgerschaft anbelangt, so war nun infolge Art. 4 des Staatsgrundgesetzes über die allgemeinen Rechte der Staatsbürger von 1867, wonach die Freiheit der Auswanderung von Staats wegen nur durch die Wehrpflicht beschränkt war, die Statuierung der Auswanderung als Grund für den Verlust der Staatsbürgerschaft nicht mehr aufrechtzuhalten[333]. Auch eine ausdrückliche behördliche Entlassung

---

326 Der, so KARMINSKI (wie Anm. 296), Nr. 2, S. 6, „in der Doctrin allgemein anerkannte Grundsatz" der „Exklusivität des österreichischen Staatsbürgerrechtes" (vgl. dazu auch ebd., Nr. 6, S. 24 f.) war nämlich vom Reichsgericht in seinem Erkenntnis vom 14. Oktober 1884, Z. 178, Slg. RG VII Nr. 306, insofern bestritten worden, als nach Ansicht des Reichsgerichtes jeder österreichische Staatsbürger die Staatsbürgerschaft in beiden Reichshälften der österrreichisch-ungarischen Monarchie besitzen könne; vgl. auch das Erkenntnis des Reichsgerichtes vom 12. Jänner 1891, Z. 2, Slg. RG IX Nr. 504; MAYRHOFER/PACE (wie Anm. 138) II, S. 949 ff.; MILNER (wie Anm. 292), S. 90 ff.; Art. Staatsbürgerschaft (wie Anm. 303), S. 381; SPIEGEL (wie Anm. 129), S. 830.

327 Siehe § 25 des am Balkankongreß zu Berlin am 13. Juli 1878 geschlossenen Staatsvertrages zwischen Österreich-Ungarn, Deutschland, Frankreich, Großbritannien, Italien, Rußland und der Türkei, RGBl. Nr. 43.

328 Vgl. dazu SIEBER (wie Anm. 309), S. 99 f., m.w.N.; MARTENS (wie Anm. 58), S. 362 ff.

329 Siehe dazu Anm. 294.

330 Siehe dazu S. 57, Anm. 305.

331 In ähnlicher Weise setzte § 16 des Wehrgesetzes vom 5. Dezember 1868, RGBl. Nr. 151, die Staatsbürgerschaft in einer der beiden Reichshälften für den Eintritt in die österreichische Armee voraus.

332 Somit war die Vereinbarkeit des ABGB mit Art. 3 gegeben, vgl. dazu ausführlich MILNER (wie Anm. 292), S. 41 f.; MAYRHOFER/PACE (wie Anm. 138) II, S. 923 Anm. 1.

333 So ULBRICH (wie Anm. 309), S. 313; PRAZAK, Art. Staatsbürgerschaft, in: Ernst Mischler/Josef Ulbrich (Hrsg.), Österreichisches Staatswörterbuch. Handbuch des gesamten österreichischen öffentlichen Rechtes, II, Wien 1897, S. 1069; vgl. dazu THIENEL (wie Anm. 291), S. 43 f.

aus dem Staatsverband war nicht mehr erforderlich[334], erfolgte sie dennoch, hatte sie rein deklaratorischen Charakter, während die Staatsbürgerschaft mit der vollzogenen Niederlassung im Ausland erlosch. Die Staatsbürgerschaft ging darüber hinaus in der Ära der Dezemberverfassung durch gültigen Erwerb einer fremden Staatsbürgerschaft, durch Abtretung eines Gebietsteiles Cisleithaniens, durch Legitimation[335] und durch Verehelichung einer Staatsbürgerin mit einem Ausländer verloren[336]. Der Verlust der Staatsangehörigkeit war aber weiterhin mit dem Verlust des Heimatrechtes verbunden, da die österreichische Staatsbürgerschaft Voraussetzung für das Heimatrecht in einer österreichischen Gemeinde blieb[337]. Wie das Heimatrecht wurde auch das Staatsbürgerschaftsrecht der Monarchie 1918 in den Rechtsbestand des Staates Deutschösterreich übernommen und erst 1925, nachdem die Aufteilung der Bevölkerung an die Nachfolgestaaten der Monarchie abgeschlossen worden war[338], durch ein neues Staatsbürgerrecht ersetzt[339].

B. Freizügigkeit und Niederlassungsfreiheit

Die Freizügigkeit der Person[340] unterlag in der vorkonstitutionellen Ära mannigfaltigen Beschränkungen, etwa durch Leibeigenschaft und Gutsuntertänigkeit eines großen Teils der Bevölkerung[341] sowie durch das grundsätzliche Auswanderungsverbot[342]. Eine erste Garantie der Freizügigkeit, die allerdings nicht vor innerstaatlichen Beschrän-

---

334 Vgl. z.B. Rudolph BIBL, Über den Verlust der österreichischen Staatsbürgerschaft durch Abwesenheit mit besonderer Berücksichtigung auf das Verhältniß zu Ungarn, in: Österreichische Zeitschrift für Verwaltung XXVI (1893), Nr. 33, S. 152.

335 Nämlich wenn die minderjährigen unehelichen Kinder einer Österreicherin mit einem Ausländer von diesem legitimiert wurden.

336 Siehe zu den Verlustarten ausführlich MAYRHOFER/PACE (wie Anm. 138) II, S. 932 ff.

337 Vgl. zur diesbezüglichen Problematik betreffend Ungarn SPIEGEL (wie Anm. 129), S. 830; KARMINSKI (wie Anm. 296), Nr. 4, S. 16 f. Nach Ansicht des Reichsgerichtes ging allerdings die österreichische Staatsbürgerschaft durch Erwerbung der Heimatzuständigkeit in einer ungarischen Gemeinde nicht verloren; vgl. das Erkenntnis des Reichsgerichtes vom 14. Oktober 1884, Z. 178, Slg. RG VII Nr. 306.

338 Vgl. dazu S. 332 ff.

339 Bundesgesetz vom 30. Juli 1925, BGBl. Nr. 285, über den Erwerb und den Verlust der Landes- und Bundesbürgerschaft.

340 Nach Josef ULBRICH, Art. Niederlassung und Aufenthalt, in: Ernst Mischler/Josef Ulbrich, Österreichisches Staatswörterbuch. Handbuch des gesamten österreichischen öffentlichen Rechts, I, 2. Aufl. Wien 1905, S. 707, war dies die Befugnis jedes Staatsbürgers, sich an jedem Ort des Staatsgebietes aufzuhalten und den Aufenthalt beliebig zu wechseln, an jedem Ort Wohnsitz zu nehmen, Grundeigentum jeder Art überall zu erwerben und erlaubte Erwerbstätigkeiten zu betreiben, vgl. dazu allerdings Felix ERMACORA, Handbuch der Grundfreiheiten und der Menschenrechte. Ein Kommentar zu den österreichischen Grundrechtsbestimmungen, Wien 1963, S. 114.

341 Vgl. dazu Dominik KOSTECKY, System der politischen Gesetze Böhmens zum bequemen Gebrauch für den Geschäfts- und Privatmann, III, Prag 1810, S. 89 ff.

342 Z.B. das Auswanderungspatent vom 24. März 1832, PGS LX (1832), Nr. 34, JGS. Nr. 2557.

kungen der Freizügigkeit schützte, enthielt erst die Pillersdorfsche Verfassung 1848[343] als Recht der „Staatseinwohner". Freilich waren nicht diese der unmittelbare Adressat der Grundrechte, welchen noch nicht die Qualität subjektiv öffentlicher Rechte zukam, sondern der Gesetzgeber[344]. Bereits der Grundrechtsentwurf des Dreierausschusses des konstituierenden Reichstages[345] sah eine Ausdehnung der Freizügigkeit auf ihre zweifache Schutzfunktion vor, indem er eine Einschränkung der Freizügigkeit nur durch die Gemeindeordnungen zulassen wollte (§ 12). Diese Beschränkung sollte nach Ansicht des Kremsierer Verfassungsausschusses allerdings durch ein einheitliches Gemeindegesetz geregelt werden, da den einzelnen Gemeinden ansonsten die Möglichkeit offengestanden wäre, dieses Grundrecht weitgehend wirkungslos zu machen. Folglich sah der Kremsierer Entwurf vor, daß die Freizügigkeit der Person nur den „in dem Gemeindegesetz enthaltenen Beschränkungen" unterliegen dürfe. Die österreichische Reichsverfassung von 1849 normierte hingegen als Recht der Staatsbürger, daß die „Freizügigkeit der Person innerhalb der Reichsgrenzen ... keiner Beschränkung" unterliege[346].

„Die Unverletzlichkeit der Freiheit der physischen Person gegenüber den ein ... Ausweisungs- [und] Internierungsrecht besitzenden staatlichen Organen"[347] statuierte 1862 das Gesetz zum Schutz der persönlichen Freiheit[348]. Um die „Freiheit der Person gegen Übergriffe der Organe der öffentlichen Gewalt zu schützen"[349], wurde durch § 5 des Gesetzes angeordnet, daß einerseits niemand zum Aufenthalt in einem bestimmten Ort oder Gebiet ohne rechtlich begründete Verpflichtung verhalten, also interniert bzw. konfiniert, andererseits niemand – außer in den durch ein Gesetz bezeichneten Fällen – aus einem bestimmten Ort oder Gebiet ausgewiesen werden dürfe. Die Garantie, Aufenthalt und Wohnsitz im Staatsgebiet zu nehmen, wurde erstmalig im Staats-

---

343 Österreichische Verfassung vom 25. April 1848, PGS LXXVI (1848), Nr. 49, § 23: „Der Freiheit der Auswanderung darf von den Behörden kein Hindernis in den Weg gelegt werden."

344 Sie waren daher „Staatszielbestimmungen", vgl. Wilhelm BRAUNEDER, Die historische Entwicklung der modernen Grundrechte in Österreich (= Politische Bildung LIV), Wien 1987, S. 8; siehe zu den Begünstigten der „Rechte der Staatseinwohner" DERS., Die Gesetzgebungsgeschichte der österreichischen Grundrechte, in: Rudolf Machacek/Willibald P. Pahr/Gerhard Stadler (Hrsg.) für die österreichische Juristenkommission, 70 Jahre Republik. Grund- und Menschenrechte in Österreich. Grundlagen, Entwicklung und internationale Verbindungen, Kehl am Rhein-Straßburg-Arlington 1991, S. 209 ff.

345 Und nicht der Rieger'sche Urentwurf, wie ERMACORA (wie Anm. 340), S. 112, meint; vgl. dazu BRAUNEDER (wie Anm. 344, Gesetzgebungsgeschichte), S. 215; siehe zu § 12 des Entwurfes des Dreierausschusses Alfred FISCHEL, Die Protokolle des Verfassungsausschusses über die Grundrechte, Ein Beitrag zur Geschichte des österreichischen Reichstags vom Jahre 1848, Wien-Leipzig 1912, S. 108 ff.

346 Und die Freiheit der Auswanderung nur durch die Wehrpflicht beschränkt war, § 25 der Reichsverfassung für das Kaisertum Österreich vom 4. März 1849, RGBl. Nr. 150.

347 Theodor von DANTSCHER, Art. Persönliche Freiheit, in: Ernst Mischler/Josef Ulbrich (Hrsg.), Österreichisches Staatswörterbuch. Handbuch des gesamten österreichischen öffentlichen Rechts, III, 2. Aufl. Wien 1907, S. 893.

348 Vgl. dazu Friedrich LEHNE, Grundrechte achten und schützen? 1862 und 1867, in: Juristische Blätter CVIII (1986), S. 341–347, 424–435.

349 Einleitung des Gesetzes zum Schutz der persönlichen Freiheit vom 27. Oktober 1861, RGBl. Nr. 87.

grundgesetz von 1867 über die allgemeinen Rechte der Staatsbürger[350] ausgesprochen. Zum einen unterlag nach Art. 4 die Freizügigkeit der Person[351] innerhalb des Staatsgebietes keiner Beschränkung, zum anderen durfte jeder Staatsbürger, und nur dieser, nach Art. 6 an jedem Ort des Staatsgebietes seinen Aufenthalt und Wohnsitz nehmen. Da durch Art. 8 Abs. 2 allerdings das Gesetz vom 27. Oktober 1862 als Bestandteil des Staatsgrundgesetzes über die allgemeinen Rechte der Staatsbürger erklärt wurde, stand die Niederlassungsfreiheit entgegen dem Wortlaut der Art. 4 und 6 unter Gesetzesvorbehalt[352]. Solche vom Gesetzesvorbehalt erfaßten Fälle waren nach herrschender Mei-

---

350 RGBl. Nr. 142; ERMACORA (wie Anm. 340), S. 182.

351 Umstritten ist, ob dieses Recht nur für Staatsbürger oder auch für Ausländer galt. Für die Geltung auch für Ausländer explizit ERMACORA (wie Anm. 340), S. 113; PRAZAK (wie Anm. 333), S. 85 f., und die zeitgenössische Ansicht (vgl. z.B. S. 214 f.); anderer Ansicht BRAUNEDER (wie Anm. 344, Gesetzgebungsgeschichte), S. 286, der die Freizügigkeit wie die Niederlassungsfreiheit als eigentliche „politische Rechte" bezeichnete, von welchen „die Ausländer grundsätzlich ausgeschlossen seien"; siehe auch FRISCH (wie Anm. 77), S. 264 ff.

352 Die heute herrschende Lehre, wonach es „historisch erkennbar" sei, daß die „Gesetzesvorbehalte des StGG ... ihrem Wortlaut nach in der Regel unbeschränkt" seien, so Theo ÖHLINGER, Die Grundrechte in Österreich. Ein systematischer Überblick, in: Europäische Grundrechte Zeitschrift IX (1982), S. 228, und daß „ein einfaches Gesetz aufgrund ausdrücklicher verfassungsrechtlicher Ermächtigung das betreffende Grundrecht einschränken kann", so Robert WALTER/Heinz MAYER, Grundriß des österreichischen Bundesverfassungsrechts, 7. Aufl., Wien 1992, S. 467, erachteteBRAUNEDER (wie Anm. 344, Gesetzgebungsgeschichte), S. 289 f., allerdings als „ahistorische Sicht aufgrund nachträglicher Entwicklungen", da diese Sicht voraussetze, daß die „Grundrechte 1867 als direkt anwendbares Recht ins Leben getreten" seien und daß „jedem Verweis auf ein (einfaches) Gesetz die Meinung innewohnt, es solle das (geltende) Grundrecht beschränken, und zwar, ohne daß dieser Beschränkung Schranken gesetzt seien". Nach Brauneder entsprach die direkte Geltung der Grundrechte „durchaus nicht die [sic] Absicht des Gesetzgebers von 1867 wie auch der zeitgenössischen Meinung", woraus folge, daß einfache Gesetze die Grundrechte „ausführen sollen, ja, da nicht unmittelbar geltend, dies müssen, nicht aber sie einzuschränken haben, was, mangels Geltung, gar nicht möglich wäre". Brauneder ist hier insoferne zuzustimmen, als z.B. die Regierungsvorlage für das Reichsschubgesetz ausdrücklich davon sprach, daß die Erlassung dieses Gesetzes notwendig sei, um das „diesfalls bestehende System der Freiheitsbeschränkungen mit den Bestimmungen der Staatsgrundgesetze in Einklang und diese selbst zur entsprechenden *Durchführung* zu bringen", vgl. dazu S. 207. Bereits darin, daß Einschränkungen der Freizügigkeit und Niederlassungsfreiheit nun seit 1862/1867 grundsätzlich nur mehr auf gesetzliche Weise – also durch einen Gesetzgebungsbeschluß des Parlaments – vorgenommen werden konnten (Gesetzesbindung des Grundrechtseingriffes), kam freilich bereits das „neue" konstitutionelle Denken zum Ausdruck, selbst wenn diese Eingriffe das Grundrecht in der Praxis nahezu beseitigten. Da dem Reichsgericht weder eine Prüfungskompetenz für im Rahmen eines Gesetzesvorbehaltes erlassene einfache Gesetze hinsichtlich deren Grundrechtskonformität, noch ein Kassationsrecht für grundrechtsverletzende Verwaltungsakte zugebilligt worden war, blieb die Frage, wie weit diese Eingriffe das jeweilige Grundrecht einschränken durften – und damit die Frage nach dem Wesensgehalt des jeweiligen Grundrechtes bzw. einer „Wesensgehaltssperre" –, der modernen Grundrechtsdogmatik vorbehalten; vgl. dazu Manfred STELZER, Das Wesensgehaltsargument und der Grundsatz der Verhältnismäßigkeit (= Forschungen aus Staat und Recht XCIV), Wien-New York 1991.

nung die Ausweisungsbestimmungen des Strafgesetzes[353], des Reichsschubgesetzes und des die Polizeiaufsicht einführenden Vagabundengesetzes von 1873.

Bezüglich der beiden letzteren Gesetze hegte Alois Zucker[354] allerdings Bedenken hinsichtlich der Verfassungsmäßigkeit ihres Zustandekommens. Da durch diese Gesetze das Staatsgrundgesetz über die allgemeinen Rechte der Staatsbürger eine „Änderung, beziehungsweise eine Einschränkung" erfahren sollte, hätte das Gesetz nach Zucker in Entsprechung zu § 15 Abs. 2 des Staatsgrundgesetzes vom 21. Dezember 1867, RGBl. Nr. 141, worin für die Änderung eines Staatsgrundgesetzes qualifizierte Mehrheiten vorgeschrieben waren[355], beschlossen werden müssen. § 5 des Gesetzes zum Schutz der persönlichen Freiheit berufe sich zwar auf eine „Ausweisung in den durch ein Gesetz bezeichneten Fällen", hebe aber das Erfordernis einer qualifizierten Mehrheit zum Zustandekommen eines derartigen Gesetzes keineswegs auf. Selbst für den Fall einer formellen Gültigkeit dieser Gesetze machte Zucker schwerwiegende Bedenken geltend. „Wenn eine Norm", so Zucker, „staatsgrundgesetzlich fixirt ist, und eine Ausnahme hievon durch ein Gesetz statuirt werden soll, so genügt es, um eine solche Ausnahmebestimmung zu treffen, keineswegs, eine bisher bestandene Übung, die mit dem betreffenden Staatsgrundgesetze im directen Widerspruche steht, einfach durch Gesetz zu sanctioniren". Die „materielle Voraussetzung für die Erlassung einer im Staatsgrundgesetz derogirenden Norm" sei „der stringente Nachweis, dass in einem bestimmten Falle ein weitaus überwiegendes gesellschaftliches Interesse mit der erlassenen staatsgrundgesetzlichen Bestimmung collidire und dass in concreto letztere dem ersteren zu weichen habe". Gesetze sollten „nicht dazu herhalten, um die Schwachmüthigkeit, die man gegenüber der Wirksamkeit einer allgemeinen Norm empfindet, verdecken zu helfen". Mangle es „an dem nöthigen Kraftgefühl, um eine solche allgemeine Norm in Wirksamkeit zu belassen und die hiedurch etwa geschaffenen Verhältnisse zu ertragen, dann vermeide man es lieber, eine solche allgemeine Rechtsnorm zu erlassen". Glaube man aber, dies tun zu können, dann erschiene es „absolut unzulässig sofort und ohne jeden durch die positiven Verhältnisse gebotenen concreten Anlass mit Gesetzesbestimmungen hervorzutreten, um Ausnahmen von einer eben erst beschlossenen allgemeinen Rechtsnorm herbeizuführen".

Auch die Gerichtspraxis hatte freilich Probleme mit der durch das Gesetz zum Schutz der persönlichen Freiheit bzw. dem Staatsgrundgesetz über die allgemeinen

---

353 Vgl. allerdings z.B. die Entscheidung des OGH vom 15. Dezember 1863, Z. 6711, Allgemeine österreichische Gerichts-Zeitung XVIII, N.F. IV (1867), S. 158, welche eine vom Bezirksgericht ausgesprochene Abschaffung mit der Begründung aufhob, daß diese Abschaffung gegen die Vorschrift des § 5 des Gesetzes vom 27. Oktober 1862 ausgesprochen wurde; siehe auch die Fälle bei Georg LIENBACHER (Hrsg.), Öffentliche Sicherheit. Organ für Gesetzgebung und Verwaltung in Bezug auf alle Gegenstände der Polizei und des Polizeirechtes, 6 Bde., Wien 1868–1874, I, S. 15 ff.

354 Alois ZUCKER, Die Polizeiaufsicht nach österreichischem Rechte mit besonderer Rücksicht auf die Bestimmungen der neuesten Strafgesetzentwürfe, Prag 1894, S. 84 ff.

355 Gesetz vom 21. Dezember 1867, RGBl. Nr. 141, wodurch das Grundgesetz über die Reichsvertretung vom 26. Dezember 1861 abgeändert wird. Gemäß § 15 Abs. 2 konnte eine Änderung eines Staatsgrundgesetzes nur mit einer Mehrheit von wenigstens zwei Dritteln der Abgeordnetenstimmen gültig beschlossen werden.

Rechte der Staatsbürger geschaffenen Rechtslage. Zweifelhaft erschien den Strafgerichten nämlich im Zusammenhang mit den von ihnen vorzunehmenden Verurteilungen wegen unerlaubter Rückkehr von Ausgewiesenen[356] die Fortgeltung der Rechtsgrundlagen der polizeilichen Abschaffung (aus der Zeit vor der Erlassung des Reichsschubgesetzes[357]) und des Ausweisungsrechtes der Gemeinden[358]. So erklärte der Erlaß des Ministeriums des Innern vom 25. Dezember 1867[359], daß richterliche Entscheidungen „unter den dabei betheiligten Centralstellen Anlaß zur Erörterung der Frage gegeben" hätten, ob „beim Bestande des §. 5 des Gesetzes zum Schutze der persönlichen Freiheit vom 27. Oktober 1862 ... die Abschaffung auch außer den Fällen, in denen das Strafgesetz sie verhängt, auch aus polizeilichen Rücksichten noch zulässig sei?" Die Ministerien des Innern und der Justiz[360] entschieden diese Frage unter Berücksichtigung eines Gutachtens des Obersten Gerichtshofes[361] dahingehend, „daß auch im Bestande der Bestimmung des §. 5 des Gesetzes vom 27. Oktober 1862" das den Gemeinden aufgrund des Reichsgemeindegesetzes von 1862 und der auf diesem beruhenden Bestimmungen der Gemeindeordnungen[362], „sowie das den landesfürstlichen Organen im Grund des Art. 5 letztes Alinea dieses Gesetzes, dann das den Sicherheitsbehörden zur Handhabung der Sicherheit und öffentlichen Sittlichkeit nach Maßgabe bestehender Gesetze zustehende Recht zur Abschaffung eines Individuums aus einem bestimmten Orte oder Gebiete aufrecht

---

356 Vgl. dazu S. 748 ff.

357 Vgl. dazu insbes. S. 198 ff. und S. 751 ff. So wurden in den Jahren nach Inkrafttreten des Gesetzes zum Schutz der persönlichen Freiheit vom 27. Oktober 1862 zahlreiche Personen von den Strafgerichten von der Anklage der verbotenen Rückkehr freigesprochen, weil durch § 5 dieses Gesetzes sowohl das Gesetz vom 22. Oktober 1862, RGBl. Nr. 72, wodurch die Zuständigkeit der Gerichte und der k.k. Polizeibehörden über die im Strafgesetze vom 27. Mai 1852 vorkommenden Übertretungen festgesetzt wird, als auch § 324 StG geändert worden seien. (Den Strafgerichten war in § 3 Z. 6 des Gesetzes vom 22. Oktober 1862, RGBl. Nr. 72, die Gerichtsbarkeit über die in den §§ 323 und 324 geregelte Rückkehr eines Abgeschafften, insoferne die Abschaffung von Sicherheits- oder Gemeindebehörden verfügt worden war, übertragen worden); siehe dazu einige Fälle bei LIENBACHER (wie Anm. 353) I, S. 15 ff., der sich gegen eine Weitergeltung der älteren polizeilichen Abschaffungsanordnungen aussprach.

358 Art. 3 des Gesetzes vom 5. März 1862, RGBl. Nr. 18, womit die grundsätzlichen Bestimmungen zur Regelung des Gemeindewesens vorgezeichnet werden, sowie die Ausweisungsbestimmungen in den einzelnen Gemeindeordnungen, vgl. zu diesen S. 275 ff.

359 Erlaß des Ministeriums des Innern an sämtliche Statthalter und Landeschefs vom 25. Dezember 1867, Nr. 21105, womit der Erlaß der Polizeiabteilung des Ministerrats-Präsidiums an die Polizeidirektionen vom 3. Jänner 1868, Nr. 6273, übereinstimmt, siehe LIENBACHER (wie Anm. 353) I, S. 25; auch Normalien-Sammlung für den politischen Verwaltungsdienst. Mit Benützung amtlicher Materialien zusammengestellt, 5 Bde., Wien 1901–1912, I, Nr. 8.

360 Justizministerialerlaß vom 18. Dezember 1867, Z. 14.181, an sämtliche Oberstaatsanwälte, vgl. Ludwig ALTMANN/Siegfried JACOB (Hrsg.), Kommentar zum Österreichischen Strafrecht, 2 Bde., Wien 1927/1930, I, S. 788, Anm. 5.

361 Gutachten des OGH vom 26. November 1867, Z. 10406, Nr. 20 des strafrechtlichen Judikatenbuches, siehe L. ADLER/K. KRALL/Joseph von WALTHER (Hrsg.), Sammlung strafrechtlicher Entscheidungen des k.k. obersten Gerichtshofes, 3 Bde., Wien 1873, II, Nr. 1199; vgl. dazu S. 752 f.

362 Vgl. zu diesen S. 275 ff.

bleibe“, der Strafrichter jedoch, wenn er über eine Anklage eines Ausgewiesenen nach § 323 und 324 des Strafgesetzes einzuschreiten habe, nicht nur berechtigt, sondern auch verpflichtet sei, zu prüfen, „ob das Abschaffungserkenntnis auch wirklich auf Grund eines Specialgesetzes ergangen“ und somit die „Gesetzlichkeit der Abschaffung außer Zweifel“ sei[363].

Nichtsdestoweniger blieben Zweifel bestehen, was konkret unter diesen Spezialgesetzen zu verstehen war[364], da die 1862 in Kraft befindlichen sicherheits- bzw. fremdenpolizeilichen Ausweisungsnormen nicht als „Gesetze“ erlassen worden waren. Die Frage etwa, ob der Ausweisungsmöglichkeit für Ausländer gemäß § 20 der Verordnung vom 3. Mai 1853[365] nicht durch § 5 Abs. 2 des Gesetzes zum Schutz der persönlichen Freiheit derogiert worden sei, stellte 1871 sogar Gegenstand einer parlamentarischen Interpellation dar[366]. Als Begründung wurde geltend gemacht, daß das Gesetz zum Schutz der persönlichen Freiheit bestimmt hatte, daß niemand außer den durch das „Gesetz“ bezeichneten Fällen ausgewiesen werden könne, die Ausweisungsregel des § 20 aber lediglich auf einer Verordnung basiere. Diesem Argument wurde freilich entgegengehalten[367], daß das Gesetz zum Schutz der persönlichen Freiheit „allerdings das Gesetz im strictesten Sinne im Gegensatze zur Verordnung, zur Verfügung, zur Ordonnanz betont wissen“ wolle, andernfalls auch der Schutz der persönlichen Freiheit, den man garantieren wollte, bedeutungslos wäre, diese „strenge und berechtigte Unterscheidung zwischen Gesetz und Verordnung“ sich jedoch „naturgemäß nur auf jene Zeit der Gesetzgebung beziehen“ könne, in welcher „ein solcher Unterschied auch wirklich und thatsächlich“ bestehe, nämlich auf die Zeit der konstitutionellen Gesetzgebung. Da es im „absoluten Staat“, aus welchem die gegenständliche Verordnung stammte, jedoch „keinen reellen Unterschied“ zwischen Gesetz und Verordnung gegeben habe, seien alle „allgemeinen und gehörig publicirten Anordnungen der Einen öffentlichen Gewalt, sie mögen in welcher Form immer, als Patent oder als Verordnung erlassen“ worden sein, „ihrer Wesenheit nach Gesetz, d.h. sie haben absolute Geltung“ und könnten in keiner

---

363 Deshalb erachtete der Erlaß es für zweckmäßig, hinkünftig in jedem polizeilichen Abschaffungserkenntnis die gesetzliche Grundlage dieser Maßnahme anzuführen, vgl. dazu auch S. 752 f.

364 Siehe etwa die Rubrik „Aus dem Fragekasten“, in: Österreichische Zeitschrift für Verwaltung I (1868), Nr. 5, S. 59. Der Fragesteller begehrte Auskunft über die Spezialgesetze, aufgrund welcher mit Rücksicht auf die Verordnung des Ministeriums des Innern vom 25. Dezember 1867 eine polizeiliche Abschaffung von den politischen Behörden „decretirt“ werden könne, und bemerkte: „Selbstverständlich zähle ich Hofdecrete und Verordnungen nicht zu Gesetzen“.

365 Verordnung der obersten Polizeibehörde und der Ministerien des Äußern, des Innern und des Kriegswesens vom 3. Mai 1853, RGBl. Nr. 82, über die paßpolizeiliche Behandlung der Ausländer in Österreich, vgl. zu dieser auch S. 200, 215 f., 397, 399 und Anm. 2147.

366 Siehe zum konkreten Anlaßfall „Zimmermann“ und dessen parlamentarischer Behandlung die Sten. Prot. des AH, VI. Sess., 21. Sitzung am 14. März 1871, S. 252 f., siehe dazu auch S. 213 f., 397.

367 Siehe den Artikel: Über die Zulässigkeit polizeilicher Ausweisungen von Ausländern aus den österreichischen Staaten, in: Österreichische Zeitschrift für Verwaltung IV (1871), Nr. 5, S. 20.

anderen Weise als durch die Gesetzgebung „ihres Charakters" oder „ihres Inhaltes ... entkleidet werden"[368].

II. Ausweisung als Strafe – Landesverweisung und gerichtliche Abschaffung

1. Frühneuzeitliche Grundlagen

„Von den vielerlei Strafen", so Maasburg[369], „auf die in den deutschen und böhmischen Erbländern Oesterreichs gemäß der daselbst seit dem 16. Jahrhunderte allmälig zur Geltung gelangten Landes- und peinlichen Gerichtsordnungen seit dem 16. Jahrhundert ... erkannt wurde, fanden namentlich zwei, nämlich die körperliche Züchtigung (Fustigation) und die Verweisung der Verurtheilten aus einem bestimmten Jurisdictionsgebiete oder auch aus dem ganzen Lande (Relegation), und zwar nicht nur bei den in Criminalssachen entscheidenden Gerichten, sondern auch im Gnadenwege höchsten Ortes sehr häufig Anwendung".

Freilich war die Landes- bzw. Gebietsverweisung in den Strafrechtsordnungen der österreichischen Erbländer des 16. Jahrhunderts[370] mit Ausnahme der steirischen Landgerichtsordnung von 1574[371] und der Tiroler Strafrechtsordnungen eher sporadisch vorgesehen[372]. Die in dieser Materie stark unter dem Einfluß der Constitutio Criminalis

368 In diesem Sinne auch die Antwort im „Fragekasten", in: Österreichische Zeitschrift für Verwaltung I (1868), S. 59 f.

369 M. Friedrich von MAASBURG, Die Galeerenstrafe in den böhmischen Erbländern Österreichs, Wien 1885, S. 3.

370 Vgl. zu den Landgerichtsordnungen allgemein Hugo HOEGEL, Geschichte des österreichischen Strafrechtes in Verbindung mit einer Erläuterung seiner grundsätzlichen Bestimmungen, 2 Bde., Wien 1904/1905, I: Übersicht der Geschichte des österreichischen Strafrechtes, Die einzelnen Schuldformen; Ernst C. HELLBLING, Grundlegende Strafrechtsquellen der österreichischen Erbländer vom Beginn der Neuzeit bis zur Theresiana, hrsg. von Ilse Reiter, Wien 1995, S. 1 ff., m.w.N.

371 Vgl. zur Entstehungsgeschichte dieser Landgerichtsordnung Hermann BALTL, Beiträge zur Geschichte der steirischen und österreichischen Strafrechtskodifikationen im 15. und 16. Jahrhundert, in: Festschrift zur Feier des 200jährigen Bestandes des Haus-, Hof- und Staatsarchivs, hrsg. von L. Santifaller, II (= Mitteilungen des österreichischen Staatsarchivs, Ergänzungsbd. III), Wien 1951, S. 24–34; vgl. auch Fritz BYLOFF, Die Land- und peinliche Gerichtsordnung Erzherzog Karls II. für Steiermark vom 24. Dezember 1574; ihre Geschichte und ihre Quellen (= Forschungen zur Verfassungs- und Verwaltungsgeschichte der Steiermark VI/3), Graz 1907.

372 Während die Landgerichtsordnungen für Österreich unter der Enns von 1514 (siehe den Abdruck dieser Landgerichtsordnung bei Anton HYE, Beitrag zur österreichischen Strafrechts-Geschichte, in: Zeitschrift für österreichische Rechtsgelehrsamkeit und politische Gesetzkunde, Jg. 1844/I, S. 372–386) bzw. von 1540 sowie die Landgerichtsordnungen für Österreich ob der Enns von 1559 bzw. von 1627 die Ausweisung nicht erwähnen, führte die Landgerichtsordnung Ferdinands I. für Krain von 1535 unter den „peindllich[en] straff[en]" auch das „rueten ausstreichen" und „Lanndt verpieten" an. Die Landgerichtsordnung für Kärnten von 1577, in der die Geldstrafen den weitaus breitesten Raum einnahmen, sah in

Carolina[373] stehende steirische Landgerichtsordnung Erzherzog Karls II. von 1574 kannte nämlich die Landesverweisung als Strafe der Maß- und Warenfälscher[374], der Prokuratoren, welche ihre Parteien vorsätzlich zu deren Nachteil berieten[375], der „verhelffer des Ehbruchs vnd verkupplung"[376], der „Auffrürer"[377] sowie als Strafe für geringfügige Diebstähle[378]. Hatte schon die Tiroler Halsgerichtsordnung von 1499 die Landesverweisung für geringfügiger Diebstahl und betrügerisches Schuldenmachen vorgesehen[379], so erweiterten nun die Tiroler Landesordnungen des 16. Jahrhunderts den Anwendungsbereich dieser Strafe beträchtlich. Größtenteils im Anschluß an ihre Vorgängerinnen aus 1526 und 1532 waren nach der Tiroler Landesordnung von 1573 nicht nur Täter bei geringfügigem Diebstahl[380] sowie diejenigen, welche Schulden betrügerischer Weise nicht bezahlten[381], sondern auch „Verachter der Landtsfürstlichen Brief"[382]

Art. 12 vor, daß „Garten diepe" „am Pranger gestelt, und des Gerichts auff etlich Jarlang, nach des Richters guetbedunken, verwisen werden" sollten; siehe zur Entstehungsgeschichte Hermann BALTL, Die Kärntner Landgerichtsordnung von 1577, in: Carinthia I, Jg. CXXXIX (1949), Heft 1, S. 331-359.

373 Siehe dazu Anm. 31 f.

374 I. Art. 79 sah vor, daß derjenige welcher „böser und gefehrlicher weiß Maß, wag und Gewicht, Specerey oder ander Kauffmanschafft felscht, und für gerecht ausgibt, ... zu peindlicher Straff angenommen, ihm das Land verpotten, oder an seinem Leib als mit Rutten außhawen oder dergleichen, nach gelegenhait vnnd gestalt der vberfahrung gestrafft werden" solle.

375 Ein „Procurator", der „fürsetzlicher und gefehrlicher weiß seiner Parthey in Burgerlichen oder peindlichen sachen zu nachthail, vnd dem Widerthail zu gut handelt", sollte „solcher sachen halben empfecht widererlegen, und darzu in hals Eisen an pranger gestelt, mit Rutten ausgehawen, des Landts verpotten, oder sonst nach gelegenhait der mißhandlung in ander weg gestrafft werden" (I. Art. 80).

376 Und zwar sollten diese „nach gelegenhait der verhandlung und Rath der Rechtuerstendigen, es sey mit verweisung des Lands, stellung am Pranger, abschneidung der ohren, oder außhawung mit Rutten, oder anderm gestrafft werden" (I. Art. 88).

377 Ein „Auffrürer" sollte „nach größ vnnd gelegenhait seiner mißhandlung, zuzeiten mit enthauptung gestrafft, oder mit der Rutten gestrichen, vnd auß dem Land, Gegent, Gericht, Stat, Flecken oder Gepiet, darinnen er die auffruren erweckt, verweist werden" (I. Art. 92).

378 Mit Ruten ausgestrichen und „das Land verpotten" wurde, wer beim „ersten offentlichen Diebstal" unter fünf Gulden (I. Art. 118) und beim „Diebstal zum ander mal", ebenfalls unter fünf Gulden, (I. Art. 121) betreten wurde.

379 Siehe Rubr. 23 und 32 der Edition von Eberhard SCHMIDT (Hrsg.), Die Maximilianischen Halsgerichtsordnungen für Tirol (1499) und Radolfzell (1506) als Zeugnisse mittelalterlicher Strafrechtspflege, Schloß Bleckede a.d. Elbe 1949, S. 101, 105; siehe auch z.B. den älteren Abdruck bei Julius WEISKE, Abhandlungen aus dem Gebiete des teutschen Rechts theoretischen und praktischen Inhaltes, Leipzig 1830, S. 187-198.

380 „Der Dieb halben Ist fürgenommen, Welcher vber Achtzehen Jar alt ist, vnnd vnnder ainer fart Fünffundzwaintzig Pfund Perner, oder darunder gestolen hat, Der soll ann Brannger gestelt, mit Ruotten außgestrichen, Vnd jme darzuo auß dem Landt vnnser Graffschafft Tirol, zuo Ewigen zeiten, zuschwören aufgelegt werden", VIII. Art. 43; siehe auch VIII. Art. 44 der Landesordnung von 1532.

381 Da derartiges betrügerisches Schuldenmachen großen Schaden bei den Kaufleuten und Gewerbetreibenden anrichtete, wurde derjenige, der sich über 25 Pfund Perner verschuldete, entweder nicht die Mittel zu Bezahlung seiner Schuld besaß oder nicht gepfändet werden

und Personen, welche „Brief aufbrechen, die jnen nit zuogehören"[383], ebenso des Landes zu verweisen, wie eine Person, welche „ein Guot mer dann ainem, wissentlich für frey aigen versetzt oder verkaufft, Oder in Keuffen die Zinß auf dem Guot geuärlichen verschweiget"[384] sowie der dreimalige Ehebrecher[385].

Erst mit den Landgerichtsordnungen der zweiten Hälfte des 17. Jahrhunderts für Österreich unter und ob der Enns, der sogenannten Ferdinandea von 1656 bzw. der Leopoldina von 1675, sowie der Halsgerichtsordnung für Böhmen, Mähren und Schlesien von 1707, der sogenannten Josephina, erlangte die Ausweisung generell den für das gemeine deutsche Strafrecht typischen weiten Anwendungsbereich, wie er sich später auch in der Constitutio Criminalis Theresiana niederschlug. So war etwa nach der Landgerichtsordnung Ferdinands III. für Österreich unter der Enns von 1656 die Landgerichts-, Stadt- oder Burgfriedensverweisung gemeinsam mit dem Zungenabschneiden, die ewige Landgerichtsverweisung gemeinsam mit dem Hand- und Fingerabschlagen sowie mit dem Ohrenabschneiden, allfällig – wenn es nämlich „die schwäre deß Verbrechens mit sich bringt" – in Verbindung mit der Verhängung eines ganzen oder halben Schillings"[386], sowie die ewige Landesverweisung gemeinsam mit dem Rutenaushauen auszusprechen[387]. Dementsprechend war die Landesverweisung in der Ferdinandea und

---

konnte, gefänglich eingezogen und hatte innerhalb Monatsfrist einen Bürgen zu stellen. Gelang ihm dies, wurde er auf freien Fuß gesetzt, andernfalls wurde ihm nach Ablauf dieser Frist „das Lanndt verbotten", wodurch er von seiner Schuld befreit war. War die Schuldsumme hingegen unter 25 Pfund, so sollte der Richter demselben zahlungsunfähigen „Gelter, ain gelbs Scheiblin an seinen Rock verordnen antzehefften" und „offentlichen zetragen". Leistete er dieser Anordnung nicht Folge und trennte das Scheiblein vor Bezahlung der Schuld ab, wurde er wie ein insolventer Schuldner über 25 Pfund behandelt und des Landes verwiesen (VIII. Art. 31); so auch VIII. Art. 31 der Landesordnung von 1532; siehe zur Landesordnung von 1526 HELLBLING (wie Anm. 370), S. 175 f.

382 Also allen Personen, welche die landesfürstlichen „Brieue, Beuelch vnd Mandaten, schmächlich verlötzen, vngehorsamlich annemen vnd verachten", das „lannd" verbotten" (VIII. Art. 23); so auch VIII. Art. 23 der Landesordnung von 1532.

383 Eine derartiger Täter sollte „seiner Eeren enntsetzt" und „jm das Lannd verbotten" werden" (VIII. Art. 24); so auch VIII. Art. 23 der Landesordnung von 1532.

384 Ihnen wurde das „Lanndt in Ewige zeit verbotten" (VIII. Art. 28); so auch VIII. Art. 28 der Landesordnung von 1532.

385 „Vnd das Sy aber zum Drittenmal, in solchem vbertretten befunden, Solle jnen volgends, diß vnnd anndere vnndere Lannd, verbotten werden", VII. Art. 40.

386 Ein ganzer Schilling waren 30, ein halber Schilling 15 Rutenstreiche.

387 I. Art. 49: „Urtheil in LeibsStraffen. ... § 1. Der N: solle zu dem Pranger geführt, jhme dorten sein lasterhaffte Zungen, so weit sie auß dem Mundt zubringen, durch den Freymann abgeschnitten, selbige an den Pranger gehäfft, vnnd er so dann deß Landgerichts: Statt: oder Burgkfridens verwisen werden. § 2. ... jhme beede Ohren abgeschnitten, selbige an den Pranger gehäfft, so dann (wann es die schwäre deß Verbrechens mit sich bringt) ein gantzer, oder halber Schilling gegeben, vnd deß Landtgerichts ewig verwisen werden. § 3. ... jhme alldorten durch den Freymann sein rechte Hand abgeschlagen, selbige an den Pranger genagelt, vnd er folgents deß Landgerichts ewig verwisen werden. § 4. ..., jhme alldorten durch den Freymann die vordern Glider an denen Fingern (mit welchen er den falschen Aydt geschworen) abgehawen, solche an den Pranger genagelt, letztlich er deß Landtgerichts auff ewig verwisen werden. § 5. ... ihme alldort an dem Pranger durch den Freymann ein gantzer (oder halber) Schilling abgestrichen, vnd er so dann auff der Hochlöbl: Regierung ergange-

Leopoldina in Kombination mit einer Leibesstrafe, zumeist der Auspeitschung bzw. Fustigation – welche 1716 allerdings für taugliche Männer durch die Galeerenstrafe[388], und 1726[389] für alle anderen inländischen Delinquenten[390] durch eine Arbeitsstrafe bzw. Zucht- oder Arbeitshaus ersetzt wurde –, angedroht für gelindere Begehungsformen der Gotteslästerei, nämlich des „gemainen Fluechens, oder Gottslästerns“[391], der Zauberei, nämlich für „Warsager“ und „aberglaubische Seegensprecher“[392] sowie im Falle des Vorliegens mildernder Umstände bei der Notzucht[393]. Die – zum Teil ewige – Landge-

---

nen Befelch deß Landts auff ewig verwisen werden, auch vorhero ein geschworne Vrphet, daß er nimmermehr in dises Land kommen wolle, von sich geben“. Im letzteren Fall konnte dem Täter auch „nach arth deß Verbrechens“ oder „wann er etwo noch jung ist, vnd doch ein grosses Laster begangen“ ein Galgen auf den Rücken gebrannt werden; ebenso die Josephina II. Art. 42.

388 Allerdings wurde mit Hofresolution vom 11. Februar 1716 die Fustigation hinsichtlich der „starkke[n] bey mittlern oder auch mehrern Alter sich befindende[n], und sonsten zur Ruder-Banck taugliche[n] Manns-Persohn[en]“ durch die Galeerenstrafe ersetzt, weil das „Ziel und Ende der Straffen, vielmehr durch die Galeeren, als die infame Ruthen-Straffe“ erreicht werde, CA III, S. 815 f.; Novellae Carolinae ad Leopoldinam Poenalem, abgedruckt in der Landgerichtsordnung für ob der Enns – Ausgabe Linz 1726, gedruckt bei Johann Michael Feichtinger, S. 140 ff.; Franz Joseph BRATSCH, Über Weiland Der Römisch-Kayserlichen ... Majestät Ferdinandi Des Dritten ... Peinliche Land-Gerichts-Ordnung In Oesterreich unter der Enns ... dienlich Anweisungen, und nutzliche Anmerkungen, wie auch alle hierüber weiters ergangene Hof-Resolutionen, Patenten, Generalien, und Novellen ..., Wien 1751, S. 116 ff.; vgl. zur Galeerenstrafe auch S. 734 und Anm. 3907.

389 Gemäß den „Regulen, welche wegen verhängend- oder unterlassender Lands-Verweisung zu beaobachten seynd, vermög Generalis vom 13. August 1726“, BRATSCH (wie Anm. 388), S. 125 f., Novellae Carolinae ad Leopoldinam Poenalem (wie Anm. 388), S. 158 f., wurde die „Ruthen-Straf auch in Ansehung deren zur Ruderbanck ohntauglichen Manns- und deren mißhandelnden Weibs-Personen, so im Lande gebohren, oder von Jugend an im selben erzogen seynd, oder doch im Land zehen Jahr lang sich aufgehalten haben“, aufgehoben. Die Delinquenten sollten nun „unter guter Verwahrung zur Arbeit mit oder ohne Band und Eisen angehalten, oder aber zu gleichmässigen Ende mit Vorwissen und Gutbefund der N.Oe. Regierung in ein Zucht- oder Arbeit-Haus“, evtl. mit Strafverschärfung, „verschaffet“ werden.

390 Bezüglich der ausländischen zur Ruderbank untauglichen oder weiblichen Delinquenten sollte es bei der „von ihnen verwürckten Ruthen-Straf, und nach sich gemeiniglich ziehenden Land- oder doch Land-Gerichts-Verweisung auch wegen Begehung des Urpheds-Bruch ferner ... verbleiben“.

391 II. Art. 59 § 9 der Ferdinandea: „Die Straff deß gemainen Fluechens, oder Gottslästerns betreffent, wollen Wir, das nemblich die gemainen Leuth, wann sie ... Dann zum Vierdtenmahl wo kein besserung zuhoffen (ergriffen worden), vnd die Flüech der Gottslästerung wolbedächtig beschehen, nach vorhergehender durchbrennung, oder auch gar außschneydung der Zungen, deß Landts verwisen“ werden; siehe ebenso III. Art. 1 § 9. der Leopoldina.

392 II. Art. 60 § 5: „Die Warsager: aberglaubische Seegensprecher: vnd Bockschicker aber, mögen ... wann der Schaden vnd Vmbständt nicht gar groß, oder bewöglich, mit ainem gantz: oder halben Schilling abgefertiget, vnd zugleich deß Landts verwisen werden“; siehe ebenso III. Art. 2 § 5 der Leopoldina.

393 Nach II. Art. 75 § 7 der Ferdinandea etwa, wenn „die Benöthigte von dem Nothzüchtiger durch sich selbsten, oder andere, errettet worden“, wenn die Tat nicht vollbracht wurde,

richtsverweisung war von der Ferdinandea ausdrücklich vorgesehen im Falle des erstmaligen doppelten Ehebruches[394], der Kuppelei[395], der Mittäterschaft bei „haimblichen eheberedt vnd entfuehrungen der Töchter ohne vorwissen der Eltern oder Gerhaben“[396], der Fälschung von „Sigel, Brieff vnd dergleichen“[397], der Verfertigung und Verbreitung von „Schmach-Karten wider andere“[398], der Blutschande, des Ehebruches und anderer „fleischlichen Sünden“, so sich diese Straftaten „zwischen Christen vnnd Juden, Türcken, oder andern vnglaubigen zuetragen“[399], im Falle minder strafbarer Begehung

---

wenn die „Benöttigte für deß benöthigers Leben bätte“ usw. Der „Nothzwinger“ sollte „mit ainem gantzen Schilling abgestrafft, vnd mit vorwissen Vnserer N:Oe:Regierung“ bzw. in der Leopoldina „mit Vorwissen vnserer Landtshaubtmannschafft“ des Landes verwiesen werden; siehe ebenso III. Art. 17 § 7 der Leopoldina.

394 Die „gemainen Mann: vnd WeibsPersonen, so in doppelten Ehebruch begriffen“, sollten bei erstmaliger Betretung mit Ruten ausgestrichen und des Landgerichts verwiesen werden, II. Art. 76 § 8 der Ferdinandea; siehe ebenso III. Art. 18 § 8 der Leopoldina; siehe konkrete, von der niederösterreichischen Regierung behandelte Ehebruchsfälle bei BRATSCH (wie Anm. 388), S. 205 ff., siehe auch Kristl LEITICH, Obrigkeitliche Maßnahmen zur Hebung der Sitten in den Ländern Unter und Ob der Enns während der frühen Neuzeit, phil. Diss. Wien 1968, S. 140; und zur Wiener Praxis Peter CSENDES, Wiener Strafgesetzbarkeit im 17. Jahrhundert, in: Jahrbuch des Vereines für Geschichte der Stadt Wien XXVI (1970), S. 116 und Anm. 102, S. 118, und Anm. 110 bis 113.

395 Die Strafe war Ausstreichung mit Ruten und ewige Landgerichtsverweisung, II. Art. 80 § 5 der Ferdinandea; siehe ebenso III. Art. 22 § 5 der Leopoldina. Auch das Hofreskript für „Tugendsambe Lebens-Führung“ vom 5. Dezember 1633, CA II, S. 355, sah vor, daß die „verdächtigen, leichtfertigen, unzüchtigen Weibs-Personen, wie auch die Kuppler, und Kuplerin alsobald zu Gericht genommen, darumben gebüst und mit Ernst abgeschafft: und da Sie darüber ferners betretten wurden, wie auch diejenigen, so wissentlich, gefährlich- vnd boßhafftiger Weiß ihre Häuser darzu herleihen, oder solches in ihren Häusern, oder Wohnungen zubeschehen gestatten, mit Außführung der Ruthen, Verweisung deß Lands, Stellung am Pranger, Abschneidung der Ohren, und in ander Weeg nach Gelegenheit, und Umbständ der Mißhandlung, und ihres Verbrechens bestrafft werden“.

396 Als Strafe war nach „vernünfftiger ermässung“ des Landgerichts entweder Gefängnis mit Wasser und Brot, Stellung an den Pranger und Landgerichtsverweisung angedroht, II. Art. 79 § 5 der Ferdinandea; siehe ebenso III. Art. 21 § 5 der Leopoldina.

397 Bestrafung mit entweder Abhauung der Hand, öffentlichem Schilling und Landgerichtsverweisung, II. Art. 88 § 3 der Ferdinandea; siehe ebenso III. Art. 32 § 3 der Leopoldina. Die Strafdrohung erstreckte sich auch auf die Herstellung falscher „Schild“ und „Helm“.

398 Der Täter sollte „nach vmbständt seines Verbrechens, entweder mit stellung an den Pranger, außstreichen, vnd Landtgerichtsverweisung, abhawung der Finger, mit welchen ers geschriben, oder gemahlet, auch wol gar an dem Leben, alles nach schwäre der Schmähung, vnd Würden der geschmächten Person, vnd darauß erfolgten Schaden, gestrafft werden“, II. Art. 92 § 4 der Ferdinandea; III. Art. 33 § 4 der Leopoldina.

399 Die ewige Landgerichtsverweisung nach Abstrafung mit einem ganzen öffentlichen Schilling war angedroht bei Blutschande „im ersten, vnd andern Grad der seiten Lini, wie auch im ersten Grad der Schwagerschafft“, begangen von einem Christen, „so vorhero ein Jud, Türck, oder sonst ein vnglaubiger gewest“, mit „ainer jhme Befreundeten Jüdin, Türckin, oder anderer vnglaubigen WeibsPerson“; bei erster Betretung im Ehebruch zwischen einem Juden, Türken oder anderem Ungläubigen und einer Christin bzw. zwischen einem Christen und einer Jüdin, Türkin etc. nach Abstrafung mit einem ganzen Schilling am Pranger. Bei „gemaine[n] vermischungen“ zwischen einem Juden, Türken etc. und einer Christin bzw. zwi-

des Deliktes der „Hinweglegung der Kinder“[400], der Blutschande[401] sowie im Falle des Vorliegens mildernder Umstände bei Vergiftungen[402], bei „gewaltthätiger entfüehrung der Jungfrawen vnd Eheweiber“[403], bei Mordbrand[404], Diebstahl[405] und „Strassenraube-

---

schen einem Christen und einer Jüdin, Türkin etc. war die Landgerichtsverweisung nach Abstrafung mit einem halben Schilling am Pranger vorgesehen, II. Art. 82 § 1, 3, 5 der Ferdinandea; siehe ebenso III. Art. 23 § 1, 3, 5 der Leopoldina.

400 Wenn das Kind „nicht auß vorhaben dasselbige in augenscheinliche Lebensgefahr zusetzten, noch auch in ein einsamb: oder weit entlegen: sondern an ein solches Orth, an welchem die Leuth immerzue und stäts pflegen vorüberzugehen, zu dem endt hinwegk gelegt wurde, das entweders die fürübergehende, oder derjenige, so Vatter zum Kindt angegeben wirdt, sich desselben erbarmen, annemmen, vnd aufferziehen sollen, vnd also die Straff, auch Spott vnd Schandt deß Ehebruchs, oder Huererey entgangen werde“, und das „hingelegte Kindt (obschon wider Willen der Thäterin, oder deß Thäters) auß Hunger, Frost, oder anderer Vrsachen also hinlässig sturbe“, war der Täter bzw. die Täterin „neben einem gantzen Schilling mit ewiger Landtgerichtsverweisung zubestraffen“. „Wirdt aber das Kindt noch lebendig gefunden, ist dem Thäter allein das Landtgericht auff ewig zuverweisen“. War das Kind aber bald nach der Auffindung im kausalen Zusammenhang mit der Weglegung verstorben, war der Täter nach Ermessen der weltlichen Obrigkeit mit einem ganzen oder halben, öffentlichen oder heimlichen Schilling oder nach Ermessen der geistlichen Obrigkeit mit einer geistlichen Buße zu bestrafen, II. Art. 68 § 2 bis 5 der Ferdinandea; siehe ebenso III. Art. 10 § 2 bis 5 der Leopoldina; siehe zur Praxis auch LEITICH (wie Anm. 394), insbes. S. 163.

401 „Wann aber Personen im ersten, vnd andern Grad der seiten Lineae, als Schwester, vnd Brüeder, sie seye gleich ain: oder zwaybändig, jngleichem da ainer mit seines Bruedern, oder Schwester-Tochter, deß Vatters, oder der Muetter Schwester, oder Brüedern, Vnkeuschheit pflegen wurden, nicht weniger auch die im ersten Grad der Schwagerschafft, nemblichen da ain StieffVatter sein Stieff-Tochter, ein StieffSohn sein StieffMuetter, ein Schwäher seine Schnuer, ein TochterMann sein Schwiger, wie auch da ainer seines leiblichen Brueders Weib, oder seines Weibs Schwester beschlaffen wurde“, sollten die Täter „mit Ruethen gestrichen, vnd deß Landtgerichts ewig verwisen werden“, II. Art. 74 § 7 der Ferdinandea; siehe ebenso III. Art. 16 § 7 der Leopoldina.

402 Nämlich bei Vieh- und Weidenvergiftung, wenn „der Schaden nicht erfolget, oder nicht gar groß“. Der Täter sollte in diesem Fall „mit Ruethen außgestrichen, vnd deß Landtgerichts verwisen werden“, II. Art. 72 § 8 der Ferdinandea; siehe ebenso III. Art. 14 § 8 der Leopoldina.

403 Mildernde Umstände waren die freiwillige Verehelichung der Entführten mit dem „Rauber“, wenn die Entführte nicht mehr „in deß Bätters, Manns, oder jhrer Gerhaben Gewalt“ stand, wenn sie nicht mit Gewalt, sondern durch „guete Wort verführt“ oder ein „vnehrliche Person“ entführt worden war, oder wenn der „Rauber die Schmach an der Beraubten mit fleischlicher Vermischung vor der Copulation nicht würcklich vollbracht“ hatte. Derartige Haupttäter sowie Personen, die „allein mitlbar darzue geholffen“ hatten, sollten „willkürlich nach vernünfftiger ermessung deß Richters, entweders mit Ruethen, vnd Landgerichtsverweisung, oder auff eine andere weiß“ bestraft werden, II. Art. 78 § 6 der Ferdinandea; siehe ebenso III. Art. 20 § 6 der Leopoldina.

404 Mordbrenner, welche „nicht auß bösen Vorsatz, sondern allein auß ainer doch straffmässigen verwahrlosung, oder Trunkenheit eine Brunst“ verursachten und den Schaden nicht zu ersetzen vermochten, wurden mit „ainem halben, oder gantzen Schilling, deß Landtgerichts verwisen“ oder einer sonstigen arbiträren Strafe unterzogen, II. Art. 83 § 8 der Ferdinandea; siehe ebenso III. Art. 24 § 8 der Leopoldina.

rey"[406]. Im Unterschied zu der häufigen Androhung der Landgerichtsverweisung in diesen Landgerichtsordnungen sah die Halsgerichtsordnung Josephs I. für Böhmen, Mähren und Schlesien[407] hauptsächlich die Landesverweisung vor, so für „Wahrsager, aberglaubische Seegensprecher, und Bock-Reiter, welche ohne außdrückliche Verbindnus mit dem bösen Feind, dieses verüben" – allerdings nur, wenn sie nicht zur Kategorie der Untertänigen gehörten, welche stattdessen zu öffentlicher Arbeit verurteilt wurden[408] –, weiters für öffentliche Gewalt[409], für Beischlaf mit einem Juden bzw. einer Jüdin[410], für „Gemeine Hurerey, und andere unzimbliche beywohnungen"[411], für Herbeiführung einer Teuerung von lebensnotwendigen Waren sowie für Verwendung falscher Maße und Gewichte[412] und für bestimmte Amtsdelikte, nämlich als Strafe für bestechli-

405 Vgl. zu den zahlreichen mildernden Umständen beim Diebstahl, z.B. Wert unter 25 Gulden, Trunkenheit, Jugend des Täters, Notdiebstahl etc. II. Art. 84 § 7 der Ferdinandea; siehe ebenso III. Art. 25 § 7 der Leopoldina; siehe zur Praxis auch CSENDES (wie Anm. 394).

406 Wenn die Beraubung „nicht so gar gewaltthätig, ... nicht offt", ohne Waffen, aus großer Not und Armut geschah, der Raub „gering" war, der Täter auf Befehl seines Herrn gehandelt hatte usw., war der Täter mit einem ganzen oder halben Schilling und Landgerichtsverweisung abzustrafen oder zur öffentlichen Arbeit zu verurteilen, II. Art. 86 § 6 der Ferdinandea; siehe ebenso III. Art. 27 § 6 der Leopoldina.

407 Hier verwendet: Der Römischen ... Mayestät Josephi Deß Ersten ... Neue Peinliche Hals-Gerichts-Ordnung, vor das Königreich Böheimb, Marggraffthumb Mähren, und Hertzogthumb Schlesien, 1708 verlegt durch Caspar Johann Kupetz von Billenberg, gedruckt durch Johann Cecinker.

408 Art. 19 § 3 (4). Wenn „der Schaden, und Umbstände nicht gar groß" waren, sollten die Delinquenten „nach abgelegten Aydt, und offentlicher Absagung derley Unthaten, nicht mehr zuverüben, mit einem gantzen, oder halben Schilling beleget, und zugleich deß Lands auff Ewig verwiesen, oder fahls sie unterthänig wären, oder andere wichtige Ursachen solches erforderten, mit einen zwey- auch drey Jährigen Opere publico und eben also die Jenigen welche sich bey derley bösen und so bekannten Leuthen Raths erholen, bestraffet werden".

409 Art. 19 § 7. Es war dies „eine wiederrechtliche, mit gewaffneter Handt vorgenommene That", deren Strafe „nach verschiedenen Umbständen das Schwerdt, Confiscirung der Gütter, Relegation, Gefängnus" etc. war.

410 Art. 19 § 20: „... so sollen auch die jenigen, die sich mit einem Juden, oder der, so sich mit einer Jüdin vermischet, der grosen ärgernus halber wenigstens mit Ruthen außgestrichen, und auff ewig deß Landes verwiesen werden".

411 Art. 19 § 27. Für dieses Delikt war die Strafe des Auspeitschens samt Landesverweisung, aber auch fakultativ öffentliche Arbeit, Arrest oder Geldstrafe vorgesehen; „angewohnte Beyschlaffer" konnten allerdings auch an Leib und Leben gestraft werden.

412 Art. 19 § 32 bedrohte diejenigen Personen, „welche nothwendige, und zur menschenlichen Nothdurfft unumbgänglich-bedürfftige Wahren, als Getreydt, Mehl etc. zu dem ende zusammen kaufen, womit sie eine Theuerung verursachen, und einen desto grössern Wucher treiben können, oder aber, die diesfällige Gewerbs-Führere, welche da ohne billiger Ursach derley zum verkauff gewidmete Sachen, an sich erkauffen, und nur auff theuerung wartend, oder solche dadurch zumachen suchende, nicht verkauffen wollen, oder bey dem Verkauff, falsch und unrichtige Maaß, und Gewicht brauchen", nach Ausmaß des Schadens und „größe des Wuchers" entweder zur Landesverweisung, zu Arrest oder zu einer „notablen Geldstraff".

che Richter[413], für „Raths-Glieder, Gerichts-Beisitzere, Stadt-Syndici, Gerichts Schreiber, und derley Personen" im Falle einer Verletzung der Amtsverschwiegenheit sowie für „Rechts-Freund", die „zweyen mit einander im Stritt liegenden Partheyen heimlichen Rath" erteilten[414].

Über diese expliziten Strafandrohungen der Strafrechtsordnungen hinaus fand die Ausweisung aber auch ohne ausdrückliche Anordnung als eine der zahlreichen arbiträren Strafen Anwendung[415], wenn „kein gewisse Straf außgeworffen, sondern dieselbe dem Richter, seinem besten Verstandt, vnd nach beschaffenheit der vmbstände zuermessen haimgestellet" war[416]. Die Halsgerichtsordnung von 1707 ordnete weiters die Landesverweisung generell im Falle des Vorliegens von erschwerenden Umständen als mit anderen Strafen zu kumulierende Verschärfungsmaßnahme an[417].

Außerdem wurde der Anwendungsbereich der Ausweisung auch durch das Polizeistrafrecht im Form der territorialen Landespolizeiordnungen, etwa bei unehelicher und

---

413 Art. 19 § 34. Alle Richter, „welche sich die Gerechtigkeit umb gewinn, und Schänckungen, gleichsamb zuverkauffen, oder dergleichen von denen Partheyen, wieder ihre obtragende schwere Aydespflicht, außzupressen unterstehen, die sollen neben vierfacher ersetzung des also bekommenen, nach schwere der vmbständen mit Stadt- oder Landesverweisung ja auch mit des Todtes straff selbsten bestraffet" werden.

414 Art. 19 § 42. „Wurde sich jemand, so zu einen Ambt mit Aydes-Pflicht, und zugleich geheimhaltung der Ambst Sachen verbünden, ... unterfangen, wieder ihren gethanen Aydt, die Geheimnussen zu offenbahren, unpublicirte Zeugnussen, Urthel, und andere wichtige Sachen, durch welcher veroffenbahrung einer oder der andern Parth könnte ichtwas vernachtheiliget werden, ausszuschwätzen, oder wissend zu machen, oder, vermittelst solcher geheimnussen, Rath und Belehrung zugeben, oder solches dem gegentheil zu entdecken, die sollen ..., wofern ... kein Schaden, oder die Geheimnus nicht so wichtig, oder die Veroffenbahrung nicht vorsetzlich wäre", mit „willkürlicher Straffe, welche bey denen wohlangesehenen mit Arrest, Geld-Buße und dergleichen, bey denen geringern aber auch mit Staupenschlägen, Landes Verweisung, gemeiner Arbeit, und dergleichen, abgebüsset" werden, „und eben also, wann ein Rechts-Freund zweyen mit einander im Stritt liegenden Partheyen heimlichen Rath ertheilet, oder Schriften stellet".

415 I. Art. 52 § 14 der Ferdinandea sah die „Landtgerichts, Statt, oder Burgkfridensverweisung, gegen einer gemainen, oder geschwornen Vrphet" neben der der Verweisung in eines der „Ungarischen Gränitz Häuser", der „Stattgrabens Straff", Arbeit in Eisen, heimlicher oder öffentlicher ganzer oder halber Schilling, Stellung an den Pranger oder in die Prechel, Tragen von Halseisen, Öffentlich in „Bandt vnd Eysen kehren", Gefängnis, evtl. mit Fasten bei Wasser und Brot, den „Krancken im Spital in Eysen warthen", öffentliche oder heimliche „Geistliche Bueß" und „Geltstraff" (§ 1 bis 15) als eine der „so vilfältig vnd unterschidlich" „extra ordinari Straffen" vor.

416 So die Ferdinandea I. Art. 52; siehe auch die Leopoldina II. Art. 45.

417 Art. 18 § 4. „... Es wären dann die Verbrechen ärgerlich, und viel, da durch eine Leibes-Straff, dem publico, und offenlich zu befahren habenden ärgernus, nicht ein genügen beschehete, in welcherley Begebenheiten, auch zwo neben einander anzulegen- und auch auszustehen-mögliche Straffen auferlegt werden können, als zum Exempel, an den Pranger, mit- oder ohne Ruthen, mit- oder ohne Schwerdt, den Strang an den Hals angehenckter habend, vorzustellen, einen gantzen- oder halben Schilling geben zulassen, und darnebens deß Landes zuverweisen".

leichtfertiger „beywonung"[418], bei Gotteslästerung[419], bei Verstoß der Juden gegen die Kleiderordnung[420] etc. und durch einzelne landesfürstliche Vorschriften erweitert, bei welchen allerdings teils eher kriminalrechtliche[421], teils eher polizeiliche Gesichtspunkte im engeren Sinne im Vordergrund standen[422], sowie durch grundherrschaftliche Weistümer[423].

---

418 Siehe etwa die Tiroler Polizeiordnung von 1573: „Von Vneehlicher vnd leichtuörtiger beywonung, vnd anndern Lastern in gemain". Die „für vnnd nachgesetzte Oberkaiten" sollten denjenigen, die solcherart „an der Vnee sitzen, die Stett, Märckt, vnd Gericht Ewer yedes Verwaltung, darinnen Sy sitzen vnd wonen, auf ain halb Jar, vnd wo Sy ... in demselben Laster verharrten, auf ain ganntz Jar, oder lennger, verbieten"; siehe auch das Hofreskript für „Tugendsambe Lebens-Führung" vom 5. Dezember 1633, CA II, S. 355, nach dem ledige Personen, die in „unehrlicher Beywohnung" lebten, „Anfangs davon abzustehen ... mit Ernst vermahnet, und durch starcke Held- oder Leibes-Straff abgeschröcket" werden sollten. „[D]a sie es aber nicht lassen wurden", waren sie „für unehrliche Leuth" zu halten und „am Leib und Gut schwärlich, auch wohl gar mit Abschaffung auß dem Land, oder von demjenigen Orth, wo sie wohnen", zu strafen; siehe zur Praxis auch LEITICH (wie Anm. 394), insbes. S. 150.

419 Die steirische Polizeiordnung von 1577 bedrohte die Gotteslästerung beim gemeinen Mann das erste Mal mit acht Tagen Gefängnis bei Wasser und Brot, das zweite Mal mit der Stellung in Halseisen, das dritte Mal mit der Verweisung vom Hofe, das vierte Mal mit der Verweisung aus allen Ländern und Fürstentümern, vgl. HELLBLING (wie Anm. 370), S. 65. Nach der Polizeiordnung für Tirol von 1573 bei „Schwoeren vnd Fluochen" gegen Gott, die Jungfrau Maria und die Heiligen" das „Hofgesind so nit vom Adel", wenn es das dritte Mal beim im „laster des Fluechen Scheltn vnd Schwoeren" betreten wurde, „Vnsers Hofs", beim vierten Mal „aller vnnserer Fürstenthumb vnd Lanndt verwisen, vnd darinnen niemandts verschonet". In gleicher Weise sollten der „Oberösterreichischen Regierung vnd Cammerwesens Stat vnd Cantzleyen etc. Knecht vnnd Jungen" bestraft werden. Für das „Hofgesind von Grafen, Herren, Ritter vnd vom Adel auch Regiments vnd Cammer Stats zuegethane Personen" war wegen derartiger „Verbrechungen" entweder „an Gelt, mit Gefänngknuß, Enntsetzung jrer äbter vnd dienst, Verweisung des Lanndts, oder in annder weg, nach gestalt vnd gelegenhait jres Verbrechens" vorgesehen. Die „Diener[,] Knecht vnnd Jungen" von „Ritterschaft vnnd Adel, Im Obern vnnd Vnndern Ynthal, Wipp vnnd Pusterthal, vnnd den dreyen Herrschaften" sollten erst bei einer viermaligen Übertretung „aller vnserer Fürstenthumb vnd Lännder verwisen werden".

420 Wurde ein Jude das dritte Mal dabei betreten, das Judenzeichen nicht zu tragen, sollte er nach der Tiroler Polizeiordnung von 1573 „sambt seinem Weib kindern vnnd Gesind ... dises vnnd aller annderer Vnserer Osterreichischen Fürstenthumb vnd Lannde, in Ewig zeit verwisen werden".

421 Vgl. etwa die von der Gotteslästerung handelnde Hofresolution vom 30. August 1715, Novellae Carolinae ad Leopoldinam Poenalem (wie Anm. 388), S. 138 ff., und das Hofreskript für „Tugendsambe Lebens-Führung" vom 5. Dezember 1633 (Anm. 395 und 418) etc. Siehe aber auch etwa zur Bestrafung von Wilderern Roland GIRTLER/Gerald KOHL, Wilderer im Alpenraum. Rebellen der Berge, Ausstellung im Rahmen der Dezentralen Oberösterreichischen Landesausstellung 1998 im Pfarrhof von St. Pankraz, Steyr 1998, S. 34, 37 f.

422 Worauf vielfach der Verzicht auf die Ablegung der Urfehde hindeutet, siehe etwa das Patent vom 20. Juni 1722 betreffend „Handwerks-Unordnungen", CA IV, S. 95 f., welches die Bestrafung von Handwerksburschen anordnete, welche „sich nicht allein ihren Meistern, sondern auch der von Uns aufgestellten Obrigkeit freventlich widersetzen", den „zur Erhaltung guter Manns-Zucht und Aufnahm derer Handwerkern gnädigst gemachten Ordnungen

Im Unterschied zu den sonstigen Gebietsverweisungen durfte die Landesverweisung allerdings nur vom Landesfürsten oder der Landesregierung[424], und in Böhmen seit 1725 nicht mehr gegen einheimische Delinquenten[425] verfügt werden. Dem Landesverwiesenen wurde überdies, weil „viel Landsverwiesene Ubelthäter, wann sie Urphedbrüchiger Weise[426] in das Land zurückkehren, ihrer Relegation ... freventlich widersprechen", der „Buchstabe R. ... auf den Rucken geschrepfet, und zum künftigen Merckmahl Pulver darein gerieben"[427], seit 1736 wurden auch weitere Buchstaben zur Kennzeichnung des Erblandes[428] und eine Numerierung der Verwiesenen[429] hinzugefügt,

---

nicht nachleben, und wann sie darzu gehalten werden wollen ..., nicht allein zugleich aus der Arbeit ausstehen, sondern auch die in der Arbeit verbleibende Mit-Gesellen ... aus denen Werkstätter vertreiben sich zusammen rottiren, und solcher gestalten ihren Unfug, durch Sperrung der Arbeit behaupten, und ... mit derley Aufruhren ihr Verlangen mit Trutzen und Pochen erzwingen wollen", und befahl, daß „die Anführer, Aufhetzer und Rädelsführer ... als Friedens-Störer und Verachter Unserer Landes-Fürstlichen Befehle" anzusehen und mit Arrest zu bestrafen, zu öffentlicher Arbeit in Band und Eisen nach Belgrad oder in ein anderes „Gränitz-Haus" zu verschaffen seien, und „wohl gar, nach Beschaffenheit derer Umstände, wider sie mit Galeeren-Straf, ewiger Landes-Verweisung, auch Leib- und Lebens-Straf" verfahren werden sollte; siehe zu derartigen Patenten auch S. 144 ff. passim.

423 Siehe z.B. das Bannbuch des Markts Stetteldorf von 1602: „Ehebruch soll am leib und mit verweisung all ir gnaden jurisdiction und gebieten, ja auch nach gestalt des verbrechens nach kaiserlichen publicierten gennerallen und mandaten ohne gnadt gestrafft werden; ebenfalß alle unehliche beiwohnung und huererei", Gustav WINTER (Hrsg.), Niederösterreichische Weistümer IV (= Österreichische Weistümer XI/4), Wien 1913, S. 339, S ; siehe dazu auch LEITICH (wie Anm. 394), S. 136, Anm. 130, S. 251; Ulrike AICHHORN, Die Rechtsstellung der Frau im Spiegel der österreichischen Weistümer (= Dissertationen der Universität Salzburg XXXIII), Wien 1992, S. 52, 59.

424 Ferdinandea I. Art. 49 § 5 (5): „... ausser Vns, vnnd Vnserer LandtsFürstlichen Regierung kan kein Landtgericht einem Vbelthäter das Landt, sondern allein das Landtgericht, Statt: oder Burgkfriden verweisen"; ebeno Leopoldina II. Art. 42 § 5 (5): „... ausser vns, vnd unserer Landts-Haubtmannschafft, mit Zuziechung etlicher Landräth, auch ausser denen offenen Landtrechten, kan kein Landt- oder Stadtgericht, in vnsern Lands-Fürstlichen Städten, welche deß Landtgerichts, oder Burgfrids berechtiget, einem Ubelthäter des Landt, sondern allein das Landgericht, Stadt- oder Burgfriden verweisen."

425 M. Friedrich MAASBURG, Die Organisirung der böhmischen Halsgerichte im Jahre 1765, Prag 1884, S. 66.

426 Siehe zur Urfehde bzw. zum Urfehdebruch auch S. 5, 78, 81 und insbes. 733 ff.

427 Den zur Galeere Verurteilten wurde hingegen der Buchstabe G. auf den Rücken gebrannt, siehe das Patent vom 28. November 1716, CA III, S. 858; BRATSCH (wie Anm. 388), S. 121 f.; Novellae Carolinae ad Leopoldinam Poenalem (wie Anm. 388), S. 145. Bei Verurteilung zur Galeerenstrafe und zur Landesverweisung wurden den Delinquenten beide Buchstaben eingebrannt, allerdings sollten Frauen, „welche mit der Ruthen-Straf nicht beleget, sondern nur relegiret werden, mit dergleichen Zeichnung gäntzlich verschonet, und allein die zur Fustigation, und Relegation erkennte Weibsbilder mit dem Buchstaben R. auf obige Art und Weis geschröpfet" werden, Hofresolution vom 9. April 1717, ebd., S. 121.

428 Nach der Hofresolution vom 24. Mai 1736, ebd., S. 123, sollten „zum Exempel" folgende Zeichen eingebrannt werden: „in Nieder-Oesterreich N.Oe., im Land ob der Enns O.E., in Steyermarckt S.T., in Karnten K., in Crain C., in Tyrol T., in Vorlanden V.L.". Von besonderen Landgerichtszeichen wurde abgesehen, „weil derenselben zu viel seynd". Die Hofresolution vom 15. Jänner 1751, ebd., S. 124, sollte die Bezeichnung des Erblandes nach dem

„um nicht allein den namen, und das Verbrechen, sondern auch das Land, und Ort, wo, warumen, und wie weit ein Delinquent relegiret worden, in sichere, und zugleich baldige Erfahrnus zu bringen“[430]. Wie Hoegel bemerkte, konnte ein Delinquent auf diese Weise „eine ganze Landkarte auf seinem Rücken sammeln“[431].

Weiters sollten seit 1720[432] Relegierte vor „Exequirung“ des Urteils „an verschiedenen Wochen-Märckten zu dreymalen auf öffentlicher Bühne, mit einem ihres Verbrechens, und dessenthalben verwürckter Straffe halber, angehefften Zettel, dem Volck wenigstens eine Stund lang vorgestellet“ werden[433], damit einerseits die „Delinquenten selbsten, aus Besorgung, daß sie desto ehender hierdurch verrathen werden dürften, zu der ansonsten so verwegener Weise unternommenen Zurückkehrung mehreres Bedenkken und Abscheuen tragen“, andererseits aber auch, daß das „so wohl in Loco dieses Land-Gerichts wohnhafte, als von den umliegenden Orten zu Zeit der Wochen-Märckte allda sich versammlende Volck, durch deren Ersehung selbe in genugsame Erkänntniß fallen, folgsam bey ihrer wiederum erkühnender Betretung vor selben sich zeitlich zu hüten, oder auch allenfalls selbe vor Gericht dessenthalben unverlängt zu entdecken und anzugeben wissen werden“.

„Lateinischen Idiomate ... die zwey Literae initionales“ erfolgen, also für Österreich unter der Enns A.I. (Austria infra), für Österreich ob der Enns A.S. (Austria supra Onasum) usw., siehe die gesamten Relegationszeichen in der Anlage zur Resolution, ebd., S. 125.

429 Darüber hinaus sollte nach der Hofresolution vom 24. Mai 1736, ebd., S. 123, „jedwederes Stadt- und Land-Gericht“ eine Zahl, „Num. Imo anzufangen, auf den Rucken solchergestalten einschröpfen lassen, wie das bey dem Wiennerischen Stadt- und Land-Gericht vorhandene, und mit Numeris versehene Schröpf-Eisen ausweiset“.

430 Darüber hinaus sollte jedes Landgericht, „welches einen Delinquenten zur Relegation aus einem besonderen Erb-Land, oder gesamten Erb-Landen erkennet, solches Urtheil, samt beygelegten Criminal-Acten, nebst Allegirung einer besonderen, und zumalen genaueren Beschreibung des Namens, Alters, Geburts-Ort, Profession, Leibs-Gestalt, oder sonst etwann befindend-sonderheitlichen Kenn-Zeichen des Delinquentens der alldasigen Lands-Fürstlichen Regierung, oder Lands-Hauptmannschaft einreichen“, welche darüber ein Protokoll zu führen und dem Landgericht die einzuschröpfende Nummer bekanntzugeben hatte, siehe auch die Resolution vom 12. Februar 1738, ebd., S. 132.

431 HOEGEL (wie Anm. 370), II: Die vorsätzlichen Straftaten gegen Leib und Leben, S. 53.

432 Patent vom 8. Juni 1720, CA III, S. 993 f.; BRATSCH (wie Anm. 388), S. 122 f.; Novellae Carolinae ad Leopoldinam Poenalem (wie Anm. 388), S. 147 f.; siehe auch den Ruf vom vom 25. Juni 1720, CA III, S. 995 f.

433 Da die „bisherige Erfahrenheit in der That vielfältig erwiesen“ habe, „daß die mehreste der zur Lands- oder respectiue Stadt-Burgfrieds- und Land-Gerichts Verweisung condemirten Ubelthäter, unangesehen deren hinterlassener und beschworner Urpheden, gleich nach ihrer gewöhnlichen Ausführung, den ersten Gedancken auf die Zurückkehrung gerichtet, selben auch in gar kurtzer Zeit in das Werck gestellet, folglich ihren vorigen Diebs-Raub- und andern schädlichen Compagnien hinwiederum sich zugesellet, und ihre böse Zueignungen mit derselben Beyhülf nicht allein wiederholet, sondern auch mit mehrerer Keck- und Grausamkeit ausgeübet haben. Welcher Unfug grösten Theils daher entstanden, daß derley vorgenommene Bestraffungen, und dergleichen Delinquenten selbsten, weder allhier, noch in dem Land, dem Volck zur genugsamen Warnung kundgemachet worden“.

Ebenfalls 1720[434] ordnete Karl VI. an, daß den aus einem oder mehreren Erbländern Verwiesenen „in denen wider sie abfassenden eln jedesmahl nahmentlich zugleich Unser Hof-Lager“ verboten werden sollte, da „Wir fast täglich von verschiedenen aus ein oder andern Unsern Erb-Landen relegierten Unterthanen, um Begnadigungen und Nachsehung der Lands-Verweisung sehr heftig behelligt worden, sich aber nicht geziemen will, daß jene, welche sich durch ihre Verbrechen eines von Unsern Erb-Landen unwürdig gemacht, an Unser Hof-Lager, und in Unser Angesicht in Persona sich begeben, und daselbsten auf einige Weise aufhalten sollen“[435]. Die Ausweisung aus einem der Erbländer „wegen gemeinschädliche[r], oder sonsten in das Publicum einlauffende[r] Verbrechen“ zog seit 1725[436] „hoc ipso“ die Verweisung aus allen übrigen „Teutschen, Böheimischen, und Hungarischen Erb-Landen, wie auch des Kayserl. Hoflagers“ nach sich. Ebenfalls „hoc ipso“ erstreckte sich eine Relegierung aus der Stadt Wien auch auf die Vorstädte[437].

Fast gleichzeitig mit der Erweiterung des Geltungsgebietes der Landesverweisung fand aber bezüglich der Ausweisungsgründe eine Einschränkung statt[438]. Es sollte nunmehr hinsichtlich der Missetäter, „welcher Verbrechen weder eine sonderbare Aergernuß, noch weniger eine Gemeinschädlichkeit“ nach sich zogen, von einer Relegation und Abschwörung der Urfehde Abstand genommen und diese anstelle der Landesverweisung zu Arbeit in Band und Eisen oder zu Zucht- bzw. Arbeitshaus verurteilt werden. Delinquenten, die sich zwar keines gemeinschädlichen Verbrechens schuldig gemacht hatten, „deren Verbleiben jedoch an dem Ort, allwo sie gesündiget, entweders besonderes Aergernuß, oder neuen Anlaß zur Sünd geben wurde“, wie es bei den die Todesstrafe nicht nach sich ziehenden „in minderem Grad betrettenen Gottes-Lästerern, und in delictis carnis sich des öftern äusseret“, sollten nur mehr aus dem Landgerichtsbezirk ausgewiesen werden dürfen, während sich bei gemeinschädlichen Verbrechern, hinsichtlich deren Vorlebens Wiederholungsgefahr bestand, die Verweisung weiterhin auf „alle und jede Unsere Teutsche Erb-Länder“ erstrecken sollte. 1762[439] wurde außerdem angeordnet, daß die „cum vel sine fustigatione“ aus den Erbländern nach abgeschworener Urfehde relegierten Personen nach Maß des Verbrechens „die Infamiam mit sich tragen sollten“.

434 Siehe die Hofresolution vom 3. September 1720, CA III, S. 999; auch BRATSCH (wie Anm. 388), S. 127; siehe auch die diesbezügliche Verordnung für Österreich unter der Enns vom 16. September 1720, Novellae Carolinae ad Leopoldinam Poenalem (wie Anm. 388), S. 151.

435 Vielmehr sollten derartige Personen „ihre Anbringen mit denen erforderlichen Bescheinigungen und Urkunden belegter nach Hof einschicken, und durch ihre Befreundte oder Advocaten und Agenten weiteren Bescheid einholen lassen“, siehe BRATSCH (wie Anm. 388), S. 118.

436 Hofresolutionvom 28. September 1725, ebd., S. 125, vgl. auch die Erläuterung vom 24. Dezember 1725, ebd.; siehe auch die Hofresolution vom 5. Oktober 1725, das Patent vom 13. November 1725 und die Hofresolution vom 29. Dezember 1729, Novellae Carolinae ad Leopoldinam Poenalem (wie Anm. 388), S. 154 f.

437 Hofresolution vom 26. Februar 1726, BRATSCH (wie Anm. 388), S. 127.

438 Siehe die „Regulen, welche wegen verhäng- oder unterlassender Lands-Verweisung zu beachten sind, vermög Generalis vom 13. August 1726“, ebd., S. 125 f.; Novellae Carolinae ad Leopoldinam Poenalem (wie Anm. 388), S. 158 ff.

439 Hofresolution vom 16. Dezember 1762, CA VI, S. 362 f.

2. Constitutio Criminalis Theresiana 1768

Damit das Malefizwesen in allen deutschen Erblanden „durchgehends, so viel möglich, nach einerley rechtlichen Grundsätzen ... abgehandlet werde", hatte Maria Theresia 1752 eine Hofkommission eingesetzt, „auf daß selbe die bishero bestandene verschiedene Criminal-Ordnungen ... vor Augen haben, das natürlichste, und billigste hieraus erwehlen, die ... Gebrechen nothdürftig verbesseren, somit eine neue ... gleichförmige peinliche Gerichtsordnung verfassen ... solle"[440]. Da die Kommission aber eben nur mit einer Kompilation der bestehenden Länderrechte beauftragt worden war, mußte man vom Standpunkt eines Aufklärers über dieses Gesetzeswerk enttäuscht sein. So bedauerte Staatskanzler Kaunitz, daß nicht „die Ausarbeitung einer neuen, dem Geiste und der erhabenen Denkungsart unseres aufgeklärten Jahrhunderts angemessenen, und auf eine reine Philosophie und Legislation sich gründenden Halsgerichtsordnung"[441] aufgetragen worden war. In einem den Grundsätzen der Aufklärung verpflichteten Strafgesetz wäre es auch tatsächlich „befremdlich" gewesen, daß „man es bey den Relegationen noch ferners belaßen" hatte. Kaunitz erachtete die Landesverweisungen als „ebenso ungerecht gegen unsere Nachbarn, als unvernünftig in Absicht auf uns selbst". „Ungerecht gegen unsere Nachbarn, da ihnen ein Mensch zugeschoben wird, den wir doch selbst als ein Uebel unter uns nicht dulden zu sollen geglaubt haben. Unvernünftig in Absicht auf uns selbst, da wir ein Glied des Staates von uns stossen, das wir, so bös es auch ist, gleichwohl nutzbar anwenden könnten, wenn wir nur wollten". Nichtsdestoweniger war die Constitutio Criminalis Theresiana[442] jedoch noch tief im gemeinen Strafrecht verwurzelt und sah die Ausweisung nicht nur weiterhin als Kriminalstrafe vor, sondern räumte ihr als einer der „Freyheits-behinderlichen Straffen" auch einen sehr breiten Anwendungsbereich ein. Deutlich tritt nun aber neben dem repressiven Element der präventive, sichernde Charakter dieser Maßnahme zutage.

---

440 Vorrede zur CCT, zitiert nach Rudolf HOKE/Ilse REITER (Hrsg.), Quellensammlung zur österreichischen und deutschen Rechtsgeschichte vornehmlich für den Studiengebrauch, Wien-Köln-Weimar 1993, Nr. 1357, S. 282; vgl. zur Entstehungsgeschichte HOEGEL (wie Anm. 370) I, S. 65 ff.; M. Friedrich M. von MAASBURG, Zur Entstehungsgeschichte der Theresianischen Halsgerichtsordnung mit besonderer Rücksicht auf das im Artikel 58 derselben behandelte crimen magiae vel sortilegii, Wien 1880; Ernest von KWIATKOWSKI, Die Constitutio Criminalis Theresiana, Ein Beitrag zur Theresianischen Reichs- und Rechtsgeschichte, Innsbruck 1904, insbes. S. 14 ff.; Wilhelm Emil WAHLBERG, Bruchstücke der Genesis der Theresiana, in: ders., Gesammelte kleinere Schriften und Bruchstücke über Strafrecht, Strafprozeß, Gefängniskunde, Literatur und Dogmengeschichte der Rechtslehre in Österreich, II, Wien 1877, S. 115–121.

441 Gutachten des Staatskanzlers Kaunitz über die Theresianische Halsgerichtsordnung, gerichtet an den Staatsminister Fürst von Starhemberg vom 22. Februar 1769, in: MAASBURG (wie Anm. 440), Beilage 2, S. 59 f.

442 Constitutio Criminalis Theresiana oder der Römisch-Kaiserl. zu Hungarn und Böheim etc. Königl. Apost. Majestät Maria Theresiä Erzherzogin zu Oesterreich, etc. peinliche Gerichtsordnung, Wien gedruckt bey Johann Thomas Edlen von Trattnern, kaiserl. königl. Hofbuchdruckern und Buchhändlern 1769; siehe auch den vollständigen Nachdruck der Trattnerschen Erstausgabe Wien 1769, mit einem Nachwort von Egmont Foregger, Graz 1993.

Die Verhängung der Landesverweisung gegen Inländer war in der Theresiana allerdings bereits aufgegeben worden, weshalb auch ein vor Kundmachung der Theresiana Relegierter im Falle einer nach der Kundmachung erfolgten Rückkehr nicht mehr „aus dem Lande ... auszuschaffen" war[443]. Die Gebietsausweisung innerhalb der Staatsgrenzen bzw. die Abschaffung in den jeweiligen Geburtsort blieb in der Praxis jedoch eine häufig angewendete Strafe[444].

Die Theresiana differenzierte zwischen der Verweisung „aus einem einzelnen Orte mit Beylassung der Landeshuld", der Verweisung aus allen Erblanden (welcher auch die Verweisung aus einem Erbland, deren Wirkung auch auf alle anderen Erblande erstreckt war, damit „solche gefährliche Leute nicht etwann anderen erbländischen Unterthanen mit neuen Unthaten zu Last fallen"[445]) gleichgehalten wurde, sowie der Verweisung an einen bestimmten Ort (also der „Confinirungsstraff"[446]) und ordnete diese Ausweisungsarten neben dem Gefängnis unter die Strafen ein, wodurch „die Freyheit des Aufenthalts auf einige Zeit, oder für beständig benommen" wurde[447]. Von diesen „Lands- oder Gebietsverweisung[en]", die nur von „den zum Blutbann berechtigten Gerichten in Malefizfällen" verhängt werden konnten[448], unterschied sie die „bloße Abschaffung", die „auch ausser eines halsgerichtlichen Verbrechens gegen Personen, die unserem Hof, dem Staat, oder einer Gemeinde zur Ueberlast fallen, auch gegen unbekannte herumfahrende, oder verdächtige Leute, besonders gegen Ausländer aus politisch- und bürgerlichen Ursachen verfüget werden" konnte[449]. Freilich verwendete die Theresiana den Begriff der „Abschaffung" oft in Abgrenzung zur Landesverweisung des

---

443 Normale vom 19. Februar 1776, Theresianisches Gesetzbuch (wie Anm. 143) VII, Nr. 1762, S. 496.

444 Vgl. für das Wiener Stadtgericht Friedrich HARTL, Das Wiener Kriminalgericht. Strafrechtspflege vom Zeitalter der Aufklärung bis zur österreichischen Revolution (= Wiener Rechtsgeschichtliche Arbeiten X), Wien-Köln-Graz 1973, S. 259.

445 Art. 6 § 13 CCT.

446 Vgl. zur Konfinierung allgemein etwa August-Wilhelm von SCHÖNFELD, Die Verstrickung. Eine Strafe des Artikels 161 CCC, Bonn 1964.

447 Art. 6 § 9 CCT.

448 Also von den Landgerichten, vgl. Art. 4 § 13 CCT. Die Theresiana beschränkte grundsätzlich die Verhängung der in ihr festgesetzten Strafen auf die mit Blutbann ausgestatteten Gerichte. Den Niedergerichten räumte sie ein, im Falle minderer und nicht unter die Halsgerichtsbarkeit fallender Delikte, „ihre straffmäßige Bürger, Insassen, und Unterthanen mit Burgerarrest, oder Kotter, allenfalls auch bey Wasser, und Brod, oder schmaler Atzung auf eine kurze Zeit, wie auch mit Amts- und Dienstentsetzung, mit einer geringeren Geldstraffe, und bewandten Umständen nach widerspänstige Leute, so keine Bürger sind, mit etwelchen Stock- und Karbatschstreichen, denn boshaft- und unbändige Jugend mit der Ruthen ... zu züchtigen, und zu besseren". Die Verhängung „von anderweiten auf Leib, und Leben, Lands- und Gebietsverweisung, oder Einziehung der Güter abgehenden, oder zu einer lebenslänglichen Beschimpfung durch öffentliche Ausstellung auf den Pranger, Schrägen, oder Schandbühne gereichenden Straffen" wurde hingegen ausdrücklich der Hochgerichtsbarkeit vorbehalten; siehe zur Reduktion der Zahl der Landgerichte bereits 1754 und 1765 Friedrich HARTL, Grundlinien der österreichischen Strafrechtsgeschichte bis zur Revolution von 1848, in: Gábor MÁTHÉ/Werner OGRIS (Hrsg.), Die Entwicklung der österreichisch-ungarischen Strafrechtskodifikationen im 19.–20. Jahrhundert, Budapest 1996, S. 18.

449 Art. 6 § 14 (6) CCT; vgl. dazu näher S. 165 ff.

Ausländers, wenn sie die strafgerichtliche Verweisung eines Inländers aus einem Ort bzw. Halsgerichtsbezirk meinte[450].

Was die Verweisung aus allen Erbländern anbelangt, so konnte diese nun nicht mehr - abgesehen von einer allfälligen ausdrücklichen landesfürstlichen Anordnung - gegen „eingebohrne erbländische Unterthanen"[451], gegen Personen, „so in diesen Erblanden von Jugend auf erzogen worden, oder in einem derenselben sich beständig durch 10. Jahr vorhero ehrlich aufgehalten" hatten, verhängt werden[452]. Dies galt allerdings nicht für jüdische Untertanen, die folglich betreffend die Landesverweisung als Ausländer behandelt wurden[453]. Auszusprechen war die Verweisung aus allen deutschen Erbländern unter Ableistung des Urfehdeeides, in dem sich der Verurteilte verpflichtete, nicht mehr in das „verwiesene Gebiet" zurückzukehren[454], grundsätzlich dann, wenn „ein Uebelthäter in einem gemeinschädlichen, die Todesstraff nicht nach sich ziehenden Verbrechen einkommet, von welchem zugleich theils wegen der in einerley Verbrechen bereits fruchtlos verhängten Bestraffung, theils wegen der durch öftere, und durch eine geraume Zeit in das Werk gesetzte Schandthaten an sich gezogenen bösen Gewohnheit eine Besserung nicht wohl zu hoffen, sondern vielmehr die wiederholende Ausübung seiner Verbrechen zu besorgen stehet"[455]. Den Obergerichten blieb außerdem vorbehalten, gegen „gar gefährliche Bösewichte, von denen sich in Zukunft nichts Guten zu versehen ist", mit einer derartigen Ausweisung auch über die genannten Voraussetzungen hinaus arbiträr vorzugehen und „von solchem Unrath die Länder zu reinigen".

Aus allen Erbländern Verwiesene waren mit einer Brandmarkung zu versehen, „damit solche landsgefährliche Leute bey ihrer Ruckkehr desto leichter erkannt werden mögen". Die Brandmarkung der „ihrer großen Missethaten, und Gemeinschädlichkeit halber" aus allen Erblanden Verwiesenen konnte allerdings aus landesfürstlicher Gnade erlassen werden[456]. Die Brandmarkung bestand in der Einbrennung des Buchstabens R. (Relegatio) und der Anfangsbuchstaben des Erblandes[457], aus dem die Verweisung, geschah. Sie sollte auf dem Rücken, ausdrücklich aber nicht auf der Stirn oder dem Gesicht des Verurteilten, angebracht werden. Damit das frisch eingebrannte Zeichen nicht „ausgesogen, oder sonst getilget werde", war Pulver in die Wunde zu reiben und der

450 Siehe z.B. Art. 62 § 4, Art. 66 § 2, Art. 69 § 2 CCT.

451 So Art. 6 § 3 (4) CCT; Art. 6 § 14 (5) CCT sprach von „dieserländige[n] Unterthanen".

452 So Art. 6 § 3 (4) CCT und nahezu wortgleich Art. 6 § 14 (5) CCT. Anstelle der Landesverweisung wurde für Inländer eine längere Anhaltung in öffentlichen Straforten vorgesehen; Art. 6 § 3 (4) CCT sah für Inländer anstelle der Landesverweisung bei Staupenschlag ausdrücklich „Vestung, Zucht- oder Arbeitshaus" vor.

453 So Art. 6 § 3 (4) CCT bezüglich der dem Staupenschlag beizufügenden Landsverweisung, nicht explizit allerdings Art. 6 § 14 (5) CCT.

454 Siehe zur Schwurformel HARTL (wie Anm. 444), S. 264; siehe zur Urfehde bzw. zum Urfehdebruch auch S. 5, 78, und inbes. 733 ff.

455 Art. 6 § 12 CCT.

456 Art. 6 § 3 CCT.

457 Also für Böhmen: R. Bo., für Mähren: R. Mo., für Schlesien: R. Si., für Österreich unter der Enns: R. A. I., für Österreich ob der Enns: R. A. S., für Steiermark: R. St., für Kärnten: R. Ka., für Krain: R. Cr., für Görz: R. Go., für Triest: R. Tr., für Fiume: R. Fi., für Tirol: R. Ty., für Breisgau: R. Br., für Schwäbisch Österreich: R. Su., für Vorarlberg: R. Ar., für Gradisca: R. Gr.; vgl. Art. 6 § 4 (2) CCT.

Verurteilte mindestens acht Tage nach der „Einschrepfung" des Males im Gefängnis anzuhalten. Die besondere Kennzeichnung des Erblandes, aus dem die Ausweisung – allerdings mit Wirkung der Verweisung aus allen Erbländern[458] – erfolgte, sollte dazu dienen, damit man „bey Betrettung einer mit dem Brandmahl gezeichneten Person verläßlich wissen möge, in welchem Erbland dieselbe gebrandmarchet worden" sei, um „hinnach die nöthige Urkunden desto behender einholen zu können"[459].

Die „sonderheitliche, oder particular Verweisung, so mit Beylassung der Landeshuld nur aus dem Halsgerichtsbezirk, oder einem gewissen Ort mit- oder ohne Urphed[460], auf eine benannte Zeit, oder auf ewig beschieht"[461], war nach der Theresiana für Übeltäter vorgesehen, die sich zwar keines „gemeinschädlichen Verbrechens" schuldig gemacht hatten, deren Verbleiben jedoch an dem Ort, „wo sie gesündiget, entweder eine besondere Aegernuß, oder neuen Anlaß zum Ruckfall in die vorige Mißhandlung geben würde", wie es bei den „in minderen Grad betrettenen Gotteslästerern, bey Gemeindeaufwicklern, Wildprätschützen, Schwärzern, denn in fleischlichen Vergehungen"[462] der Fall wäre. Zur Vermeidung von Ausflüchten und Unklarheiten über den Umfang des Ausweisungsgebietes, da einerseits „der Gezirk, und Umfang der Halsgerichten, und Ortschaften denen Verwiesenen eigentlich nicht bekannt seyn mag, annebst in einigen dieser Erblanden die Halsgerichtsgezirke mit anderen zu ihrem Blutbann nicht gehörigen Landgütern verschiedentlich untermenget" waren[463], ordnete die Theresiana an, daß bei solchen Ausweisungen ausdrücklich eine Begrenzung des Banngebietes mit zwei oder – je nach den Umständen des Falles – drei oder vier Meilen Entfernung vom Ort, aus dem der Betreffende ausgewiesen wurde, festgelegt und eine Verständigung der in diesem Umkreis gelegenen Obrigkeiten, Städte und Märkte unter Beifügung einer genauen Personenbeschreibung des Ausgewiesenen erfolgen müsse. Im Unterschied zur Landesverweisung waren derartige nur aus einer Stadt, dem Halsgerichtsbezirk oder sonst einem bestimmten Ort Ausgewiesene um ihres „ferneren Fortkommens willen"[464] ausdrücklich von einer Brandmarkung zu verschonen[465].

Nach „Bewandniß des Verbrechens" konnte allerdings gegen alle Personen, die des Halsgerichts, der Stadt, des Burgfrieds oder des Landes verwiesen waren, „unbedenklich" auch auf eine Schandstrafe – also etwa Stellung an den Pranger oder vor der Kirche in die Prechel und Einsperrung in das Narrenhäusel erkannt werden. Die „Vorstellung" auf einer öffentlichen Bühne[466] sah die Theresiana in allen Fällen der Verweisung

---

458 Art. 6 § 13 CCT.
459 Art. 6 § 4 (2) CCT.
460 Siehe zur Urfehde bzw. zum Urfehdebruch auch S. 5, 78, 81 und insbes. 733 ff.
461 Art. 6 § 11 CCT.
462 Ebd.
463 Ebd.
464 Art. 6 § 4 CCT.
465 Art. 6 § 14 (2) CCT.
466 Die „Vorstellung" auf einer öffentlichen Bühne, Schrägen oder auf einer Schandsäule war nach Art. 6 § 8 (2) CCT besonders in den Fällen auszusprechen, „wo die öffentliche Vorstellung auf der Bühne zu dem Ende beschiehet, damit der Uebelthäter von der Volksmenge in genaue Erkänntniß gebracht, und bey seiner verbotenen Ruckkehr desto geschwinder ent-

verpflichtend in der Form vor, daß die zu verweisende Person „vorhero dreymal an verschiedenen Wochenmärkten auf einer öffentlichen Bühne mit einem ihr Verbrechen, und Straffe enthaltenden Zettel zu dem Ende vorzustellen seye, damit selbe von der Volksmenge besser erkannt, und bey ihrer unerlaubten Ruckkehr desto geschwinder ausgekundschaftet, und angezeiget werden möge“[467].

Bei einigen Delikten drohte die Theresiana ausdrücklich die Landesverweisung für Ausländer an, während Inländer andere Strafen zu gewärtigen hatten. Zumeist wurden allerdings Landesverweisung „respective“ Hals-, Landgerichts- oder sonstige Verweisung bzw. Abschaffung, also beide Verweisungsarten nebeneinander, für Ausländer und Inländer parallel vorgesehen. In einigen Fällen hingegen war auch die partikulare Ausweisung für beide Personengruppen angeordnet. Überdies war nach der Theresiana die jeweilige Ausweisungsart nicht nur als ordentliche Strafe entweder obligatorisch oder fakultativ vorgesehen, sondern sie konnte auch als willkürliche bzw. arbiträre Strafe[468], zumeist infolge des Vorliegens von Milderungsumständen, Anwendung finden.

Obligatorisch war die ewige Landesverweisung von Ausländern aus allen deutschen Erblanden der Leibesstrafe des Ausstreichens mit Ruten, der Auspeitschung bzw. dem Staupenschlag „beizurücken“[469]. Auch der Ausländer, der sich aus „Boshaftigkeit, und falscher Verstellung, ohne daß was an der Sache wäre, ... für einen Zauberer, Wahrsager, Teufelskünstler, Hexenmeister, oder Hex“ ausgab oder „auch ohne solch- ausdrückliche Berühmung derley böse Handlungen, so den Verdacht eines Zauber- oder Hexenwesens erwecken können[470] ... aus Gewinnst, oder anderen gefährlichen Absichten“ unternahm, darüber hinaus aber keine die Todesstrafe nach sich ziehende strafbare Handlung beging, war neben einer nach „Maß der Bosheit ... wohlgemessenen Leibesstraffe“ obligatorisch aus allen Erbländern gegen Ableistung des Urfehdeeides zu verweisen[471]. Ebenso zwingend ordnete die Theresiana die Landesverweisung bei Handlungen von Ausländern an, die zur Eingehung eines Teufelspaktes führen sollten[472]. Aber

decket werde“; siehe auch schon das Patent Karls VI. vom 8. Juni 1720 und den Ruf vom 25. Juni 1720, CA III, S. 993 ff.

467 So Art. 6 § 14 (1) CCT. Das Obergericht konnte diese „Vorstellung“ nachsehen.

468 Nach Art. 7 § 1 CCT konnten arbiträre Strafen dann verhängt werden, wenn „das Gesetz auf ein Verbrechen keine gewisse Straffe ausgemessen, sondern stillschweigend, oder ausdrücklich die Bestraffungsart der Willkuhr des Richters überlassen“ hatte oder wenn „zwar das Gesetz eine gewisse Straffe auf ein Verbrechen überhaupt ausgesetzet hat, jedoch ein rechtmässiger, das ist, ein in dieser Halsgerichtsordnung enthaltener Milderungs- oder Beschwerungsumstand erheischet, von der sonst vorgeschriebenen ordentlichen Straffe abzugehen“.

469 Art. 6 § 3 (3) CCT („allemal“).

470 Die Theresiana, Art. 58 § 12 (1), führt hier an „Teufelsbeschwörung, aberglaubische Seegensprechung, wissentliche Aufbehalt- oder Zurichtung eines zur Beschädigung der Menschen, des Viehes, oder der Feldfrüchten dienlichen Gezeuges, und Unraths, und was mehr dergleichen“.

471 Ebd.

472 „Da ein gottesvergessener Mensch aus ernstlich-bösen Vorhaben mit dem Teufel eine Bündniß zu machen, oder von demselben zu seiner Absicht, Hülff, und Beystand zu erhalten, gottloser auf Zauberey hinauslauffenden Handlungen, als einer vorsetzlichen Beruff- und Beschwörung des Sathans, oder Ausfertigung eines schriftlichen Bunds mit demselben, und

auch ausländische „Urheber und Ausbreiter“ von ehrenrührigen „Schmachkarten und Schandbriefen“ wurden nach Stellung an den Pranger, öffentlicher Auspeitschung und Ehrloserklärung „aller Erblanden auf ewig verwiesen“[473]. Weiters war beim Delikt der „fleischlichen Vermischung mit Unglaubigen“ im Falle der Blutschande, die ein „Christ, so vorhin ein Jud, Türk, oder sonst ein Unglaubiger gewesen“, mit „einer ihme befreundte Jüdin, Türkin, oder anderen unglaubigen Weibsperson“ im ersten oder zweiten Grad der Schwägerschaft begangen hatte, für beide neben der öffentlichen Züchtigung mit einem ganzen Schilling die ewige Landesverweisung angeordnet[474]. Diese Personengruppe wurde also hier wegen ihres früheren Glaubens wie Juden oder (sonstige) Ausländer behandelt. Hingegen wurde bei der „gemeine[n] Hurerey, so zwischen einem ledigen Juden, Türken, oder anderen Unglaubigen, und einer ledigen Christin, oder im Gegenspiel zwischen einem Christen, und einer Jüdin, Türkin, oder anderen unglaubigen Weibsperson verübet wurde“, ausdrücklich eine Differenzierung nach Inländer- bzw. Ausländerqualität vorgenommen: Wenn einer der Mitschuldigen „innländisch wäre“, so sei dieser neben einer im Ermessen des Richters stehenden Leibesstrafe aus dem „Halsgerichtsgezirk auf ewig“ abzuschaffen, sonst aber sollten beide Verbrecher mit öffentlicher Auspeitschung und Verweisung aus den Erblanden bestraft werden. Die Theresiana scheint hier also vom Regelfall auszugehen, daß die genannten Nichtchristen zumeist gleichzeitig Ausländer waren.

Bei einigen Delikten drohte die Theresiana hingegen die Verweisung von Ausländern aus allen Erbländern und die Gebietsverweisung von Inländern an. So sollten inländische Kuppler und Kupplerinnen mit einer „scharffen Leibsstraffe beleget, anbey aus dem Landgericht abgeschaffet“, Ausländer hingegen der „Erblanden auf ewig verwiesen“ werden[475]. Ohne ausdrückliche Differenzierung zwischen In- und Ausländern sah die Theresiana bei bestimmten „Leichtfertigkeiten und Unzuchtsfälle[n]“ zwischen Christen, die „eine außerordentliche Bosheit, und Gefährde auf sich tragen, und grosse Aergerniß in der Gemeinde erwecken, mithin eine schärffere Bestraffung, als gemeine fleischliche Vermischungen verdienen“, z.B. Verführung von Schutzbefohlenen oder Schändung u.a.m.[476], die Verhängung von schwereren Strafen, insbesondere gegen den

dergleichen sich anmassete, somit seines Orts all-dasjenige, was er zu Erreichung der Gemeinschaft mit dem Teufel nöthig zu seyn glaubet, vorgekehret hätte, so ist ein solcher Uebelthäter, wenn auch sein böser Versuch, und Bestreben ohne erfolgender mindesten Wirkung verblieben ist, mit schärffester Leibsstraffe, und da es kein erbländischer Innsaß, mit beygefügter Landesverweisung ... zu belegen“, Art. 58 § 12 (3) CCT.

473 Art. 101 § 7 CCT.

474 Art. 82 § 2 (1) CCT.

475 Art. 80 § 6 CCT.

476 Art. 82 § 3 CCT zählte zu diesen Delikten, wenn ein Vormund seine Pflegetochter, ein „Wahlvatter seine angewunschene, oder adoptirte Tochter“, ein Tauf- oder Firmpate seine „Göttl“, ein Lehrmeister die „ihme zu Unterweisung anvertraute Weibsperson auch mit ihrer Einwilligung zum Fall brächte“; weiters war derartig zu bestrafen: wer eine „unmündige, unsinnige, aberwitzige, schlaffende, oder betrunkene Weibsperson auch ohne ihre Widerstrebung fleischlich bekennete“; derjenige Kerkermeister oder Gerichtsdiener, der eine seiner Verwahrung übergebene „Weibsperson mit ihren Willen fleischlich mißbrauchte, besonders da es unter Versprechung der Freyheit beschehen wäre“; wer eine „gottgeweihte Person auch mit ihrer Einstimmung in- oder ausser des Klosters schwächte“; Unzucht eines ledigen

„Verführer" in „gemeinen Unzuchtsfällen", vor, nämlich die öffentliche Auspeitschung oder eine sonstige schwere Leibesstrafe verbunden mit Landes- bzw. ewiger Landgerichtsverweisung. Beim Delikt der „gemeinen Hurerey und anderen ungeziemlichen Beywohnungen" unterschied die Theresiana drei Tätergruppen bzw. Begehungsformen. Nur gegen die „Gattung der Huren, und gemeinen Schleppsäcken", zu der jede „ledige Weibsperson" zählte, die „dem unzüchtigen Leben nachhanget, und Jedermann zu Willen stehet", war „allemal Landgerichtlich mit empfindlicher Leibsstraffe, und jeweiliger Lands- oder Landgerichtsverweisung" zu verfahren, wobei als üblichste Leibesstrafe die Ausstäupung[477] angewendet wurde. War diese vorüber, lud man die Prostituierte, so Schrank[478], „auf den Schubwagen und führte sie aus der Stadt bis zum nächsten Grenzstein. Dort angelangt, gab ihr der Henker noch einen letzten Fußtritt und der Pöbel sandte ihr noch einen Koth- oder Kieselsteinhagel nach". Die ledigen Personen beiderlei Geschlechts, die „sich ein- oder andermal mit einander fleischlich vergehen", sowie diejenigen ledigen Personen, die „in stäter unehrlicher Beywohnung leben", sollten hingegen erst wenn eine „zweymalige Abwarn- und Züchtigung nichts fruchtete" und sie von ihrem „bösen Lebenswandel nicht abstünden, auf ferners Betretten durch das Landgericht mit einer gemessenen, und nach bewandten Umständen nach öffentlichen Leibsstraffe beleget, auch nach Gestalt der Sachen des Lands, oder respectivè Landgerichts auf ewig verwiesen werden"[479]. Gleichfalls Landes- bzw. Landgerichtsverweisung zog auch der Versuch, Vieh oder Weiden zu vergiften sowie die vollbrachte Tat nach sich, wenn der Schaden „nicht gar groß" war[480]. Ebenfalls sollte bei Ehebruch, wenn „ein Rückfall zu besorgen, oder große Aergerniß in der Gemeinde entstanden" war, „zu Abseitigung ferneren Uebels, und Aergerniß ein- oder die andere aus denen schuldigen Personen gestalten Dingen nach aus dem Gebiet abgeschaffet, oder des Landes, oder Landgerichts verwiesen werden"[481]. Abhängig von der „Schwere der Umständen" konnte auch gegen

„Weibsbild[es]" mit „geistlichen Mannspersonen"; Verleitung einer „vornehme[n] adeliche[n] Weibsperson zur fleischlichen Zuhaltung" durch einen „schlechten Menschen", der sich „für was besseres, und vornehmeres fälschlich angegeben".

477 Josef SCHRANK, Die Prostitution in Wien in historischer und hygienischer Beziehung, 2 Bde., Wien 1886, I, S. 163: „Sie wurde bis auf das Hemd entkleidet, barfuss nach der Kirche geführt, wo sie in einen Sack, der unter dem Kinn zugebunden ward, gesteckt wurde; hierauf schnitt und rasirte ihr der Henker die Kopfhaare bis an die Haut ab, und der nackte Schädel wurde dann mit Kienruss oder Theer bestrichen und sie sodann den Insulten des Pöbels ausgesetzt, welcher dieselbe mit Strassen- und andern Koth bewarf. Angebunden im Sacke blieb sie in diesem Zustand am Sonntag während des ganzen Vormittagsgottesdienstes, dann aber als die Leute nach beendigtem Gottesdienste aus der Kirche kamen, wurde sie vom Sacke befreit, auf eine Bank gebunden, wo sie vom Henker gestäupt, d.h. auf den nackten Leib mit Ruthen gepeitscht wurde".

478 Ebd. Nach seinen Angaben erhielt sich diese Prodezur in Wien und anderen Orten bis in die Zwanzigerjahre des 19. Jahrhunderts.

479 Art. 81 § 1 und 2 CCT.

480 Art. 92 § 6 CCT.

481 Art. 77 § 6 (3) CCT.

bestochene Richter und Amtspersonen die „Stadt- oder Landesverweisung" verhängt werden[482].

Ebenfalls keine Unterscheidung zwischen In- und Ausländern sah Art. 75 beim Delikt der Blutschande, die zwischen nicht in auf- oder absteigender Linie verwandten bzw. verschwägerten Personen begangen wurde, vor. Hier ordnete die Theresiana vielmehr ohne Differenzierung die ewige Verweisung aus dem Landgerichtsbezirk für beide Personengruppen neben einer schweren Leibesstrafe an[483]. In gleicher Weise wurde für die „gefährliche Hinweglegung" eines Kindes, wenn die Tat nicht den Tod des Kindes bezweckt hatte[484], das Kind aber dennoch gestorben war[485], neben der Abstrafung mit einem ganzen Schilling oder anderer „empfindlicher Leibesstrafe" die ewige Landgerichtsverweisung angedroht, war das Kind jedoch lebend gefunden worden, willkürliche Strafe und Landgerichtsverweisung[486].

Da Art. 7 § 4 der Theresiana festlegte, daß „alle in diesen Erblanden übliche Strafen in ausserordentlich- und willkührlichen Straff-Fällen gestalten Dingen nach verhänget werden" konnten, war auch die Ausweisung in ihren verschiedenen Formen als arbiträre Strafe zulässig. Darüber hinaus sah die Theresiana die Landesverweisung oder

---

482 Art. 65 § 3 CCT.: „Zuförderist sollen die Richter, und Beamte, welche in ihren Amtssachen von den Partheyen sich etwas versprechen lassen, oder auch vor- oder nach vollbrachten Geschäfft, oder Rechtsstreit unter was immer für einem Titel, und wie es immer mit einem Vorwand bedecket werden möchte, durch sich selbst, oder durch die ihrige eine Schankung annehmen, und solchergestalt wider ihre aufhabende Eydespflicht die Gerechtigkeit um Gewinn gleichsam zu verkauffen sich unterstehen, viermal so viel, als sie bekommen, oder dreymal so viel, als ihnen versprochen worden, zur Straffe verwirket haben, anbey ihres Dienstes entsetzet, zu Unseren anderweiten Diensten unfähig erkläret, und nach Schwere der Umständen mit Stadt- oder Landesverweisung, oder wohl gar am Leben gestraffet werden".

483 Art. 75 § 5 (2) CCT: „Blutsverwandte Personen im ersten, und anderen Grad der Seitenlinie, als Schwester, und Brüder (sie seyen gleich ein- oder zweybändig) ingleichen da einer mit seines Brudern, oder Schwester Tochter, des Vatters, oder der Mutter Schwester, oder Brüdern Unkeuschheit treiben würde; nicht weniger auch die im ersten Grad der Schwägerschaft, nämlich da ein Stiefvatter seine Stieftochter, ein Stiefsohn seine Stiefmutter, ein Schwäher seine Schnur, ein Tochtermann seine Schwieger, wie auch da einer seines leiblichen Bruders Weib, oder seines Weibs Schwester beschlaffen würde, alle dergleichen missethätige Personen sollen nach Gestalt der Sachen mit einer schweren Leibsstraffe beleget, und des Landgerichts ewig verwiesen werden".

484 Art. 89 § 1 (2) CCT: „... wenn das Kind nicht aus Fürsatz, um dasselbe in augenscheinliche Lebensgefahr zu setzen, noch auch in ein einsam- oder weit entlegenes, sondern an ein solches Ort, an welchem die Leute immerzu, und stets pflegen vorüber zu gehen, zu dem Ende hinweggeleget würde, daß entweder die Vorbeygehende, oder derjenige, so Vatter zum Kind angegeben wird, sich dessen erbarmen, dasselbe annehmen, und erziehen sollen, und damit die Kindsmutter andurch der Straffe, auch Schand, und Spott des Ehebruchs, oder Hurerey entgehen möge".

485 Art. 89 § 2 (2) CCT: „... wenn das hingelegte Kind (obschon es wider Willen der Thäterin, oder des Thäters geschehen wäre) aus Hunger, Frost, oder anderen Ursachen also hinläßig stürbe, ist die- oder derselbe mit einem ganzen Schilling, oder einer anderen empfindlichen Leibsstraffe, nebst ewiger Landgerichtsverweisung zu belegen."

486 Art. 89 § 2 (2) CCT: „... da aber das Kind noch lebendig gefunden würde, willkührlich gemessen abzubüssen, anbey dem Thäter, oder Thäterin das Landgericht zu verweisen".

Gebietsverweisung auch mehrfach ausdrücklich als arbiträre Strafe vor, insbesondere wenn mildernde Umstände ein Abweichen von der ordentlichen Strafe billig erscheinen ließen. So räumte die Theresiana bei Meineid eines Ausländers „dem vernünftigen Ermessen des Richters" ein, anstelle der Todesstrafe eine arbiträre Strafe zu verhängen, die aus einer angemessenen Leibesstrafe und der Landesverweisung bestehen sollte[487], wenn „erheblich-linderende Umstände[488] sich vorfinden". „[A]llenfalls des Landgerichts" verwiesen werden sollten Feueranleger und Mordbrenner, wenn sie nämlich den ihnen infolge Vorhandenseins bestimmter mildernder Umstände neben einer arbiträren Leibesstrafe vorgeschriebenen Schadenersatz nicht leisten konnten[489]. Eine Ausweisung sowohl für Inländer als auch Ausländer wurde weiters im Falle mildernder Umstände beim Delikt der „Aufruhren und Tumulten" vorgesehen, wo „nach rechtlichen Befund des Richters" der Schwertschlag in eine „wohl abgemessene Leibsstraffe verwandlet, und nach Gestalt der Sachen der aufwicklerische Thäter aus den Erblanden, oder respectivè dem Halsgericht abgeschaffet werden" konnte[490]. Ebenso bestand die Möglich-

---

487 Art. 59 § 3 (3) CCT: „... es solle aber ein solch-Meyneidiger, wenn er kein Landesinnsaß ist, untereinstens aus all Unseren Erblanden abgeschaffet werden". Hier zeigt sich deutlich, daß die Theresiana terminologisch noch nicht sauber zwischen „Landesverweisung" und „Abschaffung" im technischen Sinne differenziert.

488 Diese waren nach Art. 59 § 5 CCT: „Wenn der, so geschworen, eine gar einfältige Person wäre, welche die Schwere des Meineyds nicht genugsam begriffen; oder ... Da einer aus Unbedachtsamkeit falsch geschworen; oder ... Die Strafe des Meineyds nicht gewußt, weder derselben erinneret worden. ... Wenn daraus ein kleiner, oder gar kein Schaden geschehen. ... Wenn der Meineydige den zugefügten Schaden erstatten will, und kann. ... Da wer anfangs mit aufrichtigen Vorhaben, und wahrer Meinung was zu thun, oder zu leisten eydlich zugesaget, und erst hernach durch dessen Uebertrettung eydbrüchig geworden, und endlich ... Falsche eydliche Betheuerungen, so ausser Gericht ohne einem förmlichen Eydschwur unüberlegt ausgestossen worden."

489 Nach Art. 99 § 7 CCT konnte die Strafe des lebendigen Verbrennens nachgesehen werden, wenn „der Thäter eine Ursach vorwendete, woraus vernünftig abzunehmen wäre, daß er die Brunst nicht so gar boshaftiger Weise erweckt habe; ingleichen ... Wenn solcher noch gar jung wäre, und der Richter an ihme keine so grosse Bosheit, als sonst bey anderen befände; oder ... Wenn er gleich in erster That nach gelegt- und aufgehenden Feuer eine wahre Reu erzeiget hätte, anbey solches mit seinem Zuthun ohne sonderlichen Schaden gedämpfet worden wäre. In welchen Fällen ein solcher Brenner anfangs mit dem Schwerd gerichtet, und sodann dessen Körper durch das Feuer verzehret, oder aber nach Gestalt der Sachen, besonders im dritten Fall ausserordentlich gestraffet werden solle. ... Sind noch leidentlicher, und keineswegs zum Tod, sondern nur willkührlich zu bestraffen diejenige, so nicht aus bösen Fürsatz, sondern allein aus einer, doch straffmäßigen Verwahrlosung, oder Trunkenheit eine Brunst verursachen. Diese, und dergleichen mögen nach vernünftiger Ermessung des verursachten Schadens, der verübten Unvorsichtigkeit, und aller dabey vorgeloffenen Umständen etwann zu einer Geldstraffe, und Abtragung des Schadens angehalten, und wenn sie den Schaden zu ersetzen nicht vermögen, nach Maß ihres Verschuldens mit einer gemessenen Leibsstraffe beleget, allenfalls des Landgerichts verwiesen, oder sonst, wie Recht ist, abgestraffet werden".

490 Art. 62 § 4 (5) CCT. Mildernde Umstände waren nach Art. 61 § 10 CCT: „Grosse Einfalt, Unverstand, und Dummheit ohne genugsamen der Sachen Begriff, und ohne eigene Mitwirkung. ... Da jemand mit Verhüllung der gefährlichen Anschläg, und mit Vorspieglung falscher Bewegursachen, und guter Absichten arglistiger Weise in die Bündniß, und Rottirung

keit, eine „Landesverweis- oder Abschaffung" als arbiträre Strafe im Falle des Vorhandenseins mildernder Umstände bei Untreue der Rechtsfreunde und Sachwalter zum Schaden ihrer Partei neben einer „empfindlichen" Leibesstrafe[491] sowie bei Verrat von Rats- und Amtsgeheimnissen begangen durch „geringere Personen" neben „gemessener" Leibesstrafe zu verhängen[492]. Mildernde Umstände bei der Notzucht[493] führten bei einem Ausländer neben der Abstrafung „mit einem ganzen Schilling" zur Verweisung aus allen Erblanden, Inländer sollten hingegen in ein „Zucht- oder Arbeitshaus, oder zum Vestungsbau auf eine angemessene Zeit verurtheilet, anbey aus dem Landgericht, oder Gezirk, wo die Schandtat beschehen, auf ewig abgeschaffet werden"[494]. Als eine von mehreren zur Auswahl des Richters stehenden Strafarten war die Landes- oder Landgerichtsverweisung beim Straßenraub unter mildernden Umständen vorgesehen[495]. Bestimmte deliktische Handlungen „untreuer Beamten" konnten, ohne daß mildernde Umstände vorliegen mußten, nach Wahl des Richters entweder mit Landes- bzw. Landgerichts- oder Stadtverweisung, aber auch Dienstentsetzung, Geldstrafen, Gefängnis

---

eingeführet worden. ... Wenn ein Lastermitgespann in rechter Zeit zu Behinderung der That das Vorhaben, oder Bündniß entdecket hat".

491 Art. 69 § 2 CCT. Mildernde Umstände waren nach § 4: „Wenn die Partheygeheimnisse nicht so wichtig. ... Wenn derselben Ausschwätzung, oder die Auslassung der Rechtsbehelffen nicht vorsetzlich beschehen. ... Wenn kein Schaden daraus entstanden."

492 Art. 66 § 2 CCT: „Gegen derley pflichtwidrig handlende Personen solle ... bey vorkommend-milderenden Umständen aber mit einer willkührigen Straffe, und zwar ansehnlicher Personen mit Arrest, Geldstraffe, und dergleichen; geringere Personen hingegen mit Landesverweisung, oder Abschaffung, und gemessener Leibsstraffe abgebüsset werden." Milderne Umstände waren nach § 5: „Wenn die voreilige Entdeckung der Raths- oder Amtssachen von keiner besonderen Wichtigkeit gewesen. ... Wenn dadurch Niemanden ein Schaden, und Nachtheil zugezogen worden. ... Wenn solche Offenbarung nicht vorsetzlich, und aus böser Absicht, sondern vielmehr aus Einfalt, Unvorsichtigkeit, und unüberlegter Schwätzhaftigkeit beschehen."

493 Als mildernde Umstände legte die Theresiana in Art. 76 § 8 CCT fest: „Wenn die Genöthigte durch sich selbst, oder andere vor vollbrachter That von dem Nothzüchtiger errettet worden. ... Wenn einer die Frau, oder Jungfrau von darumen, weil sie seinem Willen widerstrebet, nur allein verwundete. ... Wenn die That nicht völlig vollbracht worden. ... Wenn die vor nothgezüchtigt sich angebende Person der vorgeschützten Gewalt wohl hätte widerstehen können, und nach einer kleinen Gegenwehr die Unzucht mit ihr hat vollbringen lassen. ... So die Genöthigte für des Nothzüchtigers Leben bittete. ... Wenn der Thäter zwar bekennete, daß er die Nothzucht wirklich vollzogen, und die Genöthigte um ihre Ehre gebracht, sie aber solches verneinte."

494 Art. 76 § 8 (6) CCT.

495 Art. 96 § 7 CCT: „Wenn milderende Umstände unterlauffen, kann der Rauber gestalten Dingen nach mit einem ganzen, oder halben Schilling, mit Land- oder Landgerichtsverweisung, mit öffentlicher Arbeit, oder sonst nach Ermessen des Richters abgestraffet werden; als da Erstlich: Die Beraubung ohne Waffen, nicht so gar gewaltthätig, oder mehr durch List, als Gewalt, oder in größter Noth, und zwar nur in essenden Waaren, wenn diese in einer Kleinigkeit bestehen, beschehen wäre; oder Andertens: Da einer allein bey den Raubern gewesen, die Hand aber nicht angeleget; oder er Drittens: Aus Befehl seines Herrns Jemanden was abgeraubet; oder Viertens: Sich mit dem Beraubten verglichen, und denselben gänzlich entschädiget hätte; oder Fünftens: Da der Inquisit denjenigen beraubet hätte, von welchem er zuvor beraubet worden, und dergleichen".

usw. bestraft werden[496]. In ähnlicher Weise war wegen „schwere[r] Unbilden, Schmähungen, Ehrenantast- und Verleumdungen" auf eine arbiträre Geld-, Gefängnis- oder Leibesstrafe „mit oder ohne Ehrloserklär- und Lands- oder Landgerichtsverweisung" zu erkennen[497].

Außerdem sah die Theresiana bezüglich der arbiträren Bestrafung vor, daß „nicht nur ein stäts laugnender, der die Tortur in Ansehung der Hauptmissethat mit beharrlichem Verneinen überstanden hat, jenen Falls, wenn er andere Verbrechen, oder in Ansehen des Hauptverbrechens einige sträffliche Umstände, und Vergehungen eingestanden, oder deren Rechtsbehörig überwiesen worden; sondern auch ein bekennend- und nach vollendeter Tortur wieder laugnender Inquisit jenen Falls, wenn seine Widerruffung ganz unwahrscheinlich, und boshaft zu seyn befunden wird, zu einer ausserordentlichen Bestraffung verurtheilet, oder bewandten Umständen nach, da selber ein gar verdächtig- und gefährliche Person wäre, aus dem betreffenden Gezirk abgeschaffet, oder wohl gar, da er ein Ausländer wäre, auch ungeachtet, daß er in nichts geständig, oder überwiesen gewesen, jedoch als ein landsgefährlicher Mensch aus Unseren gesammten Erblanden verwiesen werden" könne[498]. Damit rückte die arbiträre Kriminalstrafe der Ausweisung allerdings bereits recht nahe an die polizeiliche Abschaffung heran.

Ein der Verweisung bezüglich ihres Charakters als – so die spätere Terminologie[499] – sichernde Maßnahme nicht unähnliches Mittel stellte auch die von der Theresiana vorgesehene Abgabe mißliebiger Personen zu Kriegsdiensten dar, wonach „taugliche, junge, und ehrliche Mannspersonen, welche wegen ihres müßigen Herumfahrens, wegen Frevelhändel, oder sonst geringerer, keine Ehrenmackel auf sich tragenden Verbrechen sich verfänglich gemacht" hatten, ohne Urteil in den Soldatenstand, der „eine Lehrschul zu Angewöhnung des Gehorsams, Mühe, und Arbeit" sei, abgegeben werden konnten, „und dieses nicht zur Strafe, sondern zu gemeiner Wohlfahrt, um ihrem eigenen Besten, damit sie von müßigen, oder sonst ungebührlichen Lebenswandel abgezogen, und nützliche Mitglieder des Staats hieraus erzieglet werden"[500].

---

496 Nach Art. 97 § 9 CCT waren Beamten „welche ausser vorhin bemeldter Treulosigkeiten", also bestimmter, genau geregelter Diebstähle, Unterschlagungen und sonstiger Veruntreuungen, „in anderweg in ihrem Amt zu dessen merklicher Benachtheilung übel handeln, oder wohl gar eine Gefährde, und Betrug darinnen begiengen" sowie „pflichtvergessene, und meistentheils auch eydbrüchige Beamten ... nach Maß der groben Schuldtragung, des Betrugs, und Gefährde, auch nach Beschaffenheit des hieraus entspringenden Schadens willkührlich, und zwar bewandten Umständen nach mit der Dienstentsetzung, unfähig-Erklärung zu weiteren Diensten, Ehrloserklärung, mit einer Geldstraffe, mit Gefängniß, mit Land- oder Landgerichts- oder Stadtverweisung, oder anderen angemessenen Leibsstraffen zu belegen".

497 Art. 100 § 6 CCT.

498 Art. 38 § 29 CCT.

499 Vgl. etwa Max HORROW, Grundriß des Österreichischen Strafrechts mit besonderer Berücksichtigung der historischen Entwicklung, Allgemeiner Teil, 2. Hälfte: Strafe und Sicherung, Graz-Wien 1952, S. 92.

500 Art. 7 § 5 CCT.

3. Allgemeines Gesetzbuch über Verbrechen und derselben Bestrafung 1787

Bereits im Jahre 1781 hatte Joseph II. der Kompilationskommission den Auftrag erteilt, das Theresianische Strafgesetz zu revidieren. Im Zuge der Reformarbeiten stand immer wieder auch die Anwendung der Ausweisung sowohl prinzipiell als auch bezüglich des Personenkreises in Frage[501]. Grundsätzlich sollte nach Ansicht des Kaisers die Abschaffung aus einem Ort oder Land nicht weiter als Kriminalstrafe zu verhängen sein, denn Einheimischen gegenüber wäre sie unausführbar, und bei Ausländern müsse die Ausweisung als eine Polizeimaßregel betrachtet werden, die gegebenenfalls zur Kriminalstrafe dazutreten könne[502]. Ein des Landes verwiesener Ausländer sollte mit einer im Vergleich zur ersten Verurteilung verdoppelten Anzahl von Schlägen bestraft werden, weil man ihn auf diese Weise am raschesten wieder loswürde und die mit seiner Einsperrung verbundenen Kosten erspart werden könnten[503].

Ein Gutachten des Kommissionsmitgliedes Hofrat Josef Ferdinand Holger[504] vom 16. März 1781 führte zur „Relegation oder Landesverweisung aus allen k.k. Erblanden" aus, daß diese „in Ansehen der erbländischen Landeskinder ... von Rechts wegen verboten" sei, „weil solche verwiesene erbländische Unterthanen wegen ihrer besonderen böhmischen, windischen usw. Sprachen auswärtig keinen Unterstand" bekämen und „in außern Landen nicht geduldet, sondern in die Erblande zurückgeschoben und bei deren notwendigen Rückkehr und bei einem drittmaligen gezwungen Urfehdebruche in die ausgesetzte Todesstrafe unbilligerdingen hineingestürzt würden und überhaupt nicht nachbarlich" sei, „eigenen Unflat auf fremden Grund hinauszuwerfen"[505].

Für Sonnenfels waren die Landesverweisungen „nicht nur dem allgemeinen Grundsatze der Bevölkerung, sondern selbst dem Endzwecke der künftigen Besserung entgegen". Dadurch, „daß ein Verbrecher aus dem Lande geschickt wird, folgt seine Besserung nicht: gesetzt aber, daß sie erfolgte; so ist der Nutzen nicht für den verweisenden Staat, dessen Bürger zu seyn, er aufhöret, und der ein nun nützliches Mitglied verloren hat, welches die allgemeine Masse der Arbeit durch seinen Beytrag vergrößern könnte"[506]. Die Landesverweisung entziehe daher, „ohne die Absicht der Strafe zu erfüllen,

---

501 Und nur insoweit soll hier auf die Gesetzgebungsgeschichte des Josephinischen Strafgesetzes eingegangen werden. Vgl. zum Werdegang dieser Arbeiten allerdings ausführlich HOEGEL (wie Anm. 370) I, S. 72 ff.

502 Nichtsdestoweniger griff Joseph in den Jahren zwischen 1782 und 1787 gegenüber katholischen Geistlichen mehrfach zur Landesverweisung, „bald als Strafe bald als Polizeimaßregel oder als Mittelding zwischen Beiden", vgl. zu diesen Fällen ausführlich bei Carl von HOCK/Hermann Iganz BIDERMANN, Der österreichische Staatsrath (1760–1848). Eine geschichtliche Studie, Wien 1879, S. 324 ff., wenngleich nicht in allen Fällen ersichtlich ist, ob es sich um In- oder Ausländer handelte.

503 Vgl. HOCK/BIDERMANN (wie Anm. 502), S. 311.

504 Vgl. zu ihm KWIATKOWSKI (wie Anm. 440), S. 25 Anm. 1.

505 Zitiert nach HOEGEL (wie Anm. 370) I, S. 74.

506 Überdies sei die Landesverweisung überhaupt „nur da anwendbar, wo der Verlust des Vaterlandes als ein Uebel angesehen werden kann, weil er mit dem Verlust besonderer Vortheile verknüpfet ist, die man sonst nicht irgend findet". Die Landesverweisung könne von diesem Gesichtpunkt nicht als Strafe angesehen werden, denn habe „der Verwiesene kein Vermögen: so hat er nichts verloren; so ist kein abschreckendes Uebel zugegen: er wird frey gelas-

der gemeinschaftlichen Masse der Arbeitsamkeit zwei Hände ..., die man nutzbar beschäftigen könnte“[507]. Auch würde sie mit den „Vorkehrungen der meisten Staaten in offenbarem Widerspruch stehen. Denn Fremde mit Belohnungen in das Land locken, und Inländer aus dem Lande senden, die Auswanderung bei Strafe untersagen, und zur Strafe zur Auswanderungen zwingen, wie kann dieses füglich vereinbart werden?“ Die Landesverweisung solle daher „höchstens gegen Auswärtige einige Anwendung haben, die ein Land, wo man sie nicht kennet, zu ihren Absichten gewählt haben, und deren Absichten dadurch vereitelt werden.“ Die Ortsverweisung aber, so Sonnenfels, sei „für Uebelthaten und Uebelthäter minderer Klasse, was die Landesverweisung für grössere ist“[508].

Während Joseph II. nun in diesem Sinne 1782 die in „Hungarn sich aufhaltenden Zigeuner“ als inländische Untertanen von der Landesverweisung ausdrücklich ausnahm[509], ordnete er nichtsdestoweniger im gleichen Jahr an, daß „ungehindert der bestehenden Toleranz-Gesetze ... die Relegations-Strafe der Juden, wo sie nach den Gesetzen einzutreten hat, allerdings Platz zu greifen“[510] habe, damit das „jüdische Bettelvolk“ nicht vermehrt würde[511].

Im Zuge der Kodifikationsarbeiten war auch vorgeschlagen worden, die Kinder von Hochverrätern abzuschaffen, wozu die Kommission allerdings am 19. März 1785 anmerkte, daß eine derartige Ausweisung zwar bei Ausländern praktikabel sei, nicht jedoch bei Inländern[512]. Überhaupt empfehle es sich, von der Ausweisung nur nach Maß-

---

sen, seine Verbrechen nach dem Anrathen seiner Bosheit an einem andern Orte zu begehen. Hat er aber Vermögen; so liegt das Uebel nicht in der Verweisung, sondern dem Verlust des Vermögens“, Joseph von SONNENFELS, Grundsätze der Polizey, Handlung und Finanzwissenschaft I, 3. Aufl. 1770, S. 387 f.

507 Joseph von SONNENFELS, XXXX Sätze über die Bevölkerung, in: Gesammelte Schriften, 10 Bde., Wien 1783–1787, X, S. 381, zitiert nach W. LUSTKANDL, Sonnenfels und Kudler. Rede auf Josef von Sonnenfels und Josef von Kudler, gehalten am 17. Juli 1891 bei der Enthüllung der in den Arkaden der Universität Wien aufgestellten Büsten derselben, Wien 1891, S. 63, Anm. 64

508 Joseph von SONNENFELS, Grundsätze der Polizey, Handlung, und Finanz. Zu dem Leitfaden des politischen Studiums, 5. Aufl. o. O. 1787, S. 476.

509 Hofdekret vom 2. Dezember 1782 an das Mährische Tribunal über dessen Amtsbericht, JGS Nr. 103, S. 187: „Auch auf die in Hungarn sich aufhaltenden Zigeuner als inländische Unterthanen habe das Verboth der Relegirung Statt, und könnten daher dieselben zwar in Ansehung der denselben untersagten Gränzübertretung nach Beschaffenheit der Umstände alle Mahl bestrafet, niemahls aber mit der Relegation beleget werden.“

510 Hofdekret vom 16. August 1782 an die Justizbehörden aller Provinzen, in Folge resolvirten Vortrags der obersten Justizstelle vom 3ten, JGS Nr. 69, S. 166.

511 Nach HOCK/BIDERMANN (wie Anm. 502), S. 324, 392, war dies auf eine Anfrage der Obersten Justizstelle hin vom Staatsrat beraten worden. Während sich die meisten Staatsräte, vor allem Hatzfeld, für den Fortbestand der Landesverweisung eintraten, sprachen sich die Staatsräte Karl Anton Martini und Tobias Philipp Gebler gegen die weitere Anwendung der Strafe aus.

512 Das preußische Allgemeine Landrecht von 1794 (II. 20 § 95) kannte allerdings noch die Verbannung der Kinder von Hochverrätern, siehe Hans HATTENHAUER (Hrsg.), Allgemeines Landrecht für die Preußischen Staaten von 1794. Textausgabe, Frankfurt a.M.-Berlin 1970, S. 670.

gabe polizeilicher Rücksichten Gebrauch zu machen, nicht jedoch, sie grundsätzlich als Strafe anzuwenden. Wenn der Kaiser freilich auf einer so strengen Bestrafung des Hochverrates bestünde, so müßten auch die Eltern und der Ehepartner des Hochverräters abgeschafft und für eine unerlaubte Rückkehr harte Strafen angedroht werden[513]. Während Karl Anton Martini im Staatsrat zur Milde riet und den Kaiser auch dafür gewinnen konnte, hatte der Staatsminister Karl Friedrich Hatzfeld die Ausweisung der Kinder eines Hochverräters gerade bei Inländern für angezeigt gehalten, weil zu befürchten sei, daß die Kinder an dem Staat, der ihre Eltern gestraft habe, Rache üben würden[514].

Noch im Dezember des Jahres 1786 und im Jänner 1787 griff Joseph II. mit einigen Abänderungswünschen in die Kommissionsarbeit ein. So ordnete er an, daß kein Fremder mehr zur Strafe des Landes verwiesen werden dürfe, vielmehr sei diese Maßnahme grundsätzlich nur als Polizeimaßregel anzuwenden. Allerdings wollte er die Strafe der „Bestialität", Sodomie und Kuppelei durch Verweisung des Täters aus dem Ort der Tat verschärft wissen[515]. Mit Patent vom 13. Jänner 1787 erfolgte schlußendlich die Kundmachung des Josephinischen Strafgesetzes[516], welches entgegen des anfänglichen Auftrages nicht eine Revision der Theresiana war, sondern in vielen Bereichen, auch im Ausweisungsrecht, neue Wege beschritt.

So hatte das Josephinische Strafgesetz unter Abgehen vom bisherigen österreichischen Strafensystem die Landesverweisung als Strafe nicht mehr vorgesehen, denn I. § 21 des Strafgesetzes, der die Kriminalstrafen, nämlich Anschmiedung[517], Gefängnis mit öffentlicher Arbeit, Gefängnis allein, Stock-, Karbatsch- und Rutenstreiche[518] sowie Ausstellung auf der Schandbühne, taxativ anführte, kannte die Landesverweisung nicht. Diese wurde im ersten Teil über Kriminalverbrechen und Kriminalstrafen nur im Zusammenhang mit der Brandmarkung, die ein Mittel der Strafverschärfung darstellte, erwähnt. Nach I. § 39 des Strafgesetzes fand die geheime Brandmarkung[519] nämlich nur gegen „fremde Verbrecher statt, die zugleich außer Landes verwiesen werden". Die Ver-

---

513 Vgl. Hock/Bidermann (wie Anm. 502), S. 316.

514 Ebd.

515 Ebd., S. 320, 322.

516 Patent vom 13. Jänner 1787, JGS Nr. 611.

517 Aufgehoben durch Hofdekret vom 7. Mai 1790 in Folge höchster Entschließung über Vortrag der Hofcommission in Gesetzsachen vom 24. April 1790, JGS Nr. 21.

518 Auch die körperliche Züchtigung wurde durch das Hofdekret vom 7. Mai 1790 in Folge höchster Entschließung über Vortrag der Hofcommission in Gesetzsachen vom 24. April 1790, JGS Nr. 21, aufgehoben.

519 Die geheime Brandmarkung wurde „mittelst kennbarer und unvertilgbarer Einschröpfung eines Galgens an der linken Seite des hohlen Leibes" vollzogen. Bei der öffentlichen Brandmarkung nach I. § 24 JStG war hingegen dem hierzu verurteilten Verbrecher „bey dem Eintritte in seine Strafe öffentlich auf beyden Wangen das Zeichen eines Galgens kennbar und so einzuschröpfen, daß es weder durch die Zeit noch auf andere Art verlöschet werden kann"; vgl. zum Vollzug der Brandmarkung auch Hartl (wie Anm. 444), S. 262. Die Brandmarkung wurde durch das Hofdekret vom 7. Mai 1790 in Folge höchster Entschließung über Vortrag der Hofcommission in Gesetzsachen vom 24. April 1790, JGS Nr. 21, aufgehoben.

weisung konnte daher, weil keine Kriminalstrafe, nie vom Kriminalgericht[520], sondern stets nur als politische Strafe von der politischen Obrigkeit verhängt werden.

Im zweiten Teil des Josephinischen Strafgesetzes, von „politischen Verbrechen und politischen Strafen“[521], war die „Abschaffung aus einem bestimmten Orte“ als eine der „politischen Strafen“, wie auch die Züchtigung mit Schlägen, die Ausstellung auf der Schandbühne, der Arrest und die öffentliche Arbeit in Eisen, vorgesehen (II. § 10 JStG). Dieser Abschaffung, die von der „politischen Obrigkeit“ auszusprechen war, unterlagen nun grundsätzlich sowohl Inländer als auch Ausländer. Bei inländischen Straftätern konnte sich die „politische Strafe“ der Abschaffung nur auf „einen einzigen Ort“ erstrecken, und durfte die „Freiheit des Verurtheilten sich an jedem anderen Orte seine Nahrung zu suchen nicht beschränken“. Aus seinem Geburtsort oder aus dem Ort, wo er sich zehn Jahre aufgehalten hatte, konnte der Verurteilte niemals abgeschafft werden (II. § 18 JStG).

Eine Ausnahme von diesem Grundsatz stellte allerdings die Bestrafung der Verbrechen der Sodomie[522] und der Kuppelei[523] dar. Wurde das Verbrechen der Sodomie in einer Art und Weise begangen, daß dadurch öffentliches Ärgernis erregt worden war, so sollte der inländische Täter nach der Züchtigung mit Streichen und zeitlicher öffentlicher Arbeit von dem Ort, „wo er öffentlich Aergerniß gegeben“ hatte, abgeschafft werden[524]. Im Falle der Kuppelei kam die Abschaffung dann zur Anwendung, wenn der Verbrecher „zu wiederholtenmale“ betreten wurde[525]. Er war dann auf die Schandbühne zu stellen, mit Streichen zu züchtigen, und, wenn er ein inländischer Untertan war,

---

520 Die Kriminalgerichte wurden mit Patent vom 20. August 1787, JGS Nr. 712, neu eingerichtet, das bestimmte, daß mit „dem Tage, an welchem die Thätigkeit dieser neuen Criminal-Gerichte den Anfang nehmen wird“, alle „in dem Kreise bisher bestandene sogenannte Landgerichts-Herrlichkeiten“ erlöschen; siehe dort auch das Verzeichnis der neuen Kriminalgerichte.

521 Zum Wesen der im Josephinischen Strafgesetz geregelten „politischen Verbrechen“ und zur Frage, ob diese Verwaltungsstrafrecht darstellen, siehe Otto HATSCHEK, Studien zum österreichischen Polizeistrafrecht, Separatabdruck aus dem Archiv für Strafrecht und Strafprozeß LIX, Berlin 1910, S. 6 ff.; vgl. für die spätere Entwicklung auch Wilhelm BRAUNEDER, Die Entwicklung der modernen Verwaltungsstrafrechtspflege in Österreich/Cisleithanien, in: Österreichische Notariatskammer (Hrsg.), Festschrift für Kurt Wagner zum 65. Geburtstag, Wien 1987, S. 37–54, auch in: ders., Studien I: Entwicklung des Öffentlichen Rechts, Frankfurt a.M. 1994, S. 321–341.

522 II. § 71 JStG: „Wer die Menschheit in dem Grade abwürdiget, um sich mit einem Viehe, oder mit seinem eigenen Geschlechte fleischlich zu vergehen, macht sich eines politischen Verbrechens schuldig.“

523 II. § 73 JStG: „Wer in seiner Wohnung Unzucht gestattet, wer Verdienst und Gewinn in dem sucht, daß er Personen beyderley Geschlechts zur Unzucht Gelegenheit verschaffet, auch wer ohne Gewinnsucht eine Weibsperson in Bekanntschaften und Gelegenheiten verleitet, durch die sie zur Unzucht verführt wird, macht sich des politischen Verbrechens der Kuppeley schuldig; wenn sie auch Freunde, oder Diener desjenigen wären, wegen welcher sie zur Kuppeley Mithülfe geleistet haben“.

524 II. § 72 JStG; War die Tat aber „weniger bekannt geworden“, wurde der Täter nur mit zeitlichem strengerem Gefängnis – verschärft durch Fasten – und Züchtigung mit Streichen bestraft.

525 Bei Erstdelinquenz wurde „anhaltende öffentliche Arbeit“ angedroht (II. § 74 JStG).

„aus dem Ort des verübten Verbrechens zu entfernen". War der Straftäter hingegen ein „Fremder"[526], dann sollte er aus sämtlichen erbländischen Staaten abgeschafft werden.

Aus sämtlichen Erbländern war aber auch derjenige Ausländer abzuschaffen, „er sey Mann oder Weib, der mit seinem Körper Gewerb treibt, und mit Unzucht sich Verdienst schafft"[527]. Ebenso wurden ausländische gewerbsmäßige Falschspieler[528] sowie diejenigen fremden Betrüger, „welche sich in die Geschäfte eines Dritten einmengen, und ihn durch ersonnene Vorspieglungen zu muthwilligen Streitigkeiten und Beschwerführungen verleiten und veranlassen"[529], aus sämtlichen Erbländern abgeschafft.

Die „Amtswaltung in Ausforschung und Anhaltung" der politischen Verbrecher stand stets der politischen Obrigkeit zu, also derjenigen Obrigkeit, „welcher die Aufsicht über Zucht, Ordnung und Sicherheit in dem Amtsbezirke anvertrauet ist, unter was für immer einer Benennung dieselbe nach den verschiedenen Landesverfassungen benannt seyn möge"[530]. Die politischen Verbrecher unterlagen folglich ohne Unterschied des Standes der Gerichtsbarkeit derjenigen politischen Behörde, in deren Bezirke sie betreten wurden. Diese politische Behörde war allerdings nicht das Kreisamt, „sondern die Grundobrigkeit oder der Magistrat, insoweit nämlich die erstere mit einem ordentlich bestellten Justiziar, der im Namen der Grundobrigkeit nach der bestehenden Vorschrift Recht zu sprechen hat, versehen, und der Magistrat zur Ausübung einer eigenen Jurisdiktion berechtigt" war[531]. Da Joseph II. aber an seiner Reform der Gerichts- und Behördenorganisation, an der „Zerstörung des chaotischen Behördenmosaiks"[532], weitgehend scheiterte, war dies zumeist die gleiche Behörde, die auch die Strafgewalt bezüglich der Polizeivergehen ausübte, so daß „Justiz- und politische Geschäfte ungetrennt oder doch kaum geschieden ineinander liefen"[533]. Allerdings war die politische Behörde bezüglich der im Strafgesetz normierten politischen Verbrechen funktionell als

---

526 Ausländer waren ausdrücklich nach dem „allgemeinen" Strafgesetz zu bestrafen, da „das Strafgesetz die Verbrecher insgesammt gleich hält, und keinen Unterschied von Ausländern gründet", siehe das Hofdekret vom 2. November 1787 an das böhmische Appellazionsgericht über dessen Anfragsbericht vom 27. Juli 1787, JGS Nr. 739. Allerdings war das „hierländige Strafgesetz" nicht auf ein von einem Ausländer im Ausland begangenes Verbrechen anwendbar, siehe Hofdekret vom 10. Februar 1789, an das Galizische Appellations-Gericht, JGS Nr. 968.

527 II. §§ 75 f. JStG; bei Erstdelinquenz war für dieses politische Verbrechen zeitliches strenges Gefängnis festgesetzt; bei „öfterer Wiederhohlung" war die jeweils letzte Strafe zu verdoppeln und mit „anderweitgen Züchtigungen durch Fasten oder Streiche damals zu verschärfen, wenn minderjährige Leute verführt worden" sind; war der Schuldige ein „Fremder", so war derselbe aus „den sämmtlichen Erbländern abzuschaffen".

528 II. § 34 JStG; sie wurden zuvor auf die Schandbühne gestellt.

529 II. § 43 JStG.

530 So das Hofdekret vom 25. Juni 1787 an alle Länderstellen, JGS Nr. 687, das auch weiter ausführte: „Das Benehmen der politischen Obrigkeit in politischen Verbrechen kann nie an ein Criminal-Gericht, oder an ein Appellations-Gericht als Criminal-Obergericht gelangen".

531 Dementsprechend wurde dem politisch-ökonomischen Senat der Stadt Wien mit Hofdekreten vom 17. August 1784 und 24. November 1786 nicht nur die Behandlung der Bettler, sondern auch der politischen Verbrecher übertragen, siehe Viktor BIBL, Die Wiener Polizei. Eine kulturhistorische Studie, Leipzig-Wien-New York 1927, S. 231.

532 So HATSCHEK (wie Anm. 521), S. 17.

533 Ebd.

Richter tätig, während sie bei der Bestrafung von Polizeivergehen als Organ der Polizeiverwaltung anzusehen war. Lautete ein Strafurteil der politischen Obrigkeit auf Abschaffung, so konnte diese nach der Instruktion für die politischen Behörden vom 5. März 1787[534] die Abschaffung jedoch nicht „für sich selbst in Vollzug setzen", sondern sie mußte darüber eine Bestätigung des Kreisamtes, wenn der Schuldige aber von Adel oder landesfürstlicher Beamter war, sogar der Landesstelle einholen[535].

Mit Hofdekret vom 2. Mai 1788[536] präzisierte Joseph II. nachdrücklich, daß der „Criminal-Richter ... nach den dermaligen Gesetzen die Abschaffung eines Criminal-Verbrechers in die Aburtheilung niemahls einmengen" könne, „weil dieselbe aus den Criminal-Verbrechen nie fließen kann". Bei der „Untersuchung, Aburtheilung, und während der Vollziehung der Strafe kann also der Criminal-Richter nie dießfalls die politische Behörde angehen, und ihr die nicht gleichgültige Bemühung, auch ihres Orts in die Inquisition einzugehen, aufdringen". Bezüglich der Frage, „wie der Verbrecher zu behandeln sey, wenn er aus der Strafe tritt, folglich ob alsdann von Seite des Politicums die bis dahin zu voreilige Abschaffung zu verhängen komme", führte das Hofdekret aus, daß „dießfalls zwischen dem Criminal-Richter und der politischen Behörde nichts anderes verhandelt werden" könne, „als daß etwa von letzterer in einem oder anderem Falle die Mittheilung der Criminal-Akten von selbst und aus eigener Bestimmung angesucht werde, da der Criminal-Richter den Verbrecher von dem Tage an, als er in die Strafe fällt, dem Politicum übergibt, und also auch in die Frage: ob der Verurtheilte nach ausgestandener Strafe abzuschaffen sey, sich nicht einzumengen hat"[537]. Die Praxis dürfte diese klare Systematik allerdings nicht rezipiert haben, denn wie Hartl[538] feststellte, blieb die Abschaffung „nach wie vor eine beliebte Verfügung des Wiener Kriminalgerichts"[539], obgleich sie kompetenzmäßig vom politischen Senat oder der Landesstelle auszusprechen gewesen wäre.

---

534 Instrukzion für die politischen Behörden über die Anstrengung einer Inquisizion, Aburtheilung, und Strafvollziehung wider einen eines politischen Verbrechens Beschuldigten, JGS Nr. 640.

535 § 14 der Instruktion. Auch wenn das Urteil auf Züchtigung mit Schlägen oder auf Austellung auf der Schandbühne lautete, war eine derartige Bestätigung einzuholen.

536 Hofdekret vom 2. Mai 1788 an das n.ö. und v.ö. Appellationsgericht über Einvernehmen zwischen den vereinten Hofstellen und der obersten Justizstelle, JGS Nr. 822.

537 Die Nachsicht der Abschaffung verwies das Hofdekret allerdings nicht in die Kompetenz der politischen Behörden, sondern in die des Kriminalobergerichtes; vgl. auch § 201 ff. der Kriminalgerichtsordnung vom 17. Juni 1788, JGS Nr. 848; vgl. dazu auch Wilhelm Emil WAHLBERG, Zur Geschichte des Begnadigungsrechtes in Österreich, in: ders., Gesammelte kleinere Schriften und Bruchstücke über Strafrecht, Strafprozeß, Gefängniskunde, Literatur und Dogmengeschichte der Rechtslehre in Österreich II, Wien 1877, S. 130.

538 HARTL (wie Anm. 444), S. 260.

539 Und zwar sowohl „zur Bekämpfung von Vermögensdelikten als Sicherungsmaßnahme" als auch als „außerordentliche Strafe bei unklaren Fällen". Hiemit ist wohl die Durchbrechung des nulla poena-Prinzips im Josephinischen Strafgesetz durch die Bestrafung des „Trugs" gemeint, der nach Reinhard MOOS, Der Verbrechensbegriff in Österreich im 18. und 19. Jahrhundert. Sinn- und Strukturwandel (= Rechtsvergleichende Untersuchungen zur gesamten Strafrechtswissenschaft N.F. XXXIX), Bonn 1968, S. 122, eine „offene Wunde innerhalb des geschlossenen Systems der Straftatbestände" war. HARTL (wie Anm. 444), S. 260, nannte den

Beim Josephinischen Strafgesetz ist also einerseits eine gänzlich veränderte Systematik bezüglich der strafrechtlich begründeten Ausweisungen durch Wegfall der Landesverweisung als Kriminalstrafe festzustellen, andererseits ein deutlicher Rückgang der gesetzlich vorgesehenen Anwendungsfälle der Ausweisungen, nicht zuletzt aufgrund des grundsätzlichen Analogieverbotes und Bestimmtheitsgebotes sowohl bei Kriminal- als auch bei politischen Verbrechen[540]. Andererseits trug die Abschaffung im Josephinischen Strafgesetz eindeutig spezialpräventiven und sichernden Charakter, so daß sich der Wandel von der Strafe zur Sicherungsmaßnahme hier bereits deutlich ankündigte. Die Verhängung der Abschaffung dem „Politikum" vorzubehalten, ist allerdings nicht auf gewaltenteilende Motivation zurückzuführen, vielmehr spiegelt sie deutlich das auch im Kriminalrecht einen Polizeigegenstand erblickende Polizeiverständnis des aufgeklärten Absolutismus wider[541].

4. Westgalizisches Strafgesetzbuch 1796

Da sich die Reformbedürftigkeit des Josephinischen Strafgesetzes vor allem in Hinblick auf das Strafensystem und die Lückenhaftigkeit der Strafbestimmungen bald gezeigt hatte, wurde bereits 1790 die Reformtätigkeit wieder aufgenommen[542]. Die erste Frucht dieser Bemühungen war das in Westgalizien mit Patent vom 17. Juni 1796 in Kraft gesetzte Strafgesetzbuch für Westgalizien[543], welches allerdings nur „die Verbrechen und deren Bestrafung" sowie das Verfahren zum Gegenstand hatte. In Weiterführung des josephinischen Gedankengutes regelte das Westgalizische Strafgesetzbuch in

Fall, daß ein polnischer Weltpriester mit einem öffentlichen Siegel und Urkunden aufgegriffen wurde, die auf „Lug und Trug" hindeuteten. Der Kriminalsenat habe mangels eindeutigen Nachweises der strafbaren Tat entschieden: „Weil er Priester sei, nehme der Magistrat billig Abstand von Schlägen. Er komme in das Zuchthaus bis zum Sommerhauptschub, werde dann an die polnische Grenze befördert und unter Bedrohung schärfster Bestrafung aus sämtlichen k.k. Erbländern abgeschafft".

540 I. § 13 JStG: „Der Criminal-Richter ist an die buchstäbliche Beobachtung des Gesetzes gebunden, so weit in demselben auf die Missethat die Größe und Gattung der Strafe genau und ausdrücklich bestimmt ist: Es ist ihm bey strenger Verantwortung die gesetzmäßig vorgeschriebene Strafe weder zu lindern, noch zu verschärfen erlaubt. Noch weniger ist er berechtiget, die Gattung der Strafe zu ändern, oder die Bestrafung gegen eine Ausgleichung zwischen dem Verbrecher und dem Beschädigten ganz aufzuheben"; bzw. II. § 8 JStG: „Die politische Obrigkeit ist in Ausmessung der Strafe an gegenwärtiges Strafgesetz gebunden. Sie kann daher die in dem Gesetze bestimmte Strafart nicht abändern, den festgesetzten Grad weder verschärfen noch lindern"; vgl. dazu auch Volker KREY, Keine Strafe ohne Gesetz. Einführung in die Dogmengeschichte des Satzes „nullum crimen, nulla poena sine lege", Berlin-New York 1983, S. 74, 85 f.

541 Vgl. dazu James GOLDSCHMIDT, Das Verwaltungsstrafrecht. Eine Untersuchung zwischen Strafrecht und Verwaltungsrecht auf rechtsgeschichtlicher und rechtsvergleichender Grundlage, Berlin 1902, S. 81; HATSCHEK (wie Anm. 521), S. 16, 12, der anmerkte, daß sogar „noch bis in die neuere Zeit die Kriminalgerichte als ‚die höhere Potenz zur Handhabung des Polizeirechtes' angesehen zu werden pflegen".

542 Vgl. zu diesen ausführlich HOEGEL (wie Anm. 370) I, S. 85 ff.

543 Patent vom 17. Juni 1796 für West-Galizien, JGS Nr. 301.

§ 36, daß eine Landesverweisung verhängt werden könne, wenn „der Rückfall in das Verbrechen nach überstandener Strafe mit Grunde zu besorgen ist, und die Entfernung des Thäters aus dem Orte, wo er es begangen hat, zur zweckmäßigen Vorbeugung dienet“. In einem derartigen Fall sollte „der Richter wegen Abschaffung des Verbrechers aus diesem Ort sich mit der politischen Behörde vernehmen“. Das Westgalizische Strafgesetzbuch hielt also an der ausschließlichen Kompetenz der politischen Behörde zur Verhängung der Landesverweisung fest, sah aber gleichzeitig Richtlinien vor, bei Vorliegen welcher materieller Voraussetzungen die Landesverweisung vom Richter angeregt werden konnte und verwischte damit die scharfe theoretische Grenzlinie, die Joseph II. in seinem Hofdekret vom 8. Mai 1788 gezogen hatte.

Das Westgalizische Gesetzbuch ordnete auch ausdrücklich an, daß die Landesverweisung „nur gegen Verbrecher, die Ausländer seien, Statt haben“ könne und „allezeit auf sämmtliche Länder, für welches dieses Gesetzbuch geschrieben ist, sich erstrecken“ müsse. Bei besonderer Gefährlichkeit des Verbrechers konnte ihr die Brandmarkung beigefügt werden, die durch Einschröpfung des Buchstabens R samt dem Anfangsbuchstaben der Provinz, in welcher das Urteil ergangen war, an der „linken Seite des hohlen Leibes ... auf eine kennbare, und unvertilgbare Weise“ zu erfolgen hatte.

Diese Bestimmungen zeigen deutlich, daß das Westgalizische Gesetzbuch im Bereich des Ausweisungsrechtes einerseits noch deutlich dem Josephinischen Strafgesetz verhaftet ist, indem sie die Verhängung der Ausweisung in das Ermessen der politischen Behörde stellte, andererseits aber bereits dem Kriminalrichter einen Einfluß auf deren Verhängung unter bestimmten Voraussetzungen zubilligte. Einen deutlichen Bruch mit der josephinischen Systematik stellte jedoch die Unterscheidung in Kriminal- und Zivilverbrechen[544] und die – unter dem verstärkten Einfluß der Gewaltenteilungslehre erfolgte – Zuweisung der Zivilverbrechen an die Gerichtsbarkeit der Strafgerichte dar[545]. Diese Kompetenzregelung wurde in weiterer Folge auch vom Strafgesetz von 1803 für die sogenannten schweren Polizeiübertretungen übernommen.

5. Strafgesetz über Verbrechen und schwere Polizeiübertretungen 1803

Nach weiteren Überarbeitungen des kriminalrechtlichen Teiles des Westgalizischen Strafgesetzbuches und Abschluß der Arbeiten am zweiten Teil betreffend die Polizeiübertretungen konnte das neue Strafgesetz am 3. September 1803 sanktioniert wer-

---

544 I. § 3 WGStGB. Als „Civil-Verbrechen“ bezeichnete I. § 4 WGStGB jene Verbrechen, welche den Kriminalverbrechen „zwar nahe kommen, aber doch ihrer Natur nach einer mehreren Gelindigkeit Platz lassen“. Andere Übertretungen sollten gemäß I. § 5 WGStGB „darnach, ob sie gegen Polizey-Verordnungen, Gefälleinrichtungen oder bürgerliche Gesetze anstoßen, nach den darüber vorhandenen eigenen Vorschriften, und von den dazu bestimmten Behörden abgehandelt werden“; siehe zum Begriff der Zivilverbrechen auch HATSCHEK (wie Anm. 521), S. 19 ff.

545 II. § 234 WGStGB bestimmte, daß den Strafgerichten „auch in jenen Fällen die Gerichtsbarkeit ... ertheilet“ sei, „welche nach gegenwärtigem Gesetzbuche als Civil-Verbrechen zu behandeln sind“.

den und trat am 1. Jänner 1804 in Kraft[546]. Bezüglich des Ausweisungsrechtes kam es durch dieses Strafgesetz zu einer deutlichen Zäsur, als nun Landesverweisung und Abschaffung als vom Strafgericht auszusprechende Maßnahmen neben die Abschaffung als reines Polizeinstrument traten.

A. Landesverweisung

Nach dem Strafgesetz von 1803 stellte die Landesverweisung gemäß I. § 17 lit. e eine Verschärfungsart der vom Kriminalgericht wegen Verbrechen zu verhängenden Kerkerstrafe dar, die als „öffentliche Vorkehrung zur inneren Sicherheit"[547] nach ausgestandener Strafe gegen Ausländer zur Anwendung kam. Die anderen Verschärfungen der Kerkerstrafe waren Anhaltung zur öffentlichen Arbeit[548], Ausstellung auf der Schandbühne[549], Züchtigung mit Stock- oder Rutenstreichen[550] und Fasten. Da die Landesver-

---

546 JGS Nr. 626. Allerdings wurde bereits 1817 Franz von Zeiller mit der Erarbeitung von Reformvorschlägen betraut. Diese Reformdiskussion dauerte bis 1848; vgl. HOEGEL (wie Anm. 370) I, S. 95.

547 So Franz von ZEILLER, Darstellung der durch das neue Criminal-Gesetzbuch bewirkten Veränderungen sammt ihren Gründen, in: Jährliche Beyträge zur Gesetzkunde und Rechtswissenschaft in den österreichischen Erblanden I (1806), S. 143.

548 I. § 18 StGB. Diese Verschärfung konnte nur auf männliche Verbrecher angewendet und, weil sie in Ketten zu verrichten war, nur der schweren oder schwersten Kerkerstrafe beigefügt werden. Verbrecher, deren Strafzeit sich auf über zehn Jahre erstreckte, konnten auch zur Galeerenarbeit verurteilt werden; vgl. zur Galeerenstrafe die Nachweise in Anm. 3907.

549 I. § 19 StGB. Bei der Ausstellung auf der Schandbühne wurde der Verurteilte mit schweren Eisen „an Händen und Füßen geschlossen, zwischen der Wache, an einem zur Versammlung des Volkes geräumigen Orte, auf einem erhöhten Gerüste, durch drey auf einander folgende Tage, jedes Mahl eine Stunde lang, öffentlich zur Schau ausgestellet, und sein Verbrechen sowohl, als die ihm zuerkannte Strafe, auf einer ihm vor der Brust hängenden Tafel, kurz, deutlich und lesbar angedeutet". Diese Verschärfung konnte nur dann ausgesprochen werden, wenn sie ausdrücklich im Gesetz vorgeschrieben war.
Durch kaiserliche Entschließung vom 31. Mai 1848, PGS LXXVI (1848), Nr. 76, wurden I. §§ 17 lit. b und c, 19, 20, 22 Abs. 2, II. §§ 8 lit. e, 15, 16, 19 lit. a und c sowie 21 StGB aufgehoben. Folglich durfte wegen Verbrechen nicht mehr zur Ausstellung auf der Schandbühne, zur Züchtigung mit Stock- oder Rutenstreichen, zur Brandmarkung, und wegen schwerer Polizeiübertretungen nicht mehr zur körperlichen Züchtigung oder zur öffentlichen Ausstellung im Kreise verurteilt werden. Die Strafverschärfung durch öffentliche Arbeit gemäß I. §§ 17 lit. a und 18 StGB sowie durch öffentliche Gemeindearbeit gemäß II. § 19 lit. e StGB wurde durch Art. 1 des kaiserlichen Patents vom 17. Jänner 1850, RGBl. Nr. 24, womit mehrere Milderungen der bestehenden Strafgesetze über Verbrechen und schwere Polizei-Übertretungen angeordnet und vom Tage der Kundmachung angefangen in Wirksamkeit gesetzt werden, aufgehoben, vgl. dazu ausführlich Anton HYE von Glunek, Das österreichische Strafgesetz über Verbrechen, Vergehen und Übertretungen und die Preßordnung vom 27. Mai 1852, I, Wien 1855, S. 389 ff.

550 I. § 20 StGB. Mit Stockstreichen wurden erwachsene Männer, mit Rutenstreichen Frauen und Männer unter 18 Jahren gezüchtigt. Die Festlegung der Anzahl der Streiche und ihrer allfälligen Wiederholung war in das Ermessen des Richters gestellt. Allerdings konnten auf einmal nicht mehr als 50 Streiche gegeben werden.

weisung nicht ohne die Hauptstrafe des Kerkers verhängt werden konnte, wurde sie als Nebenstrafe qualifiziert[551].

Gemäß I. § 22 des Strafgesetzes konnte die Landesverweisung nur gegen Verbrecher, die Ausländer waren, verhängt werden und mußte „allezeit auf sämmtliche Länder, für welche dieses Gesetzbuch geschrieben ist, sich erstrecken". Bei besonderer Gefährlichkeit des Verbrechers konnte ihr bis Mai 1848 die geheime Brandmarkung beigefügt werden[552]. Dies sollte, wie schon nach dem Josephinischen Strafgesetz, dadurch geschehen, daß „an der linken Seite des hohlen Leibes der Buchstabe R sammt dem Anfangsbuchstaben der Provinz, in welcher das Urtheil ergangen ist, auf eine kenntliche und unvertilgbare Weise eingeschröpfet werde"[553]. Gemäß I. § 456 des Strafgesetzes mußte eine derartige Brandmarkung „sogleich nach der Ankündigung von dem Criminal-Gerichte zum Vollzuge gebracht werden"[554].

Was den räumlichen Geltungsbereich des Strafgesetzes und damit den territorialen Umfang der Landesverweisung anbelangt, so waren die „Länder, für welche dieses Gesetzbuch geschrieben ist", naturgemäß alle der Habsburgermonarchie zum Zeitpunkt des Inkrafttretens des Strafgesetzes zugehörigen Länder mit Ausnahme Ungarns und der damit vereinigten Provinzen[555] sowie der Militärgrenzdistrikte[556]. Allerdings wurde die Geltung des Strafgesetzes durch einzelne Patente auch auf die seit dem Jahre 1814 zum österreichischen Kaiserstaat hinzugekommenen Länder, also auf die Illyrischen Provinzen, das Lombardisch-Venetianische Königreich, Dalmatien, Istrien und Fiume, Tirol, Salzburg, das Innviertel und die abgetretenen Teile des Hausruckviertels sowie den Karlstädter-Kreis des Küstenlandes und den Tarnopoler Kreis erstreckt[557], womit diese Gebiete ebenfalls unter den Begriff der deutschen Erbländer zu subsumieren waren[558].

---

551 Sebastian JENULL, Das Oesterreichische Criminal-Recht nach seinen Gründen und seinem Geiste, 4 Bde., 2. Aufl. Wien 1837, I, S. 159.

552 Durch kaiserliche Entschließung vom 31. Mai 1848, vgl. Anm. 549, PGS LXXVI (1848), Nr. 76, wurde die Brandmarkung aufgehoben.

553 Siehe für eine detaillierte Schilderung des Brandmarkungsvorganges HARTL (wie Anm. 444), S. 262.

554 Das Hofdekret vom 21. Juli 1820 an sämtliche Appellations-Gerichte, in Folge höchster Entschließung vom 2. Juli 1820 über einen von der obersten Justizstelle und der Hofkommission in Justiz-Gesetzsachen gemeinschaftlich erstatteten Vortrag, JGS Nr. 1678, präzisierte bezüglich der Brandmarkung, daß diese durch den Scharfrichter, seinen Knecht oder ein „anderes hierzu geeignetes Individuum" zu vollbringen sei, nur müsse dafür gesorgt werden, daß „sie die hierzu erforderlichen Eigenschaften besitzen, um den zu Brandmarkenden nicht härter zu behandeln, als das Gesetz mit sich bringt". Für die Brandmarkung waren demjenigen, der sie vollzog, gemäß I. § 533 StGB drei Gulden zu bezahlen.

555 Allerdings wurde durch Verordnung vom 13. März 1850 die Geltung des Strafgesetzes auch auf Siebenbürgen mit Ausschluß des Hermannstädter Bezirkes ausgedehnt, vgl. dazu Eduard HERBST, Handbuch des allgemeinen österreichischen Strafrechtes, mit Rücksicht auf die Bedürfnisse des Studiums und der Anwendung, I: Von den Verbrechen, II: Von den Vergehen und Übertretungen, Wien 1882/83, I, S. 9.

556 Vgl. JENULL (wie Anm. 551) I, S. 59; auch Josef KUDLER, Erklärung des Strafgesetzes über schwere Polizei-Übertretungen mit Berücksichtigung der auf dasselbe sich beziehenden, später erlassenen Gesetze und Erläuterungen, 2 Bde., 3. Aufl. Wien 1831, I, S. 33.

557 Vgl. Ignaz MAUCHER, Sistematisches Handbuch des österreichischen Strafgesetzes über Verbrechen und der auf dasselbe sich unmittelbar beziehenden Gesetze und Verordnungen, 2

Da die Landesverweisung nur gegen Ausländer stattfand, trat, wie Passy[559] ausdrücklich anmerkte, „der praejudicielle Einfluß des allgemeinen bürgerlichen Gesetzbuchs" zutage, denn die Vorfrage, ob jemand als Ausländer zu betrachten sei, mußte nach den Bestimmungen der §§ 28–32 ABGB und den „dießfalls erlassenen Nachtrags-Verordnungen und politischen Gesetzen" entschieden werden[560]. Ausländer waren folglich einerseits die Ausländer im engeren Sinne, also diejenigen Personen, die entweder überhaupt nicht als „bleibende (wahre) Mitglieder" des österreichischen Kaiserstaates, so Jenull[561], betrachtet werden konnten, weil sie nie das Staatsbürgerrecht besessen oder aber es verloren hatten, andererseits Personen, die zwar „bleibende Mitglieder" des österreichischen Kaiserstaates, jedoch nicht derjenigen Teile desselben waren, für die das Strafgesetz galt. Demnach war die Verhängung der Landesverweisung auch gegen die Bewohner des Königreichs Ungarn und der demselben einverleibten Provinzen sowie gegen die Bewohner der Militärgrenze[562] zulässig.

Bedenken gegen diese herrschende Ansicht artikulierte Passy[563], der einwandte, daß einerseits kein Gesetz bestünde, das diese Personen zu Ausländern erklärte, und daß Ungarn, wiewohl es eine von den übrigen k.k. Erblanden verschiedene Staatsverfassung, Gesetzgebung und Verwaltung habe, nichtsdestoweniger ein Teil der österreichischen Monarchie sei. Andererseits bestimme I. § 22 des Strafgesetzes nur, daß sich die Landesverweisungen nicht auf die königlich-ungarischen Länder erstreckten, da diese nicht Geltungsgebiet des Strafgesetzes waren, nicht aber, daß Ungarn in strafrechtlicher Hinsicht generell „ganz dem Auslande gleich zu halten sei"[564]. Passy[565] verwies auch auf

---

Teile, Wien 1844, I, S. 61 ff.; St. BLUMENTRITT, Das Strafgesetz über schwere Polizeiübertretungen sammt den vom 3. September 1803, als dem Zeitpunkte der Kundmachung, bis auf die neueste Zeit hierzu nachträglich erschienenen Gesetzen und Verordnungen, Wien 1841, S. 5 ff.; JENULL (wie Anm. 551) I, S. 59; KUDLER (wie Anm. 556) I, S. 32 f.; Johann BORSCHITZKY, Handbuch des österreichischen Strafgesetzes über schwere Polizeiübertretungen vom 3. September 1803, Prag 1844, S. 17.

558 Vgl. zur Bezeichnung „Erblande" allerdings das Hofkanzleidekret vom 12. März 1813 an alle Länderstellen, PGS XL (1813) Nr. 26, S. 40, sowie Hofdekret vom 22. Februar 1822, an alle Appellations-Gerichte, JGS Nr. 1845; auch abgedruckt bei MAUCHER (wie Anm. 557) I, Nr. 2 ff., S. 3 ff., welche anordneten, daß von „nun an ... sich nicht mehr des bisher gewöhnlichen Ausdruckes: Erbkaiser, Erbstaaten, Erblande, erbländisch etc. ... zu gebrauchen" sei", da durch die „Niederlegung der deutschen Kaiserwürde die Nothwendigkeit aufgehört hat, den Unterschied zwischen dem deutschen und österreichischen Kaiserthume durch die bisher üblich gewesenen Benennungen ... zu bezeichnen". Allen Behörden wurde vorgeschrieben, diese „immer mehr oder minder compromittirenden Ausdrücke in Zukunft zu vermeiden".

559 J. C. PASSY, Ueber das Verbrechen der Rückkehr eines Verwiesenen, nach den Bestimmungen des österreichischen Strafgesetzes über Verbrechen, in: Zeitschrift für österreichische Rechtsgelehrsamkeit und politische Gesetzeskunde, Jg. 1843/I, S. 68.

560 Vgl. zur Frage der Staatsbürgerschaft S. 55 ff.

561 So JENULL (wie Anm. 551) I, S. 167.

562 Also der nicht konskribierten Erbländer; vgl. auch KUDLER (wie Anm. 556) I, S. 40.

563 PASSY (wie Anm. 559), S. 69.

564 Ungarn würde zwar, wie PASSY (wie Anm. 559), S. 69, weiter ausführte, in den meisten Zweigen der Staatsverwaltung wie das Ausland behandelt, dies stelle aber immer nur eine „analoge" Behandlung dar, und diese Analogie sei im Strafrecht nicht zulässig, da durch eine

die Bestimmung des Westgalizischen Strafgesetzbuches, daß die Landesverweisung nur gegen Ausländer verhängt werden könne, und sich jederzeit auf sämtliche Länder, für welche „dieses" Gesetzbuch, das Westgalizische Strafgesetz also, geschrieben sei, zu erstrecken habe. Zutreffend argumentierte er, daß „gewiß Niemand behaupten wollen" würde, „es habe damals die Landesverweisung in jenen Provinzen, wo das w.g. St.G.B. galt, auch gegen Einwohner der übrigen deutschen oder böhmischen Provinzen Platz greifen können".

Die strittige Ungarn-Frage spiegelte sich aber auch in der Behördenpraxis wider. Während z.B. ein Dekret des niederösterreichischen Appellationsgerichtes aus dem Jahre 1820 angeordnet hatte, daß „Ungarn ... in criminalgerichtlicher Hinsicht als Ausland angesehen" werden müsse[566], untersagte ein Hofkanzleidekret aus dem Jahre 1841[567] die Abschaffung von Ungarn aus sämtlichen konskribierten Erbländern.

Jenull[568] thematisierte auch die Frage der Gerechtigkeit der im Strafgesetz vorgesehenen Landesverweisung. Da diese nur gegen Ausländer anzuwenden sei, könne, wie Jenull im Einklang mit der herrschenden staats- bzw. völkerrechtlichen Lehre[569] formulierte, „von Seite der Gerechtigkeit dagegen nichts eingewendet werden", weil der Eintritt in den österreichischen Staat „dem Ausländer immer nur unter der stillschweigenden Bedingung gestattet" werde, „daß er seine Handlungen den Rechtspflichten gemäß einrichte". Durch Begehung einer Straftat habe der Ausländer „selbst die Bedingung aufgehoben, unter welcher allein der Aufenthalt im Lande ihm gestattet worden ist". Nach Jenull[570] könne überdies die Landesverweisung von Ausländern auch eine „sehr zweckmäßige Maßregel" sein, da solche Leute sehr oft ein fremdes Land nur zu dem Zweck aufsuchten, „um dort, wo sie unbekannt sind, desto ungehinderter ihren schlechten Le-

---

derartige Auslegung dem Gesetz eine „ausgedehntere Interpretation gegeben würde, als in dessen Wortlaut liegt".

565 PASSY (wie Anm. 559), S. 69.

566 Dekret des n.ö. Appellations-Gerichtes vom 28. Jänner 1820, Z. 10.246, MAUCHER (wie Anm. 557) I, Nr. 222, S. 218.

567 Hofkanzleidekret vom 7. Mai 1841, Z. 13.283, und niederösterreichische Regierungsverordnung vom 3. Juni 1841, Z. 28.126, an die Herrschaft Schotten, Alois LÜTZENAU, Handbuch der Gesetze und Verordnungen, welche sich auf den zweithen Theil des Strafgesetzbuches über schwere Polizei-Übertretungen beziehen, I, Wien 1846, Nr. 105, S. 100: „In einem speziellen Falle, wo gegen einen wegen Spielen verbotenen Spieles verurtheilten Ungarn die Abschaffung aus sämmtl. conscribirten Erbländern verhängt wurde, hat die ... Hofkanzlei diesem Theile des Urtheils keine Folge gegeben, weil wider dieses nach Ungarn zuständige Individuum die Abschaffung aus den Erblanden nach §. 266 nicht verhängt werden kann; eine Abschaffung aus sämmtl. conscribirten Erbländern aber in diesem Gesetzesparagraph nicht gegründet ist." Da II. § 266 StGB vorsah, daß „Ausländer, welche über verbothenen Spielen betreten werden, ... aus allen Erbländern abzuschaffen" sind, qualifizierte das Hofdekret Ungarn also nicht als Ausländer.

568 Vgl. JENULL (wie Anm. 551) I, S. 169.

569 Vgl. dazu S. 15 ff.; siehe dazu etwa auch grundsätzlich KUDLER (wie Anm. 556) I, S. 40: Sobald „die Erreichung der öffentlichen Wohlfahrt fordert, daß die Staatsbürger selbst gewissen Beschränkungen in ihrem freyen Verhalten unterworfen werden, so können diese Beschränkungen auch auf bloß zeitliche Unterthanen ausgedehnt werden, um so mehr, wenn man von ihnen ... vorzüglich nur Unterlassungen fordert".

570 Vgl. JENULL (wie Anm. 551) I, S. 169.

benswandel fortsetzen zu können". Es sei daher „unstreitig der Sicherheit zuträglich, ihnen diese bequeme Gelegenheit abzuschneiden". Er nahm aber auch zum aufklärerischen Hauptkritikpunkt an den Ausweisungen, dem Verlust an Bevölkerung, Stellung und meinte, daß „dem Staate ... mit der Menge der Bürger [allein] nicht gedient" sei, „wenn sie nicht gut und nützlich sind", und das „Bekehrungsgeschäft mit dergleichen Menschen ... nicht so leicht mit gutem Erfolge zu bewerkstelligen" sei[571].

Bezüglich des Anwendungsbereiches der Landesverweisung enthielt das Strafgesetz von 1803 keine grundsätzliche Bestimmung, wann diese verhängt werden mußte, sondern sie regelte nur, wann diese Maßnahme verhängt werden durfte. Es lag daher im Ermessen des Richters, diese Nebenstrafe unter Berücksichtigung der Gefährlichkeit der Tat oder des Täters auszusprechen. Nur in einem Fall[572] sah das Strafgesetz ausdrücklich eine obligatorische Landesverweisung vor. Gemäß I. § 34 des Strafgesetzes war dem Strafurteil gegen einen Ausländer, der wegen eines im Ausland begangenen Verbrechens im Inland betreten und dessen Übernahme von Seiten des anderen Landes verweigert wurde, immer die Landesverweisung nach vollendeter Strafzeit anzuhängen[573]. Außerdem ordnete das Justizhofdekret vom 19. August 1826[574] in Übereinstimmung mit § 16 ABGB[575] und I. § 78[576] des Strafgesetzes an, daß Fremde, welche Sklavenhandel im Ausland betrieben, verhaftet werden sollten und die Auslieferung gemäß I. § 34 des Strafgesetzes dem anderen Staat anzubieten, jedoch im Fall der verweigerten Übernahme im inländischen Strafurteil immer auch auf Landesverweisung zu erkennen sei.

Es bestehe kein Zweifel, so Jenull[577], daß solche Missetäter nach überstandener Strafe aus den Erbländern verwiesen werden müßten, denn wenn es jedem Staat freistehe, Fremde überhaupt nicht oder nur unter bestimmten Bedingungen aufzunehmen, so sei ein derartiger Verbrecher „gewiß gegen den Willen des Staates im Lande, weil, auch

571 Er verweist auch auf die finanziellen Konsequenzen des „Bekehrungsgeschäftes": „... man darf froh seyn, wenn man die Kosten bestreiten kann, welche gemacht werden müssen, um es auf die Inländer allgemein zu erstrecken".

572 PASSY (wie Anm. 559), S. 90, sprach von drei Fällen, zählte dazu aber auch den Spezialfall von I. § 34 StGB (Sklavenhandel) und die Bestimmung von I. § 84 StGB, daß ein Revertent nach vollendeter Strafzeit „abermahl verwiesen" werden sollte.

573 Allerdings war der Täter, wenn nach dem Strafgesetz des Ortes, wo er die Tat begangen hatte, die Bestrafung geringer ausgefallen wäre, nach dem „linderen Gesetze" zu behandeln; vgl. zum Weltrechtsprinzip ausführlich JENULL (wie Anm. 551) I, S. 220 ff.

574 § 6 der Beilage zum Hofdekret vom 19. August 1826 an sämtliche Appellations-Gerichte, in Folge höchster Entschließung vom 25. Juni 1826 über Vortrag der Hofcommission in Justiz-Gesetzsachen, JGS Nr. 2215, MAUCHER (wie Anm. 557) I, Nr. 337, S. 327 ff.

575 § 16 ABGB bestimmte, daß jeder Mensch vermöge der ihm angeborenen, schon durch die Vernunft einleuchtenden Rechte, als eine Person zu betrachten sei, und daher die Sklaverei, sowie auch die Ausübung einer sich hierauf beziehenden Macht, in den k.k. Staaten nicht gestattet werde.

576 I. § 78 StGB legte fest, daß jemand, der einen Menschen, „über welchen ihm vermöge der Gesetze keine Gewalt zusteht, und welchen er weder als einen Verbrecher zu erkennen, noch als einen schädlichen oder gefährlichen Menschen mit Grund anzusehen Anlaß hat, eigenmächtig verschlossen hält, oder auf was immer für eine Art an dem Gebrauche seiner persönlichen Freyheit hindert", das Verbrechen der öffentlichen Gewalttätigkeit beging.

577 Vgl. JENULL (wie Anm. 551) I, S. 222, 168.

ohne ausdrückliches Gesetz, der Erlaubniß, welche Fremden den Eintritt gestattet, ungezweifelt die Bedingung zum Grunde liegt, daß der Eintretende kein gefährlicher Mensch sei". Der ausländische Verbrecher hätte sich folglich „bloß arglistig eingeschlichen" und sei „somit widerrechtlich zugegen". Damit war für Jenull freilich die Landesverweisung „streng juridisch gesprochen", überhaupt nicht als Strafe anzusehen, denn es könne „juridisch für keine Strafe gelten, aus einem Lande entfernet zu werden, in welchem man sich nicht aufhalten darf, weil man es nie hätte betreten sollen, oder doch kein Recht erworben hat, fortwährend darin geduldet zu werden". Eine alleinige Landesverweisung ohne Bestrafung des Verbrechens würde zwar allenfalls den ausweisenden Staat vor weiterer Delinquenz schützen, es erhielte aber „der Bösewicht die Freyheit zu neuen Verbrechen, und wäre durch die nun erfahrene Straflosigkeit nur desto mehr ermuntert und entschlossen, dieselben fortzusetzen"[578].

Um jegliche Unsicherheit sowohl über die Art als auch das Ausmaß der verhängten Strafe(n) auszuschließen, aber auch um Eigenmächtigkeiten bei der Vollziehung der Strafe und einer unerlaubten Rückkehr des Landesverwiesenen[579] vorzubeugen, sah I. § 429 des Strafgesetzes vor, daß das Urteil nicht nur die Strafart, sondern auch die hinzugesetzte Verschärfung so deutlich auszudrücken hatte, daß bei dem „Vollzuge nicht der mindeste Zweifel entstehen könne". Die Landesverweisung enthaltende Urteile mußten überdies wegen der Wichtigkeit der Strafe vor der Kundmachung des Urteils dem Obergericht (I. § 435 StGB) zur Bestätigung oder Milderung vorgelegt werden. Darüber hinaus war dem Verurteilten gemäß I. § 453 des Strafgesetzes schon bei Verkündigung des Urteils ausdrücklich zu erklären, daß er sich schon durch die bloße Rückkehr in eines der Erbländer, auf das sich die Geltung des Strafgesetzes erstreckte, eines Verbrechens schuldig machen würde und welche Strafe dafür angedroht sei[580].

B. Abschaffung

Während das josephinische Strafgesetz bei Inländern nur die Abschaffung aus einem bestimmten Ort zuließ, unterschied das Strafgesetz von 1803 die Abschaffung eines österreichischen Untertanen entweder aus einem Ort oder nunmehr auch aus einer Provinz[581] – welche auf bestimmte bzw. nach Beschaffenheit der Übertretung und Um-

578 Hingegen würde die Entschlossenheit des Täter geschwächt werden, wenn er überzeugt werden könne, daß er durch die „Flucht von einem Lande in das andere der Strafe nicht entkomme". Gleichwohl dadurch „Geschäfte und Ausgaben" des Staates vermehrt würden, so ließe sich die Gesetzgebung doch durch die „bey der Betrachtung der entgegengesetzten Maxime mögliche, kleinliche Ersparung in der Pflicht nicht irre machen, durch welche das Individuum, so wie der Staat, berufen ist, Wohltäter der Menschheit zu werden. Sie bietet die Hand zu dem schönen Bunde, durch welchen alle Völker der Erde zu einem gemeinschaftlichen, wenigstens negativ wirksamen Sicherheitsvereine verkettet werden"; so JENULL (wie Anm. 551) I, S. 222.

579 Vgl. zur unerlaubten Rückkehr des Landesverwiesenen nach StGB S. 738 ff.

580 Darüber war ein Protokoll aufzunehmen und bei den Gerichtsakten zu hinterlegen.

581 Die Textierung des II. § 17 StGB ist allerdings in dem Punkt, ob ein Ausländer nicht auch aus einem Ort oder einer Provinz abgeschafft werden könne, nicht ganz eindeutig. Die Formulierung: „Auf Abschaffung aus den sämmtlichen Provinzen des Oesterreichischen Staates

stände auch auf unbestimmte Zeit verhängt werden konnte – von der Abschaffung eines Ausländers, die stets für sämtliche Provinzen des österreichischen Staates[582] und für immer galt (II. § 17 StGB). Im Unterschied zur Landesverweisung zählte das Strafgesetz (II. § 8 StGB) die Abschaffung zu den Hauptstrafen für schwere Polizeiübertretungen[583]. Allerdings stand die Abschaffung hier, wie Kudler[584] bemerkte, „uneigentlich" unter den Hauptstrafen, da sie nie für sich allein, sondern immer nur in Verbindung mit anderen Hauptstrafen als eine „Polizey-Vorkehrung" gegen „gefährlichere Subjecte" verhängt werden konnte, weshalb sie als Nebenstrafe qualifiziert wurde[585].

Auf Abschaffung als Strafe konnte nur von der politischen Behörde als Strafgericht erkannt werden, nicht aber vom Kriminalgericht, da die Abschaffung in der vorkonstitutionellen Ära[586] entweder wegen schwerer Polizeiübertretungen von der politischen Behörde als Strafgericht oder aus Polizeirücksichten von der politischen Behörde als

---

kann nur gegen Fremde erkannt werden", kann nämlich rein sprachlich auch so interpretiert werden, daß zwar Inländer nicht aus allen Provinzen abgeschafft werden dürfen, einer Abschaffung von Ausländern aus einem Ort oder einer Provinz aber nichts entgegenstünde. Allerdings wäre eine derartige Interpretation einerseits im Hinblick auf die analoge Regelung von I. § 22 StGB für Verbrechen nicht überzeugend, wo ausdrücklich angeordnet wurde, daß sich die Landesverweisung „allezeit auf sämmtliche Länder, für welche dieses Gesetzbuch geschrieben ist", erstrecken müsse; andererseits ist wohl aus der Gegenüberstellung, daß die Abschaffung aus einem Ort oder einer Provinz gegen österreichische Untertanen, die Abschaffung aus allen Provinzen des österreichischen Staates nur gegen Ausländer stattfindet, auf eine bewußte Unterscheidung zu schließen.

582 Ebenfalls in Analogie zu I. § 22 StGB ist davon auszugehen, daß sich auch die Abschaffung aus allen Provinzen des österreichischen Staates nicht auf Ungarn und die ihm einverleibten Länder erstreckte.

583 Neben Vermögens- (Geldstrafen, Verfall von Waren, Feilschaften oder Geräten, Verlust von Rechten und Befugnissen), Freiheits- (Arrest) und körperlichen Strafen (Züchtigung), vgl. II. §§ 9 ff. StGB.

584 KUDLER (wie Anm. 556) I, S. 54, nahm an, daß die Abschaffung deshalb hier eingereiht wurde, weil man sie unter die besonderen Verschärfungen des Arrests in II. § 19 StGB nicht aufnehmen konnte, da auch andere Strafgattungen, etwa die Geldstrafe in II. § 266 StGB, mit der Abschaffung verschärft wurden.

585 Vgl. Johann KOPPEL, Handbuch der österreichischen Strafgesetze über Vergehen und Übertretungen, Olmütz 1851, S. 33; Franz Xaver NIPPEL, Handbuch zur Erleichterung bey der Anwendung des zweyten Theils des Strafgesetzbuches zum Gebrauch für jene Beamte, welche sich mit der Gerichtspflege über schwere Polizey-Übertretungen beschäftigen, 2 Teile, Linz 1824, S. 19, merkte an, daß die Abschaffung zwar als „selbständige Strafart" erscheine, man aber im ganzen Gesetz keinen Fall finde, „wo selbe als solche über eine schwere Polizey-Übertretung verhängt wurde".

586 Das Gerichtsverfassungsgesetz vom 14. Juni 1849 (Grundzüge der neuen Gerichtsverfassung), RGBl. Nr. 278, übertrug alle „nicht der Gemeindepolizei zugewiesenen Uebertretungen", in erster Instanz den Bezirksgerichten (§ 8), den Landesgerichten bzw. Bezirkskollegialgerichten die Strafgerichtsbarkeit erster Instanz über Vergehen; vgl. zu der durch die Strafprozeßordnungen von 1850 und 1853 geschaffenen Kompetenzverteilung auch BRAUNEDER (wie Anm. 521), S. 41 f.

Verwaltungsbehörde verfügt werden konnte[587]. Außerdem durfte die gerichtliche Abschaffung nur dann verhängt werden, wenn sie für die betreffende Übertretung ausdrücklich im Gesetz angedroht war. Allerdings konnte die politische Behörde die Abschaffung auch als „nur" polizeiliche Verfügung anordnen[588]. Wenn daher auf Entfernung eines Übertreters aus dem Orte seines bisherigen Aufenthaltes erkannt wurde, sollte dem Urteil immer beigesetzt werden, ob die Abschaffung als Strafe gemäß I. § 17 des Strafgesetzes oder bloß aus Polizeirücksichten verhängt worden war, um „für die Zukunft derlei gegen so manche mehr oder weniger schuldlose Revertenten zu unbilliger Härte Anlaß gebende Begriffverwechslung von gesetzlicher Abschaffung ... und der blos polizeimäßigen Entfernung zu vermeiden" [589].

Allerdings scheint es keine Seltenheit gewesen zu sein, daß Kriminalgerichte in Überschreitung ihrer Kompetenzen Abschaffungen oder sogar den Schub an den Geburtsort anordneten[590], wie dies Hartl[591] am Beispiel des Wiener Kriminalgerichts belegen konnte. In einem Dekret vom 9. März 1821[592] machte die niederösterreichische Regierung daher darauf aufmerksam, daß solche Urteile, „wenn darin eine Abschaffung ausgesprochen" wäre, „der hohen Landesstelle vorzulegen" seien, die dem Appellationsgericht zur „Hintanweisung eines solchen Unfugs die Eröffnung zu machen habe". Allerdings gab, wie Hartl feststellte, das Wiener Kriminalgericht erst 1840 seine Abschaffungs- bzw. Abschiebungspraxis auf und überließ derartige Verfügungen der zuständigen politischen Behörde.

---

587 BRAUNEDER (wie Anm. 521), S. 40, sprach daher bezüglich der Strafrechtspflege in vorkonstitutioneller Zeit von einer „Aufteilung auf Gerichte, Halbgerichte und Verwaltungsbehörden".

588 Eine „polizeyliche Abschiebung kann als keine Strafe angesehen werden", so das Regierungsdekret vom 24. Februar 1804, J. L. E. BARTH-BARTHENHEIM, System der österreichischen administrativen Polizey, mit vorzüglicher Rücksicht auf das Erzherzogtum Österreich unter der Enns, 4 Bde., Wien 1829/1830, I, S. 515.

589 Niederösterreichischer Regierungs-Bescheid vom 29. November 1804, Z. 787, an den Wiener Magistrat, LÜTZENAU (wie Anm. 567), Nr. 106, S. 100; Johann KANKA, Handbuch des österreichischen Gesetzes über schwere Polizeiübertretungen, mit allen auf dieses Fach Bezug nehmenden, bis zum Ende des Jahres 1822 erschienenen Verordnungen und Erläuterungen, 2 Bde., Prag 1823, I, S. 82; KUDLER (wie Anm. 556) I, S. 68; BORSCHITZKY (wie Anm. 557), S. 59; vgl. zur Folge der verbotenen Rückkehr S. 738 ff.

590 Derartiges scheint auch im Fall der steirischen Prostituierten Agnes Krauß, vgl. S. 189 f., geschehen zu sein, wenngleich Helfried VALENTINITSCH, Aus dem Leben eines „liederlichen Weibsbildes". Zur rechtlichen und sozialen Stellung von Randschichten der steirischen Bevölkerung im 18. Jahrhundert, in: Kurt Ebert (Hrsg.), Festschrift Nikolaus Grass zum 70. Geburtstag, Innsbruck 1986, S. 423–432, nicht immer die Behörde, welche die Abschiebung oder ein Gebietsverbot aussprach, zweifelsfrei bezeichnete. Jedenfalls hatte nach den Angaben bei VALENTINITSCH der Brucker Stadtrichter 1754 die Zurückbringung der Agnes Krauß „in die Herrschaft des Domstiftes Seckau" angeordnet (S. 427), und das Landgericht Eggenberg „ließ Agnes Krauß ... 1755 wieder in ihren Geburtsort" überstellen (S. 428). Ebenfalls 1755 schärfte das Grazer Stadtgericht der zu Peitschenhieben verurteilten Delinquentin ein, „die Stadt nicht mehr zu betreten" (S. 429).

591 HARTL (wie Anm. 444), S. 260 f.

592 So das Hofkanzleidekret vom 17. Februar 1821, HERZOG (wie Anm. 143), Nr. 255, S. 249 ff.

Unklar war die Frage, ob jemand aus der Provinz oder dem Ort, wo er geboren oder ansässig war oder sich durch zehn Jahre ununterbrochen aufgehalten hatte, ausgewiesen werden durfte. Kudler[593] führte als Gründe gegen eine Abschaffung in solchen Fällen an: daß bei manchen Sträflingen die Abschaffung, „wenn diese persönlichen Verhältnisse unbeachtet blieben, zu empfindlich ausfallen“ könnte, manche dadurch „in ihrem Erwerbe gehindert“ würden oder „selbst Schwierigkeiten finden“ würden, von den Obrigkeiten anderer Orte zur Niederlassung zugelassen zu werden; daß nach dem Schubnormale und anderen diesbezügliche Verordnungen „unter den angeführten Umständen wirklich keine Wegweisung (Verschiebung)“ stattfinden könne, sowie daß nach dem Josephinischen Strafgesetz grundsätzlich niemand wegen eines politischen Verbrechens aus seinem Geburts- bzw. Aufenthaltsort abgeschafft werden durfte[594].

Ungeachtet dieser Gründe erachtete Kudler dennoch die gegenteilige Meinung für richtig, da das Strafgesetzbuch von 1803 eben die „Beschränkung des Strafübels der Abschaffung“, wie sie das Josephinische Strafgesetz vorsah, nicht übernommen hatte, und diese daher nicht mehr als bestehend angesehen werden könnte. Diese Ansicht wurde durch ein Hofkanzleidekret aus dem Jahre 1818 bestätigt[595]. Das steiermärkische Gubernium hatte nämlich anläßlich der Vorlegung eines Rekurses gegen ein wegen der schweren Polizeiübertretung der Kuppelei gefälltes Strafurteil die Hofkanzlei um Belehrung gebeten, wie „sich rücksichtlich solcher Individuen zu benehmen sey, welche im Orte der begangenen Übertretung auch geboren sind, da sich fremde Gemeinden solche abgeschaffte Individuen, besonders bei einem mittellosen Zustande, aus Besorgniß, daß ihnen früher oder später deren Versorgung zur Last fallen möchte, nicht wohl aufbürden lassen dürften“[596]. Die Hofkanzlei vertrat den Standpunkt, daß in derartigen Fällen nur das Gesetz zur unabweichlichen Richtschnur zu nehmen sei und den artikulierten Bedenken durch eine „gehörige Ausfüllung“ des Schubpasses und allenfalls durch eine „zweckmäßige Erinnerung an die Polizei-Behörde des künftigen Aufenthaltsortes des Abgeschafften wirksam begegnet werden“ könne[597].

Wie Kudler[598] hervorhob, wurde die Abschaffung von im Inland geborenen oder naturalisierten österreichischen Untertanen im Gesetz allerdings bloß bei solchen Übertretungen angedroht, „welche nur an bestimmten Orten begangen werden können,

---

593 KUDLER (wie Anm. 556) I, S. 68 f.

594 Vgl. dazu und zu den beiden Ausnahmen dieses Grundsatzes S. 93 f.

595 Hofkanzleidekret vom 12. November 1818, Z. 25.143, LÜTZENAU (wie Anm. 567), Nr. 103, S. 99.

596 Intimation des steiermärkischen Guberniums vom 2. Dezember 1818, KUDLER (wie Anm. 556), S. 89.

597 Das Hofkanzleidekret (wie Anm. 595) führte aus: „Über die Anfrage, ob ein schw. Polizei-Übertreter aus dem Geburts- oder Zuständigkeitsorte abgeschafft werden könnte, wird dem Gubernium bedeutet, sich künftig nach der ausdrücklichen Vorschrift des §. 259 St.G.B. II. Theiles um so genauer zu benehmen, als die Gesetzgebung die von der Landesstelle aufgestellten Rücksichten, welche bei sehr vielen Verurtheilten dieser Art ganz dieselben sind, bereits in gehörige Erwägung gezogen hat. Der geäußerten Besorgniß einer auf dem flachen Lande Statt habenden geringeren Polizeiaufsicht, kann übrigens durch gehörige Ausfüllung des Schubpasses und durch eine zweckmäßige Erinnerung an die Polizeibehörde des künftigen Aufenthaltsortes der Abgeschafften wirksam begegnet werden“.

598 KUDLER (wie Anm. 556) I, S. 69 f.

oder bei welchen doch die Wiederholung der Übertretung durch die besonderen Verhältnisse dieses Aufenthaltsortes vorzüglich begünstigt würde". Da man die Abschaffung „aber für sich allein nach den persönlichen Umständen des Sträflings als ein zu geringes Übel, folglich nicht als hinlänglich abhaltend" erachtete, würde sie eben nicht selbständig, sondern immer in Verbindung mit anderen Hauptstrafen verhängt werden. Außerdem ordnete das Strafgesetz die Verhängung der Abschaffung fast durchgehend nur gegen solche Inländer an, die entweder am Ort der Tat nicht ansässig waren[599] bzw. ihren Aufenthalt ohne große Schwierigkeiten ändern konnten, oder aber das Gericht war angewiesen, auf die Umstände, welche die Anwendbarkeit dieser Strafart bedingten, Rücksicht zu nehmen[600].

Was die Dauer der Abschaffung anbelangt, so wurde sie für Inländer entweder beständig oder zeitlich – und zwar auf einen im Urteil bestimmten oder unbestimmt gelassenen Zeitraum – ausgesprochen. Wurde der Übertreter auf unbestimmte Zeit abgeschafft, so hing es von der „Veränderung der Ortsverhältnisse oder von der erwiesenen Besserung des Abgeschafften ab, ob ihm der Aufenthalt daselbst wieder gestattet" wurde[601]. Er mußte sich daher, wenn er zurückkehren wollte, an die politische Obrigkeit des Ortes wenden und um die Bewilligung der Zulassung ansuchen. Während die Milderung eines die Abschaffung aus einer Provinz enthaltenden Urteils gemäß II. § 430 der Landesstelle oblag, war die gänzliche Nachsicht der Strafe der politischen Hofstelle vorbehalten[602].

Die Abschaffung von Ausländern, worunter zwar im Ausland geborene, aber bereits nationalisierte Personen nicht verstanden wurden, aus sämtlichen Ländern des Geltungsgebietes des Strafgesetzes erfolgte wie die Landesverweisung stets für immer. Eine derartige Abschaffung wurde daher entweder grundsätzlich durch den Tod des Ausgewiesenen oder infolge Begnadigung durch den Landesfürsten beendet[603]. Aber auch der spätere Erwerb der Staatsangehörigkeit, sei es durch Eingliederung eines Gebietes in den österreichischen Kaiserstaat, sei es durch Verleihung, brachte für Ausländer die Wirkungen einer Ausweisung zum Erlöschen[604].

Der Umstand, daß eine zur Abschaffung verurteilte Person verheiratet war, konnte nicht stets „für sich allein", sondern nur beim Zusammentreffen mehrerer Umstände, als Grund zur Nachsicht der Abschaffung angesehen werden. Wie ein Hofkanzleidekret

---

599 So in II. § 78 StGB: „wenn er ein Inländer, aber an dem Orte, wo der diese Uebertretung begangen, nicht ansässig ist".

600 Z.B. konnte nach II. § 71 StGB der Täter „nach Umständen und Maß seiner Gefährlichkeit", nach II. § 78 e StGB überdies nur bei „sich zeigender Bedenklichkeit in Ansehung der Umstände oder Person" abgeschafft werden.

601 KUDLER (wie Anm. 556) I, S. 68.

602 Vgl. dazu ausführlich ebd., II, S. 235 ff.

603 Gemäß II. § 431 StGB mußten die Gnadenwerbungen über Urteile, welche nach § 407 StGB der politischen Hofstelle zu übermitteln waren, dem Landesfürsten selbst vorgelegt werden; vgl. auch WAHLBERG (wie Anm. 537), S. 131 ff.

604 Vgl. JENULL (wie Anm. 551) I, S. 167; siehe zum Problem der Verehelichung PASSY (wie Anm. 559), S. 99 f., 128; vgl. auch S. 739 f.

aus dem Jahre 1805[605] ausführte, gab es im Strafgesetz „einerseits ohnehin nur wenige schwere Polizei-Übertretungen ..., worauf die Abschaffung verhängt" war, und andererseits räume „der § 432 den oberen Behörden ohnehin das Recht der Strafmilderung in mehreren Fällen, und in manchen selbst der gänzlichen Erlassung der Strafe" ein, da bei der Ausmessung der Strafen „die Gesetzgebung nur nach allgemeinen Bestimmungen verfügen und nicht persönliche Verhältnisse und Umstände berücksichtigen" könne.

Gegen Inländer war die Abschaffung aus dem Ort auf bestimmte oder unbestimmte Zeit obligatorisch bereits bei Erstdelinquenz in den Fällen der II. §§ 78 lit. e (Verstoß gegen die Meldevorschriften)[606, 607] und 220 StGB (unerlaubter Ankauf von Waren als Trödler, Hausierer etc. von Unmündigen)[608] anzuordnen sowie bei Wiederholungstä-

---

605 Hofkanzlei-Dekret vom 12. April 1805, Z. 7.247, an die niederösterreichische Regierung, Z. 12.282, LÜTZENAU (wie Anm. 567) I, Nr. 102, S. 98 f.; siehe auch BLUMENTRITT (wie Anm. 557), Nr. 44, S. 29; KANKA (wie Anm. 589) I, S. 82. Folglich machte das Hofkanzleidekret „die Regierung dahin aufmerksam ..., daß der Umstand des Verehelichtseins nicht stets, noch für sich allein, sondern nur bei Zusammentreffen mehrerer Umstände, als ein Grund zur Nachsicht der Abschaffung anzunehmen sei, jedoch immer mit genauer Beobachtung der im § 432 vorgeschriebenen Bedingungen"; nach II. § 432 StGB hatten die politischen Behörden, „da die Gründe zur Begnadigung nicht ausgezählet werden können, ... sich gegenwärtig zu halten, daß dabey hauptsächlich nur auf das Zusammentreffen mehrerer mildernder, oder auf das Eintreffen erheblicher von dem Gesetze nicht vorgesehener Umstände Rücksicht genommen, überhaupt aber, Nachsicht oder Verminderung der Strafe nicht ohne wichtige Gründe, weder bewilligt, noch darüber bey dem Landesfürsten eingerathen werden soll"; vgl. dazu auch ausführlich KUDLER (wie Anm. 556) II, S. 237 ff.

606 Und zwar durch Beilegung eines falschen Namens, Standes, einer falschen Beschäftigung oder Angabe anderer fälschlicher Umstände im Meldungszettel, „wodurch die öffentliche Aufsicht irre geführt werden kann". Bei „sich zeigender Bedenklichkeit in Ansehung der Umstände oder Person" war der Täter, wenn er ein Inländer, „aber an dem Orte, wo er diese Übertretung begangen, nicht ansäßig ist, nach vollendeter Strafzeit aus dem Orte; ein Ausländer aber nach Beschaffenheit der Umstände auch aus sämmtlichen Erbländern abzuschaffen"; vgl. zu den Meldevorschriften auch BLUMENTRITT (wie Anm. 557), Nr. 89 ff., S. 68 ff.; MAYRHOFER/PACE (wie Anm. 138) III, S. 574 ff.
Insbesondere wurde den Magistraten und Ortsobrigkeiten eingeschärft, darauf zu achten, daß die Meldevorschriften bezüglich „jüdischer Individuen" eingehalten würden. So trug das böhmische Gubernium in seiner Verordnung vom 31. Oktober 1823, BLUMENTRITT (wie Anm. 557), Nr. 91, S. 73, dem Prager Magistrat wegen des „so häufige[n] Wiedereinschleichen[s] der von Prag abgeschafften jüdischen Individuen" auf, jede Abschaffung „eines Juden oder einer Jüdin durch das jüdische Gemeinde-Vorsteheramt kund machen zu lassen" und alle Hausbesitzer und Vermieter erneut auf die bestehenden Vorschriften aufmerksam zu machen. Das Hofkanzleidekret vom 11. Juni 1829 an das Mährische Gubernium, BLUMENTRITT (wie Anm. 557), Nr. 92, S. 73 f., bestimmte, daß, „um sich gegen das Einschleichen fremder Juden und gegen ihren unbefugten Aufenthalt zu verwahren", Verstöße gegen die bestehenden Polizeivorschriften betreffend die Anmeldung, Evidenzhaltung und Duldung fremder Juden als schwere Polizeiübertretungen gemäß II. § 78 StGB zu behandeln seien.

607 Für KUDLER (wie Anm. 556) I, S. 179, stellte die Abschaffung hier eine besondere Vorkehrung gegen Gefahren dar, die mit dem Aufenthalt des Übertreters am Tatort verbunden sein konnten, z.B. wenn er sich auf verbotene Weise Einkommen verschaffte oder bei einem bevorstehenden Krieg der Verdacht entstünde, daß er ein Emmissär des Gegners sei.

608 Nach II. § 219 StGB waren „Trödler (Tändler), Hausirer, oder wer immer mit bereits gebrauchten, abgelegten, oder alten Sachen Gewerbe oder Handel treibt, wenn sie von un-

tern nach II. § 259 StGB (Kuppelei)[609]. Im Falle des II. § 229 StGB (Verabredungen von Handwerksgesellen)[610] drohte das Strafgesetz ebenfalls schon bei Erstdelinquenz die Abschaffung, allerdings aus der gesamten Provinz, an. Als fakultativ zu verhängende Strafe war die Abschaffung aus Ort oder Provinz auf unbestimmte wie bestimmte Zeit in den Fällen der Aufwiegelung von Untertanen gegen ihre Obrigkeit gemäß II. § 71 StGB[611] vorgesehen. Der Täter war nach dieser Bestimmung abzuschaffen, wenn mehrere Erschwerungsgründe zusammentrafen oder bezüglich des Täters zu befürchten war, daß er trotz der Abstrafung „großen Anhang unter den Untergebenen" behielte, und die Wiederholung der Aufwiegelung wahrscheinlich war, insbesondere, wenn der Schuldige an dem Ort der Übertretung ohnehin nicht ansässig war[612].

---

mündigen Kindern etwas kaufen oder eintauschen, ... nach Umständen ihrer Person und der Sache" zu bestrafen. Zeigte sich durch „öfters fortgesetzte Uebertretungen, daß keine Besserung erfolget; so sind die Uebertreter, wenn sie ein bürgerliches Gewerbe, oder eine obrigkeitliche Erlaubniß haben, derselben verlustig; ohne besondere Erlaubniß handelnde Inländer sind auf unbestimmte Zeit aus dem Orte, Ausländer aber auf beständig aus den Erbländern abzuschaffen" (II. § 220 StGB).

609 Eine wegen Kuppelei bereits vorbestrafte Person war „bey der abermahligen Betretung mit einer Tafel vor der Brust, unter der Aufschrift: Wegen Kuppeley, oder: wegen Verführung zu Unzucht, in einem Kreise auszustellen" und nach Verbüßung einer verschärften Arreststrafe „aus dem bisherigen Aufenthaltsorte, und eine Fremde [sic!] aus sämmtlichen Erbländern abzuschaffen".

610 Bei Verabredungen von Handwerksgesellen, „um sich durch gemeinschaftliche Weigerung zu arbeiten, oder durch andere Mittel einen höheren Tag- oder Wochenlohn, oder andere Bedingungen von ihren Meistern erzwingen", waren die „Rädelsführer" mit verschärftem Arrest zu bestrafen und, „nachdem sie entweder Eingeborne oder Ausländer sind, aus der Provinz, oder den sämmtlichen Erbländern abzuschaffen".

611 II. § 71 StGB: „Derjenige, welcher Untergebene gegen ihre Obrigkeiten durch Tadel oder Schmähungen aufzubringen sucht, und dadurch dieselben zu grundlosen Beschwerdeführungen reitzet, ist als ein Aufwiegler gegen die Obrigkeit mit ein bis dreymonathlichem Arreste zu bestrafen. Hätte er zur Einstimmung Unterschriften, oder gar Geldbeyträge gesammelt; so ist derselbe, je nachdem solche Schriften größere, unwahrhaftere Beschuldigungen, und beleidigendere Ausdrücke enthalten, mit Verschärfung des Arrestes, durch Fasten und Züchtigung, mit Streichen oder Gemeindearbeit zu bestrafen. Auch kann der Verfasser einer solchen Beschwerdeschrift nach Umständen und Maß seiner Gefährlichkeit aus dem Orte, und der ganzen Provinz, und wäre derselbe ein Ausländer, auch aus sämmtlichen Erbländern abgeschaffet werden". Vgl. zu den Tatbestandsmerkmalen ausführlich KUDLER (wie Anm. 556) I, S. 158 ff.; auf die Aufreizung gegen Staats- und Gemeindebehörden eingeschränkt durch Art. 15 des kaiserlichen Patents vom 17. Jänner 1850, RGBl. Nr. 24, womit mehrere Milderungen der bestehenden Strafgesetze über Verbrechen und schwere Polizei-Übertretungen angeordnet und vom Tage der Kundmachung angefangen in Wirksamkeit gesetzt werden.

612 KUDLER (wie Anm. 556) I, S. 160, führte als als Beispiel „hier und da gefährliche Winkelschreiber" an. Falls der Aufwiegler am Ort der Aufwiegelung eine untertänige Liegenschaft besaß, also ein „behauster Rusticalist" war, so konnte die Abschaffung gemeinsam mit der Abstiftung (§ 8 des Untertansstrafpatent vom 1. September 1781) verhängt werden, nämlich sobald sich dieser „als ein so unruhiger Kopf im Orte gezeigt hat, daß alle gegen ihn früher angewandten gelinderen Strafmittel fruchtlos geblieben sind".

Gegen Ausländer war die Abschaffung aus sämtlichen Erbländern als fakultative Maßnahme nur in den Fällen der II. §§ 71 (Aufwiegelung)[613] und 78 e StGB (Verstoß gegen die Meldevorschriften)[614] angedroht. Als obligatorische Maßnahme schon bei Erstdelinquenz war die Abschaffung von Ausländern aus sämtlichen Erbländern hingegen mehrfach angeordnet, nämlich in den §§ 48 und 49 (Geheimbündelei)[615, 616], 64 (Handel mit verbotenen Druckwerken)[617], 70 (Verleitung zur Auswanderung)[618], 99 (unbefugte ärztliche Tätigkeit als Gewerbe)[619, 620], 110 (Verkauf verbotener Arzneimit-

613 Siehe Anm. 611.

614 Siehe Anm. 606.

615 II. § 48 StGB drohte in allen in II. § 47 StGB bezeichneten Fällen die obligatorische Abschaffung aus allen Erbländern an: „Auch Ausländer werden dieser Uebertretung schuldig, dafern sie während ihres Aufenthaltes in diesen Ländern a) eine geheime Gesellschaft zu errichten; b) Mitglieder zu einer inländischen, oder auswärtigen geheimen Gesellschaft zu werben unternehmen; c) bey sich Zusammenkünfte geheimer Gesellschaften selbst halten; oder d) zu Zusammenkünften dieser Art ihre Wohnung leihen; e) durch Briefe oder auf anderen Wegen zur Verbindung inländischer geheimer Gesellschaften und ihrer Mitglieder beytragen" (II. § 47). Gemäß II. § 49 StGB war mit in II. § 48 StGB vorgesehenen Strafen – also auch mit obligatorischer Landesverweisung – derjenige Ausländer zu bestrafen, der vom Ausland her eine geheime Gesellschaft in den Erblanden zu errichten oder Mitglieder für eine geheime Gesellschaft zu werben unternommen hatte; II. § 49 StGB stellte damit eine Ausnahme von der in II. § 2 StGB aufgestellten Regel dar, daß Ausländer wegen der im Ausland begangenen schweren Polizeiübertretungen nach ihrer Betretung in Österreich nicht zur Verantwortung gezogen werden konnten.

616 Die Abschaffung wurde hier mit allen Graden der Strafe verbunden, weil sie als eine „nothwendige Vorkehrung, den Staat gegen solche gefährliche Menschen zu schützen, erscheint", vgl. KUDLER (wie Anm. 556) I, S. 121.

617 Eine schwere Polizeiübertretung beging nach II. § 64 StGB, wer „mit Büchern oder andern gedruckten Sachen hausiret, oder auf was immer für eine Art unbefugten oder geheimen Handel treibt. Die Bestrafung im Allgemeinen ist, nebst der Abnahme der Bücher, Arrest von einem Monate. Dafern aber die auf solche Art in Umlauf gebrachten Druckschriften verbothen sind, soll der Uebertreter nebst der Abnahme derselben mit einer Geldstrafe von zwey hundert bis fünf hundert Gulden, und mit dreymonathlichem Arreste; und sind die Bücher zugleich sittenverderblich, nebst der Geldstrafe mit strengem Arreste zwischen einem bis zu dreiy Monathen bestrafet werden. Ist der Uebertreter ein Ausländer, so ist er in den letzten Fällen nach ausgestandener Strafe aus sämmtlichen Erbländern abzuschaffen." Auch das unberechtigte Halten einer Leihbibliothek wurde unter II. § 64 StGB subsumiert; vgl. zu diesem Tatbestand ausführlich KUDLER (wie Anm. 556) I, S. 144 ff.; auch BLUMENTRITT (wie Anm. 557), Nr. 68, S. 54 f.

618 Ein Ausländer, der „es sich zum Geschäfte macht, Unterthanen dieser Staaten zur Ansiedlung in fremden Ländern zu verleiten", war mit Arrest von einem bis zu sechs Monaten zu bestrafen und aus sämtlichen Erbländern nach vollendeter Strafzeit zu verweisen; vgl. zu den Tatbestandsmerkmalen ausführlich KUDLER (wie Anm. 556) I, S. 157; außer Kraft gesetzt durch Art. 14 des kaiserlichen Patents vom 17. Jänner 1850, RGBl. Nr. 24, womit mehrere Milderungen der bestehenden Strafgesetze über Verbrechen und schwere Polizei-Übertretungen angeordnet und vom Tage der Kundmachung angefangen in Wirksamkeit gesetzt werden.

619 Wer sich gemäß II. § 98 StGB „ohne nach der gesetzlichen Vorschrift dazu berechtiget zu seyn, ... mit Behandlung der Kranken als Arzt oder Chirurgus bemenget, und daraus ein Gewerbe macht", sollte, wenn er ein Ausländer war, außer Arrest gemäß II. § 99 StGB mit Ab-

tel)[621], 218 (Verfertigung von Dietrichen oder Nachahmung von Schlüsseln durch Gewerbsdiener oder Handwerksgesellen ohne Wissen ihrer Herren)[622], 229 (Verabredung von Handwerksgesellen)[623] und 266 StGB (verbotene Spiele)[624]. Erst im Wiederholungsfalle mußte die Abschaffung in den Fällen der §§ 220 (unerlaubter Ankauf von Waren als Trödler, Hausierer etc. von Unmündigen)[625] und 259 StGB (Kuppelei)[626] gegen Ausländer verhängt werden.

Es ist somit festzustellen, daß einerseits die Abschaffung von Ausländern mehr als doppelt so oft wie bei Inländern vorgesehen wurde und daß andererseits die Anzahl der Fälle, in denen die Abschaffung zwingend vorgeschrieben war, bei weitem die Anwendungsfälle der fakultativ angedrohten Abschaffung überstieg.

Analog zur Bestimmung von I. § 435 des Strafgesetzes, die vorschrieb, daß Urteile, welche eine Landesverweisung aussprachen, vor ihrer Kundmachung dem Obergericht zur Bestätigung oder Milderung vorgelegt werden mußten, waren auch Urteile, in welchen auf Abschaffung aus einer Provinz erkannt wurde, gemäß II. § 402 des Strafgesetzes vor ihrer Bekanntmachung der jeweiligen Landesstelle mit sämtlichen Akten einzuschicken[627]. War ein auf Abschaffung wegen schwerer Polizeiübertretung lautendes Ur-

---

schaffung aus sämtlichen Erbländern bestraft werden; vgl. zu diesem Delikt ausführlich KUDLER (wie Anm. 556) I, S. 225 ff.; vgl. auch die bei BLUMENTRITT (wie Anm. 557), Nr. 127 ff., S. 96 ff., abgedruckten Verordnungen.

620 KUDLER (wie Anm. 556) I, S. 229 f., erläuterte, daß die Abschaffung bei diesem Delikt nur gegen Ausländer angeordnet worden war, weil nur diese „dadurch für unsere Länder ganz unschädlich gemacht" werden konnten. Da man Inländer nicht aus allen Provinzen des österreichischen Staates entfernen durfte, würde eine über einen Inländer verhängte Abschaffung aus dem Ort oder der Provinz „häufig andere Orte der Erbländer der Gefahr aussetzen, daß der Pfuscher an denselben, wo man ihn noch nicht als einen gefährlichen Menschen kennt, einen neuen Schauplatz seiner unerlaubten Betriebsamkeit fände". Es sei daher vorteilhafter, ihn nach Verbüßung der Strafe anstelle der Abschaffung unter der Aufsicht der bisherigen Obrigkeit zu belassen, die von seinem gefährlichen Verhalten Kenntnis habe.

621 Vgl. zu diesem Tatbestand ausführlich KUDLER (wie Anm. 556) I, S. 241 ff.

622 Die Abschaffung aus sämtlichen Erbländern war gegen einen ausländischen Gewerbsdiener oder Handwerksgesellen zu verhängen, der ohne Vorwissen seines Herrn oder Meisters Dietriche oder Hauptschlüssel für unbekannte Personen bzw. „Schlüssel nach bedenklichen Formen oder bloßen Abdrücken" verfertigte oder „ohne Vorsicht und gehörige Erkundigung nicht bekannten Leuten" Schlüssel nachmachte oder Schlösser aufsperrte.

623 Vgl. oben Anm. 610.

624 Nach II. § 266 StGB waren Ausländer, „welche über verbothenen Spielen betreten werden", aus den Erbländern abzuschaffen; vgl. zu den zahlreichen Formen des verbotenen Hasardspiels, z.B. Pharaon, Bassete, Würfeln, Passa dieci, Lansquenet u.v.a.m. KUDLER (wie Anm. 556) I, S. 522 ff.

625 Vgl. Anm. 608.

626 Vgl. Anm. 609.

627 Und zwar im Wege des zuständigen Kreisamtes, wie dies das Hofkanzleidekret vom 8. Mai 1806 und in dessen Folge auch die böhmische Gubernialverordnung vom 9. Juni 1806, Z. 17.123, ausdrücklich vorgeschrieben hatten; vgl. dazu die k. böhmische Gubernialverordnungen vom 26. Juli 1811 und vom 11. Juni 1818, BLUMENTRITT (wie Anm. 557), Nr. 390, S. 313, und Nr. 393, S. 315 f., in denen diese Anordnung erneut in Erinnerung gerufen wurde.

teil von der Landesstelle bestätigt worden, mußte ein in der Folge allfällig wegen unerlaubter Reversion des Abgeschafften gefälltes Urteil nicht erneut zur Bestätigung vorgelegt werden[628], sondern der Revertent konnte sofort mittels Schub hinwegbefördert werden. Die Urteile der Landesstelle waren gemäß II. § 407 des Strafgesetzes auch noch samt den Verhandlungsakten an die „oberste politische Behörde" zu senden, wenn darin auf Abschaffung aus sämtlichen Erbländern erkannt worden war[629]. Überdies sah das Strafgesetz in II. § 411 vor, daß flüchtige Personen, gegen welche die Abschaffung aus allen Erbländern verhängt worden war, zwecks Vollziehung der Abschaffung mittels Personenbeschreibung an die Kreisämter gesucht werden sollten[630].

6. *Strafgesetz über Verbrechen, Vergehen und Übertretungen 1852*

Wiewohl das Strafgesetz von 1852[631] in weiten Bereichen nur das Produkt eines 1850 zum Zweck der Einführung des Strafgesetzes von 1803 auch in den Ländern der ungarischen Krone gegebenen Revisionsauftrages war[632], sollen die Regelungen beider

---

628 Siehe das niederösterreichische Regierungsdekret vom 29. Februar 1804, BLUMENTRITT (wie Anm. 557), Nr. 388, S. 312, KANKA (wie Anm. 589) II, S. 158. Nach dem k.k. niederösterreichischen Regierungsdekret vom 24. Februar 1804, BLUMENTRITT (wie Anm. 557), Nr. 387, S. 312, KANKA (wie Anm. 589) II, S. 158, war die Reversion einer aus bloß polizeilichen Rücksichten abgeschafften Person nicht als schwere Polizeiübertretung zu qualifizieren und schon deswegen nicht zur Vorlegung an die Regierung gemäß II. § 402 StGB geeignet.

629 Überdies auch, wenn den Gegenstand der Urteile geheime Gesellschaften, die in den II. §§ 62, 164 und 69 StGB enthaltenen Zensurübertretungen oder die Verleitung der Untertanen zur Ansiedlung in fremden Ländern bildeten. Die schweren Polizeiübertretungen betreffend die Geheimbündelei und die Verleitung zur Auswanderung waren allerdings im Falle eines ausländischen Täters ohnedies mit der Abschaffung aus allen Erbländern bedroht.

630 Nach einem wegen schwerer Polizeiüberschreitung verurteilten Flüchtigen durfte nicht mittels Steckbrief – mit welchem nur Kriminalverbrecher gesucht werden konnten – und auch nur im Falle, daß gegen ihn auf Abschaffung aus allen Erbländern erkannt wurde oder er wegen eines im II. § 40 lit. a bis c StGB genannten Deliktes oder wegen Verleitung zur Auswanderung verurteilt worden war, mittels Personenschreibung gefahndet werden; vgl. dazu ausführlich KUDLER (wie Anm. 556) II, S. 247 ff.; siehe auch das Hofdekret vom 20. Mai 1804, KANKA (wie Anm. 589) II, S. 182.

631 Kaiserliches Patent vom 27. Mai 1852, RGBl. Nr. 117, wodurch eine neue, durch die späteren Gesetze ergänzte, Ausgabe des Strafgesetzbuches über Verbrechen und schwere Polizeiübertretungen vom 3. September 1803, mit Aufnahme mehrerer neuer Bestimmungen, als alleiniges Strafgesetz über Verbrechen, Vergehen und Übertretungen für den ganzen Umfang des Reiches, mit Ausnahme der Militärgränze, kundgemacht, und vom 1. September 1852 angefangen in Wirksamkeit gesetzt wird.

632 Infolge der staatsrechtlichen Veränderungen aufgrund der sogen. Oktroyierten Märzverfassung vom 4. März 1849, RGBl. Nr. 150, die Ungarn in ihren Geltungsbereich einbezogen hatte, wurden die Reformarbeiten 1850 wiederaufgenommen. Nach Art. 33 der Grundsätze für die organischen Einrichtungen in den Kronländern des österreichischen Kaiserstaates vom 31. Dezember 1851, Beilage zu RGBl. 1852 Nr. 4, sollte das Strafgesetz „für den ganzen Umfang des Reiches in Wirksamkeit gesetzt werden". Ab 1860 wurde das Strafgesetz in Ungarn allerdings de facto nicht mehr angewendet und 1861 außer Kraft gesetzt; vgl. dazu Wer-

Gesetze über Landesverweisung und Abschaffung trotzdem gesondert, bestimmte inhaltliche Überschneidungen in Kauf nehmend, behandelt werden, da eine synoptische Darstellung zu einer Überbetonung der Kontinuitäten und einer Vernachlässigung der, nicht zuletzt durch die Rechtswissenschaft und die Judikatur des Obersten Gerichts- und Kassationshofes[633] geschaffenen Unterschiede bezüglich Interpretation und Anwendung der Ausweisungsbestimmungen führen würde.

A. Landesverweisung

Nach dem Strafgesetzbuch von 1852 war die Landesverweisung neben Fasten, hartem Lager, Einzelhaft, einsamer Absperrung in dunkler Zelle und Züchtigung mit Stock- oder Rutenstreichen[634] (§§ 19–24 StG) ein grundsätzlich im Ermessen des Richters[635] stehendes Verschärfungsmittel der Kerkerstrafe bei Verbrechen (§ 19 lit. f StG),

---

ner OGRIS, Die Rechtsentwicklung in Cisleithanien 1848–1918, in: Adam Wandruszka/Peter Urbanitsch (Hrsg.), Die Habsburgermonarchie 1848–1918, II: Verwaltung und Rechtswesen, Wien 1975, S. 565 ff., und ausführlich August FINGER, Das Strafrecht mit Berücksichtigung des Vor-Entwurfes zu einem österreichischen Strafgesetzbuch, 2 Bde., 3. Aufl. Berlin 1912/1914, I, S. 122 f.; vgl. zur Entstehungsgeschichte des StG 1852 ausführlicher Wilhelm Emil WAHLBERG, Der Entwicklungsgang der neueren Strafgesetzgebung in Österreich, in: ders., Gesammelte kleinere Schriften und Bruchstücke über Strafrecht, Strafprozeß, Gefängniskunde, Literatur und Dogmengeschichte der Rechtslehre in Österreich, II, Wien 1877, insbes. S. 166 ff.; HERBST (wie Anm. 555) I, S. 12 ff.; zu den Unterschieden der beiden Strafgesetze z.B. Joseph von WÜRTH, Das neue Strafgesetz über Verbrechen, Vergehen und Übertretungen in Vergleichung mit dem bisher bestandenen Strafrechte, in: Allgemeine österreichische Gerichtszeitung I (1852), Nr. 70–92; J. C. PASSY, Bemerkungen über die neue Ausgabe des österreichischen Strafgesetzes, in: Franz Haimerl (Hrsg.), Magazin für Rechts- und Staatswissenschaft mit besonderer Rücksicht auf das österreichische Kaiserreich, VI (1852), S. 208–229, VII (1853), S. 255–267, VII (1853), S. 104–126.

633 Der oberste Gerichtshof war 1848 aus der Obersten Justizstelle hervorgegangen. Der Justizministerialerlaß vom 21. August 1848, sämtlichen Appellationsgerichten bekannt gemacht mit Justiz-Hofdekret vom 31. August 1848, JGS Nr. 1176, ordnete an, daß die Oberste Justizstelle von nun an als Gerichtsbehörde unter der Benennung „Oberster Gerichtshof" ihr Amt zu handeln habe; Verfassung, Wirkungskreis und Einrichtung des Obersten Gerichts- und Kassationshofes wurden endgültig durch das kaiserliche Patent vom 7. August 1850, wodurch die Organisation des obersten Gerichts- und Cassationshofes in Wien festgesetzt wird, geregelt; vgl. ausführlich Otto LEONHARD, Aus der Geschichte des österreichischen Obersten Gerichtshofes, in: Festschrift zur Hundertjahrfeier des österreichischen Obersten Gerichtshofes 1850–1950, Wien 1950, S. 163–211.

634 Sowohl als Hauptstrafe und Stellvertretungsstrafe der Arreststrafe sowie auch als Neben- oder Verschärfungsstrafe ausnahmslos abgeschafft durch § 1 des Gesetzes vom 15. November 1867, RGBl. Nr. 131, wodurch mehrere Bestimmungen des allgemeinen Strafgesetzes und andere damit im Zusammenhange stehende Anordnungen abgeändert werden. Die körperliche Züchtigung war gemäß § 2 des Gesetzes überall dort, wo sie als Verschärfung einer Freiheitsstrafe angedroht wurde, durch eine der übrigen gesetzlich zulässigen Verschärfungsarten der Freiheitsstrafe zu ersetzen.

635 Ausgenommen den Fall des § 40 StG, siehe dazu S. 116 f., auch 128 f.

während die im § 240 lit. f bis h des Strafgesetzes auf Vergehen und Übertretungen[636] angedrohte Abschaffung ausdrücklich als eine Strafgattung bezeichnet wurde. Nichtsdestotrotz wurde die Landesverweisung von Praxis und Rechtswissenschaft[637] nicht als Strafverschärfung, sondern vielmehr als Nebenstrafe an der Freiheit angesehen, wogegen Berufung erhoben werden konnte[638]. Faktisch stellte sie eine Maßnahme der Unschädlichmachung dar und wurde zumeist wie die Abschaffung als sichernde Maßnahme, und nicht als Strafe, gesehen[639].

Die Landesverweisung konnte gemäß § 25 des Strafgesetzes nur gegen Verbrecher ausgesprochen werden, die Ausländer waren[640]. Die Frage, wer nach diesem Strafgesetzbuch als Ausländer zu qualifizieren war, konnte allerdings, so Hye-Glunek[641], „seit der segenbringenden Epoche, daß Österreich's Länder zu Einem (Gesammt-)Staate erklärt worden" waren, und „nunmehr staatsrechtlich der Ungar, der Croate, der Siebenbürger ebensowohl als Inländer in Beziehung auf den Staatsverband des Reiches (des Kaiserthums Österreich's) anzusehen ist, wie etwa der Nieder- und Oberösterreicher, der Steiermärker, der Böhme, der Galizier, Bukowiner, Triestiner, Lombarde, Venetianer",

---

636 Also die früheren „schweren Polizeiübertretungen". Sowohl das StG 1852 als auch die StPO von 1853 beließen die Strafgerichtsbarkeit für die Vergehen und Übertretungen bei den Gerichten; vgl. dazu auch BRAUNEDER (wie Anm. 521), S. 42 f.

637 Vgl. zur Praxis S. 127 ff. Nach ALTMANN/JACOB (wie Anm. 360) I, S. 98, könne die Landesverweisung nach richtiger Auffassung schon deshalb keine Verschärfung der Strafe sein, weil sie erst nach vollzogener Strafe in Vollzug gesetzt wurde; siehe dazu auch Ludwig ALTMANN/Max L. EHRENREICH, Einführung in das österreichische Strafrecht, Wien-Leipzig-München 1923, S. 100 f.; FINGER (wie Anm. 632) I, S. 750; Carl STOOSS, Lehrbuch des Österreichischen Strafrechts, 2. Aufl. Wien-Leipzig 1913, S. 222; vgl. weiters Eugen SERINI/Josef GEBERT, Kommentar zum Tilgungsgesetz 1951. Bundesgesetz vom 4. Juli 1951, BGBl. Nr. 155, über die Tilgung von Verurteilungen (= Manzsche Handkommentare zum österreichischen Recht III), Wien 1952, S. 66 ff.

638 Vgl. dazu S. 129 ff.

639 Siehe ALTMANN/JACOB (wie Anm. 360) I, S. 104 ff., 696; vgl. auch HORROW (wie Anm. 499), S. 92 ff, insbes. S. 100; STOOSS (wie Anm. 632), S. 247; für SERINI/GEBERT (wie Anm. 632), S. 66 ff., waren Landesverweisung und Abschaffung „gemischte Folgen", die Straf- und Sicherungscharakter in sich vereinten; so auch die Entscheidung des OGH vom 6. November 1933, 5 Os 867/33, Slg. OGH N.F. XIII Nr. 80, vgl. zu dieser insbes. S. 376 f., kritisch Theodor RITTLER, Lehrbuch des österreichischen Strafrechts (= Rechts- und Staatswissenschaften XII/1), I: Allgemeiner Teil, 2. Aufl. Wien 1954, S. 313; das StG 1852 kannte den Terminus technicus „sichernde Maßnahme" nicht.

640 Wie HYE-GLUNEK (wie Anm. 549), S. 402 f., ausführte, ging die österreichische Strafgesetzgebung davon aus, daß „die Strafe der Landes-Verweisung (Exil oder Verbannung) gerechter Weise nie gegen Inländer verhängt werden könne, weil es ... ebensowenig aus dem Standpunkte des Einzelnen den Grundsätzen der Gerechtigkeit entspreche, einem Staatsangehörigen den Schutz und die Existenz in demjenigen Staatsgebiete, dem er nach Recht und Pflicht angehört, wider seinen Willen zu entziehen; als es sich mit den internationalen Rechtsbeziehungen vereinbaren lasse, daß man anderen Völkern oder Staaten die unwillkommenen Exilirten eines dritten Staates aufnöthige, oder daß man derlei Exilirte, wenn sie vielleicht nirgends aufgenommen werden sollten, etwa gar als schutz- und rechtlose Wesen in der Schwebe des ewigen Hin- und Hergeschobenwerdens von einem Staatsgebiete zum anderen erhalten wollte".

641 HYE-GLUNEK (wie Anm. 549), S. 404.

nun einfach entschieden werden, weil nur der Nachweis zu erbringen war, daß die betroffene Person nach „Maßgabe der Gesetze des – entweder bereits für das gesammte Reich oder auch nur für ein einzelnes Kronland geltenden – öffentlichen oder Civilrechts wenigstens von diesem einzelnen Kronland ein Staatsangehöriger“, also Reichsbürger, war[642]. Allerdings wurden seit dem österreichisch-ungarischen Ausgleich 1867 die Angehörigen der Länder der ungarischen Krone wieder als Ausländer behandelt[643], während für Cisleithanien ein einheitliches Staatsbürgerrecht bestand[644]. Auch die Staatsangehörigen Bosniens und der Herzegowina galten seit der Okkupation durch Österreich-Ungarn 1878[645] im Verhältnis zu Cisleithanien als Ausländer.

Die Entscheidung, wer als Ausländer angesehen wurde, war insbesondere bei einer Kollision der Normen über die Frage der Staatsangehörigkeit nach österreichischem Recht zu treffen[646]. Daher waren auch Staatenlose bezüglich der Landesverweisung als Ausländer zu behandeln[647]. Da die Landesverweisung aber nicht nur unzulässig gegen Inländer war, sondern vielmehr nur gegen Ausländer verhängt werden konnte, mußte folglich einerseits deren Eigenschaft als Ausländer erwiesen sein[648], andererseits erlosch die Wirkung der gegen einen Ausländer rechtskräftig verhängten Landesverweisung, wenn der bzw. die Landesverwiesene nach der Ausweisung die österreichische Staatsbürgerschaft erwarb[649].

Die Landesverweisung galt stets für immer, also auf Lebenszeit des Verwiesenen. Abgesehen vom genannten Fall des nachträglichen Erwerbs der österreichischen Staatsangehörigkeit konnte die Landesverweisung wie die Abschaffung allerdings auch durch Begnadigung außer Kraft gesetzt werden[650].

---

642 Ebd.; vgl. zum Erwerb der Staatsangehörigkeit S. 55 ff.

643 Vgl. dazu die Entscheidung des OGH vom 9. Dezember 1880, Z. 12577, Slg. OGH III Nr. 294, weiter unten S. 125 f.

644 Vgl. dazu S. 58 ff.

645 Vgl. zum Strafrecht in Bosnien-Herzegowina FINGER (wie Anm. 632) I, S. 123.

646 Als Ausländer war daher jeder anzusehen, der nicht Angehöriger eines der im Reichsrat vertretenen Königreiche und Länder war. Dies war folglich jeder, dem nach den Vorschriften des ABGB (§§ 28–32) die österreichische Staatsangehörigkeit zukam, wenn er diese nicht gemäß § 10 des Patentes vom 24. März 1832, PGS LX (1832), Nr. 34, JGS Nr. 2557, durch Auswanderung, und zwar schon durch Benützung der Auswanderungsbewilligung und nicht erst durch die Aufnahme in einen neuen Staatsverband, verloren hatte; vgl. auch S. 58.

647 Staatenlose waren nicht österreichische Staatsbürger und konnten daher als Ausländer des Landes verwiesen werden, vgl. dazu die Entscheidung des OGH vom 5. April 1935, 5 Os 211/35, Slg. OGH XV Nr. 31; dazu ausführlicher S. 375.

648 Die Verhängung der Landesverweisung setzte den Nachweis voraus, daß der Angeklagte nicht österreichischer Staatsbürger war. Der mangelnde Nachweis der österreichischen Staatsbürgerschaft schuf diese Voraussetzung noch nicht, vgl. dazu auch S. 375.

649 Dies ergab sich, abgesehen von völkerrechtlichen Grundsätzen, auch aus der Analogie mit § 2 des Schubgesetzes von 1871: „Mit der Erwerbung der Zuständigkeit in einem Ort erlischt die Wirkung der Abschaffung aus demselben.“

650 Nach § 411 StPO stand nur dem Kaiser eine im Strafgesetz nicht vorbedachte Nachsicht oder Milderung der Strafe zu (siehe zum kaiserlichen Begnadigungsrecht Art. 13 des Staatsgrundgesetzes vom 21. Dezember 1867, RGBl. Nr. 144, über die richterliche Gewalt). Gnadengesuche waren vom Verurteilten beim Vorsteher der Strafanstalt oder bei dem zur Visitation der Strafanstalt entsendeten Beamten anzubringen und von diesen dem Gericht, das

Die Landesverweisung mußte sich auch stets auf alle Länder des Geltungsgebietes des Strafgesetzes erstrecken. Nach dem Kundmachungspatent vom 27. Mai 1852[651] galt das Strafgesetz sowohl in jenen Kronländern, in welchen bisher das Strafgesetzbuch vom 3. September 1803 in Rechtskraft gestanden war, als auch in den Königreichen Ungarn, Kroatien und Slawonien mit dem kroatischen Küstenland, dem Großfürstentum Siebenbürgen, der Wojwodschaft Serbien, dem Temeser Banat und dem Großherzogtum Krakau. Seit dem österreichisch-ungarischen Ausgleich 1867 bezog sich die Landesverweisung allerdings nicht mehr auf alle Kronländer des österreichischen Kaiserstaates, sondern nur mehr auf die im Reichsrat vertretenen Königreiche und Länder.

In den meisten Fällen stellte die Landesverweisung eine fakultative, also im Ermessen des Richters liegende Nebenstrafe, dar[652], die wegen ihrer „in alle persönlichen, Erwerbs- und Familien-Verhältnisse des Sträflings tief eingreifenden, für seine ganze Lebenszeit fortdauernden Wirkungen nur in sehr wichtigen Fällen und bei besonderer Gefährlichkeit des betreffenden Individuums für die allgemeine (nicht blos örtliche) Sicherheit“[653] verhängt werden sollte. Obligatorisch[654] auszusprechen war sie nur in den Fällen des § 40 StG[655], wenn also ein Strafurteil gegen einen Ausländer wegen eines im

---

in erster Instanz erkannt hatte, zu übermitteln. Das Gericht hatte den Antrag entweder zurückzuweisen, wenn es nicht fand, daß wichtige Gründe für die Milderung oder Nachsicht sprachen, oder mit seinem Antrag dem Gerichtshof zweiter Instanz vorzulegen, welcher nach Anhörung des Oberstaltsanwaltes darüber einen Beschluß faßte und diesem mit seinem Antrag dem Justizminister vorlegte. Von Amts wegen durften Anträge auf Begnadigung nur für Unmündige und Jugendliche gestellt werden, siehe die Verordnung des Justizministeriums vom 25. November 1902 betreffend die Begnadigung verurteilter Jugendlicher, Verordnungsblatt des k.k. Justizministeriums 1902, Nr. 51; vgl. zur Begnadigung z.B. näher Alexander LÖFFLER/Wilhelm H. von HERRNRITT, Die Strafprozeß-Ordnung vom 23. Mai 1873, Nr. 119 RGBl., samt allen ergänzenden und erläuternden Verordnungen unter Anführung einschlägiger Entscheidungen und Beschlüsse des Obersten Gerichts- als Kassationshofes (= Manzsche Taschenausgabe der österreichischen Gesetze V), 13. Aufl. Wien 1914, I, S. 639 ff.; HORROW (wie Anm. 499), S. 283 ff.

Anträge Landesverwiesener oder Abgeschaffter auf Aufschub der Vollziehung dieser Maßnahme, um im Rahmen eines kurzen Aufenthaltes an ihrem letzten Wohnort ihre Angelegenheiten zu ordnen, waren allerdings nicht als Gnadengesuche zu behandeln, sondern von den zur Vollziehung der vom Gericht ausgesprochenen Ausweisung zuständigen Verwaltungsbehörden entsprechend zu berücksichtigen, siehe den Erlaß des Justizministeriums vom 1. Juli 1905, Z. 14.641, Normalien-Sammlung (wie Anm. 359) IV, Nr. 5346.

651 Siehe Anm. 631.

652 Siehe dazu auch die Regelungen der strafrechtlichen Nebengesetze, S. 138 ff.

653 W. Ch. FRÜHWALD, Handbuch des österreichischen Strafrechtes, I: Strafgesetz über Verbrechen, Vergehen und Übertretungen und Preßordnung vom 27. Mai 1852, enthaltend den Text des Strafgesetzbuches und der Preßordnung, eine ausführliche Erklärung derselben, zahlreiche Rechtsfälle, die dahin einschlägigen noch giltigen anderweitigen Gesetze und Verordnungen, die Entscheidungen des k.k. obersten Gerichts- und Cassationshofes, die gesammte Literatur in Bezug auf das Strafgesetz und die dazu gehörigen Gesetze und Verordnungen, dann ein alphabetisches Sachregister, 3. Aufl. Wien 1855, S. 55.

654 Siehe auch die obligatorischen Landesverweisungen in den Nebengesetzen, S. 138 ff.

655 § 40 StG ordnete an, daß gegen einen ausländischen Verbrecher, sollte der auswärtige Staat dessen Übernahme verweigern, in der Regel nach Vorschrift des gegenwärtigen Strafgesetzes vorzugehen war. Wenn aber nach dem Strafgesetz des Ortes, wo er die Tat begangen hat,

Ausland begangenen Verbrechens im Inland ergangen war. Daß nicht einmal der Staat, in dessen Gebiet das Verbrechen begangen worden war, „zur Straf-Vollziehung ... die ihm angebotene Auslieferung [des Täters] annehmen“ wolle, stellte nach Hye-Glunek[656] den Grund für diese zwingende Ausweisung dar, da „somit deutlich constatirt“ sei, daß „ein solches Individuum höchst bedenklich, und dessen fortdauernder Aufenthalt in Österreich nach ausgestandener Strafe in keiner Beziehung wünschenswert“ sei[657].

B. Abschaffung

Die Abschaffung konnte nach dem Strafgesetz von 1852 bei gewissen Vergehen und Übertretungen (§ 249 StG)[658], nicht aber bei Verbrechen[659] gegen Inländer und Ausländer[660] verhängt werden. Im Unterschied zur Landesverweisung, die § 19 des Strafgesetzes als Verschärfung der Kerkerstrafe bezeichnete, wurde die im § 240 f bis h des Strafgesetzes angedrohte Abschaffung ausdrücklich als eine Gattung der Hauptstrafen für Vergehen und Übertretungen neben Vermögensstrafen, dem Arrest und der körperlichen Züchtigung genannt[661]. Allerdings bereitete die Zuzählung der Abschaffung zu den Hauptstrafen Probleme, weil sie nicht eigenständig, sondern immer nur in

---

die Behandlung milder ausfiele, war er nach diesem gelinderen Gesetz zu behandeln. Dem Strafurteil mußte die Verweisung nach vollendeter Strafzeit angehängt werden; vgl. dazu ausführlich ALTMANN/JACOB (wie Anm. 360) I, S. 137 ff.

656 HYE-GLUNEK (wie Anm. 549), S. 403 f.

657 Diese Unterscheidung in fakultative und obligatorische Nebenstrafe war deshalb wichtig, weil das Gericht seine Strafbefugnis überschritt, wenn es im Falle des § 40 StG nicht auf Landesverweisung erkannte und der Angeklagte daher die Nichtigkeitsbeschwerde nach § 281 Z. 11 StPO ergreifen konnte, während gegen eine bloß fakultativ vorgesehene Verhängung der Landesverweisung nur mit Berufung gemäß § 283 StPO vorgegangen werden konnte; vgl. dazu S. 129 ff.

658 § 249. Abs. 1. StG: „Die Abschaffung aus einem Orte oder aus einem Kronlande findet Statt entweder auf eine bestimmte, oder nach Beschaffenheit der strafbaren Handlung und der Umstände auch auf unbestimmte Zeit“; Abs. 2: „Auf Abschaffung aus sämmtlichen Kronländern des österreichischen Kaiserstaates kann nur gegen Ausländer erkannt werden“.

659 Nach § 11 des Sprengstoffgesetzes konnte allerdings bei Verurteilung wegen der in den §§ 4, 5, 6 und 8 genannten Verbrechen sowie wegen des im § 3 genannten Vergehens auf Abschaffung erkannt werden, siehe dazu auch S. 143 f.; ausnahmsweise ebenfalls beim Verbrechen des Wuchers, vgl. § 5 der Kaiserlichen Verordnung vom 12. Oktober 1914, RGBl. Nr. 275, über den Wucher, siehe S. 140; und bei dem Verbrechen der Preistreiberei, vgl. § 19 Abs. 2 des Bundesgesetzes vom 9. März 1921, BGBl. Nr. 253, über die Bestrafung der Preistreiberei, des Schleichhandels und anderer ausbeuterischer oder die Versorgung der Bevölkerung gefährdender Handlungen (Preistreibereigesetz), siehe S. 517.

660 Vgl. zur Ausländerqualität S. 55 ff.

661 Die vier Gattungen der Hauptstrafen in § 240 StG waren also neben der Abschaffung die Vermögensstrafen, nämlich Geldstrafe, der Verfall von Waren, Feilschaften oder Geräten sowie der Verlust von Rechten und Befugnissen (lit. a bis d), die Freiheitsstrafe in Form des Arrests (lit. d) und die körperliche Strafe der Züchtigung. Nach Abschaffung der körperlichen Züchtigung trat an deren Stelle die Arreststrafe, vgl. das Gesetz vom 15. November 1867, RGBl. Nr. 131, wodurch mehrere Bestimmungen des allgemeinen Strafgesetzes und andere damit im Zusammenhange stehende Anordnungen abgeändert werden.

Verbindung mit anderen Strafen zu verhängen war. Da sie aber nicht nur in Kombination mit der Arreststrafe, sondern auch mit einer Geldstrafe verbunden werden konnte[662], war sie nach Ansicht Herbsts[663] unter die Hauptstrafen und nicht unter die Verschärfungen der Arreststrafe eingeordnet worden. Die Folge der Zuordnung zu den Hauptstrafen war, daß die Strafe der Abschaffung nur wegen eines Deliktes verhängt werden konnte, für das sie vom Gesetz ausdrücklich angedroht war[664], und nicht überall dort, wo eine Verschärfung der Hauptstrafe zulässig war, da § 250 des Strafgesetzes allgemein vorschrieb, daß eine Strafverschärfung durch Vereinigung mehrerer Hauptstrafen nur in den Fällen zulässig sei, „für welche, und in dem Maße", wie sie im Gesetz bestimmt war.

Die Abschaffung war entweder die Ausweisung von In- und Ausländern aus einem Ort bzw. aus einem Kronland (§ 249 Abs. 1 StG) oder die Ausweisung von Ausländern aus sämtlichen Kronländern des österreichischen Kaiserstaates (§ 249 Abs. 2 StG). Daß die Abschaffung aus einem Ort oder aus einem Kronland sowohl auf Inländer als auch auf Ausländer anwendbar war, ergab sich auch durch einen Vergleich der diesbezüglichen Textierung in den Strafgesetzen von 1803 und 1852, hatte doch § 249 Abs. 1 im Unterschied zu II. § 17 des Strafgesetzes von 1803 den Beisatz „gegen österreichische Unterthanen" weggelassen. Allerdings war im besonderen Teil des Strafgesetzes von 1852 niemals die Abschaffung eines Ausländers aus einem Ort oder einem Kronland obligatorisch angedroht, vielmehr findet sich hier stets die Abschaffung aus sämtlichen Kronländern des österreichischen Kaiserstaates. Der räumliche Umfang dieser Ausweisung konnte auch nicht vom Gericht, sei es die erste oder eine höhere Instanz, im Rahmen des Milderungsrechtes eingeschränkt, also in eine Abschaffung aus einem Ort oder Kronland umgewandelt werden. Nur in den Fällen der im Ermessen des Richters stehenden fakultativen Abschaffung (also §§ 300, 305, 320 lit. e und g StG)[665] war daher eine Abschaffung eines Ausländers aus nur einem Ort oder einem Kronland möglich.

Was die Abschaffung von Inländern anbelangt, so war in den ersten Jahren der Geltung des Strafgesetzes nach wie vor eine Abschaffung von Personen aus ihrem Zuständigkeitsort möglich, wobei dem Wunsch des abzuschaffenden Individuums bezüglich der Wahl des künftigen Aufenthaltsortes Rechnung zu tragen war[666], „in sofern derselbe gehörig begründet" erschien und „mit den polizeilichen Vorschriften vereinbar" war, „indem Fälle eintreten können, wo die abzuschaffende Person in einer bestimmten Gemeinde, sei es bei Verwandten, sei es in anderer Weise eine Subsistenz oder doch Beihilfe findet, wodurch dann die weiteren Fragen wegen der Unterstützung gänz-

---

662 Nämlich in den Fällen des § 522 StG (verbotenes Spiel).

663 Vgl. HERBST (wie Anm. 555) II, S. 17.

664 Vgl. dazu auch die Plenar-Entscheidung des OGH vom 28. Februar 1889, Z. 15.260 ex 1888, Slg. OGH XI Nr. 1255, Juristische Blätter XIX (1890), Nr. 3, S. 36, ausführlich S. 132.

665 Siehe dazu ausführlicher S. 122 f.

666 Siehe den Erlaß der steiermärkischen Statthalterei vom 15. Dezember 1865, Adalbert ZALEISKY, Handbuch der Gesetze und Verordnungen, welche für die Polizei-Verwaltung im österreichischen Kaiserstaate von 1740–1852 erschienen sind, 3 Bde., Wien 1854, 2 Nachträge, Wien 1856/1858, 1. Nachtrag, S. 1.

lich wegfallen, oder doch auf ein minderes Maß sich beschränken werden“[667]. Erst im Jahre 1858 erläuterte das Justizministerium im Einvernehmen mit dem Ministerium des Innern zur „Beseitigung von Zweifeln“[668] § 249 des Strafgesetzes verbindlich dahin, daß dieser Ort nicht der Zuständigkeitsort des Abzuschaffenden sein dürfe[669].

Zur „Vermeidung der Unzukömmlichkeit“, daß aus einem Ort abgeschaffte Personen in einem im selben Polizeirayon gelegenen Nachbarort ihren Aufenthalt nahmen, „wodurch die öffentliche Sicherheit leicht gefährdet, und der Zweck der Abschaffung vereitelt werden kann“[670], wurde durch Verordnung vom 10. Mai 1852[671] die Abschaffung auch auf den gesamten Polizeirayon erstreckt, zu welchem der Ort, aus dem die Person abgeschafft wurde, gehörte. Wurde allerdings der Polizeirayon vergrößert, so konnten die aus dem früheren Polizeirayonsgebiet abgeschafften Personen, die in dem jetzt einbezogenen Teil seßhaft waren, nicht als aus dem vergrößerten Polizeirayon ausgewiesen angesehen werden[672].

---

667 Jedenfalls mußte die Subsistenz einer abzuschaffenden, erwerbsunfähigen und vermögenslosen Person sichergestellt werden.

668 So führte FRÜHWALD (wie Anm. 653), S. 230, noch aus, daß auch ein „Inländer oder nationalisirter Ausländer ... aus dem Orte oder Kronlande abgeschafft werden“ könne, „in welchem er geboren oder wo er heimatberechtigt ist“. Es sei „auch daraus nicht leicht eine Gefährlichkeit der persönlichen oder Erwerbsverhältnisse des Betreffenden zu befürchten, da die Abschaffung schon im Gesetze größtentheils nur in Fällen, deren Verübung gewöhnlich durch herumziehende Leute geschieht, angeordnet, oder auf ansässige Personen beschränkt ist“. Auch die Entscheidung des OGH vom 20. September 1854, Z. 10226, in: Allgemeine österreichische Gerichts-Zeitung V (1854), S. 579 f., kam noch zum Ergebnis, daß die Strafe der Abschaffung aus einem bestimmten Ort auch über jene Personen verhängt werden könne, „welche nach diesem Orte zuständig sind“, siehe Eduard HERBST, Die grundsätzlichen Entscheidungen des k.k. obersten Gerichtshofes über zweifelhafte Fragen des allgemeinen österreichischen Strafrechts, 3. Aufl. Wien 1858, S. 244.

669 Verordnung des Justizministeriums vom 19. Mai 1858, RGBl. Nr. 79, wirksam für alle Kronländer mit Ausnahme der Militärgrenze, wodurch der § 249 des Strafgesetzes vom 27. Mai 1852 dahin erläutert wird, daß auf die Strafe der Abschaffung aus demjenigen Orte nicht erkannt werden kann, zu welchem der zu Verurteilende gesetzlich zuständig ist. Infolge Aufhebung des Heimatgesetzes von 1863 im Jahre 1939 fiel diese Beschränkung allerdings weg. Durch die zweite Verordnung über die deutsche Staatszugehörigkeit im Lande Österreich vom 30. Juni 1939, DtRGBl. I S. 1072, Art. 2, wurde nämlich das österreichische Heimatrechtsgesetz von 1863 mit seinen Novellen mit Ablauf des 30. Juni 1939 außer Kraft gesetzt; nach Ansicht HORROWs (wie Anm. 499), S. 119 Anm. 21, war das ungestörte Aufenthaltsrecht in der Heimatgemeinde bereits mit der (1.) Verordnung über die deutsche Staatsangehörigkeit im Lande Österreich vom 3. Juli 1938, DtRGBl. I S. 790, GBlLÖ 1938 Nr. 236, ins Wanken geraten; vgl. auch Wilhelm MALANIUK, Lehrbuch des Strafrechts, I: Allgemeine Lehren, Wien 1947, S. 314, und Anm. 1800.

670 HERBST (wie Anm. 555) II, S. 24.

671 Verordnung der Ministerien des Innern und der Justiz vom 10. Mai 1852, RGBl. Nr. 106, wornach in Zukunft Abschaffungen aus einem Orte immer auf den ganzen Polizei-Rayon, zu welchem dieser Ort gehört, zu lauten haben.

672 FINGER (wie Anm. 632) I, S. 751, Anm. 695. Er hielt daher die gegenteilige Ansicht der österreichischen Verwaltungsbehörden, die bei der Bildung von „Groß-Wien“ zutage trat, für ungesetzlich; siehe auch die Entscheidung des OGH vom 31. Mai 1907, Z. 7203, Slg. OGH N.F. IX Nr. 3353.

Betreffend den örtlichen Umfang der Abschaffung aus sämtlichen Kronländern des österreichischen Kaiserstaates, ist – wie bereits bei der Landesverweisung ausgeführt – festzuhalten, daß dieser mit dem Geltungsbereich des Strafgesetzes identisch war und sich daher nach dem österreichisch-ungarischen Ausgleich nur mehr auf die cisleithanische Reichshälfte, also auf alle im Reichsrat vertretenen Königreiche und Länder[673], bzw. nach Gründung des Staates (Deutsch)Österreich auf dessen Staatsgebiet erstreckte.

Was den Zeitraum der Abschaffung aus einem Ort bzw. einem Kronland anbelangt, so ordnete das Strafgesetz ausdrücklich an, daß die Abschaffung „entweder auf eine bestimmte, oder nach Beschaffenheit der strafbaren Handlung und der Umstände auch auf unbestimmte Zeit“ stattzufinden habe. Unter dieser Abschaffung auf „unbestimmte Zeit“ konnte allerdings nur eine „auf beständig“ verstanden werden[674], was sich auch deutlich aus der Regelung der Reversion in § 324 des Strafgesetzes ergab, der nur die beiden Fälle der Rückkehr eines auf beständig bzw. und auf gewisse Zeit Ausgewiesenen kannte[675]. Herbst[676] betonte, daß ein Fall der Abschaffung einer Person zwar nicht auf beständig, aber auch nicht auf gewisse Zeit nach dem Gesetz überhaupt nicht möglich sei, da, selbst wenn die Abschaffung bis zum Eintritt gewisser Voraussetzungen oder bis zur Erfüllung bestimmter Bedingungen verhängt werden würde, sie doch eine Abschaffung auf bestimmte (wenngleich nicht numerisch gemessene) Zeit sei. Die Interpretation des Begriffs „auf unbestimmte Zeit“ als gleichbedeutend mit „für beständig“ wurde auch klar durch die analoge Regelung des Militärstrafgesetzes gestützt[677], die von der Abschaffung aus einem Ort, Bezirk oder Kronland entweder „auf bestimmte Zeit“ oder „für immer“ sprach.

Auf Abschaffung aus sämtlichen im Reichsrat vertretenen Königreichen und Ländern – die ausschließlich gegen Ausländer anwendbar war – konnte gleich der Landesverweisung immer nur für beständig und nie bloß zeitlich erkannt werden, was sich eindeutig durch die Gegenüberstellung der beiden Absätze von § 249 ergab, da Abs. 2 die Alternative des Abs. 1, die Abschaffung auf bestimmte oder unbestimmte Zeit zu verhängen, nicht enthielt[678]. Eine Abschaffung „auf beständig“ konnte nur von der Statthalterei im Gnadenwege nachgesehen werden[679].

---

673 vgl. dazu S. 116.

674 So ausdrücklich HERBST (wie Anm. 555) II, S. 24, der darauf hinwies, daß auch § 242 StG (Verlust von Rechten und Befugnissen) den Begriff „beständig“ im Gegensatz zu „bestimmter Zeit“ verwendet.

675 Vgl. dazu S. 748 ff.

676 HERBST (wie Anm. 555) II, S. 25.

677 § 43 des Militär-Strafgesetzbuches über Verbrechen und Vergehen vom 15. Jänner 1855, RGBl. Nr. 19, siehe dazu ausführlicher S. 141.

678 Dafür sprechen auch die Bestimmungen über die Übertretungen der verbotenen Reversion (§§ 323, 324 StG); vgl. dazu ausführlich die Plenarentscheidung des OGH vom 3. Juni 1887, Z. 4094, Slg. OGH X Nr. 1066, vgl. auch S. 131.

679 Dekret der Wiener Polizeidirektion vom 8. Juli 1852, Z. 7322, vgl. Ernst MAYRHOFER, Handbuch für den politischen Verwaltungsdienst in den im Reichsrathe vertretenen Königreichen und Ländern mit besonderer Berücksichtigung der diesen Ländern gemeinsamen Gesetze und Verordnungen, 3 Bde., 4. Aufl. Wien 1880/1881, II, S. 615, Anm. 2.

Grundsätzlich war die Abschaffung entweder obligatorisch angeordnet oder in das Ermessen des Richters gestellt. Zwingend war die Abschaffung von Ausländern in den Fällen der §§ 294 und 295 (Geheimbündelei)[680], 344 (unbefugte Ausübung der Arznei- und Wundarzneikunde als Gewerbe)[681], 470 StG (wiederholte Verfertigung von Dietrichen oder Nachahmung von Schlüsseln durch Gewerbsdiener, Handwerksgesellen oder Dienstpersonen ohne Wissen ihrer Herren oder Meister)[682] gegen Ausländer sowie von Inländern in den Fällen der §§ 472 (wiederholter Ankauf von Waren als Trödler, Hausierer etc. von Unmündigen)[683], 481 (Verabredungen von Arbeitern)[684, 685] und 514 StG (wiederholte Kuppelei)[686] vorgesehen[687].

680 § 294 StG drohte in allen in § 293 StG bezeichneten Fällen die Abschaffung aus sämtlichen Kronländern an; vgl. auch Anm. 615; lit. d wurde allerdings um die Vermietung einer Wohnung für Zusammenkünfte geheimer Gesellschaften erweitert; § 295 StG bestimmte, daß auch diejenigen Ausländer, die vom Ausland her eine geheime Gesellschaft zu errichten oder Mitglieder für eine derartige Gesellschaft zu werben unternommen hatten, nach § 294 StG zu bestrafen waren; siehe zu diesen Tatbeständen ausführlich ALTMANN/JACOB (wie Anm. 360) I, S. 729 ff.

681 § 343 StG unterwarf denjenigen Ausländer, der, ohne einen ärztlichen Unterricht erhalten und ohne eine gesetzliche Berechtigung zur Behandlung von Kranken zu haben, als Heil- und Wundarzt gewerbsmäßig tätig wurde oder „insbesondere sich mit der Anwendung von animalischem oder Lebensmagnetismus oder von Aetherdämpfen (Narkotisierungen)" befaßte, der obligatorischen Abschaffung; vgl. dazu näher LÖFFLER/HERRNRITT (wie Anm. 650), S. 607 ff.; ALTMANN/JACOB (wie Anm. 360) I, S. 816 ff.

682 Tathandlung war das Verfertigen von Dietrichen oder Hauptschlüsseln für unbekannte Personen oder von Schlüsseln „nach bedenklichen Formen oder bloßen Abdrücken", das Nachmachen von Schlüsseln oder Aufsperren von Schlössern für fremde Leute ohne Vorsicht und gehörige Erkundigung; siehe dazu näher ALTMANN/JACOB (wie Anm. 360) I, S. 902; vgl. auch II. § 218 des StGB 1803, Anm. 622.

683 Vgl. dazu II. § 219 StGB 1803, Anm. 608.

684 Gemäß § 481 StG waren „Verabredungen von Berg- und Hüttenarbeitern, Handwerksgesellen, Hilfsleuten" bei „Fabriks- oder Arbeits-Unternehmern, Gewerbsleuten oder Dienstgebern", von „Lehrjungen, Dienstboten oder überhaupt von Arbeitern, um sich durch gemeinschaftliche Weigerung, zu arbeiten, oder durch andere Mittel einen höheren Tag- oder Wochenlohn oder andere Bedingungen von ihren Arbeitgebern zu erzwingen", an inländischen „Rädelsführern" als Übertretungen mit Arrest und Abschaffung aus dem Kronland bzw. bei Ausländern mit Abschaffung aus dem ganzen Reich zu bestrafen.

685 Erst nach längeren Kämpfen wurde den Arbeitern Koalitionsfreiheit gewährt, und zwar durch das Gesetz vom 7. April 1870, RGBl. Nr. 43, wodurch unter Aufhebung der §§ 479, 480 und 481 des allgemeinen Strafgesetzes in betreff der Verabredungen von Arbeitgebern oder Arbeitnehmern zur Erzwingung von Arbeitsbedingungen, und von Gewerbsleuten zur Erhöhung des Preises einer Ware zum Nachteile des Publikums besondere Bestimmungen erlassen werden (Koalitionsgesetz); vgl. dazu näher S. 388 ff. und auch Anm. 1296.

686 Eine wegen Kuppelei „schon bestrafte Person ist bei abermaliger Betretung nach vollstreckter Strafe aus dem bisherigen Aufenthaltsorte, und wenn sie eine Fremde ist, aus sämmtlichen Kronländern des Reiches abzuschaffen"; vgl. dazu II. § 259 StGB 1803, Anm. 626.

687 Wie HECKE, Art. Schubwesen, in: Ernst Mischler/Josef Ulbrich (Hrsg.), Österreichisches Staatswörterbuch. Handbuch des gesamten österreichischen öffentlichen Rechts, IV, 2. Aufl. Wien 1909, S. 189, bemerkte, führte der „Zwang, den somit in den meisten Fällen das Gesetz auf den Richter ausübt", oft „zu ganz außerordentlichen Härten", die bloß auf dem Weg der kaiserlichen Gnade beseitigt werden konnten.

Fakultative Fälle der Abschaffung von Inländern aus dem Ort und von Ausländern aus ganz Cisleithanien waren entweder solche, die ohne besondere Richtlinien ganz im Ermessen des Gerichtes standen, oder solche, wo das Ermessen des Richters durch vom Gesetz vorgegebene Richtlinien gebunden wurde. Zur ersten Gruppe gehörten etwa die Vergehen oder Übertretungen der Herabwürdigung der Verfügungen der Behörden, Aufwiegelung gegen Staats- und Gemeindebehörden usw. gemäß § 300 StG[688]; zur zweiten Gruppe waren gemäß § 305 StG[689] zu zählen: die durch Druckwerke verübte Herabwürdigung der Verfügungen der Behörden und Aufwiegelung gegen Staats- oder Gemeindebehörden, gegen einzelne Organe der Regierung usw. (§ 300 StG), die durch Druckwerke verübte Aufreizung zu Feindseligkeiten gegen Nationalitäten, Religionsgenossenschaften, Körperschaften usw. (§ 302 StG), Beleidigung einer gesetzlich anerkannten Kirche oder Religionsgesellschaft (§ 303 StG), Beförderung einer vom Staate für unzulässig erklärten Religionsgesellschaft bzw. Sekte (§ 304 StG) und öffentliche Herabwürdigung der Einrichtungen der Ehe, Familie, des Eigentums oder Gutheißung von ungesetzlichen oder unsittlichen Handlungen; der Verstoß gegen die Meldevorschriften durch Beilegung eines falschen Namens, Standes, einer falschen Beschäftigung oder Angabe anderer fälschlicher Umstände im Meldungszettel[690] bzw. Hintergehung der Polizei- oder sonst einer Staats- oder Gemeindebehörde mit falschen Angaben über seinen Namen, Geburtsort, Stand oder sonst über seine Verhältnisse in einer solchen Weise, wodurch die öffentliche Aufsicht irregeführt werden konnte (320 lit. e StG)[691, 692], und dadurch, daß sich jemand zu seinem Fortkommen eines fremden Reisepasses

---

688 § 300 Abs. 3 StG: „Auch kann der Verfasser einer solchen Beschwerdeschrift aus dem Orte oder dem ganzen Kronlande, und wenn er ein Ausländer ist, auch aus sämmtlichen Kronländern des Kaiserthumes abgeschafft werden."

689 § 305 StG bestimmte, daß im Falle der Begehung eines in den §§ 300 und 302 bis 305 StG bezeichneten Vergehens durch Druckschriften die Schuldigen „nach Maß ihrer Gefährlichkeit und beabsichtigten größeren Verbreitung" auch aus dem Ort oder Kronland, und wenn sie Ausländer waren, auch aus sämtlichen Kronländern des Kaisertums abgeschafft werden konnten.

690 Als Falschmeldung im Meldezettel waren auch falsche Eintragungen in das Gästebuch eines Gasthauses zu qualifizieren, wenn der Täter diese Eintragungen in dem Bewußtsein vornahm, daß nach diesen Angaben der Meldezettel ausgefüllt werden würde, auch z.B. das Ausfüllen der Rubrik „Begleitung" mit falschen Angaben, etwa der falschen Bezeichnung einer Begleiterin als Ehefrau (vgl. die Entscheidung des OGH vom 20. Jänner 1914, Kr III 2/14, OGH Slg. N.F. XVI Nr. 4112), fiel unter diesen Tatbestand (vgl. z.B. die Entscheidung des OGH vom 18. Jänner 1926, Os 714/25, Slg. OGH VI Nr. 13).

691 Ausgenommen davon waren strafgerichtliche Untersuchungen; vgl. zu § 320 lit. e StG ausführlich unter Berücksichtigung der Judikatur ALTMANN/JACOB (wie Anm. 360) I, S. 781.

692 Die Abschaffung konnte erfolgen bei „sich zeigender Bedenklichkeit in Ansehung der Umstände oder Person" des Übertreters nach vollendeter Strafzeit „aus dem Orte", bei einem „Ausländer aber nach Beschaffenheit der Umstände auch aus sämmtlichen Kronländern des österreichischen Kaiserstaates"; allerdings mußte diese „Bedenklichkeit" durch den Wahrspruch der Geschwornen festgestellt sein, wenn im Schwurgerichtsverfahren auf Abschaffung des sich falsch Meldenden erkannt werden sollte, vgl. dazu die Entscheidung des OGH vom 21. Oktober 1912, Kr I 433/12, Slg. OGH N.F. XV Nr. 3982, ausführlich weiter unten S. 133.

oder anderen obrigkeitlichen Ausweises bediente oder seinen Ausweis zu diesem Zweck einem anderen überließ (§ 320 lit. g StG)[693, 694].

Gegen Inländer war die Abschaffung bei wiederholtem Ankauf verdächtiger Waren (§ 472) aus dem Ort auf unbestimmte Zeit, wegen wiederholter Kuppelei (§ 514) aus dem Aufenthaltsort und wegen Verabredungen von Arbeitern (§ 481) aus dem Kronland, auf bestimmte oder unbestimmte Zeit obligatorisch zu verhängen. Als fakultative Nebenstrafe für Inländer war die Abschaffung aus Ort und Kronland auf unbestimmte wie bestimmte Zeit in den Fällen der §§ 300 (Herabwürdigung der Verfügungen der Behörden und Aufwiegelung gegen Staats- und Gemeindebehörden, gegen einzelne Organe der Regierung usw.), § 305 (Herabwürdigung der Einrichtungen der Ehe, der Familie, des Eigentumes oder Gutheißung von ungesetzlichen oder unsittlichen Handlungen durch Druckschriften) vorgesehen; als fakultative Nebenstrafe nur aus dem Ort auf bestimmte oder unbestimmte Zeit in § 320 lit. e (Falschmeldung) und § 320 lit. g (Benutzen fremder Ausweise oder Überlassen an andere).

Gegen Ausländer war als fakultative Maßnahme die Abschaffung aus einem Ort, Kronland oder aus sämtlichen Ländern in den Fällen der §§ 300 (Herabwürdigung der Verfügungen der Behörden und Aufwiegelung gegen Staats- und Gemeindebehörden, gegen einzelne Organe der Regierung usw.), 305 (Herabwürdigung der Einrichtungen der Ehe, der Familie, des Eigentumes oder Gutheißung von ungesetzlichen oder unsittlichen Handlungen durch Druckschriften), 320 lit. e und g StG (Falschmeldung bzw. Benutzen fremder Ausweise oder Überlassen an andere) vorgesehen. Die obligatorische Abschaffung von Ausländern aus sämtlichen Kronländern wurde im Strafgesetz schon bei Erstdelinquenz in den §§ 294 (Geheimbündelei), 344 (unbefugte Ausübung der Arznei- und Wundarzneikunde als Gewerbe), 355 (unbefugter Verkauf innerer und äußerer Heilmittel)[695] und 522 (verbotene Spiele)[696], 481 (Verabredungen von Arbeitern) sowie im Wiederholungsfall nach §§ 470 (Verfertigung von Dietrichen oder Nachahmung von Schlüsseln durch Gewerbsdiener, Handwerksgesellen oder Dienstpersonal ohne Wissen ihres Herren oder Meisters), 472 (Ankauf von Waren als Trödler, Hausierer etc. von Unmündigen) und 514 StG (Kuppelei) angeordnet.

Wie bereits angesprochen, fand das außerordentliche Milderungsrecht gemäß § 266 des Strafgesetzes nicht auf die Abschaffung aus sämtlichen Kronländern (§ 240 lit. b und h StG) Anwendung, da es sich hier um eine von Gesetz ausdrücklich angeordnete Maßnahme handelte, und auch nicht auf die Ausweisung aus einem Ort oder Kronland

---

693 Die Tatbestände galten nur subsidiär, wenn die strafbare Handlung nicht als Mittel zur Verübung eines anderen Delikts begangen wurde; vgl. zu konkreten Erfüllungen dieses Tatbestandes ausführlich unter Berücksichtigung der Judikatur ALTMANN/JACOB (wie Anm. 360) I, S. 783.

694 Der Täter konnte nach überstandener Strafe bei „besonderen Bedenken in Ansehung der Umstände oder der Person des Uebertreters“ als Inländer aus dem Ort, als Ausländer aus allen Kronländern des Reichs abgeschafft werden.

695 Vgl. dazu ausführlich ALTMANN/JACOB (wie Anm. 360) I, S. 827 ff.; LÖFFLER/HERRNRITT (wie Anm. 650), S. 634 ff.

696 Vgl. zu den diversen verbotenen Spielen ausführlich ALTMANN/JACOB (wie Anm. 360) I, S. 1013 ff., m.w.N.; LÖFFLER/HERRNRITT (wie Anm. 650), S. 766 f.

(§ 240 lit. f und g StG)[697], da für diese Strafe nie ein festes Zeitmaß bestimmt war und eine Herabsetzung dieser Strafe „unter den geringsten Strafsatz" daher nicht in Frage kommen konnte. Vielmehr lag die Konkretisierung des zeitlichen Ausmaßes der Abschaffung völlig im Ermessen des Richters.

In der rechtswissenschaftlichen Literatur wurde auch die kumulierte Anwendung der Abschaffung bei Verbrechenskonkurrenz nach dem Strafgesetz erörtert, das im Unterschied zum Militärstrafgesetz von 1855[698] hierüber keine ausdrückliche Regelung enthielt. Herbst[699] verneinte eine Kumulierung, wobei er sich auf die Bestimmung des § 267 StG stützte, wonach dasjenige Gesetz, welches unter den in Betracht kommenden strafbaren Handlungen die höchste Strafe bestimmte, in Anwendung zu bringen war. Er ging daher von der Frage aus, ob eine Arreststrafe von kürzerer Dauer oder milderen Grades, aber mit Abschaffung, in diesem Sinne eine höhere Strafe sei als ein längerer oder gradmäßig schwererer Arrest ohne Abschaffung. Nach Ansicht Herbsts war nur auf die Höhe der Arreststrafe abzustellen, da sich die Abschaffung „im wesentlichen doch mehr nur als eine Präventivmaßregel" darstellte, welche, „wenn sie wegen der aus der strafbaren Handlung hervorleuchtenden Bedenklichkeit des Gestraften in der That als nothwendig erscheint, noch immer neben der Strafe und unabhängig von derselben durch die Sicherheitsbehörde, und zwar mit eben der Wirkung[700] ausgesprochen werden kann, als wenn sie im Strafurteile auferlegt worden wäre"[701]. Altmann/Jacob[702] hingegen wiesen darauf hin, daß das Schärfungsprinzip von dem Gedanken ausginge, daß nur die Kumulierung gleichartiger Strafen ein zu intensives Übel sei, weshalb die Abschaffung kumulativ verhängt werden könne, wenn sie auf eine der konkurrierenden Handlungen angedroht war[703]. Daß auf Abschaffung erkannt werden konnte, ergab sich auch aus § 250 des Strafgesetzes, der die Vereinigung mehrerer im § 240 angeführten Strafen für eine Verschärfung erklärte, die in allen jenen Fällen zur Anwendung kommen konnte, für die sie im Gesetz bestimmt war[704]. „Es wäre in der Tat nicht ein-

---

697 Auch nicht auf die Strafen des Verfalls von Waren und Geräten und des Verlustes von Rechten und Befugnissen; vgl. dazu HERBST (wie Anm. 555) II, S. 37 f.

698 Siehe dazu S. 141.

699 HERBST (wie Anm. 555) II, S. 40 f.

700 Nämlich der in §§ 323 und 324 StG vorgesehenen Sanktionen für unerlaubte Rückkehr.

701 Daß die Abschaffung, wenngleich sie von der Rechtswissenschaft als sichernde Maßregel qualifiziert wurde, für die von ihr Betroffenen aber in der Regel eine weit schwerere Strafe als ein längerer oder schwererer Arrest darstellte, weil sie oft mit wirtschaftlichem Existenzverlust verbunden war, wurde allerdings in keiner Weise berücksichtigt.

702 ALTMANN/JACOB (wie Anm. 360) I, S. 131.

703 Wie ALTMANN/JACOB, ebd., ausführten, war die Abschaffung nur deshalb nicht in den Konkurrenzbestimmungen der §§ 35 und 267 StG erwähnt, weil sie im Unterschied zur Geldstrafe und zum Verfall und Verlust von Rechten nicht ausgesprochen werden mußte, weil einerseits die Landesverweisung zur Verfügung stand, andererseits die Abschaffung auch als polizeiliche Maßnahme Platz greifen konnte.

704 Im übrigen ergab sich nach ALTMANN/JACOB die Zulässigkeit der Kumulierung von Strafen, die ihrem Wesen nach sichernde Maßnahmen waren, auch aus der historischen Entwicklung, da der dem § 35 StG 1852 entsprechende § 29 des StGB 1803 bestimmte: „Diese Vorschrift muß auch in dem Falle, daß eine schwere Polizey-Uebertretung mit einem Verbrechen zusammentrifft, beobachtet werden, dafern gegen die schwere Polizey-Uebertre-

zusehen“, so Altmann/Jacob, „warum jemand soll abgeschafft werden können, wenn er eine Falschmeldung begangen hat, nicht aber, wenn er sich außerdem noch eines schweren Einbruchsdiebstahles schuldig gemacht“ hatte.

C. Judikatur des Obersten Gerichtshofes

Eine wichtige, den Obersten Gerichtshof beschäftigende Frage für die Anwendung des strafgesetzlichen Ausweisungsrechtes nach dem österreichisch-ungarischen Ausgleich von 1867 war, ob die Bestimmungen über die Landesverweisung und Abschaffung von Ausländern auch auf Staatsangehörige der ungarischen Krone Anwendung finden würden. In dem der oberstgerichtlichen Entscheidung vom 9. Dezember 1880[705] zugrundeliegenden Fall hatte das Berufungsgericht eine von der ersten Instanz verhängte Abschaffung von Angehörigen der ungarischen Krone aus allen im Reichsrat vertretenen Königreichen und Ländern wegen verbotenen Spiels gemäß § 522 des Strafgesetzes aufgehoben. In seiner Begründung führte das Gericht aus, daß einerseits das Strafgesetz von 1852 für den ganzen Umfang der Monarchie mit Ausnahme der Militärgrenze in Wirksamkeit gesetzt wurde, folglich unter „Ausland“ bzw. „Ausländer“ nur solche Staaten und ihre Angehörigen verstanden werden könnten, die nicht zum Kaisertum Österreich gehören, und andererseits § 36 des Strafgesetzes ausdrücklich besage, daß ein Untertan des österreichischen Kaisertums wegen Verbrechen, die er im Ausland begangen hatte, bei seiner Betretung im Inland nie an das Ausland auszuliefern sei. Es sei nun die Frage, ob die „seit December 1867 bestehende dualistische Verfassung der österr.-ungarischen Monarchie die im Reichsrathe vertretenen Königreiche und Länder einerseits und die Länder der ungar. Krone anderseits in ein solches Verhältniß gebracht“ habe, „in welchem ein fremder Staat dem andern fremden Staate als Ausland gegenübersteht?“ Das Gericht verneinte diese Frage „entschieden“ mit dem Verweis auf einen gemeinsamen Herrscher und die pragmatischen Angelegenheiten nach dem Delegationsgesetz von 1867, das die österreichisch-ungarische Monarchie als ein einheitliches Staatsgebiet dem Ausland gegenüber abgrenzte[706]. Außerdem gelte die österreichisch-ungarische Staatsbürgerschaft gemäß einer Verordnung des Justizministeriums von 1877 im Verkehr mit dem Ausland als eine einheitliche Staatsbürgerschaft, weshalb Angehörige der ungarischen Krone wegen einer außerhalb der Monarchie begangenen Straftat niemals an das Ausland auszuliefern seien[707]. Aus der Behandlung der ungarischen Staatsangehö-

---

tung eine Arreststrafe, oder körperliche Züchtigung bestimmt ist. Wäre aber eine andere Art der Strafe festgesetzt; so muß diese insbesondere von der politischen Obrigkeit nach Vorschrift des zweyten Theiles dieses Gesetzes verhänget werden.“

705 Entscheidung des OGH vom 9. Dezember 1880, Z. 12577, Slg. OGH III Nr. 294.

706 § 1 des Gesetzes vom 21. Dezember 1867, RGBl. Nr. 146, betreffend die allen Ländern der österreichischen Monarchie gemeinsamen Angelegenheiten (Delegationsgesetzes), sowie die analoge Bestimmung des ungarischen Gesetzesartikels sprachen nämlich von der diplomatischen und kommerziellen Vertretung gegenüber dem „Ausland“ als einer pragmatischen Angelegenheit.

707 Vgl. dazu S. 59 f.

rigen als Inländer im Sinne der §§ 36 und 39[708] des Strafgesetzes folge, daß auch andere nur gegen Ausländer gerichtete Bestimmungen mangels anderslautender gesetzlicher Regelung ebenfalls nicht auf diese angewendet werden dürften, da sie jedenfalls nicht in dem Sinne Ausländer seien, wie etwa Deutsche, Franzosen etc. Der Oberste Gerichtshof erachtete die Ansicht des Berufungsgerichtes „nicht für gegründet", denn durch den Ausgleich von 1867 seien die beiden Reichshälften der österreichisch-ungarischen Monarchie sowohl im Verhältnis zueinander als zu fremden Staaten nur in den taxativ bezeichneten gemeinsamen Angelegenheiten als „ein einheitliches Ganzes" zu sehen. In den Angelegenheiten der Justiz und Polizei stellten die beiden Reichshälften demgemäß „selbständige, von eigenen Regierungen verwaltete und einander fremde Staatsgebiete" dar. Bezüglich der Zulässigkeit der „Ausweisung oder Abschaffung" erachtete es der Oberste Gerichtshof als nicht zweifelhaft, „daß das Gebiet, welches solche Maßnahmen umfassen, nicht mehr das ganze im Strafgesetz vom Jahre 1852 bezeichnete Territorium ist, und daß ihre Begründung in unseren Gesetzen mit der Staatsbürgerschaft und Heimatsberechtigung auf's engste" zusammenhänge. Dadurch, daß nun an die Stelle des alle Kronländer umfassenden Staatsbürgerrechtes gesonderte Normen für Cis- bzw. Transleithanien getreten waren, seien auch Angehörige des einen Reichsteils jeweils als „Nichtstaatsbürger" des anderen Reichsteils, „also als Ausländer und Fremde", zu behandeln. Demgemäß spreche auch das Reichsschubgesetz in § 2 nur von Personen, die in dem Geltungsgebiet dieses Gesetzes nicht heimatberechtigt seien. Nach Ansicht des Obersten Gerichtshofes „wäre es ein offener Widerspruch ... anzunehmen, daß den Aussprüchen der Strafgerichte und der Anwendung der Strafgesetze Schranken gezogen seien, welche für das Walten der Verwaltungsbehörden beseitigt sind". Der Oberste Gerichtshof entschied daher, daß die Bestimmungen des Strafgesetzes über die Abschaffung von Ausländern gleichfalls auf die Angehörigen der Länder der ungarischen Krone Anwendung zu finden hatten.

Auch das im Rahmen sowohl der gerichtlichen als auch behördlichen Ausweisungspraxis höchst unterschiedlich gehandhabte Problem der Relevanz der Wohnsitzfolgepflicht der Ehefrau gemäß § 92 ABGB für deren Ausweisung beschäftigte den Obersten Gerichtshof in einigen Judikaten[709]. Wie die Generalprokuratur in einer Nichtigkeitsbeschwerde 1879 ausführte[710], könne „bei richtiger Auffassung des Verhältnisses des Strafrechtes zum Privatrechte" niemals die „Existenz einer Collision zwischen einer öffentlich rechtlichen Satzung des Strafgesetzbuches und einer privatrechtlichen

---

708 § 39 lautete: „Hat aber ein Fremder im Auslande ein anderes als die im vorstehenden Paragraphe bezeichneten Verbrechen", also Hochverrat in Beziehung auf den österreichischen Staat oder Verfälschung österreichischer öffentlicher Kreditspapiere oder Münzen, „begangen, so ist er bei seiner Betretung im Inlande zwar immer in Verhaft zu nehmen; man hat sich aber sogleich mit demjenigen Staate, wo er das Verbrechen begangen hat, über die Auslieferung desselben in Vernehmen zu setzen."

709 Siehe dazu die Plenarentscheidung des OGH vom 6. November 1879, Z. 6872, Slg. OGH III Nr. 209; sowie zum gleichen Problem, allerdings ausgehend von Gemeindeausweisungen, die Plenarentscheidungen des OGH vom 31. Oktober 1889, Z. 7376, Slg. OGH XI Nr. 1304; vom 6. Juni 1893, Z. 6591, Slg. OGH XIV Nr. 1654.

710 Siehe dazu die Plenarentscheidung des OGH vom 6. November 1879, Z. 6872, Slg. OGH III Nr. 209.

Satzung des bürgerlichen Gesetzbuches ... zugegeben werden", weil sich das öffentliche Recht mit jenen Normen befasse, „welche für einen rechtlich anerkannten höheren Organismus und dessen Verhältniß zu seinen Gliedern zu gelten haben", während das Privatrecht im Gegensatz dazu die „Verhältnisse des Einzelnen zum Einzelnen" regle. Es dürfe folglich zwischen den „Bestimmungen zweier abgesonderten, der Regelung verschiedener Verhältnisse gewidmeten und auf verschiedenen Grundsätzen beruhenden Gesetzeskörper von einem Widerspruch oder einer Collision nicht die Rede sein". Eine Rücksichtnahme auf die Wohnsitzfolgepflicht nach § 92 ABGB schließe auch die Verhängung einer Freiheitsstrafe aus[711], und es würde somit „das Strafrecht des Staates dem Privatrechte des Einzelnen weichen, eine Consequenz, die die Grundfesten jeder Rechtsordnung erschüttern würde". Folglich war nach Ansicht des Gerichtshofes die Geltendmachung der Bestimmung des § 92 ABGB „ganz belanglos, weil für die richterliche Bestimmung der Strafe lediglich die strafgesetzlichen Anordnungen maßgeblich" seien[712]. Der Ehegatte der ausgewiesenen Person müsse eben, „um das eheliche Zusammenleben fortsetzen zu können, dies durch Änderung seines Wohnortes ermöglichen"[713].

1. Landesverweisung

Die Landesverweisung stellte nach Ansicht des Obersten Gerichtshofes trotz der Formulierung von § 19 des Strafgesetzes dogmatisch nicht eine Strafverschärfung, sondern eine Nebenstrafe dar. Dies ergäbe sich, so der Oberste Gerichtshof in seinen Entscheidungen aus 1928[714] und 1933[715], aus einem Vergleich der Landesverweisung mit den anderen im § 19 des Strafgesetzes aufgezählten Verschärfungen der Kerkerstrafe[716],

---

711 Die Plenarentscheidung des OGH vom 31. Oktober 1889, Z. 7376, Slg. OGH XI Nr. 1304, welche sich mit dieser Problematik im Zusammenhang mit dem Gemeideausweisungsrecht befaßte, wies darauf hin, daß auch „gewisse Formen des öffentlichen Dienstes (z.B. der Militärdienst im Kriege und zur See) das eheliche Zusammenleben zeitweilig hindern", aber nichtsdestoweniger „eine von der öffentlichen Ordnung geforderte Maßregel vom Standpunkt des Familienrechtes aus" nicht in Frage gestellt werden könne.

712 Die Plenarentscheidung des OGH vom 31. Oktober 1889, Z. 7376, Slg. OGH XI Nr. 1304, stellte ebenfalls fest, daß es „kein Hinderniß gegen die Abschaffung einer Frauensperson bilde, daß der anderswo heimatberechtige Ehegatte der Abzuschaffenden an dem Orte seinen Wohnsitz hat, aus dem die Abschaffung erfolgen soll". Nur eben aus seinem Zuständigkeitsort dürfe jemand nicht ausgewiesen werden; wo aber die Rücksicht auf diese Beschränkung wegfiele, sei eine Berufung auf § 92 ABGB „ganz belanglos", da das öffentliche Recht, welchem auch die Ausweisungsbefugnis der Gemeindebehörden angehöre, zweifellos seine Durchsetzung auch gegenüber privatrechtlichen Verhältnissen beanspruche.

713 Plenarentscheidung des OGH vom 31. Oktober 1889, Z. 7376, Slg. OGH XI Nr. 1304.

714 Entscheidung des OGH vom 27. Februar 1928, Os 171/28, Slg. OGH VIII Nr. 34.

715 Entscheidung des OGH vom 6. November 1933, 5 Os 867/33, Slg. OGH N.F. XIII Nr. 80; vgl. auch die Entscheidung vom 17. Februar 1922, Os IV 16/22, Slg. OGH II Nr. 15.

716 Also Fasten, hartes Lager, Einzelhaft und einsame Absperrung in dunkler Zelle (§§ 20 bis 24 StG). Die Züchtigung mit Stock- oder Rutenstreichen war 1867 abgeschafft worden, vgl. Anm. 661.

die wie auch die Verschärfungen des Arrestes[717] auf den Vollzug der Freiheitsstrafe Bezug hätten und die Verbüßung dieser Strafe tatsächlich verschärften. Hingegen habe die Landesverweisung in diesem Sinne „mit dem Vollzuge der Freiheitsstrafe nichts zu tun", erst nach seiner Beendigung trete sie neben demselben in Erscheinung, sei also keine „Strafverschärfung im technischen Sinne". Der Gerichtshof bezeichnete die Landesverweisung als eine dem Wesen nach sichernde Maßnahme, die primär dem Zweck diene, „die inländischen Rechtsgüter vor neuen rechtswidrigen Angriffen des Übelthäters zu schützen". Da das Strafgesetz die Bezeichnung „sichernde Maßnahmen" nicht kenne, sei die Landesverweisung als Strafe zu betrachten und zu behandeln. Wie die Entscheidung aus 1933 ausführte, sei die Landesverweisung gleich anderen Nebenstrafen, wie etwa der Vermögensstrafe des Verfalles[718], „schon ihrem Wesen nach nicht an die Art der Hauptstrafe gebunden, sondern, von dieser unabhängig, zur Bestrafung des Verbrechens als Strafmittel bestimmt". Dies ergäbe sich insbesondere aus § 40 StG, der die Landesverweisung eines Ausländers ohne Zusammenhang mit der Strafart zwingend vorschrieb[719].

Daß die Nebenstrafe der Landesverweisung, wenn ein Ausländer wegen eines im Auslande begangenen Verbrechens nach § 40 des Strafgesetzes im Inland bestraft wurde, ausnahmslos obligatorisch auszusprechen war, betonte der Oberste Gerichtshof in seiner Entscheidung vom 18. Juli 1928[720]. Es sei zwar im allgemeinen die Landesverweisung gemäß § 25 des Strafgesetzes eine fakultative Nebenstrafe, die gegen ausländische Verbrecher verhängt werden könne, allerdings stehe es nicht im freien Ermessen des Gerichtes, im Falle des § 40 die Landesverweisung auszusprechen oder nicht, vielmehr sei es zur Verhängung dieser Nebenstrafe gesetzlich verpflichtet und überschreite seine Strafbefugnis, wenn es von der Landesverweisung Abstand nehme[721]. Dies traf ebenso im Falle einer im Strafgesetz zwingend vorgeschriebenen Abschaffung zu[722].

Auch die Entscheidung des Obersten Gerichtshofes vom 18. Dezember 1922[723] hatte die Anwendung von § 40 zum Gegenstand. Das Landesgericht Wien hatte den Ausspruch der Landesverweisung eines deutschen Staatsangehörigen abgelehnt[724], weil der letzte Satz des § 40 StG nicht die Landesverweisung im Sinne des § 25 StG, sondern

---

717 §§ 253–258 StG.

718 Vgl. dazu §§ 104 und 105 StG.

719 Ein weiteres Argument dafür war auch § 240 StG, der die Abschaffung aus dem gesamten Staatsgebiet als Nebenstrafe vorsah, während die Verschärfungen der in § 240 StG vorgesehenen Strafarten in § 250 StG geregelt waren.

720 Entscheidung des OGH vom 18. Juli 1928, 4 Os 561/28, Slg. OGH VIII Nr. 102.

721 Das Kreisgericht hatte auf die vom Staatsanwalt beantragte Landesverweisung einer (seit ihrer Verehelichung) deutschen Reichsangehörigen wegen in Bayern verübter Diebstähle „nicht zu erkennen befunden". Die Staatsanwaltschaft hatte die Nichtigkeitsbeschwerde gemäß § 281 Z. 11 StPO eingebracht.

722 So sah § 320 lit. a und b StG i.d.F. der Strafgesetznovelle 1932 eine obligatorische Abschaffung von Ausländern vor; siehe dazu die Entscheidung des OGH vom 13. März 1935, 4 Os 149/35, Slg. OGH XV Nr. 22, und S. 351, Anm. 1900.

723 Entscheidung des OGH vom 18. Dezember 1922, Os IV 607/22, Slg. OGH II Nr. 95.

724 Der Angeklagte war mit dem angefochtenen Urteil des Verbrechens der Veruntreuung nach § 183 StG, begangen in Eisenach, schuldig erkannt und gemäß §§ 265 a StPO und 40 StG zur einer dreimonatigen Kerkerstrafe und zum Strafkostenersatz verurteilt worden.

„die Übergabe des Angeklagten an die Polizeibehörde zur Abschiebung an die Grenze im Auge habe". Der Oberste Gerichtshof führte dazu aus, daß zwar der dem § 34 des StG von 1803 nachgebildete letzte Satz von § 40 StG von einer „Verweisung"[725] spreche, aber klar sei, daß das Gesetz unter diesem Ausdruck nur das im § 25 angeführte Strafmittel der Landesverweisung verstehe und dieses im Fall des § 40 StG – im Gegensatz zur fakultativen Androhung im Sinne des § 25 StG – zwingend vorschreibe[726]. Überdies kenne das österreichische Strafgesetz eine Übergabe eines Angeklagten an die Polizeibehörde zur Abschiebung an die Grenze als Strafmittel nicht und könne folglich unter dem Begriff der „Verweisung" im § 40 auch nicht eine derartige Verfügung meinen.

Da das Strafgesetz den im § 283 der Strafprozeßordnung i.d.F. der Novelle von 1918[727] verwendeten Ausdruck „Nebenstrafe" nicht kannte, war der bereits angesprochene Problemkreis des Wesens der Landesverweisung auch für die Frage des Berufungsrechtes nach § 283 der Strafprozeßordnung von kardinaler Bedeutung. Mit Entscheidung vom 27. Februar 1928[728] hob der Oberste Gerichtshof nämlich ein Erkenntnis des Landesgerichtes Innsbruck als Berufungsgericht auf, das eine Berufung gegen den Ausspruch einer fakultativ vom Gesetz vorgesehenen Landesverweisung als unzulässig verworfen hatte, weil es die Landesverweisung als eine Verschärfung der Kerkerstrafe qualifizierte, die „wie jede Strafverschärfung mit der Strafe selbst ein Ganzes, eine Strafe", bilde. Nach Ansicht des Berufungsgerichtes könne nun, wo das Gesetz, also § 283 der Strafprozeßordnung, die Berufung gegen den Ausspruch überhaupt ausschließe, auch die Berufung gegen die Strafverschärfung nicht zulässig sein[729]. Der Oberste Ge-

---

725 § 40 des StG 1852 letzter Satz: „Dem Strafurtheile muß noch die Verweisung nach vollendeter Strafzeit angehängt werden."

726 Der Oberste Gerichtshof bezog sich in seiner Argumentation auch auf die Textierung des § 106 des Militärstrafgesetzes über Verbrechen und Vergehen von 1855, RGBl. Nr. 19, wo ausdrücklich von der „Landesverweisung" gesprochen wird: „Dem Straf-Urtheile muß noch die Landesverweisung nach vollendeter Strafzeit angehängt werden."

727 § 283 StPO i.d.F. der StPO-Novelle 1918, StGBl. Nr. 93: „Die Berufung kann nur gegen den Ausspruch über die Strafe, soweit nicht der im § 281, Z. 11. erwähnte Nichtigkeitsgrund vorliegt, ... ergriffen werden. Wegen des Ausspruches über die Strafe kann die Berufung ... ergriffen werden ... zum Nachteil des Angeklagten, wenn das Gericht nicht auf die strengste vom Gesetz angedrohte Strafart erkannt, wenn es eine gesetzlich zulässige Nebenstrafe nicht verhängt hat, und wegen des Strafmaßes, wenn die verhängte Geld- oder Freiheitsstrafe die Hälfte des gesetzlichen Höchstmaßes nicht erreicht oder die vom Gesetze angedrohte lebenslängliche Freiheitsstrafe auf weniger als fünfzehn Jahre herabgesetzt worden ist; zugunsten des Angeklagten aber, wenn das Gericht nicht auf die mildeste bei Anwendung des außerordentlichen Strafmilderungsrechtes zulässige Strafart erkannt, wenn es eine Nebenstrafe verhängt hat, die das Gesetz nicht zwingend vorschreibt, und wegen des Strafmaßes, wenn die verhängte Geld- oder Freiheitsstrafe die Hälfte des gesetzlichen Mindestmaßes übersteigt oder auf lebenslängliche Freiheitsstrafe oder an deren Stelle auf eine mehr als zehnjährige Freiheitsstrafe erkannt worden ist. Bestimmt das Gesetz kein Mindestmaß, so kann wegen des Strafmaßes zugunsten des Angeklagten stets Berufung ergriffen werden."

728 Entscheidung des OGH vom 27. Februar 1928, Os 171/28, Slg. OGH VIII Nr. 34.

729 Hatte folglich der Richter ohnedies auf die mildeste, bei Anwendung des außerordentlichen Milderungsrechtes zulässige Strafart erkannt, war nach Meinung des Berufungsgerichtes auch die Berufung gegen die Landesverweisung unzulässig. Diese Rechtsansicht erachtete

richtshof erblickte allerdings in der Unzulässigkeit der Berufung wegen der Strafart und wegen des Strafmaßes keinen die Anfechtung der Landesverweisung ausschließenden Grund, da es die Landesverweisung als Nebenstrafe betrachtete. Wenn daher, so der Oberste Gerichtshof, die Strafprozeßordnung in § 283 von gesetzlich zulässigen und von solchen Nebenstrafen spreche, die das Gesetz nicht zwingend vorschreibe, so müßten darunter alle neben den primären Geld- oder Freiheitsstrafen verhängten Strafen verstanden werden, zu welchen auch die Landesverweisung gehöre. Eine lediglich die Landesverweisung betreffende Berufung sei folglich nach § 283 StPO zulässig.

An den Obersten Gerichtshof wurde aber auch die Frage herangetragen, ob und inwieweit eine Berufung gemäß § 283 StPO gegen den Ausspruch einer fakultativ zu verhängenden Landesverweisung zum Nachteil des Angeklagten zulässig sei. Durch Plenarbeschluß des Gerichtshofes aus dem Jahr 1875[730] wurde grundsätzlich außer Zweifel gestellt, daß die Berufung zum Nachteil des Angeklagten nur dann ergriffen werden könne, wenn der Gerichtshof die gesetzliche Strafart geändert oder die Strafe unter das Mindestausmaß herabgesetzt hatte. Fraglich blieb allerdings, ob das Gesetz auch die Berufung zum Nachteil des Angeklagten zuließ, wenn der erkennende Gerichtshof eine von der Staatsanwaltschaft beantragte Verschärfung der Strafe durch die Landesverweisung nicht verfügt hatte. In der Plenarentscheidung vom 11. Mai 1877[731] schloß sich der Oberste Gerichtshof der Argumentation der Generalprokuratur an, daß die Landesverweisung, wie jede Strafverschärfung, „mit der Strafe selbst ein Ganzes, eine Strafe" bil-

---

der Oberste Gerichtshof als nicht dem Gesetz entsprechend, da das Berufungsgericht nach § 283 i.d.F. der StPO-Novelle 1918, StGBl. Nr. 93, auch zu prüfen gehabt hätte, ob die verhängte Strafe die Hälfte des gesetzlichen Mindestmaßes überstieg.

730 Plenarbeschluß 1875, Slg. OGH I S. 3 (Nr. 26 des strafrechtlichen Judikatenbuches).

731 Plenarentscheidung des OGH vom 11. Mai 1877, Z. 3029, Slg. OGH II Nr. 151; vgl. dazu auch J. von W(ASER), Ist das Rechtsmittel der Berufung gegen den Ausspruch über die Landesverweisung oder Abschaffung, sowie über die Zulässigkeit der Stellung unter Polizeiaufsicht oder der Anhaltung in einer Zwangs-Arbeitsanstalt nur unter den Voraussetzungen des § 283 statthaft?, in: Allgemeine österreichische Gerichtszeitung N.F. XIV (1877), S. 105; in diesem Fall hatte das Landesgericht in Triest gegen einen Angeklagten wegen Diebstahls und Betruges eine Kerkerstrafe verhängt, war aber dem Antrag der Staatsanwaltschaft, auch die Landesverweisung auszusprechen, nicht gefolgt, „weil der Angeklagte bereits seit ungefähr 25 Jahren in Triest wohne und dort ein beträchtliches Handlungsgeschäft errichtet habe; weil letzteres durch seine Landesverweisung zu Grunde gerichtet, ihm selbst ein empfindlicher Nachtheil zugefügt und seine schuldlose Familie schwer getroffen würde; weil durch die Landesverweisung auch seine Ehegattin aus ihrem Vaterlande scheiden müßte, während die Strafe nach dem Gesetz die schuldlose Familie nicht treffen soll; weil die schwere Kerkerstrafe ... ganz angemessen sei; weil der Angeklagte seit 10 Jahren sich keine Strafe zugezogen und in der Hauptverhandlung nicht als ein so gefährlicher Mensch dargestellt habe, daß seine Verweisung aus dem Lande für die öffentliche Sicherheit nothwendig wäre". Das Oberlandesgericht hatte zwar nicht der Berufung des Verurteilten, jedoch aber der Berufung der Staatsanwaltschaft stattgegeben und die Landesverweisung ausgesprochen, „weil sich das Begehren der Staatsanwaltschaft mit Rücksicht auf das Vorleben und auf die große Gefährlichkeit des Angeklagten als begründet darstelle". Der Verurteilte brachte die Nichtigkeitsbeschwerde mit dem Ersuchen ein, falls dieser keine Folge gegeben würde, die Akten der Generalprokuratur wegen Ergreifung der Nichtigkeitsbeschwerde zur Wahrung des Gesetzes zu übermitteln.

de. Was aber für die Strafe im Ganzen gelte, müsse auch für den Teil Geltung haben. Folglich könne, wenn das Gesetz die Berufung gegen die Strafe überhaupt ausschließe, diese auch nicht gegen die Strafverschärfung durch Landesverweisung zulässig sein. Wenn daher weder eine Änderung der gesetzlichen Strafart noch eine Herabsetzung der Strafe unter das Mindestmaß durch das erkennende Gericht stattgefunden habe, könne nicht zum Nachteil des Angeklagten gegen den Ausspruch der Strafe und somit auch nicht wegen einer verweigerten Strafverschärfung Berufung ergriffen werden. Die Generalprokuratur begründete ihre Ansicht darüber hinaus auch damit, daß eine ausdehnende Interpretation des § 283 StPO nicht „im Geiste des Gesetzes" gelegen war[732].

2. *Abschaffung*

Infolge der nicht expliziten Anordnung des Strafgesetzes bezüglich der Dauer einer Abschaffung von Ausländern aus allen Kronländern hatte sich der Oberste Gerichtshof in Behandlung einer Nichtigkeitsbeschwerde der Generalprokuratur zur Wahrung des Gesetzes auch mit dieser Frage zu beschäftigen und stellte in einer Entscheidung aus dem Jahre 1887[733] fest, daß eine Abschaffung aus sämtlichen im Reichsrat vertretenen Königreichen und Ländern gleich der Landesverweisung immer nur für beständig stattfinden dürfe und der Richter daher nicht befugt sei, diese Abschaffung zeitlich zu beschränken[734]. Der Gerichtshof argumentierte, daß „schon aus dem allgemeinen, keine Beschränkung auf eine bestimmte Zeit enthaltenden Wortlaute" der §§ 240 lit. h und 249 Abs. 2 StG zu schließen sei, daß die Abschaffung aus sämtlichen Kronländern „vom Gesetze als zeitliche Maßregel nicht gedacht werde", da § 249 in Abs. 1 bezüglich der Abschaffung aus einem Ort oder Kronland eine Verhängung auf bestimmte und unbestimmte Zeit für zulässig erklärte, während Abs. 2 diese Beschränkung nicht vorsah. Folglich habe der Gesetzgeber nur bezüglich der Abschaffungen gemäß § 240 lit. f und g dem Richter die Kompetenz eingeräumt, die Dauer der Ausweisung zeitlich zu limitieren, nicht aber bei der Abschaffung aus sämtlichen Kronländern, welche wie die Lan-

---

732 Die Generalprokuratur führte aus, daß auch nach dem Gesetzentwurf von 1867 ein Urteil nur bei Vorliegen von Nichtigkeitsgründen zum Nachteil des Angeklagten angefochten hätte werden können. Der Entwurf 1872 habe die ausnahmsweise Berufung auch zum Nachteil des Angeklagten nur für den Fall vorgesehen, wenn in erster Instanz eine außerordentliche Strafmilderung oder Umwandlung erfolgt sei, und die Regierungsmotive zur StPO 1873 erklärten, daß man sich, was die Anfechtung der richterlichen Strafbemessung anbelange, „Rechnung tragend der herkömmlichen Anschauung und dem häufigen Gebrauche, der gerade von dieser Art der Berufung gemacht wird", nicht entschließen konnte, „sie vollständig zu versagen", man hätte „jedoch hinlänglich Gründe, sie auf ein bescheidenes Maß zurückzuführen".

733 Plenarentscheidung des OGH vom 3. Juni 1887, Z. 4094, Slg. OGH X Nr. 1066.

734 Das Landesgericht Innsbruck hatte als Berufungsinstanz die Entscheidung des Bezirksgerichts Kufstein, womit drei Angehörige des Deutschen Kaiserreichs des verbotenen Spieles nach § 522 StG für schuldig befunden und zu einer Geldstrafe sowie zur Abschaffung der Angeklagten aus den im Reichsrat vertretenen Königreichen und Länder verurteilt worden waren, unter Berufung auf § 249 StG dahingehend geändert, daß die Abschaffung auf die Dauer eines Vierteljahres verhängt wurde.

desverweisung zu behandeln sei. Daß die Landesverweisung aber stets ein immerwährendes Aufenthaltsverbot darstelle, wenngleich das Gesetz dies nicht ausdrücklich erwähnte, sei, so der Oberste Gerichtshof in seiner Urteilsbegründung, „niemals bezweifelt worden" und zeige sich außerdem eindeutig durch einen Vergleich des Strafgesetzes von 1852 mit dem des Jahres 1803, das bei besonders gefährlichen Verbrechern sogar die Brandmarkung bei Landesverweisung vorsah, um sie offenbar für immer an einer Rückkehr zu hindern. Weiters ergäbe die Prüfung der Bestimmungen über die verbotene Rückkehr, daß nur § 324 des Strafgesetzes von einer Abschaffung auf eine gewisse Zeit und der Rückkehr des Abgeschafften vor Ablauf dieser Zeit spreche[735]. Überdies erkläre die Verordnung des Justizministeriums vom 29. Mai 1854[736] in analoger Weise, daß unter dem Verlust von Rechten in allen Fällen, wo das Gesetz nicht eine besondere Bestimmung oder Beschränkung beifüge, immer der beständige Verlust zu verstehen sei.

Da die Bezirksgerichte offenbar reichlichen Gebrauch von der Abschaffung aus einem Ort oder Kronland machten, war der Oberste Gerichtshof in mehreren Fällen mit der Frage der Zulässigkeit der Verhängung dieser Maßnahme befaßt. So stellte er in mehreren Plenarentscheidungen grundsätzlich fest, daß die Abschaffung als Strafe nur wegen eines Deliktes verhängt werden könne, für das sie vom Gesetz ausdrücklich angedroht war. In seiner Entscheidung vom 28. Februar 1889[737] etwa führte der Gerichtshof aus, daß § 460 StG[738] (Diebstahl) den Richter zwar „nach Beschaffenheit der Umstände" zur Verschärfung des Arrestes ermächtigte und § 250 StG es allgemein als eine Verschärfung der Strafen erklärte, wenn mehrere der in § 240 bezeichneten Strafen vereinigt wurden, jedoch § 250 gleichzeitig eine solche Verschärfung eben nur in denjenigen Fällen gestatte, „für welche und in dem Maße, wie sie im Strafgesetze bestimmt ist". Folglich dürfe die Abschaffung bei einer Verurteilung gemäß § 460 nicht als Verschärfung verhängt werden, da § 460 die Abschaffung nicht vorsehe.

---

735 Außerdem sei diese Ansicht auch durch die Bestimmung des § 472 StG, der die Abschaffung von Ausländern aus allen Kronländern auf beständig vorsieht, sowie durch die §§ 44 und 69 des Militärstrafgesetzes gestützt; vgl. dazu auch S. 140.

736 Verordnung des Justizministeriums vom 29. Mai 1854, RGBl. Nr. 134, zur Entscheidung des Zweifels, ob in den Fällen, wo in dem Strafgesetze vom 27. Mai 1852 auf ein Vergehen oder eine Übertretung die Strafe des Verlustes von Rechten oder Befugnissen, oder insbesondere eines Gewerbes ohne weiteren Beisatz verhängt wird, statt auf beständigen Verlust dieser Rechte, Befugnisse oder Gewerbe zu erkennen sei.

737 Plenarentscheidung des OGH vom 28. Februar 1889, Z. 15.260 ex 1888, Slg. OGH XIII Nr. 1255. Das Bezirksgericht Curzola in Dalmatien hatte einen in Mostar in der Herzegowina Zuständigen wegen Diebstahls und Betruges gemäß §§ 460 und 461 StG schuldig erkannt und zu einer Arreststrafe sowie zur Abschaffung aus Dalmatien nach Abbüßung des Arrestes verurteilt. Das Bezirksgericht verwies zur Begründung seiner Entscheidung auf die §§ 240 und 249 StG, welche nach Ansicht des Gerichtes „mit Rücksicht auf den Stand und die Nationalität des Angeklagten zur Anwendung gelangen können." Der Kassationshof gab der von der Generalprokuratur erhobenen Nichtigkeitsbeschwerde statt.

738 Nach § 460 StG sollten alle Diebstähle, welche nicht nach der Vorschrift der §§ 172 bis 176 StG als Verbrechen bestraft zu werden geeignet waren, als Übertretungen mit einfachem oder strengem Arrest bestraft werden, wobei der Arrest „nach Beschaffenheit der Umstände" auch verschärft werden konnte.

Weiters stellte der Oberste Gerichtshof in seiner Entscheidung vom 21. Oktober 1912[739] fest, daß die Abschaffung – wenngleich sie von § 250 als eine Verschärfung bezeichnet wurde, die allerdings nur in denjenigen Fällen und in dem Maß verhängt werden konnte, wie es das Strafgesetz vorsah – als selbständige Strafe gemäß § 240 lit. h nur dann ausgesprochen werden dürfe, wenn ein diese Strafart bedingender Tatbestand festgestellt war, was im Schwurgerichtsverfahren nur durch den Wahrspruch der Geschwornen geschehen konnte. Dies bedeutete, daß im Falle der Verhängung der Abschaffung z.B. wegen „Bedenklichkeit in Ansehung der Umstände oder Person" gemäß § 320 lit. e StG das Vorhandensein eben dieser Bedenklichkeit durch die Geschwornen zu erfolgen hatte, damit die Nebenstrafe der Abschaffung verhängt werden konnte.

Ob sich das Recht der außerordentlichen Strafmilderung auch auf eine im Gesetz obligatorisch angedrohte Abschaffung aus einem Ort erstrecke, bildete den Gegenstand der Plenarentscheidung vom 6. November 1879[740]. In Begründung ihrer zur Wahrung des Gesetzes eingebrachten Nichtigkeitsbeschwerde führte die Generalprokuratur mit Bezug auf die §§ 259 bis 262, 265 und 266 des Strafgesetzes aus, daß von den für die einzelnen strafbaren Handlungen vorgesehenen Strafarten nur durch gesetzlich zulässige Milderung oder Umwandlung der Strafe abgewichen werden könne. Da sich die Strafumwandlung aber lediglich auf die Arrest- und Geldstrafe beziehe, die Strafmilderung hingegen nur eine Herabsetzung der Strafe unter den geringsten Strafsatz, nicht aber eine Änderung der Strafart (außer das Gericht wäre dazu schon aufgrund des Strafumwandlungsrechtes befugt) ermögliche, so könne die Abschaffung aus einem Ort im Fall der obligatorischen Anordnung durch das Gesetz weder umgewandelt noch aufgrund des Milderungsrechtes nachgesehen werden. Von der Abschaffung verschont bliebe folglich nur derjenige, dessen Aufenthaltsort mit dem Zuständigkeitsort identisch war, da er aus letzterem unter keinen Umständen ausgewiesen werden durfte[741].

---

739 Entscheidung des OGH vom 21. Oktober 1912, Kr I 433/12, Slg. OGH XV Nr. 3982.

740 Plenarentscheidung des OGH vom 6. November 1879, Z. 6872, Slg. OGH III Nr. 209. Gegen die Angeklagte war als rückfällige Kupplerin gemäß § 514 StG die Abschaffung aus dem Polizeirayon Wien ausgesprochen worden. Das Berufungsgericht hatte den Ausspruch über die Abschaffung mit der Erwägung aufgehoben, daß der Ehemann der Verurteilten in Wien „lohnende Beschäftigung" fände, ihm bei rechtmäßigem Betragen der Aufenthalt in Wien nicht untersagt werden könne. Das Berufungsgericht führte aus, daß einerseits die Wohnsitzfolgepflicht der Ehefrau gemäß § 92 ABGB bestünde, andererseits der Richter bei Bemessung der Strafe gemäß § 260 StG auf die Familien- und Erwerbsverhältnisse des Sträflings Rücksicht zu nehmen habe. Außerdem habe das Strafgesetz „in vielen seiner Bestimmungen die Hintanhaltung der Unsittlichkeit zum Zwecke" und würde „mit seinen eigenen Intentionen in Widerspruch geraten", wenn die in § 514 StG angedrohte Abschaffung „als ein kategorischer Imperativ geltend und auch gegen verehelichte Frauenspersonen ausnahmslos angewendet werden sollte, da die Abschaffung der Ehegattin aus dem Wohnorte ihres Mannes nicht nur den materiellen Verfall der Familie, sondern geradezu die Beförderung der Unsittlichkeit zweier gezwungenermaßen von einander getrennt lebenden Ehegatten zur Folge hätte".

741 Gemäß der Verordnung des Justizministeriums vom 19. Mai 1858, RGBl. Nr. 79, wodurch der § 249 des Strafgesetzes vom 27. Mai 1852 dahin erläutert wird, daß auf die Strafe der Abschaffung aus demjenigen Orte nicht erkannt werden kann, zu welchem der zu Verurteilen-

7. *Entwürfe zu einem neuen Strafgesetzbuch*

Wenige Jahre nach dem Inkrafttreten des Strafgesetzes von 1852 setzten bereits Bestrebungen zu einer Reform des Strafgesetzes ein[742]. Am 16. Februar 1861 wurde Sektionschef Hye-Glunek mit der Ausarbeitung eines Entwurfes für ein neues Strafgesetz und Justizminister Hein mit der Ausarbeitung einer Novelle zum Strafgesetz beauftragt. Hye legte im März 1863 ein „Abänderungsstatut" zum Strafgesetz vor, kurz darauf den Entwurf eines Strafgesetzes, der die den Gerichten überwiesenen Verbrechen und Vergehen enthielt. Ergebnis der anschließenden kommissionellen Beratung war ein Regierungsentwurf, der am 27. Juni 1867 von Minister Komers im Abgeordnetenhaus eingebracht wurde. Der Bericht des Ausschusses vom 21. Februar 1870 gelangte wegen der Vertagung und später erfolgten Auflösung des Parlaments allerdings nicht zur Beratung. Einziges Ergebnis dieser Arbeiten war die Strafgesetznovelle vom 15. März 1867[743]. Ebenso gelangte der neue Entwurf von Justizminister Glaser[744] aus dem Jahre

de gesetzlich zuständig ist. Da der Ehemann der Verurteilten nicht in Wien zuständig war, und sich das Heimatrecht der Ehefrau nach dem des Mannes richtete, hatte folglich das Gericht die Grenzen des Milderungsrechtes überschritten. Die Bezugnahme des Berufungsgerichtes auf die §§ 55 und 260 StG wies die Generalprokuratur mit dem Argument zurück, daß „diese gesetzlich normirten Ausnahmen auf andere Fälle nicht ausgedehnt werden können, da jede Ausnahme strenge auszulegen und nur in jenen Fällen in Anwendung zu bringen ist, für welche sie ausdrücklich statuirt wurde"; bezüglich der Einwendung von § 92 ABGB siehe inbes. S. 126 f., zu § 92 siehe aber auch S. 228, 373, 736, 753.

742 Vgl. HOEGEL (wie Anm. 370) I, S. 99 ff.; WAHLBERG (wie Anm. 632), S. 170 ff.; Julius GLASER, Studien zum Entwurf des österreichischen Strafgesetzes über Verbrechen und Vergehen, Wien 1870; Hugo HOEGEL, Gesamtreform des österreichischen Strafrechtes (einschließlich des Preßrechtes), Leipzig 1909, S. V ff.; FINGER (wie Anm. 632) I, S. 123 ff.; Julius Friedrich NOWAKOWSKI, Das österreichische Strafrecht in seinen Grundzügen, Graz-Wien-Köln 1955, S. 20 f.; STOOSS (wie Anm. 632), S. 47 f.; Karl JANKA/Emil von KALLINA, Das österreichische Strafrecht, 4. Aufl. Prag-Wien-Leipzig 1902, S. 20 f.; MALANIUK (wie Anm. 669), S. 8 f.; vgl. auch Nr. 704 der Beilagen zu den Sten. Prot. des AH, VIII. Sess. (Bericht des Strafgesetzausschusses über die Regierungsvorlage ...); Nr. 822 der Beilagen zu den Sten. Prot. des AH, X. Sess. (Bemerkungen zu dem Entwurfe des Strafgesetzes ...); Nr. 916 der Beilagen zu den Sten. Prot. des AH, X. Sess. (Bericht des ständigen Strafgesetzausschusses ...); Nr. 709 der Beilagen zu den Sten. Prot. des AH, XI. Sess. (Bericht des ständigen Strafgesetzausschusses ...); Nr. 90 der Beilagen zu den Sten. Prot. des HH, XXI. Sess. (Einleitung, S. V ff.); siehe aber auch das Gesetz vom 17. Dezember 1862, RGBl. 1863 Nr. 8, betreffend einige Ergänzungen des allgemeinen und des Militär-Strafgesetzes.

743 Gesetz vom 15. November 1867, RGBl. Nr. 131, wodurch mehrere Bestimmungen des allgemeinen Strafgesetzes und andere damit im Zusammenhange stehende Anordnungen abgeändert werden; vgl. dazu Hugo HOEGEL, Die Strafrechtsfolgen nach der Novelle vom 15. November 1867, RGBl. Nr. 131, in: Österreichische Zeitschrift für Strafrecht VI (1915), S. 113–135.

744 In der 71. Sitzung der VIII. Sess. am 7. November 1874 eingebracht, am 10. November Entwurf (ohne Motive) verteilt. Am 14. November 1874 wurde anläßlich der ersten Lesung beschlossen, den Entwurf einem fünfzehnköpfigen Ausschuß zu überweisen (Bareuther, Demel, Handl, Hanisch, Herbst, Hoffer, Jasinski, Kochanowski, Kopp, Kowalski, Lienbacher, Rodler, Scharschmid, Sturm, Tomaszczuk). Dieser beendete die Beratungen am 26. Juli 1877 und legte am 5. September 1877 einen Bericht vor, welcher nicht mehr zur Beratung kam.

1874, der darauf abzielte, das österreichische Strafrecht an die Grundsätze des deutschen Reichsstrafgesetzbuches von 1871 anzugleichen, nicht mehr zur parlamentarischen Beratung. 1881 wurde dieser Entwurf im wesentlichen unverändert von Justizminister Prazak erneut eingebracht[745]. Diesmal konnten jedoch nicht einmal die Beratungen des Ausschusses über diesen Entwurf zu Ende gebracht werden. Eine weitere Überarbeitung wurde als vierter Entwurf von Justizminister Schönborn am 11. April 1889 dem Abgeordnetenhaus vorgelegt. Letztlich wurde dieser Entwurf 1895 in Anbetracht der inzwischen geübten Kritik am Reichsstrafgesetz zurückgezogen. Mit der Einsetzung einer Kommission durch Justizminister Ruber im Jahre 1897 wurde eine neue Reformphase eingeleitet. Der erste Entwurf konnte 1902 fertiggestellt und nach mehreren Überarbeitungen 1909 als Vorentwurf veröffentlicht werden. Eine erneute Umarbeitung wurde 1912 von Justizminister Hochenburger dem Herrenhaus vorgelegt und von diesem 1913 auch angenommen, allerdings verhinderte der Ausbruch des Krieges das Zustandekommen der Reform[746].

Während der zur Vorberatung des Entwurfes von 1867 eingesetzte Ausschuß in seinem Bericht[747] noch – und zwar ausschließlich – von der Abschaffung gesprochen hatte, wählten die späteren Strafgesetzentwürfe – egal, ob es sich um ein Verbrechen oder eine Übertretung handelte – nur die Bezeichnung „Verweisung" anstelle der früheren Differenzierung in Landesverweisung und Abschaffung. Der Glaser'sche Entwurf aus dem Jahre 1874[748] sah in § 37 Abs. 1 vor, daß neben einer Freiheitsstrafe auf Verweisung aus einem bestimmten Ort, Bezirk, Land oder aus dem ganzen Geltungsgebiete dieses Gesetzes erkannt werden könne, wenn das Verbleiben des Verurteilten daselbst für die öffentliche Sicherheit oder Sittlichkeit gefährlich erschiene, da die „Berücksichtigung des polizeilichen Interesses ... dem Strafgesetze und die Ausführung von Präventivmaßregeln der Thätigkeit des Strafrichters nicht gänzlich entzogen sein" könne[749]. Mit dieser Generalklausel hatte sich der Entwurf an die Formulierung des Reichsschubgesetzes, das die Abschaffung von Ausländern „aus Rücksichten der öffentlichen Ordnung und Sicherheit" angeordnet hatte, auch für Inländer stark angenähert. Inhaltlich im Rahmen des bisherigen Strafgesetzes blieb allerdings die Regelung des Abs. 2, nach der die Verweisung entweder für bestimmte Zeit oder für immer, aber niemals rücksichtlich desjenigen Ortes, dem der Verurteilte vermöge seiner Zuständigkeit angehörte,

---

745 Am 14. November 1881 unter Abänderungen des Ausschusses erneut von Minister Prazak eingebracht.

746 Zu den Reformentwürfen in der Ersten Republik siehe S. 354 f.

747 § 49 Abs. 1: „Auf die Abschaffung aus einem Orte, Bezirke oder Lande, welche entweder für immer oder nur für bestimmte Zeit, aber niemals rücksichtlich desjenigen Ortes, Bezirkes oder Landes ausgesprochen werden darf, dem der Verurtheilte vermöge seiner Zuständigkeit angehört; oder aus sämmtlichen Ländern, für welche dieses Gesetz Geltung hat, auf letztere aber nur gegen Nichtangehörige dieser Länder." Abs. 2: „Auf Abschaffung kann aber nur dann erkannt werden, wenn das weitere Verbleiben des Schuldigen in einem bestimmten Orte, Bezirke, Lande oder in den Ländern, für welche dieses Gesetz Geltung hat, der öffentlichen Sicherheit oder Sittlichkeit gefährlich erscheinen würde"; vgl. Nr. 75 der Beilagen zu den Sten. Prot. des AH, V. Sess., S. 773 f.

748 Nr. 221 der Beilagen zu den Sten. Prot. des AH, VIII. Sess., S. 9.

749 So die Allgemeinen Bemerkungen zum Strafgesetzentwurf, zu Nr. 221 der Beilagen zu den Sten. Prot. des AH, VIII. Sess., S. 35.

ausgesprochen werden könne. Die Verweisung aus dem ganzen Geltungsgebiet dieses Gesetzes sollte auch nach dem Entwurf gegen solche Personen, denen daselbst das Staatsbürgerrecht zustand, nicht verfügt werden können. Die allgemeine Fassung des ersten Absatzes erregte aber im Ausschuß verschiedene Bedenken[750]. Es erschien dem Ausschuß insbesondere zu gefährlich, die Verweisung wegen jeder Verurteilung zu einer Freiheitsstrafe, und sei sie noch so geringfügig, zuzulassen. Allerdings erachtete es der Ausschuß für undurchführbar, „durch casuistische Bestimmungen hier eine genügende Abhilfe zu treffen", und beschloß, den Paragraph mit der Abänderung anzunehmen, daß es statt „öffentliche Sicherheit" heißen solle: „Sicherheit der Person oder des Eigenthums", weil der Begriff der öffentlichen Sicherheit „ein allzu vager" sei und der Ausschuß es nicht zulassen wollte, daß eine solche Ausweisung aus „rein politischen Bedenken" vom Richter ausgesprochen werde[751]. Der Ausschuß knüpfte hier also stärker an die Formulierung des Reichsschubgesetzes betreffend die Abschaffung aus der Haft tretender Sträflinge an. Außerdem schlug der Ausschuß einen der geltenden Rechtslage entsprechenden zusätzlichen Absatz vor, nämlich daß die Verweisung aus einem Ort stets für den ganzen Polizeirayon, zu welchem dieser Ort gehörte, gelten sollte.

Die Regierungsvorlage aus dem Jahre 1881[752] sah in § 37 Abs. 1 vor, daß neben einer Freiheitsstrafe fakultativ auf Verweisung aus einem bestimmten Ort, Bezirk, Land oder aus dem ganzen Geltungsgebiet des Gesetzes erkannt werden könne, wenn „das Verbleiben des Verurtheilten daselbst für die Sicherheit des Eigentums oder für die öffentliche Sittlichkeit gefährlich" erschiene[753]. Dieselben Formulierungen fanden sich auch in der Regierungsvorlage 1889[754], wogegen der Ausschußantrag erneut eine Modifikation vorschlug, nämlich daß das Gericht nur gegen Personen, welche „wegen einer

[750] Nr. 704 der Beilagen zu den Sten. Prot. des AH, VIII. Sess., S. 13.

[751] Abs. 1 des § 36 des Entwurfes eines neuen Strafgesetzes nach den Beschlüssen des Abgeordnetenhauses, Nr. 704 der Beilagen zu den Sten. Prot. des AH, VIII. Sess., S. 116, sollte also lauten: „Neben einer Freiheitsstrafe kann auf Verweisung aus einem bestimmten Orte, Bezirke, Lande oder aus dem ganzen Geltungsgebiete dieses Gesetzes erkannt werden, wenn das Verbleiben des Verurtheilten daselbst für die Sicherheit der Person oder des Eigenthums, oder für die öffentliche Sittlichkeit gefährlich erscheint".

[752] Nr. 392 der Beilagen zu den Sten. Prot. des AH, IX. Sess., S. 31.

[753] Nach Absatz 2 galt die Verweisung aus einem Orte „stets für den Polizeirayon, zu welchem dieser Ort gehört" und nach Absatz 3 konnte die Verweisung „entweder für bestimmte Zeit oder für immer, aber niemals rücksichtlich desjenigen Ortes, dem der Verurteilte vermöge seiner Zuständigkeit angehört, ausgesprochen werden". Die Verweisung „aus dem ganzen Geltungsgebiete dieses Gesetzes kann gegen Solche, denen daselbst das Staatsbürgerrecht zusteht, nicht verfügt werden".

[754] Nr. 822 der Beilagen zu den Sten. Prot. des AH, X. Sess., S. 31: § 37 Abs. 1: „Neben einer Freiheitsstrafe kann auf Verweisung aus einem bestimmten Orte, Bezirke, Lande oder aus dem ganzen Geltungsgebiete dieses Gesetzes erkannt werden, wenn das Verbleiben des Verurtheilten daselbst für die Sicherheit des Eigentums oder für die öffentliche Sittlichkeit gefährlich erscheint". Abs. 2: „Die Verweisung aus einem Orte gilt stets für den Polizeirayon, zu welchem dieser Ort gehört." Abs. 3: „Die Verweisung kann entweder für bestimmte Zeit oder für immer, aber niemals rücksichtlich desjenigen Ortes, dem der Verurteilte vermöge seiner Zuständigkeit angehört, ausgesprochen werden. Die Verweisung aus dem ganzen Geltungsgebiete dieses Gesetzes kann gegen Solche, denen daselbst das Staatsbürgerrecht zusteht, nicht verfügt werden."

gegen die Sicherheit der Person oder des Eigenthums oder gegen die öffentliche Sicherheit gerichteten strafbaren Handlung zu einer Freiheitsstrafe verurtheilt" worden waren, auf Verweisung aus einem bestimmten Orte, Bezirke, Lande oder aus dem ganzen Geltungsgebiete dieses Gesetzes erkennen könne, „wenn das Verbleiben des Verurtheilten daselbst in dieser Rücksicht gefährlich" erschiene (Abs. 1)[755]. Die Verweisung sollte „gegen fremde Staatsbürger entweder für bestimmte Zeit oder für immer, gegen Inländer nur für eine nach den vorliegenden Verhältnissen zu bemessende bestimmte Zeit und niemals hinsichtlich desjenigen Ortes ausgesprochen werden, dem der Verurteilte vermöge seiner Zuständigkeit" angehörte (Abs. 3).

Der Ausschußbericht führte zu diesen Änderungen aus[756], daß die Abänderung im ersten Absatz „nur redactionell" sei. Es sollte damit außer Zweifel gestellt werden, „daß das Gericht auf Verweisung des Verurteilten wegen einer gegen die Sicherheit der Person gerichteten Handlung nur dann, wenn der Verurteilte mit Rücksicht auf die Sicherheit von Personen gefährlich erscheint, auf Verweisung des Verurteilten wegen einer gegen die Sicherheit des Eigenthums gerichteten Handlung nur dann, wenn der Verurteilte mit Rücksicht auf die Sicherheit des Eigenthums gefährlich erscheint, und auf Verweisung des Verurteilten wegen einer gegen die öffentliche Sittlichkeit gerichteten Handlung nur dann, wenn der Verurteilte mit Rücksicht auf die öffentliche Sittlichkeit gefährlich erscheint, erkennen dürfe". Im dritten Absatz hatte der Ausschuß die Einschränkung vorgenommen, daß Inländer nur auf „bestimmte" Zeit verwiesen werden könnten, während nach der Regierungsvorlage die Verweisung „für immer" sowohl für Inländer als auch für Ausländer zulässig war. Die Verweisung „für immer" hinsichtlich der Inländer erschien dem Ausschuß „durch Rücksichtnahme auf öffentliche Interessen nicht geboten, und daher als eine nicht gerechtfertigte Härte"[757].

Wiewohl Hoegel[758] als Gegner der Landesverweisung und strafgerichtlichen Abschaffung diese in seinem 1902 vorgelegten Entwurf beseitigt hatte, fand die Ausweisung erneut Eingang in den Strafgesetzentwurf des Jahres 1912. Allerdings hatte der

---

755 § 39 Abs. 1. Abs. 2 lautete wie die Fassung der Regierungsvorlage: „Die Verweisung aus einem Orte gilt stets für den Polizeirayon, zu welchem dieser Ort gehört. Die Verweisung aus dem ganzen Geltungsgebiete dieses Gesetzes kann gegen solche, denen daselbst das Staatsbürgerrecht zusteht, nicht verfügt werden."

756 Nr. 916 der Beilagen zu den Sten. Prot. des AH, X. Sess., S. 20.

757 Die Regierungsvorlagen 1891 und 1893 übernahmen die Formulierungen des Ausschußantrages von 1889, vgl. § 39 der Beilage Nr. 210 zu den Sten. Prot. des AH, XI. Sess., S. 34, und § 36 der Beilage Nr. 709 der Sten. Prot. AH, XI. Sess., S. 143.

758 HOEGEL (wie Anm. 742), S. 240, kritisierte, daß dem Richter mit dieser Nebenstrafe eine ihm fremde, präventive Aufgabe zugemutet würde, „die er nicht gut erfüllen kann, die ihn nur leicht auf die Schablone drängt. Das Gesetz vom 27. Juli 1871 ... gibt den politischen Behörden ausreichende Handhabe, fremde arbeitsscheue oder verbrecherische Elemente aus den Gebieten, in denen sie nicht heimatberechtig sind, insbesondere in das Ausland zu verweisen. Andererseits ist es ihnen viel leichter die Umstände des Falles zu berücksichtigen und gegen solche im Aufenthaltsorte nicht zuständige Verurteilte mit der Maßregel nicht vorzugehen, die mit ihren ganzen Lebensbedingungen an diesen Ort geknüpft sind. Erwägungen dieser Art sind polizeilicher Natur", siehe auch Hugo HOEGEL, Teilreformen auf dem Gebiete des österreichischen Strafrechtes (einschließlich des Preßrechtes), Hannover 1908. S. 12.

Entwurf die Abschaffung von Inländern nicht aus dem geltenden Recht übernommen. § 40 Abs. 1 der Regierungsvorlage sah vor[759], daß ein „Ausländer, der zu einer ein Jahr erreichenden Freiheitsstrafe verurteilt" worden war, „für immer oder für zehn Jahre aus dem Inland ausgewiesen werden" könne, „wenn er nach seinem Lebenswandel und der Eigenart seiner Tat als gefährlich für die Sicherheit des Staates, die Sittlichkeit oder die Sicherheit der Person, des Vermögens oder des Geldverkehres anzusehen" sei. Darüber hinaus hielt man die bestehenden Verwaltungsgesetze und insbesondere das Schubgesetz für völlig ausreichend, „um dem Sicherungsbedürfnis zu genügen, namentlich dem Zusammenströmen gefährlicher Personen in großen Städten vorzubeugen"[760]. Abs. 2 sollte „einer häßlichen Praktik" entgegenwirken, die manchmal der Umgehung des Auslieferungsrechtes, insbesondere bei politischen Verbrechen, diente: Personen, deren habhaft zu werden ein Nachbarstaat interessiert war, wurden „zwar nicht ausgeliefert, aber ausgewiesen und gerade an jene Grenze geschafft, wo die Organe des Nachbarstaates schon mit offenen Armen warteten"[761]. Daher bestimmte der Regierungsentwurf, daß „Ausländer, die von einem ausländischen Staate wegen einer Tat verfolgt werden, hinsichtlich der an diesen Staat Auslieferung nicht stattfindet, ... ohne ihre Einwilligung nicht an dessen Grenzen gebracht werden" dürften.

8. Strafrechtliche Nebengesetze

A. Wuchergesetzgebung

Auch in der wechselvollen Geschichte der österreichischen Wuchergesetzgebung[762] fand die Abschaffung ihren Platz im Strafensystem. So sah das Wucherpatent vom 2. Dezember 1803[763] bei Vorliegen von erschwerenden Umständen für alle in diesem Patent geregelten Wuchertatbestände neben einer Geldstrafe explizit die Abschaffung

---

759 Nr. 90 der Beilagen zu den Sten. Prot. des HH, XXI. Sess., S. 11.

760 Ebd., S. 87.

761 So Alexander LÖFFLER, Die Arbeiten der Kommission des Herrenhauses für Justizgegenstände über die Gesetzesvorlagen zur Reform des Strafrechts, in: Österreichische Zeitschrift für Strafrecht IV (1913), S. 127.

762 Vgl. zur Geschichte der österreichischen Wuchergesetzgebung seit Maria Theresia z.B. Art. Wucher, in: Österreichisches Rechts-Lexikon. Praktisches Handwörterbuch des privaten und öffentlichen Rechtes der im Reichsrathe vertretenen Königreichen und Ländern, hrsg. und redigiert von Friedrich Duschenes/Wenzel Ritter von Belsky/Carl Baretta, 4 Bde., Prag 1894–1898, IV, S. 1091 ff.

763 JGS Nr. 640; auch z.B. FRÜHWALD (wie Anm. 653), S. 445 ff.; mit Verordnung vom 9. Juni 1804 auch für die Armee und die Militärgrenze in Kraft gesetzt, vgl. Martin DAMIANITSCH, Das Militär-Strafgesetzbuch über Verbrechen und Vergehen vom 15. Jänner 1855 für das Kaiserthum Österreich, 2. Aufl. Wien 1861, S. 6; vgl. dazu auch Franz von ZEILLER, Über das österreichische Wuchergesetz vom Jahre 1803, in: Jährliche Beyträge zur Gesetzkunde und Rechtswissenschaft in den österreichischen Erblanden II (1806), S. 158–190, III (1808), S. 158–190.

des Täters aus dem Ort seines Aufenthaltes vor, Fremde sollten aus sämtlichen Erbländern abgeschafft werden[764].

Die Wuchernovelle vom 14. Dezember 1866[765] normierte die Abschaffung gemäß § 249 StG als fakultative Strafe im Falle öfterer Begehung von Wuchervergehen oder bei Vorliegen besonders erschwerender Umstände zusätzlich zu einer Geldstrafe oder Arrest[766]. Allerdings wurden dienende Militärpersonen und Bewohner der Militärgrenze von der Verhängung der Abschaffung ausdrücklich ausgenommen[767]. Bereits im Juni 1869[768] kam es allerdings wieder zur Aufhebung der bisherigen Wuchergesetze und zur Wiederherstellung der „Wucherfreiheit".

Infolge vielfältiger Klagen wurde 1877 zuerst für Galizien, Lodomerien, Krakau und die Bukowina ein Gesetz betreffend Abhilfe wider unredliche Vorgänge bei Kreditgeschäften[769], das die Abschaffung als Strafe für in diesen Gesetzen geregelte Delikte nicht kannte, und 1881 ein allgemeines Wuchergesetz für alle cisleithanischen Länder erlassen[770]. Dieses Gesetz ordnete die Abschaffung einerseits als obligatorische Strafe beim gewerbs- und gewohnheitsmäßigen Wucher an (§ 4), da diese hier „die angemessenste Strafe" darstelle, „indem sie den Wucherer aus dem Geschäftskreise, in welchem er seine unheilvolle Thätigkeit entwickelt, entfernt"[771], andererseits wurde die Abschaf-

---

764 § 17 lit. c. Die anderen Strafen, mit denen der Täter bei Vorliegen erschwerender Umstände zusätzlich bestraft werden konnte, waren einerseits Arrest, der durch Fasten oder schwere Arbeit verschärft werden konnte, und die Ausstellung in einem Kreis mit der Aufschrift: Wegen Wuchers.

765 Gesetz vom 14. Dezember 1866, RGBl. Nr. 160, womit vom 1. Jänner 1867 an die gesetzlichen Beschränkungen des Zinsenmaßes aufgehoben und die Gesetze über Bestrafung des Wuchers geändert werden.

766 Grundsätzlich sah § 5 bei Erstdelinquenz die Bestrafung des Wuchers als Vergehen mit dem Ein- bis Fünffachen desjenigen Betrages vor, welchen das Gericht als „das strafbare Übermaß der bedungenen Vortheile oder ihres Wertes" erklärte. Gemäß § 6 konnte gegen einen Schuldigen, der schon einmal wegen Wuchers bestraft wurde, neben der Geldstrafe auch eine Arreststrafe von einem bis zu sechs Monaten verhängt und bei öfterer Wiederholung oder bei besonders erschwerenden Umständen auf Arrest bis zu zwei Jahren, evtl. in verschärfter Form, und auch auf Abschaffung erkannt werden.

767 § 6 der Circular-Verordnung des Kriegsministeriums vom 26. Jänner 1867, RGBl. Nr. 24, über die Durchführung des in Wuchersachen erflossenen Gesetzes vom 14. Dezember 1866, und dessen Einführung in der Militärgrenze, bestimmte, daß anstelle der im § 6 des Wuchergesetzes vorgesehenen Abschaffung gemäß § 249 StG die Regelung des § 69 des Militär-Strafgesetzbuches zur Anwendung komme.

768 Gesetz vom 14. Juni 1868, RGBl. Nr. 62, wodurch die gegen den Wucher bestehenden Gesetze aufgehoben werden.

769 Gesetz vom 19. Juli 1877, RGBl. Nr. 66, betreffend Abhilfe wider unredliche Vorgänge bei Creditgeschäften; siehe dazu Josef KASERER (Hrsg.), Das Gesetz vom 19. Juli 1877 betreffend Abhilfe wider unredliche Vorgänge bei Creditgeschäften (Wuchergesetz) mit Materialien, Wien 1877.

770 Gesetz vom 28. Mai 1881, RGBl. Nr. 47, betreffend Abhilfe wider unredliche Vorgänge bei Creditgeschäften. Das Gesetz vom 1877 trat damit außer Wirksamkeit.

771 So der Bericht der vereinigten juridischen und volkswirthschaftlichen Commission des Herrenhauses zu § 4 des Gesetzes, Nr. 139 der Beilagen zu den Sten. Prot. des HH, IX. Sess., auch abgedruckt bei Josef KASERER (Hrsg.), Das Gesetz vom 28. Mai 1881 betreffend Abhil-

fung aber auch als fakultative Maßnahme insbesondere bei Wiederholungstäterschaft angedroht[772].

Auch die kaiserliche Notverordnung vom 10. Oktober 1914[773] kannte die Abschaffung als Strafe für Wucher, allerdings als bloß fakultative Nebenstrafe zur Freiheitsstrafe. Wiewohl die Verordnung ausschließlich von der Abschaffung sprach[774], die nach dem Strafgesetz nur wegen Vergehen und Übertretungen zu verhängen war, sah sie diese im Unterschied zur Systematik des allgemeinen Strafgesetzes auch bei Verbrechen vor.

B. Militärstrafrecht

In Ergänzung zum Strafgesetz von 1852, das mit Ausnahme der Militärpersonen und der Militärgrenzgebiete in Kraft gesetzt wurde, erging 1855 ein Militärstrafgesetzbuch[775]. In diesem wurde die Landesverweisung analog zum Strafgesetz von 1852 in § 36 lit. h als Verschärfung der bei Verbrechen verhängten Kerkerstrafe[776] vorgesehen. Wie im Strafgesetz von 1852 wurde daher die Landesverweisung nach dem Militärstrafgesetz als Nebenstrafe qualifiziert. Die Landesverweisung hatte sich stets auf alle Kronländer des österreichischen Kaiserstaates zu erstrecken und konnte gemäß § 44 nur gegen diejenigen ausländischen Verbrecher verhängt werden, welche nach ausgestandener Strafe nicht zum Militärdienst verpflichtet oder geeignet waren. Obligatorisch war die Landesverweisung wie im Strafgesetz bei im Ausland von einem Ausländer begangenen Verbrechen, wenn der auswärtige Staat die Übernahme des Auszuliefernden verweigerte (§ 106). Der Vollzug der Landesverweisung stand – abgesehen von der Militärgrenze

---

fe wider unredliche Vorgänge bei Creditgeschäften (allgemeines Wuchergesetz) mit Materialien, Wien 1881, S. 218.

772 Siehe §§ 3 und 15.

773 Kaiserliche Verordnung vom 12. Oktober 1914, RGBl. Nr. 275, über den Wucher.

774 §§ 3 Z. 4, 4 Z. 2, 5 und 6.

775 Kaiserliches Patent vom 15. Jänner 1855, RGBl. Nr. 19, womit ein neues Militär-Strafgesetzbuch über Verbrechen und Vergehen kundgemacht, und vom 1. Juli 1855 angefangen in Wirksamkeit gesetzt wird. Das Kundmachungspatent führte aus, daß das Militärstrafgesetzbuch im „Zusammenhange mit Unserem Patente vom 26. Mai 1852, mit welchem Wir eine neue vollständige Auflage des am 3. September 1803 erlassenen österreichischen Strafgesetzbuches für den gesamten Umfang Unseres Kaiserreiches mit Ausnahme der Militärpersonen und der Militärgrenzgebiete, in Wirksamkeit gesetzt haben", in Kraft gesetzt wurde.
Vgl. zum Militärstrafrecht DAMIANITSCH (wie Anm. 763); Arthur Karl SZILÁGYI, Das Geltungsgebiet des materiellen Strafrechts, in: Österreichische Zeitschrift für Strafrecht VI (1915), S. 462–495; Konstantin von ISOPESCUL-GRECUL, Die strafrechtlichen Nebengesetze und das Militärstrafrecht, in: Österreichische Zeitschrift für Strafrecht VI (1915), S. 415–461; jüngst Clemens HASENAUER, Das Militärstrafrecht in Österreich vom 1855 bis 1914, jur. Diss. Wien 1996, m.w.N.

776 Weiters konnte die Kerkerstrafe nach § 36 durch Eisen, Fasten, Anweisung eines harten Lagers, körperliche Züchtigung, Anhaltung in Einzelhaft und einsame Absperrung in dunkler Zelle verschärft werden.

grenze - den politischen Zivilbehörden zu, weshalb derartige Ausländer von den Militärbehörden an die Zivilbehörden zu übergeben waren[777].

Die Abschaffung aus einem Orte, einem Bezirk oder aus einem Kronland konnte nach dem Militärstrafgesetzbuch einerseits im Unterschied zu Strafgesetz von 1852 (wie die Landesverweisung) als Verschärfung der Kerkerstrafe (§ 36 lit. g) bei Verbrechen, verhängt werden, andererseits stellte die Abschaffung aus einem Ort, einem Kronland oder aus sämtlichen Kronländern des österreichischen Kaiserstaates aber auch eine der Hauptstrafen für Vergehen dar (§ 21 lit. h bis k). Als Verschärfung der Kerkerstrafe konnte die Abschaffung aus einem Ort, Bezirk oder Kronland nach § 43 entweder „auf bestimmte Zeit oder, nach Beschaffenheit des Verbrechens und der Umstände für immer erkannt werden, wenn es die Sicherheit oder Sittlichkeit" erforderte. Allerdings war diese Verschärfungsart nicht gegen „dienende Militärpersonen" und „gegen eingeborne Grenzbewohner" in Anwendung zu bringen[778]. Auf Abschaffung aus einem Ort, Bezirk oder Kronlande als Hauptstrafe für Vergehen durfte ebenfalls wie bei der Abschaffung als Verschärfung nur unter den Beschränkungen des § 43 erkannt werden. Aus allen Kronländern des österreichischen Kaiserstaates konnten nur Ausländer abgeschafft werden, und zwar unter der Voraussetzung, daß „sie zu keinem Militär-Dienste obligat, oder dazu nicht mehr tauglich" waren.

Bei Verbrechenskonkurrenz sah das Militärstrafrecht in § 97 im Unterschied zum Strafgesetz von 1852 ausdrücklich vor, daß auch die Abschaffung unter jene Strafen zu zählen sei, welche, wenn sie auch nur auf eine der zusammentretenden strafbaren Handlungen festgesetzt waren, gegen den Schuldigen jedenfalls nebst der sonstigen gesetzlichen Strafe verhängt werden mußten.

Analog zum Strafgesetz von 1852 sah das Militärstrafrecht die Verhängung der obligatorischen Abschaffung gegen Ausländer wegen Teilnahme an geheimen Gesellschaften (§§ 549 f.), wegen unbefugter Ausübung der Arzneikunst (§ 609), wegen unbefugten Verkaufes von Arzneien (§ 621), wegen verbotener Spiele (§ 796) sowie wegen Verfertigung von Dietrichen und Schlüsseln in „bedenklicher Weise" gegen Rückfallstäter (§ 743) vor. Die obligatorische Abschaffung von Ausländern aus allen Kronländern sowie von Inländern aus einem bestimmten Ort bzw. ihrem Aufenthaltsort war angeordnet gegen Trödler und Hausierer wegen wiederholten Ankaufes von Gegenständen von Unmündigen (§ 745) und wegen Kuppelei (§ 788), während im Falle der Verabredung von Arbeitern zur Erhöhung des Lohnes (§ 481) Ausländer aus allen Kronländern, Inländer hingegen aus dem Kronland abzuschaffen waren.

Fakultativ sah das Militärstrafgesetz die Verhängung der Abschaffung sowohl von Ausländern aus dem ganzen Reich als auch von Inländern aus einem Ort oder Kronland wegen Verfassung grundloser Beschwerdeschriften (§ 556) sowie wegen öffentlicher Herabwürdigung der Einrichtungen der Ehe, der Familie, des Eigentums oder Gutheißung von ungesetzlichen oder unsittlichen Handlungen (§ 562) vor. Weiters konnten wegen irriger Angaben vor Behörden (577 lit. e) bzw. wegen Gebrauches eines fremden

---

777 Vgl. DAMIANITSCH (wie Anm. 763), S. 57.

778 Nicht in der Militärgrenze geborene Personen konnten nur dann aus derselben abgeschafft werden, wenn ihre Heimatzuständigkeit außer der Grenze nachgewiesen war, vgl. DAMIANITSCH (wie Anm. 763), S. 57.

Passes (§ 577 lit. g) bei „sich zeigender Bedenklichkeit in Ansehung der Umstände" bzw. „in Ansehung der Umstände oder der Person des Übertreters" Ausländer aus allen Kronländern, Inländer hingegen aus einem Ort abgeschafft werden.

Wiewohl sich also bezüglich der Delikte, wegen welcher ausdrücklich die Abschaffung verhängt werden konnte oder mußte, eine fast vollständige Deckungsgleichheit des Militärstrafrechtes mit dem Strafgesetz von 1852 feststellen läßt, so ist doch hervorzuheben, daß das Militärstrafgesetz dem Ausweisungsrecht im Strafensystem einen höheren Stellenwert einräumt, der einerseits dadurch zutage trat, daß nicht nur die Landesverweisung, sondern auch die Abschaffung als Verschärfung der Kerkerstrafe vorgesehen war, andererseits durch die explizite Anordnung, daß auf die Strafverschärfung der Abschaffung im Konkurrenzfalle immer zu erkennen sei, wenn diese auch nur auf eine der zusammentreffenden strafbaren Handlungen angedroht war.

C. *Gefällsstrafrecht*

Das Gefällsstrafgesetz vom 11. Juli 1835[779] kannte die Abschaffung aus einem Ort oder Bezirk, aus einem Land oder aus sämtlichen Ländern, für welche das gegenwärtige Gesetz Gültigkeit hatte, als Art der Strafverschärfung des Arrestes (§ 65). Nach § 73 des Gefällsstrafgesetzes konnten im Unterschied zum Strafgesetzbuch alle Abschaffungsarten, also auch die Abschaffung aus allen Ländern des Geltungsgebietes, auf eine bestimmte Dauer oder auf unbestimmte Zeit verhängt werden. Die Abschaffung aus allen Ländern, in denen das Gefällsstrafgesetz Gültigkeit hatte, konnte nur gegen Fremde verhängt werden. Nicht zum Geltungsgebiet des Gesetzes gehörten nach dem Kundmachungspatent Dalmatien, Ungarn und Siebenbürgen, welche letztere bis 1850 von den übrigen Ländern des österreichischen Kaiserstaates sogar durch eine Zwischenzoll-Linie getrennt waren und für die bezüglich der Behandlung von Gefällsübertretungen eigene Anordnungen bestanden[780]. Nichtsdestoweniger wurden die Angehörigen dieser drei Länder nach dem Gefällsstrafgesetz nicht als Fremde behandelt und unterlagen daher nicht den Abschaffungsbestimmungen[781]. Überdies waren dienende Militärpersonen grundsätzlich von jeglicher Abschaffung ausgenommen[782].

---

779 Siehe das Patent zur Einführung des Strafgesetzes über Gefällsübertretungen im Österreichischen Kaiserstaate mit Ausnahme von Ungarn, Siebenbürgen und Dalmatien vom 11. Juli 1835, PGS LXIII (1835), Nr. 112; siehe weiters Alois JAHN, Strafgesetz über Gefällsübertretungen (Manzsche Taschenausgabe der österreichischen Gesetze XV), 6. Aufl. Wien 1913 m.w. N., S. LXXXVIII ff.

780 Vorschrift über die Anwendung des Gefällsstrafgesetzes vom 3. März 1836 und Hofkanzlei-Präsidialdekret vom 1. Mai 1836, PGS LXIV (1936), Nr. 48 und 78; vgl. dazu auch Art. Gefällsstrafgesetz, in: Österreichisches Rechts-Lexikon. Praktisches Handwörterbuch des privaten und öffentlichen Rechtes der im Reichsrathe vertretenen Königreichen und Ländern, hrsg. und redigiert von Friedrich Duschenes/Wenzel Ritter von Belsky/Carl Baretta, 4 Bde., Prag 1894–1898, II, S. 636.

781 Vgl. JAHN (wie Anm. 779), S. XCIV.

782 § 8 des Erlasses des Kriegsministeriums vom 18. August 1849, RGBl. Nr. 368 an sämtliche Militärbehörden, womit die Bestimmungen festgesetzt werden, unter welchen die Anordnungen der Zoll- und Staats-Monopolsordnung und des Strafgesetzes über die Gefällsüber-

Was den Anwendungsbereich der Abschaffungen betrifft, ordnete das Gesetz zwingend an, jene Leute, welche keinen bestimmten rechtmäßigen Nahrungserwerb nachzuweisen im Stande waren und sich im Grenzbezirk aufhielten, bei wiederholter Bestrafung wegen Schleichhandels aus dem Grenzbezirk abzuschaffen (§ 216). Aus dem Grenzbezirk sollte grundsätzlich nicht nur derjenige abgeschafft werden, der sich des „wiederkehrenden Schleichhandels" schuldig gemacht hatte, sondern insbesondere jeder Anführer oder Anstifter einer Schwärzerbande[783] oder einer Rotte zur Ausführung von Schleichhandel, jeder „Versicherer" des Schleichhandels, sowie jeder, der wegen anderer als der genannten, frevelhaften Schleichhandel enthaltenden Gefällsübertretungen zu einer Arreststrafe von über einem Monat verurteilt wurde (§ 249). Diese Personen waren überdies nach Vollziehung der Strafe für bestimmte oder unbestimmte Zeit unter Polizeiaufsicht zu stellen.

D. Sprengstoffgesetz 1885

Das Sprengstoffgesetz vom 27. Mai 1885[784] sah in § 11 vor, daß bei Verurteilungen wegen der in den §§ 3 bis 6 und 8 geregelter Vergehen und Verbrechen[785] fakultativ auf

---

tretungen auf das Militär und die der Militärgerichtsbarkeit unterstehenden Personen Anwendung finden. Im Falle einer Verschärfung des Arrestes war bei Mannschaft vom Feldwebel und Wachtmeister abwärts dreimaliges Fasten bei Wasser und Brot oder Kurzschließen und bei Offizieren, Militärbeamten und ihren Angehörigen „engere Einschließung" ohne Besuchsmöglichkeit zu verhängen.

783 Eine Schwärzerbande lag gemäß § 178 vor, wenn drei oder mehrere Personen gleichzeitig oder durch späteren Beitritt mit der auf die gemeinschaftliche Verübung einer Gesetzesübertretung gerichteten Absicht beschlossen, eine bestimmte Gesetzesübertretung, die als Schleichhandel zu betrachten war, oder eine schwere Gefällsübertretung, die ihrer Beschaffenheit nach zur Unterstützung, Beförderung, Erleichterung oder Verbergung des Schleichhandels dienlich war, oder einzelne noch unbestimmte Übertretungen der eben bemerkten Gattungen oder Arten durch vereinte Wirksamkeit auszuführen.

784 Gesetz vom 27. Mai 1885, RGBl. Nr. 134, betreffend den gemeingefährlichen Gebrauch von Sprengstoffen und die gemeingefährliche Gebarung mit denselben.

785 Es waren dies folgende Delikte: Vergehen gemäß § 3, wenn jemand Sprengstoffe herstellte, in Verkehr setzte, nach Cisleithanien einführte, besaß oder den gehörig kundgemachten sicherheitspolizeilichen Bestimmungen betreffend die Sprengstoffe zuwiderhandelte, und diese Handlungen unter Umständen gesetzt wurden, welche eine Gefahr für das Eigentum, die Gesundheit oder das Leben eines anderen herbeizuführen geeignet waren; die Verbrechen gemäß § 4: wenn jemand vorsätzlich durch Anwendung von Sprengstoffen als Sprengmittel Gefahr für das Eigentum, die Gesundheit oder das Leben eines anderen herbeiführte oder durch diese Handlung den Tod eines Menschen verursachte; gemäß § 5: wenn mehrere die Ausführung einer im § 4 geregelten Handlung verabredet oder sich zur fortgesetzten Begehung derartiger, wenn auch nicht konkretisierter Handlungen verbunden hatten; gemäß § 6: wenn jemand Sprengstoffe oder Bestandteile derselben oder Vorrichtungen zu deren Verwendung herstellte, anschaffte oder in seinem Besitz hatte, in der Absicht, durch deren Anwendung gemäß § 4 eine Gefahr für das Eigentum, die Gesundheit oder das Leben eines anderen entweder selbst herbeizuführen oder andere Personen zur Begehung dieses Verbrechens instand zu setzen, weiters wenn jemand Sprengstoffe wissend, daß diese zur Begehung dieses Verbrechens bestimmt waren, anderen Personen überließ; und schließlich die Verbre-

Abschaffung gemäß § 240 lit. f, g und h StG[786], also auf Abschaffung aus einem Ort, aus einem Kronland oder aus sämtlichen Kronländern des österreichischen Kaiserstaates, erkannt werden konnte. Auffällig und im Verhältnis zum Strafgesetz systemwidrig ist, daß auch hier auf Verbrechen von Ausländern die Abschaffung und nicht vielmehr die Landesverweisung angedroht war[787].

III. Ausweisung als staatliche Polizeimaßnahme

1. Polizeiliche Ausweisung vor dem Reichsschubgesetz

Im 16. Jahrhundert, vor allem aber nach Beendigung des Dreißigjährigen Krieges kam es zur Verarmung und Verelendung weiter Bevölkerungsschichten, was zu einer enormen Vermehrung der Bettler, Landstreicher und sonstiger entwurzelter, herumziehender Personen führte. Gehörten ohnedies schätzungsweise bereits 20 % der Bevölkerung[788] im 18. Jahrhundert sozialen Unterschichten, dem „Stand" der „Standeslosen"[789], an, die – wie die Kleinhäusler, Taglöhner, bäuerlichen Dienstleute, reisenden Handwerksgesellen, frühen Lohnarbeiter, Angehörigen unehrlicher Berufe, entlassenen Soldaten und Invaliden, Berufsbettler, Prostituierten, Landstreicher und sonstigen Angehörigen des fahrenden Volkes – am Rande des Existenzminimums lebten, so erhöhte sich

---

chen gemäß § 8: wenn jemand öffentlich oder vor mehreren Leuten oder in Druckwerken verbreiteten bildlichen Darstellungen oder Schriften zur Begehung einer in den §§ 4 und 5 geregelten Handlungen oder zur Teilnahme an diesen aufforderte, diese Handlungen anpries oder zu rechtfertigen versuchte, oder wer überhaupt Anleitungen zur Begehung dieser Handlungen erteilte.

786 Vgl. dazu S. 117 ff.

787 1935 wurden diese Strafbestimmungen novelliert und mit dem Strafgesetz in Einklang gebracht, vgl. S. 353 f.

788 So Hannes STEKL, Soziale Absicherung und Soziale Kontrolle. Zur Österreichischen Armengesetzgebung im 18. und 19. Jahrhundert, in: Bericht über den vierzehnten österreichischen Historikertag in Wien (= Veröffentlichungen des Verbandes Österreichischer Geschichtsvereine XXII), S. 136; Robert JÜTTE, Bettelschübe in der frühen Neuzeit, in: Gestrich Andreas/Gerhard Hirschfeld/Holger Sonnabend (Hrsg.), Ausweisung und Deportation. Formen der Zwangsmigration in der Geschichte (= Stuttgarter Beiträge zur historischen Migrationsforschung II), Stuttgart 1995, S. 61, brachte allerdings die Zahl der Vaganten oder vagierenden Unterschichten „nach vorsichtigen Schätzungen mit ca. 10 % der Gesamtbevölkerung in Anschlag". Christoph SACHSZE/Florian TENNSTEDT, Sicherheit und Disziplin: Eine Skizze zur Einführung, in: dies. (Hrsg.), Soziale Sicherheit und soziale Disziplinierung. Beiträge zu einer historischen Theorie der Sozialpolitik, Frankfurt a.M. 1986, S. 19, sprachen hingegen von 4 % bis 10 % der Gesamtbevölkerung, die im 18. Jahrhundert der „nicht seßhaften Armut" zuzuordnen waren.; siehe dazu auch Carsten KÜTHER, Räuber und Gauner in Deutschland. Das organisierte Bandenwesen im 18. und frühen 19. Jahrhundert (= Kritische Studien zur Geschichtswissenschaft XX), Göttingen 1976, S. 18 f.; Uwe DANKER, Räuberbanden im Alten Reich um 1700. Ein Beitrag zur Geschichte von Herrschaft und Kriminalität in der frühen Neuzeit, Frankfurt a.M. 1988, insbes. S. 355 ff.

789 So Wolfram FISCHER, Soziale Unterschichten im Zeitalter der Industrialisierung, in: International Review of Social History VIII (1963), S. 416.

die Zahl der völlig Verarmten bei Eintritt äußerer Ereignisse, wie Mißernten[790] u.a.m., regelmäßig. Für die Jahre 1727/1729 etwa liegt die Schätzung hinsichtlich der Zahl der vollständig Subsistenzlosen in Österreich ob der Enns zwischen 7 und 9 % der Bevölkerung[791].

Der sich konsolidierende neuzeitliche Staat, insbesondere im Zeitalter des Absolutismus, reagierte auf diese steigende Verarmung und Wanderbewegung einerseits mit intensiven Bemühungen, die Versorgung der im jeweiligen Ort bzw. Erbland einheimischen wirklichen Armen bzw. „würdigen" Bettler nach dem Prinzip der Territorialisierung bzw. Kommunalisierung umzusetzen, sie also, wenn sie in einem anderen Erbland oder einer anderen Gemeinde als ihrem Aufenthaltsort einheimisch waren, dorthin zwecks Armenversorgung abzuschieben, andererseits mit mannigfaltigen Repressivmaßnahmen gegen die „unwürdigen", also arbeitsfähigen, und/oder fremden Berufsbettler, Vagabunden und andere Personen ohne erlaubten Erwerb vorzugehen, inbesondere wenn sie in Gruppen oder Banden zusammengeschlossen waren[792]. Zum einen versuchte man dieser Personen(gruppen), vor allem mit den von den Landgerichten zu besorgenden Visitationen bzw. Streifungen[793], überhaupt habhaft zu werden, was freilich bis weit ins 18. Jahrhundert aufgrund der bestehenden territorialen Zersplitterung in eine Unzahl von Landgerichten und mangels eines über den jeweiligen Herrschaftsbereich hinausgehenden Interesses der lokalen Grundobrigkeiten kaum von Erfolg gekrönt war[794]. Zum anderen bedrohte man die nicht seßhafte oder sonst deviante Lebensweise

---

790 Vgl. dazu Wilhelm ABEL, Agrarkrisen und Agrarkonjunktur in Mitteleuropa vom 13. bis zum 19. Jahrhundert, Berlin 1935; DERS., Massenarmut und Hungerkrisen im vorindustriellen Europa. Versuch einer Synopsis, Hamburg-Berlin 1974; DERS., Geschichte der deutschen Landwirtschaft vom frühen Mittelalter bis zum 19. Jahrhundert (= Deutsche Agrargeschichte, hrsg. von Günther Franz, II), Stuttgart 1962.

791 1727 gab es 25.896 Bettler, davon 5.742 Männer, 11.117 Frauen, 7.247 Kinder und 1.238 abgedankte Soldaten; 1729 23.728, davon 5.503 Männer, 11.120 Frauen, 7.105 Kinder, insgesamt waren davon 4.804 arbeitstauglich; siehe auch Alfred HOFFMANN, Wirtschaftsgeschichte des Landes Oberösterreich, I, Salzburg 1952, S. 248; Kurt KLEIN, Die Bevölkerung Österreichs vom Beginn bis zur Mitte des 18. Jahrhunderts, in: Heimold Helczmanovszki (Hrsg.), Beiträge zur Bevölkerungs- und Sozialgeschichte Österreichs, Wien 1973, S. 70 f.; vgl. auch die Beschwerde der obderennsischen Stände vom 4. Jänner 1727, CA IV, S. 409.

792 Vgl. zu einer Bettlerbande etwa Helfried VALENTINITSCH, Auf der Suche nach Brot. Eine Gruppe von Gelegenheitsarbeitern und Bettlern in der Obersteiermark um 1700, in: Blätter für Heimatkunde LXIII (1989), Heft 3, S. 90–99.

793 Siehe zu diesen z.B. die Patente vom 10. Februar 1710, CA III, S. 623 f., vom 3. Oktober 1721, CA IV, S. 19, vom 27. Oktober 1723, CA IV, S. 146 f., vom 13. April 1724, CA IV, S. 177 ff.; vom 6. Juni 1727, CA IV, S. 432 ff.; vom 19. Oktober 1739, CA IV, S. 1115 ff.; siehe zu den Streifungen z.B. BARTH-BARTHENHEIM (wie Anm. 588) I, S. 435 ff.; Moriz von STUBENRAUCH, Handbuch der österreichischen Verwaltungs-Gesetzkunde nach dem gegenwärtigen Stande der Gesetzgebung, II, 2. Aufl. Wien 1856, S. 394 ff.; siehe zum Ergebnis einer Generalstreifung in Schlesien 1724 Paul FRAUENSTÄDT, Bettel- und Vagabundenwesen in Schlesien vom 16. bis 18. Jahrhundert, in: Zeitschrift für die gesamte Strafrechtswissenschaft XVII (1897), S. 731 ff., ebenfalls in: Preußische Jahrbücher LXXXIX (1897), S. 506 f.

794 So gab es etwa nach Joseph von WÜRTH, Die österreichische Strafproceßordnung vom 17. Jänner 1850, erläutert und in Vergleichung mit den Gesetzgebungen des Auslandes, Wien 1851, I, S. 77, um 1848 in Niederösterreich noch 20 Magistrate und 185 Landgerichte,

bensweise dieser Bevölkerungsgruppen mit Leibesstrafen und seit Ende des 17. Jahrhunderts zunehmend auch mit der Einweisung in Zucht- bzw. Arbeitshäuser[795] – soweit vorhanden – oder mit diversen Zwangsarbeiten sowie Ausweisung aus dem betreffenden Erbland. So konnten zwar bestenfalls diese Personen, nicht aber das Problem der Massenarmut und des Vagabundentums abgeschafft werden, vielmehr wurde dieses nach dem Sankt-Florian-Prinzip nur zwischen den einzelnen Erbländern hin- und hergeschoben.

Vielfach wurde in derartigen Maßnahmen zur Bekämpfung von Bettel und Vagabondage, insbesondere aber in der frühneuzeitlichen und absolutistischen Armenfürsorge auch ein Instrument der „Sozialdisziplinierung" erblickt[796]. Was allerdings den Schub als mögliches Disziplinierungsmittel anbelangt, so muß freilich eher von einer „symbolischen Disziplinierung"[797] gesprochen werden, da nicht nur eine massive Staatsschwäche feststellbar ist – die sich in der Wirkungslosigkeit des normativ durchaus zum Ausdruck kommenden Willens zu einer „grundlegenden geistigen und moralischen Umformung der Untertanen"[798] und einer weitgehenden Nichtdurchsetzbarkeit der angestrebten Zustände, also einem Auseinanderklaffen von Anspruch und Wirklichkeit, konkretisierte[799] –, sondern auch, daß das Disziplinierungsrisiko, das zu einer Anpassung des devianten Verhaltens an die angestrebte Gesellschafts- und Wirtschaftsordnung hätte führen sollen, als vergleichsweise unerheblich für das Disziplinierungsobjekt, ja

---

in Oberösterreich sieben Magistrate und 76 Landgerichte; siehe auch Robert BARTSCH, Wiener Gerichte im Vormärz, Wien 1912, S. 11 f.; vgl. zum Problem der territorialen Zersplitterung für die Bekämpfung des „Gesindels" auch etwa SCHUBERT (wie Anm. 52), S. 285 f.

795 Vgl. zur Entstehung der Arbeitshäuser in Österreich Hannes STEKL, Österreichs Zucht- und Arbeitshäuser 1671–1920 (= Sozial- und wirtschaftshistorische Studien, hrsg. von Alfred Hoffmann/Michael Mitterauer, XII), Wien 1978; siehe auch Helfried VALENTINITSCH, Das Grazer Zucht- und Arbeitshaus 1734–1783. Zur Geschichte des Strafvollzuges in der Steiermark, in: Kurt Ebert (Hrsg.), Festschrift H. Baltl zum 60. Geburtstag, Innsbruck 1978, S. 495–514; DERS., Anfänge des modernen Strafvollzugs in Österreich und die Gründung des Grazer Zucht- und Arbeitshauses, in: Reformen des Rechts. Festschrift zur 200-Jahr-Feier der Rechtswissenschaftlichen Fakultät der Universität Graz, Graz 1979, S. 147–169.

796 Vgl. dazu Christoph SACHSZE/Florian TENNSTEDT (Hrsg.), Soziale Sicherheit und soziale Disziplinierung. Beiträge zu einer historischen Theorie der Sozialpolitik, Frankfurt a.M. 1986; siehe zum Begriff Gerhard OESTREICH, Strukturprobleme des europäischen Absolutismus, in: ders., Geist und Gestalt des frühmodernen Staates. Ausgewählte Aufsätze, Berlin 1969, S. 179–197.

797 Um den von SACHSZE/TENNSTEDT (wie Anm. 788), S. 20, im Zusammenhang mit der militärischen Gaunerverfolgung, die sie als „Demonstration hoheitlicher Machtfülle" interpretierten, verwendeten Ausdruck zu gebrauchen.

798 So STEKL (wie Anm. 788), S. 139.

799 SACHSZE/TENNSTEDT (wie Anm. 788), S. 13, sprachen so zwar vom 18. Jahrhundert als „Phase programmatischer ‚Fundamentaldisziplinierung' ", sahen diesen „Prozeß der ‚Vermachtung' gesellschaftlicher Beziehungen" aber dadurch gebrochen, daß die „umfassende Disziplin häufig nur Programm" blieb, da „ständische Gewalten fortexistieren und administrative Ausführungsinstanzen für die zentralen Direktiven fehlen", vgl. auch Martin DINGES, Frühneuzeitliche Armenfürsorge als Sozialdisziplinierung? Probleme mit einem Konzept, in: Geschichte und Gesellschaft. Zeitschrift für Historische Sozialwissenschaft XVII (1991), S. 5–29.

sogar als kontraproduktiv für den Disziplinierungsprozeß als solchen angesehen werden muß. Denn das gewünschte Verhalten hätte nur dann nachhaltig erzielt werden können, wenn dem Sozialdisziplinierungsobjekt bei adäquatem sozialen Verhalten eine andere Alternative zur bisherigen Lebensweise als das faktische Verhungern in sozialer Ächtung geboten worden wäre. Da die „Heimat" des Abgeschobenen aber zumeist keinerlei Interesse an den ihr zugeschobenen Versorgungsbedürftigen und/oder keine Arbeitsmöglichkeiten für sie hatte, nahmen viele Abgeschobene immer wieder das Risiko einer Abschiebung erneut auf sich und kehrten auf die Landstraße oder an ihren früheren Aufenthaltsort zurück[800], womit sie „schonungslos und unrettbar verloren, einem dauernden Wanderleben ... preisgegeben"[801] waren und ein circulus vitiosus von Abstrafungen und Abschiebungen seinen Anfang nahm.

A. *Armenpolizeiliche Abschiebung vor 1848*

1. *Frühneuzeitliche Grundlagen*

Die Armenpflege der österreichischen Erbländer[802] war und blieb seit der Neuzeit mit der administrativen Zuständigkeit in einer Gemeinde bzw. mit dem Heimatrecht

---

800 So berichtete etwa der Bunzlauer Magistrat nach einem 1724 in Schlesien durchgeführten „Generalschub", daß alle außer Landes geschafften Bettler auf einem anderen Wege wieder in das Land zurückgekehrt wären, FRAUENSTÄDT (wie Anm. 793), S. 733.

801 So Gustav RADBRUCH/Heinrich GWINNER, Geschichte des Verbrechens. Versuch einer historischen Kriminologie, Stuttgart 1951, S. 275, über die Landesverwiesenen.

802 Vgl. zur Armenpflege in Österreich etwa Friedrich KLEINWÄCHTER, Art. Österreich, in: Arwed Emminghaus (Hrsg.), Das Armenwesen und die Armengesetzgebung in den europäischen Staaten, Berlin 1870, S. 420–454; Helfried VALENTINITSCH, Armenfürsorge im Herzogtum Steiermark im 18. Jh., in: Zeitschrift des historischen Vereins für Steiermark LXXIII (1982), S. 93–114; Ernst MISCHLER, Art. Armenpflege, in: Ernst Mischler/Josef Ulbrich (Hrsg.), Österreichisches Staatswörterbuch. Handbuch des gesamten österreichischen öffentlichen Rechts, I, 2. Aufl. Wien 1905, S. 320–346; von CALL, Armenpolizei in Österreich, in: Handwörterbuch der Staatswissenschaften, hrsg. von J. Conrad/W. Lexis/L. Elster/Edg. Loening, II, 3. gänzlich umgearb. Aufl. Jena 1909, S. 162–167; Johann E. TETTINEK, Die Armen-Versorgung in Oesterreich oder Zusammenstellung sämmtlicher das Armenwesen betreffenden Gesetze und Verordnungen, Salzburg 1846; Anton Rudolph KRATOCHWILL, Die Armenpflege der k.k. Haupt- und Residenzstadt Wien, verbunden mit einer besondern Abhandlung über Zuständigkeit oder das Heimathsrecht, Wien 1846; Christian KOPETZ, Österreichische politische Gesetzkunde oder systematische Darstellung der politischen Verwaltung in den deutschen, böhmischen und galizischen Provinzen des östreichischen Kaisertumes, I/2, Wien 1819, S. 488 ff.; Josef Karl MAYR, Zwei Reformatoren der Wiener Armenfürsorge, in: Jahrbuch des Vereins für Geschichte der Stadt Wien VIII (1949/50), S. 110–135, IX (1951), S. 151–184; Ernst MISCHLER, Über die Armenpflege und ihre Statistik in den österreichischen Ländern, in: Statistische Monatsschrift XIII (1887), S. 295–303; Hannes STEKL, Armenversorgung im liberalen Wien, in: Wirtschaft und sozialhistorische Beiträge, Festschrift für Alfred Hoffmann zum 75. Geburtstag, hrsg. von Herbert Knittler, Wien 1979, S. 431–450; Rudolf KOBATSCH, Die Armenpflege in Wien und ihre Reform, Wien 1893; Elisabeth RACHHOLZ, Zur Armenfürsorge der Stadt Wien von 1740–1904. Von der privaten zur städtischen Fürsorge, phil. Diss. Wien 1970; Österreichs Wohlfahrtseinrichtungen 1848–1898. Festschrift zu Ehren des 50jährigen Regierungs-Jubiläums ... des Kaisers

verknüpft. Bereits die Polizeiordnung Ferdinands I. für die fünf niederösterreichischen Länder vom 15. Oktober 1552 ordnete in Übereinstimmung mit den Reichspolizeiordnungen[803] an, daß jede Stadt und Kommune verpflichtet sei, ihre Armen selbst zu ernähren[804] und daß niemandem, der nicht mit Alter und Gebrechlichkeit behaftet sei, zu betteln gestattet werden dürfe[805]. Folglich waren fremde Bettler im Verarmungsfalle mit den sogenannten Bettlerschüben bzw. Bettel- oder Wohltätigkeitsfuhren[806] in ihre Kommunen zu bringen.

Zur Kennzeichnung der einheimischen, würdigen Bettler schrieb etwa die reformierte Landesordnung für Tirol von 1573[807] vor, daß über die von der „Comun, Statt, Dorff und Flecken" zu ernährenden armen und bedürftigen Leute Verzeichnisse aufzunehmen und diese Armen mit „offenliche Pleyene zaichen, darinnen derselben Statt, Marckt oder Gericht Wappen eingestempfft seyen", zu kennzeichnen seien[808]. Die nicht mit Stadtzeichen versehenen, also fremde und arbeitsfähige Bettler, konnten sich entweder „vonhinnen begegeben, und allhier weiters nicht betretten lassen"[809] oder sie wur-

---

Franz Joseph I., I: Armenpflege und Wohlthätigkeit in Österreich, redigiert von Ernst Mischler, Wien 1899; Ewald SCHEIBER, Das Armenfürsorgewesen in Österreich, jur. Diss. Graz 1947; Stephan SEDLACZEK, Die Armenpflege im Wiener Armenbezirke in den Jahren 1863–1882, Wien 1884; STEINER (wie Anm. 235); MELINZ/ZIMMERMANN (wie Anm. 222), insbes. S. 124 ff.

803 Vgl. dazu S. 27 f. und Anm. 132.

804 Auch z.B. das Patent Ferdinands I. vom 3. November 1662, CA II, S. 76, verfügte, daß die Obrigkeiten verbunden seien, ihre kranken und armen Untertanen selbst zu versorgen.

805 „Wir wöllen auch, das ain yede Obrigkhait der Petler halben ain Ernstlichs einsehen thue, damit niemanden zupetlen gestattet werde, der nit mit schwachait oder geprechen seines Leibs beladen vnd des nit nottürfftig seye. ... Item das auch die Obrikhaiten auf Erbar Christlich wege vnd mittel bedacht seyen vnd fürsehung thuen ob vnd wie ain yede Stat vnd Commun ire Armen selbst ernörn vnd vnderhalten möchte, vnnd den Frembden nit gestattet werde, an ainem yeglichen Ort vnnserer Niderösterreichischen Lannde vnd Fürsstlichen Grafschafft Görtz zupetlen".

806 Vgl. zur mittelalterlichen Bettelfuhr JÜTTE (wie Anm. 788), S. 62, m.w.N.; siehe zu den neuzeitlichen Bettelfuhren etwa Adalbert NAGEL (wie Anm. 52), S. 67 ff.; SCHUBERT (wie Anm. 52), insbes. S. 216 ff.; KOCH (wie Anm. 52), insbes. S. 139 ff.; Karl-Ludwig AY, Unehrlichkeit, Vagantentum und Bettelwesen in der vorindustriellen Gesellschaft (anhand bayerischer Quellen), in: Jahrbuch des Instituts für deutsche Geschichte, hrsg. von Walter Grab, VIII (1979), S. 29 f.

807 VII. Buch, Tit. IV. der Landesordnung.

808 So etwa auch das Patent für Österreich ob der Enns vom 15. Jänner 1655, CA II, S. 534 f.: „denen jenigen, so in der Stadt, Marckt oder Pfarr sollen geduldet werden, ein gewisses Zeichen, neben einen gefertigten Zetl (worin oberwehnte Specificirung, daß man einen und andern darauß erkennen möge, zu inseriren) ertheilen, sonsten aber keinen andern ... das Betteln zugelassen werden"; vgl. auch FRAUENSTÄDT (wie Anm. 793), S. 714.

809 Widrigenfalls ein derartiger Bettler „durch den Rumor-Meister auffgehoben, und in das Zucht-Hauß verschaffet, allwo er examinirt, mit einem Ruethen-Strauch abgefertiget, und deß Lands verwisen" werden sollte. Im Falle eines erneuten Aufgreifens in der Stadt sollte der Betreffende durch den „Scharffrichter am Pranger offentlich gestrichen, und zum Fahl dieses alles noch nicht Warnung genug wäre, das dritte mahl in Band und Eysen gewisse Jahr auff ein Gränitz-Orth, oder wol gar umbs Leben, andern zum Exempel, abgestrafft werden", Patent vom 16. Jänner 1679 („Bettlergesindel-Visitation"), CA I, S. 205.

den abgeschafft[810]. Nur diejenigen Gemeinden, die ganz und gar nicht im Stande waren, ihre Armen zu versorgen, waren berechtigt, diesen Personen schriftliche Urkunden „vmb sonst vnd Gottes willen" zu geben, aufgrund welcher die armen und bedürftigen Leute dann das Almosen andernorts suchen durften[811], wovon die einzelnen Gemeinden allerdings überreichen Gebrauch machten und damit die Durchsetzung der Kommunalisierung der Armenpflege erschwerten.

Darüber hinaus nahmen die einzelnen Ortsobrigkeiten die ihnen zugeschobenen Versorgungsbedürftigen, wenn überhaupt, nur mit einigem Widerstreben an, so daß etwa das Patent vom 8. April 1682[812] die Obrigkeit „mit unnachläßlicher wohl empfindlicher Straff" bedrohte, wenn sich „zeigen thätte", daß den zu versorgenden Personen „von ihren Obrigkeiten ... die schuldige Hülff versaget, und sie etwan verstossen, oder außgeschafft worden" seien. Weiters befahl das Patent, solche „Personen an Orth und Ende, wo sie herkommen, widerumb zuruck zuschicken".

Nichtsdestoweniger stellte auch etwa das Bettlerpatent für Österreich unter der Enns von 1693[813] nicht nur fest, daß die „mehriste Bettler nicht alle dergestalten mit Leibs-Gebrächlichkeit behafftet seyn"[814], so daß sie nur von Almosen leben könnten, sondern auch, „daß die wenigste von solchen Bettlern hiesige Lands-Kinder" seien. Da „die Billichkeit aber in allweeg erfordern will, daß, wo selbe gebohren, oder mit langen Dienstlaistungen sich fähig gemacht, alldorten auch auß Christlicher Liebe erhalten werden sollen", und das Land „mit frembden und andern außländischen Bettlern sehr überladen seye, auch von Tag zu Tag dergleichen Leuth in noch grösserer Anzahl sich hereintringen thuen", ordnete das Patent erneut an, daß einerseits das „ungestimme und denen Unterthanen sehr überlästige Bettlen"[815], nicht mehr zu gestatten sei[816], und daß andererseits „ein jede Grund-Obrigkeit ihre erarmete, und auff dero Grund und Boden gebohrne Unterthanen, Insassen, und Dienstbotten, es seyen gleich geschädigte Soldaten, oder andere arme Männer und Weiber, wie auch Kinder, ins künfftig selbsten ernehren" sollte. Darüber hinaus dürfe an den „Gräntzen, und Mauthen niemand frembder von dergleichen Leuthen hinfüro mehr herein gelassen" werden, und die bereits im Land befindlichen „außländische[n] Bettler, und zwar die Krumpe auff Wägen, die an-

---

810 Patent vom 16. Jänner 1679 („Bettlergesindel-Visitation"), CA I, S. 205; Hofdekret an den niederösterreichischen Landmarschall vom 31. Mai 1632, CA I, S. 375.

811 Siehe die reformierte Landesordnung für Tirol von 1573, VII. Buch, IV. Titel.

812 Patent für Österreich unter der Enns vom 8. April 1682, CA II, S. 76 f.

813 Patent für Österreich unter der Enns vom 26. März 1693, CA I, S. 206 f.; siehe auch das Patent für Österreich unter der Enns vom 26. August 1693, CA III, S. 373 ff.

814 Auch das Patent vom 28. April 1687, CA I, S. 205 f., hatte festgestellt, daß das Betteln aber „je länger je mehr überhand" nahm, und sich insbesondere unter den Bettlern „viel gesunde und starcke Weibs- und Manns-Persohnen, so zur Arbeit tauglich, und als deß Bettlens Unwürdige" befänden; siehe auch das Patent vom 5. September 1720, CA III, S. 1001 f.

815 Sowie das Betteln der „Pilgramen", „Eremiten, und Gefangene[n] vom Türcken", des „Herrn-losen Gesindel[s]" von „Abdeckern, und Gerichts-Dienern", der „Abbrändler, oder so genante[n] herumbgehende[n] Sambler von denen abgebrennten Kirchen"; so auch das Patent („Die Bettler betreffend") vom 21. Juli 1714, CA III, S. 755 ff.; siehe zu den falschen Brandbettlern auch etwa das Hofdekret vom 29. Mai 1723, CA IV, S. 135.

816 Vgl. auch die Hofdekrete für Österreich unter der Enns vom 12. Februar 1695, CA I, S. 208, und vom 8. Februar 1698, CA I, S. 215.

dere aber, so noch gehen mögen", sollten „zufuß" von einem Dorf zum anderen „biß an die Gränitz dieses Unter Oesterreichischen Landes hinaußgebracht" werden[817].

In weiterer Folge mußten diese Anordnungen allerdings immer wieder erneuert und bei Strafandrohung eingeschärft werden, da sich regelmäßig zeigte, daß die wenigsten Herrschaften bzw. Obrigkeiten „solchen Verordnungen nachgekommen sind, sondern auch noch viel derley fremden und Müßiggehenden, auch theils nicht Nothhabenden Bettel-Gesinde den Unterschleif geben, und denen auf ihren Gründen erarmeten, oder sonst dahin gehörigen Armen, die nöthige Unterhaltung nicht verschaffen"[818]. So erneuerten etwa die Patente vom 21. Juli 1714[819] und vom 20. Juli 1717[820] die bisherigen Bettelvorschriften, damit „die große Menge der, in diesem Land sich befindenen fremden und ausländischen Bettler, hinweg gebracht, herentgegen die inländische desto besser und leichter versorget werden könnten", während die „starcke[n] inländische[n] Bettler" zur Arbeit angehalten werden sollten, und drohten derjenigen Grundobrigkeit Strafe an, die den „gelieferten nicht annehmen würde, oder solchen, in seiner Stadt- Marckt- Dorf- oder Grund-Obrigkeit sich aufzuhalten, verstattet". Die Patente stellten darüber hinaus die „Aufrichtung von Manufactur- und Arbeit-Häuser[n]" in Aussicht, da sich die „starcke, und des Allmosen ganz unwürdige Leute, welche der Arbeit gar wohl vorstehen können", oft damit entschuldigten, „daß sie keine Arbeit bekommen könnten"[821]. Auch das Hofdekret vom 8. November 1723[822], welches abermals anordnete, daß die „fremde Bettler aus dem Land geschaft, und geschoben[823], und die einheimische, des Allmosens würdige von jeder Grund-Obrigkeit unterhalten, die valide und Müssiggeher hingegen zur Arbeit angehalten werden sollten"[824], mußte feststellen, daß

---

817 Falls einer dieser Bettler „sich wider dieses ergehende ernstliche Verbott ins Land herein practiciren" würde, sollte „selbiger alsobalden auff das jenige Gränitz-Ort, allwo er auß Unvorsichtigkeit herein kommen, widerumb zuruck geschickt, und folglich von darauß weiters hinauß geführt" werden, siehe auch das Hofdekret vom 8. Februar 1698, CA I, S. 214.

818 So z.B. das Patent vom 15. März 1719, CA III, S. 933 f.

819 Patent vom 21. Juli 1714 für Österreich unter der Enns, CA III, S. 755 ff.

820 Patent für Österreich unter der Enns vom 20. Juli 1717, CA III, S. 872 ff.

821 So auch das Hofdekret für Österreich unter der Enns vom 2. Juli 1715, CA III, S. 797.

822 Hofdekret für Österreich unter der Enns vom 8. November 1723, CA IV, S. 149 ff.; so auch das Patent vom 13. November 1723, CA IV, S. 152 f.

823 Allerdings waren diejenigen Bettler, die „so elend, oder weit von hier entlegen seynd, daß sie füglich nicht mehr gebracht werden könnten" und die Soldaten, „welche hierlands gebohren, oder zu Kayserlichen Kriegs Diensten angeworben worden" waren, nach der Verordnung für Österreich unter der Enns vom 27. September 1723, CA IV, S. 140, nicht „in ihr Heimat oder Herrschaft, worunter sie gebohren", zu schieben.

824 Nach dem Bettlerpatent für Österreich unter der Enns vom 1. Oktober 1723, CA IV, S. 142 f., sollten inländischen „validi, und unwürdige starke, mit keiner Leibs-Gebrechlichkeit" behafteten Bettler „theils zur öffentlichen Arbeit verschaffet, oder nach beschaffenen Dingen nacher Belgrad und Orsova zum Schanzen ... geliefert, theils auch in dem allhiesigen Zucht-Hauß, auch anderen aufrichtenden Manufacturen, Spinn- Web- und Strick-Häusern angehalten werden"; nach der „Nachrichtlichen Erinnerung" (siehe Anm. 140) vom 17. Jänner 1724, CA IV, S. 161, sollten die arbeitsfähigen, starken Bettler und Müßiggänger zu der „künftiges Früh-Jahr im ganzen Land vorhabenden Weg-Reparation" verwendet oder „auf die Gränz-Häuser in Hungarn" abgeschickt werden. Die Hofdekrete vom 11. Juli 1732, CA IV, S. 779 f., und vom 10. Oktober 1732, CA IV, S. 784, sowie das Patent vom 23. Juli 1732,

der „Vollzug dieser Patenten respectu derer im Land gebohrnen sehr vielen Waysen, und armer Leut Kindern, dann auch wegen vieler abgedankten Soldaten, und dergleichen mit Weib und Kindern häuffig herum schweiffenden theils validen, theils invaliden Leuten eine grosse Schwürigkeit haben, indeme viele aus diesen gerne dienen, und arbeiten wollten, denen aber so wohl Dienst als Arbeit mangelt". Außerdem gäbe es unter denen „Inländischen viele Waysen, und andere arme Kinder", „welche ihren Geburths-Ort gar nicht wissen, oder da sie es auch wissen, selbe im Durchzug a vagis parentibus erzeuget und gebohren seyn". Diese Kinder sowie die „ausländisch-preßhafte, und mühseelige Bettler, samt dero Kindern" und die invaliden Soldaten sollten nach einer landesfürstlichen Anordnung von 1724[825] bis auf „fernere ... Disposition" von „jedem Land-Gericht, wo sie eingezogen worden, denen darinn befindlichen Grund-Obrigkeiten, nach billiger Repartition, zugeschoben" werden. Allerdings sollten nicht nur die fremden, sondern auch die nicht in habsburgischem Sold gestandenen abgedankten Soldaten, selbst wenn sie in einem Erbland geboren waren, „jenem Chur- und Reichsfürsten, in derer Sold sie gestanden"[826], zugeschoben werden.

Eine Straffung und Zentralisierung der Abschiebungen, die bislang in der Hand der Grundobrigkeiten bzw. Landgerichte gelegen waren, brachte das Schubpatent vom 5. Dezember 1723[827], das nun einen sogenannten ordentlichen Hauptschub zu festen Terminen einrichtete, mit dem „die in grosser Anzahl betrettene, oder noch weiters aufzubringende ausländische Bettler und Müßiggeher, welche in diesem Unserm Erz-Herzogthum Oesterreich unter der Enns, weder geboren, noch erarmet seynd", „oder jemals Hausseßig gewesen", „sondern allein zum Uberlast, Beschwer- und Beängstigung des armen Land-Manns, sich unfugsam eingedrungen, auch ohnangesehen so vieler ernstlicher Ermahnungen ... sich nicht hinaus begeben haben, nunmehro unter Militärischer Bedeckung, sicher ausser Land gebracht, und an ihr Geburts-Ort und Vater-Land abgeschoben werden" sollten. Da auch „bishero durch der Lands-Gerichte nach eigenem Belieben beschehenes hin- und wiederschieben der Bettel-Leute im Land nicht geringe Unordnung verursachet, und den Herrschaften durch dergleichen vergebliche Schiebungen sehr grosse Beschwerniß zugezogen worden" war, wurden mit dem nieder-

---

CA IV, S. 782, sahen in Bestätigung des Patentes vom 10. November 1728, eine Verschikkung der inländischen, zur Arbeit tauglichen und im Betteln öfters betretenen Müßiggeher zur „geringern Berg-Arbeit" vor, während die zu dieser Arbeit untauglichen Personen nun im Zucht- bzw. Arbeitshaus zur Arbeit angewiesen werden sollten.

825 „Nachrichtliche Erinnerung" (wie Anm. 140) vom 17. Jänner 1724, CA IV, S. 158 ff.

826 Nach der Verordnung für Österreich ob der Enns vom 15. März 1725, CA IV, S. 264, konnten sie freilich auch „aus Christlichem Mitleyden bis zur beständigen Besorgung dieser Leute interim unterhalten" werden. Bezüglich der fremden Soldaten, der „in Kriegs-Diensten krum-geschossene[n] und untüchtig gemachte[n] Sachsen, Brandenburger, und andere[n] Fremde[n]", bestand freilich das Problem, daß im Falle einer Abschiebung dieser Personen in ihre Heimatländer auch die „aus dem Königreich Böhmen, besonders aber aus Schlesien in die Sächsische und andere fremde Kriegs-Dienste getrettene" habsburgische Untertanen „per modum repressaliorum" aus diesen Ländern abgeschoben würden, weshalb „obiger Persohnen halber eine andere Disposition zu machen, nöthig seyn würde", wie die böhmische Hofkanzlei 1724 monierte, Verordnung vom 24. Jänner 1724, CA IV, S. 167.

827 Patent für Österreich unter der Enns vom 5. Dezember 1723, CA IV, S. 154.

österreichischen Schubpatent von 1724[828] nunmehr jegliche „Privat- und eigenmächtige Schüb" abgestellt. Auch die Schiebung innerhalb des Landes war nun, wenngleich nach wie vor in Form des Partikularschubes erfolgend[829], von der Regierung anzuordnen, „damit auf solche Art so wohl der Versorgungs-Ort etwas mehrers überleget, als auch, ob die eingebrachte Personen nicht etwa ehedessen einiger Herrschaft bereits in die Verpflegung gegeben, oder wohl gar ausser Land geschoben worden" seien[830]. Um sicherzustellen, daß „diejenige[n] Armen, so denen Herrschaften, und Gemeinden zur Patent-mäßigen Verpfleg- oder anderwärtiger Versorgung zugetheilet" worden waren, „dem Betteln ferners nicht nachlauffen", hatte die Herrschaft, welcher der Arme schließlich übergeben wurde, diesem außerdem seine Urkunden abzunehmen. Weiters verbot das Patent nunmehr endgültig jegliches Betteln im ganzen Lande[831].

Obwohl auch die Bettlerordnung für Österreich ob der Enns 1725[832] festgelegt hatte, daß die inländischen Bettler „von ihren Grund-Obrigkeiten, theils wo sie gebohren, theils wo sie abgehauset, oder eine lange Zeit sich Inwohnungs-weiß aufgehalten, mithin ihre mehreste Lebens-Tage und Kräfte consumiret haben, oder bald consumiren werden", diejenigen hingegen, „welche im Lande erarmet, noch gebohren, oder jemals Haussäßig gewesen, wie auch die, so in Kayserlichen Kriegs-Diensten zwar gestanden, jedoch in andern Erb-Ländern gebohren, folglich auch alldort, wann sie anderst nicht liegerhaft", zu erhalten seien[833], zeigt eine Beschwerde der oberösterreichischen Stände von 1727[834], daß die Umsetzung der Bettlerordnung, insbesondere hinsichtlich der entlassenen Soldaten, ein großes Problem darstellte. Die Stände beklagten, daß sie „durch die von allen Seiten nicht allein aus dem Reich, Bayern, und Passau, dann aus Welschland durch Tyrol, und Salzburg, sondern auch aus Ihrer Kayserlichen Majestät Erb-Königreichen Hungarn, und Böheim, ja sogar aus Steyermark, und Oesterreich unter der Enns in selbiges Land häuffig eindringende ausser Lands gebürtige abgedankte Soldaten, auch in grosser Anzahl mitbringende Weiber, und Kinder dergestalten bedrängt" würden, daß sie „mit ihren Unterthanen solche ausländische Soldaten neben denen im ... Land ob der Enns gebürtigen über zwanzig Tausend Gulden zum jährlichen Unterhalt erfordernden Invaliden, und denen sich über zwey und zwanzig Tausend Köpfe erstrekkenden ordinari Land-Bettlern länger zu unterhalten absolute nicht vermögten". Sie verlangten daher von der Regierung, die „in Hungarn, Böhmen, Steyermark, Nieder-

---

828 Patent für Österreich unter der Enns vom 13. April 1724, CA IV, S. 177 ff.

829 Vgl. etwa das Hofdekret vom 11. Juli 1732, CA IV, S. 779; das Patent vom 23. Juli 1732, CA IV, S. 782, und das Hofdekret vom 10. Oktober 1732, CA IV, S. 783.

830 Bezüglich der Erforschung des Geburtsortes, auf den es für die Abschiebung ja hauptsächlich ankam, ermächtigte das Schubpatent vom 13. April 1724, CA IV, S. 184, die Landgerichte die Offenlegung des Geburtsortes mit Zwangsmitteln zu erreichen; so auch das Patent für Österreich unter und ob der Enns vom 19. Oktober 1739, CA IV, S. 1117.

831 Patent vom 13. April 1724, CA IV, S. 184; so auch z.B. die „Ober-Ennßerische Bettler-Ordnung" vom 1. August 1725, CA IV, S. 282, und das Patent für Österreich unter und ob der Enns vom 19. Oktober 1739, S. 1117.

832 „Ober-Ennßerische Bettler-Ordnung" vom 1. August 1725, CA IV, S. 282 f.

833 Prinzipiell zum Schub taugliche, aber kranke Personen waren bis zu ihrer Genesung zu versorgen.

834 Verordnung für Österreich ob der Enns 4. Jänner 1727, CA IV, S. 409.

Oesterreich, und Tyrol gebohrene" Soldaten „in ihre Geburts-Länder zu verweisen, und alldort, gleichwie die allda gebürtige zu versorgen"[835].

Die Bettler- und Leinwandordnung von 1728[836] für Österreich unter der Enns schärfte erneut ein, daß das öffentliche Betteln im Lande nicht zu dulden und die Bettler „wie bis anhero unter die Herrschaften und Obrigkeiten, worunter sie gebohren, oder abgehauset, und die mehreste Zeit zugebracht" hatten, abzugeben seien, wo diejenigen, „welche gebrechlich, mühselig und arm seynd" ernährt, „starke und ohnwürdige Bettler" aber zur Arbeit angehalten werden sollten. Keiner Herrschaft sei jedoch mehr zu gestatten, diejenigen „Innleut", „welche zehen Jahr an einem Ort sich annoch nicht aufgehalten, jedoch fürwährend mit Arbeiten an selbigem Ort ohne Sammlung des Allmosens ehrlich sich zu ernähren die Gelegenheit gehabt", „aus der alleinigen Ursach, daß ihnen solche künftighin nicht in die Verpflegung kommen" abzuschaffen, vielmehr sollten „solcher gestalt abgeschafte wiederum alldahin verschoben" werden. Mit den „abgehausten Unterthanen" sollte es dergestalt gehalten werden, daß, „wann ein solcher an zweyen Orten successive gehauset", von derjenigen Obrigkeit versorgt werden sollte, „allwo selber am mehresten verhauset, oder am längsten sich aufgehalten" hatte.

2. *Absolutismus und Vormärz*

Mit dem Regierungsantritt Maria Theresias änderte sich vorläufig nichts an der „dermalige[n] Verfassung, da die Bettler an ihre Geburtsörter, oder wo selbe durch den mehresten Theil ihres Lebens sich aufgehalten, abgegeben" und die „im Feld gestandene und untaugliche", im jeweiligen Erbland geborene Soldaten den „Herrschaften zur Last zugeschoben" wurden. Allerdings sollte nun wieder verstärkt das Augenmerk auf die Errichtung von „Manufacturen-Häuser[n]" gelegt werden, „um in solchen die unwürdige starke Bettler, oder durch Muthwillen abgehauste Unterthanen mit Arbeit" versehen zu können[837]. Einstweilen aber sollten die arbeitsfähigen Bettler „anderen zum Schrökken durch gemessene Zeit zum Festungsbaue angestrenget" werden, „wodurch sodenn der bisherige Landschub sich von selbsten vermindert, und nur mehreren Theils in Ansehung der Armen zu verbleiben haben werde, als welche ihres Alters und Gebrechen halber ... an ihr Geburtsort, oder wo sie erarmet, nothwendig verschoben"[838] und „dem Instituto gemäß versorget"[839] werden mußten. Es habe, so das Patent von 1749[840], „sein unveränderliches Verbleiben" bei „den ehehin schon gefaßten, auch allen Landgerich-

---

835 Außerdem sei dem „Herrn Lands-Hauptmann in Oesterreich ob der Enns die weitere Hineinpassirung derley ausländischer Soldaten, auch deren Bequartir- und Verpflegungs-Aßignation ernstlich zu inhibiren, dagegen vielmehr die schleunige Hinausschaffung der bereits allda befindlichen, in andere Kayserliche Erb-Länder gehörigen, gemessen anzubefehlen; gestalten widrigen Falls die unlängst eingerichtete Bettler-Ordnung völlig umgekehret, und alles wieder in gänzliche Confusion, und Zerrüttung verfallen" würde.

836 Hofdekret für Österreich unter der Enns vom 20. Dezember 1728 („Bettler- und Leinwandordnung"), CA IV, S. 504 ff.

837 Hofdekret für Österreich unter der Enns vom 5. September 1748, CA V, S. 342 f.

838 Ebd., S. 343.

839 Siehe die Anordnung vom 27. November 1749, CA V, S. 471.

840 Patent für Österreich unter der Enns vom 20. September 1749, CA V, S. 449 f.

richten, Stadt- Markt- Dorf- und Grundobrigkeiten genugsam bekannten ... Maßregeln ..., kraft welcher die in jedes Ort verordnete würdige Arme, eine Mannsperson mit 4. Kr. eine Weibsperson mit 3. Kr. und ein Kind mit 2. Kr. täglich zu verpflegen, oder statt dessen mit der Hausmannskost, und andern Leibsbedürfnissen zu versehen sind"[841]. Im Falle, daß die in Verpflegung stehenden Armen die ihnen gebührende Versorgung nicht bekämen, sollten sie sich „in dergleichen Begebenheiten ... bey dem Landgerichtsverwalter melden", der die Beschwerde untersuchen, „billigen Dingen nach abzuthun trachten", und – falls die „Obrigkeit oder Gemeinde zu ihrer Schuldigkeit gütlich sich nicht bequemen wollte" – bei der für alle „Sicherheits- Schubs- und Verpflegungssachen" 1749 eingerichteten Hofkommission[842] anzeigen sollte, wobei alle dabei auflaufenden Kosten der „schuldtragende Theil unnachläßlich zu vergüten verbunden" war.

Was die vor der Abschiebung aus einem Erbland schützende Aufenthaltsdauer betraf, so sah etwa das Schubnormale für die Steiermark vom 26. Februar 1750[843] – im Unterschied zu der bereits 1728[844] für Österreich unter der Enns festgelegten, 1751 bestätigten[845] und 1752 auch auf Österreich ob der Enns[846] ausgedehnten Zehnjahresfrist – noch vor, daß alle „in einem andern Erblande gebürtig oder haussässig Gewesen" und

---

841 Das Patent für Österreich unter der Enns vom 30. Oktober 1751 („Sicherheits- und Schubspatents-Erneuerung), CA V, S. 603, ordnete weiters an, daß den Gemeinden nicht erlaubt sei, „die in die Verpflegung ihnen angewiesene[n] Armen um die genießende bloße Aetzung botenweis zu schicken, oder wohl gar Tagwerksarbeit verrichten zu lassen, sondern wenn dergleichen arme Leute noch etwas weniges zu arbeiten, oder zu verdienen im Stande sind, so erfo[r]dert die Billigkeit, daß ihnen hiefür ein weniger Beytrag zugeleget werde". Den in Verpflegung stehenden Armen war auch „so wenig, als Fremden das öffentliche Betteln in- und außer den ihnen angewiesenen Oertern, und noch weniger auf den Straßen zu gestatten; sondern nur allein wird erlaubt, daß ein- oder zwey solche Armen mit verschloßener Büchse das Allmosen vor- und nicht in den Kirchen, denn in den Wirths- Absteig- oder Einkehrhäusern wochentlich auch einmal von den Innwohnern absammlen därfen, ohne jedoch das mindeste auf die Hand anzunehmen"; siehe auch das Patent für Österreich ob der Enns vom 1. September 1752 („Neue Bettler- und Sicherheitsordnung"), CA V, S. 701.

842 Patent für Österreich unter der Enns vom 20. September 1749, CA V, S. 450; vgl. zur Hofkommission in Polizei-Sicherheits- und Armenverpflegssachen auch Josef KALLBRUNNER, Zur Geschichte der Theresianischen Polizei, in: Monatsblatt des Altertums-Vereines zu Wien XII (1917/1918), S. 143 ff.; BIBL (wie Anm. 531), S. 201 f.

843 HERZOG (wie Anm. 143), Nr. 4, S. 27 ff., Theresianisches Gesetzbuch (wie Anm. 143) I, Nr. 92, S. 136 ff. Es wurde damit das Schubnormale vom 2. September 1724 republiziert.

844 Hofdekret für Österreich unter der Enns vom 20. Dezember 1728 („Bettler- und Leinwandordnung"), CA IV, S. 506.

845 Patent für Österreich unter der Enns vom 30. Oktober 1751 („Sicherheits- und Schubspatents-Erneuerung"), CA V, S. 602, wonach sich der „Schubs-Director, außer zum nöthigen Durchschube in ein andres Land, weder fremde noch solche Leute sich aufbürden lassen" sollte, „welche schon über 10. Jahre von dem Lande Oesterreich abwesend waren".

846 Das Patent für Österreich ob der Enns vom 1. September 1752 („Neue Bettler- und Sicherheitsordnung"), CA V, S. 700, Theresianisches Gesetzbuch (wie Anm. 143) I, Nr. 214, S. 276 ff., sah wie die niederösterreichische Sicherheits- und Schubspatents-Erneuerung vor, daß sich der Schubdirektor über zehn Jahre aus Österreich ob der Enns abwesende Personen nicht aufbürden lassen dürfe.

durch „12 Jahre an einem Orte sich Aufhaltenden", dorthin zu schieben waren, während im Lande alle diejenigen Personen ernährt und nicht abgeschoben werden sollten, welche „ihren Geburtsort nicht wissen", die „hier Landes zum letztenmal ansäßig gewesen, die hier Landes mühselig geworden; die in der Steyermark geboren worden" waren, wenn sie sich „nirgends 12 Jahre in uno Continuo außer Landes aufgehalten, oder ansässig gemacht" hatten, ebenso die „Convertiten, und a vagibus parentibus erzeugten" sowie die „abgedankten in Erbländern gebornen Soldaten, und auch die außer Landes gebürtigen, welche sich aber durch 12 Jahre in einem Orte mit Arbeit ernährt" hatten.

Bereits 1753 wurde allerdings die Aufenthaltsdauer für alle Erbländer auf zehn Jahre eingeschränkt, so daß nunmehr alle in einem Erbland betretenen „Vagabunden oder Bettler, welche aus einem andern Erblande gebürtig, und nicht etwa in Ansehung eines zehenjährigen Aufenthalts allhier zu versorgen" waren, „in ihr Vaterland abgeschoben" wurden[847]. Wenig später[848] wurde diese Regelung dahin gehend ergänzt, daß auch die „zwar durch eine solche Zeit", nämlich zehn Jahre, „jedoch bald da bald dort herumstreichende, und kein Domicilium fixum haltende erbländisch gebohrne Unterthanen, ingleichen jene, von welchen man keine genugsame Sicherheit ihres bisherigen Aufenthalts haben könne, unter obigem Decennio begriffen seyn" sollten. Jene betretenen Fremden, „welche durch 10. Jahre nur im Lande herumgestrichen" waren, sollten „als wirkliche Vagabunden ... in ihr Vaterland abgeschoben" werden, „dahengegen jene, so sich an mehreren Orten durch so lange Zeit ehrlich ernähret" hatten, nunmehr „im Lande zurückbehalten" wurden.

Aufgrund der von den Landesrepräsentationen erstatteten „gutächtlichen Meynungen" legte das Hofdekret vom 16. November 1754[849] eine „Richtschnur" für alle deutschen Erbländer bezüglich der Verpflegung oder Abschiebung von Personen fest, welche zwar in einem der Erbländer geboren, „jedoch sich in einem andern durch 10. Jahre aufgehalten, und ehrlich zu ernähren gesuchet, endlich aber in Armuth verfallen" waren und um „deren fernerweite Verpflegung es folgbar zu thun" war. Das Hofdekret unterschied dabei drei Gruppen von Personen, nämlich diejenigen, „welche sich in einem andern Erblande anseßig gemacht, das Bürgerrecht ordentlich erworben, oder als unbehauste Innwohner ihr Gewerb, oder Profeßion getrieben, und so gestaltig bis zur erfolgten Mühsäligkeit die gemeine Last mittragen geholfen" hatten; jene, „welche entweder bey einer Gemeinde, oder bey Privatis an einem Orte durch 10. Jahre in Diensten gestanden" waren, und schließlich diejenigen, „so zwar ebenfalls 10. Jahre in einem andern, als ihrem Geburtslande entweder durch Dienstleistung, oder auf eine andere Art ihr Brod erworben, jedoch durch eben diese Zeit nicht an einem, sondern an mehreren Oertern des Lands sich aufgehalten haben". Die Personen der ersten Gattung, „es mögen nun solche 10. oder wenigere Jahre an einem Orte hausseßig gewesen, oder mit Einwilligung der vorgesetzten Obrigkeit zum Behufe des gemeinen Wesens als Bürger ihre Handthirung getrieben haben", sollten in ihrem Aufenthaltsort versorgt werden;

---

847 Hofdekret vom 13. Oktober 1753 („Bettler fremder Abschiebung"), CA V, S. 807.

848 Hofdekret („Bettler-Schubs-Verordnung de dato 13. October Erläuterung") vom 8. Dezember 1753, CA V, S. 819.

849 Hofdekret vom 22. November 1754 („Bettlerschub- und Verpflegsordnung"), CA V, S. 905 f.

die „unbehausten auswärts gebohrnen Innwohner ..., welche zwar das Bürgerrecht nicht wirklich erlanget, jedoch mittelst Bewilligung der Obrigkeit, des Magistrats, oder der Gemeinde sich irgendswo per Decennium innwohnungsweis aufgehalten, und der Gemeinde durch ihre Handthierung, oder in andere Wegen nützlich gewesen“ waren, sollten hingegn an ebendiesem Ort versorgt werden, wenn sie sich „wirklich 10. oder mehrere Jahre an einem Orte ohne Unterbruch aufgehalten“ hatten und erst dann in die „gänzliche Mühseligkeit“ geraten waren. Im Falle der Nichterfüllung dieser Voraussetzungen, waren diese Personen „bey ausbrechender Unvermögenheit“ in ihren Geburtsort „abzuschicken“. Diejenigen Personen, die „bey einer Gemeinde, oder bey Privatis durch 10. oder mehrere Jahre an einem Orte in Diensten gestanden“ waren, sollten bei „vollends verlohrnen Kräften“ in die Verpflegung des Ortes, wo sie gedient hatten, aufgenommen werden[850]. Diejenigen aber, welche „nicht an einem Orte allein, sondern bald da bald dort in einem Lande per Decennium sich in Diensten, oder sonst aufgehalten, mithin an keinem eigenen Ort animum figendi domicilium bewiesen“ hatten, wurden „ohne Rucksicht auf die längere oder kürzere Zeit ihres Aufenthalts, bey erfolgender Unfähigkeit ihr Brod weiter zu suchen ganz unbedenklich in ihr Vaterland und Geburtsort weggeschoben“, außer die Ortschaft oder Gemeinde, in der „ein solcher Mensch mühselig geworden“, übernahm deren Versorgung freiwilligermaßen.

Da die Herrschaften bzw. Gemeinden freilich weiterhin bestrebt waren, möglichst geringe Armenlasten zu tragen, und infolge dieser Regelung nun in allen Erbländern nicht nur durch Geburt in einer Gemeinde, sondern auch durch zehnjährigen ununterbrochenen Aufenthalt der Armenversorgungsanspruch entstand, trat bald das Phänomen auf, daß manche Herrschaften bzw. Gemeinden nun versuchten, die Entstehung eines derartigen Anspruches von vornherein zu verhindern. So berichtete etwa ein Regierungsdekret von 1782[851] von Beschwerden, wonach „an manchen Orten den dahin kommenden und sich daselbst inwohnungsweise niederzulassen verlangenden Personen, der Unterstand und Aufenthalt, nur aus Furcht der, den Gemeinden einstens zur Last fallen mögenden patentmäßigen Verpflegung solcher Leute, oder ihrer künftigen da zur Welt kommenden Kinder verweigert zu werden pflege“, was seitens der Regierung als „allerdings unbillig“ bezeichnet wurde[852]. Gleichfalls betonte 1820[853] ein Regierungsdekret, daß es nach den bestehenden Gesetzen jedem Staatsbürger im allgemeinen gestattet sei, innerhalb der k.k. Länder von einem Ort zum andern zu übersiedeln, „um dort

---

850 Derjenige, der „bey einer Gemeinde, oder bey Privatis gedienet“ hatte, war „von der Gemeinde in concreto, jene aber, so dem Herrn des Orts alleine gedienet, von der Herrschaft ohne Beytritt der Gemeinde, zu versorgen“.

851 Regierungsdekret vom 8. Juni 1782, HERZOG (wie Anm. 143), Nr. 44, S. 65.

852 „So wenig verdächtig und gefährlichen Leuten, Landstreichern, Bettlern oder sonst anderen Personen, die keinen zulagenden Nahrungsstand ausweisen können, Unterschleif zu geben ist, und so sehr dergleichen Personen vielmehr anzuhalten sind, und darüber die weitere obrigkeitliche Vorkehrung abzuwarten ist; so ist auch anderseits allerdings unbillig, Leuten, welche weder verdächtig noch auch sonst einer bekannten schlechten Aufführung, und die hiernächst ihr Brod auf eine ehrbare Art zu verdienen im Stande sind, den Unterstand zu versagen, oder ihnen so lange sie sich gut betragen, und keines unerlaubten Professions- oder Gewerbseingriffes anmaßen, den Aufenthalt nicht zu gestatten.“

853 Regierungsdekret vom 11. Juni 1820, HERZOG (wie Anm. 143), Nr. 243, S. 237 f.

durch Ergreifung eines erlaubten Nahrungszweiges seinen Unterhalt zu suchen" und überdies an dem Ort, wohin er übersiedelte, nach zehnjährigem Aufenthalt „das Domicil mit allen demselben anklebenden Rechten zu erwerben", weshalb keine Gemeinde aus Angst, daß ihr zuziehende Personen in der Zukunft mit ihrem Unterhalt zur Last fallen könnten, einen Revers verlangen dürfe, wonach solche Personen im Falle ihrer Verarmung von ihrer ursprünglichen Heimatgemeinde wieder übernommen werden würden.

Überdies fanden sich „ungeachtet der ... bestehenden und geschärften und wiederholten Verbothe"[854] des öffentlichen Bettels nach wie vor „auf den Gassen und Straßen sich mehrfältige, theils mit grauslichen Schäden behaftete, theils krüppelhafte, öfters auch, um das Mitleiden zu erwecken, geflissentlich als preßhaft sich gestaltende Bettler" ein, weshalb ein Hofdekret von 1773[855] erneut die Abschiebung dieser „mühseligen Leute ... in ihre Geburtsörter zur Verpflegung" anordnete, aber nicht nur aus armenpolizeilichen Gründen, sondern weil aus „dieser, wider alle gute Polizei laufenden Unanständigkeit, öfters üble Folgen in Rücksicht auf die mit Leibesfrüchten beladenen Weibspersonen unglückliche Geburten entstehen". Auch die Kreisamtsinstruktion von 1783 ordnete an, daß die in den Geburtsort geschobenen Bettler dort, „soferne sie sich ihre Nahrung selbst zu verdienen außer Stande sind, patentmäßig zu verpflegen" seien[856].

Bezüglich der Ausländer, die sich zehn Jahre im Lande aufgehalten hatten, wurde 1783[857] festgelegt, daß diese, wenn sie nicht wegen eines Verbrechens verurteilt worden waren, wie die „Vaterlandslosen" niemals abzuschieben, sondern im Lande zu verpflegen seien. Hatten sie zwar das Dezennium im Lande, aber an keinem Ort erreicht, so schrieb eine Hofverordnung aus 1791[858] vor, daß diesen an dem letzten Ort, wo sie sich aufgehalten hatten, die Versorgung angewiesen werden solle. War ein solcher Ausländer jedoch bei einer Gemeinde „wirklich haussässig" gewesen, sollte er „vorzüglich an dieselbe ... übergeben" werden. Bezüglich der Heimatlosen oder an einem Ort zufällig Geborenen wurde 1785[859] als allgemeine „Richtschnur" festgelegt, daß jene Bettler, „deren Geburtsort oder Domicilium ungewiß, so wie jene, die zufälliger Weise und etwa in transitu an einem Orte geboren, an dem sie sich aber nach der Hand niemals aufgehalten" hatten, von „jenem Gerichte übernommen werden sollen, in welchem sie meistentheils sind geduldet worden".

854 Siehe zu den Bettelverboten etwa BARTH-BARTHENHEIM (wie Anm. 588) I, S. 320 ff., ZALEISKY (wie Anm. 666) I, S. 221 ff.

855 Hofdekret vom 27. August 1773, HERZOG (wie Anm. 143), Nr. 28, S. 59.

856 § 54 der Kreisamts-Instruktion vom 21. Jänner 1783, BARTH-BARTHENHEIM (wie Anm. 588) I, S. 481.

857 Hofkanzleibescheid vom 27. November 1783, BARTH-BARTHENHEIM (wie Anm. 588) I, S. 487, 535.

858 Hofverordnung vom 6. Mai 1791, BARTH-BARTHENHEIM (wie Anm. 588) I, S. 487.

859 Verordnung des Tiroler Guberniums vom 25. November 1785, HERZOG (wie Anm. 143), Nr. 57, S. 71.

Im Zuge der Neuorganisation des Armenwesens durch Einrichtung des josephinischen Pfarrarmeninstitutes[860] sollte nun, wie es das Hofdekret vom 18. April 1789[861] vorsah, darauf gesehen werden, ob die versorgungsbedürftigen in- und ausländischen Armen die zehnjährige Aufenthaltsfrist erfüllt hatten, „indem sie nur solchenfalls auf Beiträge vom Armeninstitute ihre Forderung stellen" konnten. Die „Zurückweisung an den Geburtsort" griff nur mehr in solchen Fällen Platz, wenn der Arme den zehnjährigen Aufenthalt nicht vollstreckt hatte, oder wenn er sich an einem solchen Ort aufhielt, „wo die Armeninstitutsanstalten noch nicht eingeführet wären". War hingegen das Dezennium nirgendwo erreicht, mußten die Armen samt ihren minderjährigen Kindern von ihrem Geburtsort ernährt werden[862]. Eine Verordnung vom 18. April 1800[863] stellte weiters den Versorgungsort für herumvagierende Waisen und Witwen fest. Eheliche Waisen inländischer Eltern sollten folglich an den Geburtsort des Vaters, Waisen, deren Vater Ausländer, die Mutter aber Inländerin war, an den Geburtsort der Mutter sowie Witwen eines k.k. Untertanen oder eines durch zehnjährigen ununterbrochenen Aufenthalt nationalisierten Mannes an dessen letzten „Jurisdiktionsort" abgeschoben werden[864]. Wie die Verordnung allerdings betonte, sollte die „Herkunft" dieser Personen vor ihrer Abschickung genau ermittelt werden, „um das öftere Hin- und Herschieben ... zu vermeiden".

Das Konskriptionspatent von 1804[865] stellte für die administrative Zuständigkeit weiterhin auf die Geburt an einem bestimmten Ort oder auf die dortige Nationalisierung ab, die durch den zehnjährigen Aufenthalt, die häusliche Niederlassung, den Ankauf von Grundstücken, die Antretung des Bürger- oder Meisterrechtes, einer „Bedienung", eines Amtes oder einer anderen „stabilen Versorgung" erlangt wurde. Betreffend diejenigen versorgungsbedürftigen Vagierenden, hinsichtlich derer weder der Geburtsort noch ein zehnjähriger Aufenthalt an einem Ort erhoben werden konnte, setzte an-

---

860 Vgl. dazu STEKL (wie Anm. 788), S. 141 f.; STEKL (wie Anm. 795), S. 36 ff.; MISCHLER (wie Anm. 802, Art. Armenpflege), S. 65 f.; Moriz von STUBENRAUCH, Handbuch der österreichischen Verwaltungs-Gesetzkunde nach dem gegenwärtigen Stande der Gesetzgebung, II, 3. Aufl. Wien 1861, S. 217 ff.; HORNEK (wie Anm. 163) II, S. 246 f.

861 Hofdekret vom 18. April 1789, Slg. Joseph IX, S. 244, KANKA (wie Anm. 589) I, S. 815 f., HERZOG (wie Anm. 143), Nr. 33, S. 23.

862 Niederösterreichisches Regierungsdekret vom 31. Jänner 1793, HERZOG (wie Anm. 143), Nr. 39, S. 26, BARTH-BARTHENHEIM (wie Anm. 588) I, S. 482.

863 Verordnung vom 18. April 1800, HERZOG (wie Anm. 143), Nr. 107, S. 117.

864 Waren die Eltern einer derartigen Waise jedoch beide Ausländer, oder diese „außer der Ehe erzeugt, und ihr eigentlicher Geburtsort unerforschbar", so war eine solche Waise, falls sie niemand im Ort ihrer Betretung in die Versorgung oder Arbeit nehmen wollte, in das Arbeitshaus zu befördern. Handelte es sich bei dem Ehemann einer Inländerin nicht um einen nationalisierten Ausländer, so war diese als Witwe in ihren Geburtsort abzuschieben, kam ihr hingegen selbst der Status einer Ausländerin zu, so wurde sie mittels Schubes an die nächste Grenze ihres Vaterlandes befördert. War eine Witwe zwar in den k.k. Staaten geboren, aber ihr eigentlicher Geburtsort unerforschbar, so sollte sie in ein Arbeitshaus abgegeben werden.

865 PGS XXIII (1804), Nr. 4, S. 29, vgl. dazu auch S. 30, 54.

fänglich eine Hofverordnung von 1815 fest[866], daß diese der Gemeinde, wo sie aufgegriffen worden waren, aufzubürden seien. 1820 wurde diese Bestimmung jedoch dahingehend verändert[867], daß diese Personen nicht mehr an die Dominien und Gemeinden, wo man sie aufgegriffen hatte, sondern an den Ort zu schieben waren, wo sie sich „früher, und zwar am längsten" aufgehalten hatten. Auch die verwaisten Kinder waren nun nicht mehr primär vom Geburtsort der Eltern, sondern vom Ort des letzten zehnjährigen Aufenthaltes der Eltern zu verpflegen[868]. Nicht nur der zehnjährige Aufenthalt, sondern auch der längste Aufenthalt unter zehn Jahren mußte jedoch stets ein ununterbrochener sein, in den aber im Untersuchungs- oder Strafarrest verbrachte Zeiten nicht einzurechnen waren[869].

Damit war der Komplex von Zuständigkeitsnormen konsolidiert, der bis zur Neuregelung der administrativen Zuständigkeit in der Gemeindegesetzgebung nach 1848[870] und – da diese bei den derivativen Erwerbsarten des Heimatrechtes auf die bestehenden Zuständigkeitsverhältnisse zurückgriff – auch noch darüber hinaus, die armenrechtliche Abschiebung bestimmte.

B. Sicherheits-, sitten-, gesundheits- und fremdenpolizeiliche Ausweisung

1. Frühneuzeitliche Grundlagen

Der Bekämpfung des landessicherheits- oder sittlichkeitsgefährlichen „Gesindels" dienten, wie schon im 16. und 17. Jahrhundert, die Visitationen, die zur Aufgreifung und Ausweisung der „vagirenden fremden Leute", wie „unwürdiger" Bettler, herrenlosen Gesinde[l]s[871], Abdecker[872], gartender Landsknechte und Söldner, verdächtiger Geistlicher und Nonnen, Eremiten bzw. Einsiedler, Pilger, Freimänner, unprivilegier-

---

866 So noch die Hofverordnung vom 3. April 1815, FAULLER (wie Anm. 130) I, S. 25, 335, und das Hofkanzleidekret vom 9. April 1818 an die oberösterreichische Regierung, ebd., S. 119, HERZOG (wie Anm. 135), Nr. 66, S. 56; so auch das niederösterreichische Regierungsdekret vom 23. Jänner 1818, HERZOG (wie Anm. 135), Nr. 65, S. 54.

867 Hofkanzleidekret vom 30. April 1820 an sämtliche Länderstellen, HERZOG (wie Anm. 143), Nr. 240, S. 235, FAULLER (wie Anm. 130) I, S. 119, KANKA (wie Anm. 589) I, S. 35 f.; siehe auch die Verordnung des Tiroler Guberniums vom 3. Oktober 1823, HERZOG (wie Anm. 143), Nr. 289, S. 290; vgl. auch das Hofkanzleidekret vom 18. Jänner 1827 und die Regierungsverordnung vom 29. Jänner 1827, HERZOG (wie Anm. 143), Nr. 341, S. 347; so auch bereits das niederösterreichische Regierungsdekret vom 12. Dezember 1819, ZALEISKY (wie Anm. 666) I, S. 10.

868 Hofdekret vom 31. Jänner 1823, HERZOG (wie Anm. 143), Nr. 88, S. 81 f.

869 Hofkanzleidekret vom 18. Jänner 1827, HERZOG (wie Anm. 135), Nr. 101, S. 93 f.

870 Siehe dazu S. 267 ff.

871 Nach den kaiserlichen Reskripten vom 2. Mai 1636 und 5. Mai 1642, LIENBACHER (wie Anm. 353) I, S. 8, waren auch „störerische Goldschmid: Störer, Juden, Tandler, Stümpler, Winkelarbeiter, Hausirer mit betrogener Arbeit als herrenloses, nirgends angesessenes, unverpflichtetes, hochschädliches Gesindel keineswegs zu gedulden sondern abzuschaffen".

872 Vgl. zu den Abdeckern z.B. Werner DANCKERT, Unehrliche Leute, Bern-München 1963, S. 167 ff.

ter Juden, Studenten[873] und Handwerksburschen, „Zigeuner", herumziehender „liederlicher Weibspersonen", ausgerissener Soldaten und sonstigen Gesindels, führen sollte, wie dies in unzähligen Patenten und Verordnungen länderweise angeordnet wurde[874]. Fremder war freilich nicht nur der eigentliche Ausländer, sondern vielmehr auch bzw. vor allem der im jeweiligen Erbland nicht Einheimische[875].

Allerdings fanden die monatlichen Partikular- und jährlichen Generalvisitationen oft gar nicht oder nur sehr oberflächlich statt, und der Landesherr hatte öfters Gelegenheit, seiner Verärgerung darüber Ausdruck zu geben, daß die verfügte Zusammenarbeit der Landgerichtsherren nicht zum Tragen kam, sondern daß diese vielmehr den umherstreifenden Individuen Unterschlupf gewährten und „die schädliche Leuth ohne alle Bestraffung auß ihren Gebietten ab- und anderen über den Halß schicken, damit sie sich allein ihrer Ungelegenheit ... entladen" und Schubkosten einsparen konnten[876], weshalb es wohl in der Folge vermehrt auch zur Androhung von öffentlicher Arbeit für dergleichen herumvagierendes fremdes „unnützes und schädliches Gesindel" kam[877].

---

873 So monierte etwa das Patent für Österreich unter der Enns vom 20. Juli 1717, CA III, S. 874, daß sich „unter denen allhiesigen Studenten, eine merckliche Anzahl auf das Bettlen sich verleget, und nebst denen unter dem Nahmen der Studenten auch viel andere nicht mehr studirende, noch immatriculirte, sondern von den Studien längst abgestandene und verehlichte Leute dabey sich einfinden, welche denen ... häussigen Armen, das sonsten für selbe gewiedmete Allmosen ... wiederrechtlich entziehen". Daher sollte hinkünftig „keiner, der nicht erweisen kan, woher er seine Nahrungs-Mittel zu erholen hat, ad studia mehr gelassen werden".

874 Siehe zu den zahllosen Anordnungen des 16. und 17. Jahrhunderts zwecks Abschaffung des herrenlosen Gesindels, der Zigeuner und Gartenknechte bzw. der herumschweifenden und entlassenen Landsknechte, der Wochenknechte, beschäftigungsloser verdächtiger Leute, der Spieler usw. Hugo HOEGEL, Straffälligkeit wegen Arbeitsscheu in Österreich, Wien 1899, S. 15 ff.; SCHRANK (wie Anm. 477) I, S. 120, 137 ff.; LEITICH (wie Anm. 394), S. 30 ff.; auch z.B. die Patente vom 26. Februar 1707, CA III, S. 530, vom 22. November 1710, CA III, S. 618, vom 10. Februar 1711, CA III, S. 623 ff., vom 15. März 1719, CA III, S. 933.

875 Vgl. z.B. noch das Patent für Galizien vom 3. November 1786, HERZOG (wie Anm. 143), Nr. 62, S. 82: „Für ausländische Bettler und Landstreicher sind anzusehen sowohl Unterthanen aus andern erbländischen Provinzen, die sich nicht 10 Jahre in Galizien aufgehalten haben, als Ausländer, im eigentlichen Verstande."

876 Patent für Österreich ob der Enns vom 15. Jänner 1655, CA II, S. 533 ff.

877 So etwa nach dem Patent vom 27. Juni 1672 Arbeit an den „Fortificationen und Schanzgebäuden", vgl. HOEGEL (wie Anm. 874), S. 16; nach dem Bettlerpatent für Österreich unter der Enns vom 21. Juli 1714, CA III, S. 758, sollte das „herumziehende Herren-lose Gesindel, Abdecker, Gerichts-Diener, Schäfler, Halter und dergleichen" im Falle der ersten Betretung beim Betteln „in Band und Eisen zu harter Arbeit angehalten" werden. Nach der Verordnung für Österreich unter der Enns vom 27. September 1723, CA IV, S. 140, sollten „alle fremde Bettler, wie auch sonst alle Herren-lose Leute und Müßiggeher, ... nicht weniger die im Lande herum vagirende Geistliche, item die Einsiedler und Pilgrame, sonderheit aber die müßige Gerichts-Diener, Freymänner, Abdecker und alle übrige Garten-gehende Dienst- und Herren-lose Leute beyderley Geschlechts ... innerhalb acht Tagen ... das gesamte Land also gewiß raumen", widrigenfalls sie, wenn „sonsten kein Verdacht wider sie vorhanden wäre", „aus dem Land geschaffet ... und hinaus geschoben" wurden. Im Falle einer zweiten Betretung sollten sie „zur öffentlichen Arbeit in Band und Eisen ... oder auf Belgrad oder ein anderes Gränz-Hauß überbracht" werden.

Eine Zusammenfassung der Maßnahmen gegen die Landstreicher stellte das niederösterreichische Schubpatent vom 13. April 1724 dar[878], welches befahl, daß die „im Land annoch herum vagirende[n] Bettler und Müßiggeher alles Ernstes verfolget, und aufgetrieben, die inländischen nach Gebühr versorget, und die Ausländischen, mittelst Wiederholung des Haupt-Schubs, ausser Land, und ihr Vaterland gebracht, anderer Seits aber das also gesäuberte Land von dem weiteren Anlauf dergleichen Vagabunden und Müßiggänger zulänglich bewahret, mithin in Ruhe und Sicherheit erhalten werden möchte". Mittels General- und Partikularvisitationen[879] sollte „alles bettel- oder müßiggehendes Volk unverschonet angehalten", und „damit sich die Landgerichte einiges Überlastes der Gefangenen um so weniger zu beklagen haben, etliche Wochen nach jedweder Generalvisitation ein allgemeiner Land-Schub veranstaltet" werden. In Wien scheint freilich die Einziehung der müßiggehenden Bettler auf Widerstand gestoßen zu sein, da die „Wachter", „wann sie gemelte Bettler hinweg nehmen" wollten, „durch grossen Zulauff unterschiedlicher Persohnen ... in ihren Verrichtungen mercklich verhindert, ja so gar mit Schlägen übel tractiret, und inmittelst der Arrestirte befreyet" wurden[880]. Das Schubpatent von 1724[881] ordnete weiters bei Strafe an, daß „auch ausser den General- und Particularvisitationen ein jegliches Land-Gericht, Grund- und Dorf-Obrigkeit, auch Richter und Gemeine, die von Tag zu Tag annoch herumstreiffende abgedankte Soldaten, Bettler, Müssiggänger, Abdecker und Dieners-Leute, auch unbefugte Krämer und mit alten Pässen versehene Pilgramen" anzuhalten und den Landgerichten zur weiteren Amtshandlung zu übergeben hatte. Auch sollten „sich herein dringende fremde Bettler", falls „von der Gränz nicht allzuweit entfernet wären", ohne ansonsten geforderte Anordnung der Regierung, sofort „zum Land wiederum hinaus geschoben" werden. Wie schon in vorigen Patenten[882] wurden an die „auf den Gränzen befindliche[n] Mauthen die geschärfte Befehle dahin erlassen ..., daß sie alle des Betteln verdächtige und in das Land herein wollende Personen sogleich abweisen, und zur Land-Gränze hinaus schaffen" sollten[883]. Zur Abhaltung des eindringenden „gemein-schädli-

---

878 Patent für Österreich unter der Enns vom 13. April 1724, CA IV, S. 177 ff.

879 Vgl. dazu das Patent vom 13. April 1724 mit seiner „Instruction, wie die Land-Gerichts-Verwalter ..., sich sowohl bey denen General- und Particular-Visitationen, als auch in Schub und Versorgung der Armen ... zu verhalten haben", samt dem „Verzeichniß derer zu Handhabung solcher Instruction, und Ordnung auf jeglichen Articul gesetzter Pönfälle", CA IV, S. 177 ff.

880 „... welches alles zu grossem Schimpff unserer Lands-Fürstl. hohen Authorithät gereichet", Hofdekret vom 8. Februar 1698, CA I, S. 215, und Patent vom 20. Juli 1717, CA III, S. 876.

881 Patent für Österreich unter der Enns vom 13. April 1724, CA IV, S. 177 ff.

882 Patente für Österreich unter der Enns vom 26. März 1693, CA I, S. 206 f.; vom 26. August 1693, CA III, S. 373 ff.; im Patent vom 15. März 1719, CA III, S. 934, wurde z.B. angeordnet, auf den „Gräntzen ein besseres Aufsehen" zu haben und die „Hereinpaßirung der Bettler mit mehrerer Obsorge" zu verhüten; im Hofdekret vom 8. November 1723, CA IV, S. 151, wurde den „Grenz-Mauthner[n]" und Schif-Leut" bei Strafe befohlen, keine Bettler einzulassen.

883 Auch nach der „Ober-Ennßerischen Bettler-Ordnung" vom 1. August 1725, CA IV, S. 279, sollte „an alle Obrigkeiten zu Linz, und auf dem Land, wie auch an die Gränitz-Mauthner, Aufschläger, und anhero kommende Schifleuth ein scharfer Befehl ausgefertiget werden, daß sie ... von aussen hereinkommende fremde Bettler, und müßige Gewerb-lose Leut, Geist-

che[n] Gesindel[s]" wurden weiters schwere Strafen für zurückkehrende abgeschobene Personen festgesetzt[884]. Zur besseren Überwachung der Grenzen wurde 1728 auch angeordnet, die in „[l]andschaftlicher Verpflegung stehende abgedankte Soldaten" den „an denen Confinen liegenden Land-Gerichtern zu dem Ende" zuzuteilen, daß sie an den „Gränzen auf die einschleichende fremde Bettler und Müssiggeher gute Obsicht haben, und solche also gewiß abhalten"[885].

Mit Patent vom 7. April 1732[886] wurde „fürnemlich ... allen inländischen und fremden Fuhr- und Schif-Männern ... auf das schärfeste ernstlich anbefohlen", daß sie sich der „Anherobringung" der „fremden Bettler und Müßiggeher, und andern Herrenlosen keiner Profeßion oder Handwerk zugethanen Gesindes, wie immer es Namen haben mag", zu enthalten hätten und „folgsam weder in noch ausser den Gränzen dieses Landes einige solche fremde und inländische Bettler oder Müßiggeher beeder Geschlechten" in ihre „Schiffe oder Wagen einnehmen, und auch nicht durch Unsere Oesterreichische Länder durchführen, noch weniger aber anhero bringen" sollten[887].

---

oder Weltliche bey ... Straffe nicht hereinlassen"; vgl. bezüglich der Schiffsleute auch siehe auch das Hofdekret vom 20. Dezember 1728, CA IV, S. 507.

884 Vgl. z.B. das Patent vom 27. Mai 1724, CA IV, S. 193 ff.: Bei erstmaliger Rückkehr sollte ein Revertent in Band und Eisen auf längere Zeit zur Herrschaftsarbeit angehalten und dann „auf ewig weggeschaft" werden. Wenn aber eine solche Person „das zweytemal, ohnerachtet der verhängten ewigen Lands-Abschaffung zurückkäme, und männiglichen Geschlechts, auch hierzu tauglich wäre", solle sie „auf zwey oder drey Jahr nach einem Ungarischen Gränz-Hauß, um alldorten in Band und Eisen zu arbeiten, verschaft, da sie aber weiblichen Geschlechts, oder ansonsten diese Straf auszustehen nicht im Stand seyn möchte, gleichwie das erstemal in Band und Eisen zur Herrschafts-Arbeit, jedoch auf eine längere Zeit angehalten, annebens je nach Beschaffenheit der Umstände, von dem Gerichts-Diener mit Peitschen gezüchtiget" werden, um „hierauf in beeden Fällen des ganzen Lands wiederum auf ewig, bey Vermeidung scharfer Leibsstraf verwiesen" zu werden. Im Falle einer dritten Betretung sollte der Revertent, „wann es eine taugliche Manns-Person, auf ein, zwey bis drey Natural-Jahre nach Neapel auf die Galeeren verschaft, wann es aber eine Weibs- oder zur Ruder-Bank ohntaugliche Manns-Person wäre, mit einem durch den Gerichts-Diener vor dem Gefangenen-Hauß abstreichenden ganzen Schilling abgefertiget, und so wohl der Galeeren als der Fustigations-Straf die ewige Lands-Abschaffung beygefüget" werden; das Patent für Österreich unter der Enns vom 13. April 1724, CA IV, S. 177 ff., hatte noch angeordnet, daß bei Einbringung einer Person bei einer Visitation, welche bereits einmal nach einer Generalstreifung mit dem Hauptschub außer Landes gebracht worden war, „dieselbige alsogleich in die Eisen geschlossen, und bis zu dem nächst-abgehend-abermahligen Haupt-Schub zur Herrschafts-Arbeit angehalten, oder falls es seine oder ihre Kräften nicht zuliessen, in andere Wege wohl empfindlich bestraffet" werden sollte; bestätigt durch das Hofdekret vom 11. Juli 1732, CA IV, S. 779; siehe zur auch das Patent vom 20. Juli 1717, CA III, S. 875.

885 Hofdekret vom 20. Dezember 1728 („Bettler- und Leinwandordnung"), CA IV, S. 507. Außerdem sollte in jedem Landesviertel „eine Postirung von zwölf, oder auch mehrern in der Ständischen Verpflegung stehenden abgedankten Soldaten gemacht, und diesen aufgetragen werden, daß sie in selbigem Viertel unaussetzlich patroulliren, die antreffenden Bettler, und Vagabunden anhalten, und zu dem nächsten Land-Gericht liefern".

886 Patent für Österreich unter und ob der Enns vom 7. April 1732, CA IV, S. 752 f.; vgl. auch das Hofdekret für Österreich unter der Enns vom 11. Juli 1732, CA IV, S. 781 f.

887 Widrigenfalls wurde gegen sie „nicht allein mit schwerer Leibes-Straf, andern zum öffentlichen Beyspiel, unverschont verfahren", sondern sie mußten diese Personen „alsobald wiede-

Außerdem verlieh das Patent dem Entschluß des Landesfürsten Ausdruck, daß dieser nicht länger gesinnt sei, „solches höchst-schädlich herumvagirende fremd- auch innländisches Bettler- keiner Profeßion oder Handwerk zugethanes Gesind“ zu dulden, sondern dieses auszurotten entschlossen sei. Es sollten zwar die in diesem Land, „Theils in Kriegs, Theils andern Haus-Wirths-Diensten entkräftete und würdige arme Leute ... versorget, hingegen die übrige inländische unwürdige und alle andere aus fremden Oertern hieher kommende Bettler ... anwiederum zuruck geschaffet, oder vielmehr vor ihrer Anherokunft ab- und in ihr gehöriges Land verwiesen werden“.

Über die bisherigen Anordnungen hinaus befahl das Patent vom 19. Oktober 1739[888], daß „alles müßige, und mit gehörigen Kundschaften oder Pässen nicht versehene, hiemit dem Betteln oder andern verdächtigen Handthierungen nachgehend, folgsam höchst gefährliches Gesind, kurze Waaren-Händler und Land-Streiffer, wie auch Lieder-Singer und Bandel-Kramer, wann diese letzten mit keinen authentischen Pässen versehen, oder die darinn enthaltene Terminen allschon verstrichen seynd, nebst allen übrigen in den vorigen Generalien benennten Land-Fahrern“ ebenso wie die „feyrende Handwerks-Pursch, wann selbe mit keinen frischen Pässen versehen seynd, noch auf gerader Strasse wandern ... unverschont angehalten“ und der landgerichtlichen Untersuchung übergeben werden sollten[889].

Besonders in Zeiten von „graßirenden contagiosen Kranckheiten“[890] und in Kriegszeiten[891] wurde aus Angst vor Ansteckungen bzw. vor Spionage immer wieder versucht, das Land von Vagabunden und verdächtigen Fremden zu reinigen. So stellte etwa ein Hofdekret an den niederösterreichischen Landmarschall von 1632[892] fest, daß sich in Wien „allerley verdächtige Persohnen“ befänden, „welche bey jetzigen gefährlichen Kriegs-Läuffen und Zeiten unter dem Schein ihrer fürgebenden Verrichtungen, sollicitiren, ... allerhand böse Practiquen vorhaben und anspinnen, hin und wieder in der Stadt

---

rum zuruck bis über die Gränzen dieses Lands auf eigene Unkosten verschaffen“; siehe auch das Patent für Österreich unter und ob der Enns vom 19. Oktober 1739, CA IV, S. 1117, und das niederösterreichische Regierungsdekret vom 1. Juli 1746, CA V, S. 229.

888 Patent für Österreich unter und ob der Enns vom 19. Oktober 1739, CA IV, S. 1115 ff.

889 Bei sonstiger Abschaffung war nach den Generalien von 1731 und 1732 den Handwerksburschen auch das Fechten vor den Türen verboten worden, vgl. HERZ (wie Anm. 132), S. 28.

890 So etwa in den Jahren 1679, 1691, 1713, vgl. z.B. die Patente für Österreich unter der Enns vom 26. August 1693, CA III, S. 373 ff., vom 21. Juli 1714, CA III, S. 755, vom 20. Juli 1717, CA III, S. 872 ff., vom 5. September 1720, CA III, S. 1001 f., das Hofdekret für Österreich unter der Enns vom 29. Oktober 1739, CA IV, S. 1118; vgl. auch Leopold SENFELDNER, Das niederösterreichische Sanitätswesen und die Pest im XVI. und XVII. Jahrhundert, in: Blätter des Vereines für Landeskunde von Niederösterreich XXXIII (1899), S. 48 f.

891 Siehe etwa das Hofdekret an den niederösterreichischen Landmarschall vom 31. Mai 1632, CA I, S. 375; siehe auch das Patent vom 26. Februar 1707, CA III, S. 530: Wegen der „sich einfindenden vielen verdächtigen Persohnen“ wurde „zu Hintertreib- und Abstellung vieler böser Practiquen, und Unwesens, so bey dehrmahlig noch immer anhaltenden gefährlichen Kriegs-Läuften, von derley höchst schädlich hin und her vagirenden fremden Leuten, dem Publico zum grossen Schaden und Nachtheil, machiniret und angesponnen werden“, eine Visitierung und Beschreibung aller Personen in Wien angeordnet; siehe auch das Patent für Österreich unter und ob der Enns vom 22. Dezember 1733, CA IV, S. 825 ff.

892 Hofdekret an den niederösterreichischen Landmarschall vom 31. Mai 1632, CA I, S. 375.

und denen Vorstädten an unterschidlichen Orthen sich auffhalten, ihres Gefallens ab- und zuraisen, auch wol zu Zeiten umb wenigern Verdachts willen sich verkleyden, mit ihren Confidenten heimblichen Verstand durch Schreiben und in andere verborgene Weeg haben, welches alles dem gemeinen Wesen nur zu grösserer Verwirrung und Verbitterung der Gemüther gereichen thut". Deshalb wurde angeordnet, daß „alles unnutzes Gesindel von Mann- und Weibs-Persohnen, auch Herrn-lose Leuth, und Diener, so keinen Beruff haben, noch ihres Aufhaltens rechtmäßige Ursachen fürzuwenden", sich innerhalb von drei Tagen hinwegzubewegen hatten[893].

Regelmäßig unter Spionageverdacht standen insbesondere die jüdische Bevölkerung[894], fremde Ordensgeistliche[895], aber vor allem die seit Beginn des 15. Jahrhunderts in den deutschen Ländern auftauchenden Zigeuner[896], von denen immer wieder be-

---

893 Weiters wurde mit Patent vom 26. Februar 1707, CA III, S. 530 f., angeordnet, daß eine generelle Visitierung und Beschreibung aller Personen „in und vor der Stadt" vorzunehmen sei.

894 So verfügte etwa ein Patent vom 31. Jänner 1544, CA I, S. 559, daß die Juden, die sich in Österreich unter der Enns „an mehr Orthen ausserhalb der außgezeigten Plätz ... in guter Anzahl nidergethan" hatten, „dieweil ... solches nicht allein unsern Land-Freyheiten, und auffgerichten Ordnungen entgegen und zuwider ist, sondern Wir auch darneben gnädiglich bedencken, daß der arme gemeine Mann durch den Besuch und Wucherlichen Contract der Juden hochbetrangt und beschwärt, auch darzu den leichtfertigen Persohnen zu Diebstall, Entfrembdung anderer Güter und dergleichen nachtheiligen Handlungen und Sachen, viel Anweisung, Raitzung und Ursach gegeben werde, sich auch darüber bey diesen beschwärlichen Kriegs-Läuffen, sonderlich weil sich der Erb-Feind gemeiner Christenheit der Türck unsern Erblanden niemahlen näher an die Seiten gesetzt, allerley Verrätherey und Passur-Practiquen bey ihnen zubesorgen", nicht länger zu dulden seien, sondern daß sie „auß dem Land" geschafft werden sollten.

895 So verlangte etwa die niederösterreichischen Regierung 1572 vom Kaiser die „Ausschaffung der frembden verdechtich Münch" des Augustiner-, Prediger- und Minoritenordens sowie die „Anstellung einer Ordnung zu Verhütung aller Geför so von denen im Lande überhand nemendten Crobatten". Als Begründung wurde inbesondere die „geför ... von ausswendigen frembden Nacionen" angeführt, denn es seien „laider vill frischer exempel vorhanden was sonnderlich durch derlei frembde verdechtliche Personen der Christenhait zu merkhlichen ausseristen Verderben für Verkhundtschafftung vnd verrättereien vmb geltswillen oder aus Hass beschehen", und gefordert, „khainen frembden ausslendigen Münch von Hungern, walchen vnd was disen Nationen anhengig gedulden: sondern dj Jetzo Anwesenden aus dem Landt schaffen" zu lassen, wie dies bereits vor Jahren mit den Schotten geschehen sei; siehe „Der Regierung und Camer Gutbedünkhen an die Röm. Kayserl. Majestet, Ausschaffung der frembden Münch vnd Krobatten betreffend", vom 14. Juli 1572, SCHRANK (wie Anm. 477) I, S. 124 ff.

896 Vgl. etwa Rüdiger VOSSEN, Zigeuner. Roma, Sinti, Gitanos, Gypsies zwischen Verfolgung und Romantisierung (= Katalog zur Ausstellung „Zigeuner zwischen Romantisierung und Verfolgung – Roma, Sinti, Manusch, Calé in Europa" des Hamburgischen Museums für Völkerkunde), Frankfurt a.M.-Berlin-Wien 1983, S. 24 ff.; Joachim S. HOHMANN, Verfolgte ohne Heimat. Geschichte der Zigeuner in Deutschland (= Studien zur Tsiganologie und Folkloristik I), Frankfurt a.M.-Bern-New York-Paris 1990, S. 16 ff.; Martin BLOCK, Zigeuner. Ihr Leben und ihre Seele, Leipzig 1936, S. 33 ff.; Richard BREITHAUPT, Die Zigeuner und der deutsche Staat. Ein Beitrag zur deutschen Rechts- und Kulturgeschichte, jur. Diss., Würzburg 1907, S. 22 ff.; Christoph FREESE, Zur Geschichte und Gegenwart der Zigeuner

hauptet wurde, daß sie für die Türken die christlichen Länder ausspionierten und anderen Feinden der Christenheit dienstbar waren[897], weshalb man sie im 16. und 17. Jahrhundert in allen deutschen Ländern zu vernichten oder zumindest zu vertreiben versuchte[898].

Überdies kam es in den Jahren 1689[899] und 1733[900] in den österreichischen Erbländern auch zu direkten Ausweisungen von Untertanen feindlicher Staaten, als nämlich alle Untertanen der französischen Krone abgeschafft wurden.

2. *Absolutismus und Vormärz*

Während sich, wie der kurze Überblick über die frühneuzeitliche Entwicklung zeigt, die Maßnahmen dieser Zeit ohne ausgeprägte Begrifflichkeit generalisierend gegen „fremde“ Vazierende und Müßiggänger aller Arten, die oft pars pro toto einfach als Zigeuner, Bettler oder Vagabunden bezeichnet wurden, und sonstige als verdächtig oder landesgefährlich angesehene Personen richteten, finden sich nun in der theresianischen Epoche deutlichere Anzeichen einer Differenzierung des polizeilich zu entfernenden „Pöbels“[901]. Es wird daher in diesem Abschnitt, abgesehen von der Darstellung des Son-

---

und Landfahrer in Deutschland, wirtschafts- und sozialwiss. Diss., Erlangen-Nürnberg 1980, S. 18 ff.
Es sei im übrigen darauf hingewiesen, daß der Weglassung von Anführungszeichen bei der Verwendung des Ausdruckes „Zigeuner“ in dieser Arbeit nicht etwa eine Diskriminierungsabsicht zugrundeliegt, sondern vielmehr die von den Quellen verwendete Terminologie, welche eine sachgerechtere Bezeichnung nicht ermöglicht.

897 So sprachen etwa die Reichsabschiede von Lindau 1497, von Freiburg i. Br. 1498, von Augsburg 1500 usw., siehe Sammlung der Reichs-Abschiede (wie Anm. 132) II, S. 32, 49, 80, davon, daß die Zigeuner „Erfarer, Ausspeher vnd Verkuntschaffter der Christen Land“ und daher auszuschaffen seien.

898 Joachim S. HOHMANN, Geschichte der Zigeunerverfolgung in Deutschland, Frankfurt a.M.-New York 1981, S. 16 ff.; Rainer HEHEMANN, Die „Bekämpfung des Zigeunerunwesens“ im Wilhelminischen Deutschland und in der Weimarer Republik, 1871–1933, Frankfurt a.M. 1987, S. 68 ff.; BREITHAUPT (wie Anm. 896), S. 47 ff.

899 Die Hofresolution vom 9. Juli 1689, CA I, S. 373 f., ordnete an, „daß ohne Unterschied alle Frantzösische Herren-Diener, und vagirende Frantzosen, wie auch andere, die nicht schon viel Jahr im Land, und gleichsamb naturalisirt seyn, auß dem Land, und Stadt abgeschafft werden sollen“. Alle „Frantzosen Mann- und Weibs-Persohnen, ohne Unterschied, sie seyen gleich Herrn-Diener, oder andere vagirende, ausser der jenigen doch, welche lange Jahr im Land, und allhier angesessen und verheurath seyn“, sollten „längst inner 14. Tagen das Land also gewiß raumen ..., als im widrigen wider dieselbe der Schärffe nach verfahren werden solle. Wofür sich ein jeder zuhüten“.

900 Mit Patent für Österreich unter und ob der Enns vom 22. Dezember 1733, CA IV, S. 825 ff., wurden anläßlich des Krieges mit Frankreich „alle Unterthanen dieser feindlichen Cron, und ihrer Anhänger“ aus allen Erbkönigreichen und Ländern abgeschafft. Die „in diesen Landen sich jederzeit aufhaltende Unterthanen, Männ- und Weiblichen Geschlechts, Geist- und Weltlich- hoh- und niedern Standes, förderst aber die Herren-Diener, und andere vagirende Personen“ hatten das Land innerhalb von 14 Tagen zu verlassen.

901 Siehe zu diesem Begriff Werner CONZE, Vom „Pöbel“ zum Proletariat. Sozialgeschichtliche Voraussetzungen für den Sozialismus in Deutschland, in: Vierteljahresschrift für Sozial- und

derfalles des Temesvarer Wasserschubes, versucht, die Fülle der herangezogenen Verwaltungsvorschriften zu Ausweisung und Schubwesen unter dem Gesichtspunkt der betroffenen Personengruppen zu strukturieren, wenngleich Überschneidungen hier freilich nicht zu vermeiden sind und zu Systematisierungsdefiziten führen müssen.

a. Temesvarer Wasserschub

Maria Theresia knüpfte einerseits - wie noch zu zeigen ist[902] - nahtlos an den durch ihre Vorgänger bezüglich der Ausweisung der „lüderlichen und müßigen Leute" geschaffenen Rechtszustand an, andererseits schuf sie in Form des Temesvarer Wasserschubes ein spezielles Instrument, um „alle incorrigible lüderliche Personen", insbesondere aber derartige „Weibspersonen", aus Wien abzuschaffen. Trotz Bestehens der sogenannten theresianischen Keuschheitskommission[903] war nämlich bezüglich der Anzahl der Prostitutierten, vor allem in den Städten, keinerlei Rückgang festzustellen, ja in Wien wurde die Anzahl der „weibliche[n] Geschöpfe, die jedermann für jeden Preis zu Diensten stehen", in der theresianischen Zeit sogar auf 10.000 und jene der „minder ausschweifende[n], die von Hand zu Hand gehen" auf 4.000 geschätzt[904], wenngleich diese Zahlen bereits von Zeitgenossen für übertrieben erachtet wurden[905].

Der bald nach dem österreichischen Erbfolgekrieg einsetzende Wasserschub stellte nun insofern eine Sonderform der Ausweisung dar, als er, wiewohl primär sicherheits- und sittlichkeitspolizeilichen Zwecken dienend[906], wesentliche Charakteristika einer Deportation erfüllte, indem auch der Wasserschub eine Ausweisung aus einem bestimmten Gebiet, verbunden mit der Anweisung eines Zwangsaufenthaltes, darstellte. Der Wasserschub wurde in Form von dreitägigen Schiffstransporten in das Banat durchgeführt, die zumeist zweimal jährlich, im Frühjahr und Herbst, von Wien ausgingen und pro Schub durchschnittlich 150 Personen erfaßten. Während der ganzen Dauer seines Bestehens, von 1752 bis 1768/69, wurden mit dem Wasserschub insgesamt 3.130

Wirtschaftsgeschichte XLI (1954), S. 336 ff.; vgl. zum Problem der Generalisierung auch DANKER (wie Anm. 788), insbes. S. 383 ff.; KÜTHER (wie Anm. 788), S. 25; vgl. zur Heterogenität dieser Rand-„Gruppe" auch Bernd ROECK, Außenseiter, Randgruppen, Minderheiten. Fremde im Deutschland der frühen Neuzeit, Göttingen 1993, S. 72 ff.

902 Siehe dazu S. 169 ff.

903 Vgl. dazu SCHRANK (wie Anm. 477) I, S. 170 ff.; Fr. S. HÜGEL, Zur Geschichte, Statistik und Regelung der Prostitution, Wien 1865, S. 61 ff.; Erna LESKY, Österreichisches Gesundheitswesen im Zeitalter des aufgeklärten Absolutismus (= AöG CXXII), Graz-Köln-Wien 1958, S. 158; KALLBRUNNER (wie Anm. 842), S. 143 f.; BIBL (wie Anm. 531), S. 206 ff.

904 Christoph Friedrich NICOLAI, Beschreibung einer Reise durch Deutschland und die Schweiz im Jahre 1781, Berlin-Stettin 1785, V, S. 268.

905 Johann PEZZL, Skizze von Wien, Wien-Leipzig 1787, Heft 3, S. 522, schätzte die Zahl der „öffentlichen Strassendirnen" auf 2.000, die der „unterhaltenen Mädchen" auf 500.

906 Obwohl das Hofdekret vom 26. März 1751, CA V, S. 563, davon sprach, daß den Schubleuten „nach Maß ihrer schlechten Aufführung die Strafzeit bestimmet" wurde, und der Ausweisung mittels Wasserschub in der Praxis freilich pönaler Charakter zukam, ist sie doch nicht als Kriminalstrafe, sondern als rein polizeiliche Maßnahme zu bewerten.

Männer und Frauen in das Banat transportiert[907]. Nach ihrer Ankunft wurden die Schüblinge nach Maßgabe der Möglichkeiten nicht sich selbst überlassen, sondern in Zucht- bzw. Arbeitshäusern angehalten und erst bei guter Aufführung aus diesen entlassen[908].

Die vom Wasserschub betroffenen Personen[909] waren zum größten Teil „Lustdirnen" bzw. „liederlichen Weibspersonen", die man „wegen verdächtiger Betretung bei einer Mannsperson" oder „auf einer Soldatenwachstube" festgenommen hatte und denen überdies die Rückkehr nach Wien verboten wurde, aber auch Kuppler und Kupplerinnen[910], dienstlose Abdecker, die „incorrigiblen starken und gesunden" unter den Bettlern und andere vagabundierende Personen sowie „Deserteursverhehler", Schmuggler sowie „Radaubrüder, die wegen Schimpfens oder Raufens oder Widerstand" gegen die Staatsgewalt aufgegriffen worden waren. Ebenso fanden sich unter den ins Banat Abgeschobenen Bauern aus niederösterreichischen Grundherrschaften, die sich des Ungehorsams gegenüber der Obrigkeit schuldig gemacht hatten, insbesondere Wilderer und Robotverweigerer. Wie Schünemann feststellte, „genügte es schon, daß man den Polizeibehörden irgendwie unbequem" war, um zum Wasserschub zu kommen. So wurden etwa der Wirtschaftspolitiker Johann Franz Thill wegen „öftermaliger Hofbehelligung" und ein Arzt, der sich entgegen einer Polizeianordnung nach Wien begeben hatte, ins Banat abgeschoben[911]. Die aus rein polizeilichen Gründen mit dem Wasserschub in das Banat abtransportierten Personen waren freilich von den manchmal auf den Schiffen mitgenommenen Militärsträflingen, die zum Festungsbau in Temesvar verurteilt worden waren[912], und den Zivilgefangenen, die ihre Freiheitsstrafen in Festungen, eben z.B. der von Temesvar, abbüßten, zu unterscheiden.

---

907 Konrad SCHÜNEMANN, Österreichs Bevölkerungspolitik unter Maria Theresia, I (= Veröffentlichungen des Instituts zur Erforschung des deutschen Volkstums im Süden und Südosten in München und des Instituts für ostbayrische Heimatforschung in Passau), Berlin o.J., S. 78, gab folgende Personenzahlen an: 1752–1757: 709, Dezember 1758: 284, August 1759: 64, April 1760: 263, Mai 1761: 107, Oktober 1761: 107, Mai 1762: 113, November 1762: 135, Mai 1763: 158, Oktober 1763: 47, Mai 1764: 117, Oktober 1764: 78, Mai 1765: 175, Oktober 1765: 100, Mai 1766: 161, November 1766: 134, Mai 1767: 136, Oktober 1767: 120, Mai 1768: 122; SCHRANK (wie Anm. 477) I, S. 161, sprach von ca. 150 Personen pro Schub und von 300 Personen im August des Jahres 1763.

908 Vgl. zu den dortigen Zucht- bzw. Arbeitshäusern SCHÜNEMANN (wie Anm. 907), S. 85; Friedrich LOTZ, Die frühtheresianische Kolonisation des Banats (1740–1762), in: Gedenkschrift für Harold Steinacker (1875–1965) (= Buchreihe der Südostdeutschen Historischen Kommission XVI), München 1966, S. 161 f.

909 Vgl. dazu ausführlich mit Beispielen SCHÜNEMANN (wie Anm. 907), S. 82 f., und SCHRANK (wie Anm. 477) I, S. 160 ff.

910 So sprach das Hofdekret vom 26. März 1751, CA V, S. 563, davon, daß nach Temesvar „nicht nur allein die incorrigible lüderliche Weibspersonen, sondern zuförderst auch die Kuppler und Kupplerinnen befördert", und „bey ihrer Entlassung ... anhero nach Wien oder in hiesige nahe Gegend zu kommen, nicht mehr erlaubet", sondern daß sie „gegen einer von ihnen unterschriebener Verzicht auf allezeit von Wien und hiesiger Gegend; die Kuppler und Kupplerinnen aber gar aus den deutschen Erblanden auf ewig abgeschaffet" seien.

911 Vgl. dazu SCHÜNEMANN (wie Anm. 907), S. 82.

912 Nach den Angaben SCHÜNEMANNs (wie Anm. 907), S. 81, arbeiteten etwa im Jahre 1762 in der Festung Temesvar 52 Militärdelinquenten.

Entscheidend für die Einrichtung des Wasserschubs waren anfänglich nicht bevölkerungspolitische Motive, sondern, so Schünemann[913], „der polizeiliche Gesichtspunkt der Reinhaltung der Reichshauptstadt und das Abschreckungsprinzip“, da der „Ruf des Banats als Deportationsziel ... der gleiche“ war, „den sich später das französische Cayenne erwarb“. Nichtsdestoweniger sah aber der Staatsrat in der „Reinigung der Erbländer“ eine nützliche Populationsmaßnahme für das Banat[914], das seit 1721 einer systematisch betriebenen Ansiedelungspolitik unterzogen worden war[915]. Freiherr von Borié wollte 1763 den Wasserschub dazu einsetzen, daß mehr in Wien befindliche liederliche „Weibsleute nach diesem Lande verschafft werden“, da die Bevölkerungsstatistik einen Frauenmangel aufwies[916], weshalb weiblichen Abgeschobenen wohl auch manchmal gestattet wurde, sich zu verehelichen[917]. Freilich waren weder die Landesadministration in Temesvar noch die ihr übergeordnete Ministerialbancodeputation über diesen Bevölkerungszuzug erfreut, da sie einerseits darin eine unerwünschte Belastung – nicht zuletzt durch die Kosten für Kleidung und Unterkunft der Schüblinge – sahen, andererseits eine Abstempelung des Banats als „Verbrecherkolonie“ befürchteten, was „künftig wertvolle Menschen von der Ansiedelung abhalten“ würde[918].

1763/64 existierten aber auch Vorstellungen einzelner Landesbehörden, vagierende Ausländer gleichfalls unter bevölkerungspolitischen Gesichtspunkten „nach den hungarischen Provinzen zur Kultur“ abzugeben. So beantragte 1764 nicht nur die niederösterreichische Regierung, ihre ausländischen Vagabunden künftig nach Ungarn zu schicken, sondern auch das Tiroler Gubernium schlug vor, das „in Tirol häufig herumstreichende Bettler-, Abdecker- und Jaunergesindel alljährlich zweimal zusammenzufangen und mit dem Wasserschub in die ungarischen Provinzen abzuschieben“, was freilich am heftigen Widerstand der ungarischen Behörden scheiterte[919].

Nach einer Reise Josephs II. 1768[920] in das Banat gerieten die Wasserschübe in das Schußfeld massiver Kritik. Joseph II. bezweifelte nicht nur die Rechtfertigbarkeit dieser Maßnahme, da sie zum einen nach bloßer Willkür ausgesprochen werde[921], zum anderen den Abschreckungszweck verfehle, weil niemand wisse, wofür die Abschiebung in das Banat verhängt werde. Käme schon die Landesverweisung der Todesstrafe nahe, so sei dies bei dem Zwang, sich nicht aus einem Land entfernen zu können, noch stärker der Fall. Überdies fänden die Schubleute kaum Arbeitsplätze und könnten sich eigentlich nur als Dienstboten in Temesvar, wo es wie auf einem orientalischen Sklavenmarkt zuginge, verdingen. Die Frauen fielen entweder dem Mädchenhandel nach der Türkei zum Opfer oder wären gezwungen, auch im Banat der Prostitution nachzugehen. Mög-

913 SCHÜNEMANN (wie Anm. 907), S. 79.
914 Sonja JORDAN, Die kaiserliche Wirtschaftspolitik im Banat im 18. Jahrhundert (= Buchreihe der Südostdeutschen Historischen Kommission XVII), München 1967, S. 86.
915 Vgl. zur Ansiedlung unter Karl VI. und Maria Theresia JORDAN (wie Anm. 914), S. 21 ff., 83 ff.; siehe auch LOTZ (wie Anm. 908), S. 161 f.
916 Vgl. SCHÜNEMANN (wie Anm. 907), S. 80.
917 Vgl. SCHRANK (wie Anm. 477) I, S. 162.
918 JORDAN (wie Anm. 914), S. 86.
919 Siehe SCHÜNEMANN (wie Anm. 907), S. 80 f.
920 Vgl. JORDAN (wie Anm. 914), S. 86.
921 Siehe dazu ausführlich SCHÜNEMANN (wie Anm. 907), S. 86 ff.

licherweise stellten überdies die Wasserschübe auch die Ursache für die seit 1784 im Temesvarer Banat um sich greifende syphilitische Endemie[922] dar, da nach zeitgenössischen Schätzungen auf 20 syphilitische Prostituierte nur eine gesunde kam[923].

Viele Schüblinge trachteten angesichts der Lebensbedingungen im Banat, sich wieder nach Wien durchzuschlagen, wo sie wohl zumeist erneut aufgegriffen und abermals auf den Wasserschub gesetzt wurden. So relativiert sich auch die Zahl der ingesamt vom Wasserschub betroffenen Personen, da, wie Schünemann[924] bemerkte, eben „immer wieder dieselben Individuen bei den einzelnen Transporten figurieren". Im Gegensatz zu den Erwartungen der Bevölkerungspolitik war es also nicht zu einer dauernden Bevölkerungszufuhr in das Banat gekommen, da – mit Ausnahme der deportierten Bauern – „*sehr* wenige, *ja* in Ansehung der ausgeschickten Anzahl fast gar keine ... sich sowohl zu Temesvar als in den unterschiedlichen Verwalterämtern angesiedelt" hatten[925].

Nichtsdestoweniger wollte Maria Theresia, trotz Josephs Kritik und entgegen den Bedenken des Staatsrates, am Wasserschub im Prinzip festhalten und nur einer Suspendierung sowie der Abstellung von Exzessen in der Durchführung zustimmen, während Joseph nicht nur eine sofortige Einstellung der Wasserschübe, sondern auch die Rückholung der Schüblinge und den Bau eines großen Arbeitshauses in Österreich forderte. Wenngleich Joseph sich bezüglich der Rückkehr der Wasserschüblinge nicht gegen seine Mutter[926] durchsetzen konnte, so wurden doch die Wasserschübe am 2. Jänner 1769 für immer eingestellt. An ihre Stelle traten in der Folge wieder die Abschiebung bzw. Abschaffung innerhalb der deutschen Erbländer sowie das Zucht- und Arbeitshaus[927].

b. Vagabunden, Landstreicher, Müßiggänger

Abgesehen von der gescheiterten Maßnahme des Wasserschubes blieb die absolutistische Polizeipraxis im Rahmen der bisherigen Anordnungen zur „Ausrottung" der Müßiggänger und Vagabunden und versuchte, diese zur Durchsetzung zu bringen, da zwar „wegen Hindannhaltung und Abschaffung der verdächtigen Leute, wie auch wegen des unter dem Vorwande des Bettelns häufig allhier bereits anwesenden, und noch

---

922 Vgl. dazu LESKY (wie Anm. 903), S. 156.

923 SCHRANK (wie Anm. 477) I, S. 228.

924 Ebd., S. 78.

925 So der Administrationsrat von Baussard, Referent für das Deportiertenwesen bei der banatischen Landesadministration, SCHÜNEMANN (wie Anm. 907), S. 88.

926 „Jedoch nicht alle daruntige Leut gleich heraufkommen lassen. Wien würde sonsten voll von Dieben und das Land von Raubschützen, folglich wenige Sicherheit sein, denn der Name von Banat machte bishero schon Einhalt", SCHÜNEMANN (wie Anm. 907), S. 88.

927 Siehe dazu schon die „Gemeinschäftliche Instruktion für die kaiserl. königl. N. Oest. Regierung ... in Betreff der zu unterbringenden müßigen, und sonst sträflichen Bettler beyderley Geschlechts" vom 28. Februar 1768, CA VI, S. 1071: „viele werden sich unfehlbar diese ernsthafte Anstalten zum Schrecken nehmen, und sich des müßigen Bettlens enthalten, andere in das Bannat verurtheilte Personen, worunter ohnedem die mehresten Leute lüderliche Weibsbilder sind, werden der Gelegenheit des Durchgehens und Wiederkommens beraubet". Außerdem würde „nach und nach das allerhöchste Aerarium an den sonst verwendeten Transportsspesen um ein merkliches überhoben bleiben".

fast täglich mehr anhero kommenden lüderlichen Volkes zwar schon die heilsamste Vorsehung“ zum „Nutzen des allgemeinen Wesen, auch herzustellender Ruhe und Sicherheit eines jeden Insaßens und Innwohners“ gemacht, dessen ungeachtet „aber der gänzliche Endzweck dermalen noch nicht erreichet“ worden war[928]. Um folglich „dermaleins sothane bereits so oft anbefohlene Abschaffung und Hindannhaltung der verdächtigen und lüderlichen Leute in werkthätigen Stand zu bringen“, wurden die bisherigen Anordnungen in der Folge mehrfach republiziert und teilweise verschärft.

So wurde mit Patent vom 20. September 1749[929] die HauptschubVisitations- und Schubordnung von 1724 „erfrischet“, da die „so heilsame ... vielfältige Generalien und Verordnungen einige Zeit her nicht so ... befolget worden“ waren, und die „Landesmütterliche Obsorge“ es gebot, „diesen so Stadt- als Landesbeschwerlichen Unfug längershin nicht mehr zu gestatten“. Zu diesem Zweck wurde befohlen, daß alle „fremde Bettler, wie auch sonst all übrige Müßiggeher, zumal auch diejenige, welche um Arbeit willen sich anher begeben, jedoch keine genugsame Arbeit, oder andere ehrliche Unterkunft finden, und daher auf das Betteln sich verlegen, nicht weniger die fremde im Lande herumvagierende Geistliche, dann die Einsiedler und Pilgrame, wie alle übrige dienst- und herrenlose Leute beyderley Geschlechts innerhalb vier Wochen von Publication“ des Patentes an die „Residenzstadt Wien und die Vorstädte, wie auch das gesammte Land alsogewiß raumen, und sich im Müßiggange, Betteln und Sammeln nicht mehr betreten lassen“ sollten. Wurden sie nichtsdestotrotz im Müßiggang betreten, sollten „dergleichen Fremdlinge das erstemal auf eine geraume Zeit in ein Arbeitshaus verschaffet, sodenn durch den gewöhnlichen Schub außer Landes gebracht, in ferneren Betretungsfällen aber, durch noch längere Zeit in dergleichen Arbeitshäusern, oder auch in einer Gränzfestung zur Arbeit angehalten, und das drittemal gar mit Hinterlassung einer geschwornen Urphed dieses Lands auf ewig verwiesen werden“[930].

Die Sicherheits- und Schubspatent-Erneuerung von 1751[931] ordnete weiters an, daß bei den Visitationen alle „Bettler, dienstlose, müßige oder verdächtige, und sonderbar gefährliche Leute, von aller Gattung anzuhalten“ und dem Landgericht einzuliefern seien, wobei sich diese Anhaltung hauptsächlich auf die „mit fremden Sammlungspatenten

---

928 Niederösterreichisches Regierungsdekret vom 1. Juli 1746, CA V, S. 229.

929 Patent für Österreich unter der Enns vom 20. September 1749, CA V, S. 449 ff.

930 Mit Hofdekret vom 25. April 1750, CA V, S. 501, wurde angeordnet, indem „dergleichen Revertenten bey erster Betretung auf ein- oder das anderte Mal auf drey Jahre, in das Arbeitshauß in der Leopoldstadt verschaffet, und jedesmal nach abgeschworner Urphede mit dem Hauptschube außer Landes befördert, bey der dritten Revertirung aber die Mannspersonen auf ein Gränzhauß zur Fortificationsarbeit auf fünf Jahre condemniret, und nach vorläufiger abschwörender Urphede aus dem Lande relegiret, die Weibspersonen hingegen auf sechs Jahre in das Arbeitshauß in der Leopoldstadt abgegeben und gleichfalls des Lands verwiesen, umwillen jedoch diese Leute sodenn, wenn sie das dritte Mal die Urpheden brächen, schon das Leben verwirket hätten, in diesem Falle, wenn bloß allein wegen Betretung in dem Betteln die Urphedsabschwörung verhänget worden wäre, bey der Aburtheilung zur Todesstrafe jeglicher Casus vorhero“ dem Landesfürsten anzuzeigen war, damit dieser allfällig vom Gnadenrecht Gebrauch machen konnte.

931 Patent für Österreich unter der Enns vom 30. Oktober 1751(„Sicherheits- und Schubspatents-Erneuerung“), CA V, S. 598 ff.; so auch das Patent für Österreich ob der Enns vom 1. September 1752 („Neue Bettler- und Sicherheitsordnung“), CA V, S. 698 f.

oder Urkunden betretende Leute", auf „fremde mit keinen Päßen oder andern glaubwürdigen Urkunde versehene Leute, wie denn auch die mit Päßen versehene Pilger, wenn selbe außer den Spitälern, Klöstern und Pfarrhöfen öffentlich betteln", auf „Handwerkspursche", die ohne „Kundschaftszetteln" oder auch „mit den bey sich habenden Kundschaften im öffentlichen Betteln, und andern verbotenen Dingen betreten würden", zu erstrecken habe. Vom Erfordernis der Schubentscheidung durch die Sicherheitskommission wurden nach diesem Patent freilich weiterhin nur die das erste Mal an den Grenzen betretenen „Bettler, und unverdächtig Müßiggänger" ausgenommen, welche mit „gehöriger Bedrohung in das benachbarte Land gleich zurück zu schaffen" waren.

Wiewohl nun „öfters ganz unvermuthet ... vertraute Amtspersonen" in die einzelnen Landgerichte zur Nachforschung geschickt werden sollten, um die Befolgung der gegenständlichen Anordnungen zu kontrollieren[932], wurde weiterhin den „so vielfältig ... ergangenen nachdrücksamen Verordnungen keinerdingen nachgelebet", sondern vielmehr „schnurstracks entgegen gehandelt", weshalb Maria Theresia 1752[933] anordnete, „wider die hieran Schuldtragende mit allem Ernste und Schärfe fürzugehen". Aus „landesfürstlicher Milde" sollten zwar die bisherigen Nachlässigkeiten „als eine bereits geschehene Sache" angesehen und „gänzlich in die Vergessenheit" gesetzt werden, allerdings in der „gnädigsten Zuversicht, daß fürohin Unseren in Landessicherheitssachen ergehenden Befehlen jederzeit allschuldigster Gehorsam ununterbrochen werde geleistet werden". Zur Sicherstellung dieses Gehorsams wurde aber nun – und hier zeigt sich bereits der erstarkende Absolutismus – der Repräsentation und Kammer befohlen, „die diesfalls künftighin von den Landgerichten und Grundobrigkeiten vorkommende Nachläßigkeiten auf das schärfste anzusehen" und den schuldigen Landgerichtsverwalter oder andere Beamten „ihres Dienstes zu entsetzen, und zu Vertretung einer solchen Stelle oder Diensts in diesem Lande als unfähig" zu erklären.

Überdies sollten zur Abschreckung von Revertenten, auch daß sich diese „in keinem Falle mit der Unwissenheit entschuldigen" konnten, die auf Reversion gesetzten Strafen[934] an den „gegen Bayern, Passau und Salzburg liegenden Gränzen, auf eigends

932 Patent für Österreich unter der Enns vom 30. Oktober 1751, CA V, S. 604.

933 Patent für Österreich ob der Enns vom 1. September 1752 , CA V, S. 695 ff.

934 Nach dem Patent für Österreich ob der Enns vom 1. September 1752 („Neue Bettler- und Sicherheitsordnung"), CA V, S. 699, wurde „in Ansehung der fremden und in Unsren Erbländern nicht gebohrnen, sondern aus auswärtigen Ländern anhero geloffenen Bettler und Müssiggeher" verordnet, daß diese, falls sie durch einen Hauptschub bereits einmal aus den Erbländern geschoben waren und erneut im Inland betreten wurden, „das erste Mal durch ein Jahr, das zweyte Mal durch zwey Jahre, denn das dritte Mal durch drey Jahre zur öffentlichen Arbeit in Eisen bey dem Landgerichte, bis zur künftigen Errichtung eines hierländigen Arbeithauses ... condemniret, die starke muthwillige Vaganten aber beyderley Geschlechts gleich das erste Mal nach Hungarn, in die für selbe besonders noch widmende Oerter verschaffet werden sollen." Nach der „Sicherheits-General-Anordnungen-Erfrischung im Lande ob der Enns" vom 1. März 1763, CA VI, S. 407, sollten mittels Schub außer Landes gebrachte Ausländer bei der dritten Betretung beim Betteln (wie Inländer) „auf eine nach den Umständen auszumessende Zeit entweder zur genöthigen Ansiedlung in einem kaiserl. königl. entfernten Erblande, oder ad operas publicas (es sey gleich Festungsbau, oder Austrocknung der Moräste, oder andere derley gemein nützliche Arbeiten) angehalten werden".

hierzu an mehrern Oertern zu errichten seyenden schwarzen Tafeln mit großen leßlichen Buchstaben angemerket werden". Bereits „Abgestrafte, oder Abgeschobene" sowie „neuerdingen im Betteln einkomende diensttaugliche fremde Handwerksbursche" konnten seit 1755[935] auch „ohne weiters der Militz als Recrouten übergeben werden".

1766[936] wurde erneut grundsätzlich angeordnet, daß zwar diejenigen fremden und „anher nicht gehörige" Bettler und Vagabunden, „welche mit einigen Leibsgebrechen behaftet sind", nach den armenpolizeilichen Vorschriften „von hier außer Landes verschaffet, mithin diese, gleich denn die Hierländige an ihr Geburtsort, oder wo sie erarmet sind, wie bisanher ... abgeschoben" werden sollten, während alle anderen fremden Bettler und Vagabunden aber, wenn sie im Betteln betreten würden, nun nicht mehr abzuschaffen, sondern als Rekruten zum Militär abzustellen[937] oder mangels derartiger Eignung in das Arbeitshaus, zu „Feld- oder anderen Arbeiten in die hungarische Provinzen"[938] oder in das Banat abzugeben seien[939]. Das Patent für Galizien vom 3. November 1786[940] differenzierte bezüglich der fremden Bettler und Vagabunden insoferne, daß erbländische Untertanen an „das nächst gelegene Gränzort der Provinzen, wohin sie gehören, abzuschieben" waren, während die „eigentlichen" Ausländer „überhaupt nur über die nächste Gränze zu schaffen" oder an das Militär abzugeben waren, und nur diejenigen, die „von dem türkischen, oder polnischen Gebiethe" herkamen, „wieder eigens dahin abzuschieben" sein sollten.

Das Hofdekret vom 4. Februar 1789[941] ordnete hingegen an, Inländer, hinsichtlich derer ein „gegründete[r] Verdacht vom Herumlaufen in den Ländern" bestand, prinzipiell zum Militär abzugeben, damit „die dem Staate durch ihren Müssiggang zur Last liegenden, und öfters auch noch aus dem Anbetracht ihres sittlichen Betragens dem Publikum schädlichen Menschen, welche zu dem Kriegsdiensten die Tauglichkeit haben, durch den Soldatenstand ... zu ihrer noch möglichen Korrekzion gebracht" würden und „mittelst der sogestaltigen Vermehrung des Militärstandes auch noch der Vortheil erreicht werde, daß destoweniger an Ackers-, Gewerbs- und anderen Leuten, die durch ihre Verwendung der menschlichen Gesellschaft nutzbar sind", auszuheben waren. Auch die Verordnung vom 13. Dezember 1792[942] befahl, daß „das nahrungslose, aus-

---

935 Hofdekret vom 30. August 1755, CA V, S. 1047.

936 Siehe das Hofdekret vom 14. Juni 1766, CA VI, S. 811, Theresianisches Gesetzbuch (wie Anm. 143) V, Nr. 850, S. 60 f., und den „öffentlichen Ruf" vom 25. Juni 1766, CA VI, S. 811 ff.

937 Und zwar mit Anrechnung für das jeweilige Kontingent zu „Erleichterung und Behufe der Obrigkeiten, und Gemeinden", was allerdings bereits mit dem Hofdekret vom 1. November 1766, CA VI, S. 945 f., dahingehend modifiziert wurde, daß die Gutschreibung auf das Kontingent nur mehr für die Städte galt und die Stellung „ad militiam" ansonsten „pro Aerario" erfolgte.

938 So schon das Hofdekret vom 18. August 1764, CA VI, S. 591, das in Abänderung der Schubordnung anordnete, daß die fremden Vagabunden entweder in Arbeitshäusern untergebracht oder „nach den hungarischen Provinzen zur Cultur abgegeben werden" sollten.

939 So auch der „öffentliche Ruf" vom 7. Dezember 1767, CA VI, S. 1047.

940 Das Patent für Galizien vom 3. November 1786, Slg. Joseph IV, S. 500 ff., HERZOG (wie Anm. 143), Nr. 62, S. 82.

941 Hofdekret vom 4. Februar 1789, HERZOG (wie Anm. 143), Nr. 71, S. 90.

942 Verordnung vom 13. Dezember 1792, HERZOG (wie Anm. 143), Nr. 80, S. 95 f.

schweifende oder auch keine anständige Nahrung treibende Gesindl zu heben", die zum Militär tauglichen, dorthin zu geben, die Untauglichen aber, „wenn sie fremde wären, an ihren Geburtsort zu schieben", die „Einheimischen" jedoch „in die Arbeitsörter" abgeben zu lassen.

Erneut wurde die Abschaffung der „Fremden ohne Beschäftigung, sicheren Verdienst, oder eigenes Vermögen, die sich dem Müssiggange und Betteln ergeben", durch ein Hofdekret von 1795[943] eingeschärft und insbesondere 1805 die Abschaffung derjenigen Müßiggänger und Bettler, welche „keine geborne Wiener, oder Niederösterreicher" waren, aus Österreich ob der Enns sowie 1808[944] aus Prag „ohne alle Nachsicht, und mit allem Ernste" befohlen[945], weil „von dem flachen Lande, wo dieser wichtige Zweig der öffentlichen Polizei mit Nachlässigkeit behandelt wird, Bettler aller Art der Hauptstadt zuströmen, und somit jede Aufsicht vereiteln"[946]. Insbesondere wurde 1801[947] auch erneut angeordnet, all jene, „die sich für was immer für Abgebrannte ausgeben", sogleich anzuhalten und mittels Schubes an ihren Geburtsort zu befördern.

Allerdings bemerkten die Kreisämter, denen die Aufsicht darüber oblag, daß den „müssigen, sich eines ehrbaren Nahrungsverdienstes halber nicht nachzuweisenden Personen", Landstreichern und solchen Leuten, „die sich bloß mit unnützen, dem Müssiggange ähnlichen Beschäftigungen" abgaben, kein Unterschleif von den Dominien gestattet werde, sondern diese vielmehr sogleich der Ortsobrigkeit anzuzeigen und wegzuschaffen waren[948], immer wieder, daß sich ungeachtet „der so vielfältig bestehenden hohen Verordnungen in Rücksicht des ... Bettlergesindels, welches als gemeinschädlich sogleich abzuschaffen, und mit Schub oder auf andere Art außer Land oder an seinen Bestimmungsort zu bringen" sei, dieses „Gesindel wiederholt und häufig" im jeweiligen Kreis einschlich, wodurch „Unfüge mancher Art verübt" würden[949]. Ein Kreisschreiben von 1824[950] schärfte daher abermals die Durchführung der Hausvisitationen und Streifungen sowie die „genaue Ausführung" der Melde- und sonstigen Vorschriften gegen die paß- und erwerbslos herumziehenden Leute, Bettler und das Gesindel ein.

---

943 Hofdekret vom 9. Jänner 1795 sowie Dekrete der Polizeihofstelle vom 7. August und 10. Oktober 1795, HERZOG (wie Anm. 143), Nr. 92, S. 108.

944 Verordnung des böhmischen Guberniums vom 9. Mai 1808, HERZOG (wie Anm. 143), Nr. 154, S. 147.

945 Niederösterreichisches Regierungsdekret vom 14. Februar 1805, HERZOG (wie Anm. 143), Nr. 128, S. 127, so auch schon das niederösterreichische Regierungsdekret vom 10. Februar 1795, ZALEISKY (wie Anm. 666) I, S. 693.

946 Deshalb wurde erneut angeordnet, daß jeder erstmalig betretene auswärtige Bettler an seinen eigentlichen Aufenthaltsort abzuschieben sei.

947 Verordnung in Böhmen vom 7. August 1801, HERZOG (wie Anm. 143), Nr. 113, S. 120.

948 § 39 der Kreisamtsinstruktion vom 12. Jänner 1783, Hofkanzleidekret vom 9. Jänner 1795, Regierungsdekret vom 3. Februar 1795, Hofkanzleidekret vom 21. Juni 1825, BARTH-BARTHENHEIM (wie Anm. 588) I, S. 282.

949 Niederösterreichisches Kreisschreiben vom 2. Jänner 1824, HERZOG (wie Anm. 143), Nr. 293, S. 292 f.

950 Ebd.

c. „Zigeuner“

Wie die anderen deutschen Landesfürsten griffen auch die Habsburger im 16. und 17. Jahrhundert nach anfänglicher Duldung[951] der Zigeuner zum Mittel der Ausweisung. So folgte etwa in den Ländern der Wenzelskrone[952] seit der Mitte des 16. Jahrhunderts ein Ausweisungsdekret dem anderen, ohne freilich – mangels einer effizienten Exekutivgewalt – den beabsichtigten Erfolg zu erzielen, weshalb die Klagen über das „Zigeunergesindel“ kein Ende nahmen. Freilich waren die meisten Anordnungen für die habsburgischen Länder noch generell gegen Vagabunden gerichtet, während sich im 17. Jahrhundert eine eigene Zigeunergesetzgebung ausdifferenzierte. So befahl etwa in Österreich unter der Enns das Zigeunerpatent von 1632[953] mit Berufung auf die Anordnungen der „Vorfahren, regierende[n] Herrn, und Landes-Fürsten“ den Landgerichten und Grundobrigkeiten, daß den „im Land hin und wider streiffenden Zigeuner[n], samt ihrem bey sich habenden leichtfertigen Gesindel, weder bey Tag noch Nacht Unterschleiff oder Herberg“ gegeben werden dürfe, „sondern solche alsobald, ein jeder aus seinem Gebiet, und aus dem Land zu schaffen“ seien. Das bewaffnete, raubende und plündernde „Zigeunerisch Gesindel“ wurde darüber hinaus aber nun für vogelfrei erklärt[954]. Dies bestätigten auch die folgenden Zigeunerpatente, kriminalisierten nun aber auch diejenigen Zigeuner, die „nichts anders gethan, als daß sie über vorige Verbote und Warnungen sich im Lande betreten“ hatten lassen, indem diese nicht mehr ausgewiesen, sondern von den Landgerichten „auf Lebenslang in Band und Eisen zur Arbeit condemniret“[955] oder „auff die Galleeren in die ewige Dienstbarkeit“ verschickt wurden[956]. Nichtsdestotrotz beschwerte sich der Landesherr, daß die Landgerichte und Obrigkeiten die Zigeuner – „wie bißhero öfters beschehen“ – nur von ihrer „Jurisdiction hinweeg und in ein anders Landgericht verjaget“ hatten. Ein Patent von 1689[957] ordnete daher erneut an, daß das „Zigeinergesindel ... so wohl auß dem Land ... verbannisirt, abgeschafft, und selbiges sambt denen Ihrigen und deren Hab und Gut frey und preiß gege-

---

951 Claudia MAYERHOFER, Dorfzigeuner. Kultur und Geschichte der Burgenland-Roma von der ersten Republik bis zur Gegenwart, Wien 2. Aufl. 1988, S. 12 ff.

952 Vgl. dazu ausführlich Christian D'ELVERT, Zur Geschichte der Zigeuner in Mähren und Schlesien, in: Schriften der historisch-statistischen Sektion der k.k. mähr. schles. Gesellschaft des Ackerbaues, der Natur- und Landeskunde XII (1859), S. 113 ff.; Josef SVATEK, Die Zigeuner in Böhmen, in: ders., Culturhistorische Bilder aus Böhmen, Wien 1879, S. 282 ff.

953 Patent für Österreich unter der Enns vom 2. März 1638, CA III, S. 100 f.; eingeschärft durch Patent für Österreich unter der Enns vom 30. April 1639, CA III, S. 101 f.

954 In Böhmen geschah dies 1697, in Mähren 1701, vgl. SVATEK (wie Anm. 952), S. 288, D'ELVERT (wie Anm. 952), S. 121, 123.

955 Patent für Österreich unter und ob der Enns vom 16. Juni 1654, CA III, S. 152, „und zwar dieses auf die Männer, Wittwen, und diejenigen Weiber, die nicht mit ihren ordentlichen Männern reisen, zu verstehen; was aber die Ehe-Weiber, ingleichen die Söhne und Töchter, so mit ihren Eltern ziehen, anbelangt, wollen Wir, daß die Ehe-Weiber bey ihren Männern, so lange dieselben leben, verbleiben, und zur Arbeit angehalten werden.“

956 Patent für Österreich unter der Enns vom 19. Februar 1671, CA II, S. 535 f.

957 Patent für Österreich unter und ob der Enns vom 22. November 1689, CA II, S. 537 f.; siehe auch das Patent vom 1. Oktober 1696, CA II, S. 538; siehe auch das Patent für Österreich unter und ob der Enns vom 27. Oktober 1717, CA III, S. 904 f.

ben" sei und bei nochmaliger Betretung im Lande, „und ob gleich sonsten nichts fürkombt", die Männer ohne Prozeß hingerichtet, die sonstigen Erwachsenen aber zur lebenslangen Arbeit in Band und Eisen[958], die Minderjährigen jedoch in Spitäler oder Dienste abgegeben werden sollten. Nach dem Zigeunerpatent von 1720 sollte überdies „zu mehrerer Wissenschaft, und Abscheu, von den Land-Gerichten, in eines jeden Gezirck, an den Haupt-Strassen Tafel aufgestellet" werden, worauf zu schreiben sei, daß das „Zigeuner-Gesind bannisiret" und jedem erlaubt worden sei, dieses, „so sich mit Waffen widersetzet, zu tödten"[959].

Hatte Maria Theresia noch 1744 und 1749[960] alle Zigeuner aus sämtlichen Erbländern ausgewiesen, so trat in den Sechzigerjahren eine Änderung dieser Politik ein. Maria Theresia, welche es vorzog, von den Zigeunern als Neubauern, Neubürgern, Neusiedlern oder Neuungarn zu sprechen, und später Joseph II. versuchten nämlich, die Zigeuner anzusiedeln und mit Zwangsmaßnahmen zu assimilieren[961]. Daß diese Maßnahmen aber nicht die in sie gesetzten Hoffnungen erfüllten, zeigt sich etwa in einem Hofreskript von 1775[962], nach welchem dem „herumziehenden lüderlichen Zigeunergesindel, welches sich für Kräuterhändler, Pferdverständige, und Glaskrämer ausgiebt", keine Pässe zu erteilen, die „in Händen habenden ihnen abzunehmen" waren und „dieses Gesindel handfest" gemacht werden sollte.

Eine galizische Gubernialverordnung von 1825[963] stellte fest, daß obgleich eine „nicht unbedeutende Zahl der Zigeuner ... theils als Häusler und Inleute" angesiedelt worden war, teils auch Gewerbe ausübten, diese dennoch „ihre Wirtschaften und Aufenthalt" verließen, um „ihrem Hange zum unbeschränkten Herumziehen ungehindert nachleben" zu können. Die Verordnung sah daher vor, daß die Zigeuner zu jeder „wei-

---

958 In den böhmischen Ländern wurden die Zigeunerfrauen ausgepeitscht, es wurde ihnen ein Ohr abgeschnitten und dieses an den Galgen genagelt. Anschließend wurden sie unter Leistung eines Urfehdeeides auf ewig aus allen Erbländern verwiesen, vgl. auch R. F. TOBIASCH, Zigeunerjustiz im 18. Jahrhundert, in: Mitteilungen des Vereins für Geschichte der Deutschen in Böhmen, LVIII (1920), Heft 3/4, S. 193 ff., insbes. S. 212, 218; siehe zu konkreten Fällen auch SVATEK (wie Anm. 952), S. 291 ff.; D'ELVERT (wie Anm. 952), S. 129.

959 Patent für Österreich unter und ob der Enns vom 1. Juli 1720, CA III, S. 996 f., siehe auch das Patent für Österreich unter und ob der Enns vom 18. August 1722, CA IV, S. 103 f. Zur Aufstellung solcher Tafeln in den Ländern der Wenzelskrone siehe D'ELVERT (wie Anm. 952), S. 125 f.; SVATEK (wie Anm. 952), S. 293 f.; für Salzburg siehe Peter PUTZER, Grundzüge des Erzstift-Salzburgischen Zigeunerrechts, in: Werner Ogris/ Walter H. Rechberger (Hrsg.), Gedächtnisschrift Herbert Hofmeister, Wien 1996, S. 595 f.

960 SVATEK (wie Anm. 952), S. 297.

961 Vgl. zur Ansiedlungspolitik MAYERHOFER (wie Anm. 951), S. 23 ff.; J. H. SCHWICKER, Die Zigeuner in Ungarn und Siebenbürgen (= Die Völker Österreich-Ungarns XII), Wien-Teschen 1883, S. 53 ff.; Hermann AICHELE, Die Zigeunerfrage mit besonderer Berücksichtigung Württembergs, staatswiss. Diss. Tübingen, Stuttgart o.J., S. 45 ff.; HOHMANN (wie Anm. 896), S. 59.

962 Hofreskript vom 8. April 1775, Theresianisches Gesetzbuch (wie Anm. 143) VII, Nr. 1681, S. 212 f., FAULLER (wie Anm. 130) IV, S. 551; mährisches Gubernialdekret vom 24. April 1775, D'ELVERT (wie Anm. 952), S. 35. Nach einem Regierungsdekret vom 18. August 1796 waren auch die mit ungarischen Pässen versehenen Zigeuner nicht in Österreich zu dulden, FAULLER (wie Anm. 130) IV, S. 551.

963 Gubernialverordnung vom 22. März 1825, HERZOG (wie Anm. 143), Nr. 314, S. 315 ff.

tern Reise im Kreise“ ein „Certifikat bei der Obrigkeit“, für jede Reise außerhalb des Kreises aber einen Paß beim Kreisamt zu beantragen hatten, welche Dokumente allerdings nur bei evidenter Notwendigkeit ausgestellt werden sollten. Diejenigen Zigeuner aber, welche „weder nach ihrem Geburts- noch früherem Aufenthaltsorte einen gültigen Anspruch auf das hierländige Domicil“ hatten, waren keineswegs zu dulden, sondern „im kürzesten Wege zurückzuschieben“[964].

1834 bestimmten Verordnungen der niederösterreichischen Regierung nicht nur, daß die Zigeuner „hierlands, selbst wenn sie mit Pässen versehen wären, nicht zu dulden, sondern aufzugreifen und in ihre Heimath abzuschieben, ihnen der Eintritt über die Gränze zu verwehren und ihre Pässe nicht zu respectiren“ seien[965], sondern auch, daß sich das Kreisamt oder die Grundobrigkeiten beim Erscheinen von Zigeunerbanden „zur sicheren Bewirkung ihrer Abschaffung“ an das nächste Militärkommando wenden solle[966]. Ein böhmisches Gubernialdekret von 1843[967] wies zwar darauf hin, daß ausländische Zigeunerfamilien nur mehr selten vorkämen, ordnete aber an, daß im Falle einer Betretung solcher Familien, diese wie „jeder andere ausländische, sich keinem ordentlichen Erwerbe widmende Vagabund“ in ihre Heimat abzuschieben oder zurückzuweisen seien, wenn ihre Pässe nicht in Ordnung waren oder sie ein „unstätes, herumziehendes Leben, ohne einen ordentlichen Erwerb“ führten.

Darüber hinaus blieb es aber auch weiterhin ein zentrales Anliegen, das Einwandern von neuen Zigeunergruppen zu verhindern. So bestimmte eine Verordnung vom 22. März 1788 für Innerösterreich[968], daß dieses „herumschweifende, müssige, dem Landvolke so sehr zur Last fallende Gesind“, das zu diesen Zeiten „in einer beträchtlichen Anzahl, und zwar meistens aus den venezianischen Staaten in das Land“ herüberkäme und durch „Wahrsagen und andere Gaukeleien von den leichtgläubigen Unterthanen Geld“ herauslocke, von diesen auch „theils mit List, oft gar mit Drohungen, Mehl, Fleisch, Schmalz und andere Sachen“ erpresse, sogleich vom Landgericht unter Berichterstattung an das Kreisamt zu „verschieben“ sei[969]. Erneut wurde auch 1794[970] befohlen, den Zigeunern „weder einzeln, noch viel weniger in ganzen Familien“ den Eintritt in das Land zu gestatten, sondern sie „auf der Stelle wieder über die Gränzen“

---

964 So auch das Hofkanzleidekret vom 24. April 1829, D'ELVERT (wie Anm. 952), S. 142.

965 Verordnung der niederösterreichischen Regierung vom 6. Jänner 1834, Prov. GSlg. NÖ XVI (1834), Nr. 40, S. 88, ZALEISKY (wie Anm. 666) III, S. 669.

966 Verordnungen der niederösterreichischen Regierung vom 6. Jänner 1834, Prov. GSlg. NÖ XVI (1834), Nr. 5, S. 6 f., und vom 6. März 1834, Prov. GSlg. NÖ XVI (1834), Nr. 40, S. 88, aufgrund eines allerhöchsten Kabinettschreibens vom 13. Februar 1834 und eines Hofkanzleidekrets vom 18. Februar 1834, ZALEISKY (wie Anm. 666) III, S. 669.

967 Böhmisches Gubernialdekret vom 13. Oktober 1843, Z. 49183, Heinrich ASTL, Alphabetische Sammlung aller politischen Gesetze des Kaisertums Österreich mit Ausnahme der italienischen Provinzen, 5 Bde. und Ergänzungsbd., Wien 1858, V, S. 4186 f.

968 Verordnung vom 22. März 1788 für Innerösterreich, Slg. Joseph VIII, S. 415 f., HERZOG (wie Anm. 143), Nr. 66, S. 86.

969 Handelte es sich nicht um die Erstbetretung, war vor der Abschiebung eine angemessene Leibesstrafe zu verhängen.

970 Gubernialverordnung in Tirol vom 1. April 1794, PGS IV (1794), Nr. 34, S. 48 ff., HERZOG (wie Anm. 143), Nr. 88, S. 103.

zu „verweisen" sowie im Betretungsfall dem Militär zu übergeben oder „außer Landes verschieben zu lassen".

d. Paß- bzw. Ausweis- und Dienstlose

Zur besseren Aufsicht über die fremden Müßiggänger wurden nicht nur seit Leopold I.[971] Einwohneraufnahmen befohlen und Meldevorschriften erlassen, insbesondere für „Häuser Eigenthümer, oder deren Verwalter, Quartiersleute, Wirthe- und Gastgeber"[972], sondern auch die Paßvorschriften für In- und Ausländer verschärft. So wurde 1750[973] angeordnet, daß die Ortsobrigkeiten alle Reisenden an den Grenzen oder wo sie sonst betreten wurden, um ihren Paß zu befragen hatten, damit kein „schadhaftes Gesindel in das Land hereinschleiche". Soferne der Reisende mit einer „authentischen Urkunde nicht versehen wäre", sollte er „gleich bei dem Eintritte in das Land, oder wo er betreten wird, nach der Vorschrift aus dem Lande geschafft" werden. Hinsichtlich des Grenzübertritts der „herumschwärmenden Leute"[974] mußte allerdings die Befolgung der bisher ergangenen Vorschriften oftmals mit Nachdruck eingemahnt werden[975].

Als 1762[976] „Preusische Weiber" in großer Zahl „unter dem Vorwande ihre in dießseitiger Kriegsgefangenschaft befindliche Ehemänner zu besuchen, lediglich mit einigen aus dasigen Ländern erhaltenen, oder auf den dießseitigen Gränzen von dem Provinciali ausgewechselten Pässen versehen", in die Erbländer einreisten, wurde vorgeschrieben,

---

971 Vgl. dazu etwa das Patent für Österreich unter und ob der Enns vom 12. Oktober 1696, CA I, S. 468 f.

972 Sowie auch für „alle diejenigen, so darinn einige Wohnungen oder Zimmer Jahr-Monat-Wochen- oder Tagweis im Bestande oder Afterbestande verlassen, oder Gast- Kost- und Bettgeher halten". Diese hatten „alle ihre Innwohner, Bestand- oder Afterbestandleute, welche einen zehenjährigen allhiesigen Aufenthalt noch nicht vollstrecket haben, wie auch Gast- Kost- und Bettgeher, so oft eine Veränderung mit ihnen fürgehet, ... mittels schon ... bereits längere Zeit her eingeführter gewöhnlicher Kundschaftszettel" innerhalb von 24 Stunden der niederösterreichischen „Regierungs-Sicherheitskanzley" zu melden, so die Sicherheits-Generalien-Erneuerung vom 22. April 1765, CA VI, S. 686, Theresianisches Gesetzbuch (wie Anm. 143) IV, Nr. 794, S. 376 ff.; siehe auch den „öffentlichen Ruf" vom 7. Dezember 1767, CA VI, S. 1047; auch das Sicherheits- und Schub-Patent für Böhmen vom 3. April 1750, HERZOG (wie Anm. 143), Nr. 5, S. 31, Theresianisches Gesetzbuch (wie Anm. 143) I, Nr. 96, S. 161 ff.; das Patent für Galizien vom 3. November 1786, HERZOG (wie Anm. 143), Nr. 62, S. 76, Slg. Joseph VI, S. 500 ff.

973 Sicherheits- und Schub-Patent für Böhmen vom 3. April 1750, Theresianisches Gesetzbuch (wie Anm. 143) IV, Nr. 794, S. 376 ff., HERZOG (wie Anm. 143), S. 31.

974 So die sich hauptsächlich gegen die Zigeuner richtende Tiroler Gubernialverordnung vom 1. April 1794, HERZOG (wie Anm. 143), Nr. 88, S. 103, PGS IV (1794), Nr. 34, S. 48 ff.; siehe zur Einschärfung der Wachsamkeit gegen Zigeuner und sonstige Bestimmungslose auch die Verordnung vom 23. November 1799, HERZOG (wie Anm. 143), Nr. 106, S. 117.

975 So schärfte etwa eine Verordnung vom 28. Mai 1799, HERZOG (wie Anm. 143), Nr. 104, S. 116, abermals ein, daß „kein schädliches Gesindel ins Land gelassen" werden dürfe, „jeder Fremde bei seinem Eintritt oder Einkehr in einem Wirths- oder sonstigen Hause um seinen Paß" zu befragen sei, und, wenn er sich nicht mit einer „authentischen Urkunde" ausweisen könne, „gleich beim Eintritte aus dem Lande geschafft" werden solle.

976 Hofdekret vom 10. Juli 1762, CA VI, S. 333.

daß zur „Hinndanhaltung derley vagirender Leute“ diese ohne Pässe der „zu Felde kommandirenden Generalität dahin kommende und betretene Weiber, oder auch Domestiquen ... alsogleich wiederum zurückgeschaffet werden“ sollten, weil diese nicht nur gelegentlich Gefangenen zur Flucht verholfen hätten, sondern auch „zu heimlicher Beförderung und Bestellung verdächtiger Schreiben sich gebrauchen“ ließen. Weiters durfte Personen, die „sich für Ottomanen oder Unterthanen der Pforte“ ausgaben“, ohne einen entsprechenden „Passeport“ des ottomanischen Reiches die Einreise in die Erbländer nicht gestattet werden. Wurden sie dennoch in einem Erbland aufgegriffen, waren sie „sogleich in das ottomanische Reich abzuschieben“[977].

Grundsätzlich war nach Hofdekreten aus 1784 und 1785[978] niemandem der Aufenthalt zu gestatten, der nicht mit einem Paß oder anderen Urkunden versehen war. Insbesondere sollten aber alle „Allmosensammler geistlichen oder weltlichen Stands“, wenn sie sich nicht mit einem „per canalem politicum“, und zwar vom „Directorio in publicis & cameralibus ausgefertigten Patente legitimiren“ konnten, „keineswegs im Lande geduldet, sondern im Betretungsfalle angehalten“ und „aus dem Lande fortgeschafft“ werden[979]. Nach einer Anordnung von 1764[980] durften die Obrigkeiten und Beamten „keinen müßig Herumziehenden“ mehr passieren lassen, er habe denn von der Landeshauptmannschaft einen Paß, „in welchem, wohin seine Reise gerichtet, angemerket“ war. Ebenso ordnete ein galizisches Kreisausschreiben von 1788[981] grundsätzlich an, daß keinem „herumstreichenden in- oder ausländischen Bettler ein Paß ertheilet werden“ solle.

Nicht verhindern konnten diese Anordnungen freilich Fälle, in denen die Obrigkeiten über die Identität von Personen getäuscht wurden. So mußte ein Hofdekret von 1793[982] aus Anlaß, „daß ein unbekannter Mann, der sich für einen amerikanischen Prinzen ausgegeben, gedruckte Pässe von verschiedenen Komitaten und Ortsgerichten aufgewiesen, und in einigen Erbländern Almosen gesammelt“ hatte[983], erneut anordnen, daß „weder derlei vorgebenden Prinzen, noch andern das Sammeln zu gestatten, wohl aber wandernde Prinzen dieser Art ohne weiters einzuliefern, damit selbe an die Gränzen befördert werden könnten“.

---

977 Reglement der türkischen Unterthanen vom 16. Juni 1768, Theresianisches Gesetzbuch (wie Anm. 143) V, Nr. 1012, S. 328 ff., HERZOG (wie Anm. 143), Nr. 25, S. 58.

978 Hofdekrete vom 9. Februar 1785 und vom 28. Oktober 1785, FAULLER (wie Anm. 130) III, S. 228.

979 Hofdekret vom 25. Februar 1751, CA V, S. 561; so auch das Patent für Österreich unter der Enns vom 30. Oktober 1751 („Sicherheits- und Schubspatents-Erneuerung“), CA V, S. 601.

980 Sicherheitsgeneralien-Beobachtung im Lande ob der Enns vom 25. August 1764, CA VI, S. 591.

981 Kreisausschreiben in Galizien vom 16. Juli 1788, Slg. Joseph VIII, S. 612, HERZOG (wie Anm. 143), Nr. 70, S. 90.

982 Hofdekret vom 5. Oktober 1793, HERZOG (wie Anm. 143), Nr. 86, S. 102.

983 Siehe zu diesem Fall ausführlich Joseph BENESCH, Der amerikanische Prinz, ein Criminalrechtsfall zur Erläuterung der Lehre vom Betruge und der Religionsstörung, in: Zeitschrift für österreichische Rechtsgelehrsamkeit, Jg. 1830/I, S. 334–350.

Da nach wie vor Wien eine besondere Anziehungskraft ausübte, hatte außerdem bereits ein niederösterreichisches Regierungsdekret von 1796[984] angeordnet, daß alle ohne einen Paß oder obrigkeitlichen Erlaubnisschein in Wien ankommende Untertanen aus konskribierten Erbländern von Wien zurückzuweisen seien. Fremde, welche zwar über ordentliche Pässe verfügten, diese aber nur zum müßigen Herumstreichen und Betteln mißbrauchten, waren nach einer Regierungsverordnung von 1789[985] so zu behandeln, als hätten sie überhaupt keine Pässe. Da es sich überdies zeigte, daß „häufig Individuen, welche wegen liederlichen Wandels wiederholt ... in ihre Heimat abgeschoben wurden, mit Pässen ihrer Obrigkeit versehen" wieder am Betretungsort auftauchten[986], mußte weiterhin immer wieder den Dominien die genaue Beachtung der bestehenden Polizei- und Paßvorschriften bei Strafe angedroht werden. Insbesondere war seit 1805[987] die Erteilung von Bettelpässen generell untersagt.

Außer derartigen generalisierenden Anordnungen wurden aber auch gesonderte Paß- und Ausweisregelungen für bestimmte, vazierende Personengruppen, insbesondere aber für die Handwerker[988], bei denen die Paß- bzw. Ausweislosigkeit zumeist auch mit der Dienstlosigkeit zusammenfiel, getroffen. So hatten Handwerksburschen nach dem Sicherheits- und Schubpatent für Böhmen von 1750[989] mit einer „guten Kundschaft von dem letzten Meister", wo sie in Arbeit gestanden waren, versehen zu sein. Wenn „aber ein mit der Kundschaft versehener Gesell ankömmt, dem soll Arbeit besorget, im Fall aber eben zu Zeit kein Platz offen, und ein dergleichen Gesell gesonnen wäre, sich in etwas zu verweilen, von der Zunft ein Zettel auf 14 Tage gegeben werden, daß dieser ein ehrlicher, feiernder und Arbeit suchender Gesell sei". Wer mit solchen Pässen nicht versehen war, wurde mit dem Schub entweder außer Landes oder, wenn er ein „Landeskind" war, an seinen Geburtsort gebracht. Da Österreich unter der Enns „mit sehr vielen herumvagirenden müßigen Handwerksburschen und Bettlern angefüllt" war[990],

984 Niederösterreichisches Regierungsdekret vom 22. März 1796, FAULLER (wie Anm. 130) I, S. 15.

985 Niederösterreichische Regierungsverordnung vom 7. August 1789, FAULLER (wie Anm. 130) I, S. 120.

986 Vgl. das niederösterreichische Regierungsdekret vom 22. Jänner 1836, ZALEISKY (wie Anm. 666) I, S. 13.

987 Verordnung vom 16. Juli 1805, BARTH-BARTHENHEIM (wie Anm. 588) I, S. 324.

988 Bernhard GASSLER, Gauner und kriminelle Unterschichten, in: Zeitschrift des historischen Vereins für Steiermark LXXIX (1988), S. 235, stellte nach den Schubprotokollen der Staatsherrschaft Göß bezüglich der Handwerker einen Anteil von 11,86 % aller Abgeschobenen fest, von denen ca. 30 % nicht aus der Steiermark stammten. Zu 51 % war der Ausweisungsgrund Dienst- und Paßlosigkeit.

989 Sicherheits- und Schub-Patent für Böhmen vom 3. April 1750, Theresianisches Gesetzbuch (wie Anm. 143) I, Nr. 96, S. 161 ff., HERZOG (wie Anm. 143), Nr. 5, S. 32.

990 Was darauf zurückgeführt wurde, daß die Wirte vorschriftswidrig diesen Personen Unterstand gewährten, „ohne sich um deren Kundschaften, Abschiede, oder Pässe zu erkundigen". Es wurde daher den Wirten verboten, einem „Handwerksbursch, welcher nicht mit authentischen Pässen, und Kundschaften versehen" war, Unterstand zu gestatten, Verordnung für Österreich unter der Enns vom 5. März 1756, CA V, S. 1108.

wurde dort nach einer Verordnung vom 5. März 1756[991] die Aufenthaltsfrist überhaupt nur mit drei Tagen bemessen. Die „Verfassung des Armeninstituts" von 1785[992] sah darüber hinaus vor, daß einem „mit Kundschaft versehenen wandernden Handwerker", wenn dieser nicht gleich bei einem Meister unterkam, „gar kein Aufenthalt zu gestatten, sondern derselbe ohne weiters mit Darreichung eines Zehrpfennigs aus dem Orte abzuschaffen" sei, während die nicht mit Kundschaftszetteln versehenen, „mithin allemal bedenklichen Handwerksburschen ... zur Abschiebung in ihre Geburtsorte an das Kreisamt zu liefern" waren[993]. Auf ganz gleiche Art sei auch mit „allen Gattungen von Herumstreichern und Müssiggängern, als: Zigeunern, Schergen und Abdeckergesinde, abgedankten Soldaten und dergleichen vorzugehen"[994].

Den Kreisämtern wurde 1805[995] aufgetragen, die Ortsobrigkeiten auf die bestehenden Vorschriften aufmerksam zu machen, wonach nur denjenigen „Handwerksburschen Pässe zu ertheilen" seien, „die sich immer wohl verhalten" hatten und die ihren Erwerb, „ohne durch Betteln lästig fallen zu müssen", sich durch das erlernte Handwerk verschaffen konnten. Es sei nämlich „hervorgekommen ..., daß manche Ortsobrigkeiten Wander- und Reisepässe solchen Personen ausfertigen, die, ihrer gebrechlichen körperlichen Constitution wegen, zu keinem Erwerb fähig" seien und daher „ihre Zuflucht zum Betteln nehmen" mußten. Eine Hofkanzleiverordnung von 1824[996] ordnete daher an, daß Handwerker, welche wegen körperlicher Gebrechen oder Alter zur Arbeit unfähig seien, und den „Vorwand der Wanderung offenbar nur mißbrauchen, um vom Betteln zu leben", in ihre Geburtsorte abzuschieben und dort zu verpflegen seien.

Fremde Handwerksgesellen seien, wenn sie ohne legale Ausweise betreten würden, gleich an der Grenze zurückzuweisen bzw. im Falle der Betretung auf österreichischem Boden „über die Gränze zu schaffen". Grundsätzlich hatten aber alle wandernden Handwerksburschen neben ihrer inländischen „Wanderschaftsurkunde" auch mit einem inländischen, von ihrer Obrigkeit ausgestellten in- bzw. ausländischen Paß versehen zu

---

991 Die „Handwerksvorsteher" sollten „die reisenden Handwerksbursche gleich bey ihrer Ankunft um ihre Kundschaften befragen, auch selben den Tag, wenn sie angelanget, ordentlich anmerken". Hatten sie aber nach drei Tagen keine Arbeit gefunden, so waren sie nach der Verordnung für Österreich unter der Enns vom 5. März 1756, CA V, S. 1108, „in keinem Ort" zu dulden.

992 Verfassung des Armeninstituts vom 19. August 1785, HERZOG (wie Anm. 143), Nr. 55, S. 70.

993 Dies war allerdings nur der Fall, wenn an diesem Ort „keine Zünfte, sondern nur einzelne Meister, oder gar keine sich befinden", denn grundsätzlich oblag es den Zünften, „für den Unterhalt ihrer Reisenden, und durch Reisen sich mehr ausbildenden Zunftsgenossen zu sorgen".

994 Nach den Regierungsverordnungen vom 23. Mai 1739, vom 3. Jänner 1786, vom 1. März 1803 und vom 29. Mai 1819, siehe STUBENRAUCH (wie Anm. 860), S. 191, BARTH-BARTHENHEIM (wie Anm. 588) I, S. 291, durften insbesondere die Bräumeister den reisenden Bräuknechten nicht länger als drei Tage in den Bräuhäusern Unterstand gewähren, das übrige bei ihren Knechten sich aufhaltende herrenlose Gesindel sei aber sogleich abzuschaffen.

995 Verordnung des böhmischen Guberniums vom 26. Mai 1805, HERZOG (wie Anm. 143), Nr. 131, S. 128.

996 Hofkanzleiverordnung vom 26. Februar 1824, HERZOG (wie Anm. 143), Nr. 298, S. 296, FAULLER (wie Anm. 130) II, S. 31 f.

sein, widrigenfalls sie an ihren Geburtsort zwecks Erlangung eines ordentlichen Passes instradiert, im Wiederholungsfalle aber abgeschoben wurden[997]. Überdies legte ein Hofkanzleidekret von 1833[998] fest, daß, um das Einwandern „ganz erwerbs- und mittelloser ausländischer Handwerksburschen" hintanzuhalten, all jenen Personen der Eintritt in den österreichischen Kaiserstaat zu versagen sei, die sich entweder nicht mit einem ordentlichen Wanderbuch oder Reisepaß ausweisen konnten oder „in sittlicher oder polizeilicher Hinsicht bedenklich" waren, die länger als zwei Monate vor ihrem Erscheinen an der Grenze trotz Arbeitsfähigkeit nicht mehr in Arbeit gestanden waren oder sich nicht im Besitz bestimmter Barmittel befanden.

Bezüglich der dienst- und ausweislosen Jäger hatte bereits ein Hofdekret von 1753[999] festgelegt, daß diese als Landstreicher zu behandeln und „entweder zu Rekruten zu stellen oder mit dem Schube zu befördern" seien.

Ähnlich wie bei den Handwerkern war auch beim Gesinde[1000] die Ausweis- und Dienstlosigkeit der Hauptgrund für Abschaffung bzw. Abschiebung. So bestimmte etwa ein böhmisches Patent von 1782[1001], daß kein „Dienstherr und Landwirth ... einen Dienstbothen von einer fremden Ortschaft ohne vorgezeigten Entlaßschein oder Paß in Dienst und Arbeit aufnehmen" dürfe, vielmehr seien diese Personen mangels eines derartigen Dokumentes „allsogleich ad locum nativitatis zurückzuschieben". Ebenso ordnete die böhmische Verordnung vom 18. Juli 1793[1002] an, daß der „ohne förmliche Entlassung aus dem Dienste getretene Dienstbothe ... auf keinem fremden Dominium geduldet, sondern in seine Heimath abgeschoben" werden solle, da der „Müssiggang des Gesindes ... eine fast allgemeine Klage des flachen Landes" sei.

---

997 Hofkanzleidekret vom 24. Dezember 1817, FAULLER (wie Anm. 130) II, S. 31 f., III, S. 228 f.; siehe auch das niederösterreichische Regierungsdekret vom 5. März 1825, FAULLER (wie Anm. 130) IV, S. 86; siehe auch die steirische Gubernialverordnung vom 25. Mai 1825, HERZOG (wie Anm. 143), Nr. 317, S. 323 f.; die böhmische Gubernialverordnung vom 16. Jänner 1828 an die Kreisämter, ebd., Nr. 359, S. 368; siehe auch das Hofkanzleidekret vom 3. März 1830 an die Länderstellen in Böhmen, Mähren und Schlesien, ebd., Nr. 386, S. 396 f.

998 Hofkanzleidekret vom 22. Mai 1833, HERZOG (wie Anm. 143), Nr. 415, S. 428 f.; siehe auch schon vorher die Regelung der böhmischen Gubernialverordnung vom 29. Juli 1829, ebd., Nr. 382, S. 393, daß nur jenen Handwerksburschen der Eintritt in die österreichischen Staaten zu gestatten sei, die sich an der Grenze „mit einer angemessenen ihre Subsistenz bis zur Erlangung einer Arbeit sichernden Barschaft" ausweisen konnten und sich in einem „offenbar gesunden Zustand" befanden, da durch das „häufige oft arbeitslose Herumziehen der mitunter arbeitsscheuen und kranken ausländischen Handwerksgesellen nicht nur die öffentliche, sondern auch die Privatsicherheit leicht gefährdet" werden könne.

999 Hofdekrete vom 23. September 1753 und vom 13. Februar 1754, HERZOG (wie Anm. 143), Nr. 7, S. 44.

1000 Nach GASSLER (wie Anm. 988), S. 238, waren fast 30 % aller in den Jahren 1820 bis 1841 aus Göß abgeschobenen Personen dem Gesindestand zuzuzählen, wovon über 54 % wegen Paß- und Dienstlosigkeit ausgewiesen wurden.

1001 Patent für Böhmen vom 20. Juli 1782, Slg. Joseph II, S. 237, HERZOG (wie Anm. 143), Nr. 45, S. 68.

1002 Verordnung in Böhmen vom 18. Juli 1793, HERZOG (wie Anm. 143), Nr. 83, S. 100.

Dienstboten hatten also stets mit den vorgeschriebenen Dienstkonsensen und Entlaßscheinen versehen zu sein[1003], waren darüber hinaus hinsichtlich des Bestehens eines Beschäftigungsverhältnisses genau zu überwachen[1004], und wenn sie durch längere Zeit dienstlos und nicht an ihrem Aufenthaltsort geboren waren, in ihren Geburtsort fortzuschaffen[1005]. Insbesondere ausländische Dienstboten beiderlei Geschlechtes sollten, „wenn sie durch längere Zeit vacirend, oder wegen eines anderen Vergehens in Untersuchung" gekommen waren, „ohne weiters in ihre Heimat" abgeschoben werden[1006]. Nach der Dienstbotenordnung für Wien von 1810[1007] mußte sich zum einen jeder in Wien ankommende fremde Dienstbote bei der Polizei-Oberdirektion zwecks Ausstellung eines „Amtsscheines", welcher ihn ermächtigte, sich nach einem Dienst umzusehen, melden, ansonsten er „sogleich von hier abgeschaffet werden" sollte[1008].

Zahlreiche Vorschriften im Zusammenhang mit der Ausweisung wegen Paßlosigkeit ergingen auch zur Vermeidung einer Umgehung der Konskriptionsvorschriften. So ordnete ein Hofkanzleidekret vom 1. April 1808[1009] an, daß „keine deutsch-erbländischen konskribirten Bursche[n] ohne die nöthigen Auswanderungspässe" in Ungarn und seinen Nebenländern aufgenommen" oder „ohne sonstigen gültigen Reise- oder Wanderungspasse daselbst geduldet" werden durften, sondern daß diese vielmehr an ihre Obrigkeit zurückgeschoben werden sollten. Ebenso durfte nach einem Hofkanzleidekret von 1812[1010] kein galizischer Untertan, der ohne „kreisämtlichen, von dem Werbbezirks-Commando vidirten Paß" irgendwo in Ungarn betreten wurde, an- und aufgenommen werden, sondern dieser mußte „auf der Stelle seiner betreffenden galizischen Grundobrigkeit zurückgegeben" werden, da sich offenbar viele Galizier wegen der günstigen geographischen Lage der beiden Länder sowie der „wenig voneinander abweichenden Mundart" zwecks Vermeidung der Rekrutenstellung nach Ungarn absetz-

---

1003 Vgl. dazu zusammenfassend die Gubernialverordnung vom 17. August 1832, HERZOG (wie Anm. 143), Nr. 408, S. 416 ff.

1004 Polizei-Oberdirektions-Circulare vom 20. März 1823, FAULLER (wie Anm. 130) I, S. 240.

1005 Weisung der Polizeihofstelle an die Polizei-Oberdirektion in Erledigung des Commissionsprotokolles vom 13. Mai 1822 und vom 20. Mai 1823, FAULLER (wie Anm. 130) I, S. 239.

1006 Weisung der Polizeihofstelle an die Polizei-Oberdirektion in Erledigung des Commissionsprotokolles vom 10. August 1822, FAULLER (wie Anm. 130) I, S. 240.

1007 Dienstbotenordnung für Wien vom 1. Mai 1810, FAULLER (wie Anm. 130) I, S. 256 ff.

1008 Zum anderen war nach der Dienstbotenordnung derjenige Dienstbote, der sich „an der Person des Diensthälters" durch tätliche Ehrenbeleidung vergriffen hatte, nach einer Abstrafung aus sämtlichen Erbländern oder „nach seinem Geburtsort abzuschaffen", je nach dem, ob er Aus- oder Inländer war. In ähnlicher Weise sollte mit einem Dienstboten vorgegangen werden, der „eine minderjährige Tochter, oder eine zur Familie gehörige minderjährige Anverwandte des Hausvaters, oder der Hausfrau entehret" hatte bzw. mit einer „in einer Familie dienende[n] Weibsperson", die „einen minderjährigen Sohn, oder einen im Hause lebenden minderjährigen Anverwandten zur Unzucht verleitet" hatte. Derartige Dienstboten waren, wenn sie „Eingeborne" waren, aus ihrem Aufenthaltsort, oder auch aus der Provinz, Ausländer aber aus allen Erbländern abzuschaffen.

1009 Hofkanzleidekret vom 1. April 1808, PGS XXX (1808), Nr. 53, S. 163 f.; niederösterreichisches Regierungsdekret vom 21. April 1808, HERZOG (wie Anm. 143), Nr. 153, S. 146.

1010 Hofkanzleidekret vom 26. Jänner 1812, PGS XXXVIII (1812), Nr. 20, S. 70, HERZOG (wie Anm. 143), Nr. 173, S. 161.

ten. Die Pflicht zur gegenseitigen Abschiebung paßloser ungarischer und deutsch-erbländischer, insbesondere galizischer Untertanen, zwecks Einhaltung der Konskriptionsvorschriften wurde auch 1823 und 1825[1011] festgelegt.

Als 1815 Dalmatien, Tirol, Venedig und die Lombardei in das österreichische Staatsgebiet inkorporiert wurden, ordnete das Hofkanzleidekret vom 12. Oktober 1815[1012] an, daß „Paßlose oder ohne legalen Paß betretene Unterthanen" dieser unkonskribierten Länder „zur nachträglichen Erlangung ihrer Pässe an die betreffenden Grundherrschaften und Behörden gewiesen, Vagabunden, lüderliche oder sonst verdächtige Individuen aber mittels des Schubs in ihre Provinzen abgeschickt" werden sollten. 1821 freilich stellte ein Hofkanzleidekret[1013] fest, daß die Verschiedenheit der in den altkonskribierten Provinzen und in dem lombardisch-venezianischen Königreiche, dann in Tirol und Vorarlberg bestehenden Konskriptions- und Rekrutierungsgesetze „schon manche Versuche erzeugt" habe, „sich durch Übersiedlung den in letzteren Provinzen bestehenden, wenige Ausnahmen von der Widmung zu Militär zulassenden Bestimmungen zu entziehen". Es sollte daher den nicht mit einem von der Delegation der Provinz oder dem zuständigen Kreisamt ausgefertigten Paß versehenen Lombarden, Venetianern, Tirolern und Vorarlbergern kein Aufenthalt gestattet werden, vielmehr waren diese in ihren Geburtsort zurückzuschiebe[1014].

e. Juden

Nach Ausweisung der Judengemeinden aus den österreichischen Ländern 1420/1421[1015] wies die landesfürstliche Politik des späten 15., 16. und 17. Jahrhunderts – sehr zum Mißfallen der Stände – wieder deutlich die Tendenz auf, Juden – wenngleich an die

---

1011 Hofkanzleidekret vom 9. Mai 1823, PGS LI (1823), Nr. 64, S. 131, HERZOG (wie Anm. 143), Nr. 283, S. 285; Hofkanzleiverordnung vom 4. Februar 1825, ebd., Nr. 310, S. 308.

1012 Hofkanzleidekret vom 12. September 1815, HERZOG (wie Anm. 143), Nr. 185, S. 172.

1013 Hofkanzleidekret vom 4. Dezember 1821 an sämtliche Länderstellen, PGS XLIX (1821), Nr. 176, S. 355 ff., HERZOG (wie Anm. 143), Nr. 266, S. 267 f.

1014 Siehe auch die Verordnung des böhmischen Landesguberniums vom 28. März 1825, HERZOG (wie Anm. 143), Nr. 315, S. 321 ff. Nach dem Hofkanzleidekret vom 22. Februar 1821, PGS XLIX (1821), Nr. 21, S. 37, HERZOG (wie Anm. 143), Nr. 256, S. 253, sollten auch „alle jene jungen Friauler, welche, sie mögen sich mit was immer für Arbeit oder kleinem Handel abzugeben bemüht sein, sich nicht mit einem Passe der Delegation zu Udine über ihre Aufenthaltsbewilligung ausweisen" konnten, „ohne weiteres mit gebundener Route nach Udine zurückgeschoben werden". Verboten wurde außerdem die Stellung der paßlosen Lombarden, Venetianer, Tiroler und Vorarlberger zum Militär auf Rechnung der diese ergreifenden Obrigkeit, siehe Hofkanzleidekret vom 23. Juli 1829, HERZOG (wie Anm. 143), Nr. 381, S. 392 f.

1015 Siehe dazu ausführlich etwa Klaus LOHRMANN, Judenrecht und Judenpolitik im mittelalterlichen Österreich (= Handbuch zur Geschichte der Juden in Österreich, Reihe B/I), Wien-Köln 1990, S. 298 ff.; J. E. SCHERER, Die Rechtsverhältnisse der Juden in den deutsch-österreichischen Ländern (= Beiträge zur Geschichte des Judenrechtes im Mittelalter mit besonderer Berücksichtigung der Länder der österreichischen Monarchie I), Leipzig 1901, S. 408 ff.; Gerson WOLF, Geschichte der Juden in Wien (1156–1876), Nachdruck Wien 1974 der Ausgabe 1876, S. 18 ff.

Zahlung eines „Toleranzgeldes“ für die entsprechende Bewilligung und diverser Steuern gebunden sowie unter mannigfaltigen diskriminierenden Beschränkungen[1016] – den Aufenthalt in den österreichischen Ländern zu gestatten[1017]. Parallel dazu kam es allerdings immer wieder nicht nur zu Ausweisungsdrohungen, etwa für den Fall der Nichteinbringung von landesfürstlicherseits bei der Judenschaft eingeforderter Darlehen[1018], sondern auch zu zahlreichen partiellen Ausweisungen[1019] und Ausweisungsversu-

---

1016 So sah etwa das Patent vom 1. August 1551, CA I, S. 566 f., vor, daß die Juden in den „Unteren, Oberen und Vorderen Oesterreichischen Fürstenthumben und Landen“ an ihrem „obern Rock oder Kleyd auff der Lincken Seiten der Brust einen gelben Ring ... offenlich und unverborgen“ zu tragen hatten. Wurde der ein Jude „also ohne Zeichen“ zum dritten Mal „betretten“, sollte „er sambt seinen Weib und Kindern noch darzu, und alsobald aller unserer Oesterreichischen Fürstenthumben und Landen in ewige Zeit verwisen werden“.

1017 Vgl. dazu etwa Hans TIETZE, Die Juden Wiens. Geschichte-Wirtschaft-Kultur, Nachdruck Wien 1987 der Ausgabe Wien-Leipzig 1933, S. 43 ff.; SCHERER (wie Anm. 1015), S. 423 ff.; Anna M. DRABEK, Das Judentum der böhmischen Länder vor der Emanzipation, in: dies./ Mordechai Eliav/Gerald Stourzh, Prag-Czernowitz-Jerusalem. Der österreichische Staat und die Juden vom Zeitalter des Absolutismus bis zum Ende der Monarchie (= Studia Judaica Austriaca X), Eisenstadt 1984, S. 8 f.

1018 Vgl. TIETZE (wie Anm. 1017), S. 49; vgl. auch Ludwig BATO, Die Juden im alten Wien, Wien 1928, S. 25 f.

1019 Maximilian I. ließ sich z.B. wie es SCHERER (wie Anm.), S. 441, formulierte, „durch momentane Gewährung größerer Geldmittel seitens der Stände zur Ausweisung der Juden bestimmen“, vgl. auch Inge WIESFLECKER-FRIEDHUBER, Beiträge zur Geschichte der Vertreibung der Juden aus der Steiermark unter Maximilian I., in: Herwig Ebner/Horst Haselsteiner/Ingeborg Wiesflecker-Friedhuber (Hrsg.), Geschichtsforschung in Graz.Festschrift zum 125-Jahr-Jubiläum des Instituts für Geschichte der Karl-Franzens-Universität Graz, Graz 1999, S. 169–179; siehe auch Artur ROSENBERG, Beiträge zur Geschichte der Juden in Steiermark (= Quellen und Forschungen zur Geschichte der Juden in Deutsch-Österreich VI), Wien-Leipzig 1914, S. 6 f., 97 ff.; Gerd W. SALZER-EIBENSTEIN, Geschichte der Juden in Graz, in: Hugo Gold, Geschichte der Juden in Österreich. Ein Gedenkbuch, Tel Aviv 1971, S. 11; Emanuel BAUMGARTEN, Die Juden in der Steiermark, Wien 1903, S. 29 ff.; Hermann Th. SCHNEIDER, Geschichte der Juden in Klagenfurt, in: ebd., S. 42; Weiters ordnete Ferdinand I. 1544 die Ausweisung der Juden – 1544 mit einigen Ausnahmen – aus Niederösterreich an. 1572/1575 kam es abermals zur Judenvertreibung aus Niederösterreich, 1594 aus Oberösterreich, vgl. WOLF (wie Anm. 1015), S. 20, 28, 35; siehe zur Judenvertreibung und Wiener Neustadt Gertrud GERHARTL, Geschichte der Juden in Wiener Neustadt, in: ebd., S. 95; siehe zu den Judenausweisungen aus St. Pölten 1624/25 Karl GUTKAS, Geschichte der Juden in St. Pölten, in: Hugo Gold, Geschichte der Juden in Österreich. Ein Gedenkbuch, Tel Aviv 1971, S. 81 f. 1611 wurden weiters alle nicht „hofbefreiten“ Juden aus Wien ausgewiesen, TIETZE (wie Anm. 1017), S. 49 f., WOLF (wie Anm.1015), S. 40. 1723 befahl Karl VI., daß – „weilen des abgeleibten Hof-Juden, Emanuels Oppenheimers, verliehene Landes-Fürstliche Privilegium, in hiesiger Unserer Residenz-Stadt Wien mit seiner Familia stehen zu därfen“ abgelaufen war –, alle bisher unter dem Schutz Oppenheimers gestandene Juden sowie auch „alle andere, ohne Privilegio oder Schutz dahier eingeschlichene, und sich aufhaltende Juden von hier abgeschaffet“ werden sollten (siehe zur gegenständlichen Resolution vom 18. März 1723, CA IV, S. 130 f.); vgl. zu Emanuel Oppenheimer, dem Sohn Samuel Oppenheimers, etwa TIETZE (wie Anm. 1017), S. 92 f., 95 f.

chen[1020]. So ergingen beispielsweise 1669/70 Ausweisungsbefehle gegen die Juden in Wien[1021].

Waren diese Maßnahmen bisher vielfach auf Drängen der Stände oder jedenfalls mit deren Billigung geschehen, so regte sich Mitte des 18. Jahrhunderts selbst deren Widerstand gegen ein derartiges Vorgehen. Als Maria Theresia nämlich 1744/45 die Ausweisung der Juden aus den böhmischen Ländern, insbesondere aus Prag, anordnete und darüber hinaus die Aufnahme der Ausgewiesenen in anderen Ländern der Monarchie verbot[1022], sprachen sich nicht nur die Böhmische Hofkanzlei, die Böhmische Statthalterei und der Oberste Kanzler des Königreiches, Graf Philipp Kinsky, – teils aus humanitären, teils aus wirtschaftlichen Gründen – gegen diese Vertreibung aus, sondern auch

1020 Siehe etwa die nicht zur Ausführung gekommenen Patente für Österreich unter der Enns vom 31. Jänner 1544 und vom 2. Jänner 1554, CA I, S. 559 f.; siehe zu den Plänen Ferdinands I. von 1557/1758 und 1564, die Juden aus allen Ländern der böhmischen Krone auszuweisen, sowie zu den Versuchen der böhmischen Stände 1705, die „Abschaffung" zumindest der wenig begüterten Juden zu bewirken DRABEK (wie Anm. 1017), S. 5, 18 f.

1021 Siehe die Patente vom 2. und 6. August 1669 sowie vom 14. April 1670, CA I, S. 560. Nach WOLF (wie Anm. 1015), S. 49, lebten im Jahre 1669 auf dem Land in Niederösterreich 477 jüdische Familien, während die jüdische Gemeinde in Wien ca. 3.000 Personen zählte. Infolge des ersten Ausweisungsbefehles verließen über 1.660 Menschen die Stadt. Ein schwedischer Bericht von 1670 spricht von insgesamt 3.000–4.000 Personen, welche aufgrund der Ausweisungsbefehlen nach Böhmen, Mähren und Schlesien emigriert seien, vgl. TIETZE (wie Anm. 1017), S. 71 ff.; vgl. auch David KAUFMANN, Die letzte Vertreibung der Juden aus Wien und Niederösterreich, ihre Vorgschichte (1625–1670) und ihre Opfer, Wien 1889; François A. PRIBRAM (Hrsg.), Urkunden und Akten zur Geschichte der Juden in Wien (= Quellen und Forschungen zur Geschichte der Juden in Deutsch-Österreich VIII), I. Abt. Allgemeiner Teil: 1526–1847 (1849), 2 Bde, Wien-Leipzig 1918, I, S. 222 ff.; auch für Wiener Neustadt erging 1670 ein Ausweisungsdekret, vgl. GERHARTL (wie Anm. 1019), S. 96.

1022 Erlaß der böhmischen Statthalterei vom 22. Dezember 1744: „An dem letzten Monatstag Januari des bevorstehenden 1745 Jahres solle kein Jud mehr inner derer k. Prager Städten sich befinden, wo im widrigen dieselben mit militärischer Hand hinausgeschaffet werden sollen. ... Zu der Disposition mit ihren Sachen und Effecten, welche sie bis zum letzten Januari nicht mit fortbringen können ... wird ihnen der Verbleib im Königreiche auf 6 Monate von Ende des gegenwärtigen Monats December an zu rechnen ... verstattet ... nach Verlauf derer 6 Monaten hingegen sollen die Juden insgesammt auch das ganze Königreich Böhmen räumen und inner desselben Grenzen sich nirgend mehr finden lassen. Da im widrigen sie ... mit militärischer Hand ausgeschafft werden sollen. Welch Räumung des ganzen Landes bis zu dem letzten Tag des Monats Juni Anno 1745. Nicht allein auf die Prager, sondern gleichfalls auf die sämmtliche Landesjudenschaft verstanden und extendirt sein solle, also daß an demselben Tag kein Jude mehr im Königreiche anzutreffen sei und keiner von selben in einem Erblande ... nicht niederlassen solle", zitiert nach Gerson WOLF, Die Vertreibung der Juden aus Böhmen 1744 und deren Rückkehr im Jahre 1748, Leipzig 1869; Baruch MEVORACH, Die Interventionsbestrebungen in Europa zur Verhinderung der Vertreibung der Juden aus Böhmen und Mähren, 1744–1745, in: Jahrbuch des Instituts für Deutsche Geschiche IX (1980), S. 15–82; Joseph BERGL, Das Exil der Prager Judenschaft von 1745–1748, in: Jahrbuch der Gesellschaft für Geschichte der Juden in der Czechoslovakischen Republik I (1929), S. 263-331; DRABEK (wie Anm. 1017), S. 22 ff.; Karl WELZER, Die Lage der Juden in den böhmischen Ländern unter der Regierung Maria Theresias, phil. Diss. Wien 1929, S. 37 ff.

ausländische Mächte setzten sich sich mittels diplomatischer Interventionen für die Zurücknahme des Ausweisungsbefehles ein. Maria Theresia blieb allerdings hart. „Die Juden müssen alle hinaus", reskribierte sie 1745 eigenhändig[1023], und erneuerte 1746 den Austreibungsbefehl. Erst 1748 wurde den Juden – nicht zuletzt auf Betreiben der Stände, die sich davon eine Erleichterung ihrer Kontributionslasten versprachen – gegen erhebliche Steuerleistungen wieder der Aufenthalt in den böhmischen Ländern gestattet.

Abgesehen von diesem Vertreibungsversuch unterlagen die Juden – ungeachtet der späteren josephinischen Toleranzpolitik[1024] – generell strengen Aufenthalts- und Paßvorschriften[1025], die sich inbesondere gegen das Anwachsen des städtischen Judenanteils sowie gegen das flache Land bereisende jüdische Händler bzw. Vagabunden richteten[1026]. So sollten nach einer böhmischen Verordnung aus dem Jahre 1779[1027] alle „ohne Magistratual- oder obrigkeitlichen Paß im Lande herumstreifende Juden" in ihren Geburtsort oder, im Falle sie waren Ausländer, „außer Land geschoben" werden. Weiters mußten „sämmtliche fremde Juden", die ein Erbland bereisten, um „zu handeln oder zu kaufen", mit einem „beglaubigten Attestato" ihrer Ortsobrigkeiten versehen sein[1028]. Weiters waren nach einer Verordnung von 1796[1029] auf dem „offenen Lande mit Hausiren und Tändeln ... sich betreten lassende Juden, welche theils Pässe, theils auch keine" hatten, unter sicherer Begleitung „nach Hause zu verschieben" und fremde, „im Lande herumziehende Prediger und Schulsinger" nach dem Judenpatent für Böh-

---

1023 Zitiert nach WOLF (wie Anm. 1022, Vertreibung), S. 23.

1024 Josef KARNIEL, Die Toleranzpolitik Kaiser Josephs II. (= Schriftenreihe des Instituts für Deutsche Geschichte der Universität Tel Aviv IX), Gerlingen 1985, S. 378 ff.; DERS., Zur Auswirkung der Toleranzpatente für die Juden in der Habsburger Monarchie im josephischen Jahrzehnt, in: Peter F. Barton (Hrsg.), Im Zeichen der Toleranz, Wien 1981, S. 213–220; Wolfdieter BIHL, Zur Entstehungsgeschichte des josephinischen Patents für die Juden Ungarns vom 31. März 1783, in: Beiträge zur neueren Geschichte Österreichs, hrsg. von Heinrich Fichtenau/Erich Zöllner (= Veröffentlichungen des Instituts für österreichische Geschichtsforschung XX), Wien-Köln-Graz 1974, S. 282–298.

1025 Erst nach der Revolution 1848 galten auch für Juden die allgemeinen Paß- und Polizeivorschriften, vgl. dazu etwa das Dekret der Stadthauptmannschaft vom 21. März 1849, ZALEISKY (wie Anm. 666) II, S. 154.

1026 Darüber hinaus durften etwa die Juden in Siebenbürgen bis zur josephinischen Toleranzgesetzgebung ausschließlich nur an einem einzigen Ort, nämlich in Karsburg, wohnen. Da diese Vorschrift aber nicht eingehalten wurde, erließ die Hofkanzlei 1780 einen Ausweisungsbefehl gegen alle Juden, welche nicht in der Provinz geboren waren, und versuchte auch diejenigen zu vertreiben, die außerhalb des erlaubten Gebietes wohnten. Auch in der Bukowina sollten alle Juden, die 1769 noch nicht dortselbst ansässig gewesen waren sowie diejenigen, welche keine als nützlich angesehenen Berufe wahrnahmen und sich weigerten, Bauern zu werden, abgeschafft werden, vgl. dazu KARNIEL (wie Anm. 1024, Toleranzpolitik), S. 436.

1027 Verordnung in Böhmen vom 22. Juli 1779, Theresianisches Gesetzbuch (wie Anm. 143) VIII, Nr. 2091, S. 372; vgl. zu dieser Verordnung auch KARNIEL (wie Anm. 1024, Toleranzpolitik), S. 309.

1028 Sicherheits-Generalien Erneuerung vom 22. April 1765, CA VI, S. 685, Theresianisches Gesetzbuch (wie Anm. 143) IV, Nr. 793, S. 375.

1029 Oberösterreichische Regierungsverordnung vom 28. Juli 1796, HERZOG (wie Anm. 143), Nr. 99, S. 114.

men von 1797[1030] als Landstreicher anzusehen und auch so zu behandeln. 1818[1031] wurde außerdem den Juden in Niederösterreich generell der Hausier- und Trödelhandel verboten. Nur für den Besuch von Jahrmärkten waren ihnen Pässe zu erteilen, die sie bei sonstiger Zurückschiebung in ihren Aufenthaltsort an allen Orten, wo sie durchreisten, vidieren lassen mußten.

Abzuschaffen waren aber nach der Wiener Judenordnung von 1764[1032] auch diejenigen Juden, welche es unterließen, um die Verlängerung ihrer zu Ende gehenden „Toleranz"[1033] anzusuchen[1034]. Ebenso wurden alle Juden, die sich ohne „Passirzettel" oder Aufenthaltsbewilligungen in Wien aufhielten, die ihnen gewährte Aufenthaltsdauer überschritten oder falsche Angaben bei einer Aufenthaltsverlängerung machten, nach dem Judenpatent von 1782[1035] und diversen anderen Verordungen abgeschafft bzw. in ihr „Vaterland" abgeschoben[1036]. Auch die „überflüssigen, zu bestimmten Familien nicht gehörigen Juden" und die sich unbefugten Handels schuldig machenden Juden sollten von Wien abgeschafft werden[1037]. Von Wien abgeschafften Juden war allerdings auf deren Begehren die Ursache ihrer Abschaffung „umständlich" bekannt zu machen. Generell sollte weiters mit der Erteilung und Verlängerung der Aufenthaltsbewilligungen für Juden sparsam und streng umgegangen[1038] und kein Jude nach Wien gelassen werden, der nicht mit einem Zeugnis seiner Obrigkeit nachweisen konnte, daß er in

---

1030 Judenpatent für Böhmen vom 3. August 1797, PGS XI (1797), Nr. 13, S. 30, HERZOG (wie Anm. 143), Nr. 101, S. 115.

1031 Niederösterreichische Regierungsverordnung vom 25. August 1818, FAULLER (wie Anm. 130) II, S. 307; vgl. zum Kampf der mährischen und böhmischen Juden um die Hausierfreiheit nach dem Verbot von 1764 KARNIEL (wie Anm. 1024, Toleranzpolitik), S. 270 ff.

1032 § 33 der Judenordnung vom 6. Mai 1764, CA VI, S. 566 ff.

1033 Nach der Judenkonskription von 1761 wohnten in Wien 469 tolerierte Juden, vgl. Rudolf TILL, Geschichte der Spanischen Juden in Wien, in: Jahrbuch des Vereines für Geschichte der Stadt Wien V/VI (1947), S. 117.

1034 Nach dem Ablauf der Toleranzzeit war der Betroffene, wie es z.B. das Regierungsdekret vom 8. Mai 1794, FAULLER (wie Anm. 130) II, S. 343, formulierte, „als ein Fremder zu betrachten und zu behandeln", vgl. auch die Verordnung der niederösterreichischen Regierung vom 11. Oktober 1826 an die Polizeioberdirektion, Prov. GSlg. NÖ VIII (1826), Nr. 244, S. 523 f., HERZOG (wie Anm. 135), Nr. 174, S. 169. Allerdings galten diese Bestimmungen nicht für die sephardischen Juden in Wien, die etwa 1767 mit 19 Personen verzeichnet waren, vgl. ausführlich TILL (wie Anm. 1033), S. 117; auch Mordche Schlome SCHLEICHER, Geschichte der spaniolischen Juden (Sephardim) in Wien, phil. Diss. Wien 1932; KARNIEL (wie Anm. 1024, Toleranzpolitik), S. 117.

1035 Judenpatent für Wien und Niederösterreich vom 2. Jänner 1782, Slg. Joseph II, S. 25; siehe auch die Regierungsdekrete vom 2. Mai 1794, und vom 9. Februar 1796, FAULLER (wie Anm. 130) II, S. 261.

1036 Z.B. die Regierungsdekrete vom 12. April 1793, 2. Mai 1794, vom 16. August 1796 und die allerhöchste Entschließung vom 22. Jänner 1820, FAULLER (wie Anm. 130) II, S. 269 ff.

1037 Hofbescheid vom 3. Oktober 1797 bzw. Regierungsdekret vom 26. Februar 1796, FAULLER (wie Anm. 130) II, S. 284, 306 f.

1038 Regierungsdekret vom 24. März 1808, FAULLER (wie Anm. 130) II, S. 261; siehe zu den Vorschriften für die Erteilung der Aufenthaltsbewilligungen ebd., S. 261 ff.

Handels- oder Rechtsangelegenheiten nach Wien kam[1039]. Waren Juden aus Wien abgeschafft worden, so wurden sie auch im Falle, daß sie nach der Abschaffung Christen geworden waren, nicht mehr in Wien geduldet[1040].

Neben diesen Maßnahmen zur Verhinderung des Zuzuges nach Wien sind außerdem in Galizien und der Bukowina, wo der jüdische Bevölkerungsanteil im Vergleich zu den anderen Erbländern recht hoch war[1041], weiterhin größere Ausweisungsaktivitäten festzustellen, die vor allem eine Vertreibung der besitzlosen Juden bzw. der jüdischen Bettler, welche in Galizien nach einem Bericht aus 1773 ca. 14 % der galizischen Juden ausmachten[1042], zum Ziel hatten. So wurde 1773 für Galizien angeordnet, „alle Betteljuden, wie sie immer Namen haben, aus dem Lande zu schaffen"[1043], und auch Joseph II. schob von September 1781 bis Ende 1782 ca. 1.200 jüdische Bettler nach Polen ab[1044]. Um die jüdische Bevölkerung zahlenmäßig zu verringern, wurden in Galizien außerdem alle ohne Genehmigung heiratenden Paare und säumigen Steuerzahler als „Bettler" ausgewiesen[1045]. Auch in der Bukowina ging die Regierungspolitik dahin, die Anzahl der Juden zu vermindern oder zumindest zu stabilisieren. 1781/82 erging

---

1039 Hofkanzleiverordnung vom 1. Oktober 1807, PGS XXIX (1807), Nr. 4, S. 107, FAULLER (wie Anm. 130) I, S. 283.

1040 Niederösterreichisches Regierungsdekret vom 24. Dezember 1793, HERZOG (wie Anm. 135), Nr. 40, S. 26.

1041 Anfang der 70er Jahre des 18. Jahrhunderts gab es, so KARNIEL (wie Anm. 1024, Toleranzpolitik), S. 104, in den ungarischen Kornländern ungefähr 80.000, in Böhmen 40.000 – Prag hatte etwa bereits in den ersten Jahrzehnten des 18. Jahrhunderts einen jüdischen Bevölkerungsanteil von 28 %, vgl. DRABEK (wie Anm. 1017), S. 7 –, in Mähren ca. 30.000, in Wien etwa 500–600 und in Niederösterreich nicht mehr als 350 Juden. (Die 1767 durchgeführte Volkszählung wies für Niederösterreich inklusive der Stadt Wien 340 Juden bei einer Gesamtbevölkerung von 814.282 Personen auf, vgl. Geschichte der Juden in Zwettl, in: Hugo Gold, Geschichte der Juden in Österreich. Ein Gedenkbuch, Tel Aviv 1971, S. 103.) Da die Stände der Steiermark, Kärntens und Krains das Privileg „de non tolerandis Judeis" innehatten und auch in Oberösterreich den Juden der Aufenthalt verboten war, gab es – abgesehen von nennenswerten jüdischen Minderheiten in den Vorlanden (ca. 14.000), Triest (1.500) und Görz-Gradisca (400), vgl. zu Görz auch Helfried VALENTINITSCH, Der Prozeß gegen den Görzer Juden Bera Pincherle 1643–1645, in: Zeitschrift des historischen Vereines für Steiermark LXXIX (1988), S. 142 ff., m.w.N. – folglich nur in Galizien und der Bukowina einen hohen jüdischen Bevölkerungsanteil. KARNIEL (ebd.) schätzt die jüdische Bevölkerung Galiziens und der Bukowina auf 200.000–250.000 Personen, womit die jüdische Bevölkerungsanteil der Monarchie infolge der Einverleibung von Galizien und der Bukowina um 150 % gestiegen war (siehe dort auch für andere, ziemlich divergierende Schätzungen); vgl. auch N. M. GELBER, Geschichte der Juden in der Bukowina (1174–1914), in: Hugo Gold (Hrsg.), Geschichte der Juden in der Bukowina, I, Tel-Aviv 1958, S. 12.

1042 KARNIEL (wie Anm. 1024, Toleranzpolitik), S. 105.

1043 Patent vom 8. März 1773, zitiert nach KARNIEL (wie Anm. 1024, Toleranzpolitik), S. 106, Anm. 338. Aber, wie dieser anmerkte, brachte die Ausweisung keine Lösung des Problems, „denn die Vertriebenen drängten sich an die Grenzen Galiziens zurück und benutzten jede sich bietende Gelegenheit, sie wieder zu überschreiten". Außerdem „verursachten die Ausweisungen auch Schwierigkeiten mit dem Nachbarstaat".

1044 Ebd., S. 439.

1045 Ebd.

daher der Befehl, „die unbefugt in der Bukowina eingeschlichenen Betteljuden“ [1046], konkret 365 Familien mit über 1.200 Personen[1047], auszuweisen. Aber auch diejenigen Juden in Galizien und der Bukowina, die dem landesfürstlichen Befehl, sich dem Akkerbau als neuem Beruf zuzuwenden, nicht nachkamen, wurden 1783 zum Verlassen des Landes gezwungen[1048]. In „diesem gefassten Systeme“ war nach kaiserlicher Anordnung mit den Juden künftighin „fortzufahren“, um „diejenigen Juden, die nicht gute Handels- oder Handwerksleute werden wollen, ausser Land zu schaffen“[1049]. Auch nach der Vereinigung der Bukowina mit Galizien 1786 und nach Erlassung des Toleranzpatentes 1789 kam es in infolge der starken Zuzuges in diesen galizischen Kreis weiterhin zu Massenausweisungen von - dort neu eingewanderten - Judenfamilien[1050].

f. „Liederliche Weibspersonen“

Aus sicherheits- und sittenpolizeilichen Gründen unterlagen auch die Prostituierten - abgesehen von deren zeitweiser Zwangsverbringung nach Temesvar - der Androhung der Ausweisung. Wie Schrank[1051] allerdings bemerkte, bestand der Schub in Wien oft bloß darin, daß man die Prostituierten „zu einem Stadtthore hinausführte, wonach sie dann bei dem anderen wieder hereinkamen und ihr lasterhaftes Leben wieder fortsetzten.“ Wie wenig Effekt derartige Abschiebungen hatten, zeigt auch das von Helfried Valentinitsch[1052] dargestellte Schicksal eines „liederlichen Weibsbildes“, einer herumziehenden Bettlerin und Prostituierten, in der Steiermark. Diese wurde allein zwischen 1751 und 1755 sechsmal nach diversen Abstrafungen und Gebietsverboten in ihren Geburtsort, Sillweg bei Fohnsdorf, abgeschoben, wo sie mit armen und arbeitsunfähigen Bauern zur Verpflegung eingelegt wurde. Immer wieder verließ sie aber ihren Geburtsort, wobei es sie regelmäßig nach Graz, aber auch nach Bruck an der Mur und Leoben zog. Im Herbst 1755 wurde sie erneut in Graz aufgegriffen und zu einer dreijährigen Zuchthausstrafe, die in Temesvar zu verbüßen war, verurteilt. Auch ein oberösterreichisches Regierungsdekret von 1793[1053] sprach davon, daß „stets in Linz Weibspersonen angehalten“ wurden, welche schon vier- bis vierzehnmal an ihre Geburtsobrigkeiten ab-

---

1046 Es waren dies alle seit dem russisch-türkischen Krieges (1769–1774) und der russischen Okkupation heimlich und unbefugt zugezogenen Juden, welche nicht über vier Gulden an jährlicher Kontribution zahlten, vgl. dazu ausführlich GELBER (wie Anm. 1041), S. 17.

1047 Ebd.

1048 Von den 392 Judenfamilien in der Bukowina, denen die Ausübung des Ackerbaus befohlen worden war, erklärten 255, für diesen Beruf nicht befähigt zu sein, und wurden ausgewiesen, ebd., S. 21; siehe für Galizien Maurycy LEWIN, Geschichte der Juden in Galizien unter Kaiser Joseph II., phil. Diss. Wien 1933, S. 84 f.

1049 So ein Schreiben des Hofkriegsrates vom 19. Juni 1783, LEWIN (wie Anm. 1048), S. 22.

1050 Siehe zu diesen Ausweisungen Ende des 18. und zu Beginn des 19. Jahrhunderts ausführlich GELBER (wie Anm. 1041), S. 26 ff.

1051 SCHRANK (wie Anm. 477) I, S. 175.

1052 VALENTINITSCH (wie Anm. 590), S. 423–432.

1053 Oberösterreichisches Regierungsdekret vom 28. August 1793, HERZOG (wie Anm. 143), Nr. 84, S. 101.

geschoben worden waren. Nichtsdestoweniger wurde an der Abschiebung der Dirnen, insbesondere aus den Städten, festgehalten.

So verlangte ein Hofdekret 1795[1054] generell die Abschaffung der „Fremden ohne Beschäftigung, sicheren Verdienst, oder eigenes Vermögen, die sich dem Müssiggange und Betteln ergeben", insbesondere aber der „unzüchtigen Weibspersonen" aus Wien, da diese „nicht nur allein keinen sicheren ehrbaren Nahrungsstand" hätten, sondern „noch außerdem durch ihren ausschweifenden Wandel den Sitten und dem Gesundheitszustande wirklich schädlich" seien[1055]. Ein Circulare von 1822[1056] wies allerdings nicht nur darauf hin, daß sich die Zahl „arbeitsscheuer, feiler Dirnen wieder sehr vermehre", sondern ordnete an, „dergleichen feile arbeitsscheue der Gewerbsbetreibung auch nur rechtlich verdächtige Dirnen jederzeit bei nicht gehörigen und jeden Zweifel behebenden Ausweisen über ihren Erwerb, ohne aller Rücksicht, nach Maßgabe ihrer Ubication entweder für das Zwangsarbeitshaus zu notioniren, oder sie dem Magistrate zur Abschiebung in Polizeihinsicht ... zu übergeben, oder wenigstens sie von hier abzuschaffen" und „ihre Entfernung zu überwachen". Ebenso sollten „dienstlose Mädchen, wenn sie einige Wochen vacirend" waren, „vom hiesigen Platze weggewiesen werden", da die Erfahrung lehre, daß sich die Prostituierten meistens aus dienstlosen Mädchen rekrutierten. Allerdings wurden in der Praxis auch solche Frauen abgeschoben, deren Lebenswandel als liederlich angesehen wurde, wenngleich sie nicht der Prostitution nachgingen[1057].

g. Geistliche

Über die bereits genannten Bestimmungen hinaus waren nicht nur die sich als Geistliche ausgebenden Personen, sondern auch tatsächliche Welt- und Ordensgeistliche mehrfach Gegenstand von speziellen Ausweisungsbestimmungen. So wurde etwa mit Patent aus dem Jahre 1715[1058] die „grosse Anzahl fremder und ausländischer Priester und Geistlichen, auch Nonnen", die sich in Wien niedergelassen hatten, abgeschafft, da sie „aus anderen Bißthümern wegen ihres üblen Verhaltens[1059] bannisiret, und relegiret

---

1054 Hofdekret vom 9. Jänner 1795, Dekrete der Polizeihofstelle vom 7. August 1795 und 10. Oktober 1795, HERZOG (wie Anm. 143), Nr. 92, S. 108.

1055 Die nicht „von hier gebürtigen Weibspersonen" seien „Fall für Fall ohne weitern mittelst Schubes an ihre Geburtsörter zu befördern". Ebenso verlangte die Weisung der Polizeihofstelle vom 31. März 1823 die Abschaffung „lüderlicher Dirnen", siehe LIENBACHER (wie Anm. 353) I, S. 27.

1056 Polizei-Ober-Direktions-Circulare vom 26. September 1822, FAULLER (wie Anm. 130) I, S. 487 f. Schon die Weisungen der Polizeihofstelle an die Polizeioberdirektion vom 1. Juni 1822, vom 1. und 3. September 1822, ebd., S. 487, hatten befohlen, daß „Freudenmädchen und andere arbeitslose Dirnen, welche nicht von hier gebürtig sind, ohne weiteres vom hiesigen Platze entfernt" bzw. „dienstlose, liederliche Dirnen, die nicht in Wien geboren sind, ... verläßlich auf immer in ihre Heimat fortgeschafft" werden sollten.

1057 Vgl. dazu konkrete Fälle bei GASSLER (wie Anm. 988), S. 249.

1058 Patent vom 25. Mai 1715 („Abschaffung vagirender Pfaffen und Nonnen"), CA III, S. 789 f.

1059 Schon 1572 hatte die niederösterreichische Regierung vom Kaiser die „Ausschaffung der frembden verdechtich Münch" des Augustiner-, Prediger- und Minoritenordens verlangt,

worden" waren[1060]. 1764[1061] wurde weiters angeordnet, daß keinem ausländischen Ordenspriester der Aufenthalt zu gestatten sei, wenn er nicht von seinem „Superiore ordentliche dimissoriales, worinnen die Ursachen und die Zeit seines Ausbleibens enthalten", vorweisen könne. Das Patent vom 20. Juli 1717[1062] hingegen befahl die Abschaffung der „unter dem Schein der Geistlichkeit dem Bettlen nachziehenden Eremiten, Geistlichen, und Nonnen, welche, wie es die Erfahrung öfters gegeben hat, diejenigen, für welche sie sich ausgeben nicht sind, sondern darunter vielfältige, nur zu Bemäntelung ihres verdächtigen Lebens, dieser Kleidungen sich freventlich gebrauchen".

Darüber hinaus wurde 1782[1063] angeordnet, daß fremde Geistliche, wenn sie ohne Beschäftigung und nicht „besonders nutzbar" seien oder nicht in Privatdiensten stünden, sondern nur „vom Meßlesen" lebten, abgeschafft werden sollten. Ein Hofkanzleidekret aus 1806[1064] präzisierte diese Anordnung dahingehend, daß fremde Geistliche, die sich mit einer ordentlichen Bewilligung durch mehrere, wenn auch nicht zehn Jahre im Land aufgehalten, einen „standesgemäßen Lebenswandel" geführt und „sich nichts zu schulden kommen lassen" hatten, nicht bloß deshalb, weil sie „ihren lebenslänglichen Unterhalt nicht sicher stellen" konnten, entfernt werden durften. Allerdings wurde fremden Geistlichen, „welche standesmäßig bei der Erziehung oder als Hausgeistliche bei Herrschaften angestellt" waren, wenn sie aus diesen Bedienstungen austraten, eine bestimmte Frist zur Bewerbung um eine neue Anstellung gesetzt, nach Ablauf derer sie, wenn sie sich „ohne erweislichen Unterhalt und in keiner standesmäßigen Bestimmung" befanden, ohne weiteres aus dem Lande zu schaffen waren, „wie es auch mit Fremden aus andern Ständen polizeimäßig geschieht". Dies galt aber nur für diejenigen Geistlichen, welche einen „untadelhaften, ihrem Stande angemessenen Lebenswandel" führten, da sich das erzbischöfliche Konsistorium, wenn es „die Moralität eines solchen Priesters tadelhaft und sein Betragen standeswidrig" fand, ohnedies, unabhängig von dessen Lebensunterhalt, an die Polizeidirektion zwecks dessen Entfernung wenden sollte. In diesem Sinne hatten nämlich Hofkanzlei und Polizeihofstelle 1805[1065] zur „Hint-

---

und u.a. zu bedenken gegeben, „was dj frembden als walhischen vnd hungerischen Münch für mores vnd wierdschafften füeren". Insbesondere wurde moniert, daß in „solchen Closstern mit leichtfertigen Weibern vnd in anders weg on alle Scham für sündt Schandt vnd laster getrieben" wurde. So hätten „etlich leichtfertige Weiber zu dem Augustiner Closster Ire eigne Schlüssel gehabt", so daß sie „bei tag und nacht Irer Gelegenhait nach auss vnd eingehen mügen", und im „Prediger Closster zu Khrembss" seien „mer Weibs-Kleider als Pürcher in der Brueder wonungen vorhanden gewest"; siehe „Der Regierung und Camer Gutbedünkhen an die Röm. Kayserl. Majestet, Ausschaffung der frembden Münch vnd Krobatten betreffend", vom 14. Juli 1572, SCHRANK (wie Anm. 477) I, S. 124 ff.

1060 Vgl. auch die Verordnung vom 30. September 1740 wegen Abschaffung „vagirende[r] Geistliche[r]", CA IV, S. 1144.

1061 Niederösterreichisches Regierungsdekret vom 27. Juli 1764, CA VI, S. 589, FAULLER (wie Anm. 130), S. 16.

1062 Patent für Österreich unter der Enns vom 20. Juli 1717, CA III, S. 874.

1063 Hofdekret vom 14. September 1782, FAULLER (wie Anm. 130), S. 13.

1064 Hofkanzleidekret vom 3. März 1806, ZALEISKY (wie Anm. 666) II, S. 738 ff., FAULLER (wie Anm. 130), S. 14.

1065 Dekret der Polizei-Hofsstelle vom 28. September 1805, Dekret der Hofkanzlei vom 14. September 1805, ZALEISKY (wie Anm. 666) II, S. 738.

anhaltung des unanständigen sowohl der höchsten Vorschriften als der Kirchen-Disciplin zuwiderlaufenden Herumwanderns" der fremden Geistlichen, „sie mögen vom Auslande oder aus andern erbländischen Diöcösen kommen und zur Welt- oder Ordensgeistlichkeit gehören", befohlen, daß die Ordinariate der Hauptstädte, in welchen eine Polizeidirektion ihren Sitz hatte, sofort von dieser über die Ankunft jedes fremden Geistlichen und über die Dauer des bewilligten Aufenthaltes in Kenntnis gesetzt werden sollten, damit diese sich im Falle eines „standeswidrigen Betragens" sogleich an die Polizeibehörde zwecks dessen Entfernung wenden konnten.

h. Sonstige unerwünschte „Fremde"

Über die bisher genannten Bestimmungen hinaus war generell nur Fremden, sie seien aus dem In- oder Ausland, der Aufenthalt zu gestatten, wenn sie sich mit vorschriftsmäßigen Pässen ausweisen konnten und „ruhig" verhielten[1066]. War ein Fremder jedoch bereits ohne Reisepaß in die kaiserlichen Staaten eingelassen worden, so sollte er auf Kosten desjenigen, der ihm den Eintritt gestattet hatte, wieder über die Grenze zurückgeschickt werden[1067]. Ergab sich gegen Fremde sonst „ein Anstand oder Bedenklichkeiten", so konnten sie nach einer Instruktion von 1810 „zur Abreise verhalten" werden, wobei allerdings Fremde aus dem Inland mit „mehreren Rücksichten und weniger Strenge zu behandeln" waren[1068]. Ohne Rücksicht abzuschaffen waren folglich alle Fremden, welche „ohne Geleitsschein" bzw. Paß im Lande betreten wurden und „bedenkliche" Fremde, auch wenn ihnen sonst kein Vergehen zugerechnet werden konnte[1069]. Darüber hinaus waren aber auch Fremde ohne Beschäftigung oder ohne sicheren Verdienst in Wien nicht zu dulden, sondern im Falle, daß sie sich dem Müßiggange und Betteln ergaben, abzuschaffen[1070]. Insbesondere freilich waren ankommende bestimmungs- und arbeitslose Fremde von der Fremden-Kommission in Wien „strenge zu in-

---

1066 Hofdekret vom 9. Februar 1793, FAULLER (wie Anm. 130) I, S. 478, KANKA (wie Anm. 589) I, S. 110.

1067 Hofdekret vom 17. Juni 1801, BARTH-BARTHENHEIM (wie Anm. 588) I, S. 31.

1068 Amtsunterricht für die Fremden-Commission vom 18. Oktober 1810, FAULLER (wie Anm. 130) I, S. 479 f.

1069 Dekret vom 8. April 1794, Regierungsverordnung vom 9. Oktober 1800, Dekret der Polizeihofstelle vom 28. Jänner 1821, BARTH-BARTHENHEIM (wie Anm. 588) I, S. 71. Um eine solche bedenkliche Person handelte es sich wohl auch bei der Nichte Napoleons, der Gräfin Napoléone-Elisa Camerata, welche 1830 den Versuch unternahm, ihren Cousin, den Herzog Franz von Reichstadt, aus Schönbrunn zu befreien und daher aus Wien abgeschoben wurde, vgl. dazu etwa Mario MARQUET, Geschwister – Marschälle – Minister. Die Spitzen des napoleonischen Reiches im königlichen Frankreich 1813–1840, Wien-Köln-Graz 1983, S. 552; André CASTELOT, Der Herzog von Reichstadt, Wien-Berlin-Stuttgart 1960, S. 334 ff.; David STACTON, Die Bonapartes, Wien-Hamburg 1968, S. 274.

1070 Niederösterreichisches Regierungsdekret vom 10. Februar 1795, FAULLER (wie Anm. 130) I, S. 473.

vigiliren, und wenn sie in einem Concubinate betreten" wurden, sollten sie „von hier entfernt werden"[1071].

Nicht zu dulden waren auch Fremde, welche mit „allerlei Thieren", insbesondere mit „wilden Thieren als Bären, Affen, Murmelthiere[n]", und den „damit verbundenen Gaukeleien" zur „Schau in die österreichischen Staaten" kamen. Sie waren entweder gleich an der Grenze zurückzuweisen oder aber im Fall des Betretens des Landes, wenn sonst nichts gegen sie vorlag, sogleich abzuschaffen[1072]. Gleiches galt für ausländische „herumziehende Komödiantentruppen, Gaukler, Marionettenspieler, Seiltänzer, Springer" und „derlei gymnastische Künstler", „Taschenspieler, Guckkästeninhaber, Leiermänner, Vorzeiger sogenannter Spielarten der Natur, als Riesen, Zwerge, Mißgeburten", fremde „Kunstbereiter", „wandernde Musikanten, und Bänkelsänger beiderlei Geschlechtes", „Affen- und Hundskomödien-Vorzeiger", „Besitzer von Menagerien, oder einzelnen fremden Thieren, wenn selbe Ekelerregend" und „Inhaber von Wachsfigurenkabinetten"[1073].

Weiters sollten verdächtige Militärüberläufer und Deserteure und Emigranten, wenn sie sich „etwas zum Verdachte oder zu Schulden kommen" hatten lassen[1074], aus dem Lande abgeschafft bzw. über die nächste Grenze geschafft werden. Nach strenger Fremdenbehandlung waren gemäß einer Anordnung von 1824 auch diejenigen „Individuen, welche in die Cathegorie der spanischen Insurgenten und Exilierten gehören, und denen es etwa gelingen sollte, unter was immer für einer Maske in das Innere des Landes sich einzudrängen ... zur unverzüglichen Beförderung in das Ausland zu verhalten"[1075]. Nach einem Dekret der Polizeihofstelle aus dem Jahre 1821 durfte auch „kei-

---

1071 Polizeihofstellenverordnung vom 13. Mai 1825, Polizeioberdirektions-Circulare an sämtliche Bezirksdirektionen vom 17. März 1825, FAULLER (wie Anm. 130) I, S. 484.

1072 Verordnung vom 10. Juni 1768, Theresianisches Gesetzbuch (wie Anm. 143) V, Nr. 1006, S. 323; Hofdekret vom 6. Dezember 1794, Verordnung vom 26. Juni 1781, Hofkanzleidekrete vom 6. Dezember 1794 und vom 12. Juni 1795, Central-Organisierung-Hofkommissions-Dekret vom 10. März 1817 und Hofkanzleidekret vom 5. August 1824, FAULLER (wie Anm. 130) I, S. 82, IV, S. 336 f.; BARTH-BARTHENHEIM (wie Anm. 588) I, S. 299 f. Ausnahmen konnten unter Umständen bei „wirklich besonderen und sehenswürdigen Thieren, welche in Haupt- und größeren Provinzialstädten unter den nöthigen Vorsichten in Käfigen versperret zur Schau ausgestellt" wurden, gemacht werden.

1073 Verordnung vom 8. Dezember 1781, Ministerialschreiben vom 6. Dezember 1802, Polizeihofstellen-Dekrete vom 23. August 1813, vom 13. Juli 1819 und vom 23. Jänner 1825, FAULLER (wie Anm. 130) IV, S. 112 ff., BARTH-BARTHENHEIM (wie Anm. 588) I, S. 29 ff. Inländer, außer sie hatten für derartige „Gaukeleien und Wagstücke" aus besonderen Rücksichten eine Genehmigung, waren dagegen ad militiam abzuführen oder in ihre Heimat zu einem erlaubten Nahrungszweig zurückzusenden.

1074 Regierungsdekret vom 25. Mai 1806, Hofkanzleidekret vom 18. Juni 1806, Dekret der Polizeihofstelle vom 6. April 1809, Hofkanzleidekret vom 16. April 1809, BARTH-BARTHENHEIM (wie Anm. 588) I, S. 382 f.

1075 Präsidial-Dekret der Polizei-Hofstelle, intimiert mit Regierungsdekret vom 5. Jänner 1824, BARTH-BARTHENHEIM (wie Anm. 588) I, S. 70. 1823 war der 1820 unter Oberst Rafael de Riego in Cádiz ausgebrochene spanische Volksaufstand, durch den Fernando VII. gezwungen wurde, die liberale Verfassung von 1812 anzuerkennen (7. März 1820), durch Eingreifen der Heiligen Allianz mit französischen Truppen unter der Führung von Louis Antoine de Bourbon niedergeschlagen und der Absolutismus wiederhergestellt worden. Hinrichtungen,

nem aus anderen Staaten aus was immer für einem Anlasse verwiesenen Individuum der Übertritt über die k.k. Gränze oder der Aufenthalt im Land" gestattet werden, außer er wäre k.k. Untertan und folglich zu übernehmen[1076].

Aber auch gesundheitspolitisch bedenkliche Individuen wurden zu Abschaffungszwecken näher spezifiert. So befahl ein Patent von 1773, daß einerseits alle in den Erblanden „anzustellende, oder ihre Kunst ausüben wollende Mediker, Apotheker, Wundärzte und Hebammen" nunmehr auf „einer erbländischen Universität geprüfet, approbiret, und mit einem gehörigen Diplome versehen" sein sollten, andererseits gleichzeitig „auf einmal und für allezeit alle Marktschreier, Quacksalber, Afterärzte, herumschweifende Operateure und Zahnbrecher, Theriak- und Arzneikrämer u.s.w. in allen kais. Erblanden" abzuschaffen seien[1077]. Mehrfach wurde auch angeordnet, daß die „aus Ungarn und Slavonien mit Öhl und andern Arzneimitteln herumvagirenden Öhlträger ... gleich an der Grenze zurückgewiesen, im Betretungsfalle inner Land aber mittelst Schubes nach Haus befördert" werden sollten und die Medikamente dem „Kreisphisikus oder Apotheker zur hierüber verfassenden Konsignation" zu übergeben seien[1078], da „dergleichen Öhlträger durch den Verkauf ihrer Waaren, und eigennütziges oft sehr verkehrtes Anrathen viel Unheil anstellen, und unterm leichtgläubigen Landvolke nichts als Krankheiten anrichten"[1079]. Eine Verordnung aus dem Jahre 1784 schärfte abermals die Abschaffung aller Fremden, die „mit Schwitz-, Brech- und Laxirmitteln und Pillen" herumzogen, ein[1080].

Zum Schutz der heimischen Wirtschaftsinteressen wurde bereits 1792[1081] angeordnet, daß fremde Kommissäre, welche sich in die Landeshauptstädte wegen Bestellung von Waren einschlichen, streng zu überwachen und abzuschaffen seien, und mittels Hofverordnung von 1801[1082] jedem Fremden untersagt, Muster und Musterkarten von den außer Handel gesetzten Waren in die kaiserlichen Staaten zu bringen sowie darauf Bestellungen zu sammeln, widrigenfalls dieser als unbefugter Handelsmann abgeschafft werde, da diese sogenannten Musterreiter „zum Nachtheile des inländischen Erwerbes den Schleichhandel befördern".

Um zu vermeiden, daß vom Ausland junge Leute unter dem Vorwand zu studieren nach Wien kamen, welche „hernach weder Schulen noch Collegien besuchen, noch

---

Zwangsexil, Schließungen von Universitäten sollten nun die liberale Bewegung im Keim ersticken; vgl. z.B. Raymond CARR, Spain 1808–1939, Oxford 1966, S. 129 ff.

1076 Dekret der Polizeihofstelle vom 16. August 1821, ZALEISKY (wie Anm. 666) I, S. 694, HERZOG (wie Anm. 143), Nr. 259, S. 255.

1077 Patent vom 10. April 1773, Theresianisches Gesetzbuch (wie Anm. 143) VI, Nr. 1477, S. 581.

1078 Böhmische Gubernialverordnung vom 24. Mai 1782, HERZOG (wie Anm. 143), Nr. 43, S. 64, Slg. Joseph II, S. 167, KANKA (wie Anm. 589) I, S. 335 f.

1079 Hofdekret vom 9. März 1786 und Gubernialverordnung vom 23. März 1786, HERZOG (wie Anm. 143), Nr. 60, S. 73 f., KANKA (wie Anm. 589) I, S. 337.

1080 Verordnung vom 16. Februar 1784, ZALEISKY (wie Anm. 666) I, S. 693, KANKA (wie Anm. 589) I, S. 336.

1081 Hofkanzleidekret vom 30. Juni 1792 und Hofverordnung vom 17. Mai 1794, FAULLER (wie Anm. 130) I, S. 15, IV, S. 216.

1082 Hofverordnung vom 24. Dezember 1801, FAULLER (wie Anm. 130) I, S. 15, III, S. 171, ZALEISKY (wie Anm. 666) II, S. 532.

sich den vorgeschriebenen Prüfungen unterziehen", wurde durch Hofkanzleidekret von 1804[1083] „allen Studien- und Facultätsdirectoren aufgetragen, nach jeder Semestral-Prüfung der Polizey-Direction ein Verzeichniß solcher Jünglinge, mit ihrem Alter, Geburtsorte, Studienfache, und mit dem Charakter und Wohnorte ihrer Aeltern oder Vormünder mitzutheilen". Diese hatte sodann diejenigen Ausländer, die sich nicht über eine andere „ehrliche und erlaubte", zu ihrem Unterthalt hinreichende Beschäftigung ausweisen konnten, sogleich aus den kaiserlich-österreichischen Staaten abzuschaffen", die Inländer aber ihren Eltern oder Vormünder zuzuweisen[1084]. Überdies waren ausländische Studenten, welche „sich bedenklich darstellen und schlecht betragen", nach einer Verordnung von 1830[1085] nicht nur von den Universitäten zu entfernen, sondern auch aus den kaiserlichen Staaten wegzuweisen. Jüdische Studenten hatten sich, abgesehen von dem nötigen Toleranz- und Aufenthaltsdekret, nach einem Regierungsdekret von 1796[1086] überdies jedes Semester mit den Zeugnissen ihrer Professoren bei der Polizeidirektion auszuweisen, widrigenfalls sie aus Wien abgeschafft wurden.

i. Aus der Haft tretende Kriminalsträflinge[1087]

Als neue Kategorie von Personen, die aus sicherheitspolizeilichen Rücksichten abzuschaffen waren, trat im Absolutismus explizit die Gruppe der entlassenen Sträflinge hinzu. So ordnete die Hofentschließung vom 30. Mai 1778[1088] an, daß die wegen Diebstahls Abgestraften immer in ihre Heimat abzuschieben seien, „da derlei Lasterthaten bloß von dem angewohnten Müssiggange und Landstreicherei" entstünden. Darüber hinaus müsse „von dem Wirthschaftsamte auf ihren Lebenswandel ein wachsames Aug getragen", ihnen durch Anhaltung zur Arbeit „der so viel thunliche Lebensunterhalt verschaffet" und ihnen verboten werden, sich ohne Erlaubnis von ihrem Heimatort zu entfernen. Wegen Verbrechen verurteilte Ausländer waren nach einem Hofkanzleibescheid von 1783[1089] ungeachtet des vollbrachten Dezenniums abzuschaffen, „indem solche Leut meistentheils sehr landschädlich und auch nach ausgestandener öffentlicher Strafe, dem Publikum zu sehr bekannt und verhaßt sind, als daß sie auch bey wirklich sich vorgesetzter Besserung, ein Vertrauen von Jemand gewinnen, und hierlands ein

---

1083 Hofkanzleidekret vom 28. Dezember 1804 an sämtliche Länderstellen, Verordnung der niederösterreichischen Regierung vom 24. Jänner 1805 (kundgemacht am 24. Jänner 1805), ZALEISKY (wie Anm. 666) III, S. 334, BARTH-BARTENHEIM (wie Anm. 588) I, S. 216.

1084 Damit diese „ihre Söhne oder Mündel, denen es an Talenten oder Lust zum Studiren gefehlt haben mag, auf einem anderen Wege zu guten und nützlichen Staatsbürgern erziehen und ausbilden können".

1085 Regierungspräsidialverordnung vom 13. Dezember 1830, Prov. GSlg. NÖ XII (1830), Nr. 336, S. 740 f., ZALEISKY (wie Anm. 666), S. 336.

1086 Niederösterreichisches Regierungsdekret vom 11. März 1796, FAULLER (wie Anm. 130) II, S. 328.

1087 Siehe zur Art des Ausweisungsvollzuges auch insbes. S. 635 ff.

1088 Hofentschließung vom 30. Mai 1778, Theresianisches Gesetzbuch (wie Anm. 143) VIII, Nr. 1987, S. 196 f., HERZOG (wie Anm. 143), Nr. 36, S. 61 f.

1089 Hofkanzlei-Bescheid vom 27. November 1783, BARTH-BARTHENHEIM (wie Anm. 588) I, S. 537.

ehrliches Fortkommen finden können, in welchem Anbetrachte auch sogar die Eingebornen aus ihrer Vaterstadt oder aus ihrem Gerichtsbezirke abgeschafft werden" konnten.

In Übereinstimmung mit dem josephinischen Strafgesetz ordnete 1788 ein Hofdekret[1090] an, daß der Kriminalrichter sich bei der Abschaffung eines Kriminalverbrechers „niehmals einmengen" könne. Vielmehr stehe die Verfügung, was mit einem Abgestraften zu geschehen habe, nur dem „Politicum" zu, da der Kriminalrichter den Verbrecher „von dem Tage an, als er in die Strafe fällt, dem Politicum übergibt". Gemäß einer Gubernialverordnung aus 1804[1091] waren überdies die nach § 454 des Strafgesetzbuches aus Mangel rechtlicher Beweise ab instantia entlassenen „Criminalinquisiten" zur Abschiebung an ihre „Geburts- oder Aufenthaltsörter" an das Kreisamt „einzusenden". Bezüglich der polizeilichen Abschaffung abgestrafter in- und ausländischer Fremder durch das „Politicum" stellte die Verordnung der niederösterreichischen Regierung vom 15. April 1813[1092] fest, daß die Kriminalgerichte öfters, „ohne selbst die Außerlandschaffung eines gefährlichen erwerbslosen Fremden nach vollstreckter Strafzeit zu verhängen" – das Kriminalgericht konnte nach dem Strafgesetzbuch von 1803 nur die Landesverweisung gegen ausländische Verbrecher verhängen , „in dem Urtheile darauf antragen: daß ein solches Individuum nach ausgestandener Strafe, seiner Bedenklichkeit und Gefährlichkeit wegen, zur Außerlandesschaffung der politischen Behörde übergeben werde". Da sich die politische Behörde aber nicht selten veranlaßt sehe, „die Abschaffung nachzusehen, wenn ein solches Individuum nur einigen Erwerb auszuweisen vermag, oder wenn Jemand, gegen den nichts nachtheiliges bekannt ist, für seine Subsistenz und Aufführung sich verbürgt", sei es schon geschehen, daß „der politischen Obrigkeit nicht bekannte Diebs-Consorten solche Bürgschaften leisteten". Wegen der daraus resultierenden Gefährdung der öffentlichen Sicherheit, wenn nämlich „ähnliche mittel- und erwerbslose Verbrecher nach geendeter Strafzeit im Land zu bleiben berechtiget werden", bestimmte die Verordnung, daß die politischen Obrigkeiten die von dem Criminal-Gerichte „angetragene Außerlandesschaffung eines abgestraften, und ihnen sohin übergebenen Ausländers jederzeit gehörig zu vollziehen" hätten. In jenen Fällen aber, wo sie „aus besonderen Beweggründen eine Nachsicht Platz greifen zu lassen" glaubten, mußten sie die Genehmigung der Landesstelle einholen.

Detailliert wurde die Abschaffung fremder Individuen aus Wien durch das Regierungsdekret vom 11. August 1816[1093] geregelt. Dieses stellte zwar klar, daß das Kriminalgericht nach Verurteilung sowohl eines Ausländers als auch eines Inländers, der „in einem andern Orte der Monarchie ansässig" war oder „dort seine Ältern, seinen Gatten,

---

1090 Hofdekret vom 2. Mai 1788 an das n.ö. und v.ö. Appellationsgericht über Einvernehmen zwischen den vereinten Hofstellen und der obersten Justizstelle, JGS Nr. 822; vgl. dazu S. 95.

1091 Verordnung des böhmischen Guberniums vom 17. Oktober 1804, HERZOG (wie Anm. 143), Nr. 125, S. 125.

1092 Verordnung der niederösterreichischen Regierung vom 15. April 1813, PGS XL (1813), Nr. 35, S. 74, HERZOG (wie Anm. 143), Nr. 178, S. 166; siehe auch FAULLER (wie Anm. 130) I, S. 18.

1093 Niederösterreichisches Regierungsdekret vom 11. August 1816 an den Wiener Senat, HERZOG (wie Anm. 143), Nr. 189, S. 178 ff, FAULLER (wie Anm. 130), S. 18 ff.

Vormund" etc. hatte, oder der nicht hier geboren und sich nicht zehn Jahre ununterbrochen hier aufgehalten hatte sowie sich „über keinen rechtlichen Erwerb oder Fortkommen hier ausweisen" konnte, dessen Kriminalakten der politischen Behörde, also in Wien dem Magistrat, zu übergeben hatte, ohne daß diesem – abgesehen von den Fällen der durch das Strafgericht auszuprechenden Landesverweisung eines Ausländers – „in Absicht auf das, was politischer Seits mit einem solchen Individuum geschehen soll, eine bestimmte Entscheidung" zustünde, weil diese eben „ganz allein nur der politischen Obrigkeit überlassen bleiben" müsse. Was jedoch die Behandlung der Ausländer anbelangte, so befahl das Regierungsdekret die Befolgung der Regierungsverordnung vom 15. April 1813, „weil gar keine Ursache vorhanden ist, den Aufenthalt derlei Ausländer in den österreichischen Staaten zu begünstigen".

Bei der Abschaffung der Inländer unterschied das Regierungsdekret nun bezüglich der Durchführung drei Personengruppen. So waren diejenigen Personen, gegen welche außer dem Verbrechen, dessentwegen sie verurteilt worden waren, „sonst keine weiteren Umstände vorkommen, die sie für den hiesigen Platz insbesondere gefährlich" darstellten, nach ausgestandener Strafe in ihre Zuständigkeitsgemeinde, oder zu ihren Eltern, Vormündern, Gatten oder sonstigen Verwandten abzugeben, sei es, daß sie von diesen direkt übernommen und nach Hause gebracht, sei es, daß sie dorthin mit gebundener Marschroute instradiert wurden. Jedenfalls sollten bei dieser Personengruppe die „dem in seine Heimath geschafften Individuum in seinem weitern Fortkommen allzeit schädlichen Folgen der Abschiebung vermieden werden"[1094], während bei den wegen eines Verbrechens verurteilten, nicht zuständigen Inländern, welche als „bloße Vagabunden, herumstreichende Bettler, Müssiggänger, lüderliche Dirnen; also Leute ohne eigentlichem Aufenthaltsorte, oder wiederholt in Diebstählen und Betrügereien besonders auf hiesigem Platze betretene Personen" erschienen, auf Entfernung durch Schub zu erkennen war[1095]. Bei einer Person, die sich „schon früher einer falschen Meldung, der wiederholten Kuppelei, oder einer anderen solchen schweren Polizeiübertretung schuldig gemacht" hatte, war von der politischen Behörde nicht nur „ohne weiteres"

1094 Wie auch HARTL (wie Anm. 444), S. 261 f., zeigte, war „eine Schubverfügung sehr gefürchtet", da sie „eine überaus entehrende Prozedur" darstellte, „die den Verurteilten auch in seinem Heimatort für alle Zukunft in seiner Existenz bedrohte". Daher hätten Inquisiten ihren Namen verschwiegen oder den Geburtsort vor Gericht falsch angegeben, um eine Abschiebung zu verhindern. Nach Hartl sei in Strafakten wegen Kindesmordes öfters zu lesen, daß die Inquisitin ein reuiges Geständnis abgelegt, aber gebeten habe, gnädig zu sein und sie nicht zu ihren Verwandten mit Schub abzugeben. Nach Hartl genehmigte das Gericht – freilich in Überschreitung seiner Kompetenzen, da dieses keine Ingerenz auf die Abschaffung bzw. Abschiebung hatte, vgl. dazu auch S. 95 – bei Aussicht auf künftige Besserung auch ausnahmsweise die Übergabe an die Verwandten bzw. die Instradierung mit gebundener Marschroute, was Hartl – freilich nicht übereinstimmend mit dem Sprachgebrauch der Schubnormen, die darunter die in der Eigenmacht der Landgerichte stehende Abschiebung verstanden, vgl. z.B. S. 152, 526 – als „privaten Schub" bezeichnete; vgl. auch das niederösterreichische Regierungsdekret vom 10. Jänner 1827 an den Wiener Magistrat, HERZOG (wie Anm. 143), Nr. 339, S. 345.

1095 Vgl. auch das Hofkanzleidekret vom 3. Februar 1820 an sämtliche Länderstellen mit Ausnahme von Niederösterreich, PGS XLVIII (1820), Nr. 15, S. 26 f., HERZOG (wie Anm. 143), Nr. 237, S. 233.

auf die Abschaffung zu erkennen, sondern auch dem „Erkenntnisse beizusetzen, daß dieses Individuum für die Rückkehr allein nach dem Gesetze bestraft werden würde".

Die trotz dieser Anordnungen übliche Praxis, nicht am Strafort geborene Inländer, die ein Verbrechen begangen hatten, nach der Strafzeit unbedingt abzuschieben, also per Schub abzutransportieren, bezeichnete ein Hofkanzleidekret 1821 als freilich „in keinem Gesetze und in keiner besonderen Verordnung begründet". Diese sei vielmehr in „politischer Hinsicht mit dem Zweck der Staatsverwaltung, den sie bei der Bestrafung der Verbrecher beabsichtiget, nämlich sie zu bessern, und in ihnen den lebhaften Vorsatz zu erwecken, nach ihrem Austritte aus der Strafe als rechtliche Menschen sich künftig ihr Brot in jeder erlaubten Art zu verdienen, nicht wohl vereinbarlich"[1096], da den aus der Haft tretenden Sträflingen ihr weiteres Fortkommen dadurch erheblich erschwert würde.

Behaupteten Sträflinge, in den Erbländern geboren oder durch zehnjährigen Aufenthalt die österreichische Staatsbürgerschaft erlangt zu haben, konnte aber weder der Geburts- noch ein bestimmter Aufenthaltsort ausgewiesen werden, so waren derartige Personen – wie auch alle anderen aus der Haft tretenden Sträflinge, die nicht nach der Verordnung vom 11. August 1816 abzuschieben oder ihren Verwandten zu übergeben waren – nach Dekreten der niederösterreichischen Regierung von 1817 nicht von der politischen Behörde abzuschaffen, sondern von der Landesstelle in die mit dem Zwangsarbeitshaus verbundene freiwillige Arbeitsanstalt abzugeben, „wo solche Abgestraften so lange Unterstand und Erwerb erhalten, bis sie anderweits einen Dienst oder Erwerb auffinden" konnten[1097].

3. *Weiterentwicklung von 1848 bis 1871*

Anders als im Falle der armenpolizeilichen Abschiebung, die durch das provisorische Gemeindegesetz auf eine völlig neue Rechtsgrundlage gestellt wurde, hatte die Revolution 1848 – abgesehen vom Abbau der Judendiskrimierung[1098]– keine unmittelbaren Folgen für die sicherheits- und sittlichkeitspolizeiliche Ausweisung. Die diesbezüglichen Normen wurden zunächst übernommen.

1096 Allerhöchste Entschließung vom 12. Jänner 1821, Hofkanzleidekret vom 17. Februar 1821, Justizhofdekret vom 2. März 1821 an sämtliche Länderstellen und Appellationsgerichte, niederösterreichische Regierungsverordnung vom 9. März 1821, HERZOG (wie Anm. 143), Nr. 255, S. 249 ff., ZALEISKY (wie Anm. 666) I, S. 10 ff., BARTH-BARTHENHEIM (wie Anm. 588) I, S. 524; siehe dazu ausführlicher S. 638.

1097 Niederösterreichische Regierungsdekrete vom 21. Jänner 1817 und vom 3. Juni 1817 an den Wiener Magistrat und die Polizeioberdirektion, HERZOG (wie Anm. 143), Nr. 190, S. 182 ff., Nr. 198, S. 197 f.; FAULLER (wie Anm. 130) I, S. 21, 23. Eine derartige freiwillige Arbeitsanstalt wurde erstmals 1783 in Wien gegründet und 1817 neu organisiert, vgl. dazu z.B. STUBENRAUCH (wie Anm. 860) II, S. 206, BARTH-BARTHENHEIM (wie Anm. 588) I, S. 495 ff.

1098 Vgl. etwa TIETZE (wie Anm. 1017), S. 202 ff.; siehe allerdings SALZER-EIBENSTEIN (wie Anm. 1019), S. 41 (zur innerösterreichischen und Tiroler „Judensperre"); Rudolf LEITNER, Die Judenpolitik der österreichischen Regierung in den Jahren 1848–1859, phil. Diss. Wien 1924.

Im Zusammenhang mit dem Inkrafttreten des neuen Strafgesetzes kam es allerdings 1852[1099] betreffend die „polizeiliche Abschaffung“ zu einer längst überfälligen Begriffsdifferenzierung. Nunmehr war die „Abschaffung“ von der „einfachen Wegweisung und Abschiebung“ dadurch „wesentlich“ zu unterscheiden, daß die „Rückkehr des Abgeschafften die gerichtliche Bestrafung nach dem Strafgesetze, die Reversion des einfach Weggewiesenen oder Abgeschobenen hingegen nur die abermalige zwangsweise Entfernung oder höchstens nebstbei eine politische Ahndung“ zur Folge hatte. Überdies waren nun nicht nur die gerichtlichen, sondern auch die polizeilichen Abschaffungen für den ganzen Polizeirayon auszusprechen[1100]. Eine „so empfindliche Maßregel“ wie die Abschaffung, die beständig oder zeitlich sein konnte, sollte daher nur mehr in jenen Fällen eintreten, „in welchen sie aus zureichenden Gründen angezeigt und nothwendig“ erschien, wie gegen entlassene Sträflinge, die nach der Aktenlage als „der Eigenthumssicherheit oder in anderer Rücksicht besonders gefährlich“ erschienen, gegen „Subjecte, welche erwiesener Maßen in politischer oder sittlicher Richtung einen höheren Grad von Bedenklichkeit an den Tag“ legten, gegen Personen, die durch wiederholte Reversion „offenbare Renitenz“ gegen die behördliche Verfügung bewiesen und gegen Personen, die bereits vom Gericht, jedoch nur aus einem Ort, nicht aber aus dem gesamten Polizeirayon abgeschafft worden waren, sofern sie in einem zu diesem Polizeirayon gehörenden Ort betreten wurden. Überdies erachtete es ein Erlaß der niederösterreichischen Statthalterei aus 1853[1101] als „zweckmäßig“, „auch von der zeitlichen Abschaffung öfter Gebrauch zu machen, um schädliche Individuen, welche bei der einfachen Ausweisung leichter zurückkommen können, sicherer entfernt zu halten“[1102].

Da die gesetzlichen Bestimmungen über das Schubwesen „theilweise in Vergessenheit gerathen“ waren, brachte ein Erlaß der oberösterreichischen Statthalterei 1857[1103] auch „in Erinnerung“, daß mit der Abschiebung nur gegen Vagabunden, Müßiggänger, verdächtige, ausweis- oder bestimmungslose Individuen, welche kein Reisedokument und keinen ehrlichen Erwerb nachweisen“ konnten, sowie gegen Personen, welche durch „liederlichen oder unsittlichen Wandel“ Anstoß erregten und der „ämtlichen Weisung zur Abreise von einem bestimmten Platze“ nicht Folge leisteten, sowie gegen entlassene Sträflinge, welche „in Sicherheitsbeziehung bedenklich erscheinen und nach

1099 Dekret der Polizeidirektion vom 8. Juli 1852, ZALEISKY (wie Anm. 666) III, S. 694 f., ASTL (wie Anm. 967) IV, S. 17 f.

1100 Siehe dazu auch die Verordnung der Ministerien des Innern und der Justiz vom 10. Mai 1852, RGBl. Nr. 106, wornach in Zukunft Abschaffungen aus einem Orte immer auf den ganzen Polizei-Rayon, zu welchem dieser Ort gehört, zu lauten haben.

1101 Erlaß der niederösterreichischen Statthalterei vom 17. Mai 1853 und Dekret der Polizeidirektion vom 23. Mai 1853, ZALEISKY (wie Anm. 666) III, S. 695 ff.

1102 Weiters sollte nun in Wien die „einfache Ausweisung“ in die Kompetenz der Polizeikommissariate fallen, die Abschaffung jedoch in die der Polizeidirektion. Nach dem Dekret der Polizeidirektion vom 14. Juni 1855, ZALEISKY (wie Anm. 666), 1. Nachtrag, S. 2, war auch „da, wo es sich um die beständige Abschaffung handelt, wohl meist auch die Abschiebung des Individuums geboten“, während die Entfernung mittels gebundener Marschroute nur als seltene Ausnahme in Anwendung gebracht werden sollte.

1103 Erlaß der oberösterreichischen Statthalterei vom 22. August 1857, ZALEISKY (wie Anm. 666), 2. Nachtrag, S. 171 ff.; siehe zu dieser Thematik S. 635 ff., 648 ff., 697 ff.

ihrem Vorleben" in einer der genannten Kategorien gehörten, vorgegangen werden könne, während alle anderen Personen bloß in „ihre Heimat zu instradiren" waren.

Darüber hinaus kam es in den Fünfzigerjahren aber auch zu einer konkreteren Ausgestaltung der jeweiligen materiellen Ausweisungsvorraussetzungen. So sah eine Verordnung der obersten Polizeibehörde und der Ministerien des Äußern, des Innern und des Kriegswesens vom 3. Mai 1853[1104] vor, daß Ausländern die Bewilligung zum Aufenthalt in Österreich gänzlich versagt oder eine bereits erteilte Aufenthaltsgenehmigung wieder zurückgenommen werden konnte, wenn der „Fremde nicht den Verpflichtungen nachkommt, welche die allgemeinen Landesgesetze oder die besonderen Localverordnungen" ihm auferlegten, wenn es ihm an den nötigen Subsistenzmitteln mangelte oder die Dauer seiner Reiseurkunde abgelaufen war. Darüber hinaus konnte jeder Ausländer, wenn sich sein Aufenthalt in Österreich „aus Rücksichten der öffentlichen Ordnung oder Sicherheit als unzulässig" darstellte, „selbst wenn dadurch auch kein strafgerichtliches Verfahren gegen ihn begründet" wurde, „ohne weiters außer Landes geschafft werden".

Was die Ausweisung wegen Ausweis- bzw. Paßlosigkeit anbelangt, trat eine grundlegende Veränderung durch die 1857 für alle Kronländer eingeführten neuen paßpolizeilichen Vorschriften[1105] ein. An die Stelle der Pässe traten vom Bezirksamt des Wohnsitzes ausgefertigte Legitimationskarten, deren Ausstellung nur denjenigen Personen verweigert werden durfte, die sich entweder nicht im Vollgenuß der bürgerlichen Rechte befanden oder „in ihrem Recht zu Reisen durch polizeiliche oder gerichtliche Verfügungen beschränkt" waren[1106]. Weiters waren von der Ausstellung der Legitimationskarten Handwerksgesellen, Arbeiter, Hausierer und Straßensammler ausgenommen, da diese mit Wanderbüchern bzw. Hausierpässen bzw. sonstigen besonderen Urkunden versehen sein mußten[1107].

Da Inländer zu Reisen im Inland infolge dieser Vorschriften – von den genannten Ausnahmen abgesehen – keines Passes mehr bedurften, war nun für jedermann die „nicht durch Vorweisung, Vidirung oder ämtliche Hinterlegung seiner Reiseurkunde

---

1104 Verordnung der obersten Polizeibehörde und der Ministerien des Äußern, des Innern und des Kriegswesens vom 3. Mai 1853, RGBl. Nr. 82, über die paßpolizeiliche Behandlung der Ausländer in Österreich; siehe zu dieser auch S. 66, 215 f., 397, 399 und Anm. 2147.

1105 Kaiserliche Verordnung vom 9. Februar 1857, RGBl. Nr. 31, über die Einführung eines neuen Paßsystems; Verordnung der Ministerien des Äußern, des Innern und des Handels, der obersten Polizeibehörde und des Armee-Ober-Commando vom 15. Februar 1857, RGBl. Nr. 32, womit neue paßpolizeiliche Vorschriften erlassen werden.

1106 Nach der Instruktion für die politischen und Polizeibehörden und deren Organe vom 6. März 1857 zur Handhabung der kaiserlichen Verordnung vom 9. Februar 1857 und der Verordnung vom 15. Februar 1857, ASTL (wie Anm. 967) IV, S. 2377 ff., Ergänzungsbd., S. 95 ff., ZALEISKY (wie Anm. 666), 2. Nachtrag, S. 139 ff., waren dies „Minderjährige und Kuranden, in sofern sie die erforderliche Zustimmung der hiezu berechtigten Personen, d.i. ihrer Väter, Vormünder und Kuratoren", nicht beibrachten, sowie auf einen bestimmten Ort konfinierte Personen und solche „Individuen, welche durch eine Untersuchung auf freiem Fuße, oder durch sonstige gerichtliche Verfügung in dem Rechte zu reisen gesetzlich beschränkt" waren.

1107 So die Instruktion vom 6. März 1857 (wie Anm. 1106). Ausgenommen waren auch die „im militärpflichtigen Alter stehenden Urlauber und Reservisten".

gestörte Bewegung im Inneren der Monarchie" gesichert[1108]. Die Vorweisung der Legitimationskarte durfte überdies generell nur in den Fällen verlangt werden, „wo gegründeter Verdacht gegen ein Individuum wegen eines begangenen Verbrechens, Vergehens oder einer Übertretung" bestand oder „sonstige gegen ein Individuum vorkommende gegründete Bedenken" vorlagen.

Betreffend die Ausweisung von Prostituierten sah ein Erlaß der Wiener Stadthauptmannschaft vom 6. Mai 1852[1109] nun konkretere Tatbestände vor. Nach diesem Erlaß war eine nicht nach Wien zuständige „Lustdirne", wenn sie auf dem „Striche, d.i. auf dem insbesondere zur Anwerbung von Männern unternommenen Gange" betreten wurde oder ihren „Aufenthalt in einem Hause oder Stadttheile" hatte, „in welchem sich derlei Weibspersonen auf eine dem Wesen eines Bordells ähnliche, der Nachbarschaft und Umgebung lästige Weise" anhäuften, oder aber wenn sie „auf schamlose Weise aus dem Fenster oder von dem Hausthore Freier" anlockte oder sonst „in irgend einer, noch nicht zu dem gerichtlichen Verfahren geeigneten Weise den öffentlichen Anstand" verletzte, „ohne weiteres mit Schub zu entfernen", wenn sie als „gesund erkannt" oder, „im Falle einer unbedenklichen Krankheit, aus dem Krankenhause wieder übernommen wurde"[1110]. In gleicher Weise war eine Prostituierte auch dann zu entfernen, wenn sie wegen Ausübung des „Unzuchtsgewerbes" trotz eines ihr bekannten venerischen Übels gerichtlich abgestraft oder aus diesem „oder aus irgend einem anderen das Unzuchtgewerbe nach dem Strafgesetze zu einem Vergehen qualificirenden Anlasse dem Gerichte eingeliefert" worden war, sie mochte „dort eine Strafe bestanden haben oder straflos entlassen worden sein". Gegen Revertentinnen sollte, falls dies nicht schon durch das Gericht im Zuge einer Abstrafung wegen Reversion geschehen war[1111], die polizeiliche Abschaffung aus dem ganzen Umfang des Polizeirayons ausgesprochen und dann erst ihre Abschiebung eingeleitet werden. Zuständige Prostituierte waren hingegen in das Zwangs- und Arbeitshaus abzugeben. Ein Polizeidirektionserlaß von 1865[1112] ordnete überdies „häufige Streifungen während der Abendstunden, Revisionen der bekannten liederlichen Dirnen zum Schlupfwinkel dienenden Schänken und Kaffeehaus-Localitäten, eine strenge Behandlung der Schanddirnen, insbesondere deren Entfernung vom hiesigen Platze, eine sorgfältige Ueberwachung der beschäftigungslosen, weiblichen Dienstboten und Beschränkung ihrer Aufenthaltsbewilligung" seitens der Polizeikommissariate an. Als Ergebnis dieser Bemühungen wurden in den Jahren 1860 bis 1863 jährlich zwischen 350 und über 500 Prostituierte aus Wien abgeschoben[1113].

1108 Ebd.

1109 SCHRANK (wie Anm. 477), S. 316 f.; ZALEISKY (wie Anm. 666) I, S. 707 ff.; ASTL (wie Anm. 967) II, S. 1100 ff.

1110 War eine Prostituierte „mit der Lustseuche behaftet" oder „sonst krank", mußte sie gemäß § 2 dieses Erlasses „vor Allem in das Krankenhaus oder nach Umständen in das Inquisiten-Spital, gegen Vorbehalt der Rückstellung, verschafft und nach erfolgter Heilung zur weiteren Verfügung übernommen werden".

1111 Siehe zur Reversion S. 748 ff.

1112 SCHRANK (wie Anm. 477) I, S. 318.

1113 Vgl. die Tabelle über die Verhältnisse der Prostitution bezüglich Abschiebung, venerischer Krankheiten etc. bei HÜGEL (wie Anm. 903), S. 96. Sowohl die Zahl der beanstandeten Prostituierten als auch die Zahl der Abgeschobenen nahm in diesen Jahren kontinuierlich zu.

Gegenstand zahlreicher Anordnungen blieben weiterhin auch die Zigeuner, da es trotz der Versuche im Absolutismus und Vormärz, diese zu einer seßhaften Lebensweise „umzuerziehen“ oder vielmehr zu zwingen, der Staatsgewalt offenkundig nicht gelungen war, das Herumziehen der Zigeuner in den Griff zu bekommen. Man legte daher zum einen weiterhin ein Hauptaugenmerk darauf, die Zuwanderung von Zigeunern, vor allem aus Ungarn, zu verhindern[1114], zu welchem Zweck wandernden ungarischen Zigeunern keine Dokumente ausgestellt, sondern diese „allsogleich in die Zuständigkeitsgemeinde“ abgeschoben werden sollten. Ausgenommen waren nur diejenigen Personen, welche ein bestimmtes Gewerbe betrieben und den Zweck ihrer Reise angeben konnten. Zum anderen aber sollte das Herumwandern innerhalb des späteren Cisleithanien eingeschränkt werden. Eine böhmische Statthaltereiverordnung von 1850[1115] bezeichnete z.B. das „hordenweise Herumziehen allerlei verbrecherischen und arbeitsscheuen Gesindels unter dem Namen Zigeuner, Landfahrer usw.“ als einen der „schreiendsten Uebelstände in vielen Gegenden des Landes“ und beklagte, daß bisher alle Bemühung der Regierung gescheitert waren, „diesem Unwesen ein Ende zu machen“. Durch die nun eingerichtete „k.k. Gensdarmerie“ sei aber nun jene „Exekutionsmacht geboten, die zur schleunigen und kräftigen Unterdrückung von Uebelständen dieser Art“ erforderlich sei. Die Gendarmerie sollte daher „sowohl die vereinigten Horden, als die einzelnen, gewöhnlich bettelnden umherstreifenden Glieder aufgreifen und zur Behandlung nach den bestehenden Gesetzen abgeben“. Insbesondere aber sei niemandem, „der dem herumziehenden Leben dieser Art ergeben“ sei, ein Paß oder Heimatschein zu erteilen, und die in ihre Heimat Abgeschobenen sollten strenge überwacht und zur Arbeit angehalten werden. Selbst wenn sie Pässe besaßen, waren Zigeuner und Zigeunerbanden aber – wie es die Statthalterei für Salzburg 1851 vorschrieb[1116] – dennoch „ohne weiteres in ihre Heimat abzuschieben“, falls sie sich bestimmungslos oder ohne einen erlaubten Erwerb herumtrieben.

1853 wurde in Böhmen erneut den Gemeindevorständen „die sorgfältigste Invigilirung auf das bestimmungslose Herumstreifen der Zigeunerhorden und die Aufgreifung und Einlieferung dieser letzern Behufs deren Abschiebung“ strengstens aufgetragen. Überdies sollte den wegen „Bestimmungslosigkeit und Hang zum Vagiren bereits einmal abgeschobenen Zigeunern“ keine Reiseurkunde mehr ausgestellt und bei der „Paßertheilung an Zigeuner“ überhaupt mit größtmöglichster Vorsicht und Strenge vorgegangen werden. Insbesondere durften derlei Reiseurkunden nur an „vollkommen ver-

---

So wurden im Jahr 1860 1.693 Prostituierte beanstandet und 350 abgeschoben, im Zeitraum von Jänner bis September 1863 kamen 515 Abgeschobene auf 2.018 beanstandete Prostituierte.

1114 So verbot ein ungarischer Erlaß 1862 die Ausreise der Zigeuner, vgl. Michaela HASLINGER, Rom heißt Mensch. Zur Geschichte des „geschichtlosen Zigeunervolkes“ in der Steiermark (1850–1938), phil. Diss. Graz 1985, S. 16.

1115 Böhmische Statthaltereiverordnung vom 7. Juli 1850, Z. 1933, ASTL (wie Anm. 967) V, S. 4196.

1116 Erlaß der Statthalterei für das Kronland Salzburg infolge Erlasses des Ministeriums des Innern vom 30. Juli 1851, LGBl. Nr. 237, und Böhmische Statthaltereiverordnung vom 5. Juni 1851, Z. 4575, Z. 4575, ASTL (wie Anm. 967) V, S. 4197; vgl. auch das Dekret der Wiener Polizeidirektion vom 21. Oktober 1854, ZALEISKY (wie Anm. 666), 1. Nachtrag, S. 161.

trauenswürdige Individuen, welche sich über einen gesicherten Nahrungserwerb an einem bestimmten Orte durch giltige Zeugnisse auszuweisen" vermochten, „niemals aber an ganze Familien" ausgegeben werden[1117]. Ein Erlaß der schlesischen Landesregierung 1856 stellte freilich fest, daß noch immer der „größte Teil dieser Menschenklasse ... der Arbeitsscheu und dem müßigen Herumvagiren zu sehr ergeben" sei und „gewöhnlich die ganze Familie den größten Theil des Jahres nicht selten ganz ausweislos" von Ort zu Ort herumstreiche, wodurch die Kinder dem Schulbesuch und Religionsunterricht, „den einzigen sicheren Mitteln zu einer nachhaltigen Kultivirung und Hebung dieser Menschenklasse", entzogen würden. Die Gemeinden, wo solche Familien unbefugt erschienen, wurden angewiesen, diese sofort an das zuständige Bezirksamt abzuliefern, welches „wegen deren Abschaffung in ihre Heimat und Bestrafung wegen der unbefugten Entfernung das Geeignete zu verfügen" hatte[1118].

Nach Einführung des neuen Paßsystems 1857[1119] bekamen die Zigeuner, wiewohl „die Verhandlungen wegen Regelung der staatsbürgerlichen Verhältnisse der Zigeuner noch im Zuge" waren, zwar grundsätzlich Pässe, waren dadurch aber „bei müßigem, erwerbslosem oder sonst bedenklichem Herumziehen ... gegen Anwendung der dießfalls bestehenden Vorschriften" keineswegs geschützt[1120]. Außerdem wurden Pässe weiterhin nicht an solche Zigeuner ausgegeben, die einen „ordentlichen Erwerbszweig nachzuweisen nicht imstande oder sonst übel beleumundet" waren, sowie an ganze Familien. Ohne Reisepaß aufgegriffene Zigeuner sollten auch in weiterer Folge „sofort aufgegriffen und nach ihrem Zuständigkeitsorte abgeschoben werden, sowie überhaupt das Schubwesen bezüglich dieser Volksklasse strengstens zu handhaben" war[1121]. 1869 wurde seitens des Innenministeriums weiters angeordnet, daß die ungarischen Gemeinden Reisedokumente nur an solche Zigeuner ausfertigen durften, die „sich mit einem ehrbaren Gewerbe befaßten, und zwar bloß für die Person des Gewerbetreibenden selbst, und mit unbedingter Ausschließung seiner Familie"[1122].

1117 Böhmische Statthaltereiverordnung vom 15. November 1853, Z. 9432, ASTL (wie Anm. 967) V, S. 4195; siehe auch Franz ZVOLSKY, Das Schubwesen. Eine Sammlung der wichtigsten Gesetze, Verordnungen und Vorschriften betreffend das Schubwesen überhaupt und in der Markgrafschaft Mähren insbesondere, Brünn 1911, S. 78 ff.

1118 Erlaß der schlesischen Landesregierung vom 13. April 1856, ASTL (wie Anm. 967) V, S. 4199.

1119 Verordnung des Ministeriums des Äußern und des Handels, der obersten Polizeibehörde und des Armee-Ober-Commando vom 15. Februar 1857, RGBl. Nr. 32, wirksam für alle Kronländer, womit neue paßpolizeiliche Vorschriften erlassen werden, vgl. dazu auch S. 200, 214.

1120 Erlaß der Statthalterei in Böhmen vom 10. August 1857, Z. 7130, und Erlaß der niederösterreichischen Statthalterei vom 14. August 1857, Z. 35364, ASTL (wie Anm. 967) V, S. 4195, ZALEISKY (wie Anm. 666), 2. Nachtrag, S. 216; vgl. aber bezüglich der Probleme der Zigeuner, Pässe zu erlangen, HASLINGER (wie Anm. 1114), S. 24 f.

1121 Erlaß des mährischen Statthaltereipräsidiums vom 12. November 1867, ZVOLSKY (wie 1117), S. 83 f.

1122 Vgl. dazu und zur ungarischen, aber auch kroatisch-slavonischen Vorgangsweise HASLINGER (wie Anm. 1114), S. 17 f.

Hinsichtlich der entlassenen Sträflinge wurde 1853[1123] erneut angeordnet, daß die „Polizei- und rücksichtlich politische Behörde", wenn nicht schon im Straferkenntnis die Landesverweisung oder die Abschaffung ausgesprochen worden war, zu bestimmen habe, was mit dem Sträfling nach ausgestandener Strafe zu geschehen habe, ob er also am Strafort belassen oder in seine Heimatgemeinde oder „nach Maßgabe der besonderen *Verhältnisse" in eine andere Gemeinde gewiesen werde, und ob diese Wegweisung mittels Schub oder gebundener Marschroute erfolgen sollte. Ausgenommen waren allerdings Personen, die wegen solcher Vergehen gegen die Sicherheit der Ehre verurteilt worden waren, die nur auf Verlangen des Beleidigten verfolgt wurden und keine Freiheitsstrafe von sechs Monaten zur Folge hatten, sowie wegen Übertretungen, welche weder aus Gewinnsucht entstanden, noch die öffentliche Sittlichkeit oder die öffentliche Ruhe und Ordnung verletzt, noch eine Freiheitsstrafe von sechs Monaten nach sich gezogen hatten. Eine weitere Verordnung vom 15. Juni 1860[1124] über die Behandlung der aus den Straf- und Zwangsarbeitshäusern tretenden Individuen ordnete an, daß die unverbesserlichen Entlassenen mit Schub in ihre Zuständigkeitsgemeinden zu senden und dort mittels schriftlichen Erkenntnisses der zuständigen Sicherheitsbehörde unter Polizeiaufsicht zu stellen seien[1125].

2. Ausweisungsrecht in der Ära der Dezemberverfassung

A. Entstehungsgeschichte des Schubkosten- und Reichsschubgesetzes

1. Schubkostengesetz vom 12. Mai 1868

In der Sitzung des Abgeordnetenhauses am 23. Juli 1867 stellte der Abgeordnete Friedrich Leeder[1126] den Antrag, die Regierung aufzufordern, die Reorganisierung der

---

1123 Verordnung des Ministeriums der Justiz vom 5. März 1853, RGBl. Nr. 44, wodurch im Einverständnis mit dem Ministerium des Innern und der obersten Polizei-Behörde für die genannten Kronländer, die mit Hofdekret vom 30. November 1821, Nr. 1818, der Justiz-Gesetzsammlung ertheilte Vorschrift wegen Ausfertigung der strafgerichtlichen Auskunftstabellen und weiterer Behandlung derselben mit mehreren Abänderungen neuerlich kundgemacht wird.

1124 Verordnung des Ministeriums des Innern im Einvernehmen mit dem Justiz- und Polizeiministerium vom 15. Juni 1860, Z. 18.795, ZUCKER (wie Anm. 354), S. 16 f.

1125 Sie waren verpflichtet, sich ohne behördliche Bewilligung nicht von ihrem Aufenthaltsort zu entfernen und mußten von jeder Veränderung in ihrem Unterstand und Erwerb der Aufsichtsbehörde Anzeige machen. Soweit es im Interesse der öffentlichen Sicherheit und der Besserung der Person war, konnten in diesem Erkenntnis auch andere Gebote und Verbote auferlegt werden. Bezüglich der „Gebesserten" hatte hingegen keinerlei Polizeiaufsicht stattzufinden, und die „Besserungsfähigen" waren in ihrem selbst gewählten Aufenthaltsort gehörig zu überwachen, aus welchem sie sich nicht ohne besondere Erlaubnis entfernen durften. Allerdings hatten die Behörden mit allem Eifer ihnen bei der Suche nach einem redlichen Nahrungserwerbe behilflich zu sein.

1126 Unterstützt durch Dr. Franz Groß, Dr. Franz Klier, Franz Kliemann, Eduard Daubek, Josef Lax, Ferdinand Kotz von Dobrcz, August Müller, Georg Beeß, Dr. Coelestin Leonardi, Karl Lumbe, Amand Kuenburg, Paul Herbert, Karl Graf Kokorzowa, Franz Falkenhayn, Hieronymus Zeidler, Karl Korb-Weidenheim, Viktor Widmann, Ernst Loudon, Franz Des

Gendarmerie unverzüglich in Angriff zu nehmen, im Einvernehmen mit den Landesvertretungen dafür zu sorgen, daß das Schubwesen geregelt und das Strafanstaltenwesen reformiert werde, sowie daß zweckentsprechende Zwangsarbeitshäuser in der nötigen Anzahl errichtet würden[1127]. In der Begründung seines Antrags[1128] bezog sich Leeder auf die „Übelstände am Lande, welche den Landmann außerordentlich drücken", ohne daß die Gemeindeorgane diese beheben könnten. Insbesondere strich er die „gränzenlose Frechheit der arbeitsscheuen Vagabunden" und die „stete Drohung" durch heimgekehrte Sträflinge heraus, welche der Landbevölkerung unter allen möglichen Drohungen Gaben abpressen würden. Der Vagabund, der um keinen Preis arbeiten wolle und „oft die Bevölkerung eines ganzen Bezirkes brandschatzt", würde nur auf den Schub kommen, „wo man ihm am Ende noch eine Fuhre beistellen muß und schlimmsten Falls bekommt er einige Schläge, und diese genieren ihn am allerwenigsten". Leeder verwies auf die schlechten Erfahrungen der Schubpraxis und die Überforderung der Heimatgemeinden, die Schüblinge zu ständigem Aufenthalt und Arbeit anzuhalten[1129]. Nur die Schaffung von Zwangsarbeitshäusern könne Abhilfe schaffen. Der Antrag wurde einem neunköpfigen Ausschuß zur Vorberatung und Antragstellung zugewiesen[1130], der sich mit der Reorganisierung der Anstalten für die öffentliche Sicherheit zu befassen hatte.

In der Sitzung des Abgeordnetenhauses vom 28. März 1868 legte der Berichterstatter des Ausschusses Leeder u.a. die Grundzüge der bisherigen Rechtslage dar[1131], nach der Paßlose, mit erloschenen Pässen versehene und nahrungslose Individuen sowie Inquisiten und Sträflinge abzuschieben seien. Die Abschiebung finde auf der Grundlage eines Schubpasses und in der Regel zu Fuß, nur bei kranken oder gefährlichen Personen mittels Fuhre, statt. Die Kosten seien zum Teil vom Staat, zum Teil aus dem Landesfonds und insoweit von den Gemeinden zu tragen, als die Fuhrkosten den Betrag der Vorspannsgebühr überschreiten. Allerdings seien diese Regelungen in einer „zahlreichen Menge einzelner Verordnungen" festgelegt, wodurch sich vor allem die Notwendigkeit ergäbe, „die Zusammenstellung einer das ganze Schubwesen umfassenden und reformirenden Schubordnung zu veranlassen". Insbesondere sei „einestheils zur Erzie-

---

Fours-Walderode, Dr. Franz Roser, Max Kübeck, Dr. Karl Schlosser, Christian Kotz von Dobrcz, Alexander Schindler, Viktor Frhr. von Prato, Simon Winterstein, Ernst Streeruwitz, Georg Kardasch, Wenzel Rosenauer, Dr. Eduard Schubert, Zacharias Herrmann.

1127 Sten. Prot. des AH, I. Sess., 24. Sitzung am 23. Mai 1867, S. 516.

1128 Sten. Prot. des AH, I. Sess., 26. Sitzung am 25. Juli 1867, S. 607 f.

1129 „Der Vagabund kommt mit dem Schube und wird der Gemeinde mit dem Auftrag übergeben, sie möge Sorge tragen, daß er in der Gemeinde verbleibe und zur Arbeit angehalten werde. Die Gemeindevorstände versuchen es nach allen Richtungen, jedoch der Kerl arbeitet nicht und hängt ihnen noch alle möglichen Grobheiten und Drohungen an; und wenn sie es einige Zeit versucht haben, so sind sie froh, wenn er weiter geht, um in kurzer Zeit abermals im Schubwege zurückzukehren", siehe Sten. Prot. des AH, I. Sess., 26. Sitzung am 25. Juli 1867, S. 608.

1130 Ebd., S. 609. In den Ausschuß wurden gewählt: Karl Graf Zedtwitz, Dr. August Dehne, Viktor Frhr. von Widmann, Karl Graf Coronini-Cronberg, Josef Frhr. von Lasser, Anton Graf Golejewski-Golejewo, Karl Graf Kokorzowa, Viktor Frhr. von Prato und Friedrich Leeder selbst; siehe Sten. Prot des AH, I. Sess., 28. Sitzung am 26. September, S. 656.

1131 Sten. Prot. des AH, I. Sess., 85. Sitzung am 28. März 1868, S. 2336, insbes. S. 2339 f.

lung der Verminderung der mitunter sehr bedeutenden Kosten, anderentheils zu Beseitigung der zahlreichen Schubsreversionen dahin zu wirken, daß die Abschiebung erst dann Platz greife, wenn der Zweck desselben nicht mittels eines Zwangspasses erreicht werden" könne. Weiters sollten im Falle einer Abschiebung durch zwei oder mehrere Länder, die Kosten, soweit sie grundsätzlich einem Landesfonds zur Last fielen, von dem Landesfonds der Heimat des Abgeschobenen getragen werden. Ein Hauptaugenmerk sei auch darauf zu richten, „daß dem Unsinn gesteuert werde, daß abgeschobene Vagabunden 10 und 20mal zurückkehren, und daß den Schubsstationen kein gesetzliches Mittel zu Gebote steht, derlei Vagabunden, auch wenn sie sich der besten Gesundheit erfreuen, zu Fuß abzuschieben, wenn sie eben bei Wagen befördert sein wollen".

Auf Antrag des Ausschusses beschloß das Abgeordnetenhaus[1132], die Regierung aufzufordern, einen von folgenden Grundsätzen getragenen Entwurf für eine neue „Schubordnung" im Reichsrat einzubringen: Zum einen solle der Schub dann nicht Platz greifen, wenn der Zweck desselben genauso gut durch die Erteilung eines Zwangspasses, also durch gebundene Marschroute, erreicht werden könne. Weiters sei der Schub mittels Vorspann nur in strengen Ausnahmsfällen und nur dann, wenn die Beförderung mittels Eisenbahn nicht billiger sei, durchzuführen und drittens sei als Präventivmaßnahme gegen Schubreversionen die Möglichkeit zu schaffen, Revertenten in eine Zwangsarbeits- oder Besserungsanstalt abgeben zu können. Die Errichtung oder Neuorganisierung solcher Anstalten sei der Initiative der Länder zu überlassen.

Der vom Ausschuß vorgelegte Gesetzentwurf über die Vergütung der Schubkosten fremder Landesfonds von Seiten des Heimatlandes wurde vom Abgeordnetenhaus am 28. März 1868 in dritter Lesung[1133] und vom Herrenhaus am 30. April 1868[1134] angenommen. Die politisch-juridische Kommission des Herrenhauses, der diese Materie zur Vorberatung übertragen war, hatte sich mit den Motiven, welche dem Gesetzentwurf zugrunde lagen, voll einverstanden erklärt[1135]. Sie erachtete die bisherige Regelung, nach der die Schubkosten vom Landesfonds desjenigen Landes zu tragen waren, innerhalb dessen Grenzen die Abschiebung stattfand, als „an und für sich unbillig", da sie den Ländern mit starkem Zuzug in die Großstädte und Industrieorte unverhältnismäßig große Auslagen verursache. Die geltenden Bestimmungen seien sogar schädlich, da sie die Länder, aus denen der zahlenmäßig größte personelle Abfluß stattfinde, von der Pflicht entbinde, das Vagabundieren durch Vorkehrungen für eine wenn auch zwangsweise Beschäftigung arbeitsscheuer Leute zu bekämpfen. Dadurch, daß nach dem vorliegenden Entwurf nunmehr die Kosten der Abschiebung vom Schübling selbst oder im Falle von dessen Zahlungsunfähigkeit vom Landesfonds des Landes, in dem die Heimat-

---

1132 Ebd., S. 2340, 2354, berichtet im Herrenhaus am 30. März 1868, siehe Sten. Prot. des HH, IV. Sess., 33. Sitzung am 30. März 1868, S. 631.

1133 Sten. Prot. des AH, I. Sess., 85. Sitzung am 28. März 1868, Anhang S. 2377; zur Mitteilung im Herrenhaus siehe Sten. Prot. des HH, IV. Sess., 33. Sitzung am 30. März 1868, S. 621 f.

1134 Vgl. Sten. Prot. des HH, IV. Sess., 39. Sitzung am 30. April 1868, S. 789 ff., Anhang C, S. 795.

1135 Vgl. dazu Protocoll der Sitzung der ständigen politischen Commission vom 20. April 1868, Parlamentsarchiv, Herrenhaus, Materie Carton 21: Öffentliche Sicherheit, Zwangs- und Besserungsanstalten, Polizeiwesen, Mappe Nr. 4, IV. Sess., Nr. 461 und deren Bericht, ebd., Nr. 440, sowie Sten. Prot des HH, IV. Sess., 39. Sitzung am 30. April 1868, S. 789 f.

gemeinde des Schüblings liege, zu leisten sei, könnten die Nachteile für die Zuzugsgemeinden und für die öffentliche Sicherheit beseitigt werden. Die Kommission hatte daher dem Herrenhaus die Annahme des Gesetzentwurfes mit kleineren stilistischen Änderungen empfohlen. Nachdem das Abgeordnetenhaus am 6. Mai 1868 diesen Änderungen beigetreten war[1136], sanktionierte der Kaiser am 12. Mai 1868 das Gesetz[1137].

2. *Reichsschubgesetz vom 27. Juli 1871*

Der Aufforderung, eine Vorlage für eine neue „Schubordnung" im Reichsrat einzubringen, kam die Regierung erst mit einiger Verzögerung nach. Am 14. Dezember 1869 brachte Innenminister Karl Giskra einen Entwurf betreffend die Regelung der polizeilichen Abschaffung und des Schubwesens im Abgeordnetenhaus ein[1138], der einem neunköpfigen Ausschuß zur Vorberatung zugewiesen wurde[1139]. Der Motivenbericht der Regierung führte aus, daß die Erlassung eines Gesetzes über die Abschaffung und Abschiebung notwendig sei, um das „dießfalls bestehende System der Freiheitsbeschränkung mit den Bestimmungen der Staatsgrundgesetze in Einklang und diese selbst zur entsprechenden Durchführung zu bringen"[1140]. Um also die seit 1862 zweifelhaften Rechtsgrundlagen der polizeiliche Abschiebung und Abschaffung zu sanieren, aber auch das in Art. 3 Abs. 2 des Reichsgemeindegesetzes von 1862[1141] und § 43 des Heimatgesetzes von 1863[1142] verankerte Ausweisungsrecht der Gemeinden[1143] an die durch das Staatsgrundgesetz über die allgemeinen Rechte der Staatsbürger geschaffene Rechtslage anzupassen, war die Schaffung eines einheitlichen Reichsschubgesetzes geboten. Der Motivenbericht verwies nicht nur darauf, daß die bestehenden Schubvorschriften einerseits mit den genannten Gesetzen nicht immer im Einklang stünden, sondern auch auf den Umstand, daß die nach den einzelnen Kronländern verschiedenen, „in mehr als einem halben Tausend von Verordnungen in den Landes-... Gesetzsammlung zerstreuten"[1144] Vorschriften zusätzlich untereinander oft im Widerspruch stünden. Da das Gesetz vom 12. Mai 1868 den Schubkostenersatz zwischen den Ländern festgesetzt habe,

---

1136 Sten. Prot des AH, I. Sess., 102. Sitzung am 6. Mai 1868, S. 2916 und Anhang A, S. 2943; Mitteilung an das Herrenhaus, siehe Sten. Prot des HH, IV. Sess., 40. Sitzung am 7. Mai 1868, S. 799.

1137 Gesetz vom 12. Mai 1868, RGBl. Nr. 41, in Betreff der Auslagen für Schüblinge wirksam für die im Reichsrate vertretenen Königreiche und Länder; Mitteilung der Sanktion an das Abgeordnetenhaus Sten. Prot des AH, I. Sess., 110. Sitzung am 18. Mai 1868, S. 3318.

1138 Nr. 11 der Beilagen zu den Sten. Prot. des AH, V. Sess.

1139 Sten. Prot. des AH, V. Sess., 2. Sitzung am 15. Dezember 1869, S. 23; vgl. zu den Ausschußmitgliedern Sten. Prot. des AH, V. Sess., 4. Sitzung am 18. Dezember 1869, S. 35.

1140 Nr. 11 der Beilagen zu den Sten. Prot. des AH, V. Sess., S. 51–54.

1141 Gesetz vom 5. März 1862, RGBl. Nr. 18, womit die grundsätzlichen Bestimmungen zur Regelung des Gemeindewesens vorgezeichnet werden.

1142 Gesetz vom 3. Dezember 1863, RGBl. Nr. 105, betreffend die Regelung der Heimatverhältnisse; vgl. Anm. 200.

1143 Vgl. dazu ausführlich S. 271 ff.

1144 Nr. 11 der Beilagen zu den Sten. Prot. des AH, V. Sess., S. 51.

müßte nun endlich auch das Schubwesen unter Berücksichtigung der autonomen Verwaltung der Landesfonds in Bezug auf die Schubsachen gleichförmig geregelt werden.

Die Kompetenz zur Gesetzgebung in dieser Materie ergab sich nach Ansicht der Regierung aus der Kompetenzbestimmung des § 11 des Staatsgrundgesetzes über die Reichsvertretung, der die Gesetzgebung betreffend die Fremdenpolizei und Polizeistrafgesetzgebung sowie diejenigen Gegenstände, welche sich auf Pflichten und Verhältnisse der einzelnen Länder untereinander bezogen, zum Wirkungskreis des Reichsrates rechnete[1145]. Die Schubgesetze würden daher „nach dieser dreifachen Rücksicht" in das Gebiet der Reichslegislative „hinübergreifen".

Zum inhaltlichen Umfang dieses Spezialgesetzes führte der Motivenbericht aus, daß sich dieses nicht nur auf die Abschiebung, sondern auch auf die polizeiliche Abschaffung erstrecken müsse, da diese, „im Wesentlichen auf denselben Voraussetzungen beruhend, bisher wenigstens in Handhabung der Polizeigewalt nicht selten ohne bestimmte gesetzliche Normen zur Ausführung gebracht worden sei". Das neue Gesetz müsse nun klären, welcher Personenkreis ausgewiesen und in seine Heimat verwiesen, d.h. abgeschoben, und wer nur abgeschafft werden könne. Ferner seien die Arten der Abschiebung, die jeweiligen Behördenkompetenzen, das Verfahren und die Kostentragung grundsätzlich und einheitlich zu regeln. Detailausführungen sollten unter Zugrundlegung dieses Gesetzes durch die Landesbehörden im Einvernehmen mit dem jeweiligen Landesausschuß durch Verordnungen vorgenommen werden. Die Erlassung eines derartigen Spezialgesetzes stellte sich nach Ansicht der Regierung als unerläßlich dar, wollte man die staatsbürgerlichen Rechte des Individuums mit dem „unerläßlichen Schutze der Gesellschaft gegen Angriffe auf die Sicherheit der Person und des Eigentums, sowie auf die öffentliche Sicherheit" in Einklang bringen, dem Ausweisungsrecht der Gemeinden eine „gesetzlich geregelte Geltung" verschaffen und den regelmäßigen Klagen der Landtage über „die Landplage des Bettel- und Vagabundenthums" Rechnung tragen[1146].

Am 5. März 1870 wurde der Bericht des Ausschusses vom 22. Februar[1147] über die Regierungsvorlage im Abgeordnetenhaus erstattet[1148]. Der Ausschuß hatte sich in seinem Bericht weitgehend den Darlegungen des Motivenberichts angeschlossen, betonte aber darüber hinausgehend, daß von den vom Abgeordnetenhaus aufgestellten leitenden Grundsätzen zwar die gegenüber dem Schub vorrangige Anwendung des Zwangspasses sowie die tunliche Vermeidung des Vorspannes[1149] Eingang in die Regierungsvorlage gefunden hätten, nicht aber die Möglichkeit, Schubrevertenten in eine Zwangs- oder Besserungsanstalt einzuliefern. Wiewohl die Entscheidung, diesen Grundsatz nicht in das Schubgesetz aufzunehmen, mangels Begründung im Motivenbericht der Regierungsvorlage nicht nachvollziehbar ist, erachtete es auch der Ausschuß für geboten, die Regelung dieser Materie einem in Aussicht genommenen Polizeistrafgesetz zu überlassen[1150]. Au-

---

1145 § 11 lit. g, k und n, RGBl. 1867 Nr. 141.

1146 Nr. 11 der Beilagen zu den Sten. Prot. des AH, V. Sess., S. 52.

1147 Nr. 69 der Beilagen zu den Sten. Prot. des AH, V. Sess.

1148 Sten. Prot. des AH, V. Sess., 28. Sitzung am 5. März 1870, S. 604–626.

1149 Vgl. §§ 3 und 12 der Regierungsvorlage, Nr. 69 der Beilagen zu den Sten. Prot. des AH, V. Sess., S. 689, 691.

1150 Ebd., S. 686.

ßerdem stellte der Ausschußbericht klar, daß es sich beim vorliegenden Gesetzentwurf entgegen dem Beschluß des Abgeordnetenhauses nicht um eine Schubordnung im Sinne einer Durchführungsordnung handle und auch nicht handeln könne, da eine solche die Verschiedenheit der einzelnen Kronländer nicht in dem Maß wahren hätten können, wie dies insbesondere im Hinblick auf die Kostentragung notwendig erschien.

Im Unterschied zur Regierungsvorlage hatte der Ausschuß das Gesetz vom 12. Mai 1868 in seinen Ausschußantrag eingearbeitet und verschiedene Veränderungen in der Textierung zwecks größerer begrifflicher und sprachlicher Klarheit vorgenommen. In der folgenden Generaldebatte zeigte sich sofort eine deutlich ablehnende Haltung der Abgeordneten Galiziens, die zum einen kompetenzrechtliche Einwände gegen die Gesetzesvorlage vorbrachten, zum anderen aber – und dies wohl vorrangig – eine zu starke Beanspruchung des Landesfonds durch die Kostentragungsbestimmungen des Entwurfes befürchteten. So kritisierte der galizische Abgeordnete Peter Groß[1151], daß die Reichsregierung das Schubwesen einerseits als Teil der Fremdenpolizei in die Reichsgesetzgebung hineingezogen und damit das Schubwesen als Reichsangelegenheit gesehen hätte, andererseits aber die Kosten inkonsequenterweise nicht durch Reichsmittel bestreiten lassen wolle, sondern auf die einzelnen Länder überwälze. Die Gesetzesvorlage greife im übrigen in die Gesetzgebungskompetenz der Länder ein, da nach den Landtagsstatuten Veränderungen des Budgetvoranschlages bezüglich der ordentlichen und außerordentlichen Landesausgaben in die Gesetzgebungskompetenz des jeweiligen Landes falle[1152]. Er bezweifelte, daß die Reichsgesetzgebungskompetenz in dieser Materie durch § 11 lit. n des Staatsgrundgesetzes über die Reichsvertretung begründbar sei, der die Gegenstände, die sich auf das Verhältnis der Länder untereinander bezogen, zum Wirkungskreis des Reichsrates zählte. Es handle sich hier nicht nur um das Verhältnis der Länder untereinander, sondern um die Kostenauflegung in jedem Land, und derartige Angelegenheiten fielen nicht in die Reichsgesetzgebungskompetenz. Im übrigen hätte der Landesfonds in Galizien nie die Kosten des Schubwesens zu tragen gehabt, und der Gesetzentwurf würde daher dem galizischen Landesfonds eine neue Last auferlegen, wogegen sich die galizischen Abgeordneten verwahrten. Groß stellte den – vom Abgeordnetenhaus allerdings abgelehnten – Antrag, die Gesetzesvorlage so umzuarbeiten, daß dem Grundsatz der Kostentragung durch das Reich und nicht durch die Länder Rechnung getragen werde.

Der Berichterstatter des Ausschusses, Abgeordneter Alois Frhr. von Czedik-Bründelsberg[1153] gab zwar grundsätzlich Sympathie für den Antrag zu erkennen, weil gerade Galizien durch die Schubkosten besonders in Anspruch genommen wäre, betonte aber, daß eine derartige Regelung unmöglich sei. Würde man die Schubkosten auf die Reichsauslagen umlegen, dann müßte man auch mit den Kosten für Kranken-, Findel- und Gebärhäuser auf diese Weise verfahren, was aber nicht zulässig sei. Czedik unterstrich,

---

1151 Sten. Prot. des AH, V. Sess., 28. Sitzung am 5. März 1870, S. 605.

1152 Groß nannte als Beispiel die Landesordnung für das Königreich Galizien, RGBl. 1861 Nr. 20, Beilage II o), die in § 18 Abschnitt I.4.a. alle Anordnungen in Betreff Voranschlages und der Rechnungslegung des Landes rücksichtlich der ordentlichen und außerordentlichen Landesausgaben zur Landesangelegenheit erklärte.

1153 Sten. Prot. des AH, V. Sess., 28. Sitzung am 5. März 1870, S. 605 f.

daß gerade das Schubwesen eine Angelegenheit im Sinne des § 11 lit. n des Staatsgrundgesetzes darstelle, denn hieraus ergäbe sich eine Wechselwirkung zwischen den Ländern. Ein ungleiches Vorgehen bezüglich der Kostenfrage in den verschiedenen Kronländern würde „eine totale Unordnung und Ungerechtigkeit" zur Folge haben, wie sie „nach dem bis 1868 bestandenen Principe, nachdem die Auslagen territorial bestritten worden sind, thatsächlich auch bestand." Er stellte klar, daß die Regierung mit diesen Bestimmungen des Gesetzentwurfes kein Neuland beschritten habe, da bereits das Gesetz von 1868, das auch mit den Stimmen der galizischen Abgeordneten beschlossen worden war, diese Grundsätze der Schubkostentragung bzw. -rückerstattung ausgesprochen hatte. Dem Standpunkt des galizischen Landesausschusses und Landtages, daß das Gesetz vom 12. Mai 1868 für Galizien hinsichtlich der Schubkostenrückerstattung an andere Länder unverbindlich sei, könne er sich nicht anschließen. Die galizischen Abgeordneten hatten argumentiert, daß § 1 des Gesetzes betreffend die Auslagen für Schüblinge von denjenigen Schubkosten spreche, „welche bisher dem Landesfonde jedes Landes zur Last fallen". In Galizien aber wären die Schubkosten bisher eben nicht vom Land, sondern vielmehr von den Gemeinden getragen worden. Daher sei Galizien auch nach dem Gesetz vom 12. Mai 1868 nicht verpflichtet, anderen Ländern deren Auslagen für in Galizien heimatberechtigte Schüblinge rückzuerstatten, und dies hätte es bis jetzt auch nicht getan. Für Berichterstatter Czedik war vielmehr das, „was damals eine unklare Stilisirung im Zweifel gelassen hat", nunmehr im vorgelegten Gesetzentwurf „richtig und klar" gestellt. Außerdem betreffe dieses Problem nur Galizien, und man könne nicht die anderen Länder für die hohen Kosten gerade der Abschiebungen nach Galizien aufkommen lassen. Es stünde dem galizischen Landtag ohnedies frei, seinerseits die Kosten auf die Gemeinden zu überwälzen, „allein der Garant gegenüber den anderen Landesfonds, derjenige, der die Kosten vorschußweise zu bestreiten" habe, dürfe nur der galizische Landesfonds sein. Es sei den übrigen Landesfonds nicht zuzumuten, sich mit der jeweiligen galizischen Heimatgemeinde des Abgeschobenen finanziell auseinanderzusetzen.

Groß kritisierte auch die Bestimmung des § 5, nach welcher die Ausführung der Abschiebung jenen Gemeinden oblag, welche als Schubstationen bestellt waren, dahingehend, daß diese Regelung[1154] in die Kompetenz der Länder eingreife, da sie Bestimmungen zur „inneren Ordnung und Durchführung des Schubwesens" enthielte und damit nicht in die Reichsgesetzgebungskompetenz fiele. Wenn es schon den einzelnen Ländern zur Pflicht gemacht werde, das Schubwesen auf ihre Kosten durchzuführen, so müsse es ihnen doch wenigstens gestattet sein, dabei so vorzugehen, wie sie es am billigsten und den Verhältnissen der einzelnen Länder am entsprechendsten erachteten. Die Gesetzesvorlage mache das allerdings unmöglich. Czedik entgegnete darauf, daß es nicht gut möglich sei, in einem derartigen Gesetz die ausführenden Organe nicht festzuschrei-

[1154] In diese Kritik bezog Groß auch die §§ 4, 10, 11, 14–16, 18 und 19 mit ein. Er kündigte daher an, daß er bei jedem dieser Paragraphen Anträge auf Weglassung von Passagen stellen würde und beantragte zu § 5, daß es am Schluß desselben heißen solle, die „Ausführung, Leitung und Überwachung, sowie die Kosten der Abschiebung werden der Landesgesetzgebung vorbehalten".

ben, es bliebe aber der Landesgesetzgebung vorbehalten, den Begriff der Schubstation und die Art und Weise der Kostentragung selbst zu regeln[1155].

Bezüglich der umstrittenen Schubkostenrückerstattung meldete sich auch der galizische Abgeordnete Grocholski mit der Frage zu Wort[1156], ob es denn gerecht sei, „daß, wenn ein Land nicht das Recht hat, seinen Bürgern zu sagen: Ihr dürft nicht in ein anderes Land gehen, es doch verhalten werden soll, wenn sie hingehen, die Kosten dafür als Strafe zu zahlen?" Ähnlich anderen Kritikern an der Abschiebung aus Armenversorgungsgründen nach den heimatrechtlichen Bestimmungen[1157], so wies auch Grocholski darauf hin, daß die Bevölkerung durch die Aussicht auf Arbeitsmöglichkeiten vor allem in die Residenz- und Industriestädte abwandern würde, dieser Zufluß aber vor allem nur für diese Städte und die Länder, in denen die Städte lagen, von Interesse und Nutzen sei. Während die „Arbeitsamen und Strebsamen" in den Städten verbleiben würden, so gäbe man nur die „schlechten, die liederlichen Leute" den Herkunftsländern zurück. Diese Ungerechtigkeit müsse dadurch verhindert werden, daß „alle Städte, welche diese Anziehungskraft ausüben", auch „für die Abschiebung der liederlichen selbst die Kosten tragen", statt den Herkunftsprovinzen den Kostenersatz aufzuerlegen. Czedik versuchte die Sorgen der galizischen Abgeordneten dadurch zu beschwichtigen, daß er hervorhob, im Gegensatz zum Gesetz über die Auslagen für Schüblinge von 1868 würde der nunmehr vorliegende Entwurf nicht nur nicht zu einer weiteren Belastung, sondern vielmehr zu einer „Erleichterung für die Landesfonde" führen, indem nunmehr ausdrücklich die von den Gemeinden zu tragenden Kosten im Gesetz geregelt seien[1158], was eine Reduktion der von den Landesfonds zu tragenden Kosten bedeute. Trotzdem legten die galizischen Abgeordneten Verwahrung gegen das Gesetz ein und beteiligten sich nicht an der Abstimmung über das Gesetz am 8. März 1870, bei der der Ausschußantrag vom Abgeordnetenhaus angenommen wurde[1159].

Das Herrenhaus wies das Gesetz der politisch-juridischen Kommission zur Beratung zu[1160]. Diese beantragte in ihrem Bericht vom 3. April 1870[1161] die Aufnahme eines zusätzlichen Absatzes in § 2 betreffend die Ausweisungsmöglichkeit für Ausländer, da das vom Abgeordnetenhaus beschlossene Gesetz nur auf Inländer anwendbar sei und hinsichtlich der Ausländer sonst ein eigenes Gesetz erlassen werden müßte[1162].

1155 Sten. Prot. des AH, V. Sess., 28. Sitzung am 5. März 1870, S. 608.

1156 Ebd., S. 611.

1157 Vgl. S. 765 ff., auch S. 38 ff.

1158 Vgl. § 14 des Ausschußantrages, Nr. 69 der Beilagen zu den Sten. Prot. des AH, V. Sess., S. 691 f.

1159 Sten. Prot. des AH, V. Sess., 29. Sitzung am 8. März 1870, S. 625 f.; Nr. 73 der Beilagen.

1160 Sten. Prot des HH, V. Sess., 12. Sitzung am 21. März 1870, S. 122. Hye begründete seinen Antrag auf Zuweisung an die Kommission damit, daß, wiewohl die Materie zwar „vorherrschend politischer Natur" sei, weil sie die polizeiliche Abschaffung betraf, sie doch in den Bereich der Justizgesetzgebung hineinreiche, insofern es sich nämlich um die polizeiliche Abschaffung von strafgerichtlich Verurteilten bzw. aus Strafanstalten Entlassenen handelte.

1161 Nr. 62 der Beilagen zu den Sten. Prot. des HH, V. Sess.; vgl. auch Protocoll der Sitzung der vereinten politisch-juridischen Commission des Herrenhauses vom 2. April und vom 6. April 1870, Parlamentsarchiv (wie Anm. 1134), V. Sess., Nr. 480 und Bericht, ebd., Nr. 514.

1162 Der Antrag der Kommission war, zwischen Abs. 4 und 5 folgenden neuen Absatz einzuschalten: „Außerdem können Personen, welche in dem Geltungsgebiete dieses Gesetzes

In der Generaldebatte am 6. April gab Anton Frhr. Hye von Glunek zu bedenken, daß im Falle einer zustimmenden Beschlußfassung des Herrenhauses über die Änderungsanträge der Kommission das Gesetz noch einmal an das Abgeordnetenhaus zur erneuten Verhandlung und Beschlußfassung zurückgehen müßte und die Aussicht, daß ein Beschluß des Abgeordnetenhauses noch im Laufe der Session erreicht werden könnte, nicht vorhanden sei. Hye befürchtete daher, daß das Zustandekommen dieses Gesetzes neuerlich auf unbestimmte Zeit verschoben werden würde. Er berichtete, daß die Kommission angesichts dieser Problematik noch eine Sitzung umittelbar vor dieser Plenarversammlung abgehalten habe und zum Entschluß gekommen sei, eine Empfehlung für die Annahme des Gesetzesentwurfes in der Fassung des Abgeordnetenhauses en bloc auszusprechen. Die Vorteile, die sich aus einer sofortigen Beschlußfassung des Gesetzentwurfes mit seinen „vielen Verbesserungen der bestehenden Schub- und Abschaffungseinrichtungen“ ergäben, würden eindeutig überwiegen. Nach Ansicht Hyes sollte die Regelung der Ausweisung von Ausländern von der Regierung „alsbaldig in Form eines besonderen Gesetzes, nämlich eines sogenannten Fremdengesetzes in Antrag gebracht“ werden, da es eine „nothwendige Completirung eines solchen Abschaffungsgesetzes“ sei, „daß man nicht blos gegen die gefährlichen Individuen des Inlandes, sondern auch gegen die vielleicht noch gefährlicheren Individuen des Auslandes Sicherheitsmaßregeln trifft“.

Innenminister Giskra erklärte[1163], daß man, als das Schubgesetz in Angriff genommen wurde, auch an ein Fremdengesetz gedacht habe, „um die für die administrative Thätigkeit der Regierung schwankende Basis in der Berechtigung zur Ausweisung von Fremden zu ändern und zu einer festen zu machen“. Allerdings sei damals nach der Ressortverteilung dieser Entwurf in die Kompetenz des Polizeiministeriums gefallen, weshalb der Entwurf des Schubgesetzes die Ausweisung von Ausländern nicht beinhalte. Das Fremdengesetz aber sei zum Zeitpunkt der Einbringung des Schubgesetzes noch nicht fertig gewesen. Er hätte nun „beim Durchgehen“ des Schubgesetzes gesehen, daß „dem Zwecke des Fremdengesetzes“ eben durch die Einfügung eines weiteren Absatzes in § 2 Genüge hätte getan werden können. Seiner Ansicht nach läge nun die Frage vor: „Soll ich das Gute von mir weisen, um möglicherweise in Zukunft das Bessere zu erhalten, aber auch mit dem Nebenumstande, daß das Bessere nicht nur ausgeschlossen, sondern unzweifelhaft von jeder Regierung zur Schlußfassung wird vorgelegt werden müssen?“ Er schloß sich im „Interesse der persönlichen Freiheit“ dem Standpunkt an, das Gesetz in der Fassung des Abgeordnetenhauses anzunehmen, nicht nur „weil dem Bedürfnisse nach Kräftigung und Festigung der öffentlichen Ordnung damit Vorschub gegeben“ sei, sondern auch im Interesse einer einfacheren Administration, da die gegenwärtigen Gesetze über die Abschiebung durch die „schwankenden Competenzbestimmungen beinahe lahm gelegt“ seien.

---

nicht heimatberechtigt sind, wenn sich ihr Aufenthalt daselbst aus Rücksichten der öffentlichen Ordnung oder Sicherheit als unzulässig darstellt, aus dem ganzen Geltungsgebiete dieses Gesetzes, oder aus einem bestimmten Theile desselben abgeschafft werden“. Außerdem wurde eine stilistische Änderung im § 8 angeregt.

1163 Sten. Prot des HH, V. Sess., 19. Sitzung am 6. April 1870, S. 264.

Adolf Frhr. von Pratobevera gab außerdem noch bezüglich des im Gesetzentwurf vorgesehenen Zeitpunktes des Inkrafttretens des Gesetzes (§ 20) – nämlich mit dem Tag der Kundmachung – zu bedenken, daß das „leidliche Schubwesen, welches ja einmal als Reiseanstalt für Vagabunden bezeichnet wurde“, für die Schubstationsgemeinden mit einer „sehr schwierige[n] Manipulation“ verbunden sei. Weil das neue Gesetz große Änderungen im Rechnungswesen mit sich brächte, sei es unerläßlich, zur Vermeidung einer „große[n] Verwirrung“ im Verrechungswesen und im Interesse „der Aufrechterhaltung der Ordnung in diesem wichtigen Theile der Gesetzgebung und Verwaltung“ einen bestimmten Termin für das Inkrafttreten in Aussicht zu nehmen[1164].

Den Empfehlungen der Abgeordneten Hye, Pratobevera, des Berichterstatters der Kommission, Franz Graf Hartig, und des Innenministers folgend, nahm das Herrenhaus in dritter Lesung am 6. April den Gesetzentwurf in der Fassung des Abgeordnetenhauses an[1165]. Dem Wunsch des Reichsrates allerdings, das Gesetz noch in der fünften Session durchzubringen, kam der Kaiser nicht nach. Mit einer an das Herrenhauspräsidium gerichteten Note vom 26. März 1871[1166] teilte Innenminister Hohenwart mit, daß der Kaiser mit Entschließung vom 27. Mai 1870 dem Gesetzentwurf in Betreff der Regelung der polizeilichen Abschaffung und des Schubwesens die Sanktion „in dem Anbetrachte nicht zu ertheilen befunden“ hatte, „daß sich bei Sanctionirung dieses Gesetzentwurfes in den gesetzlichen Vorschriften über die Abschaffung von Ausländern eine Lücke ergeben würde.“

Wie dringend allerdings die Neuregelung des Ausweisungsrechtes aus Rechtssicherheitsgründen geworden war, zeigte die Interpellation des Abgeordneten Konrad Seidl und Genossen[1167] an die Minister der Innern und der Justiz im Abgeordnetenhaus am 7. März 1871. Anlaßfall war die polizeiliche Ausweisung des Journalisten Ludwig Richard Zimmermann[1168] aus Cisleithanien am 24. Jänner 1870 gemäß § 20 der Ministerialverordnung vom 3. Mai 1853[1169] mit der Begründung, „daß die fernere Duldung seines Aufenthaltes hierlands aus Rücksichten der öffentlichen Ordnung und Sicherheit nicht mehr zulässig erscheint“. Die Interpellanten führten aus, daß die Ministerialverordnung vom 3. Mai 1853 schon infolge der Durchführung der Ministerialverordnung vom

---

1164 Er schlug den 1. Juli vor, um eine ausreichend lange Frist für die Implementierung des Gesetzes gewährleisten zu können, Sten. Prot. des HH, V. Sess., 19. Sitzung am 6. April 1870, S. 263.

1165 Ebd., S. 266; Nr. 32 der Beilagen; dem Abgeordnetenhaus mitgeteilt am 7. April, Sten. Prot. des AH, V. Sess., 45. Sitzung am 7. April 1870, S. 1048.

1166 Sten. Prot. des HH, VI. Sess, 11. Sitzung am 5. April 1871, S. 156 f.; vgl. Sten. Prot. des AH, VI. Sess., 28. Sitzung am 30. März 1871, S. 406.

1167 Es waren dies Friedrich Brandstetter, Johann Fux, Dr. Karl Pickert, Dr. Karl Rechbauer, Dr. Eduard Lipp, Rudolf Blitzfeld, Josef Liebl, Mathias Edenberger, Dr. Franz Groß, Dr. Johann Demel, August Müller, Dr. Ferdinand Hanisch, Dr. Alfred Knoll, Valerius Ritter, Dr. August Weeber, Rudolf Frhr. von Hackelberg-Landau; vgl. dazu Sten. Prot. des AH, VI. Sess., 19. Sitzung am 7. März 1871, S. 228 f.

1168 Siehe zu Zimmermann S. 397.

1169 Verordnung der obersten Polizeibehörde und der Ministerien des Äußern, des Innern und des Kriegswesens vom 3. Mai 1853, RGBl. Nr. 82 § 20; vgl. dazu auch S. 66, 200, 216, 397, 399 und Anm. 2147.

15. Februar 1857[1170] als aufgehoben betrachtet werden müsse, jedenfalls aber durch das Gesetz zum Schutze der persönlichen Freiheit[1171] außer Kraft gesetzt sei, das in § 5 die Ausweisung nur „in durch ein Gesetz bezeichneten Fällen" erlaube. Diese Ausweisung stelle demgemäß eine Rechtsverletzung dar, weil sie nicht auf einem Gesetz basierte, sondern nur auf einer Verordnung ohne Gesetzeskraft. Da der unter fünf Preßklagen stehende Journalist außerdem „- wenn staatsgefährlich - im Falle der Verurteilung hätte gerichtlich ausgewiesen werden können"[1172], sei es „sehr bedenklich, wenn in einem Rechtsstaate zu polizeilichen Maßregeln gegriffen wird, um das zu erreichen, was man unter denselben Voraussetzungen auf gerichtlichem Wege erreichen kann", und es wäre ein „gefährliches Präcedens" geschaffen worden[1173]. Daher wurden von den Interpellanten an den Innenminister die Fragen gestellt, wie sich diese Ausweisung im Hinblick auf das Gesetz zum Schutz der persönlichen Freiheit rechtfertigen ließe, ob der Innenminister gedenke, die Länderchefs an die Vorschrift des § 5 dieses Gesetzes zu erinnern und ob die Regierung beabsichtige, einen „das Verhältnis der Fremden in Österreich regelnden" Gesetzesentwurf als Regierungsvorlage einzubringen[1174].

Am 14. März beantworteten die Minister des Innern und der Justiz[1175] die Fragen der Interpellanten. Minister Hohenwart[1176] führte aus, daß das Gesetz zum Schutz der

---

1170 Verordnung der Ministerien des Äußern, des Innern und des Handels, der obersten Polizeibehörde und des Armee-Ober-Kommandos vom 15. Februar 1857, RGBl. Nr. 32, womit neue paßpolizeiliche Vorschriften erlassen werden, vgl. auch S. 200, 203.

1171 Gesetz zum Schutze der persönlichen Freiheit vom 27. Oktober 1862, RGBl. Nr. 87.

1172 Die Staatsanwaltschaft Graz hatte allerdings am Tag nach dem Ausweisungserkenntnis die gegen den Journalisten eingebrachten Preßklagen zurückgezogen. Die Interpellation kritisierte, daß die vom Justizminister abhängige Staatsanwaltschaft durch „Zurückziehung der gegen Zimmermann schwebenden Processe der Polizei in die Hände gearbeitet und sich in einer Weise benommen hat, wie es mit ihrer Würde und Selbständigkeit unvereinbar erscheint".

1173 Das Abolitionsrecht sei erstmalig „in diesem in der Rechtsgeschichte Österreichs einzig dastehenden Falle" nur zum Nachteil des Angeklagten geübt worden, „um ihn der beabsichtigten Ausweisung unterwerfen zu können".

1174 An den Justizminister wurden die Fragen gestellt, ob der Auftrag zur Zurückziehung der fünf Anklagen gegen Zimmermann vom früheren Justizminister (Tschabuschnigg) ausgegangen war, wenn nicht, ob dieser das Vorgehen der Staatsanwaltschaft Graz billigte und wie sich diese Zurückziehung rechtfertigen ließe, durch welche sich die zur Verfolgung der strafbaren Handlung eingerichtete Staatsbehörde, wenn Zimmermann wirklich staatsgefährlich war, um ihre Verpflichtung brachte, nach erfolgtem Schuldspruch auf gerichtliche Ausweisung desselben den Antrag zu stellen.

1175 Justizminister Habietinek erklärte zu den gegen den Herausgeber der Zeitschrift „Freiheit", Ludwig Richard Zimmermann, erhobenen Klagen, daß eine Klage wegen des Vergehens der Aufwiegelung aufgrund eines Artikels zum „Massenaustritte aus der Kirche" anhängig war, weiters je eine Klage wegen Verbrechens der Religionsstörung, wegen Vergehens der Aufwiegelung und wegen Beleidigung einer gesetzlich anerkannten Kirche aufgrund des Artikels „Versammlungsrecht" sowie eine weitere Klage wegen Verbrechens der Störung der öffentlichen Ruhe aufgrund des Artikels „Gutachten eines Amerikaners über die monarchische Regierungsform". Alle fünf Klagen hätten wegen Zurückziehung durch die Staatsanwaltschaft nicht das Stadium der Schlußverhandlung erreicht. Bezüglich der ersten beiden Fragen der Interpellanten - vgl. Anm. 1174 - versicherte Habietinek, daß sein Vorgänger (Tschabuschnigg) weder die Zurückziehung veranlaßt noch diese gebilligt habe. Die dritte

persönlichen Freiheit zwar auch auf Ausländer Anwendung finde, aber durch die Ausweisung Zimmermanns nicht verletzt worden sei, da die gesetzliche Grundlage dafür in der mit Gesetzeskraft erlassenen Verordnung der obersten Polizeibehörde und der Ministerien des Innern und des Kriegswesens vom 3. Mai 1853 zu erblicken sei. Nur die in dieser Verordnung enthaltenen paßrechtlichen Vorschriften seien durch die Bestimmungen der Verordnung vom 15. Februar 1857 außer Kraft gesetzt worden, nicht jedoch der für die Ausweisung von Ausländern relevante § 20. Er wies darauf hin, daß diese Regelung „in vollständigem Einklange sowohl mit der staatsrechtlichen Theorie[1177] als auch mit der positiven Gesetzgebung der anderen Staaten" stünde[1178], wo selbst in jenen Staaten, welche den Ausländern weitestgehende Schutzrechte gewähren, „die Regierung das Recht der Ausweisung fest in der Hand behalten" hätte. In allen diesen Staaten sei die Beurteilung dessen, was das Staatswohl erfordere, „immer nur dem Ermessen der Regierung und niemals dem Spruche der Gerichte überlassen". Der Innenminister gab dem Abgeordnetenhaus bekannt, daß, wiewohl „die Regierung dermalen keinen Grund" habe, eine neue Gesetzesvorlage einzubringen, sie diesen Gegenstand bei der Wiedereinbringung des Schubgesetzes berücksichtigen würde.

Ebenfalls mit dem Schubwesen befaßte sich eine Interpellation des Abgeordneten Nikolaus Dumba und Genossen am 24. März 1871 an die Minister des Innern, der Justiz und der Landesverteidigung[1179]. Mit Verweis darauf, wie sehr das Bettel- und Vagabundenwesen auf dem Lande um sich greife, wurde die Frage gestellt, ob die Regierung gedenke, „den in beiden Häusern zur Berathung und Beschlußfassung gelangten Gesetzesentwurf, betreffend die Regelung der polizeilichen Abschaffung und des Schubwesens, neuerlich zur verfassungsmäßigen Behandlung vorzulegen", und zwar so, daß deren Erledigung noch in der sechsten Session ermöglicht würde.

Als Minister Hohenwart mit Note vom 26. März 1871[1180] von der Sanktionsverweigerung des Kaisers Mitteilung machte, gab er auch bekannt, daß dieser in der Entschließung vom 27. Mai 1870 nicht nur die Sanktion zum verabschiedeten Gesetzentwurf verweigert, sondern auch die Ermächtigung erteilt hatte, den „fraglichen, entsprechend modifizierten Gesetzentwurf als Regierungsvorlage bei dem Reichsrathe neuerlich einzubringen"[1181]. So wurde am 5. April 1871 die dem Reichsrat erneut vorgelegte Regierungsvorlage[1182] der juridisch-politischen Kommission des Herrenhauses zur Vor-

---

Frage nach der Berechtigung der Staatsanwaltschaft zur Zurückziehung der Klagen beantwortete der Justizminister mit Verweis auf die Rechtslage dahingehend, daß das Vorgehen der Staatsanwaltschaft „jederzeit ein durchaus correctes war", noch dazu, als mit einem Schuldspruch nicht zu rechnen gewesen sei; vgl. Sten. Prot. des AH, VI. Sess., 21. Sitzung am 14. März 1871, S. 253.

1176 Ebd., S. 252 f.

1177 Vgl. dazu auch S. 15 ff.

1178 Hohenwart nannte als Beispiele die Ausweisungsbestimmungen von Baden, Frankreich, Schweiz, England, Nordamerika und Belgien.

1179 Sten. Prot. des AH, VI. Sess., 26. Sitzung am 24. März 1871, S. 358.

1180 Siehe S. 213, Anm. 1166.

1181 Vgl. auch Sten. Prot. des AH, VI. Sess., 28. Sitzung am 30. März 1871, S. 406.

1182 Nr. 40 der Beilagen zu den Sten. Prot. des HH, VI. Sess.

bereitung zugewiesen[1183], die am 16. Mai einen die Annahme empfehlenden Bericht erstattete[1184]. Die Kommission empfahl darüber hinaus dem Herrenhaus, eine Resolution zu beschließen, in welcher die Regierung zur raschen Einbringung eines Gesetzentwurfes über das Vagabundenwesen aufgefordert wurde, „um dessen immer lästiger und gefährlicher werdenden Überhandnehmen zu steuern"[1185]. Nachdem am 26. Mai 1871[1186] das Herrenhaus sowohl den Entwurf nach dem Antrag der Kommission als auch die angeregte Resolution beschlossen hatte, wurde der Gesetzentwurf in der Fassung des Herrenhauses[1187] an das Abgeordnetenhaus weitergeleitet und von diesem in der Sitzung vom 6. Juni 1871 dem Gendarmerieausschuß zur Vorberatung überwiesen[1188].

Der Bericht des Ausschusses[1189] stellte fest, daß im Vergleich zu den bisherigen Beschlüssen des Reichsrates nur die vom Herrenhaus bereits diskutierten Änderungen, vor allem betreffend die Aufnahme einer Bestimmung über die Ausweisung von Ausländern und der Wegfall der Regelung, daß das Gesetz mit dem Tag seiner Kundmachung in Kraft trete, in den vorliegenden Entwurf aufgenommen wurden. Bezüglich des Ausweisungsrechtes für Ausländer stellte der Ausschuß fest, daß es sich hier nur um eine Einbeziehung einer bereits bestehenden Norm, nämlich des § 20 der Verordnung vom 3. Mai 1853, in den Gesetzentwurf handle und die „Ersprießlichkeit der Zusammenziehung gleichartiger Anordnungen" vom Ausschuß anerkannt werde. Im übrigen sei auch in Belgien, England, Frankreich, Preußen, der Schweiz und in Nordamerika[1190] das Recht, Ausländer im politischen Wege auszuweisen, gesetzlich festgeschrieben, und Österreich solle in der gegenwärtigen Lage keine Ausnahmestellung einnehmen, da diese Regelung „einzig und allein" dazu diene, „fremde störende Elemente von dem in-

---

1183 Sten. Prot. des HH, VI. Sess., 11. Sitzung am 5. April 1871, S. 161.

1184 Nr. 93 der Beilagen zu den Sten. Prot. des HH, VI. Sess.; vgl. auch das Protokoll der Sitzung der vereinten juridisch politischen Commission des Herrenhauses und deren Bericht vom 16. Mai 1871, Parlamentsarchiv (wie Anm. 1134), VI. Sess., Nr. 533 und Nr. 548.

1185 Nr. 93 der Beilagen zu den Sten. Prot. des HH, VI. Sess, S. 442. Die Kommission begründete ihren Antrag damit, daß sich das „wüste Treiben der Vaganten in den letzten Jahren ... zu einer stehenden und allenthalben schreckenverbreitenden Landplage der gesammten Landbevölkerung" entwickelt habe und „arbeitslose Strolche" in immer größerer Frequenz nicht bloß Almosen von der Landbevölkerung erbetteln würden, sondern diese durch allerlei Drohungen, z.B. den roten Hahn aufs Dach zu setzen, erpressen würden. Dieses „furchtbare, so recht eigentlich sociale Übel", von dem die „städtische Bevölkerung keine auch nur annähernde Vorstellung" habe, bedrohe den Wohlstand der Landbevölkerung, da in manchen Gegenden die „Contribution, welche solche Landstreicherbanden auf die angegebene Weise dictiren und erpressen ... sich höher belaufe, als alle Abgaben, welche die Angehörigen derselben an den Staat, das Land, den Bezirk und die Gemeinde zusammengenommen zu leisten haben". Daher müsse die Bekämpfung des „bereits zu einer wahren Geißel" der gesamten Landbevölkerung ausgearteten Vagabundentums nun tatkräftig in Angriff genommen werden, vgl. ebd., S. 440 f.

1186 Sten. Prot. des HH, VI. Sess., 16. Sitzung am 26. Mai 1871, S. 237, 239; dem Abgeordnetenhaus mitgeteilt am 2. Juni 1871, vgl. Sten. Prot. des AH, VI. Sess., 46. Sitzung am 2. Juni 1871, S. 853.

1187 Nr. 171 der Beilagen zu den Sten. Prot. des AH, VI. Sess.

1188 Sten. Prot. des AH, VI. Sess., 47. Sitzung am 6. Juni 1871, S. 859.

1189 Nr. 222 der Beilagen zu den Sten. Prot. des AH, VI. Sess.

1190 Ebd.. S. 1497 f.. Anm.

neren Staatsleben fern zu halten". Weiters führte der Bericht aus, daß im Ausschuß hinsichtlich der Schubkostenfrage wiederholt Anträge gestellt wurden, die eine Änderung der Kostentragungsgrundsätze im Sinne einer Erleichterung für die Gemeinden und Länder bezweckten, die Majorität sich jedoch für das Festhalten an den Prinzipien des Gesetzes vom 12. Mai 1868 entschieden habe und die Annahme des Gesetzes in der vom Herrenhaus beschlossenen Fassung empfehle.

Darüber hinaus wies der Ausschußbericht jedoch darauf hin, daß die ungarische Krone zwecks Entlastung der Landesfonds zum Rückersatz der durch die Abschiebung von – als Ausländer zu behandelnden – ungarischen Staatsangehörigen verursachten Kosten verhalten werden müsse. Insbesondere für die Grenzländer sei ein derartiges Übereinkommen, das auch schon auf der Grundlage des Schubkostengesetzes von 1868 abgeschlossen hätte werden können, aber bis zu diesem Zeitpunkt eben noch nicht abgeschlossen worden war, von besonderer praktischer Bedeutung, da „dieselben fast regelmäßig von Zigeunerhorden heimgesucht" würden. Außerdem wies der Ausschußbericht auf die Dringlichkeit der Schaffung eines Polizeistrafgesetzes sowie von Maßregeln gegen das „namentlich die in isolirten Gehöften wohnenden Landleute geradezu brandschatzende Landstreicherunwesen" hin und beantragte, in allen diesen Punkten Resolutionen an die Regierung zu beschließen[1191].

In der Debatte über den Bericht des Gendarmerieausschusses im Abgeordnetenhaus am 7. Juli 1871[1192] stand wiederum die Kostenfrage im Zentrum. Abgeordneter Jaworski betonte erneut den Standpunkt der galizischen Reichsratsvertreter, der in einer Abwehr jeglicher Ingerenz der Reichsgesetzgebung in jene des Landes bestand. Der Gesetzentwurf habe die in den Länderstatuten und den Staatsgrundgesetzen gezogenen kompetenzrechtlichen Grenzen überschritten, weshalb auch von Seiten Galiziens die vom Abgeordnetenhaus nicht angenommenen Anträge eingebracht worden seien[1193], den Gesetzentwurf einerseits unter Anwendung des Grundsatzes, daß die in der Gesetzesvorlage den Landesfonds zugedachten Kosten das Reich zu tragen habe, umzuarbeiten, andererseits die Ausführung, Leitung, Überwachung sowie die Kosten der Abschiebung der Landesgesetzgebung vorzubehalten. Er stellte, wenngleich erfolglos, den Antrag, den Gesetzentwurf derart umzuarbeiten, daß jede Beeinträchtigung des Landesgesetzgebungsrechtes vermieden werde[1194].

1191 Die Anträge des Ausschusses lauteten: „1. Die k.k. Regierung wird eingeladen, das Übereinkommen mit der königlich ungarischen Regierung über die Ausführung der Abschiebung nach den Ländern der ungarischen Krone mit thunlichster Beschleunigung zum Abschluß zu bringen. 2. Die hohe Regierung wird aufgefordert, den Entwurf eines Polizeistrafgesetzes ehest zur verfassungsmäßigen Behandlung einzubringen. 3. Die hohe Regierung wird aufgefordert, womöglich noch in der gegenwärtigen Session den dem Vernehmen nach schon in der Ausarbeitung befindlichen Gesetzentwurf über das Vagabundenwesen einzubringen und die sonst noch erforderlichen Maßregeln zu ergreifen, um dessen immer lästiger und gefährlicher werdenden Überhandnehmen zu steuern"; ebd., S. 1489 f.

1192 Sten. Prot. des AH, VI. Sess., 64. Sitzung am 7. Juli 1871, S. 1373 ff.

1193 Vgl. dazu S. 209 ff.

1194 Sten. Prot. des AH, VI. Sess., 64. Sitzung am 7. Juli 1871, S. 1393. Im übrigen verwahrte er sich dagegen, daß das „passive Verhalten" der galizischen Abgeordneten bei der Abstimmung des Gesetzes vom 12. Mai 1868 als Zustimmung interpretiert werde und betonte, daß

Auch der steirische Abgeordnete Konrad Seidl sprach sich – allerdings unter dem Gesichtspunkt der finanziellen Belastung der Gemeinden – gegen die im Gesetzentwurf vorgesehene Kostenregelung aus. Darin, daß den Gemeinden die von der Anhaltung bis zur Vollstreckung des Ausweisungserkenntnisses für einen Schübling auflaufenden Kosten[1195] auferlegt wurden, erblickte Seidl einerseits eine Ungerechtigkeit, andererseits den Grund für eine von ihm prognostizierte Wirkungslosigkeit des Gesetzes. Seiner Ansicht nach würden die Gemeinden zukünftig bei der Vollziehung dieses Gesetzes ähnlich vorgehen wie bei der Handhabung des § 19 Z. 4 des Heimatgesetzes von 1863[1196]. Seidl bezeichnete diese Bestimmung als eine „Strafe für eifrige Pflichterfüller", denn diejenige Gemeinde, welche Vagabunden, „blödsinnige, verkrüppelte Leute, die in Noth und Elend leben, die von Haus zu Haus betteln" anhielte, werde für ihre Pflichterfüllung dadurch bestraft, daß ihr diese Personen zur Versorgung zugewiesen würden. Wäre die Gemeinde hingegen „laxer in der Handhabung des Gesetzes", so umginge sie auch die finanzielle Inanspruchnahme. Aus diesem Grund würden sogar große Gemeinden, wenn sie derartige Personen aufgriffen, diese an die Grenze der Gemeinde führen und „vom Gemeindediener oder Gemeindepolizeimann unter Androhung fürchterlicher Strafen zum Teufel jag[en]". Die Betroffenen müßten „nun von Dorf zu Dorf wandern und wie ein Hund hinter dem Zaun verenden", nur weil man den Gemeinden eine unbillige Last auferlegt habe, die in ihrer Größe mit dem Eifer der Pflichterfüllung korreliere[1197].

---

nicht die „Geldfrage" im Vordergrund der galizischen Kritik stünde, sondern die „weitaus wichtigere, aber mit der Kostenfrage in der Vorlage in Verbindung gebrachte Frage des Landesgesetzgebungsrechtes". Allerdings war in den Diskussionsbeiträgen der galizischen Abgeordneten im Laufe der Debatte des Jahres 1870 weniger der föderalistische Aspekt als der finanzielle im Vordergrund gestanden, was auch Berichterstatter Czedik in dieser Debatte in Erinnerung rief. Er bemerkte, daß die Opposition der galizischen Abgeordneten sich zuerst gegen die Kostenfrage gerichtet hatte und erst im Verlauf der Debatte „andere Motive dagegen vorgebracht" wurden.

1195 Also vor allem die Verpflegungskosten, aber auch die Beistellung, Einrichtung, Beleuchtung und Beheizung der Schublokalitäten, vgl. zur Kostenregelung ausführlich S. 699 ff.

1196 Diese Bestimmung regelte, daß Heimatlose, also Personen, deren Heimatrecht zur Zeit nicht erweislich war und die nicht nach den vorausgehenden Punkten einer Gemeinde zugewiesen werden konnten, derjenigen Gemeinde zuzuweisen waren, in welcher sie zur Zeit des zur Frage gekommenen Heimatrechtes angetroffen wurden.

1197 Seidl beantragte daher die §§ 14 und 15 in folgender Fassung: § 14: „Sämmtliche Schubkosten sind zunächst von dem Landesfonde zu tragen, doch bleibt es der Landesgesetzgebung vorbehalten, zu bestimmen, ob ein Theil dieser Kosten und inwieweit von der Orts- oder Schubstationsgemeinde, aus Concurrenz- oder Bezirksmitteln zu ersetzen sei." § 15: „Für Schüblinge, welche nach anderen Ländern zuständig oder nach den Bestimmungen des Heimatgesetzes dahin als heimatberechtigt zugewiesen sind, sind von den Landesfonden derselben zu ersetzen und daher zur Geltendmachung der Ersatzansprüche alle Momente zur Feststellung des Heimatrechtes genau zu erheben. Das Resultat dieser Erhebungen ist dem betreffenden Landesausschusse mitzutheilen. Zahlungsunfähige Schüblinge haben die für sie getragenen Schubkosten dem Landesfonde ihres Heimatlandes zurückzuersetzen." Seidl erblickte in der Regelung des Gesetzentwurfs, daß die zahlungsunfähigen Schüblinge nur die dem Landesfonds enstandenen Kosten zurückzahlen müssen, ein „Unrecht" gegenüber den Gemeinden, die ihre Kosten auf der Grundlage dieses Gesetzes nicht einmal von den zah-

Weniger als Verteidiger der Gemeinden, sondern „im Interesse der allgemeinen Sicherheit der Person“ sah dieses angesprochene Problem allerdings der böhmische Abgeordnete Karl Wolfrum. Er sah nach seiner „Kenntnis des Gemeindelebens“ vielmehr eine berechtigte Befürchtung darin, daß bei den Gemeinden, wenn sie „so leicht alle Kosten ersetzt bekommen“ würden, „der Eifer ... zu weit gehen wird, und ein Jeder eingesperrt wird, der nur überhaupt das Ansehen eines Vagabunden hat“. Die Gemeinde müsse es sich eben auch etwas kosten lassen, „wenn wirklich ein Vagabund die Gemeinde belästigt, selbst wenn es einige Gulden kostet, denselben aufzugreifen und dem gesetzlichen Schubverfahren zuzuführen.“ Nach seiner Erfahrung würde zum einen für die Landesfonds „die Sache viel billiger gemacht“ werden, „wenn die Gemeinde weiß, daß sie nur in einem gewissen Grad einen Ersatz dafür erhält“, zum andern würde eine nur teilweise Kostenrückvergütung für viele Gemeindevorsteher „eine gewisse Warnung sein, nicht zu eifrig vorzugehen, und auch selbst in den anscheinenden Vagabunden die Menschenwürde zu achten“. Auch Berichterstatter Czedik gab seiner Meinung Ausdruck, daß „eine Reihe von Auslagen desto größer wird, je weiter sie hinaufgeschoben werden“, da die einzelnen Gemeinden, „sobald es auf Kosten des Landes oder des Staates geht, ... auf das unwirtschaftlichste“ vorgehen würden[1198]. Im übrigen sei es der Landesgesetzgebung überlassen, allfällig diese Kosten ganz oder mit einer Quote auf das Landesbudget zu übernehmen.

In der Sitzung vom 7. Juli 1871 trat das Abgeordnetenhaus nicht nur in dritter Lesung dem Beschluß des Herrenhauses ohne Änderungen bei[1199], sondern folgte auch dem Antrag des Gendarmerieausschusses[1200], die Regierung in einer Resolution aufzufordern, den Gesetzentwurf betreffend das Vagabundengesetz möglichst noch in der laufenden Session einzubringen[1201]. Der Kaiser sanktionierte das Gesetz am 27. Juli 1871. Mit dem Zeitpunkt des Inkrafttretens des Reichsschubgesetzes wurde das Gesetz vom 12. Mai 1868 außer Kraft gesetzt.

---

lungsfähigen Schüblingen zurückbekommen könnten, vgl. Sten. Prot. des AH, VI. Sess., 64. Sitzung am 7. Juli 1871, S. 1395 f.

1198 Czedik brachte ein Beispiel aus seiner Erfahrung, daß unter den Bekleidungsbedürfnissen eines Schüblings einmal ein Cylinderhut im Werte von vier Gulden angegeben war, „der doch wahrlich nicht zu den unumgänglichsten Bedürfnissen“ gehöre. Außerdem verwies Czedik darauf, daß bei den Verhandlungen 1870 Erleichterungen für die Gemeinden nicht eingefordert worden seien, vgl. ebd., S. 1397.

1199 Ebd., S. 1398; Beschluß des Abgeordnetenhauses gleichlautend mit Nr. 171 der Beilagen, VI. Sess.; vgl. zur Mitteilung im Herrenhaus Sten. Prot des HH, VI. Sess., 24. Sitzung am 11. Juli 1871, S. 420 f.

1200 Vgl. S. 217 und Anm. 1191.

1201 Sten. Prot. des AH, VI. Sess., 64. Sitzung am 7. Juli 1871, S. 1398, vgl. zum Wortlaut der Resolutionen Nr. 171 der Beilagen, S. 1214, vgl. zum Vagabundengesetz näher S. 256 ff.

B. Die Ausweisung nach dem Reichsschubgesetz

1. Die gesetzlichen Abschiebungs- bzw. Abschaffungstatbestände

Das Reichsschubgesetz[1202] unterschied materiellrechtlich die „Abschiebung" von der „Abschaffung". Die Abschiebung war die Ausweisung aus einem bestimmten Ort oder Gebiet mit der Verweisung in die Zuständigkeitsgemeinde, oder bei Personen, die dem Geltungsgebiet des Schubgesetzes nicht angehörten, also bei Ausländern, über die Grenze. Die Abschiebung durfte nur gegen bestimmte Personengruppen aus „polizeilichen Rücksichten" ausgesprochen werden. Diese vom Gesetz taxativ aufgezählten Personengruppen waren „Landstreicher und sonstige arbeitsscheue Personen, welche die öffentliche Mildtätigkeit in Anspruch" nahmen (§ 1 lit. a), „ausweis- und bestimmungslose Individuen, welche kein Einkommen und keinen erlaubten Erwerb nachweisen" konnten (§ 1 lit. b), „öffentliche Dirnen, welche dem behördlichen Auftrage zur Abreise" keine Folge leisteten (§ 1 lit. c)[1203] sowie „aus der Haft tretende Sträflinge und Zwänglinge, insofern sie die Sicherheit der Person oder des Eigenthums" gefährdeten (§ 1 lit. d). Die Rückkehr war dem Ausgewiesenen im Falle einer Abschiebung nach § 1 grundsätzlich nicht verboten, bei wiederholter Abschiebung konnte allerdings das Verbot der Rückkehr ausgesprochen werden[1204].

Die Abschaffung hingegen war die polizeiliche Ausweisung „aus einem oder mehreren Orten mit dem Verbote, dahin jemals oder binnen einer bestimmten Zeit zurückzukehren"[1205]. Die Übertretung dieses Verbotes der Rückkehr war gemäß den §§ 323 und 324 des Strafgesetzes zu bestrafen. Wie die Abschiebung war auch die Abschaffung ebenfalls nur gegen die in § 1 lit. a bis d genannten Personen zulässig (§ 2 Abs. 1). Sie hatte gemäß § 2 Abs. 2 unter der Voraussetzung einzutreten, daß die „Gefährdung der öffentlichen Interessen, zu deren Schutz die Abschiebung bestimmt ist (§ 1), vorzugsweise nur für den Ort besteht, aus welchem die Person entfernt werden soll". Personen, „welche in dem Geltungsgebiete dieses Gesetzes nicht heimatberechtigt" waren, also Ausländer, konnten auch aus dem ganzen Geltungsgebiet dieses Gesetzes oder aus einem bestimmten Teil desselben abgeschafft werden, „wenn sich ihr Aufenthalt daselbst aus Rücksichten der öffentlichen Ordnung oder Sicherheit als unzulässig" (§ 2 Abs. 5)

1202 Gesetz vom 27. Juli 1871, RGBl. Nr. 88, in betreff der Regelung der polizeilichen Abschaffung und das Schubwesen.

1203 Siehe zu den Prostituierten S. 255 f.

1204 Wollte ein Abgeschaffter oder ein Abgeschobener mit Rückkehrverbot also in das betreffende Gebiet zurückkehren, mußte er bei der Behörde, welche die Ausweisung verhängt hatte, um Bewilligung zur Rückkehr ansuchen, siehe ein derartiges Musterformular bei Isidor INGWER/J. ROSNER, Volksthümliches Handbuch des Oesterreichischen Rechtes, I, Wien 1902, S. 42.

1205 Keinesfalls wurde die Abschaffung nach dem Reichsschubgesetz „als Strafe" im juristischen Sinn verhängt, wie KOMLOSY (wie Anm. 204), S. 578, behauptet. Wenngleich der Terminus „Abschaffung" auch für die im Strafrecht verankerte Ausweisung verwendet wurde, handelt es sich bei der Verhängung der Abschaffung nach dem Schubgesetz eindeutig um eine sicherheitspolizeiliche Maßnahme, wenngleich diese freilich für den Betroffenen oft pönale Wirkungen entfaltete.

darstellte, welche Entscheidung im freien Ermessen der Verwaltungsbehörde stand[1206]. Vorzugsweise war diese Maßregel, wie Prucha[1207] ausführte, „gegenüber Personen zu vollziehen ..., welche durch ihr Auftreten in öffentlichen Versammlungen oder in der Journalistik, insbesondere in der Tagespresse, als gefährlich hervortreten"[1208].

Die Abschiebung oder Abschaffung einer Person aus ihrer Zuständigkeitsgemeinde erklärte das Reichsschubgesetz im Einklang mit der zur Zeit seiner Entstehung bezüglich der gerichtlichen Abschaffung geltenden Rechtslage als unstatthaft (§ 2 Abs. 3). Weiters bestimmte das Gesetz in § 2 Abs. 4, daß mit der Erwerbung der Zuständigkeit in einem Ort die Wirkung der Abschaffung erlosch.

Unter dem Ausdruck „Abschiebung" verstand das Reichsschubgesetz allerdings nicht nur materiellrechtlich das über eine Person für einen bestimmten Ort bzw. ein bestimmtes Gebiet durch Erkenntnis der zuständigen Behörde verhängte Aufenthaltsverbot, sondern auch die Maßnahme zur Durchführung des ausgesprochenen Aufenthaltsverbotes mittels Zwangspasses, also gebundener Marschroute, oder mittels Schubes, d.h. der zwangsweisen Beförderung unter Begleitung von Wachorganen (§ 3).

2. *Die Ausweisungstatbestände des Reichsschubgesetzes im Lichte der Judikatur des Reichsgerichtes*

In einer Fülle von Judikaten hatte sich das Reichsgericht mit Beschwerden wegen Verletzung der Freizügigkeit gemäß Art. 4 und/oder der Niederlassungsfreiheit gemäß Art. 6 des Staatsgrundgesetzes infolge von Ausweisungserkenntnissen, sei es aufgrund des Reichsschubgesetzes, sei es aufgrund des gemeindebehördlichen Ausweisungsrechtes[1209] zu beschäftigen. Bezüglich der Frage, welches Grundrecht durch gesetzwidrige Abschaffungserkenntnisse verletzt wurde, ist anfänglich keine eindeutige Linie in der Judikatur des Reichsgerichtes festzustellen, da manchmal entweder nur das Recht der Freizügigkeit[1210] oder nur die Niederlassungs- bzw. Aufenthaltsfreiheit[1211], zumeist al-

---

1206 Vgl. z.B. das Erkenntnis des VwGH vom 1. Dezember 1914, Z. 11.836, Slg. VwGH 10.606. (A.), wonach in der Ausweisung eines Ausländers nach dem Reichsschubgesetz, der gewerbsmäßig dem Publikum unbestellte Waren mit Nachnahme ihres Wertes zusandte, keine Überschreitung des diesfalls den Verwaltungsbehörden zustehenden freien Ermessens zu erblicken war; vgl. auch Josef L. KUNZ, Das österreichische Fremdenrecht, in: Zeitschrift für öffentliches Recht IX (1930), S. 213, und die Judikatur in der Ersten Republik, S. 363 f., 366 f., 369.

1207 P. PRUCHA, Die österreichische Polizeipraxis mit besonderer Bedachtnahme auf jene der Wiener Polizeidirektion, Wien 1877, S. 226.

1208 KUNZ (wie Anm. 1206), S. 212, nannte als Ausweisungsgründe für Ausländer neben Mittel- und Erwerbslosigkeit, Bettelei und Landstreicherei etwa staatsfeindliche Tätigkeit, Tätigkeit gegen einen anderen Staat, bolschewistische, royalistische, anarchistische Propaganda, einen dem Aufenthaltsstaat unsittlich erscheinenden Lebenswandel und ansteckende Krankheiten.

1209 Vgl. dazu S. 289 ff.

1210 Vgl. die Erkenntnisse des Reichsgerichtes vom 17. Juli 1879, Z. 124, Slg. RG V Nr. 187; vom 20. Jänner 1880, Z. 6, Slg. RG V Nr. 207; vom 12. Jänner 1885, Z. 6, Slg. RG VII Nr. 316; vom 9. April 1886, Z. 49, Slg. RG VIII Nr. 376; vom 9. April 1886, Z. 50, Slg. RG VIII Nr. 377; vom 22. Oktober 1887, Z. 166, Slg. RG VIII Nr. 414; vom 24. Oktober 1894, Z. 280, Slg. RG X Nr. 671.

lerdings beide Grundrechte gleichermaßen[1212] für verletzt erachtet wurden. Häufig setzte das Reichsgericht auch die Freizügigkeit nach Art. 4 und die Niederlassungsfreiheit nach Art. 6 gleich bzw. behandelte das Recht des freien Aufenthaltes als Teil der Freizügigkeit[1213] – was angesichts der Interdependenz dieser Grundrechtsbestimmungen nicht überrascht, setzt doch die Freizügigkeit nicht nur die persönliche Freiheit, sondern auch die Freiheit des Aufenthaltes voraus[1214]. Erst in seinen Erkenntnissen vom 20. Oktober 1900[1215] und vom 18. Jänner 1901[1216] fand das Reichsgericht diesbezüglich zu einer klaren Linie[1217], indem es grundsätzlich feststellte, daß durch eine Abschaffung zwar die Niederlassungsfreiheit beeinträchtigt werden könne, nicht aber auch das Recht

---

1211 Erkenntnisse des Reichsgerichtes vom 17. Jänner 1881, Z. 1, Slg. RG VI Nr. 229; vom 12. April 1894, Z. 77, Slg. RG X Nr. 660; vom 2. Juli 1894, Z. 157, Slg. RG X Nr. 662; vom 7. Juli 1896, Z. 137, 138, 139 und 140, Slg. RG X Nr. 757, 758, 759 und 760; vom 2. Juli 1900, Z. 192, Slg. RG XI Nr. 1005; vom 19. Oktober 1900, Z. 347, Slg. RG XI Nr. 1033.

1212 Vgl. die Erkenntnisse des Reichsgerichtes vom 22. Oktober 1879, Z. 192 und 193, Slg. RG V Nr. 192 und 193; vom 19. Oktober 1885, Z. 234, Slg. RG VII Nr. 342; vom 19. Oktober 1887, Z. 164, Slg. RG VIII Nr. 409; vom 20. Oktober 1887, Z. 165, Slg. RG VIII Nr. 410; vom 20. Oktober 1887, Z. 170, Slg. RG VIII Nr. 415; vom 27. Oktober 1891, Z. 188, Slg. RG IX Nr. 527; vom 27. Oktober 1891, Z. 189, Slg. RG IX Nr. 528; vom 4. Juli 1892, Z. 215 und 216, Slg. RG IX Nr. 567 und 568; vom 4. Juli 1892, Z. 217, Slg. RG IX Nr. 569; vom 27. Oktober 1892, Z. 331, Slg. RG IX Nr. 585; vom 9. Juli 1897, Z. 216, Slg. RG X Nr. 817; vom 11. Jänner 1898, Z. 436, Slg. RG XI Nr. 853.

1213 Vgl. z.B. das Erkenntnis des Reichsgerichtes vom 17. Jänner 1881, Z. 4, Slg. RG V Nr. 209, nachdem durch die beständige Abschaffung des Beschwerdeführers aus dem Gebiet der Stadt Innsbruck „eine Verletzung verfassungsmäßig gewährleisteter Rechte, insbesondere des im Art. 6 des Staatsgrundgesetzes vom 21. Dezember 1867 ... über die allgemeinen Staatsbürgerrechte gewährleisteten Rechtes der persönlichen Freizügigkeit stattgefunden habe"; so auch die Erkenntnisse des Reichsgerichtes vom 16. Oktober 1882, Z. 202, Slg. RG VI Nr. 264; vom 10. Juli 1883, Z. 85, Slg. RG VII Nr. 279; vom 17. Oktober 1883, Z. 141, Slg. RG VII Nr. 285; vom 21. April 1884, Z. 51, Slg. RG VII Nr. 294; vom 28. April 1892, Z. 101 und 102, Slg. RG IX Nr. 556 und 557; vom 17. Jänner 1895, Z. 378 ex 1894, Slg. RG X Nr. 685; vom 19. Jänner 1895, Z. 383 ex 1894, Slg. RG X Nr. 690; vom 23. April 1895, Z. 90 und 91, Slg. RG X Nr. 693 und 694; vom 25. April 1895, Z. 94, Slg. RG X Nr. 697; vom 9. Juli 1897, Z. 217, Slg. RG X Nr. 818; vom 3. Juli 1900, Z. 193, Slg. RG XI Nr. 1006; vom 19. Oktober 1900, Z. 347, Slg. RG XI Nr. 1033.

1214 So Ermacora (wie Anm. 340), S. 183.

1215 Erkenntnis des Reichsgerichtes vom 20. Oktober 1900, Z. 350, Slg. RG XI Nr. 1036.

1216 Erkenntnis des Reichsgerichtes vom 18. Jänner 1901, Z. 492 ex 1900, Slg. RG XII Nr. 1049.

1217 Dementsprechend die eine Verletzung des Art. 6 konstatierenden Erkenntnisse des Reichsgerichtes vom 18. Jänner 1901, Z. 493 ex 1900, Slg. RG XII Nr. 1050; vom 18. Jänner 1901, Z. 494 ex 1900, Slg. RG XII Nr. 1051; vom 19. Jänner 1901, Z. 495 ex 1900, Slg. RG XII Nr. 1052; vom 19. Jänner 1901, Z. 498 ex 1900, Slg. RG XII Nr. 1054; vom 11. Juli 1901, Z. 293, Slg. RG XII Nr. 1084; vom 17. Jänner 1906, Z. 510 ex 1905, Slg. RG XIII Nr. 1395; vom 18. März 1908, Z. 107, Slg. RG XIV Nr. 1572; vom 18. März 1908, Z. 108, Slg. RG XIV Nr. 1573; vom 13. Jänner 1911, Z. 597 ex 1910, Slg. RG XV Nr. 1840; vom 18. Oktober 1911, Z. 494, Slg. RG XV Nr. 1887; vom 1. Juli 1912, Z. 130, Slg. RG XV Nr. 1944; vom 15. Oktober 1912, Z. 281, Slg. RG XV Nr. 1961; vom 19. Oktober 1912, Z. 292, Slg. RG XV Nr. 1971; vom 13. Jänner 1913, Z. 414 ex 1912, Slg. RG XVI Nr. 1980; siehe auch das das Ausweisungsrecht der Gemeinde betreffende Erkenntnis des Reichsgerichtes vom 19. Oktober 1900, Z. 346, Slg. RG XI Nr. 1032.

der Freizügigkeit der Person[1218]. Eine Begründung hiefür nimmt das Reichsgericht nicht vor, allerdings findet man, so Melichar[1219], überhaupt „wenige klare Umschreibungen des Inhaltes der einzelnen Grundrechte" in der reichsgerichtlichen Judikatur[1220].

Allerdings sprach das Reichsgericht in seinem Erkenntnis vom 20. Jänner 1880[1221] aus, daß jede Beschränkung des Grundrechts der Freizügigkeit als rechtmäßig erachtet werden könne, „wenn sie durch Wort und Sinn" der Bestimmungen des Schubgesetzes „vollständig gedeckt erscheint"[1222]. Diese Übereinstimmung mit „Wort und Sinn" des Schubgesetzes hatte freilich das Reichsgericht im Zuge der Prüfung der Beschwerde festzustellen, wobei es bei der Bestimmung der maßgebenden Rechtsbegriffe, z.B. Gefährdung der Sicherheit von Person oder Eigentum, Ausweis- oder Bestimmungslosigkeit etc., autonom vorging[1223].

a. Inländer und Ausländer

In seinen Erkenntnissen vom 22. Oktober 1879[1224] stellte das Reichsgericht ausdrücklich klar, daß ein Staatsangehöriger der im Reichsrat vertretenen Königreiche und Länder „blos aus Rücksichten der öffentlichen Ordnung oder Sicherheit, wenn nemlich nicht auch die anderen im § 1 des Gesetzes vom 27. Juli 1871 ... hierzu geforderten Bedingungen eintreten", polizeilich aus keinem Ort oder Bezirk dieser Länder abgeschafft werden könne. Fehlten folglich die gesetzlichen Erfordernisse für die Maßregel der Abschiebung nach § 1, so fehlten, wie das Reichsgericht in seinem Erkenntnis vom 17. Juli 1879[1225] ausführte, „selbstverständlich auch jene für die polizeiliche Abschaffung nach

---

1218 Weil es sich, so Erwin MELICHAR, Die Freiheitsrechte der Dezember-Verfassung 1867 und ihre Entwicklung in der reichsgerichtlichen Judikatur, in: Österreichische Zeitschrift für öffentliches Recht N.F. XVI (1966), S. 267, hiebei nicht um eine Verhinderung des Verlassens des bisherigen Aufenthaltes oder Wohnsitzes handelte.

1219 MELICHAR (wie Anm. 1218), S. 290.

1220 Nach ERMACORA (wie Anm. 340), S. 232 Anm. 118, sei es überdies „müßig", sich bezüglich der Rechtsprechung des Reichsgerichtes damit auseinanderzusetzen, ob die Ausweisung den Art. 6 oder den Art. 4 betreffe.

1221 Erkenntnis des Reichsgerichtes vom 20. Jänner 1880, Z. 6, Slg. RG V Nr. 207.

1222 Nach Ansicht MELICHARs (wie Anm. 1218), S. 265, war diese „Formulierung ... sicherlich zu eng geraten", weil auch andere gesetzliche Bestimmungen über Konfinierung und Internierung Beschränkungen der Freizügigkeit der Person enthielten. Allerdings ergab sich aus dem Kontext, daß das Reichsgericht hier ausschließlich Beschränkungen der Freizügigkeit aufgrund des Schubgesetzes meinte und wohl keine prinzipielle und über das Schubgesetz hinaus generalisierende Rechtsmeinung äußerte.

1223 Das Reichsgericht konnte auch die Erhebungen ergänzen, den Beweis einer Tatsache als nicht erbracht erachten, hielt sich allerdings „traditionell für die Tatfrage in den Schranken einer Kassationsinstanz", vgl. Julius OFNER, Die Tragweite der Grundrechte, in: Zeitschrift für öffentliches Recht IV (1924), S. 55.

1224 Erkenntnisse des Reichsgerichtes vom 22. Oktober 1879, Z. 192 und 193, Slg. RG V Nr. 192 und 193; so auch explizit das Erkenntnis des Reichsgerichtes vom 19. Oktober 1900, Z. 347, Slg. RG XI Nr. 1033.

1225 Erkenntnis des Reichsgerichtes vom 17. Juli 1879, Z. 124, Slg. RG V Nr. 187.

§ 2 des Gesetzes ..., welche das Vorhandensein der Bestimmungen des § 1 zur Voraussetzung" hatten[1226]. Eine ausschließlich mit der „Gefährdung öffentlicher Interessen" gemäß § 2 Abs. 5 motivierte Abschaffung eines Inländers, etwa wegen wucherischer Geschäfte, erachtete das Reichsgericht folglich als rechtswidrig[1227].

Trotz eindeutiger Rechtslage und klarer Judikaturlinie mußte das Reichsgericht allerdings immer wieder in seinen Erkenntnissen betonen[1228], daß bei Inländern § 2 Abs. 5 nicht zur Anwendung kommen könne, da offenkundig die politischen Behörden immer wieder das Gesetz und die Rechtsauffassung des Reichsgerichtes ignorierten. So führte das Reichsgericht in seinem Erkenntnis vom 19. Oktober 1900[1229] unmißverständlich aus, daß der Gesetzgeber zwar „den betreffenden Bezirk von einer Person befreien" wollte, „welche die anderen Mitbürger fürchten, vor deren Angriffen sie sich mit besonderer Sorgfalt, eventuell auch mit besonderem Aufwand schützen müßten", er habe allerdings nicht beabsichtigt, „den politischen Behörden die Erfüllung ihrer Pflichten zu erleichtern und aus dem Bereiche ihrer Thätigkeit Personen zu entfernen, auf welche man, ihrer Ansicht nach, besonders Acht geben muß". Da also die politischen Behörden regelmäßig Abschaffungserkenntnisse rechtswidrigerweise mit dem Schutz der „öffentlichen Ordnung" bzw. des „öffentlichen Interesses" und nicht mit dem Vorliegen einer Voraussetzung nach § 1 lit. a bis d begründeten, beabsichtigte der Rechtssatz des Erkenntnisses vom 19. Oktober 1900[1230], daß das Reichsgericht bei einer Beschwerde wegen Verletzung des Rechtes auf Aufenthalt durch Abschaffung „nach jenen Abschaffungsgründen zu urteilen" habe, welche „in dem Abschaffungserkenntnisse berufen sind", wohl auch eine disziplinierende Wirkung auf die politischen Behörden.

Was nun die konkrete Beurteilung der Zulässigkeit einer Ausweisung aus dem gesamten österreichischen Staatsgebiet anbelangt, so entschied das Reichsgericht[1231], daß

1226 So auch das Erkenntnis des Reichsgerichtes vom 21. Jänner 1880, Z. 7, Slg. RG V Nr. 207.

1227 In den den Reichsgerichtserkenntnissen vom 22. Oktober 1879, Z. 192 und 193, Slg. RG V Nr. 192 und 193, zugrundeliegenden Fällen erachtete das Reichsgericht weder die Ausweis- noch die Bestimmungslosigkeit der aus dem Polizeirayon Wien für beständig abgeschafften Inländer als gegeben. Die weitere Begründung der Abschaffungserkenntnisse, daß die Beschwerdeführer durch wucherische Geschäfte die öffentlichen Interessen, insbesondere in der Großstadt Wien, angeblich gefährdeten, qualifizierte das Reichsgericht folglich als rechtlich unzulässig; vgl. auch das Erkenntnis des Reichsgerichtes vom 17. Juli 1879, Z. 124, Slg. RG V Nr. 187.

1228 Vgl. z.B. das Erkenntnis des Reichsgerichtes vom 27. Oktober 1891, Z. 188, Slg. RG IX Nr. 527, wo sich in dem diesem Erkenntnis zugrundeliegenden Fall die Bezirkshauptmannschaft auf §§ 1 lit. b und 2 Abs. 5 bei der Abschaffung eines sozialdemokratischen Agitators berufen hatte; so auch das Erkenntnis des Reichsgerichtes vom 12. April 1894, Z. 77, Slg. RG X Nr. 660; vgl. auch die Erkenntnisse des Reichsgerichtes vom 27. Oktober 1891, Z. 189, Slg. RG IX Nr. 528; vom 9. Juli 1897, Z. 216, Slg. RG X Nr. 817; vom 2. Juli 1900, Z. 192, Slg. RG XI Nr. 1005; vom 3. Juli 1900, Z. 193, Slg. RG XI Nr. 1006; vom 18. März 1908, Z. 107, Slg. RG XIV Nr. 1572; vom 19. Oktober 1912, Z. 292, Slg. RG XV Nr. 1971.

1229 Erkenntnis des Reichsgerichtes vom 19. Oktober 1900, Z. 347, Slg. RG XI Nr. 1033.

1230 Ebd.

1231 Erkenntnis des Reichsgerichtes vom 4. April 1911, Z. 105, Slg. RG XV Nr. 1846. Wie schwierig die Feststellung der österreichischen Staatsbürgerschaft sein konnte, zeigt der diesem Erkenntnis zugrunde liegende Sachverhalt auf recht anschauliche Weise. Fraglich war,

ein „strenger Nachweis der österreichischen Staatsbürgerschaft nicht erforderlich" sei, 226„wohl aber mindestens das Vorhandensein von Umständen, welche die Staatsbürgerschaft wahrscheinlich machen". Zu der Ansicht, daß ein „strenger, sicherer" Nachweis der österreichischen Staatsbürgerschaft nicht gefordert werden könne, kam das Reichsgericht, weil „ja sonst wegen der Schwierigkeiten eines solchen Nachweises die Gefahr vorläge, daß jemand aus dem Gebiete der im Reichsrate vertretenen Königreiche und Länder schutzlos ausgewiesen werden könnte, der wirklich österreichischer Staatsbürger" war.

b. Arbeitsscheu und Inanspruchnahme öffentlicher Mildtätigkeit gemäß § 1 lit. a

In einigen Fällen hatte sich das Reichsgericht mit den Begriffen der „Arbeitsscheu" und der Inanspruchnahme „der öffentlichen Mildtätigkeit" auseinanderzusetzen. Nach Ansicht des Reichsgerichtes[1232] lag eine Inanspruchnahme der öffentlichen Mildtätigkeit nicht nur dann vor, wenn die Mildtätigkeit öffentlicher Fonds angesprochen, sondern auch, wenn die „Mildthätigkeit des Publikums" durch Bettelei in Anspruch genommen wurde, also im Falle des Straßenbettels. Wer sich, statt seinem Erwerb nachzugehen, fortgesetzt dem Straßenbettel hingäbe, war dementsprechend als arbeitsscheu im Sinne des Gesetzes anzusehen[1233]. Da allerdings das Reichsgericht[1234] in der Arbeitsfähigkeit eine notwendige Voraussetzung der Arbeitsscheu sah, erachtete es die Inanspruchnahme der Mildtätigkeit durch eine nicht arbeitsfähige Person nicht als Folge der Arbeitsscheu[1235]. Die Inanspruchnahme der Privatwohltätigkeit hochgestellter Persönlichkei-

ob der Beschwerdeführer in österreichisch-Galizien zuständig – und damit Österreicher – oder russischer Staatsbürger war.

1232 Erkenntnisse des Reichsgerichtes vom 18. März 1908, Z. 109, Slg. RG XIV Nr. 1574; und vom 2. Juli 1908, Z. 251, Slg. RG XIV Nr. 1585.

1233 Vgl. das Erkenntnis des Reichsgerichtes vom 18. März 1908, Z. 109, Slg. RG XIV Nr. 1574. Das Reichsgericht zog in Erwägung, daß die beschwerdeführenden Ehepartner – er war im Besitz eines Gewerbescheines, der ihn zum Feilbieten von Obst, Naturblumen und Gemüse berechtigte, sie war bei der Genossenschaft der Wanderhändler als seine Gehilfin angemeldet – den Bettel „selbst in den Wintermonaten, in der späten Abend- und sogar zur Nachtzeit" betrieben hatten, weshalb die Annahme nahe liege, daß sie im Stande gewesen sein dürften, „den sicher nicht anstrengenderen Hausierhandel zur Tageszeit zu betreiben und sich dadurch einen Erwerb zu verschaffen". Folglich erachtete das Reichsgericht die Beschwerdeführer als „arbeitsscheu" im Sinne des Gesetzes, „indem sie es bequemer und einträglicher gefunden haben, den Bettel als den Hausierhandel zu betreiben".

1234 Erkenntnisse des Reichsgerichtes vom 2. Juli 1908, Z. 251 und 252, Slg. RG XIV Nr. 1585 und 1586.

1235 In dem diesem Erkenntnis des Reichsgerichtes vom 2. Juli 1908, Z. 251, Slg. RG XIV Nr. 1585, zugrundeliegenden Fall war der Beschwerdeführer, der einen Gewerbeschein für das Hausieren mit Obst, Gemüse und Blumen besaß, als „notorischer Wiener Professionsbettler", dessen Hausieren nur „markiert" sei, aus Wien und dem gesamten Polizeirayon sowie aus ganz Niederösterreich abgeschafft worden. Das Reichsgericht führte aus, daß eine Arbeitsfähigkeit des Beschwerdeführers aufgrund der Erblindung eines Auges nicht angenommen werden könne. Es sei zwar „auch bei Blinden eine gewisse Arbeits- und Erwerbsfähigkeit möglich", aber eine solche setze eine Vorbildung des Blinden voraus, „die nur durch

ten hingegen erachtete das Reichsgericht[1236], wenn sie auch „wiederholt in zudringlicher Weise" erfolgte, als eine nicht unter die Sanktion des Schubgesetzes fallende „Ausschreitung"[1237].

c. Zu den Voraussetzungen gemäß § 1 lit. b

Aus der Formulierung des Gesetzes, daß die Ausweisung „gegen ausweis- und bestimmungslose Individuen ..." stattfinden könne, folgerte das Reichsgericht, daß die Abschiebung und polizeiliche Abschaffung aus einem bestimmten Ort, Gebiet oder aus mehreren Orten „ebensowohl gegen ausweislose als auch gegen bestimmungslose Individuen" verfügt werden könne, also daß schon das Vorliegen einer dieser beiden Eigenschaften die nötige Voraussetzung für eine polizeiliche Ausweisung darstellte[1238]. Folglich konnten Personen, welche kein Einkommen und keinen erlaubten Erwerb nachzuweisen imstande waren, als bestimmungslose Individuen abgeschafft werden[1239]. Eine nur zeitweise und nur kurze Zeit dauernde Beschäftigung, „welche überdieß nur geringen und selbst zum nöthigsten Lebensunterhalt nicht zureichenden Erwerb schafft", schützte allerdings nicht vor der Abschiebung bzw. Abschaffung[1240]. Vielmehr war nach Ansicht des Reichsgerichtes grundsätzlich jede Person, die kein *ausreichendes* Einkommen und keinen *ausreichenden* erlaubten Erwerb nachwies, als bestimmungslos anzusehen und durfte abgeschafft werden, selbst wenn sie das Heimatrecht in einer anderen Gemeinde nachgewiesen hatte und daher nicht als ausweislos zu qualifizieren war[1241]. Weder als ausweis- noch als bestimmungslos konnte nach Ansicht des Reichs-

---

längere Schulung erworben" werden könne und auch dann „noch eine beschränkte" bleiben würde. Einem anderen Beschwerdeführer (Erkenntnis des Reichsgerichtes Nr. 1586), Invalidenrentner infolge „Krüppelhaftigkeit", billigte das Reichsgericht zu, daß seine Arbeitsfähigkeit durch den Verlust der rechten Hand und des linken Fußes „so gut wie ausgeschlossen", aber „mindestens in solchen Maße beeinträchtigt" sei, daß eine „auch nur halbwegs ergiebige Arbeit von ihm nicht erwartet werden" könne. Auch die Nichtausübung einer dem Beschwerdeführer verliehenen Tabaktrafikbefugnis könne eine Arbeitsscheu nach § 1 lit. a nicht begründen, da „die Ausübung dieser Befugnis doch bedeutende Auslagen für Miete, Utensilien usw." verlange, die das Reichsgericht „mit Rücksicht auf die Unsicherheit des Erfolges doch als riskiert" erachtete, zumal der Beschwerdeführer wegen seiner Körperbehinderung einer kostspieligen Hilfskraft nicht entbehren könne.

1236 Erkenntnis des Reichsgerichtes vom 20. Jänner 1880, Z. 6, Slg. RG V Nr. 207. Die Beschwerdeführerin hatte 1866 postalisch an den König von Sachsen und 1867 an Kaiser Napoleon anläßlich seines Aufenthalts in Salzburg Unterstützungsgesuche gerichtet sowie „bis in die neueste Zeit die Cabinetskanzlei Seiner Majestät mit Gesuchen um Zulassung zur Audienz und mit Unterstützungsgesuchen" belästigt und sich „bei solchen Anlässen wiederholt in Gegenwart vieler Personen freche Äußerungen" erlaubt.

1237 Vgl. auch die Judikatur zum Ausweisungsrecht der Gemeinden, insbes. S. 315.

1238 Erkenntnisse des Reichsgerichtes vom 22. Oktober 1879, Z. 192 und 193, Slg. RG V Nr. 192 und 193; vom 21. April 1903, Z. 148, Slg. RG XII Nr. 1175.

1239 Erkenntnisse des Reichsgerichtes vom 16. Oktober 1882, Z. 202, Slg. RG VI Nr. 264; vom 20. Oktober 1887, Z. 165, Slg. RG VIII Nr. 410; vom 22. Oktober 1887, Z. 166, Slg. RG RG VIII Nr. 414; vom 20. Oktober 1887, Z. 170, Slg. RG VIII Nr. 415.

1240 Erkenntnis des Reichsgerichtes vom 19. Oktober 1887, Z. 164, Slg. RG VIII Nr. 409.

1241 Erkenntnis des Reichsgerichtes vom 21. April 1903, Z. 148, Slg. RG XII Nr. 1175.

gerichtes[1242] aber ein mit einem ordnungsgemäßen Arbeitsbuch versehener Arbeiter, der bei der kompetenten Behörde den Antritt eines bestimmten Gewerbes angemeldet hatte, angesehen werden, ebenso nicht ein mit hinlänglichen Subsistenzmitteln, mit einem Arbeitsbuch und Reiseschein versehener Arbeiter, der vor der kompetenten Behörde erklärte, daß er ehestens den betreffenden Ort verlassen werde[1243].

1. Bestimmungslosigkeit und unerlaubter Erwerb

Zur Frage der Bestimmungslosigkeit stellte das Reichsgericht in seinen Erkenntnissen vom 28. April 1892[1244] fest, daß ein Arbeiter, der seinen Beruf tatsächlich ausgeübt hatte und infolge einer Entlassung wegen Beteiligung an einem Streik zeitweilig beschäftigungslos war, deshalb noch nicht als bestimmungslos angesehen werden könne. Er sei zwar „in dieser Zeit wohl beschäftigungslos, wie dieß bei nicht definitiv angestellten Arbeitern jeder Gattung zeitweilig einzutreten pflegt", nicht aber bestimmunglos im Sinne des Gesetzes. Selbst die durch einen Streik eingetretene, mehrere Wochen dauernde Beschäftigungslosigkeit genügte nach Ansicht des Reichsgerichtes nicht[1245], um einen Arbeiter, „welcher sich in einem speciellen Arbeitszweige durch eine Reihe von Jahren an dem nämlichen Orte verwendet hat, den Charakter der Bestimmungslosigkeit zu geben".

Weiters konstatierte das Reichsgericht[1246], daß ein an einem bestimmten Ort sich mit journalistischen Arbeiten befassender und nachweisbar auch durch Unterrichtserteilung sich etwas verdienender und überdies von seinen dort wohnenden Eltern und Verwandten Unterstützung genießender Mann nicht als bestimmungslos angesehen

---

1242 Erkenntnis des Reichsgerichtes vom 27. Oktober 1891, Z. 188, Slg. RG IX Nr. 527. Der Beschwerdeführer, der sich in der betreffenden Bezirkshauptmannschaft als Schneidermeister hatte niederlassen wollen, war aus Anlaß der Anmeldung des Schneidergewerbes bei der Bezirkshauptmannschaft verhaftet und ihm das Abschaffungserkenntnis kundgemacht worden.

1243 Erkenntnis des Reichsgerichtes vom 27. Oktober 1891, Z. 189, Slg. RG IX Nr. 528.

1244 Erkenntnisse des Reichsgerichtes vom 28. April 1892, Z. 101 und 102, Slg. RG IX Nr. 556 und 557. Die Beschwerdeführer waren Bergarbeiter, die im Zuge eines Streiks am 2. Jänner 1892 die Arbeitsleistung verweigert hatten und deshalb mit 7. Jänner 1892 entlassen worden waren. Das Abschaffungserkenntnis der Bezirkshauptmannschaft vom 19. Jänner 1892 hatte argumentiert, daß die Beschwerdeführer seit dem 7. Jänner bestimmungslos waren und keinen erlaubten Erwerb hätten, jedoch als Agitatoren des Streiks bekannt und somit geeignet seien, die öffentlichen Interessen des Bezirkes zu gefährden.

1245 Erkenntnisse des Reichsgerichtes vom 7. Juli 1896, Z. 137 bis 140, Slg. RG X Nr. 757 bis 760.

1246 Erkenntnis des Reichsgerichtes vom 27. Oktober 1892, Z. 331, Slg. RG IX Nr. 585. Die Polizeidirektion Krakau hatte betreffend den mosaischen Sprachlehrer Salomon Rubinstein ein Abschiebungserkenntnis verfügt, weil dieser geschäfts- und arbeitslos herumziehe und über kein Geld verfüge. Da Rubinstein nach einer Ausweisung aus Frankreich nach Krakau gezogen war, wo seine Eltern lebten und sein Vater ein Haus besaß, und dort einerseits mit journalistischen Arbeiten sowie Privatunterricht in Deutsch und Französisch, andererseits mit Unterstützung seiner Familie seinen Lebensunterhalt bestritt, sah das Reichsgericht die Bestimmungslosigkeit nicht als gegeben an.

werden könne. Als nicht bestimmungslos qualifizierte das Reichsgericht auch eine Person, die einen Gewerbeschein und/oder einen Erwerbssteuerschein[1247] bezüglich eines Geschäftes vorgelegt hatte, da hierdurch der „Nachweis eines Geschäftsbetriebes und einer unmittelbaren Erwerbsbestimmung" erbracht war. Das Reichsgericht entschied auch, daß eine Person, welche schon seit längerer Zeit ein an sich erlaubtes Geschäft, nämlich z.B. den Kohlenhandel, mit genügendem Einkommen betreibe, deshalb schon nicht als bestimmungs- und erwerbslos erscheine, wenn sie diesen Erwerb ohne Gewerbeschein betrieb, da der unbefugte Betrieb eines Gewerbes noch keinen unerlaubten Erwerb im Sinne des Schubgesetzes darstelle[1248]. Ein Gewerbebetrieb, dessen Anmeldung von den Gewerbebehörden nicht zur Kenntnis genommen worden war, wurde vom Reichsgericht[1249] allerdings nicht als Grundlage eines die Abschaffung ausschließenden erlaubten Erwerbes anerkannt.

Bezüglich des „erlaubten Erwerbes" urteilte das Reichsgericht außerdem, daß Wucher „nach dem dermaligen Stande der Gesetzgebung"[1250] nur dann als unerlaubter Erwerb im Sinne des Gesetzes zu qualifizieren sei, wenn sich der Wucherer nachweislich unlauterer Mittel bei seinen Kreditgeschäften bedient hatte[1251]. Hingegen war nach Auffassung des Reichsgerichtes[1252] eine Frau, die als Kupplerin ihren Lebensunterhalt verdiene, jedenfalls unter den Begriff „bestimmungslos" zu subsumieren, da es sich hierbei zweifelsfrei um einen unerlaubten Erwerb handelte. Die Einwendung der Beschwerde, daß in diesem Falle Bestimmungslosigkeit nicht vorliegen könne, da eine Ehefrau schon nach § 92 ABGB „eine gesetzliche Bestimmung" habe, wies das Reichsgericht zurück, weil dieser Bestimmung „doch nicht die Bedeutung beigelegt werden" könne, „daß dadurch die Ehegattin von den gesetzlichen Folgen gesetzwidriger Handlungen eximiert werden sollte"[1253].

1247 Erkenntnisse des Reichsgerichtes vom 22. Oktober 1879, Z. 192, Slg. RG VI Nr. 192; vom 17. Juli 1879, Z. 124, Slg. RG V Nr. 187.

1248 Erkenntnis des Reichsgerichtes vom 4. Juli 1892, Z. 217, Slg. RG IX Nr. 569. Der Beschwerdeführer, der „anläßlich der Arbeiterbewegung von 1890" wegen versuchter öffentlicher Gewalttätigkeit verurteilt worden war, betrieb mit einem mit zwei Hunden bespannten Wagen den Handel mit Kohlen, ohne den Gewerbeschein dafür zu besitzen und davon Steuern zu zahlen, weshalb er auch abgestraft worden war. Nach dieser Abstrafung hatte er das Gewerbe sofort bei der Behörde angemeldet.

1249 Erkenntnis des Reichsgerichtes vom 21. April 1903, Z. 148, Slg. RG XII Nr. 1175.

1250 Vgl. dazu S. 138 ff.

1251 So das Erkenntnis des Reichsgerichtes vom 17. Juli 1879, Z. 124, Slg. RG V Nr. 187.

1252 Erkenntnis des Reichsgerichtes vom 23. Jänner 1903, Z. 427 ex 1902, Slg. RG XII Nr. 1165.

1253 Das Reichsgericht erkannte folglich, daß die Abschaffung einer verheirateten Frau, gegen die aus den Verhältnissen ihrer Person Abschaffungsgründe gegeben waren, durch die Familienrechte des Ehemannes nicht behindert werden könne. Der Ehegatte werde durch eine solche Abschaffung auch nicht in seinen politischen Rechten verletzt und sei daher zur Beschwerdeführung beim Reichsgericht im eigenen Namen nicht legitimiert; siehe das Erkenntnis des Reichsgerichtes vom 23. Jänner 1903, Z. 427 ex 1902, Slg. RG XII Nr. 1165.

2. Ausweislosigkeit

Was die vorgeschriebenen Ausweise für Inländer anbelangt, so bedurften Inländer nach der Ministerialverordnung vom 10. Mai 1867[1254] für Reisen im Inland in der Regel[1255] keines Passes, wohl aber einer Legitimationskarte[1256]. Die durch die Dienstbotenordnungen und durch die Gewerbeordnung eingeführten Dienstboten- bzw. Arbeitsbücher[1257] sowie die für Bergarbeiter vorgeschriebenen Arbeitsbücher[1258] galten gleichfalls als Legitimationsurkunden, wenn sie von der zur Ausstellung der Legitimationskarten zuständigen Behörde mit der Klausel: „Giltig als Legitimationsurkunde für Reisen im Innern des österreichischen Kaiserstaates auf die Dauer Eines Jahres" versehen worden waren[1259]. Über diese Bestimmungen hinaus qualifizierte das Reichsgericht eine Person dann nicht als ausweislos, wenn sie einen Heimatschein[1260] oder einen Taufschein[1261]

1254 § 1 der Kundmachung der Ministerien des Äußern, des Innern, des Handels, der Polizei und des Krieges vom 10. Mai 1867, RGBl Nr. 80, über die dermalen in Kraft bestehenden paßpolizeilichen Vorschriften.

1255 Gemäß § 28 der Verordnung wurden dadurch weder die Hausierpässe noch die für Militärpersonen bestehenden paßpolizeilichen Vorschriften usw. berührt.

1256 Diese war vom Vorsteher der Bezirksämter oder des Magistrates für Personen mit Wohnsitz in diesem Amtsbezirk auf die Dauer eines Jahres auszustellen und enthielt keine über die Heimatberechtigung Auskunft gebende Rubrik.

1257 Siehe den Anhang zur Gewerbeordnung (Kaiserliches Patent vom 20. Dezember 1859, RGBl. Nr. 227, womit eine Gewerbe-Ordnung für den ganzen Umfang des Reiches, mit Ausnahme des venetianischen Verwaltungsgebietes und der Militärgrenze, erlassen, und vom 1. Mai 1860 angefangen in Wirksamkeit gesetzt wird): „Von den Arbeitsbüchern". Das Arbeitsbuch wurde von der politischen Behörde des Aufenthaltsortes ausgefertigt, welche der Heimatbehörde davon Kenntnis gab. Durch eine Ministerialverordnung aus dem Jahre 1866 betreffend die Geschäftsvereinfachung im politischen Verwaltungsdienst wurde die den politischen Behörden zustehende Ausstellung der Arbeitsbücher der Gemeinde zugewiesen. Das Dienstbotenbuch wurde nach den Dienstbotenordnungen der Länder vom Gemeindevorsteher der Heimatgemeinde oder über dessen Ermächtigung vom Gemeindevorsteher der Aufenthaltsgemeinde ausgefolgt; vgl. dazu MAYRHOFER/PACE (wie Anm. 138) V, S. 92 ff.; Josef WEIDENHOLZER, Der sorgende Staat. Zur Entwicklung der Sozialpolitik von Joseph II. bis Ferdinand Hanusch, Wien-München-Zürich 1985, S. 73 ff., 118 ff.

1258 Verordnung des Staatsministeriums, Polizeiministeriums und Handelsministeriums vom 25. Mai 1866, RGBl. Nr. 72, womit die Ausdehnung der durch die Gewerbeordnung eingeführten Arbeitsbücher auf die Bergarbeiter und die Aufseher bei Bergwerken angeordnet wird.

1259 Vgl. auch den Erlaß des Ministeriums des Innern vom 25. November 1879, Z. 12276, Normalien-Sammlung (wie Anm. 359) II, Nr. 2778, wonach der Gebrauch von Inlandspässen gänzlich aufzuhören habe und daß künftighin Pässe nur zu Auslandsreisen erteilt werden sollten. Den Stellungspflichtigen, den dauernd Beurlaubten und den Reservemännern seien Legitimationskarten bzw. Arbeitsbücher, Dienstbotenbücher auszufolgen.

1260 Erkenntnis des Reichsgerichtes vom 22. Oktober 1879, Z. 192, Slg. RG V Nr. 192. Auch bei Vorliegen z.B. eines Originalzertifikates der Hauptjudengemeinde Tarnow, wonach die betreffende Person mit amtlichem Aufnahmeschein zu jener Gemeinde aufgenommen worden war, erachtete es das Reichsgericht für unzulässig, Ausweislosigkeit anzunehmen, da aufgrund dieses Dokumentes die Heimatzuständigkeit des Beschwerdeführers ohne Schwierigkeit ermittelt werden könne, vgl. das Erkenntnis des Reichsgerichtes vom 22. Oktober 1879,

vorweisen konnte. Als ausweislos konnte nach Ansicht des Reichsgerichtes[1262] auch nicht schon derjenige angesehen werden, „der nicht in jedem Momente seine Zuständigkeit nachzuweisen vermag oder der seine Zuständigkeitsgemeinde, deren Feststellung häufig auch für den Gesetzkundigen eine sehr schwierige ist, nicht sogleich genau anzugeben vermag". Es müsse vielmehr schon genügen, wenn sich jemand „derart über seine Person auszuweisen vermag, daß hiernach dessen Zuständigkeit ... voraussichtlich ohne Anstand erhoben werden kann", wozu sogar eine bereits erloschene Legitimationskarte vollkommen ausreiche.

d. Begriff des „aus der Haft tretenden Sträflings" gemäß § 1 lit. d

Bezüglich der Voraussetzung nach § 1 lit. d des Schubgesetzes, daß der Abzuschiebende bzw. Abzuschaffende ein „aus der Haft tretender Sträfling" sein mußte, hielt das Reichsgericht fest, daß hier zwischen dem „strengen Wortsinn" und dem „Sinne des Gesetzes" unterschieden werden müsse[1263]. Als Haft im Sinne des Schubgesetzes könne nicht eine Arreststrafe, die etwa von den Beschwerdeführern infolge Umwandlung einer Geldstrafe nach § 260 lit. a des Strafgesetzes, wenn nämlich die Geldstrafe „den Vermögensumständen oder dem Nahrungsbetriebe des zu Verurteilenden oder seiner Familie zum empfindlichen Abbruche gereicht" hätte, abgebüßt worden war, qualifiziert werden. Nach Ansicht des Reichsgerichtes würde eine entgegengesetzte Auslegung des Gesetzes „auf die arge Inconvenienz führen, daß mit der Umwandlungsstrafe, die doch nur ein Äquivalent der gesetzlichen Strafe sein soll und sein darf, Folgen verbunden wären, welche über jene der gesetzlichen Strafe weit hinausgehen, indem aus Anlaß einer Geldstrafe niemals die Abschiebung oder Abschaffung verhängt werden könnte, wohl aber wegen der im Umwandlungswege an ihre Stelle tretenden Arreststrafen". Das Reichsgericht kam daher zum Ergebnis, daß „Folgen, welche sich an die gesetzliche Strafe nicht knüpfen können, auch als Folgen der im Wege der Strafumwandlung verhängten Surrogatstrafe nicht eintreten können".

Auch eine Person, die schon vor längerer Zeit eine Freiheitsstrafe verbüßt hatte, war nach dem Sinne des Gesetzes nicht als ein aus der Haft tretender Sträfling zu betrachten[1264]. Ebenso konnte ein Abschaffungserkenntnis, welches 16 Tage[1265] oder drei Wochen[1266] nach dem Austritt eines Arrestanten aus der Haft gefällt wurde, nach Ansicht des Reichsgerichtes nicht einen „aus der Haft tretenden Sträfling" im Sinne des Ge-

Z. 193, Slg. RG V Nr. 193. Anna STAUDACHER, Sozialrevolutionäre und Anarchisten. Die andere Arbeiterbewegung vor Hainfeld (= Österreichische Texte zur Gesellschaftskritik XXXIX), Wien 1988, S. 237, irrt folglich, wenn sie meint: „Verließ jemand jedoch seine Heimat ohne Ausweispapiere – ein Heimatschein galt bloß als Zuständigkeitsnachweis, so konnte er jederzeit wieder abgeschoben werden."

1261 Erkenntnis des Reichsgerichtes vom 20. Jänner 1880, Z. 6, Slg. RG V Nr. 207.

1262 Erkenntnis des Reichsgerichtes vom 17. Juli 1879, Z. 124, Slg. RG V Nr. 187.

1263 Erkenntnis des Reichsgerichtes vom 17. Jänner 1881, Z. 1, Slg. VI RG Nr. 229.

1264 Erkenntnisse des Reichsgerichtes vom 4. Juli 1892, Z. 217, Slg. RG IX Nr. 569; vom 18. März 1908, Z. 107, Slg. RG XIV Nr. 1572.

1265 Erkenntnis des Reichsgerichtes vom 19. April 1910, Z. 120, Slg. RG XV Nr. 1765.

1266 Erkenntnis des Reichsgerichtes vom 18. Oktober 1911, Z. 494, Slg. RG XV Nr. 1887.

setzes betreffen. Ob das Abschaffungsurteil gegen einen aus der Haft tretenden Sträfling allerdings schon während der Strafhaft oder erst danach gefällt wurde, erachtete das Reichsgericht als unerheblich für dessen Rechtsgültigkeit, da es erst mit dem Haftaustritt des Abgeschafften in Wirksamkeit trat[1267]. Folglich war es auch für die Bewertung einer Person als „aus der Haft tretender Sträfling" nicht von Relevanz, ob das Abschaffungserkenntnis dem aus der Haft tretenden Sträfling unmittelbar bei der Entlassung aus der Strafanstalt zugestellt worden war[1268]. Hingegen entschied das Reichsgericht[1269], daß ein gegen einen Verurteilten ergangenes Abschaffungserkenntnis, das vor dem Antritt der Strafe gefällt und erst mehrere Wochen nach der Abbüßung der Strafe zugestellt worden war, nicht einen aus der Haft tretenden Sträfling betreffe, da diese Person weder zur Zeit der Fällung des Erkenntnisses noch zur Zeit der Zustellung als ein aus der Haft tretender Sträfling zu bezeichnen sei.

e. Gefährlichkeit für die Sicherheit der Person oder des Eigentums gemäß § 1 lit. d

In zahlreichen Judikaten hatte sich das Reichsgericht mit der Interpretation der „Gefährlichkeit" aus der Haft tretender Sträflinge „für die Sicherheit der Person oder des Eigentums" zu beschäftigen, wobei es in Einschränkung der überaus weiten Interpretation der Schubbehörden eine Begriffsklärung herbeiführte und häufig politisch motivierten contra-legem-Anwendungen der politischen Behörden deutlich entgegentrat.

So entschied das Reichsgericht zum einen, daß die Gefährlichkeit eines Abgeschafften, „nach jenen Momenten zu beurteilen" sei, welche der Entscheidung über die Abschaffung in letzter Instanz zugrunde gelegt worden waren[1270]. Zum anderen stellte das Reichsgericht[1271] nachdrücklich fest, daß als Voraussetzung für eine Abschiebung bzw. Abschaffung eine Gefährdung der „öffentlichen Sicherheit" nicht ausreichend sei, da das Gesetz ausdrücklich die Sicherheit der Person oder des Eigentums „als jene öffentlichen Interessen" bezeichne, welche durch aus der Haft tretende Sträflinge gefährdet sein mußten. Folglich maß das Reichsgericht[1272] auch einem Delikt, das sogar nur „durch

1267 Erkenntnis des Reichsgerichtes vom 19. Jänner 1895, Z. 383 ex 1894, Slg. RG X Nr. 690.

1268 Erkenntnis des Reichsgerichtes vom 15. Jänner 1904, Z. 584 ex 1903, Slg. RG XIII Nr. 1230.

1269 Erkenntnis des Reichsgerichtes vom 13. Jänner 1911, Z. 597 ex 1910, Slg. RG XV Nr. 1840.

1270 Erkenntnis des Reichsgerichtes vom 1. Juli 1912, Z. 130, Slg. RG XV Nr. 1944.

1271 Erkenntnis des Reichsgerichtes vom 9. Juli 1897, Z. 216, Slg. RG X Nr. 817. Der Beschwerdeführer, ein Glasspinner, war wegen mehrfacher Vorstrafen (drei Verurteilungen wegen Körperverletzung bei Raufhandel gemäß § 411 StG) und Verurteilung wegen des Vergehens des Auflaufes (gemäß § 284 StG) als der öffentlichen Sicherheit gefährlich für beständig aus dem Bezirk Gablonz ausgewiesen worden. Das Reichsgericht schloß sich der Ansicht der Beschwerde an, daß „Auflauf weder ein Delict gegen die Person noch gegen das Eigenthum" sei, und verneinte folglich das Vorliegen der Ausweisungsvoraussetzungen gemäß § 2 Abs. 2. Es führte weiter aus, daß – selbst wenn der Beschwerdeführer ein die Sicherheit der Person gefährdender Mensch wäre, was aber nicht behauptet worden sei – nicht ersichtlich sein könne, daß eine derartige Gefährdung nur für den Bezirk Gablonz bestünde.

1272 Erkenntnis des Reichsgerichtes vom 18. Jänner 1901, Z. 492 ex 1900, Slg. RG XII Nr. 1049. Das Reichsgericht anerkannte, daß die Delikte, derentwegen der Beschwerdeführer verurseine Begleitumstände" die öffentliche Ruhe und Ordnung gefährdete, nicht die Wirkung zu, den Täter als einen die Sicherheit der Person oder des Eigentums gefährdenden Menschen erscheinen zu lassen. Zum andern mußten nach Ansicht des Reichsgerichtes zur Feststellung, ob jemand die Sicherheit der Person oder des Eigentums gefährde, grundsätzlich diejenigen strafbaren Handlungen „näher ins Auge gefaßt werden", wegen welcher der Abzuschiebende oder Abzuschaffende zu der abgebüßten Freiheitsstrafe verurteilt worden war[1273], wobei das Reichsgericht erklärte, bei dieser Beurteilung der Gefährlichkeit „nach Maßgabe der besonderen thatsächlichen Feststellungen" des Strafurteiles[1274] vorzugehen.

Was die bloße Eigentumsgefährlichkeit eines aus der Haft tretenden Sträflings anbelangt, so ließ nach Ansicht des Reichsgerichtes eine einmalige Verurteilung wegen boshafter Beschädigung fremden Eigentums[1275] oder wegen Diebstahls[1276] den Verur-

---

teilt worden und als ein aus der Haft tretender Sträfling anzusehen war, „unter gefährlichen Begleitumständen begangen worden" und „die öffentliche Ruhe und Ordnung im Mährisch-Ostrauer Gebiete zu gefährden geeignet waren". Nach Ansicht des Reichsgerichtes machten diese „Momente allein" sie „jedoch nicht zu solchen Delicten, welche im Sinne des §. 1 lit. d) den Täter als die Person oder das Eigentum gefährdend erscheinen lassen". Der Beschwerdeführer war einerseits wegen Vergehen nach §§ 303 (Beleidigung einer gesetzlich anerkannten Kirche oder Religionsgemeinschaft) und 305 StG (öffentliche Herabwürdigung der Einrichtungen der Ehe, der Familie, des Eigentums oder Gutheißung von ungesetzlichen oder unsittlichen Handlungen) verurteilt worden, begegangen dadurch, daß er an verschiedenen Orten und zu verschiedenen Zeiten einerseits das Institut der Predigt, den geistlichen Stand, den Papst, die Erzbischöfe, die katholische Geistlichkeit, die Gebräuche und Einrichtungen der katholischen Kirche lächerlich zu machen und herabzusetzen versucht hatte und gesetzlich verbotene Handlungen gutgeheissen und zu solchen aufgefordert hatte, sowie andererseits wegen Übertretungen nach § 491 (öffentliche Schmähung), § 496 (öffentliche Beschimpfung oder Mißhandlungen) und § 312 StG (Beamtenbeleidigung), begangen dadurch, daß er „öffentlich und vor mehreren Leuten die Regierung, die Behörden ohne Anführung bestimmter Thatsachen in Aufreizungsabsicht der Feindseligkeit gegen die Arbeiterbevölkerung beschuldigt", die Abgeordneten des Reichsrates „der Ungerechtigkeit gegen die Arbeiter fälschlich beschuldigt und dem öffentlichen Spotte ausgesetzt", einen Polizeikanzlisten in Ausübung seines Dienstes verbal beleidigt, das Offizierskorps der k. u. k. Armee „fälschlich der Feigheit beschuldigt" hatte.

1273 Erkenntnis des Reichsgerichtes vom 17. Oktober 1883, Z. 141, Slg. RG VII Nr. 285; so im Ergebnis auch das Erkenntnis des Reichsgerichtes vom 4. Juli 1892, Z. 215, Slg. RG IX Nr. 567.

1274 Erkenntnis des Reichsgerichtes vom 9. Juli 1897, Z. 217, Slg. RG X Nr. 818. In diesem Erkenntnis führte das Reichsgericht aus, daß sich nach den Strafakten das Verhalten des Beschwerdeführers bei einem Streik „durchaus nicht als ein so harmloses darstellte", wie er es im reichsgerichtlichen Verfahren darzustellen versucht habe. Die Subsumierung unter § 1 lit. d erschiene in Anbetracht der aktenkundigen Beteiligung an den anläßlich des Streiks „verübten Exzessen" als gerechtfertigt.

1275 Erkenntnis des Reichsgerichtes vom 18. Jänner 1901, Z. 493 ex 1900, Slg. RG XII Nr. 1050.

1276 Erkenntnis des Reichsgerichtes vom 19. Jänner 1901, Z. 495 ex 1900, Slg. RG XII Nr. 1052. Der Beschwerdeführer war wegen Diebstahls von zwei Fuhren Klee verurteilt worden; siehe auch das Erkenntnis des Reichsgerichtes vom 1. Juli 1912, Z. 130, Slg. RG XV Nr. 1944. Die Abschaffung des Beschwerdeführers erfolgte aufgrund einer Verurteilung infolge der Entwendung einer Markttasche und eines Kiefernstämmchens und wurde damit begründet, daß

teilten noch nicht unter allen Umständen als ein die Sicherheit des Eigentums gefährdendes Individuum erscheinen. War die Besserung eines Täters, insbesondere eines jugendlichen Delinquenten, zu erwarten, vermochte ein derartiges einmaliges Eigentumsdelikt nach Auffassung des Reichsgerichtes die Annahme nicht zu rechtfertigen, daß Eigentumsgefährlichkeit gegeben sei. Hingegen konnte auch ein nur des Vergehens der schuldbaren Krida wegen Verurteilter „nach Umständen, nemlich vermöge der Eigenthümlichkeit der von ihm thatsächlich verübten Schädigungen fremden Vermögens" als eine für die Sicherheit fremden Eigentums oder Vermögens gefährliche Person erscheinen[1277].

Eine Gefährdung der Sicherheit der Person wurde nach Ansicht des Reichsgerichtes – selbst unter Außerachtlassung der in § 2 Abs. 2 geforderten Voraussetzung[1278] – nicht unter allen Umständen bereits durch eine Verurteilung wegen des Verbrechens der öffentlichen Gewalttätigkeit begründet[1279]. Insbesondere war nach der Auffassung

---

der Beschwerdeführer wegen dieses sogenannten Walddiebstahls für das Waldeigentum mit Rücksicht auf den großen Umfang der Waldbestände im Gebiet der Bezirkshauptmannschaft gefährlich erscheine.

1277 Erkenntnis des Reichsgerichtes vom 12. Jänner 1885, Z. 6, Slg. RG VII Nr. 316. In diesem Erkenntnis erachtete das Reichsgericht die Abschaffung einer derartigen Person insbesondere für Wien und Umgebung als zulässig, da der Beschwerdeführer gemäß § 486 StG wegen eines Vergehens gegen die Sicherheit des Eigentums, nämlich schuldbare Krida, verurteilt worden war, begangen dadurch, daß er sich nachweisbar durch „einen prunkhaften Aufwand und durch Vorschützung des Besitzes werthvoller Vermögensobjecte und Antheile an lucrativen Unternehmungen das Ansehen eines reichen Mannes gab, und im häufigen Verkehre mit wohlhabenden Personen, welche vornehmen Gesellschaftsschichten in Wien angehört hatten, deren Vertrauen ausnützte, um von ihnen große Darlehensbeträge zu entlokken, die zurückzuzahlen er schlechterdings nicht in der Lage war." Eine derartige Person erschiene gerade für Wien und Umgebung als ein gefährliches Individuum.

1278 Vgl. dazu S. 241 ff.

1279 Erkenntnis des Reichsgerichtes vom 18. Jänner 1901, Z. 493 ex 1900, Slg. RG XII Nr. 1050. Der Beschwerdeführer hatte einen Gendarmen, der seinen Schwager wegen „angeblich aufrührerischer Reden" aus einem Gasthaus abführen wollte, angegriffen und war gemäß § 81 StG wegen öffentlicher Gewalttätigkeit (durch gewaltsame Handanlegung oder gefährliche Drohung gegen obrigkeitliche Personen in Amtssachen) verurteilt worden. Nach Ansicht des Reichsgerichtes konnte von einer Gefährdung der persönlichen Sicherheit des Gendarmen durch die Straftat des Beschwerdeführers nach den Begleitumständen der gesetzwidrigen Handlung keine Rede sein, vielmehr beruhe die Strafbarkeit dieser Handlung darin, daß „dadurch das Interesse des öffentlichen Dienstes und die Autorität der Sicherheitsorgane gefährdet worden" sei. Der Tat des Beschwerdeführers maß das Reichsgericht den „Charakter eines allerdings groben Excesses" zu, welcher auf die Erregung des Beschwerdeführers, herbeigeführt durch die vorangegangene Nachtschicht und die Tatsache, daß es sich um die Abführung seines Schwagers gehandelt hatte, zurückzuführen gewesen sei. Daraus könne aber noch nicht auf eine Personengefährlichkeit geschlossen werden.
So auch das Erkenntnis des Reichsgerichtes vom 11. Juli 1901, Z. 293, Slg. RG XII Nr. 1084. Auch hier handelte es sich um eine „Widersetzlichkeit" eines Bergarbeiters bei einer Gasthausrauferei. Der Beschwerdeführer hatte dem bei der Rauferei intervenierenden Gemeindewachmann „den Säbel aus der Hand gedreht und dann versucht, denselben zu zerbrechen"; sowie das Erkenntnis des Reichsgerichtes vom 18. März 1908, Z. 108, Slg. RG XIV Nr. 1573. Diesem Erkenntnis lagen die „Reibungen" zwischen in den Streik getretenen Ziegelar-

des Reichsgerichtes[1280] bei der Beurteilung der Gefährlichkeit eines wegen des Verbrechens der öffentlichen Gewalttätigkeit Verurteilten darauf Bedacht zu nehmen, ob mit Rücksicht auf die Anwendung des außerordentlichen Milderungsrechtes seitens des Strafgerichtes und auf die Beschaffenheit der Tat eine Besserung des Verurteilten infolge der gerichtlichen Bestrafung zu erwarten war oder sonstige Begleitumstände gegen die Gefährlichkeit des Täters sprachen[1281].

Eine Gefährdung der Sicherheit der Person erblickte das Reichsgericht[1282] gleichfalls nicht in einer Person, die nur wegen einer Übertretung nach § 411 des Strafgesetzes

---

beitern und arbeitswilligen Arbeitern zugrunde, im Zuge deren eine „Kantine mit Steinen zerworfen, Fenster eingeschlagen, das vorhandene Ziegelmaterial zertreten" und ein Arbeiter „blutig geschlagen" wurden. Nach Ansicht des Reichsgerichtes könne der Beschwerdeführer nicht als gemeingefährlich angesehen werden, da er „unter dem Einflusse der Erregung ..., welche durch den Streik hervorgerufen" wurde, stand, nicht als „Führer, Anstifter usw., sondern lediglich als einer der zahlreichen Mittäter fungierte, ohne daß ihm hierbei eine hervorragende Rolle nachgewiesen wurde", und ihm überdies Besserungsfähigkeit bescheinigt worden war.

1280 Erkenntnisse des Reichsgerichtes vom 23. April 1895, Z. 90 und 91, Slg. RG X Nr. 693 und 694. Die Beschwerdeführer, Gerbergehilfen, waren wegen öffentlicher Gewalttätigkeit (begangen durch gewaltsamen Einfall in fremdes unbewegliches Gut) gemäß § 83 StG verurteilt worden, weil sie „mit Übergehung der Obrigkeit" zusammen mit mehreren Leuten in die Fabrik ihres Arbeitgebers eingedrungen waren, um „die Einsichtnahme in seine Bücher und die Ausstellung einer Urkunde über die Höhe der von ihm gezahlten Löhne, also ein Beweismittel abzunöthigen". Infolge des Verhaltens der Beschwerdeführer bei diesem Unternehmen und mit Rücksicht auf deren durch das Verhalten des Fabriksinhabers verursachte „momentane Gemüthsaufregung" hatte das Gericht vom außerordentlichen Milderungsrecht Gebrauch gemacht, weshalb auch das Reichsgericht die Ansicht vertrat, daß in Zukunft von den Beschwerdeführern keine Gefährdung der Person oder des Eigentums mehr zu befürchten sei.
Auch in dem dem Erkenntnis des Reichsgerichtes vom 18. März 1908, Z. 108, Slg. RG XIV Nr. 1573, zugrundeliegenden Fall (vgl. Anm. 2121) vermochte das Reichsgericht „nicht zu dem Schlusse zu gelangen", daß der Beschwerdeführer „als eine Person anzusehen sei, von der zu befürchten sei, daß sie in Zukunft sich wieder zu Handlungen hinreißen" lassen werde, durch welche eine Gefährdung der Sicherheit der Person oder des Eigentums für das Abschaffungsgebiet Reichenberg eintreten könne.

1281 Das Erkenntnis des Reichsgerichtes vom 15. Oktober 1912, Z. 281, Slg. RG XV Nr. 1961, sprach aus, daß eine einmalige Verurteilung wegen des Verbrechens der öffentlichen Gewalttätigkeit (durch boshafte Handlungen oder Unterlassungen unter besonders gefährlichen Umständen) nach § 87 StG auch in Verbindung mit zwei Vorstrafen wegen Übertretung von § 496 StG (öffentliche Beschimpfungen oder Mißhandlungen) den Betreffenden noch nicht in einem die Abschaffung rechtfertigenden Ausmaß als die Sicherheit der Person gefährdend erscheinen ließe, wenn die Begleitumstände dagegen sprachen. Die öffentliche Gewalttätigkeit des Beschwerdeführers bestand darin, daß er bei einer Tanzveranstaltung ein Bierglas „aus Bosheit in die versammelte Menge ... in solcher Weise geworfen hat, daß dadurch das Leben und die Gesundheit anwesender Personen gefährdet werden konnte". Das Reichsgericht entschied, daß keine die Abschaffung rechtfertigende Gefährlichkeit vorlag, weil zum einen niemand verletzt worden war, und zum anderen der Beschwerdeführer zur Zeit der Tat „noch in einem der Jugend nahen Alter stand" und in „heftiger Gemütsaufregung anläßlich eines Wirtshausstreites handelte".

1282 Erkenntnis des Reichsgerichtes vom 18. Jänner 1901, Z. 492 ex 1900, Slg. RG XII Nr. 1049.

(Raufhandel) verurteilt worden war, „zumal dann nicht, wenn die Verurteilung vor Jahren und an einem anderen Ort“ erfolgt war. Ebenso ließ eine einmalige Verurteilung wegen des Verbrechens der schweren körperlichen Beschädigung den Verurteilten noch nicht unter allen Umständen als eine die Sicherheit der Person hinkünftig gefährdende Person erscheinen[1283]. Auch eine Verurteilung wegen des Vergehens nach § 305 (öffentliche Herabwürdigung der Einrichtungen der Ehe, der Familie, des Eigentums oder Gutheißung von ungesetzlichen oder unsittlichen Handlungen) des Strafgesetzes und wegen der Übertretungen nach §§ 487 (unbegründete Beschuldigung wegen einer Straftat), 491 (öffentliche Schmähung), 496 (öffentliche Beschimpfungen oder Mißhandlungen), 312 (Beamtenbeleidigung) und 314 (Einmengung in die Vollziehung öffentlicher Dienste) des Strafgesetzes und nach § 14 des Versammlungsgesetzes[1284] erachtete das Reichsgericht in einem Erkenntnis aus dem Jahre 1901[1285] für nicht geeignet, den Verurteilten als die Sicherheit der Person gefährdend zu qualifizieren, denn keines der Delikte sei ein solches, aus dem eine derartige Gefährlichkeit des Verurteilten gefolgert werden könne. Die Abschaffung einer Kupplerin erachtete das Reichsgericht[1286] hingegen nicht nur wegen Bestimmungslosigkeit (§ 1 lit. b) für zulässig, sondern im Falle der Kuppelei durch Mädchenhandel auch nach § 1 lit. d, da dieses Delikt auch die „öffentliche Sittlichkeit“ und die Sicherheit der Person „im höchsten Grade zu gefährden geeignet“ sei.

Weiters hielt das Reichsgericht in seinem Erkenntnis vom 17. Jänner 1881[1287] fest, daß „bei unbefangener Auslegung und im Sinne unseres Strafgesetzes“[1288] die „Worte des Gesetzes vom 27. Juli 1871 ... nur auf eine solche Gefährdung der Person oder des Eigentums bezogen werden, welche diese in thätlicher Weise bedroht und nicht auf Theorien“, wie etwa die Sozialdemokratie, „die als solche eine thätliche Bedrohung der Person oder des Eigenthums nicht begründen“[1289]. Es müsse vielmehr, selbst wenn es

---

1283 Erkenntnis des Reichsgerichtes vom 18. Jänner 1901, Z. 494 ex 1900, Slg. RG XII Nr. 1051. Die Körperverletzung geschah während einer Wirtshausrauferei, die anläßlich der gewaltsamen Wegschaffung des Beschwerdeführers aus dem Wirtshaus entstand. Bei der Strafbemessung waren dem Beschwerdeführer die Milderungsgründe des untadeligen Lebenswandels vor Verübung des Delikts und „heftige Gemüthsbewegung aus dem gewöhnlichen Menschengefühle“ zugebilligt und vom außerordentlichen Milderungsrecht Gebrauch gemacht worden.

1284 § 14 des Gesetzes vom 15. November 1867, RGBl. Nr. 135, über das Versammlungsrecht, ordnete an, daß alle Anwesenden, wenn eine Versammlung als aufgelöst erklärt war, den Versammlungsort sogleich zu verlassen und auseinanderzugehen hätten.

1285 Erkenntnis des Reichsgerichtes vom 19. Jänner 1901, Z. 498 ex 1900, Slg. RG XII Nr. 1054.

1286 Erkenntnis des Reichsgerichtes vom 23. Jänner 1903, Z. 427 ex 1902, Slg. RG XII Nr. 1165.

1287 Erkenntnis des Reichsgerichtes vom 17. Jänner 1881, Z. 1, Slg. RG VI Nr. 229.

1288 Vgl. §§ 275 ff. StG.

1289 Als Begründung der Eigentumsgefährlichkeit des Beschwerdeführers war in dem dem Erkenntnis des Reichsgerichtes vom 17. Jänner 1881, Z. 1, Slg. RG VI Nr. 229, zugrunde liegenden Fall der dringende Verdacht angegeben worden, daß die Beschwerdeführer „Anhänger und Propagatoren der Socialdemokratie“ seien. Das Reichsgericht betonte allerdings, daß – wie „gefährlich aber auch die Lehren der Socialdemokratie für die Eigenthumsinstitution sein mögen“ – nichts vorliege, was zur Annahme berechtigen könnte, daß die Besich um eine mehrfach abgestrafte Person handelte[1290], eine „tatsächliche" Gefährdung der Sicherheit der Person oder des Eigentumes gegeben sein[1291].

Da sich das Schubgesetz nach Ansicht des Reichsgerichtes[1292] auch nur auf „gemeine Verbrechen, nicht aber auf aus politischen Motiven begangene Delicte" beziehe, sei eine Person, die nur wegen solcher Delikte, wie etwa Übertretungen nach §§ 305 (öffentliche Herabwürdigung der Einrichtungen der Ehe, der Familie, des Eigentums oder Gutheißung von ungesetzlichen oder unsittlichen Handlungen), 488 (unbegründete Beschuldigung wegen unehrenhafter oder unsittlicher Handlungen) und 491 (öffentliche Schmähung), Übertretungen des Koalitionsgesetzes[1293] oder des Preßgesetzes[1294], „keineswegs" der Sicherheit der Person oder des Eigentums gefährlich. Allerdings erblickte das Reichsgericht in einem späteren Erkenntnis[1295] die Gefährlichkeit für die Sicherheit

---

schwerdeführer „irgend welche thätliche Angriffe auf das Eigenthum unternommen oder zu unternehmen sich angeschickt hätten".

1290 Erkenntnis des Reichsgerichtes vom 25. April 1895, Z. 94, Slg. RG X Nr. 697. In diesem Fall war der Beschwerdeführer wegen Entwendung eines Schinkens nach § 460 StG, wegen des Verbrechens der Religionsstörung nach § 122 lit. b StG, wegen Aufforderung zu unsittlichen und gesetzwidrigen Handlungen nach § 305 StG verurteilt worden (weil seine auf einer Knopfdreherversammlung gehaltene Rede den Passus enthielt: „Es gibt Unternehmer, welche vier bis fünf Bänke außer Haus haben und Hausgesellen züchten und vom Diebstahle Unternehmer geworden sind. Die Hausgesellen sind dann wieder zum Diebstahl gezwungen, und ich sage, jeder Hausgeselle ist dumm, wenn er nicht stiehlt"). Das Reichsgericht konnte aufgrund dieser Abstrafungen keine Gefährlichkeit des Beschwerdeführers erblikken, da dieser zum einen nur einmal, und zwar zehn Jahre vor dem Abschaffungserkenntnis, wegen eines „unbedeutenden" Diebstahls abgestraft worden war und aus dem „incriminirten Passus" der Rede nicht gefolgert werden könne, „daß von ihm eine thatsächliche Gefährdung fremden Eigenthumes zu befürchten sei".

1291 So explizit das Erkenntnis des Reichsgerichtes vom 12. April 1894, Z. 77, Slg. RG X Nr. 660. Demzufolge stellte auch eine Aburteilung gemäß § 305 (öffentliche Herabwürdigung der Einrichtungen der Ehe, der Familie, des Eigentums oder Gutheißung von ungesetzlichen oder unsittlichen Handlungen) StG, begangen durch den Ausruf in einer Volksversammlung in Brünn: „Es lebe die rothe revolutionäre Socialdemokratie", nach Ansicht des Reichsgerichtes keine tatsächliche Bedrohung der Sicherheit oder des Eigentums oder die Aufforderung dazu dar.

1292 Erkenntnis des Reichsgerichtes vom 19. Oktober 1900, Z. 347, Slg. RG XI Nr. 1033.

1293 Vgl. zum Koalitionsgesetz inbes. Anm. 1296 und S. 388 ff.

1294 Erkenntnis des Reichsgerichtes vom 19. Oktober 1900, Z. 347, Slg. RG XI Nr. 1033.

1295 Erkenntnis des Reichsgerichtes vom 4. Juli 1911, Z. 300, Slg. RG XV Nr. 1862. Das Reichsgericht hatte mit diesem Erkenntnis seine bisherige Linie verlassen und sich wohl einer der Administrativbehörde notwendig erscheinenden Disziplinierungsmaßnahme inhaltlich angeschlossen. Jedenfalls fällt das Erkenntnis auch durch seine inhaltlich schwache Argumentation aus der Reihe der sonstigen Erkenntnisse. Die das Abschaffungserkenntnis begründenden strafbaren Handlungen, mit denen das Reichsgericht im Zusammenhalt mit den nicht näher behandelten Vorstrafen die Personsgefährlichkeit des Beschwerdeführers rechtfertigte, waren nämlich: Anläßlich des damals herrschenden Streiks hatte der Beschwerdeführer einem arbeitswilligen Arbeiter, „als dieser in die Fabrik gehen wollte, in Anwesenheit von zirka 70 streikenden Arbeitern, welche Pfui riefen und zu Boden spuckten, gleichfalls Pfui" zugerufen, dem Arbeiter ins Gesicht gespuckt und „so diesen an der Arbeitsleistung durch Mittel der Einschüchterung zu hindern gesucht". Außerdem hatte er einen Geneiner Person dann als gegeben, wenn eine wegen Delikten nach §§ 411 (Raufhandel), 431 (Handlungen und Unterlassungen gegen die körperliche Sicherheit überhaupt) sowie 312 (Beamtenbeleidigung) des Strafgesetzes und § 3 des Koalitionsgesetzes[1296] verurteilte Person diese Gewalttätigkeiten während eines Streiks verübte, „zumal dann, wenn Strafen wegen ähnlicher Handlungen schon vorausgegangen" seien.

Hingegen sah das Reichsgericht[1297] durch einen Redakteur, der wegen „Vernachlässigung der pflichtmäßigen Obsorge bei Aufnahme eines den objectiven Thatbestand der Majestätsbeleidigung enthaltenden Artikels", also wegen eines Preßdeliktes, verurteilt worden war, die Sicherheit der Person oder des Eigentums nicht gefährdet. In gleicher Weise sprach es in einem Erkenntnis aus dem Jahre 1906 aus[1298], daß insbesondere in Versammlungen und in der Presse verübte Delikte, welche „in einer agitatorischen Tätigkeit von allgemein politischem Charakter wurzeln", also tätliche und wörtliche Beleidigungen von obrigkeitlichen Personen, Einberufung von Versammlungen ohne vorherige behördliche Anzeige usw. nicht als personen- oder eigentumsgefährdend eingestuft werden könnten.

---

darmen, der arbeitswillige Arbeiter in die Fabrik begleitete, „plötzlich am Arme" erfaßt, diesen und einen anderen Gendarmen verhöhnt. Weiters „frozzelte" er tags darauf die beiden Gendarmen und beleidigte „auf diese Weise die genannten Gendarmen" in Ausübung ihres Dienstes wörtlich. Nach Ansicht des Reichsgerichtes rechtfertigten diese Handlungen den Schluß, daß der Beschwerdeführer „unter den obwaltenden Verhältnissen die Sicherheit der Person gefährdete". Unterstützt sah das Reichsgericht diese Schlußfolgerung durch die Verurteilung des Beschwerdeführers wegen versuchter Körperverletzung, begangen dadurch, daß er eine Bierflasche gegen jemanden schleuderte, und durch Vorstrafen nach §§ 152 (schwere körperliche Beschädigung), 431 (Handlungen und Unterlassungen gegen die körperliche Sicherheit überhaupt) und 411 (Körperverletzung bei Raufhandel) StG.

1296 § 3 des Gesetzes vom 7. April 1870, RGBl. Nr. 43, wodurch unter Aufhebung der §§ 479, 480 und 481 des allgemeinen Strafgesetzes in Betreff der Verabredungen von Arbeitgebern oder Arbeitnehmern zur Erzwingung von Arbeitsbedingungen, und von Gewerbsleuten zur Erhöhung eines Preises einer Waare zum Nachtheile des Publikums besondere Bestimmungen erlassen werden (Koalitionsgesetz), bestimmte, daß sich derjenige, der, um das Zustandekommen, die Verbreitung oder die zwangsweise Durchführung einer derartigen Verabredung zu bewirken, Arbeitgeber oder Arbeitnehmer an der Ausführung ihres freien Entschlusses, Arbeit zu geben oder zu nehmen, durch Mittel der Einschüchterung oder Gewalt hinderte oder zu hindern versuchte, einer mit Arrest von acht Tagen bis zu drei Monaten bedrohten Übertretung schuldig machte; siehe zum Koalitionsgesetz auch Leo VERKAUF, Art. Arbeitsrecht C: Arbeitseinstellungen und Aussperrungen, in: Ernst Mischler/Josef Ulbrich (Hrsg.), Österreichisches Staatswörterbuch. Handbuch des gesamten österreichischen öffentlichen Rechts, I, 2. Aufl. Wien 1905, S. 191–199; Isidor INGWER, Das Koalitionsrecht der Arbeiter, Wien 1909; Sigmund KAFF, Das Koalitionsrecht der Arbeiter in Vergangenheit und Zukunft (= Gewerkschaftliche Zeitfragen II), Wien 1919; OGRIS (wie Anm. 632), S. 636 f.

1297 Erkenntnis des Reichsgerichtes vom 3. Juli 1900, Z. 193, Slg. RG XI Nr. 1006; das Ministerium machte bezüglich des aus Pilsen und ganz Böhmen abgeschafften Redakteurs geltend, daß dieser „ein notorischer, nur destructive Tendenzen verfolgender Anarchist" und als solcher „der Sicherheit der Person und des Eigenthums äußerst gefährlich" sei, weil in der von ihm herausgegebenen Druckschrift „zu strafbaren Handlungen gegen die Sicherheit der Person und Eigenthums aufzureizen getrachtet werde".

1298 Erkenntnis des Reichsgerichtes vom 25. April 1906, Z. 124, Slg. RG XIII Nr. 1421.

Da das Reichsgericht nur eine tätliche Drohung, eine tatsächliche Gefährdung, bei der Beurteilung der Gefährlichkeit einer Person als ausreichenden Grund für eine Abschiebung bzw. Abschaffung anerkannte, erblickte es weder in Aburteilungen wegen bestimmter Übertretungen des Vereinsgesetzes[1299], noch wegen des Vergehens des Auflaufes[1300] eine Rechtfertigung für die Abschaffung eines Inländers. Auch in der Tatsache, daß jemand wegen der Übertretung der Ehrenbeleidigung, begangen durch Äußerungen, die den österreichischen Reichsrat „ohne Anführung bestimmter Tatsachen öffentlich und vor mehreren Leuten verächtlicher Eigenschaften und unehrenhafter Gesinnung geziehen" hatte, war nach Ansicht des Reichsgerichtes keine Gefährlichkeit des aus der Haft tretenden Sträflings gelegen, da den Handlungen des Beschwerdeführers „ganz andere Tendenzen als thatsächliche Angriffe gegen die Sicherheit der Person oder des Eigenthums zu Grunde" lagen[1301]. Ebenso folgte nach Ansicht des Reichsgerichtes[1302] aus einer Verurteilung einer Person wegen Teilnahme an einer geheimen Gesellschaft noch nicht von selbst, daß die Teilnehmer einer solchen Gesellschaft die Sicherheit der Person oder des Eigentums gefährdeten, vielmehr müßte, um diese Gefahr zu begründen, „nachgewiesen sein, daß die Gesellschaft Handlungen verübt, oder versucht, oder geplant habe, welche gegen die Sicherheit der Person oder des Eigenthums gerichtet sind".

War hingegen jemand wegen Störung der öffentlichen Ruhe nach § 65 lit. a bis c des Strafgesetzes verurteilt worden, begangen dadurch, daß er sich einer geheimen Verbindung, „welche sich die Aufreizung zur Verachtung und zum Hasse wider die Regierungsform oder Staatsverwaltung des Kaiserthums Österreichs, den Ungehorsam, die Auflehnung oder den Widerstand gegen die Gesetze zur Aufgabe gestellt hat", in Kenntnis dessen angeschlossen hatte, daß diese Verbindung „mittelst Sammlungen von Geldern, Anschaffung von Waffen, Sprengmitteln und revolutionären Druckschriften ... die Vorbereitung einer Erhebung behufs gewaltsamer Beseitigung der staatlichen und gesellschaftlichen Ordnung bezwecke", so erblickte das Reichsgericht[1303] in einer derartigen Person allerdings die sowohl eine Abschiebung als auch eine polizeiliche Abschaffung rechtfertigende Gefährdung der Sicherheit der Person und des Eigentums nicht verwirklicht.

1299 Nämlich der Übertretung von § 22 (Verpflichtung zum sofortigen Auseinandergehen bei Schluß der Vereinsversammlung) i.V.m. § 36 (Strafbestimmung) des Vereinsgesetzes, siehe das Erkenntnis des Reichsgerichtes vom 4. Juli 1892, Z. 216, Slg. RG IX Nr. 568.

1300 So die Erkenntnisse des Reichsgerichtes vom 9. Juli 1897, Z. 216, Slg. RG X Nr. 817; vom 2. Juli 1900, Z. 192, Slg. RG XI Nr. 1005.

1301 Siehe das Erkenntnis des Reichsgerichtes vom 10. Juli 1883, Z. 85, Slg. RG VII Nr. 279.

1302 Siehe das Erkenntnis des Reichsgerichtes vom 21. April 1884, Z. 51, Slg. RG VII Nr. 294.

1303 Erkenntnisse des Reichsgerichtes vom 9. April 1886, Z. 49 und 50, Slg. RG VIII Nr. 376 und 377. INGWER/ROSNER (wie Anm. 1204), S. 41, kommentierten dazu: „Da wurde übersehen, daß sich derartige strafbare Handlungen nur als *wörtliche* und nie als *thatsächliche* Angriffe gegen die Sicherheit der Person oder des Eigenthums darstellen". Ebenso anerkannte das Reichsgericht, daß die Gefährdung insbesondere für die Stadt galt, aus welcher der Beschwerdeführer abgeschafft werden sollte, da durch eine Rückkehr in diese Stadt dem Beschwerdeführer die Wiederanknüpfung geheimer Verbindungen mit seinen ehemaligen Gesellschaftsgenossen erleichtert würde.

Da sich das Reichsgericht bei der Beurteilung der Personen- oder Eigentumsgefährlichkeit nach den der Abschiebung bzw. Abschaffung zugrunde liegenden Strafurteilen richtete, erachtete es folglich auch in seinem Erkenntnis vom 17. Oktober 1883[1304] die polizeiliche Abschaffung eines aus der Haft tretenden Sträflings dann für zulässig, wenn es sich um ein „wegen Aufreizung zu Feindseligkeiten wider einzelne Classen und Stände der bürgerlichen Gesellschaft und zu feindseligen Parteiungen der Einwohner des Staates gegen einander und sofort wegen Aufreizungen zum Zwecke der Verwirklichung communistischer und social-revolutionärer Tendenzen des Verbrechens der Störung der öffentlichen Ruhe und eines Vergehens gegen die öffentliche Ruhe und Ordnung schuldig erklärtes Individuum" handelte. In einem derartigen aus der Haft tretenden Sträfling erblickte das Reichsgericht allerdings eine für die Sicherheit der Person und des Eigentums gefährliche Person, da es sich nach Meinung des Reichsgerichtes in einem solchen Fall „nicht blos um abstracte Theorien und Tendenzen, sondern um positive Handlungen" des Beschwerdeführers handelte.

In diesem Sinne qualifizierte das Reichsgericht einen Bergmann, der sich bei einem „von anarchistischen Elementen hervorgerufenen Strike [sic] an den damit verbundenen Excessen betheiligt" hatte[1305], sowie jemanden, der eine während eines Streiks stattfindende Versammlung mit Gewalttätigkeiten gegen Personen gesprengt hatte[1306], als eine für die Sicherheit der Person und des Eigentums in dem betreffenden Bergbaugebiet gefährliche Person. Ebenso erachtete das Reichsgericht[1307] eine Person, die wegen versuchter Verleitung zur öffentlichen Gewalttätigkeit durch boshafte Beschädigung der Wiener „Trambahnen" verurteilt worden war, als eine die Sicherheit der Person und des Eigentums in Wien gefährdende Person und bestätigte weiters ein Abschaffungserkenntnis gegen eine Person, die anläßlich eines Streiks mehrere gewalttätige strafbare

---

1304 Erkenntnis des Reichsgerichtes vom 17. Oktober 1883, Z. 141, Slg. RG VII Nr. 285.

1305 Erkenntnis des Reichsgerichtes vom 9. Juli 1897, Z. 217, Slg. RG X Nr. 818.

1306 Erkenntnis des Reichsgerichtes vom 22. April 1907, Z. 144, Slg. RG XIV Nr. 1497. Anläßlich des von der „Anarchistenpartei" im böhmischen Braunkohlebecken 1906 veranstalteten Streiks hatte der Beschwerdeführer, einer der Führer der Anarchisten, eine Delegiertenkonferenz der Sozialdemokraten, die über den Streik und seine Ausweitung beraten wollte, mit Gewalt gesprengt, als die Abstimmung zu ungunsten des anarchistischen Antrages ausging. Er drang „mit einer großen Zahl streikender Bergarbeiter, welche mit Stöcken, Schirmen und von Sesseln losgerissenen Brettern versehen waren, ... in den Saal", in welchem sich die sozialdemokratischen Delegierten befanden, forderte seine Begleiter zu Tätlichkeiten gegen die Konferenzteilnehmer auf, infolge derer es zu Mißhandlungen kam. Das Reichsgericht erachtete den Beschwerdeführer als eine die Sicherheit der Person gefährdende Person, „zumal wenn man erwägt, daß sich bei den in den böhmischen Kohlendistrikten nicht seltenen Streiks Anlässe zu solchen Gewaltthätigkeiten auch in Zukunft wieder ergeben können".

1307 Erkenntnis des Reichsgerichtes vom 19. Jänner 1895, Z. 383 ex 1894, Slg. RG X Nr. 690. Der Beschwerdeführer hatte einen anderen aufgefordert, gegen Bezahlung Burschen zu werben, welche die Züge und Waggons der Wiener Tramwaygesellschaft mit Steinen bewerfen, zur Entgleisung bringen und demolieren sollten. Das Reichsgericht erblickte in dieser versuchten Beschädigung eine solche, die „besonders mit Rücksicht auf den theilweisen Dampfbetrieb ..., ganz unabsehbare Folgen für das Leben, die Gesundheit und die körperliche Sicherheit zahlreicher Personen nach sich ziehen konnte", weshalb der Beschwerdeführer als eine die Sicherheit der Person und des Eigentums „in hohem Grade gefährdende Person" zu qualifizieren sei.

Handlungen begangen hatte, da diese strafbaren Handlungen unzweifelhaft einen „zu Gewalttätigkeiten geneigten, die Sicherheit der Person gefährdenden Charakter" aufzeigten[1308]. Weiters erklärte es das Reichsgericht[1309] für zulässig, einen Bergarbeiter, der infolge eines die Werksleitung bedrohenden Briefes wegen des Verbrechens der öffentlichen Gewalttätigkeit durch Erpressung verurteilt worden war, nach Maßgabe des Inhaltes des Drohbriefes und der in dem betreffenden Bezirk herrschenden Verhältnisse als eine die Sicherheit der Person vorzugsweise für diesen Bezirk gefährdende Person anzusehen[1310].

Was eine in einer öffentlichen Vereinsversammlung von Bergleuten ausgesprochene Aufforderung zur Selbsthilfe und zu Tätlichkeiten wider mißliebige Vorgesetzte anbelangt, hatte das Reichsgericht[1311] der Administrativbehörde insofern einen Ermessensspielraum zugebilligt, als es in „einem derartigen Vorgehen, im Zusammenhang mit den aus dem Sachverhalt ersichtlichen Begleitumständen ... solche tatsächliche Anhaltspunkte" erblickte, „welche die Ansicht der Administrativbehörden, daß von dem Beschwerdeführer eine Gefährdung der Sicherheit der Person zu befürchten seien, nicht als grundlos erscheinen lassen". Eine „in verhetzender und aufreizender Tendenz seit Jahren unausgesetzt betriebene"[1312] bzw. eine „durch längere Zeit betriebene zu Tätlichkeiten aufreizende" agitatorische Tätigkeit[1313] erachtete das Reichsgericht jedenfalls ebenso wie einen „thätlicher Angriff" geeignet, die Sicherheit des Eigentums oder der Person zu gefährden.

Wie die angeführten Judikate zeigen, kann dem Reichsgericht bezüglich der Auslegung des Begriffes der Gefährlichkeit für die Sicherheit der Person und des Eigentums

---

1308 Erkenntnis des Reichsgerichtes vom 24. Oktober 1894, Z. 280, Slg. RG X Nr. 671. Der Beschwerdeführer war wegen § 83 (öffentliche Gewalttätigkeit durch gewaltsamen Einfall in fremdes unbewegliches Gut) und § 411 (Körperverletzung bei Raufhandel) StG sowie § 3 des Gesetzes vom 7. April 1870, RGBl. Nr. 43 (vgl. Anm. 1296), verurteilt worden; vgl. dazu auch Anm. 1332.

1309 Erkenntnis des Reichsgerichtes vom 17. Jänner 1895, Z. 378 ex 1894, Slg. RG X Nr. 685.

1310 Der Beschwerdeführer hatte Ende Mai 1893 die Werksleitung der Zieditz-Huberspirker Kohlengewerkschaft in Falkenau bzw. deren Direktor mit einer Verletzung am Körper oder Eigentum in der Absicht, dadurch die Wiederanstellung entlassener Arbeiter zu erzwingen, bedroht und wurde deshalb wegen des Verbrechens der öffentlichen Gewalttätigkeit durch Erpressung verurteilt. Der erkennende Gerichtshof hatte festgestellt, daß der Drohbrief mit „Rücksicht auf die gereizte Stimmung, welche damals unter den Arbeitern geherrscht" habe, „geeignet war, den Werksdirektor ... in Furcht und Unruhe zu versetzen und in ihm gegründete Besorgniß wachzurufen, daß Gewaltthätigkeiten gegen die Beamten oder gegen das Bergwerkseigenthume" geplant würden.

1311 Erkenntnis des Reichsgerichtes vom 17. Jänner 1906, Z. 511 ex 1905, Slg. RG XIII Nr. 1396. Die zur Verurteilung führenden Äußerungen waren: „Aber helfen wir uns nur selbst ... am besten wäre es, eine Stange zu nehmen und jedem solchen Steiger eines über den Kopf zu geben", sowie „Und daß wir zum Streiken nicht genug Geld haben? Wir wissen schon, wo Geld genug liegt und fault und wo wir es uns ...".

1312 Erkenntnis des Reichsgerichtes vom 11. Jänner 1898, Z. 436, Slg. RG XI Nr. 853.

1313 Erkenntnis des Reichsgerichtes vom 16. Jänner 1908, Z. 630 ex 1907, Slg. RG XIV Nr. 1554.

im allgemeinen[1314] bescheinigt werden, daß es „bemüht war, nach rein rechtlichen Gesichtspunkten zu urteilen und politische Erwägungen beiseite zu lassen“[1315].

f. Gefährdung der öffentlichen Interessen vorzugsweise nur für den Abschaffungsort gemäß § 2 Abs. 2

Da eine Abschaffung gemäß § 2 Abs. 2 in Verbindung mit § 1 nur dann verhängt werden konnte, „wenn die Gefährdung der öffentlichen Interessen, zu deren Schutze die Abschiebung bestimmt ist ..., vorzugsweise nur für den Ort besteht, aus welchem die Person entfernt werden soll“, war bei Vorliegen einer der Voraussetzungen des § 1 von der politischen Behörde stets auch zu prüfen, ob die Gefährlichkeit eben vorzugsweise für den Ort oder das Land bestand, aus dem eine Person abgeschafft werden sollte. Wie nicht verwunderlich, gingen die politischen Behörden allerdings mit dieser Bestimmung nicht immer sehr gewissenhaft um, weshalb das Reichsgericht auch öfters mit dieser Frage beschäftigt war. In zahlreichen Erkenntnissen hatte das Reichsgericht folglich festzustellen, daß die Abschaffung eine „besondere lokale Gefährlichkeit“ voraussetze[1316] und die Behörde die behauptete vorzugsweise Gefährdung des Abschaffungsgebietes durch Fakten zu belegen bzw. plausibel zu machen habe. Da die Behörden zumeist oft nicht einmal das Vorhandensein der lokalen Gefährlichkeit prüften oder nur allgemein eine Gefährlichkeit für die öffentliche Ordnung und Sicherheit behaupteten, hatte das Reichsgericht oft selbst die Gegebenheit dieses Erfordernisses zu beurteilen.

Grundsätzlich verlangte das Reichsgericht[1317], daß die vorzugsweise Gefährlichkeit einer Person nur für einen bestimmten Ort „durch besondere Verhältnisse und nicht allein durch die Verübung einer Straftat an diesem Ort begründet“ sein mußte. So erachtete das Reichsgericht etwa eine Person, die wegen eines an einem bestimmten Ort verübten Eigentumsdeliktes verurteilt worden war[1318], selbst wenn sie bereits vorbestraft war[1319], nicht schon deshalb als ein für die Sicherheit des Eigentumes vorzugsweise für

---

1314 Umso befremdlicher mutet daher das Erkenntnis des Reichsgerichtes vom 4. Juli 1911, Z. 300, Slg. RG XV Nr. 1862, an; vgl. dazu S. 236 f., Anm. 1295.

1315 MELICHAR (wie Anm. 1218), S. 290.

1316 So generell und explizit in den Erkenntnissen vom 18. Jänner 1901, Z. 494 ex 1900, Slg. RG XII Nr. 1051; vom 19. Jänner 1901, Z. 498 ex 1900, Slg. RG XII Nr. 1054.

1317 Erkenntnis des Reichsgerichtes vom 19. April 1910, Z. 120, Slg. RG XV Nr. 1765.

1318 Erkenntnis des Reichsgerichtes vom 19. Jänner 1901, Z. 495 ex 1900, Slg. RG XII Nr. 1052. Nach Ansicht des Reichsgerichtes war es „keineswegs ersichtlich“, inwiefern die Gefährlichkeit des wegen Kleediebstahls verurteilten Beschwerdeführers vorzugsweise für die Abschaffungsbezirke Dux und Brüx vorliege, vielmehr „müßte angenommen werden, daß diese Gefährlichkeit in noch höherem Maße in seinem Heimatsort ... vorliegen würde, wenn man erwägt, daß er dort voraussichtlich subsistenzlos sein wird und gerade dadurch veranlaßt werden könnte, Eigentumsdelikte zu begehen“.

1319 Erkenntnis des Reichsgerichtes vom 2. Juli 1894, Z. 157, Slg. RG X Nr. 662. Der Beschwerdeführer, ein „Advocaturs-Sollicitator“ war zweimal wegen Veruntreuungen und einmal wegen Diebstahles verurteilt worden, weshalb er nach Verbüßung seiner Freiheitsstrafe aus ganz Niederösterreich auf die Dauer von zehn Jahren abgeschafft wurde. Nach Ansicht des

diesen Ort bzw. für das betreffende Land gefährliches Individuum[1320]. Nach den Umständen des Falles konnte allerdings nach Ansicht des Reichsgerichtes auch schon bei einem einmaligen Eigentumsdelikt eine vorzugsweise Gefährdung für das Abschaffungsgebiet gegeben sein, wenn nämlich „die localen und socialen Beziehungen gerade dieses Ortes" dem Verurteilten „leichte Gelegenheit" bieten würden, „seine frühere, die öffentlichen Interessen ... daselbst gefährdende Thätigkeit fortzusetzen"[1321]. Auch die Abschaffung „arbeitsscheuer", den Bettel betreibender Personen aus einer Großstadt, ganz besonders aus Wien, war nach Auffassung des Reichsgerichtes[1322] dadurch gerechtfertigt, weil „gerade in der Großstadt der Bettel viel einträglicher als außerhalb derselben" erschiene und deshalb die Großstadt auf derartige Leute eine Anziehungskraft ausübe, welche die öffentliche Ordnung besonders gefährde.

Als gefährlich für die öffentlichen Interessen vorzugsweise am Tatort erachtete das Reichsgericht[1323] ebenfalls Personen, die wegen Kuppeleidelikten verurteilt worden waren, namentlich dann, wenn dieser Tatort eine Großstadt war, da hier die öffentliche Sittlichkeit und die Sicherheit der Person besonders gefährdet erschienen. Sittlichkeitsdelikte begründeten nach Anschauung des Reichsgerichtes[1324] eine vorzugsweise lokale Gefährlichkeit für die Sicherheit der Person „deshalb noch nicht immer, weil in dem Deliktsgebiet durch die Häufung industrieller Betriebe die Bevölkerung eine besonders dichte und die Gelegenheit zum Rückfalle im allgemeinen eine gesteigerte" sei.

Eine Verurteilung wegen des Verbrechens der öffentlichen Gewalttätigkeit[1325] bzw. wegen schwerer Körperverletzung[1326] reichte hingegen nach Auffassung des

---

Reichsgerichtes könne es dahingestellt bleiben, „ob der Beschwerdeführer ... mit Rücksicht auf die erlittenen Abstrafungen als ein die Sicherheit des Eigenthumes gefährdendes Individuum" anzusehen sei, da seine Abschaffung gemäß § 2 Abs. 2 nur dann gerechtfertigt sei, wenn die Gefährdung des Eigentumes vorzugsweise nur für das Abschaffungsgebiet bestünde, wofür aber jeglicher „thatsächliche Anhaltspunkt" fehle.

1320 Schon gar nicht war die Eigentumsgefährlichkeit vorzugsweise im Wohnsitzgebiet nach Ansicht des Reichsgerichtes gegeben, wenn es sich um geringfügige Diebstähle handelte; siehe das Erkenntnis des Reichsgerichtes vom 1. Juli 1912, Z. 130, Slg. RG XV Nr. 1944.

1321 So das Erkenntnis des Reichsgerichtes vom 12. Jänner 1885, Z. 6, Slg. RG VII Nr. 316; vgl. dazu auch S. 233 und insbes. Anm. 1277.

1322 Erkenntnis des Reichsgerichtes vom 18. März 1908, Z. 109, Slg. RG XIV Nr. 1574.

1323 Erkenntnis des Reichsgerichtes vom 21. April 1903, Z. 148, Slg. RG XII Nr. 1175; siehe auch das Erkenntnis des Reichsgerichtes vom 23. Jänner 1903, Z. 427 ex 1902, Slg. RG XII Nr. 1165.

1324 Erkenntnis des Reichsgerichtes vom 13. Jänner 1913, Z. 414 ex 1912, Slg. RG XVI Nr. 1980.

1325 Erkenntnis des Reichsgerichtes vom 2. Juli 1900, Z. 192, Slg. RG XI Nr. 1005. Der Beschwerdeführer hatte sich mit anderen einem in Ausübung seines Dienstes befindlichen Gemeindewachmann widersetzt und diesen mit der Faust in den Magen geschlagen. Das Reichsgericht hielt fest, daß von einer Gefährdung der Sicherheit der Person vorzugsweise nur für den Ort bzw. für das Gebiet keine Rede sein könne, da es sich im vorliegenden Fall „lediglich um eine Widersetzlichkeit anläßlich eines gewöhnlichen Wirtshausexcesses" gehandelt habe; vgl. auch die Erkenntnisse des Reichsgerichtes vom 19. Oktober 1900, Z. 347, Slg. RG XI Nr. 1033, und vom 20. Oktober 1900, Z. 350, Slg. RG XI Nr. 1036.

1326 Erkenntnis des Reichsgerichtes vom 18. Jänner 1901, Z. 494 ex 1900, Slg. RG XII Nr. 1051. Der Beschwerdeführer hatte in alkoholisiertem Zustand Streit angefangen, weil man ihm kein Bier mehr verabreichte. Als die übrigen Gäste den Beschwerdeführer, um ihn von Tät-

Reichsgerichtes noch nicht zur Abschaffung aus, wenn sich aus dem konkreten Tatbestand keine „locale Gefährlichkeit“ ergäbe. Eine aus Eifersucht gegen eine bestimmte Person verübte Gewalttat etwa begründete nach Ansicht des Reichsgerichtes[1327] die Gefährlichkeit des Täters für die Sicherheit der Person vorzugsweise nur an jenem Ort bzw. in jenem politischen Bezirk, in welchem die verfolgte Person domizilierte.

Bezüglich des Verbrechens der öffentlichen Gewalttätigkeit betonte das Reichsgericht ausdrücklich, daß diese „an sich keine vorzugsweise Gefährlichkeit des Täters für einen bestimmten Ort und insbesondere nicht für einen anderen als den Tatort“ begründe[1328]. Wurde also ein derartiges Verbrechen an einem anderen Ort als dem, aus dem der Täter abgeschafft werden sollte, begangen, bestand nach Ansicht des Reichsgerichtes nicht das gesetzliche Erfordernis der vorzugsweisen Gefährlichkeit für den Abschaffungsort. In diesem Sinne stellte das Reichsgericht auch in einem Erkenntnis aus 1913[1329] grundsätzlich fest, daß die vorzugsweise Gefährlichkeit einer Person für jene Gemeinde nicht bestehen könne, in welcher diese ihren Wohnsitz nicht habe.

Hingegen qualifizierte das Reichsgericht[1330] eine Person, die wegen versuchter Verleitung zur öffentlichen Gewalttätigkeit durch boshafte Beschädigung der Wiener „Trambahnen“ verurteilt worden war, als eine insbesondere für die Sicherheit der Person und des Eigentums in Wien gefährliche Person, da „die localen Verhältnisse Wiens ... in der That so beschaffen sind, daß die Gefahr solcher Ausschreitungen eine erhöhte ist“. Ebenso erachtete das Reichsgericht eine Gefährdung durch eine wegen Teilnahme an einer anarchistischen Verbindung als gemeingefährlich erkannte Person insbesondere für die Stadt gegeben, aus welcher der Beschwerdeführer abgeschafft werden sollte, da durch eine Rückkehr in diese Stadt dem Beschwerdeführer die Wiederanknüpfung geheimer Verbindungen mit seinen ehemaligen Gesellschaftsgenossen erleichtert würde[1331]. Weiters begründeten nach Ansicht des Reichsgerichtes[1332] strafbare Handlungen,

---

lichkeiten gegen den Wirt abzuhalten, zur Türe drängten, riß er einen Eisenstab aus dem Fensterschutz und warf ihn gegen die Wirtin, wobei er diese schwer am Fuß verletzte. Das Reichsgericht bemerkte, daß „nicht ersichtlich“ sei, inwiefern der Beschwerdeführer „die öffentlichen Interessen zweier politischer Bezirke überhaupt oder ... vorzugsweise nur dieser zu gefährden geeignet wäre“. Für die Annahme dieser auch wesentlichen Voraussetzung liege „nichts Thatsächliches“ vor.

1327 Erkenntnis des Reichsgerichtes vom 15. Jänner 1904, Z. 584 ex 1903, Slg. RG XIII Nr. 1230. Der zweimal wegen Mordversuches schuldig erkannte Beschwerdeführer war aus dem politischen Bezirk Dux für immer abgeschafft worden. Das Reichsgericht führte aus, daß an der Gefährlichkeit des Beschwerdeführers für die Sicherheit der Person kein Zweifel bestünde und die zu befürchtende Personsgefährdung insbesondere für die Gemeinde und den politischen Bezirk gelte, in dem die Geliebte des Beschwerdeführers lebe.

1328 Erkenntnis des Reichsgerichtes vom 18. Oktober 1911, Z. 494, Slg. RG XV Nr. 1887.

1329 Erkenntnis des Reichsgerichtes vom 13. Jänner 1913, Z. 414 ex 1912, Slg. RG XVI Nr. 1980.

1330 Erkenntnis des Reichsgerichtes vom 19. Jänner 1895, Z. 383 ex 1894, Slg. RG X Nr. 690, vgl. zur Begründung der Gefährlichkeit des Beschwerdeführers auch Anm. 1307.

1331 Erkenntnisse des Reichsgerichtes vom 9. April 1886, Z. 49 und 50, Slg. RG VIII Nr. 376 und 377; vgl. S. 238 für die Begründung der Gefährlichkeit des Beschwerdeführers für die Sicherheit der Person oder des Eigentums.

1332 Erkenntnis des Reichsgerichtes vom 24. Oktober 1894, Z. 280, Slg. RG X Nr. 671. Der beschwerdeführende Tischlergehilfe war wegen der Verbrechen der öffentlichen Gewalttätigwelche aus Anlaß einer Streikbewegung in Wien verübt worden waren, sehr wohl die Gefährlichkeit des Täters für die öffentliche Sicherheit vorzugsweise von Wien und Niederösterreich, „da eben an diesen Orten Strikebewegungen [sic] der Arbeiter häufiger stattfinden und größere Dimensionen annehmen, und eine solche Strikebewegung den Beschwerdeführer zu den von ihm begangenen die Sicherheit der Person gefährdenden strafbaren Handlungen veranlaßte".

Während das Reichsgericht durch die Presse oder in Versammlungen begangenen Delikten, „welche in einer agitatorischen Tätigkeit von allgemein politischem Charakter wurzeln", keine vorzugsweise lokale Gefährlichkeit beimaß[1333] und etwa eine derartige Gefährdung auch nicht in einem Herausgeber einer anarchistischen Zeitung, deren Verbreitung über das Abschaffungsgebiet hinausreichte, verwirklicht sah[1334], sprach es in einem Erkenntnis vom Jänner 1898[1335] aus, daß eine „in verhetzender und aufreizender Tendenz seit Jahren unausgesetzt betriebene agitatorische Thätigkeit" allerdings als vorzugsweise gefährlich für Bezirke mit „sehr entwickelter Industrie und zahlreicher Arbeiterschaft, zumal dort, wo der Agitator durch sein Wirken und seine Bekanntschaft besonderen Einfluß" besaß, zu beurteilen sei. In ähnlicher Weise judizierte das Reichsgericht 1908[1336], daß schon eine „durch längere Zeit betriebene, zu Tätlichkeiten aufreizende" agitatorische Tätigkeit für ein Gebiet, in welchem sich viele Bergarbeiter befänden, besonders gefährlich sei.

---

keit gemäß § 83 (öffentliche Gewalttätigkeit durch gewaltsamen Einfall in fremdes unbewegliches Gut) und § 411 (Körperverletzung bei Raufhandel) StG sowie gemäß § 3 des Gesetzes vom 7. April 1870, RGBl. Nr. 43, vgl. Anm. 1296), anläßlich eines Streiks verurteilt worden. Er war mit vier anderen Tischlergehilfen in das Fabrikslokal eingedrungen und hatte „daselbst an dessen Hausleuten, Habe und Gut Gewalt ausgeübt ..., um den daselbst arbeitenden Gehilfen das Versprechen abzunöthigen, sich dem in Scene gesetzten Strike [sic] anzuschließen, respective an denselben" seine „Gehässigkeit zu befriedigen". Überdies habe er mehrfach gerufen: „Ihr Lausbuben sollt nicht arbeiten, ihr werdet es schon kriegen, wir erwischen euch schon, erschlagen werd's" und zwei Personen leichte Körperverletzungen zugefügt.

1333 Weil die „agitatorische Tätigkeit durch die Presse, Arrangierung von Versammlungen, Reden in demselben u.s.w. ... eine solche" sei, daß „sie überall dort eintreten kann, wo sich eine zahlreiche industrielle Arbeiterbevölkerung befindet" und „keineswegs bloß auf Bergarbeiter beschränkt" sei, vgl. das Erkenntnis des Reichsgerichtes vom 25. April 1906, Z. 124, Slg. RG XIII Nr. 1421.

1334 Erkenntnis des Reichsgerichtes vom 3. Juli 1900, Z. 193, Slg. RG XI Nr. 1006. Der Redakteur war aus Pilsen und ganz Böhmen abgeschafft worden, die Hauptverbreitungsgegenden seiner Druckschrift waren allerdings die Kohlendistrikte Nordböhmens und das Mährisch-Ostrauer Gebiet.

1335 Erkenntnis des Reichsgerichtes vom 11. Jänner 1898, Z. 436, Slg. RG XI Nr. 853. Der mehrfach vorbestrafte Beschwerdeführer hatte sich „in verhetzenden Reden gegen einzelne Classen der Bevölkerung ergangen", die öffentliche Ruhe und Ordnung durch Aufreizung zu Feindseligkeiten gegen Nationalitäten, Religionsgenossenschaften, Körperschaften usw. gestört und „andauernd eine verhetzende Thätigkeit entwickelt".

1336 Erkenntnis des Reichsgerichtes vom 16. Jänner 1908, Z. 630 ex 1907, Slg. RG XIV Nr. 1554. Die Abschaffung erfolgte aus Brüx, Dux und Komotau.

Was die zahlreichen Bergarbeiterunruhen anbelangt, so betrachtete das Reichsgericht[1337] etwa einen Brüxer Bergmann, der sich bei einem „von anarchistischen Elementen hervorgerufenen Strike [sic] an den damit verbundenen Excessen betheiligt" hatte, als vorzugsweise für das betreffende Bergbaugebiet, also die politischen Bezirke Brüx, Dux und Komotau, eigentums- und personengefährliche Person. Einen Führer anarchistischer Bergarbeiter, der eine während eines Streiks stattfindende Versammlung mit Gewalttätigkeiten gegen Personen gesprengt hatte[1338], erachtete das Reichsgericht angesichts dessen, daß sich in den böhmischen Kohlendistrikten bei Streiks nicht selten Anlässe zu derartigen Gewalttaten auch in Zukunft wieder ergeben könnten, als eine die öffentlichen Interessen gemäß § 2 besonders in den Kohlendistrikten, aus denen er abgeschafft worden war, nämlich Dux, Brüx, Komotau, Teplitz, Aussig, Saaz, Laun, Schlan und Kladno, gefährdende Person.

Ebenso bestätigte das Reichsgericht[1339] die Auffassung der Administrativbehörden bezüglich der Aufforderung eines Bergarbeiters zu Tätlichkeiten wider Vorgesetzte, daß nämlich die Personengefährlichkeit des Beschwerdeführers vorzugsweise für die im Abschaffungserkenntnis genannten politischen Bezirke Brüx, Komotau, Dux, Teplitz und Aussig bestehe, da diese „gerade jenes weite Bergwerksgebiet" bildeten, „in welchem der Beschwerdeführer leichte Gelegenheit findet, den daselbst massenhaft angesammelten Bergleuten gegenüber seine aufreizende Thätigkeit zu entwickeln". Das Reichsgericht[1340] erklärte es auch für zulässig, einen Bergarbeiter, der infolge eines die Werksleitung bedrohenden Briefes wegen des Verbrechens der öffentlichen Gewalttätigkeit durch Erpressung verurteilt worden war, nach Maßgabe des Inhaltes des Drohbriefes und der im betreffenden Bezirk herrschenden Verhältnisse als eine die Sicherheit der Person vorzugsweise für diesen Bezirk gefährdende Person anzusehen[1341].

Was die Gefährlichkeit einer Person, die in deren „krankhaften Geisteszustand wurzelt", anbelangt, so entschied das Reichsgericht[1342], daß diese keine vorzugsweise für

---

1337 Erkenntnis des Reichsgerichtes vom 9. Juli 1897, Z. 217, Slg. RG X Nr. 818.

1338 Erkenntnis des Reichsgerichtes vom 22. April 1907, Z. 144, Slg. RG XIV Nr. 1497.

1339 Erkenntnis des Reichsgerichtes vom 17. Jänner 1906, Z. 511 ex 1905, Slg. RG XIII Nr. 1396; vgl. dazu auch S. 240, Anm. 1311.

1340 Erkenntnis des Reichsgerichtes vom 17. Jänner 1895, Z. 378 ex 1894, Slg. RG X Nr. 685.

1341 vgl. dazu die Anm. 1310.

1342 Erkenntnis des Reichsgerichtes vom 13. Jänner 1911, Z. 597 ex 1910, Slg. RG XV Nr. 1840. Das Reichsgericht führte das „exzessive Benehmen" des Beschwerdeführers, der wegen Diebstahls und Raufhandels verurteilt worden war, und dem gerichtsärztliche Gutachten „eine große Empfindlichkeit und Reizbarkeit" bescheinigten, „wesentlich auf die Erregbarkeit und Reizbarkeit" desselben zurück. Wenngleich das Reichsgericht anerkannte, daß der „krankhafte psychische Zustand" des Beschwerdeführers denselben für seine Umgebung erscheinen lassen konnte, so erachtete er die Voraussetzung der lokalen Gefährlichkeit als nicht gegeben.

ein bestimmtes Gebiet bestehende sei und daher keinen Abschaffungsgrund bilden könne, vielmehr bestünde sie, „als Folge eines psychischen Zustandes“, für jeden Ort, in welchem sich der Beschwerdeführer aufhielte, und nicht bloß im Abschaffungsgebiet. Dementsprechend waren „[k]rankhafte psychische Zustände“ nach Ansicht des Reichsgerichtes überhaupt nicht geeignet, eine Abschaffung im Sinne des Schubgesetzes zu rechtfertigen.

g. Abschaffungsort bzw. -gebiet

In mehreren Erkenntnissen hielt das Reichsgericht[1343] fest, daß das Gebiet, für welches eine politische Behörde erster Instanz die Abschaffung zu verfügen berechtigt war, auch die Nachbarbezirke des betreffenden Amtssprengels umfassen konnte, da das Gesetz zwischen „Orten“ und „Gebieten“ unterscheide, ein Gebiet aber unter Umständen auch mehrere Sprengel (Bezirke) umfassen könne, wie etwa das aus den Bezirken Dux, Brüx und Komotau bestehende nordwestböhmische Kohlengebiet, und das Gesetz nicht die Verhängung mehrerer Ausweisungserkenntnisse für einen derartigen Fall verlange. In seinem Erkenntnis vom 22. April 1907[1344] erklärte es sogar ausdrücklich, daß die Abschaffung eines wegen öffentlicher Gewalttätigkeit aus Anlaß eines Streiks Verurteilten bei festgestellter Personsgefährlichkeit für das Streikgebiet von der Bezirkshauptmannschaft über ihren Sprengel hinaus soweit verhängt werden könne, als die festgestellte lokale Gefährlichkeit reiche. Erst in einem Erkenntnis aus dem Jahre 1913[1345] rückte das Reichsgericht von seiner diesbezüglichen ständigen Judikatur bzw. Duldung dieser behördlichen Praxis ab und entschied, daß die Befugnis, Inländer aus einem bestimmten Gebiet abzuschaffen, auf den Amtssprengel der abschaffenden Behörde beschränkt sei. Eine Erstreckung des Abschaffungserkenntnisses über die territorialen Grenzen der amtlichen Wirksamkeit der betreffenden Behörde hinaus, sei „zweifellos eine Ausnahme, welche besonderer gesetzlicher Begründung“ bedürfe.

Allerdings stellte das Reichsgericht[1346] – wie auch der Oberste Gerichtshof[1347] hinsichtlich der gerichtlichen Abschaffungen – fest, daß sich die polizeiliche Abschaffung aus dem Gebiet eines politischen Bezirkes nur auf die zur Zeit des Abschaffungserkenntnisses zu diesem Sprengel gehörigen Gemeinden, nicht aber auf demselben später angeschlossene Gemeinden erstrecken dürfe. Für die Ausdehnung der Abschaffung auf solche zusätzlichen Gemeinden forderte das Reichsgericht eine „neue, selbständig zu motivierende Entscheidung“ der Behörde, da durch das Abschaffungserkenntnis nur die vorzugsweise Gefährlichkeit für jene Gemeinden ausgesprochen worden war, die ur-

---

1343 Erkenntnis des Reichsgerichtes vom 9. Juli 1897, Z. 217, Slg. RG X Nr. 818; vgl. implizit auch z.B. die Erkenntnisse des Reichsgerichtes vom 24. Oktober 1894, Z. 280, Slg. RG X Nr. 671; 17. Jänner 1895, Z. 378 ex 1894, Slg. RG X Nr. 685; vom 11. Jänner 1898, Z. 436, Slg. RG XI Nr. 853; vom 2. Juli 1900, Z. 192, Slg. RG XI Nr. 1005; vom 17. Jänner 1906, Z. 511 ex 1905, Slg. RG XIII Nr. 1396.

1344 Erkenntnis des Reichsgerichtes vom 22. April 1907, Z. 144, Slg. RG XIV Nr. 1497.

1345 Erkenntnis des Reichsgerichtes vom 13. Jänner 1913, Z. 414 ex 1912, Slg. RG XVI Nr. 1980.

1346 Erkenntnis des Reichsgerichtes vom 17. Jänner 1906, Z. 510 ex 1905, Slg. RG XIII Nr. 1395.

1347 Siehe dazu S. 757.

sprünglich zu dem politischen Bezirk gehörten und die vorzugsweise Gefährlichkeit für die neu dazugekommenen Orte erst geprüft werden müsse.

Bezüglich der in das Schubgesetz übernommenen Bestimmung, daß niemand aus seiner Heimatgemeinde ausgewiesen werden durfte, ergab sich infolge der Heimatgesetznovelle 1896[1348] nicht nur für den Bereich des Gemeindeausweisungsrechtes, sondern auch für die polizeilichen Abschaffungen die Frage, wann das Heimatrecht nach den Bestimmungen der Novelle tatsächlich erworben wurde. Nach ständiger Judikatur des Reichsgerichtes[1349] kam für das Recht zur Ausweisung aus einer Gemeinde „nicht der Umstand in Betracht, ob der Ausgewiesene den Anspruch auf Aufnahme in den Gemeindeverband, sondern nur, ob er das Heimatrecht der Gemeinde besitzt".

h. Wirkung der Reichsgerichtserkenntnisse

Da das Reichsgericht in seinen Erkenntnissen nur aussprechen konnte, ob und in welchem Umfang in dem zur Entscheidung vorliegenden Fall die behauptete Verletzung eines politischen Rechtes des Beschwerdeführers stattgefunden habe[1350], nicht aber auch den angefochtenen Bescheid aufheben konnte[1351], weiters die Verwaltungsbehörde gesetzlich nicht verpflichtet war, den der Rechtsanschauung des Reichsgerichtes ent-

---

1348 Vgl. dazu ausführlich S. 44 ff.

1349 Siehe dazu im Zusammenhang mit den polizeilichen Abschaffungen das Erkenntnis des Reichsgerichtes vom 16. Jänner 1908, Z. 630 ex 1907, Slg. RG XIV Nr. 1554; vgl. aber auch die Erkenntnisse des Reichsgerichtes vom 19. Oktober 1881, Z. 181, Slg. RG VI Nr. 250; vom 20. April 1885, Z. 76, Slg. RG VII Nr. 326; vom 22. Oktober 1896, Z. 228, Slg. RG X Nr. 774; vom 17. Jänner 1914, Z. 556 ex 1913, Slg. RG XVI Nr. 2053.

1350 § 35 des Gesetzes vom 18. April 1869, RGBl. Nr. 44, betreffend die Organisation des Reichsgerichtes, das Verfahren vor demselben und die Vollziehung seiner Erkenntnisse; vgl. auch BRAUNEDER (wie Anm. 344, Gesetzgebungsgeschichte), S. 291 f.

1351 Vgl. dazu kritisch Anton HYE von Gluneck, Sammlung der nach gepflogener öffentlicher Verhandlung geschöpften Erkenntnisse des k.k. österreichischen Reichsgerichtes, I, Wien 1874, S. XXX: „Wie arg wird nun die autoritative Geltung unserer bedeutsamsten constitutionellen Institutionen geschädigt, wenn es sofort – wie dieß schon mehrfach vorgekommen ist – einer derjenigen administrativen Behörden, deren Verfügung durch ein Erkenntniß des Reichsgerichtes als eine Rechtsverletzung ... erklärt worden war, gelüstet, diese Verfügung dennoch nicht zurückzuziehen, sondern factisch in ihrer Wirksamkeit bestehen zu lassen, oder wenn nun gar eine nicht verfassungstreue höchste administrative Behörde ... ein solches Judicat des Reichsgerichtes durch eine ihr ... diametral zuwiderlaufende Anordnung paralysirt!", siehe auch ebd., V, Wien 1881, S. XXXVII f.
Folglich konnte das Reichsgericht darauf oftmals gerichteten Begehren von Beschwerdeführern nicht nachkommen; vgl. die Erkenntnisse des Reichsgerichtes vom 22. Oktober 1879, Z. 192 und 193, Nr. 192 und 193; vom 17. Juli 1879, Z. 124, Slg. RG V Nr. 187; vom 20. Jänner 1880, Z. 6, Slg. RG V Nr. 207; vom 2. Juli 1900, Z. 192, Slg. RG XI Nr. 1005; vom 3. Juli 1900, Z. 193, Slg. RG XI Nr. 1006; vom 20. Oktober 1900, Z. 350, Slg. RG XI Nr. 1036; vom 18. Jänner 1901, Z. 494 ex 1900, Slg. RG XII Nr. 1051; vom 19. Jänner 1901, Z. 498 ex 1900, Slg. RG XII Nr. 1054.

sprechenden Zustand herzustellen, stellt sich die Frage nach der tatsächlichen Wirkung der Reichsgerichtserkenntnisse[1352].

Insgesamt hatte das Reichsgericht 70 Beschwerden wegen Verletzung von Art. 4 oder 6 durch Ausweisungen nach dem Reichsschubgesetz zu behandeln, wobei 46 Abschaffungen wegen § 1 lit. d[1353], 19 wegen lit. b[1354] und nur fünf wegen lit. a[1355] erfolgt waren. Von den insgesamt 57 Erkenntnissen, die eine Verletzung von Art. 4 oder 6 feststellten, betrafen nur neun Ausweisungen nach Gemeinderecht und 48 Abschaffungserkenntnisse nach dem Schubgesetz. Werner Svoboda[1356], der in seiner Studie über die

---

1352 Dazu, daß das Reichsgericht der Anschauung zum Durchbruch verhalf, daß die Grundrechte subjektive, einklagbare Rechte seien, vgl. BRAUNEDER (wie Anm. 344, Gesetzgebungsgeschichte), S. 295 f., m.w.N.

1353 Erkenntnisse des Reichsgerichtes vom 17. Jänner 1881, Z. 1, Slg. RG VI Nr. 229; vom 10. Juli 1883, Z. 85, Slg. RG VII Nr. 279; vom 17. Oktober 1883, Z. 141, Slg. RG VII Nr. 285; vom 21. April 1884, Z. 51, Slg. RG VII Nr. 294; vom 12. Jänner 1885, Z. 6, Slg. RG VII Nr. 316; vom 9. April 1886, Z. 49 und 50, Slg. RG VIII Nr. 376 und 377; vom 4. Juli 1892, Z. 215 bis 217, Slg. RG IX Nr. 567 bis 569; vom 2. Juli 1894, Z. 157, Slg. RG X Nr. 662; vom 24. Oktober 1894, Z. 280, Slg. RG X Nr. 671; vom 17. Jänner 1895, Z. 378 ex 1894, Slg. RG X Nr. 685; vom 19. Jänner 1895, Z. 383 ex 1894, Slg. RG X Nr. 690; vom 23. April 1895, Z. 90 und 91, Slg. RG X Nr. 693 und 694; vom 25. April 1895, Z. 94, Slg. RG X Nr. 697; vom 9. Juli 1897, Z. 216 und 217, Slg. RG X Nr. 817 und 818; vom 11. Jänner 1898, Z. 436, Slg. RG XI Nr. 853; vom 2. Juli 1900, Z. 192 und 193, Slg. RG XI Nr. 1005 und 1006; vom 19. Oktober 1900, Z. 347, Slg. RG XI Nr. 1033; vom 20. Oktober 1900, Z. 350, Slg. RG XI Nr. 1036; vom 18. Jänner 1901, Z. 492 bis 495 ex 1900, Slg. RG XII Nr. 1049 bis 1052; vom 19. Jänner 1901, Z. 498 ex 1900, Slg. RG XII Nr. 1054; vom 11. Juli 1901, Z. 293, Slg. RG XII Nr. 1084; vom 15. Jänner 1904, Z. 584 ex 1903, Slg. RG XIII Nr. 1230; vom 17. Jänner 1906, Z. 510 und 511 ex 1905, Slg. RG XIII Nr. 1395 und 1396; vom 25. April 1906, Z. 124, Slg. RG XIII Nr. 1421; vom 22. April 1907, Z. 144, Slg. RG XIV Nr. 1497; vom 16. Jänner 1908, Z. 630 ex 1907, Slg. RG XIV Nr. 1554; vom 18. März 1908, Z. 107 und 108, Slg. RG XIV Nr. 1572 und 1573; vom 19. April 1910, Z. 120, Slg. RG XV Nr. 1765; vom 13. Jänner 1911, Z. 597 ex 1910, Slg. RG XV Nr. 1840; vom 4. Juli 1911, Z. 300, Slg. RG XV Nr. 1862; vom 18. Oktober 1911, Z. 494, Slg. RG XV Nr. 1887; vom 1. Juli 1912, Z. 130, Slg. RG XV Nr. 1944; vom 15. Oktober 1912, Z. 281, Slg. RG XV Nr. 1961; vom 13. Jänner 1913, Z. 414 ex 1912, Slg. RG XVI Nr. 1980.

1354 Erkenntnisse des Reichsgerichtes vom 17. Juli 1879, Z. 124, Slg. RG V Nr. 187; vom 22. Oktober 1879, Z. 192 und 193, Slg. RG V Nr. 192 und 193; vom 16. Oktober 1882, Z. 202, Slg. RG VI Nr. 264; vom 19. Oktober 1885, Z. 234, Slg. RG VII Nr. 342; vom 19. Oktober 1887, Z. 164, Slg. RG VIII Nr. 409; vom 20. Oktober 1887, Z. 165, Slg. RG VIII Nr. 410; vom 22. Oktober 1887, Z. 166, Slg. RG VIII Nr. 414; vom 20. Oktober 1887, Z. 170, Slg. RG VIII Nr. 415; vom 27. Oktober 1891, Z. 188 und 189, Slg. RG IX Nr. 527 und 528; vom 28. April 1892, Z. 101, Slg. RG IX Nr. 556; vom 27. Oktober 1892, Z. 331, Slg. RG IX Nr. 585; vom 7. Juli 1896, Z. 137, Z. 138 bis 140, Slg. RG X Nr. 757 bis 760; vom 23. Jänner 1903, Z. 427 ex 1902, Slg. RG XII Nr. 1165; vom 21. April 1903, Z. 148, Slg. RG XII Nr. 1175.

1355 Erkenntnisse des Reichsgerichtes vom 20. Jänner 1880, Z. 6, Slg. RG V Nr. 207; vom 19. Oktober 1885, Z. 234, Slg. RG VII Nr. 342; vom 18. März 1908, Z. 109, Slg. RG XIV Nr. 1574; vom 2. Juli 1980, Z. 251 und 252, Slg. RG XIV Nr. 1585 und 1586.

1356 Werner R. SVOBODA, Die tatsächliche Wirkung der Erkenntnisse des österreichischen Reichsgerichtes (1869–1918), in: Österreichische Zeitschrift für öffentliches Recht N.F. XXI (1971), S. 184.

„tatsächliche Wirkung der Erkenntnisse des österreichischen Reichsgerichtes“ anhand der jeweiligen Reaktion der Administrativbehörde untersuchte, „welche Wirkung auf den konkreten Fall des Beschwerdeführers von dem nur feststellenden Erkenntnis des Reichsgerichtes ausging“, konnte in insgesamt 16 Beschwerdefällen wegen Ausweisungen, wovon allerdings 14 Fälle Abschaffungen nach dem Schubgesetz betrafen[1357], Aktenmaterial ausfindig machen. Bezüglich dieser Abschaffungen wies Svoboda sechs Fälle[1358] nach, bei denen sich aus den Akten ergab, daß das Ministerium den vom Reichsgericht gewünschten Rechtszustand tatsächlich herstellte oder eine Weisung an die Unterbehörde erließ, entsprechend den Rechtsanschauungen des Reichsgerichtes zu handeln, und keine Umstände darauf schließen ließen, daß die Unterbehörde der Weisung nicht Folge geleistet hätte[1359]. In vier weiteren Fällen[1360] ergab sich nach Svoboda zwar aus der Weisung des Ministeriums nicht eindeutig, daß der vom Reichsgericht gewünschte Zustand herzustellen sei, aber Indizien würden die Annahme rechtfertigen, daß das reichsgerichtliche Erkenntnis von den Unterbehörden respektiert wurde[1361]. Zur „Kenntnisnahme“ oder „weiteren Veranlassung“ waren drei weitere Erkenntnisse wohl zur positiven „Routineerledigung“ an die Unterbehörden übermittelt worden[1362]. Bei einem weiteren Fall geht Svoboda mit Recht davon aus, daß auch dieser – wie ein nahezu identes Erkenntnis vom selben Tag – zu einer Aufhebung des Abschaffungsbescheides geführt haben dürfte[1363].

Außer diesen Fällen der Aufhebung eines Abschaffungserkenntnisses infolge festgestellter Rechtswidrigkeit desselben war grundsätzlich die Statthalterei zur Aufhebung von Abschaffungserkenntnissen befugt. Überdies konnte die Sicherheitsbehörde laut

---

1357 Zwei Erkenntnisse des Reichsgerichtes betrafen Gemeindeausweisungen, nämlich die Erkenntnisse vom 25. April 1878, Z. 86, Slg. RG IV Nr. 159 und vom 15. Jänner 1902, Z. 501 ex 1901, Slg. RG XII Nr. 1103.

1358 Erkenntnisse des Reichsgerichtes vom 17. Jänner 1881, Z. 1, Slg. RG VI Nr. 229; vom 28. April 1892, Z. 101, Slg. RG IX Nr. 556; vom 7. Juli 1896, Z. 137 bis 140, Slg. RG X Nr. 757 bis 760.

1359 Vgl. SVOBODA (wie Anm. 1356), S. 186; so auch im Falle des Erkenntnisses vom 25. April 1878, Z. 86, Slg. RG IV Nr. 159 (Gemeindeausweisungsrecht).

1360 Erkenntnisse des Reichsgerichtes vom 4. Juli 1892, Z. 217, Slg. RG IX Nr. 569; vom 9. Juli 1897, Z. 216, Slg. RG X Nr. 817.

1361 Vgl. SVOBODA (wie Anm. 1356), S. 187; so auch im Falle des das Gemeindeausweisungsrecht betreffenden Erkenntnisses vom 15. Jänner 1902, Z. 501 ex 1901, Slg. RG XII Nr. 1103.

1362 Erkenntnisse des Reichsgerichtes vom 27. Oktober 1891, Z. 188, Slg. RG IX Nr. 527; vom 2. Juli 1908, Z. 251, Slg. RG XIV Nr. 1585; vom 19. April 1910, Z. 120, Slg. RG XV Nr. 1765. SVOBODA (wie Anm. 1356), S. 190, ging, da er in den Fällen einer Verletzung der Art. 4 und 6 keinen einzigen Fall gefunden hatte, in dem sich die Behörde nicht nach der Rechtsmeinung des Reichsgerichtes gerichtet hätte, davon aus, daß man diese „zur Kenntnisnahme“ oder „zur weiteren Veranlassung“ als „eine Routineerledigung gemäß einem Normalfall betrachten“ und eine positive Erledigung der Behörde annehmen könne.

1363 Die Behörde hatte als Reaktion auf das Erkenntnis des Reichsgerichtes vom 28. April 1892, Z. 101, Slg. RG IX Nr. 556, den Abschaffungsbescheid aufgehoben. Für den dem Erkenntnis vom 28. April 1892, Z. 102, Slg. RG IX Nr. 557, zugrundeliegenden Fall fehlten zwar die Akten, aber es schien SVOBODA (wie Anm. 1356), S. 191, gerechtfertigt, „eine gleiche Reaktion der Behörde“ auch für diesen Fall anzunehmen.

Statthaltereierlaß aus dem Jahre 1869[1364], sofern gegen polizeilich verfügte Abschaffungserkenntnisse kein Rekurs erhoben worden war, auch die von ihr verhängten Abschaffungserkenntnisse im Falle des Vorliegens von berücksichtigenswerten Umständen gänzlich oder versuchsweise im eigenen Wirkungskreis aufheben. In Erweiterung dieser Befugnis wurde 1906[1365] die Sicherheitsbehörde ebenfalls ermächtigt, auch wenn gegen ein Abschaffungserkenntnis der Rekurs ergriffen worden war, also eine Rekursentscheidung der Statthalterei vorlag, bei Vorhandensein „rücksichtswürdiger Umstände" das Erkenntnis im eigenen Wirkungskreis aufzuheben. Weiters war die Sicherheitsbehörde befugt[1366], über Gesuche Abgeschaffter um gnadenweise Aufhebung der Abschaffung oder um Gewährung einer zeitlichen Aufenthaltsbewilligung auch abweislich zu entscheiden, wenn der Mangel der berücksichtigenswerten Gründe „klar zutage" liege, so daß hinkünftig derartige Gesuche nur mehr in zweifelhaften Fällen der Statthalterei zur Entscheidung vorzulegen waren.

3. Verwaltungsbehördliche Anordnungen zur Anwendung der §§ 1 und 2 des Reichsschubgesetzes

Wenngleich die Mehrzahl der zum Ausweisungsrecht des Schubgesetzes ergangenen Ministerial- und Statthaltereierlässe detaillierte Anordnungen betreffend das Schubverfahren beinhalteten, so beschäftigten sich die Administrativbehörden jedoch auch mit Fragen und Problemen des materiellen Ausweisungsrechtes.

a. Abschaffungsgebiet

Infolge von Zweifeln, die im Zuge gesetzlich verfügter Erweiterungen des Gemeindegebiets[1367] bzw. Veränderungen des Polizeirayons Wien[1368] bezüglich der Wirkung

---

[1364] Statthaltereierlaß vom 1. März 1869, Z. 5099, an die Wiener Polizeidirektion, siehe Normalien-Sammlung (wie Anm. 359) I, Nr. 9.

[1365] Statthaltereierlaß vom 22. Februar 1906, Z. VII-1270, an die Wiener Polizeidirektion, siehe Normalien-Sammlung (wie Anm. 359) IV, Nr. 5275.

[1366] Statthaltereierlaß vom 7. Mai 1906, Z. VII-1270/2, an die Wiener Polizeidirektion, siehe Normalien-Sammlung (wie Anm. 359) IV, Nr. 5277.

[1367] Erlaß der niederösterreichischen Landesregierung vom 9. März 1849, Z. 10164, LGBl. Nr. 33, wodurch die früher schutzunterthänigen Vorstädte Wiens dem Gemeinderathe der Stadt Wien untergeordnet werden; Kundmachung der Statthalterei und Kreisregierung von Niederösterreich vom 20. März 1850, Z. 12590, LGBl. Nr. 21, womit die Verordnung des Ministers des Innern vom 9. März 1850, Z. 1286-M.i., wegen Erlassung der provisorischen Gemeindeordnung für die Stadt Wien zur allgemeinen Kenntnis gebracht wird; Gesetz vom 19. Dezember 1890, LGBl. Nr. 45, betreffend die Vereinigung mehrerer Gemeinden und Gemeindetheile mit der Reichshaupt- und Residenzstadt Wien und die Erlassung eines neuen Statutes, sowie einer neuen Gemeindewahlordnung für diese, womit die bisherigen Gemeinden Simmering, Gaudenzdorf, Unter-Meidling, Ober-Meidling, Hetzendorf, Lainz, Hietzing, Penzing, Rudolfsheim, Fünfhaus, Sechshaus, Breitensee, Ober-St. Veit, Unter-St. Veit, Hacking, Baumgarten an der Wien, Ottakring, Neu-Lerchenfeld, Hernals, Pötzleinsdorf, Gersthof, Weinhaus, Währing, Ober-Döbling, Unter-Döbling, Ober-Sievering, Untervon vor diesen Änderungen verhängten Abschaffungen aufgetreten waren, ordnete ein Erlaß des Innenministeriums vom 10. Juli 1894[1369] an, daß „die Abschaffung trotz der Erweiterung des Gemeinde- und Polizeigebietes für den Umkreis des früheren Polizeirayons, für welchen sie gesprochen wurde, fortzudauern habe".

Da sich nach Ansicht der Exekutive die Abschaffung „eigenthumsgefährlicher Individuen bloß aus dem Bezirke zur Erreichung des damit beabsichtigten Zweckes nicht als vollkommen hinreichend erwiesen" habe, „indem sich diese Individuen in nächster Nähe des Abschaffungsgebietes niederließen und von dort aus ihr Unwesen weiter betrieben", forderte weiters ein Statthaltereierlaß von 1890[1370] die politischen Bezirks- bzw. die Polizeibehörden „im Interesse des Sicherheitsdienstes" auf, bei Abschaffungen „besonders eigentumsgefährlicher, außerhalb Niederösterreichs zuständiger Individuen in jedem einzelnen Falle genau zu erwägen, ob es nicht angemessener erschiene, sofort die Abschaffung aus dem ganzen Kronlande zu verhängen".

b. Personenkreis

Wie die reichhaltige Judikatur des Reichsgerichtes gezeigt hatte, wurden inbesondere Arbeiter oftmals rechtswidrigerweise abgeschafft. Auch das Ministerium des Innern sah sich daher veranlaßt, die Praxis der erstinstanzlichen Behörden in gemäßigtere Bahnen zu lenken. So schärfte schon 1877[1371] ein Ministerialerlaß den Schubbehörden ein, „bei dem Einschreiten gegen verdienst- und subsistenzlose Individuen und Arbeiter überhaupt" strenge darauf zu achten, daß die Tatbestandsmerkmale des Reichsschubgesetzes „vollkommen vorhanden" seien. Aber noch 1901[1372] kritisierte ein Ministerialerlaß, „daß auf der Reise befindliche Arbeiter als Landstreicher oder als ausweis- und bestimmungslose Individuen, welche kein Einkommen und keinen erlaubten Erwerb nachweisen können", beanstandet würden, obwohl sie infolge ihrer Zugehörigkeit zu

---

Sievering, Neustift am Walde, Nußdorf und Heiligenstadt, Schönbrunn, Speising, Josefsdorf sowie Teile von Asparn an der Donau, Kaiser-Ebersdorf, Schwechat, Kledering, Unter-Laa, Ober-Laa, Inzersdorf, Altmannsdorf, Mauer, Auhof, Hütteldorf, Hadersdorf, Dornbach, Neuwaldegg, Salmannsdorf, Weidling, Grinzing und Kahlenbergerdorf mit Wien vereinigt wurden; siehe auch später das Gesetz vom 28. Dezember 1904, LGBl. 1905, Nr. 1, betreffend die Vereinigung mehrerer Gemeinden und Gemeindeteile mit der k.k. Reichshaupt- und Residenzstadt Wien ... (Anm. 4027); vgl. zur Stadterweiterung auch Maren SELIGER/ Karl UCAKAR, Wien. Politische Geschichte 1740–1934. Entwicklung und Bestimmungskräfte großstädtischer Politik, 2 Bde., I, Wien-München 1985, S. 330 ff.

1368 Mit Gesetz vom 19. Dezember 1890, LGBl. Nr. 46, betreffend die Ausscheidung einiger Gemeindegebietstheile aus dem Wiener Polizeirayon.

1369 Erlaß des Ministeriums des Innern vom 10. Juli 1894, Z. 15786, Statthaltereierlaß vom 24. Juli 1894, Z. 55774, an die Wiener Polizeidirektion, siehe Normalien-Sammlung (wie Anm. 359) I, Nr. 10.

1370 Statthaltereierlaß vom 10. Dezember 1890, Z. 8492/pr, an alle Bezirksbehörden, Stadtrat und die Wiener Polizeidirektion, siehe Normalien-Sammlung (wie Anm. 359) III, Nr. 4646.

1371 Erlaß des Ministeriums des Innern vom 3. August 1877, Z. 10477, Normalien-Sammlung (wie Anm. 359) III, Nr. 4647.

1372 Erlaß des Ministeriums des Innern vom 15. September 1901, Z. 35606, siehe Normalien-Sammlung (wie Anm. 359) III, Nr. 5098.

einem bestimmten Beruf bzw. zu einer Arbeitsbranche „nach den Einrichtungen einzelner fachlicher Vereine und sonstiger Korporationen Anspruch auf Reiseunterstützung" hätten. Das Ministerium machte die Unterbehörden „folglich darauf aufmerksam, daß bei der Handhabung der Vorschriften des Schubgesetzes für die Beurteilung der Frage, ob eine solche Person die Mittel zu ihrem Unterhalt besäße oder ein Einkommen nachzuweisen vermöge, auch der Umstand in Betracht zu ziehen sei, ob derselben ein Anspruch auf eine derartige zur Deckung ihres Unterhaltes ausreichende Reiseunterstützung zustehe". Ein weiterer Erlaß des Ministeriums des Innern ordnete 1903[1373] aus „Anlaß von Klagen über die ungerechtfertigte Behandlung Arbeitsloser" bei Handhabung des Schubgesetzes an, daß „die durch den Mangel an Arbeitsgelegenheit unverschuldet eingetretene Subsistenzlosigkeit nur einen vorübergehenden Zustand" bedeute, und daher bei der Fällung von Schuberkenntnissen gegen Arbeitslose mit besonderer Rücksicht vorgegangen werden müsse.

Während das Innenministerium nach der Jahrhundertwende bezüglich der Arbeiter zu einer zurückhaltenderen Anwendung des Schubgesetzes tendierte, hatte es 1888 in einem Erlaß die Anwendung des Gesetzes auch auf delinquente Hausierer angeregt[1374]. Das Ministerium erklärte anläßlich eines Falles, in welchem ein Gesuch um Nachsicht einer wegen unbefugten Hausierens auferlegten Geldstrafe zurückgewiesen worden war, „daß in solchen Fällen, wo Individuen ohne Einkommen und ohne erlaubten Erwerb nach dem Hausierpatent zu strafen sind, auch in Erwägung zu ziehen" sei, ob nicht die Voraussetzungen vorhanden seien, aufgrund des Schubgesetzes, eventuell in Verbindung mit dem Vagabundengesetz von 1885[1375], „gegen die Betreffenden vorgehen zu können, da die Bestrafung nach dem Hausierpatente allein bei Uneinbringlichkeit der Geldstrafe und der Unzulässigkeit ihrer Umwandlung in eine Arreststrafe tatsächlich häufig gegenstandslos" würde.

Bezüglich der Frage, ob auch Minderjährige abgeschoben werden konnten[1376], stellte die niederösterreichische Statthalterei in einer Note aus dem Jahr 1879[1377] klar, daß das Schubgesetz „nach seiner Textierung nur Personen im Auge" habe, „die mindestens schon im Stande sind, sich selbst zu erhalten". Da nach ABGB sowie der Schul- und Unterrichtsordnung die Selbstbestimmung und Erwerbsfähigkeit erst mit vollende-

---

1373 Erlaß des Ministeriums des Innern vom 3. Februar 1903, Z. 2273, und Statthaltereierlaß vom 30. November 1901, Z. 110397, an alle Statthaltereidepartements, alle Bezirksbehörden usw., siehe Normalien-Sammlung (wie Anm. 359) III, Nr. 4694 Anm. 2.

1374 Erlaß des Ministeriums des Innern vom 15. Juni 1888, Z. 6643, und Statthaltereierlaß vom 2. Juli 1888, Z. 34236, an alle Bezirksbehörden, siehe Normalien-Sammlung (wie Anm. 359) II, Nr. 1743; siehe zu Strafvorschriften für Hausierer Georg von THAA, Das Hausirwesen in Österreich, Wien 1884.

1375 Gesetz vom 24. Mai 1885, RGBl. Nr. 89, womit strafrechtliche Bestimmungen in Betreff der Zulässigkeit der Anhaltung in Zwangsarbeits- oder Besserungsanstalten getroffen werden.

1376 Vgl. dazu P. von H., Die Abschiebung unmündiger, sowie überhaupt hilfloser Personen, in: Österreichische Zeitschrift für Verwaltung XXI (1888), Nr. 41, S. 169 f.; MAYRHOFER/PACE (wie Anm. 138) III, S. 589, Anm. 1.

1377 Note der niederösterreichischen an die oberösterreichische Statthalterei vom 19. Juli 1879, Z. 20627, siehe Landesculturvorschriften, Schulgesetze, Sanitäre Vorschriften, Gesetze betreffend die Armenpflege und Wohlthätigkeitsanstalten, Dienstbotenordnung, Schubvorschriften etc., Wien 1887, S. 524.

tem 14. Lebensjahr eintrete, müsse, selbst wenn das Schubgesetz die unmündigen Kinder nicht ausdrücklich ausnehme, eine Subsumierung derselben unter die in § 1 bezeichneten Personen sowie eine Fällung von Schuberkenntnissen gegen diese Minderjährigen wegen Subsistenzlosigkeit als Verstoß gegen das Schubgesetz sowie gegen das Gesetz zum Schutz der persönlichen Freiheit angesehen werden. Wenn daher schulpflichtige Kinder oder überhaupt Kinder wegen Ausweislosigkeit, Bettelns, müßigen Herumziehens usw. aufgegriffen würden, so waren sie nicht abzuschieben, sondern „im Wohlthätigkeitswege zu expedieren“[1378], da das Schubgesetz eben nur auf Personen Anwendung zu finden habe, welche sich bereits im Besitz des vollkommenen Selbstbestimmungsrechtes befänden, nicht aber auf schulpflichtige, der elterlichen Obhut unterstehende Kinder[1379]. Wurden schulpflichtige Kinder hingegen in Begleitung ihrer Eltern oder sonstiger Angehöriger aufgegriffen, so waren sie, wenn ihre Eltern oder Angehörigen abzuschieben waren, in der Regel zugleich mit diesen zu „verschieben“.

Eine weitere Ausdehnung der Anwendung des Reichsschubgesetzes empfahl das Ministerium für Landesverteidigung 1885[1380]. Anläßlich vorgekommener Fälle, daß österreichische Staatsangehörige, welche vor Erfüllung der Wehrpflicht[1381] ausgewandert und nach Erwerbung einer fremden Staatsangehörigkeit vor Erreichung des für die Nachholung versäumter Stellungsfrist festgesetzten Maximalalters nach Österreich zu dauerndem Aufenthalt zurückgekehrt waren und dadurch die gesetzliche Wehrpflicht „in augenscheinlicher Weise umgangen, öffentliches Ärgernis und Anregung zu gleichem abträglichen Vorgehen geboten, daher die öffentliche Ordnung beeinträchtigt und gestört“ hatten, wies das Ministerium für derartige solche Fälle auf § 2 Abs. 5 des Schubgesetzes hin.

Infolge immer wiederkehrender Klagen, vor allem der Landbevölkerung, über die „fortwährende Belästigung durch bestimmungslos umherwandernde Zigeunerbanden“ erließen die Administrativbehörden auch nach Inkrafttreten des Schubgesetzes Paßverbote und sonstige Anweisungen zur Bekämpfung des „Zigeunerunwesens“[1382]. So ordnete ein Statthaltereierlaß aus den Jahr 1874[1383] an, daß „Zigeuner, welche sich bestim-

---

1378 Statthaltereierlaß vom 10. August 1876, Z. 24047, an die Bezirkshauptmannschaft Baden, Statthaltereierlaß vom 16. März 1879, Z. 7935, an alle Bezirksbehörden und die Wiener Polizeidirektion im Zusammenhalt mit der Statthalterei-Note vom 19. Juli 1879, Z. 20627, an die Statthalterei Linz, siehe Normalien-Sammlung (wie Anm. 359) I, Nr. 25. Die Kosten für derlei Wohltätigkeitsfuhren waren als Auslagen der öffentlichen Wohltätigkeit zu behandeln, bezüglich welcher gemäß §§ 28–30 des Heimatgesetzes von 1863 die Heimatgemeinden der Kinder zur Ersatzleistung verpflichtet waren; vgl. auch MAYRHOFER/PACE (wie Anm. 138) III, S. 589 Anm. 1.

1379 Nichtsdestoweniger erging diesbezüglich keine Weisung an alle Schubbehörden, so daß in vielen Fällen nach wie vor auch Unmündige auf den Schub gesetzt wurden.

1380 Erlaß des Ministeriums für Landesverteidigung vom 8. Oktober 1885, Z. 1227/pr., Statthaltereierlaß vom 15. Oktober 1885, Z. 50077, an alle Bezirksbehörden, siehe Normalien-Sammlung (wie Anm. 359) II, Nr. 3565.

1381 Vgl. Wehrgesetz vom 5. Dezember 1868, RGBl. Nr. 151, und Gesetz vom 2. Oktober 1882, RGBl. Nr. 153, womit mehrere Paragraphe des Wehrgesetzes abgeändert werden.

1382 Vgl. ZVOLSKY (wie Anm. 1117), S. 83 ff., auch HASLINGER (wie Anm. 1114), S. 16 ff.

1383 Statthaltereierlaß vom 2. November 1874, Z. 3607, siehe Landesculturvorschriften (wie Anm. 1377), S. 526.

mungslos oder ohne einen nachweisbaren Erwerb im Land herumtreiben", als Ausländer nach dem Schubgesetz zu behandeln seien, wenn sie sich nicht „dokumentarisch darüber auszuweisen vermögen", daß sie im Geltungsgebiet dieses Gesetzes heimatzuständig waren[1384]. Angehörige dieser Volksgruppe waren nach diesem Erlaß, wenn sie in einem niederösterreichischen Gerichtsbezirk bzw. Gendarmeriepostenrayon an der ungarischen Grenze betreten wurden, von den Sicherheitsorganen „ohne weiteres zurückzuweisen" und „eventuell über die Grenze zu schaffen". Waren Zigeuner hingegen im Inneren des Landes betreten worden, so mußten sie sofort dem nächsten Bezirksgericht zur strafgerichtlichen Behandlung als Landstreicher nach dem Vagabundengesetz[1385] übergeben und gleichzeitig der politischen Bezirksbehörde Anzeige gemacht werden[1386]. Nach überstandener Strafe oder Einstellung des Strafverfahrens waren die Zigeuner samt den dazugehörigen Kindern an die zuständige politische Behörde zu übergeben und, wenn ihre Zuständigkeit nach Ungarn zweifelsfrei festgestellt war, „sogleich auf Schub zu setzen" bzw. polizeilich abzuschaffen[1387]. Diese Anordnungen wiederholte ein Erlaß des Ministeriums des Innern aus 1888[1388] mit Wirkung für alle Bezirke. Während nicht in Cisleithanien heimatberechtigte Zigeuner nach wie vor als Ausländer nach dem Schubgesetz abzuschaffen waren, konnte bezüglich inländischer Zigeuner nunmehr nach den Bestimmungen des Vagabundengesetzes vom 24. Mai

---

1384 So auch etwa die Weisungen für die Gemeinden zur Bekämpfung des Zigeunerwesens aus 1909, vgl. HASLINGER (wie 1114), S. VIII.

1385 Gesetz vom 10. Mai 1873, RGBl. Nr. 108, womit polizeistrafrechtliche Bestimmungen wider Arbeitsscheue und Landstreicher erlassen werden; sowie das Gesetz vom 24. Mai 1885, RGBl. Nr. 89, womit strafrechtliche Bestimmungen in Betreff der Zulässigkeit der Anhaltung in Zwangsarbeits- oder Besserungsanstalten getroffen werden.
Nach Hugo HOEGEL, Die Zigeunerplage, in: Österreichische Zeitschrift für Verwaltung XXVII (1894), Nr. 32, S. 150, beschränkte sich die Amtshandlung darauf, „daß die Zigeuner am Tage ihrer Einlieferung sofort verhandelt werden, 1–2 Tage Arrest bekommen, blos damit das Gericht möglichst bald wieder den Zigeunergestank, deren Schmutz und Ungeziefer vom Hals bekommt. Dieser Vorgang erinnert an den Bauernspruch ‚lieber Florian, beschütz' unsere Häuser, zünd' andere dafür an'. In der That ist es aber das schlechteste Mittel, die Zigeuner los zu werden".

1386 Die sich zu einer Abstrafung nicht eignenden Unmündigen waren nach diesem Erlaß derjenigen Gemeinde, wo die Zigeunerbande aufgegriffen worden war, zur einstweiligen Unterbringung zu übergeben. Die Verpflegungskosten für die Kinder während der Haft ihrer Eltern wurden, zumindest in Niederösterreich, vom Landesfonds übernommen, Note des niederösterreichischen Landesausschusses vom 4. Februar 1891, Z. 35737 ex 1890, siehe Normalien-Sammlung (wie Anm. 359) III, Nr. 4617 Anm. 2.

1387 Da „erfahrungsgemäß nahezu sämmtliche Zigeuner nach Ungarn" gehörten, drängte der Statthaltereierlaß vom 26. Mai 1891, Z. 19948, an alle Bezirksbehörden und die Wiener Polizeidirektion, siehe Normalien-Sammlung (wie Anm. 359) III, Nr. 4617, Anm. 1, darauf, daß die aufgegriffenen Personen „ohne langwierige Zuständigkeitserhebungen möglichst rasch" an die ungarische Grenze expediert werden sollten.

1388 Erlaß des Ministeriums des Innern vom 14. September 1888, Z. 14015 ex 1887, und Statthaltereierlaß vom 20. September 1888, Z. 52107, an alle Bezirksbehörden und an die Wiener Polizeidirektion, siehe Normalien-Sammlung (wie Anm. 359) III, Nr. 4617, ZVOLSKY (wie Anm. 1117), S. 89 ff.; vgl. auch HASLINGER (wie Anm. 1114), S. 35 ff.

1885[1389] auch die Einweisung in eine Zwangs- und Besserungsanstalt ausgesprochen werden. Erklärte das Gericht diese Maßnahme jedoch nicht für zulässig, so hatte nach diesem Erlaß die „Schubbehandlung ... einzutreten", die Zigeuner waren also in ihre Zuständigkeitsgemeinden abzuschieben. In einem Erlaß aus dem Jahre 1900[1390] wies das Ministerium außerdem darauf hin, daß einzelne Gemeinden, in denen Zigeuner Heimatrecht besaßen, der „nomadisirenden Lebensweise dieser ihrer Gemeindeangehörigen durch ebenso humane, als zweckdienliche Maßnahmen" erfolgreich entgegengewirkt hätten, und empfahl den anderen Gemeinden diese Vorgangsweise zur „gebührende[n] Beachtung"[1391].

Was schlußendlich die polizeiliche Verfolgung der in § 1 lit. c des Schubgesetzes genannten „öffentlichen Dirnen" anbelangt, so kam es in den siebziger Jahren zu einem Abgehen vom bisherigen Repressivsystem und zur eingeschränkten Duldung der Prostitution durch Einführung der Registrierungspflicht und der verpflichtenden Gesundheitsbücher. So ordnete der Wiener Polizeidirektionserlaß vom 6. Februar 1873[1392] an, daß jede Prostituierte, als welche eine „Frauensperson zu behandeln" sei, „welche geständiger-, erwiesener- oder notorischermassen die Unzucht gewerbsmässig" betrieb, sowohl beim Kommissariat ihres Wohnortes als auch bei der Polizeidirektion in Evidenz gehalten werden solle. Weiters war jeder Prostituierten ein Gesundheitsbuch auszufolgen und diese dabei nicht nur protokollarisch nachweisbar zu verpflichten, sich zweimal in der Woche ärztlich untersuchen zu lassen, sondern ihr auch die Folgen einer nicht gerechtfertigten Unterlassung dieser ärztlichen Visitation in Aussicht zu stellen. Nicht in ihrer Aufenthaltsgemeinde zuständige Prostituierte, die sich der regelmäßigen Untersuchung entzogen, waren zwangsweise zu untersuchen und polizeilich abzustrafen[1393], je nach den Umständen auch in eine Zwangsarbeitsanstalt abzugeben, während Fremdzuständige „im Falle wiederholter Beanständigung die unnachsichtlich erfolgende zwangsweise Entfernung und Abschaffung aus dem Polizei-Rayon" zu gewärtigen hat-

---

1389 Gesetz vom 24. Mai 1885, RGBl. Nr. 89, womit strafrechtliche Bestimmungen in Betreff der Zulässigkeit der Anhaltung in Zwangsarbeits- oder Besserungsanstalten getroffen werden.

1390 Erlaß des Ministeriums des Innern vom 20. Juni 1900, Z. 18036, und Statthaltereierlaß vom 9. Juli 1900, Z. 58241, an alle Bezirksbehörden, Stadtrat und Wiener Polizeidirektion, siehe Normalien-Sammlung (wie Anm. 359) III, Nr. 4618.

1391 Der Erlaß führte aus, daß diese Gemeinden die Zigeuner zu öffentlichen Arbeiten, insbesondere Straßenbauten, herangezogen, ihnen feste Wohnungen angewiesen und auf einen geregelten Schulbesuch der Kinder hingewirkt hätten. Diese Gemeindeaktivitäten schienen dem Ministerium geeignet, „als ein wirksames Correlat jener Maßnahmen zur Nachahmung empfohlen zu werden, welche zur Bekämpfung der Zigeunerplage staatlicherseits in Anwendung gebracht werden".

1392 Siehe SCHRANK (wie Anm. 477) I, S. 319 ff.

1393 Nach der Verordnung der Ministerien des Innern und der Justiz und der obersten Polizeibehörde vom 30. September 1857, RGBl. Nr. 198, womit eine allgemeine Vorschrift für die Bestrafung jener geringeren Gesetzes-Übertretungen bekannt gemacht wird, für welche weder in dem allgemeinen Strafgesetze noch in besonderen Verordnungen die Strafe bemessen ist.

ten[1394]. Ebenso waren diejenigen rückfälligen und fremdzuständigen Frauen abzuschaffen, die sich prostituierten, ohne sich um Gesundheitsbücher beworben zu haben.

4. *Reichsschubgesetz und „Vagabundengesetzgebung“*

Im Unterschied zu den früheren Vorschriften, insbesondere denen des 17. und frühen 18. Jahrhunderts, war im 19. Jahrhundert bis zur Erlassung der Vagabundengesetze eine Bestrafung von Landstreicherei und Bettel nur auf wenige Fälle beschränkt. Hatte die Theresiana[1395] noch auf die von den „löblichsten Vorfahren, oder von Uns selbst“ erlassenen Strafgesetze wegen der „Zigeunern“, „Müßiggehern, und derley Landfahrern, welche einzelnweis das Land durchstreichen“ und „wegen der Landlauffern, flüchtigen, verbannten, und anderen dergleichen gefährlichen Leuten, welche Rottweis im Land herumziehen“ verwiesen[1396], so war bereits durch das Josephinische Strafgesetz 1787 nur mehr „jeder Mutwille, der auf öffentlicher Straße ausgeübt, und wodurch einer oder mehreren Personen Ungelegenheit verursacht oder Beschädigung zugezogen wird“, und insbesondere das „ungestüme Betteln“[1397], als politische Verbrechen erklärt worden. Das Strafgesetz von 1803 hatte die „Vorkehrung gegen das Betteln“ den Ortsobrigkeiten übertragen und eine Bestrafung des Bettelns als schwere Polizeiübertretung nur dann vorgesehen, „wann bey bestehenden Versorgungsanstalten eine mehrmalige Betretung, Hang zum Müßiggange, und Fruchtlosigkeit der geschehenen Abmahnung oder ersten Bestrafung bezeiget“ war (§ 261). Da das Strafgesetz von 1852 diese Regelungen nur geringfügig modifiziert hatte[1398], stand also bis zur Erlassung der Vagabundengesetze, sofern kein unter das Strafgesetz subsumierbares Verhalten vorlag, nur die Abschiebung oder Abschaffung als Instrument gegen Vagabunden und Bettler zur Verfügung, dies allerdings nur in dem Falle, daß der Bettler, Arbeitsscheue oder Vagabund in dem betreffenden Ort kein Heimatrecht hatte. Gegen Fremdzuständige konnte freilich die polizeiliche Abschiebung oder Abschaffung auch nach Verbüßung einer einschlägigen Strafhaft ausgesprochen werden.

1394 Ebenso war auch gegen Prostituierte strafweise vorzugehen, „welche sich auf der Strasse oder in öffentlichen Localitäten ein freches, unanständiges Benehmen zu Schulden kommen“ ließen oder „aus den Fenstern ihrer Wohnungen in auffälliger Weise Männer anzulocken“ suchten.

1395 Art. 73 § 15 CCT.

1396 Und in Art. 7 § 5 angeordnet, „daß taugliche, junge, und ehrliche Mannspersonen, welche wegen ihres müßigen Herumfahrens ... sich verfänglich gemacht“ hatten, ohne Urteil zu den Soldaten abgegeben werden konnten, vgl. dazu auch S. 89.

1397 Patent vom 13. Jänner 1787, JGS Nr. 611, II. § 59.

1398 §§ 517–521 StG.

a. „Vagabundengesetze" 1873 und 1885

Die sogenannten Vagabundengesetze von 1873 und 1885 schufen nun die Rechtsgrundlage für eine ausgedehntere Bestrafung von Bettel[1399] sowie Landstreicherei und boten damit eine erweiterte Handhabe auch gegen heimatberechtigte Personen. Was die Fremdzuständigen anbelangt, so wurde durch die Vagabundengesetze zum einen die Begründung eines Abschiebungs- oder Abschaffungserkenntnisses nach dem Schubgesetz insofern erleichtert, als sich die Polizeibehörden nunmehr auf einschlägige Abstrafungen stützen konnten. So führte etwa der Polizeidirektionserlaß vom 10. Juli 1885 zur Handhabung des Gesetzes vom 24. Mai 1885 aus, daß durch die Bestimmungen des Gesetzes über die strafgerichtliche Verfolgung der Prostituierten „das der Sicherheitsbehörde zustehende Recht der weiteren polizeilichen Verfügung" im Sinne des Reichsschubgesetzes „in keiner Weise alterirt" würde, sondern daß sich „vielmehr die, nach § 1 b), c) und d) des Gesetzes wider Prostituierte verhängten Abschiebungs- und Abschaffungserkenntnisse nicht blos auf sicherheitspolizeiliche Gründe, sondern auf die durch gerichtliche Urtheile nachgewiesene Gefährdung öffentlicher Interessen stützen" könnten[1400].

Zum anderen beschränkten die Vagabundengesetze die von der Praxis weidlich genutzten Auslegungsmöglichkeiten von § 1 lit. a des Reichsschubgesetzes durch Konkretisierung der Begriffe „Landstreicher", „Arbeitsscheuer", „Bettler" usw. Während nämlich die älteren Normen den Nichtseßhaften zumeist mit dem Landstreicher gleichsetzten, und auch die polizeiliche Praxis jeden umherziehenden Wohnsitzlosen, ja oft sogar einen nur momentan Wohnungs- oder Arbeitslosen wegen „bestimmungslosen Vagierens ohne Substistenzmittel" als Landstreicher betrachtete – unabhängig davon, ob er sich freiwillig oder unfreiwillig in dieser Lage befand, also ob er überhaupt arbeitsfähig war, ob er auf der Suche nach Arbeit oder aus Arbeitsscheu herumzog usw. –, definierte bereits das Vagabundengesetz von 1873[1401] als Landstreicher nur denjenigen, der „ohne bestimmten Wohnort oder mit Verlassung seines Wohnortes geschäfts- und arbeitslos umherzieht und sich nicht auszuweisen vermag, daß er die Mittel zu seinem Unterhalte besitze oder redlich zu erwerben suche" und bedrohte ihn mit Arrest (§ 1)[1402]. Da hier allerdings das entscheidende Tatbestandsmerkmal im Müßiggang be-

---

1399 Vgl. die Kritik an den Strafdrohungen der Vagabundengesetze für die Bettelei von Alois ZUCKER, Einige dringende Reformen der Strafrechtspflege. Mit besonderer Berücksichtigung auf die Verhältnisse in Österreich, Leipzig-Wien 1896, S. 46 ff.; siehe auch die Kritik von HOEGEL (wie Anm. 874), S. 124 ff., 199 ff., 214 ff.; Friedrich FREY, Zur Vagabundenfrage, in: Centralblatt für Verwaltungs-Praxis. Beiheft zum Österreichischen Centralblatt für die juristische Praxis, hrsg. von Leo Geller, II. Jg. (1886), S. 489; Stimmen aus beiden Häusern des Reichsrathes über das Vagabundenwesen, LIENBACHER (wie Anm. 353) V, S. 173–176, 178–186, 196–206, 213–222; Wirksamkeit des Vagabundengesetzes, in: LIENBACHER (wie Anm. 353) V, S. 392–396.

1400 SCHRANK (wie Anm. 477) I, S. 334.

1401 Gesetz vom 10. Mai 1873, RGBl. Nr. 108, womit polizeistrafrechtliche Bestimmungen wider Arbeitsscheue und Landstreicher erlassen werden.

1402 Arrest von acht Tagen bis zu einem Monat. Bei wiederholter Verurteilung war auf strengen Arrest von einem bis drei Monaten und allfällig auf eine Strafverschärfung nach § 253 StG zu erkennen.

stand, behandelte man, wie Ferdinand Lentner[1403] kritisierte, „während der zwölfjährigen Wirksamkeit dieses Gesetzes die in Folge der Betriebseinstellungen und Arbeitsstockungen brotlos gewordenen, auf der Suche nach Arbeit umherziehenden erwerbslosen Individuen, die Ungefährlichen, ebenso ... wie die gefährlichen professionellen Landstreicher", bis ein derartiger Arbeitswilliger, wie Reicher bemerkte, „endlich verbittert zur Erkenntnis kommt, daß ... für ihn das klügste ist, den Kampf um Arbeit und Selbsterhaltung aufzugeben"[1404].

Auch Hoegel[1405] rügte, daß die Definition viel zu weit ginge, „indem sie den Nachweis der Arbeitsscheu nicht als nothwendige Voraussetzung der Landstreicherei" festlegte, weshalb „den Bezirksgerichten massenhaft Individuen eingeliefert" worden seien, bei welchen sämtliche Begriffsmerkmale des § 1 dieses Gesetzes zutrafen, ohne daß sie in Wahrheit Landstreicher waren[1406]. Nach Herz[1407] diente daher das Vagabundengesetz in Verbindung mit dem Schubwesen dazu, „dem Vagabundenheere stets neuen und massenhaften Zuwachs zuzuführen", da der „wirklich auf der Suche nach Arbeit befindliche Mensch ..., wenn er die nötigen Baarmittel zur Fristung seines Lebens momentan nicht nachweisen konnte, selbst wenn er mit seinem Arbeitsbuche oder seinem Dienstzeugnis beweisen konnte, daß er unmittelbar aus der Arbeit getreten und im Begriffe sei, sich eine andere zu suchen, von der Gendarmerie ohne weiteres arretiert und der nächsten Schubstation zur Abschiebung in seine Heimat abgeliefert" wurde. Mit diesem Gesetz sei daher zum einen die Landstreicherei zu einem „Formalunrecht" geworden, das „ohne auf das Motiv Rücksicht zu nehmen, wahllos jeden Subsistenzlosen verfolgte", zum anderen eine „allgemeine Arbeitspflicht" statuiert worden, „ohne auf das ergänzende Correlat, das Recht auf Arbeit Rücksicht zu nehmen"[1408]. Hingegen wür-

---

1403 So Ferdinand LENTNER, Bettelunfug und Bettelbetrug. Auf Grund des geltenden und des im Entwurfe vorliegenden österreichischen Strafgesetzes rechtsvergleichend begutachtet, Innsbruck 1892, S. 21.

1404 Aus dem „ursprünglich vorübergehend Hilfsbedürftigen ist ein dauernd Hilfsbedürftiger geworden und die mangelhaften öffentlichen Einrichtungen tragen ein gut Theil Schuld daran", REICHER (wie Anm. 197), S. 26.

1405 Hugo HOEGEL, Die Praxis des Vagabundengesetzes, in: Juristische Blätter VIII (1879), S. 580; ähnlich auch Friedrich FREY, Vagabundenwesen und Heimatgesetzgebung, in: Arbeiterschutz. Organ der Krankenkassen Österreichs VIII (1897), S. 34 f.

1406 „Wer nur einigen Einblick in die diesbezüglich sehr reichhaltige Praxis der Gerichte hat", so HOEGEL (wie Anm. 1405), „wird diese Tatsache zugeben müssen. Ein großer Theil jener unter den gegenwärtigen Verhältnissen zahlreichen mittellosen Personen, welche in ihrem Heimatsorte keine Arbeit finden und daher darauf angewiesen sind, durch Herumziehen in verschiedenen Orten und Bezirken Arbeit zu suchen, eine Art der Arbeitswerbung, welche ja an sich gewiß nichts Bedenkliches hat ..., ist sehr oft in der unangenehmen Lage, oft durch längere Zeit keine Arbeit zu finden. Solche Leute sind aber in den seltensten Fällen im Stande, den vom Gesetze von ihnen geforderten Nachweis zu liefern, daß sie die Mittel zu ihrem Unterhalte redlich zu erwerben suchen. Es trifft dies insbesonders bei der großen Masse gewöhnlicher Taglöhner ... zu, deren Andrang ein so großer ist, daß die Arbeitsgeber ... selbst bei dem besten Willen, der ihnen übrigens meist mangelt, nicht im Stande sind, Zeugniß für die Arbeitsuchenden abzulegen."

1407 HERZ (wie Anm. 132), S. 31.

1408 Ebd., S. 32.

den, so Hoegel[1409], durch diese Strafbestimmung alle jene Personen nicht betroffen, „die sich vorsichtshalber aus ihrem Heimatsorte nicht entfernen, aber auch ebenso beharrlich dem süßen Nichtsthun huldigen". Dem Betroffenen würde aber „für den Verlust der Freiheit ... Ersatz in der besseren Nahrung" geboten, „die es ihm ermöglicht, sich häufig von den Mühsalen seines Wanderlebens und den dasselbe begleitenden Krankheiten zu erholen", sowie „im Winter in den Genusse eines geheizten Raumes" zu kommen[1410]. Das Leben des Landstreichers sei so der „hoffnungsloseste Kreislauf der Justizpflege, geradezu eine Ironie auf dieselbe, welche sich für den Staat durch Verpflegs- und Schubkosten als sehr kostspielig erweist".

Außer dem Tatbestand der Landstreicherei legte das Gesetz auch einen speziellen Straftatbestand der Arbeitsscheu[1411] fest, verbot generell die Ausstellung von Bettelpässen, also von „Zeugnissen über Unglücksfälle, welche bestimmt sind, zum Betteln im Umherziehen von Ort zu Ort gebraucht zu werden", und normierte das Institut der Polizeiaufsicht[1412], im Rahmen dessen auch dem „unter Polizeiaufsicht Gestellten der Aufenthalt in einzelnen Gebieten gänzlich untersagt" werden konnte, was allerdings im

---

1409 HOEGEL (wie Anm. 1405), S. 580.

1410 In gleicher Weise kritisierte HERZ (wie Anm. 132), S. 31, daß die Schubstationen „den Vagabunden im Notfall als buon retiro, wo sie jederzeit unentgeltlich Kost und Unterkunft finden konnten", sowie als „unentgeltliche Bekleidungsanstalten, wo sie jederzeit mit den nötigen Kleidungsstücken versorgt wurden", dienten.

1411 Gemäß § 2 konnten arbeitsfähige Personen, welche wegen Verfälschung öffentlicher Kreditpapiere, Münzverfälschung, Brandlegung, Raub oder wegen Verbrechens der öffentlichen Gewalttätigkeit durch gefährliche Drohung, des Diebstahls oder Betruges oder wiederholt wegen Übertretung des Diebstahls oder des Betruges verurteilt worden waren, von der Sicherheitsbehörde innerhalb von drei Jahren nach Verbüßung ihrer Strafe angewiesen werden, sich darüber auszuweisen, daß sie sich auf erlaubte Weise ernährten. Kamen sie diesem Auftrag aus „Arbeitsscheu" nicht nach, so waren sie mit Arrest von drei bis vierzehn Tagen zu bestrafen.

1412 Vgl. zum Institut der Polizeiaufsicht auch August FINGER, Art. Polizeiaufsicht, in: Ernst Mischler/Josef Ulbrich (Hrsg.), Österreichisches Staatswörterbuch. Handbuch des gesamten österreichischen öffentlichen Rechtes, II/2, Wien 1897, S. 811–814, m.w.N.; LENZ, Art. Polizeiaufsicht, in: Ernst Mischler/Josef Ulbrich (Hrsg.), Österreichisches Staatswörterbuch. Handbuch des gesamten österreichischen öffentlichen Rechts, III, 2. Aufl. Wien 1907, S. 941–945; Anton HOCHEGGER, Die Stellung unter Polizeiaufsicht, in: Österreichische Zeitschrift für Verwaltung XIII (1880), Nr. 35, S. 145 f., Nr. 36, S. 149 f., Nr. 37, S. 153 f.; Lothar von PACHMANN, Polizeiaufsicht in Österreich und Bayern, in: Österreichische Zeitschrift für Verwaltung XLIV (1911), Nr. 33, S. 133 f., Nr. 34, S. 137 f.; auch Albert Friedrich BERNER, Polizeiaufsicht, in: Der Gerichtssaal. Zeitschrift für Strafrecht, Strafprozeß, Gerichtliche Medizin, Gefängniskunde und ausländische Literatur XXXIII (1881), S. 321–380; R. BRAUNE, Über die Polizeiaufsicht, in: Zeitschrift für die gesamte Staatsrechtswissenschaft XXIII (1903), S. 746–762, XXVIII (1908), S. 31–42; Karl FUHR, Die Polizeiaufsicht nach dem Reichsstrafgesetzbuche, jur. Diss., Gießen 1887; Karl FUHR, Strafrechtspflege und Socialpolitik. Ein Beitrag zur Reform der Strafgesetzgebung auf Grund rechtsvergleichender und statistischer Erhebungen über die Polizeiaufsicht, Berlin 1892.

Unterschied zum Reichsschubgesetz eines rechtskräftigen richterlichen Urteils bedurfte, das die Sicherheitsbehörde zur Erlassung einer derartigen Verfügung ermächtigte[1413].

Das Vagabundengesetz vom 24. Mai 1885[1414], das den §§ 517–521 des Strafgesetzes und den meisten Bestimmungen des Gesetzes von 1873 derogierte, beseitigte endlich das Erfordernis des mangelnden Wohnortes oder des Verlassens des Wohnortes aus der Definition der Landstreicherei[1415]. Außer der Bettelei, die gemäß § 2 dann vorlag, wenn jemand an öffentlichen Orten oder von Haus zu Haus bettelte oder aus Arbeitsscheu die öffentliche Mildttätigkeit in Anspruch nahm[1416], normierte das Vagabundengesetz überdies die weiteren Straftatbestände der Arbeitsscheu[1417], der Arbeitsverweigerung[1418] und

---

1413 § 7 und § 9 a. ZUCKER (wie Anm. 354), S. 38, bezeichnete diesen „Widerspruch zwischen zwei formell bestehenden Gesetzen" als „bemerkenswert", und es sei „höchst sonderbar, dass die Ausübung der Befugnis derselben Behörde und zu demselben Vorgange in einem Fall von der Zulässigkeitserklärung des Gerichtes abhängig sein soll, während in dem anderen Falle auf jede Ingerenz des Gerichtes verzichtet werden darf".

1414 Gesetz vom 24. Mai 1885, RGBl. Nr. 89, womit strafrechtliche Bestimmungen in Betreff der Zulässigkeit der Anhaltung in Zwangsarbeits- oder Besserungsanstalten getroffen werden; vgl. dazu ausführlich Carl von FÜRSTL (Hrsg.), Die strafrechtlichen Nebengesetze des österreichischen Rechts, III: Das Gesetz wider Arbeitsscheu und Landstreicher ..., Wien-Prag 1894, S. 1–31; Claudia SCHÖN, Das Vagabundengesetz 1873 i.d.F. 1885, jur. Diss. Wien 1992; Wenzel TRÜMMEL, Zur Handhabung des Vagabundengesetzes vom 24. Mai 1885, RGBl Nr. 89, in: Österreichische Zeitschrift für Verwaltung XX (1887), Nr. 16, S. 65–67, Nr. 17, S. 69–71, Nr. 18, S. 73–75; August FINGER, Art. Landstreicherei und Bettel, in: Ernst Mischler/Josef Ulbrich (Hrsg.), Österreichisches Staatswörterbuch. Handbuch des gesamten österreichischen öffentlichen Rechts, III, 2. Aufl. Wien 1907, S. 434 ff.; Robert von HIPPEL, Bettel, Landstreicherei und Arbeitsscheu (§ 361 Nr. 3–5, 7, 8 und 10 RStrGB.), in: Vergleichende Darstellung des Deutschen und Ausländischen Strafrechts, Besonderer Teil II: Verbrechen wider die öffentliche Ordnung, Berlin 1908, S. 147 ff.

1415 Nunmehr war derjenige mit strengem Arrest in der Dauer von einem bis drei Monaten zu bestrafen (überdies konnte auf eine oder mehrere der im § 253 genannten Strafverschärfungen erkannt werden), der „geschäfts- und arbeitslos umherzieht und nicht nachzuweisen vermag, dass er die Mittel zu seinem Unterhalte besitze oder redlich zu erwerben suche"; FREY (wie Anm. 1399), S. 488, kritisierte auch bei dieser Definition den Mangel einer genauen Unterscheidung zwischen Vagabondage und Arbeitsscheu. Für HERZ (wie Anm. 132), S. 81, bestand außerdem „der große Fehlgriff" des Landstreichereigesetzes von 1885 darin, daß weiterhin die momentane Subsistenzlosigkeit als Tatbestandsmerkmal der Landstreicherei normiert war.

1416 Auch derjenige stand gemäß § 2 unter Strafandrohung, der Unmündige zum Betteln verleitete, ausschickte oder anderen überließ. Die Strafe für die Betteltatbestände war strenger Arrest von acht Tagen bis zu drei Monaten. Ebenfalls als „Fehlgriff" bezeichnete HERZ (wie Anm. 132), S. 81, daß das Gesetz „den gerechten Notbettel nicht im Gegensatz zur arbeitsscheuen Brandschatzung fremder Wirtschaft dem Bereiche der strafbaren Handlungen entzog", was zur Folge gehabt hätte, daß das Gesetz „auf den echten und rechten Vagabunden keinen Eindruck machte", „dem arbeitsscheuen Gesindel aber auch Elemente zuführte, die von Anfang an nichts mit der Arbeitsscheu zu tun hatten: wie arbeitslose Handwerker, Arbeiter, die durch moralische Infektion, durch das Entehrende der Abschiebung allmählich in die Armee der Berufsverbrecher eingerückt waren".

1417 § 3: „Arbeitsfähige Personen, welche kein Einkommen und keinen erlaubten Erwerb haben und die Sicherheit der Person oder des Eigentums gefährden, können von den Sicherheitsbehörden angewiesen werden, innerhalb einer ihnen bestimmten Frist nachzuweisen, daß sie

der gewerblichen Unzucht[1419]. Bei Verurteilung wegen dieser Delikte konnte das Gericht nunmehr zugleich im Urteil die Zulässigkeit der Abgabe in eine Zwangsarbeitsanstalt aussprechen[1420].

Das Vagabundengesetz von 1885 hatte also, wie Hugo Morgenstern[1421] bemerkte, „eigentlich fast alle Personen getroffen, bei welchen zufolge des Reichsschubgesetzes vom Jahre 1871 überhaupt eine Abschiebung zulässig“ war, und eine „Abschiebung ohne Bestrafung könnte daher eigentlich nur erfolgen bei solchen ‚ausweis- und bestimmungslosen Individuen, welche kein Einkommen und keinen erlaubten Erwerb nachweisen können‘ und die nicht zugleich als ‚Landstreicher‘ umherziehen“, sowie bei „Bettlern, die nicht von Haus zu Haus betteln gehen oder nicht an öffentlichen Orten betteln“. Freilich zeigen etwa die Schubstatistiken von Wien, daß in der zweiten Hälfte der neunziger Jahre die Anzahl der wegen Ausweis- und Bestimmungslosigkeit abgeschobenen Personen bei weitem die Fälle einer Entfernung wegen Landstreicherei, Bettelns und Arbeitsscheu bzw. Prostitution überwogen[1422].

b. Naturalverpflegsstationen

Da sowohl das Schubgesetz als auch die Vagabundengesetze nach Ansicht der Zeitgenossen an dem „doppelten Mangel“ litten, daß „sie einerseits auf die echten und rechten Vagabunden, welche schon gewohnt waren, ihr Leben zwischen Schub und Ge-

---

sich auf erlaubte Weise ernähren. Kommen sie diesem Auftrage aus Arbeitsscheu nicht nach, so sind sie mit strengem Arrest von acht Tagen bis zu drei Moanten zu bestrafen“. Zusätzlich konnte auch eine oder mehrere der im § 253 StG vorgesehenen Verschärfungen erkannt werden.

1418 Jede Gemeinde, in deren Gebiet sich eine arbeitsfähige Person befand, welche weder die Mittel zu ihrem Unterhalt noch einen erlaubten Erwerb hatte, war gemäß § 4 berechtigt, derselben eine ihren Fähigkeiten entsprechende Arbeit gegen Entlohnung oder Naturalverpflegung zuzuweisen. Weigerte sich die Person, die ihr zugewiesene Arbeit zu leisten, so war sie mit strengem Arrest von acht Tagen bis zu einem Monat zu bestrafen.

1419 Das Vagabundengesetz 1885 überließ zwar prinzipiell die Bestrafung der „Frauenspersonen, welche mit ihrem Körper unzüchtiges Gewerbe treiben“, der Sicherheitsbehörde, bedrohte aber diejenigen Frauenspersonen mit strafgerichtlicher Verfolgung auf Begehren der Sicherheitsbehörde (und mit einer Arreststrafe von acht Tagen bis zu drei Monaten), die „ihr unzüchtiges Gewerbe ungeachtet der polizeilichen Bestrafung fortsetzen, oder solche, welche, insoferne polizeiliche Anordnungen bestehen, denselben zuwiderhandeln“. Ebenfalls wurden „solche Frauenspersonen“ mit einer Arreststrafe bedroht, „welche ihr unzüchtiges Gewerbe betrieben, obwohl sie wussten, daß sie mit einer venerischen Krankheit behaftet sind“, wenn sie „durch die Öffentlichkeit ein auffallendes Ärgernis veranlassen“ oder „jugendliche Personen verführen“. Ebenso wurden Personen beiderlei Geschlechtes, welche außer den im Strafgesetz normierten Fällen (§ 512 StG) „aus der gewerbsmäßigen Unzucht anderer ihren Unterhalt suchen“, unter Strafdrohung gestellt.

1420 Die Organisation der Zwangsarbeit war im Gesetz vom 24. Mai 1885, RGBl. Nr. 90, betreffend die Zwangsarbeits- und Besserungsanstalten, geregelt.

1421 Hugo MORGENSTERN, Das Schubwesen in Österreich, in: Statistische Monatsschrift VI (27) (1901), S. 354.

1422 Ebd., S. 355.

richtsarrest zu theilen, zu wenig Eindruck machten, andererseits aber auch der ohnehin schon vorhandenen grossen Menge arbeitsscheuen Gesindels andere Elemente zuführten, die von Anfang an nichts mit jenem gemeinsam hatten, wie arbeitslose Handwerksburschen, Taglöhner, Arbeiter u. dgl., und dadurch nicht nur der Gesellschaft, sondern auch diesen Bedauernswerten selbst ein schweres Unrecht zufügten"[1423], wurden zur „Hintanhaltung des Haus- und Straßenbettelns, sowie zur Verminderung des Landstreichens"[1424] seit 1886 in Cisleithanien sogenannte Naturalverpflegsstationen eingerichtet. Nachdem Josef Schöffel bereits 1879 im niederösterreichischen Landtag die Errichtung derartiger Anstalten nach Vorbild ähnlicher deutscher, schweizerischer und holländischer Anstalten[1425] angeregt und auch das Abgeordnetenhaus 1885 der Regierung empfohlen hatte, „dahin zu wirken, daß Naturalverpflegsstationen auch in Oesterreich ähnlich wie sie in ausländischen Staaten bereits bestehen, und zwar insbesondere in den Schubstationen, mit thunlicher Beschleunigung eingeführt werden"[1426], machte Öster-

---

1423 Wie auch Friedrich PROBST, Die Naturalverpflegsstationen in Österreich, in: Statistische Monatsschrift XX (1894), S. 65, betonte, fielen unter das Vagabundengesetz von 1885 auch gerade im Augenblick beschäftigungslose Arbeiter, der „blosse Umstand der momentanen Subsistenzlosigkeit" genügte, daß „sie im Falle der Ergreifung mit ein paar Tagen Arrest bestraft und nach Verbüßung der Haft in ihre Zuständigkeitsgemeinde abgeschoben werden. Dort finden sie aber in den seltensten Fällen Beschäftigung, schon wegen der diffamierenden Bedeutung, welche die Landbevölkerung insgemein der Abschiebung beilegt. Sie müssen also wieder in die Fremde wandern, um nach einiger Zeit wieder aufgegriffen und in Schub gesetzt zu werden, und so geht es fort, bis auch sie ebenbürtige Collegen ihrer Schubgenossen geworden sind." Auch Josef SCHÖFFEL, Die Institution der Natural-Verpflegsstationen, der Zwangsarbeits- und Besserungsanstalten und ihre Einwirkung auf die Eindämmung des Landstreicher- und Bettelunwesens in Niederösterreich, 2. Aufl. Wien 1900, S. 17, bemerkte mit Bezug auf die vom Schub- und Vagabundengesetz betroffenen momentan subsistenzlosen Arbeitern und Handwerker: „Einmal in Schub gesetzt, kam ein solcher Mensch aus dem Schub nicht mehr heraus. In seiner Heimat, der er zwangsweise zugeschoben wurde, fand er gewöhnlich keine Arbeit und wenn eine solche wirklich vorhanden war, nahm den Schübling Niemand in Arbeit auf, denn der Schub ist in den Augen der Landbevölkerung infamirender als das Zuchthaus. Der Zugeschobene mußte sich daher wieder auf die Suche nach Arbeit begeben, und wurde wieder ergriffen und abermals der nächsten Schubstation eingeliefert. So ging es von Schub zu Schub, bis selbst der ordentlichste Mensch durch diese Art der Behandlung zu der Ueberzeugung gelangte, daß es unter den sothanen Verhältnissen für ihn vortheilhafter sei, Vagabund zu werden und als Vagabund zu leben und zu sterben."

1424 § 1 des Gesetzes vom 30. März 1886, LGBl. Nr. 29, betreffend die Errichtung von Naturalverpflegsstationen.

1425 Vgl. dazu R. KREJCI, Art. Naturalverpflegsstationen, in: Ernst Mischler/Josef Ulbrich (Hrsg.), Österreichisches Staatswörterbuch. Handbuch des gesamten österreichischen öffentlichen Rechts, III, 2. Aufl. Wien 1907, S. 703 f.

1426 So die Resolution der Abgeordneten Dr. Johann Wegscheider und Georg Lienbacher vom 2. März 1885, Nr. 1123 der Beilagen zu den Sten. Prot. des AH, IX. Sess., S. 16, angenommen in der 429. Sitzung des Abgeordnetenhauses am 27. März 1885, Sten. Prot. des AH, IX. Sess., S. 15001; siehe auch den Bericht des Strafgesetzausschusses betreffend die Erlassung von Gesetzen 1. hinsichtlich der Anhaltung in Zwangsarbeits- oder Besserungsanstalten, und 2. der Errichtung solcher Anstalten, Nr. 1123 der Beilagen zu den Sten. Prot. des AH, IX. Sess., S. 6.

reich unter Enns 1886 den Anfang[1427], gefolgt von Mähren[1428] und der Steiermark 1888[1429], von Österreich ob der Enns 1888[1430], Vorarlberg 1891[1431], Schlesien 1892[1432] und Böhmen 1895[1433].

Wie der Bericht des schlesischen Vorbereitungsausschusses für Justiz- und politische Angelegenheiten[1434] ausführte, war es Zweck der Naturalverpflegsstationen, „Arbeiter, Dienstboten, die zufällig subsistenzlos sind, nicht bloß vor dem Betteln, sondern auch vor dem Verfall des Scham- und Sittlichkeitgefühles, vor Gelegenheitsverbrechen und sohin vor Abschiebung, Abstrafung und vollkommen moralischem Ruin", die „Bevölkerung vor der plagenden Belästigung und den hiermit verbundenen materiellen Opfern, den Staat und Land vor Strafvollzugs-, Schub- und anderen Kosten zu bewahren". Überdies sollte die „Sonderung der gefährlichen Sorte von professionsmäßigen Bettlern, arbeitsscheuen Taugenichtsen und Strolchen sowie der arbeitsunfähigen Bettler von arbeitsfähigen Leuten, die nur durch die Umstände zur Anrufung der Mildtätigkeit gezwungen werden, ... eine strengere Überwachung der ersteren und die Beschänkung ihrer Freizügigkeit" bewirken, „indem die arbeitsunfähigen Bettler der Armenversorgung der Gemeinden, die arbeitsscheuen Strolche hingegen der strafgerichtlichen Ahndung überwiesen werden".

1427 Gesetz vom 30. März 1886, LGBl. Nr. 29, betreffend die Errichtung von Naturalverpflegsstationen. Gleichzeitig mit der Errichtung der Landeszwangsarbeits- und Besserungsanstalt in Korneuburg wurden 142 Naturalverpflegsstationen, von welchen 104 mit Schubstationen verbunden waren, eingerichtet und vier provisorische Naturalverpflegsstations- und Schubinspektoren bestellt; vgl. PROBST (wie Anm. 1423), S. 67; siehe das Verzeichnis der niederösterreichischen Naturalverpflegsstationen bei SCHÖFFEL (wie Anm. 1423), S. 93 f.

1428 Gesetz vom 14. Februar 1888, LGBl. Nr. 45, betreffend die Errichtung von Natural-Verpflegsstationen. Es wurden insgesamt 112 Stationen eingerichtet.

1429 Gesetz vom 30. Oktober 1888, LGBl. Nr. 50, betreffend die Errichtung von Naturalverpflegsstationen; vom 13. Juni 1892, LGBl. Nr. 26, betreffend die Natural-Verpflegsstationen, beide wirksam für das Herzogtum Steiermark mit Ausnahme der Landeshauptstadt Graz. Es wurden insgesamt 149 Stationen eingerichtet.

1430 Gesetz vom 7. November 1888, LGBl. Nr. 23, betreffend die Einrichtung von Naturalverpflegs-Stationen. Es wurden insgesamt 103 Stationen eingerichtet.

1431 Gesetz vom 17. Jänner 1891, LGBl. Nr. 13, betreffend die Errichtung von Natural-Verpflegs-Stationen. Es wurden insgesamt 21 Stationen eingerichtet.

1432 Gesetz vom 11. April 1892, LGBl. Nr. 32, betreffend die Errichtung von Natural-Verpflegsstationen. Es wurden insgesamt 22 Stationen eingerichtet.

1433 Gesetz vom 29. April 1895, LGBl. Nr. 38, betreffend die Errichtung von Natural-Verpflegsstationen, wirksam für das Königreich Böhmen mit Ausnahme der kgl. Hauptstadt Prag und der zum Prager k.k. Polizeirayon gehörigen Gemeinden; Kundmachung des Statthalters für Böhmen vom 18. Dezember 1895, LGBl. 98, womit die vom Landesausschusses des Königreiches Böhmen auf Grund des Gesetzes vom 29. April 1895 ... festgesetzten allgemeinen Grundzüge der Organisation dieser Naturalverpflegsstationen im Königreiche Böhmen verlautbart werden.

1434 So der Bericht des schlesischen Vorbereitungsausschusses für Justiz- und politische Angelegenheiten, Nr. 1 der Beilagen der Schlesischen Landtagsberichte, XXVIII. Session, zitiert nach HERZ (wie Anm. 132), S. 81 f.

In die Naturalverpflegsstationen, deren Entfernung voneinander 14 bis 24 Kilometer betrug[1435] und die folglich vielfach in den Schubstationen eingerichtet wurden[1436], waren im allgemeinen arbeits-, subsistenz- und mittellose, jedoch arbeitsfähige Reisende, ohne Unterschied der Zuständigkeit, der Konfession oder des Geschlechtes aufzunehmen[1437], welche mit gültigen Reisedokumenten[1438] versehen waren. Die in die Station Aufgenommenen[1439] erhielten dort, da die Aufenthaltszeit zumeist mit höchstens 18 Stunden festgesetzt war[1440], unentgeltlich entweder ein Mittag- oder Abendessen oder ein Nachtlager mit Frühstück[1441], wenn sie vorher die ihnen zugeteilte Arbeit, die

---

1435 § 2 der Grundzüge für die Organisation der Natural-Verpflegs-Stationen in Niederösterreich von 1885, SCHÖFFEL (wie Anm. 1423), S. 75, legte z.B. eine Maximalentfernung von 15 km fest.

1436 So in Österreich ob und unter der Enns. Allerdings waren die Arbeits- und Schlafräume der Reisenden von jenen, „in welchen zum Zwecke der Abschiebung bestimmte Personen oder Durchschüblinge angehalten werden (Schubarreste), zu trennen"; § 6 der Grundzüge für die Organisation der Natural-Verpflegs-Stationen in Niederösterreich von 1885, SCHÖFFEL (wie Anm. 1423), S. 75.

1437 Vgl. § 1 des böhmischen, § 4 des ober- und niederösterreichischen, steirischen, Vorarlberger und § 5 des schlesischen Gesetzes.

1438 Gültige Reisedokumente waren das Arbeitsbuch des „Professionisten" sowie das Dienstbotenbuch der Taglöhner, „Handlanger", Dienstboten und landwirtschaftlichen Hilfsarbeiter, wenn sie die behördliche Reisebewilligung enthielten, weiters der Reisepaß, die Legitimationskarte und „fremdländische Heimatscheine", wenn diese mit der behördlichen Reisebewilligung versehen waren. Bei Aufnahme in die Station hatte der Reisende seine Reiseurkunde an den Leiter der Station zur Aufbewahrung zu übergeben. Zur Vermeidung einer Überfüllung des Reisedokumentes mit Vidierungen war dem Reisenden ein Begleitschein auszustellen, vgl. § 16 der niederösterreichischen Dienstes-Instruction für die Leiter der Natural-Verpflegs-Station, SCHÖFFEL (wie Anm. 1423), S. 77 ff.

1439 Neben Personen mit Barmitteln bzw. ohne gültige Reiseurkunden waren aber auch Arbeitsunfähige und Ortsarme, deren Versorgung der Heimatgemeinde oblag, abzuweisen. Um den Mißbrauch dieser Einrichtung einzuschränken, sahen manche Gesetzen weitere Voraussetzungen vor: So mußte in Österreich ob der Enns ein „Arbeitsnachweis innerhalb drei Monaten, vom Tage der Aufnahme zurückgerechnet", erbracht werden, siehe § 1 der niederösterreichischen Dienstes-Instruction für die Leiter der Natural-Verpflegs-Station, SCHÖFFEL (wie Anm. 1423), S. 77, während Österreich ob der Enns die Aufnahme versagte, wenn nur Dienst oder Arbeit in der Dauer von wenigen Tagen, nicht aber in den letzten beiden Monaten nachgewiesen werden konnte. In der Steiermark wurde den Dienstboten und Tagelöhnern sowie denjenigen gewerblichen Gehilfen, welche in den letzten sechs Monaten nicht in ihrem Beruf gearbeitet hatten, sowie denjenigen Personen die Aufnahme verweigert, welche in den letzten zwei Monaten nicht in Arbeit gestanden hatten (§ 4 des Gesetzes), vgl. auch PROBST (wie Anm. 1423), S. 69; KREJCI (wie Anm. 1425), S. 704.

1440 § 6 der Grundzüge für die Organisation der Natural-Verpflegs-Stationen in Niederösterreich von 1885, SCHÖFFEL (wie Anm. 1423), S. 76. Gemäß § 10 der niederösterreichischen Dienstes-Instruction für die Leiter der Natural-Verpflegs-Station, ebd., S. 81, konnte der Aufenthalt des Reisenden jedoch „bei sehr schlechtem, stürmischem Wetter, bei starkem Schneewehen im Winter solange dauern, bis der Reisende ohne Gefahr für Leben und Gesundheit" die Reise fortsetzen konnte.

1441 Die Grundzüge für die Organisation der Natural-Verpflegs-Stationen in Niederösterreich von 1885, SCHÖFFEL (wie Anm. 1423), S. 75, sahen etwa für das „Mittag- und Abendmahl je 1 Liter nahrhaftes Gemüse und 25 Dekagramm Roggenbrod" und für das Frühstück „½ Liin Holzhacken, Schneeschaufeln, Steineklopfen, Straßenräumen etc. bestehen konnte, geleistet hatten[1442]. Überdies sollten die Naturalverpflegsstationen zugleich als unentgeltliche Arbeits- und Dienstvermittlungsämter fungieren[1443], was allerdings nicht in zufriedenstellendem Ausmaß verwirklicht werden konnte[1444].

Abgesehen von der Arbeitsvermittlung erzielte die Einrichtung der Naturalverpflegsstationen allerdings großen Erfolg. Zum einen erfreuten sich die Stationen starker Inanspruchnahme[1445], insbesondere durch reisende Handwerker[1446], wobei der Großteil

---

ter nahrhaftes Gemüse und 25 Dekagramm Roggenbrod" vor. Für die „Nachtruhe" war dem Reisenden „die Benützung einer reinlichen Schlafstelle mit einem Strohsacke, einem Strohkopfpolster und einer wollenen Decke" zu gewähren. In Schlesien gewährte man den Reisenden neben dem Abendessen auch das Nachtlager und Frühstück, weil man es, so PROBST (wie Anm. 1423), S. 69, Anm. 9, „für unbillig hielt, Jemanden, der am Nachmittag gekommen war und ebenfalls eine Arbeit geleistet hatte, gleich nach dem Abendbrot in die Nacht hinein fortzuschicken".

1442 Vgl. etwa § 13 der Grundzüge für die Organisation der Natural-Verpflegs-Stationen in Niederösterreich von 1885, SCHÖFFEL (wie Anm. 1423), S. 76. Nach § 7 der niederösterreichischen Dienstes-Instruction für die Leiter der Natural-Verpflegs-Station, ebd., S. 80, sollte die von den Reisenden in der Station zu verrichtende Arbeit derart beschaffen sein, daß sie „von jedermann ohne Anleitung verrichtet werden kann und daß sie die durch das Wandern während des Tages ohnehin ermüdeten Reisenden nicht zu sehr anstrengt". Diese Arbeit konnte nach der Instruktion im „Holzverkleinern, Reinigen der Unterkunftslocale, Ausklopfen von Strohsäcken und Decken, Wasserschöpfen, Wassertragen, Bespritzen von Anlagen und Gärten u. dgl. häuslichen Arbeiten" bestehen, wobei „starken Personen und Taglöhnern schwerere, Professionisten und schwächlichen Personen leichtere Arbeiten" zuzuweisen waren; vgl. zur Kritik an der geforderten Arbeitsleistung auch PROBST (wie Anm. 1423), S. 73.

1443 Die Arbeitgeber sollten ihren Bedarf an Arbeitskräften bei der Station anmelden. Vom Leiter der Station war ein Verzeichnis aller im Ort und in der Umgebung befindlichen Fabrikanten, Gewerbetreibenden, Landwirte, Bauunternehmer etc., welche Arbeiter suchten, anzulegen und „bei Ankunft eines Reisenden stets zu prüfen, ob derselbe nicht im Orte dauernde Beschäftigung erhalten könnte"; vgl. dazu ausführlich § 18 der niederösterreichischen Dienstes-Instruction für die Leiter der Natural-Verpflegs-Station, SCHÖFFEL (wie Anm. 1423), S. 87.

1444 So ist in Österreich unter der Enns für die Jahre 1887 bis 1899 nur eine Vermittlungsquote von zwischen 1,9 bis maximal 3,2 % im Verhältnis zur Anzahl der Aufenthalte feststellbar, siehe zu den absoluten Zahlen SCHÖFFEL (wie Anm. 1423), Beilage D, S. 102; Wie PROBST (wie Anm. 1423), S. 73, freilich zu Recht bemerkt, darf nicht vergessen werden, daß ein Reisender im Durchschnitt zehn Stationen auf einer Reise in Anspruch nahm, was die Vermittlungsrate immerhin auf ein Viertel bzw. ein Fünftel aller Reisenden erhöht.

1445 Wurden die niederösterreichischen Naturalverpflegsstationen im Jahre 1887 noch bloß in 64.764 Fällen frequentiert, so steigerte sich diese Zahl bespielsweise im Jahre 1888 bereits auf 135.015, im Jahre 1889 auf 225.799, im Jahre 1891 auf 348.485, im Jahre 1897 auf 443.794 und im Jahre 1898 auf 486.011, siehe SCHÖFFEL (wie Anm. 1423), Beilage D, S. 102. In Mähren war die Frequenz von 31.674 Personen im Jahre 1888 auf 109.058 im Jahre 1891 gestiegen, in der Steiermark von 65.091 im Jahre 1889 auf 253.923 im Jahre 1891, in Vorarlberg von 6.958 im Jahre 1891 auf 34.366 im Jahre 1892 usw., vgl. die Übersicht bei PROBST (wie Anm. 1423), S. 71.

1446 Für das Jahr 1890 weist SCHÖFFEL, (wie Anm. 1423), Beilage E, S. 104, für Niederösterreich bezüglich der Handwerker einen Anteil von über 69 % auf. Von den übrigen Frequentanten waren ca. 11 % Fabriksarbeiter, ca. 7,5 % landwirtschaftliche Arbeiter und ca. 4 % Dienstder Frequentanten nicht dem Kronland entstammten, dessen Stationen sie aufsuchten[1447], zum anderen sank die Zahl der Bettler und Vagabunden sowie die Anzahl der Abstrafungen nach dem Vagabundengesetz[1448], die ja häufig eine Voraussetzung für die Abschiebung waren, in den Kronländern mit Naturalverpflegsstationen deutlich. So teilte das Bürgermeisteramt von Pottenstein 1887 mit, daß „seit dem Bestande der Natural-Verpflegs-Station der Straßenbettel im hiesigen Bezirke nahezu als gänzlich erloschen zu betrachten" und zu bemerken sei, daß „gerade in den von den Hauptstraßenzügen ganz abseits im Gebirge gelegenen Gegenden, welche bisher von Vaganten und Bettlern am meisten belästigt wurden ... in dieser Hinsicht die Berichte am günstigsten" lauteten[1449]. Das Bezirksgericht St. Peter bemerkte außerdem, „daß dadurch, daß die Unterstützung der einem redlichen Erwerbe nachgehenden Personen in geregelten Bahnen gelenkt wurde, die Thätigkeit der Gerichts- und Sicherheitsbehörden in der Unterdrückung des Bettel- und Vagabunden-Unwesens, keineswegs mehr in so hohem Grade in Anspruch genommen" werde[1450].

Damit im Zusammenhang stand freilich auch ein weiteres Ergebnis, welches die „Unzweckmäßigkeit der bisherigen Regelung des Schubwesens sowie die ungenügende Ausgestaltung der Ortspolizei am Lande ins grelle Licht stellte"[1451]. Infolge der Einrichtung der Naturalverpflegsstationen verringerten sich nämlich die Zahlen der Abgeschobenen und damit die Schubkosten der Länder beträchtlich, ohne daß diese Einsparungen von den Kosten der Naturalverpflegsstationen[1452] konsumiert worden wären. So waren die Schubkosten etwa in Österreich unter der Enns im Jahr 1891 im Vergleich zum Jahr 1886 um 59,3 % gesunken, in Mähren um 24,2 %, in Oberösterreich um 60 % und in der Steiermark um 8,6 %[1453]. Wie Probst zutreffend bemerkte, war die Verminderung der Schubkosten seit Einführung der Verpflegsstationen „etwas ganz

---

boten; siehe zu den Zahlen für Mähren PROBST (wie Anm. 1423), S. 73, Anm. 24; vgl. für die Steiermark auch REICHER (wie Anm. 197), S. 38.

1447 Zwischen einem Fünftel und maximal der Hälfte der Frequentanten der Naturalverpflegsstationen entstammten anderen Kronländern, siehe die Tabelle bei PROBST (wie Anm. 1423), S. 71; siehe auch REICHER (wie Anm. 197), S. 75.

1448 So lag die Zahl der Abstrafungen nach dem Vagabundengesetz von 1885 in Österreich unter der Enns im Jahre 1889 46,5 % (10.447 Personen) unter der Anzahl des Jahres 1886 (19.516 Personen), in Mähren war die Zahl um 20,8 % (Mähren hatte die geringste Dichte an Naturalverpflegsstationen), in der Steiermark um 35,5 % und in Oberösterreich um 48,6 % gesunken, während sich die Anzahl der Abstrafungen in den anderen Kronländern entweder deutlich geringer verminderte (zwischen 1,4 und 17,9 %) oder sogar anstieg (zwischen 1,7 und 82,7 %), vgl. PROBST (wie Anm. 1423), S. 72 f.; siehe auch CALL (wie Anm. 802), S. 167.

1449 Zitiert nach SCHÖFFEL (wie Anm. 1423), S. 32, Anm. *.

1450 Bericht des Bezirksgerichtes von St. Peter in der Au am 7. Oktober 1887 an den niederösterreichischen Landesausschuß, zitiert nach SCHÖFFEL (wie Anm. 1423), S. 37.

1451 KREJCI (wie Anm. 1425), S. 706.

1452 Siehe die Aufstellung der Kosten für die Naturalverpflegsstationen bei PROBST (wie Anm. 1423), S. 74 ff.

1453 HERZ (wie Anm. 132), S. 84. Die Schubkosten hatten in Niederösterreich z.B. in den Jahren 1877 bis 1884 zwischen über 94.000 und fast 121.000 fl. jährlich betragen. 1887 waren die Kosten bereits auf ca. 57.000 fl. gesunken, 1898 auf nur mehr ca. 26.000 fl., vgl. die Aufstellung dieser Kosten bei SCHÖFFEL (wie Anm. 1423), S. 21 f., siehe auch das Verzeichnis bei PROBST (wie Anm. 1423), S. 72.

Natürliches, wenn man bedenkt, dass auch früher schon unter den Individuen, welche die Härte des Gesetzes dem Schube anheimgab, eine bedeutende Anzahl arbeitswilliger, ganz und gar nicht völlig verkommender Personen sich befand, die nunmehr in den Naturalverpflegsstationen ein entsprechendes refugium gefunden" hatten, „das sie vor Abstrafung, Abschiebung und all den unberechenbaren weiteren Folgen, die sich daran knüpfen", sicherte[1454].

Nicht abstellen konnte die Institution freilich, wie der niederösterreichische Landesausschußbericht aus dem Jahre 1896 bemerkte, den Mißbrauch der Naturalverpflegsstationen durch jene Personen, „die unter dem Vorwande, Arbeit zu suchen, herumziehen, ohne eine sich bietende Arbeitsgelegenheit anzunehmen. Wenn solche Leute auch nach einiger Zeit wegen Vagabundage abgestraft und in ihre Heimatgemeinde abgeschoben werden, so tauchen sie doch bald wieder mit neuen, korrekt ausgestellten Reisedokumenten auf, nützen wiederum 2–3 Monate die Verpflegsstationen aus, betteln auch gelegentlich, um schließlich wieder gerichtlich bestraft und abgeschoben zu werden, worauf sie den vorbeschriebenen Kreislauf von neuem beginnen"[1455].

IV. Ausweisung als Recht der autonomen Gemeinde

1. Rechtsgrundlagen

Wenngleich das Recht der Gemeinde, einem Gemeindefremden unter bestimmten Voraussetzungen den Aufenthalt im Gemeindegebiet zu verweigern, erst im Reichsschubgesetz von 1871 als Ausweisungsrecht[1456] bezeichnet wurde, so existierte es der Sache nach freilich bereits seit 1849 und stand von Beginn an in engem Zusammenhang mit der Entwicklung der Gemeindeverfassung und des Heimatrechtes, das sowohl vom provisorischen Gemeindegesetz von 1849 als auch vom Gemeindegesetz 1859 als Teil des Gemeinderechts geregelt worden war. Eine folgenschwere Änderung trat mit dem Reichsgemeindegesetz 1862 und dem Heimatgesetz von 1863 ein, da nunmehr der Zusammenhang von Gemeindeverfassung und Heimatberechtigung gelöst wurde. Die Armenversorgung blieb jedoch weiterhin mit dem nunmehr außerhalb des Gemeindegesetzes geregelten Heimatrecht verknüpft[1457], was zahlreiche Probleme nach sich zog. Insbesondere hatte die durch wirtschaftliche Notwendigkeiten verursachte und durch Freizügigkeit sowie Niederlassungsfreiheit ermöglichte Binnenmigration zur Folge, daß sich die tatsächlichen Bindungen an die jeweilige Heimatgemeinde für einen Großteil der Bevölkerung zum ausschließlich rechtlichen Verhältnis wandelten, welches vor allem im Falle der Abschiebung in eben diese „Heimatgemeinde" zwecks Armenversor-

---

1454 PROBST (wie Anm. 1423), S. 73.

1455 Niederösterreichischer Landesausschußbericht 1896, zitiert nach HERZ (wie Anm. 132), S. 85.

1456 Vgl. § 2 Abs. 7 des Reichsschubgesetzes: „Das den Gemeinden nach den Gemeindegesetzen zustehende Recht der Ausweisung bleibt durch dieses Gesetz unberührt".

1457 § 1: „Das Heimatrecht in einer Gemeinde gewährt in derselben das Recht des ungestörten Aufenthaltes und den Anspruch auf Armenversorgung"; § 22 Abs. 2: „... ist es Aufgabe der Gemeinde, ihre Heimatberechtigten im Verarmungsfalle zu unterstützen".

gung aktiviert wurde. Die Aufrechterhaltung der Verknüpfung von Heimatrecht und Armenunterstützung einerseits und des weitreichenden Ausweisungsrechts der autonomen Gemeinde andererseits führte in der Folge zu einer regen Ausweisungstätigkeit, weil jede Gemeinde versuchte, ihr Armenversorgungsbudget möglichst zu schonen.

Der Aussage Brockhausens, daß die Gemeindeordnungen unter „geringer Berücksichtigung der historischen Entwicklung geschaffen wurden" und „als tendenziöse Schöpfungen der jeweils herrschenden Zeitströmungen" gleichsam „ruckweise ... dem Kopfe des Gesetzgebers entsprungen" seien[1458], kann daher auch insofern zugestimmt werden, als die Folgen einer Übernahme des traditionellen Zusammenhanges zwischen Heimatrecht und Armenversorgung bei gleichzeitigem Ausbau der Gemeindeautonomie vom Gesetzgeber nicht ausreichend überdacht worden waren[1459].

A. Provisorisches Gemeindegesetz 1849

Die Revolution 1848 führte nicht nur zur Verankerung der individuellen Freiheit in Form der Freizügigkeit, sondern auch zur kommunalen Freiheit in Form eines modernen Gemeindegesetzes[1460], welches das den Gemeinden gewährleistete Grundrecht „zur Erfüllung" bringen sollte[1461]. Das provisorische Gemeindegesetz von 1849, das in der freien Gemeinde die „Grundfeste des freien Staates" erblickte, ging von dem Grundsatz aus, daß jeder Staatsbürger einer Gemeinde anzugehören habe, und erfüllte daher gleichzeitig auch die Funktion eines Heimatgesetzes.

Eine indirekte Anerkennung der verfassungsrechtlich gewährleisteten Freizügigkeit[1462] und gleichzeitig deren Einschränkung enthielt § 25 des provisorischen Gemeindegesetzes, der erklärte, daß Fremden, „wenn sie sich über ihre Zuständigkeit durch einen nicht erloschenen Heimatschein ausweisen, solange sie sich entsprechend verhalten und die Mittel zu ihrer Erhaltung besitzen, der zeitliche Aufenthalt in der Gemeinde nicht verweigern werden" könne. Als unter diesen Bedingungen zu duldende Fremde waren gemäß § 17 alle sich in der Gemeinde aufhaltenden Personen anzusehen, die nicht Gemeindeglieder der betreffenden Gemeinde, also Gemeindebürger oder Gemeindeangehörige, waren. Als Gemeindebürger bezeichnete das Gemeindegesetz diejenigen Personen, „welche dermalen von einem in der Gemeinde gelegenen Haus- oder Grund-

---

[1458] Carl BROCKHAUSEN, Die österreichische Gemeindeordnung (Grundgedanken und Reformideen), Wien 1905, S. 1.

[1459] Vgl. zur Kritik am Ausweisungsrecht der Gemeinden und am Heimatgesetz S. 772 ff., auch S. 38 ff.

[1460] Kaiserliches Patent vom 17. März 1849, RGBl. Nr. 170, womit ein provisorisches Gemeinde-Gesetz erlassen wird.

[1461] So das Kundmachungspatent; vgl. zu den Grundrechten der Gemeinde auch näher Wilhelm BRAUNEDER, Vom neo-ständischen Staatselement zum lokalen Verwaltungssprengel. Das österreichische Gutsgebiet, in: ders., Studien I: Entwicklung des Öffentlichen Rechts, Frankfurt a.M. 1994, S. 141 f.; vgl. zur Entwicklung des österreichischen Gemeinderechtes etwa Jirí KLABOUCH, Die Lokalverwaltung in Cisleithanien, in: Adam Wandruszka/Peter Urbanitsch (Hrsg.), Die Habsburgermonarchie 1848–1918, II: Verwaltung und Rechtswesen, Wien 1975, S. 270–305.

[1462] Vgl. dazu auch S. 61 ff.

besitz, von einem den ständigen Aufenthalt in der Gemeinde gesetzlich bedingenden Gewerbe oder Erwerbe einen bestimmten Jahresbeitrag an directen Steuern" zahlten[1463] oder „von der Gemeinde förmlich als solche anerkannt worden" waren (§ 8)[1464], während es für die Gemeindeangehörigkeit die Zuständigkeit in der betreffenden Gemeinde, also das Heimatrecht, zugrundelegte[1465].

Da das Recht auf bedingungslos ungestörten Aufenthalt im Gebiet der Gemeinde nur den Gemeindeangehörigen zukam (§ 22 Z. 1), mußte der Aufenthalt von Nicht-Gemeindeangehörigen nur solange geduldet werden, als daraus für die Gemeinde keine Nachteile erwuchsen. War allerdings das Verhalten eines Fremden nicht „entsprechend" und gefährdete er durch Subsistenzlosigkeit das Armenbudget der Gemeinde, so überließ es das Gesetz der Gemeinde, dem Fremden den weiteren Aufenthalt zu verweigern. Er konnte ohne jeden Einfluß auf seinen weiteren Aufenthaltsort und auf seine Rückkehr in die Heimatgemeinde abgeschoben werden.

B. Gemeindegesetz 1859

Gemeinsam mit den meisten anderen Grundrechten wurden am 31. Dezember 1851 die Grundrechte der Gemeinde aufgehoben[1466]. Das liberale Gemeindegesetz trat mit Ausnahme der heimatrechtlichen Bestimmungen außer Kraft und wurde 1859 durch ein neues Gemeindegesetz abgelöst[1467], das die Rechtslage für Gemeindefremde im Falle des Inkrafttretens dieser Bestimmung deutlich verschlechtert hätte[1468]. § 27 des Gemeindegesetzes von 1859[1469] legte nämlich fest, daß nur Auswärtigen, „deren Verweilen in der Ortsgemeinde keine auf die Polizeivorschriften oder andere allgemeine Anordnungen gegründeten Hindernisse" entgegenstanden, von der Gemeinde der Aufenthalt daselbst nicht verweigert werden dürfe, „solange dieselben und ihre mit ihnen in gemeinschaftlichem Haushalte lebenden, ihrer Gemeindezuständigkeit folgenden, nicht

1463 Gemäß § 9 konnte derjenige, der auf andere Art als infolge des Erbrechtes in auf- oder absteigender Linie den Besitz von Realitäten in einer Gemeinde erwarb, die Rechte eines Gemeindebürgers erst dann ausüben, wenn er von der Gemeinde in den Gemeindeverband aufgenommen worden war.

1464 Die Gemeindeordnungen und Statuten (vgl. dazu auch S. 275 f.) erklärten diejenigen Personen des Gemeindebürgerrechts teilhaftig, die es zur Zeit der Erlassung des Statuts besaßen, und stellten die weitere Verleihung des Bürgerrechts dem Ermessen der Gemeinde anheim. Das Bürgerrecht konnte darüber hinaus nur von Männern und durch besondere Verleihung erworben werden und ging insbesondere verloren durch Verurteilung wegen eines Verbrechens, wegen bestimmter Vergehen oder Übertretungen aus Gewinnsucht oder gegen die öffentliche Sicherheit.

1465 Vgl. dazu näher S. 31 ff.

1466 Siehe die Grundsätze für organische Einrichtungen in den Kronländern des österreichischen Kaiserstaates, Beilage zum allerhöchsten Cabinetschreiben vom 31. Dezember 1851, RGBl. 1852, Nr. 4.

1467 Vgl. dazu ausführlich etwa Jirí KLABOUCH, Die Gemeindeselbstverwaltung in Österreich 1848–1918, Wien 1968, S. 47 ff.

1468 Es traten allerdings nur die heimatrechtlichen Bestimmungen in Kraft, vgl. ebd., S. 53.

1469 Kaiserliches Patent vom 24. April 1859, RGBl. Nr. 58, womit ein neues Gemeindegesetz erlassen wird.

eigenberechtigten Familienmitglieder: 1. einen unbescholtenen Lebenswandel führen; 2. ihren Unterhalt durch eine gesetzlich nicht untersagte Beschäftigung oder durch das Einkommen von ihrem Vermögen, ohne der öffentlichen Mildthätigkeit zur Last zu fallen, decken; 3. die öffentlichen Abgaben für Staats- und Gemeindeerfordernisse entrichten, und 4. den die Bedingungen des Aufenthaltes festsetzenden polizeilichen Vorschriften Genüge leisten".

Als Auswärtige waren nach dem Gemeindegesetz alle diejenigen Personen zu verstehen, die nicht „Gemeindeglieder" waren. Gemeindeglieder, denen das Recht auf ungestörten Aufenthalt in der Ortsgemeinde zustand, waren entweder Gemeindeangehörige, d.h. diejenigen, „die dem Gemeindeverbande in Absicht auf ihre Personen bleibend angehören" – also in dieser Gemeinde heimatberechtigte Personen – oder Gemeindegenossen, d.h. diejenigen, „die ohne dem Gemeindeverbande in Absicht auf ihre Person bleibend anzugehören, sich in demselben dadurch befinden, daß sie a) Besitzer oder lebenslängliche Nutznießer einer innerhalb der Gemeindegemarkung gelegenen unbeweglichen Sache sind, oder b) als selbständige Unternehmer eine innerhalb der Gemeindegemarkung bestehende Gewerbs-Unternehmung betreiben" (§ 20).

Da das Gesetz auch bezüglich des Heimatrechtserwerbes eine restriktive Tendenz zeigte, indem es im Unterschied zum provisorischen Gemeindegesetz nicht mehr die Ersitzung des Heimatrechts durch Gemeindefremde kannte[1470], war damit freilich nun die „ausdrückliche Aufnahme in die Zuständigkeit zur Gemeinde" durch Beschluß der Gemeindevertretung gemäß § 38[1471] in der Praxis zum Regelfall geworden, welche nur durch die vom Gemeindegesetz festgeschriebene Aufnahmepflicht der Gemeinden bei Vorliegen bestimmter Bedingungen (§ 39) gemildert wurde, wenngleich die Ersitzung des Aufnahmeanspruches durch den Gemeindefremden in persönlicher Hinsicht nun erheblich erschwert war[1472].

1470 Statt dessen gestand es unter bestimmten Bedingungen, insbesondere der Eigenberechtigung, des vierjährigen Aufenthalts in der Gemeinde, der Unbescholtenheit und gesicherten Existenz, dem Fremden einen Rechtsanspruch auf Aufnahme in den Heimatverband zu. § 39: „Die Aufnahme in die Zuständigkeit zur Gemeinde ist demjenigen österreichischen Staatsbürger über dessen Ansuchen nicht zu versagen, welcher 1. die volle Befugnis hat, über sein Vermögen zu verfügen, und 2. in dem Rechte zum Aufenthalt in der Gemeinde weder durch die Polizeivorschriften noch durch andere gesetzliche Anordnungen beschränkt ist, und 3. wenigstens vier Jahre unmittelbar vorher ununterbrochen und freiwillig in der Gemeindemarkung seinen Wohnsitz hatte und während dieser Zeit der Armenversorgung nicht zur Last fiel; zugleich 4. sich eines unbescholtenen Rufes erfreut; wie auch 5. mit landesfürstlichen Steuern und Gemeindeabgaben an diese Gemeinde nicht im Rückstande haftet, und 6. den Besitz eines den Unterhalt für ihn und seine Familie sichernden Vermögens oder den wenigstens durch vier Jahre fortgesetzten selbständigen Betrieb eines Nahrungszweiges, wodurch sein und seiner Familie Unterhalt gesichert ist, nachweiset."

1471 Nach § 38 erfolgte die ausdrückliche Aufnahme in die Zuständigkeit der Gemeinde durch Beschluß der Gemeindevertretung.

1472 Vgl. dazu ausführlich S. 34 ff.

C. *Ära des Reichsgemeindegesetzes*

Die Umarbeitung des Gemeindegesetzes zu Beginn der Sechzigerjahre wollte die Gemeinde in ihrer Verfassung „möglichst autonom"[1473] gestalten und in die Lage versetzen, über ihre eigenen Verhältnisse frei und nur beschränkt durch die allgemeinen Bestimmungen der Gesetze zu verfügen. Das Reichsgemeindegesetz vom 5. März 1862[1474] enthielt deshalb nur allgemeine Grundsätze, die den jeweiligen Landesgemeindegesetzen als Grundlage dienen sollten. Dem Recht auf Freizügigkeit der Person trug das Gesetz insofern Rechnung, als es den Aufenthalt einer Person in einer Gemeinde, in welche diese nicht das Heimatrecht besaß, unter bestimmten Bedingungen grundsätzlich unter Schutz stellte, der Gemeinde jedoch ermöglichte, sich derartiger Personen bei Nicht-(mehr)vorhandensein dieser Bedingungen zu entledigen.

Da das Gesetz zum Schutz der persönlichen Freiheit zum Bestandteil des Staatsgrundgesetzes über die allgemeinen Rechte der Staatsbürger erklärt worden war, wurde dem im Reichsgemeindegesetz verankerten Ausweisungsrecht auch durch das Staatsgrundgesetz nach herrschender zeitgenössischer Meinung kein Abbruch getan[1475], da es vom Gesetzesvorbehalt des § 5 umfaßt war, wenngleich Rudolf Korb[1476] dazu kritisch anmerkte: „Nenne man uns das Gesetz, welches die Fälle bezeichnet, in welchen die Gemeinde ... ausweisen *darf* und dadurch gesetzlich ermächtigt erscheint, das staatsgrundgesetzlich gewährleistete Grundrecht des freien Aufenthaltes zu beschränken. Wir haben diese Gesetze nicht gefunden, wohl aber kennen wir das und die Gemeindegesetze, aber auch dieses und diese sagen uns nur mit dürren Worten, in welchen die Ge-

1473 Sten. Prot. des AH, I. Sess., 14. Sitzung am 14. Juni 1861, S. 287.

1474 Gesetz vom 5. März 1862, womit die grundsätzlichen Bestimmungen zur Regelung des Gemeindewesens vorgezeichnet werden, RGBl. Nr. 18; vgl. zur Entstehungsgeschichte KLABOUCH (wie Anm. 1467), S. 54 ff.; BROCKHAUSEN (wie Anm. 1458), S. 2 ff.; zum Gemeinderecht in der Ära des Reichsgemeindegesetzes siehe etwa auch GLUTH, Art. Gemeinden, A: Staatsrechtliche Stellung und Organisation, B: Die Gemeindeverwaltung, in: Ernst Mischler/Josef Ulbrich (Hrsg.), Österreichisches Staatswörterbuch. Handbuch des gesamten österreichischen öffentlichen Rechts, II, 2. Aufl. Wien 1906, S. 312–334.

1475 Vgl. allerdings Leo GELLER, Freizügigkeit und Ausweisungsrecht. Eine kritische Studie, Centralblatt für Verwaltungs-Praxis. Beiheft zum Österreichischen Centralblatt für die juristische Praxis, hrsg. von Leo Geller, III (IV. Jg. 1888), S. 54, der meinte, daß das durch Art. 3 des Reichsgemeindegesetzes und sämtliche Gemeindeordnungen den Gemeinden eingeräumte Ausweisungsrecht wegen bescholtenen Lebenswandels, welches „an sich schon ohne Daseinsberechtigung" sei, „durch das den Staatsbürgern staatsgrundgesetzlich gewährleistete Recht der Freizügigkeit unzweifelhaft in Wegfall gekommen" und dessen „Wiedereinführung im Wege der Landesgesetzgebung unmöglich geworden" sei. Nichtsdestoweniger sei dieses nicht nur durch spätere Landesgesetze neuerlich einzelnen Gemeinden eingeräumt worden, wenngleich diese späteren Gesetze „an sich das Staatsgrundgesetz nicht abändern" konnten. Da sie jedoch auf ihre Gültigkeit nicht geprüft werden könnten, waren sie sowohl von der Verwaltungsbehörde als auch vom Richter anzuwenden.

1476 Rudolf KORB, Juristisch-Casuistisches aus dem österreichischen Gemeinderechte, I: Die Ausweisung aus der Gemeinde durch die Gemeinde, in: Österreichische Zeitschrift für Verwaltung VII (1874), Nr. 41, S. 162.

meinde *nicht* ausweisen darf." Dennoch wurde das Fortbestehen des Ausweisungsrechtes der Gemeinden vom Reichsschubgesetz 1871 sogar ausdrücklich anerkannt[1477].

1. *Reichsgemeindegesetz 1862 und Heimatgesetz 1863*

Was das Ausweisungsrecht des Reichsgemeindegesetzes anbelangt, so hatte das Gesetz vom 5. März 1862 dieses inhaltlich nahezu unverändert aus dem provisorischen Gemeindegesetz übernommen, indem es in Art. 3 Abs. 2 bestimmte, daß die Gemeinde allen jenen „Auswärtigen, welche sich über ihre Heimatberechtigung ausweisen oder wenigstens darthun, daß sie zur Erlangung eines solchen Nachweises die erforderlichen Schritte gemacht haben", den Aufenthalt in ihrem Gebiete nicht verweigern dürfe, „solange dieselben mit ihren Angehörigen einen unbescholtenen Lebenswandel führen, und der öffentlichen Mildtätigkeit nicht zur Last fallen".

Bezüglich des Tatbestandsmerkmales der „Auswärtigkeit" legte das Reichsgemeindegesetz allerdings nur grundsätzlich fest, daß einerseits die Gemeinde über das Gesuch eines Auswärtigen um Verleihung des Heimatrechtes zu entscheiden habe (Art. 3 Abs. 1) und daß andererseits jeder Staatsbürger in einer Gemeinde heimatberechtigt sein solle, verwies jedoch im übrigen hinsichtlich der „Heimatsverhältnisse" auf ein noch zu erlassendes „besonderes Reichsgesetz" (Art. 2). Die Gemeindeordnung unterschied also Einwohner einer Gemeinde mit und ohne Heimatrecht in derselben, welche letztere daher als „Auswärtige" zu verstehen waren, gliederte aber gleichzeitig die Regelungen über das Heimatrecht und dessen Rechtswirkungen aus. Daneben kannte das Reichsgemeindegesetz aber auch die „Gemeindeglieder" (Art. 8, 15) bzw. „Gemeindemitglieder", denen das Wahlrecht für die Gemeindevertretung zukam (Art. 9), ohne allerdings selbst zu definieren, wer nun als Gemeindemitglied zu qualifizieren sei[1478], welche Aufgabe später durch die Gemeindeordnungen der einzelnen Kronländer bzw. Statuten der Städte geleistet werden sollte.

Das „besondere Reichsgesetz", auf welches das Reichsgemeindegesetz zwecks Regelung der „Heimatverhältnisse" verwiesen hatte, war das Heimatgesetz vom 3. Dezember

---

1477 Vgl. dazu ebd., S. 162: „Es ist eine mißliche Sache, ein gesetzlich gewährleistetes Grundrecht per contrarium et contradictum zu beschränken, aber dieses contrarium et contradictum steckt gar offenbarlich in dem Gemeinde-Ausweisungs-Paragraphen ...; die Praxis hat es acceptirt und das Schubgesetz saniert, denn es sagt in § 2 ‚Das den Gemeinden nach den Gemeindegesetzen zustehende *Recht der Ausweisung* bleibt durch dieses Gesetz unberührt'."

1478 Nach BROCKHAUSEN (wie Anm. 1458), S. 54 f., sei darin, daß die „Beziehungen zwischen Individuum und Gemeinde ... nicht mehr einheitlich geregelt, statt eines Gesichtspunktes für den status personae ... deren zwei gegeben waren", die Gefahr schon angelegt gewesen, „daß die Gesetzesbegriffe sich bei den zwei verschiedenen Gesetzgebungsfaktoren", nämlich Gemeinderecht und Heimatrecht, „von Anfang an nicht decken, oder doch in der Folgezeit auseinandergehen". Diese Gefahr sei „doppelt groß" gewesen, „da der leitende Gesichtspunkt, von dem jeder dieser Gesetzgebungsfaktoren ausgeht", ein anderer sei. Das Heimatgesetz gehe von der „Frage der staatsbürgerlichen Stellung des Individuums" aus, während die „Gemeindeordnung dessen Stellung im Gemeindeverbande vom lokalen Gesichtspunkte zu regeln" habe; vgl. auch ebd., S. 51 f.

1863[1479], das Erwerb und Rechtswirkungen des Heimatrechts in der Gemeinde festlegte. Prinzipiell konnte das Heimatrecht in einer Gemeinde nur einem österreichischen Staatsbürger[1480], und diesem auch nur in einer einzigen Gemeinde, zustehen (§ 2) und gewährte seinem Inhaber sowohl das Recht des ungestörten Aufenthaltes in dieser Gemeinde als auch den Anspruch auf Armenversorgung durch ebendiese Gemeinde (§ 1)[1481]. Dem auswärtigen Armen durfte zwar „im Falle augenblicklichen Bedürfnisses die nöthige Unterstützung" gemäß § 28 des Heimatgesetzes nicht versagt werden[1482], jedoch war er gemäß § 43 nach Feststellung der Zuständigkeit in seine Heimatgemeinde abzuschieben[1483].

Bezüglich des Heimatrechtserwerbs beschritt das Heimatgesetz nun vollständig den durch das Gemeindegesetz von 1859 vorgezeichneten Weg, indem es weder eine stillschweigende Ersitzung des Heimatrechts noch die Erwerbung eines Anspruches auf Verleihung mehr vorsah. Das Heimatrecht wurde nach dem Heimatgesetz vielmehr ausschließlich durch Geburt, Verehelichung, Erlangung eines öffentlichen Amtes sowie durch Aufnahme in den Gemeindeverband erworben[1484]. Damit hatte die Situation der Gemeindefremden eine deutliche Verschlechterung erfahren, zumal die Binnenmigration bis zur Jahrhundertwende derart gewaltige Ausmaße annahm, daß sich in Cislei-

---

1479 Gesetz vom 3. Dezember 1863, RGBl. Nr. 105, betreffend die Regelung der Heimatverhältnisse; vgl. dazu ausführlicher S. 36 ff.

1480 Dementsprechend konnte nach dem Ausgleich mit Ungarn 1867 nach herrschender Lehre niemand gleichzeitig die ungarische Staatsangehörigkeit und ein Heimatrecht in einer cisleithanischen Gemeinde innehaben; vgl. zur Ansicht des Reichsgerichtes allerdings auch S. 59 f. und Anm. 326. Ungarische Staatsbürger mußten daher nach der herrschenden Behördenpraxis, wenn sie ein derartiges Heimatrecht erwerben wollten, die Entlassung aus dem ungarischen Staatsverband dokumentieren, welche Urkunden ihnen aber nur ausgefertigt wurden, wenn sie nachweisen konnten, daß ihnen die Verleihung des österreichischen Staatsbürgerrechtes und die Aufnahme in den Verband einer österreichischen Gemeinde in Aussicht gestellt wurde.

1481 Vgl. Anm. 1457. Das Armenwesen und die Sorge für die Gemeinde-Wohltätigkeitsanstalten gehörte nach Art. 5 Z. 8 des Reichsgemeindegesetzes zum selbständigen Wirkungskreis der Gemeinde. Im staatlichen Rechtsweg konnte der Arme daher nach § 44 des Heimatgesetzes den Anspruch auf Armenunterstützung nicht geltend machen. Vielmehr waren Ansprüche auf Armenunterstützung von den autonomen Behörden zu entscheiden, vgl. zur diesbezüglichen Judikatur z.B. HORNEK (wie Anm. 163) I, S. 60 ff.

1482 Diese Unterstützung war vorbehaltlich des Ersatzes, den die Aufenthaltsgemeinde „nach ihrer Wahl" entweder von der Heimatgemeinde oder von dem nach Zivilrecht oder anderen Gesetzen hierzu Verpflichteten verlangen konnte, vgl. die Judikatur zu dieser Bestimmung z.B. HORNEK (wie Anm. 163) I, S. 30 ff. Unter dem gleichen Vorbehalt hatte die Gemeinde gemäß § 29 des Heimatgesetzes auch auswärtige Arme, welche in ihrem Gebiet erkrankten, so lange zu verpflegen, bis sie ohne Nachteil für ihre und anderer Gesundheit aus der Verpflegung entlassen werden konnten; siehe die Judikatur zu dieser Bestimmung, ebd., S. 38 ff.

1483 Siehe zu § 43 Anm. 200. Diese „Abschiebung" war freilich keine Abschiebung in der technischen Bedeutung des Reichsschubgesetzes, vielmehr war darin jede von der Aufenthaltsgemeinde „kraft eigenen Willens ins Werk gesetzte Beförderung einer Person in eine andere Gemeinde" zu verstehen, siehe das Erkenntnis des VwGH vom 15. Dezember 1914, Z. 12330, Slg. VwGH Nr. 10642 (A.).

1484 Vgl. dazu ausführlich S. 37 ff.

thanien durchschnittlich bereits mehr als ein Drittel der Bevölkerung nicht mehr in ihren Zuständigkeitsorten aufhielt[1485] und infolge der de-facto-Unmöglichkeit des Erwerbs eines Heimatrechtes am Aufenthaltsort bei Verlust der Unbescholtenheit oder Verarmung aus der Aufenthaltsgemeinde ausgewiesen werden konnte[1486].

Im Zuge der Diskussion um die Novellierung des Heimatgesetzes[1487] kam es auch zu Vorschlägen betreffend eine Veränderung des Gemeindeausweisungsrechtes. So sah ein Antrag des Abgeordneten Dr. Bedrich Pacák 1891[1488] vor, daß die Gemeinde nur mehr das Recht haben sollte, jemandem den Aufenthalt zu verweigern, wenn dieser weder seine bisherige Zuständigkeit noch die Möglichkeit, sich Wohnung und Unterkunft zu schaffen, nachweisen konnte. Darüber hinaus sollte die Gemeinde nur mehr denjenigen nichtzuständigen Personen, welche der öffentlichen Mildtätigkeit zur Last fielen oder als Landstreicher die öffentliche Ordnung gefährdeten, den Aufenthalt verweigern dürfen. Weder die Regierungsvorlage für die Novellierung des Heimatrechtes von 1894[1489] noch die Heimatgesetznovelle selbst griffen allerdings diesen Vorschlag auf.

Was den Erwerb des Heimatrechtes nach der Heimatgesetznovelle des Jahres 1896[1490] anbelangt, so änderte diese zwar grundsätzlich nichts an der Notwendigkeit der ausdrücklichen Aufnahme in den Heimatverband, degradierte diese allerdings zu einem „Formalakt“[1491], da die Aufenthaltsgemeinde demjenigen österreichischen Staatsbürger die Aufnahme in den Heimatverband nicht versagen konnte, welcher nach erlangter Eigenberechtigung durch zehn der Bewerbung um das Heimatrecht vorausgehende Jahre sich freiwillig und ununterbrochen in der Gemeinde aufgehalten hatte. Gerade diese Novelle führte allerdings zu einer verstärkten Ausweisungstätigkeit, da, wie ein Ministerialerlaß an die politischen Landesstellen 1901[1492] anläßlich des Inkrafttretens der

---

1485 Vgl. S. 39 ff.

1486 „Daß infolge einer ungeahnten wirtschaftlichen Verschiebung der Bevölkerungsverhältnisse“ die Lockerung des Bandes zwischen Heimat und Gemeinde „einen so außerordentlichen Umfang annehmen werde, daß im Laufe eines Menschenalters beinahe die Hälfte der Zuständigen den heimatlichen Boden verlassen und gemeindefremd werden können – das freilich konnten die Gesetzgeber der Sechzigerjahre nicht vorsehen und es wäre ungerecht, ihnen diesen Mangel an Prophetengabe zur Last zu legen, aber daß sie durch einen logischen Denkfehler diesen Erfolg ermöglichten, ist ein dauernder Vorwurf, der ihrem Gesetzeswerk anhaftet“, BROCKHAUSEN (wie Anm. 1458), S. 72.

1487 Vgl. dazu S. 43 ff.

1488 Antrag des Abgeordnete Dr. Pacák und Genossen auf Abänderung des Heimatsgesetzes, Nr. 242 der Beilagen zu den Sten. Prot. des AH, XI. Sess.

1489 Nr. 969 der Beilagen zu den Sten. Prot. des AH, XI. Sess.

1490 Gesetz vom 5. Dezember 1896, RGBl. Nr. 222, wodurch einige Bestimmungen des Gesetzes vom 3. Dezember 1863 (RGBl. Nr. 105), betreffend die Regelung der Heimatverhältnisse, abgeändert werden; vgl. dazu ausführlicher S. 44 ff.

1491 So der Bericht des Verwaltungsausschusses zur Regierungsvorlage der Heimatgesetznovelle 1894, Nr. 1300 der Beilagen zu den Sten. Prot. des AH, XI. Sess., S. 13.

1492 Erlaß des Ministeriums des Innern vom 24. April 1901, Z. 13.196, betreffend die Handhabung des Ausweisungsrechtes seitens der Gemeinden anläßlich der Wirksamkeit der Heimatgesetznovelle, Österreichische Zeitschrift für Verwaltung XXXIV (1901), Nr. 23, S. 96; SCAPINELLI (wie Anm. 150), S. 79 f.

Heimatgesetznovelle ausführte, „einzelne Gemeinden mit der mehr oder weniger zu Tage getretenen Absicht, die Auswirkungen der Heimatsgesetznovelle zu vereiteln, gegen zahlreiche Personen mit der Ausweisung vorgegangen" und dabei „offenbar über die stricte zu interpretirenden Bestimmungen der Gemeindeordnung hinausgegangen" waren. Der Erlaß kritisierte auch, daß Gemeindevertretungen darüber hinaus ebenso die Ausweisung „von mehreren Personen cumulativ" beschlossen hätten, ohne im konkreten Einzelfall das Vorliegen der gesetzlichen Voraussetzungen zu prüfen. Die politischen Behörden wurden daher angewiesen, im Beschwerdeweg oder wegen zwangsweiser Durchführung der Ausweisung vor sie gebrachte Fälle einer strengen Überprüfung zu unterziehen und einen „aufklärenden Einfluß" auf die Gemeinden auszuüben. „Sollten einzelne Gemeinden trotzdem weiterhin trachten, durch Mißbrauch des Ausweisungsrechtes die Wirkungen der Heimatgesetznovelle zunichte zu machen", müßten, so der Erlaß weiter, Maßnahmen ergriffen werden, um „einem derartigen gesetzwidrigen Treiben ein Ziel zu setzen", im „äußersten Fall" sei sogar die Auflösung derjenigen Gemeindevertretungen in Betracht zu ziehen, „welche planmäßig gegen die bestehenden Gesetze verstoßen"[1493].

2. *Landesgemeindegesetze und Statuten*

Dadurch, daß das Reichsgemeindegesetz nun zwei Statusverhältnisse der in einer Gemeinde lebenden Personen ansprach, nämlich das Heimatrecht und die Gemeindemitgliedschaft, ohne ihr wechselseitiges Verhältnis festzuschreiben, gab es Anlaß zu Unklarheiten und Verwirrungen, „welche die ärgsten Befürchtungen"[1494] übertrafen. Die Verwirrung ergab sich dadurch, daß die das Reichsgemeindegesetz konkretisierenden Landesgemeindegesetze und Statuten[1495] den Begriff des „Auswärtigen" zumeist nicht

---

1493 Vgl. Art. 16 des Reichsgemeindegesetzes: „Die Staatsverwaltung übt das Aufsichtsrecht über die Gemeinden dahin, daß dieselben ihren Wirkungskreis nicht überschreiten und nicht gegen die bestehenden Gesetze vorgehen. ... Die Gemeindevertretung kann durch die politische Landesstelle aufgelöst werden."

1494 So BROCKHAUSEN (wie Anm. 1458), S. 57.

1495 Istrien: Gemeindeordnung vom 10. Juli 1863, LGBl. Nr. 13; Bukowina: Gemeindeordnung vom 14. November 1863, LGBl. Nr. 9; Schlesien: Gemeindeordnung vom 15. November 1863, LGBl. Nr. 17; Kärnten: Gemeindeordnung vom 15. März 1864, LGBl. Nr. 5; Mähren: Gemeindeordnung vom 15. März 1864, LGBl. Nr. 4; Österreich unter der Enns: Gemeindeordnung vom 31. März 1864, LGBl. Nr. 5; Görz-Gradiska: Gemeindeordnung vom 7. April 1864, LGBl. Nr. 8; Böhmen: Gemeindeordnung vom 16. April 1864, LGBl. Nr. 7; Vorarlberg: Gemeindeordnung vom 22. April 1864, LGBl. Nr. 22; Österreich ob der Enns: Gemeindeordnung vom 28. April 1864, LGBl. Nr. 6; Salzburg: Gemeindeordnung vom 2. Mai 1864, LGBl. Nr. 7; Steiermark: Gemeindeordnung vom 2. Mai 1864, LGBl. Nr. 5, novelliert durch Gesetz vom 24. September 1868, LGBl. Nr. 19; Dalmatien: Gemeindeordnung vom 30. Juli 1864, LGBl. 1865 Nr. 1; Tirol: Gemeindeordnung vom 9. Jänner 1866, LGBl. Nr. 1; Krain: Gemeindeordnung vom 17. Februar 1866, LGBl. Nr. 2; Galizien und Lodomerien samt Krakau: Gemeindeordnung vom 12. August 1866, LGBl. Nr. 19; die revidierten Statuten von Troppau: Gemeindeordnung vom 20. Jänner 1866, LGBl. Nr. 10; Olmütz: Gesetz vom 24. Februar 1866, LGBl. Nr. 6; Linz: Gemeindestatuten vom 18. Jänner 1867, LGBl. Nr. 7, und vom 12. April 1884, LGBl. Nr. 10; Steyr: Gemeindestatut vom 18. Jänner 1867,

im Einklang mit dem Heimatgesetz, das vorrangig die Regelung der Armenversorgung und der Staatsbürgerschaft im Auge hatte, definierten, sondern ausschließlich unter dem Gesichtspunkt der die politischen Rechte und Pflichten in der Gemeinde bestimmenden Gemeindemitgliedschaft.

Die Bestimmung des Art. 3 Abs. 2 des Reichsgemeindegesetzes wurde zwar zumeist wortgetreu in die Landesgemeindeordnungen und Gemeindestatuten[1496] rezipiert, hatte aber in diesen einen gänzlich anderen Sinn angenommen, da sich die Ausweisungsbestimmung nun in den meisten Fällen nicht nur gegen die in der Gemeinde nicht Heimatberechtigten richtete, wie es das Reichsgemeindegesetz bestimmt hatte, sondern alle Personen betraf, die nicht Gemeindemitglieder der betreffenden Gemeinde waren.

a. Betroffener Personenkreis

Die Mehrzahl der länderweise erlassenen Gemeindeordnungen und der Statuten der Städte unterschied die Auswärtigen von den Gemeindemitgliedern und legte zwei

---

LGBl. Nr. 8; Graz: Gemeindeordnung vom 8. Dezember 1869, LGBl. Nr. 47, novelliert durch Gesetz vom 13. Juli 1895, LGBl. Nr. 85; Wien: Statut vom 24. März 1900, LGBl. Nr. 17; Klagenfurt: Gemeindeordnung vom 20. April 1895, LGBl. Nr. 15; Innsbruck: Gemeindestatut vom 14. April 1874, LGBl. Nr. 28; Bozen: Gemeindestatut vom 19. Juli 1882, LGBl. Nr. 23; Trient: Gesetz vom 7. Dezember 1888, LGBl. 1889 Nr. 1; Reichenberg: Gemeindeordnung vom 28. Juni 1889, LGBl. Nr. 43; die neuen Statuten von Czernowitz: Gesetze vom 8. März 1864, LGBl. Nr. 3, und vom 20. September 1868, LGBl. Nr. 13; Iglau: Gemeindestatut vom 26. Oktober 1864, LGBl. Nr. 52; Marburg: Gemeindestatuten vom 13. März 1866, LGBl. Nr. 8, und vom 23. Dezember 1871, LGBl. 1872 Nr. 2; Krakau: Provisorisches Gemeindestatut vom 1. April 1866, LGBl. Nr. 7; Wiener Neustadt: Gemeindestatut vom 8. August 1866, LGBl. Nr. 17; Cilli: Gemeindestatut vom 21. Jänner 1867, LGBl. Nr. 7; Znaim: Gemeindestatut vom 25. Februar 1867, LGBl. Nr. 5; Ungar. Hradisch: Gemeindestatut vom 15. Juni 1867, LGBl. Nr. 18; Waidhofen a. d. Ybbs: Gemeindestatut vom 6. Dezember 1869, LGBl. Nr. 24; Bielitz: Gemeindeordnung vom 8. Dezember 1869, LGBl. 1870 Nr. 3; Salzburg: Gemeindeordnung vom 8. Dezember 1869, LGBl. 1870 Nr. 3; Friedeck: Gemeindeordnung vom 8. Dezember 1869, LGBl. 1870 Nr. 4; Roveredo: Gemeindestatut vom 12. Dezember 1869, LGBl. 1870 Nr. 1; Rovigno: Gemeindestatut vom 30. Dezember 1869, LGBl. 1870 Nr. 4; Kremsier: Gemeindestatut vom 18. Dezember 1870, LGBl. Nr. 25; Lemberg: Statut vom 14. Oktober 1870, LGBl. Nr. 75; Pettau: Gemeindestatut vom 4. Oktober 1887, LGBl. Nr. 45.

1496 Und zwar als § 9 in die Gemeindeordnungen von Dalmatien und Österreich ob der Enns, als § 10 in die von der Bukowina, Galizien, Istrien, Kärnten, Krain, Schlesien, Steiermark und Vorarlberg, als § 11 in die von Böhmen, Görz, Gradisca, Mähren, Salzburg und Tirol, als § 12 in die Gemeindeordnung von Österreich unter der Enns; als § 5 in das Statut von Rovigno, als § 6 in das von Bozen, als § 9 in das von Roveredo, als § 10 in das von Czernowitz, als § 21 in das von Klagenfurt, als § 28 in das von Görz, als § 7 in die Statuten von Cilli und Pettau, als § 11 in die von Laibach und Bielitz, als § 13 in die von Trient und Krakau, als § 14 in die von Waidhofen a.d. Ybbs und Reichenberg, als § 15 in die von Steyr und Iglau, als § 16 in die von Olmütz und Lemberg, als § 17 in die von Wien, Graz, Marburg und Salzburg, als § 18 in die von Linz und Troppau, als § 19 in die von Innsbruck und Friedeck, als § 22 in die von Znaim, Kremsier und Ungar.-Hradisch und als § 34 in die von Prag und Brünn.

Personenkategorien der Gemeindemitglieder fest: die Gemeindeangehörigen und die Gemeindegenossen. Gemeindeangehörige waren diejenigen Personen, welche das Heimatrecht in der Gemeinde besaßen, Gemeindegenossen grundsätzlich diejenigen, die, ohne in der Gemeinde heimatberechtigt zu sein[1497], im Gebiet derselben entweder einen Haus- oder Grundbesitz hatten oder von einem in der Gemeinde selbständig betriebenen Gewerbe oder Erwerb eine direkte Steuer entrichteten. Als Auswärtige wurden von den meisten Gemeindeordnungen hingegen zumeist alle übrigen Personen in der Gemeinde bezeichnet, die nicht unter die Gemeindemitglieder zu zählen waren[1498].

Einzelne Gemeindeordnungen und Gemeindestatuten nahmen allerdings eine zu der genannten Einteilung der Gemeindemitglieder in Gemeindeangehörige und Gemeindegenossen verschiedene Kategorienbildung vor, indem sie auch die Gemeindebürger, also die Gemeindeangehörigen, welche zur Zeit der Erlassung der Gemeindeordnung das Gemeindebürgerrecht besaßen, oder welchen dieses später von der Gemeinde verliehen wurde, ausdrücklich unter die Gemeindemitglieder einreihten[1499]. Was die Gemeindegenossenschaft anbelangt, so betrachteten die meisten Gemeindeordnungen und Gemeindestatuten[1500] über die genannten Voraussetzungen des Realbesitzes oder der Entrichtung einer direkten Steuer von einem selbständig betriebenen Gewerbe oder Erwerbe hinaus auch Personen, die in der Gemeinde wohnten und dort ein sonstiges Einkommen versteuerten, als Gemeindegenossen[1501]. Außerdem verlangten manche Gemeindeordnungen für die Erlangung der Gemeindegenossenschaft einen bestimmten Steuersatz[1502], während sich die meisten mit der Steuerleistung überhaupt begnügten.

1497 Und folglich auch nicht die österreichische Staatsbürgerschaft besitzen mußten.

1498 Die Gemeindeordnung für die Bukowina bezeichnete allerdings alle diejenigen, die in der Gemeinde ihren ordentlichen Wohnsitz hatten, ohne Gemeindemitglieder zu sein, als Auswärtige, während die oberösterreichische Gemeindeordnung nur auf den Aufenthalt in der Gemeinde abstellte.

1499 So kannte die mährische Gemeindeordnung drei Gruppen von Gemeindemitgliedern (§ 6): die Gemeindeangehörigen, die Gemeindebürger und die Gemeindegenossen. Gemeindebürger waren diejenigen Gemeindeangehörigen, denen die Gemeinde das Bürgerrecht verliehen hatte, wobei sie gemäß § 7 denjenigen Gemeindeangehörigen die Verleihung nicht verweigern konnte, welche „einen in der Gemeindemarkung gelegenen Haus- oder Grundbesitz“ von einem Gemeindebürger erwarben oder erbten sowie mit dem Vorbesitzer der Realität verehelicht oder verwandt waren und sich eines unbescholtenen Rufes erfreuten; diese Einteilung sahen auch die Gemeindestatuten für Linz (1884), für Cilli, Znaim, Ungar. Hradisch, Kremsier, Iglau, Troppau, Friedeck und Salzburg vor; vgl. auch Tirol und Vorarlberg S. 279 f.

1500 Nämlich die für die Bukowina, für Dalmatien, für Görz und Gradiska, für Istrien, Kärnten, Krain, Österreich ob und unter der Enns, Schlesien und Salzburg; auch die Gemeindestatuten von Wr. Neustadt, Waidhofen a.d. Ybbs, Linz, Steyr, Troppau, Bielitz und Friedeck; ähnlich auch die Vorarlberger Gemeindeordnung, ohne daß diese Personen als Gemeindegenossen bezeichnet wurden.

1501 Vgl. zu diesen ausführlicher Jakob SOUSEK, Das Ausweisungsrecht der Gemeinde. Mit Berücksichtigung der Judikatur der Verwaltungsbehörden sowie des Verwaltungsgerichtshofes und des Reichsgerichtes, Wien 1903, S. 80 Anm. *.

1502 So mußte nach der mährischen Gemeindeordnung der nach der Gemeindewahlordnung zur Wahlberechtigung erforderliche Jahresbeitrag an direkten Steuern, nämlich ein Gulden, von

Weiters war etwa nach der böhmischen und nach der mährischen Gemeindeordnung nicht nur das Vorliegen eines Realbesitzes bzw. die Entrichtung einer direkten Steuer von einem selbständig betriebenen Gewerbe oder von einem Einkommen Bedingung für die Gemeindegenossenschaft, sondern auch, daß letztere Personen ihren Wohnsitz in der Gemeinde hatten[1503]. Nach der Gemeindeordnung für die Stadt Graz in der Fassung des Jahres 1895 kam auch Beamten, Offizieren und Akademikern ex lege die Gemeindegenossenschaft zu[1504]. Die Gemeindeordnung für Tirol verwendete hingegen – wie auch die für Vorarlberg[1505] und die Statuten von Roveredo und Rovigno – überhaupt nicht den Begriff der Gemeindegenossenschaft und kannte neben den heimatberechtigten Gemeindeangehörigen als Gemeindemitglieder nur diejenigen an, welche die „Eigenschaft eines Gemeindemitgliedes dermalen schon" besaßen, das Eigentum unbeweglicher Güter von einem Gemeindemitglied in auf- oder absteigender Verwandschaftslinie erwarben oder von der Gemeinde als Gemeindemitglieder aufgenommen wurden.

Das Recht auf ungestörten Aufenthalt war in den meisten Gemeindeordnungen ausdrücklich allen Gemeindeangehörigen[1506] zugesprochen worden, nicht aber auch al-

---

dem Gewerbe, Erwerb oder Einkommen seit mindestens einem Jahr bezahlt worden sein. In Olmütz waren dies sechs, in Iglau drei Gulden.

1503 So auch die Gemeindeordnungen für Reichenberg, Olmütz, Kremsier, Iglau, Ungar. Hradisch, Troppau, Friedeck und Bielitz sowie die steirische Gemeindeordnung i.d.F. der Novelle von 1868. Die Vorarlberger Gemeindeordnung verlangte den „ständigen Aufenthalt", vgl. Anm. 1505.

1504 § 5: „Gemeindegenossen sind ... b) folgende Personen, insoferne sie nicht als in der Gemeinde heimatberechtigt zu den Gemeindeangehörigen (§ 4) gehören, jedoch im Gemeindegebiete der Stadt Graz ihren Wohnsitz haben, und zwar: 1. wirkliche, pensionierte und quieszierte Hof-, Staats-, Landes-, öffentliche Fonds- und Grazer Gemeindebeamte; 2. Offiziere (Auditore, Militärärzte, Truppenrechnungsführer) und Militärgeistliche im Ruhestande und im Verhältnisse außer Dienst; 3. aktiv dienende, im Ruhestande und im Verhältnisse außer Dienst befindliche Militärbeamte; 4. Doktoren, welche ihren akademischen Grad an einer inländischen Hochschule erworben haben oder deren an einer ausländischen Hochschule erworbener akademischer Grad auch im Inlande staatlich anerkannt ist; 5. Techniker, Kulturtechniker, Landwirte und Forstwirte, welche in einer inländischen Hochschule diplomiert wurden oder deren von einer ausländischen Hochschule ausgestelltes Diplom auch im Inlande staatlich anerkannt ist; 6. die von einer inländischen Hochschule oder sonstigen Anstalt approbierten Patrone und Magister der Chirurgie und Magister der Pharmazie; 7. die behördlich autorisierten Privattechniker und ebensolche Bergbau-Ingenieure; 8. die Advokaten und Notare."

1505 Die Vorarlberger Gemeindeordnung bezeichnete als Gemeindemitglieder: die Gemeindebürger, welchen aufgrund von Abstammung, Einkauf oder Verleihung das Bürgerrecht zustand; die Heimatberechtigten ohne Bürgerrecht; diejenigen nicht Heimatberechtigten, welche im Gebiet der Gemeinde „entweder einen eigenthümlichen Haus- und Grundbesitz haben, oder von einem in der Gemeinde selbständig betriebenen, den ständigen Aufenthalt in derselben bedingenden Gewerbe oder Erwerbe eine directe Steuer entrichten oder von der Gemeinde zur Vermögenssteuer einbezogen werden, oder endlich in der Gemeinde wohnen und daselbst ein sonstiges Einkommen versteuern".

1506 Nicht so in Böhmen, Tirol und Vorarlberg; allerdings legte § 1 des Heimatgesetzes fest, daß allen Heimatberechtigten in einer Gemeinde, also allen Gemeindeangehörigen, das Recht auf ungestörten Aufenthalt zukam.

len anderen Gemeindemitgliedern. Während die Gemeindeordnungen für z.B. Österreich unter der Enns, Steiermark, Salzburg, Krain, Kärnten, Dalmatien, Schlesien, Galizien und die Bukowina allen Gemeindemitgliedern, also auch den Gemeindegenossen, dieses Recht ausdrücklich gewährten, hatten die Gemeindeordnungen von Mähren, Böhmen, Österreich ob der Enns und einige Statuten[1507] das Ausweisungsrecht auch auf die Gemeindegenossen ausgedehnt[1508]. So bestimmte die Gemeindeordnung für Österreich ob der Enns ausdrücklich, daß nur den „Gemeindeangehörigen das Recht des ungestörten Aufenthaltes in der Gemeinde", zustand, nicht aber den Gemeindegenossen.

Der Ausweisungsschutz in diesen Gemeindeordnungen betraf folglich im Unterschied zu den staatlichen Ausweisungsbestimmungen nicht nur die Heimatberechtigten, sondern war in der Mehrzahl der Gemeindeordnungen auch auf die Gemeindegenossen ausgedehnt worden. Freilich stand das den Gemeindegenossen als Gemeindemitgliedern gewährte Recht auf freien Aufenthalt im Unterschied zu den heimatberechtigten Gemeindemitgliedern unter dem Vorbehalt des staatlichen Ausweisungsrechts. Außerdem hatten nur die Heimatberechtigten, nicht aber auch die Gemeindegenossen das Recht auf Armenversorgung in der Gemeinde.

Alle übrigen Personen waren Auswärtige im Sinne der Gemeindeordnungen, womit nach Brockhausen[1509] „der wichtigste Teil der Personen" in einer Gemeinde, nämlich die Einwohner, „mit den Passanten, dem Durchzügler, Spaziergänger, der vielleicht keine Nacht dort zubringt", „zusammengeworfen" wurde. Sousek ging freilich mit Bezugnahme auf die Textierung der Ausweisungsbestimmungen[1510] m.E. richtigerweise davon aus, daß Personen, „welche in der Gemeinde überhaupt keinen Wohnsitz haben, sondern dieselbe nur zum Zwecke der Arbeit, des Bettelns etc. oder aus einem anderen vorübergehenden Grunde besuchen", zu der Gemeinde „ihres vorübergehenden Aufenthaltes in keinem Verhältnisse im Sinne der Gemeindeordnung" stünden und ihr Aufenthalt daher kein Aufenthalt im Sinne der Gemeindegesetze sein könne[1511], wie

1507 Reichenberg, Lemberg, Linz, Steyr, Salzburg, Klagenfurt.

1508 Die Gemeindeordnungen von Mähren unter den gleichen Bedingungen wie für Auswärtige; vgl. dazu und zum eingeschränkteren böhmischen Ausweisungsrecht S. 281, 293, für Österreich ob der Enns vgl. S. 281, 316.

1509 BROCKHAUSEN (wie Anm. 1458), S. 60. „Es ist wohl eine seltsame Ironie, daß unser Gesetz, indem es nach Anführung der Zuständigen und Genossen, ‚alle übrigen Personen' als ‚Auswärtige' bezeichnet, dazu kommt, die Inwohner mit den Passanten in eine Gruppe zusammenzuwerfen!", ebd., S. 59. Zu den „Stiefkindern der Gemeindeordnung", den Auswärtigen, meinte Brockhausen weiter, daß es gerade diese seien, „die mit ihrer Person notwendig der Gemeinde normunterworfen sind; sie leben in der Gemeinde, atmen deren Luft und gehorchen ihren Gesetzen. Auf sie erstreckt sich die Territorialhoheit der Gemeinde und von der Gemeinde hängt es ab, sie zu allen möglichen Lasten und Pflichten heranzuziehen. Faktisch sind sie es auch, die von den Einrichtungen der Gemeinde den Vorteil ziehen; sie sind die wahren Interessenten an der Gemeinde".

1510 „solange dieselben ...".

1511 Weshalb derartige Personen auch nicht vom Ausweisungsrecht betroffen sein könnten; SOUSEK (wie Anm. 1501), S. 82 f. Für Sousek ergab sich dies auch zwingend aus seiner Ansicht, daß es sich beim Ausweisungsrecht der Gemeinde um ein ausschließlich heimatrechtliches Institut zur Verhinderung der Ersitzung des Heimatrechts handle. Folglich könne das Ausdies auch die spätere Judikatur des Verwaltungsgerichtshofes zum Ausdruck brachte[1512].

Für Brockhausen[1513] stellte überdies die „unglückliche Rezeption eines gemeindefremd gewordenen Heimatbegriffes als vornehmste Grundlage der Gemeindemitgliedschaft" die realen Personenverhältnisse in der Gemeinde „geradezu auf den Kopf". Während nämlich die Heimatberechtigung nicht zwingend mit sich brachte, daß der Heimatberechtigte auch in irgendeiner persönlichen oder sachlichen Beziehung zur Gemeinde stand[1514] – außer wenn er zur Armenversorgung oder sonst auf dem Schub dorthin gebracht wurde –, und der Gemeindegenosse immerhin zumindest aufgrund seines Besitzes mit der Gemeinde in Verbindung stand, so qualifizierten die Gemeindeordnungen die das tatsächliche personelle Substrat der Gemeinde bildenden „übrigen Personen", die von der Gemeinde zu den Lasten und Pflichten herangezogen wurden und auch deren Einrichtungen benutzten, als „Auswärtige".

Dadurch, daß die meisten landesgesetzlichen Bestimmungen das den Gemeinden durch Art. 3 Abs. 2 eingeräumte Ausweisungsrecht auf Personen einengten, die weder heimatberechtigt noch Gemeindegenossen waren, erachtete Brockhausen[1515] allerdings „jenes für die Unterscheidung reichsgesetzlicher Grundsätze und landesgesetzlicher Ausführungsbestimmungen maßgebende Prinzip" verletzt, „wonach die Landesgesetze die Rechte der Gemeinde nicht in weitergehender Weise einengen durften, als es das Reichsgesetz bereits getan hatte".

Zur weiteren Komplexität der Strukturen trug auch bei, daß sich zwar die auf dem Heimatrecht beruhende Gemeindemitgliedschaft auf den ganzen Familienverband erstreckte, da das Heimatrecht des Vaters auch für seine Ehefrau und Kinder maßgeblich war und infolge der Gemeindemitgliedschaft des Familienoberhauptes auch seinen Familienangehörigen diese Eigenschaft zukam, die Gemeindegenossenschaft hingegen durch eine höchst persönliche Eigenschaft, nämlich auf den Grundbesitz oder die Steuerzahlung, begründet war, die den Familienangehörigen eben nicht zukam. Folglich waren die Kinder und der jeweilige Ehepartner eines Gemeindegenossen bzw. einer Gemeindegenossin in der Regel als „Auswärtige" zu qualifizieren[1516].

b. Ausweisungsgründe

Aber auch bezüglich der Ausweisungsgründe herrschte, wie die reichhaltige Judikatur beweist, vielfach Verwirrung. Zum einen waren weder der Begriff der „öffentli-

---

weisungsrecht nur gegenüber Personen zur Anwendung kommen, die in der betreffenden Gemeinde auch ihren dauernden Aufenthalt, ihren ordentlichen Wohnsitz, hätten.

1512 Siehe dazu S. 290 ff.

1513 BROCKHAUSEN (wie Anm. 1458), S. 58.

1514 Er brauchte sich nicht in der Gemeinde aufhalten oder dauernd ansässig sein, brauchte kein Eigentum dort besitzen, kein Gewerbe dort betreiben etc., leistete damit nichts zu den Gemeindeaufgaben und genoß keine Vorteile von der Gemeinde, hatte allerdings dort das Wahlrecht.

1515 BROCKHAUSEN (wie Anm. 1458), S. 58.

1516 Siehe zur Kritik an dieser Regelung BROCKHAUSEN (wie Anm. 1458), S. 61 ff.

chen Mildtätigkeit"[1517] noch der des „unbescholtenen Lebenswandels" gesetzlich umschrieben[1518], wobei insbesondere der Ausweisungsgrund der mangelnden Unbescholtenheit derart unbestimmt war, daß nicht nur bei den zumeist rechtsunkundigen „Auswärtigen", sondern auch bei den rechtsanwendenden Behörden und Gerichten diffuse Vorstellungen bestanden. Wie Korb[1519] kritisch bemerkte, könnten über dieses „Maß äußerer Ehre" sinnvollerweise allerdings „nur die Volks-, Standes- und Berufsgenossen" entscheiden. In der Realität wurde aber die Feststellung der Bescholtenheit von der entscheidenden Behörde in freier Würdigung der vorliegenden Umstände festgestellt, wobei freilich, wie Sousek[1520], zutreffend feststellte, die „Organe der einzelnen Berufungsinstanzen ... verschiedenen Gesellschaftsklassen" angehörten.

Zum anderen war auch in manchen Gemeindeordnungen und Statuten der Wortlaut des Art. 3 Abs. 2 des Reichsgemeindegesetzes mehr oder weniger gravierend verändert worden. So hatte etwa die oberösterreichische Gemeindeordnung die Ausweisungsbestimmungen des Reichsgemeindegesetzes betreffend die Auswärtigen wörtlich rezipiert, das Ausweisungsrecht bezüglich der Gemeindegenossen jedoch dahingehend eingeschränkt, daß diesen, wenn sie sich über ihre Heimatberechtigung ausweisen konnten, der Aufenthalt in der Gemeinde nur dann verweigert werden konnte, wenn sie der öffentlichen Mildtätigkeit zur Last fielen, oder wenn sie wegen eines Verbrechens aus Gewinnsucht oder der Übertretung des Diebstahles, begangen im Gemeindebezirk, schuldig erkannt worden waren. Nach der böhmischen Landesordnung hingegen konnten Gemeindegenossen zwar wegen des mangelnden Nachweises eines Heimatdokuments und wegen fehlender Mittel zum Unterhalt, nicht aber wegen Bescholtenheit ausgewiesen werden[1521].

Weiters verlangten die Gemeindestatuten für Wien, Klagenfurt und Czernowitz ausdrücklich, daß Auswärtige, um nicht ausgewiesen werden zu können, beide Voraussetzungen, nämlich unbescholtenen Lebenswandel und Vorhandensein von Mitteln zum Unterhalt, erfüllen mußten, indem sie festlegten, daß diese einen unbescholtenen Lebenswandel führen *oder* der öffentlichen Mildtätigkeit nicht zur Last fallen durften,

---

1517 Eine Umschreibung brachte in Bezug auf das Wahlrecht § 20 des Reichsratswahlgesetzes vom 14. Juni 1896, RGBl Nr. 169, wonach als Akte der öffentlichen Mildtätigkeit Unterstützungen aus Krankenkassen, Unfall- und Invalidenrenten, die Befreiung vom Schulgeld, die Beteilung mit Lehrmitteln oder mit Stipendien und Notstandshilfen nicht galten; vgl. auch die Judikatur zum Reichsschubgesetz S. 225 f.

1518 § 25 StG bestimmte zwar, daß mit der Verurteilung wegen eines Verbrechens ex lege gewisse nachteilige Folgen, wie Abnahme der Orden und Ehrenzeichen, Verlust der öffentlichen Titel, akademischer Grade und Würden, der Verlust öffentlicher Ämter oder Dienste usw. verbunden seien, nahm jedoch, wie andere Gesetze, die an eine gerichtliche Aburteilung die Beschränkung gewisser bürgerlicher Rechte knüpften (z.B. Gewerbeordnung, Gemeindewahlordnungen), keine Definition der Bescholtenheit vor.

1519 KORB (wie Anm. 1476), S. 173.

1520 SOUSEK (wie Anm. 1501), S. 94 f.

1521 § 11 der böhmischen Gemeindeordnung: „Die Gemeinde darf Gemeindegenossen und Auswärtigen, welche sich über ihre Heimatberechtigung ausweisen ..., solange dieselben der öffentlichen Mildtätigkeit nicht zu Last fallen und *letztere* mit ihren Angehörigen einen unbescholtenen Lebenswandel führen, den Aufenthalt in ihrem Gebiete nicht verweigern ...".

damit ihnen der Aufenthalt im Gemeindegebiet nicht verweigert werden konnte[1522]. Die galizische Gemeindeordnung hatte hingegen die Formulierung des Reichsgemeindegesetzes, daß Auswärtigen nur dann der Aufenthalt nicht verweigert werden dürfe, „solange dieselben mit ihren Angehörigen einen unbescholtenen Lebenswandel führen", dahingehend verändert, daß dies für die Auswärtigen dann galt, „solange sowohl dieselben, wie auch die mit ihnen wohnenden Familienmitglieder" den geforderten unbescholtenen Lebenswandel führten, und somit eine Unklarheiten vermeidende Klarstellung vorgenommen. Andere Gemeindestatuten hatten dagegen überhaupt darauf verzichtet, einen Ausweisungsgrund wegen nicht unbescholtenen Lebenswandels der Angehörigen zu statuieren[1523]. Eine gänzlich andere Regelung der Bedingungen, unter denen Auswärtige nicht aus der Gemeinde verwiesen werden konnten, sah das Statut für Krakau vor, indem es festlegte, daß der Aufenthalt Auswärtigen nicht verweigert werden konnte, „solange sie die Gesetze nicht überschreiten oder der öffentlichen Mildtätigkeit zur Last fallen".

Darüber hinaus darf nicht vergessen werden, daß manche Gemeindestatuten noch aus den Jahren 1850 und 1851[1524] stammten und dementsprechend als Voraussetzungen für den Aufenthalt von Fremden noch analog zu den Bestimmungen des provisorischen Gemeindegesetzes den Nachweis der Zuständigkeit durch einen nicht erloschenen Heimatschein, „entsprechendes" Verhalten des Fremden und ausreichende Mittel zu dessen Erhaltung verlangten.

Was den Ausweisungsgrund des mangelnden Nachweises der Heimatberechtigung[1525] anbelangt, so läßt sich dieser insofern historisch erklären, als nach der provisorischen Gemeindeordnung bei Vorliegen eines gültigen Heimatdokumentes das Heimatrecht in der Aufenthaltsgemeinde nicht ersessen werden konnte, folglich dieser Ausweisungsgrund dazu diente, die Ersitzung des Gemeinderechtes durch einen Heimatlosen zu verhindern. Obwohl dieser Ausweisungsgrund eigentlich ein systemwidriges Re-

---

1522 Z.B. Gemeindestatut für die Reichshaupt- und Residenzstadt Wien vom 24. März 1900, LGBl. Nr. 17, § 17: „... solange dieselben einen unbescholtenen Lebenswandel führen *oder* nicht der öffentlichen Mildtätigkeit zur Last fallen". Bezüglich der eine derartige Einschränkung nicht vorsehenden Gemeindeordnungen nahm erst die Judikatur eine Klarstellung vor, vgl. dazu S. 299. Auch REDLICH (wie Anm. 163), S. 557, bemerkte in diesem Zusammenhang, daß die herrschende Praxis das Ausweisungsrecht der Gemeinde „noch weiter dadurch verschärft" habe, „daß jene beiden Hauptbedingungen desselben nicht verbunden, sondern alternativ aufgefaßt werden, so daß schon eines von beiden, Verarmung oder gerichtliche Bescholtenheit zur Ausweisung" berechtigte, was dazu beigetragen habe, „die besitzlosen Klassen in Oesterreich die ganze Härte des geltenden Heimatrechtes fühlen zu lassen".

1523 Z.B. die Gemeindestatuten bzw. -ordnungen von Wien 1900, von Graz 1869, von Marburg 1871 (jeweils § 17).

1524 Z.B. die Gemeindeordnung für die Kreishauptstadt Görz vom 28. November 1850, die Gemeindeordnung für die königliche Haupstadt Prag vom 27. April 1850, die Gemeindeordnung für die Landeshauptstadt Brünn vom 6. Juli 1850, vgl. dazu Anm. 159.

1525 Die Heimatberechtigung konnte primär durch einen ordnungsgemäß ausgestellten Heimatschein nachgewiesen werden. Auch Arbeits- oder Dienstbuch erfüllten diese Funktion, da sie in einer Rubrik die Heimatberechtigung eingetragen haben mußten, vgl. KORB (wie Anm. 1476), S. 170; anderer Ansicht – allerdings ohne Angabe von Gründen – SOUSEK (wie Anm. 1501), S. 88.

likt darstellte, da die Ersitzung des Heimatrechts durch die Gemeindeordnung 1859 von einer Ersitzung eines Anspruches auf Verleihung derselben abgelöst und selbst diese durch das Reichsgemeindegesetz 1862 beseitigt worden war, so hatte ihn doch der Gesetzgeber 1862 – wenngleich wohl „nur durch ein Versehen"[1526] – im Reichsgemeindegesetz weiterbestehen lassen, was in der Folge, wenn auch nur vereinzelt, auf scharfe Kritik stieß[1527]. So erschien schon Korb[1528] im Jahre 1874 die Ausweisung aus diesem Grund „mehr wie eine Ruine aus vergangenen Zeiten, als wie eine Institution ..., welche von den bestehenden Rechtszuständen und Rechtsanschauungen getragen und belebt wird".

c. Dauer der Ausweisung

Bezüglich der Dauer der Ausweisung trafen die Gemeindeordnungen keinerlei Bestimmungen. Sousek[1529] schloß aus den Ausweisungsgründen allerdings, daß die Ausweisung grundsätzlich zeitlich zu beschränken sei und nur so lange in Geltung bleiben könne, als die Voraussetzungen andauerten, aufgrund deren die Ausweisung beschlossen wurde. Außerdem sprach für eine zeitliche Befristung, daß das Ausweisungsrecht als Ausnahmebestimmung zu den verfassungsgesetzlich gewährleisteten Rechten der Freizügigkeit und Niederlassungsfreiheit nicht extensiv interpretiert werden durfte.

Jedenfalls konnte das Ausweisungserkenntnis durch Beschluß der Gemeinde jederzeit außer Kraft gesetzt werden, wenn die Ausweisungsvoraussetzungen nicht mehr vorhanden waren. Im Regelfall geschah dies wohl mittels eines Gnadengesuches des Ausgewiesenen um Bewilligung des erneuten Aufenthalts in der Gemeinde, welches ausschließlich von der Gemeinde zu entscheiden war. Darüber hinaus konnte freilich auch die zuständige Gemeindebehörde einen zeitlich befristeten Aufenthalt „aus huma-

---

1526 Vgl. dazu ausführlich SOUSEK (wie Anm. 1501), S. 86 ff.

1527 So bezeichnete GELLER (wie Anm. 1475), S. 53, die Ausweisungsbefugnis gegenüber einem Staatsangehörigen wegen Mangels des Nachweises der Heimatberechtigung als „[g]anz und entschieden verwerflich": „Ist doch die Verfassung der modernen bürgerlichen Gesellschaft von dem Gedanken durchdrungen, dass das Staatsgebiet in seiner ganzen Ausdehnung ein grosses Feld für die materielle und geistige Arbeit und für den freien Austausch der Kräfte aller Staatsangehörigen bildet, dass das Vaterland in seiner Gesamtheit die wirthschaftliche Heimat seiner Angehörigen ist, und dass es darum der freien Selbstbestimmung des Einzelnen überlassen werden muss, wo und wie er seine wirthschaftliche Thätigkeit entfalten und zu diesem Behufe seinen Aufenthalt nehmen will. Einen Staatsangehörigen blos deshalb aus dem Gebiete einer Gemeinde auszuweisen, weil er sein Heimatrecht nicht nachzuweisen vermag, muss daher als eine offenbare Unstatthaftigkeit erkannt werden."

1528 KORB (wie Anm. 1476), S. 178. Korb verlangte auch schon die Umgestaltung des „gänzlich unhaltbaren Heimatrechte[s]" in Übereinstimmung mit den „Institutionen der übrigen Culturstaaten", damit das „großentheils ebenso zwecklose als kostspielige Hin- und Herschieben wegen mangelnder Subsistenzmittel auf eine Minderzahl von Fällen zusammenschrumpfen" möge.

1529 SOUSEK (wie Anm. 1501), S. 105.

nitären Gründen" bewilligen, z.B. bei Familienereignissen, Krankheits- und Todesfällen[1530].

d. Beschwerderecht

Die Gemeindeordnungen räumten dem Auswärtigen gegen das von der zuständigen Gemeindebehörde[1531] gefällte Ausweisungserkenntnis ein Beschwerderecht ein, indem sich dieser, wenn er sich durch die Verfügung der Gemeinde beschwert fühlte, um Abhilfe an die politische Behörde wenden konnte[1532]. Zur Entscheidung über derartige Beschwerden waren in erster Instanz die Bezirkshauptmannschaften, in zweiter Instanz die politische Landesbehörde, also die Statthalterei, und in dritter Instanz das Ministerium des Innern zuständig[1533]. Bei den Gemeinden mit eigenen Statuten war die politische Landesbehörde bereits die erste Instanz, während das Ministerium als zweite und letzte Instanz fungierte.

Die Tätigkeit dieser Behörden beschränkte sich darauf, den Ausweisungsbeschluß daraufhin zu überprüfen, ob die Gemeinde von ihrem Recht innerhalb der gesetzlichen Schranken Gebrauch gemacht oder dieselben überschritten hatte, ob also die gesetzlichen Voraussetzungen für die Anwendung des Ausweisungsrechtes eingetreten waren und ob demselben nicht wesentliche formelle Mängel entgegenstanden[1534]. Die Not-

---

1530 Vgl. KORB (wie Anm. 1476), S. 178.

1531 Nach der älteren Auffassung, die im Gemeindeausweisungsrecht eine staatlich-polizeiliche Funktion erblickte, war das zuständige Gemeindeorgan der Gemeindevorsteher, vgl. KORB (wie Anm. 1476), S. 169 ff.; siehe allerdings die Judikatur weiter unten S. 317, die dem Gemeindeausschuß diese Kompetenz zuwies.

1532 Vgl. zum Verfahren, der Stellung der Parteien und zu den Fristen ausführlich SOUSEK (wie Anm. 1501), S. 115 ff. Der Verwaltungsgerichtshof wertete in seinem Erkenntnis vom 19. Oktober 1904, Z. 10983, Slg. VwGH Nr. 2972 (A.), dieses Beschwerderecht als Anrufung der staatlichen Aufsicht (Art. 16 des Reichsgemeindegesetzes), damit die Gemeinden ihren Wirkungskreis nicht überschritten und nicht gegen die bestehenden Gesetze vorgingen; vgl. auch das Erkenntnis des VwGH vom 3. Mai 1905, Z. 4892, Slg. VwGH Nr. 3516 (A.).

1533 Die frühere Praxis hatte, von der Ansicht ausgehend, daß die Ausweisung aus der Gemeinde eine rein polizeiliche Verfügung sei, die Beschwerde mit Rücksicht auf die Verordnung des Ministeriums des Innern vom 27. Oktober 1859, RGBl. Nr. 196, mit welcher einige Bestimmungen über die Vereinfachung und Beschleunigung des Geschäftsganges der politischen Behörden kundgemacht werden, nicht zugelassen. Diese bestimmte, daß gegen Entscheidungen der politischen Landesbehörden, durch welche Anordnungen oder Erkenntnisse der Unterbehörden bestätigt worden waren, eine weitere Berufung an das Ministerium nicht mehr stattfinde, wenn es sich um einzelne lokalpolitische Anordnungen und Entscheidungen handelte. Wie KORB (wie Anm. 1476), S. 169, berichtete, ließ die ältere Praxis auch „regelmäßig in Gemeinde-Ausweisungsangelegenheiten fünf Instanzen und daher einen vierfachen Recurszug, und zwar vom Vorsteher an den Ausschuß, dann an die politische Bezirks-, Landes- und Reichsbehörde" zu. Nach SOUSEK (wie Anm. 1501), S. 122, datierte die „jetzige Praxis, nach welcher für eine Einschränkung des ordentlichen Instanzenzuges kein gesetzlicher Grund besteht, ... seit den Siebziger-Jahren".

1534 Erkenntnis des VwGH vom 30. Juni 1897, Z. 3699, Slg. VwGH Nr. 10881: Den politischen Behörden stehe „bezüglich der von Gemeinden nach dieser Gesetzesbestimmung beschlossewendigkeit und Zweckmäßigkeit der Maßnahme konnte von den politischen Behörden hingegen nicht geprüft werden, da die Ausübung des Ausweisungsrechtes im freien Ermessen des Gemeindeausschusses stand[1535]. Bei ihrer Entscheidung waren sie an den Rechtszustand zum Zeitpunkt des Ausweisungsbeschlusses gebunden[1536] und konnten daher weder den etwaigen Wegfall von Ausweisungsgründen im Verfahren berücksichtigen noch eventuell später eingetretene Tatsachen als zur Aufrechterhaltung einer mangelhaft begründeten Ausweisung heranziehen[1537]. Außerdem war das Entscheidungsrecht der politischen Behörde bei Entscheidungen über Beschwerden gegen Ausweisungsbeschlüsse auf die Beschwerdepunkte beschränkt[1538]. Als Ergebnis der durchgeführten Prüfung konnte die politische Behörde den Ausweisungsbeschluß teilweise oder zur Gänze aufheben oder aber die Beschwerde verwerfen. Ein Beschwerderecht kam auch der Gemeinde zu, wenn die von ihr ausgesprochene Ausweisung aufgrund der Beschwerde der Partei aufgehoben wurde[1539].

2. Wesen des gemeindebehördlichen Ausweisungsrechts

Obwohl die Anwendung der Ausweisungsbestimmungen des Gemeinderechts nicht nur den Parteien, sondern auch den Behörden manche Schwierigkeiten bereitete und zu vielen Zweifel Anlaß gab, stellte dieses Rechtsinstitut im Unterschied zu heimatrechtlichen Fragen keinen Gegenstand eingehender Betrachtungen in der rechtswissenschaftlichen Literatur dar, wenngleich es im Zusammenhang mit der Ausweisung zwecks Armenversorgung zuweilen kritisiert wurde[1540]. So erachtete etwa Leo Geller in einer Studie über Freizügigkeit und Ausweisungsrecht im Jahre 1888 die Ausweisungsbefugnis der Gemeinde in „dieser dreifachen Gestalt und in dieser Ausdehnung ... weder durch ihre besonderen noch durch allgemeine Interessen“ für gerechtfertigt, wenngleich „begreiflich“ sei, daß sich die Gemeinde „der der Armenpflege zur Last fallenden Fremden durch deren Ausweisung ... erwehren können“ müsse[1541].

---

nen Ausweisung keine selbständige instanzmäßige Cognition, sondern nur die Überprüfung der Gesetzmäßigkeit der ‚Verfügungen der Gemeinden‘ “ zu.

1535 So ausdrücklich auch das Erkenntnis des VwGH vom 25. Juni 1898, Z. 3450, Slg. VwGH Nr. 11868, das bemerkte, daß „die Beurtheilung der Frage, ob die gegen einen wegen constatirten bescholtenen Lebenswandel aus einer Gemeinde Auszuweisenden vorhandenen objectiven Bedenken zureichend seien, um die Administrativbehörden zur Handhabung des Ausweisungsrechtes zu veranlassen, im freien Ermessen dieser Behörde liegt“ und sich daher auch der richterlichen „Cognition“ des Verwaltungsgerichtshofes entzöge; so auch das Erkenntnis des VwGH vom 11. November 1904, Z. 11.837, Slg. VwGH Nr. 3051 (A.); siehe auch das Erkenntnis des VwGH vom 21. April 1900, Z. 2817, Slg. VwGH Nr. 14078.

1536 Der Entscheidung der letzten Instanz war derselbe Tatbestand zugrundezulegen, welcher bei dem Ausspruch der unteren Instanzen vorlag, vgl. das Erkenntnis des Reichsgerichtes vom 27. Mai 1887, Z. 1167, Slg. RG XI Nr. 3556.

1537 Vgl. das Erkenntnis des VwGH vom 19. Juni 1907, Z. 5874, Slg. VwGH Nr. 5269 (A.).

1538 Erkenntnis des VwGH vom 24. November 1904, Z. 12.436, Slg. VwGH Nr. 3092 (A.).

1539 Vgl. näher zum Beschwerderecht SOUSEK (wie Anm. 1501), S. 121.

1540 Vgl. dazu S. 772 ff., auch S. 38 ff.

1541 GELLER (wie Anm. 1475), S. 52.

In dieser Kritik klingt schon die Frage nach dem „Wesen und wahren Zweck" der gemeinderechtlichen Ausweisung an, der Jakob Sousek in seinen Studien[1542] nachging. Aus Inhalt und Einreihung der Bestimmungen des provisorischen Reichsgemeindegesetzes von 1849 und des Gemeindegesetzes von 1859 schloß Sousek[1543] m. E. zutreffenderweise, daß das Ausweisungsrecht der Gemeinden eigentlich den Zweck verfolgte, Personen, welche den Bedingungen für die Ersitzung des Heimatrechtes bzw. für die Erwerbung des Anspruches auf Verleihung des Heimatrechtes zwar entsprachen, „aber nach Erlangung der Zuständigkeit in absehbarer Zeit der Gemeinde zur Last fallen konnten, die Erfüllung der Hauptbedingung, nämlich eines längeren Aufenthaltes in der Gemeinde, unmöglich zu machen und hiedurch den Erwerb der die Gemeinde belastenden Zuständigkeit zu vereiteln"[1544]. Es sei dies durch die damals vorherrschende Ansicht zu erklären, daß „die Ersitzung auch eines öffentlichen Rechts gegen denjenigen nicht eintreten" könne, „dem keine Mittel zur Abwendung der Folgen einer solchen Ersitzung zur Verfügung" stünden[1545].

Dadurch allerdings, daß die Ersitzung des Heimatrechts und sogar die Ersitzung des Anspruches auf die Verleihung desselben durch das Heimatgesetz ausgeschlossen und der autonomen Gemeinde das Recht zugestanden wurde, ohne Berufung über die Verleihung des Heimatrechts an Gemeindefremde zu entscheiden, war nach Ansicht Souseks das Ausweisungsrecht der Gemeinde nun „ganz zwecklos" geworden, „denn, wenn ein noch so langer Aufenthalt in der Gemeinde nicht mehr mit der Ersitzung des Heimatrechtes verbunden war, bestand auch kein Grund für dessen Störung"[1546]. Da Sousek folglich im Ausweisungsrecht der Gemeinden „eine heimatrechtliche Institution" sah, „deren Handhabung nur vom Standpunkte der jeweilig giltigen Heimatsvorschriften zweckmäßig sein" könne, erschien ihm auch die ausgedehnte Ausweisungstätigkeit der Gemeinden bis zur Heimatgesetznovelle 1896 materiell nicht begründet.

Tatsächlich qualifizierte auch der Verwaltungsgerichtshof seit den Neunzigerjahren das Ausweisungsrecht der Gemeinden als Mittel der Verhinderung der Heimat-

---

1542 Jakob SOUSEK, Das Ausweisungsrecht der Gemeinde, in: Österreichische Zeitschrift für Verwaltung XXXIII (1900), Nr. 30, S. 133–139; DERS., Vypovídací pravo obce, Wien 1900; DERS. (wie Anm. 1501).

1543 SOUSEK (wie Anm. 1501), S. 18 f.

1544 Zum Beleg dieser Interpretation zog SOUSEK, ebd., nicht nur den Wortlaut des provisorischen Gemeindegesetzes heran, das von der Aufnahme in den Gemeindeverband durch „Duldung" und von der „Verweigerung" des Aufenthaltes sprach, sondern auch die gleichlautenden Bestimmungen in den städtischen Statuten der Jahre 1850/1851, die eine „Verwahrung der Gemeinde" gegen die Aufnahme eines Gemeindefremden in die Konskriptionslisten durch „Anhaltung zur Erlangung eines neuen Heimatscheines" oder durch „Ausweisung in die Heimatgemeinde" vorsahen, vgl. S. 33 f.

1545 SOUSEK (wie Anm. 1501), S. 20.

1546 Das Ausweisungsrecht der Gemeinden verdankte damit wohl seine Existenz zum einen dem Umstand, daß der Gesetzgeber die neue Gemeinde- und Heimatrechtsgesetzgebung nicht zeitlich aufeinander abgestimmt hatte, so daß die Ersitzung des Anspruches auf Heimatrechtsverleihung erst nach dem Inkrafttreten des den Gemeinden das Ausweisungsrecht einräumenden Reichsgemeindegesetzes abgeschafft worden war. Zum anderen sollte das Reichsgemeindegesetz nach der Absicht des Gesetzgebers durch Art. 3 vor allem die Freizügigkeit gewährleisten; vgl. auch SOUSEK (wie Anm. 1501), S. 21.

rechtsersitzung. So erklärte er in seinem Erkenntnis vom 24. April 1896[1547], das Ausweisungsrecht sei „offenbar der Absicht entsprungen, der Gemeinde die Möglichkeit zu geben, sich gegen die ihr aus dem Aufenthalt eines Fremden in ihrem Gebiete demselben gegenüber allenfalls erwachsenden Verpflichtungen der Armenversorgung zu sichern". Im Erkenntnis vom 10. Juni 1897[1548] führte er aus, daß mangels einer weiteren Voraussetzung für die Ausweisung einer Person, deren Heimatrecht nicht nachgewiesen war, der Zusammenhang des Ausweisungsrechtes der Gemeinden bzw. des Rechtes zur Verweigerung des Aufenthaltes mit den heimatrechtlichen Vorschriften hervorleuchte, zumal unter Berücksichtigung des Umstandes, daß zur Zeit der Erlassung des Reichsgemeindegesetzes die heimatrechtlichen Normen des Gemeindegesetzes 1859 noch in Geltung gestanden waren. Es läge somit „offen zu Tage, daß der Gemeinde das Ausweisungsrecht ... von der Gesetzgebung in erster Linie in der Absicht gewährt wurde, die Gemeinde gegen die Quadriennierung Fremder und die heimatrechtlichen Folgen derselben zu schützen, bzw. ihr die Abwehr einer solchen Heimatrechtserwerbung zu ermöglichen"[1549]. Das Erkenntnis sprach aber auch davon, daß der Gemeinde „behufs Handhabung der ihr im selbständigen Wirkungskreise zugewiesenen Sittlichkeits- und Armenpolizei"[1550] das Recht zustand, Auswärtigen den Aufenthalt in ihrem Gebiete zu verweigern[1551].

Freilich verkannte auch Sousek[1552] nicht, daß, obwohl „die Bedingungen und der Inhalt des Ausweisungsrechtes der Gemeinden mit dem Abschaffungs- und Abschiebungsrechte des Staates nichts Gemeinschaftliches" besäßen, nicht nur der Verwaltungsgerichtshof, sondern auch die Administrativbehörden dem Ausweisungsrecht der Gemeinden einen zumindest auch polizeilichen Charakter zuerkannten. Den Grund für diese Ansicht erblickte Sousek in dem „Bestreben, die Handhabung einer veralteten Vorschrift, welche in der letzten Zeit überhaupt keinen Zweck hatte, wenigstens formell mit anderen bisher zeitgemäßen gesetzlichen Bestimmungen in einen gewissen Zu-

---

1547 Erkenntnis des VwGH vom 24. April 1896, Z. 2504, Slg. VwGH Nr. 9570.

1548 Erkenntnis des VwGH vom 10. Juni 1897, Z. 3310, Slg. VwGH Nr. 10810.

1549 Vgl. auch das Erkenntnis des VwGH vom 28. Jänner 1905, Z. 982, Slg. VwGH Nr. 3269 (A.), in dem der Verwaltungsgerichtshof ausführte, daß den Gemeinden das Ausweisungsrecht „nicht so sehr aus Gründen der Sicherheits- und Sittlichkeitspolizei, als vielmehr in der Absicht gewährt" worden sei, um ihnen die Abwehr von Ansprüchen auf das Heimatrecht aufgrund eines längeren Aufenthaltes in der Gemeinde zu ermöglichen.

1550 Siehe Art. 5 des Reichsgemeindegesetzes: „Der selbständige, das ist derjenige Wirkungskreis, in welchem die Gemeinde mit Beobachtung der bestehenden Reichs- und Landesgesetze nach freier Selbstbestimmung anordnen und verfügen kann, umfaßt überhaupt Alles, was das Interesse der Gemeinde zunächst berührt und innerhalb ihrer Gränzen durch ihre eigenen Kräfte besorgt und durchgeführt werden kann. In diesem Sinne gehören hieher insbesondere ... 7. die Sittlichkeitspolizei; 8. das Armenwesen und die Sorge für die Gemeinde-Wohlthätigkeitsanstalten ...".

1551 So auch das Erkenntnis des VwGH vom 12. Jänner 1899, Z. 289, Slg. VwGH Nr. 12380; siehe auch die Erkenntnisse des VwGH vom 12. April 1889, Z. 1402, Slg. VwGH Nr. 4630 (Sittlichkeitspolizei); vom 30. Dezember 1896, Z. 6536, Slg. VwGH Nr. 10229 (Ortspolizei).

1552 Vgl. SOUSEK (wie Anm. 1542), S. 134; DERS. (wie Anm. 1501), S. 24.

sammenhang zu bringen", da zwischen 1863 und 1896 die Gemeinden das Ausweisungsrecht „in der Wirklichkeit nur zu Polizeizwecken" ausüben hätten können[1553].

Gegen die in der Praxis vorherrschende Ansicht sprach nach Sousek[1554], daß das Ausweisungsrecht der Gemeinden als polizeiliche Maßnahme im Reichsschubgesetz hätte geregelt werden müssen, weil dieses bezweckte, die bis dahin gültigen polizeilichen Ausweisungsvorschriften einheitlich zu regeln und durch die ausdrückliche Anerkennung des Ausweisungsrechtes angedeutet habe, daß „diese Einrichtung mit den polizeilichen Vorschriften nichts Gemeinschaftliches besitzt"[1555]. Außerdem wies Sousek darauf hin, daß bei Betrachtung des gemeindebehördlichen Ausweisungsrechtes als lokalpolizeiliche Maßnahme dieses erheblich weiterreichender konstruiert erscheint als das Ausweisungsrecht des Staates, dem freilich in erster Linie die sicherheitspolizeilichen Agenden zustünden, und überdies der inhaltlichen Überprüfung durch die staatlichen Behörden entzogen war. Weitere Gegenargumente gegen die herrschende Sicht sah Sousek[1556] darin, daß die Gemeinde bei einer Überprüfung des Ausweisungsbeschlusses staatlicherseits als Partei des Beschwerdeverfahrens anerkannt wurde, sowie daß den Ausgewiesenen nur ein Beschwerde- und nicht ein reguläres Berufungsrecht eingeräumt worden war. Darüber hinaus ist anzumerken, daß das Reichsgemeindegesetz mit Art. 3 Abs. 2 wohl tatsächlich nicht die Festlegung von speziellen Polizeivorschriften intendierte, sondern die Freizügigkeit bei gleichzeitigem Schutz der Interessen der autonomen Gemeinde gewährleisten wollte.

Korb[1557] stellte mit seinen juristisch-kasuistischen Beiträgen zum Gemeinderecht aus dem Jahre 1874 gleichsam den Gegenpol zu Souseks Ansichten dar, da dieser die Untersagung des Aufenthaltes in einem bestimmten Gebiet „unter allen Umständen" als „eine polizeiliche Maßregel"[1558] betrachtete und in der gemeindebehördlichen Aus-

---

1553 „Wenn während dieser Zeit", so SOUSEK (wie Anm. 1501), S. 136, „die Gemeinden ihr Recht für polizeiliche Zwecke ausnützten, so widersprach dies sowohl dem Charakter dieser Institution als auch den eigentlichen Polizeivorschriften, welche auf einem viel liberaleren Standpunkte stehen und eine derartige Einschränkung der Freiheit eines Staatsbürgers aus verhältnismäßig so geringfügigen Gründen nicht einmal durch den Staat als den obersten Hüter der Sicherheit zulassen".

1554 SOUSEK (wie Anm. 1501), S. 25.

1555 Tatsächlich sprach § 1 des Reichsschubgesetzes davon, daß die Abschiebung aus einem Ort „aus polizeilichen Rücksichten" nur mehr gegen die in diesem Paragraph bezeichneten Personen stattfinden dürfe. Freilich bezeichnete gerade das Reichsschubgesetz das den Gemeindebehörden zustehende Recht der Entfernung von Personen aus dem Gemeindegebiet ausdrücklich mit dem Begriff „Ausweisung" und nicht mit Abschiebung oder Abschaffung, was unter dem terminologischen Gesichtspunkt dafür sprach, daß den Gemeinden die Ausweisung als von den Gemeindebehörden handzuhabende polizeiliche Maßnahme zugestanden wurde. Die Formulierung des § 2 Abs. 7, daß nämlich das den Gemeinden nach den Gemeindegesetzen zustehende Recht der Ausweisung durch dieses Gesetz unberührt bliebe, könnte auch dahingehend interpretiert werden, daß es sich um einen indirekten Verweis auf bestehende Normen der Gemeindegesetze handelte.

1556 SOUSEK (wie Anm. 1501), S. 26.

1557 KORB (wie Anm. 1476), S. 161.

1558 Und zwar „nicht nur, weil sie einen präventiven und nicht repressiven Zweck hat, weßhalb durch sie auch keine vorliegende Rechtsverletzung geahndet werden soll und dieselbe wohl als Folge einer strafgerichtlichen Verurtheilung oder überhaupt einer strafbaren Handlung,

weisung ein Pendant zur Abschaffung nach dem Schubgesetz, „nichts anderes" als eine „Abschaffung aus dem Gemeindegebiet", erblickte, die allerdings von den Gemeindebehörden im Rahmen des übertragenen Wirkungsbereichs ausgeübt werde[1559]. Nicht nur sei der betroffene Personenkreis der gleiche - denn wen „die Ausweisung treffen" könne, würde „in den weitaus meisten Fällen auch die Abschiebung und Abschaffung treffen können"[1560] -, sondern auch der „Zweck beider Arten von Maßregeln". Gegen die Annahme, daß die Ausweisung ein der Autonomie der Gemeinde entspringendes Recht sei, spräche nach Korb zum einen, daß „die Ausweisungs-, Aufenthalts- und Fremdenpolizei" in Art. 5 des Reichsgemeindegesetz nicht als Beispiel für die Agenden des selbständigen Wirkungskreises genannt war, sondern vielmehr unter den Begriff der „Mitwirkung für die Zwecke der öffentlichen Verwaltung" in Art. 6 (übertragener Wirkungsbereich) subsumiert werden könne[1561]. Zum anderen käme der Ausweisung, wenngleich sie „zunächst eine localpolizeiliche Maßnahme" sei, infolge ihrer die Freizügigkeit beschränkenden Auswirkungen, eine „weit über das Localinteresse hinausgehende Bedeutung" zu, und die Annahme, daß die Ausweisung aus der Gemeinde „eine staatliche Funktion" sei, würde auch durch den „ordentlichen Instanzenzug" bewiesen, der hier eben nicht an die autonome Bezirks- bzw. Landesbehörde ginge, sondern an die staatliche Behörde[1562].

3. Das Ausweisungsrecht der Gemeinden im Lichte der Judikatur des Reichsgerichtes und des Verwaltungsgerichtshofes sowie unter Berücksichtigung von Entscheidungen des Ministeriums des Innern

Betreffend das Fortbestehen des gemeindebehördlichen Ausweisungsrechtes lehnte auch der Verwaltungsgerichtshof in seinem Erkenntnis vom 11. Oktober 1888[1563] den Einwand ab, daß dieses infolge der Art. 4 und 6 des Staatsgrundgesetzes über die allge-

---

nicht aber als Strafe eintreten kann, sondern auch, weil diese Maßregel ein Verbot zum Inhalte hat und daher negativer Natur ist", ebd. In dieser Allgemeinheit traf dies freilich nicht zu, da das Strafgesetz die Untersagung des Aufenthaltes an einem bestimmten Ort sehr wohl als Strafe kannte.

1559 Ebd., S. 165 f.

1560 Nach KORB, ebd., S. 166, waren die Berechtigungsgründe für Abschiebung bzw. Abschaffung und gemeindebehördliche Ausweisung dieselben, „nämlich Ausweislosigkeit, Armuth und Bescholtenheit". Hier hatte Korb allerdings gründlich geirrt, denn nach der späteren Judikatur waren einerseits „Ausweislosigkeit" und „Mangel des Nachweises des Heimatrechts" sowie andererseits „Gefährdung der Sicherheit der Person oder des Eigentums" und „Bescholtenheit" inhaltlich grundlegend verschiedene Ausweisungsvoraussetzungen.

1561 Überdies hatte das provisorische Gemeindegesetz in § 134 die Fremdenpolizei ausdrücklich in den übertragenen Wirkungsbereich verwiesen; ebd., S. 166.

1562 Vgl. allerdings das Erkenntnis des VwGH vom 14. März 1883, Z. 576, Slg. VwGH Nr. 1695: „Das der Gemeinde zustehende Ausweisungsrecht muß als ein durch das beschließende Organ der Gemeinde, d.i. den Gemeindeausschuß, auszuübendes Recht angesehen werden, das nur insoferne eine ausnahmsweise Behandlung erfahren hat, als der Rekurszug ausschließlich an die politischen Behörden statuirt wurde".

1563 Erkenntnis des VwGH vom 11. Oktober 1888, Z. 3139, Slg. VwGH Nr. 4277.

meinen Rechte der Staatsbürger nicht mehr zu Recht bestehe und verwies auf die Bestimmung des Reichsschubgesetzes, nach der das den Gemeinden nach den Gemeindegesetzen zustehende Recht der Ausweisung durch das Schubgesetz unberührt geblieben sei. „Dieser Bestimmung gegenüber" könne man sich „denn auch nicht auf die besagten Artikel 4 und 6 berufen ..., indem das nachgefolgte Gesetz vom 27. Juli 1871 die Aufgabe hatte, angesichts der grundgesetzlichen Bestimmungen der Artikel 4 und 6 die polizeiliche Ausweisung zu regeln"[1564]. Auch das Reichsgericht[1565] stellte bezüglich der einzelnen Landesgemeindeordnungen bzw. Statuten unter Verweis auf das Reichsschubgesetz fest, daß diese „noch zu Recht" bestünden.

A. *„Aufenthalt"*

Als notwendige Voraussetzung für die Ausübung des gemeindebehördlichen Ausweisungsrechtes erachtete das Ministerium einen ständigen Aufenthalt des Ausgewiesenen im betreffenden Gemeindegebiet, also das Wohnen in der Gemeinde. Ein häufiger Aufenthalt, z.B. zur Nachtzeit in Gast- und Kaffeehäusern der Gemeinde[1566] oder zum Betteln[1567], erschien ihm daher zur Erfüllung des Tatbestandsmerkmales „Aufenthalt" im Sinne der Ausweisungsbestimmungen nicht geeignet.

Der Verwaltungsgerichtshof vertrat anfänglich die gegenteilige Meinung, indem er in seinem Erkenntnis vom 30. Dezember 1896[1568] feststellte, daß „jede Person, welche nicht Gemeindemitglied war, sobald sie in das Gemeindegebiet kam, zur Gemeinde in das Verhältniß eines Auswärtigen (Fremden)" trat, auf welchen folglich die Ausweisungsbestimmungen angewendet werden konnten, und nicht nur Personen, welche einen „Aufenthalt von längerer Dauer" in der Gemeinde nahmen. Dies ergebe sich bereits aus der Wortwahl der Gemeindeordnung, die vom Verweigern des Aufenthalts, nicht aber vom Ausweisen spreche, welch letzterer Ausdruck „allerdings voraussetzen ließe, daß sich der Auszuweisende innerhalb des Gemeindegebietes zur Zeit des Ausweisungsbeschlusses der Gemeinde befinden müsse, mit der Absicht zu verweilen". Hingegen könne der Aufenthalt auch derjenigen Person verweigert werden, die sich zur Zeit gar nicht in der Gemeinde aufhalte, aber die Absicht habe, „sei es auch nur zu vorübergehendem Aufenthalte, sich dorthin zu begeben". Nach Ansicht des Gerichtshofes könnte ansonsten ein Ausgewiesener dadurch, daß er sich nahe außerhalb der Gemeindegrenze niederließe, aber den Großteil der Zeit in der Ausweisungsgemeinde zubrächte, „das Einschreiten der Gemeinde gegen ihn unmöglich machen"[1569]. Der Verwaltungsge-

---

1564 Vgl. auch das Erkenntnis des VwGH vom 25. Juni 1898, Z. 3450, Slg. VwGH Nr. 11868.

1565 Erkenntnis des Reichsgerichtes vom 19. Oktober 1881, Z. 181, Slg. RG VI Nr. 250.

1566 Ministerialentscheidung vom 13. Dezember 1895, Z. 28.909, Österreichische Zeitschrift für Verwaltung XXIX (1896), Nr. 3, S. 17.

1567 Ministerialentscheidung vom 27. Oktober 1881, Z. 15.250, Österreichische Zeitschrift für Verwaltung XV (1882), Nr. 1, S. 3.

1568 Erkenntnis des VwGH vom 30. Dezember 1896, Z. 6536, Slg. VwGH Nr. 10229. Nur von den Gemeindegenossen forderte die Gemeindeordnung der Steiermark seit der Novelle 1868 das Wohnen in der Gemeinde.

1569 Ebenfalls setzte nach Ansicht des Gerichtshofes die Ausweisung eines Auswärtigen wegen des Verhaltens seiner Familienangehörigen nicht voraus, daß dieser sich dauernd in der Gerichtshof ließ in diesem Erkenntnis auch den Einwand, daß das Reichsschubgesetz den Gemeinden hinreichend Schutz böte, nicht gelten, weil die polizeiliche Abschiebung und Abschaffung nur auf gewisse Fälle eingeschränkt sei und von den Gemeinden nur mittelbar über eine Entscheidung der Schubbehörde bewirkt werden könne.

Im Erkenntnis vom 10. Juni 1897[1570] führte der Verwaltungsgerichtshof aus, daß die Formulierung mancher Gemeindeordnungen[1571], wonach alle „übrigen Personen in der Gemeinde, welche nicht Gemeindemitglieder sind", Auswärtige genannt würden, nur den Schluß zuließe, daß nicht *in der Gemeinde* befindliche Personen eben nicht als Auswärtige im Sinne der Gemeindeordnung bezeichnet werden könnten. Somit setze der Begriff des Auswärtigen „das momentane Verweilen in der Gemeinde" voraus. Einer Person, „welche möglicherweise oder voraussichtlich in der Gemeinde Aufenthalt nehmen könnte", sich aber zur Zeit des Ausweisungserkenntnisses nicht in der Gemeinde befinde, dürfe daher die Aufenthaltnahme nicht untersagt werden. Dadurch, daß das Ausweisungsrecht der Gemeinde im Zusammenhang mit den heimatrechtlichen Bestimmungen stehe, sei überdies klar, daß das Verweilen einer „anderwärts wohnenden Person" im Gebiet einer Gemeinde, sei es zur Besorgung von Geschäften oder anderen bestimmten Zwecken, kein Aufenthalt im Sinne der Ausweisungsbestimmungen sein könne, „weil ein solcher Aufenthalt heimatrechtliche Folgen auch nach der früheren Heimatsgesetzgebung nie nach sich ziehen konnte", weshalb unter dem Aufenthalt in der Gemeinde nur das Wohnen verstanden und daher nur im Gemeindegebiet wohnenden Auswärtigen der Aufenthalt verweigert werden könne[1572].

Dieses grundlegende Umdenken des Verwaltungsgerichtshofes kam auch deutlich in seinem Erkenntnis vom 28. Jänner 1905[1573] zum Ausdruck, in welchem dieser entschied, daß das den Gemeinden zustehende Ausweisungsrecht nur die Berechtigung gewähre, das Wohnen in der Gemeinde, nicht aber auch einen nur vorübergehenden Aufenthalt dortselbst, etwa zur Besorgung von Geschäften, zu verbieten, da den Gemeinden das Ausweisungsrecht „nicht so sehr aus Gründen der Sicherheits- und Sittlichkeitspolizei, als vielmehr in der Absicht gewährt" worden sei, um ihnen die Abwehr von Ansprüchen auf das Heimatrecht aufgrund eines längeren Aufenthaltes in der Gemeinde zu ermöglichen. Hieraus folge, daß unter dem von den Gemeindeordnungen ver-

---

meinde aufhalte, vielmehr könnte dieser in einem solchen Fall dann aus der Gemeinde entfernt werden, *wenn* er sich mit seinen Angehörigen dort gerade aufhielte.

1570 Erkenntnis des VwGH vom 10. Juni 1897, Z. 3310, Slg. VwGH Nr. 10810; siehe auch die Erkenntnisse des VwGH vom 12. Jänner 1899, Z. 279, Slg. VwGH Nr. 12380; vom 11. April 1902, Z. 3388, Slg. VwGH Nr. 980 (A.); vom 14. Juni 1902, Z. 5260, Slg. VwGH Nr. 1133 (A.).

1571 In diesem Fall des Reichenberger Statuts.

1572 Überdies nahm das Erkenntnis Bezug auf § 8 des Reichsschubgesetzes, der eine Gemeindebehörde, wenn sie fand, daß Anlaß zur Abschiebung oder Abschaffung einer *in ihrem Gebiete befindlichen* Person verhanden sei, an die zuständige Schubbehörde verwies.

1573 Erkenntnis des VwGH vom 28. Jänner 1905, Z. 982, Slg. VwGH Nr. 3269 (A.); für den Wortlaut des Erkenntnisses siehe Normalien-Sammlung (wie Anm. 359) IV, Nr. 5593, S. 219 Anm. 2.; vgl. auch die Erkenntnisse des VwGH vom 8. Oktober 1893, Z. 10.217, Slg. VwGH Nr. 2017 (A.); vom 15. Juni 1904, Z. 6501, Slg. VwGH Nr. 2731 (A.).

wendeten Begriff „Aufenthalt" nur das Wohnen verstanden werden könne[1574], was auch wichtige Konsequenzen für die Bestrafung des Verstoßes gegen das mit dem Ausweisungsbeschluß verhängten Aufenthaltsverbotes zur Folge hatte[1575].

B. Betroffener Personenkreis

Da eine der Gemeinde angehörige Person nicht aus dieser ausgewiesen werden konnte[1576], war die Rechtmäßigkeit einer gegen ein Nichtmitglied einer Gemeinde ausgesprochenen Ausweisung – wenn die Gemeindeangehörigkeit, also die Heimatberechtigung, in Frage stand – danach zu beurteilen, ob die betreffende Person zur Zeit des gegen sie geschöpften Ausweisungserkenntnisses ein Angehöriger der Gemeinde oder ein Auswärtiger war[1577]. Im Zweifelsfall war über die Heimatzuständigkeit als Vorfrage von den politischen Behörden zu entscheiden[1578].

Für die Ausweisung aus der Gemeinde war nach Ansicht des Reichsgerichtes[1579] weiters nicht relevant, ob der Ausgewiesene den Anspruch auf Aufnahme in den Gemeindeverband nach der Heimatgesetznovelle 1896 erworben hatte, sondern nur, ob er das Heimatrecht in der Gemeinde besaß. Ein bereits erworbener Anspruch auf Heimatrechtsverleihung konnte allerdings nach Ansicht des Verwaltungsgerichtshofes vor der Ausweisung als Auswärtiger schützen, wiewohl die Verleihung seitens der Gemeinde noch nicht stattgefunden hatte, wenn dieser Anspruch zum Zeitpunkt des Ausweisungsbeschlusses von der Bezirkshauptmannschaft bereits bescheidmäßig festgestellt worden war[1580].

Auch bezüglich der Gemeindegenossen, denen die Gemeindeordnungen der meisten Länder und Städte grundsätzlich Ausweisungsschutz angedeihen hatten lassen, stellte der Verwaltungsgerichtshof fest, daß der Aufenthalt wohl unter gewissen Bedingungen Auswärtigen, nicht aber (den Gemeindeangehörigen oder) solchen Personen

---

1574 Sollten „Sicherheits- und Polizeirücksichten dafür sprechen, daß einem Auswärtigen auch schon das Betreten des Gemeindegebietes überhaupt verboten werde", müsse sich die Gemeinde an die nach dem Schubgesetz zur Erlassung solcher Verbote, also an die zur Erlassung von Abschaffungserkenntnissen zuständige Behörde wenden.

1575 Siehe zu den Auswirkungen dieses Erkenntnisses für die Bestrafung der unerlaubten Rückkehr S. 762 f.

1576 Erkenntnis des VwGH vom 19. Mai 1882, Z. 1085, Slg. VwGH Nr. 1412.

1577 Erkenntnis des Reichsgerichtes vom 19. Oktober 1881, Z. 181, Slg. RG VI Nr. 250.

1578 Erkenntnis des VwGH vom 1. April 1901, Z. 2571, Slg. VwGH Nr. 234 (A.): Eine Vermutung in dem Sinn, daß von denjenigen Personen, die in einer Gemeinde ihren Aufenthalt genommen hatten, solange das Gegenteil nicht bewiesen sei, angenommen werde, daß sie daselbst das Heimatrecht besäßen, sei gesetzlich nicht vorgesehen. Es ginge daher nicht an, daß die politischen Behörden anstatt darüber zu entscheiden, ob die Gemeindezugehörigkeit zu Recht bestehe oder nicht, der Entscheidung in dieser Frage ausweichend eine Ausweisung behoben, weil nicht festgestellt sei, daß der Betroffene das Heimatrecht in dieser Gemeinde nicht besitze.

1579 Erkenntnis des Reichsgerichtes vom 17. Jänner 1914, Z. 556 ex 1913, Slg. RG XVI Nr. 2053.

1580 Erkenntnisse des VwGH vom 8. April 1905, Z. 3905 und 3904, Slg. VwGH Nr. 3451 (A.) und 3452 (A.).

verwehrt werden könne, welche in der Gemeinde eine direkte Steuer entrichteten[1581], weshalb „in Absicht auf die Ausweisung diese maßgebenden Momente zu erheben" seien[1582]. Als Auswärtiger war in diesem Sinne daher nur derjenige Nichtheimatberechtigte anzusehen, der zur Zeit, als der Ausweisungsbeschluß gefaßt wurde, innerhalb der Grenzen der Gemeinde weder einen Realbesitz hatte noch in der Gemeinde mit einer Steuer vorgeschrieben war[1583]. Gemeindegenossen unterlagen daher auch nicht der Bedingung für die Zulässigkeit des Aufenthaltes, daß sie mit ihren Angehörigen einen unbescholtenen Lebenswandel führten, da das im Art. 3 Abs. 2 des Reichsgemeindegesetzes der Gemeinde eingeräumte Recht der Ausweisung Nichtheimatberechtigter durch die Bestimmungen der meisten Gemeindeordnungen eben dahingehend eingeschränkt worden war, daß die Gemeinde von diesem Recht nur gegenüber Personen Gebrauch machen durften, welche nicht Gemeindemitglieder waren[1584].

Da allerdings z.B. die Gemeindeordnungen für Böhmen und Mähren die Gemeindegenossen bezüglich des mangelnden Ausweisungsschutzes mit den Auswärtigen gleichgestellt hatten, entschied der Verwaltungsgerichtshof auch, daß Gemeindegenossen „als solche ... beim Zutreffen der gesetzlichen Voraussetzungen vor der Ausweisung nicht geschützt" seien[1585]. In Anbetracht dessen, daß die böhmische Gemeindeordnung das Ausweisungsrecht bezüglich der Gemeindegenossen hinsichtlich der Ausweisungsgründe eingeschränkt hatte, mußte der Verwaltungsgerichtshof jedoch wiederholt der Praxis mancher Gemeinden entgegentreten, die unter Berufung auf Art. 3 Abs. 2 des Reichsgemeindegesetzes auch Gemeindegenossen wegen Mangels an Unbescholtenheit auswiesen[1586].

1581 Erkenntnis des VwGH vom 28. März 1903, Z. 3819, Slg. VwGH Nr. 1660 (A.); vom 11. Oktober 1888, Z. 3139, Slg. VwGH Nr. 4277; vom 14. April 1904, Z. 3773, Slg. VwGH Nr. 2549 (A.).

1582 Erkenntnis des VwGH vom 11. Juni 1887 (Galizien), Z. 1485, Slg. VwGH Nr. 343; Gemeindegenossen konnten also nicht ausgewiesen werden, vgl. dazu z.B. die Erkenntnisse des VwGH vom 3. Februar 1900, Z. 819, Slg. VwGH Nr. 13719 (Steiermark); vom 21. April 1900, Z. 2816, Slg. VwGH Nr. 14079 (Schlesien); vom 14. April 1904, Z. 3773, Slg. VwGH Nr. 2549 (A.) (Salzburg).

1583 Nach dem Erkenntnis des VwGH vom 9. März 1901, Z. 1804, Slg. VwGH Nr. 171 (A.), war auch ein mit der Erwerbsteuer in einer Gemeinde vorgeschriebene Hausierer als Gemeindegenosse anzusehen und unterlag daher dem Ausweisungsschutz. Auch Personen, denen der Fruchtgenuß einer Realität in der Gemeinde zustand, waren einem Haus- und Grundbesitzer gleichzuachten und daher Gemeindemitglieder, vgl. das Erkenntnis des VwGH vom 14. Juni 1902, Z. 5357, Slg. VwGH Nr. 1135 (A.).

1584 Im Falle des Erkenntnisses des VwGH vom 6. Dezember 1888, Z. 3791, Slg. VwGH Nr. 4388, § 8 der steirischen Gemeindeordnung.

1585 Erkenntnis des VwGH vom 14. April 1886, Z. 1065, Slg. VwGH Nr. 3014; vgl. auch z.B. das Erkenntnis des Reichsgerichtes vom 12. Oktober 1895, Z. 269, Slg. RG X Nr. 714: Das Recht der Ausweisung stehe nach der Gemeindeordnung für Mähren der Gemeinde auch Gemeindegenossen gegenüber zu, wenn diese einen bescholtenen Lebenswandel führten oder der öffentlichen Mildtätigkeit zur Last fielen; vgl. auch die Erkenntnisse des Reichsgerichtes vom 27. April 1909, Z. 263, Slg. RG XV Nr. 1674; vom 17. Jänner 1906, Z. 572 ex 1905, Slg. RG XIII Nr. 1397.

1586 Vgl. die Erkenntnisse des VwGH vom 20. März 1889, Z. 441, Slg. VwGH Nr. 4583, und vom 8. Jänner 1908, Z. 186, Slg. VwGH Nr. 5638 (A.).

Da für die Gesetzmäßigkeit des Ausweisungsbeschlusses maßgeblich war, daß die Voraussetzungen für diesen im Zeitpunkt der Beschlußfassung vorhanden waren, beirrten folglich nach der Beschlußfassung eingetretene Änderungen in den Statusverhältnissen einer Person, also etwa der nachträgliche Erwerb eines Realbesitzes, die Wirksamkeit des Ausweisungsbeschlusses nicht[1587]. Allerdings konnte ein Ausweisungsbeschluß nach Erwerbung der Gemeindegenossenschaft nach Ansicht des Verwaltungsgerichtshofes gegen den Ausgewiesenen nicht in Vollzug gesetzt werden und stand dem Aufenthalt nicht mehr entgegen[1588]. Das Reichsgericht hingegen vertrat die Auffassung, daß ein „von Seite[n] eines Ausgewiesenen zum Zweck der Vereitelung des Ausweisungsvollzuges in listiger Weise bewirkter Grunderwerb ... den Vollzug des Ausweisungserkenntnisses nicht hemmen" könne[1589]. In Übereinstimmung mit dem Verwaltungsgerichtshof erachtete auch das Ministerium[1590] die Gesetzmäßigkeit der Ausweisung eines Ortsfremden aus dem Gemeindegebiet durch die nachträgliche Erwerbung eines Realeigentums in der Gemeinde nicht als „alterirt". Andererseits blieb auch ein Besitzer einer in Zwangsvollstreckung befindlichen Realität bis zum Abschluß des Verfahrens Gemeindegenosse[1591] und konnte dann nicht ausgewiesen werden, wenn er mit der Steuerentrichtung im Rückstand war[1592]. Außerdem konnte nach Ansicht des Ministeriums[1593] der „momentane Nichtbetrieb eines Jemanden gesetzlich zustehenden Gewerbes" weder das Gewerberecht an sich noch die bei einer solchen Ausweisung maßgebende Eigenschaft als Gemeindegenosse in Frage stellen. War jemand aus Armut nicht in der Lage, die vorgeschriebene Steuer zu bezahlen und das angemeldete Gewerbe zu betreiben, so verlor er dadurch ebenfalls noch nicht die Gemeindegenossenschaft[1594].

Bezüglich der Bestimmung, daß dem Auswärtigen nur dann der Aufenthalt wegen unbescholtenen Lebenswandels nicht verweigert werden konnte, wenn sich dieser Lebenswandel auch auf seine Familienangehörigen erstreckte, kam es ebenfalls zu Auslegungsproblemen. So war fraglich, wer in concreto als Familienangehöriger zu qualifizie-

---

1587 Erkenntnis des VwGH vom 12. März 1886, Z. 722, Slg. VwGH Nr. 2961; siehe auch das Erkenntnis des VwGH vom 30. Juni 1897, Z. 3699, Slg. VwGH Nr. 10881; vgl. auch die Erkenntnisse des Reichsgerichtes vom 20. April 1885, Z. 76, Slg. RG VII Nr. 326; vom 27. April 1909, Z. 263, Slg. RG XV Nr. 1674; vgl. auch die Plenarentscheidung des OGH vom 13. Mai 1896, Z. 5642, Slg. RG XV Nr. 1960.

1588 Erkenntnisse des VwGH vom 8. Jänner 1908, Z. 186, Slg. VwGH Nr. 5638 (A.); vom 18. Februar 1913, Z. 1743, Slg. VwGH Nr. 9422 (A.)

1589 Erkenntnis des Reichsgerichtes vom 22. Oktober 1896, Z. 228, Slg. RG X Nr. 774.

1590 Ministerialentscheidung vom 24. Mai 1892 (Böhmen), Z. 9962, Österreichische Zeitschrift für Verwaltung XXVI (1893), Nr. 42, S. 203.

1591 Ministerialentscheidung vom 29. Mai 1882, Z. 6869; vgl. SOUSEK (wie Anm. 1501), S. 80 Anm. *.

1592 Erkenntnis des VwGH vom 22. Februar 1905, Z. 1938, Slg. VwGH Nr. 3329 (A.); vom 14. Februar 1906, Z. 1796, Slg. VwGH Nr. 4174 (A.).

1593 Solange dieser die vorgeschriebene Steuer für dieses Gewerbe bezahlte, vgl. die Ministerialentscheidung vom 4. März 1833, Z. 1816, Österreichische Zeitschrift für Verwaltung XVI (1883), Nr. 26, S. 104.

1594 Und konnte daher in Böhmen auch nicht wegen Bescholtenheit ausgewiesen werden, vgl. die Ministerialentscheidung vom 2. Februar 1891, Z. 2015, SOUSEK (wie Anm. 1501), S. 80 Anm. *.

ren sei. In seinem Erkenntnis vom 11. Juni 1902[1595] entschied der Verwaltungsgerichtshof, daß zu den Angehörigen nur diejenigen Personen gehörten, für deren Verhalten das Haupt der Familie verantwortlich war, da in der Ausweisungsbestimmung „zweifelsohne auf die einschlägigen familienrechtlichen Bestimmungen des Allgemeinen Bürgerlichen Gesetzbuches Rücksicht genommen“ worden sei, wonach dem Mann als „Haupt der Familie“ die väterliche Gewalt zukomme. Die „Verantwortung, welche hienach das Familienoberhaupt für das Gebahren und Verhalten seiner Angehörigen“ treffe, habe zur rechtlichen Folge, „daß dasselbe nach der Gemeindegesetzgebung für den Lebenswandel dieser Angehörigen in der Gemeinde verantwortlich gemacht und ihm der ungestörte Aufenthalt für den Fall nicht mehr gewährleistet wird, als die seiner eheherrlichen oder seiner väterlichen Gewalt unterstehenden Personen, also seine mit ihm im gemeinsamen Haushalte lebenden Angehörigen, der Bescholtenheit anheimgefallen sind“. Daraus erhelle nun „zweifellos, daß die Ausweisung zwar gegen ein Familienoberhaupt wegen des bescholtenen Lebenswandels der ihm anvertrauten Personen, nicht aber auch gegen diese auf Grund des Lebenswandels ihres Familienoberhauptes, für welchen sie ja nicht die Verantwortung tragen“, verfügt werden könne. Eine „Kollektivausweisung“ der Familie wegen Bescholtenheit des Hausvaters war nach Ansicht des Verwaltungsgerichtshofes[1596] „gesetzlich unstatthaft“.

Die Ausweisung des Familienoberhauptes konnte folglich auf dessen mit ihm zusammenlebende Familie (Ehefrau und Kinder) nicht ausgedehnt werden[1597], wenn für diese selbst die gesetzlichen Ausweisungsgründe für eine Anwendung des Ausweisungsrechtes mangelten[1598]. Überdies mußten, damit der Ausweisungsgrund des bescholtenen Lebenswandels gerechtfertigt war, nicht auch die im gemeinsamen Haushalt lebenden Familienmitglieder ebenfalls bescholten sein, vielmehr war es hinreichend, wenn „auch nur bei einem Mitglied der fraglichen Familie der Mangel der Unbescholtenheit“ des Lebenswandels eintrat[1599]. Dies traf nach Ansicht des Verwaltungsgerichtshofes[1600] auch

---

1595 Erkenntnis des VwGH vom 11. Juni 1902, Z. 5212, Slg. VwGH Nr. 1120 (A.); vgl. auch das Erkenntnis vom 23. Dezember 1904, Z. 13732, Slg. VwGH Nr. 3182 (A.).

1596 Erkenntnis des VwGH vom 11. Mai 1909, Z. 4309, Slg. VwGH Nr. 6736 (A.).

1597 Vgl. die Ministerialentscheidung vom 25. Jänner 1888, Z. 29, Österreichische Zeitschrift für Verwaltung XXI (1888), Nr. 8, S. 30; Erkenntnis des VwGH vom 23. Dezember 1904, Z. 13.732, Slg. VwGH Nr. 3183 (A.).

1598 Siehe die Ministerialentscheidung vom 23. November 1885, Z. 16.685, Österreichische Zeitschrift für Verwaltung XIX (1886), Nr. 17, S. 77 f. Die Statthalterei hatte die angefochtene Entscheidung, soweit sie sich auf die Ausweisung der Familie des Beschwerdeführers bezog, außer Kraft gesetzt, „weil es nicht zulässig erscheint, Personen unter einer Collectivbezeichnung auszuweisen“. Gegen diese Entscheidung rekurrierte die Gemeinde mit der Begründung, daß sie sich „nicht für berechtigt erachtete, das Oberhaupt der Familie von dieser zu trennen“, daß im Falle einer Trennung der Ausgewiesene „jede Gelegenheit benützen würde, um zu seiner Familie zu kommen“, womit „die ganze Ausweisung illusorisch gemacht würde“ und daß die „Collectivbezeichnung gewählt wurde, weil während der Zeit des Ausweisungsprocesses Zuwächse und Abgänge von Familienmitgliedern erfolgen können“.

1599 Erkenntnis des Reichsgerichtes vom 18. Oktober 1911, Z. 492, Slg. RG XV Nr. 1885. Die Beschwerde hatte behauptet, es sei nicht nachgewiesen worden, daß auch die im Haushalt der Beschwerdeführerin lebenden minderjährigen Kinder einen bescholtenen Lebenswandel

dann zu, wenn es sich bei dem bescholtenen Familienmitglied um einen deliktsfähigen Minderjährigen handelte, während bei Vorliegen strafbarer Handlungen eines nicht deliktsfähigen Familienangehörigen nach Ansicht des Ministeriums[1601] das Moment der Bescholtenheit und ein Ausweisungsgrund bezüglich des Familienoberhauptes nicht gegeben war. Da nach Ansicht des Verwaltungsgerichtshofes der Gesetzgeber den aufrechten Bestand des gemeinsamen Haushaltes im Zeitpunkt der Ausweisung voraussetzte[1602], konnte auch ein Sohn, der bereits einen selbständigen Erwerb hatte, nicht mehr als Angehöriger im Sinne der Bestimmungen über die Ausweisung aus dem Gemeindegebiete gesehen werden und daher wegen seines bescholtenen Lebenswandels nicht das Familienoberhaupt ausgewiesen werden[1603].

Eine mit ihrem Mann in ehelicher Gemeinschaft lebende Ehefrau konnte nach Ansicht des Ministeriums allerdings ausgewiesen werden, wenn für ihre Person Ausweisungsgründe vorlagen[1604]. Auch der Verwaltungsgerichtshof erblickte im „Bestand des Ehebandes" kein Hindernis für die Anwendung des Ausweisungsrechtes, weil eine privatrechtliche Bestimmung, „welche die rein bürgerlichen Wirkungen der Ehe im Auge hat, und selbst durch eine zwischen den Ehegatten anders getroffene Verabredung er-

---

geführt hätten, und dies als einen Grund für die Ungesetzlichkeit der gegenständlichen Ausweisung geltend gemacht.

1600 Erkenntnis des VwGH vom 11. Juni 1902, Z. 5246, Slg. VwGH Nr. 1121 (A.). Der minderjährige Sohn der Beschwerdeführerin war wegen Holzdiebstahls zu zwei Tagen verschärften Arrestes verurteilt worden. Der Verwaltungsgerichtshof erachtete diesen Diebstahl als eine „diffamierende Handlung", welche „dem Täter einen schweren Makel aufdrückt".

1601 Ministerialentscheidung vom 7. Oktober 1884, Z. 15.279, Österreichische Zeitschrift für Verwaltung XVIII (1885), Nr. 9, S. 34. Der neunjährige Sohn, das älteste der vier unehelichen Kinder der Ausgewiesenen, die sich bereits seit 14 Jahren unbeanstandet in der betreffenden Gemeinde aufgehalten hatte, wurde von der Gemeinde als „mißrathen" angesehen, da er „stahl und an Mädchen Unzuchtsversuche unternahm". Das Ministerium gab dem Rekurs der Ausgewiesenen statt, „da bei dem 9jährigen Knaben ..., dessen unrechte Handlungen lediglich der häuslichen Züchtigung überlassen bleiben, von einem bescholtenen Lebenswandel ... nicht die Rede sein" könne und damit der Ausweisungsgrund bezüglich der Mutter entfalle. Übrigens stünde ohnedies die Entfernung des Buben aus der Stadtgemeinde bevor, da bereits Anstalten getroffen worden seien, diesen in eine „Besserungsanstalt für jugendliche Corrigenden" abzugeben.

1602 So explizit das Erkenntnis des VwGH vom 13. November 1913, Z. 11.577, Slg. VwGH Nr. 9876 (A.); siehe auch die Erkenntnisse des VwGH vom 11. Juni 1902, Z. 5212, Slg. VwGH Nr. 1120 (A.); vom 11. Juni 1902, Z. 5246, Slg. VwGH Nr. 1121 (A.).

1603 Ministerialentscheidung vom 6. März 1887, ad Nr. 3483, Österreichische Zeitschrift für Verwaltung XX (1887), Nr. 22, S. 93. Die Beschwerdeführerin war ausgewiesen worden, weil sie als Auswärtige in der betreffenden Gemeinde „mit ihrer Familie nicht einen unbescholtenen Lebenswandel führe, indem ihr ... Sohn ... schon mehrmals ... wegen Verbrechens des Diebstahls ... verurteilt" worden war. Das Ministerium sah bezüglich der Beschwerdeführerin keinen Ausweisungsgrund gegeben, weil ihr „allerdings wiederholt abgestrafter Sohn" nicht mehr als Angehöriger der Mutter gesehen werden könne, da er – inzwischen großjährig geworden – schon zur Zeit des Ausweisungserkenntnisses einen selbständigen Erwerb als „Strazzensammler" hatte und auch nicht einmal mehr mit der Mutter im „beständigen gemeinschaftlichen Haushalte" lebte.

1604 Ministerialentscheidung vom 24. September, Z. 13.469, Österreichische Zeitschrift für Verwaltung XVII (1884), Nr. 24, S. 98; vgl. dazu allerdings KORB (wie Anm. 1476), S. 177.

setzt zu werden vermag", nicht einer „im Interesse der öffentlichen Ordnung und Sicherheit" erlassenen Norm im Wege stehen könne[1605].

C. *Ausweisungsgründe*

Da die Ausübung des Ausweisungsrechtes im Ermessen der zuständigen Gemeindebehörde stand, kam sowohl dem Verwaltungsgerichtshof als auch dem Reichsgericht nur die Überprüfung zu, ob die Gemeinde von ihrem Ermessen im Sinne des Gesetzes Gebrauch gemacht hatte, was im Hinblick auf die weitgehend unbestimmten Begriffe des Gesetzes zu durchaus divergierenden Ergebnissen führen konnte. Insbesondere entzog sich die „Beurtheilung der Frage, ob die gegen einen wegen constatirten bescholtenen Lebenswandel aus einer Gemeinde Auszuweisenden vorhandenen objectiven Bedenken zureichend seien", um die Gemeinde zur Handhabung des Ausweisungsrechtes zu veranlassen, der richterlichen „Cognition" sowohl von Verwaltungsgerichtshof[1606] als auch Reichsgericht[1607]. Wie das Erkenntnis vom 19. Oktober 1900[1608] ausführte, habe das Reichsgericht „nur in Erwägung zu ziehen, ob der Mangel der Unbescholtenheit nicht etwa ohne zureichende objective Anhaltspunkte lediglich als Vorwand behauptet werde, um verfassungsmäßigen Rechten der Staatsbürger nahezutreten". Auch eine „dabei etwa vorhandene interne Absicht der Verhinderung der Ersitzung des Heimatrechtes" könne aber, so der Verwaltungsgerichtshof[1609], keinen Gegenstand der Judikatur bilden. Ebenso entzogen sich freilich allfällige politische, nationale oder antisemitische Hintergrundmotivationen einer Ausweisung weitestgehend der Beurteilung der Gerichte, wenn die Begründung des Ausweisungsbeschlusses ein Mindestmaß an formaler Gesetzmäßigkeit erfüllte.

1. *Mangelnder Nachweis der Heimatberechtigung*

Da für die Berechtigung zum Aufenthalt in einer Gemeinde die „Vorlage" des in den Gemeindeordnungen geforderten Nachweises der Heimatberechtigung nach An-

---

1605 Wie auch, so das Erkenntnis des VwGH vom 21. April 1900, Z. 2817, Slg. VwGH Nr. 14078, „der Abbüßung einer seitens eines Gerichtes über eine Ehefrau verhängten Freiheitsstrafe die Norm des § 92 ABGB *nicht* wird entgegenstehen können"; vgl. auch die Erkenntnisse des VwGH vom 26. Jänner 1909, Z. 799, Slg. VwGH Nr. 6479 (A.), und vom 7. Dezember 1899, Z. 9820, Slg. VwGH Nr. 13483; vgl. zum Problemkreis des § 92 ABGB auch S. 126 f., 228, 373, 738 f., 753.

1606 Erkenntnis des VwGH vom 25. Juni 1898, Z. 3450, Slg. VwGH Nr. 11868; auch Erkenntnis vom 21. April 1900, Z. 2817, Slg. VwGH Nr. 14078.

1607 Erkenntnis des Reichsgerichtes vom 19. Oktober 1900, Z. 346, Slg. RG XI Nr. 1032: Die Behauptung, ob die gegen einen wegen bescholtenen Lebenswandels aus einer Gemeinde Auszuweisenden vorhandenen objectiven Bedenken zureichend seien, um den Mangel seiner Unbescholtenheit zu konstatieren, stehe zunächst den Verwaltungsbehörden zu und entziehe sich der richterlichen Kognition.

1608 Ebd.

1609 Erkenntnis des VwGH vom 19. November 1903, Z. 11.949, Slg. VwGH Nr. 2140 (A.).

sicht des Verwaltungsgerichtshofes[1610] „eine so strikte Bedingung“ war, daß bei „ihrer Nichterfüllung allein“ die Ausweisung erfolgen konnte, stellte dieser wiederholt grundsätzlich die Berechtigung der Gemeinde fest, Auswärtige, welche sich über ihre Heimatberechtigung nicht auswiesen, noch auch dartun konnten, daß sie zur Erlangung eines solchen Nachweises die erforderlichen Schritte gemacht hatten, aus dem Gemeindegebiet auszuweisen[1611]. Der vom Gesetz geforderte, der Partei obliegende Zuständigkeitsnachweis[1612] konnte nach Ansicht des Verwaltungsgerichtshofes auch nicht durch die von der Staatsbehörde eingeleiteten Schritte wegen Rückübernahme eines fremden Staatsangehörigen[1613] oder durch den Behörden im „amtlichen Correspondenzweg“ erteilte Auskünfte, „selbst wenn deren Zuverlässigkeit ganz zweifellos wäre“[1614], ersetzt werden.

Nach Ansicht des Verwaltungsgerichtshofes[1615] zählte weiters die „nachgewiesene Bewerbung eines Auswärtigen um die Erlangung eines Heimatsrechtes in einer oder der anderen Gemeinde“ nicht zu den das Ausweisungsrecht der Gemeinde hemmenden Handlungen, da diese Gesuche des Auswärtigen um Aufnahme in einen Gemeindeverband „keineswegs die zur Erlangung des Nachweises der Heimatsberechtigung erforderlichen Schritte“ seien, sondern vielmehr solche Schritte den Besitz eines Heimatrechtes voraussetzten[1616].

1610 Erkenntnis des VwGH vom 17. April 1902, Z. 3547, Slg. VwGH Nr. 996 (A.).

1611 Z.B. die Erkenntnisse des VwGH vom 29. Dezember 1886, Z. 3536, Slg. VwGH Nr. 3321, und vom 6. März 1895, Z. 1179, Slg. VwGH Nr. 8474.

1612 Der Auswärtige mußte den Gemeinden ein die Heimatberechtigung ausweisendes Dokument vorlegen oder den Beweis darüber herstellen, daß er wegen Beschaffung eines solchen das Erforderliche veranlaßt hatte, vgl. das Erkenntnis des VwGH vom 6. März 1895, Z. 1179, Slg. VwGH Nr. 8474.

1613 Erkenntnis des VwGH vom 29. Dezember 1886, Z. 3536, Slg. VwGH Nr. 3321. Der Beschwerdeführer hatte behauptet, in einer bayerischen Gemeinde heimatberechtigt zu sein. Das zuständige bayerische Bezirksamt hatte allerdings das Ansuchen des Beschwerdeführers um Ausstellung eines Heimatscheines abgewiesen.

1614 Erkenntnis des VwGH vom 6. März 1895, Z. 1179, Slg. VwGH Nr. 8474. Die Beschwerdeführer waren jahrelang aufgefordert worden, Heimatdokumente vorzulegen, welchem Auftrag sie allerdings nicht nachgekommen waren. Im Beschwerdeverfahren wurde der Ausweisungsbeschluß behoben, weil die Behörden es als „zweifellos erwiesen“ hielten, daß die Beschwerdeführer in Rußland zuständig seien, wie dies das Generalkonsulat in Warschau auf amtliche Anfrage mitgeteilt hatte.

1615 Erkenntnis des VwGH vom 24. April 1896, Z. 2504, Slg. VwGH Nr. 9570.

1616 Der Beschwerdeführer war 1877 aus der Staatsbürgerschaft Bayerns entlassen worden, besaß auch kein Heimatrecht in einer bayerischen Gemeinde mehr und hatte weder bei dieser Entlassung noch später die Aufnahme in den österreichischen Staatsverband und das Heimatrecht in einer österreichischen Gemeinde erwirkt, wiewohl er sich darum bemüht hatte, weshalb auch die unteren Instanzen im Unterschied zum Ministerium zum Ergebnis gekommen waren, diese Ausweisung aufzuheben bzw. diese Aufhebung zu bestätigen.

2. *„Bescholtenheit"*

Nach Ansicht sowohl des Verwaltungsgerichtshofes[1617] als auch des Reichsgerichtes[1618] rechtfertigte nicht nur das kumulative Vorliegen von Bescholtenheit und Subsistenzlosigkeit eine Ausweisung, sondern auch das Vorliegen nur eines dieser Ausweisungstatbestände. So stellte der Verwaltungsgerichtshof in seinem Erkenntnis vom 11. Oktober 1888[1619] fest, daß das Recht eines Auswärtigen zum Aufenthalt in einer Gemeinde „von dem Zutreffen beider Voraussetzungen, nämlich des unbescholtenen Lebenswandels und der weiteren Voraussetzung, daß der Betroffene der öffentlichen Mildtätigkeit nicht zur Last falle", bedingt sei und daß demnach, „wenn auch nur eine dieser Voraussetzungen nicht zutrifft, die Ausweisung verfügt werden könne, weshalb das Recht zum Aufenthalt in einer anderen, als der Heimatgemeinde einen unbescholtenen Lebenswandel voraussetze".

Nach Ansicht des Verwaltungsgerichtshofes[1620] und des Reichsgerichtes[1621] bedeutete „Unbescholtenheit" in Übereinstimmung mit dem „allgemeinen Sprachgebrauche ... so viel als frei von öffentlichem entehrenden Tadel" zu sein. Wie der Verwaltungsgerichtshof in seinem Erkenntnis vom 19. Jänner 1888[1622] ausführte, beschränkte das Gesetz das Recht der Ausweisung „nicht auf die durch das Strafgesetz vorgesehenen Fälle

---

1617 Erkenntnisse des VwGH vom 11. Oktober 1888, Z. 3139, Slg. VwGH Nr. 4277; vom 6. Dezember 1893, Z. 4157, Slg. VwGH Nr. 7572; vom 22. Juni 1901, Z. 5010, Slg. VwGH Nr. 421 (A.); vom 3. Mai 1905, Z. 4958, Slg. VwGH Nr. 3515 (A.); vom 27. Juni 1905, Z. 7241, Slg. VwGH Nr. 3674 (A.); vom 11. Dezember 1916, Z. 14.053, Slg. VwGH Nr. 11.638 (A.).

1618 Erkenntnisse des Reichsgerichtes vom 21. Oktober 1895, Z. 269, Slg. RG X Nr. 714; vom 15. Jänner 1902, Z. 501 ex 1901, Slg. RG XII Nr. 1103; vom 19. April 1904, Z. 130, Slg. RG XIII Nr. 1247; vom 18. Oktober 1911, Z. 492, Slg. RG XV Nr. 1885.

1619 Erkenntnis des VwGH vom 11. Oktober 1888, Z. 3139, Slg. VwGH Nr. 4277.

1620 Z.B. Erkenntnis des VwGH vom 17. Oktober 1879, Z. 2003, Slg. VwGH Nr. 590; vgl. auch z.B. das Erkenntnis vom 14. April 1886, Z. 1065, Slg. VwGH 3014, das feststellte, daß so „schwierig eine genaue Begrenzung des Begriffes: unbescholtener Lebenswandel an sich" auch sei, „nach gewöhnlichem Sprachgebrauche" nur derjenige unbescholten sei, „der sich von öffentlichem entehrendem Tadel frei erhielt"; andere Erkenntnisse sprachen von „sittlicher Minderwertigkeit", z.B. das Erkenntnis des VwGH vom 12. Oktober 1909, Z. 8915, Slg. VwGH Nr. 6926 (A.); vgl. zum Bescholtenheitsbegriff auch die Judikate vom 19. Jänner 1888, Z. 220, Slg. VwGH Nr. 3885; vom 16. Dezember 1893, Z. 4157, Slg. VwGH Nr. 7572; vom 25. Juni 1898, Z. 3450, Slg. VwGH Nr. 11868; vom 7. Dezember 1899, Z. 9820, Slg. VwGH Nr. 13483; vom 30. März 1900, Z. 2227, Slg. VwGH Nr. 13992; vom 9. Oktober 1901, Z. 7480, Slg. VwGH Nr. 542; vom 14. Juni 1902, Z. 5356, Slg. VwGH Nr. 1134 (A.); vom 19. November 1903, Z. 11.929, Slg. VwGH Nr. 2141 (A.); vom 16. Jänner 1904, Z. 571, Slg. VwGH Nr. 2293 (A.); vom 23. November 1904, Z. 12.352, Slg. VwGH Nr. 3086 (A.); vom 23. Dezember 1904, Z. 13.733, Slg. VwGH Nr. 3184 (A.); vom 23. Februar 1906, Z. 2173, Slg. VwGH Nr. 4204 (A.); siehe weiters die Erkenntnisse des VwGH vom 29. Mai 1906, Z. 6252, Slg. VwGH Nr. 4466 (A.); vom 19. Juni 1907, Z. 5874, Slg. VwGH Nr. 5269 (A.); vom 8. Jänner 1908, Z. 232, Slg. VwGH Nr. 5637 (A.); vom 11. April 1902, Z. 3341, Slg. VwGH Nr. 981 (A).

1621 Vgl. z.B. das Erkenntnis des Reichsgerichtes vom 19. April 1904, Z. 130, Slg. RG XIII Nr. 1247.

1622 Erkenntnis des VwGH vom 19. Jänner 1888, Z. 220, Slg. VwGH Nr. 3885.

der Abschaffung, es bestimmt auch nicht, daß die Anwendung dieses Rechtes nur dann zulässig sei, wenn der Auswärtige sich strafgerichtliche Verurteilungen wegen besonders strafbarer Handlungen zugezogen hat", sondern das Gesetz untersage den Gemeinden, Auswärtigen den Aufenthalt in ihrem Gebiet zu verweigern, „vielmehr nur für solange als diese einen unbescholtenen Lebenswandel führen". Daraus müsse gefolgert werden, daß im Sinne des Gesetzes die Gemeinden berechtigt sein sollten, Personen nicht nur dann auszuweisen, „wenn sich dieselben solcher Handlungen schuldig machen, welche durch das Strafgesetz verpönt und mit entehrender Strafe belegt sind", sondern auch dann, „wenn ihr öffentliches Verhalten in der Gemeinde ein solches ist, daß es als ein unehrenhaftes bezeichnet werden kann und zu öffentlichem Tadel Anlaß gibt"[1623].

Andererseits hatten gerichtliche und polizeiliche Abstrafungen die Bescholtenheit nicht unbedingt zur Folge bzw. ging der unbescholtene Lebenswandel nicht notwendigerweise durch eine Verurteilung verloren[1624], denn ob „und inwieferne eine strafgerichtliche Behandlung geeignet war, den Lebenswandel eines Menschen als bescholten erscheinen zu lassen", hing nach Ansicht des Verwaltungsgerichtshofes[1625] „vielmehr von äußeren Umständen und der Anschauung der Oeffentlichkeit ab", insbesondere ob die Straftat bei den Mitbürgern des Verurteilten diffamierende Beurteilung hervorgerufen habe[1626].

Auch nach Ansicht des Reichsgerichtes[1627] deckte sich der Begriff der Bescholtenheit nicht mit dem Begriff der „Bestraftheit", denn nach „der Anschauung aller Gesellschaftskreise ist nicht jede Verurtheilung wegen einer Übertretung infamirend oder auch nur der Ehre und der socialen Geltung des Verurtheilten abträglich". Eine einmalige gerichtliche Verurteilung konnte daher „an und für sich den Lebenswandel des Verurteilten noch nicht zum bescholtenen machen", da die Bescholtenheit nur die „Folge der Qualität der strafbaren Handlung an sich oder in Verbindung mit ihren Begleitumständen" sei[1628]. Insbesondere bewirkte nach Ansicht des Reichsgerichtes[1629] eine einma-

---

1623 So auch das Erkenntnis des VwGH vom 30. März 1900, Z. 2227, Slg. VwGH Nr. 13992.

1624 Erkenntnisse des VwGH vom 9. Oktober 1901, Z. 7480, Slg. VwGH Nr. 542 (A.); vom 11. November 1904, Z. 11.837, Slg. VwGH Nr. 3051 (A.); vom 23. November 1904, Z. 12.352, Slg. VwGH Nr. 3086 (A.); vom 25. November 1904, Z. 12.491, Slg. VwGH Nr. 3097 (A.); vom 8. Mai 1906, Z. 5384, Slg. VwGH Nr. 4403 (A.); vom 13. November 1906, Z. 12.033, Slg. VwGH Nr. 4758 (A.); vom 15. Jänner 1907, Z. 408, Slg. VwGH Nr. 4923 (A.); vom 28. September 1909, Z. 8545, Slg. VwGH Nr. 6899 (A.).

1625 Erkenntnis des VwGH vom 22. Juni 1901, Z. 5010, Slg. VwGH Nr. 142 (A.).

1626 Erkenntnis des VwGH vom 28. Oktober 1913, Z. 10.881, Slg. VwGH Nr. 9838 (A.).

1627 Erkenntnis des Reichsgerichtes vom 13. Juli 1895, Z. 170, Slg. RG Nr. 711.

1628 Erkenntnis des Reichsgerichtes vom 22. Jänner 1906, Z. 528 ex 1905, Slg. RG XIII Nr. 1411.

1629 Erkenntnis des Reichsgerichtes vom 25. April 1906, Z. 123, Slg. Rg XIII Nr. 1420. Der Ausgewiesene war wegen des Verbrechens der öffentlichen Gewalttätigkeit gemäß § 81 StG, begangen dadurch, daß er einem Wachmann „durch gefährliche Drohung und wirkliche Handanlegung in der Absicht, ihn an der Ausübung seines Dienstes zu verhindern", Widerstand geleistet hatte, und wegen des Vergehens des Auflaufes gemäß § 279 StG, begangen dadurch, daß er anläßlich seiner Verhaftung und Abführung der Volksmenge zugerufen habe: „nur vorwärts", „kommt mir zuhilfe", und dadurch, daß er der Aufforderung der Wachmannschaft wegzugehen, keine Folge geleistet hatte.

lige gerichtliche Verurteilung dann nicht den Verlust der Unbescholtenheit, wenn das Delikt „nur in der allgemeinen momentanen Erregung während eines Streiks" wurzelte.

In seinem Erkenntnis vom 9. Oktober 1901[1630] führte der Verwaltungsgerichtshof zum Begriff der Bescholtenheit aus, daß, so „wie die Ehre in der durch das Verhalten des betreffenden Individuums begründeten Achtung der Mitmenschen" läge, so käme auch ihr Mangel, nämlich die Bescholtenheit, „in der öffentlichen Mißachtung des sittlichen Verhaltens des Einzelnen zum Ausdruck". Die Unbescholtenheit sowie auch der durch den Mangel dieser letzteren begründete Zustand der Bescholtenheit stellten somit „rein factische Zustände dar, welche durch das Vorhandensein, bezw. den Abgang eines sittlichen Verhaltens des Individuums" gegeben seien, welches „nach dem allgemeinen Urteile der Mitbürger für eine unverminderte Ehrenhaftigkeit unbedingt erforderlich" sei. Folglich könne „die in der Bescholtenheit liegende tatsächliche Ehrenminderung schon kraft des factischen Verhaltens eintreten, ohne daß dasselbe zu einer gerichtlichen oder polizeilichen Abstrafung geführt hätte", andererseits könne aber „nicht schon die Tatsache einer solchen behördlichen Beanständung für sich allein dem Einzelnen die sittliche Unbescholtenheit entziehen". Vielmehr müsse bei der Beurteilung der Frage der Unbescholtenheit „immer nur auf das das sittliche Betragen des Individuums, bezw. auf die Handlung selbst gesehen werden, durch welche die betreffende behördliche Beanständung veranlaßt worden" sei.

Sousek[1631] folgend kann freilich diese Interpretation nicht „als eine glückliche" bezeichnet werden, da für die Beurteilung des Mangels der Unbescholtenheit damit letztlich „die mit der Zeit Veränderungen unterliegenden gesellschaftlichen Ansichten der Organe der obersten Berufungsinstanz maßgebend" waren. „Autorität für eine so einschneidende Verfügung", könne aber nur eine gesetzliche Norm, nicht jedoch, so Sousek, eine „vage öffentliche Meinung" sein. Darüber hinaus begegne der öffentliche Tadel „in verschiedenen Gesellschaftsklassen ungleichen Voraussetzungen", da „beispielsweise über das Konkubinat die Einwohner großer Städte und kleiner Ortschaften in ganz verschiedener Weise" urteilten, ein „kleiner Diebstahl bei einem Armen oder ein Walddiebstahl in Gebirgsgegenden ... in der Umgebung dieser Personen kein besonderes Ärgernis" hervorrufe und das Vergehen der schuldbaren Krida „in Handelskreisen viel milder als in fernerstehenden Bevölkerungsschichten beurteilt" werden würde.

Derartigen Bedenken trug der Verwaltungsgerichtshof in späteren Judikaten fallsweise Rechnung, indem er etwa in einem Erkenntnis vom 23. November 1904[1632] bemerkte, daß bestimmte Handlungen, die nach Ansicht der Gemeinde zum Verlust der Bescholtenheit geführt hatten, „zwar im Interesse der öffentlichen Ordnung nicht straflos geduldet werden" könnten, jedoch „nach der Anschauung der Kreise, in welchen sich dieselben abspielten, keinen Fleck auf der Ehre des Delinquenten zurückließen". In einem Erkenntnis aus dem Jahre 1906[1633] führte der Verwaltungsgerichtshof sogar mit grundsätzlichem Charakter aus, daß nur eine Lebensführung als bescholten im Sinne der Ausweisungsbestimungen anzusehen sei, „wenn sie zu einem Verlust des persönli-

1630 Erkenntnis des VwGH vom 9. Oktober 1901, Z. 7480, Slg. VwGH Nr. 542 (A.).

1631 SOUSEK (wie Anm. 1501), S. 94 f.

1632 Erkenntnis des VwGH vom 23. November 1904, Z. 12.352, Slg. VwGH Nr. 3086 (A.).

1633 Erkenntnis des VwGH vom 13. November 1906, Z. 12.033, Slg. VwGH Nr. 4758 (A.).

chen Ansehens, der bürgerlichen Achtung in den gesellschaftlichen Kreisen führt, denen der Beanständete angehört", wonach sich ergebe, daß „nicht jeder Eingriff in fremde Rechte" den Verlust der Unbescholtenheit nach sich ziehe, insbesondere nicht strafbare Handlungen, „welche das Volksbewußtsein im allgemeinen, das ist, wenn nicht besondere Umstände eine andere Auffassung hervorrufen, als weniger belangreiche Verfehlungen ansieht, welche nicht immer einen Makel auf der Ehre des Bestraften zurücklassen". So könne in concreto nicht angenommen werden, daß jemand sich durch den Versuch, „einmal in fremdem Fischwasser Fische zu fangen, in den Gesellschaftskreisen, denen er angehört, einen entehrenden Tadel, eine wesentliche Minderung seines Ansehens sich zugezogen habe, der Mißachtung verfallen sei".

Was die strafbaren Handlungen anbelangt, die nach Ansicht des Ministeriums, des Reichsgerichtes und des Verwaltungsgerichtshofes regelmäßig Bescholtenheit nach sich zogen, so sind hier in erster Linie Verurteilungen wegen aus Gewinnsucht begangener Eigentumsdelikte[1634], insbesondere wegen Diebstahls und Betruges, zu nennen, denn, so der Verwaltungsgerichtshof 1902[1635], „es mögen die Anschauungen darüber, welche Bedeutung den Motiven einer Gesetzesübertretung in Bezug auf die Frage von Schuld oder Nichtschuld beizumessen ist, noch so verschieden sein, über das eine ist wohl der moderne Ehrbegriff ungeteilt, daß ein Diebstahl, mag er nach der augenblicklichen

1634 Siehe zu den Eigentumsdelikten z.B. die Erkenntnisse des VwGH vom 11. Oktober 1888, Z. 3139, Slg. VwGH Nr. 4277; vom 25. Juni 1898, Z. 3450, Slg. VwGH Nr. 11868; vom 21. April 1900, Z. 2817, Nr. 14078; vom 8. Oktober 1903, Z. 10.224, Slg. VwGH Nr. 2016 (A.); vom 19. November 1903, Z. 11.949 und 11.929, Slg. VwGH Nr. 2140 (A.) und 2141 (A.); vom 8. Jänner 1908, Z. 232, Slg. VwGH Nr. 5637 (A.); die Erkenntnisse des Reichsgerichtes vom 19. Oktober 1881, Z. 181, Slg. RG VI Nr. 250; vom 20. April 1885, Z. 76, Slg. RG VII Nr. 326; vom 17. Jänner 1906, Z. 572 ex 1905, Slg. RG XIII Nr. 1397; vom 6. Juli 1903, Z. 271, Slg. RG XII Nr. 1183: In diesem Fall hatten die minderjährigen Kinder der Ausgewiesenen angeblich Getreide aus „Mandeln" im Wert von 8 K. gestohlen, welches auf dem Dachboden der Eltern gefunden wurde. Diese wurden nach § 464 StG wegen Diebstahlsteilnehmung verurteilt und nach zwanzigjährigem unbescholtenen Lebenswandel ausgewiesen. Das Reichsgericht hatte befunden, daß der Lebenswandel einer Person, welche wegen Diebstahlsteilnahme abgestraft wurde, nicht mehr unbescholten genannt werden könne; so auch das Erkenntnis des Reichsgerichtes vom 19. Oktober 1903, Z. 422, Slg. RG XII Nr. 1195; siehe freilich die Ministerialentscheidung vom 24. Mai 1892, Z. 9962, Österreichische Zeitschrift für Verwaltung XXVI (1893), Nr. 42, S. 203, wonach z.B. die Entwendung von Kartoffeln im Werte von 20 kr. ausreichte, um die Bescholtenheit zu begründen. Siehe zum Betrug die Erkenntnisse des VwGH vom 23. Februar 1906, Z. 2171, Slg. VwGH Nr. 4205 (A.); vom 25. Juni 1898, Z. 3450, Slg. VwGH Nr. 11868; vom 19. Juni 1907, Z. 5874, Slg. VwGH Nr. 5269 (A.); Erkenntnisse des Reichsgerichtes vom 12. Oktober 1895, Z. 269, Slg. RG X Nr. 714; vom 19. Jänner 1900, Z. 432 ex 1899, Slg. RG XI Nr. 983; vom 20. Jänner 1909, Z. 14, Slg. RG XIV Nr. 1630; vom 27. April 1909, Z. 263, Slg. RG XV Nr. 1674.

1635 So das Erkenntnis des VwGH vom 11. Juni 1902, Z. 5246, Slg. VwGH Nr. 1121 (A.). Als unbescholten könne gewiß auch bei „weitestgehender Toleranz" ein wegen Diebstahls Verurteilter „mindestens so lange nicht angesehen werden, als er nicht durch einen längere Zeit fortgesetzten vorwurfsfreien Lebenswandel bei seinen Mitbürgern die Überzeugung von seiner sittlichen Minderwertigkeit entkräftet und die bürgerliche Achtung wiedergewonnen" habe.

Sachlage oder Gemüthsverfassung des Diebes noch so entschuldbar sein, sofern er dem Täter nur überhaupt zugerechnet werden kann, immer eine diffamierende Handlung ist, welche dem Täter einen schweren Makel aufdrückt". Allerdings verließ die spätere Judikatur sowohl des Reichsgerichtes als auch des Verwaltungsgerichtshofes bezüglich des Diebstahls manchmal diese harte Linie[1636]. Bezüglich anderer Delikte liegen z.B. Entscheidungen vor, nach denen Verurteilungen wegen Vergehens des Auflaufes[1637], wegen Einmengung in die Vollziehung öffentlicher Dienste[1638], wegen Beleidigung einer gesetzlich anerkannten Kirche[1639], wegen Übertretung gegen die körperliche Sicherheit[1640], wegen Ankaufes verdächtiger Waren[1641], wegen Ehebruches[1642], wegen Kuppelei[1643], wegen Übertretung der Trunkenheit[1644], wegen wiederholter körperlicher Beschädigung[1645], wegen Feldfrevels[1646] usw. für ausreichend erachtetet worden waren, einen Mangel der Bescholtenheit nach sich zu ziehen[1647].

1636 Siehe z.B. das Erkenntnis des VwGH vom 11. November 1904, Z. 11.837, Slg. VwGH Nr. 3051 (A.), das ausführte, daß die Einwendung der Gemeinde, das Ministerium habe zu Unrecht die Unbescholtenheit des Beschwerdeführers angenommen, denn „dies könne bei jemandem, der sich eines Diebstahls schuldig gemacht hat, nie zutreffen", gehe von „einer Anschauung über die absolute Minderwertigkeit jedes Menschen, der sich an fremdem Eigenthume vergreift", aus, die der Gerichtshof nicht teilen könne; auch das Erkenntnis des VwGH vom 13. November 1906, Z. 12.033, Slg. VwGH Nr. 4758 (A.); siehe auch das Erkenntnis des Reichsgerichtes vom 22. Jänner 1906, Z. 528 ex 1905, Slg. RG XIII Nr. 1411: Der bloße Versuch des Diebstahles eines Gegenstandes von verhältnismäßig unbedeutendem Wert (3 K.) bewirke für sich allein die Bescholtenheit noch nicht. Siehe auch das Erkenntnis des VwGH vom 28. Oktober 1913, Z. 10.881, Slg. VwGH Nr. 9838 (A.), in welchem der Gerichtshof bei einem Diebstahl von altem, minderwertigem Zinkblech im Wert von 4 K. die Annahme nicht für gerechtfertigt erachtete, daß diese Straftat bei den Mitbürgern eine Ehrenminderung zur Folge haben müßte.

1637 Ministerialentscheidung vom 13. April 1895, Z. 7447, und vom 17. August 1898, Z. 27190; vgl. SOUSEK (wie Anm. 1501), S. 98.

1638 Ministerialentscheidung vom 28. Oktober 1899, Z. 33670; vgl. SOUSEK (wie Anm. 1501), S. 98.

1639 Ministerialentscheidung vom 4. Juli 1895, Z. 16450, und vom 5. April 1895, Z. 6005, vom 10. Februar 1898, Z. 4267; vgl. SOUSEK (wie Anm. 1501), S. 98.

1640 Ministerialentscheidung vom 25. Oktober 1899, Z. 34717; vgl. SOUSEK (wie Anm. 1501), S. 98.

1641 Ministerialentscheidung vom 17. September 1888, Z. 16567; vgl. SOUSEK (wie Anm. 1501), S. 98 f.

1642 Ministerialentscheidung vom 13. Februar 1898, Z. 4609; vgl. SOUSEK (wie Anm. 1501), S. 99.

1643 Ministerialentscheidung vom 26. März 1882, Z. 4297; vgl. SOUSEK (wie Anm. 1501), S. 99.

1644 Ministerialentscheidung vom 20. Dezember 1890, Z. 25799; vgl. SOUSEK (wie Anm. 1501), S. 99.

1645 Erkenntnis des VwGH vom 7. Dezember 1899, Z. 9820, Slg. VwGH Nr. 13483.

1646 Erkenntnis des VwGH vom 23. Dezember 1904, Z. 13.733, Slg. VwGH Nr. 3184 (A.).

1647 Vgl. auch SOUSEK (wie Anm. 1501), S. 99 ff.

Hingegen wurden Verurteilungen wegen leichter Körperverletzung bei Raufhandel[1648], wegen schuldbarer Krida[1649], wegen gröblicher Verletzung der Sittlichkeit[1650] und wegen Winkelschreiberei[1651] durchaus unterschiedlich bewertet[1652].

Als nicht die Bescholtenheit bewirkende Abstrafungen wurden Verurteilungen z.B. wegen des Verbrechens der öffentlichen Gewalttätigkeit[1653], wegen Übertretungen gegen die Sicherheit der Ehre[1654], wegen Vergehen der Nichtfolgeleistung gegenüber der

---

1648 Das Erkenntnis des VwGH vom 19. Jänner 1888, Z. 220, Slg. VwGH Nr. 3885, bestätigte den Verlust der Unbescholtenheit im Gegensatz zur Ministerialentscheidung vom 30. Mai 1897, Z. 16556; vgl. SOUSEK (wie Anm. 1501), S. 99.

1649 Nach Ansicht des Verwaltungsgerichtshofes, Erkenntnis vom 14. April 1886, Z. 1065, Slg. VwGHNr. 3014, kam einem wegen schuldbarer Krida Verurteilten die Eigenschaft der Unbescholtenheit nicht zu, da sowohl nach der Gemeindewahlordnung als auch nach der Konkursordnung mit einer derartigen Handlung eine Ehrenminderung verbunden war; siehe auch die Ministerialentscheidungen vom 15. Oktober 1892, Z. 15454, und vom 10. April 1895, Z. 4676, SOUSEK (wie Anm. 1501), S. 99; das Erkenntnis des VwGH vom 23. November 1904, Z. 12.352, Slg. VwGH Nr. 3086 (A.); vgl. die Erkenntnisse des Reichsgerichtes vom 10. Juli 1895, Z. 169, Slg. RG X Nr. 705, und vom 16. Jänner 1899, Z. 4, Slg. RG XI Nr. 925: Bei einer Verurteilung wegen des Vergehens der schuldbaren Krida könne nur nach der Natur des einzelnen Falles beurteilt werden, ob die Bescholtenheit in Folge der Straftat verloren gegangen war; vgl. auch den Erlaß vom 3. Mai 1885, Z. 6626, Österreichische Zeitschrift für Verwaltung XVIII (1885), Nr. 40, S. 166 f.

1650 Ministerialentscheidung vom 24. März 1884, Z. 1564; vgl. SOUSEK (wie Anm. 1501), S. 99; Erkenntnis des Reichsgerichtes vom 23. Jänner 1903, Z. 428 ex 1902, Slg. RG XII Nr. 1166: „Eine Person, welche an einem Ort durch viele Jahre einen unbescholtenen Lebenswandel geführt hat, wird dieses Lebenswandels durch eine einmalige Bestrafung nach § 516 StG, welche unter Berücksichtigung der Trunkenheit“ nur unter Anwendung des außerordentlichen Milderungsrechtes erfolgt war, „noch nicht verlustig“.

1651 Gemäß der Verordnung des Justizministeriums vom 8. Juni 1857, RGBl. Nr. 114, betreffend die Behandlung der Winkelschreiberei; nach dem Erkenntnis des VwGH vom 23. Februar 1906, Z. 2173, Slg. VwGH Nr. 4204 (A.), stellte eine derartige Abstrafung keinen Ausweisungsgrund dar; vgl. aber SOUSEK (wie Anm. 1501), S. 100.

1652 Wie SOUSEK (wie Anm. 1501), S. 95, zutreffend bemerkte, war es freilich „kein gesunder Zustand, wenn ein dem Strafgesetze unterliegendes Verhalten einmal die Ausweisung begründen kann, während in einem anderen, vollkommen gleichen Falle das Gegenteil erklärt“ wurde.

1653 Erkenntnis des Reichsgerichtes vom 15. Jänner 1902, Z. 501 ex 1901, Slg. RG XII Nr. 1103: Die einmalige Verurteilung wegen des Verbrechens der öffentlichen Gewalttätigkeit gemäß § 85 StG führe noch nicht zum Verlust der Unbescholtenheit, wenn die Tat keinem ehrlosen Motiv entsprungen war und der Gerichtshof den Täter durch die Anwendung des außerordentlichen Milderungsrechtes als besserungsfähig erkannt hatte.

1654 Erkenntnis des VwGH vom 30. März 1900, Z. 2227, Slg. VwGH Nr. 13992, wonach die „in Betracht kommende Verurteilung wegen Ehrenbeleidigung keineswegs genügen kann, um wegen dieses Delictes, bei welchem es sich ja nur vorzugsweise um die Interessen des an seiner Ehre Gekränkten gehandelt hat, und welches auch nur über Verlangen des Beleidigten verfolgbar ist, den Beschwerdeführer als bescholten, d.h. nicht frei von entehrendem Tadel bezeichnen zu können“; sowie z.B. die Ministerialentscheidung vom 1. September 1886, Z. 150.206, Österreichische Zeitschrift für Verwaltung XIX (1886), Nr. 46, S. 205. Der Beschwerdeführer, Sohn eines Gutspächters und Jusstudent an der Universität Wien, war wegen „Mißhandlung“ eines Schloßgärtners einer adeligen Gutsherrschaft, dem er wegen an-

Wache[1655], wegen der Übertretung der Wachebeleidigung[1656], wegen der Übertretung der boshaften Beschädigung fremden Eigentums[1657] und Übertretungen wegen verbotenen Spiels[1658] sowie Übertretungen des Preß- und Versammlungsgesetzes[1659], Abstrafung wegen vernachlässigten Schulbesuches der Kinder[1660] und wegen Straßenexzessen[1661] angesehen.

Andererseits konnte aber auch ein Verhalten, das unter keine Strafnorm fiel, den Mangel der Bescholtenheit bewirken, wenn es in der Öffentlichkeit Ärgernis erregte, wie etwa häufige öffentliche Trunkenheit[1662]. Als nicht ausreichend für eine Ausweisung wurden hingegen vom Verwaltungsgerichtshof etwa angeblich die „lokale Sicherheit" gefährdende Drohungen[1663] oder das Verhalten von Mietparteien des Auswärtigen[1664] erachtet. Das Ministerium hatte allerdings in einem auch das Reichsgericht beschäftigenden Fall bereits darin einen für die Ausweisung zureichenden Grund erblickt, daß durch den Aufenthalt einer Person in einer Gemeinde „die öffentliche Ruhe und Ordnung in derselben gefährdet" erschien[1665]. Das Reichsgericht[1666] hingegen hatte der

---

geblicher Beleidigung seiner Mutter öffentlich eine Ohrfeige gegeben hatte, gemäß § 496 StG verurteilt worden und hatte „seither eine herausfordernde Stellung sowohl gegen den Gutsherren ... als auch gegen dessen Dienerschaft gezeigt" und den „ruhigen Besitz" des gräflichen Gutsherren durch „seine drohende Haltung gestört".

1655 Ministerialentscheidung vom 28. April 1896, Z. 8686, vgl. SOUSEK (wie Anm. 1501), S. 99.

1656 Ministerialentscheidungen vom 28. Juni 1895, Z. 14999, und vom 1. September 1898, Z. 28805, vgl. SOUSEK (wie Anm. 1501), S. 99.

1657 Ministerialentscheidung vom 4. September 1896, Z. 15987, vgl. SOUSEK (wie Anm. 1501), S. 99.

1658 Erkenntnis des Reichsgerichtes vom 13. Juli 1895, Z. 175, Slg. RG X Nr. 711.

1659 Ministerialentscheidung vom 8. Juli 1878, Z. 8979, siehe JEGIEREK (wie Anm. 149), S. 64.

1660 Ministerialentscheidung vom 2. April 1899, Z. 3751, vgl. SOUSEK (wie Anm. 1501), S. 100.

1661 Ministerialentscheidungen vom 8. Jänner 1881, Z. 53, und vom 29. Juli 1898, Z. 24734, vgl. SOUSEK (wie Anm. 1501), S. 100.

1662 Ministerialentscheidungen vom 13. Oktober 1886, Z. 17484, und vom 8. November 1899, Z. 37202; nicht aber ein vereinzelter Fall derselben, Ministerialentscheidung vom 19. Februar 1898, Z. 1362, vgl. SOUSEK (wie Anm. 1501), S. 100.

1663 Erkenntnis des VwGH vom 16. Jänner 1904, Z. 571, Slg. VwGH Nr. 2293 (A.).

1664 Erkenntnis des VwGH vom 6. Oktober 1888, Z. 2046, Slg. VwGH Nr. 4268. Die Ausgewiesene hatte unterstandslosen und im Konkubinat lebenden Leuten Unterkunft gegeben. Nach Ansicht des Verwaltungsgerichtshofes sprach auch dieser Umstand nicht für eine Gesetzmäßigkeit der Ausweisung, da „die Ausgewiesene für das Verhalten ihrer Mietpartheien nicht allein verantwortlich gemacht werden" könne und der Gemeinde gesetzliche Mittel zur Verfügung gestanden hatten, „den durch Unterstandgeben an derlei Leute sich ergebenden Uebelständen zu begegnen".

1665 Ministerialentscheidung vom 23. Jänner 1878, Z. 18089 ex 1877, Österreichische Zeitschrift für Verwaltung XI (1878), Nr. 8, S. 31 f. Motivation für diese Ausweisung war die angebliche „Erbitterung und Aufregung, welche das wucherische und unsittliche Benehmen des Jacob K. unter der Bevölkerung der Stadt Sch. hervorrief", die „wiederholt an den Straßenekken vorgefundenen gegen den ‚Juden' K. gerichteten Pasquille" und sonstige sich mehrende Anzeichen, „welche der Ausschreitung gegen die Juden im Jahre 1866 vorangingen". Der Bezirkshauptmann hatte eine außerordentliche Sitzung der Stadtgemeindevertretung einberufen, in welcher die Ausweisung beschlossen wurde, weil der Auszuweisende sich mit „keiner berechtigten Erwerbsquelle und keinen anderen Einnahmen ausweisen" könne, sondern es

Beschwerde gegen diese Ausweisung, welcher nach den Angaben der Gemeinde auch die Sorge vor antisemitischen Ausschreitungen zugrundelag, stattgegeben, weil zum einen die Gemeinde betreffend die dem Ausgewiesenen vorgeworfenen, „die öffentliche Ruhe und Ordnung in der Stadt ... störende[n] und öffentliches Ärgernis verursachende[n] Auftritte“ keine näheren Angaben beigebracht habe, „geschweige ein Beweis dafür auch nur angeboten“ worden sei[1667]. Zum anderen war nach Ansicht des Gerichtes die Ausweisung auch nicht durch den Umstand zu rechtfertigen, daß in der betreffenden Stadt „schon seit vielen Jahren und noch derzeit eine stark aufgeregte Stimmung gegen die Juden bestehe, weil hieraus doch keine Legitimation abgeleitet werden könne“, dem Ausgewiesenen „ein allen österreichischen Staatsbürgern ohne Unterschied des Religionsbekenntnisses verfassungsmäßig gewährleistetes Recht wider die Anordnung der Gesetze zu entziehen oder zu schmälern“.

Betreffend den Verlust der Unbescholtenheit durch ein anderes als strafrechtlich relevantes Verhalten stellte der Verwaltungsgerichtshof[1668] weiters fest, daß auch Charaktereigenschaften einer Person, „welche geeignet sein könnten, gegen ihn in der Bevölkerung Unmut und Abneigung zu erzeugen“, keinen Grund darstellen könnten, die

---

im Gegenteil bekannt sei, „daß er sich nur mit Wucher im größten Maße und mit der Verführung der Leute zu allerlei Rechtsstritten befaßt und allgemeines Ärgernis unter der Bevölkerung, besonders der niederen Classe bewirkt“ habe, weiters in „sittlicher Beziehung keinen lobenswerthen Ruf“ besitze und das Volk „durch öffentliche Auftritte gegen sich aufgereizt“ habe. Überdies habe „nur seine Person die Nothwendigkeit der außerordentlichen polizeilichen Vorkehrungen und eine Furcht in der Stadt hervorgebracht ..., in Folge deren außergewöhnliche Maßregeln zur Erhaltung der öffentlichen Ordnung und Ruhe getroffen werden mußten, um so mehr, als die Erbitterung auch gegen die übrigen Israeliten, obwohl grundlos, wachsen würde“. Der Ausweisungsbeschluß der Gemeinde lautete: „Um allen weiteren durch Ihr Handeln verschuldeten, die öffentliche Ruhe und Ordnung in der Stadt störenden und öffentliches Ärgernis hervorrufenden Vorfällen bei Zeiten zuvorzukommen, wird Ihnen als Auswärtiger ... aus Ihnen wohl bekannten Ursachen, aus öffentlichen polizeilichen Rücksichten die Ausweisung aus der Stadtgemeinde gegeben ...“. Der Stadtrat hatte auch in seinem Bericht an die Stadthauptmannschaft ausgeführt, daß „dort, wo die allgemeine öffentliche Meinung durch die Äußerung eines allgemeinen Unwillens dem Mißfallen an dem Lebenswandel eines Menschen so offenen Ausdruck gebe, ... es der Notwendigkeit eines weiteren Nachweises nicht bedürfe, daß der Lebenswandel nicht unbescholten sei“.

1666 Vgl. zu diesem Fall auch das der Beschwerde wegen Verletzung des Art. 6 des Staatsgrundgesetzes über die allgemeinen Rechte der Staatsbürger stattgebende Erkenntnis des Reichsgerichtes vom 25. April 1878, Z. 86, Slg. RG IV Nr. 159.

1667 Das Reichsgericht führte weiters aus, daß zwar das „allgemeine Stadtgespräch circulirt habe“, daß der Ausgewiesene, „ein verheiratheter Mann und Familienvater, mit einer anderen Frau eine grobe unsittliche Handlung begangen habe; allein ein Beweis dafür, daß dieß *wirklich* stattgefunden habe“, sei nicht beigebracht worden und es müsse daher „als rechtlich unzulässig angesehen werden, Jemand auf Grund eines bloßen Stadtgeredes, dessen Grundhältigkeit nicht erwiesen werden konnte, als gesetzlich bescholten zu erklären und ihn deßhalb eines der wichtigsten staatsbürgerlichen Rechte verlustig zu erklären“. Auch das Vorbringen, „daß des Beschwerdeführers Lebenswandel deßhalb moralisch bescholten und unehrenhaft erscheine, weil er Wuchergeschäfte betreibe“, erachtete das Reichsgericht mangels an Beweisen für nicht relevant.

1668 Erkenntnis des VwGH vom 21. Februar 1903, Z. 2164, Slg. VwGH Nr. 1574 (A.).

Person als bescholten zu erklären und eine Ausweisung derselben als notwendig erscheinen zu lassen, da „jedermann sich den Konsequenzen individueller Eigentümlichkeiten" einer Person dadurch entziehen könne, daß er den Umgang mit derselben meide. Die „Gemüts- und Charaktereigenschaften eines Menschen unterliegen überhaupt einer sehr schwankenden und unsicheren Beurteilung[,] und es wäre sehr bedenklich, wenn man eine Maßregel, welche nur den Zweck haben soll, wirklich gefährliche, bemakelte oder anrüchige Individuen fernzuhalten, auch gegenüber solchen Personen in Anwendung bringen könnte, die sich lediglich durch ihre Eigenschaften und ihr Benehmen gegenüber einer mehr oder minder beträchtlichen Zahl von Insassen der Gemeinde ihres Aufenthaltes unbeliebt gemacht haben". In einem anderen Erkenntnis bemerkte der Verwaltungsgerichtshof[1669], daß auch ein „[a]nmaßendes Wesen, Streit- und Prozeßsucht, gesellschaftliche Unverträglichkeit" wohl Eigenschaften seien, „welche eine Person bei ihren Mitbürgern unbeliebt und sogar verhaßt machen können, allein sie dokumentieren noch immer nicht jenen Grad der sittlichen Minderwertigkeit, welcher als der Ausdruck einer verächtlichen und entehrenden Gesinnung betrachtet werden könnte".

Bezüglich moralisch-sittlichen Fehlverhaltens entschied der Verwaltungsgerichtshof 1887 grundsätzlich, daß „Ordnungswidrigkeiten, welche auf das Innere der Familie beschränkt bleiben und nicht in die Öffentlichkeit treten", keinen bescholtenen Lebenswandel begründeten, da nicht behauptet werden könne, „daß durch selbe öffentliches Aergerniß erregt oder die öffentliche Sittlichkeit gefährdet worden wäre"[1670]. In diesem Sinne vertrat der Verwaltungsgerichtshof betreffend die Führung eines Konkubinats in einem Erkenntnis vom 17. Oktober 1879 die Ansicht[1671], daß man nicht annehmen könne, „die Gesetzgebung habe die Gemeinde zum Sittenrichter über das Privatleben der Einzelnen machen wollen", sondern sie habe ihr nur die Wahrung der öffentlichen Interessen übertragen. Solange daher „ein solches, wenn auch nicht dem Sit-

1669 Erkenntnis des VwGH vom 23. Februar 1906, Z. 2173, Slg. VwGH Nr. 4204 (A.).

1670 Erkenntnis des VwGH vom 10. Juni 1887, Z. 1654, Slg. VwGH Nr. 3575. In der Familie des Ausgewiesenen fanden häufig „Raufereien" statt, welche angeblich „Lärm und öffentliches Aergerniß" erregten. Der Verwaltungsgerichtshof stellte zwar fest, daß tatsächlich in der Familie oft „Zwistigkeiten" stattfanden, aber weder der Ausgewiesene noch seine Familienangehörigen jemals bisher „gerichtlich oder polizeilich beanständet" worden wären.

1671 Erkenntnis des VwGH vom 17. Oktober 1879, Z. 2003, Slg. VwGH Nr. 590. Die Beschwerdeführerin war aus Grein in Österreich ob der Enns ausgewiesen worden, weil sie mit dem dortigen Postmeister „in einem unerlaubten, unsittlichen Verhältnisse" lebte, womit ihr Lebenswandel in der Gemeinde von dieser als kein unbescholtener erachtet wurde. Der Verwaltungsgerichtshof ging davon aus, daß von einem bescholtenen Lebenswandel nur gesprochen werden könne, wenn „dargetan wäre, daß die Beschwerdeführerin durch Hervorrufung eines öffentlichen Aergernisses in der Gemeinde wegen ihres Zusammenlebens mit dem Greiner Postmeister ... den Charakter der Unbescholtenheit eingebüßt" hätte.
So auch das Erkenntnis des VwGH vom 6. März 1889, Z. 891, Slg. VwGH Nr. 4552. Die Ausweisung der Beschwerdeführerin wegen Bescholtenheit beruht auf der Annahme, daß diese mit ihrem Dienstgeber in einem Verhältnis stünde, „welches öffentliches Aergerniß erregt und störend in die öffentliche Sittlichkeit eingreift". Da seitens der ausweisenden Gemeinde „keinerlei Thatsachen in dieser Richtung festgestellt worden waren", gab der Verwaltungsgerichtshof mangels „Constatirung eines öffentlichen Aergernisses" statt; vgl. auch das Erkenntnis des VwGH vom 7. November 1901, Z. 8223, Slg. VwGH Nr. 622 (A.).

tengesetze entsprechendes Verhältniß nicht durch öffentliches Aergerniß oder Gefährdung der öffentlichen Sittlichkeit störend in das Gemeindeleben" eingreife und „eine Angelegenheit des Privatlebens" bliebe, entzöge es sich der Kompetenz der Behörden. Wurde daher nachweislich festgestellt, daß durch ein Konkubinatsverhältnis öffentliches Ärgernis erregt worden war, konnte die Gemeinde gegen den beteiligten Auswärtigen wegen Mangels der Unbescholtenheit vom Ausweisungsrecht Gebrauch machen[1672]. Ebenso entschied das Reichsgericht[1673], daß ein Konkubinatsverhältnis, „welches durch seine Beschaffenheit und Notorietät die öffentliche Sittlichkeit gefährdet und öffentliches Ärgernis gibt", den Lebenswandel der Beteiligten nicht als einen unbescholtenen erscheinen ließe.

Auch in seinem Erkenntnis vom 12. April 1889[1674] betonte der Verwaltungsgerichtshof, daß die Gemeinde, wenngleich sie zur Ausübung der Sittlichkeitspolizei berufen erschiene, diese „ihre Wirksamkeit gleichwohl nach allen bestehenden Bestimmungen auf jene Fälle beschränkt" sei, „welche der öffentlichen Wohlfahrt und Ordnung zuwiderlaufen". Daher käme der Gemeinde auch vom Standpunkt der Sittlich-

1672 Erkenntnis des VwGH vom 6. Dezember 1888, Z. 2046, Slg. VwGH XII Nr. 4268. In dem diesem Erkenntnis zugrundeliegenden Fall war durch Eingaben des Pfarrers und anderer Personen im „Zusammenhalte mit den detaillirten, den Grund des durch das Concubinatsverhältniß hervorgerufenen öffentlichen Aergernisses in greller Weise beleuchtenden Rapporten der Gendarmerie" nach Ansicht des Verwaltungsgerichtshofes der „Fortbestand des Concubinatsverhältnisses ... und des durch selbes verursachten öffentlichen Aergernisses in der kleinen Landgemeinde ... außer Zweifel gestellt"; siehe auch das Erkenntnis des VwGH vom 27. September 1906, Z. 10.149, Slg. VwGH Nr. 4636 (A.); in seinem Erkenntnis vom 29. Mai 1906, Z. 6252, Slg. VwGH Nr. 4466 (A.), hatte der Verwaltungsgerichtshof allerdings offenbar auf die Erregung eines öffentlichen Ärgernisses abstellt.

1673 Erkenntnisse des Reichsgerichtes vom 20. April 1903, Z. 143 und 144, Slg. RG XII Nr. 1171 und 1172. Die Ausgewiesenen, ein Bergarbeiter „und seine Konkubine", waren beide verheiratet, die ehelichen Kinder, eine erwachsene Tochter und ein sechzehnjähriger Sohn, lebten im gemeinsamen Haushalt „mit den zwei dem Konkubinatsverhältnisse entsprossenen Kindern". Die Ehefrau hatte „einen Skandal provoziert" und dem Gemeindeamt „die nachlässige Handhabung der Sittenpolizei zum Vorwurfe gemacht". Das Ministerium hatte ausgeführt, daß das Verhältnis in der Ortschaft, „zumal in der Bergarbeiterkolonie", Ärgernis errege, „beziehungsweise gebe es böses Beispiel; es sei in weiten Kreisen der Bevölkerung bekannt und werde abfällig besprochen". Der Vertreter der Beschwerde gab zu bedenken, daß die beteiligten Personen „als katholische Österreicher das Unglück" hätten, „ihr Verhältnis gar nicht legalisieren zu können", und daß sie dem Auftrag der Gemeinde auseinanderzugehen nicht gefolgt seien, weil „die Bande, welche die zwei Personen vereinen, so starke seien, daß gerade das Sichverlassen das Unmoralische gewesen wäre". Die ganze Aktion der Gemeinde sei keine „spontane" gewesen, sondern diese sei, „nachdem man jahrelang ruhig zugesehen hatte", durch den von der Ehefrau „gemachten Skandal hervorgerufen" worden. Bei dem „Kampfe vor dem Reichsgerichte handle es sich nun um die Frage, ob ein illegitimes sexuelles Verhältnis ehrlos mache". Die Bejahung dieser Frage wäre „angesichts der notorischen Stellungnahme der Gesellschaft zu solchen Verhältnissen, selbst in höchsten Kreisen, nur ein Pharisäertum". Daß Kinder aus „verschiedenen Ehen ... zusammen aufwachsen, könne für denjenigen, der die landläufigen Wohnungszustände, bei welchen mehrere Parteien mit Angehörigen der verschiedensten Alterstufen in einem Raume zusammengedrängt seien, kenne, nichts verschlagen".

1674 Erkenntnis des VwGH vom 12. April 1889, Z. 1402, Slg. VwGH Nr. 4630.

keitspolizei nicht die Berechtigung zu, „in das Innere des häuslichen Lebens einzugreifen und allfällige Ordnungswidrigkeiten und Unsittlichkeiten, welche auf das Innere eines Haushaltes beschränkt bleiben, zum Anlasse polizeilicher Maßregeln zu nehmen". Nichtsdestoweniger erachtete es der Verwaltungsgerichtshof nur wenige Jahre später als „in der Natur der Sache begründet", daß „ein allgemein bekanntes und besprochenes Verhältniß mit einem verehelichten Manne", der allerdings von seiner Ehefrau geschieden war, allein schon geeignet sei, öffentliches Ärgernis zu verursachen[1675].

Hingegen erblickte das Ministerium in der Tatsache, daß eine verheiratete, aber getrennt von ihrem Ehemann lebende Frau ein außereheliches Kind zur Welt gebracht hatte, keinen die Bescholtenheit der Frau begründenden Umstand, selbst wenn der Ehemann deshalb auf Ehebruch geklagt hatte[1676]. In einem anderen Fall wurde vom Ministerium das Zusammenleben einer ledigen Frau mit einem von seiner Frau geschiedenen Mann, welcher Verbindung uneheliche Kinder entsprossen waren, ebenfalls nicht als Grund zur Annahme der Bescholtenheit gesehen, weil diesfalls kein öffentliches Ärgernis nachgewiesen worden sei[1677].

Eine weitere Voraussetzung für die Zulässigkeit einer Ausweisung wegen Bescholtenheit war nach Ansicht des Ministeriums[1678], daß die Bescholtenheit „während des Aufenthaltes in der betreffenden Gemeinde verwirkt wurde". Eine Ausweisung war folglich gesetzwidrig, wenn der Ausgewiesene „nicht während seines Aufenthaltes in der Gemeinde ... bestraft wurde". Eine während eines vorhergegangenen Aufenthaltes in einer anderen Gemeinde erlittene Abstrafung begründete daher bei Veränderung des Aufenthaltsortes nicht das Moment eines bescholtenen Lebenswandels[1679].

1675 Erkenntnis des VwGH vom 22. Juni 1895, Z. 3187, Slg. VwGH Nr. 8761; so auch im Erkenntnis vom 18. April 1906, Z. 4599, Slg. VwGH Nr. 4342 (A.), in dem ausgeführt wurde, daß die Beschwerdeführerin im Rufe stünde, nicht nur ein Verhältnis mit einem verheirateten, von seiner Ehefrau getrennt lebenden Mann zu unterhalten, sondern „seit ihrem Eintritte in den Haushalt dieses Mannes" auch mehrere uneheliche Kinder geboren habe. Es durfte daher nach Ansicht des Gerichtshofes „nicht Wunder nehmen, wenn die öffentliche Meinung in diesen Tatsachen einen inneren Zusammenhang gefunden hat, wenn die Kinder als Frucht geschlechtlicher Beziehungen zwischen der Beschwerdeführerin und ihrem Dienstgeber betrachtet werden und wenn die Verbindung der Beschwerdeführerin mit einem verheirateten Manne sie in den Augen der Mitmenschen als sittlich minderwertig erscheinen läßt".

1676 Ministerialentscheidung vom 16. September 1878, Z. 10621, vgl. SOUSEK (wie Anm. 1501), S. 101.

1677 Ministerialentscheidung vom 26. Juli 1873, Z. 10561, vgl. SOUSEK (wie Anm. 1501), S. 101.

1678 Ministerialentscheidung vom 25. Jänner 1888, Z. 29, Österreichische Zeitschrift für Verwaltung XXI (1888), Nr. 8, S. 30. Der Beschwerdeführer war zwei Jahre, bevor er Aufenthalt in der ausweisenden Gemeinde genommen hatte, wegen gewerbsmäßigen Wuchers verurteilt und aus seiner Aufenthaltsgemeinde gerichtlich abgeschafft worden. Er übersiedelte in die unmittelbar angrenzende Nachbargemeinde, die ihn wegen „Gefährlichkeit für die Bevölkerung" auswies und darauf hinwies, daß das Aufenthaltsverbot in der Nachbargemeinde ansonsten „einfach illusorisch erschiene".

1679 So auch die Ministerialentscheidung vom 23. November 1885, Z. 16.685, Österreichische Zeitschrift für Verwaltung XIX (1886), Nr. 17, S. 77: „Für das Moment der Bescholtenheit ist nur der Lebenswandel während des Aufenthaltes in der betreffenden Gemeinde maßgebend." Die Gemeinde hatte ihren Ausweisungsbeschluß damit begründet, daß der Ausgewiesene „sich nicht des besten Rufes erfreue, daß derselbe bereits aus dem Gebiet der Stadt

Auch das Reichsgericht[1680] und der Verwaltungsgerichtshof[1681] vertraten den Rechtsstandpunkt, daß die Gemeinde einem zu ihr nicht Heimatberechtigten den Aufenthalt in derselben mangels unbescholtenen Lebenswandels nur dann verwehren dürfe, wenn ihm ein bescholtener Lebenswandel während seines Aufenthaltes in dieser Gemeinde nachgewiesen werden könne. Der in der Ausweisungsbestimmung verwendete Ausdruck „so lange" ließe nach Ansicht des Verwaltungsgerichtshofes erkennen, „daß es sich um die Bestimmung eines Zeitraumes handelt, dessen Dauer von dem Nichteintritte, bezw. von dem Bestande eines Thatumstandes (Inanspruchnahme der öffentlichen Mildtätigkeit, bezw. der Führung eines unbescholtenen Lebenswandels) abhängig gemacht erscheint". Da nach dem Gesetz nun in diesem so umschriebenen Zeitraum dem Auswärtigen der Aufenthalt im Gemeindegebiet nicht verweigert werden dürfe, so fiele der Anfang des erwähnten Zeitraumes mit dem Beginn des Aufenthaltes des Auswärtigen zusammen, weshalb der Umstand, daß jemand an seinem früheren Aufenthaltsort, also bevor er Auswärtiger in der Ausweisungsgemeinde wurde bzw. bevor er dort seinen Aufenthalt nahm, der öffentlichen Mildtätigkeit zur Last fiel oder einen bescholtenen Lebenswandel führte, kein Ausweisungsrecht der neuen Aufenthaltsgemeinde begründete. Belanglos war nach Ansicht des Reichsgerichtes allerdings, ob die strafbare Handlung, welche den Verlust der Unbescholtenheit herbeigeführt hatte, in der Gemeinde des Aufenthalts oder in einer anderen begangen wurde[1682].

Strittig war hingegen die Frage, ob die Ausübung des Ausweisungsrechtes an die Bedingung der sofortigen Anwendung nach Eintritt des Verlustes der Unbescholtenheit gebunden war, also z.B. unmittelbar nach einer Verurteilung erfolgen mußte[1683]. Freilich stand dieses Problem im unmittelbaren Zusammenhang mit der Verjährung der Straffolgen. Häufiger Gegenstand der Judikatur war nämlich das Verhältnis der Strafgesetznovelle vom 15. November 1867[1684] zum Ausweisungsgrund der Bescholtenheit. Während das Erlöschen der Folgen einer strafrechtlichen Verurteilung[1685] gemäß der

A. ausgewiesen" und bereits zweimal wegen Verbrechens des Betruges abgeschafft worden war; siehe auch den Erlaß vom 4. September 1881, Z. 13.503, Österreichische Zeitschrift für Verwaltung XIV (1881), Nr. 51, S. 211.

1680 Erkenntnis des Reichsgerichtes vom 25. April 1878, Z. 86, Slg. RG IV Nr. 159.

1681 Erkenntnis des VwGH vom 20. Oktober 1899, Z. 8300, Slg. VwGH Nr. 13258; so auch die Erkenntnisse des VwGH vom 16. Juni 1905, Z. 6779, Slg. VwGH Nr. 3645 (A.); vom 7. Februar 1902, Z. 1219, Slg. VwGH Nr. 828 (A.); vom 11. April 1902, Z. 3388, Slg. VwGH Nr. 982 (A.); vom 8. Oktober 1902, Z. 8761, Slg. VwGH Nr. 1272 (A.).

1682 Erkenntnisse des Reichsgerichtes vom 11. April 1902, Z. 3342, Slg. RG Nr. 982 (A.); vom 19. April 1904, Z. 130, Slg. RG XIII Nr. 1247, und vom 20. Oktober 1908, Z. 416, Slg. RG XIV Nr. 1608.

1683 Dies verneinend die Erkenntnisse des VwGH vom 21. April 1900, Z. 2817, Slg. VwGH Nr. 14078, und vom 27. Mai 1887, Z. 1167, Slg. VwGH Nr. 3556.

1684 Gesetz vom 15. November 1867, RGBl. Nr. 131, wodurch mehrere Bestimmungen des allgemeinen Strafgesetzes und anderer damit im Zusammenhange stehende Anordnungen abgeändert werden.

1685 Bezüglich des Erlöschens der Bescholtenheit hatte sich der Verwaltungsgerichtshof, vgl. Erkenntnis vom 25. Juni 1898, Z. 3450, Slg. VwGH Nr. 11868, auch mit dem Argument zu beschäftigen, daß gemäß § 225 StG die über einen Verbrecher verhängte Strafe nach Verbüßung derselben für getilgt anzusehen war und dieser wieder in alle gemeinschaftlichen bür-

Strafgesetznovelle nach Ansicht des Ministeriums[1686] nicht maßgeblich für die Beurteilung der Bescholtenheit eines Menschen im Sinne der Bestimmungen über das Ausweisungsrecht der Gemeinde war, und auch der Verwaltungsgerichtshof in seinem Erkenntnis vom 14. April 1886[1687] festgestellt hatte, daß § 6 der Strafgesetznovelle vom Beschwerdeführer nicht geltend gemacht werden könne, „weil die Ausweisung keineswegs zu den nachtheiligen Folgen zählt, welche kraft gesetzlicher Vorschrift mit der Verurtheilung verbunden wäre, letztere vielmehr nur die thatsächliche Unterlage für eine Verfügung bildet, welche die Gemeindevertretung beim Eintritt dieser Voraussetzung treffen *kann*, aber nicht *muß*"[1688], hatte das Reichsgericht den gegenteiligen Standpunkt in dieser Frage eingenommen.

In seinem Erkenntnis vom 25. April 1878[1689] war das Reichsgericht nämlich zum Ergebnis gekommen, daß nach § 6 der Strafgesetznovelle „alle, kraft gesetzlicher Bestimmungen mit der Verurtheilung wegen der Übertretung der Diebstahls-Mitschuld verbundenen nachtheiligen Folgen, somit auch die in den ... Gemeindegesetzen festgestellten nachtheiligen Folgen einer Bemaklung im gesetzlichen Sinne, mit dem Ablauf von drei Jahren nach dem Ende der Strafe erlöschen". In seinem Erkenntnis vom 17. Jänner 1887[1690] führte das Reichsgericht weiters aus, daß das Ausweisungsrecht der Gemeinden eine „mit dem Verlust der Bescholtenheit ... verbundene nachtheilige Folge" sei, welche in dem der Entscheidung zugrunde liegenden Falle zur Zeit des Ausweisungsbeschlusses eben noch nicht im Sinne des § 6 der Strafrechtsnovelle erloschen gewesen sei. Zum gleichen Ergebnis kam in diesem beiden Erkenntnissen zugrundeliegenden Fall auch der Verwaltungsgerichtshof in seinem Erkenntnis vom 27. Mai 1887[1691], in dem auch er der Strafgesetznovelle von 1867 insofern eine Auswirkung auf

---

gerlichen Rechte eintrat, weshalb er im Genuß dieser Recht von niemandem gehindert werden könne. Nach Ansicht des Gerichtshofes vermochte diese Bestimmung allerdings schon darum nicht die Gemeinden an der Ausübung des Ausweisungsrechtes zu hindern, weil das Reichsgemeindegesetz als späteres Gesetz nicht vom früheren Strafgesetz außer Kraft gesetzt werden könne.

1686 Erlaß vom 3. Mai 1885, Z. 6626, Österreichische Zeitschrift für Verwaltung XVIII (1885), Nr. 40, S. 166 f.

1687 Erkenntnis des VwGH vom 14. April 1886, Z. 1065, Slg. VwGH Nr. 3014.

1688 Siehe auch die Erkenntnisse des VwGH vom 25. Juni 1898, Z. 3450, Slg. VwGH Nr. 11868; vom 22. Juni 1901, Z. 5010, Slg. VwGH Nr. 142 (A.); vom 11. Juni 1902, Z. 5212, Slg. VwGH Nr. 1120 (A.).

1689 Erkenntnis des Reichsgerichtes vom 25. April 1878, Z. 86, Slg. RG IV Nr. 159.

1690 Erkenntnis des Reichsgerichtes vom 17. Jänner 1887, Z. 3, Slg. RG VIII Nr. 389.

1691 Erkenntnis des VwGH vom 27. Mai 1887, Z. 1167, Slg. VwGH XI Nr. 3556. In diesem Fall war die Verurteilung (wegen Holzdiebstahls) zweieinhalb Jahre vor dem Ausweisungsbeschluß erfolgt. In diesem Fall argumentierte der Gerichtshof damit, daß die dreijährige Frist für das Erlöschen der Rechtsfolgen einer Verurteilung gemäß § 6 der Strafgesetznovelle von 1867 zum Zeitpunkt des Ausweisungsbeschlusses noch nicht abgelaufen war, weshalb die Ausweisung gerechtfertigt erschiene (vgl. zum Zusammenhang des Ausweisungsrechts mit der Strafgesetznovelle 1867 S. 310 f.), und die letzte Instanz bei ihrer Entscheidung den erstinstanzlichen Tatbestand zugrunde zu legen habe. Der gleiche Fall beschäftigte auch das Reichsgericht in seinem Erkenntnis vom 17. Jänner 1887, Z. 3, Slg. RG VIII Nr. 389. Das Reichsgericht merkte hier außerdem an, die Behauptung der Beschwerdeführer, „daß der in der Ausweisungsverfügung angegebene ... Grund ein fingirter, vorgeschützter, und der wirkdas Ausweisungsrecht der Gemeinden zugebilligt hatte, als die Gemeinde innerhalb der in dieser festgesetzten Frist von drei Jahren, binnen welcher die Rechtsfolgen der strafgerichtlichen Verurteilung der Auszuweisenden noch nicht erloschen waren, vom Ausweisungsgrund der Bescholtenheit Gebrauch machen dürfe, und die Wirksamkeit des Ausweisungserkenntnisses dadurch nicht beinträchtigt erachtete, daß dessen Invollzugsetzung erst nach Ablauf dieser Frist erfolgt war.

In seinem Erkenntnis vom 30. März 1900[1692] führte der Verwaltungsgerichtshof weiters aus, daß die Gemeinde befugt sei, mit der Ausweisung gegen einen Auswärtigen vorzugehen, wenn dieser sich „einer solchen Handlung schuldig gemacht hat, welche durch das Strafgesetz verpönt und mit entehrender Strafe belegt ist, oder wenn überhaupt sein öffentliches Verhalten in der Gemeinde ein solches ist, daß es als ein unehrenhaftes bezeichnet werden kann und deshalb zu öffentlichem Tadel Anlaß bietet". Aber auch durch Handlungen oder durch ein Verhalten der erwähnten Art könne „ein Individuum nicht für immer der Eigenschaft der Unbescholtenheit verlustig werden", und es würde daher die Gemeinde, wenn gegen einen derart bescholtenen Auswärtigen nicht „innerhalb einer bestimmten Zeit" mit der Ausweisung vorgegangen würde, „dieses ihr von der Gemeindegesetzgebung vorbehaltene Recht nicht mehr ausüben dürfen". Dies gehe, so der Verwaltungsgerichtshof nun ausdrücklich, „aus der sogenannten Strafgesetznovelle vom 15. November 1867 ... deutlich hervor", da gemäß § 6 dieses Gesetzes nur Verurteilungen wegen bestimmter taxativ aufgezählter „besonders diffamierender Übertretungen" den Verlust des Adels, von Orden und Ehrenzeichen, öffentlichen Titeln, akademischen Würden und Graden, Staats- und anderen öffentlichen Ämtern und Diensten zur Folge hätten, und die Unfähigkeit zur Erlangung dieser Vorzüge und Berechtigungen auf den Ablauf einer je nach dem Grade der Strafe längeren oder kürzeren Frist beschränkt sei. Folglich könne es keinem Zweifel unterliegen, „daß von einem wegen einer der gedachten Übertretungen oder wegen Verbrechens Verurtheilten, sobald er durch Zeitablauf die Fähigkeit zur Erlangung des Adels, von Orden und Ehrenzeichen" usw. wiedergewonnen hat, auch „die Bescholtenheit wieder genommen wird, so daß er, der aller solcher Ehren und Würden nun wieder fähig ist, mit Eintritt des gedachten Zeitpunktes nicht mehr wegen bescholtenen Lebenswandels aus der Gemeinde ausgewiesen werden kann". An eine gleiche zeitliche Beschränkung müsse nun aber auch die Bescholtenheit jener gebunden sein, welche nicht wegen derartiger Delikte, „sondern nur wegen einer anderen, und zwar, wenn überhaupt, so minder diffamierenden Übertretung verurteilt wurden, denn es kann a majori ad minus mit Sicherheit dahin concludiert werden, daß die Bescholtenheit aus minder entehrenden Handlungen nicht länger währen könne, als jene aus solchen Verbrechen und Übertretungen, welche vom Gesetze durch Statuierung bestimmter ehrenmindernder Rechtsfolgen als besonders diffamierend gebrandmarkt wurden". Es müsse sohin „daran festgehalten werden, daß auch die infolge einer Verurteilung wegen anderer als der in der Strafgesetznovelle genannten Gesetzesübertretungen eintretende Bescholtenheit mit dem Ablaufe von drei Jahren nach dem Ende der Strafe erlösche".

---

liche Grund ihrer Ausweisung nationale Intoleranz sei", entziehe sich vollkommen der Beurteilung des Reichsgerichtes.

1692 Erkenntnis des VwGH vom 30. März 1900, Z. 2227, Slg. VwGH Nr. 13992.

Wenige Zeit später allerdings vollzog der Verwaltungsgerichtshof bezüglich der Auswirkung der Strafgesetznovelle auf das Ausweisungsrecht eine Kehrtwendung, indem er mit Erkenntnis vom 7. November 1901[1693] entschied, daß die Bestimmungen der Strafgesetznovelle, welche „das Erlöschen der infolge gerichtlicher Aburteilungen nach dem Gesetze eingetretenen Unfähigkeit zur Erlangung bestimmer Vorzüge und Berechtigungen, und beziehungsweise der sonstigen nachteiligen Folgen solcher Aburteilungen mit dem Ende der Strafe, beziehungsweise mit dem Ablauf einer gewissen Zeitdauer nach dem Ende der Strafe normiren", „spezifisch dem Gebiete des Strafrechtes" angehörten und „eine spezifische, die Erweiterung oder analoge Anwendung auf Fälle der vorliegenden Art nicht zulassende Bedeutung" besäßen. Mit der Feststellung, daß die Ausweisung aus dem Gemeindegebiete im Sinne der Bestimmungen der Gemeindegesetze „keine ex lege mit einer gerichtlichen Verurteilung verbundene Folge" sei und eine solche Verurteilung auch nicht notwendig voraussetze[1694], kehrte der Gerichtshof wieder zu seiner früheren Rechtsansicht zurück. In seinen Erkenntnissen aus dem Jahre 1902 entschied daher der Verwaltungsgerichtshof unter Wandel seiner Argumentation, daß die Gemeinde, wenn sie nicht innerhalb einer bestimmten Zeit gegen einen Auswärtigen wegen Mangels an Unbescholtenheit vorgegangen war, dieses Recht nicht mehr ausüben dürfe, wenn „der durch eine diffamierende Bestrafung Bemakelte seither ein tadelfreies Leben geführt" habe[1695].

Einem „einzigen Fehltritte" könne außerdem, wie der Verwaltungsgerichtshof in seinem Erkenntnis vom 8. Oktober 1903[1696] feststellte, nicht ohne weiteres die Bedeutung beigelegt werden, daß dadurch der ganze Lebenslauf des betreffenden als ein bescholtener angesehen werden müßte", vielmehr müsse „die Möglichkeit zugegeben werden, daß auch jeder, der einmal in der Vergangenheit nicht unbescholten lebte, durch einen längere Zeit fortgesetzten vorwurfsfreien Lebenswandel bei seinen Mitbürgern die

---

1693 Erkenntnis des VwGH vom 7. November 1901, Z. 8223, Slg. VwGH Nr. 622 (A.); vgl. auch die Erkenntnisse vom 11. Juni 1902, Z. 5212, Slg. VwGH Nr. 1120 (A.), und vom 20. September 1902, Z. 8046, Slg. VwGH Nr. 1224 (A.).

1694 Daß die gemeindebehördliche Ausweisung auch nicht an den Tatbestand eines strafrechtlichen Delikts gebunden, sondern vielmehr in vollkommen selbständiger Weise in allen Fällen verhängt werden könne, in welchen eine in der Gemeinde nicht heimatberechtigte Person als bescholten im Sinne der Ausweisungsbestimmung der Gemeindegesetze zu bezeichnen sei, zeige auch, daß „Strafrechtspflege und nachteilige Folgen gerichtlicher Verurteilungen einerseits und die gemeindebehördliche Ausweisung Auswärtiger aus dem Gemeindegebiete wegen nicht bescholtenen Lebenswandels andererseits zwei Dinge von essentiell verschiedener Wesenheit" seien. Dem Gerichtshof schien daher die Auffassung nicht zulässig, daß, „insoferne die mit einer gerichtlichen Verurteilung ex lege verbundenen nachteiligen Folgen gemäß der Bestimmungen der Strafgesetznovelle vom Jahre 1867 erloschen seien, auch das in dem Gemeindegesetze gegründete Ausweisungsrecht der Gemeindebehörden erloschen wäre".

1695 Erkenntnis des VwGH vom 11. April 1902, Z. 3341, Slg. VwGH Nr. 981 (A.), vgl. SOUSEK (wie Anm. 1501), S. 106; siehe auch das Erkenntnis des VwGH vom 19. November 1903, Z. 11.929, VwGH Slg. Nr. 2141 (A.).

1696 Erkenntnis des VwGH vom 8. Oktober 1903, Z. 10.224, Slg. VwGH Nr. 2016 (A.). In dem diesem Erkenntnis zugrundliegenden Fall war die Ausweisung neun Jahre nach der die Bescholtenheit nach sich ziehenden Straftat erfolgt.

Überzeugung von seiner sittlichen Minderwertigkeit entkräftet und die bürgerliche Achtung wieder gewinnt"[1697]. Abgesehen vom Fall einer strafgerichtlichen Untersuchung konnte nach Ansicht des Verwaltungsgerichtshofes[1698] auch der Tadel, „der sich an eine nachträglich ruchbar gewordene, jedoch nicht mehr fortdauernde Lebensführung" knüpfe, also etwa ein zum Zeitpunkt des Ausweisungsbeschlusses nicht mehr bestehendes Konkubinat, keinen Ausweisungsgrund darstellen.

3. *„Öffentliche Mildtätigkeit"*

Nach Ansicht des Verwaltungsgerichtshofes[1699] nahm zwar derjenige die öffentliche Mildtätigkeit in Anspruch, der die öffentliche Armenpflege genoß, d.h., „wer Armenunterstützungen in irgend welcher Form oder die Armenversorgung durch die Gemeinde" erhielt, allerdings müsse als Voraussetzung für eine Ausweisung dazu kommen, daß die betreffende Person der öffentlichen Mildtätigkeit der „Aufenthaltsgemeinde zur Last falle". Der Bezug einer dauernden Armenunterstützung von einer anderen Gemeinde als der Aufenthaltsgemeinde, insbesondere die aufgrund heimatgesetzlicher Bestimmungen pflichtgemäß gewährte Armenversorgung, konnte daher keinen Ausweisungsgrund darstellen[1700].

Auch könne nicht schon im Falle der Gewährung einzelner Unterstützungen an einen Armen aus Mitteln der Armenpflege „das Requisit" des „der öffentlichen Mildtätigkeit zur Last fallen" als gegeben erachtet werden. Eine gegenteilige Interpretation würde das Ausweisungsrecht der Gemeinde „in einer mit der staatsgrundgesetzlich gewährleisteten Freizügigkeit kaum vereinbarlichen Weise ausdehnen" und ließe sich auch aus der Bedeutung der Worte „der öffentlichen Mildtätigkeit zur Last fallen" nicht rechtfertigen[1701].

Weiters könne auch von jemandem, der – obgleich subsistenz- und unterstandslos – eine Unterstützung von der öffentlichen Mildtätigkeit weder beansprucht noch erhal-

---

1697 Vgl. auch die Erkenntnisse des VwGH vom 14. Juni 1902, Z. 5356, Slg. VwGH Nr. 1134 (A.); vom 11. Juni 1902, Z. 5246, Slg. VwGH Nr. 1121 (A.); vom 16. Juni 1905, Z. 6778, Slg. VwGH Nr. 3644 (A.); vom 11. April 1902, Z. 3341, Slg. VwGH Nr. 981 (A.); vom 19. November 1903, Z. 11929, Slg. VwGH Nr. 2141 (A.).

1698 Erkenntnis des VwGH vom 6. Juli 1909, Z. 6465, Slg. VwGH Nr. 6851 (A.). Die Beschwerdeführerin war wegen Bescholtenheit ausgewiesen worden, da sie bis mehr als zwei Jahre vor dem Ausweisungsbeschluß, zu welchem Zeitpunkt sie auch bereits verwitwet war, ein intimes Verhältnis unterhalten und zwei uneheliche Kinder geboren hatte. Zeugen wußten zu berichten, daß sie „einen sehr schlechten Ruf" habe, „da sie verheirateten Männern nachlaufe" und daß „die Weiber" in der Gemeinde „gegen sie sehr erbittert sind".

1699 Erkenntnis des VwGH vom 14. Februar 1901, Z. 1172, Slg. VwGH Nr. 110 (A.); siehe auch das Erkenntnis vom 19. November 1903, Z. 11.929, Slg. VwGH Nr. 2141 (A.).

1700 Erkenntnis des VwGH vom 12. April 1910, Z. 3752, Slg. VwGH Nr. 7356 (A.).

1701 Nach dem gewöhnlichen Sprachgebrauch könne von einem „zur Last fallen" dann nicht gesprochen werden, wenn die Leistungen der Armenpflege nur in der Verabfolgung einzelner Unterstützungen bestünden, welche die Aufenthaltsgemeinde in vorübergehenden, dringenden Notfällen (§ 28 Heimatgesetz) auch Auswärtigen nicht verweigern dürfe.

ten hatte, nicht gesagt werden, daß er der öffentlichen Mildtätigkeit zur Last falle[1702]. Der bloße Mangel an Vermögen oder eines ausreichenden Erwerbs konnte daher ebensowenig eine Ausweisung begründen wie die bloße Befürchtung, daß der Fremde in der Zukunft der öffentlichen Mildtätigkeit zur Last fallen könne[1703]. Unbegründet war auch nach Ansicht des Ministeriums die Ausweisung eines Fremden, der nur von Schulden lebte, ohne dieselben begleichen zu können[1704], oder eines Fremden, welcher wegen Armut in einer Scheune wohnte[1705]. Auch aus dem Umstand, daß jemand das Schulgeld für seine Kinder nicht bezahlen konnte, ließ sich nach Ansicht des Ministeriums[1706] nicht schließen, daß dieser der öffentlichen Mildtätigkeit zur Last falle.

Bezüglich der Inanspruchnahme der öffentlichen Mildtätigkeit durch Bettelei vertrat der Verwaltungsgerichtshof außerdem die Ansicht, daß diese nur gegeben war, wenn entweder die Unterstützung aus öffentlichen Mitteln oder aber durch „öffentliche Anrufung der privaten Wohltätigkeit" angestrebt werde[1707]. Nicht als Bettelei im Sinne einer Inanspruchnahme der öffentlichen Mildtätigkeit, und daher auch nicht als Ausweisungsgrund, erachtete der Verwaltungsgerichtshof[1708] folglich die Tatsache, daß jemand sich an Privatpersonen um Unterstützung gewendet hatte.

Eine zu enge Interpretation lag nach Meinung des Gerichtshofes außerdem in der Auffassung[1709], daß eine außerhalb der Grenzen der Aufenthaltsgemeinde gesetzte Inan-

---

1702 Erkenntnis des VwGH vom 16. Jänner 1904, Z. 571, Slg. VwGH Nr. 2293 (A.).

1703 Ebd.

1704 Ministerialentscheidung vom 25. Juli 1878, Z. 9126, vgl. SOUSEK (wie Anm. 1501), S. 90.

1705 Ministerialentscheidung vom 21. Juni 1890, Z. 11237, vgl. SOUSEK (wie Anm. 1501), S. 90.

1706 Ministerialentscheidung vom 18. März 1876, Z. 1664, Österreichische Zeitschrift für Verwaltung IX (1876), Nr. 40, S. 159. Die Ausweisung war ausgesprochen worden, weil der Ausgewiesene mit einem Betrag von mehr als 24 fl. an Schulgeld im Rückstand war.

1707 Erkenntnis des VwGH vom 12. Oktober 1915, Z. 6313, Slg. VwGH Nr. 11.064 (A.). Der Ausdruck „öffentliche Mildtätigkeit" könne nur entweder auf die Quelle, aus welcher der betreffende Unterstützungbeitrag fließe, oder auf die Art und Weise, den Ort und die Umstände der Inanspruchnahme der Mildtätigkeit bezogen werden. Wenn es sich also entweder um private Gelder handelte oder die auszuweisende Person nicht auf der Straße oder in öffentlichen Lokalen bettelte, sei kein Ausweisungsgrund gegeben. Das „wenn auch wiederholte Vorbringen der Bitte um Unterstützung bei einigen Persönlichkeiten kann aber dem öffentlichen Hausbettel nicht gleichgestellt werden", weil ein derartiger Vorgang sich „naturgemäß der Öffentlichkeit" entziehe. Als Inanspruchnahme der öffentlichen Mildtätigkeit könnten aber nur solche Vorgänge in Betracht kommen, welche von der Öffentlichkeit wahrgenommen würden oder welche doch so geartet seien, daß sie regelmäßig zur öffentlichen Kenntnis zu gelangen geeignet seien; vgl. auch das Erkenntnis des VwGH vom 7. November 1901, Z. 8222, Slg. VwGH Nr. 620: Die Ausgewiesene hatte an zwei Erzherzöge solche Gesuche gerichtet und auch tatsächlich Unterstützungsbeträge erhalten, was von der Gemeinde als Inanspruchnahme der öffentlichen Mildtätigkeit durch Haus- und Straßenbettel gewertet wurde, da Hausbettel nicht nur mündlich, sondern auch schriftlich betrieben werden könne. Nach Ansicht des Verwaltungsgerichtshofes konnte allerdings die Überreichung eines Bittgesuches aus den genannten Gründen „absolut nicht" dem öffentlichen Haus- oder Straßenbettel gleichgestellt werden; siehe auch das Erkenntnis des VwGH vom 22. Jänner 1903, Z. 905, Slg. VwGH Nr. 1495 (A.).

1708 Erkenntnis des VwGH vom 7. November 1901, Z. 8222, Slg. VwGH Nr. 620.

1709 Erkenntnis des VwGH vom 27. Oktober 1908, Z. 10.170, Slg. VwGH Nr. 6231 (A.).

spruchnahme der öffentlichen Mildtätigkeit durch Bettelei nicht die Ausweisung aus dem Gemeindegebiet ausschließe, da die Ausweisung den Zweck verfolge, „die Gemeinden gegen den Aufenthalt von Individuen zu schützen, welche die Interessen der Gesamtheit der Gemeinde durch ihre Anwesenheit beeinträchtigen oder gefährden", weshalb zum einen die „in der Aufrechterhaltung der Sicherheit und Sittlichkeit in der Gemeinde gelegenen Interessen derselben durch den Aufenthalt erwerbsfähiger Personen, welche nur vom Bettel leben, ebenso gefährdet werden können, wie durch den Aufenthalt bescholtener Personen". Zum anderen sei zu berücksichtigen, daß bei enger Auslegung der Ausweisungsbestimmung hinsichtlich dieser Frage „eine nicht unwesentliche Gefährdung der Sicherheit, namentlich in der Umgebung größerer Städte, mit sich bringen könnte, sofern die Niederlassung von Personen, welche vom Bettel in benachbarten Stadtgebieten leben, seitens der Aufenthaltsgemeinde nicht beeinträchtigt werden könnte".

4. „Sonderfall" Österreich ob der Enns

Unklarheiten zogen auch die unterschiedlichen Ausweisungsregelungen für Auswärtige und Gemeindegenossen in der oberösterreichischen Gemeindeordnung nach sich, denn während für Auswärtige als Ausweisungsgrund der Verlust der Unbescholtenheit normiert worden war, hatte die Gemeindeordnung für die Ausweisung von Gemeindegenossen das Vorliegen einer Verurteilung wegen eines Verbrechens aus Gewinnsucht oder wegen der Übertretung des Diebstahles, begangen im Gemeindebezirk, festgelegt. Wie der Verwaltungsgerichtshof[1710] ausführte, gehe aus dem Zusammenhang der beiden Ausweisungsbestimmungen hervor, „daß einerseits die Ausweisung der Auswärtigen jedenfalls in dem gleichen Umfange zulässig" sei wie jene der Gemeindegenossen, und andererseits an die Verurteilung wegen eines im Gemeindebezirk begangenen Diebstahls „die Rechtswirkung der Diffamierung des Täters schon von Gesetzes wegen" geknüpft sei, weshalb jede Erörtung nach der Rückwirkung des Strafurteils auf das Urteil der Öffentlichkeit im einzelnen Fall bei der Lösung der Bescholtenheitsfrage schon vom Gesetz her ausgeschlossen worden war. Folglich hatte in Österreich ob der Enns bei Auswärtigen zum einen jede Verurteilung, sei es auch wegen eines ganz geringfügigen Diebstahles[1711], und zum andern auch der sonstige Verlust der Unbescholtenheit die Ausweisung zur Folge, wenn die Gemeinde diese für opportun erachtete. Zeitlich weit zurückliegende Verurteilungen wegen im Gemeindebezirk begangenen Diebstahls konnten allerdings nicht unmittelbar als Ausweisungsgrund herangezogen werden, sondern kamen nur „als Elemente der Bescholtenheit in Betracht"[1712].

1710 Erkenntnis des VwGH vom 13. März 1911, Z. 1373, Slg. VwGH Nr. 8100 (A.); vgl. auch das Erkenntnis des VwGH vom 11. Dezember 1916, Z. 14.053, Slg. VwGH Nr. 11.638 (A.).

1711 In dem diesem Erkenntnis, vgl. Anm. 1710, zugrundeliegenden Fall war der Ausgewiesene wegen eines Diebstahlsversuches verurteilt worden, begangen dadurch, daß er drei Fichtenstämme im Wert von 2 K. entwurzelt hatte!

1712 Erkenntnis des VwGH vom 23. November 1914, Z. 2250, Slg. VwGH Nr. 10.584 (A.).

D. Ausweisungsbeschluß

Die Ausübung des Ausweisungsrechtes stand nach Ansicht des Verwaltungsgerichtshofes dem beschließenden Gemeindeorgan zu, also dem Gemeindeausschuß[1713]. Der Gemeindevorstand hingegen war nur zur Durchführung des Beschlusses berechtigt. Allerdings anerkannte der Verwaltungsgerichtshof auch die Gültigkeit eines Ausweisungsbeschlusses, der vom Gemeindevorstand gefaßt und erst nachträglich vom Gemeindeausschuß genehmigt worden war[1714]. Bestanden jedoch, wie dies bei den größeren Stadtgemeinden Wien, Prag, Reichenberg, Brünn, Olmütz, Znaim, Ungar.-Hradisch, Kremsier und Iglau der Fall war, zwei Ausschüsse, so fiel die Ausübung des Ausweisungsrechtes in den Wirkungsbereich des engeren Ausschusses[1715].

Dem Ausweisungserkenntnis mußte entnommen werden können, daß es den Fremden aufgrund der Gemeindeordnung zu entfernen beabsichtigte. Eine bloß irrtümliche „unrichtige Citation einer gesetzlichen Bestimmung", nämlich des Schubgesetzes änderte nach Ansicht des Verwaltungsgerichtshofes[1716] jedoch nichts an der Gesetzmäßigkeit und damit Gültigkeit des Ausweisungserkenntnisses. Hingegen konnte der Gemeindeausschuß eine Person nicht ausdrücklich nach dem Schubgesetz entfernen. Sollte eine Person nach dem Schubgesetz abgeschoben oder abgeschafft werden, so hatte sich der Gemeindevorstand an die kompetenten Behörden mit der Bitte um Einschreiten zu wenden.

1713 Erkenntnisse des VwGH vom 14. März 1883, Z. 576, Slg. VwGH Nr. 1695; vom 28. November 1889, Z. 3203, Slg. VwGH Nr. 4986; siehe auch die Ministerialentscheidung vom 20. Februar 1884, Z. 1418, Österreichische Zeitschrift für Verwaltung XVII (1884), Nr. 34, S. 140; vgl. dazu auch SOUSEK (wie Anm. 1501), S. 118 f.; vgl. auch das Erkenntnis des VwGH vom 25. Juni 1898, Z. 3450, Slg. VwGH Nr. 11868.

1714 Erkenntnis des VwGH vom 21. Dezember 1881, Z. 1977, Slg. VwGH Nr. 1243. Der vom Gemeinderat erlassene Ausweisungsbefehl wurde vom Gemeindeauschuß „bestätigt", welche Bestätigung der Verwaltungsgerichtshof juristisch als „ein abermaliges, unter Aufrechterhaltung der in dem Ausweisungsbefehle des Gemeinderathes ... enthaltenen Gründe erflossenes Ausweisungserkenntniß" erachtete.

1715 Erkenntnis des VwGH vom 21. April 1900, Z. 2817, Slg. VwGH Nr. 14078.

1716 Erkenntnis des VwGH vom 12. März 1886, Z. 722, Slg. VwGH Nr. 2961; vgl. dazu auch das Erkenntnis des Reichsgerichtes vom 19. April 1904, Z. 130, Slg. RG XIII Nr. 1247: Hier hatte der Gemeindeausschuß den Ausweisungsbeschluß mit der Gefährlichkeit des Ausgewiesenen für die Sicherheit der Person und des Eigentums begründet; und das Erkenntnis des Reichsgerichtes vom 25. April 1906, Z. 123, Slg. RG XIII Nr. 1420. Der Gemeindeausschuß hatte die Ausweisung mit Gefährdung der öffentlichen Ordnung und Ruhe sowie des öffentlichen Wohls begründet.

Teil B
Das Ausweisungsrecht von 1918 bis 1938

I. Umbruchsbedingte Grundfragen der Anwendung des Ausweisungsrechtes nach 1918

1. Rezeption der Ausweisungsbestimmungen

Die in Cisleithanien geltenden Rechtsvorschriften betreffend Landesverweisung, Abschaffung, Abschiebung bzw. Ausweisung aus der Gemeinde wurden durch Rezeption für Deutschösterreich in Geltung gesetzt. § 16 des Beschlusses der provisorischen Nationalversammlung vom 30. Oktober 1918[1717] über die grundlegenden Einrichtungen der Staatsgewalt bestimmte nämlich generell, daß Gesetze und Einrichtungen, die in den im Reichsrate vertretenen Königreichen und Ländern in Kraft standen, sofern sie durch diesen Beschluß nicht aufgehoben oder abgeändert wurden, bis auf weiteres in vorläufiger Geltung blieben[1718].

Was das Burgenland betrifft, so wurden in diesem neuen Bundesland die heimatrechtlichen und strafrechtlichen Vorschriften der Republik Österreich mit Verordnung vom 19. Mai 1922[1719], die Grundrechte mit der zweiten Verfassungsübergangsverordnung vom 7. Juli 1922[1720] und das Reichsschubgesetz mit Verordnung vom 9. März 1923[1721] in Geltung gesetzt[1722].

1717 StGBl. Nr. 1.

1718 Da dieser Rezeptionserklärung allerdings kein deklarativer Charakter zukommt, sondern sie aufgrund der revolutionären Staatsgründung vielmehr als konstitutiver Akt der Neuschöpfung gesehen werden muß, ist mit Kelsen und Merkl entgegen dem Wortlaut der Bestimmung des § 16 besser davon zu sprechen, daß diese Bestimmungen in Geltung gesetzt wurden; vgl. Hans KELSEN (Hrsg.), Die Verfassungsgesetze der Republik Deutschösterreich. Mit einer historischen Übersicht und kritischen Erläuterungen, 5 Bde., Wien-Leipzig 1919–1922, I, S. 28; Adolf MERKL, Die Verfassung der Republik Deutschösterreich. Ein kritisch-systematischer Grundriß, Wien-Leipzig 1919, S. 5 f., 10 f.

1719 Mit der Verordnung der Bundesregierung vom 19. Mai 1922, BGBl Nr. 304, über die Bundesbürgerschaft, die Landesbürgerschaft und das Heimatrecht im Burgenland, wurden die heimatrechtlichen Vorschriften im Burgenland in Geltung gesetzt; das Strafrecht mit § 12 der Verordnung vom 10. Jänner 1922, BGBl. Nr. 18, womit weitere Anordnungen über das Justizwesen im Burgenland, vorläufig auf dem Gebiete des Verfahrens außer Streitsachen, der Rechtsanwaltschaft, des Notariates und des Strafrechtes, getroffen werden; vgl. auch Franz PAUSER, Die Heimatrechtsnovelle 1925 in ihrer Auswirkung im Burgenland, in: Österreichisches Verwaltungsblatt I (1930), Nr. 22, S. 1–8.

1720 Verordnung der Bundesregierung vom 7. Juli 1922, BGBl. Nr. 405, womit die Geltung von in Österreich gesetzmäßig kundgemachten verfassungsrechtlichen und damit im engen Zu-

2. Fortgeltung der bestehenden Ausweisungen

Nach Erlaß des Staatsamtes für Inneres vom 1. Juli 1919[1723] behielten die von den „bestandenen österreichischen Behörden verfügten Abschaffungen ... auch gegenwärtig" ihre Geltung, soweit sie sich auf deutschösterreichisches Gebiet bezogen, selbst wenn der „Ort des Amtssitzes der seinerzeit erkennenden Behörde gegenwärtig nicht im deutschösterreichischen Gebiete gelegen" war. Da jedoch in vielen Fällen die Aufrechterhaltung der „unter vollkommen anderen Verhältnissen erfolgten polizeilichen Verfügung der Abschaffung nicht mehr notwendig bzw. nicht mehr gerechtfertigt" erschien, wurden die Landesregierungen angewiesen, Abschaffungserkenntnisse, die vor dem 31. Oktober 1918 gefällt worden und „auf Erwägungen zurückzuführen" waren, „welche den heutigen politischen Verhältnissen nicht entsprechen", über Ersuchen der Parteien nach Prüfung aller maßgebenden Umstände außer Kraft zu setzen[1724]. Bei der Entscheidung über derartige Gesuche war laut Erlaß „jede Engherzigkeit zu vermeiden und sich vor Augen zu halten, daß die Freizügigkeit der Person ein primäres, grundsätzlich gewährleistetes Recht jedes Staatsbürgers" bilde und Abschaffungen nur im Falle einer „schweren Gefährdung des öffentlichen Interesses" zu rechtfertigen wären.

---

sammenhang stehenden sonstigen Vorschriften auf das Burgenland erstreckt wird, Pkt 3 und 4.

1721 Art. 1 Pkt. 21 der Verordnung der Bundesregierung vom 9. März 1923, BGBl. Nr. 134, womit einige in Österreich geltende Verwaltungsvorschriften auf das Burgenland erstreckt werden.

1722 Rechtsgrundlage für diese Rechtsangleichung waren die §§ 6 bis 8 des Bundesverfassungsgesetzes vom 25. Jänner 1921, BGBl. Nr. 85, über die Stellung des Burgenlandes als selbständiges und gleichberechtigtes Land im Bund und über seine vorläufige Einrichtung. § 6 bestimmte, daß das bisher im Burgenland in Geltung gestandene Recht bis auf weiteres aufrecht blieb und die Bundesregierung ermächtigt wurde, jeweils die für das Burgenland geltenden Gesetze und sonstigen Vorschriften im Weg von Verordnungen zu ändern, soweit solche Maßnahmen aus Rücksichten der Rechtsangleichung oder aus sonstigen wichtigen Gründen notwendig und unaufschiebbar erschienen; vgl. auch Wolfgang DAX, Burgenländisches Landesrecht. Grundlagen und Entwicklung, in: Burgenländische Forschungen, Sonderheft III: 50 Jahre Burgenland. Vorträge im Rahmen der landeskundlichen Forschungsstelle am Landesarchiv, Eisenstadt 1971, S. 45–92.

1723 Erlaß des Staatsamtes für Inneres und Unterricht vom 5. Juli 1919, Z.22618, Amtliche Nachrichten der Polizeidirektion Wien Nr. 21, P. 330, siehe Heinrich DEHMAL (Hrsg.), Die österreichische Polizeigesetzgebung. Mit Entscheidungen des Verfassungsgerichtshofes, des Reichsgerichtes, des Verwaltungsgerichtshofes und des Obersten Gerichtshofes nach dem Stande vom 1. Jänner 1926 (= Handausgabe österreichischer Gesetze und Verordnungen CCXXI), Wien 1926, S. 982, Anm. 3.

1724 Die Gesuche waren im Inland bei den politischen Bezirksbehörden des ordentlichen Wohnsitzes einzubringen und wurden von der jeweiligen Landesregierung bzw. in Wien von der Polizeidirektion entschieden. Außerhalb Deutschösterreichs wohnende Personen hatten die Gesuche beim Staatsamt für Inneres vorzulegen, das auch die Entscheidung über derartige Gesuche traf.

Ebenso konnten gerichtliche Abschaffungen und Landesverweisungen nur durch einen Gnadenakt[1725] oder durch die Tilgung der Verurteilung[1726] rückgängig gemacht werden, sofern derlei Erkenntnisse nicht schon durch Amnestie hinfällig geworden waren. Die von der provisorischen Nationalversammlung am 14. November 1918[1727] beschlossene Amnestie sah z.B. vor, daß den vor dem 30. Oktober 1918 etwa[1728] wegen Teilnahme an geheimen Gesellschaften (§§ 285 ff. StG), Herabwürdigung der Verfügungen der Behörden und Aufwiegelung (§ 300 StG), Aufreizung zu Feindseligkeiten gegen Nationalitäten, Religionsgenossenschaften, Körperschaften usw. (§ 302 StG), Beleidigung einer gesetzlich anerkannten Kirche oder Religionsgesellschaft (§ 303 StG), öffentliche Herabwürdigung der Einrichtungen der Ehe, Familie, des Eigentums oder Gutheißung von ungesetzlichen oder unsittlichen Handlungen (§ 305 StG) verurteilten Personen die Strafen, wozu in diesen Fällen die Abschaffung zählte[1729], nachgesehen wurden, sofern sie noch nicht vollstreckt worden waren[1730]. Überdies war nach der Friedensamnestie vom 6. November 1919[1731] wegen bestimmter taxativ angeführter strafbarer Handlungen kein Verfahren einzuleiten, wenn diese vor dem 25. Oktober 1919 begangen worden waren[1732].

1725 Die Gnadengesuche waren bei dem Gericht, das die Abschaffung oder Landesverweisung ausgesprochen hatte, oder beim Staatsamt für Justiz einzubringen.

1726 Siehe dazu inbes. S. 348 f., 376.

1727 Beschluß der Provisorischen Nationalversammlung für Deutschösterreich vom 14. November 1918, StGBl. Nr. 25, betreffend die Nachsicht von Strafen; Verordnung des Staatssekretärs für Justiz vom 22. November 1918 zur Durchführung der von der Provisorischen Nationalversammlung beschlossenen Amnestie, Verordnungsblatt des Deutschösterreichischen Staatsamtes für Justiz, Jg. 1918, Nr. 1.

1728 Zu den weiteren Delikten zählte etwa Hochverrat, Majestätsbeleidigung, Beleidigung der Mitglieder des kaiserlichen Hauses, strafbare Handlungen nach dem Koalitionsgesetz, Preßgesetz, Vereins- und Versammlungsgesetz usw., siehe A 1 der Amnestie.

1729 Vgl. S. 122 f.

1730 Weiters wurde auch Personen, die vor dem 30. Oktober 1918 von einem bürgerlichen Strafgericht zu einer einen Monat nicht übersteigenden Freiheitsstrafe rechtskräftig verurteilt worden waren, die Strafe erlassen, wenn diese noch nicht vollstreckt war. Da die Verordnung des Staatssekretärs für Justiz vom 22. November 1918 zur Durchführung der von der Provisorischen Nationalversammlung beschlossenen Amnestie (siehe Anm. 1727) allerdings Strafen anderer Art, „mögen sie als Haupt- oder Nebenstrafen verhängt worden sein", von der Nachsicht ausnahm, ist – wenngleich das Strafgesetz den Begriff der Nebenstrafe nicht kannte – davon auszugehen, daß eine mit einer derartigen Freiheitsstrafe verbundene Abschaffung nicht unter die Amnestie fiel, da die Abschaffung von der Rechtswissenschaft und auch der Praxis stets als Nebenstrafe qualifiziert wurde, vgl. etwa S. 133.

1731 Gesetz vom 6. November 1919, StGBl. Nr. 513, über die Einstellung von Untersuchungen, die Nachsicht von Strafen und die Tilgung von Verurteilungen aus Anlaß der Beendigung des Weltkrieges; siehe auch Vollzugsanweisung des Staatsamtes für Heereswesen vom 11. November 1919, StGBl. Nr. 522, zur Durchführung der Friedensamnestie.

1732 Dazu zählten auch Delikte, für welche die Abschaffung gesetzlich vorgesehen war.

3. Umbrüche im Staatsbürgerschafts- und Heimatrecht

Rechtsunsicherheiten in der Anwendung des rezipierten Ausweisungsrechtes ergaben sich infolge des Zerfalls des Kaisertums Österreich in Gebiete, die entweder auf ehemalig cisleithanischem Boden neue Staatswesen bildeten[1733] oder sich mit neu entstandenen Staaten vereinigten[1734] bzw. von „alten" Staaten aufgrund des Waffenstillstandsvertrages vom 3. November 1918 besetzt waren[1735] sowie infolge der durch den Friedensvertrag von St. Germain en Laye[1736] bewirkten Gebietsveränderungen. Den Schwerpunkt der genannten Anwendungsschwierigkeiten bildete naturgemäß das Problem der jeweiligen Heimatberechtigung bzw. Zuständigkeitsgemeinde und damit auch der Ausländereigenschaft nach dem Reichsschubgesetz[1737], weshalb im folgenden die Entwicklung sowohl des Staatsbürgerschafts- als auch des Heimatrechts nach dem Zusammenbruch der Monarchie in Grundzügen dargestellt werden soll.

A. Ausländer oder (deutsch)österreichischer Staatsbürger?

1. Gesetz vom 5. Dezember 1918

Der Untergang des Kaisertums Österreich zog als juristische Folge auch das Erlöschen der Staatsangehörigkeit zu diesem Staatswesen nach sich[1738]. Mit der Staatsgründung bildeten daher alle Personen, die am 30. Oktober 1918 ein gültiges Heimatrecht im deutschösterreichischen Staatsgebiet[1739] innehatten, ipso iure das deutschösterreichi-

---

1733 So Deutschösterreich; die Tschechoslowakei umfaßte hauptsächlich Gebiete des ehemaligen Cisleithaniens, aber auch Teile des ehemaligen Königreiches Ungarn.

1734 Etwa Galizien mit Polen, Krain mit dem SHS-Staat; vgl. dazu ausführlich Josef L. KUNZ, Die völkerrechtliche Option, II: Staatsangehörigkeit und Option im deutschen Friedensvertrag von Versailles (Nachtrag) und im österreichischen Friedensvertrag von St. Germain, Breslau 1928, S. 128 ff.

1735 Etwa Südtirol und das Küstenland (also Görz, Gradiska, Istrien, Triest und verschiedene Inseln) von Italien, die Bukowina von Rumänien. Die dort heimatberechtigten „Altösterreicher" hatten ihre österreichische Staatsangehörigkeit infolge Erlöschens derselben durch den Untergang Altösterreichs verloren und waren daher bis zum Friedensvertrag von St. Germain staatenlos (mit Ausnahme der Deutsch-Südtiroler, die nach österreichischem Recht bis zum Inkrafttreten des Friedensvertrages von St. Germain deutschösterreichische Staatsbürger waren); vgl. dazu ausführlich KUNZ (wie Anm. 1734), S. 123 ff.

1736 StGBl. 1920, Nr. 303.

1737 D.h. Personen, welche in dem Geltungsbereich des Schubgesetzes nicht heimatberechtigt waren (§ 2 Abs. 5 des Schubgesetzes).

1738 Vgl. dazu KUNZ (wie Anm. 1734), S. 148 ff.; siehe dazu auch die Erkenntnisse des VwGH vom 11. Februar 1922, Z. 1226, Slg. VwGH Nr. 13.021 (A.), und vom 30. Jänner 1925, Z.A. 319/24, Slg. VwGH Nr. 13.752 (A.).

1739 Also auch die in Deutsch-Südmähren, Deutsch-Südböhmen, im Sudetenland sowie in den deutschsprachigen Siedlungsgebieten von Brünn, Iglau und Olmütz heimatberechtigten Altösterreicher wurden zu deutschösterreichischen Staatsbürgern; zum Staatsgebiet siehe das Gesetz vom 22. November 1918, StBGl. Nr. 40, über Umfang, Grenzen und Beziehungen des Staatsgebietes von Deutschösterreich sowie die Staatserklärung vom 22. November 1918, StGBl. Nr. 41, über Umfang, Grenzen und Beziehungen des Staatsgebietes von Deutschsche Staatsvolk, selbst wenn sie in Gebieten heimatberechtigt waren, die von Italien, der Tschechoslowakei oder vom serbisch-kroatisch-slowenischen Königreich besetzt waren. Der Gesetzgeber des Staates Deutschösterreich mußte allerdings nun gesetzlich feststellen, welche Personen ipso iure mit der Staatsgründung als deutschösterreichische Staatsbürger zu gelten hatten und welcher Personenkreis diese Staatsbürgerschaft erwerben konnte.

Das Gesetz der Provisorischen Nationalversammlung vom 5. Dezember 1918[1740] über das deutschösterreichische Staatsbürgerrecht erklärte folglich alle Personen, die zur Zeit der Kundmachung des Gesetzes (also am 13. Dezember) in einer Gemeinde der deutschösterreichischen Republik heimatberechtigt waren[1741], ohne besondere Willensäußerung ihrerseits ipso iure zu deutschösterreichischen Staatsbürgern (§ 1 Abs. 1). Da dieser Bestimmung nur deklarative Wirkung zukam[1742], waren diese Personen also be-

---

österreich; später ausgeführt durch die Vollzugsanweisung des Deutschösterreichischen Staatsrates vom 3. Jänner 1919, StGBl. Nr. 4, über die das deutschösterreichische Staatsgebiet bildenden Gerichtsbezirke, Gemeinden und Ortschaften. Da diese Altösterreicher nach tschechoslowakischem Recht tschechoslowakische Staatsbürger waren, lag folglich bis zum Inkrafttreten des Staatsvertrages von St. Germain Doppelstaatlichkeit vor; vgl. dazu näher KUNZ (wie Anm. 1734), S. 146 ff.

1740 StGBl. Nr. 91; vgl. Paul SCAPINELLI, Die Erwerbung der Staatsbürgerschaft in Deutschösterreich. Gesetz vom 5. Dezember 1918, StGBl. Nr. 91, Wien 1918; und ausführlich Margarete GRANDNER, Staatsbürger und Ausländer. Zum Umgang Österreichs mit den jüdischen Kriegsflüchtlingen nach 1918, in: Gernot Heiss/Oliver Rathkolb (Hrsg.), Asylland wider Willen. Flüchtlinge in Österreich im europäischen Kontext (= Veröffentlichungen des Ludwig-Boltzmann-Institutes für Geschichte und Gesellschaft XXV), Wien 1995, S. 61 ff.

1741 Diese Heimatberechtigung mußte natürlich gültig sein; vgl. zur Frage der Gültigkeit des Heimatrechtes das Erkenntnis des VwGH vom 17. April 1925, Z.A. 532/24, Slg. VwGH Nr. 13.835 (A.), das die Unzulässigkeit der Aufnahme eines Altösterreichers, der eine Heimatzuständigkeit außerhalb des durch das Gesetz vom 22. November 1918 festgelegten Staatsgebietes innehatte, in den Heimatverband einer österreichischen Gemeinde nach dem 28. November, dem Zeitpunkt der Verlautbarung des Gebietsgesetzes, aussprach. Der Verwaltungsgerichtshof bestätigte in diesem Erkenntnis die Aufhebung eines Beschlusses einer deutschösterreichischen Gemeinde vom 10. Dezember 1918, der die Aufnahme eines in der Bukowina Heimatberechtigten in ihren Heimatverband ausgesprochen hatte, weil nach dem Heimatgesetz ausschließlich österreichische Staatsbürger das Heimatrecht in einer österreichischen Gemeinde erwerben konnten, während Ausländern nur die Zusicherung der Aufnahme in den Heimatverband für den Fall der Erlangung der österreichischen Staatsbürgerschaft gewährt werden konnte. Der Beschwerdeführer war aber zum Zeitpunkt des Gemeindebeschlusses, also am 10. Dezember 1918, Ausländer, weil die Bukowina nicht zum deutschösterreichischen Staatsgebiet gehörte; vgl. auch das Erkenntnis des VwGH vom 30. Jänner 1925, Z.A. 319/24, Slg. VwGH Nr. 13.752 (A.).

1742 So die herrschende Lehre, vgl. dazu KELSEN (wie Anm. 1718) I, S. 76. Das Erkenntnis des VwGH vom 11. Februar 1922, Z. 1226, Slg. VwGH Nr. 13.021 (A.), sprach von einer authentischen Feststellung des Rechtszustandes; die Personen, denen hingegen aufgrund des Gesetzes vom 5. Dezember 1918 die deutschösterreichische Staatsbürgerschaft nicht zukam, konnten folglich auch nicht in den Gemeindeverband einer deutschösterreichischen Gemeinde aufgenommen werden; anderer Ansicht MERKL (wie Anm. 1718), S. 170, Anm. 1, der auch von einer „Pauschalverleihung" sprach.

reits seit dem 30. Oktober deutschösterreichische Staatsangehörige. Da diese Bestimmung des Gesetzes vom 5. Dezember einerseits viele, die Deutschösterreicher werden wollten, zu Ausländern, andererseits viele nichtdeutsche Altösterreicher zu deutschösterreichischen Staatsangehörigen machte, sah das Gesetz die Instrumentarien des Bekenntnisses für einen anderen Staat und der Erklärung für Deutschösterreich vor. Denjenigen Personen, die diese ohne ihren Willen zuerkannte deutschösterreichische Staatsangehörigkeit - vor allem aus Gründen der Nationalität - nicht beibehalten wollten, räumte das Gesetz die Möglichkeit einer negativen Option ein: Wenn sich eine Person bis zum 30. Juni 1919 zu einem anderen Staate, zu dem Gebietsteile der ehemaligen österreichisch-ungarischen Monarchie gehörten[1743], bekannte, endete mit diesem negativ-konstitutiven Akt ihre deutschösterreichische Staatsangehörigkeit[1744].

Weiters sah das Gesetz unter Lösung der altösterreichischen Verklammerung von Staatsbürgerschaft und Heimatrecht zugunsten des „unösterreichischen“ Domizilsprinzips vor, daß die Staatsangehörigkeit auch durch den einseitigen Akt der Erklärung, der deutschösterreichischen Republik „als getreuer Staatsbürger angehören zu wollen“, erworben werden konnte (§ 2)[1745]. Eine solche Erklärung konnten diejenigen Personen abgeben, die „mindestens seit 1. August 1914“ - also bereits vor dem 1. August 1914 - im Gebiet der Republik Deutschösterreich ihren ordentlichen Wohnsitz[1746] hatten und entweder in überhaupt keiner Gemeinde Deutschösterreichs das Heimatrecht besaßen - also Ausländer im Sinne der altösterreichischen Bestimmungen wie Staatsangehörige Ungarns, Bosnien-Herzegowinas, des Deutschen Reiches usw.[1747] - oder aber Altösterreicher mit Heimatberechtigung in Istrien, Dalmatien oder Galizien. Zum anderen konnten eine derartige Erklärung diejenigen Personen abgeben, die in einer außerhalb Deutschösterreichs gelegenen Gemeinde der ehemaligen Monarchie - mit Ausnahme

---

1743 Also zur Tschechoslowakei, zu Polen, zum SHS-Staat, zu Rumänien und Ungarn, aber auch zu Italien, vgl. dazu näher KELSEN (wie Anm. 1718) I, S. 77.

1744 Und zwar auf das Risiko der Staatenlosigkeit hin, falls die Staatsangehörigkeit im Nachfolgestaat nicht erlangt werden konnte. Selbstverständlich ging damit ebenfalls das Heimatrecht verloren. Nach der Vollzugsanweisung des Staatsamtes des Inneren vom 30. Dezember 1918 betreffend das deutschösterreichische Staatsbürgerrecht, StGBl. 1919, Nr. 1, konnte dieses Bekenntnis von Personen, welche vor dem 1. Jänner 1899 geboren und nicht entmündigt waren, sowie von jüngeren, eigenberechtigten Personen ohne Unterschied des Geschlechtes und des Familienstandes abgegeben werden. Ein derartiges Bekenntnis eines Ehemannes oder eines Vaters oder einer unehelichen Mutter galt für die Ehefrau und die Kinder, sofern sie dem bzw. der Bekennenden im Heimatrecht folgten und nicht selbständig ein Bekenntnis abgegeben hatten; vgl. auch SCAPINELLI (wie Anm. 1740), S. 14 f.

1745 Nach der Vollzugsanweisung des Staatsamtes des Inneren vom 30. Dezember 1918 betreffend das deutschösterreichische Staatsbürgerrecht, StGBl. 1919 Nr. 1, hatte die politische Bezirksbehörde des ordentlichen Wohnsitzes von Amts wegen festzustellen, ob die im § 2 geforderten Voraussetzungen zutrafen.

1746 Vgl. zum Begriff des ordentlichen Wohnsitzes SCAPINELLI (wie Anm. 1740), S. 16 ff.

1747 Wie KUNZ (wie Anm. 1734), S. 154, zutreffend feststellte, ging diese Regelung damit weit über die Festlegung der staatsbürgerlichen Verhältnisse der Altösterreicher hinaus und ermöglichte Ausländern einen im Gegensatz zur Naturalisation erheblich leichteren Staatsbürgerschaftserwerb.

Dalmatiens, Istriens und Galiziens[1748] – die Heimatberechtigung besaßen und ihren ordentlichen Wohnsitz erst nach dem 1. August 1914 nach Deutschösterreich verlegt hatten bzw. bis zur Wirksamkeit eines neuen, das Staatsbürgerrecht endgültig regelnden Gesetzes verlegen würden[1749]. Unter der Voraussetzung der tatsächlichen Wohnsitzverlegung war damit allen Altösterreichern (mit Ausnahme der in Dalmatien, Istrien oder Galizien Heimatberechtigten) die Möglichkeit einer sofortigen Erwerbung der deutschösterreichischen Staatsangehörigkeit gegeben. Bei Vorliegen der gesetzlichen Bedingungen waren diese Personen vom Zeitpunkt ihrer Erklärung an deutschösterreichische Staatsbürger[1750], ohne jedoch auch ein deutschösterreichisches Heimatrecht erlangt zu haben[1751].

Das Gesetz vom 5. Dezember 1918 war lediglich als Provisorium bis zur endgültigen Regelung der Staatsangehörigkeitsverhältnisse durch die Friedensverträge konzipiert und sollte primär zur Durchführung der Wahlen für die Konstituierende Nationalversammlung dienen[1752]. Man wollte, wie der Bericht des Verfassungsausschusses

---

1748 Es war dies eine Konzession an die Christlichsozialen und Großdeutschen, welche die „Ostjuden", insbesondere die galizischen Kriegsflüchtlinge, vom Erwerb der deutschösterreichischen Staatsbürgerschaft ausschließen wollten. Zur „Verschleierung" der antisemitischen Tendenz wurden daher neben Galizien auch Istrien und Dalmatien in diese Regelung einbezogen. Der ursprüngliche Vorschlag hatte auch noch die Bukowina umfaßt; siehe Sten. Prot. der Prov. NV, 2. Sitzung vom 12. November 1918, S. 71 ff., 6. Sitzung vom 27. November 1918, S. 174 ff.; vgl. auch ausführlich GRANDNER (wie Anm. 1740), S. 64 ff.; Walther SEIDLER, Staatsbürgerschaft und Heimatrecht seit dem Umsturz, in: Juristische Blätter L (1921), S. 21; Beatrix HOFFMANN-HOLTER, „Abreisendmachung". Jüdische Kriegsflüchtlinge in Wien 1914 bis 1923, Wien-Köln-Weimar 1995, S. 154 ff.
Die Personen, die in Dalmatien, Istrien oder Galizien heimatberechtigt waren, mußten daher, um die Staatsbürgerschaft durch Erklärung erwerben zu können, egal welcher Nationalität sie zugehörten, mindestens seit 1. August 1914 ihren ordentlichen Wohnsitz in Deutschösterreich haben. Von dieser Regelung waren daher vor allem Kriegsflüchtlinge aus diesen Gebieten betroffen, aber auch ehemalige k.k. Beamte, die kraft Amtes in diesen Ländern Heimatrecht erlangt und ihren Wohnsitz erst nach dem 1. August 1914 in das spätere deutschösterreichische Gebiet verlegt hatten. Sie konnten die deutschösterreichische Staatsbürgerschaft nur durch Naturalisation erwerben; vgl. dazu ausführlich SCAPINELLI (wie Anm. 1740), S. 29, 38 ff. Da gerade in der Bukowina diese Personengruppe in besonders hohem Ausmaß betroffen gewesen wäre, war die Bukowina letztlich doch nicht in die gesetzliche Ausnahmeregelung aufgenommen worden, siehe Sten. Prot. Prov. der Prov. NV, Sitzung vom 27. November 1918, S. 177.

1749 Dieser Personengruppe waren vor allem diejenigen Beamten zuzurechnen, die zwar der deutschen Nationalität zugehörten, aber durch ihre Dienstverhältnisse z.B. in Böhmen oder Mähren Heimatberechtigung erlangt hatten, sowie auch jene Offiziere deutscher Nationaliät, deren Heimatsberechtigung meist noch die ihres Vaters und so häufig außerhalb Deutschösterreichs war; vgl. dazu ausführlich SCAPINELLI (wie Anm. 1740), S. 24 ff.

1750 § 4 des Gesetzes vom 5. Dezember 1918, StGBl. Nr. 91. Sie waren damit wahlberechtigt. Die Staatsbürgerschaft wurde jedoch von der politischen Landesbehörde aberkannt, wenn sich nach Abgabe der Erklärung herausstellte, daß die Bedingungen des § 2 nicht zutrafen.

1751 Sie wären daher gemäß § 18 des Heimatgesetzes von 1863 als Heimatlose von Amts wegen einer Gemeinde zuzuweisen gewesen, was jedoch nicht geschah; vgl. dazu S. 331 ff.

1752 Wahlberechtigt waren nach § 11 des Gesetzes vom 18. Dezember 1918, StGBl. Nr. 115, über die Wahlordnung für die konstituierende Nationalversammlung nur deutschösterreichische

ausführte, bei dieser Wahl in die Konstituante die große Zahl derjenigen, die in Deutschösterreich seit mehr oder minder langer Zeit wohnten, ihre Pflichten erfüllten und durch ihre Arbeit nützliche und notwendige Mitglieder des neuen Staates sein konnten und wollten, ohne jedoch ein Heimatrecht dortselbst zu besitzen, nicht „stumm beiseite stehen" lassen[1753]. Aufgrund des beabsichtigten provisorischen Charakters hatte man daher die Erwerbung der Staatsbürgerschaft vom alten Heimatrecht abgekoppelt und nur an die genannten geringfügigen Voraussetzungen geknüpft, dem folgenschweren Problem der zahlreichen heimatlosen Staatsangehörigen[1754] allerdings keine besondere Bedeutung beigemessen.

Nachdem die österreichische Delegation bereits am 10. September 1919 den Vertrag von St. Germain unterzeichnet hatte, wurde durch das sogenannte Sperrgesetz vom 17. Oktober 1919 die Erwerbung der Staatsbürgerschaft aufgrund Erklärung rücksichtlich ihrer Unvereinbarkeit mit den Bestimmungen des Staatsvertrages beseitigt[1755].

2. *Staatsvertrag von St. Germain*

Mit dem Inkrafttreten des Staatsvertrages von St. Germain en Laye[1756] am 16. Juli 1920 erloschen nach herrschender Lehre und ständiger Rechtsprechung die Wirkungen der bereits erfolgten Staatsbürgerschaftserklärungen[1757] bzw. Bekenntnisse zu Nachfol-

---

Staatsangehörige; vgl. dazu KELSEN (wie Anm. 1718) I, S. 76; vgl. zur parlamentarischen Entstehungsgeschichte des Gesetzes ausführlich SEIDLER (wie Anm. 1748), S. 21 ff.

1753 Vgl. SCAPINELLI (wie Anm. 1740), S. 6.

1754 Siehe dazu S. 331 ff.

1755 § 1 des Gesetzes vom 17. Oktober 1919, StGBl. Nr. 481, über die Abänderung des Gesetzes über das deutschösterreichische Staatsbürgerrecht und über die zeitweise Unzulässigkeit von Aufnahmen in den Heimatverband.
Der Verfassungsausschuß führte in seinem Bericht an die Nationalversammlung aus, daß im Hinblick auf die Vorschriften des Staatsvertrages von St. Germain die Regelungen über den Erwerb der Staatsbürgerschaft und über die Heimatverhältnisse grundlegend und umfassend neu geregelt werden müßten, was aber erst nach der Ratifizierung möglich sei. Bis zu diesem Zeitpunkt seien sowohl die Erwerbung der Staatsbürgerschaft durch Erklärung als auch die Aufnahme in den Heimatverband in den bisherigen Formen mit Blick auf die Staatsfinanzen bedenklich. Man befürchtete eine schwere Belastung des Staatsetats dadurch, daß einzelne Personen, um sich finanzielle Vorteile, wie etwa Beamtenpensionen, zu sichern, zuerst die deutschösterreichische Staatsbürgerschaft erwerben würden, um dann innerhalb offener Frist doch für einen Nachfolgestaat zu optieren, vgl. dazu KELSEN (wie Anm. 1718) IV, S. 85.

1756 StGBl. 1920 Nr. 303. Inkrafttreten für Österreich gemäß Art. 381 am 16. Juli 1920; vgl. zur Entstehungsgeschichte der Staatsangehörigkeits- und Optionsnormen des Staatsvertrages KUNZ (wie Anm. 1734), S. 157 ff.; siehe auch ausführlich GRANDNER (wie Anm. 1740), S. 67 ff.

1757 Soferne nicht bereits ein Heimatrechtserwerb in Deutschösterreich erfolgt war.
Vgl. dazu die Erkenntnisse des VwGH vom 11. November 1921, Z. 8528, Slg. VwGH Nr. 12.946 (A.); vom 22. Oktober 1922, Z. 10.469, Slg. VwGH Nr. 13.198 (A); vom 10. März 1923, Z. 1947, Slg. VwGH Nr. 13.237 (A.); vom 25. Oktober 1924, Z.A. 228/24, Slg. VwGH Nr. 13.652 (A.); und die Erkenntnisse des VfGH vom 12. Oktober 1920, Z.B. 15/20, Slg. VfGH Nr. 60; vom 21. Juni 1922, Z.B. 7/22, Slg. VfGH N.F. Nr. 119; vom 22. Juni

gestaaten[1758]. Im Unterschied zum Friedensvertrag von Versailles ging der Staatsvertrag von St. Germain nämlich bei seiner Aufteilung der altösterreichischen Staatsangehörigen auf die Nachfolgestaaten nicht vom Domizilsprinzip sondern vom Heimatrecht aus, das allerdings in unzähligen Fällen bereits seit Generationen mit der jeweilig davon betroffenen Person keinen wirklichen Zusammenhang mehr hatte und bei einer großen Anzahl von Personen schon zu Zeiten der Monarchie umstritten oder nicht nachweisbar war[1759]. Außerdem ignorierte der Staatsvertrag von St. Germain die seit dem Untergang des Kaisertums und seinem Inkrafttreten entstandenen Staatsangehörigkeitsverhältnisse, indem er die Fiktion der Fortdauer der altösterreichischen Staatsangehörigkeit bis zum Zeitpunkt seines Inkrafttretens aufstellte[1760].

Entsprechend dem Aufteilungsprinzip des Staatsvertrages nach dem Heimatrecht mußte Österreich nach Art. 64 alle Personen als österreichische Staatsbürger anerkennen, die zur Zeit des Inkrafttretens des Staatsvertrages ein Heimatrecht auf österreichischem Staatsgebiet besaßen[1761] und nicht Angehörige eines anderen Staates waren[1762].

1922, Z.B. 28/22, Slg. VfGH N.F. Nr. 120; vom 13. Oktober 1922, Z.B. 38/22, Slg. VfGH N.F. Nr. 153.

1758 Siehe die Erkenntnisse des VwGH vom 25. Oktober 1924, Z.A. 397/24, Slg. VwGH Nr. 13.653 (A.), und vom 23. Oktober 1925, Z.A. 547/24, Slg. VwGH Nr. 13.995 (A.).

1759 KUNZ (wie Anm. 1734), S. 189, verwies z.B. richtigerweise darauf, daß viele altösterreichische Staatsbürger seit Generationen ihren Wohnsitz in Wien hatten und in Wien geboren, aber noch immer „von Urgroßväter Zeiten her" etwa in einer Gemeinde Galiziens nach Heimatrecht zuständig waren.

1760 Ihm folgend auch der Vertrag von Trianon. Zehntausende Staatenlose und zahlreiche altösterreichische Beamte und Offiziere, die von keinem Staat Altersversorgung erhielten, waren das Ergebnis dieses Aufteilungsgrundsatzes; vgl. dazu näher Josef KUNZ, Das Staatsangehörigkeitsrecht der Republik Österreich, in: Georg Crusen/Georg Maas/Adolf Siedler (Hrsg.), Das Recht der Staatsangehörigkeit der europäischen und der außereuropäischen Staaten, I: Die europäischen Staaten, Berlin 1940, S. 1006. Infolge der erwähnten Fiktion des Staatsvertrages und seines diesbezüglichen Sprachgebrauchs kam es überdies zu Problemen der Auslegung und Anwendung der Normen des Staatsvertrags; vgl. dazu KUNZ (wie Anm. 1734), S. 162 f., 179 f.; siehe auch Helmut LENZ, Untersuchung zur Frage der Identität der Republik Österreich mit der Monarchie der Habsburger, jur. Diss. München, Krems a.d. Donau 1939.

1761 Vgl. dazu das Erkenntnis des VwGH vom 30. Jänner 1925, Z.A. 319/24, Slg. VwGH Nr. 13.752 (A.), welches betonte, daß auch das Heimatrecht nach Art. 64 des Staatsvertrages von St. Germain rechtsgültig erworben sein müsse, der tatsächliche Besitz desselben hingegen nicht ausreichend sei.

1762 Solange sie nicht von ihrem Optionsrecht nach Art. 78 und 80 Gebrauch machten. Ob diese Personen Angehörige eines anderen Staates - vgl. zu diesem Begriff der „anderen Staaten" ausführlicher Hans Joachim SEELER, Das Staatsangehörigkeitsrecht Österreichs (= Sammlung geltender Staatsangehörigkeitsgesetze XX), Frankfurt a.M.-Berlin 1957, S. 26 ff.; KUNZ (wie 1734), S. 191 - waren, wurde nach den Staatsbürgerschaftsgesetzgebungen der betreffenden Staaten und den sogen. Minoritätenschutzverträgen der Nachfolgesstaaten beurteilt; siehe dazu näher Karl WALDERT, Das österreichische Heimat- und Staatsbürgerrecht. Nach dem Stande der Gesetzgebung vom 5. Oktober 1925 (= Handausgabe österreichischer Gesetze und Verordnungen CCXXIV), Wien 1926, S. 193 ff. Nach Art. 230 war Österreich verpflichtet, die von seinen Angehörigen vor dem 16. Juli 1920 erworbene Staatsangehörig-

Daher verloren mit dem 16. Juli 1920 nicht nur die heimatlos gebliebenen Neubürger gemäß § 2 des Gesetzes vom 5. Dezember 1918 ihre österreichische Staatsangehörigkeit, sondern auch diejenigen Personen, denen nach § 1 dieses Gesetzes ex lege die deutschösterreichische Staatsbürgerschaft zukam, sofern sie in einem von Deutschösterreich beanspruchten Gebiet, das nach dem Staatsvertrag von St. Germain nicht mehr zum Staatsgebiet der Republik gehörte, heimatberechtigt waren.

Nach Art. 70 des Staatsvertrages erwarben hingegen grundsätzlich alle Personen, die das Heimatrecht in einem Gebiet innehatten, das früher zur österreichisch-ungarischen Monarchie gehörte, die Staatsangehörigkeit desjenigen Staates, der auf dem genannten Gebiet die Souveränität ausübte „ohne weiteres und unter Ausschluß der österreichischen Staatsangehörigkeit", sie erwarben also ipso iure die Staatsangehörigkeit des Nachfolgestaates. Für Italien[1763], den serbisch-kroatisch-slowenischen sowie den tschechoslowakischen Staat[1764] wurden allerdings durch das neu eingeführte Institut der Reklamation Sonderregelungen vorgesehen, um bestimmte Personen trotz Vorliegens einer dortortigen Heimatberechtigung nicht als Staatsangehörige anerkennen zu müssen. Für die Personen, die kraft Art. 70 ihre altösterreichische Staatsangehörigkeit verloren und ipso iure eine neue Staatsangehörigkeit erwarben, sah Art. 78 des Staatsvertrages eine Option für Österreich kraft früheren Heimatrechts innerhalb eines Jahres vor[1765].

keit zu einem der assoziierten oder alliierten Staaten anzuerkennen und diese Person nicht mehr als Österreicher zu behandeln.

1763 Gemäß Art. 71 konnten Personen, die wiewohl in an Italien abgetretenen Gebieten heimatberechtigt, dort jedoch nicht geboren waren, sowie Personen, die das Heimatrecht in diesen Gebieten nach dem 24. Mai 1915 erworben hatten oder nur ein Amtsheimatrecht besaßen, eine Option zugunsten Italiens abgeben. Dies galt nach Art. 72 auch für diejenigen Personen, welche früher in an Italien übergegangenen Gebieten heimatberechtigt waren oder deren Vater – bzw. wenn deren Vater unbekannt war, deren Mutter – in den genannten Gebieten heimatberechtigt war, sowie für diejenigen, welche während des Krieges in der italienischen Armee gedient hatten (inklusive deren Nachkommen). Wurde der Anspruch auf die italienische Staatsbürgerschaft nicht erhoben bzw. die Option nicht abgegeben, oder wurde dieser Anspruch von den italienischen Behörden abgewiesen, so erwarben diese Personen die Staatsangehörigkeit desjenigen Staates, der auf dem Gebiet, in welchem sie vor der Erlangung des Heimatrechtes in dem an Italien abgetretenen Gebiet das Heimatrecht besaßen, die Souveränität ausübte; vgl. dazu ausführlich KUNZ (wie Anm. 1734), S. 192 ff. Die Bestimmungen über die Ausübung dieses Optionsrechtes regelte Art. 78.

1764 Art. 76 machte unbeschadet der Bestimmungen des Art. 70 den Erwerb der serbisch-kroatisch-slowenischen bzw. tschechoslowakischen Staatsbürgerschaft für Personen, die in diesen Staaten übertragenen Gebieten das Heimatrecht erst nach dem 1. Jänner 1910 erworben hatten, von der Genehmigung des jeweiligen Staates abhängig. Für den Fall, daß die Genehmigung nicht erteilt oder nicht angesucht wurde, sah Art. 77 vor, daß diese Personen die Staatsangehörigkeit desjenigen Staates erwarben, in dessen Souveränitätsgebiet sie vorher das Heimatrecht besessen hatten; vgl. dazu ausführlich KUNZ (wie Anm. 1734), S. 192 ff.

1765 Sie konnten gemäß Art. 78 „für die Zugehörigkeit zu dem Staat optieren, in dem sie heimatberechtigt waren, bevor sie das Heimatrecht in dem übertragenen Gebiet erwarben". Es gab also für den Personenkreis des Art. 70 eine Option für Österreich, nicht aber eine Option gegen Österreich für den Personenkreis des Art. 64; vgl. dazu ausführlich KUNZ (wie Anm. 1734), S. 198 f.

Gemäß Art. 80 konnten überdies Personen, die in einem ehemals zur österreichisch-ungarischen Monarchie gehörenden Gebiet[1766] heimatberechtigt waren und sich dort von der Mehrheit der Bevölkerung nach „Rasse“[1767] und Sprache unterschieden, innerhalb von sechs Monaten nach Inkrafttreten[1768] des Staatsvertrages für den Staat[1769] optieren, wo die Mehrheit der Bevölkerung die gleiche Sprache sprach und der gleichen „Rasse“ wie der Optierende angehörte.

Die in einer Gemeinde des Burgenlands heimatberechtigten Personen erwarben nach herrschender Lehre die österreichische Staatsbürgerschaft bereits mit dem Inkrafttreten des Vertrages von St. Germain am 16. Juli 1920[1770], der in Art. 27 Deutsch-Westungarn an Österreich übertrug[1771], wiewohl der Übergang der Gebietshoheit erst am 26. Juli 1921, am Tag des Inkrafttretens des Vertrages von Trianon, stattfand[1772]. Komplizierter stellten sich allerdings die Staatszugehörigkeitsverhältnisse der im Ödenburger Plebiszitgebiet heimatberechtigten Personen dar[1773].

1766 Diese ethnische Option stand daher auch denjenigen Personen zu, die in Bosnien-Herzegowina oder in Ungarn heimatberechtigt waren; vgl. zur Option nach Art. 80 ausführlich KUNZ (wie Anm. 1734), S. 199 ff.

1767 Vgl. zur Auslegung des Begriffes „Rasse“ die Erkenntnisse des VwGH vom 9. Juni 1921, Z. 2973, Slg. VwGH Nr. 12.828 (A.), und Z. 4269, Slg. VwGH Nr. 12.830 (A.); vgl. auch ausführlich GRANDNER (wie Anm. 1740), S. 75 ff.; siehe für die österreichische Praxis bezüglich jüdischer Optanten auch HOFFMANN-HOLTER (wie Anm. 1748), S. 229 ff., 246 ff.; Oskar BESENBÖCK, Die Frage der jüdischen Option in Österreich 1918–1922, Wien 1992.

1768 Somit also in Österreich bis 15. Jänner 1921, vgl. die Vollzugsanweisung der Staatsregierung vom 20. August 1920, StGBl. Nr. 397, über den Erwerb der österreichischen Staatsangehörigkeit durch Option; siehe für den Beginn der Optionsfristen auch die bei THIENEL (wie Anm. 291), S. 51, Anm. 14, angegebene Literatur.

1769 Die Staaten, für die gemäß Art. 80 optiert werden konnte, waren: Österreich, Italien, Polen, Rumänien, der SHS-Staat und die Tschechoslowakei, nicht allerdings Ungarn; vgl. zu den Optionsmöglichkeiten für Ungarn KUNZ (wie Anm. 1734), S. 200 f.

1770 So auch § 2 der Verordnung der Bundesregierung vom 19. Mai 1922, BGBl. Nr. 304, über die Bundesbürgerschaft, die Landesbürgerschaft und das Heimatrecht im Burgenland; vgl. auch die Entscheidung des OGH vom 29. April 1921, Os 83/21, Slg. OGH I Nr. 33.

1771 Da Ungarn nicht Partner dieses Vertrages war, wurde diese Bestimmung als Vertrag zu Lasten Dritter qualifiziert; erst Art. 71 des Friedensvertrages von Trianon sprach die Abtretung Deutsch-Westungarns an Österreich aus; vgl. KUNZ (wie Anm. 1734), S. 211; SEELER (wie Anm. 1762), S. 33; THIENEL (wie Anm. 291), S. 48, m.w.N.

1772 In dieser Zwischenzeit hatten sie die Doppelstaatsbürgerschaft, da ihre ungarische Staatsbürgerschaft erst mit Inkrafttreten des Vertrages von Trianon erlosch; vgl. zum Burgenland ausführlich KUNZ (wie Anm. 1734), S. 211 ff.; auch THIENEL (wie Anm. 291), S. 58, m.w.N. Mit der Verordnung der Bundesregierung vom 22. Juli 1921, BGBl. Nr. 475, womit für das Burgenland Übergangsbestimmungen für die Zeit bis zur endgültigen Einführung der Bundesverfassung im Burgenland getroffen werden (Verfassungsübergangsverordnung, VÜVO), wurden alle ungarischen Staatsangehörigkeitsbestimmungen im Burgenland aufgehoben, mit Verordnung der Bundesregierung vom 19. Mai 1922, BGBl Nr. 304, über die Bundesbürgerschaft, die Landesbürgerschaft und das Heimatrecht im Burgenland, wurden die österreichischen Normen des Staatsbürgerrechtes im Burgenland in Geltung gesetzt.

1773 Nach KUNZ (wie Anm. 1734), S. 212, waren diese ungarischen Staatsangehörigen vom 16. Juli 1920 bis zum Inkrafttreten des Friedensvertrages von Trianon am 26. Juli 1921 Doppelstaatsbürger. Am 26. Juli verloren sie demnach ihre ungarische Staatsbürgerschaft, die sie

Der zur Klärung von Streitfragen zwischen Österreich und der Tschechoslowakei am 7. Juni 1920 geschlossene Brünner Vertrag beinhaltete nicht nur Ausführungsvorschriften, sondern veränderte auch die Regelungen des Staatsvertrages von St. Germain in einigen Punkten, wie etwa durch die Einführung eines neuen Optionsrechtes aufgrund mindestens zehnjährigen Wohnsitzes in Österreich[1774].

Die durch den Staatsvertrag von St. Germain veränderte Rechtslage zog nicht nur vielfach einen Zustand der Rechtsunsicherheit für die konkret betroffenen Personen nach sich, sondern führte in der Folge auch zu zahlreichen rechtswidrigen Verwaltungsakten, von denen allerdings wohl nur ein kleiner Teil vor dem Verfassungs- und Verwaltungsgerichtshof angefochten wurde.

B. Heimatrecht und Heimatlosigkeit

Die heimatrechtlichen Bestimmungen der Monarchie waren zwar durch § 16 des Beschlusses über die grundlegenden Einrichtungen der Staatsgewalt in den Normenbestand (Deutsch)Österreichs übernommen bzw. für die Republik in Geltung gesetzt worden, jedoch wurden keinerlei neue Vorschriften über den Erwerb des Heimatrechtes für die zahllosen neuen deutschösterreichischen Staatsbürger erlassen. Um der „Jagd" der Neubürger nach dem Heimatschein[1775], der ihnen die Staatsbürgerschaft

am 5. Dezember 1921 aufgrund des Ergebnisses der Volksabstimmung unter Verlust der österreichischen wieder erlangten; gänzlich anderer Rechtsauffassung allerdings der Verwaltungsgerichtshof in seinem Erkenntnis vom 9. Februar 1927, Z.A. 317/26, Slg. VwGH Nr. 14. 649 (A.): Er führte aus, daß Art. 64 des Staatsvertrages auf diese Problematik nicht anwendbar sei, da dessen Bestimmungen nicht als eine Erwerbsart der österreichischen Staatsbürgerschaft gedacht seien, sondern als Minderheitenschutz, der es verwehre, die von diesem Artikel umfaßten Personen zu Ausländern zu erklären, wenn sie nicht einem anderen Staat angehörten. Durch das Inkrafttreten des Friedensvertrages sei somit gegenüber Ungarn keine aus den Gebietsübertretungen hervorgehende österreichische Staatsangehörigkeit erworben worden, zumal durch einen Staatsvertrag, an dem Ungarn gar nicht beteiligt war, nicht über dessen Staatsangehörige verfügt werden könne. Für den Wechsel der Staatsbürgerschaft seien ausschließlich die Bestimmungen des Art. 61 des Friedensvertrages von Trianon sowie Art. 70 des Vertrages von St. Germain heranzuziehen. Da im Vertrag von Trianon der Erwerb der neuen Staatsangehörigkeit an die Voraussetzung der Ausübung der Souveränität Österreichs über die abgetretenen Gebiete geknüpft sei und demgemäß nur der Wechsel in der Staatsgewalt den Wechsel der Staatsangehörigkeit nach sich ziehen könne, eine Übergabe der Stadt Ödenburg aber nicht stattgefunden habe und damit die Übernahme und Ausübung der Souveränität durch Österreich nicht eingetreten sei, könne auch von einem Erwerb der österreichischen Staatsangehörigkeit durch Heimatangehörige der Stadt Ödenburg keine Rede sein.

1774 Art. 8 des Vertrages zwischen der tschechoslowakischen Republik und der Republik Österreich vom 7. Juni 1920, BGBl. 1921 Nr. 163, über Staatsbürgerschaft und Minderheitenschutz; siehe hierzu auch die Verordnung der Bundesregierung vom 27. Mai 1921, BGBl. Nr. 297, über den Erwerb der österreichischen Bundesbürgerschaft durch Option auf Grund zehnjährigen Wohnsitzes; vgl. zu den Änderungen ausführlich SEELER (wie Anm. 1762), S. 31 ff.

1775 Nach SEIDLER (wie Anm. 1748), S. 22, setzte „eine wahre Jagd nach dem Heimatrecht ein. Kein Mittel wurde unversucht gelassen, um es zu erlangen. Einzelne kleinere Gemeinden erauch nach dem Inkrafttreten der Bestimmungen des Staatsvertrages von St. Germain gesichert hätte, ein Ende zu setzen, wurde den Gemeinden mit dem sogenannten Sperrgesetz vom 17. Oktober 1919[1776] das ihnen nach § 7 der Heimatgesetznovelle 1896[1777] zustehende Recht der freiwilligen Aufnahme von Personen in den Heimatverband durch Beschluß des Gemeindeausschusses verboten. Das Heimatrecht in einer Gemeinde Deutschösterreichs konnte demnach bei sonstiger Nichtigkeit[1778] nur gemäß §§ 2 bis 5 der Heimatgesetznovelle[1779], also durch Verleihung aufgrund eines ersessenen Verleihungstitels, erworben werden. So kritisierte denn auch ein Zeitgenosse[1780], daß die vielen Menschen, welche im Vertrauen auf das Gesetz vom 5. Dezember 1918 deutschösterreichische Staatsangehörige geworden waren, denen „feierlich das Recht erteilt" worden war, die konstituierende Nationalversammlung zu wählen, durch dieses Sperrgesetz „in ihrem Vertrauen auf das Schwerste getäuscht" wurden: „Sie hatten zwar Pflichten, aber keinerlei Rechte. Ein Heimatrecht, welches allein sie gleichberechtigt mit den alten Staatsbürgern gemacht hätte, konnten sie nicht erlangen".

Eine Ausnahmeregelung wurde durch Verordnung der Staatsregierung vom 4. Mai 1920[1781] nur für diejenigen Personen geschaffen, die nachweislich infolge Kriegsgefangenschaft oder aus anderen durch den Krieg bewirkten Ursachen vor dem Inkrafttreten des Gesetzes vom 17. Oktober 1919 nicht in der Lage waren, um die Aufnahme in den Heimatverband einer Gemeinde der Republik Österreich anzusuchen, sowie für diejenigen Personen, deren Ansuchen um Aufnahme in den Heimatverband zwar schon vorlag, aber noch nicht erledigt war. Bei Vorliegen besonders berücksichtigenswerter Umstände konnten solche Personen auch in anderen Fällen als jenen der §§ 2 bis 5 in den Heimatverband aufgenommen werden, falls die zuständige Landesregierung ihre Zu-

---

blickten direkt einen Erwerb darin, daß sie Staatsbürger gegen Erlag von ziemlich hohen Taxen in den Heimatverband aufnahmen. Die Heimatrechtswerber selbst aber beschritten skrupellos jeden Weg, von dem sie hofften, er werde sie zum Heimatrecht führen"; vgl. dazu auch das Erkenntnis des VwGH vom 11. Februar 1922, Z. 1226, Slg. VwGH Nr. 13.021 (A.), das vom Versuch des Beschwerdeführers sprach, sich durch „Aufnahme in den Verband einer Gemeinde der Republik Deutschösterreich ein liquides neuösterreichisches Staatsbürgerrecht" zu sichern.

1776 Gesetz vom 17. Oktober 1919, StGBl. 1919 Nr. 481, über die Abänderung des Gesetzes über das deutschösterreichische Staatsbürgerrecht und über die zeitweise Unzulässigkeit von Aufnahmen in den Heimatverband.

1777 Gesetz vom 5. Dezember 1896, RGBl. Nr. 222, wodurch einige Bestimmungen des Gesetzes vom 3. Dezember 1863, RGBl. Nr. 105, betreffend die Regelung der Heimatverhältnisse, abgeändert werden.

1778 Zur Frage, ob solchen Verleihungen eine absolute Nichtigkeit oder eine bloße Vernichtbarkeit innewohnte, siehe THIENEL (wie Anm. 291), S. 50, m.w.N.

1779 Vgl. dazu näher S. 44 f.

1780 SEIDLER (wie Anm. 1748), S. 23.

1781 Vollzugsanweisung der Staatsregierung vom 4. Mai 1920, StGBl. Nr. 208, womit Ausnahmen von dem im § 2 des Gesetzes vom 17. Oktober 1919, StGBl. Nr. 481, ausgesprochenen Verbote weiterer Aufnahmen in den Heimatverband österreichischer Gemeinden zugelassen werden.

stimmung erteilte (§ 1)[1782]. Erst mit der Verordnung der Bundesregierung vom 1. Februar 1921[1783] wurde das Verbot von Aufnahmen in den Heimatverband wieder außer Kraft gesetzt.

Es gab also zum Zeitpunkt des Inkrafttretens des Bundes-Verfassungsgesetzes zahlreiche österreichische Staatsbürger, die aufgrund einer Erklärung nach § 2 des Gesetzes vom 5. Dezember 1918 oder kraft Option zwar die Staatsbürgerschaft erworben hatten, aber keine Heimatberechtigung begründen hatten können. All diesen Heimatlosen kam zwar ein Rechtsanspruch auf Zuweisung zu einer Heimatgemeinde zu, und folglich hätten sie auch ausnahmslos nach den Bestimmungen des Heimatgesetzes von Amts wegen einzelnen Gemeinden zugewiesen werden müssen, jedoch kam es in der Realität dazu nicht[1784]. Nach § 14 Abs. 2 des Verfassungs-Übergangsgesetzes von 1920[1785] wurden diese Staatsbürger zu Bundesbürgern erklärt und die nähere Regelung ihres Heimatrechtes[1786] einem gesonderten Bundesgesetz vorbehalten[1787], das in Form der gleichzeitig

---

1782 Auch Angestellten des auswärtigen Dienstes, die wegen ihres auswärtigen Amtssitzes kein Heimatrecht in Österreich besaßen, konnte nach § 2 die Aufnahme in den Heimatverband einer österreichischen Gemeinde bewilligt werden.

1783 Verordnung der Bundesregierung vom 1. Februar 1921, betreffend die Aufhebung des Verbotes von Aufnahmen in den Heimatverband, BGBl. Nr. 91.

1784 Rechtsgrundlage für die Zuweisungen wären die §§ 18 f. des Heimatgesetzes von 1863 gewesen. Die Erkenntnisse des VwGH vom 13. März 1923, Z. 1998, Slg. VwGH Nr. 13.244 (A.), vom 28. Jänner 1925, Z.A. 342/24, Slg. VwGH Nr. 13.750 (A.), und vom 28. Februar, Z.A. 307/24, Slg. VwGH Nr. 13.778 (A.), erklärten die Verweigerung der Zuweisung eines infolge Option heimatlosen Österreichers ausdrücklich als nicht zulässig. Die Behörden hatten die Zuweisungen mit Berufung auf die durch § 14 des Verfassungs-Übergangsgesetzes von 1920 in Aussicht gestellte bundesgesetzliche Regelung des Heimatrechts verweigert. Der Verwaltungsgerichtshof führte im Erkenntnis vom 13. März 1923 aus, daß die Zuweisung nach dem Heimatgesetz „allgemein als eine in allen Fällen der Heimatlosigkeit ausnahmslos zu treffende Verfügung" sei und der Rechtsanspruch des heimatlosen Österreichers auf diese Verwaltungsmaßnahme jederzeit geltend gemacht werden könne. Außerdem entspräche eine derartige Klarstellung sowohl den Bedürfnissen der öffentlichen Verwaltung als auch des Betroffenen, der „oft unerwartet plötzlich" im Verkehr mit den Behörden ein Heimatrecht nachweisen müsse, z.B. zur Erlangung eines Reisepasses, eines Gewerbescheines, zur Zuweisung einer Wohnung.

1785 Verfassungsgesetz vom 1. Oktober 1920, StGBl. Nr. 451, BGBl. Nr. 2, betreffend den Übergang zur bundesstaatlichen Verfassung.

1786 Die Verbindung von Staatsbürgerschaft und Heimatrecht war im Bundes-Verfassungsgesetz vom 1. Oktober 1920 übernommen worden, allerdings in der Form eines indirekten Vermittlers, da das Heimatrecht nicht direkt mit der Staats-, sondern vielmehr mit der Landesbürgerschaft verbunden war. Nach Art. 6 Abs. 1 war nämlich das Heimatrecht in einer Gemeinde Voraussetzung der Landesbürgerschaft, und die Bundesbürgerschaft wurde gemäß Abs. 2 aufgrund der Landesbürgerschaft erworben.

1787 Ursprünglich bestand die Absicht, die heimatrechtlichen Verhältnisse dieser Personen im Rahmen des Verwaltungsentlastungsgesetzes zu regeln. Der Entwurf des Bundesgesetzes über die „Vereinfachung der Verwaltungsgesetze und sonstige Maßnahmen zur Entlastung der Verwaltungsbehörden", siehe WALDERT (wie Anm. 1762), S. 143 ff., sah in Punkt II vor, daß diese heimatlosen Bundesbürger, falls sie ehemals in einer Gemeinde des österreichischen Bundesgebietes das Heimatrecht besessen hatten, grundsätzlich neuerlich das Heimit dem neuen Staatsangehörigkeitsrecht[1788] am 15. August 1925 in Kraft getretenen Heimatrechtsnovelle[1789] erging. Die Heimatrechtsnovelle 1925 sollte die Rechtsgrundlage schaffen, um die große Zahl der Heimatlosen, worunter nach § 1 diejenigen Bundesbürger verstanden wurden, die ein Heimatrecht nicht besaßen oder deren Heimatrecht zur Zeit nicht erweislich war[1790], den Gemeinden zuzuweisen. Die Novelle teilte die Heimatlosen bzw. die Erlangungsmöglichkeiten für das Heimatrecht in mehrere Gruppen[1791]: Diejenigen heimatlosen Bundesbürger, die aufgrund von Staatsverträgen oder aufgrund einer Erklärung die Staatsbürgerschaft erworben hatten und einstmals ein Heimatrecht in einer Gemeinde des österreichischen Bundesgebietes innehatten, erwarben nach § 2 der Novelle dieses Heimatrecht kraft Gesetzes erneut. Besaßen sie ehemals kein Heimatrecht, so erlangten sie das Heimatrecht der Gemeinde, in der sie am 16. Juli 1920 ihren ordentlichen Wohnsitz hatten[1792]. Um den Bundesländern, die durch den

---

matrecht in jener österreichischen Gemeinde erlangten, in der sie zuletzt heimatberechtigt waren.

1788 Bundesgesetz vom 30. Juli 1925, BGBl. Nr. 285, über den Erwerb und den Verlust der Landes- und Bundesbürgerschaft.

1789 Bundesgesetz vom 30. Juli 1925, BGBl. Nr. 286, betreffend die Abänderung und Ergänzung des Gesetzes vom 3. Jänner 1863, RGBl. Nr. 105, über die Regelung der Heimatrechtsverhältnisse, und des Gesetzes vom 5. Dezember 1896, RGBl. Nr. 222, sowie die Durchführung des § 14 des Verfassungsgesetzes vom 1. Oktober 1920, BGBl. Nr. 2, betreffend den Übergang zur bundesstaatlichen Verfassung (Heimatrechtsnovelle 1925).

1790 § 1 zählte unter die Nichterweislichkeit auch den Fall, daß ein Heimatrecht von der angeblichen Heimatgemeinde nicht anerkannt wurde und nur durch Ableitung von einem vor Wirksamkeit des Heimatgesetzes von 1863 erworbenen Heimatrecht festgestellt werden konnte. Die Begründung der Regierungsvorlage bemerkte dazu: „Der in den geltenden Heimatgesetzen zutage tretende Mangel an originären Erwerbsarten in Verbindung mit der Bestimmung des § 49 des Heimatgesetzes v. 3. Dezember 1863 ..., wonach Heimatrechte, die am 24. Jänner 1864 bereits erworben waren, insolange in Kraft bleiben, bis sie nach den Bestimmungen des Heimatgesetzes verlorengehen, machen es derzeit notwendig, im Falle eines Heimatrechtsstreites zwecks Feststellung des Heimatrechtes meist bis auf jene Zeit zurückzugehen, in welcher das Konskriptionspatent v. 25. Oktober 1804 in Geltung stand. Es ist natürgemäß, daß derartige Erhebungen einen ganz unverhältnismäßigen Arbeitsaufwand erfordern, und es darf nicht überraschen, daß derartige Heimatrechtsverhandlungen oft viele Jahre, manchmal Jahrzehnte dauern und zu umfangreichen Aktenkonvoluten anwachsen, wobei den unmittelbaren Anlaß des Heimatrechtsstreites oft nur der Ersatz einer geringfügigen Armenunterstützung bildet. Es dürfte wohl keinem Zweifel unterliegen, daß dieser Zustand ... dringend Abhilfe erheischt. Diesen Zweck sucht § 1 des Entwurfes dadurch zu erreichen, daß er Erhebungen nach einem vor dem Inkrafttreten des Heimatgesetzes ... stattgefundenen Heimatrechtswerb einfach untersagt und anordnet, daß derartige Personen als Heimatlose anzusehen sind. Dadurch würden alle die Verwaltung mit ganz unfruchtbarer Arbeit belastenden, langwierigen Heimatrechtsverhandlungen ... ein für allemal beseitigt ...", WALDERT (wie Anm. 1762), S. 296 f.; vgl. dazu auch Erkenntnis des BGH vom 1. Oktober 1937, Z.A. 1468/36, Slg. BGH Nr. 1569 (A.).

1791 Die Darstellung THIENELS (wie Anm. 291), S. 66, ist in diesem Punkt irreführend verkürzt.

1792 Oder, wenn mehrere Wohnsitze in Betracht kamen, tatsächlich gewohnt hatten. Die Begründung der Regierungsvorlage führte zur Regelung des § 2 aus: „Die Knüpfung des Heimatrechtserwerbes an diesen einfachen, leicht feststellbaren Tatbestand (den Wohnsitz) erscheint zwecks Vermeidung unfruchtbarer Verwaltungsarbeit geboten, zumal es sich hier

Staatsvertrag Gebietsteile verloren hatten, die Möglichkeit zu geben, ehemalige Landesangehörige wieder in ihrem Land heimatberechtigt zu machen[1793], sah § 3 vor, daß diejenigen Personen, die nicht bereits nach § 2 ein Heimatrecht erwerben hatten können, bei der Landesregierung eines Bundeslandes erklären konnten, daß sie in diesem Bundesland heimatberechtigt sein wollten, worauf die Landesregierung eine Gemeinde als Heimatgemeinde bestimmte[1794]. Für alle übrigen heimatlosen Staatsbürger bestand die Möglichkeit, entweder einen Anspruch auf Verleihung des Heimatrechts in der Gemeinde, in der sie sich die letzten vier Jahre freiwillig und ununterbrochen aufgehalten hatten, ohne der öffentlichen Armenversorgung zur Last gefallen zu sein[1795], zu ersitzen, oder das Heimatrecht derjenigen Gemeinde definitiv zu erlangen, der sie aufgrund eines Zuweisungserkenntnisses gemäß §§ 18 und 19 des Heimatgesetzes 1863 provisorisch zugewiesen worden waren[1796]. Diejenigen Personen aber, die ein Heimatrecht nach keiner dieser Bestimmungen erwerben konnten, wurden einer Gemeinde nach Maßgabe spezieller Kriterien zugewiesen[1797]. Mit der Heimatrechtsnovelle 1928 wurde die Heimatrechtsgesetzgebung dahin verändert, daß die Verleihung des Heimatrechts an Ausländer nichtig sein sollte[1798] und daß alle Gemeinden ein Verzeichnis der Heimatberechtigten, die sogenannte Heimatrolle, zu führen hatten[1799].

---

nur um einen einmaligen Heimatrechtserwerb handelt", WALDERT (wie Anm. 1762), S. 297. Der Stichtag ist der Tag des Inkrafttretens des Staatsvertrages von St. Germain.

1793 So explizit die Begründung der Regierungsvorlage, siehe WALDERT (wie Anm. 1762), S. 295.

1794 Das Heimatrecht stand dann dem Staatsbürger vom Zeitpunkt seiner Erklärung an zu, welche er innerhalb von drei Monaten nach Inkrafttreten des Gesetzes, also zwischen 15. August und 15. November 1925, abzugeben hatte. Hatte die Landesregierung nicht innerhalb sechsmonatiger Frist positiv entschieden, so galt die Erklärung als abgewiesen (§ 3 Abs. 3).

1795 So die Regelung des § 4 für diejenigen Personen, die weder nach § 2 noch § 3 ein Heimatrecht erwerben konnten. § 4 galt also subsidiär zu den §§ 2 und 3. Mit dieser Bestimmung wurde die Ersitzungszeit der Novelle 1896 für den Heimatrechtstitel auf vier Jahre verkürzt und somit an die Regelung des provisorischen Gemeindegesetzes von 1849 angeknüpft.

1796 § 5.

1797 Entweder der Gemeinde, in der sie sich in den letzten zehn Jahren am längsten, wenigstens aber ein halbes Jahr ununterbrochen aufgehalten hatten; der Geburts- oder bei Findlingen Auffindungsgemeinde; der Gemeinde, in der sie zur Zeit des in Frage kommenden Heimatrechtes angetroffen wurden. Traf keines dieser Zuweisungskriterien zu, so hatte die Landesregierung eines Bundeslandes nach in § 6 festgelegten Kriterien die Zuweisung zu einer Gemeinde zu verfügen. Die Regierungsvorlage führte dazu aus: „Es handelt sich hiebei insbesondere um Personen, die überhaupt keine Beziehungen zu einer österreichischen Gemeinde haben, gleichwohl aber österreichische Bundesbürger sind, zum Beispiel ein Sudetendeutscher, der im Auslande geboren und seit jeher wohnhaft ist und für Österreich optiert hat", WALDERT (wie Anm. 1762), S. 300.

1798 § 2 des Bundesgesetzes vom 20. Dezember 1928, BGBl. Nr. 355, betreffend die Abänderung und Ergänzung einiger heimatrechtlicher Bestimmungen: „Nur Bundesbürger können das Heimatrecht in einer Gemeinde erwerben. Jeder gegen diese Bestimmung verstoßende Heimatrechtserwerb ist nichtig". Zu den Fragen der Nichtigkeit bzw. Vernichtbarkeit sowie der Rückwirkung, vgl. THIENEL (wie Anm. 291), S. 66, Anm. 33.

1799 Siehe auch die Verordnung des Bundeskanzlers vom 4. Juli 1929, BGBl. Nr. 218, über die Einrichtung und Führung von Heimatrollen. Die Bestimmungen des Heimatgesetzes über die Armenversorgung wurden durch das Bundesgesetz, mit dem ergänzende grundsätzliche Bestimmungen zum IV. Abschnitt des Gesetzes, betreffend die Regelung der Heimatrechts-

Nachdem das Heimatrecht durch die (erste) Verordnung über die Staatsangehörigkeit im Lande Österreich 1938[1800] sowie durch die Verordnung über die Einführung fürsorgerechtlicher Vorschriften im Lande Österreich vom 3. September 1938 und die Verordnung des Reichsstatthalters (Österreichische Landesregierung) über die Überleitung des Fürsorgerechts[1801] inhaltlich zur Gänze ausgehöhlt worden war, wurde das österreichische Heimatgesetz von 1863 mit seinen Novellen durch die zweite Verordnung über die deutsche Staatsangehörigkeit im Lande Österreich vom 30. Juni 1939 mit Ablauf des 30. Juni 1939 explizit außer Kraft gesetzt[1802]. Da die Zweite Republik nicht mehr auf das Rechtsinstitut des Heimatrechtes zurückgriff[1803], war damit das Heimatrecht endgültig aus der Rechtsordnung Österreichs entfernt worden.

---

verhältnisse, RGBl. Nr. 105/1863, erlassen werden (Heimatgesetznovelle 1935), modifiziert; vgl. dazu auch Gerhard MELINZ/Gerhard UNGAR, Wohlfahrt und Krise. Wiener Kommunalpolitik 1929–1938, Wien 1996, S. 14 ff.

1800 Die Verordnung über die deutsche Staatsangehörigkeit im Lande Österreich vom 3. Juli 1938, DtRGBl. I S. 790, erklärte in § 1 die „bisherige österreichische Bundesbürgerschaft und die Landesbürgerschaft in den ehemaligen österreichischen Bundesländern" bezogen auf den Zeitpunkt der Eingliederung Österreichs in das „Dritte Reich" (13. März 1938) für fortgefallen und entzog damit dem Heimatrecht die Vermittlerrolle für die Staatsangehörigkeit.

1801 Mit der reichsdeutschen Verordnung über die Einführung fürsorgerechtlicher Vorschriften im Lande Österreich vom 3. September 1938, DtRGBl. I S. 1125, und der Verordnung des Reichsstatthalters (Österreichische Landesregierung) über die Überleitung des Fürsorgerechts in Österreich (Fürsorge-Überleitungsverordnung), GBlLÖ 1938 Nr. 599, wurden die reichsdeutsche Verordnung über die Fürsorgepflicht vom 13. Februar 1924, DtRGBl. I S. 100, in der geltenden Fassung und die Reichsgrundsätze über Voraussetzung, Art und Maß der öffentlichen Fürsorge vom 4. Dezember 1924, DtRGBl. I S. 765, mit Wirkung vom 1. Oktober 1938 in Österreich in Kraft gesetzt, womit das Armenfürsorgerecht aus der Verbindung mit dem Heimatrecht gelöst und auf eine völlig neue Grundlage gestellt wurde. Dadurch, daß § 13 der Verordnung über die Einführung fürsorgerechtlicher Vorschriften im Lande Österreich vom 3. September 1938, DtRGBl. I S. 1125, die zwangsweise Überführung eines Hilfsbedürftigen in den für ihn zuständigen Fürsorgeverband vorsah, wurde auch die Qualität des Heimatrechts als Aufenthaltsrecht beseitigt, weil dadurch, daß jemand zum Zweck der Fürsorge nötigenfalls auch aus seiner Heimatgemeinde ausgewiesen werden konnte, das Heimatrecht auch nicht mehr die Wirkung entfaltete, Garant des ungestörten Aufenthaltes zu sein.

1802 Art. 2 (§ 3) der zweiten Verordnung über die deutsche Staatsangehörigkeit im Lande Österreich vom 30. Juni 1939, DtRGBl. I S. 1072. § 4 verpflichtete die Gemeinden allerdings, die nach dem Stand vom 30. Juni 1939 abgeschlossenen Heimatrollen aufzubewahren.

1803 Obwohl die das Heimatrecht aufhebenden Verordnungen außer Kraft gesetzt worden waren, wurde das Heimatrecht nicht wieder eingeführt. Dementsprechend kannte die Vorläufige Verfassung vom 1. Mai 1945, StGBl. Nr. 5, und auch das diese Verfassungsbestimmung ausführende Gesetz vom 10. Juli 1945, StGBl. Nr. 60, über den Erwerb und Verlust der österreichischen Staatsbürgerschaft nicht mehr die frühere Wechselbeziehung zwischen Heimatrecht, Landes- und Bundesbürgerschaft, sondern nur mehr eine „einheitliche österreichische Staatsbürgerschaft", vgl. dazu auch THIENEL (wie Anm. 291), S. 71 ff. Auch das Gesetz vom 10. Juli 1945, StGBl. Nr. 66, über die vorläufige Neuordnung des Gemeinderechtes (Vorläufiges Gemeindegesetz) ließ „bis auf weiteres die derzeit in Kraft stehenden fürsorgerechtlichen Bestimmungen des Deutschen Reichsrechtes" in Geltung (Art. 5); siehe dazu

II. Fortgeltung und Veränderung der Ausweisungsbestimmungen

1. Schubgesetz

Nach dem Bundes-Verfassungsgesetz von 1920[1804] war gemäß § 10 Abs. 1 Z. 3 die „Abschiebung, Abschaffung, Ausweisung und Auslieferung aus dem Bundesgebiet"[1805] Bundessache in Gesetzgebung und Vollziehung, während die in Art. 12 Abs. 1 Z. 3 genannten Angelegenheiten, zu denen auch die „Abschiebung und Abschaffung aus einem in ein anderes Land"[1806] zählten, nur in der Gesetzgebung über die Grundsätze der Bundeskompetenz, die Erlassung von Ausführungsgesetzen und die Vollziehung dieser Materien aber der Landeskompetenz zugewiesen wurden[1807]. Die Angelegenheiten der Abschiebung und Abschaffung innerhalb der Grenzen eines Landes waren hingegen nach Art. 15 Abs. 1 des Bundes-Verfassungsgesetzes ausschließliche Landessache. Allerdings traten die Kompetenzbestimmungen nicht sofort mit den übrigen Bestimmungen des Bundes-Verfassungsgesetzes in Kraft, sondern wurden durch das Verfassungs-Übergangsgesetz vom 1. Oktober 1920[1808] einstweilen suspendiert[1809].

---

auch etwa Leopold WERNER, Vom Schicksal unseres Heimatrechtes, in: ÖJZ I (1946), S. 183–187.

1804 Verfassungsgesetz vom 1. Oktober 1920, StGBl. Nr. 450, womit die Republik Österreich als Bundesstaat eingerichtet wird; druckfehlerberichtigt am 3. November 1920, StGBl. 503; BGBl. 1920 Nr. 1. In gleicher Weise teilten auch die meisten Vorentwürfe die Kompetenzen im Bereich des Ausweisungsrechtes auf, vgl. Felix ERMACORA (Hrsg.), Quellen zum österreichischen Verfassungsrecht (1920). Die Protokolle des Unterausschusses des Verfassungsausschusses samt Verfassungsentwürfen ... (= Mitteilungen des Österreichischen Staatsarchivs/Ergänzungsbd. VIII), Wien 1967.

1805 Weiters wurden in Art. 10 Abs. 1 Z. 3 „die Regelung und Überwachung des Eintrittes in das Bundesgebiet und des Austrittes aus ihm; Ein- und Auswanderungswesen; Paßwesen" und die Durchlieferung genannt.

1806 Ebenso wie die „Einrichtungen zum Schutz der Gesellschaft gegen verbrecherische, verwahrloste oder sonst gefährliche Personen, wie Zwangsarbeits- und ähnliche Anstalten".

1807 Das Staatsbürgerschafts- und Heimatwesen sowie die Fremdenpolizei fielen gemäß § 11 Z. 1. des Bundes-Verfassungsgesetzes bezüglich der Gesetzgebung zur Gänze in die Bundeskompetenz, waren bezüglich der Vollziehung jedoch Landessache.

1808 Verfassungsgesetz vom 1. Oktober 1920, StGBl. Nr. 451 und BGBl. Nr. 2, betreffend den Übergang zur bundesstaatlichen Verfassung.

1809 Gemäß § 42 lit. a des Verfassungs-Übergangsgesetzes 1920 sollten die Verfassungsbestimmungen erst in dem Zeitpunkt Wirksamkeit erlangen, sobald das Verfassungsgesetz des Bundes über die finanzielle Auseinandersetzung zwischen dem Bund und den Ländern bzw. den Gemeinden; das Verfassungsgesetz des Bundes über den Wirkungsbereich des Bundes und der Länder auf dem Gebiet des Schul-, Erziehungs- und Volksbildungswesens; und das Verfassungsgesetz des Bundes über die Organisation der allgemeinen staatlichen Verwaltung in den Ländern in Geltung traten. Einstweilen blieb es auf dem Gebiet der Gesetzgebung bei der Verteilung der Zuständigkeiten zwischen Staat und Ländern nach den §§ 11 und 12 des Grundgesetzes über die Reichsvertretung, RGBl. Nr. 141; vgl. etwa Josef WERNDL, Die Kompetenzverteilung zwischen Bund und Ländern. Ihre Ausgangslage, Entwicklung und Bedeutungsverschiebung auf der Grundlage des Bundes-Verfassungsgesetzes von 1920 (= Schriftenreihe des Instituts für Föderalismusforschung XXXII), Wien 1984, S. 16 ff.

Hinsichtlich der Weitergeltung des rezipierten Rechts traf das Verfassungs-Übergangsgesetz vom 1. Oktober 1920 in § 1 generell die Regelung, daß alle Gesetze und Verordnungen des Staates – einschließlich der Reichsgesetze des ehemaligen Staates Österreich, die gemäß § 16 des Beschlusses über die grundlegenden Einrichtungen der Staatsgewalt in Geltung gesetzt worden waren – sowie alle Gesetze und Verordnungen der Länder weiter galten, insoweit sie nicht mit den Bestimmungen des Bundes-Verfassungsgesetzes vom 1. Oktober 1920 in Widerspruch standen. Im Sinne dieser Bestimmung erklärte das Verfassungs-Übergangsgesetz 1920 auch die in Angelegenheiten gemäß Art. 10 des Bundes-Verfassungsgesetzes von 1920 ergangenen früheren Staats- und Reichsgesetze zu Bundesgesetzen[1810]. Damit galten folglich die Bestimmungen des Schubgesetzes von 1871 über die Ausweisung von Personen aus dem Bundesgebiet gemäß Art. 10 Abs. 1 Z. 3 als Bundesgesetz.

Bezüglich der gemäß Art. 15 Abs. 1 des Bundes-Verfassungsgesetzes ausschließlich in die Landeskompetenzen fallenden Angelegenheiten – also etwa der Abschiebung und Abschaffung innerhalb eines Bundeslandes – legte das Übergangsgesetz fest, daß, soweit solche Angelegenheiten bisher durch Staatsgesetze, einschließlich früherer Reichsgesetze geregelt waren, diese in jedem Land als Landesgesetze galten[1811]. Das Reichsschubgesetz stand dementsprechend auch hinsichtlich der Abschiebung und Abschaffung innerhalb eines Bundeslandes mit landesgesetzlicher Geltung in Kraft.

Betreffend die in Art. 12 des Bundes-Verfassungsgesetzes normierten Materien bestimmte das Verfassungs-Übergangsgesetz von 1920[1812] hingegen, daß die Staatsgesetze, einschließlich früherer Reichsgesetze, welche diese Angelegenheiten zur Gänze regelten, als Bundesgesetze nur auf die Dauer von drei Jahren – vom Zeitpunkt des Inkrafttretens der Kompetenzbestimmungen des Bundes-Verfassungsgesetzes (1. Oktober 1925) an[1813] – weiter in Gültigkeit zu bleiben hatten, sofern das jeweilige Gesetz nicht schon vorher durch ein Bundesgesetz im Sinne von Art. 12 des Bundes-Verfassungsgesetzes außer Kraft gesetzt worden sei. Nach Ablauf dieser drei Jahre erlosch nach den Bestimmungen des Verfassungs-Übergangsgesetzes die Wirksamkeit dieser Gesetze, und der Landesgesetzgeber konnte in der Folge diese Materien frei regeln, solange nicht der Bund von seiner Grundsatzgesetzgebungskompetenz Gebrauch machte. Da die Übergangsnovelle von 1925[1814] diese Regelung inhaltlich unberührt ließ und der Bundesgesetzgeber kein

---

1810 § 2 des Verfassungs-Übergangsgesetzes 1920, BGBl. Nr. 2. Die früheren Landesgesetze wurden zu Bundesgesetzen für das Land, in dem sie erlassen worden waren, erklärt.

1811 Ebd., § 4 Abs. 2.

1812 Ebd., § 3 Abs. 2.

1813 Ebd., § 42 Abs. 1; vgl. dazu etwa Ludwig ADAMOVICH, Die Reform der österreichischen Bundesverfassung, in: Zeitschrift für öffentliches Recht V (1969), insbes. S. 231 f.

1814 Bundesverfassungsgesetz vom 30. Juli 1925, BGBl. Nr. 269, womit einige Bestimmungen des Verfassungsgesetzes vom 1. Oktober 1920, BGBl. Nr. 2, betreffend den Übergang zur bundesstaatlichen Verfassung (Übergangsgesetz), abgeändert werden (Übergangsnovelle); Verordnung des Bundeskanzlers vom 26. September 1925, BGBl. Nr. 368, betreffend die Wiederverlautbarung des Übergangsgesetzes; vgl. zur Novelle 1925 etwa Klaus BERCHTOLD (Hrsg.), Die Verfassungsreform von 1925. Dokumente und Materialien zur Bundes-Verfassungsnovelle (= Österreichische Schriftenreihe für Rechts- und Politikwissenschaft, hrsg. von Felix Ermacora, X), Wien 1992.

entsprechendes Grundsatzgesetz bis 30. September 1928 erlassen hatte, stand somit das Schubgesetz hinsichtlich der in Art. 12 Abs. 1 Z. 3 genannten „Abschiebung und Abschaffung aus einem in ein anderes Land" nur bis zu diesem Zeitpunkt als Bundesgesetz in Geltung.

In der Folge erließen die Bundesländer zwischen Juli und Dezember dieses Jahres Gesetze[1815], welche die Normen des Schubgesetzes, soweit sich seine Bestimmungen auf die Abschaffung oder Anwendung des Schubes innerhalb eines Bundeslandes oder aus einem Bundesland in ein anderes bezogen, nunmehr auf landesgesetzlicher Ebene mit den durch die Eigenschaft als nunmehriges Landesgesetz bedingten Änderungen[1816] in Kraft setzten. Das Wiener Gesetz vom 11. Juli 1928 sah außer diesen Änderungen überdies den Wiener Magistrat ausdrücklich (Art. 2 Abs. 1) als Schubbehörde im Sinne von § 5 des Schubgesetzes vor. Diese Bestimmung wurde von der Bundesregierung jedoch gemäß Art. 140 Abs. 1 beim Verfassungsgerichtshof wegen Verfassungswidrigkeit ange-

---

1815 Gesetz vom 11. Juli 1928, LGBl. Nr. 35, betreffend die Abschaffung und Abschiebung aus Wien in ein anderes Bundesland; Gesetz vom 18. September 1928, LGBl. Nr. 46, über die Abschaffung und Abschiebung aus dem Lande Tirol in ein anderes Bundesland; Gesetz vom 25. September 1928, LGBl. Nr. 61, über die Abschiebung und Abschaffung aus dem Burgenland in ein anderes Bundesland; Gesetz vom 25. September 1928, LGBl. Nr. 35, betreffend die Abschaffung und Abschiebung aus Vorarlberg in ein anderes Bundesland; Gesetz vom 26. September 1928, LGBl. Nr. 153, über die Abschaffung und Anwendung des Schubes innerhalb des Landes Niederösterreich und aus dem Lande Niederösterreich in ein anderes Bundesland; Gesetz vom 26. September 1928, LGBl. Nr. 72, über die Abschaffung und Abschiebung aus dem Lande Steiermark in ein anderes Bundesland; Gesetz vom 26. September 1928, LGBl. Nr. 56, über die Abschaffung und Abschiebung aus dem Lande Oberösterreich in ein anderes Bundesland; Gesetz vom 27. September 1928, LGBl. Nr. 46, betreffend die Abschaffung und Abschiebung aus Kärnten in ein anderes Bundesland; Gesetz vom 18. Dezember 1928, LGBl. 1929 Nr. 3, über die Abschaffung und Abschiebung aus dem Lande Salzburg in ein anderes Bundesland.
Alle bis Ende September erlassenen Gesetze beinhalteten freilich hinsichtlich ihres Inkrafttretens den Vorbehalt, daß nicht bis zum 1. Oktober 1928 in der durch dieses Gesetz geregelten Materie aufgrund der Art. 12 und 15 Abs. 2 BV-G gesetzliche Bestimmungen erlassen würden, die für diese Angelegenheiten vom 1. Oktober 1928 galten. Die Geltungsdauer dieser Landesgesetze wurde mit dem Inkrafttreten derartiger nach Art. 12 und 15 Abs. 2 erlassener Bundesgesetze befristet.

1816 Diese Änderungen waren bedingt durch § 6 des Übergangsgesetzes i.d.F. 1925 (wie Anm. 1814), der bestimmte, daß alle gemäß § 16 des Beschlusses über die grundlegenden Einrichtungen der Staatsgewalt in Geltung gesetzten Normen, insoweit sie mit den organisatorischen Bestimmungen der Bundesverfassung in Widerspruch standen, namentlich, was die Zuständigkeit und Zusammensetzung der Behörden sowie deren Eigenschaft als Bundes- oder Landesbehörden anbelangte, sinngemäß abgeändert gelten sollten. Da die Schubagenden der Vollziehung nach eine Landessache darstellten, waren die Schubbehörden folglich in dieser Tätigkeit Landesbehörden.
Wien (Art. 1) und Steiermark (Art. 2 Abs. 2) hatten auch die Regelung aufgenommen, daß Landesbürger anderer Bundesländer nur unter der Voraussetzung abzuschaffen bzw. abzuschieben waren, daß in dem betreffenden Land für die Zeit nach dem 30. September 1928 landesgesetzliche Bestimmungen galten, die eine derartige Ausweisung von Wiener bzw. steirischen Landesbürgern vorsahen, was allerdings nach den anderen Landesgesetzen der Fall war.

fochten[1817]. Die Regierung begründete ihre Anfechtung damit, daß die Bestimmung, welche Behörden als Schubbehörden einzuschreiten hätten, als eine der in Art. 12 Abs. 1 Z. 1 des Bundes-Verfassungsgesetzes (Organisation der Verwaltung in den Ländern) normierten Angelegenheiten gemäß § 3 Abs. 2 des Übergangsgesetzes in der Fassung der Übergangsnovelle 1925[1818] keiner Befristung der Weitergeltung unterläge, sofern sie nicht durch das Übergangsgesetz selbst abgeändert wurde. Dies sei aber hinsichtlich der Festlegung der Polizeidirektionen als Schubbehörden nicht der Fall, weil § 10 Abs. 1 des Übergangsgesetzes angeordnet hatte, daß die bestehenden staatlichen Polizeibehörden ihre bisherigen Geschäfte als Bundesgeschäfte fortzuführen hatten[1819]. Nach Ansicht des Verfassungsgerichtshofes allerdings, der den Antrag der Regierung abwies, könne man unter der „Organisation der Verwaltung in den Ländern" gemäß Art. 12 Abs. 1 Z. 1 des Bundes-Verfassungsgesetzes derartige „kleinere Verschiebungen in den Wirkungsbereich schon bestehender Behörden" nicht verstehen[1820]. Überdies stünde auch die fragliche Sperrvorschrift des § 3 Abs. 2 einer Übertragung der Schubagenden von der Wiener Polizeidirektion nicht im Wege, da die umstrittene Regelung des Wiener Landesgesetzes insofern lediglich eine durch die Vorschrift des § 3 Abs. 2 des Übergangsgesetzes in der Fassung der Novelle nicht untersagte Verschiebung in der Zuständigkeit zweier Landesbehörden darstelle, als die Wiener Polizeidirektion in Schubangelegenheiten gemäß Art. 12 Abs. 2 Z. 3 als Landesbehörde zu qualifizieren sei[1821].

1817 Vgl. Erkenntnis des VfGH vom 11. Dezember 1928, Slg. VfGH N.F. Nr. 1119.

1818 Die Novelle hatte dem Abs. 2 den Satz angefügt: „Die bestehenden Regelungen in den Angelegenheiten der Z. 1 des Artikels 12 gelten jedoch, insoweit sie nicht durch dieses Bundesverfassungsgesetz abgeändert werden, ohne die obige Befristung bis zur Erlassung des im Artikel 120 des Bundes-Verfassungsgesetzes (über die Organisation der allgemeinen staatlichen Verwaltung in den Ländern nach den Art. 115–119) vorgesehenen Verfassungsgesetzes weiter." Dieses Bundesverfassungsgesetz wurde allerdings bis zum Jahre 1962 nicht erlassen.

1819 Der Ansicht des Verfassungsgerichtshofes, Erkenntnis vom 17. Dezember 1926, Slg. VfGH N.F. Nr. 720, daß diese Regelung des § 10 Abs. 1 nur *eine* Übergangsbestimmung für die Zeit bis zum Inkrafttreten der Kompetenzartikel sei, trat die Bundesregierung mit dem Argument gegenüber, daß die Weitergeltung der Kompetenz der staatlichen Polizeibehörden schon gemäß § 42 Abs. 2 lit. a des Übergangsgesetzes gegeben sei, wonach die Verteilung der Zuständigkeiten zwischen Staat und Ländern bis zum Inkrafttreten der Kompetenzartikel nicht verändert wurde. Wäre die Bestimmung des Art 10 Abs.1 nur für den Zeitraum bis zum Inkrafttreten der Kompetenzbestimmungen konzipiert gewesen, hätte man den gleichen Grundsatz nicht zweimal im Übergangsgesetz aussprechen müssen. Vielmehr sollte § 10 Abs. 1 erst mit dem Wirksamwerden der Kompetenzartikel seine Bedeutung erlangen. Deshalb hätte die Übergangsnovelle weiterhin unverändert § 10 beibehalten, nicht mehr jedoch § 42 Abs. 2 lit. a.

1820 Vielmehr sei bei dieser Bestimmung daran gedacht, daß die Frage, welche Behörden und Ämter nach welchen Organisationsprinzipien die Verwaltung in den Ländern zu besorgen haben, durch ein Grundsatzgesetz des Bundes geregelt werden solle. Auch die Zuweisung eines jeweiligen Wirkungskreises könne darunter verstanden werden, nicht aber diese kleineren Verschiebungen.

1821 Der Verfassungsgerichtshof führte aus, daß die Regelung des § 3 Abs. 2, der die Regelungen betreffend die Organisation der Verwaltung in den Ländern in ihrem Bestand aufrechterhalten sollte, die Einschränkung enthalte, „insoweit diese nicht durch das Übergangsgesetz ge-

Die Zweite Bundes-Verfassungsnovelle von 1929[1822] brachte in der Folge eine Kompetenzverschiebung auf dem Gebiet des Ausweisungsrechtes von den Ländern zum Bund, indem sie die in Art. 10 Abs. 1 Z. 3 des Bundes-Verfassungsgesetzes von 1920 vorgenommene Einschränkung der Bundeskompetenz für Gesetzgebung und Vollziehung auf Abschiebung, Abschaffung und Ausweisung nur „aus dem Bundesgebiet" aufhob[1823] und die Zuständigkeit der Länder gemäß Art. 12 Z. 3 für die Erlassung von Ausführungsgesetzen und die Vollziehung der „Abschiebung und Abschaffung aus einem in ein anderes Land" beseitigte[1824]. Diese Erweiterung der Bundeszuständigkeit bedeutete, wie es Merkl[1825] formulierte, „die Ordnung sämtlicher in die Freizügigkeit eingreifenden Maßnahmen ... nach dem Kompetenztypus des Artikels 10 B.-V.G., also der ausschließliche Vorbehalt dieser Angelegenheiten, an denen bisher die Länder einen wenig rationell umschriebenen Anteil hatten, für den Bund". Da somit die Angelegenheiten der Abschiebung, Abschaffung und Ausweisung „ausnahmslos und allgemein"[1826] zur Bundessache in Gesetzgebung und Vollziehung erklärt wurden, verloren dementsprechend die landesgesetzlichen Vorschriften, die nach dem 30. September 1928 in den Angelegenheiten der „Abschiebung und Abschaffung" in Geltung getreten wa-

---

ändert werden". § 6 des Übergangsgesetzes sah aber die Weitergeltung der bis zur Erlassung der Bundesverfassung in Geltung gestandenen Rechtsvorschriften nur insoweit vor, als diese nicht mit den organisatorischen Bestimmungen der Verfassung in Widerspruch stünden. Da nach Art. 12 Abs. 1 Z. 3 die Abschiebung und Abschaffung allerdings in der Vollziehung in die Landeskompetenz falle, könne die Wiener Polizeidirektion, sofern sie nach Inkrafttreten der Kompetenzbestimmungen des Bundes-Verfassungsgesetzes in dieser Materie tätig sei, eben nicht als Bundesbehörde angesehen werden, sondern vielmehr als Landesbehörde. Zur Problematik betreffend § 10 des Übergangsgesetzes vgl. die Ausführungen des Verfassungsgerichtshofes im besprochenen Erkenntnis, S. 358 f.

1822 Bundesverfassungsgesetz vom 7. Dezember 1929, BGBl. Nr. 392, betreffend einige Abänderungen des Bundes-Verfassungsgesetzes vom 1. Oktober 1920 i.d.F. des BGBl. Nr. 367 von 1925; vgl. zur Novelle auch Gernot D. HASIBA, Die Zweite Bundes-Verfassungsnovelle von 1929. Ihr Werdegang und wesentliche verfassungspolitische Ereignisse seit 1918 (= Forschungen zur Europäischen und Vergleichenden Rechtsgeschichte, hrsg. von Berthold Sutter, I), Wien-Köln-Graz 1976; Adolf MERKL, Der rechtliche Gehalt der österreichischen Verfassungsreform vom 7. Dezember 1929, in: Zeitschrift für öffentliches Recht X (1931), S. 161–212; Hans KELSEN, Die Verfassungsreform, in: Juristische Blätter LVIII (1929), S. 445.

1823 Art. I § 2 Z. 1 der Bundes-Verfassungsnovelle.

1824 Art. I § 4 Z. 1 der Bundes-Verfassungsnovelle. Ebenso geschah dies bezüglich der „Einrichtungen zum Schutz der Gesellschaft gegen verbrecherische, verwahrloste oder sonst gefährliche Personen, wie Zwangsarbeits- und ähnliche Anstalten".

1825 MERKL (wie Anm. 1822), S. 176.

1826 Ludwig ADAMOVICH/Georg FROEHLICH (Hrsg.), Die österreichischen Verfassungsgesetze des Bundes samt Ausführungs- und Nebengesetzen (= Handausgabe österreichischer Gesetze und Verordnungen CCXII), 3. Aufl. Wien 1931, S. 15 f. Die Kompetenz des Bundes bezog sich daher nicht nur auf gerichtliche Akte (gerichtliche Landesverweisung und gerichtliche Abschaffung) und auf Akte der politischen Behörden und Bundespolizeibehörden, sondern auch die Ausweisung aus dem Gemeindegebiet nach den Bestimmungen des Reichsgemeindegesetzes und den Gemeindeordnungen war nunmehr nach Art. 10 zu beurteilen. Die Landesgesetze waren demnach betreffend diese Bestimmungen Bundesgesetze.

ren, aufgrund des Übergangsgesetzes vom 7. Dezember 1929[1827] ihre Wirksamkeit, und die bis zum 30. September in diesen Angelegenheiten in Geltung gestandenen bundesgesetzlichen Vorschriften, also die entsprechenden Bestimmungen des Schubgesetzes von 1871, traten „bis zu einer anderen bundesgesetzlichen Regelung" mit dem Tage des Wirksamkeitsbeginnes des Übergangsgesetzes, also mit 11. Dezember 1929, neuerlich in Geltung[1828]. Das Reichsschubgesetz stand somit wieder im vollen Umfang in Kraft.

Die Verfassung von 1934[1829] sah für das Ausweisungswesen zwar wieder eine Kompetenzaufgliederung wie das Bundes-Verfassungsgesetz von 1920 vor, indem sie die „Abschiebung, Abschaffung, Ausweisung und Auslieferung aus dem Bundesgebiet" in Gesetzgebung und Vollziehung in die Bundeskompetenz (Art. 34 Abs. 1 Z. 3) verwies und für die „Abschiebung und Abschaffung aus einem Land in ein anderes" hinsichtlich der Gesetzgebung über die Grundsätze die Kompetenz des Bundes, hinsichtlich der Erlassung von Ausführungsgesetzen und der Vollziehung die Landeskompetenz (Art. 36 Abs. 1 Z. 6) normierte, während die Ausweisung innerhalb eines Landes gemäß Art. 40 Abs. 1 in den selbständigen Wirkungsbereich der Länder fiel, doch behielt das Schubgesetz gemäß § 1 des Verfassungsübergangsgesetzes von 1934[1830] seine Geltung.

Nach dem „Anschluß" Österreichs an das Deutsche Reich wurde das Schubgesetz mit Verordnung des Reichsstatthalters (Österreichische Landesregierung) über die Überleitung des Fürsorgerechts in Österreich mit Wirkung vom 1. Oktober 1938 aufgehoben[1831] und am 2. September 1938[1832] mit Kundmachung des Reichsstatthalters in Österreich durch die reichsdeutsche Ausländerpolizeiverordnung[1833] ersetzt. Diese wur-

---

1827 BGBl. Nr. 393, Art. II § 2 (zu Art. 10 Abs. 1 Z. 3).

1828 Gleiches galt gemäß § 3 des Bundesverfassungsgesetzes vom 7. Dezember 1929, betreffend Übergangsbestimmungen zur Zweiten Bundes-Verfassungsnovelle, BGBl. Nr. 393, für die landesgesetzlichen Vorschriften, die nach dem 30. September 1928 in den Angelegenheiten der „Einrichtungen zum Schutz der Gesellschaft gegen verbrecherische, verwahrloste oder sonst gefährliche Personen, wie Zwangsarbeits- oder ähnliche Anstalten", in Geltung getreten waren, womit das Vagabundengesetz von 1885 wieder in Wirksamkeit gesetzt wurde.

1829 BGBl. 1934 I Nr. 239, BGBl. 1934 II Nr. 1.

1830 Gemäß § 1 des Bundesverfassungsgesetzes vom 19. Juni 1934, BGBl. 1934 II Nr. 75, betreffend den Übergang zur ständischen Verfassung (Verfassungsübergangsgesetz 1934), blieben „alle gegenwärtig in Kraft befindlichen Gesetze und Verordnungen des Bundes und der Länder einschließlich der aus der Rechtsordnung des altösterreichischen Staates übernommenen Vorschriften" in Geltung, sofern sie nicht mit Bestimmungen der Verfassung 1934 in Widerspruch standen oder das Übergangsgesetz nicht anderes bestimmte.

1831 Das Schubgesetz wurde gemäß Art. 2 Abs. 1 Z. 3 der Verordnung des Reichsstatthalters (Österreichische Landesregierung) über die Überleitung des Fürsorgerechts in Österreich (Fürsorge-Überleitungsverordnung), GBlLÖ 1938 Nr. 599, mit Wirkung vom 1. Oktober 1938 aufgehoben.

1832 Kundmachung des Reichsstatthalters in Österreich, GBlLÖ 1938 Nr. 379, wodurch die Ausländerpolizeiverordnung vom 22. August 1938 bekanntgemacht wird.

1833 Die Ausländerpolizeiverordnung vom 22. August 1938, DtRGBl. I S. 1053 ff., gewährte denjenigen Ausländern freien Aufenthalt, „die nach ihrer Persönlichkeit und dem Zweck ihres Aufenthaltes ... die Gewähr dafür bieten, daß sie der ihnen gewährten Gastfreundschaft würdig sind" (§ 1). Einer besonderen Aufenthaltserlaubnis bedurften nur über 15 Jahre alte Ausländer, die sich länger als drei Monate im Reichsgebiet aufhalten wollten oder deren Aufenthalt durch Sichtvermerk beschränkt war, sowie diejenigen Ausländer, die sich als Arde am 5. September 1939 aufgrund des Kriegszustandes deutlich verschärft[1834] und nach Überleitung in den Rechtsbestand der Zweiten Republik[1835] erst 1954 durch das Fremdenpolizeigesetz[1836] abgelöst.

2. Ausweisungsrecht der Gemeinden

Wie das Reichsschubgesetz wurde auch das Gemeindeausweisungsrecht, ungeachtet der dadurch bewirkten massiven Schmälerung von Freizügigkeit und Niederlassungsfreiheit, in den Rechtsbestand (Deutsch)Österreichs übernommen. Trotz bereits in der Monarchie geäußerter Kritik an der durch das gemeindebehördliche Ausweisungsrecht erfolgten Grundrechtseinschränkungen blieb freilich auch dem Verfassungsgerichtshof der Republik nichts anderes übrig, als die Verfassungsmäßigkeit dieses Ausweisungsrechtes zu bestätigen. Zwar kam dem Verfassungsgerichtshof nach dem Bundes-Verfassungsgesetz von 1920 nun – im Unterschied zum Reichsgericht der Habsburgermonarchie[1837] – auch das Recht zu, Bundesgesetze[1838] auf ihre Verfassungsmäßigkeit zu prüfen und als verfassungswidrig erkannte Gesetze aufzuheben, allerdings mußte die Verfassungswidrigkeit eines Gesetzes nach damals herrschender Auffassung „im Zeitpunkt

---

beitnehmer betätigten, einen selbständigen Gewerbe- oder landwirtschaftlichen Betrieb, ein Gewerbe im Umherziehen oder ein Marktgewerbe betreiben wollten (§ 2). § 5 regelte spezielle Gründe für die Erlassung von Aufenthaltsverboten für Ausländer, so etwa wenn das Verhalten des Ausländers geeignet war, „wichtige Belange des Reichs oder der Volksgemeinschaft zu gefährden“, sowie Mittellosigkeit, Betteln im Reichsgebiet, Landstreicher- oder Zigeunertum, Verstöße gegen diverse Rechtsvorschriften, strafrechtliche Verurteilungen usw. Bei Vorliegen eines Aufenthaltsverbotes hatte der Betroffene das Reichsgebiet „unverzüglich“ zu verlassen, ansonsten er durch Anwendung unmittelbaren Zwanges aus dem Reichsgebiet abzuschieben war. Zur Vorbereitung der Erlassung eines Aufenthaltsverbotes war polizeiliche Verwahrung, zur Sicherung der Abschiebung Abschiebungshaft vorgesehen (§ 7).

1834 Kundmachung des Reichskommissars für die Wiedervereinigung Österreichs mit dem Deutschen Reich, GBlLÖ 1939 Nr. 1134, wodurch die Verordnung über die Behandlung von Ausländern vom 5. September 1939 bekannt gemacht wird. Es wurde nun zwischen Angehörigen von Feindstaaten und sonstigen Ausländern unterschieden.

1835 Vgl. etwa dazu Christoph HORVATH, Das Fremdenpolizeirecht in Theorie und Praxis, rechtswiss. Diss. Wien 1987, S. 8 ff.

1836 Bundesgesetz vom 17. März 1954, BGBl. Nr. 75, betreffend die Ausübung der Fremdenpolizei (Fremdenpolizeigesetz); siehe zur Weiterentwicklung des Fremdenpolizeirechts Ewald WIEDERIN, Aufenthaltsbeendende Maßnahmen im Fremdenpolizeirecht. Eine rechtsdogmatische Untersuchung zur Zurückschiebung, Ausweisung und Abschiebung nach dem Fremdengesetz 1992 (= Rechtswissenschaftliche Schriftenreihe des Assistentenverbandes der Wirtschaftsuniversität Wien VI), Wien 1992, S. 1 ff.

1837 Vgl. dazu Anm. 352.

1838 Als solche galten auch frühere Reichs- und Staatsgesetze, soweit sie nach § 1 des Verfassungsgesetzes vom 1. Oktober 1920, betreffend den Übergang zur bundesstaatlichen Verfassung, StGBl. Nr. 451, BGBl. Nr. 2, nicht mit den Bestimmungen des B-VG 1920 in Widerspruch standen.

seines Entstehens begründet" bzw. „das Gesetz im Widerspruch mit der die Gesetzgebung bedingenden Verfassung erlassen worden sein"[1839].

So prüfte der Verfassungsgerichtshof zwar im Zuge eines amtswegig durchgeführten Gesetzesprüfungsverfahrens gemäß Art. 140 des Bundes-Verfassungsgesetzes 1920 die Vereinbarkeit der Ausweisungsbestimmung der niederösterreichischen Gemeindeordnung[1840] sowie des letzten Satzes von § 2 des Schubgesetzes[1841] mit den Art. 4 und 6 des Staatsgrundgesetzes, kam in seinem Erkenntnis vom 22. Jänner 1924[1842] jedoch zum Ergebnis der Verfassungsmäßigkeit, weil § 5 des als Bestandteil des Staatsgrundgesetzes über die allgemeinen Rechte der Staatsbürger erklärten Gesetzes über die persönliche Freiheit von 1862[1843] einen Gesetzesvorbehalt normiert hatte. Mit diesem Gesetzesvorbehalt war - wie der Verfassungsgerichtshof in seinem Erkenntis ausführte - „durch die Verfassung selbst die Möglichkeit geschaffen, durch einfaches Gesetz die in den Artikeln 4 und 6 gewährleisteten Freiheiten einzuschränken oder sogar aufzuheben" - dies „allerdings im vollen Widerspruche zu den Intentionen der Artikel 4 und 6 und diese im wesentlichen wirkungslos machend". Das Erkenntnis bezeichnete diesen Zustand freilich als „bedauerlich", „insbesondere mit Rücksicht auf das unter den heutigen wirtschaftlichen Verhältnissen ganz anders als in den sechziger Jahren des vorigen Jahrhunderts zu beurteilende Ausweisungsrecht der Gemeinden".

Den Bedenken des Verfassungsgerichtshofes betreffend das Ausweisungsrecht der Gemeinden trug in der Folge wohl das Verfassungsgesetz vom 29. April 1924[1844] Rechnung, mit welchem für alle burgenländischen Gemeinden mit Ausnahme der Städte Ei-

---

1839 Ludwig ADAMOVICH, Die Prüfung der Gesetze und Verordnungen durch den österreichischen Verfassungsgerichtshof (= Wiener Staatswissenschaftliche Studien N.F. V), Leipzig-Wien 1923, S. 163 ff. Die Argumente Zuckers, siehe dazu S. 64, hatte der Verfassungsgerichtshof in seinem Erkenntnis allerdings nicht thematisiert.

1840 § 12 des Gesetzes vom 31. März 1864, LGBl. Nr. 5, siehe zu den Novellen Anm. 1850.

1841 „Das den Gemeinden nach den Gemeindegesetzen zustehende Recht der Ausweisung bleibt durch dieses Gesetz unberührt."

1842 Erkenntnis des VfGH vom 22. Jänner 1924, Z.G. 1/24, Slg. VfGH N.F. Nr. 259; vgl. zu diesem Erkenntnis auch STELZER (wie Anm. 352), S. 2 f.

1843 Siehe dazu S. 62 f.

1844 Verfassungsgesetz vom 29. April 1924, LGBl. Nr. 31, betreffend die Erlassung einer Gemeindeordnung für alle burgenländischen Gemeinden mit Ausnahme der Städte Eisenstadt und Rust. Die Verordnung der burgenländischen Landesregierung vom 25. September 1924, LGBl. Nr. 46, zur Durchführung des Verfassungsgesetzes vom 29. April 1924, erklärte im Art. 6 (zu § 14), daß die Bestimmungen über die Zulässigkeit der Abschaffung oder Abschiebung das Schubgesetz von 1871 enthalte. Die Ausführung der Bestimmungen der §§ 6, 14 und 16 des Schubgesetzes wurde der Landesgesetzgebung vorbehalten. Das Verfassungsgesetz vom 29. April 1924 wurde abgeändert durch das Verfassungsgesetz vom 18. Dezember 1926, LGBl. 1927 Nr. 11; mit Verordnung der burgenländischen Landesregierung vom 28. Jänner 1927, LGBl. Nr. 15, wurde die Gemeindeordnung wiederverlautbart; druckfehlerberichtigt durch Kundmachung des Amtes der burgenländischen Landesregierung vom 3. März 1927, LGBl. Nr. 28, novelliert durch die Gesetze vom 30. Jänner 1932, LGBl. Nr. 9, und vom 22. Februar 1934, LGBl. Nr. 26.

senstadt und Rust – die am 29. Dezember 1926 Gemeindestatute erhielten[1845] – eine Gemeindeordnung erlassen wurde. Diese Gemeindeordnung beinhaltete nicht mehr das traditionelle Gemeindeausweisungsrecht, sondern bestimmte in § 14, daß Auswärtige in ihrem Aufenthaltsrecht nur insoweit beschränkt werden durften, „als gegen sie nach den Bundesgesetzen die Zulässigkeit der Abschaffung oder Abschiebung von den hierzu zuständigen Behörden[1846] zulässigerweise ausgesprochen" werden konnte[1847].

Als 1929 infolge der Neuordnung der Kompetenzen durch die Zweite Bundes-Verfassungsnovelle von 1929 die gemeindebehördliche Ausweisung nun den Charakter einer Angelegenheit des übertragenen Wirkungsbereiches angenommen hatte[1848] – und somit nur von den Organen und nach dem Verfahren des übertragenen Wirkungsbereiches gehandhabt werden durfte –, ließ man die Gelegenheit ungenutzt, sich des Gemeindeausweisungsrechtes zu entledigen, obwohl es – wie Merkl[1849] feststellte – „[u]nter diesen Umständen ... wohl das Einfachste gewesen" wäre, „die Kompetenz der Gemeinden zur Ausweisung gänzlich aufzuheben und alle Eingriffe in die Freizügigkeit den politischen Behörden vorzubehalten".

Das rezipierte landesgesetzliche Gemeinderecht[1850] hatte sich freilich – was die Frage des Ausweisungsrechtes anbelangt – seit 1918 länderweise durchaus unterschiedlich entwickelt und wurde auch nach 1929 verschiedenartig novelliert.

1845 Siehe Verfassungsgesetz vom 29. Dezember 1926, LGBl. 1927 Nr. 21, betreffend die Erlassung eines Statutes für die Freistadt Eisenstadt; Verfassungsgesetz vom 29. Dezember 1926, LGBl. 1927 Nr. 22, betreffend die Erlassung eines Statuts für die Freistadt Rust.

1846 Die Verordnung der burgenländischen Landesregierung vom 25. September 1924, LGBl. Nr. 46, zur Durchführung des Verfassungsgesetzes vom 29. April 1924 behielt die Ausführung der Bestimmungen der §§ 6, 14 und 16 des Schubgesetzes der Landesgesetzgebung vor; bis zur Erlassung des diesbezüglichen Landesgesetzes stand das Recht zur Fällung von Schuberkenntnissen nur den politischen Bezirksbehörden und den Stadträten in Eisenstadt und Rust zu. Die Kundmachung der burgenländischen Landesregierung vom 23. Jänner 1925, LGBl. Nr. 8 (betreffend die Außerkraftsetzung einer Bestimmung der Verordnung der burgenländischen Landesregierung vom 25. September 1924 zur Durchführung des Verfassungsgesetzes vom 29. April 1924), übertrug die Fällung der Abschiebungs- bzw. Abschaffungserkenntnisse auf die gemäß der Verordnung der Bundeskanzleramtes vom 25. November 1924, BGBl. Nr. 415 (betreffend die Einrichtung eines Polizeikommissariates Eisenstadt) in den Wirkungskreis dieses neugeschaffenen Polizeikommissariats, der sich auch auf die Stadtgemeinden Eisenstadt und Rust erstreckte.

1847 Ebenso § 10 des Eisenstädter und Ruster Gemeindestatuts.

1848 Siehe zum Gemeindeausweisungsrecht nach der Novelle 1929 auch Anm. 1826.

1849 MERKL (wie Anm. 1822), S. 176.

1850 Niederösterreich: Gesetz vom 31. März 1864, LGBl. Nr. 5, i.d.F. der Novellen vom 5. Oktober 1868, LGBl. Nr. 11, vom 6. Mai 1888, LGBl. Nr. 33, vom 28. März 1900, LGBl. Nr. 18, vom 31. März 1902, LGBl. Nr. 38, vom 23. Juli 1904, LGBl. Nr. 76; in der Ersten Republik novelliert durch Gesetze vom 2. Mai 1919, LGBl. Nr. 85, vom 11. Juni 1919, LGBl. Nr. 127, vom 22. Oktober 1919, LGBl. Nr. 458, vom 21. Juni 1923, LGBl. Nr. 115, vom 9. Oktober 1924, LGBl. Nr. 135, vom 16. April 1929, LGBl. Nr. 90, vom 27. Juni 1929, LGBl. Nr. 166, vom 27. Februar 1931, LGBl. Nr. 38, und vom 24. Februar 1932, LGBl. Nr. 46; Oberösterreich: Gesetz vom 28. April 1864, LGBl. Nr. 6, i.d.F. der Novellen vom 4. Oktober 1868, LGBl. Nr. 16, vom 12. Oktober 1868, LGBl. Nr. 19, vom 31. Oktober 1868, LGBl. Nr. 20, vom 13. Jänner 1869, LGBl. Nr. 5, vom 14. Juli 1893, LGBl. Nr. 21,

So blieb etwa in Niederösterreich[1851] und Tirol[1852] das in der Monarchie geltende Gemeindeausweisungsrecht bis zum „Anschluß“ an das „Dritte Reich“ unverändert bestehen - mit Ausnahme St. Pöltens, dessen Statutarrecht von 1927[1853] die Befugnis zur Ausweisung Auswärtiger beseitigt hatte, und mit Ausnahme Innsbrucks[1854].

---

vom 21. Juni 1898, LGBl. Nr. 17; in der Ersten Republik novelliert durch Gesetze vom 29. November 1919, LGBl. 1920 Nr. 43, vom 14. Jänner 1924, LGBl. Nr. 32, und vom 30. November 1933, LGBl. 1934 Nr. 2; Salzburg: Gesetz vom 2. Mai 1864, LGBl. Nr. 7, i.d.F. der Novellen vom 15. Oktober 1868, LGBl. Nr. 26, vom 10. Jänner 1870, LGBl. Nr. 4, vom 9. April 1888, LGBl. Nr. 16, vom 18. Mai 1892, LGBl. Nr. 13, vom 23. September 1897, LGBl. Nr. 25, vom 24. Juni 1898, LGBl. Nr. 16, vom 16. Februar 1904, LGBl. Nr. 11; in der Ersten Republik novelliert durch Gesetze vom 18. März 1919, LGBl. Nr. 52, vom 26. April 1921, LGBl. Nr. 74, und vom 8. März 1922, LGBl. Nr. 45; Kärnten: Gesetz vom 15. März 1864, LGBl. Nr. 5, i.d.F. der Novellen vom 18. Oktober 1868, LGBl. Nr. 26, vom 31. Oktober 1868, LGBl. Nr. 28, vom 7. Dezember 1868, LGBl. Nr. 33, vom 11. April 1887, LGBl. Nr. 17, vom 7. Mai 1888, LGBl. Nr. 16; in der Ersten Republik novelliert durch Gesetze vom 23. Mai 1921, LGBl. Nr. 95, vom 2. Juni 1921, LGBl. 1922 Nr. 5, und vom 25. September 1923, LGBl. 1924 Nr. 10; Steiermark: Gesetz vom 2. Mai 1864, LGBl. Nr. 5, i.d.F. der Novellen vom 14. Juni 1866, LGBl. Nr. 19, vom 20. September 1868, LGBl. Nr. 16, vom 24. September 1868, LGBl. Nr. 19, vom 26. September 1868, LGBl. Nr. 22, vom 11. Dezember 1869, LGBl. 1870 Nr. 5, vom 17. Dezember 1874, LGBl. 1875 Nr. 3, vom 1. April 1875, LGBl. Nr. 24, vom 5. Mai 1882, LGBl. Nr. 25, vom 18. Mai 1894, LGBl. Nr. 41; in der Ersten Republik novelliert durch Gesetze vom 21. Dezember 1922, LGBl. 1923 Nr. 119, und vom 28. März 1924, LGBl. Nr. 30; Tirol: Gesetz vom 6. Jänner 1866, LGBl. Nr. 1, i.d.F. der Novelle vom 8. Juni 1892, LGBl. Nr. 16; Vorarlberg: Gesetz vom 21. September 1904, LGBl. Nr. 87, i.d.F. der Novellen vom 13. Jänner 1909, LGBl. Nr. 15, vom 26. August 1912, LGBl. Nr. 102, vom 1. Februar 1913, LGBl. Nr. 14; in der Ersten Republik novelliert durch Gesetze vom 25. April 1919, LGBl. Nr. 35, vom 11. Jänner 1924, LGBl. Nr. 1, und vom 5. März 1925, LGBl. Nr. 17.

1851 § 12 der Gemeindeordnung; vgl. zu den Novellen Anm. 1850; vgl. auch § 14 des Gesetzes vom 20. Mai 1925, LGBl. Nr. 55, betreffend die Erlassung eines neuen Statutes und einer neuen Gemeindewahlordnung für die Stadt Wiener Neustadt; novelliert durch Gesetze vom 16. April 1929, LGBl. Nr. 91, und vom 31. März 1931, LGBl. Nr. 77; § 14 des Gesetzes vom 2. November 1912, LGBl. Nr. 188; novelliert durch Gesetze vom 29. März 1919, LGBl. Nr. 45, vom 5. Dezember 1923, LGBl. 1924 Nr. 22, vom 10. April 1924, LGBl. Nr. 77, vom 4. Februar 1925, LGBl. Nr. 15, vom 16. April 1929, LGBl. Nr. 91, und vom 8. Juni 1934, LGBl. Nr. 145.

1852 § 11 des Tiroler Gemeinderechts von 1866; siehe weiters § 22 des Gesetzes vom 18. Mai 1928, LGBl. Nr. 36, betreffend die Gemeindeordnung für das Land Tirol; novelliert durch Gesetze vom 25. März 1930, LGBl. Nr. 18, vom 26. Juli 1933, LGBl. Nr. 52.

1853 Das Gesetz vom 8. Juli 1927, LGBl. Nr. 156, betreffend die Erlassung eines neuen Statutes für die Stadt St. Pölten (novelliert durch Gesetze vom 16. April 1929, LGBl. Nr. 91, vom 15. Dezember 1932, LGBl. 1933 Nr. 2, vom 18. April 1934, LGBl. Nr. 96, und vom 24. Oktober 1934, LGBl. Nr. 200), sah kein Ausweisungsrecht mehr vor.
In § 17 der Gemeindeordnung von 1922 waren noch die traditionellen Ausweisungsgründe für Auswärtige übernommen; siehe Gesetz vom 23. Februar 1922, LGBl. Nr. 63, betreffend die Erlassung eines Statutes und einer Gemeindewahlordnung für die Stadt St. Pölten (novelliert durch Gesetze vom 21. Juni 1923, LGBl. 1924 Nr. 95, vom 5. Dezember 1923, LGBl. 1924 Nr. 22, und vom 3. Juli 1924, LGBl. Nr. 112).

1854 Siehe dazu S. 345.

Oberösterreich dagegen hatte das Ausweisungsrecht in der Gemeindeordnungsnovelle von 1924[1855] wesentlich verändert, indem die Ausweisungsgründe für Auswärtige an die für Gemeindegenossen angeglichen wurden. Zum einen durften nun auch Auswärtige nicht mehr wegen Bescholtenheit ausgewiesen werden, zum anderen fiel für beide Personengruppen jetzt der Ausweisungsgrund der Inanspruchnahme der die Aufenthaltsgemeinde belastenden öffentlichen Mildtätigkeit weg. Allerdings wurde nun auch (neben dem bisherigen Abschaffungsgrund der Verurteilung wegen eines Verbrechens aus Gewinnsucht oder wegen einer im Gemeindegebiete begangenen Übertretung des Diebstahls) ein weiterer Abschaffungsgrund sowohl für Auswärtige als auch für Gemeindegenossen normiert, nämlich das Vorliegen von Abstrafungen wegen wiederholter Bettelei oder Landstreicherei[1856].

Für die Stadt Linz hatte das Gemeindestatut vom Jahre 1920[1857] noch eine Ausweisung von Gemeindegenossen vorgesehen, wenn diese der öffentlichen Mildtätigkeit zur Last fielen oder sich eines Verbrechens aus Gewinnsucht schuldig gemacht hatten, sowie von Auswärtigen, wenn diese mit ihren Angehörigen keinen unbescholtenen Lebenswandel führten und der öffentlichen Mildtätigkeit zur Last fielen. Das neue Statut vom 8. Jänner 1931 hingegen sah ein derartiges Ausweisungsrecht nicht mehr vor[1858]. Gleich dem Linzer Gemeinderecht regelte auch das Innsbrucker Statut aus dem Jahre 1921[1859] die Ausweisung von Auswärtigen und Gemeindegenossen unterschiedlich, während im neuen Statut aus dem Jahre 1935[1860] auf das Ausweisungsrecht gänzlich verzichtet wurde. Ebenso hatten die Kärntner Gemeindeordnung[1861] und das Villacher Sta-

1855 Gesetz vom 14. Jänner 1924, LGBl. Nr. 32, wodurch einige Bestimmungen der Gemeindeordnung abgeändert werden (Gemeindeordnungsnovelle).

1856 Gesetz vom 14. Jänner 1924, LGBl. Nr. 32, wodurch einige Bestimmungen der Gemeindeordnung abgeändert werden (Gemeindeordnungsnovelle); § 9: „Die Gemeinde darf Gemeindegenossen und Auswärtigen, wenn sie sich über ihre Heimatberechtigung ausweisen oder wenigstens dartun, daß sie zur Erlangung eines solchen Nachweises die erforderlichen Schritte getan haben, den Aufenthalt in ihrem Gemeindegebiet nicht verweigern, solange sie und ihre Angehörigen nicht wegen Landstreicherei und Bettelns und zwar wiederholt oder wegen eines Verbrechens aus Gewinnsucht oder wegen der im Gemeindegebiete begangenen Übertretung des Diebstahls schuldig erkannt worden sind.“

1857 §§ 17 bzw. 18 des Gesetzes vom 31. Mai 1920, LGBl. Nr. 148, womit ein Gemeindestatut für die Landeshauptstadt Linz erlassen wird.

1858 Gesetz vom 8. Jänner 1931, LGBl. Nr. 40, womit ein Gemeindestatut für die Landeshauptstadt Linz erlassen wird.

1859 § 10 des Gesetzes vom 9. März 1921, LGBl. Nr. 30, womit ein neues Gemeindestatut für die Landeshauptstadt Innsbruck erlassen und einzelne Bestimmungen der Innsbrucker Gemeindewahlordnung abgeändert werden; novelliert durch Gesetze vom 14. Juni 1922, LGBl. 1923 Nr. 5, vom 26. Jänner 1924, LGBl. 1924 Nr. 24, vom 9. Februar 1927, LGBl. Nr. 10, und vom 24. März 1930, LGBl. Nr. 17.

1860 Gesetz vom 10. Juli 1935, LGBl. Nr. 35, betreffend das Stadtrecht der Landeshauptstadt Innsbruck.

1861 Gesetz vom 25. Juni 1931, LGBl. Nr. 46, womit eine Gemeindeordnung für alle Gemeinden des Landes mit Ausnahme der Städte mit eigenem Statut erlassen wird (Kärntner Gemeindeordnung); novelliert durch Gesetze vom 17. August 1932, LGBl. Nr. 56, und vom 23. Dezember 1932, LGBl. 1933 Nr. 13.

tut[1862], beide aus dem Jahre 1931, bereits von der Normierung eines Ausweisungsrechtes Abstand genommen, während das Klagenfurter Gemeindestatut von 1923[1863] noch das herkömmliche Ausweisungsrecht für Fremde und Gemeindegenossen beinhaltet hatte.

Eine unveränderte Rechtslage bezüglich der Gemeindeausweisung bewahrten auch die Gemeindeordnungen Steiermarks[1864] und Salzburgs[1865] bis zur Erlassung von neuen ständestaatlichen Gemeindeordnungen aufgrund der Verfassung 1934[1866]. Die in den Jahren 1935 bis 1938 ergangenen neuen Gemeindeordnungen der Länder und Statutarstädte[1867] hatten nämlich das Ausweisungsrecht entweder nunmehr gänzlich eliminiert,

---

1862 Gesetz vom 25. Juni 1931, LGBl. Nr. 50, betreffend die Erlassung einer eigenen Gemeindeordnung für die Stadtgemeinde Villach; novelliert durch Gesetze vom 17. August 1932, LGBl. Nr. 57, und vom 23. Dezember 1932, LGBl. 1933 Nr. 13.

1863 Gesetz vom 21. Dezember 1923, LGBl. 1924 Nr. 20, womit eine neue Gemeindeordnung für die Landeshauptstadt Klagenfurt erlassen wird; novelliert durch Gesetze vom 30. Dezember 1927, LGBl. 1928 Nr. 16, vom 7. November 1928, LGBl. 1929, Nr. 1, und vom 24. Juni 1931, LGBl. Nr. 40.

1864 § 11 der steirischen Gemeindeordnung vom 2. Mai 1864; siehe zur rezipierten Fassung und den weiteren Novellen Anm. 1850; siehe weiters § 17 Abs. 2 des Gesetzes vom 8. Dezember 1869, LGBl. Nr. 47, betreffend die Gemeindeordnung für die Landeshauptstadt Graz; novelliert durch Gesetze vom 23. Jänner 1872, LGBl. Nr. 4 und 5, vom 29. Oktober 1888, LGBl. Nr. 49, vom 13. Juli 1895, LGBl. Nr. 85, vom 8. März 1904, LGBl. Nr. 43, vom 15. März 1904, LGBl. Nr. 51, vom 25. April 1919, LGBl. Nr. 34, vom 17. Oktober 1919, LGBl. Nr. 169, vom 4. April 1921, LGBl. Nr. 174, vom 21. Dezember 1922, LGBl. 1923 Nr. 119, vom 2. Dezember 1924, LGBl. 1925 Nr. 11, vom 3. März 1925, LGBl. Nr. 45, vom 5. Juni 1926, LGBl. Nr. 59, vom 13. Februar 1928, LGBl. Nr. 22, und vom 3. Juli 1929, LGBl. Nr. 60.

1865 § 11 der Salzburger Gemeindeordnung; siehe zur rezipierten Fassung und den weiteren Novellen Anm. 1850; siehe weiters § 17 des Gesetzes vom 2. Mai 1924, LGBl. Nr. 53, über das Gemeinde-Statut für die Landeshauptstadt Salzburg.

1866 Vgl. zum Wirkungsbereich der Gemeinden die Art. 123–135 der Verfassung 1934, Anlage der Kundmachung der Bundesregierung vom 1. Mai 1934, BGBl. II, Nr. 1, womit die Verfassung 1934 verlautbart wird.

1867 Zu den neu erlassenen Gemeindeordnungen siehe die folgenden Anmerkungen; zu den Städten mit eigenem Statut, die nun alle kein Ausweisungsrecht mehr kannten, siehe: Gesetz vom 9. Juli 1935, LGBl. Nr. 40, womit auf Grund des Artikels 124 der Verfassung 1934 ein Stadtrecht für die Landeshauptstadt Linz erlassen wird; Gesetz vom 30. Jänner 1936, LGBl. Nr. 20, womit auf Grund des Artikel 124 der Verfassung 1934 ein Stadtrecht für die landesunmittelbare Stadt Steyr erlassen wird; Stadtrecht der Landeshauptstadt Salzburg, LGBl. Nr. 39 (ausgegeben am 6. Juli 1935); Gesetz, womit auf Grund des Artikels 124 der Verfassung 1934 ein Stadtrecht für die Landeshauptstadt Graz erlassen wird, LGBl. Nr. 28 (ausgegeben am 10. März 1936); Gesetz vom 10. Juli 1935, LGBl. Nr. 35, betreffend das Stadtrecht der Landeshauptstadt Innsbruck.

Kärnten, Klagenfurt, Villach und St. Pölten hatten ihr bisheriges Gemeinderecht (das keine Ausweisungsbefugnis der Gemeinde mehr kannte) grundsätzlich beibehalten und nur Angleichungen an die Bestimmungen der Verfassung 1934 vorgenommen. Burgenland, Niederösterreich, Eisenstadt, Rust, Wiener Neustadt und Waidhofen an der Ybbs nahmen überhaupt keine Änderungen vor; vgl. dazu näher Karl FRITZER, Das Österreichische Gemeinderecht (ausgenommen das Recht der Bundeshauptstadt Wien) samt einschlägigen Nebengewie eben in Salzburg[1868] und in der Steiermark[1869], mit weiteren Einschränkungen beibehalten, wie in Oberösterreich[1870], oder aber in völlig unveränderter Form übernommen, wie in Vorarlberg[1871] und in Tirol[1872].

Sein vorläufiges Ende fand das gemeindebehördliche Ausweisungsrecht infolge des „Anschlusses" Österreichs an das Deutsche Reich durch Einführung der Deutschen Gemeindeordnung vom 30. Jänner 1935 in Österreich mit Wirkung vom 1. Oktober 1938[1873]. 1945 wurden jedoch erneut jene Vorschriften des Gemeinderechtes, also Gemeindeordnungen, Gemeindestatute und Gemeindewahlordnungen, in Kraft gesetzt, die vor Einführung der Deutschen Gemeindeordnung in Geltung gestanden waren[1874]. Erst infolge der Gemeindeverfassungsnovelle von 1962[1875] verschwand das Ausweisungsrecht der Gemeinden gänzlich aus der österreichischen Rechtsordnung.

---

setzen und erläuternden Bemerkungen, 3 Bde. (= Handausgabe österreichischer Gesetze und Verordnungen N.F. I/3), Wien 1950, S. 1565 f.

1868 Gemeindeordnung vom 29. Jänner 1936, LGBl. Nr. 23, für das Land Salzburg mit Ausnahme der Landeshauptstadt.

1869 Gesetz vom 15. Februar 1938, LGBl. Nr. 16, über die Verfassung der Ortsgemeinden Steiermarks mit Ausnahme der Landeshauptstadt Graz.

1870 Gesetz vom 29. April 1936, LGBl. Nr. 23, womit eine Gemeindeordnung für alle Ortsgemeinden des Landes Oberösterreich mit der Ausnahme der landesunmittelbaren Städte Linz und Steyr erlassen wird (Oberösterreichische Gemeindeordnung), § 19; zur übernommenen Einschränkung der Novelle 1924 kam nun hinzu, daß mit der Ausweisung nur innerhalb eines Zeitraumes von sechs Monaten nach Rechtskraft des Urteils vorgegangen werden durfte.

1871 Gesetz vom 24. Juli 1935, LGBl. Nr. 25, betreffend die Gemeindeordnung für das Land Vorarlberg (Gemeindeordnung 1935), § 22.

1872 Gesetz vom 10. Juli 1935, LGBl. Nr. 36, betreffend die Gemeindeordnung für das Land Tirol, § 20.

1873 Verordnung vom 15. September 1938, DtRGBl. I S. 1167, GBlLÖ 1938 Nr. 408; vgl. dazu Hans NEUHOFER, Handbuch des Gemeinderechts. Organisation und Aufgaben der Gemeinden in Österreich (= Forschungen aus Staat und Recht XXII), Wien-New York 1972, S. 11; zum Deutschen Gemeindegesetz siehe Hans PFUNDTNER/Reinhard NEUBERT, Das neue Deutsche Reichsrecht, Ausgabe Österreich I/e (Kommunalrecht) 2.

1874 Gesetz vom 10. Juli 1945, StGBl. Nr. 66, über die vorläufige Neuordnung des Gemeinderechtes (Vorläufiges Gemeindegesetz); die Bestimmungen der Deutschen Gemeindeordnung, die mit den Grundsätzen einer echten Demokratie unvereinbar waren, dem Rechtsempfinden des österreichischen Volkes widersprachen oder typisches nationalsozialistisches Gedankengut enthielten, traten aufgrund des rückwirkend in Kraft gesetzten Rechts-Überleitungsgesetzes vom 1. Mai 1945, StGBl. Nr. 6, bereits am 10. April 1945 außer Wirksamkeit. Mit der Kundmachung der Provisorischen Staatsregierung vom 15. Juli 1945, StGBl. Nr. 68, über die Aufhebung des Deutschen Gemeinderechtes (15. Kundmachung über die Aufhebung von Rechtsvorschriften des Deutschen Reiches) wurde das Deutsche Gemeinderecht mit 15. Juli 1947 gänzlich außer und das Vorläufige Gemeindegesetz in Kraft gesetzt; vgl. dazu näher FRITZER (wie Anm. 1762).

1875 Vgl. zu dieser NEUHOFER (wie Anm. 1873), S. 13 f., m.w.N.

3. Landesverweisung und gerichtliche Abschaffung

Auch die Rechtsinstitute der Landesverweisung und Abschaffung unterlagen nach dem Zusammenbruch der Monarchie einigen Veränderungen. Einerseits konnte seit dem Tilgungsgesetz vom 21. März 1918[1876] unter bestimmten Umständen[1877] eine gerichtlich verhängte Ausweisung durch gerichtlichen Ausspruch oder im Gnadenwege durch den Kaiser beendet werden[1878], denn durch Tilgung einer Verurteilung wurde auch die im betreffenden Urteil verfügte Nebenstrafe der Landesverweisung sowie die gerichtliche Abschaffung, nicht jedoch eine polizeiliche Abschaffung aufgrund des Schubgesetzes, ex nunc außer Kraft gesetzt, da es nur eine gänzliche, nicht aber eine teilweise Tilgung einer Verurteilung gab[1879]. Altmann/Jacob kritisierten diese Wirkung der Tilgung als unbefriedigend, weil eine polizeiliche Abschaffung, z.B. eines aus der Haft getretenen Sträflings und erst recht die Abschaffung eines Freigesprochenen oder eines ohne Verhandlung außer Verfolgung Gesetzten, durch eine Tilgung nicht gegenstandslos gemacht werden könne, weil diese eben nicht durch ein Strafurteil angeordnet worden war, während gerade die bedeutend schwereren Fälle der Ausweisung infolge Strafurteil durch die Tilgung außer Kraft gesetzt werden konnten. Zu Meinungsverschiedenheiten im Zusammenhang mit der Landesverweisung und Abschaffung führte der in § 2 des Gesetzes grundsätzlich mit dem Vollzug der Strafe angesetzte Beginn der

---

[1876] Gesetz vom 21. März 1918, RGBl. Nr. 108, über die Tilgung der Verurteilung; novelliert durch Bundesgesetz vom 17. Februar 1922, BGBl. Nr. 110, betreffend die Abänderung einiger Bestimmungen des Gesetzes vom 21. März 1918; vgl. dazu auch ALTMANN/JACOB (wie Anm. 360) II, S. 1210 ff.; Ferdinand KADECKA, Das Gesetz vom 21. März 1918, RGBl. Nr. 108, über die Tilgung der Verurteilung, Wien 1918, m.w.N.; ÖTKER, Die Rehabilitation Verurteilter und das österreichische Gesetz vom 21. März 1918 über die Tilgung der Verurteilung, in: Gerichtssaal LXXXVII (1920), S. 161-241; vgl. auch Wenzeslaus GLEISPACH, Die Tilgung der Verurteilung (Kritische Bemerkungen zu dem vom Abgeordnetenhaus beschlossenen Gesetzentwurf, in: Österreichische Zeitschrift für Strafrecht VII (1916–18), S. 399–410.

[1877] Voraussetzungen für eine Tilgung waren gemäß § 1 die vorherige gerichtliche Unbescholtenheit des Verurteilten, daß dieser den durch die Tat verursachten Schaden „nach Kräften" gutgemacht hatte sowie bis zum Ablauf einer bestimmten Frist nicht neuerlich verurteilt worden war. Ausgeschlossen war die Tilgung, wenn das Urteil auf eine strengere Strafe als eine einjährige Freiheitsstrafe lautete. Verschärfungen einer einjährigen Freiheitsstrafe, also z.B. die Verhängung einer Landesverweisung oder Abschaffung, hatten keinen Einfluß auf die Tilgung, vgl. dazu die ausführlichen Erläuterungen bei KADECKA (wie Anm. 1876), S. 135 ff.

[1878] Über die Tilgung der Verurteilung entschied gemäß § 5 des Tilgungsgesetzes der Gerichtshof, der in erster Instanz entschieden hatte oder in dessen Sprengel das Bezirksgericht lag, das in erster Instanz entschieden hatte. In den im „Gesetz nicht vorbedachten Fällen" stand gemäß § 6 die Anordnung der Tilgung einer Verurteilung nur dem Kaiser im Gnadenwege zu; vgl. ausführlich KADECKA (wie Anm. 1876), S. 174 ff.

[1879] ALTMANN/JACOB (wie Anm. 360) II, S. 1235; vgl. auch KADECKA (wie Anm. 1876), S. 153 f.; vgl. auch das Erkenntnis des OGH vom 6. November 1922, Slg. OGH II Nr. 90, weiter unten S. 376.

Tilgungsfrist. Nach Kadecka[1880] bedurfte das durch Landesverweisung oder Abschaffung zugefügte Strafübel keiner Vollstreckungshandlung, weil dieses seinem Wesen nach in der Beschränkung der Freizügigkeit bestünde und damit bereits in dem „Augenblick, wo das Urteil rechtskräftig" wurde, erlitten werde. Den Schub sah Kadecka[1881] folglich auch nicht als Vollstreckung der Landesverweisung bzw. Abschaffung, obgleich dieser regelmäßig als Vollzugsmaßnahme vorgeschrieben war[1882], da ein Ausgewiesener (im Falle einer unerlaubten Rückkehr) zwar mehrmals abgeschoben, jede Strafe aber nur einmal vollzogen werden könne[1883]. Überdies käme diese Ansicht auch im Strafgesetz zum Ausdruck, das von der Landesverweisung oder Abschaffung nach ausgestandener oder vollstreckter Strafe sprach. Altmann/Jacob[1884] vertraten dagegen die Ansicht, daß erst mit der Durchführung der Landesverweisung und Abschaffung, also im Zeitpunkt des Überschreitens der Grenze des Ausweisungsgebietes, diese Maßnahmen als vollzogen gelten könnten. Dafür spräche weiters die Tatsache, daß auch derartige Strafen bei Vorhandensein triftiger Gründe grundsätzlich den Gegenstand eines gerichtlichen Strafaufschubs darstellten[1885] und bezüglich eines Ausländers von einer Beschränkung der Freizügigkeit nicht die Rede sein könne, da dieses Recht dem Ausländer eben nicht zustehe. Serini/Gebert[1886] bezeichneten diese Ansicht allerdings als verfehlt, da sie zu dem „untragbaren" Ergebnis führe, „daß ein Verurteilter, der ohne behördliches Zutun das vom Verbote erfaßte Gebiet verläßt oder außerhalb dieses Gebietes verbleibt, nicht zur Tilgung seiner Verurteilung käme, da die Tilgungsfrist mangels Vollstreckung der Strafe nicht in Lauf gesetzt würde".

Weiters wurde durch das Gesetz vom 23. Juli 1920[1887] der bedingte Strafnachlaß eingeführt, von dem auch im Gnadenwege Gebrauch gemacht werden konnte. Wie durch Richterspruch konnten nun auch im Gnadenwege Strafen, also auch Landesver-

---

1880 KADECKA (wie Anm. 1876), S. 144; ihm folgend auch SERINI-GEBERT (wie Anm. 632), S. 106.

1881 KADECKA (wie Anm. 1876), S. 144, Anm. 6.

1882 Zumeist neben der gebundenen Marschroute; vgl. z.B. in § 4 der Verordnung des Ministeriums der Justiz vom 5. März 1853, RGBl. Nr. 44 (siehe zu dieser etwa S. 204, Anm. 1123) und im Erlaß des Innenministeriums vom 22. Dezember 1897, Z. 38.524, LÖFFLER/HERRNRITT (wie Anm. 650), S. 627 f.

1883 Vgl. dazu die gegenteilige Ansicht bei ALTMANN/JACOB (wie Anm. 360) II, S. 1231, Anm. 2, die darauf hinwiesen, daß mit der unerlaubten Rückkehr ein eigenständiges Delikt gesetzt werde, das die frühere Ausweisung nicht rechtlich ungeschehen mache und der Revertent hier ähnlich einem dem Gefängnis Entwichenen behandelt werde.

1884 ALTMANN/JACOB (wie Anm. 360) II, S. 1230 f.; so auch der OGH in seiner Entscheidung vom 19. April 1923, Os IV 200/23, Slg. OGH III Nr. 22, der bei der Prüfung der Strafbarkeit der unerlaubten Rückkehr zum Ergebnis kam, daß diese nur vorliege, wenn der Verurteilte in der Absicht abgeschoben werde, damit die Strafe zu vollziehen, vgl. dazu näher S. 756.

1885 Vgl. zum Aufschub der Ausweisung auch S. 377.

1886 SERINI/GEBERT (wie Anm. 632), S. 106.

1887 Gesetz vom 23. Juli 1920, StGBl. Nr. 373, über die bedingte Verurteilung; siehe auch Vollzugsanweisung der Staatsämter für Justiz, für Inneres und Unterricht und für soziale Verwaltung im Einvernehmen mit dem Staatsamte für Finanzen vom 23. September 1920, StGBl. Nr. 438; vgl. auch ALTMANN/JACOB (wie Anm. 360) I, S. 705 ff., II, S. 1250 ff.

weisung und Abschaffung, bedingt nachgesehen werden. Die Gerichte konnten daher bei der Vorlage von Gnadengesuchen gemäß § 411 der Strafprozeßordnung auch Anträge auf bedingte Begnadigung stellen[1888]. Dem Bundespräsidenten stand aufgrund seines Begnadigungsrechtes nach Art. 65[1889] des Bundes-Verfassungsgesetzes daher nicht nur wie bisher zu, eine unbedingte Nachsicht der Landesverweisung oder Abschaffung zu erteilen, sondern nun auch, unbedingte Verurteilungen in bedingte umzuwandeln, ohne an die Dauer der Probefrist nach dem Gesetz über die bedingte Verurteilung gebunden zu sein[1890], da für die Gnadenübung keine gesetzlichen Schranken bestanden[1891]. Hingegen waren Anträge Landesverwiesener oder Abgeschaffter auf Aufschub der Vollziehung dieser Maßnahme, um im Rahmen eines kurzen Aufenthaltes an ihrem letzten Wohnort ihre Angelegenheiten zu ordnen, nicht als Gnadengesuche zu behandeln, sondern wie bisher[1892] von den zur Vollziehung der vom Gericht ausgesprochenen Ausweisung zuständigen Verwaltungsbehörden entsprechend zu berücksichtigen[1893].

1888 Siehe zu diesen Anträgen ausführlich den Erlaß des Bundesministeriums für Justiz vom 13. November 1920 über die bedingte Begnadigung, Amtsblatt des österreichischen Bundesministeriums für Justiz 1920, Nr. 34; von Amts wegen durften Anträge auf bedingte Begnadigung nur für Unmündige und Jugendliche gestellt werden, vgl. die Verordnung des Justizministeriums vom 25. November 1902 betreffend die Begnadigung verurteilter Jugendlicher, Verordnungsblatt des k.k. Justizministeriums 1902, Nr. 51.

1889 Nach Art. 65 Abs. 2 lit. c stand dem Bundespräsidenten zu „für Einzelfälle: die Begnadigung der von den Gerichten rechtskräftig Verurteilten, die Milderung und Umwandlung der von den Gerichten ausgesprochenen Strafen, die Nachsicht von Rechtsfolgen und die Tilgung von Verurteilungen im Gnadenweg, ferner die Niederschlagung des strafgerichtlichen Verfahrens bei den von Amts wegen zu verfolgenden strafbaren Handlungen".

1890 Diese Probezeit war gemäß § 2 Abs. 1 des Gesetzes vom 23. Juli 1920 über die bedingte Verurteilung mit ein bis drei Jahren festgesetzt. Der Justizministerialerlaß vom 13. November 1920 (siehe Anm. 1888) sah in Pkt. 2 vor, daß bei der bedingten Begnadigung eines Verurteilten die Bestimmungen der §§ 2 bis 11 des Gesetzes sinngemäß anzuwenden seien, soweit nicht im Gnadenakt etwas anderes angeordnet war; vgl. dazu näher ALTMANN/JACOB (wie Anm. 360) II, S. 1252.

1891 Vgl. dazu ausführlich unter Berücksichtigung der Judikatur ALTMANN/JACOB (wie Anm. 360) II, S. 1252 und I, S. 654 ff.; MALANIUK (wie Anm. 669), S. 356 ff.

1892 Siehe den Erlaß des Justizministeriums vom 1. Juli 1905, Z. 14.641, Normalien-Sammlung (wie Anm. 359) IV, Nr. 5346; siehe auch J. von WASER, Ist der Gerichtshof zweiter Instanz kompetent, über das Ansuchen zu entscheiden, die Vollstreckung der rechtskräftig ausgesprochenen Landesverweisung oder die Eintreibung einer solchen Geldstrafe aufzuschieben?, Allgemeine Österreichische Gerichts-Zeitung XXX. Jg N.F. XVI (1879), S. 33 f.

1893 Vgl. den Erlaß vom 30. Jänner 1929 über die Behandlung von Gesuchen um vollständige oder zeitliche Nachsicht der Landesverweisung oder gerichtlichen Abschaffung sowie von Gesuchen um einen kurzen Aufschub des Vollzuges, Amtsblatt der österreichischen Justizverwaltung 1929, Nr. 6. Der Erlaß führte klärend aus, daß im Unterschied zu den genannten Gesuchen um kurzen Aufschub des Vollzuges der Ausweisung Gesuche mit der Bitte, dem gerichtlich Abgeschafften oder Ausgewiesenen den Aufenthalt in dem Gebiet, aus dem er abgeschafft worden war, für eine bestimmte Zeit zu gestatten, ebenso wie Gesuche um Nachsicht der Strafverschärfung der Landesverweisung oder der Nebenstrafe der Abschaffung als Gnadengesuche nach § 411 StPO zu behandeln seien; vgl. dazu auch die Entscheidung des OGH vom 20. Jänner 1933, 5 Os 1223, 1224/32, Slg. OGH XIII Nr. 7; Ernst LOHSING/Eugen SERINI, Österreichisches Strafprozeßrecht, 4. Aufl. Wien 1952, S. 640.

Was den Anwendungsbereich des strafgerichtlichen Ausweisungsrechts anbelangt, so wurde dieser einerseits durch die Strafprozeßnovelle von 1918[1894] dahingehend erweitert, daß die Landesverweisung nicht nur neben einer Kerker-, sondern auch neben einer Arreststrafe verhängt werden konnte[1895]. Andererseits modifizierte die Strafgesetznovelle vom 15. Juni 1920[1896] die Strafandrohung für Glücks- oder andere verbotene Spiele in § 522 dahingehend, daß im Falle einer Verurteilung wegen dieses Delikts an die Stelle der obligatorischen Ausweisung von Ausländern nun eine im Ermessen des Richters stehende Abschaffung sowohl von Ausländern aus dem ganzen Staatsgebiet als auch von Inländern aus dem Ort oder Land für bestimmte oder unbestimmte Zeit trat. Auch die Strafgesetznovelle vom Jahre 1932[1897] veränderte den Anwendungsbereich der Abschaffung, indem sie zum einen § 355[1898] des Strafgesetzes, zum anderen den bisherigen § 320[1899] aufhob und für die Tatbestände der lit. a und b (Irreführung der öffentlichen Aufsicht und Gebrauch fremder Ausweise) des neuen § 320 die zwingende Abschaffung des Täters bei „besonderen Bedenken in Ansehung der Umstände oder der Person aus dem Ort oder Land", bei Ausländern „aber nach Umständen auch aus dem ganzen Bundesgebiet" vorsah[1900].

1894 Gesetz vom 5. Dezember 1918, StGBl. Nr. 93, über die Vereinfachung der Strafrechtspflege (Strafprozeßrechtsnovelle).

1895 Art. 6 der Novelle ordnete an, daß das Gericht wegen eines Verbrechens, auf das keine strengere Strafe als höchstens fünfjähriger schwerer Kerker gesetzt war, statt auf Kerker auf schweren Arrest erkennen könne, wenn der Täter zur Zeit der Tat noch nicht 18 Jahre alt war, wenn mildernde Umstände vorlagen, die einem Schuldausschließungs- oder Rechtfertigungsgrund nahekamen, wenn der Täter aus achtungswerten Beweggründen, auf nachdrücklichen Befehl einer Person, von der er abhängig war, oder in einer heftigen Gemütsbewegung gehandelt hatte, die durch eine ihm oder einer ihm nahestehenden Person zugefügte schwere und unbegründete Kränkung veranlaßt war, wenn die Tat nur auf Übermut, Unbesonnenheit oder eine besonders verlockende Gelegenheit zurückzuführen war und mit dem sonstigen Verhalten des Täters in auffälligem Widerspruch stand, wenn der Täter vor Beginn der Verfolgung den Schaden abgewendet oder gutgemacht hatte oder wenn die Tat schon vor längerer Zeit begangen worden war und sich der Täter seither gut aufgeführt hatte. Die Nebenstrafe der Ausweisung wurde folglich auch auf derartige Arreststrafen übertragen, vgl. NOWAKOWSKI (wie Anm. 742), S. 119; vgl. dazu auch die Entscheidung des OGH vom 6. November 1933, 5 Os 867/33, Slg. OGH XIII Nr. 80, weiter unten S. 376 f.

1896 Gesetz vom 15. Juni 1920, StGBl. Nr. 286, womit einige Bestimmungen des Strafgesetzes abgeändert werden; vgl. zur Novelle auch S. 375.

1897 Bundesgesetz vom 2. August 1932, BGBl. Nr. 241, womit die Ahndung einiger bisher gerichtlich strafbarer Übertretungen den Verwaltungsbehörden übertragen wird.

1898 Unbefugter Verkauf innerer und äußerer Heilmittel, vgl. auch S. 123.

1899 Dieser hatte Übertretungen gegen die Vorschriften in Ansehung des Meldewesens für ankommende Fremde und Veränderungen der Einwohner sowie in Beziehung auf andere falsche Meldungen oder Angaben normiert; vgl. zu den bisherigen lit. e und g S. 123.

1900 Wurden derartige „besondere Bedenken" hinsichtlich eines Ausländers im Urteil festgestellt, war gegen diesen obligatorisch die Abschaffung auszusprechen, siehe dazu die Entscheidung des OGH vom 13. März 1935, 4 Os 149/35, Slg. OGH XV Nr. 22: „Hat das Gericht bei Fällung eines Schuldspruches nach dem § 320 lit. b StG ausgesprochen, es bestehen besondere Bedenken in Ansehung der Umstände oder der Person des Täters, so ist es verpflichtet, diesen, wenn er Ausländer ist, abzuschaffen. Die Unterlassung dieses Ausspruches in einem solchen Fall begründet eine Nichtigkeit im Sinne des § 281, Z. 11 StPO".

Weiters wurden im Bereich der strafrechtlichen Nebengesetze neue Ausweisungstatbestände geschaffen oder bereits bestehende verändert. So wurde in § 19 des Gesetzes vom 9. März 1921[1901] über die Bestrafung der Preistreiberei, des Schleichhandels und anderer ausbeuterischer oder die Versorgung der Bevölkerung gefährdender Handlungen angeordnet, daß gegen Ausländer, die eines nach diesem Gesetze strafbaren Verbrechens[1902] schuldig erkannt wurden, zwingend auf Landesverweisung gemäß § 25 des Strafgesetzes zu erkennen war, gegen Ausländer, die sich einer anderen nach diesem Gesetz strafbaren Handlung[1903] schuldig gemacht hatten, auf obligatorische Abschaffung aus dem Bundesgebiet. Gegen andere Personen, also Inländer, war die Abschaffung fakultativ angedroht, wenn sie einer nach diesem Gesetz strafbaren Handlung für schuldig befunden wurden.

Das Jugendgerichtsgesetz vom 18. Juli 1928[1904] schränkte die Anwendung der Landesverweisung und Abschaffung auf Jugendliche in § 11 Abs. 1 Z. 6 dahingehend ein, daß von dieser Maßnahme, selbst wenn sie zwingend vorgeschrieben war, abgesehen werden konnte, wenn die Entfernung des Jugendlichen aus seinem bisherigen Aufenthaltsort mit der Gefahr seiner Verwahrlosung verbunden war. Die obligatorische Landesverweisung oder Abschaffung wurde damit zu einer bloß zulässigen Nebenstrafe ge-

---

1901 Bundesgesetz vom 9. März 1921, BGBl. Nr. 253, über die Bestrafung der Preistreiberei, des Schleichhandels und anderer ausbeuterischer oder die Versorgung der Bevölkerung gefährdender Handlungen (Preistreibereigesetz).

1902 Als Verbrechen wurden Tathandlungen qualifiziert, die bei Erstdelinquenz als Vergehen oder Übertretung zu bestrafen waren, wenn der Täter wie etwa bei der Preistreiberei nach § 1 „gewerbsmäßig die Bevölkerung ausbeutet oder schon einmal wegen einer verbrecherischen ausbeuterischen Handlung oder zweimal wegen ausbeuterischer Handlungen verurteilt worden ist, die ein Vergehen bilden"; auch nach z.B. § 3 (Verabredung mit anderen zwecks Preistreiberei), § 7 (Anschaffung von Bedarfsgegenständen oder Einschränkung ihrer Erzeugung oder des Handels in der Absicht, deren Preis zu steigern oder das Sinken des Preises zu verhindern) oder § 9 (Schleichhandel) waren Vorausetzungen der Bestrafung dieser Tathandlungen als Verbrechen die Gewerbsmäßigkeit oder die zweimalige Verurteilung wegen ausbeuterischer Handlungen. Anstelle der Gewerbsmäßigkeit sehen § 10 (Hinterziehung von Bedarfsgegenständen) und § 12 (Schmuggel) Wertgrenzen bezüglich der hinterzogenen oder geschmuggelten Güter vor.

1903 Also Übertretungen (z.B. Preistreiberei § 2, Vergeudung von Lebensmitteln oder anderer Bedarfsgegenstände, an denen Mangel herrscht, in öffentliches Ärgernis erregender Weise § 8, Schleichhandel § 9) und Vergehen (z.B. vorsätzliche Unbrauchbarmachung von Lebensmitteln oder Beschädigung, Vernichtung bzw. Wertlosmachung von Bedarfsgegenständen § 6, Hinterziehung von Bedarfsgegenständen § 10, Schmuggel § 11).

1904 Bundesgesetz vom 18. Juli 1928, BGBl. Nr. 234, über die Behandlung junger Rechtsbrecher; vgl. zum Jugendgerichtsgesetz ALTMANN/JACOB (wie Anm. 360) II, S. 1253 ff.; Ferdinand KADECKA, Das österreichische Jugendgerichtsgesetz, Wien 1929; Ludwig ALTMANN, Das Jugendgerichtsgesetz. Bundesgesetz vom 18. Juli 1928, BGBl. Nr. 234, über die Behandlung junger Rechtsbrecher (Jugendgerichtsgesetz) mit einer historischen Einleitung, den Gesetzesmaterialien und erläuternden Bemerkungen (= Handausgabe österreichischer Gesetze und Verordnungen CCXLIV), Wien 1929; Michael NEUMAIR, Jugendliche Straftäter in den österreichischen Strafgesetzen und Reformentwürfen von 1803 bis 1928, in: Gábor Máthé/ Werner Ogris (Hrsg.), Die Entwicklung der österreichisch-ungarischen Strafrechtskodifikationen im 19.–20. Jahrhundert, Budapest 1996, insbes. S. 168 ff.

gen Jugendliche, die mit Berufung (§ 283 StPO) angefochten werden konnte. Diese Bestimmung galt allerdings nur für Personen, die zur Zeit des Urteils noch jugendlich waren, d.h. zum Zeitpunkt der Verurteilung das 18. Lebensjahr noch nicht überschritten hatten.

§ 11 des Sprengstoffgesetzes von 1885, der bei den aufgrund der §§ 3 bis 6 und 8 des Gesetzes[1905] erfolgten Verurteilungen die fakultative Abschaffung gemäß § 240 lit. f, g und h vorgesehen hatte, wurde im Jahre 1935[1906] dahingehend novelliert, daß bei Verurteilungen zu Freiheitsstrafen wegen der in den §§ 4 bis 8 und 11[1907] des Sprengstoffgesetzes bezeichneten Verbrechen gegen Ausländer auf Landesverweisung erkannt werden konnte. So wurde die bisherige, systemwidrige Fassung von § 11 des Sprengstoffgesetzes mit § 25 des Strafgesetzes in Einklang gebracht[1908].

Neue Ausweisungstatbestände legte auch das Staatsschutzgesetz aus dem Jahre 1936[1909] fest. Zum einen erweiterte dieses Gesetz den Anwendungsbereich von § 308 StG (Verbreitung falscher und beunruhigender Gerüchte oder Vorhersagungen[1910]) und ordnete die obligatorische Abschaffung desjenigen Ausländers an, der ein „falsches Gerücht, das geeignet ist, die Öffentlichkeit zu beunruhigen oder die öffentliche Meinung des Auslandes über die Verhältnisse im Inland in ungünstigem Sinne zu beeinflussen, ohne zureichende Gründe, es für wahr zu halten, oder eine so geartete angebliche Vorhersagung ausstreut oder weiterverbreitet". Zum anderen novellierte das Staatsschutzgesetz auch das Gesetz zur Bekämpfung staatsfeindlicher Druckwerke aus dem Jahre 1935[1911]. Hatte dieses den Strafrahmen für Personen, die sich eines der in den §§ 300 (Herabwürdigung der Verfügungen der Behörden und Aufwiegelung gegen Staats- oder Gemeindebehörden, gegen einzelne Organe der Regierung, gegen Zeugen oder Sachverständige), 305 (öffentliche Herabwürdigung der Einrichtungen der Ehe, der Familie, des Eigentumes oder Gutheißung von ungesetzlichen oder unsittlichen Handlungen) und 308 StG bezeichneten Vergehen durch ein Druckwerk, dessen Herstellung oder Verbreitung der Behörde verborgen gehalten wurde, schuldig gemacht hatten, deutlich hin-

---

1905 Vgl. dazu S. 143, Anm. 785.

1906 Bundesgesetz, BGBl. Nr. 197, womit das Gesetz, betreffend Anordnungen gegen den gemeingefährlichen Gebrauch von Sprengstoffen und die gemeingefährliche Gebarung mit denselben, RGBl. 1885 Nr. 134, abgeändert wird (Sprengstoffgesetznovelle 1935).

1907 Die §§ 1 bis 3 entfielen und damit auch das mit Abschaffung bedrohte Vergehen nach § 3. Diese Bestimmung hatte normiert, daß die im § 2 bezeichneten Handlungen (Herstellen, Inverkehrbringen, Einfuhr oder Besitz ohne behördliche Bewilligung; Zuwiderhandeln gegen sicherheitspolizeiliche Bestimmungen betreffend solche Sprengstoffe) dann ein Vergehen begründeten, „wenn Umstände vorliegen, welche eine Gefahr für das Eigentum, die Gesundheit oder das Leben eines Anderen herbeizuführen geeignet sind".

1908 § 11 hatte ja entgegen der Systematik des Strafgesetzes die Abschaffung nicht nur bei Vergehen und Übertretungen, sondern auch bei Verbrechen angedroht; vgl. dazu S. 143.

1909 Bundesgesetz zum Schutz des Staates, BGBl. Nr. 223, ausgeben am 11. Juli 1936.

1910 § 308 StG. „Wer im Wege öffentlicher Verlautbarung (durch Maueranschläge, öffentliche Reden oder Vorträge u. dgl.) ein falsches, für die öffentliche Sicherheit beunruhigendes Gerücht, ohne zureichende Gründe, es für wahr zu halten, oder eine so geartete angebliche Vorhersagung ausstreut, oder weiter verbreitet, ist einer Übertretung schuldig".

1911 Bundesgesetz zur Bekämpfung staatsfeindlicher Druckwerke, BGBl. Nr. 33, ausgegeben am 31. Jänner 1935.

aufgesetzt[1912], aber die Ausweisungsbestimmungen unberührt gelassen, so wandelte nun das Staatsschutzgesetz die in diesen Bestimmungen nur fakultativ vorgesehene Abschaffung von Ausländern aus dem Bundesgebiet in eine obligatorisch zu verhängende Maßnahme um.

Im Jahre 1920 wurde außerdem das Militärstrafgesetzbuch aus dem Jahre 1855[1913] aufgehoben und statt dessen dem Strafgesetz ein Anhang „Sonderbestimmungen für aktive Heeresangehörige" (§§ 533–684) angefügt[1914], womit die gesonderten Ausweisungsbestimmungen des Militärstrafgesetzbuches entfielen und die Abschaffung von aktiven Heeresangehörigen an das Strafgesetz angeglichen wurde[1915].

Über die einzelnen Novellen des Strafgesetzes und der Nebengesetze hinaus wurde auch eine Gesamtreform des Strafgesetzes auf der Grundlage des deutschen Strafgesetzentwurfes von 1919 und eines österreichischen Entwurfes von Ferdinand Kadecka aus dem Jahre 1922 in Angriff genommen, die ein einheitliches Strafgesetz für Österreich und Deutschland zum Ziel hatte und im Strafgesetzentwurf von 1927 mündete[1916]. Dieser sah in § 64 Abs. 1 die „Verweisung aus dem Bundesgebiet" für Ausländer nunmehr expressis verbis als Maßnahme der Sicherung vor, die das Gericht für zulässig erklären konnte, wenn das Verbleiben des zu einer Freiheitsstrafe verurteilten Ausländers eine „Gefahr für andere oder für die allgemeine Sicherheit bedeuten würde"[1917]. Ausdrücklich wurde die fakultative Verweisung von Ausländern im Entwurf für die Fälle des Hoch- und Landesverrats (§ 89, 98), bei Angriffen gegen die republikanische Staatsform (§ 102), Vergehen bei Wahlen und Abstimmungen (§ 117), Angriffen gegen die Wehrmacht oder die Volkskraft (§ 122) und beim Glücksspiel (§ 360) vorgesehen. Weiters

---

1912 § 300 StG hatte ein- bis sechsmonatigen Arrest, § 305 Arrest bis zu einem Jahr und § 308 strengen Arrest von acht Tagen bis zu drei Monaten vorgesehen. Durch das Bundesgesetz zur Bekämpfung staatsfeindlicher Druckwerke wurde der Strafrahmen für diese Delikte nunmehr mit strengem Arrest von einem bis zu zwei Jahren festgelegt.

1913 Militärstrafgesetz über Verbrechen und Vergehen von 1855, RGBl. Nr. 19.

1914 Gesetz vom 15. Juli 1920, StGBl. Nr. 323: Anhang zum allgemeinen Strafgesetze vom 27. Mai 1852, RGBl. Nr. 117.

1915 Zu den Regelungen des Militärstrafgesetzbuches von 1855 vgl. S. 140 ff. Auf Abschaffung aus einem Ort, Bezirk oder Land (§ 249) konnte nach § 538 gegen aktive Heeresangehörige nur erkannt werden, wenn im Urteil ihre Entlassung ausgesprochen wurde.

1916 Siehe Vorlage der Bundesregierung vom 8. November 1927, Nr. 49 der Beilagen des Sten. Prot. des NR, II. GP.; vgl. zur Strafrechtsreform auch Eugen SERINI, Ursprung und Entwicklung der Strafrechtsreform, in: Zum neuen Strafrecht. Referate zum Allgemeinen Teil des Strafgesetzentwurfes gehalten bei der Richterwoche 1973, Wien 1974, S. 7–17; Herbert LOEBENSTEIN, Die Entwicklung des Strafrechts und Strafprozeßrechts von 1918 bis zur Gegenwart, in: Gábor Máthé/Werner Ogris (Hrsg.), Die Entwicklung der österreichisch-ungarischen Strafrechtskodifikationen im 19.–20. Jahrhundert, Budapest 1996, S. 77 f.

1917 Die Verweisung mußte, wenn das Gericht sie für zulässig erklärte, gemäß § 64 innerhalb einer Frist von sechs Monaten nach Rechtskraft der Entscheidung erfolgen. In diese Frist war die Zeit nicht einzurechnen, in welcher der Verurteilte die Freiheitsstrafe verbüßte oder auf behördliche Anordnung in einer Anstalt verwahrt wurde.
Die Vollziehung der Verweisung stand im Unterschied zu den Justizeinrichtungen, die das Gericht anordnete und die Justizverwaltung durchführte, nach Art. 10 Abs. 1 Z. 3 des Bundes-Verfassungsgesetzes dem Bund zu; vgl. dazu näher die Begründung zum 8. Abschnitt in Nr. 49 der Beilagen des Sten. Prot. des NR, II. GP., S. 95 ff.

konnte nach dem Entwurf ein Ausländer, dessen Unterbringung in einer Heil- und Pflegeanstalt, in einer Trinkerheilanstalt oder in einer Entziehungsanstalt, in einem Arbeitshaus oder in der Sicherungsverwahrung für zulässig erklärt oder angeordnet worden war, gemäß § 54 Abs. 2 statt dessen oder außerdem aus dem Bundesgebiet ausgewiesen werden. Im Falle einer unbefugten Rückkehr konnte die Maßnahme der Ausweisung „nachgeholt“ werden[1918]. Die Abschaffung von Inländern war in diesen Entwurf also nicht mehr übernommen worden.

Da der Entwurf von 1927 aufgrund der politischen Ereignisse in Österreich und Deutschland nicht realisiert wurde, blieb das Strafgesetz von 1852 weiterhin in Geltung. Auch zwischen dem 13. März 1938 und dem 27. April 1945 war das Strafgesetz für das Gebiet der „Ostmark“ in Kraft, wenngleich während dieser Zeit in einigen wichtigen Bereichen reichsdeutsche Strafbestimmungen galten[1919]. Mit Gesetz vom 12. Juni 1945[1920] wurde das Strafgesetz in seiner Fassung vom 13. März 1938 wieder in Kraft gesetzt und gleichzeitig wiederverlautbart. Das Ausweisungsrecht wurde damit in die Zweite Republik übertragen und sein Anwendungsbereich in der Folge sogar im Rahmen neuer strafrechtlicher Nebengesetze ausgedehnt[1921]. Erst das Strafrechtsanpassungs-

---

1918 Wer das Delikt des „Verweisungsbruches“ beging, also der Verweisung aus dem Gebiete des Bundes, eines Landes, eines Bezirkes oder einer Gemeinde zuwiderhandelte, sollte gemäß § 167 mit Gefängnis bis zu sechs Monaten oder mit Geldstrafe bestraft werden.

1919 Vgl. z.B. Verordnung über die Einführung der Vorschriften über Hochverrat und Landesverrat im Lande Österreich vom 20. Juni 1938, DtRGBl. I S. 702, GBlLÖ Nr. 231; Kundmachung über allgemeine Bestimmungen über die Anwendung von Strafvorschriften des Deutschen Reiches im Lande Österreich (Strafanpassungsverordnung) vom 8. Juli 1938, DtRGBl. I S. 844, GBlLÖ Nr. 262; Verordnung über das Sonderstrafrecht im Kriege und bei besonderem Einsatz (Kriegssonderstrafrechtsverordnung) vom 17. August 1938, DtRGBl. I S. 1455; Verordnung über die Einführung des Wehrmachtsstrafrechts vom 12. Mai 1938, DtRGBl. I S. 517, GBlLÖ Nr. 135, 137; Verordnung zur Einführung der Betäubungsmittelgesetzgebung im Lande Österreich vom 1. Dezember 1938, DtRGBl. I S. 1706, GBlLÖ 1939 Nr. 5; Verordnung über die Einführung des Gesetzes wegen erpresserischen Kindesraubes im Lande Österreich vom 23. Dezember 1938, DtRGBl. I S. 1930, GBlLÖ 1939 Nr. 28; Verordnung über die Einführung strafrechtlicher Vorschriften im Lande Österreich vom 23. Jänner 1939, DtRGBl. I S. 80, GBlLÖ Nr. 143; Verordnung gegen Gewaltverbrecher vom 5. Dezember 1939, DtRGBl. I S. 2378, u.v.a.m.

1920 Gesetz vom 12. Juni 1945, StGBl. Nr. 25, über die Wiederherstellung des österreichischen Strafrechtes.

1921 Z.B. Gesetz vom 18. Oktober 1945, StGBl. Nr. 200, gegen Beeinträchtigung der Alliiertenhilfe: Ausländer, die von den Alliierten für die Versorgung der Bevölkerung zur Verfügung gestellte Lebensmittel ihrer bestimmungsgemäßen Verwendung entzogen, waren nach § 6 obligatorisch des Landes zu verweisen (§ 25 StG); Bundesgesetz vom 25. Juli 1946, BGBl. Nr. 162, über die Devisenbewirtschaftung (Devisengesetz): Nach § 28 war für Ausländer, die wegen einer strafbaren Handlung oder Unterlassung nach diesem Gesetz verurteilt worden waren, fakultativ die Landesverweisung bei einem Verbrechen bzw. sonst die Abschaffung aus dem österreichischen Bundesgebiet vorgesehen; Bundesgesetz vom 7. Juli 1948, BGBl. Nr. 176, über die Fürsorge und den Schutz der Kriegsgräber und Kriegsdenkmäler aus dem Zweiten Weltkrieg für Angehörige der Alliierten, Vereinten Nationen und für Opfer des Kampfes um ein freies, demokratisches Österreich und Opfer der politischen Verfolgung: Ausländer, die sich folgender Delikte schuldig gemacht hatten, waren nach § 6 neben der Kerkerstrafe obligatorisch des Landes zu verweisen: 1) Zerstörung, Beschädigung oder

gesetz vom 11. Juli 1974[1922] bestimmte in Art. 9, daß die in den Bundesgesetzen enthaltenen Bestimmungen über Landesverweisung und Abschaffung[1923] aufgehoben werden und Landesverweisung sowie Abschaffung nicht mehr auszusprechen waren. Im neuen Strafgesetz[1924] waren demgemäß weder Landesverweisung noch Abschaffung als Strafe vorgesehen. Gemäß Art. 9 Abs. 3 des Strafrechtsanpassungsgesetzes wurden bereits ausgesprochene Landesverweisungen oder Abschaffungen von Ausländern in Aufenthaltsverbote nach den Bestimmungen des Fremdenpolizeigesetzes[1925] umgewandelt. Die Ahndung von Verstößen gegen ein derartiges Aufenthaltsverbot sowie die allfällige Aufhebung desselben fielen damit nunmehr ausschließlich in die Kompetenz der Verwaltungsbehörde[1926].

Verunehrung aus politischer Gehässigkeit von Grabstätten Angehöriger der alliierten Armeen, der im Kampf um die Befreiung Österreichs gefallenen Angehörigen der Vereinten Nationen sowie aller anderen im Kampf um ein freies, demokratisches Österreich gefallenen Opfer sowie von Gräbern der Angehörigen der alliierten Mächte, Vereinten Nationen und der Opfer des Kampfes um ein freies, demokratisches Österreich und der Opfer politischer Verfolgung, welche als Kriegsgefangene, als Zivilinternierte, als Zwangsarbeiter oder als Häftlinge in Konzentrationslagern oder Gefängnissen gestorben und in Österreich beerdigt waren; 2) Vergreifen an einem Leichnam oder der Asche des Toten der genannten Personengruppen; 3) Zerstörung, Beschädigung oder Besudelung eines Denkmales zu Ehren der genannten Personen oder zu Ehren der von den Streitkräften der Alliierten Macht im Kampf um die Befreiung Österreich vollführten Heldentaten oder einer von einer der alliierten Mächte errichteten und als solche bezeichneten Kriegsgedächtnisstätte aus politischer Gehässigkeit; Bundesgesetz vom 29. Oktober 1946, BGBl. Nr. 207, über den Verkehr und die Gebarung mit Suchtgiften (Suchtgiftgesetz): obligatorische Landesverweisung bzw. Abschaffung für Ausländer, die sich eines Verbrechens bzw. einer Übertretung nach diesem Gesetz schuldig machten (§ 6 Abs. 7 und § 9 Abs. 2); Bundesgesetz vom 25. Juli 1946, BGBl. Nr. 162, über die Devisenbewirtschaftung (Devisengesetz): fakultative Landesverweisung für Ausländer bei Verbrechen nach diesem Gesetz, sonst Abschaffung aus dem Gebiet der Republik Österreich (§ 28); Gesetz vom 24. Oktober 1945, BGBl. Nr. 44, zur Sicherung der Deckung lebenswichtigen Bedarfes (Bedarfdeckungsgesetz): fakultative Landesverweisung für Ausländer bei Verbrechen nach diesem Gesetz, sonst Abschaffung aus dem Gebiet der Republik Österreich (§ 17).

1922 Bundesgesetz vom 11. Juli 1974, BGBl. Nr. 422, über die Anpassung von Bundesgesetzen an das Strafgesetzbuch.

1923 Auch diejenigen über Polizeiaufsicht, Einweisung in ein Arbeitshaus und über die Aberkennung des Rechtes zur Ausübung eines Gewerbes durch Strafurteil.

1924 Bundesgesetz vom 23. Jänner 1974, BGBl. Nr. 60, über die mit gerichtlicher Strafe bedrohten Handlungen (StG).

1925 Bundesgesetz vom 17. März 1954, BGBl. Nr. 75, betreffend die Ausübung der Fremdenpolizei (Fremdenpolizeigesetz).

1926 Vom Gericht bestraft (Freiheitsstrafe bis zu drei Monaten oder Geldstrafe bis zu 180 Tagsätzen) wurde allerdings jemand, der einem Aufenthaltsverbot zuwider in das Bundesgebiet zurückkehrte, obwohl er innerhalb der letzten drei Jahre wegen einer derartigen Reversion von der Verwaltungsbehörde abgestraft worden war; Egmont FOREGGER/Gerhard KODEK, Strafgesetzbuch. StG samt den wichtigsten Nebengesetzen. Kurzkommentar. Mit einer Einführung und Erläuterungen unter Berücksichtigung der Rechtsprechung des Obersten Gerichtshofes und des Schrifttums, 5. Aufl. Wien 1991, S. 710 f.

III. Judikatur der Höchstgerichte zum Ausweisungsrecht

1. Judikatur zur Abschaffung nach dem Schubgesetz 1871

A. Abschaffung von „Ausländern" gemäß § 2 Abs. 5 des Schubgesetzes

Wie nach den bisherigen Ausführungen unschwer vorzustellen, bildete einen Schwerpunkt der Judikatur des Verfassungs- und Verwaltungs- bzw. Bundesgerichtshofes die Anwendung des § 2 Abs. 5, der die Abschaffung von Personen, welche in dem Geltungsgebiet des Gesetzes nicht heimatberechtigt waren, aus Rücksichten der öffentlichen Ordnung und Sicherheit regelte. Gegenstand der Entscheidungen der Höchstgerichte war daher vor allem das Problem der Ausländerqualität des jeweiligen Beschwerdeführers im Zusammenhang mit der Heimatberechtigung, aber auch Fragen betreffend das „Geltungsgebiet des Gesetzes" und die Subsumption von diversen Tatbeständen unter den Abschaffungsgrund der Bedrohung der „öffentlichen Ordnung und Sicherheit".

In mehreren vor dem Verfassungsgerichtshof verhandelten Fällen hatten die Schubbehörden sichtlich unter Vorgriff auf die Regelungen des Vertrages von St. Germain Ausweisungserkenntnisse gegen vermeintliche oder zukünftige „Ausländer" gefällt. So mußte der Verfassungsgerichtshof in seinen Erkenntnissen vom 26. Februar 1920[1927] klarstellen, daß vor dem Inkrafttreten des Friedensvertrages von St. Germain Personen, die gemäß § 2 Abs. 2 Z. 2 des Gesetzes vom 5. Dezember 1918 eine Erklärung für Deutschösterreich abgegeben hatten, als deutschösterreichische, wenngleich heimatlose Staatsbürger anzusehen seien. Sie waren daher nicht aus dem Staatsgebiet abzuschaffen, sondern nach dem Heimatgesetz von 1863 zu behandeln[1928]. Jeder Staatsbürger solle zwar nach dem Heimatgesetz in einer Gemeinde heimatberechtigt sein, nichtsdestoweniger dürften Heimatlose auch während der Zeit, in der sie einer bestimmten Gemeinde nach dem Heimatgesetz nicht zugewiesen waren, nicht Ausländern gleichgestellt werden, die ein Heimatrecht im Inland nicht besitzen konnten.

An diesem Beispiel zeigt sich auch deutlich ein Aspekt der Schwierigkeiten, die sich aus dem in der österreichischen Rechtstradition verankerten Prinzip des Zusammenhanges von Staatsbürgerschaft und Heimatrecht ergaben. Hatte man nämlich einerseits durch das Gesetz vom 5. Dezember 1918 die Staatsangehörigkeit vom Heimatrecht getrennt, so blieb die enge Verbundenheit dieser Rechtsinstitute andererseits doch

---

1927 Erkenntnisse des VfGH vom 26. Februar 1920, Z. 19, Slg. VfGH Nr. 44, und Z.B. 1/20, Slg. VfGH Nr. 45.

1928 Der erste Beschwerdeführer des Erkenntnisses Nr. 44, der nach Ratiboritz im Bezirk Tabor zuständig war und am 28. Dezember 1918 beim zuständigen magistratischen Bezirksamt in Wien eine Erklärung für Österreich abgegeben hatte, war mit Erkenntnis der Polizeidirektion Graz vom 16. August 1919 aus Rücksichten der öffentlichen Ordnung und Sicherheit aufgrund des § 2 Abs. 5 aus dem Gebiet der Republik Österreich mit Verbot der Rückkehr für beständig abgeschafft worden. Ähnliches galt für die beiden anderen Beschwerdeführer. Der Verfassungsgerichtshof führte aus, daß sich zum Zeitpunkt der Fällung des Abschaffungserkenntnisses noch keine Tatsachen ereignet hatten, die den Verlust der Staatsbürgerschaft des Beschwerdeführers zur Folge gehabt hätten. Insbesondere könne der Staatsvertrag von St. Germain nicht in Frage kommen, da dieser erst am 10. September 1919 unterzeichnet worden sei.

durch die Rezeption von Rechtsvorschriften wie des Schubgesetzes weiterhin bestehen[1929].

Der Verfassungsgerichtshof sprach weiters als Rechtssatz aus[1930], daß auch Personen, die in Gemeinden zuständig waren, auf welche sich die Gebietshoheit der deutschösterreichischen Republik nach dem Gesetz vom 22. November 1918 erstreckte, aufgrund dieser Zuständigkeit so lange als deutschösterreichische Staatsbürger behandelt werden mußten, bis die betreffende Gemeinde durch das Inkrafttreten des Friedensvertrages von St. Germain einer fremden Gebietshoheit unterworfen wurde[1931]. Bestimmungen des Friedensvertrages von St. Germain durften prinzipiell nicht vor dessen Kundmachung Entscheidungen zugrunde gelegt werden[1932].

Nach dem Inkrafttreten des Staatsvertrages von St. Germain konnten daher infolge Verlustes ihrer Staatsbürgerschaft gemäß Art. 70 nicht nur Personen, die in bis zu diesem Zeitpunkt zum deutschösterreichischen Staatsgebiet gehörigen Gemeinden heimatberechtigt waren, als Ausländer abgeschafft werden, sondern auch diejenigen, die aufgrund § 2 des Gesetzes vom 5. Dezember 1918 die Staatsbürgerschaft ohne Heimatrecht erworben hatten. Der Verwaltungsgerichtshof bekräftigte den Verlust der Rechtswirkungen der Staatsbürgerschaftserklärungen in seinen Erkenntnissen vom 11. November 1921[1933] und vom 22. Dezember 1922[1934] auch zusätzlich mit dem Verweis auf die bindende Auslegung von Art. 70 des Staatsvertrages von St. Germain durch Art. 2 des

---

1929 Vgl. zu den sich daraus ergebenden Schwierigkeiten Lothar von PACHMANN, Der heimatlose deutschösterreichische Staatsbürger, in: Österreichische Zeitschrift für Verwaltung LII (1919), Nr. 14, S. 65–67.

1930 Erkenntnis des VfGH vom 26. Februar 1920, Z. 19, Slg. VfGH Nr. 44.

1931 Ein Beschwerdeführer war nach Liebau in Mähren, der andere nach Korkushütten in Böhmen zuständig. Diese Orte lagen in dem durch Gesetz vom 22. November 1918, StGBl. Nr. 40, festgelegten Staatsgebiet Deutschösterreichs. Die Beschwerdeführer waren ebenfalls gemäß § 2 Abs. 5 des Schubgesetzes von der Polizeidirektion Graz mit Verbot der Rückkehr für beständig abgeschafft worden.

1932 Erkenntnis des VfGH vom 26. Februar 1920, Z.B. 1/20, Slg. VfGH Nr. 45. Die Zuständigkeitsgemeinden der Beschwerdeführer lagen in diesem Fall im jugoslawischen bzw. tschechoslowakischen Staat. Die Beschwerdeführer waren trotz abgegebener Staatsbürgerschaftserklärungen nach dem Gesetz vom 5. Dezember 1918 von der Grazer Polizeidirektion gemäß § 2 Abs. 5 des Schubgesetzes abgeschafft worden. Der Verfassungsgerichtshof führte aus, daß die Änderungen, welche Art. 70 ff. des Staatsvertrages von St. Germain zur Folge hätten, wenn der Staatsvertrag ratifiziert und in die österreichische Gesetzgebung aufgenommen sei, außer Betracht zu bleiben hätten. Die Beschwerdeführer seien folglich als Heimatlose zu behandeln gewesen.

1933 Erkenntnis des VwGH vom 11. November 1921, Z. 8528, Slg. VwGH Nr. 12.946 (A.). Nach Art. 70 des Staatsvertrages hätten „seit dem Zerfalle des alten Reiches eingetretene Änderungen der Staatsbürgerschaft, die nicht auch gleichzeitig mit der Erwerbung eines neuen Gemeindeheimatrechtes verbunden waren, die also einseitig und in gewissem Sinne auf außerordentlichem Wege, gewaltsam zustande gekommen“ waren, hinkünftig „außer Betracht zu bleiben“, da sie am Tag des Inkraftreten des Vertrages erloschen seien.

1934 Erkenntnis des VwGH vom 22. Dezember 1922, Z. 10.469, Slg. VwGH Nr. 13.198 (A.). Der Beschwerdeführer war in der Bukowina heimatberechtigt und gemäß § 2 Abs. 5 aus dem Polizeirayon Wien abgeschafft worden.

Brünner Vertrages[1935], die auch im Verhältnis zu den anderen von Art. 70 Betroffenen anzuwenden sei.

Der Behauptung, daß der von Art. 70 verwendete Begriff des Heimatrechts nicht gleichbedeutend mit Zuständigkeit im Sinne des Schubgesetzes, sondern als Staatsangehörigkeit im Sinne des französischen Ausdruckes „l'indigénat" zu verstehen sei, trat der Verfassungsgerichtshof mit dem Hinweis auf eine eindeutige, feststehende und spezifisch österreichische Bedeutung dieses Begriffes sowie der erklärenden Beifügung des Wortes „pertinenza" in der französischen Fassung des Staatsvertrages entgegen[1936]. Der Verlust der Staatsbürgerschaft zog jedenfalls auch den Verlust der Beschwerdelegitimation vor dem Verfassungsgerichtshof nach sich, wobei nach Ausspruch des Verfassungsgerichtshofes als maßgeblicher Zeitpunkt dieses Verlustes nicht der Tag der Beschwerdeüberreichung, sondern der Erkenntnisfällung anzusehen war[1937].

Ein weiterer, die Abschaffungspraxis betreffender Problemkreis trat bezüglich der Ausübung des Optionsrechtes nach Art. 80 des Staatsvertrages von St. Germain auf. In seinem Erkenntnis vom 28. April 1921[1938] stellte der Verfassungsgerichtshof klar, daß die Abschaffung einer Person gemäß § 2 Abs. 5 des Schubgesetzes, welche durch Option gemäß Art. 80 des Staatsvertrages von St. Germain die Staatsbürgerschaft erworben hatte, nicht zulässig sei, derartige Personen vielmehr als heimatlose Inländer nach dem Verfassungs-Übergangsgesetz von 1920 ein „Anspruchsrecht" auf Zuweisung zu einer österreichischen Heimatgemeinde erlangt hätten, das durch eine Abschaffung gekränkt werde[1939]. Nach diesem Erkenntnis[1940] erfolgte die Erwerbung der österreichischen

1935 Art. 2 des Brünner Vertrages, BGBl. 1921 Nr. 163, bestimmte, daß die aufgrund § 2 des österreichischen Gesetzes vom 5. Dezember 1918 erlangten Staatsbürgerrechte mit dem Tage des Inkrafttretens der in St. Germain am 10. September 1919 einerseits mit Österreich und andererseits mit der Tschechoslowakei unterzeichneten Friedensverträge, erloschen.

1936 Art. 70: „Toute personne ayant l'indigénat (pertinenza) sur un territoire faisant antérieurement de l'ancienne Monarchie austro-hongroise acquerra de plein droit et à l'exclusion de la nationalité autrichienne, la nationalité de l'Etat exerçant la souveraineté sur ledit territoire".

1937 Erkenntnis des VfGH vom 12. Oktober 1920, Z.B. 15/20, Slg. VfGH Nr. 60. Die Beschwerdeführer waren nach Weitenstein im Bezirk Cilli, also im Gebiet des SHS-Staates, heimatberechtigt, hatten gültige Staatsbürgerschaftserklärungen abgegeben und waren mit Erkenntnis der Polizeidirektion Graz vom 19. Februar 1920 aufgrund § 1 lit. b und d sowie § 2 aus der Steiermark mit dem Verbot der Rückkehr für beständig abgeschafft worden. Sie waren zum Zeitpunkt des Abschaffungserkenntnisses und der Einbringung der Grundrechtsbeschwerde (21. Mai 1920) österreichische Staatsbürger. Zum Zeitpunkt der Fällung des Erkenntnisses waren sie allerdings bereits Angehörige des SHS-Staates, weshalb der Verfassungsgerichtshof in diesem Fall die Rechtmäßigkeit der Abschaffung gar nicht mehr prüfen konnte.

1938 Erkenntnis des VfGH vom 28. April 1921, Z.B. 2/21, Slg. VfGH N.F. Nr. 11.

1939 Der Verfassungsgerichtshof führte dazu aus, daß wiewohl der Beschwerdeführer zur Zeit seiner Abschaffung noch kein Heimatsrecht in einer österreichischen Gemeinde besessen hatte und insofern die Voraussetzung des § 2 Abs. 5 des Schubgesetzes vom 27. Juli 1871 „nach dem Wortlaute vorhanden wäre", so sei diese Bestimmung grundsätzlich nur auf Ausländer anzuwenden.

1940 Der Beschwerdeführer hatte am 22. Dezember 1920 seine Optionserklärung abgeben, der Optionsanspruch wurde am 4. März 1921 als bestehend anerkannt, das Abschaffungserkenntnis der Polizeidirektion Wien aufgrund § 2 Abs. 5 des Schubgesetzes datierte auf den 24. Dezember 1920.

Staatsbürgerschaft bei Vorhandensein der gesetzlichen Voraussetzungen bereits durch Abgabe der Optionserklärung und nicht erst durch den Ausspruch der Behörde, weil nach dem Friedensvertrag von St. Germain die Erwerbung der Staatsbürgerschaft ausdrücklich von der Option abhängig gemacht worden sei. Der Verwaltungsgerichtshof[1941] maß dem Ausspruch der Behörde ebenfalls lediglich deklarativen Charakter bei und bezog sich in seiner Begründung auf Art. 7 des Brünner Vertrages, der die einvernehmliche Auffassung der beiden Staaten betonte, daß die Optionserklärung ein einseitiger rechtsbegründender Akt des Optanten und die darüber auszufertigende Bescheinigung nur von deklarativer Bedeutung war. Was nun gegenüber diesem Nachbarstaat Rechtens sei, hatte nach Ansicht des Verwaltungsgerichtshofes auch im Verhältnis zu den übrigen Nachfolgestaaten zu gelten.

Auch das Erkenntnis des Verfassungsgerichtshofes vom 13. Oktober 1921[1942] hatte Schwierigkeiten im Bereich des Optionsrechtes zum Gegenstand. Der Beschwerdeführer[1943] berief sich einerseits auf dauernden Staatsbürgerschaftserwerb durch Abgabe einer Erklärung gemäß § 2 Abs. 1 des Gesetzes vom 5. Dezember 1918[1944] und andererseits auf eine Optionsanmeldung für Österreich. Da im Falle der Zuerkennung der Staatsbürgerschaft deren Erwerb auf den Tag der Anmeldung zurückgerechnet worden wäre, worüber aber zum Zeitpunkt des Abschaffungserkenntnisses eben noch keine Entscheidung ergangen war, sei die Abschaffung nach Ansicht des Beschwerdeführers unzulässigerweise erfolgt[1945]. Der Verfassungsgerichtshof vertrat nun die Ansicht, daß die abgegebene Option dem Beschwerdeführer „vor deren Anerkennung durch den

---

Die Regierung hatte sich auf den Standpunkt gestellt, daß gemäß § 8 Abs. 2 der Vollzugsanweisung der Staatsregierung vom 20. August 1920, StGBl. Nr. 397, über den Erwerb der österreichischen Staatsangehörigkeit durch Option, die Staatsbürgerschaft erst durch den Ausspruch der Behörde über die Rechtsbeständigkeit der Option erworben werde. Der Verfassungsgerichtshof betonte aber, daß aus der Bestimmung des § 8 Abs. 2 der Vollzugsanweisung nicht geschlossen werden dürfe, daß die Staatsbürgerschaft erst durch den Ausspruch der Rechtsbeständigkeit der Option durch die Behörde erworben werde, wenngleich „der widerspruchsvolle Wortlaut dieser Bestimmung hierzu Anlaß geben könnte". Der Beschwerdeführer war daher seit 22. Dezember 1920 österreichischer Staatsbürger.

1941 Erkenntnis des VwGH vom 23. Dezember 1924, Z.A. 152/24, Slg. VwGH Nr. 13.713 (A.); vgl. auch das Erkenntnis vom 13. November 1924, Z. I. 780/24, Slg. VwGH Nr. 13.673 (A.).

1942 Erkenntnis des VfGH vom 13. Oktober 1921, Z.B. 20/21, Slg. VfGH Nr. 48.

1943 Die Abschaffung des Beschwerdeführers aus der Republik Österreich aufgrund § 2 Abs. 5. wurde am 21. Jänner 1921 von der Polizeidirektion Graz ausgesprochen. Seinem Rekurs wurde keine aufschiebende Wirkung zuerkannt, und er war sofort über die Grenze gebracht worden.

1944 Nach mehrfach geäußerter Rechtsmeinung des Verfassungsgerichtshofes unrichtigerweise, weil er in Pleterje in Jugoslawien zuständig war und damit seine österreichische Staatsbürgerschaft mit Inkrafttreten des Staatsvertrages von St. Germain erloschen war.

1945 Ähnlich die Argumentation der Beschwerdeführerin in dem Fall, der dem Erkenntnis des VfGH vom 13. Oktober 1921, Z.B. 9/21, Slg. VfGH Nr. 44, zugrunde lag. Da die Beschwerdeführerin allerdings die Option vor den Verwaltungsbehörden geltend gemacht hatte, konnte dieser Beschwerdegrund vom Verfassunsgerichtshof nicht berücksichtigt werden.

Bundesminister für Inneres nicht das Recht der Staatsbürgerschaft" gewähre[1946] und sein Anspruch von der „aufschiebenden Bedingung" abhängig sei, „daß die zuständige Behörde die Voraussetzungen des § 78 oder 80 des Friedensvertrages als gegeben findet". Während der „Schwebezeit" hätte der „bedingt Berechtigte lediglich eine rechtlich begründete Anwartschaft", und es bestehe für ihn kein verfassungsmäßig begründetes Recht auf den Aufenthalt, da dieses eben nur österreichischen Staatsbürgern zukomme[1947, 1948]. Allerdings solle die Behörde „die Rechtslage, in der er als Staatsbürger geschützt sein würde, wegen seiner Anwartschaftsrechte nicht ohne zwingende Gründe beeinträchtigen". Das Vorliegen solcher Gründe[1949] hätte der Verfassungsgerichtshof nicht zu prüfen.

Erfolgte hingegen ein Ausweisungserkenntnis, nachdem ein Optionsgesuch gemäß Art. 80 abgelehnt worden war, so war die Abschaffung nach Ausspruch des Verfassungsgerichtshofes vom 20. Juni 1922[1950] zulässig, da durch eine im Sinne des Art. 80 des Friedensvertrages von St. Germain abgegebene Optionserklärung allein die Staatsbürgerschaft nicht erworben wurde und die Feststellung der zuständigen Behörde, daß die Voraussetzungen, unter denen durch Optionserklärung das österreichische Staatsbürgerrecht erworben werden konnte, nicht zutrafen, eine rechtskraftfähige Entscheidung darstelle.

In manchen Beschwerdefällen wurde eine Abschaffung auch unter Berufung auf Art. 63 des Staatsvertrages von St. Germain angefochten, in dem sich Österreich verpflichtet hatte, allen Einwohnern Österreichs ohne Unterschied der Geburt, Staatsangehörigkeit, Sprache, Rasse oder Religion vollen und ganzen Schutz von Leben und Freiheit zu gewähren[1951]. Nach der Ansicht von Verfassungs-[1952] und Verwaltungsgerichts-

---

1946 Die Legitimation zur Beschwerdeführung vor dem Verfassungsgerichtshof kam Ausländern allerdings nun gemäß Art. 144 zu; so auch der Verfassungsgerichtshof in diesem Erkenntnis, Rechtssatz 1.

1947 Dieser Rechtssatz auch in den Erkenntnissen des VfGH vom 12. Oktober 1921, Z.B. 9/21, Slg. VfGH Nr. 44, vom 20. Juni 1922, Z.B. 16/22, Slg. VfGH N.F. Nr. 113, und Z.B. Z. 17/22, Slg. VfGH N.F. Nr. 114; vom 21. Juni 1922, Z.B. 7/22, Slg. VfGH N.F. Nr. 119, vom 13. Oktober 1922, Z.B. 38/22, Slg. VfGH N.F. Nr. 153; vom 19. Juni 1923, Z.B. 34/23, Slg. VfGH N.F. Nr. 212.

1948 § 5 des Gesetzes vom 27. Oktober 1862, RGBl. Nr. 87, hatte zwar das Recht des freien Aufenthaltes nicht nur den eigenen Staatsangehörigen gewährt, da diese Bestimmung aber in das Staatsgrundgesetz über die allgemeinen Rechte der Staatsbürger vom 21. Dezember 1867, RGBl. Nr. 142, aufgenommen worden war und dieses den Schutz des freien Aufenthaltes nur den eigenen Staatsbürgern verliehen hatte, war § 5 daher nicht geeignet, den verfassungsmäßig gewährten Schutz des Aufenthaltes auf einen größeren Personenkreis auszudehnen; vgl. dazu das Erkenntnis des VfGH vom 20. Juni 1922, Z.B. 16/22, Slg. VfGH N.F. Nr. 113.

1949 Die Gegenschrift hatte ausgeführt, daß der Beschwerdeführer „erwiesenermaßen Mitglied der kommunistischen Partei" sei „und an den Parteibestrebungen den lebhaftesten Anteil genommen habe". Aus der Gefährlichkeit der kommunistischen Partei ergäbe sich die Unzulässigkeit des Aufenthaltes aus Rücksichten der öffentlichen Ordnung und Sicherheit.

1950 Erkenntnisse des VfGH vom 20. Juni 1922, Z.B. 16/22, Slg. VfGH N.F. Nr. 113, und Z.B 17/22, Slg. VfGH N.F. Nr. 114.

1951 In § 62 des Staatsvertrages hatte sich Österreich verpflichtet, diese Bestimmung als Grundgesetz anzuerkennen. Keine Norm und keine amtliche Handlung durften daher nach Art. 62 im Widerspruch oder Gegensatz zu diesem Grundgesetz stehen.

hof[1953] bezog sich diese Bestimmung aber ausdrücklich nur auf die Freiheit der Person, nicht aber auch auf die Freiheit des Aufenthaltes. Der Staatsvertrag von St. Germain habe daher keine Änderungen des Abschaffungsrechtes bewirkt[1954]. Dazu könnte allerdings kritisch angemerkt werden, daß das in den Normenbestand der Republik rezipierte Gesetz zum Schutz der persönlichen Freiheit sehr wohl auch die Freiheit des Aufenthaltes regelte, indem es durch Gesetzesvorbehalt Ausnahmen zuließ[1955].

Weiters stellte der Verwaltungsgerichtshof grundsätzlich fest, daß eine auf den Mangel der österreichischen Staatsbürgerschaft gestützte Abschaffung nur dann zulässig sei, wenn zuvor über die Frage der Staatsangehörigkeit durch Ausspruch entschieden wurde[1956].

Im Zuge der zahlreichen Versuche, Abschaffungen doch noch zu entgehen oder deren Aufhebung zu erwirken, mußten sowohl Verfassungs- als auch Verwaltungsgerichtshof[1957] mehrfach der von Beschwerdeführern eingewendeten Behauptung entgegentreten, das Schubgesetz beziehe sich auch nach seiner Ingeltungsetzung in (Deutsch)Österreich auf alle im Geltungsbereich des ehemaligen Österreich heimatberechtigten Personen. So stellte der Verfassungsgerichtshof etwa in seinem Erkenntnis vom 22. Juni 1922[1958] klärend fest, daß das Gesetz nur mit der Modifikation rezipiert wurde, daß an die Stelle des Geltungsgebietes der ehemaligen Monarchie das Staatsgebiet der Republik Österreich getreten war, als Geltungsgebiet des Gesetzes also nur das Staatsgebiet dieser Republik verstanden werden könne[1959].

In diesem Zusammenhang warf das Burgenland auch Probleme hinsichtlich der Rechtswirksamkeit von auf Abschaffung aus ganz Cisleithanien lautenden Erkenntnissen auf. So war in dem der Entscheidung des Obersten Gerichtshofes vom 18. März 1927[1960] zugrundeliegenden Fall ein noch zu Zeiten der Monarchie nach Schubgesetz Abgeschaffter nach Verbüßung seiner wegen unerlaubter Rückkehr gemäß § 323 des Strafgesetzes 1926 verhängten Strafe der „Schubbehandlung im Sinne des Reichsschubgesetzes unterzogen" worden, indem er von einem Kriminalbeamten über die nieder-

---

1952 Erkenntnisse des VfGH vom 22. Juni 1922, Z.B 28/22, Slg. VfGH N.F. Nr. 120 und Z.B 29/22, Slg. VfGH N.F. Nr. 121, sowie vom 13. Oktober 1922, Z.B 38/22, Slg. VfGH N.F. Nr. 153.

1953 Erkenntnis des VwGH vom 10. März 1923, Z. 1947, Slg. VwGH Nr. 13.237 (A.).

1954 Vgl. die Erkenntnisse des VwGH vom 10. März 1923, Z. 1947, Slg. VwGH Nr. 13.237 (A.), und des BGH vom 26. Februar 1936, Z.A. 1538/35, Slg. VwGH Nr. 831.

1955 § 5 des Gesetzes vom 27. Oktober 1862, RGBl. Nr. 87, zum Schutz der persönlichen Freiheit.

1956 Erkenntnis des VwGH vom 30. September 1927, Z.A. 67/27, Slg. VwGH Nr. 14.922 (A.). In seinem Erkenntnis vom 21. Jänner 1921, Z. 109, Slg. VwGH Nr. 12.727 (A.), sprach der Verwaltungsgerichtshof auch aus, daß – wenn im Rekurs gegen eine auf § 2 Abs. 5 gegründete Abschaffungsverfügung die Option nach Art. 80 des Staatsvertrages von St. Germain erklärt werde – es einen wesentlichen Verfahrensmangel darstelle, falls ohne Klärung der Gültigkeit dieser Option die Verfügung bestätigt würde.

1957 Erkenntnis des VwGH vom 10. März 1923, Z. 1947, Slg. VwGH Nr. 13.237 (A.).

1958 Erkenntnis des VfGH vom 22. Juni 1922, Z.B. 28/22, Slg. VfGH N.F. Nr. 120.

1959 Siehe auch die Erkenntnisse des VfGH vom 15. März 1922, Z.B. 38/21, Slg. VfGH N.F. Nr. 101, vom 13. Oktober 1922, Z.B. 38/22, Slg. VfGH N.F. Nr. 153.

1960 Entscheidung des OGH vom 18. März 1927, Os 178/27, Slg. OGH VII Nr. 26.

österreichische Grenze in das Burgenland geschafft und dort entlassen wurde. Wenig später erneut in Wien betreten, sprach ihn das zuständige Bezirksgericht von der Anklage gemäß § 323 mit der Begründung frei, daß der Angeklagte infolge seiner Verbringung in das Burgenland, das „österreichische Staatsgebiet überhaupt nicht verlassen" habe und daher auch nicht das Delikt der Rückkehr begehen konnte. Da das Burgenland jedoch zur Zeit des Abschaffungserkenntnisses nicht österreichisches Staatsgebiet, also nicht Teil des durch das Abschaffungserkenntnis bezeichneten Abschaffungsgebietes war, entschied der Oberste Gerichtshof, daß der Angeklagte durch die von der Polizei vorgenommene Abschiebung ins Burgenland allerdings außerhalb des Abschaffungsgebietes gebracht worden war und deshalb den Tatbestand der verbotenen Rückkehr erfüllt hatte, denn bei einer Änderung im Bestand des Staatsgebietes sei eine dieser Änderung vorangegangene Abschaffung aus allen Ländern des Staates nur für den ursprünglichen Umfang dieses Gebietes wirksam.

Was die in § 2 Abs. 5 des Schubgesetzes normierte Abschaffung aus Rücksichten der „öffentlichen Ruhe und Ordnung" anbelangt, so lag die Bewertung der in Betracht zu ziehenden öffentlichen Rücksichten und damit die Frage, ob die Abschaffung eines Ausländers verfügt werden solle, nach ständiger Rechtsprechung des Verwaltungsgerichtshofes im freien Ermessen der Verwaltungsbehörde[1961], woran auch der Staatsvertrag von St. Germain nichts geändert habe[1962]. Der Verwaltungsgerichtshof habe daher im Sinne des Art. 129 Abs. 3 nur zu prüfen, ob sich die Behörde bei Fällung eines Abschaffungserkenntnisses innerhalb der durch das Schubgesetz gezogenen Grenzen gehalten, also vom freien Ermessen im Sinne des Gesetzes Gebrauch gemacht habe[1963]. Keine gesetzwidrige Ermessensübung lag nach der Judikatur des Verwaltungsgerichtshofes bzw. Bundesgerichtshofes vor, wenn die Behörde Ausländer aus Rücksichten der öf-

---

1961 Vgl. Plenarbeschluß des VwGH vom 27. Dezember 1919, Z. 5966, Slg. VwGH Nr. 12.523; Erkenntnisse des VwGH vom 30. Dezember 1924, Z.A. 433/34, Slg. VwGH Nr. 13.716; vom 17. April 1925, Z.A. 628/24, Slg. VwGH Nr. 13.833 (A.); vom 17. April 1925, Z.A. 532/24, Slg. VwGH Nr. 13.834; vom 5. Mai 1925, A. 52/25, Slg. VwGH Nr. 13.854 (A.); vom 29. Mai 1925, Z. 7/25, Slg. VwGH Nr. 13.888 (A.); vom 19. Juni 1925, A. 78/25, Slg. VwGH Nr. 13.917 (A.); vom 17. Dezember 1926, Z.A. 209/26, Slg. VwGH Nr. 14.567 (A.); Erkenntnisse des BGH vom 3. Dezember 1935, Z.A. 534/34, Slg. BGH Nr. 717 (A.), und vom 7. April 1936, Z.A. 812/35, Slg. BGH Nr. 896.

1962 So das Erkenntnis des VwGH vom 21. September 1920, Z. 3837, Slg. VwGH Nr. 12.656 (A.).

1963 Allerdings, so stellte der BGH in seinem Erkenntnis vom 3. Oktober 1934, Z.A. 922/33, Slg. BGH Nr. 20 (A.), klar, sei es nicht eine Frage des freien Ermessens, ob die gesetzlichen Voraussetzungen einer Abschaffung gemäß § 2 Abs. 5 des Schubgesetzes vorlägen, vielmehr sei diese Frage nach den Ergebnissen des Ermittlungsverfahren zu beurteilen und im Erkenntnis zu begründen. Als Rechtsfrage unterliege sie damit der vollen Überprüfung durch den Verwaltungsgerichtshof, vgl. dazu auch das Erkenntnis des VwGH vom 19. Oktober 1932, Z.A. 751/30, Slg. VwGH Nr. 17.324. Wenn demgemäß die Behörde eine Abschaffung mit Rücksicht auf die öffentliche Ordnung und Sicherheit mit einer strafbaren Handlung des Abzuschaffenden begründete, so war diese Abschaffung nur unter der Voraussetzung zulässig, daß diese Gesetzesverletzung durch Ausspruch der zuständigen Behörde aufgrund eines ordnungsgemäßen Verfahrens festgestellt worden war.

fentlichen Ordnung und Sicherheit aus z.B.[1964] folgenden Gründen abschaffte: wegen wiederholter strafgerichtlicher Verurteilungen[1965], selbst wenn diese jahrelang zurücklagen[1966]; wegen „Hasardspiels" (z.B. Bakkaratspiele) - auch ohne eine diesbezügliche strafgerichtliche Verurteilung[1967] -; wegen Verurteilung aufgrund einer Übertretung der Paßvorschriften[1968] - auch wenn es sich um einen Flüchtling aus Hitler-Deutschland handelte[1969] -; wegen entgeltlicher Zukunftsdeuterei und Wahrsagerei[1970]; wegen Ge-

---

1964 Siehe weiters auch die Erkenntnisse des VwGH vom 29. Februar 1924, Z.A. 53/23, Slg. VwGH Nr. 13.474, und vom 21. März 1935, Z.A. 681/35, Slg. VwGH Nr. 375 (A.); Erkenntnis des BGH vom 2. Juli 1935, Z.A. 49/35, Slg. BGH Nr. 573 (A.).

1965 Vgl. das Erkenntnis des VwGH vom 29. Mai 1925, Z. 7/25, Slg. VwGH Nr. 13.888 (A.). Die Begründung führte aus, daß sich der Aufenthalt des Beschwerdeführers angesichts seiner zahlreichen Vorstrafen „verbunden mit dessen zutage getretener Absicht, dessenungeachtet im Erwerbsleben des Abschaffungsgebietes eine einflußreiche Rolle zu spielen", als unzulässig darstelle, da sich der Beschwerdeführer laut dem Abschaffungserkenntnis „in einflußreiche, öffentliche Stellungen zu drängen und größere Industrieunternehmungen ins Leben zu rufen suchte".
Siehe aber auch die Erkenntnisse des VwGH vom 19. Juni 1925, A. 78/25, Slg. VwGH Nr. 13.917 (A.), und vom 17. Dezember 1926, Z.A. 209/26, Slg. VwGH Nr. 14.567 (A.). Das Erkenntnis des BGH vom 19. März 1937, Z.A. 1717/36, Slg. BGH Nr. 1266 (A.), sprach die Zulässigkeit der Abschaffung eines Ausländers aus, der „sich von Zeit zu Zeit immer wieder mit den Vorschriften in Widerspruch setzt, die das Gemeinschaftsleben vor Störungen schützen sollen".

1966 Vgl. das Erkenntnis des VwGH vom 17. Dezember 1926, Z.A. 209/26, Slg. VwGH Nr. 14.567 (A.). Der Verwaltungsgerichtshof konnte in dem Umstand, daß die Behörde von ihrem Abschaffungsrecht jahrelang keinen Gebrauch gemacht hatte, nicht einen Verzicht auf dessen Ausübung erblicken, zumal die Behörde von den Abstrafungen des Beschwerdeführers erst anläßlich einer fremdenpolizeilich veranlaßten Ausweisleistung 1925 erfahren hatte.

1967 Vgl. die Erkenntnisse des VwGH vom 17. April 1925, Z.A. 828/24, Slg. VwGH Nr. 13.833 (A.); vom 5. Mai 1925, A. 52/25, Slg. VwGH Nr. 13.854 (A.); vom 19. Oktober 1932, Z.A. 751/30, Slg. VwGH Nr. 17.324.

1968 Vgl. das Erkenntnis des VwGH vom 17. April 1925, Z.A. 532/24, Slg. VwGH Nr. 13.834. Der Beschwerdeführer war wegen Übertretung der Paßvorschriften zu einer Geldstrafe verurteilt worden, wobei ihm bereits die später erfolgte Abschaffung angedroht worden war. Der Beschwerdeführer machte geltend, daß er als polnischer Militärflüchtling kraft der Friedensverträge nicht seinem Heimatstaate ausgeliefert werden dürfe. Der Verwaltungsgerichtshof stellte fest, daß es sich bei dem Abschaffungserkenntnis nicht um eine Auslieferung handle, weil der Beschwerdeführer nur aus dem Polizeirayon Wien auf die Dauer von fünf Jahren abgeschafft wurde; vgl. auch die Erkenntnisse des VwGH vom 28. April 1931, Z.A. 180/30, Slg. VwGH Nr. 16.647 (A.), und des BGH vom 23. Mai 1935, Z.A. 897/34, Slg. VwGH Nr. 495 (A.).

1969 Vgl. auch das Erkenntnis des BGH vom 9. April 1937, Z.A. 382/36, Slg. BGH Nr. 1300 (A.). Der Beschwerdeführer machte geltend, daß die Übertretung der paßlosen Einreise bereits verjährt sei und der paßlose Aufenthalt keinen Abschaffungsgrund darstelle, weil er als deutscher Flüchtling keinen Paß habe. Der Bundesgerichtshof wertete nichtsdestoweniger die paßlose Einreise als eine Tatsache, mit der sich der Beschwerdeführer in Widerspruch zur bestehenden öffentlichen Ordnung gesetzt hatte. Den Einwand, daß der Beschwerdeführer sich als reichsdeutscher Flüchtling keinen Paß verschaffen konnte, sah der Bundesgerichtshof nicht als begründet an und führte aus, daß selbst, wenn die Beschaffung eines Pasfährdung der Sicherheit der Person oder des Eigentums[1971]; wegen Bestimmungs-, Mittel- und Erwerbslosigkeit[1972] bzw. wegen des Mangels eines gesicherten Einkommens, der nach Ansicht des Gerichtshofes zusammen mit „unsteter Lebensweise und vollkommener Unsicherheit der Existenzgrundlage" ebenfalls einen ausreichenden Abschaffungsgrund darstellte[1973]. Allerdings war die Erlassung eines Steckbriefes gegen einen Ausländer nicht unter allen Umständen allein schon als Abschaffungsgrund zu qualifizieren[1974].

In Abweichung zu dieser Judikaturlinie, wonach die Abschaffung in der Regel auf ein konkretes gegen die öffentliche Ruhe und Ordnung gerichtetes Verhalten des Abzuschaffenden als zugrundeliegenden Tatbestand gestützt war, erachtete es der Verwaltungsgerichtshof in seinen Erkenntnissen vom 10. März 1923[1975] und 30. Dezember

---

ses beim Aufenthalt des Beschwerdeführers in der Tschechoslowakei nicht möglich gewesen sei, daraus noch kein Recht abgeleitet werden könne, sich ohne Reisepaß nach Österreich zu begeben und sich dort aufzuhalten.

1970 Siehe das Erkenntnis des BGH vom 1. Oktober 1935, Z.A. 1148/34, Slg. BGH Nr. 625 (A.).

1971 So das Erkenntnis des VwGH vom 24. November 1931, Z.A. 593/30, Slg. VwGH Nr. 16.874 (A.). Der Verwaltungsgerichtshof erachtete die Auslegung des Beschwerdeführers, daß unter den Begriff der öffentlichen Ordnung und Sicherheit „lediglich die Bedachtnahme auf die Sicherheit des Staates, der Länder und der öffentlich-rechtlichen Einrichtungen falle", für zu eng, da das Gesetz für eine derartige Auslegung keinerlei Anhaltspunkt biete. Aus der Regelung des § 2 Abs. 2, welcher die „Fälle des § 1 ausdrücklich mit den Worten einer Gefährdung der öffentlichen Interessen zusammenfaßt", ergebe sich vielmehr, daß unter den Rücksichten der öffentlichen Ordnung und Sicherheit auch die Gefährdung der Sicherheit der Person oder des Eigentums zu verstehen sei.

1972 Vgl. das Erkenntnis des BGH vom 3. Dezember 1935, Z.A. 534/34, Slg. BGH Nr. 717 (A.). Der Bundesgerichtshof teilte die Rechtsansicht der Behörde, daß sich der Aufenthalt eines Ausländers mit „prekären Subsistenzgrundlagen" in Österreich aus Rücksichten der öffentlichen Ordnung als unzulässig darstellte; vgl. auch das Erkenntnis des BGH vom 7. April 1936, Z.A. 812/35, Slg. BGH Nr. 896.

1973 Erkenntnis des BGH vom 10. Jänner 1937, Z.A. 855/36, Slg. BGH Nr. 1119 (A.). Das Abschaffungserkenntnis war damit begründet worden, daß die staatenlose Beschwerdeführerin ausweislos sei, keinen erlaubten Erwerb nachweisen könne (nach den Ergebnissen des Ermittlungsverfahren lebte sie von Gelegenheitsarbeiten und Unterstützungen von Glaubensgenossen), vollkommen mittellos und unsteten Aufenthaltes sei, von einem Massenquartier ins andere ziehe und daß die mehrmals angefallenen Spitalskosten den Bundesschatz belasteten. Auch sei sie aus der Tschechoslowakei (wegen Einreise ohne Paß) ausgewiesen und in Österreich mehrmals gerichtlich und polizeilich bestraft worden.

1974 So das Erkenntnis des BGH vom 19. Jänner 1937, Z.A. 744/36, Slg. BGH Nr. 1118 (A.). Nach Ansicht des Verwaltungsgerichtshofes sei die „bloße Tatsache einer Kurrendierung" nicht schon an und für sich hinreichend für die Begründung einer Abschaffung, vielmehr müßten das Verhalten des Betroffenen oder sonstige Tatsachen einen Anhaltspunkt dafür bieten, daß der Vorwurf einer strafbaren Handlung zur Recht erfolgte, bzw. Tatsachen vorlagen, aus denen der Schluß gezogen werden könne, daß „er sich nicht reibungslos in die öffentliche Ordnung einfügte, oder daß aus bestimmten Begleitumständen auf eine Gefährdung der öffentlichen Ordnung und Sicherheit durch ihn zu schließen ist".

1975 Erkenntnis des VwGH vom 10. März 1923, Z. 1947, Slg. VwGH Nr. 13.237 (A.). Der Beschwerdeführer hatte geltend gemacht, daß der Grundsatz des rechtlichen Gehörs dadurch verletzt worden sei, daß ihm der Tatbestand, auf den sich das Abschaffungserkenntnis stütz-

1924[1976] als die Grenzen des freien Ermessens gleichfalls nicht überschreitend, wenn als Begründung einer Abschaffung gemäß § 2 Abs. 5 des Schubgesetzes aus Anlaß der „Abreisendmachungsaktion" der ersten Nachkriegsjahre[1977] die in den durch die Zuwanderung vieler Fremder nach Wien während des Krieges geschaffenen, die öffentliche Ruhe und Ordnung bedrohenden, allgemein bekannten Verhältnisse, wie z.B. Wohnungsnot, Lebensmittelteuerung und Arbeitslosigkeit, von der Behörde herangezogen wurden.

B. Abschiebung und Abschaffung von Inländern gemäß §§ 1 und 2 Abs. 2

Was die Auslegung der in § 2 Abs. 2 normierten Tatbestandsmerkmale der Gefährdung der öffentlichen Interessen vorzugsweise im Abschaffungsgebiet sowie der für aus der Haft tretende Sträflinge in § 1 lit. d normierten Voraussetzung der Gefährlichkeit für die Sicherheit der Person oder des Eigentums anbelangt, betonten Verwaltungs- bzw. Bundesgerichtshof das freie Ermessen der Behörde im Rahmen der Ergebnisse des Ermittlungsverfahrens[1978, 1979]. Der Bundesgerichtshof erklärte die Abschaffung eines

---

te, nicht vorgehalten worden sei. Der Verwaltungsgerichtshof erachtete diesen Einwand deshalb als unbegründet, weil die Gründe, die zu seiner Abschaffung geführt hatten, eben nicht in seinem Verhalten gelegen wären, da „gegen ihn unbestrittenermaßen nichts vorlag".

1976 Erkenntnis des VwGH vom 30. Dezember 1924, Z.A. 433/34, Slg. VwGH Nr. 13.716. Die Beschwerdeführerin, eine Schneidergehilfin, die 1914 aus Lemberg nach Wien geflohen und deren Optionsgesuch abgelehnt worden war, hatte ebenfalls erfolglos mangelndes Parteiengehör geltend gemacht. Sie wurde aufgrund fehlender Aufenthaltsbewilligung gemäß der Kundmachung der niederösterreichischen Landesregierung vom 9. September 1919 (siehe dazu S. 478) und gemäß § 2 Abs. 5 des Schubgesetzes für fünf Jahre aus Rücksichten der öffentlichen Ordnung aus dem Wiener Polizeirayon abgeschafft. Ihrer Abschaffung lag die Tatsache zugrunde, daß in der Damenschneiderbranche ein Überfluß an heimischen Arbeiterinnen bestand, da im Mai 1924 ca. 1.000 Damenschneiderinnen als arbeitslos gemeldet waren.

1977 Vgl. dazu S. 478 ff.

1978 Siehe das Erkenntnis des BGH vom 27. September 1934, Z.A. 812/33, Slg. BGH Nr. 9 (A.). Nach Ansicht des Verwaltungsgerichtshofes könne nur eine nach der Aktenlage unhaltbare Schlußfolgerung als rechtswidrig bezeichnet werden; vgl. auch das Erkenntnis des VwGH vom 19. November 1921, Z. 8764, Nr. 12.949 (A.).

1979 Im Sinne des Gesetzes hatte nach Ansicht des Bundesgerichtshofes die Behörde z.B. das Ermessen ausgeübt, wenn sie einen aus der Haft tretenden Sträfling aufgrund seiner Vorstrafen im Zusammenhang mit agitatorischer Tätigkeit wegen Gefährlichkeit für die Sicherheit der Person oder des Eigentums abschaffte, weil die Gefährdung der öffentlichen Interessen vorzugsweise für das Industriegebiet bestünde, in dem er seine agitatorische Tätigkeit entfaltet habe; vgl. auch das Erkenntnis des BGH vom 27. September 1934, Z.A. 812/33, Slg. BGH Nr. 9 (A.). Der Beschwerdeführer war wegen Eigentumsdelikten und wegen Einmengung in die Vollziehung öffentlicher Dienste (§ 314 StG) verurteilt worden. Der BGH berief sich überdies auf das Erkenntnis des Reichsgerichtes vom 11. Jänner 1898, Z. 436 ex 1897, Slg. RG Nr. 853, in dem ausgesprochen worden war, daß eine Person, die nach Verbüßung einer aufgrund Verurteilung gemäß § 302 StG verhängten Strafe aus der Haft trete und seit Jahren eine unausgesetzte agitatorische Tätigkeit in verhetzender und aufreizender Tendenz betriebe, für die Sicherheit der Person ebenso gefährlich erschiene, wie wenn sie einen tätlichen Angriff begangenen habe, und daher aus dem Agitationsgebiet abgeschafft werden könne;

Inländers sogar dann für zulässig, wenn die Gefährdung öffentlicher Interessen durch den Abzuschaffenden an einem anderen Ort zwar möglicherweise auch bestehen würde, jedoch in geringerem Maße als am Abschaffungsort[1980].

Betreffend die Abschaffung von Bundesbürgern nach dem Schubgesetz mußte auch in der Ersten Republik vom Verfassungsgerichtshof darauf hingewiesen werden[1981], daß diese prinzipiell nur bei Vorliegen der Voraussetzung gemäß § 2 Abs. 2 zulässig sei, also die Gefährdung der öffentlichen Interessen, zu deren Schutz die Abschaffung bestimmt war, vorzugsweise nur für den Ort bestehen müsse, aus dem die Abschaffung erfolgen sollte. Bei Vorhandensein dieser Voraussetzung könne auch der Heimatlose abgeschafft werden[1982]. Andernfalls durften Bundesbürger nur mit Verweisung in ihre österreichische Zuständigkeitsgemeinde abgeschoben werden. Die Abschiebung sei aber dann nicht möglich, wenn eine solche Zuständigkeitsgemeinde für die betreffende Person nicht bestand. Der Verfassungsgerichtshof billigte der Verwaltungsbehörde bezüglich der Abschaffung von Inländern also ausdrücklich insofern kein freies Ermessen zu, als im Sinne des Art. 6 des Staatsgrundgesetzes über die allgemeinen Rechte der Staatsbürger die besonderen gesetzlichen Bestimmungen für ein Abschaffungsrecht vorliegen mußten. Zur Untersuchung, ob die Bedingungen für ein Abschaffungsrecht der Verwaltungsbehörde gegen einen Staatsbürger tatsächlich vorlagen, war der Verfassungsgerichtshof berufen[1983].

Bezüglich der Gefährlichkeit für die Sicherheit des Eigentums stellte der Verfassungsgerichtshof fest, daß eine Abschaffung nur zulässig sei, wenn die abzuschaffende Person einen angeborenen oder erworbenen Hang zu Eigentumsdelikten zeige[1984] und eine einmalige, jahrelang zurückliegende Verurteilung wegen eines Eigentumsdeliktes keine genügende Grundlage für die Annahme der Eigentumsgefährlichkeit sei[1985]. Ebensowenig reichte nach Ansicht des Verfassungsgerichtshofes eine einmalige Abstrafung wegen Verführung zur Notzucht aus, die Annahme zu begründen, daß jemand für die Sicherheit der Person gefährlich sei[1986]. Allerdings liege eine Gefährdung der Sicherheit der Person auch dann vor, wenn zwar nicht die körperliche Integrität von Menschen, wohl aber die „sittliche Integrität jugendlicher Personen Angriffen ausgesetzt ist, welche abzuwehren, dieselben keine Möglichkeit besitzen“[1987].

Hinsichtlich der in § 1 lit. b des Schubgesetzes als Abschiebungsgrund normierten Ausweis- und Bestimmungslosigkeit liegen zwei Judikate des Verfassungsgerichtshofes

---

könne; vgl. zur Abschaffung wegen Eigentumsgefährlichkeit auch das Erkenntnis des VwGH, Z.A. 330/24, Slg. VwGH Nr. 13.700 (A.).

1980 So das Erkenntnis des BGH vom 21. Jänner 1937, Z.A. 740/36, Slg. BGH Nr. 1127 (A.).

1981 Erkenntnis des VfGH vom 27. November 1923, Z.B. 91/23, Slg. VfGH N.F. Nr. 233.

1982 So ausdrücklich Rechtssatz 1 des Erkenntnisses des VfGH vom 18. Juni 1925, Z.B. 6/25, Slg. VfGH Nr. 427.

1983 Erkenntnis des VfGH vom 10. Oktober 1922, Z.B. 59/22, Slg. VfGH N.F. Nr. 143.

1984 Siehe das Erkenntnis des VfGH vom 14. Oktober 1926, Z.B. 342/26, Slg. VfGH Nr. 661.

1985 Erkenntnis des VfGH vom 27. Oktober 1925, Z.B. 26/25, Slg. VfGH Nr. 485; betreffend die Eigentumsgefährlichkeit vgl. auch das Erkenntnis des VfGH vom 10. Oktober 1922, Z.B. 59/22, Slg. VfGH N.F. Nr. 143.

1986 Erkenntnis des VfGH vom 27. Oktober 1925, Z.B. 26/25, Slg. VfGH Nr. 485.

1987 Erkenntnis des VfGH vom 17. März 1925, Z.B. 2/25, Slg. VfGH Nr. 390.

vor. Das Erkenntnis vom 21. Oktober 1919[1988] entschied in Fortsetzung der inhaltlichen Linie des Reichsgerichtes, daß eine Person, die einen Geldbetrag bei sich führte, der ihr eine gewisse Zeit das Auskommen sicherte, und über ihren Beruf und den Zweck ihrer Reise bestimmte Angaben machen konnte, nicht ohne weiteres als ein ausweis- und bestimmungsloses Individuum, das keinen erlaubten Erwerb nachweisen kann, anzusehen sei[1989]. Diesem Rechtssatz lag als Sachverhalt die Abschaffung eines Mitgliedes der Volkswehr aus Leoben, wohin sich der Beschwerdeführer nach eigenen Angaben in administrativen Angelegenheiten der Zeitschrift „Die Revolution" begeben hatte, für die Dauer von zehn Jahren zugrunde. Die Begründung der Bezirkshauptmannschaft stützte sich darauf, daß der Beschwerdeführer nicht nachzuweisen vermochte, daß er einem erlaubten Erwerb nachgehe. Zur Ansicht der Landesregierung als Rekursbehörde, daß die Behörde nicht verpflichtet gewesen sei, dem Beschwerdeführer bei diesem Nachweis Hilfe zu leisten, stellte der Verfassungsgerichtshof fest, daß solche Erhebungen von Amts wegen durchzuführen seien und der Angehaltene nur verpflichtet sei, die nötigen Auskünfte zu geben und die Bescheinigungen, die er zur Hand hätte, vorzulegen. Das Schubgesetz gelte „für Zeiten des Friedens und die Auffassung der Regierung würde dahin führen, daß im tiefen Frieden jedermann verpflichtet wäre, stets urkundliche Belege über sein Einkommen und seinen Erwerb mitzuführen" und „einen neuartigen Paßzwang innerhalb des Staates einführen"[1990]. Die Rekursbehörde, welche die Anwesenheit des Beschwerdeführers im Bezirk Leoben „mit Rücksicht auf seine selbst zugegebene agitatorische Tätigkeit im Solde eines offenkundig gewaltsamen Umsturz propagierenden Agitators" für geeignet bezeichnete, die öffentlichen Ordnung zu gefährden, hatte sich daher außerdem in ihrer Begründung auf das Ausweisungsrecht nach dem § 3 lit. c des Gesetzes vom 5. Mai 1869[1991] berufen. Die Verordnung des Gesamtministeriums vom 25. Juli 1914[1992], welche die in den Artikeln 8 bis 10, 11 und 13 des Staatsgrundgesetzes verankerten Grundrechte suspendiert und die in den §§ 3 bis 7 des Gesetzes vom 5. Mai 1869 normierten Wirkungen in Kraft gesetzt hatte, war allerdings zum Zeitpunkt der Entscheidung der Rekursbehörde bereits außer Wirksamkeit getreten[1993]. In seinem Erkenntnis vom 26. Februar 1920 judizierte der Verfassungsgerichtshof weiters, daß eine Person, die den Nachweis der deutschösterreichischen Staatsbürgerschaft sowie einer auch nur bedingungsweise zugesagten Anstellung erbringe, nicht als ausweis- und bestimmungslos angesehen werden könne[1994].

1988 Erkenntnis des VfGH vom 21. Oktober 1919, Z. 259, Slg. VfGH Nr. 24.

1989 Der Beschwerdeführer hatte über 500 Kronen bei sich.

1990 Der Umstand, ob der Beschwerdeführer der Volkswehr angehöre und sich mit Erlaubnis seiner Vorgesetzten von seinem Standort entfernt habe, hätte ohne weiteres telegraphisch erhoben werden können.

1991 RGBl. Nr. 66.

1992 RGBl. Nr. 158.

1993 Vollzugsanweisung der Staatsregierung vom 18. April 1919, StGBl. Nr. 240, über die Aufhebung der auf Grund des Gesetzes vom 5. Mai 1869, StGBl. Nr. 66, getroffenen Ausnahmsverfügungen, kundgemacht im StGBl. vom 24. April 1919.

1994 Erkenntnis des VfGH vom 26. Februar 1920, Z.B. 1/20, Slg. VfGH Nr. 45. Der Beschwerdeführer legte die Bestätigung des Grazer Stadtrates über seine abgegebene Staatsbürgererklärung vor. Er hatte überdies Arbeit bei einer Baufirma, allerdings aber keine fixe Anstellung, weil die Fortführung eines Bauvorhabens unsicher war. Wenn auch die Verwendung

Der Verwaltungs- und Bundesgerichtshof billigten der Verwaltungsbehörde auch freies Ermessen betreffend die Entscheidung zu, ob ein Inländer aus einem oder mehreren Orten abzuschaffen sei[1995], sowie über die Zeitdauer der Abschaffung, also ob diese mit dem Verbot, jemals oder binnen einer bestimmten Zeit in das Abschaffungsgebiet zurückzukehren, verbunden wurde[1996]. Der Verfassungsgerichtshof betonte allerdings in seinem Erkenntnis vom 17. März 1925[1997], daß die Abschaffung eines Inländers nur aus dem Gebiet erfolgen könne, welches der Amtswirksamkeit der ausweisenden Behörde unterlag.

2. Judikatur zum Ausweisungsrecht der Gemeinden

Da das Ausweisungsrecht der Gemeinden unverändert im Staat (Deutsch)Österreich in Geltung gesetzt wurde, hatten sich die Höchstgerichte der Republik weitgehend mit den gleichen Beschwerdegründen auseinanderzusetzen wie in der Monarchie. Grundsätzlich stellte der Verfassungsgerichtshof *in seinem Erkenntnis vom* 15. Oktober 1928[1998] in Fortsetzung der ständigen Judikatur des Reichsgerichtes fest, daß zur Ausweisung aus dem Gemeindegebiet die Voraussetzungen des Mangels an Unbescholtenheit und die Inanspruchnahme der öffentlichen Mildtätigkeit nicht kumulativ gegeben sein mußten, sondern vielmehr das Vorhandensein nur einer dieser beiden Bedingungen als Grund für die Ausweisung ausreichend sei.

Wie auch in der Monarchie stellte die Voraussetzung des Mangels an Unbescholtenheit eines in der Gemeinde lebenden Auswärtigen den Schwerpunkt der Anfechtungen von gemeindebehördlichen Ausweisungsbeschlüssen dar. Der Verfassungsgerichtshof setzte auch diesbezüglich die ständige Judikatur des Reichsgerichtes fort, daß Bescholtenheit eine allgemeine Beschaffenheit der Person und ihres Lebenswandels darstelle, welche geeignet sei, die Achtung der Mitmenschen vor dieser Person erheblich herabzumindern. Verurteilungen wegen politischer Delikte, wegen Delikten aus Leidenschaft oder aus augenblicklicher schwerer Notlage seien allerdings regelmäßig nicht geeignet, den Vorwurf der Bescholtenheit nach sich zu ziehen. Eine Abstrafung hingegen war auch nach Ansicht des Verfassungsgerichtshofes keine notwendige Voraussetzung

---

des Beschwerdeführers, so führte der Verfassungsgerichtshof aus, diesem zum Zeitpunkt des Erkenntnisses noch kein nennenswertes Einkommen verschafft habe und er noch nicht fix angestellt war, so hatte er doch durch die Zusicherung seiner Verwendung im Falle der Fortdauer der Bauarbeiten und die Zusicherung eines Lohnes die Möglichkeit eines erlaubten Erwerbs gefunden.

1995 Vgl. das Erkenntnis des VwGH vom 14. September 1926, Z.A. 131/26, Slg. VwGH Nr. 14.428 (A.), und des BGH vom 27. September 1934, Z.A. 812/33, Slg. BGH Nr. 9 (A.).

1996 Vgl. das Erkenntnis des BGH vom 27. September 1934, Z.A. 812/33, Slg. BGH Nr. 9 (A.).

1997 Erkenntnis des VfGH vom 17. März 1925, Z.B. 2/25, Slg. VfGH Nr. 390. Die Polizeidirektion Wien sei demgemäß nicht befugt gewesen, eine Abschaffung aus dem Bundesland Niederösterreich auszusprechen.

1998 Erkenntnis des VfGH vom 15. Oktober 1928, Z.B. 14/28, Slg. VfGH N.F. Nr. 1070.

der Bescholtenheit, da eine Person bescholten sein könne, ohne jemals bestraft worden zu sein[1999].

In Übereinstimmung mit der Rechtsprechung des Verfassungsgerichtshofes und in Fortsetzung seiner ständigen Judikatur stellte auch der Verwaltungsgerichtshof in der Ersten Republik wiederholt fest, daß es für den Mangel der Unbescholtenheit ausreiche, wenn sich eine Person Handlungen zuschulden kommen lasse, die selbst oder deren Folgen geeignet seien, diese Person in den Augen ihrer Mitbürger und der Behörde herabzusetzen und ihren Ruf zu beeinträchtigen[2000], bzw. ein Verhalten an den Tag lege, das als unehrenhaft bezeichnet werden könne und darum den Anlaß zu berechtigtem öffentlichem Tadel und Ärgernis biete[2001]. Nicht aus der Tatsache einer Verurteilung ergäbe sich die Bescholtenheit, vielmehr sei diese nur ein Beweis für sein die Unbescholtenheit ausschließendes Verhalten[2002]. In seinem Erkenntnis vom 27. Dezember 1932 betonte der Verwaltungsgerichtshof ausdrücklich, daß die Frage, ob jemand einen bescholtenen Lebenswandel führe oder der öffentlichen Mildtätigkeit zur Last falle, von der Behörde nach freier Überzeugung gemäß § 45 Abs. 2 des Verwaltungsverfahrensgesetzes zu beurteilen sei[2003].

Eine Verurteilung wegen eines Verbrechens aus Gewinnsucht blieb für den Verwaltungsgerichtshof auch in der Ersten Republik ein geeigneter Grund, die Lebensführung einer betreffenden Person als eine solche erscheinen zu lassen, die von öffentli-

---

1999 Erkenntnis des VfGH vom 23. Oktober 1919, Z. 263, Slg. VfGH Nr. 27. Der Beschwerdeführer war wegen Mangels der Bescholtenheit ausgewiesen worden, weil er seit Jahren keiner ständigen Beschäftigung nachging, „dem Trunke ergeben" war, wegen einer Übertretung gemäß § 461 StG (mindere Veruntreuungen und Betrügereien) verurteilt worden war und seine „total verwahrlosten Familienmitglieder jeder Aufsicht und Erziehung entbehren und sich vom Straßenbettel und Gelegenheitsdiebstählen ihren Unterhalt beschaffen" würden. Die Familie war bereits wiederholt in ihre Heimatgemeinde verwiesen worden, war aber immer wieder zurückgekehrt.

2000 Siehe z.B. das Erkenntnis des VwGH vom 11. November 1927, Z.A. 227/27, Slg. VwGH Nr. 14.982 (A.). Streitsucht und „Unverträglichkeit" allein rechtfertigten allerdings nicht die Ausweisung, siehe das Erkenntnis des VwGH vom 8. April 1921, Z. 2384, Slg. VwGH Nr. 12.793 (A.).

2001 Erkenntnis des VwGH vom 12. Juli 1923, Z. 3908, Slg. VwGH Nr. 13.333 (A.). Das Erkenntnis führte in traditioneller Argumentation aus, daß unter Bescholtenheit „nach der natürlichen Bedeutung des Wortes" ein Lebenswandel zu verstehen sei, „welcher sich vom öffentlichen entehrenden Tadel nicht freigehalten" habe.

2002 Vgl. das Erkenntnis des VwGH vom 16. Dezember 1919, Z. 5928, Slg. VwGH Nr. 12.503 (A.): „Die Unbescholtenheit, sowie auch die durch deren Mangel begründete Bescholtenheit sind ... faktische Zustände, die durch das Vorhandensein und den Abgang eines solchen sittlichen Verhaltens des Individuums gegeben sind, das nach dem allgemeinen Urteile der Mitbürger für eine unverminderte Ehrenhaftigkeit unbedingt erforderlich ist. So wie die Ehre in der durch das Verhalten des Individuums begründeten Achtung des Mitmenschen liegt, so gelangt ihr Mangel, und das ist eben die Bescholtenheit, in der öffentlichen Mißachtung des sittlichen Verhaltens zum Ausdruck. Es kann also die in der Bescholtenheit liegende tatsächliche Ehrenminderung schon kraft des faktischen Verhaltens eintreten, ohne daß dieses zu einer gerichtlichen oder polizeilichen Abstrafung überhaupt geführt hätte".

2003 Ebd.

chem Tadel nicht frei war[2004]. Diebstahl galt ihm daher als gesetzmäßiger Grund für die Ausweisung[2005], denn – wie der Verwaltungsgerichtshof in seinem Erkenntnis vom 23. Dezember 1919 ausführte –, „mögen auch die Anschauungen darüber, welche Bedeutung einer Gesetzesübertretung beizulegen sei, noch so verschieden sein, darüber ist wohl der moderne Ehrbegriff ungeteilt und er muß es auch bleiben, daß ein Diebstahl, mag er auch entschuldbar sein, ..., immer eine diffamierende Handlung darstellt, die ihm einen schweren Makel in der öffentlichen Wertung seiner Person und seines Charakters aufdrückt“[2006]. Als unbescholten konnte also ein wegen der Übertretung des Diebstahls Bestrafter so lange nicht angesehen werden, als er nicht „durch einen längere Zeit fortgesetzten vorwurfsfreien Lebenswandel bei seinen Mitbürgern die Überzeugung von seiner Minderwertigkeit entkräftet und die bürgerliche Achtung wiedergewonnen“ hatte[2007]. Der Verfassungsgerichtshof hingegen erblickte in der Verurteilung wegen geringfügigen Diebstahls[2008] oder wegen Diebstahlsteilnahme[2009] noch keinen Mangel an Bescholtenheit und daher keinen geeigneten Grund für eine Ausweisung aus der Gemeinde[2010].

Unverändert reaktionär blieb die Judikatur des Verwaltungsgerichtshofes auch betreffend die Auslegung des Ausweisungsgrundes mangelnder Unbescholtenheit infolge

---

2004 So das Erkenntnis des VwGH vom 9. Dezember 1922, Z. 10.278, Slg. VwGH Nr. 13.182 (A.); siehe zur bisherigen Judikatur S. 303 f. 1634 f. und Anm. 1632.

2005 Erkenntnis des VwGH vom 23. Dezember 1919, Z. 5929, Slg. VwGH Nr. 12.507 (A.), und vom 14. Mai 1926, Z. 712/25, Slg. VwGH Nr. 14.319 (A.). Der Beschwerdeführer hatte eingewendet, daß seine „Verfehlung“, nämlich Wilddiebstahl, nicht auf „gewinnsüchtige und unehrenhafte Motive, sondern auf seine Leidenschaft zur Jagd“ zurückzuführen sei. Der Verwaltungsgerichtshof schloß sich der Rechtsausführung der belangten Behörde an, daß Wilddiebstahl jedenfalls ein Verbrechen aus Gewinnsucht sei und damit die Bescholtenheit nach sich ziehe, selbst wenn dessen Begehung im konkreten Fall der Jagdleidenschaft entsprungen sein mochte.

2006 Damit war der Gerichtshof freilich hinter die bereits in der Monarchie erreichte humanere Position zurückgefallen, wie sie der Verwaltungsgerichtshof etwa in seinem Erkenntnis vom 28. Oktober 1913, Z. 10.881, Slg. VwGH Nr. 9838 (A.), zum Ausdruck gebracht hatte, wonach auch bei Diebstahl die konkreten Umstände zu berücksichtigen seien und insbesondere die Straftat bei den Mitbürgern eine diffamierende Beurteilung hervorgerufen haben mußte.

2007 Erkenntnis des VwGH vom 23. Dezember 1919, Z. 5929, Slg. VwGH Nr. 12.507 (A.).

2008 Siehe das Erkenntnis des VfGH vom 15. Oktober 1928, Z.B. 14/28, Slg. VfGH N.F. Nr. 1070. Der Beschwerdeführer begründete seine Eigentumsdelikte mit der großen Not, Arbeitslosigkeit und Sorge um seine Familie. Der Verfassungsgerichtshof erblickte in der vom Strafgericht als Diebstahl bestraften Wegnahme eines Bildes weniger einen Angriff auf fremdes Eigentum, sondern vielmehr eine Handlung, die „auf eine durch übermäßigen Alkoholgenuß verschärfte feindselige Gesinnung, hervorgerufen durch den langen Kriegsdienst und die mit dem Krieg verbundenen Erschwerungen des wirtschaftlichen Fortkommens seiner Familie“ zurückzuführen sei. Der Beschwerdeführer war außerdem wegen eines weiteren Diebstahls, der nach Ansicht des Verfassunsgerichtes ebenfalls weniger auf eine Eigentumsbeeinträchtigung als auf „Rache wegen einer ihm auferlegten Alimentationszahlung“ gerichtet gewesen sei, und wegen Entwendung einer Forelle bestraft.

2009 Erkenntnis des VfGH vom 22. Jänner 1924, Z.B. 36/23, Slg. VfGH N.F. Nr. 260.

2010 Vgl. dazu allerdings die Judikatur des Reichsgerichtes insbes. S. 302 f. und Anm. 1634, 1636.

Konkubinates. Der Verwaltungsgerichtshof betonte mehrfach[2011], daß das Recht der Gemeinde, die an einer ehelosen, jedoch auf Dauer berechneten Lebensgemeinschaft beteiligten Personen dann auszuweisen, wenn die Lebensgemeinschaft in der Gemeinde öffentliches Ärgernis hervorrufe, selbst durch die Tatsache unberührt geblieben sei, „daß einzelne neuere Gesetze aus der ‚Lebensgemeinschaft' bestimmte rechtliche Folgen ziehen"[2012]. Allerdings hätte die Gemeinde, wenn sie das Vorliegen eines das öffentliche Ärgernis hervorrufenden fortgesetzten Konkubinates behaupte und darin einen Mangel der Unbescholtenheit erblicke, die Tatsache des öffentlichen Ärgernisses durch Erhebungen klarzustellen, denn das öffentliche Ärgernis müsse ein kontinuierliches und insbesondere noch im Zeitpunkt der Ausweisungsverfügung vorhandenes sein[2013]. Außerdem genüge es nicht, daß einige Personen der Ansicht seien, ein Konkubinat liege vor, und subjektiv daran Anstoß nahmen, vielmehr müsse das Verhalten der auszuweisenden Person(en) „objektiv geeignet sein, öffentliches Ärgernis hervorzurufen" und die Lebensgemeinschaft nach außen hin in einer Art in Erscheinung treten, die objektiv geeignet sei, berechtigten Anstoß zu erregen, also die öffentliche Sittlichkeit zu verletzen oder zu gefährden[2014]. Auch nach Ansicht des Verfassungsgerichtshofes[2015] konnte die Tatsache eines Konkubinates insbesondere mit Rücksicht auf die örtlich maßgeblichen Anschauungen – ungeachtet der neuen Gesetzeslage betreffend die Lebensgemeinschaft – geeignet sein, die Achtung der Mitbürger vor den im Konkubinat lebenden Personen mit Grund erheblich herabzumindern. Allerdings sei die bloße Tatsache eines ehelosen Zusammenlebens allein nicht ohne weiteres geeignet, den Mangel der Unbescholtenheit herbeizuführen, vielmehr müßten noch Umstände hinzutreten, die geeignet waren, ein solches Verhältnis in den Augen der Mitmenschen verächtlich erscheinen zu lassen. Anhaltspunkte für eine derartige Beurteilung lägen etwa vor, falls der Konkubine die Schuld an den der Scheidung zugrundeliegenden Ehezerwürfnissen zukäme, ihretwegen Unterhaltspflichten gegenüber Frau und Kindern verletzt würden, sie durch ihre Lebensführung besonderen Anstoß errege usw.

Bezüglich der Ausweisungen von Ehefrauen stellten sowohl der Verfassungs-[2016] als auch der Verwaltungsgerichtshof im Gegensatz zur bisherigen höchstgerichtlichen Judi-

---

[2011] Z.B. die Erkenntnisse des VwGH vom 18. Juni 1932, Z.A. 177, und 178/31, Slg. VwGH Nr. 17.225 (A.), und vom 27. Dezember 1932, Z.A. 276/32, Slg. VwGH Nr. 14.417 (A.).

[2012] Es waren dies z.B. das Invalidenentschädigungsgesetz von 1918, das Pensionsversicherungs-, das Journalistengesetz und das Gesetz über die Krankenversicherung der Staatsangestellten von 1920, das Personalsteuergesetz von 1921, das Mieten- und das Wohnungsanforderungsgesetz von 1922, die eine Anerkennung der Lebensgefährtin, ja teilweise sogar eine Gleichstellung mit der Ehefrau bzw. Witwe hinsichtlich bestimmter Ansprüche brachten; vgl. zu dieser Frage ausführlich Wolf-Rüdiger MELL, Lebensgemeinschaft und Familienrecht in Österreich, in: Gerhard Frotz/Werner Ogris (Hrsg.), Festschrift Heinrich Demelius zum 80. Geburtstag. Erlebtes Recht in Geschichte und Gegenwart, Wien 1973, S. 145–180; Franz SCHNEIDER, Die rechtliche Stellung der Lebensgefährtin, in: ÖJZ 1965, S. 174–179.

[2013] Erkenntnis des VwGH vom 4. Juni 1927, Z.A. 581/26, Slg. VwGH Nr. 14.826 (A.).

[2014] Erkenntnis des VwGH vom 27. Dezember 1932, Z.A. 276/32, Slg. VwGH Nr. 17.417 (A.).

[2015] Siehe das Erkenntnis des VfGH vom 18. November 1932, Z.B. 30/32, Slg. VfGH N.F. Nr. 1471.

[2016] Erkenntnis des VfGH vom 22. Jänner 1924, Z.B. 36/23, Slg. VfGH Nr. 260. Nach Rechtssatz 2 war die Ausweisung einer Gemeindegenossin nur insoweit zulässig, als nicht die Vorkatur betreffend die Abschaffung derartiger Personen[2017] fest, daß die Ausweisung einer Ehegattin aus dem Gemeindegebiet nicht zulässig sei, wenn deren Ehemann nicht ebenfalls ausgewiesen würde, da man jemanden nur ausweisen dürfe, wenn nicht eine andere Vorschrift, wie eben z.B. die Bestimmung des § 92 ABGB, wonach die auszuweisende Ehefrau zu dem gleichen Wohnsitz mit ihrem von der Ausweisung nicht erfaßbaren Ehemann verpflichtet war, im Wege stehe[2018]. Andererseits durfte nach Ansicht des Verwaltungsgerichtshofes jedoch eine Gemeinde, die einen Ehemann aus ihrem Gebiet auswies, „deshalb allein nicht auch seine Frau ausweisen"[2019].

An den Verwaltungsgerichtshof wurde auch die Frage der Gesetzmäßigkeit der Fortwirkung einer Ausweisung bei einer die Ausweisungsgründe einschränkenden Novellierung des Ausweisungsrechtes einer Gemeinde herangetragen. Die Ausweisungsbestimmungen des § 9 der oberösterreichischen Gemeindeordnung wurden nämlich mit Novelle vom 14. Jänner 1924 dahingehend verändert[2020], daß nur mehr derjenige Auswärtige oder Gemeindegenosse, der sich wiederholter Landstreicherei oder Bettelns, eines Verbrechens aus Gewinnsucht oder einer im Gemeindegebiet begangenen Übertretung des Diebstahls[2021] schuldig gemacht hatte, ausgewiesen werden konnte. Der Verwaltungsgerichtshof wies allerdings lediglich darauf hin, daß dem Ausgewiesenen jederzeit das Recht zustehe, sich um Abhilfe an die politische Bezirksbehörde zu wenden, um eine Prüfung der gesetzmäßig beschlossenen Ausweisung hinsichtlich des Vorhandenseins der Voraussetzungen für ihre Fortdauer zu veranlassen[2022].

---

schrift des § 92 ABGB entgegenstand und die Auszuweisende nicht zu dem gleichen Wohnsitz mit ihrem, von der Ausweisung nicht erfaßbaren Ehegatten verpflichtet war.

2017 Vgl. zur Judikatur des OGH S. 126 f.

2018 Erkenntnis des VwGH vom 18. Juni 1932, Z.A. 177 und 178/31, Slg. VwGH Nr. 17.225 (A.). Eine Familie wurde wegen ärgerniserregendem Verhalten ausgewiesen, weil, wie der Bescheid ausführte, die Kinder aufgrund der schlechten Einkommenslage des holzschuherzeugenden Vaters bettelten und eine Tochter in eheloser Gemeinschaft mit einen Mann, der Frau und Kinder verlassen hatte, lebte. Zwischen dem Ehepaar gäbe es täglich Streit, wobei die beiden einander Diebstähle und unsittliche Handlungen vorwerfen und derart schreien würden, daß es überall in der Ortschaft gehört werde. Die Berufungs- und die Rekursbehörde bestätigten nur den Ausweisungsbescheid betreffend Ehefrau und Tochter, weil beide wegen Diebstahls als bescholten anzusehen waren, die Tochter darüber hinaus auch wegen Konkubinatsverhältnisses. Der Verwaltungsgerichtshof hob auch die Ausweisungsverfügung betreffend die Ehefrau auf.

2019 Erkenntnis des VwGH vom 8. April 1921, Z. 2384, Slg. VwGH Nr. 12.793 (A.).

2020 Gesetz vom 14. Jänner 1924, LGBl. Nr. 32, wodurch einige Bestimmungen der Gemeindeordnung abgeändert werden (Gemeindeordnungsnovelle); vgl. zur ursprünglichen Fassung S. 281, 316.

2021 Der Verfassungsgerichtshof erblickte schon in seinem Erkenntnis vom 22. Jänner 1924, Z.B. 36/23, Slg. VfGH N.F. Nr. 260, in einer Verurteilung wegen der Übertretung der Diebstahlsteilnehmung keinen geeigneten Ausweisungsgrund gemäß § 9 der Gemeindeordnung für Österreich ob der Enns von 1864.

2022 Erkenntnis des VwGH vom 13. Oktober 1925, Z.A. 246/25, Slg. VwGH Nr. 13.988 (A.).

3. Judikatur zur Landesverweisung und strafrechtlichen Abschaffung[2023]

Auch der Oberste Gerichtshof hatte sich mit der Ausländerqualität von Personen, die entweder zu Landesverweisung oder Abschaffung verurteilt worden waren, zu beschäftigen und vertrat dabei anfänglich eine andere Rechtsmeinung als die übrigen Höchstgerichte. Während er in seinem Erkenntnis vom 28. Jänner 1921[2024] im Einklang mit der Judikatur des Verfassungs- und Verwaltungsgerichtshofes die Unzulässigkeit der Landesverweisung von Personen, welche die österreichische Staatsangehörigkeit durch Erklärung nach § 2 des Gesetzes vom 5. Dezember 1918 vor dem 16. Juli 1920 erworben hatten, aussprach, hatte er in der Entscheidung vom 6. September 1920[2025] noch die Ansicht vertreten, daß Personen, die das Heimatrecht in einem Gebiet besaßen, für das die Republik Österreich nach dem Gesetz vom 22. November 1918 und der Vollzugsanweisung vom 3. Jänner 1919 die Gebietshoheit beansprucht hatte, das aber vom Staatsvertrag von St. Germain als Teil eines Nachfolgestaates anerkannt worden war, bereits mit der Ratifikation des Vertrages durch die Republik (Deutsch)Österreich, als Ausländer anzusehen seien. Schon mit der Niederlegung der österreichischen Ratifikationsurkunde sei die Republik (Deutsch)Österreich nicht mehr berechtigt gewesen, solche Personen als Staatsangehörige zu behandeln[2026]. Den Umstand, daß ein Beklagter ein Optionsgesuch nach Art. 80 des Staatsvertrages von St. Germain überreicht hatte, worüber aber seitens der politischen Behörde noch nicht entschieden worden war, wertete auch der Oberste Gerichtshof noch nicht als ausreichend, um für sich allein den Erwerb der österreichischen Staatsbürgerschaft zu begründen[2027].

Bezüglich der Landesverweisung von Personen, die in dem Teil von Westungarn ihre Zuständigkeitsgemeinde hatten, welcher der Republik (Deutsch)Österreich durch den Staatsvertrag von St. Germain zugesprochen war, vertrat der Oberste Gerichtshof den Standpunkt der Unzulässigkeit dieser Maßnahme nach dem 16. Juli 1920[2028].

Grundsätzlich stellte der Oberste Gerichtshof in seiner Entscheidung vom 14. Februar 1922[2029] betreffend die nötige Ausländereigenschaft für die Verhängung einer

---

[2023] Wie im Vorwort klargestellt wurde, soll hier nur die mit den rechtlichen Veränderungen seit 1918, also vor allem die mit dem Recht der Staatsangehörigkeit und den Strafgesetznovellen zusammenhängende Judikatur behandelt werden; vgl. ansonsten S. 125 ff.

[2024] Entscheidung des OGH vom 28. Jänner 1921, Os 15/21, Slg. OGH I Nr. 18.

[2025] Entscheidung des OGH vom 6. September 1920, Kr 249/20, Slg. OGH I Nr. 3.

[2026] Der Gerichtshof führte aus, daß der Staatsvertrag nach seinem Art. 381 zwischen den vertragsschließenden Teilen mit der Errichtung des ersten Protokolles über die Niederlegung der Ratifikationsurkunden, sobald der Vertrag sowohl von Österreich als auch von den alliierten und assoziierten Hauptmächten ratifiziert sei, in Kraft trete und dieser Zeitpunkt für die Berechnung aller im Vertrag vorgesehenen Fristen maßgeblich sei. In jeder anderen Hinsicht jedoch, sei der Vertrag für jede Vertragspartei bereits mit der Niederlegung ihrer Ratifikationsurkunde in Kraft getreten. Der Präsident der österreichischen Nationalversammlung habe den Vertrag am 25. Oktober unterzeichnet, wovon dem Sekretariat der Friedenskonferenz bis zum 8. November 1919 Mitteilung gemacht worden sei.

[2027] Entscheidung des OGH vom 11. November 1921, Os 376/21, Slg. OGH I Nr. 97.

[2028] Entscheidung des OGH vom 29. April 1921, Os 83/21, Slg. OGH I Nr. 33.

[2029] Entscheidung des OGH vom 14. Februar 1922, Os IV/56/22, Slg. OGH II Nr. 15. Die Angeklagte hatte St. Pölten als ihre Heimatgemeinde angegeben, in der sie seit 1908 ständig

Landesverweisung fest, daß diese Voraussetzung nicht schon dadurch gegeben sei, daß ein Angeklagter seine österreichische Staatsbürgerschaft nicht nachgewiesen habe, denn nicht der Angeklagte habe diesen Nachweis zu führen. Die Landesverweisung sei vielmehr nur dann zulässig, wenn eindeutig feststehe, daß der Angeklagte tatsächlich Ausländer war. Weiters führte der Oberste Gerichtshof in einer Entscheidung aus dem Jahre 1935[2030] aus, daß auch Staatenlose als Ausländer zu behandeln seien. Die Frage, ob jemand als Ausländer anzusehen sei, müsse nach dem Bundesgesetz vom 30. Juli 1925[2031] entschieden werden, nachdem jeder als Ausländer zu gelten habe, der nicht österreichischer Bundesbürger war.

Aber auch Fragen, die sich aus der Novellierung des Strafgesetzes bzw. der strafrechtlichen Nebengesetze ergaben, wurden an den Obersten Gerichtshof herangetragen. Da das strafgesetzliche Ausweisungsrecht im Falle einer Verurteilung wegen Glücks- oder anderer verbotener Spiele gemäß § 522 durch die Novelle vom 15. Juni 1920[2032] dahingehend geändert wurde, daß an die Stelle einer niedrigen Geldstrafe und obligatorischer Ausweisung von Ausländern nun eine hohe Geldstrafe[2033] und eine im Ermessen des Richters stehende Abschaffung sowohl von Ausländern aus dem ganzen Staatsgebiet als auch von Inländern aus dem Ort oder Land für bestimmte oder unbestimmte Zeit trat, hatte sich der Oberste Gerichtshof mit dem Problem auseinanderzusetzen, welche Fassung des Gesetzes, wenn die Gesetzesänderung zwischen einer derartigen Tat und dem Urteilsspruch erfolgt war, als milderes Recht[2034] zur Anwendung kommen solle[2035]. Der Gerichtshof hatte abzuwägen, welches Gesetz eine strengere Gesamtwirkung

wohne. Sie habe auch für die österreichische Staatsbürgerschaft optiert. In einer im Akt liegenden Strafkartenausfertigung der Staatsanwaltschaft Ungarisch-Hradisch wurde sie allerdings als nach Wesek im Bezirk Ungarisch-Hradisch zuständig bezeichnet. Das Stadtgemeindeamt St. Pölten erklärte ihre Zuständigkeit als zur Zeit nicht feststellbar. Die Angeklagte hatte überdies geltend gemacht, daß sie zwar keine Ausweise über ihre Zuständigkeit besitze, aber von der Republik Österreich als österreichische Staatsbürgerin eine Invalidenunterstützung bekomme und daß die Gemeinde Wesek eine dortige Zuständigkeit nicht anerkenne. Das erstinstanzliche Gericht hatte den Ausspruch der Landesverweisung damit begründet, daß die Angeklagte den Nachweis der Erwerbung der österreichischen Staatsbürgerschaft nicht erbrachte habe. Das Berufungsgericht hatte überdies ausgeführt, daß es Sache der Angeklagten gewesen wäre, eine Bescheinigung über die Anmeldung der Option beizubringen, und die verhängte Landesverweisung bestätigt.

2030 Entscheidung des OGH vom 5. April 1935, 5 Os 211/35, Slg. OGH XV Nr. 31.

2031 Bundesgesetz vom 30. Juli 1925, BGBl. Nr. 285, über den Erwerb und den Verlust der Landes- und Bundesbürgerschaft.

2032 Gesetz vom 15. Juni 1920, BGBl. Nr. 286, womit einige Bestimmungen des Strafgesetzes abgeändert werden.

2033 Das StG hatte eine Geldstrafe von 40 bis 3.600 Kronen angedroht, die Novelle erhöhte die Geldstrafe auf 1.000 bis 100.000 Kronen, bei Gewerbsmäßigkeit sogar neben strengem Arrest von einer Woche bis zu drei Monaten auf 2.000 bis 200.000 Kronen.

2034 Im Sinne von Art. 9 des Kundmachungspatentes vom 21. Mai 1852, RGBl. Nr. 117.

2035 Er erörterte auch die Frage, ob nur die Wahlmöglichkeit bestünde, entweder das ganze alte oder das ganze neue Gesetz anzuwenden, oder ob die Strafzumessung auch in der Weise zulässig sei, daß der Richter aus beiden Gesetzen die milderen Bestimmungen nehmen könne, wobei der Oberste Gerichtshof zur Entscheidung kam, daß „ein Urteil nicht gleichzeitig auf zwei Gesetzen fußen“ könne und es unzulässig sei, die Strafdrohung, wenn sie aus mehreren

auf den Schuldigen habe, was nach den persönlichen Verhältnissen der Betroffenen jedoch durchaus unterschiedlich sein konnte[2036]. Der Oberste Gerichtshof bemerkte deshalb zwar, daß man eigentlich in jedem Falle zuerst prüfen sollte, welches Gesetz für den konkreten Beschuldigten empfindlicher wirke, ein solcher Vorschlag allerdings – abgesehen von den praktischen Schwierigkeiten – dazu führen würde, „nicht die Strafe nach dem Gesetz, sondern das Gesetz nach der Strafe zu bestimmen". Da das neue Gesetz „das strengere sein will und ist", sei das alte Gesetz als das mildere anzuwenden, selbst wenn der ausländische Beschuldigte wegen der obligatorischen Ausweisung „schlechter fährt"[2037].

Aber auch mit dem Tilgungsgesetz vom 21. März 1918[2038] setzte sich der Oberste Gerichtshof im Zusammenhang mit der Landesverweisung auseinander. So entschied er in seinem Judikat vom 6. November 1922[2039], daß durch die Tilgung einer Verurteilung auch die im betreffenden Urteil verfügte Landesverweisung oder Abschaffung außer Kraft gesetzt werde, da die Tilgung der Verurteilung unbeschadet der Rechte Dritter, die sich auf diese Verurteilung gründeten, dem Verurteilten „für die Zukunft die rechtliche Stellung eines Unbestraften geben" solle. Durch Tilgung der Verurteilung müsse daher auch „jede die Strafvollstreckung überdauernde, mit der Vollwertigkeit eines Unbescholtenen unverträgliche durch die Verurteilung hervorgerufene Rechtsminderung", folglich auch die Landesverweisung oder Abschaffung, aufgehoben sein.

Eine weitere Entscheidung des Obersten Gerichtshofes vom 6. November 1933[2040] beschäftigte sich mit der Fragestellung, ob der bedingte Ausspruch[2041] einer schweren Arreststrafe rechtlich ein Hindernis darstellte, nach § 19 lit. f die Strafe der Landesverweisung zu verhängen. Die Nichtigkeitsbeschwerde hatte geltend gemacht, daß die Verhängung der Landesverweisung nach dem Gesetz unzulässig sei, weil die Landesverwei-

---

Elementen zusammengesetzt war (einfache oder gehäufte Hauptstrafe, Nebenstrafe), in ihre einzelnen Teile zu zerlegen.

2036 Grundsätzlich stellte der Oberste Gerichtshof fest, daß das neue Gesetz für den Inländer das strengere sei, weil ihn nach dem alten Gesetz nur eine Geldstrafe, nach der Novelle jedoch eine höhere Geldstrafe und nach richterlichem Ermessen auch die Abschaffung und evtl. eine Freiheitsstrafe erwartete, für den Ausländer hingegen der Wegfall der zwingenden Abschaffung eine Verbesserung darstellen könne. Allerdings könne man auch bei den Ausländern differenzieren, denn der „Überseeausländer, der nur einmal zum Vergnügen nach Europa gereist ist und sich in Wien nur einige Tage aufhalten will", sei weniger hart durch die allfällige Abschaffung als durch die hohe Geldstrafe getroffen, während der Geschäftsmann aus Brünn oder Marburg viel lieber eine höhere Geldstrafe und sogar den Arrest in Kauf nehmen würde als die Abschaffung, „die ihn und seine Familie wirtschaftlich und gesellschaftlich vollständig zugrunde zu richten geeignet ist."

2037 Der Oberste Gerichtshof verwies für einen derartigen Ausnahmefall auf den von der Rechtsordnung vorgesehenen Gnadenweg, der für die Fälle bestimmt sei, die im Gesetz, das „den Typus der Erscheinungen des Lebens vor Augen hat, ... nicht vorbedacht sind".

2038 Vgl. zu diesem S. 348 f.

2039 Entscheidung des OGH vom 6. November 1922, Os IV 540/22, Slg. OGH II Nr. 90. Der Oberste Gerichtshof hob mit dieser Entscheidung den Beisatz des Beschlusses des Landesgerichtes Wien auf, in dem die Tilgung einer Verurteilung unter Aufrechterhaltung der Landesverweisung ausgesprochen worden war.

2040 Entscheidung des OGH vom 6. November 1933, 5 Os 867/33, Slg. OGH XIII Nr. 80.

2041 Vgl. das Gesetz vom 23. Juli 1920, StGBl. Nr. 373, über die bedingte Verurteilung.

sung eine Verschärfung der Kerkerstrafe, nicht aber der Arreststrafe, zu welcher der Angeklagte unter Anwendung von Art. 6 der Strafprozeßnovelle 1918[2042] verurteilt worden war, darstelle und überdies nur nach ausgestandener Strafe ausgesprochen werden sollte. Da die im Urteil verhängte Arreststrafe bedingt ausgesprochen wurde, habe der Angeklagte aber „die im Urteil über ihn verhängte Strafe nicht ausgestanden und werde sie auch nicht ausstehen müssen, sofern nicht der Aufschub der Vollstreckung vom Gericht widerrufen werde". Prinzipiell sei die Landesverweisung mit bedingter Verurteilung „überhaupt unvereinbar", da durch diese Maßnahmen, wie die Stellung unter Schutzaufsicht, Widerruf des Aufschubes oder Nachlaß der Strafe, unmöglich gemacht würden. Der Gerichtshof kam bei seiner Prüfung zu dem Ergebnis, daß – aufgrund des sowohl der Landesverweisung als auch der Abschaffung zukommenden Wesens einer Nebenstrafe – die Landesverweisung bei Verurteilungen wegen eines Verbrechens unabhängig davon, ob das Verbrechen mit Kerkerstrafe oder in Anwendung des Umwandlungsrechtes nach der Strafprozeßnovelle mit strenger Arreststrafe bestraft wurde, verhängt werden könne bzw. müsse (sofern sie obligatorisch angedroht war). Keineswegs sei die Landesverweisung mit dem bedingten Aufschub der Freiheitsstrafe unvereinbar, da die Formulierung „nach ausgestandener Strafe" lediglich zum Ausdruck bringe, daß die Nebenstrafe der Landesverweisung nur in Verbindung mit der gesetzlichen Hauptstrafe zu verhängen sei. Nicht die Verbüßung der Freiheitsstrafe, sondern nur die Bestrafung mit einer solchen setze der Strafbegriff der Landesverweisung voraus. Landesverweisung und Abschaffung konnten folglich bedingt ausgesprochen werden, wobei wie beim Verlust von Rechten und Befugnissen der vorläufige Aufschub des Vollzuges einer Landesverweisung oder Abschaffung dahin zu verstehen war, daß die Wirkung des Straferkenntnisses vorläufig nicht eintrat.

Der Oberste Gerichtshof wurde auch mit der Frage befaßt, ob eine gleichzeitige Anordnung von Landesverweisung und Unterbringung in einem Arbeitshaus zulässig und möglich sei. Das Bundesgesetz vom 10. Juni 1932[2043] hatte nämlich angeordnet, daß einerseits diejenigen Personen, die nach Vollendung des 18. Lebensjahres wegen einer Übertretung nach dem Vagabundengesetz von 1885[2044] verurteilt wurden, vom Gericht in einem Arbeitshaus unterzubringen seien, wenn diese Maßnahme erforderlich war, um den Verurteilten an einen „rechtschaffenen und arbeitssamen Lebenswandel zu gewöhnen". Andererseits war eine solche Unterbringung anzuordnen, wenn jemand, nachdem er mindestens zwei Freiheitsstrafen verbüßt hatte, wegen eines nach Vollendung des 18. Lebensjahres begangenen Verbrechens zu einer mindestens sechsmonatigen Freiheitsstrafe verurteilt wurde und „eingewurzelte Abneigung gegen einen rechtschaffenen und arbeitssamen Lebenswandel" bekundete. In seiner Entscheidung vom 13. Dezember 1933[2045] führte der Oberste Gerichtshof aus, daß nach § 5 Abs. 2 des Gesetzes

---

2042 Siehe auch oben S. 351 und Anm. 1894 f.

2043 Bundesgesetz vom 10. Juni 1932, BGBl. Nr. 167, über die Unterbringung von Rechtsverbrechern in Arbeitshäusern; vgl. zur Gesetzgebungskompetenz in dieser Angelegenheit die Anm. 1806, 1824 und 1828; siehe zum sogen. Arbeitshausgesetz auch MELINZ/UNGAR (wie Anm. 1799), S. 14.

2044 Gesetz vom 24. Mai 1885, RGBl. Nr. 89, womit strafrechtliche Bestimmungen in Betreff der Zulässigkeit der Anhaltung in Zwangsarbeits- oder Besserungsanstalten getroffen werden

2045 Entscheidung des OGH vom 13. Dezember 1933, 4 Os 439/33, Slg. OGH XIII Nr. 97.

vom 10. Juni 1932[2046] beide Maßnahmen allerdings gleichzeitig angeordnet werden könnten, der Vollzug der Unterbringung im Arbeitshaus aber davon abhängig zu machen sei, ob die Landesverweisung durch tatsächliche Entfernung aus dem Bundesgebiet vollzogen wurde oder nicht. Daß beide Maßnahmen nicht gleichzeitig vollzogen werden könnten, ergäbe sich von selbst. Wenn der Landesverwiesene außer Landes gebracht wurde, so habe er es selbst in der Hand, sich vor der wirklichen Unterbringung in einem Arbeitshaus dadurch zu bewahren, daß er das Verbot der Rückkehr beachte. Sofern er jedoch nicht außer Landes gebracht würde, könne er nach dem klaren Wortlaut des Gesetzes in einem Arbeitshaus auch tatsächlich untergebracht werden.

2046 Dieser Absatz lautete: „Wird gegen einen Ausländer, dessen Unterbringung in einem Arbeitshaus angeordnet worden ist, auf Landesverweisung oder von einem Gericht oder einer Sicherheitsbehörde auf Abschaffung aus dem Bundesgebiet erkannt, so unterbleibt die Unterbringung oder die weitere Vollziehung, wenn der Verurteilte aus dem Bundesgebiet entfernt wird. Kehrt er unbefugt zurück, so kann die Unterbringung nachträglich vollzogen werden."

II. Abschnitt

Das Ausweisungsrecht als Instrument staatlicher Maßnahmepolitik

I. „Verbannung" von Sträflingen

1. Exkurs: Deutsche Länder und Deutsches Reich

Während England, Frankreich und Rußland, aber auch andere europäische Staaten wie Spanien und Portugal im 18. bzw. 19. Jahrhundert neben verschiedenen anderen Ausweisungsformen die Deportation bzw. Transportation von gewöhnlichen Kriminalsträflingen und politischen Straftätern in Straf- bzw. Überseekolonien kannten und wirtschaftlich und/oder kriminalpolitisch nutzten[2047], kam es sowohl in den meisten deutschen Staaten[2048] als auch in Österreich nicht zur gesetzlichen Institutionalisierung dieser Maßnahme. Im Unterschied zu Österreich stellte man in den deutschen Ländern und später im Deutschen Reich allerdings vielfältige Überlegungen in diese Richtung an und unternahm so manchen Versuch zur faktischen oder rechtlichen Verankerung der Verbannungsstrafe. So wurde zum einen auf theoretischer Ebene seit Mitte des 19. Jahrhunderts die „Verbannung" politischer Verbrecher thematisiert[2049], zum anderen gab es

---

2047 Siehe für England bzw. Frankreich etwa MITTERMAIER, Neuste Nachrichten über die Wirksamkeit des englischen Strafsystems, insbesondere der Transportation, in: Kritische Zeitschrift für Rechtswissenschaft und Gesetzgebung des Auslandes, hrsg. von Mittermaier/ Zachariä, V (1833), S. 351–365; HOLTZENDORFF (wie Anm. 6, Deportation), S. 161 ff., 430 ff., m.w.N.; Conrad BORNHAK, Gutachten über die Frage: „Empfiehlt sich ein Versuch der Deportation nach den Colonien als Strafe?", in: Verhandlungen des 24. deutschen Juristentages, 2 Bde., Berlin 1897, I, S. 134 ff., S. 139 ff., m.w.N.; Fritz FREUND, Gutachten über die Frage: „Empfiehlt sich ein Versuch der Deportation nach den Colonien als Strafe?" und „Empfiehlt sich der Vorschlag bedingter Begnadigung für den Fall der Auswanderung?", in: Verhandlungen des 24. deutschen Juristentages, II, Berlin 1897, S. 59 ff.; für Rußland, Spanien, Portugal und Holland BORNHAK, ebd., S. 144 ff., m.w.N.; August LOEWENSTIMM, Die Deportation nach Sibirien vor und nach dem Gesetz vom 12. Juni 1900, in: Zeitschrift für die gesamte Strafrechtswissenschaft XXIV (1904), S. 88–128; siehe auch den Überblick bei Joseph HEIMBERGER, Art. Deportation, in: Handwörterbuch der Kriminologie und der anderen strafrechtlichen Hilfswissenschaften, hrsg. von Alexander Elster/Heinrich Lingemann, I, Berlin-Leipzig 1933, S. 217–227; HOFFMANN (wie Anm. 2), S. 113 ff.

2048 In Baden wurde allerdings die Deportation sowohl von gewöhnlichen Kriminellen als auch von politischen Straftätern 1803 rechtlich verankert, vgl. Ulrich KLEMKE, „Eine Anzahl überflüssiger Menschen". Die Exilierung politischer Straftäter nach Übersee: Vormärz und Revolution, Frankfurt a.M. 1994, S. 159 ff.

2049 So plädierte etwa Heinrich MARQUARDSEN, Über den Begriff des Hochverrathes, in: Archiv des Criminalrechts, N.F. Jg. 1849, S. 263 f., dafür, die gesetzlichen Voraussetzungen für eine Verurteilung von politischen Verbrechern auch zu Deportation bzw. Landesverweisung zu

einige Anläufe, auf der Ebene zwischenstaatlicher Verträge de facto zur Umsetzung der Deportationsidee zu gelangen[2050]. So tauchte etwa bereits 1790 die Idee auf, der Fränkische Reichskreis solle einen Vertrag mit England und Rußland schließen, um eine Deportation von Sträflingen „auf Botany Bay oder in die entvölkerten russischen Staaten" zu ermöglichen[2051]. 1802 unternahm Preußen[2052] den Versuch, durch Vertragsabschluß mit Rußland eine Deportation von Sträflingen nach Sibirien zu bewerkstelligen[2053], und

---

schaffen: „Wenn der Staatsbürger es in der Heimath nicht will, so mag er in der Fremde den Werth staatlicher Einrichtungen und ihres ersten Prinzips, Achtung des Gesetzes, lernen. So ist es auch möglich, gefährlichere Individuen jahrelang fern zu halten, bis entweder das reifere Alter sie abgekühlt oder die Zeit die bedrohten Staatseinrichtungen hat erstarken lassen"; vgl. dazu auch Carl von SCHIRACH, Ueber politische Verbrechen, Archiv des Criminalrechts, N.F. Jg. 1851, Beilageheft zu 1851, S. 1–129. Auch Franz von HOLTZENDORFF, Art. Strafarten, in: Deutsches Staats-Wörterbuch, hrsg. von Johann Caspar Bluntschli/Karl Brater, X, Stuttgart-Leipzig 1867, S. 302, monierte, daß man die „Verbannung bei der Bedrohung politischer Verbrechen in den neueren deutschen Strafgesetzbüchern" sehr „mit Unrecht ... außer Acht gelassen" habe. Dem „Sicherheits- und Gerechtigkeitsinteresse des Staates" würde „vollkommen genügt durch Entfernung solcher, welche über die Grenzen erlaubter politischer Thätigkeit hinausgehen, es kommt nur darauf an, daß die Entfernung eine genügend große sei, um die weitere Einwirkung des Verurtheilten auf den ehemaligen Schauplatz seiner Wirksamkeit zu hindern. In dieser Beziehung würde die Verbannung nach überseeischen Ländern, insbesondere nach Amerika eine besondere Beachtung verdienen, weil einerseits häufigere Präcedenzfälle vorliegen, in denen der Begnadigung politischer Verbrecher die Bedingung der Auswanderung nach Amerika hinzugefügt wurde, andererseits die häufigen Rückwanderungen Verbannter ... nach ertheilter Amnestie deutlich bekunden, daß die weite Entfernung aus der Heimat als ein Übel gerade von gebildeten Männern lebhaft empfunden wird"; siehe auch auch BIEDERMANN (wie Anm. 41), S. 76.

2050 Vgl. SCHUBERT (wie Anm. 52), S. 323.

2051 Ebd.

2052 Nach einer preußischen Cabinets-Ordre vom 28. Februar 1801 sollte die Deportation ein Mittel gegen „incorrigible Bösewichter" und „Polizeimaasregel" gegen solche Verbrecher darstellen, „welche um deswillen aus dem Lande geschafft werden müssen, weil sie der allgemeinen Sicherheit gefährlich geworden, oder gewaltsame Mittel ergriffen, um sich in Freiheit zu setzen, auch durch böses Beispiel und Unterricht in verderblichen Künsten den Zweck der Besserungsanstalten bei ihren Mitgefangenen bisher gänzlich vereitelt haben", zitiert nach HOLTZENDORFF (wie Anm. 6, Deportation), S. 708.

2053 Adolf STÖLZEL, Brandenburg-Preußens Rechtsverwaltung und Rechtsverfassung dargestellt im Wirken seiner Landesfürsten und obersten Justizbeamten, II, Berlin 1888, S. 352 ff.; vgl. auch ANON., Die Einführung der Deportation in das deutsche Strafrecht, in: Die Grenzboten LVII (1898), S. 669; Johannes H. VOIGT, Die Deportation – ein Thema der deutschen Rechtswissenschaft und Politik im 19. und frühen 20. Jahrhundert, in: Gestrich Andreas/Gerhard Hirschfeld/Holger Sonnabend (Hrsg.), Ausweisung und Deportation. Formen der Zwangsmigration in der Geschichte (= Stuttgarter Beiträge zur historischen Migrationsforschung II), Stuttgart 1995, S. 83 f.; Ernst ROSENFELD, Verschickung freiwillig auswandernder Insassen der Gefängnisse von Mecklenburg nach Brasilien in den Jahren 1824 und 1825, in: Zeitschrift für die gesamte Strafrechtswissenschaft XXIV (1904), S. 412 Anm. 1.; BORNHAK (wie Anm. 2047), S. 147 f.
Bereits 1799 hatte das Danziger Stadtgericht angeregt, „unverbesserliche Bösewichter des Landes zu verweisen und des Endes auf einem ausländischen segelfertigen Schiffe" zwecks Kolonisation Nordamerikas unterzubringen. Diese Maßnahme sollte zur Vermeidung „je-

1847 scheiterte ein im Vereinigten Preußischen Landtag eingebrachter Antrag auf Anlage einer Strafkolonie bloß an Kostengründen. Auch die Hansestadt Hamburg hatte 1835/36 diplomatische Schritte unternommen, um die Abgabe von Sträflingen nach New South Wales zu bewerkstelligen, und 1840/42 sogar den Erwerb der Catham Inseln im südwestlichen Pazifik zu diesem Zwecke angestrebt[2054].

Über diese Bemühungen hinaus, die Deportation auf zwischen- oder innerstaatlicher Ebene zu institutionalisieren, war es freilich in der Praxis der deutschen Staaten seit Mitte des 18. Jahrhunderts[2055] vielfach auch zu sogenannten Transportationen[2056] oder behördlich gesteuerten Auswanderungen unerwünschter Personen, vor allem in die Vereinigten Staaten, aber auch nach Brasilien[2057] gekommen, welche sich im Zweck kaum von Verbannungen unterschieden. Insbesondere wurde neben einer Förderung der Auswanderung von verarmten Personen[2058] und politischen Oppositionellen[2059] vielfach Kriminalsträflingen, und unter diesen zahlreichen im Vormärz und in der Revolutionszeit wegen politischer Delikte Verurteilten[2060], eine Begnadigung unter der Bedingung der Auswanderung zuteil. Während Personen, die Europa aus politischen Gründen verließen oder verlassen mußten, im Asylland Amerika auf freundliche Auf-

---

den Anscheines von Menschenhandel" als „kaufmännisches Geschäft" abgewickelt werden, siehe STÖLZEL (wie Anm. 2053), S. 346. 1883 bis 1835 stand dann erneut der Plan einer Deportation zur Diskussion, siehe ebd., S. 357.

2054 Vgl. Günter MOLTMANN, Die Transportation von Sträflingen im Rahmen der deutschen Amerikaauswanderung des 19. Jahrhunderts, in: ders. (Hrsg.), Deutsche Amerikaauswanderung im 19. Jahrhundert. Sozialgeschichtliche Beiträge, Stuttgart 1976, S. 175 f.; VOIGT (wie Anm. 2053), S. 84, m.w.N.

2055 Vgl. zu derartigen Maßnahmen im 18. Jahrhundert etwa Siegmund WÜLFKEN, Die Transportation hamburgischer Gefangener nach Amerika im Jahre 1752, in: Hamburgische Geschichts- und Heimatblätter XVI (1957), S. 49–54.

2056 Vgl. zu diesem Ausdruck etwa MOLTMANN (wie Anm. 2054), S. 149.

2057 1824 waren 36 Gefangene von Hamburg nach Brasilien „abgeschoben worden", vgl. MOLTMANN (wie Anm. 2054), S. 175; Fritz SUDHAUS, Deutschland und die Auswanderung nach Brasilien im 19. Jahrhundert, Hamburg 1940, S. 33. Ebenfalls deportierten Mecklenburg 1825 und Hamburg 1836 Verbrecher nach Brasilien, vgl. VOIGT (wie Anm. 2053), S. 85; ROSENFELD (wie Anm. 2053), S. 412–425.

2058 Vgl. MOLTMANN (wie Anm. 2054), S. 148. Insbesondere Gemeinden mit einem hohen Armenanteil griffen derartigen Gemeindeangehörigen vielfach unter die Arme, um ihnen die Auswanderung zu ermöglichen, vgl. Eugen PHILIPPOVICH (Hrsg.) Auswanderung und Auswanderungspolitik in Deutschland (= Schriften des Vereins für Socialpolitik LII), Leipzig 1892, insbes. S. 17 f., 62; Anton HROVATH, Die deutsche Auswanderung nach Amerika mit besonderer Berücksichtigung des 19. Jahrhunderts – Geschichte, Politik und das Beispiel Württemberg, geisteswiss. Dipl. Arb., Univ. Wien 1991, S. 33; Heinrich KROHN, Und warum habt Ihr denn Deutschland verlassen? 300 Jahre Auswanderung nach Amerika, Bergisch Gladbach 1992, S. 92 f., 292.

2059 Vgl. dazu KLEMKE (wie Anm. 2048), S. 163 ff.

2060 So wurde etwa 1838 mehreren Personen, die infolge ihrer Teilnahme am Frankfurter Wachensturm verurteilt worden waren, die Strafe in die Verbannung nach Amerika gnadenweise umgewandelt, vgl. zu diesen und anderen Fällen KLEMKE (wie Anm. 2048), S. 29 ff., m.w.N.; REITER (wie Anm. 111), S. 121 ff.; siehe ebd., S. 192 ff., für die Deportationspläne der badischen Regierung betreffend die 1848er-Revolutionäre; siehe für österreichische Fälle S. 383 ff.

nahme zählen konnten, stieß die beliebte Praxis der Transportation gewöhnlicher Kriminalsträflinge – vor allem Hamburg[2061], Sachsen-Gotha, Baden, Württemberg, Bayern, Braunschweig, Hannover und Mecklenburg[2062] standen berechtigtermaßen im Ruf, die Vereinigten Staaten als Sträflingskolonie zu verwenden[2063] – von Beginn an auf Ablehnung seitens der Vereinigten Staaten, welche allerdings erst im Jahre 1875 derartige Aktivitäten gesetzlich verboten[2064].

Hatte Franz von Holtzendorff[2065] 1859 auf rein theoretischer Ebene erneut angeregt zu prüfen, „inwieweit die Deportation auch ohne Gründung selbständiger Verbrecherkolonien für den Besserungszweck nutzbar gemacht werden" könnte, so gewann die Frage der Deportation in Deutschland seit den Siebzigerjahren des 19. Jahrhunderts durch ihre Verknüpfung mit der deutschen Kolonialfrage neue Dimensionen. Abgesehen von der 1878 geäußerten Idee, die Deportation in neu zu erwerbende überseeische Gebiete sei „das schicklichste Mittel", um sich „jener Sozialisten zu entledigen, die mit dem Strafgesetzbuche in Kollision geraten" waren[2066], stand nun nicht nur die Idee der bedingten Begnadigung für den Fall der Auswanderung, sondern vor allem die einer Anlegung von Verbrecher- bzw. Strafkolonien, vor allem in Deutsch-Südwestafrika, im Vordergrund der Diskussion[2067], da – abgesehen von kriminalpolitischen Zwecken der

---

2061 1832 etwa schob Hamburg auf diese Weise ca. 15 bis 18 Personen nach Amerika ab, wovon sich die meisten gegen Erlaß der Strafzeit und Übernahme der Passage- und Ausrüstungskosten durch den Staat bereit erklärt hatten, nach Amerika auszuwandern und das Gebiet der Stadt Hamburg nie mehr zu betreten. Nach MOLTMANN (wie Anm. 2054), S. 152, war in sieben Fällen bereits im Urteilsspruch „die Möglichkeit einer vorzeitigen Fortschaffung ‚zur See' " vorgesehen.

2062 Siehe ausführlich ROSENFELD (wie Anm. 2053), S. 412–425.

2063 Vgl. MOLTMANN (wie Anm. 2054), S. 167, 178 ff., m.w.N.; SUDHAUS (wie Anm. 2057), S. 36 f.

2064 Das vom Kongreß 1875 verabschiedete Gesetz stellte fest, „that it shall be unlawful for aliens of the following clases to immigrate into the United States, namely, persons who are undergoing a sentence for conviction in their own country for felonious crimes other than political or growing out of or the result of such political offenses, or whose sentence has been remitted on condition of their emigration, and women imported for purposes of prostitution", siehe MOLTMANN (wie Anm. 2054), S. 167 f.; vgl. zur amerikanischen Reaktion auf diese Transportationen auch ebd., S. 182 ff.

2065 HOLTZENDORFF (wie Anm. 6, Deportation), S. 710.

2066 Für die Sozialdemokraten sei der Name „Vaterland" ohnedies „nur ein hohler Klang", weil sie die „Liebe zur Heimat nicht kennen" und „den Umsturz aller Sitte und Ordnung mehr oder minder offen predigen". Man brauche auf solche Personen „keinerlei zarte Rücksicht mehr ... zu nehmen" und müsse sich, „wenn ein Heilungsprozeß daheim nicht mehr möglich ist, ihrer zu entledigen suchen", ANON., Sozialismus und Deportation, in: Die Grenzboten. Zeitschrift für Politik, Literatur und Kunst, XXXVII/2/1 (1878), S. 45 f., 49.

2067 Siehe dazu etwa Felix Friedrich BRUCK, Fort mit den Zuchthäuslern!, Breslau 1894; DERS., Die gesetzliche Einführung der Deportation im Deutschen Reich, Breslau 1897; DERS., Über Deportation nach Deutsch-Südwest-Afrika, in: Koloniales Jahrbuch. Beiträge und Mitteilungen aus dem Gebiete der Kolonialwissenschaft und Kolonialpraxis, hrsg. von Gustav Meinecke, X (1897), S. 67–83; DERS., Zur Deportationsfrage, in: ebd. XI (1899), S. 137–147; Conrad BORNHAK, Gutachten über die Frage: „Empfiehlt sich der Vorschlag bedingter Begnadigung für den Fall der Auswanderung?", in: Verhandlungen des 24. deutschen Juristentages, 2 Bde., Berlin 1897, II, S. 3–14; DERS. (wie Anm. 2047) II, S. 134–168; Fritz FREUND,

Deportation - die von den Sträflingen in den Kolonien zu leistende Kulturarbeit zu einem „gesteigerten Gesamtwert des Koloniallandes" führen und Absatzgebiete für die deutsche Industrie schaffen könne[2068].

1907 war die Einführung der Deportation auch Gegenstand der Verhandlungen des deutschen Reichstages[2069]. Dort wurde die Frage freilich nicht positiv entschieden, sondern an das Reichskanzleramt mit dem Ersuchen, dem Reichstag darüber eine Denkschrift vorzulegen, verwiesen. Auch die 1906 eingesetzte Sachverständigen-Kommission für ein neues deutsches Strafgesetz hatte sich mit der Deportation beschäftigt, kam 1909 allerdings zum Ergebnis, daß „die rechtlichen, finanziellen, wirtschaftlichen und politischen Bedenken, die gegen ihre Einführung geltend zu machen sind, die von ihr erhofften Vorteile weitaus überwiegen" und nahm daher davon Abstand, die Deportation als Strafmittel vorzuschlagen. Als Deutschland aufgrund des Versailler Friedens seine Kolonien einbüßte, war damit auch die Diskussion über die Deportationsfrage gegenstandslos geworden.

2. Österreich im 19. Jahrhundert

Österreich scheint von der Maßnahme der Begnadigung von politischen Verbrechern unter der Bedingung ihrer Auswanderung kaum Gebrauch gemacht zu haben. Allerdings wurde im Jahre 1835 einigen in Spielberg inhaftierten politischen Gefange-

Über Strafkolonisation und Einrichtung überseeischer Strafanstalten, in: Preußische Jahrbücher LXXXI (1895), S. 502–537; DERS. (wie Anm. 2047); A. KORN, Ist die Deportation unter den heutigen Verhältnissen als Strafmittel praktisch verwendbar?, Berlin 1898; DERS., Empfiehlt sich der Versuch der Deportation nach den Kolonien als Strafe und der Vorschlag bedingter Begnadigung für den Fall der Auswanderung?, in: Deutsche Juristenzeitung III (1898), S. 374–376; W. MITTERMAIER, Kann die Deportation im deutschen Strafensystem Aufnahme finden, in: Zeitschrift für die gesamte Strafrechtswissenschaft XIX (1899), S. 85–132; Joachim PFEIL, Ein Beitrag zur Frage der Verbrecherdeportation nach deutschen Kolonien, in: Koloniales Jahrbuch. Beiträge und Mitteilungen aus dem Gebiete der Kolonialwissenschaft und Kolonialpraxis, hrsg. von Gustav Meinecke, X (1897), S. 18–39; DERS., Noch einmal die Strafkolonie!, in: ebd. X (1897), S. 84–95; DERS., Betrachtungen über die Anlegung einer Strafcolonie in Süd-West-Afrika, in: ebd. IX (1897), S. 261–282; ANON., Bedarf Deutschland der Kolonien?, in: Die Grenzboten. Zeitschrift für Politik, Literatur und Kunst, XXXVIII/2 (1879), S. 165–173; ANON., Die Frage der Strafkolonien für Deutschland, in: ebd., S. 494–511; Friedrich FABRI, Bedarf Deutschland der Kolonien? Eine politisch-ökonomische Betrachtung, Gotha 1879, S. 51 f.; Oskar PRIESTER, Die Deportation, ein modernes Strafmittel, Berlin 1899; Klaus J. BADE, Friedrich Fabri und der Imperialismus in der Bismarckzeit. Revolution-Depression-Expansion (= Beiträge zur Kolonial- und Überseegeschichte XIII), Freiburg i. Br. 1975; Hans GROSZ, Degeneration und Deportation, in: Politisch-Anthropologische Revue. Monatsschrift für das soziale und geistige Leben der Völker IV (1905/1906), S. 281–286; für weitere Literatur siehe W. MITTERMAIER, Literaturbericht. Deportation, in: Zeitschrift für die gesamte Strafrechtswissenschaft XX (1900), S. 613–622; VOIGT (wie Anm. 2053), S. 89 ff.; HEIMBERGER (wie Anm. 2047), S. 226 f.

2068 So BRUCK (wie Anm. 2067, Zur Deportationsfrage), S. 137–147.

2069 Vgl. VOIGT (wie Anm. 2053), S. 98 ff.; siehe auch Michael SEIDLMAYER, Geschichte Italiens. Vom Zusammenbruch des Römischen Reiches bis zum ersten Weltkrieg, 2. Aufl. Stuttgart 1989, S. 377 f.

nen[2070], die in den Zwanziger- bzw. Dreißigerjahren wegen hochverräterischer Aktivitäten in den italienischen Gebieten der Monarchie verurteilt worden waren, anläßlich der Thronbesteigung Ferdinands I. angeboten, zwischen dem weiteren Strafvollzug oder einer Verbannung („bannissement") auf Staatskosten zu wählen[2071]. Den neun Gefangenen – unter ihnen auch Federico Confalonieri[2072]–, die sich für die Deportation entschieden, wurde nicht nur die Staatsbürgerschaft entzogen, sondern ihnen auch eingeschärft, daß es im Falle einer Rückkehr „ohne weitere Untersuchung oder Urteil" zum Vollzug der jeweiligen Kerkerstrafe käme[2073]. Über diese einzelne Maßnahme hinaus erwog Metternich aber auch, das „bannissement" als gerichtlich zu verhängende Maßnahme in Österreich einzuführen[2074]. Da die „Maßregel der Deportation" aber, so

---

2070 Siehe zu diesen KLEMKE (wie Anm. 2048), S. 98 ff.

2071 Nach HYE-GLUNEK (wie Anm. 549), S. 403, könne „anderen Staaten gegenüber, von dem Oesterreicher mit gerechtem Stolze hervorgehoben werden, daß die österreichische Gesetzgebung und Staatsverwaltung von jeher, sobald sie die Abschiebung (Deportation) von Inländern, d.h. von österreichischen Staatsangehörigen aus dem Vaterlande ausführen wollte, dieß immer nur mit freier Zustimmung der zu Deportirenden und des fremden Staates, wohin sie gebracht werden sollten, gethan" habe.

2072 Confalonieri verließ Amerika freilich bald nach seiner Ankunft wieder und reiste zu Freunden nach Belgien und Frankreich, was zu Protesten der österreichischen Regierung führte, sowie in die Schweiz. Im März 1840 kam es bereits zu einer Lockerung des Einreiseverbotes für Confalonieri, dem gestattet wurde, seinen Vater zu besuchen, und im April 1840 erfolgte die gänzliche Amnestie, siehe Alessandro D'ANCONA, Federico Confalonieri, Milano 1898, S. 465, 472 f.

Entgegen früherer genereller Anordnung, daß die Deportierten keinerlei Vermögen in die Verbannung mitnehmen durften, siehe ANCONA (wie Anm. 2072), S. 438 ff., war Confalonieri von Metternich allerdings zugestanden worden, standesgemäß versorgt zu werden. In diesem Sinne schrieb Metternich am 19. April 1836 an dessen Vater: „En substituante à une prison perpétuelle la peine de la dèportation, l'Empereur est allé aussi loin quélle le pouvait; Il en eût fait plus encore, si le droit de grâce ne devait pas être réglé par une haute sagesse. Notre Auguste Màitre désire que les déportés rentrent dans les voies du devoir dont ils se sont écartés: Il desire qu'ils puissent redevenir des hommes estimables, des membres utiles de la société. Pour que ce voeux de son coeur généraux puisse se réaliser, il est indispensable que ceux qui recommencent en Amérique une existence nouvelles, soient autant que possible, aus dessus du besoin. C'est vous dire, Monsieur le Comte, que l'Empereur, loin de desapprouver les avantages pécuniaires que les familles des déportés jugent à propos de leur faire dans leur nouvelle patrie, désire au contraire que des secours de ce genre leur soient fournis, et que même Sa Majesté compte sur des pareilles sustentations", siehe Federico CONFALONIERI, Memorie e lettere, publicate per cura di Gabrio Casati, 2 Bde, Milano 1889, II, S. 146.

2073 Die Entschließung Ferdinands I. vom 4. März 1835 lautete diesbezüglich, „daß, wenn sie wann immer das feste Land von Europa, oder die europäischen Inseln wieder betreten, und dort von der österr[eichischen] Regierung unmittelbar oder mittelbar durch andere Regierungen in ihre Gewalt gebracht werden sollten, nach bloßer Erhebung der Identität der Person, und ohne weitere Untersuchung oder Urteil die erwähnte Kerkerstrafe an ihnen vollzogen werden würde", siehe KLEMKE (wie Anm. 2048), S. 99.

2074 Brief Metternichs vom 12. Oktober 1835, in: Richard METTERNICH-WINNEBURG (Hrsg.), Aus Metternich's nachgelassenen Papieren, VI (= II/4), Wien 1883, S. 48. Über die „grande mesure que l'Empereur a prise à l'égard des conspirateurs politiques condamnés par nos tribunaux italiens", äußerte sich Metternich folgendermaßen: „Le bannissement, qui n'existe

Metternich, „neu bei uns“ sei, müsse die Erfahrung erst lehren, „ob es in Zukunft als rätlich zu erachten sein werde, sie wieder, unter gegebenen Umständen, in Anwendung zu bringen“[2075].

Derartige Umstände traten anscheinend 1849 wieder ein, als ungarische Aufständische unter der Bedingung der Auswanderung nach Amerika oder England begnadigt wurden[2076]. Üblicher als derartige Verbannungen im Gefolge einer gerichtlichen Verurteilung scheint in der Habsburgermonarchie freilich die vielfach ebenfalls als Verbannung bezeichnete Internierung von politischen Oppositionellen gewesen zu sein. So wurde etwa nach Zusammenbruch der Revolution von 1848 öfters zur Maßnahme der sogenannten Konfinierung gegriffen, wie dies z.B.[2077] bei den ehemaligen Abgeordneten des Kremsierer Reichstages Florian Ziemialkowski[2078] und Karel Havlícek[2079], dem tschechischen Nationalliberalen und Literaten, den der Prager Militärgouverneur Eduard Graf Clam-Gallas als einen „der politisch gefährlichsten Köpfe in der ganzen Monarchie“ bezeichnet hatte[2080], 1849 bzw. 1851[2081] der Fall war.

---

pas dans notre code criminel, va y entrer, de sorte que les tribunaux pourront infliger cette peine; la mesure en question est le précurseur de la loi. Les trois ou quatre condamnés politiques qui se trouvent dans les prisons par suite de la commutation de la peine mort en une détention perpétuelle, seront traités comme les derniers condamnés en Lombardie. Confalonieri est de leur nombre. La mesure portera-t-elle de bons fruit? Je ne me permets pas de le prédire, mais ce que sais, c'est que l'on usera de toute la rigeur des lois envers de nouveaux coupables“.

2075 Aus einer Weisung Metternichs vom 20. April 1838, zitiert nach KLEMKE (wie Anm. 2048), S. 102.

2076 Vgl. REITER (wie Anm. 111), S. 198.

2077 Ebenfalls 1851 kam es zur Konfinierung des Redakteurs des Grazer „Urchristentum“ Anton Kutschera in St. Pölten, von wo er nach drei Jahren nach Amerika auswanderte, siehe dazu Georg J. VLK, Der k. k. Dissident Karel Havlícek 1821–1856, phil. Diss. Univ. Innsbruck 1982, S. 400; siehe zu weiteren Fällen ebd., S. 428. In den Jahren 1851 bis 1852 wurde auch der ehemalige Abgeordnete in der Frankfurter Paulskirchenversammlung, der tschechische Literat Franz Hedrich Traunkirchen interniert, vgl. zu ihm Ludwig Fränkel, Art. Hedrich, in: Allgemeine Deutsche Biographie L: Nachträge bis 1899, Leipzig 1905, S. 561–567, Heinrich BEST/Wilhelm WEEGE, Biographisches Handbuch der Abgeordneten der Frankfurter Nationalversammlung 1848/49 (= Handbücher zur Geschichte des Parlamentarismus und der politischen Parteien VIII), Düsseldorf 1996, S. 172 f.; zu Franz Schuselka siehe ebd., S. 312 f.; zu Hermann Rollett siehe Wilhelm BRAUNEDER, Leseverein und Rechtskultur. Der Juridisch-politische Leseverein zu Wien 1840 bis 1990, Wien 1992, S. 252.

2078 Er wurde von der galizischen Regierung 1849 zum Zwangsaufenthalt nach Meran geschickt, siehe dazu VLK (wie Anm. 2077), S. 328, 428.

2079 Ihm wurde die Stadt Brixen für fünf Jahre als Aufenthaltsort angewiesen; 1855 wurde die Konfinierung aufgehoben, siehe zu ihm Georg J. MORAVA (= Georg J. Vlk), Der k.k. Dissident Karl Havlícek (1821–1856), Wien 1985, S. 156 ff. und Vlk (wie Anm. 2077), insbes. S. 396 ff.

2080 VLK (wie Anm. 2077), S. 395.

2081 Am 6. Dezember 1851 schrieb Franz Joseph an den Innenminister Bach: „Ich finde in Anbetracht der dermaligen politischen Zustände und bis auf anderweitige von mir getroffene Verfügung zu verordnen, daß gegen Personen, deren Gefährlichkeit in politischer Beziehung unzweifelhaft vorliegt, nach Befund der Umstände auch dann, wenn gegen dieselben kein Strafverfahren Platz zu greifen hat, aus Rücksichten der öffentlichen Sicherheit mit der

Auch der Ruf nach Einführung von Strafkolonien scheint in Österreich – wohl nicht zuletzt mangels Kolonien – nur vereinzelt laut geworden zu sein. So meinte etwa Josef Schöffel 1884 im Abgeordnetenhaus des Reichsrates im Zuge seiner Kritik an der wegen Finanzierungsproblemen äußerst schleppenden Errichtung von Zwangsarbeitsanstalten zur Bekämpfung des Landstreicherunwesens, daß „vielleicht für längere Jahre" auch ohne Errichtung von Zwangsarbeitsanstalten „sich etwas richten ließe", wenn man das „Vagabundenheer" zur Zwangsarbeit nach Bosnien-Herzegowina „instradire"[2082], und forderte die Regierung auf, „zum Zweck der Eindämmung der in gefahrvoller Weise überhandnehmenden Vagabondage in Erwägung zu ziehen, ob und wie eine Verwendung von Zwänglingen oder für Zwangsarbeit notionirten Individuen zu Straßen-, Eisenbahnbauten, Meliorationen in den occupirten Provinzen ... thunlich wäre"[2083]. 1887 stellten weiters die Abgeordneten Heinrich Fürnkranz, Georg Ritter von Schönerer, Josef Fiegl und Karl Türk im Abgeordnetenhaus den Antrag, die Regierung aufzufordern, „zum Zwecke der Erwerbung eines zur Anlage einer Strafansiedlung geeigneten Landstriches (Insel) das Geeignete zu veranlassen"[2084], welcher Antrag allerdings nicht die Unterstützung des Abgeordnetenhauses fand. 1891 wurde die Frage der Strafkolonien erneut, diesmal freilich vorrangig im Hinblick auf Gewohnheitsverbrecher und Rückfallstäter, im Reichsrat thematisiert. Nach Ansicht des Abgeordneten Dr. Franz Heilsberg sei die „Notwendigkeit derselben für unverbesserliche und rückfällige Verbre-

---

Confinirung vorzugehen sey und beauftrage sie mit dieser Maßregel", siehe VLK (wie Anm. 2077), S. 399.

2082 „Wir haben nämlich zwei türkische Provinzen occupirt. In diesen, auf der niedersten Culturstufe stehenden Ländern müssen unsere Soldaten die nothwendigsten Straßen und Eisenbahnen bauen. Es werden Jahrzehnte der angestrengtesten Arbeit erforderlich sein, um selbst mit verstärkten Kräften die nothwendigsten Straßenzüge ... herzustellen und auf diese Weise die Länder ertragsfähig zu machen. Wäre es da nicht angezeigt, wenn man unser Vagabundenheer dorthin instradiren ... und sie dort zwangsweise zum Baue von Straßen, Eisenbahnen und Flußregulirungen ... verwenden würde, zu welchen unsere Soldaten, unsere Landeskinder, die dazu nicht verpflichtet sind, mißbraucht werden? ... Dort brauchen Sie für dieses ganze Gesindel keine palastartigen Gebäude ... Man kann die Zwänglinge dort einfach, wo man sie eben verwenden will, in Baracken unterbringen. ... Sie bedürfen auch gar keiner Einschließung und keiner besonderen Bewachung, sondern bloß einer Aufsicht bei der Arbeit, damit die Zwänglinge nicht faullenzen. Das Durchgehen eines Zwänglings ist dort ebenfalls nicht zu befürchten, denn bei den Bewohnern Bosniens und der Hercegovina, bei den angrenzenden Montenegrinern, Albanesen, Serben und Grenzern findet diese Sorte Leute keine Unterkunft und keine Unterstützung, und sie könnten höchstens, wenn sie zudringlich werden, ihre Ohren verlieren", Sten. Prot. des AH, IX. Sess., 345. Sitzung am 15. März 1884, S. 11984.

2083 Der Antrag wurde vom Abgeordnetenhaus unterstützt und dem Budgetausschuß zugewiesen. Auch der Abgeordnete Johann Oberndorfer stimmte „vollkommen mit dem ... Abgeordneten Schöffel in der Ansicht überein, daß man solche Individuen nach Bosnien und der Hercegovina sende und zu verschiedenen Straßen-, Wasser- und Eisenbahnbauten verwende. Man sollte aber Bosnien und die Hercegovina nicht als Arbeiter-, sondern als Strafcolonie betrachten; jedenfalls könnte ohne Inanspruchnahme des Staatssäckels, den ... geschilderten Übelständen abgeholfen werden", Sten. Prot. des AH, IX. Sess., 345. Sitzung am 15. März 1884, S. 12002.

2084 Sten. Prot. des AH, X. Sess., 124. Sitzung am 18. März 1887, S. 4561.

cher nachgewiesen" und die „Einwände, welche bezüglich des Kostenpunktes, der Schwierigkeit der Auffindung geeigneter Orte gemacht wurden", seien angesichts der Tatsache, daß es sich um die „Sicherheit der gesammten bürgerlichen Gesellschaft" handle, „doch nicht ernst zu nehmen"[2085].

II. Bekämpfung von Sozialdemokratie und Anarchismus in der Habsburgermonarchie

1. Strafgerichtliche, polizeiliche und gemeindebehördliche Ausweisung

A. Strafgerichtliche Ausweisung

Die Normen des Strafrechts boten zahlreiche Möglichkeiten, Straftaten, die im Zusammenhang mit der politischen Überzeugung des Täters standen, mit Ausweisung zu belegen, da zum einen die Landesverweisung von Ausländern grundsätzlich im Ermessen des Gerichts stand, zum anderen die Abschaffung sowohl von Ausländern als auch von Inländern für einige Delikte im Strafgesetz vorgesehen war[2086], die entweder unmittelbar den Arbeitskampf selbst betrafen oder sich gleichsam ideologisch zwingend im Zuge anarchistischer, aber auch sozialdemokratischer Agitation ergaben.

Direkt den Arbeitskampf betraf das strafrechtliche Koalitionsverbot. So waren bereits nach dem Strafgesetz von 1803 bei Verabredungen von Handwerksgesellen, „um sich durch gemeinschaftliche Weigerung zu arbeiten, oder durch andere Mittel einen höheren Tag- oder Wochenlohn, oder andere Bedingungen von ihren Meistern zu erzwingen", die „Rädelsführer" mit verschärftem Arrest zu bestrafen und obligatorisch, „nachdem sie entweder Eingeborne oder Ausländer sind, aus der Provinz, oder den sämmtlichen Erbländern abzuschaffen"[2087]. Bei ausreichender Solidarität der Streikenden konnte allerdings eine derartige strafgerichtliche Abschaffung verhindert werden, wie das Beispiel der Arbeitseinstellungen in einer Prager Kattunfabrik 1850 belegt[2088]. Da die Rädelsführer nicht ermittelt werden konnten, weil alle 46 Arbeiter beteuerten, die Arbeitsniederlegung zwecks Lohnerhöhung „insgesamt und gemeinschaftlich" beschlossen zu haben, konnten die inländischen Arbeiter nur mit Arrest wegen Verabredung vom Magistrat[2089] bestraft, aber nicht ausgewiesen werden. Die 18 beteiligten Ausländer wurden hingegen „nach der von ihnen dem Fabrikanten gegebenen vorschriftsmäßigen Aufkündigung und während dieser Frist bei demselben verrichteter Arbeit"

2085 Sten. Prot. des AH, XI. Sess., 87. Sitzung am 12. Dezember 1891, S. 400 f.

2086 Vgl. dazu 121 ff.

2087 II. § 229 StGB 1803, vgl. S. 109, 113 ff.

2088 Vgl. zu diesem Streik und seinem weiteren Verlauf Julius DEUTSCH, Geschichte der österreichischen Gewerkschaftsbewegung, I, Wien 1929, S. 45 ff.

2089 Die Übertragung der Strafgerichtsbarkeit betreffend Übertretungen und Vergehen an die Bezirks- bzw. Bezirkskollegialgerichte erfolgte erst mit der kaiserlichen Entschließung vom 14. Juni 1849, RGBl. Nr. 278, womit die Grundzüge der neuen Gerichtsverfassung genehmigt werden, bzw. mit der Strafprozeßordnung vom 17. Jänner 1850, RGBl. Nr. 25.

von der k.k. Stadthauptmannschaft aus öffentlichen Rücksichten polizeilich aus Prag abgeschafft[2090].

Das Strafgesetz von 1852 hatte das Koalitionsverbot im Sinne des herrschenden Wirtschaftsliberalismus nicht nur übernommen, sondern einerseits die Strafbarkeit der Koalition auch auf alle Arbeiter, insbesondere auf Berg- und Hüttenarbeiter, Handwerksgesellen, Hilfsleute bei Fabriks- oder sonstigen „Arbeits-Unternehmern", Gewerbsleuten oder Dienstgebern, sowie auf Lehrjungen und Dienstboten ausgedehnt, andererseits aber das Koalitionsverbot gleichfalls auch auf „Verabredungen von Gewerbsleuten, Fabriks- oder Arbeits-Unternehmern oder Dienstgebern, um eine Umänderung in den Arbeits- oder Lohnverhältnissen zu erwirken", erweitert. Während die Rädelsführer von Arbeitnehmerverabredungen jedoch weiterhin neben Arrest mit obligatorischer Abschaffung aus dem Kronland bei Inländern bzw. Abschaffung aus dem ganzen Reich bei Ausländern bedroht waren, findet sich freilich eine analoge Sanktion für die Arbeitgeber nicht.

So standen, wie Lienbacher[2091] kritisierte, „der ungezügelten Coalitionsthätigkeit der Arbeitgeber die Arbeiter mit gebundenen Händen gegenüber, die Sonne des Gesetzes schien ihnen zwar gleich, aber der Wind des praktischen Lebens war ungleich vertheilt." Wie Konrad[2092] bemerkte, wurde § 481 des Strafgesetzes „streng gehandhabt, und es war den Arbeitern somit unmöglich gemacht, für ihre elementarsten Interessen ihr einzig wirksames Kampfmittel, den Streik, einzusetzen". Wurde dennoch gestreikt, waren die Folgen für die Arbeiter oft existenzvernichtend[2093]. Erst das Koalitionsgesetz von 1870[2094] hob die prinzipielle Strafbarkeit der Koalition und damit die obligatori-

---

2090 Anstelle der Streikenden wurde in der Folge weibliches Hilfspersonal aufgenommen. Im Hintergrund dieser Vorkommnisse standen die Befürchtungen der Unternehmer betreffend die gut ausgebauten Kattundruckerunterstützungsvereine in Prag und ihre politischen Aktivitäten. Insbesondere die „Solidarität unter allen Kattundruckern des In- und Auslandes" war sowohl den Unternehmern als auch den Behörden ein Dorn im Auge. So sprach ein Bericht der Prager Stadthauptmannschaft an die Statthalterei vom 8. Februar 1852 davon, daß der „Beitritt zu diesen Kassevereinen ... ein ... in den Statuten nicht ausgedrücktes Recht" verleihe, da, wer „keinen solchen Kassenschein besitzt, ... sowohl in Böhmen als auch in den deutschen Bundesstaaten nur äußerst schwer in Arbeit kommen" könne und „nirgends eine Unterstützung" (insbesondere Arbeitslosenunterstützung) bekäme; siehe DEUTSCH (wie Anm. 2088), S. 47. Überdies verdächtigte man diese Kassevereine, das Vereinsgesetz für „sozialistische Zwecke" auszunützen, „die so leicht zugängliche und empfängliche Arbeitermasse durch solche utopistische Pläne" zu ködern und „für die Zwecke der Demokratie" zu gewinnen; so ein Gubernialbericht an das Ministerium des Innern vom 1. März 1852, ebd.

2091 Georg LIENBACHER, Das Coalitionsrecht und dessen gesetzliche Beschränkung, in: ders. (Hrsg.), Öffentliche Sicherheit. Organ für Gesetzgebung und Verwaltung in Bezug auf alle Gegenstände der Polizei und des Polizeistrafrechtes I (1869), S. 316.

2092 Helmut KONRAD, Recht, Justiz und Arbeiterbewegung bis zum ersten Weltkrieg, in: Erika Weinzierl/Karl R. Stadler (Hrsg.), Justiz und Zeitgeschichte (= Veröffentlichungen des Ludwig Boltzmann-Instituts für Geschichte der Gesellschaftswissenschaften I), Wien 1977, S. 59.

2093 Siehe zu den Ausweisungen im Zuge von Streiks S. 407 ff.

2094 Gesetz vom 7. April 1870, RGBl. Nr. 43, wodurch unter Aufhebung der §§ 479, 480 und 481 des allgemeinen Strafgesetzes in Betreff der Verabredungen von Arbeitgebern oder Arbeitnehmern zur Erzwingung von Arbeitsbedingungen, und von Gewerbsleuten zur Erhösche Abschaffung der Rädelsführer auf. Wie Ogris[2095] zutreffend ausführte, erfreuten sich die Unternehmer nun praktisch uneingeschränkter Koalitionsfreiheit, während „die Verwaltungsbehörden gegen Arbeiterkoalitionen weiterhin sehr repressiv" vorgingen, „etwa durch Ausweisung Streikender, Bestrafung von Streikposten[2096] und ähnlichem. So blieb das Koalitionsgesetz in der Praxis vieles schuldig".

Außerdem überließ der Gesetzestext von ihm verwendete Begriffe[2097] gänzlich der Auslegung der Gerichte, die - zumal in den unteren Instanzen - nicht unbedingt mit Verständnis für die Arbeiterschaft agierten. § 3 des Koalitionsgesetzes stellte etwa die Anwendung des Mittels „der Einschüchterung oder Gewalt" im Zuge einer Koalition unter Strafe, worunter nach Ansicht des Obersten Gerichtshofes[2098] allerdings „je nach der Individualität des Angegriffenen ... auch Beschimpfungen oder sonstige Ehrverletzungen" verstanden werden konnten. Verurteilungen nach § 3 dienten wiederum den politischen Behörden als Abschaffungsgrund gemäß §§ 1 lit. d und 2. Die Verwaltungspraxis war nämlich - wenngleich im Gegensatz zur Judikatur des Reichsgerichtes[2099] - bemüht, „die fakultative Abschiebung und Abschaffung" an Stelle der aus dem Strafgesetz entfernten obligatorischen „zur Anwendung zu bringen". „Es ist klar", wie

---

hung eines Preises einer Waare zum Nachtheile des Publikums besondere Bestimmungen erlassen werden (Koalitionsgesetz); vgl. für Literaturnachweise zum Koalitionsgesetz Anm. 1296.

2095 OGRIS (wie Anm. 632), S. 637.

2096 Und zwar umstrittenermaßen nach § 7 (vgl. Anm. 2835) der kaiserlichen Verordnung vom 20. April 1854, RGBl. Nr. 96, wodurch eine Vorschrift für die Vollstreckung der Verfügungen und Erkenntnisse der landesfürstlichen und politischen Behörden erlassen wird; vgl. dazu allerdings VERKAUF (wie Anm. 1296), S. 196.

2097 Z.B. was unter „überhaupt günstigeren Arbeitsbedingungen" zu verstehen sei, insbesondere, ob Solidaritätsstreiks für entlassene Arbeiter oder Abwehrstreiks gegen Lohnkürzungen unter diesen Begriff fielen; vgl. dazu die Plenarentscheidung des OGH vom 29. September 1896, Z. 11.319, Slg. OGH XVI Nr. 2033: In den Bereich des Koalitionsgesetzes fielen auch auf Festhalten an bestehenden Lohnsätzen gerichtete Verabredungen von Arbeitgebern oder Arbeitnehmern; vgl. die Plenarentscheidung vom 20. Juni 1906, Z. 9651, Slg. OGH N.F. VIII Nr. 3196, wonach Arbeitseinstellungen, die - ohne eine Änderung der Lohnsätze, ein den wirtschaftlichen Bedingungen bestimmter Betriebe nicht mehr entsprechendes Festhalten an denselben oder eine Änderung der Arbeitsordnung zu bezwecken - lediglich die Wiederaufnahme eines entlassenen Arbeiters erzwingen sollten, nicht unter das Koalitionsgesetz fielen.

2098 So sprach der OGH in seiner Plenarentscheidung vom 29. September 1896, Z. 11.319, Slg. OGH XVI Nr. 2033, aus: „An sich betrachtet, kann nicht zweifelhaft sein, daß je nach der Individualität des Angegriffenen als solche Mittel gewiß auch Beschimpfungen oder sonstige Ehrverletzungen ... ebenso dienstbar sein können, wie etwa die Ankündigung irgendeines die Qualitäten der §§. 98 b und 99 StG" (Erpressung, gefährliche Drohung) „nicht erschöpfenden Übels. Ja schon das an den Betheiligten gestellte stürmische Verlangen, sich den Beschlüssen der Coalirten zu fügen, das Andrängen der Berufgenossen, das Geltendmachen der Ueberzahl und dergleichen kann ... einschüchternd wirken. Das Gesetz will Jeden nach dem Maßstabe seiner Kraft schützen". Glasschleiferinnen hatten bei einem Lohnkampf einen Streikbrecher als „Lohnverderber", „dummen Pfarrer", „Pater Guardian" und „dummen Böhmen" beschimpft, worauf dieser den Schleifsaal verließ und von den Frauen mit Schmutzwasser bespritzt wurde. Das Verhalten der Arbeiterinnen wertete der Oberste Gerichtshof als „Mittel der Einschüchterung".

2099 Vgl. S. 236 f.

Leo Verkauf[2100] zu dieser Frage anmerkte, „daß diese Praxis geeignet ist, die Koalitionfreiheit vielfach zunichte zu machen".

Aber auch die mit Abschaffung bedrohten Delikte wie Geheimbündelei, Herabwürdigung der Verfügungen der Behörden, Aufwiegelung gegen Staats- und Gemeindebehörden, gegen einzelne Organe der Regierung usw., die durch Druckwerke verübten Delikte der Aufreizung zu Feindseligkeiten gegen Religionsgenossenschaften, Körperschaften usw., Beleidigung einer gesetzlich anerkannten Kirche oder Religionsgesellschaft, Beförderung einer vom Staate für unzulässig erklärten Religionssekte, öffentliche Herabwürdigung der Einrichtungen der Ehe, Familie, des Eigentums oder Gutheißung von ungesetzlichen oder unsittlichen Handlungen, wurden gleichsam naturgemäß gerade von sozialistischen „Agitatoren", vor allem den „Radikalen", begangen[2101]. So wurde etwa eine Verurteilung wegen Aufreizung zu Feindseligkeiten gegen einzelne Klassen und Stände der bürgerlichen Gesellschaft gemäß § 302 StG wegen folgender Rede in einem Arbeiterbildungsverein ausgesprochen: „Das Telephon ist auch ein Werkzeug der Ausbeuter der Arbeiter, die Drähte gehen aber nur zu den Wollbaronen, Bergwerken, Fabriken und verschiedenen Arbeiter schindenden Dieben und Bestien" und weiter: „Wir fürchten uns weder vor den Beknöpfelten, noch vor den Wollbaronen, weder vor den Repetirgewehren, noch vor den Kanonen; für die Arbeiter braucht man nach dem Wunsche jener Bestien kein Bier, sondern nur Wasser, kein Fleisch, sondern nur Erdäpfel; wenn sie vor Hunger schreien, dann kommen sie in Arrest"[2102]. In diesem Falle machte allerdings das Strafgericht keinen Gebrauch von der in ihrem Ermessen stehenden Abschaffung, sondern die politische Behörde wies den „Agitator" aus. Sogar das Reichsgericht schloß sich – wie auch in anderen ähnlich gelagerten Fällen – der Entscheidung der Behörde an, weil ihm derartige „Verhetzungen und Aufreizungen ... in Bezirken mit sehr entwickelter Industrie und zahlreicher Arbeiterschaft" als „besonders gefährlich" erschienen[2103].

Wenngleich die Strafgerichte nicht übermäßigen Gebrauch von der Abschaffung wegen Begehung derartiger Delikte gemacht haben dürften[2104], so liegt es aus rein ideologischer Sicht auf der Hand, daß die Sozialdemokratie die Einschränkungen der Meinungsfreiheit durch das Strafgesetz bekämpfte[2105] und insbesondere die Entfernung der

---

2100 VERKAUF (wie Anm. 1296), S. 195.

2101 So dürfte z.B. der Ausweisung Hermann Pragers eine durch ein derartiges Druckwerk verübte Straftat zugrunde liegen, siehe zu ihm STAUDACHER (wie Anm. 1260), S. 315. Nach Ludwig BRÜGEL, Geschichte der österreichischen Sozialdemokratie, 5 Bde., Wien 1922/23, III, S. 287, war das Ergebnis der „Gerichtsernte des Jahres 1883", daß „[n]icht weniger als 119 Genossen ... zu schweren Kerkerstrafen verurteilt", 20 aus Wien und 58 „aus verschiedenen Orten, besonders aus Prag, ausgewiesen und dadurch in den meisten Fällen in das tiefste Elend gestürzt" wurden (und das, wie er hinzufügte, „ohne ein Sozialistengesetz!").

2102 Vgl. das der Beschwerde nicht stattgebende Erkenntnis des Reichsgerichtes vom 11. Jänner 1898, Z. 436 ex 1897, Slg. RG XI Nr. 853.

2103 Ebd.

2104 Jedenfalls widerspricht die Judikatur des OGH und des Reichsgerichtes nicht dieser Vermutung.

2105 So etwa Isidor INGWER, Zur Reform unseres Strafgesetzes, in: Der Kampf. Sozialdemokratische Monatsschrift, hrsg. von Otto Bauer/Adolf Braun/Karl Renner, II (1909), S. 67: „Das Recht der freien Meinungsäußerug gegenüber der Staatsgewalt und den staatlichen Organen

politischen Delikte und der Delikte gegen die Religion aus dem Strafgesetz[2106], den Entfall aller den gewerkschaftlichen Kampf bzw. die „Politik auf der Straße"[2107] behindernden Bestimmungen, die Verringerung der Tatbestände der öffentlichen Gewalttätigkeit[2108], der Aufreizung zum Haß oder zur Verachtung (§ 302 StG) und der Herabwürdigung der Staatsgewalt (§ 300)[2109] sowie die Veränderung der Werteskala von bestimmten Rechtsgütern, vor allem eine Neubewertung des Eigentums, im Strafrecht forderte[2110]. Darüber hinaus darf freilich auch nicht vergessen werden, daß strafgerichtliche Verurteilungen wegen politisch motivierter Delikte, selbst wenn für diese nach dem Strafgesetz keine Ausweisung angedroht war, eine Voraussetzung für die Abschaffung bzw. Abschiebung nach dem Reichsschubgesetz wegen Personen- bzw. Eigentumsgefährlichkeit aus der Haft tretender Sträflinge darstellen konnten.

---

darf durch kein Strafgesetz eingeschränkt oder zur Phrase gemacht werden. Das Strafgesetz kann sich nur darauf beschränken, gewisse maßlose Ausschreitungen, die tatsächlich gefährliche Folgen nach sich zu ziehen geeignet sind, zu ahnden".

2106 So z.B. Friedrich AUSTERLITZ, Politik und Strafrecht, in: Der Kampf. Sozialdemokratische Monatsschrift, hrsg. von Friedrich Adler/Otto Bauer/Adolf Braun/Karl Renner, VII (1914), S. 63, zur Frage, warum das Strafgesetz „die Meinungsfreiheit einschränkt, warum es der Kritik Schranken setzt, warum es politische Bestrebungen verbietet. Warum? Weil diese Meinungsfreiheit, diese Kritik, diese Bestrebungen das Ansehen oder die Geltung von Institutionen erschüttern könnten, die zu den Pfeilern gehören, auf denen sich der Staat und auf denen sich die staatliche Ordnung aufbaut. ... Von der Spitze des Staates bis zu dessen letztem Organ geniesst alles den Schutz, dass sich die Kritik ihm nur mit der der abgestuften Hierarchie gemessenen Devotion nahen dürfe. Warum wird die ‚Religion' mit einem Schutzparagraphen eingehegt, obwohl man ihr anders als mit Kritik doch nicht nahen kann? Weil auch die Frommheit zu den Stützpunkten dieser so geschaffenen staatlichen Ordnung gehört! Warum geniesst der Streikbrecher eine über den Ehrenschutz, den das Gesetzbuch den Bürgern sonst gewährt, hinausreichende Beschützung? Weil er ein wichtiges Element dieser sozialen Ordnung ist! Der ganze Umkreis dieser staatlichen und gesellschaftlichen Ordnung, in der sich die Machtverhältnisse zwischen Herrschenden und Beherrschten ausdrücken, wird mit den politischen Paragraphen wie mit Stacheldraht umzäunt, auf dass sich alle, die an dieser Ordnung tasten möchten, die Hände blutig ritzen. Die politischen Paragraphen sind der Schutz, mit dem die Herrschenden ihre Macht vor Angriff und Gefahr bewahren wollen".

2107 Z.B. Auflauf, Aufruhr, Landfriedensbruch, vgl. AUSTERLITZ (wie Anm. 2106), S. 75.

2108 „Einige Fälle der öffentlichen Gewalttätigkeit können keinesfalls länger in ihrer heutigen Gestalt aufrecht erhalten werden", so INGWER (wie Anm. 2105), S. 70. Dazu gehöre vor allem der „berüchtigte" § 81 StG, „der jeden zum Verbrecher stempelt, der sich einem obrigkeitlichen in der Ausübung des Dienstes begriffenen Organe in der Absicht widersetzt, um die Vollziehung eines obrigkeitlichen Auftrages zu vereiteln"; vgl. auch AUSTERLITZ (wie Anm. 2106), S. 69 f.

2109 Vgl. dazu AUSTERLITZ (wie Anm. 2106), S. 68 f.

2110 Vgl. auch Rudolf G. ARDELT, Strafrecht und österreichische Sozialdemokratie. Die theoretische Erörterung von Problemen des Strafrechtes in der Zeitschrift „Der Kampf" 1907 bis 1934, in: Erika Weinzierl/Karl R. Stadler (Hrsg.), Justiz und Zeitgeschichte (= Veröffentlichungen des Ludwig Boltzmann-Instituts für Geschichte der Gesellschaftswissenschaften I), Wien 1977, S. 84 f.

B. Polizeiliche Ausweisungen

„Man wendet gegen die Arbeiter", so Alois Zucker[2111], das Reichsschubgesetz „in Fällen an, in welchen sich die Abschiebung und Abschaffung als äusserst unbillige Härte, ja geradezu als grausame Massregel darstellen". „Wenn der Arbeiter sich an einem Ausstande betheiligt oder sonst aus andern Gründen die Arbeit bei seinem Brodgeber verliert, ohne sofort bei einem Andern wieder zu finden, so wird, sobald er ‚socialistischer Umtriebe' verdächtig erscheint, nicht selten gegen ihn" das Reichsschubgesetz in Anwendung gebracht. „Er wird mit seiner Familie aus seinem bisherigen Arbeits- und Aufenthaltsorte verwiesen und in seine Heimatsgemeinde ‚abgeschoben'. – Auch sonst scheut man sich nicht, ihn sogar als Landstreicher zu verfolgen und nach erfolgter Verurtheilung unter Polizeiaufsicht zu stellen". „Dieser Strenge der Auffassung", so Zukker, „liegt vielfach die Tendenz zugrunde, die ‚Hetzer' aus den Haupt- und Industriestädten wegzuschaffen, weil man vermeint, dass die sociale Bewegung nur durch die agitatorische Thätigkeit Einzelner genährt und erhalten werde und dass sie mit derselben stehe und falle. Der beabsichtigte Endzweck wird aber durch dieses Vorgehen nicht erreicht. Der abgeschaffte, in machen Fällen sogar abgeschobene Arbeiter, der in seiner Heimatgemeinde seinen Erwerb nicht zu finden vermag, weil es oft daselbst keinen gibt, wird durch diese Massregel nur verbittert und diese Massregel steigert seine Gegnerschaft zur bestehenden Gesellschaftsordnung erst recht zu einem bedenklichen Grade, dabei aber fallen seine Anschauungen und Lehren auch außerhalb der Grossstädte auf keinen unfruchtbaren Boden mehr". Julius Deutsch bezeichnete 1890 in seiner Geschichte der österreichischen Gewerkschaftsbewegung auch das Vagabundengesetz als eine „beliebte Waffe der Polizei", denn dieses ermögliche „nicht nur, die Sozialisten in ihre Heimat abzuschieben, man überwachte die Abgeschobenen auch noch so, daß sie gar nicht imstande waren, den Kampf um die Existenz neu zu begründen". Vielfach führe die Polizei „einen direkten Krieg, um den Abgeschobenen, die eben wieder im Begriffe waren, ihre Existenz neu zu begründen, die Arbeitsgelegenheit abzutreiben"[2112].

Tatsächlich war das Ausweisungsrecht, insbesondere das des Schubgesetzes, ein häufig ge- und mißbrauchtes Instrument der Staatsgewalt, um nicht nur gegen Anarchismus und Radikalismus, sondern auch gegen die sozialdemokratische und gewerkschaftliche Bewegung vorzugehen. Es nimmt daher nicht wunder, daß die Sozialdemokratie nicht nur für eine Reform des Strafgesetzes eintrat, sondern insbesondere auch gegen das Schubgesetz, das z.B. Kronawetter 1886 als eine die „vormärzlichen Zustände" reaktivierende „Art Vagabundengesetz" bezeichnete[2113]. Dementsprechend beinhalteten sowohl die programmatische Resolution vom 3. April 1887[2114] als auch die Resolution des Hainfelder Einigungsparteitags über die politischen Rechte 1888/89[2115] gleich als ersten Forderungspunkt die „sofortige Aufhebung der Beschränkung der Freizügig-

---

2111 ZUCKER (wie Anm. 354), S. 88 f.

2112 Julius DEUTSCH, Geschichte der österreichischen Gewerkschaftsbewegung, Wien 1908, S. 125; vgl. dazu z.B. den Fall Till S. 406 f.

2113 Kronawetter, Sten. Prot. des AH, 10. Sess., 37. Sitzung am 27. März 1886, S. 1266.

2114 Klaus BERCHTOLD (Hrsg.), Österreichische Parteiprogramme 1868–1966, Wien 1967, S. 134 f.; BRÜGEL (wie Anm. 2101) III, S. 383 f.

2115 BERCHTOLD (wie Anm. 2114), S. 140; BRÜGEL (wie Anm. 2101) III, 400 ff.

keit, also der Ausnahmeverfügungen[2116], Vagabunden- und Schubgesetze". Dieses Anliegen fand auch Eingang in das sogenannte Wiener Programm des zweiten Gesamtparteitages vom November 1901, das erneut die „Aufhebung aller Einschränkungen der Freizügigkeit, insbesondere aller Vagabunden- und Schubgesetze"[2117] forderte. Kritisiert wurde von sozialdemokratischer Seite vor allem, daß diese Gesetze das Recht auf Freizügigkeit „ganz illusorisch" gemacht und die „österreichische Freizügigkeit auf den Schubkarren gesetzt" hätten[2118].

Dessenungeachtet war und blieb die Androhung der Ausweisung ein beliebtes Druckmittel der Polizei und der anderen politischen Behörden sowohl gegen sozialdemokratische Arbeiter als auch Funktionäre der Partei, und die Verhängung derselben wurde oft als schikanös, die Durchführung als entwürdigend empfunden. Insbesondere die zwangsweise Beförderung unter Begleitung von Wachorganen, also die Maßnahme des „Schubes" im Unterschied zur gebundenen Marschroute nach dem Reichsschubgesetz, wurde von den Betroffenen als Schande angesehen[2119].

Allein schon die Erkenntnisse des Reichsgerichtes – gleichsam die Spitze des Eisbergs darstellend – veranschaulichen eindrucksvoll die repressive Behördenpraxis[2120],

---

2116 Vgl. dazu S. 474 ff.

2117 BERCHTOLD (wie Anm. 2114), S. 147; BRÜGEL (wie Anm. 2101) IV, S. 345.

2118 So INGWER/ROSNER (wie Anm. 1204), S. 34, 37. „Der in so klarer Form ausgesprochene Grundsatz, daß die Freizügigkeit der Person ... keiner Beschränkung unterliege", habe im Schubgesetz „einen sehr netten Commentar erhalten".

2119 So berichtete Adolf Cedl in der „Wahrheit": „Nicht deshalb, weil, sondern über das, wie ich ausgewiesen wurde, bemächtigte sich meiner das Gefühl der unbeschreiblichen Bitterkeit. Du bist mit eigentums- und lebensgefährlichen Leuten zugleich ausgewiesen worden, und das war und ist mir heute noch ein Greuel", STAUDACHER (wie Anm. 1260), S. 265 Anm. 542; siehe auch die Schilderung bei Ferdinand HANUSCH, Lazarus. Eine Jugendgeschichte, Wien 1912, S. 207, 210, 212 ff.: „Der Gedanke, als Schübling in seine Heimat zu kommen, war für ihn so furchtbar, daß er nicht daran glauben konnte. Was würden seine Mutter, sein Bruder und die übrigen Bekannten sagen, wenn er auf den Schub käme? Er erinnerte sich daran, daß der Schubführer einmal einen alten Bettler nach Finkenstein brachte. Im ganzen Orte wurde in der abfälligsten Weise davon geredet, von den Kindern wurde er verspottet und von den Erwachsenen gemieden. Und jetzt sollte ihn das gleiche Los treffen, auch er sollte dem Gespött der unerfahrenen, im Orte aufgewachsenen Menge preisgegeben sein, weil ihm ein verkommenes Subject sein Geld gestohlen hatte? ... Den Gedanken, einen Selbstmord zu begehen, gab er schließlich auf, er erwog die Flucht. Dieser Gedanke beherrschte ihn noch, als er nach zwei Tagen, an einen zweiten Schübling angekettet, zur Bahn geführt wurde, um kostenlos in die Heimat befördert zu werden ... Sie traten aus dem Tal heraus, der Kirchturm und die ersten Häuser von Finkenstein wurden sichtbar. ... Lazarus hatte ein Gefühl, das nur mit dem vergleichbar ist, das ein zum Tod Verurteilter haben mag, wenn er zum Richtplatz geführt wird. Er hatte nur den Wunsch, daß sich die Erde auftun möche, um ihn und den Schubführer zu verschlingen, aber dieser Wunsch ging nicht in Erfüllung."

2120 „Wie vortrefflich es unsere Bezirkshauptmänner und Polizeidirectoren übrigens verstehen, die Schubgesetze mit dem Art. 4, der die Freizügigkeit gewährleistet, in Einklang zu bringen, kann man den zahlreichen Fällen entnehmen, welche alljährlich das Reichsgericht beschäftigen. Die Praxis vernichtet den Rest von Freizügigkeit, welchen das Abschiebungs- und Abschaffungsgesetz noch gelassen. Allerdings ist das Reichsgericht in den meisten Fälbetrafen doch mindestens 42 von insgesamt 70 Beschwerden wegen Verletzung des Grundrechts auf Freizügigkeit oder Aufenthaltsfreiheit durch Erkenntnisse nach dem Schubgesetz die Abschiebung oder Abschaffung von „Agitatoren" oder sonstigen unruhestiftenden Arbeitern, wovon das Reichsgericht in 32 Fällen der Beschwerde stattgab. Wie die Judikatur zeigt, konnte für die Fällung eines Abschaffungserkenntnisses bereits ausreichend sein, wenn Personen als „Anhänger und Propagatoren der Socialdemokratie" galten und nach Ansicht der Behörde damit eine Gefahr für die Sicherheit der Person oder des Eigentums verkörperten[2121]. Lagen überdies polizeiliche oder gerichtliche Abstrafungen, seien es auch bloß solche wegen Verletzung des Vereins- oder Versammlungsrechts, des Koalitionsgesetzes oder Preßdelikte, vor, so griffen die Behörden oft beim nächstbesten Anlaß zur Ausweisung, indem sie – zumeist ohne konkrete Prüfung dafür eventuell vorliegender Indizien – solche Personen als die Sicherheit der Person oder des Eigentums gefährdend qualifizierten.

So hatte etwa die Bezirkshauptmannschaft Pilsen den wegen eines Preßdeliktes verurteilten Herausgeber einer Zeitung aus Böhmen abgeschafft, da dieser ein „notorischer, nur destructive Tendenzen verfolgender Anarchist", und „als solcher der Sicherheit der Person und des Eigenthums äußerst gefährlich" sei, zumal als Herausgeber und Redakteur einer periodischen anarchistischen Druckschrift[2122]. Für die Bezirkshauptmannschaft Bruck a.d. Mur war für die Abschaffung einer – ansonsten nicht vorbestraften – Person wegen Gemeingefährlichkeit schon ausreichend, daß diese das Gebot, den Versammlungsort aus Anlaß der Untersagung der Versammlung zu verlassen, mißachtet hatte[2123]. Umso mehr war es für diese Behörde freilich ein Abschaffungsgrund, wenn jemand die Verfügung der Behörde, eine Versammlung eines Vereines zu untersagen, „als eine muthwillige und lächerliche" bezeichnete, und sich weiters äußerte, daß er für diese „Frechheit der Bezirkshauptmannschaft Mittel finden werde", weiters die Auflösung einer Vereinsversammlung als „eine impertinente Verletzung des Versammlungsrechtes bezeichnete", sowie einem Bezirkssekretär, der die Abhaltung einer Versammlung untersagte und die Anwesenden aufforderte, auseinanderzugehen, erwiderte: „diese Statutenauslegung ist eine muthwillige und lächerliche" und in der Folge der Anordnung zum Verlassen der Versammlung nicht nachkam[2124]. Ebenso konnte eine Wirtshausrauferei Anlaß zu einer Abschaffung geben, wenn es sich nach Ansicht der Behörde

---

len den auf diesem Gebiet zu zahlreichen Gesetzwidrigkeiten entgegengetreten", so INGWER/ROSNER (wie Anm. 1204), S. 37.

2121 Vgl. das der Beschwerde stattgebende Erkenntnis des Reichsgerichtes vom 17. Jänner 1881, Z. 1, Slg. RG VI Nr. 229.

2122 Vgl. das der Beschwerde stattgebende Erkenntnis des Reichsgericht vom 3. Juli 1900, Z. 193, Slg. RG XI Nr. 1006.

2123 Vgl. das der Beschwerde stattgebende Erkenntnis des Reichsgerichtes vom 4. Juli 1892, Z. 216, Slg. RG IX Nr. 568. Zu diesem Fall kommentierten INGWER/ROSNER (wie Anm. 1204), S. 41: „Wem schwillt da nicht die Zornader, wenn er liest, daß man in Oesterreich einen Menschen wegen Uebertretung des Vereinsgesetzes ‚ausnahmslos und für immer abgeschafft', d.h. in Noth und Elend hinausgejagt hat! ... Daß der Beamte, der dieses Erkenntniß fällte, wegen Mißbrauchs der Amtsgewalt ins Zuchthaus kam, haben wir bis heute nicht erfahren".

2124 Vgl. das der Beschwerde stattgebende Erkenntnis des Reichsgerichtes vom 4. Juli 1892, Z. 215, Slg. RG IX Nr. 567.

um einen „Socialdemokraten“ und „Rädelsführer von Excedenten“ handelte[2125]. Aber auch Vorstrafen wegen kleinerer Eigentumsdelikte wurden zum Vorwand für die Abschaffung eines Mannes genommen, der „seit einer Reihe von Jahren als anarchistischer Agitator tätig“ gewesen war und „in Nordböhmen anarchistische und antimilitaristische Ideen propagiert, solchen Tendenzen huldigende Vereine gegründet und gefördert und überhaupt bei der Verbreitung anarchistischer Bestrebungen eine wichtige Rolle gespielt“ hatte[2126].

Weiters erblickte z.B. die Bezirkshauptmannschaft Dux auch einen Abschaffungsgrund in der Verurteilung eines von der Gemeindevorstehung seines Aufenthaltsortes als „Anarchist“ geschilderten Arbeiters wegen öffentlicher Gewalttätigkeit, begangen dadurch, daß der Abzuschaffende einem Gemeindewachmann mit der Faust in den Magen schlug, um dessen „Dienstesausübung“ zu vereiteln, die darin bestanden hatte, nach Beendigung einer Kirchtagstanzveranstaltung bei diesem Arbeiter eine „Eruirung und Beanständung“ wegen eines abhandengekommenen Bierglases vorzunehmen, sowie wegen Auflaufes, weil er nach erfolgter Verhaftung eines anderen Arbeiters durch den Wachmann den angesammelten Leuten zugerufen hatte: „Fürchtet Euch nicht, wir gehen auf ihn [den Wachmann], er muß den Cuba [den verhafteten Arbeiter] herauslassen“[2127]. Ein derartig willkürliches Durchgreifen begründete die Behörde damit, daß sich die Bevölkerung des ganzen Distriktes „durch die fast unausgesetzte aufreizende Thätigkeit der socialistischen Agitatoren in einer mehr oder minder gereizten und gehässigen Gemüthsstimmung, namentlich gegen die öffentlichen Polizei- und Sicherheitsorgane“ befinde, weshalb „Widersetzlichkeiten der Arbeiter gegen die Wachorgane sehr häufig“ vorkämen[2128]. Bei anderer Gelegenheit[2129] führte das Ministerium des Innern in seiner Gegenschrift zu einer Reichsgerichtsbeschwerde aus, daß sich „infolge der agitatorischen Tätigkeit subversiver Elemente die Fälle der offenen Auflehung gegen die Sicherheitsorgane in den Kohledistrikten“ mehrten, weshalb die „Sicherheitsbehörde zur Hintanhaltung der daraus resultierenden Gefahren zweckdienliche Maßregeln ergreifen“ müsse. Eine solche zweckdienliche Maßregel sei „unzweifelhaft die Entfernung derartiger, fremder Elemente aus dem Bezirke“, denn es gehe nicht an, daß die Tätigkeit der Sicherheitsorgane „lahmgelegt, ja sogar die persönliche Sicherheit der einzelnen Gendarmen gefährdet werde“. In diesem Fall war ein Bergarbeiter, welcher der Behörde als „rabiater Mensch“ erschien, der „sozialdemokratischen Anschauungen huldige und sich dadurch stets bemerkbar gemacht habe“, für beständig aus dem Bezirk Dux infolge

2125 Vgl. das der Beschwerde stattgebende Erkenntnis des Reichsgerichtes vom 9. Juli 1897, Z. 216, Slg. RG X Nr. 817.

2126 Vgl. das der Beschwerde stattgebende Erkenntnis des Reichsgerichtes vom 1. Juli 1912, Z. 130, Slg. RG XV Nr. 1944.

2127 Vgl. dazu das der Beschwerde stattgebende Erkenntnis des Reichsgerichtes vom 2. Juli 1900. Z. 192, Slg. RG XI Nr. 1005; allerdings bestätigte das Reichsgericht in seinem Erkenntnis vom 19. April 1904, Z. 130, Slg. RG XIII Nr. 1247, das gemeindebehördliche Ausweisungserkenntnis wegen Mangels des unbescholtenen Lebenswandels, vgl. dazu S. 419 f.

2128 Vgl. dazu das Erkenntnis des Reichsgerichtes vom 20. Oktober 1900, Z. 350, Slg. RG XI Nr. 1036.

2129 Vgl. das Erkenntnis des Reichsgerichtes vom 18. Jänner 1901, Z. 493 ex 1900, Slg. RG XII Nr. 1050.

einer Verurteilung wegen öffentlicher Gewalttätigkeit abgeschafft worden, obwohl das Strafgericht als mildernd für die Strafbemessung „untadelhaftes Vorleben" sowie „Verstandesschwäche" und „vernachlässigte Erziehung" als gegeben erachtet hatte. Die Tathandlung hatte darin bestanden, daß der Bergarbeiter, als er – auf einer Bank vor einem Gasthaus sitzend – sah, daß ein Gendarm seinen Schwager „behufs Ermittlung und Feststellung seines Namens" abführte, weil dieser angeblich aufrührerische Reden im Gasthaus gehalten hatte, auf diesen Gendarmen zusprang, ihn an der Schulter packte, festhielt und sagte: „Ten nesmi s vámi jí, toho nedáme!"[2130]. Nachdem andere Personen ihn zurückgezogen hatten, konnte die Abführung fortgesetzt werden. Das Reichsgericht war der Ansicht, daß von einer persönlichen Gefährdung des Gendarmen keine Rede gewesen sein konnte, sondern daß die Strafbarkeit der Handlung vielmehr in der Gefährdung der „Autorität der Sicherheitsorgane" gelegen war[2131].

Besondere Verdienste vermochte sich die Behörde freilich dann zu erwerben, wenn nicht bloß einzelne Arbeiter aus Unruhegebieten abgeschafft werden konnten, sondern vielmehr Versammlungen der Parteispitze verhindert oder gesprengt und Teilnehmer an diesen ausgewiesen wurden, so z.B. beim Arbeiter-Delegiertentag in Marchegg im Jahre 1875[2132]. Als Tagungsort hatte man Marchegg an der ungarischen Grenze bzw. das auf ungarischem Territorium gelegene „Ungarische Wirtshaus" gewählt, das – wie ein Polizeibericht angab[2133] – „infolge seiner isolierten Lage jede unbemerkte Annäherung geradezu unmöglich" machte. Nichtsdestotrotz wurde der Tagungsort ausgeforscht, und der Stuhlrichter des Stuhlbezirkes[2134] der Umgebung von Preßburg löste die Versammlung am 16. Mai auf. Wie ein Polizeibericht ausführte, wurden von den ungefähr 30 Teilnehmern die Angehörigen der ungarischen Krone, Heinrich Andrassy, Franz Reich und Albert Schüller, „nach Preßburg eskortiert, die übrigen über die ungarische Landesgrenze geschafft, um in Marchegg vom k.k. Bezirkshauptmann in Emp-

---

2130 Was soviel bedeutet wie: „Dieser da darf nicht mit ihm gehen, das lassen wir nicht zu".

2131 Siehe auch das Erkenntnis des Reichsgerichtes vom 11. Juli 1901, Z. 293, Slg. RG XII Nr. 1084 (Anm. 1279).

2132 Vgl. dazu BRÜGEL (wie Anm. 2101) II, S. 276 ff.; Herbert STEINER, Die Arbeiterbewegung Österreichs 1867–1889. Beiträge zu ihrer Geschichte von der Gründung des Wiener Arbeiterbildungsvereines bis zum Einigungsparteitag in Hainfeld (= Veröffentlichungen der Arbeitsgemeinschaft für Geschichte der Arbeiterbewegung in Österreich II), Wien 1964, 2. unveränd. Aufl. 1988, S. 117. Wie BRÜGEL (wie Anm. 2101) II, S. 272, bemerkte, war es der berüchtigte Polizist und nachmalige Chef der Wiener Staatspolizei, Bernhard Frankl, der „in Marchegg die Großtat verübte", den Kongreß aufzustöbern. „Man rechnete diese staatsrettende Tat dem jungen Polizeibeamten hoch an, denn der damalige Polizeidirektor von Wien belobte den Konzipisten, dem das ‚Wagestück' geglückt war. Damit war natürlich die Karriere des Herrn Frankl gemacht".

2133 Bericht vom 15. Mai 1875, siehe BRÜGEL (wie Anm. 2101) II, S. 276.

2134 Das Stuhlrichteramt war für den ihm zugewiesenen Bezirk die unterste landesfürstliche Behörde in allen nicht ausdrücklich anderen Behörden vorbehaltenen Verwaltungs- und Justizgeschäften, vgl. § 1 der Allerhöchsten Bestimmungen über die Einrichtung und Amtswirksamkeit der Stuhlrichterämter im Königreich Ungarn, festgesetzt mit allerhöchster Entschließung vom 10. Jänner 1853, RGBl. Nr. 9; nach § 36 der Entschließung oblag dem Stuhlrichter auch die „Ausweisung und Abschiebung von bedenklichen, von erwerbslosen oder ausweislosen im Bezirke nicht zuständigen Individuen" und das Schubwesen.

fang genommen zu werden, der die Ausländer Louis Werner[2135], Wilhelm Euler und Adolf Meisinger abzuschaffen und die sonstigen Teilnehmer mit gebundener Marschroute zu instradieren beabsichtigte", während Emil Kaller-Reinthal[2136] wegen einer anhängigen Untersuchung nach § 302 des Strafgesetzes dem Gericht zur weiteren Amtshandlung übergeben wurde.

1. Beispiele für ausgewiesene Ausländer

Eine spezielle Zielgruppe der behördlichen Ausweisungspraxis im Kampf gegen Anarchisten und Sozialdemokraten stellten die in Österreich in diesem Sinne wirkenden Ausländer dar. So wurde der Journalist Ludwig Richard Zimmermann, Herausgeber der Zeitschrift „Freiheit"[2137], am 24. Jänner 1870 vom Statthalter der Steiermark unter Berufung auf § 20 der Ministerialverordnung vom 3. Mai 1853 aus allen Ländern der Monarchie mit der Begründung verwiesen, „daß die fernere Duldung seines Aufenthaltes hierlands aus Rücksichten der öffentlichen Ordnung und Sicherheit nicht mehr zulässig erscheint". Seine Ausweisung rief einiges Aufsehen hervor und bildete sogar den Gegenstand einer Interpellation im Reichsrat am 7. März 1870[2138].

Ebenso wurde der deutsche Sozialdemokrat Philipp August Rüdt, sozialistischer Agitator, Redakteur des Leipziger „Volksstaat" und Mitarbeiter des „Volkswillen" aus Österreich ausgewiesen, nachdem er am 20. März 1871 einen „staatsgefährdenden" Vortrag im Fachverein der Musikinstrumentenmacher über „die römischen Volkstribunen Brüder Gracchus, den Sozialismus und die soziale Bewegung" gehalten hatte. Die Statthalterei ersuchte folglich die Wiener Polizeidirektion eine Ausweisung in Erwägung zu ziehen, da „der Private Rüdt in letzter Zeit sich als einer der gefährlichsten Agitatoren der Arbeiterpartei manifestiert" habe[2139]. Ein „energische[s] Auftreten der fremden Agitatoren, unter denen ein gewisser Imhof, über welchen Erhebungen und eventuelle Amtshandlung veranlaßt wurde", vermerkte ein weiterer amtlicher Bericht. Johann Heinrich Imhof erscheine „nicht bloß in Arbeiterversammlungen, sondern auch in jenen der Fachvereine, predigt das Lassalle-Evangelium bei den Manufakturarbeitern, Rotgerbern, Eisenarbeitern, Waffenarbeitern usw. und deutet einen geheimen Zweck

---

2135 Siehe zu ihm BRÜGEL (wie Anm. 2101) II, S. 283, Anm. *; Karl KAUTSKY, Erinnerungen und Erörterungen, hrsg. von Benedikt Kautsky (= Quellen und Untersuchungen zur Geschichte der deutschen und österreichischen Arbeiterbewegung, hrsg. vom Internationaal Instituut voor sociale Geschiedenis, Amsterdam, III), 's-Gravenhage 1960, S. 315, 336.

2136 Auch Emil Kaller, vgl. STAUDACHER (wie Anm. 1260), S. 291; siehe auch Anm. 2162.

2137 Der Grazer Parteiführer Strasser schrieb über ihn: „Er hat eine Gerichtsverhandlung um die andere, wird aber von dem Geschwornengericht immer freigesprochen. Sein Blatt kämpft wohl nur gegen die Mißbräuche der Religion, aber für Steiermark hat das ein besonderes Gewicht, die Leute vom Religiösen abzubringen (das heißt von dem Aberglauben), dann fallen sie gänzlich von der Religion weg. Kurz, wir helfen jetzt in Graz alle zusammen, um gegen die Pfaffenherrschaft, Klassenherrschaft und überhaupt gegen die Reaktion fest zu stehen, daß keine Lauheit in die Bewegung eintreten kann, und doch ein bißchen Freiheit zu erhalten oder besser, zu erlangen", siehe STEINER (wie Anm. 2132), S. 36.

2138 Sten. Prot. AH, V. Sess., 19. Sitzung am 7. März 1871, S. 228 f.

2139 Siehe BRÜGEL (wie Anm. 2101) II, S. 82.

seines Hierseins an. Wie sehr er Anklang findet, geht daraus hervor, daß ihn die Eisenarbeiter bereits in den Ausschuß gewählt haben“[2140]. Am 22. Juni 1871 brachte die Wiener Polizeidirektion bereits zur Kenntnis, daß „nunmehr auch der Grenzübertritt der beiden Agitatoren Johann Heinrich Imhof und Philipp August Rüdt, und zwar der erstere über Passau, der letztere über Salzburg konstatiert“ sei. Johann Heinrich Imhof halte sich derzeit in München auf, während Rüdt sich nach seiner Ausweisung in Pest Aufenthalt genommen habe und dort seine agitatorische Tätigkeit fortsetze. Anläßlich der dort entstandenen Unruhen sei er aus Ungarn zwangsweise entfernt, an der Grenze verhaftet und „als ein sämtlichen im Reichsrat vertretenen Königreichen und Ländern für immer verwiesener Ausländer mittels Westbahn bei Salzburg über die k.k. österreichische Grenze befördert“ worden[2141].

Auch der berühmte Anarchist Johann Most[2142] findet sich unter den aus Österreich ausgewiesenen Personen. Am 31. März 1871 berichtete der steirische Statthalter, daß das „Auftreten des Arbeiteragitators Johann Most aus Wien in Arbeiterversammlungen hierorts sowie dessen reger Verkehr mit den Arbeiterführern und ihren Anhängern ... unverkennbar eine gesteigerte, gewiß nicht unbedenkliche Bewegung in den hiesigen Arbeiterkreisen hervorgebracht“ habe[2143]. Im April reiste Most nach Laibach, wo er nach dem Bericht des Krainer Landespräsidenten[2144] versuchte, die „arbeitende Klasse

---

2140 Ebd., S. 83.

2141 Ebd.

2142 Vgl. zu Most Rudolf ROCKER, Johann Most. Das Leben eines Rebellen, Berlin 1924; Dieter KÜHN (Hrsg.), Johann Most. Ein Sozialist in Deutschland, München 1974; Joachim WAGNER, Politischer Terrorismus und Strafrecht im Deutschen Kaiserreich, Heidelberg-Hamburg 1981, S. 179 ff. Eine kleine Auswahl seines Schrifttums: Johann MOST, Die Anarchie, New York 1889; Freie Gesellschaft, New York 1887; Die Lösung der sozialen Frage, Berlin 1876; Memoiren. Erlebtes, Erforschtes und Erdachtes, 4 Bde., New York 1903–1907; Die Pariser Commune vor den Berliner Gerichten. Eine Studie über deutsch-preußische Rechtszustände, Braunschweig 1875; Revolutionäre Kriegswissenschaft. Handbüchlein zur Anleitung betr. Gebrauchs und Herstellung von Nitroglycerin etc., New York 1885; August Reinsdorf und die Propaganda der Tat, New York 1890; vgl. zu seinen Schriften in den Jahren 1874–1879 WAGNER (wie Anm. 2142), S. 190 Anm. 115; siehe auch Herbert STEINER, Bibliographie zur Geschichte der österreichischen Arbeiterbewegung 1867–1918, Wien 1962.

2143 Der Bericht fuhr fort: „Most sucht vor allem den hiesigen Arbeitern die Notwendigkeit darzutun, daß die Agitation im sozialdemokratischen Sinne auf die Bevölkerung vom flachen Lande ausgedehnt und energisch betrieben werde. Derselbe, allem Anschein nach über verhältnißmäßig nicht unbedeutende Geldmittel gebietend, macht auch von hier Ausflüge in die kleineren Orte der Steiermark und beabsichtigt demnächst eine Agitationsreise nach Ungarn, wo er sich 14 Tage aufzuhalten gedenkt. Aus seinen in Arbeiterkreisen gemachten Äußerungen geht stets das Bestreben hervor, die Arbeiter mit den Gedanken von Unruhen und Demonstrationen vertraut und antimonarchischen Tendenzen denselben geläufig zu machen“, siehe BRÜGEL (wie Anm. 2101) II, S. 84.

2144 „Am 3. d. M. kam Johann Most, angeblicher Buchbindergehilfe, mutmaßlich ident mit dem berüchtigten Agitator von Graz, hier an und setzte sich mit den Mitgliedern des Arbeitervereines in Verbindung, welchen er sich als der im vorigen Jahre infolge Arbeiterumtriebe in Wien zu vier Jahren Kerker verurteilte, nun amnestierte Arbeiteragitator vorstellte. Er teilte dem Kreis, in welchen er hier eintrat, mit, daß er im Auftrag der Pariser Revolutiofür die Lehre der sozialdemokratischen Universalrepublik zu gewinnen", zum Sturz der Regierungen aufrief und die Einführung des allgemeinen Stimmrechts forderte. Als Most nach einem weiteren Aufenthalt in Triest[2145] wieder nach Wien zurückgekehrt war, wurde er Anfang Mai zum Polizeikommissariat Josefstadt beschieden, wo ihm mitgeteilt wurde, daß er für immer aus allen im Reichsrat vertretenen Königreichen und Ländern abgeschafft sei. Most berichtete darüber in seinen Memoiren[2146]: „Als ich gegen Ende April nach Wien zurückgekehrt war, um nach einer kurzen Ruhepause Mähren und Böhmen agitatorisch zu beackern, zitierte mich sofort die Polizei vor ihr Forum; und ein dicker Strich wurde durch alle meine diesbezüglichen Pläne gemacht. ‚Sie reizen das Volk auf', sagte der Kommissär, welcher die moralische Hinrichtung vollziehen sollte. ‚Sie predigen Kommunismus, Aufruhr und andere Übel. Für die Amnestie haben Sie auf solche Weise schweren Undank gezollt. Die Regierung hat daher beschlossen, Sie für immer aus allen österreichischen Kronländern abzuschaffen.' ‚Für immer?' fragte ich mit einem boshaften Lächeln. ‚Jawohl, für immer', antwortete der Bürokrat bestimmt. ‚Es ist ja noch gar nicht gesagt, daß Österreich für immer existiert.' Kunstpause - geschwollene Stirnadern des Polizeiers - unartikulierte Töne desselben - Herbeirufung von Detektivs - Stellung unter deren Aufsicht auf fünf Tage Galgenfrist - damit endete der Auftritt." Betreffend den Fall Most berichtete die Wiener Polizeidirektion am 5. Mai 1871, daß „der Buchbindergehilfe und bekannte Arbeiteragitator Johann Most aus Augsburg im Sinne und auf Grund des § 20 der Verordnung ... vom 3. Mai 1853 ... aus sämtlichen im Reichsrat vertretenen Königreichen und Ländern unter Hinweisung auf die nach § 323 St.-G. im Falle der Rückkehr eintretenden Folgen am 2. d. M. abgeschafft worden ist, dagegen die Berufung ergriffen hat und hienach der betreffende Akt mit Bericht dem k.k. niederösterreichischen Statthaltereipräsidium zur weiteren Entscheidung vorgelegt worden" war. Der Rekurs wurde bereits am nächsten Tag zurückgewiesen, weil „Mosts Treiben im Sinne der sozialdemokratischen Partei notorisch" sei[2147].

---

näre herumreise, um im Einverständnis mit seinem Freund Scheu die arbeitende Klasse für die Lehre der sozialdemokratischen Universalrepublik zu gewinnen und sie für die Aktion, die in kurzer Zeit beginnen soll, vorzubereiten. Die Regierungen müssen gestürzt, das allgemeine Stimmrecht eingeführt, die jetzt besitzenden und herrschenden Klassen im kommunistischen Sinne beseitigt und an deren Stelle die Regierung der Arbeiter gesetzt und letztere derart zu Herrschaft und Vermögen und überhaupt in eine entsprechende Stellung gebracht werden". Da Most in Laibach wegen Verboten von Versammlungen, auf denen er sprechen wollte, und wegen „auf im Polizeiweg unauffällig vorbereiteten Hindernisse[n]" auch nicht improvisierte Vorträge halten konnte, reiste er am 5. April nach Triest ab, wo er dem Statthalter vom steirischen Statthalter bereits avisiert worden war; vgl. BRÜGEL (wie Anm. 2101) II, S. 85.

2145 Vgl. zu seinem dortigen Wirken BRÜGEL (wie Anm. 2101) II, S. 86.

2146 Johann MOST, Memoiren, Neuyork, Selbstverlag 1903, zitiert nach KÜHN (wie Anm. 2142), S. 71.

2147 Der Bericht der Statthalterei vom 6. Mai 1871 führte dazu aus: „Nachdem der in Augsburg in Bayern geborene und daselbst heimatberechtigte Buchbindergehilfe Johann Most, welcher im Jahre 1869 wegen Vergehens nach § 305 St.-G. mit einem Monat Arrest bestraft und mit obergerichtlich gemildertem Erkenntnis vom 19. Juli 1870 wegen Verbrechens des Hochverrates zu dreijährigem, schweren, monatlich durch einen Fasttag verschärften Ker-

Man mußte aber nicht die Berühmtheit Mosts besitzen, um ausgewiesen zu werden. So wurde etwa der Bankbeamte Leopold Schapira, der in einem Meinungsstreit zwischen Emil Kaller-Reinthal, dem geistigen Haupt der als „Sezessionisten" bekannten Arbeiterfraktion, und dem Gemäßigten Kiehaupt vermittelt und so die Aufmerksamkeit der Polizei erweckt hatte, mit Erkenntnis des Polizeikommissariats Neubau vom 20. April 1877 aus Rücksichten der öffentlichen Ordnung und Sicherheit aus Cisleithanien für beständig abgeschafft[2148], weil „er in Beziehungen zur sozialdemokratischen Partei steht, weil sichergestellt ist, daß er die Bestrebungen dieser staatsgefährlichen Partei tätig unterstützt und weil er überdies am 20. April 1877 in einem gesetzwidrigen Konventikel von Agitatoren und Genossen dieser staatsgefährlichen Partei betreten wurde". Nach seiner Ausweisung veröffentlichte Schapira am 6. Jänner 1878 in der Presse folgende Erklärung, die ein bezeichnendes Licht auf die Vorgangsweise der Polizei und insbesondere des berüchtigten Polizeikommissärs Berhard Frankl[2149] wirft: „Im April vorigen Jahres traf mich Herr Polizeikommissär Frankl in einem Gasthaus ... in Gesellschaft mehrerer Personen an, von denen er glaubte, daß sie behufs Abhaltung ‚einer geheimen Sitzung' zusammengekommen seien. – Wiewohl er sich in dieser Beziehung täuschte, forderte er mich dennoch auf, ihm auf das Kommissariat Neubau zu folgen, woselbst mir meine Ausweisung aus Österreich wegen angeblicher Gefährdung der öffentlichen Ruhe und Sicherheit angekündigt wurde. Diese polizeiliche Maßregelung konnte nur darin ihren Grund haben, daß mich Herr Kommissär Frankl für einen jener aus dem Ausland importierten Agitatoren hielt, die den Umsturz der Gesellschaft berufsmäßig betreiben sollen. Ich hatte jedoch bereits mehrere Monate vorher bei einer polizeilichen Vernehmung erklärt, daß ich mich zwar für die Arbeiterbewegung interessiere, aber in keiner Weise agitatorisch tätig sei ... Meine Ausweisung mußte mich

---

ker und zur Landesverweisung verurteilt worden ist, sich nach seiner infolge der Allerhöchsten Amnestie vom 7. Februar l. J. eingetretenen Haftentlassung wieder hierher begeben und seither nicht nur hier in verschiedenen Arbeiterversammlungen abermals im Sinne der Tendenzen und Bestrebungen der sogenannten, durch strafgerichtliches Erkenntnis als staatsgefährlich erklärten sozialdemokratischen Partei gesprochen und agitiert, sondern zu diesem Ende auch eine Reise nach Steiermark, Kärnten, Krain und dem Küstenland unternommen und daselbst an verschiedenen Orten eine gleiche agitatorische Tätigkeit entwickelt hat, ist von Seiten der hiesigen k.k. Polizeidirektion im Sinne und auf Grund des § 20 der Verordnung ... vom 3. Mai 1853 ... die Außerlandesschaffung des Genannten verfügt und ihm diese Verfügung am 2. d. M. durch das Kommissariat Josefstadt publiziert worden. Gegen dieses Erkenntnis hat Most die Berufung sogleich angemeldet und am 4. d. M. bei dem Kommissariat auch ausgeführt, und die k.k. Polizeidirektion hat dieselbe mittels Berichtes vom 5. Mai d. J. (Z. 1145) mit dem Bemerken zur weiteren Entscheidung hier vorgelegt, daß Mosts Treiben im Sinne der sozialdemokratischen Partei notorisch ist und Beweise dafür sich in verschiedenen gelegentlich zur Einsicht vorgelegten Akten über Arbeiterversammlungen und in Berichten vorfinden, welche die Herren Landeschefs von Steiermark, Krain und Triest über Mosts Verhalten daselbst an das Ministerium des Innern erstattet haben und welche der k.k. Polizeidirektion zur Einsicht zugekommen sind. Aus diesen Gründen habe ich den Rekurs Mosts gegen das erwähnte Erkenntnis unter Bestätigung desselben zurückgewiesen", siehe BRÜGEL (wie Anm. 2101) II, S. 87.

2148 Vgl. dazu ausführlich BRÜGEL (wie Anm. 2101) III, S. 69 und Anm. *.

2149 Siehe zu ihm BRÜGEL (wie Anm. 2101) II, S. 272, und die Reden der Abgeordneten Kronawetter und Pernerstorfer im Reichsrat zur Ausnahmsverfügung von 1884.

demgemäß sehr überraschen. Ich rekurrierte an die niederösterreichische Statthalterei und nahm gleichzeitig persönlich Rücksprache mit ... dem ... Polizeipräsidenten Marx. Letzterer sagte ausdrücklich, diese Maßregel sei schon dadurch begründet, daß ich mich, laut meiner zu Protokoll gegebenen Aussage, für die soziale Frage interessiere. Er fügte dem noch hinzu: ‚Wer sich unter die Kleie mische, dürfe sich nicht wundern, wenn er von den Säuen gefressen werde' "[2150].

Auch zahlreiche andere, weit weniger bekannte Personen wurden aus Cisleithanien ausgewiesen, wie z.B. der Tischlergehilfe Köppen, Mitherausgeber der „Zukunft", am 26. März 1882 „wegen werktätiger Teilnahme an der staatsgefährlichen Propaganda der sozialdemokratischen Partei aus Rücksicht für die öffentliche Ordnung und Sicherheit"[2151], sowie Michael Kumic, „Tischlergehilfe aus Cernik" in Slavonien, Obmann des Fachvereines der Tischler und Revisor des Inhaftiertenfonds der „Zukunft", im April 1883 wegen „werktätiger Teilnahme an der staatsgefährlichen Propaganda"[2152].

2. *Beispiele für ausgewiesene Inländer*

Aber nicht nur „gefährliche" Ausländer, sondern auch zahlreiche österreichische Staatsbürger wurden, zumeist nach den Bestimmungen des Reichsschubgesetzes und zum Teil unter Mißbrauch derselben, aus dem Ort oder Land ihres Aufenthaltes wegen sozialistischer Agitation abgeschafft. Unter diesen befanden sich einige prominente Arbeiterführer[2153]. So wurde etwa der Grazer Dr. Hippolyt Tauschinsky[2154], einer der Gründer und wichtigsten Organisatoren der Arbeiterpartei, der im April 1874 den Neudörfler Delegiertentag[2155] einberufen und geleitet hatte, im Oktober 1875 wegen

2150 Gustav KOLMER, Parlament und Verfassung, 8 Bde., Wien-Leipzig 1902/1914, III, S. 69 f.

2151 STAUDACHER (wie Anm. 1260), S. 237.

2152 Erkenntnis der Wiener Polizeidirektion, Z. 2069 Pr.; siehe STAUDACHER (wie Anm. 1260), S. 236, siehe auch ebd., S. 301.

2153 In dieser Studie können nur einige wenige Beispiele für derart motivierte Ausweisungen angeführt werden, weitere Untersuchungen zu diesem Fragenkomplex sind aber vorgesehen.

2154 Vgl. zu ihm Constant von WURZBACH, Biographisches Lexikon des Kaiserthums Oesterreich, XLIII, Wien 1881, S. 142–146; Anneliese PITTNER, Hippolyt Tauschinski (1839–1905). Ein österreichisches Akademikerschicksal zwischen Liberalismus und Sozialismus, phil. Diss. Graz 1954; Anneliese PFERSCHY, Aus den Anfängen der österreichischen Arbeiterbewegung. Hippolyt Tauschinsky, Historiker und Arbeiterführer, in: Fritz Posch (Hrsg.), Siedlung, Wirtschaft und Kultur im Ostalpenraum. Festschrift zum 70. Geburtstag von Fritz Popelka (= Veröffentlichungen des Steiermärkischen Landesarchivs II), Graz 1960, S. 137; BRÜGEL (wie Anm. 2101) II, S. 223, 238 ff., 248 ff., 254 f., 280 ff., insbes. S. 301 ff.; Helmut KONRAD, Religiöser und sozialer Protest. Die frühe österreichische Arbeiterbewegung und die Religionsgemeinschaften, in: Politik und Gesellschaft im alten und neuen Österreich. Festschrift für Rudolf Neck zum 60. Geburtstag, Wien 1981, I, S. 203 ff.; STEINER (wie Anm. 2132), S. 14 f., 119 f., 183; Fritz KAUFMANN, Sozialdemokratie in Österreich. Idee und Geschichte einer Partei von 1889 bis zur Gegenwart, Wien 1978, S. 78 Anm. 7, S. 79 f. Anm. 11.

2155 Vgl. dazu Josef WEIDENHOLZER (Hrsg.), 100 Jahre sozialdemokratischer Parteitag in Neudörfl. Internationale Tagung der Historiker der Arbeiterbewegung, ITH-Protokollbd. VIII,

Hochverrats angeklagt, weil er zur „gewaltsamen Realisierung des Neudörfler Programms, welches den Umsturz der bestehenden staatlichen und sozialen Institutionen anstrebe, durch Gründung eines Geheimbundes, durch Einberufung eines zweiten Delegiertentages, in welchem zum Hasse und zur Verachtung gegen die Staatsbehörden aufgefordert wurde, durch Verbreitung sozialistischer Ideen in Wort und Schrift, durch Entsendung von Agitatoren, endlich durch Verfassung und Verbreitung“ zweier Gedichte, „welche die Arbeiter zur Empörung und zum Bürgerkrieg im Inneren auffordern, sowie durch Schilderung der glücklichen Zustände, welche dem Vernichtungskampfe nachfolgen, etwas unternommen [hatte], was auf eine gewaltsame Veränderung der Regierungsform, auf eine Empörung oder auf einen Bürgerkrieg im Inneren angelegt war“[2156]. Zwar wurde er am 8. Dezember 1875 von der Anklage des Hochverrats freigesprochen und nur wegen Aufwiegelung zu drei Monaten Arrest verurteilt, aber mit Erkenntnis vom 1. Februar 1876 für immer aus Graz verwiesen. Nach Verbüßung seiner Haftstrafe wurde Tauschinsky mit gebundener Marschroute nach Wien, seinem Zuständigkeitsort, abgeschafft. Wie Brügel[2157] berichtete, ging Tauschinsky die „Ausweisung aus der ihm lieb gewordenen steirischen Haupstadt ... besonders nahe“, weshalb er in einem Rekurs vom 4. Februar 1876 die Aufhebung der Ausweisung erbat, da er eine „vollständige Sinnesveränderung“ durchgemacht habe: „Ich habe ... die feste Absicht gefaßt, mich von allen wie immer Namen habenden Agitationen ... ganz und vollständig loszusagen. ... Dies ist mein fester und redlicher Entschluß, und dahin gebe ich auch mein ernstes und feierliches Versprechen ab. Ich ... wende ... mich dringend an das Wohlwollen und die gnädige Entscheidung Eurer Exzellenz, meinem Rekurs gegen die Abschiebung und Abschaffung aus Graz ein geneigtes Gehör zu schenken, indem ich das Versprechen wiederhole, mich durch mein künftiges musterhaftes Verhalten dieser besonderen Gnade stets würdig zu erweisen“[2158]. Nichtsdestowenig blieb die Ausweisung aufrecht. Jedoch lehnte Tauschinsky hinkünftig jede weitere Mitarbeit in der sozialdemokratischen Partei ab, weshalb er anläßlich des Wiener Neustädter Kongresses am 15. August 1876 aus der sozialdemokratischen Partei ausgeschlossen wurde.

Josef Peukert, der umstrittene Führer der österreichischen Radikalen[2159], überlieferte in seinen Erinnerungen, daß er nach einer dreimonatigen Untersuchungshaft im Verwaltungsbüro des Gefangenenhauses zwei Detektiven übergeben wurde, die ihn ins

---

Wien 1976; Walter GÖHRING, Der Gründungsparteitag der österreichischen Sozialdemokratie Neudörfl 1874, Wien-München 1974.

2156 Helmut KONRAD, Die Sozialistenprozesse 1874 und 1875 in Graz um Dr. Hippolyt Tauschinsky, in: Karl R. Stadler (Hrsg.), Sozialistenprozesse. Politische Justiz in Österreich 1870–1936, Wien-München-Zürich 1968, S. 66.

2157 BRÜGEL (wie Anm. 2101) II, S. 303.

2158 Ebd.

2159 Vgl. zu Peukert ausführlich WAGNER (wie Anm. 2142), S. 211 ff.; auch STEINER (wie Anm. 2132), S. 196 ff.; BRÜGEL (wie Anm. 2101) III, S. 229 ff.; Helmut KONRAD, Das Entstehen der Arbeiterklasse in Oberösterreich, Wien-München-Zürich 1981, S. 207 ff., 220 f.; STAUDACHER (wie Anm. 1260), S. 311 f.; Gerfried BRANDSTETTER, Sozialdemokratische Opposition und Anarchismus in Österreich 1889–1918, in: Gerhard Botz/Gerfried Brandstetter/ Michael Pollak, Im Schatten der Arbeiterbewegung. Zur Geschichte des Anarchismus in Österreich und Deutschland (= Schriftenreihe des Ludwig Boltzmann-Instituts für Geschichte der Arbeiterbewegung VI), Wiener Neustadt 1977, S. 33 f.

Polizeipräsidium führten, wo ihn Polizeirat Frankl, „der verschlagenste und gewissenloseste Scherge der politischen Abteilung", mitteilte, er werde nach dem Vagabundengesetz per Schub in seine Heimat befördert, da er weder Arbeit, Quartier noch Mittel habe[2160]. Von einem Rekurs an die Statthalterei wurde Peukert von seinem Anwalt abgeraten, weil dessen Erledigung sechs Monate oder länger dauern würde und die Polizei ihn bis zur Entscheidung der Statthalterei in Haft behalten würde. Der Anwalt empfahl den „Ausweg", daß, so Peukert, „ich mit gebundener Marschroute, die sie mir erwirken würden, nach Hause reiste, mit der Bahn wie ich wolle, dann könne ich ja sofort wieder zurückkommen, anstatt die ganze Frühlings- und Sommerzeit im Gefängnis zu verbringen"[2161].

Zu den prominenten Ausgewiesenen zählten auch Emil Kaller-Reinthal[2162], der Hauptmitarbeiter und Redakteur des „Sozialisten", der am 13. Jänner 1878 aus Wien in seine Heimatgemeinde Graz abgeschoben wurde, und der spätere (1891) sozialpolitische Redakteur der Arbeiter-Zeitung August Radimsky[2163], der, wiewohl ihn sein Arbeitgeber weiterbeschäftigen wollte, nach der Verbüßung von vier Wochen Haft wegen Geheimbündelei aus Prag wegen Subsistenzlosigkeit abgeschoben wurde. „Auf eine kleine

---

2160 Frankl habe ihn mit „den höhnischen Worten" empfangen, ob er „Quartier, Arbeit und Mittel habe? Man denke, nach dreimonatiger Haft plötzlich entlassen, sollte ich schon Arbeit und Quartier haben. Auf meine Entgegnung, daß ich Alles schnell haben werde, ... sobald ich nur frei sei, eröffnete er mir: ‚Ja, dann haben Sie es eben nicht, und nach dem Vagabundengesetz werden Sie per Schub in Ihre Heimat befördert' ", vgl. Josef PEUKERT, Erinnerungen eines Proletariers aus der revolutionären Arbeiterbewegung, Berlin 1913, S. 94; vgl. zu diesen Erinnerungen allerdings Viktor ADLER, Peukerts Erinnerungen, in: Der Kampf. Sozialdemokratische Monatsschrift, hrsg. von Friedrich Adler/Otto Bauer/Adolf Braun/Karl Renner, VII (1914), S. 302–307.

2161 „Darauf erbat ich mir Bedenkzeit, ... kam ... zu demselben Resultat und willigte in eine Marschroute per Bahn über Budweis, Prag, Jung-Bunzlau, Reichenberg nach Gablonz, meiner zuständigen Bezirkshauptmannschaft. ... Zum Franz Josephs-Bahnhof ging es in Begleitung eines polizeilichen Schutzgeistes in Zivil, welcher mich erst wieder verließ, als ich wohlbehalten in einem Kupee 3. Klasse installiert war und der Zug sich in Bewegung gesetzt hatte. Nachdem ich es mir etwas bequem gemacht, musterte ich auch ein bißchen meine Reisegefährten, wobei ich in einer Ecke auch eines jener Individuen erblickte, denen jeder anständige Mensch soviel wie möglich aus dem Wege geht. ... Somit war es also noch nicht genug, daß man mich mit gebundener Marschroute von Wien abschubste, ich hatte noch außerdem einen geheimen Schutzengel, der unterwegs über mein Wohlergehen wachen sollte. Oder wollte man sich nur vergewissern, daß ich nicht schon auf einer der nächsten Stationen umkehrte?"; PEUKERT (wie Anm. 2160), S. 96.

2162 BRÜGEL (wie Anm. 2101) III, S. 106, 122; zur Vita Kallers ausführlich BRÜGEL (wie Anm. 2101) III, S. 106, 133 Anm. *, 274 f.; siehe auch KAUTSKY (wie Anm. 2135), S. 323 ff.; STAUDACHER (wie Anm. 1260), S. 291 f.; Kaller war geistiges Haupt der als „Sezessionisten" bekannten Arbeiterfraktion, wurde als Stimmführer dieser Partei am 14. September 1872 wegen des Verbrechens der Störung der öffentlichen Ruhe zu einer dreimonatigen Kerkerstrafe verurteilt. Am 13. Jänner 1873 wurde gegen ihn eine Untersuchung wegen des Vergehens der Aufreizung, begangen durch eine im Arbeiterverein „Brüderlichkeit" gehaltene Rede begonnen. Nach der ersten Vernehmung flüchtete Kaller nach Deutschland, vgl. BRÜGEL (wie Anm. 2101) II, S. 218.

2163 Alfred MAGAZINER, Die Vorkämpfer. Aus der Geschichte der Arbeiterbewegung, Wien-München-Zürich 1979, S. 72 ff.

Beugung des Gesetzes", so Alfred Magaziner[2164], „kam es den Behörden des Habsburgerstaates eben nicht an".

Die Abschaffungslust der Behörden machte auch nicht vor dem für die Sozialdemokraten später vielfach aktiven Juristen Dr. Isidor Ingwer[2165], halt, der 1893 wegen Störung der öffentlichen Ruhe und Ordnung gemäß § 305 des Strafgesetzes, begangen durch den Ausruf „Es lebe die rothe revolutionäre Socialdemokratie" in einer Versammlung des politischen Vereines „Volksfreund" in Brünn, verurteilt worden war, weil er „sohin öffentlich und vor mehreren Leuten durch die Gesetze verbotene Handlungen angepriesen" hätte. Von der Bezirkshauptmannschaft Brünn wurde er 1894 daher „aus öffentlichen Sicherheitsrücksichten" nach Verbüßung seiner Haftstrafe für beständig aus Brünn und dem ganzen Kronland Mähren abgeschafft. Seiner diesbezüglichen Beschwerde gab das Reichsgericht, vor dem er später selbst als Hof- und Gerichtsadvokat Beschwerden wegen Ausweisungen vertrat[2166], statt[2167].

Nicht so einfach gelang es anfänglich den Behörden, auch gegen Andreas Scheu[2168] mit der Ausweisung vorzugehen, war dieser „doch so klug", „die Grenze des gesetzlich Erlaubten nicht zu überschreiten und einem allfälligen Ordnungsruf sofort Folge" zu leisten[2169]. Im Dezember 1873 stellte ein Wiener Polizeibericht fest[2170], daß Scheu seine Agitation immer weiter ausdehne und „hauptsächlich die von Arbeitern stark bevölkerten Gegenden Steiermarks und Oberösterreichs, zeitweise auch Mährens in den Bereich seiner Agitation" einbeziehe und bereits die „Aufmerksamkeit der Behörden auf sich gelenkt" habe. Nach Ansicht des Berichtes sei es „nicht so ganz im Bereich der Unmöglichkeit" gelegen, daß „sich Scheu, um seinen Einfluß bei der Partei zu heben[2171], selbst

---

2164 Ebd., S. 73.

2165 INGWER trat vor allem durch Publikationen hervor: z.B. Der sogenannte Arbeitsvertrag. Eine sozialpolitische Studie, Wien 1895; Anleitung zum Gebrauch der Gesetze über das Vereins- und Versammlungsrecht. Nebst Formularen und einem Anhang: Entwurf eines Gesetzes über das Vereins- und Versammlungsrecht, Wien 1896; Erläuterungen zum Gesetz, betreffend die Einführung von Gewerbegerichten, Wien 1898; Personaleinkommenssteuer und die Arbeiter, Wien 1898; Die Rechtsstreitigkeiten vor dem Gewerbegericht, Wien 1899; Die Pressereform. Eine Kritik der Regierungsvorlage vom 11. Juni 1902, Wien 1902; Das Arbeitsverhältnis nach österreichischem Recht, Wien 1905; Zwei Fesseln des Koalitionsrechtes, Wien 1912; siehe zu weiteren Arbeiten STEINER (wie Anm. 2142) und die 1204, 1296 und 2063.

2166 Siehe die Erkenntnisse des Reichsgerichtes vom 19. Oktober 1912, Z. 292, Slg. RG XV Nr. 1971; vom 20. April 1903, Z. 143 und 144, Slg. RG XII Nr. 1171 und 1172.

2167 Siehe das Erkenntnis des Reichsgerichtes vom 12. April 1894, Z. 77, Slg. RG X Nr. 660.

2168 Vgl. zu ihm Herbert STEINER, Die Familie Scheu, in: Jahrbuch des Vereines der Stadt Wien XXI/XXII (1965/66), S. 313–336, insbes. S. 322; DERS., Der Wiener Hochverratsprozeß, in: Karl R. Stadler (Hrsg.), Sozialistenprozesse. Politische Justiz in Österreich 1870–1936, Wien-München-Zürich 1968, S. 13–30; DERS. (wie Anm. 2132), S. 25.

2169 So ein Bericht Ende November 1873 über Scheus Agitationsreise in Oberösterreich; siehe BRÜGEL (wie Anm. 2101) II, S. 268.

2170 Ebd., S. 224.

2171 Andreas Scheu und Heinrich Oberwinder bildeten damals zwei gegnerische Fraktionen der sozialdemokratischen Arbeiterpartei. Oberwinder war „mehr Demokrat als Sozialist", während Scheu „sich Marx näherte", so konstatierte Karl RENNER in seinem Nachwort „Zum Wiener Hochverratsprozeß", siehe BRÜGEL (wie Anm. 2101) II, S. 204; dementsprechend

zu einem demonstrativen Vorgehen hinreißen lassen dürfte". Wiewohl der in Wien zuständige Scheu derzeit keine Veranlassung biete, gegen ihn in Wien vorgehen zu können, erscheine es doch „dringend geboten ..., diesem Treiben desselben möglichst und schleunigst Einhalt zu tun". Da Scheus „agitatorische Tätigkeit daselbst mit Rücksicht auf die verfolgten Zwecke und erzielten Erfolge staatsgefährlich ist, so dürfte nach unvorgreiflichem hierortigen Ermessen den dortigen Behörden ein ausreichender Grund zu einem gesetzlichen Einschreiten gegeben sein, aus welchem sich unzweifelhaft dessen jeweilige Abschaffung von selbst ergeben würde. Eine weitere Folge dieser vollkommen gesetzlichen Maßregel wäre, daß der Kreis seines agitatorischen Wirkens immer enger gezogen" würde. Im Jahre 1874 wurde Scheu dann in Prag verhaftet, wegen Vergehens der Landstreicherei zu acht Tagen Arrest verurteilt und aus den böhmischen Ländern ausgewiesen[2172].

Auch der Herausgeber des „Social-politischen Volksblattes", Gustav Fernkorn[2173], wurde in Klagenfurt am 14. März 1874 wegen Preßvergehens zu drei Monaten verschärftem Arrest verurteilt und aus Kärnten abgeschafft. Wie der Bericht des Kärntner Landespräsidiums an den Minister des Innern ausführte[2174], war dem vor eineinhalb Jahren nach Klagenfurt gekommenen Fernkorn „schon von seinem früheren Aufenthalte aus Wien der Ruf eines Arbeiterführers nachgefolgt". Gleich nach seiner Ankunft machte sich Fernkorn laut diesem Bericht „in den auf seine Veranlassung durch die Arbeiter einberufenen Volksversammlungen als eifriger Vertreter und Förderer der socialdemokratischen Prinzipien bemerkbar. Aber nicht nur in öffentlichen Versammlungen, sondern auch durch die Presse wirkte Fernkorn für die Ausbreitung seiner social-demokratischen Ideen, indem er die Arbeiter für die Gründung eines ‚Socialpolitischen Volksblattes' zu gewinnen wußte, welches sofort von ihm herausgegeben wurde". Außerdem wies der Bericht darauf hin, daß Fernkorn ein Wirtshaus betriebe, in welchem nur Arbeiter verkehrten, was ihn in die Lage setze, „seine verderblichen Grundsätze auf die Arbeiterklasse zu übertragen, bei welcher seine comunistischen Tendenzen den fruchtbarsten Boden" fänden. Fernkorn habe sich „auf die Arbeiter, die er in geistiger Beziehung weit überragt, einen großen Einfluß zu verschafften gewußt" und gelte als der „Apostel der comunistischen Wirtschaftslehre". Fernkorn sei für Klagenfurt ein „äußerst gefährlicher Arbeiter-Agitator", dessen Einfluß sich noch steigern würde, beließe man ihn nach verbüßter Strafe am Ort, weshalb der Behörde seine „Entfernung vom hiesigen Platze im Interesse des öffentlichen Wohles, der Ruhe und Ordnung in hohem Grade wünschenswerth" erschien[2175].

Ebenso wurde der Grazer Arbeiterführer Strasser im Februar 1870 für immer aus der Steiermark ausgewiesen, kehrte allerdings im Juni wieder zurück und wurde verhaftet. Alle seine Gesuche um Aufhebung der Ausweisung wurden abgelehnt. Die Polizeidirektion befürchtete, daß bei einer Rückkehr Strassers innerhalb kurzer Zeit wieder in

---

hielten die Gemäßigteren zu Oberwinder, die Radikalen zu Scheu, vgl. zum Streit Scheu-Oberwinder näher BRÜGEL (wie Anm. 2101) II, S. 200 ff.

2172 Zur Urteilsbegründung STEINER (wie Anm. 2132), S. 107 f.

2173 Karl DINKLAGE, Geschichte der Kärntner Arbeiterschaft, I, Klagenfurt 1976, S. 142 ff.

2174 Bericht vom 27. August 1874, siehe nach DINKLAGE (wie Anm. 2173), S. 144.

2175 Vgl. die Ansicht des Reichsgerichtes zu derartigen Abschaffungen S. 223 ff.

der mittlerweile „mehr oder minder desorganisiert[en]" Arbeiterpartei ... die stramme Organisation wieder Platz greifen" würde[2176].

Aber auch zahlreiche weniger bekannte Persönlichkeiten, insbesondere aus der radikalen bzw. anarchistischen Bewegung, wurden aus ihren Aufenthaltsorten entfernt[2177]. So wurde Norbert Zoula[2178], Gründungsmitglied der tschechischen Sozialdemokratie und Verfasser der Statuten der tschechischen radikalen Arbeiterpartei, zu Beginn des Jahres 1883 von Wien per Schub nach Böhmen zurückbefördert. Anton Behr[2179], der Mitherausgeber des „Radikalen", wurde mehrfach wegen aufreizender Reden und Verbreitung verbotener Druckschriften angeklagt, 1882 wegen Geheimbündelei verurteilt und 1884 nach einer neuerlichen Aburteilung, „nachdem er seine die Sicherheit der Person und des Eigentums in hohem Maße gefährdenden Umtriebe im Tetschner Bezirk fortsetzte", aus diesem Bezirk nach § 1 lit. d des Schubgesetzes abgeschoben. 1885 wurde er auch aus Prag und Reichenberg ausgewiesen. Ebenfalls 1885 wurden Anton Fuchs, der Weggefährte Peuckerts[2180], aus Oberösterreich und aus Budapest sowie Franz König[2181], der Verleger des „Radikalen", aus Prag abgeschafft. Der Grazer Radikale Stefan Pauler[2182] wurde 1881 nach Abbüßung einer Strafe wegen Störung der öffentlichen Ruhe und Ordnung aus Graz abgeschafft und mittels Schub in seine Heimat nach Böhmen verbracht. Am 28. April 1883 wurde Pauler erneut abgeschafft, diesmal allerdings aus Niederösterreich wegen Ehrenbeleidigung[2183], begangen dadurch, daß er bei der in den „Saallocalitäten des Hernalser Bräuhauses abgehaltenen Schuhmacherversammlung in dem von ihm verfaßten Resolutionsentwurfe sowie in seinen Äußerungen den österreichischen Reichsrath ohne Anführung bestimmter Thatsachen öffentlich und vor mehreren Leuten verächtlicher Eigenschaften und unehrenhafter Gesinnung geziehen" hatte, wogegen er allerdings Beschwerde an das Reichsgericht ergriff, das seiner Beschwerde stattgab[2184]. Bereits im April 1884 erfolgte seine Abschaffung auch auf beständig aus ganz Ungarn.

Nicht stattgegeben hatte das Reichsgericht allerdings der Beschwerde des Radikalen Wilhelm Till, Weber und Obmann des Arbeiterbildungsvereines Floridsdorf. Er war im Juni 1882 wegen Störung der öffentlichen Ruhe und Ordnung, begangen dadurch, daß er „in Kenntniß der Tendenz der vom communistischen Arbeiterbildungsvereine in London herausgegebenen social-revolutionären Zeitschrift ‚Freiheit' und zur Verwirkli-

---

2176 Vgl. dazu ausführlicher STEINER (wie Anm. 2132), S. 35 ff.

2177 KONRAD (wie Anm. 2159), S. 244, 249 f., berichtete, daß die Linzer Anarchisten im Frühsommer 1886 in „eine tiefe Krise" fielen, da ein Teil der Funktionäre Linz verlassen hatte oder abgeschafft worden war, etwa Stefan Dörr (Ther), Kuttil, Frank Kropfmüller.

2178 STAUDACHER (wie Anm. 1260), S. 338.

2179 Vgl. zu ihm STAUDACHER (wie Anm. 1260), S. 280, m.w.N.

2180 Ebd., S. 285.

2181 Ebd., S. 297.

2182 Ebd., S. 308 f., 237 f.

2183 Gemäß §§ 491, 496 StG und Art. 5 des Gesetzes vom 17. Dezember 1862, RGBl. 1863 Nr. 8, betreffend einige Ergänzungen des allgemeinen und des Militärstrafgesetzes.

2184 Weil unter der Gefährdung gemäß § 1 lit. d des Schubgesetzes „nur eine in thätlicher Weise bedrohende Gefährdung verstanden werden" könne, siehe das Erkenntnis des Reichsgerichtes vom 10. Juli 1883, Z. 85, Slg. RG VII Nr. 279.

chung der Zwecke dieses Vereines die ihm zugekommenen Exemplare dieser Zeitschrift weiter verbreitet, hiedurch an der internationalen communistischen Arbeiterverbindung theilgenommen, andere zur Verachtung und zum Hasse wider die Regierungsform und Staatsverwaltung aufzureizen und zur Theilnahme an dieser Verbindung zu verleiten gesucht und hiedurch zu Feindseligkeiten wider einzelne Classen und Stände der bürgerlichen Gesellschaft und zu feindlichen Parteiungen der Einwohner des Staates gegeneinander aufgereizt" hatte, für beständig aus Niederösterreich abgeschafft worden[2185].

Helmut Konrad[2186] berichtete überdies, daß in Oberösterreich am 27. und 31. Juli 1871 eine „Landstreifung" stattfand, die - wenn schon ein unmittelbarer Konnex zur Arbeiterbewegung von ihm nicht nachgewiesen werden konnte - jedenfalls dazu genützt wurde, um politisch unliebsame Elemente loszuwerden. Im Zuge dieser Aktion wurden in ganz Oberösterreich 210 Menschen verhaftet, darunter 15 Ausländer, 88 Personen aus Böhmen, neun aus Mähren, drei aus Schlesien und acht aus Ungarn. Von den 210 Verhafteten wurden 82 abgeschoben, 56 mit gebundener Marschroute instradiert und 22 den Strafbehörden überlassen.

3. *Ausweisungen im Zuge von Streiks*

Besonders deutlich zeigt sich der Einsatz von Abschiebung und Abschaffung nach dem Schubgesetz bei der Verhinderung oder Niederschlagung von Streiks. Daß hier sehr oft mit wenig Verständnis für die Arbeiterschaft agiert wurde und die zur Ausweisung befugten Behörden zumeist auf Seiten der Unternehmer und deren Interessen standen, bestätigt auch der politisch wohl „unverdächtige" Gustav Kolmer[2187]: „Die grellen Gegensätze zwischen Arbeitsgebern und Arbeitsnehmern führten zu harten Lohnkämpfen in Industrie und Bergwerksbetrieben. Mit plumper Hand intervenierte die Polizei zugunsten des Kapitalismus und mit Militärgewalt glaubte man das Proletariat einzuschüchtern. Die Folge waren blutige Zusammenstöße, welche der sozialistischen Agitation neue Nahrung boten. Dann hob man das Koalitionsrecht in der Praxis auf, erschwerte die Freizügigkeit der Arbeiter, verhängte über Streikgebiete den Ausnahmezustand, arbeitete mit ... Abschiebungen und Ausweisungen. Dadurch entstand jene gefährliche Gruppe von Desperados, die sich in ihrer Existenz vernichtet, von der Staatsgewalt zum äußersten Widerstand gereizt, dem Anarchismus in die Arme warf".

Bereits ein Blick in die Judikatur des Reichsgerichtes zeigt, wie exzessiv und schikanös oft die politischen Behörden bei Streiks vorgingen. In vielen Fällen erscheinen die Begründungen der Abschaffungen so konstruiert und vordergründig „zurechtge-

---

2185 Nach Ansicht des Reichsgerichtes handelte es sich hier „nicht blos um abstracte Theorien und Tendenzen, sondern um positive Handlungen" des Beschwerdeführers, siehe das Erkenntnis des Reichsgerichtes vom 17. Oktober 1883, Z. 141, Slg. RG VII Nr. 285; als Till nach seiner Abschaffung wieder Arbeit gefunden hatte, veranlaßte die Gendarmerie seine Entlassung, und der Bezirkshauptmann teilte ihm mit, daß er „Befehl von oben" habe, ihn „überall zu verfolgen", vgl. STAUDACHER (wie Anm. 1260), S. 333 f.

2186 KONRAD (wie Anm. 2159), S. 165.

2187 KOLMER (wie Anm. 2150) III, S. 378 f.

zimmert", daß der Schluß naheliegt, so manche erstinstanzliche Behörde habe nur einen Vorwand für eine Ausweisung gesucht bzw. nur auf einen Anlaßfall zur Entfernung einer mißliebigen Person gewartet. Keine Seltenheit war es, daß die Behörden für die Ausweisung von Streikenden nahezu beliebig Vorstrafen heranzogen, ohne für die konkrete Gefährlichkeit der Person Beweise zu erbringen oder diese zumindest glaubhaft zu machen. Beispielsweise wurde bei Verurteilung wegen öffentlicher Gewalttätigkeit anläßlich eines Streiks vielfach undifferenziert zur Abschaffung geschritten, ohne die jeweiligen konkreten Tatumstände zu berücksichtigen.

So waren etwa im Jahre 1894 Gerbergehilfen, die von den anderen Arbeitern in ein Komitee gewählt worden waren, das von ihrem Dienstgeber die in seiner Fabrik bestehenden Lohnsätze in Erfahrung bringen sollte, wegen öffentlicher Gewalttätigkeit verurteilt worden, weil sie „in das Haus und den Hof" ihres Dienstherrn eingedrungen seien und an ihm – indem sie ihn, weil er sie aufforderte „seine Localitäten zu verlassen", beschimpften und bespuckten, während aus der angesammelten Menge Steine flogen – und an seinen Hausleuten, indem sie diese am Verlassen der Fabrik hinderten, „Gewalt ausgeübt" hatten, um dem Fabrikanten „die Einsichtnahme in seine Bücher und die Ausstellung einer Urkunde über die Höhe der von ihm gezahlten Löhne abzunöthigen und eine Gehässigkeit an ihm zu befriedigen". Diese Verurteilung war der Grund der 1894 für beständig verhängten Abschaffungen aus Wien und ganz Niederösterreich. Das Reichsgericht[2188] hingegen berücksichtigte in seinen den Beschwerden stattgebenden Erkenntnissen, daß im Beweisverfahren ungeklärt geblieben war, „wer die Ansammlung der Arbeiter und ihre Ausschreitung verursacht und in Scene gesetzt" habe, daß die „Comitémitglieder nicht als Urheber des Hausfriedensbruches anzusehen" waren, sondern daß „vielmehr die Ansammlung und Ausschreitung der angesammelten Arbeiter erst durch die Weigerung" des Fabrikanten, „den Comitémitgliedern Rede zu stehen", stattfand, sowie „daß die Verurteilten nicht im eigenen Interesse das Verbrechen ins Werk setzten, sondern daß sie sich lediglich als Mithelfer gebrauchen ließen", daß die Beschwerdeführer „sich in einer momentanen Gemüthsaufregung zum Verbrechen bestimmen ließen", daß vom Gericht „bei der Strafbemessung von dem außerordentlichen Milderungsrechte" Gebrauch gemacht und den Beschwerdeführern ausdrücklich Besserungsfähigkeit zugebilligt worden war.

Ein weiteres Beispiel bieten Abschaffungen aus Anlaß eines 1906 in der Umgebung von Reichenberg ausgebrochenen Ziegelarbeiterstreiks, welchem sich ein Teil der Arbeiter in einer Fabrik nicht angeschlossen hatte, weshalb es zu „Reibungen zwischen den in den Ausstand getretenen und den arbeitswilligen Arbeitern" gekommen war. Den Abschaffungsgrund bildete hier die Verurteilung der Abgeschafften – die, wie die Behörde im Reichsgerichtsverfahren[2189] hervorhob, als anarchistische Agitatoren amtsbekannt seien – wegen öffentlicher Gewalttätigkeit, begangen durch gewaltsamen Einfall in fremdes unbewegliches Gut. Sie waren nämlich gemeinsam mit anderen Streikenden in die Ziegelei eingedrungen, „um sich zu überzeugen, ob daselbst gearbeitet werde"

2188 Erkenntnisse des Reichsgerichtes vom 23. April 1895, Z. 90 und 91, Slg. RG X Nr. 693 und 694.

2189 Vgl. die den Beschwerden stattgebenden Erkenntnisse des Reichsgerichtes vom 18. März 1908, Z. 107 und 108, Slg. RG XIV Nr. 1572 und 1573.

und um die dort befindlichen arbeitswilligen Personen zum Einstellen der Arbeit zu zwingen, wobei die Kantine mit Steinen beworfen, Fenster eingeschlagen, Ziegel zertreten wurden und ein Arbeiter eine Verwundung davongetragen hatte. Im Unterschied zum Reichsgericht[2190] war von der Bezirkshauptmannschaft allerdings nicht berücksichtigt worden, daß die Abgeschafften „nicht als Führer, Anstifter usw.", sondern lediglich als Mittäter, wie zahlreiche anderere Streikende auch, an den Ausschreitungen teilgenommen und sich „unter dem Einflusse der Erregung" befunden hatten, „welche durch den Streik hervorgerufen" worden war, sowie daß das Strafgericht vom außerordentlichen Milderungsrecht Gebrauch gemacht hatte.

Aber auch ohne Vorliegen von vorhergegangenen Abstrafungen machten die Behörden bei Anführern von Streiks contra legem generell Rücksichten der öffentlichen Ordnung oder Sicherheit als Abschaffungsgrund geltend oder behaupteten Bestimmungs- oder Ausweislosigkeit des Auszuweisenden[2191]. So etwa lautete die Begründung für eine beständige Abschaffung eines streikenden Bergmannes, daß dieser sich „als ein enragirter socialdemokratischer Agitator ... darstellt, dessen Aufenthalt ... aus Rücksichten der öffentlichen Sicherheit und Ordnung als unstatthaft" erscheine[2192]. Andere derartige Ausweisungen wurden damit begründet, daß der betreffende Bergmann ausweis- und bestimmungslos sei, da er wenige Tage vor Fällung des Abschaffungserkenntnisses entlassen worden war[2193] und „als Agitator im Sinne der Arbeitseinstellungen" geeignet sei, „die öffentlichen Interessen des politischen Bezirkes gegenwärtig und in Zukunft zu gefährden"[2194].

Wenngleich die Judikatur des Reichsgerichtes in beeindruckender Weise zeigt, daß dieses über die strenge Legalität hinaus durchaus Verständnis für die Lage der Arbeiter aufbrachte und Einfühlungsvermögen bezüglich der möglichen Vorkommnisse bei einem Streik bewies, sofern die Streikenden nicht eine bestimmte „Toleranzgrenze" überschritten, so darf jedoch, wie Leo Verkauf[2195] aufmerksam machte, nicht übersehen werden, daß „die Betroffenen in der Mehrzahl der Fälle" freilich außerstande waren, den Instanzenzug bis zum Reichsgericht zu verfolgen, weshalb die meisten solcher Abschaffungserkenntnisse in Rechtskraft erwuchsen. Als noch bedenklicher bezeichnete es Verkauf allerdings, „daß die Abschiebungen als offene Parteinahme für die Unterneh-

---

2190 Bezüglich der Beschwerde Z. 107, Slg. RG XIV Nr. 1572, kam es allerdings nicht zu einer derartigen inhaltlichen Prüfung, weil der Beschwerdeführer zur Zeit der Abschaffung schon nicht mehr als ein aus der Haft tretender Sträfling anzusehen gewesen war.

2191 Siehe dazu allerdings die Judikatur des Reichsgerichtes insbes. S. 227 und z.B. die Anm. 1244, 1274.

2192 Vgl. dazu das Erkenntnis des Reichsgerichtes vom 27. Oktober 1891, Z. 188, Slg. RG IX Nr. 527.

2193 Ähnlich auch der dem Erkenntnis des Reichsgerichtes vom 7. Juli 1896, Z. 137, Slg. RG X Nr. 757, zugrunde liegende Sachverhalt, wo die Beschäftigungslosigkeit des Beschwerdeführers mit seiner „Betheiligung an dem Aufstande des größeren Theiles der Arbeiterschaft der Maschinenfabrik Bolzano, Tedesco & Comp. in Schlan begonnen" hatte. Das Reichsgericht erblickte in der „durch den vorübergehenden Strike eingetretene Beschäftigungslosigkeit" keine Bestimmungslosigkeit des Beschwerdeführers.

2194 Vgl. die Erkenntnisse des Reichsgerichtes vom 28. April 1892, Z. 101 und 102, Slg. RG IX Nr. 556 und 557, und weiter unten S. 413 f. zum Bergarbeiterstreik von 1892.

2195 VERKAUF (wie Anm. 1296), S. 195.

mer und gegen die Arbeiter aufgefaßt" wurden. „Zur Beleuchtung des bedenklichen Charakters solcher Ausweisungen" berichtete Verkauf[2196], daß zwölf streikenden Gießern in Nordböhmen im April 1894 ein Abschaffungserkenntnis zugestellt wurde, das in durchaus typischer – wenngleich der Judikatur des Reichsgerichtes widersprechender – Argumentation ausführte: „Es ist sichergestellt, daß Sie sich bereits längere Zeit in N. arbeits- und bestimmungslos, ohne einen erlaubten Erwerb oder Einkommen nachweisen zu können, aufhalten. Weil sich unter diesen Umständen Ihr Aufenthalt aus Rücksichten der öffentlichen Ordnung und Sicherheit als unzulässig darstellt, finde ich mich bestimmt, Sie in Ihre Heimatgemeinde ... abschieben zu lassen." Wenige Tage nach der Erlassung dieser Erkenntnisse warb der Unternehmer mit folgendem Schreiben um neue Arbeiter: „Es dürfte Ihnen nicht unbekannt sein, daß meine Gießerei Ende Februar in Streik trat, welcher Streik von der Behörde dadurch endgültig gelöst wurde, daß sämtliche Streikende zwangsweise in ihre Heimatgemeinden abgeschoben wurden, so daß neuem Zuzuge kein Hindernis mehr im Wege steht". Wie Verkauf zutreffend bemerkte, könne man „die Auffassung der Arbeiter über diese einseitige Stellungnahme der politischen Behörden nicht als unbegründet ansehen".

Dementsprechend wurde in sozialdemokratischen Publikationen auch immer wieder über angedrohte oder vollzogene Abschaffungen bei kleineren oder größeren Streiks berichtet, so etwa über die Abschaffung von 60 bis 70 Bäckergehilfen in Wien 1883, die wegen Nichteinhaltung von im Zuge eines Streiks gegebenen Zusagen zu Protestmaßnahmen gegriffen hatten[2197]. Einer der größten Streiks außerhalb des Bergbaus, bei dem massiv mit Ausweisungsdrohungen agiert wurde, war jedoch der Wiener Tramwaykutscherstreik des Jahres 1889[2198]. Ein Artikel darüber in der „Gleichheit" hatte Viktor Adler sogar ein Verfahren vor dem Ausnahmegericht für anarchistische Verbrechen eingetragen[2199]. In diesem Artikel hatte Adler unter anderem berichtet, daß jedem der Kutscher erklärt worden war, „daß, wenn der Streik noch sechs Tage dauert, alle nicht nach Wien Zuständigen als subsistenzlos abgeschoben werden, worauf ihnen übrigens Polizeirat Breitenfeld schon Samstag sein ‚Ehrenwort' gab!!"[2200] Dieser habe den Tramwaykutschern nämlich bereits vor dem Streik gesagt: „Ich gebe euch mein Ehrenwort, wer sich rührt, wird nach einer Woche abgeschoben. Nicht einer bleibt in Wien"[2201]. Auch in Graz kam es anläßlich eines Bauarbeiterstreiks im April des Jahres 1893 neben Zustammenstößen mit Gendarmerie und Polizei zu Ausweisungen. Die

---

2196 Ebd.

2197 „Wahrheit" vom 18. Mai 1883, Nr. 10, „Zukunft" vom 10. Mai 1883, Nr. 86, siehe STAUDACHER (wie Anm. 1260), S. 237.

2198 Vgl. zu diesem DEUTSCH (wie Anm. 2088), S. 220 ff.

2199 Adler wurde wegen Vergehens der Störung der öffentlichen Ruhe nach §§ 300 und 305 StG verurteilt. Da er in Wien zuständig war, kam eine Abschaffung nicht in Frage; siehe zum Prozeß näher z.B. Rudolf G. ARDELT, Victor Adler vor Gericht, in: Karl R. Stadler (Hrsg.), Sozialistenprozesse. Politische Justiz in Österreich 1870–1936, Wien-München-Zürich 1968, S. 83–116; Viktor Adlers Aufsätze, Reden und Briefe, hrsg. vom Parteivorstand der Sozialdemokratischen Arbeiterpartei Deutschösterreichs, II: Viktor Adler vor Gericht, Wien 1923, S. 44 ff.; BRÜGEL (wie Anm. 2101) IV, S. 22 ff.

2200 Viktor Adlers Aufsätze, Reden und Briefe (wie Anm. 2199), S. 35.

2201 Ebd., S. 64.

Unternehmer hatten sich Italiener als Streikbrecher ins Land geholt und diese, als sie sich dem Streik „ihrer österreichischen Kollegen" anschlossen, „wie Vagabunden auf der Straße festgenommen, in Schubhaft gesteckt und abgeschoben"[2202].

Die Ausweisung war freilich besonders in Bergbaugebieten ein häufig angewendetes Mittel, um die Arbeiterschaft bei Streiks in die Knie zu zwingen. Insbesondere für Bergarbeiter bedeutete die Arbeitsniederlegung eine „Art Vabanquespiel"[2203], da sie nicht nur Gefahr liefen, daß das Aufenthaltsverbot auf das ganze Bergbaurevier erstreckt wurde[2204] und sie damit der Arbeitslosigkeit preisgegeben waren, sondern sie gingen infolge der Ausweisung auch ihrer durch zum Teil jahre- oder jahrzehntelange Einzahlungen erworbenen Ansprüche auf die Bruderlade[2205] verlustig. Die im allgemeinen Berggesetz aus dem Jahre 1854[2206] verankerten Bruderladen waren von den Bergwerksbesitzern obligatorisch einzurichtende Versorgungsvereine, in welche die Arbeiter beizutreten und die festgesetzten Beiträge zu bezahlen verpflichtet waren, während den Werksbesitzern bis 1889[2207] keine Einzahlungsverpflichtung zukam. Da kaum Revier-, sondern zumeist nur Werksbruderladen existierten, war auch bis zum Bruderla-

---

2202 Siehe MAGAZINER (wie Anm. 2163), S. 94: „Das war ein glatter Gesetzesbruch, denn die Leute verfügten über genügend Geld für ihren Lebensunterhalt und durften deshalb dem Gesetze nach nicht abgeschoben werden". Falls es sich allerdings tatsächlich um Italiener im Sinne von Ausländern gehandelt hatte, würde Magaziner bezüglich des Grundes für die Rechtswidrigkit der Abschaffung geirrt haben, da bei diesen die Voraussetzungen nach § 1 lit. a bis d des Schubgesetzes nicht erfüllt sein mußten.

2203 Siehe Norbert ENGLISCH, Braunkohlenbergbau und Arbeiterbewegung. Ein Beitrag zur Bergarbeitervolkskunde im nordwestböhmischen Braunkohlenrevier bis zum Ende der österreichisch-ungarischen Monarchie (= Veröffentlichungen des Collegium Carolinum XLI), München-Wien 1982, S. 157.

2204 Siehe dazu die Judikatur des Reichsgerichtes, S. 246.

2205 Vgl. zu den Bruderladen z.B. STÖGER, Art. Bruderladen, in: Ernst Mischler/Josef Ulbrich (Hrsg.), Österreichisches Staatswörterbuch. Handbuch des gesamten österreichischen öffentlichen Rechts, I, 2. Aufl. Wien 1905, S. 645–659; MAYRHOFER/PACE (wie Anm. 138) V, S. 1077–1095; Max MANDL, Bruderladen, in: Österreichisches Rechts-Lexikon. Praktisches Handwörterbuch des privaten und öffentlichen Rechtes der im Reichsrathe vertretenen Königreichen und Ländern, hrsg. und redigiert von Friedrich Duschenes/Wenzel Ritter von Belsky/Carl Baretta, 4 Bde., Prag 1894–1898, I, S. 646 ff.; auch Albin BRAF, Studien über nordböhmische Arbeiterverhältnisse, Prag 1881, S. 36 ff.; Karin Maria SCHMIDLECHNER, Die steirischen Arbeiter im 19. Jahrhundert (= Materialien zur Arbeiterbewegung XXX), Wien 1983, S. 141 ff.

2206 Kaiserliches Patent vom 23. Mai 1854, womit für den ganzen Umfang der Monarchie ein allgemeines Berggesetz erlassen wird, RGBl. Nr. 146, §§ 210 ff.; vgl. auch ENGLISCH (wie Anm. 2203), S. 29 ff.; Harald GUNDACKER, Die soziale Frage im steirischen Bergbau des 19. Jahrhunderts, staaatsw. Diss. Graz 1967, S. 24 ff.

2207 Erst seit dem Gesetz vom 28. Juli 1889, RGBl. Nr. 127, betreffend die Regelung der Verhältnisse der nach dem allgemeinen Berggesetze errichteten oder noch zu errichtenden Bruderladen (§ 30) hatten auch die Werksbesitzer eine gesetzlich festgelegte Beitragspflicht in der Höhe der Arbeiterbeiträge; Rudolf KNAPP, Das Bruderladegesetz vom 28. Juli 1889, RGBl. Nr. 127, und das Musterstatut hiezu. Hilfsbuch für den praktischen Gebrauch, Wien 1892; siehe auch die Verordnungen des Ackerbauministers vom 11. September 1889, RGBl. Nr. 148 und 149, und die Novellen vom 17. Jänner 1890, RGBl. Nr. 14, vom 30. Dezember 1891, RGBl. 1892 Nr. 3, und vom 17. Dezember 1892, RGBl. Nr. 178.

dengesetz von 1889 zum einen die Freizügigkeit bzw. Flexibilität bei der Wahl des Arbeitsplatzes erheblich eingeschränkt, zum anderen sowohl mit dem freiwilligen Austritt aus der Bruderlade als auch mit der Entlassung und Abschaffung der Verlust der an die Bruderlade zu stellenden Ansprüche verbunden[2208]. Die Bergarbeiter waren daher in besonderer Weise ihren Arbeitgebern ausgeliefert, da ihr freiwilliger oder unfreiwilliger Arbeitsplatzwechsel mit vergleichsweise hohen materiellen Risiken verbunden war. Dennoch, wenn nicht gerade deswegen, lassen sich zahlreiche Beispiele für die Androhung und Durchführung von Abschaffungen im Zuge von Arbeitsniederlegungen der Knappen anführen[2209], so etwa bei den Streiks in den Kohlenrevieren der Steiermark, Kärntens und Krains, die Lohnerhöhungen und die Einführung des Achtstundentages zum Gegenstand hatten[2210]. Der Streik der steirischen Bergarbeiter nahm am 7. Juli 1889 in Leoben seinen Ausgang, dehnte sich Mitte Juli auf das Köflacher-Voitsberger Kohlenrevier aus und griff ab dem 23. Juli auch auf die Kohlenbergwerke der Untersteiermark über[2211, 2212]. Ein Bericht der Statthalterei an das Ministerium[2213] vermerkte, daß neben einer „gewisse[n] Disposition zum Streik", die in der Unzufriedenheit der steirischen Bergleute mit ihren Lebensverhältnissen begründet sei[2214], auch Viktor Ad-

---

2208 Erst nach dem Bruderladengesetz von 1889 hatte das vollberechtigte Mitglied einer nach diesem Gesetz eingerichteten Bruderlade infolge seiner bisher einbezahlten Beiträge beim Austritt aus der Bruderlade oder Übertritt in eine andere Anspruch auf einen Teil des angesammelten Reservefonds der Provisionskasse, den sogen. Reserveanteil.

2209 So wurde etwa beim Kohlengrubenarbeiterstreik in Fünfkirchen, dem heutigen Pécs, vgl. Friedrich UMLAUFT, Die österreichisch-ungarische Monarchie. Geographisch-statistisches Handbuch für Leser aller Stände, 3. Aufl. Wien-Pest-Leipzig 1897, S. 1131, im März 1882 militärische Unterstützung angefordert und den Arbeitern „mittels Trommelschlag bekannt gegeben, daß jeder, der nicht am Nachmittage zur Arbeit zurückkehren werde, nach seiner Heimat werde abgeschoben werden", siehe „Zukunft" vom 8. Juni 1882, Nr. 65, zitiert nach STAUDACHER (wie Anm. 1260), S. 236.

2210 Der Lohn der Arbeiter in der Alpinen und der Graz-Köflacher-Gesellschaft belief sich auf ca. 25 fl. im Monat, also auf ca. 100 kr. täglich, wovon 15 kr. für die Bruderlade, für Öl und Sprengmaterial in Abzug kamen; siehe auch SCHMIDLECHNER (wie Anm. 2205), S. 133; vgl. auch Michaela GINDL, Der Kampf der österreichischen Bergarbeiter um den gesetzlichen Achtstundentag 1900 bis 1919, phil. Diss. Wien 1982, S. 2 ff.

2211 Beteiligt am Streik waren die Arbeiter der ÖAMG-Kohlenwerke in Seegraben, Münzberg und Fohnsdorf, des Mayr'schen Kohlenwerkes in Dollinggraben, der Eisenwerke Donawitz, der Werke Voitsberg, Köflach, Rosental, Oberdorf, Pichling und Lankowitz der Graz-Köflacher Bahn und der Werke der ÖAMG und die Arbeiter der Kohlenbergwerke in Hrastnigg und Trifail, vgl. SCHMIDLECHNER (wie Anm. 2205), S. 135.

2212 Zum Verlauf des Streiks siehe die Berichte in der Tagespost vom 12. Juli 1889 bis 15. August 1889; Hans BIENN, „... 30 Jahre früher als durch Gesetz". Der Streik 1889 im Leobener Kohlebergbaurevier um Einführung des Achtstundentages, in: Der Leobener Strauß IV (1976), S. 133–149.

2213 SCHMIDLECHNER (wie Anm. 2205), S. 131 f.

2214 „... möchte ich nur darauf hindeuten, daß die allgemeine wirtschaftliche Lage des Arbeiterstandes ... allerdings keine solche ist, die in den Gemütern der Arbeiter Zufriedenheit mit dem bescheidenen Lohn ... zu erhalten möchte ... Die Agitation wird daher überall dort auftauchen, wo Symptome der Unzufriedenheit vorhanden sind, und selten wird sie erfolglos sein. Nun läßt sich nicht verkennen, daß gerade die Lage des Bergarbeiters, der in steter Gefahr einen großen Teil seines Lebens unter der Erde in einem Erwerbszweig zubringt, an

ler „mit die Schuld des ersten äußerlichen Anstoßes beigemessen werden" müsse, da er auf einer Volksversammlung in Leoben am 10. Juni die Arbeiter indirekt zum Aufstand aufgestachelt habe[2215]. Entlassungen von streikenden Arbeitern, das Verbot aller Versammlungen, der Einsatz des Militärs, zahlreiche Verhaftungen und Abschaffungen von „Agitatoren", die „ihre Arbeitskameraden zum Verharren im Ausstand ermahnt" hatten, prägten die Situation und „machten die Arbeiter kirre"[2216]. Bezüglich der Rücksichtlosigkeit mancher Werksleitungen bemerkte die Tagespost vom 19. Juli 1889[2217], es sei „ein Glück, daß die politische Behörde vorsorglicher und humaner war, als die Leiter der Actiengesellschaften", denn wäre „wirklich ... der Versuch unternommen worden, die streikenden Arbeiter aus ihren Wohnungen zu delogieren und aus dem Bezirk abzuschieben, so würde es zu den bedauerlichsten Zwischenfällen gekommen sein". Tatsächlich stieß die Streikbewegung sogar auf Verständnis der Gemeindevertretung von Leoben, die in einem Beschluß Einspruch dagegen erhob, daß die Bezirkshauptmannschaft streikende Arbeiter abschob und dafür vom Kaiser ausdrücklich getadelt wurde. Auf den ihm zugegangenen Bericht habe dieser wörtlich geschrieben: „Mir scheint, daß [der] Statthalter von Steiermark besser getan hätte, den ungesetzlichen Beschluß der Leobener Gemeinde zu kassieren, statt nur sein Bedauern auszusprechen"[2218], und eine Mahnung an den Statthalter Freiherrn von Kübeck ausgesprochen.

Ein weiterer Bergarbeiterstreik in der Steiermark kam im Jänner 1892 zum Ausbruch und erfaßte ca. 7.000 Bergleute[2219]. Bezüglich dieses Streiks bemerkte Deutsch, daß es „manchmal schier unfaßbar" erschien, was „sich die Provinzialbehörden ... gegenüber den Arbeitern herausnahmen". „Ihre hauptsächlichste Aufgabe schien", so Deutsch, „die Behörde darin zu sehen, daß sie die in der Agitation etwas rührigeren Streikenden abschubierte." In diesem Falle eröffnete die Behörde ihre Maßnahmen mit der Androhung der Delogierung der Streikenden samt ihren Familien, indem folgendes Schreiben des Bezirkshauptmannes den entlassenen Arbeitern zuging: „An den Bergarbeiter N. N. ... Die ... Werksleitung hat ... bekanntgegeben, daß sie von derselben entlassen worden sind, und zugleich ihren Lohnzettel sowie den Verdienstbetrag pro De-

---

sich keine rosige ist. Wenn dennoch der Same der Unzufriedenheit unter den Knappen weniger gedeiht als anderswo", so sei dies auf den Konservativismus und die Gottesfurcht der Knappen zurückzuführen. „Allein auch diese Ergebenheit findet ihre Grenzen, sobald die materielle Lage unter das Maß der bloßen Dürftigkeit herabsinkt und die ständige Entbehrung des Nötigsten erfordert"; SCHMIDLECHNER (wie Anm. 2205), S. 130 f.

2215 „Dennoch glaube ich nicht, daß es dazu gekommen wäre, wenn nicht die Agitation überall ihre Hand im Spiel gehabt hätte. So sei nur der Volksversammlung in Leoben vom 10. Juni l. J. gedacht, in der Arbeiterführer Gans und Dr. Adler gegen die Zustände wirtschaftlicher Ordnung sprachen und der Letztere die Arbeiter zwar nicht direkt zum Aufstande aufforderte, aber in äußerst geschickter und äußerst klug berechnender Weise auf die Abhängigkeit des Kapitals von den Arbeitern hinwies, und diese in Hinblick auf ihre schlechte Lage zur Einigkeit aufforderte und die achtstündige Arbeitszeit als das richtige Maß bezeichnete. Der Zusammenhang dieser Versammlung mit der Bewegung, die ja gerade in Leoben zuerst auftrat, liegt wohl auf der Hand", SCHMIDLECHNER (wie Anm. 2205), S. 132 f.

2216 DEUTSCH (wie Anm. 2088), S. 256.

2217 SCHMIDLECHNER (wie Anm. 2205), S. 133.

2218 BRÜGEL (wie Anm. 2101) IV, S. 67 f.

2219 Vgl. dazu DEUTSCH (wie Anm. 2088), S. 310.

zember 1891 per 12 Gulden 57 Kreuzer anher übermittelt. Sie werden daher aufgefordert, binnen längstens drei Tagen die Wohnung im gewerkschaftlichen Hause zu räumen und in ebendieser Frist bei dem Gefertigten nachzuweisen, daß und wo Sie anderweitig in Arbeit und Erwerb stehen, widrigenfalls Sie gemäß dem Gesetze vom 27. Juli 1871 ... in Ihre Heimat verschoben werden müßten"[2220]. Viktor Adler kommentierte dies in einem Artikel in der Arbeiter-Zeitung folgendermaßen: „Man merke, der Bezirkshauptmann zahlt einem Arbeiter als Lohn für einen ganzen Monat 12 fl. 57 kr. aus; er weiß also, warum die Leute streiken. Totzdem droht er mit Delogieren und Abschieben binnen drei Tagen!"[2221]. Der nächste Schritt erfolgte nach Deutsch in der Weise, daß mit allen „schubierten Arbeitern" folgendes – bis auf die Personenangaben gleichlautendes – Protokoll von der Behörde aufgenommen wurde: „Protokoll. Vinzenz Maier, entlassener Bergarbeiter, in politischer Haft, 36 Jahre alt, verheiratet, nach Hausdorf, politischer Bezirk Voitsberg, zuständig, hat am 2. Jänner 1892 die Arbeitsleistung bei der Werksleitung des Josefischachtes verweigert und wurde mit 7. Jänner 1892 entlassen. Da derselbe seit diesem Zeitpunkte bestimmungslos ist und seit dem 2. Jänner 1892 kein Einkommen und keinen erlaubten Erwerb hat, jedoch als Agitator im Sinne der Arbeitseinstellungen, beziehungsweise der Fortführung des gegenwärtigen Streiks bekannt und hiermit geeignet ist, die öffentlichen Interessen des politischen Bezirkes Voitsberg gegenwärtig und in Zukunft zu gefährden, wird derselbe im Sinne des § 2 des Gesetzes vom 27. Juni 1871 ... auf die Dauer von zehn Jahren aus dem gesamten Bereiche der Gemeinden Voitsberg, Tragist, Hochtragist, Bärnbach, Rosenthal, Piler, Köflach, Lankowitz, Puchbaum und Pichling, hiermit abgeschafft und der Stadtgemeinde Voitsberg zur weiteren Schubbehandlung überstellt"[2222]. Nicht alle Bergarbeiter ließen sich diese Vorgangsweise allerdings gefallen, wie zwei Beschwerden, z.B. die des eben genannten Vinzenz Maier, dokumentieren, denen das Reichsgericht stattgab, weil es in einer derartigen vorübergehenden Arbeitslosigkeit keine Bestimmungslosigkeit erblickte[2223].

Trotz der Erfolglosigkeit dieser Arbeitseinstellungen verstärkten sich die Streikaktivitäten in den neunziger Jahren weiter und versetzten vor allem das nordwestböhmische Braunkohlegebiet (Teplitz-Brüx-Komotau, Falkenau-Elbogen-Karlsbad), aber auch das Ostrau-Karwiner Steinkohlerevier in Mähren und Schlesien sowie das mittelböhmische Schlan-Kladnoer und Mies-Pilsener Steinkohlerevier in Unruhe. Da seit Mitte der 60er Jahre eine von den Unternehmern geförderte Zuwanderung aus agrarischen Gebieten in die Bergwerksregionen[2224], vor allem in das Gebiet von Dux, Brüx und Teplitz

2220 DEUTSCH (wie Anm. 2088), S. 311.

2221 Arbeiter-Zeitung vom 29. Jänner 1892, Viktor Adlers Aufsätze, Reden und Briefe (wie Anm. 2199), S. 229 f.

2222 DEUTSCH (wie Anm. 2088), S. 310 f.

2223 Vgl. die Erkenntnisse des Reichsgerichtes vom 28. April 1892, Z. 101 und 102, Slg. RG IX Nr. 556 und 557; vgl. dazu auch S. 227 f. und Anm. 1244.

2224 Insbesondere fand eine starke tschechische Zuwanderung aus den agrarischen Gebieten Südböhmens und Mährens, vor allem aus dem Budweiser Bezirk, in die vorrangig deutschsprachigen industriellen Gebiete Nordwestböhmens, statt. Zwischen 1880 und 1890 wanderten ca. 500.000 Personen in früher mehrheitlich deutschsprachige Gebiete ein. Eine Vorrangstellung nahm hier das nordböhmische Kohlenrevier, vor allem die Bezirke Brüx und Teplitz,

zwecks Intensivierung des Braunkohleabbaus[2225], stattgefunden hatte, waren die Arbeiter in den Bergbaugebieten in besonderem Ausmaß potentiell von Ausweisungen bedroht, da sie in ihren Aufenthaltsorten zumeist nicht über das - vor der Ausweisung schützende - Heimatrecht verfügten[2226]. Diese Binnenmigration veränderte nicht nur das Verhältnis der Nationalitäten in diesen Regionen und führte damit zu einem nationalen Problem[2227], sondern sie verschärfte auch den Lohnkampf, weil sich die Zuwanderer als „Preisdrücker" erwiesen[2228].

War schon etwa beim ersten großen Bergarbeiterausstand in Nordwestböhmen im Jahre 1882 den Arbeitern mit Abschiebung und Abschaffung gedroht worden, falls sie die Arbeit nicht sofort wieder aufnehmen würden[2229], so beschäftigte das harte Vorgehen der politischen Behörden in dem 1893 im staatlichen Kohlenbergwerk Brüx ausgebrochenen Streik sogar den Reichsrat. Der Abgeordnete Dr. Wenzel Kaunic kritisierte in einer Interpellation an den Innen- und Ackerbauminister[2230] u.a., daß entgegen der vom Bezirkskommissär gegebenen und durch Ehrenwort bekräftigten Zusicherung, daß keiner von den Arbeitern der bestreikten staatlichen Kohlenbergbauschächte in Brüx, sofern sie zur Arbeit zurückkehrten, entlassen oder ausgewiesen werde, „gleich am nächstfolgenden Samstage mehrere Arbeiter entlassen, zur k.k. Bezirkshauptmannschaft Brüx wegen Ausfolgung der Arbeitsbücher citirt, dort aber gleich in Haft von 48 Stunden bis zu fünf Tagen zurückbehalten und nachher ausgewiesen" wurden. Seit der Beilegung des Streikes in diesen Schächten und der Wiederaufnahme der Arbeit würden sich nun sowohl die Entlassungen als auch die Ausweisungen seitens der politischen Behörde mehren, so daß „bis Ende der verflossenen Woche 52 Arbeiter ... in dieser unverantwortlichen Weise sammt ihren Familien um ihr kärgliches Brot und ihre ganze Existenz gebracht worden" seien. Dies sei umso bedauerlicher, als die Bezirkshaupt-

ein, wo sich in dieser Zeit die Bevölkerung verdoppelte. Bis 1890 hatte bereits die Hälfte der böhmischen Bevölkerung ihre Heimatorte verlassen; vgl. Marlis SEWERING-WOLLANEK, Die deutschböhmische Sozialdemokratie in den Jahren 1889 bis 1914, in: Wolfgang Maderthaner (Hrsg.), Sozialdemokratie und Habsburgerstaat, Wien 1988, S. 169, 171 f.

2225 Vgl. zur Entwicklung des Kohlenbergbaus Karl M. BROUSEK, Die Großindustrie Böhmens 1848–1918 (= Veröffentlichungen des Collegium Carolinum L), München 1987, S. 120 ff.

2226 In den Montanbezirken des Erzgebirges Brüx, Teplitz und Aussig überschritt der Anteil der nicht heimatberechtigten Gemeindefremden nach RAUCHBERG (wie Anm. 205), S. 159, die 60 Prozentmarke.

2227 So führte SEWERING-WOLLANEK (wie Anm. 2224), S. 171 f., an, daß im Saazer Kreis, dem Brüx und Teplitz seit 1855 angehörten, in den Jahren 1880 bis 1910 die deutsche Bevölkerung um mehr als 100.000 Personen, die tschechische hingegen um mehr als 50.000 Personen zunahm, wodurch der deutsche Bevölkerungsanteil von ca. 85 % auf ca. 79 % sank. Brüx hatte 1880 ca. 8 % tschechischen Bevölkerungsanteil (über 3.000 zu fast 36.000 deutschsprachigen Einwohnern), 1910 bereits ca. 25 % (knapp über 25.000 zu mehr als 75.000), und in Dux stieg im gleichen Zeitraum der tschechische Bevölkerungsanteil von knapp über 5.000 auf über 42.000 an; siehe dazu und zu den Wachstumsraten in Teplitz, Reichenberg und Gablonz Alfred BOHMANN, Bevölkerungsbewegungen in Böhmen 1847–1947 mit besonderer Berücksichtigung der Entwicklung der nationalen Verhältnisse (= Wissenschaftliche Materialien zur Landeskunde der böhmischen Länder III), München 1958, S. 170 ff.

2228 ENGLISCH (wie Anm. 2203), S. 32.

2229 Ebd., S. 158 f.

2230 Sten. Prot. des AH, XI. Sess., 222. Sitzung am 14. März 1893, S. 10521.

mannschaft Brüx Plakate ausgehängt habe, die den in die Arbeit zurückkehrenden Arbeitern „vollen gesetzlichen Schutz" zugesichert hätten[2231].

Zu einem Bergarbeiterstreik größeren Ausmaßes kam es im April und Mai des Jahres 1894 im Falkenauer und Polnisch-Ostrauer Revier, um die Achtstundenschicht zu erringen. Im Zuge dieses Streiks, an dem sich ungefähr 10.000 Bergarbeiter beteiligten, wurden nicht nur 281 Arbeiter „gemaßregelt", ausgewiesen und verloren, wie Deutsch[2232] berichtete, ihre seit „10, 14, 17, 20, 24, ja 30 Jahren" einbezahlten Beiträge an die Bruderlade, sondern es wurden auch 17 Arbeiter von der Gendarmerie erschossen und viele teilweise schwer verwundet[2233]. Aber schon vor den Schüssen in Falkenau und Ostrau beschäftigte dieser Streik und der deshalb verhängte Ausnahmezustand den Reichsrat. Abgeordneter Pernerstorfer richtete an den Minister des Innern in der Reichsratssitzung vom 27. April 1894[2234] die Anfrage, ob er die „Handlungsweise seiner untergebenen Behörden weiter zu dulden gedenkt", und ob er sich dessen bewußt sei, daß er, wenn er nicht durch „Wort und That den Bezirkshauptmannschaftsleiter ... desavouiert, sich mitschuldig macht, an dessen gesetzwidrigen Handlungen"[2235]. Für die angesprochene Vorgangsweise der Behörde gibt die Anfrage auch Proben, wie etwa das folgende in mehreren Fällen gleichlautend gefällte Ausweisungserkenntnis: „Mit Rücksicht darauf, daß Sie ausweis- und bestimmungslos sind und durch Ihre agitatorische Thätigkeit nichts anderes beabsichtigen und bezwecken, als die einzelnen Classen der bürgerlichen Gesellschaft zu feindseligen Parteiungen gegeneinander aufzureizen, werden Sie im Grunde des § 2. des Gesetzes vom 27. Juli 1871 ... aus den Gemeinden des politischen Bezirkes Falkenau mit den Verbote, jemals wieder dahin zurückzukehren, ausgewiesen. Diese Maßregel erscheint deshalb begründet, weil durch Ihren ferneren Aufenthalt im Bezirke bei den im Bezirke bestehenden Verhältnissen das öffentliche

---

2231 Die Anfrage lautete unter Punkt 3: „Sind Ihre Excellenzen geneigt, dahin zu wirken, damit die durch Verfolgungssucht der interessierten Behörden hervorgerufenen Entlassungen und Ausweisungen von Arbeitern aus dem Gebiete der Brüxer Bezirkshauptmannschaft rückgängig, und die Schädigung so vieler Existenzen wieder gut gemacht werden?"

2232 DEUTSCH (wie Anm. 2088), S. 218; DEUTSCH (wie Anm. 2112), S. 219, führte ein typisches „Elendsbild" als Beispiel für die Vorgangsweise der Behörde an: Karl Schott, verheiratet, Vater dreier Kinder, rekurierte gegen einen Abschaffungsbescheid, worauf von der Statthalterei der Erlaß erging, daß dem Rekurs gegen die „verfügte Abschiebungsveranlassung in seine Heimat keine Folge zu geben" sei, „weil derselbe von der Werksleitung entlassen, ohne Arbeit, mithin bestimmungslos ist und weder ein Einkommen noch einen erlaubten Erwerb nachgewiesen hat, zumal die angeblichen, aber nicht nachgewiesenen Unterstützungsbeiträge, auf welche sich Schott beruft, wegen ihres durchaus prekären Charakters als Einkommen im gesetzlichen Sinne nicht betrachtet werden" könnten.

2233 Vgl. dazu die Interpellation der Abgeordneten Dr. Theodor Haase, Dr. Josef Baernreither, Dr. Habermann und Genossen, Sten. Prot. des AH, XI. Sess., 289. (Vormittags-) Sitzung am 10. Mai 1894, S. 13924 f., und den Dringlichkeitsantrag Pernerstorfers zur Einsetzung eines Ausschusses, der „sofort an Ort und Stelle alle Umstände" erheben sollte, die zu den blutigen Zusammenstößen am 4. Mai in Falkenau und am 9. Mai 1894 geführt hatten. Die Begründung dieses Antrages schildert diese Zusammenstöße ausführlich, siehe ebd., S. 13925 ff. Siehe auch das Verfahren gegen Viktor Adler im Zusammenhang mit diesen Ereignissen, Viktor Adlers Aufsätze, Reden und Briefe (wie Anm. 2199), S. 210 ff.

2234 Sten. Prot. des AH, XI. Sess., 282. Sitzung am 27. April 1894, S. 10521.

2235 Ebd., S. 13585.

Wohl gefährdet erscheint"[2236]. Wie Pernerstorfer in seiner Anfrage polemisch bemerkte, sei der Grund dieser Abschaffungen gewesen, daß die Ausgewiesenen „von ihren durch die Staatsgrundgesetze gewährleisteten Rechten Gebrauch" gemacht hatten, indem sie Versammlungen einberiefen bzw. Vorstandspositionen in Arbeitervereinen bekleideten[2237]. Diese Tatsachen würden „ein grelles Licht auf die willkürliche und dem Geist der Gesetze widersprechende Amtsführung von Seite mancher politischer Behörden" werfen und die „oft aufgestellte Behauptung" beweisen, „daß die politischen Behörden in dem rein ökonomischen Kampfe, den die Arbeiterschaft um die Besserung ihrer materiellen Lage führt, sich offen auf die Seite der Unternehmer" stellten.

Zwei Jahre später kam es erneut zu einem Bergarbeiterstreik, der sich über die Bergbaugebiete von Mährisch-Ostrau und Karwin ausdehnte und ca. 30.000 Bergarbeiter erfaßte[2238]. Auch im Zuge dieses Streiks kam es, z.B. in Schlan, zu Ausweisungen von Arbeitern, weil diese keine bestimmte Beschäftigung, die ihnen dauernden Erwerb oder Einkommen verschafft hätte, nachweisen konnten und „an der Spitze der Strikebewegung ..., durch welche die öffentliche Ruhe und Ordnung gestört erscheint", gestanden waren. Eine Anfrage der Abgeordneten Dr. Kaunic und Genossen in der Reichsratsitzung vom 16. April 1896[2239] bezeichnete diese Behauptung des Ausweisungsbefehles als „eine willkürliche Supposition". Die betroffenen Arbeiter, von denen manche bereits seit 20 Jahren mit ihren Familien in Schlan seßhaft waren, befänden sich weder in einer mittellosen Lebensstellung, weil sie einerseits vom Fachverein der Metallarbeiter für die Dauer der Arbeitslosigkeit Unterstützung bezogen, andererseits die Frauen einiger Ausgewiesener kleine Handelsgewerbe führten, noch habe der gegenständliche Streik „zu der geringsten Störung der öffentlichen Ruhe und Ordnung Anlaß gegeben". In Fortsetzung seiner bisherigen Judikatur gab das Reichsgericht auch den Beschwerden wegen derartiger Abschaffungen statt[2240].

Der zehnwöchige Generalstreik des Jahres 1900 um Arbeitszeitverkürzung und Lohnerhöhung erfaßte bereits an die 80.000 Bergarbeiter und erstreckte sich über alle wichtigen Kohlenreviere in Österreich, Böhmen, Mähren und Schlesien[2241]. Wenngleich dieser Streik letztendlich zur gesetzlichen Einführung der neunstündigen Maxi-

2236 Ebd., S. 13583.

2237 Oder aber, daß ein Ausgewiesener wegen einer Übertretung des Presse- bzw. Versammlungsgesetzes verurteilt worden war. Das angesprochene Abschaffungserkenntnis hatte über den Standardtext hinaus als weitere Begründung angegeben, daß der Ausgewiesene wegen einer Übertretung des Preßgesetzes zu einer Geldstrafe von 1 fl. 50 kr. sowie wegen Übertretung von § 2 des Versammlungsgesetzes zu 5 fl. verurteilt worden war. Wie die Anfrage zutreffend feststellte, war der Amtsleiter „in Begründungen, welche er zu seinem Ausweisungsdecrete brauchte, nicht sehr wählerisch, da er sich sogar an die zwei Strafen ... anklammert. Das Strafcitat ist also harmlos und hätte auf diesem Ausweisungsdecrete nichts zu suchen. Eine große Aufgabe muß es ihm jedoch gemacht haben, um dieses ‚bestimmungslos' zu erforschen", was die Anfrage in der Folge näher ausführte.

2238 DEUTSCH (wie Anm. 2088), S. 337.

2239 Sten. Prot. des AH, XI. Sess., 476. Sitzung am 16. April 1896, S. 24143.

2240 Vgl. die Erkenntnisse des Reichsgerichtes vom 7. Juli 1896, Z. 138 und 139, Slg. RG X Nr. 758 und 759.

2241 GINDL (wie Anm. 2210), insbes. S. 117 ff.; DEUTSCH (wie Anm. 2088), S. 369 ff.; ENGLISCH (wie Anm. 2203), S. 160 ff.

malarbeitsdauer im Jahre 1901 führte[2242], weil Regierung und Reichsrat sich nicht länger der Notwendigkeit sozialpolitischer Reformen verschließen konnten, so agierten die Verwaltungsbehörden in der Provinz doch auch bei diesem Streik wieder in bekannter Weise. Nach Deutsch[2243] waren „439 Arretierungen, 248 Verhaftungen, 8 Abschiebungen, 57 Ausweisungen, sowie 63 polizeiliche und 450 gerichtliche Bestrafungen" das Ergebnis. Die amtliche Streikstatistik im Jahre 1900 sprach von zehn Abschiebungen und 59 Abschaffungen, von welchen 28 Fälle auf das Brüx-Teplitzer und 36 auf das schlesische Kohlenrevier entfielen, während in anderen Streikgebieten das Mittel der Abschaffung nicht zur Anwendung gelangte[2244].

C. *Gemeindebehördliche Ausweisung*

Der Mangel des „sicherheitspolizeilichen Asyls" [2245], wie es die Heimatgemeinde im rechtlichen Sinn darstellte, unterwarf die politisch agierenden Arbeiter aber nicht nur dem Schubgesetz und seiner ausufernden Anwendung, sondern auch dem Ausweisungsrecht der Gemeinden. So bemerkte Josef Redlich: „Nicht genug daran, daß den staatlichen Sicherheitsbehörden durch das Schubgesetz vom 27. Juli 1871 alle nur irgend notwendigen Handhaben zu Abschiebungen gegeben sind, besitzt ja auch die Gemeinde ... im eigenen Wirkungskreise ein selbständiges, sehr dehnbares Ausweisungsrecht. Viel weiter aber als das Gesetz, ungeahnt weit, ist die österreichische Verwaltungspraxis auf diesem Wege gegangen, wo es sich darum handelte, durch polizeiliche Mittel die moderne Arbeiterbewegung zu hemmen, ihre Organisation zu hindern oder großen Lohnkämpfen ein vorzeitiges Ende zu bereiten. Ja, gerade im letzteren Falle haben die Administrativbehörden es verstanden, das geltende Heimatrecht als eine das Koalitionsrecht der Arbeiter geradezu vernichtende Waffe zu benützen. In zahlreichen Fällen ist es vorgekommen und kommt noch immer vor, daß die Verwaltungsbehörde in Österreich die Arbeiter in einem Strike einfach dadurch wehrlos macht, daß sie die Ausständigen als arbeitsscheue Personen, ‚welche die öffentliche Wohltätigkeit in Anspruch nehmen', in ihre oft entlegenen Heimatgemeinden abschiebt oder abzuschieben droht. Auch Gemeindevorsteher haben sich auf Grund des § 10 der Gemeindeordnungen in dieser Praxis öfters versucht"[2246].

Freilich war eine gemeindebehördliche Ausweisung aus dem Gemeindegebiet nicht im gleichen Maße existenzvernichtend wie eine Abschaffung, welche ja auch das Gebiet mehrerer Bezirkshauptmannschaften und ganze Bergwerksdistrikte erfassen konnte, womit die Erwerbsmöglichkeiten der Arbeiter massiv eingeschränkt wurden. Im Unterschied zu den Abschiebungs- bzw. Abschaffungsgründen des Reichsschubgesetzes bo-

---

2242 Gesetz vom 27. Juni 1901, RGBl. Nr. 81, womit bezüglich der beim Kohlenbergbaue in der Grube beschäftigten Arbeiter das Gesetz vom 21. Juni 1884, RGBl. Nr. 115, über die Beschäftigung von jugendlichen Arbeitern und Frauenspersonen, dann über die tägliche Arbeitsdauer und die Sonntagsruhe beim Bergbaue, abgeändert wird.

2243 DEUTSCH (wie Anm. 2088), S. 378.

2244 VERKAUF (wie Anm. 1296), S. 195.

2245 REDLICH (wie Anm. 163), S. 570.

2246 Ebd.

ten allerdings die Ausweisungsbestimmungen des Gemeinderechts dadurch, daß sie den Aufenthalt eines Auswärtigen auch unter die Voraussetzung des „unbescholtenen" Lebenswandels stellten, reichlich interpretativen Spielraum für die Gemeindebehörden. So erblickte etwa die Gemeinde Reichenberg bereits in einer Verurteilung wegen Mittäterschaft bei einem Verbrechen der öffentlichen Gewalttätigkeit gemäß § 83 StG (Hausfriedensbruch) im Zuge eines Streiks[2247] einen hinreichenden Ausweisungsgrund[2248]. Wiewohl den Gemeindebehörden freies Ermessen bei der Ausübung des Ausweisungsrechtes zustand, konnte jedoch z.B. eine Erklärung, daß durch eine Ausweisung die Bürgerschaft von einem „bei ihr sehr unbeliebten politischen Agitator" befreit werden sollte[2249], selbst für eine gemeindebehördliche Ausweisung keine ausreichende Begründung darstellen. Ebenso erachtete das Reichsgericht[2250] eine Ausweisung, die mit Verlust der Unbescholtenheit infolge einer zehn Jahre vor dem Ausweisungsbeschluß erfolgten einmaligen Verurteilung wegen schwerer Körperverletzung[2251] sowie damit begründet wurde, daß der Auszuweisende „sich an Arbeitseinstellungen und Arbeitsunruhen beteilige", als Verletzung der Niederlassungsfreiheit gemäß Art. 6 des Staatsgrundgesetzes über die allgemeinen Rechte der Staatsbürger.

Die Gemeindebehörden konnten aber nicht nur dann vom Ausweisungsrecht Gebrauch machen, wenn die Voraussetzungen für eine Abschiebung oder Abschaffung von vornherein nicht ausreichten, sondern auch, wenn eine Abschaffung dem reichsgerichtlichen Prüfungsverfahren nicht standhielt. So hatte etwa das Reichsgericht mit Erkenntnis vom 2. Juli 1900[2252] der Beschwerde gegen eine von der Bezirkshauptmannschaft Dux am 26. Juni 1899 ausgesprochene polizeiliche Abschaffung eines Bergarbeiters aus den Bezirken Brüx und Dux stattgegeben, weil von der behaupteten Gefährlichkeit für die Sicherheit der Person keine Rede sein konnte, da es sich bei dem zur Verurteilung des Abgeschafften führenden Delikt „lediglich um eine Widersetzlichkeit anläßlich eines gewöhnlichen Wirtshausexcesses" gehandelt hatte[2253]. Infolge dieses Erkenntnisses war das Abschaffungserkenntnis von der Statthalterei in Prag am 24. August 1900 außer Kraft gesetzt worden. Bereits am 19. Oktober 1900 beschloß der Gemeindeausschuß der Aufenthaltsgemeinde die Ausweisung des Bergarbeiters für immer aus dem Gemeindegebiet wegen bescholtenen Lebenswandels. Das Ausweisungserkenntnis wurde von der Bezirkshauptmannschaft Dux bestätigt, von der Statthalterei außer Kraft gesetzt und über Rekurs der Gemeinde vom Ministerium erneut bestätigt. Hatten die

---

2247 Vgl. zur konkreten Tat S. 408 und Anm. 1279.

2248 Vgl. das Erkenntnis des Reichsgerichtes vom 18. März 1908, Z. 108, Slg. RG XIV Nr. 1573. Allerdings rechtfertigte dieser Tatbestand nach Ansicht des Reichsgerichtes nicht eine Abschaffung nach dem Reichsschubgesetz, vgl. S. 234, und Anm. 1279 f.

2249 Vgl. das Erkenntnis des VwGH vom 13. November 1906, Z. 12.033, Slg. VwGH Nr. 4758 (A.).

2250 Erkenntnis des Reichsgerichtes vom 19. Dezember 1900, Z. 346, Slg. RG XI Nr. 1032.

2251 Der Tatbestand, dessentwegen die Verurteilung gemäß § 157 Abs. 2 StG erfolgt war, bestand darin, daß ein Mann nach einer Versammlung von Textilarbeitern, an der auch der Ausgewiesene teilgenommen hatte, von mehreren Personen „derart geprügelt worden war, daß er schwer verletzt liegenblieb, ohne daß constatirt werden konnte, wer von den an der That Betheiligten ihm die schweren Verletzungen zugefügt" hatte.

2252 Erkenntnis des Reichsgerichtes vom 2. Juli 1900, Z. 192, Slg. RG XI Nr. 1005.

2253 Vgl. zum Sachverhalt näher Anm. 1325.

Vorstrafen des Ausgewiesenen[2254], der behördlicherseits als „renitent", „heftiger Agitator anarchistischer Richtung" und „als enragierter Anhänger der radikal-national-tschechischen Partei" geschildert wurde, nicht für die Abschaffung nach dem Schubgesetz gereicht, so genügten sie allerdings für die gemeindebehördliche Ausweisung, da der Ausgewiesene 1889 auch wegen eines Eigentumsdeliktes verurteilt worden war. Angesichts dieser Vorstrafen hatte, wie das Reichsgericht in seinem Erkenntnis vom 20. April 1904[2255] feststellte, der Ausgewiesene während seines Aufenthaltes in der ausweisenden Gemeinde „keinen unbescholtenen Lebenswandel geführt" und war „von öffentlichem, entehrendem Tadel nicht frei geblieben". Wenngleich diese Ausweisung in Anbetracht der ständigen Judikatur von Reichsgericht und Verwaltungsgerichtshof[2256] völlig gesetzmäßig erscheint und die Umstände des Eigentumsdeliktes des Jahres 1889 freilich nicht gerade für den Ausgewiesenen sprechen, so bleibt doch offen, ob es zur Gemeindeausweisung ebenso gekommen wäre, wenn nicht auch die politische Ausrichtung des Ausgewiesenen seine Entfernung aus der Gemeinde für dieselbe opportun erscheinen hätte lassen. Jedenfalls zeigt dieses Beispiel, wie stark die beiden Ausweisungsmöglichkeiten einander ergänzten, um eine Person, aus welchen Gründen auch immer, aus ihrem Aufenthaltsort bzw. -gebiet zu entfernen.

2. Ausweisung im Ausnahmezustand

A. Vorbild: Der Kleine Belagerungszustand in Deutschland

1. Rechtsgrundlage

Anlaß für den Beginn der Sozialistenbekämpfung im Deutschen Reich waren zwei Attentatsversuche im Mai und Juni 1878[2257] auf Kaiser Wilhelm I. Schon nach dem ersten Attentat wurde dem Reichstag auf Betreiben Bismarcks der Entwurf für ein Sozia-

---

2254 Verurteilung 1883 wegen Diebstahls gemäß §§ 171 und 176 II StG zu drei Wochen schweren Kerkers und verschärften Arrests; 1889 wegen öffentlicher Gewalttätigkeit nach § 81 StG und Vergehens des Auflaufes nach § 279 StG zu drei Monaten schweren und verschärften Kerkers und 1889 wegen einer Übertretung des Betruges (er hatte zwei Kameraden, die mit ihm 1899 angeklagt waren, unter der Vorspiegelung, für sie einen Verteidiger zu bestellen, je 1 fl. 25 kr. entlockt und das Geld „vergeudet, ohne die vorgeschützte Reise ... behufs Bestellung eines Verteidigers zu unternehmen") mit 24 Stunden Arrest.

2255 Erkenntnis des Reichsgerichtes vom 19. April 1904, Z. 130. Slg. RG XIII Nr. 1247.

2256 Siehe dazu inbes. S. 301 ff., 310, und Anm. 1620, 1634 ff.

2257 Am 11. Mai hatte der ehemalige Klempnergeselle Max Hödel, der wegen Unterschlagung aus der sozialistischen Arbeiterpartei ausgeschlossen worden war, ein Pistolenattentat auf den Kaiser versucht. Am 2. Juni schoß der Nationalökonom Dr. Karl Nobiling, der zwar nicht Mitglied der Partei war, aber erklärt hatte, Anhänger sozialistischer Ideen zu sein, mit einem Schrotgewehr auf Wilhelm I. und verletzte diesen so schwer, daß er erst am 5. Dezember wieder seine Regierungsgeschäfte wahrnehmen konnte; vgl. zu den Attentätern ausführlich WAGNER (wie Anm. 2142), S. 165 ff.; zu den Attentaten und ihren Folgen ebd., S. 72 ff.; auch Ernst Rudolf HUBER, Deutsche Verfassungsgeschichte seit 1789, IV, Stuttgart 1969, S. 1153 ff.; Gernot D. HASIBA, Das österreichische „Sozialistengesetz" von 1886, in: Geschichte und Gegenwart VIII/4 (1989), S. 256 f.

listengesetz vorgelegt[2258], dessen Regelungen aber derart unbestimmt waren, daß neben grundsätzlichen rechtsstaatlichen Bedenken – die Reichsverfassung sah keine Notstandsinstrumentarien wie die österreichische Dezemberverfassung vor[2259] – Befürchtungen herrschten, daß das Tätigkeitsfeld nichtsozialistischer Vereine und Organisationen dadurch zu stark beeinträchtigt werden würde[2260]. Der Reichstag lehnte diesen Entwurf am 24. Mai 1878 ab[2261] und wurde am 11. Juni 1878, nachdem das zweite Attentat stattgefunden hatte, vom Kaiser aufgelöst. Nachdem die Neuwahlen Bismarcks Position gestärkt hatten, verabschiedete der Reichstag am 19. Oktober mehrheitlich das „Gesetz gegen die gemeingefährlichen Bestrebungen der Sozialdemokratie“[2262]. Das Gesetz normierte das Verbot von Vereinen, „welche durch sozialdemokratische, sozialistische oder kommunistische Bestrebungen den Umsturz der bestehenden Staats- und Gesellschaftsordnung“ bezweckten, was die reichseinheitliche Auflösung aller sozialistischen Arbeiterorganisationen bedeutete[2263], sowie das Verbot von einschlägigen Versammlungen, Druckschriften[2264] und Beitragssammlungen[2265].

2258 Entwurf eines „Gesetzes zur Abwehr sozialdemokratischer Ausschreitungen“ vom 20. Mai 1878; Bismarck hatte sofort, nachdem er vom Attentat erfahren hatte, an den Staatssekretär von Bülow telegraphiert: „Sollte man nicht von dem Attentat Anlaß zu sofortiger Vorlage gegen Sozialisten oder deren Presse nehmen?“, vgl. Wolfgang PACK, Das parlamentarische Ringen um das Sozialistengesetz Bismarcks 1878–1890 (= Beiträge zur Geschichte des Parlamentarismus und der politischen Parteien XX), Düsseldorf 1961, S. 30.

2259 Sieht man vom Reichs- und Landesbelagerungszustand nach Art. 68 der Reichsverfassung ab. Der Kaiser konnte danach unter strengen Voraussetzungen, wenn die öffentliche Sicherheit im Bundesgebiet bedroht war, den Kriegszustand über das Gesamtgebiet oder einzelne Gebietsteile mit der Wirkung einer Grundrechtssuspendierung sowie des Überganges der zivilen Exekutivgewalt auf die Militärbefehlshaber verhängen. Das vorgesehene Ausführungsgesetz kam nie zustande, und es wurde in Friedenszeiten von der Verhängung des Kriegszustandes auch nicht Gebrauch gemacht; daneben gab es auch noch den preußischen sogen. Kleinen Belagerungszustand; siehe dazu Ernst Rudolf HUBER, Deutsche Verfassungsgeschichte seit 1789, III, 3. Aufl. Stuttgart 1988, S. 1042 ff.

2260 Vgl. dazu HASIBA (wie Anm. 2257), S. 256; siehe auch HUBER (wie Anm. 2257), S. 1154.

2261 Mit 251 gegen 57 Stimmen.

2262 DtRGBl. 1878 Nr. 34. Die Annahme des Entwurfes erfolgte mit 221 zu 149 Stimmen. Das Gesetz wurde zunächst für die Dauer von drei Jahren beschlossen und sollte dementsprechend bis zum 31. Mai 1881 gelten. Allerdings wurde es viermal verlängert; siehe dazu weiter unten S. 423 und Anm. 2274; vgl. zur Entstehungsgeschichte Gerhard SCHÜMER, Die Entstehungsgeschichte des Sozialistengesetzes, phil. Diss., Göttingen 1929; PACK (wie Anm. 2258); Ferdinand TÖNNIS, Der Kampf um das Sozialistengesetz, Berlin 1929; auch HUBER (wie Anm. 2257), S. 1156 f.; W. KULEMANN, Die Sozialdemokratie und deren Bekämpfung. Eine Studie zur Reform des Sozialistengesetzes, Berlin 1890, S. 140 ff.; August BEBEL, Aus meinem Leben, hrsg. von Karl Kautsky, III, Stuttgart 1914, S. 1 ff.

2263 Wiewohl die sozialistische Arbeiterpartei damit in die geheime Organisation gedrängt wurde, beließ man es jedoch beim aktiven und passiven Wahlrecht der Sozialdemokraten.

2264 So § 1 Abs. 1. Dasselbe galt nach Abs. 2 von Vereinen, „in welchen sozialdemokratische, sozialistische oder kommunistische auf den Umsturz der bestehenden Staats- und Gesellschaftsordnung gerichtete Bestrebungen in einer den öffentlichen Frieden, insbesondere die Eintracht der Bevölkerungsklassen gefährdenden Weise zutage treten“. Den Vereinen waren Verbindungen jeder Art gleichgestellt. Versammlungen, in denen solche Bestrebungen zutage traten, konnten nach § 9 aufgelöst, Versammlungen, von denen durch Tatsachen die

§ 28 regelte den sogenannten „Kleinen Belagerungszustand". Dieser konnte über Bezirke oder Ortschaften, welche durch die sozialdemokratischen, sozialistischen oder kommunistischen Bestrebungen „mit Gefahr für die öffentliche Sicherheit bedroht" waren, von den Zentralbehörden der Bundesstaaten mit Genehmigung des Bundesrates für maximal ein Jahr verhängt werden. Aufgrund dieses Kleinen Belagerungszustandes wurden die Zentralbehörden ermächtigt, die Abhaltung von Versammlungen an die vorherige Genehmigung der Polizeibehörde zu binden[2266], die Verbreitung von Druckschriften einzuschränken[2267] und Waffenverbote zu erlassen[2268] sowie Personen, „von denen eine Gefährdung der öffentlichen Sicherheit oder Ordnung zu befürchten ist", aus dem Gebiet des Kleinen Belagerungszustandes auszuweisen[2269]. § 22 räumte zusätzlich der Landespolizeibehörde das Recht ein, Personen, „welche sich die Agitation für die im § 1 Abs. 2 bezeichneten Bestrebungen[2270] zum Geschäfte machen" nach ihrer Verurteilung wegen Zuwiderhandlung gegen die §§ 17 bis 20[2271] als Nebenstrafe den Aufenthalt in bestimmten Bezirken oder Ortschaften zu untersagen[2272]. Der Aufenthalt in ihrem Wohnsitz konnte diesen Personen nur verwehrt werden, wenn sie ihn nicht bereits seit sechs Monaten innehatten. Ausländer konnten nach § 22 von der Landespolizeibehörde aus dem gesamten Bundesgebiet ausgewiesen werden. Im Vergleich zu den Ausweisun-

---

Annahme gerechtfertigt erschien, daß sie zur Förderung der genannten Bestrebungen bestimmt waren, verboten werden. Nach § 11 waren Druckschriften dieser Art zu verbieten; vgl. zum diesbezüglichen Vollzug des Sozialistengesetzes ausführlich HUBER (wie Anm. 2257), S. 1180 ff.

2265 § 16; vgl. zum Inhalt des Sozialistengesetzes ausführlich HUBER (wie Anm. 2257), S. 1161 ff.

2266 Ausgenommen waren Versammlungen zum Zweck einer ausgeschriebenen Wahl zum Reichstag oder zur Landesvertretung.

2267 Die Verbreitung von Druckschriften durfte demnach nicht mehr auf öffentlichen Wegen, Straßen, Plätzen oder an anderen öffentlichen Orten stattfinden.

2268 Der Besitz, das Tragen, die Einführung und der Verkauf von Waffen konnte beschränkt oder an bestimmte Voraussetzungen geknüpft werden.

2269 Nach dem Wortlaut des § 28 wurden die Zentralbehörden der Bundesstaaten ermächtigt, die Anordnungen zu treffen, daß diesen Personen „der Aufenthalt in den Bezirken und Ortschaften untersagt werden" könne. Ursprünglich stand auch die Einschränkung zur Diskussion, daß die Ausweisung nicht aus dem Wohnort erfolgen dürfe, vgl. dazu KULEMANN (wie Anm. 2262), S. 163.

2270 Vgl. dazu Anm. 2264.

2271 Beteiligung an einem verbotenen Verein als Mitglied oder Ausübung einer Tätigkeit im Interesse eines solchen Vereines, Beteiligung an einer verbotenen Versammlung, nicht sofortiges Entfernen nach polizeilicher Auflösung einer Versammlung, Beteiligung an einem solchen Verein oder einer solchen Versammlung als Vorsteher, Leiter, Ordner, Agent, Redner oder Kassierer (§ 17); Zurverfügungstellung von Räumlichkeiten für einen verbotenen Verein oder eine verbotene Versammlung (§ 18); Verbreitung, Fortsetzung oder Wiederabdruck einer verbotenen Druckschrift (§ 19); Einsammeln von Beiträgen zur Förderung der inkriminierten Bestrebungen oder Aufforderung zur Leistung solcher Beiträge (§ 20).

2272 Gemeint waren damit nach Heinzpeter THÜMMLER, Sozialistengesetz § 28. Ausweisungen und Ausgewiesene 1878–1890, Berlin 1979, S. 25, Agitatoren und Redner, die von der Parteileitung zur Unterstützung der lokalen Parteiführer in Städte und Dörfer geschickt wurden.

gen infolge Kleinen Belagerungszustandes fanden aber Ausweisungen nach § 22 selten statt[2273].

Da die Geltung des Sozialistengesetzes mit 31. März 1881 befristet war, mußte Bismarck jeweils Verlängerungen im Reichstag durchsetzen[2274]. Zu Beginn des Jahres 1888 unternahm Bismarck sogar den vergeblichen Versuch, eine verschärfte Fassung des Gesetzes im Reichstag durchzubringen[2275]. Nunmehr sollte allen „wegen Geheimbündelei Verurteilten sowie allen Teilnehmern an sozialdemokratischen Kongressen" im Ausland die Staatsbürgerschaft entzogen werden können[2276]. Trotz der Ablehnung durch den Reichstag legte die Regierung im Herbst 1889 - die Frist der vierten Verlängerung lief am 30. September 1890 ab - einen neuen Entwurf des Sozialistengesetzes vor, diesmal nicht mit einer Expatriierungsbefugnis, sondern mit einer verschärften Ausweisungsbefugnis und unbegrenzten Gültigkeitsdauer. Nach dieser Vorlage sollten die Ausweisungen auch nach Aufhebung des Kleinen Belagerungszustandes gültig bleiben, und die Rückkehr eines Ausgewiesenen mußte polizeilich erlaubt werden. Die heftigen Diskussionen um die Ausweisungsbefugnis brachten den Gesetzentwurf und letztlich die Verlängerung des Sozialistengesetzes zu Fall[2277]. Am 25. Jänner 1890 wurde eine erneute Verlängerung des Sozialistengesetzes abgelehnt.

Von seiten der sozialdemokratischen Partei hatte man zunächst aufgrund „der Erklärungen, die während der Beratungen über den Kleinen Belagerungszustand aus kompetentem Munde abgegeben wurden, ... die Verhängung desselben für unwahrscheinlich" gehalten[2278], doch hatte man Bismarck augenscheinlich unterschätzt, denn sobald das Gesetz in Kraft getreten war, „fielen die Schläge hageldicht"[2279]. Über Berlin und Umgebung wurde der Kleine Belagerungszustand bereits vier Wochen nach Erlaß des

---

2273 THÜMMLER (wie Anm. 2272), S. 25, m.w.N., führte das Beispiel des Schriftsteller Jens Lauritz Christensen an.

2274 Die Verlängerungen erfolgten im Reichstag am 4. Mai 1880 (mit 291 gegen 94 Stimmen) bis zum 30. September 1884 (Gesetz vom 31. Mai 1880, DtRGBl. Nr. 117), am 12. Mai 1884 (mit 189 gegen 157 Stimmen) bis zum 30. September 1886 (Gesetz vom 28. Mai 1884, DtRGBl. Nr. 53), am 2. April 1886 (mit 169 gegen 137 Stimmen) bis zum 30. September 1888 (Gesetz vom 20. April 1886, DtRGBl. Nr. 77) und am 17. Februar 1888 (mit 164 gegen 80 Stimmen) bis zum 30. September 1890 (Gesetz vom 18. März 1886, DtRGBl. Nr. 109); vgl. zu den Verlängerungen ausführlich HUBER (wie Anm. 2257), S. 1165.

2275 Vgl. dazu HUBER (wie Anm. 2257), S. 1165, 1186; THÜMMLER (wie Anm. 2272), S. 21. Nach dem Entwurf 1888 sollte das Gesetz nunmehr für fünf Jahre Geltung haben.

2276 Vgl. dazu z.B. KULEMANN (wie Anm. 2262), S. 190 f. Gegen diesen Versuch, die politische Ausweisung zu einer völkerrechtlich unzulässigen Landesverweisung eigener Staatsangehöriger auszuweiten, protestierten England und die Schweiz, vgl. von CONTA (wie Anm. 56), S. 121; LANGHARD (wie Anm. 82), S. 75.

2277 HASIBA (wie Anm. 2257), S. 257, sprach von einem „nochmalige[n] Versuch der Regierung", „durch entsprechende Milderungen eine Verewigung des Gesetzes zu erreichen", womit er freilich nur das Abgehen vom ursprünglichen Expatriierungskurs hin zum verschärften Ausweisungsrecht gemeint haben kann, und nicht etwa eine Milderung gegenüber dem Sozialistengesetz von 1887, da dieser Entwurf im Vergleich zum bestehenden Sozialistengesetz eine weitere Verschärfung bedeutet hätte.

2278 BEBEL (wie Anm. 2262), S. 25.

2279 Ebd.

Sozialistengesetzes, am 28. November 1878, verhängt[2280]. Inklusive jeweiliger Umgegend folgten: 1880 Hamburg, dessen Senat beharrlich, aber erfolglos gegen Bismarcks Repressivpolitik opponiert hatte, da er sich imstande sah, auch ohne § 28 Ruhe und Ordnung zu erhalten[2281], sowie Altona; 1881 Leipzig, das seit der Verhängung des Kleinen Belagerungszustandes über Berlin und Hamburg zur „Hochburg der Sozialdemokratie“[2282] geworden war; 1886 Spremberg[2283] und Frankfurt a.M., über das Bismarck wegen dessen Bedeutung als zentraler Bahnknotenpunkt und wichtiges Industriegebiet schon 1883 den Belagerungszustand verhängen lassen wollte, aber vorläufig am Widerstand sowohl der hessischen Regierung als auch des Großherzogs scheiterte[2284]; 1887, zehn Tage vor den Reichstagswahlen, Offenbach als Ergänzung des Frankfurter Ausweisungsgebietes und 1887 Stettin[2285]. Bismarck hatte auch die Verlängerung des Belagerungszustandes über Mainz und Umgebung[2286] sowie über Wilhelmshaven und Umgebung geplant, scheiterte aber in der Umsetzung dieser Vorhaben[2287]. Für die Gebiete von Berlin, Hamburg, Altona, Leipzig, Frankfurt und Offenbach wurde die Geltungsdauer des Kleinen Belagerungszustandes infolge jährlicher Verlängerungen bis zum Ende des Sozialistengesetzes 1890 ausgedehnt, für Spremberg jedoch nur bis 1888[2288].

Während bei der erstmaligen Verhängung des Kleinen Belagerungszustandes zumeist von einer Inkraftsetzung aller vier in § 28 normierten Ermächtigungen Abstand genommen wurde – der inhaltliche Umfang der Anordnungen wurde regelmäßig erst durch die jeweiligen Verlängerungen ausgedehnt – so war jedenfalls für alle Gebiete unter Kleinem Belagerungszustand von Anfang an von der Ausweisungsbefugnis Ge-

---

2280 Vgl. dazu detailliert THÜMMLER (wie Anm. 2272), S. 33 ff.

2281 Auf Druck Bismarcks hatte Kaiser Wilhelm I. den Reichskanzler ermächtigt, den Antrag auf Verhängung des Kleinen Belagerungszustandes im Bundesrat zu stellen. Da Preußen die Maßnahme allerdings für Altona vorbereitete, sah sich auch Hamburg nunmehr gezwungen mitzuziehen, siehe dazu ausführlich THÜMMLER (wie Anm. 2272), S. 54 ff.

2282 „Hier laufen alle Fäden der Partei zusammen, von hier aus werden die Sammlungen für die Ausgewiesenen geleitet, hier treffen die Vertreter der auswärtigen Sozialdemokraten zusammen, um sich Verhaltensmaßregeln und Rat zu holen“, so der Kreishauptmann in Leipzig, Graf Münster, in einem Schreiben an das Ministerium des Innern in Dresden vom 9. Juni 1881, THÜMMLER (wie Anm. 2272), S. 77.

2283 Siehe ausführlich THÜMMLER (wie Anm. 2272), S. 88 ff.

2284 Hier ging man ähnlich wie in Hamburg vor und überrollte die hessische Regierung, indem vor Abschluß der Verhandlungen mit Hessen der Bundesrat bereits dem Kleinen Belagerungszustand zugestimmt hatte, siehe dazu THÜMMLER (wie Anm. 2272), S. 94 ff.

2285 Siehe für den Text der Anordnung des Kleinen Belagerungszustandes THÜMMLER (wie Anm. 2272), S. 27 f.; vgl. zu diesen Gebieten ausführlich ebd., S. 54 ff.

2286 Dieses Vorhaben scheiterte nicht zuletzt am hessischen Widerstand. THÜMMLER (wie Anm. 2272), S. 100, zitierte aus einem Schreiben des preußischen Gesandten Le Maistre an das Auswärtige Amt betreffend die Haltung des Großherzogs von Hessen: „Schon das Sozialistengesetz erfreut sich nicht seines Beifalls. Von dem Belagerungszustande aber meinte der Großherzog, daß es eine Schraube sei ohne Ende. Die aus Offenbach vertriebenen Sozialdemokraten würden sich nach Mainz wenden, die aus Mainz Vertriebenen sich in Darmstadt oder Worms festsetzen – schließlich würde nichts anderes übrig bleiben, als das ganze Land in Belagerungszustand zu erklären.“

2287 Vgl. hierzu HUBER (wie Anm. 2257), S. 1185.

2288 Vgl. dazu THÜMMLER (wie Anm. 2272), S. 26 f.

brauch gemacht worden[2289]. Durch Abkommen der Regierungen der einzelnen Bundesstaaten kam es überdies auch zu Erweiterungen bzw. Zusammenlegungen der Ausweisungsgebiete[2290], so galt etwa eine Ausweisung aus Hamburg auch für Altona, eine aus Frankfurt a.M. auch für Offenbach und Umgebung. Solcherart konnten die Ausgewiesenen effizienter von ihrem Wohnort entfernt gehalten werden.

2. *Ausweisungen*

Wenngleich das Sozialistengesetz und die Ausweisungen gemäß § 28 nicht verhindern konnten, daß die Sozialdemokratie weiterhin deutliche Stimmengewinne bei Wahlen verzeichnen konnte[2291] – ja wahrscheinlich sogar daran Anteil hatten, förderten doch gerade die Ausweisungen die weitere Verbreitung der Sozialdemokratie auch außerhalb der Großstädte in hohem Maße[2292] –, so muß doch auf eine recht stattliche „Erfolgsbilanz" bezüglich der Ausweisungszahlen verwiesen werden. Für viele kam die Welle der Ausweisungen überraschend. „Daß man sehr bald mit einer für die Parteiverhältnisse großen Zahl Ausgewiesener und der dadurch in Not geratenen Familien werde rechnen müssen, daran dachten wir zunächst nicht", erinnerte sich August Bebel[2293]. Tatsächlich fanden nach der amtlichen Statistik bereits im ersten Jahr des Ausnahmezustandes 53 Ausweisungen aus Berlin und Umgebung statt[2294], für Hamburg und Altona sind 127 Ausweisungen im ersten Jahr des Kleinen Belagerungszustandes, für Leipzig 75 erhoben[2295].

Auch vor Abgeordneten zum Reichstag schreckte man in der Ausweisungspraxis nicht zurück. So wurden z.B. die Abgeordneten Friedrich Wilhelm Fritzsche[2296] und

---

2289 Nur in Stettin wurde bereits mit der erstmaligen Verhängung der gesamte Ermächtigungskatalog in Wirksamkeit gesetzt; siehe dazu Tabelle 1 THÜMMLER (wie Anm. 2272), S. 27, in der für alle Gebiete nicht nur die einzelnen Verhängungs- und Verlängerungszeitpunkte angeführt werden, sondern auch die jeweiligen Anwendungen des § 28.

2290 Vgl. THÜMMLER (wie Anm. 2272), S. 26, 57.

2291 Bei den Reichsratswahlen 1878 (vor dem Sozialistengesetz) hatte die Sozialistische Partei neun Mandate errungen, bei den Wahlen von 1890 (noch unter dem Sozialistengesetz) bereits 35.

2292 So bemerkte auch KULEMANN (wie Anm. 2262), S. 192, daß die Maßregel der Ausweisung „nicht nützlich, sondern im höchsten Maße schädlich" sei, „indem sie aus Orten, in welchen bereits aller Brennstoff verzehrt ist, die brennenden Scheite entnimmt und in andere hineinschleudert, in welchen es bloß des Zünders bedarf, um auch hier das Feuer zu entfesseln. ... Die wirkliche Ausführung der Ausweisung" sei „schädlich, aber die Furcht vor derselben ist ein Schreckmittel, welches wohl dazu geeignet ist, als Dämpfer gegen übereifrige Agitatoren zu wirken". Die Wirkung dieser Maßregel sei „nur so lange eine befriedigende ..., als sie nicht angewandt wird." Die Internierung sei der Ausweisung unter bestimmten Kautelen vorzuziehen.

2293 BEBEL (wie Anm. 2262), S. 20.

2294 THÜMMLER (wie Anm. 2272) führte in seiner Tabelle 2, S. 116, 59 Ausweisungen an; HUBER (wie Anm. 2257), S. 1186, sprach von 67 Ausweisungen.

2295 THÜMMLER (wie Anm. 2272) Tabelle 2, S. 116.

2296 Er war Reichstagsabgeordneter von Juli 1878 bis Oktober 1881, vgl. THÜMMLER (wie Anm. 2272), S. 188, Nr. 188; vgl. zu ihm auch HUBER (wie Anm. 2257), S. 95, Anm. 10; Franz

Wilhelm Hasselmann[2297], die sich wegen der am 12. Februar 1879 zu eröffnenden zweiten Session der vierten Legislaturperiode des Reichstages schon in Berlin aufhielten, am 29. November 1878 aus Berlin und Umgebung ausgewiesen. Daraufhin wurde in der Reichstagssitzung vom 19. Februar 1879 vom Abgeordneten Rickert der Antrag gestellt und angenommen, „daß der Reichstag mit dem § 28 des Gesetzes vom 21. Oktober nicht den Sinn verbunden hat, daß ein Mitglied des Reichstages durch eine polizeiliche Ausweisung in seiner verfassungsmäßigen Obliegenheit, an den Verhandlungen des Reichstags teilzunehmen, verhindert werden dürfe"[2298]. Durch ein Gesetz vom 31. Mai 1880 wurde das Ausweisungsrecht gemäß § 28 dahingehend erläutert, daß dieses „auf Mitglieder des Reichstags oder einer gesetzgebenden Versammlung, welche sich am Sitze dieser Körperschaften während der Session derselben aufhalten", keine Anwendung finde[2299]. Nichtsdestoweniger hatten einige Ausgewiesene in den Jahren zwischen 1878 und 1890 ein Reichstagsmandat inne. Neben den beiden bereits Genannten waren dies z.B. Ferdinand A. Bebel[2300], Wilhelm P. M. Liebknecht[2301], Wilhelm Hasenclever[2302], Ignaz Auer[2303], Wilhelm J. Blos[2304], Julius A. Bruhns[2305], Johann H. W. Dietz[2306], Karl

---

OSTERROTH, Biographisches Lexikon des Sozialismus, I: Verstorbene Persönlichkeiten, Hannover 1960, S. 344 f.

2297 Parlamentsangehörigkeit in der gleichen Legislaturperiode wie Fritzsche, vgl. THÜMMLER (wie Anm. 2272), S. 195, Nr. 261; vgl. zu ihm OSTERROTH (wie Anm. 2296), S. 115; WAGNER (wie Anm. 2142), S. 196; Günter BERS, Wilhelm Hasselmann, 1844–1916. Sozialrevolutionärer Agitator und Abgeordneter des Deutschen Reichstages, phil. Diss., Köln 1973.

2298 Siehe dazu THÜMMLER (wie Anm. 2272), S. 28 f.

2299 Gesetz betreffend die authentische Erklärung und die Gültigkeitsdauer des Gesetzes gegen die gemeingefährlichen Bestrebungen der Sozialdemokratie vom 31. Mai 1880, DtRGBl. Nr. 117.

2300 Reichstagsabgeordneter von Oktober 1878 bis Oktober 1881, Juni 1883 bis Juni 1893 (1867–1913), ausgewiesen aus Leipzig und Umgebung im Juni 1881, vgl. THÜMMLER (wie Anm. 2272), S. 174, Nr. 34; vgl. zu ihm auch HUBER (wie Anm. 2257), S. 97, Anm. 23; OSTERROTH (wie Anm. 2296), S. 15 ff.

2301 Reichstagsabgeordneter von Oktober 1878 bis Februar 1887, August 1888 bis Februar 1890, ausgewiesen aus Leipzig und Umgebung am 26. Juni 1881, aus Berlin und Umgebung im September 1884, aus Frankfurt und Umgebung Februar 1887, vgl. THÜMMLER (wie Anm. 2272), S. 210, Nr. 424, vgl. auch S. 98 f.; vgl. zu ihm auch HUBER (wie Anm. 2257), S. 98, Anm. 24, S. 119, Anm. 120; OSTERROTH (wie Anm. 2296), S. 192 ff.

2302 Reichstagsabgeordneter von Oktober 1878 bis Juni 1888, ausgewiesen aus Leipzig und Umgebung im Juni 1881, aus Berlin und Umgebung am 20. September 1884, vgl. THÜMMLER (wie Anm. 2272), S. 195, Nr. 260.; vgl. zu ihm auch HUBER (wie Anm. 2257), S. 97, Anm. 20; OSTERROTH (wie Anm. 2296), S. 114 f.

2303 Reichstagsabgeordneter von März 1880 bis Oktober 1881, Oktober 1884 bis Februar 1887, Februar 1890 bis Juni 1893 (1907, 1877–78), ausgewiesen aus Berlin im November 1878, aus Hamburg im Oktober 1880, vgl. THÜMMLER (wie Anm. 2270), S. 172, Nr. 16; vgl. zu ihm auch HUBER (wie Anm. 2257), S. 103, Anm. 48; OSTERROTH (wie Anm. 2296), S. 349 f.

2304 Reichstagsabgeordneter von März 1880 bis Oktober 1881, Oktober 1881 bis Februar 1887, ausgewiesen aus Hamburg im November 1880 (1877–78, 1890–06, 1912–18), vgl. THÜMMLER (wie Anm. 2270), S. 176, Nr. 82; vgl. zu ihm auch HUBER (wie Anm. 2257), S. 103, Anm. 50; OSTERROTH (wie Anm. 2296), S. 26 f.

F. E. Frohme[2307], Rudolph M. Bruno Geiser[2308], Georg W. Hartmann[2309], Hermann Molkenbuhr[2310], Carl H. Rödiger[2311], Adolf A. Sabor[2312], August W. F. Schmidt[2313], Carl F. W. Schultze[2314], Paul Singer[2315] und Franz G. E. Viereck[2316].

Im ganzen Deutschen Reich kam es nach Thümmler[2317] zu 891 Ausweisungen gemäß § 28. Davon entfielen 274 auf Berlin, 335 auf Hamburg und Altona, 158 auf Leipzig, 71 auf Frankfurt und Offenbach, 52 auf Stettin und eine auf Spremberg[2318]. Von diesen 891 Ausweisungen waren insgesamt 797 Personen betroffen. 183 Ausweisungen wurden nämlich über 89 Personen verhängt, denen schon in einem oder zwei Auswei-

---

2305 Reichstagsabgeordneter von Februar 1890 bis Juni 1893, Oktober 1881 bis Februar 1887, ausgewiesen aus Hamburg im August 1881, vgl. THÜMMLER (wie Anm. 2270), S. 179, Nr. 83.

2306 Reichstagsabgeordneter von Oktober 1881 bis Juni 1893, Oktober 1881 bis Februar 1887, ausgewiesen aus Hamburg im Oktober 1880, vgl. THÜMMLER (wie Anm. 2270), S. 182, Nr. 120; OSTERROTH (wie Anm. 2296), S. 62 f.

2307 Reichstagsabgeordneter von Oktober 1881 bis Juni 1893, ausgewiesen aus Frankfurt im August 1887, vgl. THÜMMLER (wie Anm. 2270), S. 188, Nr. 191; OSTERROTH (wie Anm. 2296), S. 89 f.

2308 Reichstagsabgeordneter von Oktober 1881 bis Februar 1887, ausgewiesen aus Leipzig im Juni 1881, vgl. THÜMMLER (wie Anm. 2270), S. 189, Nr. 198; OSTERROTH (wie Anm. 2296), S. 97.

2309 Reichstagsabgeordneter von April 1880 bis Oktober 1881, ausgewiesen aus Hamburg im Oktober 1880, vgl. THÜMMLER (wie Anm. 2270), S. 194, Nr. 254; vgl. auch HUBER (wie Anm. 2257), S. 103, Anm. 47.

2310 Reichstagsabgeordneter von Februar 1890 bis Juni 1893 (1918), ausgewiesen aus Hamburg im Juni 1881, vgl. THÜMMLER (wie Anm. 2270), S. 214, Nr. 643; vgl. zu ihm auch HUBER (wie Anm. 2257), S. 111, Anm. 111; OSTERROTH (wie Anm. 2296), S. 222 f.

2311 Reichstagsabgeordneter von Oktober 1884 bis Februar 1887, ausgewiesen aus Leipzig im Juli 1881, aus Berlin im Juni 1884, vgl. THÜMMLER (wie Anm. 2270), S. 224, Nr. 574.

2312 Reichstagsabgeordneter von Oktober 1884 bis Februar 1890, ausgewiesen aus Frankfurt im Dezember 1886, vgl. THÜMMLER (wie Anm. 2272), S. 225, Nr. 589.

2313 Reichstagsabgeordneter von Februar 1890 bis Juni 1893, ausgewiesen aus Leipzig im Juni 1887, vgl. THÜMMLER (wie Anm. 2272), S. 233, Nr. 667.

2314 Reichstagsabgeordneter von Oktober 1884 bis Juni 1893, ausgewiesen aus Berlin im November 1886, vgl. THÜMMLER (wie Anm. 2272), S. 231, Nr. 645; OSTERROTH (wie Anm. 2296), S. 279.

2315 Reichstagsabgeordneter von Oktober 1884 bis Juni 1893, ausgewiesen aus Berlin im Juni 1886, aus Frankfurt a.M. im Februar 1887, vgl. THÜMMLER (wie Anm. 2272), S. 233, Nr. 667; vgl. zu ihm auch HUBER (wie Anm. 2257), S. 105, Anm. 57; OSTERROTH (wie Anm. 2296), S. 291 f.

2316 Reichstagsabgeordneter von Oktober 1884 bis Juni 1893, ausgewiesen aus Berlin im Februar 1879, aus Leipzig 1886, vgl. THÜMMLER (wie Anm. 2272), S. 238, Nr. 719.

2317 THÜMMLER (wie Anm. 2272), S. 120.

2318 Die ältere Darstellung von Franz MEHRING, Geschichte der deutschen Sozialdemokratie, IV, 4. Aufl. Berlin-Stuttgart 1909, S. 326, kam auf 893 Ausweisungen, wovon 293 Ausweisungen auf Berlin entfielen, 311 auf Hamburg, 164 auf Leipzig, 71 auf Frankfurt, 53 auf Stettin und eine auf Spremberg. Von diesen Zahlen ging auch BRÜGEL (wie Anm. 2101) IV, S. 103, aus, setzte aber die Zahl der Ausweisungen mit der Zahl der ausgewiesenen Personen gleich.

sungsgebieten der Aufenthalt verboten worden war[2319]. Insgesamt läßt sich allerdings ein Rückgang der Ausweisungen analog zur Dauer des Kleinen Belagerungszustandes in den einzelnen Gebieten und ab 1885 bzw. 1888[2320] deutliche Einbrüche der Ausgewiesenenzahlen feststellen - sieht man von den neu dazu gekommenen Belagerungsgebieten ab.

Am 30. August 1888 verordnete überdies der preußische Innenminister Herrfurth, daß „von der Befugnis der Ausweisung bzw. Aufenthaltsversagung nur mehr in den dringendsten Fällen" Gebrauch gemacht werden sollte und jeweils vorher, wenn nicht Gefahr im Verzug sei, seine Zustimmung eingeholt werden müsse. Im Mai 1890 ordnete er sogar an, daß den Anträgen Ausgewiesener auf Rückkehr „mit Rücksicht auf den Ablauf des Sozialistengesetzes" stattgegeben werden solle[2321]. Solchen Anträgen auf Rückkehr wurde insgesamt in 160 Fällen - und zwar zu über vierzig Prozent innerhalb des ersten Jahres der Ausweisung - stattgegeben und die Rückkehr bis auf weiteres wieder gestattet[2322]. Antragsteller waren vor allem Personen, die sich als Familienväter - nach Brügel[2323] waren über 500 der Ausgewiesenen verheiratet und die meisten von ihnen Familienväter - aus Sorge um die ökonomische Existenz von Frau und Kindern gezwungen sahen, der Sozialdemokratie „abzuschwören"[2324], und neben den Arbeitern insbesondere selbständig Erwerbstätige wie Ladeninhaber und Händler, Schankwirte und Tischler[2325]. Im Zusammenhang damit steht der Befund, daß in der Gruppe der Personen, die eine Rückkehrgenehmigung erlangten, Personen mit einem Alter von über 35 Jahren überdurchschnittlich - im Vergleich zur Altersstruktur aller Ausgewiesenen insgesamt - vertreten waren[2326].

Die Mehrheit der Ausgewiesenen hatte freilich keine Erlaubnis zur Rückkehr erlangt, was für ihre Familien große existentielle Probleme mit sich brachte[2327], sei es, daß sie mit den Ausgewiesenen mitgingen, sei es, daß sie blieben. Häufig wandten sich aus Berlin Ausgewiesene nach Hamburg oder Leipzig, in der Hoffnung, in der anderen

---

2319 THÜMMLER (wie Anm. 2272), S. 120, und Tabelle 3, S. 121, ermittelte 94 Zweitausweisungen und fünf Drittausweisungen. Zu den Zahlen der Erstausweisungen siehe Tabelle 4.

2320 Nach HUBER (wie Anm. 2257), S. 1186, wurden von 1878 bis 1888 ingesamt 892 Ausweisungen ausgesprochen, nach THÜMMLER (wie Anm. 2272), Tabelle 2, S. 116, 878 - also fast 90 % aller Ausweisungen insgesamt. Bis 1885 waren bereits über 72 % der Gesamtausweisungen erfolgt.

2321 Vgl. THÜMMLER (wie Anm. 2272), S. 32.

2322 Vgl. dazu ebd., Tabellen 5–7, S. 126 ff.

2323 BRÜGEL (wie Anm. 2101) IV, S. 103, der sich auch hier vermutlich wieder nach MEHRING (wie Anm. 2318), S. 326, gerichtet haben dürfte.

2324 Siehe Beispiele für solche Gesuche bei THÜMMLER (wie Anm. 2272), S. 124 f.

2325 Siehe zur Struktur der Ausgewiesenen nach Berufsgruppen THÜMMLER (wie Anm. 2272), Tabellen 15–26, S. 153 ff und Anhangtabellen; zur Einteilung der Ausgewiesenen mit Rückkehrbewilligung nach Berufsgruppen Tabelle 7, S. 128.

2326 Während 68 % aller Ausgewiesenen zwischen 19 und 34 Jahre alt waren, entfielen auf diese Gruppe nur ca. 37 % der Rückkehrbewilligungen, siehe dazu THÜMMLER (wie Anm. 2272), Tabellen 9 und 11, S. 131, 134.

2327 Im November 1878 wurde ein Unterstützungskomitee auf Initiative Bebels und Liebknechts in Leipzig gegründet, das nach Maßgabe der Möglichkeiten vor allem den Familien der Ausgewiesenen zu helfen suchte, vgl. zu den Sammlungen BEBEL (wie Anm. 2262), S. 27 f.

Stadt neu zu beginnen, bis sie dort vom Belagerungszustand eingeholt wurden. Viele Ausgewiesene allerdings hatten nicht die Absicht zurückzukehren. Sie verließen Deutschland und wanderten aus, „wiewohl nur wenige dieser deutschen Arbeiter ... dem Vaterland den Rücken gekehrt" hätten, wie Ignaz Auer schreibt, „wenn sie nicht als Opfer einer infamen Verfolgungssucht schließlich dazu gezwungen gewesen wären"[2328]. Ein Teil ließ sich in Zürich, Paris, Brüssel oder London[2329] nieder, ein großer Teil - namentlich weist Thümmler 146 Personen nach[2330] - wanderte nach Amerika aus[2331]. Auffällig ist, daß fast die Hälfte der Amerikaauswanderer aus dem Ausweisungsgebiet Hamburg-Altona stammten.

Bezüglich der möglichen Auswanderungsabsichten Ausgewiesener hatte man sich in Cisleithanien schon von Anfang an Sorgen gemacht und die Länderchefs gewarnt, daß „die benachbarten Länder sich füglich gegen die Eventualität vorsehen" mögen, „mit der Masseneinwanderung der vom Deutschen Reich ausgestoßenen hochroten Gesellschaft beglückt zu werden." Insbesondere hatte man die sächsischen Sozialdemokraten im Verdacht, als „eventuelle Zufluchtsstätten" die „angrenzenden deutschböhmischen Bezirke ins Auge gefaßt" zu haben[2332]. Man fürchtete, die „bedenklichen Elemente dieser staatsgefährlichen Partei" könnten sich nach Cisleithanien begeben, um „ihre Agitation hier fortzusetzen"[2333]. Diese Sorge war allerdings übertrieben, denn die österreichisch-ungarische Monarchie stand als Asyl- oder Auswanderungsland bei den Sozialdemokraten nicht sehr hoch im Kurs[2334].

Daß die Ausweisung für die betroffenen Männer und Frauen[2335] wirtschaftlich und sozial ihre Existenz in Frage stellte, ist unschwer nachzuvollziehen[2336]. Was jedoch die individuell psychologischen Auswirkungen anbelangt, so sprechen einerseits nicht nur die Ansuchen um Rückkehrbewillung eine beredte Sprache, sondern auch z.B. die Erin-

---

2328 Ignaz AUER, Nach zehn Jahren. Material und Glossen zur Geschichte des Sozialistengesetzes, Nürnberg 1913, S. 321.

2329 Z.B. Johann Most, vgl. dazu Andreas SCHEU, Umsturzkeime. Erlebnisse eines Kämpfers, II, Wien 1923, S. 33 f.

2330 Die Polizeistatistik gab allerdings ohne Frankfurt und Offenbach 228 Personen an, die auswanderten oder erklärt hatten auszuwandern, vgl. THÜMMLER (wie Anm. 2272), S. 150.

2331 Vgl. die Zahlen nach Ausweisungsgebieten aufgeschlüsselt ebd., S. 150, wobei ins Auge fällt, daß bei den aus Hamburg Ausgewiesenen der Prozentsatz der Emigration besonders hoch war.

2332 Erlaß an die Länderchefs in einer Note des Ministeriums des Äußern an das Ministerium des Innern vom 22. Oktober 1878, siehe BRÜGEL (wie Anm. 2101) III, S. 99.

2333 Weisung der Wiener Polizeidirektion vom 18. Mai 1878 an die ihr unterstehenden Organe, ebd., S. 95

2334 So hatte die Wiener Polizei im August 1873 mehrere in Wien lebende Franzosen als ehemalige Mitglieder der Pariser Kommune auf Wunsch der französischen Regierung ausgeliefert, vgl. BRÜGEL (wie Anm. 2101) II, S. 222 f., sowie weiter unten S. 471 f.

2335 THÜMMLER (wie Anm. 2272) führte auch zwei ausgewiesene Frauen namentlich an. Die Ehefrau eines Maurers wurde gleichzeitig mit diesem sowohl aus Berlin als auch aus Hamburg, eine Haushälterin aus Leipzig ausgewiesen, S. 226, Nr. 595, und S. 233, Nr. 673.

2336 MEHRING (wie Anm. 2318), S. 326, sprach - wenngleich stark propagandistisch - von einer „Fülle vernichteten Menschenglückes und Menschenlebens", „von den zahllosen Märtyrern, die durch kapitalistische und polizistische Drangsalierungen von ihrem armen Herde vertrieben, ins Elend der Verbannung gejagt, in ein frühes Grab gestürzt worden waren".

nerungen August Bebels: „Daß man uns wie Vagabunden oder Verbrecher ausgewiesen und ohne eine gerichtliche Prozedur von Weib und Kind gerissen hatte, empfand ich als eine tödliche Beleidigung, für die ich Vergeltung geübt, hätte ich die Macht gehabt. Kein Prozeß, keine Verurteilung hat je bei mir ähnliche Gefühle des Hasses, der Er- und Verbitterung hervorgerufen, als jene sich von Jahr zu Jahr erneuernden Ausweisungen, bis endlich der Fall des unhaltbar gewordenen Gesetzes dem grausamen Spiel mit menschlichen Existenzen ein Ende machte"[2337]. So zieht denn auch Brügel einen sehr bitteren Vergleich, wenn die Sozialistenausweisungen mit den konfessionellen Massenvertreibungen vergleicht: „Über Hunderte von Arbeiterfamilien brach Not und Elend herein, und das nur deswegen, weil sie Angehörige der Partei waren. Hatte man vor Jahrhunderten Menschen um Gottes Wort aus Haus und Hof, aus Land und Heimat vertrieben, so hatte die deutsche Regierung in den Jahren von 1878 bis 1890 Menschen um ihrer politischen Gesinnung willen geächtet!"[2338]

B. Ausnahmerecht 1884 bis 1891

1. Entstehungsgeschichte der grundrechtssuspendierenden Ausnahmsverordnung vom 30. Jänner 1884

Nach dem Hochverratsprozeß des Jahres 1870[2339] machten sich Spaltungserscheinungen innerhalb der österreichischen Sozialdemokratie und eine gewisse Orientierungslosigkeit bemerkbar. Zunehmend bildete sich ein gemäßigter und ein radikaler Flügel heraus[2340]. Die Radikalen gerieten immer mehr ins Fahrwasser der anarchisti-

---

2337 BEBEL (wie Anm. 2262), S. 183.

2338 BRÜGEL (wie Anm. 2101) IV, S. 93.

2339 Vgl. dazu STEINER (wie Anm. 2168, Hochverratsprozeß), S. 13–30; BRÜGEL (wie Anm. 2101) I, S. 206 ff., II, 78 ff.; DEUTSCH (wie Anm. 2088), S. 102 ff.; STEINER (wie Anm. 2132), S. 28 ff.; auch Heinrich SCHEU (Hrsg.), Der Hochverratsprozeß gegen Oberwinder, Andr. Scheu, Most, Pabst, Häcker, Perrin, Schönfelder, Berka, Schäftner, Pfeiffer, Dorsch, Eichinger, Gehrke und Baudisch. Verhandelt vor dem k.u.k. Landesgerichte in Wien, begonnen am 4. Juli 1870, Wien 1870; DERS. (Hrsg.), Vor vierzig Jahren. Der Wiener Hochverratsprozeß gegen A. Scheu, H. Oberwinder, J. Most und Genossen. Ein Beitrag zur Wiener Parteiorganisation, neu hrsg. und ergänzt, mit Einleitung und Nachwort von Karl Renner, Wien 1911; Heinrich SCHEU, Erinnerungen. Ein Beitrag zur Geschichte der österreichischen Arbeiterbewegung, Wien 1912, insbes. S. 30 ff.; SCHEU (wie Anm. 2329), S. 48–73.

2340 Vgl. dazu ausführlich BRÜGEL (wie Anm. 2101) II, S. 200 ff.; differenzierend KONRAD (wie Anm. 2159), S. 204 ff.; DERS., Die organisatorische Entwicklung der österreichischen Arbeiterbewegung bis zum Hainfelder Parteitag, in: Brigitte Perfahl, Marx oder Lassalle? Zur ideologischen Position der österreichischen Arbeiterbewegung 1869–1889 (= Schriftenreihe des Ludwig Boltzmann-Instituts für Geschichte der Arbeiterbewegung XXII), Wien 1982, S. 6 ff.; vgl. auch Lisbeth DICHTER, Die Strömungen in der österreichischen Sozialdemokratie bis zum Hainfelder Parteitag, phil. Diss. Wien 1952, S. 57 ff.; K. SCHWECHLER, Die österreichische Sozialdemokratie. Eine Darstellung ihrer geschichtlichen Entwicklung, ihres Programmes und ihrer Tätigkeit, Graz 1907, S. 15 ff.; August KRCAL, Zur Geschichte der Arbeiter-Bewegung Österreichs, Wien 1894, neu hrsg. von Peter Stipkovics, Wien o.J., S. 26.

schen Richtung Johann Mosts[2341], die in der Gewalt das wahre Mittel zur Befreiung des Proletariats erblickte und zur „Propaganda der Tat“[2342] aufrief. Der Staatsapparat reagierte mit steigender Repression gegen die Arbeiterbewegung. Als zu Beginn der Achtzigerjahre der radikale Flügel unter der Führung Josef Peukerts unübersehbare Lebenszeichen in Form von verbaler und tätlicher Gewalt[2343] zeigte, verschärfte sich der Gegensatz zwischen Radikalen und Gemäßigten. Auch gegen die Gemäßigten richteten sich nun die Maßnahmen der Exekutive, und „je rücksichtsloser die Polizeiorgane die Sozialisten zu verfolgen begannen“, so Kolmer, „desto mehr förderten sie die anarchistische Agitation der Radikalen, deren sie nicht habhaft wurden“[2344]. Auf einen Brief Karl Kautskys an Friedrich Engels 1881, in dem dieser seiner Sorge um die österreichische Sozialdemokratie Ausdruck verliehen hatte, antwortete Engels nahezu prophetisch: „Ihre Mostianischen Leute in Österreich müssen durch Schaden klug werden, das ist nun einmal nicht anders. Es ist dies ein Prozeß, bei dem viel sonst gute Elemente draufgehen“[2345]. Die Möglichkeit, durch Schaden klug zu werden, sollte der gesamten Arbeiterbewegung bald eröffnet werden, denn erneute Arbeiterunruhen und Streiks in Wien[2346]

2341 Zu Most vgl. S. 398 f. und die Anm. 2142 ff., 2291, 2316; vgl. auch Helmut KONRAD, Die ungeliebten Brüder. Anarchisten und Sozialdemokratie, in: Helene Maimann (Hrsg.), Die ersten 100 Jahre. Österreichische Sozialdemokratie 1888–1988, Wien-München 1988, S. 184 f.; Hans HAUTMANN/Rudolf KROPF, Die österreichische Arbeiterbewegung vom Vormärz bis 1945 (= Schriftenreihe des Ludwig Boltzmann-Instituts für Geschichte der Arbeiterbewegung IV), Wien 1974, S. 76 ff.; vgl. zu Johann Most auch B. DOEHN, Der Anarchismus und seine Bekämpfung, in: Zeitschrift für die gesamte Strafrechtswissenschaft XX (1900), S. 51 ff.

2342 Vgl. dazu z.B. Jakob REUMANN, Propaganda der Tat, in: Der Kampf. Sozialdemokratische Monatsschrift, hrsg. von Otto Bauer/Adolf Braun/Karl Renner, II (1909), S. 277–282; zur Geschichte des Anarchismus und insbesondere zum Aktionsanarchismus auch DOEHN (wie Anm. 2341), insbes. S. 34 f.; Adolf LENZ, Der Anarchismus und das Strafrecht, in: Zeitschrift für die gesamte Strafrechtswissenschaft XVI (1896), insbes. S. 6 f.

2343 Am 4. Dezember 1881 wurde der Polizeikommissär Kadlec schwer verwundet, als er eine Versammlung, „in welcher revolutionäre Reden gehalten wurden“, auflöste; siehe Nr. 831 der Beilagen zu den Sten. Prot. des AH, IX. Sess, S. 2.

2344 KOLMER (wie Anm. 2150) III, S. 380, der einige Vorkommnisse der Jahre 1882–1884 schilderte.

2345 Brief vom 27. August 1881, siehe Benedikt KAUTSKY (Hrsg.), Friedrich Engels' Briefwechsel mit Karl Kautsky. Zweite, durch die Briefe Karl Kautskys vervollständigte Ausgabe von „Aus der Frühzeit des Marxismus“ (Quellen und Untersuchungen zur Geschichte der deutschen und österreichischen Arbeiterbewegung I), Wien 1955, S. 39.

2346 So gab es etwa 1882 einen Streik in der Meidlinger Eisen- und Emailfabrik, einen umfassenden Streik der Schriftsetzer, mit denen sich die Hutmacher solidarisch erklärten, sowie die sogen. „Schusterkrawalle“ anläßlich des behördlichen Verbotes des Fachvereines der Schuhmacher und der Schließung des Vereinslokales, über die Karl Kautsky am 11. November 1882 in einem Brief Friedrich Engels schrieb: „Hier ist es in den letzten Tagen ziemlich toll zugegangen ... Der Zeitpunkt war für die ‚Propaganda der Tat‘ sehr günstig, die Anarchisten hätten, wenn sie gewollt hätten, einen sehr ernsthaften Straßenkampf provozieren können. Die Bevölkerung war furchtbar erregt über das schamlose und brutale Vorgehen der Sicherheitswache und des Militärs, welches geradezu darauf berechnet war, einen Exzeß zu provozieren ... Die Zahl der Verwundeten beträgt viele Hunderte ... Das Empörendste war, daß man von Zeit zu Zeit ein wahres Kesseltreiben veranstaltete, eine dicht besetzte Straße umsowie der Freispruch von 26 „revolutionären" Sozialisten[2347] durch die Geschworenen in einem im Zuge der aufsehenerregenden Merstallinger-Affäre[2348] im März 1882 geführten Hochverratsprozeß schufen ein Klima, das die Regierung ermunterte, nunmehr über Maßnahmen gegen Anarchismus und Sozialdemokratie nach Bismarckschem Exempel nachzudenken[2349].

Die konservative Regierung des Grafen Eduard Taaffe[2350], die im August 1879 ihr Amt angetreten hatte und sich im Reichsrat auf den feudal-konservativen Hohenwartklub sowie auf die Tschechen und Polen, den sogenannten „Eisernen Ring", stützen konnte[2351], nahm zwar einerseits längst notwendige Reformen auf dem Sektor der Arbeitersozialgesetzgebung in Angriff[2352], andererseits – hatte sie doch bereits gezeigt, daß

---

zingelte ..., wo niemand entkommen konnte, um so weniger, als die Haustore abgesperrt waren. Daß die verzweifelte Masse dann zu Steinen griff, ist nicht zu verwundern. ... Statt einzuschüchtern hat das Vorgehen erbittert, und zwar in solchem Maße, daß man hohenorts Angst bekam und die Sicherheitswache und das Militär seit gestern fast lächerlich höflich vorgehen"; siehe KAUTSKY (wie Anm. 2345), S. 6 f.; vgl. zu den Streiks STEINER (wie Anm. 2132), S. 199 f.; zu den Schusterkrawallen auch Fritz KLENNER, Die österreichischen Gewerkschaften. Vergangenheit und Gegenwartsprobleme, I, Wien 1951, S. 92 f.; KRCAL (wie Anm. 2340), S. 31 ff.

2347 26 Mitglieder der radikalen Partei wurden wegen Verbrechen des Hochverrates, der Mitschuld am Hochverrat, des Raubes, der Mitschuld und Teilnehmung am Raub sowie Vorschubleistung angeklagt; siehe zu den konkreten Personen und zum Prozeß näher, BRÜGEL (wie Anm. 2101) III, S. 288 ff.

2348 Am 4. Juli 1882 wurde ein Raubattentat auf den Schuhfabrikanten Josef Merstallinger durch die Tischler(gehilfen) Josef Engel, Franz Pfleger und Wilhelm Berndt, alle Mitglieder der radikalen Arbeiterpartei, verübt. Die polizeilichen Verhöre ergaben, daß mit dem geraubten Geld die Parteikasse dotiert werden sollte, worauf ca. hundert Mitglieder der Partei als der Mitbeteiligung Verdächtige verhaftet wurden. Pfleger und Engel wurden als Haupttäter zu je 15 Jahren, Berndt zu zwei Jahren Kerker verurteilt; siehe dazu und zur Reaktion der „Gemäßigten" detailliert BRÜGEL (wie Anm. 2101) III, S. 263 ff.; auch DEUTSCH (wie Anm. 2112), S. 105 f.; DERS. (wie Anm. 2088), S. 167 ff.; STEINER (wie Anm. 2132), S. 204 ff.; vgl. auch KRCAL (wie Anm. 2340), S. 29 ff.

2349 Bereits im Frühjahr 1882 soll Taaffe anläßlich der Kohlenarbeiterstreiks in Nordwestböhmen mit der Verhängung des Ausnahmezustandes gedroht haben, vgl. STAUDACHER (wie Anm. 1260), S. 269. Am 9. November 1882 überlegte der Ministerrat anläßlich der „Schusterkrawalle", über Wien den Ausnahmezustand zu verhängen; vgl. dazu detailliert BRÜGEL (wie Anm. 2101) III, S. 285 f.

2350 Vgl. zu ihm etwa Georg BECK, Die Persönlichkeit des Grafen Eduard Taaffe, phil. Diss. Wien 1948.

2351 Vgl. zur Regierung Taaffe Hugo HANTSCH, Die Geschichte Österreichs II, 4. Aufl. Graz-Köln-Wien 1968, S. 410 ff.; Erich ZÖLLNER, Geschichte Österreichs. Von den Anfängen bis zur Gegenwart, 7. Aufl. Wien 1984, S. 422; Richard CHARMATZ, Österreichs innere Geschichte von 1848 bis 1995, II: Der Kampf der Nationen, 3. Aufl. Leipzig und Berlin 1918, S. 40 ff.

2352 Siehe zur Sozialpolitik der Regierung Taaffe Herbert HOFMEISTER, Ein Jahrhundert Sozialversicherung in Österreich, in: Peter A. Köhler/Hans. F. Zacher, Ein Jahrhundert Sozialversicherung in Deutschland, Frankreich, Großbritannien, Österreich und der Schweiz (= Schriftenreihe für Internationales und Vergleichendes Sozialrecht VIb), Berlin 1981, S. 517 ff.; Kurt EBERT, Die Anfänge der modernen Sozialpolitik in Österreich. Die Taaffesche Sozialgesetzgebung für die Arbeiter im Rahmen der Gewerbeordnungsreform (1879–

sie bereit war, das Notverordnungs- und Ausnahmerecht anzuwenden[2353] –, setzte sie ihre reaktionär-respressive Politik gegenüber der Arbeiterbewegung mit aller Härte des Ausnahmezustandes durch. Als zur Jahreswende 1883/1884 zwei Polizeibeamte und ein Geschäftsmann von radikalen Anarchisten ermordet wurden[2354], gab dies schließlich den „bestellten Vorwand"[2355] ab, um zum großen Schlag gegen die Arbeiterbewegung

---

1885) (= Studien zur Geschichte der österreichisch-ungarischen Monarchie XV), Wien 1975, S. 58 ff.; Ludwig BRÜGEL, Soziale Gesetzgebung in Österreich von 1848 bis 1918, Wien-Leipzig 1919; Walter KNARR, Das Ministerium des Grafen Taaffe und die soziale Frage, phil. Diss. Wien 1948; Friedrich LERCH, Die Konservativen und die österreichische soziale Gesetzgebung in der Ära Taaffe, phil. Diss. Wien 1948.

2353 So wurden z.B. durch Gesetz vom 28. Februar 1882, RGBl. Nr. 22, in Dalmatien Ausnahmegerichte eingeführt (verlängert durch eine § 14-Verordnung vom 25. Juni 1882, RGBl. Nr. 82); am 20. Juni 1882 erließ die Regierung eine Verordnung aufgrund § 1 des Gesetzes vom 23. Mai 1873, RGBl. Nr. 120, mit welcher die Geschwornengerichtsbarkeit für den Kreisgerichtssprengel Cattaro auf die Dauer eines Jahres suspendiert wurde; vgl. dazu detailliert Gernot D. HASIBA, Notverordnungs- und Ausnahmerecht in der Ära Taaffe (1879–1893), in: Gernot Kocher/Gernot D. Hasiba (Hrsg.), Festschrift Berthold Sutter, Graz 1983, S. 195–207, insbes. S. 202 f.; DERS., Das Notverordnungsrecht in Österreich (1848–1917). Notwendigkeit und Mißbrauch eines „Staatserhaltenden Instrumentes" (= Studien zur Geschichte der österreichisch-ungarischen Monarchie XXII), Wien 1985, S. 73 ff.; Rudolf HOKE, Strafrechtspflege und Terrorismus im alten Österreich. Betrachtung zum Gesetz betreffend die zeitweise Einstellung der Geschwornengerichte vom Jahre 1873, in: Festschrift Hermann Baltl zum 70. Geburtstag, Graz 1988, S. 325 ff. Am 1. August 1888 wurde wiederum aufgrund des Gesetzes vom 23. Mai 1873 eine Verordnung, RGBl. Nr. 130, erlassen, mit der in 15 Gerichtssprengeln in Wien, Nieder- und Oberösterreich, Böhmen, Steiermark und Kärnten die Geschwornengerichtsbarkeit bis Ende Juli suspendiert wurde.

2354 Am 15. Dezember 1883 ermordete der Ausländer Anton Kammerer in Floridsdorf den Polizeibeamten Franz Hlubek; am 10. Jänner 1884 wurde ein Raubmord am Wiener Wechselstubenbesitzer Heinrich Eisert verübt, welcher Hermann Stellmacher zur Last gelegt wurde, der auch am 25. Jänner den Polizeiagenten Blöch erschossen hatte, vgl. dazu detailliert BRÜGEL (wie Anm. 2101) III, S. 306 ff., insbes. S. 312 ff.; DEUTSCH (wie Anm. 2112), S. 196 f.; DERS. (wie Anm. 2088), S. 170 ff.; STEINER (wie 2132), S. 224 f. Die Täter wurden hingerichtet und von der Anarchistenpresse als Helden gefeiert. So sprach die von Johann Most in New York herausgegebene Zeitung „Freiheit", in der bereits im Mai 1883 Drohungen gegen Blöch und Hlubek erschienen waren, am 2. Februar 1884 von einer „herzerfrischende[n], nachahmenswerte[n] Tat", siehe STEINER (wie Anm. 2132), S. 224; vgl. auch die Ausführungen im Bericht des preußischen Polizeipräsidiums vom 4. März 1884, Reinhard HÖHN, Die vaterlandslosen Gesellen, Der Sozialismus im Lichte der Geheimberichte der preußischen Polizei 1878–1914, I: 1878–1890, Köln-Opladen 1964, S. 211 f., 234 f.; vgl. zu Kammerers und Stellmachers terroristischen Karrieren auch WAGNER (wie Anm. 2142), S. 227 ff.; STAUDACHER (wie Anm. 1260), S. 292 ff., 327 ff.; KRCAL (wie Anm. 2340), S. 34 ff.

2355 So STEINER (wie Anm. 2132), S. 223. Nach Steiner stand die Polizei direkt als Drahtzieher hinter den durch Stellmacher und Kammerer verübten Morden. Auch Helmut KONRAD, Die Arbeiterbewegung in der österreichischen Reichshälfte, in: Wolfgang Maderthaner (Hrsg.), Arbeiterbewegung in Österreich und Ungarn bis 1914. Referate des österreichisch-ungarischen Historikersymposiums in Graz vom 5. bis 9. September 1986 (= Materialien zur Arbeiterbewegung XLV), Wien 1986, S. 135, spricht von „bestellten Attentaten" und

insgesamt auszuholen, obwohl sich die gemäßigten Sozialdemokraten vehement von den Aktionen des radikal-anarchistischen Flügels distanzierten[2356]. Am 27. Jänner 1884 fand eine Ministerratssitzung zur Beratung von Maßnahmen gegen Anarchisten und Sozialisten statt[2357]. Ministerpräsident Taaffe sprach sich in dieser Sitzung noch gegen die Verhängung des Standrechtes über einzelne Teile der Monarchie und gegen ein Sozialistengesetz nach deutschem Muster aus[2358].

Aufgrund der Beratungen des Ministerrates[2359] wurden allerdings am 30. Jänner 1884 zwei Verordnungen des Gesamtministeriums erlassen. Eine Verordnung suspendierte aufgrund des Gesetzes vom 23. Mai 1873[2360] die Geschwornengerichtsbarkeit für Wien und Wiener Neustadt[2361]. Die andere Verordnung[2362] erging aufgrund des Geset-

---

von Stellmacher und Kammerer als „Provokateuren der Polizei"; siehe auch KONRAD (wie Anm. 2159), S. 219; anderer Ansicht STAUDACHER (wie Anm. 1260), S. 346 Anm. 282.

2356 „Wir stehen heute dank der anarchistischen Taktik vor der Frage des Seins oder Nichtseins der öffentlichen Propaganda für sozialistische Ideen in Österreich. Wir erklären, daß die Provokation von Ausnahmeregeln, wie sie durch die Führung der Anarchisten in Österreich geschah und geschieht, ein verbrecherisches und infames Attentat auf die ehrliche Sozialdemokratie und das unter ihrer Fahne kämpfende Proletariat ist. Wir weisen jede Verantwortung dafür mit Entrüstung zurück und übergeben die Urheber der Verachtung aller denkenden Proletarier", „Wahrheit" vom 1. Februar 1884, zitiert nach STEINER (wie Anm. 2132), S. 226.

2357 Allgemeines Verwaltungsarchiv, Ministerratsprotokolle Nr. 8 vom 27. Jänner 1884, vgl. HASIBA (wie Anm. 2257), S. 257 f. Zur Vorbereitung dieser Sitzung fand nach STEINER (wie Anm. 2132), S. 225, im Jänner eine Besprechung des niederösterreichischen Statthalters mit Vertretern der Polizei, des Justizministeriums und der Staatsanwaltschaft über die mögliche Verhängung des Ausnahmezustandes statt, wobei auch über Ausweisungen aus verschiedenen Gebieten beraten wurde.

2358 Vgl. dazu KNARR (wie Anm. 2352), S. 52 ff.; BRÜGEL (wie Anm. 2101) III, S. 3234 ff.

2359 Nach KNARR (wie Anm. 2352), S. 52, wurde der Beschluß über die Ausnahmeverfügungen erst in der Ministerratssitzung am 30. Jänner 1884 gefaßt. Nach BRÜGEL (wie Anm. 2101) III, S. 325, teilte Taaffe am 30. Jänner dem Ministerrat bereits mit, daß „die Ausnahmemaßregeln die Allerhöchste Genehmigung Seiner Majestät erhalten haben". Die Präambel der Verordnung, mit welcher für die Gerichtshofsprengel Wien, Korneuburg und Wiener Neustadt Ausnahmsverfügungen getroffen wurden, RGBl. 1884 Nr. 15, sprach ausdrücklich von einem am 27. Jänner 1884 gefaßten Beschluß.

2360 Gesetz vom 23. Mai 1873, RGBl. 120, betreffend die zeitweise Einstellung der Geschwornengerichtsbarkeit, § 1: „Die Wirksamkeit der Geschwornengerichte kann hinsichtlich aller ihnen zugewiesenen strafbaren Handlungen oder einzelner Arten derselben zeitweilig, und zwar längstens auf die Dauer eines Jahres für ein bestimmtes Gebiet eingestellt werden, wenn dasselbst Thatsachen hervorgetreten sind, welche dieß zur Sicherung einer unpartheiischen und unabhängigen Rechtsprechung als nothwendig erscheinen lassen."; vgl. dazu näher HOKE (wie Anm. 2353), S. 319–341.

2361 Verordnung des Gesamtministeriums vom 30. Jänner 1884, RGBl. Nr. 16, betreffend die Einstellung der Wirksamkeit der Geschwornengerichte für die Gerichtssprengel Wien und Korneuburg. Schon am 19. Dezember 1884 wurde diese Maßnahme auch auf Wiener Neustadt ausgedehnt (Verordnung des Gesamtministeriums, RGBl. Nr. 192, betreffend die Einstellung der Wirksamkeit der Geschwornengerichte für den Gerichtshofsprengel Wiener Neustadt in Niederösterreich); vgl. dazu KOLMER (wie Anm. 2150) III, S. 388. Die Verordnung wurde durch Gesetz vom 22. Dezember 1884, RGBl. Nr. 198 bis zum 31. Dezember 1885 und durch Gesetz vom 8. November 1885, RGBl. Nr. 158, bis zum 30. Juni 1886 verzes vom 5. Mai 1869[2363], das für den Fall ausgedehnter hochverräterischer und die persönliche Sicherheit gefährdender Umtriebe die Regierung zur Erlassung von Ausnahmsverfügungen ermächtigte. Diese Verordnung des Gesamtministeriums traf nun Ausnahmsverfügungen für die Gerichtshofsprengel Wien, Korneuburg und Wiener Neustadt. Sie bestanden in einer Suspendierung der Grundrechte der Freiheit der Person (Art. 8), des Hausrechtes (Art. 9), des Briefgeheimnisses (Art. 10), der Versammlungs- und Vereinsfreiheit (Art. 12) sowie der freien Meinungsäußerung und Pressefreiheit (Art. 13)[2364] sowie in einer Ermächtigung der Regierung, Ausnahmeanordnungen zur

---

längert. Danach wurde es durch das auf zwei Jahre beschränkte Gesetz vom 25. Juli 1886, RGBl. Nr. 98, womit Bestimmungen über die Gerichtsbarkeit in Strafsachen, welchen anarchistische Bestrebungen zu Grunde liegen, erlassen werden, das sogen. Anarchistengesetz, abgelöst, vgl. dazu näher HOKE (wie Anm. 2353), S. 326 ff.; HASIBA (wie Anm. 2353, Festschriftbeitrag), S. 205; KOLMER (wie Anm. 2150) IV, S. 339 ff.

2362 Verordnung des Gesamtministeriums vom 30. Jänner 1884, RGBl. Nr. 15, mit welcher für die Gerichtshofsprengel Wien, Korneuburg und Wiener Neustadt Ausnahmsverfügungen getroffen werden.

2363 Gesetz vom 5. Mai 1869, RGBl. Nr. 66, womit aufgrund des Artikel 20 des Staatsgrundgesetzes vom 21. Dezember 1867, RGBl. Nr. 142, die Befugnisse der verantwortlichen Regierungsgewalt zur Verfügung zeitweiliger und örtlicher Ausnahmen von den bestehenden Gesetzen bestimmt werden. § 1 bestimmte: „Im Falle eines Krieges, sowie wenn der Ausbruch kriegerischer Unternehmungen unmittelbar bevorsteht, dann im Falle innerer Unruhen, sowie wenn in ausgedehnter Weise hochverräterische oder sonst die Verfassung bedrohende und die persönliche Sicherheit gefährdende Umtriebe sich offenbaren, können zeitweilig und örtlich nach Maßgabe des gegenwärtigen Gesetzes auf Grund des Art. 20 des Staatsgrundgesetzes über die allgemeinen Rechte der Staatsbürger, die Bestimmungen der Art. 8, 9, 10, 12 und 13 dieses Staatsgrundgesetzes ganz oder theilweise suspendiert, ferner in Gemäßheit der §§. 8 und 9 des gegenwärtigen Gesetzes Ausnahms-Anordnungen zur Handhabung der Polizei- und Strafgewalt mit verbindender Kraft erlassen werden."

2364 Die Verordnung legte der Suspension der einzelnen Grundrechte die folgenden (d.h. nicht alle nach dem Gesetz möglichen) Wirkungen des Gesetzes vom 5. Mai 1869, RGBl. Nr. 66, zu: Gemäß § 3 lit. a wurde bezüglich Art. 8 die im § 4 des Gesetzes vom 27. Oktober 1862, RGBl. Nr. 87, geregelte 48stündige Frist bei Verhaftungen auf acht Tage erweitert und den Sicherheitsbehörden ein Ausweisungsrecht eingeräumt; die Suspension des Art. 9 erlaubte nach § 4 des Gesetzes von 1869 die Vornahme von Haussuchungen ohne richterlichen Befehl; die des Art. 10 gemäß § 5 die Beschlagnahme und Eröffnung von Briefen ohne richtlichen Befehl, mit der Einschränkung der Verordnung auf Briefe, die verdächtig erschienen, Umtrieben zu dienen, welche die öffentliche Sicherheit und die gesellschaftliche Ordnung gefährdeten; die Suspension des Art. 12 gemäß § 6 machte die Bildung von Vereinen, welche unter die Bestimmungen des Vereinsgesetzes vom 15. November 1867, RGBl. Nr. 134, fielen, von der Bewilligung der Behörde abhängig und ermächtigte die politischen Behörden, die Tätigkeit solcher bereits bestehenden Vereine, insbesondere das Abhalten von Versammlung, einzustellen oder an besondere Bedingungen zu binden. Versammlungen unter freiem Himmel bzw. „öffentliche Aufzüge" (§ 3 des Versammlungsgesetzes vom 15. November 1867, RGBl. Nr. 135) durften überhaupt nicht mehr, Versammlungen und Aufzüge im Sinne der §§ 4 und 5 des Gesetzes (Versammlungen der Wähler zu Wahlbesprechungen bzw. zu Besprechungen mit den gewählten Abgeordneten; Aufzüge wie z.B. öffentliche Belustigungen, Hochzeitszüge, Prozessionen, Wallfahrten etc.) nur mehr mit behördlicher Bewilligung abgehalten werden. Die Suspendierung des Art. 13 ermächtigte die Verwaltungsbehörde gemäß § 7 des Gesetzes vom 5. Mai 1869, RGBl. Nr. 66, das Erscheinen oder die Verbreitung

Handhabung der Polizei- und Strafgewalt zu erlassen[2365]. Eine Wirkung der Suspension des Art. 8 war daher, daß „Personen, welche die öffentliche Ordnung gefährden, durch die Sicherheitsbehörde aus dem Bezirke der Suspension oder aus einem Orte dieses Bezirkes ausgewiesen werden können, soferne sie nicht an eben diesem Orte oder in eben diesem Bezirke zuständig sind; daß ferner Personen, welche an einem Orte dieses Bezirkes zuständig sind, durch die Sicherheitsbehörde angewiesen werden können, ohne behördliche Bewilligung diesen Ort nicht zu verlassen."[2366] Aufgrund dieser Verordnung ausgewiesene Personen, die ohne Erlaubnis in das Suspensionsgebiet zurückkehrten, unterlagen nach § 9 des Gesetzes vom 5. Mai 1869 einer Geldstrafe bis 1000 Gulden oder einer Arreststrafe bis zu sechs Monaten[2367].

Von der Ermächtigung zur Erlassung von Ausnahmeanordnungen zur Handhabung der Polizei und Strafgewalt wurde auch prompt Gebrauch gemacht, denn gleichzeitig mit der Kundmachung der Verordnung des Gesamtministeriums am 31. Jänner 1884 war an den Straßenecken Wiens plakatiert worden, daß auch diejenigen Personen sich strafbar machten, die einer von der Behörde ausgewiesenen Person Obdach gaben, ohne dies der Behörde sofort anzuzeigen, ferner Personen, die bei Zusammenrottungen auf der Straße der Aufforderung der Sicherheitsorgane zum Auseinandergehen nicht ohne Widerspruch Folge leisteten oder welche demonstrative Abzeichen trugen[2368].

Bereits am nächsten Tag wurden die beiden Verordnungen entsprechend den gesetzlichen Vorschriften[2369] dem Abgeordnetenhaus unter Darlegung von Gründen un-

---

von Druckschriften zu verbieten, ein Postverbot zu erlassen und den Betrieb von Gewerben, die durch Vervielfältigung literarischer oder artistischer Erzeugnisse oder durch den Handel mit denselben die öffentliche Ordnung gefährden, einzustellen, sofern die genannten Druckschriften – so die Verordnung – die öffentliche Sicherheit und die gesellschaftliche Ordnung gefährdeten.

2365 Die Verordnung regelte, daß § 8 des Gesetzes vom 5. Mai 1869, RGBl. Nr. 66, zur Anwendung kommen sollte. § 8 sah vor, daß mit der Suspension der genannten Grundrechte auch beschränkende polizeiliche Anordnungen in bezug auf die Erzeugung, den Verkauf und das Tragen von Waffen und Munitionsgegenständen, in bezug auf das Paß- und Meldewesen, auf das Verhalten an öffentlichen Orten und die Ansammlung von Leuten sowie in bezug auf die Vornahme demonstrativer Handlungen und den Gebrauch von Abzeichen erlassen werden können. Diese Anordnungen konnten auch nachträglich und in dringenden Fällen vom Landeschef, der unter Darlegung der Gründe unverzüglich dem Ministerium des Innern die Anzeige zu machen hat, erlassen werden.

2366 § 3 lit. c des Gesetzes vom 5. Mai 1869, RGBl. Nr. 66.

2367 Nach § 9 des Gesetzes vom 5. Mai 1869, RGBl. 66, waren alle Übertretungen der in den §§ 3 bis 7 enthaltenen Gebots- oder Verbotsbestimmungen sowie der zur Durchführung dieser Bestimmungen von der Behörde erlassenen Verfügungen und Übertretungen der nach § 8 erlassenen polizeilichen Anordnungen mit diesem Strafausmaß bedroht, sofern bestehende Gesetze nicht eine schwerere Strafe vorsahen.

2368 Vgl. DEUTSCH (wie Anm. 2112), S. 107; DERS. (wie Anm. 2088), S. 171; BRÜGEL (wie Anm. 2101) III, S. 333.

2369 § 11 des Gesetzes vom 5. Mai 1869, RGBl. Nr. 66, bestimmte, daß das Ministerium, wenn es aufgrund dieses Gesetzes Ausnahmsverfügungen getroffen hatte, dem Reichsrat, wenn er versammelt war, sofort, sonst aber sogleich bei seinem nächsten Zusammentritt (und zwar zuerst dem Abgeordnetenhaus) bei sonstigem Erlöschen der getroffenenen Verfügung unter

terbreitet, und wie die Aufhebung der Geschwornengerichtsbarkeit[2370], so stieß auch die Verordnung betreffend die Ausnahmsverfügungen im Reichsrat auf heftigen Widerstand[2371]. Abgesehen davon, daß Zweifel am Vorhandensein der Vorraussetzungen für den Erlaß einer derartigen Verordnung gehegt wurden und man die Bestimmungen des Strafgesetzes und die polizeilichen Vorschriften[2372] für durchaus ausreichend erachtete, wurde vor allem der weite Umfang, in dem von den Ermächtigungen des Gesetzes von 1869 Gebrauch gemacht wurde, und die mangelnde Konkretisierung der zu treffenden Zielgruppe kritisiert.

In ihrer Zuschrift an das Abgeordnetenhaus hatte die Regierung erklärt, daß sie sich zur Erlassung dieser Verordnung „in Folge der notorischen[2373], im Verlaufe der letzten Zeit in Wien und Umgebung vorgekommenen verbrecherischen Vorfälle“[2374] sowie „mit Rücksicht auf die immer steigenden Gefahren der auf den Umsturz der staatlichen und gesellschaftlichen Ordnung gerichteten ... Umtriebe, zu deren Bekämpfung die der Regierungs- und Vollzugsgewalt zu Gebote stehenden ordentlichen Mittel nicht mehr ausreichen“, verpflichtet gesehen hatte[2375].

Anläßlich der ersten Lesung im Abgeordnetenhaus erklärte Ministerpräsident Taaffe weiters, daß „die Blutthaten der letzten Zeit ... leider drastisch genug“ waren, „um den Beweis zu liefern, daß man es nicht mit einer eingebildeten oder übertriebenen Gefahr zu thun hat, daß vielmehr die fortwährende Aufreizung gewisser Classen der Bevölkerung die traurigsten Früchte gezeitigt hat, und wessen man sich zu verstehen

---

Darlegung der Gründe über die Ausnahmsverfügung Rechenschaft zu geben und die Beschlußfassung desselben, also nicht eine Genehmigung, einholen mußte.
Nach § 1 Abs. 3 des Gesetzes vom 23. Mai 1873, RGBl. Nr. 120, betreffend die Suspendierung der Geschwornengerichtsbarkeit war eine derartige Verordnung über die zeitweise Einstellung der Geschwornengerichtsbarkeit unter Darlegung der Gründe dem Reichsrat vorzulegen und dieselbe sofort aufzuheben, sobald eines der beiden Häuser dies verlangte; gemäß § 1 Abs. 2 war auch der Oberste Gerichtshof anzuhören; das Gutachten des Obersten Gerichtshofes ist abgedruckt bei BRÜGEL (wie Anm. 2101) III, S. 329 f. Anm. *. Der Oberste Gerichtshof gutachtete, daß diese Maßnahme „immerhin als angezeigt und zweckmäßig sich darstellen dürfte“.

2370 Auf die Begründung und weitere Diskussion der Verordnung betreffend die Einstellung der Geschwornengerichtsbarkeit soll hier nicht weiter eingegangen werden, siehe dazu den Bericht des Ausschusses über die Regierungsvorlage und den Bericht der Minorität, Nr. 832 der Beilagen zu den Sten. Prot. des AH, IX. Sess.; Sten. Prot. des AH, IX. Sess., 329. Sitzung am 5. Februar 1884, S. 10403 ff.; 333. Sitzung am 15. Februar 1884, S. 11564 ff.

2371 Vgl. zur Debatte im Reichsrat auch KOLMER (wie Anm. 2150) II, S. 381 ff.

2372 So stellte z.B. der Abgeordnete Eduard Sueß fest, daß aus dem Polizeibericht des Jahres 1882 hervorgehe, „daß in jenem Jahre 259 Personen wegen Persons- und Eigentumsgefährlichkeit, 87 wegen Gefährlichkeit für die öffentliche Ordnung einfach von Wien weggewiesen worden sind, ohne daß man eines Ausnahmsgesetzes bedurft hätte“, Sten. Prot. des AH, IX. Sess., 332. Sitzung am 14. Februar 1884, S. 11540.

2373 Auf notorisch bestehende Unruhen und Umtriebe hatte sich die Regierung auch im Gesetzentwurf betreffend die Einführung von Sondergerichten in Dalmatien berufen, vgl. dazu HASIBA (wie Anm. 2353, Festschriftbeitrag), S. 197, m.w.N.

2374 Siehe Anm. 2354.

2375 Zuschrift des Ministerpräsidenten Taaffe an das Präsidium des Abgeordnetenhauses vom 20. Jänner 1884, Beilage Nr. 814 zu den Sten. Prot. des AH, IX. Sess.

hätte, wenn die Executive nicht mit außerordentlichen Mitteln ausgerüstet wird. Man könne sich nicht damit beruhigen, daß man es mit einzelnen Fällen zu tun hat, denn der Boden ist weit unterwühlt."[2376]

Der deutschliberale niederösterreichische Abgeordnete Dr. Josef Kopp[2377] rügte bereits in der ersten Lesung der Verordnung, daß die Regierung ihrer Verpflichtung, dem Reichsrate über die Ausnahmeverfügungen unter Darlegung der Gründe Rechenschaft zu geben, nicht nachgekommen sei, denn es fänden sich in der Zuschrift des Ministeriums nur „sechseinhalb Zeilen, welche die Gründe und die Rechenschaft enthalten sollen. ... Ist das eine Begründung und wird damit Rechenschaft gegeben?"[2378] Kopp konkretisiert seine Kritik dann bezüglich des Ausweisungsrechtes: „Die Bestimmung des §. 3, lit. c) besagt, daß Personen, welche die öffentliche Ordnung gefährden – ein allerdings etwas vager Ausdruck ... – durch die Sicherheitsbehörde aus dem Bezirke ausgewiesen ... werden können. Das ist allerdings eine Bestimmung von außerordentlicher Tragweite, eine Bestimmung, welche geeignet ist, wirklich bedenkliche Personen, Führer einer Partei, aus einem bedenklichen Bezirke zu entfernen, und dadurch vielleicht die Organisation zu stören, zu entmuthigen, zu schrecken. Sagen wir es aber ruhig, es ist der Schreck, der nicht bloß Denen eingeflößt wird, welche dadurch betroffen werden, sondern Allen, die dadurch betroffen werden können, also eigentlich Allen; denn dies kann Jeden zu jeder Stunde treffen. Das ist nun eine Maßregel, welche in diesem Umfange allerdings gerechtfertigt werden muß"[2379].

Wiewohl die Regierung sich überzeugt gab, „daß es nur ein kleiner Theil der Bevölkerung" sei, welcher zu den getroffenen Maßregeln Anlaß gäbe[2380], hatte sie die Maßnahmen in der Verordnung nicht ausdrücklich auf gemeingefährliche, umstürzlerische anarchistische oder sozialistische Umtriebe eingeschränkt, sondern erklärte nur im Abgeordnetenhaus, daß sie die getroffenen Verfügungen „kraft ihrer Verantwortung mit dem größten Ernste handhaben, aber dabei nicht über den Zweck derselben hinausgehen"[2381] werde. In der Diskussion zitierte der Abgeordnete Ritter von Schönerer aus einem Interview des Ministerpräsidenten in einer englischen Zeitung am 3. Februar, in dem Taaffe versichert hatte, daß die getroffenen Maßregeln „ganz allgemein gegen Diejenigen und gegen diese allein gerichtet sind, welche das Leben und das Eigenthum gefährden und die öffentliche Ruhe und Ordnung stören", daß es ihm aber im Traume

---

2376 Sten. Prot. des AH, IX. Sess., 329. Sitzung am 5. Februar 1884, S. 11402.

2377 Zu Kopp vgl. Diethild HARRINGTON-MÜLLER, Der Fortschrittsklub im Abgeordnetenhaus des österreichischen Reichsrats 1873–1910 (= Studien zur Geschichte der österreichisch-ungarischen Monarchie XI), Wien-Köln-Graz 1972, S. 175 f., m.w.N.

2378 Sten. Prot. des AH, IX. Sess., 329. Sitzung am 5. Februar 1884, S. 11403.

2379 Ebd., S. 11405. Weiters führte Kopp aus: „... würde der Mord an dem unglücklichen Eisert und dessen Familie durch diese Verordnung auch nur im Mindesten verhindert, erschwert oder die Entdeckung erleichtert worden sein? Gewiß nicht! Und warum hat man denn den Mörder des unglücklichen Blöch sofort in Gewahrsam bekommen? Etwa wegen der Sicherheitsorgane ...? Nein, weil die Arbeiter selbst ... des Mörders sich bemächtigt haben ... Vielleicht würde der Arbeiter, der bei dieser That so schwer verwundet wurde, wenn diese Verordnung schon früher ins Leben getreten wäre, schon unter den Ausgewiesenen sein."

2380 Sten. Prot. des AH, IX. Sess., 329. Sitzung am 5. Februar 1884, S. 11402.

2381 Ebd.

nicht einfiele „diese Maßregeln im politischen Sinn zu verwerten". Für Schönerer waren „diese Worte, ob bewußt oder unbewußt, nichts weiter als purer Schwindel"[2382]. Die Ausweisung von Arbeitern „aus einem Theil des Reiches in einen anderen Theil", wie dies seit dem 30. Jänner bereits laufend passierte, bezeichnete er als „eine Einschränkung der Verhungerungsfreiheit ..., denn die Freizügigkeit der Arbeiter ist bekanntlich heutzutage das Recht des Arbeiters, sich die Stelle selbst zu suchen, wo er eventuell Hunger leiden kann"[2383]. Zur Linderung der Folgen der bereits durchgeführten Ausweisungen stellten die Abgeordneten Schönerer und Fürnkranz den Antrag, den notleidenden Familienmitgliedern der Ausgewiesenen aus Staatsmitteln Unterstützung zu gewähren[2384].

Schließlich wurde ein vierundzwanzigköpfiger Ausschuß zur Vorberatung der Regierungsvorlage über die Ausnahmsverfügungen gewählt[2385]. Diesem Ausschuß teilte die Regierung nicht nur weitere Tatsachen bzw. Vermutungen zwecks Begründung der Erlassung der Ausnahmsverfügungen mit[2386], allerdings keine, die den Ausschußmitgliedern nicht ohnedies schon durch Lektüre der Tagespresse bekannt gewesen waren, son-

---

2382 Da, wie er weiter ausführte, von den Ausnahmeverfügungen z.B. auch bereits der Deutschnationale Verein betroffen sei, was sich auf die Bewilligungspflicht einer Vereinsversammlung bezog, ebd., S. 14414.

2383 Ebd., S. 14416. Schönerer stellte den Antrag, die Regierung aufzufordern, mit möglichster Beschleunigung einen Gesetzesantrag für die Errichtung von Altersversorgungs-Rentenkassen für Arbeiter unter Gewährleistung des Staates vorzulegen.

2384 Dieser Antrag bezog sich nicht nur auf die Familien der Ausgewiesenen, sondern auch auf die der „auf Grund der getroffenen Ausnahmeverfügungen in Haft genommenen brodlos gewordenen ... Personen", siehe Nr. 817 der Beilagen zu den Sten. Prot. des AH, IX. Sess. Der Antrag wurde in der Sitzung vom 19. Februar 1884 abgelehnt, siehe dazu weiter unten S. 446 und Anm. 2422.

2385 Die Mitglieder des Ausschusses waren: Klemens Graf Brandis, Heinrich Graf Clam-Martinic, Franz Graf Coronini-Cronberg, Fürst Constantin Czartoryski, Dr. Eusebius Czerkawski, Dr. Wilhelm Exner, Ignaz Freiherr von Giovanelli, Kasimir Ritter von Grocholski, Karl Graf Hohenwart, Apollinar Ritter von Jaworski, Dr. Josef Tonkli, Dr. Josef Kopp, Dr. Ernst von Plener, Dr. Franz L. Rieger, Dr. Franz Alois Ritter von Srom, Severin Ritter von Smarzewski, Johann Steudel, Dr. Friedrich Sturm, Dr. Eduard Sueß, Dr. Alois Trojan, Dr. Anton Tomaszczuk, Dr. August Weeber, Anton O. Zeithammer, Alfred Fürst Liechtenstein, Heinrich Reschauer, Sten. Prot. des AH, IX. Sess., 329. Sitzung am 5. Februar 1884, S. 11420 f.

2386 Der Bericht des Ausschusses, Nr. 831 der Beilagen zu den Sten. Prot. des AH, IX. Sess., sprach wiederholt von der Most'schen „Freiheit", die ab 1881 begann, die Arbeiter „an das Studium der Chemie dringend zu mahnen und ihnen nahezulegen, mit welchem Erfolge Dynamit im Kampfe gegen die Gesellschaft angewendet werden könne", Drohungen aussprach und anarchistische Gewalt verherrlichte. Außerdem wurden die Morde an den Polizeibeamten Kadlec, Hlubek und Blöch, der Merstallinger-Prozeß, nach dessen Ausgang das „Verhalten der Parteiangehörigen" immer „kecker und provocatorischer" geworden sei, diverse Straßenunruhen des Jahres 1883, bei denen „Wachorgane verhöhnt, die einschreitenden Beamten beschimpft und revolutionäre Lieder gesungen" worden seien, sowie Flugblätter, die – wie auch die „Freiheit" – verschiedene Drohungen enthielten, als Beweis dafür angeführt, daß sich im Sinne des Gesetzes vom 5. Mai 1869, RGBl. Nr. 66, „hochverräterische und die persönliche Sicherheit gefährdende Umtriebe in ausgedehnter Weise geoffenbart hätten, vgl. auch KOLMER (wie Anm. 2150) III, S. 383.

dern Ministerpräsident Taaffe selbst versuchte die Befürchtungen der Opposition, die Verordnung könne politisch von der Regierung mißbraucht werden, zu zerstreuen: „Man vergleicht die anarchistischen Umtriebe mit einer Seuche. Wenn ich ein Seuchengebiet für räudige Schafe habe, werde ich dasselbe nicht auf zu keulende Rinder anwenden dürfen"[2387]. Schlußendlich gab die Regierung im Ausschuß „in bindender Form" die Erklärung ab, „von dieser Verordnung nur zum Zwecke der Unterdrückung der bestehenden anarchistischen Umtriebe Gebrauch machen und sie nach erreichtem Ziele außer Kraft setzen zu wollen"[2388], aber - wie Eduard Sueß in seinen Erinnerungen schreibt - „Minister sind ... vergänglich" und „kein Ehrenwort kann ein Gesetz ersetzen"[2389]. Nichtsdestoweniger bezeichnete die Majorität des Ausschusses in ihrem Bericht an das Plenum in „Anerkennung der Thatsache, daß sich in letzter Zeit hochverräterische und die persönliche Freiheit[2390] in ausgedehnter Weise gefährdende Umtriebe von Seite einer Anarchistenpartei in einigen Gerichtssprengeln von Niederösterreich geoffenbart" hätten, die Erlassung der Verordnung als gerechtfertigt und beantragte in Anbetracht der Erklärung der Regierung ihre Annahme durch das Abgeordnetenhaus.

Im Bericht der Minorität dieses Ausschusses[2391] wurde allerdings zum einen das Vorliegen der Voraussetzungen zum Erlaß der Ausnahmsverfügung in Frage gestellt. Die von der Regierung genannten Drohbriefe und Brandschriften ließen „noch keinen Schluß darauf gestatten, daß es in Österreich eine nur einigermaßen zahlreiche und geschlossene Gruppe von Leuten" gäbe, die solche „unmenschlichen Missethaten" auch tatsächlich ausführen würden, zumal der Umstand, daß „der Mörder des armen Blöch erwiesenermaßen ein Ausländer" war, dafür spräche, daß „es im Inlande sehr schwer sein muß, einen solchen wahnwitzigen Fanatiker zu finden"[2392]. Die Polizei sei trotz des reichen Materials von Mitteln, welche ihr die Gesetzgebung schon jetzt zur Verfügung stelle, durch Ratlosigkeit gekennzeichnet. Zum anderen wurde die Frage aufgeworfen, ob sich die Rechtfertigung der Regierung nicht auch auf die Ausdehnung der Verordnung beziehen müsse. Die Minorität erklärte sich nicht grundsätzlich gegen Beschränkungen der Art. 8, 9 und 10, kritisierte aber, daß es in der Natur der Verordnung liege, „daß nach derselben die Regierung das Recht hat, die ... aufgezählten Machtmit-

2387 KOLMER (wie Anm. 2150) III, S. 383.

2388 Bericht des Ausschusses, Nr. 831 der Beilagen zu den Sten. Prot. des AH, IX. Sess., S. 3; oder wie KOLMER (wie Anm. 2150) III, S. 383, es ausdrückte, Graf Taaffe und Graf Hohenwart hätten „ihr Ehrenwort verpfändet", daß die Verordnung einzig und allein wegen der anarchistischen Umtriebe erflossen sei.

2389 Eduard SUESZ, Erinnerungen, Leipzig 1916, S. 335.

2390 Hierzu meinte der Abgeordnete Scharschmied in der zweiten Lesung korrigierend: „es soll wohl heißen ‚Sicherheit' ", Sten. Prot. des AH, IX. Sess., 332. Sitzung am 14. Februar 1884, S. 11516. Nichtsdestoweniger enthielt der angenommene Antrag die Textierung „persönliche Freiheit", vgl. Sten. Prot. des AH, IX. Sess., 333. Sitzung am 15. Februar 1884, S. 11563.

2391 Der Minorität gehörten an: Dr. Wilhelm Exner, Dr. Josef Kopp, Dr. Ernst von Plener, Johann Steudel, Dr. Eduard Sueß, Dr. Friedrich Sturm, Dr. Anton Tomasczuk und August Weeber.

2392 Nr. 831 der Beilagen zu den Sten. Prot. des AH, IX. Sess., S. 7.

tel[2393] gegen Jedermann auch aus rein politischen Gründen zu gebrauchen, was ... dadurch ganz klar gestellt wird, daß nur bei einem der ... Punkte eine einschränkende ... Bestimmung vorkommt[2394]. ... Die Versicherung der Regierung, daß sie alle diese Machtmittel nur gegen anarchistische Bestrebungen gebrauchen würde, ist erstlich ungenügend und bekräftigt nur die Bedenken der Minorität". Die Verordnung gebe der Regierung die Möglichkeit an die Hand, „so lange und so oft sie will, bei aller Wahrung der Legalität den größten Mißbrauch gegen politische und nationale Parteien zu machen"[2395]. Sie würde „den reinen Polizeiabsolutismus ... statuieren" und dazu führen, daß die „besseren Elemente der Arbeiterschaft ... so den Terroristen in die Arme getrieben" würden, wodurch die Situation „nicht gebessert, sondern verschlechtert"[2396] werde.

Der niederösterreichische Abgeordnete Eduard Sueß[2397] verglich bei der zweiten Lesung die Rechtslage nach Erlaß der Verordnung mit dem deutschen Sozialistengesetz und dem darin vorgesehenen Kleinen Belagerungszustand. Er hob lobend hervor[2398], daß „das deutsche Gesetz bestimmt, daß über jede der ... getroffenen Verordnungen dem Reichstag sofort ... Rechenschaft gegeben werden muß[2399]. ... Nicht im Allgemeinen, sondern für jeden eingestellten Verein, für jede ausgewiesene Person". Wie Sueß ironisch bemerkte, würde es „einen großen Fortschritt in freiheitlicher Richtung" darstellen, „wenn wir an Stelle unserer normalen Verhältnisse den Kleinen Belagerungszustand setzen würden". Man wolle es Bismarck nachmachen, „er reitet, folglich reiten auch wir. Er gibt die Sporen, folglich geben auch wir die Sporen. Daß wir anderswo hinreiten, ja das ist eine Nebensache". Mit dem Verweis darauf, daß laut Polizeibericht des Jahres 1882 „in jenem Jahre 259 Personen wegen Persons- und Eigenthumsgefährlichkeit, 87 wegen Gefährlichkeit für die öffentliche Ordnung einfach von Wien weggewiesen" worden seien, „ohne daß man eines solchen Ausnahmsgesetzes bedurft hätte", stellte auch Sueß die Notwendigkeit der Verordnung in Frage[2400].

Abgeordneter Max Scharschmied thematisierte die Frage nach der Dauer des Ausnahmszustandes, da man sich nicht der Hoffnung hingeben dürfe, die anarchistische Bewegung in kurzer Zeit zu unterdrücken. „Wenn aber", so Scharschmied, „diese Ausnahmsverordnungen, dieser Zustand fortdauern soll, bis jede Gefahr einer anarchisti-

---

2393 Also die Ausdehnung der Dauer der Verwahrungshaft auf 48 Stunden, das Recht der Polizei auf Ausweisung bedenklicher Personen, auf Vornahme von Haussuchungen und Beschlagnahme und Öffnung von Briefen.

2394 Nämlich bei der Beschlagnahme und Eröffnung von Briefen ohne richtlichen Befehl. Hier wurde auf Briefe eingeschränkt, die verdächtig erschienen, Umtrieben zu dienen, welche die öffentliche Sicherheit und die gesellschaftliche Ordnung gefährdeten, vgl. Anm. 2364.

2395 Nr. 831 der Beilagen zu den Sten. Prot. des AH, IX. Sess., Beilage Nr. 831, S. 8.

2396 Ebd., S. 9.

2397 Sten. Prot. des AH, IX. Sess., 332. Sitzung am 14. Februar 1884, S. 11543.

2398 Wie schon zuvor der Abgeordnete Scharschmied, siehe ebd., S. 11515.

2399 § 28 des Gesetzes gegen die gemeingefährlichen Bestrebungen der Sozialdemokratie, DtRGBl. 1878 Nr. 34, sah nämlich vor, daß über „jede auf Grund der vorstehenden Bestimmungen getroffene Anordnung ... dem Reichstag sofort beziehungsweise bei seinem nächsten Zusammentreten Rechenschaft gegeben werden" mußte.

2400 Sten. Prot. des AH, IX. Sess., 332. Sitzung am 14. Februar 1884, S. 11540.

schen Bewegung verschwunden ist, dann glaube ich wohl, daß wir Alle von diesen Freiheiten lebenslänglich Abschied nehmen dürfen"[2401].

In dieser zweiten Lesung meldeten sich außer weiteren Kritikern[2402] auch Hohenwart und Taaffe – erst- und letztmalig – zu Wort. Hohenwart insistierte auf dem mehrfach in Zweifel gezogenen Bestehen einer „verbrecherischen Organisation", einer „anarchistische[n] Partei"[2403], die sich den Umsturz der bestehenden sozialen Ordnung zum Ziele setze und in Verbindung stehe „mit der internationalen Umsturzpartei"[2404]. Taaffe bemerkte zur „Form" der Verordnung lapidar, ohne die Gründe für den großen Umfang der Verordnung zu rechtfertigen, daß die Regierung „in dieser Richtung gebundene Marschroute" gehabt hätte, nämlich das Gesetz vom 5. Mai 1869[2405].

Trotz der durchgehend sehr heftigen Kritik wurde der Antrag, die Verordnung für gerechtfertigt zu erkennen, „Act nehmend" von der Erklärung der Regierung, von der Verordnung nur zum Zweck der „Unterdrückung der bestehenden anarchistischen Umtriebe Gebrauch machen und sie nach erreichtem Ziele sofort außer Kraft setzen zu wollen", am 15. Februar 1884 vom Abgeordnetenhaus mit 177 zu 137 Stimmen angenommen[2406].

Das Herrenhaus hatte diese Gesamtverordnung der Regierung betreffend die Ausnahmsverfügungen der vereinigten juridischen und politischen Kommission zur Vorberatung überwiesen[2407]. In ihrem Bericht[2408] ging die Kommission bezüglich der Gründe der Erlassung der Gesamtverordnung davon aus, daß es „fremden Einflüssen", insbesondere durch Verbreitung der „Freiheit" des Johann Most, bereits im Jahre 1879 gelungen sei, „einen Theil der österreichischen, und besonders der Wiener Arbeiterbevölkerung

---

2401 Ebd., S. 11515.

2402 Heinrich Fürnkranz, Dr. Eduard Sueß, Georg Ritter von Schönerer, Dr. Josef Kopp und Dr. Wilhelm F. Exner, der ebenfalls die Verhältnismäßigkeit zwischen Anlaß und Maßnahme in Frage stellte. In Deutschland sei immerhin die „unmittelbare Veranlassung zur Einbringung des Sozialistengesetzes der Versuch eines Königsmordes" gewesen, und die Regierung hätte die Erfahrungen mit dem deutschen Sozialistengesetz nutzen sollen, anstatt diesen „verhängnisvollen Schritt" zu tun; ebd., S. 11533, 11536.

2403 Vgl. dazu z.B. den Abgeordneten Kopp: „Diese sogenannte socialistisch-anarchistisch-revolutionäre-radical-demokratische Partei (Heiterkeit links) ist keine Partei, meine Herren, das sind theils Diejenigen, welche ... immer eine Freude haben, wenns recht losgeht. Und das sind nicht bloß die Arbeiter." Er verglich die Verwendung der Bezeichnung „Anarchist" mit dem früheren Demagogenbegriff: „Was war nicht alles Demagog! Leute, die heute in Amt und Würde sind, die Träger des Systems". Jeder wäre Demagoge genannt worden, „der nur ein freundliches Wort für diese Bestrebungen hatte ... Und so ... wird es jetzt mit den Anarchisten gehen. Alles wird Anarchist sein, was nicht das Lob dieser Verordnung singt", Sten. Prot. des AH, IX. Sess., 333. Sitzung am 15. Februar 1884, S. 11556.

2404 Sten. Prot. des AH, IX. Sess., 332. Sitzung am 14. Februar 1884, S. 11523 f.

2405 Ebd., S. 11520.

2406 Sten. Prot. des AH, IX. Sess., 333. Sitzung am 15. Februar 1884, S. 11563. Ein Teil des Klubs der Vereinigten Linken enthielt sich nach längerer Diskussion der Abstimmung, vgl. dazu näher KOLMER (wie Anm. 2150) III, S. 382 f.; BRÜGEL (wie Anm. 2101) III, S. 331.

2407 Beschluß in der Sitzung vom 20. Februar 1884, siehe Sten. Prot. des HH, IX. Sess., 85. Sitzung am 20. Februar 1884, S. 1371 f.; Nr. 395, 397 der Beilagen zu den Sten. Prot. des HH, IX. Sess.

2408 Bericht vom 1. März 1884, siehe Nr. 413 der Beilagen zu den Sten. Prot. des HH, IX. Sess.

irrezuführen und für die Erstrebung social-revolutionärer Zwecke zu gewinnen". Die Kommission habe sich davon überzeugt, daß die Flugblätter in tschechischer und deutscher Sprache, die „zeitweise ... in größeren Massen unter den Arbeitern verbreitet" würden, von „einem wahren Fanatismus der Zerstörung durchglüht" seien, „einem Fanatismus, der Alles, was zu Recht besteht, der jedes social-politische Gebilde, jede Institution, von der höchsten und heiligsten bis zu niedersten, mit gleich entschlossener Gewaltthat" bedrohe. Die „bethörte und fanatisirte Masse" solle für die „blutige Anarchie" gewonnen werden[2409]. Die Kommission vertrat die Meinung, daß die „ganze staatliche Gesellschaft ... des kräftigsten Schutzes bedürftig" sei, „und gewiß nicht in letzter Linie die Arbeiter selbst", da eine „dauernde und steigende Beunruhigung der Gemüther ... der redlichen Arbeit jede Hoffnung auf Erwerb" entzöge[2410]. Das Herrenhaus folgte daher der Empfehlung des Berichterstatters Graf Richard Belcredi, die Ausnahmsverfügung als gerechtfertigt zu erkennen, am 6. März 1884[2411].

2. *Durchführung und Ende der Ausnahmsverordnung – Kritik im Reichsrat*

„Die Wiener Polizeigewaltigen gingen nun", wie es Brügel formulierte, „mit gewohnter Schneidigkeit mit den ‚Anarchisten' ins Zeug; selbstverständlich verstanden sie unter Anarchismus meist Sozialismus, denn namentlich gegen Sozialisten und Sozialdemokraten wendete sich ihr Vorgehen, das nunmehr nach Genehmigung der Ausnahmeverordnungen gar keinerlei Hemmungen kannte"[2412]. Tatsächlich wurde die Polizei bereits unmittelbar nach Kundmachung der Verordnung aktiv. Wie Viktor Adler berichtete, waren bereits in der Nacht des 30. Jänner 1884 „einige hunderte Genossen von Polizisten aus den Betten geholt" und aus dem Ausnahmegebiet ausgewiesen worden. Der österreichische Ausnahmezustand wirkte, so Adler, „vielfach brutaler als sein Muster, der Kleine Belagerungszustand unter dem deutschen Sozialistengesetz. Allerdings konnten Zuständige nicht ausgewiesen werden, aber dafür war die Wirkung der Ausweisung nicht durch die Geltung der Ausnahmsverfügungen befristet; wer ausgewiesen wurde, war für immer heimatlos gemacht. Gegen die Ausweisung gab es kein Recht des Rekurses, die Polizei entschied in erster und letzter Instanz und brauchte ihren Ukas nicht zu

---

2409 Weiters wurde darauf hingewiesen, daß ein Flugblatt zur Ermordung aller Polizeiorgane aufgerufen habe, daß in solchen Druckschriften das Studium der Chemie sowie die Erzeugung und Verwendung von Dynamit angeregt werde und zu diesem Zweck von einigen Arbeitern bereits Vorbereitungshandlungen gesetzt worden wären. Schließlich wurden auch die bereits genannten Verbrechen und Straßentumulte angeführt.

2410 Sie wies überdies darauf hin, daß der Ausdruck des Gesetzes von 1869 „hochverrätherische und die persönliche Sicherheit gefährdende Umtriebe" so allgemeiner Natur sei, „daß der Thätigkeit der berufenen Behörden der nöthige Spielraum jedenfalls gesichert" bliebe.

2411 Abgeordneter Dr. Josef Unger hatte als Mitglied der Kommission angeregt, die Verordnung nur zur Kenntnis zu nehmen, vgl. Sten. Prot. des HH, IX. Sess., 87. Sitzung am 6. März 1884, S. 1392; vgl. zur Mitteilung des Beschlusses an das Abgeordnetenhaus Sten. Prot. des AH, IX. Sess., 338. Sitzung am 7. Februar 1884, S. 11733.

2412 „Der Schlag, der gegen die ‚Anarchisten' hätte geführt werden sollen, traf beide Fraktionen der organisierten Arbeiterschaft, ‚Gemäßigte' wie ‚Radikale' in gleich tödlicher Weise", BRÜGEL (wie Anm. 2101) III, S. 333.

begründen. Diese furchtbare Maßregel wirkte weit schlimmer, als die schwersten Strafen es tun können"[2413]. Auch Julius Deutsch fand naturgemäß bittere Worte über das Vorgehen der Staatsgewalt: „Die Verhängung des Ausnahmszustandes über Wien und Umgebung war das Signal zu furchtbaren Sozialistenverfolgungen im ganzen Reiche. Wie eine Meute stürzten sich Polizei, Gendarmerie, Staatsanwaltschaften und Gerichtshöfe auf die Arbeiter und ihre Organisationen. Der österreichische Staat schien im Augenblick nur ein Ziel zu kennen: die Vernichtung der Arbeiterbewegung. ... In der ersten Woche nach der Verhängung des Ausnahmezustandes wurden in Wien und Floridsdorf gegen 300 Personen ausgewiesen. Wer sich in den Organisationen etwas emsiger betätigt hatte, verfiel diesem Schicksal"[2414]. „Zwischen Gemäßigten und Radikalen wurde dabei nicht viel Unterschied gemacht"[2415].

Unter den Ausgewiesenen waren[2416] beispielsweise: der prominente Radikale Franz Johann Leitner; Julius Popp, Obmann des Schuhmacherfachvereines; Josef Hybes, Gründungsmitglied des Wiener Arbeiterbildungsvereines, Redakteur des tschechischen Zentralorgans „Delnické Listy" usw.; Franz Pech, Josef Boleslaw Pecka Strahowsky, Wenzel Steffek, Mitherausgeber dieses tschechischen Arbeiterorgans; Wenzel Bernaschek, Obmann des Arbeiterbildungsvereines von Bad Vöslau; Wenzel Führer, Teilnehmer an der Delegiertenversammlung von Marchegg und Obmann des Fachvereines der Tischler; Leopold Rouget, Funktionär der Gewerkschaft der Eisen- und Metallarbeiter; Ludwig Birkner und Jakob Wellina, Vertrauensmänner im Mestallinger-Prozeß;

2413 Viktor ADLER, Der Weg nach Hainfeld, in: Der Kampf. Sozialdemokratische Monatsschrift, hrsg. von Otto Bauer/Adolf Braun/Karl Renner, II (1909), S. 145; im Vergleich zu den deutschen Verhältnissen kommt Adler, S. 147, zu dem Ergebnis: „Es war in Österreich schlimmer als drüben, weil hier sofort schrankenlose Zügellosigkeit jedes einzelnen Bezirkspaschas eintrat, während in Deutschland die Brutalität und Grausamkeit doch mit einer gewissen Pedanterie funktionierte und man ihre Wirkungen ungefähr berechnen konnte."

2414 DEUTSCH (wie Anm. 2112), S. 123.

2415 DEUTSCH (wie Anm. 2088), S. 197. „Wenn dabei die Polizei die Gemäßigten etwas glimpflicher behandelte, so war dies keineswegs für sie ein Vorteil, denn die Arbeiter wurden nur umso mißtrauischer gegen die der Polizei anscheinend weniger gefährlich dünkende Richtung, je weniger man sie verfolgte", Julius DEUTSCH, Geschichte der deutschösterreichischen Arbeiterbewegung (= Sammlung von Unterrichtsanleitungen VI), Wien 1919, S. 24. Auch Viktor Adler meinte in seiner Rede anläßlich der Festversammlung zum Gedenktag des Ausnahmszustandes am 29. Jänner 1904: „Hat man etwa nur die Leute ausgewiesen und verfolgt, die konspiriert haben? Nein, sondern man hat einfach aus der Liste der Ausschußmitglieder unserer Organisation die Zuständigen herausgenommen und hat die anderen dann abgeschoben. Mit einem Schlage war die Frucht jahrelanger Tätigkeit vernichtet und es war ganz logisch, daß die Genossen auch die Organisationen, die nicht aufgelöst waren, aufgaben. Den Arbeitern war eben jeder verdächtig, der von der Polizei nicht verfolgt wurde, und die Folge war, daß die Gemäßigten zurückgingen", siehe Viktor Adlers Aufsätze, Reden und Briefe, hrsg. vom Parteivorstand der Sozialdemokratischen Arbeiterpartei Deutschösterreichs XI: Viktor Adler der Parteimann. Parteigeschichte und Parteipolitik, Wien 1929, S. 7.

2416 Siehe die Kurzbiographien dieser Personen bei STAUDACHER (wie Anm. 1260), S. 279–338; vgl. zu Treibenreif auch Gerhard OBERKOFLER, Die Tiroler Arbeiterbewegung. Von den Anfängen bis zum 2. Weltkrieg (= Materialien zur Arbeiterbewegung XIII), Wien 1979, S. 49.

Robert Krondorfer und Josef Stasny, Mitglieder des Arbeiterbildungsvereines; Julius Brestian, Franz Gams, Josef Kreps und Franz Schustaczek, Mitherausgeber der „Zukunft"; Adolf Cedl, stellvertretender Obmann des gemäßigten böhmischen Vereines „Volnost"; die Gewerkschaftsfunktionäre Johann Charbulak und Rudolf Pokory; Anton Notzar und Franz Nemetz, Funktionäre des Fachvereines der Bäcker; Josef Obrist und Franz Kutil, Funktionäre der „Socialpolitischen Fachzeitung der Metallarbeiter"; Johann Pischler, Funktionär im Fachverein der Schuhmacher; Alois Treibenreif, Obmann des Fachvereines der Tischler; Adolf Sloup, Mitglied im Fachverein der Tischler; Ludwig Sommer, Obmann des Allgemeinen Arbeitervereines; Anton Schenk; Christof Cerny, der mit Freunden eine illegale Druckerei betrieb; Franz Gröbner, Mitglied eines geheimen anarchistischen Clubs; Josef Gröger, aktiv tätiges Mitglied des Wiener Arbeiterbildungsvereines; Josef Hruby, Vorstandsmitglied des radikalen tschechischen Vereins „Rovnost"; Friedrich Jurschitzka, führender Grazer Anarchist; Johann Kompoß, Mitglied des geheimen Agitationskomitees; Josef Koubsky; Christian Josef Kraus, Funktionär des Arbeiterbildungsvereines und der Manufakturarbeiter; Franz Kraus, Mitglied des radikalen Fachvereines der Schuhmacher; Konrad von Korytynski, der sich mit dem Vertrieb verbotener Druckschriften beschäftigte; Franz Motz, Redaktion der „Sozialpolitischen Fachzeitung der Metallarbeiter" und der „Zukunft"; Johann Ondra, Expeditor der „Zukunft"; Eduard Pawliczek, Funktionär der Gewerkschaft der Eisen- und Metallarbeiter; Ludwig Reininger, Funktionär des Arbeiterbildungsvereines Atzgersdorf; Barbara Schaffhauser; Ludwig Philipp Schrödl; Gustav und Amalie Skolant; Anton Stacherl, der für die Arbeiter-Zeitung schrieb; Josef Thilmann; Johann und Wilhelm Till; Karl Urbanek; Johann Wach; Josef Zagradisnik und viele andere mehr.

Die hohe Zahl der Ausgewiesenen zeigt deutlich das ungebremste Vorgehen der Sicherheitsbehörden. Brügel bemerkte, daß keine Person in ihrem Haus sicher war vor Polizeibesuch und keiner, „wäre er auch ein Menschenalter in dem Bezirk ansässig gewesen, sicher vor der Ausweisung, ohne auch nur zu erfahren, warum ihn dieses Schicksal getroffen"[2417]. Die Polizei verhinderte allerdings manche Ausweisung durch präventives Vorgehen, was in diesem Fall hieß, daß sie sorgfältig darauf achtete, daß keine ausländischen Sozialisten in das Suspensionsgebiet gelangen konnten, wie etwa Wilhelm Liebknecht, der im Dezember 1884 an einer Versammlung in Wien teilnehmen wollte[2418]. Tatsächlich waren die Polizeiaktionen derart „erfolgreich", daß „der letzte Rest der bereits sehr gelockerten Organisation" der Sozialdemokraten „fast gänzlich zertrümmert"[2419], die Österreichische Arbeiterbewegung, so Karl Renner, zu einem „Leichen- und Trümmerfeld" wurde[2420].

2417 BRÜGEL (wie Anm. 2101) IV, S. 160.

2418 Wilhelm Liebknecht wollte an einer Versammlung des politischen Vereins „Wahrheit" mit dem Thema „Die Stellung der Sozialdemokratie zu den verschiedenen Parteien und deren Presse" am 28. Dezember 1884 in Wien teilnehmen. Die Polizeidirektion entschied über die Eingabe bezüglich der Teilnahme Liebknechts abschlägig, da diesem im Sinne des Reichsschubgesetzes „der Aufenthalt in Wien überhaupt nicht gestattet werden würde", BRÜGEL (wie Anm. 2101) III, S. 338; vgl. auch den Bericht des preußischen Polizeipräsidiums vom 6. Juli 1885, HÖHN (wie Anm. 2354), S. 258.

2419 ADLER (wie Anm. 2413), S. 145. In seinem „Bericht an die Internationale" meinte Adler 1889: „Die Ausgewiesenen waren meistens höchst unschuldige Menschen, Mitglieder oder

Bereits am 19. Februar 1884 waren die Ausnahmsverfügungen freilich erneut Gegenstand der Verhandlungen im Abgeordnetenhaus des Reichsrates, diesmal allerdings im Rahmen ihrer Durchführung, die während der ganzen Laufzeit der Ausnahmsverfügung immer wieder kritisiert werden sollte[2421]. Anläßlich der Behandlung des Antrages der Abgeordneten Schönerer und Fürnkranz betreffend die Unterstützung der Familien der von den Ausnahmsverfügungen betroffenen Personen – den das Abgeordnetenhaus ablehnte[2422] – brachte Schönerer dem Hohen Haus eine „Blumenlese" der ihm bekannt gewordenen Fälle von Ausweisungen zur Kenntnis, die sich, wie er besonders bemerkte, „auf keine Anarchisten" bezogen[2423]. So sei z.B. ein „Functionär eines slavischen Vereins, ein der gemäßigten Partei angehöriger Arbeiter, welcher die anarchistische Richtung aufs Entschiedenste bekämpfte", plötzlich aus Wien ausgewiesen worden; ein Arbeiter sei in eine slowenische Gemeinde der Steiermark abgeschoben worden, wo er seit 21 Jahren nicht mehr gewesen war, und „wo er Niemanden mehr kennt, Viele nicht versteht und keine Arbeit findet"; einem anderen Ausgewiesenen sei nicht einmal eine vierundzwanzigstündige Frist, um die er gebeten hätte, um seine Angelegenheiten zu ordnen und „betreffs seiner Kinder und seiner Frau, die sich im Wochenbett befand, einige Anordnungen zu treffen", bewilligt und die Ausweisung ohne Verzug durchgeführt worden; eine andere Person sei um ein Uhr nachts zu einem Verhör von der Polizei abgeholt worden unter der Versicherung, er werde aber „längstens Vormittags wieder zu Hause sein. Sein Weib und seine Kinder warten aber bis heute vergebens auf die Rückkunft ihres Ernährers, der mittlerweile ausgewiesen, in Böhmen angelangt ist". Schönerer betonte, daß er noch viele solcher Fälle, von denen „einer trauriger als der andere" sei, zur Kenntnis bringen könne und berichtete dem Abgeordnetenhaus, daß – nach einem ihm vorliegenden Verzeichnis – von 20 ausgewiesenen Arbeitern 82 Kinder nebst ihren Müttern hilf- und mittellos in Wien zurückgeblieben wären. Da die städtische Armenversorgung nur für Heimatberechtigte ansprechbar war, wären diese Perso-

---

Vorstandsmitglieder von Gewerkschaften. Natürlich mußte dieses Gesetz die junge Arbeiterbewegung ersticken und hat dies auch wirklich getan. Aber, sonderbar genug! Die österreichische Regierung ist gleich unfähig, bei einem Werk der Gerechtigkeit konsequent zu sein wie bei einem Werk der Unterdrückung; sie schwankt beständig hin und her – wir haben den Despotismus gemindert durch Schlamperei. Die junge Bewegung benutzte die letztere, um wieder aufzuatmen und sich besser zu festigen", siehe Viktor Adlers Aufsätze, Reden und Briefe, hrsg. vom Parteivorstand der Sozialdemokratischen Arbeiterpartei Deutschösterreichs VI/1: Viktor Adler der Parteimann. Der Aufbau der Sozialdemokratie, Wien 1929, S. 18.

2420 „Unzählige Existenzen, unbescholtene, ehrenhafte Arbeiter wurden verfolgt, zur Verzweiflung getrieben, in Kerker und Elend vernichtet. Unter diesen Gewalttaten brachen fast alle Organisationen zusammen. ... Mit Strang, Kerker, Arrest und Schubwagen hatte die Regierung den Sozialismus vernichtet, in Blut und Tränen die Hoffnungen der Arbeiterklasse ertränkt, in Gefängniszellen die Stimme ihrer Wortführer erstickt", siehe Karl Renner, Österreich von 1870 bis 1807 und die Wahlreformkämpfe der Arbeiterschaft, in: SCHEU (wie Anm. 2339, Vor vierzig Jahren), Nachwort S. 842 f.

2421 Vgl. dazu S. 448 ff.

2422 Mit 155 gegen 25 Stimmen, Sten. Prot. des AH, IX. Sess., 334. Sitzung am 19. Februar 1884, S. 11595.

2423 Ebd.. S. 11590.

nen „zumeist unter Hinweis auf den drohenden Schub, abgeschreckt worden, Unterstützung zu erbitten"[2424]. Schönerer prophezeite der Regierung, die „durch ihre Maßnahmen panischen Schrecken unter den Arbeitern säen und verbreiten" wolle, daß ihre „Ernte" in „Haß und Verachtung" bestehen, und die Erbitterung „unter den ohnedies unter gewöhnlichen Verhältnissen nicht beneidenswerten Enterbten der menschlichen Gesellschaft" einen „immer höheren Grad" erreichen werde. Er warf der Majorität des Abgeordnetenhauses vor, zu allem „Ja und Amen" zu sagen, während in ihrer Mitte vor Jahrzehnten wegen politischer Verbrechen zum Tode verurteilte und dann begnadigte Abgeordnete säßen[2425]. Schönerer monierte auch, daß keine Daten über die ausgewiesenen Arbeiter veröffentlicht wurden.

Hierauf machte Ministerpräsident Taaffe – unbeeindruckt, wie es scheint, von den Ausführungen seines Vorredners – dem Hause Mitteilung über die Zahl der Verhaftungen, die stattgefunden hatten, und über die Art und Weise sowie die Gründe, aus welchen dieselben erfolgt waren[2426]. Nach seinen Ausführungen seien vom 30. Jänner bis zum 17. Februar, also innerhalb von 18 Tagen, 238 Personen, welche durch ihre Beteiligung an „anarchistischen Umtrieben die öffentliche Ordnung gefährdet" hätten, aus dem Suspensionsgebiet ausgewiesen bzw. im Falle einer Heimatberechtigung am Zuständigkeitsort konfiniert worden. Von diesen Ausgewiesenen seien 215 Inländer und 23 Ausländer gewesen, gegen welche mit Abschaffung nach dem Reichsschubgesetz vorgegangen worden war. Die Ausländer setzten sich nach Taaffe aus dreizehn Ungarn, sechs Deutschen, zwei Schweizern und einem Russen zusammen. Bezüglich der Familienverhältnisse der Ausgewiesenen berichtete der Ministerpräsident, daß von den 180 ausgewiesenen Inländern 61 verheiratet und 119 ledig oder verwitwet seien, von den Ausländern hingegen fünf verheiratet und fünfzehn ledig. Bei dreizehn Personen sei mit Rücksicht auf ihre Familienverhältnisse die Ausweisung „unter Aufrechterhaltung derselben gegen Verwarnung und gegen das Versprechen, sich jeder Agitation ferne zu halten", sistiert worden. Von den bis 12. Februar ausgewiesenen 146 Inländern seien 82 in Böhmen, 29 in Mähren, 16 in Niederösterreich, sieben in Schlesien, vier in der Steiermark und je zwei in Galizien, Oberösterreich, Kärnten und Krain heimatberechtigt[2427]. Bezüglich der von Schönerer angesprochenen Armenversorgung der zurückgebliebenen Familien verwies Taaffe auf die geltenden heimatrechtlichen Bestimmungen, wonach die Heimatgemeinde zur Armenversorgung und die Aufenthaltsgemeinde „im Falle augenblicklichen Bedürfnisses" zur nötigen Hilfe vorbehaltlich des Ersatzes verpflichtet war. Allerdings hätte bisher keine Familie eines Ausgewiesenen eine Unterstützung bei einer Gemeinde des Wiener Polizeirayons beantragt. Als Beweis dessen, daß „die Regierung mit aller Humanität" vorginge, brachte Taaffe dem Hohen Haus zur Kenntnis, daß acht Familien aus einer Stiftung der Wiener Polizeidirektion unterstützt worden seien.

2424 Ebd., S. 11591.

2425 Konkret sprach er vom amtierenden Präsidenten des Abgeordnetenhauses, Dr. Franz Smolka, und vom polnischen Landsmannminister.

2426 Vgl. Sten. Prot. des AH, IX. Sess., 334. Sitzung am 19. Februar, S. 11593.

2427 Zu den Berufszugehörigkeiten siehe STAUDACHER (wie Anm. 1260), S. 271.

Die Kritik an den Ausweisungen, die auch in den Jahren nach 1884 – wenngleich in viel geringeren Ausmaßen – weitergingen, obwohl sich nach Ansicht der Regierung im Raum Wien, Korneuburg und Wiener Neustadt bereits 1886 „ein Stillstand der sozialistischen Bewegung bemerkbar" gemacht und diese „sozialistische, gemeingefährliche Bewegung" sich nunmehr in andere Gebiete verlagert hatte[2428], sollte freilich bis zur Außerkraftsetzung der Verordnung im Jahre 1891 nicht mehr zum Verstummen kommen. In den Jahren ihrer Wirksamkeit war die Verordnung betreffend die Ausnahmsverfügungen dementsprechend immer wieder Gegenstand der Diskussionen im Abgeordnetenhaus, insbesondere im Rahmen der Budgetdebatten bezüglich des Voranschlages für die Staatspolizei.

Bereits in der Budgetdebatte des Jahres 1884[2429] hatte der liberale Abgeordnete Rudolf Auspitz Auskunft über die Ausweisungszahlen begehrt und in Frage gestellt, ob nicht die große Majorität der Ausgewiesenen „ganz unschuldig" dazu käme, ausgewiesen zu werden. Er gab der Sorge Ausdruck, daß die Ausnahmsmaßregeln, indem sie „eine Anzahl von mit Recht unzufriedenen Personen" schaffen würden, „weit gefährlicher werden und ihre nachtheiligen Wirkungen weit beträchtlicher sein könnten, als die geringen Vortheile, die sie bisher aufzuweisen vermögen". Mangels einer Reaktion der Regierung meldete sich Auspitz[2430] in der Budgetdebatte 1885 erneut zu Wort und rügte, daß es „dem Herrn Ministerpräsidenten gefallen" habe, seine Anfrage, wie viele Personen „von dem Schicksale der Ausweisung betroffen worden seien, wie viele Inländer und wie viele Familienväter sich darunter befunden" hätten und ob auch nur bei der Mehrzahl der Ausgewiesenen „dieses Schicksal ein wohlverdientes gewesen sei", nicht zu beantworten. Er warf Taaffe vor, es für „überflüssig" zu erachten, das Abgeordnetenhaus darüber zu informieren, wie die Ausnahmsverordnung in „ihrer Ausführung auf den einzelnen Staatsbürger einwirken" würde. Durch zahlreiche Zuschriften von Betroffenen habe er freilich einen Einblick in das Gebaren der Polizeiorgane bekommen, der „ein nichts weniger als erfreulicher" gewesen sei. Er warf den Abgeordneten vor, daß sie angesichts der bevorstehenden Beratungen zum Unfallversicherungsgesetz „blind darüber hinweggehen, daß sie den Arbeiter preisgeben dem gefährlichen Unfalle polizeilicher Willkür"[2431].

2428 Vgl. den Motivenbericht zu den Entwürfen eines Gesetzes, womit Bestimmungen gegen gemeingefährliche sozialistische Bestrebungen getroffen werden und eines Gesetzes, womit Bestimmungen über die Gerichtsbarkeit in Strafsachen, welchen gemeingefährliche sozialistische Bestrebungen zugrunde liegen, und über den Vollzug der in solchen Fällen verhängten Freiheitsstrafen erlassen werden, Nr. 83 der Beilagen zu den Sten. Prot. des AH, X. Sess., S. 11; der Bericht des preußischen Polizeipräsidiums vom 15. November 1887, HÖHN (wie Anm. 2354), S. 302, sprach allerdings noch von einer Fortsetzung der „verbrecherischen Umtriebe" durch die „in Österreich sehr zahlreichen Anarchisten".

2429 Unter dem Titel der öffentlichen Sicherheit, Sten. Prot. des AH, IX. Sess., 345. Sitzung am 15. März 1884, S. 11998.

2430 Sten. Prot. des AH, IX. Sess., 406. Sitzung am 7. März 1885, S. 14163.

2431 „[I]st nicht ein schwerer Unfall gelegen in der polizeilichen Willkür ..., in der Möglichkeit, daß ein Arbeiter aus seiner Arbeitsstätte herausgerissen und ausgewiesen wird und Wochen-, Monate lang, ja noch auf längere Zeit dadurch nicht erwerbsunfähig, aber erwerbslos wird"; ebd., S. 14165 f. Vorher, S. 14164, hatte Auspitz exemplarisch zwei konkrete Fälle von Arbeiterausweisungen aus Wien mit behördlichen Schikanen referiert.

Auf diese massive Kritik hin, informierte Ministerpräsident Taaffe das Haus, daß bis zu diesem Zeitpunkt von der Wiener Polizeidirektion 369 Inländer „ausgewiesen, abgeschafft oder interniert" und 34 Ausländer abgeschafft worden seien, während 49 Ausgewiesene eine Bewilligung zur Rückkehr erhalten hätten[2432]. Polizeipräsident Krticzka Ritter von Jaden[2433] wies jeden Vorwurf, daß die Polizei leichtsinnig oder inhuman bei Ausweisungen vorgegangen sei, zurück und betonte, daß er „recht wohl die Bedrängnis im Auge gehabt" habe, in welche die Familien der Ausgewiesenen dadurch kämen, allein „das Privatinteresse mußte dem höheren staatlichen Interesse weichen". Als Beweis dafür führte er an, daß von den 49 Personen, die eine Rückkehrerlaubnis erhalten hatten, die Mehrzahl Schwerstbetroffene, also Verheiratete, gewesen seien. Deutlich kommt allerdings seine Gesinnung und unreflektierende Haltung zum Ausdruck, wenn er feststellte, daß „ein jeder Familienvater seine Haltung derart einrichten" müsse, daß er durch dieselbe die Familie nicht nachträglich ins Elend bringt". Es sei „leicht zu sagen: die Polizei hat mich ins Unglück gebracht; nein, dem ist nicht so, er selbst hat seine Familie ins Unglück gestürzt".

Im März 1886 attackierte der Abgeordnete Dr. Ferdinand Kronawetter[2434] anläßlich der Budgetdebatte die Durchführung der Verordnung[2435]. Er erhob erneut den Vorwurf, daß die Ausnahmsverfügungen die falsche Personengruppe träfen, denn die Anarchisten bedürften ohnedies keiner Grundrechte, derjenige aber, der sie brauche und ausnützen wolle, sei „der brave, anständige Socialist". Wie schon zuvor Auspitz, berichtete auch er von zahlreichen Mißbräuchen und Schikanen der Polizei gegenüber Ausgewiesenen[2436]. Ebenso herrsche hinsichtlich der Ausübung des Versammlungsrechtes durch die Arbeiter „die größte Willkür". „Bevor ein Redner, der sich zum Wort gemeldet hat", so Kronawetter[2437], „sprechen darf, wird an ihn von Seite des Polizeibeamten die Frage gestellt: Wohin sind Sie zuständig? ... Wie die Nase des Arbeiters dem betreffenden Polizeicommissär staatsgefährlich vorkommt, und er hat sich nur zum Wort gemeldet ... und er ist nicht nach Wien zuständig, so wird er gleich in seine Heimat abgeschoben."

Es war ebenfalls Kronawetter, der gemeinsam mit Karl Lueger und anderen Abgeordneten[2438] am 10. Juni 1886 den Antrag auf Einrichtung eines Kontrollausschusses

---

2432 Ebd., S. 14166.

2433 Ebd., S. 14167.

2434 Vgl. zu Kronawetter Gertrud SAKRAWA, Ferdinand Kronawetter. Ein Wiener Demokrat, phil. Diss. Wien 1947; MAGAZINER (wie Anm. 2163), S. 30 ff.; Österreichisches Biographisches Lexikon 1815–1950, hrsg. von der Österreichischen Akademie der Wissenschaften unter der Leitung von Leo Santifaller, Graz-Köln 1957 ff., IV, S. 290 f.

2435 Sten. Prot. des AH, X. Sess., 37. Sitzung am 27. März 1886, S. 1261.

2436 So schilderte er die „infame" Behandlung eines Ziseleurs, der aufgrund der Ausnahmsverfügungen von Wien nach Mistelbach – wo man derartige Handwerker aufgrund der ländlichen Struktur freilich nicht brauchte – abgeschoben, das Glück hatte, aufgrund seiner Geschicklichkeit von seinem Arbeitgeber Ziseleurarbeiten nach Mistelbach geschickt zu bekommen und damit der Arbeitslosigkeit zu entgehen, während die Polizei alles versucht habe, zu verhindern, daß ihm weiterhin Arbeit geschickt werde und alle Post kontrolliert hatte, vgl. zu diesem und anderen Fällen ebd., S. 1266 ff.

2437 Ebd., S. 1270.

2438 Es waren dies Anton Kreuzig, Dr. Robert Pattai und Josef Fiegl.

nach deutschem Vorbild[2439] für die Durchführung der Verordnung stellte[2440]. Dieser Ausschuß sollte nicht nur prüfen, ob die Aufrechterhaltung des Ausnahmezustandes weiterhin notwendig sei, sondern auch, ob der „Arbeiterbevölkerung und den Anhängern der socialistischen Partei die freie und ungehinderte Ausübung, sowohl der staatsbürgerlichen als der in den sonstigen Gesetzen begründeten Rechte ... immer möglich war", oder ob bzw. inwieweit ihnen die Ausübung dieser Rechte durch behördliche Tätigkeit direkt oder indirekt „erschwert oder gar verhindert wurde". Weiters sollte sie untersuchen, ob und wie weit bei diesbezüglichen Beschwerden aus der Bevölkerung Abhilfe geschaffen wurde bzw. ob Ausschreitungen einzelner behördlicher Organe entsprechende Ahndung fanden. Insbesondere sollte der Ausschuß auch erheben, „in welchem Umfang und aus welchen Gründen die Ausweisung einzelner Personen und Familien oder deren Internierung verfügt" oder die Polizeiaufsicht verhängt wurde[2441]. Zur Realisierung dieses durchaus als zweckmäßig zu bezeichnenden Antrages kam es allerdings bedauerlicherweise nicht.

Nach erneuter Kritik an der Polizeipraxis durch den Abgeordneten Engelbert Pernerstorfer[2442] in der Sitzung vom 6. Mai 1887, der das Festhalten an den Ausnahmsverordnungen durch die Regierung als Standpunkt der „Metternichtigkeit, welche ja auch geglaubt hat, mittels Polizei alles niederhalten zu können"[2443], bezeichnete, beantragte Kronawetter – allerdings erfolglos – eine Resolution, in der die Regierung aufgefordert werden sollte, die Ausnahmsverfügungen sofort außer Wirksamkeit zu setzen, da sie ei-

2439 Das deutsche Sozialistengesetz sah eine Reichskommission für Beschwerden vor, die aus einem vom Kaiser ernannten Vorsitzenden und neun vom Bundesrat zu wählenden Mitgliedern bestand, vgl. dazu etwa HUBER (wie Anm. 2257), S. 1164.

2440 Nr. 241 der Beilagen zu den Sten. Prot. des AH, X. Sess.

2441 Außerdem sollte der Ausschuß untersuchen, ob und welche Instruktionen der Oberbehörde es bezüglich des erstinstanzlichen Verhaltens gegeben habe; in welcher Art und Weise seit Erlaß der Ausnahmsverfügungen in den verschiedenen Teilen Cisleithaniens die Ausübung der Grundrechte eingeschränkt wurde; ob und von wem Verzichtsreverse auf die Ausübung einzelner Grundrechte abverlangt wurden; ob es zu einer Inanspruchnahme von Arbeitgebern zur Mithilfe bei der Polizeiaufsicht gekommen sei; welcher Mittel sich die Polizei jeweils zur Aufdeckung sozialistischer Bestrebungen oder Verbindungen bediene und wie die der strafgerichtlichen Untersuchung vorausgehende polizeiliche Inquirierung vorgenommen werde. Außerdem sollten die Auswirkungen der „bisher ergriffenen Maßregeln" auf die Arbeitervereine, insbesondere auf die Bildungs-, Humanitäts- und Gewerkschaftsvereine, in diesem Ausschuß erörtert und der Erfolg der Tätigkeit der Ausnahmegerichte evaluiert werden.

2442 Er berichtete u. a. von der Ausweisung der Obmänner der Fachvereine der Maurer und der Bäcker „unter dem beliebten Vorwande, sie betrieben gefährliche agitatorische Thätigkeit", Sten. Prot. des AH, X. Sess., 144. Sitzung am 6. Mai 1887, S. 5252; vgl. zu Pernerstorfer Friedrich FLISZAR, Der Reichstagsabgeordnete Engelbert Pernerstorfer, phil. Diss. Graz 1966; Karl R. STADLER, Engelbert Pernerstorfer. Zur „deutschnationalen Tradition in der österreichischen Sozialdemokratie, in: Rudolf Neck/Adam Wandruszka (Hrsg.), Beiträge zur Zeitgeschichte. Festschrift Ludwig Jedlicka zum 60. Geburtstag, St. Pölten 1976, S. 45–60; Günther STEINBACH, Engelbert Pernerstorfer, in: Norbert Leser (Hrsg.), Werk und Widerhall. Große Gestalten des österreichischen Sozialismus, Wien 1964, S. 274–284; Österreichisches Biographisches Lexikon (wie Anm. 2434) VII, S. 427.

2443 Sten. Prot. des AH, X. Sess., 144. Sitzung am 6. Mai 1887, S. 5256.

nes freien konstitutionellen Staates unwürdig seien[2444]. Auch er hatte wiederum die Ausweisungspraxis anhand konkreter Fälle illustriert und die Gefahr hervorgehoben, daß die Ausgewiesenen mangels Arbeitsmöglichkeit in ihren Heimatgemeinden der Kriminalität preisgegeben würden[2445]. Insbesondere prangerte er an, daß die „Herren, die mit der Abschiebung und Wegweisung der Staatsbürger beschäftigt" waren, den „Gemaßregelten" keine oder nicht ausreichende Ausweisungsgründe, wie etwa den „Umgang mit Personen bedenklichen Charakters"[2446], angaben. Kronawetter stellte auch die Zweckmäßigkeit der Ausweisungsmaßnahmen recht scharf in Frage. Man würde doch auch nicht einer Epidemie dadurch vorbeugen, daß man einen „Cholerakranken von Wien durch alle Provinzen des Reiches herumschickt ... Bei uns aber schickt die Polizei die Leute, von denen sie glaubt, daß sie staatsgefährlich sind, wie der Heiland seine Apostel in die ganze Welt hinaus, damit sie überall für ihre Grundsätze neue Bekenner werben. ... Und das nennen die Herren bei unserer Polizei staatspolitische Weisheit; wenn es etwas Hirnverbranntes gibt, so ist es gewiß diese Weisheit"[2447].

Freiherr von Krauß replizierte auf diese Angriffe im Auftrage Taaffes, indem er die „verhältnismäßige Ruhe" und Sicherheit, die durch die Präventivmaßregeln der Ausnahmsverfügungen erzielt worden seien, hervorhob. Bezüglich der Ausweisungszahlen stellte er fest, daß zwar nach Schaffung der Verordnung eine „größere Anzahl" von Arbeitern ausgewiesen worden sei, daß sich aber das Verhältnis von Ausgewiesenen zu Zurückgekehrten von Jahr zu Jahr gebessert habe. 1885 seien nur mehr 33, 1886 nur mehr 22 und im laufenden Jahr 1887 „bis zum jetzigen Momente" nur fünf Personen ausgewiesen worden, während 1886 14 Personen, im laufenden Jahr bereits zwei Personen die Rückkehrerlaubnis erteilt worden wäre[2448]. Für Kronawetter waren diese Zahlen al-

---

2444 Ebd., S. 5263 f. Der Antrag wurde dem Budgetauschuß zugewiesen, der ihn seinerseits dem sogen. „Anarchistenausschuß" zuwies; vgl. Sten. Prot. des AH, XI. Sess., 4. Sitzung am 20. April 1891, S. 95 f.

2445 Er führte dazu aus, daß man einen Kartenmaler in ein Dorf geschickt habe, „wo gar keine Kartenfabrication ist; einen Buchdrucker in ein Dorf, wo es gar keine Buchdruckerpresse gibt; gewisse Geschäfte concentriren sich eben nur in den großen Städten. Der Abgeschobene ist einst als Bube in die Stadt gekommen, hat ein städtisches Gewerbe gelernt; nun schickt man ihn in sein Heimatsdorf zurück, stellt ihn unter Polizeiaufsicht ... Er kann dort nichts arbeiten, weil sein Gewerbe in der Heimatgemeinde nicht betrieben wird; die Gemeinde muß ihn also erhalten oder er muß wirklich stehlen, betrügen oder schwindeln, weil er zum ehrlichen Gewerbe keine Gelegenheit hat", Sten. Prot. des AH, X. Sess., 144. Sitzung am 6. Mai 1887, S. 5261; vgl. dazu auch Sten. Prot. des AH, X. Sess., 217. Sitzung am 24. April 1888, S. 7898.

2446 „Man sagt den Leuten nie", so Kronawetter, „warum sie ausgewiesen werden, man speist sie mit dem Vorwande ab, sie seien bedenklich, das genügt, und darum müssen sie fort", vgl. Sten. Prot. des AH, X. Sess., 144. Sitzung am 6. Mai 1887, S. 5260.

2447 „Solche Maßregeln", polemisierte Kronawetter weiter, „werden nur veranlaßt, um recht viele Tabellen mit den Namen von recht vielen Ausgewiesenen anzufüllen, um so in recht markanter Weise seine eigene Nothwendigkeit und Unentbehrlichkeit zu erweisen", ebd., S. 5261.

2448 Weiters teilte Krauß mit, daß von den 1886 ausgewiesenen 22 Personen vier Schuster, drei Schneider, ein Bäcker, zwei Metallarbeiter, vier Tischler, ein Goldarbeiter, drei Weber, ein Schriftsetzer, ein Maurer und zwei Drechsler waren, und bezweifelte, daß außer vielleicht einem Metall- oder Goldarbeiter die übrigen nicht auch außerhalb Wiens Arbeit finden

lerdings ein Beweis, daß man des Ausnahmezustandes nicht bedurft hätte, denn mit diesen 22 Ausgewiesenen hätte die Wiener Polizei „auch noch fertig werden können, wenn sie dieselben in Wien belassen hätte". Seiner Ansicht nach wären die Polizeiorgane „wirklich geistig impotent, wenn ihnen diese 22 Ausgewiesenen, auch bei ihrem Verbleiben in Wien, besondere Schwierigkeiten gemacht hätten"[2449].

Im April 1888 erweiterte Kronawetter seine Kritik an den polizeilichen Ausweisungen auch auf das Schubgesetz, welches wie das Ausführungsgesetz über die Suspendierung der Grundrechte von 1869 die Rechte der Staatsbürger „der Polizeiwillkür schutzlos preisgegeben" habe[2450]. Er verwies auf das Ausweisungsrecht der Gemeinden, wonach wegen Bescholtenheit prinzipiell nur jemand ausgewiesen werden könne, wenn die Unbescholtenheit während des Aufenthaltes in der betreffenden Gemeinde verwirkt wurde, denn ansonsten würden solche Personen für immer in Österreich heimatlos herumirren[2451]. Ein derartiger Grundsatz würde bei den sicherheitspolizeilichen Ausweisungen nach Schubgesetz oder Ausnahmeverordnung nicht angewendet werden, da hier die Behörden im ganzen Reich bestrebt seien, „dieses heimatlose Herumirren zum Fluche eines jeden Socialisten zu machen"[2452]. Es gelte überdies als „unabänderliches

könnten. Außerdem gab er bekannt, daß sich unter den 22 Ausgewiesenen nur zwei Verheiratete befänden, und daher nicht davon die Rede sein könne, daß die Frauen der Ausgewiesenen dem Elend preisgegeben würden, worauf Kronawetter allerdings entgegnete, daß „wer die Zustände dieser Volksklassen" kenne, auch wüßte, daß „sehr viele ..., viel mehr als verheiratet sind, im Concubinat leben" und daher auch für Frau und Kinder zu sorgen hätten, wie die Verheirateten auch, ebd., S. 5266, 5270 f.

2449 Ebd., S. 5271.

2450 Der Zweck beider Gesetze sei „immer der gewesen, nicht anarchistische Verbrechen zu verhüten", sondern man wollte auch „der berechtigten innerhalb der strengen Festhaltung der Gesetze sich bethätigenden socialistischen Agitation den legalen Boden entziehen". Jeder Bürger, „der socialistische Anschauungen" habe, sei in Österreich „vogelfrei" erklärt, „preisgegeben den Entschließungen der verschiedenen Polizeibehörden, Bezirkshauptmannschaften u.s.w."; Sten. Prot. des AH, X. Sess., 217. Sitzung am 24. April 1888, S. 7894 f.

2451 Sten. Prot. des AH, X. Sess., 217. Sitzung am 24. April 1888, S. 7902; vgl. diesbezüglich zum Ausweisungsrecht der Gemeinden insbes. S. 310.

2452 Kronawetter führte diesbezüglich zwei Beispiele an, die Abschiebungen nach dem Schubgesetz darstellten. Kronawetters Kritik an der Behördenwillkür war freilich in diesen Fällen juristisch gesehen argumentativ unrichtig, da sich diese auf den Ausweisungsgrund der Bescholtenheit und dessen Kriterien nach dem gemeindebehördlichen Ausweisungsrecht stützte. Der Fall der ewigen Abschaffung des Steinbrucharbeiters Wenzel Kucera aus Teplitz – Kronawetter verlas das Abschaffungerkenntnis vom 7. April 1885 im Abgeordnetenhaus – dokumentierte allerdings vielmehr den üblichen Auslegungsmißbrauch der Bestimmungen des Schubgesetzes bzw. die mangelhafte Begründung in solchen Fällen. Die Abschaffung stützte sich nämlich einerseits auf § 1, vermutlich lit. d (Abschiebung aus der Haft tretender Sträflinge, insofern sie für die Sicherheit der Person oder des Eigentums gefährlich sind), denn Kucera war zu sechs Wochen Arrest wegen Teilnahme an einer geheimen Gesellschaft verurteilt worden, wobei allerdings die konkrete Gefährdung der Sicherheit der Person oder des Eigentums im Erkenntnis nicht von der Behörde geprüft worden war, und andererseits auf § 2, der verlangte, daß die Gefährdung der öffentlichen Interessen, zu deren Schutz die Abschiebung bestimmt war, vorzugsweise nur für den Ort bestand, aus welchem die Person entfernt werden sollte. Auch dies wurde im Abschaffungserkenntnis in keiner Weise geprüft oder begründet, denn dort hieß es zur Begründung der Abschaffung nur – weshalb Krona-

Prinzip", daß „nach jeder resultatlos eingeleiteten strafrechtlichen Untersuchung", der Betreffende „sofort abschubirt" werde[2453]. Neben neuen Anschauungsbeispielen betreffend polizeiliche Überwachungsschikanen an ausgewiesenen Arbeitern[2454], sprach Kronawetter auch eine neue Facette der Ausweisungspraxis mit dem Vorwurf an, daß die Polizei unter Androhung der Abschiebung Arbeiter zu Spitzel- und Konfidentendiensten anwerben bzw. ihnen unter dieser Bedingung die Rückkehr gestatten würde, was von Seiten der Polizei allerdings in Abrede gestellt wurde[2455]. Erneut und wiederum erfolglos beantragte Kronawetter auch in dieser Sitzung eine Resolution zur sofortigen Aufhebung der Ausnahmeverordnung[2456].

Als im Dezember 1888 zwei Arbeiter der Wienerberger Ziegelfabriks- und Baugesellschaft, die angeblich der sozialdemokratischen Wochenzeitschrift „Gleichheit" Informationen über die katastrophalen Arbeits- und Wohnverhältnisse in der Ziegelfabrik zukommen hatten lassen, aufgrund der Ausnahmsverordnung aus den Geltungsgebieten derselben ausgewiesen wurden, weil sie über diese Zustände berichtende Artikel der Zeitschrift unter den interessierten Ziegelarbeitern verbreitet und dadurch in „agitatorischer Weise die öffentliche Ruhe und Ordnung" dort gestört hatten[2457], wurde im Rahmen einer Anfrage im Abgeordnetenhaus[2458] nicht nur der Handelsminister zur Abstel-

---

wetter diesen Fall wohl für seine Kritik heranzog: „Durch die über ihren bisherigen Lebenswandel gepflogenen Erhebungen ist sichergestellt, daß Sie nach wie vor socialistische, die öffentliche Ruhe und Ordnung gefährdende Tendenzen verfolgen und durch Wühlen und Agitation Ihren Gesinnungen in Arbeiterkreisen Eingang zu verschaffen suchen".

2453 Kronawetter brachte u.a. den Fall des Obmannes des Fachvereines der Wiener Bäcker, August Krcal, der nach einer Untersuchung wegen Hochverrates und Verbrechens gegen das Sprengstoffgesetz als Unschuldiger entlassen, aber trotzdem aus Wien ausgewiesen worden war. Dazu erwiderte Polizeipräsident Krauß, ebd., S. 1914 f.: „Was den Krzal ... anlangt, so muß ich gestehen, daß der Krzal von dem Herrn Abgeordneten als ein sehr harmloser Mensch dargestellt worden ist. Ich bedauere sagen zu müssen, daß ich ihn eben nicht für einen harmlosen Menschen halte." Er habe sich in verschiedenen Vereinen „bemerkbar gemacht, und zwar in einer Weise, die nicht eine ruhige Auffassung der Dinge bezeugt". Man habe lange Zeit „zugewartet, aber schließlich ist es wirklich notwendig gewesen, ihn aus dem Terrain, in dem er auf solche Weise wirkte, hinauszubringen"; vgl. zu Krcal auch DEUTSCH (wie Anm. 2088), S. 187 f.

2454 Vgl. dazu Sten. Prot. des AH, X. Sess., 217. Sitzung am 24. April 1888, S. 7904.

2455 Siehe zu konkreten Fällen ebd., S. 7898 ff. Kronawetter zitierte aus einem Brief eines nach Amerika ausgewanderten Ausgewiesenen: „Dieser Herr wendete seine ganze polizeiliche Kunst bei mir an und versprach mir goldene Berge, wenn ich seiner Aufforderung Folge leiste; wenn aber nicht, so werde mich das gleiche Schicksal treffen, wie viele Andere, das heißt wenn nicht, werde ich einfach auf Grund der Ausnahmsverordnung mit meiner Familie von Wien fortschubirt. Also entweder Spitzel werden oder mit Weib und Kind abschieben"; siehe auch die Stellungnahme von Polizeipräsident Krauß, ebd., S. 7910 ff.

2456 Ebd., S. 7910.

2457 So der Regierungsvertreter Erich Graf Kielmansegg; siehe Sten. Prot. des AH, X. Sess., 306. Sitzung am 12. März 1889, S. 11071; wegen Verbreitung der Artikel wurden sie gemäß § 23 des Preßgesetzes zu 10 fl. Geldstrafe verurteilt; vgl. dazu Viktor Adlers Aufsätze, Reden und Briefe (wie Anm. 2199), S. 26 ff., 217 ff.

2458 Anfrage der Abgeordneten Pernerstorfer, Kronawetter und Genossen vom 18. Dezember 1888, Sten. Prot. des AH, X. Sess., 281. Sitzung am 18. Dezember 1888, S. 10327 f.

lung der „schreienden Mißstände“ in diesem Betrieb aufgefordert, sondern auch der Innenminister befragt, ob er geneigt sei, einerseits die Anwendung des Gewerbegesetzes in diesem Betrieb zu veranlassen und andererseits endlich der „mißbräuchlichen, gegen seine eigenen Erklärungen verstoßenden Prakticirung des Ausnahmezustandes durch die Wiener Polizeibehörden energisch entgegen[zu]treten“, da hier eindeutig ein Fall vorliege, daß der „angeblich ausschließlich gegen die anarchistische Bewegung gerichtete, an sich schon odiose Ausnahmszustand mißbraucht wird, um mißliebige Arbeiter zu maßregeln und zu entfernen“[2459]. Da – wie so viele Interpellationen – auch diese Anfrage nicht von Seiten der Exekutive beantwortet worden war[2460], thematisierte Kronawetter den Ausnahmezustand in der Budgetdebatte des Jahres 1889 wiederum[2461]. Er zeigte abermals neue Fälle auf, in denen Mißbräuche seitens der Sicherheitsorgane in der Handhabung der Ausnahmeverordnung aufgetreten seien[2462] und verlangte Aus-

---

2459 Die Anfrage warf der Wienerberger Ziegelfabriks- und Baugesellschaft vor, zum einen die Arbeiter durch ein „systematisch durchgeführtes Trucksystem“ bei sonstiger Entlassung zu zwingen, das Werk nicht zu verlassen und ihren Lohn in den Kantinen der Gesellschaft auszugeben, zum anderen den Arbeitern zu verbieten auswärts zu schlafen, während die von der Gesellschaft zur Verfügung gestellten Schlafquartiere „die denkbar schlechtesten“ seien. Die Bezirkshauptmannschaft hätte ihre Aufgabe als Gewerbebehörde erster Instanz, diese „unmenschlichen und gesetzwidrigen Zustände“ zu beseitigen, nicht wahrgenommen. Sie habe aber gleichzeitig gegenüber den beiden, diese Zustände aufdeckenden Arbeitern „sofort eine fieberhafte Thätigkeit entfaltet“; ebd., S. 10328; vgl. zum österreichischen Truckverbot z.B. EBERT (wie Anm. 2352), S. 89 ff.; WEIDENHOLZER (wie Anm. 1257), S. 123 f.

2460 Kronawetter forderte die Abgeordneten auf, die Beantwortung von Interpellationen durch Verweigerung des Budgetbeschlusses zu erzwingen: „Man lacht immer zu Resolutionen, die wir fassen und sagt: Unsere Resolutionen wandern in den Papierkorb; ... wir haben alle Jahre ein Machtmittel in der Hand, sie dazu zu zwingen“, die Resolutionen zu beantworten. „Sobald ein Etat im Budget gelesen werden soll, würde ich sagen: Im abgelaufenen Jahre sind z.B. an den Herrn Minister des Innern folgende Interpellationen gestellt worden; sie sind bis jetzt nicht beantwortet worden, das Capitel ‚Ministerium des Innern‘ im Budget wird solange überschlagen und nicht gelesen, bis der Herr Minister sich veranlaßt fühlt, unsere Interpellationen zu beantworten. Dann würden ... diese nicht in den Papierkorb wandern“; Sten. Prot. des AH, X. Sess., 306. Sitzung am 12. März 1889, S. 11069.

2461 „Die Art und Weise aber, in der man den armen Teufeln gegenüber vorgegangen ist, die barbarische, eines civilisirten Staates unwürdige Weise, in der man mit jenen Leuten vorging, die so keck gewesen sind, die Mißbräuche in einer Ziegelfabriksaktiengesellschaft, an der allerdings hervorragende Größen der Finanzwelt betheiligt sind, ist eine Schmach und Schande für jene Organe der Behörden, welche diese Behandlung verfügten. ... Ist es aber nothwendig, die Ausnahmsverfügungen auf solche Leute anzuwenden, die nichts verschuldet haben, als die Mißbräuche einer großen Aktiengesellschaft aufzudecken?“, ebd., S. 11057 f.

2462 Kronawetter, ebd., S. 11058 ff., 11067 f., berichtete wieder von Fällen, in denen die Polizei oder die politische Behörde Ausgewiesene bei ihren Arbeitgebern als Anarchisten denunziert und die Arbeitgeber zur Entlassung derselben aufgefordert hatte, oder Personen auf bloße Verdachtsmomente oder geringfügiger Beanstandungen wegen ausgewiesen hatte; siehe zur Gegendarstellung von Polizeipräsident Krauß, ebd., S. 11073 ff.; Kronawetter bezeichnete eine „solche Verfolgung eines unschuldigen Menschen geradezu als eine Niederträchtigkeit.“ Mit einem solchen Vorgehen würde die Polizei „ja ... beinahe Dynamitarden“ züchten. Es sei „bedauerlich, daß österreichische Behörden fort und fort von Amts wegen

kunft von der Regierung, wie lange der Ausnahmezustand noch fortdauern solle. „Soll denn die Ausnahmsmaßregel auf ewige Zeit so fortbestehen und der normale, der regelmäßige Zustand nie wieder mehr zurückkehren? Ist eine Nothwendigkeit dafür vorhanden?“[2463] Wie in den Jahren zuvor stellte er den Antrag, das Abgeordnetenhaus möge eine Resolution zwecks sofortiger Aufhebung der Ausnahmsverordnung durch die Regierung beschließen[2464], zumal im Jahre 1887 nur mehr sieben Personen aus Wien ausgewiesen worden seien.

Am zweiten internationalen Arbeiter-Kongreß in Paris 1889 geißelte auch Viktor Adler die Macht des österreichischen Polizeiapparates. Österreich habe „vielleicht in ganz Europa die freisinnigsten Gesetze“, leider verfahre „man nur in der Praxis nicht nach dem, was das Gesetz vorschreibt, sondern allein nach dem, was das Belieben des betreffenden Polizeikommissärs ist. Der Polizeikommissär ist befugt, alle gesetzlichen Freiheiten zu konfiszieren, und man kann schon glauben, daß er dieses Recht braucht – und mißbraucht“[2465].

Das Ende der Ausnahmsverordnung rückte nun allerdings langsam in greifbarere Nähe, zumal Ministerpräsident Taaffe im Februar 1890 im Ausschuß für das Sozialistengesetz Erleichterungen in Aussicht gestellt hatte. Die Regierung behielte sich vor, aufgrund der bisher gemachten Erfahrungen und mit Rücksicht auf den derzeit ruhigen Charakter der sozialen Bewegung eine teilweise Aufhebung der Ausnahmsverfügungen demnächst in Erwägung zu ziehen. Von einer gänzlichen Aufhebung der Ausnahmsverfügung könne aber noch nicht die Rede sein[2466]. Taaffe sprach sich auch im Abgeordnetenhaus am 23. April 1890[2467] für Erleichterungen in dieser Richtung aus, „weil wirklich diese anarchistischen Bestrebungen in ein besseres Fahrwasser gekommen sind und wir nicht mehr solche Zustände vor uns haben, wie zur Zeit als diese Gesetze geschaffen wurden“, schränkte aber ein, daß er den gegenwärtigen Zeitpunkt nicht für geeignet halte. Er gab zu Bedenken, daß der 1. Mai bevorstehe und man nicht wisse, welcher Art die Demonstrationen sein würden, aber es läge „etwas in der Luft“. Er versicherte, die Regierung würde „sich damit beschäftigen, sie wird den Zeitpunkt wahrnehmen, wann diese Erleichterungen eintreten können“.

Am 24. April 1890 berichtete der Abgeordnete Dr. Eduard Herbst[2468], daß er im Budgetausschuß den Antrag gestellt habe, die Regierung aufzufordern, „den für Wien noch bestehenden Ausnahmszustand ehestens zur Gänze oder doch in einzelnen Bestimmungen aufzuheben“. Als Berichterstatter dieses Minoritätsantrages hob er die „enorm lange Dauer der Geltung“ der Ausnahmsverordnung hervor. Nach Ansicht der Minorität sei die Dauer von sechs Jahren „gegen den Geist des Gesetzes“, denn eine derartig lange Suspension käme „schon ziemlich einer Aufhebung des Staatsgrundgesetzes gleich“, was bei Erlassung des Gesetzes von 1869 keineswegs intendiert gewesen sei. Tat-

---

und ohne daß sich jemand an sie um Auskunft über irgend eine Person wendet“, Ausgewiesene als Anarchisten denunzieren würden.

2463 Ebd., S. 11056.

2464 Ebd., S. 11070.

2465 Siehe BRÜGEL (wie Anm. 2101) IV, S. 44 f.

2466 KOLMER (wie Anm. 2150) IV, S. 344

2467 Sten. Prot. des AH, X. Sess., 390. Sitzung am 23. April 1890, S. 14517 f.

2468 Sten. Prot. des AH, X. Sess., 391. Sitzung am 24. April 1890, S. 14544 f.

sächlich sah auch § 1 des Gesetzes[2469] nur eine zeitlich (und örtlich) beschränkte Suspendierung der Grundrechte vor. „Eine immerwährende Suspension aber“, so Herbst, „hört auf, eine zeitliche zu sein“. Außerdem seien die Gründe, die zur Verhängung des Ausnahmszustandes geführt hatten, selbst nach Ansicht des Ministerpräsidenten weggefallen – seit Jahren wäre auch kein einziger Fall eines aus anarchistischen Beweggründen verübten Verbrechens mehr vorgekommen –, und daher müsse die Verordnung dem Gesetz entsprechend aufgehoben werden. Den Behörden stünden ohnedies, abgesehen von den Ausweisungsmöglichkeiten nach dem Strafgesetz, Schubgesetz 1871 und Vagabundengesetz[2470], Ausweisungsbefugnisse im „Überflusse“ zur Verfügung, und man sollte „mit der Beseitigung wenigstens dieser Bestimmung“ den Anfang machen[2471]. Wie vorauszusehen wurde allerdings der Antrag auf Aufhebung der Ausnahmsverordnung abgelehnt[2472]. Von seiten der Regierung hatte man nach wie vor die Absicht, die Verordnung erst dann außer Kraft zu setzen, sobald das Sozialistengesetz im Reichsrat durchgebracht worden sei[2473].

Am 16. April 1891 war es Pernerstorfer, der mit zahlreichen anderen Abgeordneten den Antrag auf sofortige Aufhebung der Ausnahmsverfügungen stellte[2474]. In der Begründung dieses Antrages im Abgeordnetenhaus führte Pernerstorfer aus, daß die Ausnahmsverfügungen nicht hauptsächlich für die Anarchistenbekämpfung gebraucht würden, wie die Regierung stets versichert hatte, „sondern sie werden dazu mißbraucht, die legalen Bewegungen der Arbeiterschaft zu unterdrücken“, in „hundert und hundert Fällen“ seien diese Ausnahmsverfügungen „nicht gegen die Anarchisten, sondern gegen die legalen offenen Bestrebungen der Arbeiterschaft angewendet worden“[2475]. „Wie die

---

2469 Vgl. Anm. 2363.

2470 Gesetz vom 24. Mai 1885, RGBl. Nr. 89, womit strafrechtliche Bestimmungen in Betreff der Zulässigkeit der Anhaltung in Zwangsarbeits- oder Besserungsanstalten getroffen werden; vgl. dazu ausführlich S. 260 f. und Anm. 1414 ff.

2471 Sten. Prot. des AH, X. Sess., 391. Sitzung am 24. April 1890, S. 14548.

2472 Mit 112 gegen 93 Stimmen, vgl. KOLMER (wie Anm. 2150) IV, S. 344.

2473 Schon als der Abgeordnete Sturm am 29. Februar 1888 im Budgetausschuß an Ministerpräsident Taaffe die Frage richtete, wann die Ausnahmeverfügungen nun endlich außer Wirksamkeit gesetzt würden, wurde er von Taaffe auf den Zeitpunkt der Erlassung des Sozialistengesetzes verwiesen; vgl. HASIBA (wie Anm. 2257), S. 270; zu Sturm vgl. HARRINGTON-MÜLLER (wie Anm. 2377), S. 182 f., m.w.N.

2474 Nr. 24 der Beilagen zu den Sten. Prot. des AH, XI. Sess.; Sten. Prot. des AH, XI. Sess., 2. Sitzung am 16. April 1891, S. 56.

2475 Sten. Prot. AH, XI. Sess., 4. Sitzung vom 20. April 1891, S. 95. Weiters kritisierte Pernerstorfer, daß man es immer so darzustellen versuche, „als ob der Anarchismus ein weit fortgeschrittener Socialismus sei. ... Man will, daß das so schwimmend gedacht wird. Es ist eine bekannte Thatsache, ... daß es nicht leicht zwei Gruppen gibt, die sich so sehr befehden und hassen als die eigentlichen Anarchisten und die Socialisten. Sie können überzeugt sein, meine Herren, daß Hans Most lieber sich mit dem Grafen Taaffe verständigt ..., als mit der hiesigen organisirten socialdemokratischen Arbeiterschaft. ... Gewähren Sie der Arbeiterschaft den legalen Boden der Bewegungsfreiheit innerhalb der Staatsgrundgesetze, verkümmern Sie diesen Leuten ... nicht die ihnen ... zukommenden Rechte ..., und wenn Sie das thun, werden Sie derartige Ausnahmsgesetze nicht nothwendig haben.“

Dinge heute liegen, wo in Österreich nirgends eine anarchistische That vorkommt, fragt man sich, was die Ausnahmeverordnungen sollen?"[2476]

Der Antrag wurde einem achtzehnköpfigen Ausschuß zugewiesen, der mit 12. Juni seinen Bericht dem Abgeordnetenhaus vorlegte. Zuvor hatte allerdings auch der der Beratung des Sozialistengesetzes dienende sogenannte Anarchistenausschuß, nämlich in seiner Sitzung vom 2. Juni[2477], die Regierung aufgefordert, die Ausnahmsverordnung zurückzunehmen, was diese allerdings mit der Bedingung verknüpft hatte, daß der Reichsrat vorher den noch nicht erledigten Gesetzentwurf über gemeingefährliche sozialistische Bestrebungen annehmen müsse. Nach Vorlage eines neuen diesbezüglichen Gesetzentwurfes wurde mit Verordnung vom 8. Juni 1891[2478] die Ausnahmeverordnung teilweise außer Wirksamkeit gesetzt, während der Ausschuß des Abgeordnetenhauses noch über den Antrag von Pernerstorfer und Genossen beriet. Die Bestimmungen über die Vornahme von Hausdurchsuchungen, die Beschlagnahme von Briefen, die Überwachung von Vereinen und Versammlungen, die Konfiskation von Druckschriften und über die Verhaftung von Personen ohne richterlichen Befehl wurden nunmehr aufgehoben, aufrecht blieb aber die Bestimmung, wonach die von der Sicherheitsbehörde ausgewiesenen Personen weiterhin ausgewiesen blieben, sofern ihnen nicht von den Sicherheitsbehörden fallweise die Rückkehr bewilligt wurde.

Da der Antrag Pernerstorfer auf gänzliche Außerkraftsetzung der Ausnahmsverordnung gerichtet war, hatte sich das Abgeordnetenhaus trotz bereits erfolgter Teilaufhebung der Verordnung am 26. Juni mit dem Bericht[2479] des Ausschusses vom 12. Juni zu befassen. Der Ausschuß ging davon aus, daß die Ursachen, welche zur Erlassung der Verordnung geführt hatten, nunmehr weggefallen seien, da in den letzten Jahren im Suspensionsgebiet keinerlei anarchistische Ausschreitungen zutage getreten seien und auch „das Verhalten der socialistischen Arbeiterpartei keine Gefahren für die bestehende öffentliche Ordnung erkennen ließ". Auch die „so gefürchteten Arbeiterfeiertage" am 1. Mai 1890 und 1891 und die an diesen Tagen veranstalteten Demonstrationen hätten die öffentliche Ordnung nicht gestört. Die Regierung habe im Ausschuß allerdings vorgebracht, daß auch jetzt noch „aufrührerische Zeitungsblätter und Flugschriften" im Suspensionsgebiet geheim kursierten und daß die Arbeiteraufstände des Jahres 1890 in Gebieten Böhmens, Mährens, Schlesiens und Galiziens zu Gewalttaten geführt hätten, „vor welchen das Suspensionsgebiet ... eben nur durch den Bestand der Ausnahmsverfügungen bewahrt geblieben sei". Der Ausschuß erachtete diese Tatsachen freilich nicht für ausreichend, um eine Aufrechterhaltung des Ausnahmezustandes für Wien und Um-

2476 Ebd., S. 97.

2477 Vgl. über diese Sitzung auch die Schilderungen Pernerstorfers, Sten. Prot. des AH, XI. Sess., 31. Sitzung am 26. Juni 1891, S. 1244 f.; vgl. auch KOLMER (wie Anm. 2150) V, S. 232; vgl. zur Einsetzung des Ausschusses und zu seiner Bezeichnung als „Anarchistenausschuß" HASIBA (wie Anm. 2257), S. 263 f.

2478 Verordnung des Gesamtministeriums vom 8. Juni 1891, RGBl. Nr. 69, mit welcher die in Folge der Verordnung des Gesamtministeriums, RGBl. Nr. 15, für die Gerichtshofsprengel Wien, Korneuburg und Wiener Neustadt getroffenen Ausnahmeverfügungen teilweise aufgehoben werden; auch Sten. Prot. des AH, XI. Sess., 19. Sitzung am 9. Juni 1891, Anhang I, S. 673, 633.

2479 Bericht vom 12. Juni 1891, Nr. 187 der Beilagen zu den Sten. Prot. des AH, XI. Sess.

gebung begründen zu können, zumal sich diese Vorkommnisse in „größerer Entfernung“ des Suspensionsgebietes ereignet hatten. Der Ausschuß habe daher den Beschluß gefaßt, dem Abgeordnetenhaus die Annahme des Antrages Pernerstorfer zu empfehlen. Allerdings wollte der Ausschuß, wie Berichterstatter Guido Freiherr von Sommaruga ausführte, wiewohl er den Antrag als Erneuerung der Anträge der Jahre 1887, 1888, 1889 und 1890 verstanden habe, dem Antrag dahingehend nicht stattgegeben, als die Regierung aufgefordert werden sollte, „den letzten noch aufrechterhaltenen Rest“ der Ausnahmsverordnung sofort außer Wirksamkeit zu setzen. Es sei anzuerkennen, daß durch die teilweise Aufhebung des Ausnahmezustandes die „volle und uneingeschränkte Geltung der staatsbürgerlichen Freiheitsrechte“ nun wiederhergestellt worden sei, aber die Regierung müsse Wert darauf legen, daß nicht alle ausgewiesenen Personen „sofort und auf einmal“ nach Wien und Umgebung zurückkehren, vielmehr sollten diese Reversionen „allmälig und vereinzelt“ erfolgen, was auch die Prüfung der einzelnen Fälle auf Rückkehrbewilligung und die Überwachung der Revertenten erleichtern würde. Man betrachte die durch die Verordnung über die teilweise Aufhebung des Übergangszustandes geschaffene Situation als eine Übergangsphase[2480]. Der Ausschuß versäumte allerdings nicht, darauf hinzuweisen, daß die Ausweisungen „sich als besonders harte, in vielen Fällen die Erwerbsexistenz der davon Betroffenen vernichtende Maßregel darstellen“. Deshalb habe er sich entschlossen, zwar keine direkte Aufforderung an die Regierung zwecks Aufhebung des „letzten Restes „der Ausnahmsverordnung zu richten, aber doch den Antrag zu stellen, das Abgeordnetenhaus möge die Erwartung aussprechen, daß „auch die theilweise aufrechterhaltene Anordnung des Punktes 1 der letzteren Verordnung sobald als thunlich werde aufgehoben werden“[2481].

Pernerstorfer kritisierte, daß die Regierung, wenn sie den Standpunkt einnehme, daß die Voraussetzungen einer Aufrechterhaltung der Ausnahmeverordnung nicht mehr vorliegen, auch „die Ehrlichkeit, den Muth“ hätte haben sollen, gleich die ganze Verordnung aufzuheben[2482], sie aber hätte ihr Prestige wahren wollen. Wiewohl es seine Pflicht wäre, die sofortige Aufhebung des Restes der Verordnung zu beantragen, würde er davon Abstand nehmen und die Annahme des Ausschußantrages empfehlen, denn das Papier, auf welches er den Antrag schreiben müßte, sei verschwendet, weil er doch nicht angenommen werden würde.

Hierauf meldete sich Ministerpräsident Taaffe zu Wort[2483] und versicherte erneut, daß die Regierung sich schon längere Zeit mit der Aufhebung der Verordnung beschäf-

2480 Ebd., S. 5 f.; Sten. Prot. des AH, XI. Sess., 31. Sitzung am 26. Juni 1891, S. 1243.

2481 Nr. 187 der Beilagen zu den Sten. Prot. des AH, XI. Sess., S. 6; Sten. Prot. des AH, XI. Sess., 31. Sitzung am 26. Juni 1891, S. 1244.

2482 Sten. Prot. des AH, XI. Sess., 31. Sitzung am 26. Juni 1891, S. 1245. Er betonte auch, daß viele der Ausgewiesenen bereits in den Provinzen „irgendeine Existenz“ gefunden hätten, andere hingegen notorisch ungefährlich seien. Die Ausweisungen hätten nur den Erfolg nach sich gezogen, daß – wie unter dem deutschen Sozialistengesetz – „das Gift des Socialismus“ in Gegenden hineingetragen worden sei, die „früher davon nichts gewußt haben“. Weiters gab er seiner Überzeugung Ausdruck, daß die Ausnahmeverordnung „nicht etwa durch die Einsicht und das Wohlwollen der Regierung“ endlich zu Fall gekommen sei, sondern allein „durch die energische Haltung der Arbeiterpartei“.

2483 Ebd., S. 1247 ff.

tigt hatte, da die Zustände nunmehr bessere geworden seien, aber zuerst den 1. Mai verstreichen lassen wollte, da man nicht wußte, „wie die Sache ausfallen" werde. Bezüglich der Aufrechterhaltung der Ausweisungen verwies er erneut auf den Moratoriumscharakter der Aufhebung und erklärte, daß dieser „Punkt ... entweder naturgemäß von selbst verschwinden" werde – da die Ausgewiesenen entweder eine Rückkehrerlaubnis erhalten würden, „einige sterben, einige gar nicht mehr wünschen werden, zurückzukommen, einige werden vielleicht anderswo hängen bleiben"[2484] –, oder aber die Regierung würde „Anlaß nehmen", ihn „seinerzeit aufzuheben". Dieser Anlaß wurde allerdings bis zum Ende der Monarchie nicht gefunden.

Insgesamt wurden nach Angaben der Regierung[2485] 379 Personen aus dem Suspensionsgebiet ausgewiesen, davon 336 von der Wiener Polizeidirektion und 43 von den anderen politischen Behörden im Suspensionsgebiet. Allein im ersten Jahr der Ausnahmsverordnung waren 297 Personen ausgewiesen worden, danach sank die Zahl kontinuierlich. So waren nach den Angaben der Regierung 1885 nur mehr insgesamt 29 Personen, 1886 22 Personen, 1887 acht Personen, 1888 zehn Personen, 1889 acht Personen, 1890 drei und 1891 zwei Personen von der Ausweisung betroffen[2486].

Was das weitere Schicksal der ausgewiesenen Arbeiterfunktionäre anbelangt, so gingen sie zumeist in die anderen Kronländer, die tschechischen zumeist nach Mähren und Schlesien, viele aber auch nach Linz, wo vor allem eine große Anzahl von Niederösterreichern Arbeit fand[2487], und setzten dort ihre Agitationstätigkeit fort oder bemühten sich um die Erlaubnis zur Rückkehr. Ein stattlicher Anteil ging nach Ungarn[2488], wo der Ministerpräsident bereits eine Liste der Ausgewiesenen übermittelt bekommen hatte, um die Überwachung fortzusetzen. Viele wanderten allerdings ins Ausland ab, vor allem in die Vereinigten Staaten[2489], und begründeten dort großteils radi-

2484 Mit Bezug auf eine Verurteilung Johann Mosts in New York ergänzte Taaffe: „So verschwinden solche Herren nach und nach, und so wird die ganze Ausnahmsverordnung nach und nach verschwinden und wir werden wieder zu den bestehenden Gesetzen zurückkehren"; ebd., S. 1248.

2485 Nr. 187 der Beilagen zu den Sten. Prot. des AH, XI. Sess., S. 4.

2486 Von den 1884 ausgewiesenen 297 Personen entfielen 257 auf Wien, 40 auf die anderen Suspensionsgebiete. In den Jahren 1885 und 1890 entfielen von den jeweils 29 bzw. drei Ausweisungen nur eine bzw. zwei nicht auf Wien, während in den Jahren 1886–1889 und 1891 Ausweisungen nur aus Wien erfolgten.

2487 KONRAD (wie Anm. 2159), S. 220, nannte einige der aus Wien ausgewiesenen Niederösterreicher, die in der Maschinenfabrik von Klier und Lange in Urfahr Arbeit fanden (Ludwig Schrödl. Franz Dolezal, Franz Kropfmüller, Alois Robl, Adolf Mrna, Josef Dudek, Karl Urbanek, Franz Rauch, Anton Schenk, Johann Jandejsek und Franz Mannl).

2488 Vgl. den Bericht des preußischen Polizeipräsidiums vom 4. November 1884, HÖHN (wie Anm. 2354), S. 234.
Nach Budapest gingen etwa Franz Johann Leitner, Wenzel Bernaschek, Konrad von Korytynski, Franz Gams, Franz Kutil und Alois Treibenreif, die allerdings auch aus Ungarn ausgewiesen worden waren. Julius Brestian, der dem Herausgeberkomitee der „Zukunft" angehörte, ging nach seiner Ausweisung aus Wien zwar ebenfalls zuerst nach Budapest, später jedoch nach London und dann nach New York, vgl. zu ihnen näher STAUDACHER (wie Anm. 1260), S. 303, 280, 298, 281, 286, 334.

2489 So z.B. Karl Masur, Franz Motz, Ludwig Birkner, Josef Hruby und Johann Kompoß, Josef Koubsky, vgl. zu ihnen näher STAUDACHER (wie Anm. 1260), S. 303 f., 281, 289, 298 f., 302

kale Organisationen, die mit Flugblättern und Zeitungen die österreichischen Arbeiter zu radikalisieren versuchten[2490].

Was die Anzahl der Rückkehrbewilligungen anbelangt, die zumeist nur probeweise ausgesprochen wurden[2491], so waren zum Zeitpunkt des Außerkrafttretens bereits 99 der 379 Ausgewiesenen zurückgekehrt, während sich noch 280 Personen außerhalb des Ausweisungsgebietes befanden[2492]. Die meisten Rückkehrbewilligungen wurden 1884 (31), 1885 (16) und 1886 (15) erteilt, während in den Jahren 1887 bis 1891 jeweils zwischen sechs und acht Ausgewiesenen die Rückkehr gestattet wurde[2493]. Diese Angaben der Regierung sind allerdings nicht unbestritten. So hatte schon Pernerstorfer im Abgeordnetenhaus erklärt, daß diese Angaben nicht mit den jährlich vom Polizeipräsidium herausgegebenen Zahlen übereinstimmten[2494]. Die Regierungsdaten wiesen etwa für das Jahr 1884 257 Personen, die Polizeidaten hingegen 293 Personen aus. Im Jahre 1885 war das Verhältnis 28 gegen 33[2495].

Auch Abgeordneter Dr. Thomas Masaryk[2496] wies in der Budgetdebatte am 26. Juni 1891 darauf hin, daß nach seinen Angaben, allein aus dem Wiener Polizeirayon in den Jahren 1884 bis 1890 376 Personen ausgewiesen und 43 Personen wegen sozialistischer Umtriebe abgeschafft worden seien. Von den 419 Ausgewiesenen und Abgeschafften hätten 110 Personen die Erlaubnis zur Rückkehr erhalten. Zum Zeitpunkt der Aufhebung der Ausnahmsverfügungen wären dementsprechend noch 309 Personen aus Wien ausgewiesen[2497]. Er verwies darauf, daß in Deutschland während des Sozialistengesetzes nur 731 Personen[2498] ausgewiesen worden waren und bezeichnete das Vorgehen

---

2490 So etwa Karl Masur, der einem Aktionskomitee für die Unterstützung der anarchistischen Propaganda in Österreich angehörte und als Redakteur für das Emigrantenorgan „Der Anarchist" zeichnete; vgl. dazu STAUDACHER (wie Anm. 1260), S. 304; siehe zu den Inhalten solcher Flugblätter STEINER (wie Anm. 2132), S. 228 ff.; der Bericht des preußischen Polizeipräsidiums vom 6. Juli 1885, HÖHN (wie Anm. 2354), S. 258, sprach auch von einer Unterstützung der österreichischen Anarchisten durch „reichliche Geldmittel".

2491 Wie es Polizeipräsident Krauß formulierte, wurde gewöhnlich die Formel gebraucht: „probeweise gegeben dem, daß wenn wir üble Wahrnehmungen machen, die Ausnahmsverfügungen wieder in Kraft zu treten haben", vgl. Sten. Prot. des AH, X. Sess., 217. Sitzung am 24. April 1888, S. 7914.

2492 Zum Zeitpunkt des Außerkrafttretens der Verordnung befanden sich von den 336 aus Wien Ausgewiesenen noch 239 außerhalb des Suspensionsgebietes, von den 43 übrigen Ausgewiesenen noch 41.

2493 1887, 1888 und 1891 je acht Rückkehrbewilligungen, 1889 sechs und 1890 sieben.

2494 Sten. Prot. des AH, XI. Sess., 31. Sitzung am 26. Juni 1891, S. 1245. Pernerstorfer kommt auf eine Differenz von 20 Personen.

2495 Auch nach BRÜGEL (wie Anm. 2101) IV, S. 77, gab zum Beispiel der Jahresbericht der Wiener Polizeidirektion für das Jahr 1889 zehn ausgewiesene Individuen und zwei abgeschaffte Ausländer an, während nach den Regierungszahlen acht Personen ausgewiesen worden seien. Er bezifferte außerdem die Anzahl der im Jahr 1884 allein aus Wien ausgewiesenen Personen mit 293, vgl. ebd., S. 160.

2496 Sten. Prot. des AH, XI. Sess., 31. Sitzung am 26. Juni 1891, S. 1251.

2497 Diese Angaben decken sich mit denen bei BRÜGEL (wie Anm. 2101) IV, S. 160, der auch zwei konfinierte Personen anführte.

2498 Vgl. dazu allerdings S. 427.

der Regierung – den „siebenjährigen Krieg gegen die Arbeiter" – als gelinde gesagt „tathsächlich ... etwas zu hart".

Angesichts der Handhabung der Ausnahmsverordnung und der niedrigen Anzahl der Rückkehrbewilligungen überrascht es auch nicht, daß der erste Parteitag der österreichischen Sozialdemokraten mit Rücksicht auf die Polizeiverhältnisse in Hainfeld stattfinden mußte. Ein Rundschreiben im Rahmen der Vorbereitung des Parteitages nannte das Problem beim Namen: „Leider kann wegen des Ausnahmezustandes, da wir so manchen Ausgewiesenen zu sehen hoffen, Wien nicht gewählt werden"[2499]. Der zweite Parteitag der Sozialdemokraten, der am 28. Juni 1891 zusammentrat, konnte bereits in Wien stattfinden, da der Ausnahmezustand am 8. Juni beendet worden war[2500]. Es durften sogar einige Personen, die aufgrund der Ausnahmeverordnung ausgewiesen worden waren, mit Bewilligung der Behörde für mehrere Tage nach Wien reisen, um am Parteitag teilnehmen zu können[2501].

Stellt man resümierend in Rechnung, daß in Deutschland während der ganzen[2502] Geltungsdauer des Sozialistengesetzes insgesamt 797[2503] Personen aus den nicht gerade bevölkerungsarmen acht Gebieten unter dem Kleinen Belagerungszustand[2504] ausgewiesen wurden, dann kann man die Einschätzung Brügels nicht ganz von der Hand weisen: „Man denke, was die Wiener Polizeidirektion geleistet hätte, wenn sie ein Geltungsgebiet wie Berlin, Hamburg, Leipzig, Frankfurt, Stettin zur Verfügung und zwölf Jahre Zeit gehabt hätte!"[2505]

3. Weitere gesetzgeberische Sondermaßnahmen bzw. Vorhaben zur Bekämpfung von Sozialdemokratie und Anarchismus

Schon bald nach der Zustimmung des Reichsrates (am 15. Februar bzw. 6. März) zu den beiden Verordnungen der Gesamtregierung vom 30. Jänner 1884 beschäftigte sich der Ministerrat mit der Einbringung eines Sozialistengesetzes nach deutschem Muster, da er aufgrund des Widerstandes im Abgeordnetenhaus befürchtete, die Ausnahmeverordnungen nicht sehr lange aufrechterhalten zu können. Taaffe regte an, „im Laufe des Sommers über diese Frage ins reine zu kommen", um im Reichsrat bereits bei Wiedereröffnung der Session im Herbst eine Regierungsvorlage einbringen zu können. In diesem Fall „könnte man dann gegenüber dem Drängen des Reichsrates erwidern, daß man bereit sei, die bestehenden Ausnahmeverfügungen aufzuheben, sobald das So-

---

2499 Zitiert nach BRÜGEL (wie Anm. 2101) III, S. 393 Anm.

2500 Verordnung des Gesamtministeriums vom 8. Juni 1891, RGBl. Nr. 69, mit welcher die in Folge der Verordnung des Gesamtministeriums, RGBl. Nr. 15, für die Gerichtshofsprengel Wien, Korneuburg und Wiener Neustadt getroffenen Ausnahmeverfügungen teilweise aufgehoben werden.

2501 Vgl. dazu und zum Parteitag allgemein BRÜGEL (wie Anm. 2101) IV, S. 162 ff.

2502 KOLMER (wie Anm. 2108) V, S. 232.

2503 THÜMMLER (wie Anm. 2272), S. 171–244; BRÜGEL (wie Anm. 2101) IV, S. 160, ging noch von 731 ausgewiesenen Personen aus.

2504 Berlin, Hamburg, Altona, Leipzig, Spremberg, Frankfurt a.M., Offenbach und Stettin (alle inklusive Umgebung).

2505 BRÜGEL (wie Anm. 2101) IV, S. 161.

zialistengesetz bewilligt sein werde"[2506]. Tatsächlich gab die Regierung auch anläßlich der Diskussion im Reichsrat über die Ausdehnung der Suspendierung der Geschwornengerichtsbarkeit auf Wiener Neustadt durch die Verordnung vom 19. Dezember 1884 das Versprechen ab, die Vorlage für das Sozialistengesetz im Jänner im Reichsrat einzubringen „und wenn diese angenommen würde, die Aufhebung der Ausnahmsverfügungen und die Einstellung der Geschwornengerichte aufzuheben"[2507].

Der Entwurf für das Sozialistengesetz wurde am 22. Dezember 1884 vom Ministerrat gebilligt[2508] und dem Abgeordnetenhaus des Reichsrates am 20. Jänner 1885 vorgelegt[2509]. Der Gesetzentwurf bestand aus zwei Regierungsvorlagen[2510]. Die eine richtete sich gegen „gemeingefährliche sozialistische Bestrebungen" und sah massive Einschränkungen des Vereins- und Versammlungsrechtes, der Preßfreiheit, der Geschwornengerichtsbarkeit und der Freizügigkeit der Person – insbesondere die Stellung unter Polizeiaufsicht[2511] – vor, die andere Regierungsvorlage betraf Anordnungen „gegen den gemeingefährlichen Gebrauch von Sprengstoffen und die gemeingefährliche Gebarung mit denselben". Im Motivenbericht[2512] wies die Regierung darauf hin, daß eine „wirksame, constante Niederhaltung und Zurückdrängung ... bei den zu Gebote stehenden Mitteln" nicht möglich sei, da die „socialistischen Ideen bereits zu weit verbreitet" seien und die „seit Jahren betriebene und insbesondere von Seite des Auslandes eifrig unterstützte Agitation eine zu große und intensive war". Es müsse aber die „Hartnäckigkeit und Böswilligkeit der Führer" bekämpft werden und dazu bedürfe man der Schaffung

---

2506 Allgemeines Verwaltungsarchiv, Ministerratsprotokolle Nr. 37 vom 23. Mai 1884, Tagesordnungspunkt 6; Text auch auszugsweise bei BRÜGEL (wie Anm. 2101) III, S. 337; siehe zum Sozialistengesetz ausführlich HASIBA (wie Anm. 2257); BRÜGEL (wie Anm. 2101) III, S. 355 ff.

2507 Siehe KOLMER (wie Anm. 2150) III, 388.

2508 Allgemeines Verwaltungsarchiv, Ministerratsprotokolle Nr. 79 vom 22. Dezember 1884, Tagesordnungspunkt 1.

2509 Sten Prot. des AH, IX. Sess., 387. Sitzung am 20. Jänner 1885, S. 13421.

2510 Nr. 1023 der Beilagen zu den Sten. Prot. des AH, IX. Sess.: Entwurf eines Gesetzes, „womit Bestimmungen gegen gemeingefährliche socialistische Bestrebungen getroffen werden" (S. 1 ff.) und eines Gesetzes „betreffend Anordnungen gegen den gemeingefährlichen Gebrauch von Sprengstoffen und die gemeingefährliche Gebarung mit denselben" (S. 9 ff.); vgl. zur Sozialistengesetzvorlage DEUTSCH (wie Anm. 2088), S. 203 ff.

2511 Art. 5 des Entwurfes sah vor, daß Personen, welche sich die Agitation für sozialistische, auf den Umsturz der bestehenden Staats- oder Gesellschaftsordnung gerichtete Bestrebungen „zum Geschäfte machen", sowie Personen, die wegen Zuwiderhandlung gegen Bestimmungen dieses Gesetzes oder wegen strafbarer Handlungen, die mit den genannten Bestrebungen im Zusammenhang stünden, verurteilt worden seien, auf die Dauer von drei Jahren unter Polizeiaufsicht mit den Wirkungen des Gesetzes vom 10. Mai 1873, RGBl. Nr. 108, hätten gestellt werden können, was einer Aufenthaltsanweisung oder einem Aufenthaltsverbot gleich gekommen wäre. Im Unterschied zu den deutschen Verhältnissen, wo die Polizeiaufsicht vom Richter auszusprechen war, sollte in Österreich diese Kompetenz den Verwaltungsbehörden zukommen.

2512 Motivenbericht S. 16, Nr. 1023 der Beilagen zu den Sten. Prot. des AH, IX. Sess. Der Motivenbericht betonte auch, daß das deutsche Sozialistengesetz vielfach als Vorbild gedient habe, vgl. ebd., S. 19; vgl. zur Argumentation des Motivenberichts auch ausführlich HASIBA (wie Anm. 2257), S. 260.

wirksamer Präventiv- und Repressivmaßregeln. Ausdrücklich betonte die Regierung, daß durch diese Gesetzesvorlagen „lediglich die gemeingefährlichen Tendenzen des Socialismus“ getroffen werden sollten, nicht hingegen die sich auf legalem Boden bewegenden Reformbestrebungen der Arbeiterklasse.

Während der Entwurf des Sozialistengesetzes, der vom Abgeordnetenhaus einem Ausschuß zugewiesen wurde[2513], vehemente Kritik erntete[2514] und von der Regierung in dieser Session nicht durchgebracht werden konnte, wurde das sogenannte Dynamitgesetz bzw. Sprengstoffgesetz noch gegen Ende der Gesetzgebungsperiode ohne Debatte von beiden Häusern des Reichsrates genehmigt[2515]. Dieses Gesetz sah in § 11[2516] vor, daß bei Verurteilungen wegen bestimmter im Gesetz geregelter Delikte[2517] auf Abschaf-

---

2513 Sten. Prot. AH, IX. Sess., 388. Sitzung am 23. Jänner 1885, S. 13468. Der 24köpfige Ausschuß bestand aus: Karl Bartoszewski, Richard Graf Clam-Martinic, Ignaz Frhr. von Giovanelli, Dr. Nikolaus Ritter von Grigorcia, Apollinar Ritter von Jaworski, Dr. Josef Kopp, Alois Fürst Liechtenstein, Dr. Peter Lorenzoni, Dr. Stanislaus Ritter von Madeyski-Poray, Johann Ritter von Neubauer, Dr. Ernst von Plener; Dr. Josef Poklikar, Severin Ritter von Smarzewski, Johann Steudel, Dr. Friedrich Sturm, Dr. Anton Tomaszczuk, Adolf Wiesenburg, Dr. Maximilian Ritter von Zatorski, Johann Zehetmayr, Dr. Karl Dostal, Dr. Josef Fanderlik, Dr. Alois Trojan, Dr. August Weeber, Dr. Karl Rechbauer; vgl. Sten. Prot. AH, IX. Sess., 389. Sitzung am 27. Jänner 1885, S. 13526; zum Bericht dieses Ausschusses siehe Nr. 1096 der Beilagen.

2514 Vgl. dazu ausführlich HASIBA (wie Anm. 2257), S. 261 ff.

2515 Das Abgeordnetenhaus genehmigte die Vorlage am 27. Februar 1885, vgl. Sten. Prot. AH, IX. Sess., 430. (Abend)Sitzung am 27. März 1885, S. 15024, Beschluß gleichlautend mit Nr. 1096 der Beilagen; das Herrenhaus am 16. April 1885, vgl. Sten. Prot. des HH, IX. Sess., 107. Sitzung am 16. April 1885, S. 1731, Beschluß gleichlautend mit Nr. 586 der Beilagen; Gesetz vom 27. Mai 1885, RGBl. Nr. 134, betreffend Anordnungen gegen den gemeingefährlichen Gebrauch von Sprengstoffen und die gemeingefährliche Gebarung mit denselben.

2516 In der Regierungsvorlage § 10.

2517 Es sind dies folgende Delikte: Vergehen gemäß § 3, wenn jemand Sprengstoffe herstellte, in Verkehr setzte, nach Cisleithanien einführte, besaß oder den gehörig kundgemachten sicherheitspolizeilichen Bestimmungen betreffend die Sprengstoffe zuwiderhandelte und diese Handlungen unter Umständen gesetzt wurden, welche eine Gefahr für das Eigentum, die Gesundheit oder das Leben eines anderen herbeizuführen geeignet waren; die Verbrechen gemäß § 4: wenn jemand vorsätzlich durch Anwendung von Sprengstoffen als Sprengmittel Gefahr für das Eigentum, die Gesundheit oder das Leben eines anderen herbeiführte oder durch diese Handlung den Tod eines Menschen verursachte; gemäß § 5: wenn mehrere die Ausführung einer im § 4 geregelten Handlung verabredet oder sich zur fortgesetzten Begehung derartiger, wenn auch nicht konkretisierter Handlungen verbunden hatten; gemäß § 6: wenn jemand Sprengstoffe oder Bestandteile derselben oder Vorrichtungen zu deren Verwendung herstellte, anschaffte oder in seinem Besitz hatte, in der Absicht, durch deren Anwendung gemäß § 4 eine Gefahr für das Eigentum, die Gesundheit oder das Leben eines anderen entweder selbst herbeizuführen oder andere Personen zur Begehung dieses Verbrechens instand zu setzen, weiters wenn jemand Sprengstoffe wissend, daß diese zur Begehung dieses Verbrechens bestimmt waren, anderen Personen überließ; und schließlich die Verbrechen gemäß § 8: wenn jemand öffentlich oder vor mehreren Leuten oder in Druckwerken verbreiteten bildlichen Darstellungen oder Schriften zur Begehung einer in den §§ 4 und 5 geregelten Handlungen oder zur Teilnahme an diesen aufforderte, diese Handlungen anpries oder zu rechtfertigen versuchte, oder wer überhaupt Anleitungen zur Begehung dieser Handlungen erteilte.

fung gemäß § 240 lit. f, g und h des Strafgesetzes[2518] aus einem Ort, aus einem Kronland oder aus sämtlichen Kronländern des österreichischen Kaiserstaates und auf Zulässigkeit der Stellung unter Polizeiaufsicht erkannt werden konnte.

Von dem im Februar 1886 neuerlich vorgelegten, nunmehr zweigeteilten Entwurf[2519], wurde nur der zweite Teil, das sogenannte Anarchistengesetz, vom Reichsrat verabschiedet[2520] und am 25. Juni 1886 sanktioniert[2521]. Dieses entzog strafbare Handlungen, denen „anarchistische, auf den gewaltsamen Umsturz der bestehenden Staats- oder Gesellschaftsordnung gerichtete Bestrebungen zugrunde" lagen, der Geschwornengerichtsbarkeit und trat an die Stelle der die Geschwornengerichtsbarkeit suspendierenden Verordnung vom 30. Jänner 1884 – allerdings mit Wirkung für ganz Cisleithanien und auf die Dauer von zwei Jahren[2522]. Die Verordnung betreffend die Ausnahmsverfügungen wurde allerdings, wie oben ausgeführt, durch die Inkraftsetzung des Anarchistengesetzes nicht berührt. Obwohl die Regierung 1891 die Annahme des noch immer nicht erledigten Gesetzentwurfes über gemeingefährliche sozialistische Bestrebungen zur Bedingung für die Aufhebung der Ausnahmsverordnung betreffend Wien und Umgebung gemacht hatte, am 5. Juni erneut eine Vorlage in den Ausschuß eingebracht hatte und dessen Beratung verlangte, kam für diesen Gesetzentwurf jedoch keine Majorität mehr zustande. Die Auswirkungen des Sozialistengesetzes in Deutschland und die geeinte Sozialdemokratie in Österreich vor Augen, befürchtete man wohl auch in den konservativen Kreisen Cisleithaniens die Ergebnis- bzw. Sinnlosigkeit eines derartigen Gesetzes. Die Regierung, zu schwach, ihren Willen durchzusetzen, mußte auf das Sozialistengesetz endgültig verzichten.

2518 Vgl. dazu S. 117 ff.

2519 Sten. Prot. des AH, X. Sess., 17. Sitzung am 1. Februar 1886, S. 494; Nr. 83 der Beilagen: Gesetzentwurf, „womit Bestimmungen gegen gemeingefährliche sozialistische Bestrebungen getroffen werden" und Gesetzentwurf, womit über die Gerichtsbarkeit in Strafsachen, welchen gemeingefährliche sozialistische Bestrebungen zugrunde liegen und über den Vollzug der in solchen Fällen verhängten Freiheitsstrafen erlassen werden".

2520 Siehe Sten. Prot. des AH, X. Sess., 80. Sitzung am 10. Juni 1886, S. 3000 und Nr. 239 der Beilagen; Sten. Prot. des HH, X. Sess., 17. Sitzung am 23. Juni 1886, S. 218; vgl. zur parlamentarischen Behandlung beider Vorlagen im Reichsrat ausführlich HASIBA (wie Anm. 2257), S. 263 ff.; auch KOLMER (wie Anm. 2150), S. 340 ff.

2521 Gesetz vom 25. Juli 1886, RGBl. Nr. 98, womit Bestimmungen über die Gerichtsbarkeit in Strafsachen, welchen anarchistische Bestrebungen zu Grunde liegen, erlassen werden.

2522 Zum Versuch der Regierung, eine Verlängerung des Gesetzes zu erreichen, sowie zur Erlassung und parlamentarischen Verhandlung der Gesamtverordnung der Regierung vom 1. August 1888, RGBl. Nr. 130, betreffend die Einstellung der Wirksamkeit der Geschwornengerichte in Strafsachen, welchen anarchistische Bestrebungen zu Grunde liegen, für die Gerichtshofsprengel Wien, Korneuburg, Wiener-Neustadt in Niederösterreich, Wels in Oberösterreich, Prag, Brüx, Jicin, Jungbunzlau, Reichenberg in Böhmen, Brünn, Olmütz, Neutitschein in Mähren, Graz, Leoben in Steiermark, Klagenfurt in Kärnten (gültig bis 31. Juli 1889), vgl. KOLMER (wie Anm. 2150) IV, S. 342 ff.

III. Massenausweisung als Maßnahme gegen Arbeitslosigkeit

Die Ausweisung erschien den österreichischen Behörden sowohl in der Monarchie als auch gegen Ende der Ersten Republik weiters als geeignetes Instrument, um lokale Arbeitslosigkeit zu verringern bzw. um das Problem von Massenarbeitslosigkeit in bestimmten Gegenden durch Abschiebung der Arbeitslosen in ihre jeweilige Heimatgemeinde oder durch Abschaffung aus den betroffenen Gebieten buchstäblich aus dem lokalen Blickfeld zu „verschieben".

So diskutierte der cisleithanische Ministerrat nach dem Börsekrach von 1873 die zu ergreifenden „Maßregeln gegen die Arbeitslosigkeit", wobei der Innenminister Freiherr von Lasser am 3. Februar 1874[2523] ausführte, daß die „Arbeiterfrage im allgemeinen in der Tat diesmal bedenklicher als in früheren Jahren" sei. „Früher habe sie mehr oder minder einen politischen Anstrich gehabt; ... heute stehe die Sache der Arbeiter anders, weil ihnen die Stimmung des Publikums zu Hilfe kommt. Wenn der kleine Mann notleidend ist, und zwar nicht aus eigener Schuld, ... dann hat die Mißstimmung des kleinen Mannes das Mitleid, ja die Mitleidenschaft der Bevölkerung für sich ... Man müsse zu einer Antwort bereit sein (falls im Abgeordnetenhaus von der Regierung eine Erklärung verlangt werden würde), die beweist, daß die Regierung nicht müßig zugesehen, sondern sich mit Maßregeln der Abhilfe und Beruhigung ernstlich beschäftigt habe". Lasser bemerkte weiter, daß „die Zahl der sogenannten brotlosen Arbeiter in Wien ... mit Abrechnung derjenigen, welche vermöge ihres Berufes in jedem Winter von dem Erwerbe des Sommers zu zehren haben", also die „Zahl solcher Arbeitsloser, die im Winter sonst einen regelmäßigen Erwerb haben, mehr als 20.000" betrage. Er habe daher „den strengen Auftrag gegeben und es werde ausgesetzt dahin gearbeitet, die nicht nach Wien Zuständigen zur Rückkehr in ihre Heimat zu vermögen. In dieser Beziehung wäre vielleicht Einfluß zu nehmen, daß der Transport dieser Leute, die man nicht im Schubwagen befördern kann, mit möglichst geringen Kosten erfolge. Ungeachtet aber auf diese Art viele tausende Arbeiter aus Wien entfernt würden, betrage die Zahl der hier zuständigen arbeitssuchenden Personen, wie erwähnt, mehr als 20.000." Tatsächlich wurden 1874 im Zuge dieser „arbeitsmarktpolitischen" Maßnahme ca. 800 Personen aus Wien abgeschafft[2524].

Daß dies nicht eine vereinzelte Maßnahme blieb, zeigt ein Artikel Viktor Adlers in der Arbeiter-Zeitung vom 29. Jänner 1892[2525], in welchem er derartige Aktionen massiv kritisierte: „Aber die Wiener Ortspolizei ist auch nicht ohne. Jetzt beschäftigt sie sich mit einer höchst sozialpolitischen Aufgabe: sie kuriert die furchtbare Arbeitslosigkeit in Wien. Das macht sie auf Grund ihrer staatswissenschaftlichen Studien so: früh um halb 9 wird in allen Schnapshütten und Kaffeeschänken eine sogenannte ‚Razzia' veranstaltet, wobei alle Betroffenen, ob arbeitslos oder nicht – verhaftet werden. Die Arbeitslosen, welche nicht nach Wien zuständig sind, werden natürlich in ihre sogenannte ‚Heimat' abgeschoben. Wie mit ihnen dabei verfahren wird, kann man daraus entnehmen, daß ein Mann, der so glücklich ist Arbeit zu haben und Wiener zu sein, uns mitteilte,

---

2523 Siehe BRÜGEL (wie Anm. 2101) II, S. 227.

2524 Vgl. HAUTMANN/KROPF (wie Anm. 2341), S. 67.

2525 Viktor Adlers Aufsätze, Reden und Briefe (wie Anm. 2199), S. 232 f.

daß er, ‚mitgefangen, mitgehangen', in einer Schnapsbude arretiert wurde und vom frühen Morgen bis 7 Uhr abends weder Speise noch Trank erhielt!! ... Wir zweifeln übrigens nicht, daß die Proletarier, die heute aus Wien abgeschoben (der Bezirkshauptmann von Trifail sagt: ‚verschoben'[2526]) werden, in wenigen Wochen wieder einmarschieren werden, um bei den Erdarbeiten mit ihrer Nacktheit gegen das zerfetzte Gewand der Einheimischen zu konkurrieren und ihre Löhne zu drücken. Es ist also eine sehr ‚produktive Arbeit', sie jetzt abzuschieben! Abgesehen davon, daß es sehr human ist, dem Obdachlosen eine Unterkunft im Polizeigefangenenhaus zu verschaffen. Man sieht, wie ausgezeichnet sich die Vorbildung der Beamtenschaft bewährt im Kampfe gegen ‚die zersetzenden Elemente' ".

Daß die Maßnahme der Abschiebung von Arbeitslosen aber weder ein Wiener Sonderfall war, noch ausschließlich in der Monarchie angewendet wurde, zeigt sich am Beispiel Vorarlbergs, wo Anfang des Jahres 1933 eine Massenabschiebung und -abschaffung von Arbeitslosen stattfand, die zu heftiger Kritik nicht nur in den Medien sondern auch im Nationalrat führte. Am 26. Jänner 1933 berichteten sozialdemokratische Nationalratsabgeordnete im Rahmen einer dringlichen Anfrage[2527], daß in Vorarlberg „in der letzten Zeit umfangreiche Abschiebungen von Arbeitslosen durchgeführt worden" seien, wobei zur Begründung von den Vorarlberger Behörden angeführt werde, „es handle sich um solche Arbeitslose, für die österreichische Gemeinden die Bezahlung eines allfälligen Armenaufwandes verweigern". Da es „zu unabsehbaren Folgen" führen könnte, würde „eine derart unmenschliche Praxis, wie sie von den Vorarlberger Behörden gehandhabt wird, in Österreich einreißen", stellten die sozialdemokratischen Abgeordneten die Anfrage an Bundeskanzler Dollfuß, ob die Regierung bereit sei, „dafür zu sorgen, daß eine menschliche Handhabung der Vorschriften über die Abschiebung allen nachgeordneten Stellen zur Pflicht gemacht wird und daß die Rechtmäßigkeit aller in Vorarlberg in letzter Zeit durchgeführten Abschiebungen überprüft werde?"

Wie in der Aussprache über die dringliche Anfrage des sozialdemokratischen Abgeordneten Hermann Hermann [sic] ausgeführt wurde[2528], seien „an verschiedenen Orten in Vorarlberg, zum Beispiel in Bregenz und Feldkirch, ... arbeitslose Menschen auf der Straße und in Wärmestuben eingefangen ..., in den Polizeiarrest geführt und ohne jede Amtshandlung, ohne jede Begründung dort so lange gehalten" worden, „bis eine Gruppe sich zusammengefunden hatte, welche dann auf die Bahn transportiert und mit dem Zug in ihre Heimatgemeinde abgeschoben worden ist", was „unter der Arbeiterschaft eine unerhörte Empörung hervorgerufen" habe. Hermann stellte auch die Begründung dieser Ausweisungen durch den Vorarlberger Landeshauptmann Ender in Frage, die Gemeindevorsteher hätten sich darüber beschwert, daß „die Unterstützungen, die Arbeitslosen von Gemeinden gegeben wurden, diesen von den Heimatgemeinden der Arbeitslosen nicht rückersetzt" worden seien. Vielmehr habe man die Erfahrung gemacht, „daß, wenn man den betreffenden Bezirkshauptmannschaften die Betreibung dieser An-

---

2526 Vgl. dazu auch S. 414.

2527 Dringliche Anfrage der Abgeordneten Hermann Hermann, Karl Appel, Michael Frühwirth und Genossen an den Bundeskanzler wegen der Abschiebung Arbeitsloser in Vorarlberg, Sten. Prot. des NR, IV. GP, 114. Sitzung am 26. Jänner 1933, S. 2918.

2528 Ebd., S. 2929.

gelegenheit übergibt, die Beträge restlos den Gemeinden überwiesen wurden". Außerdem habe der Landeshauptmann die Ausweisungen auch damit begründet, daß „in den letzten Jahren sehr viele fremde Arbeiter" nach Vorarlberg eingewandert seien. Wie Hermann weiter kritisierte, hätten die Unternehmer die „fremden Arbeiter" nach Vorarlberg gebracht, weil „dringend Arbeitskräfte benötigt" worden waren, und „heute ..., wo sie arbeitslos sind, werden sie wie Verbrecher in ihre Heimatgemeinden abgeschoben", weil sie eine „Belästigung der Öffentlichkeit" darstellten[2529].

Der sozialdemokratische Abgeordnete Karl Appel[2530] tadelte diese Abschiebungen als in „krassem Widerspruch mit unseren Staatsgrundgesetzen" stehend, denn Abschiebung nach dem Schubgesetz solle als Ausnahme vom staatsbürgerlichen Grundrecht der Freizügigkeit nur „gewisse Kategorien von Menschen treffen, Landstreicher, ausweislose Personen, Dirnen, Sträflinge". Die „Zahl dieser asozialen oder dissozialen Kategorien" würde aber nun „durch die Praxis der Vorarlberger Landesregierung noch um eine neue vermehrt, nämlich um die Kategorie der Arbeitslosen". Überdies seien im Rahmen dieser Massenausweisung nicht bloß „Abschiebungen im Sinne des Gesetzes" ausgesprochen worden, sondern „wir haben sogar Abschaffungen mit dem Verbot der Rückkehr in das Bundesland zu verzeichnen, aus dem man sie abgeschafft hat". Das bedeute - so Appel - nichts anderes, als „für die Zukunft von einigen Jahren, vielleicht von einem ganzen Menschenalter diesen Leuten das Recht zu nehmen, innerhalb eines bestimmten Gebietes der Republik dem Erwerbe nachzugehen". Dieses Vorgehen sei geeignet, „die sozialen Verhältnisse der Republik auf das schärfste zuzuspitzen" und „in den breiten Massen der von der Wirtschaftskrise niedergeschlagenen Menschen das Gefühl" zu „erwecken, nicht nur wirtschaftlich, sondern auch politisch entrechtet, Parias innerhalb der Republik zu sein". Der sozialdemokratische Abgeordnete Michael Frühwirth forderte die Aufhebung dieser „rechtswidrigen, ... antisozialen, ... geradezu irrsinnigen Verwaltungsakte der Bezirkshauptmannschaften in Vorarlberg und des Landeshauptmannes mit aller Beschleunigung"[2531]. Man würde es nicht zulassen, die „Diskussion auf den Boden hinüberdrängen zu lassen, es gäbe vielleicht da und dort Abschiebungsgründe". Man habe nämlich „bisher von keinem solchen Grund gehört, und wenn ein solcher Grund jetzt nachträglich vorgebracht werden würde, wäre er ein Vorwand, der nicht für die 1120 Menschen, die man in Bausch und Bogen beseitigen wollte,

---

2529 Wie Hermann weiter ausführte: „ Ist das vielleicht eine Belästigung, wenn von einem christlichen Karitasinstitut oder einem Kloster eine Suppe an Arbeitslose verabreicht wird? Ist das schon eine Belästigung, wegen der die Arbeitslosen abgeschoben werden können? Der landeshauptmann ... sagt: Ja, das ist eine Belästigung. ... Wenn heute ein Sturm der Entrüstung durch die ganze Arbeiterschaft geht, so ist es deshalb, weil man, wenn in unserm Ländchen Vorarlberg derartige Maßnahmen getroffen werden, befürchtet: wie wird es erst ausschauen, wenn die anderen Länder bei uns in Vorarlberg Schule machen und auch solche Ausweisungen vollziehen? ... Was haben die Leute in Wirklichkeit verbrochen, mit welchem Empfinden werden sie in ihre Heimatgemeinden zurückkehren? Als ehrliche Arbeiter sind sie nach Vorarlberg gekommen, aber gleich Schwerverbrechern werden sie in ihre Heimatgemeinde wieder abgeschoben", siehe ebd. , S. 2929 f.

2530 Ebd., S. 2931.

2531 Würde sich nämlich „die Praxis des Landeshauptmannes von Vorarlberg und seiner Bezirkshauptmannschaften ... hier einbürgern und Schule machen ..., dann hätten wir im Gebiete der Republik eine Völkerwanderung", ebd., S. 2933.

gelten kann". Man habe damit „ein neues Ausweisungsrecht geschaffen, in einem Zeitpunkt, in dem die Bundesregierung erklärt, das Ausweisungsrecht der Gemeinden müsse im Zuge der Verwaltungsreform geändert werden, denn es sei unmenschlich"[2532].

Abgeordneter Viktor Stein, ebenfalls von den Sozialdemokraten, nahm in seiner Wortmeldung[2533] bezug auf die Arbeitslosenabschiebung in der Monarchie und polemisierte, daß die „bürgerlichen Parteien" die Methode der Massenabschiebung „wirklich nicht patentieren lassen" könnten, denn „sie muß im österreichischen Patentamt schon seit langer Zeit aufbewahrt sein". „Das ist wahrscheinlich" - so Stein weiter - „Ihre Jubiläumsfeier der ersten sozialpolitischen Versuche des k.k. Schubwagens. Das war schon einmal in Österreich da, und das bestimmt uns zur Vorsicht. Als nach dem großen Krach vom Mai 1873 - so feiern Sie die 60. Wiederkehr dieses Tages - in Wien tausende arbeitslose Menschen auf der Straße waren, hat der Baron Lasser ... die ‚sogenannten brotlosen Individuen' ... auf dem kürzesten Wege in ihre Heimatgemeinden befördert. Von Lasser zur Ender. Wir hätten doch geglaubt, daß die Zeiten dieser Polizeisozialpolitik endgültig vorüber sind. ... Die Arbeitslosen sind kein Freiwild für irgendwelche größenwahnsinnige Landes- oder Bezirkshauptleute".

Der Christlichsoziale Abgeordnete aus Vorarlberg, Josef Schmidt[2534], verteidigte schließlich die Politik von Landeshauptmann Ender, denn die durchgeführten Abschiebungen hätten sich auf einen Personenkreis beschränkt, „der sich insbesondere aus Leuten zusammensetzt, die bei verschiedenen Besuchen von Naturalverpflegsstationen und infolge anderer Umstände, sei es Bettel usw., von der Gendarmerie und Polizei aufgegriffen wurden und bei denen, nachdem sie keinen Subsistenznachweis erbringen konnten, auch die Voraussetzungen gegeben waren, daß hier irgendwelche Gründe vorliegen, die zur Abschiebung berechtigen". Außerdem stehe „außer Zweifel, daß Abschiebungen seit Jahren immer stattgefunden haben". Auf den Einwurf des sozialdemokratischen Abgeordneten Anton Hölzl, daß es sich bei den kritisierten Abschiebungen jedoch um Massenabschiebungen gehandelt hatte, ging Schmidt allerdings nicht ein.

2532 Ebd. Siehe zu den Änderungen des Gemeindeausweisungsrechts S. 345 ff.

2533 Ebd., S. 2935.

2534 Ebd., S. 2936. Schmidt hob insbesondere die Verdienste Enders und dessen Verfassungstreue hervor: „Ich kann Ihnen nur sagen: wenn alle Ihre Herren so verfassungstreu wären wie Herr Landeshauptmann Dr. Ender, dann könnten wir in Österreich froh sein. ... (Hölzl: Meinen Sie, daß alle Landeshauptleute die Arbeitslosen ausweisen sollen? Was wollen Sie damit sagen? Gegen die Person des Herrn Landeshauptmann hat niemand etwas!) Die Herrn Vorredner haben die Person des Herrn Landeshauptmanns Dr. Ender zum Gegenstand heftigster Angriffe gemacht. ... (Sever: Was hätten Sie gesagt, wenn der Landeshauptmann von Wien das gemacht hätte?)". Schmidt hob weiters hervor, daß die Maßnahme der Abschiebung „auch zum Schutze der österreichischen Arbeiterschaft" erfolgt sei, weil unter den verschiedenen Leuten, die abgeschoben wurden, auch Ausländer dabei waren". Dagegen replizierte freilich der sozialdemokratische Abgeordnete Dr. Wilhelm Ellenbogen, daß es „doch eigentümlich" sei, „daß die Herren da auf einmal die heimatlichen Interessen schützen gegen ausländische Arbeiter, während sie hier in Niederösterreich slowakische Wanderarbeiter hereinziehen ..., und den in Österreich heimatberechtigten Arbeitern die schwerste Konkurrenz mit niedrigen Löhnen machen, wodurch sie die Lebenshaltung der einheimischen Arbeiter auf eine sehr tiefe Stufe drücken", ebd. S. 2937.

Auch in einigen Tageszeitungen wurde zur Massenabschiebung kritisch Stellung genommen. So bezeichnete die Tiroler Volks-Zeitung die „brutale Ausweisung von Arbeitslosen aus dem christlichsozialen Ländle“ als „Jagd auf Arbeitslose“ und nannte es „mehr als merkwürdig, daß unmittelbar vor dieser unerhörten Razzia auf Arbeitslose die Vertreter der Vorarlberger Heimwehr beim Vorarlberger Landeshauptmann vorgesprochen und die Abschaffung von ‚unruhestiftenden Elementen‘ verlangt“ hätten[2535]. Auch die Arbeiter-Zeitung sprach von einem Zusammenhang zwischen einer „Vorsprache der Landesleitung des Vorarlberger Heimatdienstes, der bekanntlich verlangt hat, daß jene Personen abgeschafft werden, die ‚die Not der Zeit zur Unruhestiftung benützen‘ “, mit den erfolgten Abschiebungen, welcher Zusammenhang allerdings vom Landeshauptmann bestritten worden sei[2536].

Zu den von der Arbeiter-Zeitung als „Sozialpolitik des Schubwagens“ [2537] bezeichneten Abschiebungen nahm Bundeskanzler Dollfuß schließlich am 27. Jänner im Nationalrat in Beantwortung der dringlichen Anfrage Stellung[2538]. Er erklärte, daß sich die Ausweisungen gegen zwei Personengruppen gerichtet hätten, wobei die erste Gruppe Personen seien, „die in anderen Bundesländern heimatberechtigt sind und in Vorarlberg schon seit Monaten bettelnd von Gemeinde zu Gemeinde umherziehen“. Diese „Personenkategorie“, die „als eminente Landplage empfunden“ würde und „außerdem nicht selten auch eine Gefährdung der öfffentlichen Ruhe, Ordnung und Sicherheit“ darstelle, „mußte von den Vorarlberger Aufenthaltsgemeinden auf Grund der armengesetzlichen Vorschriften unterstützt werden“. Die zum Rückersatz dieser Unterstützungen verpflichteten Heimatgemeinden hätten „jedoch in der letzten Zeit zumeist erklärt, den angesprochenen Rückersatz nicht leisten zu können, wodurch die finanzielle Notlage der Vorarlberger Aufenthaltsgemeinden ungemein verschärft worden“ sei. Die zweite Gruppe betraf nach Dollfuß „ebenfalls in anderen Bundesländern zuständige Personen,

2535 Volks-Zeitung (Innsbruck) vom 25. Jänner 1933, Art. „Vorarlberg macht Jagd auf Arbeitslose. Brutale Ausweisungen von Arbeitslosen aus dem christlichsozialen Ländle“, auch in: Sozialwissenschaftliche Dokumentation (sowidok) der Kammer für Arbeiter und Angestellte für Wien, Mappe „Recht, internat. (Asylrecht) 1908–1934“. Das Blatt berichtete weiters, daß am 25. Jänner eine „Razzia unter den Arbeitslosen “ in Feldkirch veranstaltet worden sei, welche die „Stimmung unter den ohnehin verzweifelten Leuten ungeheuer erbittert“ habe. Es handelte sich laut Volks-Zeitung „fast durchwegs um ledige Arbeitslose, österreichische Staatsbürger, die nicht in Feldkirch heimatszuständig sind, aber seit vier und fünf Jahren dort wohnen“. Arbeitslose, die „gegen diese unerhörte Ausweisung protestierten und Rekurs einlegten“, seien „im Schubarrest zurückbehalten“ worden, womit man erreichen wolle, „daß die Arbeitslosen auf ihr Rekursrecht verzichten“. Siehe auch die Volks-Zeitung (Innsbruck) vom 27. Jänner 1933, Art. „Ender löst soziale Probleme. Die christlichsoziale Arbeitslosenabschiebung aus Vorarlberg vor dem Nationalrat“, auch in: sowidok (wie oben).

2536 Arbeiter-Zeitung vom 26. Jänner 1933, Art. „Abschieben! Die Vorarlberger Lösung der sozialen Frage“, auch in: sowidok (wie Anm. 2535).

2537 Arbeiter-Zeitung vom 27. Jänner 1933, Art. „Die Sozialpolitik des Schubwagens. Eine dringliche Anfrage der Sozialdemokraten über die Abschiebung Arbeitsloser aus Vorarlberg“, auch in: sowidok (wie Anm. 2535).

2538 Beantwortung der dringlichen Anfrage durch Bundeskanzler Dollfuß im Nationalrat, Sten. Prot. des NR, IV. GP, 115. Sitzung am 27. Jänner 1933, S. 3005.

die infolge der Wirtschaftskrise ihre früheren Anstellungen verloren" hatten. Die Vorarlberger Sicherheitsbehörden hätten nun „die Abschiebung dieser Personen in ihre Heimatgemeinden in der Erwägung in Aussicht genommen, daß sie in ihrer Heimatgemeinde leichter unterstützt, beziehungsweise befürsorgt werden können", und was bezüglich der Armenunterstützung der in der ersten Gruppe erwähnten Personen durch die Vorarlberger Aufenthaltsgemeinde gesagt worden sei, gelte auch für die zweite Gruppe. Aus dem Bezirk Bregenz seien zwölf Personen abgeschoben worden – „12 umherziehende Bettler ohne Wohnsitz und Beschäftigung" –, aus dem Bezirk Bregenz 26 Personen – „durchaus Landstreicher" –, aus dem Bezirk Feldkirch 51 Personen, darunter 42 Personen, die für fünf Jahre abgeschafft wurden[2539]. Durch die erfolgten Abschiebungen habe man erreicht, daß die in letzter Zeit in Vorarlberg zur Landplage gewordene Bettelei wesentlich zurückgegangen" sei. Darüberhinaus wies der Bundeskanzler darauf hin, daß das Bundeskanzleramt „mit der ganzen Angelegenheit instanzmäßig in keiner Weise befaßt" war, da die polizeiliche Abschiebung und Abschaffung nach dem Schubgesetz von den Vorarlberger Landesbehörden in mittelbarer Bundesverwaltung besorgt werde und der Rechtszug von den Bezirkshauptmannschaften an den Landeshauptmann gehe, der, ohne daß eine weitere Berufung zulässig wäre, endgültig entscheide.

IV. Ausweisung von Flüchtlingen

1. Österreich im 19. Jahrhundert

Abgesehen vom Einsatz der Ausweisungen zur Bekämpfung von Sozialdemokratie und Arbeitskampf wurde die Ausweisung wie in anderen europäischen Staaten auch in Österreich – wenngleich hier nur vereinzelt – dazu verwendet, politische Flüchtlinge oder politische Straftäter aus dem Lande zu schaffen. Eine Flüchtlingsabschiebung größeren Ausmaßes fand in den Dreißigerjahren des 19. Jahrhunderts nach dem Scheitern des polnischen Novemberaufstandes[2540] gegen die russische Herrschaft statt. 1831 war es nämlich polnischen Truppenteilen nach der Kapitulation Warschaus gelungen, auf preußisches, aber auch österreichisches Gebiet, nämlich Galizien, zu entkommen. Zwar versicherte ihnen die Regierung, dem Wunsch Rußlands, mit dem zum damaligen Zeitpunkt kein Auslieferungsabkommen bestand[2541], auf Auslieferung der Flüchtlinge nicht

2539 Ebd. Die gegen die erstinstanzlichen Erkenntnisse ergriffenen Berufungen seien in der Regel vom Landeshauptmann als Berufungsinstanz abgewiesen worden, ein Großteil der Betroffenen hätte allerdings gar nicht Berufung eingelegt.

2540 Vgl. zu diesem Gernot SEIDE, Regierungspolitik und öffentliche Meinung im Kaisertum Österreich anläßlich der polnischen Novemberrevolution (1830–1831) (= Veröffentlichungen des Osteuropa-Instituts München XXXVIII), Wiesbaden 1971, insbes. S. 11 ff.; Jörg K. HOENSCH, Geschichte Polens, 2. Aufl. Stuttgart 1990, S. 193 ff., m.w.N.

2541 Erst am 1. März 1834 trat ein derartiges Auslieferungsabkommen in Kraft, siehe das Patente du Roi de Prusse sur les stipulations convenues avec les Empereurs d'Autriche et de Russie, concernant l'extradition de coupables de crimes politique vom 15. März 1834, Léopold NEUMANN (Hrsg.), Recueil des traités et conventions conclus par l'Autriche avec les puissances étrangères, depuis 1763 jusqu'à nos jours, IV, Leipzig 1858, S. 341 f.

nachzukommen, als aber nach Erlaß der auf Drängen Österreichs und Preußens zustande gekommenen russischen Amnestie am 1. November 1831 noch immer ca. 2.000 Personen in Österreich verblieben waren, griff die österreichische Behörde hart durch. Am 16. Juli 1832 wurde den verbliebenen Polen vorgeschrieben, entweder zurückzukehren oder ein anderes Asylland zu finden, ansonsten sie über die polnische Grenze abgeschoben würden[2542]. Nach Ablauf der russischen Amnestiefrist wurde mit Erlässen vom 10. Mai und 2. Juli 1833 angeordnet, daß „alle diese Flüchtlinge, welchen die Rückkehr nach Rußland versagt" und denen „ebensowenig Aufnahme in anderen europäischen Staaten in Aussicht gestellt" war, auch gegen ihren Willen „auf Staatsunkosten nach den N. Amerikanischen Freistaaten deportiert werden sollten"[2543]. 1833/34 wurden auf diese Weise mehr als 600 Polen nach Amerika deportiert. Am 30. Jänner 1837 wurde dann das Ende dieser, so Metternich, „ebenso menschliche[n] als staatskluge[n] Regel", durch welche „die Ruhe der k.k. Staaten u[nd] der Nachbarländer nur in hohem Grade gewinnen konnte", verfügt[2544], indem angeordnet wurde, daß die nach Ablauf von zehn Wochen noch in Österreich befindlichen polnischen Flüchtlinge in ihre Heimat abgeschoben werden sollten. 1849 wurde erneut eine Abschiebung politischer Flüchtlinge aus dem russischen Teil Galiziens nach den Vereinigten Staaten in Aussicht genommen, zu einer Ausführung dieses Vorhabens kam es allerdings nicht[2545].

Überdies sind Fälle bekannt, in denen die österreichische Polizei Abschiebungen als verschleierte Auslieferungen[2546] an einen anderen Staat vornahm, wenn die Auslieferung entweder rechtlich überhaupt nicht möglich oder vom Justizministerium abgelehnt worden war. So berichtete Brügel[2547] von einem „willig[en] Schergendienst" der österreichischen Regierung gegen ehemalige „Kommunarden". Die Wiener Polizei hatte nämlich im August 1873 im „Auftrage der französischen Machthaber" mehrere in Wien lebende Franzosen als ehemalige Mitglieder der Pariser Kommune verhaftet und, als die französische Regierung von der österreichischen deren Auslieferung verlangte[2548], Ausweisungsbefehle erlassen[2549]. Die Rekurse der Betroffenen wurden abschlägig beschie-

2542 Siehe SEIDE (wie Anm. 2540, S. 154; DERS., Wiener Akten zur polnisch-revolutionären Bewegung in Galizien und Krakau 1832–1845, in: Mitteilungen des Österreichischen Staatsarchivs XXVI (1973), S. 298.

2543 Siehe dazu und zur Durchführung der Maßnahme KLEMKE (wie Anm. 2048), S. 89 ff.

2544 Zitiert nach KLEMKE (wie Anm. 2048), S. 93.

2545 Vgl. ebd., S. 105 ff.

2546 Vgl. dazu allgemein BUSCHBECK (wie Anm. 110), insbes. S. 40 ff.

2547 BRÜGEL (wie Anm. 2101) II, S. 222 f.

2548 Vgl. Art. 7 des Staatsvertrages zwischen Österreich und Frankreich vom 13. November 1855, RGBl. 1856 Nr. 12, betreffend die gegenseitige Auslieferung der Verbrecher, in dem ausdrücklich festgelegt ist, daß die Auslieferung nur wegen eines gemeinen Verbrechens und „in keinem Falle wegen irgend eines der Auslieferung vorangegangenen politischen Verbrechens oder Vergehens" stattfinden könne.

2549 Die betroffenen Personen waren die Sprachlehrer Benjamin Sachs und Anton Hugenot, der Ziseleur Aristides Barré und der Goldarbeiter Louis Chalain, die sich mehr als ein Jahr unbeanstandet und zumeist einem Erwerb nachgehend in Wien aufgehalten hatten. Während die Rekurse der anderen Betroffenen noch nicht entschieden waren, wurde Chalain als subsistenzlos sofort in Schubhaft genommen und an die bayerische Grenze gebracht, wo er zum Durchschub nach Frankreich von den bayerischen Behörden übernommen wurde.

den und „die dem Staat so gefährlichen Ausländer ... ausgetrieben, weil die Pariser Reaktionäre es forderten“[2550].

Weiters kam es in den Achtzigerjahren zur Abschaffung zahlreicher russischer Flüchtlinge, die im Vertrauen darauf, daß sie als politische Flüchtlinge nach dem russisch-österreichischen Staatsvertrag aus dem Jahre 1874[2551] nicht ausgeliefert werden durften, nach Österreich geflohen waren. Sie wurden an die russische Grenze gebracht, wo sie die russischen Behörden bereits erwarteten[2552]. Auch der im Deutschen Reich gesuchte Expedient der „Freiheit“ John Neves alias Ernest Stevens[2553] wurde im Dezember 1882 in Wien verhaftet und im August 1883, nachdem das Auslieferungsgesuch des zuständigen deutschen Landgerichts vom österreichischen Justizministerium abgelehnt worden war[2554], wegen Gefährlichkeit für die öffentliche Sicherheit aus sämtlichen Kronländern abgeschafft. Neves wurde trotz Versuchen seines Anwaltes, diese verschleierte Auslieferung zu verhindern, unter Bewachung mit dem Nachtzug an die deutsche Grenze gebracht, wo ihn die deutsche Geheimpolizei in Empfang nahm[2555].

2550 So BRÜGEL (wie Anm. 2101) II, S. 223.

2551 Art. 4 des Staatsvertrages vom 15./3. Oktober 1874, RGBl. 1875 Nr. 128, zwischen der österreichisch-ungarischen Monarchie und dem Kaiserthume Rußland wegen gegenseitiger Auslieferung von Verbrechern, nahm politische Verbrechen und Vergehen, sowie mit solchen Verbrechen und Vergehen in Zusammenhang stehende Handlungen oder Unterlassungen von der Auslieferung aus. Nicht als politisches Delikt wurde hingegen ein gegen einen fremden Souverän oder gegen ein Mitglied seiner Familie verübtes Attentat gesehen, wenn dieses den Tatbestand des Mordes, Meuchelmordes oder einer Vergiftung darstellte.

2552 Allein im Mai 1880 seien auf diese Weise 30 russische Staatsangehörige „abgeschafft“ worden; siehe zum Fall des wegen eines Attentats auf Zar Alexander II. nach Ungarn geflüchteten Anarchisten Niemijivski STAUDACHER (wie Anm. 1260), S. 239.

2553 Vgl. zur Causa Neves ausführlich STAUDACHER (wie Anm. 1260), S. 239 ff.

2554 Art. 2 des Patents vom 24. Oktober 1837, JGS Nr. 236, hatte die Bundesstaaten verpflichtet, „Individuen, welche der Anstiftung eines gegen den Souverän, oder gegen die Existenz, Integrität, Verfassung oder Sicherheit eines anderen Bundesstaates gerichteten Unternehmens, oder einer darauf abzielenden Verbindung, der Theilnahme daran, oder der Begünstigung derselben beinzichtigt sind“, dem verletzten oder bedrohten Staat auf Verlangen auszuliefern. Der Erlaß des Justizministeriums vom 7. Dezember 1870 hatte allerdings die übereinstimmende Ansicht des Justizministeriums und des Ministeriums des Äußeren artikuliert, daß durch die Auflösung des Deutschen Bundes und durch die Reichsgründung 1871 der dem Patent vom 1837 zugrunde liegende Bundesbeschluß vom 18. August 1836 seine Wirksamkeit verloren habe, nicht aber auch der dem Erlaß des Ministeriums der auswärtigen Angelegenheiten vom 5. April 1854, RGBl. Nr. 76, zugrunde liegende Beschluß der deutschen Bundesversammlung vom 26. Jänner 1864 wegen gegenseitiger Auslieferung gemeiner Verbrecher auf dem deutschen Bundesgebiete; vgl. dazu ausführlich LAMMASCH (wie Anm. 111, Auslieferungspflicht), S. 99 ff.

2555 Zu den Protestkundgebungen, insbes. zur sogen. Schottenringdemonstration, aus Anlaß dieses Falles siehe ausführlich STAUDACHER (wie Anm. 1260), S. 240 f.

2. Österreich 1918 bis 1938

A. Politische Flüchtlinge

Zu Beginn der Ersten Republik wurde, wie jüngst Gernot Heiss[2556] nachgewiesen hat, die polizeiliche Abschaffung massiv gegen politische Flüchtlinge eingesetzt. So wurden zum einen vor der am 21. März 1919 ausgerufenen Rätediktatur geflohene Ungarn in gleicher Weise der sogenannten „Abreisendmachungsaktion“[2557] unterworfen wie die zahlreichen in Wien lebenden Kriegsflüchtlinge, denn eine „Unterscheidung zwischen politischen Flüchtlingen aus Ungarn und denen, die hier besser leben wollten“, könne „natürlich nicht gemacht werden, weil sich dann jeder als ‚Politiker‘ ausgeben würde“ [2558]. Die Verordnung richte sich freilich – so der niederösterreichische Landeshauptmann Albert Sever – „nicht gegen die Parteizugehörigkeit, nicht gegen die politische Gesinnung der hier lebenden Ungarn“, aber nichtsdestoweniger müsse die „eigene Bevölkerung gegen die Verminderung der Lebensmittelvorräte und gegen die Steigerung der Lebensmittelpreise“ geschützt werden[2559]. Man wisse zwar, „daß sich hier nicht nur solche Ungarn aufhalten, die einfach besser leben wollen“, daß „sich hier eine Menge politischer Flüchtlinge niedergelassen hat, für welche die Rückkehr nach Ungarn mit Gefahren verbunden war“, aber wegen der „stetig wachsenden Erbitterung der niederösterreichischen Bevölkerung“ sei es nun unmöglich geworden, das Ayslrecht, das „bisher mit Hintansetzung wichtiger Interessen in Ehren gehalten“ worden sei, „auch weiterhin zu hüten“[2560].

Zum anderen kam es trotz heftiger Diskussionen über das politische Asylrecht[2561] auch vielfach zur Ausweisungen von kommunistischen Emigranten, manchmal sogar in Form der „verschleierten Auslieferung“[2562]. Zwar wurde etwa den ungarischen Volkskommissaren im Sommer 1919 Asyl unter der Auflage zugesagt, daß sie sich in keiner Weise auf österreichischem Staatsgebiet politisch betätigen würden[2563], allerdings kam es nichtsdestoweniger immer wieder zu Ausweisungen wegen Verstößen gegen das Be-

---

2556 Gernot HEISS, Ausländer, Flüchtlinge, Bolschewiken: Aufenthalt und Asyl 1918–1933, in: ders./Oliver Rathkolb (Hrsg.), Asylland wider Willen. Flüchtlinge in Österreich im europäischen Kontext (= Veröffentlichungen des Ludwig-Boltzmann-Institutes für Geschichte und Gesellschaft XXV), Wien 1995, S. 92 ff.

2557 Siehe dazu weiter unten S. 471 ff.

2558 Arbeiter-Zeitung vom 31. Juli 1919, Art. „Ausweisung der Fremden“, auch in: sowidok (wie Anm. 2535).

2559 So Landeshauptmann Sever nach einem Bericht der Neue Freien Presse vom 29. Juli 1919, Art. „Landeshauptmann Sever über die Ausweisung der Ungarn“, auch in: sowidok (wie Anm. 2535).

2560 Ebd.

2561 Vgl. zum Asylrecht in der Ersten Republik Gerhard HETFLEISCH, Schoberpolizei und Balkan-Bolschewiken. Beiträge zur Geschichte der Polizei der 1. Republik und zur politischen Emigration aus Südosteuropa nach Österreich 1919–1934, phil. Diss. Univ. Innsbruck 1990, S. 96 ff.

2562 HEISS (wie Anm. 2556), S. 99 f.

2563 Ebd., S. 96; siehe dazu auch Hans HAUTMANN, Die verlorene Räterepublik. Am Beispiel der Kommunistischen Partei Deutschösterreichs, Wien 1971, S. 150, 200 f.

tätigungsverbot[2564]. Eine erste Welle von Ausweisungen ausländischer Kommunisten richtete sich 1919/20 gegen Mitglieder der Gruppe um Ernst Bettelheim, denen die Polizei die Radikalisierung der KPÖ anlastete, und 1921/1922 wurden mehrere ungarische Kommunisten, zum Teil ehemalige Rätefunktionäre, im Zuge von Arbeiterunruhen ausgewiesen[2565]. Auch in weiterer Folge kam es immer wieder zwecks „Verhütung von Aufständen" zu Ausweisungen „lästiger Ausländer" – insbesondere von Kommunisten aus Südosteuropa[2566] –, sodaß die Wiener Polizeidirektion 1921 von sich selbst zu Recht behaupten konnte, ihre „Tätigkeit ... bei der Bekämpfung des Kommunismus" sei „derart in aller Welt bekannt", daß „es wohl kaum nötig ist, sie besonders hervorzuheben"[2567].

Eine weitere Ausweisungswelle – und dies nicht nur gegen politische Flüchtlinge[2568] – setzte 1927 nach den „Ausschreitungen vom 15. und 16. Juli 1927" ein, in deren Zuge – so Polizeipräsident Schober – „kommunistische Agitatoren, meist Ausländer, die angesammelte Menge durch Hetzreden immer wieder zu neuen Aufruhrakten angeeifert" hätten[2569]. Allerdings beklagte sich die Wiener Polizeidirektion ebenfalls 1927 über die „extensive Interpretation des Asylrechtes" in Wien[2570]. Die Polizeidirektion verhänge nämlich „in pflichtgemässer Wahrung der öffentlichen Interessen über alle jene politischen Flüchtlinge, die sich gegen die Grundsätze des Asylrechtes vergehen, das heisst, die hier eine politische Betätigung entfalten, Abschafffungserkenntnisse, doch gelingt es diesen Ausländern in den meisten Fällen durch eine Berufung an die zweite Instanz entweder die Behebung des Abschaffungserkenntnisses zu erwirken oder wenig-

---

2564 Siehe zu den Ausweisungen ungarischer, ukrainischer und rumänischer Kommunisten HETFLEISCH (wie Anm. 2561), S. 511.

2565 HEISS (wie Anm. 2556), S. 98, siehe auch S. 100; vgl. zu Bettelheims Position in der Kommunistischen Partei Deutschösterreichs etwa HAUTMANN (wie Anm. 2563), insbes. S. 205 ff.

2566 Vgl. dazu ausführlich HETFLEISCH (wie Anm. 2561), z.B. S. 173, 200 f., 229 ff., 235, 322 f., 334 f., 379 ff., 384 f., 416, 435, 438 f.

2567 Bericht der Polizeidirektion vom 5. Juli 1921 über ihr Vorgehen gegen kommunistische politische Emigranten aus den Balkanländern, insbesondere Jugoslawien, abgedruckt bei HETFLEISCH (wie Anm. 2561), S. 508 ff.

2568 So berichtete etwa die Arbeiter-Zeitung vom 24. September 1927, Art. „Bei der Wiener Polizei gibt es schon die administrative Verschickung! Warum man aus Österreich abgeschafft wird", in: sowidok (wie Anm. 2535), über die Abschafffung eines deutschen Staatsangehörigen aus Österreich für alle Zeiten, der „in einem Gasthaus den Herrn Schober mit dem Gouverneur Fuller, der Sacco und Vanzetti ermorden ließ, verglichen" hatte. Nach dem Abschaffungserkenntnis stellte den Grund für die Abschaffung „eine Rede des Genannten" dar, „die er am 8. September l. J. in einem Gasthause in einer Versammlung der herrschaftslosen Sozialisten hielt, in welcher er die Tätigkeit der Polizei anläßlich der Unruhen vom 15. und 16. Juli 1927 einer scharfen, abfälligen Kritik unterzog und die Anwesenden gegen die Polizei aufreizte". Sein Aufenthalt wurde daher „als mit der hier bestehenden öffentlichen Ordnung im Widerspruch stehend, aus Rücksichten derselben ... als unzulässig bezeichnet".

2569 Siehe zu den Abschaffungen ausführlicher HETFLEISCH (wie Anm. 2561), S. 113 ff.

2570 Abschrift eines Berichtes der Polizeidirektion vom 31. Juli 1927 betreffend „Gesetzliche Maßnahmen zur Verhütung von Aufständen", S. 4 f., in: sowidok (wie Anm. 2535); vgl. auch HETFLEISCH (wie Anm. 2561), S. 112.

wenigstens durchzusetzen, daß ihnen von dieser Instanz der weitere Aufenthalt bewilligt wird"[2571].

Neben der Ausweisung von „linken" Flüchtlingen beschäftigte man sich in der Ersten Republik kurzfristig aber auch mit der Abwehr extremer nationalsozialistischer Agitation durch polizeiliche Abschaffung. So wurde 1932 vom Bundeskanzleramt im Zusammenhang mit der Ausweisung des nationalsozialistischen Reichstagsabgeordneten und Landesinspekteurs der NSDAP in Österreich, Theo Habicht[2572], wegen „Einmischung in die innerösterreichische Politik"[2573] ein Rundschreiben verlautbart, welches aus Anlaß der „Wahrnehmung ..., daß Ausländer sich hier häufig in der politischen Bewegung in hervorragender Weise betätigen, insbesondere in Volksversammlungen und allgemein zugänglichen Versammlungen auftreten und in ganz besonderem Maße zur Radikalisierung des politischen Kampfes beitragen"[2574], an § 8 des Versammlungsgesetzes erinnerte, wonach es Ausländern grundsätzlich verboten war, in Versammlungen zur Verhandlung öffentlicher Angelegenheiten als Unternehmer, Ordner oder Leiter aufzutreten. Das Rundschreiben betonte, daß es darüber hinaus eine „selbstverständliche Pflicht jedes Ausländers sei, hier im allgemeinen ein Verhalten zu beobachten, das mit den Interessen der öffentlichen Ruhe, Ordnung und Sicherheit in Einklang" stehe. „Wenn daher Ausländer" – so das Rundschreiben weiter – hier als Versammungsredner auftreten und und dabei darauf hinarbeiten, ruhestörende Kundgebungen oder gar gewaltsames Vorgehen gegen Anhänger anderer Gesinnungsrichtungen hervorzurufen"[2575] oder wenn „ausländische Versammlungsredner sich Angriffe gegen staatliche Einrichtungen Österreichs oder übelwollende Kritik an diesen zuschulden kommen lassen", dann sei gegen diese mit der polizeilichen Abschaffung vorzugehen. Diese Vorgangsweise war nach Ansicht der Generaldirektion für öffentliche Sicherheit ebenfalls dann einzuschlagen, wenn „das unzulässige Verhalten des Ausländers, insbesondere eine unerlaubte Einmischung in österreichische Verhältnisse, auch außerhalb von Versammlungen Platz greift"[2576].

Nach der Ernennung Hitlers zum deutschen Reichskanzer waren es dann wieder in verstärktem Ausmaße die „linken" politischen Flüchtlinge, und zwar aus Deutschland geflohenen Kommunisten und Sozialdemokraten, welche von der Ausweisung be-

2571 Ebd. Als Beispiel wurde der Fall des „ungarischen Anarchisten" Georg Köver angeführt, dessen beständige Abschaffung aus Österreich zwar mit Erkenntnis vom 9. August 1926 ausgesprochen worden war, die Aufschiebung der Vollstreckung auf ein halbes Jahr wurde jedoch von der Landesregierung im November 1926 verfügt.

2572 Deutschösterreichische Tageszeitung vom 30. Juli 1932, Art. „Vom Tage. Ausweisungshetze gegen Reichstagsabgeordneten Habicht. Einschreiten der nationalsozialistischen Bundesräte", in: sowidok (wie Anm. 2535).

2573 Archiv der Gegenwart, CD-Rom, 1931–1996, 15. Juni 1933, S. 886.

2574 Siehe Neue Freie Pressse (Morgenblatt) vom 5. August 1932, Art. „Gegen die politische Tätigkeit von Ausländern. Angedrohte Abschaffung aus Österreich", auch in: sowidok (wie Anm. 2535); vgl. dazu auch Oliver RATHKOLB, Asyl- und Transitland 1933–1938?, in: Gernot Heiss/Oliver Rathkolb (Hrsg.), Asylland wider Willen. Flüchtlinge in Österreich im europäischen Kontext (= Veröffentlichungen des Ludwig-Boltzmann-Institutes für Geschichte und Gesellschaft XXV), Wien 1995, S. 109.

2575 Neue Freie Presse (wie Anm. 2574).

2576 Ebd.

droht waren[2577] – falls sie überhaupt die österreichischen Grenzen überschreiten hatten können. Nach dem Bericht der Arbeiter-Zeitung hatte Staatssekretär Fey nämlich schon Anfang Februar 1933 eine Weisung an die Gendarmerie in den Grenzgebieten gegeben, „den Übertritt deutscher politischer Flüchtlinge auf österreichischen Boden in jedem Falle zu verhindern, und solche Flüchtlinge, wenn sie auf österreichischem Boden ergriffen werden, an die deutsche Grenze zurückzustellen"[2578]. Kurz nach dem Reichstagsbrand waren sodann – weil eine „hermetische Absperrung der Grenze des Bundesgebietes ... undurchführbar" war –, nicht nur die „Kontrollorgane an den Grenzbahnhöfen und an den Hauptstraßen angewiesen" worden, Einreisende mit besonderer Gründlichkeit zu perlustrieren und politisch verdächtige Elemente zurückzuweisen", sondern es kam auch zur Einleitung von Schubverfahren gegen diejenigen Deutschen in Österreich, die weder Paß noch Einreisesichtvermerk besaßen, da sie offensichtlich als Kommunisten angesehen wurden[2579]. Bis Ende des Jahres 1938 hatte dann „die österrei-

---

[2577] Die Arbeiter-Zeitung vom 9. April 1933, Art. „Die Polizei und die deutschen Flüchtlinge", auch in: sowidok (wie Anm. 2535), berichtete davon, daß die Polizei regelmäßig Razzien veranstaltete, „um vor allem nach deutschen Reichsangehörigen zu suchen, die vor dem braunen Mordterror der Nazi nach Oesterreich geflüchtet" waren, und daß „Reichsdeutsche", auch wenn sie sich mit einem Paß ausweisen konnten, „mitgenommen" wurden, wobei sich die Polizei besonders für die Parteizugehörigkeit der Verhafteten" interessierte. Jedem dieser Flüchtlinge drohe, so die Arbeiter-Zeitung weiter, „das Aergste, sobald er den Boden Nazi-Deutschlands betritt und in die Händer der Terrorbanden gerät". Die Arbeiter-Zeitung folgerte, daß es notwendig sei, „die Flüchtlinge, die von der Polizei mit so fürchterlichen Drohungen gefoltert werden, zu beraten, daß ihnen gegen die Abschiebung die Berufung an den Landeshauptmann zusteht". Tatsächlich scheiterten viele diese Ausweisungen in Wien in der Berufungsinstanz, da der sozialdemokratische Landeshauptmann von Wien, Karl Seitz, anfänglich alle derartigen Ausweisungserkenntnisse behob, vgl. dazu auch RATHKOLB (wie Anm. 2574), S. 113 ff.

[2578] Arbeiter-Zeitung vom 10. Februar 1933, Art. „Dollfuß-Fey Büttel Hitlers?, auch in: sowidok (wie Anm. 2535). „Dieselbe Regierung", so die Arbeiter-Zeitung, „die das Asylrecht den von den Gerichten der deutschen Republik verfolgten Fememördern, Putschisten und Nazi gewährt hat" – die Arbeiter-Zeitung nannte explizit die „Erzberger-Mörder und Rathenau-Mörder", die „Hochverräter des Kapp-Putsches" und Hermann Göring – „denkt jetzt daran, es deutschen Sozialdemokraten und Kommunisten zu verweigern und sie den Schergen der deutschen Gegenrevolution auszuliefern". Vgl. dazu auch HETFLEISCH (wie Anm. 2560), S. 158 f.

[2579] RATHKOLB (wie Anm. 2574), S. 113. Die Neue Freie Presse (Morgenblatt) vom 1. März 1933, Art. „Verschärfter Grenzschutz gegen Deutschland", berichtete, daß die Behörden davon erfahren hätten, „daß nach dem Brande des Reichstagsgebäudes in deutschen und ausländischen kommunistischen Zellenorganisationen die geheime Weisung ausgegeben wurde, Deutschland baldmöglichst zu verlassen und die Schweiz, Rußland und auch Österreich aufzusuchen". „Die bekannten Kommunisten dürften" – so die Neue Freie Presse weiter – „weder in Eisenbahnen noch in Automobilen, sondern auf Schleichwegen die Grenze überschreiten" und in den „letzten Tagen" seien „wiederholt in Wien aus Deutschland eingereiste Kommunisten angehalten worden", die „sich teilweise gar nicht, teils falsch gemeldet hatten, entweder überhaupt keinen Paß besaßen oder aber, wie aus dem fehlenden Einreisesichtvermerk zu erkennen ist, die Grenze auf Schleichwegen passiert haben. Gegen alle diese Personen wurde die Strafamtshandlung und das Schubverfahren eingeleitet". Am 2. März berichtete die Neue Freie Presse (Morgenblatt), Art. „Die Großdeutschen gegen kommunichische Bürokratie und Regierungsdiktatur nicht nur die ‚kommunistische Linke' Deutschlands letztlich von der Asylmöglichkeit ausgeschlossen" [2580], sondern auch „unpolitischen" Flüchtlingen endgültig die Einreise nach Österreich dadurch unmöglich gemacht, daß man von ihnen nicht nur Ausweispapiere, sondern auch ausreichende Mittel für eine gesicherte Existenz verlangte[2581]. Die Ausweisung von Flüchtlingen aus Österreich stellte somit in weiterer Folge kein Problem mehr dar.

Vielmehr hatte nach der Ausschaltung des österreichischen Parlamentes durch die Regierung Dollfuß die Beseitigung der eigenen Regimegegner wieder an Bedeutung gewonnen. So richtete sich nun die nach deutschem Vorbild[2582] aufgrund des Kriegswirtschaftlichen Ermächtigungsgesetzes von 1917 (verfassungswidrigerweise) erlassene Verordnung der Bundesregierung vom 18. August 1933[2583] sowohl gegen österreichische Nationalsozialisten als auch österreichische Sozialdemokraten und Kommunisten. Diese Verordnung sah den Verlust der österreichischen Staatsangehörigkeit[2584] vor, wenn ein Inländer „im Auslande offenkundig, auf welche Weise immer, österreichfeindliche Handlungen unterstützt, fördert oder an derartigen Unternehmungen teilnimmt" oder „wenn er sich zu diesem Zwecke ins Ausland begeben hat" oder „wenn er sich ohne eine Bewilligung in einen Staat begibt, für den eine Ausreisebewilligung vorgeschrieben ist". Mit dieser sogenannten Ausbürgerung war nun auch ein Instrument gegen solche Österreicher geschaffen worden, die sich als politische Flüchtlinge vor dem Austrofaschismus im Ausland aufhielten. So wurden etwa im April 1934 nicht nur Nationalsozialisten, sondern neben einigen anderen Sozialdemokraten auch Otto Bauer und Julius Deutsch nach ihrer Flucht in die Tschechoslowakei ausgebürgert[2585].

---

stischen Zuzug aus Deutschland", daß Abgeordnete der Großdeutschen Volkspartei Bundeskanzler Dollfuß ersucht hatten, „alle Vorkehrungen zu treffen, damit in der gegenwärtig schwierigen Zeit der Zuzug von staats- und wirtschaftsfeindlichen Elementen ferngehalten werde". Dollfuß hätte versichert, daß die „Bundesregierung bei grundsätzlicher Wahrung der Asylrechts allfälligen derartigen Gefahren ihr volles Augenmerk zuwende".

2580 So RATHKOLB (wie Anm. 2574), S. 114.

2581 Ebd.

2582 Siehe dazu ausführlich Hans Georg LEHMANN, In Acht und Bann. Politische Emigration, NS-Ausbürgerung und Wiedergutmachung am Beispiel Willy Brandts, München 1976, S. 47 ff.; Michael HEPP (Hrsg.), Die Ausbürgerung deutscher Staatsangehöriger 1933–1945 nach den im Reichsanzeiger veröffentlichten Listen, I, München-New York-London-Paris 1985, S. IX ff.

2583 Verordnung der Bundesregierung vom 16. August 1933, BGBl. Nr. 369, womit das Bundesgesetz vom 30. Juli 1925, BGBl. Nr. 285, über den Erwerb und den Verlust der Landes- und Bundesbürgerschaft abgeändert wird. Eine ausführliche Studie zur Ausbürgerung in Österreich ist in Vorbereitung.

2584 Gemäß Art. III der Verordnung hatte die politische Bezirksbehörde (Bundespolizeibehörde) des letzten Wohnsitzes im Inlande das Vorhandensein der Voraussetzungen für die Ausbürgerung festzustellen und zutreffendenfalls den eingetretenen Verlust der Landes(Bundes)bürgerschaft ohne weiteres Verfahren auszusprechen. Der Bescheid war an der Amtstafel anzuschlagen, und mit dem Tag des Anschlages wurde der Verlust der Landes(Bundes)bürgerschaft wirksam.

2585 Bauer und Deutsch, denen am 15. Februar 1934 die Flucht nach Bratislava gelungen war, vgl. Archiv der Gegenwart, CD-Rom, 1931–1996, 16. Februar 1934, S. 1284, wurden Anfang

B. *„Abreisendmachung" von Kriegsflüchtlingen in der Ersten Republik*

Abgesehen von den Fällen der strafgerichtlichen Landesverweisung und Abschaffung sowie der Abschaffung von Ausländern nach dem Schubgesetz entledigte man sich in der Nachkriegszeit auch derjenigen Personen, die nach dem Ausbruch des Weltkrieges infolge der militärischen Ereignisse ihren Wohnsitz verlassen hatten[2586], nach Deutschösterreich, vor allem Niederösterreich und insbesondere Wien[2587], geflüchtet waren und nicht die deutschösterreichische Staatsbürgerschaft besaßen, durch die sogenannte „Abreisendmachung"[2588]. Der diesen de-facto-Ausweisungen zugrunde liegende Erlaß des Deutschösterreichischen Staatsamtes für Inneres und Unterricht vom 5. September 1919[2589] und die in seiner Folge erlassene Kundmachung der niederösterreichischen Landesregierung vom 9. September 1919, der sogenannte Sever-Erlaß[2590], wiesen auf die „überaus schwierige wirtschaftliche Gesamtlage Deutschösterreichs" hin, die es notwendig mache, „Personen, welche in Deutschösterreich nicht heimatberechtigt sind, aus dem Staatsgebiete zu entfernen". Diese „Abreisendmachung" von Fremden wurde mit der problematischen Lage der Lebensmittelversorgung[2591], der Arbeitslosigkeit[2592]

April 1934 neben drei weiteren Sozialdemokraten, einem Kommunisten und zwölf Nationalsozialisten wegen „hochverräterischer bezw. regierungsfeindlicher Tätigkeit" ausgebürgert, siehe Archiv der Gegenwart, CD-Rom, 1931–1996, 6. April 1934, S. 1366.

2586 Vgl. ausführlich Walter MENTZEL, Weltkriegsflüchtlinge in Cisleithanien 1914–1918, in: Gernot Heiss/Oliver Rathkolb (Hrsg.), Asylland wider Willen. Flüchtlinge in Österreich im europäischen Kontext (= Veröffentlichungen des Ludwig-Boltzmann-Institutes für Geschichte und Gesellschaft XXV), Wien 1995, S. 17–44; Beatrix HOFFMANN-HOLTER, Jüdische Kriegsflüchtlinge in Wien, in: ebd., S. 45–59.

2587 Nach HOFFMANN-HOLTER (wie Anm. 1748), S. 11, suchten im Herbst und Winter 1914/15 über 150.000 Personen Zuflucht in Wien.

2588 Da die Ende 1995 erschienene Studie von HOFFMANN-HOLTER (wie Anm. 1748) überraschenderweise die Bestände des niederösterreichischen Landesarchivs außer Acht gelassen hat, wird hier hauptsächlich auf diese Archivalien eingegangen, zumal sich hieraus über Hoffmann-Holter hinausgehende Erkenntnisse über die konkrete Durchführung der Maßnahme gewinnen lassen.

2589 Niederösterreichisches Landesarchiv, Kanzleiabteilung IVa, Zeichen XIV 205a Abreisendmachung von Fremden, Stammzahl 1531, Jahr 1924, K 4461, Z. 24694 ex 1919.

2590 Kundmachung der niederösterreichischen Landesregierung vom 9. September 1919, Z. VIIc-3698, betreffend die Abreisendmachung von Fremden, n.ö. LA (wie Anm. 2589).

2591 Der Erlaß führte aus: „Die Deutschösterreich zur Versorgung der eigenen Bevölkerung zur Verfügung stehenden Lebensmittel sind vollkommen unzulänglich. Aber auch diese für eine nur annähernd entsprechende Ernährung nicht zureichenden Mengen müssen zum großen Teile mit den allerschwersten finanziellen Opfern aus dem Auslande bezogen werden. Um die eingeführten Lebensmittel nicht zu ganz unerschwinglichen Preisen verteilen zu müssen, ist die Staatsregierung gezwungen, auf diese Lebensmittel aus Staatsgeldern enorme Beträge aufzuzahlen. Es geht aber bei dem Stande unserer staatlichen Finanzen nicht an, diese im beträchtlichen Umfange zur Lebensverbesserung für fremdstaatliche Personen in Anspruch zu nehmen, zumal bedacht werden muß, daß diese Personen in ihrer Heimat billiger und reichlicher verpflegt werden könnten".

2592 „Auch der große Arbeitsmangel ist in Betracht zu ziehen; eine Entlastung des bisherigen Arbeitsmarktes und eine Herabminderung der Zahl der Arbeitslosen sind unbedingt notwendig".

und der sich durch die große Anzahl heimkehrender Kriegsgefangener laufend verschärfenden Wohnungsnot gerechtfertigt[2593]. Aus diesen Gründen sollten alle „diejenigen Personen, die sich bloß infolge der durch den Krieg geschaffenen außerordentlichen Verhältnisse" in Deutschösterreich aufhielten und „deren Anwesenheit nicht unbedingt notwendig" sei, außer Landes geschafft werden.

Der am 10. September in den Straßen Wiens und den niederösterreichischen Bezirkshauptmannschaften plakatierte Server-Erlaß[2594] forderte alle ehemaligen Angehörigen der österreichisch-ungarischen Monarchie, die nicht in einer Gemeinde Deutschösterreichs heimatberechtigt waren, sofern sie sich nicht bereits vor dem 1. August 1914 in Deutschösterreich dauernd aufgehalten oder seither die Staatsbürgerschaft erworben hatten[2595], zum „Verlassen des deutschösterreichischen Staatsgebietes" bis zum 20. September 1919 auf. Gegen Personen, die bis zum 20. September 1919 nicht „freiwillig" abgereist waren, sollte nach der Kundmachung der niederösterreichischen Landesregierung vom 9. September 1919[2596] „unnachsichtig" mit der Abschaffung nach dem Schubgesetz vorgegangen werden. Nur ausnahmsweise konnte einzelnen Personen, wenn „deren Aufenthalt in Deutschösterreich im öffentlichen Interesse gelegen" war, wenn sie hier in einer „dauernden Arbeitsstellung" standen oder „ganz besonders berücksichtigungswürdige Umstände" vorlagen, über schriftliches Ansuchen von der politischen Behörde erster Instanz bzw. der staatlichen Polizeibehörde ihres Aufenthaltsortes der Aufenthalt für die Dauer des unumgänglichen Bedarfes gestattet werden[2597].

Derartige besonders berücksichtigungswürdige Umstände erblickte der Erlaß des Staatsamtes darin, daß die Abreise von Personen infolge schwerer Krankheit oder aus zwingenden familiären oder sozialen Rücksichten nicht möglich war oder daß Personen

---

2593 „Die Wohnungsnot", so der Erlaß, „ist schon jetzt eine äußerst drückende; die Heimkehr von hunderttausend kriegsgefangenen Soldaten aus Italien, die jetzt im Zuge ist, und die für einen späteren Zeitpunkt zu gewärtigende Rückkehr von Tausenden d.ö. Kriegsgefangenen aus Sibirien, erheischen gebieterisch, daß für diese Heimkehrer Platz geschaffen werde. Dies kann, da an eine Bautätigkeit bei den derzeitigen Verhältnissen nicht zu denken ist und dadurch auch ein rascher Erfolg nicht erzielt werden könnte, nur durch die tunlichst rasche und gründliche Evakuierung unseres Staatsgebietes bewirkt werden". Nach Bruce PAULEY, Eine Geschichte des österreichischen Antisemitismus. Von der Ausgrenzung zur Auslöschung, Wien 1993, S. 109, belegten allerdings die Flüchtlinge – Juden wie Nichtjuden – nie mehr als 7.700 Wiener Wohnungen; vgl. zu den Lebensverhältnissen der Flüchtlinge in Wien HOFFMANN-HOLTER (wie Anm. 1748), S. 75 f.

2594 Abgedruckt etwa bei GRANDNER (wie Anm. 1740), S. 72.

2595 Nach Lothar von PACHMANN, Die Außerlandschaffung der unerwünschten Fremden, in: Österreichische Zeitschrift für Verwaltung, LII/23 (1919), S. 103, hätten diese Personen – „wie durch die konkludente Handlung des Nichterwerbes der deutschösterreichischen Staatsbürgerschaft zu schließen" sei – gezeigt, daß sie „als Ausländer behandelt werden wollten".

2596 Siehe Anm. 2589.

2597 Der Erlaß des Staatsamtes vom 5. September 1919 legte fest, daß Gesuche um Aufenthaltsbewilligungen auf ihre „Stichhältigkeit" zu prüfen und innerhalb von drei Tagen zu entscheiden waren. Im Falle eines Rekurses gegen die Abweisung eines solchen Aufenthaltsgesuches sei dem Rekurs „jedenfalls dann die aufschiebende Wirkung abzuerkennen, wenn es der Behörde von vornherein klar ist, daß es sich um einen Versuch der Partei handelt, ohne stichhältigen Grund Zeit zu gewinnen".

aus „politischen Gründen an der Rückkehr in ihre Heimat behindert“ waren. Von Amts wegen wurden diejenigen Personen ausgenommen, die sich nachgewiesenermaßen in amtlicher Eigenschaft in Deutschösterreich befanden. Außerdem behielt sich das Staatsamt für Inneres und Unterricht vor, aus „höheren Rücksichten“ Personen den Aufenthalt im Staatsgebiet zu gestatten. Die niederösterreichische Landesregierung nahm in einem Erlaß vom 21. September 1919[2598] auch die Studierenden an Mittel- und Hochschulen und an diesen gleichgestellten Lehranstalten von der „Abreisendmachung“ aus.

Zur Durchführung dieser Ausweisungen wurden die politischen Behörden erster Instanz bzw. in Orten, in denen sich eine staatliche Polizeibehörde befand, diese angewiesen, sofort „je nach der praktischen Möglichkeit diejenigen Behelfe anzulegen, welche ihnen die tunlichst lückenlose Konskription der in Betracht kommenden Personen ermöglichen“. Mittels Kundmachung und Verlautbarung in der Tagespresse sollten die betroffenen fremden Staatsangehörigen aufgefordert werden, sich bei sonstiger Abschaffung nach dem Schubgesetz bis 20. September 1919 aus Deutschösterreich zu entfernen. Zu diesem Zwecke wurden die Landesregierungen auch ermächtigt anzuordnen, daß sich derartige fremde Staatsangehörige beim Gemeindevorsteher ihres Aufenthaltsortes und in Orten, in denen sich eine staatliche Polizeibehörde befand, bei dieser binnen einer Frist von drei Tagen bei sonstiger Straffälligkeit zu melden hätten.

Der Erlaß betonte, daß in der Regel mit Abschaffungserkenntnis nur gegen diejenigen Personen vorzugehen sei, welche entweder nicht bis zum 20. September 1919 freiwillig abgereist waren oder sich schon durch ihr Verhalten, etwa Schleichhandel oder politische Umtriebe, bedenklich gemacht hatten. Zur Fällung von Abschaffungserkenntnissen aufgrund dieses Erlasses wurden nur die politischen Behörden erster Instanz bzw. die staatlichen Polizeibehörden für kompetent erklärt, nicht aber die Kommunalbehörden, denen das Recht der Fällung von Abschaffungserkenntnissen im Verordnungswege übertragen worden war. Befürchtete die Behörde erster Instanz „politische Verwicklungen“ infolge einer Ausweisung, so hatte sie „im raschesten Wege“ die Weisung der Landesregierung einzuholen[2599].

Der Ausweisungserlaß ordnete ausdrücklich an, daß die Ausweisungen mit „aller Konsequenz vorzunehmen“ seien, den Betroffenen aber „jedes begründete Entgegenkommen, jede irgendwie mögliche Hilfe zu gewähren“ und insbesondere darauf zu achten sei, daß die „Abgeschafften aus Anlaß ihrer Abreise nicht das Opfer von Personen werden, die ihre Notlage ausnützen, um sie wirtschaftlich auszubeuten“[2600]. Die Landesregierungen wurden angewiesen, dafür zu sorgen, daß die Abreise mittelloser Perso-

---

2598 Z. VIIc-3764/8, n.ö. LA (wie Anm. 2589).

2599 Bei der Durchführung der Ausweisung hatten die Behörden „gegen alle Betroffenen in gleicher Weise gerecht, im besonderen aber ohne Rücksichtnahme auf Stand und Ansehen der Person vorzugehen“.

2600 Insbesondere sollten die zuständigen Behörden dafür Sorge tragen, daß „Effekten, die die Abgeschafften nicht gleich mit sich führen können, auf das sorgfältigste aufbewahrt werden“. Im Falle von „Bewucherung von Abgeschafften“ sollte mit größter Strenge eingeschritten werden. Überdies sollten Abgeschafften, die mit kleinen Kindern reisten, „möglichste Vorteile im Rahmen der bestehenden Vorschriften“ zugebilligt werden.

nen nach Möglichkeit mittels Sammeltransporten erfolgen könne, sofern sich diese damit einverstanden erklärten[2601].

Im Erlaß des Staatsamtes wurden außerdem die Landesregierungen dazu „eingeladen, in jeder geeignet erscheinenden Form Veröffentlichungen und Gerüchten entgegenzutreten, welche die Ausweisungsaktion als aus politischen Gründen verursacht und einen feindseligen Akt gegen die Angehörigen gewisser Volksstämme oder der Sukzessionsstaaten hinstellen". Es sei immer wieder darauf hinzuweisen, daß „lediglich die Not" die deutschösterreichische Regierung veranlaßt habe, zu dieser Maßnahme zu greifen. In der Realität waren von dieser Ausweisungsmaßnahme allerdings vor allem Kriegsflüchtlinge aus den östlichen Provinzen der ehemaligen Monarchie betroffen, insbesondere die 20.000 bis 30.000 „Ostjuden", die sich trotz laufender Repatriierungsaktionen noch in Wien aufhielten[2602]. Zum einen war diesen galizischen Kriegsflüchtlingen durch das tendenziell antisemitische Gesetz vom 5. Dezember 1918 die Möglichkeit verwehrt worden, durch die Erklärung, der deutschösterreichischen Republik als getreuer Staatsbürger angehören zu wollen, die deutschösterreichische Staatsbürgerschaft und dadurch einen Anspruch auf ein Heimatrecht in Deutschösterreich erwerben zu können[2603]. Vielmehr war ihre Einbürgerung von einem konstitutiven, im freien Ermessen der Landesbehörde liegenden Verwaltungsakt abhängig, der die Zusicherung der Aufnahme in den Heimatverband einer deutschösterreichischen Gemeinde voraussetzte[2604]. Folglich hatten die Flüchtlinge zum Zeitpunkt dieser „Evakuierungsmaßnahme" zumeist weder ein Heimatrecht in Deutschösterreich noch die deutschösterreichische Staatsangehörigkeit erlangen können. Zum anderen hatte sich die „Ostjudendebatte", geschürt u.a. durch maßgebliche christlichsoziale Politiker wie Leopold Kunschak[2605],

---

2601 Die jeweilige Landesregierung habe sich zu diesem Zweck mit den zuständigen Eisenbahnbehörden ins Einvernehmen zu setzen und rechtzeitig beim Staatsamt für Inneres die „Erwirkung der Einreisebewilligung beziehungsweise jene des Durchtransportes in beziehungsweise durch die in Betracht kommenden Staaten anzusprechen". Das Staatsamt wies darauf hin, daß die tschechoslowakischen Behörden bei Durchtransporten durch ihr Gebiet nur die Verwendung von Gangwaggons erlaubten, da nur diese einwandfrei zu überwachen seien.

2602 Im Herbst 1915 hingegen hatte ein offizieller Bericht des Innenministers die Anzahl galizischer Flüchtlinge noch mit 340.000 angegeben; vgl. zur Repatriierung der galizischen Flüchtlinge noch während des Kriegs und für detaillierte Angaben zur Dimension des Flüchtlingsproblems zu Kriegsende HOFFMANN-HOLTER (wie Anm. 1748), S. 52 ff., 144 ff.

2603 Vgl. dazu S. 321 ff.

2604 Derartige Anträge konnten vom 5. Dezember 1918 bis zum August 1919 gestellt werden. „Aber liegt denn darin", so meinte PACHMANN (wie Anm. 2595), S. 103, „daß der Ausländer während acht Monaten gar keinen Schritt zur Einbürgerung unternommen hat, nicht wirklich die Vermutung, daß es ihm gar nicht ernst war, Deutschösterreicher zu werden? Wir sind beinahe versucht, von einem neuen Begriff ‚Flüchtling' mit einem unangenehmen Beigeschmack zu sprechen"; vgl. zur Einbürgerungspraxis der Gemeinde Wien HOFFMANN-HOLTER (wie Anm. 1748), S. 257 ff.

2605 Leopold Kunschak forderte schon im Juni 1918 die „Ausfuhr der uns ausfressenden Flüchtlinge", vgl. HOFFMANN-HOLTER (wie Anm. 1748), S. 138, 162 ff., und Anton Jerschabek hatte am 4. Februar 1919 mit weiteren Christlichsozialen den Antrag in der Provisorischen Nationalversammlung eingebracht, die Flüchtlinge auszuweisen; vgl. zum Antisemitismus in der Ersten Republik etwa Anton STAUDINGER, Christlichsoziale Judenpolitik in der Gründungsphase der österreichischen Republik, in: Jahrbuch für Zeitgeschichte 1978, Wien

seit Dezember 1918 derartig intensiviert, daß wohl mit Recht von einer „Ostjudenhetze“[2606] gesprochen werden kann, der sich auch das sozialdemokratisch besetzte Staatsamt für Inneres und der sozialdemokratische Landeshauptmann von Niederösterreich nicht entgegenstellten.

Wiewohl also im Erlaß des Staatsamtes des Inneren vom 5. September die Landesregierungen angehalten wurden, „Gerüchten“ entgegenzutreten, wonach sich die Ausweisungsmaßnahme nur gegen Angehörige „gewisser Volksstämme“ richte, schränkte bereits ein Telegramm des Staatssekretärs für Inneres, Matthias Eldersch, vom 13. September 1919 den Kreis der betroffenen „Volksstämme“ ein, indem es die Landesregierungen anwies, gegenüber „gegenwärtig tschechoslowakischen, jugoslavischen und italienischen Staatsangehörigen bis auf weiteres mit größter Schonung vorzugehen“[2607], ohne aber die Presse vorläufig darüber zu informieren. Infolge der Unterzeichnung des Staatsvertrages von St. Germain ergaben sich bei den nachgeordneten Exekutivbehörden[2608] aber Zweifel betreffend den konkreten Umfang des durch das Ausweisungsgebot betroffenen Personenkreises. Zur Klärung dieser Fragen hielt die niederösterreichische Landesregierung in einem Runderlaß vom 21. September 1919[2609] fest, daß von der Ausweisung selbstverständlich diejenigen ehemaligen Angehörigen der österreichisch-ungarischen Monarchie ausgenommen seien, die in den Gebieten der tschechoslowakischen Republik, Italiens und des „südslavischen Reiches“ zuständig seien und nach „hierländischer Auffassung“[2610] noch die deutschösterreichische Staatsbürgerschaft besäßen[2611], wie die „Sudetenländer, Egerländer“ etc. Außerdem sei von einer „Außerlandschaffung bezüglich der Westungarn“ abzusehen.

1979, S. 11–48; DERS., Katholischer Antisemitismus in der Ersten Republik, in: Gerhard Botz/Ivar Oxaal/Michael Pollak (Hrsg.), Eine zerstörte Kultur. Jüdisches Leben und Antisemitismus seit dem 19. Jahrhundert, Buchloe 1990, S. 247–270.

2606 So HOFFMANN-HOLTER (wie Anm. 1748), S. 160 ff.

2607 Nr. 5279 c, n.ö. LA (wie Anm. 2589); vgl. auch HOFFMANN-HOLTER (wie Anm. 1748), S. 199.

2608 Siehe z.B. das Ersuchen des Polizeikommissariats Wiener Neustadt an die niederösterreichische Landesregierung vom 16. September 1919, Z. 12531, n.ö. LA (wie Anm. 2589), Weisung zu erteilen, ob die „noch hier aufhältlichen ungarischen Staatsangehörigen“ mit Heimatrecht in Deutsch-Westungarn abzuschaffen seien, da „es doch nicht anginge, gegen Personen, welche vermutlich in kurzer Zeit österreichische Staatsbürger sein werden, mit der Abschaffung vorzugehen“.

2609 Z. VIIc-764/8, n.ö. LA (wie Anm. 2589).

2610 Man bezog sich auf die Gesetze vom 22. November 1918, StGBl. Nr. 40 (vgl. dazu die Anm. 1739, 1741), und vom 5. Dezember 1918, StGBl. Nr. 91 (vgl. dazu S. 323 ff.), sowie auf die Vollzugsanweisung vom 3. Jänner 1919, StGBl. Nr. 4 (vgl. Anm. 1739).

2611 Die Landesregierung für Deutschböhmen hatte in einem Schreiben an die Landesregierung für Niederösterreich vom 16. September 1919, Pr. Z.-g-255/19/1, n.ö. LA (wie Anm. 2589), die Landesregierung ersucht, von der „Ausweisung der Sudetendeutschen Abstand zu nehmen“, da nach dem bisher nicht abgeänderten Gebietsgesetz die Gemeinden Deutschböhmens, des Sudetenlandes, des Kreises Deutschsüdmähren und des deutschen Böhmerwaldes Bestandteile der Republik Deutschösterreichs seien, woran auch die Unterzeichnung des Friedensvertrages noch nichts geändert habe, da dieser erst in Kraft trete, wenn das erste Protokoll über die Hinterlegung der Ratifikationsurkunden aufgenommen wäre.

Aber auch weitere Probleme betreffend die Durchführung der Ausweisungen tauchten bald auf, insbesondere stellte sich heraus, daß die für die Abreise gesetzte Frist zu knapp bemessen war. So hatte Polen zwar den Wunsch nach Ausweisung seiner Staatsbürger, aber auch Bedenken wegen der kurzen Frist für die Durchführung geäußert[2612]. Auch die Polizeidirektion Wien teilte diese Bedenken[2613] und regte eine Erstreckung der Frist bis zum 1. November 1919 an. „Selbst wenn es sich", so Schober, „nur um die Entfernung einzelner Personen handeln würde, wäre die Abreise bis zum 20. September kaum durchführbar. Nun sollen aber tausende Personen, darunter Familien mit Kindern abreisen und dies in einer Zeit, da die Eisenbahnzüge stets überfüllt sind und die Verkehrsschwierigkeiten infolge Mangels an Kohle von Tag zu Tag zunehmen"[2614]. Schober wies überdies darauf hin, daß „die zwangsweise Entfernung der Fremden nicht geringe Schwierigkeiten verursachen" werde, „weil zahlreiche der in Betracht kommenden Personen aus Ostgalizien stammen, wo bekanntermaßen zahlreiche Ortschaften infolge des Krieges gänzlich zerstört sind und wo noch dermalen die Verhältnisse vollständig ungeklärt sind". Solche Personen sollten nach dem Vorschlag Schobers bis zur Klärung der Sachlage in ihrer Heimat in einem Flüchtlingslager untergebracht werden[2615].

Verständlichermaßen führte die kurze Fristsetzung für die Abreise auch zu Protesten der konkret betroffenen Personen. So hatte sich ein im August 1914 gegründetes „Komitee zur Wahrung der Rechte der in feindlichen Staaten geschädigten österreichischen Staatsbürger" am 17. September 1919[2616] an Staatskanzler Renner mit der Bitte

---

2612 Vgl. das Schreiben von Staatskanzler Renner an die niederösterreichische Landesregierung vom 17. September 1919, Nr. 3792/14, n.ö. LA (wie Anm. 2589): „Die Vertretung der polnischen Republik hat bei mir im Interesse der polnischen Staatsangehörigen vorgesprochen. Sie wünscht selbst die Ausweisung ihrer Staatsbürger, behauptet jedoch, daß dies innerhalb der gegebenen Frist unmöglich sei. Ich bitte die niederösterreichische Landesregierung, ... mit der polnischen Gesandtschaft wegen des Termins des Abtransportes in Verbindung zu treten."

2613 Wie das Schreiben der Polizeidirektion in Wien vom 17. September 1919 an das Präsidium der niederösterreichischen Landesregierung, Pr. Z. 13476/8, n.ö. LA (wie Anm. 2589), hervorhob, seien die polnischerseits eingewendeten eisenbahntechnischen Probleme begründet und sei „bei den gegenwärtig ungünstigen Verkehrsverhältnissen undenkbar ..., daß die in Wien aufhältlichen Ausländer", die von der Ausweisung betroffen waren, bis zum 20. September 1919 Wien verlassen könnten. Insbesondere erfordere schon die Beschaffung der Reisedokumente und Eisenbahnfahrkarten „derzeit in der Regel 8 bis 14 Tage". Außerdem hätten die zur Abreise verpflichteten Personen, welche sich in vielen Fällen mehrere Jahre in Wien aufgehalten hatten, zahlreiche Angelegenheiten zu regeln, „Vorsorge für ihre Möbel zu treffen, ihre Habe zu packen und zu Bahn zu geben u. dgl. mehr".

2614 Dazu käme weiters, daß „die zwangsweise Abbeförderung der Fremden aus Wien, selbst bei Anstrengung aller Kräfte, viele Wochen in Anspruch nehmen" würde, „da doch jeder einzelne Fall überprüft werden" müsse.

2615 Um „in derartigen Fällen vielleicht berechtigte Rekriminationen zu vermeiden und dennoch die Fremden aus Wien wegzubringen".

2616 Der niederösterreichischen Landesregierung von der deutschösterreichischen Staatskanzlei am 4. Oktober 1919, Z. 3223/St.K, mit der Einladung um Stellungnahme übermittelt, n.ö. LA (wie Anm. 2589), Nr. 3957/21; Bericht der n.ö. Landesregierung an die Staatskanzlei vom 20. September 1919, Z. VIIc-3951/21.

gewendet, den eingegangenen Gesuchen um Verlängerung der Aufenthaltsbewilligungen bis zur Ermöglichung der Rückkehr „wohlwollende Erledigung ... zu erwirken", da durch die Ausweisungsaktion hunderte von Personen betroffen seien, „welche seinerzeit bei Kriegsausbruch infolge Ausweisungen und anderen Drangsalierungen der ehemaligen feindlichen Staaten genötigt waren, diese Staaten, wie Frankreich, England, Rußland, Italien, Rumänien und Serbien zu verlassen und denen die Rückkehr in diese Staaten, wo sie gelebt und Jahrzehnte gearbeitet haben, bis auf weiteres entweder gänzlich verschlossen oder mit derartigen Schwierigkeiten verbunden ist, daß die Überwindung derselben längere Zeit in Anspruch nehmen würde". Der Brief führte weiter aus, daß es eine „Unbilligkeit sondergleichen" wäre, diese Personen, welche die feste Absicht hegen, dorthin zurückzukehren, wo sie den größten Teil ihres Lebens verbracht haben, aus Deutschösterreich auszuweisen und sie dorthin abzuschaffen, wo sie entweder infolge ihrer Geburt oder der Geburt ihrer Eltern zwar zuständig sind, wo sie aber niemals gelebt und gewirkt, wo ihnen die örtlichen Verhältnisse vollkommen fremd und wo sie die Sprache der Einheimischen nicht verstehen"[2617].

Weiters sah sich, da die von der niederösterreichischen Landesregierung über Auftrag des Staatsamtes des Innern verfügte Ausweisung von fremden Staatsangehörigen eine „derart bedrohliche Situation geschaffen" hatte, auch der Abgeordnete zur Nationalversammlung und Zionistenführer Robert Stricker[2618] gezwungen, in einem Brief an Staatskanzler Renner vom 27. September 1919[2619] diesen mit dem „wahren Sachverhalt" zu konfrontieren. Es sei ihm und seinen „jüdisch-nationalen Parteigenossen aus dem Wiener Gemeinderate" seitens des Staatsamtes im Juli versichert worden, daß die im Kabinettsrat einstimmig beschlossene „schleunige Ausweisung der fremden, aus den Sukzessionsstaaten stammenden Staatsbürger" unter „Vermeidung der Anwendung von Gewalt" abgewickelt werden solle und man bezüglich Termin und weiterer Abwicklung bemüht sei, „eine Zusammenarbeit mit der jüdischnationalen Organisation herbeizuführen". Das Staatsamt habe sich in diesem Zusammenhang auch „ganz entschieden gegen die etwaige Auffassung, daß der Beschluß des Kabinettsrates unter dem Drucke der antisemitischen Unruhen, deren die Regierung nicht Herr werden könnte, gefaßt worden sei", verwahrt, wiewohl Stricker bei einer Konferenz unter dem Vorsitz des Staatssekretärs Eldersch verlangt habe, „es möge aufrichtigerweise festgestellt werden, daß sich der Erlaß faktisch nur gegen die Ostjuden richte". Der Vertreter des Staatsamtes des Äußeren habe auch erklärt, daß „er tatsächlich beauftragt sei, weitgehende Schonung der ungarischen, tschechoslowakischen und jugoslavischen Staatsbürger zu fordern, damit allen Verwicklungen, Konflikten, Repressalien vorgebeugt werde". Stricker betonte, daß, bevor nicht eine Feststellung, wie viele „ostjüdische fremde Staatsbürger in Wien weilen", getroffen sei und „ob ihre Entfernung tatsächlich eine Behebung bezw. Linderung der Lebensmittel- und Wohnungsnot zur Folge haben werde", die ganze Aktion „eine Huldigung vor leeren antisemitischen Phrasen" darstelle. In Anse-

2617 Es handle sich „nur um ein kurzes Übergangsstadium, bis den Leuten geboten wird, in die ehemaligen feindlichen Länder zurückzukehren".

2618 1942 in Theresienstadt umgekommen, siehe Oswald KNAUER, Das österreichische Parlament 1848–1966, Wien 1969, S. 236.

2619 Dem Staatskanzler mit Schreiben des Staatsamtes für Inneres vom 19. Oktober 1919, Z. VI-Ic-4085/34 übersendet.

hung der Entlastung der Zweimillionenstadt Wien sei der Ausweisungsbefehl „total wirkungslos", da es sich höchstens um 30.000 betroffene Personen handelte, die „aber gewiß nicht in kurzer Zeit abbefördert werden könnten, weil nicht einmal die Beförderungsmittel zur Verfügung stehen"[2620]. Die Ausweisungsaktion sei entgegen der Zusagen ohne vorausgegangene Planung und Zusammenarbeit angeordnet worden, „technische Maßnahmen" seien „überhaupt nicht getroffen", dafür aber „auf fremdenfeindliche Agitation zuviel Rücksicht genommen" worden[2621].

Nachdem am 24. September 1919 die polnische Gesandtschaft mitgeteilt hatte[2622], daß alle Flüchtlinge, die sich zu den polnischen Evakuierungstransporten gemeldet hatten, mit Bescheinigungen seitens des Vertreters des polnischen Repatriierungsamtes versehen würden, worin ihre Meldung zum Transport bestätigt werde, ordnete die niederösterreichische Landesregierung in einem Runderlaß vom 13. Oktober 1919[2623] an, daß gegen diejenigen Personen, die sich mit derartigen Bescheinigungen ausweisen konnten, nicht mit Zwangsmaßnahmen vorzugehen sei, da ohnedies die Heimbeförderung dieser angemeldeten „Repatrianten" mit den nächsten Evakuierungszügen bevorstünde.

Was das ländliche Niederösterreich anbelangt, lief die erste Welle der Abreisendmachung zwischen September und Dezember 1919 im Gegensatz zu den Erwartungen der Landesregierung recht schleppend an. Einerseits erhielt eine nicht unbedeutende Anzahl von Personen befristete oder unbeschränkte Aufenthaltsgenehmigungen, weil sie als Saisonarbeiter ohnedies nur zeitlich eingesetzt wurden oder aber als Arbeiter in landwirtschaftlichen, gewerblichen und industriellen Betrieben bzw. als häusliches Dienstpersonal jedenfalls mittelfristig unentbehrlich erschienen. So führte etwa die Bezirkshauptmannschaft Gänserndorf[2624] aus, daß die Zahl der Personen, welche durch die Kundmachung vom 9. September 1919 betroffen wurden, äußerst gering sei, wiewohl „sich sehr viel eigentlich fremde Personen im Bezirke aufgehalten" hätten. Zu diesen Fremden sei jedoch eine große Zahl von landwirtschaftlichen Arbeitern zu rechnen, deren Anwesenheit im Bezirk bis zur Beendigung der Feldarbeiten, also bis gegen Weihnachten, im Interesse der Landwirtschaft notwendig war und die deshalb mit Aufenthaltsbewilligungen ausgestattet wurden. Hauptsächlich habe es sich um Knechte und

---

2620 Stricker bezeichnete den Erlaß als „unmenschlich". „Die Flüchtlinge", so führte er aus, „sind nicht seit gestern da, sondern vor fünf Jahren hat sie der von ihnen gewiß nicht verschuldete Krieg und der Befehl der damaligen Regierung hergetrieben". Die Versicherung des Staatsamtes, daß Ausnahmen gemacht werden würden, führe nach Stricker nur zu Protektion und Korruption, denn die „Reichen, also gerade diejenigen, die eine Übersiedlung leichter durchführen können und viel Wohnräume und Lebensmittel beanspruchen, werden bleiben, die armen Schichten, welche kärglich leben und in Massenquartieren hausen, werden drangsaliert werden". Er habe die Herren aufgefordert, „wenn es ihnen mit der Entlastung Wiens ernst sei, doch lieber die Rennplätze, Luxussanatorien und Ringstraßenhotels zu umstellen und alle dort ergriffenen Fremden abzuschieben".

2621 Vgl. dazu auch HOFFMANN-HOLTER (wie Anm. 1748), S. 194 ff.

2622 Mitteilung der polnischen Gesandtschaft an das Präsidium der Polizeidirektion vom 24. September 1919, Z. 395/28, n.ö. LA (wie Anm. 2589).

2623 Runderlaß der niederösterreichischen Landesregierung vom 13. Oktober 1919, VIIc-3951/28, n.ö. LA (wie Anm. 2589).

2624 Bericht der Bezirkshauptmannschaft Gänserndorf vom 30. Dezember 1919, Zl. 2099/11/A, n.ö. LA (wie Anm. 2589).

Mägde bei Landwirten oder um landwirtschaftliches Dienstpersonal von Gutshöfen gehandelt. Von manchen dieser Gutshöfe seien Gesuche für 20 bis 30 landwirtschaftliche Arbeiter gekommen, wobei allerdings viele dieser Arbeiter knapp vor Weihnachten nach Beendigung der Rübenarbeit ohnedies wieder weggegangen seien[2625]. Im Gerichtsbezirk Neunkirchen[2626] hingegen war die Mehrzahl der nicht bereits freiwillig abgereisten Fremden, hauptsächlich tschechoslowakische oder jugoslawische Staatsangehörige, als Arbeiter im Grünbacher Steinkohlebergwerk beschäftigt. Auch in Bruck an der Leitha[2627] gehörten die von der Ausweisung Betroffenen zum größten Teil dem für Industriebetriebe und Fabriken qualifizierten Arbeiterstand an, weshalb denselben über Ansuchen der Industriewerke, Fabriksbesitzer und anderer Gewerbetreibender Aufenthaltsbewilligungen für die Dauer des unumgänglichen Bedarfes erteilt wurden. Aber auch für Hausgehilfinnen wurden regelmäßig Aufenthaltsgenehmigungen erteilt, da – wie die Bezirkshauptmannschaft St. Pölten[2628] ausführte – eine zwangsweise Abschaffung von Personen aus dem Dienstbotenstand „weder für die Beschaffung von Wohnräumen noch sonst in wirtschaftlicher Hinsicht von Bedeutung wäre". Bei der Unmöglichkeit, „derzeit verläßliche Hausgehilfinnen sich zu beschaffen", müsse in diesen Fällen entsprechend Rücksicht genommen werden.

Darüber hinaus war auch auf die infolge des Staatsvertrages von St. Germain bevorstehenden Gebietsabtretungen Bedacht zu nehmen, wie etwa im Falle der Bezirkshauptmannschaft Gmünd[2629], die meldete, daß für die Ausweisung „fast durchwegs" nur Personen in Betracht kämen, die nach einer Gemeinde der tschechoslowakischen Republik zuständig seien. Mit Rücksicht auf die bevorstehende Abtretung eines Teiles des Bezirkes glaubte die Bezirkshauptmannschaft daher „aus politischen Gründen von einer strengen Handhabung der Ausweisungsbestimmungen absehen zu müssen". Andererseits beriefen sich einige Gemeinden auf die Weisung der niederösterreichischen Landesregierung, daß „gegenüber tschechoslowakischen und italienischen Staatsangehörigen bis auf weiteres mit größter Schonung vorzugehen" sei, wie etwa die Bezirkshauptmannschaft Lilienfeld[2630], welche berichtete, daß bisher nur eine Person ausgewiesen

---

2625 Auch Mistelbach berichtete am 10. Oktober 1919, Z. 2104/A, n.ö. LA (wie Anm. 2589), daß es sich bei den von der Ausweisung betroffenen Personen beinahe ausschließlich um landwirtschaftliche Saisonarbeiter tschechoslowakischer Staatsbürgerschaft handelte, die nach Beendigung der Ernte Deutschösterreich wieder verlassen würden.

2626 Bericht der Bezirkshauptmannschaft Neunkirchen vom 3. Dezember 1919, Z. 2933/82-A, n.ö. LA (wie Anm. 2589); 66 Aufenthaltsgesuche eingebracht und 62 bewilligt.

2627 Der Bericht der Bezirkshauptmannschaft Bruck an der Leitha vom 1. Dezember 1919, Z. 5693/6-A, n.ö. LA (wie Anm. 2589), wies ca. 450 eingelangte Aufenthaltsgesuche, von denen bisher 200 positiv erledigt wurden, aus. Der Bericht vom 10. Oktober 1919, Zl. 3763/4-A u.a., n.ö. LA (wie Anm. 2589), sprach von 300 betroffenen Personen.

2628 Bericht der Bezirkshauptmannschaft St. Pölten vom 27. November 1919, Z. 2123/9 A, n.ö. LA (wie Anm. 2589).

2629 Bericht der Bezirkshauptmannschaft Gmünd vom 10. Oktober 1919, Z. 1953/6 A, n.ö. LA (wie Anm. 2589).

2630 Bericht der Bezirkshauptmannschaft Lilienfeld vom 2. Dezember 1919, Z. 637/9 A, n.ö. LA (wie Anm. 2589).

werden konnte, da die meisten Fremden im Bezirk den genannten Nationalitäten angehörten[2631].

Allerdings stieß die Durchführung der Abreisendmachung auch auf passiven Widerstand seitens mancher Gemeinden. So klagte etwa die Bezirkshauptmannschaft Melk im Oktober 1919[2632], daß sie sich noch nicht in der Lage sähe, die abverlangten Zahlendaten zu liefern, da die meisten Gemeinden, „welche der Fremdenausweisungsaktion mehr oder minder teilnahmslos gegenüber stehen", die Gemeindeverzeichnisse noch nicht vorgelegt hätten[2633]. Die niederösterreichische Landesregierung kritisierte daher bereits zu Anfang November 1919[2634], daß noch nicht alle Berichte abgeliefert worden seien[2635] und die bereits eingesendeten Berichte entweder die Bitte um Fristerstreckung oder lediglich allgemeine Wendungen enthielten. Aus dem vorliegenden Material ließen sich daher bisher nur die beiden Schlüsse ziehen, daß einerseits außerhalb Wiens die Anzahl der durch die Ausweisungskundmachung betroffenen Personen gering sei, und daß andererseits die Durchführung der Ausweisungsmaßnahmen nicht in befriedigender Weise vonstatten gehe. Auch nach Ansicht der Landesregierung war dies zum Teil „auf die Saumseligkeit der Gemeinden", auf deren Mitwirkung die Bezirkshauptmannschaften angewiesen waren, andererseits auf die „wenig Ernst zeigende Arbeit der Bezirkshauptmannschaften" zurückzuführen. Die Landesregierung[2636] erachtete die bisherigen Ergebnisse der Aktion zur „Abreisendmachung von Fremden" nach den vorliegenden Daten als nicht befriedigend, da sich aus den bisher vorliegenden Berichten – soweit in ihnen überhaupt konkrete Daten angeführt waren – ergäbe, daß nur ein relativ geringer Teil der zur Abreise verpflichteten Fremden Deutschösterreich auch tatsächlich verlassen hatte. Dieser Umstand war nach Ansicht der Landesregierung dadurch zu erklären, „daß Zwangsmaßregeln bisher nur in ganz vereinzelten Fällen angewendet wurden", ohne Zwang das angestrebte Ergebnis jedoch nicht zu erreichen sei. Obwohl wiederholt auf die Bedeutung der Ausweisungsaktion hingewiesen worden wäre, sei man seitens der Bezirkshauptmannschaften nicht mit der „gebotenen Energie" vorgegangen, weshalb die Landesregierung erneut „dringend zu einem energischen und zielbewußten Vorgehen bei der Durchführung der Ausweisungsaktion" aufforderte.

Was nun die konkreten Zahlen der in dieser ersten Phase „freiwillig" aus den niederösterreichischen Bezirkshauptmannschaften abgereisten Personen anbelangt, so un-

---

2631 Da außerdem fast alle in Industriebetrieben beschäftigt und derzeit unentbehrlich seien, wurden noch keine diesen Nationalitäten angehörigen Fremden ausgewiesen.

2632 Berichte der Bezirkshauptmannschaft Melk vom 10. Oktober 1919, Zl. 941/3 A, und vom 2. November 1919, Zl. 1098/7 A, n.ö. LA (wie Anm. 2589).

2633 Auch die Bezirkshauptmannschaft Korneuburg, Z. 2805/5/A, n.ö. LA (wie Anm. 2589), berichtete am 24. Oktober 1919, daß eine statistische Feststellung der durch die Ausweisungskundmachung betroffenen Personen nicht möglich sei, weil insbesondere von den größeren Gemeinden trotz wiederholter Betreibungen die Vorlage der genauen Verzeichnisse über die in Betracht kommenden Personen bisher nicht erfolgt sei. Korneuburg berichtete nur, daß Zwangsmaßnahmen bisher nicht erfolgt waren.

2634 Sammelbogen vom 3. November, Z. VIIc-4201/37, n.ö. LA (wie Anm. 2589).

2635 Es fehlten noch die Berichte von sechs Bezirkshauptmannschaften und vom Polizeikommissariat Wiener Neustadt.

2636 Erlaß der niederösterreichischen Landesregierung an alle Bezirkshauptmannschaften vom 14. November 1919, n.ö. LA (wie Anm. 2589).

terschieden sich diese aufgrund der zahlreich erteilten Aufenthaltsbewilligungen und der nur schleppenden Durchführung der Maßnahme deutlich von der Anzahl der von der Kundmachung der niederösterreichischen Landesregierung grundsätzlich Betroffenen. Das Verhältnis zwischen Betroffenen und bereits Abgereisten war z.B. in Amstetten 174:119[2637], in Baden 477:206[2638], in Floridsdorf-Umgebung 596:241[2639], in Gänserndorf 25:13[2640], in Gmünd 92:1[2641], in Hietzing und Umgebung 397:70[2642], in Horn 344 zu 198[2643], in Krems an der Donau 55:29[2644], in Melk 46:5[2645], in Mistelbach 405:120[2646],

---

2637 Siehe den Bericht der Bezirkshauptmannschaft Amstetten vom 25. November 1919, Z. 1766/6-A, n.ö. LA (wie Anm. 2589). 110 Gesuche um Aufenthaltsbewilligung waren eingebracht, davon 42 bewilligt worden. Bei diesen 42 Personen handelte es sich um aus der Tschechoslowakei „hertransportierte Eisenbahner, die infolge ihrer dienstlichen Stellung nicht ausgewiesen werden konnten", sowie um landwirtschaftliche oder häusliche Dienstboten, „die derzeit schwer ersetzlich sind". „Beschäftigungslose Schmarotzer, Schieber und Schädlinge, die unlauterem Gewerbe nachgehen, befinden sich im h.ä. Bezirke erfreulicherweise nur vereinzelt und handelt es sich meist nur um Personen, die von Wien auf ein bis zwei Tage zureisen."

2638 Bericht der Bezirkshauptmannschaft Baden an die n.ö. Landesregierung vom 8. November 1919, Zl. 3847/6-A, n.ö. LA (wie Anm. 2589). Laut Bericht vom 28. November 1919, Zl. 4176/11 A, n.ö. LA (wie Anm. 2589), waren in der Stadt Baden neun Abschaffungserkenntnisse ergangen, 281 Aufenthaltsgesuche eingelangt und 135 befristete Aufenthaltsgenehmigungen erteilt worden, davon 27 aufgrund amtsärztlicher Gutachten (Sanatorium Gutenbrunn), neun betrafen Hoch- und Mittelschüler, 65 Aufenthaltsgenehmigungen erhielten Personen, die sich in einer nachgewiesenen dauernden Dienst- bzw. Arbeitsstellung befanden.

2639 Bericht der Bezirkshauptmannschaft Floridsdorf-Umgebung vom 30. Dezember 1919, Zl. 801/101 A und Zl. 801/93 A, n.ö. LA (wie Anm. 2589); im Gerichtsbezirk Groß-Enzersdorf 429:138, im Gerichtsbezirk Wolkersdorf 167:103.

2640 Bericht der Bezirkshauptmannschaft Gänserndorf vom 30. Dezember 1919, Zl. 2099/11/A, n.ö. LA (wie Anm. 2589); im Gerichtsbezirk Marchegg 5:4, im Gerichtsbezirk Matzen 9:9, im Gerichtsbezirks Zistersdorf 11:10.

2641 Vgl. Berichte der Bezirkshauptmannschaft Gmünd vom 10. Oktober 1919, Z. 1953/6 A, n.ö. LA (wie Anm. 2589), sowie vom 8. Jänner 1920, Z 2631/36 A, n.ö. LA (wie Anm. 2589). Bewilligungen zum vorübergehenden Aufenthalt hatten in Gmünd 39 Personen erhalten, gegen die bis jetzt nicht freiwillig abgereisten Personen sollte zwangsweise vorgegangen werden.

2642 Bericht der Bezirkshauptmannschaft Hietzing und Umgebung vom 2. November 1919, Z. 2163/4/A, übermittelt am 26. November 1919, Z. 2163/6/A, n.ö. LA (wie Anm. 2589); im Gerichtsbezirk Liesing 231:55; im Gerichtsbezirk Neulengbach 59:5; im Gerichtsbezirk Purkersdorf 107:10. Bezüglich der übrigen Personen seien entweder Aufenthaltsgenehmigungen erteilt worden oder das Verfahren sei noch in Schwebe.

2643 Bericht der Bezirkshauptmannschaft Horn vom 22. Oktober 1919, Z. 2461/5/A, n.ö. LA (wie Anm. 2589); im Gerichtsbezirk Eggenburg 85:27; im Gerichtsbezirk Geras 72:22; im Gerichtsbezirk Horn 187:149; zwei Abschaffungserkenntnisse wurden gefällt; nach dem Bericht der Bezirkshauptmannschaft Horn vom 24. November 1919, Z. 2461/8/A, n.ö. LA (wie Anm. 2589), hatten 76 Personen Aufenthaltsgenehmigungen eingebracht, wovon 21 Personen befristete Aufenthaltsbewilligungen und 54 Personen, größtenteils unentbehrliche Arbeiter in landwirtschaftlichen und gewerblichen Betrieben, unbeschränkte Aufenthaltsgenehmigungen erhalten hatten.

in Mödling 604:179[2647], in Neunkirchen 507:191[2648], in Oberhollabrunn 235:45[2649], in Pöggstall 20:10[2650], in St. Pölten 300:30[2651], in Scheibbs 15:2[2652], in Wiener Neustadt[2653]

2644 Bericht der Bezirkshauptmannschaft Krems a.d. Donau vom 31. Dezember 1919, Z. 2513/14-A, n.ö. LA (wie Anm. 2589). 37 Ansuchen um Aufenthaltsbewilligungen waren eingegangen, davon wurden vier abschlägig beschieden, den übrigen stattgegeben, davon waren allerdings bereits sieben abgereist; 26 Personen, größtenteils landwirtschaftliche und industrielle Arbeiter und Hausgehilfinnen, hielten sich daher noch in Krems auf. Zwangsmaßnahmen waren nach Meldung der Bezirkshauptschaft bisher nicht nötig gewesen.

2645 Bericht der Bezirkshauptmannschaft Melk vom 2. November 1919, Zl. 1098/7 A, n.ö. LA (wie Anm. 2589); im Gerichtsbezirk Melk waren 38 Personen betroffen, sieben hatten bis auf weiteres Aufenthaltsbewilligungen erhalten, vier waren abgereist, bezüglich der anderen waren die Verhandlungen noch im Gange; im Gerichtsbezirk Mank waren sechs Personen betroffen, fünf hatten Aufenthaltsbewilligungen erhalten, die sechste Person war noch nicht abgereist; im Gerichtsbezirk Ybbs zwei Betroffene, eine Person abgereist, eine Aufenthaltsgenehmigung.

2646 Bericht der Bezirkshauptmannschaft Mistelbach vom 10. Oktober 1919, Z. 2104/A, n.ö. LA (wie Anm. 2589); im Gerichtsbezirk Mistelbach 65 Betroffene; im Gerichtsbezirk Poysdorf 70; im Gerichtsbezirk Feldsberg 80; im Gerichtsbezirk Laa 190.

2647 Bericht der Bezirkshauptmannschaft Mödling vom 12. Oktober 1919, Z. 2618/3-A, n.ö. LA (wie Anm. 2589); Gerichtsbezirk Ebreichsdorf 59:30; Gerichtsbezirk Mödling 545:149. Die noch nicht abgereisten Personen gehörten großteils landwirtschaftlichen und gewerblichen Betrieben an und hatten Aufenthaltsbewilligungen erhalten, vgl. den Bericht der Bezirkshauptmannschaft Mödling vom 9. Dezember 1919, Z. 3039/6-A, n.ö. LA (wie Anm. 2589), der 181 bisher eingebrachte, 170 erteilte und elf abgewiesene Aufenthaltsbewilligungen aufwies.

2648 Bericht der Bezirkshauptmannschaft Neunkirchen vom 2. November 1919, Z. 2931/71-A, n.ö. LA (wie Anm. 2589); Gerichtsbezirk Neunkirchen 269 zu 16, Gerichtsbezirk Gloggnitz 238 zu 175.

2649 Bericht der Bezirkshauptmannschaft Oberhollabrunn vom 6. Dezember 1919, Z. 2703/17/A, n.ö. LA (wie Anm. 2589). 130 vornehmlich in landwirtschaftlichen Betrieben unentbehrlichen Personen wurde der Aufenthalt teils unbeschränkt, teils zeitlich begrenzt bewilligt; weitere Abschaffungen waren zum Berichtszeitpunkt noch im Gange.

2650 11. Oktober 1919 Z. 2510/5 A; vom 2. Jänner 1920, Zl. 129/11 A: fünf Personen Anträge auf Aufenthaltsgenehmigungen bewilligt.

2651 Der Bericht der Bezirkshauptmannschaft vom 18. Oktober 1919, Z. 2123/5/A, n.ö. LA (wie Anm. 2589), nannte infolge eines Tippfehlers noch insgesamt 400 in der Bezirkshauptmannschaft Betroffene, im Gerichtsbezirk St. Pölten selbst 366 Betroffene; die ursprünglichen Zahlen wurden durch Bericht der Bezirkshauptmannschaft vom 27. November 1919, Z. 2123/9 A, n.ö. LA (wie Anm. 2589), auf 300 bzw. 266 korrigiert. Der Bericht vom 27. November meldete 26 im Gerichtsbezirk Herzogenburg Betroffene, wovon zwei in tschechoslowakischen Gemeinden zuständig seien, vier in deutschböhmischen, vier in mährischen, drei in schlesischen Gemeinden, welche nach dem Erlaß vom 21. September 1919, 27. November 1919, Z. 2123/9 A, allerdings von der Abreisendmachung ausgeschlossen seien; die restlichen dreizehn Fremden gehörten nach Rußland, Ungarn, Italien und Rumänien und wären daher von der Kundmachung zwar nicht betroffen, allerdings seien von diesen Fremden sechs freiwillig abgereist; im Gerichtsbezirk Kirchberg waren acht Fremde von der Abreisendmachung betroffen (wovon zwei abgereist waren, zwei wegen ihres längeren Aufenthaltes, zwei wegen ihrer Zuständigkeit in deutschböhmischen Gemeinden nicht auszuweisen, sowie ein russischer und ein italienischer Staatsangehöriger); für den Gerichtsbezirk St. Pölten wurden 71 Fremde genannt, wovon vier nach Galizien Zuständige von der Kundma-

133:5[2654], in Zwettl 42:21[2655]. Bezüglich Waidhofen[2656] und Tulln[2657] lagen in dieser Ausweisungsphase nur Daten bezüglich der Betroffenen, nicht aber bezüglich der bereits abgereisten Personen vor, während der Bericht des Polizeikommissariats Wiener

chung betroffen waren (zwei waren bereits abgereist, für zwei Personen, die eine fixe Anstellung als Verwaltungsbeamte in einer Firma innehatten, mußte erst bis zu deren Abreise ein Ersatz geschaffen werden); von den übrigen 67 seien 27 nach Deutschböhmen, vier nach Rußland, sieben nach Italien und 25 nach Ungarn (inklusive 20 Zipser Arbeiter, die vom Staatsamt für Land- und Forstwirtschaft für Pottenbrunn bewilligt wurden), einer nach Frankreich und drei nach Jugoslawien zuständig; von all diesen waren bisher nur zwei Personen abgereist; im Stadtgebiet St. Pölten wurden 195 Fremde gezählt, wovon 47 Personen von der Kundmachung betroffen waren: 18 Tschechen, 14 Mährer, drei Schlesier, elf Galizianer, ein Bukowiner. Von diesen seien zehn Personen freiwillig abgereist, drei zwangsweise zur Abreise verhalten worden, sechs bekamen Aufenthaltsbewilligungen bis Jahresende, bei fünf Personen lief ein Rekursverfahren gegen die Versagung des Aufenthaltes; die restlichen 24 Personen gehörten hauptsächlich dem Dienstbotenstand an. Von den übrigen 148 Fremden in der Stadt St. Pölten gehörten 93 Personen nach Deutschböhmen, 17 nach Ungarn, 38 nach Deutschland, Rußland, Italien, Schweiz, Frankreich, Schweden, Rumänien und dem übrigen Ausland. Von den anfänglich gemeldeten 300 Personen seien allerdings lediglich 55 von der Kundmachung betroffen und von diesen bis jetzt 18 abreisend gemacht worden. Neun Aufenthaltsbewilligungen und 29 abschlägige Bescheide wurden erteilt.

2652 Laut Bericht der Bezirkshauptmannschaft vom 10. Oktober 1919, Z. 1007/37, n.ö. LA (wie Anm. 2589) waren 15 Personen bzw. Haushaltsvorstände von der Kundmachung betroffen; neun Personen bzw. Haushaltsvorstände hatten befristete Aufenthaltsgenehmigungen erhalten, zwei Haushaltungsvorstände waren samt Angehörigen abgereist; 15 Ansuchen um Aufenthaltsgenehmigung wurden laut Bericht vom 25. November 1919, Z. 1126/56, n.ö. LA (wie Anm. 2589), genehmigt.

2653 Laut Bericht vom 10. Oktober 1919, Z. 1925/6/A, n.ö. LA (wie Anm. 2589), war „die Aktion ... in vollem Gange"; ca. 250 Personen waren betroffen, wovon ca. 50 Personen bereits abgereist und 200 Gesuche um Aufenthaltsbewilligungen eingetroffen seien.

2654 Nach dem Bericht vom 13. Dezember 1919, Z. 2119/11/A, n.ö. LA (wie Anm. 2589), waren allerdings nur 133 Personen betroffen, nämlich im Gerichtsbezirk Aspang 36, im Gerichtsbezirk Gutenstein 43, im Gerichtsbezirk Kirchschlag drei, im Gerichtsbezirk Wiener Neustadt 51; fünf Personen waren bereits abgereist, 128 Aufenthaltsgesuche lagen vor.

2655 Bericht der Bezirkshauptmannschaft Zwettl vom 11. Oktober 1919, Z. 1295/5-A, n.ö. LA (wie Anm. 2589); laut Bericht vom 24. November 1919, Z. 1295/9-A, n.ö. LA (wie Anm. 2589), waren die verbliebenen Fremden zumeist tschechoslowakische landwirtschaftliche Dienstboten aus den tschechischen Grenzgemeinden, welche ohnehin bis Jahresende ihren Dienstposten verlassen würden. Insgesamt wären 36 Gesuche um Aufenthaltsbewilligung eingelangt, wovon zwölf gegenstandslos, acht bis auf weiteres, zehn befristet genehmigt worden seien.

2656 Der Bericht der Bezirkshauptmannschaft Waidhofen vom 12. Oktober 1919, Z. 2694/3, n.ö. LA (wie Anm. 2589), meldete 20 Betroffene.

2657 Der Bericht der Bezirkshauptmannschaft Tulln vom 16. Oktober 1919, Z. 69/5/G, n.ö. LA (wie Anm. 2589), führte aus, daß der Kreis der Betroffenen „im h.o. Amtsbereich ein kleiner ist". In den meisten Gemeinden kämen solche Personen überhaupt nicht vor. Im Gerichtsbezirk Klosterneuburg seien 73 Personen betroffen, im Gerichtsbezirk Tulln 24, im Gerichtsbezirk Atzenbrugg 22 (zumeist Angestellte der Pulverfabrik Moosbierbaum), im Gerichtsbezirk Kirchberg am Wagram 11.

Neustadt[2658] aufschlüsselte, daß aus dem Polizeirayon Wiener Neustadt 529 Tschechoslowaken, 433 Galizianer, 17 Jugoslawen, 191 Ungarn, 19 Rumänen, 14 Ukrainer, 23 Russen und drei Türken abreisend gemacht und ca. 4.000 Aufenthaltsbewilligungen, hauptsächlich für Angestellte und Arbeiter der hiesigen Industriebetriebe, beantragt worden waren.

Zu erheblich größeren Problemen als in den niederösterreichischen Bezirkshauptmannschaften kam es allerdings bei der Durchsetzung der Ausweisungsaktion in Wien. So kritisierte schon ein Erlaß der niederösterreichischen Landesregierung vom 5. Oktober 1919[2659], daß die „Abreisendmachung von Fremden seitens der in den Wiener Hotels - namentlich in jenen der inneren Stadt - wohnenden Ausländer nahezu in gar keiner Weise beachtet" werden würde[2660]. Es sei „im Interesse des Ansehens der Landesregierung sowie auch der Polizeidirektion dringend notwendig, daß endlich auch bei den besitzenden Fremden in den Hotels ernstlich vorgegangen" werde. „Der Ansturm der Bevölkerung" sei „bei Betrachtung der ‚Erfolge' (!), die bis nun die Fremdenausweisung aus den Ringhotels gebracht" habe, durchaus „begreiflich".

Weiters beklagte die Landesregierung in einem Bericht an das Staatsamt für Äußeres vom 16. Oktober 1919[2661], daß - während die politischen und Polizeibehörden mit aller Energie bemüht seien, die Abreisendmachung der Fremden, „welche sich in vielfacher Richtung dieser Aufgabe entgegenstellen", in den Griff zu bekommen - „andererseits unaufhörlich aus Galizien und Polen überhaupt neue Fremde nach Wien und Niederösterreich" zuströmten. Deren Einreise erfolge vollkommen ungehindert, weil sie Pässe mit ordnungsgemäßen Visa der deutschösterreichischen Vertretungsbehörden vorweisen könnten. Nach verschiedenen, der niederösterreichischen Landesregierung „zur Kenntnis gelangten, allerdings nicht verbürgten Gerüchten", würden von „offenbar untergeordneten Organen der Vertretungsbehörden für die Erteilung eines Visums Geldbeträge bis zu 500 K verlangt werden, nach deren Entrichtung anstandslos die Passvidierung" erfolge. Auf die geschilderte Weise, so die Landesregierung weiter, würden „die auf die Entfernung der Fremden gerichteten Bestrebungen der Behörde zu einer Danaiden-Arbeit". Die Landesregierung regte an, die Erteilung der Einreisebewilligun-

2658 Bericht des Polizeikommissariats Wiener Neustadt vom 5. Jänner 1920, n.ö. LA (wie Anm. 2589).

2659 Erlaß der niederösterreichischen Landesregierung an die Polizeidirektion vom 5. Oktober 1919, VIIc-386/23, n.ö. LA (wie Anm. 2589).

2660 Bei Beanstandungen durch die Hotelagenten würden die Beanstandeten gewöhnlich die Antwort erteilen, sie wohnten erst seit drei Tagen in Wien und würden in den nächsten Tagen die Aufenthaltsbewilligung erwirken, worauf sie tatsächlich ein bezügliches Gesuch einbrächten und bis zu dessen Erledigung (die in der Regel 8-10 Tage dauerte) unbehelligt in Wien bleiben. Nach den bestehenden Vorschriften (LGBl. für NÖ, Nr. 211, siehe Anm. 2761) bedurften die unter § 1 fallenden Fremden nur dann, wenn sie nicht länger als drei Tage in Wien wohnten, keiner besonderen Bewilligung.

2661 Bericht der niederösterreichischen Landesregierung an das Staatsamt für Äußeres vom 16. Oktober 1919, Z. VIIc-4085/30, n.ö. LA (wie Anm. 2589).

gen nach Schweizer Muster bis auf weiteres einer zentralen Stelle im Inland vorzubehalten, welche diese Gesuche „mit der größten Rigorosität" zu behandeln hätte[2662].

Dem Bericht der Wiener Polizeidirektion vom 19. November 1919[2663] zufolge waren „nach den Wahrnehmungen der Polizeiinspektionen" bis zu diesem Zeitpunkt „auf den Wiener Bahnhöfen ungefähr 10.000 Fremde freiwillig abgereist", welche zumeist mit den von den Vertretungen der fremden Staaten zusammengestellten Heimkehrerzügen abbefördert worden waren. Der Bericht wies darauf hin, daß dem „Vernehmen nach", „in den nächsten Wochen neuerlich derartige Transporte veranstaltet" würden. Bezüglich der Zahl der Gesuche um Hierbelassung vermerkte der Bericht ca. 18.000, worunter sich allerdings zahlreiche Gesuche befänden, welche mehrere Personen umfaßten bzw. Sammelgesuche von einzelnen Unternehmungen und Anstalten, „welche auch mehrere hundert Personen" betrafen. Nach Ansicht Schobers waren es daher weit über 20.000 Fremde – eine genauere Feststellung sei bisher mangels der Möglichkeit, eine Konskription durchzuführen, nicht möglich gewesen –, welche die „Weiterbelassung in Wien" anstrebten[2664]. Der Bericht versäumte auch nicht, auf die zahlreichen Schwierigkeiten aufmerksam zu machen, die sich für die Polizeidirektion bei der Bearbeitung dieser Gesuche ergaben[2665].

2662 In einem Schreiben der niederösterreichischen Landesregierung an das Staatsamt für Äußeres vom 24. Oktober 1919, Z. VIIc-4085/33, n.ö. LA (wie Anm. 2589), monierte die Landesregierung erneut, daß bei der Grenzkontrollstelle Hohenaue wieder „täglich Hunderte von Personen aus Galizien" einreisten, „welche sich mit ordnungsmäßig ausgestellten und von den österr. Vertretungsbehörden vidierten Pässen ausweisen und sich darauf berufen, daß sie nur den allgemein gestatteten dreitägigen Aufenthalt in Deutschösterreich zu nehmen beabsichtigen. Dieser Angabe kann wohl in den meisten Fällen kein Glauben geschenkt werden." Man möge, so die Landesregierung, keine Personen, welche die österreichische Staatsbürgerschaft nicht besaßen und keine von der kompeteten Stelle ausgestellte Aufenthaltsbewilligung für eine Gemeinde Deutschösterreichs hatten, einreisen lassen, sondern ihnen die Paßvidierung verweigern.

2663 Bericht der Polizeidirektion an Staatskanzlei, Staatsamt für Inneres und Unterricht sowie an das Präsidium der n.ö Landesregierung, Pr. 15770/1, vom 19. November 1919, Z. VIIc-4694/40, n.ö. LA (wie Anm. 2589).

2664 Der Bericht führte auch aus, daß eine „Kontrolle über die in Wien aufhältlichen Fremden, welche zur Abreise verpflichtet wären", nicht bewerkstelligt werden könne, weil ein Kataster der Fremden fehle. Es wäre hierzu „vielmehr die Konskribierung der Ausländer notwendig, welche ungemein viel Arbeit und Kosten verursachen würde"; für ein solches Sammelgesuch siehe etwa die Liste des Verbands Österreichischer Banken und Bankiers vom 5. Jänner 1920, in der für 13 Bankangestellte die Aufenthaltsbewilligung beantragt war, Z. VIIc-124/48, n.ö. LA (wie Anm. 2589).

2665 Hinsichtlich der Erledigung dieser Gesuche wies die Polizeidirektion darauf hin, „daß die Überprüfung sehr mühsam ist, da seitens der Gesuchsteller alle möglichen Vorwände gebraucht werden, um den Aufenthalt in Wien zu rechtfertigen und insbesondere die beigebrachten Bestätigungen und sonstigen Dokumente genau auf ihre Echtheit und die Wahrheit der bestätigten Daten geprüft werden müssen." Große Schwierigkeiten bestünden hinsichtlich der gewerblichen Arbeiter und der Handelsangestellten, da nicht selten während des Krieges infolge des Mangels an Arbeitskräften in hiesigen Unternehmungen Kriegsflüchtlinge angestellt wurden und in diesen Stellungen verblieben waren, obwohl nun wieder zahlreiche Deutschösterreicher für solche Posten verfügbar und die in den betreffenden

Gerade allerdings die Vorgangsweise bezüglich der Ansuchen um Aufenthaltsbewilligung war Anlaß zu erneuter Kritik. So schrieb der Abgeordnete Stricker in einem offenen Brief an den Polizeipräsidenten Schober in der Wiener Morgenzeitung vom 15. November 1919, daß das „Ausweisungsverfahren gegen die galizischen Juden" einen Verlauf nehme, welcher ihn zwinge, „in nachdrücklichster Form Protest zu erheben und in letzter Stunde eindringlich vor den Folgen zu warnen". Er kritisierte, daß die fremden Staatsbürger aufgefordert worden waren, begründete Ansuchen um Aufenthaltsbewilligung einzureichen, wobei Gewerbetreibenden, Arbeitenden in dauernder Stellung und im öffentlichen Interesse wirkenden Personen durch den Regierungserlaß günstige Erledigung in Aussicht gestellt worden sei, nun aber die Polizeidirektion alle Ansuchen von galizischen Juden abweise und ihnen mit Abschub drohe, wenn sie nicht innerhalb weniger Tagen oder Wochen abreisten. „Gewerbeinhaber, Arbeiter und Beamte in Stellung, befugte Kaufleute, Kranke, Greise, Kinder etc." würden „einfach weggejagt", was Stricker als „ein unwürdiges Spiel" bezeichnete, „welches eine Regierung eines Kulturstaates sich mit Menschen nicht erlauben darf". Diese Vorgangsweise bedeute „eine Irreführung, die gröbste Verletzung der von der Regierung gemachten Zusage"[2666].

Am 22. November 1919 erließ das Staatsamt für soziale Verwaltung Richtlinien für die Erteilung von Aufenthaltsbewilligungen[2667]. Diese Richtlinien sahen bezüglich des Kriteriums des öffentlichen Interesses eine Unterscheidung zwischen qualifizierten (gelernten) und unqualifizierten Arbeitern, Lehrlingen, Hilfsarbeitern, Hausgehilfinnen und Angestellten vor. Insbesondere den qualifizierten Arbeitern im Bergbau, im Baugewerbe und in der Land- und Forstwirtschaft sei der Aufenthalt zu bewilligen, „wenn nicht ganz besonders schwerwiegende Gründe" dagegen sprachen. Weiters sollte den Arbeitern jener Berufskategorien, an welchen im Staatsgebiete erwiesenermaßen Mangel herrschte[2668], der Aufenthalt bewilligt werden. Bezüglich der Hausgehilfinnen sprach sich der Erlaß wegen des Mangels an brauchbaren Kräften dafür aus, dieses Personal „gegenwärtig möglichst in ihren Stellungen zu belassen, da die Zahl jener, welche

---

Unternehmungen seinerzeit tätig gewesenen Angestellten nach Ableistung ihres Militärdienstes zurückgekehrt waren. Nach Ansicht der Polizeidirektion sei es „nun wohl nur recht und billig, daß diese Kriegsaushelfer verabschiedet und durch österreichische Angestellte ersetzt würden". Der Ausweisung solcher Angestellten stehe jedoch die Bestimmung des Erlasses entgegen, wonach für Personen, die sich seit längerer Zeit in Österreich in einer dauernden Arbeitsstellung befänden, Ausnahmen zu machen seien.

2666 In Reaktion auf diesen offenen Brief wies Schober die mit der Ausweisungsaktion betraute Amtsstelle an, „strenge nach den im Gegenstande erlassenen Weisungen der Oberbehörde vorzugehen und bei der Durchführung der Ausweisungen jede Härte zu vermeiden"; vgl. Schreiben Schobers an die n.ö. Landesregierung Pr. Z. 15770, Z. VIIc-4201/39, n.ö. LA (wie Anm. 2589).

2667 Siehe z.Z. 29562, übermittelt an die Polizeidirektion Wien durch Runderlaß vom 5. Dezember 1919, Z. VIII c - 4694/42, n.ö. LA (wie Anm. 2589).

2668 Die Richtlinien nannten hier z.B. „Uhrmacher, hochqualifizierte Arbeitskräfte, die speziell für den Export arbeiten und bei der Erzeugung von Artikeln mitarbeiten, bei welchen die Wiener Geschmacksrichtung in besonderem Maße zur Geltung kommt". Bei den übrigen Gesuchen sollte Bewertungsmaßstab sein, ob für den Antragsteller derzeit leicht ein Ersatz am Arbeitsmarkt zu finden sei.

während des Krieges in diesem Berufe verblieben sind und daher besonders geeignet erscheinen, sehr gering ist". Da keine Aussichten bestünden, die große Anzahl der arbeitslosen Angestellten „in absehbarer Zeit in der Volkswirtschaft unseres Staates unterzubringen", sollten diesen Aufenthaltsbewilligungen nur dann erteilt werden, wenn sie besondere Qualifikationen aufwiesen, wie etwa Antragsteller, „die in ihrer gegenwärtigen Stellung ihre Sprachkenntnisse und ihre Verbindungen mit dem Ausland verwerten können (Korrespondenten, Reisende, Agenten)". Prinzipiell mußten überdies das „Verhalten des Bittstellers in politischer Beziehung und die Verpflegs- und Unterkunftsverhältnisse" so beschaffen sein, daß „eine Berücksichtigung des Antrages nicht von vorneherein auszuschließen" war.

Aber auch Kritik an der wenig effizienten Umsetzung der Ausweisungsmaßnahmen wurde wiederholt laut. So kam es im Wiener Gemeinderat am 28. November 1919 zu einer Interpellation der Gemeinderäte Leopold Kunschak und Genossen betreffend die Ausweisung von Flüchtlingen[2669], in der moniert wurde, daß der Erlaß der niederösterreichischen Landesregierung, der die Ausweisung der in Wien befindlichen Flüchtlinge aus den Oststaaten verfügte, zwar schon seit Monaten in Geltung stünde, aber „noch immer nur zum allergeringsten Teil durchgeführt" worden sei. Es befänden sich „noch Tausende von sogenannten Flüchtlingen und anderer Zuwanderer aus dem Osten, meistens Ostjuden, in unserer Stadt, die durch Schiebungen, Kettenhandel und Mißbräuche aller Art für die einheimische Bevölkerung und ihre Wirtschaft eine andauernde Gefahr bilden und ihre Geduld auf eine harte Probe stellen"[2670]. Die niederösterreichische Landesregierung reagierte darauf mit der Mitteilung[2671], daß ein „nicht geringer Teil" jener Personen, welche durch die erwähnte Kundmachung betroffen waren, Wien bereits verlassen hätte, und gerade unter diesen habe sich „ein hoher Prozentsatz jener Elemente, die durch ihr Treiben unmittelbar Schaden gestiftet haben", befunden. Landeshauptmann Sever betonte, daß „in allen jenen Fällen, in denen einzelne Personen nachweisbar unerlaubte Geschäfte betrieben haben, ohne jeden Verzug mit der Abschaffung nach dem Schubgesetz von 1871 vorgegangen und die zwangsweise Entfernung der Betroffenen veranlaßt wurde". Die Abreisendmachung der noch Zurückgebliebenen, so Sever weiter, würde, „soweit es die Verkehrsverhältnisse und die Fas-

---

2669 Z. VIIc-4695/45, n.ö. LA (wie Anm. 2589).

2670 Die Interpellation führte weiter aus, „daß sich die Lebensverhältnisse in Wien mehr und mehr kritisch gestalten" würden, da „bei dem entsetzlichen Mangel an Lebensmitteln und den notwendigsten Bedarfsgegenständen und einem schreienden Wohnungselend ... diese unerwünschten Gäste aufs schwerste unsere Stadt" belasteten. Es sei Sache der Gemeinde, „auch in dieser Hinsicht die Interessen der einheimischen bodenständigen Bevölkerung zu schützen und von den Staatsbehörden zu verlangen, daß sie die von ihnen selbst als nötig erkannten Maßnahmen endlich auch ernstlich und energisch durchführen". Die Gefertigten stellten daher die Frage: „Ist der Herr Bürgermeister gewillt, von der niederösterreichischen Landesregierung die unbeirrte endliche Ausweisung der fremden Schädlinge zu fordern?"

2671 Erlaß der niederösterreichischen Landesregierung an den Bürgermeister von Wien vom 8. Jänner 1920, Z. VIIc-4695/45, n.ö. LA (wie Anm. 2589).

sungsmöglichkeit der eingeleiteten Evakuierungszüge gestatten, mit tunlichster Beschleunigung durchgeführt" werden[2672].

Allerdings versuchte nun die Landesregierung, die Ausweisungsaktion durch Erlässe an die Polizeidirektion zu beschleunigen. Im März 1919 ordnete die Landesregierung an, daß „die gegenwärtigen günstigen Witterungsverhältnisse zur Bewerkstelligung der Transporte voll ausgenützt werden" sollten, andererseits empfahl sie, um „den Widerstand, welchen die unter das Ausweisungsgebot fallenden Personen ihrer Abreise erfahrungsgemäß entgegensetzen, endlich zu brechen"[2673], gegen alle Personen, deren Ansuchen um Erteilung einer Aufenthaltsbewilligung rechtskräftig abgewiesen wurde, oder denen zwar gegen die ablehnende Entscheidung der Landesregierung noch ein weiteres Rechtsmittel offenstand, dem aber die aufschiebende Wirkung aberkannt wurde, „sofort mit der Fällung von Abschaffungserkenntnissen und der zwangsweisen Entfernung" vorzugehen[2674].

Ein weiterer Erlaß der Landesregierung an die Polizeidirektion vom 20. Mai 1920[2675] kritisierte erneut, daß die „Außerlandschaffungsaktion in Wien leider bisher noch immer keine befriedigenden Resultate erzielt" habe. Acht Monate seien seit Erlassung der Kundmachung verflossen und nach wie vor hielten sich „Tausende von Fremden, auf welche die Kundmachung hätte Anwendung finden sollen, in Wien ungestört auf, ja wiegen sich dann, wenn sie nicht so unklug waren, die Behörden durch ein Gesuch um Aufenthaltsbewilligung auf sich aufmerksam zu machen, hier in vollster Sicherheit". Die niederösterreichische Landesregierung habe „gewiß nicht verfehlt, zum Überdruß immer wieder darauf hinzuweisen, daß es ihr mit der vollständigen Durchführung der Ausweisungsaktion durchaus ernst sei, ohne daß es ihr scheinbar bisher gelungen wäre, davon zu überzeugen"[2676]. Die darauf bezügliche Stellungnahme des Poli-

---

2672 Überdies sei der größte Teil der etwa 20.000 Gesuche um Aufenthaltsbewilligung von der Polizeidirektion bereits erledigt, aber wegen Rekursergreifung noch nicht rechtskräftig geworden. Etwa 1.700 Familien hätten aus besonders triftigen Gründen befristete Aufenthaltsgenehmigungen erhalten und etwa 1.000 Dienstboten und 700 Arbeitern war bis auf weiteres der Aufenthalt in Wien genehmigt worden.

2673 Erlaß der niederösterreichischen Landesregierung an den Präsidenten der Polizeidirektion vom 27. März 1920, Z. VIIc-1409/54, n.ö. LA (wie Anm. 2589).

2674 Erlaß an Polizeidirektion vom 6. März 1920, Z. VIIc-1409/53, n.ö. LA (wie Anm. 2589). Bereits dieser Erlaß hatte die „Polizeidirektion ... eingeladen, der Außerlandschaffungsaktion, welche bisher leider noch kein zufriedenstellendes Ergebnis gezeitigt hat, nach wie vor das größte Augenmerk zuzuwenden" und die genannten Maßnahmen angeordnet. Der Erlaß vom 27. März stellte daher eine sogar sprachlich weitgehend idente Wiederholung dieses Erlasses dar.

2675 Erlaß der niederösterreichischen Landesregierung an den Präsidenten der Polizeidirektion vom 17. Mai 1920, Z. VIIc-3363/65, n.ö. LA (wie Anm. 2589).

2676 Ganz ähnlich verhielte es sich aber auch mit der zur Außerlandesschaffungmaßnahme parallel laufenden Aktion betreffend die Einführung von Aufenthaltsbewilligungen für in Wien sich länger als drei Tage aufhaltende Fremde. Auch hier sei eine Reihe von Vorschriften erlassen worden, „die offenkundig nur am Papiere stehen, von der Bevölkerung nicht beachtet, von der Behörde nicht kontrolliert werden und nur das Resultat erzielt haben, daß eine Anzahl von Beamten mit einer Fülle gänzlich wertloser Schreibarbeit beschäftigt ist".

zeipräsidenten vom 16. Juni 1920[2677], in der Schober die „Vorwürfe gegen die Amtierung der Polizeidirektion in Angelegenheiten der Fremdenausweisung als unbegründet" zurückwies, zeigt nun bereits deutlich ein gespanntes Verhältnis zwischen Landesregierung und Polizeidirektion. Schober wies nicht nur auf infrastrukturelle Probleme der Polizeiarbeit[2678] und die „ungeheure Umständlichkeit des Verfahrens"[2679] hin, sondern beschwerte sich, daß täglich „bei der Polizeidirektion seitens der Landesregierung, der Staatsämter und der ausländischen Gesandtschaften nicht einmal, sondern mehreremale zu Gunsten Ausgewiesener interveniert" werde[2680] und die Fälle zahlreich seien, „in welchen die abweislichen Bescheide der Polizeidirektion durch die höheren Instanzen abgeändert und außer Kraft gesetzt werden". Schober ging nun seinerseits in den Angriff und meinte, es „wäre daher kein Wunder, wenn sich bei den zur Fremdenausweisungsaktion herangezogenen Beamten die Ansicht geltend machen würde, daß diese Aktion seitens der vorgesetzten Stellen nicht ernst gemeint sei"[2681]. „Wenn die unter der

---

2677 Schreiben des Polizeipräsidenten Schober an die niederösterreichische Landesregierung vom 16. Juni 1920, Z. VIIc-4349/70, n.ö. LA (wie Anm. 2589).

2678 Es mangle der Polizeidirektion insbesondere an Raum, um das mit der Aktion befaßte Personal unterzubringen. Es müsse zeitweise im „Hofe und auf Gängen ... amtiert" werden.

2679 Tatsächlich konnte ein abweisender Bescheid betreffend die Aufenthaltsgenehmigung zwei weitere Instanzen durchlaufen, und gegen ein Abschaffungserkenntnis war Rekurseinlegung möglich, so daß es dazu kommen konnte, „daß bis zur Rechtskraft einer Ausweisungsverfügung fünf Entscheidungen notwendig" waren. Nach Rechtskraft eines Abschaffungserkenntnis begannen neue Schwierigkeiten, die Schober folgendermaßen schilderte: „Der Ausgewiesene bedarf, um ins Ausland zu gelangen, eines Reisepasses und mehrfacher Visa ausländischer Gesandtschaften, welche bekanntlich nicht leicht zu beschaffen sind. Er hat daher stets Ausreden bereit, insbesondere ist es in jüngster Zeit üblich geworden, einfach zu erklären, daß Heimatsdokumente nicht beigebracht werden können, weil sie verloren gegangen sind. Soll aber die Polizeidirektion Paß und Visa besorgen, so muß sie die Staatsbürgerschaft des Auszuweisenden genau nachweisen, was oft nur auf Grund umständlicher Korrespondenzen möglich ist. Soll aber, falls der Ausgewiesene nicht freiwillig abreist, zur Abschiebung geschritten werden, so muß erst im diplomatischen Wege die Übernahme seitens des Nachbarstaates erwirkt werden. Um diese Schwierigkeiten zu beseitigen, würde es sich empfehlen, die Ausweisung nur auf Niederösterreich zu beschränken, um dadurch indirekt einen Zwang auf den Ausgewiesenen auszuüben, damit er sich schließlich doch entfernt, da er auf dem Lande sicherlich nicht aufgenommen werden wird."

2680 Dazu der Erlaß der niederösterreichischen Landesregierung an die Polizeidirektion vom 16. Juni 1920, Z. VIIc-4349/70: „Es wird berichtet, daß seitens der Landesregierung wiederholt zu Gunsten von Ausländern ‚interveniert' worden sei und zwar in einer Weise, die Zweifel an ihrer ernsten Absicht, die Ausweisungsaktion durchzuführen begründet. Die Polizeidirektion erhält den Auftrag, alle Fälle dieser Art mit allen zur Beurteilung ihrer Bedeutung erforderlichen Einzelheiten unverzüglich bekanntzugeben, damit untersucht werden könne, ob das Vorgehen derjenigen Organe der Landesregierung, welche in diesen Fällen ‚interveniert' haben, ein ungerechtfertigtes oder sachwidriges war". Die Landesregierung unterließe es, auf Einzelheiten des Berichtes einzugehen, „weil sie sich davon eine Förderung des Dienstes nicht mehr erwartet". Der Akt merkte auch an, daß in dem Bericht der Polizeidirektion „der Erbitterung über die an ihrem Vorgehen bei Durchführung der Ausweisungsaktion geübte Kritik über Gebühr Raum gegeben" worden sei.

2681 Nichtsdestoweniger würde „unermüdlich gearbeitet, die leitenden Beamten sind bis in die späten Abendstunden tätig und selbst das Kanzleipersonal macht fast täglich Überstunden".

Bevölkerung verbreiteten Schlagworte den Tatsachen entsprechen würden", so führte Schober weiter aus, „daß nämlich alle oder wenigstens der größte Teil der vor 5 oder 6 Jahren nach Wien gekommenen Kriegsflüchtlinge Kriegswucherer, Kettenhändler, Schieber und Kriegsgewinner wären – was jedoch durch nichts erwiesen ist, dann könnte die Aktion auch mit einer gewissen Schonungslosigkeit durchgeführt werden, ohne daß daran berechtigterweise Anstand genommen werden könnte"[2682]. Ein nicht zwischen derartigen Elementen und wirklichen Kriegsflüchtlingen differenzierendes, „schablonenhaftes Vorgehen würde daher den Intentionen der Staatsregierung widersprechen und mit Recht als Brutalität gekennzeichnet werden, was gewiß schon aus Gründen der äußeren Politik vermieden werden" müsse.

Nichtsdestoweniger ordnete Schober in einem Runderlaß[2683] an, die in Angelegenheit der Ausweisungsaktion erforderlichen Erhebungen „mit aller Beschleunigung und derart erschöpfend durchzuführen, daß eine wiederholte Aktenübersendung vermieden" werde. Gelegentlich aller „Amtshandlungen mit Fremden, welche der Ausweisungskundmachung unterliegen", sei festzustellen, ob sich der betreffende Ausländer berechtigterweise in Wien aufhielt und im negativen Fall „unverzüglich der Antrag auf Abschaffung" zu stellen. Um jene von der Ausweisungsverfügung betroffenen Ausländer zu erfassen, „welche bisher nicht einmal um die Aufenthaltsbewilligung angesucht" hatten, wurde angeordnet, „in den Häusern, in welchen sich notorisch solche Ausländer aufhalten, Nachschau zu halten", und bezüglich der Ausländer, die weder eine Aufenthaltsbewilligung vorweisen, noch den Nachweis erbringen konnten, daß sie um eine solche angesucht hatten, sofort das Abschaffungserkenntnis „einzuleiten".

In den Bezirkshauptmannschaften war inzwischen die Ausweisungsaktion weiter fortgesetzt worden. Da die bisher eingelangten Berichte allerdings die Landesregierung „kein klares Bild darüber gewinnen" ließen, „inwieweit die Kundmachung vom 9. September 1919 tatsächlich durchgeführt erscheint", wurde von den Bezirkshauptmannschaften am 12. Februar 1920[2684] die erneute Berichterstattung eingefordert. Diese zwischen März und Juni 1920 eingegangenen Berichte der Bezirkshauptmannschaft weisen allerdings höchst unterschiedliche Erfolge der „Abreisendmachung" aus. So waren von den in St. Pölten betroffenen 300 Personen nur insgesamt 15 bereits freiwillig abge-

---

2682 Und Schober weiter: „Solchen Elementen gegenüber übt die Polizeidirektion auch keinerlei Schonung. Die bei den zahlreichen Revisionen von Kaffeehäusern, Winkelbörsen, Spielhöllen u. dgl. aufgegriffenen Ausländer werden schonungslos in Haft behalten und sofort abgeschafft. Die übrigen für die Ausweisung in Betracht kommenden Personen sind jedoch seinerzeit unter dem Eindrucke der Kriegsschrecken nach Wien gekommen und infolge der langen Dauer des Krieges, während welcher ihre Heimatorte vom Feinde besetzt und zerstört worden waren, jahrelang hier zurückgehalten worden. Sie waren daher genötigt, hier einem Berufe nachzugehen und sich ein Heim zu gründen. ... Deswegen hat die Staatsregierung von vornherein erklärt, daß die Ausweisungsaktion ein Akt des Notstandes ist, welcher durch die schlechte Ernährungslage und die Wohnungsnot veranlaßt ist und daß besondere Verhältnisse der von der Ausweisung betroffenen Personen genau geprüft werden sollen, um jede Härte bei der Durchführung zu vermeiden."

2683 Runderlaß vom 16. Juni 1920, Pr. Z. 1541/2, n.ö. LA (wie Anm. 2589).

2684 Erlaß der niederösterreichischen Landesregierung an alle Bezirkshauptmannschaften vom 12. Februar 1920, Z. VII-c 124/51, n.ö. LA (wie Anm. 2589). Den Bezirkshauptmannschaften wurden nun auch konkrete Formulare vorgeschrieben.

reist[2685], in Amstetten standen 176 Betroffenen 64 Abgereiste gegenüber[2686], in Baden war das Verhältnis 473 zu 99[2687], in Bruck an der Leitha 703 zu 58[2688], in Floridsdorf-Umgebung standen 903 Betroffenen 168 freiwillig Abgereiste gegenüber[2689], in Gänsern-

2685 Von den 300 Betroffenen waren 36 Polen, 38 Ungarn, 206 Tschechoslowaken und 20 Jugoslawen. 260 Aufenthaltsgesuche waren eingegangen, wovon 175 gewährt wurden (unbefristet 42, befristet 49, wovon 25 zum Stichtag bereits abgelaufen waren). Insgesamt hielten sich daher noch 38 Personen unberechtigt im Bezirk auf, davon 13 trotz verweigerter oder abgelaufener Aufenthaltsbewilligung und 25 Personen, die weder abgereist waren, noch um Aufenthaltsbewilligungen angesucht hatten; vgl. den Bericht der Bezirkshauptmannschaft St. Pölten vom 20. Mai 1920, Z. VIIc-3363/64, z.Z. VIIc-124/51, n.ö. LA (wie Anm. 2589).

2686 Die Betroffenen setzten sich aus 12 polnischen, 32 ungarischen, 110 tschechoslowakischen, neun jugoslawischen, vier rumänischen (Bukowina) und neun italienischen (Triest und Küstenland) Staatsangehörigen zusammen. 112 Personen waren um Aufenthaltsgenehmigung eingeschritten, wovon 42 Gesuche genehmigt wurden (40 unbefristet, zwei befristet). Es befand sich also zum Stichtag kein Ausländer mehr unberechtigterweise in der Bezirkshauptmannschaft Amstetten; vgl. den Bericht vom 9. März 1920, Z. VIIc-124/51, z.Z. VIIc-124/51, n.ö. LA (wie Anm. 2589).

2687 Betroffen waren laut Bericht vom 8. April 1920, z.Z. VIIc-124/51, n.ö. LA (wie Anm. 2589), 289 Polen, 104 Ungarn, 147 Tschechoslowaken, 33 Jugoslawen, wovon 363 Personen Aufenthaltsgesuche eingebracht hatten. Von 288 Bewilligungen waren 85 unbefristet, 203 befristet. Es hielten sich zum Stichtag noch 59 Personen unberechtigt in der Bezirkshauptmannschaft auf, davon 48 wegen bereits abgelaufener Aufenthaltsbewilligungen und elf Personen, die weder abgereist waren, noch um Aufenthalt angesucht hatten. Vgl. auch den Endbericht der Bezirkshauptmannschaft Baden vom 28. August 1920, VIIc-9322/79, n.ö. LA (wie Anm. 2589), betreffend die 59 Personen, die sich zum Zeitpunkt des letzten Berichtes noch im Bezirk aufgehalten hatten.

2688 Bericht vom 25. Mai 1920, VIIc-4349/69, Z. VIIc-124/51, n.ö. LA (wie Anm. 2589). Von den 703 Betroffen waren 39 Polen, 180 Ungarn, 225 Tschechoslowaken, zwölf Jugoslawen. Alle 459 beantragte Aufenthaltsbewilligungen wurden genehmigt, davon 412 unbefristet, 47 befristet. 190 Personen hielten sich zum Stichtag noch unberechtigt in der Bezirkshauptmannschaft auf, davon nur vier wegen abgelaufener Aufenthaltsbewilligung, 186 jedoch, die weder abgereist waren noch um Aufenthaltsbewilligung angesucht hatten. Die Bezirkshauptmannschaft rechtfertigte diese hohe Zahl damit, daß sich ein großer Teil noch im Erhebungsstadium befände, „weiters können sehr viele Personen, da ihre Zuständigkeit nicht festgestellt werden kann, bei den ausländischen Gesandtschaften keine Reisedokumente erhalten. Dazu kommt, daß einigen Parteien infolge Krankheit eine Rückreise dermalen unmöglich ist. Schließlich wird bemerkt, daß sich einem Teile der Genannten durch Nichtbeistellung von Waggons behufs Mitnahme ihrer Mobilien der Rücktransport benommen erscheint“.

2689 Bericht der Bezirkshauptmannschaft vom 13. April 1920, z.Z. VIIc-124/51, n.ö. LA (wie Anm. 2589). Die Betroffenen setzten sich aus 431 Tschechen, 66 Polen, 58 Ungarn und einem Jugoslawen zusammen. Von den 338 gewährten Aufenthaltsbewilligungen (429 beantragt) waren 161 unbefristet und 177 befristet erteilt worden, wovon zum Stichtag bereits 129 abgelaufen waren. 306 Personen hatten weder eine Aufenthaltsbewilligung beantragt, noch waren sie abgereist, also hielten sich zumindest 306, vermutlich aber tatsächlich 435 Personen unberechtigt in der Bezirkshauptmannschaft auf, weil nicht angenommen werden kann, daß die Personen mit abgelaufenen Aufenthaltsbewilligungen bereits abgereist waren; vgl. auch den früheren Bericht vom 10. Jänner 1920, Z. VIIc-124/49, n.ö. LA (wie Anm. 2589).

dorf waren von 89 Betroffenen nur 19 bereits abgereist[2690], in Gmünd fünf von 23[2691], in Hietzing war das Verhältnis zwischen Betroffenen und Abgereisten 226 zu 62[2692], in Horn 344 zu 198[2693], in Korneuburg 387 zu 138[2694], in Krems 55 zu 18[2695], in Melk 63 zu 15[2696], in Mistelbach 405 zu 248[2697], in Neunkirchen waren von 629 Betroffenen 193

2690 Laut Bericht der Bezirkshauptmannschaft Gänserndorf vom 28. Mai 1920, z.Z. VIIc-124/51, n.ö. LA (wie Anm. 2589), waren 22 Polen, 17 Ungarn, 41 Tschechoslowaken und drei Jugoslawen betroffen. 51 Aufenthaltsbewilligungen waren gewährt worden, davon 44 unbefristet und sieben befristet, wovon acht bereits abgelaufen waren. Da acht Personen weder um Aufenthaltsbewilligungen angesucht hatten noch abgereist waren, befanden sich daher noch insgesamt acht Personen unberechtigt im Gebiet der Bezirkshauptmannschaft.

2691 Von diesen 23 waren 17 Tschechoslowaken, vier Polen und zwei Jugoslawen. Nur eine Person war erfolgreich um eine unbefristete Aufenthaltsbewilligung eingeschritten, 17 Personen hielten sich daher unberechtigt im Bezirk auf; vgl. Bericht vom 29. Mai 1920, z. Z. VIIc-124/51, n.ö. LA (wie Anm. 2589).

2692 Bericht der Bezirkshauptmannschaft vom 20. Mai 1920, z.Z. VIIc-124/51, n.ö. LA (wie Anm. 2589). Von den Betroffenen waren 101 tschechoslowakischer, 39 polnischer, 72 ungarischer und 14 jugoslawischer Staatsangehörigkeit. 146 hatten Aufenthaltsbewilligungen beantragt, 141 Anträge wurden genehmigt, davon 52 unbefristet, 89 befristet, wovon am Stichtag bereits zwölf abgelaufen waren. Ingesamt hielten sich daher inklusive der 18 Personen, die weder um Aufenthalt angesucht hatten noch abgereist waren, und der fünf Personen, deren Gesuch abschlägig beschieden worden war, 35 Ausländer unberechtigt im Bezirk auf.

2693 Laut Bericht der Bezirkshauptmannschaft vom 27. Februar 1920, z.Z. VIIc-124/51, n.ö. LA (wie Anm. 2589), konnte die Nationalitätenzugehörigkeit zwar derzeit nicht festgestellt werden, es handle sich aber überwiegend um Tschechoslowaken. 76 Anträge auf Aufenthaltsbewilligung waren eingebracht worden, wovon alle bewilligt worden waren. 70 Personen, die nicht um Aufenthaltsgenehmigung angesucht hatten, hielten sich nach dem Bericht noch im Bezirk auf. Diese 70 Personen hatten „größtenteils die d.ö. Staatsbürgerschaftserklärung abgegeben“ und waren im Bezirk wohnende unentbehrliche landwirtschaftliche Arbeiter.

2694 Bericht vom 20. Mai 1920, Z. VIIc-905/51, z.Z. VIIc-124/51, n.ö. LA (wie Anm. 2589). 325 Tschechoslowaken, 22 Polen, 31 Ungarn und neun Jugoslawen waren betroffen, 203 Personen hatten Aufenthaltsgesuche eingereicht, wovon 162 gewährt wurden, 112 unbefristet, 14 befristet, welche bereits zum Stichtag abgelaufen waren. Weder abgereist, noch um Aufenthalt angesucht hatten 46 Personen, drei Personen hielten sich trotz abgelaufener Aufenthaltsbewilligungen noch im Bezirk auf.

2695 Bericht der Bezirkshauptmannschaft vom 27. März 1920, z.Z. VIIc-124/51, n.ö. LA (wie Anm. 2589). Von den Betroffenen waren 16 Polen, elf Ungarn, 26 Tschechoslowaken, zwei Jugoslawen. Von den 37 eingelangten Gesuchen um Aufenthaltsbewilligung wurden 33 gewährt, davon 14 unbefristet, 19 befristet (zwölf bereits zum Stichtag abgelaufen). Nur mehr eine Person hielt sich zum Stichtag wegen verweigerter oder abgelaufener Aufenthaltsbewilligung im Bezirk auf.

2696 Bericht der Bezirkshauptmannschaft vom 25. Mai 1920, Nr. 12, z.Z. VIIc-124/51, n.ö. LA (wie Anm. 2589). Betroffen waren 55 Tschechoslowaken, fünf Polen, ein Ungar und zwei Jugoslawen. Von 48 Anträgen auf Aufenthaltsbewilligungen wurden 46 positiv erledigt, darunter 35 unbefristet und elf befristet, die zum Berichtszeitpunkt bereits abgelaufen waren. Zwei Personen, die nicht um Aufenthaltsgenehmigungen eingekommen waren, hielten sich noch unberechtigt im Bezirk auf.

2697 Bericht der Bezirkshauptmannschaft vom März 1920, Nr. 13, z.Z. VIIc-124/51, n.ö. LA (wie Anm. 2589). Von den 405 Betroffenen waren 394 in der Tschechoslowakei zuständig, acht

freiwillig abgereist[2698], in Oberhollabrunn 189 von 390 Betroffenen[2699], in Scheibbs neun von 20[2700], in Tulln 20 von 142[2701], in Wiener Neustadt 116 von 626[2702], in Zwettl 26 von 49[2703], in Waidhofen dreizehn von 21[2704], während in Lilienfeld[2705] und Pögg-

---

in Polen, zwei in Ungarn und einer in Jugoslawien. 39 Anträge auf Aufenthaltsgenehmigung waren eingegangen, wovon 28 Personen der Aufenthalt unbefristet (34) oder befristet (vier zum Berichtszeitpunkt bereits abgelaufen) gewährt worden war. 118 Personen hielten sich also im Bezirk unberechtigt auf. Deren Entfernung wurde aber von der Bezirkshauptmannschaft als „inopportun" bezeichnet wurde.

2698 Bericht der Bezirkshauptmannschaft vom April 1920, Nr. 15 z.Z. VIIc-124/51, n.ö. LA (wie Anm. 2589). Von den 629 Betroffenen waren 420 Ungarn, 103 Jugoslawen, 75 Tschechoslowaken und 31 Polen. Alle 436 beantragten Aufenthaltsbewilligungen waren gewährt worden, drei Personen hielten sich unberechtigt im Bezirk auf.

2699 Bericht der Bezirkshauptmannschaft vom 25. April 1920, Nr. 16 z.Z. VIIc-124/51, n.ö. LA (wie Anm. 2589). Betroffen waren 27 Polen, 11 Ungarn, 328 Tschechoslowaken, 16 Jugoslawen, vier Russen und vier italienische Staatsangehörige. 162 von 179 beantragten Aufenthaltsgenehmigungen wurden gewährt, 140 unbefristet, 22 befristet, wovon bereits neun abgelaufen waren. Unberechtigt hielten sich 43 Personen im Bezirk auf, davon zwölf trotz verweigerter oder abgelaufener Aufenthaltsbewilligung.

2700 Bericht der Bezirkshauptmannschaft vom 29. Februar 1920, Nr. 19 z.Z. VIIc-124/51, n.ö. LA (wie Anm. 2589). Elf Tschechoslowaken, sechs Ungarn, zwei Polen und ein Jugoslawe waren betroffen, 15 Aufenthaltsgenehmigungen waren beantragt und erteilt worden, davon sechs unbefristet und neun befristet, wovon sechs bereits abgelaufen waren. Zwei Personen, die keine Aufenthaltsbewilligung beantragt hatten, hielten sich noch unberechtigt im Bezirk auf.

2701 Bericht der Bezirkshauptmannschaft Tulln vom 26. Mai 1920, Z. VIIc-905/50, n.ö. LA (wie Anm. 2589). Bezüglich der Staatsangehörigkeit der betroffenen Personen wies der Bericht 44 Polen, 22 Ungarn, 63 Tschechoslowaken, sieben Jugoslawen sowie einige Rumänen und Italiener aus; ca. 122 Aufenthaltsbewilligungen seien beantragt und in 90 Fällen befristet gewährt worden; laut Bericht hielten sich noch zwei Personen unberechtigt im Bezirk auf. Der Bezirkshauptmann entschuldigte die Verzögerung der Vorlage dieses Berichtes mit dem Ausbleiben der diesbezüglichen Meldungen der Stadtgemeinde Klosterneuburg, wo 69 Personen von der Ausweisungskundmachung betroffen waren. Da diese Gemeinde auch zum Berichtszeitpunkt noch nicht in der Lage war, einen vollständigen Bericht vorzulegen, sind die Daten ungenau.

2702 Bericht der Bezirkshauptmannschaft vom 12. Mai 1920, Nr. 22 z.Z. VIIc-124/51, n.ö. LA (wie Anm. 2589). Bei den Betroffenen handelte es sich um 393 tschechoslowakische, 185 ungarische, 33 polnische und 15 jugoslawische Staatsangehörige, wovon 269 um Aufenthaltsbewilligung angesucht hatten. 225 Anträge wurden bewilligt, 29 unbefristet, 196 befristet, von denen 62 zum Stichtag abgelaufen waren. 241 hatten weder um Aufenthalt angesucht, noch waren sie bereits abgereist. Folglich hielten sich noch 280 Personen unberechtigt im Bezirk auf, davon 39 wegen abgelaufener oder verweigerter Aufenthaltsbewilligungen.

2703 Bericht der Bezirkshauptmannschaft vom 4. März 1920, Nr. 23 z.Z. VIIc-124/51, n.ö. LA (wie Anm. 2589). 44 Personen waren in der Tschechoslowakei zuständig, drei in Polen, je einer in Ungarn und in Jugoslawien. Von den 23 Anträgen auf Aufenthaltsbewilligung waren 20 gewährt worden, davon zwölf unbefristet und acht befristet.

2704 Bericht der Bezirkshauptmannschaft vom 22. Mai 1920, Nr. 25 z.Z. VIIc-124/51, n.ö. LA (wie Anm. 2589). Zehn tschechoslowakische, fünf ungarische, zwei polnische, vier italienische und je ein rumänischer und jugoslawischer Staatsangehöriger waren betroffen. Drei Anträge auf Aufenthaltsbewilligung waren eingegangen und gewährt worden (zwei befristet

stall[2706] niemand der Betroffenen abgereist war. Im Rayon des Polizeikommissariats Wiener Neustadt waren von 5827 nur 689 Personen abgereist, während 3863 Gesuche auf Aufenthaltsbewilligung positiv beschieden wurden[2707]. Auch die bisher genannten starken Differenzen gehen zum größten Teil auf die erteilten Aufenthaltsbewilligungen für unentbehrliche industrielle und vor allem landwirtschaftliche Arbeiter zurück.

Insgesamt waren also nach den Berichten der Bezirkshauptmannschaften über 6.000 Personen von der Ausweisung betroffen, davon allerdings fast die Hälfte tschechoslowakische Staatsangehörige, ca. 1.200 Ungarn, ca. 700 polnische und ca. 250 jugoslawische Staatsangehörige. Noch höher war der Anteil der Tschechoslowaken an den von der Abreisendmachungsaktion Betroffenen nach den Daten des Wiener Neustädter Polizeikommissariates, nämlich weit über die Hälfte, während jeweils ca. ein Sechstel auf jugoslawische und ungarische Staatsangehörige und weniger als ein Achtel auf polnische Staatsbürger entfiel[2708]. Allerdings waren von den fast 6.000 Personen, die nach den Berichten der Bezirkshauptmannschaften von der Ausweisung betroffen waren, nicht einmal ein Drittel tatsächlich bis zum 15. Februar 1920 aus Deutschösterreich abgereist, nach den Angaben des Wiener Neustädter Polizeikommissariats überhaupt nur weniger als zwölf Prozent.

In Wien waren durch laufende Sammeltransporte in der Zeit vom 11. Juli 1919 bis zum 9. April 1920 allein ca. 11.000 polnische Kriegsflüchtlinge nach Polen zurücktransportiert worden[2709], eine große Zahl zumeist mittelloser Polen wartete nach den Angaben der polnischen Botschaft allerdings noch auf die Heimreise, könne diese aber infolge der Einstellung der Flüchtlingszüge nicht antreten und sei „den ‚Chikanen' der hiesigen Behörden" ausgesetzt[2710].

---

und einer unbefristet). Fünf Personen waren, weil sie keine Aufenthaltsbewilligung beantragt hatten, unberechtigt im Bezirk anwesend.

2705 Die 22 in Lilienfeld von der Ausreiseverfügung Betroffenen waren zwei Polen, zwei Tschechoslowaken, vier Russen, ein Ukrainer, ein Rumäne. 20 Personen hatten unbefristete Aufenthaltsbewilligungen erhalten, zwei hielten sich noch unberechtigtermaßen im Bezirk auf; vgl. den Bericht vom 31. August 1920, z.Z. VIIc-124/51, n.ö. LA (wie Anm. 2589), Durchschrift im Akt irrtümlicherweise mit Pöggstall beschriftet.

2706 Bericht der Bezirkshauptmannschaft vom 22. Mai 1920, Nr. 17 z.Z. VIIc-124/51, n.ö. LA (wie Anm. 2589). Es waren zehn Aufenthaltsbewilligungen erteilt worden, zwei Personen hielten sich unberechtigt im Bezirk auf.

2707 Insgesamt waren 5.124 Anträge auf Aufenthaltsbewilligung eingereicht worden, wovon 2.345 Anträge unbefristet und 1.519 befristet bewilligt worden und davon 513 zum Berichtszeitpunkt bereits abgelaufen waren; vgl. den Bericht des Polizeikommissariates vom 15. November 1920, z.Z. VIIc-124/51, n.ö. LA (wie Anm. 2589).

2708 Von den 5.827 Betroffenen waren 3.194 tschechoslowakischer, 947 jugoslawischer, 930 ungarischer und 756 polnischer Staatsangehörigkeit; 14 Personen hatten keine Aufenthaltsbewilligung beantragt. Insgesamt hielten sich 25 Personen unberechtigt im Bezirk auf, davon elf wegen verweigerter oder abgelaufener Aufenthaltsbewilligung; vgl. den Bericht des Polizeikommissariates vom 15. November 1920, z.Z. VIIc-124/51, n.ö. LA (wie Anm. 2589).

2709 Nach der Verbalnote der polnischen Gesandtschaft an das Staatsamt für Äußeres vom 5. August 1920 waren erneut 2.000 Anmeldungen eingelaufen, allerdings war die Frage der Transportkosten strittig, z.Z. 35531-1920, Abschrift einer Abschrift, n.ö. LA (wie Anm. 2589).

2710 Note der polnischen Gesandtschaft in Wien an das Staatsamt für Äußeres vom 19. Juli 1920, Nr. 1828/Pr., Z. 33433 Abschrift, n.ö. LA (wie Anm. 2589) und Schreiben des Staatsamtes

Mitte des Jahres 1920 wurde das Klima insofern deutlich rauher, als man vermehrt zur Fällung von Abschaffungserkenntnissen griff[2711]. Die polnische Gesandtschaft protestierte[2712] gegen die „jetzt von den österreichischen Behörden ... gehandhabte Praxis in Bezug auf Ausweisungen, Abschaffungen und Wohnungsanforderungen“[2713], die „in neuester Zeit an Strenge und Rücksichtslosigkeit so stark zugenommen“ habe, und betonte, daß die „ganze Ausweisungspraxis in krassem Widerspruch mit dem Staatsvertrag von St. Germain“ stehe. Die Botschaft wies auf einen Umstand hin, „der diesem jeden Rechtsgefühl Hohn sprechenden Vorgängen eine besondere Färbung“ gäbe und zeige, daß „mit dem Mangel an Rechtsgefühl auch Mangel an reiner Humanität Schritt hält“, nämlich daß gerade zu diesem Zeitpunkt, „wo die Heimat der Flüchtlinge ... zum Teil von Bolschewiken besetzt, zum Teil Kriegsgebiet ist, wohin eine Rückkehr undenkbar ist, ... die schärfste Ausweisungspraxis einsetzte“, indem – von wenigen Ausnahmen abgesehen – alle Rekurse „glatt, ohne irgendwelche Begründung abgewiesen“ würden. „Es erscheint kaum denkbar“, so die Gesandtschaft weiter, „daß die jetzige Ausweisungs- und Wohnungsanforderungspraxis lediglich auf das mangelnde Wohlwollen gewisser Organe und ihre notorische Abneigung gegen gewisse Schichten polnischer Staatsbürger zurückzuführen wäre, ohne daß hiefür ausdrücklich Weisungen höherer Stellen maßgebend wären.“ Im Dezember 1920 legte Polen Beschwerde beim Völkerbund gegen die Ausweisungsaktion ein[2714]. Dieser anerkannte zwar prinzipiell das Recht Österreichs auf Ausweisung der galizischen Juden, verpflichtete Österreich aber, diejenigen Personen nicht auszuweisen, deren Optionsgesuche oder Aufenthaltsbewilligungsanträge noch nicht entschieden worden waren, und die einzelnen Ausweisungsfälle mit besonderer Sorgfalt zu prüfen.

Wiewohl das Staatsamt für Äußeres vom diplomatischen Standpunkt nun eine mildere Handhabung der Vorschriften gegen polnische Staatsbürger bis zum Abschluß eines Friedens bzw. eines Waffenstillstandes zwischen Polen und Rußland empfahl[2715],

---

des Inneren an die niederösterreichische Landesregierung vom 16. August 1920, VIIc-6659/77, n.ö. LA (wie Anm. 2589).

2711 So berichtete die Polizeidirektion, daß im Monat Juli 360 Anträge auf Abschaffung gestellt und davon 128 Abschaffungen tatsächlich vollzogen worden waren; Bericht der Polizeidirektion Wien an die niederösterreichische Landesregierung vom 10. Juli 1920, Pr. Z. 5717/3, Z. VIIc-6659/73, n.ö. LA (wie Anm. 2589).

2712 Abschrift des Schreibens der polnischen Gesandtschaft an das Staatsamt des Äußeren vom 12. August 1920, z. Z. 50.048/14, n.ö. LA (wie Anm. 2589).

2713 Vgl. die Vollzugsanweisung vom 13. November 1918, StGBl. Nr. 22, betreffend die Anforderung von Wohnungen durch die Gemeinden und die Vollzugsanweisung des Staatsamtes für Soziale Verwaltung vom 26. Juni 1920, womit die Vollzugsanweisung vom 13. November 1918 ergänzt wird (Ersatzanforderung). Es würden die Räumungsbefehle den Parteien einige Tage vor dem festgesetzten Termin unter Androhung von Geld- und Arreststrafen, zwangsweiser Räumung und Verkauf der Möbel zugestellt werden, Leute würden „nebst ihren Möbeln auf die Gasse gesetzt werden, um nachher als Obdachlose nach dem Vagabundengesetz im Gefangenenhaus eingesperrt zu werden“, usw.; vgl. auch HOFFMANN-HOLTER (wie Anm. 1748), S. 235.

2714 Siehe dazu ausführlich HOFFMANN-HOLTER (wie Anm. 1748), S. 240 ff.

2715 Schreiben des Staatsamtes des Äußern vom 19. August 1920, ad Z. 50.048/14, VIIc-6659/76, n.ö. LA (wie Anm. 2589).

beharrte die Landesregierung auf „ihrem bisher in der Frage der Außerlandschaffung von Fremden, insbesondere der sog. Ostjuden, eingenommenen Standpunkt" und trat „allen auf eine Vereitelung oder weitere Erschwerung dieser Aktion gerichteten Bestrebungen entschiedenst" entgegen. Die Landesregierung kritisierte überdies, daß Polen selbst und mit ihm befreundete Staaten die Abreisendmachung erschweren würden[2716]. Es sei „sehr bequem und einfach, wenn alle diese Staaten den galizischen Flüchtlingen den Eintritt in ihr Land verweigern, sie einem fremden Staate zuschieben und sich hier auf fremde Kosten als ihre großmütigen Beschützer aufspielen". Eine weitere „Verschleppung und Behinderung des Flüchtlingsabtransportes" würde „Erscheinungen zeitigen, welche bei der gegenwärtig gereizten Stimmung der Bevölkerung für die Betroffenen von verhängnisvoller Bedeutung werden könnten".

Vor Probleme sah sich die Wiener Polizeidirektion bezüglich derjenigen galizischen Flüchtlinge gestellt, die zwar rechtskräftig abgeschafft waren, aber dennoch nicht der Aufforderung zur Abreise Folge geleistet hatten[2717]. Die Polizeidirektion sah keinen anderen Ausweg[2718], als „die Abgeschafften indirekt zur Abreise zu bewegen, indem sie aus dem Wiener Gemeindegebiete entfernt werden und ihnen auf dem Lande, möglichst weit von Wien entfernt, ein Zwangsdomizil angewiesen wird. Unter dem Eindrucke dieser Maßregel dürften sich die Leute zur Abreise entschließen". „Es ist kein Zweifel, daß eine derartige Maßregel Rekriminationen seitens der Betroffenen auslösen wird. Soll jedoch Wien von Flüchtlingen befreit werden, so bleibt kein anderer Ausweg. Bei diesem Anlasse kann nicht unerwähnt bleiben, daß nunmehr von einigen der abge-

---

2716 Bericht der niederösterreichischen Landesregierung an das Staatsamt für Inneres und Unterricht, Äußeres sowie an Renner und Seitz vom 1. September 1920, Z. VIIIc-6659/76, n.ö. LA (wie Anm. 2589). Die polnische Gesandtschaft habe die „von ihr seinerzeit in die Hand genommene Zusammenstellung von Sammeltransporten äußerst gleichgültig betrieben und schon seit längerer Zeit gänzlich eingestellt". Außerdem würde die polnische Vertretungsbehörde nicht nur Deserteuren, sondern auch anderen Personen, die ihre polnische Staatsbürgerschaft nicht „streng dokumentarisch" nachweisen könnten, die Ausstellung von Pässen verweigern. Ein ähnliches Bestreben, „die polnischen Flüchtlinge von ihrem Land fernzuhalten", mache sich „übrigens auch in anderen, mit Polen befreundeten Staaten geltend", so würden etwa in Wien „rund 5.000 Personen sich aufhalten, welche nach Palästina auszuwandern beabsichtigen", mangels einer Bewilligung der englischen Regierung jedoch die Reise nicht antreten könnten. Amerika würde ebenfalls die Einreisebewilligungen für Personen, die zu ihren Verwandten nach Amerika auswandern wollten, verweigern.

2717 Es waren dies laut einer Liste der Polizeidirektion, Abteilung Gefangenenhausangelegenheiten, 158 Personen.

2718 Wie die Polizeidirektion in einem Schreiben an das Präsidium der niederösterreichischen Landesregierung vom 1. September 1920, Z. VIIc-9322/80, n.ö. LA (wie Anm. 2589), ausführte, komme eine Abschiebung nach dem Schubgesetz nicht in Frage, weil die Voraussetzungen des § 1 nicht zuträfen und weil, selbst wenn die Voraussetzungen gegeben wären, die Übernahmserklärung des polnischen Staates und die Durchschubbewilligung der tschechoslowakischen Regierung „im diplomatischen Wege einzuholen wäre, was viele Monate in Anspruch nehmen würde". „Im Falle der Außerlandschaffung mittels eines Sammeltransportes müßte, wenn die Abgeschafften sich weigern, sich die erforderlichen Reisedokumente zu beschaffen, gleichfalls im diplomatischen Wege die Zustimmung der polnischen und tschechoslowakischen Regierung eingeholt werden, wenn nicht der Transport an der Grenze zurückgewiesen werden soll".

schafften Flüchtlinge geltend gemacht wird, sie hätten auf Grund des Staatsvertrages von St. Germain für Österreich optiert und die Optionserklärung bereits abgegeben."

Am 9. Oktober 1920 legte die Polizeidirektion eine Art Abschlußbericht an die niederösterreichische Landesregierung vor, nach welchem aufgrund der Kundmachung vom 9. September 1919 bei der Polizeidirektion 22.552 Gesuche um Aufenthaltsbewilligung eingegangen waren, davon ca. zwei Drittel Familien aus Ostgalizien betreffend, welche schon zu Beginn des Weltkrieges nach Wien gekommen waren. 7.000 Gesuche waren zum Berichtszeitpunkt noch in Behandlung, fast 15.000 Fälle konnten hingegen nach dem Bericht Schobers bereits endgültig erledigt werden, und zwar waren in 9.056 Fällen Aufenthaltsbewilligungen erteilt worden, über 3.149 Gesuche wurde keine Verfügung getroffen, weil die Antragsteller bereits abgereist waren oder nicht unter die Bestimmungen der Kundmachung gefallen waren, und in 1.254 Fällen waren Abschaffungserkenntnisse gefällt worden, von welchen ca. drei Viertel mehrköpfige Familien betrafen und bereits ca. 800 rechtskräftig geworden waren, allerdings bisher größtenteils noch nicht vollzogen werden konnten[2719]. Schober wies daher darauf hin, daß die polnische Gesandtschaft „unter dem Hinweis auf die traurigen wirtschaftlichen Verhältnisse, welche in der Republik Österreich herrschen", dringendst zu ersuchen wäre, „die Rückbeförderung der seit sechs Jahren in Wien weilenden Kriegsflüchtlinge aus Ostgalizien zu fördern, namentlich wieder Heimkehrerzüge einzuleiten, damit der Abtransport möglichst reibungslos bewerkstelligt werden" könne.

Mit Ende des Jahres 1920 war die Ausweisungsaktion weitgehend abgeschlossen, und der Erlaß des Staatsamtes bzw. die Kundmachung der niederösterreichischen Landesregierung hatte „ihre praktische Bedeutung im allgemeinen verloren". Wie ein Erlaß der niederösterreichischen Landesregierung zu Beginn des Jahres 1922 feststellte[2720], erübrige sich aber eine formelle Aufhebung aus dem Grunde, weil durch diese Kundmachung, welche ein Mittel gewesen sei, „um der seinerzeitigen Überschwemmung des Landes mit Kriegsflüchtlingen unter Zuhilfenahme" des durch § 2 des Schubgesetzes „eingeräumten Abschaffungsrechtes entgegenzutreten", „genau betrachtet eine neue Rechtsnorm nicht geschaffen" wurde[2721]. Wie die Landesregierung 1924 ausführte[2722], als sie im Zuge eines Verwaltungsgerichtshofverfahrens um Bekanntgabe der gesetzlichen Grundlagen für die Verordnung ersucht wurde, stellte sich die Kundmachung als

---

2719 Das Verzeichnis über jene, rechtskräftig abgeschafften galizischen Landesangehörigen, welche trotz abgelaufener Abreisefrist nicht abgereist waren, wies zum Berichtszeitpunkt (8. Oktober 1920) 146 Personen aus; der niederösterreichischen Landesregierung vom Polizeipräsidium vorgelegt am 14. Oktober 1920, Z. VIIc-9323/83, n.ö. LA (wie Anm. 2589).

2720 Erlaß der niederösterreichischen Landesregierung an den Bürgermeister in Baden vom 9. Februar 1922, Z. IVa-651/89, n.ö. LA (wie Anm. 2589). Der Erlaß erging in Beantwortung der Anfrage des Bürgermeisters vom 6. Februar 1922, Z. IVa-651/89, n.ö. LA (wie Anm. 2589), ob die Verordnung vom 9. September 1919 noch in Kraft stünde und noch angewendet werden könne.

2721 Denn „§ 2 Absatz 5 des Gesetzes vom 27. Juli 1871 ..., auf welche Bestimmung sich die Kundmachung im Wesen stützt, stellt das Recht der österreichischen Behörden, Personen, die im Bundesgebiete nicht heimatsberechtigt sind, abzuschaffen, dem Ermessen dieser Behörden anheim".

2722 Zuschrift an den Magistrat vom 5. Dezember 1924, Z. IVa-5131/90, n.ö. LA (wie Anm. 2589).

eine „dem Instanzenzug nicht unterliegende Mitteilung an gewisse Ausländerkreise dar, daß ihr fernerer Aufenthalt im Inlande nicht mehr erwünscht ist", deren gesetzliche Grundlagen allerdings im Hinblick auf den Auftrag der vorgesetzten Zentralstelle nicht geprüft wurden. Die damit verbundene Aufforderung abzureisen habe freilich „für den Fall der Nichtbefolgung an sich keinerlei rechtliche Wirkung" nach sich gezogen, vielmehr mußte „gegen solche die Aufforderung zur freiwilligen Abreise nicht befolgenden Ausländer" erst das im Schubgesetz vorgesehene Verfahren eingeleitet werden, „in welchem selbstverständlich dem Betroffenen die gesetzlichen Rechtsmittel eingeräumt wurden"[2723].

V. „Außerlandschaffung" aufgrund der Beschränkungen des Reise- und Sommerverkehrs nach 1918

Neben der bisher üblichen Palette von Ausweisungsrechten – nämlich dem gemeindebehördlichen Ausweisungsrecht, der strafgerichtlichen Landesverweisung und Abschaffung sowie der polizeilichen Abschiebung und Abschaffung, kam es in den Anfangsjahren der Ersten Republik angesichts von Wohnungsnot, Arbeitslosigkeit und Lebensmittelknappheit, bedingt durch die wirtschaftlichen Auswirkungen von Krieg und Zerfall des Habsburgerreiches[2724], zu einer zusätzlichen Erweiterung des Ausweisungs-

---

2723 Nicht zugestimmt werden kann der Formulierung HOFFMANN-HOLTERS (wie Anm. 1748), S. 200, daß die „Ausweisungsaktion rechtlich nicht gedeckt" gewesen sei, da im Rahmen der „Abreisendmachung" im engeren Sinn kein rechtliches Zwangsinstrument direkt eingesetzt wurde. (Auch von einer Völkerrechtswidrigkeit kann nicht ausgegangen werden, wie nicht zuletzt aus der Reaktion des Völkerbundes auf die polnischen Beschwerde ersehen werden kann.) Wurde über eine Person aber ein Abschaffungserkenntnis nach § 2 Abs. 5 des Schubgesetzes gefällt, so lag eben das Reichsschubgesetz dieser Maßnahme zugrunde. Was die behauptete Verletzung des Art. 63 des Staatsvertrages von St. Germain anbelangt, muß auf die Judikatur von Verfassungs- als auch Verwaltungsgerichtshof verwiesen werden, daß Art. 63 nur die Freiheit der Person schütze, nicht aber den freien Aufenthalt eines Ausländers (vgl. Anm. 1953 ff.). Weiters bezeichnete Hoffmann-Holter die Formulierung des § 2 Abs. 5 zwar „als dehnbar", erachtete jedoch „eine Interpretation, die sich nicht auf Einzelpersonen und konkrete, die öffentliche Sicherheit und Ordnung gefährdende Umstände bezog", als „zumindest fragwürdig", wenn nicht „mißbräuchlich". Wenngleich derartige Ausweisungen tatsächlich unbillig erscheinen, so muß doch auf die Judikatur des Verwaltungsgerichtshofes hingewiesen werden, die solche Ausweisungen als das freie Ermessen der Behörde nicht überschreitend erachtete (vgl. S. 365 ff.).

2724 Vgl. zur Wirtschaftslage allgemein Ferdinand TREMMEL, Wirtschafts- und Sozialgeschichte Österreichs, Wien 1969, S. 375 ff.; Hans KERNBAUER/Eduard MÄRZ/Fritz WEBER, Die wirtschaftliche Entwicklung, in: Erika Weinzierl/Kurt Skalnik (Hrsg.), Österreich 1918–1938, I, Graz-Wien-Köln 1983, S. 343–374; zur Ernährungssituation am Beispiel Salzburgs Gottfried KÖFNER, Hunger, Not und Korruption. Der Übergang Österreichs von der Monarchie zur Republik. Eine sozial- und wirtschaftswissenschaftliche Studie, Salzburg 1980, insbes. S. 259 ff.; siehe auch Karl GUTKAS, Niederösterreich, in: Erika Weinzierl/Kurt Skalnik (wie oben) II, S. 841 ff.; Gerhard PFERSCHY, Steiermark, in: ebd., S. 942 ff.; Josef RIEDMANN, Tirol, in: ebd., S. 972 ff.; Gerhard WANNER, Vorarlberg, in: ebd., S. 1011 ff.; Felix CZEIKE, Wien, in: ebd., S. 1044 f.; Franz W. KÖNIGSHOFER, Die Wirtschaft des Bundeslandes Tirol vom 1918 bis zum Ausbruch der Weltwirtschaftskrise im Jahre 1929, phil. Diss.

rechtes in Form der „Außerlandschaffung" als Folge einer Überschreitung der Reiseverkehrsbeschränkungen. Während von der „Abreisendmachung" nur diejenigen im Lande bereits ansässigen ehemaligen Angehörigen der österreichisch-ungarischen Monarchie, die nicht die deutschösterreichische Staatsbürgerschaft erwerben hatten wollen oder können, betroffen waren, so konnte aufgrund der Einschränkungen des Reiseverkehrs nun gegen unerwünschte Fremde[2725], worunter allerdings nicht nur Ausländer, sondern vielmehr auch österreichische Staatsbürger zu verstehen waren, die in einem anderen Bundesland als dem ihres Heimatrechtes bzw. ständigen Wohnsitzes Aufenthalt nehmen wollten, mit Verhaltung zur zwangsweisen Abreise bzw. Außerlandschaffung vorgegangen werden.

1. Rechtsgrundlagen

Die verheerende Wirtschaftslage in Österreich nach Kriegsende, insbesondere die katastrophalen Ernährungsverhältnisse in Wien[2726], das unter dem Wegfall der Lebensmittelzufuhren aus der Tschechoslowakei und vor allem aus Ungarn besonders litt und anfangs auch aus den Bundesländern kaum Lebensmittel erhielt, führte in einigen Bundesländern zu Maßnahmen zur Verringerung bzw. Verhinderung des Fremdenverkehrs. So verfügte der Vorarlberger Landesrat bereits im Dezember 1918[2727] Einreisebeschränkungen, gestattete ab Jänner 1919[2728] wegen der bestehenden Versorgungsprobleme die

Innsbruck 1978; Anton STAUDINGER, Rätebewegung und Approvisierungswesen in Oberösterreich. Zur Einbindung der oberösterreichischen Arbeiter- und Soldatenräte in den behördlichen Ernährungsdienst in der Anfangsphase der österreichischen Republik, in: Isabella Ackerl/Walter Hummelberger/ Hans Mommsen (Hrsg.), Politik und Gesellschaft im alten und neuen Österreich. Festschrift für Rudolf Neck zum 60. Geburtstag, II, Wien 1981, S. 66–82; siehe für die Kriegszeit auch Alexander FUSSEK, Die Lebensmittelsorgen der österreichischen Reichshälfte in den ersten Weltkriegsjahren, in: Österreich in Geschichte und Literatur, IX. Jg. F. 3, S. 119–125; zur Wohnungsnot und deren Konsequenzen Michael STAMPFER, Die Anfänge des Mieterschutzes in Österreich (= Österreichische Rechtswissenschaftliche Studien XXVII), Wien 1995.

2725 Siehe zu dieser Terminologie etwa auch PACHMANN (wie Anm. 2595), S. 101–103.

2726 Vgl. dazu ausführlicher Alfred WEISGRAM, Das Problem der Versorgung Wiens mit Lebensmitteln von der Zeit nach dem Zerfall der österreichisch-ungarischen Monarchie bis zur Trennung Wiens von Niederösterreich, phil. Diss. Wien 1969, insbes. S. 14 ff., 24 ff., 107 ff.; vgl. auch Maren SELIGER/Karl UCAKAR (wie Anm. 1367) II, S. 1010 ff.

2727 Kundmachung des Landesrates vom 12. Dezember 1918, LGBl. Nr. 21, wegen Einreise nach Vorarlberg. Der Landesrat berief sich für diese Maßnahme auf ein mit der Schweiz bezüglich der Aushilfe mit Lebensmitteln getroffenes Übereinkommen, das die freie Einreise nach Vorarlberg nicht mehr gestattete. Ausgenommen waren in Vorarlberg wohnende oder dort zuständige Personen, Durchreisende mit gültigen Reiseausweisen für die Reise von Innerösterreich in die Schweiz oder nach Deutschland bzw. von der Schweiz oder Deutschland nach Innerösterreich, Inhaber spezieller Einreisebewilligungen des Vorarlberger Landesrates und die Begünstigten des kleinen Grenzverkehrs; siehe zur Verfassungskonformität dieses Einreiseverbotes das Erkenntnis des VfGH vom 24. Oktober 1919, Z. 265, Slg. VfGH Nr. 29.

2728 Kundmachung des Landesrates vom 2. Jänner 1919, LGBl. Nr. 1, enthaltend Weisungen an die Gemeindevorstehungen bezüglich des Aufenthalts fremder Personen.

Einreise nach Vorarlberg sowohl aus dem Ausland als auch über den Arlberg nur gegen eine vorherige Bewilligung durch den Landesrat und ermächtigte die Gemeindevorstehungen, der Gemeinde nicht angehörige Personen ohne dortigen Erwerb und mit unbegründetem oder nicht bewilligtem Aufenthalt nötigenfalls auszuweisen.

Mit Verordnungen der jeweiligen Landesregierung erließen die Länder Tirol[2729], Salzburg[2730], Oberösterreich[2731], Kärnten[2732] und Vorarlberg[2733] zwischen Februar und April des Jahres 1919 unter Berufung auf die Verordnung des Gesamtministeriums vom 25. Juli 1914[2734] und das Gesetz vom 5. Mai 1869[2735] einschneidende Einreisebeschränkungen. Nach all diesen Verordnungen war die Einreise nur Personen gestattet, die eine Einreisebewilligung[2736] der jeweiligen Landesregierung besaßen, Beamten und anderen öffentlich Bediensteten, die mit schriftlich nachzuweisendem dienstlichen Auftrag in das Bundesland reisten oder Personen, die sich nur auf der Durchreise befanden und Einreisebewilligungen für das jeweilige Nachbar(bundes)land besaßen[2737]. Salzburg gestattete auch denjenigen Personen, die sich mit einer amtlichen Vorladung einer Salzburger Gerichts- oder Verwaltungsbehörde ausweisen konnten, die Einreise. Ausgenommen von diesen Einreisebewilligungen waren nur Personen, die im betreffenden Land ihren ordentlichen Wohnsitz oder Heimatrecht hatten und sich über diese Tatsa-

---

2729 Verordnung der Landesregierung für Tirol vom 25. Februar 1919, LGBl. Nr. 14, betreffend die Beschränkung der Einreise nach Tirol.

2730 Verordnung der Landesregierung in Salzburg vom 18. März 1919, LGBl. Nr. 33, betreffend die Beschränkung der Einreise in das Land Salzburg.

2731 Verordnung der provisorischen Landesregierung für Oberösterreich vom 1. April 1919, LGBl. Nr. 36, betreffend die Beschränkung der Einreise in das Land Oberösterreich und des Aufenthaltes in oberösterreichischen Gemeinden; siehe zur Verfassungskonformität dieser Verordnung das Erkenntnis des VfGH vom 24. Februar 1920, Z. 12, Slg. VfGH Nr. 38 und weiter unten S. 520.

2732 Verordnung der Landesregierung in Kärnten vom 1. April 1919, LGBl. Nr. 16, betreffend die Beschränkung der Einreise in das Land Kärnten; siehe zur Verfassungswidrigkeit dieser Verordnungen das Erkenntnis des VfGH vom 15. Oktober 1920, Z.B. 10/20, Slg. VfGH Nr. 68.

2733 Verordnung der Vorarlberger Landesregierung im Einvernehmen mit dem Vorarlberger Landesrate vom 2. April 1919, LGBl. Nr. 29, betreffend die Beschränkung der Einreise nach Vorarlberg und des Aufenthaltes daselbst.

2734 Verordnung des Gesamtministeriums vom 25. Juli 1914, RGBl. Nr. 158, womit Ausnahmen von den bestehenden Gesetzen verfügt werden.

2735 Gesetz vom 5. Mai 1869, RGBl. Nr. 66, womit auf Grund des Artikel 20 des Staatsgrundgesetzes vom 21. Dezember 1867, RGBl. Nr. 142, die Befugnisse der verantwortlichen Regierungsgewalt zur Verfügung zeitweiliger und örtlicher Ausnahmen von den bestehenden Gesetzen bestimmt werden.

2736 Diese war – selbstverständlich gebührenpflichtig – schriftlich oder telegraphisch bei der jeweiligen Landesregierung unter Angabe des Zweckes der Einreise zu beantragen.

2737 So wurde etwa für die Durchreise durch Salzburg eine Einreisebewilligung der Vorarlberger oder Tiroler Landesregierung bzw. der Schweizer Regierung verlangt, für die Durchreise durch Oberösterreich eine Bewilligung der deutschen Behörde oder der Salzburger Landesregierung usw. Die Durchreisenden durften sich nach der Salzburger, Tiroler und Vorarlberger Verordnung nicht länger im betreffenden Land aufhalten, als es nach den Anschlußverhältnissen der Verkehrsmittel, insbesondere der Eisenbahnzüge, notwendig war.

che durch einen Paß oder ein anderes amtliches Dokument ausweisen konnten, sowie in den Ländern Salzburg und Oberösterreich diejenigen Personen, die nachweislich in angrenzenden Bezirken des Nachbarstaates oder Nachbarbundeslandes domizilierten[2738], also insbesondere die vom kleinen Grenzverkehr betroffenen Personen[2739].

Alle Personen, die sich zum Zeitpunkt des Inkrafttretens der Verordnung bereits im Land befanden und unter den Kreis derjenigen fielen, für die Einreisebewilligungen vorgeschrieben waren, hatten binnen bestimmter Fristen[2740] bei der politischen Bezirksbehörde um Bewilligung zum dauernden oder vorübergehenden Aufenthalt anzusuchen. Die Aufenthaltsdauer wurde entweder in der Einreisebewilligung festgesetzt, so ausdrücklich in Tirol und Salzburg, oder erstreckte sich grundsätzlich nur über eine festgelegte maximale Zeitdauer, etwa in Oberösterreich über höchstens eine Woche, nach deren Ablauf eine besondere Aufenthaltsbewilligung der politischen Bezirksbehörde des Aufenthaltsortes oder der Landesregierung verlangt wurde[2741]. Oberösterreich normierte allerdings einige Ausnahmen von der grundsätzlichen Vorschrift einer Aufenthaltsbewilligung für alle Personen, die nicht in der Aufenthaltsgemeinde bzw. im Oberösterreich heimatberechtigt waren oder dort ihren ordentlichen Wohnsitz hatten[2742].

Wer an der Grenzstelle eine Einreisebewilligung nicht nachweisen konnte, sei es ein österreichischer Staatsangehöriger oder ein Ausländer, war nach diesen Verordnungen an der Eintrittsstelle zurückzuweisen. Alle Personen, die nach dem Inkrafttreten dieser Verordnung ohne Einreise- oder Aufenthaltsbewilligung angetroffen wurden

---

2738 Für Salzburg waren das diejenigen Personen, die in Oberösterreich bzw. in den Nachbarbezirken Gröbming und Murau (Steiermark), Spittal (Kärnten), Kitzbühel (Tirol) oder in den benachbarten bayerischen Amtsbezirken Berchtesgaden, Traunstein und Laufen ihren ordentlichen Wohnsitz hatten; für Oberösterreich die Bewohner des Landes Salzburg und der an Oberösterreich unmittelbar angrenzenden Gerichtsbezirke von Niederösterreich und Steiermark. Nach der Salzburger Verordnung durften sich diese Personen allerdings nicht länger als sieben Tage im Land aufhalten.

2739 So ausdrücklich die Vorarlberger Verordnung in § 5. Personen, welche zum kleinen Grenzverkehr zugelassen waren, bedurften innerhalb der Grenzzone keiner besonderen Einreise- bzw. Aufenthaltsbewilligung.

2740 Innerhalb von acht Tagen in Vorarlberg, von sieben Tagen in Salzburg, von drei Tagen in Tirol.

2741 Nach der oberösterreichischen Verordnung konnte eine solche Aufenthaltsbewilligung von der politischen Bezirksbehörde des Aufenthaltsortes bis zur Dauer von 14 Tagen erteilt werden, längere Aufenthalte bedurften der Bewilligung der Landesregierung. Die strengeren Salzburger Bestimmungen ermächtigten die politischen Bezirksbehörden nur zur Erteilung von Aufenthaltsbewilligungen bis zu maximal drei Tagen.

2742 Von der Einholung einer Aufenthaltsbewilligung ausgenommen waren nach der oberösterreichischen Verordnung Beamte und andere öffentliche Organe mit schriftlichem Dienstauftrag für die Dauer ihrer Dienstverrichtung, Personen, denen über amtliche Verfügung eine Gemeinde in Oberösterreich zum Aufenthalt zugewiesen worden war, Personen, die ihre nächsten Angehörigen besuchen wollten für die Dauer von höchstens 14 Tagen, gewerbliches, landwirtschaftliches und häusliches Hilfspersonal unter der Voraussetzung des Nachweises des Bestandes eines Dienstverhältnisses sowie Schülerinnen und Schüler, die eine oberösterreichische Lehranstalt außerhalb ihres Wohnortes besuchten, für die Dauer der Schulzeit.

oder die bewilligte Aufenthaltsdauer überschritten hatten, sollten nach erfolgter Bestrafung[2743] zum Verlassen des Landes oder der betreffenden Gemeinde nötigenfalls zwangsweise verhalten, also abgeschafft werden[2744].

Diese Verordnungen führten zu Differenzen mit der Zentralverwaltung, namentlich mit dem Staatsamt für Volksernährung[2745]. Der Staatssekretär für Volksernährung, Dr. Hans Ruß-Löwenfeld, beantragte im Kabinettsrat die Außerkraftsetzung der Verordnungen, insbesondere jener von Salzburg, Tirol und Kärnten, wegen Ungesetzlichkeit. In der vierten Länderkonferenz erklärte er die Ländermaßnahmen für illegal und wirtschaftlich widersinnig. Ruß-Löwenfeld ging es nicht nur um den ungehinderten Wirtschaftsverkehr, sondern auch um die Situation der Großstadt Wien, der die Möglichkeit der Sommerfrische damit genommen worden war. Die Länder jedoch hatten nicht ganz unberechtigte Angst vor Lebensmittelhamsterern sowie Schleichhändlern[2746] und verteidigten ihre Maßnahmen als Notverordnungen. Das Staatsamt für Volksernährung drohte mit einer Wien bevorzugenden Aufteilung der Entente-Lieferungen, sollten die Länder ihre Beschränkungen nicht aufheben, die Länder allerdings beharrten auf ihrem Standpunkt. Die zähen Verhandlungen endeten vorläufig damit, daß die Staatsregierung gegen den Widerstand von Steiermark, Tirol und Oberösterreich aufgrund des Kriegswirtschaftlichen Ermächtigungsgesetzes[2747] die Vollzugsanweisung vom 29. April 1919 über die Regelung des Reise- und Sommerverkehres[2748] erließ.

Die Vollzugsanweisung ermächtigte die Gemeinden, mit Ausnahme der Kurbäder[2749] Baden, Bad Hall, Bad Gastein, Hofgastein[2750] und Gleichenberg, zu Beschrän-

---

2743 Die Verordnungen sahen gemäß § 9 des Gesetzes vom 5. Mai 1869, RGBl. Nr. 66, Geldstrafen in der Höhe von bis zu 2.000 Kronen oder Arreststrafen bis zu sechs Monaten vor.

2744 § 4 der oberösterreichischen Verordnung sprach ausdrücklich von einer Abschaffung, während § 12 die Formulierung verwendete, daß diese Personen „zum Verlassen des Landes oder der betreffenden Gemeine nötigenfalls zwangsweise verhalten" werden konnten; die Tiroler, Kärntner und die Salzburger Verordnung bestimmten, daß die Personen „über die Grenze befördert" werden sollten, die Vorarlberger Verordnung sprach davon, daß sie „zum Verlassen des Landes verhalten" werden konnten.

2745 Vgl. zu dieser Auseinandersetzung KÖFNER (wie Anm. 2724), S. 260 f.

2746 Nach KÖFNER (wie Anm. 2724), S. 262 Anm. 26, waren von den 418 Personen, deren Einreise nach Tirol abgewiesen worden war (insgesamt 2.400), ein Großteil bereits wegen ihres (jüdischen) Namens abgewiesen worden, da sie „notorische Hamsterer", „Reisende aus Galizien" etc. waren.

2747 Gesetz vom 14. Juli 1917, RGBl. Nr. 307, mit welchem die Regierung ermächtigt wird, aus Anlaß der durch den Kriegszustand verursachten außerordentlichen Verhältnisse die notwendigen Verfügungen auf wirtschaftlichem Gebiete zu treffen; vgl. zum KWEG auch Gernot D. HASIBA, Das kriegswirtschaftliche Ermächtigungsgesetz (KWEG). Seine Entstehung und seine Anwendung vor 1933, in: Aus Österreichs Rechtsleben in Geschichte und Gegenwart. Festschrift für Ernst C. Hellbling zum 80. Geburtstag, hrsg. von der Rechtswissenschaftlichen Fakultät der Universität Salzburg, Berlin 1981, S. 543–565.

2748 Vollzugsanweisung der Staatsregierung vom 29. April 1919, StGBl. Nr. 252, über die Regelung des Reise- und Sommerverkehres; siehe auch HEISS (wie Anm. 2556), S. 89 f.

2749 Ein drei Tage übersteigender Aufenthalt in diesen Heilbädern war allerdings an eine vom Amtsarzt der Wohnsitzgemeinde ausgestellte Bestätigung über die Notwendigkeit der Kur gebunden. Die Mitnahme einer Begleitperson und evtl. einer Pflegeperson wurde gestattet.

2750 Siehe dazu die Anm. 2754 und 2774.

kungen des Sommerverkehrs. Sie konnten nun den Sommerverkehr auf die Saison von 1. Juli bis 15. September, die Aufenthaltsdauer der Fremden bis zu einer Untergrenze von vier Wochen beschränken und die Ausgabe von Lebensmittelbezugskarten an Sommergäste verweigern[2751]. Drei Tage nicht überschreitende Aufenthalte durften überhaupt keinen Beschränkungen unterworfen werden. Die Vollzugsanweisung kam den Ländern u.a.[2752] insoweit entgegen, als die jeweilige Landesregierung zur Ausweisung derjenigen Fremden ermächtigt wurde, die sich „mit den Vorschriften dieser Vollzugsanweisung in Widerspruch setzen, staatlich bewirtschaftete Lebensmittel verbotswidrig erwerben oder bei Ankauf von Lebensmitteln die ortsüblichen Preise überbezahlen"[2753]. Von dieser Ermächtigung machte z.B. die Salzburger Landesregierung am 17. Mai 1919[2754] Gebrauch, indem sie für die Kurorte Bad Gastein und Hofgastein anordnete, daß nicht nur Personen ohne gültige Aufenthaltsbewilligung, sondern auch diejenigen Kurgäste, Begleit- oder Pflegepersonen, welche Lebensmittel in anderen als den von der Kurkommission bestimmten „Kurbetrieben und Kaufmannsgeschäften" kauften oder mit Post, Bahn oder Fuhrwerk versendeten, „zum sofortigen Verlassen des Kurortes verhalten" werden sollten.

In der Vollzugsanordnung vom 29. April 1919 wurden auch die Einreisebeschränkungen der Länder mit 20. Mai ausdrücklich für aufgehoben erklärt, was zu vielfachen Protesten, die im Los-von-Wien-Ruf gipfelten, und zu anhaltendem Widerstand der Länder führte. Diese hielten weiterhin an ihren Einreisebeschränkungen fest, obwohl das Staatsamt für Inneres sogar der Gendarmerie verboten hatte, an der weiteren Durchführung der Länderverordnung mitzuwirken[2755]. Allerdings erreichten die Län-

---

2751 Weiters konnten sie die Sommergäste verpflichten, 14 Tage vor ihrem Eintreffen in der Gemeinde der Gemeindevorstehung einen Nachweis über die Sicherstellung einer Unterkunft zu erbringen (§ 1 lit. d). Diese Beschränkungen konnten nicht angewendet werden auf Personen, die in der Gemeinde heimatberechtigt waren, dort Grund und Boden besaßen und über eine Wohnmöglichkeit im eigenen Gebäude verfügten sowie auf Personen, die von ihren nächsten Angehörigen beherbergt und verpflegt wurden. Allerdings mußten diese Personen zur Ausfolgung von Lebensmittelkarten nachweislich an ihrem ordentlichen Wohnsitz abgemeldet sein.

2752 Die Landesregierungen wurden weiters ermächtigt, Maßnahmen zur „wirksamen Verhinderung der Lebensmittelverschleppung" durch Reisende zu treffen und den Aufenthalt von Sommergästen in solchen Konsum- und Industriezentren, in denen besonders schwierige Ernährungs- und Wohnungsverhältnisse herrschten, zu verbieten (§ 4).

2753 § 7 Abs. 1 der Vollzugsanweisung. Die Landesregierungen ihrerseits konnten zur Ausweisung dieser „zugereisten Personen" auch die politischen Bezirksbehörden ermächtigen. Über Antrag der betreffenden Gemeinde wurden die betroffenen Personen – unabhängig von einem allfällig eingeleiteten Strafverfahren (angedroht waren gemäß § 8 eine Geldstrafe bis 5.000 Kronen oder Arrest bis zu sechs Wochen) – zwangsweise zum Verlassen des Gemeindegebietes, des Bezirkes oder der Landes verhalten. Die Berufung gegen eine derartige Verfügung war nicht zulässig.

2754 Die Kundmachung der autonomen Landesregierung Salzburg vom 17. Mai 1919, LGBl. Nr. 65, betreffend den Kurgebrauch in Bad- und Hofgastein.

2755 Vgl. dazu detailliert KÖFNER (wie Anm. 2724), S. 262.

der durch diese Vorgangsweise weitere Zugeständnisse[2756]. Insbesondere verschob die Staatsregierung durch eine Vollzugsanweisung vom 19. Mai 1919[2757] das Inkrafttreten ihrer am 29. April 1919 erlassenen Vollzugsanweisung vom 20. Mai auf den 10. Juni 1919 und ermächtigte die Landesregierungen nunmehr, jeden drei Tage überschreitenden Aufenthalt von Fremden, Kuraufenthalte ausgenommen[2758], an eine besondere Bewilligung zu knüpfen[2759].

Die Länder Oberösterreich, Salzburg, Steiermark, Tirol, Vorarlberg und Niederösterreich[2760] erließen nun in Durchführung der Vollzugsanweisungen Verordnungen[2761], die der neuen Rechtslage Rechnung trugen. Nach diesen neuen Verordnungen

---

2756 Nach KÖFNER (wie Anm. 2724), S. 263, hatte das Staatsamt für Inneres auch zusätzliche Lebensmittel als „Fremdenreserve“ für Sommerurlauber (aber auch Einheimische) versprochen.

2757 Vollzugsanweisung der Staatsregierung vom 19. Mai 1919, StGBl. Nr. 272, mit welcher die Vollzugsanweisung vom 29. April 1919, StGBl. Nr. 252, ergänzt wird.

2758 Art. 1 Abs. 2 der Vollzugsanordnung vom 19. Mai 1919 (wie Anm. 2757), bestimmte, daß die bezüglich des Aufenthaltes in Heilbädern erlassenen Vorschriften der Vollzugsanweisung vom 29. April 1919 (wie Anm. 2748) durch diese Neuregelung nicht berührt werden.

2759 Gegen die „Absperrung Wiens vom Fremdenzuzug“ infolge der Aufenthaltsbeschränkungen protestierte z.B. am 30. September 1919 die Wiener Ärztekammer, da dadurch die „Interessen der durch den Krieg, die Revolution und die Friedensbedingungen ohnedies schwer betroffenen Ärzteschaft ... in katastrophaler Weise geschädigt“ würden. Außerdem würden, „wenn es den Ausländern unmöglich gemacht wird, die in Wien ansässigen Ärzte zu konsultieren, ... nicht nur diese, sondern auch noch weitere Kreise der Bevölkerung hiedurch schwere Einbuße erleiden“; vgl. Z. 395/27 sowie Z. VII 4085/31, n.ö. LA (wie Anm. 2589). Die niederösterreichische Landesregierung wies allerdings darauf hin, daß sie jederzeit bemüht sei, „bei Handhabung der Reisevorschriften berechtigte Interessen zu schonen und allzuempfindliche Härten zu vermeiden“. Die den Unterbehörden erteilten Weisungen würden es ermöglichen, „zum Zwecke einer nachgewiesenermaßen dringenden ärztlichen Untersuchung eine Aufenthaltsbewilligung zu erteilen“, siehe Z. VIIc-3951/2, n.ö. LA (wie Anm. 2589).

2760 Die Beschränkungen des niederösterreichischen Reiseverkehres hatten allerdings auch wirtschaftspolitisch ungünstige Auswirkungen auf Wien. So hatte das deutschösterreichische Staatsamt der Finanzen am 28. März 1920 darauf hingewiesen, daß es – da alle Voraussetzungen gegeben seien, „um Wien zu einem hervorragenden Treffpunkt der Handelswelt zu machen“ – im „Interesse der Zukunft Wiens dringend geboten“ erscheine, alles zu tun, um das „Handels- und Geschäftsleben Wiens zu heben“. Die Reiseverkehrspolitik sei zu sehr von sicherheitspolizeilicher Orientierung geprägt und müsse im Hinblick auf eine großzügigere Wirtschaftspolitik überdacht werden. Das Staatsamt regte daher Erleichterungen an, um der „Geschäftswelt, auch der aus den östlichen und südöstlichen Gebieten, die Reise nach Wien zu erleichtern“, vgl. n.ö. LA (wie Anm. 2589), Z. VIIc-1409/57.

2761 Verordnung der provisorischen Landesregierung für Oberösterreich vom 22. Mai 1919, LGBl. Nr. 72, betreffend Abänderung der Landesregierungsverordnung vom 1. April 1919, LGBl. Nr. 36, betreffend die Einreise in das Land Oberösterreich und den Aufenthalt in oberösterreichischen Gemeinden; Verordnung der provisorischen Landesregierung für Oberösterreich vom 7. Juni 1919, LGBl. Nr. 82, betreffend die Regelung des Reise- und Sommerverkehres; vgl. zur Verfassungskonformität dieser Verordnung das Erkenntnis des VfGH vom 10. Juni 1920, Z.B. 9/20, Slg. VfGH Nr. 55; siehe auch Verordnung der Landesregierung für Oberösterreich vom 17. Juli 1919, betreffend eine teilweise Abänderung, beziehungsweise Ergänzung der Verordnung vom 7. Juni 1919, LGBl. Nr. 82, über die Regemußten Personen, die weder Heimatrecht noch ständigen Aufenthalt bzw. Wohnsitz in einer Gemeinde des jeweiligen Landes hatten, nur mehr für einen über drei Tage dauernden Aufenthalt eine Aufenthaltsbewilligung einholen[2762, 2763], allerdings sahen die meisten Landesregierungsverordnungen für bestimmte Personenkategorien Ausnahmen von der Einholung derartiger Aufenthaltsgenehmigungen vor[2764]. Salzburg knüpfte überdies die Sommeraufenthaltsbewilligung für bestimmte Orte an die Voraussetzung des dortortigen Grundbesitzes[2765], während Niederösterreich und Oberösterreich sich vorbehielten, den Aufenthalt in einigen Gemeinden grundsätzlich zu verbieten[2766]. Was

lung des Reise- und Sommerverkehres für den politischen Bezirk Gmunden; Verordnung der Landesregierung für Oberösterreich vom 26. Oktober 1919, LGBl. Nr. 138, betreffend die Außerkraftsetzung der Landesregierungsverordnung vom 17. Juli 1919, LGBl. Nr. 93, beziehungsweise Ergänzung der Verordnung vom 7. Juni 1919, LGBl. Nr. 82; Verordnung der Landesregierung in Salzburg vom 29. Mai 1919, LGBl. Nr. 70, über die Regelung des Reise- und Sommerverkehres; ergänzt durch Verordnung der Landesregierung in Salzburg vom 26. Juli 1919, LGBl. Nr. 96, betreffend ergänzende Bestimmungen über den Reise- und Sommerverkehr; Verordnung der steiermärkischen Landesregierung vom 6. Juni 1919, LGBl. Nr. 65, über die Regelung des Reise- und Sommerverkehres; Verordnung der Tiroler Landesregierung vom 10. Juni 1919, LGBl. Nr. 38, betreffend den Reise- und Sommerverkehr; siehe zur Verfassungskonformität dieser Verordnung die Erkenntnisse des VfGH vom 16. Dezember 1919, Z. 332, Slg. VfGH Nr. 35; vom 18. Dezember 1919, Z. 335, Slg. VfGH Nr. 37; vom 25. Februar 1920, Z. 15, Slg. VfGH Nr. 40; vom 8. Juni 1920, Z. 34, Slg. VfGH Nr. 49; vom 12. Oktober 1920, Z.B. 12/20, Slg. VfGH Nr. 6; Verordnung der Vorarlberger Landesregierung vom 11. Juli 1919, LGBl. Nr. 55, betreffend Reise- und Sommerverkehr; geringfügig geändert durch Verordnung der Vorarlberger Landesregierung vom 12. Dezember 1919, LGBl. Nr. 111, betreffend Reiseverkehr; siehe zur Verfassungskonformität dieser Verordnung das Erkenntnis des VfGH vom 25. Februar 1920, Z. 17, Slg. VfGH Nr. 42; Verordnung der niederösterreichischen Landesregierung vom 19. Juli 1919, LGBl. Nr. 211, betreffend die Regelung des Reise- und Sommerverkehres.

2762 In Salzburg und Tirol war die Aufenthaltsbewilligung grundsätzlich von der Landesregierung einzuholen; in Nieder- und Oberösterreich bis zur Dauer von acht Tagen von der politischen Bezirksbehörde der Aufenthaltsgemeinde, für längere Sommeraufenthalte von der Landesregierung. Für das Stadtgemeindegebiet von Wien war die Polizeidirektion Wien und für den Polizeirayon Wiener Neustadt das Polizeikommissariat in Wiener Neustadt zur Erteilung der Aufenthaltsbewilligung ermächtigt.

2763 Für Aufenthalte bis zu drei Tagen sah Tirol Kontrollkarten vor, die zu einem jeweils dreitägigen Aufenthalt in höchstens vier Gemeinden, also zu einem Aufenthalt im Land von höchstens 12 Tagen innerhalb von acht Wochen berechtigten; vgl. zur Ausstellung der Kontrollkarten auch die Kundmachung der Tiroler Landesregierung vom 10. Juni 1919, LGBl. Nr. 39; vgl. zu den Kontrollkarten das Erkenntnis des Verfassungsgerichtshofes vom 18. Dezember 1919, Z. 335, Slg. VfGH Nr. 37.

2764 Die oberösterreichische Verordnung übernahm (und ergänzte bezüglich Gmundens) in § 4 die schon bisher bestehenden Ausnahmen – vgl. Anm. 2742 –; Salzburg sah ebenfalls Ausnahmen für öffentliche Funktionäre, Schüler, Hilfspersonal und Familienbesuch vor (§ 2).

2765 Es waren die Stadt Salzburg sowie die Gemeinden Gnigl, Maxglan, Aigen, Leopoldskron, Morzig, St. Gilgen, Strobl, Mattsee, Seeham, Neumarkt, Großgmain, Zell am See, Thumersbach, Lofer, Unken, Badgastein und Hofgastein.

2766 Es waren dies die Gemeinden mit besonders schwierigen Ernährungsverhältnissen gemäß § 4 der Vollzugsordnung vom 29. April 1919; vgl. Anm. 2748; die niederösterreichische Landesregierung behielt sich überdies vor, auch für solche Gemeinden in einzelnen besondas Ausweisungsrecht nach diesen Vorschriften anbelangt, so konnten zugereiste oder zum Sommeraufenthalt zugelassene Personen von der politischen Bezirksbehörde bzw. Polizeibehörde dann unabhängig von einem Strafverfahren[2767] zwangsweise zum Verlassen des Gemeindegebietes, Bezirkes oder Landes[2768] verhalten werden, wenn sie Lebensmittel verbotswidrig erwarben, beim Ankauf derselben die ortsüblichen Preise überzahlten[2769], sich der Verschleppung von Lebensmitteln[2770] schuldig machten oder sich nicht über eine rechtswirksame Aufenthaltsbewilligung ausweisen konnten. Gegen die Ausweisungsverfügung, die verwaltungstechnisch nur mit Schub oder gebundener Marschroute durchgeführt werden konnte, war eine Berufung nicht zulässig.

Kärnten führte überdies in „Ergänzung" der Verordnung der Landesregierung vom 1. April 1919 unter Bezug auf § 8 des Gesetzes vom 5. Mai 1869 mit Verordnung vom 22. Juni 1919[2771] zusätzlich zum Erfordernis einer Einreisebewilligung den Paßzwang für Reisen von und nach Kärnten ein. Wer einen derartigen von der politischen Behörde des Aufenthaltsortes ausgestellten Paß[2772] nicht vorweisen konnte, wurde von der Einreise bzw. Weiterreise ausgeschlossen und bei der Ausreise aus Kärnten an den Abreiseort bzw. an die Landesgrenze „zurückinstradiert". Nachdem bereits am Anfang des Sommers 1919 Klagen über „Fremdenluxus" auftauchten und die Probleme mit dem Schleichhandel überhandzunehmen begannen, ging auch die Salzburger Landesregierung, einer angeregten gesamtösterreichischen Neuregelung vorgreifend, mit einer auf das Kriegswirtschaftliche Ermächtigungsgesetz gestützten Verordnung vom 20. August 1919[2773] in die Offensive und band wieder grundsätzlich jeden Aufenthalt auch unter drei Tagen an eine Bewilligung der Landesregierung[2774].

---

ders rücksichtswürdigen Fällen, z.B. zugunsten von Kindern, Besuchern von Erholungsheimen etc., Aufenthaltsbewilligungen zu erteilen.

2767 Die Strafdrohungen in den „neuen" Verordnungen waren ident mit denen ihrer Vorgängerinnen.

2768 Die Tiroler Verordnung sah nur die Verhaltung zum zwangsweisen Verlassen des Landes vor.

2769 So die oberösterreichische und Salzburger Verordnung. Die Tiroler Verordnung sprach hingegen von einer Überzahlung der behördlich festgesetzten Preise und überdies von Übertretungen gegen die Vorschriften der Verbrauchsregelung.

2770 So die Diktion der Tiroler Verordnung.

2771 Verordnung der Landesregierung für Kärnten vom 22. Juni 1919, LGBl. Nr. 38, betreffend die Einführung des Paßzwanges für Reisen von und nach Kärnten; siehe zur Verfassungswidrigkeit dieser Verordnungen das Erkenntnis des VfGH vom 15. Oktober 1920, Z.B. 10/20, Slg. VfGH Nr. 68.

2772 Dieser hatte die Photographie des Paßinhabers samt Unterschrift und Identitätsbescheinigung zu enthalten. Der Paß konnte nur durch eine mit Photographie und eigenhändiger Unterschrift versehene amtliche Legitimation für aktive Staatsbeamte oder einen amtlichen Vorladungsbescheid oder Dienstauftrag einer staatlichen Verwaltungs- oder Gerichtsbehörde ersetzt werden; siehe dazu näher § 2 der Verordnung.

2773 Verordnung der Landesregierung in Salzburg vom 20. August 1919, LGBl. Nr. 118, über die Einreise in das Land Salzburg; siehe zur Verfassungskonformität der Verordnung das Erkenntnis des VfGH vom 16. Dezember 1919, Z. 331, Slg. VfGH Nr. 34, und weiter unten S. 520 f.; vgl. ausführlich GRANDNER (wie Anm. 1740), S. 71 ff.

2774 In § 4 wurden die bisherigen Ausnahmen aufrechterhalten und die Grenzverkehrsregelung wieder eingeführt. Die Bestimmungen betreffend den Kurgebrauch in Badgastein und Hof-

Mit einer wieder auf das Kriegswirtschaftliche Ermächtigungsgesetz gestützten Vollzugsanweisung vom 11. Mai 1920[2775] stellte die Staatsregierung die Einreise- und Aufenthaltsbeschränkungen der Länder auf eine neue rechtliche Grundlage, die im wesentlichen die jeweilige Landesregierung ermächtigte, zur Abwehr wirtschaftlicher Schäden den Aufenthalt im Jahre 1920 durch allgemeine Anordnungen zu regeln, sofern es sich um einen länger als drei Tage dauernden Aufenthalt handelte. Die von der Einholung von Aufenthaltsbewilligungen befreiten Personengruppen wurden in dieser Vollzugsanweisung detailliert angeführt[2776]. Die Vollzugsanweisung sprach überdies eine Ermächtigung für die Landesregierungen aus, auch einen Aufenthalt unter drei Tagen an eine Bewilligung zu knüpfen bzw. erteilte Aufenthaltsbewilligungen abzukürzen oder für ungültig zu erklären und die betroffenen Personen zwangsweise zur Abreise zu verhalten, „wenn besondere Ereignisse im Interesse der Aufrechterhaltung der öffentlichen Ruhe und Ordnung es geboten erscheinen lassen“[2777]. Alle Personen, die sich nicht entweder mit einem gültigen Identitätsnachweis oder im Falle eines drei Tage überschreitenden Aufenthaltes mit einer Aufenthaltsbewilligung auswiesen, konnten von der Einreise in das Land ausgeschlossen, also zurückgewiesen werden[2778]. Den Landesregierungen oder über ihre Ermächtigung den politischen Bezirksbehörden wurde über diese „Notstandsmaßnahme“ hinaus erneut ein – allerdings nunmehr deutlich erweitertes – Ausweisungsrecht unabhängig von einem allenfalls einzuleitenden Strafverfahren[2779] gegen diejenigen zugereisten Personen eingeräumt, die sich mit den aufgrund der Vollzugsanweisung erlassenen Verfügungen in Widerspruch setzten, „durch die Art ihrer Lebensweise der Öffentlichkeit grobes Ärgernis geben, staatlich bewirtschaftete Le-

gastein wurden durch die Verordnung unberührt gelassen; vgl. zum Entstehen dieser Verordnung auch KÖFNER (wie Anm. 2724), S. 263 f.

2775 Vollzugsanweisung der Staatsregierung vom 11. Mai 1920, BGBl. Nr. 215, über die Regelung des Reiseverkehrs im Jahre 1920.

2776 Es waren dies gemäß § 3 die Personen, die im betreffenden Land heimatberechtigt waren oder ihren ordentlichen Wohnsitz hatten; die Personen inklusive ihrer Ehegatten, Kinder und Hausgehilfen, welche über eine Wohngelegenheit im eigenen Hause verfügten für die Dauer von vier Wochen, wobei aber für Orte, in denen die Häuser großteils ortsfremden Personen gehörten, von der Landesregierung auch ein Aufenthalt von mehr als drei Tagen bis zu vier Wochen an eine Bewilligung geknüpft werden durfte; Mitglieder der Staatsregierung, der Nationalversammlung, der Landesversammlungen; öffentliche Angestellte für die Dauer ihres Dienstauftrages. Ferner durfte gewerblichem, industriellem, kaufmännischem, landwirtschaftlichem und häuslichem Hilfspersonal für die Dauer ihres Dienstverhältnisses die Aufenthaltsbewilligung ebensowenig verweigert werden wie Personen, die in Kranken- und Wohltätigkeitsanstalten aufgenommen wurden, und nachweislich kurbedürftigen Personen mit einer Begleit- und/oder Pflegeperson in den bereits mehrfach genannten Heilbädern.

2777 Von dieser Notmaßnahme wurden allerdings die in § 3 aufgezählten Personen ausgenommen.

2778 Vgl. § 2 der Vollzugsanweisung der Staatsregierung vom 11. Mai 1919, StGBl. Nr. 215, über die Regelung des Reiseverkehrs im Jahre 1920; vgl. zur Unzulässigkeit einer Strafverfügung bei Mangel eines derartigen gültigen Nachweises das Erkenntnis der VfGH vom 30. April 1921, Z.B. 29/20, Slg. VfGH N.F. Nr. 15.

2779 Die Geldstrafe wurde angesichts der Inflation nun in der Vollzugsanweisung auf bis zu 20.000 Kronen erhöht.

bensmittel verbotswidrig erwerben, bei Ankauf von Lebensmitteln die ortsüblichen Preise überbieten oder die wirtschaftlichen Verhältnisse des Landes gefährden"[2780].

Die in Ausführung der Vollzugsanweisung erlassenen Verordnungen der Landesregierungen[2781] übernahmen alle Ausweisungsgründe der Vollzugsanweisung und präzisierten sie teilweise zusätzlich. So normierte die Tiroler Verordnung vom 17. Mai 1920 ausdrücklich die Erschleichung einer Aufenthaltsbewilligung unter Angabe falscher Gründe sowie den Versuch derselben als Grund einer Außerlandschaffung, die oberösterreichische Verordnung sah auch für die Übertretung noch zu erlassender Bestimmungen zur Verhinderung der Lebensmittelverschleppung die zwangsweise Entfernung aus Gemeinde, Bezirk oder Land vor.

Ohne Berufung auf irgendeine bundesgesetzliche Rechtsgrundlage bzw. Ermächtigung erließ am 27. Mai 1921[2782] die Tiroler Landesregierung eine Verordnung, die zwar die Einreise nach Tirol und den Aufenthalt dortselbst „im allgemeinen uneingeschränkt" gestattete, aber ein Ausweisungsrecht gegenüber „Fremden" normierte, das sich zwar in den Gründen für die Außerlandschaffung mit den bundesrechtlichen Vollzugsanweisungen deckte, unter „Fremden" allerdings alle Personen verstand, die „ihren ständigen Wohnsitz außerhalb Tirols" hatten, und damit die bundesrechtlich gezogenen Schranken überschritt. Auch die Kärntner Landesregierung erließ am 6. Juni 1921 – unter Berufung auf das Kriegswirtschaftliche Ermächtigungsgesetz – eine den Reiseverkehr

---

2780 § 7 Abs. 1 der Vollzugsanweisung. Die Berufung gegen eine derartige Verfügung war nach wie vor nicht zulässig.

2781 Verordnung der Landesregierung in Salzburg vom 16. Mai 1920, LGBl. Nr. 82, über die Regelung des Reiseverkehres im Lande Salzburg im Jahre 1920; Verordnung der Tiroler Landesregierung vom 17. Mai 1920, LGBl. Nr. 69, betreffend den Reiseverkehr im Jahre 1920; vgl. zur Verfassungskonformität dieser Verordnung das Erkenntnis des VfGH vom 29. April 1921, Z.B. 28/20, Slg. VfGH N.F. Nr. 14; Verordnung ergänzt (allerdings nicht die Ausweisungsbestimmungen betreffend) durch Verordnung der Tiroler Landesordnung vom 15. Juli 1920, LGBl. Nr. 95, bis auf weiteres verlängert durch Verordnung vom 6. Oktober 1920, LGBl. Nr. 119; Verordnung der Vorarlberger Landesregierung vom 27. Mai 1920, LGBl. Nr. 47, betreffend den Reiseverkehr und den Aufenthalt in Vorarlberg; Verordnung der Landesregierung von Oberösterreich vom 31. Mai 1920, LGBl. Nr. 77, betreffend die Regelung des Reise- und Sommerverkehrs im Jahre 1920; vgl. zur Verfassungskonformität dieser Verordnung das Erkenntnis des VfGH vom 30. April 1921, Z.B. 29/20, Slg. VfGH N.F. Nr. 15; siehe auch die Verordnung der Landesregierung für Oberösterreich vom 17. Juli 1921, LGBl. Nr. 59, betreffend den Reise- und Fremdenverkehr im Jahr 1921; Verordnung vom 4. Juni 1920, LGBl. Nr. 122, über die Regelung des Reiseverkehrs im Jahre 1920; vgl. zur Verfassungskonformität dieser Verordnung das Erkenntnis des VfGH vom 29. April 1921, Z.B. 25/20, Slg. VfGH N.F. Nr. 13; Verordnung der niederösterreichischen Landesregierung vom 1. Juli 1920, LGBl. Nr. 507, betreffend die Regelung des Reiseverkehres im Jahre 1920.

2782 Verordnung der Tiroler Landesregierung vom 27. Mai 1921, LGBl. Nr. 71, über die Regelung des Aufenthaltes und der Verpflegung der Fremden in Tirol im Jahre 1921; aufgehoben mit Erkenntnis des VfGH vom 28. Juni 1921, Z. D. 5/21, Slg. VfGH N.F. Nr. 32; vgl. die Kundmachung der Tiroler Landesregierung vom 27. Juli 1921, LGBl. Nr. 105, betreffend den Reiseverkehr in Tirol.

nach Kärnten einschränkende Verordnung[2783], die sich zwar bezüglich der Aufenthaltsregelungen weitgehend im Rahmen der Vollzugsanweisung von 1920 hielt[2784], allerdings den bereits 1919 eingeführten Paßzwang erneuerte.

Im Einklang mit den durch das Bundes-Verfassungsgesetz und das Verfassungs-Übergangsgesetz von 1920 vorgesehenen Bestimmungen[2785], und um das verfassungsrechtlich äußerst bedenkliche bzw. verfassungswidrige Treiben der Länder endgültig abzustellen, ordnete die aufgrund des Kriegswirtschaftlichen Ermächtigungsgesetzes erlassene Verordnung der Bundesregierung vom 6. Juli 1921[2786] an, daß keinem österreichischen Staatsbürger die Ein- oder Durchreise und der Aufenthalt in den Bundesländern im Sinne von Art. 4 des Bundes-Verfassungsgesetzes[2787], unbeschadet der bestehenden gesetzlichen Schranken, verwehrt werden dürfe[2788]. Allerdings wurden „aus Rücksicht auf die Versorgung der einheimischen Bevölkerung" (§ 1 Abs. 2) ausnahmsweise örtliche Beschränkungen zugelassen. Die Landeshauptmänner konnten gemäß dieser Verordnung, wenn es besondere Ereignisse im Interesse der Aufrechterhaltung der öffentlichen Ruhe und Ordnung geboten erscheinen ließen, beim Innenministerium beantragen, daß die Einreise von Fremden in einzelne Gemeinden gänzlich untersagt oder an eine vorher einzuholende Bewilligung geknüpft werde. Nur bei Vorliegen von Gefahr im Verzug wurden die Landeshauptmänner ermächtigt, eine derartige Anordnung

---

2783 Verordnung der Landesregierung für Kärnten vom 6. Juni 1921, LGBl. Nr. 53, betreffend den Reiseverkehr nach Kärnten im Jahre 1921; durch Verordnung der Landesregierung für Kärnten vom 23. Juli 1921, LGBl. Nr. 74, betreffend die Aufhebung der Beschränkungen des Reiseverkehres nach Kärnten im Jahre 1921 wurde die Verordnung vom 6. Juni mit sofortiger Wirksamkeit außer Kraft gesetzt.

2784 Auch im zusätzlich normierten Ausweisungsgrund infolge Überbietung der ortsüblichen Preise beim Abschluß von Mietverträgen konnte eine Präzisierung der in der Vollzugsanweisung normierten aufenthaltsbeendenden Maßnahmen erblickt werden.

2785 § 13 Abs. 1 des Gesetzes vom 1. Oktober 1920, BGBl. Nr. 2, StGBl Nr. 451, betreffend den Übergang zur bundesstaatlichen Verfassung, verfügte in Abs. 1, daß Beschränkungen oder Erschwerungen des Verkehrs von Personen oder Waren zwischen den Ländern nur zulässig seien, solange die in Art. 10 Z. 15 B-VG erwähnten, durch die kriegerischen Ereignisse der Jahre 1914 bis 1918 hervorgerufenen außerordentlichen Verhältnisse fortdauerten, und nur von Bundeswegen verfügt werden konnten. Bestehende nicht von staatlicher Seite ergangene Verkehrsbeschränkungen traten nach Abs. 2, wenn sie nicht vom Bund nachträglich genehmigt worden waren, spätestens mit 30. Juni außer Kraft.

2786 Verordnung der Bundesregierung vom 6. Juli 1921, BGBl. Nr. 374, betreffend den Reiseverkehr im Jahre 1921; vgl. auch die Kundmachung des Landeshauptmannes von Oberösterreich vom 16. Juli 1921, LGBl. Nr. 86, betreffend den Reise- und Fremdenverkehr im Jahre 1921.

2787 Abs. 1: „Das Bundesgebiet bildet ein einheitliches Währungs-, Wirtschafts- und Zollgebiet". Abs. 2: „Innerhalb des Bundes dürfen Zwischenzoll-Linien oder sonstige Verkehrsbeschränkungen nicht errichtet werden."

2788 Schon die Verordnung der Landesregierung für Oberösterreich vom 17. Juli 1921, LGBl. Nr. 59, betreffend den Reise- und Fremdenverkehr im Jahr 1921, hatte die Ein- und Durchreise sowie den Aufenthalt Fremder in Oberösterreich „künftighin" an keine besondere Bewilligung mehr gebunden.

selbst zu treffen[2789]. Im Falle einer solchen Anordnung konnte auch verfügt werden, daß die anwesenden Fremden die Gemeinde, für die das Einreiseverbot ergangen war, „binnen einer angemessenen Frist zu verlassen“ hatten. Wie schon zuvor, wurden auch in diesen Verordnungen von einem derartigen Einreise- und Aufenthaltsverbot in der betreffenden Gemeinde Heimatberechtigte, Personen, die am Tage des Inkrafttretens der Aufenthaltsbeschränkung dort ihren ordentlichen Wohnsitz hatten, und einige andere Personengruppen ausdrücklich ausgenommen[2790]. Allen anderen Personen gegenüber bestand unter den gleichen Voraussetzungen, wie dies schon die Verordnung vom 11. Mai 1920 festgelegt hatte, ein Ausweisungsrecht[2791].

Der Verordnungswildwuchs der Länder sowie das durch die (nach-)kriegswirtschaftliche Krisensituation bedingte Ausweisungsrecht waren damit beseitigt und die Aufenthaltsfreiheit in diesem Punkt wiederhergestellt worden. Wiewohl die wirtschaftliche Situation Österreichs noch weit entfernt von einer nachhaltigen Entspannung war, kann doch das Jahr 1921 bereits als ein Wendepunkt in der wirtschaftlichen Entwicklung Österreichs gesehen werden[2792]. Außerdem scheint die Eingliederung des agrarwirtschaftlich bedeutsamen Burgenlandes im Jahre 1921, die positive Auswirkungen für die Ernährungslage der Bundeshauptstadt Wien zeitigte, zu einer Entschärfung der Spannungen zwischen den Bundesländern und dem „Wasserkopf“ Wien geführt zu haben. Überdies waren auf bundesgesetzlicher Ebene bereits Mittel zur Bekämpfung von Preistreiberei und Schleichhandel durch das Preistreibereigesetz vom 9. März 1921[2793] zur Verfügung gestellt worden.

2. Zur Verfassungsmäßigkeit der „Außerlandschaffung“

Diese Einschränkung des Rechtes auf freien Aufenthalt stieß freilich auf vielfältige negative Resonanz, zeigte sie doch – wie ein zeitgenössischer Kritiker formulierte –

2789 Die getroffene Anordnung war dem Innenministerium zur nachträglichen Genehmigung sofort anzuzeigen. Wurde die Genehmigung versagt, so war die Verordnung außer Kraft zu setzen.

2790 Diese Personengruppen waren: gewerbliches, landwirtschaftliches und häusliches Hilfpersonal für die Dauer ihres Dienstverhältnisses; die Mitglieder der Bundesregierung, des Nationalrates, des Bundesrates sowie der Landesregierung und der Landtage; öffentliche Angestellte für die Dauer einer durch Dienstauftrag nachgewiesenen Dienstverrichtung; Personen, die in der Gemeinde über eine Wohnungsgelegenheit im eigenen Haus verfügten sowie Personen, die in Kranken- und Wohltätigkeitsanstalten aufgenommen wurden.

2791 Siehe zu den Ausweisungsgründen S. 514 f.; auch nach der Verordnung vom 6. Juli 1921, siehe Anm. 2786), konnten Personen, die sich derartige Handlungen zu Schulden kommen ließen, unabhängig von einem allfällig einzuleitenden Strafverfahren vom jeweiligen Landeshauptmann oder über dessen Ermächtigung von den politischen Bezirksbehörden zwangsweise zum Verlassen des Gemeindegebietes, Bezirkes oder Landes verhalten werden (§ 3 Abs. 1).

2792 Vgl. Susanne SCHUH, Wirtschaftliche und politische Probleme Österreichs nach dem Ersten Weltkrieg. Das Jahr 1921, phil. Diss. Wien 1977.

2793 Bundesgesetz vom 9. März 1921, BGBl. Nr. 253, über die Bestrafung der Preistreiberei, des Schleichhandels und anderer ausbeuterischer oder die Versorgung der Bevölkerung gefährdender Handlungen (Preistreibereigesetz).

„wieder einmal den Jammer unserer österreichischen Zustände, das Gegeneinanderarbeiten aller gegen alle, und die Eigenmächtigkeit der untergeordneten Behörden und Körperschaften im schlimmsten Lichte“[2794]. Der „Kampf des Landes gegen die Stadt, der Egoismus der Provinz, die zwar von der Kreditwürdigkeit der Hauptstadt lebet, deren Leben aber auf jegliche Art drosselt“, habe vom Recht der „Freizügigkeit der Person“ ... nichts übrig gelassen“, es zu „einem Stück Papier gemacht, das wie ein Sieb durchlöchert ist“[2795].

Dieser „Durchlöcherung“ trat freilich bald der Verfassungsgerichtshof entgegen, der sich in den Jahren 1919 bis 1921 häufig mit Beschwerden zu befassen hatte, die eine Verletzung des Rechtes auf freien Aufenthalt (Art. 6 StGG) bzw. des Rechtes der Freizügigkeit (Art. 4 StGG) durch die Einreiseverbote der Landesregierungen bzw. der Staatsregierung geltend machten. Bezüglich des verletzten Grundrechtes stellte der Verfassungsgerichtshof allerdings wiederholt fest, daß durch Einreiseverbote eine Verletzung des in Art. 6 gewährten Grundrechtes stattfinden könne, nicht jedoch des Freizügigkeitsrechtes, die irrige Anführung einer Gesetzesstelle in der Beschwerde aber nicht der Anwendung der richtigen Gesetzesstelle durch den Gerichtshof entgegenstehe[2796].

Eine Vielzahl von Erkenntnissen beschäftigte sich mit der Frage der Verfassungsmäßigkeit der den Außerlandschaffungen zugrunde liegenden Verordnungen der Landesregierungen, wobei der Verfassungsgerichtshof im Gegensatz zu den Landesregierungen die Ansicht vertrat, daß nur die aufgrund der Vollzugsanweisungen der Staatsregierung vom 29. April und 19. Mai 1919 bzw. vom 11. Mai 1920 erlassenen und sich in deren Rahmen bzw. Schranken bewegenden Einreisevorschriften der Länder das Grundrecht auf freien Aufenthalt nicht verletzten[2797]. Was die Verfassungsmäßigkeit der aufgrund des Kriegswirtschaftlichen Ermächtigungsgesetzes ergangenen Vollzugsanweisungen der Staatsregierung vom 29. April und 19. Mai 1919 selbst anbelangt, so ging der Verfassungsgerichtshof davon aus, daß diese in keinem Widerspruch zu Art. 6 des Staatsgrundgesetzes stünden[2798], weil die Staatsregierung durch dieses Gesetz ermächtigt war, die notwendigen Verfügungen zur Abwehr wirtschaftlicher Schädigungen und zur Versorgung der Bevölkerung mit Nahrungsmitteln zu treffen[2799]. Da, wie es Pach-

---

2794 Neue Freie Presse vom 18. August 1920, Art. „Die Freizügigkeit der Person in der Republik. Eine Entscheidung des Verfassungsgerichtshofes“, auch in: sowidok (wie Anm. 2535).

2795 Ebd.

2796 Erkenntnisse des VfGH vom 16. Dezember 1919, Z. 331 und 332, Slg. VfGH Nr. 34 und 35; vom 18. Dezember 1919, Z. 335, Slg. VfGH Nr. 37; vom 24. Februar 1920, Z. 12, Slg. VfGH Nr. 38; vom 10. Juni 1920, Z.B. 9/20, Slg. VfGH Nr. 55; vom 30. April 1921, Z.B. 29/20, Slg. VfGH N.F. Nr. 15.

2797 Vgl. die Erkenntnisse des VfGH vom 24. Februar 1920, Z. 12, Slg. VfGH Nr. 38; vom 25. Februar 1920, Z. 17, Slg. VfGH Nr. 42; vom 8. Juni 1920, Z. 34, Slg. VfGH Nr. 49; vom 10. Juni 1920, Z.B. 9/20, Slg. VfGH Nr. 55; vom 12. Oktober 1920, Z.B. 12/20, Slg. VfGH Nr. 61; vom 15. Oktober 1920, Z.B. 10/20, Slg. VfGH Nr. 68; vom 29. April 1921, Z.B. 25/20, Slg. VfGH N.F. Nr. 13; vom 30. April 1921, Z.B. 29/20, Slg. VfGH N.F. Nr. 15.

2798 Erkenntnisse des VfGH vom 16. Dezember 1919, Z. 332, Slg. VfGH Nr. 35, und vom 18. Dezember 1919, Z. 335, Slg. VfGH Nr. 37.

2799 Siehe § 1 des KWEG: „Die Regierung wird ermächtigt, während der Dauer der durch den Krieg hervorgerufenen außerordentlichen Verhältnisse durch Verordnung die notwendigen Verfügungen zur Förderung und Wiederaufrichtung des wirtschaftlichen Lebens, zur Abmann[2800] formulierte, auch die „Ausübung des Staatsgrundrechtes der Freizügigkeit" wirtschaftliche Schädigungen nach sich ziehen könne, erschienen Einreise- und Aufenthaltsbeschränkungen aufgrund des Kriegswirtschaftlichen Ermächtigungsgesetzes gerechtfertigt.

In seinem Erkenntnis vom 24. Oktober 1919[2801] hatte sich der Verfassungsgerichtshof erstmals mit einer Individualbeschwerde wegen Verletzung des Rechtes auf freien Aufenthalt durch ein Einreiseverbot, nämlich durch die Vorarlberger Kundmachung vom Dezember 1918 auseinanderzusetzen[2802]. Der Verfassungsgerichtshof führte in seiner Entscheidung aus, daß die Siedlungs- und Aufenthaltsfreiheit in der Verfassung für so wichtig befunden worden seien, daß die Art. 4 und 6 StGG „mit Ausnahme einer gewissen Erweiterung der polizeilichen Macht" in § 3 c und § 8 b nicht einmal in das Gesetz vom 5. Mai 1869 aufgenommen wurden und daher selbst in Zeiten äußerer und innerer Unruhen nicht suspendiert werden könnten. Es sei zwar nicht ausgeschlossen, daß durch gesetzliche Maßnahmen einzelne Personenkategorien aus besonderen sachlichen Gründen in ihrer Aufenthaltsfreiheit beschränkt oder einzelne Bezirke zeitweilig abgesperrt werden könnten[2803], allerdings bedürften alle derartige Fälle eines Gesetzes, und zwar eines Staats- bzw. Bundesgesetzes[2804]. Da zu Einschränkungen der im Staatsgrundgesetz über die allgemeinen Rechte der Staatsbürger enthaltenen Rechte aber ausschließlich die staatliche Gesetzgebungsgewalt, nicht aber die Landesgesetzgebung berechtigt sei[2805], stehe ein derartiges durch den Landesrat im Verordnungsweg erlassenes Einreiseverbot mit Art. 6 in offenkundigem Widerspruch. In seinen Erkenntnissen vom 16. Dezember 1919[2806] und 24. Februar 1920[2807] begründete er diesen Rechtssatz dar-

---

wehr wirtschaftlicher Schädigungen und zur Versorgung der Bevölkerung mit Nahrungsmitteln und anderen Bedarfsgegenständen zu treffen."

2800 PACHMANN (wie Anm. 2595), S. 101.

2801 Erkenntnis des VfGH vom 24. Oktober 1919, Z. 265, Slg. VfGH Nr. 29.

2802 Der Beschwerdeführer war ohne spezielle Bewilligung nach Vorarlberg eingereist und nach Verurteilung zu einer Geldstrafe von 50 Kronen zum Verlassen des Landes gezwungen worden.

2803 Er verwies für den ersten Fall auf das Ausweisungsrecht der Gemeinden und das Ausweisungsrecht der Sicherheitsbehörde nach dem Schubgesetz; für die Absperrung eines Bezirkes auf sanitätspolizeiliche Maßnahmen im Falle einer Seuche nach dem Sanitätsgesetz.

2804 Siehe den Rechtssatz des Erkenntnisses des VfGH vom 24. Oktober 1919, Z. 265, Slg. VfGH Nr. 29; vgl. auch die Erkenntnisse vom 16. Dezember 1919, Z. 331, Slg. VfGH Nr. 34; vom 24. Februar 1920, Z. 12, Slg. VfGH Nr. 38; vom 25. Februar 1920, Z. 17, Slg. VfGH Nr. 40; vom 8. Juni 1920, Z. 34, Slg. VfGH Nr. 49; vom 10. Juni 1920, Z.B. 9/20, Slg. VfGH Nr. 55; vom 12. Oktober 1920, Z.B. 12/20, Slg. VfGH Nr. 61; vom 14. Oktober 1920, Z.B. 16/20, Slg. VfGH Nr. 64 und Z.B. 17/20, Slg. VfGH Nr. 65; vom 15. Oktober 1920, Z.B. 10/20, Slg. VfGH Nr. 68.

2805 Da nach dem Beschluß über die grundlegenden Einrichtungen der Staatsgewalt vom 30. Oktober 1918, StGBl. Nr. 1, die gesamte Gesetzgebungsgewalt der Nationalversammlung zukam, soweit nicht das Gesetz vom 14. November 1918, StGBl. Nr. 24, betreffend die Übernahme der Staatsgewalt in den Ländern den Landesversammlungen die Gesetzgebungskompetenz eingeräumt hatte.

2806 Erkenntnis des VfGH vom 16. Dezember 1919, Z. 331, Slg. VfGH Nr. 34. Der ohne Einreisebewilligung nach Salzburg eingereiste Beschwerdeführer war aufgrund der Verordnung der Landesregierung vom 20. August 1919, LGBl. Nr. 118, von der Polizeiexpositur am

über hinaus damit, daß Art. 4 und 6 des Staatsgrundgesetzes nicht bloß dazu bestimmt seien, den einzelnen Staatsbürger gegen Willkür der Behörde zu schützen, sondern sie seien „zugleich Ausdruck des einheitlichen Staatsgebietes ..., innerhalb dessen die einzelnen Staatsgebiete nicht das Recht haben, sich durch juristische Grenzpfähle voneinander abzutrennen".

Pachmann[2808] hatte dazu vom heimatrechtlichen Standpunkt aus bereits im November 1919 angemerkt, daß die Aufenthalts- und Einreisebeschränkungen die Grundlagen des Freizügigkeitsrechtes, das sich durch Reisen und Aufenthalt in jedem Ort des Staates praktisch betätige, und das Wesen der Heimatberechtigung verändert hätten. Bisher habe das Heimatrecht, abgesehen vom Ausweisungsrecht der Gemeinden, keinerlei Rolle für die Betätigung der Freizügigkeit gespielt, und es habe nur ein Heimatrecht in einer Gemeinde und nicht in einer Gemeinde eines Kronlandes mit irgendwelchen Vorzügen gegeben. Der Begriff des Heimatrechtes sei nun durch die Einreiseverbote „im Negativ wiedergegeben", aus der Heimatsberechtigung in einer Gemeinde sei „ganz unvermerkt ein anderer Begriff geworden: die Zugehörigkeit zu einem Lande".

Bezüglich der Verfassungsmäßigkeit der am 1. April 1919[2809] mit Beziehung auf das Gesetz vom 5. Mai 1869[2810] erlassenen Verordnung der provisorischen Landesregierung für Oberösterreich stellte der Verfassungsgerichtshof in seinem Erkenntnis vom 24. Februar 1920[2811] fest, daß sich die Verordnung weder auf ein Gesetz des Staates berufe, noch könne sie sich auf ein solches stützen, weil zur Zeit, als die Verordnung erging, die Staatsregierung von der ihr durch das Ermächtigungsgesetz eingeräumten Befugnis noch keinen Gebrauch gemacht und daher der Landesregierung noch keine Ermächtigung zu ausführenden Bestimmungen gegeben hatte.

In seinem Erkenntnis vom 16. Dezember 1919[2812] begründete der Gerichtshof die Verfassungswidrigkeit der Verordnung der Salzburger Landesregierung vom 20. August 1919[2813] weiters damit, daß sich die Landesregierung bei Erlassung dieser Verordnung auf das Kriegswirtschaftliche Ermächtigungsgesetz vom 24. Juli 1917 gestützt hatte. Der Verfassungsgerichtshof führte aus, daß unter dem Namen „Regierung" nach der „Ausdrucksweise, die im alten Staat Österreich galt, die autonome Vollzugsgewalt des Landes nicht inbegriffen" war. Der Terminus „Landesregierung" habe nicht bestanden, der Landesausschuß sei nie als Regierung bezeichnet worden, und die Statthalterei sei nur als ein dem Ministerium untergeordnetes Regierungsorgan existent gewesen. Daher könne durch dieses Gesetz nur die Staatsregierung ermächtigt worden sein[2814]. Die Ver-

---

Bahnhof in Salzburg zu einer Geldstrafe verurteilt und zur sofortigen Rückreise genötigt worden.

2807 Erkenntnis des VfGH vom 24. Februar 1920, Z. 12, Slg. VfGH Nr. 38.

2808 Vgl. PACHMANN (wie Anm. 2595), S. 101.

2809 Siehe Anm. 2731.

2810 Siehe dazu Anm. 2735.

2811 Erkenntnis des VfGH vom 24. Februar 1920, Z. 12, Slg. VfGH Nr. 12.

2812 Erkenntnis des VfGH vom 16. Dezember 1919, Z. 331, Slg. VfGH Nr. 34.

2813 Siehe Anm. 2773.

2814 Der Verfassungsgerichtshof bekräftigte seine Begründung auch damit, daß in § 3 des Gesetzes die Regierung verpflichtet wurde, die erlassenen Verordnungen dem Reichsrat vorzulegen; daß diese nach § 5 solange in Kraft blieben, als sie nicht durch neue Verordnungen oder

ordnung habe überdies die durch die Vollzugsanweisungen der Staatsregierung vom 29. April 1919 und vom 19. Mai 1919[2815] gezogenen Schranken der Ermächtigung zur Erlassung von Verfügungen dadurch überschritten, da sie auch für Aufenthalte unter drei Tagen eine besondere Bewilligung verlangte. Weder die Landesregierung noch die Behörden seien daher im konkreten Fall berechtigt gewesen, den Beschwerdeführer sofort bei seiner Einreise, obwohl er nach seinen Angaben nur ein Paket abholen und sofort wieder abreisen wollte, zur sofortigen Abreise zu zwingen. Auch die Verordnung der Kärntner Landesregierung vom 1. April 1919[2816], welche sich auf das Kriegswirtschaftliche Ermächtigungsgesetz gestützt hatte, sowie diejenige vom 22. Juni 1919, welche von der in den Vollzugsanweisungen erteilten Ermächtigung keinen Gebrauch gemacht hatte und sich auf das Gesetz vom 5. Mai 1869 berief, erachtete der Verfassungsgerichtshof als in einem Staatsgesetz nicht begründet und daher als rechtsunwirksam[2817].

Verfassungswidrig waren auch die Verordnungen der Tiroler Landesregierung vom 10. Juni 1919[2818] und vom 27. Mai 1921[2819]. Die Verordnung des Jahres 1919 hatte sich insofern nicht innerhalb der Schranken der Vollzugsanweisungen der Bundesregierung gehalten, da sie als zusätzliche Maßnahme Kontrollkarten eingeführt hatte, die für drei Tage nicht übersteigende Aufenthalte vor Antritt der Reise zu beantragen waren[2820]. Der Verfassungsgerichtshof erblickte in dieser Maßnahme eine über die Ermächtigung der Vollzugsanweisungen hinausgehende Einschränkung der Einreise und des Aufenthaltes, weil durch die Notwendigkeit, ein Gesuch einzureichen, die Einreise längere Zeit verhindert würde und der Einreisende die Zeit, „in welcher ihm seine Reise möglich ist, nicht berechnen" könne und „eine dringende, unvorbereitete Reise ... geradezu ausgeschlossen" sei[2821]. Im übrigen anerkannte der Verfassungsgerichtshof allerdings die Rechtsgültigkeit dieser Verordnung[2822]. Bezüglich der Verordnung des Jahres 1921, die

---

gemäß § 3 über Verlangen des Reichsrates abgeändert oder außer Wirksamkeit gesetzt wurden; daß mit dem Vollzug dieser Verordnungen die beteiligten Ministerien betraut waren (§ 6).

2815 Siehe S. 509 ff. und Anm. 2748, 2757.

2816 Siehe Anm. 2732.

2817 Das Gesetz vom 5. Mai 1869, RGBl. Nr. 66, käme als Rechtsgrundlage nicht in Betracht, da § 8 des Gesetzes nur das Paß- und Meldungswesen betraf; siehe das Erkenntnis des VfGH vom 15. Oktober 1920, Z.B. 10/20, Slg. VfGH Nr. 68.

2818 Siehe Anm. 2761.

2819 Siehe oben S. 515 und Anm. 2782.

2820 Die Kontrollkarte wurde gegen Anmeldung unter Angabe des Aufenthaltsortes bzw. der Aufenthaltsorte, der Zeit, Art und Zahl des die Identität ausweisenden Legitimationsdokumentes von der Landesregierung in Innsbruck oder von den von dieser dazu bestellten Organen in den Eintrittsstationen ausgestellt. Reisende ohne Kontrollkarte wurden zum Verlassen des Landes verhalten; vgl. zur Kontrollkarte auch Anm. 2763.

2821 Erkenntnis des VfGH vom 18. Dezember 1919, Z. 335, Slg. VfGH Nr. 37. Der Beschwerdeführer war von der Bezirkshauptmannschaft Lienz wegen unbefugter Einreise zu einer Geldstrafe verurteilt und aufgefordert worden, den Bezirk Lienz noch am gleichen Tage zu verlassen, also zum Verlassen des Ortes und des Landes gezwungen worden, obwohl er ohne weiteres in der Lage gewesen wäre, seine Identität nachzuweisen.

2822 Siehe das Erkenntnis des VfGH vom 12. Oktober 1920, Z.B. 12/20, Slg. VfGH Nr. 61.

von der Bundesregierung aufgrund Art. 139 Abs. 2 des Bundes-Verfassungsgesetzes angefochten wurde, stellte der Verfassungsgerichtshof fest[2823], daß die in dieser vorgesehenen Beschränkungen der Freizügigkeit von Bundesbürgern im Widerspruch zu § 13 des Verfassungs-Übergangsgesetzes von 1920 stünden, wonach Beschränkungen des Verkehrs von Personen zwischen den Ländern nur von Bundes wegen verfügt werden konnten. Die als gesetzwidrig erkannte Verordnung wurde daher aufgehoben.

Daß die Landesregierungen extensiven Gebrauch von der Möglichkeit einer Verweigerung der Einreisebewilligung bzw. von den Außerlandschaffungen machten, zeigt sich anhand einiger Judikate besonders deutlich. So mußte der Verfassungsgerichtshof klarstellen, daß die Beschränkungen der Aufenthaltsfreiheit ausschließlich auf den Reise- und Sommerverkehr und nicht auf Personen anzuwenden seien, die einen dauernden Aufenthalt bzw. eine Niederlassung bezweckten[2824]. Bezüglich der Berechnung des uneingeschränkten dreitägigen Aufenthaltes erkannte der Verfassungsgerichtshof, daß bei der Konkretisierung dieser Frist eine Berechnung a momento ad momentum nicht anzuwenden sei[2825]. Vielmehr habe die Berechnung von Fristen nach den Bestimmungen des ABGB[2826] zu erfolgen, da dessen Vorschriften „zufolge ihres allgemeinen rechtstheoretischen Gehaltes auch für öffentlich rechtliche (Beziehungen)“ galten.

2823 Erkenntnis des VfGH vom 28. Juni 1921, Z.D. 5/21, Slg. VfGH N.F. Nr. 32.

2824 Siehe das Erkenntnis des VfGH vom 15. Oktober 1920, Z.B. 10/20, Slg. VfGH Nr. 68. Der Beschwerdeführer hatte nach seinen Angaben ein Haus in Klagenfurt gekauft, um dort ständigen Aufenthalt zu nehmen und einem Erwerb nachzugehen. Die Landesregierung hatte den Einreiseantrag ohne Begründung abgelehnt und in der Zuschrift, mit der die Akten vorgelegt worden waren, angeführt, daß die Einreise- und Aufenthaltsverweigerung zur Verhinderung eines Schleichhandels und Schmuggels mit Juwelen erfolgt sei. Der Beschwerdeführer hätte das Haus nur gekauft, um die Einreise- und Aufenthaltsbewilligung zu erzwingen. Der Verfassungsgerichtshof gab der Beschwerde statt; vgl. auch das Erkenntnis des VfGH vom 10. Juni 1920, Z.B. 9/20, Slg. VfGH Nr. 55.

2825 Erkenntnis des VfGH vom 14. Oktober 1920, Z.B. 17/20, Slg. VfGH Nr. 65. Der Beschwerdeführer war am Morgen des 15. Mai 1920 in Salzburg angekommen und wollte am Nachmittag des 18. Mai 1920 wieder abreisen. Nach Ansicht der Landesregierung hatte er damit die Frist von drei Tagen überschritten.

2826 § 902 ABGB i.d.F. der Novelle III vom 19. März 1916, RGBl. Nr. 69.

III. Abschnitt

Die Effektuierung von Ausweisungserkenntnissen

I. Die Vollziehung von Ausweisungserkenntnissen durch Schub und andere Maßnahmen

Während in der frühen Neuzeit sowohl die Fällung von Ausweisungserkenntnissen als auch die Durchführung der ausgesprochenen Ausweisungen ausschließlich in der Hand der Herrschaften bzw. Landgerichte lag, und die Vollziehung eines Ausweisungserkenntnisses häufig nur darin bestand, daß dem Ausgewiesenen aufgetragen wurde, sich zu entfernen, wurde es seit der Mitte des 17. Jahrhunderts üblich, die Ausgewiesenen mittels Zwangstransport zu Fuß oder auf Wagen und später mittels Eisenbahn - also per Schub bzw. „förmlicher Abschiebung" - aus dem Land zu bringen[2827], die weniger gefährlichen Ausgewiesenen aber unter Erteilung eines Bettelbriefes - also mit der Erlaubnis versehen, sich nach Hause durchzubetteln - an ihren Zuständigkeitsort zu weisen.

Mit Karl VI. begann außerdem in verstärktem Maße eine Vereinheitlichung und Verstaatlichung des Schubwesens, indem nicht nur ein sogenannter Hauptschub - ursprünglich sowohl für in das Ausland abzuschiebenden Personen als auch für in benachbarte Erbländer gehörige Schüblinge - eingerichtet wurde, sondern auch im Bereich des sogenannten Partikularschubwesens - mittels dessen dementsprechend nun anfänglich bloß diejenigen Personen abgeschoben werden sollten, die innerhalb des Erblandes, in dem sie aufgegriffen worden waren, ihre Zuständigkeit hatten - vereinheitlichende Anordnungen für die einzelnen Erbländer ergingen. Nachdem 1753[2828] der Partikularschub auf alle Inländer ausgedehnt worden war - und somit der Hauptschub längere Zeit nur mehr für Ausländer und dann in Form des sogenannten Wiener Hauptschubes weiterbestand[2829] -, nahm auch die Normierungsdichte für den Partikularschub deut-

---

2827 Siehe beispielsweise die Patente für Österreich unter der Enns vom 26. März 1693, CA I, S. 206; vom 26. August 1693, CA III, S. 374, sowie vom 20. Juli 1717, CA III, S. 875, in dem angeordnet wurde, daß die Obrigkeiten die Ausgewiesenen „nebst Mitgebung genugsamer Mannschaft, und eines mit darinnen deutlich und umständig enthaltener derenselben Beschreibung enthaltenden Passes, wie auch ihrer Seits gegen Hinterlassung eines von einem jeglichen gefertigten Reverses, daß sie nehmlich dieses Land nimmermehr betreten wollen, an die nächst gelegene Stadt, Marckt, oder Dorf, allwohin der Arme den kürtzesten Weg zu seinem Vater-Land, also überbringen, und so fort von einem Ort zu dem andern aus dem Land hinwegschieben lassen" sollten.

2828 A.h. Entschließung vom 13. Oktober 1753, CA V, S. 807, Herzog (wie Anm. 143), Nr. 8, S. 44 f.

2829 Siehe dazu S. 602 ff.

lich zu, um „endlich Ordnung und eine Kontrolle bei dem mit der öffentlichen und Privatsicherheit so wesentlich verbundenen Schubgeschäfte einzuführen“[2830], da mit der Häufigkeit der Anwendung des Partikularschubes auch dessen organisatorische Schwachstellen immer deutlicher zu Tage traten. Neben dem Partikular- und Hauptschub konnte aber im Vormärz auch weiterhin ein Ausweisungserkenntnis mit anderen Mitteln als dem Schub vollzogen werden, nämlich insbesondere durch Instradierung mittels gebundener Marschroute, wobei die Wahl zwischen Schub und den sonstigen Vollziehungsmaßnahmen in der Regel den politischen Behörden überlassen war.

Im Laufe der Zeit verschwamm sodann die bisherige Abgrenzung zwischen Haupt- und Partikularschub, und im Neoabsolutismus wurde schließlich eine stärkere Verbindung dieser beiden Schubformen angestrengt und allmählich auch durchgeführt. Kriterium für den Hauptschub war nun – wie es Stubenrauch definierte[2831] –, daß er „zu bestimmten Zeiten, in der Regel monatlich zweimal, von bestimmten Hauptorten“ abging, und „mit demselben die abzuschaffenden Bettler, Müßiggänger und Vagabunden gemeinschaftlich befördert, bis zum Abgange desselben aber in sicherer Verwahrung gehalten“ wurden, während die Partikularschübe dann stattzufinden hatten, „wenn die alsbaldige Entfernung einer abzuschiebenden Person Platz greifen“ mußte, „oder wenn die Abschiebung in einer Richtung oder von Orten“ erfolgte, „wo ein gemeinschaftlicher Transport mehrerer Schüblinge in der Regel nicht zu erwarten“ war. Darüber hinaus kam es bis zur Ära des Reichsschubgesetzes zu keinen wesentlichen Veränderungen des Schubwesens, sieht man von den durch den Wegfall der Grundherrschaften und die Einrichtung der Gendarmerie bewirkten Modifikationen sowie dem Einsatz des neuen Verkehrsmittels der Bahn ab. In diese Zeit fällt aber auch der erneute Versuch, die Anwendung des Schubs, der ja bereits bisher nur für einzelne Personengruppen dezidiert vorgeschrieben war, gegenüber der Instradierung mittels Zwangspaß bzw. gebundener Marschroute zurückzudrängen. Außer den genannten Reformen des Schubwesens wurden in dieser Epoche die bisher bestehenden Schubvorschriften in der Regel bloß weiter detailliert bzw. für einzelne Kronländer (erneut) zusammengefaßt, da vielfach die „gesetzlichen Bestimmungen über das Schubwesen theilweise in Vergessenheit gerathen“ waren[2832, 2833].

2830 Verordnung in Böhmen vom 16. September 1794, HERZOG (wie Anm. 143), Nr. 90, S. 104, ZALEISKY (wie Anm. 666) III, S. 92 ff.

2831 STUBENRAUCH (wie Anm. 793), S. 407; DERS. (wie Anm. 860), S. 435.

2832 Erlaß der oberösterreichischen Statthalterei vom 22. August 1857, LGBl. II Nr. 13, betreffend die Regelung des Schubwesens, ZALEISKY (wie Anm. 666) 2. Nachtrag, S. 171, Heinrich ASTL, Alphabetische Sammlung aller politischen Gesetze des Kaisertums Österreich mit Ausnahme der italienischen Provinzen, 5 Bde., 2. Aufl. Prag 1864–1868, IV, S. 2892.

2833 Siehe die folgenden Schubordnungen: für Siebenbürgen: Verordnung des Civil- und Militär-Gouverneurs von Siebenbürgen vom 28. Dezember 1849, LGBl. Nr. 47, ZALEISKY (wie Anm. 666) III, S. 104 ff.; für die Steiermark: Erlaß der Statthalterei vom 5. Juni 1850, LGBl. Nr. 214, an die drei Kreis-Regierungen in Betreff der Besorgung des Schubwesens, ZALEISKY (wie Anm. 666) III, S. 110 ff.; für Ungarn: Kundmachung des interimistischen Chefs der ungarischen Statthalterei vom 20. März 1851, LGBl. Nr. 79, womit die provisorische Norm über das Schubwesen im Kronlande Ungarn kundgemacht wird, ZALEISKY (wie Anm. 666) III, S. 112 ff.; für Österreich unter der Enns: Erlaß des Statthalters von Niederösterreich vom 8. Mai 1851, LGBl. Nr. 237, an die Bezirkshauptmannschaften über die provisorische

Was nun den Vollzug von Ausweisungserkenntnissen anbelangt[2834], die aufgrund des 1848/1849 im Rahmen der Gemeindeautonomie verankerten Ausweisungsrechtes der Gemeinden gefällt wurden, so lag es – wenn der aus einer Gemeinde Ausgewiesene diese nicht freiwillig nach Inkrafttreten des Ausweisungsbeschlusses verließ, womit der Zweck der Ausweisung erfüllt war – nicht in der Machtvollkommenheit der Gemeinde (ausgenommen die Städte mit eigenem Statut), den Ausgewiesenen zwangsweise aus dem Gemeindegebiet zu entfernen. Die Gemeinde hatte sich vielmehr im Sinne des kaiserlichen Patentes vom 20. April 1854[2835] an den Vorsteher der politischen Behörde zwecks Vollzuges zu wenden. Die politische Behörde hatte sodann die Gesetzmäßigkeit des Ausweisungsbeschlusses zu prüfen und bejahendenfalls die Bewilligung zur Exekution zu geben[2836]. Die Vollstreckung des Ausweisungsbeschlusses erfolgte in weiterer Folge entweder durch die Organe der Gemeinde – falls diese von der politischen Behörde dazu ermächtigt worden waren – oder durch die staatlichen Organe nach den bestehenden Schubvorschriften des jeweiligen Kronlandes – falls die Gemeindeorgane dazu nicht ausreichten. Sie bestand darin, daß dem Ausgewiesenen eine angemessene Frist von mindestens 14 Tagen zu setzen war, binnen welcher er die Gemeinde freiwillig verlassen sollte, danach wurde er unter Anwendung von behördlicher Gewalt über die Grenze der ausweisenden Gemeinde geschafft, wobei die Ausweisung keinen Einfluß auf den Aufenthalt in einer anderen Gemeinde hatte. Sollte hingegen über ein derartiges Aufenthaltsverbot hinaus eine Abschiebung in die Heimatgemeinde erfolgen, so konnte diese nur durch die zuständige Schubbehörde nach den Schubvorschriften des jeweiligen Landes erfolgen.

Regelung des Schubwesens, ZALEISKY (wie Anm. 666) III, S. 115 ff.; für Österreich ob der Enns: Erlaß der oberösterreichischen Statthalterei vom 22. August 1857, LGBl. II Nr. 13, betreffend die Regelung des Schubwesens, ZALEISKY (wie Anm. 666) 2. Nachtrag, S. 171 ff., ASTL (wie Anm. 2832) IV, S. 2892 ff.

2834 Vgl. dazu SOUSEK (wie Anm. 1501), S. 130 ff.

2835 § 7 der kaiserlichen Verordnung vom 20. April 1854, RGBl. Nr. 96, wodurch eine Vorschrift für die Vollstreckung der Verfügungen und Erkenntnisse der landesfürstlichen politischen und polizeilichen Behörden erlassen wird: „Ist im Wirkungskreise der politischen oder polizeilichen Behörden ein Verbot erlassen worden, solches mag sich auf eine einzelne Handlung oder auf eine bestimmte Gattung von Handlungen beziehen, so haben die betreffenden politischen oder polizeilichen Behörden zur Durchsetzung dieser Vorschrift unmittelbar gegen diejenigen, welche das Verbot zu übertreten suchen, oder in dessen Nichtbeachtung verharren, die zum Zwecke führenden Vollzugs- und Exekutionsmittel in Anwendung zu bringen, und die für den Fall der Uebertretung oder Widersetzlichkeit bestimmte oder in Ermanglung einer ausdrücklichen besonderen Strafsanction die im §. 11 festgesetzte Strafe zu verhängen. Uebertretungen oder Außerachtlassungen solcher Verbote unterliegen, wenn dafür nicht ausdrücklich eine besondere Strafsanction festgesetzt ist, der im §. 11 bestimmten Strafe."

2836 War die Gesetzmäßigkeit einer gemeindebehördlichen Ausweisung bereits infolge einer Beschwerde festgestellt, so war durch die politische Behörde vor der Erteilung der Bewilligung nur zu prüfen, ob der Ausgewiesene von der letztinstanzlichen Entscheidung verständigt worden war. Ein zwangsweiser Vollzug des Ausweisungserkenntnisses ohne vorherige Bewilligung der Exekution seitens der politischen Behörde stellte nach SOUSEK (wie Anm. 1501), S. 132, jedenfalls eine Überschreitung der Amtsgewalt des Gemeindevorstehers und eine Verletzung von Art. 6 des Gesetzes zum Schutz der persönlichen Freiheit dar.

Die auch im Neoabsolutismus länderweise noch immer teilweise recht unterschiedlichen Schubvorschriften wurden schließlich durch das Schubkostengesetz hinsichtlich der Kostentragung für das Schubwesen und generell durch das – die Regelungen des Schubkostengesetzes übernehmende[2837] – Reichsschubgesetz von 1871 weitreichend vereinheitlicht, nach welchem Gesetz nun nicht nur die durch die staatlichen Behörden sondern auch die durch die Gemeindeorgane ausgesprochenen Ausweisungen vollzogen wurden.

I. Vom Absolutismus zum Schubkosten- bzw. Reichsschubgesetz

A. Schubverfahren

1. Partikularschub

a. Schubbehörden

Da „bishero durch der Lands-Gerichte nach eigenem Belieben beschehenes hin- und wiederschieben der Bettel-Leute" im Land „nicht geringe Unordnung verursachet, und den Herrschaften durch dergleichen vergebliche Schiebungen sehr grosse Beschwernis zugezogen worden" war, verbot erstmals die Visitations- und Schubordnung für Österreich unter der Enns vom 13. April 1724[2838] „alle dergleichen Privat- und eigenmächtige Schub von nun an gänzlich" und wies die Landgerichte an, die Aussagen der, bei den Visitationen eingebrachten, „zum Schub qualificirte[n] Personen" hinkünftig der Regierung einzuschicken und „der weitern Verordnung (welche man nach aller Möglichkeit beschleunigen wird) gewärtig" zu sein. Der Grund dafür, den Landesstellen die Entscheidung darüber einzuräumen, wer und wohin geschoben werden solle, lag darin, daß „auf solche Art sowohl der Versorgungsort etwas mehr überleget, als auch, ob die eingebrachten Personen nicht ehedessen einer Herrschaft bereits in die Verpflegung gegeben, oder wohl gar außer Land geschoben worden, mithin ... exemplarisch abzustrafen seien"[2839]. Die Landesstelle sollte nämlich aufgrund der sogenannten „Constitu-

---

2837 Weshalb dessen Vorschriften bei der Erörterung der Bestimmungen des Reichsschubgesetzes besprochen werden.

2838 Patent für Österreich unter der Enns vom 13. April 1724 („Visitations-Schub, und Versorgung der Armen"), CA IV, S. 183, HERZOG (wie Anm. 143), Nr. 1, S. 15 f.; siehe auch die „Ober-Ennßerische Bettler-Ordnung" vom 1. August 1725, CA IV, S. 282 f.; und z.B. das steirische Schubnormale vom 2. September 1724, wiederholt durch das Schubnormale vom 26. Februar 1750, kundgemacht durch Circulare vom 20. April 1750, Theresianisches Gesetzbuch (wie Anm. 143) I, Nr. 92, S. 136 ff., HERZOG (wie Anm. 143), Nr. 4, S. 29: „Eigenmächtige Schiebungen sind verbothen"; das Patent für Österreich unter und ob der Enns vom 10. Oktober 1739, CA IV, S. 1116, sowie das Patent für Österreich unter der Enns vom 20. September 1749 („Sicherheits-Armenverpflegungs- und Schubpatenten-Erfrischung") samt „Instruction wie die Landgerichtsverwalter in diesem Erzherzogthume Osterreich unter der Enns, sich sowohl bey den General- und Particularvisitationen, als auch im Schube und Versorgung der Armen, Aufhebung der Müßiggänger, und Hindannhaltung ausländischer Vagabunden und Bettler zu verhalten haben", CA V, S. 457.

2839 „Und da es sich begäbe", so das Patent für Österreich unter der Enns vom 13. April 1724 („Visitations-Schub, und Versorgung der Armen"), CA IV, S. 177, HERZOG (wie Anm. 143),

te", also der an die Regierung einzuschickenden „summarischen Aussagen" der Schüblinge, nicht nur entscheiden, wohin diese abzuschieben waren, sondern auch aufgrund der von den einzelnen Landgerichten jährlich an die Regierungen einzuschickenden Verzeichnisse der Armen einer jeder Grundobrigkeit beurteilen, wieviel Arme dieser oder jener Obrigkeit noch zugemutet werden konnten[2840].

Damit war nicht nur die Leitung des gleichzeitig eingerichteten Hauptschubes an die Regierung übertragen worden, sondern auch die des Partikularschubwesens, welches nun ausschließlich bloß noch für den Schub innerhalb eines Erblandes angewendet wurde. Wenngleich in weiterer Folge an der „gegen die Ausländischen mit gemeinschaftlicher Einverständniß der Erb-Lande concertirten Schub-Ordnung fest gehalten" werden sollte, diese also der Zwangsbeförderung mittels Hauptschub unterliegen sollten, so verblieb es hinsichtlich der Inländer weiterhin beim bisherigen „Particular-Schub von Ort zu Ort" innerhalb des jeweiligen Erblandes[2841]. Allerdings mußten die Schubordnungen mit Strafandrohungen immer wieder erneut eingeschärft werden[2842], wie dies auch beim Regierungsantritt Maria Theresias geschah, welche die „in Sicherheits- Schubs- und Verpflegungssachen publicirte Generalien und Patente, insbesonderheit aber die derentwegen verfaßte Instruction de Anno 1724 und festgestellte perpetu-

---

Nr. 1, S. 3, „daß eine solche Person eingebracht würde, welche bereits nach der letzten General-Streifung mit dem Haupt-Schube außer Land gebracht worden, dieselbige alsogleich in Eisen geschlossen, und bis zu dem nächst-abgehend-abermaligen Haupt-Schube zur Herrschaftsarbeit angehalten, oder falls es seine oder ihre Kräfte nicht zuließen, in andere Wege wohl empfindlich bestrafet werden solle".

2840 Das Patent für Österreich unter der Enns vom 13. April 1724 („Visitations-Schub, und Versorgung der Armen"), CA IV, S. 185 f., HERZOG (wie Anm. 143), Nr. 1, S. 20, schrieb den Landgerichten nämlich vor, „von Jahr zu Jahr ein getreues und aufrichtiges Verzeichniß von allen, so wohl bei dem Landgerichte selbst, als auch bei den übrigen, unter das Landgericht gehörigen Orten in Verpflegung stehenden Armen, und auf was Art und Weise sie da versorget werden, zu verfassen, und der niederösterreichischen Regierung jedesmal binnen der nächsten 14 Tage, nach Eingang des neuen Jahres ... unfehlbar einzuschicken", damit „die Regierung mit Verläßlichkeit wissen möge, wie viel Arme eine jede Grundobrigkeit bei sich ernähre, und was sie zu derselben Versorgung für Anstalten gemacht habe". Siehe dazu auch die „Ober-Ennßerische Bettler-Ordnung" vom 1. August 1725, CA IV, S. 283; das Patent für Österreich unter der Enns („All jährliche Beschreibung derer in Verpflegung habenden Armen") vom 12. November 1728, CA IV, S. 501 ff.; das Patent für Österreich unter der Enns („Sicherheits- und Schub-Patents-Erneuerung") vom 30. Oktober 1751, CA V, S. 603 f., HERZOG (wie Anm. 143), Nr. 6, S. 43, welches anordnete, daß „ein jedes Landgericht über alle bei den Gemeinden in der Verpflegung stehenden Armen, eine umständliche Beschreibung Unserer in Landessicherheitssachen verordneten Hofkommission berichtlich einzusenden" hatte, und „darin nicht allein einer jeden Person Namen, Alter, Geburtsort, Gebrechlichkeit, Hantirung, Gewerbe und sonst gehabte Nahrungseigenschaft, sondern auch beirücken solle, welche Personen mit der Hausmannskost, und welche mit barem ... täglichen Gelde versorget werden"; und das Patent für Österreich ob der Enns („Neue Bettler- und Sicherheitsordnung") vom 1. September 1752, CA V, S. 702, Theresianisches Gesetzbuch (wie Anm. 143) I, Nr. 214, S. 276 ff.

2841 Hofdekret vom 11. Juli 1732 („Sicherheits- und Bettler-Sachen"), CA IV, S. 779; Patent für Österreich unter der Enns vom 23. Juli 1732, CA IV, S. 782.

2842 Ebd.; siehe auch das Hofdekret vom 10. Oktober 1732, CA IV, S. 783; das Patent für Österreich unter und ob der Enns vom 19. Oktober 1739, CA IV, S. 1115 ff.

irliche Schubordnung" abermals bestätigte und letztere beide 1749 sogar neu auflegen ließ[2843].

An die Stelle der jeglichen Schub bewilligenden Regierung des jeweiligen Erblandes traten 1749 die Sicherheitshofkommission[2844] sowie die seit 1749 ebenfalls eingerichteten Repräsentationen und Kammern[2845]. Nach und nach wurde jedoch seit 1749 die Leitung des Schubwesens den ebenfalls im Zuge der theresianischen Behördenreform zu länderweise verschiedenen Zeitpunkten geschaffenen Kreisämtern bzw. den Kreishauptleuten „mit der gehörigen Subordination" unter die jeweilige Repräsentation und Kammer übertragen[2846], welche Entwicklung 1753[2847] ihren Abschluß fand – also im selben Jahr, in dem die Anwendung des Partikularschubes auf alle Inländer ausgedehnt wurde[2848].

In weiterer Folge überließ man schließlich wieder den Land- bzw. Ortsgerichten und Dominien die Leitung des Partikularschubwesens, indem nämlich zur Jahreswende 1783/84[2849] die Partikularabschiebung ohne vorher eingeholte Verordnung der Regierung erneut gestattet wurde. Das Verbot der „eigenmächtigen Abschiebung" wurde also dergestalt aufgehoben, daß „die Dominien, die ... eingebrachten Vagabunden, Müssiggänger und Bettler, so wie bisher, einziehen, und dem betreffenden Landgerichte sogleich übergeben, die Landgerichte aber von selben die vorgeschriebenen Examina mit aller nöthigen Vorsicht aufnehmen, bei selben hauptsächlich den Geburtsort der Eingezogenen nach Möglichkeit verläßlich erheben, sodann selbe, falls bei den Aussagen keine landgerichtlich abzustrafende Verbrechen sich entdecken, ohne weiteres in ihr Land, oder an ihren Geburtsort, oder vorgeschriebenen Versorgungsort ... zurückschieben" sollten.

2843 Patent für Österreich unter der Enns vom 20. September 1749 („Sicherheits-, Armenverpflegungs- und Schubpatenten-Erfrischung"), CA V, S. 449 ff.

2844 Siehe ebd., S. 450; und die Instruction vom 20. September 1749, „wie die Landgerichtsverwalter in diesem Erzherzogthume Osterreich unter der Enns, sich sowohl bey den General- und Particularvisitationen, als auch im Schube und Versorgung der Armen, Aufhebung der Müßiggänger, und Hindannhaltung ausländischer Vagabunden und Bettler zu verhalten haben", CA V, S. 457; siehe zur Sicherheitshofkommision auch Anm. 967.

2845 Siehe z.B. das Patent für Österreich ob der Enns („Neue Bettler- und Sicherheitsordnung") vom 1. September 1752, CA V, S. 700, Theresianisches Gesetzbuch (wie Anm. 143) I, Nr. 214, S. 276 ff.; vgl. auch das Hofdekret vom 23. Februar 1754 („Schub- und Sicherheitssachen-Besorgung und Circularverordnungen-Publicirung auf dem Lande"), CA V, S. 855.

2846 So das Hofdekret vom 13. Oktober 1753, CA V, S. 807. In Österreich unter der Enns wurde den Kreisämter mit ihrer Errichtung 1753, Patent vom 24. Juli 1753, CA V, S. 782, „insgesamt die Besorgung aller derjenigen Angelegenheiten" übertragen, „welche immer zu dem Publico & Politico, oder zu dem Policeywesen gehörig sind, oder alldahin einschlagen".

2847 Hofdekret vom 13. Oktober 1753, CA V, S. 807; nach dem Hofdekret vom 23. Februar 1754, CA V, S. 855, an die niederösterreichische Repräsentation und Kammer oblag es bereits „allen Kreisämtern der übrigen Erbländer[,] die Schub- und Sicherheitssachen zu respiciren".

2848 Siehe S. 598.

2849 Allerhöchste Entschließung vom 24. Dezember 1783, Regierungsdekret vom 14. Jänner 1784, HERZOG (wie Anm. 143), Nr. 51, S. 67 f.

Nur mehr der Vollzug des Partikularschubes war hinkünftig „nebst Beischließung der Aussage des eingezogenen und abgeschobenen Vagabunden oder Bettler von Fall zu Fall" an die Regierung[2850] anzuzeigen. Seit Ende des 18. Jahrhunderts[2851] stand schließlich außer Zweifel, daß – mit Ausnahme Böhmens[2852] – die grundsätzliche Zuständigkeit zur Anordnung und die alleinige Durchführung des Partikularschubes der jeweiligen Ortsobrigkeit unter den Bedingungen der jeweiligen, länderweise verschiedenen Schubordnung[2853] und unter der Oberaufsicht der Kreisämter zukam[2854].

Indem als Folge der Revolution von 1848 die Grundherrschaften bzw. Dominien als intermediäre Gewalten zwischen Staat und seinen Untertanen aufgehört hatten zu bestehen, ging auch das „Schubgeschäft" bei staatlichen Ausweisungen nun nach den „Grundsätzen des neuen politischen Organismus" auf die „politischen Behörden und ihre Organe" über[2855], also auf die landesfürstlichen Bezirksbehörden (Bezirkshaupt-

---

2850 Ebd.

2851 Die Gubernialverordnung in Tirol vom 1. April 1794, HERZOG (wie Anm. 143), Nr. 88, S. 103, sah bereits vor, daß die „Obrigkeit oder Gemeinde-Vorstehung" Landstreicher und Zigeuner „handfest machen zu lassen, summarisch zu constituieren, und ... außer Landes verschieben zu lassen ..., dem Kreisamte aber über alle dergleichen Fälle den gehörigen Bericht zu ertheilen hatte".

2852 Auch nach der Reform des Schubwesens in Böhmen, siehe die Schubordnung vom 16. September 1794, HERZOG (wie Anm. 143), Nr. 90, S. 104 ff., ZALEISKY (wie Anm. 666) III, S. 92 ff., blieb die Zuständigkeit für das Schubwesen bei den Kreisämtern: „Sind die Abschiebungen weder von Richtern, noch von Obrigkeiten eigenmächtig, sondern immer von dem Kreisamte nach dem Normale vom 21. Juni 1756 einzuleiten".

2853 Siehe etwa die Schubordnungen für: Österreich unter der Enns vom 28. September 1815 samt Erläuterung vom 23. Jänner 1818, ZALEISKY (wie Anm. 666) III, S. 95, HERZOG (wie Anm. 143), Nr. 186, S. 173, Nr. 208, S. 203 ff. („Dominien" als schubeinleitende Behörden); Tirol und Vorarlberg vom 27. Mai 1817 („landesfürstliche und Patrimonial-Gerichte" sowie „Magistrate der Städte Innsbruck, Botzen, Trient und Roveredo" als schubeinleitende Behörden) mit der Abänderung vom 24. August 1820, HERZOG (wie Anm. 143), Nr. 197, S. 192 ff., Nr. 246, S. 240 f.; Illyrien vom 18. September 1819 („Bezirks-Commissariate" und „Stadtmagistrate" als schubeinleitende Behörden) mit Nachtrag vom 27. März 1820, HERZOG (wie Anm. 143), Nr. 229, S. 223 ff., Nr. 238, S. 233 f.; Mähren und Schlesien vom 15. März 1827 („Dominien" und „Magistrate" als schubeinleitende Behörden), ZALEISKY (wie Anm. 666) III, S. 99 f., HERZOG (wie Anm. 143), Nr. 342, S. 348 ff.; siehe auch das oberösterreichische Regierungsdekret vom 2. Juli 1825, HERZOG (wie Anm. 143), Nr. 320, S. 328 („Distrikts-Commissariate" als Schubbehörden in den „drei alten Kreisen"). In Wien wurde der Partikularschub nur durch die Polizeibehörde eingeleitet, Regierungsdekret vom 12. November 1812, FAULLER (wie Anm. 130) IV, S. 85.

2854 Siehe dazu auch KOPETZ (wie Anm. 802), S. 17.

2855 So der Erlaß der steiermärkischen Statthalterei vom 5. Juni 1850, LGBl. Nr. 214, an die drei Kreis-Regierungen in Betreff der Besorgung des Schubwesens, ZALEISKY (wie Anm. 666) III, S. 10 ff.: „Mit dem 1. Juli d. J. hört die Wirksamkeit der Patrimonial-Landgerichte und mit derselben die ihnen verfassungsmäßig obliegende Verpflichtung der Besorgung des Schubwesens auf". Zu den „Grundsätzen des neuen politischen Organismus" siehe die kaiserliche Entschließung vom 26. Juni 1849, RGBl. Nr. 295, wodurch die Grundzüge für die Organisation der politischen Verwaltungs-Behörden genehmigt werden, auszugsweise auch in Ilse REITER (Hrsg.), Texte zur österreichischen Verfassungsentwicklung 1848–1955, Wien 1997, Nr. 13, S. 51 ff.

mannschaften) bzw. in den Orten, wo in weiterer Folge eine landesfürstliche Polizeibehörde bzw. Stadthauptmannschaft bestand, auf diese[2856]. Daher oblag nun, wie es z.B. für das oberösterreichische und steirische Schubwesen 1850[2857] normiert wurde, die Leitung des Schubwesens den Bezirkshauptmannschaften, während für die „unmittelbare Besorgung" bzw. „unmittelbare Ausführung der Verschiebung" die Ortsgemeinde zuständig war. Die Entscheidung über die Art der Zwangsentfernung sowie die Ausstellung eines Schubpasses – im Falle der Notwendigkeit einer förmlichen Abschiebung – kam also hinfort in der Regel den Bezirkshauptmannschaften oder – „zur größeren Beschleunigung und zur Vermeidung der mit der Hin- und Hersendung der auf den Schub zu setzenden Personen verbundenen Umtriebe"[2858] – ihren „politischen Exposituren" zu, „insoferne ihnen die Besorgung des Schubgeschäftes übertragen" war[2859]. Die „Ausführung der Verschiebung", also die Leitung des Schubwesens auf jeder einzelnen Schubstation, oblag hingegen unter der Aufsicht des Bezirkshauptmannes einem „Schub-Commissär", in welcher Funktion in der Regel der Bürgermeister der Schubstationsgemeinde oder ein Mitglied des Gemeindeausschusses oder ein allfällig vorhande-

---

2856 Siehe etwa § 65 der Instruktion für die zu Folge allerhöchster Entschließung vom 26. Juni 1849 in Wirksamkeit gesetzten politischen Behörden, z.B. Beilage zum Erlaß der oberösterreichischen Statthalterei vom 2. August 1850, LGBl. Nr. 167, womit die Instruktion vom 7. April 1850, für die zu Folge a.h. Entschließung vom 26. Juni 1849 in Wirksamkeit gesetzten politischen Behörden kundgemacht wird, sowie Beilage zum Erlaß der steiermärkischen Statthalterei vom 3. Mai 1850 an die Kreispräsidenten, LGBl. Nr. 98, womit die Instruction für die politischen Behörden kundgemacht wird.

2857 Erlaß der Landeskommission zur Einführung der politischen Organisation vom 28. März 1850, LGBl. Nr. 95, womit die vollständige Geschäfts-Uebergabe von den bisherigen politischen Aemtern an die neuen Verwaltungen und Behörden verordnet, und bezüglich des Schub-Stiftungen-Feuerversicherungs- und Konkurrenzwesens im Kronlande Oesterreich ob der Enns provisorische Vorsorge getroffen wird; Erlaß der steiermärkischen Statthalterei vom 5. Juni 1850, LGBl. Nr. 214, an die drei Kreis-Regierungen in Betreff der Besorgung des Schubwesens, ZALEISKY (wie Anm. 666) III, S. 10 ff.; siehe auch den Erlaß des Statthalters von Niederösterreich vom 8. Mai 1851, LGBl. Nr. 237, an die Bezirkshauptmannschaften, über die provisorische Regelung des Schubwesens, ZALEISKY (wie Anm. 666) III, S. 115 f.

2858 Erlaß des Statthalters von Niederösterreich vom 8. Mai 1851, LGBl. Nr. 237, an die Bezirkshauptmannschaften über die provisorische Regelung des Schubwesens, ZALEISKY (wie Anm. 666) III, S. 116.

2859 Erlaß der steiermärkischen Statthalterei vom 5. Juni 1850, LGBl. Nr. 214, an die drei Kreis-Regierungen in Betreff der Besorgung des Schubwesens, ZALEISKY (wie Anm. 666) III, S. 10 ff.; siehe auch den Erlaß des Statthalters von Niederösterreich vom 8. Mai 1851, LGBl. Nr. 237, an die Bezirkshauptmannschaften über die provisorische Regelung des Schubwesens, ZALEISKY (wie Anm. 666) III, S. 115 f.: „Der Bezirkshauptmann hat nach den hierüber bestehenden Vorschriften zu erkennen, ob ein ausweisloser Fremder mit gebundener Wegesrichtung in seine Heimat, oder wenn er ein Ausländer ist, über die Grenze geschafft oder förmlich abgeschoben werden soll". Die „exponirten Commissäre" waren für den ihnen zugewiesenen Bezirk zur Schöpfung der diesfälligen Erkenntnisse im Namen des Bezirkshauptmannes ermächtigt. In den Teilen der Bezirke Hietzing, Klosterneuburg, Bruck und Korneuburg, die dem Wiener Polizeirayon zugehörten, übte dieses Recht die Wiener Stadthauptmannschaft aus.

ner Gemeindebeamter tätig wurde[2860]. In Wien etwa waren in dieser Zeit freilich die Stadthauptmannschaft[2861] und die Bezirkskommissariate die für das Schuberkenntnis zuständigen Behörden, während dem Magistrat die Vollziehung dieser Erkenntnisse bzw. die Beförderung der Schüblinge zukam[2862].

Seit 1852/53 oblagen dann nicht nur die Fremdenpolizei sowie die „Ausweisung und Abschiebung von bedenklichen, von erwerbslosen oder ausweislosen im Bezirke nicht zuständigen Individuen", sondern auch „das Schubwesen" den neugeschaffenen sogenannten gemischten Bezirksämtern[2863] bzw. „an jenen Orten, in welchen die politische Geschäftsführung vermöge eines besonderen Statuts der Gemeinde übertragen" war, dem Bürgermeister oder dessen Stellvertreter[2864]. Die von den Polizeidirektionen gefällten Erkenntnisse auf Abschiebung waren „von den Gemeinde-Vorstehungen am Sitze derselben zu vollziehen"[2865]. Seit der Behördenneuorganisation 1868 wurden die „Angelegenheiten der politischen Verwaltung" sodann grundsätzlich unter der Leitung des Landeschefs von den „landesfürstlichen politischen Bezirksbehörden" unter der erneuten Benennung als „Bezirkshauptmannschaften", an deren Spitze ein Bezirkshauptmann stand, geführt[2866].

2860 Erlaß des Statthalters von Niederösterreich vom 8. Mai 1851, LGBl. Nr. 237, an die Bezirkshauptmannschaften über die provisorische Regelung des Schubwesens, ZALEISKY (wie Anm. 666) III, S. 118 f.

2861 Die Wirksamkeit der Wiener Stadthauptmannschaft erstreckte sich auf den gesamten Polizeirayon von Wien, also den gesamten Umfang die Gemeinde Wien aufgrund der Gemeindeordnung vom 9. März 1850, inklusive einer Fülle von Vororten, siehe dazu die Verordnung der niederösterreichischen Statthalterei vom 9. Februar 1851, LGBl. Nr. 39.

2862 Siehe dazu das Dekret der Stadthauptmannschaft vom 30. Jänner 1852, ZALEISKY (wie Anm. 666) III, S. 122 f.; sowie die Verordnung der Polizeidirektion in Wien vom 17. Februar 1853, ebd., S. 124 f.

2863 Siehe § 38 der Allerhöchsten Bestimmungen über die Einrichtung der Amtswirksamkeit der Bezirksämter (Festgesetzt mit Allerhöchster Entschließung vom 14. September 1852), Beilage zur Verordnung der Minister des Innern, der Justiz und der Finanzen vom 19. Jänner 1853, RGBl. Nr. 10, womit die Allerhöchste Entschließung über die Einrichtung und Amtswirksamkeit der Bezirksämter, Kreisbehörden und Statthaltereien, über die Einrichtung der Gerichtsstellen ... sowie über die Ausführung der Organisirung ... kundgemacht werden, auch auszugsweise abgedruckt in REITER (wie Anm. 2855), Nr. 22, S. 72 ff.

2864 Erlaß der oberösterreichischen Statthalterei vom 22. August 1857, LGBl. II Nr. 13, betreffend die Regelung des Schubwesens, ZALEISKY (wie Anm. 666) 2. Nachtrag, S. 172, ASTL (wie Anm. 2832) IV, S. 2892.

2865 Ebd.

2866 Siehe §§ 4 und 11 des Gesetzes vom 19. Mai 1868, RGBl. Nr. 44, über die Einrichtung der politischen Verwaltungsbehörden ..., auch abgedruckt in REITER (wie Anm. 2855), Nr. 47, S. 72 ff.; siehe auch etwa die Verordnung des Statthalters im Erzherzogthum Oesterreich ob der Enns vom 18. August 1868, LGBl. Nr. 12, betreffend die aus Anlaß der neuen Organisirung der politischen Verwaltungsbehörden über die Handhabung des Schubwesens eintretenden Aenderungen.

b. Zuständigkeitserhebung

Da die Abschiebung von Inländern an deren Zuständigkeitsort[2867] zu erfolgen hatte, mußte dieser bei Personen, deren Heimat nicht etwa bereits aufgrund eines Strafverfahrens geklärt war, vor Anordnung und Abgehen des Schubes erst möglichst zweifelsfrei erhoben werden. So waren etwa nach dem niederösterreichischen Schubpatent von 1724 die bei einer Visitation eingebrachten „des Bettelns oder Müßiggehens verdächtigen Personen ... in verwahrliche Haft zu bringen“ und „rechtsförmlich zu examinieren“, wobei bereits die erste Frage dem Geburtsort galt[2868]. Da dieser aber von den Schüblingen „öfters aus Boßheit, und in der Beysorg hiedurch verrathen zu werden, hartnäckig verschwiegen, oder auch ein ganz fälschlicher Geburts-Ort angegeben“ wurde, waren die Landgerichte für den Fall eines derartigen boshaften Verschweigens durch das Patent auch ermächtigt, „dergleichen verwegene Personen, wenn sie ihrer Unwissenheit keinen glaubwürdigen Schein beibringen könnten, entweder mit schmaler Aetzung, oder wohl mit Anschlagung eines Eisens“ zur Angabe ihres Geburtsortes zu verhalten[2869]. Nannte ein Schübling jedoch einen falschen Geburtsort, wo er „weder einige Befreundete, noch eine anderwärtige Gezeugniß seiner daselbstigen Geburt, aufzuweisen“ hatte, sollte er von der dortigen Ortsobrigkeit „anfänglich um sein wahrhaftes Ge-

---

2867 Siehe dazu detailliert S. 27 ff.

2868 Nach dem Patent vom 13. April 1724, CA IV, S. 179, HERZOG (wie Anm. 143), Nr. 1, S. 3, 6 f., war die erste Frage, wie der Aufgegriffene „heiße, von woher gebürtig, und wie alt er sei“. Die weiteren Fragen waren, ob „er ledig oder verheirathet, auch wie lang, und wie viel er Kinder habe“, wo „er sich aller Orten seit eines Jahres aufgehalten, und mit was Mitteln er sich ernähret, auch ob er dem Betteln niemals, oder wie lang nachgezogen sei“, an „was Orten er das Almosen eingesammelt, und den Unterschleif genommen habe“, ob „er die Zeit seines Bettelns und Müßiggehens von niemanden angehalten, und wie er entlassen“, ob, „wie oft, und wohin er geschoben worden“, usw. Diese Examina konnten „entweder in Gestalt einer summarischen Aussage, oder ... articulatim“ geführt werden und waren samt dem Visitationsbericht innerhalb von acht bzw. zehn Tagen zwecks Entscheidung an die niederösterreichische Regierung einzusenden; siehe auch die „Ober-Ennßerische Bettler-Ordnung“ vom 1. August 1725, CA IV, S. 280. In ähnlicher Weise sah das steirische Schubnormale vom 26. Februar 1750, kundgemacht durch Circulare vom 20. April 1750, Theresianisches Gesetzbuch (wie Anm. 143) I, Nr. 92, S. 136 ff., HERZOG (wie Anm. 143), Nr. 4, S. 28, vor, daß das durch Visitation „eingebrachte Gesindel“ zu befragen sei: „um das Geburtsort, Alter, den Stand, Aufenthalt, und das gesammelte Allmosen, oder den bekommenen Unterschleif? ob sie schon einmal angehalten worden? an was für Gränzen die Fremden in das Land gedrungen sind? Abgedankte Soldaten aber sind um ihre Regimenter und Abschiede zu befragen“; siehe auch das Patent für Österreich unter der Enns („Sicherheits-Armenverpflegungs- und Schubpatenten-Erfrischung“) vom 20. September 1749, CA V, S. 456; das Patent für Galizien vom 3. November 1786, Slg. Joseph VI, S. 504, HERZOG (wie Anm. 143), Nr. 62, S. 77 f.

2869 Siehe auch z.B. das Patent für Österreich unter und ob der Enns vom 10. Oktober 1739, CA IV, S. 1117, sowie das Patent für Österreich unter der Enns vom 20. September 1749 („Sicherheits-Armenverpflegungs- und Schubpatenten-Erfrischung“) samt „Instruction wie die Landgerichtsverwalter in diesem Erzherzogthume Osterreich unter der Enns, sich sowohl bey den General- und Particularvisitationen, als auch im Schube und Versorgung der Armen, Aufhebung der Müßiggänger, und Hindannhaltung ausländischer Vagabunden und Bettler zu verhalten haben“, CA V, S. 458.

burtsort, oder allenfalls um die Ursache seines fälschlichen Vorgebens alles Ernstes befragt" werden[2870].

Die Aussagen der Schüblinge waren in weiterer Folge zwecks Entscheidung der Regierung[2871, 2872], später der Sicherheitshofkommission[2873] und sodann dem Kreisamt[2874], welchem in der theresianischen Zeit die Schubkompetenz übertragen worden war[2875], einzusenden. Mit der Aufhebung des Verbotes der „eigenmächtigen Abschiebung" 1783/84[2876] brauchten fortan in der Regel die von dem „betreffenden Landgerichte"[2877] mit „aller nöthigen Vorsicht" aufgenommenen „Examina", bei welchen nach wie vor hauptsächlich der Geburts- bzw. Versorgungsort der Eingezogenen „nach Möglichkeit verläßlich" zu erheben war, nicht mehr dem Kreisamt eingesendet werden.

Handelte es sich bei der aufgegriffenen Person um einen „solchen Kranken, oder schwer Beschädigten", daß man diesen nicht „ungesäumt ordentlich" über seinen „Geburts- oder letzten Ansässigkeitsort" vernehmen konnte, so sollte versucht werden, diese Daten von den Leuten, bei denen er sich aufhielt, oder aus allfällig „vorfindingen

---

2870 Patent vom 13. April 1724, CA IV, S. 179, HERZOG (wie Anm. 143), Nr. 1, S. 3, 6 f.

2871 Die Regierung hatte nun zu entscheiden, wie er „seines unwahrhaften Vorgebens halber zu bestrafen" und „wohin er weiters zu schieben sei". In der Zwischenzeit mußte der Schübling bei der Herrschaft, wohin er fälschlich geschoben worden war, erhalten werden, ebd., S. 18; siehe auch z.B. das Patent für Österreich unter und ob der Enns vom 19. Oktober 1739, CA IV, S. 1117.

2872 Auch nach dem steirischen Schubnormale vom 26. Februar 1750, kundgemacht durch Circulare vom 20. April 1750, Theresianisches Gesetzbuch (wie Anm. 143) I, Nr. 92, S. 136 ff., HERZOG (wie Anm. 143), Nr. 4, S. 29, war der Geburtsort „bei Nichtgestehung, allenfalls mit schmaler Atzung, oder Anlegung der Eisen zu erforschen". Bei „unwahrhaftem Vorgeben hingegen, und erhobener Ursache des Läugnens" war die Sache dem Kreisamt zwecks Bestrafung anzuzeigen.

2873 Siehe z.B. das Patent für Österreich unter der Enns („Sicherheits-Armenverpflegungs- und Schubpatenten-Erfrischung") vom 20. September 1749, CA V, S. 458.

2874 Nach dem steirischen Schubnormale vom 26. Februar 1750, kundgemacht durch Circulare vom 20. April 1750, Theresianisches Gesetzbuch (wie Anm. 143) I, Nr. 92, S. 136 ff., HERZOG (wie Anm. 143), Nr. 4, S. 28, war für die Schubentscheidung bereits das Kreisamt zuständig, welchem dementsprechend auch der Visitationsbericht und die Aussagen der Schüblinge zu übersenden waren. Der „kreisämtliche Bescheid wegen Verschiebung" hatte längstens binnen 14 Tagen zu erfolgen. In denjenigen Ländern, in denen die Kreisämter erst später eingerichtet wurden, waren seit 1749 die Visitationsberichte samt den Examina an die Sicherheitshofkommission einzusenden, siehe dazu das Patent für Österreich unter der Enns („Sicherheits-Armenverpflegungs- und Schubpatenten-Erfrischung") vom 20. September 1749 samt „Instruction wie die Landgerichtsverwalter in diesem Erzherzogthume Oesterreich unter der Enns, sich sowohl bey den General- und Particularvisitationen, als auch im Schube und Versorgung der Armen, Aufhebung der Müßiggänger, und Hindannhaltung ausländischer Vagabunden und Bettler zu verhalten haben", CA V, S. 457; und das Patent für Österreich unter der Enns („Sicherheits- und Schub-Patents-Erneuerung") vom 30. Oktober 1751, CA V, S. 600, HERZOG (wie Anm. 143), Nr. 6, S. 37.

2875 Siehe zur Kompetenz der Kreisämter S. 528.

2876 Allerhöchste Entschließung vom 24. Dezember 1783, Regierungsdekret vom 14. Jänner 1784, HERZOG (wie Anm. 143), Nr. 51, S. 67 f.; siehe dazu auch S. 526.

2877 In Galizien wurden die Konstitute vom Kreisamt aufgenommen, siehe das Patent für Galizien vom 3. November 1786, Slg. Joseph VI, S. 504, HERZOG (wie Anm. 143), Nr. 62, S. 77.

Pässen" zu erheben[2878]. Die genaue Bestimmung des Zuständigkeitsortes in den Streifungsberichten der Dominien war auch deshalb von besonderer Bedeutung, als „bei undeutlicher oder unrichtiger Angabe die erforderlichen Verfügungen, besonders zur Verhütung der Reversion, erschwert, oder gar unmöglich" wurden. Nach einem niederösterreichischen Kreisschreiben aus 1821[2879] reichte es daher nicht aus, wenn nur der Geburtsort eines Schüblings angegeben wurde, sondern es mußte „auch das Land, und insbesondere der Kreis oder das Comitat so viel möglich genau bestimmt werden", weil die ermittelten Zuständigkeitsorte „oft so unbedeutende und unbekannt" waren, daß deren „Lage selbst durch ein geographisches Hülfsbuch nicht ausgemittelt" werden konnte und darüber hinaus oft der Fall eintrat, daß „mehrere Ortschaften einen und denselben Namen" führten. Besondere Schwierigkeiten bei der Zuständigkeitserhebung traten freilich auf, wenn es sich bei dem Schübling um einen taubstummen Menschen handelte, was oft ein sinnloses Hin- und Herschieben zur Folge hatte[2880]. Wie eine böhmische Verordnung 1807[2881] anordnete, sollte sich die Obrigkeit in einem solchen Fall „vor der Schubeinleitung, alle Mühe ... geben, den Geburtsort der betretenen Person ausfindig zu machen" und „keine solche Person auf bloßes Geratewohl, und ohne hinreichende Beweise, ... zu befördern".

Zu fehlerhaften Abschiebungen mangels Ermittlung des richtigen Zuständigkeitsortes bzw. des sogenannten Nationales kam es aber nicht nur bei der Abschiebung von Ausländern durch den Hauptschub bzw. beim Zuschub von Inländern aus dem Ausland[2882], sondern auch im Schubverkehr zwischen den Kronländern, insbesondere je-

---

2878 Hofdekret vom 7., und Kurrende des innerösterreichischen Guberniums vom 19. Februar 1791, HERZOG (wie Anm. 143), Nr. 78, S. 93 f.

2879 Kreisschreiben u.W.W. vom 25. August 1821, HERZOG (wie Anm. 143), Nr. 261, S. 256 f. Sollte ein Schübling den Kreis oder das Komitat, in dem er zuständig war, nicht benennen können, „so kann doch immer dadurch, daß nach der nächsten Stadt, oder nach dem nächsten bedeutenden Orte gefragt wird, die Lage eines Ortes näher bezeichnet, somit sein Bestimmungsort mit mehr Verläßlichkeit ausgemittelt, und die weiter nothwendige Verfügung zweckmäßig getroffen werden"; in diesem Sinne auch die Hofkanzleiverordnung vom 4. Februar 1825 bzw. das Gubernialdekret vom 17. Juni 1825, ebd., Nr. 310, S. 308 f.

2880 Siehe dazu auch S. 776 f. Das Hofkanzleidekret vom 22. November 1829 an die Länderstellen in Illyrien, Steiermark, Österreich ob der Enns, Mailand und Venedig, HERZOG (wie Anm. 143), Nr. 384, S. 394, trug der jeweiligen Landesstelle auf, daß „selbe den untergeordneten Obrigkeiten es zur besonderen Pflicht mache, blödsinnige Personen, besonders wenn sie zugleich Taubstumme sind, durch die Gemeindevorstehungen ihres Domizils in stäter Evidenz halten zu lassen, und letztere auch dafür verantwortlich zu machen, daß sie im Falle der Entfernung einer solchen Person aus dem gewöhnlichen Aufenthaltsbezirke sogleich der Obrigkeit hiervon die Anzeige erstatten", damit aufgrund der Personenbeschreibung die vermißten Personen wieder ausfindig gemacht werden konnten. Es hatten sich nämlich häufig Fälle ergeben, daß Taubstumme und „Blödsinnige" aufgegriffen wurden, deren „Herkunft ungeachtet aller angestrengten Nachforschungen nicht ausfindig gemacht werden konnte".

2881 Anlaß der Verordnung des böhmischen Guberniums vom 23. Jänner 1807, HERZOG (wie Anm. 143), Nr. 141, S. 134, war, „daß ein ausweislos betretenes taubstummes Mädchen mittels Schubes an die Stadthauptmannschaft zu Prag befördert wurde, ohne daß sie dahin gehörte".

2882 Siehe dazu S. 621 ff., 718 ff.

doch bei Abschiebungen von Österreich nach Ungarn[2883] und umgekehrt[2884], weshalb auch bei derartigen Schüben „in Bezug auf die Erhebung des Nationale des abzuschiebenden Individuums" generell „mit möglichster Umsicht zu Werke zu gehen" war[2885]. Nichtsdestotrotz mußte wegen Nichtannahme von Schüblingen in Ungarn immer wie-

---

2883 Hinsichtlich der Ungarn monierte etwa die niederösterreichischen Regierungsverordnung vom 12. November 1827, HERZOG (wie Anm. 143), Nr. 356, S. 364, daß „sehr häufig Individuen nach dem Königreiche Ungarn abgeschoben" wurden, „deren Nationalität als Ungarn sich nicht bewähret". Es wurde eingeschärft, besonders darauf zu achten, „insbesondere nach Ungarn nur solche Individuen abzuschieben, deren Nationalität als Ungarn mit Verläßlichkeit nachgewiesen ist". Das Dekret der niederösterreichischen Regierung vom 29. April 1830, ebd., Nr. 387, S. 397 f., ZALEISKY (wie Anm. 666) III, S. 132 f., ordnete aufgrund einer Beschwerde des Ödenburger Komitates an, daß die niederösterreichischen Dominien „nicht blos auf die Angabe eines Individuums, aus Ungarn gebürtig zu sein, sondern nur gegen die von den königlich ungarischen Behörden eingeholte Erklärung über die Richtigkeit der Heimath dieses Individuums dasselbe nach Ungarn abschieben" dürften. Auch das Dekret der niederösterreichischen Regierung vom 14. Juli 1831, ZALEISKY (wie Anm. 666) I, S. 13, HERZOG (wie Anm. 143), Nr. 399, S. 407 f., verfügte – wegen des „sich seit einiger Zeit vermehrende[n] Andrang[es] erwerbsloser fremder Individuen in dem wieselburger Comitate" –, „nur solche brod- und erwerbslose Individuen nach Ungarn abschieben zu lassen, welche dahin zuständig sind, und die Zuständigkeit von den ungarischen Behörden auch anerkannt ist, weil dann deren Übernahme von den ungarischen Behörden nicht verweigert werden kann". Das Dekret der niederösterreichischen Regierung vom 26. Dezember 1832, HERZOG (wie Anm. 143), Nr. 412, S. 422, bzw. Circulare des niederösterreichischen Kreisamtes V.u.W.W. vom 12. Jänner 1833, ZALEISKY (wie Anm. 666) III, S. 133, erwähnte ebenfalls eine Anzeige des Wieselburger Komitats, wonach mehrere Schüblinge „aus der Provinz Niederösterreich, ohne ihre Zuständigkeit nach Ungarn gehörig nachgewiesen zu haben, auf ihre bloße Angabe, aus Ungarn gebürtig zu sein, dorthin befördert wurden". Die ungarische Statthalterei stellte in weiterer Folge das Ersuchen, „die geeignete Verfügung zu treffen, damit solche Vaganten, welche ihre Zuständigkeit nach Ungarn nicht mit ordnungsmäßigen Behelfen darzuthun vermögen, dorthin nicht abgeschoben werden, weil, in Ermanglung eines ganz genügenden Ausweises über die Zuständigkeit des Abgeschobenen, dieser nicht angenommen, sondern ohneweiters zurückbefördert werden würde"; siehe auch das Regierungsdekret vom 5. August 1833, HERZOG (wie Anm. 143), Nr. 416, S. 429.

2884 Ehe ein Schübling aus Ungarn über die österreichische Grenze gebracht werden konnte, hatte sich infolge des Hofkanzleidekretes vom 23. Juni 1824 an die niederösterreichische Regierung, HERZOG (wie Anm. 143), Nr. 304, S. 302 f., FAULLER (wie Anm. 130) IV, S. 88, die ungarische Behörde „den authentischen Beweis über den Geburtsort des abzuschiebenden Individuums vorerst zu verschaffen, und darüber eine förmliche Urkunde der übernehmenden östreichischen Behörde vorzuweisen", siehe auch das Dekret der niederösterreichischen Regierung vom 13. September 1825 an den Wiener Magistrat, HERZOG (wie Anm. 143), Nr. 325, S. 332. Von Ungarn nach Österreich abgeschobene Personen wurden also nur dann an der österreichischen Grenze angenommen, wenn eine Übernahmeerklärung des zuständigen österreichischen Dominiums vorlag, siehe dazu das Dekret der niederösterreichischen Regierung vom 29. April 1830, HERZOG (wie Anm. 143), Nr. 387, S. 397 f., ZALEISKY (wie Anm. 666) III, S. 133.

2885 Niederösterreichische Regierungsverordnung vom 12. November 1827, Prov. GSlg. NÖ IX (1827), Nr. 310, S. 665, HERZOG (wie Anm. 143), Nr. 356, S. 364; so auch das Regierungsdekret vom 5. August 1833, HERZOG (wie Anm. 143), Nr. 416, S. 429.

der in Erinnerung gerufen werden, daß „im Allgemeinen vor Veranlassung der Abschiebung eines angehaltenen Individuums dessen Zuständigkeitsort immer vorläufig außer allem Zweifel gesetzt sein" mußte, „widrigens die hiebei nicht vorschriftmäßig vorgegangene Obrigkeit sich die aus der Außerachtlassung der bestehenden sehr bestimmten Vorschriften hervorgehenden nachtheiligen Folgen lediglich selbst zuzuschreiben haben" würde[2886].

c. Schubtauglichkeit

Eine wichtige Frage, die wegen Nichtbeachtung der bestehenden Vorschriften immer wieder einen Gegenstand zahlreicher Verordnungen darstellte, war die Tauglichkeit von Schüblingen für den Zwangstransport in gesundheitlicher Hinsicht, und zwar nicht nur zum Schutz des Schüblings selbst, sondern auch aus prophylaktischen Gründen bei ansteckenden Krankheiten im Allgemeininteresse.

Zum Schutz der Schüblinge mußte etwa schon 1723[2887] ein Hofdekret anordnen, daß die Grundobrigkeiten die „an sie durch den Schub kommenden armen Kranken, so lang den Unterhalt geben, allenfalls auch dieselbe geistlich versorgen lassen" sollten, „bis selbe entweder absterben, oder wieder genesen, und weiter fortgeschoben werden können". In weiterer Folge sahen die theresianischen Schubvorschriften für Österreich unter und ob der Enns von 1751/52[2888] zum gesundheitlichen Schutz der Schüblinge nicht nur vor, daß Partikularschübe „zur Nachtszeit, oder bey einfallender gar üblen Witterung, zuförderst im Winter, nicht weiter befördert werden" und in diesen Fällen die Gemeinden die schon bei ihr befindlichen oder eintreffenden Schubleute „bis auf den anderten Tag, oder bis auf die erfolgende bessere Witterung bey sich aufbehalten" sollten[2889], sondern verboten „bei auf sich ladender Verantwortung und Strafe" die (Weiter)Beförderung von kranken oder unterwegs erkrankten Schüblinge, von hochschwangeren Frauen und von Kindern. Ganz allgemein sollte – wie die niederösterreichische Sicherheits- und Schub-Patents-Erneuerung von 1751 anordnete – für alle „armen Schubleute ... all christliches Mitleiden" an den Tag gelegt werden.

1791[2890] bestimmte weiters ein Hofdekret für die innerösterreichischen Länder, daß ein „armer Kranker, oder sonst schwer beschädigter Mensch" nur dann mittels

---

2886 Dekret der niederösterreichischen Regierung vom 26. Dezember 1832, HERZOG (wie Anm. 143), Nr. 412, S. 422.

2887 Hofdekret vom 27. Oktober 1723, CA IV, S. 146.

2888 Patent für Österreich unter der Enns („Sicherheits- und Schub-Patents-Erneuerung") vom 30. Oktober 1751, CA V, S. 602, HERZOG (wie Anm. 143), Nr. 6, S. 42; Patent für Österreich ob der Enns („Neue Bettler- und Sicherheitsordnung") vom 1. September 1752, CA V, S. 701, Theresianisches Gesetzbuch (wie Anm. 143) I, Nr. 214, S. 276 ff.

2889 Siehe dazu auch etwa das Regierungsdekret vom 7. Mai 1827, HERZOG (wie Anm. 143), Nr. 346, S. 355, ZALEISKY (wie Anm. 666) III, S. 132 f., das einen Todesfall erwähnt, der „aller Wahrscheinlichkeit nach" auch durch „den üblen Einfluß ... der schlechten Witterung" auf einen kranken Schübling verursacht wurde.

2890 Hofdekret vom 7., und Kurrende des innerösterreichischen Guberniums vom 19. Februar 1791, betreffend Versorgungsanstalten für dürftige Reisende und Dienstleute auf dem fla-

Schub von der Grundobrigkeit an seinen „Geburts- oder letzten Ansässigkeitsort" gebracht werden könne, wenn dies „nach Versicherung des Arztes, ohne Nachtheil seiner Gesundheit" möglich sei, andernfalls dem Kranken eine „Anweisung an die Apotheke, oder den Landchirurgus zu ertheilen" war, damit ihm die „nöthigen Arzeneien ... unentgeldlich verabfolget" werden konnten, wofür - sowie für die Verpflegung - die abschiebende Grundobrigkeit einstweilen aufzukommen hatte[2891].

Trotz der eindeutigen Verbote, Kranke nicht (weiter) abzuschieben, konnte allerdings der „Mißbrauch ..., daß die auf dem Bettel betretenden armen Leute, wenn sie auch mit schweren todsgefährlichen Krankheiten behaftet sind, gleichwohl mit Hintansetzung der christlichen Menschenliebe, auf dem Schub weiter geschleppet werden, so, daß sie oft schon halb todt von dem Schubwagen abgenommen werden müssen, und nach etlichen Stunden versterben"[2892], nicht abgestellt werden, da die Grundobrigkeiten und Gemeinden auf diese Weise Kosten vermeiden wollten und konnten. So mußte den Obrigkeiten und Gemeindevorstehern aus Anlaß von Todesfällen die Anordnung, erkrankte Schüblinge nicht weiterzubefördern, sondern ärztlich untersuchen und verpflegen zu lassen, bis sie „ohne Gefahr weiters geliefert werden" konnten, immer wieder „nachdrücklichst" eingeschärft[2893] und den „Markt-, Orts- und Gemeinderichtern" grundsätzlich eine „bessere und menschlichere Pflege und Behandlung der Schüblinge ... an das Herz" gelegt werden[2894].

Die Schubordnungen für Tirol und Illyrien von 1817 bzw. 1819[2895] sahen in weiterer Folge nicht nur die Unterbringung von kranken Schüblingen in der „nächstgelegenen Gemeinde", sondern auch in „sonstigen Spitälern vor", da - wie es eine Kundma-

---

chen Lande in Innerösterreich, HERZOG (wie Anm. 143), Nr. 78, S. 93; siehe auch die Verordnung vom 10. März 1791, ebd., Nr. 79, S. 95.

2891 Allerdings war die Gemeinde oder Grundobrigkeit, „zu welcher der Verunglückte, und arme Kranke" gehörte, der abschiebenden Grundobrigkeit zum Ersatz der Unkosten verpflichtet.

2892 Gubernialverordnung in Tirol vom 1. Oktober 1793, HERZOG (wie Anm. 143), Nr. 85, S. 101; siehe zu einem Fall von 1817 aus der steirischen Praxis etwa GASSLER (wie Anm. 988), S. 222 f.

2893 Gubernialverordnung in Tirol vom 1. Oktober 1793, HERZOG (wie Anm. 143), Nr. 85, S. 101, und Dekret der niederösterreichischen Regierung vom 5. Juni 1798, HERZOG (wie Anm. 143), Nr. 103, S. 115, ZALEISKY (wie Anm. 666) III, S. 129, ASTL (wie Anm. 2832) IV, S. 2902, das auf „Veranlassung einer Anzeige, daß ein nach seinem Geburtsorte Abgeschobener unter Weges auf dem Wagen gestorben ist", allen Kreisämtern auftrug, die Landgerichte anzuweisen, „bei einem jeden erkrankten, oder scheinbar kranken Schüblinge den Wundarzt zu Rathe zu ziehen, ob der Schübling bei seinen Umständen weiter gebracht werden könne". Wenn „dieses nicht Statt findet", so hatte die Gemeinde „für seine Herstellung zu sorgen".

2894 Kreisschreiben u.W.W. vom 4. Mai 1812, HERZOG (wie Anm. 143), Nr. 174, S. 162.

2895 Dekret der „Central-Organisirungs-Hofkommission" vom 27. Mai 1817 an das Landesgubernium in Tirol und Vorarlberg, Prov. GSlg. Tirol IV/1 (1817), Nr. 116, S. 919, HERZOG (wie Anm. 143), Nr. 197, S. 194; Kundmachung des Landesguberniums im Küstenlande vom 18. September 1819, Hofkanzleidekret vom 27. März 1820, HERZOG (wie Anm. 143), Nr. 229, S. 226.

chung des Tiroler Guberniums 1817[2896] ausdrückte – die „Vorkehrung", daß „solche gefährlich kranke Individuen, wenn es die Krankheit und die Distanz erlauben, sogleich in das nächste Spital untergebracht, und dort verpflegt werden" sollten, selbst wenn sie keine Einheimischen seien, deshalb „um so nothwendiger" war, als „solche gefährlich Kranke ohne Gefahr der Krankheitsverbreitung auf die Bewohner der zu passirenden Gegenden, so wie ohne Lebensgefahr für das Individuum selbst, nur zu oft nicht transportirt werden können, und daher an die Menschheit gerechten Anspruch auf Verpflegung haben".

Unter besonderem Schutz bei der Vollziehung von Ausweisungserkenntnissen sollten nach den zahlreichen Schubvorschriften auch schwangere Frauen stehen. Da die als Schubstationen dienenden Herrschaften bzw. Gemeinden nämlich befürchteten, mit der Versorgungspflicht für auf dem Schub geborene Kinder belastet zu werden, mußte immer wieder angeordnet werden, daß Hochschwangere bei zu nahem Geburtstermin nicht per Schub befördert werden sollten. Da „angekommene schwangere Weibspersonen, ungeachtet der herannahenden Geburtszeit, aus Sorge der Verpflegung abgeschafft" wurden, „solche Personen hilflos zu lassen, und der Gefahr auszusetzen aber wieder die menschliche Schuldigkeit und das Christentum streitet", wurde etwa schon 1746 bestimmt, daß (Hoch)Schwangere nicht (weiter) abzuschieben waren, sondern ihnen „der Unterstand verstattet, und alle Hilfe geleistet werden" müsse, „Niemanden aber das Kind ex eo, weil es das geboren wurde, zu verpflegen obliegen" sollte[2897]. Nichtsdestotrotz scheint es immer wieder zur Schubbeförderung hochschwangerer Frauen gekommen sein. So erwähnte eine böhmische Verordnung aus dem Jahre 1820[2898], daß eine „Weibsperson ... an die k.k. Stadthauptmannschaft mittelst Schub aus dem Grunde befördert" wurde, „weil selbe hochschwanger war, um sonach von da aus ihre Unterbringung in das Gebärhaus zu veranlassen". Diese Schubbeförderung zeitigte jedoch die Folge, daß die Frau „gleich nach ihrer Ankunft mit einem todten Kinde entbunden wurde". Von diesem Ereignis setzte die Verordnung die Amtsvorsteher zur „Vermeidung jedes ähnlichen lieblosen Verfahrens" in Kenntnis, „welches dem milden Geiste und der Humanität der östreichischen Gesetzgebung ganz entgegen ist".

Aus der Menge der kranken Schüblinge wurde unter dem Aspekt der Ansteckungsgefahr häufig auch die Gruppe der venerisch Erkrankten hervorgehoben. So stellt es einen regelmäßigen Verordnungsinhalt dar, daß „mit der Lustseuche behaftete Weibspersonen" nicht „vor eingeholter Überzeugung ihrer vollkommenen Heilung" in ihre Heimatorte abgeschoben werden durften[2899]. Vielmehr sollten – um „das Übel und die

---

[2896] Kundmachung des Tiroler Guberniums vom 30. Juli 1817, Prov. GSlg. Tirol IV/2 (1817), Nr. 36, S. 561, HERZOG (wie Anm. 143), Nr. 202, S. 200; vgl. auch das Dekret der „Central-Organisirungs-Hofkommission" vom 27. Mai 1817 an das Landesgubernium in Tirol und Vorarlberg, Prov. GSlg. Tirol IV/1 (1817), Nr. 116, S. 919.

[2897] So die Verordnung der Landeshauptmannschaft in Linz vom 4. August 1746, CA V, S. 232, HERZOG (wie Anm. 143), Nr. 2, S. 26; siehe auch die Instruktion für die Gerichte in Böhmen vom 13. Oktober 1755, HERZOG (wie Anm. 143), Nr. 12, S. 49.

[2898] Verordnung des böhmischen Gubernial-Präsidiums vom 24. Mai 1820, HERZOG (wie Anm. 143), Nr. 241, S. 236, ZALEISKY (wie Anm. 666) III, S. 97.

[2899] So etwa die Gubernialverordnung in Böhmen vom 19. November 1807, HERZOG (wie Anm. 143), Nr. 149, S. 142; siehe etwa auch das Hofkanzleidekret vom 6. Juni 1827 und das

so schädliche Verbreitung der Lustseuche, mit welcher die auf dem Schube zu befördernden Personen öfters behaftet sind, möglichst zu hindern“[2900] – seit 1808 sowohl „mit dieser Seuche behaftete, ganz mittellose Weibspersonen“, egal ob sie „Unterthaninnen fremder Dominien, oder aus andern Erbstaaten gebürtig, oder Ausländerinnen“ waren[2901], als auch derartige männliche Kranke[2902] auf Kosten des Staates[2903] behandelt werden. Für die Unentgeltlichkeit dieser Behandlung war allerdings erforderlich, daß die „wahre Armut“ der Kranken „vorher besonders von der Grundobrigkeit gemeinschaftlich mit dem Pfarrer bestätiget“ worden war, da die „Wohlthat der unentgeltlichen Heilung von der Lustseuche nur den ganz mittellosen Unterthanen zugedacht“ sein sollte[2904].

Da freilich „manche Ärzte und Wundärzte auf dem Lande“ für die Behandlung der mit der „Lustseuche behafteten Kranken zum offenbaren Nachtheil des höchsten Ärars ... ungeheure Kosten“ verrechneten und überdies „die „Kranken selbst bei ihrer Kurart weit länger herumziehen, als bei Anwendung zweckmäßiger Heilmittel, und bei Hintanhaltung der Diätfehler nothwendig“ war[2905], wurde ebenfalls 1808[2906] durch Hofkanzleidekret angeordnet, mit der Lustseuche behaftete Schüblinge „vorläufig in das allgemeine Krankenhaus zur Kur“ abzugeben, „weil hier die Kur viel leichter und ordentlicher, als auf dem Land vorgenommen werden“ könne. Nach Anordnung der niederösterreichischen Regierung von 1812 sollten daher „von nun an den Ärzten und Wundärzten auf dem Lande keine venerisch Kranke auf Rechnung des Ärars“ mehr „in die Behandlung überlassen ..., sondern diese einzelne Kranke im hiesigen allgemeinen Krankenhause in die Pflege und Heilung“ genommen werden[2907].

---

oberösterreichische Regierungsdekret vom 8. Juli 1827, PGS LV (1827), Nr. 67, S. 103, HERZOG (wie Anm. 143), Nr. 350, S. 358 f., das zur Vermeidung der „Lustseucheanstekkung“ anordnete, die „sorgfältigste Aufmerksamkeit“ darauf zu richten, daß die „mit einem venerischen Übel behaftet befundenen Weibspersonen“ vor jeder „Verfügung gehörig geheilt ... werden“ und keine Patienten „vor vollendeter Kur und gänzlicher Herstellung aus der ärztlichen Behandlung entlassen“ werden.

2900 Hofkammerdekret vom 17. März und 7. Juli 1808, Hofkanzleidekret vom 5. April 1808, Dekret der niederösterreichischen Regierung vom 8. April 1808, PGS XXX (1808), Nr. 44, S. 153, FAULLER (wie Anm. 130) IV, S. 87, HERZOG (wie Anm. 143), Nr. 162, S. 145.

2901 Ebd.

2902 Hofkammerreskript vom 7. Juli 1808, HERZOG (wie Anm. 143), Nr. 158, S. 150.

2903 Hofkammerdekret vom 17. März und 7. Juli 1808, Hofkanzleidekret vom 5. April 1808, Dekret der niederösterreichischen Regierung vom 8. April 1808, PGS XXX (1808), Nr. 44, S. 15, FAULLER (wie Anm. 130) IV, S. 87, HERZOG (wie Anm. 143), Nr. 162, S. 145.

2904 Dekret der niederösterreichischen Regierung vom 20. Jänner 1812, HERZOG (wie Anm. 143), Nr. 172, S. 160. Erst wenn das Kreisamt „diese ordentlichen Belege in Händen“ hatte, konnte es „für die Vergütung der Kostenausweise der Kreisärzte einschreiten“.

2905 So das Dekret der niederösterreichischen Regierung vom 22. Dezember 1812, HERZOG (wie Anm. 143), Nr. 175, S. 162 f.

2906 Hofkanzleidekret vom 14. Juli 1808, Dekret der niederösterreichischen Regierung vom 24. Juli 1808, HERZOG (wie Anm. 143), Nr. 159, S. 150, FAULLER (wie Anm. 130) IV, S. 88, ZALEISKY (wie Anm. 666) III, S. 129.

2907 Das Dekret der niederösterreichischen Regierung vom 22. Dezember 1812, HERZOG (wie Anm. 143), Nr. 175, S. 162 ff., ordnete weiters an, daß aus diesen Gründen auch die Dominien angewiesen werden sollten, „die in ihren Bezirken mit der Lustseuche behafteten ein-

Zur Sicherstellung der Vorschrift, daß Kranke und Hochschwangere nicht mittels Schub befördert werden durften, schrieb weiters die niederösterreichische Regierung 1820[2908] vor, daß alle Schüblinge sowohl vor Abgehen eines Haupt- als auch Partikularschubes durch (Wund-)Ärzte und Hebammen einer gebührenfreien Untersuchung[2909] zu unterziehen waren. Der Umstand, daß der Schübling „am Tage einer Abschiebung ärztlich untersucht und vollkommen gesund befunden worden“ war, mußte sodann „unter Mitfertigung des Arztes“ in die einzelnen Schubpässe eingetragenen werden. Trotz all dieser detaillierten Regelungen bestand aber wegen zahlreicher Todesfälle offensichtlich weiterhin die Notwendigkeit, länderweise die Befolgung der bestehenden Vorschriften[2910], insbesondere die Vorsichtsmaßregel einer „sehr genaue[n] ärztliche[n] Untersuchung“, immer wieder einzumahnen[2911] und für den Fall von Nachlässigkeiten wegen der „an den Tag gelegten Unmenschlichkeit“ eine Bestrafung „auf das Empfindlichste“ anzudrohen[2912].

Auch noch in den Fünfzigerjahren des 19. Jahrhunderts mußten jedoch – aus „Anlaß der schon mehrmalen gemachten Wahrnehmungen, daß viele Unregelmäßigkeiten im Schubwesen stattfinden, namentlich, daß mit Außerachtlassung aller Humanitäts-Rücksichten oft Individuen ohne die vorgeschriebene genaue ärztliche Untersuchung

---

zelnen Individuen jedesmal ohne Verzug“ in das allgemeine Krankenhaus „auf die möglichst wohlfeilste Art einliefern zu lassen“; siehe auch das Hofkammerdekret vom 18. Februar 1813, Regierungsverordnung vom 15. März 1813, ebd., Nr. 176, S. 164.

2908 Regierungsverordnung vom 8. September 1820 an das Kreisamt u.W.W. und den Wiener Magistrat sowie Regierungsverordnung vom 31. Oktober 1820 an die übrigen drei Kreisämter, HERZOG (wie Anm. 143), Nr. 247, S. 241, Prov. GSlg. NÖ II (1820), Nr. 245, S. 553 f.; siehe auch FAULLER (wie Anm. 130) IV, S. 85, 89, ZALEISKY (wie Anm. 666) III, S. 130.

2909 Die „Wundärzte und Hebammen“ erhielten für diese Untersuchungen und die darüber ausgestellten Parere nach der Regierungsverordnung vom 18. November 1828, HERZOG (wie Anm. 143), Nr. 368, S. 383 f., keinerlei Vergütung, außer sie mußten aus einem anderen Ort gerufen werden. Dann standen ihnen die Kosten für „Fuhr und Kost“ zu; siehe dazu etwa auch das Hofdekret des lombardisch-venetianischen Senates vom 12. Juli 1929, ebd., Nr. 364, S. 380 f.

2910 Siehe etwa das Dekret der niederösterreichischen Regierung vom 2. Jänner 1825, HERZOG (wie Anm. 143), Nr. 309, S. 307 f.; siehe auch die Verordnung des böhmischen Guberniums vom 4. Juli 1825, ebd., Nr. 321, S. 329; das Regierungsdekret vom 7. Mai 1827, ebd., Nr. 346, S. 355, ZALEISKY (wie Anm. 666) III, S. 132 f., wonach ein Schübling gleich nach seiner Ankunft am Bestimmungsort verstorben und dieser Todesfall „aller Wahrscheinlichkeit nach durch den üblen Einfluß des Fahrens, und der schlechten Witterung auf den Kranken herbeigeführt worden“ war; siehe auch das Dekret der niederösterreichischen Regierung vom 6. Dezember 1831, HERZOG (wie Anm. 143), Nr. 401, S. 408, sowie die böhmische Gubernialverordnung vom 9. Dezember 1831 an die Kreisämter und die Stadthauptmannschaft, ebd., Nr. 402, S. 409.

2911 Oberösterreichisches Regierungsdekret vom 7. Mai 1827, HERZOG (wie Anm. 143), Nr. 346, S. 355, ZALEISKY (wie Anm. 666) III, S. 132 f.

2912 Anlaß dieser steiermärkischen Gubernialverordnung vom 17. Juli 1822, HERZOG (wie Anm. 143), Nr. 271, S. 273, war, daß ein „kranker Schübling, ungeachtet dieses letzten Umstandes, weiter verschoben wurde, wodurch sich seine Krankheit so sehr verschlimmerte, daß er an deren Folgen kurz darauf verstarb“. Die Kreisämter wurden daher angewiesen, die Landgerichte von der ausgesprochenen Strafdrohung wegen Vernachlässigung der Heilung und Pflege der Schüblinge in Kenntnis zu setzen.

im kranken Zustande ... in Schub gesetzt, oder wenn dieselben in den Zwischenstationen erkranken, ohne ihnen die nöthige Hilfe und Pflege angedeihen zu lassen, rücksichtslos weiter befördert" wurden[2913], obwohl die „denselben zugestoßene Krankheit auf dem Wege besonders unter ungünstigen Einflüssen der Witterung leicht bedeutend verschlimmert, ansteckend oder selbst tödlich werden" konnte[2914] – die Vorschriften bezüglich der Schubtauglichkeit bzw. der ärztlichen Untersuchung vor Abgehen des Schubes erneut in Erinnerung gerufen werden[2915]. Trotzdem blieben nicht nur die venerischen Erkrankungen von Schüblingen ein nicht zu vernachlässigendes Problem[2916], sondern es ereigneten sich auch weiterhin mehrfach Fälle, daß Schüblinge mit derart „vorgerücktem Krankheitszustande in ihrer Heimat anlangten, daß sie bald nach ihrer Hinkunft verschieden" waren, weshalb die Schubbehörden regelmäßig zur genauen und gewissenhaften Befolgung der Schubvorschriften aufgefordert wurden. Diese zu beachtenden „Humanitäts-Rücksichten" hatten insbesondere bei denjenigen Schüblingen Platz zu greifen, „denen vielleicht nichts Anderes, als Ausweislosigkeit zur Last" fiel[2917], und generell sollte „stets den Anforderungen der Menschlichkeit gemäß" mit den Schüblingen verfahren werden[2918].

d. Schubpaß

Waren Zuständigkeitsort und Schubtauglichkeit festgestellt, so hatte die für die Schubdurchführung zuständige Behörde, also Landgericht, Landesstelle, Sicherheitshofkommission, Kreisamt oder später generell die Ortsobrigkeit – d.h. das Dominium oder

2913 So das Dekret der niederösterreichischen Statthalterei vom 21. Jänner 1856, ZALEISKY (wie Anm. 666) 2. Nachtrag, S. 167.

2914 So die Schubordnung für Siebenbürgen, Verordnung des Civil- und Militär-Gouverneurs von Siebenbürgen vom 28. Dezember 1849, LGBl. Nr. 47, ZALEISKY (wie Anm. 666) III, S. 108.

2915 Siehe etwa den Erlaß der oberösterreichischen Statthalterei vom 22. August 1857, LGBl. II Nr. 13, betreffend die Regelung des Schubwesens, ZALEISKY (wie Anm. 666) 2. Nachtrag, S. 173, ASTL (wie Anm. 2832) IV, S. 2894, der nicht nur die nachweisliche ärztliche Untersuchung erneut vorschrieb, sondern auch einschärfte, „Kranke, welche bei der ärztlichen Untersuchung nicht transportabel befunden" wurden, „und insbesondere syphilitische Personen ... vor ihrer Heilung" nicht abzuschieben. Bis zu ihrer Heilung sollten diese Personen „in allen Beziehungen als politische Häftlinge" behandelt werden.

2916 Der niederösterreichische Statthaltereierlaß vom 25. Juli 1854, Z. 24992, an alle Bezirkshauptmannschaften und den Wiener Magistrat, Normalien-Sammlung (wie Anm. 359) II, Nr. 3240, rief – um „dem weiteren Umsichgreifen der syphilitischen Erkrankungen möglichst Einhalt zu thun" – die „älteren, gegen die Lustseuche ergangenen Verordnungen in Erinnerung" und ordnete erneut an, daß die Schüblinge vor Abgehen des Schubes ärztlich zu untersuchen und „im Falle einer vorgefundenen syphilitischen Erkrankung zur Heilung sogleich in das Spital zu schaffen" seien.

2917 Dekret der niederösterreichischen Statthalterei vom 21. Jänner 1856, ZALEISKY (wie Anm. 666) 2. Nachtrag, S. 167.

2918 Erlaß des Statthalters von Niederösterreich vom 8. Mai 1851, LGBl. Nr. 237, an die Bezirkshauptmannschaften über die provisorische Regelung des Schubwesens, ZALEISKY (wie Anm. 666) III, S. 120.

Magistrat[2919] - und dann die Bezirksbehörde - d.h. die Bezirkshauptmannschaft bzw. das Bezirksamt - der „schiebenden Person" einen Schubpaß auszustellen. Nach dem niederösterreichischen Schubpatent von 1624[2920] war in diesem „der Nieder-Oesterreichischen Regierungs-Verordnung deutlich anzuführen", und mit diesem „glaubwürdige[n] Paß", der samt allfälligen Urkunden der Begleitperson des Schüblings zur Verwahrung zu übergeben war[2921], sollte die „schubmäßige Person bis an das nächste Landgericht wohl verwahrt geliefert" und dort dem Verwalter oder Dorfrichter gegen eine Bestätigung, das sogenannte Rezepisse[2922], übergeben werden. Der Schubpaß war daraufhin vom Verwalter oder Dorfrichter zu unterschreiben[2923] und der Schub ohne alle Verzögerung weiter zu befördern, „welches dann, von Land-Gericht zu Land-Gericht, bis an den Ort, wohin die Person gehörig, dergestalten zu beobachten ist, daß der mitgehende Paß von allen Richtern, so den Schub zu befördern haben, eigenhändig unterzeichnet, und sodann derjenigen Herrschaft, welcher die Versorgung oblieget, nebst der geschobenen Person überlieffert werde"[2924].

2919 Siehe dazu S. 526 ff. So normierte z.B. das Hofkanzleidekret vom 15. März 1827 an das mährisch-schlesische Gubernium, ZALEISKY (wie Anm. 666) III, S. 99 f., HERZOG (wie Anm. 143), Nr. 342, S. 348, explizit, daß die „Dominien und Magistrate ... somit berechtigt" würden, „die Schubpässe selbst auszustellen", aber gleichzeitig verpflichtet seien, „dessen Obrigkeit (sei sie im In- oder im Auslande) hievon in die Kenntniß zu setzen".

2920 Patent für Österreich unter der Enns vom 13. April 1724 („Visitations-Schub, und Versorgung der Armen"), CA IV, S. 183, HERZOG (wie Anm. 143), Nr. 1, S. 16.

2921 So ausdrücklich das steirische Schubnormale vom 26. Februar 1750, kundgemacht durch Circulare vom 20. April 1750, Theresianisches Gesetzbuch (wie Anm. 143) I, Nr. 92, S. 136 ff., HERZOG (wie Anm. 143), Nr. 4, S. 29: „Die Schubpersonen sind, nach Einlangung des kreisämtlichen Schubpasses, mit Übergebung desselben und der etwaigen Urkunden des Schüblings an einen sicheren Geleitsmann, dem nächsten Landgerichte gegen Recepisse, welchem dem Kreisamte einzusenden ist, zu überliefern".

2922 Siehe dazu S. 584 ff.

2923 So auch das Patent für Österreich unter der Enns vom 20. September 1749 („Sicherheits-Armenverpflegungs- und Schubpatenten-Erfrischung") samt „Instruction wie die Landgerichtsverwalter in diesem Erzherzogthume Osterreich unter der Enns, sich sowohl bey den General- und Particularvisitationen, als auch im Schube und Versorgung der Armen, Aufhebung der Müßiggänger, und Hindannhaltung ausländischer Vagabunden und Bettler zu verhalten haben", CA V, S. 457; weiters sprach das Patent für Österreich unter und ob der Enns vom 10. Oktober 1739, CA IV, S. 1116, vom unterzeichnenden „Land-Gerichts-Verwalter"; das Patent für Österreich unter der Enns („Sicherheits- und Schub-Patents-Erneuerung") vom 30. Oktober 1751, CA V, S. 603, HERZOG (wie Anm. 143), Nr. 6, S. 41, von der Unterzeichnung der Schubpässe durch „die Vorsteher oder Beamte und Richter, in ihrer Abwesenheit aber ... durch die gegenwärtigen ältesten Ratsfreunde oder Gerichtsgeschwornen"; das Patent für Österreich ob der Enns („Neue Bettler- und Sicherheitsordnung") vom 1. September 1752, CA V, S. 700, Theresianisches Gesetzbuch (wie Anm. 143) I, Nr. 214, S. 276 ff., von der Unterzeichnung durch „Beamte, Vorsteher und Amtleute".

2924 Patent für Österreich unter der Enns vom 13. April 1724 („Visitations-Schub, und Versorgung der Armen"), CA IV, S. 183 f., HERZOG (wie Anm. 143), Nr. 1, S. 16; siehe auch die „Ober-Ennßerische Bettler-Ordnung" vom 1. August 1725, CA IV, S. 282; das steirische Schubnormale vom 26. Februar 1750, kundgemacht durch Circulare vom 20. April 1750, Theresianisches Gesetzbuch (wie Anm. 143) I, Nr. 92, S. 136 ff., HERZOG (wie Anm. 143), Nr. 4, S. 29.

Behielt also in der Regel der Schubpaß seine Gültigkeit bis zur Ablieferung des Schüblings an seinem Bestimmungsort, so stellte etwa das böhmische Sicherheits- und Schub-Patent von 1750[2925] hier insoferne eine Ausnahme dar, als betreffend den Schubzettel differenziert wurde, ob der Zuständigkeitsort eines Einheimischen in dem Kreise lag, in dem er aufgegriffen worden war, oder ob er aus einem fremden Kreis stammte. Im ersten Fall wurde ihm, wenn „seine Heimath auf 2 Meilen, oder näher" war, vom Betretungsort ein „Schubzettel ... gerade dahin" ausgestellt, betrug die Entfernung aber „4 oder 6 Meilen Weges", sollten „ein oder zwei inzwischen liegend[e] Schuborter" vorgesehen werden. Handelte es sich allerdings um eine abzuschiebende Person aus einem fremden Kreis, mußte der Schübling „von 2 zu 2 Meilen allzeit in gerader Linie" an das Kreisamt abgeschoben werden, welches „sodann für solche Leute den weitern Schubzettel in die benachbarten Kreise auszustellen" hatte, weil die „Privatschubzettel der Magistrate und Wirtschaftsämter nicht weiter, als nur in dem Kreise zu respiziren" waren.

Eine Beförderung „ohne alle Verzögerung" – wie es etwa das niederösterreichische Schubpatent von 1724 vorsah – konnte jedoch nicht immer stattfinden. Vielmehr kam es vor, daß Schüblinge „auf manchen Orten länger bei dem Amte, als nach den bestehenden Vorschriften erlaubt" war, „in der Verpflegung blos aus dem Grunde gehalten werden" mußten, „weil die mitkommen sollenden Schubpässe entweder nicht gleich mitfolg[t]en, oder nicht gehörig instruiret" waren, daher erst „Nacherhebungen" eingeleitet werden mußten[2926]. Zahlreiche Verordnungen hatten nämlich für den Inhalt der – auch Schubzettel genannten – Schubpässe genaue Vorgaben festgelegt und gleichzeitig detaillierte Formulare[2927] vorgeschrieben.

So legte etwa eine böhmische Verordnung 1785[2928] fest, daß „zur Vermeidung aller bei dem Schube sich ergebenden Unsicherheiten auf der Straße" den Schubpässen auch „von jeder Ortschaft bei jeder ausgesetzten Station das Präsentatum des Ankommens

2925 Sicherheits- und Schub-Patent für Böhmen vom 3. April 1750, HERZOG (wie Anm. 143), Nr. 5, S. 33.

2926 Dekret des mährisch-schlesischen Guberniums vom 10. November 1826 an alle Kreisämter, HERZOG (wie Anm. 143), Nr. 334, S. 340. Derartig „säumige Dominien, die einen längeren Aufenthalt der Schüblinge, wegen nicht gehörig erfüllter Amtspflicht verursachen", hatten „für jeden dießartigen größeren Aufwand an Atzungs- und Unterhaltungskosten zu haften" und diese zu ersetzen, zu welchem Zweck den Kreisämtern Verzeichnisse zur Eintreibung dieser Geldbeträge vorzulegen waren.

2927 Patent für Galizien vom 3. November 1786, Slg. Joseph VI, Beilage zu S. 500, HERZOG (wie Anm. 143), Nr. 62, S. 79; siehe auch BARTH-BARTENHEIM (wie Anm. 588) I, S. 574; A. C. EICHLER, Die Polizei praktisch. Oder Handbuch für Magistrate, Wirtschaftsämter, Aerzte, Wundärzte, Apotheker, u.s.f. dann für alle, denen die Aufsicht auf die Polizeigegenstände obliegt, oder die von ihr gründlich unterrichtet seyn wollen, mit Anführung der ergangenen Gesetze, dann der neuen Strafgesetze nach dem Patente vom 3. September 1803, Prag 1804, S. 305; siehe aber auch später etwa das Formular A für den Schubpaß des Erlasses der oberösterreichischen Statthalterei vom 22. August 1857, LGBl. II Nr. 13, betreffend die Regelung des Schubwesens.

2928 Verordnung in Böhmen vom 4. Juni 1785, Slg. Joseph V, S. 183, HERZOG (wie Anm. 143), Nr. 54, S. 69; siehe auch das Dekret der Hofkommission für Tirol und Vorarlberg vom 17. März 1815, Prov. GSlg. Tirol II (1815), Nr. 19, S. 75, HERZOG (wie Anm. 143), Nr. 183, S. 170.

und Abgehens beizufügen" war, und in der böhmischen Schubordnung von 1794[2929] wurden die notwendigen Eintragungen genau aufgelistet. Es sollte folglich hinkünftig in den Schubpässen der Vor- und Zunamen des Schüblings, die „Ursache" der Abschiebung, der „Geburts- oder Untertänigkeitsort", wohin zu schieben war, „nebst Benennung des diesfälligen Dominiums und Kreises", wenn es sich um „hierländige Unterthanen" handelte, sowie die „Schubabwechslungsstationen bis zum nächsten Kreisamte, oder nach Umständen bis an den Geburtsort" eingetragen werden. Weiters war – etwa bereits nach den niederösterreichischen Vorschriften des ausgehenden 18. Jahrhunderts und nach den späteren Schubordnungen anderer Erbländer[2930] – in den Schubpaß auch eine Personenbeschreibung zur „leichteren Ausfindung und Einbringung"[2931] von geflohenen Schüblingen einzuschalten[2932], die in weiterer Folge auch Angaben über die „Gesichtszüge, Größe, und Farbe der Schubpersonen" zu enthalten hatte, weil sich zeigte, daß die Personenbeschreibungen der Schüblinge bisher „zu wenig ausführlich" waren, „um sie im Entweichungsfalle genau beschreiben zu können"[2933].

Da oft Schüblinge „auf ganz anderen Straßen in Orte geführt" wurden, „wohin sie nicht bestimmt" waren, sollte außerdem z.B. nach einer niederösterreichischen Verordnung von 1807[2934] auch der Weg, den die abgeschobene Person zu nehmen hatte, „deut-

2929 Verordnung in Böhmen vom 16. September 1794, HERZOG (wie Anm. 143), Nr. 90, S. 105, ZALEISKY (wie Anm. 666) III, S. 92 ff.

2930 Dekret der niederösterreichischen Regierung vom 10. März 1795 und Verordnung der niederösterreichischen Regierung vom 17. November 1795, FAULLER (wie Anm. 130) IV, S. 83 f., ZALEISKY (wie Anm. 666) III, S. 94, HERZOG (wie Anm. 143), Nr. 94, S. 110; Dekret der niederösterreichischen Regierung vom 4. Oktober 1796, HERZOG (wie Anm. 143), Nr. 100, S. 114; Verordnung der niederösterreichischen Regierung vom 26. März 1807, ZALEISKY (wie Anm. 666) III, S. 137 f., KANKA (wie Anm. 589) I, S. 261, HERZOG (wie Anm. 143), Beilage zu Nr. 144, S. 138; so aber etwa zu Beginn des 19. Jahrhunderts auch das Dekret der Hofkommission für Tirol und Vorarlberg vom 17. März 1815, Prov. GSlg. Tirol II (1815), Nr. 19, S. 75, HERZOG (wie Anm. 143), Nr. 183, S. 170; und die Schubordnung für Tirol und Vorarlberg 1817, Dekret der „Central-Organisirungs-Hofkommission" vom 27. Mai 1817 an das Landesgubernium in Tirol und Vorarlberg, Prov. GSlg. Tirol IV/1 (1817), Nr. 116, S. 913, HERZOG (wie Anm. 143), Nr. 197, S. 192; Kundmachung des Landesguberniums im Küstenlande vom 18. September 1819, Hofkanzleidekret vom 27. März 1820, HERZOG (wie Anm. 143), Nr. 229, S. 224; siehe aber auch später etwa das Formular A des Erlasses der oberösterreichischen Statthalterei vom 22. August 1857, LGBl. II Nr. 13, betreffend die Regelung des Schubwesens.

2931 Dekret der niederösterreichischen Regierung vom 4. Oktober 1796 an das Kreisamt u.W.W., HERZOG (wie Anm. 143), Nr. 100, S. 114.

2932 Dekret der niederösterreichischen Regierung vom 10. März 1795 und Verordnung der niederösterreichischen Regierung vom 17. November 1795, FAULLER (wie Anm. 130) IV, S. 83 f., ZALEISKY (wie Anm. 666) III, S. 94, HERZOG (wie Anm. 143), Nr. 94, S. 110. Außerdem war in den Schubpässen eine Warnung aufzunehmen, daß „bei jedem Außerachtlassungsfalle sowohl der ... bestehenden Schubverordnungen, als auch der hier ... hinzugefügten", der Richter mit Arrest, der obrigkeitliche Beamte mit einer Geldstrafe und der Schubbegleiter „mit empfindlicher Strafe" zur Verantwortung gezogen werden sollten.

2933 Dekret der niederösterreichischen Regierung vom 20. Juni 1802, HERZOG (wie Anm. 143), Nr. 118, S. 123.

2934 Verordnung der niederösterreichischen Regierung vom 26. März 1807, ZALEISKY (wie Anm. 666) III, S. 138, KANKA (wie Anm. 589) I, S. 261, HERZOG (wie Anm. 143), Beilage

lich und bestimmt" angegeben werden. Wurde der Schübling dennoch auf einer „unrechten, in dem Schubpasse nicht ausgewiesenen Straße geführt", so war er nach einer Tiroler Verordnung von 1815[2935] „gleich wieder ... in die vorige Station zurückzusenden, um auf die rechte Straße geführt zu werden". Jedenfalls war in jeder Schubabwechslungsstation „die weitere Instradirung auf dem Schubzettel zu bemerken"[2936]. Außerdem sollte nach einer böhmischen Vorschrift von 1806 „in Zukunft in den Schubzetteln ... stets die Bemerkung beigesetzt werden: Ob die Abschiebung ... auf eine bestimmte Zeit, oder auf immer, oder gegen Erfüllung eines oder des andern Bedingnisses geschehe"[2937].

Schließlich legten die Schubordnungen für Tirol und Vorarlberg 1817[2938], Illyrien 1819[2939] sowie für Mähren und Schlesien 1827[2940] übereinstimmend fest, daß der Schubpaß den „Vor- und Zunamen, dann die deutliche und genaue Personsbeschreibung des Schüblings", „dessen angegebenen Geburtsort, oder eigentliches Domizilium", „die Ursache, warum er angehalten und verschoben worden ist", „den Ort und das Land, wohin er verschoben wird", und den „Weg, welchen derselbe zu nehmen" hatte, enthalten mußte. Als zusätzliche Rubriken sah überdies z.B. die mährisch-schlesische Schubordnung weiters eine Eintragung über die Verpflegungsart des Schüblings" sowie einen Vermerk darüber vor, ob der Schübling zu Fuß oder mittels Vorspann[2941], mit oder ohne Eisen, zu befördern war[2942]. Darüber hinaus war gemäß einer niederösterreichi-

---

zu Nr. 144, S. 13; siehe auch das Dekret der Hofkommission für Tirol und Vorarlberg vom 17. März 1815, Prov. GSlg. Tirol II (1815), Nr. 19, S. 73, HERZOG (wie Anm. 143), Nr. 183, S. 169.

2935 So auch das Dekret der Hofkommission für Tirol und Vorarlberg vom 17. März 1815, Prov. GSlg. Tirol II (1815), Nr. 19, S. 75, HERZOG (wie Anm. 143), Nr. 183, S. 170.

2936 Verordnung des böhmischen Guberniums vom 11. März 1819, HERZOG (wie Anm. 143), Nr. 222, S. 218, siehe eine solche Wegausweisung bei BARTH-BARTENHEIM (wie Anm. 588) I, S. 575.

2937 Nach der Verordnung des böhmischen Guberniums vom 20. März 1806, HERZOG (wie Anm. 143), Nr. 135, S. 130, hatten sich „schon mehrmal Fälle ereignet, daß Leute, welche von Prag in ihre Geburts- oder Aufenthaltsörter abgeschoben worden sind, von ihren Ortsobrigkeiten oder Magistraten bald darauf wieder mit Pässen und Consensen nach Prag versehen wurden, und wieder dahin zurückkehrten", durch welches „Verfahren alle Bemühungen der Polizei, die Stadt vom müssigen und lästigen Gesindel zu reinigen, vereitelt" würden.

2938 Dekret der „Central-Organisirungs-Hofkommission" vom 27. Mai 1817 an das Landesgubernium in Tirol und Vorarlberg, Prov. GSlg. Tirol IV/1 (1817), Nr. 116, 913, HERZOG (wie Anm. 143), Nr. 197, S. 194.

2939 Kundmachung des Landesguberniums im Küstenlande vom 18. September 1819, Hofkanzleidekret vom 27. März 1820, HERZOG (wie Anm. 143), Nr. 229, S. 226.

2940 Hofkanzleidekret vom 15. März 1827 an das mährisch-schlesische Gubernium, ZALEISKY (wie Anm. 666) III, S. 99 f., HERZOG (wie Anm. 143), Nr. 342, S. 350.

2941 Bereits nach der Verordnung in Tirol vom 23. Oktober 1789, Slg. Joseph IX, S. 552, HERZOG (wie Anm. 143), Nr. 76, S. 92, war die „Ursache, warum der Schub mit Vorspann veranlasset" wurde, im Schubpaß anzumerken.

2942 Auch z.B. die Schubordnung für Siebenbürgen, Verordnung des Civil- und Militär-Gouverneurs von Siebenbürgen vom 28. Dezember 1849, LGBl. Nr. 47, ZALEISKY (wie Anm. 666) III, S. 106, und der Erlaß der oberösterreichischen Statthalterei vom 22. August 1857, LGBl.

schen Verordnung von 1820[2943] auch die Tauglichkeit des Schüblings zu Beginn des Schubes sowie nach späteren Vorschriften ein allfälliges Erkranken während des Schubes nach einer ärztlichen Untersuchung einzutragen[2944]. Nach der siebenbürgischen Schubordnung von 1849[2945] mußten ebenfalls die „etwaige Familie" des Schüblings sowie die „genaue Beschreibung der Kleidungsstücke", mit denen der Schübling ausgestattet worden war[2946], im Schubpaß verzeichnet werden, und nach den ungarischen und oberösterreichischen Schubvorschriften von 1851 bzw. 1857[2947] waren zusätzlich zu den sonstigen Eintragungen auch die dem Schübling abgenommene „Baarschaft und Prätiosen" im Schubpaß zu vermerken.

Schon seit den ältesten Schubordnungen sollten dem Schubpaß in der Regel die Urkunden des Schüblings verschlossen mitgegeben werden[2948], diejenigen Urkunden aber, die „dem Schubpaß selbst nicht beigeheftet" werden konnten, waren nach späteren Schubvorschriften „unmittelbar an die Behörde des letzten Abschiebungsortes bei Zeiten mittelst der Post zu übermachen, damit wegen Abgang derselben die Weiter-Beförderung der Schüblinge nicht aufgehalten" würde[2949]. Im Falle der Abschiebung von Ausländern aus den österreichischen Erbländern in einen Nachbarstaat, waren dem Schubpaß außerdem alle den Schüblingen zur Begründung ihrer Staatsangehörigkeit bzw. Zuständigkeit dienenden Dokumente offen im Original beizugeben, damit sich die ausländischen Behörden Gewißheit darüber verschafften konnten, daß der betref-

---

II Nr. 13, betreffend die Regelung des Schubwesens, ZALEISKY (wie Anm. 666) 2. Nachtrag, S. 174, ASTL (wie Anm. 2832) IV, S. 2894, sahen explizit die Eintragung darüber vor, ob der Schübling zu Fuß, mit Vorspann oder in Eisen befördert wurde.

2943 Regierungsverordnung vom 8. September 1820 an das Kreisamt u.W.W. und den Wiener Magistrat sowie Regierungsverordnung vom 31. Oktober 1820 an die übrigen drei Kreisämter, HERZOG (wie Anm. 143), Nr. 247, S. 241, Prov. GSlg. NÖ II (1820), Nr. 245, S. 553, ZALEISKY (wie Anm. 666) III, S. 130.

2944 Nach der Kundmachung des interimistischen Chefs der ungarischen Statthalterei vom 20. März 1851, LGBl. Nr. 79, womit die provisorische Norm über das Schubwesen im Kronlande Ungarn kundgemacht wird, ZALEISKY (wie Anm. 666) III, S. 114, hatte, wenn ein Schübling während des Marsches unfähig werden sollte, die Reise zu Fuß fortzusetzen, der Arzt der nächstgelegenen Gemeinde den Zustand desselben zu untersuchen und das Parere auf den Schubpaß zu schreiben.

2945 Verordnung des Civil- und Militär-Gouverneurs von Siebenbürgen vom 28. Dezember 1849, LGBl. Nr. 47, ZALEISKY (wie Anm. 666) III, S. 106, 108.

2946 So etwa auch der Erlaß der Statthalterei im Erzherzogthume Oesterreich ob der Enns vom 1. September 1859, LGBl. Nr. 27, wegen Beförderung des Hauptschubes zwischen Linz und Lambach mittelst der Eisenbahn.

2947 Kundmachung des interimistischen Chefs der ungarischen Statthalterei vom 20. März 1851, LGBl. Nr. 79, womit die provisorische Norm über das Schubwesen im Kronlande Ungarn kundgemacht wird, ZALEISKY (wie Anm. 666) III, S. 114; Erlaß der oberösterreichischen Statthalterei vom 22. August 1857, LGBl. II Nr. 13, betreffend die Regelung des Schubwesens, ZALEISKY (wie Anm. 666) 2. Nachtrag, S. 174, ASTL (wie Anm. 2832) IV, S. 2895.

2948 Siehe dazu auch S. 542.

2949 Siehe etwa die Schubordnung für Siebenbürgen, Verordnung des Civil- und Militär-Gouverneurs von Siebenbürgen vom 28. Dezember 1849, LGBl. Nr. 47, ZALEISKY (wie Anm. 666) III. S. 106.

fende Schübling zwecks Zu- oder Durchschub von ihnen angenommen werden mußte und nicht etwa zurückgewiesen werden durfte[2950].

Ob dem Schubpaß auch das mit dem Schübling aufgenommene Konstitut beigelegt werden sollte, war anfänglich uneinheitlich geregelt. So war nach älteren Schubordnungen zwar die Entscheidung über den Zuständigkeitsort in den Schubpaß einzutragen, die Konstitute brauchten aber niemals den Schubpässen beigelegt werden, da sie ja den Regierungen und in theresianischer Zeit den Kreisämtern übersendet wurden[2951]. Die Schubordnungen für Tirol und Vorarlberg 1817, Illyrien 1819 sowie für Mähren und Schlesien 1827[2952] schrieben dann erstmals vor, dem zu versiegelnden Schubpaß auch das mit dem Schübling aufgenommene Konstitut anzuschließen. Mit Wirkung für alle Erbländer wurde schließlich 1823[2953] verordnet, den Schubpässen immer eine Abschrift des mit dem Schübling aufgenommenen Konstituts beizulegen, da sich widrigenfalls „hieraus Verzögerungen in der weiteren Beförderung des Schubtransportes, ausgedehnte Correspondenzen, und größere Auslagen“ ergaben, „indem der Schübling sehr oft bei den weiteren Schubstationen alle auf sein Geburtsort, Domicilium, oder auf die Ursache seiner Verschiebung sich beziehenden früheren Angaben läugnet, und durch widersprechende Aussagen die Behörden irre führt“. Sollte sich „gleichwohl noch der Fall ergeben, daß ein Schubpaß ohne Constitut der Transportbegleitung mitgegeben“ wurde, so hatte sich sogleich auf der ersten Station die Schubbehörde entweder durch Amtskorrespondenz mit der den Schub einleitenden Behörde die Abschrift des Konstitutes zu verschaffen und diese dem Schubpasse beizugeben, oder „nach Umständen auch wohl den Schübling auf die vorige Station, als den Ort seiner ersten Abschiebung zurücksenden[2954]. Neben den Konstituten waren dem Schubpaß außerdem, seit den Orts-

---

2950 Siehe dazu ausführlicher S. 620 ff., 718 ff.

2951 Vgl. dazu S. 533.

2952 Dekret der „Central-Organisirungs-Hofkommission“ vom 27. Mai 1817 an das Landesgubernium in Tirol und Vorarlberg, Prov. GSlg. Tirol IV/1 (1817), Nr. 116, 913, HERZOG (wie Anm. 143), Nr. 197, S. 194; Kundmachung des Landesguberniums im Küstenlande vom 18. September 1819, Hofkanzleidekret vom 27. März 1820, HERZOG (wie Anm. 143), Nr. 229, S. 226; Hofkanzleidekret vom 15. März 1827 an das mährisch-schlesische Gubernium, ZALEISKY (wie Anm. 666) III, S. 99 f., HERZOG (wie Anm. 143), Nr. 342, S. 350.

2953 Hofkanzleidekret vom 20. Februar 1823 an sämtliche Länderstellen, Prov. GSlg. NÖ V (1823), Nr. 36, S. 71, ZALEISKY (wie Anm. 666) III, S. 138, HERZOG (wie Anm. 143), Nr. 280, S. 281, FAULLER (wie Anm. 130) IV, S. 93. Den Behörden, welchen die Einleitung des Schubes und die Ausfertigung des Schubpasses oblag, wurde die Befolgung dieser Anordnung umso mehr nahegelegt, als die „Behörde, welche diese Vorschrift außer Acht läßt, für die daraus entstehenden Folgen und größeren Auslagen verantwortlich gemacht“ wurde. Siehe auch später etwa die Verordnung des Civil- und Militär-Gouverneurs von Siebenbürgen vom 28. Dezember 1849, LGBl. Nr. 47, ZALEISKY (wie Anm. 666) III, S. 106; den Erlaß der oberösterreichischen Statthalterei vom 22. August 1857, LGBl. II Nr. 13, betreffend die Regelung des Schubwesens, ZALEISKY (wie Anm. 666) 2. Nachtrag, S. 172, ASTL (wie Anm. 2832) IV, S. 2893.

2954 Hofkanzleidekret vom 20. Februar 1823 an sämtliche Länderstellen, Prov. GSlg. NÖ V (1823), Nr. 36, S. 71, ZALEISKY (wie Anm. 666) III, S. 138 f., HERZOG (wie Anm. 143), Nr. 280, S. 282, FAULLER (wie Anm. 130) IV, S. 93. Dieses Hofkanzleidekret wurde in Tirol und Vorarlberg durch Gubernialverordnung vom 8. März 1823, HERZOG (wie Anm. 143), Nr. 280, S. 282, mit dem Anhang kundgemacht, daß die Zurückweisung an den Ort der Abobrigkeiten die Zuständigkeit für das Schubwesen wieder zukam[2955], bei mittels Schub zu befördernden Sträflingen die seit 1813 vorgesehenen sogenannten Auskunfts- bzw. Notiztabellen[2956] für die Obrigkeiten des Zuständigkeitsortes anzuschließen[2957].

Bei der Ankunft des Schüblings am Zielort war der Schubpaß von der dortigen Obrigkeit in Verwahrung zu nehmen und in der Regel[2958] von dieser „im kürzesten

---

schiebung auf die Fälle beschränkt sein sollte, „wo bei den tirolischen Gränzschubbehörden offenbare Widersprüche oder gegründete Zweifel auffallen, ob der aus einer andern Provinz dort angekommene Schübling wirklich in den in dem Schubpasse bezeichneten Ort der endlichen Ablieferung gehöre, oder wo der letzte Ablieferungsort in dem Schubpasse allenfalls gar nicht angezeigt wäre". Siehe dazu auch schon die Verordnung vom 9. September 1799, ebd., Nr. 280, Nr. 105, S. 116, und die Verordnung des böhmischen Guberniums vom 30. Juni 1804, ebd., Nr. 123, S. 125. Nach der Schubordnung für Siebenbürgen, Verordnung des Civil- und Militär-Gouverneurs von Siebenbürgen vom 28. Dezember 1849, LGBl. Nr. 47, ZALEISKY (wie Anm. 666) III, S. 106, sollte keine Zurückschiebung mehr stattfinden, sondern der Schübling war bis zum Einlangen der Abschrift des Konstituts in der Schubstation zurückzubehalten.

2955 Siehe dazu S. 528.

2956 Vgl. dazu ZALEISKY (wie Anm. 666) III, S. 271 ff. Die Tabelle hatte nach dem Hofkanzleidekret vom 15. November 1821 an sämtliche Länderstellen bzw. Justizhofdekret vom 30. November 1821 an sämtliche Appellationsgerichte samt „Unterricht über die Ausfüllung dieser Auskunftstabelle und Formular für diese Tabelle, PGS XLIX (1821), Nr. 169, S. 338 ff., HERZOG (wie Anm. 143), Nr. 265, S. 259 ff., die „doppelte Bestimmung: a) bei Ablieferung eines oder mehrerer zur Kerkerstrafe Verurtheilten an den bestimmten Strafort die Strafhaus-Verwaltung in die Kenntniß zu setzen, nicht nur zu welcher Gattung der Kerkerstrafe mit oder ohne Verschärfung, und durch welche Dauer jeder anzuhalten, sondern auch auf welche Art jeder während der Strafzeit zum Zwecke seiner Besserung nach seiner körperlichen und sittlichen Beschaffenheit zu behandeln sei; b) bei Entlassung eines Verurtheilten zu Ende der Strafzeit, oder eines Beschuldigten, dessen Untersuchung durch Urtheil aus Abgang rechtlicher Beweise für aufgehoben erklärt wird, die Polizeibehörden oder die mit der Polizeiverwaltung beauftragten Behörden in den Stand zu setzen, die ihnen über solche Entlassene obliegende Aufsicht mit Erfolg zu führen." Siehe zur Notiztabelle auch Anm. 3471 und die Verordnung des Ministeriums der Justiz vom 5. März 1853, RGBl. Nr. 44, giltig für alle Kronländer, in welchen die Strafproceß-Ordnung vom 17. Jänner 1850 in Wirksamkeit ist, wodurch im Einverständnisse mit dem Ministerium des Innern und der obersten Polizei-Behörde für die genannten Kronländern, die mit Hofdecret vom 30. November 1821, Nr. 1818 der Justiz-Gesetzsammlung ertheilte Vorschrift wegen Ausfertigung der strafgerichtlichen Auskunftstabellen und weiterer Behandlung derselben mit mehreren Abänderungen neuerlich kundgemacht wird.

2957 Dekret der niederösterreichischen Regierung vom 21. März 1831 an den Wiener Magistrat und die Provinzialhausverwaltung, HERZOG (wie Anm. 143), Nr. 396, S. 404 f.; siehe auch die Verordnung der niederösterreichischen Regierung vom 15. Jänner 1827, Prov. GSlg. NÖ IX (1827), Nr. 16, S. 26 ff., HERZOG (wie Anm. 143), Nr. 340, S. 345 f., und die Verordnung des böhmischen Guberniums vom 5. Dezember 1845, Prov. GSlg. Böhmen XXVII (1845), Nr. 338, S. 768 f., ZALEISKY (wie Anm. 666) III, S. 136.

2958 In Böhmen hatte der Schubpaß bzw. Schubzettel nach der Verordnung vom 16. September 1794, HERZOG (wie Anm. 143), Nr. 90, S. 106, ZALEISKY (wie Anm. 666) III, S. 92 ff., und der Verordnung des böhmischen Guberniums vom 14. August 1804, HERZOG (wie Anm. 143), Nr. 124, S. 125, auch bei der Ortsobrigkeit zu verbleiben, da nur das Rezepisse einzusenden war.

Wege" an jene Behörde zurückzusenden, welche die Abschiebung veranlaßt und den Schubpaß ausgefertigt hatte[2959], damit diese untersuchen konnte, ob die Abschiebung vorschriftsgemäß erfolgt war und, „im Falle sich ein Gebrechen entdeckt", dem zuständigen Kreisamt Anzeige erstatten konnte[2960], da sich nämlich „bei Partikularabschiebungen müssiger und lüderlicher, oft der Privat- und öffentlichen Sicherheit schädlicher Leute" – wie ein Hofkanzleidekret 1807[2961] formulierte – „mehreremale die Fälle ergeben" hatten, „daß sie unter Wegs entweichen, und man überhaupt derzeit nicht versichert ist, ob sie an dem Orte ihres Abschubes richtig eingetroffen sind".

Die Schubvorschriften des Neoabsolutismus brachten in weiterer Folge keine maßgeblichen Veränderungen betreffend den Schubpaß, der nun nach Ablieferung des Schüblings am Zuständigkeitsort entweder samt den übrigen Akten dem Bezirkshauptmann eingesendet wurde, damit dieser „die Weiterbeförderung des bestätigten Schubpasses an die abschiebende Behörde besorge und die nöthigen Weisungen an die Zuständigkeitsgemeinde wegen weiterer angemessener Behandlung ... des Abgeschobenen erlassen könne"[2962], oder aber direkt „mit der gehörigen Bestätigung unter Couvert" an diejenige Behörde zurückgeschickt wurde, welche den Schubpaß ausgestellt hatte[2963]. Auch hinsichtlich des Inhaltes des Schubpasses kam es zu keinen über den vormärzlichen Zustand hinausgehenden Anordnungen. So wurde in den diversen Vor-

2959 So das Hofkanzleidekret vom 14. Mai 1807, PGS XXVIII (1807), Nr. 67, S. 115, und die Verordnung der niederösterreichischen Regierung vom 26. März 1807, HERZOG (wie Anm. 143), Nr. 144, S. 138, ZALEISKY (wie Anm. 666) III, S. 137, FAULLER (wie Anm. 130) IV, S. 91 f.; das Dekret der Hofkommission für Tirol und Vorarlberg vom 17. März 1815, Prov. GSlg. Tirol II (1815), Nr. 19, S. 75, HERZOG (wie Anm. 143), Nr. 183, S. 170; und das Hofkanzleidekret vom 15. März 1827 an das mährisch-schlesische Gubernium, ZALEISKY (wie Anm. 666) III, S. 99 f., HERZOG (wie Anm. 143), Nr. 342, S. 350. Seit Einrichtung der Polizeidirektionen waren die Schubscheine, wenn die Abschiebung durch die Polizeidirektion erfolgt war, „zur Gewinnung der Zeit sogleich unmittelbar an die Direktion zurückzusenden", siehe die Tiroler Gubernialverordnung vom 19. Jänner 1803, HERZOG (wie Anm. 143), Nr. 119, S. 123.

2960 War der Paß „nach der zur Entfernung verhältnißmäßigen Zeit" nicht zurückgelangt, so mußte die Behörde, die den Schubpaß ausgefertigt hatte, „ungesäumt" davon dem zuständigen Kreisamt Anzeige zu machen, so das Dekret der Hofkommission für Tirol und Vorarlberg vom 17. März 1815, Prov. GSlg. Tirol II (1815), Nr. 19, S. 75, HERZOG (wie Anm. 143), Nr. 183, S. 170, und schon das Hofkanzleidekret vom 14. Mai 1807, ZALEISKY (wie Anm. 666) III, S. 137, KANKA (wie Anm. 589) I, S. 260 f., PGS XXVIII (1807), Nr. 67, S. 115 ff., sowie die Verordnung der niederösterreichischen Regierung vom 26. März 1807, ZALEISKY (wie Anm. 666) III, S. 137 f., HERZOG (wie Anm. 143), Nr. 144, S. 138 f., FAULLER (wie Anm. 130) IV, S. 91 f.

2961 Hofkanzleidekret vom 14. Mai 1807, ZALEISKY (wie Anm. 666) III, S. 137, KANKA (wie Anm. 589) I, S. 260 f., PGS XXVIII (1807), Nr. 67, S. 115 ff., HERZOG (wie Anm. 143), Nr. 144, S. 136 f., FAULLER (wie Anm. 130) IV, S. 91 f.

2962 Erlaß des Statthalters von Niederösterreich vom 8. Mai 1851, LGBl. Nr. 237, an die Bezirkshauptmannschaften über die provisorische Regelung des Schubwesens, ZALEISKY (wie Anm. 666) III, S. 121.

2963 Erlaß der oberösterreichischen Statthalterei vom 22. August 1857, LGBl. II Nr. 13, betreffend die Regelung des Schubwesens, ZALEISKY (wie Anm. 666) 2. Nachtrag, S. 173, ASTL (wie Anm. 2832) IV, S. 2893.

schriften etwa auch bloß betont, daß der von der zuständigen Schubbehörde auszustellende Schubpaß die „Richtung, welche der Schub zu nehmen, und die Stationen, welche er zu passiren" hatte, „ausdrücklich und namentlich" enthalten müsse[2964] sowie den Umstand, ob der Transport mit oder ohne Eisen stattfand, oder ob während des Transportes die Notwendigkeit der Abänderung der Transportart „mit Rücksicht auf die körperliche Beschaffenheit des Schüblings" eingetreten war[2965].

Aus Anlaß der „Unzukömmlichkeit" allerdings, daß immer wieder Schüblinge „mit dem bloßen Schubpasse ohne gesetzlich vorgeschriebene Anlage des Konstitutes" abgeschoben wurden, welche Versäumnis wiederum zur Folge hatte, daß „häufig durch weitläufige Korrespondenzen erst die Ortsangehörigkeit des Schüblings sichergestellt, und die Verpflegung desselben oft durch längere Zeit" einer Schubstation zur Last fiel, wurde jedoch beispielsweise 1850 den böhmischen Bezirkshauptmannschaften die „genaue Beobachtung eines dem Schubspasse beizuschließenden vollständigen und erschöpfenden Konstituts" erneut zur Pflicht gemacht[2966]. Auch hinkünftig war jedenfalls auf dem Schubpaß auch die „Bestätigung des richtigen Eintreffens des Schüblings ämtlich anzumerken", „der Schubpaß ohne Verzug an jene Behörde zurück zu senden, von der er ausgestellt" war – wo er in den Akten aufbewahrt werden sollte –, bei der „Zurücklangung des Schubpasses" jedesmal genau zu untersuchen, ob alle Verfahrensvorschriften von den mit dem Schub befaßten Behörden eingehalten wurden und allfällig von Gebrechen der Oberbehörde die Anzeige zwecks Ahndung derselben zu machen[2967].

e. Beförderungsart des Schubtransportes

Seit Ende des 17. Jahrhunderts, als es üblich wurde, die Ausgewiesenen mittels Zwangstransport zu Fuß oder zu Wagen an ihren Bestimmungsort zu befördern, stellte die Art der Beförderung regelmäßig einen Gegenstand staatlicher Anordnungen dar, wobei allerdings immer wieder eingeschärft werden mußte, vom zu häufigen Einsatz des Vorspannes – also des Schubtransportes mittels Wagen – zugunsten des Fußmarsches Abstand zu nehmen, denn es sollten in der Regel nur die „Krummen oder Schwachen mit Wagen oder durch Tragen"[2968], „die andern aber, so noch gehen mögen, zu

[2964] Erlaß der steiermärkischen Statthalterei vom 5. Juni 1850, LGBl. Nr. 214, an die drei Kreis-Regierungen in Betreff der Besorgung des Schubwesens, ZALEISKY (wie Anm. 666) III, S. 111.

[2965] Erlaß des Statthalters von Niederösterreich vom 8. Mai 1851, LGBl. Nr. 237, an die Bezirkshauptmannschaften, über die provisorische Regelung des Schubwesens, ZALEISKY (wie Anm. 666) III, S. 118; Erlaß der oberösterreichischen Statthalterei vom 22. August 1857, LGBl. II Nr. 13, betreffend die Regelung des Schubwesens, ebd., 2. Nachtrag, S. 174, ASTL (wie Anm. 2832) IV, S. 2894.

[2966] Böhmische Statthaltereiverordnung vom 11. November 1850, ASTL (wie Anm. 967) II, S. 377.

[2967] Erlaß der oberösterreichischen Statthalterei vom 22. August 1857, LGBl. II Nr. 13, betreffend die Regelung des Schubwesens, ZALEISKY (wie Anm. 666) 2. Nachtrag, S. 177, ASTL (wie Anm. 2832) IV, S. 2898.

[2968] Patent für Österreich unter der Enns vom 20. Juli 1717, CA III, S. 875.

Fuß“[2969] fortgeschafft werden. So wurde etwa *1789*[2970] für Tirol angeordnet, daß die Obrigkeiten, welche den Schub einzuleiten hatten, den Vorspann, „ohne eine zureichende Ursache“ nicht bewilligen sollten, da der Mißbrauch wahrgenommen worden sei, daß auch „solche Herumstreicher und Bettler, die ganz gut zu Fuß sind, nicht selten zur Bequemlichkeit der Gerichtsdiener oder der Begleitung (Convoi) von Gerichte zu Gerichte auf Wagen abgeschoben, und durch die dabei gebrauchte unnöthige Vorspann den Gerichten Unkosten verursachet werden“. Sollte für den Vorspann allerdings tatsächlich eine Notwendigkeit bestehen, so war die „Ursache, warum der Schub mit Vorspann veranlasset“ wurde, in der Regel auch im Schubpaß anzumerken[2971]. Die sogenannten „Partikular-Schubfuhren“ waren üblicherweise von den „Landgerichts-Unterthanen unentgeltlich zu leisten“[2972], wobei diese allerdings nicht für allfällige Weg- und Brückenmautgebühren aufzukommen hatten[2973].

Auch nach den späteren Schubvorschriften war der Partikularschub weiterhin grundsätzlich zu Fuß durchzuführen, nur bei „gefährlichen, oder schwächlichen Personen“ konnte er mittels Vorspann geschehen[2974], der von den Gemeinden des jeweiligen Dominiums „per turnum“ unentgeltlich „in natura“ beigestellt werden mußte[2975]. Wo

---

2969 Patente für Österreich unter der Enns vom 26. März 1693, CA I, S. 206, und vom 26. August 1693, CA III, S. 374.

2970 Verordnung in Tirol vom 23. Oktober 1789, Slg. Joseph IX, S. 552, HERZOG (wie Anm. 143), Nr. 76, S. 92.

2971 Ebd.

2972 So etwa die Regierungsverordnung in Österreich ob der Enns vom 28. Februar 1795, HERZOG (wie Anm. 143), Nr. 93, S. 109. Den Dominien wurde allerdings aufgetragen, „in Stellung der Landgerichtsfuhren die billigste Gleichheit zwischen den Unterthanen“ herzustellen.

2973 Die Schubfuhren waren entweder überhaupt mautfrei, siehe etwa die Verordnung der Regierung im Lande ob der Enns vom 24. April 1801, HERZOG (wie Anm. 143), Nr. 111, S. 119, die Kundmachung der niederösterreichischen Regierung vom 20. August 1826, Prov. GSlg. NÖ VIII (1828), Nr. 84, S. 191, HERZOG (wie Anm. 143), Nr. 329, S. 335 f., das Hofkammerdekret vom 17. September 1827 an sämtliche Länderstellen und Zollgefällen-Administrationen, mit Ausnahme von Niederösterreich, PGS LV (1827), Nr. 105, S. 167 f., HERZOG (wie Anm. 143), Nr. 352, S. 360, das Hofkammerdekret vom 24. Juni 1828, Prov. GSlg. NÖ X (1828), Nr. 151, S. 351 f., HERZOG (wie Anm. 143), Nr. 363, S. 379 f.; oder aber es wurden der Obrigkeit die Mautgebühren aus staatlichen Fonds vergütet, siehe etwa die Gubernialverordnung vom 15. September 1821, HERZOG (wie Anm. 143), Nr. 263, S. 258, Hofkanzleidekret vom 27. April 1824 an sämtliche Länderstellen, ebd., Nr. 301, S. 299 f., Prov. GSlg. NÖ VI (1824), Nr. 95, S. 307. Schließlich wurde 1827 die allgemeine Mautfreiheit für die Schubfuhren erklärt, siehe das Hofkammerdekret vom 17. September 1827 an sämtliche Länderstellen und Zollgefällen-Administrationen, mit Ausnahme von Niederösterreich, HERZOG (wie Anm. 143), Nr. 352, S. 360.

2974 Dekret der „Central-Organisirungs-Hofkommission“ vom 27. Mai 1817 an das Landesgubernium in Tirol und Vorarlberg, Prov. GSlg. Tirol IV/1 (1817), Nr. 116, S. 919, HERZOG (wie Anm. 143), Nr. 197, S. 193; Kundmachung des Landesguberniums im Küstenlande vom 18. September 1819, Hofkanzleidekret vom 27. März 1820, HERZOG (wie Anm. 143), Nr. 229, S. 224; Hofkanzleidekret vom 15. März 1827 an das mährisch-schlesische Gubernium, ZALEISKY (wie Anm. 666) III, S. 99 f., HERZOG (wie Anm. 143), Nr. 342, S. 349.

2975 Oder „im Verhältnisse dieses turnus aus den Gemeinden-Kassen“ bestritten werden mußte, so das Dekret der „Central-Organisirungs-Hofkommission“ vom 27. Mai 1817 an das Lander „Gebrauch einer Vorspann gesetzlich und nothwenig" war, durfte er nach wie vor „nur stationsweise verwendet" werden[2976]. Außerdem blieb – wie ein Hofkanzleidekret von 1824 anordnete[2977] – die „Beurtheilung, ob eine Schubperson wegen Gefährlichkeit und Schwächlichkeit mittelst Vorspann zu verschieben sei, wie bisher der den Schub einleitenden Obrigkeit überlassen", da „selbst auch bei einer mit Weitläufigkeiten verbundenen, und dem obrigkeitlichen Ansehen auch nicht zusagenden Controlle ... eben so leicht, und leichter noch Mißbräuche eintreten" könnten, „als bei der eigenen verantwortlichen Beurtheilung" der Ortsobrigkeit. Was die Gefährlichkeit einer Schubperson anbelangte, so läge eine Kontrolle ohnedies „in dem mit dem Constitute belegten Schubpasse, worin die Ursache der Anhaltung und Abschiebung angegeben sein" mußte, während die Schwächlichkeit sich „von selbst dem Auge" darstelle. Die Kreisämter sollten daher nur darauf achten, daß die Obrigkeiten die Schubvorschriften gehörig befolgte und inbesondere immer, wenn ein Schub mittels Vorspann das Kreisamt passierte, sich „die Schubpersonen ... nebst dem Schubpasse vorstellen ... lassen, und falls hiebei ein unnothwendiger Gebrauch der Vorspann bemerkt würde, solchen mit der gehörigen Anmerkung im Schubpasse ... beseitigen"[2978].

Freilich wurden auch im Neoabsolutismus entgegen den vielfältigen anderslautenden Anordnungen „häufig Schüblinge mittelst Fuhr[2979] transportirt", welche „im Stande wären, die Reise zu Fuß zurückzulegen, wodurch ungebührlicher Weise ... bedeutende Auslagen verursacht" wurden[2980]. Daher hatte etwa die provisorische Schubordnung

---

desgubernium in Tirol und Vorarlberg, Prov. GSlg. Tirol IV/1 (1817), Nr. 116, S. 919, HERZOG (wie Anm. 143), Nr. 197, S. 194, und die Kundmachung des Landesguberniums im Küstenlande vom 18. September 1819, HERZOG (wie Anm. 143), Nr. 229, S. 226. Nach dem Hofkanzleidekret vom 27. März an das laibacher und triester Gubernium, kundgemacht in Illyrien am 28. April, im Küstenland am 3. Juni 1820, ebd., Nr. 238, S. 234, waren diese Beträge dann aus der Bezirkskasse zu bestreiten; nach dem Hofkanzleidekret vom 24. August 1820 an die Landesstelle in Tirol und Vorarlberg, ebd., Nr. 246, S. 240, wurde der Turnus für die Stellung der Schubfuhren auf sämtliche Marschkonkurrenzbezirke ausgedehnt, siehe auch das Tiroler Gubernialdekret vom 17. August 1821, Prov. GSlg. Tirol VIII (1821), Nr. 130, S. 523 f., HERZOG (wie Anm. 143), Nr. 260, S. 255 f.; siehe zur Verpflichtung der Gemeinden, den Schubvorspann zu stellen, auch das oberösterreichische Regierungsdekret vom 16. November 1826, HERZOG (wie Anm. 143), Nr. 336, S. 342; das Kreisschreiben u.W.W. vom 23. Jänner 1818, HERZOG (wie Anm. 143), Nr. 208, S. 203 ff., die niederösterreichische Regierungsverordnung vom 24. Dezember 1827 an die Kreisämter, ebd., Nr. 358, S. 366 f., Prov. GSlg. NÖ IX (1827), Nr. 346, S. 756.

2976 Hofkanzleidekret vom 6. August 1829, Gubernialverordnung vom 28. August 1829 an die Kreisämter, HERZOG (wie Anm. 143), Nr. 383, S. 394.

2977 Hofkanzleidekret vom 21. April 1824, HERZOG (wie Anm. 143), Nr. 300, S. 298.

2978 Ebd. Allenfalls sollte die Obrigkeit, „welcher die unregelmäßige Verwendung ursprünglich zur Last fällt, hierüber zur Verantwortung gezogen, und nach Umständen auch allenfalls zum Ersatze der unnöthigen Vorspannsauslagen verhalten" werden.

2979 Die weiterhin von den Gemeinden bereitzustellen waren, siehe etwa den Erlaß der Statthalterei vom 5. Juni 1850, LGBl. Nr. 214, an die drei Kreis-Regierungen in Betreff der Besorgung des Schubwesens, ZALEISKY (wie Anm. 666) III, S. 111.

2980 Verordnung der oberösterreichischen Statthalterei vom 12. Februar 1856, ZALEISKY (wie Anm. 666) 2. Nachtrag, S. 167 f.

für Österreich unter der Enns 1851[2981] abermals eingeschärft, daß in „der Regel der Transport einzelner Schüblinge zu Fuß zu geschehen" habe und eine Beförderung mittels – in der Regel ein- oder zweispännigen[2982] – Fuhren nur dann einzuleiten sei, wenn „Gesundheits- oder Sicherheitsrücksichten" dies erforderlich machten. Ebenso wurde für das oberösterreichische Schubwesen 1856[2983] betreffend die „Art der Transportirung" der Schüblinge festgelegt, daß diese grundsätzlich mit der Schubbegleitung die Reise zu Fuß zurückzulegen hätten, mit Ausnahme allerdings „der Criminal-Inquisiten, der abgeurtheilten Verbrecher, so wie jener Individuen überhaupt, bei welchen der Transport mittelst Fuhr der öffentlichen Sicherheit wegen, als nothwendig erkannt" wurde. Darüber hinaus durfte die „Transportirung zu Wagen" auch bei denjenigen Schüblingen stattfinden, bei denen anzunehmen war, daß sie wegen physischer Gebrechen oder Krankheit nicht zu Fuß reisen konnten, und bei denen nach einer „gewissenhaften ärztlichen Untersuchung" festgestellt worden war, daß die Reise nur mittels Fuhr unternommen werden könne. In jeder Nachtstation war die ärztliche Untersuchung zu wiederholen, um zu „constatiren", ob sich der Gesundheitszustand des Schüblings so weit gebessert hatte, daß die Beförderung mittels Fuhr entbehrlich geworden war[2984]. Für „den Fall eines eintretenden Regenwetters oder Schneefalles" sollten außer-

---

2981 Erlaß des Statthalters von Niederösterreich vom 8. Mai 1851, LGBl. Nr. 237, an die Bezirkshauptmannschaften, über die provisorische Regelung des Schubwesens, ZALEISKY (wie Anm. 666) III, S. 118.

2982 Nach der Kundmachung des niederösterreichischen Landes-Ausschusses vom 4. Dezember 1868, LGBl. Nr. 20, an sämtliche n.ö. Schubstations-Gemeinden des flachen Landes, betreffs der vom 1. Jänner 1869 an geltenden Bestimmungen in Schubsachen, erfolgte der Transport einspännig, wenn „weniger als 4 Schüblinge gleichzeitig in einer und derselben Richtung zu transportiren" waren. Siehe auch den mährischen Landesausschußerlaß vom 19. April 1869, Z. 5820, ZVOLSKY (wie Anm. 1117), S. 16 f.

2983 Verordnung der oberösterreichischen Statthalterei vom 12. Februar 1856, LGBl. Nr. 6, womit die in Betreff der Transportirung der Schüblinge bestehenden Vorschriften erneuert werden, ZALEISKY (wie Anm. 666) 2. Nachtrag, S. 168.

2984 Verordnung der oberösterreichischen Statthalterei vom 12. Februar 1856, ZALEISKY (wie Anm. 666) 2. Nachtrag, S. 168; so auch der Erlaß der oberösterreichischen Statthalterei vom 22. August 1857, LGBl. II Nr. 13, betreffend die Regelung des Schubwesens, ZALEISKY (wie Anm. 666) 2. Nachtrag, S. 174, ASTL (wie Anm. 2832) IV, S. 2894. Nach der Kundmachung des interimistischen Chefs der ungarischen Statthalterei vom 20. März 1851, LGBl. Nr. 79, womit die provisorische Norm über das Schubwesen im Kronlande Ungarn kundgemacht wird, ZALEISKY (wie Anm. 666) III, S. 114, sollte im Fall, daß ein Schübling während des Marsches unfähig würde, die Reise zu Fuß fortzusetzen, der Arzt der zunächst gelegenen Gemeinde den Zustand desselben untersuchen und das Parere auf den Schubpaß schreiben, „wornach das weiters Angemessene von Seite des Schubführers zu verfügen ist, dessen vernünftigem und humanem Ermessen es auch überlassen bleiben muß, im Falle der Ermangelung eines Arztes dasjenige vorzukehren, was der Augenblick gebietet, wobei auch auf die kürzest mögliche Verzögerung des Weiterkommens des Schubes Bedacht zu nehmen ist". Siehe auch den Erlaß des Statthalters von Niederösterreich vom 8. Mai 1851, LGBl. Nr. 237, an die Bezirkshauptmannschaften über die provisorische Regelung des Schubwesens, ZALEISKY (wie Anm. 666) III, S. 118.

dem zum Schutz der Schüblinge die Wagen für die Fuhr „mit Rohrdecken oder Plachen“ versehen sein[2985].

Es kam jedoch weiterhin zu Klagen, „daß in der Regel die Schüblinge mit Wagen befördert“ wurden, „während dieselben auch ohne Gefahr ihrer Gesundheit zu Fuße den Weg zurücklegen“ hätten können. So schien es etwa 1861[2986] der Tiroler Statthalterei, daß „entweder die Aerzte bei Abgabe ihres Parere nicht mit gehöriger Strenge oder Gewissenhaftigkeit vorgehen, oder daß bei Schubbeförderungen mehr das Interesse des Schubbegleiters, als jenes der Gemeinden berücksichtigt werde, welche die Vorspann zu leisten“ hatten. Um jedenfalls die untersuchenden Ärzte zu der notwendigen Sorgfalt bei der Untersuchung anzuhalten, schrieb z.B. die oberösterreichische Schubordnung 1857[2987] vor, daß sie „für ihre Befunde verantwortlich“ gemacht, und für den Fall, „daß sich ergeben sollte, daß der Transport mittelst Fuhr nicht unumgänglich nothwendig war“, zum „Ersatze der aufgelaufenen Fuhrkosten unnachsichtig“ herangezogen werden sollten.

Wurde nun ein Schübling zu Fuß befördert, dann war ihm jedenfalls „nach der Beschaffenheit des Weges die nöthige Rast zum Erholen zu gönnen“ und eine ausreichende Nachtruhe zu gewähren[2988]. Die Beförderung der Schüblinge durfte außerdem stets nur „bei hellem Tage“[2989] und keinesfalls bei Nacht stattfinden[2990]. Bei Eintritt der Dämmerung war demgemäß die Weiterbeförderung auf der nächsten Schubstation einzustellen, wo die Übernahme des Schüblings verläßlich erfolgen mußte. Traf ein Schübling entgegen dieser Vorschrift zu spät in der Schubstation ein, so durfte jedoch eine Zurückschiebung im „Interesse der Sicherheit des Transportes und zur Vermeidung der Belästigung der hieran unschuldigen Schüblinge“ keinesfalls erfolgen[2991]. Um Ärgernisse zur vermeiden, wurde überdies die Schubbeförderung an hohen Kirchenfesttagen gene-

---

2985 Erlaß der oberösterreichischen Statthalterei vom 22. August 1857, LGBl. II Nr. 13, betreffend die Regelung des Schubwesens, ZALEISKY (wie Anm. 666) 2. Nachtrag, S. 174, ASTL (wie Anm. 2832) IV, S. 2894.

2986 Verordnung der Statthalterei vom 29. November 1861, LGBl. Nr. 92, in Betreff der Beförderung der Schüblinge.

2987 Erlaß der oberösterreichischen Statthalterei vom 22. August 1857, LGBl. II Nr. 13, betreffend die Regelung des Schubwesens, ZALEISKY (wie Anm. 666) 4. Nachtrag, S. 173, ASTL (wie Anm. 2832) IV, S. 2894.

2988 Erlaß des Statthalters von Niederösterreich vom 8. Mai 1851, LGBl. Nr. 237, an die Bezirkshauptmannschaften, über die provisorische Regelung des Schubwesens, ZALEISKY (wie Anm. 666) III, S. 120; Erlaß der oberösterreichischen Statthalterei vom 22. August 1857, LGBl. II Nr. 13, betreffend die Regelung des Schubwesens, ZALEISKY (wie Anm. 666) 2. Nachtrag, S. 176, ASTL (wie Anm. 2832) IV, S. 2896.

2989 Kundmachung des interimistischen Chefs der ungarischen Statthalterei vom 20. März 1851, LGBl. Nr. 79, womit die provisorische Norm über das Schubwesen im Kronlande Ungarn kundgemacht wird, ZALEISKY (wie Anm. 666) III, S. 114; Erlaß der oberösterreichischen Statthalterei vom 22. August 1857, LGBl. II Nr. 13, betreffend die Regelung des Schubwesens, ZALEISKY (wie Anm. 666) 2. Nachtrag, S. 175, ASTL (wie Anm. 2832) IV, S. 2896.

2990 Erlaß des Statthalters von Niederösterreich vom 8. Mai 1851, LGBl. Nr. 237, an die Bezirkshauptmannschaften über die provisorische Regelung des Schubwesens, ZALEISKY (wie Anm. 666) III, S. 120.

2991 Ebd.

rell verboten[2992]. Außerdem durfte weiterhin der Transport nur auf „den öffentlichen Straßen und mit Vermeidung aller Seitenwege und Fußsteige ... geschehen", und auch das „Einkehren in Gasthäusern auf der Straße" war – „unvorhergesehene Bedürfnisse ausgenommen" – nach wie vor strengstens untersagt[2993].

Neben der Schubbeförderung mittels Fußmarsches oder Wagen läßt sich im Neoabsolutismus aber auch ein Vordringen der Schubbeförderung zwischen den einzelnen Kronländern und in das Ausland mittels Eisenbahn feststellen, wo immer es die Umstände gestatteten. Jedenfalls hatte das Handelsministerium zur Erleichterung des Bahntransportes im August 1850 „rücksichtlich der Schubtransporte auf der nördlichen, südlichen und südöstlichen Staats-Eisenbahn im Allgemeinen eine Ermäßigung des Fahrpreises ... bewilligt" und diese Preisermäßigung im Dezember auch auf die Rückreise der Schubbegleiter erstreckt[2994]. Bei „den entschiedenen Vortheilen, welche die Schubbeförderung mittelst der Eisenbahn in Bezug auf Zeit- und Kostenersparung, Sicherheit und mindere Beschwerlichkeit" gewährte, legte in weiterer Folge z.B. ein Erlaß des steiermärkischen Statthalters 1851[2995] fest, daß diese „Transportmodalität für die von Krain nach Steiermark und in der entgegengesetzten Richtung zu befördernden Schüblinge für die Zukunft in Anwendung gebracht werde".

Im Zusammenhang mit der Verlagerung des Hauptschubes auf die Schiene wurden nun sogenannte Hauptschubstationen[2996] bestimmt, „an welchen die Uebernahme und Weiterbeförderung der auf der Eisenbahn oder aus der Umgebung zu Fuß oder zu Wagen anlangenden Schüblinge, und eben so der die Eisenbahn verlassenden und in die nächsten Umgebungen zuständigen Schüblinge zu geschehen" hatte. Außer den Hauptschubstationen konnten außerdem sogenannte Zwischenstationen, „besonders an den Knotenpuncten mehrerer Straßen zur Uebernahme und Weiterbeförderung der von diesen Straßen kommenden und auf denselben weiter zu befördernden Schüblinge der Umgegend" nach Bedarf errichtet werden. An diesen Stationen waren auch die Schub-

---

2992 Böhmische Statthaltereiverordnung vom 25. Mai 1857, ASTL (wie Anm. 967) Ergänzungsbd., S.107

2993 Erlaß der oberösterreichischen Statthalterei vom 22. August 1857, LGBl. II Nr. 13, betreffend die Regelung des Schubwesens, ZALEISKY (wie Anm. 666) 2. Nachtrag, S. 175, ASTL (wie Anm. 2832) IV, S. 2896.

2994 Erlaß des Statthalters für Nieder-Österreich vom 5. März 1851, LGBl. Nr. 66, ... über die Gebühr für den Transport der Schüblinge und Verhafteten überhaupt und ihrer Begleiter auf der nördlichen, südlichen und südöstlichen Staats-Eisenbahn; ebenso der Erlaß der steiermärkischen Statthalterei vom 24. Februar 1851, LGBl. Nr. 70, in Betreff der Herabsetzung der Fahrpreise auf der Staatseisenbahn bei Transportirungen von Schüblingen und verhafteten Personen. Es war hinkünftig bei der Beförderung in der dritten Wagenklasse die halbe Gebühr der zweiten Wagenklasse zu bezahlen; siehe aber auch die Verordnung der Tiroler Statthalterei vom 17. Juni 1863, LGBl. Nr. 44, in Betreff der Fahrgebühr für Sträflinge, Schüblinge etc. auf der südlichen Eisenbahn; siehe auch STUBENRAUCH (wie Anm. 703), S. 406.

2995 Erlaß des steiermärkischen Statthalters vom 26. Juni 1851, LGBl. Nr. 204, an die Kreisregierungen, rücksichtlich der Schubbeförderung mittelst Eisenbahn.

2996 Nach dem Erlaß des steiermärkischen Statthalters vom 26. Juni 1851, LGBl. Nr. 204, an die Kreisregierungen, rücksichtlich der Schubbeförderung mittelst Eisenbahn, waren die Stationen Cilli, Marburg, Graz, Bruck und Mürzzuschlag Hauptschubstationen.

begleiter zu wechseln. Ein von der Bezirkshauptmannschaft dazu bestimmter „politischer Beamter“ hatte jedenfalls die Schüblinge am Bahnhof vom Schubbegleiter samt den Schubpässen und Effekten zu übernehmen und dem neuen Schubbegleiter zu übergeben. Die Bestimmung der Tage, an welchen solche Schubtransporte stattfanden, sollte mit den Behörden des angrenzenden Kronlandes festgelegt werden, wobei aber darauf zu achten war, daß „die Schüblinge bis zu ihrem Abgange auf der Eisenbahn nicht zu lange in Gewahrsam gehalten“ wurden. Überdies durften derartige Transporte weiterhin nur zur Tageszeit erfolgen, da „diese wegen der größeren Sicherheit und zur Beseitigung von Anständen in Bezug auf die Verpflegung, dem Nachttransporte vorzuziehen“ war. „Ob und wie weit es zweckmäßig sei, auch einzelne Schüblinge mittelst Eisenbahn zu befördern“, sollte von den jeweiligen Umständen abhängen.

1857[2997] erlassene „neue Directivregeln“ für die Beförderung des Hauptschubes zwischen Wien und Graz bzw. Laibach sahen in weiterer Folge auch explizit vor, daß sich dem Hauptschub der Partikularschub „in allen Richtungen auf der Hin- und Rückreise ... in der Art anzuschließen“ hatte, daß Schüblinge, „welche von Zwischenstationen aus die nämliche Route ... nehmen“ mußten, „dem Hauptschub-Commissär an den betreffenden Eisenbahnstationen von dem mit dem Schubwesen daselbst betrauten Organen mit den nöthigen Documenten zur Weiterbeförderung übergeben“ werden sollten. Auf den jeweiligen Stationen der Hauptschubroute waren aber ebenso jene Schüblinge, die von dort aus eine abweichende Route einzuschlagen hatten, von dem Hauptschubkommissär samt den Dokumenten an den betreffenden Stationsschubkommissär zwecks Weiterbeförderung mittels Partikularschub zu übergeben. Es hatten daher an den dazu bestimmten Eisenbahnstationen die Schubstationskommissäre mit der nötigen Schubbegleitung[2998] die Ankunft des Hauptschubzuges abzuwarten, um „einestheils Schüblinge an den Hauptschub-Commissär zur Weiterbeförderung zu übergeben, anderntheils Schüblinge zur Beförderung von Seiten-Routen zu übernehmen“.

Um nun den Partikularschub „möglichst mit dem Hauptschube zu verbinden“, wurde 1857 für diesen Hauptschub- und in anderen späteren Schubvorschriften auch für andere Hauptschübe[2999] – weiters den von der Eisenbahn entfernten Bezirksämtern

---

2997 Kundmachung der steiermärkischen Statthalterei vom 5. Juni 1857, LGBl. II Nr. 13, womit die wegen Beförderung des Hauptschubes von Wien nach Graz, Laibach und zurück mittelst Eisenbahn im Einvernehmen mit der k.k. Statthalterei in Wien und mit der k.k. Landesregierung in Laibach getroffenen neuen Directivregeln bekanntgegeben werden.

2998 Sollte die „zur sichern Bewachung der Schüblinge etwa nothwendige Wachmannschaft“, die mit Rücksicht auf die Zahl der Schüblinge und „die auf den Zwischenstationen erfahrungsmäßig sich ergebenden Zuwächse und Abgänge“ beigegeben wurden, jedoch „in Folge ungewöhnlicher Zuwächse ungenügend“ sein, so war die Mithilfe der in den Bahnstationen anwesenden Gendarmerie in Anspruch zu nehmen, „damit sie dem Hauptschub-Commissär oder auch den Stationsschub-Commissären die zur Aufrechterhaltung der Ordnung und Verhinderung der Entweichungen nöthige Assistenz und im Nothfalle selbst bis zur nächsten Schubstation die Begleitung leiste“.

2999 Siehe etwa den Erlaß der Statthalterei im Erzherzogthume Oesterreich ob der Enns vom 15. August 1859, LGBl. Nr. 25, in Betreff der Beförderung des Wiener Hauptschubes mittelst der k.k. privileg. Kaiserin-Elisabeth-Westbahn von Wien nach Linz; sowie den Erlaß der Statthalterei im Erzherzogthume Oesterreich ob der Enns vom 1. September 1859,

bzw. Schubstationen vorgeschrieben, „ihre Schüblinge mit besonderer Rücksicht auf das Eintreffen des Hauptschubes an die ... Schubstationen an der Eisenbahn rechtzeitig abzuliefern. Ausdrücklich verboten war es, daß „Schubpersonen in der Absicht, das Eintreffen des Hauptschubes abzuwarten, länger als einen Tag von dem Zeitpunkte des geschöpften Schuberkenntnisses oder des Einlangens in der Schubstation an der Eisenbahn daselbst aufgehalten" wurden. Auf eine derartige Verbindung des Partikularschubes mit dem Hauptschub war daher zu verzichten – falls sie nur durch einen solchen längeren Schubarrest möglich gemacht hätte werden können. Statt dessen war der Partikularschub „unaufgehalten ohne weiteres Abwarten auf die gewöhnliche Art einzuleiten oder fortzusetzen", wobei übrigens, sofern die Kosten geringer waren, die Benützung der Eisenbahn nicht ausgeschlossen war.

Wenngleich etwa für Böhmen die Eisenbahnbeförderung „solcher Vagabunden, welche von Prag gegen die sächsische oder die mährische Grenze, oder umgekehrt transportirt werden" sollten, 1855 ausdrücklich verboten und statt dessen die Absendung „von Station zu Station" nach den bestehenden Schubvorschriften angeordnet worden war[3000], so wurde doch in den Fünfziger- und Sechzigerjahren in der Regel die Partikularschubbeförderung per Bahn weiter forciert – wie beispielweise in Tirol, wo die Statthalterei 1861[3001] die Eisenbahnbeförderung „auf der Strecke von Bozen nach Verona und umgekehrt" für „alle Transporte von Schüblingen ... ohne Ausnahme" anordnete. Aber auch die Verbindung von Partikular- und Hauptschub im Sinne einer Reduktion der Partikularschübe fand konsequent eine weitere Ausdehnung[3002]. So schrieb etwa die oberösterreichische Statthalterei 1860 für die Schubbeförderung zwischen Linz und Salzburg und 1862 für die Strecken Linz-Wien und Linz-Lambach[3003] vor, daß der Partikularschub „auf der Eisenbahnlinie im Allgemeinen eingestellt" und nur mehr „in dem einzigen Fall gestattet" werden sollte, „wenn der Schübling mittelst des Partikularschubes wenigstens um 2 Tage früher an seinen Bestimmungsort (Heimath) gelangt, als bei der Beförderung mittelst des Hauptschubes", da nämlich der Partikularschub „nur von Station zu Station geht und in der Regel täglich nur Eine Station zurücklegt", wes-

---

LGBl. Nr. 27, wegen Beförderung des Hauptschubes zwischen Linz und Lambach mittelst der Eisenbahn.

3000 Böhmische Statthaltereiverordnung vom 5. März 1855, ASTL (wie Anm. 967) II, S. 378.

3001 Verordnung der Tiroler Statthalterei vom 14. Februar 1861, LGBl. Nr. 13, in Betreff der Regulirung der Schübe auf der Eisenbahn.

3002 So schrieb, um nur ein Beispiel von vielen möglichen zu nennen, die Kundmachung der steiermärkischen Statthalterei vom 25. April 1861, LGBl. Nr. 6, in Betreff der Auflassung der Schubstation St. Johann am Draufelde vor, daß der Transport der Schüblinge von Pettau nach Marburg oder nach W. Feistritz mittels Benützung der Pragerhof-Kanischaner-Bahn und „von da weiter durch Anschluß an den Hauptschub" zu geschehen habe.

3003 Erlaß der oberösterreichischen Statthalterei vom 15. August 1860, LGBl. Nr. 16, giltig für Oesterreich ob der Enns und Salzburg, wegen Beförderung des Hauptschubes zwischen Linz und Salzburg mittelst der Eisenbahn; Erlaß der Statthalterei für Oesterreich ob der Enns vom 15. Jänner 1862, LGBl. Nr. 1, wegen Beschränkung des Partikular-Schubes zwischen Linz-Wien und Linz-Lambach, dann wegen Vermeidung einer Ueberfüllung der Arreste in den an der Eisenbahn gelegenen Schubstationen.

halb er „vom Hauptschube in den folgenden Stationen wieder eingeholt" würde[3004]. Der Schübling käme dementsprechend durch Partikularschub nicht früher an seinen Bestimmungsort, während durch die Fahrgebühren für die Schubbegleiter nur „in unnützer Weise" Kosten erwüchsen[3005].

Nachdem schließlich das Abgeordnetenhaus des Reichsrates 1868[3006] als einen der leitenden Grundsätze für die auszuarbeitende neue Schubordnung, also das spätere Reichsschubgesetz, beschlossen hatte, daß eine Abschiebung mittelst Vorspann nur in strengen Ausnahmefällen und nur dann Platz greifen dürfe, wenn die Beförderung mittels Eisenbahn nicht preisgünstiger stattfinden könne, wies das Ministerium des Innern[3007] die nachgeordneten Behörden an, diesem Grundsatz bei sonstiger Haftung für durch Zuwiderhandeln entstehende Kosten Rechnung zu tragen. Hand in Hand mit dem weiteren Ausbau der Eisenbahnstrecken in der Habsburgermonarchie verlagerte sich folglich der Transport der Schüblinge auch in weiterer Folge verstärkt auf die Schiene.

f. Maßnahmen zur Verhinderung der Schubentweichung

1. Schubbegleitung

Während noch im niederösterreichischen Schubpatent von 1624[3008] bloß ein „mitgehende[r] Bothe" als Schubbegleitung vorgesehen war, wurde schon zu Beginn der Regierung Maria Theresias für Österreich unter und ob der Enns befohlen, „den Schubleuten mit dem Passe gestandene Männer, und keine Weiber noch weniger Kinder ... mitzugeben[3009]. In allen Erbländern wurde in weiterer Folge angeordnet, „standhafte Manns- nicht Weibspersonen[3010] noch Kinder als Konvojanten mitzugeben" sowie bei

---

3004 So auch der Erlaß der oberösterreichischen Statthalterei vom 15. August 1860, LGBl. Nr. 16, giltig für Oesterreich ob der Enns und Salzburg, wegen Beförderung des Hauptschubes zwischen Linz und Salzburg mittelst der Eisenbahn; siehe auch den Erlaß der oberösterreichischen Statthalterei vom 29. März 1860, LGBl. Nr. 4, wegen Beförderung des Hauptschubes zwischen Lambach und Frankenmarkt mittelst der Eisenbahn.

3005 Erlaß der oberösterreichischen Statthalterei vom 29. März 1860, LGBl. Nr. 4, wegen Beförderung des Hauptschubes zwischen Lambach und Frankenmarkt mittelst der Eisenbahn.

3006 Siehe dazu S. 206.

3007 Erlaß des Ministeriums des Innern vom 23. Juni 1868, Z. 1339, siehe PRUCHA (wie Anm. 1207), S. 229, Anm. 1; siehe aber auch etwa die Verordnung der Tiroler Statthalterei vom 5. Juli 1868, LGBl. Nr. 26, betreffend die Verhängung und Ausführung des Schubes.

3008 Patent für Österreich unter der Enns vom 13. April 1724 („Visitations-Schub, und Versorgung der Armen"), CA IV, S. 183 ff., HERZOG (wie Anm. 143), Nr. 1, S. 16.

3009 Patent für Österreich unter der Enns („Sicherheits- und Schub-Patents-Erneuerung") vom 30. Oktober 1751, CA V, S. 602 f., HERZOG (wie Anm. 143), Nr. 6, S. 41; Patent für Österreich ob der Enns („Neue Bettler- und Sicherheitsordnung") vom 1. September 1752, CA V, S. 701, Theresianisches Gesetzbuch (wie Anm. 143) I, Nr. 214, S. 276 ff.

3010 Verordnung vom 20. Oktober 1766, Theresianisches Gesetzbuch (wie Anm. 143) V, Nr. 886, S. 134, HERZOG (wie Anm. 143), Nr. 22, S. 54, ZALEISKY (wie Anm. 666) III, S. 126; siehe auch die Verordnung vom 21. November 1785, HERZOG (wie Anm. 143), Nr. 56, S. 71.

„sehr gefährlichen" Personen „nach Umständen" auch „mehrere und bewaffnete Begleiter"[3011] zu bestimmen. Wegen offensichtlich häufiger Schubentweichungen mußte die genaue Beobachtung der Vorschriften für eine sichere Schubbegleitung allerdings allgemein und länderweise immer wieder bei Androhung von Strafen eingeschärft werden. So wurde bereits 1765[3012] erneut angeordnet, nur „tüchtige Leute zu Konvojanten anzustellen", und 1776[3013] den Obrigkeiten und Magistraten „nachdrucksamst" befohlen, „zur Konvojierung ... keine junge Bursche, sondern mannbare Leute" zu bestellen. Weiters wurde 1781[3014] für Österreich unter der Enns in Erinnerung gerufen, daß sich „Niemand, dem die Besorgung der Schubbeförderung obliegt, unterstehen" solle, „die Schubleute nur durch Weiber, durch Buben, und andere desgleichen ihrem Auftrag nicht gewachsene Begleiter fortzuschicken", sondern den bestehenden Verordnungen gemäß durften „zu solchen Begleitern" nur „verläßliche und brauchbare Leute bestellt werden", welche Anordnung 1785 erneuert und dahingehend präzisiert wurde, daß die Schüblinge „immer in hinlänglicher Anzahl, wenigstens auf eine Schubperson einen Begleiter gerechnet", begleitet werden sollten[3015].

Da allerdings nach wie vor „sich sehr oft ... Fälle" ergaben, „daß die in den Schubpatenten enthaltenen, und oft wiederholten Verordnungen, vermög welchen die Schubpersonen immer durch eine mannbare und sichere Begleitung ... zu befördern sind, außer Acht gelassen, und derlei Schubpersonen theils von Kindern, theils nur Weibsbildern oder schon zu alten Leuten zur Begleitung übergeben" wurden[3016], blieb die Ermahnung zur Einhaltung der Vorschriften betreffend die Schubbegleitung beim Partikularschub bei „Androhung ernstlicher und scharfer Abstrafung"[3017] auch unter

---

3011 Verordnung vom 27. April 1758, HERZOG (wie Anm. 143), Nr. 14, S. 50.

3012 Böhmische Verordnung von 1. Juli 1765, Theresianisches Gesetzbuch (wie Anm. 143) IV, Nr. 208, S. 445.

3013 Verordnung vom 9. Mai 1776, HERZOG (wie Anm. 143), Nr. 33, S. 61.

3014 Niederösterreichisches Regierungsdekret vom 6. August 1781, HERZOG (wie Anm. 143), Nr. 41, S. 63, ZALEISKY (wie Anm. 666) III, S. 126 f.

3015 Verordnung der niederösterreichischen Regierung vom 25. Februar 1785, HERZOG (wie Anm. 143), Nr. 53, S. 69, ZALEISKY (wie Anm. 666) III, S. 127. Auch mit der Verordnung vom 1. Oktober 1800, HERZOG (wie Anm. 143), Nr. 108, S. 118, wurden die Amtsvorsteher an das Verbot erinnert, „sowohl Kinder als Weiber den Schüblingen zur Convoi zu geben"; ähnlich die Verordnung vom 26. Februar 1801, ebd., Nr. 109, S. 119.

3016 So die niederösterreichische Regierungsverordnung vom 31. Jänner 1793, HERZOG (wie Anm. 143), Nr. 81, S. 96, ZALEISKY (wie Anm. 666) III, S. 127. Siehe auch das Dekret der niederösterreichischen Regierung vom 18. Juni 1796, HERZOG (wie Anm. 143), Nr. 97, S. 112, wonach „bei den von Zeit zu Zeit vorfallenden Abschiebungen viel Unordnung unterläuft", indem nämlich die „Schubpersonen alten entkräfteten Männern, oder wohl auch Weibsleuten und Kindern zu Begleitung überlassen werden" und die Schüblinge so „zu entkommen leicht Gelegenheit finden". Auch die Verordnung des böhmischen Guberniums vom 19. Jänner 1807, HERZOG (wie Anm. 143), Nr. 140, S. 133, kritisierte die „Beigebung schwacher Convojanten oder gar Weiber zur Begleitung der Schüblinge".

3017 So beispielsweise die niederösterreichische Regierungsverordnung vom 31. Jänner 1793, HERZOG (wie Anm. 143), Nr. 81, S. 96, ZALEISKY (wie Anm. 666) III, S. 127. Bereits nach der Verordnung der niederösterreichischen Regierung vom 25. Februar 1785, HERZOG (wie Anm. 143), Nr. 53, S. 69, ZALEISKY (wie Anm. 666) III, S. 127, sollten die Richter der Domi-

Franz I. ein ständig wiederkehrender Verordnungsinhalt. Dementsprechend wurde den Obrigkeiten in diversen Anordnungen befohlen, immer nur „taugliche, schicksame und vertraute“[3018] bzw. „rüstige“[3019], „tüchtige“[3020], „starke verläßliche“[3021] Männer zu Schubbegleitern zu bestellen, da die „fast täglich“ stattfindenden Schubentweichungen ihren Grund in „der Nachlässigkeit, phisischen Schwäche, oder Bestechlichkeit der Convojanten“ hätten[3022]. Die Ursache der Schubentweichungen wurde also „größten Theils in der übeln Wahl der Convojanten“ gesehen, welche „durch Bestechungen oder unzeitiges Mitleiden ... den Schüblingen zu Entweichungen Vorschub leisten“[3023], wodurch „nicht selten die allergefährlichsten, gemeinschädlichsten Menschen ... wieder Gelegenheit finden, ihr Unwesen weiter fortzusetzen“[3024]. Andererseits manifestierten sich die Mißgriffe der Obrigkeit bei der Auswahl der Schubbegleiter aber auch oftmals eben bloß in deren physischer Wehrlosigkeit gegenüber Angriffen von Schüblingen, wie etwa ein „traurige[r] Fall“ des Jahres 1803 zeigte, als nämlich die „Begleitung einer äußerst boshaften Weibsperson ... einem 13jährigen Knaben anvertraut worden“ war, welchen die Frau „unterwegs mit einem Halstuche erdrosselte, und sodann die Flucht ergriff[3025].

---

nien „mehrere Genauigkeit und Sorgfalt in Begleitung der Schubpersonen sich angelegen“ sein lassen, ansonsten sie mit „einer empfindlichen Leibesstrafe“ bestraft wurden.

3018 Dekret der niederösterreichischen Regierung vom 18. Juni 1796, HERZOG (wie Anm. 143), Nr. 97, S. 112; siehe auch die Gubernialverordnung in Ostgalizien vom 13. Juni 1806, ebd., Nr. 137, S. 132, wonach die Schubbeförderung „mittelst vertrauter Leute“ erfolgen sollte.

3019 So etwa die Verordnung der niederösterreichischen Regierung vom 26. März 1807, ZALEISKY (wie Anm. 666) III, S. 138; KANKA (wie Anm. 589) I, S. 261, HERZOG (wie Anm. 143), Beilage zu Nr. 144, S. 138, und das Dekret der Hofkommission für Tirol und Vorarlberg vom 17. März 1815, Prov. GSlg. Tirol II (1815), Nr. 19, S. 75, HERZOG (wie Anm. 143), Nr. 183, S. 170.

3020 So etwa die Verordnung des böhmischen Guberniums vom 23. Juni 1817, HERZOG (wie Anm. 143), Nr. 200, S. 199; die Verordnung des Gubernial-Präsidiums vom 13. April 1819, ebd., Nr. 223, S. 218; die Verordnung des böhmischen Guberniums vom 9. September 1825, ebd., Nr. 324, S. 332.

3021 Böhmische Gubernialverordnung vom 22. Mai 1828 an die Kreisämter, HERZOG (wie Anm. 143), Nr. 361, S. 374.

3022 Das Dekret des böhmischen Guberniums vom 11. August 1818, HERZOG (wie Anm. 143), Nr. 217, S. 213, beklagte, daß – so sehr „auch von Seite der Behörden für die Sicherheit des Eigenthums und der Person der Staatsbürger durch ununterbrochene Nachforschung und Aufsicht auf alles paß- und ausweislose Gesindel des Inn- und Auslandes und dessen Abschaffung in Folge der bestehenden Schubgeneralien Sorge getragen wird“ – oft diese Anstrengungen durch „die so nachlässige Convojirung des außer Landes oder sonst von einem Orte mittelst Schubs abgeschafften Gesindels“ zwecklos würden. „Beweis dieser Nachlässigkeit und Außerachtsetzung der bestehenden Schubgeneralien“ seien eben die „fast täglich“ einlangenden Anzeigen von Schubentweichungen.

3023 Verordnung des böhmischen Guberniums vom 3. Juni 1802, HERZOG (wie Anm. 143), Nr. 117, S. 122 f.

3024 Verordnung des böhmischen Guberniums vom 19. Jänner 1807, HERZOG (wie Anm. 143), Nr. 140, S. 133.

3025 Verordnung des böhmischen Guberniums vom 2. September 1803, HERZOG (wie Anm. 143), Nr. 120, S. 124.

Zur „Verbesserung der bestehenden Schubanstalten" in Österreich unter der Enns ordnete erstmals ein Hofkanzleidekret 1815[3026] an, daß hinkünftig zur Begleitung der Schüblinge „unter eigener Dafürhaltung der Herrschaft, in der Regel nur ihre Amtsdiener" zu bestellen seien und „bloß im Unthunlichkeitsfalle ... ein anderes verläßliches männliches Individuum" beigegeben werden könne. In weiterer Folge sahen auch spätere Verordnungen für andere Erbländer[3027] vorrangig die Begleitung durch Amts- bzw. Gerichtsdiener oder ihre Gehilfen vor, und nur in deren Verhinderungsfall konnte die zuständige Schubbehörde auf eigene Kosten[3028] für die Beistellung einer „andern vertrauten, nöthigenfalls bewaffneten, und auf jeden Falle einer zureichenden Wache ... sorgen, da die Schubbegleitung als ein polizeilicher Jurisdictionsakt" der Ortsobrigkeit oblag. In diesem Fall war die Gemeinde verpflichtet, auf Verlangen der Obrigkeit „geeignete Schubbegleiter, nach einer unter den Gemeindegliedern zu beobachtenden Reihenfolge, zu stellen", ansonsten die „Ortsobrigkeit in die Unmöglichkeit versetzt sein" würde, „den Schübling unter sicherer Begleitung weiter zu befördern"[3029]. In der Praxis

---

3026 Hofkanzleidekret vom 28. Oktober 1815, Dekret der niederösterreichischen Regierung vom 24. Oktober 1815, KANKA (wie Anm. 589) II, S. 16, HERZOG (wie Anm. 143), Nr. 186, S. 173.

3027 Dekret der „Central-Organisirungs-Hofkommission" vom 27. Mai 1817 an das Landesgubernium in Tirol und Vorarlberg, Prov. GSlg. Tirol IV/1 (1817), Nr. 116, S. 915, HERZOG (wie Anm. 143), Nr. 197, S. 193; Kundmachung des Landesguberniums im Küstenlande vom 18. September 1819, Hofkanzleidekret vom 27. März 1820, HERZOG (wie Anm. 143), Nr. 229, S. 224; oberösterreichisches Regierungsdekret vom 16. November 1826, ebd., Nr. 336, S. 342; Gubernialverordnung vom 7. August 1828 an die Kreisämter, Stadthauptmannschaft und den Prager Magistrat, ebd., Nr. 366, S. 382.

3028 Für die Schubbegleitungen durch Amts- bzw. Gerichtsdiener brauchten deshalb keine Entlohnungen vorgesehen werden, weil die Amtsdiener „ohnehin von ihren Obrigkeiten, unter deren Obliegenheit die Transportirung ... der Schüblinge gehört, für ihre Dienstleistung bezahlt werden, andere Individuen aber bloß ihre Stellvertreter sind". Die „Abreichung eines angemessenen Entgelts für diese besondere Verwendung" wurde der „freien Willkür der Dominien" überlassen, siehe das Hofkanzleidekret vom 28. Oktober 1815, Dekret der niederösterreichischen Regierung vom 24. Oktober 1815, KANKA (wie Anm. 589) II, S. 16, HERZOG (wie Anm. 143), Nr. 186, S. 174; und das Hofkanzleidekret vom 18. Jänner 1822 sowie Regierungsverordnung vom 28. Jänner 1822 an die Kreisämter, Prov. GSlg. NÖ IV (1822), Nr. 18, S. 36 f., HERZOG (wie Anm. 143), Nr. 267, S. 269. Nach der Verordnung des böhmischen Guberniums vom 28. Juni 1827 an die Kreisämter, HERZOG (wie Anm. 143), Nr. 349, S. 357, oblag die Begleitung der Schüblinge allerdings „den Unterthanen ohne Unterschied reihweise und unentgeldlich nach dem Robotpatente".

3029 So das Hofkanzleidekret vom 23. Jänner 1823 an die niederösterreichische Regierung und das Regierungsdekret vom 10. Februar 1823, Prov. GSlg. NÖ V (1823), Nr. 13, S. 22 f., HERZOG (wie Anm. 143), Nr. 277, S. 277, ZALEISKY (wie Anm. 666) III, S. 127 f. Hatten das Hofkanzleidekret vom 18. Jänner 1822 und die Regierungsverordnung vom 28. Jänner 1822 an die Kreisämter, Prov. GSlg. NÖ IV (1822), Nr. 18, S. 36 f., HERZOG (wie Anm. 143), Nr. 267, S. 269, noch betont, daß von „einer Berechtigung der Dominien, die Gemeindeglieder zu ähnlichen Schubbegleitungen zu verwenden, oder von einer Verpflichtung dieser, sich hierzu herbei zu lassen", keine Rede sein könne, so wurde nun präzisiert, daß – wenngleich „die Beförderung der Schüblinge ein Polizeigegenstand ist, zu dessen Handhabung die Dominien als Ortsobrigkeiten berufen sind" – ihnen „doch die Mittel nicht entzogen werden" könnten, „wodurch die Erfüllung dieser Obliegenheit allein möglich bleibet". Wenn also

allerdings handhabten die „Dominien des flachen Landes" auch diese Vorschriften für die Bestellung der Schubbegleitung mit der üblichen „Lauigkeit und Sorglosigkeit", indem nicht selten ein Schübling, „statt denselben dem Gerichtsdiener, oder bei dessen erwiesener Verhinderung, einem verläßlichen Manne aus der Gemeinde zu übergeben, ... weiblichen Personen oder Kindern anvertraut" und „hierdurch zur listigen oder gewaltsamen Entweichung vom Schube Gelegenheit gegeben" wurde[3030].

Da bei der Abschiebung gefährlicher Personen „mit der größten Behutsamkeit vorgegangen"[3031] werden mußte, stellte sich auch weiterhin die Frage nach der Anzahl der Begleitpersonen des Schubes, also der „hinlänglichen Bedeckung", wie es eine Verordnung von 1785 formulierte[3032]. Wenngleich in Galizien schon seit 1786[3033] vorgeschrieben war, dem „Geschobenen ... zur Begleitung zween sichere Männer mitzugeben, welche ihn, auf den Fall der Entweichung, zu überwältigen, und festzuhalten fähig" waren, so begnügten sich doch die Vorschriften für die anderen Erbländer damit, daß für die Beurteilung, inwieweit eine zahlenmäßig „stärkere Begleitung nöthig" war, „auf die Person und die Eigenschaften des Schüblings" Rücksicht genommen werden sollte[3034]. Jedenfalls war stets für eine „zureichende Wache" zu sorgen[3035].

Daß die Konvojanten nach Umständen auch bewaffnet sein sollten, war ebenfalls schon Gegenstand der älteren Schubvorschriften gewesen[3036], aber erst 1825[3037] wurde

---

der Fall eintrat, daß der Amts- bzw. Gerichtsdiener verhindert, und daß ein „anderes geeignetes Individuum zu dessen Vertretung nicht aufzubringen wäre", dann mußte ein Gemeindeglied diese Dienstleistung gegen „eine angemessene Entschädigung" übernehmen. Gab es bezüglich der Entschädigung „kein freiwilliges Übereinkommen", so sollte die Behörde für die Bemessung den „gewöhnlichen Taglohn zum Maßstabe ... nehmen". Nach dem Hofkanzleidekret vom 15. März 1827 an das mährisch-schlesische Gubernium, ZALEISKY (wie Anm. 666) III, S. 99 f., HERZOG (wie Anm. 143), Nr. 342, S. 349, hatten „sämmtliche Gemeinden eines Herrschaftsbezirkes jederzeit auf die ihnen mindest beschwerliche Art in dem Sitze des Dominiums die nöthige Begleitungsmannschaft sicher" zu stellen.

3030 Verordnung der niederösterreichischen Regierung vom 26. Februar 1823 an die Kreisämter, die Polizeioberdirektion und den Magistrat in Wien, Prov. GSlg. NÖ V (1823), Nr. 45, S. 84 f., ZALEISKY (wie Anm. 666) III, S. 97 f., HERZOG (wie Anm. 143), Nr. 281, S. 283.

3031 Böhmische Gubernialverordnung vom 22. Mai 1828 an die Kreisämter, HERZOG (wie Anm. 143), Nr. 361, S. 374.

3032 Verordnung vom 21. November 1785, HERZOG (wie Anm. 143), Nr. 56, S. 71.

3033 Patent für Galizien vom 3. November 1786, Slg. Joseph VI, S. 506, HERZOG (wie Anm. 143), Nr. 62, S. 78.

3034 Verordnung der niederösterreichischen Regierung vom 26. März 1807, ZALEISKY (wie Anm. 666) III, S. 138, KANKA (wie Anm. 589) I, S. 261, HERZOG (wie Anm. 143), Beilage zu Nr. 144, S. 138; und das Dekret der Hofkommission für Tirol und Vorarlberg vom 17. März 1815, Prov. GSlg. Tirol II (1815), Nr. 19, S. 75, HERZOG (wie Anm. 143), Nr. 183, S. 170.

3035 Dekret der „Central-Organisirungs-Hofkommission" vom 27. Mai 1817 an das Landesgubernium in Tirol und Vorarlberg, Prov. GSlg. Tirol IV/1 (1817), Nr. 116, S. 915, HERZOG (wie Anm. 143), Nr. 197, S. 193; Kundmachung des Landesguberniums im Küstenlande vom 18. September 1819; Hofkanzleidekret vom 27. März 1820, HERZOG (wie Anm. 143), Nr. 229, S. 224.

3036 Siehe etwa die Verordnung vom 27. April 1758, HERZOG (wie Anm. 143), Nr. 14, S. 50; Verordnung des Gubernial-Präsidiums vom 13. April 1819, ebd., Nr. 223, S. 218; Kundmazur „eigenen Sicherheit“ der Konvojanten und „zur Verhütung von Entweichungen, der ihrer Obhut anvertrauten ... Schüblinge“ präzisiert, was unter „einer geeigneten Waffe“, mit der die Schubbegleiter versehen werden sollten, zu verstehen war und die „Bewaffnung mit einem Säbel jenem Zwecke“ als „hinlänglich“ entsprechend erklärt. Sämtliche mit der Schubabwicklung befaßten Ortsobrigkeiten wurden daher angewiesen, für die Konvojanten „Säbel mit von der rechten Achsel zur linken Hüfte herabreichenden Kupel ohne Verzug anzuschaffen“.

Da allerdings nicht nur die mangelnde Sorgfalt der Obrigkeiten bei der Bestellung der Konvojanten, sondern auch die Nachlässigkeit der Schubbegleiter selbst vielfach an den Entweichungen Schuld trug, wurde den Schubbegleitern mehrfach die strengste Aufsicht über die Schüblinge aufgetragen[3038], weil die Konvojanten oft „selbst durch laue, oberflächliche Aufsicht auf den ihnen anvertrauten Schübling, oder gar durch Einverständniß und vorsätzliche durch Bestechung veranlaßte Außerachtlassung ihrer Pflicht“[3039] die Schubentweichung ermöglichten. Darüber hinaus waren die Schubbegleiter mittels Instruktion davon zu unterrichten, wohin sie den Schübling auf welcher Route zu führen hatten, alle Nebenwege zu vermeiden, den Schübling nicht vor seiner ordnungsgemäßen Übernahme durch die zuständige Amtsperson[3040] und vor einer ordentlichen Ablösung durch einen anderen Konvojanten[3041] zu verlassen und diese Ablösung nur in den im Schubzettel bestimmten Schubstationen zu fordern[3042]. Außerdem sollte der Konvojant seine Waffe zur eigenen Sicherheit verwahren und zur Verhütung der Schubentweichung anwenden, dem Schübling kein Geld geben, dessen Berauschung nicht gestatten, ihm keinerlei zur Gegenwehr taugliche Geräte belassen, ihn unausgesetzt streng beobachten – insbesondere in Wäldern oder anderen gefährlichen Gegenden und Hohlwegen –, sich mit ihm in kein Gespräch und keinen Handel einlassen und

---

chung des Landesguberniums im Küstenlande vom 18. September 1819, Hofkanzleidekret vom 27. März 1820, ebd., Nr. 229, S. 224.

3037 Tiroler Gubernialverordnung vom 4. Februar 1825, HERZOG (wie Anm. 143), Nr. 311, S. 311, Prov. GSlg. Tirol XII (1825), Nr. 15, S. 39 f.

3038 So etwa die Gubernialverordnung in Westgalizien vom 19. Oktober 1801, HERZOG (wie Anm. 143), Nr. 114, S. 121, und das oberösterreichische Regierungsdekret vom 12. Juli 1819, ebd., Nr. 226, S. 222, das die Einhaltung der Schubvorschriften erneut anordnete, weil sich „schon mehrere Fälle ergeben“ hatten, daß Schüblinge „ihren Begleitern entsprungen sind, welches entweder eine sträfliche Nachlässigkeit von Seite der Begleiter, oder eine Unvorsichtigkeit von Seite der Obrigkeit in der Wahl der Schubbegleitung voraussetzt“.

3039 Verordnung des böhmischen Guberniums vom 19. Jänner 1807, HERZOG (wie Anm. 143), Nr. 140, S. 133. Auch die Verordnung der niederösterreichischen Regierung vom 26. März 1807, ZALEISKY (wie Anm. 666) III, S. 137, KANKA (wie Anm. 589) I, S. 261, HERZOG (wie Anm. 143), Beilage zu Nr. 144, S. 137, sprach davon, daß sich die Schüblinge nicht nur „mit Gewalt oder List vom Schube entfern[t]en“, sondern auch „manchmal von dem Begleiter freiwillig entlassen“ wurden.

3040 Siehe dazu und zum Schubrezepisse, S. 584 f., bzw. der Übergabsbestätigung im Schubbüchel, S. 587.

3041 Siehe z.B. das Regierungsdekret vom 9. September 1810, BARTH-BARTENHEIM (wie Anm. 588) I, S. 578.

3042 Verordnung vom 26. Februar 1801, HERZOG (wie Anm. 143), Nr. 109, S. 119, ZALEISKY (wie Anm. 666) III, S. 127.

auch Unterhaltungen mit anderen Personen auf der Straße nicht gestatten[3043]. Außerem wurde das Einkehren in Gasthäusern auf der Straße grundsätzlich untersagt[3044].

Sah noch die Schubordnung für Siebenbürgen von 1849[3045] bloß vor, daß einem „Geschobenen" zwei „sichere Männer" zur Begleitung mitgegeben werden sollten, „welche ihn auf den Fall der Entweichung zu überwältigen und festzuhalten fähig" waren, weshalb zu solchen Begleitern „nur taugliche, vertraute, rüstige Individuen verwendet" und keine „Weiber oder Kinder" als Begleitung mitgegeben werden durften, so regelten bereits die nieder- und oberösterreichischen sowie steiermärkischen Schubvorschriften der Fünfzigerjahre den Einsatz der kurz zuvor als „Landessicherheits-Wache" geschaffenen Gensdarmerie[3046] im Rahmen der Schubbegleitung. Und zwar sollte diese in der Regel nur dann für die Schubbegleitung in Anspruch genommen werden, wenn die „Gefährlichkeit des Individuums oder die Zahl der Schüblinge eine besondere Vorsicht nothwendig" machte[3047] bzw. es sich um die „Transportirung gemeinschädlicher und besonders verwegener Personen oder um eine größere Anzahl, z.B. Zigeunerbanden", handelte[3048]. Da allerdings „von Seite politischer Behörden an die allmälig ins Lebens

---

3043 HERZOG (wie Anm. 143), S. 452.

3044 Kundmachung des interimistischen Chefs der ungarischen Statthalterei vom 20. März 1851, LGBl. Nr. 79, womit die provisorische Norm über das Schubwesen im Kronlande Ungarn kundgemacht wird, ZALEISKY (wie Anm. 666) III, S. 114; siehe auch S. 555.

3045 Verordnung des Civil- und Militär-Gouverneurs von Siebenbürgen vom 28. Dezember 1849, LGBl. Nr. 47, ZALEISKY (wie Anm. 666) III, S. 105.

3046 Kaiserliche Verordnung vom 8. Juni 1849, RGBl. Nr. 272, womit die Errichtung einer Gendarmerie im ganzen Umfange des österreichischen Kaiserthums nach den angetragenen Grundzügen genehmigt wird. Nach § 26 des Provisorischen organischen Gesetzes der Gens'darmerie in dem österreichischen Kaiserstaate Österreich, Verordnung des Ministeriums des Innern vom 18. Jänner 1850, wirksam für alle Kronländer über die Organisirung der Gens'darmerie, RGBl. Nr. 19, hatte die Gendarmerie „Gefangene und verurtheilte Verbrecher, überhaupt alle ihr von der competenten Behörde zur Weiterbeförderung übergebenen, gemeingefährlichen Personen", zu eskortieren.

3047 Erlaß der steiermärkischen Statthalterei vom 5. Juni 1850, LGBl. Nr. 214, ZALEISKY (wie Anm. 666) III, S. 111; siehe auch den Erlaß des steiermärkischen Statthalters vom 26. Juni 1851, LGBl. Nr. 204, an die Kreisregierungen rücksichtlich der Schubbeförderung mittelst Eisenbahn.

3048 War der Einsatz der Gendarmerie nicht erforderlich, so sollten nach dem Erlaß des Statthalters von Niederösterreich vom 8. Mai 1851, LGBl. Nr. 237, an die Bezirkshauptmannschaften über die provisorische Regelung des Schubwesens, ZALEISKY (wie Anm. 666) III, S. 118 f., weiterhin nur „rüstige Männer, niemals aber Knaben oder Weibspersonen" als Schubbegleiter bestimmen werden, deren Anzahl sich nach der Zahl und Gefährlichkeit der Schüblinge richtete. Konnte die Schubbegleitung nicht „von dem Gemeindediener oder dem gewöhnlichen Schubaufseher übernommen werden", war dafür zu sorgen, daß „nur verläßliche, in besondere Verpflichtung zu nehmende Männer" ausgewählt wurden, welchen eine genaue Instruction über ihr Verhalten" erteilt werden mußte. Nach dem Erlaß der oberösterreichischen Statthalterei vom 22. August 1857, LGBl. II Nr. 13, betreffend die Regelung des Schubwesens, ZALEISKY (wie Anm. 666) 2. Nachtrag, S. 175, ASTL (wie Anm. 2832) IV, S. 2895, sollte, wenn keine Gendarmeriebegleitung erforderlich war, jedem Schübling eine Begleitung mitgegeben werden, welche aus dem Amtsdiener oder dessen Gehilfen und, wenn beide verhindert waren, aus „einem zu diesen Geschäfte geeigneten, vollkommen verläßlichen Manne" zu bestehen hatte. Niemals durfte die Schubbegleitung auch nach dieser

tretende Gens'darmerie das Verlangen gestellt" wurde, „jeden, wie immer gearteten Schub zu begleiten", präzisierte ein Ministerialerlaß des Jahres 1850[3049], daß die Gendarmerie – „insoweit ihre dermalige Stärke an den betreffenden Stationsorten hinreicht[e] und dadurch ihren anderweitigen Dienstverrichtungen kein wesentlicher Eintrag" geschah – jeden Hauptschub und solche Partikularschübe zu begleiten hatte, bei denen es sich um die Transportierung „gemeingefährlicher und verwegener Personen" handelte, da eine „erweiterte Auslegung dieser Verpflichtung auf alle ... Personen ... die Gens'darmerie an physischen Kräften außer Stande setzen würde", allen ihren Dienstverpflichtungen nachzukommen.

Die gemeingefährlichen und verwegenen Personen wurden daher nun – wie es z.B. die steirischen Schubvorschriften von 1857[3050] normierten – „einzeln, oder mehrere zusammen" ohne die Beigebung eines „Schubführers oder Schubbegleiters" ausschließlich von der Gendarmerie eskortiert, wobei die Begleitung eines einzelnen Schüblings nach einer Ministerialverordnung von 1858[3051] in der Regel nur durch einen Gendarmen und nur dann ausnahmsweise durch zwei oder mehrere Gendarmen zu geschehen hatte, wenn mit der zu eskortierenden Person zu übernachten oder selbst bei geringeren Entfernungen die öffentliche Sicherheit in hohem Grad gefährdet war. Wegen der „vielen damit verbundenen Unzukömmlichkeiten und Nachtheilen" sollte jedoch nun die Abschiebung von diesen Personen zusammen mit „gewöhnlichen Schüblingen" unterbleiben[3052]. Bei diesen „gewöhnlichen Schüblingen" richtete sich die Zahl beizugebenden Schubbegleiter weiterhin „nach der Anzahl und Beschaffenheit der Schüblinge und der Beschaffenheit des Weges", wobei der Amtsvorstand aber auch die „pflichtmäßige Sparsamkeit in's Auge zu fassen, und keine größere Zahl von Schubbegleitern zu bewilligen" hatte, „als unumgänglich erforderlich" war[3053].

Schubordnung, „bei Verantwortung des Amtsvorstehers, Knaben oder Weibspersonen oder altersschwachen, gebrechlichen Personen anvertraut werden, sondern es sind hierzu nur rüstige, kräftige Männer zu wählen, zu deren Beistellung die Gemeinde verpflichtet ist".

3049 Erlaß des Ministeriums des Innern vom 26. Juli 1850, LGBl. Tirol Nr. 255, womit bestimmt wird, in welchen Fällen die Begleitung von Schüblingen durch die Gens'darmerie zu geschehen hat, ZALEISKY (wie Anm. 666) I, S.759; siehe auch z.B. den gleichlautenden Erlaß der oberösterreichischen Statthalterei vom 2. August 1850, LGBl. Nr. 341, womit erinnert wird, daß die Gensd'armerie nur solche Schübe zu begleiten hat, bei denen es sich um die Transportirung gemeingefährlicher oder verwegener Personen handelt.

3050 Kundmachung der steiermärkischen Statthalterei vom 3. Juni 1857, LGBl. II Nr. 12, an die Kreisämter und an den Magistrat der Hauptstadt Graz in Betreff der Escortirung von Schüblingen durch die Gens'darmerie, ZALEISKY (wie Anm. 666) 2. Nachtrag, S. 169.

3051 Erlaß des Ministeriums des Innern vom 23. Februar 1858, STUBENRAUCH (wie Anm. 860), S. 435.

3052 Kundmachung der steiermärkischen Statthalterei vom 3. Juni 1857, LGBl. II Nr. 12, an die Kreisämter und an den Magistrat der Hauptstadt Graz in Betreff der Escortirung von Schüblingen durch die Gens'darmerie, ZALEISKY (wie Anm. 666) 2. Nachtrag, S. 169.

3053 Erlaß der oberösterreichischen Statthalterei vom 22. August 1857, LGBl. II Nr. 13, betreffend die Regelung des Schubwesens, ZALEISKY (wie Anm. 666) 2. Nachtrag, S. 175, ASTL (wie Anm. 2832) IV, S. 2896.

Seit 1857[3054] war dann die Schubeskortierung grundsätzlich „von der Militär-Polizeiwache[3055] als eine ihr instructionsmäßig zustehende Dienstleistung" zu verrichten. Allerdings kam es häufig vor, daß „ganz gewöhnliche Schüblinge" von der Polizeiwache in Wien bis in die nächste Schubstation begleitet und dann dem dortigen Gendarmerieposten zur Weiterbeförderung übergeben wurden, weshalb eine niederösterreichische Statthaltereiverordnung desselben Jahres[3056] eindringlich in Erinnerung rief, daß die Eskortierung der Schüblinge außerhalb des Wiener Polizeirayons der Gendarmerie nicht aufgebürdet werden dürfe. Diese sei zur Schubbegleitung weiterhin nur in Anspruch zu nehmen, wenn es sich um die Eskortierung „gemeingefährlicher oder verwegener Individuen" handelte.

2. Sonstige Präventivmaßnahmen

Die Bestellung von Konvojanten, die auf Schubentweichung infolge schuldhaften Verhaltens dieser Konvojanten oder der diese bestellenden Amts- und Gerichtsvorsteher festgesetzten Strafen sowie die Vorschriften für den Schubpaß und die Personenbeschreibungen der Schüblinge stellten freilich nicht die einzigen Maßnahmen zur Verhinderung bzw. Verringerung der häufigen Schubentweichungen dar. So hatte etwa bereits das niederösterreichische Schubpatent von 1724[3057] vorgeschrieben, daß dem Abzuschiebenden sämtliche allfällig vorhandenen „Abschied, Päß, Sammel-Briefe, oder andere Urkunden ... nicht selbst zu behändigen", sondern vielmehr abgenommen und „solche Briefschaften" dem „mitgehenden Bothen" mit den Schubpässen verschlossen mitzugeben oder, „wann es sich fügte, und ohne sonderbahre Beschwehrniß geschehen könnte, durch eine absonderliche Gelegenheit" an den Versorgungsort bzw. an die

---

3054 Erlaß des Armee-Ober-Commando vom 30. Jänner 1857, siehe ZALEISKY (wie Anm. 666) 2. Nachtrag, S. 168 f. Demgemäß wurde in Wien, wo bisher die Schubbegleitung weiterhin durch eine Militärmannschaft besorgt worden war, nun die Schubbegleitung an dieses Wachekorps übertragen.

3055 Siehe zu ihrer Einrichtung § 28 der Grundzüge für die Organisation der Polizei-Behörden, ZALEISKY (wie Anm. 666) II, S. 621.

3056 Erlaß der niederösterreichischen Statthalterei vom 4. März 1857, ZALEISKY (wie Anm. 666) 2. Nachtrag, S. 169.

3057 Patent für Österreich unter der Enns vom 13. April 1724 („Visitations-Schub, und Versorgung der Armen"), CA IV, S. 183 ff., HERZOG (wie Anm. 143), Nr. 1, S. 16; siehe auch das Patent für Österreich unter und ob der Enns vom 19. Oktober 1739, CA IV, S. 1117; das Schubnormale für die Steiermark vom 26. Februar 1750, kundgemacht durch Circulare vom 20. April 1750, Theresianisches Gesetzbuch (wie Anm. 143) I, Nr. 92, S. 136 ff., HERZOG (wie Anm. 143), Nr. 4, S. 29; und das Patent für Österreich unter der Enns vom 20. September 1749 („Sicherheits-Armenverpflegungs- und Schubpatenten-Erfrischung") samt „Instruction wie die Landgerichtsverwalter in diesem Erzherzogthume Osterreich unter der Enns, sich sowohl bey den General- und Particularvisitationen, als auch im Schube und Versorgung der Armen, Aufhebung der Müßiggänger, und Hindannhaltung ausländischer Vagabunden und Bettler zu verhalten haben", CA V, S. 457.

Domizilsobrigkeit abzuschicken waren, welche Vorschrift auch in weiterer Folge aufrecht erhalten wurde[3058].

Überdies sollten alle Personen, welche „zum Schub dekretiert" wurden, vorher befragt werden, „ob sie etwa ihre Weiber oder Männer, oder sonst einige Habseligkeiten zurückgelassen" hätten, in welchen Fällen dann auch die Abzuschiebenden „nicht eher" den Schubbehörden zur weiteren Beförderung übergeben werden sollten, „als bis die ersteren hiervon verständiget, und ihnen vorzüglich alle in ihren Wohnungen aufbewahrten Habseligkeiten zugestellet worden" waren[3059]. Betreffend die im Eigentum der Abzuschiebenden befindlichen Wertsachen wurde weiters angeordnet, daß diese den Schüblingen abgenommen und dem Konvojanten übergeben werden sollten[3060], um damit den „häufigen Entweichungen der Schüblinge vorzubeugen, welche erhobenermaßen, vorzüglich daher rühren, daß dieselben mit Geld und Pretiosen versehen" waren, die ihnen die Möglichkeit verschafften, „ihre Wächter zur bestechen, oder zu berauschen"[3061]. Ebenso sollte den Schüblingen „kein zur Gegenwehr taugliches Werkzeug belassen, sondern solches ihnen abgenommen und den Convojirenden zur Verwahrung übergeben werden"[3062].

Außerdem sollte nach einer böhmischen Verordnung von 1765[3063] niemand „ferners, als in Eisen und Banden verwahrt" geschoben worden, was 1766[3064] dahingehend eingeschränkt wurde, daß hinkünftig nur den „sehr gefährlichen ... Personen ... Eisen anzulegen" waren. Um den „Delinquenten und verdächtigen Vagabunden, welche geschoben werden, die Gelegenheit zu der öfters schon geschehenen Entweichung abzuschneiden", wurde 1785[3065] befohlen, die Schiebung von derlei Personen nicht nur stets „mit Eisen", sondern auch mit „hinlänglicher Bedeckung" durchzuführen. Wenn folg-

3058 Vgl. etwa das böhmische Gubernialdekret vom 21. Juni 1822, HERZOG (wie Anm. 143), Nr. 270, S. 272.

3059 Verordnung vom 30. Oktober 1782, HERZOG (wie Anm. 143), Nr. 48, S. 66 f.

3060 Nach der provisorischen Regelung des ungarischen Schubwesens von 1851, Kundmachung des interimistischen Chefs der ungarischen Statthalterei vom 20. März 1851, LGBl. Nr. 79, womit die provisorische Norm über das Schubwesen im Kronlande Ungarn kundgemacht wird, ZALEISKY (wie Anm. 666) III, S. 114, waren die Pretiosen im Schubpaß zu verzeichnen und von Seite der Behörde dem Schubbegleiter gegen Empfangsbestätigung zu übergeben. Dieser hatte sich die jeweilige weitere Übergabe bestätigen zu lassen und sich „gehörigen Orts darüber auszuweisen".

3061 Nach dem Dekret der niederösterreichischen Regierung vom 20. Mai 1807, HERZOG (wie Anm. 143), Nr. 145, S. 139 f., FAULLER (wie Anm. 130) IV, S. 90, waren Geld und Pretiosen dem begleitenden Polizeiwacheoffizier „nebst einem schriftlichen Verzeichnisse von der ... Schubdirektions-Kommission zu dem Ende" zu übergeben, damit dieser „die Gelder und Pretiosen nebst dem Verzeichnisse dem, diese Schüblinge in der nächsten Station übernehmenden Spedirungs-Kommissär, gegen eine von dort zurückzubringende Übergabsbestätigung abgebe".

3062 Verordnung vom 26. Februar 1801, HERZOG (wie Anm. 143), Nr. 109, S. 119.

3063 Böhmische Verordnung von 1. Juli 1765, Theresianisches Gesetzbuch (wie Anm. 143) IV, Nr. 208, S. 445.

3064 Verordnung vom 20. Oktober 1766, Theresianisches Gesetzbuch (wie Anm. 143) V, Nr. 886, S. 134, HERZOG (wie Anm. 143), Nr. 22, S. 54, ZALEISKY (wie Anm. 666) III, S. 126.

3065 Verordnung vom 21. November 1785, HERZOG (wie Anm. 143), Nr. 56, S. 71; siehe auch FAULLER (wie Anm. 130) IV, S. 83.

lich die „Gefahr der Entweichung unterwaltet[e]“, hatten die Amtsvorsteher nach Anordnungen von 1801 die Schüblinge „geschlossen begleiten zu lassen“[3066] bzw. Schüblinge „mit keinen leicht abzustreifenden Eisen zu belegen“[3067]. Mit Eisen in einer Schubstation angekommene Schüblinge waren freilich auch mit Eisen weiterzubefördern[3068], und die Schubbegleiter wurden angewiesen, allfälligen Fluchtplänen von Schüblingen nicht „mittelst Abnahme der Fußeisen“ auf dem Schub Vorschub zu leisten[3069]. Nach den späteren Schubordnungen für Tirol und Vorarlberg 1817 sowie für Illyrien 1819 sollte die „Verschiebung“ in Eisen „nur in äußerst wichtigen Fällen, und wenn solches im Schubpasse ausgedrückt“ war „oder während des Schubes nothwendig würde“, erfolgen[3070].

Aufgrund verschiedener Ansichten betreffend die Transportierung in Eisen und einer Anfrage der niederösterreichischen Regierung bei der Hofkanzlei darüber, „ob entlassene Sträflinge überhaupt, und andere mit dem Schube hinwegzubefördernde Individuen, mit Eisen belegt werden“ sollten, entschied die Hofkanzlei 1820[3071] dahingehend, daß die Verordnung von 1766[3072] betreffend die „Transportirung gefährlicher Schüblinge in Eisen“ durch keine spätere Vorschrift aufgehoben worden sei, und es daher „um so weniger einem Anstande unterliegen“ könne, „ihre Wirksamkeit auch noch dermalen anzuerkennen, als die sichere Verwahrung solcher Individuen eine ähnliche Maßregel nicht nur im Allgemeinen rathsam macht, sondern auch auf entlassene Sträflinge Anwendung findet, in so fern es unter ihnen Manche gibt, die, mit Hinsicht auf ihren Lebenswandel und auf ihr Betragen während der Strafzeit, noch immer als gefährlich für die öffentliche Sicherheit erscheinen“. Es blieb also auch hinkünftig dabei, daß Entweichungsversuchen „bei Transportirung gefährlicher Verbrecher und Sträflinge am zweckmäßigsten durch Anlegung von Schließeisen“ [3073] bzw. „Handschellen“[3074] vorgebeugt wurde.

3066 Verordnung vom 26. Februar 1801, HERZOG (wie Anm. 143), Nr. 110, S. 119, ZALEISKY (wie Anm. 666) III, S. 127.

3067 Verordnung vom 13. März 1801, HERZOG (wie Anm. 143), Nr. 110, S. 119.

3068 Tiroler Gubernialverordnung vom 17. Juni 1794, HERZOG (wie Anm. 143), Nr. 90, S. 105.

3069 Verordnung des böhmischen Guberniums vom 3. Juni 1802, HERZOG (wie Anm. 143), Nr. 117, S. 122.

3070 Dekret der „Central-Organisirungs-Hofkommission“ vom 27. Mai 1817 an das Landesgubernium in Tirol und Vorarlberg, Prov. GSlg. Tirol IV/1 (1817), Nr. 116, S. 915, HERZOG (wie Anm. 143), Nr. 197, S. 193; Kundmachung des Landesguberniums im Küstenlande vom 18. September 1819, Hofkanzleidekret vom 27. März 1820, HERZOG (wie Anm. 143), Nr. 229, S. 224.

3071 Hofkanzleidekret vom 2. November 1820, Regierungsdekret vom 12. November 1820 an die Kreisämter und den Wiener Magistrat, Prov. GSlg. NÖ II (1820), Nr. 292, S. 713, HERZOG (wie Anm. 143), Nr. 250, S. 244, FAULLER (wie Anm. 130) IV, S. 89, ZALEISKY (wie Anm. 666) III, S. 130.

3072 Siehe Anm. 3064.

3073 Tiroler Gubernialverordnung vom 4. Februar 1825, HERZOG (wie Anm. 143), Nr. 311, S. 311, Prov. GSlg. Tirol XII (1825), Nr. 15, S. 39; siehe auch die Gubernialverordnung vom 7. August 1828 an die Kreisämter, Stadthauptmannschaft und den Prager Magistrat, HERZOG (wie Anm. 143), Nr. 366, S. 382.

Kam es nun trotz all dieser Vorsichtsmaßnahmen – vielleicht sogar „ohne Schuld des Begleiters, oder durch was immer für einen Zufall“ – dazu, daß „eine Schubperson unterwegs sich verlöre, oder entkäme“, so mußte vor 1848 sofort die Anzeige an die Ortsobrigkeit und von dort an das Kreisamt[3075] bzw. die Landesstelle unter Anschluß der Personenbeschreibung des Schüblings[3076] gemacht werden[3077]. Beruhte die Schubentweichung auf schuldhaftem Verhalten der Obrigkeit oder eines Konvojanten, so waren die für die Flucht des Schüblings verantwortlichen Personen namhaft zu machen, anzuzeigen[3078] und zu bestrafen[3079], „um der so oft sich ergebenden Entweichung der ... mittelst Schubes Beförderten vorzubeugen, und die Aufseher über derlei Leute vorsichtiger zu machen“[3080].

So sollte nach einer böhmischen Verordnung von 1758[3081] ein Konvojant, der aus Fahrlässigkeit die Flucht eines Schüblings ermöglicht hatte, „mit dem Spinnhause bestrafet“ und die Obrigkeit, die „durch Abgebung eines untüchtigen Konvojanten die Flucht des Schiebenden verursacht“ hatte, zur Tragung der Spinnhauskosten verpflichtet werden. 1807 wurde hingegen ebenfalls für Böhmen angeordnet, daß Konvojanten, durch deren „Nachlässigkeit“ ein Schübling entweichen konnte, als schwere Polizei-

---

3074 Nach der Kundmachung des interimistischen Chefs der ungarischen Statthalterei vom 20. März 1851, LGBl. Nr. 79, womit die provisorische Norm über das Schubwesen im Kronlande Ungarn kundgemacht wird, ZALEISKY (wie Anm. 666) III, S. 114, waren der „Sicherheit wegen ... jedem Schübling Handschellen anzulegen“, wobei die Behörden „solche Individuen zu bezeichnen“ hatten, „bei denen die Nothwendigkeit dieser Vorsicht ausnahmsweise wegfallen“ konnte.

3075 Niederösterreichisches Regierungsdekret vom 6. August 1781, HERZOG (wie Anm. 143), Nr. 41, S. 63; Dekret der niederösterreichischen Regierung vom 24. Oktober 1815, KANKA (wie Anm. 589) II, S. 16, HERZOG (wie Anm. 143), Nr. 186, S. 173, ZALEISKY (wie Anm. 666) III, S. 126 f.; Dekret der „Central-Organisirungs-Hofkommission“ vom 27. Mai 1817 an das Landesgubernium in Tirol und Vorarlberg, Prov. GSlg. Tirol IV/1 (1817), Nr. 116, S. 919, HERZOG (wie Anm. 143), Nr. 197, S. 194; Kundmachung des Landesguberniums im Küstenlande vom 18. September 1819, Hofkanzleidekret vom 27. März 1820, HERZOG (wie Anm. 143), Nr. 229, S. 226.

3076 Verordnung vom 5. Dezember 1795, HERZOG (wie Anm. 143), Nr. 96, S. 111.

3077 Nach dem niederösterreichischen Regierungsdekret vom 6. August 1781, HERZOG (wie Anm. 143), Nr. 41, S. 63, ZALEISKY (wie Anm. 666) III, S. 127, sollte jener Richter, „welcher zu sorglos sein würde, diese Anzeige zu machen“, mit Amtsentsetzung, Züchtigung und Schaden- bzw. Kostenersatz bestraft werden.

3078 Dekret der niederösterreichischen Regierung vom 10. März 1795 und Verordnung der niederösterreichischen Regierung vom 17. November 1795, FAULLER (wie Anm. 130) IV, S. 83 f., ZALEISKY (wie Anm. 666) III, S. 94, HERZOG (wie Anm. 143), Nr. 94, S. 110; Verordnung vom 22./23. März 1787, Slg. Joseph VII, S. 305, HERZOG (wie Anm. 143), Nr. 64, S. 84.

3079 Das Patent für Österreich unter der Enns vom 13. April 1724 („Visitations-Schub, und Versorgung der Armen“), CA IV, S. 184, HERZOG (wie Anm. 143), Nr. 1, S. 17, sah beispielsweise „für eine jegliche unterwegs entkommene Person“ ohne Differenzierung der Gründe für die Entweichung eine Strafe von 12 Reichstalern für „jegliche Herrschaft, Stadt-, Markt-, Grund- oder Dorfrichter“ vor.

3080 Verordnung vom 22./23. März 1787, Slg. Joseph VII, S. 305, HERZOG (wie Anm. 143), Nr. 64, S. 84.

3081 Verordnung vom 3. August 1758, HERZOG (wie Anm. 143), Nr. 15, S. 50.

übertreter zu bestrafen waren. Erfolgte die Entweichung aber „durch ihr Einverständniß“, so wurden diese Konvojanten als Verbrecher bestraft[3082]. Da aber „ohndies zu Convojanten meistens Knechte und andere nach Maßgabe des Strafgesetzes ... zu Stockstreichen geeignete Personen verwendet“ wurden, waren „solche bei erwiesener Schuldtragung an der Entweichung des ihnen anvertrauten Schüblings, insofern sie sowohl ihrer Person als körperlichen Beschaffenheit nach mit Stockstreichen belegt“ werden konnten, mit zehn bis 25 Stockstreichen zu bestrafen. Waren sie aber „in einer oder der andern Hinsicht“ zur Züchtigung mit Stockstreichen ungeeignet, so wurden sie zu einfachem oder strengem Arrest in der Dauer von acht bis 14 Tagen verurteilt[3083]. Die Amtsvorsteher hingegen, die „keine tüchtigen Convojanten oder gar Weiber“ beigegeben und die diesbezüglichen Schubvorschriften nicht genau beachtet hatten, wurden als „Mitschuldige und Theilnehmer“ der erfolgten Flucht „scharf und unnachsichtig“ mittels Geldstrafen zur Verantwortung gezogen[3084]. In anderen Erbländern war der Konvojant, falls er sich „einer sträflichen Nachlässigkeit, oder gar einer böslichen Zulassung schuldig machen sollte“[3085], ebenso wie die nachlässigen Amts- bzw. Gerichtsvorsteher mit Arreststrafe[3086] oder einer „angemessenen, für Wiederholungsfälle verschärften, und beziehungsweise körperlichen Strafe“[3087] zu bestrafen, bzw. es wurde den obrigkeitlichen Beamten und jenen Begleitern, „die an den Entweichungen der Schüblinge Schuld

---

3082 Verordnung des böhmischen Guberniums vom 9. Jänner 1807, HERZOG (wie Anm. 143), Nr. 140, S. 133.

3083 Verordnung des böhmischen Guberniums vom 1. Mai 1807, HERZOG (wie Anm. 143), Nr. 143, S. 135 f.

3084 Verordnung des böhmischen Guberniums vom 9. Jänner 1807, HERZOG (wie Anm. 143), Nr. 140, S. 133. Die Verordnung in Böhmen vom 16. September 1794, ebd., Nr. 90, S. 106, ZALEISKY (wie Anm. 666) III, S. 92 ff., sah für denjenigen Beamten oder diejenige Obrigkeit, „welche Knaben, Weibsleute oder andere untaugliche Convojanten den Schubpersonen beigibt, wenn diese sohin vom Schube entweichen, zehn Reichsthaler Strafe“ vor; siehe auch die Verordnung des böhmischen Guberniums vom 1. Mai 1807, HERZOG (wie Anm. 143), Nr. 143, S. 135 f.

3085 Oberösterreichisches Regierungsdekret vom 12. Juli 1819, HERZOG (wie Anm. 143), Nr. 226, S. 222.

3086 Dekret der niederösterreichischen Regierung vom 10. März 1795 und Verordnung der niederösterreichischen Regierung vom 17. November 1795, FAULLER (wie Anm. 130) IV, S. 83 f., ZALEISKY (wie Anm. 666) III, S. 94, HERZOG (wie Anm. 143), Nr. 94, S. 110; Dekret der niederösterreichischen Regierung vom 18. Juni 1796, HERZOG (wie Anm. 143), Nr. 97, S. 113; Kundmachung des Landesguberniums im Küstenlande vom 18. September 1819, Hofkanzleidekret vom 27. März 1820, ebd.), Nr. 229, S. 226; siehe zu Fällen aus der steirischen Praxis etwa GASSLER (wie Anm. 988), S. 223.

3087 Hofkanzleidekret vom 28. Oktober 1815, Dekret der niederösterreichischen Regierung vom 24. Oktober 1815, KANKA (wie Anm. 589) II, S. 16, HERZOG (wie Anm. 143), Nr. 186, S. 173; siehe auch das Dekret der „Central-Organisirungs-Hofkommission“ vom 27. Mai 1817 an das Landesgubernium in Tirol und Vorarlberg, Prov. GSlg. Tirol IV/1 (1817), Nr. 116, S. 919, HERZOG (wie Anm. 143), Nr. 197, S. 195; Kundmachung des Landesguberniums im Küstenlande vom 18. September 1819, Hofkanzleidekret vom 27. März 1820, HERZOG (wie Anm. 143), Nr. 229, S. 226.

tragen sollten", allgemein angedroht, „sicher, und in Wiederholungsfällen verschärft bestraft" zu werden[3088].

Nichtsdestotrotz nahmen die Schubentweichungen, insbesondere in den verschiedenen Umwechslungsstationen auf dem flachen Land, immer wieder „so sehr überhand, daß es wohl kaum zu bezweifeln sein kann, nur die Sorglosigkeit, mit welcher das Schubgeschäft von den Obrigkeiten behandelt wird, sei die Ursache dieser häufigen Entweichungen"[3089], weshalb die die Schubvorschriften, insbesondere diejenigen betreffend die Maßnahmen zur Vermeidung von Schubentweichungen, immer wieder republiziert wurde, deren Befolgung man den Obrigkeiten weiterhin „auf das nachdrücklichste ans Herz" legte[3090].

Auch nach 1848 blieben diese Vorschriften im wesentlichen unverändert, wenngleich nun nicht mehr die Ortsobrigkeiten, sondern z.B. nach den provisorischen niederösterreichischen Schubvorschriften von 1851[3091] die Bezirkshauptmannschaften bzw. deren Exposituren von jeder Entweichung eines Schüblings in Kenntnis zu setzen waren, damit zur Verfolgung des Entflohenen das Erforderliche veranlaßt werden konnte, wobei insbesondere auch die Gendarmerie „um ihre Mitwirkung zur Habhaftwerdung des Entwichenen anzugehen" war. Die Untersuchung des Vorfalles bzw. Ermittlung des Schuldtragenden oblag fortan dem Bezirkshauptmann, der gegen denselben „mit einer Ordnungsstrafe, nöthigenfalls mit Entziehung eines Theiles der Remuneration, oder nach Umständen mit der Entfernung von diesem Geschäfte vorzugehen" hatte. Nach der oberösterreichischen Schubordnung von 1857[3092] war im Falle einer Schubentweichung weiters „unverzüglich den nächstgelegenen Sicherheits-Behörden, Gens'darmerie-Posten-Commanden, Gemeinde-Vorstehungen und dem k.k. Kreisamte die Mittheilung zu machen, damit wegen Verfolgung des Flüchtlings das Erforderliche veranlaßt werden" und die Kreisbehörde den Vorfall sogleich untersuchen konnte.

3088 Hofkanzleidekret vom 15. März 1827 an das mährisch-schlesische Gubernium, ZALEISKY (wie Anm. 666) III, S. 99 f., HERZOG (wie Anm. 143), Nr. 342, S. 350.

3089 Dekret des böhmischen Gubernial-Präsidiums vom 22. November 1817, HERZOG (wie Anm. 143), Nr. 205, S. 202.

3090 Siehe z.B. die Hofentschließung für Böhmen vom 16. Juli 1786, HERZOG (wie Anm. 143), Nr. 61, S. 73; Verordnung des böhmischen Guberniums vom 9. Jänner 1807, ebd., Nr. 140, S. 133; Verordnung des böhmischen Guberniums vom 3. Juni 1802, ebd., Nr. 117, S. 122; Verordnung des böhmischen Guberniums vom 23. Juni 1817, ebd., Nr. 200, S. 199; Dekret des böhmischen Gubernial-Präsidiums vom 22. November 1817, ebd., Nr. 205, S. 202; galizische Gubernialverordnung vom 27. September 1826, ebd., Nr. 331, S. 337; Gubernialverordnung vom 7. August 1828 an die Kreisämter, Stadthauptmannschaft und den Prager Magistrat, ebd., Nr. 366, S. 382.

3091 Erlaß des Statthalters von Niederösterreich vom 8. Mai 1851, LGBl. Nr. 237, an die Bezirkshauptmannschaften über die provisorische Regelung des Schubwesens, ZALEISKY (wie Anm. 666) III, S. 121.

3092 Erlaß der oberösterreichischen Statthalterei vom 22. August 1857, LGBl. II Nr. 13, betreffend die Regelung des Schubwesens, ZALEISKY (wie Anm. 666) 2. Nachtrag, S. 177, ASTL (wie Anm. 2832) IV, S. 2898.

g. Schubstationen

Ging der Schub über größere Entfernungen, so führte er über sogenannte Schubstationen oder „Schüblings-Ablösungs- und Übergabs-Stationen“[3093]. Zwar erfolgte der Zwangstransport ursprünglich von Landgericht zu Landgericht als Schubstationen – wie es die älteren Schubvorschriften vorsahen[3094] –, jedoch wurde es seit der Mitte des 18. Jahrhunderts üblich, jede Gemeinde als Schubstation zu betrachten und die Partikularschübe „von Ort zu Ort“ bzw. „Ortschaft zu Ortschaft“[3095] unter der Verantwortung der Ortsobrigkeit bzw. des Ortsrichters durchzuführen[3096]. Manchmal, wie etwa in Galizien 1786 und in Siebenbürgen noch 1849, war sogar vorgeschrieben, daß der Schub „immer von zwo zu zwo Meilen geschehen“ sollte, wenn es die Lage der Ortschaften zuließ[3097]. In der Regel wurde allerdings mehrfach mittels Verordnungen versucht, diese in allen Erbländern schleichend Platz greifende Abweichung von der alten Ordnung, von Landgericht zu Landgericht abzuschieben, hintanzuhalten. Dies war insbesondere in Böhmen der Fall, wo etwa im Sicherheits- und Schub-Patent von

3093 So das Hofkanzleidekret vom 15. März 1827 an das mährisch-schlesische Gubernium, ZALEISKY (wie Anm. 666) III, S. 99 f., HERZOG (wie Anm. 143), Nr. 342, S. 349.

3094 So etwa das Patent für Österreich unter der Enns vom 13. April 1724 („Visitations-Schub, und Versorgung der Armen“), CA IV, S. 183 f., HERZOG (wie Anm. 143), Nr. 1, S. 16; die „Ober-Ennßerische Bettler-Ordnung“ vom 1. August 1725, CA IV, S. 282; das steirische Schubnormale vom 26. Februar 1750, kundgemacht durch Circulare vom 20. April 1750, Theresianisches Gesetzbuch (wie Anm. 143) I, Nr. 92, S. 136 ff., HERZOG (wie Anm. 143), Nr. 4, S. 29, sowie das Patent für Österreich unter der Enns vom 20. September 1749 („Sicherheits-Armenverpflegungs- und Schubpatenten-Erfrischung“) samt „Instruction wie die Landgerichtsverwalter in diesem Erzherzogthume Osterreich unter der Enns, sich sowohl bey den General- und Particularvisitationen, als auch im Schube und Versorgung der Armen, Aufhebung der Müßiggänger, und Hindannhaltung ausländischer Vagabunden und Bettler zu verhalten haben“, CA V, S. 458.

3095 Siehe etwa das Patent für Österreich unter der Enns („Sicherheits- und Schub-Patents-Erneuerung“) vom 30. Oktober 1751, CA V, S. 603, HERZOG (wie Anm. 143), Nr. 6, S. 41; das Patent für Österreich ob der Enns („Neue Bettler- und Sicherheitsordnung“) vom 1. September 1752, CA V, S. 701, Theresianisches Gesetzbuch (wie Anm. 143) I, Nr. 214, S. 276 ff.; und die Verordnung in Böhmen vom 4. Juni 1785, Slg. Joseph V, S. 183, HERZOG (wie Anm. 143), Nr. 54, S. 69.

3096 Das Patent für Österreich unter der Enns („Sicherheits- und Schub-Patents-Erneuerung“) vom 30. Oktober 1751, CA V, S. 603, HERZOG (wie Anm. 143), Nr. 6, S. 41, sprach von der Verantwortung der „Vorsteher, oder Beamte und Richter“ bzw. in ihrer Abwesenheit der „gegenwärtige[n] älteste[n] Rathsfreunde, oder Gerichtsgeschworne[n]“. Die Verordnung der niederösterreichischen Regierung vom 26. März 1807, ZALEISKY (wie Anm. 666) III, S. 137, KANKA (wie Anm. 589) I, S. 261, HERZOG (wie Anm. 143), Beilage zu Nr. 144, S. 138, sprach von der „Haftung der Ortsobrigkeit oder des Ortsrichters“; siehe dazu auch das Kreisschreiben u.W.W. vom 4. Mai 1812, HERZOG (wie Anm. 143), Nr. 174, S. 162.

3097 Sollte allerdings „vor 2 Meilen kein Ort“ liegen, so mußte „der dieser Entfernung nächst gelegene Ort dazu bestimmt werden“, Patent für Galizien vom 3. November 1786, Slg. Joseph VI, S. 506, HERZOG (wie Anm. 143), Nr. 62, S. 78; so auch die Verordnung des Civil- und Militär-Gouverneurs von Siebenbürgen vom 28. Dezember 1849, LGBl. Nr. 47, ZALEISKY (wie Anm. 666) III, S. 105.

1750[3098] festgelegt war, daß der Schub immer in „eine Stadt oder Markt oder Amt, niemal [sic] aber zur Ablösung auf ein Dorf geleitet werden“ dürfe, und eine Verordnung von 1769 eingeschärft hatte[3099], Schüblinge „nicht etwa aus Bequemlichkeit nur in die nächsten Dörfer, sondern immer auf die ausgesetzten Schubstazionen“ zu befördern.

Das Überhandnehmen der üblen Gewohnheit in allen Erbländern, Partikularabschiebungen von Ort zu Ort bzw. Gemeinde zu Gemeinde vorzunehmen, führte jedoch seit 1815 verstärkt zu Anstrengungen, diese für die Sicherheit der Schübe nachteilige Praxis abzustellen. Den Anfang machend befahl ein niederösterreichisches Regierungsdekret von 1815[3100] – damit „bei Übernahme und Weiterbeförderung der auswärtigen nach Wien gelieferten Schüblinge in Hinkunft mit mehr Genauigkeit wie bisher vorgegangen werde“ –, daß „von nun“ an alle nach Wien „zu liefernden Schüblinge nicht wie bisher an die nächsten Grundgerichte“[3101], also an das jeweils nächste Vorstadtgrundgericht, „sondern unmittelbar an den Wiener Magistrat übergeben werden“ sollten. Ebenfalls 1815[3102] schrieb weiters ein Hofkanzleidekret zur Verbesserung der Schubanstalten in Österreich unter der Enns vor, die „Dominien ... strenge zu verpflichten, die Transportirung der Schüblinge ... nicht mehr von Gemeinde zu Gemeinde, sondern von Herrschaft zu Herrschaft“ einzuleiten, „weil dort, wo der obrigkeitliche Beamte wohnt, auch sichere Verwahrungsörter für die Schüblinge zu finden sind, und die Übergabe in Gegenwart dieses Beamten geschehen könne“.

Außerdem wurden nun für Österreich unter der Enns, damit „bei den größtentheils auf den Heerstraßen Statt habenden Abschiebungen stets die erwünschte Ordnung und Verläßlichkeit gehandhabt werde“, auch die Schubstationen nach genauen Marschrouten kreisweise vorgeschrieben[3103]. So führten hinkünftig etwa die Marschrouten für die Schüblinge vom niederösterreichischen Viertel unter dem Manhartsberg unter genauer Vorschreibung der zu passierenden Herrschaften und Magistrate über die Brün-

3098 Sicherheits- und Schub-Patent für Böhmen vom 3. April 1750, HERZOG (wie Anm. 143), Nr. 5, S. 33.

3099 Verordnung vom 3. Juli 1769, HERZOG (wie Anm. 143), Nr. 26, S. 58, Theresianisches Gesetzbuch (wie Anm. 143) V, Nr. 1121, S. 438.

3100 Dekret der niederösterreichischen Regierung vom 3. März 1815 und Kreisschreiben u.W.W. vom 10. März 1815, HERZOG (wie Anm. 143), Nr. 182, S. 168 f.

3101 Siehe etwa das Circulare vom 5. August 1791, BARTH-BARTENHEIM (wie Anm. 588) I, S. 578; siehe auch FAULLER (wie Anm. 130) IV, S. 87.

3102 Hofkanzleidekret vom 28. September 1815, Dekret der niederösterreichischen Regierung vom 24. Oktober 1815, KANKA (wie Anm. 589) II, S. 16 f., ZALEISKY (wie Anm. 666) III, S. 95, HERZOG (wie Anm. 143), Nr. 186, S. 173; so auch das Hofkanzleidekret vom 15. März 1827 an das mährisch-schlesische Gubernium, ZALEISKY (wie Anm. 666) III, S. 99 f., HERZOG (wie Anm. 143), Nr. 342, S. 348.

3103 Mit diesem Zusatz wurde das Hofkanzleidekret vom 28. September 1815 bzw. das Dekret der niederösterreichischen Regierung vom 24. Oktober 1815 durch Kreiscirculare u.M.B vom 20. November 1815, HERZOG (wie Anm. 143), Nr. 186, S. 174, bekannt gemacht. Schon z.B. das Patent für Galizien vom 3. November 1786, Slg. Joseph VI, S. 506, HERZOG (wie Anm. 143), Nr. 62, S. 78, hatte angeordnet, daß jedes Kreisamt eine „ordentliche Schubkarte“, auf der die Schubstationen verzeichnet waren, zu verfassen und den als Schubstationen dienenden Ortschaften abzugeben hatte.

ner Straße, die Znaimer Straße, die Horner Straße und die Kremser Straße[3104]. Hinsichtlich der Schüblinge, welche von „außer der Heerstraße situirten Dominien, oder von benachbarten Kreisen und Ländern auf Land- und Seitenstraßen" auf den Schub gesetzt wurden, war nun vorgeschrieben, daß diese von Dominium zu Dominium bis zur nächsten auf einer Heerstraße gelegenen Station zu transportieren waren, „um sodann von dort aus in ihren Bestimmungsort befördert zu werden". Die vorgeschriebenen Stationen mußten „stets beobachtet werden", und die Ortsobrigkeiten der Stationsorte hatten „gehörig" dafür zu sorgen, daß „die Übernahme und weitere Abschiebung des Schüblings immer durch ein hiezu aufzustellendes obrigkeitliches Individuum auf die vorgeschriebene Art vor sich gehe"[3105].

In Österreich unter der Enns war somit die Beförderung der Schubtransporte von Gemeinde zu Gemeinde abgestellt, wenngleich keine völlige Rückkehr zur alten Schubordnung stattgefunden hatte, denn die Abschiebungen sollten nun nicht mehr von Landgericht zu Landgericht unter der Verantwortung der Landgerichtsverwalter, sondern „von Dominium zu Dominium, und in der Regel durch die Amtsdiener geschehen"[3106]. Diese Neuregelung war – wie 1818 aus Anlaß einer „Vorstellung" des niederösterreichischen Verordnetenkollegiums gegen die „reformirte Schubanstalt" mittels Kreisschreiben offiziell erläutert wurde[3107] – zwar nur als Provisorium bis zur Errichtung einer Landessicherheitswache erlassen worden, stellte aber eine „höchst nothwendige Reform" dar, weil „nach einer langjährigen Erfahrung, die ... Schubanstalt, seit dem sie den Gemeinden überlassen war, aufgehört hat[te], eine Maßregel von Erfolg zu sein, und einer geflissentlichen Vereitelung des Zwecks der Anstalt gleich kam". Der Einwendung der Verordneten, daß durch diese Neuregelung den Dominien ein nachteiliger Geschäfts- und damit Kostenzuwachs entstanden sei, hielt die Kreisbehörde entgegen, daß das Schub- und Visitationswesen nun einmal als „ein Zweck der politischen Administration" angesehen werden müsse, „deren sich die Dominien als Verwalter der polizeilichen Gerichtsbarkeit nicht entschlagen" könnten, insbesondere weil sie ja dafür „verfassungsmäßige Rechte und Vortheile geniessen" würden. Darüber hinaus lag nach Ansicht des Kreisamtes überhaupt kein „Geschäftszuwachs" vor, weil nun die „Last" des Schubwesens, „indem man sie von der geringeren Zahl der Landgerichte, auf die größere Zahl der Dominien überhaupt übertrug, vielmehr verringert worden" sei und

---

3104 Die Stationen auf der Brünnerstraße waren etwa die Herrschaften Breitenlee, Seiring, Wolkersdorf, Gaunersdorf, Wilfersdorf, Walterskirchen, Steinabrunn, Nikolsburg; die Stationen auf der Znaimerstraße die Herrschaften Jedlesee, Strebersdorf, Bisamberg, Leobendorf, das Magistrat Stockerau, die Herrschaften Sierndorf, Schörnborn, Sonnberg, Gundersdorf, Haugsdorf, Klosterbruck. Die Marschroute von Wien nach Ungarn führte über die Herrschaften Hirschstetten, Leopoldsdorf, Obersiebenbrunn und Marchegg, Stampfen bzw. Schloßhof und Theben, Hofkanzleidekret vom 28. September 1815 bzw. das Dekret der niederösterreichischen Regierung vom 24. Oktober 1815, bekanntgemacht durch Kreiscirculare u.M.B vom 20. November 1815, HERZOG (wie Anm. 143), Nr. 186, S. 175.

3105 Ebd., S. 174.

3106 Kreisschreiben u.W.W. vom 23. Jänner 1818, HERZOG (wie Anm. 143), Nr. 208, S. 203 ff.

3107 Ebd.

es außerdem den Dominien unbenommen bliebe, ihre Untertanen vom Amts wegen mit Vorspannleistungen und Botengängen in Anspruch zu nehmen[3108].

In den späteren Schubordnungen – wie den für Tirol und Vorarlberg 1817[3109], Illyrien 1819[3110], für Mähren und Schlesien 1827[3111] sowie den böhmischen Schubvorschriften dieser Zeit – wurde in weiterer Folge die Schubbeförderung von Gemeinde zu Gemeinde bzw. Ort zu Ort verboten oder dieses Verbot abermals eingeschärft. Die Abschiebung hatte nun generell „auf dem kürzesten Zuge" zu erfolgen, und zwar wie in Tirol und Vorarlberg von Gerichtssitz zu Gerichtssitz, in Illyrien von „einer Bezirksobrigkeit zur andern" und in Mähren „von Dominium zu Dominium"[3112]. In ähnlicher Weise wurden in Böhmen 1819[3113] die Kreisämter angewiesen, die „unterstehenden Ämter" an die „in den Schubgeneralien enthaltene Vorschrift" zu erinnern, „die Schüblinge nur vom Amt zum Amt", also im Wege der Ämter bzw. Amtsorte der betreffenden Dominien, weiterzubefördern, und sowohl 1824[3114] als auch 1825[3115] mußte abermals das Verbot erneuert werden, Schüblinge von „Ort zu Ort" bzw. „von Gemeinde zu Gemeinde" zu befördern, da die „Nachtheile, welche durch eine solche Instradirung der Schüblinge für die öffentliche und Privat-Sicherheit entstehen müssen, ... nicht zu verkennen" waren.

Die Beförderung sollte nach den vormärzlichen Schubvorschriften ebenfalls grundsätzlich „zwar nur auf dem kürzesten Zuge, jedoch nur auf den Straßen, mit Vermei-

---

3108 Nach Ansicht des Kreisamtes konnten angesichts der Tatsache, daß die Herrschaften die Gemeinden zur Vorspannsleistung und – sofern der eigene Amtsdiener nicht entbehrlich war – zu Botengängen heranziehen konnten, die behauptetermaßen vermehrten Auslagen der Dominien „nicht von der angegebenen Bedeutenheit" sein, siehe dazu ausführlicher S. 592.

3109 Dekret der „Central-Organisirungs-Hofkommission" vom 27. Mai 1817 an das Landesgubernium in Tirol und Vorarlberg, Prov. GSlg. Tirol IV/1 (1817), Nr. 116, S. 913, HERZOG (wie Anm. 143), Nr. 197, S. 194.

3110 Kundmachung des Landesguberniums im Küstenlande vom 18. September 1819, Hofkanzleidekret vom 27. März 1820, HERZOG (wie Anm. 143), Nr. 229, S. 226.

3111 Hofkanzleidekret vom 15. März 1827 an das mährisch-schlesische Gubernium, ZALEISKY (wie Anm. 666) III, S. 99 f., HERZOG (wie Anm. 143), Nr. 342, S. 348 ff.

3112 So das Dekret der „Central-Organisirungs-Hofkommission" vom 27. Mai 1817 an das Landesgubernium in Tirol und Vorarlberg, Prov. GSlg. Tirol IV/1 (1817), Nr. 116, S. 915, HERZOG (wie Anm. 143), Nr. 197, S. 193, nach dem die „Verschiebung" nun „nicht von Gemeinde zu Gemeinde, sondern von einem Gerichte zum andern" zu erfolgen hatte. Jedes Gericht war „schuldig, den Schübling mit eigener gerichtlicher Begleitung, und dem Schubpasse, in den Sitz des nächsten Gerichts zu überbringen, und dort zu übergeben"; siehe für die anderen genannten Erbländer die Kundmachung des Landesguberniums im Küstenlande vom 18. September 1819, Hofkanzleidekret vom 27. März 1820, HERZOG (wie Anm. 143), Nr. 229, S. 225; und das Hofkanzleidekret vom 15. März 1827 an das mährisch-schlesische Gubernium, ZALEISKY (wie Anm. 666) III, S. 99 f., HERZOG (wie Anm. 143), Nr. 342, S. 348 ff.

3113 Verordnung des böhmischen Guberniums vom 11. März 1819, HERZOG (wie Anm. 143), Nr. 222, S. 218.

3114 Hofkanzleidekret vom 16. Juli 1824, HERZOG (wie Anm. 143), Nr. 305, S. 303.

3115 Verordnung des böhmischen Guberniums vom 9. September 1825, HERZOG (wie Anm. 143), Nr. 324, S. 332.

dung aller Seiten- und Nebenwege" erfolgen[3116]. Falls ein Schübling auf einer „unrechten, in dem Schubpasse nicht ausgewiesenen Straße geführt" wurde, so war er „gleich wieder mit dem angekommenen Begleiter in die vorige Station zurückzusenden, um auf die rechte Straße geführt zu werden"[3117]. Ein „für allemal beseitigt" wissen wollte man 1812[3118] überdies den an manchen Schubstationen „bisher bestandenen Unfug", daß „kein Schübling mehr nach Sonnenuntergang von der nächsten Gemeinde angenommen" und „daher zum beiderseitigen Nachtheil an denselben Ort, wo er herkam, wieder zurückgeschickt" wurde.

Aber auch die fallweise mangelhafte organisatorische Ausstattung der Schubstationen war Gegenstand verschiedener vormärzlicher Verordnungen, die verfügten, daß die Schubstationen nicht nur mit schreib- und lesekundigen Personen[3119] besetzt, sondern auch mit den erforderlichen „sicheren Verwahrungsörtern"[3120] – also Arresten, wo die gefährlicheren Schüblinge „zur Nachtzeit" verwahrt werden konnten – versehen sein sollten, wobei es sich allerdings „von selbst versteht, daß diese Unterkunft lediglich die Versicherung der Schüblinge, nicht aber eine Strafe, da sie keine Sträflinge sind, bezwecken" sollte[3121]. Da sich allerdings unter den Schüblingen auch durchaus als gefährlich anzusehende Personen befinden konnten, die in Eisen geschlossen transportiert werden mußten[3122], war außerdem sicherzustellen, daß in den Schubstationen eine ausreichende Menge der „zur sicheren Abschiebung öfters nothwendigen" Fuß- bzw. Schließeisen vorhanden war[3123].

3116 So das Dekret der „Central-Organisirungs-Hofkommission" vom 27. Mai 1817 an das Landesgubernium in Tirol und Vorarlberg, Prov. GSlg. Tirol IV/1 (1817), Nr. 116, S. 915, HERZOG (wie Anm. 143), Nr. 197, S. 193; die Kundmachung des Landesguberniums im Küstenlande vom 18. September 1819, Hofkanzleidekret vom 27. März 1820, ebd.), Nr. 229, S. 225, und das Hofkanzleidekret vom 15. März 1827 an das mährisch-schlesische Gubernium, ebd., Nr. 342, S. 349 f., ZALEISKY (wie Anm. 666) III, S. 99 f.

3117 Verordnung der niederösterreichischen Regierung vom 26. März 1807, ZALEISKY (wie Anm. 666) III, S. 138, KANKA (wie Anm. 589) I, S. 261, HERZOG (wie Anm. 143), Beilage zu Nr. 144, S. 138; siehe auch das Dekret der Hofkommission für Tirol und Vorarlberg vom 17. März 1815, Prov. GSlg. Tirol II (1815), Nr. 19, S. 75, HERZOG (wie Anm. 143), Nr. 183, S. 170.

3118 Kreisschreiben u.W.W. vom 4. Mai 1812, HERZOG (wie Anm. 143), Nr. 174, S. 162. Bei Verstoß gegen diese Anordnung war jedes daraus resultierende „Gebrechen an den Schuldtragenden eingreifend [zu] ahnden".

3119 Von den „oft des Lesens und Schreibens unkundigen Gemeinderichtern" sei bisher die Führung der Schubprotokolle und die Bestellung tüchtiger Begleitpersonen für den Schub nicht zu erwarten gewesen, so das Hofkanzleidekret vom 16. Juli 1824 an die Gubernien in Mähren und Böhmen, HERZOG (wie Anm. 143), Nr. 305, S. 303 f.

3120 So etwa das Hofkanzleidekret vom 15. März 1827 an das mährisch-schlesische Gubernium, ZALEISKY (wie Anm. 666) III, S. 99 f., HERZOG (wie Anm. 143), Nr. 342, S. 349.

3121 Niederösterreichische Regierungsverordnung vom 19. März 1828, ZALEISKY (wie Anm. 666) III, S. 102, HERZOG (wie Anm. 143), Beilage zu Nr. 360, S. 371, Prov. GSlg. NÖ X (1828), Nr. 52, S.150.

3122 Siehe zur Beförderung mittels Eisen, S. 567 f.

3123 Siehe z.B. die böhmische Verordnung vom 21. Jänner 1780, Theresianisches Gesetzbuch (wie Anm. 143) VIII, Nr. 2139, S. 401, HERZOG (wie Anm. 143), Nr. 38, S. 62, die vorschrieb, daß in den Orten, wo der Schub durchging, die „nöthigen Eisen beizuschaffen" wa-

Um dem „Grundsatze der kürzesten Richtung" Rechnung zu tragen, wurde nach 1848 überdies angeordnet, „in den Hauptrichtungen, welche die Schübe zu nehmen" hatten, eigene Schubstationen zu errichten, und „in der Art zu verlegen, daß der Schubbegleiter wo möglich noch am nämlichen Tage zurück eintreffen" konnte – wie es die provisorischen steirischen Schubvorschriften von 1850[3124] vorsahen. In Österreich unter der Enns war bei der Bestimmung der Schubstationen überdies auf „die Größe der Orte, auf die Lage derselben an der Straße, auf die größere Leichtigkeit der Auffindung geeigneter Localitäten und der mit der Durchführung zu betrauenden Personen Rücksicht zu nehmen, sohin insbesondere die Amtssitze der Bezirkshauptmannschaften, Expposituren und Gens'darmerieposten, dann die ohnehin bereits bestehenden Haupt-Schubstationen hiezu zu bestimmen". Die Bestimmung von Schubrouten, „längs welchen keine zu allen Jahreszeiten fahrbaren Straße besteht", war möglichst zu vermeiden und wenigstens für jeden „Hauptstraßenzug" eine Schubstationsroute „zur Vermeidung von Umwegen" einzurichten, wobei die Schubstationen nicht viel weniger als zwei und nicht viel mehr als drei Meilen entfernt sein sollten[3125]. Nach der oberösterreichischen Schubordnung von 1857[3126] hatte die Transportirung von Schüblingen grundsätzlich von Bezirksamt zu Bezirksamt zu erfolgen und nur „im Falle einer allzuweiten Entfernung oder wo es die Beschwerlichkeit der Wege im Winter unerläßlich" machte, waren „Abwechslungs-Stationen zulässig, für deren sorgfältige Ausmittlung die k.k. Kreisbehörden zu sorgen" hatten, und die – „so viel als möglich" – am „Sitz eines k.k. Gens'darmerie-Posten-Commando aufzustellen" waren.

Die Gemeinden der Schubstationsorte hatten weiterhin „für die Herstellung sicherer Verwahrungsorte" und für die Beistellung der Schubbegleitung zu sorgen, ohne sich ihrer „Verpflichtung bezüglich der Uebernahme des Schubwesens" entziehen zu kön-

ren; siehe weiters die böhmische Verordnung vom 16. September 1794, HERZOG (wie Anm. 143), Nr. 90, S. 106, ZALEISKY (wie Anm. 666) III, S. 92 ff.; das Hofkanzleidekret vom 16. Juli 1824 an die Gubernien in Mähren und Böhmen, HERZOG (wie Anm. 143), Nr. 305, S. 303 f.; die Tiroler Gubernialverordnung vom 4. Februar 1825, ebd., Nr. 311, S. 311, Prov. GSlg. Tirol XII (1825), Nr. 15, S. 39.

3124 Erlaß der steiermärkischen Statthalterei vom 5. Juni 1850, LGBl. Nr. 214, an die drei Kreis-Regierungen in Betreff der Besorgung des Schubwesens, ZALEISKY (wie Anm. 666) III, S. 111; siehe zur Liste der steiermärkischen Schubstationen den Erlaß des Statthalters vom 6. Februar 1851, LGBl. Nr. 61, womit mit Bezug auf den Erlaß vom 5. Juni 1850 in Betreff der Besorgung des Schubwesens die Schubstationen im Kronlande Steiermark bekannt gemacht werden. Allerdings wurden in weiterer Folge einige Schubstationen wieder aufgelassen, so z.B. 1860 Safzen, LGBl. Nr. 5, Kranichsfeld, LGBl. Nr. 11, 1861 St. Johann am Draufelde, LGBl. Nr. 6, Schupeleuz, LGBl. Nr. 4, St. Georgen in Oberradkersburg, LGBl. Nr. 7, 1865 Preding, LGBl. Nr. 16, St. Georgen. St. Peter und Hohenegg, LGBl. Nr. 29, 1869 Eichdorf, LGBl. Nr. 25, Tüffer, LGBl. Nr. 30, Lannach, LGBl. Nr. 31, 1870 Zellnitz, LGBl. Nr. 9, Trieben, LGBl. Nr. 21, usw.

3125 Erlaß des Statthalters von Niederösterreich vom 8. Mai 1851, LGBl. Nr. 237, an die Bezirkshauptmannschaften über die provisorische Regelung des Schubwesens, ZALEISKY (wie Anm. 666) III, S. 116 f.

3126 Erlaß der oberösterreichischen Statthalterei vom 22. August 1857, LGBl. II Nr. 13, betreffend die Regelung des Schubwesens, ZALEISKY (wie Anm. 666) 2. Nachtrag, S. 173, ASTL (wie Anm. 2832) IV, S. 2893.

nen. Aber auch für die „außer den eigentlichen Schublinien" liegenden Gemeinden war in der Steiermark und in Oberösterreich ausdrücklich vorgeschrieben, daß sie sich der „Beistellung von geeigneten Localitäten zum Behufe der Arreste ... nicht entschlagen" dürften, weil in jeder Gemeinde „ausweislose oder verdächtige Individuen" entweder von den Gemeinden selbst oder von der Gendarmerie aufgegriffen werden konnten, die „bis zur Ablieferung an die zuständige Gerichts- oder Sicherheitsbehörde in sichere Verwahrung genommen werden" mußten[3127].

Die Gemeindearreste hatten jedenfalls mit Beleuchtung und Heizung sowie ausreichend Handschellen versehen zu sein[3128]. Die provisorische niederösterreichische und die oberösterreichische Schubordnung von 1851 bzw. 1857[3129] ordneten darüber hinaus detailliert an, daß in jeder Schubstation wenigstens zwei oder nach der üblichen Anzahl der Schüblinge auch mehrere „gehörig verwahrte, mit Bettstellen (Pritschen), Strohsäkken, Strohpölstern und Kotzen versehene heizbare Zimmer" vorhanden zu sein hatten, „um die abgesonderte Verwahrung der männlichen und weiblichen Schüblinge zu ermöglichen". Um jedem „Versuche einer Widersetzlichkeit oder einer Entweichung ... mit angemessener Gewalt zu begegnen", mußten außerdem die Schubzimmer „in der Art verwahrt und eingerichtet sein, wie dies bei Arresten überhaupt vorgeschrieben" war[3130], oder es waren die ohnedies vorhandenen Gemeindearreste als Schubzimmer zu benützen[3131]. Zu diesem Zweck sahen die niederösterreichischen Schubvorschriften zusätzlich vor, daß diejenige Person, die mit der Überwachung der Schüblinge betraut war, „zunächst der Schubzimmer" zu wohnen hatte[3132].

3127 Erlaß der steiermärkischen Statthalterei vom 5. Juni 1850, LGBl. Nr. 214, an die drei Kreis-Regierungen in Betreff der Besorgung des Schubwesens, ZALEISKY (wie Anm. 666) III, S. 111; Erlaß der oberösterreichischen Statthalterei vom 22. August 1857, LGBl. II Nr. 13, betreffend die Regelung des Schubwesens, ZALEISKY (wie Anm. 666) 2. Nachtrag, S. 173, ASTL (wie Anm. 2832) IV, S. 2893.

3128 Und zwar, nach der Kundmachung des interimistischen Chefs der ungarischen Statthalterei vom 20. März 1851, LGBl. Nr. 79, womit die provisorische Norm über das Schubwesen im Kronlande Ungarn kundgemacht wird, ZALEISKY (wie Anm. 666) III, S. 112, 114, zu Lasten der Gemeindefinanzen.

3129 Erlaß des Statthalters von Niederösterreich vom 8. Mai 1851, LGBl. Nr. 237, an die Bezirkshauptmannschaften über die provisorische Regelung des Schubwesens, ZALEISKY (wie Anm. 666) III, S. 117, 120; so auch der Erlaß der oberösterreichischen Statthalterei vom 22. August 1857, LGBl. II Nr. 13, betreffend die Regelung des Schubwesens, ZALEISKY (wie Anm. 666) 2. Nachtrag, S. 173, ASTL (wie Anm. 2832) IV, S. 2893.

3130 Erlaß des Statthalters von Niederösterreich vom 8. Mai 1851, LGBl. Nr. 237, an die Bezirkshauptmannschaften über die provisorische Regelung des Schubwesens, ZALEISKY (wie Anm. 666) III, S. 117, 120.

3131 Erlaß der oberösterreichischen Statthalterei vom 22. August 1857, LGBl. II Nr. 13, betreffend die Regelung des Schubwesens, ZALEISKY (wie Anm. 666) 2. Nachtrag, S. 173, ASTL (wie Anm. 2832) IV, S. 2893.

3132 Erlaß des Statthalters von Niederösterreich vom 8. Mai 1851, LGBl. Nr. 237, an die Bezirkshauptmannschaften, über die provisorische Regelung des Schubwesens, ZALEISKY (wie Anm. 666) III, S. 117, 120.

h. Verpflegung der Schüblinge

Nachdem man noch Ende des 17., Anfang des 18. Jahrhunderts den Ausgewiesenen Bettelbriefe mitgab, um sich auf dem Schubweg die nötige Nahrung erbitten zu können[3133], ging man später dazu über, den Schüblingen entweder Geld für die Verpflegung von den Schubobrigkeiten auszuhändigen oder aber sie durch Verabreichung von „Hausmannskost" bzw. „landesüblicher Kost" in der Schubstation zu ernähren[3134]. Die täglichen Wegzehrungsbeträge variierten allerdings im 18. Jahrhundert nicht nur länderweise zwischen zwei und vier Kreuzern für erwachsene Männer, sondern waren auch für Männer und Frauen bzw. Erwachsene und Kinder verschieden[3135].

Die schwankenden Geldverhältnisse und Preise der Lebensmittel machten es freilich in weiterer Folge notwendig, diese Beträge mehrfach zu erhöhen. So wurde etwa für Österreich unter der Enns 1802[3136] und für Böhmen 1809[3137] das für die Schüblinge bestimmte „Atzungsgeld für die Dauer der gegenwärtigen Theuerung ohne Unterschiede, ob es abzuschiebenden Manns- oder Weibspersonen zu verabreichen ist, auf tägliche 6 kr." erhöht[3138]. Schließlich empfahl man den Schubobrigkeiten als Vorsichtsmaßregel, daß dem „Schubbegleiter der Verpflegungsbetrag zu übergeben" sei – über dessen „richtige Abgabe" sich der Begleiter wie „über die verläßliche Ablieferung des Schüblings bei

---

3133 Patente für Österreich unter der Enns vom 26. März 1693, CA I, S. 206, und vom 26. August 1693, CA III, S. 374.

3134 Siehe etwa das Patent für Österreich unter der Enns („Sicherheits- und Schub-Patents-Erneuerung") vom 30. Oktober 1751, CA V, S. 602 f., HERZOG (wie Anm. 143), Nr. 6, S. 41; Patent für Galizien vom 3. November 1786, Slg. Joseph VI, S. 506, HERZOG (wie Anm. 143), Nr. 62, S. 78; siehe auch noch die Schubordnung für Siebenbürgen, Verordnung des Civil- und Militär-Gouverneurs von Siebenbürgen vom 28. Dezember 1849, LGBl. Nr. 47, ZALEISKY (wie Anm. 666) III, S. 108.

3135 Das Hofdekret für Österreich unter der Enns vom 17. Jänner 1724 („Nachrichtliche Erinnerung, wie das öffentliche Betteln allhier in der Kayserl. Residenz-Stadt Wien, und Erz-Herzogthum Österreich Landes unter der Enns abzustellen, hingegen die Arme zu versorgen, oder mit einer gemessenen Arbeit, zur Hindanhaltung des Müßigganges zu versehen, geordnet worden seye"), CA IV, S. 162, und das steirische Schubnormale vom 26. Februar 1750, kundgemacht durch Circulare vom 20. April 1750, Theresianisches Gesetzbuch (wie Anm. 143) I, Nr. 92, S. 136 ff., HERZOG (wie Anm. 143), Nr. 4, S. 28, sahen für einen abgeschobenen Erwachsenen täglich vier Kreuzer und für ein Kind zwei Kreuzer vor; das Patent für Österreich unter der Enns („Sicherheits- und Schub-Patents-Erneuerung") vom 30. Oktober 1751, CA V, S. 602 f., HERZOG (wie Anm. 143), Nr. 6, S. 41, sah für einen Mann vier, für eine Frau drei und für ein Kind zwei Kreuzer als täglichen Wegzehrungsbetrag vor; die böhmischen Schubvorschriften sahen hingegen für jeden Schübling nur zwei Kreuzer vor, siehe das Sicherheits- und Schubpatent für Böhmen vom 3. April 1750, HERZOG (wie Anm. 143), Nr. 5, S. 34, und die Verordnung in Böhmen vom 16. September 1794, HERZOG (wie Anm. 143), Nr. 90, S. 105, ZALEISKY (wie Anm. 666) III, S. 92 ff.

3136 Dekret der niederösterreichischen Regierung vom 16. Februar 1802, HERZOG (wie Anm. 143), Nr. 116, S. 122.

3137 Böhmische Gubernialverordnung vom 10. November 1809, HERZOG (wie Anm. 143), Nr. 167, S. 157.

3138 Dekret der niederösterreichischen Regierung vom 16. Februar 1802, HERZOG (wie Anm. 143), Nr. 116, S. 122.

gesetzlicher Ahndung auszuweisen" hatte[3139] –, oder man ging überhaupt dazu über, den Schüblingen in gleicher Weise wie den in „Criminal- oder Polizei-Untersuchung" stehenden „Inquisiten" täglich eine warme Mahlzeit sowie Wasser und Brot zu verabreichen[3140].

Detaillierter normierten dann die neoabsolutistischen Schubvorschriften die Art der Verpflegung, wie etwa die provisorische ungarische Schubordnung von 1851[3141], nach der vor dem Abgehen des Schubes den Schüblingen „ein Stück Brot zum Frühstücke" und nach der Ankunft in der Nachtstation „wieder ein Stück Brot, dann eine warme Speise zu verabreichen"[3142] war. Nach der provisorischen Schubordnung für Österreich unter der Enns von 1851[3143] war für die Verköstigung „auf eine den Localverhältnissen angemessene Weise Fürsorge zu treffen", wobei als Richtschnur festgelegt wurde, daß jeder Schübling „in jener Station, wo er um oder nach 10 Uhr Vormittags eintrifft, ein Mittagmahl, bestehend aus Suppe, einer warmen Speise und Brot zu erhalten" hatte, während ihm „Abends ... nebst einer Suppe Ein Pfund Brot, Kindern Ein halbes Pfund" zustand[3144]. „Kränklichen und gebrechlichen Personen, Kindern, schwangeren und säugenden Schüblingen" war erforderlichenfalls eine „bessere Kost" zu verabreichen. Nach der oberösterreichischen Schubordnung von 1857[3145] waren die Schüblinge „täglich zweimal und zwar Mittags und Abends mit Brot und warmer Speise in hinreichender Menge zu versehen", während Kindern über zehn Jahren, schwangeren, gebrechlichen oder kränklichen, dann solchen auf den Schub gesetzten Personen, wel-

3139 Hofkanzleidekret vom 6., Dekret der niederösterreichischen Regierung vom 30. Juli, Kreisschreiben u.W.W. vom 12. August 1815, Ignaz Peregrin AINSIDL, Handbuch der Gesetze und Belehrungen welche über den zweyten Theil des Strafgesetzes in schweren Polizey-Uebertretungen nachträglich in den Jahren 1804 bis inclusive 1821 erschienen sind, Wien 1822, HERZOG (wie Anm. 143), Nr. 184, S. 171.

3140 Ebd., siehe auch das oberösterreichische Regierungsdekret vom 13. März 1825, HERZOG (wie Anm. 143), Nr. 313, S. 313. So bekamen etwa die Inquisiten im Innsbrucker Strafhaus – und nach diesem Vorbild auch die böhmischen Inquisiten – „nebst 1 Pfund Brot" am Montag „Einbrennsuppe und Erbsen", am Dienstag „Brotsuppe, Graupen", am Mittwoch „Einbrennsuppe, Linsen", am Donnerstag „Brotsuppe, Rüben", am Freitag „Einbrennsuppe, Knödeln", am Samstag „Brotsuppe, Grieskasche", am Sonntag „Fleischbrühe, Erdäpfel mit Rindfleisch", siehe Gubernialdekret vom 27. Dezember 1832, HERZOG (wie Anm. 143), Nr. 413, S. 424; siehe dort auch den Wiener „Speiszettel" und den von Innerösterreich.

3141 Kundmachung des interimistischen Chefs der ungarischen Statthalterei vom 20. März 1851, LGBl. Nr. 79, womit die provisorische Norm über das Schubwesen im Kronlande Ungarn kundgemacht wird, ZALEISKY (wie Anm. 666) III, S. 118.

3142 Ebd., S. 113.

3143 Erlaß des Statthalters von Niederösterreich vom 8. Mai 1851, LGBl. Nr. 237, an die Bezirkshauptmannschaften über die provisorische Regelung des Schubwesens, ZALEISKY (wie Anm. 666) III, S. 115 f.

3144 So auch die Kundmachung des niederösterreichischen Landes-Ausschusses vom 4. Dezember 1868, LGBl. Nr. 20, an sämtliche n.ö. Schubstations-Gemeinden des flachen Landes, betreffs der vom 1. Jänner 1869 an geltenden Bestimmungen in Schubsachen.

3145 Erlaß der oberösterreichischen Statthalterei vom 22. August 1857, LGBl. II Nr. 13, betreffend die Regelung des Schubwesens, ZALEISKY (wie Anm. 666) 2. Nachtrag, S. 176, ASTL (wie Anm. 2832) IV, S. 2896.

che das sechzigste Lebensjahr überschritten" hatten, zusätzlich ein Frühstück, „bestehend aus einem Seitel warmer Milch- oder Einbrennsuppe mit Brot", zu reichen war.

h. Bekleidung und Reinigung der Schüblinge

Die Schüblinge mußten aber nicht nur auf dem Schub mit der ausreichenden Verpflegung versehen, sondern auch vor und während des Schubes mit der notwendigen Bekleidung ausgestattet werden. Ordneten die Vorschriften des 18. Jahrhunderts ursprünglich bloß für den Hauptschub explizit an, die „theils übel bekleideten",[3146] „von Kleidern entblöste[n]"[3147] Schüblinge mit der „nothdürftigen Leibs-Bedeckung alsogewiß"[3148] zu versehen bzw. „denen Halbnackenden mit einer nöthigen Kleidung zu ihrer Bedeckung" an die Hand zu gehen"[3149], widrigenfalls diese nicht zum Hauptschub angenommen werden durften[3150], so sahen die späteren Schubvorschriften jedenfalls auch für den Partikularschub ausdrücklich eine Ausstattung des Schüblings mit der „nothdürftigsten Leibes- und Fußbekleidung" vor[3151].

Nach der provisorischen Schubordnung für Österreich unter der Enns 1851[3152] etwa waren die Schüblinge „sogleich auf der Station, wo sie auf den Schub gesetzt" wurden, im Falle des Bedarfes „mit den zur Bedeckung der Blößen und zum Schutze vor der Kälte nothwendigsten Kleidern" zu versehen – „ausgenommen, es wäre in dieser Station wegen Abgang eines Trödlers oder sonstigen einschlägigen Gewerbsmannes die Beischaffung der Kleider ganz unmöglich", wie dies für die Steiermark 1863 normiert wurde[3153] – und erforderlichenfalls „vom Ungeziefer zu reinigen"[3154]. Auch nach der

---

3146 Hofdekret vom 11. September 1724, CA IV, S. 223.

3147 Patent für Österreich unter der Enns vom 6. Juni 1727 („Land-Visitations-Ordnung"), CA IV, S. 434.

3148 Ebd.

3149 Hofdekret für Österreich unter der Enns vom 17. Jänner 1724 („Nachrichtliche Erinnerung, wie das öffentliche Betteln allhier in der Kayserl. Residenz-Stadt Wien, und Erz-Herzogthum Österreich Landes unter der Enns abzustellen, hingegen die Arme zu versorgen, oder mit einer gemessenen Arbeit, zur Hindanhaltung des Müßigganges zu versehen, geordnet worden seye"), CA IV, S. 162.

3150 Für die Beteilung mit Kleidern beim Wiener Hauptschub siehe S. 607 f.

3151 Schubordnung für Siebenbürgen, Verordnung des Civil- und Militär-Gouverneurs von Siebenbürgen vom 28. Dezember 1849, LGBl. Nr. 47, ZALEISKY (wie Anm. 666) III, S. 108; siehe auch bereits das Hofkanzleidekret vom 4. Februar 1841, Verordnung der niederösterreichischen Regierung vom 24. Februar 1841, Prov. GSlg. NÖ XXIII (1841), Nr. 23, S. 30 f., ZALEISKY (wie Anm. 666) III, S. 135; und das böhmische Gubernialdekret vom 10. Jänner 1847, ASTL (wie Anm. 967) II, S. 377.

3152 Erlaß des Statthalters von Niederösterreich vom 8. Mai 1851, LGBl. Nr. 237, an die Bezirkshauptmannschaften über die provisorische Regelung des Schubwesens, ZALEISKY (wie Anm. 666) III, S. 120.

3153 Verordnung der steiermärkischen Statthalterei vom 1. August 1863, LGBl. Nr. 4, die Regulirung des Schubwesens betreffend.

3154 Erlaß des Statthalters von Niederösterreich vom 8. Mai 1851, LGBl. Nr. 237, an die Bezirkshauptmannschaften über die provisorische Regelung des Schubwesens, ZALEISKY (wie Anm. 666) III, S. 120; siehe schon z.B. Hofkanzleidekret vom 4. Februar 1841, Verordnung

oberösterreichischen Schubordnung von 1857[3155] war, bevor „ein Individuum auf den Schub gesetzt“ wurde, dasselbe einer sorgfältigen Untersuchung zu unterziehen, „ob es mit Ungeziefer behaftet sei, und wenn es der Fall“ war, „vollkommen zu reinigen“, was ebenso für die Kleider des Schüblings galt.

Kam ursprünglich jenem Dominium, bei dem Schüblinge ankamen, die nicht „mit den nöthigen Kleidungsstücken versehen, oder mit Ungeziefer behaftet“ waren, die Berechtigtigung zu, diese „an die nächste Schubstation“, woher sie gekommen waren, zurückzubefördern“, so trat seit 1841[3156] an die Stelle dieser Regelung die Anordnung an die Dominien, die „Bekleidung oder Reinigung“ des Schüblings selbst „einzuleiten“ bzw. „das Fehlende ... zu ergänzen“[3157], und 1857[3158] wurde für Österreich ob der Enns hinsichtlich der Schüblinge, die „mit Ungeziefer behaftet in einer nachfolgenden Schubstation“ ankamen, vorgeschrieben, daß die Reinigung auf Kosten der unmittelbar vorausgehenden Schubstation zu wiederholen sei, denn „die Ursache hiervon“ könne nur in deren Verschulden liegen, indem „entweder die aufgetragene Säuberung fahrlässig vorgenommen oder die Schubstube unrein gehalten wurde“.

Häufig kam es offensichtlich auch vor, daß Schüblinge, „ungeachtet sie von der dieselben in Schub setzenden Obrigkeit Bekleidung und Beschuhung erhalten“ hatten, sich „auf dem Wege ... ihrer brauchbaren Bekleidung durch Tausch oder Verkauf entledigen und auf diese Art bei der nächsten Obrigkeit neue Bekleidung erheischen“ konnten. Zur Vermeidung einer derartigen Kostenvermehrung sowohl auf dem Haupt- als auch auf dem Partikularschub wurde daher bereits 1848[3159] den niederösterreichischen

der niederösterreichischen Regierung vom 24. Februar 1841, Prov. GSlg. NÖ XXIII (1841), Nr. 23, S. 30 f., ZALEISKY (wie Anm. 666) III, S. 135.

3155 Erlaß der oberösterreichischen Statthalterei vom 22. August 1857, LGBl. II Nr. 13, betreffend die Regelung des Schubwesens, ZALEISKY (wie Anm. 666) 2. Nachtrag, S. 174, ASTL (wie Anm. 2832) IV, S. 2894.

3156 Hofkanzleidekret vom 4. Februar 1841, Verordnung der niederösterreichischen Regierung vom 24. Februar 1841, Prov. GSlg. NÖ XXIII (1841), Nr. 23, S. 30 f., ZALEISKY (wie Anm. 666) III, S. 135. Vorher war ein „ordentliches Constitut mit Beiziehung unparteiischer Zeugen aufzunehmen“. Dem betroffenen Dominium kam auch ein Ersatzanspruch zu, der „im Wege der vorgesetzten politischen Behörde geltend zu machen“ war.

3157 Erlaß des Statthalters von Niederösterreich vom 8. Mai 1851, LGBl. Nr. 237, an die Bezirkshauptmannschaften über die provisorische Regelung des Schubwesens, ZALEISKY (wie Anm. 666) III, S. 120; nach dem Erlaß der oberösterreichischen Statthalterei vom 22. August 1857, LGBl. II Nr. 13, betreffend die Regelung des Schubwesens, ZALEISKY (wie Anm. 666) 2. Nachtrag, S. 175, ASTL (wie Anm. 2832) IV, S. 2895, gegen Kostenersatz der „vorausgegangenen“ Schubstation.

3158 Erlaß der oberösterreichischen Statthalterei vom 22. August 1857, LGBl. II Nr. 13, betreffend die Regelung des Schubwesens, ZALEISKY (wie Anm. 666) 2. Nachtrag, S. 174, ASTL (wie Anm. 2832) IV, S. 2894. Und zwar war jeder Schübling „sogleich bei seinem Eintreffen in der Schubstation in Gegenwart des übergebenden Convoianten zu untersuchen, und wenn er unrein befunden wird, über diesen Zustand mit Beiziehung zweier unparteiischer Zeugen ein ämtliches Constitut aufzunehmen, und der Kostenersatz im Wege der vorgesetzten Behörde anzusprechen“.

3159 Dekret der niederösterreichischen Regierung vom 18. Dezember 1848, LGBl. 1849 Nr. 3 E.B., an die vier niederösterreichischen Kreisämter und an den Wiener Magistrat, die Beklei-

Obrigkeiten der Auftrag erteilt, den Schubbegleitern „eine strenge Aufmerksamkeit auf die Bekleidung der Schüblinge" zu empfehlen, „damit der bemerkte Unfug hintangehalten werde". Wie allerdings 1850[3160] die Prager Stadthauptmannschaft berichtete, wiederholte sich nichtsdestotrotz „seit geraumer Zeit die Unzukömmlichkeit, daß von auswärtigen Gemeinden Schüblinge bezüglich ihrer Bekleidung so vernachlässigt nach Prag" gelangten, daß sie von der dortigen Stadthauptmannschaft „meist ganz, oder doch zum größten Theile bekleidet" werden mußten. Abgesehen davon, daß sich unter den mittels Schubes Beförderten häufig auch Personen befanden, „gegen welche, wegen geringer, strafbarer Handlungen oder Unterlassungen diese Maßregel angeordnet" und „bei welchen das nicht ganz erloschene Ehrgefühl durch den Mangel der nothwendigen Kleidung ganz unterdrückt" wurde, und „daß Schüblinge aus Humanitätsrücksichten vor den Einflüssen der Witterung zur Erhaltung ihrer Gesundheit wenigstens nothdürftig geschützt werden" sollten, erwuchs nach Ansicht der böhmischen Statthalterei durch „diese „Pflichtversäumniß" der Gemeinden – denen nunmehr die früher den Dominien obliegende Verpflichtung, für die nötige Bekleidung der Schüblinge zu sorgen, zukam – der Hauptstadt Prag, „wegen der auf diese Art nothwendig gewordenen Versorgung der Mehrheit der Schüblinge mit Kleidern, eine übermäßige Last". Die Einhaltung der Bekleidungsvorschriften wurde daher eingeschärft. So ordnete etwa die oberösterreichische Statthalterei 1859 an, die „geschehene Verabreichung von Kleidern", die sich im jedenfalls „auf den strengsten Bedarf zu beschränken" hatte, „im Schubpasse zu bemerken"[3161], und eine steiermärkische Statthaltereiverordnung von 1863[3162] schrieb darüber hinaus vor, die Schüblinge „jedenfalls nicht mit mehr Kleidungsstücken zu betheilen, als sie gewöhnlich zu tragen pflegen".

Was als notwendigste Ausstattung mit Kleidern angesehen werden konnte, zeigen übrigens in anschaulicher Weise z.B. die niederösterreichischen Schubvorschriften von

---

dung der Schüblinge betreffend, ZALEISKY (wie Anm. 666) III, S. 136, ASTL (wie Anm. 2832) IV, S. 2902.

3160 Böhmische Statthaltereiverordnung vom 11. November 1850, ASTL (wie Anm. 967) II, S. 376 ff.

3161 Siehe dazu auch S. 546 und z.B. den Erlaß der Statthalterei im Erzherzogthume Oesterreich ob der Enns vom 1. September 1859, LGBl. Nr. 27, wegen Beförderung des Hauptschubes zwischen Linz und Lambach mittelst der Eisenbahn. Der Erlaß sprach davon, daß sich wieder ein Fall ergeben hatte, „daß ein Schübling Gelegenheit fand, die Kleider zu veräußern", was die Folge nach sich zog, „daß ihm auf der nachfolgenden Schubstation neuerdings Kleider angeschafft und der Ersatz von der vorhergehenden Schubstation angesprochen" wurde. Um dies hintanzuhalten, wurde der Vermerk im Schubpaß abermals vorgeschrieben. Die nachfolgende Schubstation hatte sich bei der Übernahme des Schüblings „durch Einsicht des Schubpasses die Ueberzeugung zu verschaffen, ob der Schübling noch mit den erfolgten Kleidern versehen" war, widrigenfalls sie in „in der Uebernahmsbestätigung diesen Umstand zu bemerken, gegen den Schuldtragenden aber mit angemessener Ahndung vorzugehen, überhaupt aber bei Erfolgung von Kleidungsstücken sich nur auf den strengsten Bedarf zu beschränken" hatte.

3162 Verordnung der steiermärkischen Statthalterei vom 1. August 1863, LGBl. Nr. 4, die Regulirung des Schubwesens betreffend.

1869[3163] hinsichtlich der verrechenbaren Maximalpreise für die „Particular-Schüblingsbekleidung". So wurden hier für Männer – je nach Winter- und Sommermonaten leicht modifiziert – eine Haube (im Winter „von Tuch"), eine Jacke (im Sommer „von Zwilch"), eine Hose, ein Hemd, „eine Gattie", ein Halstuch und ein paar Schuhe, für Frauen ein „Corsett", ein (Ober-)Rock, ein Paar Strümpfe, ein Hemd, ein Halstuch und ein paar Schuhe angeführt.

j. Schubrezepisse und -büchel

War der Schübling nun mit ausreichender Begleitung, zu Fuß oder zu Wagen oder per Bahn, mit oder ohne Eisen in einer Durchschubstation wohlbehalten angekommen, mußte er dort von der in den jeweiligen Schubvorschriften bestimmten Amtsperson übernehmen übernommen werden, welche dem Konvojanten ein sogenanntes Schubrezepisse, das auch als Bescheinigung, Liefer- oder Empfangsschein oder Schubschein bezeichnet wurde, auszustellen hatte. So sollte etwa nach dem niederösterreichischen Schubpatent von 1724[3164] der Schübling „bis an das nächste Landgericht wohl verwahrt geliefert, da dem Verwalter oder Dorf-Richter" samt Schubpaß und etwaigen Urkunden[3165] übergeben werden, der zum Beweis, „daß solche Übergabe geschehen", ein „gewöhnliches Rezepisse" auszufertigen hatte, welches an die Landesregierung bzw. Repräsentation und Kammer einzusenden war, bzw. nach Schaffung der theresianischen Hofkommission für Landessicherheitssachen auch an diese[3166].

Der Schübling war also stets von Schubstation zu Schubstation „gegen allseitig auszustellende Recepissen bis an die Bestimmung gut, ordentlich, und nach den bestehenden Gesetzen" zu führen[3167] und durfte von seinem Begleiter jedenfalls nicht eher entlassen werden, als er von der zuständigen Amtsperson übernommen – d.h. von „dem Richter allein, und in dessen Abwesenheit den Gemeinde-Geschwornen, oder dem

---

3163 Nach der Kundmachung des niederösterreichischen Landes-Ausschusses vom 4. Dezember 1868, LGBl. Nr. 20, an sämtliche n.ö. Schubstations-Gemeinden des flachen Landes, betreffs der vom 1. Jänner 1869 an geltenden Bestimmungen in Schubsachen, geschah die Partikular-Schüblingsbekleidung „in der Regel nur in der ersten Schubstation auf Grund einer dem Schubstations-Protokolle jedesmal beizuschließenden Anweisung der instradierenden Behörde.

3164 Patent für Österreich unter der Enns vom 13. April 1724 („Visitations-Schub, und Versorgung der Armen"), CA IV, S. 183 f., HERZOG (wie Anm. 143), Nr. 1, S. 16; ähnlich auch das steirische Schubnormale vom 26. Februar 1750, kundgemacht durch das Circulare vom 20. April 1750, Theresianisches Gesetzbuch (wie Anm. 143) I, Nr. 92, S. 136 ff., HERZOG (wie Anm. 143), Nr. 4, S. 29.

3165 So explizit das steirische Schubnormale vom 26. Februar 1750, kundgemacht durch Circulare vom 20. April 1750, Theresianisches Gesetzbuch (wie Anm. 143) I, Nr. 92, S. 136 ff., HERZOG (wie Anm. 143), Nr. 4, S. 29.

3166 Patent für Österreich unter der Enns („Sicherheits- und Schub-Patents-Erneuerung") vom 30. Oktober 1751, CA V, S. 602 f., HERZOG (wie Anm. 143), Nr. 6, S. 41; Patent für Österreich ob der Enns („Neue Bettler- und Sicherheitsordnung") vom 1. September 1752, CA V, S. 701, Theresianisches Gesetzbuch (wie Anm. 143) I, Nr. 214, S. 276 ff.

3167 Verordnung in Böhmen vom 4. Juni 1785, Slg. Joseph V, S. 183, HERZOG (wie Anm. 143), Nr. 54, S. 69.

Wächter"[3168], dem jeweiligen Vorstadt-Grundgericht in Wien[3169], der „Obrigkeit" der Schubstation[3170], „dem Ortsgerichte, oder wenigstens einem dieser Aufsicht gewachsenen Manne"[3171], dem Amt des betreffenden Dominiums[3172] usw. – und dem Konvojanten von dieser Amtsperson ein Schubrezepisse ausgefertigt worden war.

Während die Rezepisse etwa nach der böhmischen Schubordnung von 1750[3173] noch ausschließlich von „der mitziehenden Convoi" zu sammeln waren, „um sich somit im Erforderungsfalle legitimiren zu können", wohingegen die „Schubörter ... allmonathlich ... dem Kreisamte den Bericht zu erstatten hatten", so ging man in weiterer Folge außerdem dazu über, die Rezepisse nicht nur in den einzelnen Schubstationen zu sammeln, sondern auch der schubveranlassenden Behörde[3174], also in der Regel[3175] dem Kreisamt[3176] oder der Ortsobrigkeit, einzusenden, damit sich auf diese Weise die abschiebende Behörde „von dem richtigen Eintreffen des Schüblings in die nöthige

3168 Und „nur von einer dieser drei Amtspersonen" durfte das Rezepisse ausgefertigt werden, so das Dekret der niederösterreichischen Regierung vom 10. März 1795 und die Verordnung der niederösterreichischen Regierung vom 17. November 1795, FAULLER (wie Anm. 130) IV, S. 83 f., ZALEISKY (wie Anm. 666) III, S. 94, HERZOG (wie Anm. 143), Nr. 94, S. 110.

3169 Circular vom 5. August 1791, BARTH-BARTENHEIM (wie Anm. 588) I, S. 578.

3170 Patent für Galizien vom 3. November 1786, Slg. Joseph VI, S. 507, HERZOG (wie Anm. 143), Nr. 62, S. 79.

3171 Gubernialverordnung in Westgalizien vom 19. Oktober 1801, HERZOG (wie Anm. 143), Nr. 114, S. 121.

3172 Hofkanzleidekret vom 16. Juli 1824 an die Gubernien in Mähren und Böhmen, HERZOG (wie Anm. 143), Nr. 305, S. 303 f.

3173 Sicherheits- und Schubpatent für Böhmen vom 3. April 1750, HERZOG (wie Anm. 143), Nr. 5, S. 33.

3174 Verordnung der niederösterreichischen Regierung vom 26. März 1807, ZALEISKY (wie Anm. 666) III, S. 138, KANKA (wie Anm. 589) I, S. 261, HERZOG (wie Anm. 143), Beilage zu Nr. 144, S. 139.

3175 So war nach der böhmischen Verordnung vom 21. November 1794, HERZOG (wie Anm. 143), Nr. 91, S. 107, ZALEISKY (wie Anm. 666) III, S. 92 ff., das Rezepisse an die Prager Stadthauptmannschaft einzusenden, wenn die Schüblinge von dieser in ihre Zuständigkeitsorte abgeschoben wurden; siehe auch die Verordnungen des böhmischen Guberniums vom 1. Juli 1808 und vom 23. Juni 1817, HERZOG (wie Anm. 143), Nr. 57, S. 149 und Nr. 200, S. 199; und nach der Gubernialverordnung in Tirol vom 19. Jänner 1803, ebd., Nr. 119, S. 123, waren die „Schubscheine", also Rezepisse, wenn jemand „von der hiesigen Polizei-Direktion verschoben wird, ... zur Gewinnung der Zeit sogleich unmittelbar an die Direktion zurückzusenden".

3176 Lag nach Verordnung in Böhmen vom 16. September 1794, HERZOG (wie Anm. 143), Nr. 90, S. 104, ZALEISKY (wie Anm. 666) III, S. 92 ff., der Zuständigkeitsort innerhalb des Kreises, so konnte sich das abschiebende Kreisamt „leicht überzeugen, ob der Abgeschobene seiner Obrigkeit richtig übergeben worden [war] oder nicht". Lag der Zuständigkeitsort aber außerhalb des Kreises, in dem das Rezepisse ausgestellt worden war, so mußte das Kreisamt, dem das Rezepisse eingesendet worden war, dieses an das Kreisamt übermitteln, welches den Schub eingeleitet und den Schubpaß ausgestellt hatte. Erfolgte der Schub „ganz außer Land", so hatte die Obrigkeit der letzten Abwechslungsstation an der Grenze überdies dem vorgesetzten Kreisamt die vollzogene „Außerlandschiebung" anzuzeigen.

Kenntniß setze"[3177]. Zu diesem Zweck war vorgeschrieben, daß die übernehmende Amtsperson in der Schubstation „in Ansehung einer jeden Schubperson in Ausweisung der richtig geschehenen Übergabe sich mit dem Rezepisse des Übernehmers versehe"[3178], sich also „zu seiner Rechtfertigung ..., der richtigen Einlieferung halber, um die gewöhnliche Bescheinigung zu bewerben" hatte, da „im widrigen Falle ein solcher Ortsrichter, welcher sich der Überlieferung halber mit keiner solchen Bescheinigung ausweisen könnte, ohne weitere Anhörung einer Entschuldigung für strafmäßig geachtet" wurde[3179].

Diese „Empfangsscheine" dienten dementsprechend nicht nur dem Schubbegleiter bzw. Überbringer zur „Rechtfertigung"[3180], d.h. dazu, sich bei dem Ortsgericht bzw. der Ortsobrigkeit, das oder die ihn als Konvojanten bestellt hatte, „der richtigen Überlieferung halber" auszuweisen – denn konnte er sich nicht mit diesem Empfangsschein ausweisen, so sollte er bei seiner Rückkehr sogleich zur Verantwortung gezogen werden[3181] –, sondern sie sollten von den Obrigkeiten der jeweils absendenden Schubstation deshalb verläßlich „gesammelt werden", weil sich „in vorkommenden Fällen" der Beweis gegen einen Schuldtragenden – wer immer es auch sein mochte – bei einer Entweichung nur hieraus entnehmen ließ[3182] und „vermöge eingesehener Rezepisse immer die schärfste Untersuchung" gepflogen werden konnte[3183]. Auf diese Weise war es also möglich, daß man sich „sowohl von Seite der Schubverwaltung der ... geschehenen Abschiebung der Schubperson versichern, als auch von Seite derjenigen, denen die Veranstaltung des Schubes von Ort zu Ort obliegt, ... der wirklich geschehenen weiteren Ablieferung an die nächste Station halber ausweisen, mithin sich außer Verantwortung setzen" konnte[3184].

Um es den Obrigkeiten der Abwechslungsstationen zu erleichtern, „jederzeit ein ordentliches Rezepisse" auszustellen, wurden für diese Empfangsscheine – nach anfäng-

---

3177 Verordnung der niederösterreichischen Regierung vom 26. März 1807, ZALEISKY (wie Anm. 666) III, S. 138, KANKA (wie Anm. 589) I, S. 261, HERZOG (wie Anm. 143), Beilage zu Nr. 144, S. 139. Traf das Rezepisse nicht „in der mit der Entfernung verhältnißmäßigen Zeit" ein, so war davon Anzeige zu machen, und die erforderlichen Untersuchungen wurden eingeleitet.

3178 Dekret der niederösterreichischen Regierung vom 10. März 1795 und die Verordnung der niederösterreichischen Regierung vom 17. November 1795, FAULLER (wie Anm. 130) IV, S. 83 f., ZALEISKY (wie Anm. 666) III, S. 94, HERZOG (wie Anm. 143), Nr. 94, S. 110.

3179 So das Regierungsdekret vom 6. August 1781, HERZOG (wie Anm. 143), Nr. 41, S. 63, ZALEISKY (wie Anm. 666) III, S. 126.

3180 So noch die Schubordnung für Siebenbürgen, Verordnung des Civil- und Militär-Gouverneurs von Siebenbürgen vom 28. Dezember 1849, LGBl. Nr. 47, ZALEISKY (wie Anm. 666) III, S. 106.

3181 Dekret der niederösterreichischen Regierung vom 18. Juni 1796, HERZOG (wie Anm. 143), Nr. 97, S. 112.

3182 Kreisschreiben u.W.W. vom 4. Mai 1812, HERZOG (wie Anm. 143), Nr. 174, S. 162.

3183 Verordnung in Böhmen vom 16. September 1794, ebd., Nr. 90, S. 106, ZALEISKY (wie Anm. 666) III, S. 92 ff.

3184 Dekret der niederösterreichischen Regierung vom 18. Juni 1796, HERZOG (wie Anm. 143), Nr. 97. S. 112.

lich eher seltenen Anordnungen betreffend deren Inhalt[3185] – seit dem Ende des 18. Jahrhunderts Muster(formulare)[3186] vorgeschrieben, von denen „nicht im geringsten abzuweichen" war, „damit man hieraus vorzüglich einsehen könne, woher und wohin der Sträfling geschoben, und von wem er convojirt worden sei" [3187]. In das Formular des Empfangsscheines mußte dementsprechend jedenfalls die Nummer des Schubpasses, die Station, woher die Schubperson gekommen war, der Vor- und Zuname des Schüblings, der Ort, wohin der Schübling weiter zu schieben war, das Datum der Ausfertigung und der Name des Formularausfertigers eingetragen werden[3188].

Die Vorschrift der Ausstellung von Rezepissen zur Bestätigung der erfolgten Zuschiebung an die Zuständigkeitsgemeinde existierte aber nicht in allen Ländern der Habsburgermonarchie, denn z.B. in Galizien und Ungarn wurde die Übernahme der Zugeschobenen von den Amtspersonen bzw. Schubstationen bloß im Schubpaß bestätigt[3189]. Außerdem wurden durch einige Schubordnungen, wie denen für Österreich unter der Enns 1815, Tirol und Vorarlberg 1817, Illyrien 1819 sowie Mähren und Schlesien von 1827[3190], anstelle „der leicht in Verstoß gerathenden Recepissen ... bei jedem Dominium eigene Schubbücheln" eingeführt, „in welche dem Convojanten die richtige

3185 So hatte etwa die Verordnung der niederösterreichischen Regierung vom 7. Juni 1781, HERZOG (wie Anm. 143), Nr. 39, S. 62, nur vorgeschrieben, daß die „Richter ... bei vorkommendem Partikularschub jederzeit den Tauf- und Zunamen, dann das Datum und Jahr in dem ausgestellten Rezepisse deutlich anmerken" sollten.

3186 Nach der Verordnung in Böhmen vom 16. September 1794, HERZOG (wie Anm. 143), Nr. 90, S. 105, ZALEISKY (wie Anm. 666) III, S. 92 ff., lautete das vorgeschriebene Muster: „Die wegen Bettelns von N.N. (Kreis oder Ort) nach N.N. in, oder ohne Eisen abgeschobene N.N. (Vor- und Zuname) ist durch den Convojanten N.N. (Name des Überbringers) richtig anher geliefert worden"; siehe auch EICHLER (wie Anm. 2927), S. 306; siehe dazu später auch etwa das Formular C des Erlasses der oberösterreichischen Statthalterei vom 22. August 1857, LGBl. II Nr. 13, betreffend die Regelung des Schubwesens.

3187 Verordnung in Böhmen vom 16. September 1794, HERZOG (wie Anm. 143), Nr. 90, S. 105, ZALEISKY (wie Anm. 666) III, S. 92 ff.

3188 Dekret der niederösterreichischen Regierung vom 18. Juni 1796, HERZOG (wie Anm. 143), Nr. 97, S. 113: „Nr. a) Die von b) hieher geschobene Person, Namens c) ist heute richtig hier angekommen, von hier weiter nach d) abgeschoben worden. e) den f) g)".

3189 Hofkanzleidekret vom 8. Juli 1807, HERZOG (wie Anm. 143), Nr. 147, S. 141; Patent für Galizien vom 3. November 1786, Slg. Joseph VI, S. 507, HERZOG (wie Anm. 143), Nr. 62, S. 79: „Bey dieser Uibergabe haben die Beamten, oder Magistratspersonen, an welche die Uibergabe geschieht, auf der entgegengesetzten Seite des Schubpasses die richtige Uiberführung des Abgeschobenen unter dem gehörigen Datum zu bescheinigen, und unterschrieben dem Schubbegleiter zu behändigen".

3190 Hofkanzleidekret vom 28. September 1815, Dekret der niederösterreichischen Regierung vom 24. Oktober 1815, KANKA (wie Anm. 589) II, S. 16 f., ZALEISKY (wie Anm. 666) III, S. 95, HERZOG (wie Anm. 143), Nr. 186, S. 173; Dekret der „Central-Organisirungs-Hofkommission" vom 27. Mai 1817 an das Landesgubernium in Tirol und Vorarlberg, Prov. GSlg. Tirol IV/1 (1817), Nr. 116, S. 917, 923 ff., HERZOG (wie Anm. 143), Nr. 197, S. 193; Kundmachung des Landesguberniums im Küstenlande vom 18. September 1819, Hofkanzleidekret vom 27. März 1820, HERZOG (wie Anm. 143), Nr. 229, S. 226; Hofkanzleidekret vom 15. März 1827 an das mährisch-schlesische Gubernium, ZALEISKY (wie Anm. 666) III, S. 99 f., HERZOG (wie Anm. 143), Nr. 342, S. 351.

Ablieferung des Schüblings zu bestätigen" war[3191], und „mit der im Schubbüchel auszudrückenden Bestätigung über die richtige Ablieferung des Schüblings" hatte sich nun hinkünftig jeder Schubbegleiter auszuweisen[3192]. Auch für diese Schubbüchel wurden Formulare vorgeschrieben[3193], um „eine zweckmäßige Gleichförmigkeit" dieses Schubdokumentes zu erzielen[3194]. In diesem Sinne sah etwa die provisorische Schubordnung für Österreich unter der Enns 1851[3195] vor, daß das jedem Schubbegleiter mitzugebende Schubbüchel, „in welchem der Begleiter auf der nächsten Station sich Tag und Stunde der Uebergabe des Schüblings, dann der etwa mitgebrachten Documente, Baarschaften und sonstigen Effecten ... vom Schub-Commissäre bestätigen zu lassen hatte", nicht nur „die Namen der Schüblinge" sondern auch „die fortlaufende Zahl des Schub-Protocolles" enthalten mußte.

k. Schubprotokoll

Um die für das Schubwesen notwendige „Ordnung und Genauigkeit zu erzielen"[3196], wurde den Ortsrichtern bzw. Ortsobrigkeiten der Schubstationen neben der Ausstellung der Rezepissen auch zur Pflicht gemacht, „mit aller möglichen Genauigkeit und Verläßlichkeit"[3197] ein Protokoll zu führen, in welches nach einem Dekret der niederösterreichischen Regierung von 1795[3198] die „Namen der Schubleute, dann der Tag

---

3191 Hofkanzleidekret vom 15. März 1827 an das mährisch-schlesische Gubernium, ZALEISKY (wie Anm. 666) III, S. 99 f., HERZOG (wie Anm. 143), Nr. 342, S. 351.

3192 Hofkanzleidekret vom 28. September 1815, Dekret der niederösterreichischen Regierung vom 24. Oktober 1815, KANKA (wie Anm. 589) II, S. 16 f., ZALEISKY (wie Anm. 666) III, S. 95, HERZOG (wie Anm. 143), Nr. 186, S. 173.

3193 Siehe ein derartiges Formular in der Beilage des Dekretes der „Central-Organisirungs-Hofkommission" vom 27. Mai 1817 an das Landesgubernium in Tirol und Vorarlberg, Prov. GSlg. Tirol IV/1 (1817), Nr. 116, S. 923 f., HERZOG (wie Anm. 143), Nr. 197, S. 196; sowie der Kundmachung des Landesguberniums im Küstenlande vom 18. September 1819, Hofkanzleidekret vom 27. März 1820, HERZOG (wie Anm. 143), Nr. 229, S. 227.

3194 So lautete etwa das „Bescheinungsformular" nach der Schubordnung für Mähren und Schlesien von 1827: „Die Übergabe des N.N., welcher mittelst Schubes von N. unter Begleitung des N.N. von N. am heutigen Tage um — Uhr (Vor- oder Nachmittag) geschlossen (oder ungeschlossen) nebst einem wohl versiegelten Dienstschreiben (und verzeichneten Fahrnissen) hieher gelangte, wird anmit bestätigt. Datum — — N.N. Verwalter", siehe das Hofkanzleidekret vom 15. März 1827 an das mährisch-schlesische Gubernium, ZALEISKY (wie Anm. 666) III, S. 99 f., HERZOG (wie Anm. 143), Nr. 342, S. 351.

3195 Erlaß des Statthalters von Niederösterreich vom 8. Mai 1851, LGBl. Nr. 237, an die Bezirkshauptmannschaften über die provisorische Regelung des Schubwesens, ZALEISKY (wie Anm. 666) III, S. 119.

3196 Dekret der niederösterreichischen Regierung vom 10. März 1795 und Verordnung der niederösterreichischen Regierung vom 17. November 1795, FAULLER (wie Anm. 130) IV, S. 83 f., ZALEISKY (wie Anm. 666) III, S. 94, HERZOG (wie Anm. 143), Nr. 94, S. 110.

3197 Verordnung des böhmischen Guberniums vom 6. August 1805, HERZOG (wie Anm. 143), Nr. 132, S. 128.

3198 Dekret der niederösterreichischen Regierung vom 10. März 1795 und Verordnung der niederösterreichischen Regierung vom 17. November 1795, FAULLER (wie Anm. 130) IV, S. 83 f., ZALEISKY (wie Anm. 666) III, S. 94, HERZOG (wie Anm. 143), Nr. 94, S. 110.

ihrer Ankunft, und weiteren Beförderung, das Ort, wohin sie begleitet werden, nebst Beilegung der überkommenen Rezepisse ordentlich einzutragen" waren. Für Böhmen wurden wenig später[3199] folgende detaillierte Rubriken für das Schubprotokollformular vorgeschrieben: „1) Monat und Tag der Schubeinlangung. 2) Name, Geburts- oder Unterthänigkeitsort des Schüblings. 3) Wurde geschoben, von wem, woher? 4) Aus Ursachen geschlossen oder ungeschlossen. 5) Wohin? an welchem Tage? 6) Über welche Stazion? 7) Von diesem sind die Rezepisse eingelangt? 8) Von andern Kreisämtern sind die Rezepisse eingetroffen? 9) Das Kreisamt hat die richtige Ablieferung des Schüblings auf seinen Bestimmungsort mit Einsendung des letzten Rezepisses bewährt am —. 10) Wegen nicht erfüllter Schubvorschriften, oder entwichener Schüblinge ist an Strafe eingekommen, oder die Anzeige wegen Ausbleiben des Rezepisses erstattet worden. 11) Die eingegangenen Strafgelder sind verwendet oder eingesendet worden."

Da in diesen gedruckten Formularen[3200] für den Namen des Konvojanten keine eigene Rubrik vorgesehen war, entstand „die gegründete Vermuthung, daß bei den meisten Kreisämtern die Schubprotokolle ohne Namenseinrückung des Convojanten, folglich unvollständig geführt" wurden[3201], weshalb in weiterer Folge diverse Verordnungen vorschrieben, daß zusätzlich „der Name der ... zugetheilten Begleiter verläßlich ersichtlich gemacht werden" müsse[3202]. Außerdem wurde in späteren Schubvorschriften, wie den Schubordnungen für Tirol von 1817 und Illyrien 1819[3203], nicht nur die Nennung des Schubbegleiters angeordnet, sondern auch Eintragungen über die Ursache der „Verschiebung", „den Betrag, den der Schübling an Atzung erhielt" und „die Vorspann, welche zu ertheilen nothwendig war, vorgeschrieben.

Die Kontrolle der verordneten „genauesten Führung des vorschriftsmäßig anbefohlenen Schubprotokolls"[3204] oblag dem zuständigen Kreisamt, das sich „gelegenheitlich, oder so oft es solches nöthig" fand, von der „ordentlichen Führung" der Schubprotokolle zu überzeugen und „über entdeckte Gebrechen strenge das Amt zu handeln" hat-

---

3199 Verordnung für Böhmen vom 3. Dezember 1795, HERZOG (wie Anm. 143), Nr. 95, S. 111, ZALEISKY (wie Anm. 666) III, S. 139.

3200 Siehe ein solches etwa bei BARTH-BARTENHEIM (wie Anm. 588) I, Beilage zu S. 576.

3201 Verordnung des böhmischen Guberniums vom 6. August 1805, HERZOG (wie Anm. 143), Nr. 132, S. 128.

3202 Verordnung der niederösterreichischen Regierung vom 26. März 1807, ZALEISKY (wie Anm. 666) III, S. 138, KANKA (wie Anm. 589) I, S. 261, HERZOG (wie Anm. 143), Beilage zu Nr. 144, S. 138; Dekret der Hofkommission für Tirol und Vorarlberg vom 17. März 1815, Prov. GSlg. Tirol II (1815), Nr. 19, S. 75, HERZOG (wie Anm. 143), Nr. 183, S. 169; Dekret der „Central-Organisirungs-Hofkommission" vom 27. Mai 1817 an das Landesgubernium in Tirol und Vorarlberg, Prov. GSlg. Tirol IV/1 (1817), Nr. 116, S. 917, HERZOG (wie Anm. 143), Nr. 197, S. 193.

3203 Dekret der „Central-Organisirungs-Hofkommission" vom 27. Mai 1817 an das Landesgubernium in Tirol und Vorarlberg, Prov. GSlg. Tirol IV/1 (1817), Nr. 116, S. 917, HERZOG (wie Anm. 143), Nr. 197, S. 193; Kundmachung des Landesguberniums im Küstenlande vom 18. September 1819, Hofkanzleidekret vom 27. März 1820, HERZOG (wie Anm. 143), Nr. 229, S. 225.

3204 Kreisschreiben u.W.W. vom 4. Mai 1812, HERZOG (wie Anm. 143), Nr. 174, S. 162.

te[3205]. Nach manchen Schubordnungen, wie den für Tirol von 1817 und für Illyrien 1819[3206], waren die Schubprotokolle sogar dem Kreisamt vierteljährlich vorzulegen, wovon man aber später wieder insofern abkam, als die „vierteljährige Vorlegung des Schubprotokolles an das Kreisamt ... nur in einer Abschrift zu geschehen“ hatte, „weil sich das Original-Protokoll aus dem Amte der Schubbehörde nicht entfernen“ ließ[3207].

Auch nach 1848 blieb es bei der Vorschrift, daß jede Schubbehörde über sämtliche auf ihrer Station „ursprünglich zur Abschiebung abgegebenen oder zur Weiterbeförderung anlangenden Schüblinge ein Protocoll in Tabellenform“ zu führen hatte, in welchem „die Schüblinge mit der fortlaufenden Zahl mit allen im Schubpasse enthaltenen Rubriken verläßlich genau einzutragen“ waren[3208].

3205 Hofkanzleidekret vom 28. Oktober 1815, Dekret der niederösterreichischen Regierung vom 24. Oktober 1815, KANKA (wie Anm. 589) II, S. 16, HERZOG (wie Anm. 143), Nr. 186, S. 174; Kundmachung des Landesguberniums im Küstenlande vom 18. September 1819, Hofkanzleidekret vom 27. März 1820, HERZOG (wie Anm. 143), Nr. 229, S. 225.

3206 Dekret der „Central-Organisirungs-Hofkommission“ vom 27. Mai 1817 an das Landesgubernium in Tirol und Vorarlberg, Prov. GSlg. Tirol IV/1 (1817), Nr. 116, S. 917, HERZOG (wie Anm. 143), Nr. 197, S. 194; Kundmachung des Landesguberniums im Küstenlande vom 18. September 1819, Hofkanzleidekret vom 27. März 1820, HERZOG (wie Anm. 143), Nr. 229, S. 225.

3207 Hofkanzleidekret vom 27. März an das laibacher und triester Gubernium, kundgemacht in Illyrien am 28. April, im Küstenland am 3. Juni 1820, HERZOG (wie Anm. 143), Nr. 238, S. 235; siehe auch Hofkanzleidekret vom 20. Februar 1823 an sämtliche Länderstellen, Prov. GSlg. V (1823), Nr. 36, S. 71, ZALEISKY (wie Anm. 666) III, S. 138 f., HERZOG (wie Anm. 143), Nr. 280, S. 282.

3208 Erlaß des Statthalters von Niederösterreich vom 8. Mai 1851, LGBl. Nr. 237, an die Bezirkshauptmannschaften über die provisorische Regelung des Schubwesens, ZALEISKY (wie Anm. 666) III, S. 119. Diese Rubriken waren „der Name, das Nationale und die Personsbeschreibung des Schüblings, die Ursache der Abschiebung, Tag und Stunde der Weiterbeförderung, ob er zu Fuß oder mittelst Wagen, mit oder ohne Eisen; der Name des Begleiters, die erhaltene Verpflegung, die Beschreibung der etwa dem Schubpasse beiliegenden Documente und Ausweise, die Angabe, wieviel Baarschaft, Prätiosen und sonstigen Effecten mit übergeben wurden“. Auch nach der Kundmachung des interimistischen Chefs der ungarischen Statthalterei vom 20. März 1851, LGBl. Nr. 79, womit die provisorische Norm über das Schubwesen im Kronlande Ungarn kundgemacht wird, ZALEISKY (wie Anm. 666) III, S. 112, hatte jede Behörde „über die abgeschobenen Individuen ein eigenes Protokoll“ zu führen, worin „das Nationale, die Personsbeschreibung, die Ursache der Abschiebung, die Zeit derselben und die sonstigen auf den Schübling Bezug nehmenden bemerkenswerten Notizen genau vorzumerken“ waren. Am detailliertesten war der Erlaß der oberösterreichischen Statthalterei vom 22. August 1857, LGBl. II Nr. 13, betreffend die Regelung des Schubwesens, ZALEISKY (wie Anm. 666) 2. Nachtrag, S. 178, ASTL (wie Anm. 2832) IV, S. 2898 f., der zusätzlich zu den für Niederösterreich vorgesehenen Rubriken auch verlangte, daß das der Abschiebung zugrunde liegende Erkenntnis genau bezeichnet wurde, und weiters folgende Rubriken vorsah: „Tag und Stunde der Ankunft“, „Ort, woher und wohin die Abschiebung geschieht“, „der von dem Arzte, welcher den Schübling untersucht, mitzufertigende ärztliche Befund“.

1. Schubkosten

Unter den Schubkosten waren ursprünglich bloß die Ausgaben für die Verpflegung des Schüblings auf dem Schub und die Transportkosten, also die Aufwendungen für Kleidung, Schubbegleitung und Vorspann, zu verstehen. Sollten ursprünglich diese Kosten von den gesammelten Almosen der eingebrachten Bettler bestritten werden[3209], so wurde noch unter Karl VI. für Österreich unter der Enns angeordnet, daß die für das Schubwesen zuständigen Landgerichte die bei ihnen auflaufenden Ausgaben zu bestreiten hatten und mittels sogenannter Repartition auf die zu ihrem Bezirk gehörigen Grundobrigkeiten umlegen konnten[3210]. Diese Repartition war vor Einhebung der Beträge ursprünglich der Regierung bzw. der Repräsentation und Kammer[3211], später dann dem Kreisamt zur Einsicht vorzulegen, wie es etwa das Schubnormale für die Steiermark von 1750 vorsah[3212]. In Tirol hingegen waren nach einer Verordnung des Guberniums von 1785[3213] die Schüblinge „auf Kosten des Gerichts, wohin sie gehörig", dorthin zu schieben, und für Mähren war 1806[3214] angeordnet worden, daß die Verpflegungskosten von den sonstigen Schubkosten zu trennen und nur erstere vom „betreffenden Gerichtsstande zu bestreiten, letztere aber diesem zu vergüten seien[3215].

1749[3216] war freilich bereits für Böhmen angeordnet worden, daß die „auflaufenden Schubkosten ... keineswegs mehr vergütet" wurden, sondern vielmehr „eine jede Stadt, Herrschaft und Gut verbunden sein" sollte, diese Ausgaben selbst zu tragen, wenngleich zur Aufwandsverringerung 1785[3217] bestimmt wurde, daß „jeder aus seinem Bezirke tretende Bettler, wenn er bei gegenwärtig eingeführtem heilsamen Armeninstitute[3218] in einen andern Kreis kommen würde, handfest gemacht, und zur Straßen- oder anderen Gemeindearbeit so lange verhalten" werden durfte, bis von dieser Arbeit die Schubko-

---

3209 Siehe die a.h. Resolution vom 6. Oktober 1723, CA IV, S. 151.

3210 Patent für Österreich unter der Enns vom 13. April 1724 („Visitations-Schub, und Versorgung der Armen"), CA IV, S. 180, HERZOG (wie Anm. 143), Nr. 1, S. 9; und zwar wurde von den Grundobrigkeiten „nach Proportion ihres Gezirks repartiret", siehe das Patent für Österreich ob der Enns („Neue Bettler- und Sicherheitsordnung") vom 1. September 1752, CA V, S. 698, Theresianisches Gesetzbuch (wie Anm. 143) I, Nr. 214, S. 276 ff.

3211 Patent für Österreich unter der Enns vom 6. August 1733, CA IV, S. 809; Patent für Österreich ob der Enns („Neue Bettler- und Sicherheitsordnung") vom 1. September 1752, CA V, S. 698, Theresianisches Gesetzbuch (wie Anm. 143) I, Nr. 214, S. 276 ff.

3212 Schubnormale für die Steiermark vom 26. Februar 1750, kundgemacht durch Circulare vom 20. April 1750, Theresianisches Gesetzbuch (wie Anm. 143) I, Nr. 92, S. 136 ff., HERZOG (wie Anm. 143), Nr. 4, S. 28.

3213 Verordnung des Tiroler Guberniums vom 25. Oktober 1785, HERZOG (wie Anm. 143), Nr. 57, S. 71.

3214 Verordnung des mährisch-schlesischen Guberniums vom 26. September 1806, HERZOG (wie Anm. 143), Nr. 138, S. 132.

3215 Siehe dazu auch das Dekret des mährisch-schlesischen Guberniums vom 15. November 1819, HERZOG (wie Anm. 143), Nr. 232, S. 229.

3216 Verordnung in Böhmen vom 29. August 1749, Theresianisches Gesetzbuch (wie Anm. 143) I, Nr. 76, S. 118, HERZOG (wie Anm. 143), Nr. 3, S. 27, ZALEISKY (wie Anm. 666)) III, S. 128.

3217 Verordnung vom 9. Dezember 1785, HERZOG (wie Anm. 143), Nr. 58, S. 72.

3218 Vgl. dazu die bei Anm. 860 angeführte Literatur.

sten hereingebracht waren. In Galizien mußten nach dem Schubpatent von 1786[3219] wenigstens die sogenannten Atzungskosten, wenn „hierzu kein anderer Fond vorhanden" war, „von der ganzen Gemeinde getragen werden".

Anläßlich der Reform des Schubwesens in Österreich unter der Enns 1815 wurde nun auch dort die Repartition aufgehoben und erklärt, daß ein jedes Dominium die Schubkosten selbst zu tragen habe[3220]. Allerdings hatten die niederösterreichischen Stände Bedenken gegen die Abschaffung der Schubkostenrepartition, da sie eine Erhöhung der finanziellen Aufwendungen für die einzelnen Dominien befürchteten. Die Landesregierung[3221] vertrat allerdings die Ansicht, daß die neue „Auslage größtentheils auf die Verpflegskosten" beschränkt sei, weil es der Obrigkeit unbenommen war, „die Gemeinden mit Vorspann, und in sofern der eigene Amtsdiener nicht entbehrt werden kann, mit Bothengängen ... in Anspruch zu nehmen". Diese Verpflegungskosten konnten aber nach Ansicht der Regierung, „zumal bei der in Niederösterreich meist geringen Entfernung der Dominien unter sich, in dem Falle von Partikularschüben, nicht so bedeutend sein". Manche Dominien seien zwar „durch das Zufällige ihrer örtlichen Lage mehr ins Mitleiden gezogen", andererseits erhielten sie dafür auch „höhere Vortheile", so etwa jene Dominien an der Straße, die durch die „Vortheile eines bessern Verkehrs" entschädigt würden. Damit sich die Hofkanzlei eine Übersicht über die Kosten der Dominien verschaffen könne, hatten die Ortsobrigkeiten nun bis ins Jahr 1829[3222] dem Kreisamt eine jährliche Schubkostenrechnung vorzulegen[3223].

Dieser Grundsatz der Kostentragung durch die Ortsobrigkeiten kam in weiterer Folge auch in anderen Erbländern – wie Tirol 1817 und Illyrien 1819 – zur Anwendung[3224]. Dementsprechend hatte nun jede Ortsobrigkeit[3225] die Schubkosten „als eine

---

3219 Patent für Galizien vom 3. November 1786, Slg. Joseph VI, S. 506, HERZOG (wie Anm. 143), Nr. 62, S. 77 f.

3220 Nach dem Hofkanzleidekret vom 28. Oktober 1815, Dekret der niederösterreichischen Regierung vom 24. Oktober 1815, KANKA (wie Anm. 589) II, S. 16, HERZOG (wie Anm. 143), Nr. 186, S. 174, gehörte „die Transportirung und Verpflegung der Schüblinge" zu den Obliegenheiten der Obrigkeiten.

3221 Kreisschreiben u.W.W. vom 23. Jänner 1818, HERZOG (wie Anm. 143), Nr. 208, S. 204 f.

3222 Dekret der niederösterreichischen Regierung vom 21. Februar 1829, HERZOG (wie Anm. 143), Nr. 420, S. 431.

3223 Allerdings legten, wie es die niederösterreichische Regierungsverordnung vom 24. Dezember 1827 an die Kreisämter, HERZOG (wie Anm. 143), Nr. 358, S. 366 f., Prov. GSlg. NÖ IX (1827), Nr. 346, S. 756, kritisierte, die „meisten Dominien bloß extraktive Verzeichnisse ihrer dießfälligen Auslagen" vor, „mehrere" gaben „aber die bestrittenen Auslagen gar nur in dem Berichte summarisch" an, was die Folge nach sich zog, „daß sich von der Richtigkeit und Rechtmäßigkeit der angerechneten Bestreitungen keine Überzeugung verschafft" werden konnte. Ebenso hatten „einige Dominien aus dem Grunde gar keine Rechnung geleget, weil sie die Schub- und Atzungskosten ohnehin aus Eigenem bestreiten, oder weil die sich ergebenen Auslagen nur unbedeutend waren, oder weil keine solchen Auslagen vorgefallen" waren. Es wurde daher eingeschärft, daß die Dominien die Schubauslagen „auf die vorgeschriebene Art, das ist, mittelst einer ordentlich verfaßten, und mit allen hierauf Bezug nehmenden Documenten belegten Rechnung nachzuweisen haben" sollten.

3224 Während in Österreich ob der Enns in den neu erworbenen Landesteilen die Schubkosten aus dem Kamerale, in den alten Landesteilen aus den Bezirkskassen bestritten wurden, siehe

zur allgemeinen Sicherheit nöthige Auslage und Last, einstweilen, und bis zur Einführung ambulirender Sicherheitswachen, selbst zu tragen" und diese Kosten „mit gehöriger Mäßigung" zu bestreiten.

Von diesen Schubauslagen waren hinsichtlich der Kostentragung freilich die sogenannten Reversionskosten zu unterscheiden, also die Verpflegungs- und Transportausgaben, die aus Verschulden einer Obrigkeit durch die unerlaubte Rückkehr einer abgeschobenen Person zustande kamen und „unmittelbar" mit der erneuten Abschiebung verbunden waren[3226]. Diese Kosten mußten der abschiebenden Behörde von der Zuständigkeitsgemeinde bzw. Obrigkeit des Zuständigkeitsortes ersetzt werden[3227], damit die Dominien „auf die ihnen zugeschobenen Personen um so gewisser ein wachsames Auge ... tragen"[3228].

Mit dem Ende der Grundherrschaften gingen sodann auch länderweise Änderungen bezüglich der Kostentragung für das Schubwesen einher. So schrieb bereits die Schubordnung für Siebenbürgen 1849[3229] vor, daß die Auslagen, „welche nicht einzelne Gemeinden, sondern das ganze Land treffen, und damit keine Ueberbürdungen und Ungleichheiten eintreten, gleichmäßig auf alle vertheilt werden müssen". Es waren dies die Verpflegungskosten für die Schüblinge bis zu „ihrer Abstellung an die Zuständigkeitsgemeinde", weiters die Auslagen für die Pflege erkrankter Schüblinge, für die Bereitstellung der „unumgänglich nothwenigen Leibes- und Fußbekleidung" sowie die sogenannten „Abstellungskosten". Diese Kosten wurden den Gemeinden hinkünftig aus dem Landesfonds gegen vierteljährige Rechnungslegung refundiert[3230]. In der Steier-

---

das Regierungsdekret vom 2. Juli 1825, HERZOG (wie Anm. 143), Nr. 320, S. 328; weiters das Regierungsdekret vom 16. November 1826, ebd., Nr. 336, S. 341 f.

3225 Nach dem Dekret der „Central-Organisirungs-Hofkommission" vom 27. Mai 1817 an das Landesgubernium in Tirol und Vorarlberg, Prov. GSlg. Tirol IV/1 (1817), Nr. 116, S. 919 f., HERZOG (wie Anm. 143), Nr. 197, S. 194 f., „jedes Gericht (Gerichtsinhabung)"; nach der Kundmachung des Landesguberniums im Küstenlande vom 18. September 1819, Hofkanzleidekret vom 27. März 1820, HERZOG (wie Anm. 143), Nr. 229, S. 226, „jede Bezirksobrigkeit".

3226 Nicht zu diesen Kosten zählten also die „Verpflegungskosten für jene Zeit ..., wo der Revertent als schwerer Polizeiübertreter im Strafarreste war", siehe das Hofkanzleidekret vom 11. August 1820, HERZOG (wie Anm. 143), Nr. 245, S. 239.

3227 Siehe z.B. Patent für Galizien vom 3. November 1786, Slg. Joseph VI, S. 509 f., HERZOG (wie Anm. 143), Nr. 62, S. 81; Dekret der Regierung ob der Enns vom 28. August 1793, HERZOG (wie Anm. 143), Nr. 84, S. 101; so auch die Verordnung des böhmischen Guberniums vom 9. Mai 1808, ebd., Nr. 154, S. 147; Dekret der niederösterreichischen Regierung vom 13. Jänner 1820, ebd., Nr. 234, S. 230; Hofkanzleiverordnung vom 26. November 1829, ebd., Nr. 385, S. 395 f.; Kreisamtscirculare u.W.W. vom 10. Jänner 1832, ebd., Nr. 403, S. 409; siehe für den Hauptschub auch S. 613.

3228 Dekret der Regierung ob der Enns vom 28. August 1793, HERZOG (wie Anm. 143), Nr. 84, S. 101.

3229 Verordnung des Civil- und Militär-Gouverneurs von Siebenbürgen vom 28. Dezember 1849, LGBl. Nr. 47, ZALEISKY (wie Anm. 666) III, S. 110 f.

3230 „Auf Atzung dieser Individuen, Pflege der erkrankten Schüblinge und Anschaffung der nothwendigen Bekleidung" durfte allerdings „keine höhere Auslage in Aufrechnung gebracht werden, als was die Erhaltung der eigenen Ortsarmen und Kranken pr. Kopf und Tag kostet", den Begleitern war der „im Orte übliche Taglohn baar auszuzahlen und die vermark hingegen mußten seit 1850 die den Gemeinden entstehenden Kosten „vorderhand“ – „bis zum Erscheinen der ... zugesicherten gesetzlichen Regulirung des Schubswesens“ – von diesen selbst getragen werden, „weil die Säuberung des Landes von müssigem, erwerbslosem und gefährlichem Gesindel vorzugsweise im Interesse der Gemeinden gelegen“ war, wobei allerdings „in wichtigen und dringenden Fällen eine Vorschußleistung von Seite des Staates in Anspruch genommen“ werden konnte[3231]. Ebenfalls von den Gemeinden zu tragende Kosten waren nach den ungarischen Schubvorschriften von 1851[3232] grundsätzlich die Aufwendungen für die Einrichtung von als Schublokale dienenden Gemeindearresten sowie deren Beleuchtung und Beheizung.

Nach der provisorischen Schubordnung für Österreich unter der Enns 1851[3233] hingegen waren nur die „mit der Aufgreifung und Beherbergung der auf den Schub zu setzenden Personen und mit deren Abstellung zum Sitz der Bezirkshauptmannschaft oder Expositur“ verbundenen Kosten von den einzelnen Gemeinde selbst zu tragen, da das Schubwesen einstweilen als „Bezirks-Angelegenheit in der Art erklärt wurde, daß „alle darauf Bezug nehmenden Auslagen im Wege der Umlage auf die sämmtlichen directen Steuern des ganzen Bezirkes einzubringen“ waren. Man wollte damit einerseits eine Überbelastung der an den Hauptstraßenzügen gelegenen Gemeinden „durch Uebertragung der Verpflichtung zur Beherbergung, Verpflegung, Begleitung und Transportirung der Schüblinge“ und andererseits eine Zersplitterung des Schubgeschäftes „unter zu viele Gemeinden, wo es an den geeigneten Organen und den nöthigen materiellen Mitteln gebricht“, verhindern.

Aufgrund eines kaiserlichen Handschreibens von 1852 und in dessen Folge eines Erlasses des Innenministeriums von 1858[3234] wurden schließlich die gesamten Schubauslagen – sowohl für den Haupt- als auch für den Partikularschub – in der Regel auf den jeweiligen LandesHaupt übernommen, weshalb die Jahresabrechnungen für die Schub-

---

wendete Vorspann nach der für Militär- und Civilbeamten bestehenden Gebühr zu berechnen“. Die Rechnungen hatte der Gemeindevorstand dem „Unterbezirks-Commissariat“ einzusenden, welches diese Rechnungen mit dem Schubprotokoll verglich und „sodann aber für den ganzen Bezirk diese Rechnung an das k. Bezirks-Commissariat“ leitete. Vom „Bezirks-Commissariat“ gingen die Rechnungen an die Rechnungsbehörde des Distrikts und aus diesen Rechnungen wurde „für das ganze Land der Zusammensatz angefertigt, und die Repartition nach dem Steuergulden zu Stande gebracht“.

3231 Die bei den Bezirkshauptmannschaften entstehenden Kosten waren weiterhin aus staatlichen Vorschüssen zu bestreiten, Erlaß der steiermärkischen Statthalterei vom 5. Juni 1850, LGBl. Nr. 214, an die drei Kreis-Regierungen in Betreff der Besorgung des Schubwesens, ZALEISKY (wie Anm. 666) III, S. 111 f.

3232 Kundmachung des interimistischen Chefs der ungarischen Statthalterei vom 20. März 1851, LGBl. Nr. 79, womit die provisorische Norm über das Schubwesen im Kronlande Ungarn kundgemacht wird, ZALEISKY (wie Anm. 666) III, S. 116.

3233 Erlaß des Statthalters von Niederösterreich vom 8. Mai 1851, LGBl. Nr. 237, an die Bezirkshauptmannschaften über die provisorische Regelung des Schubwesens, ZALEISKY (wie Anm. 666) III, S. 115 f. Hatte die Schubstationsgemeinde den Schubarrest zu adaptieren, so wurde sie durch den Mietzins hiefür entschädigt, die notwendige Beheizung und Verpflegung ging unter Festlegung einer jährlichen Pauschale zu Lasten des Bezirkes.

3234 Erlaß des Ministeriums des Innern vom 23. April 1858, STUBENRAUCH (wie Anm. 860), S. 435 f.

auslagen hinkünftig im Wege der Kreisämter an die Staatsbuchhaltung einzusenden waren[3235]. Unter den Schubauslagen verstand man nun „die durch Vollstreckung des Schub-Erkenntnisses verursachten Auslagen“, weshalb nur solche Auslagen, die nach dem Schuberkenntnis aufliefen und mit der Ausführung des Schubes verbunden waren, vom Landesfonds übernommen wurden, nicht hingegen die vom dem Staatsschatz zu tragenden Verfahrenskosten[3236] und nicht die Verpflegungskosten für kranke Schüblinge[3237]. Bei Abschiebungen von einem Kronland in ein anderes Kronland zwischen verschiedenen Kronländern fielen die Schubkosten grundsätzlich dem abschiebenden Land bzw. dessen Landesfonds zur Last, da nach diversen Verordnungen die den Schub einleitenden Behörde auch die damit verbundenen Kosten, wie etwa die Eisenbahnkarten[3238] oder die Diäten für die Gendarmerieeskorte[3239], zu übernehmen hatte.

3235 Siehe auch den Erlaß der oberösterreichischen Statthalterei vom 22. August 1857, LGBl. II Nr. 13, betreffend die Regelung des Schubwesens, ZALEISKY (wie Anm. 666) 2. Nachtrag, S. 177, ASTL (wie Anm. 2832) IV, S. 2899.

3236 Verordnung der Tiroler Statthalterei vom 8. Mai 1865, LGBl. Nr. 35, in Betreff der Schubauslagen.

3237 Der Erlaß der Statthalterei für Oesterreich ob der Enns vom 21. Jänner 1863, LGBl. Nr. 2, wegen Bestreitung der in öffentlichen Krankenanstalten auflaufenden Verpflegskosten für Schüblinge aus dem Landesfonde jenes Kronlandes, welchem der Verpflegte seiner Zuständigkeit nach angehört, bestimmte, daß ein „in einer allgemeinen öffentlichen Krankenanstalt behandelter Schübling während seiner Verpflegung daselbst ... nicht als Schübling betrachtet werden“ könne, weil ja „Schüblinge in krankem Zustand nicht weiter abgeschoben werden dürfen, sondern vor der Abschiebung in die Heimat ihre Genesung abgewartet werden muß“.

3238 Die Kosten für die Eisenbahnbeförderung hatte nach der Verordnung der Tiroler Statthalterei vom 14. Februar 1861, LGBl. Nr. 13, in Betreff der Regulirung der Schübe auf der Eisenbahn, diejenige Behörde zu tragen, welche die Beförderung des ... Schüblings einleitet“, und zwar die „Kosten für die ganze Strecke, auf welcher die Eisenbahn benützt“ wurde, sowie auch die Kosten der Rückreise auf der Eisenbahn für die Eskorte, „ohne daß eine Ausgleichung unter den allenfalls dazwischen liegenden Ämtern zu treffen“ war.

3239 Dem bzw. den begleitenden Gendarmen standen für 24 Stunden überschreitende Begleitaufträge „chargenmäßige Diäten bzw. Zulagen“ zu, die „sogleich von Fall zu Fall von der die Schubbegleitung einleitenden Behörde unmittelbar an die Gens'darmerie-Begleitmannschaft aus dem für die Kosten der Abschiebung bestimmten Fonde“ zu leisten waren. Dies galt nur dann, „wenn für den directen Hin- und Rückweg bei der Escortirung selbst, eine mehr als 24stündige Abwesenheit vom Stationsorte erforderlich ist, wobei selbstverständlich die zurückzulegende Wegesstrecke oder die Meilendistanz nicht allein maßgebend sein können, sondern auf die örtlichen Verhältnisse, wie z.B. die Beschaffenheit des Weges, die Jahreszeit u.s.w. insbesondere aber auf den Umstand, ob die Escortirung zu Fuß oder theilweise zu Wagen bewerkstelligt wurde, Rücksicht genommen werden, und es der Behörde und der Gens'darmerie überlassen bleiben muß, zu beurtheilen, ob die Escorte innerhalb 24 Stunden den Hin- und Rückweg wird zurücklegen können“, Verordnung der Statthalterei für Tirol und Vorarlberg vom 13. April 1859, LGBl. Nr. 31, in Betreff der Zulagen für die k.k. Gens'darmerie bei Escortirung von Schüblingen.

2. *Hauptschub*

a. Einführung der Hauptschübe und Sonderbestimmungen für deren Durchführung

Was die neue Einrichtung des Instrumentes der Hauptschübe anbelangt, so konnte Karl VI. bereits im Winter 1723 der niederösterreichischen Regierung anzeigen, daß nunmehr der „Schub unter Begleitung der Militz ... in denen Lands-Vierteln, und Auszeichnung verschiedener Orten wegen Ubernehmung der Armen, nebst denen mittägig- und nächtlichen Stationen ... schon gut eingerichtet“[3240] und auch die Sicherstellung der Verpflegungskosten für die Abzuschiebenden[3241] erfolgt sei. Die grosse Anzahl der „betrettene[n] ... ausländische[n] Bettler und Müßiggeher“ sollte hinkünftig „unter Militarischer Bedeckung, sicher ausser Land gebracht“ und zu diesem „Ende von Unserer Nieder-Oesterreichischen Regierung allbereits ein gewisser und ordentlicher Haupt-Schub, in allen vier Vierteln des Landes veranstaltet“ werden[3242]. Die Landgerichte wurden folglich in einem niederösterreichischen Patent aus 1723[3243] angewiesen, die „zu solcher Fortschiebung gewiedmete[n] Persohnen“ rechtzeitig für den Hauptschub, also am „Vorabend des ausgehenden Viertel-Schubs, nach dem in einem jedwederen Viertel bestimmten Sammelplatz, nemlich im Viertel ob Manharts-Berg nach Horn, im Viertel ob Wiener-Wald nach Mölk, im Viertel unter Manharts-Berg nach Corneuburg, und im Viertel unter Wiener-Wald nach Baaden ... wohl verwahrter [zu] stellen“. „[S]olcher Stellung halber“ sollten die Landgerichte von dem „verordneten Burgermeister, oder respective Stadt- oder Markt-Richter des Sammel-Platzes, (denen die weitere Beförderung dieser Leuten, nach der ihnen vorgeschriebenen Marsch-Route, über fünferley, für alle Nationen ordentlich ausgetheilte Strassen, besonders anbefohlen worden,) einen gehörigen Liefer-Schein begehren“ und „selbigen der niederösterreichischen Regierung innerhalb acht Tagen „gewiß und unfehlbarlich“ einschicken.

In weiterer Folge wurde festgelegt[3244], daß die „fremden Bettler und Müßiggeher ... mit Ertheilung eines Passes, und Mitgebung einer deutlich- und umständigen Beschrei-

---

3240 Hofdekret vom 8. November 1723, CA IV, S. 151.

3241 Nämlich vier Kreuzer für die erwachsenen Schüblinge, zwei für die Kinder; siehe auch z.B. § 12 des Schubnormales für die Steiermark vom 26. Februar 1750, kundgemacht durch Circulare vom 20. April 1750, Theresianisches Gesetzbuch (wie Anm. 143) I, Nr. 92, S. 136 ff., HERZOG (wie Anm. 143), Nr. 4, S. 28; das Patent für Österreich unter der Enns („Sicherheits- und Schub-Patents-Erneuerung“) vom 30. Oktober 1751, CA V, S. 602, HERZOG (wie Anm. 143), Nr. 6, S. 14.

3242 Patent für Österreich unter der Enns vom 5. Dezember 1723, CA IV, S. 154 f. Der mit diesem Patent angeordnete Hauptschub sollte am 20. Dezember stattfinden; vgl. für einen Hauptschub im Juni z.B. das Patent vom 1. Juni 1724, CA IV, S. 195 f.

3243 Patent für Österreich unter der Enns vom 5. Dezember 1723, CA IV, S. 154 f.; siehe auch das Patent für Österreich unter der Enns vom 1. Juni 1724, CA IV, S. 195 f., und die „Ober-Ennßerische Bettler-Ordnung“ vom 1. August 1725, CA IV, S. 281.

3244 Hofdekret für Österreich unter der Enns vom 17. Jänner 1724 („Nachrichtliche Erinnerung, wie das öffentliche Betteln allhier in der Kayserl. Residenz-Stadt Wien, und Erz-Herzogthum Oesterreich Landes unter der Enns abzustellen, hingegen die Arme zu versorgen, oder mit einer gemessenen Arbeit, zur Hindanhaltung des Müßigganges zu versehen, geordnet worden seye“), CA IV, S. 162.

bung derselben, ... hinaus geschoben" werden sollten, und zwar in der Weise, daß der Schub „unter Begleitung der Militz, mit Benennung mehrerer Strassen in denen Landes-Vierteln, und Auszeichnung verschiedener Orte wegen Ubernehmung derer Armen, nebst denen mittägig- und nächtlichen Stationen, auch zeitlicher Erinnerung an die benachbarte Länder, um die armen Leute bey einfallender Kälte mit nöthiger und verläßlicher Versorgung weiters fortzubringen", vorgenommen wurde, und „jeder Manns- und Weibs-Persohn täglich vier Kreutzer, und für jedes Kind täglich zween Kreutzer als eine Weg-Zehrung" zu verabreichen waren. Auch mußte für diesen Schub „denen Halbnackenden mit einer nöthigen Kleidung zu ihrer Bedeckung an Hand gegangen" werden.

Nach der Visitations- und Schubordnung für Österreich unter der Enns vom April 1724[3245] sollte ein derartiger „allgemeiner Land-Schub" immer „etliche Wochen nach jedweder General-Visitation veranstaltet" werden, womit das Land „fast ohne aller Beschwerniß der Herrschaften auf einmal gereiniget" werden könne. Allerdings waren bei Schüben im Winter nur solche Personen zu transportieren, die sich „im Stand befinden, bey dieser kalten Winters-Zeit geschoben zu werden", während die „elenden und preßhafte, wiewohlen fremde Bettler ... bis zu ihrer Erholung oder bequemerer Zeit des Schiebens" von den aufgreifenden Obrigkeiten versorgt werden mußten[3246]. Eine weitere Vereinheitlichung brachte das Patent vom 6. Juni 1727[3247], in dem angeordnet wurde, daß – nachdem „zwischen Unsern confinirenden Erb-Königreichen und Ländern eine perpetuirliche Schub-Ordnung einverständlich concertiret, und eingeführet" worden war –, „folgsam gewisse Täg so wohl zu Stellung derer Schub-mässigen Personen an die ausgewiesene Sammelung-Plätze, als auch zu dererselben Ubergebung an denen Land-Gränzen zu dem Ende bestimmet werden" sollten, „damit so wohl die Länder selbsten, als auch ein jegliches Land-Gericht sich darnach zu richten wisse". Den Landgerichten wurde in diesem Patent auch erneut vorgeschrieben, „die etwann von Kleidern entblöste[n]" zum Hauptschub zu befördernden Personen mit der „nothdürftigen Leibs-Bedeckung alsogewiß" zu versehen, widrigenfalls die „gelieferte Person bey dem Sammlungs-Platz keineswegs angenommen, sondern dem Land-Gericht noch ferner in der Kost verbleiben" sollte. Die Hauptschubtermine wurden in diesem Patent nun generell mit Mitte November und Ende Juni festgesetzt, da die bisherige niederösterreichische Praxis, einen Hauptschub Mitte Dezember zu veranstalten, Probleme mit sich gebracht hatte.

Von der böhmischen Hofkanzlei war nämlich bereits 1724[3248] darauf hingewiesen worden, daß der „Oesterreichische Gegenschub" infolge seines im Vergleich zum böhmischen Hauptschub deutlich späteren Termins nicht nur doppelte Anstalten und Un-

---

3245 Patent für Österreich unter der Enns vom 13. April 1724, CA IV, S. 177.

3246 Hofdekret für Österreich unter der Enns vom 17. Jänner 1724 („Nachrichtliche Erinnerung, wie das öffentliche Betteln allhier in der Kayserl. Residenz-Stadt Wien, und Erz-Herzogthum Oesterreich Landes unter der Enns abzustellen, hingegen die Arme zu versorgen, oder mit einer gemessenen Arbeit, zur Hindanhaltung des Müßigganges zu versehen, geordnet worden seye"), CA IV, S. 162.

3247 Patent für Österreich unter der Enns vom 6. Juni 1727 („Land-Visitations-Ordnung"), CA IV, S. 434.

3248 Hofdekret vom 11. September 1724, CA IV, S. 223.

kosten nach sich zog, sondern auch die „Fortbringung der, theils übel bekleideten, theils an der Gesundheit gebrechlichen Bettler, sehr schwer, wo nicht an einigen Orten gar umpracticabel" machte, weil „im December in denen mehresten gebürgigen Orten daselbst häufiger Schnee anzutreffen" war. Besondere Schwierigkeiten stellte aber die Abschiebung derjenigen fremden Bettler dar, welche „nicht in denen Königl. Böhmischen Ländern zu verbleiben hätten, sondern in das Reich, oder anderwärtshin durchgeschoben werden sollten", weil zu besorgen war, daß man diese Personen den ganzen Winter hindurch „mit Aggravirung dieser Lande" in Böhmen behalten und verpflegen müsse. Selbst wenn man das „billige Mitleiden bey Seiten setzen" und diese Fremden dennoch, „unerachtet der Kälte und üblen Witterung", abschieben würde, stünde zu befürchten, „daß in jenen Ländern, wohin man dieselbe zu schieben vermeynet, diese so spate, zur ungewöhnlichen und beschwerlichen Winters-Zeit, geschehende Schiebung, für eine Unnachbarschaft" angesehen werde und diese Länder „die geschobene[n] hinwiederum zuruckschieben möchte[n]"[3249].

Da nun der Hauptschub nur zweimal im Jahr in Bewegung gesetzt wurde, mußten die zwischen den Hauptschüben angehaltenen und zum Schub bestimmten Personen bis zum Abgang des jeweiligen Hauptschubes von den Landgerichten verwahrt werden, wodurch erhebliche Kosten für die Landgerichte bzw. Grundobrigkeiten infolge der notwendigen Verpflegung hervorgerufen wurden. Maria Theresia entschied daher 1753[3250] für alle Erbländer zur „Erleichterung der Landgerichte, und damit denselben die Verpflegungskosten derlei Leute nicht mehr zur sonderlichen Last gereichen" sollten, daß hinkünftig alle erbländische Untertanen, die in dem Erbland, wo sie als Vagabunden und Bettler betreten wurden, nicht kraft Geburtes oder zehnjährigen Aufenthaltes zu versorgen waren, „gleich nach der gefänglichen Einbringung durch Partikularschübe in ihr Vaterland abgeschoben werden mögen", wobei allerdings zu „allen Verschiebungen" nun „die kreisämtliche Erlaubniß einzuholen" war[3251]. Inländische Versorgungsbedürftige wurden folglich in allen Erbländern in der Regel mittels Partikularschub an ihre Zuständigkeitsorte verbracht.

Probleme gab es allerdings auch in Hinsicht auf abzuschiebende ausländische Sträflinge, da sich häufig zeigte, daß „die meisten der außer den Erbländern mittels des Hauptschubes zu bringen verordneten, und in das Zuchthauß verschafften Personen länger, als ihnen die Strafzeit zuerkennet worden ist, in der Gefangenschaft von darum aufgehalten werden müssen, weil die Endigung der Strafzeit fast niemals mit dem Sommer- oder Herbstschube eintreffe". Bereits 1751[3252] war daher angeordnet worden, daß „derley Leuten das tempus intercalare zwischen den beyden Jahrsschüben nachgesehen, mithin dieselbe jedesmal mit dem frühen Hauptschube außer Lande gebracht" werden

---

3249 Die böhmische Hofkanzlei machte daher darauf aufmerksam, daß sie bei diesem Gegenschub wohl die aus Böhmen stammenden Schüblinge, nicht aber in das Reich zu schiebende oder anderswohin durchzuschiebende Personen annehmen werde, ebd.

3250 Hofdekret vom 13. Oktober 1753, CA V, S. 807.

3251 So das steirischen Schubnormale vom 26. Februar 1750, kundgemacht durch Circulare vom 20. April 1750, Theresianisches Gesetzbuch (wie Anm. 143) I, Nr. 92, S. 136 ff., Herzog (wie Anm. 143), Nr. 4, S. 30; siehe auch S. 528.

3252 Hofdekret vom 17. Mai 1751, CA V, S. 577.

sollten. Seit 1779 konnten überdies außerhalb der Hauptschubtermine eingebrachte Zigeunerbanden gleichfalls mit Partikularschub entfernt werden[3253].

Zu einer weiteren Vereinheitlichung des Hauptschubwesens hatten auch die theresianischen Schubordnungen von 1749 und die Schubpatente von 1750[3254] geführt. Erstere waren für die jeweils von den Sammlungsplätzen Baden, Korneuburg, Horn und Melk abgehenden Sommerschübe sowie für die Herbstschübe in der Steiermark, in Böhmen, Mähren, Schlesien und Ungarn[3255] ergangen und legten insbesondere die genauen Termine, die Reihenfolge von Annahme bzw. Absendung der Hauptschübe gegen die einzelnen Erbländer und das Reich sowie die Schubrouten fest[3256]. So war etwa der Sammlungsplatz Baden nicht nur Anlauf- bzw. Ausgangsstation für die von Innerösterreich eintreffenden und nach dort abgehenden Hauptschübe, sondern auch Verteilungsplatz für die aus Böhmen und Ungarn eintreffenden Hauptschübe. Von Baden ging auch der Hauptschub nach Österreich ob der Enns und in das Reich aus.

Sogenannte Schubdirektoren, die „in jedem District" bzw. in jedem Kreis, durch den ein Hauptschub ging, aufgestellt wurden, hatten ursprünglich „eine ausführliche Relation aller zu dem Rendez-vous gebrachten, und jedem Land-Gericht übergebenen Personen" an die Landesstelle einzusenden und, „da eine Nachlässigkeit ... unterlaufen", den „Schuld-habenden Beamten ..., wie auch alle ansonst wissentlich-geschehene Fehler" anzuzeigen[3257]. In der theresianischen Zeit war „die bescheinigte Ausweisung der übernommenen, und an der Gränze dem benachbarten Lande übergebenen Schubleute" mitsamt einem Bericht der Schubdirektoren der jweiligen Repräsentation und Kammer

---

3253 Hofkanzleidekret vom 31. März 1779, Theresianisches Gesetzbuch (wie Anm. 143) VIII, Nr. 2062, S. 235, HERZOG (wie Anm. 143), Nr. 37, S. 62.

3254 Siehe das Schubnormale für die Steiermark vom 26. Februar 1750 und dessen Anhang, die Schubordnung gegen fremde Länder, HERZOG (wie Anm. 143), Nr. 4, S. 29, Theresianisches Gesetzbuch (wie Anm. 143) I, Nr. 92, S. 136 ff.; und die steirische Schubordnung gegen fremde Länder vom 26. Februar 1750, HERZOG (wie Anm. 143), Nr. 4 Anhang, S. 29 ff.; das Sicherheits- und Schub-Patent für Böhmen vom 3. April 1750, ebd., Nr. 5, S. 31 ff.

3255 Siehe die Anhänge zum Patent für Österreich unter der Enns vom 20. September 1749 („Sicherheits-Armenverpflegungs- und Schubpatenten-Erfrischung"): „Unabänderliche Schubordnung für den Sammlungsplatz Baaden, und zwar zum Sommerschube"; „Ordnung, zum Herbstschube in Steyermark"; „Unabänderliche Schubordnung, für den Sammlungsplatz Korneuburg, und zwar zum Sommerschube"; „Ordnung, zum Herbstschube in Böheim"; „Unabänderliche Schubordnung für den Sammlungsplatz Horn, und zwar zum Sommerschube in Böheim"; „Ordnung zum Herbstschube in Hungarn, Steyermark, Mähren und Schlesien"; „Unabänderliche Schubordnung, für den Sammlungsplatz Mölk, und zwar zum Sommerschube in Böheim"; „Ordnung zum Herbstschube in Böheim", CA V, S. 463 ff.

3256 So etwa sah etwa die Schubordnung gegen fremde Länder, Anhang zum Schubnormale für die Steiermark vom 26. Februar 1750, HERZOG (wie Anm. 143), Nr. 4, S. 330, folgende Übergabstage vor: „Der 26. Juni und 14. Oktober für die nach Niederöstreich, Böhmen, Mähren und Schlesien zu verschiebenden. Der 14. Juli und 30. November für die nach Oberöstreich, und in das römische Reich an die Franzbrücke abzuschickenden. Der 30. Juli und 24. November für die nach Kärnthen, Tirol und Welschland, nach Neumarkt oder Mährenberg abzusendenden. Der 1. August und 26. November für die nach Krain, Friaul, und in das Venetianische, an die Franzbrücke zu stellenden. Die Schubpersonen müssen auf den Übergabsörtern den Abend vor obbestimmten Tagen eintreffen."

3257 „Ober-Ennßerische Bettler-Ordnung" vom 1. August 1725, CA IV, S. 281.

bzw. der „Hofkommißion anhero einzusenden“, später an das Kreisamt, und die Schubdirektoren hatten weiterhin dafür Sorge zu tragen, daß weder an den Sammlungsplätzen, noch unterwegs auf dem Schub jemand entweichen konnte[3258].

Es kam nämlich nicht nur regelmäßig bei den Partikularschüben[3259], sondern auch bei den Hauptschüben trotz Militärbegleitung häufig zur Flucht von Schüblingen. Zur Vermeidung der Entweichung auf den Hauptschüben wurde daher 1807[3260] vorgeschrieben, die Eskorten zu verstärken, damit „künftig das zur Begleitung der Hauptschübe abgeschickte Militär in den Stationen, in welchen übernachtet wird, jedesmal die Schüblinge abwechslungsweise ordentlich bewachen“ konnte. Da nichtsdestotrotz weiterhin „nicht selten der Fall“ eintrat, daß „ein Theil der Schüblinge bei der Transportirung der jährlichen zwei Hauptschübe gegen Deutschland, aus Mangel zweckmäßiger Anstalten zu entweichen Gelegenheit erhielt“, tauschte man in weiterer Folge nicht nur unsichere Nachtstationen gegen Orte mit zweckmäßigeren Unterkünften[3261], sondern seit 1813 gab man den Schüblingen „nebst der gewöhnlichen Cavallerie“ auch „eine angemessene Anzahl Infanteriemannschaft“ zur Bewachung bei, da als eine der „vorzüglichsten Ursachen der häufigen Entweichungen der Schüblinge ... die Ungewandtheit der in den Nachtstationen zu Wächtern aufgestellten Landleute“ erachtet wurde[3262]. Trotzdem blieb die Schubentweichung, insbesondere auf den „Umwechslungsstationen im flachen Lande“ ein stets aktuelles Problem[3263].

3258 Patent für Österreich unter der Enns („Sicherheits- und Schub-Patents-Erneuerung“) vom 30. Oktober 1751, CA V, S. 602, HERZOG (wie Anm. 143), Nr. 6, S. 40; und Patent für Österreich ob der Enns („Neue Bettler- und Sicherheitsordnung“) vom 1. September 1752, CA V, S. 700, Theresianisches Gesetzbuch (wie Anm. 143) I, Nr. 214, S. 276 ff.

3259 Siehe zu den Maßnahmen gegen die Schüblingsentweichung bei den Partikularschüben S. 558.

3260 Dekret der niederösterreichischen Regierung vom 8. August 1807, HERZOG (wie Anm. 143), Nr. 148, S. 14. Zu diesem Zweck sollte drei Tage vor jedem Hauptschub die Stärke desselben der niederösterreichischen Regierung vom Wiener Magistrat bekannt gemacht werden, um die Größe der Eskorte bestimmen zu können; vgl. dazu auch des Dekret der niederösterreichischen Landesregierung vom 24. August 1808, ebd., Nr. 162, S. 152, welches den Wiener Magistrat anwies, „einige Tage vor Abgang des Hauptschubes den Stand desselben und zugleich die Stärke der Militär-Escorte, die zu dessen Begleitung nothwendig sein dürfte, und wobei immer auch auf eine Anzahl der unterwegs allenfalls dazu stoßenden Schüblinge gerechnet werden muß“, an die niederösterreichische Regierung anzuzeigen.

3261 So sollten nach dem Dekret der niederösterreichischen Landesregierung vom 26. März 1813, HERZOG (wie Anm. 143), Nr. 177, S. 164 f., im Viertel unter dem Manhartsberg anstelle der „Nachtstationen Hausleithen und Grafenwörth, welche dem Schube keine sichere Unterkunft gewähren, in Zukunft die in dieser Beziehung zweckmäßigeren Orte Städteldorf und Grafenegg zur Übernachtung der Schüblinge verwendet werden“. Im Viertel ob dem Wienerwald hatte der Schub nun nicht mehr in den Stationen Neumarkt und Stremberg zu übernachten, sondern „mit gewechselter Vorspann von Mölk bis Amstetten, und von da Tags darauf bis Enns zu gehen“.

3262 Ebd., S. 165. Die Eskorte betrug normalerweise sechs Mann Kavallerie und sechs Mann Infanterie.

3263 Siehe das Dekret des böhmischen Gubernial-Präsidiums vom 22. November 1817, HERZOG (wie Anm. 143), Nr. 205, S. 202.

Als weitere Präventivmaßnahme zur Vermeidung von Schubentweichungen waren den Schüblingen - wie beim Partikularschub[3264] - vor Abgang des Hauptschubes nicht nur sämtliche Dokumente[3265], sondern auch Geld und Pretiosen sowie überflüssige Kleidung abzunehmen, um ihnen die Möglichkeit zu nehmen, ihre Wächter „zu bestechen, oder zu berauschen“[3266]. Die Dokumente und Wertgegenstände wurden dem sogenannten Hauptschub- bzw. „Spedirungs-Kommissär“[3267], einem „politischen Commissär“[3268], „nebst genauen Verzeichnissen“ übergeben, „welche Verzeichnisse einzeln über die einem jeden Individuum gehörigen Effekten von der Zuchthausverwaltung oder dem Polizeihauscommando, je nachdem die Schüblinge von der einen oder von dem andern herrühren“, bzw. vom Magistrat „doppelt zu verfassen, und sowohl dem Commissär, als auch einem jeden Schüblinge, soviel es sein Eigenthum betrifft, einzuhändigen“ waren[3269]. Bei der „Wechslung der Commissäre“ in den Schubstationen hatte „der Vorgänger seinem Nachfolger die Effekten nebst den Verzeichnissen zu übergeben“, und an der Grenze wurden sie den Eigentümern gegen Empfangsbestätigung ausgehändigt[3270]. Außerdem waren dem Schubkommissär entweder von dem Polizeihauskommando oder von der Zuchthausverwaltung - je nachdem die Schüblinge aus dem Polizei- oder Zuchthaus kamen - zu erstellende, „genaue Personalbeschreibung“ der jeweiligen Schüblinge auszuhändigen, mit dem Auftrag, sie bei der „Wechslung“ seinem Nachfolger zu übergeben, damit im Falle einer trotz aller Vorsichtsmaßregeln eintretenden Entweichung eines Schüblings dessen Entdeckung und Ergreifung erleichtert würde[3271].

Da die theresianische Anordnung, außerhalb der Hauptschübe betretene Vagabunden und Bettler hinkünftig mittels Partikularschubes zu befördern, bis in die Zeit von Franz I. beibehalten wurde - allerdings seit Joseph II.[3272] mit der bedeutsamen Abänderung, daß nun zwar die kreisamtliche Anordnung wegfiel, den Landgerichten aber die Haftung für die richtige Erhebung des Schüblingsdomizils übertragen wurde[3273] -, kam

3264 Siehe dazu S. 567 f.

3265 So sah etwa bereits das Patent für Österreich unter der Enns vom 13. April 1724 („Visitations-Schub, und Versorgung der Armen“), CA IV, S. 183, HERZOG (wie Anm. 143), Nr. 1, S. 16, vor, daß, wenn der „abzuschiebende Bettler einige Abschied, Paß, Sammelbriefe, oder andere Urkunden bei sich hätte, solche Briefschaften bei dem Schube nicht ihm selbst zu behändigen, sondern, zur Verhütung des Austrettens, von Ort zu Ort dem mitgehenden Bothen verschlossen zuzustellen ... sind“.

3266 Dekret der niederösterreichischen Regierung vom 20. Mai 1807, HERZOG (wie Anm. 143), Nr. 145, S. 139 f.

3267 Siehe ebd.

3268 Siehe etwa das Dekret der niederösterreichischen Landesregierung vom 2. März 1832, HERZOG (wie Anm. 143), Nr. 404, S. 411, ZALEISKY (wie Anm. 666) III, S. 102 ff.

3269 Dekret der niederösterreichischen Landesregierung vom 26. März 1813, HERZOG (wie Anm. 143), Nr. 177, S. 165.

3270 Ebd.

3271 Ebd.

3272 Verordnung vom 20. August 1782, HERZOG (wie Anm. 143), Nr. 46, S. 66, Slg. Joseph II, S. 252.

3273 Siehe dazu die allerhöchste Entschließung vom 24. Dezember 1783 bzw. das Regierungsdekret vom 14. Jänner 1784, HERZOG (wie Anm. 143), Nr. 51, S. 67 f.

es in weiterer Folge zu einem Rückgang der Aufgreifungen bei den Streifungen[3274] und damit zu einem Rückgang der allgemeinen Hauptschübe, wobei im übrigen der Herbstschub in das Reich und nach Ungarn Ende des 18. Jahrhunderts nicht mehr im November, sondern bereits im Oktober durchgeführt wurde[3275]. Der trotz fernerhin angeordneter Visitationen[3276] für das flache Land „nach und nach ganz eingeschlafene Hauptschub“[3277] wurde sodann infolge mangelnden Bedarfs 1817 das letzte Mal generell durchgeführt.

Keinen Mangel an Hauptschüblingen gab es allerdings nach wie vor in der Hauptstadt der Habsburgermonarchie. Die bei den Visitationen „als Landstreicher, oder sonst verdächtige Menschen“ betretenen Personen wurden daher auch in der nachtheresianischen Zeit weiterhin hauptsächlich mittels Hauptschub entfernt, wobei alle zu diesem Schub bestimmten Personen am Abend vorher in das Provinzialstrafhaus, von wo der Schub abging, zu stellen waren[3278]. Der Magistrat der Stadt hatte vor Abgehen des Schubes dafür zu sorgen[3279], daß die für den Schubtransport bestimmten „Wägen, im Falle Regenwetter eintreten sollte, mit Rohrdecken oder Plachen versehen“ wurden und die nötige aus Kavallerie und Infanterie bestehende Begleitmannschaft vom Militärkommando zur Verfügung gestellt wurde[3280].

3274 Die Streifungen sollten insbesondere stets vor dem Schub in das Reich vorgenommen werden, siehe dazu die Verordnung vom 31. August 1782, HERZOG (wie Anm. 143), Nr. 47, S. 66, Slg. Joseph II, S. 264.

3275 Siehe die Verordnung vom 26. Juli 1796 an den Wiener Magistrat und die niederösterreichischen Kreisämter, HERZOG (wie Anm. 143), Nr. 98, S. 113. Gemäß dieser Verordnung hatte der Herbsthauptschub am 10. Oktober nach Ungarn und am 20. Oktober in das Reich abzugehen.

3276 So wurde etwa in der Verordnung vom 26. Juli 1796 an den Wiener Magistrat und die niederösterreichischen Kreisämter, HERZOG (wie Anm. 143), Nr. 98, S. 113 f., angeordnet, daß auch weiterhin jedesmal vor dem Hauptschub „auf dem Lande sowohl, als auch auf den sämmtlichen hiesigen Vorstadtgründen in und außer den Linien eine genaue Partikular-Visitation vorzunehmen“ sei, damit die „dabei betretenen Landstreicher, oder sonst verdächtigen Personen sogleich angehalten, gehörig examiniert, und die von denselben etwa außer Land gehörigen Personen, so keine andere Strafe als die Abschiebung verdient haben, mit diesem Herbstschube füglich hinweggebracht werden mögen“.

3277 So HERZOG (wie Anm. 143), S. 465.

3278 Dekret der niederösterreichischen Regierung an den Wiener Magistrat vom 13. Mai 1816, HERZOG (wie Anm. 143), Nr. 188, S. 176 f.

3279 Ebd.

3280 Laut Dekret der niederösterreichischen Regierung an den Wiener Magistrat vom 13. Mai 1816, HERZOG (wie Anm. 143), Nr. 188, S. 177, bestand die Begleitmannschaft für die Hauptschübe nach Deutschland und Ungarn nun aus „einem Corporale und drei Mann von der Reiterei, dann aus sechs Mann und einem Corporalen von der Infanterie, welche die Wache in den Nachtstationen zu versehen“ hatten. Für den Fall, daß die Zahl der Schüblinge durch eine Generalvisitation vermehrt würde, sollte sich die Stadthauptmannschaft an das Generalkommando zwecks Erhöhung der Mannschaftsstärke wenden. War angesichts der Anzahl der Schüblinge die Eskorte von drei Mann Kavallerie und sechs Mann Infanterie „verhältnißmäßig zu beträchtlich“, sollte das Magistrat die Verfügung treffen, daß „nur der erforderliche Theil derselben als Begleitung mitgegeben werde“.

b. Der Wiener Hauptschub

1. Einrichtung des Wiener Hauptschubes hinsichtlich der Schubrouten und -termine

Obwohl auch in Wien neben dem Hauptschub der Partikularschub bei Inländern häufig angewendet wurde, war das „leopoldstädter weitläufige Arbeitshaus und überdieß noch ein Theil des Polizeihauses" regelmäßig „von einem Hauptschube zum andern" mit Schüblingen „angefüllt"[3281]. Insbesondere hatten die Napoleonischen Kriege zur Pauperisierung der Bevölkerung und zu einem Anwachsen des Bettlerunwesens geführt. Im Jahr 1817 hatte nun das „seit einiger Zeit auf eine auffallende Art überhand nehmende Betteln in der Hauptstadt" die „Aufmerksamkeit der Behörden, und selbst Seiner Majestät auf sich gezogen"[3282] und, um „diesem Unfuge zu steuern", wurde im April 1817 der sogenannte Wiener Hauptschub eingeführt[3283], da der „bisher bei solchen Abschaffungen angewandte Partikularschub ... dem beabsichtigten Zwecke" nicht entsprach, „weil die gewöhnliche Sorglosigkeit der Begleiter dem Schübling die Entweichung so sehr erleichtert, daß er kaum in die nächste Station gebracht wird, und in kurzer Zeit sich wieder bei den hiesigen Linien einschleicht"[3284]. Auch diese Abschiebungen sollten daher „ganz unter denselben Vorsichten und mit derselben Begleitung" veranlaßt werden, wie „dieß bis jetzt bei dem Sommer- und Herbst-Hauptschube geschehen" war[3285]. Sobald „eine hinreichende Anzahl der Bettler versammelt"[3286] war, hatte hinkünftig ein solcher Hauptschub abzugehen. Derartige Wiener Hauptschübe mußten auch gleich nach ihrer Einführung im April wegen der infolge von Mißernten ausgebrochenen Hungersnot, nämlich von Mitte Juni bis Ende November 1817, drei bis viermal monatlich stattfinden, sodaß in diesem Zeitraum fast 900 Personen aus Wien mittels Hauptschub abgeschoben wurden[3287].

Bettler und Vagabunden, die in Österreich unter der Enns gebürtig oder ansässig waren, sollten nach einem Hofkanzleidekret vom April 1817 nun „unter gehöriger Begleitung" von Wien abgesendet und an das Kreisamt, dem sie unterstanden, abgegeben werden. Dieses hatte den Schübling seinem Zuständigkeitsort zu übergeben und sich von der dortigen Obrigkeit dessen Eintreffen bestätigen zu lassen. Bettler aus anderen

---

3281 So HERZOG (wie Anm. 143), S. 465.

3282 Hofkanzleidekret vom 13., Dekret der niederösterreichischen Regierung vom 22. April 1817 an den Wiener Magistrat und die Polizeioberdirektion HERZOG (wie Anm. 143), Nr. 195, S. 187 ff., FAULLER (wie Anm. 130) I, S. 22; siehe auch das Kreisschreiben u.W.W. vom 27. April 1817, HERZOG (wie Anm. 143), Nr. 196, S. 189.

3283 Hofkanzleidekret vom 13. April 1817 an alle Länderstellen, HERZOG (wie Anm. 143), Nr. 192, S. 185 ff., ZALEISKY (wie Anm. 666) III, S. 95 f., PGS XLV (1817), Nr. 55, S. 91 f.; Hofkanzleidekret vom 13., Dekret der niederösterreichischen Regierung vom 22. April 1817, HERZOG (wie Anm. 143), Nr. 195, S. 187 ff., FAULLER (wie Anm. 130) I, S. 22; siehe auch Kreisschreiben u.W.W. vom 27. April 1817, HERZOG (wie Anm. 143), Nr. 196, S. 189 ff.

3284 Ebd.

3285 Ebd.

3286 Ebd.

3287 HERZOG (wie Anm. 143), S. 465, spricht von 895 Personen.

Erbländern waren auf die gleiche Weise bis über die niederösterreichische Grenze zu befördern und dem nächsten Kreisamt oder Komitat zur weiteren Abschiebung in ihren Zuständigkeitsort zu übergeben[3288]. Mittellose[3289] Bettler und Landstreicher sollten nun also aus Österreich unter der Enns nicht mehr mit Partikularschub, sondern nur mehr mit dem Hauptschub entfernt werden[3290] – im Unterschied freilich zu aus dem Provinzialstrafhaus in Wien entlassenen und zur förmlichen Abschiebung, also zum Schub, nach ausgestandener Strafe an den Wiener Magistrat übergebenen Sträflingen[3291]. Diese mußten „sogleich mit Partikularschub hinweg befördert" und nicht etwa „bis zu dem jedesmal abgehenden halbmonatlichen Hauptschube angehalten" werden, da „nach den bestehenden Gesetzen kein Sträfling nach vollstreckter Strafe länger im Arreste angehalten werden darf, was jedoch geschehen müßte, wenn ein derlei Sträfling auf den Abgang des Hauptschubes zu warten hätte"[3292].

Die „Verbesserung" des Hauptschubes in der Form des Wiener Hauptschubes im Jahre 1817 bestand nun einerseits darin, daß er nicht mehr nur wie bisher zweimal jährlich vorgenommen wurde, sondern hinkünftig zweimal monatlich von Wien abging, und zwar am 15. und am letzten Tag jeden Monats[3293] bzw. am ersten und 15. jeden Monats[3294], jedenfalls aber vierzehntägig[3295]. Allerdings mußte der Schubtermin so gewählt werden, daß kein aus Österreich nach Ungarn führender Hauptschub dort an ei-

---

3288 Hofkanzleidekret vom 13. April 1817 an alle Länderstellen, HERZOG (wie Anm. 143), Nr. 192, S. 185, ZALEISKY (wie Anm. 666) III, S. 95 f., PGS XLV (1817), Nr. 55, S. 92. Die Ortsobrigkeiten hatten nun dafür Sorge zu tragen, daß sich die zugeschobenen Bettler nicht wieder aus dem angewiesenen Aufenthaltsort entfernten. Für den Fall einer Entfernung war dem vorgesetzten Kreisamt Anzeige zu erstatten, welches wiederum die Polizeioberdirektion zu benachrichtigen hatte. Die Unterlassung der Anzeige durch die Ortsobrigkeiten zog die Haftung für alle Kosten nach sich, die durch eine abermalige Abschiebung eines Revertenten entstanden. Diese Haftung traf auch die Gemeinden, wenn die Verletzung ihrer Versorgungspflicht den Zugeschobenen zur Reversion veranlaßt hatte; so auch das Kreisschreiben u.W.W. vom 17. April 1817, HERZOG (wie Anm. 143), Nr. 196, S. 190.

3289 Dekret der niederösterreichischen Regierung vom 4. März 1818 an den Wiener Magistrat, HERZOG (wie Anm. 143), Nr. 211, S. 207 ff., siehe auch FAULLER (wie Anm. 130) I, S. 25.

3290 Dekret der niederösterreichischen Regierung vom 14. Juni 1817 an den Magistrat und die Polizeioberdirektion, HERZOG (wie Anm. 143), Nr. 199, S. 198, ZALEISKY (wie Anm. 666) III, S. 96.

3291 Freilich konnte das Ausweisungserkenntnis für die Beförderung von Sträflingen in ihre Zuständigkeitsgemeinde nach ausgestandener Strafe nicht nur den Schub vorsehen, sondern auch – je nach Gefährlichkeit des Sträflings – entweder gebundene Marschroute oder Abholung durch Familienangehörige, siehe dazu ausführlich S. 196 ff. und S. 635 ff.

3292 Dekret der niederösterreichischen Regierung vom 3. April 1818 an den Wiener Magistrat, HERZOG (wie Anm. 143), Nr. 213, S. 209; vgl. dazu die theresianische Regelung S. 635.

3293 Dekret der niederösterreichischen Regierung vom 19. November 1817, HERZOG (wie Anm. 143), Nr. 204, S. 201, ZALEISKY (wie Anm. 666) III, S. 96 f.; Schreiben der Polizeihofstelle vom 12. November 1817, FAULLER (wie Anm. 130) IV, S. 84.

3294 Dekret der niederösterreichischen Regierung vom 21. Juni 1820 an den Wiener Magistrat, HERZOG (wie Anm. 143), Nr. 244, S. 238.

3295 Dekret der niederösterreichischen Regierung vom 7. Oktober 1819 an den Wiener Magistrat, HERZOG (wie Anm. 143), Nr. 230, S. 228.

nem Sonn- oder Feiertag eintraf[3296]. Andererseits bestand die Reform 1817 darin, daß der Hauptschub nun nicht mehr nur an die ungarische und bayerische Grenze abgehen sollte, sondern hinkünftig in vier Richtungen. Ein Hauptschub führte nun also alle zwei Wochen sowohl jeweils nach Ungarn und nach Deutschland „auf der bisher bei dem Sommer- und Herbst-Hauptschube beobachteten Route", als auch nach Inner-österreich bis Bruck an der Mur und nach Mähren bis Znaim[3297]. Die Aufsicht über den neugeschaffenen innerösterreichischen und mährischen Hauptschub oblag dem Wiener Magistrat, und die Abwicklung dieser Hauptschübe erfolgte ebenso wie derjenigen nach Ungarn und Deutschland durch Hauptschubdirektoren[3298].

In weiterer Folge kam es trotz Bestehens dieser vier Hauptschubrouten lange Zeit zu dem Übelstand, daß die in an Österreich und Bayern grenzende Kreise Böhmens zuständigen Hauptschüblinge vermittels des mährischen Hauptschubes „über Znaim, Iglau, Czaslau bis Prag geschleppt, und erst von da in ihre Heimath zurück mittels Partikularschubes befördert wurden"[3299], hatten doch die Anordnungen von 1817 vorgesehen, daß diejenigen Schüblinge, die in andere Erbländer als die mit dem jeweiligen Hauptschub direkt angesteuerten zuständig waren, bis über die niederösterreichische Grenze gebracht und dort dem nächsten Kreisamt zur weiteren Abschiebung zu übergeben waren. Mit Hofkanzleidekret vom September 1826[3300] wurde daher angeordnet, daß die nach Böhmen zuständigen Hauptschüblinge ohne Umwege direkt in Richtung ihrer Heimatgemeinde über die Grenzen von Niederösterreich zu befördern seien und somit eine eigene böhmische Hauptschubroute eingerichtet. Da nun bei „jenen Individuen, deren Geburtsort in dem budweiser, taborer und prachiner Kreis sich befindet, das budweiser Kreisamt als das nächste und geeignetste erscheint, um diese Schüblinge zu übernehmen, und weiter zu befördern", wurde bestimmt, daß die in diesen Kreisen

---

3296 Der Magistrat wurde angewiesen, „bei Bestimmung des Tages zum Abgange des Hauptschubes auf den Umstand, daß der von hier nach Ungarn abgehende Schubtransport am zweiten Tage Abends zu Ödenburg eintrifft", in der genannten Hinsicht Rücksicht zu nehmen. In dem Fall, „wenn nach der gewöhnlichen Rechnung die Ankunft der Schüblinge in der ungarischen Übernahms-Station auf einen Sonn- oder Feiertag träfe", mußte folglich der Hauptschub um einen Tag früher „als an dem in der Regel hiezu bestimmten 1. und 15. abgesendet" werden, „damit der Transport noch am Vorabend des Sonn- oder Feiertages zu Ödenburg anlange, wo es sodann die Sache der dortigen Behörde sein wird, die Schüblinge über den Sonn- oder Festtag in der betreffenden Station zu behalten", Dekret der niederösterreichischen Regierung vom 21. Juni 1820 an den Wiener Magistrat, HERZOG (wie Anm. 143), Nr. 244, S. 238.

3297 Hofkanzleidekret vom 13., Dekret der niederösterreichischen Regierung vom 22. April 1817 an den Wiener Magistrat und die Polizeioberdirektion, FAULLER (wie Anm. 130) I, S. 22, HERZOG (wie Anm. 143), Nr. 195, S. 187 ff.

3298 Gab es bisher nur einen für den Abgang des Hauptschubes nach Ungarn und Deutschland zuständigen Schubdirektor in Baden, so wurde 1817 auch für den Abgang der neugeschaffenen Hauptschübe ein weiterer Hauptschubdirektor in der Person des Bürgermeisters von Wiener Neustadt installiert, siehe das Kreisschreiben u.W.W. vom 27. April 1817, HERZOG (wie Anm. 143), Nr. 196, S. 191.

3299 So HERZOG (wie Anm. 143), S. 465.

3300 Hofkanzleidekret vom 6. September, Regierungsdekret vom 4. Oktober 1826 an den Wiener Magistrat, HERZOG (wie Anm. 143), Nr. 330, S. 336 f.

zuständigen Hauptschüblinge „von Wien aus gerade über Stockerau, Horn und Wittingau, an das budweiser Kreisamt zu befördern seien", während die aus dem „czaslauer, chrudimer, königgräzer, bidschower und bunzlauer Kreise gebürtigen Bettler und Landstreicher ... an das czaslauer Kreisamt, die aus den übrigen Kreisen Böhmens, und aus Prag gebürtigen oder dahin gehörigen Individuen an die Stadthauptmannschaft zu Prag abzuschieben" waren. Dem Kreisamt des Viertels unter dem Manhartsberg wurde sodann eingeschärft[3301], darauf zu achten, daß die von Wien kommenden, im budweiser, taborer und prachiner Kreis Böhmens zuständigen Schüblinge nicht mehr „ohne hinreichende Ursache nach Mähren instradiert" bzw. die „bisher mit dem Hauptschub von Wien in die südlichen Kreise Böhmens beförderten Individuen ferner nicht mehr auf dem längeren Wege über Znaim, Iglau, Czaslau und Prag" abgeschoben wurden. Seit 1828[3302] galt diese Hauptschubroute ebenso für Schüblinge anderer südlicher Kreise Böhmens, nämlich des pilsner und klattauer Kreises, und die Schubroute wurde nun detailliert festgelegt, wobei an einem Tag nach der Richtschnur von 1828 zwischen 2 ¼ und 4 ¾ Meilen zurückzulegen waren, und der Schub sollte innerhalb von sechs Tagen in Wittingau ankommen, wo er der zuständigen Ortsbehörde übergeben wurde[3303].

Im Jahre 1832[3304] kam es außerdem für die in die Gegend der Karpathen zuständigen Ungarn zur Einrichtung einer zweiten ungarischen Hauptschubroute. Es bestand hinkünftig also eine Hauptschubroute, die über Baden und Bruck an der Leitha nach Wimpassing im Ödenburger Komitat führte, auf welcher Route „ausschließlich nur solche Individuen befördert werden" sollten, die „in das südliche Ungarn, besonders aber in die am rechten Ufer der Donau gelegenen Comitate Ungarns ..., dann nach Slavonien und Croatien" gehörten[3305]. Für die am linken Ufer der Donau gelegenen Komitate hingegen wurde 1832 die zweite Hauptschubroute nach Ungarn eingerichtet, welche in zwei Tagen von Wien nach Preßburg führte[3306].

Was nun die durchschnittliche Anzahl der Hauptschüblinge pro Termin anbelangt, so konnte für die Jahre 1846 bis 1849 eine durchschnittliche Zahl von 150 bis 200

3301 Hofkanzleidekret vom 15. März 1827, Regierungsverordnung vom 3. April 1827 an die Kreisämter, die Polizei-Oberdirektion, den Magistrat und die Dominien Wiens, ZALEISKY (wie Anm. 666) III, S. 98, HERZOG (wie Anm. 143), Nr. 343, S. 351 f., Prov. GSlg. NÖ IX (1827), Nr. 94, S. 244.

3302 Niederösterreichische Regierungsverordnung vom 19. März 1828, ZALEISKY (wie Anm. 666) III, S. 100 ff., HERZOG (wie Anm. 143), Beilage zu Nr. 360, S. 369, Prov. GSlg. NÖ X (1828), Nr. 52, S. 150 ff.

3303 Die Etappen wurden so festgelegt, daß die Schüblinge künftighin am ersten Tag ihrer Abreise von Wien nach Korneuburg 3 Meilen, am zweiten Tag von Korneuburg nach Wetzdorf4 ¾ Meilen, am dritten Tag von Wetzdorf nach Horn 3 ½ Meilen, am vierten Tag von Horn nach Schwarzenau 4 ¾ Meilen, am fünften Tag von Schwarzenau nach Schrems 2 ¼ Meilen, am sechsten Tag von Schrems nach Wittingau 4 ¾ zu befördern waren, ebd.

3304 Dekret der niederösterreichischen Regierung vom 2. März 1832, HERZOG (wie Anm. 143), Nr. 404, S. 410 ff., ZALEISKY (wie Anm. 666) III, S. 102 ff.

3305 Es waren dies das „Eisenburger, Ödenburger, Szalader, Schimegher, Baranyaer, Tolner, Weissenburger, Wieselburger, Komorner, Raaber, und Veßprimer Comitat", ebd., S. 410.

3306 Am ersten Tag sollten die Schüblinge von Wien über Kaiser-Ebersdorf nach Petronell über 5 ½ Meilen, am zweiten Tag von Petronell nach Preßburg über 3 Meilen befördert werden, ebd., S. 410.

Personen pro Hauptschubtermin ermittelt werden[3307], die sich auf die einzelnen Kronländer durchaus unterschiedlich verteilte. So wurden etwa 40–50 % der Hauptschüblinge nach Mähren transportiert, 20 % nach Böhmen, 10–20 % nach Oberösterreich, 2–4 % in die Steiermark und 15–20 % nach Ungarn. Außerdem konnte festgestellt werden, daß bis zu 20 % aller Schüblinge Revertenten waren.

2. Schubtauglichkeit, Bekleidung und Verpflegung der Schüblinge

Unmittelbar vor Abgehen des Wiener Hauptschubes waren alle Schüblinge – wie auch beim Partikularschub – einer ärztlichen Untersuchung über ihren Gesundheitszustand zu unterziehen, wobei den (Wund-)Ärzten und Hebammen dafür im Regelfall allerdings keinerlei Gebühren zustanden[3308]. Der Umstand, daß der Schübling „am Tage seiner Abschiebung ärztlich untersucht und vollkommen gesund befunden worden" war, mußte sodann unter Mitfertigung des Arztes, der den Schübling untersucht hatte, in die Hauptschublisten aufgenommen werden[3309]. Wie die niederösterreichische Regierung klarstellte, waren also diejenigen Schüblinge, die vor oder während ihrer Abschiebung dergestalt erkrankten, daß sie „nach Äußerung des Arztes ... ohne augenscheinliche Gefahr durchaus, selbst mit Vorspann, nicht weiter gebracht werden" konnten, solange an Ort und Stelle zu belassen, und ärztlich zu behandeln, bis ihr Zustand die weitere Transportierung gestattete[3310]. Gefährlich Kranke konnten also auch nicht mittels Fuhr, der vorherrschenden Beförderungsart des Wiener Hauptschubes, abgeschoben werden.

Nach den Anordnungen von 1817 sollten eingebrachte Bettler, Vagabunden und Müßiggänger zum Zwecke der Beförderung mittels Hauptschub „gleich nach ihrer Untersuchung und Aburtheilung in die der Polizei-Direktion gehörige Abtheilung des Polizeihauses" überstellt werden, wo sie bis zum Abgang eines Hauptschubes aufbewahrt wurden[3311]. Dem Direktor dieses Polizeihauses hatte der Magistrat zwei Tage vor Abge-

---

3307 Siehe zu diesen Zahlen KOMLOSY (wie Anm. 204), S. 579.

3308 Nach der Regierungsverordnung vom 18. November 1828, HERZOG (wie Anm. 143), Nr. 368, S. 383 f., bekamen „Wundärzte und Hebammen für die Untersuchung von Schüblingen und für das dießfalls ausgestellte Parere keine Vergütung", sondern nur dann waren dem „Wundarzte Fuhr und Kost zu vergüten ..., wenn er aus einem andern Orte herbeigerufen werden mußte"; siehe dazu etwa auch das Hofdekret des lombardisch-venetianischen Senates vom 12. Juli 1929, HERZOG (wie Anm. 143), Nr. 364, S. 380 f.

3309 Regierungsverordnung vom 8. September 1820 an das Kreisamt u.W.W. und den Wiener Magistrat sowie Regierungsverordnung vom 31. Oktober 1820 an die übrigen drei Kreisämter, HERZOG (wie Anm. 143), Nr. 247, S. 241, siehe auch FAULLER (wie Anm. 130) IV, S. 86 f., Prov. GSlg. NÖ II (1820), Nr. 245, S. 553 f.

3310 Dekret der niederösterreichischen Regierung vom 2. Jänner 1825, HERZOG (wie Anm. 143), Nr. 309, S. 307; siehe dazu auch die zahlreichen Anordnungen gleichen Inhalts für die Partikularschübe S. 540 f., 553 f.

3311 Sobald eine „hinlängliche Anzahl Schüblinge vorhanden" war, sollte die Polizeioberdirektion den Magistrat davon in Kenntnis setzen, Dekret der niederösterreichischen Regierung vom 14. Juni 1817 an den Magistrat und die Polizeioberdirektion, HERZOG (wie Anm. 143), Nr. 199, S. 198, ZALEISKY (wie Anm. 666) III, S. 96; siehe auch das Hofkanzleidekret vom 15. April 1817, FAULLER (wie Anm. 130) IV, S. 86.

hen des Hauptschubes ein Verzeichnis der Schüblinge zu übergeben, damit der Polizeihausdirektor vorschriftsgemäß die „Betheilung der Schüblinge mit alten Kleidungsstükken", die von Seiten der Polizei zu geschehen hatte, vornehmen konnte[3312]. 1840[3313] wurde weiters der Wiener Magistrat angewiesen, dafür Sorge zu tragen, „daß die mit dem Hauptschube zu befördernden Personen von Ungeziefer gereinigt auf den Schub gesetzt" wurden. Damit sie auch an ihrem Bestimmungsort „in möglichst gleichem reinen Zustand" ankamen, wurde zugleich den Kreisämtern befohlen darauf zu achten, daß die Schüblinge in geräumigen und geeigneten Schublokalitäten mit „reine[n] Lagerstätten" untergebracht werden konnten, „damit auf diese Art dem Ueberhandnehmen des Ungeziefers möglichst vorgebeugt werde". Allerdings stand der Wiener Magistrat seinerseits vor dem Problem, daß „die Dominien auf dem Lande die in ihrem Bezirke aufgegriffenen Vagabunden und andere derlei Individuen, ohne dieselben von Ungeziefer zu reinigen", nach Wien abschoben, was wiederum die Ungezieferplage in den Wiener Gefängnissen verschlimmerte[3314]. Jedenfalls stand es den Hauptschubkommissären nicht zu, einen Schübling wegen mangelhafter Reinigung oder Bekleidung zurückweisen[3315].

Was die Verpflegung der Hauptschüblinge anbelangt, so galten auch für diese anfänglich die Verpflegungsvorschriften für den Partikularschub. 1841[3316] wurde allerdings aus „gegründeten Sanitäts-Rücksichten" von der Polizei- und Zensurhofstelle auf Antrag des Wiener Magistrates und des Stadtphysikus' die Vergünstigung genehmigt, die mit dem Hauptschub von Wien abgehenden Schüblinge „während der Wintermonate", also von Anfang November bis Ende März, zusätzlich zum üblichen Mittag- und Abendessen „mit einem Frühstück, bestehend aus einem Seidel mit Kümmel gewürzter Einbrennsuppe ..., dann aus einer Mundsemmel" beteilen zu lassen.

Infolge der jeweiligen „Theurerungsverhältnisse" veränderten sich freilich auch im Neoabsolutismus die Verpflegungsgebühren, die für die Hauptschüblinge zur Auszah-

3312 Dekret der niederösterreichischen Regierung vom 29. Oktober 1817, HERZOG (wie Anm. 143), Nr. 203, S. 201.

3313 Dekret der niederösterreichischen Regierung vom 5. März 1840, ZALEISKY (wie Anm. 666) III, S. 134.

3314 Das Dekret der niederösterreichischen Regierung vom 5. März 1840, ZALEISKY (wie Anm. 666) III, S. 134, sprach auch davon, daß die Dominien oft die Schüblinge, ohne „selbe mit den nöthigen Kleidungsstücken zu versehen", nach Wien abschoben, wo sie „sehr oft ganz gekleidet" werden mußten.

3315 Kundmachung der steiermärkischen Statthalterei vom 3. Juni 1857, LGBl. II Nr. 12, an die Kreisämter und an den Magistrat der Hauptstadt Graz, in Betreff der Escortirung von Schüblingen durch die Gens'darmerie, ZALEISKY (wie Anm. 666) 2. Nachtrag, S. 169. Er konnte nur eine diesbezügliche Bemerkung zwecks weiterer Amtshandlung durch die übernehmende Schubstation in den Schubpaß eintragen; siehe auch den Erlaß der oberösterreichischen Statthalterei vom 15. August 1860, LGBl. Nr. 16, giltig für Oesterreich ob der Enns und Salzburg, wegen Beförderung des Hauptschubes zwischen Linz und Salzburg mittelst der Eisenbahn; sowie den Erlaß des Statthalterei im Erzherzogthume Oesterreich ob der Enns vom 1. September 1859, LGBl. Nr. 27, wegen Beförderung des Hauptschubes zwischen Linz und Lambach mittelst der Eisenbahn.

3316 Präsidialschreiben der Polizei- und Zensurhofstelle vom 31. März 1841, niederösterreichische Regierungsverordnung vom 29. April 1841, ZALEISKY (wie Anm. 666) III, S. 135.

lung und Verrechnung gebracht werden durften[3317]. Außerdem wurde nun bei den Hauptschüben per Eisenbahn den Schüblingen auch vielfach – jedenfalls aber Kindern unter zehn Jahren, schwangeren, gebrechlichen oder Schüblingen über 60 Jahren[3318] – vor Abgang des Schubes „ein warmes Frühstück" zugestanden. Bei ihrer Ankunft in der Hauptstation oder, wenn sie in einer Zwischenstation abgegeben wurden, in der Abgabstation erhielten sie sodann die sogenannte Mittagsverpflegung[3319]. Die Schubführer wurden teilweise sogar ermächtigt, „bei eintretendem Unwohlsein eines Schüblings oder bei schwächlichen und kränklichen Personen, denselben eine Schale Suppe reichen zu lassen", worüber beim Eintreffen in der Hauptstation sogleich Meldung zu machen war[3320].

3. Schubbegleitung und sonstige Maßnahmen zur Verhinderung der Schubentweichung

Weitere Maßnahmen vor dem Abgehen eines Hauptschubes waren die Verständigung der niederösterreichischen Kreisämter[3321] und die Anforderung einer Eskorte für den Hauptschub. Ursprünglich hatte der Wiener Magistrat einige Tage vor Abgehen des Schubes die niederösterreichische Regierung vom Schubtermin zwecks Bestimmung der weiterhin aus Kavallerie und Infanterie[3322] bestehenden Begleitmannschaft für den Hauptschub zu benachrichtigen[3323]. Da allerdings „bis zur wirklichen Abgehung des Hauptschubes immer die Anzahl der Köpfe zu- oder abnimmt, bald zu groß, bald zu klein ausfallen kann", wurde 1818[3324] diese Regelung dahingehend verändert, daß der Magistrat nunmehr zwei Tage vor dem Schub einverständlich mit dem Hauptschubdirektor beim örtlichen Militärkommando um die nötige Eskortemannschaft ansuchte. 1824[3325] erhielt der Magistrat schließlich den Auftrag, den Abgang des vierzehntägigen Hauptschubes „immer zeitlich, und wenigstens fünf Tage vor dem Abgangstag" der Regierung anzuzeigen, „damit das k.k. Platzcommando, seinem Ansuchen gemäß, von

---

3317 Siehe etwa den Erlaß des oberösterreichischen Statthalters vom 15. November 1852, LGBl. Nr. 481, über die Bestreitung der Auslagen für Schüblinge; sowie das Dekret der niederösterreichischen Statthalterei vom 21. Jänner 1856 bzw. das Dekret der Polizeidirektion in Wien vom 29. Jänner 1856, ZALEISKY (wie Anm. 666) 2. Nachtrag, S. 167.

3318 Nach dem Erlaß der oberösterreichischen Statthalterei vom 15. August 1860, LGBl. Nr. 16, giltig für Oesterreich ob der Enns und Salzburg, wegen Beförderung des Hauptschubes zwischen Linz und Salzburg mittelst der Eisenbahn, bestand dieses Frühstück aus einem „Seitel warmer Milch oder Einbrennsuppe mit Brod".

3319 Verordnung der politischen Landesbehörde Salzburg vom 27. August 1865, LGBl. Nr. 9, in Betreff der Einführung eines Hauptschubes zwischen Salzburg und Innsbruck.

3320 Ebd.

3321 Dekret der niederösterreichischen Regierung vom 29. Oktober 1817, HERZOG (wie Anm. 143), Nr. 204, S. 202.

3322 Siehe dazu S. 600.

3323 Siehe etwa die Dekrete der niederösterreichischen Regierung vom 8. August 1807, HERZOG (wie Anm. 143), Nr. 148, S. 142, und vom 24. August 1808, ebd., Nr. 162, S. 152.

3324 Dekret der niederösterreichischen Landesregierung vom 14. April 1818 an den Wiener Magistrat, HERZOG (wie Anm. 143), Nr. 214, S. 210.

3325 Dekret der niederösterreichischen Regierung vom 8. Jänner 1824 an den Wiener Magistrat, HERZOG (wie Anm. 143), Nr. 294, S. 293 f.

dem jedesmaligen Bedarfe an Escorte-Mannschaft wenigstens 48 Stunden früher von Seiten des Hauptschubdirektors in die Kenntniß gesetzt werden könne, indem alle Commando's, welche über 48 Stunden dauern, wegen des sehr strengen Wachdienstes der Garnison, von den auswärts dislozirten Truppen bestritten werden müssen, und das Platzcommando daher, zur Vermeidung des spätern Eintreffens der Commando's und der dadurch entstehenden Dienstesnachtheile und Unannehmlichkeiten, bei Zeiten in den Stand gesetzt werden muß, das Nöthige zu veranstalten".

Da eine Begleitung des Hauptschubes ausschließlich durch Infanterie für das Militärbudget kostengünstiger gewesen wäre, erwog man bald von Seiten des Generalkommandos, „in Zukunft statt der Cavallerieescorte zur Begleitung des Hauptschubes die doppelte Anzahl der Infanteriemannschaft zu verwenden"[3326]. Die niederösterreichische Regierung empfahl 1823[3327] aber weiterhin die „Nothwendigkeit der Cavalleriebegleitung der Anerkennung des Generalcommando's" und sprach sich für die „unbeirrte fernere Abordnung dieser Cavalleriemannschaft" aus. Diesem Wunsch leistete das Generalkommando zwar Folge, ersuchte die Regierung aber – um eine „übermäßige Anstrengung der Pferde der dem Schube beigegebenen Cavallerieescorte" hintanzuhalten – im Gegenzug um eine Anordnung, daß man sich nicht nur auf die „unumgänglich nöthige Anzahl" der Kavalleriemannschaft beschränken möge, sondern daß insbesondere auch „nie mehr als die vorgeschriebenen Stationen, und zwar von einer zur anderen langsam fahrend, an Einem Tag zurückgelegt" werden sollten. Außerdem wurde die genaue Einhaltung der notwendigen Ruhezeiten gefordert, da auch „hierin die schubführenden Commissäre sich viele Willkürlichkeiten" erlaubten[3328]. Darüber hinaus war dem Generalkommando stets mitzuteilen, wenn sich die den Hauptschub begleitende Militäreskorte „Unfüge" erlaubte[3329], damit derartige Pflichtverletzungen geahndet werden konnten.

Eine ausschließlich aus Infanterie-Mannschaft bestehende Hauptschubbegleitung gab es daher „in Beachtung der örtlichen Verhältnisse" lediglich beim böhmischen Hauptschub[3330]. Erst im Jahre 1829[3331] befand schließlich die niederösterreichische Regierung ganz allgemein, daß „dem Schubdienste vollkommen entsprochen" sei, wenn jedem Schubwagen nur mehr zwei Mann Infanterie und keine Kavalleriebegleitung mehr beigegeben wurde.

Als weitere Maßnahme zur Vermeidung von Schubentweichungen waren – wie auch bisher auf den Hauptschüben – den Schüblingen auch vor Abgehen des Wiener Hauptschubes ihre „Belege und Geräthschaften" abzunehmen und dem politischen

3326 Regierungsverordnung vom 26. Juli 1823 an die Kreisämter, den Hauptschubdirektor und den Magistrat in Wien, HERZOG (wie Anm. 143), Nr. 287, S. 288 f.

3327 Ebd.

3328 Ebd.

3329 Dekret der niederösterreichischen Regierung vom 28. November 1817, HERZOG (wie Anm. 143), Nr. 207, S. 203; siehe auch FAULLER (wie Anm. 130) IV, S. 84.

3330 Niederösterreichische Regierungsverordnung vom 19. März 1828, ZALEISKY (wie Anm. 666) III, S. 100 ff., HERZOG (wie Anm. 143), Beilage zu Nr. 360, S. 370 f., Prov. GSlg. NÖ X (1828), Nr. 52, S. 151.

3331 Dekret der niederösterreichischen Regierung vom 26. Februar 1829, HERZOG (wie Anm. 143), Nr. 376, S. 389.

Kommissär zu übergeben, der zur „Sicherung und Verwahrung der den Schüblingen angehörigen Gegenstände, insbesondere wenn sie vom Werthe" waren, eine vom Wiener Magistrat den Kreisämtern zur Verfügung zu stellende „lederne Tasche mit Fächern" verwendete, „welche Tasche der ... polit. Commissär immer zurückzubringen" hatte[3332].

Die „Rapporte des Polizeihauses", in welchem die Schüblinge mit den nötigen Kleidungsstücken beteilt wurden, lieferten jedoch trotz Schubeskorte und Abnahme von Dokumenten und Wertgegenständen weiterhin „die unangenehme Überzeugung, daß bei jedem Hauptschube immer 10 bis 12, oft auch noch mehrere Individuen sich befinden, welche bereits ein-, auch zwei-, und mehrmal von hier abgeschafft" und als Revertenten betreten worden waren[3333]. Dem Magistrat wurde daher befohlen, die Schüblinge „umständlich zu vernehmen", ob „sie vom Schubtransporte, in welcher Station, auf welche Art, sohin ob erst aus ihrem Geburts- und Bestimmungsorte, oder unterwegs entwichen" waren, und beim Abgang eines Schubtransportes der Regierung mit „einem abgesonderten Berichte eine gehörig rubrizirte Tabelle" der im Schubtransport befindlichen Revertenten vorzulegen, damit die Regierung diejenigen, „welchen die vernachlässigte Aufsicht über die Schüblinge, und die Nichtbefolgung der bestehenden Schubvorschriften zur Last" fiel, unmittelbar zur Verantwortung ziehen oder jedenfalls deren Bestrafung veranlassen konnte[3334].

4. Hauptschubkosten und -abrechnung

Die „Auslagen der Abschiebung und Begleitung der Bettler, so wie jene, welche etwa zur Bezahlung der gedungenen Fuhren, um die zurückgeschobenen Siechen und Krüppelhaften in ihre Geburts- und Wohnörter zu befördern, nothwendig" waren[3335], mußten ursprünglich vom lokalen Polizeifonds getragen werden. Aus den Mitteln dieses Fonds wurden den Schubdirektoren mit einzelnen Anweisungen sogenannte „Verlagsgelder" zur Verfügung gestellt, mit denen Schubauslagen von den Schubdirektoren direkt beglichen werden konnten. Um die Hauptschubdirektoren nun „in den Stand zu setzen, die zur Weiterbeförderung der Wiener Hauptschübe stets mittelst der hierzu bestimmten Geldverläge und ohne eines Vorschusses aus eigenem Vermögen, oder aus einer anderen Casse zu bedürfen, bestreiten zu können", und mit Rücksicht darauf, daß die „Flüssigmachung der, zu jenen Auslagen erforderlichen Geldverläge auf die bisher

---

3332 Dekret der niederösterreichischen Regierung vom 2. März 1832, HERZOG (wie Anm. 143), Nr. 404, S. 410 ff., ZALEISKY (wie Anm. 666) III, S. 102 ff.; siehe dazu auch das Dekret der niederösterreichischen Regierung vom 19. März 1828 an den Wiener Magistrat, HERZOG (wie Anm. 143), Nr. 360, S. 369.

3333 Dekret der niederösterreichischen Regierung vom 21. Mai 1818 an den Wiener Magistrat, HERZOG (wie Anm. 143), Nr. 215, S. 210 f.

3334 Ebd.

3335 Kreisschreiben u.W.W. vom 27. April 1817, HERZOG (wie Anm. 143), Nr. 196, S. 190. Mit Dekret der niederösterreichischen Regierung vom 26. November 1817, ebd., Nr. 206, S. 202, wurden sämtliche Schubdirektoren angewiesen, den Vorspann nur mit 10 kr. pro Pferd und Meile zu bezahlen und den Vorspannsbauern keine Trinkgelder zu verabreichen.

übliche Art immer mit unnöthigem Zeitaufwande verbunden war", kam es 1829[3336] zu einer Änderung der bisherigen Praxis dahingehend, daß hinkünftig jedem Hauptschubdirektor zur Bestreitung der Schubauslagen ein „angemessener Geldverlag" für das „ganze Solarjahr" angewiesen wurde. Ohne wie bisher von Fall zu Fall eine Anweisung beantragen zu müssen, konnte der Schubdirektor vielmehr nun die nötigen Beträge in Quartalsraten aus dem Polizeifonds beziehen[3337].

Mittels der von den Schubdirektoren periodisch erstellten[3338] und vom Kreisamt zu prüfenden[3339] Hauptschubrechnungen waren die Schubauslagen mit dem Polizeifonds abzurechnen, wobei hinsichtlich der Hauptschubrechnungen allerdings immer wieder eingeschärft werden mußte, „eine Gleichförmigkeit in der Behandlung der Schubstationen, und der mit dem Schubgeschäfte beauftragten Individuen einzuführen" sowie die vorgeschriebenen „verschiedenen Ausgabsposten, die bei diesen Hauptschüben in Aufrechnung gebracht werden" durften[3340], genau zu beachten. Detaillierte Vorschriften ergingen nun für Diäten und Zulagen der beim Hauptschub beschäftigten Personen mit Ausnahme der Schubdirektoren[3341], für die Verpflegungskosten der Schüb-

3336 Regierungsverordnung vom 23. Februar 1829, HERZOG (wie Anm. 143), Nr. 375, S. 388, Prov. GSlg. NÖ XI (1829), Nr. 51, S. 62.

3337 Die Behebung sollte zu Beginn der Monate Jänner, April, Juli und Oktober gegen Quittung und Verrechnung bei der k.k. Polizei-Hauptkasse erfolgen, ebd.

3338 Gemäß Regierungsdekret vom 3. April 1832, HERZOG (wie Anm. 143), Nr. 405, S. 413, waren die Hauptschubrechnungen hinkünftig nicht mehr alle 14 Tage, sondern nur mehr am Schluß jedes Militärquartals der Regierung vorzulegen.

3339 Mit Dekret der niederösterreichischen Regierung vom 26. November 1817, HERZOG (wie Anm. 143), Nr. 206, S. 202, wurde das Kreisamt „zur Vermeidung unnöthiger Umtriebe und Schreibereien" verpflichtet, die Schubrechungen „jedesmal vorläufig selbst zu prüfen, und sollten sich darin vorschriftswidrige Aufrechnungen vorfinden, dieselben nicht hieher einzubegleiten, sondern sie gleich unmittelbar den Schubdirektoren zur Abänderung zurück zu geben".

3340 Regierungsdekret vom 16. Oktober 1820 an das Kreisamt u.W.W. und den Wiener Magistrat, HERZOG (wie Anm. 143), Nr. 248, S. 241. Schon das Dekret der niederösterreichischen Regierung vom 26. November 1817, ebd., Nr. 206, S. 202, hatte den Schubdirektoren vorgeschrieben, „ganz gleichförmige, mit den bestehenden Normalien übereinstimmende Aufrechnungen sowohl in Betreff der, den Spesirungscommissären und der Militär-Escorte-Mannschaft bewilligten Diäten, als auch der Atzungsgebühr der Schüblinge zu verfassen" und die Vorspanngebühren festgelegt.

3341 Die „normalmäßigen Diäten" in der Höhe von 2 Gulden C.M. standen nach dem Regierungsdekret vom 16. Oktober 1820 an das Kreisamt u.W.W. und den Wiener Magistrat, HERZOG (wie Anm. 143), Nr. 248, S. 242, dem „Führungs- oder Spesirungscommissär" zu. Die Schubdirektoren erhielten für die von ihnen von Amts wegen zu besorgenden Schubgeschäfte keine besondere „Belohnung". Zulagen erhielten auch die einzelnen Mitglieder der Militäreskorte, und zwar ein Corporal täglich 1 fl. W.W., ein Gemeiner 30 kr. W.W. sowie der von Wien mit dem Hauptschub abgehende Polizeifeldwebel 2 fl. W.W. Mit Dekret der niederösterreichischen Regierung vom 18. Dezember an den Wiener Magistrat, ebd., Nr. 252, S. 246, wurden die bisher „in Scheinen bemessenen" Diäten und Zulagen für die Hauptschubbegleitung auf Conventionsmünze umgestellt. Dem Corporal der Eskorte standen nunmehr 24 kr. C.M., dem Gemeinen 12 kr. C.M., dem Polizeifeldwebel 48 kr. täglich zu.

linge und die Transportkosten[3342]. Allerdings wurden bisher üblicherweise verrechnete Pauschalbeträge für Holz, Stroh und Licht im Fall einer Übernachtung eines Schubtransportes nun explizit untersagt, da „die ganze Schubanstalt eine allgemeine Polizeianstalt ist, zu welcher von Amtswegen mitzuwirken, jeder Ortsobrigkeit, und zwar ganz unentgeldlich obliegt". Jede Obrigkeit müsse „ohnehin zu Folge dieser ihr obliegenden Verpflichtung mit dem zur Unterbringung und zur Verwahrung der Schüblinge erforderlichen Lokale versehen sein, in dem sich die vorgeschriebene Liegestätte befindet, und das nöthigen Falls geheizt sein" mußte[3343].

Der lokale Polizeifonds trug freilich auch nicht die dadurch entstehenden Abschiebungskosten, daß die Obrigkeiten der Orte, wohin die Schüblinge befördert worden waren, ihre Aufsichtspflichten über diese verletzt und insbesondere die Anzeige betreffend eine Entweichung des Schüblings von seinem vorgeschriebenen Aufenthaltsort an das Kreisamt unterlassen hatten. In diesem Fall waren die durch erneute Abschiebung eines betretenen Revertenten entstandenen Kosten dem Polizeifonds von der Ortsobrigkeit zu ersetzen[3344]. Zu einem solchen Ersatz war die Heimatgemeinde des Schüblings auch verpflichtet, wenn sie es an der ihr „obliegenden Schuldigkeit zur Versorgung der Armen in dem Maße mangeln" hatte lassen, daß der Schübling „aus Noth zur Reversion gezwungen" war[3345]. Wie den Kreisämtern 1817[3346] eingeschärft wurde, müsse der „Ersatz der Verpflegungs- und Transport-Kosten für mittelst jener Hauptschübe bereits einmal in ihre Heimath abgeschafften Revertenten" nämlich von den an der Reversion schuldtragenden „Behörden oder Communitäten ... dem Local-Polizeifonde um so gewisser geleistet werden, „als nur dadurch die Obrigkeiten der Örter, in welche die von hier Abgeschafften gehören, bestimmt werden können, selben die

3342 Die Verpflegungskosten wurden pro Kopf mit 30 kr. W.W., die Vorspanngebühren mit dem patentmäßigen Meilengeld von pro Meile und Pferd 10 kr. W.W. „sammt dem Zuschuß pr. 150 %" festgelegt, Regierungsdekret vom 16. Oktober 1820 an das Kreisamt u.W.W. und den Wiener Magistrat, HERZOG (wie Anm. 143), Nr. 248, S. 242.

3343 Aus dem gleichen Grund war „eben so wenig der hiesige Magistrat berechtiget, für die ungleich beträchtlichere Verköstung der Schüblinge während ihres Arrestes irgend eine Entschädigung auszusprechen", Regierungsdekret vom 16. Oktober 1820 an das Kreisamt u. W.W. und den Wiener Magistrat, HERZOG (wie Anm. 143), Nr. 248, S. 242.

3344 Kreisschreiben u.W.W. vom 27. April 1817, HERZOG (wie Anm. 143), Nr. 196, S.189; so auch das Hofkanzleidekret vom 13. April 1817 an alle Länderstellen, HERZOG (wie Anm. 143), Nr. 192, S. 185, ZALEISKY (wie Anm. 666) III, S. 95 f., PGS XLV (1817), Nr. 55, S. 91 f. Siehe zur Haftung der Obrigkeiten auch das Kreisamtscirculare u.W.W. vom 10. Jänner 1832, HERZOG (wie Anm. 143), Nr. 403, S. 409; weiters die folgenden, die Haftung präzisierenden Anordnungen: Dekret der niederösterreichischen Regierung vom 13. Jänner 1820 an den Wiener Magistrat, ebd., Nr. 234, S. 230 f.; Kreisschreiben u.W.W. vom 15. Jänner 1820, ebd., Nr. 235, S. 231; Hofkanzleidekret vom 11. August 1820 bzw. das Regierungsdekret vom 4. September 1820 an den Wiener Magistrat, ebd., Nr. 245, S. 239; Hofkanzleiverordnung vom 26. November 1829 und Gubernialverordnung vom 23. Dezember 1829, ebd., Nr. 385, S. 395 f.; Kreisamtscirculare u.W.W. vom 10. Jänner 1832, ebd., Nr. 403, S. 409 f.

3345 Kreisschreiben u.W.W. vom 27. April 1817, HERZOG (wie Anm. 143), Nr. 196, S. 190; so auch das Hofkanzleidekret vom 13. April 1817 an alle Länderstellen, ebd., Nr. 192, S. 185, ZALEISKY (wie Anm. 666) III, S. 95 f., PGS XLV (1817), Nr. 55, S. 91 f.

3346 Dekret der niederösterreichischen Regierung vom 29. Oktober 1817, HERZOG (wie Anm. 143), Nr. 204, S. 202.

Rückkehr nach Wien, wo nicht ganz unmöglich zu machen, doch möglichst zu erschweren".

Aus gegebenem Anlaß – es mußte „eine mit dem Hauptschube aus Wien hinweg beförderte Weibsperson auf dem Wege entbunden ... und für ihre Verpflegung gesorgt werden" – wurde 1823[3347] auch die Frage nach Bestreitung der für erkrankte Schüblinge auf dem Hauptschub auflaufenden „Churkosten" endgültig geklärt. Die Polizei- und Zensurhofstelle entschied, daß deshalb, „weil die plötzliche Erkrankung eines Schüblings während der Transportirung in der Regel zu den unvorhergesehenen und unverschuldeten Zufällen gehöret", die dadurch entstandenen „Krankheitskosten" weder dem „Schubdirektor, noch der Gemeinde, oder der Ortsobrigkeit, wo die Erkrankung des Schüblings vorfällt, mit Recht aufgebürdet werden" sollten, sondern vielmehr auch hinkünftig diese „Krankheitsauslagen", die „ohnehin schon früher sehr selten vorkamen, und nun seit der, vor Abschiebung eines jeden Individuums besonders angeordneten ärztlichen Untersuchung[3348] noch seltener sich ereignen" konnten, gegen Beibringung der nötigen Dokumente von den „Verlagsgeldern" zu bezahlen seien.

Wie auch die Partikularschubkosten wurden 1852 aufgrund eines kaiserlichen Handschreibens von 1852 – und in dessen Folge eines Erlasses des Innenministeriums von 1858 – schließlich auch die Kosten für die Hauptschübe auf die Landesfonds übernommen, wobei die Ausgaben für die Hauptschübe zwischen den Kronländern auf die jeweiligen Landesfonds nach bestimmten pauschalierten Prozentsätzen verteilt waren[3349].

c. Sonderbestimmungen für den Hauptschub nach 1848

Für die Zeit nach 1848 wurden für den von Wien abgehenden Hauptschub grundsätzlich die bisherigen Bestimmungen übernommen, allerdings fällten nun die Wiener Stadthauptmannschaft und die Bezirkskommissariate nach Erhebung des Konstituts die

---

3347 Eröffnung der Polizei- und Censurhofstelle vom 17. Februar 1823, Regierungsdekret vom 8. Februar 1823 an den Wiener Magistrat, Regierungsdekret vom 1. März 1823 an die Kreisämter, HERZOG (wie Anm. 143), Nr. 279, S. 280, FAULLER (wie Anm. 130) IV, S. 89, ZALEISKY (wie Anm. 666) III, S. 131.

3348 Vgl. dazu insbes. S. 540.

3349 So legte etwa der Erlaß der Statthalterei für Oesterreich ob der Enns vom 21. Jänner 1863, LGBl. Nr. 3, wegen Vertheilung der Kosten des Hauptschubes zwischen dem oberösterreichischen und Salzburger Landesfonde, fest, daß „von den allgemeinen Regieauslagen 30 % auf den Salzburger und 70 % auf den o. ö. Landesfond entfallen und die Eisenbahnfahrtgebühren mit der Tangente für 12 Meilen auf Oberösterreich und für 4 ½ Meilen auf Salzburg berechnet werden". Zu den „allgemeinen Regieauslagen" gehörten etwa nach diesem Erlaß die „Zehr- und Uebernachtungsgebühren des Hauptschubführers und jedes Eskortmannes, der an die Stadtgemeinde Linz alljährlich aus dem Landesfonde zu leistende Beitrag pr. 180 fl. zur Löhnung des Gefangenenwärters-Gehilfen, dessen Aufnahme wegen Verwendung des Gefangenenwärters als Hauptschubführer nothwendig geworden ist, und die Tangente für den dem Letzteren mit einer Tragdauer von 6 Jahren beigeschafften Reisemantel; endlich in vorkommenden Fällen auch der Gebrauch des Telegraphen, wenn dieser dem Hauptschubführer zur Ersparung anderweitiger Kosten zweckdienlich erscheint".

Schubentscheidung, worauf die Schüblinge „an das Gefangenenhaus-Commando auf das polizeiliche Schubzimmer“ und von dort unmittelbar an den Magistrat zur Weiterbeförderung abgegeben wurden[3350].

Darüber hinaus kam es nun wiederum zu einer verstärkten Anwendung des Hauptschubes auf die Schubtransporte zwischen den einzelnen Kronländern, ja der Hauptschub trat sogar nach den ungarischen Schubvorschriften von 1851 „bis zur Regelung der Gemeinden“ vollständig an die Stelle des Partikularschubes. Infolge des Wegfalls der Grundherrschaften sollte der Hauptschub nach diesen Vorschriften einstweilen „die Route von Gensd'armerie-Posten zu Gensd'armerie-Posten“ nehmen, wobei der „Marsch des Schubes“ grundsätzlich „nur beim hellen Tage Statt zu finden“, „ohne Unterbrechung bis zur Nachtstation zu geschehen“ hatte und in der Regel nicht über fünf bis sechs Stunden dauern sollte. „Gewöhnliches schlechtes Wetter“ durfte den Abgang des Schubes nicht hindern, sollte aber „die Passage durch Elementar-Ereignisse gefährlich oder gesperrt sein“, so hatten die Schüblinge „in Gewahrsam und Verpflegung der Gemeinde“ zu bleiben[3351].

Die Anordnung, Hauptschüblinge von Gendarmerieposten zu Gendarmerieposten zu befördern, hatte auch darin einen Entstehungsgrund, daß hinsichtlich der Schubeskorte im Zuge der Einrichtung der Gendarmerie 1850[3352] grundsätzlich vorgeschrieben worden war, jeden Hauptschub bis zu einer anderen definitiven Einrichtung von dieser begleiten zu lassen, wie es ja auch die Schubordnungen für die Steiermark 1850 und für Ungarn 1851[3353] normierten. So hatte nach den ungarischen Schubvorschriften nun die jeweilige Ortsgemeinde 24 Stunden vor Abgehen des Schubes, „bei außerordentlichen Fällen aber längstens am Vorabende“, dem Gendarmerieposten die Anzahl der Schüblinge mitzuteilen, „wornach das gegenseitige Einvernehmen so zu treffen ist, daß der Marsch mit Tagesanbruch angetreten“ werden konnte. Die Stärke der Eskorte wurde von der Gendarmerie festgelegt, jedoch waren von den Gemeinden, von denen der Schub abging oder durch die er durchging, auf Verlangen des schubführenden Gendarmen zusätzlich auch Gemeindewachen bis zur nächsten Gemeinde zu stellen. Die begleitenden Gendarmen wurden in den jeweiligen Gendarmerieposten abgelöst und durf-

3350 Dekret der Wiener Stadthauptmannschaft vom 30. Jänner 1852, ZALEISKY (wie Anm. 666) III, S. 123. Gleichzeitig war das Schuberkenntnis samt allen „Behelfen, welche zum gehörigen Vollzuge der Abschiebung erfordert“ waren, insbesondere „dem Schubs-Constitute, der Personsbeschreibung des Schüblings, dem ärztlichen Befunde, der Effecten-Consignation und einem kurzen bündigen Vortrage“, einzusenden; siehe auch die Verordnung der Polizeidirektion in Wien vom 17. Februar 1853, ebd., S. 124 f.

3351 Kundmachung des interimistischen Chefs der ungarischen Statthalterei vom 20. März 1851, LGBl. Nr. 79, womit die provisorische Norm über das Schubwesen im Kronlande Ungarn kundgemacht wird, ZALEISKY (wie Anm. 666) III, S. 113.

3352 Erlaß des Ministeriums des Innern vom 26. Juli 1850, ZALEISKY (wie Anm. 666) I, S. 759.

3353 Erlaß der steiermärkischen Statthalterei vom 5. Juni 1850, LGBl. Nr. 214, an die drei Kreis-Regierungen in Betreff der Besorgung des Schubwesens, ZALEISKY (wie Anm. 666) III, S. 111; Kundmachung des interimistischen Chefs der ungarischen Statthalterei vom 20. März 1851, LGBl. Nr. 79, womit die provisorische Norm über das Schubwesen im Kronlande Ungarn kundgemacht wird, ZALEISKY (wie Anm. 666) III, S. 112; siehe auch STUBENRAUCH (wie Anm. 793), S. 405.

ten sich, da sie möglichst rasch an ihre Posten zurückkehren sollten, der allfälligen Schubfuhren zur Rückfahrt zu bedienen.

Was nun die Art der Beförderung der Hauptschübe anbelangt, so fand diese anfänglich weiterhin mittels Fußmarsch oder von den Gemeinden zu stellenden Fuhren statt[3354]. Die provisorische Schubordnung für Ungarn 1851[3355] legte beispielsweise fest, daß der „ganze Schub mittelst Fuhr expedirt werden" mußte, wenn die Entfernung bis zur „Nachtstation" über drei Meilen, „das ist 1 ½ Station", betrug oder wenn „besondere Verhältnisse, z.B. Sicherheit, Gesundheitszustand etc." es erforderlich machten. Ob das zu schiebende „Individuum in Sanitäts-Hinsicht überhaupt transportfähig, und ob der Transport desselben zu Fuß" oder „zu Wagen" zu bewerkstelligen war, mußte durch ärztliche Untersuchung vor Abgang des Schubes festgestellt und in den Schubpapieren vermerkt werden.

In den Fünfziger- und Sechzigerjahren trat aber – wie bei den Partikularschüben[3356] – auch bei den Hauptschüben zwischen den Kronländern und in das Ausland die Beförderung mittels Eisenbahn zu ermäßigten Preisen[3357] in den Vordergrund, und bereits 1851[3358] wurde für alle zwischen der Steiermark und Krain stattfindenden Schübe die Eisenbahnbeförderung angeordnet. An den neu eingerichteten Hauptschubstationen hatte nun grundsätzlich „die Uebernahme und Weiterbeförderung der auf der Eisenbahn oder aus der Umgebung zu Fuß oder zu Wagen anlangenden Schüblinge, und eben so der die Eisenbahn verlassenden und in die nächsten Umgebungen zuständigen Schüblinge zu geschehen". Darüber hinaus konnten nach Bedarf weitere Zwischenstationen an verkehrsgünstigen Straßenkreuzungen zwecks Übernahme und Weiterbeförderung von Schüblingen aus der Gegend eingerichtet werden. Zur „zweckmäßigen Regelung der Schubbeförderung auf der Eisenbahn" zwischen der Steiermark und Krain wurden im selben Jahr[3359] überdies zwei Hauptschubführer eingestellt, welche den damals zweimal wöchentlich stattfindenden Schub in der ganzen Richtung von Laibach bis Mürzzuschlag und von dort wieder zurück nach Laibach zu begleiten hatten. Alle an der Eisenbahn gelegenen Schubstationen waren nun dazu „zu verhalten, den Hauptschubführern nebst den Schüblingen, und den auf dieselben Bezug nehmenden Amtsschriften und Habseligkeiten auch die bezüglichen Schubbüchel, welche sie bei der

---

3354 Kundmachung des interimistischen Chefs der ungarischen Statthalterei vom 20. März 1851, LGBl. Nr. 79, womit die provisorische Norm über das Schubwesen im Kronlande Ungarn kundgemacht wird, ZALEISKY (wie Anm. 666) III, S. 113.

3355 Ebd., S. 112.

3356 Siehe dazu S. 555 ff.

3357 Siehe dazu Anm. 2994 sowie etwa den Erlaß der oberösterreichischen Statthalterei vom 15. August 1860, LGBl. Nr. 16, giltig für Oesterreich ob der Enns und Salzburg, wegen Beförderung des Hauptschubes zwischen Linz und Salzburg mittelst der Eisenbahn, den Erlaß der Statthalterei für Oesterreich ob der Enns vom 16. Dezember 1862, LGBl. Nr. 12, wegen Ermäßigung der Fahrpreise auf der k.k. priv. Kaiserin-Elisabeth-Bahn für Civilarrestanten und Schüblinge nebst Escorte.

3358 Erlaß des steiermärkischen Statthalters vom 26. Juni 1851, LGBl. Nr. 204, an die Kreisregierungen rücksichtlich der Schubbeförderung mittelst Eisenbahn.

3359 Erlaß des steiermärkischen Statthalters vom 22. November 1851, LGBl. Nr. 426, an die Kreisregierungen, wegen Aufstellung von Hauptschubführern für die Schubtransporte von Laibach bis Mürzzuschlag und zurück.

nächsten Ankunft in den respectiven Aufgabs-Schubstationen, mit den Abgabsbestätigungen versehen, denselben wieder zurückzustellen haben werden, zu übergeben, und zur einstweiligen Deckung der richtigen Uebergabe der Schüblinge, deren allfälligen Habseligkeiten, und der bezüglichen Amtsschriften an die Hauptschubführer besondere Empfangsbestätigung derart vorzurichten, daß der Hauptschubführer solche lediglich zu unterschreiben" hatte, weil ja der Aufenthalt der Züge auf den Schubstationen nur kurz andauerte[3360].

1857[3361] wurden „neue Directivregeln für die Beförderung des Hauptschubes von Wien nach Graz, Laibach und zurück mittelst Eisenbahn" kundgemacht. Gemäß diesen Direktivregeln ging nun der Hauptschub zweimal wöchentlich unter der Leitung eines Schubkommissärs mit dem Frühzug von Wien in Richtung Graz und von Laibach in Richtung Graz derartig zeitversetzt ab, daß in Graz die Schubkommissäre einander die Schüblinge übergeben und die Rückreise antreten konnten. Diesem Hauptschub hatte sich „in allen Richtungen auf der Hin- und Rückreise der Particularschub in der Art anzuschließen, daß Schüblinge, welche von Zwischenstationen aus die nämliche Route zu nehmen" hatten, „dem Hauptschub-Commissär an den betreffenden Eisenbahnstationen von dem mit dem Schubwesen daselbst betrauten Organen mit den nöthigen Documenten zur Weiterbeförderung übergeben" wurden[3362].

Unter sinngemäßer Anwendung dieser Grundsätze wurde weiters seit 1859 der Wiener Hauptschub mittels der Westbahn nach Linz befördert[3363], und auch der Hauptschub zwischen Linz und Lambach erfolgte seit damals auf der Eisenbahn[3364]. 1860 kam es zur Ausweitung der Eisenbahnbeförderung des Hauptschubes auch auf die neu eröffneten Strecken Lambach-Frankenmarkt[3365] sowie Linz-Salzburg[3366]. 1861 wurde nach einer Verordnung der Tiroler Statthalterei 1861[3367] die zweimal wöchentliche Eisenbahnbeförderung „auf der Strecke von Bozen nach Verona und umgekehrt"

3360 Ebd.

3361 Kundmachung der steiermärkischen Statthalterei vom 5. Juni 1857, LGBl. II Nr. 13, womit die wegen Beförderung des Hauptschubes von Wien nach Gratz, Laibach und zurück mittelst Eisenbahn im Einvernehmen mit der k.k. Statthalterei in Wien und mit der k.k. Landesregierung in Laibach getroffenen neuen Directivregeln bekanntgegeben werden.

3362 So auch der Erlaß der oberösterreichischen Statthalterei vom 15. August 1860, LGBl. Nr. 16, giltig für Oesterreich ob der Enns und Salzburg, wegen Beförderung des Hauptschubes zwischen Linz und Salzburg mittelst der Eisenbahn.

3363 Erlaß der Statthalterei im Erzherzogthume Oesterreich ob der Enns vom 15. August 1859, LGBl. Nr. 25, in Betreff der Beförderung des Wiener Hauptschubes mittelst der k.k. privileg. Kaiserin-Elisabeth-Westbahn von Wien nach Linz.

3364 Erlaß der Statthalterei im Herzogthume Oesterreich ob der Enns vom 1. September 1859, LGBl. II Nr. 27, wegen Beförderung des Hauptschubes zwischen Linz und Lambach mittelst der Eisenbahn.

3365 Erlaß der oberösterreichischen Statthalterei vom 29. März 1860, LGBl. Nr. 4, wegen Beförderung des Hauptschubes zwischen Lambach und Frankenmarkt mittelst der Eisenbahn.

3366 Erlaß der oberösterreichischen Statthalterei vom 15. August 1860, LGBl. Nr. 16, giltig für Oesterreich ob der Enns und Salzburg, wegen Beförderung des Hauptschubes zwischen Linz und Salzburg mittelst der Eisenbahn.

3367 Verordnung der Tiroler Statthalterei vom 14. Februar 1861, LGBl. Nr. 13, in Betreff der Regulirung der Schübe auf der Eisenbahn.

auf „alle Transporte von Schüblingen ... ohne Ausnahme" ausgedehnt[3368] und 1862 für den Schüblingstransport von Salzburg nach Traunstein in Richtung München die Eisenbahnbeförderung in Übereinstimmung mit der oberbayerischen Regierung festgelegt[3369]. 1865[3370] wurde weiters zwischen Salzburg und Innsbruck sowie 1868[3371] auch zwischen Bruck a.d. Mur und Friesach ein Hauptschub unter ausschließlicher Benutzung der Bahn eingerichtet, welcher 1868/69[3372] in einen Hauptschub auf der Kronprinz Rudolf-Bahn in der Richtung Villach–Friesach bzw. Neumarkt und umgekehrt sowie in der Richtung Klagenfurt–St. Veit bzw. Frisach–Neumarkt und 1870[3373] in einen Hauptschub zwischen Bruck und Villach umgewandelt wurde[3374].

3368 Wobei „der Schubbegleiter in Bozen die Schube bis Trient, der Schubbegleiter in Trient selbe unmittelbar bis Verona und umgekehrt" begleitete. Mit Verordnung vom 27. Februar 1865, LGBl. Nr. 19, betreffend das Schubwesen auf der Eisenbahnlinie Bozen–Verona, wurde die Vorschrift, daß der Transport von Trient nach Verona nur jeden Dienstag und Samstag zu erfolgen hatte, dahin abgeändert, daß nun die Beförderung auf dieser Strecke an jedem beliebigen Tag erfolgen konnte, während die Beschränkung auf die genannten Tage hinsichtlich der Strecke Bozen–Trient aufrecht blieb.

3369 Verordnung der politischen Landesbehörde in Salzburg vom 28. November 1862, LGBl. Nr. 20, betreffend die Transportirung der Schüblinge von Salzburg nach Traunstein. Die Schüblingstransporte von Salzburg nach Reichenhall, Laufen, Tittmoning, Burghausen und Berchtesgaden waren dagegen weiterhin auf der Landstraße vorzunehmen.

3370 Verordnung der politischen Landesbehörde Salzburg vom 27. August 1865, LGBl. Nr. 9, in Betreff der Einführung eines Hauptschubes zwischen Salzburg und Innsbruck.

3371 Kundmachung der steiermärkischen Statthalterei vom 14. Dezember 1868, LGBl. Nr. 39, wegen Einführung des Hauptschubes zwischen Bruck–Friesach. Dieser Hauptschub erfolgte dreimal in der Woche.

3372 Kundmachung der kärnt. Landesregierung vom 27. Dezember 1868, LGBl. Nr. 37, betreffend die Beförderung der Schüblinge mit der Kronprinz Rudolf-Bahn; Kundmachung des Landes-Präsidenten von Kärnten vom 23. August 1869, LGBl. Nr. 20, wegen Einführung eines Hauptschubes auf der Kronprinz Rudolfbahn; siehe auch die Kundmachung des Landes-Präsidenten von Kärnten vom 29. April 1870, LGBl. Nr. 25, wegen Abänderungen in der Einrichtung des auf der Kronprinz Rudolf-Bahn verkehrenden Hauptschubes. Siehe dazu auch die Kundmachung des Landes-Präsidenten von Kärnten vom 2. Mai 1870, LGBl. Nr. 26, betreffend die Benützung der Flügelbahn Launsdorf–Mösel zur Beförderung der Schüblinge; die Kundmachung des Landes-Präsidenten von Kärnten vom 1. Juni 1870, LGBl. Nr. 31, enthaltend einige Nachtragsbestimmungen bezüglich der Beförderung von Schüblingen auf der Flügelbahn Launsdorf–Mösl der Kronprinz Rudolfsbahn; die Kundmachung des Landes-Präsidenten von Kärnten vom 18. Februar 1871, LGBl. Nr. 8, betreffend die Auflassung des Hauptschubes auf der Strecke Launsdorf–Brückl–Völkermarkt.

3373 Kundmachung des Leiters der steiermärkischen Statthalterei vom 27. April 1870, LGBl. Nr. 29, wegen Umwandlung des bisherigen Eisenbahnhauptschubes Bruck–Neumarkt resp. Friesach in den Hauptschub Bruck–Villach, wornach die im Landesgesetzblatt des Jahrganges 1868, sub. Nr. 39, verlautbarten Bestimmungen einige Aenderungen erleiden; siehe weiters die Kundmachung des Statthalters in Kärnten vom 11. März 1875, LGBl. Nr. 17, betreffend die directe Instradirung und Fahrkartenlösung für die mit dem Villach-Brucker Hauptschube in der Richtung gegen Graz zu instradirenden Schüblinge; die Kundmachung des Statthalters in Kärnten vom 2. Juli 1877, LGBl. Nr. 17, betreffend die Instradirung der von Kärnten aus mit dem Villach-Brucker Hauptschube in der Richtung Neumarkt–St. Michael–St. Gallen zu transportirenden Schüblinge nach Leoben; die Kundmachung des Landespräsidenten von Kärnten vom 30. November 1871, LGBl. Nr. 31, betreffend die Beförde-

In Sinne einer möglichst optimalen Verbindung des Partikularschubes mit dem Hauptschub hatten nun grundsätzlich die von der Eisenbahn entfernten Bezirksämter und Schubstationen ihre Schüblinge an die ihnen nächst gelegenene Schubstation an der Eisenbahn abzuliefern[3375]. Wurde also hinkünftig eine „Verschiebung von einem Bezirksamte abseits der Eisenbahn veranlaßt“, so hatte diese „in der Richtung nach der nächsten Schubstation“ zu geschehen[3376]. Um eine Überfüllung der Arreste bei den an der Eisenbahn gelegenen Schubstationen zu vermeiden, wurde außerdem z.B. in Österreich ob der Enns und Salzburg 1859/1860 und 1862 angeordnet, daß die für den Hauptschub bestimmten Schüblinge erst am Tage des Hauptschubes „rechtzeitig oder frühestens am Tage“ vorher bei der an der Eisenbahn befindlichen Schubstation eintreffen sollten[3377]. Die dortigen „Stations-Schubbesorger“ hatten wiederum die Ankunft des

---

rung der am Mittwoch oder Samstag in der Schubstation Klagenfurt eintreffenden, für die Richtung St. Veit-Feldkirchen-Villach bestimmten Schüblinge mit dem darauffolgenden Donnerstag, beziehungsweise Sonntag von Klagenfurt nach St. Veit verkehrenden Morgenzuge der k.k. priv. Kronprinz-Rudolfsbahn.

3374 Siehe auch die Kundmachung des Statthalters in Kärnten vom 11. März 1875, LGBl. Nr. 17, betreffend die directe Instradirung und Fahrkartenlösung für die mit dem Villach-Brucker Hauptschube in der Richtung gegen Graz zu transportirenden Schüblinge, und die Kundmachung des Statthalters in Kärnten vom 2. Juli 1877, LGBl. Nr. 17, betreffend die Instradirung der von Kärnten aus mit dem Villach-Brucker Hauptschube in der Richtung Neumarkt-St. Michael-St. Gallen zu transportirenden Schüblinge nach Leoben; siehe weiters auch die Kundmachung des Landespräsidenten von Kärnten vom 30. November 1871, LGBl. Nr. 31, betreffend die Beförderung der am Mittwoch oder Samstag in der Schubstation Klagenfurt eintreffenden, für die Richtung St. Veit-Feldkirchen-Villach bestimmten Schüblinge mit dem am darauffolgenden Donnerstag, beziehungsweise Sonntag von Klagenfurt nach St. Veit verkehrenden Morgenzuge der k.k. priv. Kronprinz-Rudolfsbahn.

3375 Z.B. Erlaß der Statthalterei im Erzherzogthume Oesterreich ob der Enns vom 15. August 1859, LGBl. Nr. 25, in Betreff der Beförderung des Wiener Hauptschubes mittelst der k.k. privileg. Kaiserin-Elisabeth-Westbahn von Wien nach Linz; Erlaß der oberösterreichischen Statthalterei vom 15. August 1860, LGBl. Nr. 16, giltig für Oesterreich ob der Enns und Salzburg, wegen Beförderung des Hauptschubes zwischen Linz und Salzburg mittelst der Eisenbahn.

3376 Verordnung der Tiroler Statthalterei vom 14. Februar 1861, LGBl. Nr. 13, in Betreff der Regulirung der Schübe auf der Eisenbahn.

3377 Erlaß der oberösterreichischen Statthalterei vom 15. August 1860, LGBl. Nr. 16, giltig für Oesterreich ob der Enns und Salzburg, wegen Beförderung des Hauptschubes zwischen Linz und Salzburg mittelst der Eisenbahn, sowie Erlaß der oberösterreichischen Statthalterei vom 29. März 1860, LGBl. Nr. 4, wegen Beförderung des Hauptschubes zwischen Lambach und Frankenmarkt mittelst der Eisenbahn; Erlaß der Statthalterei für Oesterreich ob der Enns vom 15. Jänner 1862, LGBl. Nr. 1, wegen Beschränkung des Partikular-Schubes zwischen Linz-Wien und Linz-Lambach dann wegen Vermeidung einer Ueberfüllung der Arreste in den an der Eisenbahn gelegenen Schubstationen; siehe auch schon die Kundmachung der steiermärkischen Statthalterei vom 5. Juni 1857, LGBl. II Nr. 13, womit die wegen Beförderung des Hauptschubes von Wien nach Graz, Laibach und zurück mittelst Eisenbahn im Einvernehmen mit der k.k. Statthalterei in Wien und mit der k.k. Landesregierung in Laibach getroffenen neuen Directivregeln bekanntgegeben werden.

Eisenbahnzuges mit der notwendigen Eskorte abzuwarten und die für sie bestimmten Schüblinge in Empfang zu nehmen[3378].

3. Schubverkehr mit dem Ausland

Der Schubverkehr mit dem Ausland vollzog sich in allen deutschen Staaten anfänglich dergestalt, daß die Schüblinge vice versa einfach über die Grenze befördert wurden, ohne sich weiter darum zu kümmern, was mit ihnen in weiterer Folge geschah. Auf ebendiese Weise hatte auch „uns das Ausland Leute, die vorgaben, Östreicher zu sein, auf den Hals geschickt". „Allein, die" in und nach den Koalitionskriegen „entstandene Menge gefährlichen und müßigen Gesindels nöthigte den Staaten bisher ungewöhnliche Vorsichtsmaßregeln ab"[3379]. So schrieb bereits 1814 die preußische Regierung vor, daß ausländische Schüblinge an die nächste Behörde des Auslandes zu übergeben seien und versuchte auf diese Weise, eine sichere Beförderung bis an den Heimatort des Abgeschobenen zu bewirken[3380].

Die Mißstände, die sich aus dem „regellosen gegenseitigen Zuschieben"[3381] von Heimatlosen und Ausgewiesenen in den ersten Jahren des Deutschen Bundes ergaben, wurden in weiterer Folge durch Vereinbarungen zwischen einzelnen deutschen Staaten gemildert. So schlossen erstmals Bayern, Baden und Württemberg 1816 eine Übereinkunft, sich gegenseitig niemanden zuzuschieben, der nicht Angehöriger des betreffenden Staates war oder durch das Gebiet des Vertragspartners notwendigerweise durchgeschoben werden mußte. Dieser Konvention schlossen sich 1818 Preußen und andere Gliedstaaten des Deutschen Bundes an[3382]. Vom Deutschen Bund gingen sodann Arbeiten aus, welche die Erstellung allgemeiner Grundsätze für das Schubwesen im Deutschen Bund bezweckten, und auch Staaten, die nicht Vertragspartner der bisherigen Konvention waren – wie z.B. Österreich –, übernahmen nun nicht mehr Zuschüblinge ohne den in der Konvention festgelegten verläßlichen Zuständigkeitsnachweis.

Den Anstoß zum Abschluß einer allgemeinen Regelung betreffend die Übernahme Heimatloser und Ausgewiesener gab 1850 ein Vertrag zwischen Preußen und Sachsen. Im Juli 1851 wurde sodann zunächst zwischen 17 deutschen Staaten – nämlich Preußen, Bayern, Sachsen, Sachsen-Weimar, Oldenburg, Sachsen-Meiningen, Sachsen-Coburg-

---

3378 Erlaß der oberösterreichischen Statthalterei vom 29. März 1860, LGBl. Nr. 4, wegen Beförderung des Hauptschubes zwischen Lambach und Frankenmarkt mittelst der Eisenbahn; so auch der Erlaß der oberösterreichischen Statthalterei vom 15. August 1860, LGBl. Nr. 16, giltig für Oesterreich ob der Enns und Salzburg, wegen Beförderung des Hauptschubes zwischen Linz und Salzburg mittelst der Eisenbahn; und der Erlaß der Statthalterei im Erzherzogthume Oesterreich ob der Enns vom 15. August 1859, LGBl. Nr. 25, in Betreff der Beförderung des Wiener Hauptschubes mittelst der k.k. privileg. Kaiserin-Elisabeth-Westbahn von Wien nach Linz; sowie den Erlaß der Statthalterei im Erzherzogthume Oesterreich ob der Enns vom 1. September 1859, LGBl. Nr. 27, wegen Beförderung des Hauptschubes zwischen Linz und Lambach mittelst der Eisenbahn.

3379 HERZOG (wie Anm. 143), S. 438.

3380 Transportordnung vom 3. November 1814, HERZOG (wie Anm. 143), S. 438.

3381 SEYDEL (wie Anm. 106), S. 178.

3382 Ebd.

Gotha, Sachsen-Altenburg, Anhalt-Dessau, Cöthen und Bernburg, Schwarzburg-Rudolstadt, Schwarzburg-Sondershausen, Reuß-Plauen älterer und jüngerer Line, Waldeck und Lippe – die sogenannte Gothaer Konvention abgeschlossen, die nicht die Ausweisungsgründe, sondern ausschließlich das Übernahmeverfahren einschließlich der Kostenfrage und der Entscheidung von Übernahmestreitigkeiten regelte[3383]. Ihr traten schließlich auch die übrigen deutschen Staaten mit Ausnahme von Österreich, Liechtenstein und Holstein bei. Allerdings waren in Österreich auch ohne Beitritt zur Gothaer Konvention deren Grundsätze einer gegenseitigen Übernahme von Schüblingen[3384] infolge von spezifischen Verordnungen rechtswirksam.

a. Zuschub in und Durchschub durch die Habsburgermonarchie

Bereits zu Beginn des 19. Jahrhunderts war die Habsburgermonarchie in gleicher Weise dazu übergegangen, Vorsichtsmaßregeln gegen den Zuschub fremder Untertanen zu ergreifen. So waren schon nach einer Verordnung von 1802[3385] die von Nachbarstaaten zugeschobenen Personen nur dann zu übernehmen, wenn sie entweder Untertanen eines der Erbländer – also Zuschüblinge – oder eines Staates waren, in welchen sie „der Kürze wegen" nur über dieses Erbland gelangen konnten – also Durchschüblinge. In diesen Fällen sollten sie „nach ihrem Bestimmungsort auf dem geradesten und kürzesten Wege weiter instradirt werden". Stammten die Schüblinge jedoch aus einem Staat, den sie, ohne ein österreichisches Erbland betreten zu müssen, erreichen konnten, so durfte die „Fortsetzung ihrer Durchreise nicht gestattet werden". Sie waren also nicht zum Durchschub anzunehmen, sondern „mit der schriftlichen Anmerkung auf ihrem Schubscheine sogleich zurückzuweisen". Darüber hinaus durfte nach einer Anordnung

3383 Nach dieser Konvention durfte ein Ausgewiesener einem zur Übernahme verpflichteten Staat immer nur mit Zustimmung der Behörden desselben zugeführt werden. Ausgenommen waren nur die Fälle, wenn sich die betreffende Person im Besitz eines von der Behörde seines Wohnortes ausgestellten Reisepapiers befand, seit dessen Ablauf noch kein Jahr verstrichen war, oder wenn der Ausgewiesene einem in gerader Richtung rückwärts liegenden dritten Vertragsstaat zugehörte, wobei in diesem Fall die ausweisende Behörde durch Beibringung einer Annahmezusicherung der Behörde des zur Übernahme verpflichteten Staates oder durch Reisepapiere bzw. sonstige Dokumente den Nachweis führen mußte, daß der Durchschübling dem Drittstaat tatsächlich angehörte, widrigenfalls Annahme und Durchtransport verweigert werden konnten; siehe ausführlich A. MÜLLER, Die Uebereinkunft deutscher Bundesstaaten vom 15. Juli 1851 wegen gegenseitiger Uebernahme der Ausgewiesenen und Heimathlosen (Gothaer Convention). Mit erläuternden Anmerkungen und einem Abdrucke der den Abschluß, beziehungsweise die Revision der Uebereinkunft betreffenden Conferenz-Protocolle, Stuttgart 1861, D. TOURBIÉ, Die Collision der Armenfürsorgerechte in Deutschland. Mit Rücksicht auf die Verträge von Gotha und Eisenach und das Freizügigkeitsgesetz, in: Archiv für öffentliches Recht, hrsg. von Paul Laband/Felix Stoerk, III (1888), S. 139–155, 407–420; siehe auch die Literatur bei Anm. 106.

3384 SEYDEL (wie Anm. 106), S. 179, DAMES (wie Anm. 56), S. 100.

3385 Verordnung in Böhmen vom 3. Februar 1802, HERZOG (wie Anm. 143), Nr. 1158, S. 121.

des Jahres 1821[3386] auch „keinem aus anderen Staaten aus was immer für einem Anlasse verwiesenen Individuum der Übertritt über die k.k. Gränze" gestattet werden.

Vom Ausland zugeschobene Personen waren grundsätzlich nur nach verläßlicher Feststellung ihres sogenannten Nationales bzw. gegen den sogenannten „Domicilsausweis" anzunehmen, d.h. „Schüblinge, welche vom Auslande in die Erbstaaten gebracht werden wollen, und von denen es nicht erwiesen ist, daß sie östreichische Unterthanen sind", waren von den Grenzbehörden nicht anzunehmen, sondern „gleich zurückzuweisen"[3387]. Nichtsdestoweniger kam es immer wieder vor, daß „ausländische Behörden Vagabunden aller Art nach Östreich abgeschoben haben, deren Heimathsverhältnisse in dem östreichischen Staate nicht sicher gestellt waren, weil die östreichischen Grenzbehörden nichts weiter forderten, als die im Auslande mit derlei abgeschobenen Individuen aufgenommenen Constitute, und die hierauf basirten Schubpässe oder Transportzettel"[3388]. Nach den Vorschriften der einzelnen Erbländer war aber die „volle legale Ausweisung über Geburtsort und Domicil gefordert"[3389], bzw. es mußte der Umstand, daß die Schüblinge „k.k. Unterthanen" waren, für eine Übernahme an der Grenze immer „legal dargethan" sein[3390], welcher Beweis bei aus Bayern zugeschobenen Personen mittels einer „Aufnahmsbescheinigung des betreffenden böhmischen oder rückwärts gelegenen kaiserlich-östreichischen Amtes"[3391] bzw. einer „Bestätigung ihrer Heimatsbehörde über ihre Zuständigkeit"[3392] zu führen war.

1831[3393] wurden diese Vorschriften für Böhmen dahingehend erneuert, daß nur solche Schüblinge vom Ausland an der „k.k. Gränze angenommen werden, deren Nationale entweder durch einen legalen Paß oder ein Wanderbuch derjenigen Obrigkeit, an welche der Schübling geschoben werden soll, oder im Ermanglungsfalle durch die ämtliche Aufnahmszusicherung derjenigen Ortsbehörde, an welche der Schübling ein-

---

3386 Präsidialdekret der Polizeihofstelle vom 16. August 1821 an sämtliche Länderchefs, Prov. GSlg. NÖ (1821/III), Nr. 268, S. 495, Prov. GSlg. Tirol VIII (1821), Nr. 136, S. 539, PGS XLIX (1821), Nr. 124, S. 213, HERZOG (wie Anm. 143), Nr. 259, S. 255, ZALEISKY (wie Anm. 666) I, S. 694.

3387 Hofkanzleidekret vom 30. April 1820 an sämtliche Länderstellen, Prov. GSlg. NÖ II (1820), Nr. 121, S. 307, HERZOG (wie Anm. 143), Nr. 240, S. 236, FAULLER (wie Anm. 130) IV, S. 88.

3388 Verordnung des böhmischen Guberniums vom 10. Jänner 1826, HERZOG (wie Anm. 143), Nr. 327, S. 334 f.

3389 Steirische Gubernialverordnung vom 20. März 1822, HERZOG (wie Anm. 143), Nr. 269, S. 271 f.

3390 Gubernialverordnung vom 15. Dezember 1823 an die Kreisämter, Stadthauptmannschaft und den Prager Magistrat, HERZOG (wie Anm. 143), Nr. 291, S. 292.

3391 Verordnung des böhmischen Guberniums vom 14. Oktober 1824, BORSCHITZKY (wie Anm. 557), S. 71, HERZOG (wie Anm. 143), Nr. 307, S. 305; siehe auch die Gubernialverordnung vom 30. Jänner 1829 an die Kreisämter zu Chrudim, Czaslau, Königgrätz und Tabor, dann die Stadthauptmannschaft, HERZOG (wie Anm. 143), Nr. 373, S. 387.

3392 Verordnung des böhmischen Guberniums vom 10. Jänner 1826, HERZOG (wie Anm. 143), Nr. 327, S. 335.

3393 Gubernial-Präsidialverordnung vom 28. Mai 1831 an die Grenzkreisämter und den Stadthauptmann, Beilage („Instruction für die k.k. Gränzzollämter und die k.k. Gränzwache im Königreiche Böhmen, in Beziehung auf das Passantengeschäft"), HERZOG (wie Anm. 143), Nr. 398, S. 406.

geliefert werden soll, vollkommen außer Zweifel gesetzt" war. Widrigenfalls[3394] sollte der Schübling an der Grenze nicht angenommen, sondern zurückgewiesen werden, „und zwar ohne Unterschied, ob der betreffende Schübling ein angeblich östreichischer Staatsbürger oder ein Unterthan eines andern auswärtigen Staates sein will, zu welchem letztern man nur durch die k.k. Staaten gelangen kann". War jedoch das „Nationale" des Zu- oder Durchschüblings „beruhigend" nachgewiesen, so sollte derselbe durch die Grenzwache an die nächste politische Behörde samt allen Papieren und Urkunden gegen einen genau zu verwahrenden Empfangsschein „wohlverwahrt zur weitern gesetzmäßigen Amtshandlung" eingeliefert werden. Auch in den Fünfziger- und Sechzigerjahren des 19. Jahrhunderts änderte sich nichts an der Notwendigkeit des Zuständigkeitsnachweises für aus dem Ausland nach Österreich gebrachte „Schüblinge und Vagabunden". Galt es nicht einwandfrei als erwiesen, daß diese österreichische Untertanen waren und fehlte insbesondere die vorgeschriebene Bestätigung über ihre Zuständigkeit, so waren sie weiterhin nicht von den Grenzbehörden anzunehmen, sondern gleich an der Grenze zurückzuweisen[3395].

b. Abschub von Ausländern

Auch in den österreichischen Erbländern war es zunächst üblich, die ausgewiesenen Ausländer - seit Einrichtung der Hauptschübe in der Regel mittels dieser - einfach nur „einzeln, oder in kleinen Parteien, überhaupt nur über die nächste Gränze zu schaffen"[3396] bzw. „nach der nächsten Gränze ihres Vaterlandes zu befördern"[3397], ohne sich um ihr weiteres Schicksal zu bekümmern, was häufig Schwierigkeiten, insbesondere bei der „Verschiebung" in das Heilige Römische Reich, nach sich zog. Als unter Joseph II. immer größere Hauptschübe in das Reich abgingen[3398], kam es dort immer häufiger zu Protesten der Reichsstände, vor allem in den am meisten von dieser Praxis betroffenen

3394 Nach der Verordnung des böhmischen Guberniums vom 16. September 1833, Prov. GSlg. Böhmen XV (1833), Nr. 268, S. 476 f., ZALEISKY (wie Anm. 666) III, S. 133 f., mußten „alle derlei sich für östreichische Staats-Bürger ausgebenden Personen, welche blos mit Schubspässen, Marschrouten, Vorweise, Reiserouten etc. fremdherrschaftlicher oder ausländischer Behörden versehen" waren, bei Strafandrohung für schuldtragende Amtsvorsteher von der k.k. Grenze weggewiesen werden; siehe auch die böhmische Statthaltereiverordnung vom 11. November 1850, ASTL (wie Anm. 967) II, S. 378.

3395 Siehe beispielsweise den Erlaß der oberösterreichischen Statthalterei vom 22. August 1857, LGBl. II Nr. 13, betreffend die Regelung des Schubwesens, ZALEISKY (wie Anm. 666) 2. Nachtrag, S. 173, ASTL (wie Anm. 2832) IV, S. 2893.

3396 Patent für Galizien vom 3. November 1786, Slg. Joseph VI, S. 511, HERZOG (wie Anm. 143), Nr. 62, S. 82. Zur Erschwerung der Rückkehr waren den Obrigkeiten der an den Grenzen liegenden Ortschaften Personenbeschreibungen aller abgeschobenen Ausländer zu geben; so auch noch die Schubordnung für Siebenbürgen, Verordnung des Civil- und Militär-Gouverneurs von Siebenbürgen vom 28. Dezember 1849, LGBl. Nr. 47, ZALEISKY (wie Anm. 666) III, S. 108.

3397 So etwa die Verordnung vom 18. April 1800, HERZOG (wie Anm. 143), Nr. 107, S. 118.

3398 Nach SCHUBERT (wie Anm. 52), S. 219 f., schwankte die Zahl der pro Termin zugeschobenen Personen zwischen fünf und 50, ja konnte in Ausnahmefällen sogar bis zu 90 Personen ausmachen.

Reichskreisen zu Schwaben und Franken[3399]. So urteilte etwa die Bayreuther Regierung 1782, daß „unleugbar dieses oefftere Zuschieben für eine Neuerung zu achten sei", und im Jahr darauf beratschlagte der fränkische Kreiskonvent „wegen gänzlicher Abwendung oder doch Verminderung der österreichischen Schübe". Der oberrheinische Kreis sprach 1787 sogar von einem „gehässigen Verfahren", das „gegen alles Völkerrecht und ... die natürliche Billigkeit" von Österreich betrieben werde. In Reaktion auf derartige Beschwerden schrieb österreichischerseits ein Hofkanzleidekret von 1784[3400] vor, daß „bei dem Schube in das Reich alle mögliche Vorsicht gebrauchet" werden sollte, um „den Reichsständen zu keinen derlei Beschwerden Gelegenheit" zu geben. Daher wurde verordnet, daß „in Hinkunft die Schübe in das Reich mit besserer Untersuchung der Personal-Eigenschaften, ob nämlich einer das Domicilium einmal dahier kontrahiert habe, folglich nicht mehr schubmäßig sei, bewerkstelligt werden" sollten.

In weiterer Folge kam es auch immer wieder, insbesondere rücksichtlich Sachsens, Preußens und Bayerns, zur Erlassung detaillierter Vorschriften für die Ausländerabschiebung. So schärfte die Hofkanzlei etwa 1791[3401] ein, daß „Ausländer, die keine Sachsen sind, gegen das sächsische Gebieth nicht instradirt werden" sollten, außer der Durchschub mußte notwendigerweise durch Sachsen gehen, um den Zuständigkeitsort des Schüblings zu erreichen. Außerdem durften solche Ausländer, „falls sie hierlandes erkranken, nicht eher in das sächsische Gebiet befördert werden, bis sie nicht in so weit hierlandes genesen, daß sie sich selbst fortzuhelfen vermögen"[3402]. Allerdings wurden diese Vorschriften „nicht genau befolgt", und es ereigneten sich nicht selten Fälle, daß Schüblinge aus Böhmen „weder auf dem kürzesten Wege nach ihrer Heimath instradirt, noch auch den betreffenden Lokalgerichten in den sächsischen Gränzörtern übergeben, sondern meistens auf einer und derselben Straße, ohne Rücksicht auf die geographische Lage des Ortes ihrer Bestimmung, instradirt, und von den Convojanten entweder in jenem sächsischen Orte, welcher denselben der nächste ist, ohne Übergabe eines Schubzettels, oder gar auf freier Straße abgesetzt und verlassen werden, wodurch theils einige arme sächsische Gränzorte ... durch die abgeschobenen Ausländer belästiget werden, theils die öffentliche Sicherheit gefährdet wird"[3403]. Daher schrieb das böhmische Gubernium 1808[3404] vor, „abzuschiebende Sachsen sowohl, als auch jene fremde Unterthanen, welche zur Rückkehr in ihre Heimath das sächsische Gebieth passiren müssen, ... stets auf dem kürzesten Wege nach ihrem Bestimmungsort zu instradiren, und in Sachsen nicht an den nächsten Gränzort, sondern an das nächste Lokal zur Ablieferung gegen Übergabe des Schubzettels, und Bestätigung der Übernahme, anzuweisen". Da auch weiterhin „höchst elende, kranke Personen mittelst Schub nach Sachsen" befördert[3405]

3399 Vgl. dazu ebd.

3400 Hofkanzleidekret vom 6. Mai 1784, HERZOG (wie Anm. 143), Nr. 52, S. 68.

3401 Verordnung vom 27. Jänner 1791, HERZOG (wie Anm. 143), Nr. 77, S. 93; nochmals eingeschärft durch Verordnung des böhmischen Guberniums vom 30. September 1808, KANKA (wie Anm. 589) I, S. 264 f., HERZOG (wie Anm. 143), Nr. 164, S. 153 f.

3402 Ebd.

3403 Verordnung des böhmischen Guberniums vom 30. September 1808, KANKA (wie Anm. 589) I, S. 85, HERZOG (wie Anm. 143), Nr. 164, S. 153 f.

3404 Ebd.

3405 Ebd.

wurden und mehrere Schüblinge „durch solche lieblose Behandlung sogar das Leben" verloren, mußte außerdem die Befolgung der diesbezüglich bestehenden Vorschriften 1825 erneut eingeschärft werden[3406].

Aber auch in bezug auf Abschiebungen nach Preußen mußte 1817 aus Anlaß einer Beschwerde der preußischen Regierung[3407] – „um für die Zukunft Mißhelligkeiten zu beseitigen, und um ein stets freundschaftliches Einverständniß der benachbarten fremden Staaten zu erhalten" – für Böhmen angeordnet werden, sich „bei Betretung von ... Vagabunden vor ihrer wirklichen Abschiebung von der Wahrheit ihres Angebens" betreffend ihren Zuständigkeitsort zu überzeugen sowie „nöthigenfalls auch mit der betreffenden auswärtigen Behörde ins Einvernehmen zu setzen" und solche Personen „erst nach Einlangung der dießfälligen Rückantwort über die Gränze zu schaffen", „außer es wäre der Geburtsort und das Vaterland des betretenen Vagabunden durch die bei sich habenden Urkunden vollkommen außer Zweifel gesetzt". Stand das Staatsbürger- oder Aufenthaltsrecht der Abgeschobenen nämlich nicht außer Zweifel, so hatten die preußischen Behörden nach einer Anordnung von 1818[3408] diese „Transportaten" nicht anzunehmen, sondern an die ausländische Absendungsbehörde zurückzustellen. Darüber hinaus war bereits 1816[3409] vom böhmischen Gubernium angeordnet worden, Schüblinge nach Preußen nicht wie bisher in das nächste Grenzdorf abzugeben, sondern bis in die nächste Grenzstadt zu bringen und dort an das zuständige preußische Polizeiorgan zu übergeben, weil das Schubtransportwesen in Preußen den Polizeibehörden des „platten Landes" entzogen worden war. Betreffend in Böhmen aufgegriffene Polen und Russen wurde weiters 1819[3410] vorgeschrieben, diese nicht mehr wie bisher durch Preußen abzuschieben, sondern sie hinkünftig nach Mähren und dann sofort zur weiteren Abschiebung nach Galizien zu instradieren, wo sie „an der galizischen Gränze unmittelbar an russische und pohlnische Behörden" abzugeben seien.

3406 Verordnung des böhmischen Guberniums vom 4. Juli 1825, HERZOG (wie Anm. 143), Nr. 321, S. 329.

3407 Wie die Verordnung des böhmischen Guberniums vom 6. April 1817, HERZOG (wie Anm. 143), Nr. 191, S. 184 f., KANKA (wie Anm. 589) I, S. 85 f., 270, BORSCHITZKY (wie Anm. 557), S. 64, ZALEISKY (wie Anm. 666) III, S. 129, berichtete, hatte sich der Fall ereignet, daß „eine Familie, welche im Lande arbeitslos herumzog, und bloß dem Betteln nachging, auf ihre bloße Angabe, aus den kön. preußischen Staaten gebürtig zu sein, auch dahin abgeschafft wurde". Die preußische Regierung protestierte gegen die Zuschiebung dieser Familie, da nicht erwiesen sei, „daß selbe aus dortigen Ländern gebürtig sei, und weil es mit der dortigen Verfahrensart, wornach sie, ohne vorherige Rücksprache mit den Behörden des benachbarten Staates, dergleichen Vagabunden nicht über die Gränze zu bringen pflege, nicht übereinstimme".

3408 Siehe dazu ausführlich die Beilage zur Verordnung des böhmischen Guberniums vom 3. Dezember 1818, BORSCHITZKY (wie Anm. 557), S. 66 f.

3409 Dekret des böhmischen Guberniums vom 5. November 1816, BORSCHITZKY (wie Anm. 577), S. 64.

3410 Hofkanzleidekret vom 1. Juli 1819, Dekret des böhmischen Guberniums vom 19. August 1819, HERZOG (wie Anm. 143), Nr. 225, S. 221; siehe dazu auch die Gubernialverordnung vom 26. August 1822 an die Kreisämter, Stadthauptmannschaft und den Prager Magistrat, ebd., Nr. 272, S. 273, BORSCHITZKY (wie Anm. 557), S. 70 f.

Auch bezüglich des Schubverkehres mit Bayern ergab sich in den Zwanzigerjahren des 19. Jahrhunderts die Notwendigkeit detaillierterer Regelungen, hatte Bayern doch 1816[3411] in einer Verordnung klargestellt, daß es keine Schüblinge übernahm, „die in Baiern keinen Anspruch auf Heimat machen können, sondern solche vielmehr in dem Lande selbst haben, welches sie ausschieben will; oder deren Vaterland unbekannt und nicht nachgewiesen ist, oder die in ihr Vaterland, ohne Baiern zu betreten, auf weit kürzeren Wegen gebracht werden können; oder die endlich in einem Zustande von Gebrechen und Krankheiten ankommen, der es unmöglich macht, sie ohne Gefahr und Verletzung der Menschlichkeit nach ihrer entfernten Heimat in einen anderen auswärtigen Staat zu verschieben". So kam es nicht nur 1820[3412] aufgrund eines bilateralen Vertrages zur Festlegung von Grenzorten, an welchen hinkünftig ausschließlich die Übergabe und Übernahme der beiderseitig abgeschobenen Bettler und Vagabunden „gehörig" vor sich gehen sollte, sondern 1821[3413] wurde auch für die Abschiebungen nach Bayern von der Hofkanzlei zur Vermeidung von „zwecklose[n] Hin- und Herschiebungen" angeordnet, daß die Dominien „jederzeit das Nationale und die Zuständigkeit derselben durch stichhältige Urkunden oder durch Correspondenz mit den betreffenden Behörden eruiren, und sich von der Abschiebung eines solchen Individuums bis zu dem erwirkten Beweise über sein Nationale ... enthalten" sollten, weil ihnen widrigenfalls die dadurch veranlaßten Schubkosten zur Last fallen würden[3414].

Weil aber nach wie vor „bei der Einleitung des Schubes mit Ausländern nicht mit der gehörigen Genauigkeit und nicht zweckmäßig vorgegangen" wurde – so daß man, ohne sich in eine genauere Erhebung des Zuständigkeitsortes des Schüblings einzulassen, sogar „Geburtsörter" in den Schubzettel aufnahm, „welche selbst bei einer nur sehr oberflächlichen geographischen Kenntniß ... doch als offenbar unrichtig" auffielen" – und daher oftmals das Ausland die Annahme der Schüblinge verweigerte, schrieb das böhmische Gubernium 1819 weiters vor[3415], sich nicht „mit bloßen allgemeinen Angaben" der Schüblinge über ihre „Geburts- oder Wohnörter" zu begnügen, „wenn sie die-

---

3411 Verordnung vom 28. November 1816, siehe MAYRHOFER (wie Anm. 679), II, S. 625.

3412 Oberösterreichisches Regierungsdekret vom 27. Jänner 1820, HERZOG (wie Anm. 143), Nr. 236, S. 232. Es waren dies auf österreichischer Seite: „Boßhaupt, Braunau, Eger, Laufen, Neumarkt, Kuffstein, Klentsch, Scharnitz, Winterberg, Reute ..., Scheerding, Bregenz".

3413 Hofkanzleidekret vom 12., Regierungsdekret vom 24. Mai 1821 an den Wiener Magistrat, Dekret der niederösterreichischen Regierung vom 19. Juni 1821 an die Kreisämter, Prov. GSlg. NÖ (1821), Nr. 208, S. 376 ff., HERZOG (wie Anm. 143), Nr. 258, S. 254 f., ZALEISKY (wie Anm. 666) III, S. 130 f., ASTL (wie Anm. 2832) IV, S. 2903 f.

3414 Die bayerischen Behörden übernahmen nämlich nach „einer mehrfältigen Beobachtung" die „nach dem Auslande mittelst Haupt- oder Partikular-Schubes abgeschafften Fremden und Vagabunden von den auswärtigen Gränzbehörden, und hauptsächlich von den im Königreiche Baiern aufgestellten Landgerichten, nur in dem Falle zur weiteren Beförderung an ihren Bestimmungsort ..., wenn sie mit legalen Ausweisen und Urkunden, wodurch die Angehörigkeit an den Staat, wohin sie gewiesen sind, ordentlich ausgewiesen wird, versehen" waren. In Ermangelung eines solchen Ausweises wurde der Schübling „ohne weiters an den Ort, von wo er weggewiesen wurde, zurück geschickt, wodurch nur zwecklose Hin- und Herschiebungen veranlaßt" wurden, ebd.

3415 Verordnung des böhmischen Guberniums vom 11. März 1819, HERZOG (wie Anm. 143), Nr. 222, S. 217, BORSCHITZKY (wie Anm. 557), S. 67 f.

selben nicht durch Etwas zu erweisen vermögen ..., sondern dieselben über andere Verhältnisse, ihrer Verwandten und dergleichen zu vernehmen, ihre Aussage sodann bestätigen zu lassen, und sie endlich unter Androhung einer empfindlichen Strafe, im Falle sich in weiterer Folge ihre Angaben nicht bewähren, und dieselben wieder zurückgeschoben werden sollten, auf den Schub zu setzen".

Trotz all dieser Vorschriften kam es immer wieder zu Anständen bei „Verschiebungen" von Personen ins Ausland – insbesondere nach Bayern und Preußen[3416] –, da weiterhin Schüblinge in ihr „vorgegebenes Vaterland" ohne „unbezweifelte" Erhebung ihrer Zuständigkeit befördert wurden[3417], weshalb die Schubbehörden immer wieder ermahnt werden mußten, sich bei Abschiebungen in die benachbarten Staaten „bis zum Zeitpunkt, wo die im Zuge befindliche Convention zur Regulirung des Schubwesens unter den deutschen Bundesstaaten zu Stande gebracht sein würde, an die Ausübung der bestehenden dießfälligen Vorschriften zu halten, und dafür zu sorgen, daß alle Mißgriffe möglichst beseitiget werden"[3418]. Demgemäß sollten auch hinkünftig den ausländischen Schüblingen „alle zur Begründung ihres Nationales dienenden und vorgefundenen Documente jedesmal abgenommen, und dem Schubpasse im Original beigeschlossen werden"[3419] – freilich unverschlossen bzw. unversiegelt, weil sich die Grenzbehörde ansonsten „nicht die Überzeugung von der Wahrheit der ausländischen Nationalität des zu verschiebenden Individuums verschaffen" konnte[3420]. Da allerdings diese Dokumente oftmals auf dem Schub verloren gingen, wurden die inländischen Dominien verpflichtet, nicht nur die „Übernahme der Schüblinge und deren Weiterbeförderung", sondern auch den „Empfang der mit dem Schubpasse einlangenden Urkunden" zu bestätigen[3421]. War trotzdem der „Abgang solcher Documente" festzustellen, so mußte ein

---

3416 Nach der böhmischen Gubernialverordnung vom 26. September 1828 an die Kreisämter, Stadthauptmannschaft und den Prager Magistrat, BORSCHITZKY (wie Anm. 557), S. 72, HERZOG (wie Anm. 143), Nr. 367, S. 382 f., waren die preußischen Polizei- und Grenzbehörden angewiesen worden, „von dem Auslande nur solche an sie abgegebene Verbrecher und Vagabunden anzunehmen, die entweder durch Atteste inländischer Behörden als dortige Staatsangehörige bezeichnet werden, oder deren Transport nach einem hintergelegenen Staate, dem sie etwa angehören, durch Zeugnisse dortiger Behörden ausdrücklich für zulässig erklärt worden sind".

3417 Gubernialverordnung vom 12. September 1821 an die Kreisämter, Stadthauptmannschaft und den Prager Magistrat, BORSCHITZKY (wie Anm. 557), S. 70, HERZOG (wie Anm. 143), Nr. 262, S. 257.

3418 Gubernialverordnung vom 20. März 1822, HERZOG (wie Anm. 143), Nr. 269, S. 270 f.

3419 Gubernialdekret vom 21. Juni 1822, HERZOG (wie Anm. 143), Nr. 270, S. 272; siehe auch das Kreiscirculare vom 22. Oktober 1832, ebd., Nr. 410, S. 420 f.; siehe etwa auch die Schubordnung für Siebenbürgen, Verordnung des Civil- und Militär-Gouverneurs von Siebenbürgen vom 28. Dezember 1849, LGBl. Nr. 47, ZALEISKY (wie Anm. 666) III, S. 108.

3420 Verordnung der niederösterreichischen Regierung vom 25. Februar 1824 an die Kreisämter, die Polizeioberdirektion, den Magistrat und die Dominien Wiens, Prov. GSlg. NÖ VI (1824), Nr. 37, S. 84 f., HERZOG (wie Anm. 143), Nr. 297, S. 295. Es hatten nämlich die bayerischen Behörden die Übernahme eines Schüblings verweigert, weil das Dokument, welches die Beweise des Heimatrechts enthielt, verschlossen dem Schubpaß beilag und an die Grundobrigkeit des Schüblings adressiert war.

3421 Verordnung der niederösterreichischen Regierung vom 16. August 1830, Prov. GSlg. NÖ XXI (1830), Nr. 137, S. 288 f., ZALEISKY (wie Anm. 666) III, S. 134.

genaues, das auswärtige Nationale der Schüblinge und ihre sonstigen „Domicilsverhältnisse“ gehörig nachweisendes und möglichst begründendes Konstitut aufgenommen und dieses im Original mit Zurückbehaltung einer Abschrift dem Schubpaß beigelegt werden[3422].

Wenn auch auf diese Weise die verläßliche Feststellung des Abschiebungsortes nicht möglich erschien, so hatten sich die Schubbehörden „vorläufig im Wege der Correspondenz“ mit den ausländischen Stellen, die im übrigen portofrei[3423] war, die notwendigen Dokumente vor Abgang des Schubes zu verschaffen[3424] bzw. „von Seite der ausländischen Behörden eine Anerkennung der Zuständigkeit“ zu erlangen und diese ebenfalls dem Schubpaß beizulegen[3425]. Diese Art der Zuständigkeitsermittlung stieß freilich manchmal insofern auf Schwierigkeiten, als die von „den k.k. Behörden“ an ein „königl. baierisches Landgericht gerichteten Ersuchschreiben um Mittheilung der Auskünfte über die Heimath einer aus Östreich nach Baiern abzuschiebenden Person unbeantwortet blieben“, weshalb sich 1823[3426] das bayerische Ministerium gezwungen sah, seinen Kreisregierungen vorzuschreiben, daß solche Nachfragen den k.k. Behörden „ohne ganz besondere Gründe nicht vorenthalten, sondern denselben gegen Beobachtung der Reciprocität jederzeit bereitwillig mitgetheilt werden“ müßten.

Da sich wiederum die österreichischen Behörden vielfach weigerten, von ihnen an Bayern zum Durchschub in ihre angeblichen Heimatländer übergebene Schüblinge zurückzunehmen, wenn die angeblichen Heimatländer die Übernahme verweigerten, war im Gegenzug den bayerischen Grenzbehörden 1822[3427] der „geschärfte Auftrag“ erteilt

---

3422 Gubernialdekret vom 21. Juni 1822, HERZOG (wie Anm. 143), Nr. 270, S. 272; siehe auch die Gubernialverordnung vom 25. Mai 1825, ebd., Nr. 317, S. 323 f.

3423 Siehe etwa die Hofkammerdekrete vom 17. Oktober 1822, HERZOG (wie Anm. 143), Nr. 274, S. 275, vom 9. Jänner 1829 an das mährisch-schlesische Landesgubernium, ebd., Nr. 371, S. 386, vom 18. August 1830, ebd., Nr. 390, S. 399; das Dekret der niederösterreichischen Regierung vom 29. September 1833, ebd., Nr. 418, S. 430.

3424 Gubernialverordnung vom 20. März 1822, HERZOG (wie Anm. 143), Nr. 269, S. 270 f. Die Verpflegungskosten während der Wartezeit mußten freilich von den betreffenden inländischen Ortsobrigkeiten getragen werden, siehe das Hofkanzleidekret vom 28. Juni 1827, ebd., Nr. 348, S. 357.

3425 Nach der galizischen Gubernialverordnung vom 17. Oktober 1841, ZALEISKY (wie Anm. 666) III, S. 135 f., war diese „Anerkennung der Zuständigkeit“ nicht nur dem Schubpaß beizulegen, sondern auch „dies in dem Schubpasse selbst gehörig zu bemerken und nur eine Abschrift davon in den Acten zu behalten“, was vorzugsweise bei Abschiebungen nach Preußen umso strenger zu beachten sei, „als die dortigen Heimatsrechte schon durch eine dreijährige Abwesenheit verloren gehen“.

3426 Hofkanzleidekret vom 20. März 1823, Prov. GSlg. NÖ V (1823), Nr. 65, S. 110 f., HERZOG (wie Anm. 143), Nr. 282, S. 284.

3427 Verordnung der königlich baierischen Regierung des Isarkreises vom 21. Mai 1822, Beilage zum Hofkanzleidekret vom 28. August 1823 an sämtliche Länderstellen mit Ausnahme Böhmens und Österreichs ob der Enns, HERZOG (wie Anm. 143), Beilage zu Nr. 288, S. 289 f., BORSCHITZKY (wie Anm. 557), S. 70; nach der Gubernialverordnung vom 15. Dezember 1823 an die Kreisämter, Statdhauptmannschaft und den Prager Magistrat, ebd., Nr. 291, S. 291 f., hatte die bayerische Regierung des Regenkreises ihre Polizeibehörden angewiesen, „keinen, von den k.k. östreichischen Behörden über die Gränze gewiesenen Schübling, welcher seinen Geburtsort in Baiern oder einem rückwärts gelegenen Staate nicht legal nachworden, „bei unvermeidlicher Selbsthaftung für alle Schäden und Kosten keinen Vaganten von k.k. östreichischer Behörde zu übernehmen, so lange nicht gleichzeitig eine vollgültige Nachweisung der Heimathsrechte gegeben" war, also „keinen, von den k.k. östreichischen Behörden über die Gränze gewiesenen Schübling, welcher seinen Geburtsort in Baiern oder einem rückwärts gelegenen Staate nicht legal nachweisen" konnte und „bloß eine Geleitsurkunde oder Schubpaß ohne dem Constitute über seinen Geburtsort" besaß, zu übernehmen.

Viele in der Habsburgermonarchie reisende Fremde, insbesondere Handwerksburschen, besaßen aber oft eben nur eine derartige Geleitsurkunde, weil ihnen der Paß ihrer ausländischen Zuständigkeitsbehörde von einer österreichischen Behörde wegen mangelnder Tauglichkeit für Reisen im Inland abgenommen worden war. Dies ergab in weiterer Folge natürlich „bedeutende Inconvenienzen" für die „Nachweisung der legalen Heimathrechte", weshalb die Kreisämter zu deren Beseitigung 1825[3428] angewiesen wurden, allen in das Ausland zurückreisenen Fremden den ihnen „für den allenfällig abgenommenen Paß ausgehändigte[n] gedruckte[n] Schein, oder die mittlerweilige Geleitsurkunde" wieder abzunehmen und ihnen dafür den „für die Rückreise vidirte[n] ausländische[n] Paß zurück zu stellen". Die reisenden ausländischen Handwerksburschen sollten entweder in der selben Weise behandelt oder hinkünftig überhaupt im Besitz ihrer mitgebrachten Pässe samt der inländischen Wanderschaftsurkunde belassen werden[3429].

Die Bestimmungen über den Nachweis des Nationales bzw. den Beweis der fremden „Unterthanschaft" sowie den erforderlichen „Domicilsausweis" galten freilich nicht nur für die genannten Bettler und Vagabunden, sondern auch für ausländische Sträflinge, die nach Verbüßung ihrer Strafe in ihren Heimatstaat abgeschoben wurden[3430]. Für diese galt aber seit 1813[3431] überdies, daß die Polizeidirektionen, Landgerichte oder

---

weisen kann, und bloß eine Geleitsurkunde oder Schubpaß ohne dem Constitute über seinen Geburtsort besitzt, zu übernehmen".

3428 Dekret der niederösterreichischen Regierung vom 5. März 1825, Prov. GSlg. NÖ VII (1825), Nr. 54, S. 99 ff., HERZOG (wie Anm. 143), Nr. 312, S. 312 f.; siehe auch FAULLER (wie Anm. 130) IV, S. 86; siehe auch die Gubernialverordnung vom 25. Mai 1825, HERZOG (wie Anm. 143), Nr. 317, S. 323 f.

3429 Siehe die Gubernialverordnung vom 16. Jänner 1828 an die Kreisämter und die Stadthauptmannschaft, HERZOG (wie Anm. 143), Nr. 359, S. 368; siehe dazu auch die Gubernialverordnung vom 26. März 1829 an die Kreisämter, Stadthauptmannschaft und den Prager Magistrat, ebd., Nr. 378, S. 390; Hofkanzleidekret vom 3. März 1830 an die Länderstellen in Böhmen, Mähren und Schlesien, ebd., Nr. 386, S. 396 f.; das Hofkanzleidekret vom 10. November 1830 an sämtliche Länderstellen, ebd., Nr. 392, S. 401.; die a.h. Entschließung vom 20. November 1832, Hofkanzleidekret vom 15. Dezember 1832, ebd., Nr. 414, S. 427.

3430 Verordnung der niederösterreichischen Regierung vom 15. Jänner 1827, Prov. GSlg. NÖ IX (1827), Nr. 17, S. 26 ff., HERZOG (wie Anm. 143), Nr. 340, S. 345 f.; Justizhofdekret vom 21. März 1829 an die Appellationsgerichte in Nieder- und Innerösterreich, Böhmen und Galizien, ebd., Nr. 377, 389 f., Prov. GSlg. NÖ XI (1829), Nr. 91, S. 377; Gubernialdekret vom 23. September 1830, HERZOG (wie Anm. 143), Nr. 391, S. 400.

3431 Hofdekret vom 30. September 1813, ZALEISKY (wie Anm. 666) III, S. 94 f., BLUMENTRITT (wie Anm. 557), Nr. 46, S. 29 f., Nr. 97, S. 77, BORSCHITZKY (wie Anm. 557), S. 62, HERZOG (wie Anm. 143), Nr. 180, S. 167; vgl. auch JENULL (wie Anm. 551), S. 146, KANKA (wie Anm. 589) I, S. 85, 269.

Bezirkskommissariate „sowohl dem Gränzamte, bei welchem der Verwiesene die Gränze überschreiten muß, als auch der ausländischen Obrigkeit des Verschobenen, an die er gewiesen wird, und endlich der Landesstelle mit der vorgeschriebenen Auskunftstabelle, die Anzeige" machen mußte. Außerdem war hinsichtlich dieser Personengruppe seit 1830[3432] vorgeschrieben, daß – zur Vermeidung von bedeutenden Kosten, die durch die „Nothwendigkeit nachträglicher, oft durch Monate und Jahre währender Erörterungen über die Nationalität des Schüblings" auflaufen konnten – die Strafgerichte gleichzeitig mit der Mitteilung des Urteils an die politische Behörde gemäß I. § 454 StG[3433] die Beweise, „wodurch der Umstand, daß der Abgeurtheilte ein Ausländer sei, rechtlich dargethan wird, oder den, die dießfällige Aussage des Verhörten enthaltenen Auszug des Untersuchungsprotokolles" zu übermitteln hatte. Der politischen Behörde oblag es nun, falls der „Beweis der fremden Unterthanschaft nicht vollkommen hergestellt" werden konnte, „in dieser Beziehung mit Beschleunigung weitere Erhebungen zu pflegen, wenn aber auch eine Rücksprache mit den jenseitigen Behörden erforderlich wäre, hierwegen einige Monate vor Ausgang der Strafzeit des Abgeurtheilten hierorts einzuschreiten, damit sohin die Aufnahme des Sträflings von Seite der jenseitigen Gränzbehörden .... bei Zeiten zugesichert werde".

Nachdem 1826[3434] den bayerischen Behörden abermals befohlen worden war, „keinem Vaganten und Heimathlosen, welcher in oder durch das Königreich Baiern geschoben werden will, den Eintritt über die Grenze zu gestatten", wenn nicht genügend nachgewiesen war, daß der Schübling im Bestimmungsort, „derselbe mag in Baiern oder in einem anderen Staate gelegen sei, Aufnahme finde", wurde den österreichischen Erbländern 1827[3435] die Beachtung dieser Maßregel mittels Hofkanzleidekret unter Erinnerung an die bereits bestehenden Anordnungen vorgeschrieben, wonach nun also hinkünftig nur solche Schüblinge zur Außerlandesbeförderung eingeliefert werden sollten, „deren Aufnahme von Seite der ausländischen Obrigkeit entweder in Folge eines vorliegenden legalen Passes, Consenses oder Wanderbuches keiner Schwierigkeit unterliegt, oder, in Ermangelung solcher Legitimationspapiere, durch eine vorläufig von der kompetenten Ortsbehörde eingeholte förmliche Aufnahmszusicherung sichergestellt ist"[3436]. Ebenfalls 1827 wurde die Anwendung der „nämliche[n] Vorsichtsmaßregel" auch auf

3432 Gubernialdekret vom 23. September 1830, HERZOG (wie Anm. 143), Nr. 391, S. 400 f.

3433 Gemäß I. § 454 StG mußte jedes Urteil, „wodurch entweder die Untersuchung aus Abgang rechtlicher Beweise für aufgehoben erkläret, oder auf eine Kerkerstrafe erkannt wird, ... nach geschehener Ankündigung, sammt der Beschreibung der Person, über welche dasselbe ergangen, von dem Criminal-Gerichte an das Kreisamt in Abschrift einbegleitet werden, damit dieses von dem Beschuldigten oder Straffälligen Kenntniß erhalte."

3434 Siehe das Hofkanzleidekret vom 14. November 1826, Prov. GSlg. NÖ VIII (1826), Nr. 289, S. 612, HERZOG (wie Anm. 143), Nr. 335, S. 341.

3435 Hofkanzleidekret vom 14. April 1827, HERZOG (wie Anm. 143), Nr. 344, S. 353; siehe auch das Hofkanzleidekret vom 28. Juni 1827, ebd., Nr. 348, S. 357; die Verordnung des böhmischen Guberniums vom 11. September 1817, BORSCHITZKY (wie Anm. 557), S. 71 f.

3436 Gubernialverordnung vom 1. September 1827 an die Kreisämter, Stadthauptmannschaft und den Prager Magistrat, HERZOG (wie Anm. 143), Nr. 351, S. 360; siehe auch das Hofkanzleidekret vom 11. Mai 1831, ebd., Nr. 397, S. 405; Verordnung der niederösterreichischen Regierung vom 21. Juli 1832, ebd., Nr. 407, S 415 f., ZALEISKY (wie Anm. 666) I, S. 13; siehe auch das Kreiscirculare vom 22. Oktober 1832, HERZOG (wie Anm. 143), Nr. 410, S. 420 f.

Abschiebungen in oder durch das Königreich Württemberg ausgedehnt, da dort ähnliche Regelungen wie in Bayern galten[3437], und 1834 gleichfalls auf Preußen[3438].

Was nun die formale Durchführung der Abschiebung in das Ausland anbelangt, so hatte nach den vormärzlichen Schubordnungen der einzelnen Erbländer entweder die „Gränz-Landgerichts-Obrigkeit" den Schubpaß des ausländischen Schüblings an die Obrigkeit, welche diesen ausgefertigt hatte, „Retour in Abschrift" zu senden und „auf selben ordentlich aufzuführen, daß der Schübling richtig über die Gränze gebracht worden sei"[3439], oder aber der Schubpaß sollte „in das Ausland ... laufen", und „jene Gränzbehörde, wo der Schübling aus dem Inlande austritt" sollte „jene Behörde, die den Schubpaß ausfertigte, von der richtigen Beförderung über die Gränze Nachricht ... geben"[3440]. Betreffend die Abschiebung von Landesverwiesenen wurde darüber hinaus vorgeschrieben, von „der nächstgelegenen ausländischen Gerichts- oder Polizei-Behörde" eine „Empfangs- oder Auslieferungs-Bestätigung", also ein Rezepisse, abzufordern, da Landesverwiesene „oft eben sobald wieder in das Land zurück(kehren), als sie dem Angesichte ihrer Eskorte über die Gränze entgangen sind"[3441].

Betreffend den Schubverkehr mit Kurhessen wurde weiters auf Wunsch der kurhessischen Regierung 1837[3442] angeordnet, daß Schüblinge nach Kurhessen nicht an die Lokalpolizeibehörde ihres Heimatortes, sondern je nach Schubroute an bestimmte Polizeidirektionen und Kreisämter instradiert werden sollten. Bei bayerischen Staatsangehörigen oder durch Bayern zu schiebenden Fremden, deren Ausweisung „wegen Theilnahme an unerlaubten Vereinen oder Verbindungen, oder aus anderen politischen Gründen" verfügt wurde, waren außerdem seit 1852 die Landeschefs der habsburgischen Kronländer bei Reziprozität verpflichtet, demjenigen bayerischen Regierungspräsidenten, dessen Bezirk der Abgeschobene angehörte, oder bei Durchgeschobenen, dessen Bezirk als erster berührt wurde, davon Mitteilung zu machen, während bei Abschiebungen badischer Untertanen dem Polizeiamt in Karlsruhe Anzeige zu machen war[3443].

Die Schubordnungen des Neoabsolutismus änderten in weiterer Folge nichts an der Notwendigkeit, bei der Abschiebung von Ausländern die Heimatsurkunde, „d.i. ein Document, durch welches haltbar nachgewiesen erscheint, daß der Schübling ein An-

3437 Hofkanzleidekret vom 19. April 1827, HERZOG (wie Anm. 143), Nr. 345, S. 354 f.

3438 Verordnung des böhmischen Guberniums vom 16. Juli 1834, BORSCHITZKY (wie Anm. 557), S. 73.

3439 Dekret der Hofkommission für Tirol und Vorarlberg vom 17. März 1815, Prov. GSlg. Tirol II (1815), Nr. 19, S. 75, HERZOG (wie Anm. 143), Nr. 183, S. 170; Kundmachung des Landesguberniums im Küstenlande vom 18. September 1819, Hofkanzleidekret vom 27. März 1820, HERZOG (wie Anm. 143), Nr. 229, S. 225.

3440 Dekret der „Central-Organisirungs-Hofkommission" vom 27. Mai 1817 an das Landesgubernium in Tirol und Vorarlberg, Prov. GSlg. Tirol IV/1 (1817), Nr. 116, S. 919, HERZOG (wie Anm. 143), Nr. 197, S. 194; Hofkanzleidekret vom 15. März 1827 an das mährisch-schlesische Gubernium, ZALEISKY (wie Anm. 666) III, S. 99 f., HERZOG (wie Anm. 143), Nr. 342, S. 350.

3441 Dekret des Guberniums für Tirol und Vorarlberg vom 3. Juli 1818, Prov. GSlg. Tirol V (1818), Nr. 127, S. 611 f., HERZOG (wie Anm. 143), Nr. 216, S. 212.

3442 Hofkanzleidekret vom 15. Mai, böhmisches Gubernialdekret vom 2. Juni 1837, BORSCHITZKY (wie Anm. 557), S. 73 f.

3443 Ministerialerlaß vom 21. Jänner 1852, ASTL (wie Anm. 2832) I, S. 227.

gehöriger jenes Staates sei, wohin er befördert wird", dem Schubpaß im Original beizuschließen, und die Tatsache, daß diese Heimaturkunde dem Schubpaß beilag, dort ausdrücklich anzumerken[3444]. Als Heimaturkunden wurden „Heimatsscheine, Pässe, ämtliche Schreiben, durch welche das betreffende Individuum requirirt wird, oder dessen Zuständigkeit bestätigt wird und dergleichen" betrachtet[3445]. Mit der Abschiebung der Ausländer war daher weiterhin erst dann vorzugehen, wenn deren Zuständigkeit und Übernahme von Seiten der ausländischen Behörden außer Zweifel stand. Führte eine Außerachtlassung dieser Vorschrift zu solchen ordnungswidrig veranlaßten Schubkosten, so war der Vorsteher des schuldtragenden Amtes verantwortlich und ersatzpflichtig[3446]. War nun eine Abschiebung in das Ausland erfolgreich durchgeführt, so hatte – wie es etwa die oberösterreichische Schubordnung von 1857[3447] vorsah – „jene Gränzbehörde, bei welcher der Schübling in das Ausland tritt, der Obrigkeit, welche den Schubpaß ausfertigte, von der richtigen Beförderung des Schüblings über die Gränze Nachricht zu geben".

Weiterhin kamen aber sehr häufig Fälle vor, daß „Ausländer von österreichischen Behörden ohne vorläufige Sicherstellung ihrer Heimaths- und Zuständigkeits-Verhältnisse, ja selbst ohne alle Protokollar-Einvernehmung auf den Schub gesetzt" wurden, was zu „Unzukömmlichkeiten" führte und insbesondere zur Folge hatte, daß „daß die österreichische Grenz-Schubbehörde solche Schüblinge entweder an den Ort ihrer ersten Abschiebung zurück instradiren, oder sich erst im ausgedehnten Korrespondenzwege mit den betreffenden ausländischen Behörden die Aufnahmsurkunden verschaffen" und bis zu deren Einlangen die Schüblinge in Haft behalten mußten, wodurch nicht nur Verzögerungen, sondern auch bedeutende Kosten entstanden[3448]. Daher wurde 1851[3449] zum einen hinsichtlich der „Verschiebung der Vaganten und Heimatlosen in oder durch das Königreich Baiern" in Erinnerung gerufen, daß die bayerischen Behörden keinem Schübling den „Eintritt über die Grenze gestatten, wenn nicht genügend

---

3444 Kundmachung des interimistischen Chefs der ungarischen Statthalterei vom 20. März 1851, LGBl. Nr. 79, womit die provisorische Norm über das Schubwesen im Kronlande Ungarn kundgemacht wird, ZALEISKY (wie Anm. 666) III, S. 114. Fehlte eine solche Urkunde, so war diese weiterhin im Korrespondenzweg zu beschaffen; siehe auch Erlaß der oberösterreichischen Statthalterei vom 22. August 1857, LGBl. II Nr. 13, betreffend die Regelung des Schubwesens, ZALEISKY (wie Anm. 666) 2. Nachtrag, S. 172, ASTL (wie Anm. 2832) IV, S. 2893.

3445 Kundmachung des interimistischen Chefs der ungarischen Statthalterei vom 20. März 1851, LGBl. Nr. 79, womit die provisorische Norm über das Schubwesen im Kronlande Ungarn kundgemacht wird, ZALEISKY (wie Anm. 666) III, S. 114.

3446 Erlaß der oberösterreichischen Statthalterei vom 22. August 1857, LGBl. II Nr. 13, betreffend die Regelung des Schubwesens, ZALEISKY (wie Anm. 666) 2. Nachtrag, S. 173, ASTL (wie Anm. 2832) IV, S. 2893.

3447 Ebd.

3448 Erlaß des mährischen Statthalters vom 1. April 1851, LGBl. Nr. 124, womit die Bestimmungen des hohen Ministeriums des Innern in Betreff der Abschiebungen durch und nach Preußen bekannt gemacht werden.

3449 Erlaß des Ministers des Innern vom 27. August 1851, Z. 19072, siehe den Erlaß des Salzburger Statthalters-Stellvertreters vom 1. Oktober 1851, LGBl. Nr. 330, die Verschiebung der Vaganten und Heimatlosen in oder durch das Königreich Baiern betreffend.

nachgewiesen ist, daß er an dem Orte, wohin er geschoben werden soll", Aufnahme fand. Zum andern wurden im selben Jahr[3450] vom Ministerium des Innern die Erfordernisse für Abschiebungen nach und durch Preußen bekanntgemacht, wonach alle „Vagabunden und sonstige[n] Transportaten", die aus dem Ausland nach oder durch Preußen abgeschoben werden sollten, an der Grenze zurückgewiesen wurden, wenn sie nicht „1) entweder im Besitze eines von der Gesandtschaft des Staates, welchem der Transportat zugeführt werden soll, unter bestimmter Angabe, daß der Inhaber Unterthan des in Frage stehenden Staates sei, ausgestellten oder vidirten Passes, oder 2) eines von einer Behörde jenes Staates gleichergestalt ausgefertigten Transportzettels, oder 3) einer Erklärung der Behörde des Bestimmungsortes oder einer anderen kompetenten Behörde, daß der Transportat angenommen werden soll, oder 4) eines Taufscheines, Patents oder sonstigen Urkunde über die Geburts- und Wohnungs-Verhältnisse des Transportaten, gegen deren Aechtheit keine Bedenken obwalten, sich befinden."

c. Schubkosten

Nach der Gothaer Übereinkunft von 1851[3451] hatte die Kosten der Ausweisung eines Ausländers innerhalb seines Gebietes der ausweisende Staat zu tragen, und beim Durchschub in einen Drittstaat waren demjenigen Staat, durch dessen Gebiet der Schübling transportiert wurde, vom ausweisenden Staat die Schubkosten zur Hälfte zu ersetzen. Da Österreich jedoch nicht zu den Vertragsstaaten zählte, mußte die Kostentragungsfrage jeweils durch bilaterale Vereinbarungen geregelt werden. So galt zwischen Österreich und Bayern das Reziprozitätsverhältnis der unentgeltlichen Abschiebung von bayerischen bzw. österreichischen Staatsangehörigen in ihr jeweiliges Heimatland hinsichtlich des Transportes[3452] und der Verpflegung. Betreffend die Kosten der „Anhaltung und Verwahrung" von Schüblingen wurde 1851 nämlich gegenseitig der Grundsatz anerkannt, daß diese als „polizeiliche Maßregel zur Sicherheit des Staatsgebietes" zu betrachten sei, weshalb beidseitig kein Kostenersatz angesprochen werden konnte[3453].

3450 Erlaß des mährischen Statthalters vom 1. April 1851, LGBl. Nr. 124, womit die Bestimmungen des hohen Ministeriums des Innern in Betreff der Abschiebungen durch und nach Preußen bekannt gemacht werden; Erlaß der oberösterreichischen Statthalterei vom 5. April 1851, LGBl. Nr.143, betreffend die Erfordernisse bei Abschiebungen in oder durch Preußen; siehe auch die Verordnung der polit. Landesbehörde für Salzburg vom 18. Juli 1866, LGBl. Nr. 15, in Betreff der Abschiebungen nach und durch Preußen.

3451 Siehe S. 620 f.

3452 Siehe zu den Transportkosten MAYRHOFER (wie Anm. 679) II, S. 624 Anm. 13.

3453 Erlaß des Ministeriums des Innern vom 7. Jänner 1851, Z. 28055, siehe MAYRHOFER/PACE (wie Anm. 138) III, S. 603; siehe auch den Erlaß der niederösterreichischen Statthalterei vom 31. Jänner 1851, LGBl. Nr. 27, an sämtliche Bezirkshauptmannschaften, die Stadthauptmannschaft und den Wiener Magistrat, in Betreff der zwischen der königl. baierischen und der k.k. österreichischen Regierung beobachteten Reciprocität, wornach für die Anhaltung und Verwahrung ausweisloser Individuen ein Kostenersatz nicht anzusprechen ist; den Erlaß der Salzburger Statthalterei vom 19. Jänner 185, LGBl. Nr. 48, in Betreff der Auflassung der Kostenvergütung für die in Oesterreich aufgegriffenen baierischen Vaganten und der deßhalb von Baiern zu beobachtenden Reciprocität; den Erlaß des Statthalters von Kärnten

Unter diese Kosten fielen auch diejenigen Auslagen, die für die „Anschaffung der nothwendigen Kleidungsstücke für derlei Individuen behufs der Ermöglichung ihrer Verschiebung in die Heimat“ aufgewendet werden mußten[3454].

Bei einem Durchschub in einen Drittstaat durch das preußische, bayerische und sächsische Staatsgebiet bzw. durch das österreichische Staatsgebiet war weiters dem Schubpaß durch die jeweilige Behörde des abschiebenden Staates stets eine Zusicherung des Kostenersatzes an die Behörden des Durchschubstaates beizusetzen. So wurde 1859[3455] angeordnet, daß bei Schubtransporten aus Österreich durch Preußen nach einem dritten Staat auf den Schubpässen stets die ausdrückliche Erklärung beizufügen sei, daß die Kosten des Durchtransportes durch Preußen von Österreich getragen würden. Gleichzeitig war aber auch eine Weitertransportierung von durch preußische Behörden abgeschobenen Personen durch österreichisches Staatsgebiet nach Drittstaaten von einer derartigen Kostenübernahmserklärung preußischerseits abhängig. Ebenfalls 1859[3456] wurde zwischen Sachsen und Österreich die Reziprozität der Kostentragung für den Durchtransport festgesetzt, wonach also vom ausweisenden Staat die Kosten des Durchschubes zu bestreiten waren und die Zusicherung einer derartigen Kostenvergütung gegeben werden mußte. In diesem Sinne wurden 1861[3457] auch die bayerischen Grenzbehörden angewiesen, keinen ausländischen Staatsangehörigen zum Durchtransport an seinen Heimatstaat zu übernehmen, ehe nicht der vollständige Ersatz der Verpflegs- und Transportkosten zugesichert wurde, und auch von Seiten Österreichs wurden zum Durchtransport in die Heimatstaaten bestimmte Ausländer von den bayerischen Behörden hinkünftig nur mehr unter der Bedingung des Kostenersatzes übernommen.

Kein Ersatz als Schubkosten konnte allerdings grundsätzlich für diejenigen Verpflegungskosten beansprucht werden, die nach den Bestimmungen des Eisenacher Vertrages von 1853[3458] von den Vertragsstaaten, zu denen auch Österreich gehörte, zu bestreiten waren[3459]. In diesem Vertrag hatte sich die kontrahierenden Staaten – nämlich

---

vom 27. Jänner 1851, LGBl. Nr. 56, betreffend die mit dem Königreiche Baiern hinsichtlich der Verpflegskosten für ausweislose Staatsangehörige zu beobachtende Reciprocität.

3454 Erlaß des Ministeriums des Innern vom 30. November 1854, siehe den Erlaß der Krainer Landesregierung vom 8. Dezember 1854, LGBl. Nr. 2, betreffend die gegenseitige Aufhebung der Kosten, falls in Oesterreich für ausweislose baierische Unterthanen oder in Baiern für derartige österreichische Staatsangehörigee Kleidungsstücke beigeschafft werden müssen.

3455 Erlaß des Ministeriums des Innern vom 5. Juli 1859, Z. 8123, MAYRHOFER/PACE (wie Anm. 138) III, S. 606 f., 610, sowie etwa die Kundmachung der Statthalterei für Tirol und Vorarlberg vom 11. Juli 1859, LGBl. Nr. 52, in Betreff der Ausstellung der Schubpässe bei Schubtransporten aus Oesterreich durch Preußen; auch MASCHER (wie Anm. 56), S. 156.

3456 Siehe den Erlaß des sächsischen Staatsministeiums vom 8. Juli 1863, siehe ZVOLSKY (Anm. 1117), S. 122, MAYRHOFER/PACE (wie Anm. 138) III, S. 607 f.

3457 Erlaß des bayerischen Staatsministeriums vom 15. August 1861, Z. 15570, siehe MAYRHOFER/PACE (wie Anm. 138) III, S. 605.

3458 Siehe dazu SEYDEL (wie Anm. 106).

3459 Verordnung des Ministeriums des Innern vom 5. Jänner 1854, RGBl. Nr. 6, womit der Beitritt der kaiserlich-österreichischen Regierung zu dem, von mehreren Regierungen des deutschen Bundes am 11. Juli 1853 zu Eisenach abgeschlossenen Uebereinkommen in Betreff der Verpflegung erkrankter und Beerdigung verstorbener gegenseitiger Staatsangehörigen, nebst

die Gliedstaaten des Deutschen Bundes - verpflichtet dafür zu sorgen, „daß in ihrem Gebiete denjenigen hilfsbedürftigen Angehörigen anderer Staaten, welche der Cur und Verpflegung benöthiget sind, diese nach denselben Grundsätzen, wie bei eigenen Unterthanen bis dahin zu Theil werde, wo ihre Rückkehr in den zur Uebernahme verpflichteten Staat ohne Nachtheil für ihre oder Anderer Gesundheit geschehen kann".

B. Sonstige Maßnahmen zur Vollziehung von Ausweisungserkenntnissen

Da der Schub zumeist als entehrend und schmachvoll angesehen wurde[3460], waren die Alternativen der Abholung durch Verwandte, v.a. aber die Instradierung mittels ausgefertigter Zwangspässe bzw. gebundener Marschroute nicht nur kostengünstigere Maßnahmen, sondern auch für den Betroffenen weniger schädlich hinsichtlich seines weiteren Fortkommens. Im besonderen stellte die Frage, ob der Schub oder eine gelindere Verfügung zur Anwendung kommen sollte, aber bei den aus der Haft austretenden Sträflingen und bei gänzlich Mittellosen aus Anlaß der Einführung des Wiener Hauptschubes.

Aber schon unter Maria Theresia war festgelegt worden[3461], daß nur „wegen Diebstahls von dem Strafort tretende Delinquenten" stets mittels Schub an ihren Zuständigkeitsort zu befördern waren, und mit Hofkanzleidekret vom 27. April 1789 wurde generell angeordnet, daß die „Abschaffung mittelst Schubes" nur bei „solchen Individuen einzutreten" habe, welche „besonders gefährlich" seien, „wo dieses der Fall nicht" sei, könne sie „mittelst gebundener Marschroute" geschehen[3462]. 1816[3463] wurde diese Anordnung hinsichtlich aus der Strafanstalt entlassener Personen dahingehend präzisiert, daß die politische Behörde nur bei gefährlichen Individuen, also bei „wegen eines Verbrechens verurtheilten inländischen ... Individuen, die aus den Akten als bloße Vagabunden, herumstreichende Bettler, Müßiggänger, lüderlichen Dirnen; also Leute ohne eigentlichem Aufenthaltsorte, oder wiederholt in Diebstählen oder Betrügereien betretene Personen erscheinen", den Schub als Vollziehung des Ausweisungserkenntnisses anwenden solle, weil „bei diesen Gattungen Leuten eine andere Art, sie fortzubringen, nicht wohl zulässig" sei.

Es mußte also nicht bei allen entlassenen Sträflingen „bestimmt und unbedingt ... lediglich immer die Abschiebung vorgeschrieben" werden, vielmehr sollte die politische Behörde „bei minderjährigen Personen, deren Ältern, oder Vormünder anderswo" in der jeweiligen Provinz „oder in den Erbländern seßhaft" waren, oder bei Personen, „die

den Bestimmungen dieses Vertrages bekannt gemacht wird, siehe dazu auch die Anm. 106 und 3383.

3460 Vgl. dazu etwa S. 197, insbes. Anm. 1094, S. 393, Anm. 2119, und S. 467, Anm. 2529.

3461 Hofentschließung vom 30. Mai 1778, HERZOG (wie Anm. 143), Nr. 36, S. 61.

3462 Hofkanzleidekret vom 27. April 1789, HERZOG (wie Anm. 143), Nr. 75, S. 92, FAULLER (wie Anm. 130) I, S. 15; siehe auch ZALEISKY (wie Anm. 666) I, S. 2.

3463 Regierungsdekret vom 11. August 1816 an den Wiener Magistrat, FAULLER (wie Anm. 130) I, S. 18 ff., HERZOG (wie Anm. 143), Nr. 189, S. 178 ff.; vgl. auch das Dekret der niederösterreichischen Regierung vom 3. Juni 1817, FAULLER (wie Anm. 130) I, S. 22 ff., HERZOG (wie Anm. 143), Nr. 198, S. 197 f.

anderswo in den Erbländern selbst, oder deren Männer anderswo ihren Aufenthaltsort und Ansässigkeit" hatten, und „gegen welche außer dem Verbrechen, wegen welchem sie abgeurtheilt worden" waren, „sonst keine weitern Umstände" vorkamen, „die sie für den hiesigen Platz insbesondere gefährlich" darstellten, dafür sorgen, daß diese nach beendigter Strafzeit entweder von ihren Eltern, Vormündern, Gatten etc. „übernommen und „nach Hause geführt" wurden. Falls eine derartige Übernahme aus dem Strafhaus nicht geschah bzw. geschehen konnte, oder die betreffenden Personen bereits „großjährig und selbständig" waren und selbst die Mittel besaßen, „um nach Hause zu kehren", sollten sie mittels von der Polizeioberdirektion auszufertigender gebundener Marschroute an ihren Bestimmungsort instradiert werden. Auf diese Weise könne „derselbe Endzweck der politischen Behörde erreicht" und die „oft sogar gefährlichen, in jedem Falle aber dem in seine Heimath geschafften Individuum in seinem weitern Fortkommen allzeit schädlichen Folgen der Abschiebung" vermieden werden[3464].

Bereits 1818[3465] mußte von Seiten der niederösterreichischen Regierung allerdings nachdrücklich eingeschärft werden, die Maßnahme des Schubes „immer nur mit der größten Umsicht, nur gegen die verworfene Menschengattung, und nur dann, wenn zur Hinwegschaffung Jemandens, der hier nicht geduldet werden kann, durchaus kein anderes Mittel vorhanden ist", zur Anwendung zu bringen und „hiebei stets die strengste Gerechtigkeit vor Augen zu halten". Es hatte sich nämlich herausgestellt, daß der Wiener Magistrat unterschiedslos über „alle jene Individuen, bei deren Untersuchung vorkömmt, daß sie nicht hieher gehören", den Schub verhängte[3466]. Die niederösterreichische Regierung wies nun darauf hin[3467], daß zwar in „Ansehung der Individuen, bei denen die Abschaffung vermög des Gesetzes und als Strafe erkannt wird, ... wohl keine andere Bestimmung eintreten" könne, „allein bei denjenigen Individuen, welche entweder im Bettel betreten, und als nicht hierher gehörig entdeckt, oder die nach ausgestandener Strafe nur in Polizeihinsicht von hier hinweg in ihr Vaterland oder Geburtsort befördert werden", scheine der Magistrat „in Absicht auf ihre persönlichen Verhältnisse keinen Unterschied zu machen, sondern sie unbedingt, und ohne auf den Umstand, ob sie einige Mittel haben, oder nicht, Rücksicht zu nehmen", zum Schub zu bestimmen. Es sei zwar bei Einführung des Wiener Hauptschubes 1817 kein diesbezüglicher Unterschied gemacht, sondern allgemein verordnet worden, „alle fremde hieher nicht gehörige Bettler mit Schub weiter zu schaffen", aber „die Tendenz der Verordnung" zeige, daß es sich „hier nur um Bettler und um solche Leute handelt, welche keine Mittel in Händen haben, um sich selbst in ihren Geburtsort fortzubringen". Dem Magistrat wurde daher in Erinnerung gerufen, den Sinn der Anordnungen von 1817 „genau vor Augen zu haben, und mit aller Strenge zu wachen", daß diesen Anordnungen „keine weitere Ausdehnung gegeben werde, daß folglich nicht unbedingt gegen alle Individuen die immer mit großer Schmach verbundene Abschiebung verhänget, sondern daß diese

---

3464 Regierungsdekret vom 11. August 1816 an den Wiener Magistrat, FAULLER (wie Anm. 130) I, S. 18 ff., HERZOG (wie Anm. 143), Nr. 189, S. 178 ff.

3465 Dekret der niederösterreichischen Regierung vom 26. Februar 1818 an den Wiener Magistrat, HERZOG (wie Anm. 143), Nr. 209, S. 206.

3466 Dekret der niederösterreichischen Regierung vom 4. März 1818 an den Wiener Magistrat, HERZOG (wie Anm. 143), Nr. 211, S. 207 ff., siehe auch FAULLER (wie Anm. 130) I, S. 25

3467 Ebd.

nur gegen diejenigen in Anwendung gebracht werde, welche der Mittel und Hülfe beraubt sind, um sich bis in ihre Heimath zu verfügen". Für diese Personen bliebe allerdings „kein anderes Mittel, als der Schub übrig, um sie von hier zu entfernen".

Für die Länderstellen der Kronländer mit Ausnahme von Österreich unter Enns, dessen Regierung ja um eine restriktive Anwendung des Schubes bemüht war, wurde 1820[3468] mittels Hofkanzleidekret vorgeschrieben, „nur jene nach der Strafzeit austretende Sträflinge, In- oder Ausländer, bei denen der Urtheilsspruch ausdrücklich darauf lautet, mittelst Schub an ihre Grund- oder Geburtsobrigkeit zu befördern", alle übrigen seien „hingegen ... mittelst gebundener Marschroute von der Polizeibehörde dahin zu instradiren"[3469], wobei es stets Sache der politischen Behörde[3470] war zu beurteilen, „ob ein derlei entlassener Sträfling bloß mit gebundener Marschroute, oder, seiner Gemeinschädlichkeit wegen, mittels Schubes zu befördern sein werde"[3471].

3468 Hofkanzleidekret vom 3. Februar 1820 an sämtliche Länderstellen mit Ausnahme von Niederösterreich, HERZOG (wie Anm. 143), Nr. 237, S. 233; siehe auch FAULLER (wie Anm. 130) IV, S. 84.

3469 Auf Anfrage, ob dieses Hofkanzleidekret auch für die auf dem Brünner Spielberg inhaftierten Sträflinge gelten solle, wurde mitgeteilt, daß auch die „aus der Provinz Mähren und Schlesien gebürtigen spielberger Sträflinge, die ihre Strafzeit ausgestanden haben, ohne Anstand mit gebundenen Marschrouten an ihre Heimat abgefertiget werden können, und daß die aus andern Provinzen gebürtigen Sträflinge mit den üblichen Auskunftslisten an die k. Polizeidirektion abzugeben sind, deren Sache es ist, die Art ihrer Absendung nach Umständen und in nöthigen Fällen der wirklichen Abschiebung im Wege des Einverständnisses mit dem brünner k. Kreisamte zu bestimmen", siehe das Hofkanzleidekret vom 30. März 1820, bzw. das Gubernial-Intimat an die k.k. Appellation, die brünner Polizeidirektion, das brünner Kreisamt und Spielbergs-Strafhaus-Vorsteher vom 14. April 1820, HERZOG (wie Anm. 143), Nr. 239, S. 234 f.

3470 Mit Hofkanzleidekret vom 17. Februar 1821, Justizhofdekret vom 2. März 1821 an sämtliche Länderstellen und Appellationsgerichte, Regierungsverordnung vom 9. März 1821 an die Kreisämter, den Magistrat und die Verwaltung des Provinzialstrafhauses in Wien, HERZOG (wie Anm. 143), Nr. 255, S. 249 ff., wurde daher angeordnet, daß die „Strafhaus-Verwaltungen anzuweisen seien, wenn ihnen Criminalurtheile zukommen sollten, worin von der einstweiligen Abschiebung des Sträflings nach ausgestandener Strafe Erwähnung geschieht, dergleichen Urtheile der Landesstelle vorzulegen, die hievon dem betreffenden Appellationsgerichte zur Hintanweisung eines solchen Unfugs die Eröffnung zu machen habe". In Wien hatte dementsprechend der politische Senat des Magistrats darüber zu entscheiden, ob und wie ein Criminalsträfling aus Polizeirücksichten ausgewiesen werden sollte. Ebenso sollten die Kreisämter diejenigen Magistrate und Herrschaften, die als Landgerichte zugleich die Kriminalgerichtsbarkeit ausübten, anweisen, „nur in der Eigenschaft als politische Ortsobrigkeiten insbesondere darüber zu entscheiden ..., was nach ausgestandener Strafe allenfalls mit einem Sträflinge geschehen soll", also ob er überhaupt ausgewiesen werden sollte und wohin sowie für diesen Fall, ob er dorthin frei entlassen oder mit gebundener Marschroute bzw. Schub dorthin befördert werden sollte."

3471 Hofkanzleidekret vom 10. November 1820 an sämtliche Länderstellen, BORSCHITZKY (wie Anm. 557), S. 69 f., Prov. GSlg. NÖ II (1820), Nr. 299, S. 743 f., HERZOG (wie Anm. 143), Nr. 251, S. 245. Zum Zwecke dieser Entscheidung war dem zuständigen Kreisamt die Auskunftstabelle des Sträflings zu übersenden, und dieses entschied dann, „ob die eine oder die andere Art der Entlassung" stattfinden sollte und teilte seinen Beschuß der Strafhausverwaltung und der Ortsobrigkeit des zu Entlassenden unter Beischluß der Notiztabelle mit. In

1821[3472] schärfte jedenfalls ein Hofkanzleidekret nachdrücklich ein, daß die „unbedingte Abschiebung eines Sträflings nach ausgestandener Strafe in politischer Hinsicht mit dem Zwecke der Staatsverwaltung, den sie bei der Bestrafung der Verbrecher beabsichtigt, nämlich sie zu bessern, und ihnen den lebhaften Vorsatz zu erwecken, nach ihrem Austritte aus der Strafe als rechtliche Menschen sich künftig ihr Brot in jeder erlaubten Art zu verdienen, nicht wohl vereinbarlich" sei. Schon gar nicht könne der Schub „mit der von der Staatsgewalt gewünschten Absicht, daß den aus der Strafe tretenden Individuen die Mittel, sich auf ehrliche Art fortzubringen, nicht erschwert werden sollen", in Verbindung gebracht werden, „denn da sie bei der Abschiebung nothwendig gleich nach dem Austritte aus der Strafe wieder von Arrest zu Arrest bei den Schubstationen in Begleitung von Wachmännern oder Gerichtsdienern fortgeschaffet, und so öffentlich gebrandmarkt in ihrem Geburtsorte oder in dem Aufenthaltsorte ihrer Ältern, Gatten, Kinder, Verwandten u. dgl. ankommen, so wird ihnen dadurch natürlich die Ausführung jener durch die Strafe bezweckten und oft erwirkten guten Vorsätze für das künftige Leben, und die Antretung eines ehrlichen Gewerbes gleich bei den ersten Schritten nach ihrer Entlassung wenigstens unendlich erschweret, wo nicht gar gewissermaßen unmöglich gemacht". Da der unbedingte Schub nach beendeter Strafzeit in keinem Gesetz vorgesehen und durch die ausgestandene Strafe das begangene Verbrechen „getilgt" sei, dürfe auf diese Weise nicht eine „neue Bestrafung" über den Entlassenen verhängt werden. Trotzdem mußte die Befolgung dieser Vorschriften im Vormärz von den Länderstellen „zur Schonung" der „Ehre" von Sträflingen und zwecks „Beförderung ihres Fortkommens, wo es nur immer thunlich" war, weiterhin eingeschärft werden[3473].

Die Schubvorschriften des Neoabsolutismus faßten schließlich die bisherigen Vorschriften bezüglich der Hinwegweisung mittels gebundener Marschroute zwecks Erinnerung der Behörden zusammen. So sahen etwa die provisorische ungarische Schubord-

---

beiden Fällen also, ohne Unterschied, ob für gebundene Marschroute oder Schub entschieden wurde, war die Obrigkeit, wohin der Sträfling gelangen sollte, drei Wochen vorher unter Mitteilung der vorgeschriebenen „Notiz-Tabelle" hievon zu verständigen, siehe auch das Hofkanzleidekret vom 30. März 1820, bzw. das Gubernial-Intimat an die k.k. Appellation, die brünner Polizeidirektion, das brünner Kreisamt und Spielbergs-Strafhaus-Vorsteher vom 14. April 1820, HERZOG (wie Anm. 143), Nr. 239, S. 234 f. Siehe zu den Auskunftstabellen das Hofkanzleidekret vom 5. November 1821 an sämtliche Länderstellen, HERZOG (wie Anm. 143), Nr. 265, S. 259 ff.

3472 Hofkanzleidekret vom 17. Februar 1821, Justizhofdekret vom 2. März 1821 an sämtliche Länderstellen und Appellationsgerichte, Regierungsverordnung vom 9. März 1821 an die Kreisämter, den Magistrat und die Verwaltung des Provinzialstrafhauses in Wien, HERZOG (wie Anm. 143), Nr. 255, S. 249 ff.

3473 So das Dekret der niederösterreichischen Regierung vom 10. Jänner 1827 an den Wiener Magistrat, ZALEISKY (wie Anm. 666) III, S. 98, HERZOG (wie Anm. 143), Nr. 339, S. 345; Erlaß der oberösterreichischen Statthalterei vom 22. August 1857, LGBl. II Nr. 13, betreffend die Regelung des Schubwesens, ZALEISKY (wie Anm. 666) 2. Nachtrag, S. 172, ASTL (wie Anm. 2832) IV, S. 2899, das anordnete, Sträflinge, die „vorher einen unbescholtenen Lebenswandel geführt, sich während der Untersuchung ruhig, still und ordentlich betragen haben, und Mittel zur Gelangung in ihre Heimat besitzen", nicht mittels Schubes, sondern „in einer andern Art weg zu befördern".

nung von 1851[3474] und die oberösterreichische Schubordnung von 1857[3475] fast wortgleich vor, daß nur „Vagabunden, Müßiggänger, Bettler, verdächtige, paßlose oder bestimmungslose Individuen, die keinen ehrlichen Erwerb nachweisen können, dann solche, die durch liederlichen oder unsittlichen Wandel Anstoß erregen, und der ämtlichen Weisung zur Abreise von einem bestimmten Platze nicht Folge leisten, oder sich eine eigenmächtige Abweichung von der vorgezeichneten bestimmten Marsch-Route (Zwangspaß)" erlaubten, sowie „entlassene Sträflinge, die in Sicherheitsbeziehung bedenklich" erschienen und der vorigen Kategorie angehörten, mittels Schub zu entfernen seien[3476]. In allen anderen Fällen waren die Ausgewiesenen „ihren Verwandten oder Vormündern zu übergeben, oder wenn dieses nicht geschehen" konnte, und sie „die Mittel haben, um nach Hause zu kehren, mittelst auszufertigender Reise-Urkunden oder der Zwangspässe in ihre Heimat zu instradieren"[3477].

Auch die niederösterreichischen Schubvorschriften von 1851/52[3478] sahen weiterhin vor, daß die „für den Betreffenden immerhin mit großen Nachtheilen verbundene Abschiebung nur jenenfalls zu verfügen" sei, wenn „die Ausfertigung einer gebundenen Marschroute offenbar ohne Erfolg wäre, oder schon einmal ohne Erfolg geblieben" war. Die zwangsweise Entfernung eines Ausgewiesenen erfolgte also nach der niederösterreichischen provisorischen Schubordnung weiterhin entweder durch „Hinwegweisung mit gebundener Marschroute (Zwangspaß)" oder durch „förmliche Abschiebung", wobei die „Heimweisung" mit gebundener Marschroute bei all denjenigen Personen in Anwendung zu kommen hatte, welche mit den erforderlichen Reisemitteln versehen waren, „insofern nicht besondere Bedenken obwalten", während der Schub grundsätzlich nur „gegen gänzlich subsistenzlose oder doch des nöthigen Reisegeldes entbehrende und gegen solche Individuen einzuleiten" war, deren „höhere Gefährlichkeit auch größere Vorsicht nothwendig" machte[3479]. Für die Steiermark beschränkte eine Statthalte-

---

3474 Kundmachung des interimistischen Chefs der ungarischen Statthalterei vom 20. März 1851, LGBl. Nr. 79, womit die provisorische Norm über das Schubwesen im Kronlande Ungarn kundgemacht wird, ZALEISKY (wie Anm. 666) III, S. 112.

3475 Erlaß der oberösterreichischen Statthalterei vom 22. August 1857, LGBl. II Nr. 13, betreffend die Regelung des Schubwesens, ZALEISKY (wie Anm. 666) 2. Nachtrag, S. 172, ASTL (wie Anm. 2832) IV, S. 2892.

3476 So die Kundmachung des interimistischen Chefs der ungarischen Statthalterei vom 20. März 1851, LGBl. Nr. 79, womit die provisorische Norm über das Schubwesen im Kronlande Ungarn kundgemacht wird, ZALEISKY (wie Anm. 666) III, S. 112. Darüber hinaus waren nach beiden Schubordnungen auch „Individuen, welche von irgend einer Untersuchungs- oder Strafbehörde zur zwangsweisen Einlieferung requirirt sind", per Schub zu befördern.

3477 Erlaß der oberösterreichischen Statthalterei vom 22. August 1857, LGBl. II Nr. 13, betreffend die Regelung des Schubwesens, ZALEISKY (wie Anm. 666) 2. Nachtrag, S. 172, ASTL (wie Anm. 2832) IV, S. 2892.

3478 Erlaß des Statthalters von Niederösterreich vom 8. Mai 1851, LGBl. Nr. 237, an die Bezirkshauptmannschaften, über die provisorische Regelung des Schubwesens, ZALEISKY (wie Anm. 666) III, S. 116; siehe auch das Dekret der Wiener Stadthauptmannschaft vom 30. Jänner 1852, ZALEISKY (wie Anm. 666) III, S. 122.

3479 Dekret der niederösterreichischen Statthalterei vom 20. Juni 1851, ASTL (wie Anm. 2832) I, S. 226 f., ZALEISKY (wie Anm. 666) I, S. 121 f.

reiverordnung von 1863[3480] die Anwendung des Schubes dahingehend, daß „die wegen ihrer durch längere Zeit andauernden Erwerbslosigkeit, oder wegen mangelnden legalen Ausweises, sowie wegen Bettels aufgegriffenen Individuen ... in der Regel mittels Zwangspasses und nur dann ausnahmsweise mittelst Schubes abzuschaffen" seien, „wenn diese wegen wichtiger polizeilicher Rücksichten nothwendig" erschien.

Daß der Schub freilich auch in Österreich unter der Enns weiterhin in der Praxis eine ausgedehntere Anwendung fand, zeigt etwa ein Dekret der Wiener Polizeidirektion des Jahres 1852[3481], nach dem die Abgeschafften in der Regel auch mit dem Schube zu entfernen und „zu diesem Behufe in das hierortige Gefangenenhaus abzugeben" waren. Daher hatten die Bezirkskommissariate auch die Abschaffungen nicht mehr „selbständig vorzunehmen", sondern der „allfällige Antrag auf Abschaffung" war „unter Einem mit jenem auf Abschiebung in dem bezüglichen Schubreferate zu stellen". Sollte der „Ausnahmsfall" eintreten, daß „ein Individuum abgeschafft, aber sohin nicht abgeschoben, sondern in einem andern Wege, z.B. mit gebundener Marschroute, zwangsweise entfernt werden" sollte, so war der „diesfällige Antrag in einem besonderen Referate kurz und bündig zu motiviren". Darüber hinaus hielt die Polizeidirektion 1855[3482] fest, daß „da, wo es sich um die beständige Abschaffung handelt, wohl meist auch die Abschiebung des Individuums geboten sei". Daher könne dessen Entfernung mittels gebundener Marschroute wohl „nur als seltene Ausnahme in Anwendung gebracht werden".

Kam es jedoch zur Entfernung einer ausgewiesenen Person mittels Zwangspaß, so wurde in der Steiermark und in Österreich ob der Enns 1863 bzw. 1864[3483] angeordnet, daß diesen „Individuen im Falle ihrer gänzlichen Mittellosigkeit in den Schubstationen die Kost und beziehungsweise auch die Nachtherberge, wenn sie am selben Tage eine weitere Schubstation nicht mehr zu erreichen vermögen, gleich den Schüblingen verabfolgt" und der finanzielle Aufwand hiefür „in die Schubrechnungen eingestellt werden" sollte. In den Zwangspässen waren daher hinkünftig – „wenn gleich das Endziel der Bestimmung darin ausgedrückt sein" mußte – auch die Schubstationen genau vorzuschreiben, welche die Weggewiesenen zu passieren hatten und „wo ihnen „die Beköstigung und rücksichtlich das Nachtlager zu verabreichen" war. Außerdem durfte die „Instradirung nie auf zu weite Distanzen, sondern in der Regel nur bis zu dem Orte des nächsten Bezirksamtssitzes" ausgedehnt werden. Inwiefern bei „Individuen", die nicht „verdächtig" waren und aus eigenen Mitteln sich verpflegen und für die Unterkunft während des Marsches sorgen konnten, „eine Ausnahme von dieser Vorschrift zu machen"

3480 Verordnung der steiermärkischen Statthalterei vom 1. August 1863, LGBl. Nr. 4, die Regulirung des Schubwesens betreffend.

3481 Dekret der Polizeidirektion in Wien vom 8. Juli 1852, ZALEISKY (wie Anm. 666) III, S. 694 f., ASTL (wie Anm. 2832) I, S. 18; siehe dazu auch S. 199.

3482 Dekret der Polizeidirektion in Wien vom 14. Juni 1855, ZALEISKY (wie Anm. 666) Nachtrag, S. 2.

3483 Verordnung der Statthalterei vom 2. Oktober 1863, LGBl. Nr. 5, an die Polizeidirektion, sämtliche Bezirksämter und den Stadtmagistrat Graz, betreffend die Behandlung der mit Zwangspaß abgeschafften Individuen; Erlaß der Statthalterei für Oesterreich ob der Enns vom 30. September 1864, LGBl. Nr. 13, wegen Verabfolgung der Verpflegung in den Schubstationen an mit Zwangspaß weggewiesene mittellose Individuen.

war, blieb dem Ermessen der Schubbehörden überlassen. Der Ersatz des Reisegeldes zu Lasten des Landesfonds war jedoch bei derartigen Instradierungen generell ausgeschlossen.

Nachdem das Abgeordnetenhaus des Reichsrates 1868 eine Aufforderung an die Regierung beschlossen hatte[3484], die Regelung des Schubwesens durch eine neue Schubordnung im Wege der Gesetzgebung zu veranlassen und unter die leitenden Grundsätze derselben aufzunehmen, daß jede Abschiebung so lange zu vermeiden sei, als der Zweck derselben durch die Erteilung eines Zwangspasses (gebundene Marschroute) erreicht werden könne, wies schließlich das Ministerium des Innern die nachgeordneten Behörden an[3485], genau darauf zu achten, daß bei sonstiger Kostentragung die Verhängung des Schubes hinkünftig ausschließlich nach diesem Grundsatz zu erfolgen habe.

C. *Evidenzhaltung ausgewiesener Ausländer*

Bereits im niederösterreichischen Schubpatent von 1724[3486] wurde „für das Künftige allen und jeden Land-Gerichten eine gedruckte, und nach der Ordnung des Alphabets eingerichtete Beschreibung aller zum Lande hinaus geschobener Personen" vorgeschrieben, damit diese „im Fall ihrer Rückkehrung, desto leichter entdecket, und zur gebührenden Bestrafung gezogen werden mögen". Darüber hinaus hatte sodann die Constitutio Criminalis Theresiana[3487] angeordnet, daß von den „nachgesetzten" Landgerichten jedesmal eine ausführliche Personenbeschreibung der landesverwiesenen Ausländer an das Obergericht zur weiteren Kundmachung im Land einzusenden war, welches diese samt dem Urteil an die politische Landesstelle weiterzuleiten hatte. 1808[3488] wurde schließlich, um „eine genaue Kenntniß fürohin aller der, auch in Folge etwa einer Polizeiübertretung, oder eines Verbrechens ... von den Ortsgerichten, Landgerichten u.s.w. außer Landes abgeschafften Fremden" zu erhalten, auch die Evidenzhaltung der ausgewiesenen Ausländer neu geregelt.

Die Kriminalgerichte (Landgerichte), Magistrate und Ortsgerichte waren nun unter Androhung einer Geldstrafe verpflichtet, ab 1. Oktober 1808 vierteljährlich Ver-

3484 Siehe dazu S. 206 f.

3485 Erlaß des Ministeriums des Innern vom 23. Juni 1868, Z. 1339, siehe PRUCHA (wie Anm. 1207), S. 229, Anm. 1; siehe auch etwa die Verordnung der Tiroler Statthalterei vom 5. Juli 1868, LGBl. Nr. 26, betreffend die Verhängung und Ausführung des Schubes.

3486 Patent für Österreich unter der Enns vom 13. April 1724 („Visitations-Schub, und Versorgung der Armen"), CA IV, S. 177, HERZOG (wie Anm. 143), Nr. 1, S. 3.

3487 Art. 6 § 14 (4) CCT.

3488 Hofdekret vom 9., niederösterreichische Appellationsverordnung vom 26. September 1808, BLUMENTRITT (wie Anm. 557), Nr. 95, S. 76, BORSCHITZKY (wie Anm. 557), S. 59, mit Formular auf S. 61, KANKA (wie Anm. 589) I, S. 82 f., HERZOG (wie Anm. 143), Nr. 163, S. 153, JGS Nr. 858, FAULLER (wie Anm. 130) I, S. 13, J. E. WASER, Das Strafgesetz über Verbrechen sammt den dazu gehörigen Verordnungen, Wien 1839, S. 65; siehe auch das Circular vom 20. September 1808, BARTH-BARTENHEIM (wie Anm. 588) I, S. 79 f.; siehe weiters die in Ausführung ergangene innerösterreichische Appellationsverordnung vom 26. September 1808, bei Joseph Carl von WAGERSBACH, Handbuch für Kriminalrichter Bezirksobrigkeiten und jene, so sich zum Kriminalrichteramte vorbereiten, I, Grätz 1812, S. 69.

zeichnisse über die von denselben wegen Verbrechen des Landes verwiesenen oder wegen schwerer Polizeiübertretungen außer Landes geschafften Fremden[3489] dem jeweiligen Appellationsgericht[3490] vorzulegen, welches seinerseits diese Tabellen an die Oberste Justizstelle zum Gebrauch der Polizeihofstelle weiterzuleiten hatte, damit diese stets eine genaue Kenntnis aller abgeschafften Fremden habe. Diese Tabellen sollten folgende Eintragungen enthalten: Vor- und Zunamen, Geburtsort und -land, Alter, Nahrungserwerb, Religion, Familienstand, Ursache der Abschaffung, Behörde, Tag der Abschaffung und wohin, sowie eine kurze Personenbeschreibung[3491]. In Wien hatte überdies die sogenannte Fremdenkommission vierteljährlich ein „besonderes alphabetisches Verzeichnis" der Ausgewiesenen zu verfassen und der Hofstelle vorzulegen[3492].

Da die der Polizeihofstelle abgelieferten Verzeichnisse „großentheils mangelhaft, und die Rubriken nicht durchgehends gehörig, und öfters ungleich ausgefüllt" waren, wurde, um die nötige Vollständigkeit und Gleichförmigkeit zu gewährleisten, 1809[3493] ein neues Formular als allgemein verbindliche Richtschnur zur Abfassung der Tabellen vorgeschrieben. Hinkünftig sollten nun auch nicht mehr nur die landesverwiesenen und wegen schwerer Polizeiübertretungen abgeschafften, sondern auch die aus bloß polizeilichen Rücksichten ausgewiesenen Fremden in die Evidenzverzeichnisse aufgenommen werden[3494]. Außerdem wurde 1818[3495] angeordnet, daß die Verzeichnisse über die

---

3489 Da in diese Tabellen auch öfters Handwerksburschen aufgenommen wurden, „die bloß deßwegen, weil sie keinen Paß hatten, abgeschafft worden" waren, wurden die Kreisämter mit Verordnung vom 18. Jänner 1812, KANKA (wie Anm. 589) I, S. 268, belehrt, daß zwar derjenige Handwerksbursche, der „weder Paß noch Kundschaft" hatte, als „verdächtiger Vagabund" mit Recht in das Verzeichnis der Abgeschafften aufgenommen werden sollte, nicht aber derjenige, der eine „Kundschaft" aber keinen Paß hatte; vgl. zur Ausweispflicht der Handwerksburschen S. 629.

3490 Nach der Note des böhmischen Appellationsobergerichts vom 18. Jänner 1809, KANKA (wie Anm. 589) I, S. 266 ff., sollten zur „Vermeidung der damit verbundenen Weitläuftigkeit" die Kriminalgerichte, Magistrate und Ortsgerichte die „Quartalstabellen in Betreff der bloß wegen Verbrechen nach überstandener Strafe außer Land geschafften Fremden nicht unmittelbar an dieses Obergericht einsenden, sondern jederzeit von Quartal zu Quartal nur bei dem k.k. Kreisamte abgeben". Dieses sollte dann all diejenigen Quartalstabellen der im Kreise befindlichen Untergerichte, „in welchen derlei außer Landes geschaffte Fremde vorkommen", gesammelt an das Appellationsgericht einsenden und „in Ansehung der Untergerichte, wo kein solcher Fall eingetreten ist", Leermeldung erstatten.

3491 Die Aufnahme der „Personsbeschreibung" wurde auch angeordnet mit dem Justizhofdekret vom 21. Oktober 1815, JGS Nr. 1182, WASER (wie Anm. 3488), S. 374, KANKA (wie Anm. 589) I, S. 269 f., und der Präsidialverordnung vom 24. Oktober 1815, BORSCHITZKY (wie Anm. 557), S. 63 f., siehe auch FAULLER (wie Anm. 130) I, S. 14.

3492 Amtsunterricht für die Fremden-Commission der Polizeioberdirektion vom 18. Oktober 1810, FAULLER (wie Anm. 130) I, S. 14, 483 f.

3493 Justizhofdekret vom 20. Jänner 1809 an sämtliche Appellationsgerichte, BLUMENTRITT (wie Anm. 557), Nr. 47, S. 30, Nr. 96, S. 76 f., KANKA (wie Anm. 589) I, S. 83, mit Tabelle auf S. 84 bzw. 266 f.; vgl. auch BARTH-BARTENHEIM (wie Anm. 588) I, S. 79 f.

3494 Präsidialverordnung vom 24. Oktober 1815, BORSCHITZKY (wie Anm. 557), S. 63 f.; Hofdekret vom 30. Oktober 1818 an sämtliche Appellations-Gerichte, über Note der Polizey-Hofstelle vom 20. Oktober 1818, JGS Nr. 1514, WASER (wie Anm. 3488), S. 375, BLUMENin das Ausland abgeschobenen Personen nicht mehr vierteljährlich, sondern vielmehr monatlich in Druck gelegt und an sämtliche Polizeibehörden in den Provinzen versendet werden sollten. Das Appellationsgericht hatte hinkünftig von Fall zu Fall die betreffende Landesstelle von der Verweisung von Fremden in Kenntnis zu setzen, die Landesstelle wiederum sollte jeden dieser Fälle sogleich der Polizeihofstelle anzeigen. Die Kreisämter wurden 1819[3496] überdies angewiesen, den politischen Obrigkeiten aufzutragen, daß auch diese jede von ihnen veranlaßte Abschaffung eines Fremden aus den Erbländern immer sofort dem Kreisamt anzuzeigen hatten, welches dann diese Anzeigen „ungesäumt" dem Regierungspräsidium vorlegen sollte.

Im Juli 1850 ordnete schließlich das Justizministerium[3497] an, daß, um „den Aufsichtsbehörden die nothwendige Kenntniß und Uebersicht der aus den kaiserlichen Staaten abgeschafften oder verwiesenen Ausländer zu erleichtern und eine größere Gleichförmigkeit, Vollständigkeit und möglichst beschleunigte Verbreitung der in dieser Beziehung eingeführten Verzeichnisse ... zu erzielen", jede durch ein gerichtliches Urteil ausgesprochene Landesverweisung wegen eines Verbrechens oder Abschaffung aus sämtlichen Kronländern wegen eines Vergehens oder einer Übertretung oder in jenen Kronländern, wo die provisorische Strafprozeßordnung vom 17. Jänner 1850 noch nicht in Wirksamkeit war, wegen einer schweren Polizeiübertretung von Fall zu Fall dem Statthalter oder Landeschef anzuzeigen sei. Diese Anzeige war an den Landesgerichten und Bezirkskollegialgerichten von den Staatsanwälten, sonst von den „Bezirkseinzelnrichtern", und zwar innerhalb von drei Tagen nach Rechtskraft des Urteils, vorzunehmen. In den Kronländern, wo die neue Gerichtsorganisation zu diesem Zeitpunkt noch nicht eingeführt war, sollten die „Gerichtsbehörden selbst unmittelbar" an den Statthalter oder Landeschef diese Meldungen erstatten. Allfällige in den Jahren 1848 und 1849 verfügte Landesverweisungen oder Abschaffungen waren unverzüglich nachzumelden. Im Gegenzug sollten die Justizbehörden von den Statthaltern bzw. Landeschefs die von der Stadthauptmannschaft in Wien monatlich in Druck zu legenden Hauptverzeichnisse der Landesverwiesenen und Abgeschafften sowie das am Jahresende zu erstellende alphabetische Namensregister „in kürzester Zeitfrist" zugestellt bekommen.

TRITT (wie Anm. 557), Nr. 49, S. 31 f., KANKA (wie Anm. 589) I, S. 87 f., siehe auch ZALEISKY (wie Anm. 666) I, S. 693.

3495 Hofdekret vom 30. Oktober 1818 an sämtliche Appellations-Gerichte, über Note der Polizey-Hofstelle vom 20. Oktober 1818, JGS Nr. 1514, WASER (wie Anm. 3488), S. 375, BLUMENTRITT (wie Anm. 557), Nr. 49, S. 31 f., KANKA (wie Anm. 589) I, S. 87 f., siehe auch ZALEISKY (wie Anm. 666) I, S. 693.

3496 Niederösterreichische Regierungspräsidialverordnung vom 21. Jänner 1819, BLUMENTRITT (wie Anm. 557), S. 32, KANKA (wie Anm. 589) I, S. 88, BORSCHITZKY (wie Anm. 557), S. 67 f.

3497 Erlaß des Justizministeriums vom 26. Juli 1850, RGBl. Nr. 306, giltig für alle Kronländer, in welchen das Strafgesetzbuch vom Jahre 1803 in Wirksamkeit ist, in Betreff der von den Gerichtsbehörden und Staatsanwaltschaften zu erstattenden Anzeigen über die aus den k.k. Staaten abgeschafften oder verwiesenen Ausländer. Dem Erlaß ist ein für diese Anzeigen zu verwendendes Formular beigefügt; siehe auch den Erlaß des Ministeriums des Innern vom 16. Juli 1850, ZALEISKY (wie Anm. 666) I, S. 694 f., und das Formular für die Anzeigen der Landesverwiesenen bzw. aus allen Erbländern Abgeschafften, ebd., S. 696.

In weiterer Folge sah die Strafprozeßordnung von 1853[3498] vor, daß von der Staatsanwaltschaft Anzeige an den Landeschef desjenigen Landes, in dem das Strafgericht gelegen war, erstattet werden sollte, wenn in einem Urteil Landesverweisung oder Abschaffung aus einem cisleithanischen Kronland oder aus allen im Reichsrat vertretenen Königreichen und Ländern ausgesprochen wurde. Bezog sich die Abschaffung hingegen nur auf einen einzigen Ort oder Bezirk, so waren bloß die unterste politische und die Sicherheitsbehörde davon zu verständigen. Mit Inkraftsetzung des Strafgesetzes im ganzen Umfang der Monarchie (mit Ausnahme der Militärgrenze) wurden diese Vorschriften durch Verordnung des Chefs der obersten Polizeibehörde vom 27. Jänner 1853[3499] näher ausgeführt und auf die Abschaffungen durch die politische Behörde ausgedehnt, da es „die Aufgabe der Staatspolizei" war, „für eine genaue Evidenzhaltung aller vorkommenden Landesverweisungen oder Abschaffungen zu sorgen, und hiedurch eine genügende Basis für die Ueberwachungen zu gewinnen", um zu verhindern, daß derartige Personen wieder zurückkehrten. Das Gericht oder die politische Behörde, welche die Landesverweisung bzw. Abschaffung angeordnet hatte, sollte wie bisher „ungesäumt die Anzeige an den politischen Chef jenes Kronlandes", in welchem die Ausweisung stattfinden sollte, erstatten[3500]. Der Landeschef hatte nun aber nicht mehr nur monatlich alle in seinem Kronland vorgekommenen Ausweisungen an die oberste Polizeibehörde zu berichten – die ihrerseits seit Beginn des Jahres 1853 die monatlichen Hauptverzeichnisse und den alphabetischen Jahresindex zu erstellen hatte, welche im Wege des Landeschefs wiederum „ohne Verzug" an die Aufsichtsorgane zu übermitteln waren[3501] –, sondern er war nunmehr auch verpflichtet, von „jeder eingelangten Anzeige die sämmtlichen Aufsichtsbehörden und Organe des Kronlandes, dem er vorsteht, sogleich in Kenntniß zu setzen, damit die Rückkehr des Landesverwiesenen oder Abgeschafften durch ihre Ueberwachung verhindert werde".

1854[3502] wurde die Evidenzhaltung dahingehend verändert, daß die bisherigen, von der obersten Polizeibehörde ausgegebenen Monatsverzeichnisse durch eine Veröffentlichung aller seit dem 1. Jänner 1854 Landesverwiesenen bzw. Abgeschafften im neu ge-

---

3498 § 326 des kaiserlichen Patentes vom 29. Juli 1853, RGBl. Nr. 151, womit für den ganzen Umfang des Reiches, mit Ausnahme der Militärgränze, eine neue Strafproceß-Ordnung erlassen, und bestimmt wird, daß der Tag, an welchem dieselbe in den einzelnen Kronländern in Wirksamkeit zu treten hat, nachträglich festgesetzt werden wird.

3499 Verordnung des Chefs der obersten Polizeibehörde vom 27. Jänner 1853, RGBl Nr. 46, in Betreff der Evidenzhaltung und Überwachung der aus Österreich landesverwiesenen oder abgeschafften Ausländer.

3500 Ein Formular für den Ausweis über die im jeweiligen Kronland jeweils monatlich landesverwiesenen oder abgeschafften Ausländer ist als Anhang der Verordnung im Reichsgesetzblatt abgedruckt.

3501 Die politischen, Polizei- und Grenzbehörden ihrerseits hatten aus den monatlichen Hauptverzeichnissen einen Index „zur Erleichterung des Gebrauchs" abzufassen und zur Überwachung bzw. Abhaltung von Revertenten „sorgfältig zu benützen". Die Gendarmerie erhielt nunmehr die Verzeichnisse über das Landesgendarmeriekommando, die k.k. Missionen über das Ministerium des Äußern.

3502 Verordnung der obersten Polizeibehörde vom 20. Februar 1854, RGBl. Nr. 49, giltig für alle Kronländern, wodurch die bisherige Art der Evidenzhaltung der landesverwiesenen oder abgeschafften Ausländer abgeändert wird.

gründeten Central-Polizei-Blatt abgelöst wurde[3503]. Die Strafgerichte bzw. politischen Behörden wurden verpflichtet, die Meldungen über die Landesverweisungen bzw. Abschaffungen noch am Tag der diesbezüglichen Verfügung der obersten Polizeibehörde mitzuteilen[3504]. Im Gegenzug wurde diesen und weiteren Behörden[3505] wiederum sofort mit Erscheinen des Central-Polizei-Blattes die erstellten Verzeichnisse zugesendet, „damit alle berufenen Behörden und öffentlichen Organe hierdurch in die Lage gesetzt werden, die nöthige Ueberwachung eintreten zu lassen, um hierdurch die Rückkehr verwiesener oder abgeschaffter Ausländer zu hindern".

2. Die Ära des Reichsschubgesetzes

Wie bereits bei der Entstehungsgeschichte des Schubkosten- und Reichsschubgesetzes ausgeführt[3506], lag die Motivation des Reichsrates für die Neugestaltung des Schubwesens nach 1867 nicht nur allgemein in einer Harmonisierung der teilweise sehr verschiedenen und in zahllosen Einzelbestimmungen niedergelegten Schubbestimmungen sowie der Anpassung des bestehenden Schubwesens an die Bestimmungen der Staatsgrundgesetze, sondern es sollte insbesondere die Kostentragungsfrage einer einheitlichen Neuregelung zugeführt, die Schubbeförderung in stärkerem Ausmaße als bisher zugunsten der Instradierung mittels Zwangspasses eingeschränkt sowie der Eisenbahntransport noch stärker anstelle des von den Gemeinden beizustellenden Vorspannes[3507] beim Zwangstransport eingesetzt werden, welche Maßnahmen ihrerseits wiederum eine Kostenverminderung bezweckten. Bereits 1868 konnte das Schubkostengesetz[3508] vom Reichsrat beschlossen werden, das in weiterer Folge inhaltlich im Reichsschubgesetz aufging[3509] und mit dem Zeitpunkt von dessen Inkraftsetzung außer Kraft trat. Abgese-

3503 Diese Veröffentlichung erfolgte „von Zeit zu Zeit" im Wege einer Beilage und zusätzlich „zur leichteren Uebersicht" halbjährlich.

3504 Das Formular zur „Anzeige der über landesverwiesene oder abgeschaffte Ausländer" an das Redaktionsbüro der Obersten Justizstelle ist im RGBl. abgedruckt. Auszufüllen war eine Tabelle, die folgende Rubriken enthielt: „Vor- und Geschlechtsname; Charakter, Stand, Gewerbe oder sonstige Nahrungsart; Geburtsort, Vaterland, letzte Zuständigkeit; Religion; Alter; ledig oder verheiratet; Ursache der Landesverweisung oder Abschaffung; Behörde, welche die Landesverweisung oder Abschaffung verfügt; Tag der Landesverweisung oder Abschaffung und wohin (also an welches Nachbarland er abgeschoben wurde); Personsbeschreibung (Gestalt, Gesicht, Haare, besondere Kennzeichen), Anmerkung".

3505 Der Verteilungsschlüssel war nach der ausdrücklichen Bestimmung des Erlasses: „sämtliche Zivil- und Militärgerichtsbehörden, alle Staatsanwaltschaften, alle politischen und Polizeibehörden des ganzen Reiches, das Militär-Polizeiwach-Corps, die Gendarmerie, alle Hafen-, Sanitäts- und Grenzzollämter und die mit der Grenzaufsicht betrauten Finanzorgane, alle österreichischen Missionen im Ausland, die Gemeinden, die das Central-Polizei-Blatt beziehen".

3506 Siehe dazu S. 204 ff.

3507 Siehe etwa die Kundmachung des Statthalters in Böhmen vom 25. Mai 1873, LGBl. Nr. 38, betreffend die Regelung des Verfahrens in Vorspanns-Angelegenheiten durch die mit dem königlichen böhmischen Landesausschusse vereinbarte Instruction.

3508 Gesetz vom 12. Mai 1868, RGBl. Nr. 41, in Betreff der Auslagen der Schüblinge.

3509 Siehe dazu Anm. 3765.

hen von den Bestimmungen über die Kosten und die finanzielle Gebarung fand allerdings auch 1871 keine tiefgreifende Reform des Schubwesens statt, so daß auf der Ebene der Ausführungsgesetzgebung die meisten vor dem Reichsschubgesetz erlassenen Bestimmungen auch in die Spezialverordnungen der Länder nach 1871 nur geringfügig modifiziert inhaltlich einflossen[3510].

Wie schon an anderer Stelle dargestellt[3511], wurden in weiterer Folge die Bestimmungen des Reichsschubgesetzes nach dem Zusammenbruch der Monarchie für die nun zum Staatsgebiet (Deutsch)Österreichs gehörigen Teile des ehemaligen Habsburgerreiches sowie erstmals für das Burgenland in Kraft gesetzt, und auch nach 1945 behielt das Schubgesetz noch für einige Jahre seine Gültigkeit[3512]. Lediglich auf der Ebene des Landesrechtes fanden daher nach 1918 Veränderungen hinsichtlich des für die Vollziehung von Ausweisungserkenntnissen relevanten Normenbestandes statt, die sich allerdings – abgesehen von den notwendigen Neuregelungen für das Burgenland[3513] und den Adaptierungen an die jeweils neue Behördenorganisation und die verschiedenen Kompetenzverschiebungen[3514] – im wesentlichen[3515] nur auf laufende technisch-administrative

[3510] Siehe einen Überblick der geltenden Bestimmungen bei MAYRHOFER (wie Anm. 679) II, S. 619 ff.

[3511] Siehe dazu ausführlich S. 318.

[3512] Siehe S. 341.

[3513] Siehe etwa die Verordnung der Landesregierung im Burgenlande vom 25. September 1924, LGBl. Nr. 46, welche bis zur Erlassung eines Landesgesetzes das Recht zur Fällung von Schuberkenntnissen den politischen Bezirksbehörden und den Stadträten in Eisenstadt und Rust übertrug und für die Ausführung der Abschiebung einstweilen diejenigen Gemeinden, die Sitz einer Bezirkshauptmannschaft waren, sowie die Städte Rust und Eisenstadt zuständig erklärte. Nach der Kundmachung der burgenländischen Landesregierung vom 23. Jänner 1925, LGBl. Nr. 8 (betreffend die Außerkraftsetzung einer Bestimmung der Verordnung der burgenländischen Landesregierung vom 25. September 1924, ... L.G.Bl. Nr. 46, zur Durchführung des Verfassungsgesetzes vom 29. April 1924, L.G.Bl. Nr. 31, betreffend die Erlassung einer Gemeindeordnung für alle burgenländischen Gemeinden mit Ausnahme der Städte Eisenstadt und Rust), fiel sodann die Fällung von Schuberkenntnissen in den Wirkungskreis des mit Verordnung des Bundeskanzleramtes vom 25. November 1924, betreffend die Errichtung eines Polizeikommissariates in Eisenstadt errichtete Polizeikommissariat, das auch für Eisenstadt-Stadt und Rust zuständig war. Die Verordnung der burgenländischen Landesregierung vom 14. Dezember 1928, LGBl. Nr. 73, zur Durchführung der Gesetze über die Abschiebung und Abschaffung aus dem Burgenlande in ein anderes Bundesland und innerhalb des Burgenlandes, legte sodann die Schubstationen fest und übertrug der Schubstationsgemeinde Eisenstadt die Fällung der Schuberkenntnisse insoweit, als hiezu nicht das Polizeikommissariat Eisenstadt aufgrund des ihm im Sinne der Verordnung des Bundeskanzlers vom 24. Februar 1927, BGBl. Nr. 69, betreffend die Erweiterung des Wirkungsbereichs und die Organisation des Polizeikommissariates in Eisenstadt, zugewiesenen örtlichen Wirkungsbereiches berufen war.

[3514] Siehe zu den Komptenzverschiebungen S. 335. So traten nach dem Gesetz vom 14. November 1918, StGBl. Nr. 24, betreffend die Übernahme der Staatsgewalt in den Ländern, an die Stelle der Landesausschüsse, die Landesräte (§ 2), während die aus dem Landeshauptmann und seinen Stellvertretern gebildete Landesregierung alle Amtsgeschäfte, die durch die geltenden Gesetze dem Landeschef übertragen waren, übernahm (§ 4 Abs. 2). Die Bezirkshauptmannschaften blieben nach dem Verfassungsgesetz vom 1. Oktober 1920, StGbl. Nr. 451, BGBl. Nr. 2, betreffend den Übergang zur bundesstaatlichen Verfassung, als erstin-

Maßnahmen erstreckten, insbesondere aber auf Anpassungen der Gebührensätze für die Schubkostenabrechung[3516] sowie auf die Einrichtung und Auflassung von Schubstationen bzw. Schubbehörden[3517].

---

stanzliche Behörden bestehen (§ 34). Sie wurden im Bereich des Schubwesens einerseits als erstinstanzliche Landesbehörden (bei Ausweisungen innerhalb eines Bundeslandes und Ausweisungen von einem Bundesland in ein anderes), andererseits als erstinstanzliche Behörde im Rahmen der mittelbaren Bundesverwaltung tätig (Ausweisungen aus dem Bundesgebiet). Ebenso wurden mit dem V-ÜG 1920 die im Bereich des Schubwesens in mittelbarer und unmittelbarer Bundesverwaltung als 1. Instanz (auch schon bisher) tätigen Polizeibehörden als Bundesbehörden übergeleitet. In zweiter Instanz wurden nach dem Gesetz vom 1. Oktober 1920, BGBl. Nr. 1, womit die Republik Österreich als Bundesstaat eingerichtet wird (Bundes-Verfassungsgesetz) einerseits bis 1929 die Landesregierung als Landesverwaltungsbehörde und andererseits der Landeshauptmann im Rahmen der mittelbaren Bundesverwaltung tätig. Da aufgrund des Bundesverfassungsgesetzes vom 7. Dezember 1929, BGBl. Nr. 392, betreffend einige Abänderungen des Bundes-Verfassungsgesetzes vom 1. Oktober 1920 in der Fassung des B.G.Bl. Nr. 367 von 1925 (Zweite Bundes-Verfassungsnovelle), die Schubagenden wieder ausschließlich in die Bundeskompetenz fielen, war nun der Landeshauptmann generell zweite Instanz über den Bezirkshauptmannschaften und den Polizeibehörden (§ 50). Nachdem die Verfassung von 1934 in Art. 120 lit. W Z. 2 normiert hatte, daß – „wenn die Verhältnisse es erfordern" – die „Abschiebung, Abschaffung, Ausweisung und Auslieferung aus dem Bundesgebiete sowie Durchlieferung" unmittelbar von Bundesbehörden besorgt werden konnten, wurden mit dem Bundesgesetz über die Bestellung von Sicherheitsdirektoren des Bundes in den Ländern und in der bundesunmittelbaren Stadt Wien, BGBl. II Nr. 437, sogenannte Sicherheitsdirektoren geschaffen, welche als dem Bundeskanzleramt unmittelbar unterstellte Bundesbehörden die den Landeshauptmännern bisher obliegenden Aufgaben betreffend „Abschiebung, Abschaffung und Ausweisung aus dem Bundesgebiet sowie Durchlieferung" zu besorgen hatten.

3515 Es kam aber auch fallweise zu Veränderungen der Hauptschubrouten, siehe etwa die Verordnungen des Bürgermeisters als Landeshauptmannes im Einvernehmen mit dem Stadtsenate als Landesregierung vom 7. März 1923, LGBl. Nr. 32, und vom 16. Mai 1923, LGBl. Nr. 52, betreffend Änderungen in der Führung der Hauptschübe.

3516 Siehe beispielsweise die Kundmachungen des Bürgermeisters als Landeshauptmannes vom 13. Februar 1922, LGBl. Nr. 27 (betreffend die Festsetzung der Schüblingsverpflegsgebühren und Reinigungsgebühren bei der Hauptschubstation Wien), vom 9. Februar 1922, LGBl. Nr. 25 (betreffend die Festsetzung der Gebühren für Schubbegleitung), vom 23. Juni 1922, LGBl. Nr. 92 (betreffend die Festsetzung der Gebühren für die Beförderung der Schüblinge von und zu den Bahnhöfen), vom 3. November 1922, LGBl. Nr. 166 (betreffend die Regelung der Gebühren für die Schubbegleitung), vom 22. März 1923, LGBl. Nr. 36 (betreffend die Gebühren für die Verpflegung der Schüblinge), vom 31. Mai 1923, LGBl. Nr. 56 (betreffend die Gebühren für die Verpflegung der Schüblinge), vom 1. August 1923, LGBl Nr. 79 (betreffend die Gebühren für die Verpflegung und Reinigung der Schüblinge), vom 24. April 1924, LGBl. Nr. 31 (betreffend die Gebühren für die Verpflegung, Reinigung und den Transport der Schüblinge), vom 3. März 1925, LGBl. Nr. 13 (betreffend die Gebühren für den Transport und die Reinigung der Schüblinge), vom 4. Oktober 1926, LGBl. Nr. 42 (betreffend die Gebühren für die Verpflegung der Schüblinge), vom 10. Mai 1929, LGBl. Nr. 22 (betreffend die Gebühren für die Verpflegung, ärztliche Untersuchung und Begleitung der Schüblinge); die Kundmachungen der Tiroler Landesregierung vom 21. Februar 1924, LGBl. Nr. 23, vom 9. März 1925, LGBl. Nr. 17, und vom 8. Juli 1926, LGBl. Nr. 38, betreffend die

A. Die Formen der „Abschiebung"

Die Vollstreckung eines Ausweisungserkenntnisses erfolgte nach dem Reichsschubgesetz entweder durch „Vorzeichnung des von dem Abgeschobenen in bestimmten Fristen und Stationen zurückzulegenden Weges mittelst Zwangspasses (gebundener Marschroute)" oder „durch zwangsweise Beförderung unter Begleitung von Wachorganen mittelst Schubes" (§ 3), wobei das Reichsschubgesetz beide Arten des Ausweisungsvollzuges im Unterschied zum bloßen Gebietsverbot der Abschaffung als „Abschiebung" bezeichnete. Den Bestrebungen nach möglichster Vermeidung des Schubes trug das Reichsschubgesetz nun verstärkt Rechnung, indem es vorschrieb, daß der Schub „so lange zu vermeiden" war, „als der Zweck desselben durch die Ertheilung eines Zwangspasses erreicht werden" konnte. Wie es ein Kritiker des Schubwesens 1890 formulierte[3518], war man „[b]ei der Unmöglichkeit, das System des Schubs", bei dem „ein ungeheurer Aufwand von Kraft, Zeit und Mühe für einen ganz unfruchtbaren Zweck gemacht" werde, „von Grund aus zu ändern, ... auf diese Weise wenigstens bemüht, die durch das Schubwesen dem Landesfonds aufgebürdete Last thunlichst zu erleichtern, was auch gelang". Jedenfalls mittels Schub mußte nach dem Reichsschubgesetz die Beförderung eines Ausgewiesenen aber dann erfolgen, wenn ein mittels Zwangspaß in seine Heimat Verwiesener von der vorgeschriebenen Marschroute abwich, seinen Zwangspaß beseitigte, verheimlichte oder die vorgeschriebene Frist für die Reise ohne „triftigen

---

Erhöhung der Schubverpflegsgebühren; die Kundmachungen der steiermärkischen Landesregierung vom 4. März 1921, LGBl. Nr. 99, und vom 11. November 1921, LGBl. Nr. 339, betreffend die Erhöhung der Schubgebühren, vom 17. Februar 1930, LGBl. Nr. 26, betreffend die Festsetzung der Schubgebühren; das Gesetz vom 26. Februar 1920, LGBl. Nr. 22, betreffend die Festsetzung der Schubgebühren im Lande Kärnten, die Kundmachung der Kärntner Landesregierung vom 7. Juni 1924, LGBl. Nr. 43, betreffend die Festsetzung der Schubgebühren; die Kundmachungen des Landeshauptmannes von Oberösterreich vom 10. April 1921, LGBl. Nr. 24, betreffend eine Abänderung der oberösterreichischen Schubinstruktion (Verpflegsgebührenerhöhung), vom 17. Juni 1921, LGBl. Nr. 68, betreffend eine Abänderung der oberösterreichischen Schubinstruktion (Erhöhung der Schubbegleitungsgebühren), vom 21. März 1922, LGBl. Nr. 50, betreffend eine Abänderung der oberösterreichischen Schubinstruktion (Erhöhung der Schubbegleit- und Verpflegsgebühren), vom 8. Juni 1922, LGBl. Nr. 89, betreffend eine Abänderung der oberösterreichischen Schubinstruktion (Erhöhung der Schubbegleitgebühren), vom 30. September 1922, LGBl. Nr. 135, betreffend eine Abänderung der oberösterreichischen Schubinstruktion (Erhöhung der Verpflegsgebühren).

3517 Siehe beispielsweise die Verordnung der oberösterreichischen Landesregierung vom 17. Dezember 1926, LGBl. Nr. 80, betreffend das Verzeichnis der Schubstationsgemeinden und der denselben zugewiesenen Ortsgemeinden, die Kundmachung der oberösterreichischen Landesregierung vom 5. Februar 1927, LGBl. Nr. 13, zur Richtigstellung der Verordnung vom 17. Dezember 1926 (L.G. u. V.Bl. Nr. 80/1926), betreffend die Schubstationsgemeinden, die Kundmachung der oberösterreichischen Landesregierung vom 9. Juni 1927, LGB. Nr. 34, zur Abänderung der Verordnung vom 17. Dezember 1926 (L.G. u. V.Bl. Nr. 80/1926), betreffend die Schubstationsgemeinden; die Kundmachung der Tiroler Landesregierung vom 2. Juni 1921, LGBl. Nr. 86, betreffend die Ermächtigung der Stadtgemeinde Lienz zur Fällung von Schuberkenntnissen, u.a.

3518 REICHER (wie Anm. 197), S. 26 f.

Entschuldigungsgrund" nicht einhielt. Er war dann gemäß § 13 wie ein entwichener Schübling mit „Einschließung" bis zu acht Tagen zu bestrafen[3519] und per Schub weiter zu befördern.

Um nun der klaren „Weisung" des Reichsschubgesetzes, die Anwendung des Schubes so solange zu vermeiden, als der Zweck desselben auch durch die Erteilung eines Zwangspasses erreicht werden könne, Genüge zu tun, ergingen in einigen Kronländern Anordnungen, welche die bisherigen rechtlichen und faktischen Einschränkungen für die Anwendung des Zwangspasses aufhoben. So stellte in Österreich unter der Enns 1877[3520] der Landesausschuß fest, daß dortortens der Ausweisungsvollzug mittels gebundener Marschroute „bisher ... überhaupt nur rücksichtlich jener Individuen zulässig" war, welche „genügende Mittel zur Heimreise" besaßen[3521], und beseitigte gleichzeitig den in Österreich unter der Enns im Unterschied zu anderen Kronländern noch in Geltung stehenden Grundsatz, daß „hierlands keine Unterstützung aus dem Landesfonde" für Paßzwänglinge verabreicht wurde[3522]. Damit waren hinkünftig auch in Österreich unter der Enns „bei Vorhandensein der übrigen Bedingungen ... auch mittellose Individuen", seien sie Niederösterreicher oder Angehörige anderer Kronländer, mittels Zwangspaß und Verabreichung der „nothwendige[n] Unterstützung" in ihre Heimatgemeinden abzusenden, wobei „in jedem einzelnen Falle nur nach genauer Erwägung aller dabei obwaltenden Verhältnisse" beurteilt werden sollte, ob „im gegebenen Falle von einer Person die strikte Einhaltung der im Zwangspasse vorgezeichneten Route mit Grund zu erwarten" war[3523].

Allerdings mußte in Mähren wiederholt an die Vorschrift des Reichsschubgesetzes erinnert werden, die Anordnung des Schubes zugunsten der Erteilung eines Zwangspasses tunlichst zu vermeiden – da die Schubauslagen „von Jahr zu Jahr eine nicht unbedeutende Steigerung" erfuhren[3524]. Die Befolgung dieser Gesetzesbestimmung wurde folglich den Schubbehörden „zur strengsten Pflicht" gemacht, da sich seit der Wirksamkeit des Reichsschubgesetzes „alljährlich die Zahl der polizeilich abgeschafften und in die betreffenden Heimatsgemeinden im Schubweg beförderten Individuen und der hierdurch erwachsene Aufwand für Schubauslagen" deutlich gesteigert habe, wodurch der Landesfonds „in empfindlicher Weise" getroffen wurde[3525]. Nach Ansicht der mährischen Statthalterei könnten – „[o]bschon die Vermehrung der Abschiebungen zunächst in den gegenwärtig herrschenden ungünstigen Erwerbsverhältnissen ihren Grund" habe – bei einer „umsichtigen und strengen Anwendung der diesfälligen gesetz-

3519 Für die Fällung des Straferkenntnisses war nach dem Reichsschubgesetz die politische Behörde des Ergreifungsortes zuständig (§ 13 Abs. 3).

3520 Kundmachung des niederösterreichischen Landesausschusses vom 10. Dezember 1877, LGBl. 1878 Nr. 1, an die niederösterreichischen Schubstationen.

3521 Siehe dazu S. 636.

3522 Kundmachung des niederösterreichischen Landesausschusses vom 10. Dezember 1877, LGBl. 1878 Nr. 1, an die niederösterreichischen Schubstationen. Zu den konkreten Formen der Unterstützung siehe S. 698 ff.

3523 Ebd.

3524 Erlaß der mährischen Statthalterei vom 14. November 1875, Nr. 24971, ZVOLSKY (Anm. 1117), S. 101.

3525 Erlaß der mährischen Statthalterei aus 1881, Nr. 208690, ZVOLSKY (Anm. 1117), S. 66 f.

lichen Bestimmungen"[3526] die Abschiebungskosten ohne Gefährdung der öffentlichen Sicherheit doch bedeutend dadurch herabgemildert werden, daß bei Personen, „welche die öffentliche Sicherheit weniger oder gar nicht gefährden und nach ihrer Individualität zu urteilen, beispielsweise alle schwächlichen Bettler, keiner besonderen Überwachung bedürfen", in gesetzeskonformer Weise der kostspielige „Geleitschub" vermieden werde[3527]. Insbesondere aber sollten arbeitslose und die öffentliche Mildtätigkeit in Anspruch nehmende Personen nicht mit den „ausweislos herumziehenden, größtenteils arbeitsscheuen Vagabunden gleichgehalten und in ihre Heimatsgemeinden unter Begleitung abgeschoben", sondern mittels Zwangspaß instradiert werden[3528].

Aus der Vorschrift des Reichsschubgesetzes, die Anwendung des Schubes so lange zu vermeiden, als der Zweck desselben auch durch die Erteilung eines Zwangspasses (gebundene Marschroute) erreicht werden konnte, ging freilich „umgekehrt auch hervor, daß in allen Fällen, in welchen sich der Zweck einer Abschiebung ohne die zwangsweise Beförderung mit Geleit von Wachorganen nicht erhoffen" ließ, „unbedingt der Schub in Anwendung zu bringen" war[3529]. „In dieser Erwägung und da die Erfahrung ... gelehrt" hatte, daß die „Anwendung des Schubpasses nur unwesentliche Mehrkosten fordert, während durch die rasche Beförderung der Schüblinge mittelst Schubpasses die öffentliche Sicherheit an Person und Eigentum wesentlich erhöht und allen Mißbräuchen, welche mit dem Zwangspasse getrieben werde, der häufig nur als eine Legitimation zum Bettel verwendet wird, gesteuert" werde, war man daher in Tirol und Vorarlberg 1890[3530] entgegen den Intentionen des Reichsschubgesetzes dazu übergegangen, „daß in Zukunft in der Regel auf Abschiebung mittels Schubpasses zu erkennen" sein und „nur ausnahmsweise von dem Zwangspasse Gebrauch gemacht" werden sollte. Dieser Vorgangsweise schloß sich bereits im selben Jahr auch Österreich unter der Enns an[3531], da „auch hierlands der Zweck des Schubes mit Rücksicht auf die Beschaffenheit der Personen", welche der Behandlung nach dem Reichsschubgesetz unterlagen, „ohnedies nur in den seltensten Fällen durch Erteilung eines Zwangspasses mit voller Gewißheit erreicht werden" könne. Wie es ein Kritiker der Ausweisungspraxis formulierte[3532], war beim Schub „wenigstens der Schübling während der Verschiebung außerstande, das Land bettelnd zu durchstreifen", während der Zwangspaß dem Ausgewiesenen als „Bettelbrief gegenüber der Bevölkerung" und als „Legitimation gegenüber dem Gendarmen" diene und so eine „concessionierte Landstreicherei" zur Folge habe. Um diesem Übel-

3526 Ebd.

3527 Erlaß der mährischen Statthalterei vom 14. November 1875, Nr. 24971, ZVOLSKY (Anm. 1117), S. 101.

3528 Ebd.

3529 Erlaß der niederösterreichischen Statthalterei vom 20. September 1890, Z. 49241, an alle Bezirkshauptmannschaften, Normalien-Sammlung (wie Anm. 359) I, Nr. 27, DEHMAL (wie Anm. 1723), S. 984 f.

3530 Ebd.

3531 Ebd. Von den 1890 bis 1897 aus Wien Abgeschobenen befand sich dementsprechend nur eine geringe Anzahl Zwangspäßler (so 1890: 424 von 4.784, 1891: 285 von 4.890, 1892: 244 von 4.994, 1893: 160 von 4.251, 1894: 144 von 4.011, 1895: 44 von 3.963, 1896: 62 von 4.760, 1897: 69 von 6.046), siehe MORGENSTERN (wie Anm. 1421), S. 356.

3532 REICHER (wie Anm. 197), S. 27.

stand zu steuern, wurde daher nicht nur das Betteln auf dem Weg unter Strafsanktion gestellt, sondern in vielen Kronländer auch verfügt, daß den Zwangspäßlern der Zeitpunkt ihres Eintreffens in der jeweils nächsten Schubstation „annäherungsweise" bestimmt werden sollte[3533]. Außerdem wurde mittellosen Zwangspäßlern nun auch vielfach Verpflegung und Unterkunft wie den Schüblingen gewährt, um die Notwendigkeit des Bettelns zu beseitigen[3534].

B. Behörden, Erkenntnisfällung, Verwahrungshaft

Notwendige Voraussetzung für die „Abschiebung einer Person mittels Zwangspasses oder Schubes" war gemäß § 4 des Reichsschubgesetzes das Vorliegen eines „rechtskräftigen Erkenntnisses der competenten Behörde". Zur Fällung der Ausweisungserkenntnisse waren als Schubbehörden gemäß § 5 des Reichsschubgesetzes einerseits die Polizeidirektionen und deren „exponierte Organe" (§ 5 lit. a) berufen, andererseits mangels derartiger Einrichtungen aber auch „diejenigen landesfürstlichen oder Kommunalbehörden, welchen die Führung der politischen Amtsgeschäfte I. Instanz übertragen" war (§ 5 lit. b), also die Bezirkshauptmannschaften und die Magistrate bzw. Bürgermeisterämter bestimmter Städte[3535]. Diesen Kommunalbehörden konnte die Kompetenz zur Fällung von Ausweisungserkenntnissen mittels Verordnung aber ebenso an Orten übertragen werden, wo sich eine Polizeidirektion befand. Durch die Landesgesetzgebung war es weiters möglich, die Fällung der Ausweisungserkenntnisse auch außer den Fällen des § 5 einzelnen Gemeinden im übertragenen Wirkungskreis zuzuweisen (§ 6).

In diesem Sinne überwiesen etwa Österreich unter der Enns[3536] und Salzburg[3537] 1871, Schlesien[3538] und Krain[3539] 1873 die Fällung der Schuberkenntnisse generell den

3533 Siehe dazu auch S. 669 f.

3534 Siehe dazu ausführlicher S. 698 ff.

3535 So etwa der Magistrat der Stadt Klagenfurt, Kundmachung des Landes-Präsidenten von Kärnten vom 30. November 1871, LGBl. Nr. 30, womit eine Vorschrift zur Durchführung des Reichsgesetzes vom 27. Juli 1871 R.G.Bl. XXXV. Stück Nr. 88, betreffend die Regelung der polizeilichen Abschaffung und des Schubwesens, verlautbart wird, u.a.; der Magistrat der Stadt Laibach, Kundmachung der Landesregierung für Krain vom 7. April 1872, LGBl. Nr. 13, betreffend die Einrichtung von Haupt- und Particularschüben, der Schubstationen und Schubbegleitung, dann der Ueberwachung des Schubwesens auf Grund des Gesetzes in Betreff der Regelung der polizeilichen Abschaffung und des Schubwesens vom 27. Juli 1871, u.a.; der Stadtmagistrat von Rovigno, Kundmachung der küstenländischen Statthalterei vom 22. Juli 1873, LGBl. Nr. 30, in Betreff der Durchführung des Gesetzes vom 27. Juli 1871, R.G.Bl. Nr. 88 über die Regelung der polizeilichen Abschaffung und des Schubwesens in der Markgrafschaft Istrien; weiters etwa die Bürgermeisterämter von Troppau und Bielitz und der Stadtmagistrat in Friedeck, Kundmachung des Landes-Präsidenten für Schlesien vom 20. Juni 1873, LGBl. Nr. 40, womit die von der schlesischen Landesregierung im Einvernehmen mit dem schlesischen Landesausschusse festgestellte Eintheilung der Schubbezirke bekannt gegeben wird.

3536 Gesetz vom 15. Dezember 1871, LGBl. Nr. 43, betreffend die Uebertragung der Fällung der Schuberkenntnisse an die Schubstationsgmeinden und die Uebernahme der im §. 14 des Reichsgesetzes vom 27. Juli 1871, R.G.Bl. Nr. 88 angeführten Kosten auf den Landesfond.

Schubstationsgemeinden als Schubbehörden im übertragenen Wirkungskreis. So waren nun beispielsweise fast alle niederösterreichischen Bezirksgerichtsorte[3540] Schubstationen und Schubbehörden, während etwa in Österreich ob der Enns[3541], in Istrien 1873[3542] in Kärnten 1874[3543] die Statthalterei bzw. Landesregierung im Einvernehmen

---

3537 Gesetz vom 27. November 1871, LGBl. Nr. 35, betreffend die Uebertragung der Fällung der Schuberkenntnisse an die Schubstationsgemeinden, Gesetz vom 25. Mai 1876, LGBl. Nr. 17, über die Abänderung der Landesgesetze vom 27. November 1871 und 20. Dezember 1869, betreffend die Uebertragung des Rechtes zur Fällung der Schuberkenntnisse an einzelne Gemeinden und Aenderungen der Schubconcurrenzbezirke.

3538 Gesetz vom 8. Jänner 1873, LGBl. Nr. 3, betreffend die Uebertragung der Fällung der Schuberkenntnisse an die Schubstationsgemeinden und Uebernahme der im §. 14 des Reichsgesetzes vom 27. Juli 1871 (R.G.Bl. Nr. 88) aufgeführten Kosten auf den Landesfond.

3539 Gesetz vom 10. Mai 1873, LGBl. Nr. 19, betreffend die Uebertragung der Fällung der Schuberkenntnisse an die Schubstationsgemeinden.

3540 Die Ausnahmen waren Haugsdorf und Litschau; siehe die Aufzählung der niederösterreichischen Partikularschubstationen im niederösterreichischen Statthaltereierlaß vom 29. Dezember 1871 im Einvernehmen mit dem Landesausschuß, Note vom 22. Dezember 1871, Landesculturvorschriften (wie Anm. 1376), S. 531.

3541 Oberösterreichisches Gesetz vom 28. Jänner 1873, LGBl. Nr. 15, betreffend die Ausführung der der Landesgesetzgebung vorbehaltenen Bestimmungen der §§ 6, 14 und 16 des Reichsgesetzes vom 27. Juli 1871, R.G.Bl. Nr. 88, bezüglich der Regelung der polizeilichen Abschaffung und des Schubwesens; Erlaß des Statthalters für Oberösterreich vom 17. November 1873, LGBl. Nr. 64, betreffend die Bestimmung der Schubstations-Gemeinden und die Uebertragung der Fällung der Schuberkenntnisse an dieselben; Erlaß des Statthalters von Oberösterreich vom 12. Februar 1875, LGBl. Nr. 6, betreffend eine Vermehrung der im politischen Bezirke Rohrbach bestehenden Schubstationsgemeinden und Aenderung in der Zuweisung der Ortsgemeinden zu denselben; siehe zu Änderungen weiters die Kundmachung des oberösterreichischen Statthalters vom 1. März 1884, LGBl. Nr. 8, betreffend die Errichtung einer Schubstation zu Ach im politischen Bezirke Braunau am Inn und Zuweisung von Ortsgemeinden zu derselben; die Verordnung der oberösterreichischen Statthalterei vom 11. Dezember 1903, LGBl. Nr. 34, betreffend die Neueinteilung des territorialen Umfanges der Schubstationsgemeinden in Oberösterreich.

3542 Gesetz vom 15. März 1873, LGBl. Nr. 16, ... womit die im §. 6 des Reichsgesetzes vom 27. Juli 1871 Nr. 88 der Landesgesetzgebung vorbehaltenen Bestimmungen in Betreff der Uebertragung der Befugniß zur Fällung von Schuberkenntnissen an die Gemeinden festgesetzt werden; Kundmachung der küstenländischen Statthalterei vom 22. Juli 1873, LGBl. Nr. 30, in Betreff der Durchführung des Gesetzes vom 27. Juli 1871, R.G.Bl. Nr. 88 über die Regelung der polizeilichen Abschaffung und des Schubwesens in der Markgrafschaft Istrien; siehe auch die Kundmachungen der Statthalterei vom 26. September 1873, LGBl. Nr. 32, betreffend die Übertragung der Fällung von Schuberkenntnissen an einige Gemeinden in Istrien, und vom 26. Februar, LGBl. Nr. 16, betreffend die Fällung von Schuberkenntnissen durch die Gemeinde Dignano.

3543 Gesetz vom 11. Februar 1874, LGBl. Nr. 3, ...enthaltend die im Reichsgesetze in Betreff der Regelung der polizeilichen Abschaffung und des Schubwesens vom 27. Juli 1871, R.G.B. Nr. 88 der Landesgesetzgebung vorbehaltenen Bestimmungen; Gesetz vom 17. September 1899, LGBl. Nr. 22, ... enthaltend die im Reichsgesetze in Betreff der Regelung der polizeilichen Abschaffung und des Schubwesens vom 27. Juli 1871, R.G.Bl. Nr. 88, der Landesgesetzgebung vorbehaltenen Bestimmungen, siehe auch z.B. die Kundmachungen des Statthalters in Kärnten bzw. des Ländes-Präsidenten betreffend die Ermächtigung von Gemeinden

mit dem Landesausschuß ermächtigt wurden, künftig einzelnen Gemeinden das Recht zur Fällung der Schuberkenntnisse im übertragenen Wirkungsbereich einzuräumen und die entsprechenden Sprengel festzulegen.

In der Steiermark hingegen wurden 1871[3544] die Kommunalbehörden von Graz, Marburg und Cilli, denen die Führung der politischen Amtsgeschäfte erster Instanz übertragen war, und im übertragenen Wirkungsbereich ganz generell diejenigen Schubstationsgemeinden zur Fällung der Schuberkenntnisse ermächtigt, in denen sich der Sitz einer Bezirksvertretung befand. Außerdem wurde in der Steiermark gleichfalls der Statthalterei im Einvernehmen mit dem Landesausschuß das Recht eingeräumt, „sowohl den Sitz der Schuberkenntnißbehörden, als auch die Grenzen ihres Gebiets im administrativen Wege zu ändern". In ähnlicher Weise übertrug ein mährisches Landesgesetz 1872[3545] das Recht zur Fällung von Schuberkenntnissen allen Schubstationen, in denen sich der Sitz eines Bezirksgerichtes befand – wenngleich der mährische Landesausschuß sich dafür ausgesprochen hatte, allen Stadtgemeinden Mährens, die zugleich Schubstationen waren, das Recht der Erkenntnisfällung einzuräumen. Auch in den anderen Kronländern ergingen seit 1871 Ausführungsbestimmungen, welche Magistrate sowie sonstige Gemeindevorstehungen von Schubstationen zur Fällung von Schuber-

---

zur Fällung von Schuberkenntnissen: vom 17. April 1874, LGBl. Nr. 20, vom 1. Juni 1874, LGBl. Nr. 26, vom 10. Juni 1874, LGBl. Nr. 27, vom 7. August 1874, LGBl. Nr. 34, vom 4. Jänner 1875, LGBl. Nr. 6, vom 10. April 1875, LGBl. Nr. 21, vom 12. August 1875, LGBl. Nr. 29, vom 18. Jänner 1876, LGBl. Nr. 3, vom 19. September 1876, LGBl. Nr. 27, vom 26. April 1877, LGBl. Nr. 12, vom 22. März 1880, LGBl. Nr. 5, vom 15. Dezember 1880, LGBl. Nr. 25, vom 6. Oktober 1893, LGBl. Nr. 28, vom 3. Juni 1998, LGBl. Nr. 11, vom 1. Mai 1899, LGBl. Nr. 11, vom 9. August 1902, LGBl. Nr. 13, vom 29. Juni 1905, LGBl. Nr. 39.

3544 Gesetz vom 15. Dezember 1871, LGBl. Nr. 1, enthaltend die der Landes-Gesetzgebung durch das Reichsgesetz vom 27. Juli 1871, Nr. 88 R.G.Bl. über die Regelung der polizeilichen Abschaffung und des Schubwesens, vorbehaltenen Bestimmungen, siehe auch die Kundmachungen des Statthalters in Steiermark vom 25. August 1875, LGBl. Nr. 39, betreffend die Ermächtigung der Schubstations-Gemeinde Laak zur Fällung von Schuberkenntnissen, vom 14. April 1874, LGBl. Nr. 30, betreffend die Bestellung der Ortsgemeinde Radkersburg als Schubehörde und Schubstation für den Bezirk Oberradkersburg, vom 4. April 1874, LGBl. Nr. 1874, LGBl. 31, siehe auch für eine Sprengelfestlegung die Kundmachung des Statthalters in Steiermark vom 19. Oktober 1906, LGBl. Nr. 82.

3545 Gesetz vom 26. Dezember 1872, LGBl. 1873 Nr. 1, betreffend die durch das Reichsgesetz vom 27. Juli 1871 R.-G.-B. Nr. 88 der Landesgesetzgebung vorbehaltenen Bestimmungen über das Schubwesen. Siehe zur Note des mährischen Landesausschusses an die mährische

kenntnissen im übertragenen Wirkungskreise ermächtigten[3546] und zum Teil die Statthaltereien im Einvernehmen mit dem Landesausschusse entweder zur Ernennung weiterer Schubbehörden[3547] oder zumindest zur Festlegung der Sprengel berechtigten[3548].

Sowohl in Österreich unter der Enns und Schlesien als auch etwa in Mähren[3549] und der Bukowina[3550] wurden allerdings die gegen Ausländer zu fällenden Schuberkenntnisse der Kompetenz solcher im übertragenen Wirkungskreis tätigen Schubbehörden entzogen und ausschließlich den in § 5 des Reichsschubgesetzes aufgeführten Behörden vorbehalten. In gleicher Weise behielt auch Österreich ob der Enns die Fällung von Schuberkenntnissen gegen Ausländer den in § 5 des Reichsschubgesetzes ange-

---

3546 Siehe etwa das Tiroler Gesetz vom 20. Jänner 1874, LGBl. Nr. 9, betreffend die Uebertragung der Fällung von Schuberkenntnissen an einzelne Schubstations-Gemeinden; siehe weiters die Tiroler Gesetze bzw. Verordnungen des Statthalters betreffend die Übertragung der Fällung von Schuberkenntnissen an einzelne Gemeinden bzw. die Festlegung von Sprengeln: vom 5. Februar 1872, LGBl. Nr. 51, vom 19. August 1872, LGBl. Nr. 52, vom 14. Mai 1881, LGBl. Nr 17, vom 7. April 1883, LGBl. Nr. 17, vom 9. Dezember 1885, LGBl. Nr. 38, vom 14. Oktober 1896, LGBl. Nr. 43, vom 25. Oktober 1896, LGBl. Nr. 47, vom 26. Februar 1905, LGBl. Nr. 12; das mährische Gesetz vom 26. Dezember 1872, LGBl. 1873 Nr. 1, betreffend die durch das Reichsgesetz vom 27. Juli 1871 R.-G.-B. Nr. 88 der Landesgesetzgebung vorbehaltenen Bestimmungen über das Schubwesen, siehe für die Übertragung der Fällung von Schuberkenntnissen an einzelne Gemeinden auch die Kundmachungen der Statthalterei bzw. Gesetze vom 17. Juni 1873, LGBl. Nr. 45, vom 18. März 1874, LGBl. Nr. 29, vom 26. November 1878, LGBl. Nr. 41, vom 7. Juni 1888, LGBl. Nr. 71, vom 4. November 1888, LGBl. Nr. 101, vom 31. Dezember 1889, LGBl. 1890 Nr. 10, vom 10. März 1891, LGBl. Nr. 25, vom 8. April 1894, LGBl. Nr. 40, vom 20. Juli 1900, LGBl. Nr. 56, vom 23. Februar 1904, LGBl. Nr. 29, vom 5. September 1906, LGBl. Nr. 80; das Gesetz für die Bukowina vom 14. Jänner 1873, LGBl. Nr. 6, womit nähere Anordnungen zu dem Reichsgesetze vom 27. Juli 1871 Nr. 88 R.G.Bl. in Betreff der Regelung der polizeilichen Abschaffung und des Schubwesens getroffen werden, siehe für die Übertragung der Fällung von Schuberkenntnissen an einzelne Gemeinden auch die Gesetze vom 23. Oktober 1888, LGBl. Nr. 27, vom 6. Jänner 1890, LGBl. Nr. 1, vom 28. Februar 1906, LGBl. Nr. 11, weiters die Kundmachung der Landesregierung vom 16. November 1894, LGBl. Nr. 26, mit welcher ein rectificiertes Verzeichnis der Schubbehörden und Schubstationen bei Angabe der Kilometer-Entfernung zwischen den einzelnen Schubstationen verlautbart wird; siehe weiters das Vorarlberger Gesetz vom 8. Jänner 1873, LGBl. Nr. 8, betreffend die Uebertragung der Fällung der Schuberkenntnisse an die Gemeinde Dornbirn und das Gesetz vom 25. Juni 1875, LGBl. Nr. 30, betreffend die Errichtung einer Schubstation in Bezau im Bregenzerwald und Uebertragung der Fällung von Schuberkenntnissen an die dortige Gemeinde.

3547 So z.B. das Tiroler Gesetz vom 20. Jänner 1874, LGBl. Nr. 9, betreffend die Uebertragung der Fällung von Schuberkenntnissen an einzelne Schubstations-Gemeinden.

3548 Z.B. Gesetz vom 8. Jänner 1873, LGBl. Nr. 3, betreffend die Uebertragung der Fällung der Schuberkenntnisse an die Schubstationsgemeinden und Uebernahme der im §. 14 des Reichsgesetzes vom 27. Juli 1871 (R.G.Bl. Nr. 88) aufgeführten Kosten auf den Landesfond.

3549 Gesetz vom 26. Dezember 1872, LGBl. 1873 Nr. 1, betreffend die durch das Reichsgesetz vom 27. Juli 1871 R.-G.-B. Nr. 88 der Landesgesetzgebung vorbehaltenen Bestimmungen über das Schubwesen.

3550 Gesetz vom 14. Jänner 1873, LGBl. Nr. 6, womit nähere Anordnungen zu dem Reichsgesetze vom 27. Juli 1871 Nr. 88 R.G.Bl. in Betreff der Regelung der polizeilichen Abschaffung und des Schubwesens getroffen werden.

führten Behörden vor, erweiterte aber darüber hinaus – wie auch Istrien 1873[3551] – diese Einschränkung auch auf Erkenntnisse gegen „ausweislose Inländer, welche angeblich nach anderen Kronländern zuständig" waren, und in Krain[3552] waren nicht nur Schuberkenntnisse gegen Ausländer und „gegen ausweislose, angeblich nach andern Königreichen und Ländern zuständige Personen" von dieser Kompetenz der im übertragenen Wirkungskreis tätigen Schubbehörden ausgenommen, sondern auch die Erkenntnisfällung „gegen ausweislose, angeblich nach Krain zuständige Personen, deren Heimatrecht unbekannt, zweifelhaft oder streitig" war.

Fand nun eine Gemeindevorstehung, daß „Anlaß zur Abschiebung oder Abschaffung einer in ihrem Gebiete befindlichen Person vorhanden" war, so hatte sie gemäß § 8 Abs. 1 des Reichsschubgesetzes über den Anlaß, die persönlichen Verhältnisse des „Beanständeten" und über dessen „Verantwortung hinsichtlich der ihm zu Last fallenden Umstände" ein Protokoll, das sogenannte Konstitut aufzunehmen – wobei besondere Vorschriften hinsichtlich ausweisloser taubstummer Personen bestanden[3553] – sowie allfällig den zu Entfernenden „in Verwahrung" zu nehmen. War diese Gemeinde nicht zur Fällung des Schuberkenntnisses kompetent, so hatte sie dieses Protokoll binnen 24 Stunden seit Anhaltung oder in Verwahrungnahme der betroffenen Person an die Schubbehörde einzusenden. In Österreich unter der Enns wurde darüber hinausgehend 1871 festgelegt, daß im Falle der Nichtzuständigkeit der Aufgriffsgemeinde als Schubbehörde nicht nur das Konstitut, sondern auch der Angehaltene sofort der Schubbehörde zur weiteren Amtshandlung einzuliefern sei[3554], wobei die Schubbehörde in Österreich unter der Enns eben im Regelfall die nächste Schubstation war. Auch die von der Gendarmerie Aufgegriffenen und Personen gemäß § 1 lit. d des Reichsschubgesetzes waren der nächsten Schubstation einzuliefern[3555]. Handelte es sich bei dem in der

3551 Gesetz vom 15. März 1873, LGBl. Nr. 16, ... womit die im §. 6 des Reichsgesetzes vom 27. Juli 1871 Nr. 88 der Landesgesetzgebung vorbehaltenen Bestimmungen in Betreff der Uebertragung der Befugniß zur Fällung von Schuberkenntnissen an die Gemenden festgesetzt werden.

3552 Gesetz vom 10. Mai 1873, LGBl. Nr. 19, betreffend die Uebertragung der Fällung der Schuberkenntnisse an die Schubstationsgemeinden.

3553 Siehe den Erlaß der niederösterreichischen Statthalterei vom 23. Februar 1906, Z. VII-1015/21, an alle Bezirkshauptmannschaften, Normalien-Sammlung (wie Anm. 359) IV, Nr. 6123, DEHMAL (wie Anm. 1723), S. 994 f.; siehe zu dieser Problematik auch H. (wie Anm. 1376), S. 169 f. und S. 776 f .

3554 Niederösterreichischer Statthaltereierlaß vom 29. Dezember 1871 im Einvernehmen mit dem Landesausschuß, Note vom 22. Dezember 1871, Landesculturvorschriften (wie Anm. 1377), S. 531; siehe dort auch das Formular für die sogenannte „Aufgriffsanzeige", mittels derer die Übergabe des Angehaltenen erfolgte.

3555 Allerdings kamen Klagen vor, so der niederösterreichische Statthaltereierlaß vom 13. März 1873, Z. 1616, an alle Bezirksbehörden, Normalien-Sammlung (wie Anm. 359) II, Nr. 3248, daß von machen „Gemeinden die von der Gendarmerie ihnen zur weiteren Amtshandlung übergebenen Aufgegriffenen entlassen" wurden, statt sie an die Schubstationen einzuliefern, weshalb eingemahnt werden mußte, daß die „von Seite der Gendarmerie aufgegriffenen Individuen soviel als möglich direct an die Schubbehörden eingeliefert werden" sollten. Den außerhalb des Wiener Polizeirayons gelegenen Aufgriffsgemeinden wurden die durch die erfolgte Einlieferung entstandenen Begleitungsgebühren aus dem Landesfonds vergütet.

Schubstation Eingelieferten jedoch um einen Ausländer, so durfte in Österreich unter der Enns nicht die Schubstation als Schubbehörde tätig werden, sondern sie hatte „das Weitere wegen der Erkenntnißfällung durch die k.k. Bezirkshauptmannschaft“ zu veranlassen. Auch in der Steiermark hatte die Aufgriffsgemeinde die „beanständete Person“, wenn sie nach § 1 des Reichsschubgesetzes „zur Abschiebung offenbar geeignet“ war, „sogleich an die Schubstationsgemeinde behufs des weiteren Verfahrens“ abzugeben[3556].

Erachtete die Schubbehörde nun weitere Erhebungen für notwendig, die sich – wie ein niederösterreichischer Statthaltereierlaß 1895[3557] erläuterte – „nur auf die Identität, das Heimatsrecht bzw. die Staatsangehörigkeit oder auf das Vorleben und die Bedenklichkeit des Angehaltenen erstrecken“ konnten[3558], so hatte sie gemäß § 8 Abs. 2 des Reichsschubgesetzes vorläufig über die Verwahrung des Angehaltenen binnen 24 Stunden zu entscheiden. Entschied die Schubbehörde in einem derartigen Fall auf Freilassung, so war dem Freigelassenen gemäß § 28 des Heimatgesetzes als auswärtigem Armen „im Falle augenblicklichen Bedürfnisses die nothwendige Unterstützung“[3559] oder gemäß § 29 im Falle der Erkrankung Verpflegung[3560] zu gewähren, und nach Feststellung der Zuständigkeit konnte dieser gemäß § 43 des Heimatgesetzes in seine Heimatgemeinde abgeschoben werden[3561]. Wurde jedoch auf Verwahrung der angehaltenen Person erkannt, so war nach einem niederösterreichischen Statthaltereierlaß von 1895 „unbedingt dafür Sorge zu tragen“, daß diese „stets unter sicherer Aufsicht gestellt bleibe“[3562].

3556 Gesetz vom 15. Dezember 1871, LGBl. Nr. 1, enthaltend die der Landes-Gesetzgebung durch das Reichsgesetz vom 27. Juli 1871, Nr. 88 R.G.Bl. über die Regelung der polizeilichen Abschaffung und des Schubwesens, vorbehaltenen Bestimmungen.

3557 Niederösterreichischer Statthaltereierlaß vom 9. März 1895, Z. 28161, an alle Bezirkshauptmannschaften, Normalien-Sammlung (wie Anm. 359) II, Nr. 3237.

3558 Ebd. Es waren polizeiliche Nachforschungen über den Angehaltenen dann „unvermeidlich ..., wenn Verdachtsmomente gegen ihn vorliegen, wenn also beispielsweise seine Kleidung und Wäsche durch ihre Beschaffenheit (z.B. durch das Vorhandensein von Blutflecken etc.) oder durch ihre Art (z.B. Monturstücke, Sträflingsgewand) Verdacht erregt, ferner wenn sich der Angehaltene im Besitze von Waffen, von wichtigen Schriftstücken, von Wertsachen u. dgl. befindet, weiter auch dann, wenn der Körper des Angehaltenen Verletzungen, Wunden oder sonstige auffällige äußere Merkmale zeigt, endlich wenn das Benehmen des Individuums besonders scheu ist oder dasselbe bei seiner Einvernahme so verworrene oder widersprechende Angaben macht, dass daraus die Absicht hervorgeht, die Behörde zu täuschen oder wenigstens ihr jeden Anhaltspunkt zur Feststellung der Provenienz und Identität des Betreffenden zu benehmen.“

3559 Den Ersatz der Aufwendungen hiefür konnte die Gemeinde „nach Wahl von der Heimatgemeinde oder von dem nach dem Civilrechte oder nach anderen Gesetzen hiezu Verpflichteten verlangen“.

3560 Gemäß § 29 hatte die Gemeinde „unter dem gleichen Vorbehalte ... auswärtige Arme, welche in ihrem Gebiete erkranken, so lange zu verpflegen, bis sie ohne Nachtheil für ihre oder Anderer Gesundheit aus der Verpflegung entlassen werden können“.

3561 Vgl. dazu insbes. Anm. 200, S. 207, 273.

3562 Nach dem niederösterreichischen Statthaltereierlaß vom 9. März 1895, Z. 28161, an alle Bezirkshauptmannschaften, Normalien-Sammlung (wie Anm. 359) II, Nr. 3237, war es daher unzulässig, „derartigen Häftlingen Arbeiten auf Feldern, in Weingärten, Wäldern oder auf

Was die Dauer der „Verwahrung“ des Schüblings zwecks Erkenntnisfällung gemäß § 8 des Reichsschubgesetzes, also die Schubhaft, anbelangt, so hatte schon ein Ministerialerlaß des Jahres 1868[3563] festgelegt, daß eine längere als unumgänglich notwendige Inhaftierung der zum Schub qualifizierten Personen vermieden werden sollte, weshalb „sämtliche unterstehenden Behörden“ und durch diese die Gemeinden im Wege der jeweiligen Länderchefs angewiesen wurden, „den an sie gelangenden Requisitionen der Polizeibehörden mit möglichster Beschleunigung und Vollständigkeit zu entsprechen“. Aus Anlaß dessen, daß ein Schübling, „bezüglich dessen keine besonderen Bedenken vorlagen, lediglich aus dem Grunde der Constatirung seiner Zuständigkeit durch lange Zeit in Schubhaft gehalten“ wurde, mußte allerdings 1885[3564] daran erinnert werden, daß ein „solches Vorkommnis“ nicht allein „schon aus Humanitätsrücksichten“ und wegen der Kosten unzulässig war, sondern auch deshalb, weil das Reichsschubgesetz in § 8 Abs. 2 ja explizit vorschrieb, daß die Schubbehörde im Falle der Notwendigkeit weiterer Erhebungen, „vorläufig über die Verwahrung des Angehaltenen binnen vierundzwanzig Stunden zu erkennen“ hatte. Solche Fälle könnten sich folglich nicht ereignen, wenn gemäß § 8 Abs. 2 des Reichsschubgesetzes „das ausdrücklich vorgesehene Erkenntnis über die Verwahrung des Angehaltenen vorher gefällt würde, da sich bei Einhaltung dieser gesetzlichen Bestimmung sofort die Nothwendigkeit ergeben“ würde, „genau zu erwägen, ob ein solches Individuum unbedingt in Verwahrung gehalten werden“ müsse, oder „ob nicht vielmehr nach § 8, Abs. 2, des cit. Schubges. dessen Behandlung nach den §§ 28, 29, und 43 des Heimatsges[etzes] ... einzutreten hätte“. Weiters wurden die Schubbehörden nun angewiesen, daß „in Hinkunft stets, wenn eine Verwahrungshaft eintritt, bei strenger Verantwortung von Monat zu Monat“ an die Bezirkshauptmannschaft über den Stand der Angelegenheit berichtet werden müsse. 1892[3565] wurde dieser Erlaß wiederum in Erinnerung gerufen und die Bezirkshauptmannschaften angewiesen, die „Nothwendigkeit einer solchen Verfügung genau zu prüfen und beim Nichtvorhandensein eines zwingenden Grundes dieselbe von amtswegen zu beheben“. Seit 1895[3566] mußte außerdem über „jeden einzelnen Fall, in welchem eine

---

Straßen, kurz außerhalb des Schubarrestes ohne sichere Ueberwachung zuzuweisen, weil durch einen solchen Vorgang das Entweichen des Angehaltenen ermöglicht und der Zweck der Anhaltung fraglich gemacht würde.“

3563 Erlaß des Ministeriums des Innern vom 18. März 1868, Z. 3785, sowie niederösterreichisches Statthaltereidekret vom 21. März und 1868, Z. 9970, Verordnung der Tiroler Statthalterei vom 31. März 1868, Z. 6688, siehe MAYRHOFER (wie Anm. 679) II, S. 620, Anm. 1, MAYRHOFER/PACE (wie Anm. 138) III, S. 595, Anm. 1.

3564 Niederösterreichischer Statthaltereierlaß vom 1. März 1885, Z. 4092, an alle Bezirksbehörden, Normalien-Sammlung (wie Anm. 359) II, Nr. 3235. Nach STEINER (wie Anm. 235), S. 47 dauerte der Schubarrest durchschnittlich fünf bis sechs Tage, manchmal aber sogar bis zu fünf Monate. Nach MORGENSTERN (wie Anm. 1421), S. 357, war hingegen die Dauer der Anhaltung z.B. 1890 durchschnittlich 2,97, 1891 3,35, 1897 2,57 Tage und dauerte „in schwierigen Fällen“, wo längere Erhebungen des Heimatrechtes notwendig waren, zwischen acht und 28 Tage.

3565 Niederösterreichischer Statthaltereierlaß vom 21. April 1892, Z. 24017, alle Bezirkshauptmannschaften, Normalien-Sammlung (wie Anm. 359) II, Nr. 3236.

3566 Niederösterreichischer Statthaltereierlaß vom 9. März 1895, Z. 28161, an alle Bezirkshauptmannschaften, Normalien-Sammlung (wie Anm. 359) II, Nr. 3237.

Verwahrungshaft länger als 3 Monate andauern sollte, unter erschöpfender Darlegung der Gründe, welche diese Haft unvermeidlich erscheinen" ließen, an die Statthalterei berichtet werden. Trotzdem blieb es ein andauerndes Übel, daß die Anfragen betreffend die notwendige Zuständigkeitsfeststellung von den Unterbehörden häufig unbeantwortet blieben, was – wie die niederösterreichische Statthalterei 1906[3567] wieder einmal kritisierte – eine „Häufung der Schubhäftlinge im Polizeigefangenenhause und eine bedeutende Belastung des Sicherheitsfonds zur Folge" hatte.

Ein Erkenntnis der Schubbehörde war dem Angehaltenen gemäß § 9 Abs. 1 des Reichsschubgesetzes kundzumachen und falls es auf Freilassung lautete, war es „allsogleich zu vollziehen". Wurde gegen das Abschiebungs- oder Abschaffungserkenntnis einer Gemeinde ein Rekurs ergriffen, so hatte der „Gemeindevorsteher hierüber ein Protokoll aufzunehmen und dasselbe binnen 24 Stunden im Wege der Erkenntnißbehörde an die Recurs-Instanz einzusenden" (§ 9 Abs. 2). Über Rekurse gegen Abschiebungs- und Abschaffungserkenntnisse der in § 5 des Reichsschubgesetzes bestimmten Behörden, welche – wie die niederösterreichische Statthalterei 1901[3568] nachdrücklich ausführte – nur angenommen werden durften, wenn sie sofort eingebracht wurden, entschied bis 1918 der Landeschef, später der Landeshauptmann und bis 1929 auch die Landesregierung[3569]. Gegen diese Entscheidung war ein Rekurs unzulässig (§ 7). Ausweisungserkenntnisse waren nach eingetretener Rechtskraft „sofort in Vollzug zu setzen" (§ 9 Abs. 1.), wobei die „competente Behörde" entweder selbst unmittelbar vor Ort den Vollzug des Erkenntnisses einzuleiten oder aber „sogleich eine Abschrift" des Erkenntnisses „dem Gemeindeamte des Ortes, wo sich die auszuweisende Person befindet, mit der Aufforderung zuzusenden" hatte, „dasselbe unmittelbar in Vollzug zu setzen". War dieses Gemeindeamt „mit der Besorgung der Schubgeschäfte nicht betraut", so hatte es „die Abschrift des Erkenntnisses und den Schübling mit allen ihm gehörigen Gegen-

---

3567 Niederösterreichischer Statthaltereierlaß vom 25. März 1906 Z. VII-3089, an alle Bezirkshauptmannschaften, Normalien-Sammlung (wie Anm. 359) IV, Nr. 5279.

3568 Niederösterreichischer Statthaltereierlaß vom 14. September 1901 an alle Bezirkshauptmannschaften, Z. 71073, Normalien-Sammlung (wie Anm. 359) III, Nr. 5097. Anlaß für diesen Erlaß war der Umstand, daß ein Schübling erst in der zweiten „am Schube berührten Station" gegen seine Abschiebung Rekurs anmeldete bzw. zu diesem Zweck seine Vorführung vor die Bezirkshauptmannschaft verlangte, obwohl ihm angeblich, aber nicht nachweisbar, in der ersten Schubstation das Erkenntnis verkündet worden war. Der Rekurs war in weiterer Folge von der Bezirkshauptmannschaft angenommen und schließlich das Schuberkenntnis bestätigt worden. Während dieser Zeit war der Schübling in der Schubstation inhaftiert, wodurch dem niederösterreichischen Landesfonds beträchtliche Kosten erwachsen waren. Dieser Vorgang entsprach nach Ansicht der Statthalterei nicht den Bestimmungen des Schubgesetzes, „welche die sofortige Recursanmeldung, sohin bei der das Schuberkenntnis fällenden Behörde im Auge haben und dem Recurs eine aufschiebende Wirkung zuschreiben".

3569 Siehe hinsichtlich der Berufungsinstanz(en) für die Zeit nach 1918 ausführlich die Anm. 3514. Rekurse gegen Abschiebungserkenntnisse waren sofort, gegen Abschaffungserkenntnisse aber binnen drei Tagen nach Kundmachung derselben einzubringen und hatten aufschiebende Wirkung (§ 7).

ständen und Documenten der nächsten, in der im Erkenntnisse vorgezeichneten Richtung gelegenen Schubstation zu überantworten"[3570].

Eine zeitliche oder örtliche Milderung oder Aufhebung von rechtskräftigen polizeiliche Ausweisungserkenntnisse konnte nur durch den Landeschef bzw. in Wien durch die Polizeidirektion[3571] erfolgen, während diese Befugnis für gerichtlich abgeschaffte oder landesverwiesene Personen dem Erkenntnisgericht bzw. in besonders dringlichen Fällen dem Justizministerium zustand[3572]. Die „Ueberwachung des Schubwesens überhaupt" oblag gemäß § 19 des Reichsschubgesetzes „den politischen Behörden". „Anordnungen darüber, insbesondere betreffend die Einrichtung von Haupt- und Particularschüben, dann die Schubstationen und Schubbegleitung" hatte die Landesstelle im Einvernehmen mit dem Landesausschusse zu erlassen.

C. *Abschiebungserkenntnis*

Notwendige Voraussetzung für die „Abschiebung einer Person mittels Zwangspasses oder Schubes" war gemäß § 4 Reichsschubgesetzes aber nicht nur das Vorliegen eines „rechtskräftigen Erkenntnisses der competenten Behörde", sondern auch, daß der Fällung des Ausweisungserkenntnisses die „Feststellung der Zuständigkeit und des gesetzliche Grundes" für die Ausweisung voranzugehen hatte, und es war „hievon dem

---

3570 So die Kundmachung der küstenländischen Statthalterei vom 22. Juli 1873, LGBl. Nr. 30, in Betreff der Durchführung des Gesetzes vom 27. Juli 1871, R.G.Bl. Nr. 88 über die Regelung der polizeilichen Abschaffung und des Schubwesens in der Markgrafschaft Istrien.

3571 Siehe dazu HECKE, Art. Schubwesen, in: Ernst Mischler/Josef Ulbrich (Hrsg.), Österreichisches Staatswörterbuch. Handbuch des gesamten österreichischen öffentlichen Rechts, IV, 2. Aufl. Wien 1909, S. 200; MAYRHOFER/PACE (wie Anm. 138) 2. Ergänzungsbd., S. 23, Anm. 5. Nach dem niederösterreichischen Statthaltereierlaß vom 1. März 1869 an die Wiener Polizeidirektion, Z. 5099, Normalien-Sammlung (wie Anm. 359) I, Nr. 9, durfte die „Sicherheitsbehörde die von ihr geschöpften Abschaffungserkenntnisse, wenn gegen dieselben kein Rekurs ergriffen wurde, und somit eine höhere Entscheidung nicht im Mittel liegt, bei dem Vorhandensein rücksichtswürdiger Umstände gänzlich oder versuchsweise im eigenen Wirkungskreise" aufheben. In Erweiterung dieser Vollmacht wurde sie mit dem niederösterreichischen Statthaltereierlaß vom 22. Februar 1906 Z. VII-1270, an die Wiener Polizeidirektion, Normalien-Sammlung (wie Anm. 359) IV, Nr. 5275, DEHMAL (wie Anm. 1723), S. 995, ermächtigt, von ihr gefällte Abschaffungserkenntnisse auch dann gänzlich oder versuchsweise aufzuheben, wenn gegen dieselben Rekurs ergriffen worden war, also eine Rekursentscheidung der Statthalterei vorlag. Mit Statthaltereierlaß vom 7. Mai 1906, Z. VII-1270/2, an die Wiener Polizeidirektion, Normalien-Sammlung (wie Anm. 359) IV, Nr. 5277, DEHMAL (wie Anm. 1723), S. 996, wurde die Polizeidirektion weiters ermächtigt, „über Gesuche Abgeschaffter um gnadenweise Aufhebung der Abschaffung oder um Gewährung einer zeitlichen Aufenthaltsbewilligung auch abweislich zu entscheiden, wenn der Mangel rücksichtswürdiger Gründe klar zutage liegt, so daß in Hinkunft solche Gesuche nur in zweifelhaften Fällen" der Statthalterei zur Entscheidung vorzulegen waren.

3572 Siehe dazu den Erlaß des Ministeriums des Innern vom 24. März 1897, Z. 6649, niederösterreichischer Statthaltereierlaß vom 30. April 1897 Z. 29187, an alle Bezirkshauptmannschaften, Normalien-Sammlung (wie Anm. 359) I, Nr. 364, siehe auch den Erlaß des Justizministeriums vom 1. Juli 1905, Z. 14641/5, MAYRHOFER/PACE (wie Anm. 138) III, S. 594, Anm. 2, 2. Ergänzungsbd., S. 23, Anm. 5.

Landesausschusse des Heimatlandes" des Ausgewiesenen die Anzeige zu machen. Wie die böhmische Statthalterei 1874[3573] einmahnte, sollten die „zur Fällung der Schubserkenntnisse berufenen Behörden ... bei Schöpfung von Abschiebungserkenntnissen unter eigener Verwantwortung strenge nach den Bestimmungen" des Reichsschubgesetzes vorgehen, „somit nur gegen wirklich zum Schube geeignete ... Individuen das Abschiebungserkenntnis ... fällen, welches Erkenntniß übrigens bei faktisch erwiesener Schüblingseigenschaft nur nach vorangegangener vollkommener Sicherstellung der Heimatszuständigkeit und nach den bestehenden Reichsverträgen, bei Ausländern nur nach eingeholter Zustimmung zur Übernahme an der auswärtigen Grenze oder in der Heimat erfolgen" konnte.

Die Notwendigkeit der Zuständigkeitsfeststellung vor Fällung des Erkenntnisses mußte allerdings vom Innenministerium bereits 1883[3574] neuerlich in Erinnerung gebracht werden, und da „in wiederholten Fällen die Wahrnehmung gemacht" wurde, daß „die zur Sicherstellung des Heimatrechtes zur Abschiebung bestimmter Individuen nothwendigen Erhebungen und Correspondenzen nicht mit der gebotenen Raschheit gepflogen" wurden. Überdies mußten mehrfach die Unterbehörden aufgefordert werden, den „zum Zweck der Sicherstellung der Heimat von abzuschiebenden Personen" an die Bezirkshauptmannschaften gelangenden Anfragen mit „aller Beschleunigung und zur Vermeidung wiederholter Anfragen und Correspondenzen auch mit möglichster Vollständigkeit" bei sonstiger Tragung des finanziellen Aufwandes zu entsprechen[3575]. Auch diese Vorschrift wurde offensichtlich nicht mit der gebotenen Sorgfalt von den betroffenen Behörden befolgt, denn 1902[3576] sah die die niederösterreichische Statthalterei abermals die Notwendigkeit, diesen einzuschärfen, die „aus Anlaß von Abschiebungen notwendigen Zuständigkeitserhebungen ... in jedem Falle auf das gewissenhafteste zu pflegen" und inbesondere darauf zu achten, ob der Ausgewiesene nicht durch die Heimatgesetznovelle von 1896[3577] seine bisherige Zuständigkeit verloren und ein anderweitiges Heimatrecht erworben hatte. Trotz dieser Ermahnungen stellte auch noch 1906[3578] die niederösterreichische Statthalterei fest, daß die an die politischen Bezirksbehörden und Gemeindeämter gerichteten Zuschriften der Polizeidirektion betreffend die notwendigen Zuständigkeitserhebungen „häufig ohne besonderen Grund durch geraume Zeit unbeantwortet gelassen" wurden, was infolge dadurch verlängerter Verwah-

---

3573 Kundmachung des Statthalters in Böhmen vom 25. Februar 1874, LGBl. Nr. 8, betreffend die mit dem Landesausschusse des Königreiches Böhmen vereinbarte Durchführung der mit dem Landesgesetze vom 15. Jänner 1873, Z. 3 L.-G.-Bl., hinausgegebenen Bestimmungen zum §. 14 und 16 des Reichsgesetzes vom 27. Juli 1871, Nr. 88 R.-G.-Bl.

3574 Erlaß des Ministeriums des Innern vom 10. September 1883, Z. 12291, siehe MAYRHOFER/PACE (wie Anm. 138) III, S. 593, Anm. 1.

3575 Erlaß des Ministeriums des Innern vom 3. März 1885 Z. 19371 ex 1884, niederösterreichischer Statthaltereierlaß vom 2. April 1885, Z. 11718, an alle Bezirksbehörden und die Wiener Polizeidirektion, Normalien-Sammlung (wie Anm. 359) II, Nr. 3246, DEHMAL (wie Anm. 1723), S. 986.

3576 Niederösterreichischer Statthaltereierlaß vom 13. November 1902, Z. 108068, an alle Bezirkshauptmannschaften, Normalien-Sammlung (wie Anm. 359) IV, Nr. 5278.

3577 Siehe dazu ausführlich S. 44 ff.

3578 Niederösterreichischer Statthaltereierlaß vom 25. März 1906, Z. VII-3089, an alle Bezirkshauptmanschaften, Normalien-Sammlung (wie Anm. 359) IV, Nr. 5279.

rungshaft der Ausgewiesenen eine unerwünschte Kostenvermehrung nach sich zog[3579]. Für derartige Kosten, die durch Nichtbeachtung des Reichsschubgesetzes und insbesondere durch die Anordnung einer Abschiebung ohne vorherige Feststellung der Heimatzuständigkeit des Schüblings entstanden waren, trug allerdings diejenige Behörde die Verantwortung, welche das Schuberkenntnis gefällt hatte[3580]. Aber auch diejenige Behörde, die eine Anfrage betreffend das Heimatrecht unbeantwortet gelassen hatte, konnte zum Ersatz von Schubkosten, nämlich der durch diese Säumnis erhöhten Verpflegungskosten, verurteilt werden[3581].

Zum Beleg dessen, daß das Heimatrecht des Abgeschobenen nicht zweifelhaft oder streitig war, mußten auch weiterhin die Heimatdokumente oder die von der Heimatbehörde erfolgte Anerkennung der Zuständigkeit dem Schubpaß im Original beigeschlossen werden[3582], denn auch nach dem Heimatgesetz von 1863 durfte bei sonstiger Zurückschiebung mit Haftung für alle Schäden und Kosten keine Gemeinde gegen Personen mit der Abschiebung vorgehen, bevor deren Heimatrecht nach den Bestimmungen dieses Gesetzes endgültig festgestellt war[3583]. Die Feststellung der Zuständigkeit konnte aber nicht nur durch Dokumente, sondern auch – wie es etwa für Istrien 1873[3584] ausdrücklich angeordnet wurde – durch Zeugenaussagen erfolgen. Da es allerdings vorkam, daß ein Landesausschuß den Ersatz von Schubkosten beanspruchte, die dadurch entstanden waren, daß der politische Bezirk, in dem der Heimatort eines Schüblings lag, nicht in den Schubdokumenten verzeichnet war und Schüblinge daher irrtümlich in falsche Orte gleichen Namens instradiert wurden, erteilte das Ministerium des Innern 1889[3585] die Anweisung, bei der Ausstellung der die Zuständigkeit nachwei-

---

3579 Siehe dazu auch S. 657 f.

3580 Verordnung des Statthalterei-Präsidiums für Galizien, Lodomerien und Krakau vom 21. August 1875, LGBl. Nr. 57, betreffend die Durchführung des Reichsgesetzes vom 27. Juli 1871, R.G.Bl. Nr. 88, in Betreff der Regelung der polizeilichen Abschaffung und des Schubwesens; so auch das Ministerium des Innern in einer Entscheidung vom 26. August 1881 über einen Rekurs eines Bezirkshauptmannes, der zum Ersatz der Schubkosten verurteilt worden war, weil er die Abschiebung einer Person angeordnet hatte, ohne vorher die Heimatzuständigkeit festgestellt zu haben, siehe JEGIEREK (wie Anm. 149), S. 66.

3581 So etwa die Entscheidung des Ministeriums des Innern vom 31. Juli 1882, JEGIEREK (wie Anm. 149), S. 66.

3582 Siehe etwa Landesculturvorschriften (wie Anm. 1377), S. 524.

3583 Gemäß § 43 des Heimatgesetzes von 1863, siehe dazu S. 207, 273, Anm. 200, durfte keine Gemeinde, „gegen Personen, deren Heimat unbekannt, zweifelhaft oder streitig ist, bevor ihr Heimatrecht nach den Bestimmungen des gegenwärtigen Gesetzes endgiltig festgestellt wurde, mit einer Abschiebung in eine andere Gemeinde, oder wenn eine solche dennoch geschehen wäre, mit einer Zurückschiebung bei Haftung für alle Schäden und Kosten vorgehen". Wurde jedoch die „Uebernahme von der hiezu nachmals als verpflichtet erkannten Gemeinde ohne Grund verweigert", so hatte „dieselbe allen durch eine solche Weigerung verursachten Aufwand zu ersetzen". Über die „Verpflichtung zum Ersatze" und über „den Betrag desselben" hatten die politischen Behörden zu erkennen.

3584 Kundmachung der küstenländischen Statthalterei vom 22. Juli 1873, LGBl. Nr. 30, in Betreff der Durchführung des Gesetzes vom 27. Juli 1871, R.G.Bl. Nr. 88 über die Regelung der polizeilichen Abschaffung und des Schubwesens in der Markgrafschaft Istrien.

3585 Erlaß des Ministeriums des Innern vom 11. Juli 1889, Z. 12448, siehe MAYRHOFER/PACE (wie Anm. 138) III, S. 595, Anm. 4.

senden Heimatdokumente, also der Heimatscheine, Arbeitsbücher und Dienstbücher, immer den politischen Bezirk, in welchem die jeweilige Gemeinde lag, anzugeben, damit solche Vorkommnisse und überflüssige Korrespondenzen zwecks Feststellung des tatsächlichen Heimatrechts vermieden werden konnten.

Im Falle einer Abschiebung eines aus der Haft tretenden Sträflings gemäß § 1 lit. d des Reichsschubgesetzes hatte nach § 8 Abs. 3 des Reichsschubgesetzes die Verwaltung des Straf- oder Zwangsarbeitshauses der Schubbehörde außerdem rechtzeitig vor Ablauf der dortigen Anhaltefrist Mitteilung zu machen, damit diese das Schuberkenntnis fällen konnte. Mit Erlässen der Ministerien des Innern und der Justiz von 1875[3586] wurden darüber hinaus die Gerichtshöfe und Strafanstalten beauftragt, die Auskunftstabellen über Sträflinge, welche ihre Strafe bei Gericht verbüßten, gleich beim Antritt der Strafe, und über Sträflinge, welche in Strafanstalten verwahrt wurden, mindestens sechs Monate vor Ablauf ihrer Strafzeit der politischen Bezirksbehörde des Aburteilungsortes mit Beilegung etwaiger Zuständigkeitsdokumente vorläufig zur Einsicht mitzuteilen. Die Schubbehörden kamen hiedurch in die Lage, das Heimatrecht des Sträflings, sofern es nicht schon zweifelsfrei feststand, schon während der Strafzeit zu erheben, damit es nicht zu unnötigen Verzögerungen der Abschiebung kam. Hinsichtlich der bloß wegen Übertretungen Verurteilten blieb es bei den bestehenden Vorschriften[3587], wonach die Auskunftstabellen von den Bezirksgerichten umittelbar bei Anordnung der Strafvollstreckung, also beim Antritt der Strafe, den politischen Behörden zu übergeben waren. In diesem Sinne hatte etwa das mährisch-schlesische Oberlandesgericht 1888[3588] die Gerichte in Mähren angewiesen, sobald in einem in Rechtskraft erwachsenen Strafurteil die Abschaffung nach überstandener Strafe ausgesprochen wurde oder die Abschiebung nach § 1 lit. d des Reichsschubgesetzes einzutreten hatte, davon sofort unter Bekanntgabe der Generalien der abzuschiebenden Person die Mitteilung an die betreffende Schubstationsgemeinde zu machen, damit von dieser schon während der Haft dessen allfällig noch zweifelhafte Zuständigkeit ermittelt werden konnte. Nach § 16 der Strafregisterverordnung von 1920 hatten weiters die Bezirksgerichte und die Leiter der Gerichtshofgefängnisse und der Strafanstalten die bevorstehende Entlassung von Personen, gegen die nach § 1 des Reichsschubgesetzes auf Abschiebung erkannt worden war, spä-

---

[3586] Erlaß des Justizministeriums vom 24. Mai 1875, Z. 6719, und Erlaß des Ministeriums des Innern vom 7. Juni 1875 Z. 7830, Normalien-Sammlung (wie Anm. 359) I, Nr. 370; siehe dazu auch Österreichische Zeitschrift für Verwaltung VIII (1875), Nr. 26, S. 104, Nr. 31, S. 124, PRUCHA (wie Anm. 1207), S. 236 f., Anm. 1.

[3587] § 7 der Verordnung des Ministeriums der Justiz vom 5. März 1853, RGBl. Nr. 44, giltig für alle Kronländer, in welchen die Strafproceß-Ordnung vom 17. Jänner 1850 in Wirksamkeit ist, wodurch im Einverständnisse mit dem Ministerium des Innern und der obersten Polizei-Behörde für die genannten Kronländer, die mit Hofdecret vom 30. November 1821, Nr. 1818 der Justiz-Gesetzsammlung ertheilte Vorschrift wegen Ausfertigung der strafgerichtlichen Auskunftstabellen und weiterer Behandlung derselben mit mehreren Abänderungen neuerlich kundgemacht wird.

[3588] Note des mährisch-schlesischen Oberlandesgerichtes vom 4. Februar 1888, Z. 1444, siehe ZVOLSKY (Anm. 1117), S. 72.

testens drei Monate vor dem voraussichtlichen Zeitpunkt der Entlassung, wenn aber die Strafe drei Monate nicht überstieg, sogleich beim Antritt der Strafe bekanntzugeben[3589].

Über die in § 4 des Reichsschubgesetzes angeordnete „Feststellung ... des gesetzlichen Grundes" hinaus normierte 1875[3590] eine galizische Verordnung, daß in den „auf zwangsweise Beförderung mittelst Schubes lautenden Erkenntnissen" auch der Grund anzuführen sei, „weßhalb die Anwendung dieser Maßregel als nöthig erachtet wurde", da § 3 des Reichsschubgesetzes vorgeschrieben hatte, die Anwendung des Schubes so lange zu vermeiden, als der Zweck derselben durch die Erteilung eines Zwangspasses erreicht werden könne. Außerdem präzisierte diese Verordnung, daß die Schubbehörde im Erkennntnis die Schubstationen, welche der Schübling zu nehmen hatte, genau zu benennen hatte, und im Falle der Eisenbahnbenützung sowohl „die Bahnstation, wo der Schübling einzusteigen als auch die Bahnstation, wo er abzusteigen" hatte, bestimmen sollte. Grundsätzlich war bei dieser Angabe der Richtung, in der die Beförderung zu erfolgen hatte, von der Schubbehörde freilich auf den „kürzesten Weg zur nächsten Sammel- oder Hauptstation" Rücksicht zu nehmen. Bei Abschiebungen mittels Zwangspaß war weiters die Frist für den zurückzulegenden Weg zu bestimmen und „dabei die Bemerkung zu machen, ob die abzuschiebende Person die zum Tragen der Reisekosten nöthigen Mittel besitzt oder ob derselben zur Verpflegung eine Unterstützung zu gewähren" war. Ebenfalls sollten in Erkenntnissen auf Abschiebung unter Begleitung von Wachorganen, also mittels Schubes, die dabei anzuwendenden Sicherheitsmaßregeln bezeichnet und namentlich bestimmt werden, ob die „abzuschiebende Person den vorgeschriebenen Weg unter Begleitung der k.k. Gendarmerie oder in Ketten u.d.gl. zurückzulegen" hatte.

Die vom Reichsschubgesetz in § 4 vorgesehenen Anzeigen an den Landesausschuß über die gefällten Schuberkenntnisse waren entweder vierteljährlich[3591] oder von Fall

---

3589 Sofern diese Behörden nicht schon gemäß § 15 benachricht worden waren. Gemäß § 15 der Verordnung der Bundesministerien für Inneres und Unterricht und für Justiz vom 10. Dezember 1920, BGBl. Nr. 39, über das Strafregister und die Benachrichtigung der Verwaltungsbehörden von strafgerichtlichen Verurteilungen (Strafregisterverordnung) hatten die Leiter der gerichtlichen Gefangenenhäuser und der Strafanstalten den Strafantritt von Personen, die wegen eines Verbrechens verurteilt worden waren, und den voraussichtlichen Zeitpunkt der Entlassung beim Strafantritt des Verurteilten derjenigen politischen Behörde erster Instanz oder der Bundespolizeibehörde mitzuteilen, in deren Sprengel das erkennende Gericht seinen Sitz hatte. Wurde der Sträfling früher oder später entlassen, so war der Zeitpunkt der Entlassung so bald als möglich der genannten Behörde anzuzeigen.

3590 Verordnung des Statthalterei-Präsidiums für Galizien, Lodomerien und Krakau vom 21. August 1875, LGBl. Nr. 57, betreffend die Durchführung des Reichsgesetzes vom 27. Juli 1871, R.G.Bl. Nr. 88, in Betreff der Regelung der polizeilichen Abschaffung und des Schubwesens.

3591 So etwa der der niederösterreichische Statthaltereierlaß vom 10. Juni 1873, siehe Landesculturvorschriften (wie Anm. 1377), S. 524, wonach die Anzeigen über die gefällten Schubererkenntnisse nicht von Fall zu Fall, sondern mittels Einsendung vierteljährlicher Auszüge aus den Schubprotokollen unter deutlicher Angabe sämtlicher für „Abschiebungs-Angaben" vorgeschriebenen Daten direkt an die Landesbuchhaltung jedes einzelnen Landes Cisleithaniens einzusenden waren; so auch der Erlaß des Statthalters von Oberösterreich vom 17. November 1873, LGBl. Nr. 65, womit eine Instruction für die Schubbehörden und Gemeinden zur Durchführung der Schubvorschriften erlassen wird; siehe auch: die Kundmazu Fall[3592] an die jeweilige Landesbuchhaltung einzusenden, wobei in Böhmen diese Auszüge folgende Angaben zu enthalten hatten: „a) den Tauf- und Zunamen des Schüblings und der mitgehenden Familienmitglieder; b) dessen Heimatsgemeinde, politischen Bezirk, beziehungsweise das Land; c) das Datum und die Zahl des Abschiebungserkenntnisses; d) die Ursache der Abschiebung und die Station, welche die Abschiebung vollzog; e) die Angaben, ob die Abschaffung mittelst eigentlichen Geleitscheines, mittelst Zwangspasses (gebundener Marschroute) angeordnet wurde; endlich f) die Bemerkung, in welcher Art die Heimatszuständigkeit sichergestellt wurde; dann bei den mit Zwangspaß Instradirten, ob selbe eigene Subsistenzmittel für den Heimweg besitzen, oder ob ihnen bei Abgang derselben in Durchzugsstationen die gesetzliche Atzungsunterstützung zu verabreichen ist“[3593]. Schuberkenntnisse betreffend ungarische Unterta-

---

chung des Statthalters in Böhmen vom 25. Februar 1874, LGBl. Nr. 8, betreffend die mit dem Landesausschusse des Königreiches Böhmen vereinbarte Durchführung der mit dem Landesgesetze vom 15. Jänner 1873, Z. 3 L.-G.-Bl., hinausgegebenen Bestimmungen zum §. 14 und 16 des Reichsgesetzes vom 27. Juli 1871, Nr. 88 R.-G.-Bl., nach welcher die zur Fällung der Schuberkenntnisse berufenen Behörden „gleich nach Ablauf eines jeden Quartals die ... Auszüge aus den Schubprotokollen über alle individuellen, während des Quartals gefällten Schubserkenntnisse an die Landesbuchhaltung einzusenden“ hatten; siehe auch den Erlaß des Statthalters von Oberösterreich vom 17. November 1873, LGBl. Nr. 65, womit eine Instruction für die Schubbehörden und Gemeinden zur Durchführung der Schubvorschriften erlassen wird; die Kundmachung der küstenländischen Statthalterei vom 22. Juli 1873, LGBl. Nr. 30, in Betreff der Durchführung des Gesetzes vom 27. Juli 1871, R.G.Bl. Nr. 88 über die Regelung der polizeilichen Abschaffung und des Schubwesens in der Markgrafschaft Istrien; die Kundmachung der küstenländischen Statthalterei vom 22. Juli 1873, LGBl. Nr. 31, in Betreff der Durchführung des Gesetzes vom 27. Juli 1871, R.G.Bl. Nr. 88 über die Regelung der polizeilichen Abschaffung und des Schubwesens in der gefürsteten Grafschaft Görz und Gradiska; sowie die Kundmachung des Statthalters in Salzburg vom 11. Juni 1873, LGBl. Nr. 23, betreffend die Einsendung der ¼jährigen Ausweise über die gefällten Schub-Erkenntnisse an die Landschafts-Buchhaltung des Heimatlandes des Schüblings.

3592 Bereits 1876 stellte der niederösterreichische Landesausschuß das Ersuchen, daß die Schubbehörden die Abschiebungen von Fall zu Fall mitteilen sollten, so der niederösterreichische Statthaltereierlaß vom 13. Mai 1876, Z. 13910, siehe MAYRHOFER (wie Anm. 679) II, S. 619, Anm. 2; siehe auch die Kundmachung der Landesregierung in Salzburg vom 29. März 1905, LGBl. Nr. 24, betreffend die im Falle der Abschiebung oder polizeilichen Abschaffung einer Person von den Schubbehörden dem Landesausschusse des Heimatlandes zu erstattenden Anzeigen; siehe auch die Verordnung des mährischen Statthalters vom 30. Dezember 1872, LGBl. Nr. 2, betreffend die Anweisung der die Schubs-Erkenntnisse fällenden Behörden über die Art der Erstattung von Anzeigen an den Landesausschuß des Heimatlandes des Schüblings.

3593 Nach der Verordnung des mährischen Statthalters vom 30. Dezember 1872, LGBl. Nr. 2, betreffend die Anweisung der die Schubs-Erkenntnisse fällenden Behörden über die Art der Erstattung von Anzeigen an den Landesausschuß des Heimatlandes des Schüblings, hatten die Schubbehörden die Anzeigen in der Art zu erstatten, „daß einerseits das Document, auf Grund dessen die Zuständigkeit des Schüblings constatirt wurde, genau bezeichnet, andererseits der Tag angegeben“ wurde, „mit welchem das Schubs-Erkenntniß zur Vollstreckung kam“; so auch die Verordnung der schlesischen Landesregierung vom 23. Februar 1872, LGBl. Nr. 11, zur Durchführung des Gesetzes vom 27. Juli 1871 (R.G.Bl. Nr. 88) in Betreff

nen sowie Mitteilungen über die erfolgte Abschiebung derselben waren hingegen bis 1879[3594] nicht an die das königlich ungarische Ministerium des Innern, sondern direkt an die zuständige Komitatsbehörde bzw. an den Magistrat der Stadt zu senden, in deren Bereich der Schübling heimatberechtigt war, während bei Abschiebungen nach Kroatien-Slawonien die Landesregierung in Agram zu verständigen war[3595]. Bei der Abschiebung bosnischer Landesangehöriger aus Cisleithanien mußte die Landesregierung in Sarajewo[3596] in Kenntnis gesetzt werden.

D. Ausführung der „Abschiebung"

1. Schubstationsgemeinden

Die „Ausführung der Abschiebung", also die Durchführung der Abschiebungserkenntnisse, oblag gemäß § 5 des Reichsschubgesetzes den Schubstationsgemeinden, also jenen Gemeinden, welche als Schubstationen bestellt waren, welche Bestellungen ab 1871 länderweise neu erfolgten bzw. modifiziert wurden[3597]. In Österreich unter der

---

der Regelung der polizeilichen Abschaffung und des Schubwesens. Nach der Kundmachung des Landes-Präsidenten für Schlesien vom 20. Juni 1873, LGBl. Nr. 40, womit die von der schlesischen Landesregierung im Einvernehmen mit dem schlesischen Landesausschusse festgestellte Eintheilung der Schubbezirke bekannt gegeben wird, waren die Anzeigen „in Kürze abzufassen", hatten aber „jedenfalls nebst dem deutlichen Vor- und Zunamen des Schüblings und seiner Heimatsgemeinde jenes Dokument, auf Grund dessen die Zuständigkeit des Schüblings ermittelt wurde, so wie jenen Tag ersichtlich zu machen, mit welchem das Schuberkenntnis zur Vollstreckung kam".

3594 Ministerialerlaß vom 20. März 1872, siehe die Kundmachung der Landesregierung in Salzburg vom 26. März 1872, LGBl. Nr. 16, betreffend die Abschiebung ungarischer Unterthanen; Erlaß des Ministeriums des Innern vom 6. November 1879, Z. 16400, sowie vom 5. Juli 1883, Z. 8928, siehe Normalien-Sammlung (wie Anm. 359) V, Nr. 6327.

3595 Erlaß des Ministeriums des Innern vom 20. August 1907, Z. 25584 ex 1906, niederösterreichischer Statthaltereierlaß vom 12. Oktober 1907, Z. VII-5063/1, an alle Bezirkshauptmannschaften und die Wiener Polizeidirektion, Normalien-Sammlung (wie Anm. 359) V, Nr. 6327.

3596 Niederösterreichischer Statthaltereierlaß vom 25. April 1895, Z. 79740, MAYRHOFER/PACE (wie Anm. 138) III, S. 603.

3597 Siehe etwa das „Verzeichnis der Schubstationen und der in der Nähe befindlichen Eisenbahnstationen", Beilage zur Kundmachung des Statthalters für Böhmen vom 22. August 1879, LBGl. Nr. 34, in Betreff der Benützung der Eisenbahnen bei der Instradirung von Schüblingen, siehe weiters z.B. die Kundmachungen des Statthalters betreffend die Errichtung bzw. Auflassung u.a. von Schubstationen: vom 14. Dezember 1877, LGBl. Nr. 88, vom 21. September 1878, LGBl. Nr. 44, vom 11. Dezember 1878, LGBl. Nr. 60, vom 17. März 1879, LGBl. Nr. 16, vom 8. April 1882, LGBl. Nr. 29, vom 22. Juli 1884, LGBl. Nr. 37, vom 18. Oktober 1889, LGBl. Nr. 67, vom 24. Dezember 1897, LGBl. 1898 Nr. 3, vom 7. November 1900, LGBl. Nr. 76, vom 1. Juni 1909, LGBl. Nr. 39; weiters das „Verzeichniß der Schubstationsgemeinden und der denselben zugewiesenen Ortsgemeinden", Beilage zum Erlaß des Statthalters für Oberösterreich vom 17. November 1873, LGBl. Nr. 64, betreffend die Bestimmung der Schubstations-Gemeinden und die Uebertragung der Fällung der Schuberkenntnisse an dieselben, geändert etwa durch Erlaß des Statthalters von Oberösterreich vom 12. Februar 1875, LGBl. Nr. 6, betreffend eine Vermehrung der im politischen

Bezirke Rohrbach bestehenden Schubstationsgemeinden und Aenderung in der Zuweisung der Ortsgemeinden zu denselben, Kundmachung des Statthalters in Oberösterreich vom 1. März 1884, LGBl. Nr. 8, betreffend die Errichtung einer Schubstation zu Ach im politischen Bezirke Braunau am Inn und Zuweisung von Ortsgemeinden zu derselben, Kundmachung des Vize-Präsidenten und Leiters der Statthalterei für das Erzherzogthum Oesterreich ob der Enns vom 9. August 1881, LGBl. Nr. 9, betreffend Zuweisung der Ortsgemeinde Ausfelden zur Schubstationsgemeinde Ebelsberg, Erlaß des Statthalters vom 2. März 1892, LGBl Nr. 4, betreffend die Auflassung der Schubstationsgemeinde Sarteinsbach und die Änderung des territorialen Umfanges der Schubstationsgemeinden im Bezirke Rohrbach sowie Verordnung der oberösterreichischen Statthalterei vom 11. Dezember 1903, LGBl. Nr. 34, betreffend die Neueinteilung der Schubstationsgemeinden in Oberösterreich, Kundmachung der Statthalterei vom 8. April 1908, LGBl. Nr. 17, betreffend die Änderung des territorialen Umfanges der Schubstationsgemeinden Oberösterreichs; siehe auch die Verordnung der Landesregierung Salzburg vom 27. November 1871, LGBl. Nr. 34, in Betreff der Durchführung des Reichsgesetzes vom 27. Juli 1871 über die Regelung der polizeilichen Abschaffung und des Schubwesens, siehe auch die frühere Kundmachung des Landes-Präsidenten vom 22. November 1869, LGBl. Nr. 34, über die Auflassung der Schubstation Lend, und das Gesetz vom 20. Dezember 1869, LGBl. Nr. 40, betreffend die Bildung der Schub- und Vorspanns-Concurrenz-Bezirke; die Kundmachung des Landes-Präsidenten für Schlesien vom 20. Juni 1873, LGBl. Nr. 40, womit die von der schlesischen Landesregierung im Einvernehmen mit dem schlesischen Landesausschusse festgestellte Eintheilung der Schubbezirke bekannt gegeben wird, mit „Schubbezirks-Eintheilung in Schlesien"; die Kundmachung der küstenländischen Statthalterei vom 22. Juli 1873, LGBl. Nr. 30, in Betreff der Durchführung des Gesetzes vom 27. Juli 1871, R.G.Bl. Nr. 88 über die Regelung der polizeilichen Abschaffung und des Schubwesens in der Markgrafschaft Istrien, Kundmachungen der Statthalterei vom 27. Juli 1877, LGBl. Nr. 14, betreffend die Errichtung einer neuen Schubstation in Malinsca auf der Insel Veglia (Istrien), vom 1. Mai 1892, LGBl. Nr. 9, betreffend die Erklärung der Gemeinde Cervignano zur Schubstation und Auflassung der Schubstation in der Gemeinde Visco (Görz-Gradisca); das Verzeichnis der Schubstationen in Anhang der Verordnung des Statthalterei-Präsidiums für Galizien, Lodomerien und Krakau vom 21. August 1875, LGBl. Nr. 57, betreffend die Durchführung des Reichsgesetzes vom 27. Juli 1871, R.G.Bl. Nr. 88, in Betreff der Regelung der polizeilichen Abschaffung und des Schubwesens, siehe weiters auch die Verordnung der Statthalterei vom 7. Juli 1876, LGBl. Nr. 27, betreffend die Beförderung der Schüblinge unter Begleitung von Wachorganen, sowie z.B. die Kundmachungen der Statthalterei betreffend die Verlegung von Schubstationen vom 19. Dezember 1876, LGBl. Nr. 13, vom 23. Jänner 1877, LGBl. Nr. 16, vom 26. Mai 1877, LGB. Nr. 28, vom 12. November 1877, LGBl. Nr. 47, vom 22. April 1881, LGBl. Nr. 45, vom 15. Dezember 1881, LGBl. 1992 Nr. 73, vom 26. Februar 1883, LGBl. Nr. 25, vom 10. April 1889, LGBl. Nr. 28, vom 8. Dezember 1896, LGBl. Nr. 73, die Kundmachungen der Statthalterei betreffend die Errichtung neuer Schubstationen: vom 12. März 1877, LGBl. Nr. 23, vom 22. Mai 1878, LGBl. Nr. 39, vom 8. Juli 1890, LGBl. Nr. 36, vom 6. September 1890, LGBl. Nr. 41, vom 10. Dezember 1894, LGBl. 1895 Nr. 3, vom 16. August 1902, LGBl. Nr. 73, die Kundmachungen der Statthalterei betreffend die Auflassung bzw. Aufhebung von Schubstationen: vom 18. Juni 1877, LGBl. Nr. 34, vom 10. August 1880, LGBl. Nr. 26, vom 17. April 1886, LGBl. Nr. 54, vom 16. Juni 1888, LGBl. Nr. 69, vom 22. September 1888, LGBl. Nr. 82; Kundmachungen des Statthalters in Dalmatien vom 1. Mai 1872, LGBl. Nr. 27, womit eine Vorschrift zur Durchführung des Reichsgesetzes vom 27. Juli 1871 R.G.B. XXXV Stück Nr. 88, betreffend die Regelung der polizeilichen Abschaffung und des Schubwesens verlautbart wird, vom 8. März 1905, LGBl. Nr. 9, womit in Abänderung der Kundmachung vom 1. Mai 1872, LGBl. Nr. 27, in Parasto im politischen Bezirk Cattaro ei-

Enns wurden außerdem 1875[3598] sogenannte „Concurrenzbezirke“[3599] geschaffen, die ursprünglich von jeweils einer Schubstationsgemeinde „mit den ihr behufs der Erkenntnißfällung zugewiesenen Aufgreifsgemeinden“ bzw. seit 1888[3600] von jeder „im Amts-

ne Schubstation errichtet und jene in Risano aufgehoben wird; Verordnung der Bukowinaer Landesregierung vom 22. Februar 1875, LGBl. Nr. 10, betreffend die Regelung des Schubwesens im Herzogthume Bukowina, Kundmachung der Landesregierung vom 29. Juli 1875, LGBl. Nr. 19, mittels welcher mehrer in dem der Verordnung vom 22. Februar 1875, L.G.B. Nr. 10, beigedruckten Verzeichnisse der Schubstationen und Schubrouten unrichtig angeführte Meilendistanzen zwischen den einzelnen Gemeinden richtiggestellt werden, Kundmachung der Landesregierung vom 19. Februar 1876, LGBl. Nr. 7, mittels welcher ein Verzeichnis der Schubbehörden und Schubstationen mit Angabe der Entfernungen zwischen den einzelnen Schubstationen in Kilometern veröffentlicht wird, Kundmachung der Landesregierung vom 16. November 1894, LGBl. Nr. 26, mit welcher ein rectificierte Verzeichnis der Schubbehörden und Schubstationen bei Angabe der Kilometer-Entfernung zwischen den einzelnen Schubstationen verlautbart wird, siehe weiters zur Bestellung bzw. Auflassung von Schubstationen die Verordnungen der Landesregierung: vom 21. Mai 1876, LGBl. Nr. 18, vom 15. November 1876, LGBl. Nr. 27, vom 30. Jänner 1896, LGBl. Nr. 6, und zur Korrektur von Entfernungen zwischen Schubstationen die Kundmachungen des Landespräsidenten vom 10. Mai 1876, LGBl. 15; die Kundmachungen des Statthalters in Kärnten vom 5. Dezember 1873, LGBl. Nr. 40 (betreffend die Wiedererrichtung der Schubstation in Eberstein), vom 13. April 1874, LGBl. Nr. 19 (betreffend die Errichtung einer Schubstation in Seeland), Kundmachungen der Landesregierung vom 18. Juni 1897, LGBl. Nr. 16 (betreffend die Verlegung der Schubstation Unterloibl nach Oberferlach), vom 20. Oktober 1899, LGBl. Nr. 27 (betreffend die Auflassung der Schubstation in St. Andrä); die Kundmachungen des Statthalters in Steiermark vom 18. April 1873, LGBl. Nr. 25, über die Berechtigung des Gemeindeamte zu den Functionen einer Schubstation, weiters betreffend die Bestellung von Schubstationen: vom 14. April 1874, LGBl. Nr. 30, vom 4. April 1874, LGBl. Nr. 1874, LGBl. 31, vom 23. Dezember 1874, LGBl. 1875 Nr. 4, vom 14. Juni 1875, LGBl. Nr. 31, vom 19. März 1900, LGBl. Nr. 13, betreffend die Errichtung und Auflassung von Schubstationen: vom 31. Oktober 1889, LGBl. Nr. 13, vom 24. Jänner 1890, LGBl. Nr. 14, vom 12. August 1896. LGBl. Nr. 54, betreffend die Verlegung einer Schubstation: vom 8. März 1906, LGBl. Nr. 14, betreffend die Auflassung einer Schubstation: vom 19. Juli 1890, LGBl. Nr. 31; Kundmachung der Krainer Landesregierung vom 15. Juli 1872, LGBl. Nr. 28, betreffend die Verlegung der Schubstation Sittich nachWeixelburg, Kundmachung der Landesregierung vom 15. März 1905, LGBl. Nr. 6, mit welcher im Einvernehmen mit dem Landesausschusse an Stelle der Gemeinde Planina die Gemeinde Oberloitsch als Schubstationsgemeinde bestimmt wird; Kundmachungen des schlesischen Landes-Präsidenten vom 4. Juli 1878, LGBl. Nr. 29, womit die Auflassung der Schubstation Ustron bekanntgegeben wird, vom 23. Jänner 1891, LGBl. Nr. 20, betreffend die Auflassung der Schubstation Ober-Toschonowitz; siehe auch die Anm. 3537, 3539 ff.; siehe detailliertere Belege auch bei MAYRHOFER/PACE (wie Anm. 138) 2. Ergänzungsbd., S. 32 ff., MAYRHOFER/PACE (wie Anm. 138) III, S. 615 ff.

3598 Gesetz vom 25. Juni 1875, LGBl. Nr. 46, betreffend die Bildung von Schubconcurrenzbezirken in Niederösterreich, wirksam für das Erzherzogthum Oesterreich unter der Enns.

3599 Salzburg hatte schon mit dem Gesetz vom 20. Dezember 1869, LGBl. Nr. 40, betreffend die Bildung der Schub- und Vorspanns-Concurrenz-Bezirke solche Bezirke gebildet, die allerdings noch hauptsächlich der kostengünstigen Beschaffung der Vorspannsfuhren dienten.

3600 Gesetz vom 23. März 1888, LGBl. Nr. 46, mit welchem die §§. 2, 3 und 4 des Gesetzes vom 25. Juni 1875, betreffend die Bildung von Schubconcurrenzbezirken in Niederösterreich

orte eines k.k. Bezirksgerichtes gelegene[n] Schubstation mit den zum Sprengel dieses k.k. Bezirksgerichts gehörigen Gemeinden" gebildet wurden. Schubstationen, welche nicht im Amtsort eines Bezirksgerichtes lagen, galten sonach als sogenannte „Filialstationen" der im Amtsort des Bezirksgerichtes befindlichen Schubstationen.

Die zu Schubstationen bestellten Gemeinden waren nun nach dem Reichsschubgesetz verpflichtet, „die ihnen in der Eigenschaft als Schubstation übertragenen Geschäfte zu besorgen" (§ 10 Abs. 1), also insbesondere den Schub- bzw. Zwangspaß auszustellen (§ 10 Abs. 2), die bei ihnen „eintreffenden Schüblinge zu übernehmen" – und zwar, wie der Verwaltungsgerichtshof 1879[3601] feststellte, ohne Rücksicht auf die Stunde des Eintreffens eines Schüblings –, die Schüblinge „an die nächste Schubstation, beziehungsweise Heimatgemeinde, auf die vorgeschrieben Weise zu befördern und für die sichere Begleitung der Schüblinge, für die Verpflegung derselben und für deren angemessene Unterbringung und Bewachung Sorge zu tragen" (§ 11 Abs. 1)[3602], zu welchem Zweck die Schubstationsgemeinden die erforderlichen „Schublocalitäten" in geeigneter Ausstattung bereitzustellen hatten[3603]. Außerdem waren die Schubstationen verpflichtet, die Schüblinge erforderlichenfalls zu reinigen und zu bekleiden[3604]. Wie allerdings die böhmische Statthalterei 1874[3605] einschärfte, durften die Schubstationen die „Abschiebung entlassener Sträflinge nur auf Grund von Schubserkenntnissen der zur Schöpfung derselben berufenen landesfürstlichen oder Kommunalbehörden, keinesfalls aber über bloße Aufforderung von Seite der Gerichte oder Strafanstalten veranlassen".

2. *Abschiebungsdokumente*

Zu den Aufgaben der Schubstationen gehörte gemäß dem Reichsschubgesetz, für jeden Ausgewiesenen nach Maßgabe des Ausweisungserkenntnisses den „Zwangspaß mit der Vorzeichung der genau einzuhaltenden Marschroute" oder aber den „Schubpaß" auszufertigen, welche Urkunden nach dem Eintreffen des Ausgewiesenen in seinem Bestimmungsort an diejenige Behörde zurückzusenden waren, welche das Erkenntnis gefällt hatten (§ 10). Der Schubpaß war also wie schon bisher nach den in For-

---

(Nr. 46 Landesgesetz- und Verordnungsblatt für das Erzherzogthum Oesterreich unter der Enns) abgeändert werden.

3601 Erkenntnis des VwGH vom 21. Juni 1879, Z. 1209, Slg. VwGH Nr. 519. Das Personal des Schublokals in der beschwerdeführenden Gemeinde hatte Schüblinge wegen der späten Stunde ihres Eintreffens nicht übernommen und dem Schubbegleiter „bedeutet, er solle die Schüblinge bis zum nächsten Tage früh überwachen und dann ... übergeben".

3602 Siehe dazu ausführlicher S. 692 f.

3603 Siehe dazu S. 576 ff. Die Beistellung von Schubarresten traf Gemeinden aber nur dann, wenn sie auch nachweislich als Schubstationen bestellt waren, siehe dazu das Erkenntnis des VwGH vom 28. September 1904, Z. 10140, Slg. VwGH Nr. 2899 (A.).

3604 Siehe dazu ausführlicher S. 693 ff.

3605 Kundmachung des Statthalters in Böhmen vom 25. Februar 1874, LGBl. Nr. 8, betreffend die mit dem Landesausschusse des Königreiches Böhmen vereinbarte Durchführung der mit dem Landesgesetze vom 15. Jänner 1873, Z. 3 L.-G.-Bl., hinausgegebenen Bestimmungen zum §. 14 und 16 des Reichsgesetzes vom 27. Juli 1871, Nr. 88 R.-G.-Bl.

mularen[3606] vorgeschriebenen Rubriken[3607] von der Schubstation auszustellen und sollte insbesondere die „Wegesrichtung, welche mit dem Schüblinge einzuhalten kömmt, nach Möglichkeit“ angeben[3608] und „auch die beiliegenden Documente und allfällige Barschaft, Pretiosen und Effekten des Schüblings genau“ anführen[3609]. Zusammen mit „den allfälligen Schriften und der Baarschaft des Schüblings“ war der Schubpaß dem Schubbegleiter „versiegelt zur Uebergabe an die nächste Schubstation zu behändigen“. Bei Einlangung an der nächsten Schubstation hatte der Schubbegleiter „das versiegelte Paket nebst dem Schüblinge an den dortigen Gemeinde-Vorsteher ... zu übergeben“ und sich „die richtig geschehene Übergabe auf dem ihm mitgegebenen Recepisse[3610] be-

3606 Siehe für ein derartiges Formular etwa den Erlaß der Landes-Regierung in Salzburg vom 30. Juni 1868, LGBl. Nr. 16, an die Bezirksämter, die Stadtgemeinde-Vorstehung Salzburg und die als Schubstationen fungirenden Gemeinde-Vorstehungen, wegen Durchführung des Gesetzes vom 12. Mai 1868 (R.-G.-B. Nr. 41) in Betreff der Auslagen für Schüblinge, sowie wegen der Handhabung des Schubwesens; die Kundmachung des Landes-Präsidenten von Kärnten vom 30. November 1871, LGBl. Nr. 30, womit eine Vorschrift zur Durchführung des Reichsgesetzes vom 27. Juli 1871 R.G.Bl. XXXV. Stück Nr. 88, betreffend die Regelung der polizeilichen Abschaffung und des Schubwesens, verlautbart wird; sowie die Kundmachung der Landesregierung für Krain vom 7. April 1872, LGBl. Nr. 13, betreffend die Einrichtung von Haupt- und Particularschüben, der Schubstationen und Schubbegleitung, dann der Ueberwachung des Schubwesens auf Grund des Gesetzes in Betreff der Regelung der polizeilichen Abschaffung und des Schubwesens vom 27. Juli 1871; siehe auch Muster D des Erlasses des Statthalters von Oberösterreich vom 17. November 1873, LGBl. Nr. 65, womit eine Instruction für die Schubbehörden und Gemeinden zur Durchführung der Schubvorschriften erlassen wird; Formular B der Kundmachung der küstenländischen Statthalterei vom 22. Juli 1873, LGBl. Nr. 30, in Betreff der Durchführung des Gesetzes vom 27. Juli 1871, R.G.Bl. Nr. 88 über die Regelung der polizeilichen Abschaffung und des Schubwesens in der Markgrafschaft Istrien; Formular B der Verordnung des Statthalterei-Präsidiums für Galizien, Lodomerien und Krakau vom 21. August 1875, LGBl. Nr. 57, betreffend die Durchführung des Reichsgesetzes vom 27. Juli 1871, R.G.Bl. Nr. 88, in Betreff der Regelung der polizeilichen Abschaffung und des Schubwesens, Kundmachung der Statthalterei vom 22. Dezember 1876, LGBl. Nr. 14, betreffend die Änderung des Formulares für die Schubpässe, Kundmachung des Landesausschusses vom 16. Jänner 1877, LGBl. Nr. 25, aus Anlaß der abgeänderten Formularien der Schubpässe; Formular B der Kundmachung des Statthalters in Dalmatien vom 1. Mai 1872, LGBl. Nr. 27, womit eine Vorschrift zur Durchführung des Reichsgesetzes vom 27. Juli 1871 R.G.B. XXXV Stück Nr. 88, betreffend die Regelung der polizeilichen Abschaffung und des Schubwesens verlautbart wird; siehe auch das Formular der Verordnung der Bukowinaer Landesregierung vom 22. Februar 1875, LGBl. Nr. 10, betreffend die Regelung des Schubwesens im Herzogthume Bukowina; siehe für einen ausgefüllten Schubpaß aus dem Jahre 1877 KOMLOSY (wie Anm. 204), S. 577.

3607 Siehe dazu zusammenfassend MAYRHOFER (wie Anm. 679) II, S. 630 f.

3608 Erlaß des Statthalters von Oberösterreich vom 17. November 1873, LGBl. Nr. 65, womit eine Instruction für die Schubbehörden und Gemeinden zur Durchführung der Schubvorschriften erlassen wird.

3609 Ebd.

3610 Siehe z.B. das Formular F für das Rezepisse im Anhang zur Kundmachung der küstenländischen Statthalterei vom 22. Juli 1873, LGBl. Nr. 30, in Betreff der Durchführung des Gesetzes vom 27. Juli 1871, R.G.Bl. Nr. 88 über die Regelung der polizeilichen Abschaffung und des Schubwesens in der Markgrafschaft Istrien; und zur Kundmachung der küstenländischen Statthalterei vom 22. Juli 1873, LGBl. Nr. 31, in Betreff der Durchführung des Gesetzes

stätigen zu lassen hatte, welches er sogleich nach der Ankunft seinem Gemeindevorsteher übergeben sollte[3611]. Der von allen Schubstationen gehörig ausgefüllte Schubpaß war schließlich von der dem Bestimmungsort des Schüblings zunächst liegenden Schubstation nach Übergabe des Schüblings mitsamt seinen „Effecten und Documenten" an die Behörde, welche das Ausweisungserkenntnis gefällt hatte, zu übersenden, welche Vorschrift allerdings „häufig außer acht gelassen" wurde[3612].

Auch die Zwangspässe wurden von den Schubstationen nach vorgeschriebenen Formularen[3613] ausgestellt, wobei Niederösterreich sogar zwischen „dermalen im Gebrauch stehenden Zwangspaßformularien" für bemittelte Ausgewiesene und den neuen Formularen für unterstützungswürdige mittellose Personen, in welchen nun die Anwei-

---

vom 27. Juli 1871, R.G.Bl. Nr. 88 über die Regelung der polizeilichen Abschaffung und des Schubwesens in der gefürsteten Grafschaft Görz und Gradiska; Beilage zur Kundmachung der Landesregierung für Krain vom 7. April 1872, LGBl. Nr. 13, betreffend die Einrichtung von Haupt- und Particularschüben, der Schubstationen und Schubbegleitung, dann der Ueberwachung des Schubwesens auf Grund des Gesetzes in Betreff der Regelung der polizeilichen Abschaffung und des Schubwesens vom 27. Juli 1871.

3611 So die Verordnung der Landesregierung Salzburg vom 27. November 1871, LGBl. Nr. 34, in Betreff der Durchführung des Reichsgesetzes vom 27. Juli 1871 über die Regelung der polizeilichen Abschaffung und des Schubwesens.

3612 Siehe etwa den Erlaß des mährischen Landesausschusses vom 12. April 1878, ZVOLSKY (Anm. 1117), S. 27, welche die Schubstationsgemeinden anwies, „künftighin diese Vorschrift genau zu beachten", sowie den Erlaß vom 9. Juni 1882, ebd., S. 28.

3613 Siehe für ein derartiges Formular die Kundmachung des Landes-Präsidenten von Kärnten vom 30. November 1871, LGBl. Nr. 30, womit eine Vorschrift zur Durchführung des Reichsgesetzes vom 27. Juli 1871 R.G.Bl. XXXV. Stück Nr. 88, betreffend die Regelung der polizeilichen Abschaffung und des Schubwesens, verlautbart wird. Einzutragen waren u.a. Angaben zum Ausweisungserkenntnis, Name, „Profession oder Beschäftigung", Alter, Geburtsort des Ausgewiesenen, Zuständigkeitsort sowie eine „Personsbeschreibung" mit folgenden Rubriken: Statur, Gesicht, Haare, Mund, Nase, Augen, besondere Kennzeichen, Kleidung; siehe auch das Formular der Kundmachung der Landesregierung für Krain vom 7. April 1872, LGBl. Nr. 13, betreffend die Einrichtung von Haupt- und Particularschüben, der Schubstationen und Schubbegleitung, dann der Ueberwachung des Schubwesens auf Grund des Gesetzes in Betreff der Regelung der polizeilichen Abschaffung und des Schubwesens vom 27. Juli 1871; siehe auch das Muster C des Erlasses des Statthalters von Oberösterreich vom 17. November 1873, LGBl. Nr. 65, womit eine Instruction für die Schubbehörden und Gemeinden zur Durchführung der Schubvorschriften erlassen wird; Formular A der Kundmachung der küstenländischen Statthalterei vom 22. Juli 1873, LGBl. Nr. 30, in Betreff der Durchführung des Gesetzes vom 27. Juli 1871, R.G.Bl. Nr. 88 über die Regelung der polizeilichen Abschaffung und des Schubwesens in der Markgrafschaft Istrien; Formular A der Verordnung des Statthalterei-Präsidiums für Galizien, Lodomerien und Krakau vom 21. August 1875, LGBl. Nr. 57, betreffend die Durchführung des Reichsgesetzes vom 27. Juli 1871, R.G.Bl. Nr. 88, in Betreff der Regelung der polizeilichen Abschaffung und des Schubwesens; Formular B der Kundmachung des Statthalters in Dalmatien vom 1. Mai 1872, LGBl. Nr. 27, womit eine Vorschrift zur Durchführung des Reichsgesetzes vom 27. Juli 1871 R.G.B. XXXV Stück Nr. 88, betreffend die Regelung der polizeilichen Abschaffung und des Schubwesens verlautbart wird; siehe für einen ausgefüllten Zwangspaß aus dem Jahr 1876 KOMLOSY (wie Anm. 204), S. 582.

sung einer Unterstützung ausdrücklich anzumerken war, unterschied[3614]. Wie auch schon bisher in den Schubpässen war auch in den Zwangspässen nicht nur der „Weg, welchen der Abgeschobene zurückzulegen“ hatte, zu vermerken, sondern auch die einzuhaltenden „Fristen und Stationen“ waren „mit Rücksicht auf die maßgeblichen Verhältnisse nach Thunlichkeit zu bezeichnen“[3615]. Überdies mußte in den Zwangspaß „die geeignete Bemerkung über die Nothwendigkeit“ der Anschaffung von Kleidungsstükken, hinsichtlich derer der Bedarf „als unumgänglich“ anerkannt worden war[3616], eingetragen und die Beistellung von notwendigen Fuhren[3617] vermerkt werden. Der Zwangspaß selbst verblieb beim Instradierten bis zum Eintreffen in seiner Heimatgemeinde, wo diesem der Paß abgenommen und unter Bestätigung der Übernahme des Instradierten an die ausstellende Behörde zurückgesendet wurde[3618].

3614 Kundmachung des niederösterreichischen Landesausschusses vom 10. Dezember 1877, LGBl. 1878 Nr. 1, an die niederösterreichischen Schubstationen.

3615 Erlaß des Statthalters von Oberösterreich vom 17. November 1873, LGBl. Nr. 65, womit eine Instruction für die Schubbehörden und Gemeinden zur Durchführung der Schubvorschriften erlassen wird; siehe auch die Verordnung der Landesregierung in Salzburg vom 5. Juni 1872, LGBl. Nr. 21, betreffend die Unterstützung der mit Zwangspaß abgeschobenen Personen.

3616 Verordnung der Landesregierung in Salzburg vom 5. Dezember 1872, LGBl. Nr. 39, betreffend die Unterstützung der mit Zwangspaß abgeschobenen Personen; so auch die Kundmachung des Statthalters in Böhmen vom 25. Februar 1874, LGBl. Nr. 8, betreffend die mit dem Landesausschusse des Königreiches Böhmen vereinbarte Durchführung der mit dem Landesgesetze vom 15. Jänner 1873, Z. 3 L.-G.-Bl., hinausgegebenen Bestimmungen zum §. 14 und 16 des Reichsgesetzes vom 27. Juli 1871, Nr. 88 R.-G.-Bl., welche betreffend die Schubpässe vorschrieb, die „Verabfolgung der Wäsche und Kleidungsstücke ... auf das unumgänglichste zu beschränken“ und die „Nothwendigkeit und die Gattung derselben ... zu notiren“; siehe auch die Kundmachung des Statthalters in Böhmen vom 31. August 1879, LGBl. Nr. 37, betreffend die Verpflegung der Schüblinge und Beistellung der Schubsfuhren, ferner die Verpflegung, Bekleidung und Unterstützung der mit Zwangspaß heimgewiesenen Individuen, die vorschrieb, auch die Reparatur von Kleidungsstücken in den Zwangspaß aufzunehmen.

3617 Verordnung der Landesregierung in Salzburg vom 5. Dezember 1872, LGBl. Nr. 39, betreffend die Unterstützung der mit Zwangspaß abgeschobenen Personen.

3618 Kundmachung des niederösterreichischen Landesausschusses vom 10. Dezember 1877, LGBl. 1878 Nr. 1, an die niederösterreichischen Schubstationen; siehe auch die Kundmachung der küstenländischen Statthalterei vom 22. Juli 1873, LGBl. Nr. 30, in Betreff der Durchführung des Gesetzes vom 27. Juli 1871, R.G.Bl. Nr. 88 über die Regelung der polizeilichen Abschaffung und des Schubwesens in der Markgrafschaft Istrien und die Kundmachung der küstenländischen Statthalterei vom 22. Juli 1873, LGBl. Nr. 31, in Betreff der Durchführung des Gesetzes vom 27. Juli 1871, R.G.Bl. Nr. 88 über die Regelung der polizeilichen Abschaffung und des Schubwesens in der gefürsteten Grafschaft Görz und Gradiska, wonach sich „der Schübling bei seiner Ankunft in der Gemeinde seiner Bestimmung ... sogleich beim Gemeindeamte zu melden und demselben den Paß zu übergeben“ hatte. Das Gemeindeamt war verpflichtet, binnen drei Tagen das Eintreffen des Schüblings der Schubbehörde unter Anschluß des Zwangspasses bekannt zu geben und ihr zugleich „ein Zeugniß über die Vermögensverhältnisse des Schüblings“ zu übermitteln.

Weiterhin war auch in jeder Schubstation „über sämmtliche in derselben zur Verschiebung abgegebene oder zur Weiterbeförderung einlangende Schüblinge“ [3619] ein Protokoll nach vorgeschriebenem Formular[3620] zu führen, das „als Grundbuch über Schüblinge bei der Schubstationsgemeinde zu verwahren“ war[3621]. In manchen Kronländern - wie z.B. in Krain[3622] - wurde außerdem anstellte der Schubrezepisse vorgeschrieben, ein sogenanntes „Schubbüchel oder Schubparticulare“ zu führen, „welches von der Eingangs- bis zu der Endstation im Lande Krain mit jedem Schübling mitzuge-

3619 Nach der Kundmachung des Landes-Präsidenten von Kärnten vom 30. November 1871, LGBl. Nr. 30, womit eine Vorschrift zur Durchführung des Reichsgesetzes vom 27. Juli 1871 R.G.Bl. XXXV. Stück Nr. 88, betreffend die Regelung der polizeilichen Abschaffung und des Schubwesens, verlautbart wird, hatte dieses Protokoll folgende Rubriken zu enthalten: „a) Name und Zuständigkeit des Schüblings, b) Datum und Zahl des Schuberkenntnisses, Erkenntnißbehörde und Ursache der Verschiebung, c) Ort oder Gebiet, aus welchem die Abschiebung erfolgte, und Bestimmungsort des Schüblings, d) letzte Schubstation, von welcher der Schübling eingeliefert wurde, e) nächste Schubstation, an welche derselbe befördert wird, f) Tag und Stunde der Ankunft, g) Tag und Stunde der Weiterbeförderung, h) verabreichte Verpflegung, i) Beförderungsart, k) Begleitung (Name des Schubführers), l) Anmerkung über Reinigung, Bekleidung, ärztliche Untersuchung, besondere Vorkommnisse.

3620 Siehe für ein solches Formular die Beilage zur Kundmachung der Landesregierung für Krain vom 7. April 1872, LGBl. Nr. 13, betreffend die Einrichtung von Haupt- und Particularschüben, der Schubstationen und Schubbegleitung, dann der Ueberwachung des Schubwesens auf Grund des Gesetzes in Betreff der Regelung der polizeilichen Abschaffung und des Schubwesens vom 27. Juli 1871; siehe auch das Formular D der Kundmachung der küstenländischen Statthalterei vom 22. Juli 1873, LGBl. Nr. 30, in Betreff der Durchführung des Gesetzes vom 27. Juli 1871, R.G.Bl. Nr. 88 über die Regelung der polizeilichen Abschaffung und des Schubwesens in der Markgrafschaft Istrien; und der Kundmachung der küstenländischen Statthalterei vom 22. Juli 1873, LGBl. Nr. 31, in Betreff der Durchführung des Gesetzes vom 27. Juli 1871, R.G.Bl. Nr. 88 über die Regelung der polizeilichen Abschaffung und des Schubwesens in der gefürsteten Grafschaft Görz und Gradiska; Formular C der Verordnung des Statthalterei-Präsidiums für Galizien, Lodomerien und Krakau vom 21. August 1875, LGBl. Nr. 57, betreffend die Durchführung des Reichsgesetzes vom 27. Juli 1871, R.G.Bl. Nr. 88, in Betreff der Regelung der polizeilichen Abschaffung und des Schubwesens; siehe auch das Formular der Verordnung der Bukowinaer Landesregierung vom 22. Februar 1875, LGBl. Nr. 10, betreffend die Regelung des Schubwesens im Herzogthume Bukowina.

3621 Kundmachung der Landesregierung für Krain vom 7. April 1872, LGBl. Nr. 13, betreffend die Einrichtung von Haupt- und Particularschüben, der Schubstationen und Schubbegleitung, dann der Ueberwachung des Schubwesens auf Grund des Gesetzes in Betreff der Regelung der polizeilichen Abschaffung und des Schubwesens vom 27. Juli 1871; siehe zu den Inhalten explizit etwa die Kundmachung des Statthalters in Dalmatien vom 1. Mai 1872, LGBl. Nr. 27, womit eine Vorschrift zur Durchführung des Reichsgesetzes vom 27. Juli 1871 R.G.B. XXXV Stück Nr. 88, betreffend die Regelung der polizeilichen Abschaffung und des Schubwesens verlautbart wird.

3622 Kundmachung der Landesregierung für Krain vom 7. April 1872, LGBl. Nr. 13, betreffend die Einrichtung von Haupt- und Particularschüben, der Schubstationen und Schubbegleitung, dann der Ueberwachung des Schubwesens auf Grund des Gesetzes in Betreff der Regelung der polizeilichen Abschaffung und des Schubwesens vom 27. Juli 1871, siehe aber auch die Kundmachung der küstenländischen Statthalterei vom 22. Juli 1873, LGBl. Nr. 30, in Betreff der Durchführung des Gesetzes vom 27. Juli 1871, R.G.Bl. Nr. 88 über die Regelung der polizeilichen Abschaffung und des Schubwesens in der Markgrafschaft Istrien.

hen" hatte, und in dieses waren „von jeder übernehmenden Schubstation alle Daten auf Grund des vorgeschriebenen Schubprotokolles genau einzutragen". Die Endstation mußte sodann „alle derartigen bei ihr einlangenden Schub-Particularien von Fall zu Fall directe" entweder an die Landesbuchhaltung oder an die Behörde, welche das Erkenntnis gefällt hatte[3623], einsenden.

3. *Abschiebungstauglichkeit*

Betreffend den Gesundheitszustand der Ausgewiesenen bestand auch in der Ära des Reichsschubgesetzes zum Schutze des Schüblings weiterhin die Verpflichtung, denselben, bevor „eine Abschiebung mittelst Schubes vollzogen" oder diese fortgesetzt wurde, einer ärztlichen Untersuchung zu unterziehen. Wenn „über seinen Gesundheitszustand ein Bedenken obwaltet[e]", war ein ärztlicher Befund auszufertigen und die allfällige Schubtauglichkeit im Schubpaß anzumerken[3624], wobei allerdings in Galizien[3625] diese Untersuchung nur „in Fällen dringender Notwendigkeit" vorgenommen werden durfte. Außerdem sollte nach den Bestimmungen für dieses Kronland, falls sich in der Schubstation sowohl ein Doktor der Medizin als auch ein Chirurg befand, „der letztere bei allen leichteren und vorübergehenden Erkrankungen, ferner zur Feststellung der Nothwendigkeit der Transportirung mittelst Wagens, oder der Reinigung des Schüblings und der dabei zu benützenden Mittel, verwendet werden", während eine Untersuchung durch den Doktor der Medizin ausschließlich „im Falle einer schweren Krankheit" vorgenommen werden sollte.

Schüblinge, „welche bei der ärztlichen Untersuchung nicht transportabel befunden" wurden, „und insbesondere syphilitische Personen" durften weiterhin nicht vor ihrer Heilung abgeschoben werden. Erkrankte ein Schübling während des Schubes in solcher Weise, daß seine Weiterbeförderung „nach ärtzlichem Befunde nicht zulässig" erschien, so war „demselben in der ersten Station die nöthige Pflege angedeihen zu lassen, und der Schubbehörde davon die Mitteilung zu machen"[3626]. Jedenfalls durften

---

3623 Kundmachung der küstenländischen Statthalterei vom 22. Juli 1873, LGBl. Nr. 30, in Betreff der Durchführung des Gesetzes vom 27. Juli 1871, R.G.Bl. Nr. 88 über die Regelung der polizeilichen Abschaffung und des Schubwesens in der Markgrafschaft Istrien; Kundmachung der küstenländischen Statthalterei vom 22. Juli 1873, LGBl. Nr. 31, in Betreff der Durchführung des Gesetzes vom 27. Juli 1871, R.G.Bl. Nr. 88 über die Regelung der polizeilichen Abschaffung und des Schubwesens in der gefürsteten Grafschaft Görz und Gradiska.

3624 Erlaß des Statthalters von Oberösterreich vom 17. November 1873, LGBl. Nr. 65, womit eine Instruction für die Schubbehörden und Gemeinden zur Durchführung der Schubvorschriften erlassen wird. Siehe dort auch das Muster E für einen derartigen ärztlichen Befund.

3625 Kundmachung des Landes-Ausschusses vom 26. November 1875, LGBl. Nr. 1, erlassen im Sinne des letzten Absatzes des §. 19 R.G. vom 27. Juli 1871 R.G.Bl. Z. 88, enthaltend die Verfügungen über die Handhabung des Schubwesens, wirksam vom 1. Jänner 1876.

3626 So z.B. Kundmachung der küstenländischen Statthalterei vom 22. Juli 1873, LGBl. Nr. 30, in Betreff der Durchführung des Gesetzes vom 27. Juli 1871, R.G.Bl. Nr. 88 über die Regelung der polizeilichen Abschaffung und des Schubwesens in der Markgrafschaft Istrien; Kundmachung der küstenländischen Statthalterei vom 22. Juli 1873, LGBl. Nr. 31, in Betreff der Durchführung des Gesetzes vom 27. Juli 1871, R.G.Bl. Nr. 88 über die Regelung

Ausgewiesene nach wie vor „nicht früher“ (wieder) „in Schub gesetzt werden, als es ohne Gefahr für ihre Gesundheit geschehen“ konnte[3627].

Zwecks Vermeidung von Krankheitsverschleppungen und zur Bekämpfung von Epidemien ergingen aber auch andere strenge Vorschriften. So wies das Ministerium des Innern 1884[3628] die Schubbehörden und Schubstationsgemeinden mit „Rücksicht auf die Gefahr der Einschleppung von Infectionskrankheiten aus dem Ausland“ an, daß „der Verkehr der mit Schub oder gebundener Marschroute instradierten Individuen aus dem Auslande einer besonders genauen Ueberwachung“ unterzogen werden sollte. Die Grenzstationen waren daher angehalten, „aus dem Auslande, insbesondere aus verseuchten Ländern kommende Schüblinge genau ärztlich untersuchen und nur in dem Falle weiter instradieren zu lassen, wenn ihr Gesundheitszustand vollkommen unverdächtig“ war. „Da die Abschiebung eines fieberhaft kranken Individuums aus Rücksicht für dasselbe an und für sich ganz unzulässig“ war, „überdies aber auch die Gefahr der Uebertragung möglicherweise im Entstehen begriffener ansteckender Krankheiten auf andere Schüblinge und in die verschiedensten Gegenden in sich“ schloß, wurde weiters etwa in Österreich unter der Enns 1882[3629] angeordnet, daß „Schüblinge, bei denen die ärztliche Untersuchung irgend eine fieberhafte oder eine derartige Krankheit constatirt, welche durch das Zusammensein mit anderen Individuen auf diese übertragbar erscheint, insolange vom Weitertransport ausgeschlossen und der entsprechenden ärztlichen Behandlung in geeigneten isolierten Räumlichkeiten unterzogen werden“ sollten, „bis der Transport ohne Gefährdung des betreffenden Individuums bzw. der mit ihm in Berührung kommenden Personen möglich“ war.

Besondere Sorge bestand in den Achtzigerjahren nicht nur wie bisher wegen des Umsichgreifens der Syphilis[3630], sondern auch wegen der „wiederholt herangerückten Gefahr eines Auftretens der Cholera“[3631] sowie wegen der Blatternansteckung, denn offensichtlich trat wiederholt der Übelstand auf, daß in den Kronländern beschäftigte „italienische Arbeiter vor ihrer vollständigen Genesung von ansteckenden Krankheiten und manchmal während der Zeit zwischen der Krankheit und der Reconvalescenz, welche wie bei Blattern für die Ansteckung die gefährlichste“ war, „aus den betreffenden Spitälern entlassen bzw. in ihre Heimat überführt“ wurden. Daher wies das Ministerium des Innern die „Verwaltungen der allgemeinen öffentlichen Spitäler, sowie die Un-

---

der polizeilichen Abschaffung und des Schubwesens in der gefürsteten Grafschaft Görz und Gradiska.

3627 Ebd.

3628 Erlaß des Ministeriums des Innern vom 6. August 1884, Z. 12815, Normalien-Sammlung (wie Anm. 359) II, S. 137, Anm. 1, DEHMAL (wie Anm. 1723), S. 997.

3629 Niederösterreichischer Statthaltereierlaß vom 1. April 1882, Z. 11965, an alle Bezirksbehörden und die Wiener Polizeidirektion, Normalien-Sammlung (wie Anm. 359) II, Nr. 1885, DEHMAL (wie Anm. 1723), S. 997.

3630 Siehe dazu auch den niederösterreichischen Statthaltereierlaß vom 25. Juli 1854, Z. 24992, an alle Bezirkshauptmannschaften und den Wiener Magistrat, Normalien-Sammlung (wie Anm. 359) II, Nr. 3240, DEHMAL (wie Anm. 1723), S. 997.

3631 Siehe den niederösterreichischen Statthaltereierlaß vom 9. November 1887, Z. 61133, an alle Bezirkshauptmannschaften, Normalien-Sammlung (wie Anm. 359) II, Nr. 1888; siehe auch den Erlaß des Ministeriums des Innern vom 21. Juli 1886, Z. 13101, ZVOLSKY (Anm. 1117), S. 62, MAYRHOFER/PACE (wie Anm. 138) III, S. 598, Anm. 4.

ternehmer und Chefs von Etablissements", welche italienische Arbeiter beschäftigten, 1883[3632] an, mit Infektionskrankheiten behaftete Personen im Spital solange zu verpflegen, bis sie ohne Nachteil für ihre oder anderer Gesundheit aus der Verpflegung entlassen werden konnten. Außerdem ergingen zum Zwecke der Vermeidung der Ansteckungsgefahr 1886[3633] Bestimmungen, welche die Besuche bei Personen mit ansteckenden Krankheiten in Krankenanstalten einschränkten.

4. *Weitere Bestimmungen für die Schubbeförderung*

In weiten Bereichen blieben die vormärzlichen Schubvorschriften mangels Widerspruch zum Reichsschubgesetz auch nach 1871 in Kraft bzw. wurden weiter detailliert, was sich insbesondere hinsichtlich Routen und Arten der Schubbeförderung feststellen läßt. Ganz allgemein wurden z.B. von der niederösterreichischen Statthalterei 1884[3634] die Schubstationen „zur genauesten Befolgung der Schubvorschriften" angewiesen, „namentlich" aber „in der Richtung ..., daß 1. Schüblinge immer auf der kürzesten Route, womöglich nur mit Bahn (Hauptschub) befördert werden, 2. bei Particularbeförderungen nur bei unumgänglicher, durch ärztliche Untersuchung erwiesener Nothwendigkeit Fuhren angewiesen, Kleider, auf den äußersten Bedarf beschränkt, und nur in der Abgabestation verabfolgt werden und 3. bei Beförderung ungefährlicher Personen stets mehrere Schüblinge durch einen gemeinschaftlichen Begleiter escortirt werden".

a. Haupt- und Partikularschub

Der Schub erfolgte also weiterhin in Form der Haupt- und Partikularschübe, wobei die kostengünstigeren Hauptschübe mittels Wagen oder vornehmlich Eisenbahn[3635] in der Regel nach wie vor nur an bestimmten Tagen der Woche abgingen, weshalb zur Einsparung von Verpflegungskosten der Partikularschub eine unverzichtbare Einrichtung blieb und zumeist dann Anwendung fand, wenn der Schübling auf diese Weise seine Heimatgemeinde noch am Tage der Abschiebung erreichen konnte. Zum Hauptschub wurden aber auch weiterhin diejenigen Schüblinge – die sogenannten Zwischenstationsschüblinge – übernommen, die von einer auf der Route des Hauptschubes lie-

---

3632 Erlaß des Ministeriums des Innern vom 9. März 1883, Z. 14336, niederösterreichischer Statthaltereierlaß vom 22. September 1883, Z. 41514, an alle Bezirksbehörden und die Wiener Krankenanstalten, Normalien-Sammlung (wie Anm. 359) II, Nr. 1886.

3633 Niederösterreichischer Statthaltereierlaß vom 31. Mai 1886, Z. 6406, an alle Bezirkshauptmannschaften und die Wiener Polizeidirektion, Normalien-Sammlung (wie Anm. 359) II, Nr. 1887.

3634 Niederösterreichischer Statthaltereierlaß vom 30. März 1884, Z. 14620, an alle Bezirkshauptmannschaften, Normalien-Sammlung (wie Anm. 359) II, Nr. 3245, DEHMAL (wie Anm. 1723), S. 996.

3635 Gemäß der Verordnung des Handelsministeriums vom 26. August 1872, siehe Landesculturvorschriften (wie Anm. 1377), S. 529, waren die Schüblinge und ihre Begleitung in abgesonderten Wagenabteilungen zu befördern.

genden Schubstation nach der Endstation des Hauptschubes oder nach einer innerhalb seiner Route liegenden Schubstation zu befördern waren.

Im Zuge des weiteren Ausbaus der Eisenbahnstrecken wurden auch in der Ära des Reichsschubgesetzes die Hauptschubrouten zügig erweitert[3636]. So kam es beispielsweise 1871 und 1873 nicht nur zur Änderung in der Einrichtung des zwischen Laibach und Graz bereits bestehenden Hauptschubes[3637], zur Einführung eines Schubverkehrs auf der Graz-Raaber-Bahn in der Richtung Graz–Fehring[3638] und zur Beförderung des Hauptschubes auf der Südbahn, der Kronprinz-Rudolfsbahn und der ungarischen Westbahn[3639], sondern auch zur Einführung eines Hauptschubes auf der Elisabethbahn zwischen Linz und Budweis[3640] sowie zwischen Wels und Braunau[3641], weiters 1874 zur Einrichtung eines Hauptschubes in der Richtung Bruck a.d. Mur nach St. Gallen und zurück[3642], der 1901[3643] bis Steyr ausgedehnt wurde, ebenfalls 1874[3644] zur Einrichtung

---

3636 Siehe dazu ausführlich MAYRHOFER (wie Anm. 679) II, S. 628, Anm. 2.

3637 Kundmachung des Statthalters von Steiermark vom 27. September 1871, LGBl. Nr. 27, womit die wegen Beförderung des Hauptschubes von Graz nach Laibach und zurück mittels Eisenbahn im Einvernehmen mit der Landesregierung in Laibach und den Landesausschüssen in Graz und Laibach getroffenen Abänderungen bekannt gegeben werden; Kundmachung der Krainer Landesregierung vom 27. September 1871, LGBl. Nr. 25, betreffend die Aenderung der für den Hauptschub zwischen Laibach und Graz bestehenden Directivregeln; Kundmachung des Statthalters von Steiermark vom 14. Juli 1873, LGBl. Nr. 35, die Beförderung des Hauptschubes auf der Südbahn, der Kronprinz-Rudolfsbahn und der ungarischen Westbahn betreffend; Kundmachung der krainischen Landesregierung vom 7. Juli 1873, LGBl. Nr. 32, betreffend eine Aenderung in der Einrichtung des zwischen Laibach und Graz bestehenden Hauptschubes.

3638 Kundmachung des Statthalters in Steiermark vom 19. Juni 1873, LGBl. Nr. 31, wegen Einführung eines wöchentlich dreimaligen Schubverkehres auf der Graz-Raaber-Bahn, und zwar in der Richtung Graz–Fehring und umgekehrt.

3639 Kundmachung des Statthalters von Steiermark vom 14. Juli 1873, LGBl. Nr. 35, die Beförderung des Hauptschubes auf der Südbahn, der Kronprinz-Rudolfsbahn und der ungarischen Westbahn betreffend.

3640 Verordnung des Statthalters von Oberösterreich vom 14. Mai 1873, LGBl. Nr. 43, betreffend die Einführung eines Hauptschubes auf der k.k. priv. Kaiserin Elisabeth-Bahn zwischen Linz und Budweis; Kundmachung der Statthalterei im Erzherzogthume Österreich ob der Enns vom 10. April 1907, LGBl. Nr. 9, betreffend die Bestellung eines zweiten Hauptschubführers für den Hauptschub auf der k.k. Staatsbahn zwischen Linz und Budweis.

3641 Verordnung des Statthalters von Oberösterreich vom 14. Jänner 1873, LGBl. Nr. 7, betreffend die Einführung eines Hauptschubes auf der k.k. priv. Kaiserin Elisabethbahn zwischen Wels und Braunau; siehe auch die Verordnung des Statthalters in Oberösterreich vom 2. Dezember 1875, LGBl. Nr. 48, in Betreff des Hauptschubes auf der k.k. privilegierten Kaiserin Elisabeth-Bahn zwischen Wels und Braunau.

3642 Kundmachung des Statthalters in Steiermark vom 23. September 1874, LGBl. Nr. 46, betreffend die Einführung eines Hauptschubes in der Richtung Bruck a./M.–St. Gallen; siehe auch die Kundmachungen des Statthalters von Oberösterreich vom 8. April 1886, LGBl. Nr. 21, betreffend eine theilweise Aenderung in der Einrichtung des bestehenden Hauptschubes zwischen Bruck a.d. Mur und St. Gallen, sowie vom 22. August 1901, LGBl. Nr. 22, betreffend die Fortführung des Hauptschubes zwischen Bruck a.d. Mur und St. Gallen bis Steyr (Stadt) und umgekehrt; die Kundmachungen des Statthalters in Steiermark vom 1. September 1877, LGBl. Nr. 27, betreffend die Instradirung der Schüblinge auf der Kronprinz Rueines Hauptschubes Villach-Oberdrauburg und zurück, 1876 zur Verlegung des bisherigen Hauptschubes von Innsbruck über Kufstein und Rosenheim nach Salzburg auf eine neue Route, nämlich über Wörgl, Kitzbühel, Zell am See und umgekehrt[3645] auf der Gisela-Bahn, 1877 zur Einführung eines Hauptschubes Villach-Laibach und zurück[3646] sowie Laibach-Sessana[3647], weiters 1879[3648] zur Festlegung des bisherigen galizischen Hauptschubes auf der Carl-Ludwig-Bahn von Lemberg nach Krakau und zurück, 1884[3649] zur Einführung eines Hauptschubes auf der ganzen Strecke der Arlbergbahn von Innsbruck nach Bregenz und retour, 1886[3650] zur Einrichtung eines Hauptschubes Villach-Brixen und retour, usw.

---

dolfsbahn nach Leoben, beziehungsweise St. Gallen, vom 11. Juli 1901, LGBl. Nr. 35, betreffend die Fortführung des Hauptschubes zwischen Bruck a.d. Mur und St. Gallen bis Steyr (Stadt) und umgekehrt, vom 13. Jänner 1910, LGBl. Nr. 8, betreffend Abänderung der mit Kundmachung vom 11. Juli 1901, LGBl. Nr. 35, festgesetzten Abfahrtszeit des Hauptschubes zwischen Steyr-St. Gallen-Bruck a. Mur.

3643 Kundmachung des Statthalters in Steiermark vom 11. Juli 1901, LGBl. Nr. 35, betreffend die Fortführung des Hauptschubes zwischen Bruck a.d. M. und St. Gallen bis Steyr (Stadt) und umgekehrt.

3644 Kundmachung des Statthalters in Kärnten vom 7. Dezember 1874, LGBl. Nr. 43, betreffend die Einführung eines Hauptschubes Villach-Oberdrauburg und zurück.

3645 Kundmachung des Statthalters für Tirol vom 27. Juli 1876, LGBl. Nr. 52, betreffend die Hauptschubtransporte auf der Giselabahn; Verordnung der Landesregierung in Salzburg vom 13. Juli 1876, LGBl. Nr. 26, betreffend a) die Auflassung des Hauptschubes von Salzburg über Rosenheim nach Innsbruck, b) die Einführung eines Hauptschubes von Salzburg über Zell am See und Kitzbichel nach Innsbruck.

3646 Kundmachung des Statthalters in Kärnten vom 24. Dezember 1877, LGBl. Nr. 29, betreffend die Einführung eines Hauptschubes auf der Strecke Villach-Laibach und zurück; geändert durch Kundmachung des Statthalters in Kärnten vom 19. Mai 1878, LGBl. Nr. 10, betreffend eine Änderung in der Einrichtung des Hauptschubes auf der Strecke Villach-Laibach und zurück, sowie durch Kundmachung des Statthalters in Kärnten vom 30. Dezember 1879, LGBl. Nr. 1, betreffend die Abänderung der Verschiebungstage für den Hauptschub Villach-Laibach und zurück; siehe auch die Kundmachung der Landesregierung für Krain vom 25. Dezember 1877, LGBl. 1878 Nr. 4, betreffend die Einführung eines Hauptschubes zwischen Laibach und Villach, sowie zwischen Laibach und Sessana; Kundmachung der Landesregierung für Krain vom 15. Mai 1878, LGBl. Nr. 7, betreffend eine Aenderung in der Einrichtung des zwischen Laibach und Villach bestehenden Hauptschubes, Kundmachung der Landesregierung für Krain vom 2. Jänner 1880, LGBl. Nr. 3, betreffend eine Änderung in der Einrichung des zwischen Laibach und Villach bestehenden Hauptschubes.

3647 Kundmachung der Landesregierung für Krain vom 25. Dezember 1877, LGBl. 1878 Nr. 4, betreffend die Einführung eines Hauptschubes zwischen Laibach und Villach, sowie zwischen Laibach und Sessana.

3648 Verordnung der Statthalterei vom 2. November 1879, LGBl. Nr. 84, über die Regelung der periodischen Transporte der Schüblinge an der Carl Ludwig Bahn so wie über die Regelung der Art der Beförderung an den Eisenbahnen von sowohl unter Wache als auch mittelst Zwangspasses abgeschobenen Personen.

3649 Verordnung des Statthalters vom 1. Oktober 1884, LGBl. Tirol Nr. 28, betreffend den Schubtransport auf der Arlbergbahn.

3650 Kundmachung der Landesregierung in Kärnten vom 10. Mai 1886, LGBl Nr. 15, betreffend die Einführung eines Hauptschubes Villach-Brixen und zurück; siehe auch die Verordnung des Tiroler Statthalters vom 27. April 1886, LGBl. Nr. 23, betreffend die Activierung eines

Im Zuge der Einrichtung dieser neuer Hauptschübe wurden wie schon vor 1871 auf diesen neuen Hauptschubstrecken die Partikularschübe ausdrücklich aufgehoben[3651], und nur in dem Fall, daß ein Schübling in einer der an dieser Bahnstrecke gelegenen Gemeinde auf den nächsten Hauptschub mehrere Tage lang hätte warten müssen oder die Kosten für den Partikularschub erheblich geringere Kosten für den Landesfonds verursachten, wurde dieser weiterhin gestattet. Ansonsten hatten sich die Partikularschübe den neuen Hauptschüben nach wie vor in der Art anzuschließen, daß Schüblinge, welche von Zwischenstationen aus die Richtung des Hauptschubes zu verfolgen hatten, nur mit diesem zu befördern waren, wobei die Schüblinge rechtzeitig, aber nicht früher als am Tag oder Vortag des Hauptschubes in der betreffenden Haupt- oder Zwischenstation abzugeben waren[3652].

b. Beförderungsart des Schubtransportes

Die Beförderung per Eisenbahn stand insbesondere infolge des weiteren Ausbaus der Hauptschübe zur Zeit des Reichsschubgesetzes unzweifelhaft im Vordergrund der Zwangstransportarten, wobei der Transport der Schüblinge bei „den unverkennbaren Uebelständen, welche mit der Beförderung der Reisenden in denselben Coupés mit Sträflingen und Schüblingen sowohl mit Rücksicht auf die öffentliche Sicherheit, als auch wegen der hieraus erwachsenden Belästigung der Mitreisenden, wie auch in humanitärer Beziehung nothwendigerweise verbunden" waren, nach einer Anordnung des

---

directen Hauptschubes auf der Strecke Villach-Brixen; die Kundmachung der Landesregierung in Kärnten vom 1. Juli 1886, LGBl. Nr. 17, betreffend die Abänderung der Abfahrtszeit des Hauptschubes Villach-Brixen; Verordnung des Tiroler Statthalters vom 23. Jänner 1891, LGBl. Nr. 9, womit der Punkt 7 der Statthalterei-Verordnung vom 27. April 1886 Nr. 8499, betreffend die Activierung eines directen Hauptschubes auf der Strecke Villach-Brixen ergänzt wird.

3651 So z.B. die Verordnung des Statthalters von Oberösterreich vom 14. Jänner 1873, LGBl. Nr. 7, betreffend die Einführung eines Hauptschubes auf der k.k. priv. Kaiserin Elisabethbahn zwischen Wels und Braunau; Kundmachung des Statthalters in Steiermark vom 23. September 1874, LGBl. Nr. 46, betreffend die Einführung eines Hauptschubes in der Richtung Bruck a./M.-St. Gallen; Kundmachung des Statthalters in Kärnten vom 24. Dezember 1877, LGBl. Nr. 29, betreffend die Einführung eines Hauptschubes auf der Strecke Villach-Laibach und zurück; Verordnung der Landesregierung in Salzburg vom 13. Juli 1876, LGBl. Nr. 26, betreffend a) die Auflassung des Hauptschubes von Salzburg über Rosenheim nach Innsbruck, b) die Einführung eines Hauptschubes von Salzburg über Zell am See und Kitzbichel nach Innsbruck; Kundmachung des Statthalters in Steiermark vom 11. Juli 1901, LGBl. Nr. 35, betreffend die Fortführung des Hauptschubes zwischen Bruck a.d. M. und St. Gallen bis Steyr (Stadt) und umgekehrt; Verordnung des Statthalters von Oberösterreich vom 14. Mai 1873, GBl. Nr. 43, betreffend die Einführung eines Hauptschubes auf der k.k. priv. Kaiserin Elisabeth-Bahn zwischen Linz und Budweis, usw.

3652 So z.B. explizit die Verordnung des Statthalters von Oberösterreich vom 14. Jänner 1873, LGBl. Nr. 7, betreffend die Einführung eines Hauptschubes auf der k.k. priv. Kaiserin Elisabethbahn zwischen Wels und Braunau.

Innenministeriums von 1872[3653] hinkünftig „in abgesonderten, von den übrigen Reisenden getrennten Wagenabtheilungen bewerkstelligt" werden sollte. 1873[3654] hatten schließlich fast alle Eisenbahnverwaltungen für den Transport von Schüblingen die Benützung der Bahnen „unter Ermäßigung der Fahrpreise nach Thunlichkeit sogar in besonderen Coupés" zugestanden, und in weiterer Folge wurde die Benützung der Eisenbahn auch dadurch deutlich gefördert, daß der Fahrpreis für Schüblinge und deren Eskorte 1884[3655] auf den niedrigen Militärtarif und 1890[3656] für die Staatsbahnen auf den halben Fahrpreis der dritten Klasse gesenkt wurde. Für Schüblingskinder galten darüber hinaus besondere Tarife[3657].

Daß die „Beförderung der Schüblinge ... in allen Richtungen, wo Eisenbahn-Verbindungen bestehen, mittelst der Eisenbahn ... zu geschehen" habe – jedenfalls auf wei-

---

3653 Erlaß des Ministeriums des Innern vom 6. September 1872, Z. 4193, Statthaltereierlaß vom 14. September 1872, Z. 27469, an alle Bezirksbehörden und die Wiener Polizeidirektion, Normalien-Sammlung (wie Anm. 359) I, Nr. 1106.

3654 Siehe zum Erlaß des Handelsministers vom 15. Februar 1873, Z. 4479, auch ausführlich MAYRHOFER (wie Anm. 679) II, S. 622, Anm. 2.

3655 Mitteilung des Handelsministeriums vom 24. Oktober 1884, Z. 37637, MAYRHOFER/PACE (wie Anm. 138) III, S. 598, Anm. 2. Dieser Tarif lag bei 0,8 kr. pro Person und Kilometer, vgl. dazu auch die Kundmachung des Statthalters für Böhmen vom 30. September 1885, LGBl. Nr. 45, betreffend die Entlohnung der Schubskonvojanten.

3656 Siehe den Erlaß des Ministeriums des Innern vom 16. September 1894, Z. 21452, Statthaltereierlaß vom 14. Dezember 1894, Z. 75081, an alle Bezirksbehörden und die Wiener Polizeidirektion, Normalien-Sammlung (wie Anm. 359) I, Nr. 1067. Damit lag der Tarif auf den Staatsbahnen in der Regel bei einem Einheitssatz von 0,5 kr. pro Person und Kilometer. Siehe auch den Erlaß des Eisenbahnministeriums vom 9. Juli 1907, MAYRHOFER/PACE (wie Anm. 138) 2. Ergänzungsbd., S. 24, Anm. 7.

3657 Nach dem Erlaß des Ministeriums des Innern vom 18. Juli 1885, Z. 21452, Statthaltereierlaß vom 27. Juli 1885, Z. 75081, siehe Normalien-Sammlung (wie Anm. 359) I, Nr. 1067, waren Kinder bis zu zwei Jahren gebührenfrei zu befördern; weiters war, wie das Handelsministerium am 18. Mai 1885, Z. 17338, dem Ministerium des Innern mitteilte, auf den österreichisch-ungarischen Staatsbahnen für jeweils zwei Kinder unter zehn Jahren nur eine Fahrkarte zum Militärtarif zu lösen, siehe MAYRHOFER/PACE (wie Anm. 138) III, S. 599, Anm. 2; nach dem Erlaß des Ministeriums des Innern vom 20. Dezember 1894, Z. 32719, Statthaltereierlaß vom 6. Jänner 1895, Z. 103798 ex 1894, Normalien-Sammlung (wie Anm. 359) I, Nr. 1068, waren Kinder bis zum vierten Lebensjahr, für die kein eigener Sitzplatz beansprucht wurde, gebührenfrei zu befördern. Nach dem Erlaß des Handelsministeriums vom 14. August 1894, Z. 37733, ZVOLSKY (Anm. 1117), S. 59, mußte für zwei Kinder zwischen vier und zehn Jahren nur eine Fahrkarte zum halben Preis bezahlt werden, siehe auch den Erlaß des Eisenbahnministeriums vom 9. Juli 1907, MAYRHOFER/PACE (wie Anm. 138) 2. Ergänzungsbd., S. 24, Anm. 7, die Kundmachung des Landespräsidenten in Schlesien vom 19. September 1907, LGBl. Nr. 38, betreffend Ermäßigungen beim Transporte von Schüblingen, Zwänglingen und Korrigenden auf Eisenbahnen; siehe zu derartigen Lokalbahnregelungen auch die Kundmachung des Bukowinaer Landesausschusses vom 20. April 1895, LGBL. Nr. 16, womit unter Aufhebung der Verordnung vom 10. März 1875, ... (L.-G.-u. V.-Bl. X, 14, 1875) nachstehende Bestimmungen über die Ausführungen des Schubes im Herzogthume Bukowina erlassen werden. Siehe eine Zusammenstellung der Fahrpreisvergünstigungen auf den verschiedenen Bahnen MAYRHOFER/PACE (wie Anm. 138) III, S. 599, Anm 2.

ten Strecken[3658] –, wurde etwa in Schlesien schon 1872[3659] vorgeschrieben, und 1900[3660] erging beispielsweise für Mähren die Anordnung, daß „die Eisenbahnen zur direkten Heimbeförderung der Schüblinge in allen Fällen zu benutzen sind, wo die Beförderung per Bahn nicht wesentlich höher zu stehen kommt, als der bisherige Transport zu Fuß von Schubstation zu Schubstation". Lag die Heimatgemeinde des Schüblings an der Bahn, so erfolgte die Beförderung per Bahn stets in diese selbst, ansonsten in diejenige Schubstation, von wo aus diese Gemeinde am leichtesten zu erreichen war. Nur in dem Fall, wo auf dem Weg, den der Schübling zu nehmen hatte, ein Hauptschub streckenweise benützt werden konnte, ging der Bahntransport bloß in jene nächste Hauptschubsammelstation, die für den betreffenden Hauptschub Schüblinge annahm[3661]. Überhaupt sollten der Bahn- und Fußtransport stets in zweckmäßiger Weise verbunden werden, indem auch jene Schubstationen, die nicht an der Bahn gelegen waren, den Bahntransport in der Weise vermittelten, daß sie „ihre Schüblinge von einer zu Fuß erreichbaren Bahnstation aus heimbeförder[te]n" oder an eine Schubstation abgaben, von wo die Bahnfahrt stattfinden" konnte[3662].

In diesem Sinne war schon 1874[3663] für Böhmen ausdrücklich angeordnet worden, daß jene Schubstationsgemeinden, welche an einer Bahnstation oder in deren unmittelbarer Nähe gelegen waren, „bei der Instradirung der Schüblinge für längere Strecken, jedoch nicht über die Hauptstadt Prag hinaus, sich zur Schonung des Landesfondes, sich dieser Kommunikations-Mittel zu bedienen" hatten, dabei aber jedenfalls vorsehen mußten, daß „der Schübling in einer an der Eisenbahn gelegenen Schubstation aussteigt und dieser Gemeinde zu weiteren Instradirung übergeben werde". Da diese Regelung „von Seite vieler Schubstationsgemeinden nicht die gehörige Beachtung" fand, mußte sie erneut 1879[3664] in Erinnerung gerufen und betont werden, daß zur „Beförderung

---

3658 Die Verordnung der schlesischen Landesregierung vom 22. Oktober 1879, LGBl. Nr. 35, in Betreff der Beförderung der Schüblinge, modifizierte die Verordnung von 1872 deshalb, weil in Schlesien „die Beförderung der Schüblinge mit der Eisenbahn auf kurze Strecken unverhältnißmäßig theuer zu stehen" kam. Hinkünftig sollte die Eisenbahnbeförderung der Schüblinge auf kurzen Strecken nur dann stattfinden, „wenn die Weiterbeförderung des Schüblinges zu Wagen geschehen muß und die Kosten für die Beistellung einer Fuhre höher, als jene für die Benützung der Eisenbahn zu stehen" kamen.

3659 Verordnung der schlesischen Landesregierung vom 23. Februar 1872, LGBl. Nr. 11, zur Durchführung des Gesetzes vom 27. Juli 1871 (R.G.Bl. Nr. 88) in Betreff der Regelung der polizeilichen Abschaffung und des Schubwesens.

3660 Erlaß des mährischen Landesausschusses vom 28. Mai 1900, Z. 21.657, ZVOLSKY (Anm. 1117), S. 106 f.

3661 Ebd. Eine Ausnahme von dieser Bestimmung konnte nur dann erfolgen, wenn der Hauptschub nur auf eine kurze Strecke zu benutzen war und die Wartezeit auf den nächsten Schubtag zu lang war oder der Schübling wegen Krankheit oder Gemeingefährlichkeit schnell befördert werden mußte.

3662 Ebd.

3663 Anhang der Kundmachung des Statthalters in Böhmen vom 25. Februar 1874, LGBl. Nr. 8, betreffend die mit dem Landesausschuße des Königreiches Böhmen vereinbarte Durchführung der mit dem Landesgesetze vom 15. Jänner 1873, Z. 3 L.-G.-Bl., hinausgehenden Bestimmungen zum §. 14 und 16 des Reichsgesetzes vom 27. Juli 1871, Nr. 88 R.-G.-Bl.

3664 Kundmachung des Statthalters für Böhmen vom 22. August 1879, LGBl. Nr. 34, in Betreff der Benützung der Eisenbahnen bei der Instradirung von Schüblingen.

von Schüblingen möglichst die Eisenbahnen ... benützt" werden sollten, „und zwar nicht blos zur nächsten Station, sondern in kürzester Richtung bis zu jener Station, von welcher aus der Schübling im kürzesten Wege in seine Heimatgemeinde transportiert werden" konnte.

Insbesondere war die Eisenbahnbeförderung aber für jene Schubstationsgemeinden vorgeschrieben, welche an Knotenpunkten der Eisenbahnen lagen[3665] und „wo oft eine bedeutende Schubsbewegung" stattfand, „so daß gleichzeitig mehrere Schüblinge in die in entfernteren Bezirken gelegenen Heimatgemeinden durch eine längere Strecke mit Ersparung einzelner Convojanten zusammen transportiert werden" konnten. Außerdem wurden bei der Eisenbahnbeförderung alle Schubstationen zur „Schonung des Landesfondes" dazu angehalten, „durch ihre nach einer anderen Station entsendeten Convoyanten die allenfalls von der letzteren Station in die Ausgangsstation der Convoyanten zu befördernden Schüblinge durch diese letzteren übernehmen und eskortiren zu lassen"[3666]. Selbst wenn die Schubbegleiter aber auf ihrer Heimreise keine Schüblinge mitnehmen konnten, so genoß die rückreisende Begleitmannschaft auf den Eisenbahnen dennoch einen besonderen Tarif bzw. eine „begünstigte Abfertigung", wenn sie eine von der Schubbehörde oder einer Schubstation ausgefertigte sogenannte Eisenbahnlegitimation vorweisen konnte[3667]. „Dort, wo die Benützung einer Eisenbahn nicht Platz" greifen konnte[3668], gab es freilich nach wie vor, insbesondere natürlich bei den Partikularschüben, die Beförderung mittels Fußmarsch oder Wagenfuhre.

Die Entscheidung über die Beförderungsart auf dem Schub stand grundsätzlich der Schuberkenntnisbehörde[3669] zu, allerdings erfolgte der Transport der Schüblinge –

3665 Siehe das Verzeichnis der Schubstationen und der in der Nähe befindlichen Eisenbahnstationen im Anhang der Kundmachung des Statthalters für Böhmen vom 22. August 1879, LGBl. Nr. 34, in Betreff der Benützung der Eisenbahnen bei der Instradirung von Schüblingen.

3666 Kundmachung des Statthalters für Böhmen vom 1. November 1881, LGBl. Nr. 58, durch welche im Einvernehmen mit dem Landesausschusse Bestimmungen in Betreff der Schubbegleitung bei Eisenbahntransport getroffen werden.

3667 So der Erlaß des Ministeriums des Innern vom 13. Juli 1897, Z. 20478, sowie Statthaltereierlaß vom 4. August 1897, Z. 20478, an alle Bezirksbehörden und die Wiener Polizeidirektion, Normalien-Sammlung (wie Anm. 359) II, Nr. 3234, DEHMAL (wie Anm. 1723), S. 996; siehe für ein derartiges Formular beispielsweise die Verordnung der Bukowinaer Landesregierung vom 7. Mai 1895, LGBl. Nr. 15, betreffend die im Einvernehmen mit dem Bukowinaer Landesausschusse und nach Anhörung der Generaldirection der österreichischen Staatsbahnen erlassenen, besonderen Bestimmungen über die Beförderung von Schubtransporten mittelst Eisenbahn, sowie die Verordnung der Bukowinaer Landesregierung vom 28. September 1897, LGBl. Nr. 18, betreffend die im Einvernehmen mit dem Bukowinaer Landesausschusse getroffene theilweise Abänderung beziehungsweise Ergänzung der mit der Verordnung der Bukowinaer Landesregierung vom 7. Mai 1895, ... L.-G.- und V.-B. Nr. 15 erlassenen besonderen Bestimmungen über die Beförderung von Schubtransporten mittelst Eisenbahn; siehe dazu auch ausführlich MAYRHOFER/PACE (wie Anm. 138) 2. Ergänzungsbd., S. 24, Anm. 7.

3668 Erlaß des Statthalters von Oberösterreich vom 17. November 1873, LGBl. Nr. 65, womit eine Instruction für die Schubbehörden und Gemeinden zur Durchführung der Schubvorschriften erlassen wird.

3669 Z.B. Kundmachung des Landes-Präsidenten von Kärnten vom 30. November 1871, LGBl. Nr. 30, womit eine Vorschrift zur Durchführung des Reichsgesetzes vom 27. Juli 1871

wenn nicht die Eisenbahn vorgeschrieben war – weiterhin in der Regel zu Fuß. Für die Bukowina[3670] wurde sogar explizit festgelegt, daß die Beförderung von Schüblingen zwar in der Regel zwar mit der Eisenbahn zu geschehen habe, wenn die Entfernung der Abschiebungsstation von der Endstation jedoch „höchstens einen Tagmarsch" betrug, hatte der Schüblingstransport jedenfalls zu Fuß zu erfolgen – ausgenommen den „gehörig sicherzustellenden Fall der Marschunfähigkeit"[3671] des Ausgewiesenen. Die „Beförderung zu Wagen (mittelst Vorspann)" war folglich zumeist „nur dann einzuleiten, wenn Gesundheits- oder Sicherheitsrücksichten es nothwendig" erscheinen ließen[3672]. Es bestand daher weiterhin die Notwendigkeit, den Gesundheitszustand des Schübling in Hinblick auf seine Transporttauglichkeit mittels „vorläufige[r] ärztliche[r] Befundaufnahme" festzustellen[3673], und die ärztliche Untersuchung war in jeder Station zu erneuern, um sich über die „fernere Nothwendigeit der Fuhr zu vergewissern", wobei die Ärzte für ihren Befund im Sinne eines allfälligen Kostenersatzes verantwortlich waren[3674].

R.G.Bl. XXXV. Stück Nr. 88, betreffend die Regelung der polizeilichen Abschaffung und des Schubwesens, verlautbart wird; Kundmachung des Statthalters in Dalmatien vom 1. Mai 1872, LGBl. Nr. 27, womit eine Vorschrift zur Durchführung des Reichsgesetzes vom 27. Juli 1871 R.G.B. XXXV Stück Nr. 88, betreffend die Regelung der polizeilichen Abschaffung und des Schubwesens verlautbart wird.

3670 Kundmachung des Bukowinaer Landesausschusses vom 20. April 1895, LGBL. Nr. 16, womit unter Aufhebung der Verordnung vom 10. März 1875, ... (L.-G.-u. V.-Bl. X, 14, 1875) nachstehende Bestimmungen über die Ausführungen des Schubes im Herzogthume Bukowina erlassen werden.

3671 So auch die Verordnung der Bukowinaer Landesregierung vom 7. Mai 1895, LGBl. Nr. 15, betreffend die im Einvernehmen mit dem Bukowinaer Landesausschusse und nach Anhörung der Generaldirection der österreichischen Staatsbahnen erlassenen, besonderen Bestimmungen über die Beförderung von Schubtransporten mittelst Eisenbahn.

3672 Erlaß des Statthalters von Oberösterreich vom 17. November 1873, LGBl. Nr. 65, womit eine Instruction für die Schubbehörden und Gemeinden zur Durchführung der Schubvorschriften erlassen wird.

3673 Kundmachung der Landesregierung für Krain vom 7. April 1872, LGBl. Nr. 13, betreffend die Einrichtung von Haupt- und Particularschüben, der Schubstationen und Schubbegleitung, dann der Ueberwachung des Schubwesens auf Grund des Gesetzes in Betreff der Regelung der polizeilichen Abschaffung und des Schubwesens vom 27. Juli 1871, siehe hier auch das Formular für den Befund; auch nach der Kundmachung des Landes-Präsidenten von Kärnten vom 30. November 1871, LGBl. Nr. 30, womit eine Vorschrift zur Durchführung des Reichsgesetzes vom 27. Juli 1871 R.G.Bl. XXXV. Stück Nr. 88, betreffend die Regelung der polizeilichen Abschaffung und des Schubwesens, verlautbart wird, war in allen Fällen, „in welchen rücksichtlich des Gesundheitszustandes des Abzuschiebenden gegründete Bedenken obwalten", ein ärztliches Gutachten über die Transport- und Marschfähigkeit desselben einzuholen.

3674 Kundmachung der küstenländischen Statthalterei vom 22. Juli 1873, LGBl. Nr. 30, in Betreff der Durchführung des Gesetzes vom 27. Juli 1871, R.G.Bl. Nr. 88 über die Regelung der polizeilichen Abschaffung und des Schubwesens in der Markgrafschaft Istrien; Kundmachung der küstenländischen Statthalterei vom 22. Juli 1873, LGBl. Nr. 31 in Betreff der Durchführung des Gesetzes vom 27. Juli 1871, R.G.Bl. Nr. 88 über die Regelung der polizeilichen Abschaffung und des Schubwesens in der gefürsteten Grafschaft Görz und Gradiska; siehe auch den Erlaß des Statthalters von Oberösterreich vom 17. November 1873, LGBl.

In gleicher Weise erfolgte etwa in Böhmen die Anweisung einer Schubfuhre grundsätzlich nur in der ersten Schubstation oder in jener, in der ein Schübling marschunfähig wurde, und auch dann nur nach vorangegangener ärztlicher Untersuchung, welche die Notwendigkeit der Fuhre sicherzustellen hatte. Wie allerdings die böhmische Statthalterei 1879[3675] bestimmte, konnte auch ohne ärztliche Untersuchung die Beistellung einer Fuhre stattfinden, wenn nämlich „die Bestellung der Fuhre wegen kleiner Kinder oder wegen gleich wahrnehmbarer körperlicher Gebrechen, z.B. wegen Mangels eines Fußes, krummer oder überhaupt verkrüppelter Füsse, nothwendig" erschien, oder wenn „das abgeschobene Individuum nichttragbares Gepäck oder Geräthschaften mit sich" hatte, „deren Umfang und Schwere die Weiterbeförderung mittelst Wagen" erforderte. Grundsätzlich hatten freilich die Schüblinge stets „ihre Effekten selbst zu tragen", wo dies aber – so eine oberösterreichische Instruktion für die Schubbehörden und Gemeinden von 1873[3676] – „wegen deren Menge, Schwere, oder wegen Alter oder Gebrechlichkeit des Schüblings nicht thunlich" war, mußten diese eben entweder wie in Böhmen per Wagenfuhre oder sonst „in der minderst kostspieligen Weise an die Heimatgemeinde des Schüblings" geschickt werden[3677].

Auch für Kärnten wurde 1871 vorgeschrieben, daß die Beförderung eines Schüblings mittels Fuhr nur „nach dem strengsten Bedarfe"[3678] stattfinden durfte und „jedenfalls nur auf jenen Routen ..., wo nicht die Benützung der Eisenbahn zum Schubtransporte vorgeschrieben" war. In Schlesien[3679] war die Beistellung von Schubfuhren nur zulässig, wenn eine „andauernde Marschunfähigkeit des Schüblings" ärztlich festgestellt wurde und daher ebenfalls auf den „unumgänglichsten nothwendigsten Bedarf zu beschränken". Denjenigen Schüblingen, „welche als schwach oder mit kleinen Gebrechen bezeichnet" wurden, sollte – wie in Mähren[3680] – „in der Station Rast gegönnt werden, damit sie marschfähig werden, da deren Verpflegung durch einige Tage billiger ist, als wenn sie besonders einzeln mit Fuhr befördert werden". Für Istrien, Görz und Gradis-

Nr. 65, womit eine Instruction für die Schubbehörden und Gemeinden zur Durchführung der Schubvorschriften erlassen wird.

3675 Kundmachung des Statthalters in Böhmen vom 31. August 1879, LGBl. Nr. 37, betreffend die Verpflegung der Schüblinge und Beistellung der Schubsfuhren, ferner die Verpflegung, Bekleidung und Unterstützung der mit Zwangspaß heimgewiesenen Individuen.

3676 Erlaß des Statthalters von Oberösterreich vom 17. November 1873, LGBl. Nr. 65, womit eine Instruction für die Schubbehörden und Gemeinden zur Durchführung der Schubvorschriften erlassen wird.

3677 Ebd.

3678 Wenn nämlich die Marschunfähigkeit desselben bei der vorgeschriebenen ärztlichen Untersuchung festgestellt wurde. Der ärztliche Befund war von der jeweiligen Schubstation, in der die Marschunfähigkeit konstatiert wurde, in den Akten aufzubewahren und im Schubpaß sowie im Schubprotokoll ersichtlich zu machen, siehe die Kundmachung des Landes-Präsidenten von Kärnten vom 30. November 1871, LGBl. Nr. 30, womit eine Vorschrift zur Durchführung des Reichsgesetzes vom 27. Juli 1871 R.G.Bl. XXXV. Stück Nr. 88, betreffend die Regelung der polizeilichen Abschaffung und des Schubwesens, verlautbart wird.

3679 Verordnung des Landespräsidenten für Schlesien vom 26. Februar 1882, LGBl. Nr. 14, zum Zwecke der Einschränkung des progressiven Anwachsens der Schubkosten.

3680 Erlaß des mährischen Landesausschusses aus 1876, ZVOLSKY (Anm. 1117), S. 63, Erlaß der mährischen Statthalterei aus 1881, Nr. 20869, ebd., S. 69.

ka[3681] war hingegen vorgesehen, daß im „Falle unter mehreren Schüblingen einer wegen Krankheit“ nicht mittels Fußmarsch weiter befördert werden konnte, „allen das gleiche Transportmittel zu bewilligen“ war. Außerdem bestand für Mähren die Vorschrift, daß „in frequenteren Schubstationen nie ein Schübling allein“ mittels Vorspann weiter befördert werden sollte, sondern er war in der Schubstation so lange zurückzubehalten, bis „zwei oder mehrere Schüblinge in gleicher Richtung mittels Fuhre zu transportieren“ waren[3682].

Da es allerdings in Böhmen offensichtlich öfters vorkam, daß die Schubstationen – wohl „von dem Irrthume befangen ..., daß jeder Schübling zunächst an die politische Behörde seiner Heimats-(Aufenthalts-)Gemeinde und von da erst in die letztere abgeschoben werden“ dürfe[3683] – die Schüblinge bei der Transportierung zur Fuß oder zu Wagen „oft nicht auf dem kürzesten Wege nach dem im Schubserkenntnisse bezeichneten Zielpunkte der Abschiebung“ instradierten, sondern mitunter Routen wählten, auf denen die Schüblinge „erst auf bedeutendem Umwege jenen Zielpunkt“ erreichten, wurde von der dortigen Statthalterei 1884 eingeschärft, „stets die kürzeste Route ... nach dem Zielpunkte der Abschiebung ... zu benützen und einzuhalten“ – bei sonstiger auch finanzieller Verantwortung für Abweichungen von dieser Route[3684]. Überdies hatte – wie schon bisher – der Transport von Schüblingen in der Regel nur am hellen Tage stattzufinden und nur auf öffentlichen Straßen und Wegen, „ohne auf Pfäde und Abwege abzulenken“[3685] bzw. „mit Vermeidung aller Seitenwege“[3686], wobei „den Schüblingen zu Fuß die nöthige Rast zum Erholen zu gönnen war“[3687], jedoch wurde das „Betre-

---

3681 Kundmachung der küstenländischen Statthalterei vom 22. Juli 1873, LGBl. Nr. 30, in Betreff der Durchführung des Gesetzes vom 27. Juli 1871, R.G.Bl. Nr. 88 über die Regelung der polizeilichen Abschaffung und des Schubwesens in der Markgrafschaft Istrien; Kundmachung der küstenländischen Statthalterei vom 22. Juli 1873, LGBl. Nr. 31, in Betreff der Durchführung des Gesetzes vom 27. Juli 1871, R.G.Bl. Nr. 88 über die Regelung der polizeilichen Abschaffung und des Schubwesens in der gefürsteten Grafschaft Görz und Gradiska.

3682 Erlaß des Landesausschusses vom 25. Oktober 1868, Z. 20470, ZVOLSKY (Anm. 1117), S. 44.

3683 Welche Annahme bzw. welcher Vorgang aber, so die Kundmachung des Statthalters für Böhmen vom 25. Juni 1884, LGBl. Nr. 29, betreffend die Instradirung der Schüblinge auf dem kürzesten Wege nach dem im Schubserkenntnisse bezeichneten Zielpunkte der Abschiebung, weder im Schubgesetz noch in den böhmischen Ausführungsnormen begründet und auch ganz zwecklos sei, weil das Eintreffen des Schüblings nicht von dieser Behörde, sondern von derjenigen Behörde zu überwachen war, welche das Ausweisungserkenntnis gefällt hatte.

3684 Ebd.

3685 Verordnung des Statthalterei-Präsidiums für Galizien, Lodomerien und Krakau vom 21. August 1875, LGBl. Nr. 57, betreffend die Durchführung des Reichsgesetzes vom 27. Juli 1871, R.G.Bl. Nr. 88, in Betreff der Regelung der polizeilichen Abschaffung und des Schubwesens.

3686 Kundmachung des Statthalters in Dalmatien vom 1. Mai 1872, LGBl. Nr. 27, womit eine Vorschrift zur Durchführung des Reichsgesetzes vom 27. Juli 1871 R.G.B. XXXV Stück Nr. 88, betreffend die Regelung der polizeilichen Abschaffung und des Schubwesens verlautbart wird.

3687 Erlaß des Statthalters von Oberösterreich vom 17. November 1873, LGBl. Nr. 65, womit eine Instruction für die Schubbehörden und Gemeinden zur Durchführung der Schubvorschriften erlassen wird.

ten von Schänken"[3688] bzw. das „Einkehren in Gasthäusern ..., unvorhergesehene dringende Bedürfnisse ausgenommen, streng untersagt"[3689].

In Istrien, Dalmatien, Görz und Gradiska war neben der Beförderung mittels Fußmarsch, Fuhr und Eisenbahn auch eine Beförderung mittels „Dampfschiff" vorgesehen. War nun „ein Individuum von einer Station, wo das Dampfschiff anlegt[e], in eine andere Station oder in seine Zuständigkeitsgemeinde, wo das Dampfschiff gleichfalls anlegt[e], zu verschieben", so war der Schub „unmittelbar von der einen in die andere mittelst Dampfschiffes ohne Aufenthalt in den vom Dampfschiffe berührten Zwischenstationen zu bewerkstelligen" [3690]. Der Schübling hatte also auf dem Dampfer „auch in den Durchzugs-Seestationen bis zur Ankunft am Bestimmungsorte zu verbleiben, ohne dass es nöthig" war, „ihn ausschiffen zu lassen", ausgenommen den Fall einer Erkrankung, welche die Weiterbeförderung unzulässig machte[3691]. In gleicher Weise sollte auch vorgegangen werden, „wenn die Zuständigkeitsstation oder Gemeinde vom Meere oder das von einer durch Dampfschiff berührten Schubstation nur wenig entfernt" war, wobei in diesem Fall der Schübling „der letztgenannten Station" übergeben und von dieser an seinen Bestimmungsort transportiert werden sollte[3692]. Über diese Beförderungsarten hinaus konnte in Dalmatien aber auch der Schüblingstransport „zu Pferd auf Reitwe-

3688 Kundmachung der küstenländischen Statthalterei vom 22. Juli 1873, LGBl. Nr. 30, in Betreff der Durchführung des Gesetzes vom 27. Juli 1871, R.G.Bl. Nr. 88 über die Regelung der polizeilichen Abschaffung und des Schubwesens in der Markgrafschaft Istrien; Kundmachung der küstenländischen Statthalterei vom 22. Juli 1873, LGBl. Nr. 31, in Betreff der Durchführung des Gesetzes vom 27. Juli 1871, R.G.Bl. Nr. 88 über die Regelung der polizeilichen Abschaffung und des Schubwesens in der gefürsteten Grafschaft Görz und Gradiska.

3689 Siehe auch Erlaß des Statthalters von Oberösterreich vom 17. November 1873, LGBl. Nr. 65, womit eine Instruction für die Schubbehörden und Gemeinden zur Durchführung der Schubvorschriften erlassen wird; Verordnung des Statthalterei-Präsidiums für Galizien, Lodomerien und Krakau vom 21. August 1875, LGBl. Nr. 57, betreffend die Durchführung des Reichsgesetzes vom 27. Juli 1871, R.G.Bl. Nr. 88, in Betreff der Regelung der polizeilichen Abschaffung und des Schubwesens; Kundmachung des Statthalters in Dalmatien vom 1. Mai 1872, LGBl. Nr. 27, womit eine Vorschrift zur Durchführung des Reichsgesetzes vom 27. Juli 1871 R.G.B. XXXV Stück Nr. 88, betreffend die Regelung der polizeilichen Abschaffung und des Schubwesens verlautbart wird.

3690 Kundmachung der küstenländischen Statthalterei vom 22. Juli 1873, LGBl. Nr. 30, in Betreff der Durchführung des Gesetzes vom 27. Juli 1871, R.G.Bl. Nr. 88 über die Regelung der polizeilichen Abschaffung und des Schubwesens in der Markgrafschaft Istrien; Kundmachung der küstenländischen Statthalterei vom 22. Juli 1873, LGBl. Nr. 31, in Betreff der Durchführung des Gesetzes vom 27. Juli 1871, R.G.Bl. Nr. 88 über die Regelung der polizeilichen Abschaffung und des Schubwesens in der gefürsteten Grafschaft Görz und Gradiska.

3691 Kundmachung des Statthalters in Dalmatien vom 1. Mai 1872, LGBl. Nr. 27, womit eine Vorschrift zur Durchführung des Reichsgesetzes vom 27. Juli 1871 R.G.B. XXXV Stück Nr. 88, betreffend die Regelung der polizeilichen Abschaffung und des Schubwesens verlautbart wird.

3692 Kundmachung der küstenländischen Statthalterei vom 22. Juli 1873, LGBl. Nr. 30, in Betreff der Durchführung des Gesetzes vom 27. Juli 1871, R.G.Bl. Nr. 88 über die Regelung der polizeilichen Abschaffung und des Schubwesens in der Markgrafschaft Istrien; Kundmachung der küstenländischen Statthalterei vom 22. Juli 1873, LGBl. Nr. 31, in Betreff der Durchführung des Gesetzes vom 27. Juli 1871, R.G.Bl. Nr. 88 über die Regelung der polizeilichen Abschaffung und des Schubwesens in der gefürsteten Grafschaft Görz und Gradiska.

gen" erfolgen, allerdings wie bei der Wagenfuhr stets nur „nach strengem Bedarfe, wenn nämlich die Marschunfähigkeit ... bei der ärztlichen Untersuchung konstatirt wurde"[3693].

c. Schubbegleitung

Die Schubstationen waren nach dem Reichsschubgesetz verpflichtet, „für die sichere Begleitung der Schüblinge" (§ 11 Abs. 1) Sorge zu tragen, was in der Regel nach dem in den einzelnen Kronländern bereits seit langem vorgeschriebenen System geschah, daß die Schüblinge auf den Hauptschüben in der Regel durch eigene Hauptschubführer und auf den Partikularschüben niemals „durch Weibspersonen, Kinder oder alte gebrechliche Leute", sondern durch „rüstige und verläßliche Männer"[3694] bzw. „kräftige und gut beleumdete Personen" [3695] bzw. eine „Begleitung aus dem Stande der Gemeindedienerschaft oder durch Aufdingung und Bezahlung eines verläßlichen, nöthigenfalls bewaffneten Begleiters"[3696] eskortiert werden sollten, die „über ihr Verhalten bei Schubbegleitungen zu belehren" waren[3697]. Wie es eine galizische Verordnung von

---

3693 Kundmachung des Statthalters in Dalmatien vom 1. Mai 1872, LGBl. Nr. 27, womit eine Vorschrift zur Durchführung des Reichsgesetzes vom 27. Juli 1871 R.G.B. XXXV Stück Nr. 88, betreffend die Regelung der polizeilichen Abschaffung und des Schubwesens verlautbart wird.

3694 Verordnung der Landesregierung Salzburg vom 27. November 1871, LGBl. Nr. 34, in Betreff der Durchführung des Reichsgesetzes vom 27. Juli 1871 über die Regelung der polizeilichen Abschaffung und des Schubwesens; siehe auch etwa die Kundmachung des Landes-Präsidenten von Kärnten vom 30. November 1871, LGBl. Nr. 30, womit eine Vorschrift zur Durchführung des Reichsgesetzes vom 27. Juli 1871 R.G.Bl. XXXV. Stück Nr. 88, betreffend die Regelung der polizeilichen Abschaffung und des Schubwesens, verlautbart wird; so auch der Erlaß des Statthalters von Oberösterreich vom 17. November 1873, LGBl. Nr. 65, womit eine Instruction für die Schubbehörden und Gemeinden zur Durchführung der Schubvorschriften erlassen wird.

3695 Kundmachung der küstenländischen Statthalterei vom 22. Juli 1873, LGBl. Nr. 30, in Betreff der Durchführung des Gesetzes vom 27. Juli 1871, R.G.Bl. Nr. 88 über die Regelung der polizeilichen Abschaffung und des Schubwesens in der Markgrafschaft Istrien; Kundmachung der küstenländischen Statthalterei vom 22. Juli 1873, LGBl. Nr. 31, in Betreff der Durchführung des Gesetzes vom 27. Juli 1871, R.G.Bl. Nr. 88 über die Regelung der polizeilichen Abschaffung und des Schubwesens in der gefürsteten Grafschaft Görz und Gradiska.

3696 Kundmachung der Landesregierung für Krain vom 7. April 1872, LGBl. Nr. 13, betreffend die Einrichtung von Haupt- und Particularschüben, der Schubstationen und Schubbegleitung, dann der Ueberwachung des Schubwesens auf Grund des Gesetzes in Betreff der Regelung der polizeilichen Abschaffung und des Schubwesens vom 27. Juli 1871.

3697 Kundmachung der küstenländischen Statthalterei vom 22. Juli 1873, LGBl. Nr. 30, in Betreff der Durchführung des Gesetzes vom 27. Juli 1871, R.G.Bl. Nr. 88 über die Regelung der polizeilichen Abschaffung und des Schubwesens in der Markgrafschaft Istrien; Kundmachung der küstenländischen Statthalterei vom 22. Juli 1873, LGBl. Nr. 31, in Betreff der Durchführung des Gesetzes vom 27. Juli 1871, R.G.Bl. Nr. 88 über die Regelung der polizeilichen Abschaffung und des Schubwesens in der gefürsteten Grafschaft Görz und Gradiska.

1875[3698] formulierte, sollten diese „Wächter", deren Anzahl „von Fall zu Fall der Anzahl der Schüblinge, ihrem Geschlechte, Alter, Benehmen und der Art der Beförderung zu entsprechen" hatte, „über ihre Dienstpflichten belehrt, beeidet und entsprechend bewaffnet werden".

Ausdrücklich verboten wurde z.B. in Österreich ob der Enns, Galizien, Istrien, Dalmatien, Görz und Gradiska, daß der „Fuhrmann der Schubvorspann" bzw. der Kutscher oder „Vecturant" zugleich Schubbegleiter sein dürfe[3699], während in Mähren[3700] bei als marschunfähig bezeichneten, mit einer Fuhre beförderten, „die Sicherheit der Person oder des Eigentums nicht gefährdenden Schüblingen" kein eigener Schubbegleiter beigegeben werden sollte, sondern vielmehr der Vekturant genügte. Auch in Schlesien wurde 1882[3701] „zum Zwecke der Einschränkung des progressiven Anwachsens der Schubkosten" angeordnet, daß jenen Personen, „welche wegen Altersschwäche, Blindheit, Krüppelhaftigkeit, geschwollenen Füßen etc. als marschunfähig" zu qualifizieren waren, und, „wo schon diese Eigenschaften eine Entweichung ausschließen und auch eine Widersetzlichkeit nicht annehmen lassen sowie allen marschunfähigen Schüblingen, welche für die Sicherheit der Person und des Eigenthums nicht gefährlich sind", kein Konvojant beigegeben werden sollte, sondern die Übergabe des Schüblings in der nächsten Schubstation hatte durch den „Vecturanten" zu erfolgen, von dessen Verläßlichkeit sich jedoch die Schubstationsleiter zu überzeugen hatten.

In Salzburg wurde 1871 die Partikularschubbegleitung überdies derart detailliert geregelt, daß nicht nur die Anzahl der Schubbegleiter genau festgelegt, sondern sogar ausdrücklich vorgeschrieben wurde[3702], daß „die Zusammenschließung mehrerer Schüb-

---

3698 Verordnung des Statthalterei-Präsidiums für Galizien, Lodomerien und Krakau vom 21. August 1875, LGBl. Nr. 57, betreffend die Durchführung des Reichsgesetzes vom 27. Juli 1871, R.G.Bl. Nr. 88, in Betreff der Regelung der polizeilichen Abschaffung und des Schubwesens.

3699 Erlaß des Statthalters von Oberösterreich vom 17. November 1873, LGBl. Nr. 65, womit eine Instruction für die Schubbehörden und Gemeinden zur Durchführung der Schubvorschriften erlassen wird; Kundmachung der küstenländischen Statthalterei vom 22. Juli 1873, LGBl. Nr. 30, in Betreff der Durchführung des Gesetzes vom 27. Juli 1871, R.G.Bl. Nr. 88 über die Regelung der polizeilichen Abschaffung und des Schubwesens in der Markgrafschaft Istrien; Kundmachung der küstenländischen Statthalterei vom 22. Juli 1873, LGBl. Nr. 30, in Betreff der Durchführung des Gesetzes vom 27. Juli 1871, R.G.Bl. Nr. 88 über die Regelung der polizeilichen Abschaffung und des Schubwesens in der gefürsteten Grafschaft Görz und Gradiska; Verordnung des Statthalterei-Präsidiums für Galizien, Lodomerien und Krakau vom 21. August 1875, LGBl. Nr. 57, betreffend die Durchführung des Reichsgesetzes vom 27. Juli 1871, R.G.Bl. Nr. 88, in Betreff der Regelung der polizeilichen Abschaffung und des Schubwesens; Kundmachung des Statthalters in Dalmatien vom 1. Mai 1872, LGBl. Nr. 27, womit eine Vorschrift zur Durchführung des Reichsgesetzes vom 27. Juli 1871 R.G.B. XXXV Stück Nr. 88, betreffend die Regelung der polizeilichen Abschaffung und des Schubwesens verlautbart wird.

3700 Erlaß der mährischen Statthalterei aus 1881, Nr. 20869, ZVOLSKY (Anm. 1117), S. 69.

3701 Verordnung des Landespräsidenten für Schlesien vom 26. Februar 1882, LGBl. Nr. 14, zum Zwecke der Einschränkung des progressiven Anwachsens der Schubkosten.

3702 In der Regel war nach dieser Verordnung, ebd., jedem Schübling ein Begleiter beizugeben, „es wäre denn, daß die Bedenklichkeit und Verwegenheit des Schüblings eine stärkere Begleitung" erforderte. Wurden mehrere Schüblinge zugleich verschoben, so war ihnen auch

linge mit sogenannten Handbretzen, um die Beigebung der entsprechenden Anzahl von Begleitern zu ersparen, ... auf keinen Fall stattfinden" dürfe, daß der Schubbegleiter „immer neben dem Schüblinge zu gehen" habe und „denselben nicht etwa in größerer Entfernung vorausgehen ... lassen" solle, daß es dem Schubbegleiter strengstens verboten war, den Schübling an andere Personen zur Weiterbeförderung zu übergeben u.s.w.

Eine Begleitung durch die Gendarmerie erfolgte in den meisten Kronländern weiterhin ausschließlich „bei gemeingefährlichen und besonders verwegenen"[3703] bzw. „besonders kühne[n] Individuen"[3704], wobei sich die Tätigkeit der Gendarmerieeskorte ausschließlich auf die sichere Bewachung der Schüblinge zu beschränken hatte. War über die Bewachung hinaus im Hinblick auf den Geisteszustand oder die körperliche Verfassung eines Schüblings eine besondere Pflege desselben notwendig, so hatte nach einem Erlaß des Innenministeriums von 1888[3705] die politische Behörde bei Anordnung der Gendarmeriebegleitung auch dahingehend die Veranlassung zu treffen, daß der Schubbegleitung das geeignete „Wartepersonal" mitgegeben wurde.

In Krain[3706], wo die Gendarmerie nicht zur Schubbegleitung in Anspruch genommen werden durfte, hatte die politische Behörde außerdem die Schubbehörde berechtigt, in „sehr wichtigen Fällen und bei besonderer Gefährlichkeit des Angehaltenen" die „Verschiebung mit Anlegung der Handschließkette" im Ausweisungserkenntnis festzulegen. Auch in Istrien stand es der „das Abschiebungs-Erkenntniß schöpfenden Behörde ... zu, über die Art der Ausführung desselben zu entscheiden" und insbesondere „zu beurtheilen, ob dieselbe mit Anwendung von Schließeisen zu geschehen habe, und welche anderen besonderen Vorsichtsmaßregeln in Absicht auf die Sicherheit in Anwendung

---

eine entsprechende Anzahl von Begleitern beizugeben, und zwar für drei Schüblinge zwei Begleiter, für vier Schüblinge drei Begleiter usw.

3703 Kundmachung des Landes-Präsidenten von Kärnten vom 30. November 1871, LGBl. Nr. 30, womit eine Vorschrift zur Durchführung des Reichsgesetzes vom 27. Juli 1871 R.G.Bl. XXXV. Stück Nr. 88, betreffend die Regelung der polizeilichen Abschaffung und des Schubwesens, verlautbart wird; Kundmachung des Statthalters in Dalmatien vom 1. Mai 1872, LGBl. Nr. 27, womit eine Vorschrift zur Durchführung des Reichsgesetzes vom 27. Juli 1871 R.G.B. XXXV Stück Nr. 88, betreffend die Regelung der polizeilichen Abschaffung und des Schubwesens verlautbart wird. Nach dem Erlaß des Statthalters von Oberösterreich vom 17. November 1873, LGBl. Nr. 65, womit eine Instruction für die Schubbehörden und Gemeinden zur Durchführung der Schubvorschriften erlassen wird, entschied von Fall zu Fall der Bezirkshauptmann bzw. der zuständige Bürgermeister darüber, in welchen Fällen die Gendarmeriebegleitung zulässig war.

3704 Kundmachung der küstenländischen Statthalterei vom 22. Juli 1873, LGBl. Nr. 30, in Betreff der Durchführung des Gesetzes vom 27. Juli 1871, R.G.Bl. Nr. 88 über die Regelung der polizeilichen Abschaffung und des Schubwesens in der Markgrafschaft Istrien; Kundmachung der küstenländischen Statthalterei vom 22. Juli 1873, LGBl. Nr. 31, in Betreff der Durchführung des Gesetzes vom 27. Juli 1871, R.G.Bl. Nr. 88 über die Regelung der polizeilichen Abschaffung und des Schubwesens in der gefürsteten Grafschaft Görz und Gradiska.

3705 Erlaß des Ministeriums des Innern vom 18. Dezember 1888, ad Z. 19703, siehe MAYRHOFER/PACE (wie Anm. 138) III, S. 596, Anm. 2.

3706 Kundmachung der Landesregierung für Krain vom 7. April 1872, LGBl. Nr. 13, betreffend die Einrichtung von Haupt- und Particularschüben, der Schubstationen und Schubbegleitung, dann der Ueberwachung des Schubwesens auf Grund des Gesetzes in Betreff der Regelung der polizeilichen Abschaffung und des Schubwesens vom 27. Juli 1871.

zu kommen" hatten. Nach einer oberösterreichischen Instruktion von 1873[3707] konnte hingegen auch der Gemeindevorsteher der Schubstation über die „Fesselung der Schüblinge" entscheiden, die nur „gegen besonders widerspenstige, gewaltthätige Individuen, oder solche, welche einen Fluchtversuch gemacht" hatten, stattfinden sollte, „jedoch nur solange, als es das strengste Bedürfniß erfordert[e].

In Österreich unter der Enns wurde außerdem „in der Erwägung, dass die Escortierung der zur Abschiebung bestimmten Zigeuner durch die Gendarmerie insofern sich ersprießlich erweisen" würde, „als hiebei die nicht selten vorkommenden Entweichungen der Zigeuner vom Schube vermieden" und gleichzeitig vorausgesetzt werden könne, „dass die Abschiebungen auch stets correct durchgeführt" würden, 1873[3708] bestimmt, daß die Eskortierung der zur Abschiebung bestimmten Zigeuner ausschließlich durch die Gendarmerie, und zwar, „wo dies ausführbar, von Gendarmerieposten zu Gendarmerieposten bei möglichstem Anschlusse an den Hauptschub zu geschehen habe". Da sich aber der durch die Verwendung der Gendarmerie beabsichtigte Zweck in den Fällen, wo es sich „nur um die Abschiebung oder Weiterbeförderung von Zigeunerweibern und Kindern und gebrechlichen Männern" handelte, auch dadurch erreicht werden konnte, daß die Eskorte durch „geeignete Civilibegleiter" vorgenommen wurde, konnte seit 1885[3709] stets dann von der Verwendung der Gendarmerie abgesehen werden, „wenn die Befürchtung eines renitenten Benehmens gegen den Schubbegleiter und die Gefahr eines Entweichens mit Rücksicht auf die Persönlichkeit der Zigeunerschüblinge schon voraus ausgeschlossen" erschien.

Auch betreffend die Hauptschübe wurden die bisherigen Vorschriften hinsichtlich der Bewachungsmannschaft und des Einsatz der Gendarmerie in der jeweiligen Landesgesetzgebung nach 1871 übernommen. So wurde beispielsweise in Österreich ob der Enns 1873[3710] anläßlich der Einführung einer weiteren Hauptschubroute angeordnet, daß auf Hauptschüben wie bisher die am Bahnhof anwesende Gendarmerie in Anspruch genommen werden konnte, wenn sich auf einer Zwischenstation ergeben sollte, daß „nach Ansicht des Hauptschubbegleiters in Folge ungewöhnlichen Zuwachses von Schüblingen die von den Endpunkten aus ihm beigegebene Bewachungsmannschaft ungenügend" war. Nötigenfalls war auch der Stationsschubbesorger verpflichtet, für die erforderliche und anders nicht zu erhaltende Begleitung des Hauptschubes Sorge zu tragen, „in welcher Beziehung derselbe sich nach den Weisungen des verantwortlichen Hauptschubführers zu benehmen" hatte.

Entwich ein Schübling auf dem Haupt- oder Partikularschub dennoch, so hatte gemäß § 11 Abs. 2 des Reichsschubgesetzes die Schubstation unverzüglich die „Verfol-

---

3707 Erlaß des Statthalters von Oberösterreich vom 17. November 1873, LGBl. Nr. 65, womit eine Instruction für die Schubbehörden und Gemeinden zur Durchführung der Schubvorschriften erlassen wird.

3708 Niederösterreichischer Statthaltereierlaß vom 17. September 1873, siehe Normalien-Sammlung (wie Anm. 359) III, Nr. 4616.

3709 Niederösterreichischer Statthaltereierlaß vom 29. Mai 1885 an alle Bezirkshauptmannschaften, Normalien-Sammlung (wie Anm. 359) III, Nr. 4616.

3710 Siehe etwa die Verordnung des Statthalters von Oberösterreich vom 14. Jänner 1873, LGBl. Nr. 7, betreffend die Einführung eines Hauptschubes auf der k.k. priv. Kaiserin Elisabethbahn zwischen Wels und Braunau.

gung und Wiederaufgreifung" desselben durch die öffentlichen Sicherheitsorgane einzuleiten. Der Schübling war gemäß § 13 Abs. 2 mit „Einschließung bis zu acht Tagen" zu bestrafen. Außerdem haftete nach dem Reichsschubgesetz jede Gemeinde für Kosten, die durch Vernachlässigung der den Gemeinden hinsichtlich des Schubwesens gesetzlich auferlegten Verpflichtungen entstanden waren (§ 18), und insbesondere für die durch die Wiedereinlieferung eines entwichenen Schüblings verursachten Kosten, wenn ihren Organen die Entweichung eines Schüblings zuzurechnen war. Allerdings reichte die Haftung für einen durch ordnungswidrige Begleitung verschuldeten Zustand eines Schüblings - wie Trunkenheit - nach einem Erlaß des Ministeriums des Innern von 1894[3711] nur so weit, als die Folgen dieses Zustandes durch eine entsprechende Vorsorge seitens der Übernahmestation nicht ausgeschlossen werden konnten.

d. Verpflegung der Schüblinge

Die Schubstationen hatten die Schüblinge auch „gehörig" bzw. „angemessen" zu verpflegen[3712], wobei darunter jedenfalls ein Mittag- und Abendessen zu verstehen war, das in der Regel möglichst „in natura", und zwar in Form von „landesübliche[n], gesunde[n] und hinreichende[n] Speisen"[3713], zu verabreichen war. Darüber hinaus konnte

---

3711 Erlaß des Ministeriums des Innern vom 30. Oktober 1894, Z. 17435, Österreichische Zeitschrift für Verwaltung XXVI (1894), Nr. 52, S. 250 f. Dem Erlaß lag der Fall zugrunde, daß sich Schübling und Schubbegleiter auf dem Schub betranken, und der Schübling sodann ohne Begleitung von der Gendarmerie aufgefunden und in den Schubarrest einer anderen (F.) als der abschickenden Gemeinde (Z.) eingeliefert wurde. Dort „geberdete sich M.T. [der Schübling] wie ein Rasender und schlug im Rausche alles, was unter seine Hände kam, in Trümmer, bevor dies noch verhindert werden konnte". Die Gemeinde F. machte nun den Ersatz der durch den Schübling verursachten Kosten gegen die Gemeinde Z. geltend. Während sowohl die Bezirkshauptmannschaft als auch die Statthalterei eine Ersatzpflicht anerkannten, sprach sich das Ministerium gegen einen Ersatz dieser Kosten aus, denn - wie im Ministerialrekurs eingewendet worden war - es hätte „ein Trunkener, der, wie behauptet wird, sich wie eine Bestie geberdet habe, nicht ... ohne Aufsicht gelassen werden sollen, oder wenigstens (wäre) Vorsorge zu treffen gewesen, denselben unschädlich zu machen". „Bei Anwendung dieser durch die Umstände gebotenen Vorsicht hätte der Schaden verhütet werden können, sohin könne die Gemeinde Z. unöglich dafür verantwortlich gemacht werden".

3712 Kundmachung des Landes-Präsidenten von Kärnten vom 30. November 1871, LGBl. Nr. 30, womit eine Vorschrift zur Durchführung des Reichsgesetzes vom 27. Juli 1871 R.G.Bl. XXXV. Stück Nr. 88, betreffend die Regelung der polizeilichen Abschaffung und des Schubwesens, verlautbart wird; Kundmachung der küstenländischen Statthalterei vom 22. Juli 1873, LGBl. Nr. 30, in Betreff der Durchführung des Gesetzes vom 27. Juli 1871, R.G.Bl. Nr. 88 über die Regelung der polizeilichen Abschaffung und des Schubwesens in der Markgrafschaft Istrien; Kundmachung der küstenländischen Statthalterei vom 22. Juli 1873, LGBl. Nr. 31, in Betreff der Durchführung des Gesetzes vom 27. Juli 1871, R.G.Bl. Nr. 88 über die Regelung der polizeilichen Abschaffung und des Schubwesens in der gefürsteten Grafschaft Görz und Gradiska.

3713 Kundmachung des Bukowinaer Landesausschusses vom 20. April 1895, LGBL. Nr. 16, womit unter Aufhebung der Verordnung vom 10. März 1875, ... (L.-G.-u. V.-Bl. X, 14, 1875) nachstehende Bestimmungen über die Ausführungen des Schubes im Herzogthume Bukowina erlassen werden Nach der Kundmachung des galizischen Landes-Ausschusses vom

Schüblingen auch ein Frühstück vor dem Aufbruch gereicht werden, worauf aber in Österreich ob der Enns[3714] nur „Kinder unter 10 Jahren, schwangere Weibspersonen, gebrechliche, kränkliche oder 60 Jahre oder darüber alte Schüblinge und die mittels Zwangspaß ... abzuschiebenden Individuen" Anspruchhatten. Dieses Frühstück hatte aus „einem Seidl warmer Milch, oder Einbrennsuppe mit Brot" zu bestehen, „die Mittags- und ebenso Abendkost" hingegen „aus einer warmen Speise und hinreichender Menge Brot", welche Verpflegung in der Station zu reichen war, in welcher der Schübling „um oder nach 10 Uhr Vormittags" eintraf bzw. wo er übernachtete.

Die „Abend- und Frühverpflegung" hatte jedoch – wie es etwa für Böhmen[3715] vorgeschrieben war – „nur in jenen Stazionen einzutreten", in welchen der Schübling auch tatsächlich übernachtete, „so daß die Abendverpflegung in der der Nachtstation vorangehenden oder die Frühverpflegung in der auf die Nachtstazion folgenden Stazion" untersagt wurde. Da freilich die Schüblinge „nicht immer gerade um die Mittagszeit" in den Schubstationen eintrafen, wurde außerdem die „Zeit von 10 Uhr vormittag bis 2 Uhr Nachmittags bestimmt, während welcher die Schüblinge die Mittagsverpflegung zu erhalten" hatten. Beim Transport mittels Eisenbahn war den Schüblingen hingegen, wenn sie in dieser Zeit in keiner Schubstation ankamen, die auf die „Mittagsverpflegung, eventuell Frühverpflegung entfallende Gebühr ... baar auf die Hand zu zahlen, auf daß sich dieselben auf der Reise die nöthige Nahrung beschaffen" konnten. Auf den Hauptschüben waren die Schubführer fallweise auch weiterhin ermächtigt, „bei eintretendem Unwohlsein eines Schüblings oder bei schwächlichen und kränklichen Personen, denselben eine Schale Suppe reichen zu lassen"[3716].

---

26. November 1875, LGBl. Nr. 1, erlassen im Sinne des letzten Absatzes des §. 19 R.G. vom 27. Juli 1871 R.G.Bl. Z. 88, enthaltend die Verfügungen über die Handhabung des Schubwesens, wirksam vom 1. Jänner 1876, sollte die „tägliche Beköstigung" des Schüblings aus „hinreichender warmer Nahrung und überdies aus frischem geschrotetem Brote" bestehen.

3714 Kundmachung der Statthalterei im Erzherzogthume Österreich ob der Enns vom 31. Dezember 1906, LGBl. Nr. 30, betreffend eine teilweise Änderung der Bestimmungen des Punktes 32, Absatz 3, der Schubinstruktion vom 17. November 1873, Z. 7576 (G. u. V.Bl. Nr. 65). So größtenteils schon der Erlaß des Statthalters von Oberösterreich vom 17. November 1873, LGBl. Nr. 65, womit eine Instruction für die Schubbehörden und Gemeinden zur Durchführung der Schubvorschriften erlassen wird.

3715 Kundmachung des Statthalters in Böhmen vom 31. August 1879, LGBl. Nr. 37, betreffend die Verpflegung der Schüblinge und Beistellung der Schubsfuhren, ferner die Verpflegung, Bekleidung und Unterstützung der mit Zwangspaß heimgewiesenen Individuen; siehe auch die Kundmachung des Statthalters für Böhmen vom 10. September 1883, LGBl. Nr. 41, betreffend die Verpflegung der die mährisch-böhmische Grenze überschreitenden Schüblinge und Paßzwänglinge in den hierländigen Schubstationen am Tag der Uiberschreitung dieser Grenze.

3716 Verordnung der Landesregierung in Salzburg vom 13. Juli 1876, LGBl. Nr. 26, betreffend a) die Auflassung des Hauptschubes von Salzburg über Rosenheim nach Innsbruck, b) die Einführung eines Hauptschubes von Salzburg über Zell am See und Kitzbichel nach Innsbruck.

e. Unterbringung und Bewachung der Schüblinge

Die Unterbringung der Schüblinge erfolgte wie schon bisher in den „Schublocalitäten“ bzw. Arresten der Schubstationsgemeinden, wobei etwa für Krain 1872[3717] festgelegt wurde, daß nur die „in den Amtssitzen der Schubbehörden befindlichen Schubstationsgemeinden ... in der Regel als Nachtstationen“, alle anderen dagegen nur als bloße „Durchzugs-(Mittags-)Stationen“ zu betrachten waren. Da allerdings nicht alle Schubstationsgemeinden eigene Gemeindearreste hatten, ordnete das Innenministerium – um die angemessene Unterbringung und Bewachung der Schüblinge sicherzustellen – im Einvernehmen mit dem Justizministeriums 1868[3718] an, daß auch diejenigen Schubstationsgemeinden, in denen noch keine eigenen Gemeindearreste bestanden, diese umgehend zu errichten hatten, da sich durch die seit 1868[3719] gegen Kostenersatz generell gestattete Aufnahme von Schüblingen[3720] in die Arreste der Bezirksgerichte – für den Fall, daß in der betreffenden Schubstationsgemeinde entsprechende Haftlokalitäten nicht vorhanden waren – zahlreiche „Übelstände“ ergeben hatten. Zur Errichtung der Schubarreste konnten die Gemeinden sogar „eventuell zwangsweise ... verhalten“ werden, und ausgenommen von der Pflicht zur Errichtung der Gemeindearreste konnten nur jene Gemeinden werden, welche aufgrund eines mit dem Bezirksgericht getroffenen Übereinkommens die Berechtigung genossen, „alle ihre Häftlinge in dem gerichtlichen Arreste unterzubringen“.

3717 Kundmachung der Landesregierung für Krain vom 7. April 1872, LGBl. Nr. 13, betreffend die Einrichtung von Haupt- und Particularschüben, der Schubstationen und Schubbegleitung, dann der Ueberwachung des Schubwesens auf Grund des Gesetzes in Betreff der Regelung der polizeilichen Abschaffung und des Schubwesens vom 27. Juli 1871.

3718 Erlaß des Ministeriums des Innern vom 14. September 1868, Z. 4309, sowie vom 14. Dezember 1889, Z. 5853, Normalien-Sammlung (wie Anm. 359) I, Nr. 1665, DEHMAL (wie Anm. 1723), S. 998, vgl. die Kundmachung des Statthalters vom 29. Dezember 1889, LGBl. Nr. 2, in Betreff des Vorganges bei der Unterbringung von politischen Häftlingen und Schüblingen in gerichtlichen Arresten.

3719 Vgl. die Verordnung des Justizministeriums vom 16. Februar 1890 betreffend die Anhaltung von Schüblingen in den gerichtlichen Arresten, in: Verordnungsblatt des k.k. Justizministeriums (1890), Nr. 12, S. 41 ff.; siehe auch Österreichische Zeitschrift für Verwaltung XXII (1890), Nr. 11, S. 43; vgl. etwa auch die Verordnung des Statthalters in Oesterreich ob der Enns vom 18. August 1868, LGBl. Nr. 12, betreffend die aus Anlaß der neuen Organisirung der politischen Verwaltungsbehörden über die Handhabung des Schubwesens eintretenden Aenderungen. Zur Kostenfrage siehe etwa die Verordnung der dalmatinischen Statthalterei vom 7. Septenber 1890, LGBl. Nr. 19, womit der Kostenersatz für die in Gerichtsarresten verwahrten und entweder vom Gerichte oder anderwärtig verpflegten Schüblinge und ortspolizeilichen Hätlinge geregelt wird.

3720 Als Schüblinge im Sinne der Verordnung des Justizministeriums vom 16. Februar 1890 betreffend die Anhaltung von Schüblingen in den gerichtlichen Arresten, in: Verordnungsblatt des k.k. Justizministeriums (1890), Nr. 12, S. 41 ff., galten alle Personen, welche nach dem Reichsschubgesetz „behandelt und zu diesem Zwecke in Haft genommen werden, also nicht nur Diejenigen, welche behufs allfälliger Abschiebung oder Abschaffung in Verwahrungshaft sich befinden, gleichviel, ob dieselben nach durchgeführtem Erhebungsverfahren frei oder mit gebundener Marschroute entlassen oder mit Schub weiter befördert werden“.

Weiterhin bestand für die Schubarreste auch die Vorschrift, daß „zwei gehörig verwahrte, mit Bettstellen (Pritschen), Strohsäcken, Strohpölstern, Kotzen und den nöthigen Schließwerkzeugen versehene, heizbare Zimmer mit einem den Erfahrungen entsprechenden Fassungsraume“ vorhanden sein mußten, für deren „gehörige Bewachung“ Sorge getragen werden mußte[3721]. Außerdem waren die „Schubzimmer ... stets rein zu erhalten und nach Bedarf zu beheizen“[3722]. So wurden etwa in Schlesien die Schubstationsgemeinden 1872[3723] explizit angewiesen, „auf die Reinhaltung der Schub-Localitäten ... zu sehen“, und im selben Jahr legte die krainer Landesregierung[3724] fest, daß die politischen Behörden, denen die Überwachung des Schubwesens oblag, auch die Pflicht haben sollten, nicht nur die Amtshandlungen der Schubstationsgemeinden „öfter und unvermuthet einer eindringlichen Untersuchung zu unterziehen“, sondern auch die „Schublocalitäten zu untersuchen, wahrgenommene Unzukömmlichkeiten“ in Bezug auf „Einrichtung, Beheizung, Beleuchtung, Instandhaltung, ... ferner der Verpflegung und Reinhaltung ... abzustellen“ sowie erforderlichenfalls dem Landesausschuß anzuzeigen.

f. Bekleidung und Reinigung der Schüblinge

Hinsichtlich der Bekleidung der Schüblinge bestand weiterhin die Pflicht der Schubstationsgemeinden, „die Schüblinge im Falle des Bedarfes mit den zur Bedeckung der Blößen und zum Schutze gegen die Kälte unentbehrlichsten Kleidern und Schuhen zu versehen“[3725], wobei aber beispielsweise für Böhmen 1874[3726] angeordnet wurde, eine derartige „Verabfolgung der Wäsche und Kleidungsstücke“ striktest „auf das unumgänglichste zu beschränken“ und die „Nothwendigkeit und die Gattung derselben ... auf dem Schubspasse zu notiren“. In Istrien, Görz und Gradiska[3727] war außerdem die den

---

3721 Erlaß des Statthalters von Oberösterreich vom 17. November 1873, LGBl. Nr. 65, womit eine Instruction für die Schubbehörden und Gemeinden zur Durchführung der Schubvorschriften erlassen wird.

3722 Ebd.

3723 Verordnung der schlesischen Landesregierung vom 23. Februar 1872, LGBl. Nr. 11, zur Durchführung des Gesetzes vom 27. Juli 1871 (R.G.Bl. Nr. 88) in Betreff der Regelung der polizeilichen Abschaffung und des Schubwesens.

3724 Kundmachung der Landesregierung für Krain vom 7. April 1872, LGBl. Nr. 13, betreffend die Einrichtung von Haupt- und Particularschüben, der Schubstationen und Schubbegleitung, dann der Ueberwachung des Schubwesens auf Grund des Gesetzes in Betreff der Regelung der polizeilichen Abschaffung und des Schubwesens vom 27. Juli 1871.

3725 Erlaß des Statthalters von Oberösterreich vom 17. November 1873, LGBl. Nr. 65, womit eine Instruction für die Schubbehörden und Gemeinden zur Durchführung der Schubvorschriften erlassen wird.

3726 Kundmachung des Statthalters in Böhmen vom 25. Februar 1874, LGBl. Nr. 8, betreffend die mit dem Landesausschusse des Königreiches Böhmen vereinbarte Durchführung der mit dem Landesgesetze vom 15. Jänner 1873, Z. 3 L.-G.-Bl., hinausgegebenen Bestimmungen zum §. 14 und 16 des Reichsgesetzes vom 27. Juli 1871, Nr. 88 R.-G.-Bl.; ähnlich auch der Erlaß des mährischen Landesausschusses vom 11. Jänner 1873, ZVOLSKY (Anm. 1117), S. 34.

3727 Kundmachung der küstenländischen Statthalterei vom 22. Juli 1873, LGBl. Nr. 30, in Betreff der Durchführung des Gesetzes vom 27. Juli 1871, R.G.Bl. Nr. 88 über die Regelung

Schüblingen zu verabreichende Kleidung auf „jene Gattung" zu beschränken, „welche dieselben gewöhnlich tragen", und in Galizien[3728] mußten die verabreichten „Leibeskleider sowie die Fußbekleidung" nicht nur unentbehrlich, sondern auch der Jahreszeit angemessen sein[3729]. In Mähren war hinsichtlich der Bekleidung der Schüblinge aber nicht nur auf die Jahreszeit Rücksicht zu nehmen, sondern auch auf den Umstand, „welche Wegesstrecke der Schübling zur Erreichung seiner Heimat zurückzulegen" hatte, „um demselben nur die unumgänglich nothwendigen Kleider zu verabfolgen"[3730]. Manche Schubstationen interpretierten diese Bestimmungen allerdings offensichtlich derartig eng, daß Schüblinge infolge mangelhafter Fußbekleidung mit erfrorenen Zehen an ihrem Zielorte eintrafen[3731]. Zum Schutz gegen die Kälte sollten außerdem in Mähren den Hauptschüblingen „Winterkotzen" für die Bahnfahrt beigestellt[3732] werden, welche die Konvojanten auf der Rückfahrt wieder mitnehmen mußten. Ansonsten war bei Bahnreisen die Beteilung mit Kleidungsstücken besonders restriktiv zu handhaben, weil diese Beförderungsart mit „weniger Strapazen verbunden" war[3733].

Weiters erging vielfach – wie etwa in Schlesien und Mähren[3734] – die Vorschrift, den Wert der ausgegebenen Schuhe, Kleidungstücke und Wäsche am Schubpaß zu ver-

---

der polizeilichen Abschaffung und des Schubwesens in der Markgrafschaft Istrien; Kundmachung der küstenländischen Statthalterei vom 22. Juli 1873, LGBl. Nr. 31, in Betreff der Durchführung des Gesetzes vom 27. Juli 1871, R.G.Bl. Nr. 88 über die Regelung der polizeilichen Abschaffung und des Schubwesens in der gefürsteten Grafschaft Görz und Gradiska.

3728 Verordnung des Statthalterei-Präsidiums für Galizien, Lodomerien und Krakau vom 21. August 1875, LGBl. Nr. 57, betreffend die Durchführung des Reichsgesetzes vom 27. Juli 1871, R.G.Bl. Nr. 88, in Betreff der Regelung der polizeilichen Abschaffung und des Schubwesens; siehe auch die Kundmachung des Landes-Ausschusses vom 26. November 1875, LGBl. Nr. 1, erlassen im Sinne des letzten Absatzes des §. 19 R.G. vom 27. Juli 1871 R.G.Bl. Z. 88, enthaltend die Verfügungen über die Handhabung des Schubwesens, wirksam vom 1. Jänner 1876. Als unentbehrlich sah man in Galizien „je nach dem wirklichen Bedürfniß" an: eine „Kopfbedeckung oder Mütze, eine kurzen Ueberwurf oder eine Jacke mit Aermeln, Hosen oder einen Unterrock, ein Hemd, eine Unterhose, Schuhe".

3729 Siehe auch die Verordnung der Bukowinaer Landesregierung vom 22. Februar 1875, LGBl. Nr. 10, betreffend die Regelung des Schubwesens im Herzogthume Bukowina; Verordnung der Bukowinaer Landesregierung vom 22. Februar 1875, LGBl. Nr. 10, betreffend die Regelung des Schubwesens im Herzogthume Bukowina.

3730 Erlaß des mährischen Landesausschusses aus 1876, ZVOLSKY (Anm. 1117), S. 64, Erlässe des mährischen Landesausschusses vom 21. Juli 1889, Nr. 22157, ebd., S. 73, und vom 7. Jänner 1894, Nr. 53282, ebd., S. 74 f.

3731 Erlaß des mährischen Landesausschusses vom 7. Jänner 1894, Nr. 53282, ZVOLSKY (Anm. 1117), S. 74 f.

3732 Erlaß des mährischen Landesausschusses vom 22. Dezember 1868, Z. 25476, ZVOLSKY (Anm. 1117), S. 13.

3733 Erlaß des mährischen Landesausschusses vom 16. Juli 1900, Z. 36505, ZVOLSKY (Anm. 1117), S. 114.

3734 Kundmachung des Landes-Präsidenten für Schlesien vom 20. Juni 1873, LGBl. Nr. 40, womit die von der schlesischen Landesregierung im Einvernehmen mit dem schlesischen Landesausschusse festgestellte Eintheilung der Schubbezirke bekannt gegeben wird; ähnlich auch z.B. die Verordnung des Statthalterei-Präsidiums für Galizien, Lodomerien und Krakau vom 21. August 1875, LGBl. Nr. 57, betreffend die Durchführung des Reichsgesetzes vom 27. Juli 1871, R.G.Bl. Nr. 88, in Betreff der Regelung der polizeilichen Abschaffung

merken, und „in den nächsten Schubstationen sowohl als auch in der Heimatsgemeinde" mußte bei der Übernahme der Schüblinge überwacht werden, daß die dem Schübling übergebenen Kleidungsstücke wirklich vorhanden waren. Zur „Verminderung der Ersatzansprüche" hatten die Schubstationsgemeinden „überhaupt im eigenen und im Interesse der Heimatsgemeinden diesen Vorgang zu beobachten und gegenseitig die Kontrole zu üben, damit nicht unnöthige Wiederbekleidungen erfolg[t]en"[3735]. Die Schubstationsgemeinden blieben auch dafür verantwortlich, daß „die Schüblinge während ihres Aufenthaltes in der Schubsstation, sowie während ihrer Konvoyirung sich nicht der auf Kosten des Landesfonds angeschafften Kleider entäußern oder sie absichtlich zerreißen"[3736]. Überdies hatten die Schubbegleiter etwa nach den Schubvorschriften für die Bukowina[3737] nach Übergabe des Schüblings die dem Schübling ausgegebenen „Kleidungsstücke zurückzunehmen und der betreffenden Schubstationsgemeinde zurückzubringen", welche für die sofortige Reinigung derselben zu sorgen hatte. Für den Fall eines „Abganges" von Kleidungstücken war in Schlesien und Mähren der „Konvoyant für den Abgang verantwortlich zu machen, weil Fälle vorgekommen" waren, „daß Schüblinge unterwegs die in der Vorstation erhaltenen Kleider selbst an den Convoyanten verkauft" hatten und in der Nachtstation wieder bekleidet werden mußten[3738]. Außerdem wurden z.B. in Österreich ob der Enns 1880[3739] weiterhin finanzielle Höchstgrenzen für die den Schüblingen „im Falle des Bedarfes ... zur Bedeckung der Blößen und zum Schutze gegen die Kälte" zu verabreichenden „unentbehrlichsten" Kleider und Schuhe festgelegt. Die den Schüblingen auszufolgenden Kleider und Schuhe durften übrigens in Österreich ob der Enns von[3740] den Schubstationsgemeinden nicht etwa ange-

---

und des Schubwesens; Erlaß der mährischen Statthalterei aus 1881, Nr. 208690, ZVOLSKY (Anm. 1117), S. 66 f., Erlässe des mährischen Landesausschusses vom 21. Juli 1889, Nr. 22157, ebd., S. 73, und vom 7. Jänner 1894, Nr. 53282, ebd., S. 74 f.

3735 Kundmachung des Statthalters in Böhmen vom 25. Februar 1874, LGBl. Nr. 8, betreffend die mit dem Landesausschusse des Königreiches Böhmen vereinbarte Durchführung der mit dem Landesgesetze vom 15. Jänner 1873, Z. 3 L.-G.-Bl., hinausgegebenen Bestimmungen zum §. 14 und 16 des Reichsgesetzes vom 27. Juli 1871, Nr. 88 R.-G.-Bl.; Erlässe des mährischen Landesausschusses vom 21. Juli 1889, Nr. 22.157, ZVOLSKY (Anm. 1117), S. 73, und vom 7. Jänner 1894, Nr. 53282, ebd., S. 74 f.

3736 Ebd.

3737 Kundmachung des Bukowinaer Landesausschusses vom 20. April 1895, LGBL. Nr. 16, womit unter Aufhebung der Verordnung vom 10. März 1875, ... (L.-G.-u. V.-Bl. X, 14, 1875) nachstehende Bestimmungen über die Ausführungen des Schubes im Herzogthume Bukowina erlassen werden

3738 Kundmachung des Landes-Präsidenten für Schlesien vom 20. Juni 1873, LGBl. Nr. 40, womit die von der schlesischen Landesregierung im Einvernehmen mit dem schlesischen Landesausschusse festgestellte Eintheilung der Schubbezirke bekannt gegeben wird; Erlässe des mährischen Landesausschusses aus 1876, ZVOLSKY (Anm. 1117), S. 64, und vom 21. Juli 1889, ebd., S. 73.

3739 Kundmachung des oberösterreichischen Statthalters vom 19. Februar 1880, LGBl. Nr. 4, über eine theilweise Aenderung des § 24 der Amts-Instruktion vom 17. November 1873 (L.G. u. V.Bl. Nr. 65) betreffend die Durchführung der Schubvorschriften.

3740 Kundmachung des Statthalters in Oberösterreich vom 10. Jänner 1889, LGBl. Nr. 2, über eine theilweise Aenderung der Bestimmungen der oberösterreichischen Schubinstruction

kauft werden, sondern sie wurden ihnen vielmehr vom Landesausschuß in natura beigestellt.

Häufig mußte auch festgestellt werden, daß von den Bezirksgerichten entlassene mittellose Personen den Schubbehörden nur mit „ärarischen Kleidern und Wäsche versehen“ überstellt wurden, was – da diese Kleidungsstücke den Bezirksgerichten zurückzugeben waren – eine die Schubkosten vermehrende Beteilung der Schüblinge mit Kleidungsstücken auf Kosten der Landesfonds nach sich zog. 1877 wurde daher nicht nur die Justizministerialverordnung von 1854 in Erinnerung gerufen[3741], wonach die Kleidungsstücke eines Häftlings vom Gericht bzw. der Strafanstalt verwahrt werden sollten[3742], sondern durch Erlaß des Justizministeriums[3743] hinsichtlich der „in gerichtlicher Haft befindlichen, zur Abschiebung bestimmten Individuen“ auch bestimmt, daß die Gerichte die Abzuschiebenden zur Ergänzung der „defekten Privatkleidung aus ihren allfälligen Uiberverdienstgeldern zu verhalten“ und nötigenfalls auch „eingeflossene Geldstrafen ... zur Ergänzung der Privatbekleidung der zu entlassenden und den Schubbehörden zu übergebenden Stäflingen zu verwenden“ hätten. Wenn aber die „eigenen Kleider der entlassenen Sträflinge derart defekt“ waren, „daß der Transport derselben an die Schubbehörden in diesen Kleidern, ohne gegen den öffentlichen Anstand zu verstoßen, nicht erfolgen“ konnte, so mußten die Gerichte für die nötige Abhilfe in der Weise Sorge tragen, daß „den betreffenden Gefangenen auf die Dauer der Abführung zu den Schubbehörden eine dem öffentlichen Anstande zusagende Kleidung aus dem gerichtlichen Kleidervorrathe verabfolget werde, welche das Gericht nach Gestelligmachung des Gefangenen an die Schubbehörde wieder zurückzunehmen“ hatte. Sodann waren „solchen Individuen nach Maßgabe des unumgänglichen Bedarfes Kleidungsstücke auf Kosten des Landesfondes“ für den Schub bereitzustellen.

Wie bisher hatten aber die Schubstationen nicht nur für die Bekleidung, sondern auch für die Reinigung „der bei ihnen auf Schub gesetzten Individuen“[3744] zu sorgen. In diesem Sinne war jeder Schübling vor „der Abtransportierung ... zu untersuchen, ob er mit Ungeziefer behaftet sei, und wenn dieß der Fall wäre, vollkommen zu reinigen“.

---

vom 17. November 1873, Z. 1776 (Landesgesetz- und Verordnungsblatt Nr. 63), bezüglich der Verpflegung und Bekleidung der Schüblinge.

3741 Siehe das Schreiben des mährisch-schlesischen Oberlandesgerichtes aus 1877 an sämtliche Bezirksgerichte, ZVOLSKY (Anm. 1117), S. 65. Nach Ansicht des Oberlandesgerichtes schien „die Möglichkeit nicht ausgeschlossen ..., daß den Gefangenen während der Haftzeit die von ihnen mitgebrachten Kleider und Wäsche gelassen und infolge der möglicherweise ungenügenden Überwachung bis zur Unbrauchbarkeit abgenutzt werden, so daß solche Personen nach geendigter Strafzeit ohne alle Kleider sich befinden“.

3742 Siehe §§ 106 und 111 f. der Verordnung des Justizministers vom 16. Juni 1854, RGBl. Nr. 165, womit eine Instruction über die innere Amtswirksamkeit und die Geschäftsordnung der Gerichtsbehörden in strafgerichtlichen Angelegenheiten erlassen wird.

3743 Erlaß des Justizministeriums vom 19. Februar 1877, Erlaß des Ministeriums des Innern vom 31. Mai 1877, siehe die Kundmachung des Statthalters für Böhmen vom 6. Dezember 1877, LGBl. Nr. 86, betreffend die Bekleidung der gerichtlich abgestraften, mittelst des Schubes in ihre Heimat zu instradirenden Individuen.

3744 Verordnung der schlesischen Landesregierung vom 23. Februar 1872, LGBl. Nr. 11, zur Durchführung des Gesetzes vom 27. Juli 1871 (R.G.Bl. Nr. 88) in Betreff der Regelung der polizeilichen Abschaffung und des Schubwesens.

Dies hatte auch hinsichtlich seiner Kleider zu geschehen[3745], wobei die Schubstation etwa nach den galizischen Schubvorschriften[3746] verpflichtet war, „sich genau zu überzeugen, ob sich die Reinigung des Schüblings und seiner Kleidung durch Abwaschen oder die gewöhnliche Art Reinigung nicht bewerkstelligen" ließe". „Im entgegengesetzten Falle, namentlich bei wahrgenommener Unreinlichkeit, beim Vorhandensein von Ungeziefer, oder bei Geschwüren[,] Krätze oder ähnlichen Fällen, wodurch die Lokalität für Schüblinge verunreinigt, oder die anderen Schüblinge der Gefahr der Ansteckung leicht ausgesetzt werden" konnten, mußte die Schubstation eine ärztliche Untersuchung und Reinigung vornehmen lassen. Eine Reinigung hatte aber nicht nur vor dem Abgehen eines Schubes, sondern auch dann stattzufinden, wenn Ungeziefer an einem „durchpassirenden Schüblinge" entdeckt wurde[3747].

Darüber hinaus ordnete die schlesische Landesregierung 1872[3748] für die an der preußischen Grenze sowie die an der Grenze Mährens, Galiziens und Ungarns gelegenen Schubstationen an, „ungenügend bekleidete und nicht gehörig reingehaltene Schüblinge in keinem Falle" an der Grenze zu übernehmen, sondern vielmehr zurückzuweisen. Auch ein Erlaß des mährischen Landesausschusses wies die an der Grenze gelegenen Schubstationsgemeinden an, „ein besonderes Augenmerk darauf zu richten, daß die nach anderen Ländern zuständigen Schüblinge vor ihrer Weiterbeförderung mit genügender Kleidung versehen, und sofern sie mit Ungeziefer behaftet" waren, auch „körperlich gereinigt" werden sollten[3749]. Hinsichtlich der Zigeuner schrieb 1886[3750] ein Erlaß des niederösterreichischen Landesausschusses den Gemeindevorständen sogar vor, „den abzuschiebenden Zigeunern behufs besserer Reinigung dieser sehr häufig mit Ungeziefer behafteten Leute die Haare schneiden" zu lassen, und zwar „den Männern ganz kurz, den Frauen kürzen zu lassen", wofür auch Beträge aus den Schubgeldern bewilligt wurden.

3745 Erlaß des Statthalters von Oberösterreich vom 17. November 1873, LGBl. Nr. 65, womit eine Instruction für die Schubbehörden und Gemeinden zur Durchführung der Schubvorschriften erlassen wird.

3746 Kundmachung des Landes-Ausschusses vom 26. November 1875, LGBl. Nr. 1, erlassen im Sinne des letzten Absatzes des §. 19 R.G. vom 27. Juli 1871 R.G.Bl. Z. 88, enthaltend die Verfügungen über die Handhabung des Schubwesens, wirksam vom 1. Jänner 1876.

3747 Ebd. Es war aber auch „zugleich ... möglichst zu konstatiren, ob die vorausgegangene Schubstation eine Schuld hieran" traf, und bejahendenfalls das Resultat der Erhebung der vorgesetzten Bezirkshauptmannschaft zur weiteren Amtshandlung mitzuteilen.

3748 Verordnung der schlesischen Landesregierung vom 23. Februar 1872, LGBl. Nr. 11, zur Durchführung des Gesetzes vom 27. Juli 1871 (R.G.Bl. Nr. 88) in Betreff der Regelung der polizeilichen Abschaffung und des Schubwesens.

3749 Erlaß des mährischen Landesausschusses vom 11. Jänner 1873, ZVOLSKY (Anm. 1117), S. 34. Über die Notwendigkeit der Reinigung hatte die Schubstationsgemeinde unter Beiziehung von zwei unparteiischen Zeugen ein Protokoll aufzunehmen, das der Schubkostenrechnung beizuschließen war.

3750 Siehe den niederösterreichischen Statthaltereierlaß vom 23. April 1886 an alle Bezirkshauptmannschaften, Normalien-Sammlung (wie Anm. 359) II, Nr. 3239.

5. *Weitere Bestimmungen für die Abschiebung mittels Zwangspaß*

Die Tendenz des Reichsschubgesetzes, die Anwendung des Schubes zugunsten der Beförderung mittels Zwangspasses verstärkt zurückzudrängen, fand zwar nicht in allen Kronländern ihren Niederschlag, jedoch wurden nun zumindest die Bedingungen für die Durchführung der Abschiebung mittels Zwangspasses zugunsten der Ausgewiesenen durch die Landesgesetzgebung deutlich verbessert. So schrieb 1872 die Salzburger Statthalterei vor – wie dies etwa bereits in der Steiermark und in Österreich ob der Enns[3751] der Fall war –, den mittels Zwangspaß abgeschobenen Personen „im Falle ihrer Mittellosigkeit in den Schubstationen die Kost, und wenn sie am selben Tage eine weitere Schubstation nicht mehr zu erreichen vermögen, auch die Nachtherberge, gleich den Schüblingen zu verabfolgen, was in den Zwangspässen ersichtlich zu machen" war[3752]. In gleicher Weise bestand in Mähren[3753] und in Österreich unter der Enns[3754] die Unterstützung der Paßzwänglinge konkret darin, daß den mittellosen, mit Zwangspaß in ihre Heimat Verwiesenen von Seite der niederösterreichischen Schubstation „je nach der Tageszeit, zu der sie sich melden, gleich den Schüblingen die Mittags- oder Abendverpflegung verabreicht wird und daß sie während der Nacht in den Schublocalitäten beherbergt werden", wobei die auflaufenden Kosten in den Schubrechnungen zu verrechnen waren[3755].

In Salzburg wie in Mähren[3756] war darüber hinaus auch die Ausstattung mit Schuhwerk und Bekleidung im Falle eines „unabweislichen Bedarfes" auf die mittels „bindender Marschroute" abgeschobenen Personen ausgedehnt und diesen außerdem „im Falle eingetretener Marschunfähigkeit" die Beistellung der „nothwendigen Fuhren zur Weiterbeförderung auf Kosten der betreffenden Landesfonde" zugestanden worden, freilich

---

3751 Siehe dazu S. 640.

3752 Verordnung der Landesregierung in Salzburg vom 5. Juni 1872, LGBl. Nr. 21, betreffend die Unterstützung der mit Zwangspaß abgeschobenen Personen.

3753 Z.B. Erlaß des mährischen Landesausschusses vom 23. Oktober 1877, Z. 23300, ZVOLSKY (Anm. 1117), S. 104 f.

3754 Kundmachung des niederösterreichischen Landesausschusses vom 10. Dezember 1877, LGBl. 1878 Nr. 1, an die niederösterreichischen Schubstationen.

3755 Besaß jedoch die ausgewiesene Person eigene Mittel zur Heimreise, so war in Österreich unter der Enns weiterhin „nach der bisherigen Uebung" vorzugehen und sich „der dermalen im Gebrauche stehenden Zwangspaßformularien zu bedienen", während für die „unbemittelte[n] Person[en]" neue Formulare zu gebrauchen waren, in denen die „Anweisung einer Unterstützung ausdrücklich ausgesprochen" war. Zur Begründung der Ersatzansprüche, welche diejenigen niederösterreichischen Schubstationen, die in Gemäßheit dieser Kundmachung die angesprochene Unterstützung gewährten, an den Landesfonds geltend machen konnten, hatten die betroffenen Schubstationen in das „für eigentliche Schüblinge in Verwendung stehende Schubstationsprotokoll" den Tauf- und Zuname des Instradierten, den Ort, Bezirk und das Land seiner Zuständigkeit, das Datum und die Zahl des Zwangspasses, die Behörde, welche den Zwangspaß ausgefertigt hatte, sowie den Betrag für die verabreichte Mittags- oder Abendverpflegung „in fortlaufender Ordnung einzutragen", die sogenannten „Kostennachweisungen" auszufüllen und die Zwangspässe zu vidieren.

3756 Z.B. Erlaß des mährischen Landesausschusses vom 23. Oktober 1877, Z. 23300, ZVOLSKY (Anm. 1117), S. 104 f.

nur nach vorausgegangener ärztlicher Untersuchung aufgrund eines vom betreffenden Arzt ausgestellten schriftlichen Gutachtens und bis zur Feststellung des Wiedereintrittes der Marschfähigkeit an einer anderen Station[3757].

Auch in Böhmen war die Verabreichung einer „Alimentations-Unterstützung" und einer „Unterkunftsgebühr" [3758] – falls der „Paßzwängling nicht über Nacht im Arrestlokale der Schubstazion" blieb[3759] – für die „vermögenslosen mit gebundener Marschroute Instradirten" vorgeschrieben, und in „besonders berücksichtigenwerthe[n] Fälle[n]" sollten „den gedachten Individuen selbst Kleidungsstücke" in der ersten Schubstation – die allerdings in der Regel „lediglich in der nöthigen Beschuhung oder deren Reparatur, und nur höchst ausnahmsweise, wenn eine besondere Dringlichkeit" dies rechtfertigte, bestehen sollte – und „bei vorübergehenden Erkrankungen auch Fuhren und Medikamente beizuschaffen sein"[3760]. Die „vollständige Bekleidung der Paßzwänglinge" war jedoch ausdrücklich untersagt. Wie in Salzburg war außerdem auch in Böhmen die Beförderung der Paßzwänglinge mittels Schubfuhre oder eventuell mittels Eisenbahn nur bei „eintretender Krankheit oder gänzlicher Marschunfähigkeit" nach erfolgter ärztlicher Untersuchung als zulässig und verrechenbar anerkannt und mußte überdies zur Schonung des Landesfonds „wo nur immer thunlich mit den Schubtransporten" stattfinden.

E. Abschiebungskosten

Eine wesentliche Veränderung des Schubwesens im Bereich der Tragung der Abschiebungskosten[3761] brachte das Schubkostengesetz von 1868[3762] und in weiterer Folge das Reichsschubgesetz. Bis zum Inkrafttreten des Schubkostengesetzes galt nämlich zwi-

---

3757 Verordnung der Landesregierung in Salzburg vom 5. Dezember 1872, LGBl. Nr. 39, betreffend die Unterstützung der mit Zwangspaß abgeschobenen Personen.

3758 Nach der Kundmachung des Statthalters in Böhmen vom 25. Februar 1874, LGBl. Nr. 8, betreffend die mit dem Landesausschusse des Königreiches Böhmen vereinbarte Durchführung der mit dem Landesgesetze vom 15. Jänner 1873, Z. 3 L.-G.-Bl., hinausgegebenen Bestimmungen zum §. 14 und 16 des Reichsgesetzes vom 27. Juli 1871, Nr. 88 R.-G.-Bl. (Anhang), mußte diese Unterstützung freilich „im Schubserkenntnisse, beziehungsweise in der Marschroute ausdrücklich von der, das Erkenntniß schöpfenden Behörde vorgezeichnet" sein; siehe auch die Kundmachung des Statthalters in Böhmen vom 31. August 1879, LGBl. Nr. 37, betreffend die Verpflegung der Schüblinge und Beistellung der Schubsfuhren, ferner die Verpflegung, Bekleidung und Unterstützung der mit Zwangspaß heimgewiesenen Individuen.

3759 So die Kundmachung des Statthalters in Böhmen vom 31. August 1879, LGBl. Nr. 37, betreffend die Verpflegung der Schüblinge und Beistellung der Schubsfuhren, ferner die Verpflegung, Bekleidung und Unterstützung der mit Zwangspaß heimgewiesenen Individuen. Im Falle der Übernachtung im Arrestlokal kam die Unterkunftsgebühr der Schubstation zugute.

3760 Ebd.

3761 Im weiteren Verlauf auch Schubkosten genannt, wenngleich unter diese nach den jeweiligen landesgesetzlichen Vorschriften auch die allfälligen Kosten für Zwangspäßler fallen konnten.

3762 Gesetz vom 12. Mai 1868, RGBl. Nr. 41, in Betreff der Auslagen der Schüblinge, siehe zu dessen Entstehen S. 204 ff.

schen den einzelnen Kronländern der Grundsatz der Reziprozität unentgeltlicher Abschiebung, wonach jeder Landesfonds die innerhalb seines Landes anfallenden Schubkosten sowohl für die in diesem Lande zuständigen Schüblinge als auch für die Angehörigen der anderen Kronländer bestritt. Die entscheidende Veränderung 1868 bestand nun darin, daß hinkünftig die Schubkosten von dem zahlungsfähigen Schübling selbst, im Falle von dessen Zahlungsunfähigkeit jedoch von demjenigen Kronland zu zahlen bzw. zu ersetzen waren, in welchem der Schübling nach dem Heimatgesetz von 1863 das Heimatrecht besaß, wobei es der Landesgesetzgebung vorbehalten blieb, ob und unter welchen Bedingungen die Heimatgemeinden der Schüblinge diese Auslagen dem Landesfonds zu ersetzen hatten[3763].

So hatte also beispielsweise[3764] „nun in Hinkunft der niederösterreichische Landesfond alle Auslagen zu bestreiten ..., welche durch die Abschiebung eines Niederösterreichs in seine Heimat entstehen, und zwar nicht blos die Auslagen, die in Niederösterreich, sondern auch jene, welche in anderen Kronländern für ihn auflaufen; so z.B. wenn ein Niederösterreicher in Schlesien aufgegriffen und durch Mähren in die Heimat abgeschoben wird, hat der niederösterreichische Landesfond alle Schubauslagen zu zahlen, welche seine Abschiebung in Schlesien, Mähren und Niederösterreich verursacht", wobei dem zahlenden niederösterreichischen Landesfond aber „der Regreß in erster Linie gegen den zahlungsfähigen Schübling und in zweiter Linie ... gegen die betreffende Heimatgemeinde" mit einem Teil des Betrages gesichert war. Das Reichsschubgesetz übernahm sodann diese Grundsätze[3765] und traf detailliertere Regelung betreffend die

---

3763 Siehe etwa das Tiroler Gesetz vom 3. November 1870, LGBl. Nr. 88; das steiermärkische Gesetz vom 18. November 1868, LGBl Nr. 29, betreffend die Verpflichtung der Heimatgemeinden zum Ersatze der Schubkosten; Kundmachung des n.ö. Landes-Ausschusses vom 4. Dezember 1868, LGBl. Nr. 19, an sämmtliche Ortsgemeinden Niederösterreichs wegen Uebernahme eines Theiles der Kosten für zahlungsunfähige Schüblinge von den betreffenden Heimatsgemeinden; das Kärntner Gesetz vom 7. Dezember 1869, LGBl. Nr. 41, durch welches die Gemeinden verpflichtet werden, einen Theil der für Gemeinde-Angehörige anerlaufenden Schubkosten dem Landesfonde zu ersetzen; Salzburger Gesetz vom 7. Dezember 1869, LGBl. Nr. 38, betreffend die Vergütung der Schubkosten von den Heimatgemeinden der Schüblinge; mährisches Gesetz vom 31. Oktober 1868, LGBl. Nr. 11, betreffend den Beitrag der Heimatgemeinden zu den Schubauslagen für ihre Angehörigen; siehe zu den landesgesetzlichen Regelungen ab 1871 S. 704 ff.

3764 So die Kundmachung des n.ö. Ausschusses vom 4. Dezember 1868, LGBl. Nr. 19, an sämmtliche Ortsgemeinden Niederösterreichs wegen Uebernahme eines Theiles der Kosten für zahlungsunfähige Schüblinge von den betreffenden Heimatsgemeinden.

3765 Die §§ 1 und 2 des Schubkostengesetzes (§ 1: „Die Schubkosten, welche bisher dem Landesfonde jenes Landes zur Last fielen, innerhalb dessen Gränzen eine Abschiebung stattfand, sind künftig von dem zahlungsfähigen Schüblinge und im Falle dessen Zahlungsunfähigkeit von dem Landesfonde jenes Landes zu zahlen, rücksichtlich zu ersetzen, in welchem sich die Heimatgemeinde des Schüblings oder jene Gemeinde befindet, welcher der Schübling nach den Bestimmungen des Heimatgesetzes als heimatberechtigt zugewiesen ist." § 2: „Bezüglich der Schüblinge sind alle Momente zur Feststellung des Heimatrechtes derselben genau zu erheben und diese Erhebungen zur Geltendmachung des Ersatzanspruches dem Landesausschusse jenes Landes mitzutheilen, in welchem der Schübling heimatberechtigt ist.") sind inhaltlich in § 15 des Reichsschubgesetzes enthalten, § 3 des Schubkostengesetzes ist gleichlau-

Art der anfallenden Schubkosten und deren Übernahme durch die Gemeinden bzw. die Landesfonds.

1. *Reichsschubgesetz*

Die vom Zeitpunkt der Anhaltung einer Person zum Zweck der Abschiebungsveranlassung bis zur Vollstreckung des Erkenntnisses auflaufenden Verpflegungskosten und die Verpflegungskosten angehaltener Personen, gegen welche kein Schuberkenntnis gefällt wurde, wurden von § 14 Abs. 1 des Reichsschubgesetzes den Kosten der Ortspolizei zugerechnet, wobei die Verpflegungskosten für eine Person, die tatsächlich abgeschoben wurde – selbst wenn es sich um Spitalverpflegungskosten handelte[3766] – ohne Regreßmöglichkeiten an die Heimatgemeinde von derjenigen Gemeinde, in welcher die Anhaltung des Auszuweisenden stattgefunden hatte, als Ortspolizeiauslagen zu bestreiten waren[3767]. Wurde die abzuschiebende Person nicht angehalten, sondern von den Gerichtsbehörden nach überstandener Strafhaft der Bezirkshauptmannschaft oder Schubstationsgemeinde zwecks Abschiebung in ihre Heimatgemeinde übergeben, konnte diese Abschiebung aber wegen noch nicht festgestellter Zuständigkeit nicht sofort vollzogen werden, so waren die Kosten bis zur Vollstreckung des zu fällenden Ausweisungserkenntnisses von der Gemeinde zu tragen, welcher sie von der Gerichtsbehörde zwecks Verwahrungshaft und weiterer Amtshandlungen übergeben worden waren[3768]. Ansonsten waren in derartigen Fällen der Überstellung von Schüblingen vom Gericht an eine Gemeinde zum Zweck der Abschiebungsveranlassung die Kosten von denjenigen Gemeinden zu übernehmen, in denen sich der Sitz des Bezirksgerichtes befand[3769].

Die Kosten für die Beistellung, Einrichtung, Beheizung und Beleuchtung der Schublokalitäten sowie für deren Instandhaltung, für die Beaufsichtigung der Schüblinge und für die Besorgung der Schubgeschäfte hatte gemäß § 14 Abs. 2 des Reichsschubgesetzes die jeweilige Schubstationsgemeinde zu tragen, wobei allerdings der Landesgesetzgebung durch das Reichsschubgesetz vorbehalten wurde zu bestimmen, „ob und inwieweit für diese Auslagen ein Rückersatz aus Konkurrenz-, Bezirks- oder Landesmitteln" geleistet werden sollte (§ 14 Abs. 3). Alle übrigen Abschiebungskosten, insbesondere für ärztliche Untersuchung, Verpflegung – worunter auch die Verpflegskosten für

---

tend mit § 16 des Reichsschubgesetzes und die §§ 4 und 5 des Schubkostengesetzes stimmen mit § 17 des Reichsschubgesetzes überein.

3766 Erkenntnis des VwGH vom 26. Juni 1896, Z. 3795, Slg. VwGH Nr. 9799.

3767 So auch das Ministerium des Innern in einer Entscheidung vom 2. Februar 1877, Z. 16154 ex 1876 über einen Ministerialrekurs einer Gemeinde betreffend derartige Verpflegungskosten, siehe MAYRHOFER (wie Anm. 679) II, S. 621, Anm. 1; sowie die Erkenntnisse des VwGH vom 15. März 1879, Z. 440 und 441, Slg. VwGH Nr. 449 und 450. Siehe dazu auch die Entscheidung des Ministeriums des Innern vom 4. März 1885, MAYRHOFER/PACE (wie Anm. 138) III, S. 597, Anm. 4.

3768 Siehe dazu MAYRHOFER/PACE (wie Anm. 138) III, S. 597, Anm. 4.

3769 Entscheidungen des Ministeriums des Innern vom 25. November 1879 und vom 12. Februar 1887, siehe MAYRHOFER/PACE (wie Anm. 138) III, S. 597, Anm 4.

Schüblinge bei vorübergehenden Erkrankungen, die auf dem Schub vorkamen[3770], nicht aber Entbindungskosten[3771] zu subsumieren waren –, Reinigung und Bekleidung der Schüblinge, für den Transport derselben und die Schubbegleitung sowie für die allfällige Unterstützung der mit Zwangspässen Versehenen, soweit von den Landesgesetzen vorgesehen, waren nach § 15 Abs. 1 des Reichsschubgesetz – jedenfalls zunächst – von den Landesfonds dieser Länder zu tragen, wobei für alle diese Kosten länderweise jeweils pauschalierte Höchstgebühren festgelegt wurden[3772].

3770 Die Erlässe des Ministers des Innern vom 16. März 1873, Z. 1287, und vom 4. Februar 1874, Z. 510, Normalien-Sammlung (wie Anm. 359) II, Nr. 3242, DEHMAL (wie Anm. 1723), S. 1000, erfolgten mit Zustimmung der Landesausschüsse sämtlicher Länder; siehe daher etwa auch die Kundmachung des böhmischen Statthalters vom 3. Mai 1873, LGBl. Nr. 27, betreffend die Behandlung der für auf dem Schube erkrankten Individuen erwachsenden Verpflegskosten; weiters die Kundmachung des Statthalters für Tirol vom 15. Februar 1874, LGBl. Nr. 18, in Betreff der Behandlung der Verpflegskosten für erkrankte Schüblinge; Kundmachung der Landesregierung in Salzburg vom 22. März 1873, LGBl. Nr. 15, in Betreff der Bestreitung der Verpflegs-Kosten für kranke Schüblinge; Kundmachung des Landes-Präsidenten für Schlesien vom 23. Februar 1874, LGBl. 13, betreffend die Behandlung der für kranke Schüblinge auflaufenden Verpflegskosten; Kundmachung des Statthalters von Oberösterreich vom 24. April 1873, LGBl. Nr. 42, betreffend die Bestreitung der für Schüblinge erlaufenden Krankheitskosten; den Erlaß des Statthalters von Oberösterreich vom 17. November 1873, LGBl. Nr. 65, womit eine Instruction für die Schubbehörden und Gemeinden zur Durchführung der Schubvorschriften erlassen wird; Erlaß der dalmatinischen Statthalterei vom 11. Dezember 1873, LGBl. Nr. 10, an die Bezirkshauptmänner und exponirten Bezirks-Commissäre, betreffend die Behandlung der Verpflegungskosten für erkrankte Schüblinge.

3771 Nach dem Erlaß des Ministeriums des Innern vom 15. April 1876, Z. 2347, bzw. dem niederösterreichischen Statthaltereierlaß vom 25. April 1876 an alle Bezirkshauptmannschaften, Normalien-Sammlung (wie Anm. 359) II, Nr. 3243, DEHMAL (wie Anm. 1723), S. 1001, hatte der Ersatz von Entbindungskosten für Schüblinge „mit Rücksicht darauf, als hochschwangere Frauenspersonen nicht abzuschieben sind“ und „ohnehin selten vorkommen dürften“, im Sinne der §§ 28, 29 und 39 des Heimatgesetzes zu erfolgen; siehe dazu und zum Anlaßfall ausführlich Österreichische Zeitschrift für Verwaltung IX (1876), Nr. 27, S. 107.

3772 Siehe z.B. die Kundmachung des Landes-Präsidenten in Salzburg vom 22. November 1869, LGBl. Nr. 33, über die Regulirung der Schubkosten im Herzogthume Salzburg; den Anhang zur Kundmachung des Statthalters in Böhmen vom 25. Februar 1874, LGBl. Nr. 8, betreffend die mit dem Landesausschuße des Königreiches Böhmen vereinbarte Durchführung der mit dem Landesgesetze vom 15. Jänner 1873, Z. 3 L.-G.-Bl., hinausgegebenen Bestimmungen zum §. 14 und 16 des Reichsgesetzes vom 27. Juli 1871, Nr. 88 R.-G.-Bl., die Kundmachungen Statthalters für Böhmen vom 31. Jänner 1876, LGBl. Nr. 24, betreffend die Feststellung der Vergütungen für Konvoyirung der Schüblinge und für Schubsfuhren, und vom 23. August 1909, LGBl. Nr. 49, betreffend die Änderung der Einheitspreise für die Verpflegung und Fußbekleidung der Schüblinge; die Erlässe des mährischen Landesausschusses vom 22. Dezember 1868, Z. 25476, ZVOLSKY (Anm. 1117), S. 11 ff., vom 21. November 1908, Z. 87358, ebd., S. 79; die Kundmachung des steiermärkischen Landes-Ausschusses vom 25. Juli 1874, LGBl. Nr. 45, betreffend die Erhöhung der Schubbegleiters- und Schubfuhrengebühren und Festsetzung von Einheitspreisen in Absicht auf die Schüblingsverpflegung; die Erlässe des Statthalters für Oberösterreich vom 17. November 1873, LGBl. Nr. 65, womit eine Instruction für die Schubbehörden und Gemeinden zur Durchführung der Schubvorschriften erlassen wird, vom 18. Jänner 1876, LGBl. Nr. 4, betreffend die Kundmachung des

Diese Kosten waren gemäß § 15 Abs. 2 für Schüblinge, die in anderen Kronländern als dem Land, aus dem sie abgeschoben wurden, ihre Heimatzuständigkeit hatten, von dem jeweiligen Landesfonds derselben zu ersetzen, weshalb zur Geltendmachung der Ersatzansprüche auch „alle Momente zur Feststellung des Heimatsrechtes" genau erhoben werden mußten. Das Resultat dieser Erhebungen war dem betreffenden Landesausschuß mitzuteilen. Jeder Landesfonds hatte aber nach einem Erkenntnis des Reichsgerichtes von 1874[3773] auch jene für seine Angehörige von einem anderen Kronlande bestrittenen Schubkosten zu ersetzen, welche durch eine irrige, von einer dritten, keinem dieser beiden Länder angehörigen Behörde veranlaßte Instradierung von Schüblingen verursacht worden waren. Zahlungsfähige Schüblinge hatten gemäß § 15 Abs. 3 des Reichsschubgesetzes außerdem grundsätzlich die für sie übernommenen Schubkosten dem Landesfonds ihres Heimatlandes insofern zurückzuersetzen, als sie von diesem be-

---

oberösterreichischen Landesausschusses über die Verrechnung der für Schubtransporte bestehenden Gebühren nach dem neuen Längenmaße; die Kundmachung des oberösterreichischen Statthalters vom 19. Februar 1880, LGBl. Nr. 4, über eine theilweise Aenderung des § 24 der Amts-Instruktion vom 17. November 1873 (L.G. u. V.Bl. Nr. 65) betreffend die Durchführung der Schubvorschriften, den Erlaß des Statthalters für Oberösterreich vom 16. März 1906, LGBl. Nr. 12, betreffend eine teilweise Änderung der Bestimmungen des § 32 der Schubinstruktion vom 17. November 1873, LGBl. Nr. 65, bezw. vom 10. Jänner 1889, LGBl. Nr. 2, über die Gebühren für die Mittags- oder Abendkost erwachsener Schüblinge sowie wegen Umrechung aller in der Schubinstruktion enthaltenen Geldwertangaben in die Kronenwährung; Kundmachung des Landes-Präsidenten in Salzburg vom 22. November 1869, LGBl. Nr. 33, über die Regulirung der Schubkosten im Herzogthume Salzburg, usw.; die Kundmachung des Landespräsidenten vom Kärnten vom 30. November 1869, LGBl. Nr. 35, wegen Einführung einer fixen Taxe für Schüblings-Verpflegung und eines Regiekostenbeitrages an die Gemeinden für Bequartierung und Reinigung der Schüblinge vom 1. Jänner 1870 angefangen, Kundmachung des Statthalters in Kärnten vom 31. Jänner 1874, LGBl. Nr. 2, betreffend die den Schubstationen Kärntens vom 1. Jänner 1874 an vom kärnt. Landtage für die Besorgung des Schubgeschäftes bewilligten Verpflegsgebühren und Regiekostenbeiträge, die Kundmachung des Landespräsidenten in Kärnten vom 3. Dezember 1903, LGBl. Nr. 39, betreffend die den Schubstationen Kärntens vom 1. Jänner 1904 an vom kärntn. Landtage für die Besorgung der Schubgeschäfte bewilligten Verpflegungsgebühren und Regiekostenbeiträge; die Kundmachung der Landesregierung für Kärnten vom 30. Oktober 1908, LGBl. Nr. 27, betreffend die Gebühren für die Schubbegleitung;; Verordnung des Bukowinaer Landesausschusses vom 10. März 1875, LGBl. Nr. 14, womit die, die Ausführungen des Schubes im Herzogthume Bukowina betreffenden Verfügungen erlassen werden, Verordnung der Bukowinaer Landesregierung vom 22. Februar 1875, LGBl. Nr. 10, betreffend die Regelung des Schubwesens im Herzogthume Bukowina, Kundmachung des Bukowinaer Landesausschusses vom 20. April 1895, LGBL. Nr. 16, womit unter Aufhebung der Verordnung vom 10. März 1875, ... (L.-G.-u. V.-Bl. X, 14, 1875) nachstehende Bestimmungen über die Ausführungen des Schubes im Herzogthume Bukowina erlassen werden; Kundmachung des Landes-Präsidenten für Schlesien vom 2. Dezember 1872, LGBl. Nr. 43, betreffend die vom 1. Jänner 1873 an festgestellten Schubgebühren.

3773 Erkenntnis des Reichsgerichts vom 9. Juli 1874, Slg. RG I, Nr. 59, Z. 127. Dabei blieb es „selbstredend dem von dem Gesetze als zunächst ersatzpflichtig erklärten Landesfonde überlassen, sich in dem Falle, wenn er glaubt, daß derlei Kosten, und sofort auch der von ihm zu leistende Ersatz derselben durch das Verschulden dritter Personen oder Behörden verursacht worden seien, seinen Regreß wider die Schuldtragenden im geeigneten Wege zu erholen."

stritten worden waren, und die politischen Behörden waren berechtigt, diese Schubkosten von zahlungsunwilligen Schüblingen nötigenfalls auch mit „politischer Exekution" einzutreiben[3774]. § 16 des Reichsschubgesetzes ermächtigte die Länder weiters zu bestimmen, „ob und inwieweit dem die Schubkosten zahlenden Landesfonde" diese Auslagen von den Heimatgemeinden zu ersetzen waren.

Bezüglich der Schubkosten für Ausländer legte das Reichsschubgesetz fest, daß die Kosten, welche gesetzlich vom Land zu tragen waren, im Falle eines Staatsvertrages, der ein Reziprozitätsverhältnis der unentgeltlichen Abschiebung vorsah, oder im Falle, daß der Ersatz vom fremden Staat nicht geleistet werde, ohne Ersatzansprüche den einzelnen Landesfonds angerechnet werden mußten, insoweit diese Kosten in den einzelnen Ländern auflaufen waren (§ 17)[3775]. Für Kosten, die durch Vernachlässigung der den Gemeinden hinsichtlich des Schubwesens gesetzlich auferlegten Verpflichtungen entstanden, haftete die jeweilige Gemeinde (§ 18 Abs. 1)[3776]. Auch die durch die Wiedereinlieferung eines entwichenen Schüblings verursachten Kosten trug jene Gemeinde, deren Organen die Entweichung des Schüblings zuzurechnen war (§ 18 Abs. 2).

2. *Landesgesetzgebung*

Außer den angeführten Bestimmungen der Landesgesetzgebung betreffend die Kompetenz zur Fällung von Schuberkenntnissen und die Bestellung der Schubstationen regelten die Länder insbesondere die vom Reichsschubgesetz der Landesgesetzgebung überlassene Frage des Kostenersatzes, wobei jedenfalls in der Regel der Grundsatz zum Tragen kam, daß die vom Landesfonds gezahlten Regiekosten gemäß § 14 Abs. 2 des Reichsschubgesetzes ebenso wie die übrigen Abschiebungskosten für ärztliche Untersuchung, Verpflegung und Bekleidung der Schüblinge, Transport und Schubbegleitung wie schon seit 1868[3777] von den Heimatgemeinden der vermögenslosen Schüblinge zum Teil dem Landesfonds zu ersetzen waren. In welchem Ausmaß allerdings die jeweiligen

---

3774 Erlaß des Ministeriums des Innern vom 2. Mai 1869, Z. 5567, MAYRHOFER/PACE (wie Anm. 138) III, S. 601, Anm. 1. Für den Fall, „als ein Schübling irgend welches Vermögen besitzt, sich jedoch weigern sollte, die für ihn erwachsenen Schubskosten zu ersetzen", war es „Sache der Heimats-, beziehungsweise Aufenthalts-Gemeinde ..., zu diesem Behufe den Betrag des fraglichen Ersatzes unter Beischluß des Vermögenszeugnisses des Schüblings und Angabe des Zahlungshindernisses der k.k. Bezirkshauptmannschaft bekannt zu geben, welche darnach die geigneten Exekutions- oder sonstigen Schritte zu veranlassen" hatte. Überdienstbeträge der aus den Zwangsarbeitshaus- oder Strafanstalten entlassenen Personen durften zur Deckung der Schubauslagen nicht verwendet werden, siehe die Kundmachung des Statthalters für Böhmen vom 16. Juli 1875, LGBl. Nr. 45, womit die mit dem Landesausschuße des Königreiches Böhmen vereinbarte Durchführungsvorschrift zum Absatze II, 4 der im Landesgesetze vom Jahre 1874, Nr. 8, enthaltenen Kundmachung des Statthalters vom 25. Feber 1874, Z. 1131, bezüglich der zu Handen des böhm. Landesfondes zu realisirenden Abfuhren der Schubskostenersätze bekannt gegeben wird.

3775 Siehe dazu ausführlicher S. 729 ff.

3776 Siehe dazu ausführlich JEGIEREK (wie Anm. 149), S. 66 ff.

3777 Siehe Anm. 3765.

Landesfonds die Kosten gemäß § 14 Abs. 1, § 14 Abs. 2 oder § 15 Abs. 1 des Reichsschubgesetzes übernahmen, wurde in den Ländern höchst unterschiedlich geregelt.

So normierte beispielsweise das niederösterreichische Ausführungsgesetz des Jahre 1871[3778], daß die „vom Zeitpunkte der Anhaltung einer Person zum Zwecke der Abschiebungsveranlassung bis zur Vollstreckung des auf Abschiebung mittelst Schubes lautenden Erkenntnisses den Schubstationen erwachsenden Verpflegskosten", also die in § 14 Abs. 1 des Reichsschubgesetzes genannten Kosten, vom Landesfonds zu tragen seien (§ 3) und der „den Schubstationen des flachen Landes bisher vergütete Regiekostenbeitrag", also die Kosten gemäß § 14 Abs. 2 des Reichsschubgesetzes, „auch fernerhin vom Landesfonde getragen" würden (§ 3). Die „vom Landesfonde gezahlten Regiekosten ... ebenso wie die übrigen Abschiebungskosten für ärztliche Untersuchung, Verpflegung und Bekleidung der Schüblinge, Transport und Schubbegleitung" sollten aber „wie bisher", also wie nach dem Schubkostengesetz von 1868, „von vermögenden Schüblingen ganz, von den Heimatgemeinden der vermögenslosen Schüblinge zum fünften Theile dem Landesfond zurückzuersetzen" sein (§ 4)[3779]. Zwecks „Bestreitung der den niederösterreichischen Particularschubstationen" folglich „erwachsenden, durch den aus dem Landesfonde geleisteten Regiekostenbeitrag nicht gedeckten Auslagen für die Beistellung, Einrichtung, Beheizung und Beleuchtung der Schublocalitäten, für die Instandhaltung derselben, für die Beaufsichtigung und Betreuung der Schüblinge, für die Besorgung der Schubgeschäfte, ingleichen zur Bestreitung der Verpflegsauslagen zur Abschiebungsveranlassung angehaltener Individuen, welche frei oder mit gebundener Marschroute entlassen werden, und zwar im Ausmaße der Schüblingsverpflegungsgebühr", kam es in Österreich unter der Enns 1875[3780] zur Schaffung von sogenannten „Concurrenzbezirken", innerhalb derer diese Kosten auf die den Konkurrenzbezirk bildenden Ortsgemeinden aufgeteilt wurden.

Für Böhmen wurde 1873[3781] hingegen landesgesetzlich bestimmt, daß den Schubstationen für die Kosten gemäß § 14 Abs. 2 des Reichsschubgesetzes, also für die Aus-

---

3778 Gesetz vom 15. Dezember 1871, LGBl. Nr. 43, betreffend die Uebertragung der Fällung der Schuberkenntnisse an die Schubstationsgemeinden und die Uebernahme der im §. 14 des Reichsgesetzes vom 27. Juli 1871, R.G.Bl. Nr. 88 angeführten Kosten auf den Landesfond.

3779 Siehe schon die Kundmachung des n.ö. Ausschusses vom 4. Dezember 1868, LGBl. Nr. 19, an sämmtliche Ortsgemeinden Niederösterreichs wegen Uebername eines Theiles der Kosten für zahlungsunfähige Schüblinge von den betreffenden Heimatsgemeinden; siehe später das Gesetz vom 9. Mai 1908, LGBl. Nr. 86, betreffend den Rückersatz des fünften Teiles der Abschiebungskosten durch die Heimatgemeinden der vermögenslosen Schüblinge.

3780 Gesetz vom 25. Juni 1875, LGBl. Nr. 46, betreffend die Bildung von Schubconcurrenzbezirken in Niederösterreich. Die genannten Kosten wurden innerhalb eines Monates nach Ablauf jeden Jahres vom Vorsteher der Schubstationsgemeinde nach Maßgabe des Gesamtvorschreibung der direkten Steuern auf die den Konkurrenzbezirk bildenden Ortsgemeinden umgelegt, welche diese Beträge an den Vorsteher binnen 14 Tagen abzuführen hatten bzw. innerhalb derselben Frist eine Beschwerde an den Landesausschuß einbringen konnten.

3781 § 2 des Gesetzes vom 15. Jänner 1873, LGBl. Nr. 3, womit für das Königreich Böhmen die in Betreff des Schubswesens im Reichsgesetze vom 27. Juli 1871, Nr. 88 R.-G.-Blatt §§. 14 und 16 der Landesgesetzgebung vorbehaltenen Bestimmungen erlassen werden; Kundmachung des Statthalters in Böhmen vom 25. Februar 1874, LGBl. Nr. 8, betreffend die mit dem Landesausschuße des Königreiches Böhmen vereinbarte Durchführung der mit dem

gaben für Beistellung, Beheizung, Instandsetzung der Lokalitäten, Beaufsichtigung der Schüblinge und Besorgung der Schubgeschäfte" ein Rückersatz in Form einer Pauschale von 20 Kreuzern – ohne Rücksicht auf die Dauer des Aufenthaltes des Schüblings in der Schubstation – zustand. Die Höhe des von den Heimatsgemeinden zahlungsunfähiger Schuldner dem Landesfonds zu leistenden Ersatzes wurde wie in Österreich unter der Enns mit ebenfalls einem Fünftel der Schubkosten festgelegt, wie dies 1871 auch für die Steiermark[3782], 1872 für Mähren[3783] und 1873 für Österreich ob der Enns[3784] und Schlesien[3785] angeordnet wurde. Hinsichtlich der Verpflegungskosten gemäß § 14 Abs. 1 des Reichsschubgesetzes wurde 1879[3786] von der böhmischen Statthalterei klargestellt, daß nur „die vom Zeitpunkte der Anhaltung einer Person zum Zwecke der Abschiebungsveranlassung bis zur Vollstreckung des Erkenntnisses auflaufenden Verpflegskosten, sowie die Verpflegskosten angehaltener Individuen, gegen welche ein Schuberkenntniß nicht gefällt" wurde, „zu den Kosten der Ortspolizei" gehörten, womit also die „Aufrechnung von Verpflegskosten in jenen Schubstationen, welchen die Vollstreckung des rechtskräftigen Schuberkenntnisses" oblag, „unstatthaft" war und nur ausnahmsweise zugelassen wurde, wenn „der Schübling die nach einigen Stazionen zweimal in der Woche abgehenden Hauptschübe abwarten" mußte, „um mit geringeren Kosten mittelst

Landesgesetze vom 15. Jänner 1873, Z. 3 L.-G.-Bl., hinausgegebenen Bestimmungen zum §. 14 und 16 des Reichsgesetzes vom 27. Juli 1871, Nr. 88 R.-G.-Bl.; siehe auch die Erläuterung in der Kundmachung des Statthalters für Böhmen vom 12. November 1884, LGBl. Nr. 53, betreffend die durch das Gesetz vom 15. Jänner 1873, Nr. 3 L.-G.-Bl., §. 1 normirte Vergütung der Regiekosten seitens des Landesfondes an die Schubstationen, die klarstellte, daß denjenigen Schubstationen, die zugleich Heimatgemeinden der eintreffenden Schüblinge waren, für ihre mit dem Schub ankommenden Heimatangehörigen ein Anspruch auf Vergütung der Regiekosten nicht zustand, weil ihnen „in einem solchen Falle ... überhaupt keine Regiekosten im Sinne des ... §. 14" des Reichsschubgesetzes erwuchsen.

3782 Gesetz vom 15. Dezember 1871, LGBl. Nr. 1, enthaltend die der Landes-Gesetzgebung durch das Reichsgesetz vom 27. Juli 1871, Nr. 88 R.G.Bl. über die Regelung der polizeilichen Abschaffung und des Schubwesens, vorbehaltenen Bestimmungen.

3783 Gesetz vom 26. Dezember 1872, LGBl. 1873 Nr. 1, betreffend die durch das Reichsgesetz vom 27. Juli 1871 R.-G.-B. Nr. 88 der Landesgesetzgebung vorbehaltenen Bestimmungen über das Schubwesen; so schon das Gesetz vom 31. Oktober 1868, LGBl. Nr. 11, betreffend den Beitrag der Heimatgemeinden zu den Schubauslagen für ihre Angehörigen; siehe dazu auch die Kundmachung des mährischen Landesausschusses vom 29. Jänner 1869, ZVOLSKY (wie Anm. 1117), S. 9 ff.

3784 Oberösterreichisches Gesetz vom 28. Jänner 1873, LGBl. Nr. 15, betreffend die Ausführung der der Landesgesetzgebung vorbehaltenen Bestimmungen der §§ 6, 14 und 16 des Reichsgesetzes vom 27. Juli 1871, R.G.Bl. Nr. 88, bezüglich der Regelung der polizeilichen Abschaffung und des Schubwesens. Mit Gesetz vom 18. März 1925, LGBl. Nr. 44, betreffend die Abänderung des Landesgesetzes vom 14. Februar 1873 (G. u. V.Bl. Nr. 15 [Nr. 15 ist freilich das Gesetz vom 28. Jänner 1873, der 14. Februar ist das Datum der Ausgabe des LGBl-Stükkes]).

3785 Gesetz vom 8. Jänner 1873, LGBl. Nr. 3, betreffend die Uebertragung der Fällung der Schuberkenntnisse an die Schubstationsgemeinden und Uebernahme der im §. 14 des Reichsgesetzes vom 27. Juli 1871 (R.G.Bl. Nr. 88) aufgeführten Kosten auf den Landesfond.

3786 Kundmachung des Statthalters in Böhmen vom 31. August 1879, LGBl. Nr. 37, betreffend die Verpflegung der Schüblinge und Beistellung der Schubsfuhren, ferner die Verpflegung, Bekleidung und Unterstützung der mit Zwangspaß heimgewiesenen Individuen.

Eisenbahn in seine Heimat zu gelangen. 1874 kam es in Böhmen weiters – wie auch in anderen Kronländern – für die in § 15 des Reichsschubgesetzes vorgesehenen Schubkosten zur Festlegung fester Pauschalsätze, nach welchen den Schubstationsgemeinden der Ersatz der Kosten für Verpflegung, Transport, Schubbegleitung usw. aus dem Landesfonds zugestanden wurde[3787].

Auch in der Steiermark wurde – wie bereits erwähnt – 1871[3788] wurde den inländischen Heimatgemeinden der Schüblinge hinsichtlich der Kosten gemäß § 15 des Reichsschubgesetzes[3789] ein Ersatz an den Landesfonds in der Höhe von einem Fünftel vorgeschrieben, während die im § 14 normierten Kosten den Gemeinden von den „bezüglichen Bezirksfonden" zu vergüten waren. Waren einzelne Gemeinden nicht im Stande, den ihnen durch das Gesetz auferlegten ortspolizeilichen Verpflichtungen nachzukommen, so konnte von der Statthalterei im Einvernehmen mit dem Landesausschuß auf Antrag der betreffenden Bezirksvertretung „eine Concurrenz von Gemeinden zur Bestreitung der Kosten für die Bestellung und Erhaltung gemeinsamer Sicherheitsorgane für dieselben, im administrativen Wege angeordnet werden".

Wie Böhmen legte auch Salzburg 1871[3790] für die „Beistellung, Einrichtung, Beheizung und Beleuchtung der Schub-Localitäten, sowie die Instandhaltung derselben, dann für die Beaufsichtigung der Schüblinge und der zur Abschiebungs-Veranlassung von den Ortsgemeinden an die Schubstations-Gemeinden eingelieferten Personen, für die reinigung ihrer Wäsche und für die Besorgung der Schubgeschäfte", also für die Kosten gemäß § 14 Abs. 2 des Reichsschubgesetzes, eine Vergütung eines Regiekostenbeitrages aus dem Landesfonds in der Höhe von 20 Kreuzern pro Schübling und Tag fest. Ebenso

---

3787 Der Anhang der Kundmachung des Statthalters in Böhmen vom 25. Februar 1874, LGBl. Nr. 8, betreffend die mit dem Landesausschuße des Königreiches Böhmen vereinbarte Durchführung der mit dem Landesgesetze vom 15. Jänner 1873, Z. 3 L.-G.-Bl., hinausgehenden Bestimmungen zum §. 14 und 16 des Reichsgesetzes vom 27. Juli 1871, Nr. 88 R.-G.-Bl., sah etwa z.B. für die Verpflegung eines Schüblings morgens und Abends je 6 kr., Mittags 12 kr., also für die gesamte Tagesverpflegung 24 kr. vor; eine Unterkunftsgebühr für mittels Zwangspaß Instradierte von 10 kr.; für die Schubbegleitung 35 kr. pro Meile; für Schubfuhren 38 kr. pro Pferd und Meile; für die Untersuchung erkrankter oder einer Schubfuhr bedürftiger Schüblinge 17 ½ kr. für Doktoren der Medizin, für Wundärzte die Hälfte; für die Reinigung der Schüblinge von Ungeziefer 52 ½ kr.

3788 Gesetz vom 15. Dezember 1871, LGBl. Nr. 1, enthaltend die der Landes-Gesetzgebung durch das Reichsgesetz vom 27. Juli 1871, Nr. 88 R.G.Bl. über die Regelung der polizeilichen Abschaffung und des Schubwesens, vorbehaltenen Bestimmungen, siehe auch das Gesetz vom 19. Dezember 1890, LGBl. Nr. 7, womit § 4 des Gesetzes vom 15. Dezember 1871, L.-G.- und V.-Bl. Nr. 1 de 1872, enthaltend die der Landesgesetzgebung durch das Reichsgesetz vom 27. Juli 1871, Nr. 88 R.-G.-Bl., über die Regelung der polizeilichen Abschaffung und des Schubwesens vorbehaltenen Bestimmungen, abgeändert wird.

3789 Siehe dazu auch die Kundmachung des steiermärkischen Landes-Ausschusses vom 25. Juli 1874, LGBl. Nr. 45, betreffend die Erhöhung der Schubbegleiters- und Schubfuhrengebühren und Festsetzung von Einheitspreisen in Absicht auf die Schüblingsverpflegung.

3790 Kundmachung der Landesregierung in Salzburg vom 20. Dezember 1871, LGBl. Nr. 42, betreffend die Abänderung der Vorschrift über die Regulirung der Schubkosten im Herzogthume Salzburg.

geschah dies in Krain 1873[3791] und in der Bukowina 1895[3792], während Kärnten 1874[3793] – wie schon Mähren 1872[3794] – die Festlegung der Vergütungsbeträge für diese Regiekosten dem Landtag, Schlesien 1873[3795] und Galizien 1873[3796] dem Landesausschuß über-

3791 Gesetz vom 9. Mai 1873, LGBl. Nr. 18, betreffend die Uebertragung der im §. 14 des Schubgesetzes (Gesetzes in Betreff der Regelung der polizeilichen Abschaffung und des Schubwesens) vom 27. Juli 1871, R.G.Bl. Nr. 88, bezeichneten Kosten auf den Landesfond.

3792 Siehe beispielsweise die Kundmachung des Bukowinaer Landesausschusses vom 20. April 1895, LGBl.. Nr. 16, womit unter Aufhebung der Verordnung vom 10. März 1875, ... (L.-G.-u. V.-Bl. X, 14, 1875) nachstehende Bestimmungen über die Ausführungen des Schubes im Herzogthume Bukowina erlassen werden.

3793 Gesetz vom 11. Februar 1874, LGBl. Nr. 3, enthaltend die im Reichsgesetze in Betreff der Regelung der polizeilichen Abschaffung und des Schubwesens vom 27. Juli 1871, R.G.B. Nr. 88 der Landesgesetzgebung vorbehaltenen Bestimmungen. 1874 legte der Landtag fest, daß für jeden die Schubstation bei Tag passierenden Schübling 6 kr., für jeden übernachtenden Schübling 8 kr., somit für einen Tag und für eine Nacht 14 kr. als Regiekostenbeitrag zugestanden wurde, so die Kundmachung des Statthalters in Kärnten vom 31. Jänner 1874, LGBl. Nr. 2, betreffend die den Schubstationen Kärntens vom 1. Jänner 1874 an vom kärnt. Landtage für die Besorgung des Schubgeschäftes bewilligten Verpflegsgebühren und Regiekostenbeiträge. Siehe auch das Gesetz vom 17. September 1899, LGBl. Nr. 22, enthaltend die im Reichsgesetze in Betreff der Regelung der polizeilichen Abschaffung und des Schubwesens vom 27. Juli 1871, R.G.Bl. Nr. 88, der Landegesetzgebung vorbehaltenen Bestimmungen. 1903 legte der Landtag fest, daß ab 1904 der Regiekostenbeitrag für Schüblinge, die in der Schubstation bei Tage untergebracht wurden, 16 Heller, für Schüblinge, die übernachten mußten, 20 Heller betragen sollte, also für einen Tag und eine Nacht 36 Heller, siehe die Kundmachung des Landespräsidenten in Kärnten vom 3. Dezember 1903, LGBl. Nr. 39, betreffend die den Schubstationen Kärntens vom 1. Jänner 1904 an vom kärntn. Landtage für die Besorgung der Schubgeschäfte bewilligten Verpflegungsgebühren und Regiekostenbeiträge.

3794 Gesetz vom 26. Dezember 1872, LGBl. Nr. 1, betreffend die durch das Reichsgesetz vom 27. Juli 1871 R.-G.-B. Nr. 88 der Landesgesetzgebung vorbehaltenen Bestimmungen über das Schubwesen.

3795 Gesetz vom 8. Jänner 1873, LGBl. Nr. 3, betreffend die Uebertragung der Fällung der Schuberkenntnisse an die Schubstationsgemeinden und Uebernahme der im §. 14 des Reichsgesetzes vom 27. Juli 1871 (R.G.Bl. Nr. 88) aufgeführten Kosten auf den Landesfond.

3796 Nach dem Gesetz vom 28. Jänner 1873, LGBl. Nr. 21, betreffend den Ersatz der in den §§. 14 und 15 des Reichgesetzes vom 27. Juli 1871 (R.G.B. Nr. 88) erwähnten Abschiebungskosten, erfolgte die Festsetzung dieser Pauschalbeträge jährlich. Streitigkeiten über die Ersatzpflicht sowie über die Höhe der „dem Landesfonde gebührenden Abschiebungskosten" hatten die politischen Behörden zu entscheiden, welche diese Beträge auch eintrieben. Gemäß dem Gesetz vom 15. November 1874, LGBl. Nr. 65, betreffend den Ersatz der in den §§. 14 und 15 des Reichsgesetzes vom 27. Juli 1871 (R.G.B. Nr. 88) erwähnten Abschiebungskosten, hatte der Landesausschuß jedes dritte Jahr die Pauschalbeträge zu bestimmen, nach denen die Kosten gemäß § 14 Abs. 2 und § 15 des Reichsschubgesetzes berechnet und rückersetzt wurden; siehe auch die Kundmachung des Landesausschusses vom 26. November 1875, LGBl. 1876 Nr. 2, erlassen im Grund des Art. IV des Landesgesetzes vom 15. November 1874, L.G.B. Nr. 65, womit die Beträge der Schubpauschalien für die Jahre 1876, 1877 und 1878 festgestellt werden, die Kundmachungen des Landesausschusses vom 13. Dezember 1881, LGBl. 1882 Nr. 1, in Betreff der Schubpauschalien für die Jahre 1882, 1883 und 1884, vom 16. September 1884, LGBl. Nr. 55, in Betreff der Schubpauschalien für die Jahre 1885, 1886 und 1887, vom 15. November 1887, LGBl. Nr. 64, in Betreff der Schubpauließen. Für die Verpflegungskosten gemäß § 14 Abs. 1 des Reichsschubgesetzes gewährte Kärnten jedoch anfänglich eine Vergütung von zwei Dritteln, ausgenommen die Verpflegungskosten für angehaltene Personen, gegen die kein Schuberkenntnis gefällt wurde. 1886[3797] wurden schließlich in Kärnten die Verpflegungskosten für Abgeschobene vom Zeitpunkt der Anhaltung einer Person zum Zweck der Abschiebungsveranlassung bis zur Vollstreckung des Erkenntnisses zur Gänze auf den Landesfonds übernommen, während die Verpflegungskosten für angehaltene Personen, gegen die kein Abschiebungserkenntnis gefällt wurde, weiterhin nicht vergütet wurden, wie dies für Schlesien schon 1873[3798] normiert worden war und 1895[3799] auch für die Bukowina festgelegt wurde. Für die Abschiebungskosten gemäß § 15 wurde 1874[3800] den Heimatgemeinden der in Kärnten zuständigen bzw. dahin als heimatberechtigt zugewiesenen zahlungsunfähigen Schüblingen der Ersatz eines Drittels der von Landesfonds bezahlten Kosten vorgeschrieben, während seit 1899[3801] diese Kosten ebenfalls auf den Landesfonds übernommen wurden.

In manchen Kronländern lag freilich die von den Heimatgemeinden zahlungsunfähiger Schüblinge dem Landesfonds zu leistende Vergütung über den bereits genannten Sätzen von einem Fünftel bzw. einem Drittel. So wurde 1873[3802] in der Bukowina und

schalien für die Jahre 1888, 1889 und 1890, vom 7. November 1890, LGl. Nr. 41, in Betreff der Schubpauschalien für die Jahre 1891, 1892 und 1893, vom 20. Februar 1894, LGBl. Nr. 23, in Betreff der Schubpauschalien für die Jahre 1894, 1895 und 1896, vom 27. Jänner 1897, LGBl. Nr. 9, in Betreff der Schubpauschalien für die Jahre 1897, 1898 und 1899, vom 21. Dezember 1909, LGBl. 1910 Nr. 7, in Betreff der Schubpauschalien für die Jahre 1910, 1911 und 1912 u.a.

3797 Gesetz vom 25. Jänner 1886, LGBl. Nr. 4, womit der § 3 des Gesetzes vom 11. Februar 1874, L.G. und V.Bl. Nr. 3, abgeändert wird; Gesetz vom 17. September 1899, LGBl. Nr. 22, enthaltend die im Reichsgesetze in Betreff der Regelung der polizeilichen Abschaffung und des Schubwesens vom 27. Juli 1871, R.G.Bl. Nr. 88, der Landegesetzgebung vorbehaltenen Bestimmungen; siehe weiters die Kundmachung des Landespräsidenten in Kärnten vom 17. April 1900, LGBl. Nr. 20, womit eine Vorschrift zur Erzielung eines gleichmäßigen Vorganges bei Durchführung des § 3 des Gesetzes vom 17. September 1899, L.G. u. V.Bl. Nr. 22, betreffend die Vergütung der Verpflegskosten für angehaltene und in Schub gesetzte Personen, erlassen wird.

3798 Gesetz vom 8. Jänner 1873, LGBl. Nr. 3, betreffend die Uebertragung der Fällung der Schuberkenntnisse an die Schubstationsgemeinden und Uebernahme der im §. 14 des Reichsgesetzes vom 27. Juli 1871 (R.G.Bl. Nr. 88) aufgeführten Kosten auf den Landesfond.

3799 Siehe beispielsweise die Kundmachung des Bukowinaer Landesausschusses vom 20. April 1895, LGBL. Nr. 16, womit unter Aufhebung der Verordnung vom 10. März 1875, ... (L.-G.-u. V.-Bl. X, 14, 1875) nachstehende Bestimmungen über die Ausführungen des Schubes im Herzogthume Bukowina erlassen werden.

3800 Gesetz vom 11. Februar 1874, LGBl. Nr. 3, enthaltend die im Reichsgesetze in Betreff der Regelung der polizeilichen Abschaffung und des Schubwesens vom 27. Juli 1871, R.G.B. Nr. 88 der Landesgesetzgebung vorbehaltenen Bestimmungen.

3801 Gesetz vom 17. September 1899, LGBl. Nr. 22, enthaltend die im Reichsgesetze in Betreff der Regelung der polizeilichen Abschaffung und des Schubwesens vom 27. Juli 1871, R.G. Bl. Nr. 88, der Landegesetzgebung vorbehaltenen Bestimmungen.

3802 Gesetz vom 14. Jänner 1873, LGBl. Nr. 6, womit nähere Anordnungen zu dem Reichsgesetze vom 27. Juli 1871 Nr. 88 R.G.Bl. in Betreff der Regelung der polizeilichen Abschaffung und des Schubwesens getroffen werden.

in Vorarlberg[3803] die Höhe der Ersatzleistung mit der Hälfte der Schubkosten festgelegt, und auch in Tirol, wo ursprünglich[3804] die Vergütung eines Drittels vorgesehen war, wurde 1883[3805] die Ersatzleistung der Heimatgemeinden mit der Hälfte der Schubkosten vorgeschrieben. Darüber hinaus wurden in Tirol die nach § 14 des Schubgesetzes auf die Orts- bzw. Schubstationsgemeinden überwiesenen Kosten mit Ausnahme der Verpflegungskosten für angehaltene Personen, gegen die kein Abschiebungserkenntnis gefällt wurde[3806] – diese waren seit 1891 dem Landesfonds zur Hälfte zu ersetzen[3807] – sowie der Kosten für die Beistellung der Schublokalitäten auf den Landesfonds übernommen[3808]. Die Auslagen für die mit Zwangspaß versehenen Ausgewiesenen waren aber zur Gänze von den Heimatgemeinden zu ersetzen[3809].

3803 Gesetz vom 2. Oktober 1868, LGBl. Nr. 42, in Betreff der theilweisen Vergütung von Schubkosten Seitens der Heimatgemeinden des Schüblings; Gesetz vom 9. Jänner 1873, LGBl. Nr. 9, betreffend die Bestreitung, beziehungsweise Rückvergütung der in den §§ 14 und 15 des Gesetzes vom 27. Juli 1871 (R.-G.-Bl. Nr. 88) bezeichneten Kosten.

3804 Gesetz vom 3. November 1870, LGBl. Nr. 88, Gesetz vom 5. Februar 1872, LGBl. Nr. 11, betreffend die Refundirung eines Drittels der Schubkosten von Seite der Heimatsgemeinde des Schüblings; siehe auch die Kundmachung des Statthalters vom 5. Jänner 1872, LGBl. Nr. 4, in Betreff der Vergütung der Schubkosten in Folge des neuen Schubgesetzes vom 27. Juli 1871 (R.-G.-Bl. Nr. 88).

3805 Gesetz vom 12. Oktober 1883, LGBl. Nr. 32, betreffend die Refundierung der Hälfte der Schubkosten von Seite der Heimats-Gemeinde des Schüblings.

3806 Diese Kosten waren nicht von der Gemeinde, in welcher die Person angehalten worden, sondern von derjenigen zu leisten, in welcher diese sich in Verwahrungshaft befand, auch wenn ein Schuberkenntnis nicht gefällt werden konnte, weil die abzuschiebende Person geflohen war, so eine Entscheidung des Ministeriums des Innern vom 13. Juni 1887, MAYRHOFER/PACE (wie Anm. 138) III, S. 597, Anm. 4.

3807 Und zwar falls solche Personen in Tirol heimatberechtigt waren, von deren Heimatgemeinde, sonst aber von der betreffenden Aufenthalts-(Schubstations-)Gemeinde, Gesetz vom 17. März 1891, LGBl. Nr. 16, betreffend die Uebernahme der nach § 14 des Reichsschubgesetzes vom 27. Juli 1871 R.-G.-Bl. Nr. 88 auf die Orts- beziehungsweise auf die Schubstations-Gemeinden überwiesenen Kosten auf den Landesfond. In „berücksichtigungswürdigen Fällen" konnte nach der Kundmachung des Statthalters vom 19. Februar 1897, LGBl. Nr. 6, betreffend die Bestreitung von Schubkosten, von Verpflegungskosten für erkrankte ausländische Schüblinge und der Kosten für Armen- und Mitleidsfuhren, vom „Hälfteersatze der Anhaltungskosten für solche ausländische oder unbekannt wohin zuständige Individuen, gegen welche kein Abschiebungserkenntnis gefällt" wurde, über Ansuchen der „bezüglichen Aufenthalts-(Schubstations)Gemeinde" abgesehen werden. Nach dieser Kundmachung bestand auch unter gewissen Voraussetzungen die Möglichkeit einer Übernahme der Verpflegskosten für ausländische Schüblinge auf den Landesfonds.

3808 Gesetz vom 5. Februar 1872, LGBl. Nr. 11, betreffend die Refundirung eines Drittels der Schubkosten von Seite der Heimatsgemeinde des Schüblings; siehe auch die Kundmachung des Statthalters vom 5. Jänner 1872, LGBl. Nr. 4, in Betreff der Vergütung der Schubkosten in Folge des neuen Schubgesetzes vom 27. Juli 1871 (R.-G.-Bl. Nr. 88).

3809 Tiroler Gesetz vom 11. Dezember 1872, LGBl. Nr. 87, betreffend die Uebernahme der nach § 14 des Schubgesetzes vom 27. Juli 1871 auf die Orts- und beziehungsweise auf die Stationsgemeinden überwiesenen Kosten auf den Landesfond; Gesetz vom 17. März 1891, LGBl. Nr. 16, betreffend die Uebernahme der nach § 14 des Reichsschubgesetzes vom 27. Juli 1871 R.-G.-Bl. Nr. 88 auf die Orts- beziehungsweise auf die Schubstations-Gemeinden überwiesenen Kosten auf den Landesfond.

Auch in Görz und Gradiska[3810] hatten die Heimatgemeinden der zahlungsunfähigen Schüblingen bis 1901[3811] dem Landesfonds die Hälfte der Schubkosten zu ersetzen, während die gesamten Kosten gemäß § 14 des Reichsschubgesetzes vom Landesfonds getragen wurden. In Dalmatien[3812] hingegen mußten alle Kosten gemäß § 15 des Reichsschubgesetzes dem Landesfonds von den Heimatgemeinden der Schüblinge vergütet werden. Die galizischen Bestimmungen[3813] differenzierten in der Frage der Kostenvergütung insofern, als in diesem Kronland die Heimatgemeinde des vermögenslosen Schüblings dem Landesfonds alle Schubkosten gemäß § 14 Abs. 2 und § 15 in der Höhe von einem Fünftel nur im Falle der erstmaligen Abschiebung, im Fall der wiederholten Abschiebung jedoch in der Höhe von einem Drittel zu ersetzen hatte, während ansonsten die Regiekosten aus dem Landesfonds „in einem von jeder abgeschobenen Person berechneten Pauschalbetrage, und zwar ohne Rücksicht auf die Zeit ihres Aufenthaltes in der Schubstation, vergütet" wurden[3814].

Im Sinne der Bestimmung des Reichsschubgesetzes (§ 15 Abs. 3), daß zahlungsfähige Schüblinge die für sie getragenen Schubkosten dem Landesfonds insoweit zurückzuersetzen hatten, als sie von demselben bestritten worden waren, sahen manche landesgesetzlichen Vorschriften aber auch eine Finanzierungen durch die Schüblinge nicht nur durch Eintreibung nach vollzogener Abschiebung vor, sondern auch dadurch, daß ihnen allfällig vorhandenes Bargeld abgenommen wurde und Fahrnisgegenstände vor Abgang des Schubes zum Verkauf kamen. So waren etwa nach den krainer Bestimmungen von 1872[3815] Barbeträge, welche Schüblinge bei sich hatten, von der abschiebenden Schubstationsgemeinde gegen Empfangsbestätigung zu übernehmen und sofort an den Landesausschuß des Heimatlandes bzw. später der Heimatgemeinde[3816] des Schüblings

3810 Gesetz vom 14. Mai 1896, LGBl. Nr. 20, betreffend die Bestreitung und Vergütung der im §. 14 des Gesetzes vom 27. Juli 1871, R.-G.-Bl. Nr. 88, in Betreff der Regelung der polizeilichen Abschaffung und des Schubwesens erwähnten Kosten.

3811 Das Gesetz vom 31. Oktober 1901, LGBl. Nr. 38, womit das Gesetz vom 14. Mai 1896, L.-G.-Bl. Nr. 20, betreffend die Bestreitung und Vergütung der im §. 14 des Gesetzes vom 27. Juli 1871, R.-G.-Bl. Nr. 88, in Betreff der Regelung der polizeilichen Abschaffung und des Schubwesens erwähnten Kosten, abgeändert wird, hob diese Regelung ersatzlos auf.

3812 Gesetz vom 8. Jänner 1873, LGBl. Nr. 6, in Betreff der Ersatzes der im § 15 des Reichsgesetzes vom 27. Juli 1871 (R.G.Bl. N. 88) bezeichneten Abschiebungskosten.

3813 Gesetz vom 15. November 1874, LGBl. Nr. 65, betreffend den Ersatz der in den §§. 14 und 15 des Reichsgesetzes vom 27. Juli 1874 (R.G.B. Nr. 88) erwähnten Abschiebungskosten.

3814 Kundmachung des Landes-Ausschusses vom 26. November 1875, LGBl. Nr. 1, erlassen im Sinne des letzten Absatzes des §. 19 R.G. vom 27. Juli 1871 R.G.Bl. Z. 88, enthaltend die Verfügungen über die Handhabung des Schubwesens, wirksam vom 1. Jänner 1876.

3815 Kundmachung der Landesregierung für Krain vom 7. April 1872, LGBl. Nr. 13, betreffend die Einrichtung von Haupt- und Particularschüben, der Schubstationen und Schubbegleitung, dann der Ueberwachung des Schubwesens auf Grund des Gesetzes in Betreff der Regelung der polizeilichen Abschaffung und des Schubwesens vom 27. Juli 1871.

3816 Kundmachung der Landesregierung für Krain vom 19. April 1904, LGBl. Nr. 7, mit welcher der Artikel X. der hierortigen Kundmachung vom 7. April 1872, L.G.Bl. Nr. 13, betreffend die Einrichtung von Haupt- und Partikularschüben, der Schubstationen und Schubbegleitung, dann der Ueberwachung des Schubwesens auf Grund des Gesetzes in Betreff der Regelung der polizeilichen Abschaffung und des Schubwesens vom 27. Juli 1871, abgeändert wird. Hinsichtlicher der nach Kärnten oder Galizien zuständigen Schüblinge fand jedoch

einzusenden, welche sie zum Ersatze der Schubkosten zu verwenden und die Rückstellung eines allfälligen Überschusses an den Schübling zu veranlassen hatten. Von Schüblingen mitgeführte Pferde und Wagen waren in Krain zwecks Kosteneinsparungen zur Verschiebung der Schübling zu benützen, während z.B. in Österreich ob und unter der Enns und der Bukowina die Schubkosten teilweise durch Erlöse aus dem Verkauf dieser Vermögenswerte bestritten werden sollten.

Da – wie ein Erlaß des niederösterreichischen Landesausschusses 1886[3817] ausführte – die Abschiebung „von mit Pferden und Wagen, Bären und Affen etc. umherziehenden Individuen nur mittelst Particularschub bewerkstelligt werden" könne, wodurch infolge der „wiederholte[n] Verpflegung und Verwahrung dieser Thiere in den einzelnen Stationen und durch die notwendige[n] Vorspannsbeistellung bedeutende, bei vielköpfigen Familien und einer längeren Route geradezu enorme Kosten verursacht" würden, und da „weiter die Erhaltung und der Transport der vorbenannten Thiere eine Auslage" darstelle, „für welche lediglich der Besitzer aufzukommen" habe, so wurden die niederösterreichischen Gemeindevorsteher nun aufgefordert, Schüblingen, welche Wagen und Pferde oder andere der genannten Tiere mit sich führten, wenn sie die Kosten der Abschiebung „aus der bei ihnen vorgefundenen Barschaft nicht bestreiten" konnten, die mitgeführten Tiere und Wagen abzunehmen und zur Bedeckung der für diese Personen auflaufenden Kosten von Fall zu Fall öffentlich zu versteigern[3818]. In gleicher Weise waren in Österreich ob der Enns[3819] für den Fall, daß die Schüblinge „die zur Erhaltung der Thiere erforderlichen Geldmittel" nicht besaßen, „sowie auch für den Fall, daß wegen des Transportes der Pferde und Wagen eine andere kostspieligere Beförderungsweise oder Reiseroute als die gewöhnliche eintreten müßte", Tiere und Wagen „im Wege der öffentlichen Versteigerung nach vorher eingeholter Bewilligung der betreffenden politischen Behörde zu veräußern". Auch mit „anderweitigen Effecten der Schüblinge" sollte derartig verfahren werden, wenn es sich um Sachen handelte, „welche während der Haft oder des Transportes der Schüblinge dem Verderben unterliegen würden".

In Böhmen hingegen wurden den Schüblingen Pferde und Wägen belassen, wobei „Reparaturen der Wägen und Geräthschaften", „der Hufbeschlag und Futterbedarf der den Schüblingen gehörigen Pferde, sowie die Reparatur der Zuggeschirre derselben" in erster Linie aus dem eigenen Vermögen der betreffenden Schüblinge, aber im „im Falle der Mittellosigkeit" der Schüblinge sogar „aus dem Schubsverlage" bestritten werden mußten, wenngleich in diesem Fall die Ausgaben „nur auf das allernothwendigste Be-

---

weiterhin die Übersendung der übernommenen Beträge an den jeweiligen Landesausschuß statt.

3817 Siehe den niederösterreichischen Statthaltereierlaß vom 23. April 1886 an alle Bezirkshauptmannschaften, Normalien-Sammlung (wie Anm. 359) II, Nr. 3239, DEHMAL (wie Anm. 1723), S. 1001 f.

3818 Alle damit zusammenhängenden Dokumente waren den Schubdokumenten und -rechnungen anzuschließen.

3819 Kundmachung des Statthalters in Oberösterreich vom 18. Juli 1884, LGBl. Nr. 18, betreffend einen Zusatz zur Amtsinstruction vom 17. November 1873, Z. 7576, bezüglich der Thiere und Wagen und anderweitiger Effecten von Schüblingen.

dürfniß zu beschränken" und in der Schubkostenrechnung zu dokumentieren[3820] waren. Auch in Mähren wurden allfällige Wagen und Pferde der Schüblinge zur deren Transport „mit Ersparung der Schubführer" benützt, denn bereits 1868[3821] hatte sich der mährische Landesausschuß dazu bekannt, daß „die Abnahme und der Verkauf des Gefährtes von Schüblingen hierorts nicht nachgeahmt" würde, weil „zur Hereinbringung des Ersatzes von Schub- und Verpflegskosten die Formalisierung des Ersatztitels durch die kompetente Behörde erforderlich erscheint, und dieselbe erst nach beendigter Abschiebung in die Heimat durchführbar ist, und weil die Veräußerung von Fahrnissen und die Abnahme von Barschaften durch die Schubgeschäftsleitungen leicht im Gesetze nicht begründete Benachteiligungen des Schüblings herbeiführen könnte und jedenfalls ein solches Verfahren eine längere Anhaltung der Schüblinge erfordern würde". Allfällig vorkommende Auslagen für Hufbeschlag, Reparatur der Wagen und der Pferdegeschirre waren auch in Mähren[3822] anfänglich bei den „Schubtransporten ungarischen Zigeuner, welche mit eigenen Wagen und Pferden versehen zu sein pflegen, ... soweit tunlich, aus den eigenen Mitteln der Zigeunertruppe zu bestreiten, wobei jedoch" auch zu diesem Zweck „die Abnahme von Barschaften und Veräußerung von Fahrnissen der Schüblinge" untersagt war. Schließlich aber schrieb das Ministerium des Innern in einem Erlaß von 1888[3823] vor, daß bei jeder „Aufgreifung wandernder Zigeunerbanden ... behufs Sicherstellung der Detentions- oder Schubkosten ... deren Wagen, gesund befundene Pferde und sonstige Effekte pfandweise zu beschreiben und in ämtliche Verwahrung zu übernehmen sowie endlich zur Bedeckung der sonst uneinbringlichen rechtskräftig auferlegten Kostenersätze exekutiv zu veräußern" seien.

F. Abschiebungsverkehr mit den Ländern der ungarischen Krone

Im Abschiebungsverkehr mit den Ländern der ungarischen Krone kamen im wesentlichen die gleichen inhaltlichen Bestimmungen betreffend die notwendigen Nachweise für die Staatsangehörigkeit bzw. das Heimatrecht sowie die erforderlichen Übernahmserklärungen, welche dem Schubpaß angeschlossen werden sollten[3824], wie im Abschiebungsverkehr mit dem Ausland zur Anwendung. So legte etwa ein Ministerialerlaß 1884[3825] fest, daß die Übernahme aus Ungarn kommender Schüblinge verweigert wer-

---

3820 Kundmachung der Statthalterei vom 13. Dezember 1874, LGBl. Nr. 99, womit die von dem böhm. Landesausschuße festgestellte Behandlung der den Schüblingen gehörigen Pferde und Wägen bekannt gegeben wird.

3821 Erlaß des mährischen Landesausschusses von 25. Juni 1868, Z. 12627, ZVOLSKY (Anm. 1117), S. 44.

3822 Erlaß des mährischen Landesausschusses aus 1876, ZVOLSKY (Anm. 1117), S. 64.

3823 Erlaß des Ministeriums des Innern vom 14. September 1888, Z. 14015 ex 1887, ZVOLSKY (Anm. 1117), S. 91.

3824 Siehe den Erlaß des ungarischen Ministeriums des Innern vom 15. Februar 1899, Z. 11276, MAYRHOFER/PACE (wie Anm. 138) 2. Ergänzungsbd., S. 28.

3825 Erlaß des Ministeriums des Innern vom 4. April 1884, Z. 19697, MAYRHOFER/PACE (wie Anm. 138) III, S. 601; siehe auch den Erlaß des Ministeriums des Innern vom 10. März 1899, Z. 7123, bzw. den niederösterreichischen Statthaltereierlaß vom 15. April 1899, Z. 25571, an alle Bezirkshauptmannschaften, Normalien-Sammlung (wie Anm. 359) I, Nr. 13, wonach in

den könne, wenn aus dem Schubpaß und den ihm beigegebenen Akten das Heimatrecht des Schüblings, und soferne es sich um einen Durchschub handelte, die Zusicherung der Übernahme des Schüblings seitens der ausländischen Behörden nicht mit Bestimmheit zu entnehmen war. Darüber hinaus ordnete ein cisleithanischer Ministerialerlaß 1885[3826] an, daß die Übernahme von aus Ungarn kommenden Schüblingen „blos wegen des Mangels einer deutschen Uebersetzung des Ausweisungsdocumentes" nicht verweigert werden dürfe, sobald aus dem Schubpaß und den demselben beigegebenen Dokumenten das Heimatrecht des Schüblings und, wenn es sich um einen Durchschub in das Ausland handelte, die Zusicherung der Übernahme des Schüblings seitens seiner ausländischen Heimatbehörde „mit Bestimmtheit entnehmbar" war[3827].

Für die Behandlung von cisleithanischen Schüblingen, die „von den Behörden in den Ländern der ungarischen Krone auf Schub gesetzt" wurden, sah hingegen beispielsweise ein Erlaß des mährischen Landesausschusses 1879[3828] vor, daß hinsichtlich dieser Personen bei Einlangen in der mährischen Schubstation das im Reichsschubgesetz „vorgeschriebene Schubverfahren im Sinne des § 4 und 8 dieses Gesetzes um so mehr zu beobachten und durchzuführen, d.i. ein ordnungsmäßiges Schuberkenntnis zu fällen, die Abschiebung mit Rücksicht auf die Bestimmungen des § 3 des besagten Reichsgesetzes zu veranlassen, oder, wenn kein gesetzlicher Grund zur Abschiebung vorhanden wäre, die überstellte Person sogleich in Freiheit zu setzen" sei, weil die Behörden in den Ländern der ungarischen Krone nicht als kompetente Schubbehörden angesehen wurden, welche zur Fällung von Schuberkenntnissen im Sinne von § 5 des Reichsschubgesetzes berufen erschienen. 1905[3829] regte zwar der niederösterreichische Landesausschuß den Abschluß eines Übereinkommens mit Ungarn an, „nach welchem die in jeder Reichshälfte gefällten Schuberkenntnisse wechselseitig zu vollziehen" sein sollten, welchen Vorschlag das cisleithanische Ministerium des Innern allerdings schon deshalb als nicht geeignet erachtete, „die gewünschte Lösung bestehender Schwierigkeiten herbeizuführen, weil diese Schwierigkeiten in der Weigerung eines Landesausschusses einem ande-

---

allen Fällen, „in welchen Ausländer aus Ungarn durch diesseitiges Gebiet in ihre Heimat abgeschoben werden sollen, dem Schubpasse die das Heimatsrecht (Staatsangehörigkeit) des abzuschiebenden Individuums bestätigenden Documente, sowie die vom betreffenden ausländischen Staate ausgestellte Uebernahmserklärung anzuschließen" seien.

3826 Erlaß des Ministeriums des Innern vom 11. April 1885, Z. 4831, an die galizische Statthalterei, JEGIEREK (wie Anm. 149), S. 72.

3827 Das ungarische Ministerium des Innern hatte daher die an der galizischen Grenze liegenden Komitate angewiesen, in den Schubpässen die auf die Zuständigkeit des Schüblings Bezug nehmenden Daten auch in deutscher Übersetzung anzuführen. Die ungarischen Behörden waren aber nicht verpflichtet, auch die Ausweisungsdokumente mit einer deutschen Übersetzung zu versehen, JEGIEREK (wie Anm. 149), S. 72.

3828 Erlaß des mährischen Landesausschusse vom 8. Juli 1879, Z. 9260 an den Gemeindevorstand in Ungar.-Brod, Göding, Lundenburg, Straßnitz und Wall.-Klobonk, ZVOLSKY (Anm. 1117), S. 47.

3829 Erlaß des Ministeriums des Innern vom 18. Juli 1905, Z. 149, niederösterreichischer Statthaltereierlaß vom 7. August 1905, Z. VII-4367/2, an alle Bezirksbehörden und die Wiener Polizeidirektion, Normalien-Sammlung (wie Anm. 359) IV, Nr. 5281; Normale der mährischen Statthalterei vom 29. Juli 1905, ZVOLSKY (Anm. 1117), S. 17 f.

ren Landesausschusse die Schubkosten für mit ungarischen Schuberkenntnissen beförderte Schüblinge zu ersetzen, ihren Ursprung" hätten.

Bezüglich der Schubkosten im Abschiebungsverkehr mit den Ländern der ungarischen Krone galten nämlich mangels Geltung des Reichsschubgesetzes nicht dessen Kostentragungsbestimmungen, sondern der Grundsatz der „unentgeltlichen Reziprozität" der gegenseitigen Abschiebungen[3830]. Durch ein mit Ungarn geschlossenes Übereinkommen würde – wie das Ministerium gegen die erwähnte niederösterreichische Anregung einwendete – „aber an sich ohne eine hinzutretende besondere gesetzliche Sanktion das Rechtsverhältnis zwischen den einzelnen Ländern dieser Reichshälfte selbstverständlich nicht geändert". Allerdings hatte es seit 1867 Bestrebungen des cisleithanischen Ministeriums des Innern gegeben, eine Vereinbarung mit den Ländern der ungarischen Krone wegen gegenseitiger Vergütung der für die beiderseitigen Staatsangehörigen aufgelaufenen Schubkosten zu erzielen, welche Ungarn jedoch entschieden ablehnte. Vielmehr sprach es sich für die Aufrechterhaltung der bisherigen Praxis aus, derzufolge die Schubauslagen von jener Reichshälfte bestritten wurden, auf deren Gebiet dieselben aufgelaufen waren, und Durchschübe „anstandslos ohne Anspruch auf Kostenersatz zugelassen" wurden[3831]. Ungarn vertrat dabei den Standpunkt, daß die Heimsendung von Personen, die aus polizeilichen Rücksichten aus einem Staatsgebiet entfernt werden sollten, im Interesse dieses und nicht im Interesse jenes Staates liege, welchem die ausgewiesene Person angehöre, und daß daher auch der Staat, der zu einer derartigen Maßregel greife, die auf seinem Staatsgebiet auflaufenden Abschiebungskosten zu tragen habe, welchem Grundsatz im übrigen internationale Geltung zukäme[3832]. Zum Zweck der Herabminderung der Schubkosten und der Entlastung der Landesfonds schärfte das cisleithanische Innnenministerium daher 1892[3833] ein, bei Abschiebungen nach Ungarn „nicht nur die Zulässigkeit der Abschiebung überhaupt", sondern auch im Sinne des § 3 des Reichsschubgesetzes „die Nothwendigkeit der Anwendung des Schubes strenge zu prüfen".

Außerdem waren Klagen darüber laut geworden, daß „seitens der ungarischen Schubbehörden bei Fällung von Schuberkenntnissen nicht mit der gebotenen Genauigkeit vorgegangen und insbesondere das Heimatsrecht der Schüblinge nicht festgestellt" wurde[3834]. Das Ministerium des Innern machte daher 1905[3835] darauf aufmerksam, daß

3830 Wonach also etwa „für ungarische Schüblinge in Mähren aufgelaufene Kosten ... ganz so zu behandeln" waren, wie dieses bezüglich der fremdländischen Schüblinge verfügt" war, siehe den Erlaß des mährischen Landesausschusses vom 24. Juni 1868, Nr. 12243, ZVOLSKY (Anm. 1117), S. 5 f.

3831 Erlaß des Ministeriums des Innern vom 26. März 1892, Z. 25706 ex 1890, niederösterreichischer Statthaltereierlaß vom 7. Mai 1892, Z. 21296, an den niederösterreichischen Landesausschuß, Normalien-Sammlung (wie Anm. 359) I, Nr. 12.

3832 Ebd., siehe MAYRHOFER/PACE (wie Anm. 138) III, S. 602.

3833 Ebd.

3834 Erlaß des Ministeriums des Innern vom 18. Juli 1905, Z. 149, niederösterreichischer Statthaltereierlaß vom 7. August 1905, Z. VII-4367/2, an alle Bezirksbehörden und die Wiener Polizeidirektion, Normalien-Sammlung (wie Anm. 359) IV, Nr. 5281; Normale der mährischen Statthalterei vom 29. Juli 1905, ZVOLSKY (Anm. 1117), S. 17 f.

3835 Ebd.

die cisleithanischen „Grenzschubstationen schon gegenwärtig die Übernahme aus Ungarn kommender Schüblinge ohne weiteres verweigern können, wenn aus dem Schubpasse und den demselben beigegebenen Akten das Heimatsrecht des Schüblings nicht mit Bestimmtheit zu entnehmen" war. Das Ministerium regte daher im Sinne des Reichsschubgesetzes ganz allgemein „die Erneuerung der Schuberkenntnisse" seitens der cisleithanischen Grenzschubbehörden an, was sich „als ein wirksames Mittel" darstelle, um in den Ersatz der Schubkosten zu sichern, und ordnete an, daß hinkünftig „die Abschiebung aus Ungarn übernommener und mit ungarischen Schubpässen versehener, hierlands heimatberechtigter Schüblinge auf Grund ungarischer Schuberkenntnisse zu unterlassen, beziehungsweise daß zur Durchführung einer solchen Abschiebung die Fällung eines neuerlichen Schuberkenntnisses durch die kompetente hierländige Behörde, sei es auf Grund der schon auf dem ungarischen Schubpasse ersichtlichen Behelfe oder auf Grund selbständig zu pflegender Erhebungen, erforderlich" sei, wobei die „hierländigen Schubbehörden mit der Fällung eines neuerlichen Schuberkenntnisses selbstverständlich nur insofern vorzugehen" hätten, als die gesetzlichen Voraussetzungen einer Abschiebung nach dem Reichsschubgesetz gegeben waren.

In diesem Sinne ergingen ausführliche Regelungen über die Behandlung aus der aus den Ländern der ungarischen Krone abgeschobenen Personen, die Heimatrecht in Cisleithanien besaßen, so etwa 1906 für die Steiermark[3836], welche 1908 auch auf Bosnien-Herzegowina und das gesamte Ausland ausgedehnt wurden[3837]. Nach den von der steiermärkischen Statthalterei für derartige Zuschüblinge vorgeschriebenen Verfahren durfte eine aufgrund eines in den Ländern der Stephanskrone gefällten Ausweisungserkenntnisses abgeschobene Person von den österreichischen Grenzbehörden nur dann übernommen werden, wenn durch ein gültiges Dokument ihre Zuständigkeit „nach einer Gemeinde der im Reichsrat vertretenen Königreiche und Länder dargetan" wurde, wobei als solche Dokumente „ordnungsgemäß ausgefertigte Heimatscheine, Reisepässe, Anerkennungen der Zuständigkeit seitens der Heimatgemeinden mittelst Zuschrift, endlich Arbeitsbücher und Dienstbotenbücher, wenn sie von der Heimatgemeinde selbst ausgefertigt" waren, galten. Im Falle des Vorliegens eines derartigen Nachweises war der Zuschübling zu übernehmen, und die Schuberkenntnisbehörde hatte, wenn die gesetzlichen Voraussetzungen einer Abschiebung gegeben waren, nach vorhergehender Einvernahme des Schüblings ein neues Schuberkenntnis im Sinne des Reichsschubgesetzes zu fällen und auszufertigen. War der Schübling mit der in den Schubdokumenten genannten Person nicht ident oder ergaben sich „bezüglich der Zuständigkeit, des Abschiebungsgrundes u.s.w wesentliche Anstände", so war ein reguläres Verfahren nach dem Reichsschubgesetz einzuleiten. Im Falle der Abschiebung bzw. Weiterverschiebung war ein neuer Schubpaß und ein neues Schubpartikulare auszustellen, die Eintra-

3836 Kundmachung der steiermärkischen Statthalterei vom 18. März 1906, LGBl. Nr. 38, betreffend die Regelung des Verfahrens in Bezug auf die aus den Ländern der ungarischen Krone nach Steiermark übertretenden, in der diesseitigen Reichshäfte heimatberechtigten Schüblinge.

3837 Kundmachung der steiermärkischen Statthalterei vom 2. Oktober 1908, LGBl. Nr. 69, betreffend die Regelung des Verfahrens in bezug auf die aus den Ländern der ungarischen Krone, dem Okkupationsgebiete und aus dem sonstigen Auslande nach Steiermark übertretenden, in der diesseitigen Reichshälfte heimatberechtigten Schüblinge.

gung in das Schubstationsprotokoll vorzunehmen – wobei die fremden Schubpässe zwecks Rückverfolgbarkeit jedes Falles dem Protokoll beigegeben werden sollten – und der Landesausschuß des Heimatlandes des Schüblings mittels Abschiebungsanzeige zu verständigen. Der Schübling selbst war „mit der größten Beschleunigung weiter abzuschieben, so daß sein Aufenthalt in der Schubstation nur nach Stunden zählt[e] und für ihn keine oder höchstens nur Kosten für eine Mittags- oder für eine Abendverpflegung" aufliefen. In gleicher Weise war auch bei den mittels Zwangspaß aus den Ländern der Stephanskrone heimgewiesenen Personen vorzugehen. Auch gegen sie war, wenn die gesetzlichen Voraussetzungen für eine Abschiebung mittels Zwangspaß vorlagen und sich keine Anstände ergaben, aufgrund der vorgelegten Heimatdokumente und des von der ungarischen Behörde ausgestellten Zwangspasses ein neues Erkenntnis zu fällen und ein neuer Zwangspaß auszustellen. Besaß die zugeschobene Person keine Heimatdokumente, so war sie „so zu behandeln, als ob sie behufs Durchführung der Abschiebung der Schubstation von einem einheimischen Organe eingeliefert worden wäre".

G. *Evidenzhaltung Abgeschaffter und Landesverwiesener*

Die Strafprozeßordnung[3838] und die Vollzugsordnung[3839] von 1873 übernahmen die bisherigen Evidenzhaltungsvorschriften. Allerdings erschienen der niederösterreichischen Statthalterei das von der Wiener Polizeidirektion herausgegebene Evidenzblatt und die Verlautbarungen im Centralpolizeiblatt „doch zu wenig übersichtlich", so daß eine „wirksame Controle nicht möglich" war und Ausgewiesene „daher ungefährdet in das ihnen durch die Abschaffung verbotene Gebiet zurückkehren" konnten[3840]. Um „diesem Uebelstande wirksam entgegentreten zu können", befahl daher der niederösterreichische Landesausschuß[3841] – nachdem auch er die Wahrnehmung machen mußte, daß „sich im Lande Individuen herumtreiben, die aus polizeilichen Rücksichten oder infolge strafgerichtlichen Urtheiles aus Niederösterreich abgeschafft" worden waren – ein „Verzeichnis aller aus Wien, aus Niederösterreich und aus sämmtlichen Kronländern abgeschafften Individuen v. J. 1890 angefangen zu verfassen und dieses Verzeichnis jährlich durch Aufnahme der neu Hinzugekommenen richtigzustellen". In dieses Verzeich-

---

3838 Gemäß § 407 Abs. 2 der Strafprozeßordnung vom 23. Mai 1873, RGBl. Nr. 119, war von der Staatsanwaltschaft an den Landeschef desjenigen Landes, in dem das Strafgericht lag, Anzeige davon zu machen, wenn durch ein Strafurteil die Landesverweisung eines Verurteilten nach ausgestandener Strafe oder dessen Abschaffung aus einem Kronland Cisleithaniens oder aus allen ausgesprochen wurde. Bezog sich die Abschaffung nur auf einen einzigen Ort oder Bezirk, so waren die unterste politische und die Sicherheitsbehörde hievon zu verständigen.

3839 Gemäß § 77 der Verordnung des Justizministers vom 19. November 1873, RGBl. 152, womit im Einvernehmen mit dem Minister des Innern eine Vollzugsvorschrift zur Strafprozeß-Ordnung vom 23. Mai 1873, RGBl. Nr. 119, erlassen wird, hatte der Staatsanwalt, wenn das Urteil auf Landesverweisung oder Abschaffung lautete, nebst der im § 407 StPO vorgeschriebenen Anzeige auch eine Mitteilung an das Centralpolizeiblatt zu machen.

3840 Niederösterreichischer Statthaltereierlaß vom 22. November 1900 an alle Bezirkshauptmannschaften, Normalien-Sammlung (wie Anm. 359) I, Nr. 7.

3841 Siehe ebd., auch MAYRHOFER/PACE (wie Anm. 138) 2. Ergänzungsbd., S. 22, Anm 5.

nis – das „vorderhand nur zum Gebrauche für die Naturalverpflegsstation bestimmt" war, aber auch den Gendarmeriepostenkommandanten, den Polizeikommissariaten etc. auf Wunsch überlassen werden konnte – sollten, um es „so vollständig als möglich zu machen", auch diejenigen Personen aufgenommen werden, welche durch die politischen Behörden Niederösterreichs aus einem bestimmten Bezirk oder aus dem Land abgeschafft wurden. Aus budgetären Gründen mußte allerdings das Ministerium des Innern 1905[3842] den Wunsch des Landesgendarmeriekommandos, sämtliche Gendarmerieposten des Landes mit dem vom niederösterreichischen Landesausschuß alljährlich herausgegebenen „Verzeichnisse der Abgeschafften und Landesverwiesenen" auszustatten, aus budgetären Gründen zurückweisen. Es wurde jedoch den Bezirkshauptmannschaften überlassen, „einzelnen wichtigeren, insbesondere an stark frequentierten Straßenzügen und an der Landesgrenze gelegenen Gendarmerieposten je ein Exemplar des Verzeichnisses ... zukommen zu lassen". Ansonsten sollten die für die Bezirkshauptmannschaft bezogenen Exemplare des Verzeichnissees „beim Amte derart aufliegen, daß sie auch seitens der Gendarmerie benützt werden" konnten.

Mit Erlaß der niederösterreichischen Statthalterei aus 1907[3843] wurde weiters festgelegt, daß nicht nur alle von den politischen Behörden erster Instanz verfügten Abschaffungen, sofern es sich nicht nur um Abschaffungen aus dem eigenen Bezirk handelte, in Hinkunft der Wiener Polizeidirektion zwecks Verlautbarung im Evidenzblatt, und wenn es sich um Ausländer handelte, überdies im Zentralpolizeiblatt mitzuteilen waren, sondern nun ebenfalls die Zurücknahme solcher Erkenntnisse und die Erteilung von vorübergehenden Aufenthaltsbewilligungen sowie deren Widerruf. Eine Anzeige an die Statthalterei oder eine besondere Verständigung der Bezirksbehörden des Abschaffungsgebietes war nicht erforderlich, während die Verständigung des Landesausschusses auch weiterhin zu erfolgen hatte. Das vom Landesausschuß herausgegebene „Abgeschafften-Verzeichnis" war außerdem „jeweilig bis zum Erscheinen der Neuauflage an der Hand des Polizei-Evidenzblattes evident zu halten", und sowohl dieses Verzeichnis als auch das Polizei-Evidenzblatt mußte der Gendarmerie „zum Zweck der Perlustrierung bedenklicher Individuen jederzeit zu Verfügung stehen".

H. Abschiebungsverkehr mit dem Ausland

Wie bis 1871, so bestand auch in der Ära des Reichsschubgesetzes sowohl für den Zuschub von Staatsangehörigen der Habsburgermonarchie in und den Durchschub durch diese an Drittstaaten sowie für die Abschiebung von Ausländern aus der Habs-

---

3842 Erlaß des Ministeriums des Innern vom 30. Juni 1905, Statthaltereierlaß vom 6. Juli 1905 an alle Bezirkshauptmannschaften und das Landesgendarmeriekommando, Normalien-Sammlung (wie Anm. 359) IV, Nr. 5274, siehe auch MAYRHOFER/PACE (wie Anm. 138) 2. Ergänzungsbd., S. 22 f., Anm. 5.

3843 Erlaß der niederösterreichischen Statthalterei vom 24. Dezember 1907 an alle Bezirkshauptmannschaften, Normalien-Sammlung (wie Anm. 359) V, Nr. 6326.

burgermonarchie eine Fülle von einzelnen bilateralen Regelungen bzw. Staatsverträgen, zumal das Kaisertum auch weiterhin nicht der Gothaer Konvention[3844] beitrat.

1. Gegenseitige Zu- und Abschiebung

Die bestehenden Vorschriften für den Schubverkehr mit dem Ausland behielten auch nach 1871 ihre Gültigkeit bzw. fanden Eingang in die neuen landesgesetzlichen Schubordnungen[3845]. So waren etwa bei der Abschiebung von Ausländern in einen Nachbarstaat bzw. beim Durchschub durch einen solchen in einen Drittstaat weiterhin die österreichischen Grenzbehörden verpflichtet, eine ihr unter Begleitung der Wache zugeführte Person der nächsten ausländischen Grenzbehörde auszuliefern und den Schubpaß mit der von der ausländischen Grenzbehörde ausgefertigten Bestätigung der Aufnahme des Schüblings längstens binnen drei Tagen der Behörde zurückzusenden, die das Erkenntnis gefällt hatte. Ein mittels Zwangspaß Ausgewiesener hatte sich hingegen „der Grenzbehörde vorzustellen und daselbst seinen Zwangspaß zu erlegen", der ebenso wie die Schubpässe an die erkenntnisfällende Behörde zurückzusenden war. Sodann war dem Paßzwängling ein neuer Zwangspaß für das Ausland auszustellen[3846].

Weiterhin bestand aber auch die Notwendigkeit, die Beachtung von bestehenden Schubvorschriften, insbesondere hinsichtlich der für eine Übernahme durch den Nachbarstaat vice versa notwendigen Nachweise und des Zustandes der Schüblinge immer wieder einzuschärfen. So mußte etwa die böhmische Statthalterei 1875[3847] aus Anlaß dessen, daß eine aus dem Ausland nach Böhmen abgeschobene Person von einer österreichischen Grenzstation ohne Feststellung der Heimatgemeinde und ohne Nachweis der österreichischen Staatsangehörigkeit zur Weiterbeförderung übernommen worden war, erneut anordnen, daß die sogenannten Einbruchstationen unter ihrer Verantwortung die Annahme aller aus dem Ausland nach Böhmen gewiesenen Schüblinge, gleichgültig, ob die Instradierung mittels Zwangspaß oder mittels Geleitschubes erfolgte, so lange zu verweigern hatten, als nicht die Angehörigkeit des Schüblings zum österreichisch-ungarischen Staatsverband und die Zuständigkeit in einer österreichischen oder ungarischen Gemeinde durch die dem Schubpaß beigeschlossenen Dokumente oder auf andere Weise außer Zweifel gestellt war.

Weiters galten – wie ein niederösterreichischer Statthaltereierlaß 1880 klarstellte – für die Übernahme von Schubtransporten aus Österreich nach Bayern weiterhin die

---

3844 Siehe zu dieser S. 620 f.

3845 Vgl. beispielsweise den Erlaß des Statthalters von Oberösterreich vom 17. November 1873, LGBl. Nr. 65, womit eine Instruction für die Schubbehörden und Gemeinden zur Durchführung der Schubvorschriften erlassen wird, wonach „Schüblinge, welche vom Auslande ... gebracht werden, und deren Heimat nicht erwiesen ist, ... von den Schubstationsgemeinden an der Grenze nicht anzunnehmen, sondern sogleich zurückzuweisen" waren.

3846 Verordnung des Statthalterei-Präsidiums für Galizien, Lodomerien und Krakau vom 21. August 1875, LGBl. Nr. 57, betreffend die Durchführung des Reichsgesetzes vom 27. Juli 1871, R.G.Bl. Nr. 88, in Betreff der Regelung der polizeilichen Abschaffung und des Schubwesens.

3847 Statthaltereierlaß für Böhmen vom 7. Juni 1875, Z. 18762, MAYRHOFER (wie Anm. 679), II, S. 624. Anm. 1.

bayerischen Bestimmungen aus dem Jahr 1816[3848], wonach bei „Lieferungen, die aus dem Auslande hereinkommen, darauf zu sehen“ war, „daß nicht Leute herübergeschoben werden, die in Baiern keinen Anspruch auf Heimat machen können, sondern solche vielmehr in dem Lande selbst haben, welches sie ausschieben will; oder deren Vaterland unbekannt und nicht nachgewiesen ist, oder die in ihr Vaterland, ohne Baiern zu betreten, auf weit kürzeren Wegen gebracht werden können; oder die endlich in einem Zustande von Gebrechen und Krankheiten ankommen, der es unmöglich macht, sie ohne Gefahr und Verletzung der Menschlichkeit nach ihrer entfernten Heimat in einen anderen auswärtigen Staat zu verschieben“. „Dergleichen Leute“ sollten auch hinkünftig „der überliefernden auswärtigen Obrigkeit heimgewiesen, die Herüberschaffung durch geeignete Mittel aufgehalten und gehindert ... werden“. In diesem Sinne war also nach wie vor von den bayerischen Grenzbehörden zu prüfen, ob die erforderlichen Dokumente vorlagen und ob diese „vorliegenden Ausweise“, also die Reise- oder sonstigen Legitimationen sowie die erforderlichen Übernahmserklärungen, den an sie gestellten Anforderungen entsprachen. Diese Überprüfungen der Schubpapiere führten freilich vielfach zu Zurückweisungen von Schüblingen seitens der bayerischen Grenzbehörden, weil entweder den „Schubpässen nicht die Heimatsnachweise“ – als welche Bayern Arbeits- oder Dienstbotenbücher, Reisepässe, Heimatscheine oder Staatsangehörigkeitsausweise, nicht aber Militärpapiere anerkannte[3849] – oder die Zuständigkeitsanerkennungen beilagen, oder aber die „zurückgewiesenen Individuen nicht mit der nöthigen Bekleidung und Beschuhung versehen oder mit Ungeziefer behaftet waren“[3850].

Daher mußte von Seiten der Statthaltereien der einzelnen Kronländer immer wieder darauf aufmerksam gemacht werden, daß „vor der Abschiebung stets die Feststellung der Zuständigkeit zu erfolgen hat, den Schubpässen stets die Heimatsdocumente oder die von der Heimatsbehörde erfolgte Anerkennung der Zuständigkeit im Originale beizuschließen sind und auch die über die Reinigung und Bekleidung der Schüblinge bestehenden Vorschriften genauestens befolgt werden“[3851]. Da es jedoch offensichtlich hinsichtlich des Zustandes der Schüblinge weiterhin zu Problemen kam, bestimmte ei-

---

[3848] Laut niederösterreichischem Statthaltereierlaß vom 22. Jänner 1880, Z. 1692, hatte die niederbayerische Regierung mit Note vom 11. Oktober 1879, Z. 19984, mitgeteilt, daß bezüglich der Übernahme von Schubtransporten aus Österreich unter Beachtung der zwischen Deutschland und Österreich 1875 abgeschlossenen Übereinkunft (siehe Anm. 3863, 3882) nach der Verordnung vom 28. November 1816, vorgegangen werde, siehe ZVOLSKY (Anm. 1117), S. 120 f.; vgl. auch MAYRHOFER (wie Anm. 679) II, S. 625.

[3849] Erlaß des Ministeriums des Innern vom 31. Oktober 1889, Z. 9368, niederösterreichischer Statthaltereierlaß vom 22. November 1889, Z. 66512, an alle Bezirkshauptmannschaften, Normalien-Sammlung (wie Anm. 359) I, Nr. 15.

[3850] Stattthaltereierlaß vom 31. Juli 1878, Z. 23289, an alle Bezirksbehörden und die Wiener Polizeidirektion, Normalien-Sammlung (wie Anm. 359) I, Nr. 14.

[3851] Ebd., siehe aber auch den Erlaß des Ministeriums des Innern vom 31. Oktober 1889, Z. 9368, und den niederösterreichischen Statthaltereierlaß vom 22. November 1889, Z. 66512, an alle Bezirkshauptmannschaften, Normalien-Sammlung (wie Anm. 359) I, Nr. 15.

ne 1880 zwischen Österreich und Bayern getroffene Vereinbarung[3852], daß der im Vertrag Österreichs mit dem Deutschen Reich von 1875[3853] festgelegten Pflicht zur gegenseitigen Übernahme von Schüblingen auch dann nachgekommen werden mußte, wenn die „betreffenden Schüblinge mit Winterkleidern oder Schutzdecken gegen die Kälte nur leihweise versehen“ waren[3854].

Ein weiterer Regelungsbedarf für den Schubverkehr mit Bayern ergab sich – abgesehen von einer detaillierten Regelung der gegenseitigen Übergabe und Übernahme von Schüblingen[3855] – auch aus der Tatsache, daß in den deutschen Staaten teilweise liberalere Ausweisungsbestimmungen galten[3856]. So war in Bayern die Ausweisung „als eine selbständige Maßregel zum Zwecke der Aufenthaltsentziehung“ nur in Ausnahmefällen zulässig[3857] – nämlich etwa nur nach vorausgegangener Abstrafung oder bei Gemeingefährlichkeit –, was vielfach zur Folge hatte, daß die bayerischen Grenzbehörden Zu- oder Durchschüblinge aus Österreich, „selbst wenn sie wegen ihrer größeren Gefährlichkeit mit Wachebegleitung übergeben wurden“, gleich nach deren Übergabe auf freien Fuß setzten, worauf diese „in der kürzesten Zeit“ wieder nach Österreich zurück-

---

3852 Erlaß des Ministeriums des Innern vom 30. Juni 1880, Z. 6419, niederösterreichischer Statthaltereierlaß vom 15. Juli 1880, Z. 25233, an alle Bezirksbehörden und die Wiener Polizeidirektion, Normalien-Sammlung (wie Anm. 359) I, Nr. 7, ZVOLSKY (Anm. 1117), S. 115 f.

3853 Verordnung des Ministers des Innern vom 18. August 1875, RGBl. Nr. 112, wodurch ein Uebereinkommen zwischen den Regierungen der österreichisch-ungarischen Monarchie und des deutschen Reiches wegen gegenseitiger Uebernahme ihrer ursprünglichen Staatsangehörigen, insoweit dieselben dem anderen Staate noch nicht angehörig geworden sind, kundgemacht wird.

3854 Die „Anschaffung der übrigen, zur Leibesbekleidung nothwendigen Kleidungsstücke mit Beschränkung auf das strengste Bedürfnis und mit Ausschluß der Winterkleider oder Schutzdecken oder sonstigen, ohne Störung des Transportes leicht zu wechselnden Bekleidungsstücke“ hatte nach dieser Vereinbarung durch die Schubausgangsstation zu erfolgen, ohne daß daraus Kostenersatzansprüche entstanden, Erlaß des Ministeriums des Innern vom 30. Juni 1880, Z. 6419, niederösterreichischer Statthaltereierlaß vom 15. Juli 1880, Z. 25233, an alle Bezirksbehörden und die Wiener Polizeidirektion, Normalien-Sammlung (wie Anm. 359) I, Nr. 7.

3855 Siehe dazu die Erlässe des Statthalters für Oberösterreich vom 19. Oktober 1870, LGBl. Nr. 34, betreffend das Uebereinkommen mit der königlich bayrischen Regierung von Niederbayern in Ansehung der Regelung des Schubtransportes zwischen Neuhaus, Schärding und Passau; vom 5. August 1887, LGBl. Nr. 21, betreffend die Regelung des Schubverkehres an der bayrisch-österreichischen Grenze bei Passau; die Kundmachung des Statthalters vom 22. November 1889, LGBl. Nr. 26, betreffend das mit der königl. bairischen Regierung in Betreff der Uebergabe und Uebernahme von Schüblingen an der Tiroler-bairischen Grenze bei Kiefersfelden abgeschlossene Uebereinkommen; Verordnung des Statthalters vom 19. Jänner 1891, LGBl. Nr. 7, betreffend eine Abänderung des mit der königl. bayrischen Regierung im Jahre 1889 abgeschlossenen Uebereinkommens wegen Uebergabe und Uebernahme von Schüblingen an der tirolisch-bayrischen Grenze bei Kufstein; Kundmachung der Statthalterei vom 27. November 1903, LGBl. Nr. 62, betreffend eine Abänderung des mit der kgl. bayer. Regierung im Jahre 1889 abgeschlossenen Übereinkommens wegen Übergabe und Übernahme von Schüblingen ab der tirolisch-bayrischen Grenze bei Kufstein; siehe auch MAYRHOFER/PACE (wie Anm. 138) III, S. 605 f.

3856 Vgl. die in Anm. 56 angeführte Literatur.

3857 Siehe dazu DAMES (wie Anm. 56), S. 85 ff.

rückkehrten, „neuerdings aufgegriffen und abermals abgeschoben“ wurden. Zur Verhinderung dieser schädlichen Praxis, bzw. um „diesem Uebelstande wenigstens einigermaßen vorzubeugen“, kamen Österreich und Bayern nun 1875[3858] dahingehend überein, daß von der jeweiligen abschiebenden österreichischen bzw. bayerischen Behörde schon auf dem Schubpaß „die zur Charakterisirung des Schüblings erforderlichen Bemerkungen und zwar namentlich der Grund der Abschiebung, allfällige vorausgegangene Abstrafungen, und der Grad der Gefährlichkeit“ des Schüblings ersichtlich gemacht werden sollten, damit die übernehmende Behörde prüfen konnte, ob „nach Maßgabe der dortigen Direktiven eine weitere Verschiebung zulässig“ war.

1877[3859] traf die österreichische Regierung außerdem mit der sächsischen und preußischen Regierung ein Übereinkommen betreffend „das Verfahren bei Abschiebung der gegenseitigen Staatsangehörigen mittels Zwangspasses in die gegenseitigen Länder, beziehungsweise bei dem Durchtransporte von derlei Schüblingen über die beiderseitigen Gebiete in's Ausland“. Nach dieser Vereinbarung hatten die Polizeibehörden der Vertragsstaaten den Zwangspässen beglaubigte „Abschriften von den die Staats- und Heimatsangehörigkeit der Abgeschobenen darthuenden Dokumenten“, bzw. wenn die Ausweisung mittels Zwangsvisa auf Reisepässen erfolgte, die sich im Besitz des Ausgewiesenen befanden, diesen Pässen selbst beglaubigte Abschriften von den genannten Dokumenten, insbesondere aber von den notwendigen Übernahmezusicherungen der jeweiligen ausländischen Heimatbehörden, zum Gebrauch für die Einbruchsstationen[3860] an den Grenzen beizuschließen, und zwar auf eine solche Weise, daß „diese Abschriften selbst zu integrirenden Bestandtheilen der Zwangspässe (Marschroute)“ bzw. der Reisepässe wurden. Die Originaldokumente hingegen sollten wie bisher an die Heimatbehörde des Ausgewiesenen gesendet werden. Befand sich die auszuweisende Person nicht im Besitz der erforderlichen, die Staatsbürgerschaft zweifelsfrei nachweisenden Dokumente, bzw. lag die Übernahmserklärung der ausländischen Behörde nicht vor, so konnte die Instradierung bis zur „Konstatirung dieser Verhältnisse nicht erfolgen“, und

---

3858 Erlaß des Ministeriums des Innern vom 31. Dezember 1875, Z. 17552, Normalien-Sammlung (wie Anm. 359) I, Nr. 16; siehe auch die Kundmachung der Landesregierung in Salzburg, LGBl. Nr. 3, betreffend die Ausfertigung der Schubpässe für die nach Baiern zu befördernden Schüblinge; und Österreichische Zeitschrift für Verwaltung IX (1876), Nr. 7, S. 28, MAYRHOFER (wie Anm. 679) II, S. 625.

3859 Erlaß des Ministeriums des Innern vom 21. April 1877, Z. 4477, Normalien-Sammlung (wie Anm. 359) II, Nr. 18, auch JEGIEREK (wie Anm. 149), S. 70; siehe weiters die Kundmachung der Landesregierung in Salzburg vom 30. April 1877, LGBl. Nr. 15, betreffend das Uebereinkommen mit den königlichen Regierungen von Sachsen und Preußen bezüglich des Verfahrens bei Abschiebung der gegenseitigen Staatsangehörigen mittelst Zwangspaß; die Kundmachung des Statthalters für Böhmen vom 20. Juni 1877, LGBl. Nr. 39, betreffend das von der k.k. österreichischen Regierung mit der königl. sächsischen und mit der königl. preußischen Regierung vereinbarte Verfahren bei Abschiebung der gegenseitigen Staatsangehörigen mittelst Zwangspasses (gebundener Marschroute); Kundmachung des Statthalters in Tirol vom 1. Mai 1877, LGBl. Nr. 19, betreffend das mit den Königreichen Sachsen und Preußen getroffene Uebereinkommen hinsichtlich des bei Abschiebungen zu beobachtenden Verfahrens; Österreichische Zeitschrift für Verwaltung X (1877), Nr. 29, S. 116.

3860 Siehe zu den Einbruchsstationen etwa HEINRICHS (wie Anm. 74), S. 269 ff.

den beiderseitigen Behörden wurde die „schleunigste Erledigung der diesfalls ergangenen Requisitionen zur Pflicht gemacht".

1880[3861] wurde in diesem Sinne generell angeordnet, daß vor Abschiebungen nach und durch Preußen die Zuständigkeit „durch vollkommen glaubwürdige Nachweise, welche von den betreffenden preußischen Einbruchsstationen nicht angezweifelt werden" konnten, sichergestellt sein mußte. Außerdem wurden die Schubbehörden angewiesen, bei derartigen Abschiebungen nach Preußen, aber auch in andere Staaten, „stets mit genauer Rücksichtnahme auf die geographische Lage des Heimatortes der Abzuschiebenden" vorzugehen und so die kürzeste Route in das Heimatland des Schüblings auszuwählen sowie „die der Jahreszeit entsprechende Bekleidung der auf Schub zu setzenden Auländer schon durch die den Schub einleitende Behörde" zu veranlassen.

Nachdem 1874[3862] zwischen der österreichischen und der italienischen Regierung eine gegenseitige Wiederaufnahmepflicht hinsichtlich ehemaliger Staatsangehöriger im Falle ihrer Ausweisung vereinbart worden war, kam Österreich 1877[3863] auch mit Italien dahingehend überein, daß der ausweisende Staat den Nachweis über die Staatsbürgerschaft der ausgewiesenen Person beibringen oder doch das Vorhandensein anderer diese Staatsbürgerschaft bekräftigenden Umstände nachweisen und eine gleichfalls auf dem Schubpasse ersichtlich zu machende Verpflichtung übernehmen mußte, für den Fall, daß die Regierung des dritten Staates die Übernahme des betreffenden Individuums verweigern sollte, dasselbe zurückzunehmen und die dadurch entstandenen Kosten zu tragen[3864]. Überdies wurde 1881[3865] angeordnet, daß die Abschiebung italienischer Untertanen in der Regel mittels Zwangspasses zu erfolgen habe.

3861 Niederösterreichischer Statthaltereierlaß vom 14. April 1880, Z. 12915, an alle Bezirkshauptmannschaften und die Wiener Polizeidirektion, Normalien-Sammlung (wie Anm. 359) I, Nr. 19.

3862 Erlaß des Ministeriums des Innern vom 1. September 1874, Z. 3533, niederösterreichischer Statthaltereierlaß vom 8. September 1874, Z. 26930, an alle Bezirksbehörden, Normalien-Sammlung (wie Anm. 359) II, Nr. 3437..

3863 Erlaß des Ministeriums des Innern vom 16. Juni 1877, Z. 5041, niederösterreichischer Statthaltereierlaß vom 25. Juni 1877, an alle Bezirksbehörden und die Wiener Polizeidirektion, Normalien-Sammlung (wie Anm. 359) I, Nr. 21, ZVOLSKY (Anm. 1117), S. 122 f.; Kundmachung des Statthalters in Tirol vom 25. Juni 1877, LGBl. Nr. 31, betreffend das Uebereinkommen mit dem Königreiche Italien hinsichtlich des Durchschubes von, einem dritten Staate angehörigen Individuen durch das Gebiet der kontrahirenden Staaten; die Kundmachung des Statthalters für Böhmen vom 28. Juni 1877, LGBl. Nr. 42, betreffend das Uibereinkommen der kaiserl. österreichischen und kön. italienischen Regierung über die Kosten des Durchschubes von Angehörigen dritter Staaten; Kundmachung der Landesregierung in Salzburg, LGBl. Nr. 20, betreffend das Uebereinkommen mit Italien bezüglich des grundsätzlichen Vorganges bei dem Durchschube von Angehörigen eines dritten Staates; Österreichische Zeitschrift für Verwaltung X (1877), Nr. 32, S. 127.

3864 Siehe dazu S. 731.

3865 Erlaß der böhmischen Statthalterei vom 27. November 1881, Z. 71547, MAYRHOFER/PACE (wie Anm. 138) III, S. 609.

Aber auch hinsichtlich der Ausweisung russischer Untertanen schrieb ein österreichischer Ministerialerlaß 1878[3866] den zuständigen Behörden als Richtschnur vor, daß vor der Außerlandschaffung der Schüblinge nicht nur ihre Staatsangehörigkeit festzustellen, sondern auch auch die Ermächtigung zur Übernahme dieser Personen seitens der russischen Behörden zu erwirken sei. Nach einer österreichisch-russischen Vereinbarung von 1887[3867] war außerdem bei der gegenseitigen „Heimweisung" von Personen wegen „Subsistenzlosigkeit, Landstreicherei, oder mangels an Reisedocumenten" eine derartige Maßnahme dem Vorsteher desjenigen russischen Distriktes anzuzeigen, in dessen Sprengel die Übernahme stattfinden sollte, und dieser hatte „nach vorgenommener Prüfung der Umstände und Ausweisungsdocumente[3868] seine Zustimmung zur Uebernahme des Individuums an einem bestimmten Orte zu ertheilen", während bei Abschiebungen nach Österreich diese Anzeige russischerseits an den betreffenden Bezirkshauptmann zu geschehen hatte[3869]. Überdies war seit 1900[3870] bei der Abschiebung russischer Staatsangehöriger in allen Fällen, wo es sich „um die Feststellung der Anerkennung der russischen Staatsangehörigkeit einer Person" handelte, „nach Thunlichkeit, nebst der angeblichen Zuständigkeitsgemeinde, stets auch der Bezirk und das bezügliche Gouvernement" mitzuteilen, da in Rußland „zahlreiche Ortschaften ein und denselben Namen führ[t]en".

Aber auch betreffend den Abschiebungsverkehr mit anderen deutschen Staaten bzw. mit dem Deutschen Reich sowie mit Portugal und der Türkei wurden in der Ära des Reichsschubgesetzes bilaterale Vereinbarungen getroffen. So wurde etwa nicht nur eine Übernahmepflicht der gegenseitigen Angehörigen sowie der ehemaligen, nun staa-

---

3866 Erlaß des Ministeriums des Innern vom 16. Juli 1878, Z. 9536, betreffend das Vorgehen im Falle der beabsichtigten Außerlandschaffung russischer Unterthanen, niederösterreichischer Statthaltereierlaß vom 24. Juli 1878, Z. 22518, an alle Bezirksbehörden und die Wiener Polizeidirektion, Österreichische Zeitschrift für Verwaltung XI (1878), Nr. 35, S. 140, Normalien-Sammlung (wie Anm. 359) I, Nr. 23.

3867 Verordnung des Ministeriums des Innern vom 11. Jänner 1887, RGBl. Nr. 4, betreffend den mit der kaiserl. russischen Regierung vereinbarten Vorgang bei der gegenseitigen Abschiebung von Landstreichern, sowie von paß- und subsistenzlosen Individuen.

3868 War die auszuweisende Person mit gültigen oder erst ein Jahr zuvor ungültig gewordenen Dokumenten versehen, so war eine vorgängige Korrespondenz zwischen den russischen und österreichischen Behörden nicht unerläßlich notwendig. Die Behörden waren verpflichtet, „ein solches Individuum ohne weitere Förmlichkeiten zu übernehmen, vorausgesetzt, daß diese Documente seine Geburt oder seine Herkunft unzweifelhaft feststellen und daß bezüglich der Echtheit dieser Documente keine Zweifel obwalten".

3869 Russische Staatsangehörige, die sich auf österreichischem Boden in Galizien oder in der Bukowina aufhielten und in einem der angrenzenden russischen Gouvernements zuständig waren, sowie jene Österreicher, die in einem dieser Gouvernements angehalten wurden, waren hingegen „nach vorgängiger unmittelbarer Correspondenz zwischen den Vorstehern der angrenzenden russischen Districte... und den Bezirkshauptmännern ... abzuschieben".

3870 Erlaß des Ministeriums des Innern vom 9. November 1900, Z. 40324, niederösterreichischer Statthaltereierlaß vom 3. Dezember 1900, Z. 103304, an alle Bezirkshauptmannschaften, Normalien-Sammlung (wie Anm. 359) I, Nr. 24.

tenlosen Angehörigen – nicht aber ihrer hinterlassenen Witwen und Waisen[3871] – zwischen Österreich und dem Deutschen Reich festgelegt (1875)[3872], sondern 1882 auch bestimmt, daß die Abschiebung von Angehörigen des Deutschen Reiches möglichst mittels Zwangspasses[3873] sowie stets an die dem Sitz der das Erkenntnis fällenden Behörde zunächst gelegene österreichisch-deutsche Grenzstation zu erfolgen habe[3874]. 1889[3875] wurde weiters durch Ministerialerlaß angeordnet, daß die Übernahme einer Person, die aufgrund des Staatsvertrages Österreichs mit dem Deutschen Reich von 1875 zu erfolgen hatte, nicht durch eine vorhergehende Feststellung des Heimatrechtes eines derartigen Schüblings verzögert werden durfte, wenn die Staatsangehörigkeit dieses Ausgewiesenen zu dem einen oder anderen Vertragsstaat außer Zweifel stand. Vielmehr sollten solche Schüblinge ohne Verzug in den zur Übergabe bestimmten Grenzort abgegeben werden, woraus sich selbstverständlich die Notwendigkeit ergab, „die Verhandlungen über das Heimatsrecht der aus dem Deutschen Reiche übernommenen österreichischen Staatsangehörigen so rasch als möglich und, wenn irgend thunlich, schon vor der Ueberstellung der betreffenden Person an den Grenzort abzuwickeln". In diesem Sinne wurde 1894[3876] auch mit der sächsischen Regierung vereinbart, daß bei der Übernahme bzw. Übergabe von Schüblingen an der böhmisch-sächsischen Grenze auf eine Feststellung des Heimatrechts verzichtet werden konnte, wenn die Staatsbürgerschaft des Schüblings von dem Staat, in den er abgeschoben wurde, anerkannt wurde.

Hinsichtlich von Abschiebungen von Österreichern aus Portugal mußte 1904[3877] ebenfalls eine Vereinbarung getroffen werden, denn die Praxis der portugiesischen Behörden, „Vagabunden, verdächtige und gefährliche Individuen fremder Staatsangehörigkeit, wenn sie als mittel- und ausweislos von der Polizei aufgegriffen" wurden, ohne daß sie sich einer strafbaren Handlung schuldig gemacht hätten, „nach Portugiesisch-Afrika zwangsweise [zu] überführen", erachtete Österreich als rechtswidrig. Außerdem wurde

---

3871 Siehe den Erlaß des Ministeriums des Innern vom 5. Juni 1885, Z. 8072, bzw. die niederösterreichische Statthaltereiverordnung vom 12. Juni 1885, Z. 27849, an alle Bezirksbehörden, Normalien-Sammlung (wie Anm. 359) II, Nr. 3439.

3872 Verordnung des Ministers des Innern vom 18. August 1875, RGBl. Nr. 112, wodurch ein Uebereinkommen zwischen den Regierungen der österreichisch-ungarischen Monarchie und des deutschen Reiches wegen gegenseitiger Uebernahme ihrer ursprünglichen Staatsangehörigen, insoweit dieselben dem anderen Staate noch nicht angehörig geworden sind, kundgemacht wird. Siehe dazu auch den Erlaß des Ministeriums des Innern vom 2. Juli 1879, Z. 1712 es 1879, Normalien-Sammlung (wie Anm. 359) II, Nr. 3438.

3873 Erlaß der böhmischen Statthalterei vom 21. Juni 1882, Z. 34335, siehe MAYRHOFER/PACE (wie Anm. 138) III, S. 603.

3874 Erlaß des Ministeriums des Innern vom 8. Juli 1882, Z. 10060, siehe JEGIEREK (wie Anm. 149), S. 70, MAYRHOFER/PACE (wie Anm. 138) III, S. 603.

3875 Erlaß des Ministeriums des Innern vom 22. August 1889, Z. 9813, niederösterreichischer Statthaltereierlaß vom 30. August 1889, Z.51272, an alle Bezirksbehörden, Normalien-Sammlung (wie Anm. 359) II, Nr. 3440.

3876 Erlaß des Ministeriums des Innern vom 27. April 1894, Z. 5448, MAYRHOFER/PACE (wie Anm. 138) III, S. 608.

3877 Erlaß des Ministeriums des Innern vom 19. Dezember 1904, Z. 55657, niederösterreichischer Statthaltereierlaß vom 11. Jänner 1905, Z. VII-6397 ex 1904, an alle Bezirksbehörden und die Wiener Polizeidirektion, Normalien-Sammlung (wie Anm. 359) IV, Nr. 6051.

an die portugiesische Regierung „das Verlangen gestellt, daß sie jedermann, der sich als Österreicher ausgibt und von der Localbehörde als mittel- und ausweislos aufgegriffen wird, den k. und k. Vertretungsbehörden vorführen lasse, damit durch diese vor allem die Staatsangehörigkeit festgestellt und jeder einzelne Fall, in dem es sich um die Abschaffung eines Österreichers handelt, vorher genauestens geprüft werde". In diesem Sinne gab die portugiesische Regierung die offizielle Zusicherung, daß jedes Mal, wenn eine Abschiebung eines Österreichers aus Portugal bevorstünde, die „k. und k. Vertretungsbehörden vorher entsprechend verständigt werden" sollten, „damit sie ihre Staatsangehörigen agnoszieren und für die Repatriierung derselben Sorge tragen" könnten. In den Fällen, in welchen Personen ohne Legitimationspapiere angaben, Österreicher zu sein und daher nicht sofort „repatriiert" werden konnten, sollte hingegen die „zwangsweise Abschiebung derselben bis zu 3 Wochen verzögert werden", um den k. und k. Vertretungsbehörden die Möglichkeit zu geben, „im Einvernehmen mit den kompetenten heimatlichen Behörden" – in diesem besonderem Fall zwecks Zeiteinsparung direkt mit der jeweiligen Landesstelle – die österreichische Staatsangehörigkeit „solcher Individuen festzustellen und sie sodann für sich zu reklamieren".

1908[3878] wurde schließlich angeordnet, daß die Bestimmungen für den Abschiebungsverkehr mit den Ländern der ungarischen Krone von 19056[3879] hinkünftig bei der Übernahme von Schüblingen aus dem Ausland generell zur Anwendung zu gelangen hatten. Daher war hinkünftig über die mittels förmlichen Schubes oder mittels Zwangspaß aufgrund eines im Ausland gefällten Ausweisungserkenntnisses zugeschobenen österreichischen Staatsangehörigen – die weiterhin nur dann von den cisleithanischen Schuborganen übernommen werden durften, wenn ihre Zuständigkeit in einer Gemeinde der im Reichsrat vertretenen Königreichen und Ländern durch ein gültiges Dokument nachgewiesen werden konnte – nach deren Übernahme und Einvernahme ein neues Abschiebungserkenntnis im Sinne des Reichsschubgesetzes zu fällen und auszufertigen – sofern die gesetzlichen Voraussetzungen einer Abschiebung nach dem Reichsschubgesetz gegeben waren. Stellte man jedoch im Zuge dieses Verfahrens fest, daß der Zugeschobene mit der in den Abschiebungspapieren genannten Person nicht ident war, oder ergaben sich etwa bezüglich der Zuständigkeit des Schüblings oder des Abschiebungsgrundes „wesentliche Anstände", so war ein ordentliches Verfahren nach den Bestimmungen des Reichsschubgesetzes einzuleiten. Kam es dann zur Abschiebung bzw. Weiterverschiebung, wurde ein neuer Schub- bzw. Zwangspaß ausgestellt und weiter nach den Bestimmungen des Reichsschubgesetzes und den jeweiligen landesrechtlichen Regelungen verfahren.

1921 trat sodann das österreichisch-italienische Schubabkommen von 1877 infolge einer Erklärung der italienischen Regierung gemäß Art. 241 Abs. 2 des Staatsvertrages

---

3878 Erlaß des Ministeriums des Innern vom 14. Juli 1908, Z. 31943 ex 1907, niederösterreichischer Statthaltereierlaß vom 22. Juli 1908, Z. VII-4628/3, an alle Bezirksbehörden und die Wiener Polizeidirektion, Normalien-Sammlung (wie Anm. 359) V, Nr. 6328; siehe auch die Kundmachung der steiermärkischen Statthalterei vom 2. Oktober 1908, LGBl. Nr. 69, betreffend die Regelung des Verfahrens in bezug auf die aus den Ländern der ungarischen Krone, dem Okkupationsgebiete und aus dem sonstigen Auslande nach Steiermark übertretenden, in der diesseitigen Reichshälfte heimatberechtigten Schüblinge.

3879 Siehe S. 716.

von St. Germain[3880], diesen von der österreichisch-ungarischen Monarchie mit dem Königreich Italien abgeschlossenen Vertrag auch gegenüber der Republik Österreich anwenden zu wollen, erneut zwischen diesen beiden Staaten in Kraft[3881]. Zur Erzielung von „Erleichterungen im beiderseitigen Schubverkehr" schloß die Republik Österreich weiters 1928[3882] ein Übereinkommen mit der Tschechoslowakischen Republik, in welchem im Falle der Abschiebung eines tschechoslowakischen Staatsangehörigen aus der Republik Österreich, der, „sei es in Böhmen, sei es in Mähren oder Schlesien heimatberechtigt" war, von Seiten der Tschechoslowakei auf die vorherige Einholung einer Übernahmserklärung bei den tschechoslowakischen Behörden verzichtet wurde, wenn die betreffende Person mit einer Bescheinigung über die Staatsbürgerschaft der Tschechoslowakischen Republik oder mit einem gültigen Reisepaß versehen war, aus dem die tschechoslowakische Staatsbürgerschaft hervorging. Bezüglich all jener in Böhmen, Mähren oder Schlesien heimatzuständigen Staatsbürger, die sich nicht mit einem dieser Dokumente ausweisen konnten, blieb es bei dem „zwischen den beiden Staaten festgesetzten Vorgang", der darin bestand, daß die österreichischen politischen Behörden mit den zuständigen tschechoslowakischen Verwaltungsbehörden wegen der Übernahme des Schüblings das Einvernehmen zu pflegen hatten. Eine Abschiebung mittels Zwangspaß in das tschechoslowakische Staatsgebiet durfte nach diesem Übereinkommen nur „in dringenden Fällen" und nur bei solchen Personen stattfinden, die mit den genannten Dokumenten versehen waren und einen unbescholtenen Lebenswandel aufzuweisen hatten. Nach dem Grundsatz der Gegenseitigkeit galt nicht nur diese Bestimmung vice versa auch für österreichische Staatsangehörige, sondern es wurden auch von der Tschechoslowakischen Republik abgeschobene österreichische Staatsangehörige von den österreichischen Organen nur dann übernommen bzw. konnten die Grenze mit Zwangspaß nur dann überschreiten, wenn sie einen vom Bundeskanzleramt ausgefertigten Staatsbürgerschaftsnachweis bzw. eine Urkunde über die Verleihung der Landes- und Bundesbürgerschaft oder einen gültigen Heimatschein oder einen gültigen Reisepaß, aus welchem seine Bundesbürgerschaft oder sein Heimatrecht in österreich hervor-

3880 Gemäß Artl. 241 Abs. 1 des Staatsvertrages von Saint-Germain-en-Laye vom 10. September 1919, BGBl. 1920, Nr. 303, hatte „jede der alliierten oder assoziierten Mächte Österreich die mit der ehemaligen österreichisch-ungarischen Monarchie abgeschlossenen zweiseitigen Abkommen jeder Art mitzuteilen, deren Beobachtung sie fordern wird". Diese Mitteilung erging gemäß Abs. 2 „entweder unmittelbar oder durch Vermittlung einer anderen Macht". Österreich hatte deren Empfang schriftlich zu bestätigen. Das Datum des Wiederauflebens war das Datum der amtlichen Mitteilung.

3881 Kundmachung des Bundeskanzleramtes im Einvernehmen mit den Bundesministerien für Äußeres und für Justiz und den übrigen beteiligten Bundesministerien vom 20. April 1921, BGBl. Nr. 289, betreffend die Geltung gewisser zwischen dem Kaisertum Österreich oder der österreichisch-ungarischen Monarchie und dem Königreiche Italien abgeschlossenen Staatsverträge für das Verhältnis zwischen der Republik Österreich und dem Königreiche Italien.

3882 Kundmachung des Bundeskanzleramtes, BGBl. 1935 Nr. 243, betreffend die Neuregelung des Schubverkehrs zwischen dem Bundesstaate Österreich und der Tschechoslowakischen Republik.

ging, vorweisen konnten. Ähnliche Vorschriften galten seit dieser Zeit auch hinsichtlich des Schubverkehres mit Ungarn[3883].

Weiters kam es 1932[3884] zu einer Vereinbarung über die Regelung des Schubverkehrs mit dem Deutschen Reich, in welcher sich beide Staaten nicht nur verpflichteten, ihre von dem Vertragspartner ausgewiesenen Staatsangehörigen und ehemaligen Staatsangehörigen[3885] jederzeit zu übernehmen, sondern auch dahingehend übereinkamen, daß einerseits die Republik Österreich auch alle staatenlosen Personen und ihre Familienangehörigen[3886] übernahm, welche die „altösterreichische oder altungarische Staatsangehörigkeit" besessen hatten, „sofern sie unmittelbar vor Eintritt der Staatenlosigkeit in einer zur Republik Österreich gehörenden Gemeinde heimatberechtigt waren", und anderseits Deutschland in gleicher Weise Staatenlose und ihre Familienangehörigen übernahm, die früher die Reichsangehörigkeit besessen hatten, sofern sie „im jetztigen Gebiete des Deutschen Reichs von Eltern geboren" waren, „die zur Zeit der Geburt daselbst ihren Wohnsitz hatten". Die Überführung abzuschiebender Personen sollte nach dieser Übereinkunft aufgrund eines unmittelbaren Schriftwechsels der die Abschiebung anordnenden Behörde und der zur Anerkennung der Staatsangehörigkeit zuständigen Heimatbehörde erfolgen, weshalb die zuständigen Grenzbehörden Schüblinge nur gegen Aushändigung des die Übernahmepflicht anerkennenden Schriftstückes annehmen durften. Eines derartigen Schriftwechsels sollte es grundsätzlich[3887] nicht bedürfen, wenn die abzuschiebende Person mit „gültigen, durch Vereinbarung der beiden Teile näher zu bestimmenden Papieren versehen" war[3888]. In diesem Fall erfolgte die Über-

---

[3883] Nach der Kundmachung des Bundeskanzleramtes, BGBl. 1935 Nr. 242, betreffend die Regelung des Schubverkehres zwischen dem Bundesstaate Österreich und dem Königreich Ungarn, war als Nachweis der österreichischen Staatsbürgerschaft anerkannt: „der Heimatschein", „die Urkunde über die Verleihung des Heimatrechtes", ein vom Bundeskanzleramt ausgefertigter „Staatsangehörigkeitsnachweis", „ein Optionsdekret", „der Reisepaß, sofern er den Paßinhaber als österreichischesn Bundesbürger bezeichnet", „jedes sonstige von einer österreichishen Behöde ausgestellte Dokument, welches die ausdrückliche Anerkennung des Heimatrechtes in der betreffenden Gemeinde enthält".

[3884] Kundmachung des Bundeskanzleramtes, BGBl. 1935 Nr. 241, betreffend die Regelung des Schubverkehrs zwischen dem Bundesstaate Österreich und dem Deutschen Reich.

[3885] Auch diejenigen Personen mußten übernommen werden, die früher die Staatsangehörigkeit eines der kontrahierenden Staaten besessen hatten, sie aber aufgrund der innerstaatlichen Gesetzgebung verloren hatten, soweit sie nicht Angehörige des anderen Staates oder eines dritten Staates geworden waren.

[3886] Von den vertragsschließenden Teilen waren auch jene seit ihrer Geburt Staatenlose zu übernehmen, die von den genannten Personen abstammten. Lebte die Ehefrau eines abzuschiebenden oder seine oder seiner Ehefrau Kinder unter 16 Jahren mit ihm an einem Ort zusammen, so waren auch diese zu übernehmen, sofern sie nicht Angehörige eines anderen Staates waren.

[3887] Diese Erleichterung galt nicht für „wegen jugendlichen Alters, Gebrechlichkeit oder Krankheit hilflose Personen" oder alleinstehende Frauen mit Kindern.

[3888] Als derartige gültige Ausweispapiere galten für österreichische Staatsangehörige: „Reisepässe, in denen der Inhaber als österreichischer Bundesbürger bezeichnet oder die Angabe der in Österreich gelegenen Heimatsgemeinden enthalten ist, Heimatscheine, die in der Regel nicht älter als fünf Jahre sein sollen, jedenfalls aber bereits aus der Zeit nach der Errichtung der Republik stammen, ferner Dekrete über Verleihung der Landesbürgerschaft, Optionsnahme der Schüblinge durch die Grenzbehörden ohne weitere Förmlichkeiten. Bei Durchschüben war außerdem vom abschiebenden Staat der Nachweis zu erbringen, daß der dritte Staat zur Übernahme des Schüblings bereit war und etwaige Zwischenländer keinen Einwand gegen die Durchbeförderung erhoben. Wurde die Übernahme des Schüblings vom dritten Staat oder die Durchbeförderung desselben durch einen Zwischenstaat von diesem dennoch verweigert, so traf den abschiebenden Staat die Rückübernahmepflicht.

2. *Abschiebungskosten*

Bezüglich der Schubkosten[3889] für Ausländer blieben gemäß § 17„die bestehenden Vorschriften und Verordnungen maßgebend". Bestand nach einem Staatsvertrag das Reziprozitätsverhältnis der unentgeltlichen Abschiebung oder wurde der Ersatz der Schubkosten vom fremden Staat nicht geleistet oder ließ sich die Staatsbürgerschaft oder das Heimatrecht eines Schüblings nicht sicherstellen, so trafen die Schubkosten, welche gesetzlich vom Land zu tragen waren, ohne Ersatz den jeweiligen Landesfond, insoweit sie in diesem Land aufgelaufen waren. Ein derartiges Reziprozitätsverhältnis der unentgeltlichen Ab- bzw. Zuschiebung bestand schon seit 1851 zwischen Österreich und Bayern[3890], und 1871 kamen Italien und Österreich überein, daß das zwischen ihnen faktisch bestehende Reziprozitätsverhältnis der unentgeltlichen Abschiebung aufrecht bleiben sollte, womit auch hinkünftig ein Ersatz der Schubkosten von keinem der beiden Staaten beansprucht bzw. geleistet werden sollte, und die bei Abschiebung von Angehörigen des Königreiches Italien erwachsenen Schubkosten vom jeweiligen Landesfonds zu tragen waren[3891].

---

dekrete" sowie vom Bundeskanzleramt ausgefertigte „Bescheinigungen der Landes- und Bundesbürgerschaft (Staatsangehörigkeitsnachweise)"; für deutsche Staatsangehörige galten: ein gültiger Heimatschein oder ein gültiger Reisepaß („nur Heimatpaß, nicht Fremdenpaß").

3889 Nicht zu den Schubkosten gehörten nach dem Erlaß des Ministers des Innern vom 13. Jänner 1870, Z. 10091, MAYRHOFER (wie Anm. 679) II, S. 626., MAYRHOFER/PACE (wie Anm. 138) III, S. 610, die Verpflegskosten für einen ausländischen Untertanen, die während dessen Verhaftung bei einer Bezirkshauptmannschaft aufliefen, da diese Auslagen bei der Handhabung der öffentlichen Sicherheit im eigenen Staatsgebiet entstanden waren.

3890 Siehe S. 633 f.

3891 So der Erlaß des Ministers des Innern vom 23. Mai 1871, Z. 6095, Normalien-Sammlung (wie Anm. 359) II, Nr. 3238; weiters Kundmachung des Landespräsidenten in Krain vom 30. Mai 1871, LGBl. Nr. 16, betreffend das Uebereinkommen der königl. italienischen und der diesseitigen Regierung über den Fortbestand des zwischen Italien und Oesterreich faktisch bestandenen Reziprozitätsverhältnisses der unentgeltlichen Abschiebung; Kundmachung der Landespräsidenten in Salzburg vom 31. Mai 1871, LGBl. Nr. 15, in Betreff der Schubkosten bei Abschiebung von Angehörigen des Königreiches Italien; Kundmachung des Statthalters in Tirol vom 31. Mai 1871, LGBl. Nr. 46, betreffend das Uebereinkommen zwischen Oesterreich und Italien wegen unentgeltlichen Transportes der Schüblinge; Kundmachung des Landespräsidenten der Bukowina vom 31. Mai 1871, LGBl. Nr. 13, betreffend den Fortbestand des Reciprocitätsverhältnisses der unentgeldlichen Abschiebung von Angehörigen beider Staaten zwischen Italien und Österreich; Kundmachung des mährischen Statthalters vom 31. Mai 1871, LGBl. Nr. 15, betreffend den Fortbestand des Reciprocitäts-

Hinsichtlich des Durchschubes von Schüblingen bestanden außerdem zwischen Österreich einerseits und Bayern, Preußen, Sachsen und Italien andererseits reziproke Übereinkommen dahingehend, daß der abschiebende Staat bei Schubtransporten durch das Staatsgebiet des Vertragspartners in einen Drittstaat eine Kostenübernahmserklärung abzugeben hatte, ansonsten eine Übernahme von Schüblingen verweigert wurde. So waren etwa die bayerischen Grenzbehörden ausdrücklich angewiesen[3892], beim Durchschub von Nichtdeutschen durch bayerisches Staatsgebiet darauf zu achten, daß von der die Abschiebung veranlassenden bzw. einleitenden Behörde eine ausdrückliche Zusicherung vorlag, wonach die Transportkosten durch das bayerische Staatsgebiet ihrerseits übernommen würden, welche auf dem Schubpaß vermerkt sein mußte. Im gegenteiligen Falle waren die Schüblinge zurückzuweisen. Auch österreichischerseits wurden zum Durchtransport in ihre Heimatstaaten bestimmte Ausländer weiterhin nur unter der Bedingung einer vorläufigenn Zusicherung des vollen Kostenersatzes von den bayerischen Behörden übernommen[3893].

Ebenso war bei Schüblingstransporten von Österreich in einen nicht zum Deutschen Reich gehörigen Staat durch sächsisches bzw. preußisches Gebiet nach einem Ministerialerlaß von 1875[3894] eine derartige Zusicherung des Ersatzes der Transportkosten abzugeben, und zwar nicht von den gemäß § 10 des Reichsschubgesetzes die Schubpässe ausstellenden Schubstationsgemeinden, sondern von den im § 5 des Reichsschubgesetzes bezeichneten in erster Instanz entscheidenden Behörden, welche sodann diese Erklärung mitsamt dem Schuberkenntnis der den Schub vollziehenden Schubstationsgemeinde zu übergeben hatten. Die Schubstationsgemeinden wiederum hatten diese Erklärung dem Schubpaß anzuheften. 1880[3895] wurden schließlich die Regelungen für den Durchschub durch Sachsen und Preußen auch auf den Schub durch Bayern ausgedehnt, und

---

Verhältnisses der unentgeltlichen Abschiebung von Angehörigen beider Staaten zwischen Italien und Oesterreich.

3892 Entschließung des bayerischen Staatsministeriums des Innern vom 21. Oktober 1875, MAYRHOFER (wie Anm. 679) II, S. 626; siehe auch den Erlaß des Staatsministeriums vom 15. August 1861, MAYRHOFER/PACE (wie Anm. 138) III, S. 605.

3893 Erlaß des bayerischen Staatsministeriums vom 15. August 1861, MAYRHOFER/PACE (wie Anm. 138) III, S. 605.

3894 Erlaß des Ministers des Innern vom 23. August 1875, Z. 2770, siehe die Kundmachung des Statthalters für Böhmen vom 10. Jänner 1876, LGBl. Nr. 7, betreffend den Transport der nicht dem deutschen Reiche angehörigen Schüblinge durch königl. sächs., beziehungsweise königl. preußisches Staatsgebiet; siehe auch die Beilage dazu: Verordnung des sächsischen Ministeriums des Innern vom 15. Mai 1875; in diesem Sinne schon der Erlaß des Ministeriums des Innern vom 5. Juli 1859, Z. 8123, siehe weiters den niederösterreichischen Statthaltereierlaß vom 14. April 1880, Z. 12915, an alle Bezirkshauptmannschaften und die Wiener Polizeidirektion, Normalien-Sammlung (wie Anm. 359) I, Nr. 19; die Bestimmungen dieses Übereinkommens wurden mit Erlaß vom 7. Februar 1896, Z. 35484 ex 1895, erneut eingeschärft, siehe ebd., S. 7, auch MAYRHOFER/PACE (wie Anm. 138) III, S. 607.

3895 Kundmachung des Statthalters für Böhmen vom 11. April 1880, LGBl. Nr. 15, betreffend die Abgabe der Erklärung der Zusicherung des Ersatzes der für jene Individuen, welche nach einem nicht deutschen Heimatstaate über das Königreich Baiern im Schubwege befördert werden. dort erwachsenden Kosten aus dem böhmischen Landesfonde.

seit 1881[3896] nahm Bayern infolge einer expliziten Verzichtserklärung nur mehr beim Durchschub eines nicht in einen deutschen Staat zuständigen Schüblings den Ersatz der Durchschubkosten in Anspruch.

1877[3897] hatte die österreichische Regierung weiters ein Übereinkommen mit dem Königreich Italien betreffend den Durchschub von, einem dritten Staat angehörigen Personen durch das Gebiet der kontrahierenden Staaten abgeschlossen, wonach ein Transport durch Cisleithanien bzw. Italien nur zugestanden und vollzogen wurde, wenn in jedem einzelnen Fall auf dem Schubpaß, „mit welchem jedes unter Begleitung von Wachorganen abgeschobene Individuum versehen sein" mußte, die ausdrückliche Erklärung beigefügt war, daß der ausweisende Staat sämtliche Kosten des Durchschubes durch das Gebiet des anderen Staates bis zum Bestimmungsort des Schüblings, nämlich bis zur Grenzstation seines Heimatstaates, trage. Außerdem verpflichteten sich die Vertragsstaaten in diesem Übereinkommen, im Falle einer Annahmeverweigerung durch die jeweils ausländische Grenzbehörde[3898] nicht nur die Kosten der Rückreise durch das Gebiet des anderen kontrahierenden Staates, sondern auch jene Auslagen zu tragen, welche infolge eines längeren Aufenthaltes des Schüblings an der Grenze zwecks Feststellung seiner Staatsangehörigkeit erwachsen sollten.

1884[3899] wurde schließlich zur „Erzielung eines gleichmäßigen Vorganges" verordnet, daß die Kostenübernahmeerklärungen bezüglich jener Schüblinge, welche aus Österreich durch Bayern, Sachsen, Preußen und Italien in einen fremden Staat befördert werden sollten, hinkünftig stets von den in § 5 des Reichsschubgesetzes genannten Behörden – also den Polizei- und landesfürstlichen Behörden sowie den mit der Führung der politischen Amtsgeschäfte in erster Instanz betrauten Kommunalbehörden, denen im speziellen Falle die Fällung der Schuberkenntnisse zukam – nach einem vorge-

---

3896 Erlaß des Ministeriums des Innern vom 26. Oktober 1881, Z. 12669 ex 1879, MAYRHOFER/PACE (wie Anm. 138) III, S. 605.

3897 Erlaß des Ministeriums des Innern vom 16. Juni 1877, Z. 5041, niederösterreichischer Statthaltereierlaß vom 25. Juni 1877, an alle Bezirksbehörden und die Wiener Polizeidirektion, Normalien-Sammlung (wie Anm. 359) I, Nr. 21; Kundmachung des Statthalters in Tirol vom 25. Juni 1877, LGBl. Nr. 31, betreffend das Uebereinkommen mit dem Königreiche Italien hinsichtlich des Durchschubes von, einem dritten Staate angehörigen Individuen durch das Gebiet der kontrahirenden Staaten; die Kundmachung des Statthalters für Böhmen vom 28. Juni 1877, LGBl. Nr. 42, betreffend das Uibereinkommen der kaiserl. österreichischen und kön. italienischen Regierung über die Kosten des Durchschubes von Angehörigen dritter Staaten; Kundmachung der Landesregierung in Salzburg, LGBl. Nr. 20, betreffend das Uebereinkommen mit Italien bezüglich des grundsätzlichen Vorganges bei dem Durchschube von Angehörigen eines dritten Staates, Österreichische Zeitschrift für Verwaltung X (1877), Nr. 32, S. 127.

3898 Zu den in diesem Übereinkommen anerkannten Gründen einer Annahmeverweigerung siehe S. 723.

3899 Erlaß des Ministeriums des Innern vom 10. Februar 1884, Z. 658 ex 1883, niederösterreichischer Statthaltereierlaß vom 16. Februar 1884, Z. 7557, an alle Bezirksbehörden und die Wiener Polizeidirektion, JEGIEREK (wie Anm. 149), S. 70 f., ZVOLSKY (Anm. 1117), S. 124 f.

schriebenen Formular[3900] abzugeben waren, und zwar auch in den Ländern, in denen bisher die Schuberkenntnisfällung gegen Ausländer nicht diesen Behörden vorbehalten gewesen war. Aus diesem Anlaß wurde auch wiederholt darauf hingewiesen, daß „die Anwendung des Durchschubes durch die erwähnten Staaten nur bei dem Vorhandensein der aus öffentlichen Sicherheitsrücksichten sich als unerläßlich darstellenden Nothwendigkeit stattzufinden", „dieser Maßregel - wie bei Verschiebungen in das Ausland überhaupt - die Feststellung der Staatsangehörigkeit und die Einholung der Übernahmserklärung seitens des dritten Staates, welchem das abzuschiebende Individuum angehört, vorauszugehen" habe und daß rücksichtlich der Durchschübe aus diesen Ländern darauf zu achten sei, daß seitens der ausländischen Behörden die Zusicherung des vollen Ersatzes der Durchschubskosten vorhanden war, widrigenfalls die Grenzbehörden die Übernahme der Schüblinge zu verweigern hatten.

Auch nach der Vereinbarung der Republik Österreich mit dem Deutschen Reich von 1932[3901] waren nicht nur die Kosten der Beförderung abzuschiebender Personen bis zum Übernahmeort vom abschiebenden Staat zu tragen, sondern es mußte bei Durchschüben vom abschiebenden Staat auch nach wie vor eine „ausreichende Erklärung" darüber abgegeben werden, daß dem den Durchtransport gestattenden Teil daraus keinerlei Kosten entstanden. Wurde die Übernahme des Schüblings von dem dritten Staat oder die Durchbeförderung des Schüblings durch einen Zwischenstaat verweigert, so war der abschiebende Staat ebenfalls weiterhin zum Ersatz der durch die Rückbeförderung entstehenden Kosten verpflichtet.

II. Unerlaubte Rückkehr (Reversion)

Da dem Staat unbestrittenermaßen das Recht zustand, Fremde vom Betreten des Staatsgebietes auszuschließen oder ihren Aufenthalt dortselbst zu beschränken, war er um so mehr berechtigt, die Verletzung eines bereits verhängten Aufenthalts- bzw. Einreiseverbotes in Form der unerlaubten Rückkehr zu pönalisieren. Darüber hinaus standen jedoch ebenso die über Inländer gerichtlich, zum Teil auch die polizeilich verhängten Aufenthaltsverbote unter strafrechtlichem Schutz[3902], der Mitte des 19. Jahrhunderts auch auf die Ausweisung nach Gemeinderecht ausgedehnt wurde.

3900 Siehe zu diesem Formular den Erlaß des Ministeriums des Innern vom 16. Juni 1877, Z. 5041, MAYRHOFER/PACE (wie Anm. 138) III, S. 609 f., JEGIEREK (wie Anm. 149), S. 72, ZVOLSKY (Anm. 1117), S. 124.

3901 Kundmachung des Bundeskanzleramtes, BGBl. 1935 Nr. 241, betreffend die Regelung des Schubverkehrs zwischen dem Bundesstaate Österreich und dem Deutschen Reich.

3902 Z.B. sahen zahlreiche Patente des 18. Jahrhunderts betreffend die Bettler, Müßiggänger usw. eine Bestrafung der Reversion Abgeschobener vor; vgl. z.B. die Patente vom 21. Juli 1714, CA III, S. 757, vom 20. Juli 1717, CA III, S. 875, vom 15. März 1719, CA III, S. 934, vom 1. Oktober 1723, CA IV, S. 142 f., usw.; siehe weiters etwa die Anm. 884, 930.

1. Frühneuzeitliche Grundlagen

Der Sicherstellung der strafgerichtlichen Ausweisung bzw. der Durchsetzung des Rückkehrverbotes diente vom 16. Jahrhundert bis zur Constitutio Criminalis Theresiana vor allem die Ablegung des leiblichen Urfehdeeides[3903], in welchem der Delinquent im Falle einer Ausweisung schwören mußte[3904], nicht vor Ablauf der ihm bestimmten Verweisungszeit in das verbotene Gebiet zurückzukehren. Der Bruch einer derartigen Urfehde wurde nach den territorialen Strafrechtsordnungen des 16. und 17. Jahrhunderts streng geahndet. So sahen etwa die Ferdinandea von 1656 und die Leopoldina von 1675 bei Erstbegehung die Fustigation, bei erster Rückfälligkeit eine spiegelnde Verstümmelungsstrafe und bei dritter Begehung die Todesstrafe vor[3905].

Die Gerichte hielten sich offensichtlich jedoch nicht an die grausamen Sanktionen für Wiederholungstäter, da – wie ein Patent aus 1716 ausführte[3906], „nach der fast täglichen Erfahrenheit, diejenige Mann- und Weibs-Persohnen, welche wegen gewisser Laster mit einem gantzen Schilling, nach Hinterlassung einer geschwornen Urphed, Unsers Lands Oesterreich, oder eines Land-Gerichts, auf ewig verwiesen worden sind,

---

3903 Vgl. etwa die auf die Landesverweisung bezügliche Formel des Urfehdeeides nach der Tiroler Landesordnung von 1573 (VIII. Art. 58): „Ich N. von N. Bekenn, vnd thue kundt offenbar, mit disem Brief, ... Daß ich ... gelobt vnnd ainen Aid Leiblich zuo Gott vnd den Heiligen, mit aufgehebten fingern ... geschworen hab, die fänncknuß ... nimmermer ... zu rechen ... (... Nota, Wirdt dem Vbelthäter das Lanndt verbotten, So soll dise Clausel auch in die Vrfechd gestellt werden.) Darzuo mich in den nächsten N. Tägen zuerheben, vnnd stracks auß dem Lanndt der Graffschafft Tirol zutziehen, vnnd kain Nacht zuligen, da Ich die annder lig, byß Ich auß dem Lanndt kumb, Vnd on Fürstlicher Durchleuchtigkait gnedigists erlauben, mein lebenlanng nimmermer (Nota, Ist es auf zeit gestellt, die werd bestimbt, Id est, in den nächsten zwayen jaren nit) widerumb darein zukumen. Ob ich aber so vnthewr wäre, vnd dise mein Vrfechd, vnnd Geschwornen Aid, in ainem, oder mer Puncten ... nit halten, vnd darüber begriffen wurde, So soll vnd mag zuo mir Gericht werden, als zuo ainem ... Eerlosen, vnnd Mainaidigen Mann, der Ehr vnnd Aid verbrochen, das Leben verwürckt, vnd den Todt verschuldt hat", so auch VIII. Art. 53 der Landesordnung von 1532.

3904 Für den Fall, daß sich ein Delinquent weigerte, die „Urphed abzuschwören", hatte das Gericht nach der „über des allhiesigen Stadt- und Landgerichts-Anfrage" ergangenen „Verbescheidung" vom 7. August 1705, BRATSCH (wie Anm. 388), S. 143, diesen „zu Abschwörung der Urphed nochmalen anzuhalten, und bey dessen Renitenz selben mit Reichung Wasser und Brods durch drey Täg darzu zu compelliren, und sodann wiederum vor sich zu beruffen, und zu Schwörung der Urphed zu ermahnen, in Casu abermaliger Renitentiae aber ihm zu bedeuten, daß das Urphed, als ob er es würcklich geschworen, ... gehalten, und da er allhier wiederumen betretten wurde, wider ihne, als einen meineidigen Urpheds-Brecher Land-Gerichts-mässig verfahren werden solle", so auch die Hofresolution vom 16. August 1713, ebd.

3905 Die Ferdinandea bestimmte in II. Art. 92 § 2: „So aber einer ein Urphed mit Sachen, darumb er das Leben nicht verwürckt hat, fürsätzlich, vnd fräventlich bräche, der solle erstens als ain Mainaydiger mit einem gantzen Schilling, zu andertenmahl mit abhawung der Handt, oder Finger, mit welchen er geschworen, drittens, mit dem Schwerdt vom Leben zum Todt gericht werden"; ebenso III. Art. 32 § 2 der Leopoldina. Die Tiroler Landesordnung setzte als Strafe der Urfehdebrecher eine arbiträre Strafe „nach gelegenhait jrer verhanndlung, vnnd Inhalt jrer gegebnen Vrfechd" fest (VIII. Art. 61).

3906 Patent für Österreich unter der Enns vom 7. Jänner 1716, CA III, S. 814.

nicht allein nicht ausser Land sich begeben, oder das Land-Gericht meiden, sondern über kurtze Zeit in dem Land oder Land-Gericht [sich] wiederum eingefunden" hatten, dort betreten wurden und „sodann abermahlen nur mit der Ruthe, und nochmahlige Urpheds-Abschwörung, und also mit keiner schärfferen Strafe als das erstemal relegiret worden" waren. Von der Strafdrohung der Landgerichtsordnungen scheine man „aber darum abgewichen zu seyn ..., weilen durch Abhauung der Hand oder Finger, die Delinquenten zur Arbeit ohnfähig gemacht werden, wogegen es doch die Erfahrenheit giebt, daß nur solche Ausgepeitschte und Urphed-Brecher zurück kommen, die in schlimmen Diebs- und ... Huren-Leben vertieft, auf keine Arbeit mehr gedenken". Andererseits sei es aber aufgrund dieser Praxis dazu gekommen, daß „derley verstockte Delinquenten, weder die Ausstreichung, noch die Eydbrechung mehr zu achten scheinen". Karl VI. ordnete daher an, männliche Delinquenten nicht zu einer Verstümmelungsstrafe, sondern zur Galeere[3907] zu verurteilen, und zwar für so lange Zeit, „welche nach Beschaffenheit des von dem Urphed-Brecher begangenen Lasters zu bestimmen" sei. Kurz darauf wurde im Zusammenhang mit der Einführung der Galeerenstrafe für taugliche Männer anstelle der Fustigation[3908] bei erstmaligem Urfehdebruch die Strafe der Urfehdebrecher dahingehend verändert, „daß wann ein Manns-Bild des Land-Gerichts oder gantzen Lands ohne weiterer Straf-Verhängnis verwiesen worden, und er Urphedbrüchig das Land- oder Land-Gericht wiederum betreten" hatte, „ein solcher auf eine gemessene Zeit ad opus publicum, oder gar auf ein Gräntz-Haus, mit ewiger Land-Gerichts- oder Landes-Verweisung verschaft" werden solle[3909]. Hinsichtlich der „im Land gebohren, oder von Jugend allda erzogen, oder doch 10. Jahr lang im Land sich aufhaltende[n]"[3910] – also als Inländer zu qualifizierenden – „Weibs- und zu der Ruderbanck ohnfähigen Manns-Personen", wurde die Strafe für erstmaligen Urfehdebruch 1726 derart umgestaltet, „daß wann eine ... relegirende Weibs-Person, oder ein ... mit Leibs-Gebrechen behafte, oder sonst zur Schanz-Arbeit in denen Gränitz-Häusern untaugliche Manns-Persohn das Land oder Land-Gericht ohne weiterem Verbrechen zum erstenmal Urphed-brüchig betretten wurde, dieselbe ... an statt des verdienten offentlichen Schillings auf eine gemessene Zeit bey dem Land-Gericht, oder bey einer Manufacturs-Arbeit angehalten" werden solle. Bei erneuter Rückkehr waren derartige Personen „nochmalen in ein Zucht- oder Arbeit-Haus" zu schaffen, nun allerdings „entweders mit Verlängerung der Zeit, Vermehrung der Arbeit, schmälerer Atzung, oder jezuweilen vornehmender Züchtigung auf einer vor dem Zucht- oder Arbeithaus stehenden Bühn nach

[3907] Vgl. zur Durchführung der Galeerenstrafe in Österreich MAASBURG (wie Anm. 369), S. 8 ff.; allgemein etwa Paul FRAUENSTÄDT, Zur Geschichte der Galeerenstrafe in Deutschland, in: Zeitschrift für die gesamte Staatsrechtswissenschaft XVI (1896), S. 518–546; Hans SCHLOSSER, Die Strafe der Galeere als poena arbitraria in der mediterranen Strafpraxis, in: Zeitschrift für Neuere Rechtsgeschichte X (1988), S. 19–37.

[3908] Vgl. S. 69 f., Anm. 388.

[3909] Hofresolution vom 11. Februar 1716, CA III, S. 816, BRATSCH (wie Anm. 388), S. 235 f.; auch die Verordnung vom 15. Februar 1716, Novellae Carolinae ad Leopoldinam Poenalem (wie Anm. 388), S. 142 ff.; siehe auch die Hofresolution vom 1. September 1721, Novellae Carolinae ad Leopoldinam Poenalem (wie Anm. 388), S. 159 ff., auch BRATSCH (wie Anm. 388), S. 236.

[3910] Vgl. S. 80, Anm. 389.

vernünftigen Ermessen des Richters". Auch bei dieser Personengruppe zog der dritte Urfehdebruch die Schwertstrafe nach sich.

2. Constitutio Criminalis Theresiana 1768

Auch nach der Constitutio Criminalis Theresiana war die unerlaubte Rückkehr gleichzusetzen mit einem Urfehdebruch, da auch diese Halsgerichtsordnung die „Urphedabnehmung" in den Fällen der Verweisung für „allzeit nothwendig" erklärte. Im Zusammenhang mit der Ausweisung stellte die Urfehde, wie es die Theresiana formulierte, eine „gerichtliche Angelobung" dar, wodurch derjenige, welcher zur Halsgerichts- oder Landesverweisung verurteilt wurde, unter Strafe „sich verbindet", daß er „in das verwiesene Gebiet nicht zurückkehren ... wolle, und solle"[3911]. Wiewohl die Theresiana also die „Urphedabnehmung" verpflichtend vorschrieb, ging sie allerdings von der Bekräftigung der Urfehde durch einen „leiblichen Eyd" ab. Es sei zwar bisher üblich gewesen, „daß leichtfertige Leute, welche die Urphed ein- auch zweimal gebrochen, ungeachtet ihres vorherigen Meineydes zum zweyt- und drittenmal zur neuen Urphedschwörung verhalten worden" waren, hinkünftig werde aber durch diese Maßnahme „solche bey verbosten Gemüthern gewöhnlich Eydbrech- und andurch erfolgend-freventliche Verunehrung des göttlichen Namens" bei gleichbleibender Bestrafung des Urfehdebruchs vermieden.

Die Strafe des vorsätzlichen Urfehdebruches[3912] war einerseits davon abhängig, ob der Täter außer der Rückkehr in das Verweisungsgebiet sich noch eines anderen Delikts schuldig gemacht hatte[3913], andererseits wurde im Fall der „bloßen" unerlaubten Rückkehr unterschieden, ob Erstdelinquenz oder eine Wiederholungstat vorlag. Hatte der Revertent lediglich die Straftat des Urfehdebruchs zu verantworten, so wurde die Leibesstrafe, zu der er verurteilt worden war, verdoppelt und „nebst deme derjenige Zeitraum, so an der vorherigen Straffe noch abgängig, Vermehrungsweis darzu" gerechnet. Im Falle der Verweisung ohne Verurteilung zu einer Leibesstrafe war der Revertent wegen einer erstmaligen Rückkehr zu zwei Jahren öffentlicher „Vestungs-Zuchthaus-Herrschafts- oder anderen dergleichen Arbeit" zu verurteilen[3914]. Ein zweiter bloßer Urfehdebruch führte zur Verdoppelung der Strafe für das Erstdelikt, „anbey diejenige Zeit, so dan der ersten Urphedbrechungsstraffe etwann ermanglet, noch darzu gesetzet

---

3911 Art. 46 § 1 CCT: „Die Urphed ist eine gerichtliche Angelobung, wodurch derjenige, welcher nach abgeführt-peinlichen Proceß losgesprochen, oder zu einer Leibsstraffe, oder zur Halsgerichts- oder Landesverweisung verurtheilet, oder auch im Weg der Gnaden mit einer [ge]ringeren Straffe beleget worden, unter denen ... ausgesetzten Straffen sich verbindet; entweder 1mò. Allein, daß er wegen der vorgenommenen Inquisition, und verhängten Straffe gegen Niemanden sich rächen; oder 2dò. Allein, daß er in das verwiesene Gebiet nicht zuruckkehren, oder aus dem angewisenen Aufenthaltsort nicht austretten; oder 3tiò Daß er zugleich beeden Verbindungen unverbrüchig nachleben wolle, und solle."

3912 Art. 60 CCT.

3913 Diesfalls war die Strafe nach den Grundsätzen der Verbrechenskonkurrenz, Art. 14 CCT, zu ermitteln.

3914 Art. 60 § 3 (1) CCT.

werden solle, wenn nur solche Straffzeit sich nicht über 10. Jahre erstrecket"[3915]. Die Revertenten sollten vor ihrer Entlassung erneut mit der Urfehde belegt und „zu Vermeidung aller Ausflüchten (wo es den Umständen tunlich ist) allzeit aus den Gränzen des verwiesenen Ort wirklich ab[geschoben]" werden. Eine dritte Reversion bzw. dreimaligen Urfehdebruch bedrohte auch die Theresiana mit dem Tod durch das Schwert.

Als „beschwerenden" Umstand für die Bestrafung der unerlaubten Rückkehr wertete das Strafgesetz nicht nur die Begehung neuer Delikte durch den Revertenten, sondern auch wenn „der Verwiesene mit einer sonderlichen Bosheit, oder gewaltthätiger Weise mit Widersetzung gegen Abhaltende" bzw. „verbannte Uebelthäter rottweis mit gewaffneter Hand in das verwiesene Land eindringeten". Als strafmildernd wurde es allerdings angesehen, wenn jemand wegen „Feindes- oder Pestgefahr durchzureisen, oder sich derentwegen einstweilig in das ihme verbotene Land geflüchtet hätte", die Urfehde „mehr aus Einfalt, und Unverstand" des Revertenten, als „einer wahren Gefährde" gebrochen worden war, die Rückkehr aus „erweislicher Hungernoth sich, und die Seinige zu ernähren" erfolgt war oder der Revertent von den „benachbarten Obrigkeiten wider Willen zuruckgetrieben" worden wäre.

3. Allgemeines Gesetzbuch über Verbrechen und derselben Bestrafung 1787

Das Josephinische Strafgesetz ordnete die verbotene Reversion unter die „politischen Verbrechen" ein, und zwar unabhängig davon, ob die unerlaubte Rückkehr eine sämtlicher Erbländer oder nur eines Ortes verwiesene Person betraf. Gemäß II. § 79 des Strafgesetzes machte sich daher zum einen derjenige dieses politischen Verbrechens schuldig, der, wenn gegen ihn die Verweisung aus einem bestimmten Orte von der Obrigkeit verhängt worden war, während des noch dauernden Verbots in diesen Ort zurückkehrte, selbst „wenn auch sonst seinem Betragen nichts zur Last gelegt werden" konnte. Als Strafe für diese Reversion ordnete das Josephinische Strafgesetz in II. § 80 zeitliches Gefängnis oder Züchtigung mit Streichen an. Dem Schuldigen war außerdem bei seiner Entlassung zu bedeuten, daß die Strafe bei jeder Rückkehr verdoppelt werden würde. Das Delikt der verbotenen Rückkehr wurde gemäß II. § 81 auch dadurch begangen, daß jemand, der aus „sämmtlichen Ländern der österreichischen Staaten" abgeschafft worden war, „unter was immer Vorwande" zurückkehrte, „ohne vorläufig die Nachsicht dieser Abschaffung bewirket zu haben". Allein die bloße Wiederkehr war als politisches Verbrechen anzusehen, „wenn gleich des Revertenten Betragen seit seiner Rückkehr ordentlich und ohne Ausstellung gewesen" war. Als Strafe war gemäß II. § 82 die Züchtigung mit Streichen, deren Anzahl bei jeder wiederholten Rückkehr zu verdoppeln war, vorgeschrieben. Zugleich war der Schuldige „wieder aus den hiesigen Ländern abzuschicken".

Da die „Zurückkehrung eines Abgeschafften, ohne vorläufig bewirkter Nachsicht" vom Josephinischen Strafgesetz unter die politischen Verbrechen eingereiht worden

---

[3915] Für den Fall, daß die Strafe für den erstmaligen Urfehdebruch in einer Auspeitschung bzw. im Staupenschlag bestand, bestimmte die Theresiana, daß bei erneuter verbotener Rückkehr anstelle der Strafverdoppelung stets die Auspeitschung bzw. der Staupenschlag „mit einem ganzen Schilling", also 30 Streichen, zu wiederholen sei.

war, schärfte das Hofdekret vom 8. Mai 1787 ausdrücklich ein, daß sich der Kriminalrichter bezüglich der Bestrafung von Revertenten „künftig nicht mehr einmengen" dürfe, „wenn wirklich die Abschaffung durch ein nach den vorigen Kriminalgesezen giltiges Kriminalurtheil verhänget worden" war, sondern daß dies vielmehr in die ausschließliche Kompetenz der politischen Obrigkeit zu fallen habe, „es wäre denn die Zurückkehrung zugleich mit der Begehung eines Kriminalverbrechens vereint, in welchem Falle sich, so wie in allen Fällen, zu benehmen ist, wo zugleich Kriminal, und politische Verbrechen bei dem nämlichen Inquisiten zusammentreffen"[3916]. Diesfalls, wenn nämlich „der Thäter nebst dem politischen Verbrechen sich zugleich eines Kriminalverbrechens schuldig gemacht" hatte, war nach dem Josephinischen Strafgesetz „derselbe sogleich dem Kriminalrichter zu übergeben". Die Strafe sollte nach dem Kriminalverbrechen ausgemessen werden, „und nur bei Verschärfung derselben" war „auf das politische Verbrechen der Bedacht zu nehmen"[3917].

4. Westgalizisches Strafgesetzbuch 1796

Auch das Westgalizische Strafgesetzbuch unterschied die unerlaubte Rückkehr eines Landesverwiesenen von der Reversion eines aus einem bestimmten Ort Verwiesenen. Während die unerlaubte Rückkehr eines Landesverwiesenen von dem Josephinischen Strafgesetz nur als „politisches Verbrechen" qualifiziert worden war, wurde sie im Westgalizischen Strafgesetzbuch nun zu einem „förmlichen" Verbrechen[3918], zu einem Kriminalverbrechen. „Wenn jemand", so das Westgalizische Strafgesetzbuch in I. § 70, „der aus den Ländern, worauf sich dieses Gesetzbuch erstreckt, verwiesen ist, in eines dieser Länder, unter was immer für einem Vorwande, zurückkehrt; so ist diese Rückkehr ein Criminal-Verbrechen." Ein derartiger Verbrecher war auf der Schandbühne[3919] auszustellen und mit hartem Kerker[3920] zwischen drei Monaten und einem

---

3916 Hofdekret vom 2. Mai 1788 an das n.ö. und v.ö. Appellationsgericht über Einvernehmen zwischen den vereinten Hofstellen und der obersten Justizstelle, JGS. Nr. 822.

3917 II. § 7 JStG. Auch die Instruktion vom 5. März 1787 für die politischen Behörden über die Anstrengung einer Inquisizion, Aburtheilung, und Strafvollziehung wider einen eines politischen Verbrechens Beschuldigten, JGS Nr. 640, bestimmte in § 6, daß, sobald „bey der Untersuchung gegen den Beschuldigten Anzeigen eines Criminal-Verbrechens hervorkommen, ... die Untersuchung ob des politischen Verbrechens sogleich abzubrechen, der Schuldige an den Criminalrichter abzuliefern" sei, und „demselben alle bis dahin aufgenommenen Untersuchungsacten ... übergeben" werden sollten.

3918 So BARTH-BARTENHEIM (wie Anm. 588) I, S. 17.

3919 Nach I. § 32 WGStGB geschah die Ausstellung auf der Schandbühne so, „daß der Verurtheilte mit schweren Eisen an Händen und Füßen geschlossen, zwischen der Wache, an einem zur Zusammenkunft des Volkes geräumigen Orte, auf einem erhöhten Gerüste, durch drey auf einander folgende Tage, alle Mahl eine Stunde lang der öffentlichen Schau ausgestellt, und sein Verbrechen sowohl, als die ihm zuerkannte Strafe auf einer ihm vor der Brust hängenden Tafel kurz und wohl sichtbar angedeutet werde".

3920 Bei hartem Kerker wurde der Verurteilte mit – im Unterschied zur „schwersten" Kerkerstrafe – „minder schwerem Eisen an den Füßen angehalten, täglich mit einer warmen Speise, doch ohne Fleisch genährt" (I. § 25 WGStGB), sein Lager wurde wie beim schwersten Ker-

Jahr zu bestrafen. War er schon einmal bestraft worden, so sollte die Strafe verschärft[3921] oder die Verschärfung verdoppelt werden (§ 71). Problematisch erschien bei dieser Norm die Festlegung des territorialen Umfangs der Landesverweisung und damit die Frage, wodurch die Tathandlung der Rückkehr nach dem Westgalizischen Gesetzbuch vollbracht wurde. Da nach dem Kundmachungspatent das Gesetz nur für Westgalizien Geltung beanspruchte, konnte folglich die Einreise eines nach dem Westgalizischen Strafgesetz Landesverwiesenen z.B. nach Böhmen nicht den Tatbestand der verbotenen Rückkehr erfüllen.

Die Rückkehr eines nur aus einem bestimmten Ort Verwiesenen stellte nach dem Westgalizischen Strafgesetzbuch nur ein „Civil-Verbrechen“[3922] dar, das vom Strafgericht mit „gelinderem“ Kerker[3923] von einem Monat bis zu einem Jahr zu ahnden war. Erst bei „wiederholter Betretung“ war die Strafe zu verschärfen.

5. Strafgesetz über Verbrechen und schwere Polizeiübertretungen 1803

Das Strafgesetzbuch 1803 unterschied, die Systematik des Westgalizischen Strafgesetzes in diesem Bereich fortführend, bei der Rückkehr einer Person in das Gebiet, in dem ihr der Aufenthalt untersagt wurde, zwischen dem Verbrechen (§§ 83 und 84) und der schweren Polizeiübertretung (§§ 81 und 82) der Rückkehr. Tathandlung war in beiden Fällen das bloße Sichwiedereinfinden in dem Gebiet, in dem durch die Landesverweisung bzw. Abschaffung dem Ausgewiesenen der Aufenthalt verboten war, ohne daß es dazu irgendeiner zusätzlichen straf- oder polizeirechtlich relevanten Handlung bedurft hätte[3924].

A. Das Verbrechen der unerlaubten Rückkehr (Reversion)

Das Verbrechen der Rückkehr beging derjenige, der aus den Ländern, worauf sich dieses Gesetz erstreckte, eines Verbrechens wegen verwiesen worden war, und „unter was für immer einem Vorwande“ in eines dieser Länder zurückkehrte[3925]. Um dieses

---

ker „auf bloße Bretter eingeschränkt“, und es wurde ihm „mit niemanden eine Zusammenkunft oder Unterredung gestattet“ (I. § 26 WGStGB).

3921 Die harte sowie die gelindere Kerkerstrafe konnte durch Fasten „dergestalt verschärfet werden, daß der Sträfling an einigen Tagen nur bei Wasser und Brot gehalten“ wurde. Allerdings sollte dies „wöchentlich nicht über vier Tage sich erstrecken“ (I. § 34 WGStGB).

3922 Vgl. dazu Anm. 544.

3923 Bei gelinderem Kerker war gemäß I. § 27 WGStGB der Sträfling „ohne Fußeisen, jedoch sicher verwahrt“, und etwas besser als der zu hartem Kerker Verurteilte zu verpflegen. Es wurde „ihm aber kein anderes Getränk als Wasser zugelassen, und ohne Gegenwart des Gefangenwärters keine Zusammenkunft, so wie auch keine Unterredung in einer demselben unverständlichen Sprache gestattet“.

3924 Während das Josephinische Strafgesetz dies noch expressis verbis angeordnet hatte, wurde es im Strafgesetzbuch 1803 konkludent vorausgesetzt.

3925 Wer also nur wegen einer schweren Polizeiübertretung ausgewiesen war, konnte nicht das Verbrechen, wohl aber die schwere Polizeiübertretung der Rückkehr gemäß II. §§ 81 und 82 StGB begehen.

Verbrechen zu begehen, mußte der Revertent nicht nur zur Zeit der Verurteilung ein Ausländer sein, sondern auch zum Zeitpunkt der unerlaubten Rückkehr. Wenn also der Verwiesene durch Verleihung der Staatsbürgerschaft – nicht allerdings durch Erschleichung derselben – oder durch Inkorporierung des Gebietes, in dem er heimatzuständig war, in den österreichischen Kaiserstaat aufhörte, ein Ausländer zu sein, erloschen auch die Folgen der Landesverweisung. Passy[3926] setzte hier beispielsweise den Fall, „ein in dem Inn- oder Salzburger-Kreise gebürthiges und dort ansässiges Individuum wäre zur Zeit, als diese Landestheile unter kgl. baierischer Landeshoheit standen, von einer österreichischen Gerichtsbehörde eines Verbrechens wegen des Landes verwiesen worden, und es käme jetzt, nachdem diese Kreise wieder Bestandtheile der österreichischen Monarchie geworden sind, die Frage zur Sprache, ob dasselbe unbeanständet in alle übrigen Provinzen sich begeben dürfe".

Ob durch Verehelichung einer des Landes verwiesenen Ausländerin mit einem österreichischen Untertanen die Rechtsfolgen der Landesverweisung und damit die Strafbarkeit einer Rückkehr auf österreichisches Staatsgebiet entfielen, war allerdings nicht unumstritten. Zweifelsfrei erwarb eine Ausländerin gemäß allerhöchster Entschließung vom 26. Jänner 1833 und Hofkanzleidekret vom 23. Februar des selben Jahres[3927] durch gültige Eheschließung ex lege die österreichische Staatsbürgerschaft und war aufgrund § 92 ABGB verpflichtet, dem Ehemann in den (österreichischen) Wohnsitz zu folgen. Für Passy[3928] bereitete die Beurteilung dieser Frage nichtsdestoweniger jedoch „manche Schwierigkeiten". Er erblickte in der unbedingten Untersagung des Aufenthaltes durch die Landesverweisung „ein Verbot sich mit einem österreichischen Untertanen zu verehelichen", wenn die Eheschließung mit der Absicht, in Österreich zu domizilieren, verbunden war. Wiewohl eine trotzdem geschlossene Ehe nicht der Rechtsgültigkeit entbehre, sei damit noch nicht das Recht verknüpft, aus der Verweisung zurückzukehren. In der Landesverweisung liege vielmehr „eine Beschränkung sowohl in der Erwerbung der Staatsbürgerschaft als in der Ausübung der Rechte des Ehegatten". Nach Ansicht Passys dürfe nämlich einerseits „die Staatsbürgerschaft von einer solchen Person, die von dem Eintritte in das Staatsgebiet unbedingt ausgeschlossen ist, gar nicht erlangt werden können, weil gerade ein Verbot entgegensteht, welches die erste Bedingung zur Erwerbung der Staatsbürgerschaft, nämlich die Ansässigkeit im Inlande aufhebt", andererseits dürfe der Ehemann das ihm durch § 92 ABGB eingeräumte Recht auf Wohnsitzfolge der Ehefrau nicht ausüben, weil diesem eine gesetzliche Beschränkung in Form der gegen die Frau verhängten Landesverweisung entgegenstehe[3929]. Passy verlangte daher, daß der Gesetzgeber diese Problematik, die „besonders

---

3926 PASSY (wie Anm. 559), S. 99.

3927 Hofkanzleidekret vom 23. Februar 1833 an sämtliche Länderstellen, PGS LXI (1833), Nr. 20.

3928 PASSY (wie Anm. 559), S. 128 ff.

3929 Die gegenteilige Ansicht berge nach PASSY (wie Anm. 559), S. 129 f., die Gefahr für die öffentliche Sicherheit, daß landesverwiesene Verbrecherinnen durch eine Eheschließung mit Inländern die gegen sie verhängte Landesverweisung umgehen könnten. Dies sei umso „bedenklicher, als besonders gerade dadurch jenen Verbrecherinnen, welche Bekanntschaften und Verbindungen mit inländischen Übelthätern haben, Mittel und Wege an die Hand gegeben wären, ungestraft zurückkehren zu dürfen". Die ausländischen Staaten wiederum würan Gränzpuncten, keine bloße Geburt einer haarspaltenden Casuistik" sei, einer „hohen Entscheidung würdige".

Die Tathandlung der verbotenen Rückkehr bestand in dem (bloßen) Betreten eines der Länder, für welche das Strafgesetz verbindliche Kraft hatte, also in einem „Überschreiten der Landesgränze der betroffenen Provinzen und dem physischen Betreten des verbotenen Gebiets"[3930] oder noch präziser formuliert in einem „Zurückgekehrtsein"[3931] in eines der Länder des Geltungsgebietes des Strafgesetzes. Folglich konnte das Verbrechen der unerlaubten Rückkehr nach dem Strafgesetz von 1803 nicht dadurch begangen werden, daß ein Landesverwiesener nach Ungarn oder eines seiner Nebenländer einreiste. Erörtert wurde allerdings die Frage, ob es nach dem Strafgesetz einen strafbaren Versuch dieses Verbrechens geben könne, da der Ausdruck „Rückkehr" nach dem allgemeinen Sprachgebrauch, so Tomaschek[3932], „nicht ohne Zweydeutigkeit" sei und man darunter „eben sowohl den Inbegriff jener Ortsveränderungen, welche vorgenommen werden, um an einen als Ziel gesetzten Ort zu gelangen, als auch den Erfolg dieser Bestrebungen" verstehen könne[3933]. Passy[3934] führte dazu aus, daß ein Verwiesener, solange er „das k.k. Gebiet nicht betritt und sich im Auslande aufhält, mag er seinen Wohnort auch der Gränze noch so nahe aufgeschlagen haben", selbst wenn er mit diesem Aufenthalt „immerhin die Absicht verbindet, in die k.k. Staaten zurückzukehren", für dieses „bloß innere Vorhaben" nicht verantwortlich erscheinen könne. „Würde er aber noch weiter gehen, und die Gränze selbst zu überschreiten trachten, oder diese Absicht durch Handlungen an den Tag legen, z.B. durch Herübersenden seiner Habseligkeiten, so hat er entweder die Gränze wirklich überschritten, oder nicht". Im ersten Fall wäre das Verbrechen vollbracht, im zweiten Fall läge, wenn er die Grenze nicht überschritten hatte, eine im Ausland verübte Tat vor. Da Ausländer aber nur wegen bestimmter im Ausland begangener Verbrechen nach inländischem Recht bestraft werden konnten[3935] und ein Auslieferungsbegehren, so Tomaschek[3936], „ganz umsonst

---

den solchen Ehen „umso weniger ein Hinderniß in den Weg legen, als man gewiß gerne sich der gefährlichen Staatsbürgerin zu entledigen suchen wird".

3930 Wenngleich ein k.k. Schiff „durch eine Rechtsfiktion als österreichisches Gebiet" angesehen wurde, so konnte durch das Betreten eines derartigen Schiffes nicht das Verbrechen der Reversion gesetzt werden, vgl. PASSY (wie Anm. 559), S. 119.

3931 Eduard TOMASCHEK, Über die Bedeutung des in dem §. 83 des I. und in dem §. 81 des II. Theils des St.G.B. vorkommenden Ausdruckes: Rückkehr, in: Zeitschrift für österreichische Rechtsgelehrsamkeit und politische Gesetzkunde, Jg. 1936/II, S. 378.

3932 Ebd., S. 373.

3933 TOMASCHEK brachte als Beispiel die beiden Aussagen: „ich wurde auf meiner Rückkehr nach Wien in Prag von einem heftigen Fieber befallen" und „Die Rückkehr des A wurde als ein großes Fest gefeiert", ebd., S. 378.

3934 So PASSY (wie Anm. 559), S. 120, in klarer Anlehnung an Tomaschek; vgl. auch J. A. MENZEL, Bey welchen Verbrechen ist nach unserem Strafgesetzbuche ein crimineller Versuch überhaupt nicht denkbar, und welches Resultat ergibt sich hieraus bezüglich jedes einzelnen Verbrechens?, in: Ignaz Wildner (Hrsg.), Der Jurist, eine Zeitschrift vorzüglich für die Praxis des gesamten österr. Rechtes III (1840), S. 106 f.

3935 Nach I. § 32 StGB wurden Ausländer wegen im Ausland begangener Verbrechen im Inland bestraft („so ist derselbe gleich einem Eingebornen nach diesem Gesetze zu behandeln"),

seyn dürfte", konnte nur mehr die Bestimmung des I. § 34 für eine Bestrafung in Frage kommen, welche regelte, daß ein Ausländer nur dann nach österreichischen Gesetzen bestraft werden dürfe, wenn die Behandlung nach dem Strafgesetz des Ortes, wo er die Tat begangen hatte, nicht gelinder ausfiele. Da nun nach Tomaschek immer die Gesetze des Ortes, wo sich der Verwiesene „zur Rückkehr angeschickt hat, indem sie gegen ihn deßhalb gar keine Strafe verhängen, gelinder seyn" würden als die österreichischen Strafgesetze, mußte folglich die versuchte Rückkehr straflos bleiben.

Weiters mußte, damit das Verbrechen der verbotenen Rückkehr überhaupt begangen werden konnte, der Revertent „verwiesen", also das die Landesverweisung aussprechende Urteil rechtskräftig und nach den gesetzlichen Bestimmungen vollzogen worden sein[3937]. Voraussetzung war also zum einen, daß das Urteil von der kompetenten Behörde gefällt worden war und daß dem Verurteilten kein Rechtsmittel mehr offenstand sowie keine Vorlage des Gerichtes an eine höhere Behörde mehr erforderlich war. Zum anderen mußte das Strafurteil gehörig kundgemacht, die darin verhängte Kerkerstrafe entweder verbüßt oder nachgesehen worden sein sowie die Landesverweisung durch die „Außerlandesbringung" des Verurteilten vollstreckt worden sein.

Bezüglich der Kundmachung des Urteils schrieb I. § 453 explizit vor, daß der Verurteilte nachweislich darüber aufzuklären war, daß er sich schon durch die bloße Rückkehr in eines der Erbländer, auf das sich die Geltung des Strafgesetzes erstreckte, eines Verbrechens schuldig machen würde und welche Strafe dafür angedroht sei. Über diesen Akt der Kundmachung war ein Protokoll aufzunehmen und dem Akt beizulegen[3938]. Problematisch war die Rechtslage jedoch, wenn eine derartige Warnung unterblieb oder nicht nachweisbar war[3939]. Nach Passy[3940] wurde das Verbrechen der Rückkehr dann nicht begangen, wenn die in I. § 453 vorgeschriebene Erklärung unterblieben war, da die Rechtswirkungen des Urteils erst mit dessen gesetzmäßiger Kundmachung begannen. Die Warnung des Verurteilten sei aber eine „wesentliche und unerläßliche Bedingung der Urteils-Publication", was im Falle der Landesverweisung bedeutete, daß bei Fehlen dieser Warnung auch keine gehörige Kundmachung vorlag. Die Bestimmung des I. § 453 sei nicht „eine zur Erreichung des Strafzweckes im Interesse des Staates gebotene Maßregel, sondern vielmehr eine aus dem humanen Geiste unserer Legislation entsprungene Vorschrift", die dem Schutz des Verwiesenen diene, „da das Unrecht der verbotenen Rückkehr dem schlichten Verstande des gemeinen Mannes minder einleuchtend sein dürfte"[3941]. In der Warnung vor den Rechtsfolgen einer Rückkehr gemäß I. § 453 wurde auch der Zweck erblickt, den Revertenten, bei dem als Ausländer die

---

wenn das Delikt auf die Verfassung, auf die „öffentlichen Creditspapiere" oder auf das Münzwesen des Staates Einfluß hatte.

3936 TOMASCHEK (wie Anm. 3931), S. 375.

3937 Vgl. dazu ausführlich PASSY (wie Anm. 559), S. 101 ff.

3938 Verordnung des Inner-Österreichischen Appellationsgerichtes vom 6. Mai 1805, vgl. JENULL (wie Anm. 551) II, S. 146.

3939 Etwa durch Verstoß des Protokolls; vgl. dazu Theodor FRÜHWALD, Rechtsfall über das Verbrechen der Rückkehr eines Verwiesenen, in: Ignaz Wildner (Hrsg.), Der Jurist, eine Zeitschrift vorzüglich für die Praxis des gesamten österr. Rechtes XII (1844), S. 101–111.

3940 PASSY (wie Anm. 559), S. 108 ff.

3941 Vgl. dazu ausführlich ebd., S. 110 f.

Kenntnis der österreichischen Gesetze nicht vorauszusetzen sei, an der Behauptung eines den tatbestandmäßig erforderlichen Vorsatz ausschließenden Irrtums zu hindern[3942]. Die Praxis scheint jedenfalls vom Ergebnis her dieser Betrachtungsweise gefolgt zu sein[3943]. Frühwald[3944] hingegen sieht in der vorgeschriebenen Aufklärung des Verurteilten kein notwendiges Tatbestandsmerkmal, da I. § 453 eine rein prozessuale Vorschrift darstelle und I. § 83 „eine erschöpfende Aufzählung der Merkmahle des Verbrechens enthalte"[3945]. Außerdem unterliege auch der Ausländer der in I. § 3 festgelegten Grundregel, daß niemand sich mit der Unwissenheit des Gesetzes entschuldigen könne[3946]. Bezüglich der Geltendmachung eines den Vorsatz ausschließenden Irrtums meinte Frühwald, daß ein solcher Irrtum, der gemäß I. § 2 lit. f „ein Verbrechen in der Handlung nicht erkennen ließ", das Wissen um die objektive gesetzliche Strafbarkeit einer gewissen Handlungsweise nachgerade voraussetze und nur darin bestehen könne, daß der diesen Irrtum Behauptende „aber in seiner eigenen Handlung die Merkmahle dieser Strafbarkeit nicht erkenne"[3947]. Das Gesetz anerkenne nur einen Irrtum in der Tathandlung, nicht aber die Entschuldigung, „daß man aus Unwissenheit des Gesetzes in seiner Handlung ein Verbrechen nicht erkannt habe"[3948]. Folglich könne sich ein aus der Ausweisung zurückkehrender Ausländer nicht auf Irrtum berufen. Der Zweck bzw. die Wirkung der Erklärung nach I. § 453 lag nach Frühwald[3949] ausschließlich in einer besonderen und eindringlichen Warnung vor den Folgen einer durch keinen gültigen Grund gerechtfertigten Rückkehr. Diese Regelung zeige, „wie sehr sich die humane

---

3942 Wie FRÜHWALD (wie Anm. 3939), S. 103 f., ausführte, war zum Verbrechen der Rückkehr „eine äußerliche böse Handlung und böser Vorsatz" erforderlich, „welcher letztere ... darin besteht, daß der Verwiesene trotz des ihm bekannten Verbothes der Rückkehr, und trotz der Kenntniß der ihn erwartenden Strafe, doch die österreichische Grenze überschreitet, und dadurch den öffentlichen Anordnungen gleichsam Hohn spricht". Nach I. § 2 lit. f StGB fiele die Zurechnung des bösen Vorsatzes weg, wenn ein solcher Irrtum unterlief, „der ein Verbrechen in der Handlung nicht erkennen ließ". Bei Anwendung dieser Bestimmung auf den Landesverwiesenen ergäbe sich, daß „er ohne die an ihn nach Vorschrift des Gesetzes ausdrücklich geschehene Erklärung über die Folgen seiner Rückkehr in die österreichischen Staaten, diesen gesetzlichen Entschuldigungsgrund für sich in vollem Maße ansprechen könnte".

3943 Vgl. PASSY (wie Anm. 559), S. 111 Anm. 1.

3944 FRÜHWALD (wie Anm. 3939), S. 110, 105 ff.; vgl. zur Argumentation auch PASSY (wie Anm. 559), S. 112 ff.

3945 Tatsächlich wurde in I. § 83 StGB auch nicht einmal auf I. § 453 StGB verwiesen. PASSY (wie Anm. 559), S. 113, wendete hier allerdings ein, daß zwar der Begriff des Verbrechens der verbotenen Rückkehr aus § 83 zu entnehmen sei, nicht aber wann „man sagen könne, jemand sei eines Verbreches wegen *verwiesen*". Diese Begriffsbestimmung müsse eben aus I. §§ 17, 22 und 453 StGB entnommen werden.

3946 Nach PASSY (wie Anm. 559), S. 114, scheine der Gesetzgeber die Bestimmung des I. § 453 StGB gerade deshalb erlassen zu haben, um „diesen Rechtsgrundsatz ohne irgendeine Beschränkung allgemein aufrecht halten zu können".

3947 Vgl. dazu näher FRÜHWALD (wie Anm. 3939), S. 107 f.

3948 Dies beweise auch die Vorschrift, daß Ausländer sogar wegen bestimmter im Ausland begangener Taten (I. § 32 StGB, vgl. Anm. 3935) bestraft werden konnten, was der Ausländer freilich auch ohne Kenntnis der österreichischen Gesetze nicht wissen könne.

3949 FRÜHWALD (wie Anm. 3939), S. 109.

und wahrhaft väterliche Vorsorge des Gesetzgebers auch noch auf solche Individuen erstreckt, die er wegen ihrer Gefährlichkeit nicht in seinen Staaten dulden kann".

Was die Voraussetzung des Vollzugs der Landesverweisung anbelangt, so mußte der zur Landesverweisung Verurteilte nach Abbüßung (oder Nachsicht) seiner Strafe auch tatsächlich das Staatsgebiet verlassen haben. Entzog sich also jemand der Außerlandesbringung durch Flucht und verblieb auf österreichischem Staatsgebiet, so war das Verbrechen der Rückkehr nicht begangen worden. Für Passy[3950] war allerdings die freiwillige Entfernung in das Ausland nicht ausreichend, um eine Landesverweisung als vollstreckt betrachten zu können. Nach seiner Ansicht mußte der Täter „durch die competente (politische) Behörde über die Gränze gebracht" und der ausländischen Behörde zur weiteren Verfügung übergeben worden sein. Nur wenn der Verbrecher aus besonderen Rücksichten vom Schub unter gleichzeitiger Verpflichtung der sofortigen Abreise verschont würde, könne man eine Grenzüberschreitung ohne Anwendung von Zwangsmitteln als vollzogen ansehen.

Da das Strafgesetz die Rückkehr unter was immer für einem „Vorwande" für strafbar erklärte, war auch die Rechtslage im Falle des Vorliegens relevanter Ursachen für eine Einreise fraglich. Jenull[3951] erblickte solche „gegründete Ursachen" etwa darin, daß der Verurteilte neue Beweise besaß, „welche ihm gegründete Hoffnung geben, seine Schuldlosigkeit außer Zweifel zu setzen", verneinte aber die Straffreiheit einer derartig motivierten Rückkehr. Vielmehr müsse der Landesverwiesene die „Gründlichkeit seiner Beweise" vom Kriminalgericht untersuchen lassen und die Erlaubnis zur Rückkehr (§ 479) erwirken. Allerdings gab Jenull zu bedenken, „was man von einem solchen Verwiesenen nach seiner Einsicht und Lage fordern könne", denn man dürfe „in dieser Rücksicht in ähnlichen Fällen bei demjenigen, der sich geradezu vor dem Criminal-Gerichte zur Wiederaufnehmung der Untersuchung stellet, nicht ohne Grund an dem Daseyn des bösen Vorsatzes zweifeln, besonders, wenn aus allem hervorleuchtet, daß er mit den möglichen gesetzlichen Wegen, seine Unschuld zu vertheidigen, ganz unbekannt, oder nach seiner Lage, von denselben Gebrauch zu machen, außer Stand war"[3952]. Nach Passy[3953] könne hingegen im Falle einer Rückkehr zwecks Wiederaufnahme des Verfahrens zum Beweis der Schuldlosigkeit des Landesverwiesenen „in so ferne von der Strafbarkeit der Rückkehr keine Rede sein", „als sich diese Absicht hinlänglich erwiesen darstellt". Seiner Ansicht nach verwerfe das Gesetz mit der Formulierung „unter was immer für einem Vorwande" nicht „unbedingt jede Endabsicht" bei der Rückkehr des Verwiesenen, denn hätte der Gesetzgeber „jede Endabsicht des Thäters bei der Rückkehr ausschließen wollen, so hätte er wohl den bestimmteren Ausdruck ‚aus was immer für einer Absicht' gebraucht". Das Wort „Vorwand" unterscheide sich von der Endabsicht wesentlich dadurch, „daß man darunter eine durch fälschliche Angaben versteckte Absicht versteht"[3954]. Für Passy ergab sich aus I. § 479 und 480

3950 Vgl. dazu PASSY (wie Anm. 559), S. 117 f.

3951 JENULL (wie Anm. 551), S. 60.

3952 Ebd., S. 61.

3953 PASSY (wie Anm. 559), S. 121.

3954 Diese Ansicht erscheint auch durch das Deutsche Wörterbuch von Jacob und Wilhelm GRIMM, bearbeitet von Rudolf Meiszner XII/2, Leipzig 1951, Sp. 1881 ff., gestützt, da das

des Strafgesetzes ein unbeschränktes Recht des Verurteilten, vor dem Kriminalgericht zu erscheinen, das auch nicht dadurch begrenzt werden dürfe, daß man eine Erlaubnis der Rückkehr verlange, denn jeder Verurteilte, „seine Strafe mag was immer für eine, sonach auch die Landesverweisung sein", habe das gleiche Recht und könne sich durch den Gebrauch desselben nicht strafbar machen[3955]. Überdies seien im Falle einer derart motivierten Rückkehr nur zwei Fälle möglich, nämlich daß es zu einer Wiederaufnahme des Verfahrens komme oder nicht. Lautete im Falle einer Wiederaufnahme das zweite Urteil nicht auf Bestätigung des ersten Urteils, sondern auf Schuldlosigkeit oder Aufhebung der Untersuchung mangels an Beweisen[3956], könne auch „mit Fällung dieses zweithen Urtheils von einer Strafe wegen Rückkehr keine Rede mehr sein". Selbst wenn das erste Urteil eine Bestätigung erführe, sei die Straffälligkeit des Revertenten nicht gegeben, wenn ihm der „Mangel der Grundhältigkeit der vorgebrachten Beweise" nicht bekannt sein konnte oder wenn die vorgebrachten Gründe in der Art waren, daß sie „nach der Fassungskraft des Untersuchten" allein ausschlaggebend für seine Rückkehr waren. Nur wenn das Gesuch um Wiederaufnahme der Untersuchung lediglich als Vorwand diente, könne eine derartige Rückkehr strafbar sein[3957].

Aber auch bei anderen Fällen, etwa wenn jemand „durch den Drang unwiderstehlicher Ereignisse" zu einer Grenzüberschreitung zur Rettung des eigenen Lebens, Vermögens oder der Freiheit gezwungen wurde, schloß Passy[3958] die Strafbarkeit einer Rückkehr aus. In einer solchen Situation mangle es dem Verwiesenen an der Freiheit des Willens, und „die Vorstellung von der Strafbarkeit der Handlung" könne „auf das Gemüth des Bedrohten keinen Einfluß nehmen". Der Revertent befände sich „im Zustand des psychologischen Zwanges" und sei daher nicht zurechnungsfähig[3959]. Selbst wenn nicht der Revertent, sondern ein Dritter das Opfer eines derartigen Angriffes darstellte, schloß Passy die Straffälligkeit einer Rückkehr aus, denn wenn es das Strafgesetz gestatte[3960], „in einem solchen Fall der Notwehr sogar einen Menschen ungestraft zu tödten, ... so wird doch im gleichen Falle und unter gleichen Umständen die weit minder gefährliche Überschreitung der Landesgränze durch einen Verwiesenen nicht strafbar er-

---

ursprünglich neutrale Wort seit dem 17. Jahrhundert eine allmähliche Verschlimmerung der Bedeutung aufweist.

3955 Passy (wie Anm. 559), S. 122.

3956 Allerdings könne man einen solchen Ausländer, dessen Aufenthalt im Land aus polizeilichen Rücksichten nicht angeraten sei, im Wege der polizeilichen Abschaffung entfernen, ebd., S. 123.

3957 Vgl. zu dem Beweisproblem bezüglich der Motivation für die Rückkehr ebd., S. 124.

3958 Ebd., S. 124 f.

3959 Ebd. auch das Beispiel, daß ein Landesverwiesener an der Grenze von Räubern überfallen wird und sich auf österreichisches Gebiet flüchtet. Verläßt der Angegriffene jedoch das österreichische Staatsgebiet nicht sofort nach Ende der Gefahr wieder, tritt die Strafbarkeit der Rückkehr ein.

3960 I. § 127 StGB: „Derjenige, der jemanden in Anwendung einer gerechten Nothwehr tödtet, begeht kein Verbrechen. Es muß jedoch bewiesen, oder aus den Umständen der Person, der Zeit, des Ortes mit Grund zu schließen seyn, daß der Thäter sich der nöthigen Vertheidigung gebraucht habe, um sein, oder seines Nebenmenschen Leben, Vermögen oder Freyheit zu schützen."

scheinen?"[3961] Mangels bösen Vorsatzes könne auch durch eine irrtümliche Überschreitung der Landesgrenze, etwa weil dem Revertenten die speziellen Ortsverhältnisse nicht bekannt waren, das Verbrechen der Rückkehr nicht begangen werden.

Die verbotene Rückkehr sowohl eines Landesverwiesenen als auch eines Abgeschafften stellte nach Passy[3962] überdies ein fortdauerndes Delikt dar, was zur Folge hatte, daß ein derartiges Delikt nicht durch Verjährung erlöschen konnte, weil der Revertent, solange er sich in gesetzwidriger Weise in dem Gebiet, in welchem ihm der Aufenthalt untersagt worden war, aufhielt, das Verbrechen fortsetzte, und daher die Verjährungsfrist nicht zu laufen beginnen konnte.

Als Strafe für das Verbrechen der Rückkehr bestimmte I. § 84 des Strafgesetzes, daß der Revertent auf der Schandbühne ausgestellt werden sollte, dann mit schwerem Kerker zwischen sechs Monaten und einem Jahr bestraft und nach vollendeter Strafzeit abermals verwiesen werden sollte. War er wegen der Rückkehr schon einmal bestraft worden, also rückfällig, so kam es zur Verschärfung der Kerkerstrafe, und zwar durch Fasten, körperliche Züchtigung bzw. öffentliche Arbeit[3963], oder zur Verdoppelung der Verschärfung, allerdings unter Berücksichtigung des gesetzlichen Maximums, was, um ein Beispiel Jenulls[3964] zu verwenden, bedeutete, daß die zu verdoppelnde Verschärfung einer Kerkerstrafe mit 30 Streichen, also nun insgesamt 60 Streiche, jedenfalls nicht auf einmal vollzogen werden konnte, da nie mehr als 50 Streiche auf einmal verabfolgt werden durften[3965]. Dasselbe galt für die Verschärfung des Kerkers durch Fasten[3966].

Auffallend ist bei der Bestrafung des Verbrechens der Reversion die obligatorische Strafverschärfung in Form der Ausstellung auf der Schandbühne, weil das Strafgesetz diese Nebenstrafe nicht allzuoft vorsah[3967]. Hier stand wohl noch, wie schon bei der Theresiana, der Gedanke einer leichteren Wiedererkennung des Verwiesenen im Falle der Rückkehr im Vordergrund. Passy[3968] erachtete allerdings die Verhängung dieser Strafart als „minder bedenklich", da „alle Nachtheile der öffentlichen Ausstellung und die damit nothwendig verbundene Zerstörung der bürgerlichen Existenz des Sträflings nach vollstreckter Strafe bei dem Ausländer, der wieder des Landes verwiesen wird, und in eine oft weit entfernte Heimath gelangt, wo man von dieser gegen ihn Statt gehabten entehrenden Strafart nichts weiß, nicht so leicht eintreten können".

3961 Dasselbe müßte, so PASSY (wie Anm. 599), S. 126 Anm. 1, der Fall sein, „wenn auch kein ungerechter Angriff, sondern sonst ein Nothfall vorausgesetzt wird, z.B. B fällt nahe an der Gränze in das Wasser, und der des Landes verwiesene A eilt ihm über die Gränze zu Hülfe, und rettet ihm das Leben. Soll A dafür auf der Schandbühne ausgestellt werden?".

3962 Ebd., S. 127 f.

3963 Vgl. dazu ebd., S. 131.

3964 JENULL (wie Anm. 551) II, S. 61.

3965 I. § 20 StGB. Es mußte also in einem derartigen Fall die Züchtigung in zwei Raten erfolgen.

3966 I. § 21 StGB. Hier war das gesetzliche Maximum dreimaliges Fasten in einer Woche, weshalb zweimaliges Fasten nicht verdoppelt werden konnte. Überdies durfte das Fasten „nur in unterbrochenen Tagen geschehen".

3967 Die Verschärfung durch Ausstellung auf der Schandbühne mußte entweder ausdrücklich vom Gesetz vorgesehen sein (vgl. z.B. I. § 183 StGB) oder konnte nur bei einer Kerkerstrafe von wenigstens zehn Jahren Kerker verhängt werden.

3968 Vgl. dazu ausführlich PASSY (wie Anm. 599), S. 130 f.

Überdies bestimmte I. § 84 des Strafgesetzes, daß der Revertent nach „vollendeter Strafzeit abermals verwiesen werden“ sollte. Dies bedeutete, wie Frühwald[3969] betonte, allerdings nicht, daß die Landesverweisung erneut zu verhängen war, da die Landesverweisung ja nur für immer ausgesprochen werden konnte und daher – abgesehen vom Verlust der Ausländereigenschaft des Verwiesenen – nur durch Tod oder Nachsicht der Nebenstrafe endete[3970]. Der Revertent war folglich einfach nur in das Ausland zurückzubefördern[3971].

Mit Patent vom 17. Jänner 1850[3972] wurde die Rückkehr eines Verwiesenen aus der Reihe der Verbrechen entfernt, weil die Reversion „an und für sich entweder gar keine unmittelbare Rechtsverletzung, oder doch nur in sehr geringem Maße bildet“[3973].

B. Die schwere Polizeiübertretung der verbotenen Rückkehr (Reversion)

Die Rückkehr eines Abgeschafften wurde in den §§ 81 und 82 des Strafgesetzbuches als schwere Polizeiübertretung normiert. Gemäß § 81 wurde die Rückkehr eines durch die Polizeibehörden aus sämtlichen Erbländern Abgeschafften das erste Mal mit Arrest von einem bis zu drei Monaten, bei Wiederholung mit strengem Arrest von drei bis sechs Monaten bestraft. Subjekt dieser Übertretung konnte also – wie bei der Rückkehr eines Landesverwiesenen – nur ein Ausländer sein, da nur österreichische Untertanen nicht aus dem Geltungsgebiet des Gesetzes verwiesen werden konnten. Der Unterschied zu § 83 lag allerdings darin, daß der Revertent nicht wegen eines Verbrechens von einem Kriminalgericht, sondern von der politischen Behörde wegen einer schweren Polizeiübertretung abgeschafft worden war.

Derjenige In- oder Ausländer, welcher hingegen aus einer Provinz, aus einem bestimmten Ort auf beständig oder auf eine gewisse Zeit abgeschafft worden war, wurde, wenn er im Falle beständiger Ausweisung jemals bzw. im Falle befristeter Ausweisung vor Ablauf der gesetzten Frist wiederkehrte, gemäß § 82 mit Arrest von einem bis zu drei Monaten bestraft.

Unklar war anfänglich allerdings, ob das der Abschaffung jeweils zugrundeliegende Delikt eine schwere Polizeiübertretung sein mußte, oder ob eine Abschaffung bloß aus Polizeirücksichten genügte, damit der Tatbestand der Reversion erfüllt war[3974]. Nach Verordnungen der unterennsischen Regierung aus den Jahren 1804 und 1816[3975] war

---

3969 FRÜHWALD (wie Anm. 3939), S. 110.

3970 Die Rückkehr des Verwiesenen habe auf die Landesverweisung die gleiche Wirkung wie die Flucht eines Sträflings aus seinem Strafort für die Kerkerstrafe.

3971 Vgl. dazu auch die Regelungen für die erlaubte Rückkehr Abgeschaffter, S. 107.

3972 Art. 4 des kaiserlichen Patents vom 17. Jänner 1850, RGBl. Nr. 24, womit mehrere Milderungen der bestehenden Strafgesetze über Verbrechen und schwere Polizei-Übertretungen angeordnet und vom Tage der Kundmachung angefangen in Wirksamkeit gesetzt werden.

3973 So HERBST (wie Anm. 555) I, S. 16.

3974 KUDLER (wie Anm. 556) I, S. 210 f.

3975 Verordnung der niederösterreichischen Regierung vom 24. Februar 1804, Z. 105, BLUMENTRITT (wie Anm. 557), Nr. 387, S. 312, KANKA (wie Anm. 589) II, S. 158, HERZOG (wie Anm. 143), Nr. 121, S. 124, FAULLER (wie Anm. 130) I, 17; und Verordnung vom

nur die Rückkehr eines wegen einer schweren Polizeiübertretung Abgeschafften als schwere Polizeiübertretung zu bestrafen[3976]. Personen, die also nach ausgestandener Strafe nur „um sie von ihren Ältern, Vormündern, Verwandten etc., zu übergeben", weggewiesen worden waren, oder weil sie an dem betreffenden Ort nicht seßhaft, nicht gebürtig und zur Zeit ihrer Verurteilungen keinen ordentlichen Erwerb dort ausweisen konnten, oder wegen Mangels eines Passes oder aus sonstigen politischen Rücksichten in ihren „Geburts- oder Ansässigkeitsort gewiesen oder instradirt" worden waren, konnten, wenn sie „über kurz oder lang im rechtlichen Wege und Geschäfte, zeitlich oder auf immer" zurückkamen und sich nichts zu Schulden kommen ließen, wegen des bloßen Zurückkommens „nie zu was immer für einer Strafe gezogen, oder wieder abgeschoben werden, da diese Beeinträchtigung ihrer Freiheit wegen eines politischen Vergehens oder Mangels an Ausweis oder Erwerb durch kein Gesetz gerechtfertigt werden könnte"[3977]. Davon abweichend erklärten allerdings 1820 und 1825 an die Regierung von Österreich ob der Enns[3978] bzw. an das galizische Gubernium[3979] gerichtete Hofkanzleidekrete, daß die Reversionsbestimmungen der §§ 81 und 82 nicht nur auf die wegen einer schweren Polizeiübertretung Abgeschafften Anwendung finden sollten, sondern auf alle Personen, deren Abschaffung von der kompetenten Polizeibehörde „aus welchem Grund auch immer" verfügt wurde. Kudler[3980] nahm allerdings an, daß diese ausgedehnte Anwendung der strafgesetzlichen Reversionsbestimmungen nur dann Anwendung finden konnte, wenn der Revertent nicht mit legalen Papieren ausgestattet und der Grund seiner Ausweisung noch aufrecht war. Das Hofkanzleidekret vom 22. Oktober 1846[3981] klärte die Rechtslage, indem es die Rückkehr aller jener Personen,

---

11. August 1816, Z. 30.507, HERZOG (wie Anm. 143), Nr. 189, S. 181, FAULLER (wie Anm. 130) I, 19 f.

3976 Daher war auch, wie es der niederösterreichische Regierungs-Bescheid vom 29. November 1804, Z. 787, an den Wiener Magistrat (vgl. S. 106 f. und Anm. 589) vorschrieb, dem Urteil immer beizusetzen, ob die Abschaffung als Strafe gemäß I. § 17 StGB oder bloß aus Polizeirücksichten verhängt worden war.

3977 Siehe dazu auch die niederösterreichischen Regierungsdekrete vom 10. November 1818 und vom 7. September 1825 an den Wiener Magistrat HERZOG (wie Anm. 143), Nr. 219, S. 215, Nr. 323, S. 331.

3978 Siehe das Regierungsdekret vom 3. Juni 1820, HERZOG (wie Anm. 143) Nr. 242, S. 236 f.

3979 Hofkanzleidekret an das galizische Gubernium vom 22. September 1825, HERZOG (wie Anm. 143), Nr. 326, S. 333 f., und die darauffolgende Verordnung des galizischen Guberniums vom 4. November 1823. Dieses wies durch Verordnung vom 30. Juni 1840, Z. 29.911, den Lemberger Magistrat an, alle Schubsrevertenten nach I. § 82 StGB zu behandeln, vgl. KUDLER (wie Anm. 556) I, S. 186.

3980 KUDLER (wie Anm. 556) I, S. 186.

3981 Hofkanzleidekret vom 22. Oktober 1846 an sämtliche deutsche Länderstellen, mit Ausnahme Galiziens, PGS LXXIV (1846), Nr. 115, JGS Nr. 993. Wie das Hofkanzleidekret ausführte, unterläge es keinem Zweifel, daß das Gesetz „alle Fälle der durch die competente Polizey-Behörde verfügten Abschaffung folglich auch jene wegen Paß-Erwerbs oder Bestimmungslosigkeit u.s.w. in sich begreife". „Aber noch deutlicher erhellet diese Willensmeinung des Gesetzgebers, wenn erwogen wird, daß von demselben die Rückkehr eines Abgeschafften unter jene Gattungen der schweren Polizey-Uebertretungen gereiht wird, welche gegen öffentliche Anstalten und Vorkehrungen zur gemeinschaftlichen Sicherheit unternommen werden, zu welchen Anstalten und Vorkehrungen zweiffelos auch die durch die

„deren Abschaffung von der competenten Polizei-Behörde aus was immer für einem Grunde", also auch aus rein polizeilichen Rücksichten, verfügt wurde, ebenfalls nach II. §§ 81 und 82 des Strafgesetzes für strafbar erklärte.

Im Unterschied zum Josephinischen Strafgesetz, das bestimmt hatte, daß der Revertent nach Abbüßung seiner Strafe „wieder aus den hiesigen Ländern abzuschicken" sei, wurde diese Maßnahme im Strafgesetzbuch von 1803 bezüglich der Reversion eines Abgeschafften nicht ausdrücklich erwähnt. Kudler[3982] interpretierte diese vom Josephinischen Strafgesetz angeordnete Maßnahme – m. E. gegen den Wortlaut – als eine erneute Abschiebung bzw. Abschaffung und erörterte, ob dies auch nach dem Strafgesetz von 1803 so gehandhabt werden könne. Er lehnte dies allerdings unter dem Gesichtspunkt ab, daß die Abschaffung entweder als Hauptstrafe (II. § 8) oder als im Gesetz ausdrücklich angeordnete Verschärfung der Arreststrafe (II. § 18) zur Anwendung kommen konnte, und eben bezüglich des wegen Reversion zu verhängenden Arrests keine Verschärfung vom Gesetz vorgesehen sei. Überdies sei nicht anzunehmen, „daß die festgesetzte Arreststrafe gleichsam der Preis seyn soll, für welchen sich der Abgeschaffte das Recht erkauft, sich an dem Orte, oder in dem Lande, aus welchem er früher weggewiesen wurde, künftig ungestört aufhalten zu dürfen". Nach zweifellos richtiger Ansicht Kudlers[3983] habe man die Wiederabschaffung deshalb nicht ausdrücklich im Gesetz erwähnt, „weil sie im Grunde nicht als eine neue Strafe, sondern nur als Fortsetzung des schon früher verhängten Strafübels erscheint", weshalb sich bei zeitlicher Verweisung auch die Dauer der Verweisung durch die Rückkehr nicht verlängerte.

5. Strafgesetz über Verbrechen, Vergehen und Übertretungen 1852

A. Die Übertretung der unerlaubten Rückkehr gemäß §§ 323 und 324 StG

Da das Strafgesetz des Jahres 1852 das Patent vom 17. Jänner 1850[3984], mit dem die Rückkehr eines Landesverwiesenen aus der Reihe der Verbrechen ausgeschieden und zu einer schweren Polizeiübertretung erklärt worden war, sowie das Hofdekret vom 22. Oktober 1846[3985], mit dem auch die Rückkehr polizeilich Abgeschaffter unter die strafgesetzliche Sanktion für die schwere Polizeiübertretung der verbotenen Rückkehr gemäß §§ 81 und 82 des Strafgesetzes von 1803 gefallen war, inhaltlich übernommen hatte, enthielten die §§ 323 und 324 sowohl die Sanktion für die Rückkehr eines Landesverwiesenen als auch für die Rückkehr eines aus sämtlichen Kronländern, aus einem Kronland oder aus einem Ort gerichtlich bzw. polizeilich Abgeschafften[3986]. Die uner-

---

Polizey-Behörde, selbst ohne eine vorausgegangene schwere Polizey-Uebertretung veranlaßte Abschiebung gehört". Dem Abzuschaffenden war auch das „Verboth der Rückkehr und die auf diese verhängten Folgen immer zu eröffnen, und sollte die Abschaffung wegen einer schweren Polizey-Uebertretung erfolgen, selbe im Urtheile selbst auszudrücken".

3982 KUDLER (wie Anm. 556) I, S. 187.

3983 Ebd., S. 188.

3984 Siehe Anm. 3972.

3985 Siehe Anm. 3981.

3986 Die Strafbestimmungen wegen unerlaubter Reversion fanden aber nicht nur auf die nach dem Strafgesetz Abgeschafften oder Landesverwiesenen, sondern auf alle Personen Anwenlaubte Rückkehr war damit in einem Übertretungstatbestand zusammengefaßt und vereinheitlicht worden.

Nach § 323 des Strafgesetzes wurde derjenige, der aus sämtlichen Kronländern des österreichischen Kaiserstaates wegen eines Verbrechens verwiesen (§ 25) oder wegen eines Vergehens bzw. einer Übertretung durch das Strafgericht oder „aus polizeilichen Rücksichten" durch die Sicherheitsbehörden abgeschafft worden war und „unter was immer für einem Vorwande in eines derselben" zurückkehrte, wegen dieser Übertretung mit Arrest von einem bis drei Monaten, im Wiederholungsfall mit strengem Arrest von drei bis sechs Monaten bestraft. Es wurde also bei dieser Strafbestimmung weder differenziert, ob jemand wegen eines Verbrechens oder eines Vergehens bzw. einer Übertretung oder aus rein polizeilichen Rücksichten ausgewiesen worden war, noch – wieder unter Berücksichtigung der Rechtsentwicklung seit 1803 – ob die Ausweisung durch das Strafgericht oder die politische Behörde erfolgt war. Allein, daß die Ausweisung aus sämtlichen Kronländern und damit immer für beständig erfolgte, war entscheidend.

Derjenige hingegen, welcher nur aus einem Kronland oder aus einem bestimmten Ort vom Strafgericht oder „aus was immer für Gründen durch die Staats- oder Gemeindebehörden" auf beständig oder auf eine gewisse Zeit abgeschafft worden war, beging nach § 324 die Übertretung der Reversion, wenn er im Falle der beständigen Abschaffung jemals, im Falle der zeitlich befristeten Abschaffung vor Ablauf der gesetzlichen Frist wiederkehrte. Diese Rückkehr an einen Ort oder in ein Kronland wurde sowohl bei Erstdelinquenz als auch bei wiederholter Begehung jeweils mit Arrest von einem bis drei Monaten bedroht[3987]. Auch § 324 erklärte damit die Tatsache für irrelevant, ob die Abschaffung[3988] durch das Strafgericht, die Sicherheitsbehörde oder das zuständige Gemeindeorgan verhängt worden war. Zentrales Tatbestandsmerkmal war vielmehr, daß der Revertent nicht aus allen Kronländern, sondern nur aus einem Kronland oder einem bestimmten Ort ausgewiesen war.

Bezüglich der Tatbestandsmerkmale der Rückkehr kann im Hinblick auf die rechtswissenschaftliche Literatur weitestgehend auf die Ergebnisse zum Strafgesetz von 1803 verwiesen werden[3989]. So etwa ging man weiterhin davon aus, daß für die Erfüllung des Tatbestandes der Rückkehr nicht schon allein hinreichend sei, daß die Ausweisung von der kompetenten Behörde ausgesprochen und das jeweilige Erkenntnis

---

dung, deren Abschaffung von der zuständigen Behörde aus welchem Grund auch immer verfügt wurde, also auch für die nach dem Schubgesetz oder nach dem Gemeinderecht Ausgewiesenen, vgl. dazu die Entscheidung des OGH vom 31. Oktober 1889, Z. 7376, Slg. OGH XI Nr. 1304.

3987 Die körperliche Züchtigung als Strafverschärfung bei wiederholter Rückkehr eines Abgeschafften war hingegen im Unterschied zum StGB 1803 unzulässig; vgl. die Entscheidung des OGH vom 5. Jänner 1858, Z. 13.472, Allgemeine österreichische Gerichts-Zeitung IX (1858), S. 110 f.

3988 In § 324 StG fand sich noch die Verwendung des späteren Terminus technicus „Abschaffung" auch für das Ausweisungsrecht der Gemeinden, wurde doch die Verweigerung des Aufenthalts eines Auswärtigen in der jeweiligen Gemeinde erst durch das Schubgesetz 1871 als „Ausweisungsrecht" bezeichnet.

3989 Zu den einzelnen Tatbestandsmerkmalen der Rückkehr siehe ausführlich S. 736 ff.

rechtskräftig war, sondern daß als weitere Voraussetzung die Landesverweisung oder Abschaffung auch tatsächlich in Vollzug gesetzt worden sein mußte[3990]. Nunmehr wurde freilich auch prinzipiell und nicht mehr nur gleichsam ausnahmsweise anerkannt, daß die Ausweisung vollstreckt und der Tatbestand der Rückkehr dann erfüllt war, wenn jemand nicht mittels Schub entfernt, sondern ihm nur die Entfernung zur Pflicht gemacht worden war und dieser, nachdem er den Ort, das Kronland oder das Kaisertum einmal verlassen hatte, wieder zurückkehrte[3991].

Die Tathandlung der Rückkehr bestand weiterhin darin, daß der Ausgewiesene das Staatsgebiet, das Kronland oder den Ort, aus dem er ausgewiesen war, betrat[3992]. Nach der Ministerialverordnung vom 10. Mai 1852[3993] konnte die Übertretung der Rückkehr allerdings nicht nur durch Zurückkehren an den Ort, in dem der Aufenthalt untersagt worden war, sondern bereits durch das Betreten des Polizeirayons, in dem dieser Ort lag, begangen werden.

In Diskussion blieb freilich die Frage nach der Strafbarkeit eines Reversionsversuches. Während Herbst[3994] im Anschluß an die ältere Literatur darauf hinwies, daß diese Frage bei einem Rückkehrversuch eines Ausländers müßig sei, da dieser in dem Moment, in dem er österreichischen Boden betrat, die Übertretung bereits vollbracht hatte und allfällige Vorbereitungshandlungen des Ausländers im Ausland nicht in Österreich bestraft werden konnten, qualifizierte er die Rückreise des aus einem Kronland oder einem bestimmten Ort Ausgewiesenen nach diesem Kronland bzw. nach diesem Ort (z.B. durch Kauf einer Bahnkarte mit dieser Destination und Besteigen des Zuges) als eine zur wirklichen Ausführung des Deliktes führende Handlung und damit als Versuch nach § 324.

Unbefriedigend gelöst blieb nach wie vor auch die Frage nach den Gründen bzw. nach dem Zweck der Rückkehr im Hinblick auf die Strafbarkeit. Finger[3995] kritisierte,

---

3990 Blieb also jemand im österreichischen Kaiserstaat, in dem Kronland oder Ort, in welchem ihm der Aufenthalt untersagt war, sei es, daß er sich vor der Vollziehung der Ausweisung in ein anderes Kronland oder an einen anderen Ort geflüchtet hatte oder es ihm gelang, im verbotenen Inland, Kronland oder Ort zu verbleiben, sei es, daß die Behörde die Ausweisung aus was für Gründen auch immer einstweilen nicht in Vollzug gesetzt hatte, so wurde dadurch nicht die Übertretung der Reversion begangen, da der Verurteilte wohl entgegen dem Aufenthaltsverbot geblieben, nicht aber verbotenermaßen zurückgekehrt war. Ebenso wurde die Übertretung der Reversion nicht begangen, wenn jemand vor Vollziehung der Ausweisung ins Ausland geflüchtet und in der Folge wieder zurückgekommen war, denn man könne, so HERBST (wie Anm. 555) II, S. 95, „unter dieser Voraussetzung wohl sagen, daß er ‚zurückgekehrt', nicht aber, daß er ‚verwiesen (abgeschafft)' worden" sei.

3991 HERBST (wie Anm. 555) II, S. 95.

3992 Daß der Oberste Gerichtshof auch in der fahrlässigen Rückkehr den Tatbestand der Rückkehr gegeben sah – siehe dazu S. 762 – erachtete FINGER (wie Anm. 632), S. 753, allerdings als zu weitgehend.

3993 Verordnung der Ministerien des Innern und der Justiz vom 10. Mai 1852, RGBl. Nr. 106, wornach in Zukunft Abschaffungen aus einem Orte immer auf den ganzen Polizei-Rayon, zu welchem dieser Ort gehört, zu lauten haben.

3994 HERBST (wie Anm. 555) II, S. 96.

3995 FINGER (wie Anm. 632) II, S. 973 f., berichtete, daß es ihm während seiner Tägigkeit als Strafrichter in Wien „sehr verübelt" worden sei, daß er einen aus Wien Ausgewiesenen von

daß in der österreichischen Praxis bei Anwendung dieser Bestimmung ganz schematisch vorgegangen werde, ohne die Gründe für die Rückkehr und damit das Verschulden im konkreten Fall zu prüfen.

Auch in der Literatur zum Strafgesetz von 1852[3996] wurde betont, daß ein Urteil wegen Reversion keine erneute Abschaffung beinhalten dürfe, da auf diese Übertretung nur Arreststrafe angedroht sei[3997] und die erneute Abschiebung bzw. Wegweisung nach Reversion nicht als neue Strafe, sondern als Fortsetzung der Vollstreckung der Landesverweisung bzw. Abschaffung gesehen werden müsse[3998].

Während das Strafgesetz von 1803 die reichlich umstrittene Bestimmung enthielt, daß der Verurteilte bei der Kundmachung eines die Landesverweisung aussprechenden Urteiles ausdrücklich über die Rechtsfolgen einer allfälligen Rückkehr aufzuklären war (I. § 453), hatten sowohl das Strafgesetz 1852 als auch die Strafprozeßordnungen von 1850 bzw. 1853 auf eine derartige Warnung bei Verkündigung des Urteils verzichtet.

B. Die unerlaubte Rückkehr in Judikatur und Verwaltungspraxis

Die nicht unbedeutende Anzahl von Entscheidungen des Obersten Gerichtshofes zum Problemkreis der unerlaubten Rückkehr stellt nicht nur ein Indiz für die Häufigkeit dieser Übertretung dar, sondern gewährt auch einen Einblick sowohl in die lebensweltlichen Konsequenzen derartiger Ausweisungen für die Betroffenen als auch in den wohl nicht immer nur von rechtlichen Erwägungen geleiteten Umgang der erst- und zweitinstanzlichen Gerichte mit diesen Strafbestimmungen. In einigen den oberstgerichtlichen Entscheidungen zugrundeliegenden Fällen scheint es, daß den „Rechtsirrtümern" der mit unerlaubter Rückkehr befaßten erst- oder zweitinstanzliche Gerichte nicht nur ausschließlich juristische Schwächen, sondern auch Billigkeitserwägungen zugrunde lagen. Unter diesem Gesichtspunkt erhält z.B. der Spruch des Obersten Gerichtshofes[3999], daß vom Richter bei einer Anklage wegen unerlaubter Rückkehr nicht die „Grundhältigkeit", sondern nur die formelle Gesetzmäßigkeit zu prüfen sei, eine nicht nur juristische Bedeutung.

---

der gegen ihn wegen „Reversion" erhobenen Anklage freigesprochen hatte, „weil sein ganzes Verschulden darin bestanden hat, daß er zur Zeit einer Erkrankung einen ihm gewährten Freiplatz in dem in Wien gelegenen Rothschild-Spital angenommen hatte mit der Absicht, nach seiner Heilung Wien sofort zu verlassen".

3996 Vgl. z.B. HERBST (wie Anm. 555), S. 96.

3997 Folglich durfte gemäß § 250 StG die Abschaffung dem Strafurteil nicht beigefügt werden. Noch weniger war auf Landesverweisung zu erkennen, die ja nur als Strafverschärfung der Kerkerstrafe bei Verbrechen verhängt werden konnte. Vielmehr mußte die nach wie vor rechtskräftige Landesverweisung bzw. Abschaffung einfach erneut in Vollzug gesetzt werden, worauf auch die Verwendung der Begriffe „Wiederholung" bzw. „wiederholte Betretung" in §§ 323 bzw. 324 StG hinwies.

3998 Irrig daher auch die Ansicht, daß es sich bei der „verbotenen Rückkehr" um einen Abschiebungsgrund handelte, wie dies etwa von MELINZ/ZIMMERMANN (wie Anm. 222), S. 117, behauptet wurde.

3999 Plenarentscheidung des OGH vom 16. Dezember 1902, Z. 16.990, Slg. OGH N.F. V Nr. 2787, und Entscheidung des OGH vom 22. Juni 1925, Os 294/25, Slg. OGH V Nr. 77.

Dem über die unerlaubte Rückkehr urteilenden Strafrichter[4000] oblag nämlich gemäß § 5 der Strafprozeßordnung eine Prüfungspflicht, ob das die Ausweisung verhängende Erkenntnis von der gesetzlich kompetenten Behörde und in den im Gesetz vorgeschriebenen Formen erfolgt war[4001]. Während diese Prüfung im Falle einer gerichtlichen Entscheidung keine besonderen Schwierigkeiten verursachte, da sie sich darauf beschränken mußte, ob die sachliche Kompetenz des Gerichts zur Verhängung der Landesverweisung oder Abschaffung gegeben und ob das Erkenntnis in der vorgeschriebenen Form, also durch Urteil, ergangen war[4002], so stellte sich diese Pflicht in Bezug auf die sicherheitsbehördlichen Abschaffungen als erheblich schwieriger dar. Zu dieser Prüfung, nämlich „ob das Abschaffungserkenntnis auch wirklich auf Grundlage eines Specialgesetzes ergangen, somit die Gesetzlichkeit der Abschaffung außer Zweifel" stand, war der Strafrichter infolge Justizministerialerlasses vom 18. Dezember 1867[4003], wenn er aufgrund einer Anklage gegen einen Ausgewiesenen nach §§ 323 oder 324 einzuschreiten hatte, nicht nur berechtigt, sondern auch verpflichtet, weshalb es auch „als zweckmäßig" erklärt wurde, daß hinkünftig in jedem polizeilichen Abschaffungserkenntnis die gesetzliche Grundlage dieser Maßnahme angeführt werde.

Das vom Justizminister zuvor eingeholte Gutachten des Obersten Gerichtshofes vom 26. November 1867[4004] hatte ausgeführt, daß der Richter sich die „Gewißheit verschaffen" müßte, „daß ein Gesetz bestehe, welches das gefällte Abschaffungserkenntnis rechtfertigt", da § 5 des Gesetzes vom 27. Oktober 1862 zum Schutz der persönlichen Freiheit die Ausweisung nur in den durch das Gesetz bezeichneten Fällen gestattete[4005].

4000 Siehe dazu das Gesetz vom 22. Oktober 1862, RGBl. Nr. 1862, wodurch die Zuständigkeit der Gerichte und der k.k. Polizeibehörden über die im Strafgesetze vom 27. Mai 1852 vorkommenden Übertretungen festgesetzt wird. Die in den §§ 323 und 324 StG geregelte Rückkehr eines Abgeschafften kam gemäß § 3 Z. 6 des Gesetzes den Strafgerichten auch zu, insoferne die Abschaffung von Sicherheits- oder Gemeindebehörden verfügt worden war.

4001 So bestätigte z.B. der Gerichtshof auch den Freispruch einer Revertentin gemäß § 324 StG, weil diese bereits vor Ablauf der ihr zur Abreise infolge eines Gemeindeausweisungserkenntnisses gesetzten Frist „voreilig angehalten und an das Gericht abgeliefert wurde" und das Erkenntnis nur deswegen rechtskräftig geworden sei, weil der Gemeindevorsteher den ihm übergebenen Rekurs für ungültig erachtet hatte; vgl. die Entscheidung des OGH vom 19. Juli 1870, Z. 8319, ADLER/KRALL/WALTHER (wie Anm. 361) III, Nr. 1332.

4002 Ob die vom kompetenten Gericht in Urteilsform ausgesprochene Ausweisungsmaßnahme sachlich gerechtfertigt erschien, war nicht Gegenstand des Verfahrens nach §§ 323 und 324 StG; vgl. dazu näher ALTMANN/JACOB (wie Anm. 360) I, S. 789, und ebd., Anm. 6.

4003 Justizministerialerlaß vom 18. Dezember 1867, Z. 14.181, an sämtliche Oberstaatsanwälte, vgl. ALTMANN/JACOB (wie Anm. 360) I, S. 788 Anm. 5., und Erlaß des Ministeriums des Innern an sämtliche Statthalter und Landeschefs vom 25. Dezember 1867, Nr. 21105, womit der Erlaß der Polizeiabteilung des Ministerrats-Präsidiums an die Polizeidirektionen vom 3. Jänner 1868, Nr. 6273, übereinstimmt, siehe LIENBACHER (wie Anm. 353) I, S. 25.

4004 Gutachten des OGH vom 26. November 1867, Z. 10406, Nr. 20 des strafrechtlichen Judikatenbuches, ADLER/KRALL/WALTHER (wie Anm. 361) II, Nr. 1199.

4005 Siehe dazu auch die Entscheidung des OGH vom 15. Dezember 1863, Z. 6711, Allgemeine österreichische Gerichts-Zeitung XVIII, N.F. IV (1867), S. 158. Der Oberste Gerichtshof hob eine vom Bezirksgericht ausgesprochene Abschaffung mit der Begründung auf, daß diese Abschaffung gegen die Vorschrift des § 5 des Gesetzes vom 27. Oktober 1862 ausgesprochen wurde; vgl. dazu auch die Plenarentscheidung des OGH vom 28. Februar 1889, Z.

Wollte man, so das Gutachten weiter, die Befugnis des Richters nur auf die Prüfung beschränken, ob gegen einen Angeklagten ein rechtskräftiges polizeiliches Abschaffungserkenntnis vorliege, „ohne weiter in die Gesetzlichkeit dieses Erkenntnisses einzugehen", so wäre er damit gezwungen, nach §§ 323 und 324 StG ein Straferkenntnis auch dann zu fällen, „wenn erwiesen vorläge, daß die Ausweisung eine ungesetzliche sei, daß sie aus irrigen Ansichten, ja selbst aus sträflichen Triebfedern eines Sicherheits- oder Gemeindeorgans erfolgte; er müßte jenen noch strafen, gegen welchen ein ungesetzlicher, ein ungerechter Act in Vollzug gesetzt wurde, wodurch der Schutz, welchen der § 5 des erwähnten Gesetzes Jedermann gewähren will, vereitelt würde". Wie allerdings der Oberste Gerichtshof in seiner Entscheidung vom 31. März 1868[4006] feststellte, wurde durch § 5 auch „die Abschaffung durch Gemeinde- und landesfürstliche Polizeibehörden, insofern sie durch ein Gesetz hiezu berechtiget sind, nicht ausgeschlossen". Solche sie dazu berechtigende gesetzliche Bestimmungen seien sowohl im Reichsgemeindegesetz von 1862 als auch „in noch mit Gesetzeskraft bestehenden älteren Verordnungen enthalten", und es hätte auch nicht im Gesetz vom 22. Oktober 1862[4007] „die Competenz hinsichtlich der unbefügten Rückkehr eines durch die Sicherheits- oder Gemeindebehörde Abgeschafften bestimmt werden können, wenn nicht nach dem schon damals berathenen Gesetze vom 27. Oktober 1862 ... nur eine durch gerichtliches Erkenntniß kraft des Strafgesetzes verhängte Abschaffung giltig sein sollte".

Wie Altmann/Jacob[4008] betonten, war die Frage der formellen Gesetzmäßigkeit der von den Sicherheitsbehörden (Polizeibehörden und Bezirkshauptmannschaften) nach dem Reichsschubgesetz verhängten Abschaffungen „eine vollkommen klare", während bei Auftreten einer Gemeindebehörde als Abschaffungsbehörde stets zu untersuchen war, ob diese Behörde aufgrund Gesetz oder Verordnung tatsächlich als Abschaffungsbehörde nach dem Reichsschubgesetz gelte, bzw. ob diese die Ausweisung nicht vielmehr als Gemeindebehörde nach dem Gemeinderecht ausgesprochen habe. So etwa hob der Oberste Gerichtshof in seiner Entscheidung vom 24. Juli 1922[4009] ein Urteil wegen Übertretung nach § 324 im Schuldspruch und in der Strafe auf, weil der Strafrichter seiner Verpflichtung zur Prüfung des Abschaffungserkenntnisses nicht nachgekommen war. Eine Untersuchung des dem Strafantrag zugrundeliegenden Abschaffungserkenntnisses hätte nämlich ergeben, daß die Gemeindevorstehung zur Fällung des Abschaffungserkenntnisses nach dem Schubgesetz nicht zuständig war.

Einer auch inhaltlichen Überprüfung der Ausweisungserkenntnisse trat der Oberste Gerichtshof freilich in seinen Entscheidungen vom 16. Dezember 1902[4010] und vom 22. Juni 1925[4011] entgegen. Der Richter, so explizit das Judikat aus 1902, habe nur den

15.260 ex 1888, Slg. OGH XIII Nr. 1255, die bei ähnlichem Sachverhalt feststellte, daß die Abschaffung als Strafe nur wegen eines Deliktes verhängt werden könne, für das sie vom Strafgesetz ausdrücklich angedroht war, vgl. auch S. 117, 132.

4006 Siehe LIENBACHER (wie Anm. 353) I, S. 17.

4007 Siehe Anm. 357 und 3990.

4008 vgl. ALTMANN/JACOB (wie Anm. 360) I, S. 790.

4009 Entscheidung vom 24. Juli 1922, Z. Os IV 374/22, Slg. OGH II Nr. 68.

4010 Plenarentscheidung des OGH vom 16. Dezember 1902, Z. 16.990, Slg. OGH N.F. V Nr. 2787.

4011 Entscheidung des OGH vom 22. Juni 1925, Os 294/25, Slg. OGH V Nr. 77.

„Rechtsbestand, die formelle Gesetzmäßigkeit" des Ausweisungs-(Abschaffungs-)Erkenntnisses, nicht aber auch dessen „Grundhältigkeit" zu prüfen, also nur zu untersuchen, ob die Ausweisung von einer dazu berufenen Behörde und innerhalb der Grenzen ihrer Zuständigkeit ausgesprochen wurde. Überließe man dem Strafrichter auch die inhaltliche Prüfung administrativer Abschaffungserkenntnisse, so müßte dies notwendig zu Konflikten zwischen Gerichts- und Administrativbehörden führen. „Es hieße dies", so der Gerichtshof, „den Richter ermächtigen, im Einzelfall erst zu untersuchen, ob denn nicht etwa eine andere Behörde einen Mißgriff begangen hat". Jemand, der sich durch ein Abschaffungserkenntnis einer Verwaltungsbehörde beschwert fände, müsse Abhilfe im ordentlichen Instanzenweg suchen oder, wenn das Erkenntnis bereits in Rechtskraft erwachsen sei, dessen Aufhebung bewirken, nicht aber könne er sich über das Rückkehrverbot der Administrativbehörde hinwegsetzen. Es könne nicht Aufgabe des Strafrichters sein, die „Übertretung einer noch aufrecht bestehenden administrativen Maßregel unter Umständen für statthaft zu erklären". Nach Ansicht des Gerichtshofes würde das „Ansehen der administrativen Behörden und ihrer Verfügungen ... sehr darunter leiden, wenn die Wirksamkeit der letzteren immer wieder in Frage gestellt werden könnte". Überdies ergäbe sich schon aus der Formulierung des § 324: „aus was immer für Gründen", daß eine inhaltliche Überprüfung des Ausweisungserkenntnisses dem Strafrichter nicht zustehe.

Den Obersten Gerichtshof beschäftigte auch ein, ebenfalls für alle Reversionstatbestände relevantes Problem, nämlich die Wohnsitzfolgepflicht der Ehefrau nach bürgerlichem Recht. Da allerdings nach seiner ständigen Judikatur der Ausweisung bzw. Abschaffung einer Ehefrau aus ihrem Aufenthaltsort, wenn dieser nicht zugleich ihr im Wege der Eheschließung erworbener Zuständigkeitsort war, nicht § 92 ABGB entgegenstehen konnte[4012], verletzte das Gericht, welches eine Revertentin mit der Begründung ihrer Wohnsitzfolgepflicht von der Anklage der unerlaubten Rückkehr freisprach, nach Ansicht des Gerichtshofes das Gesetz[4013].

1. *Zur Rückkehr Landesverwiesener, gerichtlich oder polizeilich Abgeschaffter*

In Übereinstimmung mit der rechtswissenschaftlichen Literatur judizierte der Oberste Gerichtshof, daß für das Vorliegen eines strafbaren Tatbestandes, wenn Landesverweisung oder Abschaffung durch ein Gericht bzw. durch eine Sicherheitsbehörde aufgrund des Schubgesetzes ausgesprochen worden war, ein auch nur vorübergehender Aufenthalt genügte. So stellte der Oberste Gerichtshof in seiner Entscheidung vom 17. November 1910[4014] eine Gesetzesverletzung durch das seiner Entscheidung zugrun-

---

4012 Vgl. dazu S. 126 f.

4013 Vgl. die Plenarentscheidung des OGH vom 6. Juni 1893, Z. 6591, Slg. OGH XIV Nr. 1654.

4014 Entscheidung des OGH vom 17. November 1910, Kr. VII 82/10, Slg. OGH N.F. XIII Nr. 3780. Ein italienischer Staatsangehöriger war mit Urteil des Kreisgerichtes Rovereto wegen Verbrechens der öffentlichen Gewalttätigkeit (§ 99 StG) zur Ausweisung aus Cisleithanien verurteilt worden, hatte sich in Gargagno-Salò in Italien niedergelassen und wurde einige Monate später in Riva betreten. Das den Angeklagten von der unerlaubten Rückkehr freisprechende Urteil des Bezirksgerichtes war infolge Berufungsverzichtes der Staatsanwaltdeliegende bezirksgerichtliche Urteil fest, mit dem der Revertent von der Anklage freigesprochen worden war, weil er nicht die Absicht hatte, auf österreichischem Boden zu bleiben, sondern nur einige Stunden bleiben wollte, um seine Familie zu besuchen, und folglich nicht den Tatbestand der Rückkehr erfüllt habe. Das Bezirksgericht begründete seinen Spruch damit, daß § 323 durch die Verwendung des Wortes „zurückkehrt" anstelle etwa von „betreten" auf eine bleibende oder wenigstens länger andauernde Rückkehr hindeute[4015] . Der Oberste Gerichtshof lehnte diese Interpretation ab, weil diese Unterscheidung in einen vorübergehenden oder längeren Aufenthalt im Gesetz keinen Halt fände. Das gerichtliche Erkenntnis auf Landesverweisung beziehe sich nicht nur auf einen längeren Aufenthalt, also das Wohnen – wie das Ausweisungserkenntnis der Gemeinde[4016] –, sondern auch schon auf das bloße Betreten des österreichischen Bodens. In seiner Entscheidung vom 16. Mai 1907[4017] stellte er ebenfalls bezüglich der Rückkehr eines von der politischen Behörde nach dem Schubgesetz aus einem Ort Abgeschafften, fest, daß das Delikt der unerlaubten Rückkehr auch gemäß § 324 schon durch einen bloß vorübergehenden Aufenthalt in dem verbotenen Gebiet erfüllt werde, da insbesondere, wenn jemand wegen Gefährlichkeit für die öffentliche Sicherheit abgeschafft worden sei, diese Gefährdung auch dann eintrete, wenn jemand sich nur vorübergehend in dem Gebiet aufhielt, in das zurückzukehren ihm verboten war. Darüber hinaus ließe auch die Textierung des § 324, der von „wiederkehrt" und wiederholter „Betretung" in dem verbotenen Gebiet sprach, keine andere Interpretation zu, als daß „schon das bloße Betreten desselben der Strafnorm dieses Paragraphen verfällt".

Was die weiteren Voraussetzungen der Strafbarkeit der unerlaubten Rückkehr anbelangt, so bekräftigte der Oberste Gerichtshof, daß für die Begehung einer Übertretung nach § 324 die Rechtskraft des Ausweisungsbeschlusses unabdingbar sei[4018]. Der Gerichtshof führte aus[4019], daß dem „Rekurs im politischen Wege im allgemeinen dann suspensive Wirkung" zukäme, „wenn sonst durch den Vollzug des geschöpften Erkenntnisses der günstige Erfolg des Rekurses für den Rekurrenten ohne Furcht und Wirkung wäre". Selbst wenn „die Aussichtslosigkeit des anhängigen Rechtsmittels

---

schaft rechtskräftig geworden und wurde nun von der Generalprokuratur mit Nichtigkeitsbeschwerde zur Wahrung des Gesetzes angefochten.

4015 Im Italienischen „ritornare" bzw. „porre piede". Der Angeklagte habe hingegen ein Dampferbillett für die Rückfahrt innerhalb von drei Tagen bei sich gehabt, folglich sei seine Einreise nicht als bleibende oder länger andauernde Rückkehr („dimora, soggiorno") einzustufen gewesen.

4016 Vgl. dazu S. 291.

4017 Entscheidung des OGH vom 16. Mai 1907, Z. 6386, Slg. OGH N.F. IX Nr. 3348. Der Revertent war aus der Bezirkshauptmannschaft Gablonz für immer abgeschafft worden, hatte aber regelmäßig zur Arbeit den Bezirk betreten und zweimal in einer Gemeinde dieser Bezirkshauptmannschaft bei seiner Mutter übernachtet, da ihn eine Fußwunde am Heimweg in seinen Wohnort hinderte. Das Bezirksgericht Gablonz und das Reichenberger Kreis- als Berufungsgericht hatten ihn von der Anklage der unerlaubten Rückkehr freigesprochen, weil sie in diesen Handlungen den strafbaren Tatbestand der Rückkehr nicht erblickten.

4018 Vgl. auch die Entscheidung des OGH vom 30. Dezember 1867, Z. 11635, ADLER/KRALL/WALTHER (wie Anm. 361) II, Nr. 1204.

4019 So die Entscheidung des OGH vom 17. November 1909, Kr II 387/9, Slg. OGH N.F. XII Nr. 3663.

schon zur Zeit der Urteilsfällung unzweifelhaft" feststände, blieb die suspensive Wirkung bis zur Erledigung des Rekurses aufrecht. Weiters entschied der Oberste Gerichtshof[4020], daß Voraussetzung für die Bestrafung nach § 323 sei, daß die Landesverweisung in Vollzug gesetzt worden war. Eine bloße Entfernung des Täters aus einem im Inland gelegenen Ort mittels Schubes stelle diese Voraussetzung nicht her, vielmehr müsse der Verurteilte in der Absicht abgeschoben werden, damit die Strafe zu vollziehen[4021].

Bezüglich der Verjährung einer Abschaffung stellte der Oberste Gerichtshof in einer Entscheidung von 1855[4022] fest, daß es sich bei der unerlaubten Rückkehr gemäß § 323 um ein „fortdauerndes" Delikt handle. Diese Übertretung werde „nicht bloß durch den Act, daß der Ausländer die Grenze des Staatsgebietes wieder überschreitet, sondern nothwendig auch durch seinen im Staatsgebiete genommenen Aufenthalt begangen", der Akt der Rückkehr erschien dementsprechend „bloß als das Mittel zur Erreichung dieses verbotenen, durch das Strafgesetz verpönten Aufenthaltes", weshalb von einer Verjährung, solange dieser Aufenthalt andauerte, „keine Rede sein" könne.

In einem Judikat aus dem Jahre 1924[4023] setzte sich der Oberste Gerichtshof auch mit der Ansicht des Wiener Landesgerichtes auseinander, das einen wegen verbotener Rückkehr gemäß § 324 Angeklagten freigesprochen hatte, weil dessen „lokale" Abschaffung aus Wien durch die umfassendere Landesverweisung aufgehoben worden sei. Dies gehe, so die Begründung des Landesgerichtes, schon daraus hervor, „daß der zeitliche Ablauf der polizeilichen Abschaffung den Aufenthalt im Abschaffungsgebiet bei bestehender Landesverweisung nicht zu einem erlaubten machen könne". In dem Falle nun, daß der des Landes Verwiesene nicht von der Polizeibehörde aus dem Bundesgebiet entfernt wurde, sei ein solcher Zustand nicht geschaffen worden, „der den Aufenthaltsbeschränkungen des Angeklagten entsprochen habe". Wegen unerlaubter Rückkehr könne aber nur derjenige bestraft werden, der „einen dem Gesetze entsprechenden Aufenthalt mit einem den ihm auferlegten Beschränkungen nicht entsprechenden Aufenthalte vertausche". Der Oberste Gerichtshof erachtete diese Meinung in doppelter Hinsicht für rechtsirrtümlich. Zum einen sei bei der Übertretung nach § 324 der Umstand, aus

---

4020 Entscheidung des OGH vom 19. April 1923, Os IV 200/23, Slg. OGH III Nr. 22.

4021 Vgl. dazu allerdings auch S. 350, Anm. 1884.
Die Angeklagte war mit Strafurteil aus sämtlichen Ländern Österreichs verwiesen worden, die Beweisaufnahme anläßlich der Anklage wegen unerlaubter Rückkehr hatte jedoch nicht ergeben, daß die Angeklagte tatsächlich aus dem Bundesgebiet abgeschafft worden wäre. Allerdings war die Angeklagte mehrfach aus Wien abgeschafft worden, weshalb sie nicht wegen Rückkehr nach § 323, sondern nach § 324 StG verurteilt worden war. Nach Ansicht des Obersten Gerichtshofes konnte in einer „solchen Abschiebung aus Wien ... jedoch ein Vollzug der ... Landesverweisung nicht gesehen werden". Da die Übertretung der verbotenen Rückkehr zur Voraussetzung habe, daß die Landesverweisung in Vollzug gesetzt wurde, liege in der Rückkehr der Angeklagten der Tatbestand der unerlaubten Rückkehr nicht vor.

4022 Entscheidung des OGH vom 10. Jänner 1855, Z. 14072, ADLER/KRALL/WALTHER (wie Anm. 361) I, Nr. 629.

4023 Entscheidung des OGH vom 12. Mai 1924, Os IV 126/24, Slg. OGH IV Nr. 45. Der wegen unerlaubter Rückkehr Angeklagte war im November 1921 aus dem Polizeirayon Wien für zehn Jahre abgeschafft und über die Gemeindegrenze abgeschoben worden, kehrte allerdings sofort wieder nach Wien zurück. Im Mai 1922 war er gemäß § 25 StG des Landes verwiesen, allerdings nicht von der Polizeibehörde außer Landes geschafft worden.

aus welchem Gebiet der Abgeschaffte wiedergekehrt war, insbesondere ob die Rückkehr aus einem Gebiet erfolgt war, in dem für den Revertenten ebenfalls ein Aufenthaltsverbot bestand, für den Tatbestand nach § 324 gänzlich belanglos. Zum anderen sei die Ansicht des Landesgerichtes, daß die das ganze Staatsgebiet umfassende gerichtliche Landesverweisung die Wirksamkeit der lokalen polizeilichen Abschaffung aufhebe, unhaltbar. Die Nebenstrafe der Landesverweisung als Verschärfung der Kerkerstrafe und die aus polizeilichen Rücksichten rein verwaltungsbehördlich verfügte Abschaffung könnten, da sie von unterschiedlichen Behörden und unter jeweils anderen Voraussetzungen ausgesprochen würden, auch nebeneinander bestehen. Überdies könne gerade dann, wenn die Vollstreckung der gerichtlichen Landesverweisung aus irgendwelchen Gründen nicht möglich sei, „der Invollzugsetzung der polizeilichen Abschaffung aus einem Ort oder Lande kein Hindernis entgegenstehen und die polizeiliche Abschaffung wird durch deren Vollzug wirksam".

Im Falle der Abschaffung aus einem Ort stellte die Frage nach dem territorialen Umfang des Gebietes, in dem durch das Abschaffungserkenntnis dem Verurteilten der Aufenthalt für einen bestimmten Zeitraum oder für beständig verboten worden war, einen besonderen Problemkreis dar, wenn der Polizeirayon, auf den sich die Abschaffung aus einem Ort erstreckte[4024], nachträglich vergrößert wurde – was insbesondere für den Polizeirayon Wien durch die wiederholte Einverleibung von Vorstadtgemeinden von besonderer Bedeutung war[4025]. Bezüglich einer derartigen nachträglichen territorialen Erweiterung eines Polizeirayons durch Gesetz oder administrative Verfügung entschied der Oberste Gerichtshof[4026], daß eine Abschaffung aus einem Ort nur für den ursprünglichen territorialen Umfang des Polizeirayons wirksam sei. So konnte etwa ein vor der Vereinigung der Orte Kagran, Stadlau, Floridsdorf etc. mit der Stadt Wien[4027] aus dem Polizeirayon Wien Abgeschaffter nicht für das Betreten eines dieser Orte nach § 324 bestraft werden. Um einer solchen Person auch den Aufenthalt in den Erweiterungsgebieten eines Polizeirayons zu untersagen, mußte vielmehr bei Eintritt der gesetzlichen Voraussetzungen ein neuerliches Ausweisungserkenntnis gefällt werden.

Ebenso war bei einer Änderung im Bestand des Staatsgebietes nach der Entscheidung des Obersten Gerichtshofes vom 18. März 1927[4028] eine dieser Änderung vorange-

---

4024 Vgl. die Verordnung der Ministerien des Innern und der Justiz vom 10. Mai 1852, RGBl. Nr. 106, wornach in Zukunft Abschaffungen aus einem Orte immer auf den ganzen Polizei-Rayon, zu welchem dieser Ort gehört, zu lauten haben.

4025 Vgl. dazu auch den Justizministerialerlaß vom 10. Juli 1894, Z. 15786, und Statthalterei-Erlaß vom 24. Juli 1894, Z. 55774, an die Wiener Polizeidirektion, Normalien-Sammlung (wie Anm. 359) I, Nr. 10.

4026 Entscheidung des OGH vom 31. Mai 1907, Z. 7203, Slg. OGH N.F. IX Nr. 3353.

4027 Mit dem Gesetz vom 28. Dezember 1904, LGBl. 1905 Nr. 1, betreffend die Vereinigung mehrerer Gemeinden und Gemeindeteile mit der k.k. Reichshaupt- und Residenzstadt Wien ..., wurden die Ortsgemeinden Floridsdorf, Kagran, Hirschstetten, Stadlau, Aspern sowie Teile der Gemeinden Lang-Enzersdorf, Strebersdorf, Stammersdorf und Groß-Jedlersdorf sowie von Breitenlee, Mannswörth, Groß-Enzersdorf und Mauer mit Wien zu einer Ortsgemeinde vereinigt.

4028 Entscheidung des OGH vom 18. März 1927, Os 178/27, Slg. OGH VII Nr. 26, vgl. dazu ausführlich S. 362 f. Dementsprechend beging also jemand, der 1907 nach dem Schubgesetz aus Cisleithanien abgeschafft, 1926 wegen Übertretung nach § 323 StG abgestraft, über die

gangene Abschaffung einer Person aus allen Ländern des Staates nur für den ursprünglichen Umfang dieses Gebietes, also lediglich für das Staatsgebiet zum Zeitpunkt des Abschaffungserkenntnisses, nicht aber für spätere Gebietserweiterungen, wirksam.

Durch den Obersten Gerichtshof war auch zu klären, ob ein Abschaffungserkenntnis nach dem Schubgesetz auch außerhalb des Amtsbereiches der erkennenden Behörde liegende Orte rechtswirksam erfasse, was im Zusammenhang mit der unerlaubten Rückkehr bedeutete, ob das Betreten eines dieser außerhalb des Amtsbereiches liegenden Orte den Tatbestand der Rückkehr gemäß § 324 erfüllte. Während der Oberste Gerichtshof in seiner Plenarentscheidung vom 6. Juni 1893[4029] dazu noch nicht Stellung nahm, sondern vielmehr die Meinung vertrat, daß diese Problematik für die Anwendung des § 324 außer Frage bliebe, wenn die für jene Orte zuständige Behörde dem Erkenntnis beigetreten war[4030], erklärte er in der Entscheidung vom 24. März 1908[4031] hingegen explizit, daß es der Anwendung des § 324 StG nicht entgegenstehe, daß „das von der politischen Behörde erster Instanz gefällte Abschaffungserkenntnis ein deren Amtssprengel überschreitendes Gebiet umfaßt und der Abgeschaffte zwar innerhalb des letzteren, aber außerhalb ihres Amtssprengels betreten wird"[4032]. Der Gerichtshof begründete seine Ansicht, daß die politische Behörde erster Instanz auch Abschaffungen aus einem ihren Sprengel überschreitenden Gebiet verfügen dürfe, damit, daß das Reichsschubgesetz die Abschaffung eines Ausländers, dessen Aufenthalt im Geltungsgebiet des Gesetzes sich aus Rücksichten der öffentlichen Ordnung oder Sicherheit als unzulässig darstelle, aus dem ganzen Geltungsgebiet dieses Gesetzes oder aus einem bestimmten Teil desselben ermögliche. Die Forderung, „daß in diesem Falle alle in dem ganzen Geltungsgebiete oder in demjenigen Teile desselben, aus dem die Abschaffung

---

Grenze nach Burgenland gebracht und dort entlassen wurde, eine Übertretung gemäß § 323 StG, da das Burgenland zur Zeit des Abschaffungserkenntnisses keinen Teil des österreichischen Staatsgebietes bildete.

4029 Plenarentscheidung des OGH vom 6. Juni 1893, Z. 6591, Slg. OGH XIV Nr. 1654.

4030 In dem der Plenarentscheidung vom 6. Juni 1893 zugrundeliegenden Fall hatte das Berufungsgericht unter Bestätigung des erstinstanzlichen Erkenntnisses die Betretung einer aus dem Stadtgebiet von Salzburg abgeschafften Frau im Ort Maxglan nicht als verbotene Rückkehr qualifiziert, weil ein rechtskräftiges Erkenntnis der kompetenten Behörde, wonach die Angeklagte nicht nur aus dem Stadtgebiet, sondern auch aus dem politischen Bezirk Salzburg ausgewiesen wäre, nicht vorläge. Nach Ansicht des Obersten Gerichtshofes wäre allerdings die Frage, ob das städtische Polizeiamt der Stadt Salzburg als politische Behörde erster Instanz für das Stadtgebiet Salzburg auch zur Abschaffung einer Person aus dem Gebiet der Bezirkshauptmannschaft zuständig sei, gar nicht zu erörtern gewesen, da die Bezirkshauptmannschaft Salzburg dem Erkenntnis des städtischen Polizeiamtes beigetreten und die Partei davon noch vor der Abschaffung verständigt worden war.

4031 Entscheidung des OGH vom 24. März 1908, Kr II 72/8, Slg. OGH N.F. X Nr. 3454.

4032 Der Revertent war mit Erkenntnis des Reichenberger Stadtmagistrats aus dem Reichenberger Kreisgerichtssprengel für immer nach dem Schubgesetz abgeschafft worden. In Gablonz wurde er wegen Reversion verhaftet und dem Bezirksgericht Gablonz eingeliefert, welches das Verfahren einstellte, weil der Amtsbereich des Reichenberger Magistrats sich nur auf das Gebiet der Stadtgemeinde Reichenberg, nicht aber auch auf den politischen Bezirk Gablonz erstreckte, folglich das Abschaffungserkenntnis, da es den ganzen Reichenberger Kreisgerichtssprengel umfasse, rechtlich unwirksam sei. Das Abschaffungserkenntnis war zum Zeitpunkt der Reversion bereits in Rechtskraft erwachsen.

erfolgen soll, gelegenen politischen Behörden erster Instanz besondere Abschaffungserkenntnisse zu fällen hätten", sei nach Ansicht des Gerichtshofes zum einen praktisch undurchführbar, und würde zum anderen zu der „rechtlich unhaltbaren Konsequenz führen, daß auch die Abschiebung einer Person durch die Sprengel mehrerer politischen Behörden in ihre Heimatsgemeinde nur mittels Erwirkung von Schuberkenntnissen aller dieser Behörden erfolgen könnte". Wenn das Schubgesetz von der „kompetenten" Behörde spreche, so sei darunter -abgesehen von der sachlichen Kompetenz - zu verstehen, daß diejenige politische Behörde das Abschaffungserkenntnis zu verfügen habe, in welcher der Abzuschaffende sich aufhielt. Außerdem verwies der Oberste Gerichtshof darauf, daß auch das Reichsgericht mehrfach in Entscheidungen daran, daß politische Behörden erster Instanz über ihren Amtsbereich hinaus wirkende Abschaffungen verfügt hatten, „keinen Anstoß genommen" habe und in der Entscheidung vom 9. Juli 1897[4033] ausdrücklich ausgesprochen hatte, daß die von einer politischen Behörde verfügte Abschaffung auch mehrere Bezirke umfassen könne.

Ein weiteres Judikat des Obersten Gerichtshofes aus dem Jahr 1924[4034] beschäftigte sich damit, ob das Unterbleiben der Verständigung des gesetzlichen Vertreters eines Minderjährigen von dessen Abschaffung Einfluß auf die Rechtswirksamkeit des Abschaffungserkenntnisses habe, ob folglich eine Rückkehr des Minderjährigen unter solchen Umständen strafbar sei. Der Oberste Gerichtshof verneinte einen derartigen Einfluß, weil das Verwaltungsverfahren keine Verständigung des gesetzlichen Vertreters eines Minderjährigen von verwaltungsbehördlichen Erkenntnissen vorschreibe, wenngleich dem Gerichtshof „eine Abänderung dieser Bestimmungen für das Gebiet des Verwaltungsstrafrechtes ... in einer den Bestrebungen der Jugendfürsorge und dem gerichtlichen Strafverfahren gegen Jugendliche[4035] entsprechenden Weise wünschenswert" erschien.

2. *Zur Rückkehr gemeindebehördlich Ausgewiesener*

Ob und inwieweit das Ausweisungsrecht der Gemeinden dem Schutz der Strafbestimmung des § 324 StG unterstand, war aufgrund der Textierung dieser Bestimmung nicht unumstritten, da § 324 nur von „abgeschafften", nicht aber auch von „ausgewiesenen" Personen sprach, gleichzeitig aber auch festlegte, daß die Abschaffung „aus was immer für Gründen durch die Staats- oder Gemeindebehörden" erfolgt sein konnte. Entgegen der früheren Auffassung, daß gegen das Aufenthaltsverbot verstoßende Ausgewiesene aufgrund der kaiserlichen Verordnung vom 20. April 1854[4036] abzustrafen seien,

---

4033 Entscheidung des OGH vom 9. Juli 1897, Z. 217, Slg. OGH X Nr. 818.

4034 Entscheidung des OGH vom 10. November 1924, Os IV 401/24, Slg. OGH IV Nr. 109.

4035 Der Oberste Gerichtshof verwies auf das Gesetz vom 25. Jänner 1919, StGBl. Nr. 46, über die Errichtung von Jugendgerichten und § 19 der Vollzugsanweisung des Staatsamtes für Justiz im Einvernehmen mit dem Staatsamte für soziale Verwaltung vom 23. September 1920, StGBl. Nr. 439, zu dem Gesetze über die Errichtung von Jugendgerichten.

4036 Gemäß §§ 7 und 11 der kaiserlichen Verordnung vom 20. April 1854, RGBl. Nr. 96, wodurch eine Vorschrift für die Vollstreckung der Verfügungen und Erkenntnisse der landesfürstlichen und politischen Behörden erlassen wird. § 7 lautete: „Ist im Wirkungskreise der politischen oder polizeilichen Behörden ein Verbot erlassen worden, ... so haben die betrefbestimmte allerdings das Gesetz vom 22. Oktober 1862[4037], wodurch die Zuständigkeit der Gerichte und der Polizeibehörden über die im Strafgesetz geregelten Übertretungen festgelegt wurde, daß die Strafgerichte auch über die Abstrafung von Revertenten, welche aufgrund von Erkenntnissen der Sicherheits- und Gemeindebehörden ausgewiesen worden waren, zu urteilen hatten.

1867 stellten auch die Ministerien des Innern und der Justiz[4038] sowie der Oberste Gerichtshof[4039] fest, daß das Ausweisungsrecht der Gemeinden wie die gerichtliche oder polizeiliche Abschaffung unter strafrechtlichem Schutz stehe. Folglich beging auch derjenige, der von der Gemeindebehörde auf der Grundlage der Gemeindegesetze ausgewiesen worden war, im Falle seiner Rückkehr in das Gemeindegebiet das Delikt der Reversion gemäß § 324 des Strafgesetzes. Obwohl nach Ansicht der Ministerien und des Obersten Gerichtshofes nicht nur das polizeiliche, sondern gleichfalls das den Gemeinden im Reichsgemeindegesetz und in den Landesgemeindegesetzen eingeräumte Ausweisungsrecht durch § 5 des Gesetzes vom 27. Oktober 1862 keinerlei Beeinträchtigung erfahren hatte, mußte nun allerdings der Strafrichter hinkünftig, wenn er über eine derartige Anklage gemäß § 324 des Strafgesetzes zu entscheiden hatte, nach Ansicht der Ministerien und des Obersten Gerichtshofes prüfen, ob das Ausweisungserkenntnis auch wirklich auf der Grundlage eines Spezialgesetzes ergangen war, damit im Sinne von § 5 des Gesetzes zum Schutze der persönlichen Freiheit die Gesetzlichkeit der Ausweisung eines Auswärtigen aus dem Gemeindegebiet außer Zweifel stand.

In mehreren Entscheidungen bestätigte der Oberste Gerichtshof die Strafbarkeit einer derartigen Reversion nach § 324[4040]. So stellte er am 31. Oktober 1889[4041] in Erledigung einer von der Generalprokuratur zur Wahrung des Gesetzes erhobenen Nichtigkeitsbeschwerde klar, daß „‚Abschaffung' und ‚Ausweisung' zwei gleichwertige Ausdrücke für denselben Begriff" darstellten, nämlich für den an eine Person gerichteten Befehl, einen bestimmten Ort, Bezirk oder ein Kronland zu verlassen und entweder überhaupt nicht mehr oder jedenfalls nicht innerhalb eines bestimmten Zeitraumes

---

fenden politischen oder polizeilichen Behörden zur Durchsetzung dieser Vorschrift unmittelbar gegen diejenigen, welche das Verbot zu übertreten suchen, oder in dessen Nichtbeachtung verharren, die zum Zwecke führenden Vollzugs- und Exekutionsmittel in Anwendung zu bringen, und die für den Fall der Übertretung oder Widersetzlichkeit bestimmte oder in Ermangelung einer ausdrücklichen besonderen Strafsanktion im § 11 festgesetzte Strafe zu verhängen."

4037 Siehe Anm. 357 und 3990.

4038 Erlaß des Ministeriums des Innern an sämtliche Statthalter und Landeschefs vom 25. Dezember 1867, Nr. 21105, womit der Erlaß der Polizeiabteilung des Ministerrats-Präsidiums an die Polizeidirektionen vom 3. Jänner 1868, Nr. 6273 übereinstimmt, LIENBACHER (wie Anm. 353) I, S. 25, auch Normalien-Sammlung (wie Anm. 359) I, Nr. 8.; Justizministerialerlaß vom 18. Dezember 1867, Z. 14.181, an sämtliche Oberstaatsanwälte, vgl. ALTMANN/JACOB (wie Anm. 360) I, S. 788 Anm. 5.

4039 Gutachten des OGH vom 26. November 1867, Z. 10406, Nr. 20 des strafrechtlichen Judikatenbuches, ADLER/KRALL/WALTHER (wie Anm. 361) II, Nr. 1199.

4040 Siehe z.B. die Entscheidung des OGH vom 11. Dezember 1867, Z. 11086, ADLER/KRALL/WALTHER (wie Anm. 361) II, Nr. 1202.

4041 Entscheidung des OGH vom 31. Oktober 1889, Z. 7376, Slg. OGH XI Nr. 1304; siehe auch den Plenarbeschluß des OGH vom 26. November 1867, Z. 10.406 (Judikatenbuch Nr. 20).

dorthin zurückzukehren. Diese Auslegung habe auch, so betonte der Oberste Gerichtshof, „den gewöhnlichen Sprachgebrauch für sich". Tatsächlich wurde aber, wiewohl das Reichsschubgesetz das den Gemeinden aufgrund Art. 3 Abs. 2 des Reichsgemeindegesetzes zustehende Recht der Verweigerung des Aufenthaltes in der Gemeinde als „Ausweisungsrecht" bezeichnet hatte, der Begriff „Abschaffung" weiterhin nicht nur für die gerichtliche Abschaffung nach dem Strafgesetz und für die polizeiliche Abschaffung (im Gegensatz zur bloßen Abschiebung) nach dem Schubgesetz verwendet. Vielmehr wurden, insbesondere auch durch den Verwaltungsgerichtshof[4042], die „Ausdrücke ‚Abschaffung' und ‚Ausweisung' ohne scharfe Unterscheidung zur Bezeichnung desselben Rechtsverhältnisses"[4043] verwendet. Dies folge, so führte der Oberste Gerichtshof aus, auch aus § 5 des Gesetzes zum Schutz der persönlichen Freiheit, der formulierte, daß niemand „außer den durch das Gesetz bezeichneten Fällen aus einem bestimmten Orte oder Gebiete ausgewiesen" werden dürfe. Überdies verwendeten auch die Strafgesetzentwürfe ausschließlich die Bezeichnung „Verweisung", ohne daß „doch ein irgendwie gegründeter Zweifel darüber möglich" sei, daß sich diese Bestimmungen nicht nur auf die Ausweisung (Verweisung) im engeren Sinne, also auf die Landesverweisung durch das Gericht und die Ausweisung durch die Gemeindebehörden, sondern, und nach Ansicht des Obersten Gerichtshofes „gewiß in erster Reihe", auch auf die (polizeiliche) Abschaffung im Sinne des Schubgesetzes bezog. Aufgabe des Strafgesetzes sei es, eine bestimmte Institution (nämlich das Ausweisungs-, Verweisungs- oder Abschaffungserkenntnis), die das Strafgesetz als Landesverweisung bzw. als Abschaffung bezeichnete, strafrechtlich zu schützen, und zwar auch für die Zukunft. Es erschien dem Obersten Gerichtshof unzulässig, der Anwendung des 1852 kundgemachten Strafgesetzes eine Interpretation zugrunde zu legen, „die erst in der neuesten Terminologie des Ausweisungswesens von Gesetzgebung- und Praxis eingeführt" worden war. Da § 324 das Abschaffungsrecht der Gemeinde ausdrücklich hervorhebe und das zur Zeit der Erlassung des Strafgesetzes in Kraft stehende provisorische Gemeindegesetz eine dem Reichsgemeindegesetz von 1862 analoge Bestimmung enthalten hatte[4044], war nach Meinung des Gerichtshofes der Schluß naheliegend, daß im § 324 StG „gerade das im §. 25 des Gemeindegesetzes von 1849 normirte Recht der neu constituirten Ortsgemeinden strafrechtlich geschützt werden wollte". Es sei irrig, in dem in § 324 erwähnten Ausweisungsrecht der Gemeinden nur die Ausnahmsfälle zu sehen, in denen eine Gemeindebehörde als Polizeibehörde zur Fällung von Abschaffungserkenntnissen nach dem Schubgesetz berufen war, denn wenn das Gesetz nur die als politische Behörden fungierenden Gemeindebehörden im Auge gehabt hätte, wäre die explizite Nennung der Gemeindebehörden in § 324 nicht erforderlich gewesen, da die Gemeindebehörde in dieser Funktion ohnedies als „Staatsbehörde" zu qualifizieren war.

Bezüglich der Erfüllung des Tatbestandsmerkmales der „Wiederkehr" nach § 324 läßt sich in der höchstgerichtlichen Judikatur zur Ausweisung aus der Gemeinde ein Wandel feststellen, der wohl zur Vermeidung mancher Härten in der Anwendung der

---

4042 Vgl. z.B. die Entscheidung des VwGH vom 19. Mai 1882, Z. 1085, Slg. VwGH Nr. 1412.
4043 So die Entscheidung des OGH vom 31. Oktober 1889, Z. 7376, Slg. OGH XI Nr. 1304.
4044 Vgl. dazu S. 268, 272 ff.

Strafbestimmungen führte. In seinem Judikat vom 13. Mai 1896[4045] hatte der Oberste Gerichtshof noch in Übereinstimmung mit seinen analogen Judikaten zu Landesverweisung und Abschaffung ausgesprochen, daß solange nicht eine Aufhebung des Ausweisungsbeschlusses vorliege, jede Wiederkehr „in das verschlossene Gebiet, sollte sie auch nur im Durchreisen bestehen oder auf Fahrlässigkeit beruhen", nach § 324 StG gestraft werden müsse[4046]. Wie der Oberste Gerichtshof auch in seiner Entscheidung vom 16. Dezember 1902[4047] betonte, stelle die Übertretung des § 324 ein „reines Verbotsdelikt" dar, weshalb schon die gegen das Verbot vollbrachte Handlung, „obgleich weder eine böse Absicht dabei unterlaufen, noch irgend ein Schaden daraus entstanden" sei, eine Übertretung bildete, wenn sie durch das Gesetz als solche erklärt wurde. Die Tatsache eines nur sehr kurzen Verweilens in der untersagten Gemeinde sei, so der Gerichtshof in der Entscheidung vom 13. Mai 1896, für die Beurteilung des Tatbestandes ohne Belang, da der § 324 schon die „einfache ‚Wiederkehr' ", mit Strafe bedrohe, also von der Dauer des Aufenthaltes gänzlich absehe. Folglich erfülle selbst die „bloße Durchreise durch ein dem Ausgewiesenen verschlossenes Gebiet ... den Begriff ‚Wiederkehr' ..., welcher dem gemeinen Sprachgebrauch gemäß nichts Anderes bedeutet, als das factische Wiederbetreten der zum Gebiete der Gemeinde gehörigen Gemarkung". Einen Wendepunkt dieser Begriffsinterpretation stellte das Erkenntnis des Verwaltungsge-

---

4045 Plenarentscheidung des OGH vom 13. Mai 1896, Z. 5642, Slg. OGH XV Nr. 1960. Der dieser Plenarentscheidung zugrundeliegende Fall zeigt beispielhaft die Konsequenzen einer derartigen Interpretation für die Betroffenen: Die von ihrem Ehemann getrennt lebende 21jährige Anna T. wurde aus ihrer Aufenthaltsgemeinde H. ausgewiesen, weil sie mit Franz W. im Konkubinat lebte und insbesondere der Umstand öffentliches Ärgernis erregte, daß sich Franz W. und sein Sohn Alois W. um die Vaterschaft des Kindes der Anna T. stritten. Wegen wiederholter Rückkehr wurde Anna T. ca. zwei Jahre nach ihrer Ausweisung erstmals abgestraft. Wenige Tage nach dieser Abstrafung begab sich Anna T. erneut in die Gemeinde H. Im Verfahren vor dem Bezirksgericht gab sie an, ihr Dienstherr, bei dem sie als Magd im Dienst stand, „habe sie mit Ochsen, die ihm Franz W. zum Anbaue der Äcker geliehen habe, nach H. geschickt, diesem Auftrage sei sie nachgekommen und habe bei dieser Gelegenheit für ihr Kind, dessen Vater Alois W. sei, Milch geholt". Im Zuge der gegen Schuld und Strafe erhobenen Berufung wendete Anna T. auch ein, sie habe geglaubt, durch den Kauf zweier Grundstücke in H. das Heimatrecht erworben zu haben. Das Berufungsgericht sprach Anna T. von der Anklage frei, weil sie „in dem doppelten Irrthume befangen gewesen sei, daß sie als Magd dem Auftrage ihres Dienstgebers ... nachzukommen habe, zumal derselbe die Verantwortung für ihre Rückkehr nach H. auf sich nehmen zu wollen erklärte, und daß der Abschluß des Kaufvertrages ... die Unwirksamkeit des Ausweisungserkenntnisses herbeigeführt habe". Nach Ansicht des Obersten Gerichtshofes beruhte der Freispruch jedoch auf einem Rechtsirrtum, weil er sich auf den „auf dem Gebiete des Strafrechtes jeglicher Relevanz entbehrenden error juris" der Angeklagten stütze. Anna T. habe den auf ihrer Seite unterlaufenen Irrtum zu vertreten, „der ihre Rückkehr nach H. zum mindesten als eine fahrlässige erscheinen läßt".

4046 FINGER (wie Anm. 632) I, S. 753, bezeichnete diese Ansicht des Kassationshofes als zu weit gehend.

4047 Plenarentscheidung des OGH vom 16. Dezember 1902, Z. 16.990, Slg. OGH N.F. V Nr. 2787. In dem dieser Entscheidung zugrundeliegenden Fall hatte sich der Revertent damit gerechtfertigt, „er sei der Meinung gewesen, daß er in der Gemeinde zwar nicht wohnen, aber arbeiten dürfe".

richtshofes vom 28. Jänner 1905[4048] dar, in dem dieser aussprach, daß das den Gemeinden zustehende Ausweisungsrecht nur die Berechtigung beinhalte, das Wohnen in der Gemeinde, nicht aber auch einen nur vorübergehenden Aufenthalt dortselbst zu verbieten, da den Gemeinden das Ausweisungsrecht „nicht so sehr aus Gründen der Sicherheits- und Sicherheitspolizei, als vielmehr in der Absicht gewährt" worden sei, um ihnen die Abwehr von Ansprüchen auf das Heimatsrecht auf Grund eines längeren Aufenthaltes in der Gemeinde zu ermöglichen. Hieraus folge, daß unter dem von den Gemeindeordnungen verwendeten Begriff „Aufenthalt" nur das Wohnen verstanden werden könne, nicht aber auch ein vorübergehender Aufenthalt. In den Fällen, in denen das Interesse der Gemeinden weiter gehe und „in welchen allenfalls auch Sicherheits- und Polizeirücksichten dafür sprechen, daß einem Auswärtigen auch schon das Betreten des Gemeindegebietes überhaupt verboten werde", bliebe der Gemeinde nur, sich an die nach dem Schubgesetz zur Erlassung solcher Verbote, also zur Fällung von Abschaffungserkenntnissen, zuständige Behörde zu wenden. Daher erfülle die Rückkehr eines Gemeindeverwiesenen in die Gemeinde zu bloß vorübergehendem Aufenthalt nicht den Tatbestand des § 324. Unter Zitierung dieses Erkenntnisses wies der Erlaß des Justizministeriums vom 28. November 1905[4049] die Staatsanwaltschaften an, Anzeigen wegen „eines bloß vorübergehenden, keinen Wohnsitz begründenden Verweilens" zurückzulegen und keine Verfolgung wegen Übertretung nach § 324 StG mehr einzuleiten. Den Sicherheitsbehörden wurde aufgetragen, in solchen Fällen von der Erstattung einer Anzeige Abstand zu nehmen[4050]. Diese für die Fälle der Rückkehr von Gemeindeausgewiesenen gemilderte Interpretation des Tatbestandsmerkmales „Wiederkehr" fand in der Folge auch Eingang in die Judikatur des Obersten Gerichtshofes[4051].

7. *Entwürfe zu einem neuen Strafgesetzbuch*

Die Entwürfe der Jahre 1874 bis 1893[4052] schlossen weitestgehend inhaltlich an die bisherige Rechtslage an, indem sie vorsahen, daß jemand, der durch ein rechtskräftiges

---

4048 Erkenntnis des VwGH vom 28. Jänner 1905, Z. 982, Slg. VwGH Nr. 3269 (A.).

4049 Erlaß vom 28. November 1905, Z. 21517, Normalien-Sammlung (wie Anm. 359) IV, Nr. 5593, S. 210 Anm. 2.

4050 Erlaß vom 11. Dezember 1905, Z. 53874, Normalien-Sammlung (wie Anm. 359) IV, Nr. 5593, S. 210, ALTMANN/JACOB (wie Anm. 360) I, S. 789 f.

4051 Siehe die Entscheidungen des OGH vom 17. November 1909, Kr II 387/9, Slg. OGH N.F. XII Nr. 3663, und vom 29. März 1926, Os 193/26, Slg. OGH VI Nr. 39; vgl. auch die Entscheidung vom 17. November 1910, Kr. VII 82/10, Slg. OGH N.F. XIII Nr. 3780.

4052 § 420 des Entwurfes von 1874, Nr. 221 der Beilagen zu den Sten. Prot. des AH, VIII. Sess., S. 95; § 412 des Ausschußentwurfes eines neuen Strafgesetzes nach den Beschlüssen des Abgeordnetenhauses, Nr. 704 der Beilagen zu den Sten. Prot. des AH, VIII. Sess., S. 208; § 419 der Regierungsvorlage 1881, Beilage Nr. 392 zu den Sten. Prot. des AH, IX. Sess., S. 114; § 424 der Regierungsvorlage 1889, Nr. 822 der Beilagen zu den Sten. Prot. des AH, X. Sess., S. 115; § 434 des Ausschußantrages 1889, Nr. 916 der Beilagen zu den Sten. Prot. des AH, X. Sess., S. 215; § 438 der Regierungsvorlage 1891, Nr. 210 der Beilagen zu den Sten. Prot. des AH, XI. Sess, S. 120; § 430 des Ausschußantrages 1893, Nr. 709 der Beilagen zu den Sten. Prot. des AH, XI. Sess., S. 239.

Erkenntnis[4053] aus einem Ort, Bezirk, Land oder aus dem ganzen Geltungsgebiete dieses Gesetzes verwiesen worden war und während der Zeit, für welche die Verweisung galt, ohne behördliche Erlaubnis dahin zurückkehrte, mit Haft zu bestrafen sei. War der Schuldige auf bestimmte Zeit verwiesen, so durfte in diese die Zeit des unbefugten Aufenthaltes sowie die Zeit seiner Untersuchungs- und Strafhaft nicht eingerechnet werden. Überdies war in dem wegen verbotener Rückkehr zu fällenden Straferkenntnis auszusprechen, bis zu welchem Zeitpunkt die frühere Verweisung noch fortzudauern habe. Seit dem Ausschußantrag von 1889 enthielten die Entwürfe überdies noch die Bestimmung, daß gegen den wegen verbotener Rückkehr Verurteilten zusätzlich auf Anhaltung zur Arbeit und auf Verschärfung der Freiheitsstrafe erkannt werden könne.

Ebenfalls eine Variation in der Bestrafung sah die Regierungsvorlage von 1912[4054] vor, indem sie bestimmte, daß derjenige, der ohne Erlaubnis der öffentlichen Behörde in ein Gebiet, aus dem er verwiesen war, zurückkehrte oder daselbst verweilte, mit Gefängnis oder Haft bis zu drei Monaten oder mit Geldstrafe bis zu tausend Kronen zu bestrafen sei. Dem wiederholt rückfälligen Täter war Gefängnis von einer Woche bis zu sechs Monaten angedroht. Der Entwurf blieb also beim bisherigen Strafmaß, ließ aber neben dem Gefängnis oder der Haft wahlweise die Geldstrafe zu. Um das Rückkehrverbot nicht zu einem ausnahmslosen zu gestalten, wurde auch in diesem Entwurf die Möglichkeit einer Erlaubnis zur Rückkehr offengehalten[4055]. An diese Regierungsvorlage knüpfte auch der Entwurf von 1927 an, der denjenigen, der das Delikt des „Verweisungsbruches" beging, also der Verweisung aus dem Gebiet des Bundes, eines Landes, eines Bezirkes oder einer Gemeinde zuwiderhandelte, mit Gefängnis bis zu sechs Monaten oder mit Geldstrafe bedrohte[4056].

4053 Der Glasersche Entwurf beinhaltete in seinem § 420 noch zusätzlich die Formulierung „einer hierzu berufenen Behörde", vgl. Nr. 221 der Beilagen zu den Sten. Prot. des AH, VIII. Sess., S. 95.

4054 § 202, Nr. 90 der Beilagen zu den Sten. Prot. des HH, XXI. Sess., S. 56.

4055 Vgl. die erläuternden Bemerkungen der Beilage Nr. 90 zu den Sten. Prot. des HH, XXI. Sess., S. 211.

4056 § 167 der Vorlage der Bundesregierung vom 8. November 1927, Nr. 49 der Beilagen des Sten. Prot. des Nationalrates, II. GP.

SCHLUSSABSCHNITT

I. Zeitgenössische Kritik am Ausweisungsrecht

„Überall, wo man einen prüfenden Blick in die überbrachten Verwaltungs-Institutionen hineinwirft", so urteilte Carl Jaeger 1868[4057], „tritt das Charakteristische unserer alten Verwaltung - ein gewisses Verdecken, Vertuschen, Wegwälzen, Hinausschieben hervor. Man scheut sich, dem Übel auf den Grund zu gehen". Tatsächlich stellte das Ausweisungsrecht stets nur ein Mittel der Symptombekämpfung dar, ohne daß man an Zuständen und Einrichtungen, welche die Ausweisung nach sich zogen, tiefgreifende Reformen vorgenommen hätte. Abgesehen vom Mißbrauch des Ausweisungsrechtes für politische Zwecke[4058] wurde insbesondere die massive Einschränkung der Freizügigkeit bzw. der Niederlassungsfreiheit durch das Ausweisungsrecht kritisiert. Nichts habe, so Alois Zucker[4059], „unsere ganze Verfassungsgesetzgebung in einen so betrübenden ..., in einen so wohlverdienten Misscredit gebracht, als jene Methode, nach der man ohne vieles Besinnen manche Gesetze schuf, durch welche die Rechtswirksamkeit eines Principes aufgehoben wurde, das man ganz kurz zuvor feierlich urbi et orbi als ein staatsgrundgesetzlich verbürgtes verkündet hatte. Mit diesem Zuge der Unaufrichtigkeit, der das, was er mit der einen Hand scheinbar freigebig spendete, fast unmittelbar darauf mit der andern Hand, wenn nicht zur Gänze, so doch zum guten Theile wegnimmt, oder doch wesentlich verkürzt", könne sich „eine neu heranziehende Epoche nicht befreunden"[4060].

Aber nicht nur die Einschränkung der staatsgrundgesetzlich gewährleisteten Rechte, sondern auch die Verknüpfung der Armenfürsorge mit dem Heimatrecht standen im Vordergrund der zeitgenössischen Kritik, die hier an einigen Beispielen skizziert werden soll.

4057 Carl JAEGER, Etwas über die heutige Vagabundenpolizei, in: Österreichische Zeitschrift für Verwaltung I (1868), Nr. 48, S. 189.

4058 Vgl. dazu S. 379 ff.

4059 ZUCKER (wie Anm. 354), S. 87 f.

4060 Das Schubgesetz sei ein „legislatorischer Fehlgriff", ebd., S. 90. „Je strenger und entschiedener man gegen jene Staatsbürger vorgehen zu dürfen" glaube, „von deren socialer Gefährlichkeit man überzeugt sein will, desto ängstlicher und gewissenhafter müssen gerade *ihnen* gegenüber die allgemeinen Rechtsgrundsätze gewahrt werden, die sich die Gesellschaft selbst zu geben einmal entschlossen hat". „Gerade diesen Gegnern" dürfe „kein gerechtfertigter Anlass zur Klage über eine ihnen zugefügte Verkürzung ihrer Rechte gegeben werden".

1. Zur Kritik an der armenrechtlichen Abschiebung

Die Kritik an der Institution der Abschiebung von verarmten Personen in ihre Heimatgemeinden war aufgrund des Zusammenfalls von Armenversorgungsanspruch und Heimatberechtigung in einer bestimmten Gemeinde naturgemäß engstens mit einer Kritik am Heimatrecht verbunden. So stellte bereits im Jahre 1863 der steirische Abgeordnete Moritz von Kaiserfeld anläßlich der parlamentarischen Behandlung der Regierungsvorlage betreffend ein neues Heimatgesetz fest[4061], daß es sich bei der Heimatrechtsfrage „weniger um eine Geschichte des Gemeindewesens" handle, „als um Gerechtigkeit gegen Millionen unserer Mitbürger, welche nichts anderes besitzen als das Recht, ihre Arbeit und Kraft dort zu verwerthen, wo sie es am lohnendsten für sich thun zu können glauben, um Gerechtigkeit für Millionen Arbeiter und Arme – denn für die Reichen und Glücklichen der Erde werden Heimatgesetze nicht gemacht". Er erblickte in einer Heimatgesetzgebung, welche „blos in einseitiger Rücksicht auf eine gefürchtete Gefahr für die Gemeinden" der Erwerbung von Heimatrechten Hindernisse in den Weg legte, „welche den Arbeiter bei der geringsten Veranlassung und nach einem noch so langen Aufenthalte mit der Gefahr der Ausweisung bedrohte", einen großen Nachteil für den wirtschaftlichen Fortschritt und eine Gefahr für Gesellschaft und Staat. Die Heimatgesetzgebung und das „damit immer im Zusammenhang stehende Ausweisungsrecht gegen das Individuum" hindere die „freie Bewegung der Arbeitskräfte" und riefe dadurch jene Zustände hervor, „welchen dann die Armengesetzgebung wieder abzuhelfen bestimmt" sei. Durch eine „ungeschickte Heimatgesetzgebung" würde der Arbeiter „bei dem Eintritte einer auch nur vorübergehenden Hilfsbedürftigkeit[4062] aus Verhältnissen gerissen ..., an die er sich gewöhnt hat, in welchen er Arbeit und Erwerb gefunden, in welchen er Freunde besitzt" und in „andere Verhältnisse zurückgeworfen ..., denen er längst entfremdet ist, in welchen er keine Freunde, keine Verwandte vielleicht mehr hat, und in welchen ihm die öffentliche Unterstützung nur karg und stets widerwillig zugemessen" würde. Er forderte eine Reform auf der Grundlage der Freizügigkeit, die ein „staatsbürgerliches Recht auch des Ärmsten" sei und die nicht darin bestünde, „daß ich eben überall hingegehen und mich überall niederlassen kann, sondern darin seinen eigentlichen Werth hat, daß ich nach einer bestimmten Zeit und nach einem bewiesenen Wohlverhalten nicht mehr ausgewiesen werden kann, auch nicht aus

---

4061 Sten. Prot. des AH, II. Sess., 22. Sitzung am 9. Oktober 1863, S. 337.

4062 „Würde momentan beigestanden", so STEINER (wie Anm. 235), S. 43 f., „so ließe sich nach Beseitigung des Zwischenfalles wieder Erwerb suchen. Solche momentane Aushilfe zu verlangen, darf aber der Nichtzuständige nicht wagen, weil er sich sonst der Abschiebung aussetzt. ... Es bleibt ihm also nichts übrig, als zu betteln, weil er als Nichtzuständiger um jeden Preis sich im Besitz eines Unterhaltes halten muß, um nicht als unterstandslos polizeilich abgeschoben zu werden. ... Durch den Bettel kommt er körperlich herab und wird für jeden Arbeitgeber weniger annehmbar. Schließlich fällt er dennoch dem Gemeinwesen zur Last, sei es als Kranker bezüglich der Spitalpflege oder als Schübling bezüglich der Schubkosten oder als Verbrecher bezüglich der Arrestkosten. Durch eine mäßige, aber hinreichende Aushilfe zu Beginn seiner Bedrängnis hätte der Verarmung gesteuert werden können ..., aber dafür gibt es ... kein Budget, kein Gesetz; man begnügte sich mit der ultima ratio, dem Schub."

dem engherzigen Grunde der Gefahr der Verarmung"[4063]. Im „Gesetze vom Jahre 1754" sei eine „bedeutend größere Garantie für die Freizügigkeit des gemeinen Mannes" gelegen gewesen als in den „gegenwärtigen Gesetzen"[4064].

Auch Maximilian Steiner[4065] konstatierte im Jahre 1880, daß zur „Lösung der socialen Frage" nicht geschritten werden könne, „so lange die Armenpflege in der Hand der Gemeinden" bliebe, da sich diese „Aufgabe der Gemeinde zu einer unmöglichen qualificiert" habe[4066], „seit die Verkehrsverhältnisse der Neuzeit das Recht der Freizügigkeit überall einbürgerten". Das „Heimatrecht und mit demselben die Beschränkungen der Armenpflege auf Heimatsberechtigung" ließe sich nun nicht länger mit der Freizügigkeit vereinbaren. Man glaube zwar in Österreich, „diese Schwierigkeit ignorieren zu dürfen", die Gemeinden aber seien freilich „nicht in der Lage, sie zu ignoriren, sie befinden sich fortdauernd in dem Dilemma, entweder die nicht heimatberechtigten Armen verhungern zu lassen oder sie polizeilich abzuschieben, wodurch deren Verarmung bis zum vollständigen Untergange fortgebildet wird"[4067]. Deshalb sähen sich insbesondere die größeren Gemeinden nicht selten gezwungen, aus polizeilichen oder humanitären Rücksichten nicht heimatberechtigte Arme dennoch zu unterstützen und daher mehr als ihre Pflicht zu tun, während es gleichzeitig an Mitteln fehle, „auch nur

---

4063 Ebd., S. 340. „Die Freizügigkeit gibt dem Individuum das Recht, überall seine Kräfte zu verwenden und seine Arbeit zu suchen, überall sich niederzulassen, überall seinen Wohnsitz aufzuschlagen; sie gibt dem Individuum ferner das Recht, zu fordern: daß er aus dem Orte, wo er wohnt, nicht aus frivolen Gründen ausgewiesen wird, und daß ihm der Aufenthalt nicht an beschränkende Bedingungen gebunden werde; sie gibt ihm das Recht zu fordern, daß die Erwerbung von Heimatrechten nicht erschwert, sondern daß sie erleichtert werde, daß er daher nach Ablauf eines bestimmten Zeitraumes, von welchem man annehmen kann, daß das Individuum in dieser Zeit durch die Arbeit, die es geleistet, durch den Erwerb, den es gefunden, durch die Verbindungen, die es geknüpft hat, nicht mehr fremd ist, auch von der Gemeinde als Einheimischer durch das Gesetz anerkannt, vor jeder Ausweisung geschützt und im Falle der Verarmung auch unterstützt werde. Die Freizügigkeit des Individuums kann endlich fordern, daß auch vor Verlauf dieser Zeit eine Ausweisung nicht selbständig durch die Gemeinde erfolge, sondern, daß im Falle einer Collision zwischen den staatsbürgerlichen Rechten des Individuums und zwischen den Interessen der Gemeinde der Staat es sei, welcher Recht gewähre und Schutz verleihe", ebd., S. 341.

4064 Ebd., S. 339.

4065 STEINER (wie Anm. 235), S. 8 f.

4066 Es verstünde sich von selbst, daß „nur der Staat die Mittel besitze, die Verarmung zu bekämpfen". Die Staatsverwaltung könne „gleiche Ziele leichter und vollständiger erreichen" als eine „Einzelcorporation". Nur dem Staat sei es möglich, „die Armenfrage als ein Ganzes aufzufassen und organisch zu behandeln, während die Gemeinde, insbesondere die kleine Gemeinde, sich in Einzelbehandlungen zersplittern und dadurch ihre Mittel unwirtschaftlich vergeuden muß", und je kleiner die Gemeinde, „desto größer wären die Theilerfordernisse für diese einzelnen Aufgaben und umso schwerer sind die einzelnen Aufgaben zu erfüllen", STEINER (wie Anm. 235), S. 6 ff. In der Einrichtung eines Unterstützungswohnsitzes liege daher „ein großer Fortschritt im Vergleich zu der hierländischen, an die Heimatsberechtigung geknüpften Armenpflege", ebd., S. 14.

4067 Die „in's Wanken gebrachte Humanität" stehe „täglich vor dem unlösbaren Zweifel, ob sie sich des nicht zuständigen Armen entledigen oder denselben verhungern lassen soll", STEINER (wie Anm. 235), S. 10.

die Pflicht stricte zu erfüllen". Wo aber die Kommune sich in den Schranken ihrer pflichtgemäßen Armenpflege hielte, ließen sich „die Consequenzen der Freizügigkeit nur durch brutale Gewalt aufheben, indem man die nicht heimatberechtigten Armen entweder per Schub in ihre Heimatsgemeinde zurückschickt oder indem man sie ohne Unterstützung darben läßt". „Bringt man die Familie zwangsweise in ihre Heimat", so Steiner weiter, „was soll dort ihr Loos sein? Häufig sind die Heimgebrachten, wenn auch dort geboren, seit Jahrzehnten den Insassen entfremdet. Sie haben während der Zeit der Arbeitsfähigkeit oder des Wohlstandes ihre Kräfte und ihr Geld anderwärts verwendet, nun kehren sie als Last in ihre Gemeinde zurück. Diese letzte befindet sich häufig nicht in der Lage, ihre Armen zu versorgen, ist noch häufiger nicht gewillt, dies zu thun[4068]. Die Heimgekehrten sind auf den Bettel oder auf die unbefugte Rückkehr nach ihrem früheren Aufenthalt angewiesen. Zurückgekehrt fallen sie dem Elende vollständig zum Raube oder sie kommen mit dem Strafgesetz in Collision. Aus der Familie, welche wenige Wochen früher noch durch Zutheilung von Arbeit zu einem relativen Wohlstand hätte gehoben werden können, ist eine Familie von Kranken und Sträflingen geworden, nachdem sie dem Staate Schubkosten verursacht hat, die hingereicht hätten, Monate lang ihr Leben zu fristen". Dies qualifizierte Steiner als „Straußenpolitik"[4069].

Nach Redlich[4070] mache sich der Zustand, der durch die „völlig verfehlte Gesetzgebung von 1863" geschaffen worden sei, überdies „in der staatlichen Administration an allen Ecken und Enden als Hemmung und Reibungswiderstand gegen rasche und sichere Verwaltungstätigkeit geltend". Man könne sich „nicht leicht eine grössere Zeit- und Kraftverschwendung denken, als jene, die dem österreichischen Verwaltungsbeamten täglich durch die endlosen Heimatsstreitigkeiten aufgebürdet" würde. Da jeder Mensch in Österreich ein Heimatrecht besitzen mußte und „höchst selten ein Versorgungsbedürftiger ein solches innerhalb der letzten 30 Jahre neuerworben" hatte, mußten unter Umständen weit zurückliegende heimatrechtserzeugende Fakten erforscht werden. „Da werden denn", so Redlich, „unglaublich weitwendige Untersuchungen historisch-genealogischer Art getrieben, die oft ein Jahrzehnt und noch länger andauern"[4071], während

4068 „Man läßt ihn [den Abgeschobenen] hungern, chicaniert ihn, um ihn zur baldigen Wiederabreise zu drängen. Nicht selten gewährt man ihm sogar Unterstützung unter der Bedingung, daß er wieder abreise", ebd., S. 45.

4069 Ebd. S. 9, führte weiter aus, daß man sich „den leicht erkennbaren Folgewirkungen der Verarmung, welche wirtschaftlich verhängnißvolle Zustände heraufbeschwören", verschloß. „Während eine Familie verarmt, pflegt sie den Gewerbsgenossen die gefährlichste Concurrenz zu bereiten; sie drückt den Arbeitslohn oder die Productionsbedingungen herab; sie concurrirt um Wohnungen der niedrigsten Kategorie; sie dient als Ansteckungsherd und als Quelle sanitätlicher Mißstände. Die Communalverwaltung nimmt davon keine Notiz bis die Verarmung soweit gediehen ist, daß der Schub zulässig erscheint. In sehr vielen Fällen unterläßt aber die Communalverwaltung auch dann einzuschreiten, sondern zieht es vor die Uebelstände fortbestehen zu lassen, weil sie die Anwendung von Gewalt gegen nicht zuständige aber gut beleumundete Familien gerne vermeidet oder auch weil sie über deren Verhältnisse gar nicht unterrichtet ist".

4070 REDLICH (wie Anm. 163), S. 569.

4071 „In dem ganz formlos geführten Prozesse, den zuerst die Gemeinden, dann die Behörden erster Instanz, dann die Landesregierungen miteinander führen, bis der Streitfall endlich im

die Gemeinden zur „Selbsthilfe" schritten und den Armen in jene Gemeinde abschoben, „die trotz allen Leugnens als die Heimatgemeinde betrachtet" wurde. So käme es täglich vor, daß Personen in ihren Heimatort abgeschoben wurden, „in welchem sie niemand kennt, wo eine ganz andere Sprache geredet wird: so z.B. wenn jemand, dessen Vater bereits in eine deutsche Stadt eingewandert ist, nun plötzlich in ein böhmisches oder galizisches Dorf abgeschoben wird".

Auch Scapinelli kritisierte, daß „unzählige Male vor dem Inslebentreten der Heimatgesetznovelle arme hilfsbedürftige Leute, welche in einer Gemeinde oft die ganze Zeit ihres Lebens rastlos tätig waren, dortselbst geschäftliche Beziehungen angeknüpft und von ihrem Erwerbe Steuer entrichtet hatten, im hohen Alter infolge Verarmung aus ihrer eigentlichen und *wirklichen* Heimat, in der sie sich heimisch gefühlt und gelebt und gewirkt hatten, herausgerissen" worden waren, um in ihre rechtliche Heimat abgeschoben zu werden, die sie oft gar nicht gekannt hatten, ja deren Sprache sie manchmal gar nicht verstanden"[4072]. Für Rauchberg[4073] war daher das Aufenthaltsrecht, wie es das Heimatgesetz von 1863 bot, „ein wahres Danaërgeschenk, weil daraus, daß es nur in der Heimatgemeinde unentziehbar war, e contrario folge, daß es in jeder anderen Gemeinde unter bestimmten Umständen entzogen oder beschränkt werden könne" Dies sei „also nicht etwa die Durchführung, sondern eine weitgehende und sehr bedenkliche Einschränkung des staatsgrundgesetzlich gewährleisteten Rechtes der Freizügigkeit". Vom „Standpunkt des Aufenthaltsrechtes und der Freizügigkeit aus" bedürfe es „somit der gegenwärtigen heimatsrechtlichen Formen überhaupt nicht. Wenn dieselben fallen, so entfallen allerdings Abschaffung und Abschiebung, viel gebrauchte Werkzeuge polizeilicher Verwaltungskunst. Allein dieselben stehen mit dem Grundsatze der Freizügigkeit in unlöslichem Widerspruche und müssen daher aufgegeben werden, wenn anders derselbe ernstlich verwirklicht werden soll. Daß man ohne diese von der

---

Ministerium oder im Verwaltungsgerichtshof erledigt wird, türmen sich gewaltige Aktenstöße auf, werden Gemeindearchive durchgeforscht, ‚Gedenkmänner' darüber einvernommen, ob etwa der N.N., dessen Heimatrecht in ‚Frage gekommen', sich in den Jahren 1830-35 als herrschaftlicher Viehhirt in dieser oder jener Gemeinde aufgehalten habe, wobei dann noch zu erwägen steht, ob dies eine ‚stabile Bedienstung' im Sinne des Konskriptionspatentes von 1804 gewesen, u.s.w.u.s.w.".

4072 SCAPINELLI (wie Anm. 150), S. 5. Auch z.B. REICHER (wie Anm. 197), S. 8, kritisierte, daß jemand infolge langjährigen Aufenthaltes in einem Ort sich den „Mittelpunkt seiner ganzen Lebensverhältnisse dort geschaffen", in diesem Ort „seine tatsächliche Heimat gefunden" haben mochte und doch sich des ungestörten Aufenthaltes daselbst nicht sicher sein konnte, „sondern es wird schon eine mehr oder minder geringe Störung seiner Erwerbsfähigkeit und infolgedessen auch eine nur vorübergehende Hilfsbedürftigkeit oder ein polizeilicher Anstand zum Anlaß genommen, um diesen Menschen aus seinen gewohnten Lebensverhältnissen herauszureißen, ihn dem Kreise seiner Familie und seiner Bekannten zu entziehen und ihn in eine Gegend zu verschlagen, die wohl seine gesetzliche Heimat ist, in der er aber fremd ist nach Sitte und Sprache, wo er ohne Bekannte und Angehörige dasteht, die sich seiner annehmen, wo auch sein Name vielleicht bereits vergessen ist. Nur der Zwang zwingt die Gemeinden, den Fremden oder fremd Gewordenen aufzunehmen und ihm die Thore zu öffnen. Die Bezeichnung dieses ganzen Verhältnisses des Zwanges mit dem Namen ‚Heimat' klingt wie Ironie."

4073 RAUCHBERG (wie Anm. 137), S. 87 f.

hergebrachten Routine überschätzten Behelfe auskommen kann, erhellt ja übrigens schon daraus, dass dieselben auch jetzt den in der Aufenthaltsgemeinde heimatsberechtigten Personen gegenüber versagen".

Was die Verknüpfung von Heimatrecht und Armenpflege anbelange, so zeige sich nach Rauchberg[4074] klar die „Unhaltbarkeit des gegenwärtigen Zustandes". Durch die Abschiebung würde einerseits eine sinnvolle präventive Armenpflege am Wohnsitz unmöglich gemacht, andererseits verursache der „Transport des Verarmten nach der Heimatgemeinde nicht nur Kosten", sondern es würden „auch die Bande gelöst, die ihn mit seiner bisherigen Umgebung, der wirklichen Heimat, verbinden, und die vielleicht noch die Möglichkeit der wirtschaftlichen Consolidierung und Rettung der selbständigen Existenz in sich schlossen. Das Aufenthalts- und Freizügigkeitsrecht wird dadurch für die vom Schicksal ohnedies hart Betroffenen vollkommen illusorisch gemacht. Der Heimatgemeinde aber ist der Arme vielleicht seit langem entfremdet, ja er mag nie in ihr geweilt haben. Sie empfindet die Versorgungspflicht als eine schwere Last, besonders dann, wenn verhältnismässig viele ihrer Angehörigen ihren Erwerb in der Ferne suchen, und die Zahl der verarmt Zurückkehrenden sich mehrt. Man braucht die Armenversorgung keineswegs als Äquivalent für geleistete gesellschaftliche Dienste aufzufassen, man kann in ihr eine absolute gesellschaftliche Verpflichtung erblicken und wird doch zugeben müssen, daß die Vertheilung der damit verbundenen gesellschaftlichen Lasten eine ungerechte ist, wenn in Folge des zurückgebliebenen Zustandes der Heimatsgesetzgebung die Gemeinden in weitem Unfange Arme zu übernehmen haben, welche die productive Periode ihres Daseins anderwärts verbracht haben, und dort, wo sie sich abgenützt haben, nicht über Wasser gehalten worden sind. Dazu kommt noch, daß die Zuzugsgebiete die wirtschaftlich aufstrebenden und leistungsfähigen, die Wegzugsgebiete eben diejenigen sind, welche die einheimische Bevölkerung nicht oder vergleichsweise kümmerlicher zu erhalten vermögen. Desto härter trifft sie die Armenlast, welche durch die Rückströmung aus jenen reichen Gegenden veranlaßt wird. Es ist das höchste gesellschaftliche Unrecht, daß der eine Teil der Gemeinden die Früchte der wirtschaftlichen Tätigkeit der Angehörigen anderer genießt, dieselben aber zur Tragung aller öffentlichen Lasten heranzieht, sie dann aber, wenn ihre Arbeitskraft erlahmt, mit ihren Unterstützungsansprüchen an jene Gemeinden weisen darf, deren Wirtschaftsorganismus sie vielleicht nie angehört haben, und wegen dessen enger Begrenzung und geringer Ausgestaltung oft wohl nicht angehören konnten. In solchen Fällen wirken die Unzulänglichkeit der Mittel, der Mangel an persönlichen Beziehungen und persönlicher Theilnahme, wohl auch das Gefühl ungerechter Belastung dahin zusammen, um die Armenversorgung auch in subjectiver Hinsicht doppelt drückend zu machen."

Aber auch die verzweifelten Versuche vieler Menschen, den Konsequenzen der Verbindung von Heimatrecht und Armenfürsorge zu entgehen, finden vielfach Erwähnung. „Vergegenwärtigen wir uns nur die traurigen Folgen, welche diese Armenpflege nach sich zieht", schrieb Rudolf Kobatsch 1893 in seiner Studie über die Armenpflege in Wien, da „heiratet ein sonst rechtschaffener Mann nicht das Mädchen, welches er liebt, mit dem er ‚lebt', weil es und damit die Kinder sonst die kostbare Zuständigkeit

4074 RAUCHBERG (wie Anm. 205), S. 170 f.

nach Wien verlören"[4075]. Eduard Sueß berichtete in seinen Erinnerungen[4076], daß sich in der Kanzlei des vom Kohlenindustriellen Wilhelm von Gutmann 1876/77 gegründeten philantrophischen Vereines, dessen Aufgabe es sein sollte, „sinkende Familien aufrecht zu halten", folgende Geschichte abgespielt habe: „Eine arme Frau erscheint. Sie hat fünf uneheliche Kinder. Der Beamte macht darüber eine leise Bemerkung. Sie sagt, sie sei ein braves Weib, alle Kinder seien vom selben Vater. Man fragt, warum sie ihn nicht heirate. Sie dürfe nicht, sagt sie; er sei ein Dalmatiner. Wenn er stürbe, würde sie samt den Kindern in die Fremde abgeschoben; ohne Ehe bleibe ihnen dagegen die gute Armenversorgung von Wien". Dies sei, so Sueß, „eine gesetzliche Prämie gegen die Ehe". Sueß erinnert sich weiter, daß ihm die „Sache ... so unglaublich" schien, daß er sich „um weitere Belehrung" an die Polizeibehörde wandte. Über sein dortiges Erlebnis berichtet er: „Man führte mich in das Detentionshaus zu St. Theobald. Ich trat in einen weiten, wenig beleuchteten Raum. Zu meiner Linken befand sich ein Tisch. An diesem saßen zwei nette Kinder ... und zwischen ihnen eine dunkle weibliche Gestalt, niedergebeugt auf den Tisch, die bedauernswerte Mutter. Sie begrub ihr Gesicht, und als der Beamte selbst tief ergriffen, ihr Trost zusprechen wollte, schluchzte sie tief, aber sie richtete den Kopf nicht auf. Sie war eine Wienerin, die Witwe eines aus Galizien ausgewanderten Erwerbsmannes, eines Klempners, und dorthin sollte sie jetzt mit ihren Kindern in Begleitung von Dirnen und Vaganten abgeschoben werden, in die weite, unbekannte, fremde Ferne, losgerissen von allem, was ihr im Leben lieb geworden, von allen kleinen Erwerbsgelegenheiten der Heimat, die Zukunft der Kinder zerschnitten". Heftig kritisierte Sueß die Haltung der Landtage 1881 angesichts dieser „entsetzlichen Zuständ[e]". Man habe die Landtage umsonst gewarnt, „als eine Interessenvertretung so viel Grausamkeit zu zeigen", und vergebens darauf aufmerksam gemacht, daß selbst das „im Berufe verhärtete Herz des Polizeibeamten ... im Angesichte solcher Barbarei" erbebe. Einer abgeschobenen Witwe sei sogar von der Dorfgemeinde, „in welcher der Schub sie abgesetzt" hatte, nicht einmal gestattet worden, aus dem Gemeindebrunnen zu trinken, „um kein Präjudiz zu schaffen". „Das war", so Sueß, „das Maß der vielgerühmten christlichen Liebe im frommen Landvolke".

Noch heftiger war freilich die Kritik an diesen Zuständen von Seiten der Sozialdemokratie. So liest man etwa in der Agitationsausgabe über das neue Heimatgesetz von 1896: „Österreich hält man im Auslande vielfach für einen recht freisinnigen Staat. Unsere Staatsmänner und Gelehrten prunken gern mit unserer Socialreform und mit unseren Staatsgrundgesetzen. ... Wir Österreicher selber wissen ja seit lang, daß all der Fortschritt und der Freisinn und die Socialreform nur Geflunker ist, und daß unter der Kruste der Barbar steckt. Neben der Verfassung haben wir den gesetzlichen Verfassungsbruch, neben der staatsgrundgesetzlich gewährleisteten Freizügigkeit das Vagabundengesetz mit dem Schubwagen und in unserem ‚geliebten' Vaterland – keine Heimat. ... Welche Folgen diese Zustände für die Arbeiter hatten; wie der Schubwagen Beschäftigung hatte; wie die durch eine Krise arbeitslos gewordenen Proletarier von der Gendarmerie auf den Landstraßen und in den verlausten Schubarresten herumgejagt; wie die alten, ausgemergelten Proletarier, nachdem sie mit ihrem Mark und Muskel den Reich-

---

4075 KOBATSCH (wie Anm. 802), S. 17.
4076 SUESZ (wie Anm. 2389), S. 331 ff.

tum der großen Stadt mitbauen geholfen, dann nach gethaner Arbeit in ihr Heimatdorf abgeschoben wurden, das sie nie gesehen und dessen Sprache sie nicht verstehen; wie streikende Arbeiter mit dem Schubwagen behandelt wurden: das zu schildern ist hier nicht der Platz, durch die Arbeiterblätter werden künftigen Jahrhunderten diese Documente der Schmach unserer Zeit aufbewahrt“[4077].

2. Sonstige Kritik

A. Gemeindebehördliche Ausweisung

Nicht genug damit, so bemerkte Redlich[4078], „daß der staatlichen Polizeibehörde die Schubgesetze zur Verfügung stehen, wird auch der Gemeinde im ‚natürlichen Wirkungskreise‘ eine Art von Ostracismus gegen Insassen eingeräumt“ und diese Bestimmung und die Art ihrer Handhabung“ habe dazu beigetragen, „die besitzlosen Klassen in Österreich die ganze Härte des geltenden Heimatrechtes fühlen zu lassen“.

Nach Sousek[4079] hatte diese „vom Gesetzgeber vergessene, veraltete und von der Judikatur unnatürlich erweiterte Institution ... nicht nur ihren Zweck eingebüßt“, sondern stünde außerdem „gegenwärtig mit dem Geiste der neueren Gesetze und namentlich des Staatsgrundgesetzes über die allgemeinen bürgerlichen Rechte im direkten Widerspruche. Denn wo ist der Wert dieser Gesetze, wenn es möglich ist, daß vielfach aus nichtigen Gründen die materielle Existenz von tausenden Staatsbürgern bedroht wird, welche nichts anderes besitzen als das Recht, ihre Arbeit und Kraft dort auszunützen, wo es für sie am vorteilhaftesten ist, indem dieselben der Gemeinde auf Gnade oder Ungnade ausgeliefert sind. Hiezu kommt noch, daß die Handhabung einer so gefährlichen Waffe in die Hände von Korporationen gelegt ist, die leicht nationalen, religiösen oder sozialen Agitationen zugänglich sind, nur ihre privaten Interessen vertreten, ohne die öffentlichen Interessen berücksichtigen zu müssen, und daß dem Staate in Bezug auf die Ausübung des unbestimmt ausgesteckten und in unverläßlichen Händen befindlichen Rechtes eine sehr beschränkte Kontrolle eingeräumt ist. ... In der jetzigen Zeit der Eisenbahnen und Telegraphen, der aufstrebenden Industrie und des Handels, in welcher eine periodische Wanderung namentlich der arbeitenden Klassen und Bevölkerung je nach den veränderlichen Erwerbsbedingungen zur Regel und die Altansässigkeit bei denselben zur Ausnahme wird, haben die Gemeinden sehr viel Gelegenheit, ihr Ausweisungsrecht auszuüben, wodurch das zu weite Ausgreifen dieser Vorkehrung, ja oft eine unmenschliche Härte immer auffallender zu Tag tritt. Denn der Effekt des Ausweisungsrechtes der Gemeinde ist gegenüber den Ausweisungsgründen beinahe so unnatürlich, wie unverhältnismäßig hart zum Beispiel die Todesstrafe für das Verbrechen des Diebstahls wäre. Der Erfolg, für welchen das Ausweisungsrecht seiner Zeit geschaffen wurde, läßt sich heutzutage auf eine viel mildere Art erzielen, und selten wird es notwendig sein gleich die ganze Existenz des Staatsbürgers zu erschüttern. Mit Rücksicht darauf erscheint es zunächst höchst wünschenswert, daß der Staat die gesetzmäßi-

---

4077 Das neue Heimatsgesetz (wie Anm. 221), S. 3.
4078 REDLICH (wie Anm. 163), S. 557.
4079 SOUSEK (wie Anm. 1501), S. 136 f.

ge Anwendung dieser überlebten, in sozialer Beziehung aber so wichtigen Institution strengstens überwache und jede Überschreitung der gesetzlichen Grenzen bei deren Ausübung nicht nur anläßlich der eingebrachten Beschwerden, sondern auch von Amts wegen hintanhalte".

Für Geller[4080] war die Ausweisungsbefugnis der Gemeinde „in dieser dreifachen Gestalt und in dieser Ausdehnung ... weder durch ihre besonderen, noch durch allgemeine Interessen gerechtfertigt". Daß sich die Gemeinde der „der Armenpflege zur Last fallenden Fremden durch deren Ausweisung ... erwehren können" müsse, sei zwar „begreiflich", aber auch dieses Recht der Gemeinde dürfe ihr „nur in gewissen Grenzen eingeräumt werden". „Denn es wird", so Geller, „zu einem schreienden Unrecht, wenn es ausgeübt werden will gegenüber Auswärtigen, die nachdem sie jahrelang in der Gemeinde gearbeitet und die Früchte ihrer Arbeit verzehrt haben, infolge ihres Alters oder infolge von Unfällen, welche sie in ihrem der Arbeit geweihten Leben erlitten haben, hilfsbedürftig geworden sind. Und dieses Unrecht tritt gerade im Geltungsgebiete des österreichischen Gemeinderechts um so greller hervor, als der Aufenthaltsgemeinde für die dem auswärtigen Armen im Falle augenblicklichen Bedürfnisses gewährte Unterstützung der Rückgriff an dessen Heimatgemeinde gesichert ist". „Ganz und entschieden verwerflich" erschien Geller jedoch „die Ausweisungsbefugnis gegenüber einem Staatsangehörigen wegen Mangels des Nachweises der Heimatberechtigung und wegen bescholtenen Lebenswandels. Ist doch die Verfassung der modernen bürgerlichen Gesellschaft von dem Gedanken durchdrungen, dass das Staatsgebiet in seiner ganzen Ausdehnung ein grosses Feld für die materielle und geistige Arbeit und für den freien Austausch der Kräfte aller Staatsangehörigen bildet, dass das Vaterland in seiner Gesamtheit die wirthschaftliche Heimat seiner Angehörigen ist, und dass es darum der freien Selbstbestimmung des Einzelnen überlassen werden muss, wo und wie er seine wirthschaftliche Thätigkeit entfalten und zu diesem Behufe seinen Aufenthalt nehmen will. Einen Staatsangehörigen blos deshalb aus dem Gebiete einer Gemeinde auszuweisen, weil er sein Heimatrecht nicht nachzuweisen vermag, muss daher als eine offenbare Unstatthaftigkeit erkannt werden".

Geradezu als „ungeheuerlich" bezeichnete Geller aber das Ausweisungsrecht der Gemeinde aus dem Titel des bescholtenen Lebenswandels. „Um dasselbe in seiner ganzen Ungeheuerlichkeit zu ermessen, braucht man sich nur zu vergegenwärtigen, einmal dass schon nach dem Strafgesetz mit der Kerkerstrafe die Landesverweisung verbunden und gewisse Vergehen und Uebertretungen mit der Abschaffung aus einem Orte oder aus einem Lande oder aus dem Staate bestraft werden können, sodann dass durch das Gesetz vom 27. Juli 1871 ... den Polizeiorganen ein sehr weitgehendes Ausweisungsrecht gegen Auswärtige, welche öffentliche Interessen gefährden können, eingeräumt ist. Angesichts dieser umfassenden Ausweisungsbefugnisse der Strafgerichte und Polizeibehörden erscheint daher das Ausweisungsrecht der Gemeinde, insoweit es in den Kreis fällt, welchen jene umspannen, bereits durch dieselben absorbirt und somit gegenstandslos, insoweit es aber über jenen Kreis hinausgeht[4081] und somit die Gemeinde berech-

---

4080 GELLER (wie Anm. 1475), S. 52 ff.

4081 Man müsse allerdings wohl annehmen, „dass es über jenen Kreis hinausgehe, nicht blos weil es sonst selbständig nicht bestehen konnte, sondern auch weil der Begriff eines bescholtenen

tigt, wegen einer Handlung oder eines Verhaltens, worin weder der Strafrichter noch die Polizeibehörde eine Gefährdung öffentlicher Interessen, welche eine Ausweisung motiviren könnte, erkennen kann, – die Ausweisung zu verfügen, als ein durch nichts zu rechtfertigender Eingriff in das Recht der Persönlichkeit". In Preußen[4082], so Geller, sei man bereits „in den Dreissiger-Jahren viel liberaler als in Österreich in der constitutionellen Aera" gewesen.

Wenngleich „sowohl die Gesetzgebung wie die Praxis an der Fortdauer dieses Ausweisungsrechts in seinem ganzen unnatürlichen Umfange nach" festhielten, warf Geller[4083] auch die Frage auf, ob „dieses anomale Ausweisungsrecht noch heute" bestünde. „Nach den klaren Bestimmungen des Staatsgrundgesetzes über die allgemeinen Rechte der Staatsbürger ... sollte man diese Frage", so Geller, „unbedenklich" verneinen, denn mit Art. 4 und 6 seien „nicht etwa Grundsätze von blos akademischem Werthe für die spätere Gesetzgebung, sondern Rechtssätze von greifbar praktischem Inhalte ausgesprochen, die sofort wirken können und mithin auch wirken, und zwar Rechtssätze, welche dem Einflusse der Landesgesetzgebung vollständig entrückt sein sollen". Er führte dazu den Bericht des Verfassungsausschusses über den Entwurf des Staatsgrundgesetzes an, der die Notwendigkeit betonte, die „volle Freizügigkeit mit allen ihren Consequenzen jedem Staatsbürger grundgesetzlich zu sichern, um dieses staatsbürgerliche Grundrecht ebenso wie das Recht der unbeschränkten Besitz- und Erwerbsfähigkeit nicht particularistischen oder localen Interessen unterzuordnen." Mit der unbeschränkten Freizügigkeit könne sich aber nach Geller ein Ausweisungsrecht der Gemeinde wegen Heimatlosigkeit oder bescholtenen Lebenswandels unmöglich vertragen.

Lebenswandels offenbar ein weiterer ist als der eines strafgesetzwidrigen oder die öffentliche Sicherheit gefährdenden Verhaltens, weswegen der Strafrichter, bezw. die Polizeibehörde die Abschaffung verfügen kann. Ja, er ist ein so unbestimmter, dass sich sein Umfang überhaupt schwer abgrenzen läßt, wie denn auch die Praxis sich noch bis heute nicht klar darüber ist".

4082 Das preußische Niederlassungsgesetz vom 31. Dezember 1842 ließ eine Beschränkung der jedem Untertanen gewährleisteten Aufenthaltsfreiheit aus polizeilichen Rücksichten nur hinsichtlich bestrafter gemeingefährlicher Verbrecher zu; vgl. dazu C. DOEHL, Die Niederlassung innerhalb des Preußischen Staates oder: Das Gesetz vom 31. Dezember 1842 über die Aufnahme neu anziehender Personen nebst seinen Ergänzungen und Erläuterungen und die wichtigsten Bestimmungen über Fremden- und Melde-Wesen unter besonderer Berücksichtigung der für Berlin gültigen Spezial-Bestimmungen, Berlin 1865; Harald SCHINKEL, Armenpflege und Freizügigkeit in der preußischen Gesetzgebung vom Jahre 1842, in: Vierteljahresschrift für Sozial- und Wirtschaftsgeschichte, hrsg. von Hermann Aubin, L (1963), S. 459–479; Rudolf GNEIST, Die Beschränkungen der Freizügigkeit aus kommunalen und polizeilichen Gesichtspunkten nach Preußischem Verwaltungsrecht, in: Archiv für öffentliches Recht, hrsg. von Paul Laband/Felix Stoerk, I/2 (1886), S. 245–278; TOURBIÉ (wie Anm. 3383).

4083 GELLER (wie Anm. 1475), S. 55.

B. Polizeiliche Ausweisung

Wofern, so Rauchberg[4084], die Maßregel der Abschiebung nicht etwa im Dienste der Armenpflege erfolge, liege ihr der Gedanke zugrunde, „daß man gewisse gemeinschädliche und unnütze Personen keiner anderen als der Heimatgemeinde zumuten dürfe, und zwar deshalb gerade dieser letzteren, weil man von ihr annimmt, dass sie noch am ehesten in der Lage sein dürfte, diese Schädlinge zu nützlichen oder doch wenigstens zu harmlosen Mitgliedern der bürgerlichen Gesellschaft heranzuziehen. Allein diese Ratio trifft unter den gegenwärtigen Zuständen keineswegs mehr regelmässig zu. Es mochte dies bis zu einem gewissen Grade der Fall gewesen sein, solange die persönlichen Beziehungen zur Heimatsgemeinde noch die Regel bildeten, diese auch noch factisch die Heimat war und ihren erziehlichen Einfluß als solche geltend machen konnte. Bei dem jetzt erreichten Grade der Mobilisierung der Bevölkerung, wo die Gemeinden schon nach Tausenden zählen, welche mehr als die Hälfte ihrer Angehörigen in der Fremde haben, führt der ‚Schub', das Vehikel der unfreiwillig Heimkehrenden und missliebig Empfangenen, den Gemeinden oft ‚Angehörige' zu, die ihnen eben nur noch nach dem Wortlaute des Gesetzes angehören, im übrigen aber völlig fremd sind. Was sollen die Gemeinden mit den Schüblingen anfangen? Die pflichtgemäßen Bemühungen des Gemeindevorstands, dieselben zur Arbeit anzuhalten und ihnen Verdienst zu verschaffen, können nur von sehr zweifelhaftem Erfolge sein. In manchen Fällen wird wohl auch der Gemeindevorstand der Versuchung nicht widerstehen können, der Verlegenheit dadurch zu entgehen, dass er den Schübling mit einer kleinen Unterstützung entlässt, und seiner Wege gehen heisst, die dann unfehlbar über lang oder kurz zur Reversion und zur Bestrafung wegen dieses Delictes führen. Selbst angenommen es bestünden noch factische Heimatsbeziehungen, so werden so dieselben Ursachen, die den Schübling zuerst von der Gemeinde fortgeführt haben, ihm gar bald den Aufenthalt in der Heimatsgemeinde unleidlich machen und ihn in die Weite treiben. In der Regel sind diese Ursachen darin gelegen, dass die Gemeinde eben nicht die Subsistenzmittel und Arbeitsgelegenheit für alle ihre Angehörigen bietet. Am allerwenigsten finden sie sich für den zwangsweise Zurückgeführten vor. Die Abschiebung hat ihn nur von dort, wo er möglicherweise Arbeit finden konnte, dorthin versetzt, wo er nichts mehr zu suchen hat, und seine Chancen die schlechtesten sind. Die Folge davon ist die, dass er sich alsbald wieder auf den Weg machen muss, mag dieser nun zur Arbeit und zum rechtschaffenen Leben oder zur Vagabundage, wenn nicht zu Schlimmerem führen. Im ersteren Fall war die Abschiebung überflüssig, im zweiten zwecklos, da sie nur zu neuen Abschaffungen führt. Die Frage, was man mit den unerwünschten oder überflüssigen Mitgliedern der menschlichen Gesellschaft anfangen solle, wird dadurch nicht gelöst, dass man ihnen immer von neuem ein Retourbillet präsentiert. Die Behandlung der Arbeitslosen und Arbeitsscheuen wird mit ungleich mehr Aussicht auf Erfolg an ihrem bisherigen Wohnorte in Angriff genommen werden können". Durch die Zwangsarbeits- und Besserungsanstalten sowie durch die Polizeiaufsicht könne „sowohl die Besserung der in Rede stehenden Elemente als auch der Schutz der Gesellschaft vor denselben mit ungleich mehr Aussicht auf Erfolg bezweckt werden, als durch die Abschiebung, welche

4084 RAUCHBERG (wie Anm. 137), S. 86 f.

von der Straussenklugheit geleitet wird, als wäre alles in Ordnung, wenn man nur den unbequemen Gesellen nicht mehr sieht. Gerade das Umgekehrte ist das Richtige. Man muss ihn im Auge behalten, um ihn bessern oder doch unschädlich machen zu können, wo die Heimatsgemeinde, der er oft völlig entfremdet ist, den Beruf weder hat noch fühlt."

Inbesondere angesichts der mangelnden Effektivität des Schubwesens wurde regelmäßig auch der hohe Kostenaufwand kritisiert[4085]. So stellte etwa der Abgeordnete Vinzenz Hevera 1890 im Reichsrat fest[4086]: „Es kommt nun sehr oft vor, daß ein Vagabund von Ort zu Ort abgeschoben wird, bis er zu seiner Gemeinde kommt. Wenn man nun die Summen des Aufwandes, welche in den Voranschlägen der betreffenden Königreiche und Länder auf Schubausgaben figuriren, zusammenzählen würde, so kommt eine Riesensumme heraus, mit der man wirklich in polizeilich pädagogischer Hinsicht und in Rücksicht auf die Humanität mehr bezwecken könnte, als mit dem schablonenhaften und selbst für den Vagabunden als Menschen unwürdigen Herumschleppen. Deswegen trachtet jede Gemeinde, weil sie eben auf ihren Schultern die großen Lasten der Polizeiinteressen zu tragen hat, bei jeder Gelegenheit, sich dieser Lasten zu entledigen". Auch Herz[4087] gab bezüglich der „uralten Maßregeln der Abschaffung und Abschiebung", die „unter Ignorierung aller sozialen Heilmittel" im Schubgesetz neuerlich verankert worden waren, zu bedenken, daß „bei diesem Systeme die Armut wohl den Ort verändern, die Last einem anderen Gemeindewesen aufgetragen werden" könne, daß aber „durch diese Ortsveränderung und Lastenabwälzung eines nicht beseitigt wird – die Armut und die Gefahr für die Gesellschaft im allgemeinen". Überdies gelte von dem „Schube, was im Mittelalter vom Henker galt; ‚wen seine entehrende Hand berührt, der war entehrt und ausgestoßen für alle Zeit.' Wer auf den Schub gesetzt wird, kommt nicht mehr aus demselben heraus". Selbst bei Vorhandensein von Erwerbsmöglichkeiten würde der Abgeschobene in seiner „Heimat" gewöhnlich keine Arbeit finden, da der Schub „in den Augen der Landbevölkerung diffamierender als das Zuchthaus" sei[4088].

Kritisiert wurde aber auch die Behandlung Fremder, „welche ohne Subsistenzmittel und wirklich hilflos angetroffen werden, und zwar so, daß sie selbst außer Stande sind, die vorläufige, unmittelbare und stellvertretende Beihilfe der Aufenthaltsgemeinde

---

4085 „Gewiß sind die enormen Landesauslagen für den Schub nur hinausgeworfenes Geld, wenn der Schub keinen anderen Endzweck hat, als daß der Verschobene nun wieder einen neuen Kreislauf des Vagabundenlebens beginnen kann. ... so muß man mit dem ganzen bisherigen System brechen und dessen Hauptgrundsatz: Die Liaison des Vagabunden mit seiner Heimatgemeinde und den diese Liaison vermittelnden unglücklichen Schub gründlich und entschieden über den Haufen werfen", JAEGER (wie Anm. 4057), S. 190.

4086 Anläßlich des Antrages des Abgeordneten Exner auf eine Resolution, in der die Regierung dringend aufgefordert wird, sofort jene Maßregeln zu ergreifen, welche zu einer ausreichenden Organisation des Sicherheitsdienstes in Wien und insbesondere in den Wiener Vororten zu führen geeignet sind; Sten. Prot. AH, X. Sess., 391. Sitzung am 24. April 1890, S. 14541.

4087 HERZ (wie Anm. 132), S. 31.

4088 Der „Zugeschobene mußte sich daher wieder auf die Suche nach Arbeit begeben, wurde wieder ergriffen und abermals der nächsten Schubstation eingeliefert"; vgl. dazu auch Anm. 1423.

anzurufen, wie dies z.B. bei nicht unterrichteten Taubsstummen oder bei Cretinen der Fall ist". So führt ein Artikel in der Österreichischen Zeitschrift für Verwaltung 1888 aus: „Jeder mit dem politischen Exekutivdienste Vertraute kennt das traurige Schicksal solcher Unglücklichen, sobald aus irgendeinem Anlasse (möge der Gedanke, daß es Verwandte, daß es Gemeinden gäbe, welche selbst derartige Pfleglinge hilflos in der Fremde aussetzen, gänzlich unbegründet sein!) die Pflege der Familie oder der Heimatsgemeinde sie verlassen hat. Von einer Gemeinde zur anderen gestoßen, da jede trachtet, des unbequemen Fremdlings so rasch als möglich los zu werden, irren sie so lange herum, bis ein von solchen Rücksichten nicht befangenes Organ, gewöhnlich ein k.k. Gendarm, sie irgendwo aufgreift, wie sie Vorübergehende, oder in den Ortschaften mit stummen Geberden oder unarticulirten Lauten um Hilfe anflehen. Der Gendarm übergibt den armen Unbekannten der Aufgreifsgemeinde oder – da diese schon auf den Schub hinweist – der Schubstation. Nun beginnt das Currendiren und die – die Spalten unserer Amtsblätter legen davon Zeugnis ab! – ‚Nachforschungen nach der Provenientz eines unbekannten Taubstummen', ‚...eines fremden Cretins' u. dgl. Gewöhnlich erfolglos. Hütet sich doch jede Gemeinde ängstlich, diesbezüglich etwas zu verraten; die Sache könnte am Ende gar doch zu einer Zuweisung des Heimatlosen führen! Im Laufe der Nachforschungen tritt jedoch gewöhnlich ein Zwischenfall ein, die Schubstation findet eines Tages zu ihrem größten Erstaunen (?), der Taubstumme, der Cretin sei unliebsamerweise (?) durch einen unerklärlichen Zufall (?) aus dem Schubarreste entwichen. Damit erledigt sich dann die Amtshandlung; eine Ausstellung an die Schubstation, das Verlangen, dem Aufsichtsorgane einen strengen Verweis zu ertheilen, wird (lächelnd?) quittirt. Und der Häftling? ... merkwürdigerweise hört man nie mehr von ihm, wenn er nicht etwa mit dem in dem nächsten ‚Auftrage zur Eruirung der Provenienz...' Beschriebenen identisch sein sollte. ... Auch solche Verhältnisse erfordern eine dem Geiste und der Absicht des Gesetzes entsprechende Regelung! Hilflose der vorbezeichneten Kategorie sind keine bedenklichen, polizeilich zu beargwöhnenden Individuen, von welchen der Luftkreis gereinigt werden muß; sie sind Menschen, die vollen Anspruch wenigstens auf die dürftige Unterstützung haben, die ihnen unser Heimatsgesetz vom Jahre 1863 und die dazugehörigen Landesgesetze über Armenpflege und Wohlthätigkeitsanstalten zu sichern beabsichtigen"[4089].

Harte Worte fand 1931 Franz Kobler in seiner Darstellung über Recht und Unrecht der Ausweisung von In- und Ausländern[4090]: „Die Ausweisung soll dem Schutze des Staates vor gemeingefährlichen Personen dienen, aber es ist ... völlig ungeklärt, auf welche Weise durch die bloße räumliche Verschiebung dieser Elemente eine Sicherung der Gesellschaft herbeigeführt werden soll. ... Durch die Ausweisung wird in einem großen Teile der Fälle die Persönlichkeit des Betroffenen derart entwurzelt, daß ihre Einordnung in das soziale Gefüge unüberwindlichen Hindernissen begegnet. Ihr zumeist nach verbüßter Freiheitsstrafe einsetzender Vollzug trifft eben einen Menschen, dessen Lebensbedingungen ohnedies aufs schwerste beeinträchtigt sind. Schon die herabsetzende Art der Abschiebung ist geradezu ein Musterbeispiel einer entmutigenden

4089 H. (wie Anm. 1376), S. 169 f.

4090 Franz KOBLER, Recht und Unrecht der Ausweisung. Dargestellt auf Grund der österreichischen Gesetzgebung und Praxis, Wien 1931, S. 47 ff.

Maßnahme. Selbst wenn sich die Übernahme durch die ausländischen Behörden im Sinne der bestehenden Vorschriften klaglos vollzieht, hinterläßt diese entehrende Prozedur in dem von oft wochenlanger Polizeihaft erschöpften ‚Schübling' das unauslöschliche Gefühl der Deklassierung. Allein die Fälle sind nicht selten, in welchen der Verwiesene auf freiem Felde an die Grenze gestellt wird und vor den Augen des begleitenden Wachorgans zum Überschreiten der Grenzmarken veranlaßt wird. Der Mensch wird zum Freiwild. Wohin soll er sich wenden? Und wenn er selbst seine Heimat erreicht, ist sie für ihn nicht eine feindliche Fremde? Wie soll sich der in Graz geborene und erzogene tschechoslowakische Staatsangehörige, über dessen Lippen nie ein tschechisches Wort gekommen ist, in der nie betretenen Heimatsgemeinde zurechtfinden? Gewiß gelten Fragen dieser Art nicht von dem nur vorübergehend im Gaststaat weilenden Ausgewiesenen, allein es liegt im Wesen der Sache, daß sich Anlässe zur Abschaffung bei solchen Personen weit seltener ergeben, als bei dauernd ansässigen Ausländern. Der ausgewiesene Ausländer, der die Ausweisung als einen sein Leben nicht berührenden Zwischenfall betrachtet, ist eine Ausnahme. In der Regel schafft jedoch die Ausweisung einen Notstand, der den Ausgewiesenen zur verzweifelten Gegenwehr zwingt. Diese heißt vorerst verbotene Rückkehr. Dem Ausgewiesenen bleibt in den meisten Fällen gar nichts anderes übrig, als die Rückkehr in seine zweite Heimat. Hier erwartet ihn allerdings nach einer mehr oder minder langen Verborgenheit die Reversionsstrafe mit nachfolgender neuerlicher Abschaffung. Aber dem Schicksal, sein Leben von Reversionsstrafe zu Reversionsstrafe fristen zu müssen, ist er nunmehr verfallen. In den meisten Fällen werden sich auch Strafen wegen anderer Delikte hinzugesellen, denn der Ausgewiesene gezwungen vor der Polizei ständig auf der Hut zu sein, kann sich keiner echten Ausweispapiere bedienen. ... Was hier von den ausgewiesenen Ausländern gesagt wurde, gilt noch weit mehr von den abgeschafften eigenen Staatsbürgern. Von dieser Abschaffung werden fast ausnahmslos Menschen betroffen, deren soziale Stellung labil geworden ist und die infolgedessen einer besonderen Fürsorge der Gesellschaft teilhaftig werden sollten. Dies gilt insbesondere von den aus der Haft tretenden Sträflingen, und in der Gegenwart mehr denn je, da selbst unbescholtene Personen in Massen dem Schrecken der Arbeitslosigkeit anheimfallen. Durch die Abschaffung wird jedoch dem Betroffenen der letzte Halt geraubt. Der Boden weicht buchstäblich unter seinen Füßen. Der Aufenthaltsort, aus dem er verwiesen wird, ist in der Regel derjenige, in dem er vermöge seiner Ortskenntnis und persönlichen Beziehungen noch am ehesten sein Dasein wenigstens kümmerlich fristen könnte. Und gerade aus diesem Ort wird er vertrieben. Vertrieben in seine Heimatgemeinde, in den Ort, der ihm in der Regel von allen am fremdesten und feindlichsten ist. Die Heimatgemeinde bietet dem verlorenen Sohn keine Arbeitsstätte, Verständnislosigkeit und Verachtung empfangen ihn dort, die spärlichen Arbeits- und Unterkunftsmöglichkeiten an anderen Orten sind bald erschöpft, die Auswanderung scheitert schon an der Verweigerung des Passes für den Vorbestraften, und so treibt es den Abgeschafften wieder in das untersagte Gebiet zurück, wo er wenigstens auf die Hilfe seiner Angehörigen oder Freunde rechnen kann und sie auch findet, bis er aufgegriffen und auf Umwegen über Arrest oder Kerker wieder an die Grenze der Stadt oder des Landes befördert wird, um das alte Spiel von neuem zu beginnen. So wird das eigene Vaterland dem Abgeschafften zum Gefängnis. ... vor dem Umsturz konnte zur Rechtfertigung des Systems der Abschaffung eigener

Staatsbürger noch auf die Größe des Reiches verwiesen werden. Dem Abgeschafften standen außerhalb seiner Heimatgemeinde die weiten Gebiete, und Industriestädte des Reiches offen. Er durfte hoffen, daß er in ihnen Unterkunft und Arbeitsgelegenheit – Wohnungs- und Arbeitsnot waren ja noch nicht so drückend – finden werde. Demgegenüber sind die Grenzen des neuen Österreich derart eng, daß die Beschränkung des Einzelnen auf Teile dieses Staatsgebietes im Zusammenhang mit dem gegenwärtigen Paßwesen einen drückenden Notstand schafft. Dem Abgeschafften bleibt in der Regel nur die Wahl zwischen Verhungern und periodischem Eingesperrtwerden. Die meisten ziehen das letztere vor und sinken derart in die tiefe Schichte der schlechthin Deklassierten, aus der Gesellschaft Verstoßenen hinab. Die Hetzjagd, deren Gegenstand sie von nun an bilden, treibt viele in Verzweiflung und Selbstmord. Ihr Leben wird zu einer Kette zumeist kleiner Verfehlungen und Abstrafungen, in die sie immer mehr verstrickt werden". Angesichts dieser Wirkungen des Ausweisungssystems könne man wohl mit Recht sagen, „etwas Grausameres könnte kaum erdacht werden, selbst wenn man einen Preis aussetzen würde, eine Art der Menschenbehandlung zu ersinnen, welche die Betroffenen zur Verzweiflung bringen muß." „Ja, es ist keine Übertreibung zu sagen", so Kobler[4091], „daß die Ausweisung in der Form wie sie heute gehandhabt wird, täglich zahllose Menschenschicksale bedroht, Leben knickt und zerbricht, wie der Strang oder die Guillotine. Sie bedeutet in Wahrheit für viele eine unblutige Todesstrafe."

II. Zusammenfassung

Ungeachtet des Stellenwertes der Ausweisung im europäischen Straf- und Polizeirecht ist die rechtshistorische Aufarbeitung dieser in zahlreichen Varianten zur Anwendung gebrachten Aufenthaltsbeschränkung durchaus als dürftig zu bezeichnen. Dies gilt insbesondere für den deutschen Sprachraum. Während aber für die Schweiz, das Deutsche Kaiserreich und einzelne deutsche Länder im 19. Jahrhundert wenigstens einige einschlägige zeitgenössische rechtswissenschaftliche Studien vorliegen und sich auch die jüngere historische Forschung in Deutschland etwa mit der frühneuzeitlichen Landesverweisung und den sogenannten Bettlerschüben auseinandersetzte, so ist die Geschichte des Ausweisungsrechtes in Österreich – trotz seiner durchaus regen Anwendung[4092] –

4091 Ebd., S. 5.

4092 Nach STEINER (wie Anm. 235), S. 47, etwa aus Wien zwischen 1870 und 1874 insgesamt 42.997 Personen abgeschoben (1870: 7.960, 1871: 7.409, 1972: 7.358, 1873: 9.041, 1874: 11.229, d.h. durchschnittlich 8.599 Personen pro Jahr). Nach Wien hingegen wurden in diesem Zeitraum 20.277 Personen per Schub befördert (1870: 3.984, 1871: 3.735, 1872: 3.751, 1873: 4.377, 1874: 4.430, d.h. durchschnittlich 4.055 Personen pro Jahr). Zwei Drittel der Ausweisungen hatten ihren Grund in Armut, Erwerbs- und Unterstandslosigkeit. Nach Inkrafttreten des „Vagabunden"-Gesetzgebung von 1885 und Errichtung der Naturalverpflegsstationen, siehe S. 260 ff., kam es zu einer Abnahme der Schubtätigkeit, sodann führten die heimatrechtlichen Ungewißheiten rund um die Heimatgesetznovelle von 1896, siehe S. 44 ff., zu einem erneuten Anstieg der Ausweisungen, bis sie „im Schatten der Wirksamkeit der in Kraft getretenen Heimatgesetznovelle", so MELINZ/ZIMMERMANN (wie Anm. 222), S. 117, wieder sanken. Nach MORGENSTERN (wie Anm. 1421), Tabelle I, S. 336, wurden

bisher weitgehend unbeachtet und unbearbeitet geblieben. Die vorliegende Studie füllt dieses Forschungsdefizit insoferne aus, als sie das Ausweisungsrecht der österreichischen Länder seit dem ausgehenden 18. Jahrhundert im Lichte der Gesetzgebung sowie der höchstgerichtlichen Judikatur darstellt. Da erst die Zweite Republik fundamentale Änderungen im Bereich des Ausweisungsrechtes vornahm, beleuchtet die Studie auch die Entwicklung des österreichischen Ausweisungsrechtes in der ersten Hälfte des 20. Jahrhunderts, abgesehen von den diesbezüglichen Bestimmungen während der Zeit des „Dritten Reiches".

Der erste Abschnitt widmet sich nun diesen Hauptformen des Ausweisungsrechtes in ihrer historischen Entwicklung, wobei hier zunächst der Grundfrage nachgegangen wurde, inwieweit die Ausweisung von Fremden und eigenen Staatsbürgern völkerrechtlich und innerstaatlich überhaupt als zulässig erachtet wurde. Vom Blickpunkt des Völkerrechtes kann diesbezüglich als Ergebnis festgehalten werden, daß das ältere Völkerrecht den einzelnen Staaten als Ausfluß ihrer unbeschränkten Souveränität grundsätzlich freies Ermessen betreffend die Abweisung von Fremden und deren Ausweisung – seien es Einzel- oder Massenausweisungen – zubilligte. Nachdem freilich gegen Ende des 19. Jahrhunderts die Duldung von Fremden und die Übernahme ausgewiesener Staatsbürger durch ihren Heimatstaat als völkerrechtliche Pflicht anerkannt worden war, rückte in der Völkerrechtswissenschaft nun die Frage nach einem Kanon völkerrechtlich zulässiger Ausweisungsgründe in den Vordergrund, während die Staatenpraxis nur eine grundlose Ausweisung als völkerrechtswidrig ansah. Was hingegen die Ausweisung von eigenen Untertanen bzw. Staatsangehörigen aus dem Gebiet des Heimatstaates anbelangt, so zeigte sich bereits gegen Ende des 18. Jahrhunderts ansatzweise, daß derartige Ausweisungen als das völkerrechtliche Verhältnis der Staaten störend qualifiziert und daher für völkerrechtlich unzulässig erklärt wurden. Als in den Verfassungsstaaten des 19. Jahrhunderts das Recht, im Heimatstaat zu leben, zu einem der wesentlichen, mit der Staatsbürgerschaft verknüpften Inhalte der Rechtsbeziehungen zwischen Staat und Individuum geworden war, begründete man die völkerrechtliche Unzulässigkeit der Inländerausweisung auch damit, daß kein Staat die Verpflichtung, seinen Bürgern das Wohnrecht zu gewähren, auf einen anderen Staat überwälzen dürfe.

Bezüglich der innerstaatlichen Bedingungen und Voraussetzungen der Ausweisung von sogenannten „Einheimischen" und „Fremden" stellte sich zunächst die Frage, was unter diesen, von den Quellen bis weit ins 19. Jahrhundert verwendeten Termini jeweils grundsätzlich zu verstehen ist. Hier zeigt sich deutlich, daß aus armen- und sicherheitspolizeilichen Notwendigkeiten Kriterien für eine territoriale Zuordnung von Personen zwecks Ausweisung bzw. Verweisung an einen Zuständigkeitsort geschaffen wer-

---

zwischen 1890 und 1897 insgesamt 42.274 Personen aus Wien abgeschoben (1890: 5.336, 1891: 5.586, 1892: 5.884, 1893: 4.953, 1894: 4.553, 1895: 4.310, 1896: 5.149, 1897: 6.503). Im selben Zeitraum wurden 27.211 Personen durch Wien durchgeschoben (1890: 3.531, 1891: 3.479, 1892: 3.516, 1893: 2.802, 1894: 2.723, 1895: 2.669, 1896: 2.766, 1897: 2.925), ebd., S. 342, und 4.146 Personen zugeschoben (1890: 521, 1891: 489, 1892: 675, 1893: 596, 1894: 550, 1895: 463, 1896: 451, 1897: 401), ebd., Tabelle 3, S. 340. Die Anzahl der durch Wien durchgeschobenen Bezüglich der abgeschobenen Ausländer weist etwa die Wiener Zeitung vom 8. Jänner 1889, Nr. 6, Rubrik Locales, für das Jahr 1889 676 Personen (gegen 620 Personen im Vorjahr) aus.

den mußten. Mit der kontinuierlichen Ausdehnung der staatlichen Verwaltungstätigkeit entstand sodann ein Normenkomplex, in dem sich immer deutlicher die Kategorien der Landes- bzw. Staatsangehörigkeit einerseits und des Heimatrechts in einem Ort andererseits herauskristallisierten, welche allerdings bis weit ins 20. Jahrhundert hinein in vielfacher Interdependenz verblieben. Schützte nun die Staatsbürgerschaft vor einer Ausweisung aus dem Staatsgebiet, so sollte das Heimatrecht konzeptionell ein unentziehbares Aufenthalts- und allfälliges Armenversorgungsrecht an einem Ort garantieren. Unabdingbar war diese Garantie freilich insbesondere seit der Gewährung der Freizügigkeit und den damit ermöglichten und durch die zunehmende Industrialisierung geförderten Aufenthaltsveränderungen der arbeitenden Bevölkerung.

Das die Freizügigkeit innerhalb des Staatsgebietes vorsehende Gesetz zum Schutz der persönlichen Freiheit von 1862, welches 1867 zum Bestandteil des Staatsgrundgesetzes über die allgemeinen Rechte der Staatsbürger erklärt wurde, zog aber über diesen Aspekt hinaus auch weitere grundsätzliche Probleme betreffend das Ausweisungsrecht nach sich. So warf das Gesetz von 1862, welches in § 5 einen Gesetzesvorbehalt hinsichtlich der Freizügigkeit statuierte, zum einen in der verwaltungsbehördlichen und gerichtlichen Praxis Zweifel an der Weitergeltung des bestehenden, insbesondere polizeilichen Ausweisungsrechtes auf. Zum anderen zeigt das Beispiel des § 5 recht deutlich die Problematik eines rein formell verstandenen Gesetzesvorbehaltes. Tatsächlich machte denn auch das Reichsschubgesetz von 1871 im Zusammenhalt mit den im Heimatgesetz von 1863 festgelegten Hindernissen für den Erwerb eines neuen Heimatrechtes die staatgrundgesetzlich gewährleistete Aufenthaltsfreiheit für mehr als ein Drittel der gesamten cisleithanischen Bevölkerung, in manchen Teilen des Reiches sogar für zwei Drittel und mehr, potentiell obsolet. Die Freizügigkeit wurde „auf den Schubkarren gesetzt“[4093], und aufgrund der Tatsache, daß dem Reichsgericht keine Gesetzesprüfungskompetenz hinsichtlich gehörig kundgemachter Gesetze zukam, konnte auch nicht die schon von Zeitgenossen aufgeworfene Frage nach der Verfassungsmäßigkeit des Zustandekommens des Schubgesetzes geprüft werden. Da später der Verfassungsgerichtshof im Rahmen seiner Normprüfung nur die zum Zeitpunkt der Beschlußfassung des geprüften Gesetzes bestehenden formellen Entstehungsvoraussetzungen als Maßstab heranziehen konnte, blieb die massive Einschränkung der Niederlassungsfreiheit durch das 1918 erneut in Kraft gesetzte Reichsschubgesetz mangels eines reformfreudigen gesetzgeberischen Willens auch in der ersten Hälfte des 20. Jahrhunderts bestehen.

In weiterer Folge beschäftigt sich die Studie mit den einzelnen Hauptformen der Ausweisung, die in Österreich zur Anwendung gebracht wurden. Was die in den Strafgesetzen vorgesehene Ausweisung anbelangt, so fand diese – mehr oder weniger stark in der Tradition der Carolina bzw. des gemeinen deutschen Strafrechts stehend – sowohl in den erbländischen Landgerichtsordnungen als auch in der Theresiana häufige Anwendung, und zwar nicht nur als ordentliche, sondern auch als arbiträre Kriminalstrafe. Wie in anderen deutschen Ländern wurde jedoch die sogenannte „Landesverweisung“, also die Ausweisung aus dem gesamten Staatsgebiet, im 18. Jahrhundert auch in den Ländern der Habsburgermonarchie auf Nichteinheimische eingeschränkt. So ging die Theresiana zwar generell von der Landesverweisung erbländischer Untertanen ab,

4093 So INGWER/ROSNER (wie Anm. 1204), S. 37.

sah aber weiterhin sowohl für Ausländer als auch für Inländer zahlreiche von den Kriminalgerichten zu verhängende Gebietsverbote innerhalb des Staatsgebietes vor. Wenngleich die Theresiana noch hinsichtlich der Delikte, für welche die Ausweisung als Strafe explizit vorgesehen war, stark in der frühneuzeitlichen Tradition stand, trat doch angesichts der konkreten Strafandrohungen nun bereits deutlicher der spezialpräventive Gedanke zutage, indem etwa der rückfallgefährdete Übeltäter aus seiner bisherigen Umgebung entfernt werden sollte, ohne daß an ihm die übliche Brandmarkung anläßlich der Ausweisung vollzogen wurde.

Eine zur Theresiana und ihren Vorgängerinnen grundlegend veränderte Sicht der Ausweisung zeigte dann das josephinische Strafgesetz, nach welchem die Ausweisung aus einem Ort, einem Land oder dem gesamten Staatsgebiet prinzipiell nicht mehr als Kriminalstrafe vom Gericht, sondern nur als sogenannte politische Strafe für nicht als Kriminalverbrechen qualifizierte Straftaten von der jeweils zuständigen Verwaltungsbehörde – wenngleich in richterlicher Funktion – verhängt werden sollte. Darüber hinaus wurde der Anwendungsbereich der Ausweisung vom Josephinischen Strafgesetz sehr eng gezogen, da sie einerseits nur mehr für wenige politische Verbrechen explizit vorgesehen war, andererseits ihrer Anwendung durch das grundsätzliche Analogieverbot bzw. Bestimmtheitsgebot sowohl bei Kriminal- als auch politischen Verbrechen Schranken gezogen waren. Weder die gerichtliche Praxis noch das Westgalizische Strafgesetzbuch und das 1852 revidierte Strafgesetz von 1803 übernahmen in weiterer Folge allerdings die Systematik des Josephinischen Strafgesetzes. In den Strafgesetzen von 1803 und 1852 wurde vielmehr nun die Landesverweisung aus dem ganzen Staatsgebiet als Verschärfung der vom Kriminalgericht gegen Ausländer wegen eines Verbrechens verhängten Kerkerstrafe und die Abschaffung aus einem Ort, Bezirk, Erb- bzw. Kronland – bei Ausländern auch aus dem ganzen Staatsgebiet – als Strafe für nicht als Verbrechen qualifizierte, gerichtlich zu ahndende Straftaten, unterschieden.

Vergleicht man nun die österreichischen Bestimmungen hinsichtlich der strafgesetzlich vorgesehenen Ausweisung mit den deutschen Strafgesetzen, so verdienen zwei Unterschiede hervorgehoben zu werden: Zum einen, daß die österreichische Strafgesetzgebung – abgesehen vom josephinischen Intermezzo – die Ausweisung nicht als alleinige Polizeimaterie – wie etwa das hessische Strafgesetz von 1841– qualifizierte, sondern daß sie diese auch als vom Richter zu verhängende Nebenstrafe vorsah. Zum anderen, daß sie diese Nebenstrafe nicht nur hinsichtlich der Ausländer – wie dies etwa die zeitgenössischen Strafgesetze Württembergs, Braunschweigs, Badens und Preußens normierten –, sondern auch hinsichtlich der Inländer in Form der gerichtlichen Abschaffung für zulässig erklärte. Die meisten deutschen Länder und später auch das Reichsstrafrecht hatten demgegenüber Aufenthaltsbeschränkungen von Inländern – soferne sie nach den Freizügigkeitsbestimmungen überhaupt zulässig waren – prinzipiell in die Kompetenz der Polizei verwiesen.

Neben der gerichtlich verhängten Landesverweisung und Abschaffung bestand in der Habsburgermonarchie freilich auch die polizeiliche Ausweisung aus armen-, fremden-, sitten- und sicherheitspolizeilichen Gründen, die sich inbesondere gegen Vagabunden, Bettler und Müßiggänger, gegen „Zigeuner", Prostituierte, Juden, Paß- und Ausweislose, aus der Haft tretende Sträflinge, aber auch gegen andere unerwünschte Fremde richtete. War für diese polizeiliche Ausweisung seit der frühen Neuzeit bis zur Mitte des 19. Jahrhunderts gänzlich undifferenziert sowohl die Bezeichnung Abschaffung als auch Abschiebung verwendet worden, so wurde in der Folge zunehmend unter Abschaffung eine Ausweisung aus einem bestimmten Gebiet mit strafrechtlich zu sanktionierendem Rückkehrverbot verstanden, während die Abschiebung kein derartiges Verbot beinhalten mußte. Weiterhin wurde aber auch die Durchführung einer ausgesprochenen Ausweisung, also der Zwangstransport an den Heimatort, als (förmliche) Abschiebung oder Schub im Unterschied zur Entfernung mittels Zwangspaß bzw. gebundener Marschroute bezeichnet. Das die polizeilichen Ausweisungsbefugnisse abschließend kodifizierende Reichsschubgesetz von 1871 vereinheitlichte schließlich die Terminologie im aufgezeigten Sinne, wenngleich die Praxis dies nicht immer zur Kenntnis nahm. Weiters unterschied das Reichsschubgesetz nun den Kreis der von einer Ausweisung Betroffenen klar danach, ob ein Heimatrecht im Geltungsgebiet des Schubgesetzes vorlag oder nicht und legte für die so definierten In- bzw. Ausländer verschiedene Abschiebungs- bzw. Abschaffungstatbestände fest.

Da sich die Ausweisungstatbestände des Reichsschubgesetzes allerdings durch einige reichlich unbestimmte Gesetzesbegriffe auszeichneten – so z.B. „Arbeitsscheu", „Bestimmungslosigkeit", Personen- bzw. Eigentumsgefährlichkeit als Abschiebungs- und Abschaffungsgründe für Inländer oder etwa hinsichtlich der Voraussetzung für die Abschaffung, nämlich daß die „Gefährdung der öffentlichen Interessen, zu deren Schutz die Abschiebung bestimmt ist, vorzugsweise nur für den Ort" bestehen müsse, „aus welchem die Person entfernt werden" sollte – hatte das Reichsgericht als Folge der in der Auslegung dieser Begriffe nicht gerade restriktiven Behördenpraxis von Anfang an eine Fülle von Beschwerden wegen Verletzung der staatsgrundgesetzlich gewährleisteten Freizügigkeit und/oder Niederlassungsfreiheit zu behandeln. Hervorzuheben ist in diesem Zusammenhang nun zum einen, daß die Judikatur des Reichsgerichts sehr deutlich eine „die Freiheit bekräftigende Tendenz"[4094] erkennen läßt, und zum anderen, daß das Reichsgericht erst spät zu einer klaren Linie in seiner Judikatur kam, welches der beiden Grundrechte, nämlich die Niederlassungsfreiheit, durch rechtswidrige Ausweisungserkenntnisse überhaupt verletzt wurde. Gleiches gilt auch für die reichsgerichtliche Judikatur zum gemeindebehördlichen Ausweisungsrecht.

Unter dem Gesichtspunkt der Gemeindeautonomie war den Gemeinden nämlich 1849 ein eigenständiges Ausweisungsrecht zugestanden worden, das weit über das staatliche, also strafgerichtliche bzw. verwaltungsbehördliche Ausweisungsrecht hinausreichte und nicht nur eine Entfernung aus armenpolizeilichen Gründen, sondern auch wegen mangelnden Nachweises eines Heimatrechtes und wegen nicht entsprechenden bzw. bescholtenen Lebenswandels ermöglichte. Insbesondere die Unbestimmtheit des Begriffes „Bescholtenheit" führte in der Folge immer wieder zu Auslegungsexzessen seitens der Gemeindebehörden und zu einer Fülle von Beschwerden beim Reichsgericht bzw. Verwaltungs- und später Verfassungsgerichtshof. Besonderes bemerkenswert erscheint bei der Konstruktion des gemeindebehördlichen Ausweisungsrechtes, daß Österreich mit der Schaffung des Ausweisungstatbestandes der Bescholtenheit die Auf-

[4094] Friedrich LEHNE, Rechtsschutz im öffentlichen Recht: Staatsgerichtshof, Reichsgericht, Verwaltungsgerichtshof, in: Adam Wandruszka/Peter Urbanitsch (Hrsg.), Die Habsburgermonarchie 1848–1918, II: Verwaltung und Rechtswesen, Wien 1975, S. 686.

enthaltsfreiheit zugunsten eines durchaus überzogenen Begriffes der Gemeindeautonomie in einer rechtspolitisch bedenklichen und wohl als anachronistisch zu bezeichnenden Weise eingeschränkt hatte. In Preußen etwa hatte man nämlich schon während der Beratungen zu einem preußischen Niederlassungs- bzw. Heimatsgesetz in den Zwanziger- und Dreißigerjahren des 19. Jahrhunderts klar erkannt, daß wegen der Unbestimmtheit des Begriffes die Bescholtenheit nicht als Grund für eine Ab- oder Ausweisung seitens der Gemeinde in Frage kommen könne und bei Einräumung eines derartigen Ausweisungsrechtes überdies vorrangige staatliche Interessen, wie etwa die Bekämpfung des Vagabundenwesens und der Arbeitslosigkeit, ins Hintertreffen geraten würden.

Aber auch hinsichtlich der Ausweisung aus Gründen der Armenversorgung - sei es nun im Rahmen des gemeindebehördlichen Ausweisungsrechtes, sei es im Rahmen des Schubgesetzes - ist herauszustreichen, daß Österreich durch sein unbedingtes Festhalten am Heimatrecht als Anspruchsgrundlage für die Armenversorgung weit hinter der deutschen Gesetzgebung zurückgeblieben war. Diese hatte nämlich schon 1870/71 mit der Einführung des die Armenversorgung gewährleistenden sogenannten Unterstützungswohnsitzes eine deutliche Verringerung der armenpolizeilichen Abschiebungen bewirkt. Nach der Novelle zum reichsdeutschen Gesetz über den Unterstützungswohnsitz von 1894 wurde ein solcher Wohnsitz überhaupt ex lege bereits dadurch erworben, daß jemand nach zurückgelegtem 18. Lebensjahr bloß zwei Jahre lang innerhalb eines sogenannten Ortsarmenverbandes seinen Aufenthalt genommen hatte. Hingegen wurde nach dem österreichischen Heimatgesetz von 1863 das die Armenunterstützung begründende Heimatrecht entweder originär durch freie Verleihung seitens der Gemeinde oder aber - und das war der Regelfall - derivativ durch Geburt oder Verehelichung erworben, wobei sich aber das so begründete Heimatrecht des Erwerbers nach den Heimatrechtsverhältnissen des maßgeblichen Elternteils bzw. Ehemannes zur Zeit der Geburt des Erwerbers richtete. Auch die einen Anspruch auf Verleihung eines neuen Heimatrechtes vorsehende Novelle von 1896 band diesen Anspruch noch an einen qualifizierten zehnjährigen Aufenthalt in der Gemeinde.

Bezüglich der Interdependenz zwischen Heimatrecht und Ausweisung ist weiters festzuhalten, daß auch die Regelung, wonach niemand aus seinem Zuständigkeitsort, also dem Ort, in dem er Heimatrecht besaß, ausgewiesen werden konnte, angesichts der angesprochenen Ausgestaltung des Heimatrechtserwerbs in der zweiten Hälfte des 19. Jahrhunderts nur in höchst mangelhafter Weise Schutzwirkungen für die Betroffenen entfaltete. Aufgrund der Prioriät des derivativen Heimatrechterwerbs und der gewaltigen Binnenmigration, die in Österreich seit den Sechzigerjahren stattfand, fielen nämlich gegen Ende des 19. Jahrhunderts bereits für einen großen Teil der cisleithanischen Bevölkerung rechtliche Heimatgemeinde und faktische Aufenthaltsgemeinde - oft sogar seit Generationen - auseinander. Eine Abschiebung in eine derartige „Heimatgemeinde" stellte für den Ausgewiesenen daher, abgesehen von der Vernichtung seiner Existenzgrundlage durch Verlust seines Arbeitsplatzes, auch einen weiterreichenden schwerwiegenden biographischen Einschnitt dar, zumal die Ausgewiesenen vielfach nicht einmal der Sprache der sogenannten Heimatgemeinde mächtig waren und keinerlei gesellschaftliche Beziehungen in dem Ort ihres Heimatrechtes unterhielten, wie dies insbesondere bei ausgewiesenen Witwen häufig der Fall war. Daß eine derartige Verbindung von

Heimat- und Ausweisungsrecht in der Praxis ehefeindliche und konkubinatsfördernde Wirkungen nach sich ziehen konnte, ist daher nicht weiter verwunderlich. Eine besondere Bedrohung stellte das Ausweisungsrecht aber für den im Arbeitskampf engagierten Teil der arbeitenden Bevölkerung dar, welchem Phänomen im zweiten Abschnitt der Studie nachgegangen wird.

In diesem zweiten Abschnitt wird nämlich die Nutzbarmachung des Ausweisungsrechtes als Instrument staatlicher Maßnahmepolitik beleuchtet. Hielt sich nun der zunächst behandelte Einsatz der Ausweisung zum Zweck einer Entfernung von Sträflingen in Österreich im Unterschied zu anderen europäischen Staaten in durchaus engen Grenzen, so ergibt sich betreffend die Anwendung des Ausweisungsrechtes zur staatlichen Bekämpfung von Sozialdemokratie und Anarchismus in der Habsburgermonarchie ein gänzlich anderer Befund. Zum einen wurde nämlich das vorhandene Repertoire von strafgerichtlichen, polizeilichen und gemeindebehördlichen Ausweisungsformen nachgerade hemmungslos dazu ge- und mißbraucht, um Streikaktivitäten im Keim zu ersticken und generell gegen die anarchistische, sozialdemokratische und gewerkschaftliche Bewegung vorzugehen. Zum anderen erweiterte eine 1884 nach deutschem Vorbild zur Bekämpfung von Anarchismus und Sozialismus von der Regierung Taaffe beschlossene und trotz heftiger Kritik bis 1891 in Geltung gebliebene grundrechtssuspendierende Verordnung die Ausweisungsbefugnisse der Sicherheitsbehörden beträchtlich. Massenausweisungen v.a. aus Wien – auch von gemäßigten Sozialdemokraten – waren die Folge, weshalb z.B. der Einigungsparteitag der Sozialdemokraten 1888/89 nicht in Wien stattfinden konnte, sondern wegen der ausgesprochenen Rückkehrverbote nach Hainfeld ausweichen mußte.

Daß man in der Habsburgermonarchie den „Ideen der Zeit, ... einschließlich jener des Sozialismus und sogar des Anarchismus ... oft mit erstaunlicher Aufgeschlossenheit, ja teilweise sogar mit ausgesprochener Sympathie“[4095] begegnet sei, kann daher angesichts der einschlägigen Ausweisungspraxis der staatlichen Behörden nur schwerlich in dieser Allgemeinheit behauptet werden. Als Indiz für die von Wandruszka[4096] in diesem Zusammenhang thematisierte Frage nach der Vorbildlichkeit der Habsburgermonarchie als Rechtsstaat kann daher auf dem Gebiet des Ausweisungsrechts bloß die Judikatur des Reichsgerichtes herangezogen werden, welches der Behördenwillkür auch hinsichtlich der politisch motivierten Ausweisungen wenigstens an der Spitze des Eisbergs entgegenzusteuern versuchte. Die Ausweisung wurde aber nicht nur gegen politisch aktive Arbeiter eingesetzt, sondern in Form des Massenausweisung sogar als „arbeitsmarktpolitisches“ Steuerungsinstrument gegen Massenarbeitslosigkeit, wie anhand von größeren Ausweisungsaktivitäten sowohl in der Monarchie als auch in der Ersten Republik gezeigt werden kann.

Darüber hinaus diente das bestehende Ausweisungsrecht aber auch regelmäßig zur Entfernung von Flüchtlingen aus dem österreichischen Staatsgebiet, zum Teil sogar in Form der „verschleierten Auslieferung“ politischer Flüchtlinge. In Niederösterreich wurde nach dem Ersten Weltkrieg außerdem zum Zweck der Flüchtlingsausweisung ei-

---

4095 Adam Wandruszka, Ein vorbildlicher Rechtsstaat?, in: ders./Peter Urbanitsch (Hrsg.), Die Habsburgermonarchie 1848–1918, II: Verwaltung und Rechtswesen, Wien 1975, S. XVI.

4096 Ebd.

ne spezifische Sondermaßnahme in Anwendung gebracht: die sogenannte Abreisendmachung. Die Abreisendmachungsaktion richtete sich offiziell wegen der problematischen Lage der Lebensmittelversorgung, des Arbeits- und Wohnungsmarktes zwar generell gegen die Kriegsflüchtlinge, hatte in Wien allerdings in Wahrheit die sogenannten Ostjuden als primäre Zielgruppe im Auge. Den Betroffenen wurde im Zuge dieser Abreisendmachungsaktion eine bestimmter Frist zum „freiwilligen" Verlassen des österreichischen Staatsgebietes gesetzt, widrigenfalls gegen sie mit Abschaffungen nach dem Schubgesetz vorgegangen werden sollte. Probleme in der Lebensmittelversorgung wurden aber auch als Begründung für die zwischen 1918 und 1921 auf Landes- bzw. gesamtstaatlicher Ebene normierten Beschränkungen des Reise- und Sommerverkehres geltend gemacht, welche im Falle des Überschreitens einer bestimmten Aufenthaltsdauer in einem Land eine sogenannte Außerlandschaffung der betreffenden Person – auch von österreichischen Staatsbürgern – zur Folge hatten, und daher in der Regel erfolgreich beim Verfassungsgerichtshof angefochten wurden.

Ein dritter Abschnitt behandelt schließlich das Verfahren nach Fällung eines Ausweisungserkenntnisses und die sogenannte Reversion. Rechtskräftige Ausweisungserkenntnisse gegen In- und Ausländer wurden nämlich in der Regel entweder in Form der förmlichen Abschiebung bzw. des Schubes, d.h. eines bewachten Zwangstransportes mittels Fußmarsch, Vorspann, Eisenbahn oder Schiff, oder aber in Form der gebundenen Marschroute, d.h. durch Ausfertigung eines sogenannten Zwangspasses und Instradierung ohne Bewachung, wobei der Schub entgegen anderslautenden Vorschriften des 19. Jahrhunderts und trotz seiner vielfach inhumanen Durchführung, seiner für das Fortkommen des Schüblings nachteiligen Folgen sowie der mit dieser Vollzugsart verbunden hohen Kosten die dominante Art des Ausweisungsvollzuges blieb. Zum Zweck einer Absicherung des durch die Ausweisung geschaffenen Zustandes bzw. zur Durchsetzung des zumeist damit verbundenen Rückkehrverbotes wurde außerdem die unerlaubte Rückkehr eines Ausgewiesenen (Reversion) strafrechtlich sanktioniert. Geschah dies in der frühen Neuzeit dadurch, daß der Bruch des vom Ausgewiesenen zur schwörenden sogenannten Urfehdeeides bestraft wurde, so stellte die verbotene Reversion seit der josephinischen Strafgesetzgebung ein eigenes Delikt dar. Kehrte folglich eine mit Rückkehrverbot ausgewiesene Person aus welchem Grund auch immer in das verbotene Gebiet zurück, so erfolgte eine Verurteilung wegen Reversion, und nach Verbüßung der Strafe wurde die Ausweisung erneut vollzogen. Für viele, aus Großstädten und sonstigen wirtschaftlichen Ballungsräumen ausgewiesene Personen, konnte infolge der Notwendigkeit, zwecks Arbeitssuche in das verbotene Gebiet zurückzukehren, somit ein fataler circulus vitiosus entstehen.

Versucht man nun eine abschließende Beurteilung des österreichischen Ausweisungsrechtes im behandelten Zeitraum, so kann wohl gesagt werden, daß die Ausweisung – jedenfalls hinsichtlich der Inländer – stets ein ungeeignetes, durchwegs aber zudem unverhältnismäßiges Mittel war, ein wahrgenommenes öffentliches Interesse auf rationale und effiziente Art und Weise zu verfolgen. Die konkrete rechtliche Ausgestaltung war überdies ungeeignet, Behördenmißbräuchen wirkungsvoll vorzubeugen. Angesichts ihrer Ineffizienz – insbesondere auch vor dem Hintergrund der für sie aufzuwendenden Kosten – sowie der auch von zahlreichen Zeitgenossen immer wieder hervorgehobenen Inhumanität und rechtspolitischen Bedenklichkeit drängt sich daher der

Eindruck auf, daß die Kontinuität dieser Maßregel bloß aus ihrer vordergründigen Einfachheit resultiert. Freilich aber verschwanden und verschwinden die jeweiligen Probleme nicht durch die Entfernung derjenigen Menschen, mit denen sie verbunden sind. Das gilt nicht nur für den Umgang mit politischen Gegnern, sondern auch hinsichtlich sozialer und wirtschaftlicher Fragen, wie Massenarmut, Arbeitslosigkeit, sozialer Devianz und Kriminalität. Das Ausweisungsrecht stellte daher regelmäßig nur ein Mittel der Symptombekämpfung dar, ohne daß an Zuständen und Einrichtungen, welche eine Ausweisung oftmals zur Folge hatten, ernsthafte und tiefgreifende Reformen vorgenommen worden wären.

Schlußendlich zeigt diese Studie aber auch, daß die Ausformung des staatsbürgerlichen Rechts, nicht nur jederzeit unentziehbaren Aufenthalt im Staatsgebiet zu nehmen, sondern auch innerhalb des Staatsgebiets nicht „verschoben" zu werden, recht jungen Datums ist, denn erst in der Zweiten Republik wurde die jahrhundertelange Kontinuität des österreichischen Ausweisungsrechtes wenigstens hinsichtlich der Inländer gebrochen und dem staatsbürgerlichen Recht, den Aufenthalt im Staatsgebiet grundsätzlich frei wählen zu können, unwiderruflich zum Durchbruch verholfen. In Frage steht heute bloß noch, ob undd inwieweit ein derartiges unentziehbares und unbeschränktes Aufenthaltsrecht auch auf Personen ausgedehnt werden kann oder soll, denen weder die österreichische Staatsangehörigkeit noch eine EU-Bürgerschaft zukommt.

Siglenverzeichnis

BGBl.	Bundesgesetzblatt für die Republik Österreich 1920–1934, 1946 ff.; Bundesgesetzblatt für den Bundesstaat Östereich 1934–1938.
CA	Codex Austriacus, I und II: zwei Teile in einem Bd., Wien 1740; III: Ergänzung bis 1720, Leipzig 1748; IV: Ergänzung bis 1740, Wien 1752; V: Ergänzung bis 1758, Wien 1777; VI: Ergänzung bis 1770, Wien 1777.
CCC	Constitutio Criminalis Carolina
CCT	Constitutio Criminalis Theresiana
DtRGBl.	deutsches Reichsgesetzblatt, 1871–1945.
GBlLÖ	Gesetzblatt für das Land Österreich 1938–1939
JGS	Gesetze und Verfassungen (Verordnungen) im Justiz-Fache 1780–1848 (Joseph II., Leopold II., Franz I., Ferdinand), Wien 1817–1848.
JStG	Josephinisches Strafgesetz 1787
LGBl.	(Landes)Gesetz- und Verordnungsblatt (für das jeweilige österreichische Kronland) –1918, dann Landesgesetzblatt (für das jeweilige Bundesland) 1918 ff.
Prov. GSlg.	Provinzial-Gesetzsammlung (für das jeweilige Kronland).
PGS	Sr. k.k. Majestät Franz des zweyten (Ersten), dann Ferdinand des Ersten politische Gesetze und Verordnungen für die Oesterreichischen, Böhmischen und Galizischen Erbländer, 76 Bde., 1793–1848.
RGBl.	Allgemeines Reichsgesetz- und Regierungsblatt für das Kaisertum Österreich 1849–1852, dann Reichsgesetzblatt –1918.
Slg. BGH	Sammlung der Erkenntnisse, Beschlüsse und Rechtssätze des Bundesgerichtshofes, administrativrechtlicher Teil, I-III (1934–1936) hrsg. von Norbert Fuhrmann, IV–V (1937–1938) hrsg. von Rudolf Lennkh/Friedrich Pernitza, VI (1939) hrsg. von Friedrich Pernitza, Baden bei Wien 1934–1939.
Slg. Joseph	Vollständige Sammlung aller seit dem glorreichsten Regierungsantritt Joseph des Zweyten für die k.k. Erbländer ergangenen Verordnungen und Gesetze durch privat Fleiß gesammelt und in chronologische Ordnung gebracht, 9 Bde., Wien 1789–1791.
Slg. OGH	Plenarbeschlüsse und Entscheidungen des k.k. Cassationshofes, 17 Bde. und Generalregister, Wien 1884–1899, Bd. 1-6 veröffentlicht im Auftrage des k.k. Obersten Gerichts- als Cassationshofes, von der Redaction der allgemeinen österreichischen Gerichtszeitung, ab Bd. 7 redigiert von R. Nowak, ab Bd. 12 von Eduard Coumont und Karl Schreiber.
	Entscheidungen des k.k. Obersten Gerichts- als Cassationshofes, veröffentlicht von der Generalprokuratur. Fortsetzung der von Dr. Rudolf Nowak begründeten Sammlung der Plenarbeschlüsse und Entscheidungen des k.k. Obersten Gerichts- als Cassationshofes, N.F. 20 Bde. und Generalregister, Wien 1900–1919.
	Entscheidungen des österreichischen Obersten Gerichtshofes in Strafsachen und Disziplinarangelegenheiten, veröffentlicht von sei-

	nen Mitgliedern unter Mitwirkung der Generalstaatsanwaltschaft/b Generalprokuratur, 18 Bde. und Inhaltsübersicht, Wien 1922–1938.
Slg. RG	Sammlung der nach gepflogener öffentlicher Verhandlung geschöpften Erkenntnisse des k.k. österreichischen Reichsgerichtes, 17 Bde., hrsg. Anton Hye von Gluneck Anton (Bd. 1-9) und Karl Hugelmann (Bd. 10–18), Wien 1874–1919.
Slg. VfGH	Sammlung der Erkenntnisse des durch das Gesetz vom 25. Jänner 1919, StGBl. Nr. 48 geschaffenen österreichischen Verfassungsgerichtshofes, Amtlich veröffentlicht, 2 Hefte 1919–1920, Wien 1920/1922.
	Sammlung der Erkenntnisse des Verfassungsgerichtshofes, N. F., 11 Hefte (1921–1933), Wien 1923–1936.
Slg. VwGH	Verwaltungsgerichtshofs-Erkenntnisse nach § 6 des Gesetzes vom 22. Oktober 1875, RGBl. ex 1876 Nr. 36 geschöpft ohne vorausgegangene mündliche Verhandlung, zusammengestellt von Adam Budiwinski, 7 Hefte (1876–1890), Wien 1881–1891.
	Budiwinski's Sammlung der Erkenntnisse des k.k. Verwaltungsgerichtshofes, Bd. 1–23 (1876–1899) zusammengestellt von Adam Budiwinski, Bd. 24–32 (1900–1908) zusammengestellt von Rudolf Alter, Bd. 33–42 (1909–1918) zusammengestellt von August Ritter von Popelka, Wien 1878–1918.
	Sammlung der Erkenntnisse des Verwaltungsgerichtshofes und (ab 1924) der Rechtssätze des Invalidengerichtes, administrativrechtlicher Teil, Bd. 43–48 (1919–1924) hrsg. von Max Schuster, Bd. 49–69 (1925–1933) hrsg. von Norbert Fuhrmann, Wien 1919–1934.
Sten. Prot. des AH	Stenographische Berichte über die Verhandlungen des Abgeordnetenhauses 1861–1867; Stenographische Protokolle über die Sitzungen des Hauses der Abgeordneten des Reichsrathes, 1867–1918.
Sten. Prot. des HH	Stenographische Protokolle des Herrenhauses des österreichischen Reichsrathes 1861–1918.
Sten. Prot. des NR	Stenographische Protokolle über die Sitzungen des Nationalrates der Republik Österreich 1920–1934.
Sten. Prot. der Prov. NV	Stenographische Protokolle über die Sitzungen der Provisorischen Nationalversammlung für Deutschösterreich 1918–1919.
StG	Strafgesetz 1852
StGB	Strafgesetz 1803
StGBl.	Staatsgesetzblatt für die Republik Österreich 1918–1919, 1945.
WGStGB	Westgalizisches Strafgesetz 1796
ZRG-GA	Zeitschrift der Savigny-Stiftung, Germanistische Abteilung, 1880 ff.

Literatur- und Quellenverzeichnis

1. Unveröffentlichte Quellen:

Parlamentsarchiv, Herrenhaus, Materie Carton 21: Öffentliche Sicherheit, Zwangs- und Besserungsanstalten, Polizeiwesen, Mappe Nr. 4.

Niederösterreichisches Landesarchiv, Kanzleiabteilung IVa, Zeichen XIV 205a Abreisendmachung von Fremden, Stammzahl 1531, Jahr 1924, K 4461.

Sozialwissenschaftliche Dokumentation (sowidok) der Kammer für Arbeiter und Angestellte für Wien, Mappe „Recht, internat. (Asylrecht) 1908–1934".

2. Veröffentlichte Quellen und Literatur:

a) Judikatursammlungen, Gesetz- und Verordnungssammlungen, Register, Gesetzesausgaben, Kommentare, Protokolle, Erinnerungen, Briefwechsel u.ä.:

ADAMOVICH Ludwig/Georg FROEHLICH (Hrsg.), Die österreichischen Verfassungsgesetze des Bundes samt Ausführungs- und Nebengesetzen (= Handausgabe österreichischer Gesetze und Verordnungen CCXII), 3. Aufl. Wien 1931.

ADLER L./K. KRALL/Joseph v. WALTHER (Hrsg.), Sammlung strafrechtlicher Entscheidungen des k.k. obersten Gerichtshofes, 3 Bde., Wien 1873.

Viktor ADLERs Aufsätze, Reden und Briefe, hrsg. vom Parteivorstand der Sozialdemokratischen Arbeiterpartei Deutschösterreichs, II: Viktor Adler vor Gericht, VI/1: Viktor Adler der Parteimann. Der Aufbau der Sozialdemokratie, XI: Viktor Adler der Parteimann. Parteigeschichte und Parteipolitik, Wien 1923 ff.

ADLER Viktor, Der Weg nach Hainfeld, in: Der Kampf. Sozialdemokratische Monatsschrift, hrsg. von Otto Bauer/Adolf Braun/Karl Renner, II (1909), S. 145–154.

ADLER Viktor, Peukerts Erinnerungen, in: Der Kampf. Sozialdemokratische Monatsschrift, hrsg. von Friedrich Adler/Otto Bauer/Adolf Braun/Karl Renner, VII (1914), S. 302–307.

ALTMANN Ludwig, Das Jugendgerichtsgesetz. Bundesgesetz vom 18. Juli 1928, BGBl. Nr. 234, über die Behandlung junger Rechtsbrecher (Jugendgerichtsgesetz) mit einer historischen Einleitung, den Gesetzesmaterialien und erläuternden Bemerkungen (= Handausgabe österreichischer Gesetze und Verordnungen CCXLIV), Wien 1929.

ALTMANN Ludwig/Siegfried JACOB (Hrsg.), Kommentar zum Österreichischen Strafrecht, 2 Bde., Wien 1927/1930.

ARCHIV DER GEGENWART, CD-ROM, 1931–1996.

ASTL Heinrich, Alphabetische Sammlung aller politischen Gesetze des Kaisertums Österreich mit Ausnahme der italienischen Provinzen, 5 Bde. und Ergänzungsbd., Wien 1858, 2. Aufl. Prag 1864–1868.

BEBEL August, Aus meinem Leben, hrsg. von Karl Kautsky, III, Stuttgart 1914.

BERCHTOLD Klaus (Hrsg.), Österreichische Parteiprogramme 1868–1966, Wien 1967.

BERCHTOLD Klaus (Hrsg.), Die Verfassungsreform von 1925. Dokumente und Materialien zur Bundes-Verfassungsnovelle (= Österreichische Schriftenreihe für Rechts- und Politikwissenschaft, hrsg. von Felix Ermacora, X), Wien 1992.

Stenographische BERICHTE über die Verhandlungen des Abgeordnetenhauses 1861–1867.

BRATSCH Franz Joseph, Über Weiland Der Römisch-Kayserlichen ... Majestät Ferdinandi Des Dritten ... Peinliche Land-Gerichts-Ordnung In Oesterreich unter der Enns ... dienlich Anweisungen, und nutzliche Anmerkungen, wie auch alle hierüber weiters ergangene Hof-Resolutionen, Patenten, Generalien, und Novellen ..., Wien 1751.

BUDIWINSKI's Sammlung der Erkenntnisse des k.k. Verwaltungsgerichtshofes, siehe Sammlung.

BUNDESGESETZBLATT für die Republik Österreich 1920–1934, 1946 ff.; Bundesgesetzblatt für den Bundesstaat Österreich 1934–1938.

CODEX AUSTRIACUS, I und II: zwei Teile in einem Bd., Wien 1740; III: Ergänzung bis 1720, Leipzig 1748; IV: Ergänzung bis 1740, Wien 1752; V: Ergänzung bis 1758, Wien 1777; VI: Ergänzung bis 1770, Wien 1777.

DEHMAL Heinrich (Hrsg.), Die österreichische Polizeigesetzgebung. Mit Entscheidungen des Verfassungsgerichtshofes, des Reichsgerichtes, des Verwaltungsgerichtshofes und des Obersten Gerichtshofes nach dem Stande vom 1. Jänner 1926 (= Handausgabe österreichischer Gesetze und Verordnungen CCXXI), Wien 1926.

Plenarbeschlüsse und ENTSCHEIDUNGEN des k.k. Cassationshofes, 17 Bde. und Generalregister, Wien 1884–1899, Bd. 1–6 veröffentlicht im Auftrage des k.k. Obersten Gerichts- als Cassationshofes, von der Redaction der allgemeinen österreichischen Gerichtszeitung, ab Bd. 7 redigiert von R. Nowak, ab Bd. 12 von Eduard Coumont und Karl Schreiber.

ENTSCHEIDUNGEN des k.k. Obersten Gerichts- und Cassationshofes in Civil- und Strafsachen veröffentlicht von dem k.k. Obersten Gerichts- und Cassationshofe in der Beilage zum Verordnungsblatte des k.k. Justizministeriums, I. Jg. 1885 ff., Wien 1885 ff.

ENTSCHEIDUNGEN des k.k. Obersten Gerichts- als Cassationshofes, veröffentlicht von der Generalprokuratur. Fortsetzung der von Dr. Rudolf Nowak begründeten Sammlung der Plenarbeschlüsse und Entscheidungen des k.k. Obersten Gerichts- als Cassationshofes, N.F. 20 Bde. und Generalregister, Wien 1900–1919.

ENTSCHEIDUNGEN des österreichischen Obersten Gerichtshofes in Strafsachen und Disziplinarangelegenheiten, veröffentlicht von seinen Mitgliedern unter Mitwirkung der Generalstaatsanwaltschaft/Generalprokuratur, 18 Bde. und Inhaltsübersicht, Wien 1922–1938.

ERKENNTNISSE des Verwaltungsgerichtshofes, siehe Verwaltungsgerichtshofs-Erkenntnisse.

ERKENNTNISSE des Verfassungsgerichtshofes, siehe Sammlung.

ERMACORA Felix (Hrsg.), Quellen zum österreichischen Verfassungsrecht (1920). Die Protokolle des Unterausschusses des Verfassungsausschusses samt Verfassungsentwürfen ... (= MöSTA/ Ergänzungsbd. VIII), Wien 1967.

FAULLER Chrysostomus, Gesetze, Verordnungen und Vorschriften für die Polizei-Verwaltung im Kaiserthume Österreich. Erschienen in den Jahren 1740 bis Ende 1825, und in alphabetischer-chronologischer Ordnung zusammengestellt, mit vorzüglicher Rücksicht auf Nieder-Österreich, 4 Bde., Wien 1827.

FISCHEL Alfred, Die Protokolle des Verfassungsausschusses über die Grundrechte. Ein Beitrag zur Geschichte des österreichischen Reichstags vom Jahre 1848, Wien-Leipzig 1912.

FOREGGER Egmont/Gerhard KODEK, Strafgesetzbuch. StGB samt den wichtigsten Nebengesetzen. Kurzkommentar. Mit einer Einführung und Erläuterungen unter Berücksichtigung der Rechtsprechung des Obersten Gerichtshofes und des Schrifttums, 5. Aufl. Wien 1991.

FRITZER Karl, Das Österreichische Gemeinderecht (ausgenommen das Recht der Bundeshauptstadt Wien) samt einschlägigen Nebengesetzen und erläuternden Bemerkungen, 3 Bde. (= Handausgabe österreichischer Gesetze und Verordnungen N.F. I/3), Wien 1950.

FÜRSTL Carl von(Hrsg.), Die strafrechtlichen Nebengesetze des österreichischen Rechts, II und III, Wien-Prag 1894.

Das GEMEINDE-GESETZ vom 5. März 1862 sammt den Gemeindeordnungen für alle Kronländer und den Statuten für einzelne Orte. Das Heimat-Gesetz vom 3. December 1863 sammt den Vorschriften über Einwanderung, Auswanderung und die Verehelichung mit Ausländern (= Taschenausgabe der österreichischen Gesetze IX: Gemeinde-Gesetze und das Heimat-Recht, dann die Vorschriften über Einwanderung und Auswanderung), 3. Aufl. Wien 1869.

Das GEMEINDE-GESETZ vom 5. März 1862 sammt den Gemeindeordnungen für alle Kronländer und den Statuten für einzelne Orte. Das Heimatgesetz vom 3. December 1863 sammt den Vorschriften über Abschaffung, Abschiebung, Einwanderung, Auswanderung und die Verehelichung mit Ausländern (= Taschenausgabe der österreichischen Gesetze IX: Gemeindegesetze und das Heimatrecht, dann die Vorschriften über Einwanderung und Auswanderung), 4. Aufl. Wien 1871, 5. Aufl. Wien 1875.

Das GEMEINDEGESETZ vom 5. März 1862, sammt den Gemeindeordnungen für alle Kronländer, mit allen Nachtragsgesetzen sowie den einschlägigen Verordnungen, den Erkenntnissen des Reichsgerichtes und des Verwaltungsgerichtshofes. Das Heimatgesetz (= Taschenausgabe der österreichischen Gesetze IX), 9. Aufl. Wien 1895.

GESETZE, politische und Verordnungen Sr. k.k. Majestät Franz des zweyten (Ersten), dann Ferdinand des Ersten für die Oesterreichischen, Böhmischen und Galizischen Erbländer, 76 Bde., 1793–1848.

GESETZBLATT für das Land Österreich 1938–1939.

GESETZBUCH, Kaiserl. Königl. Theresianisches enthaltend die Gesetze von den Jahren 1740 bis 1780, welche unter der Regierung des Kaisers Joseph des II. theils noch ganz bestehen, theils abgeändert sind, 9 Bde. 3. Auflage Wien 1789.

GESETZE und Verfassungen (Verordnungen) im Justiz-Fache 1780–1848 (Joseph II., Leopold II., Franz I., Ferdinand), Wien 1817–1848.

Sr. k.k. Majestät Franz des zweyten (Ersten), dann Ferdinand des Ersten politische GESETZE UND VERORDNUNGEN für die Oesterreichischen, Böhmischen und Galizischen Erbländer, 76 Bde., 1793–1848.

GIEGL Julius, Die Heimatgesetznovelle 1896 und die Judikatur des Verwaltungsgerichtshofes, in: Österreichisches Verwaltungsarchiv IV (1907), S. 38–60.

GIEGL Julius, Österreichisches Heimatrecht. Die Vorschriften über das Heimat- und das Staatsbürgerrecht nebst erläuternden Bemerkungen, 2. Aufl. Wien 1906.

HANUSCH Ferdinand, Lazarus. Eine Jugendgeschichte, Wien 1912.

HARRAS von Harrasowsky Philipp (Hrsg.), Der Codex Theresianus und seine Umarbeitungen, V/2: Der Entwurf Martini's, Wien 1886.

HATTENHAUER Hans (Hrsg.), Allgemeines Landrecht für die Preußischen Staaten von 1794. Textausgabe, Frankfurt a.M.-Berlin 1970.

HERBST Eduard, Die grundsätzlichen Entscheidungen des k.k. obersten Gerichtshofes über zweifelhafte Fragen des allgemeinen österreichischen Strafrechts, 3. Aufl. Wien 1858.

HERZOG Franz Tobias, Sammlung der Gesetze über das politische Domicil im Kaiserthume Österreich, Wien 1837.

HERZOG Franz Tobias, Vollständige Sammlung der Gesetze über das Schubwesen im Kaiserthume Oesterreich, Wien 1835.

HORNEK Rudolf, Die österreichischen Heimat- und Armengesetze (= Handbücher für berufliche und freiwillige soziale Arbeit I), 3 Hefte, Wien 1917–1918.

JEGIEREK Johann, Das Heimatsrecht, dann das Aufenthalts-, beziehungsweise Abschaffungsrecht, die Armenversorgungspflicht und der Verpflegs-, Transports- und Beerdigungskosten-Ersatz in Österreich, Wien 1886.

KADECKA Ferdinand, Das Gesetz vom 21. März 1918, RGBl. Nr. 108 über die Tilgung der Verurteilung, Wien 1918.

KADECKA Ferdinand, Das österreichische Jugendgerichtsgesetz, Wien 1929.

KANKA Johann (Hrsg.), Handbuch des österreichischen Gesetzes über schwere Polizeiübertretungen mit allen auf dieses Fach Bezug nehmenden, bis zum Ende des Jahres 1822 erschienenen Verordnungen und Erläuterungen, 2 Bde., Prag 1823.

KASERER Josef (Hrsg.), Das Gesetz vom 19. Juli 1877 betreffend Abhilfe wider unredliche Vorgänge bei Creditgeschäften (Wuchergesetz) mit Materialien, Wien 1877.

KASERER Josef (Hrsg.), Das Gesetz vom 28. Mai 1881 betreffend Abhilfe wider unredliche Vorgänge bei Creditgeschäften (allgemeines Wuchergesetz) mit Materialien, Wien 1881.

KAUTSKY Karl, Erinnerungen und Erörterungen, hrsg. von Benedikt Kautsky (= Quellen und Untersuchungen zur Geschichte der deutschen und österreichischen Arbeiterbewegung, hrsg. vom Internationaal Instituut voor sociale Geschiedenis, Amsterdam, III), 's-Gravenhage 1960.

KAUTSKY Benedikt (Hrsg.), Friedrich Engels' Briefwechsel mit Karl Kautsky. Zweite, durch die Briefe Karl Kautskys vervollständigte Ausgabe von „Aus der Frühzeit des Marxismus" (= Quellen und Untersuchungen zur Geschichte der deutschen und österreichischen Arbeiterbewegung I), Wien 1955.

KELSEN Hans (Hrsg.), Die Verfassungsgesetze der Republik Deutschösterreich. Mit einer historischen Übersicht und kritischen Erläuterungen, I, Wien-Leipzig 1919.

KNAPP Rudolf, Das Bruderladegesetz vom 28. Juli 1889, RGBl. Nr. 127, und das Musterstatut hiezu. Hilfsbuch für den praktischen Gebrauch, Wien 1892.

KOHLER Josef/Willy SCHEEL (Hrsg.), Die Bambergische Halsgerichtsordnung ... (= Die Carolina und ihre Vorgängerinnen. Text, Erläuterungen, Geschichte, hrsg. von Josef Kohler, II), Halle a.S. 1902.

KOHLER Josef/Willy SCHEEL (Hrsg.), Die peinliche Gerichtsordnung Kaiser Karls V. Constitutio Criminalis Carolina (= Die Carolina und ihre Vorgängerinnen. Text, Erläuterungen, Geschichte, hrsg. von Josef Kohler, I), Halle a.S. 1900.

KRCAL August, Zur Geschichte der Arbeiter-Bewegung Österreichs, Wien 1894, neu hrsg. von Peter Stipkovics, Wien o.J.

(LANDES)GESETZ- UND VERORDNUNGSBLATT (für die einzelnen Kronländer) 1848–1918.

LANDESGESETZBLATT (für die einzelnen Bundesländer) 1918 ff.

LÖFFLER Alexander/Wilhelm H. von HERRNRITT, Die Strafprozeß-Ordnung vom 23. Mai 1873, Nr. 119 RGB., samt allen ergänzenden und erläuternden Verordnungen ... (= Manzsche Taschenausgabe der österreichischen Gesetze V), Wien 1914.

MERFORT Karl/Michael HOFER, Alphabetisches Nachschlage-Register zu den österr. Reichsgesetzen, Landesgesetzen und Verordnungen, Wien-Leipzig 1908.

METTERNICH-WINNEBURG Richard (Hrsg.), Aus Metternich's nachgelassenen Papieren, VI (= II/4), Wien 1883.

MYLIUS Christian Otto, Corpus Constitutionum Marchiarum, II. Theil, III. Abtheilung von Criminal-Sachen etc., Berlin-Halle 1738.

NORMALIENSAMMLUNG für den politischen Verwaltungsdienst. Mit Benützung amtlicher Materialien zusammengestellt, 5 Bde., Wien 1901–1912.

OFNER Julius (Hrsg.), Der Ur-Entwurf und die Berathungsprotokolle des österreichischen Allgemeinen bürgerlichen Gesetzbuches, 2 Bde., Wien 1889.

PARRY Clive (Hrsg.), The Consolidated Treaty Series, 231 Bde., New York 1969–1981.

PEUKERT Josef, Erinnerungen eines Proletariers aus der revolutionären Arbeiterbewegung, Berlin 1913.

PFUNDTNER Hans/Reinhard NEUBERT, Das neue Deutsche Reichsrecht, Ausgabe Österreich I/e (Kommunalrecht) 2.

PLENARBESCHLÜSSE UND ENTSCHEIDUNGEN des k.k. Cassationshofes, siehe Entscheidungen.

PRIBRAM F. (Hrsg.), Urkunden und Akten zur Geschichte der Juden in Wien (= Quellen und Forschungen zur Geschichte der Juden in Deutsch-Österreich VIII), I. Abt. Allgemeiner Teil: 1526–1847 (1849), 2 Bde., Wien-Leipzig 1918.

Stenographische PROTOKOLLE über die Sitzungen des Hauses der Abgeordneten des Reichsrathes, 1867–1918; siehe auch Berichte.

Stenographische PROTOKOLLE des Herrenhauses des österreichischen Reichsrathes 1861–1918.

Stenographische PROTOKOLLE über die Sitzungen der Provisorischen Nationalversammlung für Deutschösterreich 1918–1919.

Stenographische PROTOKOLLE über die Sitzungen des Nationalrates der Republik Österreich 1920–1934.

PROVINZIAL-GESETZSAMMLUNG (für das jeweilige Kronland) –1848

Allgemeines REICHSGESETZ- UND REGIERUNGSBLATT für das Kaisertum Österreich 1849–1852, dann Reichsgesetzblatt –1918.

REICHSGESETZBLATT, deutsches 1871–1945.

REITER Ilse (Hrsg.), Texte zur österreichischen Verfassungsentwicklung 1848–1955, Wien 1997.

SAMMLUNG der Erkenntnisse des k.k. Verwaltungsgerichtshofes, Bd. 1–23 (1876–1899) zusammengestellt von Adam Budiwinski, Bd. 24–32 (1900–1908) zusammengestellt von Rudolf Alter, Bd. 33–42 (1909–1918) zusammengestellt von August Ritter von Popelka, Wien 1878–1918.

SAMMLUNG der Erkenntnisse des Verwaltungsgerichtshofes und (ab 1924) der Rechtssätze des Invalidengerichtes, administrativrechtlicher Teil, Bd. 43–48 (1919–1924) hrsg. von Max Schuster, Bd. 49–69 (1925–1933) hrsg. von Norbert Fuhrmann, Wien 1919–1934.

SAMMLUNG der Erkenntnisse des durch das Gesetz vom 25. Jänner 1919, StGBl. Nr. 48 geschaffenen österreichischen Verfassungsgerichtshofes, Amtlich veröffentlicht, 2 Hefte 1919–1920, Wien 1920/1922.

SAMMLUNG der Erkenntnisse des Verfassungsgerichtshofes, N.F., 11 Hefte (1921–1933), Wien 1923–1936.

SAMMLUNG der Erkenntnisse, Beschlüsse und Rechtssätze des Bundesgerichtshofes, administrativrechtlicher Teil, I–III (1934–1936) hrsg. von Norbert Fuhrmann, IV–V (1937–1938) hrsg. von Rudolf Lennkh/Friedrich Pernitza, VI (1939) hrsg. von Friedrich Pernitza, Baden bei Wien 1934–1939.

SAMMLUNG der nach gepflogener öffentlicher Verhandlung geschöpften Erkenntnisse des k.k. österreichischen Reichsgerichtes, 17 Bde., hrsg. Anton Hye von Gluneck Anton (Bd. 1–9) und Karl Hugelmann (Bd. 10–18), Wien 1874–1919.

Vollständige SAMMLUNG aller seit dem glorreichsten Regierungsantritt Joseph des Zweyten für die k.k. Erbländer ergangenen Verordnungen und Gesetze durch privat Fleiß gesammelt und in chronologische Ordnung gebracht, 9 Bde., Wien 1789–1791.

SCHEU Andreas, Umsturzkeime. Erlebnisse eines Kämpfers, 3 Bde., Wien 1923.

SCHEU Heinrich, Erinnerungen. Ein Beitrag zur Geschichte der österreichischen Arbeiterbewegung, Wien 1912.

SCHEU Heinrich (Hrsg.), Der Hochverratsprozeß gegen Oberwinder, Andr. Scheu, Most, Pabst, Häcker, Perrin, Schönfelder, Berka, Schäftner, Pfeiffer, Dorsch, Eichinger, Gehrke und Baudisch. Verhandelt vor dem k.u.k. Landesgerichte in Wien, begonnen am 4. Juli 1870, Wien 1870.

SCHEU Heinrich (Hrsg.), Vor vierzig Jahren. Der Wiener Hochverratsprozeß gegen A. Scheu, H. Oberwinder, J. Most und Genossen. Ein Beitrag zur Wiener Parteiorganisation, neu hrsg. und ergänzt, mit Einleitung und Nachwort von Karl Renner, Wien 1911.

SCHMIDT Eberhard (Hrsg.), Die Maximilianischen Halsgerichtsordnungen für Tirol (1499) und Radolfzell (1506) als Zeugnisse mittelalterlicher Strafrechtspflege, Schloß Bleckede a.d. Elbe 1949.

SERINI Eugen/Josef GEBERT, Kommentar zum Tilgungsgesetz 1951. Bundesgesetz vom 4. Juli 1951, BGBl. Nr. 155, über die Tilgung von Verurteilungen (= Manzsche Handkommentare zum österreichischen Recht III), Wien 1952.

STARR Franz, Vollständiges Sach- und Nachschlage-Register zu sämmtlichen Landesgesetzblättern der im Reichsrathe vertretenen Königreiche und Länder von deren Beginn 1849 bis zum Jahre 1873 nach Materien chronologisch geordnet, 5 Teile und Ergänzungsbd., Wien 1873–1879.

STENGLEIN M. (Hrsg.), Sammlung der deutschen Strafgesetzbücher, 3 Bde., München 1858.

SUEß Eduard, Erinnerungen, Leipzig 1916.

VERWALTUNGSGERICHTSHOFS-ERKENNTNISSE nach § 6 des Gesetzes vom 22. Oktober 1875, RGBl. ex 1876 Nr. 36 geschöpft ohne vorausgegangene mündliche Verhandlung, zusammengestellt von Adam Budiwinski, 7 Hefte (1876–1890), Wien 1881–1891.

WALDERT Karl, Das österreichische Heimat- und Staatsbürgerrecht. Nach dem Stande der Gesetzgebung vom 5. Oktober 1925 (= Handausgabe österreichischer Gesetze und Verordnungen H. CCXXIV), Wien 1926.

ZALEISKY Adalbert, Handbuch der Gesetze und Verordnungen, welche für die Polizei-Verwaltung im österreichischen Kaiserstaate von 1740–1852 erschienen sind, 3 Bde., Wien 1854, 2 Nachträge, Wien 1856/1858.

ZVOLSKY Franz, Das Schubwesen. Eine Sammlung der wichtigsten Gesetze, Verordnungen und Vorschriften betreffend das Schubwesen überhaupt und in der Markgrafschaft Mähren insbesondere, Brünn 1911.

b) Darstellungen

ABEL Wilhelm, Agrarkrisen und Agrarkonjunktur in Mitteleuropa vom 13. bis zum 19. Jahrhundert, Berlin 1935.

ABEL Wilhelm, Geschichte der deutschen Landwirtschaft vom frühen Mittelalter bis zum 19. Jahrhundert (= Deutsche Agrargeschichte, hrsg. von Günther Franz, II), Stuttgart 1962.

ABEL Wilhelm, Massenarmut und Hungerkrisen im vorindustriellen Europa. Versuch einer Synopsis, Hamburg-Berlin 1974.

ABENDROTH Wolfgang, Einführung in die Geschichte der Arbeiterbewegung. Vorlesungen, I: Von den Anfängen bis 1933, Heilbronn 1985.

ADAMOVICH Ludwig, Die Prüfung der Gesetze und Verordnungen durch den österreichischen Verfassungsgerichtshof (= Wiener Staatswissenschaftliche Studien N.F. V), Leipzig-Wien 1923.

ADAMOVICH Ludwig, Die Reform der österreichischen Bundesverfassung, in: Zeitschrift für öffentliches Recht V (1969), S. 228–280.

AGUILAR Manuel Torres, La pena de exilio: sus orígenes en el derecho Romano, in: Anuario de historia del derecho Español (1993–1994), S. 710–785.

AICHHORN Ulrike, Die Rechtsstellung der Frau im Spiegel der österreichischen Weistümer (= Dissertationen der Universität Salzburg XXXIII), Wien 1992.

AICHELE Hermann, Die Zigeunerfrage mit besonderer Berücksichtung Württembergs, staatswiss. Diss. Tübingen, Stuttgart o.J.

AINSIDL Ignaz Peregrin, Handbuch der Gesetze und Belehrungen welche über den zweyten Theil des Strafgesetzes in schweren Polizey-Uebertretungen nachträglich in den Jahren 1804 bis inclusive 1821 erschienen sind, Wien 1822.

ALTMANN Ludwig/Max Leopold EHRENREICH, Einführung in das österreichische Strafrecht, Wien-Leipzig-München 1923.

D'ANCONA Alessandro, Federico Confalonieri, Milano 1898.

ANDREAE Julius, Die Verbannung im griechischen Recht, Freiburg i.Br. 1922.

ANNUAIRE de l'Institut de Droit International X (1888-1889), Paris 1889, S. 227-246; XI (1889-1892), Paris 1892, S. 273-320; XII (1893-1894), Paris 1894, S. 184-226.

ANON., Bedarf Deutschland der Kolonien?, in: Die Grenzboten. Zeitschrift für Politik, Literatur und Kunst, XXXVIII/2 (1879), S. 165-173.

ANON., Die Einführung der Deportation in das deutsche Strafrecht, in: Die Grenzboten LVII (1898), S. 669-769.

ANON., Die Frage der Strafkolonien für Deutschland, in: Die Grenzboten. Zeitschrift für Politik, Literatur und Kunst, XXXVIII/2 (1879), S. 494-511.

ANON., Sozialismus und Deportation, in: Die Grenzboten. Zeitschrift für Politik, Literatur und Kunst, XXXVII/2/1 (1878), S. 41-50.

ANTALOVSKY Eugen, Wer nicht arbeitet, soll auch nicht essen. Aspekte der Armenfürsorgepolitik 1862-1914 am Beispiel Wien, in: Die Bewegung. Hundert Jahre Sozialdemokratie in Österreich, hrsg. von Erich Fröschl/Maria Mesner/Helge Zoitl, Wien 1990.

ARAILZA Adolf von, Das österreichische Heimatrecht, Wien 1889.

ARDELT Rudolf G., Strafrecht und österreichische Sozialdemokratie. Die theoretische Erörterung von Problemen des Strafrechtes in der Zeitschrift „Der Kampf" 1907 bis 1934, in: Erika Weinzierl/Karl R. Stadler (Hrsg.), Justiz und Zeitgeschichte (= Veröffentlichungen des Ludwig Boltzmann-Instituts für Geschichte der Gesellschaftswissenschaften I), Wien 1977, S. 75-100.

ARDELT Rudolf G., Victor Adler vor Gericht, in: Karl R. Stadler (Hrsg.), Sozialistenprozesse. Politische Justiz in Österreich 1870-1936, Wien-München-Zürich 1968, S. 83-116.

AUER Ignaz, Nach zehn Jahren. Material und Glossen zur Geschichte des Sozialistengesetzes, Nürnberg 1913.

AUSTERLITZ Friedrich, Politik und Strafrecht, in: Der Kampf. Sozialdemokratische Monatsschrift, hrsg. von Friedrich Adler/Otto Bauer/Adolf Braun/Karl Renner, VII (1914), S. 63-75.

AY Karl Ludwig, Unehrlichkeit, Vagantentum und Bettelwesen in der vorindustriellen Gesellschaft (anhand bayerischer Quellen), in: Jahrbuch des Instituts für deutsche Geschichte, hrsg. von Walter Grab, VIII (1979), S. 13-37.

BADE Klaus J., Friedrich Fabri und der Imperialismus in der Bismarckzeit. Revolution-Depression-Expansion (= Beiträge zur Kolonial- und Überseegeschichte XIII), Freiburg i. Br. 1975.

BALTL Hermann, Beiträge zur Geschichte der steirischen und österreichischen Strafrechtskodifikationen im 15. und 16. Jahrhundert, in: Festschrift zur Feier des 200jährigen Bestandes des Haus-, Hof- und Staatsarchivs, hrsg. von L. Santifaller, II (= Mitteilungen des österreichischen Staatsarchivs, Ergänzungsbd. III), Wien 1951, S. 24-34.

BALTL Hermann, Die Kärntner Landgerichtsordnung von 1577, in: Carinthia I, Jg. CXXXIX (1949), Heft 1, S. 331-359.

BAR von Ludwig, Geschichte des Deutschen Strafrechts und der Strafrechtstheorien (= Handbuch des Deutschen Strafrechts I), Berlin 1882.

BAR von Ludwig, L'Expulsion des ètrangers, in: Journal du droit international privè, publié par Eduard Clunet, XIII (1886), S. 5-16.

BARTH-BARTHENHEIM J. L. E., System der österreichischen administrativen Polizey, mit vorzüglicher Rücksicht auf das Erzherzogtum Österreich unter der Enns, I, Wien 1829, IV, Wien 1830.

BARTSCH Robert, Art. Armenwesen (Armengesetzgebung und Armenpolizei, II: Armengesetzgebung und Armenpolizei in Deutschösterreich), in: Handwörterbuch der Staatswissenschaften, hrsg. vom Ludwig Elster/Adolf Weber/Friedrich Wiese, I, 4. Aufl. Jena 1923, S. 991-1008.

BARTSCH Robert, Wiener Gerichte im Vormärz, Wien 1912.

BATO Ludwig, Die Juden im alten Wien, Wien 1928.
BAUMGARTEN Emanuel, Die Juden in der Steiermark, Wien 1903.
BECK Georg, Die Persönlichkeit der Grafen Eduard Taaffe, phil. Diss. Wien 1948.
BEIDTEL Ignaz, Geschichte der Österreichischen Staatsverwaltung 1740–1848, hrsg. von Alphons Huber, I, Innsbruck 1896.
BENESCH Joseph, Der amerikanische Prinz, ein Criminalrechtsfall zur Erläuterung der Lehre vom Betruge und der Religionsstörung, in: Zeitschrift für österreichische Rechtsgelehrsamkeit, Jg. 1830/I, S. 334–350.
BENÖHR Hans-Peter, Arbeitssuche und Arbeitszwang in der Neuzeit, in: Werner Ogris/Walter H. Rechberger, Gedächtnisschrift Herbert Hofmeister (Hrsg.), Wien 1996, S. 43–71.
BERGL Joseph, Das Exil der Prager Judenschaft von 1745–1748, in: Jahrbuch der Gesellschaft für Geschichte der Juden in der Czechoslovakischen Republik I (1929), S. 263–331.
BERNER Albert Friedrich, Polizeiaufsicht, in: Der Gerichtssaal. Zeitschrift für Strafrecht, Strafprozeß, Gerichtliche Medizin, Gefängniskunde und ausländische Literatur XXXIII (1881), S. 321–380.
BERS Günter, Wilhelm Hasselmann, 1844–1916. Sozialrevolutionärer Agitator und Abgeordneter des Deutschen Reichstages, phil. Diss., Köln 1973.
BÈS DE BERG Emanuel, L'expulsion des étrangers, Paris 1888.
BESENBÖCK Oskar, Die Frage der jüdischen Option in Österreich 1918–1922, Wien 1992.
BEST Heinrich/Wilhelm WEEGE, Biographisches Handbuch der Abgeordneten der Frankfurter Nationalversammlung 1848/49 (= Handbücher zur Geschichte des Parlamentarismus und der politischen Parteien VIII), Düsseldorf 1996.
BEUTNER Wilhelm, Die Rechtsstellung der Ausländer nach Titel II der preußischen Verfassungsurkunde (= Abhandlungen aus dem Staats-, Verwaltungs- und Völkerrecht, hrsg. von Philipp Zorn/Fritz Stier-Somlo, XII/2), Tübingen 1913.
BIENN Hans, „... 30 Jahre früher als durch Gesetz". Der Streik 1889 im Leobener Kohlebergbaurevier um Einführung des Achtstundentages, in: Der Leobener Strauß IV (1976), S. 133–149.
BIBL Rudolph, Über den Verlust der österreichischen Staatsbürgerschaft durch Abwesenheit mit besonderer Berücksichtigung auf das Verhältniß zu Ungarn, in: Österreichische Zeitschrift für Verwaltung XXVI (1893), Nr. 33, S. 151–153.
BIBL Viktor, Die Wiener Polizei. Eine kulturhistorische Studie, Leipzig-Wien-New York 1927.
BIEDERMANN, Bemerkungen über Landesverweisung und Urphede, in: Archiv des Criminalrechts, hrsg. von Ernst Ferdinand Klein/Gallus Aloys Kleinschrod, III/2, Halle 1800, S. 73–89.
BIHL Wolfdieter, Zur Entstehungsgeschichte des josephinischen Patents für die Juden Ungarns vom 31. März 1783, in: Beiträge zur neueren Geschichte Österreichs, hrsg. von Heinrich Fichtenau/Erich Zöllner (= Veröffentlichungen des Instituts für österreichische Geschichtsforschung XX), Wien-Köln-Graz 1974, S. 282–298.
BLOCK Martin, Zigeuner. Ihr Leben und ihre Seele, Leipzig 1936.
BLODIG Hermann jun., Zur Frage der Revision des Heimatgesetzes vom 3. Dezember 1863, in: Österreichische Zeitschrift für Verwaltung XXVII (1894), Nr. 51, S. 244–246.
BLUMENTRITT St., Das Strafgesetz über schwere Polizeiübertretungen sammt den vom 3. September 1803, als dem Zeitpunkte der Kundmachung, bis auf die neueste Zeit hierzu nachträglich erschienenen Gesetzen und Verordnungen, Wien 1841.
BLUNTSCHLI Johann Caspar, Das moderne Völkerrecht der civilisirten Staaten. Als Rechtsbuch dargestellt, 3. Aufl. Nördlingen 1878.
BLUNTSCHLI Johann Caspar/Karl BRATER (Hrsg.), Deutsches Staats-Wörterbuch, 11 Bde., Stuttgart-Leipzig 1857–1870.
BOHMANN Alfred, Bevölkerungsbewegungen in Böhmen 1847–1947 mit besonderer Berücksichtigung der Entwicklung der nationalen Verhältnisse (= Wissenschaftliche Materialien zur Landeskunde der böhmischen Länder III), München 1958.
BOLDT Gottfried, Johann Samuel Friedrich von Böhmer und die gemeinrechtliche Strafrechtswissenschaft, Berlin-Leipzig 1936.
BORNHAK Conrad, Die Ausweisung fremder Staatsangehöriger vom völkerrechtlichen und staatsrechtlichen Standpunkte, in: Festgabe für Heinrich Dernburg zum fünfzigjährigen Doktorjubiläum, Berlin 1900, S. 107–123.

BORNHAK Conrad, Gutachten über die Frage: „Empfiehlt sich der Vorschlag bedingter Begnadigung für den Fall der Auswanderung?", in: Verhandlungen des 24. deutschen Juristentages, II, Berlin 1897, S. 3–14.

BORNHAK Conrad, Gutachten über die Frage: „Empfiehlt sich ein Versuch der Deportation nach den Colonien als Strafe?", in: Verhandlungen des 24. deutschen Juristentages, I, Berlin 1897, S. 134–168.

BORSCHITZKY Johann, Handbuch des österreichischen Strafgesetzes über schwere Polizeiübertretungen vom 3. September 1803, Prag 1844.

BOTZ Gerhard/Gerfried BRANDSTETTER/Michael POLLAK, Im Schatten der Arbeiterbewegung. Zur Geschichte des Anarchismus in Österreich und Deutschland (= Schriften des Ludwig Boltzmann Instituts für Geschichte der Arbeiterbewegung VI), Wien 1977.

BRAF Albin, Studien über nordböhmische Arbeiterverhältnisse, Prag 1881.

BRANDSTETTER Gerfried, Sozialdemokratische Opposition und Anarchismus in Österreich 1889–1918, in: Gerhard Botz/Gerfried Brandstetter/Michael Pollak, Im Schatten der Arbeiterbewegung. Zur Geschichte des Anarchismus in Österreich und Deutschland (= Schriftenreihe des Ludwig Boltzmann Instituts für Geschichte der Arbeiterbewegung VI), Wiener Neustadt 1977.

BRAUNE R., Über die Polizeiaufsicht, in: Zeitschrift für die gesamte Staatsrechtswissenschaft XXIII (1903), S. 746–762, XXVIII (1908), S. 31–42.

BRAUNEDER Wilhelm, Die Entwicklung der modernen Verwaltungsstrafrechtspflege in Österreich/Cisleithanien, in: ders., Studien I: Entwicklung des Öffentlichen Rechts, Frankfurt a.M. 1994, S. 321–341; auch in: Festschrift für Kurt Wagner zum 65. Geburtstag, hrsg. von der Österreichischen Notariatskammer, Wien 1987, S. 37–54.

BRAUNEDER Wilhelm, Die historische Entwicklung der modernen Grundrechte in Österreich (= Politische Bildung LIV), Wien 1987.

BRAUNEDER Wilhelm, Die Gesetzgebungsgeschichte der österreichischen Grundrechte, in: Rudolf Machacek/Willibald P. Pahr/Gerhard Stadler (Hrsg.) für die österreichische Juristenkommission, 70 Jahre Republik. Grund- und Menschenrechte in Österreich. Grundlagen, Entwicklung und internationale Verbindungen, Kehl am Rhein-Straßburg-Arlington 1991, S. 189–364.

BRAUNEDER Wilhelm, Leseverein und Rechtskultur. Der Juridisch-politische Leseverein zu Wien 1840 bis 1990, Wien 1992.

BRAUNEDER Wilhelm, vom neo-ständischen Staatselement zum lokalen Verwaltungssprengel. Das österreichische Gutsgebiet, in: ders., Studien I: Entwicklung des Öffentlichen Rechts, Frankfurt a.M. 1994, S. 141–152, auch in: Aus Österreichs Rechtsleben in Geschichte und Gegenwart. Festschrift für Ernst C. Hellbling zum 80. Geburtstag, hrsg. von der Rechtwissenschaftlichen Fakultät Salzburg, Berlin 1981, S. 435–447.

BRAUNEDER Wilhelm, Das Strafrecht in den österreichischen Polizeiordnungen des 16. Jahrhunderts, in: Wege europäischer Rechtsgeschichte, Festschrift für Karl Kroeschell zum 60. Geburtstag, Frankfurt a.M. 1987, S. 1–28.

BREIT Stefan, „Leichtfertigkeit" und ländliche Gesellschaft. Voreheliche Sexualität in der frühen Neuzeit, München 1991.

BREITHAUPT Georg Wolfgang, Öffentliches Armenrecht und persönliche Freiheit (= Zeitschrift für die gesamte Staatswissenschaft, Ergänzungsheft LI), Tübingen 1915.

BREITHAUPT Richard, Die Zigeuner und der deutsche Staat. Ein Beitrag zur deutschen Rechts- und Kulturgeschichte, jur. Diss., Würzburg 1907.

BREITHAUPT Wilhelm, Die Strafe des Staupenschlags und ihre Abschaffung im Gemeinen Recht, zugleich ein Beitrag zur Geschichte des Zuchthauses, jur. Diss., Jena 1938.

BROCKHAUSEN Carl, Die österreichische Gemeindeordnung (Grundgedanken und Reformideen), Wien 1905.

BROUSEK Karl M., Die Großindustrie Böhmens 1848–1918 (= Veröffentlichungen des Collegium Carolinum L), München 1987.

BRUCK Felix Friedrich, Zur Deportationsfrage, in: Koloniales Jahrbuch. Beiträge und Mitteilungen aus dem Gebiete der Kolonialwissenschaft und Kolonialpraxis, hrsg. von Gustav Meinecke, XI (1899), S. 137–147.

BRUCK Felix Friedrich, Über Deportation nach Deutsch-Südwest-Afrika, in: Koloniales Jahrbuch. Beiträge und Mitteilungen aus dem Gebiete der Kolonialwissenschaft und Kolonialpraxis, hrsg. von Gustav Meinecke, X (1897), S. 67–83.

BRUCK Felix Friedrich, Die gesetzliche Einführung der Deportation im Deutschen Reich, Breslau 1897.

BRUCK Felix Friedrich, Fort mit den Zuchthäuslern!, Breslau 1894.

BRÜGEL Ludwig, Geschichte der österreichischen Sozialdemokratie, 5 Bde., Wien 1922/23.

BRÜGEL Ludwig, Soziale Gesetzgebung in Österreich von 1848 bis 1918, Wien-Leipzig 1919.

BRUNNER Heinrich, Abspaltungen der Friedlosigkeit, in: ders., Forschungen zur Geschichte des deutschen und französischen Rechtes, Stuttgart 1894, S. 444–481.

BULMERINCQ, Art. Asylrecht, in: Franz von Holtzendorff (Hrsg.), Rechtslexikon (= Encyklopädie der Rechtswissenschaft in systematischer und alphabetischer Bearbeitung, 2. Teil), I, 3. Aufl. Leipzig 1880, S. 165–169.

BURCKHARDT Alfons, Die Ausweisung als Nebenstrafe und sichernde Maßnahme, jur. Diss., Basel 1941.

BUSCHBECK Konrad, Verschleierte Auslieferung durch Ausweisung. Ein Beitrag zur Abgrenzung von Auslieferungsrecht und Fremdenpolizeirecht (= Schriften zum Völkerrecht XXVIII), Berlin 1873.

BYLOFF Fritz, Die Land- und peinliche Gerichtsordnung Erzherzog Karls II. für Steiermark vom 24. Dezember 1574; ihre Geschichte und ihre Quellen (= Forschungen zur Verfassungs- und Verwaltungsgeschichte der Steiermark VI/3), Graz 1907.

CALL von, Armenpolizei in Österreich, in: Handwörterbuch der Staatswissenschaften, hrsg. von J. Conrad/W. Lexis/L. Elster/Edg. Loening, II, 3. gänzlich umgearb. Aufl. Jena 1909, S. 162–167.

CARCOPINO Jérôme, L'ostracisme athénien, Paris 1935.

CARPZOV Benedikt, Practica nova Imperialis Saxonica Rerum Criminalium, Frankfurt a.M. 1658.

CASTELOT André, Der Herzog von Reichstadt, Wien-Berlin-Stuttgart 1960.

CELLA Johann Jacob, Freymüthige Gedanken über Landesverweisungen, Arbeitshäuser und Bettelschube, Anspach 1784.

CHARMATZ Richard, Österreichs innere Geschichte von 1848 bis 1995, II: Der Kampf der Nationen, 3. Aufl. Leipzig-Berlin 1918.

CONFALONIERI Federico, Memorie e lettere, publicate per cura di Gabrio Casati, 2 Bde., Milano 1889.

CONTA von, Die Ausweisung aus dem Deutschen Reich und aus dem Staat und der Gemeinde in Preußen, Berlin 1904.

CONZE Werner, Vom „Pöbel“ zum Proletariat. Sozialgeschichtliche Voraussetzungen für den Sozialismus in Deutschland, in: Vierteljahresschrift für Sozial- und Wirtschaftsgeschichte XLI (1954), S. 333–364.

CORETH Emmerich, Das Heimatrecht. Dargestellt nach der Rechtsprechung des Verwaltungsgerichtshofes, in: Österreichisches Verwaltungsblatt, IV (1933), Nr. 9 (= Beilage zur Wiener Zeitung vom 16. September 1933), S. 207–226.

CSENDES Peter, Wiener Strafgesetzbarkeit im 17. Jahrhundert, in: Jahrbuch des Vereines für Geschichte der Stadt Wien XXVI (1970), S. 103–119.

DAMES Karl Wilhelm, Freizügigkeit und Aufenthalt und deren Beschränkungen nach bayerischem Recht, Jur. Diss. Erlangen, Würzburg 1893.

DAMIANITSCH Martin, Das Militär-Strafgesetzbuch über Verbrechen und Vergehen vom 15. Jänner 1855 für das Kaiserthum Österreich, 2. Aufl. Wien 1861.

DANCKERT Werner, Unehrliche Leute, Bern-München 1963.

DANKER Uwe, Räuberbanden im Alten Reich um 1700. Ein Beitrag zur Geschichte von Herrschaft und Kriminalität in der frühen Neuzeit, Frankfurt a.M. 1988.

DANTSCHER Theodor von, Art. Persönliche Freiheit, in: Ernst Mischler/Josef Ulbrich (Hrsg.), Österreichisches Staatswörterbuch. Handbuch des gesamten österreichischen öffentlichen Rechts, III, 2. Aufl. Wien 1907, S. 893–896.

DAVY Ulrike, Asyl und internationales Flüchtlingsrecht, I, Wien 1996.

DAX Wolfgang, Burgenländisches Landesrecht. Grundlagen und Entwicklung, in: Burgenländische Forschungen, Sonderheft III: 50 Jahre Burgenland. Vorträge im Rahmen der landeskundlichen Forschungsstelle am Landesarchiv, Eisenstadt 1971, S. 45–92.

DEUTSCH Julius, Geschichte der deutschösterreichischen Arbeiterbewegung (= Sammlung von Unterrichtsanleitungen VI), Wien 1919.

DEUTSCH Julius, Geschichte der österreichischen Gewerkschaftsbewegung, Wien 1908

DEUTSCH Julius, Geschichte der österreichischen Gewerkschaftsbewegung, I, Wien 1929.

DICHTER Lisbeth, Die Strömungen in der österreichischen Sozialdemokratie bis zum Hainfelder Parteitag, phil. Diss. Wien 1952.

DIEFENBACH F., Art. Armenwesen (Armengesetzgebung und Armenpolizei, I: Armengesetzgebung und Armenpolizei in Deutschland), in: Handwörterbuch der Staatswissenschaften, hrsg. vom Ludwig Elster/Adolf Weber/Friedrich Wiese, I, 4. Auflage, Jena 1923, S. 967–991.

DINGES Martin, Frühneuzeitliche Armenfürsorge als Sozialdisziplinierung? Probleme mit einem Konzept, in: Geschichte und Gesellschaft. Zeitschrift für Historische Sozialwissenschaft XVII (1991), S. 5–29.

DINKLAGE Karl, Geschichte der Kärntner Arbeiterschaft, Klagenfurt 1976.

DISSERTORI Alois, Auswanderung der Deferegger Protestanten 1666–1725 (= Schlern Schriften CCXXV), Innsbruck 1964.

DOBLHOFER Ernst, Exil und Emigration. Zum Erlebnis der Heimatferne in der römischen Literatur (= Impulse der Forschung LI), Darmstadt 1987.

DOEHL C., Die Niederlassung innerhalb des Preußischen Staates oder: Das Gesetz vom 31. December 1842 über die Aufnahme neu anziehender Personen nebst seinen Ergänzungen und Erläuterungen und die wichtigsten Bestimmungen über Fremden- und Melde-Wesen unter besonderer Berücksichtigung der für Berlin gültigen Spezial-Bestimmungen, Berlin 1865.

DOEHN B., Der Anarchismus und seine Bekämpfung, in: Zeitschrift für die gesamte Strafrechtswissenschaft XX (1900), S. 33–79.

DOEHRING Karl, Art. Abweisung, in: Wörterbuch des Völkerrechts, begr. von Karl Strupp, 2. völlig neu bearb. Auflage, hrsg. von Hans-Jürgen Schlochauer, I, Berlin 1960, S. 10 f.

DOEHRING Karl, Art. Ausweisung, in: Wörterbuch des Völkerrechts, begr. von Karl Strupp, 2. völlig neu bearb. Auflage hrsg. von Hans-Jürgen Schlochauer, I, Berlin 1960, Sp. 129–132.

DOEHRING Karl, Der Beitrag des Institut de Droit International zur Entwicklung des völkerrechtlichen Fremdenrechts, in: Wilhelm Wengler (Hrsg.), Justitia et Pace. Festschrift zum 100jährigen Bestehen des Institut de Droit International, Berlin 1974, S. 11–29.

DRABEK Anna M., Das Judentum der böhmischen Länder vor der Emanzipation, in: dies./Mordechai Eliav/Gerald Stourzh, Prag-Czernowitz-Jerusalem. Der österreichische Staat und die Juden vom Zeitalter des Absolutismus bis zum Ende der Monarchie (=Studia Judaica Austriaca X), Eisenstadt 1984, S. 5–30.

EBERT Kurt, Die Anfänge der modernen Sozialpolitik in Österreich. Die Taaffesche Sozialgesetzgebung für die Arbeiter im Rahmen der Gewerbeordnungsreform (1879–1885) (= Studien zur Geschichte der österreichisch-ungarischen Monarchie XV), Wien 1975.

D'ELVERT Christian, Zur Geschichte der Zigeuner in Mähren und Schlesien, in: Schriften der historisch-statistischen Sektion der k.k. mähr. schles. Gesellschaft des Ackerbaues, der Natur- und Landeskunde XII (1859), S. 110–144.

ENGLISCH Norbert, Braunkohlenbergbau und Arbeiterbewegung. Ein Beitrag zur Bergarbeitervolkskunde im nordwestböhmischen Braunkohlenrevier bis zum Ende der österreichisch-ungarischen Monarchie (= Veröffentlichungen des Collegium Carolinum XLI), München-Wien 1982.

ERMACORA Felix, Grundriß der Menschenrechte in Österreich, Wien 1988.

ERMACORA Felix, Handbuch der Grundfreiheiten und Menschenrechte, Wien 1963.

FABRI Friedrich, Bedarf Deutschland der Kolonien? Eine politisch-ökonomische Betrachtung, Gotha 1879.

FEUERBACH Paul Johann Anselm von, Lehrbuch des gemeinen in Deutschland gültigen Rechts, hrsg. von C. J. A. Mittermaier, 14. Aufl. Giessen 1847.

FINGER August, Art. Landstreicherei und Bettel, in: Ernst Mischler/Josef Ulbrich (Hrsg.), Österreichisches Staatswörterbuch. Handbuch des gesamten österreichischen öffentlichen Rechts, III, 2. Aufl. Wien 1907, S. 434–441.

FINGER August, Art. Polizeiaufsicht, in: Ernst Mischler/Josef Ulbrich (Hrsg.), Österreichisches Staatswörterbuch. Handbuch des gesamten österreichischen öffentlichen Rechtes, II/2, Wien 1897, S. 811–814.

FINGER August, Das Strafrecht mit Berücksichtigung des Entwurfes zu einem Strafgesetzbuch, 2 Bde., 3. Aufl. Berlin 1912/1914.

FISCHER Anton, Das österreichische Heimatrecht und die Gemeinden, in: Österreichische Zeitschrift für Verwaltung XLVI (1913), Nr. 14, S. 63–65, Nr. 15, S. 67–69, Nr. 16, S. 71–73.

FISCHER Wolfram, Soziale Unterschichten im Zeitalter der Industrialisierung, in: International Review of Social History VIII (1963), S. 425–435.

FISCHL Otto, Der Einfluß der Aufklärungsphilosophie auf die Entwicklung des Strafrechts in Doktrin, Politik und Gesetzgebung und Vergleichung der damaligen Bewegung mit den heutigen Reformversuchen, Jur. Diss. München, Breslau 1913.

FLEISCHMANN Max, Art. Ausweisung, in: Wörterbuch des Deutschen Staats- und Verwaltungsrechts, begr. von Karl von Stengel, 2. Aufl. hrsg. von Max Fleischmann, I, Tübingen 1911, S. 280–290.

FLISZAR Friedrich, Der Reichstagsabgeordnete Engelbert Pernerstorfer, phil. Diss. Graz 1966.

FLOREY Gerhard, Bischöfe, Ketzer, Emigranten. Der Protestantismus im Lande Salzburg von seinen Anfängen bis zur Gegenwart, Graz-Wien-Köln 1967.

FLOREY Gerhard, Die „Große Emigration", in: Reformation – Emigration. Protestanten in Salzburg, Katalog der Salzburger Landesausstellung vom 21. Mai–26. Oktober 1981, Schloß Goldegg/Pongau, hrsg. vom Amt der Salzburger Landesregierung, Salzburg 1981, S. 101–108.

FLOREY Gerhard, Geschichte der Salzburger Protestanten und ihrer Emigration 1731/32 (= Studien und Texte zur Kirchengeschichte, I/2), 2. Aufl. Wien-Köln-Graz 1986.

FLOREY Gerhard, Protestanten im Lungau und Pinzgau, im Defereggental und am Halleiner Dürrnberg, in: Reformation – Emigration. Protestanten in Salzburg, Katalog der Salzburger Landesausstellung vom 21. Mai–26. Oktober 1981, Schloß Goldegg/Pongau, hrsg. vom Amt der Salzburger Landesregierung, Salzburg 1981, S. 77–84.

FRANK Reinhard, Art. Auslieferung, in: Wörterbuch des Deutschen Staats- und Verwaltungsrechts, begr. von Karl von Stengel, 2. Aufl. hrsg. von Max Fleischmann, I, Tübingen 1911, S. 261–267.

FRAUENSTÄDT Paul, Bettel- und Vagabundenwesen in Schlesien vom 16. bis 18. Jahrhundert, in: Zeitschrift für die gesamte Strafrechtswissenschaft XVII (1897), S. 712–736, und in: Preußische Jahrbücher LXXXIX (1897), S. 488–509.

FRAUENSTÄDT Paul, Zur Geschichte der Galeerenstrafe in Deutschland, in: Zeitschrift für die gesamte Strafrechtswissenschaft XVI (1896), S. 518–546.

FRAUSTÄDTER Werner, Art. Ausweisung, in: Handwörterbuch der Kriminologie und der anderen strafrechtlichen Hilfswissenschaften, hrsg. von Alexander Elster/Heinrich Lingemann, I, Berlin-Leipzig 1933, S. 106–109.

FREESE Christoph, Zur Geschichte und Gegenwart der Zigeuner und Landfahrer in Deutschland, wirtschafts- und sozialwiss. Diss., Erlangen-Nürnberg 1980.

FREUND Fritz, Gutachten über die Frage: „Empfiehlt sich ein Versuch der Deportation nach den Colonien als Strafe?" und „Empfiehlt sich der Vorschlag bedingter Begnadigung für den Fall der Auswanderung?", in: Verhandlungen des 24. deutschen Juristentages, II, Berlin 1897, S. 53–103.

FREUND Fritz, Über Strafkolonisation und Einrichtung überseeischer Strafanstalten, in: Preußische Jahrbücher LXXXI (1895), S. 502–537.

FREY Friedrich, Zur Vagabundenfrage, in: Centralblatt für Verwaltungs-Praxis. Beiheft zum Österreichischen Centralblatt für die juristische Praxis, hrsg. von Leo Geller, II. Jg. (1886), S. 485–495.

FREY Friedrich, Vagabundenwesen und Heimatgesetzgebung, in: Arbeiterschutz. Organ der Krankenkassen Österreichs VIII (1897), S. 34–38.

FRISCH Hans von, Das Fremdenrecht. Die staatsrechtliche Stellung der Fremden, Berlin 1910.

FRÜHWALD Theodor, Rechtsfall über das Verbrechen der Rückkehr eines Verwiesenen, in: Ignaz Wildner (Hrsg.), Der Jurist, eine Zeitschrift vorzüglich für die Praxis des gesamten österr. Rechtes XII (1844), S. 101–111.

FRÜHWALD W. Ch., Handbuch des österreichischen Strafrechtes, I: Strafgesetzes über Verbrechen, Vergehen und Übertretungen und der Preßordnung vom 27. Mai 1852, enthaltend den Text des Strafgesetzbuches und der Preßordnung, eine ausführliche Erklärung derselben, zahlreiche Rechtsfälle, die dahin einschlägigen noch giltigen anderweitigen Gesetze und Verordnungen, die Entscheidungen des k.k. obersten Gerichts- und Cassationshofes, die gesammte Literatur in Bezug auf das Strafgesetz und die dazu gehörigen Gesetze und Verordnungen, dann ein alphabetisches Sachregister, 3. Aufl. Wien 1855.

FUHR Karl, Die Polizeiaufsicht nach dem Reichsstrafgesetzbuche, jur. Diss., Gießen 1887.

FUHR Karl, Strafrechtspflege und Socialpolitik. Ein Beitrag zur Reform der Strafgesetzgebung auf Grund rechtsvergleichender und statistischer Erhebungen über die Polizeiaufsicht, Berlin 1892.

FUSSEK Alexander, Die Lebensmittelsorgen der österreichischen Reichshälfte in den ersten Weltkriegsjahren, in: Österreich in Geschichte und Literatur, F. 3 IX. Jg. (1965), S. 119–125.

GAGLIARDI Ernst, Geschichte der Schweiz von den Anfängen bis zur Gegenwart, III: Vom Zusammenbruch des Ancien Régime bis zur Gegenwart, 2. Aufl. Zürich-Leipzig 1937.

GARTNER Irene, Die Streikbewegung in Österreich (1867–1884), Dipl. Arb. am Inst. f. österr. Geschichtsforschung, Wien 1985.

GASSLER Bernhard, Gauner und kriminelle Unterschichten, in: Zeitschrift des historischen Vereins für Steiermark LXXIX (1988), S. 223–254.

GEIB Gustav, Lehrbuch dess Deutschen Strafrechts, I, Leipzig 1861.

GELBER N. M., Geschichte der Juden in der Bukowina (1174-1914), in: Hugo Gold (Hrsg.), Geschichte der Juden in der Bukowina, I, Tel-Aviv 1958, S. 11–66.

GELLER Leo, Freizügigkeit und Ausweisungsrecht. Eine kritische Studie, in: Centralblatt für Verwaltungs-Praxis. Beiheft zum Österreichischen Centralblatt für die juristische Praxis, hrsg. von Leo Geller, III (IV. Jg (1888), S. 49–56.

GERHARTL Gertrud, Geschichte der Juden in Wiener Neustadt, in: Hugo Gold, Geschichte der Juden in Österreich. Ein Gedenkbuch, Tel Aviv 1971, S. 91–100.

GINDL Michaela, Der Kampf der österreichischen Bergarbeiter um den gesetzlichen Achtstundentag 1900 bis 1919, phil. Diss. Wien 1982.

GIRTLER Roland/Gerald KOHL, Wilderer im Alpenraum. Rebellen der Berge, Ausstellung im Rahmen der Dezentralen Oberösterreichischen Landesausstellung 1998 im Pfarrhof von St. Pankraz, Steyr 1998.

GLASER Julius, Studien zum Entwurf des österreichischen Strafgesetzes über Verbrechen und Vergehen, Wien 1870.

GLOS Josef, Erwerbung des Heimatrechtes durch die Witwe, in: Österreichische Zeitschrift für Verwaltung XXXIV (1901), Nr. 46, S. 193 f.

GLUTH, Art. Gemeinden, A: Staatsrechtliche Stellung und Organisation, B: Die Gemeindeverwaltung, in: Ernst Mischler/Josef Ulbrich (Hrsg.), Österreichisches Staatswörterbuch. Handbuch des gesamten österreichischen öffentlichen Rechts, II, 2. Aufl. Wien 1906, S. 312–334.

GNEIST Rudolf, Die Beschränkungen der Freizügigkeit aus kommunalen und polizeilichen Gesichtspunkten nach Preußischem Verwaltungsrecht, in: Archiv für öffentliches Recht, hrsg. von Paul Laband/Felix Stoerk, I/2 (1886), S. 245–278.

GÖGGELMANN Hans Erich, Das Strafrecht der Reichsstadt Ulm bis zur Carolina, Jur. Diss., Tübingen 1984.

GÖHRING Walter, Der Gründungsparteitag der österreichischen Sozialdemokratie Neudörfl 1874, Wien-München 1974.

GOLDSCHMIDT James, Das Verwaltungsstrafrecht. Eine Untersuchung zwischen Strafrecht und Verwaltungsrecht auf rechtsgeschichtlicher und rechtsvergleichender Grundlage, Berlin 1902.

GRANDNER Margarete, Staatsbürger und Ausländer. Zum Umgang Österreichs mit den jüdischen Kriegsflüchtlingen nach 1918, in: Gernot Heiss/Oliver Rathkolb (Hrsg.), Asylland wider Willen. Flüchtlinge in Österreich im europäischen Kontext (= Veröffentlichungen des Ludwig-Boltzmann-Institutes für Geschichte und Gesellschaft XXV), Wien 1995, S. 60–85.

GRASMÜCK E. Ludwig, Ciceros Verbannung aus Rom. Analyse eines politischen Details, in: Adolf Lippold/Nikolaus Himmelmann (Hrsg.), Bonner Festgabe Johannes Straub zum 65. Geburtstag, Bonn 1977, S. 165–177.

GRASMÜCK E. Ludwig, Exilium. Untersuchungen zur Verbannung in der Antike (= Rechts- und Staatswissenschaftliche Veröffentlichungen der Görres-Gesellschaft N.F. XXX), Paderborn-München-Wien-Zürich 1978. 30)

GRAWERT Rolf, Staat und Staatsangehörigkeit. Verfassungsgeschichtliche Untersuchung zur Entstehung der Staatsangehörigkeit, (= Schriften zur Verfassungsgeschichte XVII), Berlin 1973.

GRIMM Jacob/Wilhem GRIMM, Deutsches Wörterbuch, bearbeitet von Rudolf Meiszner, XII/2, Leipzig 1951.

GROLMAN Karl, Grundsätze der Criminalrechtswissenschaft, 3. Aufl. Gießen 1818.

GROß Hans, Degeneration und Deportation, in: Politisch-Anthropologische Revue. Monatsschrift für das soziale und geistige Leben der Völker, IV (1905/06), S. 281–286.

GRÜTZNER Heinrich, Art. Auslieferung, in: Wörterbuch des Völkerrechts, begr. von Karl Strupp, 2. völlig neu bearb. Auflage, hrsg. von Hans-Jürgen Schlochauer, I, Berlin 1960, S. 115–123.

GUNDACKER Harald, Die soziale Frage im steirischen Bergbau des 19. Jahrhunderts, staaatsw. Diss. Graz 1967.

GUTKAS Karl, Geschichte der Juden in St. Pölten, in: Hugo Gold, Geschichte der Juden in Österreich. Ein Gedenkbuch, Tel Aviv 1971, S. 81–86.

H. P. von, Die Abschiebung unmündiger, sowie überhaupt hilfloser Personen, in: Österreichische Zeitschrift für Verwaltung XXI (1888), Nr. 41, S. 169 f.

HAEKER Hans, Die Ausweisung nach der Gesetzgebung des Reichs und Preussens, Jur. Diss., Greifswald 1913.

HAHN Peter-Michael, Die Gerichtspraxis der altständischen Gesellschaft im Zeitalter des „Absolutismus" (= Schriften zur Rechtsgeschichte XLIV), Berlin 1989, S. 149 f.

HÄLSCHNER Hugo, Geschichte des Brandenburgisch-Preußischen Strafrechtes. Ein Beitrag zur Geschichte des deutschen Strafrechtes, Bonn 1855.

HANTSCH Hugo, Die Geschichte Österreichs II, 4. Aufl. Graz-Köln-Wien 1968.

HARRINGTON-MÜLLER Diethild, Der Fortschrittsklub im Abgeordnetenhaus des österreichischen Reichsrats 1873–1910 (=Studien zur Geschichte der österreichisch-ungarischen Monarchie XI), Wien-Köln-Graz 1972.

HARSTER Theodor, Das Strafrecht der freien Reichsstadt Speyer in Theorie und Praxis (= Untersuchungen zur Deutschen Staats- und Rechtsgeschichte LXI), Breslau 1900.

HARTL Friedrich, Grundlinien der österreichischen Strafrechtsgeschichte bis zur Revolution von 1848, in: Gábor Máthé/Werner Ogris (Hrsg.), Die Entwicklung der österreichisch-ungarischen Strafrechtskodifikationen im 19.–20. Jahrhundert, Budapest 1996, S. 13–54.

HARTL Friedrich, Das Wiener Kriminalgericht. Strafrechtspflege vom Zeitalter der Aufklärung bis zur österreichischen Revolution (= Wiener Rechtsgeschichtliche Arbeiten X), Wien-Köln-Graz 1973.

HARTMANN, Art. Aquae et ignis interdictio, in: Paulys Real-Encyclopädie der classischen Altertumswissenschaft, neue Bearbeitung, hrsg. von Georg Wissowa, II, Stuttgart 1896, Sp. 308–310.

HASENAUER Clemens, Das Militärstrafrecht in Österreich vom 1855 bis 1914, jur. Diss. Wien 1996.

HASIBA Gernot D., Die Zweite Bundes-Verfassungsnovelle von 1929. Ihr Werdegang und wesentliche verfassungspolitische Ereignisse seit 1918 (= Forschungen zur Europäischen und Vergleichenden Rechtsgeschichte, hrsg. von Berthold Sutter, I), Wien-Köln-Graz 1976.

HASIBA Gernot D., Das kriegswirtschaftliche Ermächtigungsgesetz (KWEG). Seine Entstehung und seine Anwendung vor 1933, in: Aus Österreichs Rechtsleben in Geschichte und Gegenwart. Festschrift für Ernst C. Hellbling zum 80. Geburtstag, Berlin 1981, S. 543–565.

HASIBA Gernot D., Das Notverordnungsrecht in Österreich (1848–1917). Notwendigkeit und Mißbrauch eines „Staatserhaltenden Instrumentes" (= Studien zur Geschichte der österreichisch-ungarischen Monarchie XXII), Wien 1985.

HASIBA Gernot D., Notverordnungs- und Ausnahmerecht in der Ära Taaffe (1879–1893), in: Festschrift Berthold Sutter, hrsg. von Gernot Kocher/Gernot D. Hasiba, Graz 1983, S. 195–207.

HASIBA Gernot D., Das österreichische „Sozialistengesetz" von 1886, in: Geschichte und Gegenwart VIII/4 (1989), S. 255–276.

HASLINGER Michaela, Rom heißt Mensch, Zur Geschichte des „geschichtlosen Zigeunervolkes" in der Steiermark (1850–1938), phil. Diss. Graz 1985.

HATSCHEK Otto, Studien zum österreichischen Polizeistrafrecht, Separatabdruck aus dem Archiv für Strafrecht und Strafprozeß LIX, Berlin 1910.

HAUTMANN Hans, Die verlorene Räterepublik. Am Beispiel der Kommunistischen Partei Deutschösterreichs, Wien 1971.

HAUTMANN Hans/Rudolf KROPF, Die österreichische Arbeiterbewegung vom Vormärz bis 1945 (= Schriftenreihe des Ludwig Boltzmann-Instituts für Geschichte der Arbeiterbewegung IV), Wien 1974.

HECKE, Art. Schubwesen, in: Ernst Mischler/Josef Ulbrich (Hrsg.), Österreichisches Staatswörterbuch. Handbuch des gesamten österreichischen öffentlichen Rechts, IV, 2. Aufl. Wien 1909, S. 189-201.

HEFFTER August Wilhelm, Das europäische Völkerrecht der Gegenwart, 3. Ausg. Berlin 1855.

HEGLER August, Die praktische Thätigkeit der Juristenfakultäten des 17. und 18. Jahrhunderts in ihrem Einfluß auf die Entwicklung des deutschen Strafrechts von Carpzov ab, Freiburg i. Br. 1899.

HEHEMANN Rainer, Die „Bekämpfung des Zigeunerunwesens" im Wilhelminischen Deutschland und in der Weimarer Republik, 1871-1933, Frankfurt a.M. 1987.

Das neue HEIMATSGESETZ mit besonderer Rücksicht auf die Erlangung des Zuständigkeitsrechtes und des Rechtes auf Gemeindeunterstützung gemeinfaßlich dargestellt und mit allen nöthigen Gesuchsformularen versehen, Agitations-Ausgabe, Wien 1900.

HEIMBERGER Joseph, Art. Deportation, in: Handwörterbuch der Kriminologie und der anderen strafrechtlichen Hilfswissenschaften, hrsg. von Alexander Elster/Heinrich Lingemann, I, Berlin-Leipzig 1933, S. 217-227.

HEINL Alfred, Das österreichische Staatsbürgerschaftsrecht, 2. Aufl. Wien 1946.

HEINRICHS A., Deutsche Niederlassungsverträge und Übernahmeabkommen, Berlin 1908.

HEISS Gernot, Ausländer, Flüchtlinge, Bolschewiken: Aufenthalt und Asyl 1918-1933, in: ders./Oliver Rathkolb (Hrsg.), Asylland wider Willen. Flüchtlinge in Österreich im europäischen Kontext (= Veröffentlichungen des Ludwig-Boltzmann-Institutes für Geschichte und Gesellschaft XXV), Wien 1995, S. 86-108.

HELLBLING Ernst C., Die Entwicklung der österreichischen Staatsbürgerschaft vom 19. Jahrhundert bis zur Gegenwart, in: Annali della Fondazione Italiana per la Storia Amministrativa I (1964), S. 307-331.

HELLBLING Ernst C., Grundlegende Strafrechtsquellen der österreichischen Erbländer vom Beginn der Neuzeit bis zur Theresiana, hrsg. von Ilse Reiter, Wien 1995.

HENNIG Martin, Grundsätze der Fremdenausweisung nach Völkerrecht und Deutschem Staatsrecht unter besonderer Berücksichtigung des Preußischen Ausweisungsrechts, jur. Diss. Breslau, Berlin 1925.

HENTIG Hans von, Die Strafe, I: Frühformen und kulturgeschichtliche Zusammenhänge, Berlin-Göttingen-Heidelberg 1954.

HEPP Michael (Hrsg.), Die Ausbürgerung deutscher Staatsangehöriger 1933-1945 nach den im Reichsanzeiger veröffentlichten Listen, I, München-New York-London-Paris 1985.

HERBST Eduard, Handbuch des allgemeinen österreichischen Strafrechtes, mit Rücksicht auf die Bedürfnisse des Studiums und der Anwendung, I: Von den Verbrechen, II: Von den Vergehen und Übertretungen, Wien 1882/83.

HERZ Hugo, Arbeitsscheu und Recht auf Arbeit. Kritische Beiträge zur österreichischen Straf- und Sozialgesetzgebung, Leipzig-Wien 1902.

HERZOG Klaus Peter, Das Strafensystem der Stadt Rothenburg ob der Tauber im Spätmittelalter, Jur. Diss., Würzburg 1971.

HERZOG Tobias, Systematische Darstellung der Gesetze über den politischen Eheconsens, Wien 1829.

HESSE William, Die Aufenthaltsbeschränkungen bestrafter Personen in Deutschland, jur. Diss. Göttingen, Lüneburg 1905.

HETFLEISCH Gerhard, Schoberpolizei und Balkan-Bolschewiken. Beiträge zur Geschichte der Polizei der 1. Republik und zur politischen Emigration aus Südosteuropa nach Österreich 1919-1934, phil. Diss. Innsbruck 1990.

HIPPEL Robert von, Bettel, Landstreicherei und Arbeitsscheu (§ 361 Nr. 3-5, 7, 8 und 10 RStrGB.), in: Vergleichende Darstellung des Deutschen und Ausländischen Strafrechts, Besonderer Teil II: Verbrechen wider die öffentliche Ordnung, Berlin 1908, S. 107-240.

HIS Rudolf, Das Strafrecht der Friesen im Mittelalter, Leipzig 1901.

HOCHEGGER Anton, Die Stellung unter Polizeiaufsicht, in: Österreichische Zeitschrift für Verwaltung XIII (1880), Nr. 35, S. 145 f., Nr. 36, S. 149 f., Nr. 37, S. 153 f.

HOCK Carl von/Hermann Ignaz BIDERMANN, Der österreichische Staatsrath (1760-1848). Eine geschichtliche Studie, Wien 1879.

HOEGEL Hugo, Gesamtreform des österreichischen Strafrechtes (einschließlich des Preßrechtes), Leipzig 1909.

HOEGEL Hugo, Geschichte des österreichischen Strafrechtes in Verbindung mit einer Erläuterung seiner grundsätzlichen Bestimmungen, 2 Bde., Wien 1904/1905.

HOEGEL Hugo, Die Praxis des Vagabundengesetzes, in: Juristische Blätter VIII (1879), S. 579–581.

HOEGEL Hugo, Straffälligkeit wegen Arbeitsscheu in Österreich, Wien 1899.

HOEGEL Hugo, Die Strafrechtsfolgen nach der Novelle vom 15. November 1867, RGBl. Nr. 131, in: Österreichische Zeitschrift für Strafrecht VI (1915), S. 113–135.

HOEGEL Hugo, Teilreformen auf dem Gebiete des österreichischen Strafrechtes (einschließlich des Preßrechtes), Hannover 1908.

HOEGEL Hugo, Die Zigeunerplage, in: Österreichische Zeitschrift für Verwaltung XXVII (1894), Nr. 32, S. 149–151.

HOENSCH Jörg K., Geschichte Polens, 2. Aufl. Stuttgart 1990.

HOFFMANN Alfred, Wirtschaftsgeschichte des Landes Oberösterreich, I, Salzburg 1952.

HOFFMANN Jürgen, Die soziale Ausgliederung als Strafe. Eine sozialhistorische Untersuchung, phil. Diss. Saarland, Saarbrücken 1986.

HOFFMANN-HOLTER Beatrix, „Abreisendmachung". Jüdische Kriegsflüchtlinge in Wien 1914 bis 1923, Wien-Köln-Weimar 1995.

HOFFMANN-HOLTER Beatrix, Jüdische Kriegsflüchtlinge in Wien, in: Gernot Heiss/Oliver Rathkolb (Hrsg.), Asylland wider Willen. Flüchtlinge in Österreich im europäischen Kontext (= Veröffentlichungen des Ludwig-Boltzmann-Institutes für Geschichte und Gesellschaft XXV), Wien 1995, S. 45–59.

HOFMEISTER Herbert, Ein Jahrhundert Sozialversicherung in Österreich, in: Peter A. Köhler/Hans F. Zacher, Ein Jahrhundert Sozialversicherung in Deutschland, Frankreich, Großbritannien, Österreich und der Schweiz (= Schriftenreihe für Internationales und Vergleichendes Sozialrecht VIb), Berlin 1981, S. 447–729.

HOHMANN Joachim S., Geschichte der Zigeunerverfolgung in Deutschland, Frankfurt a. M.-New York 1981.

HOHMANN Joachim S., Verfolgte ohne Heimat. Geschichte der Zigeuner in Deutschland (= Studien zur Tsiganologie und Folkloristik I), Frankfurt a. M.-Bern-New York-Paris 1990.

HÖHN Reinhard, Die vaterlandslosen Gesellen, Der Sozialismus im Lichte der Geheimberichte der preußischen Polizei 1878–1914, I, Köln-Opladen 1964.

HOKE Rudolf, Strafrechtspflege und Terrorismus im alten Österreich. Betrachtungen zum Gesetz betreffend die zeitweise Einstellung der Geschwornengerichte vom Jahre 1873, in: Helfried Valentinitsch (Hrsg.), Festschrift Hermann Baltl zum 70. Geburtstag, Graz 1988, S. 319–341.

HOLTZENDORFF Franz von, Art. Ausweisung der Fremden, in: ders. (Hrsg.), Rechtslexikon (= Encyklopädie der Rechtswissenschaft in systematischer und alphabetischer Bearbeitung, 2. Teil), 3. Aufl. Leipzig 1880, S. 215 f.

HOLTZENDORFF Franz von, Art. 3 der norddeutschen Bundesverfassung und das bestehende Strafrecht bezüglich der Landesverweisung, in: Allgemeine Deutsche Strafrechtszeitung zur Förderung einheitlicher Entwickelung auf den Gebieten des Strafrechts, des Strafprocesses und des Gefängnißwesens, sowie für strafgerichtliche Medicin, VIII (1868), S. 339–362.

HOLTZENDORFF Franz von, Art. Strafarten, in: Deutsches Staats-Wörterbuch, hrsg. von Johann Caspar Bluntschli/Karl Brater, X, Stuttgart-Leipzig 1867, S. 279–314.

HOLTZENDORFF Franz von, Die Deportation als Strafmittel in alter und neuer Zeit und die Verbrecherkolonien der Engländer und Franzosen in ihrer geschichtlichen Entwicklung und criminalpolitischen Bedeutung, Leipzig 1859.

HOLTZENDORFF Franz von, Die Deportationsstrafe im römischen Altertum hinsichtlich ihrer Entstehung und rechtsgeschichtlichen Entwicklung dargestellt, Neudruck 1975 der Ausgabe Leipzig 1859.

HOLZHAUER Heinz, Art. Hommel, in: Adalbert Erler/Ekkehard Kaufmann (Hrsg.), Handwörterbuch zur deutschen Rechtsgeschichte II, Berlin 1978, Sp. 230 ff.

HOLZHAUER Heinz, Art. Landesverweisung, in: Adalbert Erler/Ekkehard Kaufmann (Hrsg.), Handwörterbuch zur deutschen Rechtsgeschichte II, Berlin 1978, Sp. 1436–1448.

HÖLZL Sebastian, Die Zillertaler Protestanten vor 150 Jahren. Dargestellt am Beispiel Brandbergs, in: Tiroler Heimat. Jahrbuch für Geschichte und Volkskunde L (1986), S. 149–173.

HÖLZL Sebastian, Protestanten, Sektierer oder Anarchisten? 427 Zillertaler verließen vor 150 Jahren die Heimat, in: das Fenster. Tiroler Kulturzeitschrift XXI/42 (1987), S. 4159–4163.

HOMMEL Karl Ferdinand, Principis Cura Legis oder Des Fürsten höchste Sorgfalt: Die Gesetze, aus dem Lat. neu übersetzt und mit kurzen Erläuterungen begleitet von Rainer Polley, Karlsruhe 1975.

HORROW Max, Grundriß des Österreichischen Strafrechts mit besonderer Berücksichtigung der historischen Entwicklung, Allgemeiner Teil, I: Allgemeiner Teil, II: Strafe und Sicherung, Graz-Wien 1947/1952.

HORVATH Christoph, Das Fremdenpolizeirecht in Theorie und Praxis, rechtswiss. Diss. Wien 1987.

HROVATH Anton, Die deutsche Auswanderung nach Amerika mit besonderer Berücksichtigung des 19. Jahrhunderts – Geschichte, Politik und das Beispiel Württemberg, geisteswiss. Dipl. Arb., Univ. Wien 1991.

HUBER Ernst Rudolf, Deutsche Verfassungsgeschichte seit 1789, III, 3. Aufl. Stuttgart 1988, IV, Stuttgart 1969.

HÜGEL Fr. S., Zur Geschichte, Statistik und Regelung der Prostitution, Wien 1865.

HUGELMANN Karl, Die Reform des Heimatrechtes, in: Österreichische Zeitschrift für Verwaltung XXIX (1896), Nr. 37, S. 217–219, Nr. 38, S. 223–226, Nr. 39, S. 229–232.

HYE (von Glunek) Anton, Beitrag zur österreichischen Strafrechts-Geschichte, in: Zeitschrift für österreichische Rechtsgelehrsamkeit und politische Gesetzkunde, Jg. 1844/I, S. 372–386.

HYE von Glunek Anton, Das österreichische Strafgesetz über Verbrechen, Vergehen und Übertretungen und die Preßordnung vom 27. Mai 1852, I, Wien 1855.

INGWER Isidor, Das Koalitionsrecht der Arbeiter, Wien 1909.

INGWER Isidor, Zur Reform unseres Strafgesetzes, in: Der Kampf. Sozialdemokratische Monatsschrift, hrsg. von Otto Bauer/Adolf Braun/Karl Renner, II (1909), S. 65–70.

INGWER Isidor/J. ROSNER, Volksthümliches Handbuch des Oesterreichischen Rechtes, I, Wien 1902.

ISOPESCUL-GRECUL Konstantin von, Die strafrechtlichen Nebengesetze und das Militärstrafrecht, in: Österreichische Zeitschrift für Strafrecht VI (1915), S. 415–461.

JAEGER Carl, Etwas über die heutige Vagabundenpolizei, in: Österreichische Zeitschrift für Verwaltung I (1868), Nr. 48, S. 189 f.

JAHN Alois, Strafgesetz über Gefällsübertretungen (= Manzsche Taschenausgabe der österreichischen Gesetze XV), 6. Aufl. Wien 1913.

JANKA Karl, Das österreichische Strafrecht, 4. Aufl. durchgesehen und ergänzt von Emil von Kallina, Prag-Wien-Leipzig 1902.

JENULL Sebastian, Das Oesterreichische Criminal-Recht nach seinen Gründen und seinem Geiste, 4 Bde., 2. Aufl. Wien 1837.

JORDAN Sonja, Die kaiserliche Wirtschaftspolitik im Banat im 18. Jahrhundert (= Buchreihe der Südostdeutschen Historischen Kommission XVII), München 1967.

JUSTI Johann Heinrich Gottlob von, Grundsätze der Policeywissenschaft, Nachdruck Frankfurt a.M. 1969.

JÜTTE Robert, Obrigkeitliche Armenfürsorge in den deutschen Reichsstädten der frühen Neuzeit. Städtisches Armenwesen in Frankfurt a.M. und Köln, Köln-Wien 1984.

JÜTTE Robert, Bettelschübe in der frühen Neuzeit, in: Gestrich Andreas/Gerhard Hirschfeld/Holger Sonnabend (Hrsg.), Ausweisung und Deportation. Formen der Zwangsmigration in der Geschichte (= Stuttgarter Beiträge zur historischen Migrationsforschung II), Stuttgart 1995, S. 61–71.

KAFF Sigmund, Das Koalitionsrecht der Arbeiter in Vergangenheit und Zukunft (= Gewerkschaftliche Zeitfragen II), Wien 1919.

KALLBRUNNER Josef, Zur Geschichte der Theresianischen Polizei, in: Monatsblatt des Altertums-Vereines zu Wien XII (1917/1918), S. 142–145.

KARMINSKI Fritz, Zur Codifikation des österreichischen Staatsbürgerschaftsrechtes, in: Österreichische Zeitschrift für Verwaltung XX (1887), Nr. 1, S. 1–3, Nr. 2, S. 7–10, Nr. 3, S. 11 f., Nr. 4, S. 15–17, Nr. 5, S. 19–21, Nr. 6, S. 23–26, Nr. 7, S. 27–29, Nr. 8, S. 31 f., Nr. 9, S. 35 f., Nr. 10, S. 39–41, Nr. 11, S. 43 f., Nr. 12, S. 47–49, Nr. 13, S. 51–54.

KARNIEL Josef, Zur Auswirkung der Toleranzpatente für die Juden in der Habsburger Monarchie im josephischen Jahrzehnt, in: Peter F. Barton (Hrsg.), Im Zeichen der Toleranz, Wien 1981, S. 213–220.

KARNIEL Josef, Die Toleranzpolitik Kaiser Josephs II. (= Schriftenreihe des Instituts für Deutsche Geschichte der Universität Tel Aviv IX), Gerlingen 1985.

KAUFMANN David, Die letzte Vertreibung der Juden aus Wien und Niederösterreich, ihre Vorgeschichte (1625–1670) und ihre Opfer, Wien 1889.

KAUFMANN Fritz, Sozialdemokratie in Österreich. Idee und Geschichte einer Partei von 1889 bis zur Gegenwart, Wien 1978.

KAYSER/E. LOENING E., Art. Ausweisung, in: Handwörterbuch der Staatswissenschaften, hrsg. von J. Conrad/W. Lexis/L. Elster/Edg. Loening, II, 3. gänzlich umgearb. Aufl., Jena 1909, S. 314–318.

KELSEN Hans, Die Verfassungsreform, in: Juristische Blätter LVIII (1929), S. 445–457.

KERNSTOCK Otto, Handbuch der Gemeindeverwaltung in Niederösterreich, Wien 1931.

KI., Über das Verhältnis der im Reichsrathe vertretenen Königreiche und Länder zu Ungarn in Ansehung des Staatsbürgerschafts- und Heimatrechtes vor dem staatsrechtlichen Ausgleiche im Jahre 1867, in: Österreichische Zeitschrift für Verwaltung XXI (1888), Nr. 20, S. 77–79.

KIER Herbert, Über die erste Verwendung des Ausdrucks „Staatsbürger" in der deutschen Gesetzessprache, in: Deutsche Juristenzeitung, hrsg. von Carl Schmitt, XLI (1936), S. 237–239.

KLABOUCH Jiří, Die Gemeindeselbstverwaltung in Österreich 1848–1918, Wien 1968.

KLABOUCH Jiří, Die Lokalverwaltung in Cisleithanien, in: Adam Wandruszka/Peter Urbanitsch (Hrsg.), Die Habsburgermonarchie 1848–1918, II: Verwaltung und Rechtswesen, Wien 1975, S. 270–305.

KLEIN Ernst Ferdinand, Bemerkungen über den rechtmäßigen Gebrauch der Sicherheitsmittel gegen Herrn J.A. Bergk, in: Archiv des Criminalrechts, hrsg. von Ernst Ferdinand Klein/Gallus Aloys Kleinschrod, II/2, Halle 1799, S. 88–94.

KLEIN Kurt, Die Bevölkerung Österreichs vom Beginn bis zur Mitte des 18. Jahrhunderts, in: Heimold Helczmanovszki (Hrsg.), Beiträge zur Bevölkerungs- und Sozialgeschichte Österreichs, Wien 1973, S. 47–112.

KLEINFELLER, Art. Deportatio in insulam, in: Paulys Real-Encyclopädie der classischen Altertumswissenschaft, neue Bearbeitung, hrsg. von Georg Wissowa, V, Stuttgart 1905, Sp. 231–233.

KLEINFELLER, Art. Exilium, in: Paulys Real-Encyclopädie der classischen Altertumswissenschaft, neue Bearbeitung, hrsg. von Georg Wissowa, XI. Halbbd.V, Stuttgart 1907, Sp. 1683 ff.

KLEINHEYER Gerd, Freiheitsstrafen und Strafen mit Freiheitsentzug, in: Zeitschrift der Savigny-Stiftung/Germanistische Abteilung CVII (1990), S. 102–131.

KLEINWÄCHTER Friedrich, Art. Österreich, in: Arwed Emminghaus (Hrsg.), Das Armenwesen und die Armengesetzgebung in den europäischen Staaten, Berlin 1870, S. 420–454.

KLEMKE Ulrich, „Eine Anzahl überflüssiger Menschen". Die Exilierung politischer Straftäter nach Übersee: Vormärz und Revolution 1848/49 (= Europäische Hochschulschriften, Reihe III 591), Frankfurt a. M.-Berlin-Bern-New York-Paris-Wien 1994.

KLENNER Fritz, Die österreichischen Gewerkschaften. Vergangenheit und Gegenwartsprobleme, I, Wien 1951.

KNAPP Hermann, Alt-Regensburgs Gerichtsverfassung, Strafverfahren und Strafrecht bis zur Carolina, Berlin 1914.

KNARR Walter, Das Ministerium des Grafen Taaffe und die soziale Frage, phil. Diss. Wien 1948.

KNAUER Oswald, Das österreichische Parlament 1848–1966, Wien 1969.

KOBARG Werner, Ausweisung und Abweisung von Ausländern (= Internationalrechtliche Abhandlungen VI), Berlin 1930.

KOBATSCH Rudolf, Die Armenpflege in Wien und ihre Reform, Wien 1893.

KOBLER Franz, Recht und Unrecht der Ausweisung. Dargestellt auf Grund der österreichischen Gesetzgebung und Praxis, Wien 1931.

KOCH Lotte, Wandlungen in der Wohlfahrtspflege im Zeitalter der Aufklärung, Erlangen 1933.

KÖFNER Gottfried, Hunger, Not und Korruption. Der Übergang Österreichs von der Monarchie zur Republik. Eine sozial- und wirtschaftswissenschaftliche Studie, Salzburg 1980.

KOHLER Josef, Studien aus dem Strafrecht II, Mannheim 1895.

KOLMER Gustav, Parlament und Verfassung, 8 Bde., Wien-Leipzig 1902/1914.

KOMLOSY Andrea, „Zur Belassung am hiesigen Platze nicht geeignet..." Selektion und Kontrolle der Zuwanderung ins Kernland der Habsburgermonarchie, in: Festgabe des Vereins für Landeskunde von Niederösterreich zum Ostarrîchi-Millennium, redigiert von Helmuth Feigl (= Jahrbuch für Landeskunde von Niederösterreich N.F. LXII/1), Wien 1996, S. 555–584.

KÖNIGSHOFER Franz W., Die Wirtschaft des Bundeslandes Tirol vom 1918 bis zum Ausbruch der Weltwirtschaftskrise im Jahre 1929, phil. Diss. Innsbruck 1978.

KONRAD Helmut, Die Arbeiterbewegung in der österreichischen Reichshälfte, in: Wolfgang Maderthaner (Hrsg.), Arbeiterbewegung in Österreich und Ungarn bis 1914. Referate des österreichisch-ungarischen Historikersymposiums in Graz vom 5. bis 9. September 1986 (= Materialien zur Arbeiterbewegung XLV), Wien 1986, S. 124–139.

KONRAD Helmut, Die ungeliebten Brüder. Anarchisten und Sozialdemokratie, in: Helene Maimann (Hrsg.), Die ersten 100 Jahre. Österreichische Sozialdemokratie 1888–1988, Wien-München 1988, S. 184 f.

KONRAD Helmut, Die organisatorische Entwicklung der österreichischen Arbeiterbewegung bis zum Hainfelder Parteitag, in: Brigitte Perfahl, Marx oder Lassalle? Zur ideologischen Position der österreichischen Arbeiterbewegung 1869–1889 (= Schriftenreihe des Ludwig Boltzmann-Instituts für Geschichte der Arbeiterbewegung XXII), Wien 1982.

KONRAD Helmut, Das Entstehen der Arbeiterklasse in Oberösterreich, Wien-München-Zürich 1981.

KONRAD Helmut, Recht, Justiz und Arbeiterbewegung bis zum ersten Weltkrieg, in: Erika Weinzierl/Karl R. Stadler (Hrsg.), Justiz und Zeitgeschichte (= Veröffentlichungen des Ludwig Boltzmann-Instituts für Geschichte der Gesellschaftswissenschaften I), Wien 1977, S. 43–74.

KONRAD Helmut, Religiöser und sozialer Prostest. Die frühe österreichische Arbeiterbewegung und die Religionsgemeinschaften, in: Politik und Gesellschaft im alten und neuen Österreich. Festschrift für Rudolf Neck zum 60. Geburtstag, Wien 1981, I, S. 195–213.

KONRAD Helmut, Die Sozialistenprozesse 1874 und 1875 in Graz um Dr. Hippolyt Tauschinsky, in: Karl R. Stadler (Hrsg.), Sozialistenprozesse. Politische Justiz in Österreich 1870–1936, Wien-München-Zürich 1968, S. 53–70.

KOPETZ Christian, Österreichische politische Gesetzkunde oder systematische Darstellung der politischen Verwaltung in den deutschen, böhmischen und galizischen Provinzen des österreichischen Kaisertumes, I/1, Wien 1807, I/2, Wien 1819.

KOPPEL Johann, Handbuch der österreichischen Strafgesetze über Vergehen und Übertretungen, Olmütz 1851.

KORB Rudolf, Die Grundzüge des österreichischen Heimatrechtes, I: Der Begriff des Heimatsrechtes, in: Österreichische Zeitschrift für Verwaltung XIV (1881), Nr. 49, S. 201–203, Nr. 50, S. 205–207, II. Die Grundzüge des Heimatrechtes Deutschlands, Englands und Frankreichs, in: Österreichische Zeitschrift für Verwaltung XV (1882), Nr. 3, S. 9–11, III: Der historische Entwicklungsgang und die Principien des österreichischen Heimatsrechtes, sowie die Nothwendigkeit einer Reform desselben, in: Österreichische Zeitschrift für Verwaltung XV (1882), Nr. 5, S. 17 f., Nr. 6, S. 21–23, Nr. 7, S. 25–27; IV: Das geltende österreichische Heimatrecht, in: Österreichische Zeitschrift für Verwaltung XVI (1883), Nr. 16, S. 61 f.

KORB Rudolf, Die Nothwendigkeit einer Reform des österreichischen Heimatrechtes, in: Österreichische Zeitschrift für Verwaltung XIV (1881), Nr. 43, 177–179, Nr. 44, S. 181–183.

KORB Rudolf, Juristisch-Casuistisches aus dem österreichischen Gemeinderechte, in: Österreichische Zeitschrift für Verwaltung VII (1874), Nr. 39, S. 153 f., Nr. 41, 161–163, Nr. 42, S. 165 f., Nr. 43, S. 169 f., Nr. 44, S. 173 f., Nr. 45, S. 177 f.

KORN A., Ist die Deportation unter den heutigen Verhältnissen als Strafmittel praktisch verwendbar?, Berlin 1898.

KORN A., Empfiehlt sich der Versuch der Deportation nach den Kolonien als Strafe und der Vorschlag bedingter Begnadigung für den Fall der Auswanderung?, in: Deutsche Juristenzeitung III (1898), S. 374–376.

KORSCH Hans-Peter, Das materielle Strafrecht der Stadt Köln vom Ausgang des Mittelalters bis in die Neuzeit, Köln 1958.

KOSTECKY Dominik, System der politischen Gesetze Böhmens zum bequemen Gebrauch für den Geschäfts- und Privatmann, III, Prag 1810.

KOSTETZKY Dominik, System der politischen Gesetze Böhmens, in XII Theilen, zum bequemen Gebrauch für den Geschäfts- und Privatmann, I. Teil, Prag 1816.

KÖSTLIN Reinhold, Die Ehrverletzung nach deutschem Rechte, in: Zeitschrift für Deutsches Recht und deutsche Rechtswissenschaft XV (1855), S. 364–435.

KRATOCHWILL Anton R., Die Armenpflege der k.k. Haupt- und Residenzstadt Wien, verbunden mit einer besondern Abhandlung über Zuständigkeit oder das Heimathsrecht, Wien 1846.

KRAUSE Thomas, Die Strafrechtspflege im Kurfürstentum und Königreich Hannover (= Untersuchungen zur deutschen Staats- und Rechtsgeschichte N.F. XXVIII), Aalen 1991.

KREJCI R., Art. Naturalverpflegsstationen, in: Ernst Mischler/Josef Ulbrich (Hrsg.), Österreichisches Staatswörterbuch. Handbuch des gesamten österreichischen öffentlichen Rechts, III, 2. Aufl. Wien 1907, S. 702–707.

KREY Volker, Keine Strafe ohne Gesetz. Einführung in die Dogmengeschichte des Satzes „nullum crimen, nulla poena sine lege“, Berlin-New York 1983.

KROHN Heinrich, Und warum habt Ihr denn Deutschland verlassen? 300 Jahre Auswanderung nach Amerika, Bergisch Gladbach 1992.

KUDLER Josef, Erklärung des ersten Abschnittes des Strafgesetzes über schwere Polizei-Übertretungen (Vergehen und Übertretungen) mit Berücksichtigung der auf dasselbe sich beziehenden später erlassenen Gesetze und Erläuterungen, 6. Aufl. Wien 1850.

KUDLER Josef, Erklärung des Strafgesetzes über schwere Polizei-Übertretungen mit Berücksichtigung der auf dasselbe sich beziehenden, später erlassenen Gesetze und Erläuterungen, 2 Bde., 3. Aufl. Wien 1831.

KÜHN Dieter (Hrsg.), Johann Most. Ein Sozialist in Deutschland, München 1974.

KULEMANN W., Die Sozialdemokratie und deren Bekämpfung. Eine Studie zur Reform des Sozialistengesetzes, Berlin 1890.

KUNZ Josef L., Das österreichische Fremdenrecht, in: Zeitschrift für öffentliches Recht IX (1930), S. 194–230.

KUNZ Josef L., Das Staatsangehörigkeitsrecht der Republik Österreich, in: Georg Crusen/Georg Maas/Adolf Siedler (Hrsg.), Das Recht der Staatsangehörigkeit der europäischen und der außereuropäischen Staaten, I: Die europäischen Staaten, Berlin 1940.

KUNZ Josef L., Die völkerrechtliche Option, II: Staatsangehörigkeit und Option im deutschen Friedensvertrag von Versailles (Nachtrag) und im österreichischen Friedensvertrag von St. Germain, Breslau 1928.

KÜTHER Carsten, Räuber und Gauner in Deutschland. Das organisierte Bandenwesen im 18. und frühen 19. Jahrhundert (= Kritische Studien zur Geschichtswissenschaft XX), Göttingen 1976.

KUTZER, Art. Freizügigkeit, in: Wörterbuch des Deutschen Staats- und Verwaltungsrechts, begr. von Karl von Stengel, 2. Aufl. hrsg. von Max Fleischmann, I, Tübingen 1911.

KWIATKOWSKI Ernest von, Die Constitutio Criminalis Theresiana, Ein Beitrag zur Theresianischen Reichs- und Rechtsgeschichte, Innsbruck 1904.

LAMMASCH Heinrich, Auslieferungspflicht und Asylrecht. Eine Studie über Theorie und Praxis des internationalen Strafrechtes, Leipzig 1887.

LAMMASCH Heinrich, Grundriß des Strafrechts, 2. Aufl. Wien 1902.

LAMMASCH Heinrich, Das Recht der Auslieferung wegen politischer Verbrechen, Wien 1884.

LANGHARD J., Das Recht der politischen Fremdenausweisung mit besonderer Berücksichtigung der Schweiz, Leipzig 1891.

LEHMANN Hans Georg, In Acht und Bann. Politische Emigration, NS-Ausbürgerung und Wiedergutmachung am Beispiel Willy Brandts, München 1976.

LEHNE Friedrich, Grundrechte achten und schützen? 1862 und 1867, in: Juristische Blätter CVIII (1986), S. 341–347, 424–435.

LEHNE Friedrich, Rechtsschutz im öffentlichen Recht: Staatsgerichtshof, Reichsgericht, Verwaltungsgerichtshof, in: Adam Wandruszka/Peter Urbanitsch (Hrsg.), Die Habsburgermonarchie 1848–1918, II: Verwaltung und Rechtswesen, Wien 1975, S. 663–715.

LEITICH Kristl, Obrigkeitliche Maßnahmen zur Hebung der Sitten in den Ländern Unter und Ob der Enns während der frühen Neuzeit, phil. Diss. Wien 1968.

LEITNER Rudolf, Die Judenpolitik der österreichischen Regierung in den Jahren 1848–1859, phil. Diss. Wien 1924.

LENTNER Ferdinand, Bettelunfug und Bettelbetrug. Auf Grund des geltenden und des im Entwurfe vorliegenden österreichischen Strafgesetzes rechtsvergleichend begutachtet, Innsbruck 1892.

LENTNER Ferdinand, Zum Rechtsschutz gegen das Vagabundenwesen, in: Österreichische Zeitschrift für Verwaltung V (1872), Nr. 16, S. 61 f., Nr. 17, S. 65–67.

LENZ Adolf, Der Anarchismus und das Strafrecht, in: Zeitschrift für die gesamte Strafrechtswissenschaft XVI (1896), S. 1–47.

LENZ Helmut, Untersuchung zur Frage der Identität der Republik Österreich mit der Monarchie der Habsburger, jur. Diss. München, Krems a.d. Donau 1939.

LENZ, Art. Polizeiaufsicht, in: Ernst Mischler/Josef Ulbrich (Hrsg.), Österreichisches Staatswörterbuch. Handbuch des gesamten österreichischen öffentlichen Rechts, III, 2. Aufl. Wien 1907, S. 941–945.

LEONHARD Otto, Aus der Geschichte des österreichischen Obersten Gerichtshofes, in: Festschrift zur Hundertjahrfeier des österreichischen Obersten Gerichtshofes 1850–1950, Wien 1950, S. 163–211.

LERCH Friedrich, Die Konservativen und die österreichische soziale Gesetzgebung in der Ära Taaffe, phil. Diss. Wien 1948.

LESKY Erna, Österreichisches Gesundheitswesen im Zeitalter des aufgeklärten Absolutismus (= Archiv für österreichische Geschichte CXXII), Graz-Köln-Wien 1958, S. 154–174.

LEWIN Maurycy, Geschichte der Juden in Galizien unter Kaiser Joseph II., phil. Diss. Wien 1933.

Österreichisches Biographisches LEXIKON, 1815–1950, hrsg. von der Österreichischen Akademie der Wissenschaften unter der Leitung von Leo Santifaller, Graz-Köln 1957 ff.

LIENBACHER Georg (Hrsg.), Öffentliche Sicherheit. Organ für Gesetzgebung und Verwaltung in Bezug auf alle Gegenstände der Polizei und des Polizeirechtes, 6 Bde., Wien 1868–1874.

LISZT Franz von, Das Völkerrecht systematisch dargestellt, 12. Aufl. bearb. von Max Fleischmann, Berlin 1925.

LISZT Franz von, Lehrbuch des Deutschen Strafrechts, 20. Aufl. Berlin 1914.

LOEBENSTEIN Herbert, Die Entwicklung des Strafrechts und Strafprozeßrechts von 1918 bis zur Gegenwart, in: Gábor Máthé/Werner Ogris (Hrsg.), Die Entwicklung der österreichisch-ungarischen Strafrechtskodifikationen im 19.–20. Jahrhundert, Budapest 1996, S. 75–111.

LOENING Otto, Art. Ausweisungsgesetz, in: Politisches Handwörterbuch, hrsg. von Paul Herre, I, Leipzig 1923, S. 149 ff.

LOEWENSTIMM August, Die Deportation nach Sibirien vor und nach dem Gesetz vom 12. Juni 1900, in: Zeitschrift für die gesamte Strafrechtswissenschaft XXIV (1904), S. 88–128.

LÖFFLER Alexander, Die Arbeiten der Kommission des Herrenhauses für Justizgegenstände über die Gesetzesvorlagen zur Reform des Strafrechts, in: Österreichische Zeitschrift für Strafrecht IV (1913), S. 117–128.

LOHRMANN Klaus, Judenrecht und Judenpolitik im mittelalterlichen Österreich (= Handbuch zur Geschichte der Juden in Österreich, Reihe B/I), Wien-Köln 1990.

LOHSING Ernst/Eugen SERINI, Österreichischisches Strafprozeßrecht, 4. Aufl. Wien 1952.

LOSERTH Johann, Die Reformation und Gegenreformation in den inneroesterreichischen Laendern im XVI. Jahrhundert, Neudruck 1970 der Ausgabe Stuttgart 1898.

LOTZ Friedrich, Die frühtheresianische Kolonisation des Banats (1740–1762), in: Gedenkschrift für Harold Steinacker (1875–1965) (= Buchreihe der Südostdeutschen Historischen Kommission XVI), München 1966, S. 146–181.

LUSTKANDL W., Sonnenfels und Kudler. Rede auf Josef von Sonnenfels und Josef von Kudler, Wien 1891.

LUTZ Volker, Die Auswanderung der Protestanten vor 1623, in: Mitteilungsblatt des Kulturamtes der Stadt St. Pölten XXI (1972), S. 30–32, 35 f., 39 f., = Amtsblatt der Stadt St. Pölten XLI (1972), S. 250–252, 287 f., 319 f.

LÜTZENAU Alois, Handbuch der Gesetze und Verordnungen, welche sich auf den zweithen Theil des Strafgesetzbuches über schwere Polizei-Übertretungen beziehen, I, Wien 1846.

MAASBURG Friedrich M. von, Die Galeerenstrafe in den böhmischen Erbländern Österreichs, Wien 1885.

MAASBURG Friedrich M. von, Die Organisirung der böhmischen Halsgerichte im Jahre 1765, Prag 1884.

MAASBURG Friedrich M. von, Zur Entstehungsgeschichte der Theresianischen Halsgerichtsordnung mit besonderer Rücksicht auf das im Artikel 58 derselben behandelte crimen magiae vel sortilegii, Wien 1880.

MAGAZINER Alfred, Die Vorkämpfer. Aus der Geschichte der Arbeiterbewegung, Wien-München-Zürich 1979.

MALANIUK Wilhelm, Lehrbuch des Strafrechts, I: Allgemeine Lehren, Wien 1947.

MALECZEK Werner, Glaube und Heimat. Zur Vertreibung der Zillertaler Inklinanten vor 150 Jahren, in: das Fenster. Tiroler Kulturzeitschrift XXI/42 (1987), S. 4152–4158.

MANDL Max, Bruderladen, in: Österreichisches Rechts-Lexikon. Praktisches Handwörterbuch des privaten und öffentlichen Rechtes der im Reichsrathe vertretenen Königreichen und Ländern, hrsg. und redigiert von Friedrich Duschenes/Wenzel Ritter von Belsky/Carl Baretta, 4 Bde., Prag 1894–1898, I, S. 646 ff.

MARQUARDSEN Heinrich, Über den Begriff des Hochverrathes, in: Archiv des Criminalrechts, N.F. Jg. 1849, S. 246–265.

MARQUET Mario, Geschwister – Marschälle – Minister. Die Spitzen des napoleonischen Reiches im königlichen Frankreich 1813–1840, Wien-Köln-Graz 1983.

MARTENS Friedrich, Völkerrecht. Das internationale Recht der civilisirten Nationen, dt. Ausgabe von Carl Bergbohm, 2 Bde., Berlin 1883/86.

MARTINI Alexis, L'expulsion des étrangers. Etude de droit comparè, Paris 1909.

MARTINI Karl von, Allgemeines Recht der Staaten. Zum Gebrauch der öffentlichen Vorlesungen in den k.k. Staaten, Wien 1799.

MARTITZ F. von, Das Recht der Staatsangehörigkeit im internationalen Verkehr. Mit Rücksicht auf die Deutsche Gesetzgebung erörtert, in: Annalen des Deutschen Reichs für Gesetzgebung, Verwaltung und Statistik, hrsg. von Georg Hirth, VIII (1875), S. 794–836, 1113–1170.

MASCHER H. A., Das Staatsbürger-, Niederlassungs- und Aufenthaltsrecht, sowie die Armengesetzgebung Preußens, Potsdam 1868.

MAUCHER Ignaz, Darstellung der Quellen und der Literatur der österreichischen Strafgesetzgebung über Verbrechen mit Rücksicht auf die deutsche Strafrechtswissenschaft und Gesetzgebung, Wien 1849.

MAUCHER Ignaz, Sistematisches Handbuch des österreichischen Strafgesetzes über Verbrechen und der auf dasselbe sich unmittelbar beziehenden Gesetze und Verordnungen, 2 Teile, Wien 1844.

MAYERHOFER Claudia, Dorfzigeuner. Kultur und Geschichte der Burgenland-Roma von der ersten Republik bis zur Gegenwart, Wien 2. Aufl. 1988.

MAYR August, Die Heimatgesetznovelle vom 5. Dezember 1896, RGBl. Nr. 222. Eine systematische Darstellung, Wien 1901.

MAYR August, Die Wirkungen der Heimatgesetznovelle vom 5. Dezember 1896, RGBl. Nr. 222. Eine socialpolitische Studie, Wien 1901.

MAYR Josef Karl, Zwei Reformatoren der Wiener Armenfürsorge, in: Jahrbuch des Vereins für Geschichte der Stadt Wien VIII (1949/50), S. 110–135, IX (1951), S. 151–184.

MAYRHOFER Ernst, Handbuch für den politischen Verwaltungsdienst in den im Reichsrathe vertretenen Königreichen und Ländern mit besonderer Berücksichtigung der diesen Ländern gemeinsamen Gesetze und Verordnungen, 3 Bde., 4. Aufl. Wien 1880/1881.

MAYRHOFER Ernst/Anton PACE, Handbuch für den politischen Verwaltungsdienst in den im Reichsrathe vertretenen Königreichen und Ländern mit besonderer Berücksichtigung der diesen Ländern gemeinsamen Gesetze und Verordnungen, 7 Bde., 5. Aufl. Wien 1895–1901, Indexbd. 1903, 2 Ergänzungsbde. 1909/1913.

MECENSEFFY Grete, Geschichte des Protestantismus in Österreich, Graz-Köln 1956.

MEHRING Franz, Geschichte der deutschen Sozialdemokratie, IV, 4. Aufl. Berlin-Stuttgart 1909.

MEINEL Peter, Seneca über seine Verbannung. Trostschrift an die Mutter Helvia, Bonn 1972.

MELICHAR Erwin, Die Freiheitsrechte der Dezember-Verfassung 1867 und ihre Entwicklung in der reichsgerichtlichen Judikatur, in: Österreichische Zeitschrift für öffentliches Recht N.F. XVI (1966), S. 256–290.

MELINZ Gerhard/Gerhard UNGAR, Wohlfahrt und Krise. Wiener Kommunalpolitik 1929–1938, Wien 1996.

MELINZ Gerhard/Susan ZIMMERMANN, Über die Grenzen der Armenhilfe. Kommunale und staatliche Sozialpolitik in Wien und Budapest in der Doppelmonarchie (= Materialien zur Arbeiterbewegung LX), Wien-Zürich 1991.

MELL Wolf-Rüdiger, Lebensgemeinschaft und Familienrecht in Österreich, in: Gerhard Frotz/ Werner Ogris (Hrsg.), Festschrift Heinrich Demelius zum 80. Geburtstag. Erlebtes Recht in Geschichte und Gegenwart, Wien 1973, S. 145–180.

MENTZEL Walter, Weltkriegsflüchtlinge in Cisleithanien 1914–1918, in: Gernot Heiss/Oliver Rathkolb (Hrsg.), Asylland wider Willen. Flüchtlinge in Österreich im europäischen Kontext (= Veröffentlichungen des Ludwig-Boltzmann-Institutes für Geschichte und Gesellschaft XXV), Wien 1995, S. 17–44.

MENZEL, Die Novelle zum Heimatsgesetz, in: Juristische Blätter XXIII (1894), S. 553–568.

MENZEL J. A., Bey welchen Verbrechen ist nach unserem Strafgesetzbuche ein crimineller Versuch überhaupt nicht denkbar, und welches Resultat ergibt sich hieraus bezüglich jedes einzelnen Verbrechens?, in: Ignaz Wildner (Hrsg.), Der Jurist, eine Zeitschrift vorzüglich für die Praxis des gesamten österr. Rechtes III (1840), S. 103–132 und IV (1840), S. 114–140.

MERKL Adolf, Der rechtliche Gehalt der österreichischen Verfassungsreform vom 7. Dezember 1929, in: Zeitschrift für öffentliches Recht X (1931), S. 161–212.

MERKL Adolf, Die Verfassung der Republik Deutschösterreich. Ein kritisch-systematischer Grundriß, Wien-Leipzig 1919.

MEVORACH Baruch, Die Interventionsbestrebungen in Europa zur Verhinderung der Vertreibung der Juden aus Böhmen und Mähren, 1744–1745, in: Jahrbuch des Instituts für Deutsche Geschiche IX (1980), S. 15–82.

MICHAELIS Johann David, Mosaisches Recht, Frankfurt a.M. 1775.

MIERSCH Klausjürgen, Die Arbeiterpresse der Jahre 1869 bis 1889 als Kampfmittel der österreichischen Sozialdemokratie (= Veröffentlichungen der Arbeitsgemeinschaft für Geschichte der Arbeiterbewegung in Österreich VI), Wien 1969.

MILNER Emanuel, Die österreichische Staatsbürgerschaft und der Gesetzesartikel L: 1879 über Erwerb und Verlust der ungarischen Staatsbürgerschaft (= Studien zum österreichischen Staatsrechte I), Tübingen 1880.

MISCHLER Ernst, Art. Armenpflege, in: ders./Josef Ulbrich (Hrsg.), Österreichisches Staatswörterbuch. Handbuch des gesamten österreichischen öffentlichen Rechts, I, 2. Aufl. Wien 1905, S. 320–346.

MISCHLER Ernst, Über die Armenpflege und ihre Statistik in den österreichischen Ländern, in: Statistische Monatsschrift XIII (1887), S. 295–303.

MISCHLER Ernst, Übersicht über die öffentliche Armenpflege und die private Wohlthätigkeit in Österreich, in: Österreichs Wohlfahrtseinrichtungen 1848–1898. Festschrift zu Ehren des 50 jährigen Regierungs-Jubiläums ... des Kaisers Franz Joseph I., I: Armenpflege und Wohlthätigkeit in Österreich, redigiert von Ernst Mischler, Wien 1899, S. VII–XLII.

MITTERMAIER W., Kann die Deportation im deutschen Strafensystem Aufnahme finden, in: Zeitschrift für die gesamte Strafrechtswissenschaft XIX (1899), S. 85–132.

MITTERMAIER W., Literaturbericht. Deportation, in: Zeitschrift für die gesamte Strafrechtswissenschaft XX (1900), S. 613–622.

MITTERMAIER W., Neueste Nachrichten über die Wirksamkeit des englischen Strafsystems, insbesondere der Transportation, in: Kritische Zeitschrift für Rechtswissenschaft und Gesetzgebung des Auslandes, hrsg. von Mittermaier/Zachariä, V, Heidelberg 1833, S. 351–365.

MOHL Robert von, System der Präventiv-Justiz oder Rechts-Polizei (= Die Polizei-Wissenschaft nach den Grundsätzen des Rechtsstaates III), 3. Aufl. Tübingen 1866.

MOLTMANN Günter, Die Transportation von Sträflingen im Rahmen der deutschen Amerikaauswanderung des 19. Jahrhunderts, in: ders. (Hrsg.), Deutsche Amerikaauswanderung im 19. Jahrhundert. Sozialgeschichtliche Beiträge, Stuttgart 1976.

MOOS Reinhard, Der Verbrechensbegriff in Österreich im 18. und 19. Jahrhundert. Sinn- und Strukturwandel (= Rechtsvergleichende Untersuchungen zur gesamten Strafrechtswissenschaft N.F. XXXIX), Bonn 1968.

MORAVA Georg J., Der k.k. Dissident Karl Havlícek (1821–1856), Wien 1985.

MORGENSTERN Hugo, Das Schubwesen in Österreich, in: Statistische Monatsschrift VI (27) (1901), S. 333–366.

MOTZKO Alois, Reform der öffentlichen Wohlfahrtspflege mit besonderer Berücksichtigung der armenrechtlichen Krankenhauspflege, Österreichisches Verwaltungsblatt III (1932), S. 203-208.

MÜLLER A., Die Uebereinkunft deutscher Bundesstaaten vom 15. Juli 1851 wegen gegenseitiger Uebernahme der Ausgewiesenen und Heimathlosen (Gothaer Convention). Mit erläuternden Anmerkungen und einem Abdrucke der den Abschluß, beziehungsweise die Revision der Uebereinkunft betreffenden Conferenz-Protocolle, Stuttgart 1861.

MÜLLER Edwin, Das Strafrecht der früheren freien Reichsstadt Überlingen, jur. Diss. Freiburg i. Br., Borna-Leipzig 1911.

MÜLLER Franz, Zur heimatrechtlichen Ersitzung der Ehefrau. Eine Studie zum Gesetze vom 5. Dezember 1896, RGBl Nr. 222, in: Österreichische Zeitschrift für Verwaltung XXXIV (1901), Nr. 34, S. 141 f., Nr. 49, S. 207 f.

MÜNCH Paul, Lebensformen in der frühen Neuzeit, Frankfurt a.M. 1992.

MÜNSTERBERG, Art. Armenwesen, in: Wörterbuch des Deutschen Staats- und Verwaltungsrechts, begr. von Karl von Stengel, 2. Aufl. hrsg. von Max Fleischmann, I, Tübingen 1911, S. 189-221.

MURHARD Friedrich, Was gebieten in einem konstitutionellen Staate Recht und Politik hinsichtlich der Behandlung der Fremden?, Kassel 1831.

NAGEL Adalbert, Armut im Barock. Die Bettler und Vaganten Oberschwabens, Weingarten 1975.

NEUHOFER Hans, Handbuch des Gemeinderechts. Organisation und Aufgaben der Gemeinden in Österreich (= Forschungen aus Staat und Recht XXII), Wien-New York 1972.

NEUMAIR Michael, Jugendliche Straftäter in den österreichischen Strafgesetzen und Reformentwürfen von 1803 bis 1928, in: Gábor Máthé/Werner Ogris (Hrsg.), Die Entwicklung der österreichisch-ungarischen Strafrechtskodifikationen im 19.-20. Jahrhundert, Budapest 1996, S. 143-177.

NEUMANN Léopold (Hrsg.), Recueil des traités et conventions conclus par l'Autriche avec les puissances étrangères, depuis 1763 jusqu'à nos jours, IV, Leipzig 1858.

NICOLAI Christoph Friedrich, Beschreibung einer Reise durch Deutschland und die Schweiz im Jahre 1781, Berlin-Stettin 1785.

NIEDERSTÄTTER Alois, Vorarlberger Urfehdebriefe bis zum Ende des 16. Jahrhunderts. Eine Quellensammlung zur Rechts- und Sozialgeschichte des Landes (= Forschungen zur Geschichte Vorarlbergs VI), Dornbirn 1985.

NIPPEL Franz Xaver, Handbuch zur Erleichterung bey der Anwendung des zweyten Theils des Strafgesetzbuches zum Gebrach für jene Beamte, welche sich mit der Gerichtspflege über schwere Polizey-Übertretungen beschäftigen, 2 Teile, Linz 1824.

NOIRIEL Gérard, Die Tyrannei des Nationalen. Sozialgeschichte des Asylrechts in Europa, Lüneburg 1994.

NOWAKOWSKI Julius Friedrich, Das österreichische Strafrecht in seinen Grundzügen, Graz-Wien-Köln 1955.

OBERKOFLER Gerhard, Die Tiroler Arbeiterbewegung. Von den Anfängen bis zum 2. Weltkrieg (= Materialien zur Abeiterbewegung XIII), Wien 1979.

OESTREICH Gerhard, Strukturprobleme des europäischen Absolutismus, in: ders., Geist und Gestalt des frühmodernen Staates. Ausgewählte Aufsätze, Berlin 1969, S. 179-197.

OFNER Julius, Die Entstehung des Justizhofdekretes vom 12. April 1833 über die Ersitzung der Staatsbürgerschaft, in: Juristische Blätter XXXIV (1905), S. 145-147, 157-161.

OGRIS Werner, Die Rechtsentwicklung in Cisleithanien 1848-1918, in: Adam Wandruszka/Peter Urbanitsch (Hrsg.), Die Habsburgermonarchie 1848-1918, II: Verwaltung und Rechtswesen, Wien 1975, S. 538-662.

ÖHLINGER Theo, Die Grundrechte in Österreich. Ein systematischer Überblick, in: Europäische Grundrechte Zeitschrift IX (1982), S. 216-245.

ORELLI A. von, Das Recht der Ausweisung, in: Zeitschrift für die gesamte Strafrechtswissenschaft, IX (1889), S. 538-542.

OSENBRÜGGEN Eduard, Das Alemannische Strafrecht im deutschen Mittelalter, Schaffhausen 1860.

ÖSTERREICHS WOHLFAHRTSEINRICHTUNGEN 1848-1898. Festschrift zu Ehren des 50jährigen Regierungs-Jubiläums ... des Kaisers Franz Joseph I., I: Armenpflege und Wohlthätigkeit in Österreich, redigiert von Ernst Mischler, Wien 1899.

OSTERROTH Franz, Biographisches Lexikon des Sozialismus, I: Verstorbene Persönlichkeiten, Hannover 1960.
ÖTKER, Die Rehabilitation Verurteilter und das österreichische Gesetz vom 21. März 1918 über die Tilgung der Verurteilung, in: Der Gerichtssaal. Zeitschrift für Strafrecht, Strafprozeß, Gerichtliche Medizin, Gefängniskunde und ausländische Literatur LXXXVII (1920), S. 161–241.
OVERBECK Alfred von, Niederlassungsfreiheit und Ausweisungsrecht. Dargestellt auf der Grundlage des deutsch-schweizerischen Vertrages vom 31. Mai 1890. Eine Untersuchung über die öffentlichrechtliche Stellung des Ausländers (= Freiburger Abhandlungen aus dem Gebiete des öffentlichen Rechts, hrsg. von Woldemar von Rohland/Heinrich Rosin/Richard Schmidt, X), Karlsruhe 1907.
PACHMANN Lothar von, Die Außerlandschaffung der unerwünschten Fremden, in: Österreichische Zeitschrift für Verwaltung LII (1919), Nr. 23, S. 101–103.
PACHMANN Lothar von, Vergleichende Darstellung des bayrischen und österreichischen Heimatsprozeßrechtes, in: Österreichische Zeitschrift für Verwaltung XLV (1912), Nr. 15, S. 59–61, Nr. 16, S. 63–65.
PACHMANN Lothar von, Polizeiaufsicht in Österreich und Bayern, in: Österreichische Zeitschrift für Verwaltung XLIV (1911), Nr. 33, S. 133 f., Nr. 34, S. 137 f.
PACHMANN Lothar von, Der heimatlose deutschösterreichische Staatsbürger, in: Österreichische Zeitschrift für Verwaltung LII (1919), Nr. 14, S. 65–67.
PACHNER-EGGENSDORF Adolf von, Der Erwerb des österreichischen Heimatrechts und die Zuweisung von Heimatlosen, in: Centralblatt für Verwaltungs-Praxis. Beiheft zum Österreichischen Centralblatt für die juristische Praxis, hrsg. von Leo Geller, I. Jg. (1885), S. 309–351.
PACK Wolfgang, Das parlamentarische Ringen um das Sozialistengesetz Bismarcks 1878–1890 (= Beiträge zur Geschichte des Parlamentarismus und der politischen Parteien XX), Düsseldorf 1961.
PASSY J. C., Bemerkungen über die neue Ausgabe des österreichischen Strafgesetzes, in: Franz Haimerl (Hrsg.), Magazin für Rechts- und Staatswissenschaft mit besonderer Rücksicht auf das österreichische Kaiserreich, VI (1852), S. 208–229, VII (1853), S. 255–267, VII (1853), S. 104–126.
PASSY J. C., Ueber das Verbrechen der Rückkehr eines Verwiesenen, nach den Bestimmungen des österreichischen Strafgesetzes über Verbrechen, in: Zeitschrift für österreichische Rechtsgelehrsamkeit und politische Gesetzeskunde, Jg. 1843/I, S. 85–132.
PAULEY Bruce, Eine Geschichte des österreichischen Antisemitismus. Von der Ausgrenzung zur Auslöschung, Wien 1993.
PAUSER Franz, Die Heimatrechtsnovelle 1925 in ihrer Auswirkung im Burgenland, in: Österreichisches Verwaltungsblatt, I (1930) Nr. 22, S. 1–8.
PEITZSCH Wolfram, Kriminalpolitik in Bayern unter der Geltung des Codex Juris Criminalis Bavarici von 1751 (= Münchener Universitätsschriften. Reihe der Juristischen Fakultät VIII), München 1968.
PERFAHL Brigitte, Marx oder Lassalle? Zur ideologischen Position der österreichischen Arbeiterbewegung 1869–1889 (= Schriftenreihe des Ludwig Boltzmann-Instituts für Geschichte der Arbeiterbewegung XXII), Wien 1982.
PERNEDER Andreas, Halßgerichtsordnung, Das ist ein Außzug vnd Anzaigung etlicher Malefitzhandlungen, von Peen vnd Straff derselbigen ..., Ingolstadt 1592.
PEZZL Johann, Skizze von Wien, Heft 4, Wien-Leipzig 1787.
PFEIL Joachim, Ein Beitrag zur Frage der Verbrecherdeportation nach deutschen Kolonien, in: Koloniales Jahrbuch. Beiträge und Mitteilungen aus dem Gebiete der Kolonialwissenschaft und Kolonialpraxis, hrsg. von Gustav Meinecke, X (1897), S. 18–39.
PFEIL Joachim, Betrachtungen über die Anlegung einer Strafcolonie in Süd-West-Afrika, in: Koloniales Jahrbuch. Beiträge und Mitteilungen aus dem Gebiete der Kolonialwissenschaft und Kolonialpraxis, hrsg. von Gustav Meinecke, IX (1897), S. 261–282.
PFEIL Joachim, Noch einmal die Strafkolonie!, in: Koloniales Jahrbuch. Beiträge und Mitteilungen aus dem Gebiete der Kolonialwissenschaft und Kolonialpraxis, hrsg. von Gustav Meinecke, X (1897), S. 84–95.
PFERSCHY Anneliese, Aus den Anfängen der österreichischen Arbeiterbewegung. Hippolyt Tauschinski, Historiker und Arbeiterführer, in: Fritz Posch (Hrsg.), Siedlung, Wirtschaft und

Kultur im Ostalpenraum, Festschrift zum 70. Geburtstag von Fritz Popelka (= Veröffentlichungen des Steiermärkischen Landesarchivs II), Graz 1960, S. 129–138.

PHILIPPOVICH Eugen (Hrsg.) Auswanderung und Auswanderungspolitik in Deutschland (= Schriften des Vereins für Socialpolitik LII), Leipzig 1892.

PITTNER Anneliese, Hippolyt Tauschinski (1839–1905). Ein österreichisches Akademikerschicksal zwischen Liberalismus und Sozialismus, phil. Diss. Graz 1954.

POLZER Arthur von, Die Heimatgesetznovelle vom 5. Dezember 1896, RGBl. Nr. 22 und deren Rechtsgrundsätze, nach der einschlägigen Literatur des k.k. Verwaltungsgerichtshofes. Zum Gebrauch für politische Behörden und Gemeindeämter, Wien 1907.

POSTELBERG Emil/Max MODERN, Das reformierte österreichische Heimatrecht, Wien 1901.

PÖZL Joseph von, Art. Aufenthaltsrecht, in: Johann Caspar Bluntschli/Karl Brater (Hrsg.), Deutsches Staats-Wörterbuch, I, Stuttgart-Leipzig 1857, S. 508–511.

PÖZL Joseph von, Art. Fremde, Fremdenrecht, in: Johann Caspar Bluntschli/Karl Brater (Hrsg.), Deutsches Staats-Wörterbuch, III, Stuttgart-Leipzig 1858, S. 755–767.

PÖZL Joseph von, Lehrbuch des bayerischen Verfassungsrechts, 5. Aufl. München 1877.

PRAZAK, Art. Staatsbürgerschaft, in: Ernst Mischler/Josef Ulbrich (Hrsg.), Österreichisches Staatswörterbuch. Handbuch des gesamten österreichischen öffentlichen Rechtes, II, Wien 1897, S. 1067–1070.

PRIESTER Oskar, Die Deportation, ein modernes Strafmittel, Berlin 1899.

PROBST Friedrich, Die Naturalverpflegsstationen in Österreich, in: Statistische Monatsschrift XX (1894), S. 65–76.

PRUCHA P., Die Österreichische Polizeipraxis mit besonderer Bedachtnahme auf jene der Wiener Polizeidirektion, Wien 1877.

PUTZER Peter, Grundzüge des Erzstift-Salzburgischen Zigeunerrechts, in: Werner Ogris/Walter H. Rechberger (Hrsg.), Gedächtnisschrift Herbert Hofmeister, Wien 1996, S. 591–607.

PUTZER Peter, Konfessionsrechtliche Aspekte der Salzburger Protestantenvertreibung 1731/32, in: Reformation – Emigration. Protestanten in Salzburg, Katalog der Salzburger Landesausstellung vom 21. Mai–26. Oktober 1981, Schloß Goldegg/Pongau, hrsg. vom Amt der Salzburger Landesregierung, Salzburg 1981, S. 85–90.

QUISTORP Johann Christian, Grundsätze des deutschen peinlichen Rechts, I, 4. Aufl. Rostock-Leipzig 1789.

RACHHOLZ Elisabeth, Zur Armenfürsorge der Stadt Wien von 1740–1904. Von der privaten zur städtischen Fürsorge, Phil. Diss. Wien 1970.

RADBRUCH Gustav/Heinrich GWINNER, Geschichte des Verbrechens. Versuch einer historischen Kriminologie, Stuttgart 1951.

RANDOW Albert von, Die Landesverweisungen aus Preußen und die Erhaltung des Deutschthums an der Ostgrenze, in: Jahrbuch für Gesetzgebung, Verwaltung und Volkswirtschaft im Deutschen Reich, hrsg. von Gustav Schmoller, X (1896), S. 91–125.

RATHKOLB Oliver, Asyl- und Transitland 1933–1938?, in: Gernot Heiss/Oliver Rathkolb (Hrsg.), Asylland wider Willen. Flüchtlinge in Österreich im europäischen Kontext (= Veröffentlichungen des Ludwig-Boltzmann-Institutes für Geschichte und Gesellschaft XXV), Wien 1995, S. 109–121.

RAUCHBERG Heinrich, Die Bevölkerung Österreichs auf Grund der Ergebnisse der Volkszählung vom 31. Dezember 1890, Wien 1895.

RAUCHBERG Heinrich, Die Gebürtigkeitsverhältnisse der Bevölkerung Österreichs nach den Ergebnissen der Volkszählung vom 31. December 1890, in: Statistische Monatszeitschrift XVIII (1892), S. 516–574.

RAUCHBERG Heinrich, Die Heimatsverhältnisse der Bevölkerung Oesterreichs nach den Ergebnissen der Volkszählung vom 31. Dezember 1890, in: Statistische Monatsschrift XVIII (1892), S. 345–401.

RAUCHBERG Heinrich, Zur Kritik des österreichischen Heimatsrechtes, in: Zeitschrift für Volkswirtschaft, Socialpolitik und Verwaltung. Organ der Gesellschaft österreichischer Volkswirte, hrsg. von Eugen von Böhm-Bawerk/Karl Theodor von Inama-Sternegg/Ernst von Plener, II (1893), S. 59–99.

Österreichisches RECHTS-LEXIKON. Praktisches Handwörterbuch des privaten und öffentlichen Rechtes der im Reichsrathe vertretenen Königreichen und Ländern, hrsg. und redigiert von Friedrich Duschenes/Wenzel Ritter von Belsky/Carl Baretta, 4 Bde., Prag 1894–1898.

REDLICH Josef, Das österreichische Heimatrecht und seine Reform, in: Archiv für soziale Gesetzgebung und Statistik. Zeitschrift zur Erforschung der gesellschaftlichen Zustände aller Länder, hrsg. v. Heinrich Braun, X (1897), S. 549–580.

REHM Hermann, Der Erwerb von Staats- und Gemeinde-Angehörigkeit in geschichtlicher Entwickelung nach römischem und deutschem Staatsrecht, in: Annalen des Deutschen Reichs für Gesetzgebung, Verwaltung und Statistik, hrsg. von Georg Hirth/Max Seydel, XXV (1892), S. 137–281.

REICHER Heinrich, Heimatrecht und Landes-Armenpflege mit besonderer Berücksichtigung der Natural-Verpflegsstationen in Steiermark, Graz 1890.

REIN Wilhelm, Das Kriminalrecht der Römer von Romulus bis auf Justinian, Leipzig 1844.

REINGRABNER Gustav, Protestanten in Österreich. Geschichte und Dokumentation, Wien-Köln-Graz 1981.

REINGRABNER Gustav, Die Verfolgung der österreichischen Protestanten während der Gegenreformation, in: Erich Zöllner (Hrsg.), Wellen der Verfolgung in der österreichischen Geschichte, Wien 1986, S. 52–69.

REITER Herbert, Politisches Asyl im 19. Jahrhundert. Die deutschen politischen Flüchtlinge des Vormärz und der Revolution von 1848/49 in Europa und den USA (= Historische Forschungen XLVII), Berlin 1992.

REUMANN Jakob, Propaganda der Tat, in: Der Kampf. Sozialdemokratische Monatsschrift, hrsg. von Otto Bauer/Adolf Braun/Karl Renner, II (1909), S. 277–282.

REUTER Rolf, Verbrechen und Strafen nach altem lübischem Recht (Von der Stadtgründung bis zum revidierten Stadtrecht von 1586), in: Hansische Geschichtsblätter LXI (1936), S. 59 ff.

RIEGER Eduard, Nordböhmische Reminiszenzen, in: Der Kampf. Sozialdemokratische Monatsschrift, hrsg. von Otto Bauer/Adolf Braun/Karl Renner, II (1909), S. 158–164.

RITTLER Theodor, Lehrbuch des österreichischen Strafrechts (= Rechts- und Staatswissenschaften 12/I), I, Wien 1954.

RIVIER Alphons, Lehrbuch des Völkerrechts, 2. Aufl. Stuttgart 1899.

ROCKER Rudolf, Johann Most, Das Leben eines Rebellen, Berlin 1924.

ROECK Bernd, Außenseiter, Randgruppen, Minderheiten. Fremde im Deutschland der frühen Neuzeit, Göttingen 1993.

ROSENBAUM Kurt, Die Reichsverweisung des Ausländers im deutschen Strafrecht. Ein Beitrag zum künftigen Reichs-Strafgesetzbuch, Jur. Diss. Frankfurt a.M., Gießen 1927.

ROSENBERG Artur, Beiträge zur Geschichte der Juden in Steiermark (= Quellen und Forschungen zur Geschichte der Juden in Deutsch-Österreich VI), Wien-Leipzig 1914.

ROSENFELD Ernst, Verschickung freiwillig auswandernder Insassen der Gefängnisse von Mecklenburg und Brasilien in den Jahren 1824 und 1825, in: Zeitschrift für die gesamte Strafrechtswissenschaft, XXIV (1904), S. 412–425.

ROTH P. W., Raubs-, Diebs-, Mörder- und Zigeunergesindel, in: J. Schneider (Hrsg.), Wirtschaftskräfte und Wirtschaftswege, Festschrift für Hermann Kellenbenz II, Bamberg 1978.

ROTTECK Carl von/Carl WELCKER, Das Staats-Lexikon. Encyklopädie der sämmtlichen Staatswissenschaften für alle Stände, 12 Bde., 2. Aufl. Altona 1845–1848.

RULAND Heinrich, Das System der Armenpflege in Alt-Deutschland und in den Reichslanden (= Schriften des deutschen Vereins für Armenpflege und Wohltätigkeit XXVII), Leipzig 1896.

RUTAR Ignaz, Einige kritische Bemerkungen über das Heimatsgesetz vom 3. Dezember 1863, RGBl. Nr. 105, in: Österreichische Zeitschrift für Verwaltung XLII (1909), Nr. 31, S. 123–125.

SAALFELD Friedrich, Handbuch des positiven Völkerrechts, Tübingen 1833.

SACHßE Christoph/Florian TENNSTEDT (Hrsg.), Soziale Sicherheit und soziale Disziplinierung. Beiträge zu einer historischen Theorie der Sozialpolitik, Frankfurt a.M. 1986.

SAKRAWA Gertrud, Ferdinand Kronawetter. Ein Wiener Demokrat, phil. Diss. Wien 1947.

SALZER-EIBENSTEIN Gerd W., Geschichte der Juden in Graz, in: Hugo Gold, Geschichte der Juden in Österreich. Ein Gedenkbuch, Tel Aviv 1971, S. 9–20.

SAUSER Eckehard, Die Zillertaler Inklinanten und ihre Ausweisung im Jahre 1837 (= Schlern Schriften CXCVIII), Innsbruck 1959.

SCAPINELLI Paul, Die Erwerbung der Staatsbürgerschaft in Deutschösterreich. Gesetz vom 5. Dezember 1918, StGBl. Nr. 91, Wien 1918.

SCAPINELLI Paul, Die Heimatgesetz-Novelle vom 5. Dezember 1896, R.G.B. Nr. 222 1896 und die herrschende Spruchpraxis, Wien 1903.

SCHEEL Willy, Das alte Bamberger Strafrecht vor der Bambergensis, Berlin 1903.

SCHEIBER Ewald, Das Armenfürsorgewesen in Österreich, jur. Diss. Graz 1947.

SCHERNER Karl Otto, Das Recht der Armen und Bettler im Ancien Regime, in: Zeitschrift der Savigny-Stiftung/Germanistische Abteilung (1979), S. 55-99.

SCHINKEL Harald, Armenpflege und Freizügigkeit in der preußischen Gesetzgebung vom Jahre 1842, in: Vierteljahresschrift für Sozial- und Wirtschaftsgeschichte, hrsg. von Hermann Aubin, L (1963), S. 459-479.

SCHIRACH Carl von, Ueber politische Verbrechen, Archiv des Criminalrechts, N.F. Jg. 1851, Beilageheft zu 1851, S. 1-129.

SCHLEICH Ulrich, Art. Aufenthaltsbeschränkung, in: Handwörterbuch der Kriminologie und der anderen strafrechtlichen Hilfswissenschaften, hrsg. von Alexander Elster/Heinrich Lingemann, I, Berlin-Leipzig 1933, S. 63-68.

SCHLEICHER Mordche Schlome, Geschichte der spaniolischen Juden (Sephardim) in Wien, phil. Diss. Wien 1932.

SCHLOSSER Hans, Die Strafe der Galeere als poena arbitraria in der mediterranen Strafpraxis, in: ZNR X (1988), S. 19-37.

SCHMIDLECHNER Karin Maria, Die steirischen Arbeiter im 19. Jahrhundert (= Materialien zur Arbeiterbewegung XXX), Wien 1983.

SCHMIDT Eberhard, Entwicklung und Vollzug der Freiheitsstrafe in Brandenburg-Preußen bis zum Ausgang des 18. Jahrhunderts. Ein Beitrag zur Geschichte der Freiheitsstrafe, Berlin 1915.

SCHMIDT Eberhard, Die Kriminalpolitik Preußens unter Friedrich Wilhelm I. und Friedrich II., Berlin 1914.

SCHNABEL-SCHÜLE Helga, Die Strafe des Landesverweises in der Frühen Neuzeit, in: Gestrich Andreas/Gerhard Hirschfeld/Holger Sonnabend (Hrsg.), Ausweisung und Deportation. Formen der Zwangsmigration in der Geschichte (= Stuttgarter Beiträge zur historischen Migrationsforschung II), Stuttgart 1995, S. 73-82.

SCHNABEL-SCHÜLE Helga, Überwachen und Strafen im Territorialstaat. Bedingungen und Auswirkungen des Systems strafrechtlicher Sanktionen im frühneuzeitlichen Württemberg, Weimar-Wien 1997.

SCHNEIDER Franz, Die rechtliche Stellung der Lebensgefährtin, in: ÖJZ 1965, S. 174-179.

SCHNEIDER Hermann Th., Geschichte der Juden in Klagenfurt, in: Hugo Gold, Geschichte der Juden in Österreich. Ein Gedenkbuch, Tel Aviv 1971, S. 41-44.

SCHNITZER Adolf F., Art. Fremdenrecht, in: Wörterbuch des Völkerrechts, begr. von Karl Strupp, hrsg. von Hans-Jürgen Schlochauer, I, Berlin 1960, Sp. 566-570.

SCHÖFFEL Josef, Die Institution der Natural-Verpflegsstationen, der Zwangsarbeits- und Besserungsanstalten und ihre Einwirkung auf die Eindämmung des Landstreicher- und Bettelunwesens in Niederösterreich, 2. Aufl. Wien 1900.

SCHÖN Claudia, Das Vagabundengesetz 1873 i.d.F. 1885, jur. Diss. Wien 1992.

SCHÖNFELD August-Wilhelm von, Die Verstrickung. Eine Strafe des Artikels 161 CCC, Bonn 1964.

SCHRAGL Friedrich, Die Ausweisung der Protestanten aus dem Markte Melk im Zuge der Gegenreformation, in: Unsere Heimat. Monatsblatt des Vereines für Landeskunde von Niederösterreich und Wien XXXIX (1968), S. 71-76.

SCHRANK Josef, Die Prostitution in Wien in historischer und hygienischer Beziehung, 2 Bde., Wien 1886.

SCHUBERT Ernst, Arme Leute, Bettler und Gauner im Franken des 18. Jahrhunderts (= Veröffentlichungen der Gesellschaft für fränkische Geschichte, Reihe IX: Darstellungen aus der fränkischen Geschichte XXVI), Neustadt a.d. Aisch 1983.

SCHUH Susanne, Wirtschaftliche und politische Probleme Österreichs nach dem Ersten Weltkrieg. Das Jahr 1921, Phil. Diss. Wien 1977.

SCHÜMER Gerhard, Die Entstehungsgeschichte des Sozialistengesetzes, phil. Diss., Göttingen 1929.

SCHÜNEMANN Konrad, Österreichs Bevölkerungspolitik unter Maria Theresia, I (= Veröffentlichungen des Instituts zur Erforschung des deutschen Volkstums im Süden und Südosten in München und des Instituts für ostbayrische Heimatforschung in Passau), Berlin o. J.

SCHWAIGER Hartwig, Obrigkeitliche Bekämpfung von Bettelei und Vagantentum vom Spätmittelalter bis ins frühe 18. Jahrhundert mit besonderer Berücksichtigung der habsburgischen Erbländer und des angrenzenden süddeutschen Raumes, Dipl. Arb. am Inst. für Geschichte Graz 1986.

SCHWARZ-OBERHUMMER Gertraud, Die Auswanderung der Gasteiner Protestanten unter Erzbischof Leopold Anton v. Firmian, in: Mitteilungen der Gesellschaft für Salzburger Landeskunde XCIV (1954), S. 1-85.

SCHWECHLER K., Die österreichische Sozialdemokratie. Eine Darstellung ihrer geschichtlichen Entwicklung, ihres Programmes und ihrer Tätigkeit, Graz 1907.

SCHWICKER, J. H., Die Zigeuner in Ungarn und Siebenbürgen (= Die Völker Österreich-Ungarns XII), Wien-Teschen 1883.

SEDLACZEK Stephan, Die Armenpflege im Wiener Armenbezirke in den Jahren 1863-1882, Wien 1884.

SEDLACZEK Stephan, Art. Schubwesen, in: Ernst Mischler/Josef Ulbrich (Hrsg.), Österreichisches Staatswörterbuch. Handbuch des gesamten österreichischen öffentlichen Rechts, II/2, Wien 1897, S. 1034-1036.

SEELER Hans Joachim, Das Staatsangehörigkeitsrecht Österreichs (= Sammlung geltender Staatsangehörigkeitsgesetze XX), Frankfurt a.M.-Berlin 1957.

SEGALL Josef, Geschichte und Strafrecht der Reichspolizeiordnungen von 1530, 1548 und 1577 (= Strafrechtliche Abhandlungen CXXVIII), Breslau 1941.

SEGGELKE Günter, Die Entstehung der Freiheitsstrafe (= Strafrechtliche Abhandlungen CCXLII), Breslau 1928.

SEIDE Gernot, Regierungspolitik und öffentliche Meinung im Kaisertum Österreich anläßlich der polnischen Novemberrevolution (1830-1831) (= Veröffentlichungen des Osteuropa-Instituts München XXXVIII), Wiesbaden 1971.

SEIDE Gernot, Wiener Akten zur polnisch-revolutionären Bewegung in Galizien und Krakau 1832-1845, in: MöSTA XXVI (1973), S. 294-327.

SEIDLER Walther, Staatsbürgerschaft und Heimatrecht seit dem Umsturz, in: Juristische Blätter L (1921), S. 21-24.

SEIDLMAYER Michael, Geschichte Italiens. Vom Zusammenbruch des Römischen Reiches bis zum ersten Weltkrieg, 2. Aufl. Stuttgart 1989.

SEIFERT Erich, Die Abschiebung im Armenwesen, Jur. Diss. Leipzig, Freiberg 1911.

SELIGER Maren/Karl UCAKAR, Wien. Politische Geschichte 1740-1934. Entwicklung und Bestimmungskräfte großstädtischer Politik, 2 Bde., Wien-München 1985.

SENFELDNER Leopold, Das niederösterreichische Sanitätswesen und die Pest im XVI. und XVII. Jahrhundert, in: Blätter des Vereines für Landeskunde von Niederösterreich XXXIII (1899), S. 35-80.

SERINI Eugen, Ursprung und Entwicklung der Strafrechtsreform, in: Zum neuen Strafrecht. Referate zum Allgemeinen Teil des Strafgesetzentwurfes gehalten bei der Richterwoche 1973, Wien 1974, S. 7-17.

SEWERING-WOLLANEK Marlis, Die deutschböhmische Sozialdemokratie in den Jahren 1889 bis 1914, in: Wolfgang Maderthaner (Hrsg.), Sozialdemokratie und Habsburgerstaat Wien 1988, S. 167-189.

SEYDEL Max, Bayerisches Staatsrecht (= Das öffentliche Recht der Gegenwart XXII), 3. Aufl. Tübingen 1903.

SEYDEL Max, Der Gothaer Vertrag und die Eisenacher Übereinkunft, in: Annalen des Deutschen Reichs für Gesetzgebung, Verwaltung und Statistik, hrsg. von Georg Hirth/Max Seydel, XXIII (1890), S. 178-194.

SEYDEL Max, Das Reichsarmenrecht, in: Annalen des Deutschen Reichs für Gesetzgebung, Verwaltung und Statistik, hrsg. von Georg Hirth, X (1877), S. 545-630.

SEYDEL Max/F. von GRAßMANN, Art. Heimatrecht (Bayern), in: Wörterbuch des Deutschen Staats- und Verwaltungsrechts, begr. von Karl von Stengel, 2. Aufl. hrsg. von Max Fleischmann, II, Tübingen 1913, S. 386-390.

SIEBER J., Das Staatsbürgerrecht im internationalen Verkehr, seine Erwerbung und sein Verlust, I. Berlin 1907.

SIEMANN Wolfram, Deutschlands Ruhe, Sicherheit und Ordnung, Die Anfänge der politischen Polizei 1806–1866, Tübingen 1985.

SOHM Charlotte, Die unbestimmte Verurteilung in Preußen unter der Herrschaft des Allgemeinen Landrechts, Leipzig 1939.

SONNABEND Holger, Deportation im antiken Rom, in: Gestrich Andreas/Gerhard Hirschfeld/ Holger Sonnabend (Hrsg.), Ausweisung und Deportation. Formen der Zwangsmigration in der Geschichte (= Stuttgarter Beiträge zur historischen Migrationsforschung II), Stuttgart 1995, S. 13–22.

SONNENFELS Joseph von, Grundsätze der Polizey, Handlung und Finanzwissenschaft, I, 3. Aufl. 1770.

SONNENFELS Joseph von, Grundsätze der Polizey, Handlung, und Finanz. Zu dem Leitfaden des politischen Studiums, 5. Aufl. o. O. 1787.

SOUSEK Jakob, Das Ausweisungsrecht der Gemeinde, in: Österreichische Zeitschrift für Verwaltung XXXIII (1900), Nr. 30, S. 133 f., Nr. 31, S. 137–139.

SOUSEK Jakob, Das Ausweisungsrecht der Gemeinde. Mit Berücksichtung der Judikatur der Verwaltungsbehörden sowie des Verwaltungsgerichtshofes und des Reichsgerichtes, Wien 1903.

SPIEGEL Ludwig, Art. Heimatrecht, in: Ernst Mischler/Josef Ulbrich (Hrsg.), Österreichisches Staatswörterbuch. Handbuch des gesamten österreichischen öffentlichen Rechts, II, 2. Aufl. Wien 1906, S. 809–843.

SPIEGEL Ludwig, Die heimatrechtliche Ersitzung, Wien 1898.

SPIEGEL Ludwig, Zur Reform des Heimatrechtes, in: Österreichische Zeitschrift für Verwaltung XXVIII (1895), Nr. 4, S. 13–16.

SPIROPULOS J., Ausweisung und Internierung feindlicher Staatsangehöriger, Leipzig 1922.

STACTON David, Die Bonapartes, Wien-Hamburg 1968.

STADLER Karl R., Engelbert Pernerstorfer. Zur „deutschnationalen Tradition in der österreichischen Sozialdemokratie, in: Rudolf Neck/Adam Wandruszka (Hrsg.), Beiträge zur Zeitgeschichte. Festschrift Ludwig Jedlicka zum 60. Geburtstag, o. O. 1976, S. 45–60.

STAHM Georg, Das Strafrecht der Stadt Dortmund bis zur Mitte des 16. Jahrhunderts (= Deutschrechtliche Beiträge IV/3), Heidelberg 1910.

STAMPFER Michael, Die Anfänge des Mieterschutzes in Österreich (= Österreichische Rechtswissenschaftliche Studien XXVII), Wien 1995.

STAUDACHER Anna, Sozialrevolutionäre und Anarchisten. Die andere Arbeiterbewegung vor Hainfeld (= Österreichische Texte zur Gesellschaftskritik XXXIX), Wien 1988.

STAUDINGER Anton, Christlichsoziale Judenpolitik in der Gründungsphase der österreichischen Republik, in: Jahrbuch für Zeitgeschichte 1978, Wien 1979, S. 11–48.

STAUDINGER Anton, Katholischer Antisemitismus in der Ersten Republik, in: Gerhard Botz/ Ivar Oxaal/Michael Pollak (Hrsg.), Eine zerstörte Kultur. Jüdisches Leben und Antisemitismus seit dem 19. Jahrhundert, Buchloe 1990, S. 247–270.

STAUDINGER Anton, Rätebewegung und Approvisierungswesen in Oberösterreich. Zur Einbindung der oberösterreichischen Arbeiter- und Soldatenräte in den behördlichen Ernährungsdienst in der Anfangsphase der österreichischen Republik, in: Isabella Ackerl/Walter Hummelberger/Hans Mommsen (Hrsg.), Politik und Gesellschaft im alten und neuen Österreich. Festschrift für Rudolf Neck zum 60. Geburtstag, II, Wien 1981, S. 66–82.

STEINER Herbert, Bibliographie zur Geschichte der österreichischen Arbeiterbewegung 1867–1918, Wien 1962.

STEINEGGER Fritz, Die Protestantenausweisung aus dem Zillertal vor 150 Jahren, in: das Fenster. Tiroler Kulturzeitschrift XXI/42 (1987), S. 4164–4167.

STEINBACH Günther, Engelbert Pernerstorfer, in: Norbert Leser (Hrsg.), Werk und Widerhall. Große Gestalten des österreichischen Sozialismus, Wien 1964.

STEINER Herbert, Die Arbeiterbewegung Österreichs 1867–1889. Beiträge zu ihrer Geschichte von der Gründung des Wiener Arbeiterbildungsvereines bis zum Einigungsparteitag in Hainfeld (= Veröffentlichungen der Arbeitsgemeinschaft für Geschichte der Arbeiterbewegung in Österreich II), Wien 1964, 2. unveränd. Aufl. 1988.

STEINER Herbert, Die Familie Scheu, in: Jahrbuch des Vereines der Stadt Wien XXI/XXII (1965/66), S. 313–336.

STEINER Herbert, Der Wiener Hochverratsprozeß, in: Karl R. Stadler (Hrsg.), Sozialistenprozesse. Politische Justiz in Österreich 1870–1936, Wien-München-Zürich 1968, S. 13–30.

STEINER Maximilian, Zur Reform der Armenpflege in Österreich, Wien 1880.

STEKL Hannes, Soziale Absicherung und Soziale Kontrolle. Zur Österreichischen Armengesetzgebung im 18. und 19. Jahrhundert, in: Bericht über den vierzehnten österreichischen Historikertag in Wien (= Veröffentlichungen des Verbandes Österreichischer Geschichtsvereine XXII), S. 136–141.

STEKL Hannes, Armenversorgung im liberalen Wien, in: Wirtschaft und sozialhistorische Beiträge, Festschrift für Alfred Hoffmann zum 75. Geburtstag, hrsg. von Herbert Knittler, Wien 1979, S. 431–450.

STEKL Hannes, Österreichs Zucht- und Arbeitshäuser 1671–1920 (= Sozial- und wirtschaftshistorische Studien, hrsg. von Alfred Hoffmann/Michael Mitterauer, XII), Wien 1978.

STELZER Manfred, Das Wesensgehaltsargument und der Grundsatz der Verhältnismäßigkeit (= Forschungen aus Staat und Recht XCIV), Wien-New York 1991.

STENGEL Karl, Art. Niederlassung, in: Wörterbuch des Deutschen Verwaltungsrechts, II. Ergänzungsbd., Freiburg i. Br.-Leipzig 1893, S. 166–168.

STOERK Felix, Staatsunterthanen und Fremde, in: Handbuch des Völkerrechts, hrsg. von Franz von Holtzendorff, II: Die völkerrechtliche Verfassung und Grundordnung der auswärtigen Staatsbeziehungen, Hamburg 1887, S. 585–671.

STÖGER, Art. Bruderladen, in: Ernst Mischler/Josef Ulbrich (Hrsg.), Österreichisches Staatswörterbuch. Handbuch des gesamten österreichischen öffentlichen Rechts, I, 2. Aufl. Wien 1905, S. 645–659.

STÖLZEL Adolf, Brandenburg-Preußens Rechtsverwaltung und Rechtsverfassung dargestellt im Wirken seiner Landesfürsten und obersten Justizbeamten, II, Berlin 1888.

STOOSS Carl, Lehrbuch des Österreichischen Strafrechts, 2. Aufl. Wien-Leipzig 1913.

STUBENRAUCH Moriz von, Handbuch der österreichischen Verwaltungs-Gesetzkunde nach dem gegenwärtigen Stande der Gesetzgebung, II. Bd., 2. Aufl. Wien 1856, II, 2. Aufl. Wien 1856.

SUDHAUS Fritz, Deutschland und die Auswanderung nach Brasilien im 19. Jahrhundert, Hamburg 1940.

SUTER Stefan, Die Gutachten der Basler Juristenfakultät in Straffällen vom ausgehenden 16. bis zum Beginn des 19. Jahrhunderts (= Basler Studien zur Rechtswissenschaft, Reihe C: Strafrecht, VI), Basel-Frankfurt a.M. 1990.

SVATEK Josef, Die Zigeuner in Böhmen, in: ders., Culturhistorische Bilder aus Böhmen, Wien 1879, S. 275–311.

SVOBODA Werner R., Die tatsächliche Wirkung der Erkenntnisse des österreichischen Reichsgerichtes, in: Österreichische Zeitschrift für öffentliches Recht N.F. XXI (1971), S. 183–196.

SZILÁGYI Arthur Karl, Das Geltungsgebiet des materiellen Strafrechts, in: Österreichische Zeitschrift für Strafrecht VI (1915), S. 462–495.

TETTINEK Johann E., Die Armen-Versorgung in Oesterreich oder Zusammenstellung sämmtlicher das Armenwesen betreffenden Gesetze und Verordnungen, Salzburg 1846.

THAA Georg Ritter von, Das Hausirwesen in Österreich. Mit Benutzung der amtlichen Quellen dargestellt, Wien 1884.

THÄLE Brigitte, Die Verdachtsstrafe in der kriminalwissenschaftlichen Literatur des 18. und 19. Jahrhunderts (= Europäische Hochschulschriften II/1390), Frankfurt a.M. 1993.

THIENEL Rudolf, Österreichische Staatsbürgerschaft, I: Historische Entwicklung und völkerrechtliche Grundlagen, Wien 1989.

THÜMMLER Heinzpeter, Sozialistengesetz § 28. Ausweisungen und Ausgewiesene 1878–1890, Berlin 1979.

TIETZE Hans, Die Juden Wiens. Geschichte-Wirtschaft-Kultur, Nachdruck Wien 1987 der Ausgabe Wien-Leipzig 1933.

TILL Rudolf, Geschichte der Spanischen Juden in Wien, in: Jahrbuch des Vereines für Geschichte der Stadt Wien V/VI (1947), S. 108–123.

TITTMANN Carl August, Handbuch der Strafrechtswissenschaft und der deutschen Strafgesetzkunde, I. Teil, Halle 1806.

TOBIASCH R. F., Zigeunerjustiz im 18. Jahrhundert, in: Mitteilungen des Vereins für Geschichte der Deutschen in Böhmen, LVIII (1920) H 3/4, S. 193–220.

TOMASCHEK Eduard, Über die Bedeutung des in dem §. 83 des I. und in dem §. 81 des II. Theils des St.G.B. vorkommenden Ausdruckes: Rückkehr, in: Zeitschrift für österreichische Rechtsgelehrsamkeit und politische Gesetzeskunde, Jg. 1836/II, S. 373–380.

TÖNNIS Ferdinand, Der Kampf um das Sozialistengesetz, Berlin 1929.
TOURBIÈ D., Die Collision der Armenfürsorgerechte in Deutschland. Mit Rücksicht auf die Verträge von Gotha und Eisenach und das Freizügigkeitsgesetz, in: Archiv für öffentliches Recht III (1888), S. 139–155, 407–420.
TRAUTVETTER Peter Martin, Die Ausweisung von Ausländern durch den Richter im schweizerischen Recht, Winterthur 1957.
TREMMEL Ferdinand, Wirtschafts- und Sozialgeschichte Österreichs, Wien 1969.
TRÜMMEL Wenzel, Art. Niederlassung und Aufenthalt, in: Ernst Mischler/Josef Ulbrich (Hrsg.), Österreichisches Staatswörterbuch. Handbuch des gesamten österreichischen öffentlichen Rechts, III, 2. Aufl. Wien 1907, S. 707–709.
TRÜMMEL Wenzel, Zur Handhabung des Vagabundengesetzes vom 24. Mai 1885, RGBl Nr. 89, in: Österreichische Zeitschrift für Verwaltung XX (1887), Nr. 16, S. 65–67, Nr. 17, S. 69–71, Nr. 18, S. 73–75.
ULBRICH Josef, in: Art. Niederlassung und Aufenthalt, in: Ernst Mischler/Josef Ulbrich (Hrsg.), Österreichisches Staatswörterbuch. Handbuch des gesamten österreichischen öffentlichen Rechts, II, 2. Aufl. Wien 1906, S. 707–709.
ULBRICH Josef, Art. Staatsbürgerschaft, in: Ernst Mischler/Josef Ulbrich (Hrsg.), Österreichisches Staatswörterbuch. Handbuch des gesamten österreichischen öffentlichen Rechts, IV, 2. Aufl. Wien 1909, S. 312–314.
UMLAUFT Friedrich, Die österreichisch-ungarische Monarchie. Geographisch-statistisches Handbuch für Leser aller Stände, 3. Aufl. Wien-Pest-Leipzig 1897.
USTERI Paul, Ächtung und Verbannung im griechischen Recht, Berlin 1903.
VALENTINITSCH Helfried, Anfänge des modernen Strafvollzugs in Österreich und die Gründung des Grazer Zucht- und Arbeitshauses, in: Reformen des Rechts. Festschrift zur 200-Jahr-Feier der Rechtswissenschaftlichen Fakultät der Universität Graz, Graz 1979, S. 147–169.
VALENTINITSCH Helfried, Armenfürsorge im Herzogtum Steiermark im 18. Jh., in: Zeitschrift des historischen Vereins für Steiermark LXXIII (1982), S. 93–114.
VALENTINITSCH Helfried, Das Grazer Zucht- und Arbeitshaus 1734–1783. Zur Geschichte des Strafvollzuges in der Steiermark, in: Kurt Ebert (Hrsg.), Festschrift H. Baltl zum 60. Geburtstag, Innsbruck 1978, S. 495–514.
VALENTINITSCH Helfried, Aus dem Leben eines „liederlichen Weibsbildes“. Zur rechtlichen und sozialen Stellung von Randschichten der steirischen Bevölkerung im 18. Jahrhundert, in: Kurt Ebert (Hrsg.), Festschrift Nikolaus Grass zum 70. Geburtstag, Innsbruck 1986, S. 423–432.
VALENTINITSCH Helfried, Der Prozeß gegen den Görzer Juden Bera Pincherle 1643–1645, in: Zeitschrift des historischen Vereines für Steiermark LXXIX (1988), S. 141–162.
VALENTINITSCH Helfried, Auf der Suche nach Brot. Eine Gruppe von Gelegenheitsarbeitern und Bettlern in der Obersteiermark um 1700, in: Blätter für Heimatkunde LXIII (1989), Heft 3, S. 90–99.
VATTEL Emer de, Le droit des gens ou principes de la loi naturelle (1758), dt. Übersetzung von Wilhelm Euler (= Die Klassiker des Völkerrechts III), Tübingen 1959.
VERKAUF Leo, Art. Arbeitsrecht C: Arbeitseinstellungen und Aussperrungen, in: Ernst Mischler/Josef Ulbrich (Hrsg.), Österreichisches Staatswörterbuch. Handbuch des gesamten österreichischen öffentlichen Rechts, I, 2. Aufl. Wien 1905, S. 191–199.
VIROZSIL Anton von, Das Staats-Recht des Königreichs Ungarn vom Standpuncte der Geschichte, und der vom Beginn des Reiches bis zum Jahre 1848 bestandenen Landes-Verfassung, I, Pest 1865.
VLK Georg J., Der k. k. Dissident Karel Havlícek 1821–1856, phil. Diss. Innsbruck 1982.
VOIGT Johannes H., Die Deportation – ein Thema der deutschen Rechtswissenschaft und Politik im 19. und frühen 20. Jahrhundert, in: Gestrich Andreas/Gerhard Hirschfeld/Holger Sonnabend (Hrsg.), Ausweisung und Deportation. Formen der Zwangsmigration in der Geschichte (= Stuttgarter Beiträge zur historischen Migrationsforschung II), Stuttgart 1995, S. 83–101.
VOSSEN Rüdiger, Zigeuner. Roma, Sinti, Gitanos, Gypsies zwischen Verfolgung und Romantisierung (= Katalog zur Ausstellung „Zigeuner zwischen Romantisierung und Verfolgung – Roma, Sinti, Manusch, Calé in Europa“ des Hamburgischen Museums für Völkerkunde), Frankfurt a. M.-Berlin-Wien 1983.

WÄCHTERSHÄUSER Wilhelm, Das Verbrechen des Kindesmordes. Eine rechtsgeschichtliche Untersuchung der dogmatischen, prozessualen und rechtssoziologischen Aspekte (= Quellen und Forschungen zur Strafrechtsgeschichte III), Berlin 1973.

WÄCHTER Carl Georg, Lehrbuch des Römisch-Teutschen Strafrechts, I, Stuttgart 1825.

WÄCHTER-SPITTLER Karl von, Austritt und Ausstoßung aus dem Staatsverband. Die Entwicklung vom Zwang zur Freiheit, besonders in Württemberg, jur. Diss. Gießen, Tübingen 1912.

WAGNER Albrecht, Zur Entstehung und Bedeutung des Begriffs „Staatsbürger", in: Deutsche Juristenzeitung, hrsg. von Carl Schmitt, XL (1935), Sp. 740 f.

WAGERSBACH Joseph Carl von, Handbuch für Kriminalrichter Bezirksobrigkeiten und jene, so sich zum Kriminalrichteramte vorbereiten, I, Grätz 1812.

WAGNER Joachim, Politischer Terrorimus und Strafrecht im Deutschen Kaiserreich von 1871, Heidelberg-Hamburg 1981.

WAHLBERG Wilhelm Emil, Bruchstücke der Genesis der Theresiana, in: ders., Gesammelte kleinere Schriften und Bruchstücke über Strafrecht, Strafprozeß, Gefängniskunde, Literatur und Dogmengeschichte der Rechtslehre in Österreich, II, Wien 1877, S. 115–121.

WAHLBERG Wilhelm Emil, Der Entwicklungsgang der neueren Strafgesetzgebung in Österreich, in: ders., Gesammelte kleinere Schriften und Bruchstücke über Strafrecht, Strafprozeß, Gefängniskunde, Literatur und Dogmengeschichte der Rechtslehre in Österreich II, Wien 1877, S. 16–182.

WAHLBERG Wilhelm Emil, Zur Geschichte des Begnadigungsrechtes in Österreich, in: ders., Gesammelte kleinere Schriften und Bruchstücke über Strafrecht, Strafprozeß, Gefängniskunde, Literatur und Dogmengeschichte der Rechtslehre in Österreich, II, Wien 1877, S. 122–137.

WALTER Robert/Heinz MAYER, Grundriß des österreichischen Bundesverfassungsrechts, 7. Aufl., Wien 1992.

WANDRUSZKA Adam, Ein vorbildlicher Rechtsstaat?, in: Adam Wandruszka/Peter Urbanitsch (Hrsg.), Die Habsburgermonarchie 1848–1918, II: Verwaltung und Rechtswesen, Wien 1975, S. IX–XVIII.

W(ASER) J. von, Ist das Rechtsmittel der Berufung gegen den Ausspruch über die Landesverweisung oder Abschaffung, sowie über die Zulässigkeit der Stellung unter Polizeiaufsicht oder der Anhaltung in einer Zwangs-Arbeitsanstalt nur unter den Voraussetzungen des § 283 statthaft?, in: Allgemeine österreichische Gerichtszeitung N.F. XIV (1877), S. 105 f.

WASER J. von, Ist der Gerichtshof zweiter Instanz kompetent, über das Ansuchen zu entscheiden, die Vollstreckung der rechtskräftig ausgesprochenen Landesverweisung oder die Eintreibung einer solchen Geldstrafe aufzuschieben?, Allgemeine Österreichische Gerichts-Zeitung XXX. Jg. N.F. XVI (1879), S. 33 f.

WASER J. E., Das Strafgesetz über Verbrechen sammt den dazu gehörigen Verordnungen, Wien 1839.

WEIDENHOLZER Josef (Hrsg.), 100 Jahre sozialdemokratischer Parteitag in Neudörfl. Internationale Tagung der Historiker der Arbeiterbewegung, ITH-Protokollbd. VIII, Wien 1976.

WEIDENHOLZER Josef, Der sorgende Staat. Zur Entwicklung der Sozialpolitik von Joseph II. bis Ferdinand Hanusch, Wien-München-Zürich 1985.

WEINACHT Paul Ludwig, „Staatsbürger". Zur Geschichte und Kritik eines politischen Begriffs, in: Der Staat VIII (1969), S. 41–63.

WEINBERGER Hugo/Anton WALITSCHEK, Polizeirecht. Sein Wesen, seine Grundlagen und seine gesetzliche Erfassung, Wien 1927.

WEINZIERL Erika/Kurt SKALNIK, Österreich 1918–1938, 2 Bde., Graz-Wien-Köln 1983.

WEISGRAM Alfred, Das Problem der Versorgung Wiens mit Lebensmitteln von der Zeit nach dem Zerfall der österreichisch-ungarischen Monarchie bis zur Trennung Wiens von Niederösterreich, phil. Diss. Wien 1969.

WEISKE Julius, Abhandlungen aus dem Gebiete des teutschen Rechts theoretischen und praktischen Inhaltes, Leipzig 1830, S. 187–198.

WEIß Hugo, Das Heimatrecht nach der Heimatgesetznovelle vom 5. Dezember 1896, RGBl. Nr. 222 und den einschlägigen Bestimmungen des Gesetzes vom 3. Dezember 1863, RGBl. Nr. 105. Mit Berücksichtigung der Judikatur der Verwaltungsbehörden sowie des Verwaltungsgerichtshofes, Wien 1906.

WELCKER Carl, Art. Association, in: Carl von Rotteck/Carl Welcker, Das Staats-Lexikon. Encyklopädie der sämmtlichen Staatswissenschaften für alle Stände, I, Altona 1845, S. 723–747.

WELCKER Carl, Art. Gastrecht, in: Carl Rotteck von/Carl Welcker, Das Staats-Lexikon. Encyklopädie der sämmtlichen Staatswissenschaften für alle Stände, V, Altona 1847, S. 377 f.

WELZER Karl, Die Lage der Juden in den böhmischen Ländern unter der Regierung Maria Theresias, phil. Diss. Wien 1929.

WERNDL Josef, Die Kompetenzverteilung zwischen Bund und Ländern. Ihre Ausgangslage, Entwicklung und Bedeutungsverschiebung auf der Grundlage des Bundes-Verfassungsgesetzes von 1920 (= Schriftenreihe des Instituts für Föderalismusforschung XXXII), Wien 1984.

WERNER Leopold, Vom Schicksal unseres Heimatrechtes, in: ÖJZ I (1946), S. 183–187.

WIDMER Huldreich, Die Landesverweisung als Mittel der Verbrechensbekämpfung (unter besonderer Berücksichtigung des schweizerischen Rechtes), jur. Diss. Zürich, Weida i. Thür. 1922.

WIEDERIN Ewald, Aufenthaltsbeendende Maßnahmen im Fremdenpolizeirecht. Eine rechtsdogmatische Untersuchung zur Zurückschiebung, Ausweisung und Abschiebung nach dem Fremdengesetz 1992 (= Rechtswissenschaftliche Schriftenreihe des Assistentenverbandes der Wirtschaftsuniversität Wien VI), Wien 1992.

WIESFLECKER-FRIEDHUBER Inge, Beiträge zur Geschichte der Vertreibung der Juden aus der Steiermark unter Maximilian I., in: Herwig Ebner/Horst Haselsteiner/Ingeborg Wiesflekker-Friedhuber (Hrsg.), Geschichtsforschung in Graz. Festschrift zum 125-Jahr-Jubiläum des Instituts für Geschichte der Karl-Franzens-Universität Graz, Graz 1999, S. 169–179.

WILLENBÜCHER Ferdinand, Die strafrechtsphilosophischen Anschauungen Friedrichs des Grossen. Ein Beitrag zur Geschichte der kriminalpolitischen Aufklärung im 18. Jahrhundert, Jur. Diss. Tübingen, Breslau 1904.

WINTER Gustav (Hrsg.), Niederösterreichische Weistümer IV (= Österreichische Weistümer XI/4), Wien 1913.

WOLF Gerson, Geschichte der Juden in Wien (1156–1876), Nachdruck Wien 1974 der Ausgabe 1876.

WOLZENDORFF Kurt, Die polizeiliche Landesverweisung im preussischen Staatsrecht, in: Zeitschrift für die gesamte Staatswissenschaft, hrsg. von K. Bücher, LXIV (1908), Heft 1, S. 409–423.

WÜLFKEN Siegmund, Die Transportation hamburgischer Gefangener nach Amerika im Jahre 1752, in: Hamburgische Geschichts- und Heimatblätter XVI (1957), S. 49–54.

WÜRTH Joseph von, Das neue Strafgesetz über Verbrechen, Vergehen und Übertretungen in Vergleichung mit dem bisher bestandenen Strafrechte, in: Allgemeine österreichische Gerichtszeitung I (1852), Nr. 70–92.

WÜRTH Joseph von, Die österreichische Strafproceßordnung vom 17. Jänner 1850, erläutert und in Vergleichung mit den Gesetzgebungen des Auslandes, 2 Bde., Wien 1851.

WURZBACH Constant von, Biographisches Lexikon des Kaiserthums Oesterreich, XLIII, Wien 1881.

WÜSTENDÖRFER Maria Theresia, Das Baierische Strafrecht des 13. und 14. Jahrhunderts, München 1942.

ZEILLER Franz von, Darstellung der durch das neue Criminal-Gesetzbuch bewirkten Veränderungen sammt ihren Gründen, in: Jährliche Beyträge zur Gesetzkunde und Rechtswissenschaft in den östereichischen Erblanden I (1806), S. 71–186.

ZEILLER Franz von, Über das österreichische Wuchergesetz vom Jahre 1803, in: Jährliche Beyträge zur Gesetzkunde und Rechtswissenschaft in den österreichischen Erblanden II (1806), S. 158–190, III (1808), S. 158–190.

ZIEKOW Jan, Über Freizügigkeit und Aufenthalt. Paradigmatische Überlegungen zum grundrechtlichen Freiheitsschutz in historischer und verfassungsrechtlicher Perspektive, Tübingen 1997.

ZOEPFEL Heinrich, Deutsche Rechtsgeschichte, 4. Aufl., III, Braunschweig 1872.

ZÖLLNER Erich, Die Emigration der Salzburger Protestanten, in: ders., Probleme und Aufgaben der österreichischen Geschichtsforschung. Ausgewählte Aufsätze, hrsg. von Heide Dienst/Gernot Heiß, Wien 1984, S. 340–347.

ZÖLLNER Erich, Geschichte Österreichs. Von den Anfängen bis zur Gegenwart, 7. Aufl. Wien 1984.

ZORN Alfred, die öffentlich-rechtliche Stellung der Ausländer im Deutschen Reich unter Berücksichtigung des preußischen Landesrechts, jur. Diss., Greifswald 1916.

ZUCKER Alois, Die Polizeiaufsicht nach österreichischem Rechte mit besonderer Rücksicht auf die Bestimmungen der neuesten Strafgesetzentwürfe, Prag 1894.

ZUCKER Alois, Einige dringende Reformen der Strafrechtspflege. Mit besonderer Berücksichtigung auf die Verhältnisse in Österreich, Leipzig-Wien 1896.

Wiener Studien zu Geschichte, Recht und Gesellschaft
Viennese Studies in History, Law, and Society

Herausgegeben von Nikolaus Benke

Band/Vol. 1 Richard Gamauf: Ad statuam licet confugere. Untersuchungen zum Asylrecht im römischen Prinzipat. 1999.

Band/Vol. 2 Ilse Reiter: Ausgewiesen, abgeschoben. Eine Geschichte des Ausweisungsrechts in Österreich vom ausgehenden 18. bis ins 20. Jahrhundert. 2000.

Peter Lang · Europäischer Verlag der Wissenschaften

Christian Hillgruber

Die Aufnahme neuer Staaten in die Völkerrechtsgemeinschaft

Das völkerrechtliche Institut der Anerkennung von Neustaaten in der Praxis des 19. und 20. Jahrhunderts

Frankfurt/M., Berlin, Bern, New York, Paris, Wien, 1998. XXXIII, 827 S.
Kölner Schriften zu Recht und Staat. Herausgegeben von Hartmut Schiedermair.
Bd. 6
ISBN 3-631-33016-2 · Geb. DM 148.–*

Über die völkerrechtlichen Regeln der Anerkennung von Neustaaten besteht heute mehr denn je Unklarheit. Um in dieser elementaren Frage gesicherte Erkenntnisse zu gewinnen, untersucht die Arbeit die Staatenpraxis anhand repräsentativer Fälle von der Entstehung der Vereinigten Staaten von Amerika bis zu den Nachfolgestaaten im ehemaligen Jugoslawien. Die Untersuchung fördert eine bemerkenswerte Kontinuität der Staatenpraxis zutage. Stets sieht sich die Staatengemeinschaft vor dieselbe Aufgabe gestellt: den Neuling in ihre Rechtsgemeinschaft zu integrieren. Das Verfahren der Anerkennung dient der vorsorglichen Kontrolle, ob der Neustaat fähig und willens ist, die ihm in dieser Gemeinschaft obliegenden völkerrechtlichen Verpflichtungen zu erfüllen. So erweist sich das Völkerrecht auch und gerade im Institut der Anerkennung der Rechtssubjektivität von Neustaaten als Rechtsordnung.

Aus dem Inhalt: Die Entstehung der Vereinigten Staaten von Amerika · Die Anerkennung im Zeitalter des Europäischen Konzerts (1815-1914) · Die Pariser Friedenskonferenz 1919/20 und die Völkerbundära 1920-1939 · Die Aufnahme neuer Staaten in die in den Vereinten Nationen organisierte Staatengemeinschaft 1945-1995 · Zusammenfassung: Die Staatenpraxis des 19. und 20. Jahrhunderts

Frankfurt/M · Berlin · Bern · New York · Paris · Wien
Auslieferung: Verlag Peter Lang AG
Jupiterstr. 15, CH-3000 Bern 15
Telefax (004131) 9402131
*inklusive Mehrwertsteuer
Preisänderungen vorbehalten

Printed by
CPI books GmbH, Leck

Kolibri 360 GmbH
Ferdinand-Jühlke-Straße 7
99095 Erfurt, Deutschland
produktsicherheit@kolibri360.de